제2판

중급회계 K-IFRS

김성기 · 윤성수 · 이용규

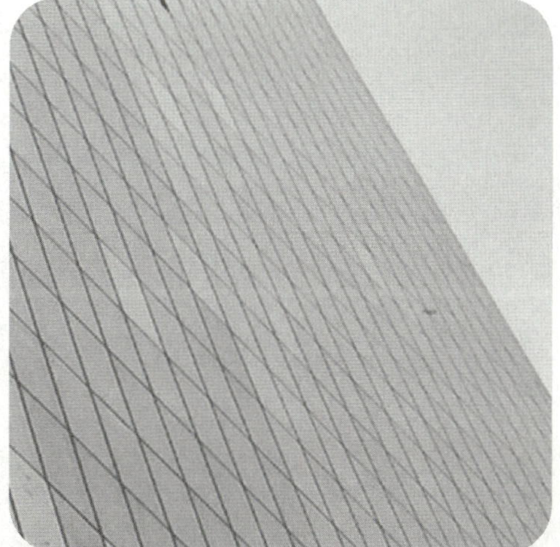

INTERMEDIATE ACCOUNTING K-IFRS EDITION

弘文社

개정판 머리말

3년 전 본서의 초판이 발간된 이후 우리나라의 회계환경은 크게 변화하였다. 개정된 '주식회사 등의 외부감사에 관한 법률'의 본격 시행과 함께 분식회계와 부실 감사에 대한 처벌이 강화되면서 기업 이해관계자들의 회계에 대한 경각심이 한층 높아졌고, 바이오 분야 대기업의 회계처리 논란은 역설적으로 회계의 중요성을 대중에게 각인시키는 계기가 되었다.

분식회계에 대한 기업의 책임은 급증했지만, 우리나라가 채택한 국제회계기준(「K-IFRS」)은 재무제표 작성자와 이용자 모두에게 여전히 어려운 대상이다. 구체적인 회계처리 방법을 제시하던 과거의 회계기준에 비해 원칙 중심의 IFRS(International Financial Reporting Standards)는 모호한 표현이 많고, 긴 영어 원문의 정확한 의미를 파악하기 어려운 경우가 많기 때문이다. IFRS를 거의 직역한 「K-IFRS」는 여기에 번역의 한계까지 더해 이용자의 고충을 가중한다. 많은 중급회계 교재와 다양한 실무서가 출간되었지만 대부분 「K-IFRS」의 문단을 그대로 수록해 독자들이 IFRS의 내용을 이해하는 데 큰 도움을 주지 못하고 있다.

이러한 어려움을 해결하고자 저자 일동은 서울대학교와 고려대학교 강단에서 쌓은 경험을 바탕으로 「K-IFRS」의 내용을 '개념 중심'으로 최대한 쉽고 자세하게 서술한 본서를 출간하였다. 본서는 IFRS 원문을 바탕으로 「K-IFRS」의 표면적 의미와 암묵적 의미를 이론적 차원에서 심도 있게 분석한 결과를 정리한 것이다. 특히 「K-IFRS」 각 규정의 의미를 정확히 이해할 수 있도록 원문에 없는 다양한 예제를 만들어 포함하였다. 주입식 서술방식을 탈피하여 독자들이 논리적 사고 과정을 통해 재무회계를 이해할 수 있도록 개념 중심으로 설명하였다. 이해가 어려운 부분은 표나 그림으로 일목요연하게 정리하였다.

본서는 대학 강의교재나 공인회계사 및 세무사 시험을 대비하는 수험서의 역할뿐만 아니라, 실무에서 「K-IFRS」를 적용하는 회계담당자를 위한 참고서의 역할도 수행하도록 쓰였다. 개정판을 집필하면서 중점을 두었던 사항은 아래와 같다.

- 최신 기준 반영: 2021년 7월 현재 제·개정된 「K-IFRS」의 주요 내용을 모두 반영하였다. 특히 「K-IFRS 개념체계」, 「K-IFRS 제1102호」(주식기준보상), 「K-IFRS 제1109호」(금융상품), 「K-IFRS 제1115호」(수익인식), 「K-IFRS 제1116호」(리스) 및 관련 국제회계기준해석서(「IFRIC」)의 내용을 충실히 반영하였다.

- 「K-IFRS」의 주요 내용을 최대한 수록: 시중의 많은 중급회계 교재가 「K-IFRS」의 어려운 주제(예: 이 책의 제7장 매각예정자산)를 생략하거나 지나치게 간략히 설명하고 있다. 이 책에서는 「K-IFRS」의 주요 내용을 최대한 수록하면서도 독자가 쉽게 이해할 수 있도록 설명하였다.

- 간결하고 이해하기 쉬운 설명 제시: 초판에 대해 독자가 소화하기에 분량이 많고 일부 내용을 이해하기 어렵다는 지적이 있었다. 이에 본 개정판에서는 새로운 저자를 추가하고 내용을 더 쉽게 설명하되, 중복되거나 꼭 필요하지 않은 설명은 과감히 정리하였다. 특히 저자가 독자의 관점에서 이 책을 순서대로 읽는다고 가정하고, 처음 소개되는 어려운 개념을 쉽게 설명하도록 노력하였다. 이를 위해 일부 장(chapter)의 순서를 변경하거나(예: '수익과 비용의 인식'을 기존의 제2장에서 제15장으로 이동), 설명을 대폭 수정하였다(예: 제23장 현금흐름표).

- 수험생을 위한 풀이가 있는 유제: 공인회계사 및 세무사 시험의 기출문제 중 각 장의 개념을 종합적으로 확인할 수 있는 문제를 엄선하여 본문 끝에 풀이가 있는 유제로 수록하였다. 이를 통해 수험생이 어려운 문제에 접근하는 방법과 시험에서의 답안 작성요령을 습득할 수 있도록 하였다.

- 실제 사례 언급: 최근의 분식회계 사례 등 실제 사례를 언급함으로써 중급회계에서 다루는 개념이 실무에 어떻게 적용되는지 독자가 이해할 수 있도록 하였다.

초판에 대한 귀한 의견을 주시고 개정판이 나오기까지 많은 격려해 주신 여러 선·후배 교수님들께 깊은 감사를 드린다. 초판을 위해 많은 시간을 할애하여 원고 내용을 검토해 준 삼일회계법인 한종철 부대표, 한국산업기술대학교 이광숙 교수, 고려대학교 회계학 박사과정 두서영 학생과 김단비 학생에 고맙게 생각한다. 특히 「K-IFRS」를 처음 접하는 독자가 어렵거나 애매하다고 느낄 수 있는 부분을 독자의 관점에서 찾아내 이해하기 쉽도록 초판의 문장을 재구성하고 그림과 표를 깔끔하게 정리해 준 서울대학교 경영학 석사 김진철 회계사와 김성희 회계사에게 이 자리를 빌려 고마움을 표한다. 본서를 교재로 사용하시는 교수님들께 제공될 강의 슬라이드를 교정해 준 고려대학교 회계학 박사과정 전성민 학생, 서울대학교 경영학 박사과정 김휘동 학생과 석사과정 김혜린 학생, 그리고 개정판의 연습문제를 교정해 준 고려대학교 조성훈 학생에게도 감사의 뜻을 표한다. 초판의 집필을 성공적으로 마무리할 수 있도록 후원해 준 삼일회계법인 안경태 전 회장께도 심심한 감사의 뜻을 표한다. 끝으로 이 책을 출판하는 데 많은 수고와 협력을 아끼지 않은 홍문사 임권규 사장과 직원 여러분께 감사드린다.

2022년 1월

저자 일동

머리말

들어가며

이 책은 2011년부터 본격 도입된 한국채택국제회계기준(이하 「K-IFRS」)을 제대로 이해하고자 하는 독자들을 위해 쓰였다. 기존의 기업회계기준에 비교해 「K-IFRS」는 회계 담당자의 판단과 해석을 더 많이 요구하지만, 「K-IFRS」 기준서는 전문가가 읽어 보아도 그 의미를 정확히 이해하기가 쉽지 않다. 이런 가운데, 2017년 9월 개정된 '주식회사 등의 외부감사에 관한 법률'이 분식회계에 대한 처벌을 대폭 강화하면서, 회계기준의 올바른 이해와 적용이 그 어느 때보다 중요해졌다.

안타깝게도, 우리나라의 「K-IFRS」는 IFRS(International Financial Reporting Standards)를 직역한 수준이고, 대부분 교재가 이 기준서의 문장을 그대로 옮겨 쓰는 데 그쳐, 중급회계를 공부하는 독자들이 기준서의 정확한 의미를 이해하는 데 큰 어려움을 겪고 있다. 더 심각한 문제는, 「K-IFRS」를 완벽히 이해하지 못하거나 잘못 이해하고 집필된 책들이 혼란을 가중하고 있다는 점이다.

이 책은 「K-IFRS」와 그 원문인 「IAS」, 「IFRS」, 「IFRIC」를 꼼꼼히 파헤쳐 「K-IFRS」의 표면적 의미와 암묵적 의미를 이론적 차원에서 심도 있게 분석한 결과를 정리한 것이다. 「K-IFRS」의 규정을 그대로 옮기지 않고, 초보자들도 「K-IFRS」 각 규정의 의미를 정확히 이해할 수 있도록 원문에 없는 다양한 예제를 만들어 포함하였다. 특히, 주입식 서술방식을 탈피하고 독자들이 '논리'적 사고과정을 통해 재무회계를 이해할 수 있도록 개념 중심으로 설명하였다. 이해가 어려운 부분은 표나 그림으로 일목요연하게 정리하였다.

저자의 기존 중급회계 교재가 강의자의 교본으로는 최적이지만, 학생들이 소화하기에는 분량이 많다는 지적이 있었다. 본 개정판에서는 중요한 내용은 모두 포함하여 쉽게 설명하되, 중복되거나 꼭 필요하지 않은 설명은 과감히 정리하였다.

집필하면서 중점을 두었던 사항

All Updated 최신 기준서 및 기출문제를 반영

2017년 10월 현재 제 · 개정된 「K-IFRS」를 모두 반영하였다. 「K-IFRS 제1115호」(수익 기준서), 「K-IFRS 제1109호」(금융자산 기준서), 「K-IFRS 제1116호」(리스 기준서), 「K-IFRS 제1019호」(수정된 종업원급여 기준서)의 내용을 모두 포함하였다. 또한, 2011년부터 2016년까지의 공인회계사 (CPA) 2차 시험에 출제된 모든 문제를 분석하여 예제, 유제, 연습문제의 형태로 수록하고, 상세한 풀이과정을 보여 공인회계사 및 세무사 시험에 철저히 대비할 수 있도록 하였다.

The Easiest 「K-IFRS」를 쉽고 자세하게 설명

규정중심이 아닌 원칙중심의 국제회계기준 원문은 문장이 매우 길고, 애매한 표현이 많아 이해하기 어렵다. 그 결과, 실무지침과 해설서마다 같은 「K-IFRS」규정에 대한 해석이 달라 혼동을 일으키고 있다. 이러한 문제를 해결하고자, 국제회계기준 원문을 철저하게 분석하고 소화하여 「K-IFRS」의 모든 내용을 개념 중심으로 쉽고 자세하게 서술하였다.

Understanding at a Glance 본문 내용을 한눈에 알 수 있는 표와 그림

지루한 서술을 피해 본문 내용을 한눈에 보고 바로 이해할 수 있게 돕는 표와 그림을 최대한 수록하였다.

Comprehensive Example 예제만 풀어도 「K-IFRS」를 이해

현재 출간된 대부분의 「K-IFRS」 중급회계 교재는 「K-IFRS」에 수록된 사례를 그대로 또는 약간만 변형하여 실어 독자들에 큰 도움을 주지 못하고 있다. 기준서의 내용을 정확히 이해하게 하는 풍부한 예제들을 새로 만들어 포함함으로써 예제만 풀어 봐도 기준서의 핵심 내용을 파악할 수 있게 하였다.

High Level Learner 수험생을 위한 풀이가 있는 유제

공인회계사 및 세무사 시험의 기출문제 중 각 장의 개념을 종합적으로 확인할 수 있는 문항을 엄선하여 본문 끝에 풀이가 있는 유제로 수록하였다. 어려운 문항을 어떻게 접근하는지를 파악하고, 공인회계사 및 세무사 시험에서의 답안작성요령을 습득할 수 있도록 하였다.

The Bible 「K-IFRS」의 모든 주요 내용을 수록

시중의 많은 중급회계 교재가 「K-IFRS」의 어려운 주제(예: 이 책의 제9장 매각예정자산)를 생략하거나 지나치게 간략하게 설명하고 있다. 「K-IFRS」의 모든 주요 내용을 수록하고, 독자가 쉽게 이해할 수 있는 수준으로 설명하였다.

이 책의 특장점

Key

본문 내용 중 가장 중요한 부분을 KEY로 표시하였다. 이른 시간 안에 중급회계를 숙달하고자 하는 독자들은 KEY만 보아도 중급회계의 핵심을 모두 간파할 수 있도록 하였다.

Tip

문제풀이에 도움이 되는 정보를 Tip으로 제공하여 학생 및 수험생의 욕구를 충족시켰다. 본문 중간의 Tip은 고득점을 받을 수 있게 하는 지름길이 될 것이다.

참고 및 보충설명

본문에 소개된 기준서 규정이나 분개의 논리적 배경이나 회계 이론적 접근방법을 더 깊이 이해할 수 있도록 추가적 설명을 참고와 보충설명 부분에 실었다.

Recap

해당 장을 이해하기 위해 반드시 알고 있어야 하는 내용을 되새김할 필요가 있을 때 Recap(recapture, 다시 보기)을 수록하여 학습 편의를 제공하였다.

부록

본문의 내용 중 비교적 어려운 주제는 부록에 수록하여 회계 초보자부터 회계 전문가까지 모두 아우를 수 있도록 하였다.

주관식 연습문제

개념 이해를 돕기 위해 저자가 직접 만든 난이도 높은 문제를 주관식 연습문제로 수록하였다.

나가며

이 책이 나오기까지 격려해 주신 여러 선 · 후배 교수님들께 깊은 감사를 드린다. 많은 시간을 할애하여 원고 내용을 검토해 준 삼일회계법인 한종철 부대표, 한국산업기술대학교 이광숙 교수, 고려대학교 두서영 박사와 김단비 박사과정에 고맙게 생각한다. 특히, 이 책의 모든 내용을 교정본 후, 「K-IFRS」를 처음 접하는 독자가 어렵거나 애매하다고 느낄 수 있는 부분을 독자의 관점에서 찾아내 이해하기 쉽도록 문장을 재구성하고 모든 그림과 표를 깔끔하게 정리해 준 서울대학교 경영학 석사 김진철 회계사와 김성희 회계사에게 이 자리를 빌려 무한한 고마움을 표한다. 이 책의 집필을 성공적으로 마무리할 수 있도록 후원해 준 삼일회계법인 안경태 전 회장께도 심심한 감사의 뜻을 표한다. 끝으로, 이 책을 출판하는 데 많은 수고와 협력을 아끼지 않은 홍문사 임권규 사장과 직원 여러분께 감사드린다.

2018년 1월

저자 일동

차 례

Chapter 01 재무회계의 이론적 구조

Chapter 02 재고자산

Chapter 03 유형자산

Chapter 17 주식기준보상

Chapter 18 주당이익

Chapter 01

재무회계의 이론적 구조

학습 목표

LO 1−1. 회계기준의 특성을 이해한다.
LO 1−2. 재무보고의 목적을 이해한다.
LO 1−3. 회계정보의 질적 특성을 이해한다.
LO 1−4. 재무상태표와 재무성과표의 양식을 이해한다.
LO 1−5. 기타포괄손익의 개념을 이해한다.
LO 1−6. 재무제표요소의 인식기준과 측정기준을 이해한다.
LO 1−7. 자본유지개념을 이해한다.
LO 1−8. 현재가치와 미래가치의 개념을 이해한다.
LO 1−9. 현재가치를 계산하는 방법을 습득한다.

제1장

제1절 국제회계기준과 개념체계

1. 국제회계기준과 한국채택국제회계기준
2. 회계기준의 특징
3. 재무보고를 위한 개념체계

제2절 재무보고의 목적

제3절 유용한 재무정보의 질적 특성

1. 목적적합성(관련성) - 근본적 질적 특성
   (1) 예측가치 또는 확인가치
   (2) 중요성: 목적적합성의 양적 하한치
2. 표현충실성 - 근본적 질적 특성
   (1) 완전성
   (2) 중립성
   (3) 오류의 부재
3. 보강적 질적 특성
   (1) 비교가능성
   (2) 검증가능성
   (3) 적시성
   (4) 이해가능성
4. 질적 특성 간의 상충관계
5. 원가와 효익 간의 균형(포괄적 제약조건)

제4절 재무상태표와 재무성과표

1. 재무제표
   (1) 재무제표의 목적과 범위
   (2) 재무제표의 종류
   (3) 재무제표의 기본가정: 계속기업가정
2. 재무상태표
3. 재무성과표
   (1) 기타포괄손익
   (2) 비용 분류방법
   (3) 재무성과표 양식

제5절 재무제표요소

1. 재무제표요소의 정의
   (1) 자산
   (2) 부채
   (3) 자본
   (4) 수익과 비용
   (5) 기타 고려사항
2. 재무제표요소의 인식과 제거
   (1) 인식의 의미
   (2) 자산과 부채의 인식
   (3) 보수주의와 신중성
   (4) 재무제표요소의 제거
3. 재무제표요소의 측정
   (1) 역사적원가
   (2) 현행가치
   (3) 측정기준을 선택할 때 고려할 요인
   (4) 자본의 측정

부록 1-1 자본유지개념

1. 재무자본유지개념
2. 명목화폐자본유지개념
3. 일반구매력자본유지개념
4. 실물자본유지개념
5. 자본유지개념의 비교

부록 1-2 화폐의 시간가치

1. 이자와 미래가치
2. 단일(1회)금액의 현재가치
3. 연금의 현재가치
4. 기말(정상)연금과 기초연금의 현재가치

Chapter 01
제1절
국제회계기준과 개념체계

회계는 의사결정을 돕기 위해 정보를 제공하는 활동이다. 의사결정에 도움이 되는 정보를 제공함으로써 정보불균형 또는 정보비대칭(information asymmetry)으로 인한 의사결정의 왜곡과 부작용을 줄일 수 있고, 그로 인한 혜택이 관련 비용보다 크면, 회계는 가치를 창출하는 활동이 된다. 이 책에서 다루는 재무보고(financial reporting) 또는 재무회계(financial accounting)는 기업 외부의 이해관계자, 특히 투자자와 채권자 등 자본소유자가 기업에 자본을 제공하는 의사결정을 할 때 유용한(useful) 재무정보를 제공하여 사회 내의 한정된 자본이 효율적으로 배분될 수 있도록 돕는다. 재무회계의 주된 보고대상은 현재 및 잠재적 투자자와 채권자이지만, 공표된 재무보고서는 투자자와 채권자 외의 다양한 이해관계자들(예 노동조합)이 모두 이용할 수 있다.

의사결정에 유용한 정보를 제공하는 것이 회계가 존재하는 이유이자 추구할 목적이므로, 회계의 실패나 성공을 판단하는 기준도 유용한 정보를 제공했느냐 여부이다. 어떤 회계정보를 어떻게 전달하는 것이 유용한 정보를 제공하는 것인가라는 질문에 대한 답은 과학적 실험이 아닌 사회적 합의를 통해 회계기준으로 정리된다. 그러므로 시대나 환경에 따라 유용한 정보를 제공하는 방식을 규정하는 회계기준이 다른 것은 자연스럽다. 언제 바뀔지 모르는 현행 회계기준을 맹목적으로 외우려 하기보다는, 과연 이 방식이 유용한 정보를 제공하는 최선의 방법인가를 묻고 대안을 고민하는 것이 현명한 태도이다. 이 장에서 설명하는 재무보고를 위한 개념체계(conceptual framework)는 이 여정에서 우리를 인도하는 길잡이이자, 유용한 정보를 제공하기 위한 회계기준을 도출하는 이론적 기초가 된다.

중급회계를 처음 공부하는 독자들은 이 장에서 다루는 내용의 중요성을 이해하기 어렵다. 그러나 재무제표 작성자, 외부감사인, 회계감독당국, 그리고 회계기준 제정기관들이 회계 논란이 있을 때 판단의 기초로 삼는 내용이 이 장에 담겨있다. 뒤에서 다룰 내용을 미리 언급하는 부분도 포함하고 있으므로 처음 읽으면서 모든 내용을 이해하기는 거의 불가능하다. 그러므로 이 장의 내용을 대충 먼저 파악한 후 뒤의 내용을 공부하면서 수시로 다시 찾아보기를 권한다.

1. 국제회계기준과 한국채택국제회계기준

국제회계기준위원회(International Accounting Standards Board, IASB)는 2001년 이전에 제정된 국제회계기준을 IAS(International Accounting Standards)라 부르고 2001년 이후에 제정된 국제회계기준을 IFRS(International Financial Reporting Standards)라 부른다. 그러나 IAS와 IFRS는 회계기준으로서 동등한 구속력을 갖고 있다. 「국제회계기준」은 국제회계기준위원회가 채택한 회계기준서(「IAS」 및 「IFRS」)와 해석서(「SIC(Standing Interpretations Committee) 해석」 및 「IFRIC(International Financial Reporting Interpretations Committee) 해석」)를 모두 포함한다.

국제회계기준	기준서 (Standards)	국제회계기준(IAS)
		국제회계기준(IFRS)
	해석서 (Interpretations)	국제회계기준해석(SIC Interpretation)
		국제재무보고기준해석(IFRIC Interpretation)

2011년부터 우리나라의 모든 상장회사와 금융회사는 「한국채택국제회계기준」(이하 「K-IFRS」)을 의무적으로 적용하고 있다. 한국회계기준원에서 제정하는 「K-IFRS」는 「재무보고를 위한 개념체계」, IAS, IFRS, SIC 해석, IFRIC 해석을 수정 없이 직역한 것으로 구성되어 있다. 이처럼 「K-IFRS」가 IAS와 IFRS를 번역한 문서이다 보니 우리나라 실정과 다른 부분도 있어 실무에서 혼선이 빚어지기도 한다(제20장 참조). 한편, 우리나라의 비상장회사는 「K-IFRS」를 적용하지 않고 「일반기업회계기준」(외부감사 대상 주식회사) 또는 「중소기업회계기준」(외부감사 대상 이외 주식회사)을 적용한다. 그러나 비상장회사가 원할 경우 「K-IFRS」를 적용할 수 있으며, 일단 「K-IFRS」를 적용하면 계속 적용하여야 한다.

2. 회계기준의 특징

회계기준 또는 회계원칙은 특정 거래나 회계사건을 측정·인식하여 재무제표에 보고하는 방법으로, 기업이 외부에 공표하는 재무제표를 작성할 때 반드시 준수하여야 한다. 회계사건(accounting event)은 다음 세 가지 조건을 모두 충족하는 사건이다.

- 특정 사건이 발생하였다.
- 발생한 사건이 재무상태에 영향을 미친다.
- 재무상태에 미치는 영향을 합리적으로 추정할 수 있다.

회계기준의 특징을 요약하면 다음과 같다.

- 회계기준 제정 당시에 이용 가능한 회계실무를 나타낸다.
- 회계 관계자 간의 합의에 의해 형성되며, 실무적 또는 이론적 개념으로 구성된다.
- 회계기준과 회계실무는 시간의 경과나 경제적 환경의 변화에 따라 변화한다.

예를 들어, 액화천연가스(liquefied natural gas)의 공급가격이 인상되면 한국가스공사가 받을 5조 5천억원을 자산으로 인식할 수 있는지 아니면 손실로 인식해야 하는지에 대해서 2013년 1월에 한국가스공사와 외부감사인 간에 큰 논쟁이 있었다. 전기, 가스와 같이 기업이 공급하는 재화나 용역의 가격(요율)이 규제되는 상황에서 고객에게 청구할 요율을 설정할 때 포함되거나 포함될 것으로 예상되는 비용(또는 수익) 계정의 잔액을 '규제이연계정잔액'이라 한다. 한국가스공사가 5조 5천억원의 '규제이연계정잔액'을 자산으로 인식한 재무제표를 2013년 3월에 발표하여 IASB를 놀라게 하였으나 IASB가 묵인한 바 있다. 미국과 캐나다의 요율규제산업의 거센 압력 속에서 IASB는 상당한 논란에도 불구하고 결국 2014년에 IFRS 14(우리나라는 「K-IFRS 제1114호」 규제이연계정 기준서)를 제정해서 규제이연계정을 자산으로 인식하도록 허용하였다.

큰 규모의 현금지출을 자산으로 인식하는가 아니면 비용으로 인식하는가에 따라 외부이해관계자에게 비치는 기업의 재무상태와 경영성과가 크게 달라질 수 있다. 기업 내, 외부의 많은 이해관계자들은 서로 다른 정보 수요와 이해관계를 갖는다. 재무회계정보가 이들의 의사결정에 중요할수록, 회계기준이 자신에게 유리한 방향으로 제정되게 하려는 유인(incentive)도 크다. 재무보고에 의해 영향을 받는 이해관계자들이 회계기준 제정 과정에서 영향력을 행사하려 하므로 회계기준은 정치적 과정(political process)의 산출물이라 할 수 있다.

3. 재무보고를 위한 개념체계

회계기준을 제정하거나 개정할 때, 일관된 개념에 기반하여 회계기준을 제 · 개정하는 것이 중요하다. 선택 가능한 대안 중에서 어떤 대안을 왜 선택해야 하는가에 답을 일관성 있게 제시하기 위해서는 판단의 근거로서 이론적 체계가 필요하다. 이를 위해 IASB의 전신인 International Accounting Standards Committee는 1989년에 '재무제표의 작성과 표시에 대한 체계'('1989 개념체계')를 최초 제정하였다. 이후 IASB는 2010년에 '1989 개념체계'를 일부 개정한 '재무보고를 위한 개념체계'('2010 개념체계')를 발표하였고, 2018년에 이를 다시 대폭 개정('2018 개념체계')하였다. '2018 개념체계'는 자산과 부채의 정의를 변경하고, 포괄손익계산서의 이름을 재무성과표(statement of financial performance)로 바꾸는 등 상당한 변화를 가져왔는데, 이 책에서는 '2018 개념체계'를 '개념체계'라 줄여 부른다.

'개념체계'는 재무보고의 목적을 명확히 하고, 재무보고 목적에 맞는 회계처리기준을 제정하는 데 유용한 재무회계의 기초개념을 제공한다. 구체적으로, 재무회계와 재무제표의 본질, 기능과 한계, 그리고 재무정보의 질적 특성, 재무제표 구성요소의 정의, 측정기준, 구성요소의 제거, 구성요소 간의 관련성, 자산과 부채의 인식기준, 수익과 비용의 인식기준 등을 설명하여 현존하거나 미래에 대두될 문제를 일관성 있게 회계처리할 수 있는 회계기준을 제정하도록 유도한다.

그러나 '개념체계'가 특정한 측정 · 인식문제 및 공시문제에 대한 구체적 회계처리방법이나 기준을 정하는 것은 아니다. '개념체계' 자체는 회계기준이 아니며, 어느 내용도 특정 「K-IFRS」 기준서의 내용을 대체하지 않는다. '개념체계'의 내용이 특정 기준서(또는 해석서)의 내용과 상충하는 경우에는 해당 「K-IFRS 기준서」 또는 「K-IFRIC 해석서」를 적용하여 회계처리한다. '개념체계'는 특정 거래나 회계사건에 적용할 회계기준이 없거나 회계기준이 회계정책의 선택을 허용하는 경우에 재무제표 작성자가 일관된 회계정책을 개발하는 데에도 도움을 준다. 따라서 '개념체계'는 모든 이해관계자가 회계기준을 이해하고 해석하는 데 도움을 준다['개념체계': SP1.1].[1]

1) 개념체계와 기준서 문단을 인용할 때에 대괄호 안의 첫 번째 숫자는 개념체계 또는 기준서 번호이고 두 번째 숫자는 문단 번호이다.

재무보고의 목적

일반목적재무보고(이하 '재무보고')의 목적은 현재 및 잠재적 투자자, 대여자와 그 밖의 채권자가 다음과 같은 의사결정을 할 때 유용한 기업 재무정보를 제공하는 것이다['개념체계': 1.2].[2)]

- 지분상품 및 채무상품의 매수, 매도 또는 보유
- 대여 및 기타 형태의 신용 제공 또는 결제
- 기업의 경제적자원 사용에 영향을 미치는 경영진의 행위에 대한 의결권 또는 영향을 미치는 권리 행사

합리적인 투자자, 대여자와 기타 채권자가 기대하는 수익은 기업에 유입될 미래 순현금유입의 금액(amount), 시기(timing) 및 불확실성(uncertainty)과 기업의 경제적자원에 대한 경영진의 수탁책임(stewardship)에 대한 그들의 평가에 달려있다. 이러한 평가를 위해 필요한 정보는 크게 두 가지로 나뉜다.

첫째, 기업의 경제적자원, 기업에 대한 청구권 및 이들 자원과 청구권의 변동에 관한 정보.

둘째, 기업의 경영진이 경제적자원의 사용에 대한 책임을 얼마나 효율적이고 효과적으로 이행했는지에 관한 정보.

과거 개념체계는 재무보고가 기업의 미래현금흐름의 금액, 시기 및 불확실성을 평가하는 데 유용한 정보를 제공하여야 한다고 규정했었던 데 반해, 2018 개념체계는 경영진의 수탁책임 이행성과를 평가하는 데 유용한 정보를 제공할 것을 추가로 강조하는 점이 주목할 만하다.

기업의 재무상태, 경영성과 및 현금흐름의 변동 등에 관한 정보와 현금창출능력 사이의 관계를 아래에서 살펴본다.

① 기업의 재무상태

기업의 재무상태는 그 기업이 통제하는 경제적자원, 재무구조, 유동성과 지급능력 및 환경변화에 적응할 수 있는 능력 등에 의해 결정된다. 기업이 통제하는 경제적자원과 그 자원의 활용능력에 관한 정보는 기업의 미래 현금창출능력을 예측하는 데 유용하다. 또한, 재무구조에 관한 정보는 자금차입 필요성 및 추가 자금조달능력을 예측하는 데 유용하다. 유동성과 지급능력은 기업이 채무약정을 이행할 수 있는 능력이 있는지를 예측하는 데 유용한 정보이다. 유동성(liquidity)은 가까운 장래에 만기가 도래하는 단기부채의 상환능력을 말하며, 지급능력(solvency)은 장기부채의 상환능력을 의미한다. 환경변화에 적응할 수 있는 능력은 기업이 새로운 환경에 능동적으로 대처하는 데 필요한 현금을 동원할 수 있는 능력으로, 보유하고 있는 현금과 현금성자원, 비현금성자원의 현금 교환가능액 및 신용한도 등으로 측정한다.

---

2) '일반목적'(general purpose) 재무보고는 이용자 개인의 정보수요가 다른 정보이용자와 다르고 상충할 수 있어 정보에 대한 모든 요구를 맞출 수 없으므로 이용자들에게 공통적인 정보를 제공하는 것을 목적으로 하는 재무보고라는 의미이다.

② 기업의 경영성과

기업의 경영성과(특히 수익성)에 관한 정보는 기업이 미래에 통제하게 될 경제적자원의 변동가능성을 평가하는 데 유용하다. 즉, 기업이 현재 보유하고 있는 자원을 기초로 얼마만큼의 현금흐름을 창출할 수 있는지, 미래에 조달될 자금을 얼마나 효과적으로 운용할 수 있는지를 판단하는 데 유용하다.

③ 현금흐름변동에 관한 정보

특정 기업의 현금흐름에 관한 정보는 일정 회계기간의 영업, 투자 및 재무활동을 평가하는 데 유용하다. 즉, 재무제표이용자가 기업의 현금창출능력 및 현금활용능력을 평가하는 데 기초가 되는 정보를 제공한다. 기업의 현금흐름에 대한 정보는 채무의 상환, 현금배당 등 투자자에 대한 현금 분배 그리고 기업의 유동성이나 지급능력에 영향을 미치는 그 밖의 요인에 대한 정보를 포함하여, 현금의 조달원천과 사용방법을 보여준다. 그러므로 현금흐름에 대한 정보는 기업의 미래 현금창출능력(cash generating ability)을 평가하고 기업의 경제적자원에 대한 경영진의 수탁책임을 평가하는 데에도 도움이 된다['개념체계': 1.13].

④ 비재무 정보

기업에 관한 비재무 정보로 다음과 같은 기업의 환경 · 사회 · 지배구조 측면의 성과를 측정하는 지표('ESG 지표')의 중요성이 최근 강조되고 있다.

- 환경(environment): 청정기술, 탄소배출, 환경오염 및 유독물질 배출 등
- 사회(social): 고용평등, 고용다양화, 인권 등
- 지배구조(governance): 이사회, 임원보수, 기타 지배구조 등

수익성에 초점을 맞추어 재무정보 위주로 기업을 평가하던 과거와 달리, 투자자나 채권자들이 기업의 사업이 친환경적인지 또는 기업운영이 투명한지를 확인한 후 자본을 제공하는 경향이 강화되고 있다. 예를 들어, 미국 석유회사인 엑손모빌의 주주총회에서 채굴 · 정제 과정에서 배출되는 온실가스의 감축을 결의하려던 시도가 경영진의 반발로 무산된 바 있다. 엑손모빌을 환경에 유해한 기업으로 보는 투자자들이 늘면서 2020년 초에 $70이었던 주가는 2020년 11월에 반토막이 나고 다우존스 산업평균지수에서도 퇴출되었다. 정보비대칭의 부작용을 줄이기 위해 재무정보와 비재무정보를 어떻게 제공할 것이냐는 향후 재무회계 분야에도 중요한 영향을 미칠 것으로 전망된다.

Chapter 01 제3절

유용한 재무정보의 질적 특성

재무(또는 회계)정보의 질적 특성(qualitative characteristics)은 회계정보가 유용하기 위해 갖추어야 할 주요 속성으로서, 회계기준 제정기관이 회계기준과 해석을 제정 · 개정할 때 대체적 회계처리방법을 비교 · 평가하는 판단기준이 된다. 또한, 경영자와 감사인이 회계정책(회계기준)을 선택 또는 평가하거

나, 회계정보이용자가 기업의 회계정책의 적정성 여부를 평가할 때에도 판단기준을 제공한다. 예를 들어, 감가상각, 자산평가, 공시 등과 관련하여 특정 회계처리방법을 선택하거나, 재무제표요소에 대한 측정 · 인식 · 보고방법을 선택할 때 영향을 미친다.

회계정보의 질적 특성은 제약요인(원가제약)에 의해 제한을 받을 수 있다. 즉, 회계정보의 제공 및 이용에 소요되는 원가가 정보 보고의 효익보다 작아야 한다. 그리고 회계항목의 성격과 금액의 중요성을 고려할 때 정보이용자의 의사결정에 큰 영향을 끼치지 않을 것으로 판단되는 정보는 질적 특성에 대해서 평가할 필요가 없다. 질적 특성은 근본적 특성과 보강적 특성으로 나뉜다(<표 1.1> 참조). 근본적 특성은 보강적 특성보다 우선시되나, 둘 다 회계정보의 유용성에 기여한다.

표 1.1 재무(또는 회계)정보의 질적 특성의 체계

구분	질적 특성의 체계(hierarchy)					
회계정보이용자	자본제공자(투자자 및 채권자) 등					
포괄적 제약요인	원가 < 효익					
가장 중요한 질적 특성	의사결정에의 유용성					
근본적 질적 특성 (내용과 관련된 특성)	목적적합성			표현충실성		
구성요소	예측가치	확인가치	중요성	완전성	중립성	오류의 부재
보강적 질적 특성 (공시와 관련된 특성)	비교가능성	검증가능성		적시성	이해가능성	

1. 목적적합성(관련성) - 근본적 질적 특성

회계정보가 유용하기 위해서는 무엇보다 먼저 목적적합성이 있어야 한다. 목적적합성(relevance) 또는 관련성은 회계정보가 정보이용자의 의사결정을 바꿀 수 있는 속성, 즉 특정 회계정보를 이용하여 내린 의사결정이 해당 정보를 이용하지 않고 내린 의사결정과 다르게 만드는 속성이다. 목적적합성이 있으려면, 미래 결과를 예측하는 데 도움을 주거나('예측가치'), 과거나 현재의 사건에 대한 평가를 확인 또는 수정함으로써('확인가치') 이용자의 의사결정에 차이를 가져올 수 있어야 한다.

투자자가 특정 정보를 얻기 전에 가졌던 수익과 위험에 대한 기대를 확인시켜 주거나, 미래의 수익과 위험에 대한 기대를 형성하는 데 도움을 주는 회계정보는 목적적합성이 있는 정보라 할 수 있다. 예를 들어, 어느 투자자가 현재 보유하고 있는 주식을 계속 보유할 것인가 아니면 처분할 것인가를 놓고 심사숙고하다가 보유하기로 잠정적인 결론을 내렸다고 가정하자. 이때 만일 주식을 처분하는 것이 더 좋다는 신호를 주는 회계정보가 있다면 그 정보는 목적적합성 있는 정보이다. 또한, 주식을 처분하는 것보다 그 투자자의 잠정적 결론대로 보유하는 것이 더 좋다는 신호를 주는 회계정보가 있다면 그 정보도 역시 목적적합성 있는 정보이다.

(1) 예측가치 또는 확인가치

예측가치(predictive value)는 정보이용자의 미래 예측능력을 향상시켜 의사결정에 영향을 미칠 수 있는 능력을 의미한다. 예를 들어, 반기재무제표에 발표된 반기이익은 그해의 연간 이익을 예측하는 데 활용될 수 있다. 미래에 대한 직접적인 예측정보만 예측가치를 갖는 것은 아니다. 과거 거래나 회계사건에 관한 정보도 보고방법에 따라 예측가치를 가질 수 있다. 재무성과표에 계속영업손익과 중단영업손익이 구분 표시될 때 재무성과표의 예측가치가 향상되는 것이 한 예이다.

확인가치(confirmatory value)는 정보이용자가 과거에 평가한 것을 확인 또는 수정하는 데 정보가 활용되어 의사결정에 영향을 미칠 수 있는 능력을 말한다. 예를 들어, 어떤 기업의 투자자가 특정 회계연도의 재무제표가 발표되기 전에 그해와 그다음 해의 이익을 예측한다고 가정하자. 실제 발표된 이익이 자신이 예측한 이익보다 낮은 경우, 투자자는 그다음 해의 이익 예측치를 하향 수정하므로 당해연도의 보고이익은 확인가치를 갖는다.

목적적합성(또는 관련성)의 속성인 예측가치와 확인가치는 상호 연관되어 있어, 많은 경우 회계정보는 예측가치와 확인가치를 모두 갖고 있다. 예를 들어, 회계정보를 통해 특정 기업의 과거 경영성과를 파악하여 정보이용자의 기대와 비교하면 과거 의사결정이 옳았는지 틀렸는지를 확인할 수 있다. 그리고 기업이 미래에도 유사한 경영활동을 수행할 것이라고 가정하면 미래에 어떤 경영성과가 얻어질 것인가도 예측할 수 있다. 주의할 점은, 예측가치와 확인가치를 모두 가져야 목적적합성이 있는 정보가 되는 것은 아니고 둘 가운데 어느 하나의 가치만 가져도 관련성 있는 정보가 될 수 있다.

(2) 중요성: 목적적합성의 양적 하한치

특정 정보가 재무제표에 생략되거나 잘못 표시될 때 정보이용자의 판단이나 의사결정에 영향을 미칠 수 있다면 그 정보는 중요한 정보이다. 중요성(materiality)은 개별 기업 재무보고서 관점에서 해당 정보와 관련된 항목의 성격이나 규모 또는 이 둘 모두에 근거하여 해당 기업에 특유한 측면의 목적적합성을 의미한다. 중요성은 정보의 생략이나 허위기재가 발생한 상황에서 관련된 항목의 성격이나 오류의 크기에 따라 개별적으로 결정된다. 예를 들어 매출액과 자산 규모가 크게 다른 두 회사의 재무정보의 중요성 수준은 다른 것이 당연하다. 그러나 금액과 관계없이 정보의 성격 자체만으로도 중요한 정보가 될 수 있다. 예를 들어, 신규 사업부문의 이익이 ₩0에 가까울 정도로 극히 작은 경우에도 이러한 이익 수치는 정보이용자가 기업이 직면하고 있는 위험과 기회를 평가하는 데 중요한 정보가 될 수 있다.

2. 표현충실성 - 근본적 질적 특성

표현충실성(충실한 표현, faithful representation)은 회계측정치가 나타내고자 하는 경제적 현상, 즉 회계사건의 실질을 오류나 편의(bias) 없이 충실하게 표현하는 정도를 의미한다. 회계정보가 충실하게 표현되면, 정보이용자는 정보의 내용을 믿을 수 있고 회계정보에 의존해서 의사결정을 할 수 있다. 회계정보가 충실한 표현이 되기 위해서는 다음 세 가지 속성(완전성, 중립성, 오류의 부재)을 가져야 한다.

(1) 완전성

완전성(completeness)은 정보이용자가 회계사건을 이해하는 데 필요한 회계정보가 누락되지 않아야 한다는 것이다. 재무제표의 중요한 정보는 그 정보를 보고하는데 드는 원가가 정보로부터 발생하는 효익을 초과하지 않는 한 누락되지 않고 제공되어야 한다. 수집가능한 중요한 정보가 누락될 경우 표현의 충실성이 심각하게 저해될 수 있다. 예를 들어, 어떤 기업이 특수 관계에 있는 다른 기업에 시장가격보다 고가에 상품을 판매한 경우, 해당 거래내용이 공시되지 않으면 두 기업의 개별재무제표에 보고되는 재무상태와 경영성과에 관한 정보가 충실한 표현이 될 수 없다.

(2) 중립성

중립성(neutrality)은 회계정보의 선택이나 표시에 편의(bias)가 없어야 한다는 속성이다. 의도된 결과를 유도할 목적으로 회계기준을 제정하거나, 재무제표에 특정 회계정보를 선택하여 표시함으로써 정보이용자의 의사결정이나 판단을 특정한 방향으로 유도하려 한다면 그 회계정보는 중립적이라 할 수 없다. 중립성은 회계기준 제정기관이 특정 이용자집단이나 특정 기업을 위해서 회계기준을 제정해서는 안 되며, 사회적 목적을 달성할 수 있도록 회계기준을 제정하여야 한다는 것을 의미하기도 한다. 중립성은 신중을 기함으로써 뒷받침되는데, 이는 자산, 부채, 수익, 비용을 과대평가하지도 않고 과소평가하지도 않는 것을 의미한다['개념체계': 2.16].

(3) 오류의 부재

회계정보가 측정대상을 오류 없이 정확하게 표시하는 것을 오류의 부재(free from error)라 한다. 그러나 오류의 부재가 모든 면에서 완벽하게 정확하다는 것을 의미하지는 않는다. 관측할 수 없는 가치(예 채권의 회수가능성)의 추정치를 사용하는 경우, 추정 절차의 성격과 한계를 설명하고, 그 추정치를 도출하기 위한 적절한 절차를 선택하고 적용하는 데 오류가 없다면 그 추정치는 충실한 표현이라고 할 수 있다.

3. 보강적 질적 특성

보강적 질적 특성(enhancing qualities)은 근본적 질적 특성을 충족하는 정보의 유용성을 보강하는 속성으로써, 비교가능성, 검증가능성, 적시성, 이해가능성을 포함한다. 보강적 질적 특성은 가능한 한 극대화되어야 하지만, 정보가 목적적합하지 않거나 나타내고자 하는 바를 충실하게 표현하지 않으면, 보강적 질적 특성만으로는 정보를 유용하게 할 수 없다['개념체계': 2.37].

(1) 비교가능성

비교가능성(comparability)은 정보이용자가 다양한 경제현상 사이의 유사점과 차이점을 식별하고 이해할 수 있게 하는 특성이다. 회계정보가 같은 산업에 속한 여러 기업을 비교하는 것을 돕거나 같은 기업을 여러 기간에 걸쳐 비교하는 것을 도우면 더 유용한 정보가 된다. 비교가능성과 관련되지만 구별되는 개념이 일관성이다. 일관성(consistency)은 한 기업이 보고기간에 관계없이 같은 회계정책을 사용하거나(동일 기업 내 기간별 일관성), 서로 다른 기업들이 같은 보고기간에 같은 회계정책을 사용하는 것(동일 기간 내 기업 간 일관성)을 말한다.

기업의 재무상태, 경영성과, 현금흐름 및 자본변동의 추세를 분석하고 서로 다른 기업을 상대적으로 분석하기 위해서는 회계정보가 기간별 비교가능성과 기업 간 비교가능성을 가져야 한다. 회계처리가 일관성을 가지면 동일 기업 내에서 특정 기간의 정보를 다른 기간의 유사한 정보와 비교할 수 있고, 동일 기간 내에서 특정 기업의 정보를 다른 기업의 유사한 정보와 비교할 수 있다. 이처럼 일관성은 비교가능성을 높이는 하나의 수단으로 볼 수 있다.

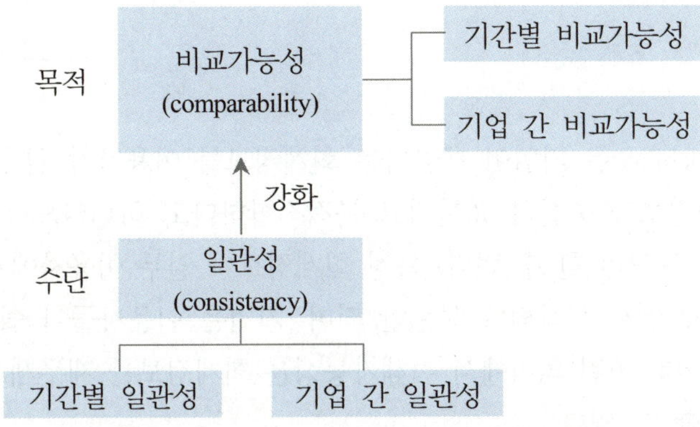

회계정책을 자주 변경하면 기간별 비교가능성이 낮아져 과거 회계자료를 바탕으로 미래성과를 예측하기 어렵다. 그러나 일관성이 특정 회계정책을 다른 정책으로 변경할 수 없다는 것을 의미하지는 않는다. 새로 채택한 방법이 기존 방법보다 우월하다는 것을 입증하면 회계처리방법을 변경할 수 있다. 그러나 일반적으로 다음과 같은 특별한 경우가 아니면 재무제표항목의 분류와 표시에 적용한 회계정책을 동일하게 유지해서 회계정보의 비교가능성을 높여야 한다.

- 회계정책을 변경해야만 재무보고의 목적을 달성할 수 있는 경우
- 새로운 회계기준(또는 해석서)이 발표되어 회계정책을 변경하는 경우

(2) 검증가능성

검증가능성(verifiability)은 두 사람 이상의 전문가가 동일한 회계사건에 대해 동일한 측정방법을 적용하여 각각 독립적으로 측정할 때 거의 유사한 측정치에 도달하게 하는 속성이다. 예를 들어, 독립적인 상대방과의 시장거래에서 현금으로 구입한 자산의 취득원가는 검증가능성이 높은 측정치이다. 회계측정치의 검증가능성이 높을수록 그것이 나타내고자 하는 바를 적정하게 나타내고 있다고 믿을 수

있다. 그러나 검증가능성은 보강적 특성일 뿐 목적적합성이나 표현충실성을 보장하는 것은 아니다.

(3) 적시성

적시성(timeliness)은 정보가 의사결정에 영향을 주는 능력을 잃기 전에 의사결정자에게 전달되는 것을 의미한다. 적시성 있는 정보라 하여 반드시 목적적합성을 갖는 것은 아니나, 적시에 제공되지 않은 정보는 의사결정에 이용할 수 없으므로 목적적합성이 없다. 반기보고서와 같은 중간재무제표는 기말재무제표보다 불완전하고 부정확하지만, 적시성을 고려하여 정보이용자들에게 제공되고 있다. 정보를 적시에 제공하기 위해서 거래나 회계사건의 모든 내용이 확정되기 전에 보고하는 경우, 정보의 목적적합성은 향상되나 표현충실성은 저하된다. 반대로 모든 내용이 확정될 때까지 보고가 지연될 경우, 표현충실성은 높일 수 있으나 그 보고시점 이전에 의사결정을 해야 하는 이용자에게는 이미 목적적합성이 상실되어 유용하지 않다. 따라서 목적적합성과 표현충실성 중 어느 것을 높일 것인지는 정보이용자의 경제적 의사결정 요구를 최대한 충족시킬 수 있는 방향으로 결정하여야 한다.

(4) 이해가능성

이해가능성(understandability)은 기업이 제공하는 회계정보를 이용자가 쉽게 이해할 수 있어야 한다는 것을 의미한다. 회계정보가 충실히 표현되고 목적적합하다고 하더라도 의사결정자가 회계정보를 이해하지 못하면 유용한 정보라 할 수 없다. 특정 회계정보가 일부 이용자에게 이해하기 어렵거나 복잡하다는 이유로 재무제표에서 생략되어서는 안 되며, 기업은 이용자들이 쉽게 이해할 수 있는 방법으로 정보를 공시해야 한다. 이런 의미에서 이해가능성은 회계정보를 재무제표에 보고하는 방법과 관련된 질적 특성이라고 할 수 있다.

4. 질적 특성 간의 상충관계

유용한 회계정보가 갖추어야 할 근본적 질적 특성이 목적적합성과 표현충실성이므로, 목적적합성과 표현충실성이 더 높은 정보를 생산하는 회계처리방법을 택하는 것이 유용한 정보를 제공하는 길이다. 만약 목적적합성과 표현충실성 중 어느 하나의 정도가 유사하면 다른 질적 특성이 더 높은 회계처리방법을 선택한다. 그러나 회계정보의 질적 특성 사이에 상충관계가 존재하여 유용한 정보를 제공하는 방법이 무엇인지 결정하기 어려운 경우가 있다. 예를 들어, 유형자산을 역사적원가(취득원가)로 측정하면 검증가능성이 높아지고 오류는 줄어들지만, 목적적합성은 떨어질 수 있다. 또한, 기업의 재무상태에 중요한 영향을 미칠 것으로 예상되는 손해배상소송에 대한 정보는 목적적합성 있는 정보일 수 있지만, 소송결과를 확실히 예측할 수 없는 상황에서 손해배상청구액을 재무제표에 인식하는 것은 표현충실성을 저해할 수 있다. 이처럼 질적 특성이 서로 충돌하는 경우에 재무보고 목적을 최대한 달성할 수 있는 방향을 정하기 위해서는 상황에 따라 질적 특성 간의 상대적 중요성을 판단하여야 한다.

5. 원가와 효익 간의 균형(포괄적 제약조건)

회계정보가 모든 질적 특성을 만족하는 데에는 한계가 있다. 질적 특성 간 상충 문제 외에도, 회계정보의 질적 특성을 강화하는 데 드는 원가가 효익보다 크면 회계정보가 오히려 경제적 손실을 발생시킬 수 있다. 원가(costs)는 재무보고로 제공될 수 있는 정보에 대한 포괄적 제약요인이다. 재무정보 제공자가 재무정보를 수집, 처리, 검증 및 전달하는 데는 원가가 발생한다. 재무정보 이용자 역시 제공된 정보를 분석하고 해석하는 데 발생한 원가를 궁극적으로 부담한다. 필요한 정보가 제공되지 않으면, 그 정보를 다른 곳에서 얻거나 추정하기 위해서 추가적인 원가가 재무정보 이용자에게 발생한다['개념체계': 2.40]. 그러므로 정보의 유용성을 높이기 위해 질적 특성을 만족시키려 노력하는 한편, 유용한 정보를 제공하는 데 드는 원가가 그 효익을 넘지 않도록 원가와 효익 간의 균형도 고려해야 한다. 예를 들어, 반품권이 있는 판매계약은 개념적 측면에서 ① 고객에게 재화를 이전하는 수행의무(제15장 참조)와 ② 반품기간에 고객이 반품하는 재화를 받는 수행의무(반품용역에 대한 수행의무)를 포함한다. 만약 반품용역을 별개의 수행의무로 분류하면 판매기업이 반품용역의 개별 판매가격을 추정해야 한다. 그러나 국제회계기준위원회(IASB)와 미국 재무회계기준위원회(Financial Accounting Standards Board, FASB)는 이러한 회계처리가 지나치게 복잡하고 작성원가를 정당화할 수 없다고 판단하여 반품용역을 별개의 수행의무로 분류하지 않기로 결정하였다[1115: BC366].

회계정보를 제공하고 이용할 때 드는 원가와 회계정보를 통해 얻는 효익을 객관적으로 비교하여 회계정보의 효율성을 측정하는 것은 상당히 어렵다. 그럼에도 불구하고 회계처리방법과 보고방법을 선택할 때 효익과 원가를 측정할 수 있는 범위 내에서 최선을 다해 비교·평가하여 효익이 원가보다 큰 방법을 선택하여야 한다.

Chapter 01 제4절 재무상태표와 재무성과표

1. 재무제표

(1) 재무제표의 목적과 범위

재무제표의 목적은 기업에 유입될 미래순현금흐름에 대한 전망과 기업의 경제적자원에 대한 경영진의 수탁책임을 평가하는 데 유용한 보고기업의 자산, 부채, 자본, 수익 및 비용에 대한 재무정보를 재무제표이용자들에게 제공하는 것이다['개념체계': 3.2].

재무제표에는 자산·부채·자본을 인식하는 재무상태표와 수익·비용을 인식하는 재무성과표(포괄손익계산서) 외에 현금흐름표, 자본변동표, 그리고 주석이 포함된다. 재무제표는 기업의 미래에 대한 경영진의 기대나 전략과 같은 미래전망 정보는 포함하지 않는다. 그러나 다음 조건을 모두 만족하는 경우에는, 미래에 발생할 수 있는 거래 및 회계사건에 대한 정보(미래전망 정보)를 재무제표에 포함한다['개념체계': 3.6].

- 그 정보가 보고기간 말 현재 또는 보고기간 중 존재했던 기업의 자산, 부채(미인식 자산이나 부채 포함)나 자본 또는 보고기간의 수익이나 비용과 관련된 경우
- 재무제표이용자들에게 유용한 경우. 예를 들어, 미래현금흐름을 추정해서 자산이나 부채를 측정하면, 추정 미래현금흐름에 대한 정보는 재무제표이용자들이 보고된 측정치를 이해하는 데 도움을 줄 수 있다.

(2) 재무제표의 종류

투자자와 채권자의 자본배분 의사결정에 도움이 되는 목적적합하고 충실하게 표현된 재무정보를 제공하는 주된 수단은 「K-IFRS」에 따라 작성된 다음의 재무제표(financial statements)이다.

- 재무상태표: 회계기간 말 현재의 재무상태에 관한 정보를 보고
- 재무성과표(포괄손익계산서): 회계기간의 경영성과에 관한 정보를 보고
- 현금흐름표: 회계기간의 현금유입과 유출에 관한 정보를 보고
- 자본변동표: 회계기간의 자본변동에 관한 정보를 보고
- 주석: 재무제표에 포함된 정보를 보충 설명하여 재무제표를 이해하는 데 도움을 제공

주석(footnote)은 재무제표의 일부로서, 본문의 정보에 추가하여 재무제표의 전반적인 이해를 도울 양적, 질적 정보를 제공한다. 민감하고 중요한 정보가 주석에 숨어 있는 경우가 많아 세심한 분석과 주의가 필요하다. 주석으로 보고하는 정보는 재무제표항목이 아닐 수도 있고, 계량화하지 않아도 되며, 부분적으로나 전체적으로 서술형일 수 있다. 기업이 필수적으로 공시해야 하는 주석은 다음 3가지이다.

① 재무제표 작성기준과 중요한 거래의 회계처리에 적용한 회계정책(예 감가상각방법)

② 재무제표 본문에 표시되지 않지만, 재무제표를 이해하는 데 필요한 추가정보(예 보고기간 말 이후의 후속사건, 계류 중인 소송)

③ 보고된 숫자에 관한 추가적 세부사항(예 부문별 보고)

기업은 재무제표 이외의 추가정보를 통해서 경제적자원과 의무, 경영성과, 현금흐름, 자본변동에 관한 정보를 제공하기도 한다. 예를 들어, 재무정보에 대한 경영자의 설명과 그 정보의 중요성에 대한 설명을 포함하는 보충정보(supplementary information)를 추가로 제공할 수 있다. 리스부채에 관한 부속명세서를 제공하거나, 석유회사나 가스회사가 지하자원 매장량과 미래현금흐름의 현재가치를 보충정보로 제시하는 것 등이다. 재무보고의 기타 수단으로 제공되는 추가정보는 「K-IFRS」의 적용대상이 아니다.

(3) 재무제표의 기본가정: 계속기업가정

재무제표는 일반적으로 보고기업이 예측 가능한 미래에 영업을 계속할 것이라는 가정 하에 작성된다. 즉, 기업이 청산을 하거나 거래를 중단하려는 의도가 없으며, 그럴 필요도 없다고 가정한다. 만약 그러한 의도나 필요가 있다면, 재무제표는 계속기업과는 다른 기준에 따라 작성되어야 하고, 사용된 기준을 재무제표에 기술하여야 한다['개념체계': 3.9].

이러한 계속기업가정(going concern assumption)은 기업이 무조건 영원히 존재한다고 가정하는 것이 아니라, 현재 가진 기대나 계획이 완료되는 시점까지는 존속할 것이며, 합리적으로 예측할 때 그 이후에도 상당한 미래 기간에 걸쳐 영업활동을 계속 수행할 것이라고 가정하는 것이다. 기업이 상당기간 사업성과를 보고해 왔고, 보고기간 말 현재 경영에 필요한 재무자원을 확보한 경우에는 경영활동이 청산되거나 중단되지 않을 것으로 보아 계속기업을 가정하고 재무제표를 작성한다.

회계에서 계속기업가정을 채택해 온 이유는 자산을 역사적원가로 측정하는 것을 정당화하기 위해서였다. 기업이 곧 청산될 것이라면 청산가치에 기초하여 회계처리해야 하는데, 자산을 역사적원가로 측정하느냐 아니면 공정가치 또는 청산가치로 측정하느냐에 따라 기간손익이 크게 달라질 수 있다. 기업의 존속기간 전체에 걸쳐 계산한 당기순이익의 총액은 어느 측정기준을 적용해도 같은 금액이 된다. 계속기업을 가정하는 경우, 여러 측정기준 중 비교적 객관적이고 적용하기 편한 역사적원가를 사용해 자산을 측정해도 큰 무리가 없다.

만일 경영자가 계속기업가정이 충족되기 어렵다고 판단하면 계속기업가정을 포기하고 재무제표에 아래 내용을 주석으로 기재한다.

- 계속기업으로 존속할 능력에 대한 심각한 불확실성
- 재무제표가 계속기업가정을 만족시키지 않고 작성된 사실

재무상태표 작성일 후에 기업의 청산이 확정되거나 청산 이외의 다른 현실적 대안이 없다고 판단하는 경우에는, 계속기업을 전제하고 재무제표를 작성 · 보고하여서는 안 된다. 또한, 재무상태표 작성일 후에 경영성과와 재무상태가 심각하게 악화된 경우에는 계속기업을 가정하는 것이 적절한가를 판단할 필요가 있다.

2. 재무상태표

재무상태표(statement of financial position)는 특정 시점(예 2021. 12. 31.)의 재무상태를 나타내는 표로써, 회사가 어떤 자원을 소유하고 있고 그 자원의 획득에 필요한 자금이 어떻게 조달되었는지를 보여준다.

회사가 무엇을 가졌는지		자금이 어떻게 조달되었는지
경제적자원	=	자금조달의 원천
자산	=	부채 + 자본
순자산: 자산 − 부채	=	자본

「K-IFRS」하에서 기업은 재무상태표 항목을 자산, 자본, 부채의 순서로 배열하고, 자산과 부채 내에서는 유동성이 낮은 비유동항목부터 보고하는 것이 일반적이다. 그러나 과거의 관행대로 자산, 부채, 자본의 순서로 배열하고 자산과 부채는 유동항목부터 보고하는 것도 허용된다. 비유동항목을 유동항목보다 먼저 보고하는 방식의 논거는, 현금과 같은 유동항목보다 유형자산이나 투자자산과 같은 비유동항목이 그 기업의 특성을 더 잘 반영하므로 투자자와 채권자에게 더 유용한 정보를 제공한다는 견해이다.

재무상태표의 양식은 보고식을 원칙으로 하나 계정식으로 작성할 수도 있다. 보고식은 자산항목을 먼저 배열한 후 자본항목과 부채항목을 나열하여 보고하는 방법이다. 계정식은 자산항목을 재무상태표의 왼쪽에 표시하고 자본과 부채항목을 재무상태표의 오른쪽에 나열하여 표시하는 방법이다. 보고식 재무상태표를 예시하면 다음과 같다.

보고식 재무상태표	
자산	
비유동자산:	
유형자산	×××
영업권	×××
기타 무형자산	×××
자회사에 대한 투자	×××
기타포괄손익－공정가치측정금융자산	×××
유동자산:	
재고자산	×××
매출채권	×××
기타 유동자산	×××
현금 및 현금성자산	×××
총자산	×××
자본과 부채	
모회사의 주주에게 귀속되는 지분:	
자본금	×××
기타적립금(기타포괄손익누계액)	×××
이익잉여금	×××
비지배지분	×××
총자본	×××
비유동부채:	
장기차입금	×××
이연법인세부채	×××
장기충당부채	×××

유동부채:

매입채무	×××
단기차입금	×××
유동성장기부채	×××
당기 법인세부담액	×××
단기충당부채	×××
총부채	×××
총자본과 부채	×××

3. 재무성과표

재무성과표(statement of financial performance)는 일정 기간(예 1. 1.부터 12. 31.까지) 창출된 포괄손익과 그 구성요소(수익, 비용, 기타포괄손익)에 대한 정보를 통해 기업의 경영성과를 보고한다. 달리 표현하면, 재무성과표는 일정 기간 주주와의 자본거래를 제외한 모든 원천으로부터 순자산이 증감한 정도와 그 내역에 대한 정보를 제공한다. 재무성과표는 당기순이익(net income)을 계산하는 과정을 보여주는 손익계산서와 기타포괄손익(other comprehensive income)을 보여주는 계산서로 구성된다. 기타포괄손익의 의미는 다음에 살펴본다. 당기순이익과 기타포괄손익을 더한 포괄손익(comprehensive income)을 보고한다는 의미에서 재무성과표는 '포괄손익계산서'라는 명칭으로도 불린다.

기업의 경영성과를 평가하고 미래현금흐름 창출능력을 예측하는 데 유용한 정보를 재무성과표가 제공하기 위해서는 재무성과표에 어떤 항목을 어떻게 보고하는가가 중요하다. 주주와의 거래 이외의 원인으로 순자산이 증가한 것을 당기순이익과 기타포괄손익으로 구분하는 주된 이유도 재무성과표 정보의 예측가치를 향상시키려는 것이다. 당기의 순자산 증가가 미래에도 지속될 것인지, 성장할 것인지 여부는 미래현금흐름의 현재가치에 중대한 영향을 미친다. 많은 정보이용자들이 당기순이익을 미래성과 예측치로 사용할수록, 경영자는 순자산 증가 중 더 많은 부분을 당기순이익으로 보고하려는 유인을 갖는다.

(1) 기타포괄손익[3]

기타포괄손익은 순자산(주주지분)을 변동시키지만, 당기순이익에는 포함되지 않는 손익이다. 당기순이익에 포함되는 항목은 원칙적으로 완료된 거래와 회계사건에서 발생한 실현손익(realized profit or loss)이다. 그러나 미완료된 거래에서 공정가치 변동으로 인해 자산(또는 부채)의 장부금액을 수정하는 경우가 있다. 예를 들어, 보유 중인 금융자산의 공정가치 변동으로 발생한 미실현손익(unrealized holding gains or losses)은 아직 금융자산이 매각되지 않았으므로 미완료된 거래에서 발생한 미실현손익

3) 기타포괄이익이나 기타포괄손실 대신 기타포괄손익이라는 용어를 사용한다. 이익이 발생하면 기타포괄손익을 대변에 기록하고, 손실이 발생하면 기타포괄손익을 차변에 기록한다. 우리나라에서 '기타포괄이익' 또는 '기타포괄손실'이라고 표현하는 경우도 있으나 이는 잘못된 관행이다. IFRS와 US GAAP에 'other comprehensive profit' 또는 'other comprehensive loss'라는 표현이 없다.

이다. 이러한 금융자산을 가까운 미래에 매각하지 않을 계획이라면, 미실현손익이 실현될 가능성이 낮으므로 이를 당기순이익에 포함하는 것은 경영성과를 왜곡할 수 있다. 그러므로 이러한 미실현손익은 당기순이익에 포함하지 않고, 기타포괄손익으로 분류한 후 당기순이익을 우회하여 재무상태표의 주주지분(자본)에 직접 가감한다.

기타포괄손익의 유형은 다음과 같다.

- 재평가잉여금의 순 변동액(제5장 참조)
- 비매매목적으로 보유하는 기타포괄손익－공정가치측정금융자산의 공정가치 변동액(제9장 참조)
- 확정급여제도 하에서의 재측정요소(제20장 참조)

당기순이익은 재무성과표에 보고되고 마감분개를 통해 재무상태표의 이익잉여금으로 대체된다. 기타포괄손익은 발생한 기간의 재무성과표에 보고되지만, 마감분개를 통해 재무상태표의 이익잉여금이 아닌 기타포괄손익누계액으로 대체된다. 재무상태표와 재무성과표의 가장 간단한 양식과 두 보고서 간의 연계성은 다음과 같다.

재무상태표			
자 산	×××	납입자본	×××
		가득자본(earned capital):	
		이익잉여금	×××
		기타포괄손익누계액	×××
		부채	×××

재무성과표 요소	
수익(경상적 활동)	×××
비용(경상적 활동)	(×××)
차익(비경상적 활동)	×××
차손(비경상적 활동)	(×××)
당기순이익	×××
기타포괄손익	×××
포괄손익	×××

'개념체계'는 재무성과표가 손익계산서와 기타포괄손익계산서를 포괄한 단일의 표로 구성되는지, 아니면 두 개의 표로 구성되는지를 특정하지 않는다. 따라서 재무성과표는 다음과 같이 작성될 수 있다.

대안 ①: 하나의 재무성과표에 당기순이익과 기타포괄손익을 모두 보고한다. 재무성과표의 윗부분에 당기순이익을 표시하고, 아래 부분에 기타포괄손익 항목을 표시한다.

재무성과표		
수익		×××
비용		(×××)
당기순이익		×××
기타포괄손익:		
재평가미실현이익	×××	
기타포괄손익－공정가치측정금융자산의 미실현손익	×××	
확정급여제도 하에서의 재측정요소	×××	
현금흐름위험회피 파생상품손익	×××	
해외사업장 외화환산손익	×××	

자회사 기타포괄손익에 대한 지분	×××	×××
포괄손익		×××

대안 ②: 당기순이익을 손익계산서에서 보고하고, 기타포괄손익을 별도의 보고서에서 보고한다. 즉, 재무성과표를 다음의 두 표로 구성한다.

- 수익과 비용의 구성요소를 보고하는 손익계산서
- 당기순이익으로 시작하여 기타포괄손익 항목을 보고하는 포괄손익표

대안 ①과 대안 ② 중 어느 대안을 선택하든 간에, 당기순이익에 기타포괄손익을 가산하여 포괄손익을 공시한다. 당기순이익이 법인세차감 후 금액이므로 기타포괄손익도 다음 중 한 가지 방법으로 세후 금액을 보고한다.

- 기타포괄손익의 각 항목을 법인세차감 후 순액으로 나타낸다.
- 기타포괄손익의 각 항목을 총액으로 나타내고 기타포괄손익총액에 대한 총법인세를 차감한다.

(2) 비용 분류방법

「K-IFRS 제1001호」(재무제표 표시 기준서)는 재무성과표(포괄손익계산서)의 비용을 성격 또는 기능에 따라 분류하도록 규정한다[1001: 99~103]. 비용의 성격별 분류방법(nature-of-expense method)은 비용의 성격(예 인건비)에 따라 비용을 분류하는 방법이다. 예를 들어, 인건비가 제조활동에서 발생했는지 판매활동에서 발생했는지 따지지 않는다. 이에 반해, 비용의 기능별 분류방법(function-of-expense method)은 비용이 어떤 기능(예 제조)을 수행하는 과정에서 발생했는지에 따라 비용을 분류한다. 예를 들어, 제조기업의 제조과정에서 발생한 재료비, 인건비, 제조경비는 재고원가(매출원가)에 포함하고, 판매활동에서 발생한 인건비는 판매비로 보고한다.

재무성과표에서 비용을 성격(예 원재료 구입, 종업원급여, 감가상각비, 운송비, 광고비 등)별로 분류하여 보고하면, 비용을 기능별로 재배분하지 않으므로 적용이 간단할 수 있다. 예를 들면, 여러 제품을 생산하는 제조기업이 성격별 분류방법을 사용하면 동일한 속성을 가진 비용(예 감가상각비)을 재고원가(매출원가)와 기간원가(판매비와 일반관리비)로 구분할 필요가 없다. 또한, 수익과 비용의 서로 다른 특성별로 정보를 별도로 제공하면 재무제표이용자들이 기업의 재무성과를 이해하는 데 도움이 될 수 있다['개념체계': 4.72]. 비용의 성격별 분류와 기능별 분류의 예는 아래와 같다[1001: 102, 103].

비용의 성격별 분류		비용의 기능별 분류	
수익(revenue)	×××	수익(revenue)	×××
기타 수익(other income)	×××	매출원가	(×××)
제품과 재공품의 변동	(×××)	매출총이익	×××
원재료와 소모품의 사용액	(×××)	기타 수익(other income)	×××
종업원급여비용	(×××)	물류원가	(×××)
감가상각비와 기타 상각비	(×××)	관리비	(×××)
기타 비용	(×××)	기타 비용	(×××)

법인세비용차감전순이익	×××	법인세비용차감전순이익	×××

재무성과표에서 비용을 매출원가, 물류원가와 관리활동원가 등과 같이 기능별로 분류하는 방법을 '매출원가법'이라고도 한다. 왜냐하면, 적어도 매출원가는 다른 비용과 분리하여 공시하기 때문이다. 기능별 분류방법은 비슷한 속성을 가진 비용을 재고원가와 기간원가로 구분하는 과정에서 임의성이 개입될 단점을 갖지만, 기능별 비용이 이익에 미치는 영향을 구분해서 보여준다는 점에서 목적적합성 높은 정보를 제공한다는 장점을 갖는다.

(3) 재무성과표 양식

재무성과표에서 수익, 비용, 차익 및 차손 항목은 더욱 세부적으로 구분하거나 통합할 수 있다. 구분이나 통합의 정도에 따라 매출총이익, 영업이익, 계속영업이익, 중단영업이익 및 당기순이익 등 다양한 측정치를 재무성과표에 표시하게 되는데, 비용의 성격별 분류 방법과 기능별 분류방법 하에서 상세한 재무성과표 양식은 각각 다음과 같다.

비용의 성격별 분류			비용의 기능별 분류	
수익		×××	수익	×××
기타 수익		×××	매출원가	(×××)
재고자산의 변동	×××		매출총이익	×××
원재료 사용비용	×××		기타 수익	×××
퇴직급여비용	×××		판매비	(×××)
감가상각비	×××		관리비	(×××)
금융비용	×××		금융비용	(×××)
기타 비용	×××		기타 비용	(×××)
총비용		(×××)	세전이익	×××
세전이익		×××	법인세비용	(×××)
법인세비용		(×××)	계속영업손익	×××
계속영업손익		×××	세후중단영업손익	(×××)
세후중단영업손익		(×××)	당기순이익	×××
당기순이익		×××	세후기타포괄손익	×××
세후기타포괄손익		×××	포괄손익	×××
포괄손익		×××		

재무제표요소

1. 재무제표요소의 정의

재무제표요소(financial statement element)는 자산, 부채, 자본, 수익(income) 및 비용으로 구성된다. 이러한 요소들은 경제적자원, 청구권 및 이들의 변동과 연계되어 있으며, 각 요소의 정의는 <표 1.2>와 같다['개념체계': 4.2].

표 1.2 재무제표요소의 정의

항목	재무제표요소	정의 또는 설명
경제적자원	자산	과거사건의 결과로 기업이 통제하는 현재의 경제적자원(경제적자원은 경제적효익을 창출할 잠재력을 지닌 권리)
청구권	부채	과거사건의 결과로 기업의 경제적자원을 이전해야 하는 현재의무
	자본	기업의 총자산에서 총부채를 차감한 후의 잔여지분
재무성과를 반영하는 경제적자원 및 청구권의 변동	수익	자본의 증가를 가져오는 자산의 증가나 부채의 감소로서, 자본청구권 보유자의 출자와 관련된 것은 제외
	비용	자본의 감소를 가져오는 자산의 감소나 부채의 증가로서, 자본청구권 보유자에 대한 분배와 관련된 것은 제외
그 밖의 경제적자원 및 청구권의 변동		자본청구권 보유자에 의한 출자와 그들에 대한 분배 자본의 증가나 감소를 초래하지 않는 자산 또는 부채의 교환

(1) 자산

자산(asset)은 과거사건의 결과로 기업이 통제하는 현재의 경제적자원이고['개념체계': 4.3], 경제적자원(economic resource)은 경제적효익을 창출할 잠재력을 지닌 권리이다['개념체계': 4.4]. 자산의 정의에 대한 3가지 측면인 권리, 경제적효익을 창출할 잠재력, 통제를 아래에서 살펴본다.

권리

경제적효익을 창출할 잠재력을 지닌 권리는 다음과 같이 다양한 형태를 갖는다['개념체계': 4.6].

① 다른 당사자의 의무에 해당하는 권리
   ㉠ 현금을 받을 권리
   ㉡ 재화나 용역을 제공받을 권리
   ㉢ 유리한 조건으로 다른 당사자와 경제적자원을 교환할 권리(예 유리한 조건으로 경제적자원을 구매

하는 선도계약 또는 경제적자원을 구매하는 옵션)

ⓔ 불확실한 특정 미래사건이 발생하면 다른 당사자가 경제적효익을 이전하기로 한 의무로 인해 효익을 얻을 권리

② 다른 당사자의 의무에 해당하지 않는 권리

㉠ 유형자산 또는 재고자산과 같은 물리적 대상에 대한 권리(예 물리적 대상을 사용할 권리 또는 리스제공자산의 잔존가치에서 효익을 얻을 권리)

㉡ 지적재산 사용권

기업은 모든 권리를 자산으로 인식하지는 않는다. 특정 권리가 기업의 자산이 되기 위해서는, 해당 권리가 그 기업을 위해서 다른 모든 당사자들이 이용가능한 경제적효익을 초과하는 경제적효익을 창출할 잠재력이 있고, 기업이 권리를 통제해야 한다. 예를 들어, 토지 위의 도로에 대한 공공권리는 특정 기업의 자산이 아니다['개념체계': 4.9].

기업은 기업 스스로부터 경제적효익을 획득하는 권리를 가질 수는 없다. 예를 들면, 기업이 발행한 후 재매입하여 보유하고 있는 채무상품이나 지분상품(예 자기주식)은 기업의 경제적자원이 아니다. 또한, 기업이 둘 이상의 법적 실체를 포함하는 경우, 그 법적 실체 중 하나가 발행하고 다른 하나가 보유하고 있는 채무상품이나 지분상품은 그 기업의 경제적자원이 아니다['개념체계': 4.10].

존재불확실성(existence uncertainty)은 자산(또는 부채)의 존재 여부에 대한 불확실성을 말한다. 예를 들어, 특정 기업이 다른 당사자로부터 경제적자원을 받을 수 있는 권리가 있는지에 대해 서로 다투는 경우 존재불확실성이 해결(예 법원의 판결)될 때까지 기업이 권리를 보유하는지 불확실하므로 자산이 존재하는지도 불확실하다['개념체계': 4.13]. 이러한 불확실성은 경제적효익의 유입가능성이나 유출가능성이 낮고 발생가능한 결과의 범위가 매우 광범위한 상황과 결합될 수 있는데, 이는 자산이나 부채를 반드시 단일 금액으로만 측정하여 인식하는 것이 목적적합한 정보를 제공하지 않음을 의미할 수 있다. 자산이나 부채가 인식되는지 여부에 관계없이, 이와 관련된 불확실성에 대한 설명정보가 재무제표에 제공되어야 할 수도 있다['개념체계': 5.14].

경제적효익을 창출할 잠재력

경제적자원은 경제적효익을 창출할 잠재력을 지닌 권리이다. 경제적효익을 창출할 가능성이 낮더라도 권리가 경제적자원의 정의를 충족할 수 있으며, 이 경우 자산이 될 수 있다. 하지만 이러한 낮은 가능성은 자산의 인식 여부와 측정방법을 포함하여, 자산과 관련하여 제공해야 할 정보와 그 정보를 제공하는 방법에 대한 결정에 영향을 미칠 수 있다['개념체계': 4.15]. 지출의 발생과 자산의 취득은 밀접하게 관련되어 있으나 양자가 반드시 일치하는 것은 아니다. 따라서 기업이 지출한 경우 이는 미래 경제적효익을 추구하였다는 증거가 될 수는 있지만, 자산을 취득하였다는 확정적인 증거는 될 수 없다. 마찬가지로 관련된 지출이 없더라도 특정 항목이 자산의 정의를 충족하는 것을 배제하지는 않는다. 예를 들어, 자산은 정부가 기업에 무상으로 부여한 권리 또는 기업이 다른 당사자로부터 증여받은 권리를 포함할 수 있다['개념체계': 4.18].

통제

자산의 통제(control)란 보유자가 자산의 사용방법과 사용목적을 결정(지시)하고 자산의 잔여 효익의 대부분을 획득할 수 있는 능력을 말한다. 예를 들어, 기업이 부동산 전체의 소유권에서 발생하는 권리를 통제하지 않고 부동산 지분에 비례하여 통제할 수 있다. 이 경우 기업의 자산은 통제하고 있는 부동산의 지분이며, 통제하지 않는 부동산 전체의 소유권에서 발생하는 권리는 아니다['개념체계': 4.19]. 통제에는 다른 기업이 자산의 사용을 지시하고 그 자산에서 효익을 획득하지 못하게 하는 능력이 포함된다. 따라서 특정 당사자가 경제적자원을 통제하면 다른 당사자는 해당 자원을 통제하지 못한다['개념체계': 4.20]. 통제의 이전 여부가 수익인식 여부를 결정하는 중요한 요소이다(제15장 참조).

(2) 부채

부채(liability)는 과거사건의 결과로 기업이 경제적자원을 이전해야 하는 현재의무이다['개념체계': 4.26]. 부채가 존재하기 위해서는 다음 3가지 조건을 모두 충족해야 한다['개념체계': 4.27].

① 기업에게 의무가 있다.
② 의무는 경제적자원을 이전하는 것이다.
③ 의무는 과거사건의 결과로 존재하는 현재의무이다.

아래에서는 의무, 경제적자원의 이전, 과거 사건으로 생긴 현재의무를 살펴본다.

의무

의무(obligation)는 기업이 회피할 수 있는 실제 능력이 없는 책무나 책임을 말한다. 의무는 항상 다른 당사자(또는 당사자들)에게 이행해야 한다. 다른 당사자는 다른 사람이나 기업, 사람들 또는 기업들의 집단, 사회 전반이 될 수 있으나, 의무를 이행할 대상인 당사자의 신원을 알 필요는 없다['개념체계': 4.29]. 일반적으로 의무는 계약 또는 법률에 의해 성립되며, 당사자가 채무자에게 법적으로 집행할 수 있어야 한다. 그러나 기업이 실무 관행, 공개한 경영방침, 특정 성명을 이행하는 것 이외에 다른 현실적 대안이 없으면, 기업의 실무 관행, 경영방침이나 특정 성명에서 의제의무(constructive obligation)가 발생할 수 있다['개념체계': 4.31]. 의무가 존재하는지 여부가 불확실하면 부채의 존재 여부가 불확실하다.

경제적자원의 이전

경제적자원을 이전하는 의무에는 기업이 경제적자원을 다른 당사자(또는 당사자들)에게 이전(transfer)하도록 요구받게 될 잠재력이 있어야 한다. 경제적자원의 이전가능성이 낮더라도 의무가 부채의 정의를 충족할 수 있다. 그러나 그러한 낮은 가능성은 부채의 인식 여부와 측정방법의 결정을 포함하여 부채와 관련하여 제공해야 할 정보와 그 정보를 제공하는 방법에 대한 결정에 영향을 미칠 수 있다['개념체계': 4.38].

경제적자원을 이전해야 하는 의무의 예는 다음과 같다['개념체계': 4.39].

• 현금을 지급할 의무

- 재화(또는 용역)를 인도하는 의무
- 불리한 조건으로 다른 당사자와 경제적자원을 교환할 의무(예 현재 불리한 조건으로 경제적자원을 판매하는 선도계약(부록 8-1 참조) 또는 다른 당사자가 해당 기업으로부터 경제적자원을 구입할 수 있는 옵션)(부록 10-1 참조).
- 불확실한 특정 미래사건이 발생하면 경제적자원을 이전할 의무
- 기업에게 경제적자원을 이전하도록 요구하는 금융상품을 발행할 의무

과거사건으로 생긴 현재의무

현재의무(present obligation)는 기업이 이미 경제적효익(예 재화나 용역)을 얻었거나 조치를 취했고, 그 결과로 기업이 이전하지 않아도 되었을 경제적자원을 이전해야 하거나 이전하게 될 수 있는 경우에만 과거사건(past events)의 결과로 존재한다['개념체계': 4.43]. 미래의 특정 시점까지 경제적자원의 이전이 집행될 수 없더라도 현재의무는 존재할 수 있다. 예를 들어, 계약에서 미래의 특정 시점까지는 지급을 요구하지 않더라도, 현금을 지급해야 하는 계약상 부채가 현재 존재할 수 있다. 이와 유사하게, 거래상대방이 미래의 특정 시점까지는 업무를 수행하도록 요구할 수 없더라도, 기업에게는 미래의 특정 시점에 업무를 수행해야 하는 계약상 의무가 현재 존재할 수 있다['개념체계': 4.46].

(3) 자본

자본(equity)은 기업의 자산에서 모든 부채를 차감한 후의 잔여지분이다['개념체계': 4.63]. 자본청구권(equity claims)은 기업의 총자산에서 총부채를 차감한 후의 잔여지분에 대한 청구권으로 부채의 정의에 부합하지 않는 청구권을 말한다. 자본청구권은 기업이 발행한 다양한 유형의 지분이나 기업이 또 다른 자본청구권을 발행할 의무를 포함한다['개념체계': 4.64].

보통주 및 우선주와 같이 서로 다른 종류의 자본청구권은 보유자에게 다음과 같은 권리를 서로 다르게 부여할 수 있다['개념체계': 4.65].

- 배당금
- 청산 시점에 전액을 청구하거나, 청산이 아닌 시점에 부분적인 금액을 청구하는 자본청구권을 이행하기 위한 대가
- 그 밖의 자본청구권

(4) 수익과 비용

수익(income)은 자산의 증가 또는 부채의 감소로서 자본의 증가를 가져오며, 자본청구권 보유자의 출자와 관련된 것을 제외한다['개념체계': 4.68]. 비용(expense)은 자산의 감소 또는 부채의 증가로서 자본의 감소를 가져오며, 자본청구권 보유자에 대한 분배와 관련된 것을 제외한다['개념체계': 4.69].

'개념체계'는 주주가 납입한 자본 이외에 주주지분의 증가를 가져오는 자산증가나 부채감소의 형태로 경제적효익이 증가하는 모든 것을 '수익'으로 정의한다. 매출액과 같은 전통적 의미의 수익(revenue)과

차익(gains)을 포함하는 넓은 의미이므로, 「K-IFRS」에서 '수익'이라는 용어가 쓰이면 그것이 차익을 포함한 광의의 수익인지, 아니면 차익을 제외한 협의의 수익인지 확인할 필요가 있다. 또한, '개념체계'에서 사용하는 수익의 영어표현인 'income'은 수익에서 비용을 차감한 전통적 의미의 이익(margin 또는 profit)이 아니라 좁은 의미의 수익(revenue)과 차익(gains)을 포괄하는 의미로 사용된다는 점도 주의하여야 한다.[4] 「K-IFRS」에서는 'income'과 'revenue'를 동일하게 '수익'으로 번역하고 'gains'를 '차익 또는 이익'으로 번역한다. 그러나 'income'과 'revenue' 두 개의 용어를 명확하게 구분할 필요가 있는 경우 'income'은 '광의의 수익'으로 번역한다['개념체계': BC4.96].

수익과 비용은 자산과 부채의 변동으로 정의되지만, 재무성과와 관련된 수익과 비용에 대한 정보는 재무상태와 관련된 자산과 부채에 대한 정보만큼 중요하다['개념체계': 4.71]. 서로 다른 거래나 사건은 서로 다른 특성을 지닌 수익과 비용을 발생시킨다. 수익과 비용의 서로 다른 특성별로 정보를 별도로 제공하면 재무제표이용자들이 기업의 재무성과를 이해하는 데 도움이 될 수 있다['개념체계': 4.72].

(5) 기타 고려사항

회계단위

회계단위(unit of account)는 인식기준과 측정개념이 적용되는 권리나 권리의 집합, 의무나 의무의 집합 또는 권리와 의무의 집합이다['개념체계': 4.48]. 가능한 회계단위는 다음을 포함한다['개념체계': 4.55].

- 개별 권리 또는 개별 의무
- 단일 원천(예 계약)에서 발생하는 모든 권리, 모든 의무 또는 모든 권리와 의무
- 이러한 권리 및(또는) 의무의 하위 집합(예 건물의 구성요소인 지붕을 건물과 별도로 분리해서 감가상각하는 회계단위)

어떤 경우에는 인식을 위한 회계단위와 측정을 위한 회계단위를 서로 다르게 선택하는 것이 적절할 수 있다. 예를 들어, 계약은 개별적으로 인식될 수 있지만 계약포트폴리오의 일부로 측정될 수도 있다['개념체계': 4.49].

미이행계약

미이행계약(executory contract)은 계약당사자 모두가 자신의 의무를 전혀 수행하지 않았거나 계약당사자 모두가 동일한 정도로 자신의 의무를 부분적으로 수행한 계약이나 그 계약의 일부를 말한다['개념체계': 4.56]. 미이행계약은 경제적자원을 교환할 권리와 의무가 결합하여 성립된다. 그러한 권리와 의무는 상호의존적이어서 분리될 수 없으므로, 결합된 권리와 의무는 단일 자산 또는 단일 부채를 구성한다. 교환조건이 현재 유리한 경우에는 자산을 보유하며, 교환 조건이 현재 불리한 경우에는 부채

---

4) 미국에서는 income이 수익에서 비용을 차감한 이익(profit)을 의미하지만, 미국을 제외한 영어권 국가(예 영국, 호주 등)에서는 income이 revenue(예 매출수익)를 의미한다.

를 보유한다. 그러한 자산이나 부채가 재무제표에 포함되는지 여부는 그 자산 또는 부채에 대해 선택된 인식기준과 측정기준 및 손실부담계약(제12장 참조)인지에 대한 검토에 따라 달라진다['개념체계': 4.57].

당사자 일방이 계약상 의무를 이행하면 그 계약은 더 이상 미이행계약이 아니다. 기업이 계약에 따라 먼저 계약상 의무를 이행한다면, 기업의 경제적자원을 교환할 권리와 의무를 경제적자원을 수취할 권리로 변경하는 회계사건(accounting event)이 되므로 그 권리는 자산이다. 반면 다른 당사자가 먼저 계약상 의무를 이행한다면, 기업의 경제적자원을 교환할 권리와 의무를 경제적자원을 이전할 의무로 변경하는 회계사건이 되므로 그 의무는 부채이다['개념체계': 4.58].

계약상 권리와 의무의 경제적 실질

계약의 명시적 조건 또는 암묵적 조건(예 법으로 부과된 의무) 중에서 경제적 실질이 있는 조건은 고려하지만, 경제적 실질이 없는 조건은 무시한다. 특정 조건이 계약의 경제적 측면에서 구별될 수 있는 영향을 미치지 않으면, 해당 조건은 경제적 실질(economic substance)이 없다. 예를 들어, 계약 당사자 그 누구도 구속하지 않는 조건 또는 권리 보유자가 실제로 행사할 능력을 갖지 못하는 권리(옵션 포함)는 경제적 실질이 없는 조건이다['개념체계': 4.60, 4.61].

2. 재무제표요소의 인식과 제거

(1) 인식의 의미

인식(recognition)은 재무제표요소(자산, 부채, 자본, 수익 또는 비용)의 정의를 충족하는 항목을 재무상태표나 재무성과표(포괄손익계산서)에 포함하기 위하여 포착하는 과정(process of capturing)이다. 이때 자산, 부채 또는 자본이 재무상태표에 인식되는 금액을 '장부금액(book value 또는 carrying amount)'이라 한다['개념체계': 5.1]. 인식은 거래나 회계사건의 경제적 효과를 장부에 최초로 기록하는 것뿐만 아니라 동일한 항목에 대한 후속적 변화를 기록하는 것까지 포함한다.

재무상태표와 재무성과표는 재무정보를 비교가능하고 이해하기 쉽도록 구성한 요약으로, 기업이 인식한 자산, 부채, 자본, 수익 및 비용을 나타낸다['개념체계': 5.2]. 인식은 재무제표요소, 재무상태표 및 재무성과표를 <그림 1.1>과 같이 연계시킨다['개념체계': 5.3].

그림 1.1 인식에 따라 재무제표요소가 연계되는 방법

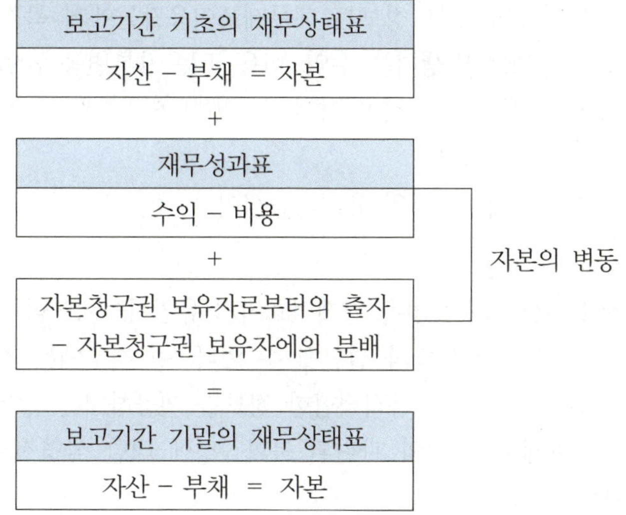

(2) 자산과 부채의 인식

종전의 '개념체계'에서는 재무제표요소의 정의를 충족하는 특정 항목이 다음 인식기준(recognition principle)을 모두 충족하면 재무제표에 인식한다고 규정하였다.

- 해당 항목과 관련된 미래경제적효익이 기업에 유입되거나 유출될 가능성이 높다.
- 해당 항목의 측정속성(예 가치, 원가)을 신뢰성 있게 측정할 수 있다.

'2018 개념체계'에서는 자산, 부채 또는 자본의 정의를 충족하는 항목만을 재무상태표에 인식하고 수익이나 비용의 정의를 충족하는 항목만을 재무성과표(포괄손익계산서)에 인식한다. 그러나 이러한 정의를 충족하는 모든 항목을 인식하는 것은 아니다['개념체계': 5.6]. 자산이나 부채를 인식하고 이에 따른 결과로 수익, 비용 또는 자본변동을 인식하는 것이 재무제표이용자들에게 다음과 같이 유용한 정보를 모두 제공하는 경우에만 자산이나 부채를 인식한다['개념체계': 5.7].

- 자산(또는 부채)에 대한 목적적합한 정보를 제공하고, 자산(또는 부채)을 인식한 결과로 발생하는 수익, 비용 또는 자본변동에 대해서 목적적합한 정보를 제공한다.
- 자산(또는 부채)을 충실하게 표현하고 자산(또는 부채)을 인식한 결과로 발생하는 수익, 비용 또는 자본변동을 충실하게 표현한다.

다만, 자산이나 부채의 정의를 충족하는 항목을 인식하지 않더라도 기업은 해당 항목에 대한 정보를 주석에 제공해야 할 수도 있다['개념체계': 5.11]. [2018 개념체계: 5.7]에 따르면 유용한 정보를 제공하지 않는 자산 또는 부채를 재무상태표에 보고하지 않으므로, '유용한 정보가 무엇이냐?'가 논쟁의 대상이 될 수 있다. 그러나 실무에서 특정 정보가 유용하지 않다는 설득력있는 강한 증거를 제시하는 것이 현실적으로 어렵다.

재무제표요소의 인식과 목적적합성

자산, 부채, 자본, 수익과 비용에 대한 정보는 재무제표이용자들에게 목적적합하다. 그러나 특정 자산이나 부채를 인식하고 그 결과로 발생하는 수익, 비용 또는 자본변동을 인식하는 것이 다음과 같은 경우에는 목적적합한 정보를 제공하는 것이 아닐 수 있다['개념체계': 5.12].

- 자산이나 부채가 존재하는지 불확실하다.
- 자산이나 부채가 존재하지만 경제적효익의 유입가능성이나 유출가능성이 낮다.

① 존재불확실성(existence uncertainty)

자산(부채)의 존재 여부에 대한 불확실성은 경제적효익의 유입가능성이나 유출가능성이 낮고 발생가능한 결과의 범위가 매우 광범위한 상황과 결합될 수 있다. 이 경우에는 자산(또는 부채)을 반드시 단일 금액으로만 측정해서 인식하는 것이 목적적합한 정보를 제공하지는 않음을 의미할 수 있다. 자산(또는 부채)의 인식 여부와 관계없이, 이와 관련된 불확실성에 대한 설명정보가 재무제표에 제공되어야 할 수도 있다['개념체계': 5.14].

② 경제적효익의 유입가능성과 유출가능성이 낮음

경제적효익의 유입가능성이나 유출가능성이 낮더라도 자산이나 부채가 존재할 수 있다['개념체계': 5.15]. 경제적효익의 유입가능성이나 유출가능성이 낮으면, 그 자산이나 부채에 대해 가장 목적적합한 정보는 발생가능한 유입이나 유출의 크기, 발생가능한 시기 및 발생가능성에 영향을 미치는 요인에 대한 정보일 수 있다. 이러한 정보는 일반적으로 주석에 기재한다['개념체계': 5.16].

재무제표요소의 인식과 표현충실성

특정 자산이나 부채를 인식하는 것이 적절한 경우는 그 인식이 목적적합한 정보를 제공할 뿐만 아니라 해당 자산이나 부채와 이에 따른 결과로 발생하는 수익, 비용 또는 자본변동에 대한 충실한 표현을 제공할 때이다. 충실한 표현이 제공될 수 있는지는 자산이나 부채와 관련된 ① 측정불확실성의 수준 또는 ② 다른 요소들에 의해 영향을 받을 수 있다['개념체계': 5.18].

① 측정불확실성

측정불확실성(measurement uncertainty)은 재무제표요소의 화폐금액을 직접 관측할 수 없어 추정해야만 하는 경우에 발생하는 불확실성이다. 합리적인 추정치의 사용은 재무정보의 작성에 필수적인 부분이며, 측정불확실성이 높다 하더라도 추정이 명확하고 정확하게 설명된다면 추정치의 사용은 정보의 유용성을 저해하지 않는다['개념체계': 2.19]. 측정불확실성이 높다 하더라도 추정치가 유용한 정보를 제공하지 못하는 것은 아니다['개념체계': 5.19].

그러나 경우에 따라서는 측정불확실성이 높아 자산이나 부채를 인식하지 않을 수도 있다. 즉, 자산이나 부채에 대한 측정치를 추정한 과정과 그에 영향을 미치는 불확실성을 설명한다고 하더라도 그 자산이나 부채에 대해 이용가능한 목적적합한 모든 측정이 측정불확실성에 영향을 받아 자산이나 부채에 대한 유용한 정보를 제공하지 못할 수 있다. 이 경우에는 표현충실성이 달성되지 못하므로 자산이나 부채를 인식하지 않는다['개념체계': 5.22].

② 다른 요소들

인식된 자산, 부채, 자본, 수익 또는 비용에 대한 충실한 표현은 해당 항목의 인식뿐만 아니라 그 항목의 측정 및 표시와 관련 정보의 공시를 포함한다['개념체계': 5.24]. 따라서 자산이나 부채의 인식으로 그 자산이나 부채를 충실하게 표현할 수 있는지를 평가할 때, 다음의 요소도 고려할 필요가 있다['개념체계': 5.25].

- 결과적으로 발생하는 수익, 비용 및 자본변동에 대한 서술. 예를 들어, 기업이 자산을 취득한 경우, 자산을 인식하지 않으면 비용을 인식하게 되고 기업의 이익과 자본을 감소시킬 수 있다. 기업이 그 자산을 즉시 소비하지 않으면서도 비용을 인식한다면 기업의 재무상태가 악화되었다고 오해를 유발할 수 있는 표현을 제공할 수 있다.
- 관련 자산과 부채가 인식되는지 여부. 비록 주석에 설명정보가 제공된다 하더라도, 인식불일치(회계불일치)(제8장, 제10장 참조)가 발생하는 경우에는 자산이나 부채를 발생시키는 거래나 그 밖의 사건의 전반적인 영향에 대해서 이해가능하거나 충실한 표현을 제공하지 못할 수 있다.

(3) 보수주의와 신중성

오랜 기간 회계실무에서 사용된 관행으로 '보수주의'가 있다. 보수주의(conservatism)는 불확실성 하에서 재무제표요소의 측정액을 추정할 때 자산과 수익은 과대평가하지 않고 부채와 손실은 과소평가하지 않는 대안을 선택하는 것이다. 예를 들면, 불확실성 하에서 손실(비용)은 예측시점에 즉시 인식하는 반면, 수익(이익)은 나중에 수행의무를 이행하는 시점에 인식하는 것이다. 보수주의는 순자산이나 순이익을 의도적으로 과소평가하려는 것이 아니라, 미래의 불확실성과 위험을 재무제표에 비관적으로 반영하려는 노력이라는 견해도 있다. 지나치게 낙관적인 경영성과를 발표하려는 경영자가 많은 현실에서 보수주의가 유용한 정보를 제공하는 측면이 있었던 것도 사실이다.

그러나 보수주의는 예상되는 손실과 이익을 차별적으로 처리하므로 기간별 재무상태와 경영성과 정보에 편의(bias)를 가져올 가능성이 있다. 관련되는 여러 회계기간을 묶어서 생각하면, 보수주의는 순이익의 총액에 영향을 미치는 것이 아니라 순이익의 기간귀속에만 영향을 미친다. 보수주의에 따라 특정 연도에 과소평가된 항목이 미래 회계연도에 반대의 효과를 가져와 결과적으로 미래 기간의 순이익이 과대보고 되기 때문이다. 따라서 보수주의는 충실한 표현의 한 속성인 오류의 부재와 충돌하거나 재무정보의 중립성을 해칠 소지가 있다.

'2018 개념체계'에서는 이러한 보수주의 대신에 신중성(prudence)을 강조한다. 즉, 표현충실성의 한 요소인 중립성은 신중을 기함으로써 뒷받침된다고 규정한다['개념체계': 2.16]. 신중을 기한다는 것은 불확실한 상황에서 판단할 때 주의를 기울이는 것이다. 자산, 수익, 부채, 비용이 과대평가되지도 않고 과소평가되지도 않도록 하는 것이 신중성이다. 순자산의 과소평가와 과대평가 모두 그릇된 평가(misstatements)이고, 그 결과 미래 기간의 수익이나 비용이 왜곡될 수 있으므로 피해야 한다는 것이다.

(4) 재무제표요소의 제거

제거(derecognition)는 기업의 재무상태표에 인식된 자산이나 부채의 전부 또는 일부를 삭제하는 것이다. 다음과 같이 특정 항목이 더 이상 자산 또는 부채의 정의를 충족하지 못할 때 제거한다['개념체계': 5.26].[5)]

- 자산은 일반적으로 전부 또는 일부에 대한 통제를 상실하였을 때 제거한다.
- 부채는 일반적으로 전부 또는 일부에 대한 현재의무를 더 이상 부담하지 않을 때 제거한다.

3. 재무제표요소의 측정

측정(measurement) 또는 평가(valuation)는 재무제표요소의 화폐금액을 결정하는 것이다. 재무제표에는 일반적으로 구매력 변동에 대해 조정하지 않은 화폐의 명목단위를 사용한다. '개념체계'는 재무제표요소의 측정기준으로 다음을 제시한다.

표 1.3 측정기준의 유형

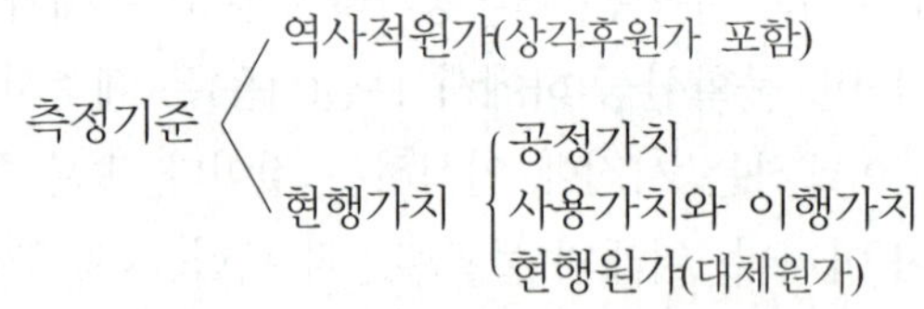

(1) 역사적원가

역사적원가(historical cost)는 기업이 자산을 취득할 때 지급한 현금 또는 현금성자산(cash equivalent)이나 기타 대가의 공정가치를 말한다. 역사적원가주의를 따르면, 일반적으로 자산은 취득시점에 지급한 대가와 거래원가로 측정하고, 부채는 의무를 발생시킨 수취액에서 거래원가를 차감한 가치로 측정한다['개념체계': 6.5]. 그러나 특별한 경우(예 법인세부채)에는 의무를 충족하기 위하여 실제로 지급할 것으로 기대하는 금액으로 부채를 측정한다.

때로는 원가를 식별할 수 없거나 그 원가가 자산이나 부채에 관한 목적적합한 정보를 제공하지 못하는 경우도 있다. 예를 들면, 시장 조건에 따른 거래가 아닌 사건의 결과로 자산을 취득 또는 창출하거나 부채를 발생시키거나 인수하는 경우이다. 이럴 때는, 그 자산이나 부채의 현행가치를 최초 인식

---

5) 영어표현인 'write off'와 'derecognition'은 사실상 같은 의미이지만, 한국회계기준원이 'write off'는 '제각'이라고 번역하고 'derecognition'은 '제거'로 번역했다. 통상적으로 '제거'는 관련 항목을 재무제표에서 완전히 삭제하는 것을 의미하고[1109: 부록 A], '제각'은 관련 항목의 일부 또는 전체를 줄이는 것을 의미한다[1109: B5.4.9]. 그러나 「K-IFRS 제1109호」에서 '제각'을 설명하면서 '제거'라는 용어를 사용하기도 해[1109: B3.2.16(18)] 사실상 두 용어를 혼용하고 있다. 즉, 제각과 제거 모두 특정 항목의 전체 또는 일부를 감액하는 행위를 의미할 수 있다.

시점의 간주원가로 사용한다. 그리고 그 간주원가를 역사적원가로 후속 측정할 때의 시작점으로 사용한다['개념체계': 6.6].

pp. 31-33에서 설명할 현행가치와 달리, 역사적원가는 자산의 손상이나 손실부담에 따른 부채의 변동(제12장 참조)을 제외하고는 가치의 변동을 반영하지 않는다['개념체계': 6.4]. 그러나 자산과 부채의 역사적원가가 영원히 변하지 않는 것은 아니다. 자산의 역사적원가는 자산의 소비, 소멸, 손상 등을 반영하기 위해 필요하다면 시간의 경과에 따라 갱신(update)되어야 한다['개념체계': 6.7]. 마찬가지로, 부채의 역사적원가도 부채의 이행, 이자발생 등을 반영하기 위하여 필요하다면 시간의 경과에 따라 갱신되어야 한다['개념체계': 6.8]. 금융자산과 금융부채는 이자를 발생시키므로 역사적원가를 이용하여 측정하는 방식도 다른 자산이나 부채와 다르다. 금융자산과 금융부채는 시간의 경과에 따른 이자의 발생, 손상, 현금의 수취 또는 지급과 같은 후속 변동을 반영하도록 갱신한 상각후원가(amortized cost)로 측정한다['개념체계': 6.9]. 상각후원가의 개념은 제8장에서 설명한다.

과거에 비해 역사적원가가 재무제표 항목의 측정치로서 중요성이 낮아진 것은 사실이나, 역사적원가는 여전히 유용한 측정치가 될 수 있다. 그 이유를 회계정보의 질적 특성 관점에서 간단히 설명한다. 먼저, 역사적원가는 자산이나 부채를 발생시킨 거래나 그 밖의 사건의 가격에서 도출된 정보를 적어도 부분적으로 사용하므로, 역사적원가로 자산이나 부채를 측정하여 제공하는 정보는 재무제표이용자들에게 목적적합할 수 있다['개념체계': 6.24]. 매각되거나 소비된 자산의 원가에 대한 정보와 받은 대가에 대한 정보는 예측가치를 가질 수 있다. 이 정보는 미래에 재화나 용역을 판매함에 따른 이익을 예측하는 투입변수로 사용하거나 미래순현금유입에 대한 기업의 전망을 평가하는 데 사용될 수 있다. 또한, 역사적원가로 측정한 수익과 비용은 재무제표이용자들에게 현금흐름이나 이익에 관한 과거 예측에 대한 피드백을 제공하므로 확인가치를 가질 수 있다. 매각하거나 사용한 자산의 원가에 관한 정보는 경영진이 기업의 경제적자원에 대한 수탁책임을 얼마나 효율적이고 효과적으로 수행했는지 평가하는 데 도움이 될 수 있다['개념체계': 6.30].

(2) 현행가치

현행가치(current value)는 측정시점의 시장 상황을 반영하여 갱신된 정보를 사용하여 자산, 부채 및 관련 수익과 비용의 화폐적 정보를 제공한다. 현행가치 측정기준은 공정가치, 자산의 사용가치 및 부채의 이행가치, 그리고 현행원가를 포함한다['개념체계': 6.10, 6.11].

① 공정가치

공정가치(fair value)는 측정일에 시장참여자 사이의 정상거래에서 자산을 매도할 때 받거나 부채를 이전할 때 지급하게 될 가격이다['개념체계': 6.12]. 여기서 '정상거래'(orderly transaction)는 합리적인 판단능력을 가진 두 당사자가 강요가 아닌 자의에 의해 참여하는 거래를 의미한다. 자신을 위해 최선의 행동을 하는 합리적인 두 사람이 자발적으로 참여한 거래에서 합의된 가격은 거래 당시의 시장 상황을 최대한 반영할 것이므로 유용한 측정치가 될 수 있다.

공정가치는 활성시장(제5장 참조)에서 관측되는 가격으로 직접 결정될 수도 있고, 활성시장이 존재하지 않는 상황에서는 예상되는 미래현금흐름의 현재가치로 간접적으로 결정될 수도 있다['개념체계': 6.14]. 공정가치는 자산을 취득할 때 발생한 거래원가로 인해 증가하지 않으며 부채를 발생시키거나 인수할 때 발생한 거래원가로 인해 감소하지도 않는다. 또한, 공정가치는 자산의 처분이나 부채의 이전 또는 결제에서 발생할 거래원가를 반영하지 않는다['개념체계': 6.16].

자산이나 부채를 최초로 인식하는 시점의 역사적원가는 당시 시장가격, 즉 공정가치를 반영한다. 그러나 최초인식 이후에는 시장상황의 변동에 따라 역사적원가와 현행 공정가치가 다를 수 있다. 이 경우 공정가치로 측정하면 자산이나 부채와 관련된 미래현금흐름을 예측할 때 보다 더 목적적합한 정보를 제공한다. 그러나 활성시장가격이 아닌 미래현금흐름 추정치의 현재가치를 공정가치로 사용하는 경우에는 주관성이 개입된 추정치를 공정가치로 볼 수 있는가에 관한 논란이 많다.

공정가치는 미래현금흐름의 금액, 시기 및 불확실성에 대한 시장참여자의 현재 기대를 반영하고, 시장참여자의 현재 기대를 반영한 수익과 비용은 미래 수익과 비용을 예측할 때 투입요소로 사용될 수 있으므로 자산과 부채를 공정가치로 측정한 정보는 예측가치를 가질 수 있다. 또한, 시장참여자의 현재 기대치는 시장참여자의 현재 위험선호도를 반영하는 방식으로 가격에 반영되므로 과거 예상에 대한 피드백을 제공함으로써 확인가치를 가질 수 있다. 그리고 이러한 수익과 비용은 경영진이 기업의 경제적자원을 사용하는 책임을 얼마나 효율적이고 효과적으로 수행했는지를 평가하는 데 도움이 될 수 있다['개념체계': 6.32, 6.33].

② 사용가치와 이행가치

자산의 사용가치(value in use)는 기업이 자산을 사용하고 궁극적으로 처분한 결과 얻을 것으로 기대하는 현금흐름 또는 그 밖의 경제적효익의 현재가치(present value)이다.[6] 부채의 이행가치(fulfillment value)는 기업이 부채를 이행할 때 이전해야 하는 현금이나 그 밖의 경제적자원의 현재가치이다. 거래상대방에게 이전하는 금액뿐만 아니라 그 부채를 이행하기 위해 다른 당사자에게 이전해야 할 금액이 있다면 그것도 포함한다['개념체계': 6.17]. 사용가치와 이행가치는 직접 관측될 수 없으며, 현금흐름기준 측정기법을 사용해서 추정하므로 기업 특유의 가정을 반영한다['개념체계': 6.20]. 달리 표현하면, 사용가치는 특정 기업의 입장에서 자산이나 부채의 고유 가치를 가늠한 금액이며, 자산이나 부채의 공정가치가 활성시장에서 공시되지 않은 경우에 공정가치의 대용치(proxy)로 사용할 수 있다. 한편, 사용가치와 이행가치는 미래현금흐름에 기초하기 때문에 자산을 취득하거나 부채를 인수할 때 발생하는 거래원가는 포함하지 않는다. 그러나 자산을 처분하거나 부채를 이행할 때 발생할 것으로 기대되는 거래원가의 현재가치는 사용가치와 이행가치에 포함한다['개념체계': 6.18].

자산의 사용가치는 미래순현금유입에 대한 예상치를 평가하는 데 사용할 수 있기 때문에 예측가치를 가질 수 있다. 또한, 부채의 이행가치는 부채의 이행에 필요한 추정 현금흐름의 현재가치에 관한 정보를 제공하므로 예측가치를 가질 수 있다. 사용가치나 이행가치 추정치가 미래현금흐름의 금액, 시기와 불확실성으로 추정된 정보와 결합되어 갱신될 경우, 갱신된 추정치는 사용가치나 이행가치의 과거 추정치에 관한 피드백을 제공하기 때문에 확인가치를 가질 수 있다['개념체계': 6.37, 6.38, 6.39].

6) 현재가치는 부록 1-2에서 자세히 설명한다.

③ 현행원가

현행원가(current cost)는 측정대상 자산과 동등한 자산을 취득 · 창출하기 위해 지급할 대가 또는 측정대상 부채와 동등한 부채를 발생시키거나 인수하기 위해 수취할 대가로['개념체계': 6.40] 대체원가(replacement cost)라고도 한다(부록 1-1 참조). 자산의 현행원가는 측정일에 발생할 거래원가를 포함하고, 부채의 현행원가는 측정일에 발생할 거래원가를 차감하여 계산한다. 현행원가와 역사적원가는 유입가치(entry value)로, 자산을 취득하거나 부채를 발생시키는 상황의 시장가격을 반영한다. 이에 반해 공정가치, 사용가치 또는 이행가치는 자산이나 부채를 사용 또는 제거하는 상황에 초점을 맞춘 유출가치(exit value)라 할 수 있다.

현행원가 정보는 동등한 자산을 취득하거나 창출할 수 있는 원가를 반영하거나, 동등한 부채를 발생시키거나 인수하기 위해 받을 대가를 반영하기 때문에 목적적합할 수 있다['개념체계': 6.40]. 또한 현행원가는 소비된 자산의 원가나 부채의 이행에서 생기는 수익에 관한 정보를 제공하므로, 현재 이익을 도출하거나 미래 이익을 예측하는 데 사용될 수 있다. 역사적원가와 달리 현행원가는 자산을 소비하거나 부채를 이행하는 시점의 보편적(prevailing) 가격을 반영한다. 따라서 가격변동이 유의적인 경우 현행원가에 기초한 이익은 역사적원가에 기초한 이익보다 미래 이익을 예측하는 데 더 유용할 수 있다['개념체계': 6.41].

(3) 측정기준을 선택할 때 고려할 요인

여러 측정기준 중 어떤 기준으로 재무제표 항목을 측정할 것인가를 결정하기 위해서는 이용자에게 더 유용한 재무정보를 제공하는 길이 무엇인가 따져야 한다. 따라서 각 측정기준을 재무정보의 질적 특성 관점에서 비교할 필요가 있다.

① 목적적합성

재무정보의 목적적합성은 자산이나 부채의 특성, 그리고 그 자산이나 부채가 미래현금흐름에 기여하는 방식에 의해 영향을 받는다['개념체계': 6.49].

자산이나 부채의 특성

자산이나 부채의 가치가 시장요인이나 그 밖의 위험에 민감하다면 그 자산이나 부채의 역사적원가는 현행가치와 유의적으로 다를 수 있다. 따라서 가치변동에 관한 정보가 재무제표이용자들에게 중요할 경우 역사적원가는 목적적합한 정보를 제공하지 못할 수 있다['개념체계': 6.51]. 역사적원가로 측정한 자산이나 부채의 가치는 시장가치가 변동할 때 변하는 것이 아니라 처분, 손상 또는 이행과 같은 사건이 발생할 때 변경된다. 역사적원가는 이처럼 자산이나 부채의 가치변동에 관한 정보를 적시에 제공하지 않으므로, 이를 바탕으로 결정된 기간손익이 자산이나 부채의 보유에서 발생하는 위험에 기업이 노출된 영향을 완전히 설명하지 못해 예측가치와 확인가치가 떨어질 수 있다['개념체계': 6.52].

그러나 공정가치 변동을 반영하는 정보가 예측가치나 확인가치를 항상 제공하지 못할 수도 있다. 예를 들어, 기업이 자산을 중도에 처분하거나 부채를 만기 전에 이전하지 않으면 시장 상황의 변화를 반영하는 공정가치 정보가 미래현금흐름을 더 잘 예측하지 못한다. 기업이 자산을 내용연수 말까지 계속 사용하거나 계약상 현금흐름의 회수만을 위해 보유하거나 부채를 직접 이행하는 경우가 이에 해당한다['개념체계': 6.53].

자산이나 부채의 미래현금흐름에 대한 기여

현금흐름을 직접 창출하는 경제적자원도 있지만, 많은 경제적자원은 다른 경제적자원과 결합하여 현금흐름을 간접적으로 창출한다. 예를 들어, 유형자산은 일반적으로 기업의 다른 경제적자원과 함께 사용되며, 재고자산은 기업의 다른 경제적자원을 광범위하게 사용(예 마케팅 활동)하지 않는다면 고객에게 판매될 수 없다. 현금흐름을 직접 창출하는 자산(또는 부채)의 경우, 가장 목적적합한 정보를 제공하는 측정기준은 미래현금흐름의 금액, 시기와 불확실성의 현재 추정치를 반영한 현행가치일 것이다['개념체계': 6.56].

② 표현충실성

서로 밀접하게 관련된 자산과 부채에 대해 서로 다른 측정기준을 사용하면 측정불일치(회계불일치, 제10장 참조)가 발생할 수 있다. 이 경우 관련된 자산과 부채에 동일한 측정기준을 사용함으로써 다른 측정기준에 근거한 정보보다 유용한 정보를 제공할 수 있다['개념체계': 6.58]. 예를 들어, 상각후원가로 측정해야 하는 금융부채를 인식이나 측정의 불일치('회계불일치')를 제거하거나 유의적으로 줄이기 위해 공정가치로 측정하는 경우도 있다(제10장 참조).

활성시장의 공시가격을 직접 관찰할 수 없어 추정해야만 하는 경우에는 측정불확실성이 발생한다. 어떤 경우에는 측정불확실성의 수준이 너무 높아서 제공된 정보가 충분히 충실한 표현을 제공하지 못할 수도 있다. 이러한 경우에는 목적적합한 정보를 얻을 수 있는 다른 측정기준을 선택하는 것이 적절하다['개념체계': 6.60]. 측정불확실성은 결과불확실성이나 존재불확실성과는 다르다. 결과불확실성(outcome uncertainty)은 자산이나 부채에서 발생할 경제적효익의 유입이나 유출의 금액 또는 시기에 대한 불확실성을 의미한다. 반면에, 존재불확실성은 자산이나 부채의 존재 여부에 대한 불확실성이다['개념체계': 6.61]. 예를 들면, 리스이용자가 특정 금액을 초과하는 매출액의 일정 비율에 대해서 지급하는 리스료는 특정 매출액의 달성 여부에 따라 지급액이 결정되지만, 매출액이 특정 금액 미만이면 지급하지 않으므로 리스부채의 존재 자체가 불확실하다(제19장 참조). '자산과 부채의 인식'(pp. 27-29)에서 설명한 대로, 존재불확실성이 높은 자산이나 부채를 인식할 경우 목적적합한 정보를 제공하지 못할 수 있다.

결과불확실성 또는 존재불확실성이 측정불확실성으로 이어지기도 하지만, 반드시 그런 것은 아니다. 예를 들어, 활성시장에서 공시가격을 관측하여 자산의 공정가치를 직접 결정할 수 있는 경우, 비록 자산이 궁극적으로 얼마나 많은 현금을 산출할지 불확실하여 결과불확실성이 있다고 하더라도, 그 공정가치의 측정과 관련된 측정불확실성은 없다['개념체계': 6.62].

③ 보강적 질적 특성과 원가제약

특정 보고기업이 기간 간 또는 같은 기간에 다른 기업과 동일한 측정기준을 일관되게 사용하면 보다 비교가능한 재무제표를 작성하는 데 도움이 될 수 있다. 측정기준이 변경되면 재무제표의 이해가능성이 감소할 수 있으나, 변경으로 인해 정보의 목적적합성이 강화된다면 변경이 정당화될 수 있다.

재무제표에 더 많은 측정기준을 사용할수록 정보를 이해하기 어렵고 재무제표의 합계가 덜 유용해지는 것이 일반적이다. 그러나 유용한 정보를 제공하기 위해 필요하다면 많은 측정기준을 사용하는 것이 적절할 수 있다['개념체계': 6.65 ~ 6.67]. 독립적으로 확인할 수 있는 측정기준을 사용하면 검증가능성을 향상할 수 있다. 측정기준을 확인하는 방식은 가격을 관측하는 것과 같이 직접 이루어질 수도 있고, 모형의 투입요소를 확인하는 것과 같이 간접적으로 이루어질 수도 있다['개념체계': 6.68].

역사적원가와 보강적 질적 특성

일반적으로 역사적원가를 측정하는 것이 현행가치를 측정하는 것보다 단순하고 비용이 적게 든다. 또한, 역사적원가를 적용한 측정은 이해가능성이 높고 대부분 검증가능하다['개념체계': 6.69]. 그러나 소비를 추정하고 손상차손(제5장 참조) 또는 손실부담충당부채(onerous liabilities, 제12장 참조)를 측정하는 것은 주관적일 수 있다. 따라서 자산이나 부채의 역사적원가도 현행가치만큼 측정하거나 검증하기 어려울 수 있다['개념체계': 6.70].

역사적원가 측정기준을 사용할 경우, 다른 시점에 취득한 동일한 자산이나 다른 시점에 발생한 동일한 부채가 재무제표에 다른 금액으로 보고될 수 있어 비교가능성이 저하될 수 있다['개념체계': 6.71].

현행가치와 보강적 질적 특성

공정가치로 측정된 동일한 자산이나 부채는 일반적으로 동일한 금액으로 측정되므로 비교가능성을 높일 수 있다. 활성시장의 공시가격을 관측하여 공정가치를 결정하는 경우, 비용이 적게 들고, 단순하며, 이해하기 쉽고, 검증될 수 있다. 반면, 사용가치와 이행가치는 개별 기업의 관점을 반영하므로 동일한 자산이나 부채가 다른 기업에 의해 다르게 보고될 수 있어 비교가능성을 저하시킬 수 있다. 특히 사용가치와 이행가치를 현금흐름기준 측정기법으로 추정할 경우, 비용이 많이 들고 복잡할 뿐만 아니라 주관적 요소가 투입되어 타당성을 검증하는 것이 어려울 수 있다['개념체계': 6.72 ~ 6.74].

현행원가 측정기준을 사용할 경우, 다른 시점에 취득하거나 발생한 동일한 자산이나 부채를 재무제표에 같은 금액으로 보고하므로 비교가능성을 향상할 수 있다. 그러나 현행원가를 결정하는 것은 복잡하고 주관적이며 비용이 많이 들 수 있다. 예를 들어, 기업이 보유하고 있는 자산의 현재 상태를 반영하기 위해 새로운 자산의 현재가격을 조정하여 자산의 현행원가를 측정해야 할 수도 있다. 또한 현행원가 장부금액의 변동을 소비한 것의 현행원가와 가격변동 효과로 나누는 것은 복잡하고 자의적인 가정이 필요할 수 있다. 이러한 어려움 때문에 현행원가 측정치는 검증가능성과 이해가능성이 결여될 수 있다['개념체계': 6.76].

(4) 자본의 측정

자본의 총장부금액(총자본)은 직접 측정하지 않고, 총자산의 장부금액에서 총부채의 장부금액을 차감한 금액으로 측정한다. 그러나 자본의 일부 구성요소(예 자본금)에 대한 장부금액은 직접 측정하는 것이 적절할 수 있다['개념체계': 6.87, 89]. 자본의 개별항목 또는 구성요소의 장부금액은 일반적으로 양(+)의 값이지만 일부 상황에서는 음(−)의 값을 가질 수 있다. 마찬가지로 총자본은 일반적으로 양(+)의 값이지만 어떤 자산과 부채가 인식되는지와 어떻게 측정되는지에 따라 음(−)의 값을 가질 수 있다['개념체계': 6.90].

Chapter 01

자본유지개념

부록 1-1

Tip '개념체계'에 자본유지개념이 명시되어 있으나 자본유지개념을 이해하기가 쉽지 않을 뿐만 아니라 우리나라 실무에서 자본유지개념을 사용하는 경우가 거의 없다. 따라서 자본유지개념 중에서 쉽고 핵심적인 부분만을 간략하게 설명한다. 그러나 여기에 수록된 내용만으로도 회계사시험과 세무사시험에 충분히 대비할 수 있다.

자본유지개념은 영업활동의 결과 기업으로 자산이 유입될 때 그 가운데 얼마를 이익으로 인식할 것인가를 결정하기 위해 필요한 개념이다. 구체적으로, 자본유지(capital maintenance)는 이익을 인식하기에 앞서 투자자본을 잠식하지 않고 기초와 같은 자본을 기말에 유지하는 것을 의미한다. 자본회수(return of capital)는 투자하였던 자본을 회수한 것이며, 자본이익(return on capital)은 자산의 유입액에서 자본회수액을 차감한 잔액이다. 달리 말하면, 자본유지개념은 전체 자산 유입액 중 어느 정도를 자본회수로 인식하고 어느 정도를 자본이익으로 인식하여야 하는가라는 질문에 대한 답이다.

자본유지개념은 자본을 어떻게 규정하느냐에 따라 달라지는데, 다음과 같이 자본을 구분할 수 있다.

- 자본
  - 재무자본
    - 명목화폐자본
    - 일반구매력자본
  - 실물자본

1. 재무자본유지개념

재무자본(financial capital)은 명목화폐단위(nominal monetary units)나 불변구매력단위(units of constant purchasing power)로 측정된 자본을 말한다. 재무제표는 원칙적으로 재무자본에 기초하여 작성하는데, 재무자본유지개념 하에서는 이익을 다음과 같이 측정한다.

기말순자산의 화폐금액	×××
+) 주주에게 분배된 금액	×××
−) 주주로부터 납입된 금액	(×××)
−) 기초순자산의 화폐금액	(×××)
=) 이익	×××

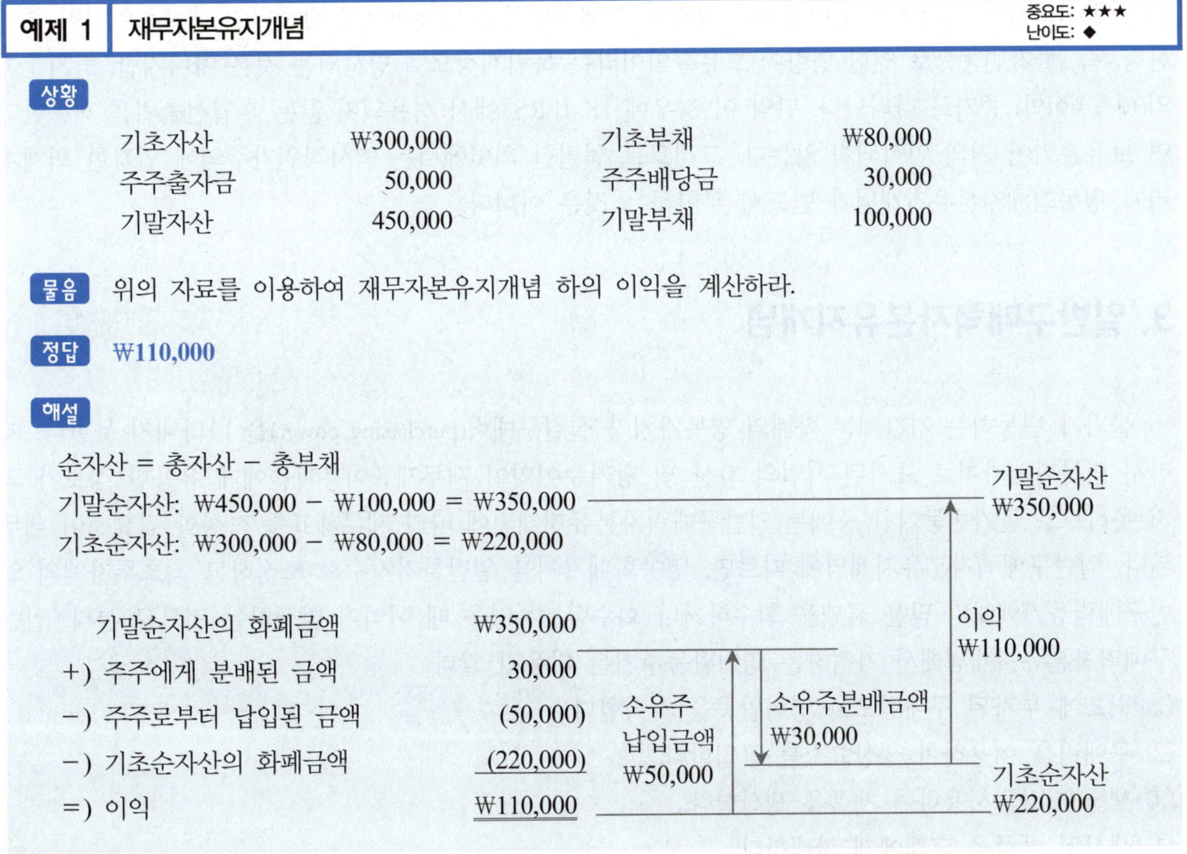

예제 1 재무자본유지개념

중요도: ★★★
난이도: ◆

상황

기초자산	₩300,000	기초부채	₩80,000
주주출자금	50,000	주주배당금	30,000
기말자산	450,000	기말부채	100,000

물음 위의 자료를 이용하여 재무자본유지개념 하의 이익을 계산하라.

정답 ₩110,000

해설

순자산 = 총자산 − 총부채
기말순자산: ₩450,000 − ₩100,000 = ₩350,000
기초순자산: ₩300,000 − ₩80,000 = ₩220,000

기말순자산의 화폐금액	₩350,000
+) 주주에게 분배된 금액	30,000
−) 주주로부터 납입된 금액	(50,000)
−) 기초순자산의 화폐금액	(220,000)
=) 이익	₩110,000

2. 명목화폐자본유지개념

명목화폐자본유지개념은 기업의 경제력을 보존하기 위해 유지해야 하는 자본을 최초명목화폐투자액으로 보고, 투자로부터의 수익이 명목화폐투자액보다 더 많을 때 이익이 발생한다고 본다. 명목화폐자본유지개념은 역사적원가주의의 기초가 되는 개념으로서, 암묵적으로 다음의 영업활동주기를 가정한다.

① 최초에 투자된 현금으로 영업활동을 시작한다.
② 현금을 이용하여 생산요소를 구입한다.
③ 생산요소를 사용하여 제품을 생산한다.

④ 생산된 제품을 고객에게 판매한다.
⑤ 고객으로부터 현금을 회수한다.

기업의 영업활동주기를 위의 관점에서 파악하면, 자본이익(투자이익)은 주주와의 거래(추가출자나 배당지급 등)를 제외하고 기말순자산의 화폐금액이 기초순자산의 화폐금액을 초과하는 경우에 발생한다. 회계기간 동안의 물가변동이 보유중인 자산과 부채에 미치는 영향은 해당 항목이 처분되어 실현될 때 인식한다. 예를 들어, 물가 상승 기간에 재고자산을 선입선출법으로 평가하면 물가 상승으로 인해 기말재고자산 평가액은 상대적으로 증가하고 매출원가는 상대적으로 감소하여 매출총이익이 증가한다. 즉, 물가변동으로 인한 영향이 보유손익이라는 독립계정으로 명시되는 것은 아니지만, 당기순이익(매출총이익) 증가로 나타난다. 만약 이 경우에 「K-IFRS」에서 허용되지 않는 후입선출법을 적용한다면 보유손익이 거의 인식되지 않는다. 그러므로 엄밀한 의미에서는 역사적원가주의에 입각한 회계처리가 명목화폐자본유지개념과 반드시 부합하는 것은 아니다.

3. 일반구매력자본유지개념

물가가 변동하는 기간에는 화폐의 명목가치가 실질구매력(purchasing power)을 나타내지 못한다. 따라서 명목화폐가치로 표시된 기업의 자산 및 당기순이익이 재무제표이용자들에게 유용한 정보가 되지 못하므로 물가변동기간 중에는 일반구매력자본유지개념에 따라 재무제표를 작성할 필요성이 대두된다. 일반구매력자본유지개념에 따르면, 명목화폐가치를 일반물가지수로 조정하고 최초투자액의 일반구매력등가액보다 많은 금액을 회수하거나 회수할 수 있을 때 이익이 발생하는 것으로 본다. 일반구매력자본유지개념에서 가정하는 영업활동주기는 다음과 같다.

① 최초에 투자된 구매력으로 영업활동을 시작한다.
② 구매력을 이용하여 생산요소를 구입한다.
③ 생산요소를 사용하여 제품을 생산한다.
④ 생산된 제품을 고객에게 판매한다.
⑤ 고객으로부터 회수한 현금을 구매력으로 표시한다.

위의 영업활동주기는 회계기간에 수익창출을 위해 상실된 구매력이 기말시점에 회복 · 유지되어야 한다는 의미로서, 자산에 투자된 현금의 구매력이 그 자산에 의해 창출되는 구매력과 연결되어야 한다는 것이다. 이 개념 하에서 순이익은 최초투자액의 구매력을 유지하면서 주주에게 분배할 수 있는 최대금액으로서, 주주와의 거래를 제외하고 기말순자산의 구매력이 기초순자산의 구매력을 초과하는 경우에만 발생한다.

일반구매력자본유지개념에 의하면, 자산이나 부채의 가격 변동 중 일반물가수준 변동에 따른 변화부분은 이익에 포함시키지 않고 재무자본유지를 위한 자본의 조정항목으로 처리한다. 일반물가수준 변동에 따른 변화를 초과하는 부분만 당기손익으로 보고한다. 일반구매력자본유지개념 하에서는 이익을 다음과 같이 측정한다.

	기말순자산의 구매력	×××
+)	주주에게 분배된 금액	×××
−)	주주로부터 납입된 금액	(×××)
−)	기초순자산의 구매력	(×××)
=)	이익	×××

4. 실물자본유지개념

실물자본(physical capital)은 기업의 실물생산능력(예 일일 생산량, 영업능력)으로 정의된 자본을 의미한다. 실물자본유지개념에서 강조하는 것은 현금이나 구매력이 아니라, 제품을 생산할 수 있는 생산능력 또는 생산용량이다. 따라서 실물자본유지개념에서는 영업활동주기를 다음과 같이 가정한다.

① 실물자원에 투자하여 영업활동을 시작한다.
② 실물자원을 사용하여 제품을 생산한다.
③ 생산된 제품을 고객에게 판매한다.
④ 고객으로부터 현금을 회수한다.
⑤ 회수한 현금을 이용하여 사용된 실물자원을 대체한다.

실물자본유지개념을 적용하기 위해서는 일반적으로 현행원가(대체원가)를 사용한다. 사용된 자산의 현행원가보다 많은 금액을 회수하거나 회수할 수 있어 특정 기간에 실물생산능력이 증가하면 순이익이 발생한 것으로 본다. 즉, 주주에게 배분된 금액과 주주로부터 납입된 금액을 제외하고 기말실물생산능력이 기초실물생산능력을 초과하면 이익이 창출된다. 실물자본유지개념에서는 자산측정액과 부채측정액에 영향을 미치는 모든 가격변동은 실물생산능력에 대한 측정치의 변동으로 간주하여, 당기손익이 아니라 자본의 일부인 자본유지조정으로 분류한다.

「개념체계: 6.42」는 현행원가회계에서는 현행원가를 사용하여 이익을 측정하고, 이익을 영업활동에 의한 이익(현행영업이익)과 가격변동 효과인 자산보유활동의 손익(보유손익)으로 세분하도록 규정한다. 영업활동은 기업의 주 제품을 생산 · 판매하는 활동이며, 보유활동은 재판매를 위한 상품의 구입 또는 생산설비 및 원재료의 취득 · 보유와 관련된 활동이다. 보유손익은 기말시점에 실현되었는지에 따라 실현보유손익과 미실현보유손익으로 구분한다. 현행원가에 의한 재무성과표 양식은 다음과 같다.

	수익	×××
−)	대체원가로 수정된 비용	(×××)
=)	현행영업이익	×××
±)	실현보유손익	×××
=)	실현이익(역사적원가주의 당기순이익)	×××
±)	미실현보유손익	×××
=)	대체원가 당기순이익	×××

5. 자본유지개념의 비교

표 1.4 자본유지개념의 요약

구분	재무자본유지개념		실물자본유지개념
	명목화폐자본유지개념	일반구매력자본유지개념	
자본개념	명목화폐투자액	일반구매력등가액	실물생산능력
이익	기말명목화폐투자액 −) 기초명목화폐투자액	기말일반구매력등가액 −) 기초일반구매력등가액	기말실물생산능력 −) 기초실물생산능력
물가변동이 보유자산과 부채에 미치는 영향	실현되었을 때 당기손익으로 인식	일반물가수준변동까지는 자본유지조정으로, 초과분은 당기손익으로 인식	자본유지조정으로 인식

물가가 안정적이라고 가정하면, 명목화폐자본유지개념, 일반구매력자본유지개념, 실물자본유지개념에서의 자본과 이익은 모두 같다. 경제 내의 모든 가격이 동일한 비율로 변화한다고 가정하면, 일반구매력자본유지개념과 실물자본유지개념에서의 자본과 이익은 동일하다. 회사가 보유하고 있는 생산자원의 가격이 경제 내의 다른 자원의 가격과 독립적으로 변화한다고 가정하면, 명목화폐자본유지개념, 일반구매력자본유지개념, 실물자본유지개념에서의 자본과 이익은 모두 다르다.

예제 2 자본유지개념과 순이익

중요도: ★
난이도: ◆◆◆

상황

· 1차연도 1. 1.에 보통주를 ₩7,000에 발행하고 영업을 시작하였다.
· 주식발행대금 ₩7,000으로 상품 100개를 구입하였다.
· 70개를 1차연도 말에 ₩6,800에 판매하였고, 나머지 30개는 2차연도 말에 ₩3,200에 판매하였다.
· 1차연도에 받았던 현금을 2차연도에 그대로 보유하고 있으며, 이자수익은 없었다.
· 1차연도와 2차연도의 물가변동내용은 다음과 같다.

날 짜	일반물가지수	상품 단위당 현행원가
1차연도 1. 1.	100	₩70
1차연도 12. 31.	110	85
2차연도 12. 31.	121	90

물음

다음 각각의 자본유지개념에 따라 2년 동안의 순이익을 계산하라.

1. 명목화폐자본
2. 일반구매력자본
3. 실물자본

정답 1. ₩3,000, 2. ₩1,530, 3. ₩1,000

해설

1. 명목화폐자본

2년간 현금유입액	₩10,000
최초투자액(자본회수)	(7,000)
순이익(자본이익)	₩3,000

2. 일반구매력자본

2년간 현금유입액	₩10,000
최초투자액	(8,470)*
순이익(자본이익)	₩1,530

* $₩7,000 \times \frac{121}{100} = ₩8,470$

3. 실물자본

2년간 현금유입액	₩10,000
최초투자자(₩90 × 100개)	(9,000)
순이익(자본이익)	₩1,000

Chapter 01 부록 1-2

화폐의 시간가치

현재 보유한 화폐는 그로부터 이자수익 등을 획득할 잠재력이 있으므로 같은 금액의 미래 화폐보다 더 큰 가치를 갖는데 이를 화폐의 시간가치(time value of money)라 한다. 예를 들어, ₩1,000,000을 연 이자율 10%인 정기예금에 예치하면 1년 후에는 원금과 이자를 포함한 ₩1,100,000을 받게 된다. 이때 가입시점 현재 가진 ₩1,000,000을 현재가치(present value), 1년 후에 받을 ₩1,100,000을 미래가치(future value)라 부른다.

	₩1,000,000	₩1,100,000
초등학생의 표현	지금 가지고 있는 돈	1년 후에 들어올 돈
회계도사의 표현	현재가치	미래가치

이 정기예금에 2년간 예치 후 찾는다면 총 수령액은 ₩1,210,000(₩1,000,000 × 1.1 × 1.1)으로 커진다. 위의 간단한 예는 다음과 같은 4가지 요소로 구성되어 있다.

① 미래가치: ₩1,100,000(1년 후) 또는 ₩1,210,000(2년 후)

② 이자기간: 1년 또는 2년

③ 연 이자율: 10%

④ 원금(현재가치): ₩1,000,000

만약 이들 4 요소 중에서 3 요소의 값을 안다면 나머지 요소의 값을 구할 수 있다. 회계에서는 이 가운데 특히 현재가치를 계산하는 것이 중요한데, 그 이유는 장기적인 현금유입이나 유출을 수반하는 자산이나 부채의 장부금액을 결정하는 데 현재가치를 사용하기 때문이다. 예를 들어, 10년 후에 ₩1,000,000을 갚아야 할 현재의무가 존재할 때 재무상태표에 보고되는 부채금액은 미래가치 ₩1,000,000이 아니라 현재 시점에서 현금으로 청산할 수 있는 금액, 즉 현재가치다. 이자율을 연 22%로 가정하면 ₩136,900(₩1,000,000 × 0.1369)으로 표시한다. 장기차입금과 사채, 금융리스, 확정급여채무와 같은 장기부채의 측정에는 현재가치가 필연적으로 등장한다. 현재가치를 계산하는 방법은 알지만, 현재가치를 왜 계산해야 하는지 명확히 이해하지 못한 독자들이 많다. 다음 시나리오를 통해 현재가치를 계산하는 이유를 살펴본다.

1차연도 12. 31. 오전에 회사가 3년 만기의 사채(액면금액: ₩1,000,000, 사채권면이자율: 연 20%, 시장이자율: 연 25%)를 발행하여 ₩928,000을 현금으로 받았다. 회계담당자가 1차연도 12. 31. 오후에 작성하는 재무상태표에 부채를 ₩1,000,000으로 나타내야 하는지 ₩928,000으로 나타내야 하는지 몰라 곤혹스러워하고 있다. 회계담당자가 이 문제를 우회적으로 해결하려고, 사장에게 사채발행을 취소하자고 간곡하게 읍소하였다. 사장이 이에 세뇌되어 사채발행을 취소하면, 회계담당자는 부채측정액에 대하여 더 고민할 필요가 없게 되어 홀가분한 마음으로 정동진에서 해돋이를 구경할 수 있을 것이다. 1차연도 12. 31. 오후에 사장이 사채발행을 취소하면 사채취득인으로부터 비웃음은 사겠지만 수수료가 없다고 가정하는 경우 ₩928,000에 부채가 청산된다. ₩928,000은 3번에 걸쳐 매년 지급하는 이자 ₩200,000(₩1,000,000 × 사채권면이자율 20%)과 3년 후 지급할 액면금액 ₩1,000,000을 시장이자율 25%로 할인한 현재가치로서 이 사채의 시장가격이다. 만일 사채발행을 취소하지 않으면 재무상태표 작성시점인 1차연도 12. 31.에 계산한 미래현금흐름의 현재가치(₩928,000)가 부채를 청산할 수 있는 금액이므로 이 금액으로 부채를 보고한다.

1. 이자와 미래가치

1차연도 1. 1.에 사채업자로부터 매월 5% 이자를 지급하기로 하고 ₩1,000,000을 빌렸는데 이자를 갚지 못하는 상황이 되었다고 가정하자. 1년 또는 2년 후 갚아야 할 이자와 원금 총액은 이자를 계산하는 방식에 따라 다음과 같이 달라진다.

방식 1

1차연도 12. 31.에 갚아야 할 금액: ₩1,000,000 + (₩1,000,000 × 5% × 12개월) = ₩1,600,000
2차연도 12. 31.에 갚아야 할 금액: ₩1,000,000 + (₩1,000,000 × 5% × 24개월) = ₩2,200,000

방식 2

1차연도 12. 31.에 갚아야 할 금액: 1,000,000 + (₩1,000,000 × 60%) = ₩1,600,000
2차연도 12. 31.에 갚아야 할 금액: ₩1,600,000 + (₩1,600,000 × 60%)

= ₩1,000,000 × (1 + 60%)² = ₩2,560,000

방식 3(현실 상황)

1차연도 12. 31.에 갚아야 할 금액: ₩1,000,000 × $(100\% + 5\%)^{12}$ = ₩1,795,856

2차연도 12. 31.에 갚아야 할 금액: ₩1,000,000 × $(100\% + 5\%)^{24}$ = ₩3,225,100

방식 1과 같이 원금 ₩1,000,000에 대하여 매달 ₩50,000씩 이자가 불어나서 2년간 이자가 ₩1,200,000(₩50,000 × 24개월)이 되는 것을 단리이자(simple interest)라 한다. 방식 3과 같이 원금에 연체이자를 가산한 금액에 또다시 이자를 계산하여 이자가 기하급수로 불어나서 2년간 이자가 ₩2,225,100이 되는 것을 복리이자(compound interest)라 한다. 복리이자는 원금뿐만 아니라 직전 기간까지 누적된 연체이자에도 또 다시 이자가 발생한다는 개념이다.

단리이자는 다음과 같이 계산한다.

이자 = 원금(p) × 이자율(i) × 기간(n)

$= p \times i \times n$

p = 원금 (차입금액 또는 대여금액)

i = 이자율 (일반적으로 1년 단위로 표시)

n = 기간 (차입금이나 대여금이 상환되지 않은 기간)

복리이자는 다음과 같이 계산한다.

이자 = 원금(p) × $(1 + \text{이자율})^n$

$= p \times (1+i)^n$

방식 3과 같은 복리이자의 계산은 종가표(₩1의 미래가치표)를 이용하면 간편하다. 예를 들어, 방식 3의 2차연도 금액을 계산하려면 미래가치표의 기간 24와 이자율 5%가 만나는 교차점의 미래가치계수 3.2251을 이용한다.

예제 3 **단리이자의 계산**

중요도: ★★★
난이도: ◆

상황

· 재무상태표 작성일이 12. 31.인 회사가 1차연도 11. 1.에 원금 ₩100,000, 연 이자율 12%인 4개월짜리 어음을 발행하였다.

물음 1차연도에 발생한 이자비용을 구하라.

정답 **₩2,000**

해설

이자비용 = ₩100,000 × 12% × 2/12 = ₩2,000

예제 4 복리이자의 계산

중요도: ★★★
난이도: ◆

상황

· 1차연도 1. 1.에 ₩64,000을 빌려주고 3차연도 12. 31.에 원금과 이자를 일시불로 받기로 하였다.
· 연 이자율은 25%이며 복리로 이자를 계산한다.

물음

1. 3차연도 12. 31.에 갚아야 할 금액을 계산하라.
2. 복리계산을 6개월 단위로 하는 경우 3차연도 12. 31.에 갚아야 하는 금액을 계산하라.

정답 **1. ₩125,000, 2. ₩129,747**

해설

1.

날짜	이자(기초잔액 × 이자율)	갚아야 할 금액
1차연도 1. 1.		₩64,000
1차연도 12. 31.	₩64,000 × 25% = ₩16,000	80,000
2차연도 12. 31.	₩80,000 × 25% = ₩20,000	100,000
3차연도 12. 31.	₩100,000 × 25% = ₩25,000	125,000

· 위의 계산을 간단히 하면 다음과 같다.

갚아야 할 금액: ₩64,000 × (1 + 0.25) × (1 + 0.25) × (1 + 0.25)
= ₩64,000 × $(1 + 0.25)^3$
= ₩64,000 × 1.95313
= ₩125,000

· 종가표에서 기간 n=3, 이자율 i=25%가 만나는 교차점 1.95313을 이용해도 된다.

2.

날짜	이자(기초잔액 × 이자율)	잔액
1차연도 1. 1.		₩64,000
1차연도 6. 30.	₩64,000 × 12.5% = ₩8,000	72,000
1차연도 12. 31.	₩72,000 × 12.5% = ₩9,000	81,000
2차연도 6. 30.	₩81,000 × 12.5% = ₩10,125	91,125
2차연도 12. 31.	₩91,125 × 12.5% = ₩11,391	102,516
3차연도 6. 30.	₩102,516 × 12.5% = ₩12,815	115,331
3차연도 12. 31.	₩115,331 × 12.5% = ₩14,416	129,747

· 위의 계산을 간단히 하면 다음과 같다.

갚아야 할 금액: ₩64,000 × $(1 + 0.125)^6$
= ₩64,000 × 2.02728
= ₩129,746

· 종가표에서 기간 n= 6, 이자율 i =12.5%가 만나는 교차점 계수 2.02728을 이용해도 된다.

2. 단일(1회)금액의 현재가치

화장품 외판사원이 1차연도 1. 1.에 고객에게 화장품을 판매하고 2차연도 12. 31.에 ₩100,000을 받기로 하였다. 그 후 회계담당자인 어벙벙 씨에게 화장품 판매액을 ₩64,000으로 보고해서 어벙벙 씨에게 당혹감을 안겨주었다. 화장품 값으로 ₩100,000을 받기로 했는데, 매출액을 ₩64,000으로 보고하면 나머지 ₩36,000을 착복한 것 아니냐는 어벙벙 씨의 추궁에 외판사원은 "무지의 소치로소이다"라 외치고 사무실을 뛰쳐나왔다.

연 이자율이 25%인 정기예금에 ₩64,000을 예치하면 1차연도 말과 2차연도 말의 미래가치는 다음과 같다.

1차연도 1. 1.	예치금	₩64,000
1차연도 12. 31.	₩64,000 × (1 + 0.25)	80,000
2차연도 12. 31.	₩80,000 × (1 + 0.25)	100,000

2년 후 받을 미래가치 ₩100,000의 현재가치가 ₩64,000이라는 외판사원의 주장은 이 거래에 적용할 이자율이 연 25%라는 것이다.

현재가치와 미래가치는 동전의 앞면과 뒷면의 관계와 같다. 현재가치는 미래가치의 뒷면이라 할 수 있으니 다음 예에서 미래가치의 뒤안길을 거닐어 보고 현재가치의 개념을 파악해 보자.

정부가 2차연도 12. 31.에 효도은행을 통해 효도관광비 ₩100,000을 현금으로 지급한다는 증서를 1차연도 1. 1.에 정부로부터 받은 사람이 있다고 가정하자. 이자율이 연 25%인 효도은행에 이 증서를 양도하면 얼마를 받을 수 있을까? 정부 지급보증서이므로 부도 위험성이 전혀 없고 정부가 2차연도 12. 31.에 효도은행에 입금하므로 아무 때나 효도은행에 이 증서를 양도하면 현금을 받을 수 있다. 양도시점에 따라 효도은행에서 받는 금액이 다음과 같이 다르다.

양도시점		받는 금액
2차연도 12. 31.	₩100,000 ÷ $(1 + 0.25)^0$	₩100,000
1차연도 12. 31.	₩100,000 ÷ $(1 + 0.25)^1$	80,000
1차연도 1. 1.	₩100,000 ÷ $(1 + 0.25)^2$	64,000

위의 계산에서 $(1 + 0.25)^2$은 25%로 두 기간 할인한다는 것을 말하고, $(1 + 0.25)^0$은 할인하지 않는다는 것을 의미한다. 예제 4에서는 미래가치를 계산하였는데 여기서는 현재가치를 계산한 것이다. 이 예에서 2차연도 12. 31.에 정부로부터 받을 ₩100,000의 1차연도 12. 31.의 현재가치는 ₩80,000이고 1차연도 1. 1.의 현재가치는 ₩64,000이다. 미래가치를 계산할 때에는 (1 + 0.25)를 곱하는데 현재가치를 계산할 때에는 (1 + 0.25)로 나누므로 현재가치는 미래가치의 반대되는 개념이다.

현재가치는 다음과 같이 미래에 받을 금액을 현재시점의 가치로 (복리로) 환산한 금액이다.

$$\text{단일(1회)금액의 현재가치} = p \times \frac{1}{(1+i)^n}$$

p = 미래에 받을 금액(미래금액)
i = 이자율(할인율)
n = 이자가 발생할 기간의 횟수(복리기간의 횟수)

현재가치는 위의 방식으로 계산할 수 있지만, 미래의 ₩1을 다양한 기간과 이자율(할인율)로 할인한 현재가치를 요약한 현재가치표를 이용하는 것이 편리하다. 단일금액을 가정할 때 현재가치와 미래가치는 다음과 같이 연결되어 있다.

$$\text{현재가치} = \text{미래가치} \div (1+i)^n$$
$$\text{미래가치} = \text{현재가치} \times (1+i)^n$$

예제 5 현재가치

중요도: ★★★
난이도: ◆

상황

· 1차연도 1. 1.에 제품을 판매하고 2년 만기의 약속어음(액면금액: ₩100,000)을 교부받았다.
· 1차연도 12. 31.에 이자 ₩20,000을 받고 2차연도 12. 31.에는 이자 ₩20,000과 액면금액 ₩100,000을 받기로 하였다.
· 시장이자율: 연 25%

물음 1차연도 1. 1.에 이 제품을 현금으로 판매하면 얼마(현재가치)를 받겠는가?

정답 **₩92,800**

해설

· 미래현금흐름을 그림으로 나타내면 다음과 같다.

1차연도 1. 1.	1차연도 12. 31.	2차연도 12. 31.
i = 25%	₩20,000	₩20,000
현재가치 ??	미래현금흐름	100,000
		미래현금흐름

· 위 그림에서 미래현금흐름 3건을 25%로 할인한 현재가치는 다음과 같다.

1차연도 이자의 현재가치: ₩20,000 ÷ $(1 + 0.25)^1$ = ₩20,000 × 0.80 = ₩16,000
2차연도 이자의 현재가치: ₩20,000 ÷ $(1 + 0.25)^2$ = ₩20,000 × 0.64 = 12,800
액면금액의 현재가치: ₩100,000 ÷ $(1 + 0.25)^2$ = ₩100,000 × 0.64 = 64,000
합계 ₩92,800

· 현금판매액 ₩92,800은 2년에 걸쳐 지불하는 금액의 현재가치이다. 현금 ₩92,800을 지불할 여력이 없는

고객은 2년 동안 총 ₩140,000을 내야 한다. 매수대가의 지급시점을 훗날로 미루었기 때문에 ₩47,200(₩140,000 − ₩92,800)을 이자로 지급하는 불이익을 감수해야 한다.

3. 연금의 현재가치

어떤 사람이 향후 3년간 매년 말에 ₩100,000씩 상환하기로 하고 돈을 빌린다고 가정하자. 만일 이자율이 연 25%라면 그 사람은 1차연도 1. 1.에 얼마를 빌릴 수 있을까? ₩100,000의 동일한 미래현금흐름이 세 번 발생하므로 각각을 25%로 할인하면 다음과 같다.

1차연도 말 현금흐름의 현재가치: ₩100,000 ÷ $(1 + 0.25)^1$ = ₩100,000 × 0.80 =	₩80,000
2차연도 말 현금흐름의 현재가치: ₩100,000 ÷ $(1 + 0.25)^2$ = ₩100,000 × 0.64 =	64,000
3차연도 말 현금흐름의 현재가치: ₩100,000 ÷ $(1 + 0.25)^3$ = ₩100,000 × 0.512 =	51,200
합계	₩195,200

위의 계산과정을 공통인수 ₩100,000을 이용해서 단순화하면 다음과 같다.

$$₩100,000 \times (0.8 + 0.64 + 0.512) = ₩100,000 \times 1.952 = ₩195,200$$

앞의 예와 같이 여러 기간에 걸쳐 동일한 금액을 주기적으로 수취(혹은 지불)하는 일련의 현금흐름을 연금(annuity)이라 한다. 연금의 현재가치는 각각의 현금흐름의 현재가치를 더하여 구할 수도 있지만, 연금현재가치표를 이용하는 것이 더 간편하다. 앞의 예에 연금현재가치표를 활용하면, 기간 $n=3$, 이자율 $i=25\%$에 해당하는 연금현재가치계수 1.952를 ₩100,000에 곱해서 현재가치를 구한다.

독자가 60개월 할부로 승용차를 구입한 직후에 할부가 아닌 일시불로 취득했더라면 얼마를 지불했어야 하는지를 알고 싶다면 다음과 같이 할부금(연금)의 현재가치를 계산한다.

방법 ①: 현재가치표에서 각 현금흐름의 현재가치계수를 무려 60번 찾아서 할부금에 곱하고 곱셈결과를 더한다.

방법 ②: 연금현재가치표에서 연금현재가치계수를 찾아 할부금에 곱한다.

반드시 알 필요는 없지만, 연금의 현재가치계수를 계산하는 식은 다음과 같다.

$$\text{연금의 현재가치} = [1 - \frac{1}{(1+i)^n}] \div i$$

i = 이자율(할인율)

n = 이자가 발생할 기간의 횟수(복리기간의 횟수)

우리나라에서 연금복권에 당첨되면 20년 동안 매달 ₩5백만을 받으므로 20년간 총 현금유입액은 ₩12억이다. 그러나 일시금으로 수령하는 경우에는 매달 받는 금액의 현재가치로 할인된 금액을 받게 된다. 할인율 연 6%(또는 9%)를 적용하여 일시 수령액을 계산하면 다음과 같다.

방법 ①: 총 240개의 현금흐름에 대해 현재가치표에서 월 이자율 0.5%(또는 0.75%)에 해당하는 현재가치계수 240개를 찾아 ₩5백만에 무려 240번을 곱하고 곱셈결과를 더하면 약 ₩6억9천8백만(또는 ₩5억5천6백만)이다.

방법 ②: 연금현재가치표에서 연금 현재가치계수 1개(139.58 또는 111.14)를 찾아 ₩5백만에 곱하면 약 ₩6억9천8백만(또는 ₩5억5천6백만)이다.

4. 기말(정상)연금과 기초연금의 현재가치

연금은 매 기간 말에 지급되는 것이 통상적이지만, 매 기간 초에 지급되는 경우도 있다. 연금은 현금흐름이 기말 또는 기초 중 언제 발생하느냐를 기준으로 다음 두 가지 유형으로 나뉜다.

유형 A: 각 기간 말에 현금흐름이 발생한다.

1차연도 1. 1. 1차연도 12. 31. 2차연도 12. 31. 3차연도 12. 31.

1차 현금발생 2차 현금발생 3차 현금발생

이러한 유형에 대해 1차연도 1. 1. 시점의 현재가치를 계산하려면 3개의 미래현금흐름을 할인해야 하는데, 특정 이자율과 기간($n = 3$)이 만나는 교차점에서 연금현재가치계수를 찾아 현금흐름액에 곱한다. 예를 들어, 이자율(할인율)이 25%이고 3년 동안 매년 말에 ₩200,000이 발생하면 1차연도 1. 1. 시점의 현재가치는 ₩390,400(₩200,000 × 1.952)이다.

유형 B: 각 기간 초에 현금흐름이 발생한다.

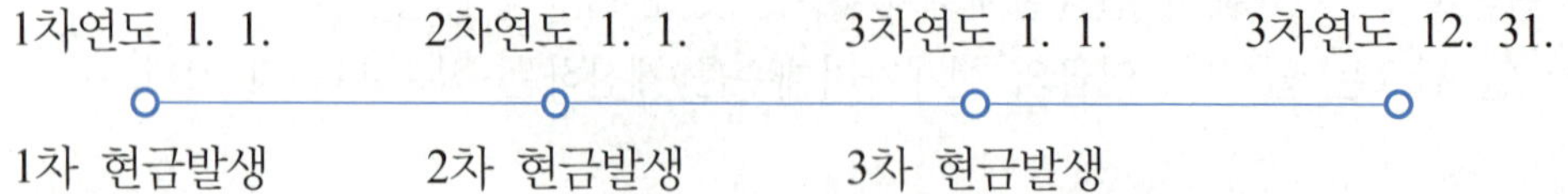

이자율(할인율)이 25%이고 3년 동안 매년 초에 ₩200,000이 발생하면 1차연도 1. 1.시점의 현재가치는 얼마일까? 유형 B에서 유의할 점은 1차 현금발생액은 지금 현재 수중에 있는 현금이므로 그 자체가 현재가치라는 것이다. 다른 각도에서 보면, 1차 현금발생액 ₩200,000의 현재가치를 다음과 같이 계산할 수도 있다.

$$₩200,000 \div (1 + 0.25)^0 = ₩200,000 \times 1 = ₩200,000$$

이 경우에 실제로 할인할 미래현금흐름은 2차연도 1. 1.부터 발생하는 2개의 현금흐름이다. 1차연도 1. 1.에 1년 후와 2년 후에 발생할 현금흐름액에 대해 연금현재가치표에서 기간 n = 2와 이자율 i = 25%가 만나는 교차점의 연금현재가치계수를 찾으면 1.44이므로 2개의 현금흐름의 현재가치는 ₩288,000이다. 그리고 1차연도 1. 1.의 총 현재가치는 ₩488,000(₩200,000 + ₩288,000)이다.

회계에서는 유형 A와 같이 매 기간 말에 현금흐름이 발생하는 연금을 정상연금(ordinary annuity) 또는 기말연금이라 하고, 유형 B와 같이 매 기간 초에 현금흐름이 발생하는 연금을 기초연금(annuity due)이라 한다. 정상연금의 현재가치는 정상연금 현재가치표의 연금 현재가치계수를 매기 현금흐름에 한번 곱하여 계산하므로 매우 간편하다. 이에 반해 기초연금의 현재가치는 1차 현금흐름은 할인 없이 그대로 포함하고 2차부터 n차까지의 $(n-1)$번의 현금흐름은 정상연금 현재가치표를 이용해 할인한 후 합산한다. 그러므로 기초연금 현재가치표는 따로 작성할 필요성이 사실상 없다.

화폐의 시간가치와 관련된 용어와 개념을 요약하면 다음과 같다.

용어	개념
₩1의 미래가치	현재시점의 ₩1과 동일한 가치를 지니는 특정 미래시점의 금액
₩1의 현재가치	특정 미래시점의 ₩1과 동일한 가치를 지니는 현재시점의 금액
₩1의 연금 미래가치	첫 복리기간 말부터 시작하여 매 기간 ₩1이 일정 기간 동안 연속적으로 발생하는 경우 특정 미래시점에 누적된 금액
₩1의 연금 현재가치	첫 복리기간 말부터 시작하여 특정 미래시점까지 매 기간 ₩1이 일정 기간 동안 연속적으로 발생하여 누적된 금액을 현재시점의 가치로 평가한 금액

예제 6 **기말(정상)연금의 현재가치**

중요도: ★★★
난이도: ◆

상황

· 1차연도 1. 1.에 상사병 씨가 애인의 생일 선물을 사기 위해 은행으로부터 돈을 빌리기로 하였다. 상사병 씨는 1차연도 1. 1.부터 라면으로 끼니를 때우고 3년간 돈을 저축하여 매년 말에 ₩500,000씩 상환하기로 하였다. 이자율은 연 25%다.

상황 상사병 씨가 1차연도 1. 1.에 은행으로부터 수령할 총액을 계산하라.

정답 **₩976,000**

해설

· 상사병 씨의 미래 현금유출액은 다음 그림과 같다.

1차연도 1. 1.	1차연도 12. 31.	2차연도 12. 31.	3차연도 12. 31.
현재가치 ??	₩500,000	₩500,000	₩500,000

· 은행으로부터 받을 금액: ₩500,000 × 1.952 = ₩976,000

예제 7 기초연금의 현재가치

중요도: ★★★
난이도: ◆

상황

· 예제 6의 자료를 이용하되, 3번의 상환시점이 각 연도 초라고 가정하라.
· 상사병 씨가 은행으로부터 받은 금액 전부를 선물 사는 데에 투자하고 1차연도 1. 1.에 은행에 상환하는 금액은 별도로 마련한다고 가정하라.

물음 상사병 씨의 선물 투자액을 계산하라.

정답 **₩1,220,000**

해설

· 상사병 씨의 현금유출액은 다음 그림과 같다.

1차연도 1. 1.	1차연도 12. 31.	2차연도 12. 31.	3차연도 12. 31.
₩500,000 현재가치 ??	₩500,000	₩500,000	

기초연금의 현재가치: ₩500,000 + ₩500,000(연금액) × 1.44* = ₩1,220,000
 * 기말(정상)연금의 현재가치: $n = 3-1$, $i = 25\%$

P1–01 명목화폐자본에 의한 자본유지

- 1차연도 1. 1.에 빈손회사는 재고자산 70단위를 단위당 ₩100에 매입하였다.
- 빈손회사는 1차연도 7. 2.과 12. 29.에 각각 40단위(단위당 판매가격: ₩120), 10단위(단위당 판매가격 ₩130)를 현금판매하고 2차연도 6. 30.에 나머지 20단위(단위당 판매가격: ₩145)를 현금판매하였다.
- 빈손회사의 회계기간은 매년 12월 31일에 종료되고 계속기록법을 사용하여 재고자산을 기록한다.
- 각 시점의 단위당 가격은 다음과 같다.

날짜	적요	물량의 흐름	현행원가(대체원가)
1차연도 1. 11.	구입	70단위	₩100
1차연도 7. 2.	판매	(40)	110
1차연도 12. 29.	판매	(10)	115
2차연도 6. 30.	판매	(20)	140

물음 역사적원가기준으로 자산을 평가할 경우에 다음 물음에 답하라.

1. 재고자산의 매입거래를 분개하라.
2. 1차연도의 재고자산 판매거래를 분개하라.
3. 1차연도의 부분포괄손익계산서와 부분재무상태표를 작성하라.
4. 2차연도의 판매거래를 분개하라.
5. 재고자산의 매출에 따른 두 회계연도의 총이익을 계산하라.

P1–02 현행원가(대체원가)기준에 의한 자본유지

- P1-01의 자료를 이용하라.

물음 현행원가(대체원가)기준으로 자산을 평가할 때 다음 물음에 답하라.

1. 재고자산의 매입거래를 분개하라.
2. 1차연도의 판매거래를 분개하라.
3. 1차연도 12. 29.~1차연도 12. 31.에는 투입시장에서 재고자산의 가격변동이 없었다고 가정하고, 1차연도 말에 필요한 분개를 하라.
4. 1차연도의 부분포괄손익계산서와 부분재무상태표를 작성하라.
5. 2차연도의 판매거래를 분개하라.
6. 재고자산의 판매에 따른 두 회계연도의 총이익을 계산하라.
7. 문제 1에서 역사적원가기준을 사용하여 구한 연도별 순이익과 현행원가(대체원가)기준하에서 구한 연도별 순이익을 비교하라.

P1–03 미래가치와 현재가치를 알았을 때 다른 변수를 구하는 방법

- 사랑하는 사람이 오늘 ₩6,400을 빌려주면 2년 후에 ₩10,000을 갚아준다고 약속하였다.

물음 사랑하는 사람이 생각하는 연 이자율을 계산하라.

P1-04 현재가치, 미래가치와 이자율을 알고 있는 경우

- 미래에 ₩100,000이 소요되는 결혼식을 치루기 위해서 현재 ₩51,200을 투자한다.
- 매년 복리 25%에 투자할 수 있다.

물음 ₩100,000이 되기 위해서 소요되는 기간을 결정하라.

P1-05 현재가치

- 1년 후에 자동차를 ₩100,000에 사려고 한다.
- 저축계좌가 복리로 연 10%의 이자를 지급한다.

물음 자동차 구입대금을 마련하기 위하여 저축계좌에 얼마를 예금해야 하나?

P1-06 기말(정상)연금의 현재가치

- 1차연도 1. 1.에 상사병 씨가 서울경마장에 가서 마권에 ₩10,000을 투자하여 상상을 초월하는 배당금을 받아 전액을 저축은행에 예치하였다.
- 저축은행의 이자율이 연 25%이라 향후 3년 동안 매년 말에 ₩200,000씩 받아 애인과 불란서요리 전문점에 가서 달팽이요리를 먹기로 하였다.

물음 1차연도 1. 1.에 상사병 씨가 서울경마장에서 받은 배당금을 계산하라.

Chapter 02

재고자산

학습 목표

LO 2-1. 재고자산의 개념과 인식원칙을 이해한다.
LO 2-2. 재고자산 취득원가의 구성요소를 파악한다.
LO 2-3. 재고자산의 원가흐름가정을 이해한다.
LO 2-4. 저가법의 내용을 습득한다.
LO 2-5. 매출총이익률법의 내용을 이해한다.
LO 2-6. 소매재고법의 내용을 이해한다.

제2장

제1절 재고자산의 개념

1. 재고자산의 정의
2. 재고자산의 인식
   (1) 인식원칙
   (2) 미착상품
   (3) 적송품(위탁품)
   (4) 시용품

제2절 재고자산의 취득원가

1. 취득원가
   (1) 매입할인(현금할인)
   (2) 매입환출, 매입에누리, 리베이트
2. 발생시점에 비용으로 인식하는 항목
3. 일괄구입

제3절 재고자산의 기록방법

1. 계속기록법
2. 실지재고조사법

제4절 재고자산의 원가흐름에 대한 가정

1. 개별법
2. 평균법
3. 선입선출법
4. 원가흐름가정 간 비교
5. 재고자산감모손실

제5절 순실현가능가치와 저가법

1. 순실현가능가치와 순공정가치
2. 저가법
3. 재고자산감모손실과 평가손실
4. 재고자산평가손실환입

제6절 재고자산 금액의 추정

1. 매출총이익률법
2. 소매재고법
   (1) 소매재고법의 핵심
   (2) 소매재고법 용어
   (3) 평균원가소매재고법
   (4) 저가기준소매재고법(전통적 소매재고법)
   (5) 선입선출소매재고법
   (6) 선입선출저가기준소매재고법

Chapter 02
제1절
재고자산의 개념

1. 재고자산의 정의

재무상태표에 유동자산으로 보고하는 재고자산(inventories)은 통상적인 영업활동으로 판매하기 위해 보유중이거나 생산중인 자산, 그리고 생산이나 용역을 제공하는 데 사용될 원재료나 소모품을 말한다. 재고자산은 기업이 영위하는 사업 형태에 따라 다음 유형으로 나뉜다[1002: 6, 8].[1)]

① 매매업(도매업 또는 소매업)을 영위하는 기업의 재고자산

상품: 통상적 영업활동에서 판매하기 위해 외부에서 매입해 보유하는 자산

소모품: 사용하는 대로 줄어들어 없어지거나 못 쓰게 되는 물품으로 사무용품(예 종이, 볼펜, 연필, 프린터 토너 등), 청소용품(예 빗자루 등), 포장용지 등을 포함

② 제조업을 영위하는 기업의 재고자산

원재료와 소모품: 완제품을 생산하는 데 사용하기 위하여 취득한 원재료와 소모품(또는 저장품)

재공품: 완제품을 생산하는 과정에 있는 미완성품

완제품: 통상적 영업활동에서 판매하기 위해 보유하는 제품

위와 같은 일반적 재고자산에는 「K-IFRS 제1002호」(재고자산 기준서)를 적용하지만, 생물자산과 농림어업 수확물(제3장 제7절 참조)에는 「K-IFRS 제1041호」(농림어업 기준서)를, 금융상품(제8장, 제9장 참조)에는 「K-IFRS 제1032호」(금융상품: 표시 기준서)와 「K-IFRS 제1109호」(금융상품 기준서)를 적용한다[1002: 2].

재고자산은 제8장에서 설명할 매출채권과 함께 기말잔액이 과대계상될 위험이 큰 자산 중 하나라는 점에서 주의가 필요하다. 기말재고자산을 측정하기 위해서는 다음을 결정해야 한다.

- 재고자산의 물리적 수량(보유수량, 운송중인 상품, 위탁상품 등)(제1절 참조)
- 재고자산의 취득원가(제2절 참조)
- 재고자산의 원가흐름에 대한 가정(개별법, 평균법, 선입선출법)(제4절 참조)
- 재고자산의 순실현가능가치(또는 순공정가치)(제5절 참조)
- 재고자산의 추정액(매출총이익률법, 소매재고법)(제6절 참조)

---

1) 기준서 문단을 인용할 때에 대괄호 안의 첫 번째 숫자는 기준서 번호이고 두 번째 숫자는 문단 번호이다.

2. 재고자산의 인식

(1) 인식원칙

재고자산은 그 자산을 통제하는 기업이 자산으로 인식한다. 통제(control)란 해당 자산의 사용(방법과 목적)을 결정(지시)하고 자산의 잔여 효익의 대부분을 획득할 수 있는 능력을 말한다. 또한, 통제에는 다른 기업이 그 자산의 사용을 지시하고 자산에서 효익을 획득하지 못하게 하는 능력이 포함된다[1115: 33]. 고객이 자산을 통제하는지를 판단할 때, 해당 자산을 재매입하는 약정을 고려한다[1115: 34](제15장 참조).

재고자산에 대한 통제를 보유하는지는 다음의 지표[1115: 38] 등을 참고해서 결정한다.

- 재고자산의 법적 소유권을 누가 갖는가?
- 재고자산을 물리적으로 누가 점유하는가?
- 재고자산의 소유에 따른 유의적인 보상과 위험이 누구에게 있는가?

보상(rewards)은 재고자산의 사용이나 처분을 통해 예상되는 미래현금흐름을 의미하며, 재고자산의 수익성과 가치의 상승 또는 잔존가치의 실현에서 생기는 차익에 대한 예상으로 나타날 수 있다. 위험(risk)은 유휴 생산능력이나 기술적 진부화로 인한 손실 가능성과 경제적 상황의 변화로 인한 수익의 변동성을 포함한다. 재고자산을 인식할 것인가를 결정할 때는 계약조건, 특정 산업의 상거래 관습, 거래당사자의 의도 등을 종합적으로 고려하여 판단한다. 법적 소유권자가 재고자산을 물리적으로 점유하지 않는 경우에는 법적 소유권과 소유에 따른 보상과 위험의 대부분이 귀속되는 기업이 인식한다. 위 상황 이외에도, 물리적 점유 여부, 계약조건, 특정 산업의 상거래관습, 거래당사자의 의도 등을 고려하여 재고자산의 인식 여부를 판단한다.

(2) 미착상품

운송중이라 아직 도착하지 않은 상품을 미착상품(goods in transit)이라 한다. 선적지인도조건(Free on Board(FOB) shipping point)에 의한 구매계약은 상품을 선적하는 시점에 상품에 대한 소유권이 판매자로부터 구매자에게 이전되는 계약이다. 그러므로 선적지인도조건에서는 구매자가 미착상품을 재고자산으로 인식하며, 상품이 선적된 후에 발생하는 보험료나 손실위험 등을 부담한다. 반면, 도착지인도조건(Free on Board(FOB) destination)에 의한 구매계약은 상품이 계약상 목적지에 도착했을 때 상품에 대한 소유권이 구매자에게 이전되는 계약이다. 그러므로 도착지인도조건에서 이동 중인 미착상품은 판매자가 재고자산으로 인식하며, 매입자가 인수하기 전까지 상품에 대한 위험을 부담한다.

예제 1	미착상품(2017년, 회계사)	중요도: ★★★ 난이도: ◆

상황

· 1차연도 12. 31.에 재고자산을 실사한 결과, 창고에 보관하고 있는 상품은 ₩1,000,000이며 아래 항목은 반영되지 않은 상태이다. 재고자산감모손실 및 평가손실은 없다.
· 선적지인도조건의 거래명세서 ₩200,000을 2차연도 1. 3.에 수령하여 매입거래로 기록하였다. 상품은 1차연도 12. 29.에 선적되어 2차연도 1. 3.에 입고되었다.
· 도착지인도조건의 거래명세서 ₩300,000을 1차연도 12. 28.에 수령하였다. 상품은 2차연도 1. 2.에 입고되었다.
· 1차연도 12. 26. 도착지인도조건으로 판매한 상품 ₩400,000(원가)이 1차연도 12. 31. 현재 운송 중이었다. 2차연도 1. 2. 고객으로부터 상품을 인수하였다는 통보를 받고 동 일자로 매출을 기록하였다.
· 1차연도 12. 31. 매출로 기록한 상품이 하역장에 보관되어 기말재고실사에서 누락되었다. 선적지인도조건이며 2차연도 1. 3일 선적되었으며, 상품원가는 ₩500,000이었다.

물음 위의 자료를 바탕으로 이 기업의 1차연도 기말상품재고액을 계산하시오.

정답 및 해설

기말재고 실사액	₩1,000,000
1차연도 12. 29. 선적분 미착상품	200,000
도착지인도조건으로 판매한 상품	400,000
하역장에 보관된 상품	500,000
기말상품재고액	₩2,100,000

(3) 적송품(위탁품)

적송품(goods on consignment) 또는 위탁품은 위탁자가 수탁자에게 판매를 대행시키기 위해서 보낸 상품으로, 위탁자의 재고자산이다. 위탁자가 수탁자에게 상품을 적송하여 판매를 의뢰하는 매매방식을 위탁판매(consignment sales)라 한다. 수탁자는 위탁자 대신에 적송품을 팔아주고 수수료를 받으며 적송품에 대한 법적 소유권은 위탁자에게 있으므로 위탁자가 적송품을 재고자산으로 인식한다.

(4) 시용품

시용판매는 잠재적 구매자(고객)에게 먼저 상품을 송부하여 시험적으로 사용하게 한 뒤 고객이 매입하겠다는 의사를 표시하면 상품이 판매되는 거래를 말한다. 예를 들면, 컴퓨터 응용프로그램을 잠재적 구매자에게 30일간 시험적으로 사용하게 한 후에 시험판매기간이 경과하면 고객이 구입 여부를 결정하는 방식이다. 시용판매 시에는 고객의 구매의사에 관계없이 상품이 먼저 송부되므로 고객은 상품을 반환할 권리를 갖고, 상품의 소유에 따른 보상과 위험은 판매자에게 있다. 시용품은 고객이 매입의사를 표명하기 전까지는 판매자의 재고재산에 포함하고, 고객이 매입의사를 표명한 날에 장부에서 제거한다.

Chapter 02 제2절

재고자산의 취득원가

1. 취득원가

재고자산의 취득원가(acquisition costs)는 재고자산을 구매하기 위해서 포기한 자산의 공정가치와 재고자산을 의도한 용도(판매 또는 제조)에 맞도록 준비하는 데 소요된 모든 부대원가를 포함한다. 구체적으로, 재고자산 취득원가는 매입원가, 전환원가, 그리고 재고자산을 현재의 장소에 현재의 상태로 이르게 하는 데 발생한 기타 원가 모두를 포함한다[1002: 10]. 매입원가는 매입가격에 수입관세와 모든 세금, 매입운임, 구매대행 수수료 등 취득과정에 직접 관련된 기타 원가를 가산한 금액이다. 구매액을 실질적으로 줄이는 매입할인이나 리베이트 등은 매입원가를 결정할 때 차감한다. 포기한 자산의 공정가치를 알 수 없는 경우에는 취득한 재고자산의 공정가치를 매입가격으로 사용한다. 전환원가(conversion costs)는 원재료를 완제품으로 전환하는 데 소요되는 직접노무원가와 제조간접원가(예 공장 건물과 기계장치 감가상각비 등)를 포함한다.[2] 기타 원가는 재고자산을 현재의 장소에 현재의 상태로 이르게 하는 데 발생한 범위 내에서만 취득원가에 포함된다. 기업이 별도로 분리된(discrete) 사업(예 선박 제조, 개발토목공사, 부동산 건설 등)으로 재고자산을 건설하는 과정에서 상당한 시간이 소요되면서 발생한 차입원가는 재고자산 취득원가에 가산(자본화)한다(제3장 참조).

(1) 매입할인(현금할인)

매입할인(purchase discounts) 또는 현금할인(cash discounts)은 구매자가 외상으로 취득한 대금을 조기에 상환하면 판매자가 상환금액을 할인해 주는 것으로, 구입대금을 빨리 지급하도록 판매자가 제공하는 일종의 혜택이다. 구매자의 입장에서는 매입할인(현금할인)이고 판매자의 입장에서는 매출할인(현금할인)이다. 구매자는 매입가격에서 매입할인, 리베이트 및 기타 유사한 항목을 차감해서 매입원가를 결정한다[1002: 11].

매입할인 조건은 송장(invoice) 등에 다음과 같이 표기된다.

- 2/10, n/30: 10일 내에 상환하는 금액에 대해서는 2%를 할인받고, 나머지는 할인 없이 매입일로부터 30일 이내에 상환해야 함
- 2/10, EOM: 10일 내에 상환하는 금액에 대해서는 2%를 할인받고, 나머지는 할인 없이 월말(End of Month)까지 상환해야 함
- n/EOM: 전체금액을 할인 없이 월말(End of Month)까지 상환해야 함

구매자가 매입할인(현금할인)을 회계처리하는 방법에는 순액법과 총액법이 있다. 순액법(net

---

2) 전환원가에 대한 자세한 회계처리는 원가회계 또는 관리회계에서 다루므로 추가 설명을 생략한다.

method)은 「K-IFRS 제1002호」가 인정하는 방법으로, 구매자가 매입할인을 이용할 것이라고 가정하고 매입할인 후 순액으로 재고자산 취득원가를 측정하는 방법이다. 구매자는 원칙적으로 순액법으로 재고자산 취득원가를 측정하고, 구매자가 할인기간이 만료될 때까지 매입할인을 이용하지 않아 추가로 지급하는 금액은 이자비용으로 인식한다. 총액법(gross method)은 구매자가 매입할인을 이용하지 않을 것이라고 가정하고 매입할인 전 총액으로 재고자산 취득원가를 인식하는 방법이다. 만일 구매자가 매입할인을 이용하면 할인받은 금액만큼 재고자산 취득원가를 추후에 감소시킨다.

(2) 매입환출, 매입에누리, 리베이트

매입환출(purchase returns)은 매입한 상품을 판매자에게 반품하는 것이다. 매입에누리(purchase allowance)는 매입한 상품에 결함이 있을 때 매입가격을 조금 감액받는 것이다. 리베이트(rebate)는 구매자가 상품을 특정 가격에 구입했다가 나중에 판매자로부터 일정금액을 되돌려 받는 것이다. 매입환출, 매입에누리, 리베이트는 모두 매입가격을 실질적으로 감소시키므로 재고자산의 매입가격에서 해당 금액을 차감해서 재고자산 취득원가를 결정한다.

2. 발생시점에 비용으로 인식하는 항목

재고자산 취득과 직접적으로 관련이 없는 원가는 취득원가에 가산하지 않고 발생시점에 비용으로 인식한다. 이러한 원가의 예는 다음과 같다[1002: 16].

- 제조원가 중 비정상적으로 낭비된 부분
- 후속 생산단계에 투입하기 전에 보관이 필요한 경우를 제외한 보관원가
- 재고자산을 현재의 장소에 현재의 상태로 이르게 하는데 기여하지 않은 관리간접원가
- 판매원가: 고객에게 상품을 배송하는 과정에서 발생하는 배달원가(운임)는 재고자산 취득원가에 포함하지 않고 발생시점에 판매비용으로 인식한다.
- 판매 가능한 상태에 이르게 하는 데 상당한 기간이 필요하더라도 단기간에 반복적으로 대량생산되거나 통상적으로 제조되는 재고자산에 대해서는 차입원가(이자)를 자본화해서 얻는 효익이 자본화에 소요되는 비용에 미달하는 것이 일반적이므로 이러한 재고자산에 대해서는 차입원가를 발생시점에 비용으로 인식한다[1023: BC6].

3. 일괄구입

여러 종류의 재화(또는 용역)를 한 덩어리로 묶어서 단일 가격(총거래가격)으로 매입하는 것을 일괄구입(lump-sum purchase)이라 한다. 일괄구입한 재화 각각의 취득원가는 총거래가격을 각 재화의 공정가치의 최선의 추정치로 간주되는 개별 판매가격을 기준으로 배분하여 결정한다. 이 방법을 상대적

개별 판매가격법(relative stand-alone selling price method) 또는 상대적 공정가치법(relative fair value method)이라 한다. 만일 상대적 개별 판매가격법을 적용하는 데 필요한 자료가 부족하면 잔여접근법을 이용하여 개별 자산의 취득원가를 결정한다. 잔여접근법(residual approach)은 개별 판매가격이 관측되는 재화에 총거래가격을 먼저 배분하고 잔여액을 나머지 재화에 배분하여 취득원가를 결정한다.

총거래가격	×××
재화(또는 용역)의 관측 가능한 개별 판매가격의 합계	(×××)
특정 재화(또는 용역)의 개별 판매가격(잔여액)	×××

예제 2 재고자산의 일괄구입과 상대적 개별 판매가격법

중요도: ★★★
난이도: ◆

상황

· 왕실회사는 영의정 300개, 좌의정 120개, 우의정 20개를 ₩40,000에 일괄구입하였는데, 각 상품의 단위당 개별 판매가격은 다음과 같다.

영의정	₩100
좌의정	50
우의정	700

물음 상대적 개별 판매가격법을 사용하여 각 재고자산의 단위당 취득원가를 계산하라.

정답 영의정 ₩80, 좌의정 ₩40, 우의정 ₩560

해설

재고자산	단위당 판매가격	구입량	총 판매가격 (총 판매가치)	배분율	총 취득원가	단위당 취득원가
영 의 정	₩100	300개	₩30,000	60%*	₩24,000**	₩80
좌 의 정	50	120	6,000	12	4,800	40
우 의 정	700	20	14,000	28	11,200	560
합 계			₩50,000	100%	₩40,000	

* ₩30,000 ÷ ₩50,000 = 60%

** ₩40,000 × 60% = ₩24,000

Chapter 02 제3절

재고자산의 기록방법

기업이 제품을 판매하고 매출수익을 인식할 때 수익 · 비용대응의 원칙에 따라 매출원가를 인식하기 위해서는 재고자산의 취득 및 판매에 따른 재고자산의 변동을 체계적으로 기록할 시스템이 필요하다. 재고자산의 수량과 금액을 기록하는 방법에는 계속기록법과 실지재고조사법이 있다.

1. 계속기록법

계속기록법(perpetual inventory system)은 재고자산을 취득하고 판매할 때마다 재고자산의 증가와 감소를 재고자산계정에 기록하는 방법이다.

분개 **계속기록법 회계처리**

재고자산 취득시점:

(차) 재고자산	×××	(대) 매입채무(또는 현금)	×××

재고자산 판매시점:

(차) 매출채권(또는 현금)	×××	(대) 매출	×××
(차) 매출원가(취득원가)	×××	(대) 재고자산	×××

계속기록법을 사용하면 어느 때나 장부상 재고자산 잔액과 매출원가를 알 수 있어 재고고갈로 인한 손실을 예방하고 재고자산의 출고 · 입고를 보다 효과적으로 통제할 수 있다. 계속기록법을 사용하는 기업들도 기말에 재고자산을 실사하는 것이 일반적이므로, 도난, 분실, 증발 등으로 인해 장부상 재고와 실제 재고가 일치하지 않는 경우 손실(감모손실)을 별도로 인식할 수 있는 장점도 있다. 그러나 재고자산의 입출고가 빈번한 경우 이 방법을 적용하는 데 많은 시간과 노력이 소요되는 단점이 있다.

2. 실지재고조사법

실지재고조사법(periodic inventory system)은 회계기간 중에는 재고자산의 취득이나 판매를 재고자산계정에 기록하지 않고 재고자산 취득만 매입계정(비용계정)에 기록했다가 회계기간 말에 재고자산 수량을 직접 파악(physical count)한 후 실사 수량에 단위당 취득원가를 곱해서 기말재고자산 측정액을 결정하는 방법이다. 실지재고조사법 하에서 재고자산을 판매할 때는 매출수익과 매출채권만을 장부에 기록하고 매출원가를 인식하지 않는다.

분개 **실지재고조사법 회계처리**

재고자산 취득시점:

(차) 매입(비용계정)	×××	(대) 매입채무(또는 현금)	×××

재고자산 판매시점:

(차) 매 출 채 권(또는 현금) ××× (대) 매 출 ×××

매출원가는 기말에 재고자산 금액을 결정한 후 아래 식에 따라 계산한다.

매출원가 = 기초(전기말)재고액 + 당기순매입액 - 기말재고액
당기순매입액 = 당기총매입액 - (매입환출 + 매입할인 + 매입에누리 + 리베이트)

실지재고조사법은 계속기록법에 비해 적용이 간편하고 저비용이지만, 회계기간 중에 재고자산 금액과 매출원가를 정확히 파악할 수 없어 저가품을 다량으로 취급하는 경우에 적절하다. 또한, 기말 재고실사에서 빠진 재고자산은 모두 판매된 것으로 가정하므로 재고자산의 도난, 분실, 증발 등으로 인한 감모손실이 별도로 인식되지 않고 매출원가에 포함되는 한계도 갖는다.

실지재고조사법에서는 회계기간 말에 수정분개를 하기 직전까지 기초(전기말)재고자산 측정액이 재고자산계정에 기록되어 있다. 결산시점에는 재고자산계정의 잔액이 기말재고자산 실사액과 같아야 하므로 회계기간 말에 다음과 같이 수정분개를 해서 매출원가를 인식하고 기말재고 실사액을 재고자산계정에 기록한다.

분개 실지재고조사법 기말 수정분개

기초재고자산을 재고자산계정에서 제거:

(차) 매 출 원 가 ××× (대) 재고자산(기초장부금액) ×××

매입계정(비용계정) 잔액을 대체:

(차) 매 출 원 가 ××× (대) 매 입 ×××

기말재고 실사액을 재고자산계정에 기록:

(차) 재 고 자 산(기말실사액) ××× (대) 매 출 원 가 ×××

∴ 매출원가 = 재고자산 기초잔액 + 매입계정 잔액 − 재고자산 기말잔액

예제 3 재고자산 기록방법

중요도: ★★★
난이도: ◆

상황

· 의심회사는 매월 말에 재고조사를 실시한다.
· 1차연도 10. 1.에 의심회사는 단가 ₩500인 족구공 12개를 재고로 보유하고 있다.
· 10월 중에 100개의 족구공을 개당 ₩500에 구입하고 대금을 현금으로 지불하였다.
· 10월 중에 96개의 족구공을 개당 ₩600에 현금 판매하였으며, 1차연도 10. 31.에 재고조사를 실시한 결과

16개의 족구공이 남아 있음을 발견하였다.

물음 실지재고조사법과 계속기록법을 사용하여 위 거래를 분개하고 매출원가를 구하라.

정답 및 해설

	실지재고조사법			계 속 기 록 법		
재고자산 구입시점:						
	(차) 매 입	50,000		(차) 재 고 자 산	50,000	
	(대) 현 금		50,000	(대) 현 금		50,000
재고자산 판매시점:						
	(차) 현 금	57,600		(차) 현 금	57,600	
	(대) 매 출		57,600	(대) 매 출		57,600
				(차) 매 출 원 가	48,000	
				(대) 재 고 자 산		48,000
기말 수정분개:				※ 기말재고자산: 16개 × ₩500 = ₩8,000		
	(차) 매 출 원 가	6,000				
	(대) 재 고 자 산(기초)		6,000			
	(차) 매 출 원 가	50,000				
	(대) 매 입		50,000			
	(차) 재 고 자 산(기말)	8,000*				
	(대) 매 출 원 가		8,000			

* 16개 × ₩500 = ₩8,000

∴ 매출원가 ₩48,000

제4절 재고자산의 원가흐름에 대한 가정

Chapter 02

회사가 개별상품을 얼마에 팔았는지는 쉽게 파악하지만, 그 상품을 얼마에 사 왔는지는 잘 모를 수 있다. 예를 들어, 커다란 기름 탱크 하나를 보유하고 휘발유를 판매하는 주유소가 어제 1천 리터를 리터당 ₩100에 사고, 오늘 오전에 1천 리터를 리터당 ₩110에 사서 탱크에 채웠다가 오늘 오후에 10 리터를 판다면 취득원가가 다른 휘발유가 탱크 안에서 섞이므로 판매한 휘발유의 원가를 정확히 계산하기 어렵다.

재고자산 개별단위의 원가를 추적하는 것이 기술적으로 불가능하거나 경제적으로 비효율적인 경우에는 기초재고액과 당기매입액의 합계를 매출원가와 기말재고액으로 적절히 나눠야 하는데 이를 원가흐름에 대한 가정(cost flow assumption)이라 한다. 「K-IFRS 제1002호」는 「일반기업회계기준」이나 US GAAP(Generally Accepted Accounting Principles)과 달리 후입선출법을 인정하지 않고, 개별법, 평균법(총평균법 또는 이동평균법), 선입선출법만을 인정한다.

판매가능액의 배분

기초재고액 + 당기순매입액* = 매출원가(미지수) + 기말재고액(미지수)

↓ 판매가능액 ↓ 팔린 부분의 원가 ↓ 안 팔린 부분의 원가

* 당기순매입액 = 취득원가(제조원가) − (매입할인 + 매입환출 + 매입에누리 + 리베이트)

기초재고액과 당기순매입액을 더한 판매가능액은 알고 있는 수치이므로, 원가흐름에 대한 가정에 따라 매출원가나 기말재고액 중 하나가 결정되면 나머지는 자동으로 결정된다. 이런 의미에서 원가흐름가정은 판매가능액을 매출원가와 기말재고액에 어떻게 배분하느냐에 대한 가정이라고 할 수 있다.

원가흐름에 대한 가정은 재고자산의 물리적 흐름과 반드시 일치할 필요는 없다. 예를 들어, 유통기한이 제한된 식품의 판매자는 먼저 입고된(오래된) 것부터 차례로 팔리기를 희망하고 제품을 진열하지만, 고객은 가장 최근에 입고된 제품을 선택하기도 하고 별다른 관심 없이 맨 앞에 진열된 제품을 선택하기도 한다. 이 경우 재고자산의 물리적 흐름은 선입선출법에 비교적 가깝다고 할 수 있지만, 회계상 원가흐름가정으로 반드시 선입선출법을 사용해야 하는 것은 아니다.

재고자산의 지역별 위치나 과세방식이 다르다는 이유만으로 동일한 재고자산에 다른 원가흐름가정(단위원가 결정방법)을 적용하는 것은 정당화된다. 비슷한 속성을 가진 재고자산은 동일한 원가흐름가정을 적용하고, 속성과 용도가 다른 재고자산은 재고자산 유형별로 원가흐름가정을 적용한다. 예를 들어, 통상적으로 상호 교환될 수 없는 재고자산 항목 또는 특정 프로젝트별로 생산되는 제품(또는 용역)의 원가는 개별법을 사용하여 결정하고, 기타 재고자산의 원가는 선입선출법 또는 평균법을 사용하여 측정할 수 있다.

1. 개별법

개별법(specific cost identification method)은 모든 재고자산의 취득원가를 개별적으로 추적하여 이를 바탕으로 매출원가와 기말재고자산 측정액을 결정하는 방법이다. 소량의 고가품(예 보석, 금괴)을 취급하여 엄격한 재고통제가 필요한 기업은 일반적으로 개별법을 사용한다. 개별법을 사용하기 위해서는 서로 다른 시점에 매입한 상품을 물리적으로 구분할 수 있어야 하며, 각 상품의 취득원가도 구분해서 알 수 있어야 한다. 개별법에서 기말재고액은 재고로 남은 수량의 취득원가를 합한 금액이며, 매출원가는 판매된 수량의 취득원가를 합한 금액이다.

US GAAP에서는 기업이 원하면 개별법을 사용하지 않을 수 있으나, 「K-IFRS 제1002호」에서는

통상적으로 상호 교환될 수 없는 재고자산과 특정 프로젝트별로 생산되고 분리되는 재화(또는 용역)에 대해서는 의무적으로 개별법을 사용해야 한다[1002: 23].

예제 4	개별법	중요도: ★ 난이도: ◆

상황

· 얼짱회사의 2차연도 3월중 재고자산 거래내역:

	수량	단위당 원가	총원가	상품번호
기초재고(3. 1.)	1개	₩1,000	₩1,000	AA
매 입(3. 15.)	1	2,000	2,000	BB
매 입(3. 30.)	1	6,000	6,000	CC
판매가능수량과 금액	3개		₩9,000	
매 출(3. 20.)	(1)			
기말재고(3. 31.)	2개			

· 2차연도 3. 20.에 판매된 상품의 상품번호: BB

물음 개별법을 사용하여 매출원가와 기말재고액을 계산하라.

정답 **매출원가: ₩2,000, 기말재고액: ₩7,000**

해설

매출원가: ₩2,000(상품번호 BB)

기말재고액: ₩1,000(상품번호 AA) + ₩6,000(상품번호 CC) = ₩7,000

2. 평균법

평균법(average cost method)은 기초재고자산과 당기매입(또는 생산) 재고자산이 구별되지 않고 판매된다고 가정하고 계산한 평균원가를 바탕으로 판매가능액을 기말재고액과 매출원가로 배분한다. '가중평균법'이라고도 불리는 평균법은 다시 총평균법과 이동평균법으로 나뉘는데, 총평균법(weighted average cost method)은 실지재고조사법에서 사용하는 평균법으로, 회계기간 말에 단위당 평균취득원가를 다음과 같이 계산한다.

$$\text{단위당 평균취득원가} = \frac{\text{회계기간 전체 기간 동안의 판매가능액}}{\text{회계기간 전체 기간 동안의 판매가능수량}}$$

이동평균법(moving average cost method)은 계속기록법에서 사용하는 평균법으로, 재고자산을 취득할 때마다 단위당 평균취득원가를 다음과 같이 새로 계산하고 판매할 때마다 이를 적용해 매출원가를 계산한다.

$$\text{단위당 이동평균취득원가} = \frac{\text{취득시점의 판매가능액}}{\text{취득시점의 판매가능수량}}$$

예제 5 평균법

중요도: ★★★
난이도: ◆

상황

· 예제 4의 자료를 이용하라.

물음 총평균법과 이동평균법을 각각 사용하여 매출원가와 기말재고액을 계산하라.

정답 및 해설

총평균법

단위당 취득원가: ₩9,000 ÷ 3개 = ₩3,000
매출원가: 1개 × ₩3,000 = ₩3,000
기말재고액: 2개 × ₩3,000 = ₩6,000

이동평균법

		수량	단위당 취득원가	총 취득원가	재고수량	총재고액	평균 취득원가
3. 1.	기초재고	1개	₩1,000	₩1,000	1개	₩1,000	₩1,000
3. 15.	매입	1	2,000	2,000	2	3,000	1,500
3. 20.	매출	(1)	1,500	1,500	(1)	(1,500)	1,500
3. 30.	매입	1	6,000	6,000	2	7,500	3,750

매출원가: ₩1,500
기말재고액: ₩7,500

3. 선입선출법

선입선출법(first－in, first－out method: FIFO)은 먼저 매입(또는 생산)한 재고자산이 먼저 판매된다고 가정하는 방법으로, 기말재고자산으로 남는 수량은 가장 늦게 매입(또는 생산)한 수량으로 본다. 기업은 일반적으로 먼저 취득한 것을 먼저 판매하려 하므로 선입선출법은 재고자산의 물리적 흐름과 가장 유사한 원가흐름가정이다. 선입선출법에서는 오래전에 취득한 상품이 매출원가에 먼저 포함되고 최근에 취득한 상품이 기말재고자산을 구성하므로 재무상태표상의 기말재고액이 현행원가와 가깝다. 그리고 가장 나중에 취득한 것이 기말재고로 남으므로 계속기록법과 실지재고조사법하의 기말재고액(매출원가)이 동일하다(<표 2.1> 참조).

예제 6 선입선출법

중요도: ★★★
난이도: ◆

상황

· 예제 4의 자료를 이용하라.

물음 선입선출법을 사용하여 매출원가와 기말재고액을 계산하라.

정답 매출원가: ₩1,000, 기말재고액: ₩8,000

해설

실지재고조사법과 계속기록법 하에서의 결과가 동일하다.

매출원가: 기초재고	₩1,000
기말재고액	
3. 15. 매입	₩2,000
3. 30. 매입	6,000
합 계	₩8,000

4. 원가흐름가정 간 비교

재고자산의 단위당 취득원가가 변하지 않으면 세 가지 원가흐름가정의 결과는 동일하다. 그러나 재고자산의 단위당 취득원가가 취득시점에 따라 변동하면 기말재고액, 매출원가, 그리고 매출총이익이 원가흐름가정에 따라 달라진다. 물가가 지속적으로 상승하면, 매출원가는 [선입선출법 < 이동평균법 < 총평균법] 순서가 되고, 기말재고액은 [선입선출법 > 이동평균법 > 총평균법] 순서가 된다. 물가 상승을 가정한 예제 4 ~ 예제 6에서 계산한 매출원가 및 기말재고액은 <표 2.1>과 같다.

표 2.1 물가상승과 원가흐름가정 간 비교

	개별법 (예제 4)	평균법 (예제 5)		선입선출법 (예제 6)	
		계속기록법 (이동평균법)	실지재고조사법 (총평균법)	계속기록법	실지재고조사법
매 출 원 가	₩2,000	₩1,500	₩3,000	₩1,000	₩1,000
기 말 재 고 액	7,000	7,500	6,000	8,000	8,000

5. 재고자산감모손실

재고자산의 도난, 분실, 증발 등으로 인한 손실을 감모손실(shrinkage loss)이라 한다. 재고자산을 실사해서 파악한 수량이 장부에 기록된 수량보다 적으면 재고자산감모손실을 인식하고 재고자산의 장부금액을 감소시킨다. 재고자산감모손실은 정상적 감모손실과 비정상적 감모손실로 구분한다. 정상적 감모손실은 재고자산을 효율적으로 보관하더라도 재고자산의 특성상 불가피하게 수량이 감소한 것이고, 비정상적 감모손실은 재고자산을 비효율적으로 관리한 결과로 수량이 감소한 것이다. 예를 들어, 독자가 친구와 삼겹살을 구워먹을 때 기름이 흘러내려 삼겹살의 중량이 감소하는 것은 정상적 감모손실이고, 친구와 수다를 떨다가 고기가 타서 먹지 못하고 버리는 것은 비정상적 감모손실이다.

「K-IFRS 제1002호」는 모든 감모손실을 감모가 발생한 기간에 비용으로 인식하도록 규정하지만 [1002: 34], 감모손실을 구체적으로 어느 비용항목으로 인식하느냐에 대해선 언급이 없다. 이론적 관점에서 정상적 감모손실은 재고자산 취득원가의 일부로 해석하여 매출원가와 기말재고자산에 비례해서 배분(예제 7 참조)하거나 전액을 매출원가에 가산하는 것이 적절하다. 비정상적 감모손실은 영업외비용으로 분류한다.

예제 7 재고자산감모손실

중요도: ★★★
난이도: ◆

상황

· 폭풍회사는 계속기록법을 사용해서 재고자산을 기록한다.
· 기말에 재고자산을 실사한 결과 단위당 원가가 ₩2,000인 재고자산 50개가 부족한 것을 발견하였다.
· 부족수량 50개 중 38개는 정상적 감모손실로 판명되었으나 나머지 12개는 분실되어 비정상적 감모손실로 판명되었다.
· 감모손실을 파악하기 직전에 폭풍회사의 매출원가계정과 재고자산계정의 기말잔액은 다음과 같다.

매출원가	₩3,000,000
재고자산	1,000,000

물음

다음 각각의 경우에 재고자산감모손실에 대한 분개를 하라.
㉠ 정상적 감모손실 전액을 매출원가에 가산하는 경우
㉡ 정상적 감모손실을 매출원가와 재고자산에 장부금액에 비례해서 배분하는 경우

정답 및 해설

정상적 감모손실: ₩2,000 × 38개 = ₩76,000
비정상적 감모손실: ₩2,000 × 12개 = ₩24,000

㉠ 정상적 감모손실 전액을 매출원가에 가산

(차) 매 출 원 가	76,000	(대) 재 고 자 산	100,000
감모손실(영업외비용)	24,000		

재고자산감모손실을 반영한 매출원가는 다음과 같다.

수정 전 매출원가	₩3,000,000
재고자산감모손실	76,000
수정 후 매출원가	₩3,076,000

㉡ 정상적 감모손실 ₩76,000을 매출원가와 재고자산에 장부금액에 비례해서 배분

	기말잔액	배분율	배분액
매출원가	₩3,000,000	75%	₩57,000
재고자산	1,000,000	25	19,000
합계	₩4,000,000	100%	₩76,000

(차) 매　출　원　가	57,000	(대) 재　고　자　산	81,000*
감모손실(영업외비용)	24,000		

* ₩57,000 + ₩24,000 = ₩81,000

재고자산감모손실을 반영한 매출원가는 다음과 같다.

수정 전 매출원가	₩3,000,000
재고자산감모손실	57,000
수정 후 매출원가	₩3,057,000

Chapter 02 제5절

순실현가능가치와 저가법

1. 순실현가능가치와 순공정가치

자산의 장부금액은 판매(또는 사용)해서 회수될 것으로 기대되는 금액을 초과할 수 없다. 재고자산의 장부금액을 회수할 수 없는데도 불구하고 재무상태표에 장부금액을 보고하면 재고자산이 과대평가되므로 재고자산은 장부금액과 순실현가능가치 중 낮은 금액으로 측정한다[1002: 9]. 재고자산 장부금액을 회수하기 어려울 수 있는 경우의 예는 다음과 같다[1002: 28].

- 물리적으로 손상된 경우
- 완전히 또는 부분적으로 진부화된 경우
- 판매가격이 하락한 경우
- 완성하거나 판매하는 데 필요한 원가가 상승한 경우

순실현가능가치(net realizable value)는 실현가능가치(예상 판매가격)에서 제품의 완성 및 판매에 소요되는 예상 추가원가를 차감한 금액이다. 제품의 예상판매가격은 재고자산을 보유하는 목적에 따라 다음과 같이 다르다[1002: 31].

- ▸ 일반판매를 위해 보유하는 재고자산: 일반 판매가격(통상적으로 공정가치)
- ▸ 확정판매계약을 이행하기 위해 보유하는 재고자산: 확정판매계약상 계약가격

실현가능가치는 특정 자산을 외부에 판매해서 기업이 받을 수 있는 금액이므로, 같은 자산이라 하

더라도 기업에 따라 실현가능가치가 다를 수 있다. 예를 들면, 확정판매계약을 이행하기 위해 재고자산을 보유하는 경우에는 계약 내용에 따라 실현가능가치가 다를 수 있다. 이러한 점에서 순실현가능가치는 기업특유의 가치라 할 수 있다.

순실현가능가치와 유사하지만 구별되는 개념인 순공정가치(net fair value)는 공정가치에서 예상 판매원가를 차감한 금액이다. 공정가치(fair value)는 측정일에 시장참여자 사이의 정상거래에서 자산을 매도할 때 받거나 부채를 이전(transfer)할 때 지급할 가격이다[「K-IFRS 개념체계」: 6.12]. 공정가치는 특정 자산이 활발하게 매매되는 활성시장에서 확정되지 않은 제3자에게 판매할 경우 받을 것으로 기대하는 금액이므로 동일한 자산에 대한 공정가치는 어떤 기업이 측정하더라도 상당히 유사하거나 같다. 이런 의미에서 순공정가치는 기업특유의 가치가 아니며, 따라서 기업특유의 가치인 순실현가능가치와 다를 수 있다. 예를 들어, 독자가 보유하고 있는 추사선생의 그림을 경매시장에서 팔아 받는 금액은 공정가치이고, 그림에 문외한인 사람에게 팔아 종이 값만 받으면 그 금액은 실현가능가치이다.

예제 8 순공정가치와 순실현가능가치

중요도: ★★★
난이도: ◆

상황

· ㈜쿵따리컴퓨터는 현재 컴퓨터 재고를 총 100대 보유하고 있다.
· ㈜샤바라와의 확정판매계약에 따라 70대를 1대당 ₩1,000에 판매한다.
· 나머지 30대는 일반 고객들에게 1대당 ₩1,200에 판매한다.
· 컴퓨터를 깨끗이 닦고 팔 수 있는 상태까지 포장하는데 1대당 ₩10이 소요된다.
· 컴퓨터를 팔기 위해 추가로 드는 배송료가 1대당 ₩20이다.

물음 ㈜쿵따리가 보유하는 일반판매 컴퓨터 단위당 순공정가치와 확정계약 컴퓨터 단위당 순실현가능가치를 계산하라.

정답 **순공정가치: ₩1,170, 순실현가능가치: ₩970**

해설

	재고자산 보유목적	수량	단위당 판매가격	단위당 완성비용	단위당 판매비용
보유하고 있는 컴퓨터(100대)	확정판매계약 이행목적:	70대	₩1,000	₩10	₩20
	일반판매목적:	30	1,200	10	20

확정계약으로 판매될 컴퓨터 단위당 순실현가능가치: ₩1,000 − ₩10 − ₩20 = ₩970
일반 판매될 컴퓨터 단위당 순공정가치: ₩1,200 − ₩10 − ₩20 = ₩1,170

2. 저가법

재고자산은 저가법에 따라 재무상태표에 보고한다. 저가법(lower of cost or net realizable value)은 기말재고자산의 장부금액을 원가흐름가정에 따라 먼저 결정한 후 이를 순실현가능가치와 비교해서 두 금액 중 낮은 금액으로 기말재고자산을 재무상태표에 보고하고 [순실현가능가치 < 장부금액]이면 재고자산평가손실을 인식하는 방법이다. 만일 순실현가능가치가 장부금액을 초과하면 순실현가능가치를 무시하고 재고자산을 장부금액으로 보고한다.

기말재고자산 측정액 = min {장부금액, 순실현가능가치}
재고자산평가손실 = 장부금액 − 순실현가능가치

저가법은 재고자산을 얼마나 자세하게 구분해 평가하느냐에 따라 개별항목별 저가법과 조별 저가법으로 나뉜다. 저가법은 원칙적으로 개별항목별로 적용하며, 개별항목의 성격이 유사한 경우에만 개별항목을 조(group)로 묶어서 적용할 수 있다. 저가법을 재고자산 전체에 적용하는 것은 허용되지 않는다[1002: 29]. 특정 재고자산에 대해서 개별항목별 저가법과 조별 저가법 중 특정 방법을 선택하면 그 방법을 계속해서 적용하여야 한다. 저가법을 조별로 적용하면 개별항목들이 한 조로 묶이면서 [순실현가능가치 < 장부금액]인 항목과 [순실현가능가치 > 장부금액]인 항목의 영향이 서로 상쇄될 수 있다. 따라서 조별 저가법에서의 기말재고자산 측정액은 개별항목별 저가법에서의 기말재고자산 측정액보다 클 가능성이 높다.

원자재(또는 소모품)에 대한 저가법

제조과정에서 사용하기 위해 보유하고 있는 원자재(또는 소모품, supplies)에 대한 처리는 위의 일반적 경우와 다른데, 이익이 날 것으로 예상되는 완제품의 생산에 사용될 원자재(또는 소모품)에 대해서는 저가법을 적용하지 않는다[1002: 32]. 즉, 기말시점의 예측에 따라 원자재(또는 소모품)에 대한 저가법의 적용 여부가 다음과 같이 다르다.

- [완성품의 순실현가능가치 > 완성품 제조원가]일 것으로 예측 ⇒ 원자재(또는 소모품)에 저가법을 적용하지 않음
- [완성품의 순실현가능가치 < 완성품 제조원가]일 것으로 예측 ⇒ 원자재(또는 소모품)에 저가법을 적용

원자재(또는 소모품)에 저가법을 적용할 때 원자재(소모품)의 순실현가능가치를 예측하기 어려울 수 있다. 원자재가 판매용 상품이 아니기 때문이다. 그러나 원자재(또는 소모품)의 대체원가(replacement costs, 원자재(또는 소모품)를 현재시점에 매입하는 데 소요되는 금액)는 비교적 쉽게 알 수 있다. 이 경우 원자재(또는 소모품)의 대체원가는 순실현가능가치에 대한 최선의 이용가능한 측정치가 될 수 있다[1002: 32]. 그러므로 원자재(소모품)의 현행대체원가와 장부금액을 비교해서 원자재(소모품) 평가손실을 측정한다.

예제 9	저가법	중요도: ★★★ 난이도: ◆

상황

· 이도령회사의 재고자산에 관한 자료는 아래와 같다.

	재고자산	원가	순실현가능가치
갑	A	₩15,000	₩14,000
	B	25,000	28,000
	C	60,000	38,500
을	D	11,000	10,000
	E	13,000	12,500
	F	16,000	18,000

물음 다음 각 경우에 대하여 재고자산을 측정하라.

1. 개별항목별 저가법을 적용하는 경우
2. 조별(갑군과 을군) 저가법을 적용하는 경우

정답 **1. ₩116,000, 2. ₩120,500**

해설

재고자산	원가	순실현가능가치	1. 개별항목	2. 조별
A	₩15,000	₩14,000	₩14,000	
B	25,000	28,000	25,000	
C	60,000	38,500	38,500	
	₩100,000	₩80,500		₩80,500
D	₩11,000	₩10,000	10,000	
E	13,000	12,500	12,500	
F	16,000	18,000	16,000	
	₩40,000	₩40,500		40,000
합계	₩140,000	₩121,000	₩116,000	₩120,500

예제 10 원자재–재공품–완제품에 대한 저가법(2012년, 회계사)

중요도: ★★★
난이도: ◆◆

상황

· 12월말 결산법인인 ㈜동해의 2차연도 말 현재 재고자산 평가와 관련된 자료는 다음과 같다.

구분	재고수량	원가	단위당 대체원가	단위당 판매가격	단위당 추가완성원가	단위당 판매원가
원재료 A	100개	₩210	₩190	₩180	–	₩10
재공품 A	50	400	–	440	₩60	10
제 품 A	300	480	460	440	–	10
원재료 B	200	460	430	420	–	10
재공품 B	70	750	–	840	90	10
제 품 B	400	810	860	840	–	10

· 원재료 A와 재공품 A는 제품 A를 생산하기 위한 것이고, 원재료 B와 재공품 B는 제품 B를 생산하기 위한 것이다. 제품 A와 제품 B는 동일한 영업부문에 속하는 재고자산이며, 유사한 목적 또는 용도를 갖

는 동일한 제품군과 관련되어 있지 않다. 장부수량과 실사수량은 같으며, 전기까지 발생한 재고자산평가손실은 없다.

물음 개별항목별 저가법을 적용해서 2차연도의 재고자산평가손실을 계산하시오.

정답 **₩19,200**

해설

· 순실현가능가치를 다음과 같이 산정하고 순실현가능가치와 취득원가를 비교하여 둘 중에 낮은 금액으로 재고자산을 측정한다.

원자재의 순실현가능가치: 대체원가
재공품의 순실현가능가치: 완성품 판매가격 − 추가완성원가 − 판매원가
완성품(제품)의 순실현가능가치: 판매가격 − 판매원가

	원 가	순실현가능가치 또는 대체원가	단위당 평가손실
원재료 A	₩210	₩190(대체원가)	₩20*
재공품 A	400	₩440 − ₩60 − ₩10 = ₩370	30
제 품 A	480	₩440 − ₩10 = ₩430	50
원재료 B	460	₩430(대체원가)	0**(적용대상 아님)
재공품 B	750	₩840 − ₩90 − ₩10 = ₩740	10
제 품 B	810	₩840 − ₩10 = ₩830	0

* 원재료 A에 대해서는 [₩430(완성품의 순실현가능가치) < ₩480(제조원가)]이므로 저가법을 적용함
** 원재료 B에 대해서는 [₩830(완성품의 순실현가능가치) > ₩810(제조원가)]이므로 저가법을 적용하지 않음

평가손실: ₩20 × 100 + ₩30 × 50 + ₩50 × 300 + ₩10 × 70 = ₩19,200

3. 재고자산감모손실과 평가손실

재고자산 측정액을 결정하는 변수는 수량변수(예 구매수량)와 금액변수(예 취득원가)이다. 재고자산을 취득한 이후에 수량변수의 값이 감소한 것을 재고자산감모손실이라 하고, 금액변수의 값이 감소한 것을 재고자산평가손실이라 한다. 수량변수의 값과 금액변수의 값이 모두 감소해서 재고자산감모손실과 재고자산평가손실이 동시에 발생하면 재고자산감모손실을 먼저 측정 · 인식한 후에 재고자산평가손실을 다음과 같이 측정한다.

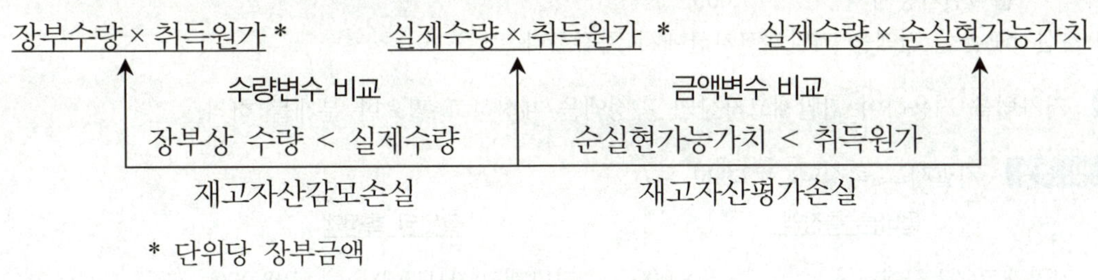

* 단위당 장부금액

재고자산평가손실 = 감모손실 인식 후 장부금액 − 순실현가능가치

「K-IFRS 제1002호」는 재고자산평가손실을 ① 매출원가에 포함할 것인지('매출원가법') 또는 ② 기타 비용으로 분류할 것인지('손실법')에 대해서 언급하지 않는다. 재고자산평가손실을 별도항목(재고자산평가손실)으로 포괄손익계산서에 보고하면 취득활동(또는 보유활동)과 판매활동에 대한 결과를 구분할 수 있는 반면에, 재고자산평가손실을 매출원가에 포함하면 취득활동(또는 보유활동)의 결과가 판매활동에 대한 결과에 포함되어 포괄손익계산서가 충실하게 표현되지 않는다. 그러므로 재고자산평가손실을 매출원가로 인식하는 것은 이론적으로 선호되지 않는다.

한편, 재고자산평가손실을 인식할 때 재고자산에서 직접 차감할 수도 있고, 재고자산의 평가계정(contra asset account)인 재고자산평가손실충당금계정을 사용할 수도 있다. 재고자산평가손실충당금계정을 사용하면 재고자산평가손실에 관한 정보가 재고자산 취득원가와 구분되므로 재무제표이용자에게 더 많은 정보를 제공한다는 점에서 이론적으로 선호된다. 또한 재고자산평가손실충당금계정을 사용하면 재고자산평가손실환입액을 상대적으로 쉽게 산정할 수 있다(Miniature 예제 1 참조). 회계기간 말에는 재고자산에서 재고자산평가손실충당금을 차감하는 형식으로 재무상태표에 보고한다.

분개 재고자산평가손실의 기록

이론적으로 선호되는 방법('손실법')			이론적으로 덜 선호되는 방법('매출원가법')		
재고자산평가손실충당금계정을 사용하지 않는 경우:					
(차) 재고자산평가손실	×××		(차) 매출원가	×××	
(대) 재고자산		×××	(대) 재고자산		×××
재고자산평가손실충당금계정을 사용하는 경우:					
(차) 재고자산평가손실	×××		(차) 매출원가	×××	
(대) 재고자산평가손실충당금		×××	(대) 재고자산평가손실충당금		×××

예제 11 재고자산감모손실과 재고자산평가손실의 동시 발생

중요도: ★★★
난이도: ◆◆

상황

· 기말재고자산과 관련된 자료는 다음과 같다.

취득원가	₩8,000
감모손실	400
순실현가능가치	7,000

· 재고자산감모손실 전액을 기말재고자산에서 차감한다.

물음 저가법을 적용하여 기말재고자산의 측정액을 계산하고 필요한 분개를 하라.

정답 및 해설 기말재고 측정액: ₩7,000

올바른 측정액		잘못된 측정액	
기말재고(장부금액)	₩8,000	기말재고(장부금액)	₩8,000

감모손실	(400)	평가손실	(1,000)
수정 후 장부금액	₩7,600	순실현가능가치	₩7,000
평가손실	(600)	감모손실	(400)
기말재고(순실현가능가치)	₩7,000	기말재고	₩6,600

재고자산감모손실의 인식:

(차) 재고자산감모손실 400 (대) 재 고 자 산 400

재고자산평가손실의 인식:

이론적으로 선호되는 방법('손실법')			이론적으로 덜 선호되는 방법('매출원가법')		
재고자산평가손실충당금계정을 사용하지 않는 경우:					
(차) 재고자산평가손실	600		(차) 매 출 원 가	600	
(대) 재 고 자 산		600	(대) 재 고 자 산		600
재고자산평가손실충당금계정을 사용하는 경우:					
(차) 재고자산평가손실	600		(차) 매 출 원 가	600	
(대) 재고자산평가손실충당금		600	(대) 재고자산평가손실충당금		600

예제 12 재고자산 감모손실과 평가손실(2013년, 회계사)

중요도: ★★★
난이도: ◆◆

상황

다음은 ㈜대한의 2차연도 재고자산과 관련된 회계자료이다.

· 기초재고자산은 ₩5,000,000이다.

· 당기 총매입은 ₩25,000,000, 추가로 ㈜대한이 부담한 매입운임은 ₩2,000,000, 매입에누리와환출은 ₩2,300,000, 매입할인은 ₩700,000이다.

· 당기 총매출은 ₩32,000,000, ㈜대한이 부담한 매출운임은 ₩1,000,000, 매출에누리와환입은 ₩1,500,000, 매출할인은 ₩500,000이다.

· 기말재고자산의 장부재고수량과 실지재고수량, 취득원가 및 순실현가능가치는 다음과 같다.

재고자산 종류	재고자산 수량		단위당 취득원가	단위당 순실현가능가치
	장부재고	실지재고		
A상품	1,000개	900개	₩1,000	₩800
B상품	2,000	1,700	2,000	1,500

· 재고자산감모손실 중 70%는 원가성이 있는 것으로, 30%는 원가성이 없는 것으로 판명되었다. 원가성이 있는 재고자산감모손실은 매출원가에 포함하며, 원가성이 없는 재고자산감모손실은 기타 비용으로 회계처리한다.

· 재고자산의 저가기준평가는 항목별 기준을 적용하며, 재고자산평가손실은 전액 매출원가에 포함한다.

물음 2차연도 포괄손익계산서에 인식할 ① 매출과 ② 매출원가를 각각 계산하시오.

정답 ① ₩30,000,000, ② ₩25,520,000

해설

당기 총매출: ₩32,000,000 − ₩1,500,000 − ₩500,000 = ₩30,000,000(정답 ①)

재고자산 종류	재고자산 수량 감모수량	실지재고	단위당 취득원가	단위당 순실현가능가치	감모손실	평가손실	기말재고
A상품	100개	900개	₩1,000	₩800	₩100,000	₩180,000	₩720,000
B상품	300	1,700	2,000	1,500	600,000	850,000	2,550,000
합계					₩700,000	₩1,030,000	₩3,270,000

재고자산감모손실 ₩700,000 { 원가성 있음(70%): ₩490,000(매출원가에 가산)
원가성 없음(30%): ₩210,000(기타 비용)

A상품 기말재고자산:	900개 × ₩800 =	₩720,000
B상품 기말재고자산:	1,700개 × ₩1,500 =	2,550,000
합계		₩3,270,000

기초재고자산	₩5,000,000
당기매입액(₩25,000,000 + ₩2,000,000 − ₩2,300,000 − ₩700,000)	24,000,000
판매가능액	₩29,000,000
기말재고자산	(3,270,000)
기타 비용(원가성 없는 재고자산감모손실)	(210,000)
매출원가	₩25,520,000(정답 ②)

기타 비용:

매출운임(판매비)	₩1,000,000
원가성 없는 감모손실	210,000

4. 재고자산평가손실환입

재고자산평가손실을 인식했던 재고자산의 순실현가능가치가 후속 기간에 상승하면 최초의 장부금액을 초과하지 않는 범위 내에서 재고자산평가손실을 환입해서 당기이익으로 인식한다[1002: 33]. 즉, 재고자산을 취득원가 이상으로 재무상태표에 보고할 수는 없다. 재고자산평가손실을 재고자산에서 직접 차감하지 않고 재고자산평가손실충당금계정에 기록하면 환입액을 다음과 같이 쉽게 산정할 수 있다(Miniature 예제 1 참조).

재고자산평가손실충당금계정의 기초잔액	×××
−) 재고자산평가손실충당금계정의 기말잔액	(×××)
=) 재고자산평가손실 환입액('평가이익')	×××

참고 [충당금계정의 기초잔액 < 충당금계정의 기말잔액]인 경우는 당기에 재고자산평가손실을 인식했다는 것을 의미한다.

재고자산평가손실환입은 아래 분개와 같이 재고자산평가이익(포괄손익계산서상 별도항목)이란 별도 항목으로 인식할 수도 있고, 매출원가를 감소시킬 수도 있다. 재고자산평가손실환입을 인식하면 재고자산평가손실충당금계정의 대변잔액이 감소함에 따라 재고자산 장부금액이 증가한다.

분개 **재고자산평가이익(평가손실환입)에 대한 회계처리**

'손실법'을 사용하는 경우		'매출원가법'을 사용하는 경우	
(차) 재고자산평가손실충당금 ×××		(차) 재고자산평가손실충당금 ×××	
(대) 재고자산평가이익(환입액)	×××	(대) 매 출 원 가 (환 입 액)	×××

「K-IFRS」 기준서에 이해하기 어려운 설명이 많은데, 재고자산평가손실환입과 관련해서 "순실현가능가치의 상승으로 인한 재고자산 평가손실의 환입은 환입이 발생한 기간의 비용으로 인식된 재고자산 금액의 차감액으로 인식한다"라고 쓰여있다[1002: 34]. 이 문장의 의미는 재고자산 평가손실환입을 매출원가에서 차감한다는 것이고, 이처럼 재고자산평가손실을 환입하면 매출원가를 다음과 같이 계산한다.

수정 전 매출원가	×××
재고자산평가이익	(×××)
수정 후 매출원가	×××

Miniature 예제 1 평가손실환입액의 측정

기본자료

재고자산 취득원가와 순실현가능가치가 다음과 같다.

	취득원가	순실현가능가치
1차연도 12. 31.	₩100,000	₩70,000
2차연도 12. 31.	145,000	135,000
3차연도 12. 31.	160,000	180,000

물음 2차연도 말과 3차연도 말의 재고자산평가손실환입액을 결정하라.

정답 **2차연도 ₩20,000, 3차연도 ₩10,000**

해설

· 재고자산평가손실충당금계정의 기말잔액과 기초잔액을 비교해서 평가손실환입액을 산정한다. 특정 회계연도에 평가손실환입을 인식할 수 있는 최대 금액은 평가손실충당금계정의 기말 대변잔액이 ₩0이 될 때까지이다.

	평가손실	평가손실충당금계정 잔액	평가손실환입액(평가이익)
1차연도 12. 31.	₩30,000	₩30,000 (①)	₩0
2차연도 12. 31.	0	10,000 (②)	20,000 (① − ②)
3차연도 12. 31.	0	0 (③)	10,000 (② − ③)

· 위와 같이 평가손실환입액을 계산하면 1차연도 12. 31.에 인식했던 평가손실(₩30,000)을 한도로 2년간 평가손실을 환입한다.

예제 13 재고자산평가손실과 평가손실환입에 대한 회계처리

중요도: ★★★
난이도: ◆◆

물음 Miniature 예제 1의 기본자료를 사용해서 다음 물음에 답하라.

1. 손실법과 매출원가법을 각각 사용하여 1차연도 12. 31.과 2차연도 12. 31.에 필요한 분개를 하라.
2. 손실법과 매출원가법을 각각 사용하여 2차연도 12. 31.에 재무상태표에 재고자산을 보고하는 방식을 제시하라.

정답

1.

	손실법(이론적 방법)			매출원가법(「K-IFRS」 방법)	
1차연도 12. 31. 결산시점:					
(차) 재고자산평가손실	30,000		(차) 매출원가	30,000	
(대) 평가손실충당금		30,000	(대) 평가손실충당금		30,000
2차연도 12. 31. 결산시점:					
(차) 평가손실충당금	20,000		(차) 평가손실충당금	20,000	
(대) 재고자산평가이익		20,000*	(대) 매출원가		20,000*

* 평가손실충당금계정의 기말잔액: ₩145,000 − ₩135,000 = ₩10,000
₩30,000(충당금계정의 기초잔액) − ₩10,000(충당금계정의 기말잔액) = ₩20,000

2.

	손실법	매출원가법
재고자산(취득원가)	₩145,000	₩145,000
재고자산평가손실충당금	(10,000)	(10,000)
재고자산(순실현가능가치)	₩135,000	₩135,000

예제 14 재고자산평가손실과 평가손실환입

중요도: ★★★
난이도: ◆◆

상황

· 1차연도 12. 1.에 회사는 재고자산을 현금 ₩72,000에 취득하였다.
· 1차연도 12. 31.에 재고자산의 순실현가능가치는 ₩68,000이고, 2차연도 12. 31.에 재고자산의 순실현가능가치는 ₩75,000이다.
· 회사는 매출원가법(「K-IFRS 제1002호」 방법)을 적용해서 재고자산평가손실과 재고자산평가손실환입을 기록한다.

· 2차연도 12. 31.에 회사는 판매대행회사에 판매중개료 ₩10,000을 지급하고 재고자산을 ₩85,000에 판매하였다. 따라서 회사는 재고자산을 13개월 동안 보유하다가 ₩3,000(₩85,000 − ₩72,000 − ₩10,000)의 이익을 창출하였다.

물음 순실현가능가치의 변동을 기록하는 분개를 하고 재고자산의 매출원가를 계산하라.

정답

1차연도 12. 1. 취득시점:

(차) 재고자산	72,000	(대) 현금	72,000

1차연도 12. 31. 결산일:

(차) 재고자산평가손실	4,000	(대) 평가손실충당금	4,000

※ 재고자산의 장부금액: ₩68,000

2차연도 12. 31. 판매시점:

(차) 현금	85,000	(대) 매출	85,000
(차) 매출원가	72,000	(대) 재고자산	72,000
(차) 평가손실충당금	4,000	(대) 매출원가	4,000
(차) 판매비용	10,000	(대) 현금	10,000

수정 전 매출원가	₩72,000
평가손실환입(평가이익)	(4,000)
수정 후 매출원가	₩68,000

참고

1차연도 손실	₩(4,000)
2차연도 이익(₩85,000 − ₩68,000 − ₩10,000)	7,000
총이익	₩3,000

분식회계 **재고자산평가손실**

㈜독산복합시설개발제일차피에프브이는 추진 중이던 주상복합건물 신축사업과 관련하여 지속적인 부동산 경기침체상황에서 자금조달 및 시공사 확보 등이 계획대로 진행되지 못하여 사업추진 일정이 2년 이상 지연되었다. 또한 향후의 실현가능한 자금조달 방안 등이 마련되어있지도 아니하며, 2011년에 특정 기업과 채권은행 간에 체결된 재무구조개선약정 추가약정에서 동 사업부지가 매각대상으로 분류됨에 따라 사실상 사업추진이 곤란하고 사업이 추진된다고 하더라도 성공 가능성이 매우 불확실한 상태에 있었다. 그러나 명확한 근거도 없이 낙관적으로 작성한 사업계획서를 근거로 건설용지 등의 순실현가능가치를 과대평가해서 재고자산 427억원을 과대계상했다. 그리고 개발사업이 사실상 중단되었음에도 사업성이 있는 것처럼 평가해서 재고자산평가손실을 인식하지 않아 재고자산 44억원을 과대평가했다(출처: www.fsc.go.kr).

Chapter 02 제6절

재고자산 금액의 추정

기말재고자산을 실사해서 정확하게 측정할 수 없는 경우가 있다. 또한, 재고자산의 수량이나 종류가 너무 많아서 재고자산을 실사하기 위한 비용에 비해 효익이 작은 경우도 있을 수 있다. 이런 경우에는 기말재고액을 추정하는데, 기말재고액을 논리적으로 추정하는 방법에는 매출총이익률법, 소매재고법, 표준원가법이 있다. 표준원가법은 원가회계에서 다루어지므로 설명을 생략하고, 매출총이익률법과 소매재고법에 대한 회계처리를 살펴본다.

1. 매출총이익률법

매출총이익(gross profit)은 매출액에서 매출원가를 차감한 금액이고, 매출총이익률(gross profit ratio)은 매출총이익을 매출액으로 나눈 비율이다. 매출총이익률법(gross profit method)은 매출총이익률을 이용하여 기말재고자산 측정액을 다음과 같이 역산해서 추정하는 방법이다.

순매출액	×××
−) 매출총이익(순매출액 × 매출총이익률)	(×××)
=) 추정 매출원가	×××

기초 재고자산(원가)	×××
+) 당기매입(원가)	×××
=) 판매 가능한 재고자산(원가)	×××
−) 추정 매출원가	(×××)
=) 추정 기말재고자산(원가)	×××

다음 경우에 매출총이익률법을 사용할 수 있다.

- 도난 또는 화재로 재고자산이 소실되고 재고자산기록이 상실된 경우
- 소매재고법을 사용할 수 없는 경우
- 단순히 기말재고자산의 추정치만 필요한 경우

매출총이익률법에서 핵심적으로 사용되는 매출총이익률은 과거의 매출총이익을 과거의 매출수익으로 나눈 비율이다. 과거의 매출총이익률이 현재에도 동일하게 유지된다는 보장이 없으므로 매출총

이익률법으로 추정한 기말재고액은 근사치이다. 이런 점에서 매출총이익률법은 내부관리목적으로 사용할 수는 있으나 재무보고목적으로는 사용할 수 없다.

예제 15 **매출총이익률법**

중요도: ★★★
난이도: ◆

상황

· 갈무리회사의 회계자료는 아래와 같다.

기초재고자산	₩28,000
매입액	132,000
매출액	150,000
매출총이익률	20%

물음 매출총이익률법을 사용하여 매출원가와 기말재고자산을 추정하라.

정답 매출원가: ₩120,000, 기말재고자산: ₩40,000

해설

기초재고자산		₩28,000
매입액		132,000
판매가능한 재고자산		₩160,000
매출액	₩150,000	
매출총이익(₩150,000 × 20%)	(30,000)	
추정 매출원가	₩120,000	(120,000)
추정 기말재고자산		₩40,000

2. 소매재고법

소매재고법(retail inventory method)은 재고자산에 관한 자료를 소매가격으로 기록 · 보존하였다가, 취득원가와 소매가격의 관계를 이용해서 소매가격으로 측정된 기말재고액과 매출원가를 취득원가로 환산하는 방법으로 매출가격환원법이라고도 한다. 소매재고법(매출가격환원법)을 이용하면 기말재고를 실사하지 않아도 취득원가에 의한 기말재고액과 매출원가를 쉽게 추정할 수 있다. 만일 소매가격이 회계기간 동안 변동하면 변동액(소매가격의 인상액과 인하액)을 고려하여 기말재고액과 매출원가를 추정한다(Miniature 예제 2 참조).

소매재고법과 매출총이익률법 모두 매출수익(판매가격)과 취득원가 간의 상관관계를 바탕으로 기말재고와 매출원가의 취득원가를 추정한다. 매출총이익률법은 과거의 매출총이익률에 의존하지만, 소매재고법은 당기원가와 당기소매가의 관계를 기초로 하기 때문에 재무정보에 대한 신뢰성이 상대적으로 더 높다. 「K-IFRS 제1002호」에 명문화된 규정은 없으나 이와 같은 이유에서 소매재고법은 재무보고목적으로 사용할 수 있다. 소매재고법은 단가가 낮은 상품을 대량으로 판매하는 유통업종에서 이익률이 유사한 동질적인 상품집단별로 사용할 수 있다. 소매재고법은 원가율을 계산하는 방법에 따라 다음과 같이 나뉜다.

- 평균원가소매재고법
- 저가기준소매재고법(전통적 소매재고법)
- 선입선출소매재고법
- 선입선출저가기준소매재고법

(1) 소매재고법의 핵심

다양한 소매재고법을 설명하기에 앞서, 소매재고법의 핵심을 먼저 살펴본다.

① 소매가에 의한 판매가능액과 기말재고액을 계산한다.

기초재고자산(소매가)	×××
+) 순매입(소매가)	×××
=) 판매가능액(소매가)	×××
−) 매출액(소매가)	(×××)
=) 기말재고자산(소매가)	×××

② 원가율(cost-to-retail percentage)을 계산한다.

$$\text{원가율}(\%) = \frac{\text{원가로 표시된 판매가능액}}{\text{소매가로 표시된 판매가능액}}$$

③ 기말재고원가와 매출원가를 추정한다.

기말재고원가 추정액 = 기말재고자산(소매가) × 원가율

매출원가 추정액:

쉬운 방법: 매출원가 추정액 = 판매가능액(취득원가) − 기말재고원가 추정액

어려운 방법: 매출원가 추정액 = 매출액(소매가) × 원가율

소매재고법에 종종 등장하는 파손은 개념적 관점에서 감모손실과 동일하다. 그러므로 일반적으로 정상파손('정상적 감모손실')의 원가는 매출원가에 포함하고, 비정상파손('비정상적 감모손실')의 원가는 영업외비용으로 인식한다.

예제 16	소매재고법의 핵심	중요도: ★★★ 난이도: ◆

상황

· 내사랑회사의 회계자료는 다음과 같다.

	취득원가	소매가
기초재고자산	₩12,000	₩14,000
순매입액	36,000	50,000
판매가능액	₩48,000	₩64,000
순매출액		(54,700)
기말재고자산		₩9,300

물음 소매재고법을 사용하여 기말재고 원가와 매출원가를 추정하라.

정답 **기말재고원가 추정액: ₩6,975, 매출원가 추정액: ₩41,025**

해설

원가율: ₩48,000(취득원가로 표시된 판매가능액) ÷ ₩64,000(소매가로 표시된 판매가능액) = 75%
기말재고원가 추정액: ₩9,300(소매가로 표시된 기말재고자산) × 75% = ₩6,975
매출원가 추정액:
쉬운 방법: ₩48,000(취득원가로 표시된 판매가능액) − ₩6,975(기말재고원가 추정액) = ₩41,025
어려운 방법: ₩54,700(소매가로 표시된 순매출액) × 75% = ₩41,025

(2) 소매재고법 용어

- 취득원가: 상품을 구입(제조)하여 판매 가능하도록 하는 데까지 발생한 지출
- 최초판매가격: 구입(제조)된 상품을 고객에게 판매하기 위하여 최초로 설정한 판매가격
- 최초이윤(original markup): 최초판매가격과 취득원가의 차액
- 인상액(markup): 상품의 판매가격을 인상하였을 경우 인상된 판매가격과 최초 판매가격의 차액
- 인하액(markdown): 상품의 판매가격을 인하하였을 경우 인하된 판매가격과 최초판매가격의 차액
- 인상취소액(markup cancellation): 판매가격을 최초판매가격보다 인상하였다가 추후에 다시 인하한 경우 하락한 금액. (단, 인상취소는 판매가격이 최초판매가격까지 하락할 경우만을 일컬으며, 최초판매가격 이하로 하락하면 인하된 가격과 최초판매가격의 차액은 인하액이라 한다.)
- 인하취소액(markdown cancellation): 판매가격을 최초판매가격보다 인하하였다가 추후에 다시 인상한 경우 상승한 금액. (단, 인하취소는 판매가격이 최초판매가격까지 상승할 경우만을 일컬으며, 최초판매가격 이상으로 상승하면 인상된 가격과 최초판매가격의 차액은 인상액이라 한다.)
- 순인상액(net markup): 인상액과 인상취소액의 차액
- 순인하액(net markdown): 인하액과 인하취소액의 차액

상품을 단위당 ₩120에 구입하고 소매가를 ₩150으로 결정하였다고 가정하자. <표 2.2>에서 ①부터 ⑨까지 순차적으로 살펴보면 용어의 의미를 이해할 수 있다.

표 2.2 **소매재고법의 용어**

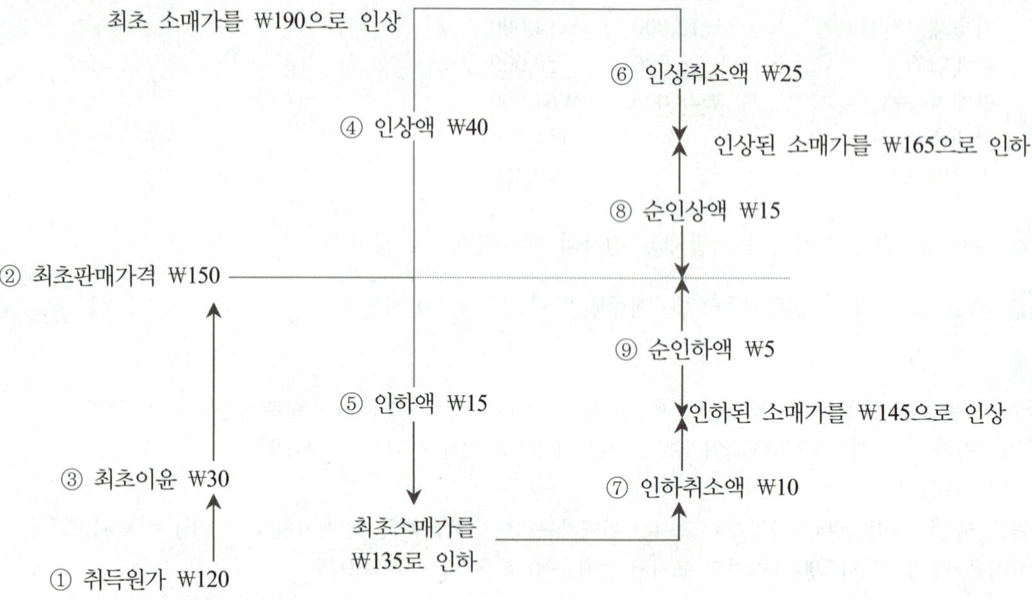

(3) 평균원가소매재고법

평균원가소매재고법은 판매가격(소매가)의 변동이 회계기간 중에 판매된 상품과 기말재고에 동일한 영향을 미친 것으로 가정해서 소매가의 모든 변동액(순인상액과 순인하액)을 고려하여 원가율을 계산하는 방법이다.

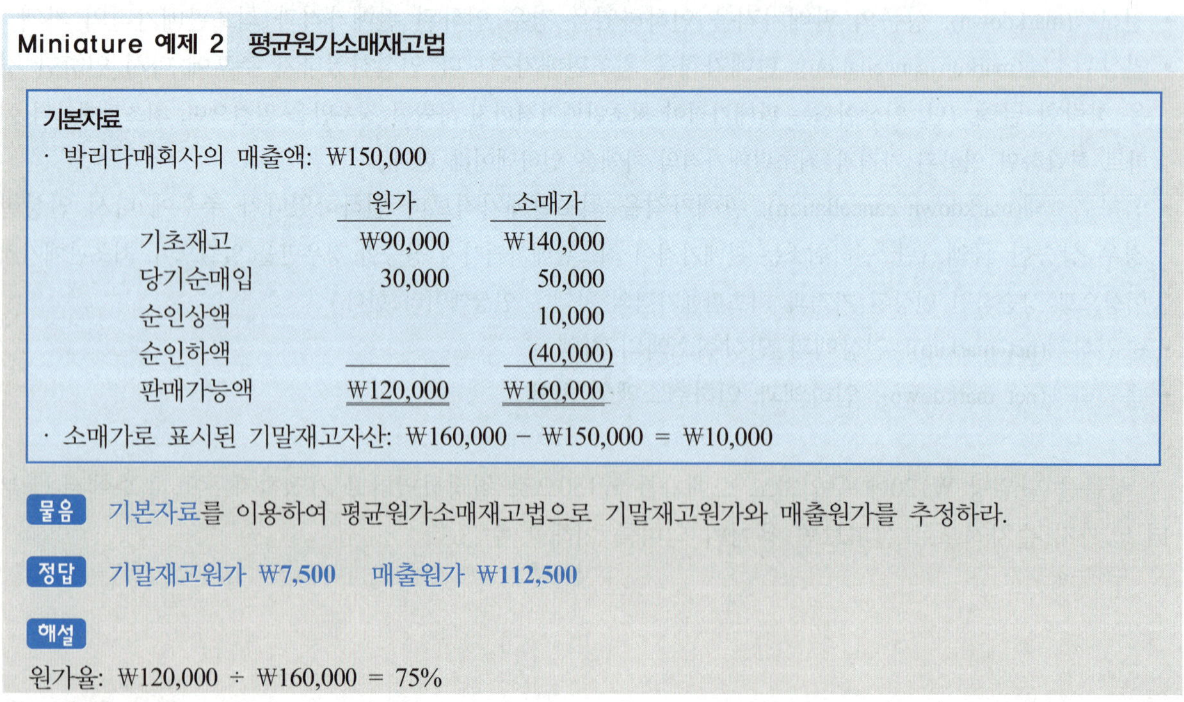

Miniature 예제 2 평균원가소매재고법

기본자료

· 박리다매회사의 매출액: ₩150,000

	원가	소매가
기초재고	₩90,000	₩140,000
당기순매입	30,000	50,000
순인상액		10,000
순인하액		(40,000)
판매가능액	₩120,000	₩160,000

· 소매가로 표시된 기말재고자산: ₩160,000 − ₩150,000 = ₩10,000

물음 기본자료를 이용하여 평균원가소매재고법으로 기말재고원가와 매출원가를 추정하라.

정답 기말재고원가 ₩7,500 매출원가 ₩112,500

해설

원가율: ₩120,000 ÷ ₩160,000 = 75%

기말재고원가 추정액: ₩10,000(소매가) × 75% = ₩7,500
매출원가 추정액:
　쉬운 방법: ₩120,000(판매가능액) − ₩7,500(기말재고자산) = ₩112,500
　어려운 방법: ₩150,000(소매가로 표시된 순매출액) × 75%(원가율) = ₩112,500

(4) 저가기준소매재고법(전통적 소매재고법)

저가기준소매재고법은 실무에서 가장 많이 사용되는 소매재고법으로 전통적 소매재고법이라고도 한다. 이 방법은 원가율을 구하기 위해 판매가능액(소매가 기준)을 계산할 때 순인하액을 고려(차감)하지 않는다는 점을 제외하고는 평균원가소매재고법과 동일하다. 순인하액이 제외되어 판매가능액이 크게 계산되면 원가율이 낮아지고, 이렇게 낮은 원가율을 기말재고액(소매가 기준)에 적용하면 기말재고원가가 낮게 계산된다.

Miniature 예제 3 저가기준소매재고법(전통적 소매재고법)

물음 Miniature 예제 2의 기본자료를 이용하여 저가기준소매재고법(전통적 소매재고법)으로 기말재고원가와 매출원가를 추정하라.

정답 및 해설

원가율: ₩120,000 ÷ (₩160,000 + ₩40,000) = 60%
기말재고원가 추정액: ₩10,000(소매가) × 60% = ₩6,000
매출원가 추정액:
　쉬운 방법: ₩120,000(판매가능액) − ₩6,000(기말재고자산) = ₩114,000
　어려운 방법: [₩150,000(소매가로 표시된 순매출액) + 순인하액] × 60%(원가율)
　　　　= (₩150,000 + ₩40,000) × 60% = ₩114,000

(5) 선입선출소매재고법

선입선출소매재고법은 기초재고 원가율과 당기매입분 원가율을 별도로 구하고 선입선출법을 적용해 기말재고원가와 매출원가를 추정하는 방법이다. 선입선출소매재고법은 순인상액과 순인하액이 당기매입분에 대해서만 적용되고 기초재고자산에는 적용되지 않는다고 가정한다. 따라서 순인상액과 순인하액 등 전체적인 소매가의 변동을 고려해서 당기매입분 원가율을 계산한다.

① [매출액(소매가) 〈 기초재고자산(소매가)]인 경우

선입선출법 가정 하에서 매출액 전액이 기초재고자산을 판매한 것이므로 기말재고자산의 구성요소는 기초재고 일부와 당기매입분 전부이다. 그러므로 기말재고원가를 다음과 같이 추정한다.

기초재고 중 기말재고로 남은 부분 × 기초재고 원가율	×××
당기매입분 × 당기매입분 원가율	×××
기말재고원가 추정액	×××

② [매출액(소매가) 〉 기초재고자산(소매가)]인 경우

선입선출법 가정 하에서 매출액이 기초재고 전부와 당기매입분의 일부로 구성되므로 기말재고는 오로지 당기매입분으로 구성된다. 그러므로 기말재고원가를 다음과 같이 추정한다.

기말재고원가 추정액 = 당기매입분 중 기말재고(소매가) × 당기매입분 원가율

Miniature 예제 4 선입선출소매재고법

물음 Miniature 예제 2의 기본자료를 이용하여 선입선출소매재고법으로 기말재고원가와 매출원가를 추정하라.

정답 및 해설

매출액(소매가) ₩150,000보다 기초재고(소매가) ₩140,000이 작으므로 선입선출법 가정 하에서 당기매출은 기초재고 전부와 당기매입분 일부로 구성되고 기말재고는 당기매입분으로만 구성된다.

기초재고 원가율 = 원가로 표시된 기초재고 ÷ 소매가로 표시된 기초재고
= ₩90,000 ÷ ₩140,000 = 64.3%

당기매입분 원가율 = 원가로 표시된 당기매입액 ÷ (소매가로 표시된 판매가능액 − 소매가로 표시된 기초재고)
= ₩30,000 ÷ (₩160,000 − ₩140,000) = 150%

기말재고 원가 추정액: ₩10,000(소매가) × 150% = ₩15,000

매출원가 추정액:

쉬운 방법: ₩120,000(판매가능액) − ₩15,000(기말재고자산) = ₩105,000

어려운 방법:

소매가로 표시된 기초재고 매출액 × 기초재고 원가율: ₩140,000 × 64.3% =		₩90,020
+ (소매가로 표시된 당기매입분 매출액 × 당기매입분 원가율) ₩10,000 × 150% =		15,000
= 원가로 표시된 매출원가	(반올림 오차)	₩105,020

(6) 선입선출저가기준소매재고법

선입선출저가기준소매재고법은 순인하액을 고려하지 않고 당기매입분 원가율을 계산하는 선입선출소매재고법이다. 나머지는 선입선출소매재고법과 동일하다.

Miniature 예제 5 선입선출저가기준소매재고법

물음 Miniature 예제 2의 기본자료를 이용하여 선입선출저가기준소매재고법으로 기말재고원가와 매출원가를 추정하라.

정답 및 해설

기초재고 원가율 = 원가로 표시된 기초재고 ÷ 소매가로 표시된 기초재고
= ₩90,000 ÷ ₩140,000 = 64.3%

당기매입분 원가율 = 원가로 표시된 당기매입액 ÷ (소매가로 표시된 판매가능액
− 소매가로 표시된 기초재고 + 순인하액)
= ₩30,000 ÷ (₩160,000 − ₩140,000 + ₩40,000) = 50%

기말재고원가 추정액: ₩10,000 × 50% = ₩5,000

매출원가 추정액:

쉬운 방법: ₩120,000(판매가능액) − ₩5,000(기말재고자산) = ₩115,000

어려운 방법: 기초재고 전부와 당기매입분의 일부를 판매

소매가로 표시된 기초재고 매출액 × 기초재고 원가율: ₩140,000 × 64.3% =	₩90,020
+ (소매가 당기매입분 매출액 + 순인하액) × 당기매입분 원가율 ₩50,000 × 50% =	25,000
= 원가로 표시된 매출원가 (반올림 오차)	₩115,020

예제 17 소매재고법에 대한 종합예제

중요도: ★★
난이도: ◆◆

상황

· 재고자산계정에 대한 자료는 아래와 같다.

재고자산

	원가	소매가		원가	소매가
기초재고	₩35,920	₩50,000	매출액		₩140,000
당기매입액	120,000	200,000	매출환입 및		
매입운임	10,000		매출에누리		(6,000)
매입환출	(4,000)	(10,000)	매출할인		(1,000)
			종업원할인판매액		8,000
매입할인	(2,000)		정상파손		3,000
순인상액		10,000	**순매출액**		₩144,000
순인하액		(25,000)	**매출원가**	B	
비정상적 파손(도난)	(4,000)	(15,000)	**기말재고**	A	66,000
판매가능액	₩155,920	₩210,000	판매가능액	₩155,920	₩210,000

Tip 소매재고법을 이용하여 기말재고원가(A)와 매출원가(B)를 구하는 경우에는 통상적으로 위에서 파란색으로 표시된 자료가 있어야 한다.

· 기말재고원가(A) = ₩66,000(소매가로 표시된 기말재고) × 원가율

· 매출원가(B):

쉬운 방법: 매출원가(B) = ₩155,920(원가로 표시된 판매가능액) − A(기말재고원가)

어려운 방법: [소매가로 표시된 순매출액 × 원가율]로 매출원가를 구하는 것이 기본 아이디어이지만 정확한 방법은 소매재고법의 유형에 따라 다르다.

물음

다음 소매재고법을 각각 이용하여 기말재고원가와 매출원가를 추정하라.

1. 평균원가소매재고법
2. 저가기준소매재고법(전통적 소매재고법)
3. 선입선출소매재고법
4. 선입선출저가기준소매재고법

정답 및 해설

1. 평균원가소매재고법

원가율: $\frac{₩155,920}{₩210,000} = 74.2\%$

기말재고원가 추정액(A): ₩66,000 × 74.2% = ₩48,972

매출원가 추정액:

쉬운 방법(B): ₩155,920(원가로 표시된 판매가능액) − ₩48,972 = ₩106,948

어려운 방법(B): ₩144,000(소매가로 표시된 순매출액) × 원가율
= ₩144,000 × 74.2% = ₩106,848(반올림 오차)

2. 저가기준소매재고법(전통적 소매재고법)

원가율: $\frac{₩155,920}{₩210,000 + ₩25,000} = 66.3\%$

기말재고원가 추정액: ₩66,000 × 66.3% = ₩43,758

매출원가 추정액:

쉬운 방법(B): ₩155,920 − ₩43,758 = ₩112,162

어려운 방법(B): ₩169,000(소매가로 표시된 순매출액 + 순인하액) × 원가율
= ₩169,000 × 66.3% = ₩112,047(반올림 오차)

· 해답 1과 2를 비교하면 저가기준소매재고법 하에서의 기말재고원가가 더 낮음을 알 수 있다.

3. 선입선출소매재고법

· 매출액(소매가로 표시된)이 기초재고(소매가로 표시된)보다 크므로 매출액은 기초재고 전부와 당기매입분 일부를 판매한 것이고, 기말재고자산은 당기매입분으로만 구성된다.

당기매입분 원가율: $\frac{₩155,920 - ₩35,920}{₩210,000 - ₩50,000} = 75\%$

기말재고원가 추정액: ₩66,000 × 75% = ₩49,500

매출원가 추정액:

쉬운 방법(B): ₩155,920 − ₩49,500 = ₩106,420

어려운 방법(B): 소매가로 표시된 순매출액 × 원가율

소매가로 표시된 순매출액 ₩144,000은 소매가로 표시된 기초재고를 전부(₩50,000) 팔고 소매가로 표시된 당기매입분의 일부(₩94,000)를 팔은 금액이다.

기초재고 원가율: ₩35,920 ÷ ₩50,000 = 71.84%

(소매가로 표시된 기초재고 매출액 × 기초재고 원가율) ₩50,000 × 71.84% = ₩35,920
+ (소매가로 표시된 당기매입분 매출액 × 당기매입분 원가율) ₩94,000 × 75% = 70,500
= 매출원가 추정액 ₩106,420

4. 선입선출저가기준소매재고법

· 소매가 순매출액 ₩144,000이 소매가 기초재고 ₩50,000보다 크므로, 기말재고는 당기매입분으로만 구성된다.

기초재고 원가율: ₩35,920 ÷ ₩50,000 = 71.84%

당기매입분 원가율: (₩155,920 − ₩35,920) ÷ (₩210,000 − ₩50,000 + ₩25,000)
= ₩120,000 ÷ ₩185,000 = 64.86%

기말재고원가 추정액(A): ₩66,000 × 64.86% = ₩42,808

매출원가 추정액:

쉬운 방법(B): ₩155,920 − ₩42,808 = ₩113,112

어려운 방법(B): 기초재고 전부와 당기매입분의 일부를 판매

소매가로 표시된 기초재고 매출액 × 기초재고 원가율: ₩50,000 × 71.84% = ₩35,920
+ (소매가 당기매입분 매출액 + 순인하액) × 당기매입분 원가율: ₩119,000 × 64.84% = 77,160
= 원가로 표시된 매출원가 (반올림 오차) ₩113,080

관련예제와 함께 풀어보세요

유제 1 재고자산감모손실과 재고자산평가손실 및 평가이익(2007년, 회계사)

관련예제 10, 12, 13, Miniature 예제 1

상황

12월 결산법인인 ㈜갑, ㈜을 두 회사는 모두 재고자산평가와 관련하여 선입선출법을 사용하고 있으며, 저가법으로 재고자산을 평가하고 있다. 아래의 각 물음은 독립적이다.

물음

1. ㈜갑의 2차연도 12. 31. 현재 재고자산 자료는 다음과 같다.

		단위당			
	재고수량	원가	현행대체원가	판매가격	판매까지 추가 소요비용
원재료	400개	₩200	₩150	₩190	₩10
재공품	100	400	380	440	50
제 품	1,000	700	720	750	40

원재료와 재공품은 제품을 만들기 위한 것이다. 장부수량과 실사수량은 같으며, 기초재고에 대한 재고자산평가충당금은 없다. ㈜갑이 2차연도의 재고자산평가손실로 인식해야 하는 금액을 계산하시오.

2. ㈜을의 2차연도 12. 31.현재 재고자산 자료는 다음과 같다.

			단위당			
	장부수량	실사수량	원가	현행대체원가	판매가격	판매까지 추가 소요비용
상 품	600개	550개	₩200	₩170	₩230	₩35

장부수량과 실사수량의 차이 중 30개는 정상적으로 발생한 것이다. 재고자산평가충당금잔액을 차감한 후의 기초재고는 ₩130,000이고, 당기매입은 ₩1,600,000이다. 기초재고에 대한 재고자산평가충당금은 ₩5,000이다. ① 2차연도 재고자산평가손실과 재고자산감모손실을 인식하는 회계처리(분개)를 하고, ② 2차연도 매출원가를 계산하시오.

정답 및 해설

1.

· 제품의 단위당 순실현가능가치(₩750 − ₩40)가 단위당 제조원가(₩700)를 초과할 것으로 예상되면 제조과정에 사용하기 위해서 보유하고 있는 원재료에 저가법을 적용하지 않는다.
  원재료 평가손실: 저가법을 적용하지 않으므로 ₩0이다.

· 「K-IFRS 제1002호」에 따르면 미완성품(재공품)의 순실현가능가치를 다음과 같이 추정한다.

최종판매가치 ×××
−) 추가로 소요될 전환원가(제조원가) (×××)
−) 판매비용 (×××)
=) 순실현가능가치 ×××

이 문제에는 순실현가능가치를 위와 같이 산정할 자료가 제시되어 있지 않으므로 주어진 자료를 이용하여 재공품과 제품의 순실현가능가치를 다음과 같이 계산한다.

재공품:		
	예상판매가격(100개 × ₩440)	₩44,000
	추가소요비용(100개 × ₩50)	(5,000)
	순실현가능가치	₩39,000

저가 = min {장부금액, 순실현가능가치}
= min {100개 × ₩400, ₩39,000}
= min {₩40,000, ₩39,000}
= ₩39,000

재공품 평가손실: ₩40,000 − ₩39,000 = ₩1,000

제품:		
	예상판매가격(1,000개 × ₩750)	₩750,000
	추가소요비용(1,000개 × ₩40)	(40,000)
	순실현가능가치	₩710,000

저가 = min {장부금액, 순실현가능가치}
= min {1,000개 × ₩700, ₩710,000}
= min {₩700,000, ₩710,000}
= ₩700,000

제품 평가손실: ₩0

2차연도 재고자산평가손실: ₩0 + ₩1,000 + ₩0 = ₩1,000

2.

① 감모손실과 평가손실

감모손실 50개 { 정상적 감모손실 30개 / 비정상적 감모손실 20개 }

· 재고자산감모손실과 재고자산평가손실이 동시에 발생하면 먼저 감모손실을 인식한다. 일반적으로 정상적 감모손실과 재고자산평가손실은 매출원가에 포함하고 비정상적 감모손실은 영업외비용으로 분류한다.

(차) 매 출 원 가(30개 × ₩200)	6,000	(대) 재고자산(정상감모손실)	6,000
(차) 영업외비용(20개 × ₩200)	4,000	(대) 재고자산(비정상감모손실)	4,000

기말재고자산 장부금액: 550개 × ₩200 = ₩110,000

예상판매가격(550개 × ₩230)	₩126,500
추가소요비용(550개 × ₩35)	(19,250)
순실현가능가치	₩107,250

저가 = min {장부금액, 순실현가능가치}
= min {₩110,000, ₩107,250}
= ₩107,250

재고자산평가충당금계정의 기말잔액: ₩110,000 − ₩107,250 = ₩2,750

재고자산평가충당금

		기초잔액	5,000
평가손실환입	??		
		기말잔액	2,750

₩5,000 = ₩2,750 + 평가손실환입
∴ 평가손실환입 = ₩2,250

(차) 재고자산평가충당금 2,250 (대) 재고자산평가이익(매출원가) 2,250

② 매출원가

재고자산을 재고자산평가충당금잔액을 차감한 후 순액으로 표시한 경우:

재고자산(순액)

기초재고	130,000	수정 전 매출원가	??
당기매입액	1,600,000	감모손실	10,000
기말재고	107,250		

수정 전 매출원가: ₩130,000 + ₩1,600,000 − ₩107,250 − ₩10,000 =	₩1,612,750
정상감모손실(매출원가에 포함)	6,000
수정 후 매출원가	₩1,618,750

재고자산을 재고자산평가충당금잔액을 차감하지 않은 총액으로 표시한 경우:

재고자산(총액)

기초재고	135,000	수정 전 매출원가	??
당기매입액	1,600,000	감모손실	10,000
기말재고	110,000		

수정 전 매출원가: ₩135,000 + ₩1,600,000 − ₩110,000 − ₩10,000 =	₩1,615,000
재고자산평가이익(매출원가의 차감항목)	(2,250)
정상감모손실(매출원가에 포함)	6,000
수정 후 매출원가	₩1,618,750

유제 2 소매재고법: 평균법과 저가기준선입선출법(2018년, 회계사) 관련예제 15

상황

소매업을 영위하고 있는 ㈜대한의 재고자산 관련 자료를 이용하여 물음에 답하시오.

1. 당기 재고자산 관련 자료

구 분	원가	판매가
기초재고액	₩10.000	₩15.000
당기총매입액	80,000	126,000
매입환출	8,000	11,000
매입할인	5,000	
매입에누리	3,000	
당기총매출액		75,000
매출환입	4,000	7,000
매출할인		3,000
매출에누리		2,000
당기가격인상액		15,000
당기가격인상취소액		3,000
당기가격인하액		10,000
당기가격인하취소액		2,000
종업원할인		5,000
정상파손	4,000	6,000
비정상파손	10,000	15,000

2. 정상파손의 원가는 매출원가에 포함하며, 비정상파손의 원가는 영업외비용으로 처리한다.

물음 소매재고법을 적용하여 재고자산 원가를 측정한다고 할 때 아래 항목의 금액을 계산하시오.

구 분	매출원가
가중평균법	①
저가기준선입선출법	②

정답 ① ₩39,799 ② ₩42,310

해설

재고자산

	원가	소매가		원가	소매가
기초재고	₩10,000	₩15,000	매출액		₩75,000
당기매입액	80,000	126,000	매출환입과 에누리		(9,000)
매입환출	(8,000)	(11,000)	매출할인		(3,000)
매입할인과 에누리	(8,000)		종업원할인판매		5,000
순인상액		12,000	정상파손		6,000
순인하액		(8,000)	순매출액		₩74,000
비정상파손	(10,000)	(15,000)	매출원가	B	
			기말재고	A	45,000
판매가능재고	₩64,000	₩119,000	판매가능재고	₩64,000	₩119,000

기말재고원가(A) = ₩45,000(소매가로 표시된 기말재고) × 원가율

매출원가(B):

쉬운 방법: 매출원가(B) = ₩64,000(원가로 표시된 판매가능액) − A(기말재고원가)

어려운 방법: [소매가로 표시된 순매출액 × 원가율]로 매출원가를 구하는 것이 기본 아이디어이지만 정확한 방법은 소매재고법의 유형에 따라 다르다.

① 가중평균법(평균원가소매재고법)

원가율: ₩64,000 ÷ ₩119,000 = 53.78%

기말재고자산 추정액: ₩45,000 × 53.78% = ₩24,201

매출원가 추정액:

쉬운 방법: ₩64,000 − ₩24,201 = ₩39,799

어려운 방법: ₩74,000 × 53.78% = ₩39,797(반올림 오차)

② 저가기준선입선출법

소매가 순매출액 ₩74,000이 소매가 기초재고 ₩15,000보다 크므로, 기말재고는 당기매입분으로만 구성된다.

기초재고 원가율 = 원가로 표시된 기초재고 ÷ 소매가로 표시된 기초재고
= ₩10,000 ÷ ₩15,000 = 2/3%

당기매입분 원가율 = 원가로 표시된 당기매입액 ÷ (소매가로 표시된 판매가능액 − 소매가로 표시된 기초재고 + 순인하액)
= ₩54,000 ÷ (₩119,000 − ₩15,000 + ₩8,000) = 48.2%

기말재고원가 추정액: ₩45,000 × 48.2% = ₩21,690

매출원가 추정액:

쉬운 방법: ₩64,000(판매가능액) − ₩21,690(기말재고자산) = ₩42,310

어려운 방법: 기초재고 전부와 당기매입분의 일부를 판매

소매가로 표시된 기초재고 매출액 × 기초재고 원가율: ₩15,000 × 2/3% =	₩10,000
+ (소매가 당기매입분 매출액 + 순인하액) × 당기매입분 원가율 ₩67,000 × 48.2% =	32,294
= 매출원가 추정액 (반올림 오차)	₩42,294

연습문제 02

P2-01 운송중인 재고자산

• 장난감을 판매하는 SK는 계속기록법을 사용하여 재고자산을 기록하는데 회계장부에 2차연도의 기말재고는 ₩8,000이며, 다음 사건이 발생하였다.

① 도착지인도기준으로 2차연도 12. 29.에 고객에게 운송된 ₩500의 장난감이 2차연도 12. 29.에 장부에 판매로 기록되었다. 고객은 장난감을 3차연도 1. 2.에 수령하였다.

② 2차연도 12. 30.에 수령한 ₩4,000의 장난감을 3차연도 1. 2.에 매입으로 기록하였다.

③ SK가 위탁판매하려고 2차연도 12. 24.에 선적한 ₩1,500의 장난감을 기말재고에서 제거하였다.

④ 선적지인도기준으로 2차연도 12. 28.에 고객에게 운송된 ₩800의 장난감을 고객이 3차연도 1. 8.까지 수령하지 않았기 때문에 기말재고에 포함하였다.

⑤ 구매한 장난감(취득원가: ₩2,000)이 도착지인도기준으로 2차연도 12. 28.에 운송되어 3차연도 1. 4.에 도착하였으며 기말재고에 포함되었다.

물음 2차연도 12. 31.의 기말재고를 계산하라.

P2-02 운송중인 상품

다음은 1차연도 12. 31. 전후에 발생한 거래로서 보따리회사는 이에 대해 아직 회계처리를 하지 않고 있다. 보따리회사는 계속기록법을 사용한다.

• 선적지인도조건으로 1차연도 12. 29.에 포도상품 60개를 단위당 ₩100에 외상매입하였는데, 이 상품의 선적일은 1차연도 12. 29.이었으며 도착일은 2차연도 1. 7.이었다.

• 선적지인도조건으로 1차연도 12. 29.에 단위당 원가가 ₩200인 빼찌상품 10개를 단위당 ₩300에 외상매출하였는데, 이 상품의 선적일은 1차연도 12. 30.이었으며 도착일은 2차연도 1. 3.이었다.

• 선적지인도조건으로 1차연도 12. 24.에 호도상품 60개를 단위당 ₩180에 구입하여 즉시 단위당 ₩250에 외상매출하였는데, 이 상품의 선적일은 1차연도 12. 28.이었으며 도착일은 2차연도 1. 6.이었다.

물음 기말수정분개를 하라.

P2-03 기말재고자산에 포함하는 항목

• 의자를 판매하는 춘향회사의 결산일은 매년 12. 31.이다.

• 1차연도 12. 31.의 재고실사결과 춘향회사의 창고에 보관중인 기말재고자산의 원가는 ₩3,500,000으로 파악되었는데, 이 금액에는 아래에 나열된 6개 거래가 포함되어 있지 않다.

㉠ 1차연도 12. 29.에 춘향회사는 의자를 선적지인도조건으로 구입하였는데, 의자는 12. 31.에 선적했으나 현재 도착하지 않았다. 의자의 송장가격은 ₩150,000이고 운임은 ₩1,400인데, 운임은 판매자가 선급하였다.

㉡ 1차연도 12. 23.에 도착지인도조건으로 구입한 의자가 12. 30.에 춘향회사의 창고에 도착하였으나 매입처로부터 송장을 받지 못하여 아직 장부에 기록하지 않았고, 기말재고의 실사에도 포함시키지 않았다. 의자의 송장가격은 ₩175,000이고 운임은 ₩1,800인데, 운임은 판매자가 선급하였다.

㉢ 아직 완공되지 않은 춘향회사의 새로운 건물에 사용하기 위해 주문했던 의자가 12. 10.에 도착했지만 아직 인수

하지는 않았다. 의자의 원가 ₩50,000과 운임 ₩1,000은 이미 지급하였다.

㉣ 특별주문품을 완성하여 창고에 별도로 보관하고 있다. 주문품은 1월 첫째 주에 선적될 예정이다. 특별주문품의 제작에 ₩225,000의 원가가 발생하였고, 춘향회사는 판매가격 ₩325,000을 주문회사에 이미 청구하였다. ₩2,500으로 추산되는 운임은 춘향회사가 이미 선급하였는데 추후에 주문회사에 청구하기로 하였다.

㉤ 선적지인도조건으로 판매하기로 하였던 주문품을 1차연도 12. 31.에 선적하였다. 주문품의 제작에는 ₩250,000의 원가가 발생하였으며 운임 ₩3,000을 포함한 판매대가 ₩308,000을 1차연도 1. 4.에 청구하였다.

㉥ 춘향회사의 수탁업자가 12. 31. 현재 보유하고 있는 춘향회사 의자의 원가는 ₩750,000이고, 춘향회사는 의자를 적송하는 데 ₩8,000의 운임을 지불했으며, 의자의 판매가치는 총 ₩1,200,000이다. 수탁업자는 수탁품을 판매하는 즉시 매출액의 10%에 해당하는 수수료를 차감한 잔액을 춘향회사에 송금한다.

물음 재고자산과 관련된 위의 6가지 거래 각각의 항목이 1차연도 12. 31.의 기말재고자산에 포함되는지 여부를 설명하고, 춘향회사의 기말재고액을 계산하라.

P2–04 재고자산 취득원가 (2012년, 회계사)

다음은 ㈜대한의 1차연도 12. 31.로 종료되는 회계연도에 대한 회계기록이다.

- 기말 재고자산 : ₩10,000*
- 기말 매입채무 : 20,000
- 당기 매출액 : 90,000

* 기말 현재 ㈜대한의 공장에 있는 재고자산을 실사한 결과에 따른 금액임

재고자산의 단위원가는 선입선출법을 사용하여 결정한다. 추가 정보는 다음과 같다.

1. 위 기말 재고자산 금액에는 원재료 A의 매입운임 ₩800, 운송보험료 ₩50, 보세창고 보관료 ₩100 및 ㈜대한의 공장에 있는 원재료 A의 보관창고 비용 ₩300이 포함되어 있다. 이 원재료 A의 매입할인 ₩400은 매입원가에서 차감하였다. 원재료 A 기말재고는 곧 제품 생산에 투입될 예정이다.
2. 위 기말 재고자산 금액에는 상품 B의 하역료 ₩100, 수입관세 ₩150 및 ㈜대한의 공장에 있는 상품 B의 보관창고 비용 ₩200이 포함되어 있다. 상품 B의 구입과 관련하여 매입거래처로부터 리베이트 ₩500을 수령하였는데 이를 기타 수익으로 처리하였다. 상품 B의 당기 판매분은 없다.
3. ㈜대한은 위탁판매를 위해 수탁자에게 제품 C를 적송하고 적송시점에 매출 ₩3,000을 기록하였다. 판매가격은 원가에 20%를 가산한 금액이며, 이 중 ₩1,200은 기말 현재 수탁자가 보관하고 있다.
4. 2차연도 1. 4.에 1차연도 12월분 매입운임 ₩6,000의 지급을 요청하는 청구서를 받았다. 이 청구서는 1차연도 12월에 구입한 상품 D와 관련된 것인데, 상품의 60%가 1차연도 말 현재 재고자산에 포함되어 있다. 회사는 1차연도 말 현재 이 매입운임 ₩6,000을 재고자산이나 매입채무에 포함시키지 않았다.

물음 아래 양식에 따라 위 회계기록에 대한 수정표를 작성하시오. 수정사항이 없는 경우에는 "0"으로 표시하고 감소일 경우(−)로 표시한다.

구 분	재고자산	매입채무	매출액
수정 전 금액	₩10,000	₩20,000	₩90,000
1			
2			
3			
4			
수정 후 금액			

P2–05 재고자산의 이연지급계약 (2014년, 회계사)

다음은 2차연도 재고자산과 관련된 회계자료이다. 재고자산 회계처리는 계속기록법을 사용한다. ㈜B는 2차연도 10. 1. 상품을 ₩50,000에 취득하면서 계약금으로 ₩10,000을 지급하고 잔금은 3차연도 3. 31.과 3차연도 9. 30.일에 각각 ₩20,000씩 총 2회 분할 지급하기로 하였다. 상품 취득일 현재 상품의 현금가격상당액은 총지급액을 유효이자율로 할인한 현재가치와 동일하며, 이 시점의 유효이자율은 연 6%이다. 현재가치 계산시 아래의 현가계수를 이용하시오.

기간	단일금액 ₩1의 현가계수 3%	단일금액 ₩1의 현가계수 6%	정상연금 ₩1의 현가계수 3%	정상연금 ₩1의 현가계수 6%
1	0.9709	0.9434	0.9709	0.9434
2	0.9426	0.8900	1.9135	1.8334

물음 2차연도에 해야 할 모든 분개를 적절하게 했을 경우, 재고자산 장부금액에 미치는 영향과 당기순이익에 미치는 영향을 구하시오.

P2–06 재고자산 원가흐름 (2013년, 회계사)

다음은 ㈜대한의 재고자산에 대한 5월 한 달 동안의 기록이다. 5월말 상품의 실지재고수량은 100개로 확인되었다. ㈜대한은 원가흐름에 대한 가정으로 가중평균법을 적용하고 있다.

일자	매입 수량	매입 구입단가	매입 금액	매출수량
5월 1일(기초)	100개	₩100	₩10,000	
6				50개
10	150	130	19,500	
11				100
12	150	150	22,500	
25				150
합 계	400개		₩52,000	300개

물음 ㈜대한이 월별 재무제표 작성 시, 재고자산에 대해 계속기록법을 적용하는 경우와 실지재고조사법을 적용하는 경우에 있어서 5월말 재고자산 금액의 차이를 구하시오.

P2–07 저가법과 매출원가 (2015년, 회계사)

• 단일 품목의 상품만 매매하는 ㈜서원의 1차연도와 2차연도의 기말상품재고와 관련된 자료는 다음과 같다.

	1차연도	2차연도
취득원가	₩50,000	₩15,000
순실현가능가치	45,000	13,000

• ㈜서원은 실지재고조사법을 적용한다. 1차연도 기초상품재고액은 ₩20,000이고, 당기매입액은 ₩80,000이다. 전기에서 이월된 재고자산평가충당금은 없다.

물음 저가법을 적용하여 기말상품을 평가할 때 ① 1차연도 매출원가를 구하시오. ② 2차연도 당기 매입액이 ₩100,000일 때 2차연도 매출원가를 구하시오.

P2-08 재고자산 감모손실과 평가손익 (2014년, 회계사)

재고자산 회계처리는 계속기록법을 사용한다. ㈜E의 재고자산과 관련한 기중 회계처리는 모두 이루어졌으며, 2차연도 기말에 재고자산 평가와 관련된 자료는 다음과 같다.

장부수량	50개
실제수량	45
단위당 취득원가	₩1,000
단위당 순실현가능가치	900

물음 2차연도에 해야 할 모든 분개를 적절하게 했을 경우, 재고자산 장부금액에 미치는 영향과 당기순이익에 미치는 영향을 구하시오.

P2-09 원자재재고자산 평가손실

- 찍어내회사는 단위당 취득원가가 ₩50인 원자재를 세 공정(성형공정→조립공정→도장공정)에 걸쳐 가공하여 완제품을 생산하는데 찍어내회사는 완제품만 판매한다.
- 각 공정의 단위당 전환원가(제조원가)와 각 공정에서 제조된 반제품에 대한 단위당 판매가격은 다음과 같다.

	단위당 전환원가	단위당 판매가격
성형공정(반제품)	₩150	₩200
조립공정(반제품)	100	320
도장공정(완제품)	200	480
합계	₩450	

- 반제품 또는 완제품의 판매비용은 없다.
- 찍어내회사가 회계기간 말에 보유하고 있는 원자재는 400개(단위당 취득원가: ₩50)인데 단위당 대체원가(현행원가)는 ₩47이다.

물음 저가법을 적용하여 원자재 평가손실을 계산하라.

P2-10 미완성품(재공품)재고자산 평가손실

- 성급해회사가 보유하고 있는 미완성 재고자산의 장부금액이 ₩52,000이다.
- 완성품의 추정 판매가격은 ₩60,000이고, 완성하는데 소요되는 추정 원가는 ₩7,000이며 추정 판매비용은 ₩3,000이다.

물음 재고자산측정액과 재고자산(미완성품)평가손실을 계산하라.

P2-11 다양한 소매재고법

	원가	소매가
기초재고	₩240,000	₩400,000
매입	560,000	900,000
순인상액		100,000
순인하액		200,000
판매		900,000

물음 평균원가소매재고법, 저가기준소매재고법, 선입선출소매재고법을 각각 사용하여 기말재고와 매출원가를 추정

하라.

P2-12 선입선출저가기준 소매재고법 (2015년, 회계사)

• 다음은 ㈜봉명의 1차연도 재고자산 관련 자료이다.

구분	원가	판매가격
기초재고자산	₩1,000	₩1,500
당기매입액	3,000	5,500
매출액		4,000
순인상액		500
순인하액		650
정상파손		300
종업원할인		200

물음 원가의 흐름은 선입선출법을 적용하며 저가법을 적용한다. 소매재고법을 적용하여 ① 1차연도 말 재고자산 원가 및 ② 1차연도 매출원가를 각각 구하시오.

P2-13 선입선출소매재고법 (2006년, 회계사)

한국백화점은 업종의 특성상 매출가격환원법이 다른 재고자산 평가방법보다 합리적이라고 인정되어 매출가격환원법을 사용하고 있다. 한국백화점의 2차연도 재고자산과 관련된 자료는 다음과 같다.

구 분	원가	판매가격
기초재고	₩12,000	₩20,000
당기매입총액	200,000	308,000
매입할인	3,000	
순인상		4,000
순인하		1,600
매출액		295,000
종업원할인		3,000
정상감모	1,000	1,500

물음 한국백화점이 원가흐름의 가정으로 선입선출법을 적용하는 경우 원가로 표시된 기말재고와 매출원가를 계산하라.

P2-14 매출총이익률법

• 2차연도 8. 15.에 불조심상점에서 화재가 발생하여 대부분의 재고자산이 소실되었으나 다행히도 유비무환 씨가 수집한 자료는 다음과 같다.

㉠ 기초상품재고 ₩80,000

㉡ 당기 중 매입자료(2차연도 1. 1.부터 화재발생시점까지)

현금매입	270,000
기초매입채무	45,000
매입에누리와 매입환출(매입채무에서 발생)	12,000

매입할인(매입채무에서 발생)	6,000
8. 15.까지 매입채무지급액	370,000
8. 15.의 매입채무잔액	60,000

ⓒ 당기 중 매출자료(2차연도 1. 1.부터 화재발생시점까지)

현금매출	320,000
기초매출채권	70,000
매출에누리와 매출환입(매출채권에서 발생)	8,000
매출할인(매출채권에서 발생)	6,000
대손액	75,000
8. 15.까지 매출채권회수액	420,000
8. 15.의 매출채권잔액	100,000

ⓔ 1차연도 매출총이익률 20%

물음 매출총이익률법을 이용하여 불조심상점의 화재손실추정액을 계산하라.

Chapter 03

유형자산

학습 목표

LO 3-1. 유형자산의 최초측정액과 후속측정액의 구성요소를 이해한다.
LO 3-2. 감가상각의 개념과 여러 가지 감가상각방법을 이해한다.
LO 3-3. 정부보조금에 대한 회계처리를 이해한다.
LO 3-4. 자본화할 차입원가를 산정하는 방법을 이해한다.
LO 3-5. 유형자산의 제거에 대한 회계처리를 이해한다.
LO 3-6. 특수한 유형자산(예 생산용식물)에 대한 회계처리를 이해한다.

제3장

제1절 유형자산의 취득원가

1. 유형자산 유형별 취득원가
   (1) 토지와 토지개량(구축물)
   (2) 건물
   (3) 설비자산(기계 등)
   (4) 천연자원
2. 유형자산 거래형태별 취득원가
   (1) 일괄구입
   (2) 이연지급계약
   (3) 취득 시 국·공채 등을 강제로 매입하는 계약
   (4) 주식발행을 통한 취득

제2절 감가상각

1. 감가상각의 개념과 인식
2. 감가상각비의 결정요소
   (1) 내용연수
   (2) 감가상각대상액
3. 감가상각방법
   (1) 정액법
   (2) 체감잔액법
   (3) 연수합계법
   (4) 생산량비례법
4. 천연자원의 감모상각
5. 기타 회계문제
   (1) 건물과 토지의 감가상각
   (2) 유형자산 구성요소별 감가상각
   (3) 감가상각의 중단
   (4) 회계기간중 구입(또는 처분)한 경우의 감가상각
   (5) 자산의 내용연수, 잔존가치, 감가상각방법의 변경

제3절 정부보조금

1. 정부지원과 정부보조금의 개념
2. 정부보조금의 인식
   (1) 인식조건
   (2) 회계처리방법
3. 수익접근법
   (1) 자산관련보조금
   (2) 수익관련보조금
4. 기타 수익관련 정부보조금에 대한 회계처리
   (1) 상환면제가능대출
   (2) 저리대출
5. 정부보조금의 상환
6. 수증자산

제4절 차입원가

1. 차입원가와 회계문제
2. 차입원가의 자본화
   (1) 적격자산과 자본화기간의 결정
   (2) 자본화할 차입원가 계산

제5절 취득 이후의 지출

1. 자본적 지출과 수익적 지출
   (1) 자본적 지출
   (2) 수익적 지출
2. 증설
   (1) 증설된 자산의 감가상각기간
   (2) 증설 중 발생하는 기존 유형자산의 제거
3. 대체와 개량
4. 재배치(재편성)
5. 수선

제6절 유형자산의 제거

1. 매각 및 폐기
2. 비화폐성자산의 교환
   (1) 비화폐성자산의 교환과 상업적 실질
   (2) 비화폐성자산의 교환에 대한 회계처리

제7절 생물자산과 수확물

1. 의의와 분류범주
2. 측정과 인식

Chapter 03 제1절

유형자산의 취득원가

유형자산(tangible assets)은 토지, 건물, 기계장치, 선박, 항공기, 차량운반구, 집기, 사무용 비품 등과 같이 여러 회계기간에 걸쳐 경제적효익을 제공하는 자산으로, 다음 조건을 모두 만족하는 자산이다[1036: 6].

- 보유목적: 재화나 용역의 생산 또는 제공, 임대(토지와 건물인 부동산은 제외) 등 영업 및 경영활동에 사용
- 보유형태: 물리적 형태가 있음
- 사용기간: 한 회계기간을 초과함

자산의 보유목적이 투기이면 투자자산(제9장 참조), 판매이면 재고자산(제2장 참조)으로 분류하고, 물리적 형태가 없으면 무형자산(제4장 참조)으로 분류한다. 투자부동산(제6장 참조)과 매각예정자산(제7장 참조)은 유형자산에 포함하지 않고 재무상태표에 별도 분류범주로 공시한다. 예를 들어, 남가일몽 회사가 토지를 취득한 후 직원용 주차장으로 사용하면 해당 토지를 유형자산으로 분류한다. 만일 그 토지를 임대 또는 처분할 목적으로 보유하면 해당 토지를 투자부동산으로 분류한다. 토지를 현재 상태로 1년 이내에 처분할 예정이면 매각예정자산으로 분류하고, 전원주택단지로 개발한 후에 필지별로 분양할 예정이면 재고자산으로 분류한다. 한편, 소모품과 같이 자산의 사용기간이 한 회계기간을 넘지 않으면, 취득시점에 취득원가를 소모품자산으로 인식한 후 회계기간 말에 장부금액과 실제 보유량의 취득원가와의 차이를 소모품 사용비용으로 인식한다.

유형자산에 대한 주요 회계문제는 다음과 같다.

① 취득원가를 어떻게 측정할 것인가?

② 취득원가를 내용연수 동안에 어떻게 합리적이고 체계적으로 배분할 것인가?

③ 취득 이후에 발생한 후속 지출을 어떻게 회계처리할 것인가?

④ 회계기간 말에 유형자산을 어떻게 평가할 것인가(제5장 참조)?

⑤ 유형자산을 제거하면 어떻게 회계처리할 것인가?

유형자산을 포함한 자산을 인식하기 위해서는 다음 인식기준이 모두 충족되어야 한다[1016: 7].

- 자산으로부터 발생하는 미래경제적효익이 기업에 유입될 가능성이 높다.
- 자산의 원가를 신뢰성 있게 측정할 수 있다.

이러한 인식기준을 충족하지 못하는 지출은 발생시점에 즉시 비용으로 인식한다.

유형자산의 취득원가(acquisition costs)는 유형자산 구입가격과 해당 유형자산을 의도한 용도에 맞는 상태와 위치로 가져오는 데 필요한 모든 지출을 포함한다. 취득원가에 포함되는 지출의 예는 다음과 같다[1016: 16].

- 구입가격(매입할인과 리베이트 등을 차감한 금액)
- 수입관세 등 환급불가능한 취득 관련 세금

- 경영진이 의도하는 방식으로 자산을 가동하는 데 필요한 장소와 상태에 이르게 하는 데 직접 관련되는 원가
- 복구원가(자산의 내용연수 말에 자산을 해체, 제거하거나 부지를 복구하는 데 소요될 것으로 추정된 원가의 현재가치)(Miniature 예제 3, 예제 4 참조)
- 건설(또는 취득) 중인 자산을 의도한 용도에 사용할 수 있는 시점까지 발생한 이자(제4절 참조)

경영진이 의도하는 방식으로 유형자산을 가동하는 데 필요한 장소와 상태에 이르게 하는 데 직접 관련되는 원가의 예는 다음과 같다[1016: 17].

- 유형자산의 매입 또는 건설과 직접 관련되어 발생한 종업원급여
- 설치장소를 준비하는 원가
- 설치원가 및 조립원가
- 운송 및 취급관련 원가(예 하역료)
- 전문가에게 지급하는 수수료

발생시점에 비용으로 인식하는 지출

다음 지출은 유형자산 취득원가에 포함하지 않고 발생시점에 비용으로 인식한다[1016: 19, 20].

- 새로운 시설을 개설하는 데 소요되는 원가
- 새로운 상품이나 용역을 소개하는 데 소요되는 원가(예 광고 및 판매촉진과 관련된 원가)
- 새로운 지역(또는 고객층)을 대상으로 영업하는 데 소요되는 원가(예 직원 교육훈련비)
- 관리원가 및 기타 일반간접원가
- 경영진이 의도하는 방식으로 유형자산이 가동될 수는 있으나 아직 실제로 사용되지 않는 경우 또는 가동수준이 완전조업도 수준에 미치지 못하는 경우에 발생하는 원가
- 유형자산을 가동하여 생산되는 산출물에 대한 수요가 형성되는 과정에서 발생하는 가동 손실
- 자산을 재배치하는 과정에서 발생하는 원가(제5절 참조)
- 일시적 목적을 위해 유형자산을 부수적으로 가동해서 받은 금액. 예를 들어, 유형자산의 건설 또는 개발이 진행되는 동안 또는 건설이 시작되기 전에 건설용지를 주차장으로 사용해서 주차료수익을 획득하면, 수익과 관련 비용을 당기손익으로 인식한다[1016: 21].
- 취득원가의 이연지급액에 포함된 이자(예제 1, 예제 6 참조)
- 유형자산을 의도한 방식으로 가동할 수 있게 하는 시험과정에서 생산된 재화의 매각금액과 관련 원가를 당기손익으로 인식한다[1016: 20A].

예제 1 유형자산 취득원가

중요도: ★★★
난이도: ◆◆

상황

캔커피회사가 새로운 생산라인을 설치하는 과정에서 발생한 지출은 다음과 같다.

새로운 생산라인에 사용되는 기계의 구입대가로 약속어음을 발행(이자율이 연 10%이고 2년 후에 일시불로 ₩302,500을 지급하는 약속어음)		₩302,500
실내 장치의 설치에 지급된 종업원 임금:		
공장 실내장치의 설치에 지급된 종업원 임금	₩85,000	
생산라인의 설치 준비에 지급된 종업원 임금	70,000	155,000
기계의 배달운송료		30,000
기계의 설치와 조립원가		25,000
기계의 최초시험원가		15,000
새로운 생산라인의 평가자에 대한 수수료와 새로운 생산라인의 개막식 지출		18,000
새로운 생산라인에서 생산된 신제품의 소개원가		60,000
새로운 생산라인의 설치 이후에 발생한 관리 및 일반간접원가		7,000
합계		₩612,500

물음 새로운 생산라인의 취득원가를 결정하라.

정답 ₩475,000

해설

· 약속어음의 현재가치를 기계의 취득원가에 포함하고 만기금액과 현재가치(부록 1-2 참조)의 차이는 기간이 경과함에 따라 이자비용으로 인식한다. 약속어음의 현재가치는 다음과 같이 ₩250,000이다.

$$₩302,500 \div (1 + 0.1)^2 = ₩250,000$$

앞으로 2년 동안 인식할 이자비용: ₩302,500 − ₩250,000 = ₩52,500

· 유형자산을 의도된 용도에 맞게 설치하는 것과 직접 관련되지 않은 원가는 새로운 생산라인의 취득원가에 포함하지 않으므로, 다음 지출은 유형자산 취득원가에서 제외한다.

· 새로운 생산라인의 개막식 지출	₩18,000
· 새로운 생산라인에서 생산된 신제품의 소개원가	60,000
· 새로운 생산라인의 설치 이후에 발생한 관리 및 일반간접원가	7,000

∴ 취득원가 = ₩612,500 − ₩52,500 − ₩18,000 − ₩60,000 − ₩7,000 = ₩475,000

1. 유형자산 유형별 취득원가

(1) 토지와 토지개량(구축물)

① 토지 취득원가

토지 취득원가는 토지를 취득하고 의도한 용도에 사용할 수 있도록 준비하는 데 소요된 모든 지출을 포함한다. 토지 취득원가의 구성요소는 다음과 같다.

- 토지 구매원가
- 토지 소유권 이전에 소요되는 원가(예 변호사수수료 등)
- 토지를 의도한 용도로 만드는 데 소요되는 원가(예 정토작업원가, 배수시설설치원가 등)
- 토지 판매자를 위해서 대신 지급한 연체 재산세

- 취득한 토지에 위치한 기존 건물의 철거원가
- 토지개량에 소요된 원가 중 용역잠재력이 비한정인 시설에 투입된 원가(예 조경용 수석 구입원가). 그러나 토지에 대해 지속적으로 발생하는 조경원가는 토지 취득원가에 가산하지 않고 발생시점에 비용으로 인식한다.

철거원가

㉠ **철거원가를 토지 취득원가에 포함하는 경우:** 새로 취득한 토지를 사용가능한 상태로 만들기 위해 그 토지에 있는 기존 건물을 철거하는 경우에는 철거되는 건물의 장부금액(취득대가)과 철거원가(razing costs)를 토지 취득원가에 포함한다. 철거된 기존 건물의 잔여물을 판매해서 받은 금액은 철거원가에서 차감한 후 토지 취득원가에 포함한다.

철거되는 건물의 장부금액(취득대가)	×××
+) 철거원가 발생액	×××
-) 철거 잔여물을 팔아서 받은 금액	(×××)
=) 토지 취득원가에 포함되는 철거원가	×××

㉡ **철거원가를 당기비용으로 인식하는 경우:** 과거에 취득한 토지에 있는 건물을 사용하다가 새 건물을 짓기 위해 기존 건물을 철거하는 경우에는 기존 건물과 토지가 별개 자산이므로 기존 건물의 장부금액과 처분대가의 차이를 처분손실로 인식하고 철거원가는 당기비용으로 인식한다.

Miniature 예제 1 철거원가와 토지 취득원가

· 주차장을 건설하기 위해서 기존 건물이 있는 토지를 구입하면서 토지대가 ₩400,000과 건물대가 ₩50,000을 지급하였다, 기존 건물을 철거하는데 철거원가 ₩18,000이 발생하였으나 기존 건물의 폐기물을 처분해서 ₩3,000을 받았다. 이 경우 토지의 취득원가는 ₩465,000(₩400,000 + ₩50,000 + ₩18,000 − ₩3,000)이다.

② 토지개량(구축물)

토지개량(land improvements)은 구축물이라고도 하며 토지를 사용하기 위해서 토지를 향상시킨 구조물이다. 예를 들어, 주차장, 진입로, 사유도로, 담장, 스프링클러시스템, 잔디밭, 조경시설 등이 토지개량에 포함된다. 토지개량은 용역이 제공되는 기간(용역잠재력의 사용기간)에 따라 내용연수가 비한정일 수도 있고 한정일 수도 있다.

용역잠재력이 비한정인 토지개량

용역잠재력(service potentials)은 특정 자산이 기업의 미래 현금유입액을 증가시키거나 미래 현금지출액을 감소시킬 수 있는 능력이다. **토지 소유자가 미래에 추가 지출 없이 거의 영구적으로 용역을**

제공받을 수 있는 토지개량에 투입한 원가는 토지 취득원가에 포함한다. 거의 영구적으로 용역을 제공받을 수 있는 토지개량은 비한정인 기간에 걸쳐 효익을 제공받는 토지와 같은 성격의 자산으로 본다. 예를 들어, 암석과 같은 조경시설은 한 번 완성되면 해당 토지를 처분할 때까지 가치가 소멸하지 않는다. 또한, 정부 관리하에 설치된 가로등 시설이나 포장도로 등은 정부기관이 계속적으로 대체 · 보수하기 때문에 토지 소유자의 관점에서 유지관리원가를 투입하지 않고도 거의 영구적으로 용역잠재력을 제공받을 수 있다. 이러한 토지개량은 감가상각할 필요가 없으므로 총 지출 중에서 토지 구매자가 부담한 부분을 토지 취득원가에 포함한다. 예를 들면, 공장용지를 취득하면서 공공기관에 납부한 하수종말처리장 설치부담금은 토지 취득원가에 가산한다.

용역잠재력이 한정인 토지개량

토지개량 중 한정된 기간에만 혜택을 제공받을 수 있는 것에 투입한 원가는 토지개량(구축물) 취득원가로 인식하고, 경제적 혜택을 받는 기간(내용연수) 동안 감가상각한다. 용역잠재력이 한정된 경우에는 토지 소유자가 향후 추가로 지출을 해야만 지속적인 혜택을 제공받을 수 있다. 예를 들어, 취득한 토지에 토지 소유자와 정부가 공동부담으로 가로등설치나 도로포장 등을 한다 하더라도 정부기관이 지속적으로 보수 및 대체를 해주지 않으면 토지 소유자가 해당 시설을 통해 한정된 기간 동안만 혜택을 제공받는다. 이러한 자산에 투입한 원가는 토지 취득원가에 포함하지 않고 토지개량(구축물) 취득원가로 인식해서 내용연수 동안 감가상각한다.

예제 2 토지 취득원가

중요도: ★★★
난이도: ◆◆

상황

· 1차연도 4. 1. 지하상가 신축부지를 ₩10,000,000에 매입함.
· 1차연도 4. 1. 현재 이 부지에는 건물이 위치하고 있으며 2차연도 12. 31.까지 동 건물을 타인에게 임대할 예정임.
· 1차연도 7. 1. 토지조경조성 공사원가 ₩1,000,000, 담장시설 설치원가 ₩800,000을 지출함.
· 3차연도 1. 1.부터 기존 건물을 철거하고 지하상가를 신축할 예정임.
· 기존건물을 2차연도 12. 31.까지 임대하여 예상되는 수입의 현재가치: ₩3,000,000
· 기존건물 철거원가(폐기물을 처분해서 받은 금액 차감후)의 현재가치: ₩1,600,000

물음 1차연도 4. 1.과 1차연도 7. 1.에 필요한 분개를 하라.

정답 및 해설

1차연도 4. 1. 토지취득시점:

(차) 토 지	8,600,000	(대) 현 금	10,000,000
건 물	1,400,000*		

* 건물이 있는 토지를 매입하였으므로, 이를 토지와 건물의 일괄구입으로 보고 총 구입금액 ₩10,000,000을 상대적 개별 판매가격법(제2장 참조) 또는 잔여접근법(제2장 참조)을 사용하여 배분한다. 이 예제에서는 주어진 자료를 통해 토지와 건물의 개별 판매가격을 직접적으로 알 수는 없지만 아래와 같이 간접적으로 구할 수 있으므로, 잔여접근법을 사용해 총 매입대금을 토지와 건물에 배분한다.

건물에 배분될 금액:

예상되는 임대수입의 현재가치	₩3,000,000
차감: 기존건물 철거원가의 현재가치	(1,600,000)
기대순현금흐름의 현재가치	₩1,400,000

토지에 배분될 금액: ₩10,000,000 − ₩1,400,000 = ₩8,600,000

1차연도 7. 1. 공사원가 지출시점:

(차)	토 지	1,000,000	(대) 현 금	1,800,000
	토지개량(구축물)	800,000		

(2) 건 물

건물 취득원가는 건물을 취득(또는 건설)하고 의도한 용도에 맞게 사용할 수 있도록 준비하는 데에 소요된 모든 지출을 포함한다. 건물 취득원가에 포함하는 항목은 다음과 같다.

- 건물 구입(건설)원가
- 부동산 매매 수수료(closing costs)
- 부동산 중개인의 수수료
- 건물 배관작업원가, 배선원가, 지붕대체원가 등 건물을 의도한 용도에 맞게 준비하는 데 소요된 지출

새로운 건물을 건설하는 경우에는 건설원가 이외에 정토작업원가(excavation costs), 설계수수료, 건축허가수수료, 건설기간 중에 발생한 이자비용 등을 건물 취득원가에 포함한다(제4절 참조).

(3) 설비자산(기계 등)

설비자산 취득원가는 설비자산 구매가격과 설비자산을 의도한 용도에 맞는 상태와 장소로 가져오는 데 필요한 모든 지출을 포함한다. 설비자산 취득원가의 구성요소는 다음과 같다.

- 구입가격(판매자로부터 받은 할인 차감 후)
- 설비자산의 소유권을 이전하는 데 발생한 지출
- 설비자산을 사용하기 위한 장소와 상태에 이르게 하는 데 소요된 지출
- 설비자산의 설치와 시운전을 위한 지출

예제 3 기계 취득원가

중요도: ★★★
난이도: ◆

상황

기계 취득과 관련된 지출은 다음과 같다.

기계구입가격	₩80,000
운송 및 취급원가	2,000
운송 중 발생한 보험료	1,000

설치비	1,400
시험운영원가	600
합계	₩85,000

물음 기계의 취득원가를 결정하라.

정답 ₩85,000

해설

· 주어진 자료에 나열된 모든 지출항목은 기계를 의도된 용도에 맞는 상태와 장소에 가져오는데 필요하므로 기계 취득원가로 자본화한다.
· ₩85,000을 자본화하고 기계가 사용되는 미래기간에 비용(감가상각비)으로 인식한다.

(4) 천연자원

천연자원(natural resources) 또는 소모성자산은 물리적으로 소비해서 경제적효익을 누리는 자산이다. 광산, 유전, 벌채목적의 임야 등이 대표적인 천연자원자산인데, 천연자원 취득원가에는 다음 항목을 포함한다.

① 탐사권리 취득원가: 미발견된 천연자원을 탐사할 권리를 취득하거나 매장된 천연자원을 추출하는 권리를 취득하기 위해 지급한 금액
② 탐사원가: 천연자원의 매장 여부를 조사하는 데 드는 원가(예 시추원가 등)
③ 개발원가: 천연자원을 발견한 후 천연자원을 생산하기 전에 발생한 지출
④ 복구원가: 천연자원의 내용연수 말에 토지(또는 해저지반) 또는 다른 자산을 원래의 상태로 복구하는 데 소요될 것으로 예상되는 지출(예 해상 플랫폼 해체원가)의 현재가치

탐사원가(exploration costs)는 천연자원의 매장 여부를 조사하고 특정 지역을 탐사하는 데에 발생한 지출로 다음 항목을 포함한다.

- 지정학 또는 지질학 연구원가
- 표본추출원가
- 광물자원 추출에 대한 기술적 실행가능성과 상업적 실행가능성 평가원가

개발원가(development costs)는 천연자원을 발견한 후에 천연자원을 생산하기 위해 준비하는 데에 소요되는 원가(예 굴착원가)를 말한다. 천연자원을 생산하는 기술적 실행가능성과 미래에 상업적으로 판매하는 상업적 실행가능성이 입증되면 입증 이후에 발생하는 지출을 다음 두 요소로 분해하여 회계처리한다.

- 개발원가: 천연자원 취득원가에 포함하여 천연자원의 내용연수(또는 생산량)에 걸쳐 상각한다.
- 장비(유형자산) 취득원가: 천연자원을 개발·생산하고 판매할 준비를 하는 데에 사용될 장비(예 운송차량과 중장비 기계 등)를 특정 채굴장소에서 다른 채굴장소로 옮길 수 있는 경우에는 장비 취득원가를 천연자원 취득원가에 포함하지 않고 별도의 유형자산으로 분류한 후 장비의 내용연수에 걸쳐 감가상각한다. 단, 개발에 사용되는 장비를 특정 채굴장소 이외의 다른 장소로 이동시킬 수 없고(예 굴

착시설) 대체적 용도가 없는 경우에는 천연자원 취득원가에 포함하여 장비의 내용연수와 천연자원의 수명 중 짧은 기간에 걸쳐 상각한다.

복구원가(restoration costs 또는 decommissioning costs)는 **자산의 내용연수에 도달하면 자산을 해체하고 토지를 원래의 상태로 회복시키는 데 소요될 것으로 예상되는 지출의 현재가치이다.** 예를 들어, 바다에 석유 굴착장치를 건설한 석유회사는 원유를 모두 추출한 후에 해저기반을 원래 상태로 복구할 의무가 있다. 복구원가는 비록 미래에 발생하지만 천연자원을 획득하기 위해 불가피하게 발생하는 지출이므로 수익·비용대응의 원칙에 따라 천연자원으로부터 수익을 인식하는 기간에 비용으로 인식할 필요가 있다. 이를 위해 **복구원가를 복구대상자산의 취득원가에 포함하여 내용연수 동안 상각**한다. 복구원가는 자산의 사용연수 말에 발생할 미래지출로서 얼마가 발생할지 불확실하므로 이러한 불확실성을 반영한 기댓값의 현재가치로 측정한다는 점에 주의해야 한다. 기댓값의 현재가치(probability adjusted present value)는 미래발생예상액에 발생확률을 곱해 구한 기댓값을 적절한 이자율로 할인한 현재가치이다.

복구원가는 한편으로는 유형자산을 증가시키고, 다른 한편으로는 부채를 증가시킨다. 복구의무가 미래에 경제적 희생을 필요로 하는 현재의무로서 부채의 정의를 충족하기 때문이다. 다만, 발생할 금액이 불확실하므로 일반적 부채가 아니라 충당부채의 일종인 '복구충당부채'(제12장 참조)로 인식한다. 이때 복구충당부채의 최초 측정치는 자산의 취득원가에 포함된 복구원가, 즉 미래지출 기댓값의 현재가치이다. 그 후 기간이 경과함에 따라 미래지출의 현재가치가 증가하는 것을 반영하기 위해 복구충당부채 장부금액을 적절히 증가시킬 필요가 있다. 복구충당부채의 기초장부금액에 적절한 시장이자율('유효이자율'이라 함)을 곱해 이자비용을 인식하고, 동액만큼 복구충당부채의 장부금액을 증가시키는 계산법을 '유효이자율법'이라 한다. 예를 들어, 내용연수가 30년인 유정과 관련된 복구원가를 시간의 흐름에 따라 나타내면 다음과 같다.

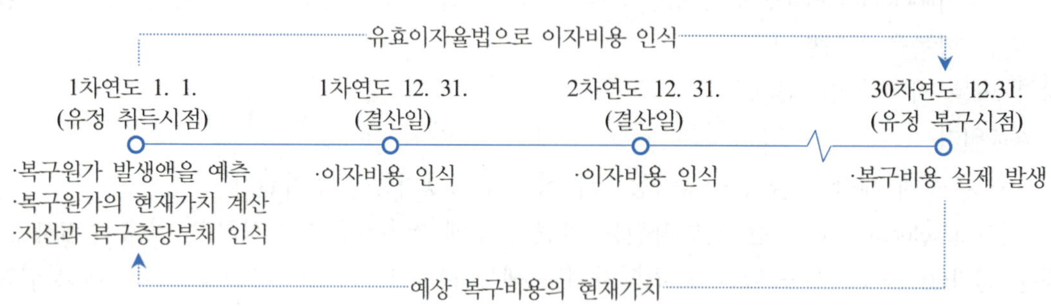

유효이자율법

유효이자율(effective interest rate)은 자산(또는 부채)의 기대존속기간에 예상되는 미래 현금유입액(유출액)의 현재가치를 자산(또는 부채)의 장부금액과 일치시키는 이자율이다. 예를 들어, 1차연도 초의 현금유출액이 AA이고 1차연도 말, 2차연도 말, 3차연도 말의 현금유입액이 각각 XX, YY, ZZ라 하면 다음 식을 성립시키는 r이 유효이자율이다.

$$AA = \frac{XX}{(1+r)^1} + \frac{YY}{(1+r)^2} + \frac{ZZ}{(1+r)^3}$$

유효이자율법(effective interest rate method)은 현금수취나 지급이 장기간에 걸쳐 이루어질 때 유효이자율을 이용하여 기간별 이자수익이나 이자비용을 합리적으로 인식하는 접근법으로서, 자산과 부채 모두에 대해 적용 가능하다. 예를 들어, 재화(또는 용역)를 취득하고 발행한 어음의 만기가 1년 또는 통상적 영업주기를 초과하는 경우에는 미래 이자 및 원금 지급액의 현재가치(부록 1-2 참조)로 장기지급어음을 측정한다. 장기지급어음(또는 장기받을어음)의 발행금액(미래현금흐름의 현재가치)이 액면금액에 미달하면 그 미달액을 현재가치할인차금(discount)이라 한다. 현재가치할인차금은 어음에 표시된 이자율에 따라 지급되는 현금이자가 시장에서 요구하는 이자보다 작기 때문에 발생한다. 이 경우 현금으로 지급하는(또는 수취하는) 이자만을 이자비용(또는 이자수익)으로 인식하면 이자비용(또는 이자수익)이 과소계상되므로, 추가로 이자비용(또는 이자수익)을 인식할 필요가 있다.

유효이자율법을 적용하면 장기지급어음(또는 장기받을어음)의 기초장부금액에 유효이자율(시장이자율)을 곱해서 매기간의 이자비용(또는 이자수익)을 인식한다. 현금이자 외에 추가로 이자비용(또는 이자수익)을 인식하는 것을 '현재가치할인차금을 상각'한다고 표현한다. 장기지급어음(또는 장기받을어음)은 액면금액에서 현재가치할인차금을 차감한 금액으로 재무상태표에 보고하므로 시간이 지남에 따라 현재가치할인차금을 상각하면 장기지급어음(또는 장기받을어음)의 재무상태표상 금액은 증가한다.

Miniature 예제 2 유효이자율법

· 1차연도 1. 1.에 빌려줘회사는 받을어음(액면금액: ₩100,000, 표시이자율 15%, 만기: 3차연도 12. 31.)과 교환하여 ₩80,480을 대여하였다. 받을어음으로 인한 미래 현금유입액을 그림으로 나타내면 다음과 같다.

1차연도 1. 1.	1차연도 12. 31.	2차연도 12. 31.	3차연도 12. 31.
×	×	×	×
	₩15,000 이자	₩15,000 이자	₩15,000 이자 100,000 액면금액

· 유효이자율을 r이라 하면 다음 식이 성립한다.

$$₩80{,}480 = \frac{₩15{,}000}{(1+r)^1} + \frac{₩15{,}000}{(1+r)^2} + \frac{₩115{,}000}{(1+r)^3}$$

$\therefore$ r(유효이자율) = 0.25(25%)

· 유효이자율법을 따르면 1차연도 12. 31.에 1년분 이자수익을 다음과 같이 산정한다.

₩80,480 × 25% = ₩20,120(현금이자 ₩15,000보다 큼)

분개 복구원가에 대한 회계처리

자산 취득시점:

(차) 천 연 자 원 ×××* (대) 복구충당부채 ×××*

* 미래지출 기댓값의 현재가치

결산시점:

(차) 상 각 비 ××× (대) 천 연 자 원 ×××
(차) 이 자 비 용 ××× (대) 복구충당부채 ×××

· 결산시점에 복구충당부채계정의 기초잔액에 시장(유효)이자율을 적용하여 이자비용을 인식하고 동 금액만큼 복구충당부채를 증가시킨다. 이 과정을 반복하면 천연자원의 내용연수 말에 복구충당부채 장부금액이 최초에 예상했던 지출금액에 도달한다.

복구비용 발생시점:

(차) 복 구 충 당 부 채 ××× (대) 현 금(복구공사 지출액) ×××
복 구 공 사 손 실* ××× 복 구 공 사 이 익** ×××

* [복구공사 지출액 > 복구충당부채계정 잔액] 인 경우
** [복구공사 지출액 < 복구충당부채계정 잔액] 인 경우

Miniature 예제 3 복구충당부채(2020년, 회계사 1차)

㈜대한은 1차연도 7. 1.에 폐기물처리장을 신축하여 사용하기 시작하였으며, 해당 공사에 대한 대금으로 ₩4,000,000을 지급하였다. 이 폐기물처리장은 내용연수 4년, 잔존가치는 ₩46,400, 원가모형을 적용하며 감가상각방법으로는 정액법을 사용한다. ㈜대한은 해당 폐기물처리장에 대해 내용연수 종료시점에 원상복구 의무가 있으며, 내용연수 종료시점의 복구원가(충당부채의 인식요건을 충족)는 ₩800,000으로 예상된다. ㈜대한의 복구충당부채에 대한 할인율은 연 10%이며, 폐기물처리장 관련 금융원가 및 감가상각비는 자본화하지 않는다. 금융원가 및 감가상각비는 월할 계산한다. 할인율 10%의 단일금액 ₩1의 현재가치계수는 다음과 같다.

3년	0.7513
4년	0.6830

㈜대한의 동 폐기물처리장 관련 회계처리가 1차연도 포괄손익계산서의 당기순이익에 미치는 영향은 얼마인가?

① ₩1,652,320 감소 ② ₩1,179,640 감소 ③ ₩894,144 감소
④ ₩589,820 감소 ⑤ ₩374,144 감소

정답 ④

해설

복구원가의 현재가치: ₩800,000 × 0.683 = ₩546,400
폐기물처리장의 취득원가: ₩4,000,000 + ₩546,400 = ₩4,546,400
폐기물처리장의 연간 감가상각비: (₩4,546,400 − ₩46,400) ÷ 4년 = ₩1,125,000

폐기물처리장의 1차연도 감가상각비: ₩1,125,000 × 1/2 = ₩562,500
복구충당부채에 대한 1차연도 이자비용: ₩546,400 × 10% × 1/2 = ₩27,320
1차연도 비용: ₩562,500 + ₩27,320 = ₩589,820 (보기 ④)

예제 4 천연자원에 대한 회계처리

중요도: ★★★
난이도: ◆◆

상황

· 1차연도 1. 1. 석탄 채굴권 취득원가: ₩500,000
· 1차연도 1. 1. 채굴기계 취득원가: ₩200,000
· 채굴기계는 이동시킬 수 있으며 다른 광산에서도 사용할 수 있다.
· 채굴기계(내용연수: 5년, 잔존가치: ₩0)는 정액법으로 감가상각한다.
· 채굴이 완료되는 3차연도 말에 복구원가를 지급한다.
· 복구원가에 대한 확률과 기댓값:

예상복구원가	발생확률	기댓값
₩100,000	30%	₩30,000
220,000	50	110,000
300,000	20	60,000
합계	100%	₩200,000

· 이자율(할인율): 연 25%
· 기타 원가:
  탐사원가: ₩150,000
  개발원가: 147,600
· 탄광 상각비: 매년 ₩300,000
(탄광 취득원가를 석탄추정매장량에 기초하여 미래 기간에 상각비로 배분해야 하지만, 이 예제에서는 개념이해가 목적이므로 예제를 단순화시켜 이와 같이 가정함)

물음 유효이자율법을 이용하여 1차연도 1. 1.과 1차연도 12. 31.에 필요한 분개를 하라.

정답 및 해설

채굴권 취득원가	₩500,000
탐사원가	150,000
개발원가	147,600
복구원가	102,400*
탄광 취득원가	₩900,000

* ₩200,000 × 0.512(기간 = 3, 이자율 = 25% 현재가치계수) = ₩102,400

복구충당부채(유효이자율법)

연도 ①	기초잔액 ②	이자비용(25%) ③	현금이자 ④	할인차금 상각액 ⑤=③−④	할인차금 미상각액 ⑥	기말잔액 ⑦=②+⑤
1차연도	₩102,400	₩25,600	₩0	₩25,600	₩72,000*	₩128,000

2차연도	128,000	32,000	0	32,000	40,000	160,000
3차연도	160,000	40,000	0	40,000	0	200,000
합계		₩97,600	₩0	₩97,600		

* (₩200,000 − ₩102,400) − ₩25,600 = ₩72,000

1차연도 1. 1. 취득시점:

(차)	탄 광	900,000	(대) 현 금	797,600
			복구충당부채	102,400
(차)	채 굴 기 계*	200,000	(대) 현 금	200,000

* 채굴기계를 별도 유형자산으로 인식한 후 정액법(5년)으로 감가상각한다.

1차연도 12. 31. 결산일:

(차)	감 모 상 각 비*	300,000	(대) 탄 광	300,000

* 천연자원의 상각은 '감모상각(depletion)'이라고 부른다.

(차)	이 자 비 용	25,600	(대) 복구충당부채	25,600
(차)	감 가 상 각 비	40,000	(대) 감가상각누계액	40,000

2. 유형자산 거래형태별 취득원가

(1) 일괄구입

일괄구입(lump-sum purchase, basket purchase)은 두 종류 이상의 자산을 한 덩어리로 묶어서 하나의 가격(일괄구입가격)으로 구입하는 것을 말한다. 일괄구입된 각 자산의 취득원가는 일괄구입가격을 상대적 개별 판매가격법(제2장 참조)에 따라 개별자산에 배분하여 결정하는 것이 원칙이다. 그러나 자료가 부족해서 각 자산의 개별 판매가격을 알 수 없으면 차선책으로 잔여접근법(제2장 참조)을 사용해서 일괄구입가격을 각 자산에 배분한다. 일부 자산만의 개별 판매가격이 형성되어 있는 상태에서 개별 판매가격의 합이 일괄구입원가(총 취득원가)를 초과하는 경우에는, 개별 판매가격이 형성된 자산에만 개별 판매가격의 상대적 비율로 총 취득원가를 배분하고, 개별 판매가격이 형성되지 않은 자산은 장부금액이 ₩0이 되도록 한다.

예제 5 일괄구입

중요도: ★★★
난이도: ◆

상황

· 강변회사는 ₩80,000의 일괄구입가격으로 토지, 기계장치 및 건물을 취득하였다.
· 취득시점에 각 자산의 개별 판매가격은 다음과 같다.

	상황 A	상황 B	상황 C
토 지	₩25,000 (25%)	₩25,000 (40%)	₩30,000 (30%)
기계장치	35,000 (35%)	37,500 (60%)	70,000 (70%)
건 물	40,000 (40%)	알 수 없음	알 수 없음
합 계	₩100,000		

물음 각 자산의 취득원가를 계산하고 일괄구입을 기록하기 위한 분개를 하라.

정답 및 해설

· 상황 A: 모든 자산의 개별 판매가격을 알고 있으므로 상대적 개별 판매가격법을 사용하여 일괄구입가격을 각 자산에 배분한다.

토 지: ₩80,000 × 25% = ₩20,000
기계장치: ₩80,000 × 35% = ₩28,000
건 물: ₩80,000 × 40% = ₩32,000

· 상황 B: 일괄구입한 자산의 일부만 개별 판매가격을 알고 있으므로 잔여접근법을 사용하여 일괄구입가격을 배분한다.

토 지: ₩25,000
기계장치: ₩37,500
건 물: ₩17,500*
* ₩80,000 − (₩25,000 + ₩37,500) = ₩17,500

· 상황 C: 개별 판매가격을 알고 있는 자산의 개별 판매가격 총액이 일괄구입금액을 초과하므로, 개별판매가격을 알고 있는 자산에 대해서는 상대적 개별 판매가격법을 적용하고, 나머지 자산에는 ₩0을 배분한다.

토 지: ₩80,000 × 30% = ₩24,000
기계장치: ₩80,000 × 70% = ₩56,000
건 물: ₩0

	상황 A		상황 B		상황 C	
(차) 토 지	20,000		25,000		24,000	
기계장치	28,000		37,500		56,000	
건 물	32,000		17,500		0	
(대) 현 금		80,000		80,000		80,000

(2) 이연지급계약

이연지급계약(deferred payments)은 자산 취득대가를 1년 이상의 기간에 걸쳐 이연하여 지급하는 계약이다. 유형자산의 취득원가는 취득하는 시점의 현금가격상당액(cash price equivalent)이어야 한다. 그러므로 대금지급이 일반적인 신용기간을 초과하여 이연되는 경우, 현금가격상당액과 실제 총지급액과의 차액은 신용기간에 걸쳐 이자비용으로 인식한다[1016: 23]. 구체적으로, 이연지급계약을 맺어 어음을 발행하고 취득한 유형자산은 어음의 액면금액과 표시이자의 현재가치(부록 1-2 참조)를 취득원가로 하고, 어음에 포함된 명시적 또는 암묵적 이자(어음의 액면금액과 현재가치의 차이)는 시간이 지남에 따라 이자비용으로 인식한다. 이때 예제 4에서 보았듯이 유효이자율법을 적용하여 기간별 이자비용을 인식하는 것이 합리적이다.

개념 유의적 금융요소: 유형자산 취득대가를 자산취득원가와 이자비용으로 분해

- 제삼국에서 용병으로 활약할 최용감 여사는 불안초조씨로부터 1차연도 1. 1.에 개인용 중화기를 ₩10,000에 구매하고 중화기에 대한 통제를 이전받았다. 그러나 구매대가 ₩10,000은 최용감 여사가 제삼국에서 돈방석을 들고 귀국하는 3차연도 12. 31.에 지급하기로 약속하고 어음을 발행하였다.
- 이 경우에 최용감 여사는 중화기(유형자산)와 함께 유의적인 금융지원을 제공받은 것이므로 미래 현금지급액(₩10,000)을 연 25%의 할인율(이자율)을 적용하여 다음과 같이 재화 취득원가와 이자비용으로 분해한다.

  · 3년 후 현금지급액의 현재가치: $₩10{,}000 \times \dfrac{1}{(1 + 0.25)^3} = ₩5{,}120$

  · 3년간 이자비용: ₩10,000 − ₩5,120 = ₩4,880

- 1차연도 1. 1. 중화기(유형자산) 취득시점:

(차) 유 형 자 산	5,120	(대) 장 기 지 급 어 음	5,120

- 취득시점(1차연도 1. 1.)에 미래에 지급할 금액의 현재가치를 부채로 인식하므로 장기지급어음의 최초측정액은 ₩5,120이고 총이자비용이 ₩4,880이다. ₩4,880을 현재가치할인차금이라 부르는데 그 의미는 미래에 지급할 이자비용이라는 것이다. 취득 후 1년이 경과한 1차연도 12. 31.에 최용감 여사는 원금 ₩5,120에 25%의 이자율을 적용하여 ₩1,280의 이자비용을 인식한다.

(차) 이 자 비 용	1,280	(대) 장 기 지 급 어 음	1,280*

  * ₩5,120 × 25% = ₩1,280

예제 6 이연지급계약과 유효이자율

중요도: ★★★
난이도: ◆◆◆

상황

· 1차연도 1. 1.에 천둥산회사는 기계를 취득한 대가로 액면금액이 ₩24,000인 무이자부 어음(만기: 3년)을 발행하였다. 천둥산회사가 구입한 기계는 표준규격품이어서 공정가치가 ₩18,030으로 형성되어 있다.

물음 1차연도 1. 1.과 1차연도 12. 31.에 천둥산회사에 필요한 분개를 하라.

정답 및 해설

· 회사가 취득한 자산의 현금가격상당액(현금등가액)인 ₩18,030이 기계의 취득원가가 된다. 회사가 발행한 무이자부 어음의 액면금액은 취득한 자산의 공정가치(시가)를 나타내지 못하며 그 속에 이자비용을 포함하고 있다.

· 어음의 액면금액과 현재가치의 차액인 ₩5,970(₩24,000 − ₩18,030)은 천둥산회사가 3년간 인식할 이자비

용이다. 이자비용은 매년 발생하므로 매 결산기마다 이자비용을 인식하며, 연도별 이자비용을 산정하기 위해서 유효이자율(r)을 다음과 같이 역산한다.

$₩18,030 = ₩24,000 \div (1 + r)^3$

$\therefore\ r = 10\%$

1차연도 1. 1. 취득시점:

(차) 기계	18,030	(대) 장기지급어음	24,000
현재가치할인차금	5,970*		

* ₩5,970을 현재가치할인차금이라 부르나 실질적으로는 3년간에 걸쳐 인식할 이자비용을 의미한다. 앞의 예처럼 현재가치할인차금을 차감한 순액으로 장기지급어음을 기록하기도 한다.

1차연도 12. 31. 결산일:

(차) 이자비용	1,803*	(대) 현재가치할인차금	1,803

* (₩24,000 − ₩5,970) × 10% = ₩1,803

참고 위의 분개에서 이자비용 대신에 현재가치할인차금상각이라고도 부르나, 실질적인 의미는 이자 비용이다.

(3) 취득 시 국 · 공채 등을 강제로 매입하는 계약

유형자산을 취득하기 위해서 국 · 공채 등을 공정가치(공정가치가 없는 경우 이자와 액면금액의 현재가치)보다 높은 가격으로 함께 매입해야 할 때가 있다. 이 경우 국 · 공채의 공정가치(또는 현재가치)와 지급액의 차이는 국 · 공채의 취득원가라기보다 유형자산을 구입하기 위한 부대비용의 성격을 가진다. 「K-IFRS 제1016호」에 명문화된 규정은 없으나, 국 · 공채의 공정가치와 지급액의 차이를 유형자산 취득원가에 가산하고 국 · 공채는 공정가치로 보고하는 것이 합리적이다. 예를 들어, 고객이 승용차를 취득하면서 지하철공채를 강제적으로 구입하는 경우 총 현금지급액을 승용차와 공채에 다음과 같이 분배한다.

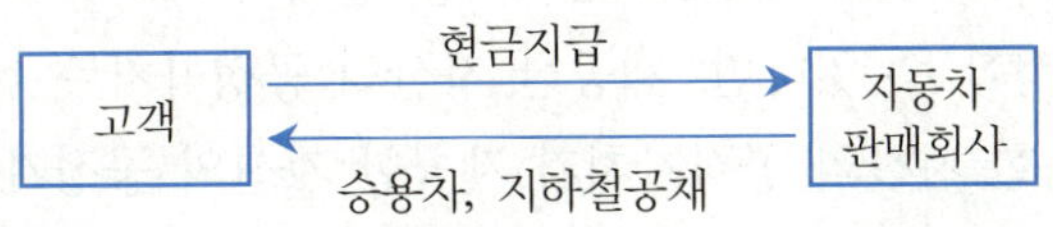

· 지하철공채 취득원가: 지하철공채의 현재가치
· 승용차 취득원가: 승용차 공정가치 + 지하철공채의 할인액(지하철공채 현재가치할인차금)

예제 7	유형자산 취득 시 국 · 공채 등을 강제로 매입하는 계약	중요도: ★★ 난이도: ◆

상황

· 1차연도 1. 1.에 기계장치를 ₩40,000에 구입하였다.
· 기계장치를 취득하기 위해 지방채(액면금액: ₩10,000, 3년 만기, 표시이자율: 연 5%, 매년 12월 31일에 이자 지

급)를 ₩10,000에 반드시 매입해야 했다.
· 시장이자율: 연 25%
· 지방채의 현재가치와 액면금액의 차이를 유효이자율법으로 상각한다.

물음 1차연도 1. 1.과 1차연도 12. 31.에 필요한 분개를 하라.

정답 및 해설

1차연도 1. 1. 취득시점:

지방채 액면금액의 현재가치: ₩10,000 × 0.512	=	₩5,120
이자수익의 현재가치: ₩10,000 × 5% × 1.952*	=	976
지방채의 현재가치:		₩6,096

* 기간 = 3, 이자율 = 25% 연금현재가치계수

(차) 지 방 채	6,096	(대) 현 금	50,000
기 계 장 치	43,904*		

* 구입가격	₩40,000
지방채 취득가격과 현재가치의 차이(₩10,000 − ₩6,096)	3,904
기계장치 취득원가	₩43,904

1차연도 12. 31. 결산일:

(차) 지 방 채	1,024	(대) 이 자 수 익	1,524**
현 금	500*		

* ₩10,000 × 5% = ₩500
** 유효이자율법에 의한 이자수익: ₩6,096 × 25% = ₩1,524

(4) 주식발행을 통한 취득

유형자산을 취득하면서 현금이 아닌 주식을 발행하여 제공하는 경우가 있는데, 이를 현물출자라고도 한다. 유형자산에 관한 「K-IFRS 제1016호」에서는 원칙적으로 취득한 자산이나 제공한 자산의 공정가치를 신뢰성 있게 측정할 수 있다면, 제공한 자산의 공정가치로 취득한 자산의 취득원가를 측정하도록 규정한다. 단, 취득한 자산의 공정가치가 제공한 자산의 공정가치보다 더 명백한 경우에는 취득한 자산의 공정가치로 취득한 자산의 취득원가를 측정한다[1016: 26].

그러나 주식기준보상에 관한 「K-IFRS 제 1102호」(주식기준보상 기준서)에서는 현물출자에 대해 일반적인 유형자산 취득의 경우와 다르게 규정하고 있다. 주식을 발행해서 취득한 자산은 취득한 자산의 공정가치로 취득원가를 직접 측정하되, 취득한 자산의 공정가치를 신뢰성 있게 추정할 수 없는 경우에는 부여한 지분상품의 공정가치로 간접 측정한다[1102: 10, 13]. 주식이 활성시장(유가증권시장 또는 KOSDAQ)에서 거래되는 경우, 활성시장에서 거래되는 해당 주식의 가격이 주식의 공정가치이다.

Miniature 예제 4 주식을 발행해서 취득한 유형자산

상황

· 보통주 5,000주를 발행하여 토지와 교환하였다.
· 보통주의 액면금액과 공정가치는 주당 ₩30이다.

물음 토지의 공정가치가 ₩400,000인 경우와 토지의 공정가치를 알 수 없는 경우로 구분해서 토지 취득 거래를 분개하라.

참고 주식을 발행해서 유형자산을 취득하는 거래를 제17장에서 '주식결제형 주식기준보상거래'라 한다.

정답

토지의 공정가치가 ₩400,000인 경우:

(차) 토 지	400,000	(대) 자 본 금	150,000
		주 식 발 행 초 과 금	250,000

토지의 공정가치를 알 수 없는 경우:

(차) 토 지	150,000	(대) 자 본 금	150,000

감가상각

1. 감가상각의 개념과 인식

감가상각(depreciation)은 유형 · 무형자산의 공정가치가 감소한 것을 장부에 인식하는 측정 절차가 아니라, 대상자산의 취득원가에서 추정 잔존가치를 차감한 금액을 그 자산으로부터 경제적효익을 얻는 기간에 걸쳐 체계적이고 합리적으로 배분하는 원가배분(cost allocation) 절차이다. 복사회사가 5년간 사용할 수 있는 복사기(잔존가치: ₩0)를 현금 ₩1,000,000에 취득했을 때, 취득시점에 현금 ₩1,000,000을 지출한 것과 복사기를 구입한 사실을 장부에 기록하지만 비용을 인식하지는 않는다. 복사기를 구입한 첫해에 복사기 원가를 제외한 모든 비용을 차감한 순수입 ₩350,000을 벌었다면 이익은 얼마일까? 순수입에서 복사기 구매대금 ₩1,000,000을 차감해서 ₩650,000의 손실을 보았다고 하거나, 복사기 원가를 아예 무시하고 ₩350,000의 이익을 얻었다고 하면 기간손익이 왜곡된다. 복사기로부터 매년 균등한 효익을 얻는다고 가정하면 수익 · 비용대응의 원칙에 따라 취득원가 ₩1,000,000을 5년으로 나눈 ₩200,000을 순수입 ₩350,000에 대응해서 비용으로 인식하는 것이 합리적이다.

자산의 유형에 따른 감가상각의 명칭은 다음과 같다.

자산의 유형	명칭
유형자산	감가상각(depreciation)
무형자산	상각(amortization)
천연자원	감모상각(depletion)

감가상각비는 감가상각누계액계정(특정 자산의 차감계정)을 사용하여 기록한다.

(차) 감가상각비	×××	(대) 감가상각누계액	×××

감가상각비는 일반적으로 당기비용으로 인식한다. 그러나 유형자산에 내재된 미래경제적효익이 다른 자산을 생산하는 데 사용되는 경우에는 생산되는 자산의 취득원가(제조원가)에 감가상각비를 포함한다. 예를 들어, 생산용 설비자산의 감가상각비는 재공품과 제품의 제조간접원가에 포함하고, 무형자산의 개발단계에 사용되는 유형자산의 감가상각비는 무형자산 개발비에 포함한다.

토지와 같이 사용연수가 비한정인 자산은 사용비용 자체가 없으므로 감가상각하지 않고 처분시점까지 취득원가로 기록한다. 그러나 토지가 방사능에 오염되어 쓸모없는 땅으로 변하면, 포괄손익계산서에 손상차손을 인식하고 토지의 장부금액을 ₩0으로 한다. 자산을 처분하거나 사용해서 회수할 금액이 장부금액에 미달하는 경우 그 미달액을 손상차손(impairment loss)이라 한다. 예를 들어, 150만원에 산 노트북을 바로 개천에 빠트려 가치가 50만원이 되면 100만원의 손상차손을 장부에 기록한다. 반면에, 그린벨트지역에 위치한 토지가 상업용 지역으로 용도가 변경되어 땅값이 폭등하면 재평가 절차를 거쳐 미실현보유이익을 기타포괄손익(other comprehensive income)으로 인식할 수 있다.[1] 손상과 재평가는 제5장에서 자세하게 설명한다.

2. 감가상각비의 결정요소

유형자산의 감가상각비를 계산하기 위해서는 다음 세 가지 요소를 결정하여야 한다.

- 내용연수(또는 감가상각대상수량)
- 감가상각대상액
- 감가상각방법

(1) 내용연수

내용연수(useful life) 또는 감가상각대상수량은 자산을 사용해서 경제적효익을 얻을 것으로 기대하

1) 땅값이 올랐으므로 개념적인 면에서 기타포괄이익이다. 그러나 IFRS와 US GAAP에 기타포괄손익(other comprehensive income)이라는 표현은 있으나, 기타포괄이익(other comprehensive profit) 또는 기타포괄손실(other comprehensive loss)이라는 용어는 없다. 그러므로 기타포괄손익이 차변에 기록되면 손실로 해석하고 대변에 기록되면 이익으로 해석한다.

는 기간 또는 총 사용량을 말하며, 시간이나 생산량, 기타 유사한 단위로 표현한다. 내용연수는 경영진이 의도하는 방식으로 자산을 사용하는 데 필요한 장소와 상태에 이르게 한 시점부터 시작된다. 내용연수를 결정할 때 고려할 요소는 다음과 같다.

- 자산의 예상 사용수준
- 자산의 예상 물리적 마모나 손상
- 생산방법의 변화, 개선 또는 해당 자산에서 생산되는 제품 및 용역에 대한 시장수요의 변화로 인한 기술적 또는 상업적 진부화
- 리스계약의 만료일 등 자산의 사용에 대한 계약상 제한 또는 이와 유사한 제한

(2) 감가상각대상액

감가상각대상액(depreciable basis)은 자산의 취득원가에서 잔존가치를 차감한 금액이다. 여기서 잔존가치(salvage value, terminal value)는 자산의 내용연수가 끝나는 시점에 자산을 처분해서 받을 것으로 예상되는 금액에서 처분비용을 차감한 금액이다.

3. 감가상각방법

감가상각방법(depreciation method)은 감가상각대상액을 내용연수 동안 체계적으로 배분하는 방법이다. 원칙적으로, 특정 자산의 경제적효익이 소비되는 형태를 가장 잘 반영하는 방법을 사용해서 해당 자산의 감가상각대상액을 내용연수에 걸쳐 배분하여야 한다. 그리고 감가상각자산의 경제적효익의 소비형태가 유의적으로 변하지 않는 한, 매 회계기간에 동일한 방법으로 감가상각한다. 대표적 감가상각방법은 다음과 같다.

- 시간기준 감가상각방법
  - 정액법
  - 가속상각법
    - 체감잔액법: 정률법, 이중체감법
    - 연수합계법
- 활동기준 감가상각방법
  - 생산량비례법

시간기준 감가상각방법은 시간 경과에 따라 감가상각대상액을 기간별로 배분하고 특정 기간 중 사용(활동)수준을 무시한다. 이에 반해, 활동기준 감가상각방법은 자산의 산출물 또는 사용량으로 측정한 활동수준에 기초하여 감가상각대상액을 배분한다.

(1) 정액법

정액법(straight-line method)은 감가상각대상액(취득원가 − 잔존가치)을 내용연수에 걸쳐 균등하게 배분하여 매 회계기간에 동일한 금액의 감가상각비를 인식하는 방법이다.

$$\text{매 회계기간에 인식할 감가상각비} = \frac{\text{취득원가} - \text{잔존가치}}{\text{내용연수}}$$

정액법은 다른 방법에 비해 사용하기가 간편해서 실무에서 널리 이용된다. 정액법은 자산의 경제적효익의 소비형태가 불확실하거나 소비형태를 결정하기 위해 이용가능한 정보가 없을 때에 특히 적합한 방법이다.

(2) 체감잔액법

감가상각대상액을 내용연수 초기에 많이 배분하고 후기에 적게 배분하는 방법을 가속상각법(accelerated depreciation method)이라 한다. 체감잔액법(diminishing balance method, declining balance method)은 가속상각법의 일종으로서, 감가상각비율을 계산하는 방법에 따라 정률법과 이중체감법으로 나뉜다.

① 정률법

정률법(fixed-percentage method)은 매해 적용하는 감가상각비율을 일정하게 고정시키고 자산의 기초장부금액(감가상각대상액이 아님)에 감가상각비율을 곱해서 감가상각비를 측정하는 방법이다. 감가상각누계액이 감가상각대상액(취득원가 − 잔존가치)에 도달하면 감가상각을 중단한다.

$$\text{감가상각비율} = 1 - \sqrt[n]{\frac{\text{잔존가치}}{\text{취득원가}}} \quad (n = \text{내용연수})$$

$$\text{특정 연도의 감가상각비} = \text{기초장부금액} \times \text{감가상각비율}$$

$$\text{마지막 연도의 감가상각비} = \text{기초장부금액} - \text{잔존가치}$$

정률법에서 감가상각비율을 곱하는 기초장부금액은 잔존가치를 차감하지 않은 금액이라는 점에 주의하여야 한다. 이렇게 계산한 감가상각비가 장부금액을 잔존가치 아래로 낮추는 연도에는 잔존가치까지만 감가상각비를 인식하고 감가상각 절차를 중단한다.

정률법을 따르면 감가상각비율은 일정하지만 자산의 기초장부금액이 점차 감소(declining balance)함에 따라 매년 감가상각비가 감소한다. 그러므로 정률법은 자산의 경제적효익이 자산의 내용연수 초기에 빠르게 감소하다가 내용연수 후기에 감소폭이 점차 줄어드는 형태일 때 사용하는 것이 적합하다.

② 이중체감법

이중체감법(double declining balance method)은 정액법하의 감가상각비율($\frac{1}{\text{내용연수}}$)의 2배를 기초장부

금액에 곱한 금액으로 매 연도의 감가상각비를 측정하는 방법이다.

$$감가상각비율 = (\frac{1}{내용연수}) \times 2$$

특정 연도의 감가상각비 = 기초장부금액 × 감가상각비율

마지막 연도의 감가상각비 = 기초장부금액 − 잔존가치

정률법과 마찬가지로 이중체감법에서는 잔존가치를 차감하지 않은 기초장부금액에 감가상각비율을 곱한 금액으로 감가상각하다가 감가상각누계액이 감가상각대상액(취득원가 − 잔존가치)에 도달하면 감가상각을 중단한다.

(3) 연수합계법

연수합계법(sum-of-years' digits method)은 내용연수를 기준으로 특정 연도의 감가상각비율을 결정한 후 여기에 감가상각대상액(취득원가 − 잔존가치)을 곱해서 감가상각비를 계산하는 가속상각법이다.

$$특정\ 연도의\ 감가상각비율 = \frac{특정\ 연도\ 초의\ 잔존\ 내용연수}{내용연수\ 동안의\ 연수\ 합계}$$

특정 연도의 감가상각비 = **감가상각대상액** × 특정 연도의 감가상각비율

내용연수가 n인 경우에 감가상각비율식의 분모는 $1+2+3+\ldots+n=\frac{n(n+1)}{2}$로 일정하지만, 분자는 n, $(n-1)$, $\cdots$, 2, 1로 매년 감소한다. 분모는 일정한데 분자가 기간이 경과함에 따라 감소하므로 감가상각비율이 매년 감소하고 감가상각비도 점차 감소한다.

(4) 생산량비례법

생산량비례법(unit of production method)은 자산의 예상조업도 또는 예상생산량에 근거하여 연도별 감가상각비를 측정하는 방법이다. 생산량비례법에서는 특정 연도 동안에 사용된 자산의 조업도(예 생산량, 기계가동시간 등)를 기준으로 감가상각비를 다음과 같이 계산한다.

$$조업도\ 단위당\ 감가상각비 = \frac{감가상각대상액}{내용연수\ 동안의\ 총\ 추정조업도}$$

특정 연도의 감가상각비 = 특정 연도의 조업도 × 조업도 단위당 감가상각비

참고 생산량비례법에서 총 실제조업도가 총 추정조업도를 초과하면 초과하는 연도가 감가상각 마지막 연도가 되며, 마지막 연도의 감가상각비는 체감잔액법과 유사하게 결정한다.

생산량비례법을 사용하면 조업도 단위당 감가상각비는 일정하지만, 특정 기간의 감가상각비가 조업도에 따라 변동한다. 자산의 장부금액이 시간의 경과가 아닌 특정 연도의 조업도에 따라 변하므로, 생산량비례법을 조업도 단위기준 정액법이라 부를 수 있다. 생산량비례법은 자산의 사용량 또는 조업도가 회계기간마다 크게 변하는 자산에 적합한 방법이다. 왜냐하면, 이러한 자산의 경제적효익의 소비형태는 단순히 시간의 흐름에 근거해 측정하는 것보다 자산의 사용량 또는 조업도에 근거해 측정하는 것이 타당하기 때문이다.

표 3.1 **감가상각방법과 감가상각비율 요약**

분류기준	감가상각방법	감가상각비율 적용대상	감가상각비율
시간	정액법	감가상각대상액 (취득원가 − 잔존가치)	$\frac{1}{\text{내용연수}}$
	정률법	기초장부금액	$1 - \sqrt[n]{\frac{\text{잔존가치}}{\text{취득원가}}}$ (n = 내용연수)
	이중체감법	기초장부금액	$\frac{1}{\text{내용연수}} \times 2$
	연수합계법	감가상각대상액 (취득원가 − 잔존가치)	$\frac{\text{잔존 내용연수}}{\text{연수합계}}$
활동	생산량비례법	특정 연도의 조업도	조업도 단위당 감가상각비

그림 3.1 **연간 감가상각비**

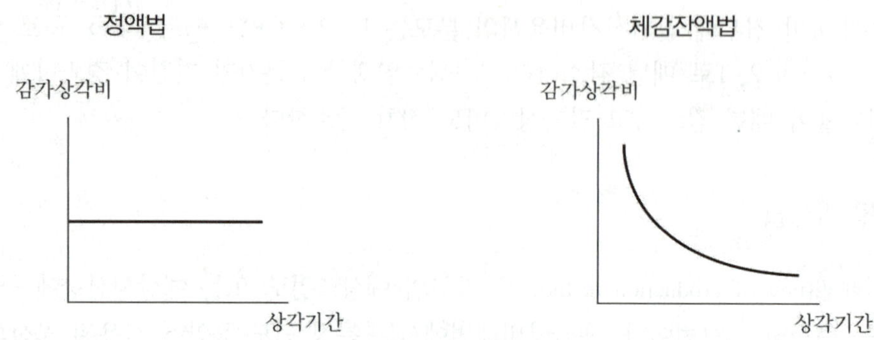

예제 8 감가상각비

중요도: ★★★
난이도: ◆

상황

· 1차연도 1. 1.에 회사가 취득한 기계와 관련된 자료는 다음과 같다.

취득원가	₩100,000
잔존가치	16,810
내용연수	5년

· 회사는 구입한 기계를 내용연수 동안 총 13,865시간 이용할 것으로 추정했으며, 내용연수 동안 기계의 이용계획은 다음과 같다.

연도	이용시간
1차연도	2,800시간
2차연도	3,500
3차연도	3,000
4차연도	2,600
5차연도	1,965
합계	13,865시간

물음

1. 정액법으로 매년 감가상각비를 계산하라.
2. 정률법으로 연도별 감가상각비를 계산하라.
3. 이중체감법으로 연도별 감가상각비를 계산하라.
4. 연수합계법으로 연도별 감가상각비를 구하라.
5. 생산량비례법으로 연도별 감가상각비를 계산하라.

정답

1. ₩16,638 (매년 동일)
2. ₩30,000, ₩21,000, ₩14,700, ₩10,290, ₩ 7,200
3. ₩40,000, ₩24,000, ₩14,400, ₩ 4,790, ₩ 0
4. ₩27,730, ₩22,184, ₩16,638, ₩11,092, ₩ 5,546
5. ₩16,800, ₩21,000, ₩18,000, ₩15,600, ₩11,790

해설

1. 매년 감가상각비 = 감가상각대상액 ÷ 내용연수
= (취득원가 − 잔존가치) ÷ 내용연수
= (₩100,000 − ₩16,810) ÷ 5년
= ₩16,638

2. $감가상각비율 = 1 - \sqrt[5]{\frac{₩16,810}{₩100,000}}$
= 30%

연도	기초 장부금액	감가상각 비율	감가상각비	감가상각 누계액	기말 장부금액
1	₩100,000	30%	₩30,000	₩30,000	₩70,000
2	70,000	30	21,000	51,000	49,000
3	49,000	30	14,700	65,700	34,300
4	34,300	30	10,290	75,990	24,010
5	24,010		7,200*	83,190	16,810
합계			₩83,190		

* ₩24,010 − ₩16,810 = ₩7,200

3. $감가상각비율 = \frac{1}{5} \times 2 = 20\% \times 2 = 40\%$

연도	기초 장부금액	감가상각 비율	감가상각비	감가상각 누계액	기말 장부금액
1	₩100,000	40%	₩40,000	₩40,000	₩60,000
2	60,000	40	24,000	64,000	36,000
3	36,000	40	14,400	78,400	21,600
4	21,600	40	4,790*	83,190	16,810
5	16,810		–	83,190	16,810
합계			₩83,190		

* ₩21,600 − ₩16,810 = ₩4,790

4.

연도	감가상각대상액	감가상각 비율	감가상각비
1	₩83,190	5/15	₩27,730
2	83,190	4/15	22,184
3	83,190	3/15	16,638
4	83,190	2/15	11,092
5	83,190	1/15	5,546
합계		15/15	₩83,190

5.

조업도 단위당 감가상각비 = (₩100,000 − ₩16,810) ÷ 13,865시간 = ₩6/시간

연도	시간	감가상각비
1	2,800	₩16,800
2	3,500	21,000
3	3,000	18,000
4	2,600	15,600
5	1,965	11,790
합계	13,865	₩83,190

4. 천연자원의 감모상각

천연자원은 일반적으로 생산량비례법을 사용하여 감모상각(depletion)한다.

$$\text{단위당 감모상각비} = \frac{\text{감모상각대상액}}{\text{천연자원의 총 예상 추출가능단위}} = \frac{\text{취득원가 - 잔존가치}}{\text{천연자원의 총 예상 추출가능단위}}$$

특정 연도의 상각비 = 추출된 천연자원의 단위 수 × 단위당 감모상각비

실무에서 천연자원의 추출가능매장량을 정확하게 추정한다는 것이 쉽지 않기 때문에 천연자원 매

장량의 추정치(천연자원의 총 예상 추출가능단위)가 자주 변할 수 있다. 생산이 진행됨에 따라 총 예상 추출가능단위(잔여분)의 추정치가 변경되면 변경시점에 단위당 감모상각비를 다음과 같이 다시 계산한다.

$$\text{단위당 감모상각비} = \frac{\text{감모상각대상액 중 미상각액}}{\text{새로 추정된 천연자원의 총 예상 추출가능단위}}$$

예제 9 감모상각

중요도: ★★★
난이도: ◆

상황

· 1차연도 1. 1.에 비지땀회사는 유정(채굴권)을 취득하였고 취득원가는 다음과 같다.

유정의 취득원가	₩465,000
토지의 정토비용	34,000
굴착비용	168,000
추정 복구원가	83,000*
합계	₩750,000

* 유정의 내용연수 말에 토지를 복구하는 데 소요되는 지출을 할인한 현재가치

· 1차연도와 2차연도 초의 추정 매장량과 연간 실제생산량은 다음과 같다.

	추정 매장량	생산량
1차연도	250,000 배럴	50,000 배럴
2차연도	240,000	65,000

· 2차연도 1. 1.에 복구원가를 새로이 추정한 결과, 내용연수 말에 추가로 소요될 복구원가의 현재가치가 ₩72,000이다.

물음 생산량비례법을 사용하여 1차연도와 2차연도의 상각비를 계산하라.

정답 1차연도: ₩150,000, 2차연도: ₩182,000

해설

1차연도

$$\frac{₩750,000}{250,000 \text{ 배럴}} \times 50,000 \text{ 배럴}$$

= ₩150,000 (상각비: 배럴당 ₩3)

2차연도

$$\frac{₩672,000^{*}}{240,000 \text{ 배럴}} \times 65,000 \text{ 배럴}$$

= ₩182,000 (상각비: 배럴당 ₩2.8)

* ₩750,000 − ₩150,000 + ₩72,000 = ₩672,000

5. 기타 회계문제

(1) 건물과 토지의 감가상각

건물은 내용연수가 한정이므로 감가상각대상자산이고, 건물이 위치한 토지의 가치가 변동하더라

도 건물의 감가상각대상액에는 영향을 미치지 않는다. 토지와 건물을 동시에 취득한 경우에는, 토지의 내용연수가 비한정인 반면에 건물의 내용연수는 한정이므로, 토지와 건물을 별개 자산으로 구분한다. 건물은 내용연수에 걸쳐 감가상각하고, 채석장이나 매립지 등을 제외한 토지는 내용연수가 비한정이므로 감가상각하지 아니한다[1016: 58]. 채석장은 내용연수가 한정인 것으로 보고, 경제적효익이 유입되는 형태를 반영하는 방법을 사용하여 감모상각한다. 예를 들어, 광산에서 광물을 추출하는 경우에는 생산량비례법을 이용해서 토지에 매장된 천연자원을 감모상각한다.

(2) 유형자산 구성요소별 감가상각

항공기는 엔진, 동체, 날개 등과 같이 내용연수가 상당히 다르고 취득원가가 유의적인(significant) 여러 구성요소를 포함한다. 유형자산을 구성하는 일부 항목의 취득원가가 해당 유형자산의 총 취득원가와 비교해서 유의적이면, 유형자산의 총 취득원가를 각 항목에 배분하여 별개의 유형자산으로 인식하고 감가상각한다[1016: 43]. 경우에 따라서는 유형자산의 전체원가에 비교하여 해당 원가가 유의적이지 않은 부분도 별도로 분리하여 감가상각할 수 있다[1016: 47]. 이처럼 전체 유형자산을 개별 구성항목으로 구분해서 회계처리하는 것을 항목별 회계(component accounting)라 하는데, 몇 가지 예를 들면 다음과 같다.

- 예 ①: 자동차 매입대가를 본체, 엔진, 기어 등에 배분한 후 각 항목별로 구분하여 감가상각한다.
- 예 ②: 건물 취득원가를 건물구조물, 냉방기, 승강기, 칸막이벽 등에 배분해서 각 항목별로 구분하여 감가상각한다.

건물의 구성요소인 승강기에 항목별 회계를 적용하면 승강기 취득원가를 승강기 내용연수에 걸쳐 감가상각하고 승강기를 대체(교체)하면 새로운 승강기의 취득원가를 건물의 장부금액에 가산하는 한편, 교체되는 승강기의 장부금액을 건물의 장부금액에서 제거한다(Miniature 예제 14 참조).

예제 10 항목별 감가상각

중요도: ★★★
난이도: ◆

상황

· 1차연도 1. 1.에 ₩600,000에 취득한 사무실 건물의 구성요소는 다음과 같다.

구성요소	내용연수	공정가치
건물구조	20년	₩400,000
건물내부시설	10	150,000
건물외부시설	5	50,000

· 건물의 모든 구성항목을 잔존가치 없이 정액법으로 감가상각한다.

물음 건물 구성요소별로 1차연도의 감가상각비를 구하라.

정답

구성요소	연도별 감가상각비
건물구조	₩400,000 ÷ 20년 = ₩20,000

건물내부시설	₩150,000 ÷ 10년 =	15,000
건물외부시설	₩50,000 ÷ 5년 =	10,000
합계		₩45,000

(3) 감가상각의 중단

유형자산을 장부에서 제거하는 시점과 매각예정자산(제7장 참조)으로 분류하는 시점 중에서 이른 시점에 감가상각을 중단한다. 매각예정자산으로 분류하지 않은 자산은 일시적으로 사용하지 않는 상태(유휴상태)가 되더라도 감가상각을 중단하지 않는다. 그러나 활동기준으로 감가상각하는 경우(예 기계가동시간 등 유형자산의 사용량에 기초해서 감가상각하는 경우)에는 유형자산의 사용을 중단하면 감가상각하지 않는다.

(4) 회계기간 중 구입(또는 처분)한 경우의 감가상각

유형자산의 구입과 처분은 회계기간의 기초나 기말보다는 기중에 발생하는 것이 일반적이다. 회계기간 중에 유형자산을 취득하거나 처분하는 경우 취득연도와 처분연도에 해당하는 감가상각비를 산정하는 방법에는 월할기준, 반년기준, 일년기준이 있으나 보편적으로 월할기준을 사용한다. 월할기준은 회계기간 전체의 감가상각비 중에서 자산을 사용한 기간에 해당하는 부분을 감가상각비로 인식하는 방법이다. 예를 들어, 1년 감가상각비가 ₩60,000인 기계를 2차연도 12. 1.에 취득하면 2차연도에 ₩5,000(₩60,000 ÷ 12개월 × 1개월)의 감가상각비를 인식한다. 그러나 회계기간 중에 유형자산을 취득하고 생산량비례법으로 감가상각하면 취득한 이후부터 실제 조업도 수준이 증가하기 시작하므로 이 경우에는 월할기준을 사용하지 않는다.

예제 11 회계기간 중 구입한 유형자산의 감가상각

중요도: ★★★
난이도: ◆

상황

· 1차연도 5. 1.에 취득한 기계와 관련된 자료는 다음과 같다.

취득원가	₩100,000
잔존가치	16,810
내용연수	5년

물음 정액법을 적용하여 연도별 감가상각비를 월할기준으로 계산하라.

정답

연도	감가상각비
1차연도 (₩100,000 − ₩16,810) ÷ 5 × 8/12 =	₩11,092
2차연도 (₩100,000 − ₩16,810) ÷ 5 =	16,638
3차연도 (₩100,000 − ₩16,810) ÷ 5 =	16,638
4차연도 (₩100,000 − ₩16,810) ÷ 5 =	16,638

5차연도 (₩100,000 − ₩16,810) ÷ 5 =	16,638
6차연도 (₩100,000 − ₩16,810) ÷ 5 × 4/12 =	5,546
합계	₩83,190

(5) 자산의 내용연수, 잔존가치, 감가상각방법의 변경

① 내용연수의 변경

내용연수는 매 회계연도 말에 재검토해야 하며, 새로 추정한 내용연수가 기존에 추정한 내용연수와 다르면 새 내용연수를 당기부터 적용하여 처리한다. 이를 회계추정의 변경에 대한 전진법(제22장 참조) 회계처리라고 한다.

② 잔존가치의 변경

잔존가치 역시 매 회계연도 말에 재검토해야 한다. 재검토 결과 새로 추정한 잔존가치가 기존의 추정치와 달라서 감가상각대상액(취득원가 − 잔존가치)이 변경되면, 새로 추정한 감가상각대상액을 남아있는 내용연수 동안 감가상각한다. 잔존가치의 변경 역시 회계추정의 변경으로 보고 전진법(제22장 참조)으로 회계처리한다.

③ 감가상각방법의 변경

자산에 내재된 미래경제적효익의 예상소비형태를 매 회계연도 말에 재검토하여 감가상각방법의 변경 여부를 결정한다. 재검토 결과 자산의 미래경제적효익의 예상소비형태가 중요하게 변할 것으로 판단되면 이를 반영하기 위해 감가상각방법을 변경한다. 감가상각방법의 변경 역시 회계추정의 변경으로 보고 전진법(제22장 참조)으로 회계처리한다.

Chapter 03 제3절

정부보조금

1. 정부지원과 정부보조금의 개념

유형자산을 취득하는 과정에서 정부로부터 경제적 도움을 받는 경우 해당 자산의 취득원가를 어떻게 결정할 것인가라는 문제가 제기된다. 정부지원(government assistance)은 일정 조건을 충족하는 기업에게 정부가 경제적효익을 제공하는 행위를 말하는데, 회계에서 말하는 정부지원은 정부가 특정 기업에 제공하는 정부보조금(또는 정부보상금)에 국한한다. 정부보조금(government grant) 또는 정부보상금(government subsidies)은 기업의 영업활동과 관련하여 과거에 일정 조건을 충족하였거나 미래에 조건을 충족할 경우 기업에게 자원을 이전하는 형식(예 장려금 교부, 채무면제, 시장이자율보다 낮은 이자율로 대출 등)으로 이루어지는 정부지원이다[1020: 3]. 예를 들어, 정부가 기업에게 특정 조건을 만족할 것을 요구하면서 실업률이 높은 지역에 공장을 건설하는 원가를 지원하거나 공장건설용 부지를 제공하는 것, 또는 종업원이 새로운 기술을 획득하도록 종업원 훈련비용을 현금으로 지급하는 것 등이다.

기업은 정부보조금을 장부에 인식하고 재무제표에 공시한다. 정부보조금 이외 나머지 형태의 정부지원 중에서 기업이 직접적으로 효익을 얻는 정부지원은 장부에 인식하지 않지만 재무제표에 주석으로 정부지원의 성격, 범위 및 기간에 대해서 공시할 수 있다[1020: 36]. 합리적으로 가치를 산정할 수 없는 정부지원과 기업의 정상적인 거래와 구별할 수 없는 정부와의 거래(예 기술이나 마케팅에 관한 무료 자문, 보증제공, 기업 매출의 일정 부분을 책임지는 정부구매정책)는 정부보조금에서 제외한다[1020: 3, 34]. 또한 대중교통과 통신망의 개선 그리고 지역사회 전체의 효익을 위해 부정기적으로 계속 진행하는 관개수로나 수도관 등 개선된 시설의 공급으로 사회기반시설을 제공하는 것은 정부보조금에 해당하지 아니한다[1020: 38]. 그러나 특정 지역이나 특정 산업에서 사업활동을 장려하거나 장기적으로 정부가 지원하면(예 특정 산업에서 영업하는 기업, 저개발 지역에서 사업활동을 시작하거나 계속하는 기업) 지원을 받기 위한 조건이 기업의 영업활동과 관련되지 않는다 해도 정부보조금의 정의를 충족한다[2010: 1, 3](정부지원: 영업활동과 특정한 관련이 없는 경우 해석서).

2. 정부보조금의 인식

(1) 인식조건

기업이 다음 두 가지를 합리적으로 확신할 때 정부보조금을 인식한다[1020: 7].

- 정부보조금에 부과된 조건을 충족한다.
- 정부보조금을 실제로 받는다.

만일 농업에서와 같이 정부가 조건 없이 보조금을 지원하면 보조금을 받는 시점에 인식한다. 정부가 부과한 조건을 기업이 만족시키지 못하면 정부가 보조금의 환급을 요구할 수 있으므로 기업이 정부보조금을 받았더라도 정부가 요구하는 조건을 충족하지 못하면 정부보조금을 인식할 수 없고, 정부가 요구하는 조건을 모두 충족했다 하더라도 정부보조금을 실제로 받지 못했으면 인식할 수 없다.

(2) 회계처리방법

정부보조금을 회계처리하는 방법은 다음과 같다.

- 정부보조금 회계처리방법
  - 자본접근법
  - 수익접근법
    - 취득원가차감법
    - 이연수익법

자본접근법

정부가 기업의 동기유발책의 일환으로 제공한 정부보조금을 수익의 증가(또는 비용의 감소)로 인식하지 않고 당기손익 이외의 항목으로 인식하는 방법을 자본접근법(equity approach)이라 한다[1020: 13]. 자본접근법에서는 정부보조금이 기업의 영업활동에서 얻어진 것으로 보지 않기 때문에 포괄손익계산서에 수익으로 보고하지 않고 재무상태표에 자본으로 표시한다. 그러나 정부보조금으로 보전하려 하는 관련원가를 비용으로 인식하는 기간에 걸쳐 정부보조금을 당기손익으로 인식한다고 규정한[1020: 12] 것에서 유추하면, 정부가 기업의 주주가 아닌데도 불구하고 정부보조금을 자본으로 인식하는 자본접근법을 허용하지 않는 것으로 해석된다. 그러나 기업이 정부가 아닌 제3자로부터 자산 등을 무상으로 증여받으면 자본접근법을 적용해서 회계처리한다(Miniature 예제 7 참조).

수익접근법

정부보조금으로 보전하려 하는 관련원가를 비용으로 인식하는 기간에 걸쳐 체계적인 기준에 따라 정부보조금을 수익으로 인식하는 방법을 수익접근법(income approach)이라 한다. 정부보조금이 조건 없이 지급되는 경우가 거의 없고 정부가 특정 조건을 충족할 것을 요구하므로 수익접근법에서는 기업이 해당 조건을 충족하기 위해 드는 비용을 인식하는 기간에 정부보조금을 수익으로 인식한다. 즉, 수익접근법에서는 기업이 받은 정부보조금 중 정부가 제시한 조건이 충족된 만큼만 가득(earned)한 것으로 본다. 예를 들어, 정부가 유형자산을 구입하도록 지원금을 교부하면 기업이 유형자산의 감가상각비를 적게 인식하면서 정부보조금을 수익으로 (간접적으로) 인식한다. 또한 정부가 종업원 훈련에 대한 보상으로 기업에 정부보조금을 지급하면 종업원 훈련비 발생액에 비례해서 정부보조금을 수익으로 인식한다.

변형된 수익 · 비용대응 원칙의 적용: 발생주의회계에서는 일반적으로 수익에 대응해서 비용을 인식하지, 비용에 대응해서 수익을 인식하지는 않는다. 그러나 수익접근법에서는 정부의 조건을 충족하느라 발생한 비용에 대응해서 정부보조금을 수익으로 인식하므로(Miniature 예제 5 해답 1 참조) 저자는 수익접근법을 '변형된 수익 · 비용대응의 원칙'이라 부른다. 예를 들어, 과거기간에 비용이 발생했기 때문에 정부보조금을 받으면 정부보조금을 받는 즉시 정부보조금이 이익에 미치는 영향(혜택)을 인식한다. 그러나 유형자산을 취득하기 때문에 정부보조금을 받으면 정부보조금이 유형자산 취득원가의 일부이므로 유형자산의 감가상각비를 인식하는 기간에 걸쳐 정부보조금의 혜택을 인식한다. 또한 자산을 취득할 목적으로 상환이 면제된 대여금을 정부로부터 받으면 대여금을 사용해서 취득한 자산의 내용연수에 걸쳐 정부보조금의 혜택을 인식한다. 「K-IFRS 제1020호」에 명문화된 규정은 없으나, 정부보조금에 다수의 조건(multiple conditions)이 부과되면 기업은 각 조건에 정부보조금을 배분하고 각 조건이 충족되는 시점에 각 조건에 배분된 정부보조금을 수익으로 인식한다(Miniature 예제 5 참조).

Miniature 예제 5 **다수의 조건이 부과된 정부보조금을 수익으로 인식하는 금액**

· 상황 ①: 1차연도 1. 1.에 홍수로 천사고아원의 건물이 붕괴되어 정부가 건물 건설자금으로 ₩500,000을

지급하였다. 천사고아원이 건물을 건설하는 데에 2년이 소요되고 1차연도 건설비용이 ₩400,000, 2차연도 건설비용은 ₩600,000이다.

· 상황 ②: 지방자치단체가 늘봄과수원에 보조금 ₩1,000,000을 지급하였는데 이 중에서 ₩900,000은 과수원(내용연수: 20년)을 건설하는 조건으로 지급되고 ₩100,000은 배수로를 건설하는 조건으로 지급되었다. 늘봄과수원이 배수로를 건설한 이후에는 배수로를 수리 · 유지할 의무가 없다.

물음

1. 1차연도와 2차연도에 천사고아원이 정부보조금을 수익으로 인식하는 금액을 구하라.
2. 늘봄과수원이 정부보조금을 수익으로 인식하는 방법을 설명하라.

정답 및 해설

1.

	건설비 지출액	배분율	정부보조금을 수익으로 인식하는 금액
1차연도	₩400,000	40%	₩200,000
2차연도	600,000	60	300,000
합계	₩1,000,000	100%	₩500,000

2.

늘봄과수원은 과수원의 내용연수 20년에 걸쳐서 정부보조금 중 ₩900,000을 수익으로 인식한다. 그러나 배수로 건설 조건으로 지급된 ₩100,000은 배수로를 완성한 시점에 수익으로 인식한다.

3. 수익접근법

정부보조금의 성격에 따라 수익접근법을 적용하는 방식이 다를 수 있다. 자산관련보조금(grants related to assets)은 정부지원 요건을 충족하는 기업이 장기성 자산을 매입, 건설하거나 다른 방법으로 취득하여야 하는 일차적 조건이 있는 정부보조금으로, 부수적 조건으로 해당 자산의 유형이나 위치 또는 자산의 취득기간이나 보유기간을 제한할 수 있다[1020: 3]. 자산관련보조금 이외의 모든 정부보조금을 수익관련보조금(grants related to income)이라 부른다[1023: 3].

정부보조금 ┌ 자산관련보조금: 취득원가차감법 또는 이연수익법을 적용
　　　　　 └ 수익관련보조금: 이연수익법을 적용

(1) 자산관련보조금

정부가 자산 취득원가를 보조하면 취득원가차감법 또는 이연수익법을 적용해서 정부보조금의 혜택을 수익으로 인식한다. 비상각자산(예 토지)과 관련된 정부보조금이 일정한 의무의 이행을 요구하면 해당 의무를 충족시키기 위해서 원가를 부담하는 기간에 걸쳐 정부보조금을 당기손익으로 인식한다.

예를 들어, 건물을 건설하는 조건으로 토지를 보조금으로 받으면, 건물의 내용연수동안 정부보조금을 당기손익으로 인식하는 것이 적절할 수 있다[1020: 18].

취득원가차감법(순액법)

취득원가차감법은 유형자산의 매입가격에서 정부보조금을 차감한 금액으로 유형자산 취득원가를 측정하고 이 금액을 바탕으로 감가상각비를 측정 · 인식하는 방법이다[1020: 27]. 취득원가차감법에 따르면 유형자산의 감가상각대상액이 정부보조금만큼 감소하므로 유형자산의 내용연수 동안 감가상각비가 줄어 결과적으로 이익이 증가해서 정부보조금의 혜택을 인식하지만, 수익이 포괄손익계산서에 명시적으로 표시되지 않는다. 그리고 유형자산 취득원가가 정부보조금만큼 감소하므로 재무상태표에 유형자산이 과소계상되는 문제점이 있다. 또한 취득시점에 자산을 취득원가로 측정하도록 명시한 「K-IFRS 개념체계」에서도 이탈하므로 이론적 관점에서 바람직하지 않다.

이연수익법(총액법)

이연수익법은 정부보조금을 차감하지 않은 매입가격 총액으로 유형자산의 취득원가를 측정하고, 정부보조금은 하나 이상의 회계기간에 걸쳐 당기손익으로 인식하는 방법이다[1020: 13]. 구체적으로, 이연수익법은 정부보조금을 이연보조금수익(부채)으로 장부에 기록한 후, 정부보조금을 사용해서 취득한 유형자산의 내용연수에 걸쳐 보조금수익을 포괄손익계산서에 명시적으로 인식한다. 이연수익법에서는 이연보조금수익을 미실현수익(unearned revenue)으로 해석해서 재무상태표에 부채로 보고하지만, 이연보조금수익 자체가 부채가 아니라는 점에서 논쟁의 여지가 있다.[2] 이연수익법은 「K-IFRS 개념체계」에 명시되지 않은 '이연수익'(부채)이라는 재무제표요소(자산, 부채, 자본, 수익, 비용)를 사용하므로 부채가 존재하지 않는 상황에서 정부보조금을 부채(이연수익)로 인식하는 것에 대해서 국제회계기준위원회가 거부감을 갖고 있으나 가까운 장래에 「K-IFRS 제1020호」를 개정할 계획은 없다.

예제 12 정부보조금(취득원가의 보조)

중요도: ★★★
난이도: ◆◆

상황

· 2차연도 1. 1.에 기계를 ₩800,000에 취득하고 정부보조금 ₩300,000을 받았다.
· 기계의 내용연수는 5년, 추정 잔존가치는 ₩0이며 정액법으로 감가상각한다.

물음

1. 취득원가차감법을 사용하여 2차연도 1. 1.과 2차연도 12. 31.에 필요한 분개를 하고, 2차연도 12. 31. 현재 재무상태표에 기계와 관련된 자산 또는 부채를 공시하라.
2. 이연수익법을 사용하여 2차연도 1. 1.과 2차연도 12. 31.에 필요한 분개를 하고, 2차연도 12. 31. 현재

---

2) 기업이 정부보조금을 받은 후 정부가 제시한 조건을 만족하지 못했을 경우 정부에게 상환해야 한다는 조항이 있으면 이연보조금수익을 추후 상환의무가 존재하는 부채로 해석하는 것이 적절할 수 있다. 그러나 그런 조항이 없는 경우에는 이연보조금수익을 부채로 해석하는 것은 무리가 있을 수 있다. 또한 정부는 주주가 아니므로 자본으로 해석하는 것도 무리가 있어 이연보조금수익계정의 성격을 해석하는데 논쟁의 여지가 있다.

재무상태표에 기계와 관련된 자산 또는 부채를 공시하라.

정답 및 해설

1. 취득원가차감법(순액법)			2. 이연수익법(총액법)		
2차연도 1. 1. 자산취득시점:					
(차) 기 계	500,000		(차) 기 계	800,000	
(대) 현 금		500,000	(대) 현 금		800,000
			(차) 현 금	300,000	
			(대) 이연보조금수익		300,000
2차연도 12. 31. 결산일:					
(차) 감 가 상 각 비	100,000*		(차) 감 가 상 각 비	160,000*	
(대) 감가상각누계액		100,000	(대) 감가상각누계액		160,000
* ₩500,000 ÷ 5년 = ₩100,000			(차) 이 연 보 조 금 수 익	60,000	
			(대) 보 조 금 수 익		60,000**

* ₩800,000 ÷ 5년 = ₩160,000

** ₩300,000 ÷ 5년 = ₩60,000

재무상태표		재무상태표	
유형자산:		유형자산:	
기 계	₩500,000	기 계	₩800,000
감가상각누계액	(100,000)	감 가 상 각 누 계 액	(160,000)
장 부 금 액	₩400,000	장 부 금 액	₩640,000
		유동부채(이연보조금수익)	₩60,000
		비유동부채(이연보조금수익)	180,000
		총 부채	₩240,000

(2) 수익관련보조금

수익관련보조금은 자산관련보조금 이외의 정부보조금으로, 일반적으로 특정 지출을 정부가 보전해주기 위해 지원된다. 정부가 자산을 취득하는 조건을 부과하지 않고 보조금을 지급하므로 취득원가차감법을 적용할 여지가 없어 이연수익법을 적용한다. 즉, 수익관련보조금을 받은 시점에 이연보조금수익(부채)을 장부에 기록한 후에 조건('지출 발생')이 충족되는 기간에 걸쳐 이연보조금수익을 보조금수익으로 인식한다. 예외적으로 기업의 과거 손실에 대한 보상차원에서 지급되거나 즉각적인 금융지원을 위해 제공되는 정부보조금은 이미 조건이 충족된 것이거나(예 과거에 이미 손실이 발생함) 무조건적인 지원으로 미래에 조건을 충족하기 위해 지출이 발생하지 않는 경우(정부정책에 의한 즉각적 지원)이므로, 비용(또는 손실)이 이미 발생해서 미래에 발생하지 않는다고 보고 정부보조금을 받은 시점에 즉시 보조금수익을 인식한다.

분개 수익관련보조금에 대한 회계처리

보조금 수취시점:

(차) 현 금 ××× (대) 이연보조금수익 ×××

조건충족시점:

(차) 이연보조금수익 ××× (대) 보 조 금 수 익 ×××

손실보상목적의 정부보조금에 대한 회계처리

보조금 수취시점:

(차) 현 금 ××× (대) 보 조 금 수 익 ×××

4. 기타 수익관련 정부보조금에 대한 회계처리

기업이 장부에 인식하는 기타 수익관련 정부보조금의 형태는 다음과 같다.

- 상환이 면제되는 대여금: 기업이 특정 조건을 충족하는 경우(예 5년 동안 100명 이상의 종업원을 고용)에 정부가 상환을 면제하는 대여금을 제공하고 기업이 해당 조건을 충족하는 것을 합리적으로 확신하면 해당 대여금을 정부보조금으로 인식하고 해당 조건을 충족하지 못하면 부채로 인식한다.
- 시장이자율보다 낮은 이자율로 제공되는 대여금: 이 경우 시장이자와 정부대여금에 대한 이자비용의 차이가 정부보조금이다.

(1) 상환면제가능대출

상환면제가능대출은 기업이 대출의 상환면제조건을 충족할 것이라는 합리적인 확신이 있을 때 정부보조금으로 회계처리한다[1020: 10]. 즉, 대출금을 받는 시점에 이연보조금수익을 인식하고, 기업이 상환면제조건을 충족할 것을 합리적으로 확신하는 시점에 보조금수익을 인식한다.

(2) 저리대출

정부로부터 시장이자율보다 낮은 이자율로 대출받는 경우에는 「K-IFRS 제1109호」(금융자산 기준서)에 따라 미래현금흐름(원금과 이자 지급액)을 시장이자율(증분차입이자율, 유효이자율)로 할인한 현재가치로 부채의 최초 장부금액을 인식한다. 이렇게 구한 현재가치와 실제로 수취한 정부대여금의 차이가 정부대여금의 효익(benefit)이다[1020: 10A]. 구체적인 회계처리는 다음과 같다.

① 지급어음의 액면금액과 이자지급액(액면금액 × 표시이자율)을 차입자의 시장이자율(유효이자율)로 할인한 현재가치로 부채(지급어음)를 인식한다.

② 지급어음의 액면금액과 이자지급액(액면금액 × 표시이자율)을 정부가 부과한 이자율로 할인한 현재

가치에서 위 ①의 현재가치를 차감한 금액을 이연보조금수익(부채)으로 인식한다.

③ 지급어음의 기초장부금액에 유효이자율을 곱한 금액을 매 기간 이자비용으로 인식한다.

④ 이자비용과 현금이자지급액의 차이만큼 이연보조금수익을 감소시키고 보조금수익을 인식한다.

예제 13 정부보조금(저리대출) 중요도: ★★★ 난이도: ◆◆

상황

· 회사가 1차연도 1. 1.에 토지를 취득하면서 지방자치단체로부터 무이자로 ₩100,000을 대출받고 어음(액면금액: ₩100,000, 만기: 3차연도 12. 31., 이자율: 연 0%)을 발행하였다.

· 회사의 증분차입이자율은 연 25%이다.

물음 정부보조금에 대해서 회사가 3차연도 12. 31.까지 수행할 분개를 하라.

정답 및 해설

· 1차연도 1. 1의 어음의 현재가치: ₩100,000 × 0.512(기간 = 3, 이자율 = 25%인 현재가치계수) = ₩51,200

유효이자율에 의한 상각표

연도 ①	지급어음 기초장부금액 ②	이자비용 (25%) ③ = ② × 25%	현금이자 ④	현재가치할인 차금상각액 ⑤ = ③ − ④	미상각현재가치 할인차금 ⑥	지급어음 기말장부금액 ⑦ = ② + ⑤
1차연도	₩51,200	₩12,800	₩0	₩12,800	₩36,000*	₩64,000
2차연도	64,000	16,000	0	16,000	20,000	80,000
3차연도	80,000	20,000	0	20,000	0	100,000
합계		₩48,800	₩0	₩48,800		

* (₩100,000 − ₩51,200) − ₩12,800 = ₩36,000

1차연도 1. 1. 정부보조금 수취시점:

(차) 현금	51,200	(대) 지급어음	100,000
현재가치할인차금	48,800		
(차) 현금	48,800	(대) 이연보조금수익	48,800

1차연도 12. 31. 결산일:

(차) 이자비용	12,800	(대) 현재가치할인차금	12,800
(차) 이연보조금수익	12,800	(대) 보조금수익	12,800

참고 이자비용 ₩12,800과 보조금수익 ₩12,800이 상계되어 지방자치단체로부터 빌린 ₩100,000에 대한 순비용이 ₩0이 된다. 즉, 이자비용을 지급하지 않으므로 이자비용만큼 보조금수익이 생긴다.

2차연도 12. 31. 결산일:

(차) 이자비용	16,000	(대) 현재가치할인차금	16,000
(차) 이연보조금수익	16,000	(대) 보조금수익	16,000

3차연도 12. 31. 결산일:

(차) 이 자 비 용	20,000	(대) 현재가치할인차금	20,000
(차) 이연보조금수익	20,000	(대) 보 조 금 수 익	20,000

5. 정부보조금의 상환

정부보조금을 상환해야 하는 경우에는 회계추정의 변경으로 보고 전진법(제22장 참조)으로 회계처리한다. 구체적인 절차는 다음과 같다. 이연수익법으로 처리했던 정부보조금을 상환하면 현금 상환액만큼 우선적으로 이연보조금수익계정의 잔액을 감소시킨다. 현금 상환액이 이연보조금수익계정의 잔액을 초과하거나 이연보조금수익계정의 잔액이 ₩0인 경우에는 초과액(또는 현금 상환액)을 즉시 상환손실(당기손실)로 인식한다[1020: 32].

만약 자산관련보조금을 취득원가차감법으로 처리했다면 보조금으로 인해 자산의 취득원가와 감가상각누계액이 과소계상되었으므로 다음과 같이 수정한다.

단계 ①: 상환한 정부보조금만큼 관련 자산의 장부금액을 증가시킨다.

단계 ②: 정부보조금을 인식하지 않았더라면 과거 기간에 인식했을 추가 감가상각비를 상환연도의 당기비용으로 인식하고, 해당 금액만큼 감가상각누계액계정의 잔액을 증가시킨다. 정부보조금을 상환하지 않는다는 가정 하에서 수행했던 과거의 회계처리를 소급해서 수정하지 않고, 정부보조금 상환이라는 새로운 상황을 당기와 미래기간에 적용해 관련 계정의 잔액을 조정하는 방식으로 처리한다.

그리고 자산관련보조금을 상환한 후에 장부에 남아 있는 자산의 새로운 장부금액이 손상되었는지 여부를 판단하고 필요하면 손상차손(제5장 참조)을 인식한다[1020: 33].

Miniature 예제 6 취득원가차감법과 정부보조금의 취소

상황

· 1차연도 1. 1.에 개미회사가 ₩3,000,000을 투입해서 공장을 건설하면서 종업원 100명을 고용하는 대가로 지방자치단체로부터 건설보조금 ₩500,000을 받았다. 개미회사는 정부보조금을 공장 건설원가와 상계하여 공장의 장부금액이 ₩2,500,000이다. 개미회사는 공장의 건설이 완료된 3차연도 1. 1.부터 공장을 잔존가치 없이 정액법으로 10년간 감가상각한다.

· 5차연도 1. 1.까지 개미회사가 단지 15명의 종업원을 고용해서 지방자치단체가 보조금 전액을 상환하도록 요구해서 즉시 현금으로 상환했다.

물음 5차연도 1. 1.에 개미회사에게 필요한 분개를 하라.

정답 및 해설

	정부보조금을 받은 경우	정부보조금을 받지 않은 경우
공장의 취득원가	₩3,000,000	₩3,000,000

정부보조금	(500,000)	–
장부금액	₩2,500,000	₩3,000,000
2년간 감가상각비	(500,000)	(600,000)
4차연도 12. 31.의 장부금액	₩2,000,000	₩2,400,000

5차연도 1. 1.에 개미회사는 공장 취득시점의 장부금액을 ₩3,000,000으로 증가시키고 추가로 2년간 감가상각비 ₩100,000을 인식한다.

(차) 공 장	500,000	(대) 현 금	500,000
(차) 감 가 상 각 비	100,000	(대) 감가상각누계액	100,000

6. 수증자산

기업이 아무런 대가를 지불하지 않고 자산을 취득하는 수증거래는 반대급부 없이 한 방향으로만 자산이 이전되므로 자산의 일방적 거래(nonreciprocal transaction)라고도 한다. 「K-IFRS 제1016호」는 기업이 무상으로 취득한 자산에 대한 회계처리기준을 명확히 제시하지 않는다. 다만, 인식하는 유형자산을 원가로 측정하도록 규정한다[1016: 15]. 무상으로 증여받은 자산의 취득원가는 ₩0이므로 역사적 원가주의를 엄격하게 적용한다면 기부받은 자산을 ₩0으로 측정한다. 즉, 수증거래를 취득원가가 ₩0인 특수한 형태의 안가구입(安價구입, lucky buy)으로 해석하여 기부받은 자산을 ₩0으로 측정하는 방법을 고려할 수도 있다.

그러나 저자는 수증자산을 공정가치(시가)로 평가하여야 한다고 본다. 역사적 원가주의의 이론적 근거는 취득원가가 취득시점의 자산의 가치를 가장 객관적으로 측정하는 척도가 된다는 것이다. 합리적인 두 당사자가 자발적으로 교환거래에 참여하여 합의한 가격은 그 시장의 공정가치를 반영할 것이라는 암묵적 가정을 바탕으로 한다. 만일 취득시점에 자산의 공정가치를 신뢰성 있게 측정할 수 있고 취득원가가 공정가치와 현저하게 차이가 나는 경우에는 취득원가가 아니라 공정가치로 자산을 측정하는 것이 보다 유용한 재무정보를 제공한다. 「K-IFRS 개념체계」(2018)에서 재무정보가 유용하기 위해서는 경제적 현상의 형식(form)보다 경제적 실질(economic substance)을 충실하게 표현하여야 한다고 명시적으로 밝히고 있는 것과도 일관된다[「K-IFRS 개념체계」: 2.12, BC2.33]. 무상으로 증여받았다 하더라도 기업이 통제하는 자산을 ₩0으로 측정하면 경제적 실질에 어긋난다.

문단 [1016: 23]에서 유형자산의 원가는 인식시점의 현금가격상당액이라고 규정하고 있는 점도 수증자산을 공정가치로 측정하는 근거가 될 수 있다. 취득원가가 취득시점의 자산의 공정가치를 반영하지 못하는 것이 명백한 경우에 취득한 자산을 공정가치로 측정하는 여러 예가 존재한다. 예를 들어, 「K-IFRS 제1109호」(금융상품 기준서), 「K-IFRS 제1040호」(투자부동산 기준서), 「K-IFRS 제1041호」(농림어업 기준서) 등은 자산 취득시점에 공정가치로 측정하고 거래당일손익을 인식한다. 그리고 우리나라 「일반기업회계기준」 문단 10.8에서도 증여, 기타 무상으로 취득한 자산을 공정가치로 측정하고 자산수증이익을 인식하도록 규정한다.

결론적으로, 기업이 정부가 아닌 제3자로부터 무상으로 자산을 증여받으면 정부보조금에 대한 회계처리에서 허용하지 않는 자본접근법(equity approach)을 적용해서 증여받은 자산을 공정가치로 측정하고 수증이익(자본)을 인식하는 것이 적절하다.

수증자산의 경우를 포함하여 취득원가와 공정가치가 다른 경우의 회계처리를 정리하면 다음과 같다.

고가구입: 공정가치보다 높은 금액에 취득한 자산은 공정가치로 측정해서 다음과 같이 분개한다. 취득원가가 공정가치를 초과하는 금액을 수익에서 차감하는 경우도 있다(제15장 참조).

(차) 자산(공정가치)	×××	(대)	현 금	×××
영 업 외 비 용*	×××			

* 또는 최초인식손실

저가구입(安價구입): 공정가치보다 낮은 가격에 취득한 자산은 원칙적으로 취득원가로 측정해서 다음과 같이 분개한다.

(차) 자산(취득원가)	×××	(대)	현 금	×××

특정 자산(예 금융자산, 생물자산)을 공정가치로 측정하고 거래당일이익을 인식하면 다음과 같이 분개한다.

(차) 자산(공정가치)	×××	(대)	현 금	×××
			최 초 인 식 이 익	×××

무상취득(수증자산): 정부가 아닌 제3자로부터 무상으로 자산을 취득하면 저가구입(안가구입)의 특수한 상황이다. 취득원가(₩0)가 공정가치와 유의적으로 차이가 나고 공정가치를 신뢰성 있게 측정할 수 있으면 경제적 실질을 충실하게 표현하기 위해서 취득한 자산을 공정가치로 측정해서 다음과 같이 분개한다.

(차) 자산(공정가치)	×××	(대)	자산수증이익	×××

Miniature 예제 7 독지가의 기증

상황

· 공짜좋아회사는 본사를 이전하면서 본사 건물을 ₩800,000에 취득하였다. 공짜좋아회사는 독지가로부터 아무런 조건 없이 ₩200,000을 받아 건물 취득자금의 일부로 사용했다.
· 독지가가 공정가치가 ₩500,000인 토지를 기증했다.
· 독지가가 공짜좋아회사의 부채 ₩200,000을 대가 없이 상환해 줬다.
· 독지가가 공짜좋아회사에 무료로 경영자문용역을 제공했는데 경영자문용역의 공정가치가 ₩100,000이다.
· 독지가 소유의 건물을 1년간 무료로 임차했다. 임차료의 공정가치가 ₩50,000이다.

물음 독지가의 기증에 대해서 분개하라.

해설

건물 취득시점:

(차) 건 물	800,000	(대) 현 금	800,000
(차) 현 금	200,000	(대) 수 증 이 익	200,000

독지가로부터 기부받은 시점:

(차) 토 지	500,000	(대) 수 증 이 익	500,000
(차) 부 채	200,000	(대) 수 증 이 익	200,000
(차) 자 문 료	100,000	(대) 수 증 이 익	100,000
(차) 임 차 료	50,000	(대) 수 증 이 익	50,000

Chapter 03

제4절 차입원가

1. 차입원가와 회계문제

차입원가(borrowing costs, 이자비용)는 원칙적으로 발생시점에 비용으로 인식한다. 그러나 자산의 취득원가는 자산의 구입가격뿐만 아니라 자산이 본래 의도한 용도에 사용될 수 있게 하는 데 발생한 모든 지출액을 포함한다. 그러므로 「K-IFRS 제1023호」(차입원가 기준서)는 적격자산의 건설(또는 취득)에 상당한 기간이 소요되고 그 과정에서 자금을 차입해서 이자가 발생하면 차입원가를 발생시점에 비용으로 인식하지 않고 적격자산 취득원가에 포함(자본화)시킨 후 자산의 내용연수 동안 상각하고 기타 차입원가는 발생시점에 비용으로 인식하도록 규정한다[1023: 8]. 즉, 적격자산(자본화대상자산)을 건설(또는 취득)하지 않았더라면 회피할 수 있었을 회피가능이자(avoidable interest)를 자본화하고, 이렇게 취득원가에 포함된 이자를 자산의 내용연수 동안 감가상각비로 인식한다.

자본화가능차입원가(borrowing costs eligible for capitalisation)는 적격자산의 취득, 건설 또는 생산과 직접 관련된 차입원가로, 해당 적격자산과 관련된 지출이 발생하지 아니하였다면 부담하지 않았을 차입원가이다[1023: 10]. 차입원가의 자본화와 관련된 주요 회계문제는 다음과 같다.

- 어느 자산이 적격자산인가?
- 자본화기간은 언제인가?
- 자본화하는 금액은 얼마인가?

2. 차입원가의 자본화

자본화할 차입원가를 계산하는 절차가 복잡하므로 <표 3.2>에 큰 틀을 먼저 제시하고 구체적 내용을 단계적으로 설명한다.

표 3.2 자본화할 차입원가의 계산

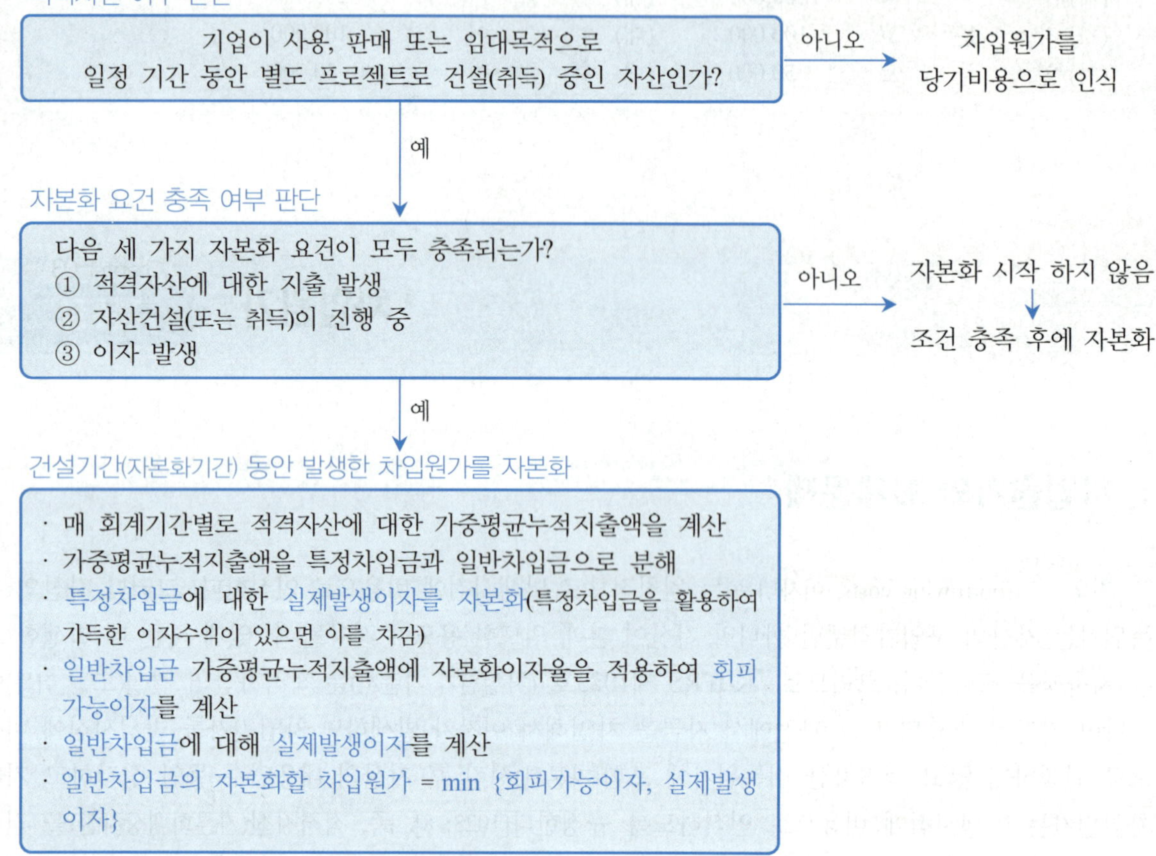

(1) 적격자산과 자본화기간의 결정

차입원가를 자본화할 적격자산의 결정

적격자산(qualifying asset) 또는 자본화대상자산은 의도된 용도로 사용하거나 판매 가능한 상태에 이르게 하는데 상당한 기간(보통 1년 이상)이 소요되는 자산이다[1023: 5]. 적격자산은 기업이 사용할 목적으로 건설중인 자산(예 건물, 기계)이나 판매(또는 임대)목적으로 별도로 건설중인 자산(예 부동산 개발)을 포함한다. 자산을 의도된 용도로 사용하거나 판매 가능한 상태에 이르게 하는 데 필요한 활동은 다음을 포함한다.

▸ 자산의 물리적 건설(취득)

▸ 물리적 건설의 시작 전 기술(또는 행정)작업

다음 자산은 경우에 따라 적격자산이 될 수 있다[1023: 7].

- 건설(취득)하기 시작한 날로부터 의도된 용도로 사용하거나 판매할 수 있는 상태가 될 때까지 상당한 기간이 소요되는 재고자산(예 선박, 항공기)
- 장기간에 걸쳐 자가건설하는 설비자산
- 유형자산(예 전력생산설비)
- 무형자산(예 자본화한 개발원가)
- 취득완료시점까지 상당한 기간이 소요되는 투자부동산(예 임대목적으로 건설중인 사무실 건물)
- 생산용식물(예 사과나무)

적격자산이 아닌 자산의 예는 다음과 같다[1023: 4, 7].

- 생물자산(제7절 참조): 생물자산은 순공정가치로 측정해서 매 회계기간 동안의 공정가치 변동액을 당기손익으로 인식하므로 측정액이 건설 또는 생산기간 동안 발생하는 차입원가에 의하여 영향을 받지 않는다[1023: BC4].
- 금융자산(제8장, 제9장 참조)
- 취득시점에 의도된 용도로 사용할 수 있거나 또는 판매 가능한 상태에 있는 자산: 이미 수익가득에 공헌하고 있는 사용 중인 자산은 자본화대상자산이 아니며, 사용 가능한 상태에 있는 자산에 대해서 발생한 이자는 발생시점에 비용으로 인식한다. 즉, 판매 가능한 상태에 있는 자산과 임대 등을 위해 이미 사용 중이거나 사용 가능한 상태에 있는 자산은 자본화대상자산에서 제외한다.
- 단기간 내 또는 상당한 기간이 소요되지만 반복적으로 대량생산되거나 통상적으로 제조되는 재고자산: 차입원가를 자본화해서 얻는 효익이 자본화에 소요되는 원가에 미달하는 것이 일반적이므로 이러한 재고자산은 자본화대상자산에서 제외한다[1023: BC6].

보충설명 **건설 중인 공동주택 부동산(건물)에 대한 적격자산의 존재 여부**

- 부동산 개발 기업이 공동주택을 건설하면서 건설기간 중에 주거 단위(housing unit)를[3] 다음과 같이 판매하는 경우를 가정한다.
  ① 기업이 건설을 시작하기 전에 건물 내 일부 거주 단위를 판매하는 계약을 고객과 체결한다(판매된 단위).
  ② 기업이 적절한 고객을 찾는 즉시, 부분적으로 건설된 나머지 거주 단위(판매되지 않은 거주 단위)에 대해서도 고객과 계약을 체결할 의도가 있다.
  ③ (판매된 거주 단위와 판매되지 않은 거주 단위 모두에 대해) 기업과 고객의 계약 조건과 해당 계약에 관련되는 사실과 상황에 따라 기간에 걸쳐 수익을 인식하는 기준[1115: 35(3)](제15장 참조)을 적용하면, 기업은 각 거주 단위에 대한 통제를 기간에 걸쳐 이전하므로 기간에 걸쳐 수익을 인식한다.
- 위 상황에서 기업은 수취채권, 계약자산(제15장 참조), 재고자산 등을 인식할 수 있다. 기업이 이러한 부동산을 건설하기 위한 목적으로 차입한 건설차입금(특정차입금)에 대한 차입원가의 자본화 여부에 대해서 2019년 3월에 국제회계기준해석위원회는 다음과 같이 판단하였다.
  ① 수취채권은 금융자산이므로 적격자산이 아니다[1023: 7].

② 계약자산은 의도한 용도로 사용할 수 있게 하는 데에 상당한 기간이 필요하지 않으므로 적격자산이 아니다.

③ 기업은 적절한 고객을 찾는 즉시 부분적으로 건설된 거주 단위를 판매할 의도가 있고, 고객과 계약을 체결하는 시점에 그 거주 단위와 관련되는 재공품에 대한 통제가 고객에게 이전될 것이므로 건설 중인 재고자산(재공품)은 적격자산이 아니다.

국제회계기준해석위원회는 이 경우 적격자산이 없어 차입원가를 자본화할 수 없다고 본다.

자본화기간의 시작

다음 세 가지 조건이 모두 충족되면 차입원가를 자본화하기 시작한다[1023: 17].

- 조건 ①: 적격자산에 대해 지출이 이루어졌다.
- 조건 ②: 적격자산을 의도한 용도에 부합되게 준비하는 데 필요한 활동이 수행 중이다. 예를 들어, 실제 건설(취득)작업이 진행중이다.
- 조건 ③: 이자가 발생한다. 즉, 이자를 발생시키는 부채가 존재한다.

여기서 부채는 건설(취득) 중인 자산과 직접적으로 관련하여 조달한 건설차입금('특정차입금')뿐만 아니라, 법인세를 납부하기 위해서 차입한 자금 등과 같이 일반적 목적으로 조달한 부채('일반차입금')도 포함한다. 왜냐하면, 건설(취득)과 직접 관련된 건설차입금('특정차입금')만으로 건설(취득)에 필요한 자금이 충분히 조달되지 않으면 부족한 부분은 일반차입금으로 충당하기 때문이다. 따라서 적격자산을 건설(취득)하는 기간에 이자부 부채가 존재하면 자산을 건설(취득)하기 위해 별도로 조달한 건설차입금('특정차입금')이 없어도 차입원가를 자본화할 수 있다.

자본화의 중단

적격자산에 대한 건설(취득)활동을 중단한 기간에는 차입원가의 자본화를 중단한다. 그러나 적격자산에 대한 건설 및 개발활동이 중지되어도 다음 상황에서는 차입원가의 자본화를 중단하지 않는다[1023: 21].

- 상당한 기술 및 관리활동이 진행됨
- 자산을 의도된 용도로 사용(또는 판매) 가능한 상태에 이르게 하는 과정에서 일시적 지연이 필수적임. 예를 들어, 교량 건설기간 동안 해당 지역의 하천수위가 높아지는 현상이 일반적이어서 건설이 지연됨

자본화의 종료

적격자산을 의도된 용도로 사용(또는 판매) 가능하게 하는 데 필요한 대부분의 활동이 완료된 시점에 차입원가의 자본화를 종료한다[1023: 22]. 구체적으로, 차입원가를 자본화하는 세 가지 조건 중 어느 하나라도 만족되지 않으면 자본화를 종료한다. 예를 들어, 이자가 더 이상 발생하지 않거나, 적격자산을 의도된 용도로 사용하거나 판매 가능한 상태에 이르게 하는 활동이 완료되면 차입원가의 자본화를 종료한다. 일상적인 관리업무가 남았다 하더라도 자산건설활동이 완료되면 자산이 의도된 용도

3) 한국회계기준원은 '가구'로 번역했다.

나 판매 가능한 상태에 이르게 되었다고 본다. 또한 내장공사와 같은 중요하지 않은 작업만이 남아 있는 경우이면 대부분의 건설활동이 종료된 것으로 본다[1023: 23].

자본화대상자산이 여러 부분으로 구성된 건설활동이 진행되는 경우에 건설 중인 자산의 일부가 완성되어 해당 부분을 사용할 수 있으면 완성된 부분에 대해서는 자본화를 종료하고 나머지 미완성 부분에 대해서만 자본화한다. 예를 들어, 여러 동의 건물로 구성된 복합업무시설을 건설하는 과정에 특정 건물이 완성되어 해당 건물을 사용할 수 있으면 완성된 건물에 대해서는 자본화를 종료한다. 한편, 개별부분이 사용되기 위해 자산전체의 건설활동이 완료되어야 하는 적격자산도 있는데, 제철소와 같이 동일한 장소에서 여러 생산부문별 공정이 순차적으로 건설되는 여러 생산공정을 갖춘 산업설비를 예로 들 수 있다[1023: 25].

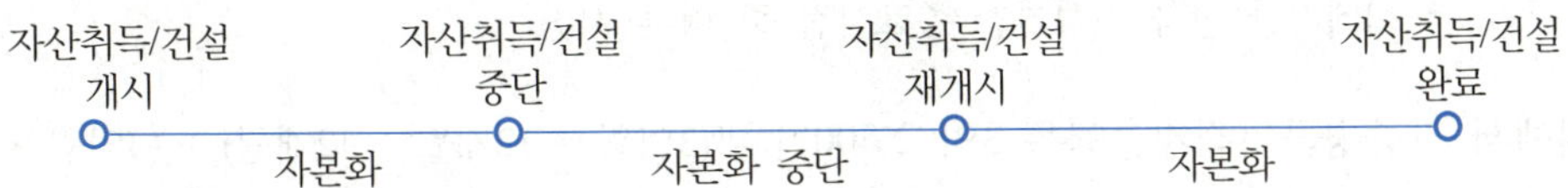

자본화기간의 예:

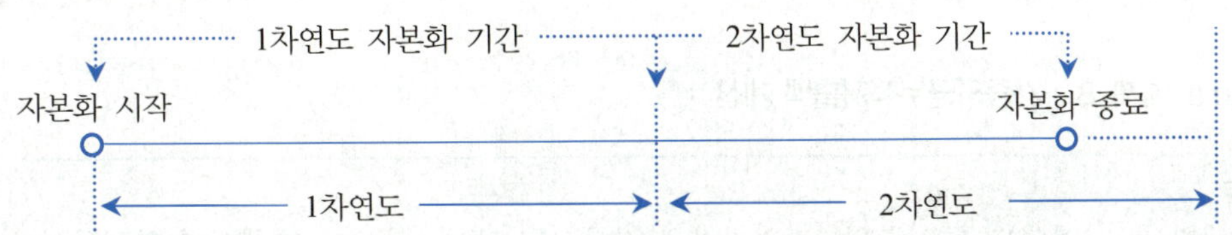

적격자산에 대해 발생한 차입원가의 회계처리

적격자산에 대해서 차입원가가 발생하면 다음과 같이 분개한다.

차입원가 발생시점:

(차) 이 자 비 용 ××× (대) 미지급이자(또는 현금) ×××

차입원가 자본화시점:

(차) 건설중인자산 ××× (대) 이 자 비 용 ×××
(유형자산)

(2) 자본화할 차입원가 계산

단계 ①: 기중평균누적지출액의 계산과 분해

적격자산을 건설(취득)할 목적으로 차입한 자금을 특정차입금(또는 건설차입금)이라 하고, 특정차입금을 제외한 나머지 모든 차입금을 일반차입금이라 부른다. 자금이 일단 조달된 후에는 차입한 자금을 특정차입금 또는 일반차입금으로 물리적으로 구분하는 것이 쉽지 않다. 따라서 회계처리목적으로는 특정차입금(건설차입금)이 건설(취득)활동에 우선적으로 투입되고, 특정차입금으로 충당되지 않는 부분에 일반차입금이 사용된다고 가정한다. 건설(취득) 대금이 여러 시점에 분할 지급되면 이들 지출이 기업에 미치는 재무적 부담은 지출시점에 따라 다르다. 예를 들어, 1월 1일에 3억원이 지출되고, 12월 1일에 또 다시 3억원이 지출되었다고 가정하자. 이들 지출에 대해 연 10%의 이자가 발생하면 처음 지출 3억원은 12개월 동안 3천만원의 이자를 발생시키는 반면, 두 번째 지출 3억원은 1개월 동안 250만원의 이자를 발생시킨다. 이처럼 각 지출이 이자를 발생시킨 기간(자본화기간)을 가중치로 반영한 지출액을 합한 금액을 가중평균누적지출액(weighted average accumulated expenditure)이라 하고, 다음과 같이 계산한다.

$$\text{가중평균누적지출액} = [\text{적격자산에 대한 지출액} \times \frac{\text{지출시점부터 결산일* 까지의 기간}}{\text{회계기간 중 건설기간}}]\text{의 합계}$$

* 회계기간 말과 건설기간 종료시점 중 빠른 시점

위 예에서 가중평균누적지출액은 3억 2,500만원[(3억원 × 12개월 ÷ 12개월) + (3억원 × 1개월 ÷ 12개월)]이다. 실제로는 3억원씩 2번 지출되었지만, 회사의 재무적 부담은 3억 2,500만원이 1월 1일부터 12개월 동안 투입된 것과 동일하다는 의미이다.

Miniature 예제 8 가중평균누적지출액 계산

기본자료

· 튼튼해회사는 1차연도 1. 1에 월드컵경기장을 짓기 시작하여 1차연도 12. 31.에 완성하였다. 경기장 건설에 대한 지출은 다음과 같다.

1차연도 1. 1.	₩10,000
1차연도 10. 1.	80,000

· 튼튼해회사의 차입금 현황:

차입금 종류	차입일	액면금액	액면이자율	만기
특정차입금	1차연도 1. 1.	₩40,000	연 10%	4년
일반차입금 ①	1차연도 1. 1.	50,000	연 20%	5년
일반차입금 ②	1차연도 7. 1.	60,000	연 12%	6년

· 튼튼해회사는 특정차입금 ₩40,000 중 ₩30,000을 1차연도 1. 1.에 은행에 예치하여 이자수익 ₩1,000을 얻었고, 1차연도 10. 1.에 인출해서 경기장 건설에 ₩30,000을 지출하였다.

물음 기본자료를 이용하여 가중평균누적지출액을 계산하라.

정답

날짜	지출	자본화기간	가중평균지출액
1차연도 1. 1.	₩10,000	12/12	₩10,000
1차연도 10. 1.	80,000	3/12	20,000
가중평균누적지출액			₩30,000

가중평균누적지출액이 계산되면, 이를 특정차입금 부분과 일반차입금 부분으로 나눈다. 먼저 특정차입금 총액만큼* 특정차입금의 가중평균누적지출액으로 배분한 후, 나머지를 일반차입금의 가중평균누적지출액으로 간주한다. 만일 [가중평균누적지출액 < 특정차입금]이면 가중평균누적지출액 전액을 특정차입금으로 처리한다.

* 특정차입금의 일부가 수익창출활동에 사용되면 Miniature 예제 9와 같이 계산한 특정차입금의 가중평균누적지출액이 배분액의 한도임

가중평균누적지출액의 분해 { 1 순위: 특정차입금의 가중평균누적지출액 / 2 순위: 일반차입금의 가중평균누적지출액 }

가중평균누적지출액을 위와 같이 분해하는 이유는 일반차입금의 가중평균누적지출액을 산정하기 위해서이다. 왜냐하면, 특정차입금은 차입금 총액에 대해 건설기간 중 실제로 발생한 차입원가를 자본화하지만(단계 ② 참조), 일반차입금은 가중평균누적지출액에 대한 차입원가를 자본화하기 때문이다(단계 ③ 참조). 특정차입금(건설차입금)을 차입한 후 건설기간 초부터 건설활동에 지출하지 않고 일정기간 동안 은행에 예치하는 등 수익을 발생시키는 경우에는 실제로 차입목적(건설활동)에 사용된 금액과 건설활동에 사용된 기간 동안만 특정차입금의 가중평균누적지출액 계산에 포함한다(Miniature 예제 9 참조). 관련 적격자산을 의도된 용도로 사용 가능하게 하는 데 필요한 대부분의 활동이 완료된 후에도 특정차입금이 남아 있다면, 그 부분은 일반차입금으로 처리한다[1023: 14, BC14D].

Miniature 예제 9 가중평균누적지출액 분해

물음 Miniature 예제 8의 기본자료를 이용하여 일반차입금의 가중평균누적지출액을 계산하라.

정답 및 해설

· 기본자료에서 특정차입금 ₩40,000 중 ₩30,000은 1차연도 1. 1.부터 9. 30.까지 수익창출활동에 사용되었다. 따라서 특정차입금 중 ₩10,000은 1차연도 1. 1.에 빌리고, ₩30,000은 마치 1차연도 10. 1.에 빌린 것처럼 해석하여 특정차입금의 가중평균누적지출액을 다음과 같이 계산한다.

	1. 1.		10. 1.		12. 31.
₩10,000	←	건설활동에 사용함		→	
₩30,000	← 이자수익 창출에 사용함 →		← 건설활동에 사용함 →		

특정차입금 ₩30,000은 1차연도 10. 1.부터 건설활동에 사용되었으므로 특정차입금의 가중평균누적지출액을 계산할 때에 10월 1일부터 12월 31일까지 3개월간 차입된 것으로 본다.

특정차입금의 가중평균누적지출액: ₩10,000(1. 1. 지출) × 12/12 + ₩30,000(10. 1. 지출) × 3/12 = ₩17,500

가중평균누적지출액 ₩30,000의 분해 { 특정차입금 부분: ₩17,500 / 일반차입금 부분: ₩30,000 − ₩17,500 = ₩12,500 }

단계 ②: 특정차입금에 대해 자본화할 차입원가 산정

특정차입금에 대해서 건설기간 중 **실제로 발생한 차입원가**(관련 일시적 투자수익 차감 후) **전액을 자본화**한다[1023: 12].[4)] 즉, 특정차입금이 이자 등 수익을 발생시키지 않았다면 건설활동에 실제로 투입됐는지 여부를 따지지 않고 건설(취득)기간 중 발생한 차입원가 전액(이자수익 차감 후)을 자본화한다. 특정차입금에 대해 자본화할 차입원가는 다음과 같이 계산한다.[5)]

$$\text{특정차입금에 대해 자본화할 차입원가} = \left[\text{특정차입금 총액} \times \text{특정차입금 이자율} \times \frac{\text{자본화기간}^*}{\text{회계기간}}\right] - \text{특정차입금의 일시운용 투자수익}$$

* 건설기간 초부터 회계기간 말과 건설기간 종료시점 중 빠른 시점까지의 기간

자본화기간 중 특정차입금에 대해 실제로 발생한 차입원가	×××
자본화기간 중 특정차입금에 대해 실제로 발생한 이자수익	(×××)
특정차입금에 대해 자본화할 차입원가(회피가능이자)	×××

단계 ③: 일반차입금의 회피가능이자 계산

일반차입금 중 결과적으로 건설활동에 사용된 부분을 반영하는 가중평균누적지출액에 대한 차입원가를 자본화한다. 일반차입금이 여러 차입금으로 구성되고 각 차입금의 이자율이 다른 경우에는 일반차입금의 가중평균이자율을 다음과 같이 계산해서 자본화이자율로 사용한다[1023: 14].

$$\text{일반차입금의 회피가능이자} = \text{일반차입금의 가중평균누적지출액} \times \text{자본화이자율}^*$$

$$^* \text{ 자본화이자율} = \frac{\text{회계기간 중 일반차입금에서 실제로 발생한 이자}}{\text{회계기간 중 가중평균일반차입금(차입기간 고려)}}$$

Miniature 예제 10 일반차입금의 회피가능이자 계산

물음 Miniature 예제 8의 기본자료를 이용하여 회피가능이자를 계산하라.

정답 및 해설

회피가능이자 계산

특정차입금에 대한 실제발생이자: ₩40,000(차입금액) × 10% × 12/12 =	₩4,000
특정차입금을 일시 운용해서 얻은 이자수익	(1,000)
특정차입금의 회피가능이자	₩3,000
일반차입금의 회피가능이자: ₩12,500(가중평균누적지출액) × 17%* =	2,125
총 회피가능이자	₩5,125

4) US GAAP에서는 특정차입금 전액이 아니라 특정차입금의 가중평균누적지출액에 대한 이자비용을 자본화한다.

5) PricewaterhouseCoopers, *Manual of Accounting, IFRS 2021, Volume 1*, p. 22041 – 22042.

$$* \text{ 자본화이자율} = \frac{₩50,000 \times 20\% + ₩60,000 \times 12\% \times 6/12}{₩50,000 \times 12/12 + ₩60,000 \times 6/12} = 17\%$$

단계 ④: 일반차입금의 자본화할 차입원가 결정

일반차입금에 대한 실제발생이자보다 많은 차입원가를 자본화하는 것은 합리적이지 않으므로 일반차입금의 회피가능이자와 실제발생이자 중 작은 금액을 자본화한다[1023: 14].

일반차입금의 자본화할 차입원가 = min {회피가능이자, 실제발생이자}

Miniature 예제 11 일반차입금의 자본화할 차입원가

물음 Miniature 예제 8의 기본자료를 이용하여 일반차입금의 자본화할 차입원가를 결정하라.

정답 및 해설

일반차입금의 자본화할 차입원가 결정

일반차입금에 대한 실제발생이자:

₩50,000 × 20% × 12/12 =	₩10,000
₩60,000 × 12% × 6/12 =	3,600
실제발생이자	₩13,600

일반차입금에 대해서 자본화할 차입원가: min {₩2,125, ₩13,600} = ₩2,125

단계 ⑤: 자본화할 차입원가 결정

자본화할 차입원가 = 특정차입금의 이자수익 차감후 실제발생이자
+ 일반차입금의 자본화할 차입원가
= 특정차입금의 순(net)이자 실제발생액 + 일반차입금의 자본화할 차입원가

Miniature 예제 12 자본화할 차입원가

물음 Miniature 예제 8의 기본자료를 이용하여 자본화할 차입원가를 결정하라.

정답 및 해설

자본화할 차입원가 결정

특정차입금에 대한 순이자 실제 발생액: (₩4,000 − ₩1,000) =	₩3,000
일반차입금의 자본화할 차입원가	2,125
자본화할 차입원가	₩5,125

예제 14 과거 연도에 자본화한 차입원가와 후속연도의 가중평균누적지출액 산정[6]

중요도: ★★★
난이도: ◆◆

상황

1차연도 1. 1.부터 M산업이 창고를 건설하기 시작해서 2차연도 6. 30.에 완성했다.

1차연도 1. 1.에 M산업은 특정차입금 ₩1,000,000(연 이자율: 8%)을 조달해서 건설기간 동안 사용했다. M산업의 일반차입금은 다음과 같다.

어음 ₩2,000,000(이자율: 연 6%)
사채 4,000,000(이자율: 연 12%)

창고건설에 대한 지출은 다음과 같다.

1차연도 1. 1. ₩500,000
1차연도 3. 31. 400,000
1차연도 9. 30. 600,000
2차연도 1. 31. 600,000
2차연도 4. 30. 300,000

1차연도의 가중평균누적지출액은 ₩950,000이고, 1차연도의 특정차입금에 대한 이자(자본화할 차입원가)는 ₩80,000(₩1,000,000(특정차입금 총액) × 8%)이다.

물음 2차연도에 자본화할 차입원가를 계산하라.

해설

날짜	지출	자본화기간	가중평균지출액
2차연도 1. 1.	₩80,000*	6/6	₩80,000
2차연도 1. 31.	1,500,000	6/6	1,500,000
2차연도 4. 30	600,000	5/6	500,000
			100,000
2차연도 가중평균누적지출액	300,000	2/6	₩2,180,000

* 1차연도에 자본화한 차입원가

₩2,180,000의 분해 < 특정차입금 ₩1,000,000 / 일반차입금 ₩1,180,000

특정차입금의 자본화할 차입원가: ₩1,000,000 × 8% × 1/2 = ₩40,000

일반차입금의 자본화이자율: ₩600,000* ÷ ₩6,000,000 = 10%

* (₩2,000,000 × 6%) + (₩4,000,000 × 12%) = ₩600,000

일반차입금의 회피가능이자: ₩1,180,000 × 10% × 1/2 = ₩59,000

일반차입금의 실제차입원가: (₩2,000,000 × 6% × 1/2) + (₩4,000,000 × 12% × 1/2) = ₩300,000

일반차입금의 자본화할 차입원가 = min {₩300,000, ₩59,000} = ₩59,000

2차연도에 자본화할 차입원가: ₩40,000 + ₩59,000 = ₩99,000

6) Spiceland, David, et. al., *Intermediate Accounting: IFRS Edition*(McGraw-Hill 2012), pp.540-543. 수정

보충설명 과거 연도에 자본화한 차입원가와 후속연도의 가중평균누적지출액 산정

- 자산 건설(또는 취득)활동이 여러 회계연도에 걸쳐 진행되는 경우, 후속 회계연도에는 과거 연도에 자본화한 차입원가를 포함해서 가중평균누적지출액을 계산한다. 구체적으로, 전기 말까지 자본화한 차입원가를 포함한 지출액의 합이 당기 초에 지출됐다고 가정하고 당기의 가중평균누적지출액을 계산한다. 이렇게 하는 이유는, 가중평균누적지출액을 계산하는 취지가 건설활동에 얼마의 자금이 투입되어 기업에 재무적 부담을 발생시키는가를 측정하고자 하는 것이기 때문이다. 예를 들어, 1차연도 1. 1.에 ₩10,000의 자금이 건설활동이 투입되고 이와 관련하여 1차연도 말에 ₩1,000의 차입원가가 자본화되었다면, 2차연도 1. 1. 현재 건설활동에 투입된 자금(재무적 부담)은 ₩10,000이 아니라 자본화된 차입원가를 포함한 ₩11,000이다. 그 금액이 2차연도 말까지 건설활동에 묶인다면 ₩11,000을 지출액으로 보고 차입원가를 계산하는 것이 합리적이다(예제 14, 예제 15 참조).
- 과거 연도에 자본화한 차입원가를 무시하고 가중평균누적지출액을 계산해야 한다는 견해가 있으나, 이는 잘못된 주장이다. 과거 연도에 자본화한 차입원가를 포함하지 않는다는 것은 단리이자를 적용하는 것과 같은데, 유효이자율법에서도 보듯이 복리로 이자를 계산하는 것이 타당하다. 기준서에서도 "적격자산에 대한 지출액은 현금의 지급, 다른 자산의 제공 또는 이자부 부채의 발생 등에 따른 지출액을 의미한다."라고 규정하고 있다[1023: 18].

예제 15 차입원가의 자본화

중요도: ★★★
난이도: ◆◆◆

상황

· 1차연도 1. 1.에 청풍명월회사는 사무실로 사용될 건물의 건설을 시작하였다.
· 건물은 2차연도 6. 30.에 완성된다.
· 건물의 건설에 대한 지출은 다음과 같다.

1차연도 1. 1.	₩300,000
1차연도 4. 1.	400,000
1차연도 10. 1.	600,000
2차연도 2. 1.	450,000
2차연도 5. 1.	151,500

· 1차연도 1. 2.에 청풍명월회사는 연 9%의 이자율로 건설자금(특정차입금) ₩800,000을 차입하였다.
· 건설차입금은 전체 건설기간 동안 상환하지 않았다.
· 청풍명월회사의 다른 부채(일반차입금)는 다음과 같다.
  어음 ₩1,500,000(이자율: 연 4%)
  어음 ₩3,000,000(이자율: 연 10%)
· 전체 건설기간 동안 두 어음 모두 상환하지 않았다.

물음 1차연도와 2차연도에 자본화할 차입원가를 계산하라.

정답 **1차연도: ₩72,000, 2차연도: ₩75,900**

해설

1차연도

단계 1: 가중평균누적지출액의 계산과 분해

날짜	지출	자본화기간	가중평균지출액
1차연도 1. 1.	₩300,000	12/12	₩300,000
1차연도 4. 1.	400,000	9/12	300,000
1차연도 10. 1.	600,000	3/12	150,000
가중평균누적지출액			₩750,000

특정차입금 ₩800,000이 가중평균누적지출액보다 크므로, 가중평균누적지출액 전액을 특정차입금으로 배분한다. 따라서 일반차입금과 관련된 단계 2~4를 생략하고 단계 5로 이동한다.

단계 5: 자본화할 차입원가 결정

특정차입금의 자본화할 차입원가: ₩800,000(차입금 총액) × 9% × 12/12 =	₩72,000
일반차입금의 자본화할 차입원가:	0
자본화할 차입원가	₩72,000

2차연도

단계 1: 가중평균누적지출액의 계산과 분해

날짜	지출	자본화기간	가중평균지출액
2차연도 1. 1.	₩1,372,000*	6/6**	₩1,372,000
2차연도 2. 1.	450,000	5/6	375,000
2차연도 5. 1.	151,500	2/6	50,500
가중평균누적지출액			₩1,797,500

* 1차연도 지출액: ₩300,000 + ₩400,000 + ₩600,000 + ₩72,000(1차연도에 자본화된 차입원가) = ₩1,372,000

** 회계기간이 아닌 건설기간 6개월을 기준으로 자본화기간에 대한 가중치를 적용한다. 이렇게 계산한 가중평균누적지출액은 2차연도 자본화기간(6개월) 전체에 대한 재무적 부담을 반영한다.

₩1,797,500 {
- 특정차입금 부분: ₩800,000(차입금 총액)
- 일반차입금 부분: ₩1,797,500 − ₩800,000 = ₩997,500

단계 2, 3: 회피가능이자 계산

특정차입금 부분: ₩800,000(차입금 총액) × 9% × 6/12 =	₩36,000
일반차입금 부분: ₩997,500(가중평균누적지출액) × 8%* × 6/12 =	39,900
총 회피가능이자	₩75,900

$$* \text{ 자본화이자율} = \frac{₩1,500,000 \times 4\% + ₩3,000,000 \times 10\%}{₩1,500,000 + ₩3,000,000} = 8\%$$

단계 4: 일반차입금의 자본화할 차입원가 결정

자본화기간 중 일반차입금 이자: ₩1,500,000 × 4% × 6/12 =	₩30,000
₩3,000,000 × 10% × 6/12 =	150,000
자본화기간 중 일반차입금 실제발생이자	₩180,000
일반차입금의 자본화할 차입원가: min {₩39,900, ₩180,000} =	₩39,900

단계 5: 자본화할 차입원가 결정

특정차입금의 자본화할 차입원가	₩36,000
일반차입금의 자본화할 차입원가	39,900
자본화할 차입원가	₩75,900

Chapter 03

제5절 취득 이후의 지출

국제회계기준위원회는 유형자산 취득 이후의 지출에 대해 별도의 인식원칙이 필요하지 않고[1016: BC6], 「K-IFRS 제1016호」의 '일반 인식원칙'을 적용하는 것이 최선이라고 판단한다[1016: BC10]. 여기서 '일반 인식원칙'은 미래경제적효익이 유입될 가능성이 높다는 것과 자산의 원가를 신뢰성 있게 측정할 수 있다는 것을 말한다[1016: 7]. 그러므로 「K-IFRS 제1016호」는 유형자산 취득 이후에 발생하는 지출에 대해서 US GAAP과 [일반기업회계기준: 10.14]와는 달리 '자본적 지출'과 '수익적 지출'이라는 용어를 사용하지 않고, 후속적으로 증설, 부품 대체, 수선 · 유지와 관련해서 소요되는 원가를 발생시점에 일반 인식원칙을 적용하여 평가한다는 추상적인 '대원칙'을 제시한다[1016: 10]. 그리고 세부지침으로 다음과 같은 회계처리를 규정한다.

- 수선 · 유지와 관련하여 발생하는 원가에 대한 회계처리[1016: 12]
- 주요 부품(또는 구성요소)의 정기적 교체로 발생하는 원가에 대한 회계처리[1016: 13]
- 정기적 종합검사과정에서 발생하는 원가에 대한 회계처리[1016: 14]

원칙중심이라는 명성답게 「K-IFRS 제1016호」에 제시된 후속지출에 대한 회계처리규정이 상당히 제한적이므로 이 책에서는 먼저 후속지출과 관련된 기준서 문단을 살펴보고, 후속지출을 개념적인 면에서 자본적 지출과 수익적 지출로 분해해서 증설, 대체(종합검사 포함), 재배치(재편성), 수선에 대한 회계처리를 설명한다.

K-IFRS 후속지출에 대한 「K-IFRS 제1016호」의 회계처리규정

- 일상적인 수선 · 유지와 관련하여 발생하는 원가는 해당 유형자산의 장부금액에 포함하여 인식하지 아니하고, 발생시점에 당기손익으로 인식한다. 일상적인 수선 · 유지과정에서 발생하는 원가는 주로 노무비와 소모품비로 구성되며 사소한 부품원가가 포함될 수도 있다[1016: 12].
- 일부 유형자산의 경우 주요 부품(또는 구성요소)의 정기적 교체가 필요할 수 있다. 예를 들면, 용광로의 경우 일정시간 사용 후에 내화벽돌의 교체가 필요할 수 있으며, 항공기의 경우에도 좌석과 취사실 등의 내부설비를 항공기 동체의 내용연수 동안 여러 번 교체할 필요가 있을 수 있다. 또한 유형자산이 취득된 후 반복적이지만 비교적 적은 빈도로 대체(예 건물 인테리어 벽 대체)되거나 비반복적으로 대체되는 경우도 있다. 유형자산의 일부를 대체할 때 발생하는 원가가 인식기준을 충족하는 경우에는 이를 해당 유형자산의 장부금액에 포함하여 인식한다. 대체되는 부분의 장부금액은 「K-IFRS 제1016호」의 제거 규정에 따라 제

거한다[1016: 13].

- 항공기와 같은 유형자산을 계속적으로 가동하기 위해서는 당해 유형자산의 일부가 대체되는지 여부와 관계없이 결함에 대한 정기적인 종합검사가 필요할 수 있다. 정기적인 종합검사과정에서 발생하는 원가가 인식기준을 충족하는 경우에는 유형자산의 일부가 대체되는 것으로 보아 해당 유형자산의 장부금액에 포함하여 인식한다. 이 경우 직전에 이루어진 종합검사에서의 원가와 관련되어 남아 있는 장부금액(물리적 부분의 장부금액과는 구별됨)을 제거한다. 이러한 회계처리는 해당 유형자산을 매입하거나 건설할 때 종합검사와 관련된 원가를 분리하여 인식하였는지 여부와 관계가 없다. 필요하다면 해당 유형자산의 종합검사와 관련된 기존 원가요소가 매입 또는 건설시점에 얼마였는지를 나타내는 지표로서 미래의 유사한 종합검사 추정원가를 사용할 수 있다[1016: 14].

1. 자본적 지출과 수익적 지출

경영진이 의도하는 방식으로 유형자산이 가동될 수 있는 장소와 상태에 이른 후 발생하는 지출(예 증설원가, 유형자산의 재배치원가 등)은 발생시점에 자본화('자본적 지출')하거나 비용으로 인식('수익적 지출')한다.

(1) 자본적 지출

유형자산의 성능을 개선하는 지출 또는 미래 용역잠재력(경제적효익)을 증가시키는 지출을 자본적 지출(capital expenditure)이라 한다. 다음 경우에는 자산 취득 후 발생한 지출을 자본적 지출로 분류하고 발생시점에 유형자산의 장부금액에 가산(자본화)한다.

- 지출로 인해서 미래경제적효익이 창출될 것이 확실하다.
- 영업 · 경영활동에 사용되는 자산과 관련된 지출이 다음 방법으로 미래경제적효익을 증가시킬 수 있다.
  ① 자산의 내용연수가 연장됨
  ② 자산의 운영 효율성이 향상되어 생산되는 재화나 용역의 수량이 증가하거나 미래 운영비용이 감소함
  ③ 자산을 사용하여 생산된 재화나 용역의 품질이 향상됨

자본적 지출은 유형자산의 장부금액에 가산되므로 후속기간에 해당 자산의 감가상각을 통해 비용으로 인식된다.

(2) 수익적 지출

유형자산을 단지 유지하기 위한 지출을 수익적 지출(revenue expenditure)이라 한다. 위의 ① ~ ③ 중 어느 하나도 충족되지 않아 자본적 지출에 해당하지 않는 취득 후 지출은 유형자산의 경제적효익을 단지 유지시키기 위한 지출액이므로 발생시점에 비용으로 인식한다.

실무에서는 자본적 지출과 수익적 지출을 구분하는 것이 애매하므로 구별이 어렵다. 어떤 지출은 두 가지 모두에 해당되는 것으로 보이기도 한다[1016: BC5]. 그러므로 실무에서는 후속지출의 유형을 크게 다음 네 가지 형태로 분류해서 회계처리한다.

지출 유형	회계처리
증설	· 증설원가를 증설되는 자산의 장부금액에 가산하여 자본화한다.
대체와 개량	· 기존 자산의 취득원가와 감가상각누계액을 장부에서 제거하여 처분손익을 인식하고, 대체나 개량의 취득원가를 자본화한다.
재배치(재편성)	· 재배치원가를 발생시점에 비용으로 인식한다.
수선	· 통상적(경상적) 수선원가는 발생시점에 비용으로 인식한다.
	· 대대적 수선의 경우, 수리 · 교체되는 자산의 취득원가와 감가상각누계액을 장부에서 제거하여 처분손익을 인식하고 대대적 수선원가를 자본화한다.

2. 증설

증설(additions)은 기존의 유형자산에 독립적인 자산을 부가하거나 기존의 유형자산을 확장 또는 증축하는 것을 말한다. 증설의 예는 건물의 증축 또는 찜통차량에 새로운 냉방장치를 부착하는 것이다. 증설에 따른 경제적효익이 미래 기간에 발생하므로, 미래 기간에 실현될 수익과 대응시키기 위해 증설에 소요된 지출을 자본화하고 시간이 지남에 따라 감가상각한다.

(1) 증설된 자산의 감가상각기간

증설된 자산이 기존 자산과 독립적으로 존재하여 그 자체만으로도 용역잠재력을 제공하는 경우에는, 증설된 자산의 취득원가를 증설된 자산의 내용연수 동안 감가상각한다. 증설된 자산이 기존 자산을 구성하는 일부로서만 존재할 때에는, 증설된 자산의 취득원가를 증설된 자산의 내용연수와 기존 자산의 내용연수 중 짧은 기간 동안 감가상각한다.

(2) 증설 중 발생하는 기존 유형자산의 제거

증설하는 과정에서 기존 유형자산을 제거하기 위해 지출이 발생하기도 한다. 예를 들어, 주택을 증축하기 위해 기존 건물의 벽면을 제거하고 거실을 발코니까지 확장하기 위해 거실 창문과 발코니 타일을 제거할 수 있다. 증설과정에서 기존 자산을 제거하기 위해 소요된 지출은 기업이 자산을 취득했던 시점의 원래 의도에 따라 다르게 회계처리한다.

기업이 기존 자산을 취득할 당시에 이미 미래에 증설할 필요성을 예상하고 기존 자산을 취득한 경우, 즉 처음부터 필요한 자산 전부를 취득하는 것보다 우선 자산을 현재의 상태로 취득한 후에 미래에 자산을 추가로 증설하는 것이 더 경제적이라고 판단한 경우에는 기존 자산의 일부를 제거하는 데 소요된 금액을 증설원가의 일부로 간주하여 자본화한다. 그러나 기업이 기존 자산을 취득할 시점에 미래에 증설의 필요성을 전혀 예상하지 못한 경우에는 기존 자산의 일부를 제거하는 데 소요된 금액을 발생시점에 비용으로 인식한다.

3. 대체와 개량

대체(replacement)와 개량(improvement)은 유형자산의 오래된 구성요소를 유사한 특성을 가진 새로운 구성요소나 운영능력을 강화시키는 새로운 구성요소로 대체하는 것이다. 대체(개량)는 일반적으로 유형자산의 주요한 구성요소의 대체와 관련이 있지만 「K-IFRS 제1016호」는 주요한 검사비용도 대체로 분류한다(Miniature 예제 13 참조).

예비부품(spare parts), 대기성장비 및 수선용구 등은 유형자산의 인식조건이 충족되는 경우에 한해서 유형자산으로 분류하고 유형자산의 인식조건이 충족되지 않으면 재고자산으로 분류해서 소비시점에 비용으로 인식한다[1016: 8]. 가치가 적은 예비부품은 일반적으로 재고자산으로 분류한다.

대체와 개량과 관련된 회계처리문제는 이러한 지출을 통상적(경상적)인 수선과 어떻게 구분하는가이다. 자산의 미래 용역잠재력에 영향을 미치지 않거나 단지 유지시키기 위한 목적으로 이루어진 지출은 통상적(경상적)인 수선이므로 발생시점에 비용으로 인식하지만, 자산의 미래 용역잠재력을 증가시키기 위한 목적으로 이루어진 지출은 개량, 대체, 대대적 수선의 형태로 나타나므로 자본화하여 감가상각한다. 대체(개량)원가를 장부에 기록하는 방법으로 대체법, 자본화법, 감가상각누계액차감법이 있으나 「K-IFRS 제1016호」가 대체법의 중요성을 강조하므로 이 책에서는 대체법만 설명한다.

대체법

대체법(substitution method)은 유형자산의 일부를 대체할 때 발생하는 지출이 자산의 미래경제적효익을 증가시키는 경우에는 새로 대체되는 부분의 취득원가를 해당 유형자산의 장부금액에 포함하여 인식(자본화)하고, 버려지는 부분의 취득원가와 감가상각누계액은 장부에서 제거하고 처분손실을 인식하는 방법이다. 대체법은 대체(개량)원가의 발생시점에 다음과 같이 구분하여 회계처리한다.

- 기존 구성요소의 처분: 기존 구성요소를 장부에서 제거하면서 처분손실을 인식
- 새로운 구성요소의 취득: 새로운 구성요소를 취득하기 위한 지출을 자본화

대체법은 유형자산에 포함된 구성요소의 취득원가와 감가상각누계액이 별도로 관리되고 있을 때 실용적이다. 「K-IFRS 제1016호」는 유형자산의 중요 항목을 식별해 항목별로 자산을 인식하고 감가상각하도록 규정한다[1016: 43]. 그러나 취득시점에 중요 항목을 별도 자산으로 인식하지 않아 버려지는 부품의 장부금액(취득원가에서 감가상각누계액을 차감한 금액)을 모르면, 새로 대체된 부품의 취득원가에 기초해서 버려지는 부품의 장부금액을 추정하고, 버려지는 부품의 추정된 장부금액을 장부에서 제거한다. 이와 같이 유형자산 항목의 일부에 대한 대체원가를 유형자산의 장부금액으로 인식하는 경우, 대체되는 부분이 별도로 분리되어 상각되었는지 여부와 관계없이 대체된 부분의 장부금액을 제거한

다. 대체된 부분의 장부금액을 결정하는 것이 실무적으로 불가능한 경우에는, 대체된 부분을 취득하거나 건설한 시점의 원가를 추정하기 위한 지표를 대체원가로 사용할 수도 있다[1016: 70].

정기적 종합검사와 대체법

항공기와 같은 유형자산을 운영하기 위해서는 정기적으로 종합검사를 해야 한다. 정기적 종합검사에서 발생하는 원가가 [1016: 7]에 규정된 일반 인식기준을 충족한다면, 유형자산의 일부가 대체되는 것으로 보아 대체법을 적용해서 종합검사원가를 유형자산의 장부금액에 가산하고, 가장 최근의 종합검사에서 발생한 원가와 관련되어 남아 있는 장부금액은 장부에서 제거한다.

Miniature 예제 13 검사원가와 대체법

상황

· 날아라항공회사는 각 항공기에 대하여 3년마다 대대적 검사(검사원가: ₩500)를 한다.
· 검사를 수행하는 동안 항공기는 운항할 수 없고 정비사가 투입된다.
· 과거 검사원가 ₩500 중 ₩420이 상각된 시점에 대대적 검사를 실시한다.

물음 검사시점에 필요한 분개를 하라.

정답 및 해설

· 대대적 검사는 제품과 용역의 생산 및 공급과 관련된 항목이며 한 회계기간 이상 사용될 것으로 기대된다. 대대적 검사로 인하여 미래경제적효익이 항공기로부터 창출되고 검사원가를 신뢰성 있게 측정할 수 있으므로 검사원가 ₩500을 유형자산의 특정 항목에 대한 대체로 간주한다. 과거 검사의 장부금액을 손실로 인식하고 동일한 자산 범주에서 제거한다.

대체된 자산을 장부에서 제거하기 위한 분개:

(차)	감가상각누계액(검사원가)	420	(대) 유 형 자 산(검사원가)	500
	처 분 손 실	80		

새로운 검사원가를 인식하기 위한 분개:

(차)	유 형 자 산(검사원가)	500	(대) 현 금	500

4. 재배치(재편성)

재배치(rearrangement, reinstallation)는 증설, 대체, 개선 등이 없이 자산을 재배치하거나 새로운 장소로 옮기는 것이다. 예를 들면, 운영 효율을 증가시키기 위해 생산라인에 배치된 기계를 이전하거나 공장이나 본사 사무실을 이전하는 것이다. 경영진이 의도하는 방식으로 유형자산이 가동될 수 있는 장소와 상태에 이른 시점 이후에 발생하는 지출은 발생시점에 비용으로 인식하므로 유형자산을 사용하거나 이전하는 과정에서 발생하는 원가는 당해 유형자산의 장부금액에 포함하지 아니한다. 즉, 기업이 영업의 전부 또는 일부를 재배치하거나 재편성하는 과정에서 발생하는 원가는 유형자산의 취득원가에 포함하지 아니한다[1016: 20]. 그러나 US GAAP에서는 자산이 의도한 용도에 따라 원하는 장소와 상태로 설치되어 가동되기 시작한 후에 발생한 재배치(재편성)원가라 하더라도 일정 조건을 만족하는 경우에는 자본화할 수 있다.

5. 수선

통상적인 수리원가는 발생시점에 비용으로 인식한다[1016: 12]. 즉, 일상적(day-to-day)인 후속지출로 간주되는 '수선과 유지'는 발생시점에 비용으로 인식한다. 그러나 유형자산의 부품을 대체하는 후속지출은 대체되는 부품의 원가를 장부금액에 가산한다. 그러므로 유형자산의 부품을 대체하는 대대적 수리(major repairs)는 대체와 개량에서와 같이 대체법을 적용해서 기존 부품의 취득원가와 감가상각누계액을 장부에서 제거하고 처분손익을 인식하는 한편, 새로운 부품의 취득원가와 수리비를 유형자산으로 인식한다.

분식회계 접속원가와 종업원 급여의 자본화

- 미국의 장거리 통신회사인 월드컴(WorldCom Inc.)은 다른 통신회사의 회선을 이용하고 지급한 회선접속원가(line cost)와 직원 급여를 유형자산 취득원가로 자본화하는 분식회계를 범한 것이 2002년에 발견되어 2003년에 파산했다.
- 미국 역사상 세 번째로 파산규모가 컸던 월드컴이 분식회계를 범한 금액은 수십억 달러에 달했으나 분식회계방법의 대부분은 상당히 간단했다. 그 핵심은 수익적 지출을 자본적 지출로 분류해서 비용을 자본화한 것이다. 2001년부터 2002년 사이에 월드컴이 자본화한 39억 달러의 대부분이 실제로는 일상적인 비용이었다. 예를 들어, 다른 통신회사의 네트워크를 이용한 대가로 지급한 회선접속원가와 종업원 급여를 자본적 지출로 분류해서 자산을 인식했는데, US GAAP에 따르면 회선접속원가는 비용으로 인식해야 하며 자본화해서는 안 된다. 그러나 월드컴은 2001년부터 접속원가를 유형자산 취득원가로 인식하는 등 비용을 과소계상하여 증권분석가의 이익예측치를 충족하였다. 월드컴은 이와 같은 속임수를 써서 2001년에 손실이 아니라 14억 달러의 이익을 보고하는 등 여러 회계기간 동안 약 110억 달러의 거짓 이익을 보고하고 재무상태표에 약 750억 달러의 자산을 과장해서 보고했다. 월드컴이 파산하는 시점에 주주의 손실은 약 2,000억 달러로 추산되었으나 실제 손실 전체 금액은 현재까지 알 수 없다.
- 월드컴이 39억 달러에 달하는 금액을 유형자산으로 부적절하게 인식한 것이 어떻게 들키지 않을 수 있었을까 하는 의구심이 든다. 월드컴은 정상적인 자본적 지출을 삭감하는 대신 부적절하게 자본화된 회선접속원가를 유형자산 취득원가에 포함함으로써 자본적 지출 총액이 이상 없는 것처럼 보이게 했다. 그 결과 똑똑하다고 자부하는 증권분석가들도 한동안 분식회계를 눈치 채지 못했다.

Chapter 03
유형자산의 제거 제6절

1. 매각 및 폐기

유형자산의 제거(derecognition)는 ① 매각, ② 폐기, 또는 ③ 교환 등 다양한 형태로 일어난다. 매각과 폐기는 자발적인 제거의 대표적 예로서 회계처리도 유사하다. 차이점은, 매각하면 유형자산을 제거하면서 받는 대가가 존재하지만, 폐기는 받는 대가가 없다는 것이다. 유형자산을 매각(폐기)하면 직전 회계연도 말부터 매각(폐기)시점까지의 감가상각비를 추가로 인식해서 유형자산 장부금액을 수정한 후, 유형자산을 장부에서 제거하면서 장부금액과 처분대가의 차이를 처분손익으로 인식한다. 폐기(retirement)의 경우에는 장부금액 전액을 처분손실로 인식한다.

유형자산 처분대가	×××
유형자산 취득원가	(×××)
감가상각누계액계정의 잔액	×××
유형자산 처분이익(손실)	×××

통상적인 영업활동에서 타인에게 임대할 목적으로 보유하던 유형자산(투자부동산 제외)을 임대를 중단하고 팔기로 결정하면, 판매목적으로 보유하게 되는 시점에 유형자산의 장부금액을 재고자산으로 대체한다[1016: 68A]. 예를 들면, 렌터카회사가 유상으로 대여하는 차량을 유형자산으로 분류하다가 사용연수가 3년이 넘으면 재고자산으로 분류하고 일반인에게 판매하는 경우가 이에 해당된다.

유형자산 처분대가의 지급이 지연되면 처분시점의 현금가격상당액(cash equivalent price)으로 처분대가를 인식하고, 처분대가의 명목금액과 현금가격상당액의 차이는 유효이자율을 적용하여 이자수익으로 인식한다. 손상, 소실 또는 포기된 유형자산에 대해 제3자로부터 보상금을 받는 경우 받을 권리가 발생하는 시점에 당기손익으로 반영한다.

분개 **유형자산의 제거 시 회계처리**

자산 처분시점:

(차)	현 금(처분대가)	×××	(대) 유 형 자 산	×××
	감가상각누계액	×××	유형자산처분이익*	×××
	유형자산처분손실*	×××		

* 처분손실과 처분이익 중 어느 하나를 인식한다.

자산 폐기시점:

(차) 감가상각누계액	×××	(대) 유 형 자 산	×××
유형자산처분손실	×××		

Miniature 예제 14 유형자산의 제거와 대체법

상황

· 건물의 중앙 냉방장치를 교체하였다.
· 예전 중앙 냉방장치의 취득원가: ₩280,000(건물의 취득원가에 추가되었음)
· 예전 중앙 냉방장치의 감가상각누계액: ₩200,000
· 예전 중앙 냉방장치의 처분가격: ₩50,000
· 예전 중앙 냉방장치를 제거하고 새 중앙 냉방장치를 취득하고 설치하는 비용: ₩350,000

물음 대체법을 이용하여 위의 거래에 대한 분개를 하라.

정답

(차) 현 금	50,000	(대) 건 물	280,000
감가상각누계액	200,000		
건물처분손실	30,000		

(차) 건 물	350,000	(대) 현 금	350,000

예제 16 유형자산 처분

중요도: ★★★
난이도: ◆

상황

· 1차연도 1. 1.에 욕심회사가 기계를 ₩300,000에 취득하고 잔존가치 없이 정액법으로 10년 동안 감가상각한다.
· 8차연도 7. 1.에 기계를 처분하였다.

물음 처분가격이 ₩90,000인 경우와 ₩60,000인 경우로 구분해서 처분거래를 기록하는 분개를 하라.

정답

기계처분 직전:

(차) 감 가 상 각 비	15,000*	(대) 감가상각누계액	15,000

* (₩300,000 ÷ 10년) × 6/12 = ₩15,000

처분가격이 ₩90,000인 경우:

(차) 현 금	90,000	(대) 기 계	300,000
감가상각누계액	225,000*	기계처분이익	15,000

* (₩300,000 ÷ 10년) × 7년 = ₩210,000
₩210,000 + ₩15,000 = ₩225,000

처분가격이 ₩60,000인 경우:

(차) 현 금	60,000	(대) 기 계	300,000
감가상각누계액	225,000		
기계처분손실	15,000		

2. 비화폐성자산의 교환

때로는 유형자산을 다른 유형자산과 교환함으로써 유형자산의 제거와 취득을 동시에 수행하는 경우가 있다. 현금을 지불해서 자산을 취득하지 않고 비화폐성자산의 교환(예 토지와 설비자산의 교환)을 통해 자산을 취득하는 거래를 비화폐성자산의 교환거래(nonmonetary exchange)라 한다. 화폐성 항목(monetary items)은 확정되거나 결정 가능한 현금흐름을 갖는 자산과 부채를 말하고, 비화폐성 항목(nonmonetary items)은 화폐성 항목이 아닌 자산과 부채를 말한다. 화폐성자산(예 현금, 매출채권, 대여금 등)은 계약이나 다른 방법에 의해서 지급되는 금액이 화폐단위로 확정된 자산인 반면, 비화폐성자산은 화폐단위로 측정하는 금액이 시간이 경과함에 따라 변화하는 자산이다.

비화폐성자산의 교환거래는 현금을 받고 기존 자산을 처분하고, 처분대가로 받은 현금으로 새로운 자산을 취득하는 두 거래를 하나의 교환거래로 압축한 것이라 할 수 있다. 유형자산의 교환거래에서 "새로 취득한 자산의 원가를 어떻게 결정할 것인가"라는 문제는 "포기한 자산의 장부금액과 공정가치의 차이인 미실현보유손익을 어떻게 처리할 것인가"라는 문제와 직접적으로 연관된다. 예를 들어, 취득원가가 ₩40,000이고 공정가치가 ₩50,000인 토지를 다른 지역의 토지와 맞교환한 경우, 새로 취득한 토지의 원가를 ₩50,000으로 인식하면 구 토지의 미실현보유이익 ₩10,000을 인식하게 된다. 반대로, 새 토지의 원가를 ₩40,000으로 인식하면 구 토지의 미실현보유이익은 인식하지 않는 것이다.

비화폐성자산의 교환거래는 발생빈도가 높지 않지만, 그 회계처리는 매우 중요하다. 미실현보유손익의 금액이 큰 경우 이를 어떻게 처리하느냐에 따라 기간손익이 유의적인 영향을 받을 수 있기 때문이다. 비화폐성자산의 교환거래에서 보유하던 자산의 공정가치 상승으로 인한 미실현보유이익을 인식하도록 허용하면, 유형자산 중 미실현보유이익이 발생한 자산을 경영자가 선별적으로 교환함으로써 기간이익을 자의적으로 부풀릴 가능성이 있다.

(1) 비화폐성자산의 교환과 상업적 실질

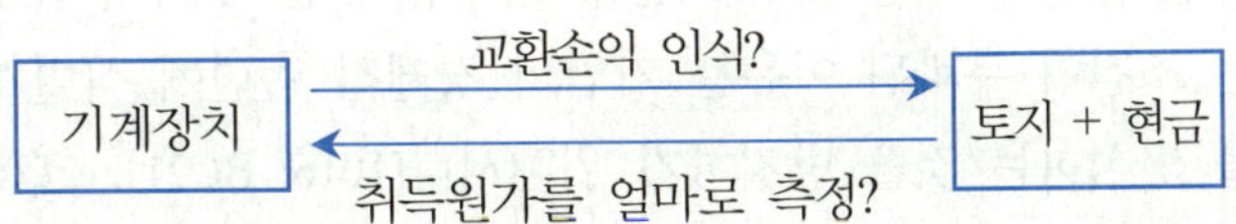

교환되는 두 유형자산의 공정가치가 달라 그 차액을 보전하는 현금('boot'라고도 함)을 함께 수취하는 경우에는 유형자산의 일부가 매각된 것과 경제적 실질이 유사하다고도 볼 수 있다. 이처럼 현금을

포함한 교환거래에 대해 총거래규모 중 현금의 비중이 몇% 이상이면 교환거래를 매각거래로 보느냐는 문제가 대두된다. 「K-IFRS 제1016호」는 현금이 차지하는 비중과 관계없이 비화폐성자산과의 교환거래 또는 화폐성자산(예 현금)과 비화폐성자산의 결합과의 교환거래에서 취득한 유형자산을 다음과 같이 측정하도록 규정한다.

- 비화폐성자산의 교환거래에 '상업적 실질'이 있으면 공정가치법을 적용해서 포기한 자산의 공정가치로 취득한 자산을 측정하고 교환손익을 인식한다. 취득한 자산의 공정가치가 포기한 자산의 공정가치보다 더 명백한 경우를 제외하고는 원칙적으로 **포기한 자산의 공정가치로 취득한 자산의 취득원가를 측정**한다[1016: 26].
- 비화폐성자산의 교환거래에 상업적 실질이 없거나 취득한 자산과 포기한 자산 모두의 공정가치를 신뢰성 있게 측정할 수 없으면 장부금액법을 적용해서 포기한 자산의 장부금액으로 취득한 자산을 측정하고 교환손익을 인식하지 않는다[1016: 24].

[1016: 24, 26]에 의하면, 교환거래에서 현금을 지급하면 지급한 현금을 포기한 자산의 일부로 보고, 현금을 수취하면 받은 현금을 취득한 자산의 일부로 본다(예제 18 참조). 따라서 US GAAP과 달리 「K-IFRS 제1016호」는 교환거래에서 현금이 차지하는 비중과 매각거래 여부와는 상호관련성이 없다고 본다.

상업적 실질의 의미

다음 ① 또는 ②에 해당하면서 ③을 충족하면 교환거래에 상업적 실질(commercial substance)이 있다[1016: 25].

① 취득한 자산과 관련된 미래현금흐름의 구성(위험, 유출입시기, 금액)이 포기한 자산과 관련된 미래현금흐름의 구성과 다르다.

② 교환거래로 영향 받는 영업 부분의 기업특유가치가 교환거래의 결과로 변동한다. 이 조건의 의미는 교환거래로 취득한 자산 때문에 영업 부분의 '사용가치'가 변동한다는 것이다. 사용가치(value in use)는 기업이 자산을 사용하고 궁극적으로 처분해서 얻을 것으로 기대하는 현금흐름 또는 그 밖의 경제적효익의 현재가치를 말한다[「KIFRS 개념체계」: 6.17].

③ 위 ①이나 ②의 차이가 교환된 자산의 공정가치에 비하여 유의적(significant)이다.

기업특유가치(entity-specific value)는 자산의 계속적 사용과 내용연수 말의 처분을 통해서 발생할 것으로 기대되는 세후현금흐름의 현재가치이므로[1016: 6], 자산의 사용가치를 말한다. 위 ②는 교환거래가 기업 전체에는 중대한 영향을 미치지 않을 수 있지만, 영업 부분에 상당한 영향을 미칠 수 있으므로 교환거래로 취득한 자산의 사용가치로 인해서 영업 부문의 가치가 변동한다는 것을 의미한다.

상업적 실질이라는 조건이 부과된 이유는 기업의 경제적 측면에 식별가능한 효과가 없는 거래에서 기업이 교환이익을 인식하는 것을 방지하기 위해서다[1016: BC21]. 그러므로 상업적 실질이 없는 교환거래에서는 포기한 자산의 공정가치가 장부금액보다 높아도 교환이익을 인식할 수 없다. 교환거래에서 교환손익의 인식 여부는 이종자산(dissimilar assets)의 교환(예 토지와 기계의 교환)인지 또는 동종자산(similar assets)의 교환(예 토지와 토지의 교환)인지와는 전혀 관계가 없고 오로지 상업적 실질의 존재 여부에 달려있다[1016: BC19]. 그러므로 교환거래가 미래현금흐름의 구성(위험, 시기, 금액)에 미치는 영향을 예측해서 해당 교환거래에 상업적 실질이 있는지를 결정한다.

기업이 유사한 장소에서 특성이 유사한 자산을 교환하면 상업적 실질이 있다는 것을 입증하기 어려울 수 있으므로, 동종자산의 교환거래에 상업적 실질이 있는지 여부를 판단할 때에 주의를 기울여야 한다. 예를 들어, 동종자산의 교환에서 포기한 자산은 당장 매각할 수 없고 먼 훗날에나 매각할 수 있는 상황이었는데, 취득한 자산은 즉시 매각가능하고 경영진이 매각할 의도가 있으면 교환거래로 인해서 미래현금흐름의 구성이 다를 수 있다. 그러므로 이러한 동종자산의 교환거래는 상업적 실질 기준 ①과 ③을 충족할 수 있다.

상업적 실질이 있는 교환거래의 예

거래 1: 하루에 1,000장을 복사할 수 있는 흑백 복사기를 하루에 10,000장을 칼라 복사할 수 있으면서 스캔까지 되는 복합기와 교환하면 이는 상업적 실질이 있는 교환거래이다. 즉, 교환거래 이전의 미래현금흐름의 구성(금액, 시기, 위험)과 교환거래 이후의 미래현금흐름의 구성이 중요하게 다르다. 미래현금흐름의 구성은 미래현금흐름의 현재가치를 결정짓는 요소이므로 교환거래가 미래현금흐름의 구성을 바꾼다는 것은 기업의 가치를 변동시킨다는 것을 의미한다.

거래 2: 열척의 소형 여객선과 내용연수가 다른 대형 여객선을 교환하면 여객선의 취항노선과 일정이 달라지므로 미래현금흐름의 구성이 중요하게 다르게 된다. 따라서 이것은 상업적 실질이 있는 교환거래이다.

거래 3: 기업이 화물차를 동종 자산인 다른 화물차와 교환했다. 취득한 화물차의 내용연수가 포기한 화물차의 내용연수보다 유의적으로 길면, 화물차의 교환거래로 인해 미래현금흐름이 상당히 다를 수 있다. 따라서 동종 자산의 교환거래라 하더라도 기업의 경제적 상황이 바뀔 수 있으므로 이 교환거래는 상업적 실질이 있다.

상업적 실질이 없는 교환거래의 예

거래 1: 이익과 경영성과를 관리할 목적으로 포괄손익계산서에 처분이익을 보고하고자 가격이 상승한 토지를 유사한 장소에서 특성이 유사한 다른 토지와 교환한 거래는 상업적 실질이 없고 이익을 부풀려 마사지(massage)하려는 교환거래이다.

거래 2: 동종 자산을 교환한 결과 미래현금흐름에 유의적 차이가 없어서 교환거래 이후의 경제적 상황이 교환거래 이전의 경제적 상황과 마찬가지이다. 이 경우에는 상업적 실질이 없으므로 취득한 자산을 사용하는 미래 기간으로 교환손익의 인식을 이연하여야 한다. 예를 들어, 고속해운회사 간에 승선 인원과 내용연수가 유사한 여객선을 교환하면 여객선이 궁극적으로 동일 노선에 취항하므로 상업적 실질이 없는 교환거래이다.

금액으로 상업적 실질의 존재 여부를 판단하는 예

포기한 자산의 공정가치와 취득한 자산의 공정가치 모두를 신뢰성 있게 측정할 수 있으면 두 공정가치의 크기를 비교해서 상업적 실질의 존재 여부를 판단할 수 있다. 예를 들어, 포기한 자산(예 토지)의 공정가치가 ₩100,000이고 취득한 자산의 공정가치가 ₩100,000(예 설비 공정가치 ₩90,000 + 현금 ₩10,000)이면 교환거래 이전의 경제적 현상과 교환거래 이후의 경제적 현상이 동일하므로 상업적 실질이 없다고 본다. 그러나 포기한 자산(예 토지)의 공정가치가 ₩100,000이고 취득한 자산의 공정가치가 ₩180,000(예 토지 공정가치 ₩150,000 + 현금 ₩30,000)이면 교환거래 이전의 경제적 현상이 교환거래 이후의 경제적 현상이 유의하게 다르므로 상업적 실질이 있다고 본다. 이와 같이 교환거래에 현금이 개입되어도 「K-IFRS 제1016호」는 US GAAP과는 달리 오로지 상업적 실질의 존재 여부를 판단해서 교환손익의 인식 여부를 결정한다.

(2) 비화폐성자산의 교환에 대한 회계처리

비화폐성자산의 교환을 회계처리하는 방법에는 공정가치법과 장부금액법이 있다.

공정가치법

공정가치법(fair value method)은 교환거래를 통해 새로 취득한 자산의 취득원가를 포기한 자산의 공정가치로 측정하고 교환손익을 인식하는 방법이다. 기존 자산을 공정가치로 매각하고 받은 대가를 사용해서 새로운 자산을 취득한다고 보는 것이다. 일반적으로 독립적 당사자 간의 정상적 거래(arm's-length transaction)에서는 포기한 자산의 공정가치와 취득한 자산의 공정가치가 같아야 교환거래가 성립된다. 따라서 포기한 자산의 공정가치를 알 수 없는 경우에는 취득한 자산의 공정가치로 취득한 자산의 취득원가를 측정한다.

장부금액법

장부금액법(book value method)은 교환거래를 통해 새로 취득한 자산의 취득원가를 포기한 자산의 장부금액으로 측정하고 교환손익을 인식하지 않는 방법이다. 다음 두 가지 중 어느 하나가 충족되면 장부금액법을 사용한다.

- 상업적 실질이 없는 교환
- 취득한 자산의 공정가치와 포기한 자산의 공정가치 모두를 신뢰성 있게 측정할 수 없는 교환

상업적 실질이 결여된 교환은 이익가득과정(earnings process)이 완료되지 않았다고 보므로 교환손익을 인식하지 않는다. 그러므로 장부금액법에서는 포기한 자산과 새로운 자산이 계정과목 명칭만 바뀐 것이라고 보고, 새로 취득한 자산의 취득원가는 포기한 자산의 장부금액과 같다고 본다.

공정가치법하에서의 교환이익(손실) 계산

포기한 자산의 공정가치와 장부금액을 비교해서 교환손익을 다음과 같이 계산한다.

	포기한 자산의 공정가치*	×××
-)	포기한 자산의 장부금액**	(×××)
=)	교환이익(손실)	×××

* 포기한 자산의 공정가치를 알 수 없는 경우에는 취득한 자산의 공정가치를 이용한다.

** 포기한 자산의 장부금액은 아래와 같이 계산한다.

	포기한 자산의 취득원가	×××
-)	교환거래시점의 감가상각누계액	(×××)
-)	교환거래시점의 손상차손누계액	(×××)
=)	포기한 자산의 장부금액	×××

예제 17 비화폐성자산의 교환에 대한 회계처리 개요

중요도: ★★★
난이도: ◆

상황

· 철새회사가 장부금액이 ₩350,000(취득원가: ₩500,000, 감가상각누계액: ₩150,000)인 기계를 다음과 같은 상황에서 다른 자산과 교환했다. 아래의 각 상황은 독립적이다.

· 상황 1: 철새회사 기계의 공정가치가 ₩420,000인데, 공정가치를 알 수 없는 새로운 기계와 교환하였다. 이 교환거래에는 상업적 실질이 없다.

· 상황 2: 철새회사 기계의 공정가치가 ₩300,000인데, 공정가치가 ₩320,000인 새로운 기계와 교환하였다. 이 교환거래에는 상업적 실질이 있다.

· 상황 3: 철새회사 기계의 공정가치는 알 수 없고 공정가치가 ₩420,000인 토지와 교환하였다. 이 교환거래는 상업적 실질이 있다.

· 상황 4: 철새회사 기계의 공정가치는 알 수 없고 공정가치가 ₩420,000인 토지와 교환하면서 현금 ₩30,000을 받았다. 이 교환거래는 상업적 실질이 있다.

물음 위의 각 상황에서 철새회사에 필요한 분개를 하라.

정답 및 해설

	상황 1	상황 2	상황 3	상황 4
포기한 자산의 공정가치	₩420,000	₩300,000	알 수 없음	알 수 없음
취득한 자산의 공정가치	알 수 없음	320,000	₩420,000	₩420,000
현금 수취액				30,000
포기한 자산의 장부금액	(350,000)	(350,000)	(350,000)	(350,000)
교환이익(손실)	₩70,000	₩(50,000)*	₩70,000	₩100,000

* 원칙적으로 포기한 자산의 공정가치로 취득한 자산의 취득원가를 측정하므로[1016: 26], 교환손실이 ₩50,000이다.

상황 1: 상업적 실질이 없음

· 교환거래에 상업적 실질이 없으므로 장부금액법을 적용한다. 그러므로 취득한 자산을 포기한 자산의 장부금액으로 측정하고 교환이익을 무시해서 교환시점에 다음과 같이 분개한다.

(차) 기 계(신기계)	350,000	(대) 기 계(구기계)	500,000
감가상각누계액(구기계)	150,000		

상황 2: 상업적 실질이 있고 공정가치가 다름

· 교환거래에 상업적 실질이 있으므로 공정가치법을 적용한다. 원칙적으로 취득한 자산을 포기한 자산의 공정가치로 측정하고 교환손실 ₩50,000을 인식해서 교환시점에 다음과 같이 분개한다.

(차)			(대)		
	기 계(신기계)	300,000		기 계(구기계)	500,000
	감가상각누계액(구기계)	150,000			
	기 계 교 환 손 실	50,000			

상황 3: 상업적 실질이 있음

· 교환거래에 상업적 실질이 있으므로 공정가치법을 적용해서 취득한 자산을 포기한 자산의 공정가치로 측정한다. 그러나 포기한 자산의 공정가치를 알 수 없으므로 차선책으로 취득한 자산의 공정가치로 취득한 자산을 측정하고 교환이익 ₩70,000을 인식해서 교환시점에 다음과 같이 분개한다.

(차)			(대)		
	토 지	420,000		기 계(구기계)	500,000
	감가상각누계액(구기계)	150,000		기 계 교 환 이 익	70,000

상황 4: 상업적 실질이 있고 현금을 받음

· 교환거래에 상업적 실질이 있으므로 공정가치법을 적용해서 취득한 자산을 포기한 자산의 공정가치로 측정한다. 그러나 포기한 자산의 공정가치를 알 수 없으므로 차선책으로 취득한 자산의 공정가치로 취득한 자산을 측정한다. 교환거래에서 받은 자산의 총 공정가치는 ₩450,000(토지의 공정가치 ₩420,000 + 현금 ₩30,000)이므로 교환시점에 다음과 같이 분개한다.

(차)			(대)		
	현 금	30,000		기 계(구기계)	500,000
	토 지	420,000		기 계 교 환 이 익	100,000
	감가상각누계액(구기계)	150,000			

예제 18 공정가치법과 장부금액법

중요도: ★★★
난이도: ◆◆

상황

· 강남회사는 사용 중이던 기계장치와 교환하여 강북회사로부터 기계장치를 취득하고 추가로 현금 ₩40,000을 받았다.

· 강남회사의 기계장치 및 강북회사의 기계장치에 관한 자료는 다음과 같다.

	강남회사의 기계장치	강북회사의 기계장치
공정가치	₩200,000	₩160,000
취득원가(①)	300,000	400,000
감가상각누계액(②)	140,000	310,000
장부금액(① − ②)	160,000	90,000

물음

1. 교환거래에 상업적 실질이 존재한다고 가정하여 두 회사의 입장에서 위의 교환거래를 분개하라.
2. 교환거래에 상업적 실질이 존재하지 않는다고 가정하여 두 회사의 입장에서 위의 교환거래를 분개하라.

정답 및 해설

1. 교환손익 계산

	강남회사	강북회사
포기한 자산의 공정가치	₩200,000	₩200,000 *
포기한 자산의 장부금액	(160,000)	(130,000)**
교환이익	₩40,000	₩70,000

* ₩160,000(기계) + ₩40,000(현금) = ₩200,000

** ₩90,000(기계) + ₩40,000(현금) = ₩130,000

상업적 실질의 존재 여부 판단

예제의 조건에 상업적 실질이 존재한다고 주어졌다. 그러므로 두 회사 모두가 공정가치법을 적용해서 포기한 자산의 공정가치로 취득한 자산의 취득원가를 측정하고, 교환이익 전액을 인식한다.

강남회사			강북회사		
(차) 기 계(신자산)	160,000*		(차) 기 계(신자산)	200,000**	
감가상각누계액	140,000		감가상각누계액	310,000	
현 금	40,000		(대) 기 계(구자산)		400,000
(대) 기 계(구자산)		300,000	현 금		40,000
교 환 이 익		40,000	교 환 이 익		70,000

* ₩200,000(포기한 구 자산의 공정가치) − ₩40,000(받은 현금) = ₩160,000

** ₩160,000(포기한 구 자산의 공정가치) + ₩40,000(지급한 현금) = ₩200,000

2.

상업적 실질이 없으므로 두 회사 모두 장부금액법을 적용해서 회계처리한다.

강남회사			강북회사		
(차) 기 계(신자산)	120,000		(차) 기 계(신자산)	130,000*	
감가상각누계액	140,000		감가상각누계액	310,000	
현 금	40,000		(대)기 계(구자산)		400,000
(대) 기 계		300,000	현 금		40,000

* ₩90,000(기계의 장부금액) + ₩40,000(현금) = ₩130,000

생물자산과 수확물

Chapter 03 제7절

1. 의의와 분류범주

기업이 젖소나 사과나무를 생산활동에 사용하여 우유나 사과를 수확하고 판매할 수 있다. 이 경우 젖소와 우유 등을 어떻게 측정 · 보고할 것인가라는 회계처리문제가 제기된다.

생물자산과 생산용식물

농림어업활동을 영위하는 기업(예 식육가공회사)은 젖소나 토마토나무와 같이 자산요건을 충족시키는 살아있는 동물과 식물을 생물자산(biological asset)이란 별도항목으로 재무상태표에 보고한다. 생물자산 가운데 사과나무와 같이 다음 세 가지 조건 모두를 충족하는 살아있는 식물은 특히 생산용식물(bearer plants)이라 부르며[1041: 5], 재무상태표에 유형자산으로 보고한다.

- 수확물(예 사과)을 생산하거나 공급하는 데 사용한다(예 사과나무).
- 한 회계기간을 초과하여 생산물을 생산할 것으로 예상한다.
- 부수적 폐기물로 판매되는 경우를 제외하고는 그 자체가 수확물(예 목재)로 판매될 가능성이 희박하다.

농림어업활동을 영위하는 과일가공회사가 열매를 수확하기 위해서 보유하는 야자수나무는 생산용식물로 분류하지만 식물원 또는 리조트 호텔이 조경용으로 보유하는 야자수나무는 통상적인 유형자산으로 분류한다. 다음은 생산용식물이 아니다[1041: 5A].

- 수확물(예 목재)로 수확하기 위해 재배하는 식물(예 밀림에 재배하는 벌목용나무)
- 부수적인 폐기물 판매가 아니라, 수확물(예 목재)로 식물(예 과일나무)을 수확해서 판매할 가능성이 희박하지 않은 경우 수확물(예 과일)을 생산하기 위해 재배하는 식물(예 과일과 목재 모두를 얻기 위해 재배하는 나무)
- 한해살이 작물(예 옥수수와 밀)

생산용식물은 여러 기간에 걸쳐서 생산물을 생산하는 데에만 사용되고, 이 기간 후에 보통 폐기된다. 생산용식물에서 유일한 유의적인 미래경제적효익은 생산용식물이 창출하는 수확물의 판매에서 생기므로[1016: BC64], 생산용식물은 유형자산의 정의를 충족한다. 생산용식물은 그 자체로 팔리지 않고 생산용식물의 공정가치 변동이 기업의 미래현금흐름에 직접 영향을 미치지는 않는다. 많은 생산용식물은 땅에 심어져 있는 동안에만 판매될 수 있기 때문에 자체로 관측할 수 있는 시장가치가 거의 없다[1016: BC74]. 생산용식물에 대한 공정가치를 측정하는 것이 어려우므로 생산용식물은 순공정가치로 측정하지 않고 일반적인 유형자산처럼 회계처리한다. 즉, 최초에 원가누계액으로 측정하고 후속기간에는 원가모형 또는 재평가모형(제5장 참조)을 적용해서 측정한다.

경영진이 의도하는 방식으로 사용하는 데에 필요한 장소와 상태에 이르기 전에는, 생산용식물을 자가건설 유형자산과 같은 방법으로 회계처리한다. 따라서 「K-IFRS 제1016호」에서 '건설'이라는 용어는 경영진이 의도하는 방식으로 사용하는 데에 필요한 장소와 상태에 이르기 전까지 생산용식물의 재배에 필요한 활동을 포함하는 것으로 이해한다[1016: 22A]. 생산용식물이 미래에 이익을 창출할 가능성이 그 수명에 걸쳐 점진적으로 감소하는 것은 그 밖의 감가상각대상자산(예 공장과 기계)과도 비슷하다[1016: BC66].

수확물

수확물(agricultural produce)은 생물자산(또는 생산용식물)에서 수확한 농축산물(예 양털, 우유, 토마토, 포도 등)이다. 수확물 재고자산의 취득(생산)과정은 통상적인 경우와 다르다. 예를 들어, 우유나 사과는 수확시점에 젖소나 사과나무로부터 별개 자산으로 분리되므로, 수확물의 취득원가를 별도로 측정하는 것이 불가능하다. 따라서 다음과 같은 회계문제가 제기된다.

① 수확시점에 수확물의 취득원가를 어떻게 결정할 것인가?
② 수확 이후 회계기간 말에 수확물 재고자산을 어떻게 측정할 것인가?
③ 수확물을 생산하는 토마토나무(수명: 1년 미만)와 사과나무(수명: 1년 초과)와 같은 자산을 회계기간 중에 어떻게 회계처리할 것인가?
④ 수확물을 생산하는 토마토나무와 사과나무 같은 자산을 재무상태표에 어떻게 표시하는가?

2. 측정과 인식

생물자산과 수확물은 순공정가치로 측정하는 것이 원칙이다. 농업활동의 특성 때문에 생물자산이나 수확물의 역사적원가가 순공정가치의 극히 일부분에 불과한 경우가 많기 때문이다.

표 3.3 자산의 유형과 측정기준

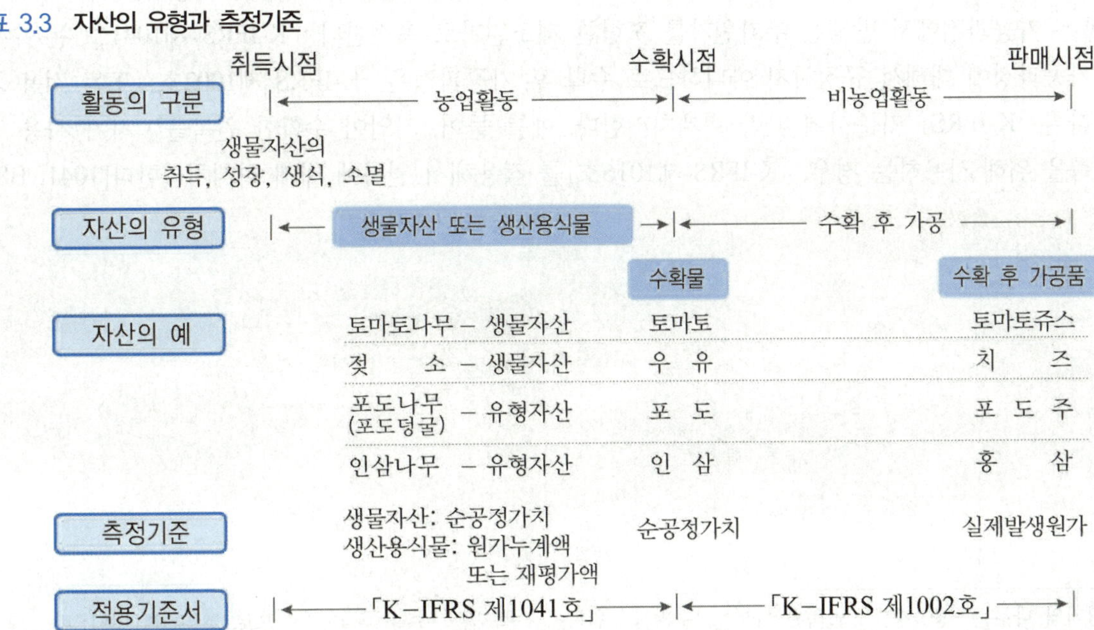

생물자산의 측정

생물자산은 원칙적으로 순공정가치로 측정한다. 생물자산을 시장에서 구매하여 취득하는 경우, 지불한 가격은 공정가치이고 순공정가치는 공정가치에서 추정매각부대비용을 차감한 금액이므로 생물자산의 취득시점에 추정매각부대비용만큼 손실을 인식하게 된다. 그러나 송아지 등이 태어나 생물자산을 최초 인식하는 경우에는 순공정가치만큼 이익을 인식한다. 매 회계기간 말에는 순공정가치의 변동으로 인한 미실현손익을 당기손익으로 인식한다[1041: 26].

예외적으로, 생물자산을 취득하는 시점에 공정가치를 신뢰성 있게 측정할 수 없다는 사실을 입증하면, 취득원가로 최초측정하고 이후에는 감가상각누계액과 손상차손누계액을 차감한 금액으로 측정한다. 취득 이후에 공정가치를 신뢰성 있게 측정할 수 있게 되면 측정방법을 역사적원가에서 순공정가치로 변경한다[1041: 30]. 그러나 순공정가치에서 역사적원가로는 변경할 수 없다[1041: 31].

수확물의 측정

생물자산과 생산용식물의 수확물 역시 순공정가치로 측정한다. 예를 들어, 생물자산인 토마토나무에서 나는 토마토와 생산용식물(유형자산)인 사과나무에서 나는 사과는 모두 수확시점에 순공정가치로 측정한다. 이후에 수확물에 대해 「K-IFRS 제1002호」 또는 적용 가능한 다른 「K-IFRS」 기준서(예 원목에 대해 「K-IFRS 제1016호」)를 적용하면 수확시점의 순공정가치가 원가가 된다[1041: 13]. 이러한 처리는 수확시점에 수확물의 공정가치를 항상 신뢰성 있게 측정할 수 있다는 관점을 반영한다[1041: 32]. 아직 수확되지 않은 농산물(예 토마토나무에 달려있는 토마토)은 생물자산(또는 생산용식물)과 별개로 보지 않고 생물자산(또는 생산용 식물)의 일부로 회계처리한다(예제 19 참조).

수확 후 가공품의 측정

수확물을 가공해서 다른 제품(예 포도주, 원목)을 만드는 경우가 있다. 이렇게 최종 완성한 수확 후 가공품은 가공과정에서 발생한 추가원가를 포함한 제조원가로 측정한다. 「K-IFRS 제1041호」는 수확물의 가공과정에 대해서 규정하지 아니하므로 수확 후 가공과정은 「K-IFRS 제1002호」 또는 적용 가능한 다른 「K-IFRS」 기준서에 따라 회계처리한다. 예를 들어, 기업이 수확한 원목을[7] 자가 사용 건물 건축을 위해 사용하는 경우, 「K-IFRS 제1016호」를 적용해서 원목에 대해 회계처리한다[1041: B8].

---

7) 조림지의 나무는 '생물자산', 벌목된 나무는 '수확물', 원목이나 목재는 '수확 후 가공품'으로 분류된다[1041: 4].

표 3.4 농림축산물의 측정과 평가손익

구분	측정기준	평가손익
생물자산 (「K-IFRS 제1041호」 적용 대상)	최초 인식시점과 매 보고기간 말에 순공정가치로 측정. 공정가치를 신뢰성 있게 측정할 수 없으면 원가에서 감가상각누계액과 손상차손누계액을 차감한 금액으로 측정	순공정가치로 측정하는 경우 순공정가치 변동액을 미실현손익(당기손익)으로 인식
생산용식물 (「K-IFRS 제1016호」 적용 대상)	최초에 원가누적액으로 측정하고 후속 기간에 원가모형 또는 재평가모형으로 측정	재평가증가액과 재평가감소액에 대한 회계처리가 복잡하므로 제5장에서 설명
생물자산과 생산용식물의 수확물 (「K-IFRS 제1041호」와 다른 기준서 적용 대상)	수확시점에 순공정가치로 측정. 수확 이후에는 다른 기준서를 적용 (예 「K-IFRS 제1002호」)	수확시점에 미실현손익을 인식. 수확 이후에는 다른 기준서를 적용 (예 「K-IFRS 제1002호」)
수확 후 가공품 (「K-IFRS 제1002호」 또는 다른 기준서 적용 대상)	제조원가로 측정	「K-IFRS 제1002호」를 적용하면 제조 이후에 평가손실 또는 평가손실환입을 인식

Miniature 예제 15 생물자산과 수확물의 측정액(2021년, 회계사)

상황

낙농업을 영위하는 ㈜대한목장은 2차연도 1. 1.에 우유 생산이 가능한 젖소 10마리를 보유하고 있다. ㈜대한목장은 우유의 생산 확대를 위하여 2차연도 6월 젖소 10마리를 1마리당 ₩100,000에 추가로 취득하였으며, 취득시점의 1마리당 순공정가치는 ₩95,000이다. 한편 ㈜대한목장은 2차연도에 100리터(ℓ)의 우유를 생산하였으며, 생산시점(착유시점)의 우유의 1리터(ℓ)당 순공정가치는 ₩3,000이다. ㈜대한목장은 생산된 우유 전부를 2차연도에 거래처인 ㈜민국유업에 1리터(ℓ)당 ₩5,000에 판매하였다. 2차연도 말 현재 ㈜대한목장이 보유 중인 젖소 1마리당 순공정가치는 ₩100,000이다. 1차연도 말 젖소의 1마리당 순공정가치는 ₩105,000이다.

물음 위 거래로 인한 ㈜대한목장의 2차연도 포괄손익계산서 상 당기순이익의 증가액은 얼마인가?

① ₩340,000 ② ₩450,000 ③ ₩60,000 ④ ₩630,000 ⑤ ₩750,000

정답 ②

해설

수확물(우유) 매출총이익: ₩5,000 × 100리터 = ₩500,000 이익
2차연도 기초 보유 젖소의 순공정가치 하락: (₩105,000 − ₩100,000) × 10마리 = ₩50,000 손실
2차연도 취득 젖소의 취득시점 손실: (₩100,000 − ₩95,000) × 10마리 = ₩50,000 손실
2차연도 취득 젖소의 순공정가치 상승: (₩100,000 − ₩95,000) × 10마리 = ₩50,000 이익
2차연도 당기순이익의 증가: ₩500,000 − ₩50,000 = ₩450,000 (보기 ②)

예제 19 생물자산과 수확물

중요도: ★★
난이도: ◆◆

상황

· 구청에서 무상으로 배부하는 토마토씨를 받아 앞마당에 뿌렸더니 토마토가 주렁주렁 달려 수확 직전에 토마토의 순공정가치가 ₩500,000이다. 토마토를 모두 따면 토마토나무의 순공정가치는 ₩0이다.

· 토마토나무 조림비용(예 비료와 물값, 잡초제거비용 등) ₩30,000을 발생시점에 비용으로 인식했다.

· 토마토를 전부 따서 다음 회계기간 초에 판매하려고 보관하고 있는데 회계기간 말에 토마토의 순실현가능가치가 ₩475,000이 되었다.

Tip 토마토나무의 수명이 1년 미만이므로 토마토나무를 생산용식물(유형자산)이 아니라 생물자산으로 분류하고 순공정가치로 측정한다.

물음 토마토와 관련된 분개를 하라.

정답 및 해설

조림비용 발생시점:

(차) 토마토나무관리비	30,000	(대) 현 금	30,000

토마토 수확직전:

(차) 토 마 토 나 무(생물자산)	500,000	(대) 미 실 현 이 익(당기이익)	500,000

· 토마토를 따기 직전에 토마토나무에 달린 토마토는 경제적 가치가 있으나 토마토나무 자체는 수명이 1년 미만이므로 실질적으로 경제적 가치가 없다. 그러나 「K-IFRS 제1041호」(농림어업 기준서)는 수확되지 않은 농산품(토마토)을 생물자산의 일부로 간주하므로 토마토를 따는 시점까지 토마토를 토마토나무의 일부분으로 회계처리한다.

참고 조림비용 ₩30,000을 자본화하면 다음과 같이 분개한다.

(차) 토 마 토 나 무	30,000	(대) 현 금	30,000
(차) 토 마 토 나 무(생물자산)	470,000	(대) 미 실 현 이 익(당기이익)	470,000

따라서 조림비용 ₩30,000을 비용으로 인식하든 자본화하든 토마토나무의 장부금액은 ₩500,000이다.

토마토 수확시점:

(차) 미 실 현 손 실(당기손실)	500,000	(대) 토 마 토 나 무(생물자산)	500,000
(차) 토 마 토(재고자산)	500,000*	(대) 미 실 현 이 익(당기이익)	500,000

* 순공정가치

회계기간 말:

(차) 재고자산평가손실	25,000*	(대) 토 마 토(재고자산)	25,000

* 장부금액 – min{장부금액, 순실현가능가치} = ₩500,000 – min{₩500,000, ₩475,000} = ₩25,000

관련예제와 함께 풀어보세요

유제 1 토지의 취득원가와 건물의 철거(2014년, 회계사 수정)

관련예제 예제 2, Miniature 예제 1

상황

11차연도 초에 건물이 있는 토지를 ₩10,000에 구입하였다. 구입계약서에는 토지의 가격이 ₩9,000이고 건물의 가격은 ₩1,000이다. 이 토지를 취득한 것은 인근 기존 사옥부지와 합하여 사옥을 신축하기 위해서이다. 토지에 있던 건물을 구입 즉시 철거하였는데, 철거원가 ₩500이 발생하였고 철거 시에 수거한 폐자재를 ₩30에 매각하였다. 또한, 11차연도 2월 중에 사옥을 신축하기 위해 기존에 사옥으로 사용하던 건물(취득가액: ₩40,000, 감가상각누계액: ₩38,000)도 철거하였는데, 철거원가 ₩200이 발생하였고 철거 시에 수거한 폐자재를 ₩10에 매각하였다. 11차연도 3월에 ㈜민국과 신사옥 건설계약을 체결하고 11차연도 말까지 공사대금으로 ₩20,000을 지급하였다.

물음 필요한 분개를 제시하라.

정답 및 해설

건물을 짓기 위해서 취득한 토지에 기존 건물이 있는 경우 기존 건물의 장부금액과 철거원가를 토지의 취득원가에 가산한다.

11차연도 초:

(차)	토지	9,000	(대)	현금	10,000
	건물	1,000			
(차)	토지	470	(대)	현금	470
(차)	토지	1,000	(대)	건물(철거된 건물)	1,000

11차연도 2월:

(차)	감가상각누계액	38,000	(대)	건물	40,000
	건물철거손실	2,190		현금	190

11차연도 말:

(차)	건설중인자산	20,000	(대)	현금	20,000

유제 2 차입원가와 정부보조금(2014년, 회계사)

관련예제 12, 14, Miniature 예제 9

상황

㈜한국은 보유 중인 토지에 사옥을 건설하기 위해 5차연도 1. 1.에 ㈜건설과 계약을 체결하였다. 건설공사는 6차연도 6. 30.에 완공될 예정이며 공사비 지출내역과 차입금 관련내역은 다음과 같다.

일 자	지출내역
5차연도 1. 1.	₩100,000
5차연도 7. 1.	60,000
5차연도 9. 1.	90,000
6차연도 1. 1.	80,000

차입금	차입일자	차입금액	상환일자	이자율	이자지급조건
A	5차연도 1. 1.	₩50,000	6차연도 6. 30.	10%	연말지급
B	4차연도 1. 1.	450,000	6차연도 12. 31.	12	연말지급
C	4차연도 1. 1.	700,000	7차연도 12. 31.	10	연말지급

차입금 A는 사옥을 건설하기 위한 목적으로 차입되었으며(특정차입금), 이 중에서 ₩10,000은 5차연도 1. 1.부터 5차연도 9. 30.까지 은행에 예치하여 ₩500 이자수익이 발생하였다. 차입금 B, C는 일반목적으로 차입되었다(일반차입금). 자본화이자율을 적용하는 적격자산에 대한 지출액은 연평균(가중평균)으로 계산하며, 연평균지출액을 계산할 때에는 이미 자본화된 차입원가를 포함한다. 금융비용과 평균지출액은 월할 계산한다.

물음

1. 건설 중인 동 사옥에 대해 6차연도에 자본화할 차입원가를 구하시오. ① 6차연도 적격자산에 대한 연평균지출액, ② 6차연도 일반차입금 자본화이자율, ③ 6차연도 특정 차입금 자본화차입원가 및 일반차입금 자본화차입원가의 구분내역을 제시하여야 한다.
2. ㈜한국이 5차연도 7. 1.에 ₩10,000, 5차연도 9. 1.에 ₩30,000의 정부보조금을 수령하여 이를 사옥건설에 사용하였다고 가정하는 경우, 5차연도에 자본화할 차입원가를 구하시오. ① 5차연도 적격자산에 대한 연평균지출액, ② 5차연도 일반차입금 자본화 이자율, ③ 5차연도 특정차입금 자본화차입원가 및 일반차입금 자본화차입원가의 구분내역을 제시하여야 한다. 정부보조금은 원가차감법으로 회계처리한다.

정답

1. ① ₩347,167, ② 연 10.78%, ③ ₩2,500과 ₩16,017
2. ① ₩145,000, ② 연 10.78%, ③ ₩4,500과 ₩11,050

해설

1.
5차연도
단계 1: 가중평균누적지출액 계산과 분해

날짜	지출	가중치	가중평균지출액
5차연도 1. 1.	₩100,000	12/12	₩100,000
5차연도 7. 1.	60,000	6/12	30,000
5차연도 9. 1.	90,000	4/12	30,000
가중평균누적지출액			₩160,000

특정차입금

5차연도 1. 1.		5차연도 10. 1.		5차연도 12. 31.	
₩40,000	건설활동에 사용			₩40,000 × 12/12 =	₩40,000
₩10,000	투자활동에 사용	₩10,000	건설활동에 사용	₩10,000 × 3/12 =	2,500

₩42,500

가중평균누적지출액(₩160,000)의 분해 { 특정차입금부분: ₩42,500 / 일반차입금부분: ₩160,000 − ₩42,500 = ₩117,500 }

단계 2, 3: 회피가능이자 계산

차입금	차입금액	가중치	가중평균차입금액	연 이자율	이자
B	₩450,000	12/12	₩450,000	12%	₩54,000
C	700,000	12/12	700,000	10	70,000
합계			₩1,150,000		₩124,000

일반차입금 자본화이자율: ₩124,000 ÷ ₩1,150,000 = 연 10.78%(해답 ②)

특정차입금의 회피가능이자: ₩50,000(차입금 총액) × 10% − ₩500 = ₩4,500

일반차입금의 회피가능이자: ₩117,500(가중평균누적지출액) × 10.78% = 12,667

총 회피가능이자 ₩17,167

단계 4: 일반차입금의 자본화할 차입원가 결정

일반차입금 부분: ₩4,500,000 × 12% × 12/12 = ₩54,000

₩7,000,000 × 10% × 12/12 = 70,000

일반차입금 실제발생이자 ₩124,000

일반차입금의 자본화할 차입원가 = min {₩124,000, ₩12,667} = ₩12,667

단계 5: 자본화할 차입원가 결정

특정차입금의 자본화할 차입원가 ₩4,500

일반차입금의 자본화할 차입원가 12,667

자본화할 차입원가 ₩17,167

6차연도

단계 1: 가중평균누적지출액 계산과 분해

날짜	지출	가중치	가중평균지출액
6차연도 1. 1.	₩250,000	6/6	₩250,000
	17,167	6/6	17,167
	80,000	6/6	80,000
합계			₩347,167(해답 ①)

가중평균누적지출액(₩347,167)의 분해 { 특정차입금 부분: ₩50,000 / 일반차입금 부분: ₩347,167 − ₩50,000 = ₩297,167 }

단계 2, 3: 회피가능이자 계산

특정차입금의 회피가능이자: ₩50,000(차입금 총액) × 10% × 6/12 = ₩2,500(해답 ③)

일반차입금의 회피가능이자: ₩297,167(가중평균누적지출액) × 10.78% × 6/12 = 16,017

총 회피가능이자 ₩18,517

단계 4: 일반차입금의 자본화할 차입원가 결정

일반차입금 실제발생이자: ₩124,000 × 6/12 = ₩62,000

일반차입금의 자본화할 차입원가: min {₩62,000, ₩16,017} = ₩16,017(해답 ③)

단계 5: 자본화할 차입원가 결정

특정차입금의 자본화할 차입원가	₩2,500
일반차입금의 자본화할 차입원가	16,017
자본화할 차입원가	₩18,517

2.

단계 1: 가중평균누적지출액 계산과 분해

날짜	지출	가중치	가중평균지출액
5차연도 1. 1.	₩100,000	12/12	₩100,000
5차연도 7. 1.	50,000*	6/12	25,000
5차연도 9. 1.	60,000**	4/12	20,000
가중평균누적지출액			₩145,000(해답 ①)

* 정부보조금 ₩10,000을 차감한 지출액

** 정부보조금 ₩30,000을 차감한 지출액

가중평균누적지출액(₩145,000)의 분해 {특정차입금 부분: ₩42,500
일반차입금 부분: ₩145,000 − ₩42,500 = ₩102,500

단계 2, 3: 회피가능이자 계산

차입금	차입금액	가중치	가중평균차입금액	연 이자율	이자
B	₩450,000	12/12	₩450,000	12%	₩54,000
C	700,000	12/12	700,000	10	70,000
합계			₩1,150,000		₩124,000

자본화이자율: ₩124,000 ÷ ₩1,150,000 = 연 10.78% (해답 ②)

특정차입금의 회피가능이자: ₩50,000(차입금 총액) × 10% − ₩500 =	₩4,500(해답 ③)
일반차입금의 회피가능이자: ₩102,500(가중평균누적지출액) × 10.78% =	11,050
합 계	₩15,550

단계 4: 일반차입금의 자본화할 차입원가 결정

일반차입금 실제발생이자: ₩124,000 × 6/12 = ₩62,000

일반차입금의 자본화할 차입원가: min {₩62,000, ₩11,050} = ₩11,050 (해답 ③)

특정차입금의 자본화할 차입원가	₩4,500
일반차입금의 자본화할 차입원가	11,050
자본화할 차입원가	₩15,550

연습문제 03

P3-01 유형자산의 취득원가

- 2차연도 1. 1.에 SK는 새로운 건물을 건설하기 위하여 토지와 토지에 존재하는 건물을 ₩333,000에 취득하였다. SK는 ₩33,000을 현금으로 지불하고 잔여액 ₩300,000에 대해서는 무이자부어음(시장이자율: 연 6%, 만기: 3차연도 12. 31.)을 발행하였다.
- 새로운 건물의 건설은 2차연도 7. 1.에 시작되었고 2차연도 12. 31.에 완성되었다.
- 건설지출액 ₩850,000이 발생하였다.
- SK는 건설을 위해서 차입한 것은 아니었지만 장기성어음에 대해 2차연도 동안 이자비용 ₩70,000이 발생하여 ₩24,000의 이자비용을 건물의 취득원가에 가산하였다.
- 2차연도 중에 다음 비용이 발생하였다.

토지 소유권에 대한 보험료	₩1,000
토지 등기이전세	8,000
법적 수수료:	
토지 매입과 관련한 소유권 조사원가	5,000
건물 건설과 관련된 법적 수수료	7,000
구 건물의 철거원가	13,000
구 건물의 철거물 처분수익	(3,000)
재산세, 2차연도 1. 1.~ 2차연도 6. 30.	4,000
건축 장소의 정토원가	8,000
화재보험료(2차연도 7. 1.~ 2차연도 12. 31.)	4,000
2차연도 1. 1.부터 2차연도 12. 31.까지 발생한 일반비:	
회장의 급여	50,000
건물건설담당 관리자의 급여	20,000
진입로 건설원가	7,000
주차장과 담장 건설원가	8,000

물음

1. 토지, 토지개량, 건물의 취득원가를 계산하라.
2. 포괄손익계산서에 계상될 이자비용을 계산하라.
3. 자산의 취득과 관련된 분개를 하라.

P3-02 유형자산의 취득원가

- 다음은 각기 독립적인 상황이다.
  ① 1차연도 1. 1.에 칠갑산회사는 무이자부어음(액면금액: ₩2,178,000, 만기: 2년)을 발행하고, 기계장치 2대(갑, 을)를 일괄취득하였다. 기계장치 취득과 관련하여 발생한 부대비용은 ₩200,000이며, 1차연도 1. 1.의 유효이자율은 연 10%였다. 기계장치 2대의 개별 판매가격은 각각 ₩600,000과 ₩1,000,000이다. 칠갑산회사는 상대적 개별 판매가격법을 사용한다.

② 1차연도 7. 1.에 산마루회사는 취득원가 ₩1,050,000을 1차연도 9. 30.에 지급하기로 하고 기계장치를 수입하였다. 1차연도 1. 1.의 유효이자율은 연 10%였다. 기계장치의 운임 ₩70,000, 설치원가 ₩80,000, 외국인 기술자 체재비 ₩30,000을 지출하였다. 1차연도에 이 기계장치에 대한 특허권 사용료 ₩200,000과 손해보험료 ₩150,000을 지급하였다.

③ 1차연도 2. 1.에 산새소리회사는 취득원가가 ₩1,000,000인 기계장치를 "2/10, n/30"조건으로 구입하였다. 기계장치 설치비용 ₩100,000과 시운전원가 ₩50,000을 지출하였고, 시운전기간에 생산된 제품을 ₩20,000에 매각하였다. 1차연도 2. 5.에 산새소리회사는 기계장치 구입대금을 지급하였다.

④ 1차연도 8. 1.에 어린왕자회사는 계약금 ₩600,000을 지급하고, 기계장치 인도일(2차연도 5. 31.)에 잔금 ₩900,000을 지급하는 조건으로 베적삼회사로부터 기계장치를 취득하는 계약을 체결하였다. 2차연도 5. 31.에 기계를 인도하지 못하면, 인도일까지 매일 ₩5,000을 대금에서 차감한다. 기계는 2차연도 7. 1.에 인도되었다.

물음 ① ~ ④의 각 회사가 기록해야 할 기계장치의 취득원가를 구하라.

P3-03 정액법과 생산량비례법

- 1차연도 1. 1.에 SK는 광산 채굴권을 ₩70,000에 취득하였다.
- 1차연도 1. 1.에 갱도를 신축하는데 ₩230,000의 비용이 발생하였고 납연광 공정에 대한 설비를 ₩180,000에 취득하였다. 설비는 4차연도 12. 31.에 ₩20,000에 처분될 것이다.
- SK는 1차연도 1. 1.부터 광산을 4년간 운영하여 120,000톤을 생산할 것으로 기대한다.
- 1차연도와 2차연도에 각각 20,000톤, 40,000톤의 광석이 채굴되었다.
- SK는 광산에 대해서는 생산량비례법을 적용하고 설비에 대해서는 정액법을 적용하여 상각한다.
- 2차연도 1. 2.에 지질학자가 125,000톤의 광석이 여전히 남아 있다고 추정하였다.

물음 1차연도와 2차연도에 필요한 분개를 하라.

P3-04 일괄구입

- 12월에 회사는 일괄구입가격 ₩90,000으로 설비와 기계를 매입하였다.
- 설비와 기계의 개별 판매가격은 각각 ₩70,000, ₩30,000이었다.

물음 설비와 기계의 취득을 기록하는 분개를 하라.

P3-05 비화폐성자산의 교환

- SK는 현금 ₩24,000을 받고 건물(취득원가: ₩90,000, 감가상각누계액: ₩40,000, 공정가치: ₩80,000)을 YW 소유의 건물(취득원가: ₩150,000, 감가상각누계액: ₩100,000, 공정가치: ₩85,000)과 교환하였다.
- 교환거래시점에 감가상각비는 이미 장부에 기록되었다.
- 두 회사의 교환거래는 모두 상업적 실질이 없다.

물음 각 회사의 입장에서 교환거래를 기록하기 위한 분개를 하라.

P3-06 비화폐성자산의 교환

(2016년, 회계사)

- ㈜한국은 차량운반구 A(취득원가: ₩1,000,000, 감가상각누계액: ₩200,000)를 3차연도 1. 1.에 ㈜대한의 차량운반구 B(취득원가: ₩2,000,000, 감가상각누계액: ₩1,000,000)와 교환하여 영업용으로 사용하기 시작하였다. 교환시점의 차량운반구 A의 공정가치는 ₩1,000,000이고 차량운반구 B의 공정가치는 ₩900,000이다. 동 교환거래는 상업적 실질

이 있으며, 차량운반구 A의 공정가치가 더 명백하다. ㈜한국은 공정가치 차이 ₩100,000을 현금으로 수취하였다. ㈜한국은 차량운반구 B에 대해 정액법으로 감가상각하고 잔존가치 ₩0, 잔존내용연수 4년을 적용한다.

물음 ① 3차연도 1. 1. 차량운반구 교환 시 ㈜한국이 인식할 차량운반구 B의 취득원가와 ② ㈜한국이 인식할 처분이익은 각각 얼마인가?

P3-07 유형자산 취득과 정부보조금: 이연수익법 (2013년, 회계사)

• 다음은 ㈜민국의 유형자산 취득 및 정부보조금 관련 정보이다. 재무상태표상 자산관련 정부보조금은 이연수익으로 표시하며, 자산의 내용연수에 걸쳐 정액기준으로 이연수익을 수익으로 대체한다.

유형자산 취득일 : 1차연도 7. 1.
유형자산 취득원가 : ₩100,000
유형자산 추정 잔존가치 : ₩10,000
유형자산 추정 내용연수 : 5년
유형자산 감가상각방법 : 체감잔액법(연수합계법)
정부보조금 : ₩20,000(1차연도 7. 1.에 전액 수령하였으며, 상환의무는 없음)

물음 ㈜민국은 동 유형자산을 3차연도 12. 31.자로 현금 ₩30,000에 처분하였다. 처분 시 당기순이익에 미치는 영향을 계산하시오.

P3-08 정부보조금: 시장이자율보다 낮은 이자율로 대여

• SK는 건물을 취득하는데 2차연도 1. 1.에 지방자치단체로부터 무이자로 대출받아 어음(액면금액: ₩100,000, 만기: 3차연도 12. 31.)을 발행하였다.
• SK의 증분차입이자율: 연 25%

물음 2차연도 1. 1.과 2차연도 12. 31.에 SK에 필요한 분개를 하라.

P3-09 부품의 대체

• 1차연도 1. 1.에 SK는 레이저 프린터기계를 ₩8,000에 취득하였다.
• 기계의 내용연수는 5년이고 잔존가치는 ₩0이다.
• 프린터기계의 레이저헤드 부분은 500시간 동안 사용되고, 그 후에는 새 헤드로 교체되어야 한다.
• 프린터기계의 취득원가 ₩8,000 중에서 레이저헤드의 공정가치는 ₩1,000이다.
• 레이저헤드의 잔존가치는 ₩0이고 생산량비례법으로 상각한다.
• 2차연도 12. 31.에 레이저헤드가 400시간 가동되었으나 대체해야 한다.
• 새로운 레이저헤드의 취득원가는 ₩1,300이다.

물음 레이저헤드가 대체되는 시점에 필요한 분개를 하라.

P3-10 자본화 또는 비용화

다음 거래가 발생하였다.
• SK는 사무실 건물의 옥상에 옥외 수영장을 건설하기 위해 ₩50,000에 지붕을 설치하였다.
• SK는 ₩50,000의 비용으로 자동차생산라인을 재조정하였다.
• SK는 에어컨을 ₩5,000의 비용으로 수리하였다. 이는 내용연수를 4년 연장시킬 것으로 기대된다.

- SK가 새로운 기계를 설치하여 설치비용 ₩3,000이 발생하였다.
- SK는 휴대폰을 ₩30에 수리하였다.

물음 위의 거래를 분개하라.

P3-11 차입원가의 자본화 (2009년, 회계사)

- 사옥을 짓기 위하여 ㈜동양은 3차연도 1. 1.에 토지를 ₩11,100,000에 취득하고 3차연도 4. 1.에 일산건설과 공사계약을 체결하고 공사를 시작하였다. 이 사옥은 4차연도 9. 30.에 준공되어 사용되기 시작하였다. 사옥건설과 관련하여 ㈜동양이 지출한 금액은 다음과 같다.

3차연도 4. 1.	₩4,000,000
3차연도 10. 1.	10,000,000
4차연도 1. 1.	8,000,000

- ㈜동양은 사옥신축을 목적으로 특정차입금 A와 일반목적으로 일반차입금 B를 은행에서 차입하여 사옥건설에 사용하였다. 각 차입금의 차입조건은 다음과 같다.

차입금 종류	차입일	차입금액	상환일	연이자율
특정차입금 A	3차연도 4. 1.	₩4,000,000	4차연도 9. 30.	10%
일반차입금 B	3차연도 4. 1.	30,000,000	5차연도 12. 31.	9

- 모든 차입금의 이자는 단리로 계산하여 매년 말 지급하는 조건이다. ㈜동양은 사옥건설과 관련된 금융비용을 자본화하는 회계정책을 채택하고 있다. 금융비용은 월할 계산한다.

물음 3차연도와 4차연도에 자본화할 차입원가를 각각 계산하시오.

P3-12 차입원가의 자본화 (2012년, 세무사)

- ㈜대한은 1차연도 2. 1.에 자사의 제품생산에 사용할 기계장치를 직접 제작하기 시작하였다. 동 기계장치는 2차연도 6. 30.에 완성되었으며, ㈜대한은 기계장치의 제작을 위하여 다음과 같이 지출하였다. 한편, 해당 기계장치에 필요한 부품의 공급업계 총 파업으로 2차연도 1. 1.부터 2. 28.까지 일시적으로 불가피하게 생산이 지연되었다가 3. 1.부터 생산이 재개되었다.

일자	지출액
1차연도 2. 1.	₩600,000
1차연도 6. 30.	600,000
1차연도 9. 30.	400,000
2차연도 3. 1.	300,000
합계	₩1,900,000

- ㈜대한의 차입금은 다음과 같으며, 2차연도에 신규로 조달한 차입금은 없다.

차입금	차입일	차입금액	상환일	이자율	이자지급조건
A	1차연도 1. 1.	₩600,000	2차연도 6. 30.	12%	단리/매월말 지급
B	1차연도 7. 1.	600,000	2차연도 10. 31.	12%	
C	0차연도 1. 1.	200,000	1차연도 12. 31.	8%	

- 차입금은 모두 만기 일시상환조건이다. 차입금 A는 기계장치 제작을 위하여 개별적으로 차입되었으며(특정차입금), 이 중 ₩120,000은 1차연도 1. 1.부터 6. 30.까지 연 9% 이자수취조건으로 정기예금에 예치하였다. 차입금 B, C는

일반목적으로 차입되었으며(일반차입금), 이 중 ₩100,000은 1차연도 8. 1.부터 10. 31.까지 연 8% 이자수취조건으로 보통예금에 예치하였다.

물음

1. 1차연도 적격자산에 대한 연평균지출액을 계산하시오.
2. 1차연도 일반차입금 자본화이자율을 계산하시오.
3. 1차연도 및 2차연도에 자본화할 차입원가를 계산하시오. (각 연도별로 제시하되, 특정차입금 자본화차입원가와 일반차입금 자본화차입원가의 구분내역도 제시하시오.)
4. 1차연도 말 동 적격자산의 장부금액은 얼마인가?

P3-13 유형자산의 처분으로 인한 현금유입

• SK의 유형자산과 감가상각누계액에 관련된 정보는 다음과 같다.

	5차연도 12. 31.	4차연도 12. 31.
유형자산	₩58,000	₩50,000
감가상각누계액	(12,000)	(9,000)
장부금액	₩46,000	₩41,000
감가상각비	3,500	1,800

	5차연도 12. 31.	4차연도 12. 31.
유형자산의 취득	₩15,000	₩18,000
유형자산의 처분	4,500	3,000

물음 5차연도 12. 31.에 SK가 유형자산을 처분한 거래를 기록하기 위한 분개를 하라.

P3-14 복구충당부채 (2018년, 회계사)

• 1차연도 1. 1.에 ㈜대한은 해저유전 관련 플랫폼을 ₩800,000에 취득하여 4년 동안 운영하기로 하였다. ㈜대한은 해저유전 관련 플랫폼을 사용한 마지막 연도에 플랫폼을 완벽히 해체하고, 해저를 밀봉해야 하는 법적의무를 가지고 있다. 불가피한 위험과 불확실성을 고려하여 최선의 추정치를 계산한 결과, 이와 관련된 복구원가는 ₩200,000이 될 것으로 예측하고 있다.

• 복구원가의 현재가치 계산 시 적용할 유효이자율은 연 10%이며, ㈜대한은 정액법(추정 잔존가치:₩0)을 적용하여 감가상각하기로 하였다. 이자율이 연 10%이고 기간이 4인 단일금액 ₩1의 현재가치계수는 0.683이다.

물음

1. ㈜대한이 ① 1차연도 1. 1.에 수행해야 할 회계처리와 ② 1차연도 12. 31.에 수행해야 할 회계처리를 제시하시오.
2. 4차연도 12. 31.에 ㈜대한은 플랫폼의 이전과 해저를 밀봉하는 비용으로 ₩220,000을 지불하였다. 4차연도 12. 31.에 수행해야 할 회계처리를 제시하시오.

P3-15 생물자산과 수확물의 측정

• SK는 3차연도 1. 1.에 영업을 시작했으며 젖소 250마리를 ₩2,000,000에 매입하였다. SK는 첫 달의 영업을 마감했으며 3차연도 1. 31.에 젖소에 관한 자료는 다음과 같다.

젖소 시장가치의 하락*	₩(100,000)
우유수확으로 인한 젖소 순실현가능가치의 감소	(20,000)
3차연도 1월중에 수확한 우유의 순실현가능가치	50,000

* 송아지 생산율이 매우 높아 시장에 젖소가 너무 많은 상황이다.

- SK는 1월 중에 수확한 우유를 ₩80,000에 현금판매하였다.

물음 3차연도 1. 31.에 생물자산과 수확한 우유에 대해서 필요한 분개를 하라.

P3-16 차입원가의 자본화

- 6차연도 초에 SK는 SK의 제조공장을 현대화시키는 건설계약을 YW와 체결하였다.
- 건설은 6차연도 4. 1.에 개시되었고 6차연도 12. 31.에 완공되었다.
- SK가 6차연도 중에 YW에게 지급한 내역은 다음과 같다.

날짜	지출액
6차연도 4. 1.	₩2,400,000
6차연도 7. 1.	4,800,000
6차연도 12. 31.	2,800,000

- 6차연도 중의 자금조달 내역은 다음과 같다.
  - 6차연도 1. 1.에 지급어음을 발행하였다.
    (액면금액: ₩4,000,000, 만기: 12차연도 1. 1., 이자율: 10%, 이자지급일: 매년 12. 31.)
  - 건설자금을 조달하기 위해서 6차연도 3. 31.에 사채를 액면금액으로 발행하였다.
    (액면금액: ₩4,000,000, 만기: 8년, 이자율: 12%, 이자지급일: 매년 3. 31.)
  - 6차연도 10. 1.에 액면금액이 없는 보통주 500,000주를 주당 ₩10에 발행하였다.

물음 6차연도 중에 자본화하는 차입원가를 계산하라.

P3-17 정부보조금

- 1차연도 1. 1.에 SK는 기계를 ₩500,000에 취득했는데 ₩100,000의 정부보조금을 받았다.
- 기계는 내용연수가 5년이며 잔존가치가 ₩0이다.
- SK는 정액법으로 감가상각한다.

물음

1. 취득원가차감법을 이용하여 보조금을 기록한다고 가정하고 다음을 계산하라.
   ① 1차연도의 기계 감가상각비
   ② 1차연도 12. 31.의 기계의 장부금액
   ③ 1차연도 포괄손익계산서에 보고될 보조금수익
2. 이연수익법을 이용하여 보조금을 기록한다고 가정하고 다음을 계산하라.
   ① 1차연도의 기계 감가상각비
   ② 1차연도 포괄손익계산서에 보고될 보조금수익
   ③ 1차연도 12. 31.의 이연보조금수익계정의 잔액

Chapter

04

무형자산

학습 목표

LO 4-1. 무형자산의 개념을 이해한다.
LO 4-2. 무형자산의 인식기준을 이해한다.
LO 4-3. 무형자산의 상각방법을 이해한다.
LO 4-4. 무형자산의 최초측정액과 후속측정액을 결정하는 방법을 이해한다.
LO 4-5. 영업권 측정액을 결정하는 방법을 이해한다.
LO 4-6. 연구개발비에 대한 회계처리를 이해한다.

제4장

Chapter 04 제1절

무형자산의 개념

1. 무형자산의 정의

지적재산권이나 시장에 대한 지식과 상표(브랜드명 및 출판표제 포함) 등의 무형자원이 기업의 경영 성과에 미치는 영향이 커지고 있다. 대부분의 무형자산은 특정 회사에 가치가 있고 경쟁상 우위를 초래하는 '독점적 권리'의 성격을 가진 것이 많다. 그러나 무형자산의 미래경제적효익이 규모 면에서 얼마나 크고, 얼마나 지속될 것인지(내용연수)를 명확하게 결정하는 것은 매우 어렵다. 물론, 일부 유형자산도 측정에 어려움이 있으나, 유형자산의 측정문제는 무형자산의 경우보다 상대적으로 해결하기 쉽다.

자산은 과거사건의 결과로 기업이 통제하는 현재의 경제적자원이다[「K-IFRS 개념체계」: 4.3].[1] 영업권을 제외한 무형자산(intangible asset)은 자산의 정의를 만족하는 것 중에서 물리적 실체가 없지만(lack of physical substance) 개별적으로 식별가능한 비화폐성자산이다[1038: 8]. 그러므로 특정 항목이 다음 조건을 충족하면 무형자산으로 정의한다[1038: 10].

- 미래경제적효익이 존재한다.
- 기업이 통제한다.
- 식별가능하다.

무형자산의 예는 과학적 · 기술적 지식, 새로운 공정이나 시스템의 설계 및 실행, 라이선스, 지적재산권, 시장에 대한 지식과 상표, 컴퓨터소프트웨어, 특허권, 저작권, 영화필름, 고객목록, 어업권, 수입할당, 프랜차이즈, 고객이나 공급자와의 관계, 고객충성도, 시장점유율(market share)과 판매권(marketing rights) 등 다양하다[1038: 9]. 일부 무형자산은 컴팩트디스크(컴퓨터소프트웨어의 경우), 법적 서류(라이선스나 특허권의 경우)나 필름과 같은 물리적 형체에 담겨 있을 수 있다. 이와 같이 유형요소와 무형요소를 모두 갖춘 자산은 어느 요소가 더 유의적인지를 판단해서 자산의 분류범주를 결정한다. 예를 들면, 컴퓨터로 제어되는 기계장치가 특정 컴퓨터소프트웨어가 없으면 가동이 불가능한 경우에는 해당 소프트웨어를 관련된 기계장치의 일부로 보아 유형자산으로 분류한다. 그러나 특정 소프트웨어가 하드웨어의 일부가 아니면 해당 소프트웨어를 무형자산으로 분류한다[1038: 4].

---

1) 이 정의는 '2018 개념체계'에 기반을 둔 것이다. 「K-IFRS 제1038호」에서는 '2010 개념체계'에 기초하여 자산을 '과거 사건의 결과로 기업이 통제하고 있고 미래경제적효익이 유입될 것으로 기대되는 자원'이라고 정의한다[1038: 8]. 「K-IFRS 개념체계」 자체는 회계기준이 아니며, 어느 내용도 특정 「K-IFRS」 기준서(또는 해석서)의 내용을 대체하지 않는다. 「K-IFRS 개념체계」의 내용이 특정 기준서(또는 해석서)의 내용과 상충하는 경우에는 해당 「K-IFRS 기준서」 또는 「K-IFRIC 해석서」를 적용하여 회계처리하므로 [1038: 8]이 [「K-IFRS 개념체계」: 4.3]에 우선한다.

쉬어가는 코너 **가상통화의 분류범주**

- 다음 특성을 모두 가진 암호자산의 부분 집합을 '가상통화'(cryptoassets)라고 지칭한다.
  ① 보안을 위해 암호화하는 분산된 원장에 기록된 디지털 또는 가상의 통화
  ② 관할 당국이나 다른 당사자가 발행하지 아니함
  ③ 보유자와 다른 당사자 사이에 계약을 생기게 하지 아니함
- 일부 가상통화는 특정 재화(또는 용역)의 대가로 사용될 수 있다. 그러나 가상통화는 교환의 수단으로 사용되고 모든 거래를 재무제표에 측정하고 인식하는 기준이 될 정도로 재화(또는 용역)의 가격을 결정하는 화폐단위로 사용되지 않으므로 현금이 아니다. 또한 가상통화는 보유자에게 계약상 권리를 생기게 하지 않고 보유자의 자기지분상품으로 결제하거나 결제할 수 있는 계약도 아니므로 금융자산이 아니다.
- 2019년 6월에 국제회계기준해석위원회는 가상통화가 ① 보유자로부터 분리하여 개별적으로 매각하거나 이전할 수 있고, ② 확정되었거나 결정 가능한 화폐단위의 수량으로 받을 권리를 보유자에게 부여하지 않는다는 점에 근거하여, 보유하는 가상통화는 무형자산의 정의를 충족한다고 보았다. 그러나 통상적인 영업과정에서 판매하기 위하여 보유 중인 가상통화는 「K-IFRS 제1002호」(재고자산 기준서)를 적용해서 회계처리한다고 결론 내렸다.

(1) 미래경제적효익

무형자산의 미래경제적효익은 다음 형태로 나타날 수 있다[1038: 17].

- ▶ 제품 또는 용역을 판매해서 수익을 창출할 수 있다.
- ▶ 원가를 절감하거나 자산의 사용에 따른 기타 효익을 창출한다. 예를 들어, 제조원가를 감소시키는 특정 기술에 대한 지적재산을 사용하면 수익을 직접 증가시키기보다는 제조원가를 절감해서 이익을 증가시키는 형태로 경제적효익을 가져다줄 수 있다.

(2) 통 제

기업이 경제적자원의 사용을 지시하고 그로부터 유입될 수 있는 경제적효익을 얻을 수 있는 현재의 능력이 있다면 그 경제적 자원을 통제(control)한다고 말한다[「K-IFRS 개념체계」 : 4.20]. 자원에서 유입되는 미래경제적효익을 확보할 수 있고 그 효익에 대해서 제3자의 접근을 제한할 수 있다면 기업이 자산을 통제한다. 무형자산에 대한 통제는 일반적으로 법적 권리의 형태로 확보된다. 예를 들어, 시장 및 기술에 대한 지식을 독점적으로 이용(특허 등)할 수 있거나, 종업원으로부터 회사 기밀에 대한 기밀유지서약을 받는 등 지적자산이 제도적 · 법적으로 보호받으면 기업은 이러한 자산에서 발생하는 미래경제적효익을 통제한다고 본다[1038: 14]. 법적 권리가 없는 경우에도 기업이 다른 방법으로 미래경제적효익을 통제할 수 있으므로 권리의 법적 집행가능성이 통제의 필요조건은 아니다[1038: 13].

아래 항목은 미래경제적효익을 갖지만, 기업이 충분히 통제한다고 볼 수 없어 자산의 정의를 충족시키지 못한다[1038: 15, 16].

① 숙련된 노동력: 숙련된 종업원이나 훈련을 통해 습득된 종업원의 기술은 미래경제적효익을 가져다줄 수 있다. 그러나 숙련된 종업원의 지식과 기술로부터 창출될 미래경제적효익은 기업이 실질적

으로 통제하기가 어렵기 때문에 통제조건이 충족되지 않아 자산이 아니다.

② 특정인의 재능: 기업이 특정인의 경영능력이나 기술적 재능을 사용하여 미래경제적효익을 창출하는 것을 통제하는 것이 법으로 보호되지 않으면 미래경제적효익을 통제한다고 보기 어렵기 때문에 자산으로 보지 않는다.

③ 고객과의 관계: 기업은 고객과의 관계를 잘 유지함으로써 고정고객과 시장점유율을 확보할 수 있다. 그러나 고객과의 관계나 고객의 충성도를 지속시킬 수 있는 법적 권리나 그것을 통제할 방법이 존재하지 않으면 기업이 고객과의 관계로부터 창출될 미래경제적효익을 통제한다고 보기 어렵다. 그러므로 고정고객, 시장점유율, 고객과의 관계, 고객의 충성도 등은 자산이 아니다.

그러나 고객관계를 보호할 법적 권리가 없어도 동일하거나 유사한 비계약적 고객관계를 교환하는 거래(사업결합 과정에서 발생한 것이 아닌)는 고객관계로부터 기대되는 미래경제적효익을 통제할 수 있다는 증거를 제공한다. 이러한 교환거래는 고객관계가 분리가능하다는 증거를 제공하므로 해당 고객관계는 무형자산의 정의를 충족한다[1038: 16].

(3) 식별가능성

사업결합으로 인식하는 영업권(goodwill)은 개별적으로 식별해서 별도로 인식하는 것이 불가능한 그 밖의 자산에서 발생하는 미래경제적효익을 나타내는 자산이다. 이러한 영업권과 구별하기 위하여 무형자산은 식별가능해야 한다[1038: 11]. 식별가능성(identifiability)은 특정 항목이 다른 항목과 구별되고 분리가능하다는 것을 말한다. 구체적으로, 자산이 다음 중 하나에 해당하는 경우에 식별가능하다[1038: 12].

- 자산이 분리가능하다. 즉, 기업의 의도와는 무관하게 기업에서 분리하거나 분할할 수 있고, 개별적으로 또는 관련된 계약, 식별가능한 자산(또는 부채)과 함께 매각, 이전, 라이선스, 임대, 교환할 수 있다.
- 자산이 계약상 권리 또는 기타 법적 권리로부터 발생한다. 권리가 이전가능한지 여부 또는 기업이나 기타 권리와 의무에서 분리가능한지 여부는 고려하지 아니한다.

분리가능하다(separable)는 것은 기업으로부터 분리하거나 분할할 수 있고, 다른 자산의 미래경제적효익을 희생하지 않고 매각, 이전, 임대, 교환할 수 있다는 것을 의미한다. 분리가능하면 식별가능하지만, 식별가능하다고 해서 모두 분리가능한 것은 아니다. 즉, 분리가능성은 식별가능성을 충족하기 위한 충분조건이고 필요조건은 아니다. 계약상 권리 또는 법적 권리는 그 자체로 식별가능해서 식별가능성을 충족한다. 따라서 이러한 권리를 제3자에게 이전할 수 있는지 또는 해당 권리가 기업이나 다른 권리 집합으로부터 분리가능한지 여부는 고려하지 않는다. 계약상 또는 법적으로 발생한 권리는 분리가능하지 않을 수도 있으나, 분리가능하지 않더라도 계약상 또는 법적으로 발생한 권리라면 곧바로 식별가능하다고 보기 때문에 분리가능성 충족 여부를 별도로 판단하지 않아도 된다는 의미이다.

Miniature 예제 1 축구선수의 훈련 프로그램과 무형자산

상황

· 영국 프로 축구팀이 축구 시즌이 시작되기 전에 무당파 도사를 고용해서 팀에 소속된 한국 선수에게 특수 훈련을 통해 탁월한 외계인 비법을 전수하고 있다고 가정한다. 한국 선수는 현란하게 드리블하는 기법 및 침투능력과 득점을 위한 새로운 전략을 배우고 있다. 이 훈련 프로그램의 결과, 한국 선수의 기량이 리오넬 메시(Lionel Messi)급으로 향상되어 유럽 축구계를 발칵 뒤집어 놓고 있다.

· 이 훈련 프로그램의 총비용은 ₩500,000이고 한국 선수는 팀과의 독점 계약기간이 3년을 남겨두고 있다. 전문가들은 이 훈련의 결과, 한국 선수가 소속한 팀이 리그(English Premier League)와 유럽 챔피언스리그에서 성공할 가능성이 매우 높을 것으로 예측한다.

· 이 팀은 현재 수천 장의 시즌 입장권이 판매되지 않았으나, 시즌 초기에 리그에서 팀의 순위가 상승하면 시즌 입장권이 추가로 판매될 것이다. 그리고 아시아 시장을 개척해서 아시아 지역의 방송 중계료가 상당히 증가할 것이다. 시즌 입장권을 추가로 판매해서 관중수가 증가하고 아시아 시장에서 방송 중계료가 증가하면 시즌당 증분수익(incremental revenue)이 ₩3,000,000이 될 것이다.

물음 이 경우 영국 프로 축구 구단이 훈련 프로그램 비용을 무형자산으로 인식할 수 있는가?

정답 및 해설

프로구단이 특정 선수를 팔고 산다는 기사가 가끔 나오지만, 엄밀히 말해 개별 선수 자체가 구단의 자산은 아니다. 다만, 그 선수로부터 특정 용역을 독점적으로 제공받을 계약상 권리(또는 소속 선수로 등록할 권리)가 무형자산이 될 수 있다.

식별가능성: 구단의 의도와는 무관하게 훈련 프로그램과 선수를 구단에서 분리할 수 있으므로 회계적 관점에서 식별가능하다.

미래경제적효익: 훈련 프로그램이 시즌 입장권과 아시아 지역의 방송 중계권 수익을 창출시키는 형태로 미래경제적효익을 가져다 줄 수 있다.

통제: 구단이 선수의 기술적 재능을 사용하여 미래경제적효익을 창출하는 것을 3년간 통제하는 것이 법으로 보호되어 있으므로 구단이 미래경제적효익을 통제한다.

결론: 한국 선수에 대한 특수 훈련이 비용을 초과해서 구단의 수익을 증가시킬 것으로 예상되면 훈련비용 ₩500,000을 무형자산으로 인식할 수 있다.

2. 인식기준

무형자산과 관련된 지출은 다음과 같이 다양하다.

- 무형자산을 취득하기 위해 발생한 지출
- 무형자산을 내부적으로 창출하기 위하여 개발단계에서 발생한 지출
- 무형자산을 취득(또는 개발)한 후에 증설 · 대체 또는 개량에서 발생한 지출

무형자산의 정의를 충족하는 지출항목을 자산으로 인식하기 위해서는 다음 인식기준을 모두 충족하여야 한다[1038: 21].

▸ 자산에서 발생하는 미래경제적효익이 기업에 유입될 가능성이 높다.

▸ 자산의 원가를 신뢰성 있게 측정할 수 있다.

기업 외부로부터 취득한 무형자산은 인식조건을 상대적으로 쉽게 만족하지만, 기업 내부에서 개발한 무형자산은 경제적효익을 측정하는 주관성 때문에 p. 197에서 설명할 자본화기준[1038: 57]을 충족해야 무형자산으로 인식한다.

Miniature 예제 2 훈련비와 개발비

상황

돼지꿈회사에 다음과 같은 지출이 발생했다.

직원 교육훈련비 ₩200,000: 직원을 훈련한 결과 직원이 높은 수준의 기술을 습득해서 추가로 ₩800,000의 수익을 창출할 것으로 예상된다.

신제품 개발비 ₩500,000: 신제품 개발비 ₩500,000 중에서 ₩400,000은 무형자산의 자본화기준이 충족되기 이전에 발생했고 ₩100,000은 자본화기준이 충족된 이후에 발생했다.

물음 돼지꿈회사가 2차연도 재무제표에 ₩700,000(₩200,000 + ₩500,000)을 표시하는 방법을 제시하라.

정답 및 해설

교육훈련비 ₩200,000: 돼지꿈회사는 직원을 훈련해서 발생하는 혜택을 통제할 수 없고 훈련받은 직원이 퇴사하면 직원이 혜택을 통제할 수 있다. 그러므로 교육훈련비 ₩200,000을 발생시점에 비용으로 인식한다. 「K-IFRS 제1038호」는 일반적으로 교육훈련비, 재배치비용, 구조조정비, 창업비를 비용으로 인식한다.

신제품 개발비 ₩500,000: ₩400,000은 발생시점에 비용으로 인식하고, ₩100,000은 개발비 명목으로 무형자산으로 인식한다.

3. 무형자산의 상각

무형자산은 자산의 내용연수에 따라 상각 여부를 결정한다. 내용연수가 한정인 무형자산은 상각하고, 내용연수가 비한정인 무형자산은 상각하지 않는다. 내용연수가 한정(finite)이라는 것은 법률이나 기타 요소에 의해 해당 자산으로부터 순현금유입이 발생할 것으로 기대되는 기간에 한계가 있다는 것을 의미한다. 내용연수가 비한정(indefinite)이라는 것은 해당 자산으로부터 순현금유입이 발생하는 기간을 예측하는 데 있어 특정한 한계가 없음을 의미한다. 내용연수가 한정이 아닌 모든 무형자산은 내용연수가 비한정이다. 여기서 비한정은 무한(infinite)을 의미하는 것은 아니고 무한을 포함하는 개념이기 때문에 '비한정'과 '무한'은 같은 말이 아니다. 내용연수가 비한정인 무형자산이라 하더라도 정기적인 손상검사의 대상이 되므로 장부금액이 영원히 유지되는 것은 아니다. 유형자산과 무형자산의 손상에 대해서는 제5장에서 자세하게 설명한다.

무형자산의 내용연수 { 한정: 상각 대상임(유형자산의 감가상각방법 중 선택)
비한정: 상각 대상 아님(정기적인 손상검사를 실시)

다음 사항을 고려해서 무형자산의 내용연수를 결정한다.

- 무형자산으로부터 기대되는 사용과 진부화
- 계약상 권리 또는 법적 권리에 대한 통제가능기간과 무형자산 사용에 대한 법적 제한 또는 이와 유사한 제한(예 리스의 만기일)
- 계약상 권리 또는 법적 권리에 대한 연장기간

(1) 내용연수가 한정인 무형자산

내용연수가 한정인(유한한) 무형자산은 유형자산의 감가상각과 유사하게 상각한다. 무형자산의 상각대상액(취득원가 − 잔존가치)을 무형자산이 사용 가능한 시점부터 시작하여 내용연수 동안 체계적인 방법으로 배분해서 수익과 대응시킨다. 무형자산이 소비되는 형태를 신뢰성 있게 결정할 수 없는 경우에는 자산에서 창출되는 경제적효익의 금액과 시기가 불확실하므로 적용하기 쉬운 정액법을 사용하여 상각한다. 무형자산은 내용연수 말의 처분가격이 매우 불확실하므로 원칙적으로 잔존가치를 ₩0으로 한다. 그러나 다음 중 하나에 해당하는 경우, 해당 무형자산의 잔존가치를 ₩0으로 보지 않고 예상되는 잔존가치로 한다[1038: 100].

① 내용연수 종료시점에 제3자가 무형자산을 구입하기로 한 약정이 있다.
② 무형자산의 활성시장이 있고 다음 두 조건이 모두 충족된다.
  ▸ 활성시장이 내용연수 종료시점에 존재할 가능성이 높다.
  ▸ 활성시장에서 잔존가치를 결정할 수 있다.

활성시장(active market)은 지속적으로 가격결정 정보를 제공하기에 충분할 정도의 빈도와 규모로 자산이나 부채가 거래되는 시장을 말한다[1113: 부록 A]. 시장에서 거래되는 품목이 동질성을 갖고, 자발적인 구매자와 판매자가 존재하며, 대중이 거래가격을 사용할 수 있는 시장이 활성시장이다.

무형자산의 상각비는 상각누계액계정(차감계정)을 사용하여 장부에 기록할 수도 있으나 통상적으로 무형자산에서 직접 차감한다. 무형자산의 상각비는 일반적으로 당기비용으로 인식한다. 그러나 무형자산의 미래경제적효익이 다른 자산의 생산을 위해 사용되는 경우에는 무형자산의 상각액을 다른 자산의 제조원가에 포함한다. 예를 들면, 재고자산의 제조과정에 사용된 무형자산에 대한 상각비는 생산된 재고자산의 제조원가에 포함한다.

(2) 내용연수가 비한정인 무형자산

내용연수가 비한정인 무형자산은 상각하지 않고 정기적으로 손상검사를 실시해서 손상이 확인되면 손상차손(당기손실)을 인식한다. 매 회계기간 말에 내용연수가 비한정인지를 검토해야 하며, 검토결과 내용연수가 더 이상 비한정이 아니라 한정으로 판명되면 내용연수를 한정된 내용연수로 변경('회계추정의 변경')하고 전진법(제22장 참조)으로 회계처리한다.

Miniature 예제 3 무형자산의 내용연수(「K-IFRS 제1038호」 사례 4와 5)

상황 1: 취득한 방송 라이선스가 5년 후에 만료되는 경우

· 방송 라이선스는 기업이 적어도 통상적인 수준의 서비스를 고객에게 제공하고 관련 법적 규정을 준수하면 10년마다 갱신이 가능하다. 이 라이선스는 거의 원가 없이 비한정으로 갱신할 수 있으며 최근의 취득 이전에 두 번 갱신되었다. 취득기업은 라이선스를 비한정으로 갱신하려는 의도를 가지고 있으며 갱신할 수 있는 능력을 가지고 있다는 증거도 있다. 과거에 라이선스를 갱신하는 데 어려움은 없었다. 방송하는 데 사용되는 기술은 예측가능한 미래의 어느 시점에라도 다른 기술에 의해 대체될 것으로 예상되지 않는다. 따라서 라이선스는 비한정으로 기업의 순현금유입에 기여할 것으로 기대된다.

· 방송 라이선스가 비한정으로 기업의 순현금유입에 기여할 것으로 기대되므로 내용연수가 비한정이다. 따라서 당해 라이선스는 내용연수가 유한하다고 결정할 때까지는 상각하지 않는다. 라이선스에 대하여 매년 그리고 자산손상을 시사하는 징후가 있을 때마다 손상검사(제5장 참조)를 한다.

상황 2: 갱신되지 않는 방송 라이선스

· 라이선스발급 기관이 방송 라이선스를 더 이상 갱신해주지 않고 이를 경매에 붙이기로 결정하였다. 라이선스 발급기관의 이러한 결정이 이루어진 시점에 당해 방송 라이선스는 만료시점까지 3년이 남아있다. 기업은 만료시점까지 라이선스가 순현금유입에 기여할 것으로 예상한다.

· 방송 라이선스가 더 이상 갱신될 수 없으므로 내용연수는 더 이상 비한정이지 않다. 따라서 취득한 라이선스는 3년의 잔여내용연수 동안 상각하고 즉시 손상검사를 한다.

예제 1 무형자산의 상각비와 재고자산의 측정액

중요도: ★★★
난이도: ◆

상황

· 금광 200,000평의 사용권을 취득하는 과정에서 다음 지출이 발생하였다.

금광 취득원가	₩600,000
금광 탐사원가	100,000
금 채굴사업을 시작하는 데 드는 무형자산 개발원가	200,000
합계	₩900,000

· 금광의 추정 잔존가치: ₩0
· 광산의 금 매장량을 9,000온스로 추정하였다.
· 금을 채굴하기 시작한 첫해에 금 500온스를 채굴하고, 그 가운데 금 200온스를 온스당 ₩200에 외상으로 판매하였다.
· 무형자산의 상각비를 재고자산(금)의 취득원가에 포함하는 회계정책을 사용한다.

물음

1. 생산량비례법을 사용하여 금 온스당 상각비를 계산하라.
2. 첫해에 필요한 분개를 하라.

정답 및 해설

1.

$$\text{단위당 상각비} = \frac{\text{광산 취득원가} - \text{추정 잔존가치}}{\text{추정 매장량}}$$

= ₩900,000 ÷ 9,000온스 = 온스당 ₩100

첫해의 상각비: 500온스 × ₩100 = ₩50,000

2.

상각누계액계정을 사용하는 방법			무형자산에서 직접 차감하는 방법		
(차) 금 광 사 용 권	900,000		왼쪽과 동일		
(대) 현 금		900,000			
(차) 재 고 자 산(금)	50,000		(차) 재 고 자 산(금)	50,000	
(대) 상 각 누 계 액		50,000	(대) 금 광 사 용 권		50,000
(차) 매 출 채 권	40,000				
(대) 매 출		40,000	왼쪽과 동일		
(차) 매 출 원 가	20,000				
(대) 재 고 자 산(금)		20,000	왼쪽과 동일		

Chapter 04 제2절

외부에서 취득한 무형자산

1. 개별적으로 취득한 무형자산

일반적으로 무형자산을 개별 취득하기 위하여 지급하는 가격은 그 자산이 갖는 미래경제적효익이 기업에 유입될 확률에 대한 기대를 반영한다. 따라서 개별 취득하는 무형자산은 미래경제적효익이 기업에 유입될 가능성이 높다는 조건이 항상 충족되는 것으로 본다[1038: 25]. 또한, 개별 취득하는 무형자산의 취득원가는 일반적으로 신뢰성 있게 측정할 수 있다. 특히 현금이나 기타 화폐성자산으로 구입대가를 지급하는 경우에는 좀 더 신뢰성 있게 취득원가를 측정할 수 있다[1038: 26]. 그러므로 외부에서 취득한 항목을 무형자산으로 인식한다.

무형자산 취득원가는 무형자산을 취득하기 위하여 포기한 자산의 공정가치와 무형자산을 의도한 용도에 맞게 준비하는 지출(예 법적 수수료와 기타 부수적 지출 등)을 포함한다. 구체적으로, 개별적으로 취득한 무형자산의 취득원가는 다음 항목으로 구성된다[1038: 27].

- 구입가격(매입할인과 리베이트를 차감하고 수입관세와 환급받을 수 없는 세금을 포함)
- 자산을 의도한 목적에 사용할 수 있도록 준비하는 데 직접 관련되는 다음과 같은 원가[1038: 28].

- 취득한 자산을 사용 가능한 상태로 만드는 데 직접적으로 발생하는 종업원급여
- 취득한 자산을 사용 가능한 상태로 만드는 데 직접적으로 발생하는 전문가 수수료
- 취득한 자산이 적절하게 기능을 발휘하는지 검사하는 데 발생하는 원가

미래경제적효익을 가져오는 지출이 발생하였더라도 인식기준을 충족하는 무형자산이 획득되지 않으면, 지출액을 발생시점에 비용으로 인식한다. 예를 들어, 연구비 지출은 무형자산의 인식요건을 충족하지 못하므로 발생시점(또는 지급시점)에 전액 비용으로 인식한다. 무형자산 취득원가에 포함하지 않고 발생시점에 비용으로 인식하는 지출의 예는 다음과 같다[1038: 29].

- 새로운 제품이나 용역의 홍보원가(광고와 판매촉진활동 원가 포함)
- 새로운 지역에서 또는 새로운 계층의 고객을 대상으로 사업을 수행하는 데서 발생하는 원가(교육훈련비 포함)
- 관리원가와 기타 일반경비원가

Miniature 예제 4 취득한 고객목록(「K-IFRS 제1038호」 사례 1)

· 직접우편발송 광고회사가 고객목록을 취득하고, 해당 고객목록 정보로부터 적어도 1년, 그러나 3년을 넘지 않는 기간 동안 효익을 얻을 수 있을 것으로 기대한다. 취득시점에 광고회사는 고객목록을 무형자산으로 인식하고 내용연수에 대한 경영진의 최선 추정기간(예 18개월) 동안 상각한다.

· 직접우편발송 광고회사가 미래에 해당 고객목록에 고객이름과 그 밖의 정보를 추가할 의도를 가지고 있다 하더라도 취득한 고객목록에서 기대되는 효익은 취득한 고객목록에 포함된 고객에게만 관련된다.

예제 2 무형자산 측정액

중요도: ★★★
난이도: ◆

상황

· 4차연도 12. 31.에 달려라회사의 원장에 다음과 같은 금액이 기록되어 있다.

창업비	₩30,000
상표권	50,000
특허권	70,000
회사의 영업을 선전하기 위해서 광고회사에 예치한 금액	20,000
자회사의 취득원가가 식별가능한 자산의 공정가치를 초과하는 금액	80,000
연구개발목적으로 취득한 기계의 원가(기계의 대체적 용도가 있음)	100,000
연구단계에서 항암약을 개발하기 위해 소요된 원가	60,000

물음 재무상태표에 무형자산으로 보고할 금액을 결정하고 무형자산이 아닌 항목은 재무제표에 보고하는 방법을 제시하라.

정답 및 해설

상표권	₩50,000
특허권	70,000
영업권	80,000

무형자산 합계 ₩200,000

창업비 ₩30,000: 발생시점에 비용으로 인식한다.
회사의 영업을 선전하기 위해서 광고회사에 예치한 금액 ₩20,000: 발생시점에서 비용으로 인식하거나 재무상태표에 유동자산인 선급광고비로 보고한다.
연구개발목적으로 취득한 기계의 원가 ₩100,000: 기계의 대체적 용도가 있으므로 재무상태표에 유형자산으로 보고한다.
연구단계에서 항암약을 개발하기 위해 소요된 원가 ₩60,000: 자본화기준이 충족되지 않았으므로 발생시점에 비용으로 인식한다.

2. 비화폐성자산과 교환해서 취득한 무형자산

상업적 실질이 있는 비화폐성자산의 교환거래로 무형자산을 취득하면 공정가치법을 적용해서 포기한 자산의 공정가치로 취득한 무형자산의 취득원가를 측정한다. 그러나 다음 중 하나에 해당하는 경우에는 장부금액법을 적용해서 포기한 자산의 장부금액으로 취득한 무형자산의 취득원가를 측정한다.

- 비화폐성자산의 교환거래에 상업적 실질이 없는 경우
- 취득한 자산의 공정가치와 포기한 자산의 공정가치 모두를 신뢰성 있게 측정할 수 없는 경우

제3장에서 살펴보았듯이, 교환거래의 결과 미래 현금흐름이 얼마나 변동될 것인지를 고려하여 해당 교환거래에 상업적 실질이 있는지를 결정한다.

3. 정부보조로 취득한 무형자산

정부보조를 받아 공항 착륙권, 항공로 이용권, 방송국 운영권, 수입면허 등 무형자산을 무상 또는 공정가치보다 낮은 대가로 취득할 수 있다. 무형자산을 취득하기 위해 정부보조금을 받으면 이는 자산관련보조금에 해당하고, 유형자산의 취득에 사용된 정부보조금에 대한 회계처리(제3장 참조)와 동일하게 처리한다. 무형자산과 정부보조금 모두를 최초에 공정가치로 인식할 수 있다. 최초에 자산을 공정가치로 인식하지 않기로 선택한 경우에는, 자산을 명목상 금액과 자산을 의도한 용도로 사용할 수 있도록 준비하는 데 직접 관련되는 지출을 합한 금액으로 인식한다[1038: 44].

취득원가차감법	
무형자산 매입가격(공정가치)	×××
+) 자본화할 수 있는 지출액	×××
−) 받은 정부보조금	(×××)
=) 무형자산 취득원가	×××

이연수익법	
무형자산 매입가격(공정가치)	×××
+) 자본화할 수 있는 지출액	×××
받은 정부보조금*	무시함
=) 무형자산 취득원가	×××

* 받은 시점에 이연보조금수익(부채)을 인식함

4. 일괄취득

여러 가지 무형자산을 한 덩어리로 묶어 단일거래에서 단일가격으로 일괄취득하면, 유형자산을 일괄취득한 경우(제3장 참조)와 마찬가지로 무형자산의 일괄취득가격을 상대적 개별 판매가격법(제2장 참조) 또는 잔여접근법(제2장 참조)을 사용하여 각 무형자산에 배분한다.

5. 이연지급

무형자산을 취득하면서 어음을 발행하는 등 대가를 일시에 지불하지 않고 장기에 걸쳐 지불하는 이연지급계약을 맺은 경우, 어음의 액면금액과 이자의 현재가치(현금교환가격)를 무형자산 취득원가로 하고, 어음의 현재가치할인차금(어음의 액면금액과 현재가치의 차이)은 시간이 지남에 따라 이자비용으로 인식한다.

내부에서 창출한 무형자산

Chapter 04 제3절

1. 측정의 기본원칙

내부적으로 창출한 무형자산이 인식기준을 충족하는지를 판단하는 것은 다음과 같은 이유로 쉽지 않다[1038: 51].

① 기대 미래경제적효익을 창출할 식별가능한 자산이 있는지와 경제적효익의 유입시점을 파악하기 어렵다.

② 자산의 원가를 신뢰성 있게 결정하는 것이 어렵다. 어떤 경우에는 무형자산을 내부적으로 창출하기 위한 원가를 내부적으로 창출한 영업권을 유지 또는 향상시키는 원가나 일상적인 경영관리활동에서 발생하는 원가와 구별할 수 없다.

위와 같은 이유로, 무형자산을 내부적으로 창출하기 위하여 발생한 지출은 자산으로 인식하지 않고 발생시점에 비용으로 인식한다[1038: 10]. 그리고 내부적으로 창출한 영업권은 원가를 신뢰성 있게 측정할 수 없고 기업이 통제하고 있는 식별가능한 자원이 아니기 때문에(즉, 분리가능하지 않고 계약상 또는 기타 법적 권리로부터 발생하지 않기 때문에) 자산으로 인식하지 아니한다[1038: 49].

상표권 또는 고객명단을 개발하는 것은 식별가능한 제품 또는 생산공정과 연관이 없기 때문에 개발활동으로 분류할 수 없으므로 상표권 또는 고객명단을 창출하는 데 발생한 원가를 자본화할 수 없다. 즉, 기업 내부에서 창출한 상표, 신문 · 잡지의 제호(mastheads), 고객명단, 출판표제와 이와 경제적 실질이 유사한 항목 등을 창출하는 데 소요되는 지출은 개별 자산이 아닌 사업 전체를 개발하는 데 사용되는 비용과 유사해서 식별가능성 요건을 충족하지 못한다고 본다. 따라서 이러한 지출은 무형자산으로 인식하지 않고 발생시점(또는 지급시점)에 당기비용으로 인식한다[1038: 63, 64].

2. 무형자산의 내부창출: 연구와 개발

기업 내부에서 창출한 무형자산이 인식기준을 충족하는지를 판단하기 위하여 모든 무형자산의 내부창출과정을 연구단계와 개발단계로 구분한다. 연구단계와 개발단계라는 용어는 연구 · 개발활동 뿐만 아니라 기업 내부에서 창출된 모든 유형의 무형자산에 적용된다[1038: 52]. 무형자산을 창출하기 위한 내부 프로젝트를 연구단계와 개발단계로 구분할 수 없는 경우에는 그 프로젝트에서 발생한 지출은 모두 연구단계에서 발생한 것으로 본다[1038: 53].

(1) 연구단계

연구단계(research phase)는 새로운 과학적 · 기술적 지식을 얻기 위해 수행하는 독창적이고 계획적인 탐구활동이다. 다음은 연구활동의 예이다[1038: 56].

- 새로운 지식을 얻고자 하는 활동
- 연구결과나 기타 지식을 탐색, 측정, 최종 선택, 응용하는 활동
- 재료, 장치, 제품, 공정, 시스템이나 용역에 대한 여러 대안을 탐색하는 활동
- 새롭거나 개선된 재료, 장치, 제품, 공정, 시스템이나 용역에 대한 여러 대안을 제안, 설계, 평가, 최종 선택하는 활동

자산으로 인식하기 위해서는 미래경제적효익의 유입가능성이 높다는 것을 입증해야 하는데, 연구활동을 수행하는 과정에서 발생한 지출(예 연구비 등)은 미래경제적효익을 창출할 수 있는지 여부가 불확실하고, 미래경제적효익이 창출될 것이라는 것을 객관적으로 입증하기는 더욱 어려운 것이 일반적이다. 따라서 내부 프로젝트의 **연구단계에서 발생한 지출은 무형자산을 인식하지 않고 발생시점에 비용으로 인식한다**[1038: 54, 55].

대체적 용도가 없고 연구단계에서 사용된 원자재와 설비자산의 원가는 발생시점에 비용으로 인식한다. 그러나 대체적 용도가 있는 원자재는 재고자산으로 분류해서 소비시점에 비용으로 인식하고, 대체적 용도가 있는 설비자산은 유형자산으로 분류해서 사용하면서 감가상각비를 인식한다.

(2) 개발단계

개발단계(development phase)는 재료, 장치, 제품, 공정, 시스템, 용역 등을 새롭게 하거나 개량하기 위해 상업적인 생산이나 사용을 시작하기 전에 연구단계에서 찾은 성과물이나 기타 관련 지식을 생산 계획 또는 설계에 적용하는 단계이다. 개발활동의 예는 다음과 같다[1038: 59].

- 생산이나 사용 전의 시제품과 모형을 설계, 제작, 시험하는 활동
- 새로운 기술과 관련된 공구, 주형, 금형 등을 설계하는 활동
- 상업적 생산 목적으로 실현가능한 경제적 규모가 아닌 시험공장을 설계, 건설, 가동하는 활동
- 신규 또는 개선된 재료, 장치, 제품, 공정, 시스템이나 용역에 대하여 최종적으로 선정된 안을 설계, 제작, 시험하는 활동

개발활동은 상업적으로 연구활동보다 더 진척된 활동이므로 미래경제적효익의 유입가능성 조건이 충족될 수 있으며, 개발단계에서 발생한 원가를 신뢰성 있게 측정할 수 있으므로 무형자산 인식기준을 충족할 가능성이 있다. 특정 연구개발프로젝트가 개발단계에 진입하면 해당 프로젝트를 통해 기업이 미래경제적효익을 기대할 수 있을 정도로 프로젝트가 진척되어 경제성이 있는지를 판단해서 자본화기준이 충족되면 개발단계에서 발생한 비용을 무형자산으로 인식한다.

개발비의 자본화기준[1038: 57]: 특정 연구개발 프로젝트가 다음 조건을 모두 만족하면 경제적 생존가능성(economic viability)이 있다고 보고 관련 지출을 자본화한다.

① 기술적 실현가능성: 연구개발 프로젝트를 완수하는 것이 기술적으로 실현 가능(technological feasibility)해야 한다.

② 기업의 의도: 연구개발 프로젝트를 완수하여 해당 자산을 기업이 사용하거나 판매하려는 의도가 있어야 한다.

③ 사용(또는 판매)능력: 기업이 완성된 무형자산을 사용하거나 판매할 수 있는 실질적 능력을 갖고 있어야 한다.

④ 시장성(또는 유용성): 기업이 해당 무형자산으로부터 미래경제적효익을 창출할 수 있는 방법이 존재해야 한다. 즉, 무형자산을 팔기를 원하면 개발활동의 산출물이나 무형자산 자체를 거래하는 시장이 존재한다는 것을 제시할 수 있어야 하고, 무형자산을 내부적으로 사용하려고 하면 해당 무형자산이 유용하다는 것을 제시할 수 있어야 한다.

⑤ 자원의 입수가능성(적정성): 기업이 연구개발 프로젝트를 완수하여 창출된 자산을 판매하거나 사용하는 데 필요한 기술적 · 재정적 자원을 보유하고 있어야 한다.

⑥ 측정의 신뢰성: 개발단계에서 발생하는 지출을 신뢰성 있게 측정할 수 있어야 한다.

위 ① ~ ⑤는 [1038: 21]에 규정된 인식기준 중에서 '자산에서 발생하는 미래경제적효익이 기업에 유입될 가능성이 높다'는 것을 구체화한 것이고, 위 ⑥은 [1038: 21]의 인식기준 중에서 '자산의 원가를 신뢰성 있게 측정할 수 있다'는 것을 달리 표현한 것이다.

예제 3 **연구개발비의 자본화기준 충족 여부**

중요도: ★★★
난이도: ◆

상황

· 왕대박제약회사가 파킨슨병을 치료하는 약품을 개발하고 있다. 수년간의 연구와 시험 결과 왕대박회사가 신경 전달 물질의 균형을 회복시키는 합성물을 식별했다. 약품의 효율성을 검증하고 부작용이 있는지 여부를 판단하기 위해서 임상시험을 한 결과, 약품이 안전하고 효율적이라는 것이 판명되어 이사회가 상세한 약품 개발일정과 예산을 승인했다.

· 왕대박제약회사는 새로 개발한 약품에 대한 수요가 상당히 많을 것으로 예상해서 능력 있는 인원을 대규모로 투입해서 약품 개발 프로젝트를 완성시키고 약품을 시장에서 판매하는 데에 경제적 자원을 사용하기로 결정해서 약품을 사용하거나 판매하는 능력을 입증했다.

물음 파킨슨병 치료 약품을 개발하는 프로젝트가 자본화기준 6개 항목을 충족하는지 여부를 결정하라.

정답 및 해설

① 기술적 실현가능성: 새로운 약품의 효율성과 안정성이 판명되고 개발일정과 예산이 승인되어 기술적 실현가능성 기준이 충족된다.

② 기업의 의도: 약품 개발 프로젝트를 완성시키기 위해 대규모 인원을 투입하기로 결정하는 등 사용하거나 판매하려는 의도 기준이 충족된다.

③ 사용 또는 판매능력: 회사가 새로운 약품을 사용할 수 있다는 것이 의문의 여지가 없으므로 사용 또는 판매능력 기준이 충족된다.

④ 시장성 또는 유용성: 새로운 약품에 대한 수요 분석을 기초로 약품의 경제적 혜택을 입증하는 원가-효익 분석을 통해 시장성 또는 유용성기준이 충족된다.

⑤ 자원의 입수가능성: 새로운 약품의 개발에 능력 있는 직원이 전념하고 경제적 자원을 조달하므로 자원의 입수가능성 기준이 충족된다.

⑥ 측정의 신뢰성: 약품 개발 프로젝트가 잘 정의되고 개발비 예산이 수립되어 프로젝트를 수행하는 원가를 신뢰성 있게 측정할 수 있으므로 측정의 신뢰성 기준이 충족된다.

· 왕대박제약회사가 개발단계에서 발생한 무형자산을 인식하는 6가지 기준을 충족한다는 것을 입증할 수 있으므로 6가지 기준이 충족된 후부터 발생하는 지출을 무형자산으로 인식한다. 그러나 자본화기준이 충족되기 이전에 발생한 지출은 비용으로 인식한다.

Miniature 예제 5 **신약개발비**

상황

· 경천동지회사는 새로운 항암제를 개발하는 과정의 일환으로 암치료의 효과성을 시험하고 부작용의 존재 여부를 결정하기 위해서 임상시험을 시작했다.

물음 경천동지회사가 항암제 개발비를 무형자산으로 인식할 수 있는지 결정하라.

정답 무형자산으로 인식할 수 없음

해설

· 임상시험을 시작한 단계이므로 항암제가 효과적이고 안전한지 불확실하여 기술적 실현가능성을 입증하지

못하였고, 현 단계에서 항암제를 사용하거나 판매할 수 있는 능력을 입증하지도 못하였으므로 개발비용을 무형자산으로 인식할 수 없다.

기업 내부에서 창출한 무형자산의 취득원가는 자본화기준([1038: 57]의 인식기준)을 최초로 충족한 이후에 발생한 지출액의 합계로, 해당 자산의 창출, 제조 및 경영자가 의도하는 방식으로 운영될 수 있게 준비하는 것과 직접 관련된 모든 지출을 포함한다. 내부에서 창출한 무형자산의 취득원가에 포함하는 항목의 예는 다음과 같다[1038: 66].

- 무형자산의 창출에 사용되었거나 소비된 재료원가, 용역원가 등
- 무형자산을 창출하는 과정에서 발생한 종업원급여
- 법적 권리를 등록하기 위한 수수료
- 무형자산의 창출에 사용된 특허권과 라이선스의 상각비

미래경제적효익을 창출할 것으로 기대되는 지출을 자본화기준을 충족하지 못했다는 이유로 비용으로 인식하는 것은 이론적으로 타당하지 않다. 그러나 이러한 회계처리는 보수주의 관점을 따른 것으로, 실무에서 일관성을 강화하는 역할을 한다. 개발단계에서 지출한 금액 중 발생시점에 자본화기준이 충족되지 못해 이미 당기비용으로 인식했으면 추후에 해당 지출이 설사 자본화기준을 충족한다 하더라도 이를 소급해서 자본화할 수 없다[1038: 71]. 즉, 일단 비용으로 인식한 금액은 영원히 비용이다.

내부에서 창출한 무형자산의 취득원가에 포함하지 않고 비용으로 인식하는 항목은 다음과 같다[1038: 67].

- 판매비, 관리비 및 기타 일반경비
- 무형자산이 계획된 성과를 달성하기 전에 명백한 비효율로 발생한 손실과 초기 영업손실
- 무형자산을 운영하는 직원의 교육훈련비

참고 영국과 호주는 IFRS를 채택하고 있다. 그러나 호주 회계기준위원회는 내부창출 무형자산도 자산으로 인정하고, 영국 재무보고위원회는 직원교육비, 브랜드 광고비 등을 비용이 아닌 무형자산으로 정의해 별도로 공시하는 등 무형자산을 재무제표에 최대한 반영하고 있다.

그림 4.1 **연구단계와 개발단계에서 발생한 지출에 대한 회계처리**

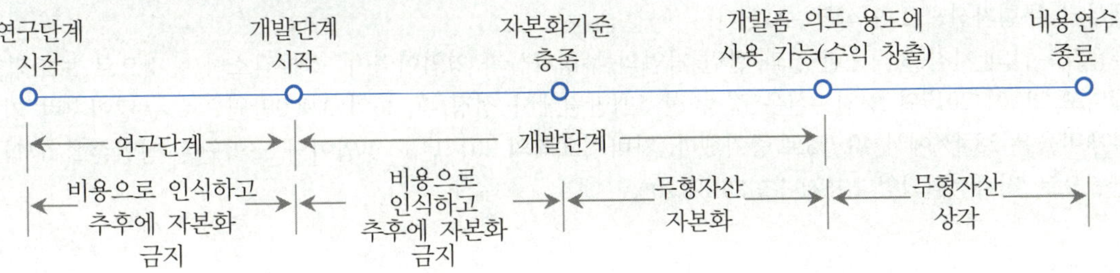

Miniature 예제 6 개발비의 회계처리

상황

· 2차연도 1. 1.부터 첨단회사가 신약을 개발하기 시작해서 3차연도 7. 1.에 기술적 실행가능성을 입증함과 동시에 개발비의 자본화기준이 모두 충족되었다.
· 3차연도 1. 1.에 현미경(내용연수: 8년, 잔존가치: ₩0)을 ₩1,000,000에 취득하였다.
· 3차연도 상반기에 개발비 ₩4,000,000을 지출하고 하반기에 개발비 ₩3,000,000을 지출하였다.
· 4차연도 1. 1.부터 첨단회사가 신약을 판매한다. 신약의 내용연수는 6년이다.
· 첨단회사는 잔존가치 없이 정액법으로 상각한다.

물음 3차연도에 지출한 ₩8,000,000에 대한 회계처리를 설명하라.

정답 및 해설

· 3차연도 1. 1.에 지출한 ₩1,000,000을 유형자산(현미경)으로 인식
· 3차연도 상반기에 지출한 ₩4,000,000을 비용으로 인식
· 3차연도 하반기에 지출한 ₩3,000,000을 무형자산(개발비)으로 인식
· 3차연도부터 매년 유형자산(현미경) 감가상각비 ₩125,000(₩1,000,000 ÷ 8년)을 인식
· 4차연도부터 매년 무형자산 상각비 ₩500,000(₩3,000,000 ÷ 6년)을 인식

분식회계 의혹 [1038: 57]에 대한 금융감독원의 회계처리 지침

- 우리나라 제약 · 바이오기업의 연구개발비 회계처리에 대한 논란이 지속되어 왔다. 연구개발비를 자본화하는 방식이 회사마다 제각각이고, 임상에 실패하거나 개발이 중단된 경우에도 이를 공개하지 않는 한편, 신약개발이 최종적으로 성공해야 받을 수 있는 라이선스 계약금액을 그대로 공시하는 등 불성실 · 허위 공시가 만연했다. 글로벌 기업들이 일반적으로 정부가 약품 판매를 승인한 후에 연구개발비를 자본화하는 반면, 우리나라 제약 · 바이오 기업은 오랜 기간 복제약을 주로 생산해오면서 적용했던 회계처리방법을 관행적으로 적용하는 경우가 많았다. 일부 기업은 인건비도 개발비로 포함해서 자산으로 인식하거나 폐기된 연구개발도 개발비에 포함하는 등 개발비의 자산화 적정성을 넘어서 기본적인 회계처리에도 문제가 있다는 의혹이 제기되어 왔다.
- 이에 대응하고자 금융감독원은 2018년 8월과 9월에 제약 · 바이오기업의 공시실태 및 투자자 보호 방안과 연구개발비 회계처리 관련 감독지침을 발표하였다. 이 지침에 따르면, 신약은 임상 3상 개시 승인 이후부터, 바이오시밀러는 임상 1상 개시 승인 이후부터 무형자산으로 인식할 수 있다. 그리고 제네릭은 생동성시험(오리지널 약품과 생체 이용률이 통계적으로 동등한지 검증) 계획 승인 이후부터, 진단시약은 제품 검증 단계부터 무형자산으로 인식할 수 있다.
- 금융감독원의 지침을 적용한 결과 관련 기업의 무형자산과 영업이익이 크게 감소하는 것으로 보도되었다. 메디포스트의 2017년 영업손실은 정정 전 5백만원에서 정정 후 36억 3,900만원으로 눈덩이처럼 커지고 부채비율은 28.4%에서 40.7%로 증가했다. 차바이오텍의 2017년도 영업이익 53억원은 영업손실 67억 400만원으로 적자전환되었다(조선비즈 2018.8.20.).

Chapter 04 제4절

사업결합으로 취득한 무형자산

1. 사업결합으로 취득한 일반적 무형자산

무형자산의 공정가치는 취득일에 그 자산이 갖는 미래경제적효익이 기업에 유입될 확률에 대한 시장참여자의 기대를 반영한다. 따라서 사업결합으로 취득하는 무형자산은 미래경제적효익이 기업에 유입될 가능성이 높다는 조건을 항상 충족하는 것으로 본다. 사업결합으로 취득하는 자산이 분리가능하거나 계약상 또는 기타 법적 권리에서 발생하면, 그 자산의 공정가치를 신뢰성 있게 측정하기에 충분한 정보가 존재한다. 따라서 사업결합으로 취득하는 무형자산은 원가를 신뢰성 있게 측정할 수 있다는 조건을 항상 충족하는 것으로 간주한다[1038: 33].

사업결합으로 취득하는 무형자산은 관련된 계약이나 식별가능한 자산 또는 부채와 결합되어서만 분리가능한 경우가 있다. 이러한 경우 취득자는 무형자산을 영업권과는 분리하지만 연관된 항목과는 함께 인식한다[1038: 36].

기업이 다른 기업을 취득하면 피취득기업이 사업결합 이전에 무형자산을 인식하였는지 여부와 관계없이 취득자는 사업결합으로 취득한 무형자산을 취득시점에 영업권과 분리하여 공정가치로 측정 · 인식한다[1038: 34]. 즉, **다른 기업을 결합해서 취득했으나 피취득기업의 별도 재무제표요소로 인식기준을 만족하지 못한 무형자산도 취득기업은 공정가치로 무형자산으로 인식한다.** 예를 들어, 피취득기업이 무형자산으로 인식하지 못한 고객명단, 고객과의 관계, 진행 중인 연구개발프로젝트 등을 취득기업은 무형자산으로 인식한다.

사업결합으로 취득한 무형자산은 취득일의 공정가치로 측정한다. 예를 들어, 공정가치가 ₩200,000인 무형자산을 사업결합을 통해서가 아니라 개별적으로 현금 ₩170,000에 취득하면 포기한 대가의 공정가치인 ₩170,000으로 무형자산을 인식한다. 그러나 해당 무형자산을 사업결합으로 취득하면 공정가치인 ₩200,000으로 무형자산을 인식하고 거래당일손익(제9장 참조)인 차이 ₩30,000을 영업권(또는 염가매수차익) 측정액에 포함한다. 사업결합으로 자산과 부채를 일괄적으로 취득한 것은 여러 자산과 부채를 한 덩어리로 묶어 단일거래에서 단일가격으로 취득한 일괄구입과 성격이 동일하지만, 상대적 개별 판매가격법으로 일괄구입가격을 각 자산과 부채에 배분하지 않고 각 자산과 부채의 공정가치를 취득원가로 측정하고 공정가치의 합계와 일괄구입가격의 차이를 모조리 영업권(또는 염가매수차익)으로 인식한다.

사업결합에서 취득했으나 공정가치를 신뢰성 있게 측정할 수 없는 무형자산은 모두 영업권으로 인식한다[1038: 68]. 예를 들어, 공정가치를 신뢰성 있게 측정할 수 없는 다음과 같은 법적 권리(또는 계약상 권리)를 영업권으로 인식한다.

▸ 특정 기업만 사용할 수 있는 라이선스: 별도 항목으로 처분할 수 없으므로 해당 기업으로부터 분리

가능하지 않아 영업권에 포함한다.

- 특정 기업으로부터 분리 가능하지만 특성이 독특해서 과거에 교환거래가 성립한 역사가 없는 라이선스

2. 사업결합으로 취득한 영업권

개별적으로 식별불가능해서 별도로 인식하지 못하고, 기업과 분리되어 독립적으로 거래될 수는 없지만, 기업 전체적으로 볼 때 미래경제적효익을 가져다주는 것들을 통틀어 하나로 묶은 것을 영업권(goodwill)이라 한다. 영업권은 원가가 식별가능한 여타의 무형자산과 직접적으로 결부되지 않고, 기업 전체로부터 분리될 수 없다는 점에서 일반적 무형자산과 다르다.

저자는 영업권을 경제적 영업권과 회계적 영업권으로 분류한다. 경제적 영업권(economic goodwill)은 기업 내부에서 창출되지만 기업 전체와 분리하여 개별적으로 식별되거나 평가될 수 없는 분야, 즉 기술 · 지식 · 경영기법 · 시장조사 및 판매촉진 등의 분야에서 평균 이상의 능력(above-average strength)에 의해 발생하는 무형의 자원을 말한다. 「K-IFRS 제1038호」는 경제적 영업권을 무형자산으로 인식하지 않는다. 따라서 기업 내부에서 경제적 영업권을 창출하기 위해서 발생한 지출은 무형자산으로 인식하지 않고 발생시점에 당기비용으로 인식한다. 영업권을 무형자산으로 인식하기 위해서는 다른 기업을 사야 한다. 회계적 영업권(accounting goodwill)은 다른 기업을 취득함으로써 생기고 피취득회사의 취득원가와 식별가능한 순자산의 총 공정가치의 차이로 측정한다.

영업권 {
- 영업권을 내부에서 창출하기 위해 발생한 지출: 당기비용으로 인식
- 사업결합으로 취득한 영업권: 무형자산인 영업권으로 인식

사업결합으로 취득한 영업권은 피취득자의 식별불가능한 무형자산의 가치를 간접적으로 평가해서 하나로 묶은 것이기 때문에 기업으로부터 분리할 수 없으며 기업 전체의 관점에서 봐야 한다. 경제적 관점에서는 삼성전자나 코카콜라와 같이 상호나 상표 자체가 세계적으로 유명하기 때문에 기업의 가치가 올라가고 영업권이 존재한다고 본다. 그러나 회계적 관점에서는 반드시 사업결합을 한 경우에만 영업권을 인식하고, 다른 기업을 취득하지 않아 사업결합을 하지 않은 기업에는 영업권이 존재하지 않는다.

사업결합으로 취득한 영업권의 취득원가는 다음과 같이 측정한다. 사업결합 시에 구매자가 피취득자의 식별가능한 순자산의 총 공정가치보다 적은 금액을 지불해 영업권 취득원가가 음(−)의 값이면, IFRS와 US GAAP에서는 이를 염가매수차익(gain on bargain purchase, negative goodwill)으로 인식하고 당기손익에 포함한다.

피취득자에게 지불한 항목(지급대가)의 총 공정가치	×××
-) 피취득자의 식별가능한 순자산의 총 공정가치	(×××)
=) 영업권 취득원가	×××*

* 음의 값인 경우 염가매수차익(당기손익)으로 인식

예제 4 사업결합으로 취득한 무형자산

중요도: ★★★
난이도: ◆

상황

· 3차연도 1. 1.에 사자회사는 현금 ₩400,000을 지불하고 팔자회사 보통주 100%를 취득하였다.

· 사업결합시점에 팔자회사의 재무상태표 구성요소는 다음과 같다.

토　　지	₩150,000	자 본 금	₩200,000
산업재산권	50,000		

· 3차연도 1. 1.에 토지의 공정가치는 ₩170,000이며 산업재산권의 공정가치는 ₩60,000이다.

· 팔자회사는 1차연도 1. 1.부터 신약을 개발하기 위하여 연구개발활동을 수행하여 지출액을 발생시점에 비용으로 인식하였다. 그러나 3차연도 1. 1.에 팔자회사의 연구개발사업이 무형자산의 인식기준을 충족하고 공정가치가 ₩80,000이다.

물음

1. 3차연도 1. 1.에 사자회사가 인식할 무형자산 취득원가를 계산하라.
2. 팔자회사의 산업재산권이 무형자산 인식기준을 충족하지 못한다고 가정하여 3차연도 1. 1.에 사자회사가 인식할 무형자산 취득원가를 계산하라.

정답 및 해설

1. 산업재산권: ₩60,000
   신약개발비: ₩80,000
   영　업　권: ₩90,000

취득대가의 공정가치	₩400,000
-) 취득한 식별가능 순자산의 총 공정가치	(310,000)*
=) 영업권의 취득원가	₩90,000

* ₩170,00 + ₩60,000 + ₩80,000 = ₩310,000

2. 산업재산권: ₩0
   신약개발비: ₩80,000
   영　업　권: ₩150,000

취득대가의 공정가치	₩400,000
-) 취득한 식별가능 순자산의 총 공정가치	(250,000)*
=) 영업권의 취득원가	₩150,000

* ₩170,000 + ₩80,000 = ₩250,000

3. 진행 중인 연구 · 개발 프로젝트

다른 기업이 진행하고 있는 연구 · 개발 프로젝트를 사업결합으로 또는 개별적으로 취득한 것을 진행 중인 연구 · 개발(in-process research and development)이라 한다. 피취득자가 진행하고 있는 연구 · 개발 프로젝트는 다음 조건을 모두 충족하면 무형자산의 정의를 충족하므로[1038: 34] 영업권과 분리하여 별도의 무형자산으로 인식하고 공정가치로 측정한다.

- 자산의 정의를 충족한다.
- 식별가능하다. 즉, 분리가능하거나 계약상 또는 기타 법적 권리에서 발생한다.

제1장에서 회계원칙의 제정과정을 설명하면서 많은 이해관계자들이 회계기준 제정기구에 상당한 영향력을 행사하므로 회계원칙은 정치적 과정의 산출물이라 하였다. 미국의 소프트웨어 업계가 미국 재무회계기준위원회와 미국 공인회계사협회에 로비한 결과, 미국 재무회계기준(US GAAP)은 사업결합으로 취득한 진행 중인 연구 · 개발 프로젝트를 무형자산으로 인식하는 것을 허용하였다. IAS 38(「K-IFRS 제1038호」)도 US GAAP처럼 진행 중인 연구 · 개발 프로젝트를 취득하면 무형자산으로 인식한다. 오히려 US GAAP보다 한 걸음 더 나아가서 진행 중인 연구 · 개발 프로젝트를 사업결합이 아니라 개별적으로 취득해도 무형자산으로 인정한다[1038: 42].

사업결합 이전에 피취득자가 특정 자산을 인식하였는지 여부에 관계없이 취득일에 피취득자의 무형자산을 영업권과 분리하여 자산으로 인식[1038: 34]하도록 허용한 「K-IFRS 제1038호」는 연구 · 개발 프로젝트를 진행하고 있는 기업을 취득하는 유인이 될 수 있다. 피취득기업이 연구개발 프로젝트를 수행해서 상업적으로 가치 있는 지식을 획득했어도 무형자산의 자본화기준을 미처 충족하지 못한 경우 무형자산으로 인식할 수 없으나, 사업결합을 거치면 취득기업이 이를 자산으로 인식할 수 있기 때문이다. 그러나 진행 중인 연구 · 개발 프로젝트를 취득한 이후에 취득기업 내부에서 발생한 연구 · 개발 지출은 내부적으로 창출한 무형자산(연구단계 및 개발단계)과 동일하게 회계처리한다[1038: 43].

Miniature 예제 7 진행 중인 연구 · 개발 프로젝트의 취득

상황

· 1차연도 12. 29.까지 아전회사가 왕재미게임을 개발하는 데에 연구개발비 ₩1,000,000이 발생했다.
· 아전회사가 개발하고 있는 게임이 지루한 게임으로 판명되어 무형자산의 자본화기준 중에서 시장성 또는 유용성 기준이 충족되지 않아 아전회사가 연구개발비 ₩1,000,000을 비용으로 인식하였다.
· 1차연도 12. 30.에 인수회사가 아전회사의 왕재미게임을 취득하였는데 취득시점에 아전회사 왕재미게임의 공정가치가 ₩850,000으로 판명되었다.
· 2차연도 1. 1.부터 인수회사가 왕재미게임을 재미있게 하려고 2차연도 12. 31.까지 개발비 ₩300,000을 투입했으나 지루함에서 헤어나지 못해서 자본화기준이 충족되지 못했다.

물음 인수회사가 1차연도 12. 31.과 2차연도 12. 31.의 재무제표에 연구개발 프로젝트와 관련된 지출을 보고하는 방법을 제시하라.

정답 및 해설

· 진행 중인 연구개발 프로젝트를 취득하면 취득시점의 공정가치로 무형자산을 인식한다. 그러나 취득 이후에 진행 중인 연구개발 프로젝트에 발생하는 연구개발비는 자본화기준이 충족되기 전에는 발생시점에 비용으로 인식한다.

	1차연도	2차연도
재무상태표(무형자산)	₩850,000	₩850,000
포괄손익계산서(연구비)	0	300,000

취득 이후의 지출

무형자산 취득 이후에 발생한 지출 중 다음 인식기준을 충족하는 항목은 자본화하여 무형자산 취득원가에 가산한다[1038: 21].

- 지출로 인해서 미래경제적효익이 창출될 가능성이 높다.
- 원가를 신뢰성 있게 측정할 수 있다.

미래경제적효익을 얻기 위해 지출이 발생하더라도 자산으로 자본화하지 않고 발생시점에 비용으로 인식하는 예는 앞에서 살펴보았던 연구비 외에도 다음과 같다[1038: 69].

- 사업개시활동에 대한 지출(사업개시원가)
- 교육 훈련을 위한 지출
- 광고 및 판매촉진 활동을 위한 지출(우편 주문 카탈로그 포함)
- 재배치 및 재조직을 위한 지출: 기업의 전부나 일부의 이전 또는 조직 개편에 관련된 지출
- 취득 이후에 상표, 출판물, 고객명단 등에 관련된 지출

사업개시원가

사업개시원가(start-up costs)는 법인을 설립하거나 새로운 사업, 제품 또는 공정을 시작하기 위하여 발생하는 일회성 지출이다. 사업개시원가와 관련된 미래경제적효익의 금액과 시기를 결정하기는 매우 어려우므로, 보수주의에 따라 해당 지출이 발생하는 시점에 비용으로 인식한다.[2] 사업개시원가의 예는 다음과 같다[1038: 69].

2) 다음 지출은 사업개시활동과 관련되어 발생하지만 사업개시원가로 분류하지 않는다.
· 유형자산의 취득원가
· 광고비
· 라이선스수수료

- 법적 실체를 설립하는 데 발생한 법적 비용과 사무비용과 같은 설립원가(창업비 등)
- 새로운 시설이나 사업을 개시하기 위하여 발생한 지출(개업원가)
- 새로운 영업을 시작하거나 새로운 제품이나 공정을 시작하기 위하여 발생하는 지출(신규 영업준비원가)

광고비

광고비 지출이 고객관계의 강화를 통해 미래 수익 창출에 공헌하기는 하지만, 광고비 자체는 사업 전체의 발전에 공헌하는 내부창출 무형자산(예 상표, 주문 잔고 또는 고객명단)과 다를 바 없다. 따라서 광고비를 발생시점에 비용으로 인식한다. US GAAP에서는 예외적으로 일부 광고비를 자본화하는 것을 허용하기도 한다. 쿠폰이나 카탈로그와 같은 특정 제안에 반응하는 고객으로부터 매출을 창출하기 위한 직접반응광고(direct-response advertising) 지출이 일정한 조건을 만족하면 자산으로 인식하는데, IFRS는 허용하지 않는다. 그러나 IFRS를 채택하는 영국은 일부 광고비를 무형자산으로 인식한다.

특허권 방어에 소요된 법적 비용

특허권을 성공적으로 방어하는 데 소요된 소송비용은 원칙적으로 발생시점에 당기비용으로 인식한다. 특허권의 기존 효력을 유지하기 위해 지출한 비용으로서 소송 전보다 특허권의 미래경제적효익이 증가하였다고 볼 수 없으므로 수익적 지출로 처리한다. 특허권을 성공적으로 방어했다는 것은 특허권에 대한 손상차손의 인식을 방지한 것이고 이에 대한 대가로 비용을 지불한 것으로 해석할 수도 있다.

그러나 특허권을 성공적으로 방어하는 데 소요된 소송비용으로 인해 특허권의 미래경제적효익이 증가하면, 관련된 법적 비용을 자본적 지출로 보고 특허권 장부금액에 가산하여 자본화한다. 특허권 취득 이후에 발생한 법적 비용으로 인하여 기존에 측정된 성과 표준을 초과하여 미래경제적효익이 창출될 때에는 자본화하므로, 특허권을 방어해서 내용연수가 연장되는 경우에는 법적 비용을 특허권 장부금액에 가산하고 잔존 내용연수에 걸쳐 상각한다.

쉬어가는 코너 **특허권 방어비용의 회계처리 차이**

- 특허권 방어비용이 미래경제적효익을 증가시키는 예외적인 경우에만 자본화하는 IFRS와는 달리, US GAAP에서는 무형자산의 권리를 성공적으로 방어하는 데에 든 법적 비용을 무조건 자본화한 후 해당 무형자산의 잔여 내용연수에 걸쳐 상각한다. 그럼에도 불구하고 Kieso, et al.은 “Intermediate Accounting: IFRS Edition”(4th edition, 2020)에서 특허권을 성공적으로 방어하는 데에 든 법적 비용을 무조건 자본화한다고 설명하는데, 이는 IFRS와 US GAAP을 혼동한 결과이다.

예제 5 **개발비와 특허권 법적 비용의 자본화**

중요도: ★★★
난이도: ◆◆

상황

· 새로운 생산공정의 연구개발과 관련하여 3차연도 12. 31.까지 ₩50,000의 지출이 발생하였다. 이 가운데

₩35,000은 3차연도 12. 1. 이전에 발생하였고 ₩15,000은 3차연도 12. 1.부터 발생하였다.

· 3차연도 12. 1.에 시험을 실시하였음에도 불구하고 새로운 공정의 경제성을 알 수 없으므로 연구개발비 ₩50,000 전액을 비용으로 인식하였다.
· 3차연도 12. 1.에 실시된 시험결과를 다시 검토한 결과 경제성을 입증할 수 있다는 것이 4차연도 1. 10.에 사후적으로 판명되었다.
· 4차연도 1. 11.부터 4차연도 2. 20.까지 새로운 생산공정의 개발과 관련하여 ₩100,000의 지출이 발생하였다.
· 4차연도 3. 10.에 3차연도의 재무제표가 공표되었다.
· 개발활동의 결과물에 대해서 4차연도 7. 1.에 특허권을 취득하였다. 특허권을 등록하기 위하여 법적 수수료 ₩20,000이 지출되었다.
· 특허권의 내용연수는 5년이고 정액법으로 상각한다.
· 특허권에 대한 소송이 제기되어 특허권을 성공적으로 방어하는 데 5차연도 1. 2.에 ₩30,000의 지출이 발생하였다.

물음

1. 3차연도 12. 1.부터 3차연도 12. 31.까지 발생하였던 ₩15,000을 개발비(무형자산)의 취득원가로 자본화할 수 있는지를 결정하라.
2. 다음 상황으로 구분하여 5차연도에 필요한 분개를 하라.
   상황 ①: 5차연도 1. 2.에 특허권의 잔존 내용연수는 4년 6개월이다.
   상황 ②: 5차연도 1. 2.에 특허권의 잔존 내용연수는 6년이다.

정답 및 해설

1. 무형자산항목에 대한 지출을 이미 비용으로 인식하였으면 사후에 무형자산 취득원가로 자본화할 수 없다. 따라서 4차연도 1. 10.까지 비용으로 인식한 ₩50,000은 4차연도 1. 10.에 무형자산 취득원가로 인식할 수 없다. 그러나 4차연도에 발생한 지출 ₩100,000과 ₩20,000은 자본화한다.

2.

	상황 ①		상황 ②	
5차연도 1. 2. 법적 비용 발생시점:				
(차) 소 송 비 용	30,000		(차) 특 허 권 30,000	
(대) 현 금		30,000	(대) 현 금	30,000
5차연도 12. 31. 결산시점:				
(차) 특 허 권 상 각 비	24,000*		(차) 특 허 권 상 각 비 23,000*	
(대) 특 허 권		24,000	(대) 특 허 권	23,000

* ₩120,000 ÷ 5년 = ₩24,000

* 4차연도의 특허권상각비: ₩120,000 ÷ 5년 × 6/12 = ₩12,000
(₩120,000 − ₩12,000 + ₩30,000) ÷ 6년 = ₩23,000

Chapter 04 제6절 무형자산의 제거

다음 각 경우에 무형자산을 재무상태표에서 제거한다[1038: 112].

- 처분(예 매각, 기부, 금융리스의 체결)
- 폐기(사용하거나 처분하여도 경제적효익이 기대되지 않는 시점)

무형자산의 처분일은 수령자가 해당 자산을 통제하게 되는 날이다[1038: 114]. **무형자산의 처분일에 처분대가를 공정가치로 인식하고 무형자산의 순처분대가**(처분가격－처분비용)**와 장부금액의 차이를 처분손익으로 측정해서 당기손익에 포함한다**[1038: 113]. 무형자산에 대한 처분대가의 지급이 지연되면 처분대가를 처분시점에 현금가격상당액(cash equivalent price)으로 인식한다. 그리고 처분대가의 명목금액과 현금가격상당액의 차액은 현금가격에 이자율을 적용하여 이자수익으로 인식한다. 만일 무형자산이 폐기되면 폐기처분대가를 공정가치로 인식하고 무형자산의 장부금액에서 폐기물의 공정가치를 차감한 금액을 처분손실로 인식해서 당기손익에 포함한다.

일반적인 경우는 아니지만, 무형자산의 일부를 대체하고 대체원가를 자산의 장부금액으로 인식하는 경우, 대체된 부분의 장부금액을 제거한다. 대체된 부분의 장부금액을 실무적으로 결정할 수 없는 경우에는, 대체된 부분을 취득하거나 내부적으로 창출한 시점에 대체된 부분의 원가가 얼마였는지 나타내주는 자료로 대체원가를 사용할 수도 있다[1038: 115].

예제 6 특허권의 매각

중요도: ★★★
난이도: ◆

상황

· A회사는 B회사로부터 2차연도 1. 1.에 특허권을 ₩300,000에 취득하였다.
· A회사는 특허권의 내용연수가 취득일로부터 15년일 것이라고 추정하였다.
· 특허권 보호 소송을 위해 ₩50,000을 6차연도 1. 1.에 지불하였고 승소하였다.
· 6차연도 12. 31.에 A회사는 특허권을 ₩280,000에 처분하였다.

물음 6차연도 1. 1.과 6차연도 12. 31.에 필요한 분개를 하라.

정답 및 해설

6차연도 1. 1. 소송비용 지급시점:

(차) 법 률 비 용	50,000*	(대) 현 금	50,000

* 법률비용 ₩50,000을 특허권의 장부금액에 가산하지 않고 발생시점에 비용으로 인식한다.

6차연도 12. 31. 결산시점:

(차) 특 허 권 상 각 비	20,000	(대) 특 허 권	20,000

특허권 취득원가	₩300,000
2차연도 1. 1.부터 6차연도 12. 31.까지 상각[(₩300,000 ÷ 15년) × 5년]	(100,000)
6차연도 12. 31.의 장부금액	₩200,000

(차) 현 금	280,000	(대)	특 허 권	200,000
			특허권처분이익	80,000

관련예제와 함께 풀어보세요

유제 1 연구개발비의 자본화(2020년, 회계사)

관련예제 Miniature 예제 6

상황

㈜민국은 바이오신약 개발 프로젝트 X와 Y를 진행 중에 있다. 프로젝트 X는 1차연도 6. 1.에 임상 승인을 받아 무형자산의 인식기준을 충족하였으며, 이후 발생한 지출은 모두 자산화 요건을 충족한다. 프로젝트 Y는 1차연도 중 임상에 실패하여 개발을 중단하였다. 프로젝트 X, Y와 관련된 지출액은 다음과 같으며, 프로젝트 X의 1차연도 지출액 중 6. 1. 이후에 지출한 금액은 ₩500,000이다.

구분	1차연도	2차연도
프로젝트 X	₩800.000	₩100.000*
프로젝트 Y	700,000	–

* 2차연도 1월 2일 지출

2차연도 1. 3.에 프로젝트 X의 개발이 종료되고 바로 제품에 대한 생산이 시작되었다. 개발비의 내용연수는 3년이고 잔존가치는 ₩0이며 연수합계법에 따라 상각한다. 상각은 월할계산을 원칙으로 한다.

물음 개발프로젝트와 관련하여 ㈜민국이 1차연도 말에 인식할 무형자산과 1차연도 비용을 계산하시오. 단, 1차연도 무형자산과 관련된 손상차손은 발생하지 않는다고 가정한다.

정답 및 해설

프로젝트 X의 1차연도 자본화 금액:	₩500,000
프로젝트 X의 2차연도 자본화 금액:	₩100,000
합계	₩600,000

1차연도에 비용으로 인식할 연구개발비: ₩300,000(X) + ₩700,000(Y) = ₩1,000,000

2차연도 개발비 상각비: (₩500,000 + ₩100,000) × 3/6 = ₩300,000

연습문제 04

P4-01 개발비의 자본화 기준

- 상황 ①: 꿈꾸는회사의 연구개발부서에서 고혈압 치료약품을 개발하는 여러 개발프로젝트에 3차연도에 ₩80,000의 지출이 발생했다. ₩80,000 중에는 본사에 발생한 간접비 중 연구개발부서에 배분된 ₩30,000이 포함되어 있다. 여러 개발프로젝트 중에서 한 개의 개발프로젝트가 자본화기준을 충족하는 것으로 판명되어, 이사회가 성공적인 개발프로젝트를 완성시키고 약품을 상용화하기로 결정했다. 연구개발부서가 지출한 ₩80,000 중에서 40%에 해당하는 금액이 성공적인 개발프로젝트에 지출되었다.
- 상황 ②: 3차연도에 꿈꾸는회사가 개발하는 고혈압 치료약품이 효율적인지 여부를 조사하기 위해서 ₩50,000을 지출했다. 대부분의 경우에 고혈압 치료약품이 매우 성공적인 것으로 판명되어 이사회가 고혈압 치료약품 개발프로젝트를 완성시키고 약품의 상용화가 입증되는지를 판단하기 위해서 재정적이고 기술적인 자원을 확보하기로 결정했다.
- 상황 ③: 고혈압 치료약품 개발프로젝트가 자본화기준을 충족해서 2차연도에 꿈꾸는회사가 고혈압 치료약품 개발비 ₩100,000을 무형자산으로 인식했다. 3차연도에 꿈꾸는회사가 고혈압 치료약품을 개발하는 데에 추가로 ₩50,000을 지출했다. 그런데 경쟁회사가 고혈압 치료약품을 판매하기 시작해서 꿈꾸는회사 약품의 상용화가 성공할 수 있는지 불투명하게 되었다. 그럼에도 불구하고 꿈꾸는회사는 1년 이내에 고혈압 치료약품을 시판하기로 결정했다.

물음 위의 세 상황 각각에 대해서 필요한 분개를 하라.

P4-02 내부에서 창출한 무형자산

- SK는 새로운 자원개발시스템을 개발하기 위하여 2차연도 11. 30.까지 연구활동에 ₩5,000, 개발활동에 ₩16,000을 지출하였다.
- 2차연도 12. 1.에 개발비의 자본화기준이 충족되었다.
- 2차연도 12. 1. 이후 시스템개발에 발생한 지출은 ₩4,000이다.
- 시스템개발을 완료하는 데에 3차연도에 ₩8,000의 지출이 발생하였다.

물음 위의 지출에 대한 회계처리를 결정하라.

P4-03 내부에서 창출한 무형자산

- SK는 새로운 제품을 개발한다.
- 3차연도에 연구단계에서 발생한 지출은 ₩80,000이다.
- 4차연도 1. 1.에 제품의 기술적 · 경제적 실행력이 입증되었다.
- 4차연도에 발생한 지출은 ₩20,000이고 특허권 등록을 위한 법적 수수료는 ₩10,000이다.
- 5차연도에 특허권에 대한 소송이 제기되어 법적 소송에서 특허권을 성공적으로 방어하는데 ₩40,000이 발생하였다.

물음 위의 지출에 대한 회계처리를 결정하라.

P4-04 내부에서 창출한 무형자산

- SK는 새로운 약품을 개발하기 위하여 3차연도 12. 31.까지 ₩500,000의 지출이 발생하였다.

물음 1. 연구활동의 결과 미래에 현금이 유입될 가능성이 낮다. ₩500,000에 대하여 회계처리하고 재무제표에 표시하는 방식에 대하여 설명하라.

2. 3차연도 6. 30.까지 ₩200,000을 지출하여 3차연도 7. 1.에 개발비의 자본화기준이 충족되었다. 3차연도 하반기의 개발단계에서 ₩300,000이 지출되었다. 3차연도 하반기에 특허권 등록을 위한 법적 수수료 ₩100,000을 지급하고 특허권(내용연수: 5년)을 취득하였다. SK는 3차연도에 정액법으로 특허권을 6개월간 상각하기로 하였다. 3차연도에 필요한 분개를 하라.

3. 4차연도 초에 특허권에 대한 소송이 제기되어 법적 소송에서 특허권을 성공적으로 방어하는데 ₩42,000이 발생하고 특허권의 잔존 내용연수가 6년으로 연장되었다. SK는 4차연도에 정액법으로 특허권을 상각하기로 하였다. 4차연도에 필요한 분개를 하라.

P4-05 연구비와 개발비

- 1차연도 초에 장밋빛회사가 연구개발프로젝트에 ₩500,000을 지출했지만 해당 연구개발프로젝트에서 경제적 혜택을 볼 것인지 확신하지 못한다.
- 1차연도 중에 연구개발프로젝트를 완성시키는 데에 추가로 ₩150,000이 소요됐고 이 중에서 ₩60,000은 경제적 실현가능성이 입증된 이후에 발생했다.
- 1차연도 말에 연구개발프로젝트가 완성되어 2차연도 1. 3.에 법적 수수료 ₩30,000을 부담하고 특허권(내용연수: 5년)을 취득했다.
- 2차연도에 경쟁회사가 특허권에 이의를 제기해서 2차연도 12. 30.에 특허권을 성공적으로 방어하는 데에 ₩36,000을 지출했다. 특허권을 방어한 결과 특허권의 내용연수가 8차연도 12. 31.까지 연장되었다.
- 4차연도 1. 5.에 장밋빛회사가 상품에 대한 특허권을 취득하고 판매하고 있는데 해당 상품을 고급화해서 부자고객에게 비싸게 판매하려고 4차연도 1. 5.에 기술자문료 ₩100,000을 지출했다. 그러나 장밋빛회사는 고급화된 상품에 대한 부자고객의 수요가 얼마나 되는지를 확신하지 못한다.

물음 1차연도부터 4차연도 1. 5.까지 장밋빛회사에게 필요한 분개를 하라.

P4-06 연구비 및 개발비

(2010년, 세무사)

다음은 ㈜국세의 1차연도 연구 및 개발활동 지출 내역이다.

- 새로운 지식을 얻고자 하는 활동: ₩100,000
- 생산이나 사용 전의 시제품과 모형을 제작하는 활동: ₩150,000
- 상업적 생산 목적으로 실현 가능한 경제적 규모가 아닌 시험공장을 건설하는 활동: ₩200,000
- 연구결과나 기타 지식을 응용하는 활동: ₩300,000

물음 ㈜국세가 1차연도 연구비로 분류해야 하는 금액은 얼마인가?

P4-07 연구개발비와 산업재산권

(2007년, 회계사)

12월 결산법인 ㈜대전제약은 신약개발을 위한 활동을 수행하고 있으며 3차연도 중에 연구 및 개발활동에 대하여 지출한 내역은 다음과 같다.

- 연구활동관련: ₩100,000
- 개발활동관련: ₩120,000

개발활동에 소요된 ₩120,000 중 ₩30,000은 3차연도 4. 1.부터 3차연도 9. 30.까지 지출되었으며 나머지 금액은 3차연도 10. 1. 이후에 지출되었다. ㈜대전제약의 개발활동이 무형자산 인식기준을 충족한 것은 3차연도 10. 1.이다. ㈜대전제약은 개발활동의 결과를 기초로 3차연도 12. 31.에 산업재산권을 취득하였다. 산업재산권 취득과 관련하여 직접적으로 지출된 금액은 ₩6,000이다. 개발비와 산업재산권은 취득 후 5년간 정액법으로 상각한다.

물음 ㈜대전제약의 3차연도 12. 31. 재무상태표에 보고되어야 할 개발비와 산업재산권은 각각 얼마인가?

P4-08 개발원가의 자본화기준

- 상황 ①: 3차연도 중에 원가 ₩10,000을 발생시켜 생쥐를 대상으로 고혈압 약품을 임상시험한 결과 효능이 놀랄 만큼 좋다는 것이 판명되었다.
- 상황 ②: 3차연도 중에 원가 ₩30,000을 발생시켜 고혈압 환자를 대상으로 고혈압 약품을 임상시험한 결과 일부 환자에게는 효력이 좋았고 일부 환자에게는 효력이 없었다.
- 상황 ③: 3차연도 중에 원가 ₩50,000을 발생시켜 고혈압 환자를 대상으로 고혈압 약품을 임상시험한 결과 거의 모든 환자에게 효력이 좋았다. 시장조사를 한 결과 고혈압 약품에 대한 수요가 대단히 많다는 것이 판명되어, 고혈압 약품을 개발하고 시판하는 데에 경제적 자원을 사용하기로 결정했다.
- 상황 ④: 3차연도 중에 원가 ₩70,000을 발생시켜 고혈압 환자를 대상으로 고혈압 약품을 임상시험한 결과 거의 모든 환자에게 효력이 좋았다. 시장조사를 한 결과 고혈압 약품에 대한 수요가 대단히 많다는 것이 판명되었다. 그러나 고혈압 약품을 개발한 회사가 구멍가게 수준이라서 고혈압 약품의 임상시험을 완료시킬 자금을 조달할 수가 없어서 대규모 제약회사와 합병을 추진하기로 했다.

물음 위의 네 상황 각각에 대해서 필요한 분개를 하라.

P4-09 무형자산의 상각

- 2차연도 1. 1.에 SK는 YW 보통주의 100%를 취득하고 다음 자산을 공정가치로 인식하였다.

특허권	₩200,000
컴퓨터 소프트웨어	300,000
진행 중인 연구개발	400,000
영업권	500,000

- SK는 상각대상자산에 대하여 다음과 같이 상각한다.

  상각방법: 정액법
  잔존가치: ₩0
  내용연수: 5년

물음 2차연도의 총 상각비를 계산하라.

P4-10 특허권과 상각비

1차연도 12. 31.에 SK의 무형자산과 관련하여 다음 거래가 발생하였다.

① SK는 특정 상품을 독점적으로 판매하는 권리를 ₩80,000에 취득하였다. SK는 영업하는 기간 동안 이 권리를 사용할 수 있다.

② SK는 제조공정을 발전시키기 위하여 ₩50,000을 지출하였다. SK는 제조공정에 대하여 특허권을 신청할 예정이고 변호사는 특허권을 획득할 것으로 예상하고 있다.

③ 2차연도 1월 초에 제조공정에 대한 특허권을 획득하였다. 특허권을 등록하기 위하여 법적 수수료 ₩40,000이 발생하였다. 이 특허권은 SK의 생산 과정에 8년간 유용할 것이다.

④ 1차연도 말에 SK가 보유하고 있는 산업재산권(장부금액: ₩50,000, 잔존 내용연수: 3년) 중 하나를 성공적으로 방어

하는 데 법률수수료 ₩20,000이 발생하였다. 소송에 승소한 결과 내용연수가 2년 연장되었다.

⑤ SK는 특허권(장부금액: ₩60,000) 침해소송에서 법률수수료 ₩30,000이 발생하였으나 패소하여 이 특허권의 가치가 없어졌다.

⑥ SK는 제3자가 SK를 위하여 수행하는 연구활동에 대한 대가로 ₩25,000을 지불하였다.

물음 거래 발생일과 2차연도 12. 31.에 필요한 분개를 하라.

P4-11 특허권

- 1차연도 1. 1.에 은하수회사가 법적 수수료 ₩80,000을 지출해서 내용연수가 10년인 특허권을 획득했다.
- 예기치 않게 경쟁회사가 특허권에 이의를 제기해서 2차연도 1. 2.에 특허권을 성공적으로 방어하는 데에 ₩4,500을 지출하였다.
- 3차연도 1. 2.에 은하수회사는 특허권의 회수가능액을 ₩52,000으로 추정했다.

물음 2차연도 12. 31.과 3차연도 12. 31.의 특허권 장부금액을 결정하라.

P4-12 영업권 측정액

- 2차연도 1. 1.에 신출회사가 귀몰회사를 ₩980,000에 취득했다. 취득시점의 귀몰회사의 재무상태표는 다음과 같다.

건물	₩600,000	보통주 자본금	₩500,000
기계	300,000	주식발행초과금	300,000
토지	500,000	이익잉여금	150,000
특허권	100,000	단기부채	350,000
현금	200,000	장기부채	400,000
총 자산	₩1,700,000	총 자본과 부채	₩1,700,000

- 2차연도 1. 1.의 귀몰회사의 건물의 공정가치가 ₩580,000이고 토지의 공정가치가 ₩420,000으로 판명되었다.

물음 신출회사가 귀몰회사를 취득한 거래를 기록하는 분개를 하라.

Chapter 05

자산손상과 재평가

학습 목표

LO 5-1. 공정가치와 사용가치의 개념을 이해한다.
LO 5-2. 개별자산에 대한 손상차손과 손상차손환입의 금액결정과 인식방법을 이해한다.
LO 5-3. 현금창출단위에 대한 손상차손과 손상차손환입의 금액결정과 인식방법을 이해한다.
LO 5-4. 재평가회계를 이해한다.
LO 5-5. 손상차손과 재평가손익이 동시에 발생하는 경우에 대한 회계처리를 이해한다.

제5장

제1절 공정가치와 사용가치

1. 공정가치
   (1) 공정가치의 개념
   (2) 공정가치의 측정방법
2. 사용가치

제2절 개별자산의 손상차손 및 손상차손환입

1. 자산의 손상
2. 손상차손 및 손상차손환입
   (1) 손상차손
   (2) 손상차손 인식 이후의 감가상각
   (3) 손상차손환입

제3절 현금창출단위의 손상차손 및 손상차손환입

1. 현금창출단위의 개념
2. 현금창출단위의 손상차손
3. 현금창출단위의 손상차손환입

제4절 재평가모형

1. 재평가모형의 개념
   (1) 재평가모형 적용 범주
   (2) 재평가 빈도
2. 재평가모형의 적용
   (1) 재평가대상자산의 장부금액 결정
   (2) 재평가증가액에 대한 회계처리
   (3) 재평가감소액에 대한 회계처리
   (4) 무형자산의 재평가
3. 재평가 이후의 회계처리
   (1) 재평가 이후의 감가상각
   (2) 재평가잉여금의 실현: 이익잉여금으로 대체
4. 재평가모형과 손상회계

Chapter 05

제1절 공정가치와 사용가치

1. 공정가치

(1) 공정가치의 개념

공정가치(fair value)는 활성시장에서 자산을 처분해서 받는 금액이나 부채를 이전(transfer)하기 위해 지불하는 금액을 말한다. 공정가치 측정은 자산을 매도하거나 부채를 이전하는 거래가 다음 활성시장 중 어느 하나의 시장에서 이루어지는 것으로 가정한다[1113: 16].

- 자산(또는 부채)의 주된 시장
- 자산(또는 부채)의 주된 시장이 없는 경우에는 가장 유리한 시장

주된 시장(principal market)은 자산을 매도하거나 부채를 이전할 수 있는 시장 중에서 거래 규모가 가장 크고 빈도가 가장 잦은 시장을 말하며, 활성화되고 유통이 잘되는 시장이다. 반면에, 가장 유리한 시장(most advantageous market)은 자산을 매도할 때 받는 금액(처분대가 − 거래원가 − 운송원가)을 최대화하거나 부채를 이전할 때 지급하는 금액을 최소화할 수 있는 시장을 말한다[1113: 부록 A].

거래원가(transaction costs)는 활성시장에서 자산을 매각하거나 부채를 이전할 때 발생하는 원가(예 등록원가)로서 다음 두 조건을 모두 충족하는 원가이다.

▸ 거래에서 필수적으로 발생하는 원가이다.

▸ 자산을 매도하거나 부채를 이전하지 않으면 발생하지 않는 원가이다.

거래원가는 시장참가자가 어떤 형태로 거래하느냐에 따라 다르므로 특정 자산(또는 부채)의 속성을 결정짓는 요소라고 보기 어렵다. 따라서 거래원가를 무시하고 특정 자산(또는 부채)의 공정가치를 측정한다. 운송원가(transportation costs)는 현재 위치에서 자산(또는 부채)을 활성시장으로 옮기기 위해서 발생하는 원가이다.

특정 자산 또는 부채의 공정가치는 측정일 현재의 시장 상황에서 주된 (또는 가장 유리한) 시장에서의 정상거래에서 자산을 매도할 때 받거나 부채를 이전할 때 지급하게 될 가격이다[1113: 24]. 다만, 자산의 위치가 그 자산의 특성에 해당한다면, 현재 위치에서 주된 (또는 가장 유리한) 시장까지의 운송원가만큼 시장가격을 조정한다[1113: 26].

> 원칙: 자산(또는 부채)의 공정가치 = 주된 시장의 공시가격 − 운송원가
> 예외: 자산(또는 부채)의 공정가치 = 가장 유리한 시장의* 공시가격 − 운송원가
> * 가장 유리한 시장은 [공시가격 − 운송원가 − 거래원가]가 가장 큰 시장이다.

자산(또는 부채)에 대한 주된 시장이 존재하면 해당 자산(또는 부채)에 대해서 가장 유리한 시장이 존재

하더라도 반드시 주된 시장의 공시가격에서 운송원가를 차감한 금액으로 공정가치를 측정한다. 그러나 주된 시장이 없어서 여러 시장 중에 **가장 유리한 시장을 결정할 때에는 공시가격에서 운송원가와 거래원가를 모두 차감한 금액을 사용하지만, 가장 유리한 시장이 일단 결정되면 거래원가는 무시하고 운송원가만을 고려해서 공정가치를 측정한다.**

예제 1 **시장의 유형과 공정가치**

중요도: ★
난이도: ◆

상황

· 농산물이 두 곳의 시장(A시장과 B시장)에서 다른 가격으로 거래되고 있으며, 회사는 측정일에 두 시장에서 농산물의 거래가격을 입수할 능력이 있다. 두 시장에서의 순현금유입액은 다음과 같다.

	A시장	B시장
받을 수 있는 가격	₩28,000	₩27,000
운송비용	(2,000)	(2,000)
거래비용	(3,000)	(1,000)
순현금유입액	₩23,000	₩24,000

물음

1. A시장이 주된 시장이라 가정하고 농산물의 공정가치를 결정하라.
2. 농산물에 대하여 주된 시장이 존재하지 않는다고 가정하고 농산물의 공정가치를 결정하라.

정답 **1. ₩26,000, 2. ₩25,000**

해설

1. 농산물의 공정가치는 A시장에서 받을 수 있는 가격에서 운송원가를 차감한 ₩26,000(₩28,000 − ₩2,000)이다.
2.
   · A시장과 B시장이 모두 농산물의 주된 시장이 아니면 가장 유리한 시장에서의 가격으로 농산물의 공정가치를 측정한다.
   · 거래원가와 운송원가를 모두 고려한 순현금유입액을 토대로 판단하면 B시장이 가장 유리한 시장이다. 그러므로 B시장의 가격에서 운송원가를 차감한 ₩25,000(₩27,000 − ₩2,000)으로 농산물의 공정가치를 측정한다. 가장 유리한 시장을 식별할 때에는 거래원가를 고려하지만, 가장 유리한 시장이 일단 식별되면 거래원가를 고려하지 않고 자산의 공정가치를 측정한다.

(2) 공정가치의 측정방법

공정가치를 측정하는 방법에는 시장접근법, 이익접근법, 원가접근법이 있다[1113: 62]. 원칙적으로 시장접근법을 사용하여 공정가치를 결정하지만, 시장접근법을 사용할 수 있는 여건이 되지 않으면 이용 가능한 자료의 특성에 따라 이익접근법 또는 원가접근법을 사용하여 간접적으로 결정한다. 시장접근법(market approach)은 동일하거나 유사한 자산(또는 부채)에 대한 시장거래에서 관측 가능한 가격 및 기타 관련 정보를 사용하여 공정가치를 결정하는 방법이다. 이익접근법(income approach)은 미래 현금흐름을 현재가치로 환산해서 공정가치를 측정하는 기법으로 통상적으로 현재가치법(present value approach)이라 한다. 원가접근법(cost approach)은 자산의 용역잠재력(service potential)을 대체하는 데 요구되는 금액(현행대체원가)에 기초하여 공정가치를 결정하는 방법이다. 이익접근법이나 원가접근법을 사용하는 경우에는 공정가치를 결정하고자 하는 자산(또는 부채)에 대한 시장 정보를 최대한 사용하고 측정하는 기업에 따라 값이 달라지는 기업 특유의 자료는 최소한으로 사용한다.

공정가치를 측정할 때는 다음 네 가지 사항을 모두 판단해야 한다[1113: B2].

- 측정대상인 자산(또는 부채)
- 비금융자산 측정에 적절한 가치평가 전제(premise). 이 표현의 의미는 유형 · 무형자산의 가치를 최대화하는 최고 최선의 용도(the highest and best use)를 식별한다는 것이다.
- 측정대상인 자산(또는 부채)을 거래하는 주된 시장(또는 가장 유리한 시장)
- 이용 가능한 자료를 고려할 때 공정가치 측정에 적합한 가치평가기법. 자산(또는 부채)의 가격을 결정할 때 시장참여자가 사용할 가정을 반영한 투입변수의 사용 가능성과 투입변수의 우선순위를 분류하는 공정가치 서열체계의 수준을 고려한다.

「K-IFRS 제1113호」는 공정가치 측정방법에 사용할 투입변수의 서열체계를 다음과 같이 제시한다[1113: 부록 A].

서열체계	정 의	예
수준 1 투입변수	측정일에 동일한 자산이나 부채에 대해 접근할 수 있는 활성시장의 (조정하지 않은) 공시가격	상장법인 주식의 거래가격
수준 2 투입변수	수준 1 투입변수 이외에 자산이나 부채에 대해 직접적 또는 간접적으로 관측할 수 있는 투입변수	적용할 시장이자율
수준 3 투입변수	자산이나 부채에 대해서 관측할 수 없는 투입변수	현금흐름 추정치

공정가치 측정 절차와 이용 자료(투입변수)를 관련 시장의 존재 여부에 따라 단계별로 체계화하면 <그림 5.1>과 같다.

그림 5.1 공정가치 결정

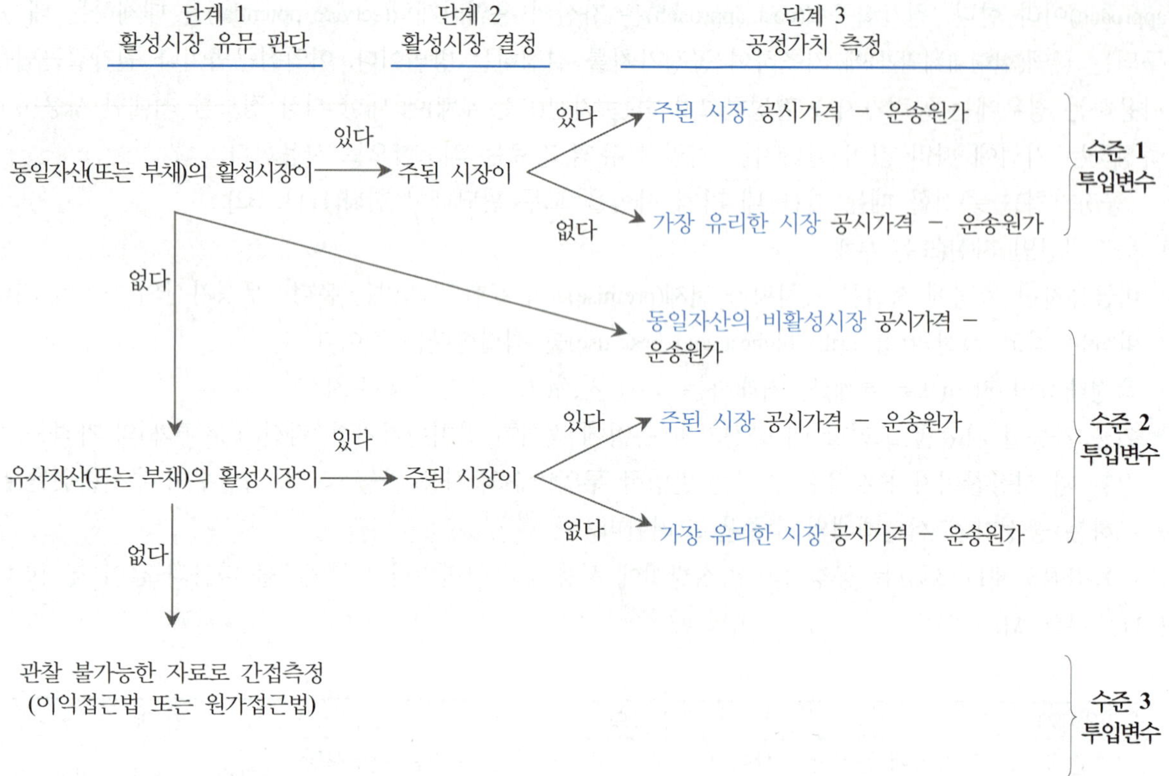

2. 사용가치

사용가치(value in use)는 기업이 자산(또는 제3절에서 설명할 현금창출단위)을 사용하고 궁극적으로 처분해서 얻을 것으로 기대하는 현금흐름 또는 그 밖의 경제적효익의 현재가치이다[「K-IFRS 개념체계」: 6.17]. 자산의 사용가치를 추정하려면 다음 3가지 현금흐름을 추정해야 한다.

- 현금유입액: 자산을 계속 사용해서 발생하는 현금유입액
- 현금유출액: 현금유입을 창출하기에 충분한 수준으로 자산을 운용하는 데에 필요한 지출로 자산에 합리적으로 배분된 모든 지출을 포함한다. 내용연수가 상대적으로 짧은 자산이 포함된 현금창출단위(제3절 참조)에 대해서 현금유출액을 추정하는 경우에는 내용연수가 짧은 자산의 교체비용을 현금유출액에 포함한다.
- 자산 처분대가

예제 2 사용가치의 추정

중요도: ★
난이도: ◆

상황

· 1차연도의 자산으로부터의 현금유입과 현금유출은 각각 ₩5,000, ₩4,000이다.
· 자산과 관련된 미래 현금흐름은 다음과 같다.
  · 6차연도까지 성장률: 매년 10%
  · 7차연도부터 성장률: 매년 5%(장기성장률 4%와 6%의 평균)
  · 9차연도 말의 잔존가치: ₩830
· 세전 할인율: 10%
· 경영진이 미래 현금흐름을 상당히 정확하게 예측할 수 있는 능력을 입증할 수 있어 8년간의 현금흐름을 추정한다.

물음 2차연도 초의 자산의 사용가치를 추정하라.

정답 ₩8,124

해설

	순 현금유입	현재가치계수	현재가치
2차연도	₩1,100	0.9091	₩1,000
3차연도	1,210	0.8264	1,000
4차연도	1,331	0.7513	1,000
5차연도	1,464	0.6830	1,000
6차연도	1,611	0.6209	1,000
7차연도	1,692	0.5645	955
8차연도	1,777	0.5132	912
9차연도	1,865	0.4665	870
9차연도 잔존가치	830	0.4665	387
사용가치			₩8,124

Chapter 05 제2절

개별자산의 손상차손 및 손상차손환입

1. 자산의 손상

유형자산의 경제적효익은 사용함으로써 소비되는 것이 일반적이지만, 기술적 또는 상업적 진부화 및 마모 등의 요인으로 인하여 자산으로부터 기대했던 경제적효익이 감소할 수 있다. 예를 들어, 보유한 토지 근처에 유해가스를 배출하는 공장이 들어서면서 땅값이 폭락하는 경우이다. 이처럼 재해, 진부화, 수요부족 등으로 인해서 자산의 경제적효익이 감소하면 해당 자산이 손상(impairment)되었다고 한다. 특정 자산의 가치가 감소해서 미래에 사용하거나 처분해도 장부금액을 회수할 수 없는 징후가 존재하면 해당 자산에 손상검사를 실시하고 필요하면 자산의 장부금액을 회수가능액으로 감소시켜 포괄손익계산서에 손상차손(impairment loss)을 인식한다. 손상 징후를 분석하고 손상차손(또는 손상차손 환입)을 인식하는 것을 손상회계(impairment accounting)라 한다.

손상회계는 취득원가주의를 고수할 때 발생할 수 있는 자산의 과대계상을 방지한다는 측면에서 회계정보의 근본적 질적 특성인 표현충실성을 높이는 수단이 될 수 있다. 그러나 자산가치의 감소는 손실로 인식하면서 자산가치의 증가는 과거의 감소를 회복하는 한도 내에서 제한적으로 인식한다는 점에서 자산가치의 변동을 비대칭적으로 처리하는 보수주의 회계의 한 유형이라 할 수 있다. p. 2551 에서 설명하겠지만, 자산손상 측정에 사용하는 가치와 재평가에 사용하는 가치가 중요하게 다를 수 있기 때문에 기업이 비유동자산에 재평가모형(제4절 참조)을 적용한다 해도 자산손상 여부를 평가한다는 점에 주의해야 한다.

2. 손상차손 및 손상차손환입

(1) 손상차손

다음 세 단계를 통해 손상차손을 측정하고 인식한다.

손상차손 인식
- 단계 1: 손상 징후의 평가
- 단계 2: 손상검사의 실시
- 단계 3: 손상차손의 인식

단계 1: 손상 징후의 평가

손상 징후(impairment indicator)의 평가: 매 보고기간 말에 다음 항목을 검토하여 자산의 손상을 시사하는 징후가 있는지를 판단한다[1036: 12].

- 내부요소: 물리적 손상이나 성과의 부정적 변동
- 외부요소: 부정적인 사업환경이나 기술의 변동

손상을 시사하는 징후가 없으면 단계 1에서 멈추고 더 이상 회계처리할 필요가 없다. 그러나 해당 자산을 사용하거나 처분해도 경제적효익이 감소할 것으로 추정되면 자산이 손상된 징후가 있다고 판단하고 단계 2로 넘어가서 손상검사를 실시한다.

단계 2: 손상검사의 실시

자산이 손상된 징후가 발견되면 자산의 회수가능액(recoverable amount)이 장부금액에 미달하는지를 판단해서 손상차손의 인식 여부를 결정한다.

① 유형자산

유형자산을 매각하는 경우에는 순공정가치(공정가치 – 처분원가)를 회수할 수 있고, 계속 사용하는 경우에는 사용가치(순현금유입과 사용기간 말 처분대가의 현재가치)를 회수할 수 있다. 기업은 자산가치를 최대화하는 최고 · 최선의 용도(the highest and best use)를 선택할 것이므로 **max {순공정가치, 사용가치}를 회수가능액으로 본다**[1036: 18]. 사용이 아닌 매각목적으로 보유하는 유형자산은 사용가치가 ₩0이므로 순공정가치를 회수가능액으로 사용한다(제7장 참조). 그리고 개별자산별로 회수가능액을 추정하는 것이 불가능하면 해당 자산이 속한 현금창출단위(Miniature 예제 1, 제3절 참조)를 식별한 후 그 현금창출단위의 회수가능액을 추정해서 손상검사를 실시한다.

회수가능액 = max {순공정가치*, 사용가치**}

* 순공정가치 = 공정가치 – 처분원가

** 사용가치 = 내용연수 기간 중 사용과 내용연수 말의 처분으로부터 기대되는 순현금흐름을 시장이자율로 할인한 현재가치. 처분목적으로 보유 중인 자산의 사용가치는 ₩0이다.

감가상각비를 인식한 후의 장부금액이 회수가능액보다 작거나 같으면 자산이 손상되지 않았으므로 단계 2에서 멈추고 더 이상 회계처리하지 않는다. 그러나 자산의 장부금액이 회수가능액보다 크면 자산이 손상된 것으로 보고 단계 3으로 넘어가서 손상차손을 인식한다.

Miniature 예제 1 회수가능액의 추정이 불가능한 경우

상황

· 유람회사는 여러 대의 중고 차량을 보유하고 있다.
· 차량은 잔존가치로만 판매될 수 있고 개별 차량은 독립적으로 현금을 창출할 수 없다.

물음 차량의 회수가능액을 결정하는 방법을 설명하라.

정답 및 해설

· 차량의 사용가치를 개별적으로 결정할 수 없고, 개별 차량의 잔존가치가 다를 것이기 때문에 개별 차량의 회수가능액을 추정할 수 없다. 그러므로 차량이 속한 현금창출단위(제3절 참조)를 식별하여 현금창출단위의 회수가능액을 추정한다.

② 무형자산

내용연수가 한정인 무형자산에 대해서는 일반적으로 손상 징후가 존재할 때 손상검사를 실시한다. 무형자산에 대한 손상검사 절차는 유형자산의 손상검사 절차와 동일하다. 그러나 다음 무형자산은 상각대상이 아니기 때문에 유형자산보다 엄격한 손상검사가 필요하며, 손상 징후가 존재하는 경우뿐만 아니라 적어도 1년에 한 번씩 정기적으로 손상검사를 실시한다. 손상검사는 회계연도 중 어느 때라도

할 수 있으나 매년 같은 시점에 실시한다[1036: 10].

- 아직 사용하지 않은 무형자산(아직 상각하지 않은 무형자산)
- 내용연수가 비한정인 무형자산(상각하지 않는 무형자산)
- 사업결합으로 취득한 영업권(상각하지 않는 무형자산)

위에 나열된 무형자산은 미래경제적효익을 창출하는 능력에 대한 불확실성이 커서 손상될 위험이 크다. 그러므로 이러한 무형자산은 적어도 1년에 한 번씩 정기적으로 손상검사를 실시해서 상각비 대신 손상차손을 인식한다. 특정 무형자산의 내용연수를 비한정에서 한정으로 변경하는 것은 해당 무형자산이 손상된 것을 시사하는 징후이다[1038: 110].

내용연수가 비한정인 무형자산의 회수가능액이 장부금액보다 적으면 손상된 것으로 판단하여 손상차손을 인식한다. 그러나 영업권은 사업결합으로 취득한 피취득자의 식별 불능한 무형자산을 통합한 것이므로 회수가능액을 별도로 계산하는 것이 불가능하다. 따라서 영업권에 대해 손상검사를 실시하기 위해서는 해당 영업권을 포함하는 현금창출단위(제3절 참조) 전체에 대해 손상검사를 실시한다.

단계 3: 손상차손 인식

손상검사 결과 자산의 회수가능액이 장부금액에 미달해서 자산이 손상되었다고 판단하면, 미달액을 손상차손으로 인식하고 포괄손익계산서의 '기타 수익과 비용'란에 보고한다.

손상차손 = 장부금액* − 회수가능액
= 장부금액 − max {순공정가치, 사용가치}

* 손상검사 직전까지 (감가)상각비를 계산하여 적용한 후의 장부금액

분개 **손상차손의 기록**

- 손상차손이 발생하면 손상차손누계액계정을 설정하여 손상차손을 인식하거나 손상차손을 자산에서 직접 차감하여 인식한다. 「K-IFRS 제1036호」(자산손상 기준서)는 장부금액을 상각누계액과 손상차손누계액을 뺀 후에 인식되는 금액으로 정의하므로[1036: 6] 손상차손누계액계정을 사용하는 것을 가정한다.

손상차손누계액계정의 사용		자산에서 직접 차감	
(차) 손 상 차 손	×××	(차) 손 상 차 손	×××
(대) 손 상 차 손 누 계 액	×××	(대) 자 산	×××

- 손상차손은 포괄손익계산서 항목이고 손상차손누계액은 자산의 장부금액을 감소시키는 평가계정(contra account)으로 재무상태표 항목이다.

표 5.1 손상회계의 개요

손상검사 결과	손상 여부	손상검사 이후 회계처리
장부금액 < 회수가능액	손상되지 않음	더 이상 회계처리하지 않음
장부금액 = 회수가능액	손상되지 않음	더 이상 회계처리하지 않음
장부금액 > 회수가능액	손상됨	손상차손 인식

제6장에서 설명할 투자부동산 기준서에 따르면 손상, 멸실(lost), 포기된 유형자산에 대해서 기업이 제3자로부터 보상받으면 기업이 보상액을 받을 수 있게 되는 시점에 당기손익으로 인식한다[1040: 72].

(2) 손상차손 인식 이후의 감가상각

감가상각 대상 자산에 대하여 손상차손을 인식해서 장부금액을 수정한 후에는 수정된 장부금액을 토대로 감가상각비를 계산한다. 예를 들어, 정액법을 사용하여 감가상각해 온 경우, 손상차손을 인식한 이후의 후속 기간에 감가상각비를 다음과 같이 계산한다.

$$\text{매년 감가상각비} = \frac{\text{수정된 장부금액} - \text{추정 잔존가치}}{\text{잔존 내용연수}}$$

참고 연수합계법으로 감가상각하면 손상차손을 인식한 이후에 감가상각비율이 달라지는 점에 주의해야 한다. 예를 들어, 내용연수가 4년인 유형자산을 1차연도 1. 1.에 취득한 경우 연수합계법에서 감가상각비율은 4/10 → 3/10 → 2/10 → 1/10으로 매년 감소한다. 그러나 2차연도 12. 31.에 손상차손을 인식하면, 손상차손을 인식한 이후에 잔존내용연수가 2년이므로 3차연도와 4차연도의 감가상각비율이 각각 2/3와 1/3로 변한다(유제 1 참조).

내용연수가 한정인 무형자산은 유형자산과 동일하게 손상차손을 인식하고 수정된 장부금액을 새로운 취득원가로 생각해서 상각비를 계산한다. 그러므로 손상차손을 인식하지 않은 경우에 비해 상각비를 적게 인식한다. 내용연수가 비한정인 무형자산은 상각대상이 아니므로 손상차손을 인식한 이후에 상각하지 않는다.

(3) 손상차손환입

유형자산 및 무형자산(영업권 제외)

손상차손을 인식했던 자산의 회수가능액이 증가해서 손상이 회복되었다는 징후가 발견되면, 과거에 인식했던 손상차손을 일정 한도 내에서 환입하고 당기이익으로 인식한다. **환입 한도는 환입 후 장부금액이 과거에 손상차손을 인식하지 않고 상각해왔었더라면 얻었을 장부금액을 초과하지 않는 수**

준이다[1036: 117]. 이렇게 손상차손환입을 제한하는 이유는, 손상회계의 취지가 자산가치의 증감에 따른 미실현보유이익 또는 손실을 모두 당기손익으로 인식하고 장부금액을 수정하는 것이 아니기 때문이다. 손상회계는 기본적으로 취득원가주의를 따르되 장부금액이 회수가능액보다 과대계상되지 않도록 하기 위한 장치이다.

손상차손환입 후 장부금액 = min {회수가능액, 손상차손을 인식하지 않았을 경우의 장부금액}
손상차손환입액 = 손상차손환입 후 장부금액 − 손상차손환입 직전 장부금액

영업권

영업권은 다른 자산과는 달리 손상차손 인식 이후에 그 가치가 회복되었다는 명백한 증거가 있더라도 과거에 인식한 손상차손을 환입하지 않는다[1036: 124]. 그 이유는, 영업권의 가치가 회복된 것을 내부에서 창출된 영업권으로 보기 때문이다.

그림 5.2 **손상차손과 손상차손환입**

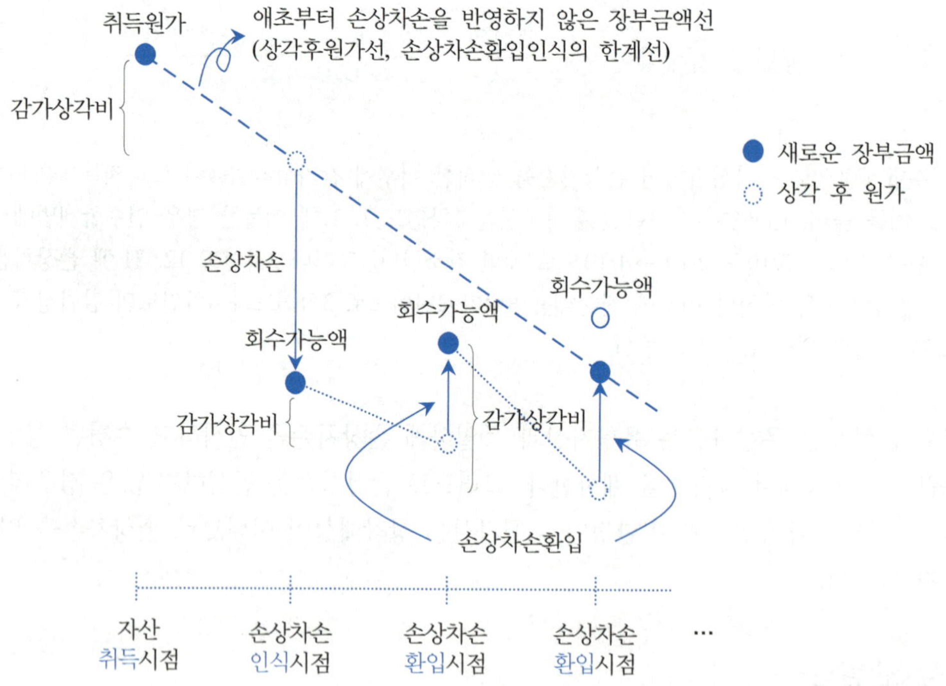

그림 5.3 유형자산의 손상차손

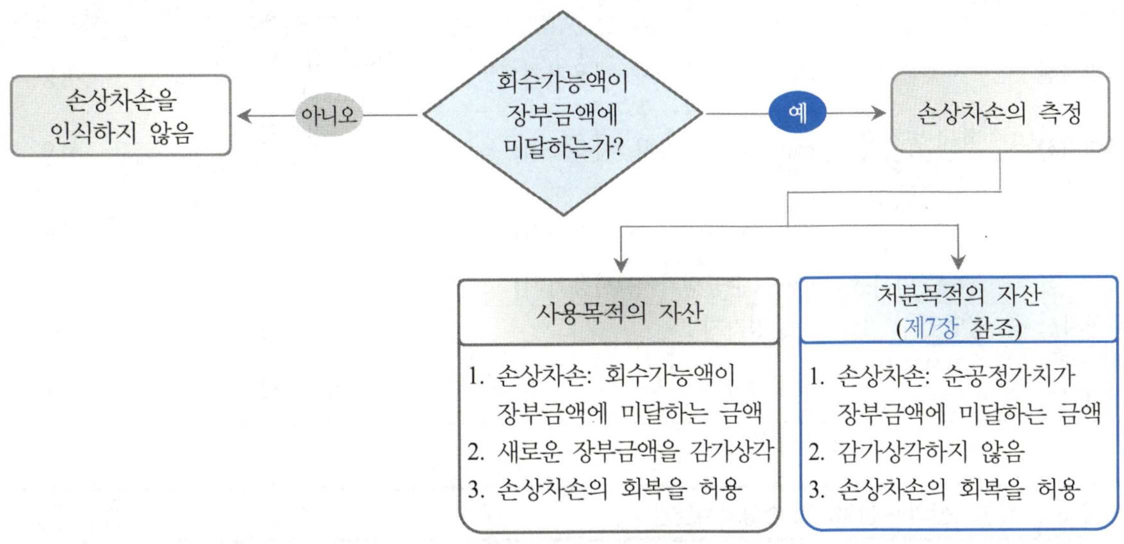

그림 5.4 무형자산의 손상차손

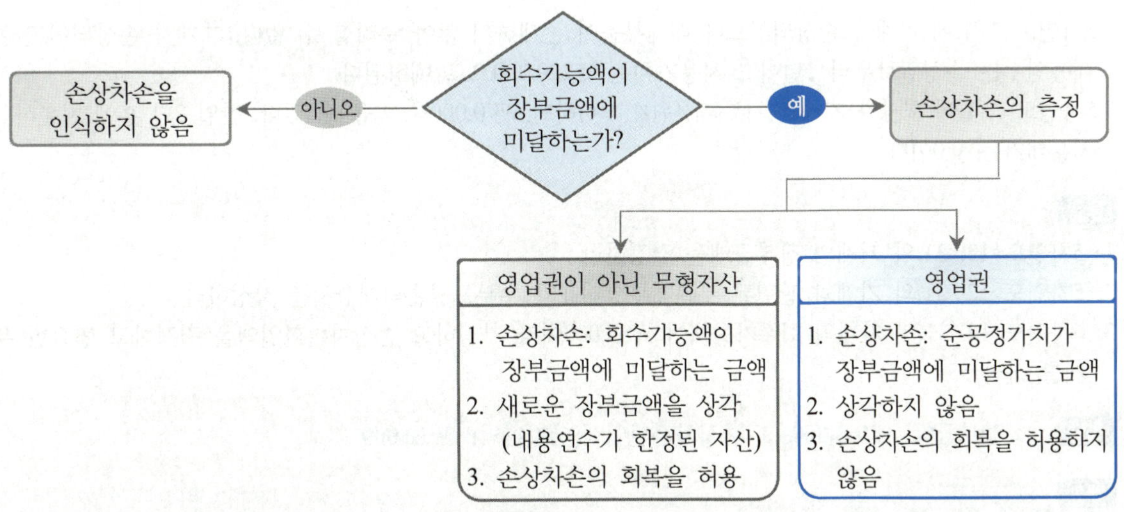

표 5.2 자산별 회수가능액과 감가상각 여부

분류			회수가능액	손상차손 인식 후 감가상각 여부	손상차손환입 허용 여부
유형자산	사용목적		max {순공정가치, 사용가치}	새로운 장부금액을 취득원가로 하여 감가상각	허용
무형자산	사용목적	내용연수 한정	max {순공정가치, 사용가치}	새로운 장부금액을 취득원가로 하여 상각	허용
		내용연수 비한정	max {순공정가치, 사용가치}	상각 안함	허용
		미사용	max {순공정가치, 사용가치}	상각 안함	허용
무형자산 중 영업권			순공정가치	상각 안함	허용하지 않음
매각예정 자산	처분목적 (제7장 참조)		순공정가치	감가상각 안함	허용

예제 3 유형자산의 손상차손과 손상차손환입

중요도: ★★★
난이도: ◆◆

상황

· 5차연도 1. 1.에 회사가 기계(내용연수: 3년, 잔존가치: ₩0)를 ₩360,000에 취득하여 정액법으로 감가상각한다.

· 5차연도 7. 1.에 기계가 손상되었으나 대체부품이 존재하지 않아 수리할 수 없다. 기계가 손상되어 잔존 내용연수는 손상일로부터 2년이고 사용가치는 ₩220,000으로 예상된다.

· 5차연도 7. 1.에 회사가 기계를 처분(처분원가: ₩0)하면 ₩70,000을 받을 수 있다. 만일 2년 후에 처분하면 처분대가는 ₩0이다.

물음

1. 5차연도 12. 31.의 기계의 장부금액을 결정하라.
2. 5차연도 12. 31.의 기계와 관련된 부분재무상태표와 부분포괄손익계산서를 작성하라.
3. 6차연도 12. 31.의 기계의 회수가능액이 ₩85,000이라 가정하고 손상차손환입액을 결정하고 필요한 분개를 하라.

정답 1. 장부금액: ₩165,000, 3. 손상차손환입액(당기이익): ₩30,000

해설

1.

· 5차연도 7. 1.에 기계가 손상되었으므로 손상차손을 인식한다. 5차연도 1. 1.부터 6. 30.까지 기계에 대한 감가상각비가 ₩60,000이므로 손상검사시점의 장부금액은 ₩300,000이다.

(차) 감 가 상 각 비(1. 1. ~ 6. 30.) 60,000 (대) 감가상각누계액 60,000

· 기계의 회수가능액: max {사용가치 ₩220,000, 순공정가치 ₩70,000} = ₩220,000

· 손상차손: ₩300,000 − ₩220,000 = ₩80,000

(차) 손 상 차 손 80,000 (대) 손상차손누계액 80,000

※ 5차연도 7. 1.의 수정된 장부금액: ₩220,000

· 기계의 잔존 내용연수가 손상일(5차연도 7. 1.)로부터 2년으로 감소하였기 때문에 6개월간(5차연도 7. 1. ~ 5차연도 12. 31.) 감가상각비는 ₩55,000(₩220,000 ÷ 2년 × 6/12)이다.

(차) 감 가 상 각 비(7. 1. ~ 12. 31.)	55,000	(대) 감가상각누계액	55,000

※ 5차연도 12. 31.의 장부금액: ₩220,000 − ₩55,000 = ₩165,000

2.

부분재무상태표		부분포괄손익계산서	
기계(취득원가)	₩360,000	기계 감가상각비(₩60,000 + ₩55,000)	₩115,000
감가상각누계액	(115,000)	기계 손상차손	80,000
손상차손누계액	(80,000)		
기계(장부금액)	₩165,000		

3.

· 손상차손(또는 손상차손환입)을 측정하기 위해서 장부금액을 결정해야 하므로 6차연도 12. 31.에 먼저 감가상각비를 기록한다.

(차) 감 가 상 각 비(₩220,000 ÷ 2년)	110,000	(대) 감가상각누계액	110,000

· 6차연도 12. 31.에 손상차손을 환입하기 직전 기계의 장부금액은 ₩55,000(₩165,000 − ₩110,000)이다.

· 5차연도 7. 1.에 손상차손을 인식하지 않았더라면 6차연도 12. 31.의 기계의 장부금액이 ₩120,000 [₩360,000 − (₩360,000 ÷ 3년 × 2년)]이었을 것이다.

손상차손환입 후 장부금액 = min {회수가능액, 손상차손을 인식하지 않았을 경우의 장부금액}
= min {₩85,000, ₩120,000}
= ₩85,000

손상차손환입액 = 손상차손환입 후 장부금액 − 손상차손환입 직전의 장부금액
= ₩85,000 − ₩55,000
= ₩30,000

(차) 손상차손누계액	30,000	(대) 손 상 차 손 환 입(당기손익)	30,000

현금창출단위의 손상차손 및 손상차손환입

Chapter 05 제3절

1. 현금창출단위의 개념

택시는 독립적으로 운행해서 택시 자체만으로 현금흐름을 창출하지만, 지하철 열차는 철로와 지하철역 등 부대시설 없이 열차 단독으로 독립적인 현금흐름을 창출하지 못한다. 이처럼 혼자서는 현금흐름을 창출하지 못해 현금흐름을 별도로 분리할 수 없는 개별자산에 대해서는 회수가능액을 측정할 수 없기 때문에 손상 여부를 독립적으로 결정할 수 없다. 따라서 해당 자산을 포함하면서 현금흐름을 별도로 분리할 수 있는 최소단위인 현금창출단위의 개념이 필요하다.

현금창출단위(cash-generating unit)는 식별가능한 여러 자산과 부채가 한 덩어리로 묶여 있는 집단으로 다른 자산(또는 자산집단)으로부터의 현금유입과 거의 독립적으로 현금유입을 창출하는 가장 작은 집합체(최소자산집단)이다[1036: 6]. 현금창출단위의 예는 생산라인, 사업부, 개별 판매점 등이다. 예를 들어, PC방, 노래방, 빨래방, DVD방 등 개별 판매점을 운영하는 방방회사가 DVD방에서 사용하는 DVD 재생기계의 손상 여부를 판단한다고 가정하자. DVD 재생기계는 독립적으로 현금흐름을 창출하지 못하고 점포 공간, 스크린, 의자 등과 결합해서만 현금이 유입되므로 DVD방 전체를 현금창출단위로 본다. DVD방은 다른 방(PC방, 노래방, 빨래방)과 독립적으로 현금유입을 창출하는 가장 작은 집합체(최소자산집단)이다. 그러나 DVD방에 설치된 음료수 자판기와 담배 자판기는 각각 독립적으로 현금흐름을 창출하므로 현금창출단위를 고려하지 않고 개별자산(자판기)의 손상 여부를 판단한다.

예제 4	현금창출단위([1036: 67]의 예)	중요도: ★ 난이도: ◆

상황

· 회사는 석탄 채굴활동을 지원하기 위해 사설철로를 소유하고 있다.
· 사설철로는 광산의 다른 자산이 창출하는 현금유입과 독립적인 현금유입을 창출하지 못하며 독립적으로 판매할 수 없고 폐기물가치로만 매각할 수 있다.

물음 회사가 소유하는 사설철로의 회수가능액을 결정하는 방법을 설명하라.

정답 광산 전체의 회수가능액을 추정

해설

· 사설철로가 독립적인 현금유입을 창출하지 못하므로 사설철로의 사용가치를 개별적으로 결정할 수 없다. 또한, 사설철로의 사용가치가 폐기물가치와 다를 가능성이 높기 때문에 사설철로의 회수가능액을 측정할 수 없다. 따라서 회사는 사설철로를 포함하는 현금창출단위를 식별하여 그 현금창출단위의 회수가능액을 측정하여야 한다.

· 이 예제에서 다른 자산이나 자산집단으로부터의 현금유입과 독립적인 현금유입을 창출하는 자산집단(해당 자산 포함)으로서 식별가능한 최소단위는 광산 전체이다. 그러므로 현금창출단위인 광산 전체의 회수가능액을 추정한다.

2. 현금창출단위의 손상차손

특정 현금창출단위가 영업권을 포함하면 해당 현금창출단위를 구성하는 자산뿐만 아니라 영업권에 대해서도 손상 여부를 판단한다. 영업권은 다른 자산들과 결합해서만 독립적인 현금흐름을 창출하므로 영업권에 대해 손상검사를 실시하기 위해서는 해당 영업권을 포함하는 현금창출단위 전체에 대해 손상검사를 실시한다. 영업권은 내용연수가 비한정이므로 영업권에 대한 손상 징후의 존재 여부와 관계없이 매년 정기적으로 손상검사를 실시하며, 그 시기는 회계연도 중 어느 때라도 할 수 있으나 매년 같은 시기에 손상검사를 실시한다[1036: 10].

영업권을 포함하는 현금창출단위의 회수가능액이 해당 현금창출단위의 순자산(영업권 포함)의 장부금액보다 적으면 해당 현금창출단위가 손상된 것으로 판단한다. 아래의 두 단계를 거쳐 현금창출단위의 손상차손을 측정하고 손상차손 측정액을 현금창출단위에 포함된 영업권과 나머지 자산에 배분한다.

단계 1: 현금창출단위의 손상차손 측정

현금창출단위의 순자산의 장부금액(영업권 포함)	×××
현금창출단위의 회수가능액(사용가치)*	(×××)
현금창출단위의 손상차손	×××

* 해당 현금창출단위에서 창출될 것으로 기대되는 미래 순현금흐름의 현재가치

현금창출단위에 대한 활성시장이 존재한다면, 이론적 관점에서 현금창출단위의 회수가능액은 max{현금창출단위의 순공정가치, 현금창출단위의 사용가치}이다. 그러나 현금창출단위가 거래되는 활성시장이 실무에서 거의 존재하지 않아 현금창출단위의 순공정가치를 알 수 없는 경우가 대부분이므로 일반적으로 현금창출단위의 사용가치를 현금창출단위의 회수가능액으로 본다.

현금창출단위의 회수가능액을 산정하기 위해 이미 인식된 일부 부채를 고려해야 하는 경우가 있다. 이는 현금창출단위를 처분하는 거래에서 구매자가 관련 부채를 넘겨받는 경우에 일어날 수 있다. 이 경우에 현금창출단위의 순공정가치(또는 최종 처분에서 생길 추정 현금흐름)는 현금창출단위를 구성하는 자산과 부채를 함께 처분할 때 매각가격에서 처분부대원가를 뺀 금액이다. 현금창출단위의 장부금액과 회수가능액을 의미 있게 비교하기 위하여 부채의 장부금액은 현금창출단위의 장부금액과 사용가치를 산정할 때 뺀다[1036: 78].

Miniature 예제 2 부채가 있는 현금창출단위의 회수가능액([1036: 38]에 대한 예)

· 기업은 채광사업이 마무리된 후 법에 따라 광산 현장을 복구하여야 하는 광산을 운영한다. 복구원가에는 채광사업을 시작하기 전에 제거하는 표토(overburden, 광산 채취장)의 복구원가도 포함된다. 처음에 표토를 제거할 때에, 표토를 복구할 때 드는 원가를 충당부채(제12장 참조)로 인식한다. 충당부채금액을 광산 취득원가의 일부로 인식하고(제3장 Miniature 예제 2 참조) 광산의 내용연수에 걸쳐 감가상각한다. 복구충당부채의 장부금액은 ₩500이고, 이 금액은 복구원가의 현재가치와 같다.
· 기업은 광산 전체를 현금창출단위로 보고 광산에 대해 손상검사를 한다. 기업은 광산을 ₩800에 사겠다는 제의를 받았다. 이 가격에는 구매자가 표토복구의무를 부담할 금액도 반영되어 있다. 광산의 처분부대원가는 ₩0이다. 복구원가를 제외하면 광산의 사용가치는 ₩1,200이며, 장부금액은 ₩1,000이다.
· 이 경우 현금창출단위의 순공정가치는 ₩800이다. 이 금액에는 충당부채로 인식된 복구원가가 반영되어 있다. 복구원가를 고려한 후에 현금창출단위의 사용가치는 ₩700(₩1,200 − ₩500)이다. 현금창출단위의 회수가능액이 ₩800(max {₩800, ₩700})이고 장부금액이 ₩500(₩1,000 − ₩500)이므로 현금창출단위의 회수가능액이 장부금액을 초과한다.

단계 2: 현금창출단위의 손상차손 배분

현금창출단위의 회수가능액이 장부금액에 못 미쳐 손상차손이 발생하면, 손상차손을 우선적으로 영업권에 배분하고 나머지를 현금창출단위에 속하는 다른 자산에 배분한다[1036: 104].

현금창출단위 손상차손의 배분 { 1 순위: 영업권의 손상차손 / 2 순위: 영업권 이외 기타 자산의 손상차손 }

배분 1 순위: 영업권의 장부금액 범위 내에서 현금창출단위의 손상차손을 우선적으로 영업권에 배분하여 영업권의 손상차손을 인식한다. 손상차손을 반영한 영업권의 장부금액이 ₩0이 되기 전에는 현금창출단위의 손상차손을 다른 자산에 배분할 수 없다.

배분 2 순위: 영업권의 장부금액을 ₩0으로 만들고 남는 손상차손은 해당 현금창출단위에 포함된 **나머지 자산의 장부금액의 상대적 비율에 따라 각 자산에 배분하여 개별자산의 손상차손을 인식한다.** 이때 손상차손을 배분한 후 개별자산의 장부금액은 다음 중 가장 큰 금액이어야 한다[1036: 105].

- 개별자산의 순공정가치(측정할 수 있는 경우)
- 개별자산의 사용가치(산정할 수 있는 경우)
- ₩0

위의 조건은 개별자산의 장부금액이 순공정가치와 사용가치 중 큰 금액인 회수가능액이어야 한다는 일반원칙에 음(−)이 되어서는 안된다는 조건이 추가된 것이다. 이러한 제약조건 때문에 총 손상차손 중 특정 자산에 배분되지 않은 금액은 현금창출단위에 포함된 다른 자산에 각각의 장부금액에 비례하여 추가로 배분한다[1036: 105](예제 5 참조).

주의할 점은, 현금창출단위 손상차손을 영업권 이외의 기타 자산에 배분할 때 「K-IFRS 제1036호」의 **적용대상이 아닌 자산**인 재고자산, 계약자산(제15장 참조), 공정가치로 측정하는 금융자산(제9장 참조), 투자부동산(제6장 참조), 순공정가치로 측정하는 생물자산(제3장 참조)에는 적용하지 않는다[1036: 2]. 즉, 이러한 자산에는 **손상차손을 배분하지 아니한다**. 「K-IFRS 제1036호」는 순공정가치가 장부금액보다 작은 자산에 손상차손을 배분하므로[1036: BCZ178], 현금창출단위에 포함된 특정 자산의 회수가능액이 장부금액보다 크거나 같으면 이 자산은 손상되지 않았으므로 이러한 자산에는 현금창출단위의 손상차손을 배분하지 않는다.

Miniature 예제 3 영업권을 포함하는 현금창출단위의 손상차손

상황

· 4차연도 1. 1. 현재 현금창출단위인 공장 A의 자산은 다음과 같다.

	영업권	식별가능한 자산의 공정가치	취득원가 합계
공장 A	₩5,000	₩20,000	₩25,000

· 공장 A의 식별가능한 자산(내용연수: 10년, 잔존가치: ₩0)을 정액법으로 감가상각한다.
· 공장 A에 대해 매년 12. 31.에 손상검사를 실시한다. 4차연도 12. 31.에 공장 A의 회수가능액(사용가치)이 장부금액을 초과하므로 현금창출단위인 공장 A가 손상되지 않은 것으로 판단하였다. 그러나 5차연도 12. 31.에 공장 A의 사용가치가 ₩14,400으로 판명되었다.

물음 5차연도 12. 31.의 공장 A의 손상차손을 결정하고 손상차손을 자산별로 배분하라.

정답 및 해설

공장 A의 장부금액(5차연도 12. 31.):		
공장 A의 취득원가	₩25,000	
공장 A의 감가상각누계액	(4,000)*	₩21,000
공장 A의 회수가능액(5차연도 12. 31.)		(14,400)
공장 A의 손상차손		₩6,600

* ₩20,000(식별가능한 자산의 취득원가) ÷ 10년 × 2년 = ₩4,000

· 공장 A의 손상차손 ₩6,600을 다음과 같이 두 부분으로 분해한다.

공장 A의 손상차손 ₩6,600의 배분
- 영업권의 손상차손 ₩5,000
- 식별가능 자산의 손상차손 ₩1,600

· 손상차손 ₩6,600을 배분한 후의 공장 A 자산의 장부금액은 다음과 같다.

	영업권	식별가능한 자산	합계
취득원가	₩5,000	₩20,000	₩25,000
감가상각누계액		(4,000)	(4,000)
손상차손누계액	(5,000)	(1,600)	(6,600)
장부금액	₩0	₩14,400	₩14,400

예제 5 현금창출단위 손상차손의 배분

중요도: ★★★
난이도: ◆◆◆

상황

· 지배기업인 A사는 종속기업인 B사 전체를 단일 현금창출단위로 분류하였다.
· 5차연도 12. 31.의 B사 순자산의 장부금액과 순공정가치는 다음과 같다.

		장부금액	순공정가치
자산:	영업권	₩10,000	알 수 없음
	저작권	20,000	₩7,000
	건물	80,000	83,000
	기계	50,000	40,000
	비품	30,000	10,000
	매출채권	70,000	70,000
	재고자산	40,000	40,000
부채:	매입채무	(100,000)	(100,000)
순자산		₩200,000	

· 개별자산의 사용가치를 알 수 없다.
· B사의 순공정가치는 알 수 없으나 사용가치는 ₩150,000이다.

물음 B사의 손상차손을 측정하고 개별자산에 배분하라.

정답 및 해설

· 현금창출단위의 손상차손: ₩200,000(장부금액) − ₩150,000(사용가치) = ₩50,000
· 매출채권과 재고자산은 장부금액과 순공정가치가 동일하고 건물은 순공정가치가 장부금액을 초과하여 손상되지 않은 자산이므로 현금창출단위 손상차손의 배분대상에서 제외한다.
· 현금창출단위의 손상차손 ₩50,000을 다음과 같이 두 부분으로 분해한다.

현금창출단위의 손상차손 ₩50,000의 배분 { 영업권의 손상차손 ₩10,000 / 다른 자산의 손상차손 ₩40,000 }

· 손상차손 ₩10,000을 우선적으로 영업권에 배분하고 나머지 손상차손 ₩40,000을 저작권, 기계, 비품에 장부금액에 비례하여 다음과 같이 배분한다.

배분대상 자산	장부금액	배분율	손상차손 배분액	손상차손 배분 후 장부금액	순공정가치
저작권	₩20,000	20%	₩8,000	₩12,000	₩7,000
기계	50,000	50	20,000	**30,000**	**40,000**
비품	30,000	30	12,000	18,000	10,000
합계	₩100,000	100%	₩40,000	₩60,000	

· 기계의 장부금액을 순공정가치인 ₩40,000 미만으로 감소시킬 수 없으므로[1036: 105] 기계에 배분된 ₩20,000 중에서 ₩10,000을 나머지 자산인 저작권과 비품에 원래의 장부금액에 비례하여 다음과 같이 추가로 배분하고 분개한다.

배분대상 자산	장부금액	배분율 (%)	손상차손 추가배분액	추가배분 전 장부금액	추가배분 후 장부금액	순공정가치
저작권	₩20,000	40%	₩4,000	₩12,000	₩8,000	₩7,000
기 계			(10,000)	30,000	**40,000**	40,000
비 품	30,000	60	6,000	18,000	12,000	10,000
합 계	₩50,000	100%	₩0	₩60,000	₩60,000	

(차) 손 상 차 손	50,000	(대) 영 업 권	10,000
		저 작 권	12,000
		기 계	10,000
		비 품	18,000

3. 현금창출단위의 손상차손환입

현금창출단위에 대해 손상차손을 인식한 이후에 현금창출단위를 구성하는 식별가능한 자산의 회수가능액이 증가하면 개별자산별로 일정한 한도 내에서 손상차손을 환입한다. 그러나 영업권의 회수가능액이 증가하면 사업결합으로 취득한 영업권 자체에 대한 회수가능액이 증가한 것이 아니라 영업권의 가치를 내부적으로 증가시킨 결과일 수 있다. 따라서 영업권의 손상차손을 환입하면 영업권의 장부금액이 증가하므로 결과적으로 내부적으로 가치가 증가된 영업권을 자산으로 인식하는 결과를 낳는다. 그러므로 **영업권에 대해서는 손상차손환입을 허용하지 않는다**[1036: 124].

단계 1: 손상차손환입 후 장부금액의 한도 결정

영업권을 제외한 현금창출단위의 식별가능자산에 대해서만 손상차손을 환입하되, 식별가능자산의 새로운 장부금액은 손상차손을 인식하지 않았을 경우의 장부금액을 한도로 한다. 이와 같은 '가상적' 장부금액을 설명의 편의상 '식별가능자산 장부금액의 한도'라 부른다. 식별가능자산의 새로운 장부금액은 회수가능액을 초과할 수 없으므로 회수가능액과 장부금액의 한도 중 작은 금액으로 한다.

식별가능자산의 새로운 장부금액 = min {회수가능액, '식별가능자산 장부금액의 한도'}

단계 2: 손상차손환입액의 측정

손상차손환입액 = 식별가능자산의 새로운 장부금액 − 손상차손환입 직전 식별가능자산의 장부금액

Miniature 예제 4 식별가능자산 장부금액의 한도

상황

· Miniature 예제 3에서 현금창출단위인 공장 A의 5차연도 12. 31. 현재 장부금액은 다음과 같다.

	영업권	식별가능한 자산	합계
취득원가	₩5,000	₩20,000	₩25,000
감가상각누계액		(4,000)*	(4,000)
손상차손누계액	(5,000)	(1,600)	(6,600)
장부금액	₩0	₩14,400	₩14,400

* 4차연도와 5차연도 감가상각비: ₩20,000 × 2/10 = ₩4,000

· 6차연도 12. 31.에 손상차손환입을 인식하기 직전에 공장 A 식별가능자산의 장부금액이 다음과 같이 ₩12,600이며, 공장 A의 회수가능액이 ₩17,500이 되었다.

	영업권	식별가능한 자산	합계
취득원가	₩5,000	₩20,000	₩25,000
감가상각누계액		(5,800)*	(5,800)
손상차손누계액	(5,000)	(1,600)	(6,600)
장부금액	₩0	₩12,600	₩12,600

* 6차연도 감가상각비 ₩1,800(₩14,400 × 1/8)을 포함한 금액

물음

1. 6차연도 12. 31.의 '식별가능자산 장부금액의 한도'를 결정하라.
2. 6차연도 12. 31.에 인식할 손상차손환입액을 결정하라.

정답 및 해설

1. 5차연도 12. 31.에 손상차손을 인식하지 않았다면 6차연도 12. 31.의 '식별가능자산 장부금액의 한도'는 다음과 같다.

	식별가능한 자산
취득원가	₩20,000
감가상각누계액(₩20,000 × 3/10)	(6,000)*
'식별가능자산 장부금액의 한도'	₩14,000

* 6차연도 감가상각비 ₩2,000을 포함한 금액

2. 식별가능자산의 새로운 장부금액 = min {회수가능액, '식별가능자산 장부금액의 한도'}
= min {₩17,500, ₩14,000} = ₩14,000

· 손상차손환입액 = 식별가능자산의 새로운 장부금액 − 손상차손환입 직전 식별가능자산의 장부금액
= ₩14,000 − ₩12,600 = ₩1,400

단계 3: 손상차손환입액의 배분

현금창출단위의 손상차손환입액을 현금창출단위를 구성하는 자산(영업권 제외)의 장부금액에 비례

해서 배분하고 개별자산의 손상차손환입으로 인식한다. 현금창출단위의 손상차손환입을 배분할 때 개별자산의 장부금액은 다음 중 작은 금액을 초과할 수 없다[1036: 123].

- 개별자산의 회수가능액(산정할 수 있는 경우)
- 애초부터 과거 기간에 개별자산의 손상차손을 인식하지 않았더라면 현재 기록되어 있을 장부금액(감가상각 또는 상각 후 금액)

위의 제약으로 인해 특정 자산에 배분되지 않고 남은 손상차손환입액은 영업권을 제외하고 현금창출단위에 속한 다른 자산의 장부금액에 비례해서 다른 자산에 추가로 배분한다.

재평가모형

1. 재평가모형의 개념

취득원가에서 감가상각누계액과 손상차손누계액을 차감한 금액으로 자산의 장부금액을 측정하는 방법을 원가모형(cost model)이라 하고, 자산을 재평가해서 공정가치로 장부금액을 측정하는 방법을 재평가모형(revaluation model)이라 한다. 기업은 원가모형과 재평가모형 중 하나를 회계정책으로 선택해서 유형(또는 무형)자산의 유형별로 장부금액을 측정한다[1016: 29].

표 5.3 원가모형과 재평가모형의 비교

원가모형	
취득원가	×××
−) 감가상각누계액	(×××)
−) 손상차손누계액	(×××)
=) 장부금액	×××

재평가모형	
재평가한 금액(재평가시점의 공정가치)	×××
−) 재평가 이후 감가상각누개액	(×××)
−) 재평가 이후 손상차손누계액	(×××)
=) 장부금액	×××

재평가모형과 손상회계의 차이를 이해하는 것이 중요하다. 원가모형을 사용할 것인가 재평가모형을 사용할 것인가 여부는 기업이 선택할 수 있지만, 둘 중 어느 방법을 선택하더라도 손상회계는 반드시 적용해야 한다. 손상회계는 자산의 장부금액이 회수가능액을 초과하지 못하게 하려는 보수주의 회계처리인 반면에, 재평가모형은 자산의 장부금액을 공정가치에 따라 상향(또는 하향) 조정하는 회계처리이다.

(1) 재평가모형 적용 범주

재평가모형을 선택하는 경우, 보유하고 있는 모든 비유동자산(유형자산 또는 무형자산)을 공정가치로 재평가할 필요는 없고, 비유동자산의 유형(예 토지, 건물)별로 재평가모형을 적용할 수 있다. 유형자산의 유형(class)은 기업의 영업에서 특성과 용도가 비슷한 자산의 집합으로서, 예를 들면 다음과 같다[1016: 37].

• 토지
• 토지와 건물
• 기계장치
• 차량운반구

「K-IFRS 제1016호」와 「K-IFRS 제1038호」는 특정 자산유형의 일부 자산은 재평가하고 나머지 자산은 역사적원가로 측정하여 이익을 자의적으로 조정할 가능성을 낮추기 위해서 같은 유형에 포함된 모든 자산을 일률적으로 재평가하도록 요구한다. 예를 들어, 특정 지역의 토지는 공정가치로 측정하고 나머지 지역의 토지는 취득원가로 측정하는 것은 공정가치와 역사적원가가 혼합된 재무정보를 제공해 재무제표이용자를 오도할 수 있어 금지된다. 그러나 자산유형별로 다른 모형을 적용할 수는 있다. 예를 들어, 건물 유형에는 재평가모형을 적용하고 기계장치 유형에는 원가모형을 적용할 수 있다.

특정 유형자산을 재평가하면 그 자산이 속한 유형의 모든 유형자산을 동시에 재평가한다[1016: 38]. 그 이유는 기업이 자신이 원하는 자산을 원하는 시기에 선택적으로 재평가함으로써 재무제표를 왜곡하는 것을 방지하기 위해서다.[1)] 그러나 특정 유형에 속한 모든 자산의 재평가가 단기간 내에 수행되며 계속적으로 갱신된다면, 동일한 유형에 속하는 자산을 순차적(rolling basis)으로 재평가할 수 있다.

(2) 재평가 빈도

재평가모형을 적용한 자산에 대해서 매 보고기간 말마다 재평가할 필요는 없으나 보고기간 말에 자산의 장부금액이 공정가치와 중요하게 차이가 나지 않도록 주기적으로 재평가해야 한다[1016: 34]. 문단 34의 의미는 재평가 주기가 시간의 경과가 아니라 공정가치 변동액에 의해서 결정된다는 것이다. 즉, 공정가치의 변동이 유의적이고 급격하면 매년 재평가하지만 공정가치의 변동이 경미하면 매 3년이나 5년마다 재평가하는 것으로 충분하다. 「K-IFRS 제1016호」는 '유의적이고 급격한 공정가치의 변동'에 대해서 정의하지 않으나, 재평가액 정보를 사용하는 합리적 이용자의 의사결정에 미치는 영향을 기준으로 해석할 수 있다. 그러나 이 표현은 궁극적으로 주관적으로 결정할 문제이다.

---

1) 잘 익은 체리를 골라서 딴다는 의미에서 이와 같은 골라잡기 관행을 "cherry picking"이라고도 한다. 관련된 표현으로, 경영자가 자의적으로 이익을 조정하기 위해 이용하는 수단을 "cookie jar"라고 하는데, 평소에 과자를 통에 보관하다가 배가 고프면 꺼내 먹는 것처럼 이익이 많을 때는 줄이고 이익이 적을 때는 늘리는 수단으로 사용하는 충당금이나 충당부채계정 등을 가리킨다.

2. 재평가모형의 적용

자산을 재평가할 때 다음과 같은 회계문제가 제기된다.

① 자산의 장부금액을 어떻게 재평가액으로 조정하는가?

② 자산의 장부금액과 재평가액의 차이를 어떻게 회계처리하는가?

③ 재평가 이후부터 감가상각비를 어떻게 산정하는가?

④ 재평가미실현보유손익이 실현될 때 이를 어떻게 인식하는가?

위의 문제들은 크게 다음 두 문제로 요약할 수 있다.

- 재평가대상자산의 장부금액 결정
- 재평가증가액(또는 감소액)에 대한 회계처리

(1) 재평가대상자산의 장부금액 결정

감가상각대상인 비유동자산에 대해 재평가모형을 적용하면 재평가 직전에 해당 자산의 감가상각비를 인식하고 장부금액을 수정한다. 그리고 재평가시점에 총액법(비례법) 또는 순액법(제거법)을 사용해서 자산의 장부금액을 재평가액으로 수정한다[1016: 35], [1038: 80].

① 총액법(비례법)

총액법(gross up method)은 재평가시점에 자산 취득원가와 감가상각누계액을 비례적으로 수정해서 장부금액을 재평가액으로 만드는 방법이다. 이를 수식으로 표현하면, 다음과 같다.

$$\text{재평가비율} = \frac{\text{재평가금액(공정가치)}}{\text{재평가 직전의 장부금액}}$$

수정된 취득원가 = 최초 취득원가 × 재평가비율

수정된 감가상각누계액 = 재평가 직전의 감가상각누계액 × 재평가비율

비례법이라고도 불리는 총액법은 재평가비율을 취득원가와 감가상각누계액에 동일하게 적용하므로 취득원가 대비 감가상각누계액의 비율이 재평가 직전과 직후에 동일하게 유지되고, 재평가 직후에도 감가상각누계액계정의 잔액이 존재한다.

② 순액법(제거법)

순액법(netting method)은 재평가시점에 감가상각누계액계정 잔액 전부를 자산 취득원가와 상계해서 감가상각누계액계정의 잔액을 ₩0으로 만들고, 자산의 공정가치(재평가금액)를 장부금액으로 기록하는 방법이다. 순액법은 감가상각누계액계정의 잔액을 ₩0으로 만들기 때문에 자산을 재평가시점에 공정가치로 새로 취득한 것과 동일하게 회계처리한다. 실무에서 이용하기에 편리한 순액법이 많이 사용되므로, 이 책에서도 총액법을 연습하기 위한 예제 6을 제외하고 다른 모든 예제에서 순액법을 사

용한다.

분개 순액법하에서 회계처리: 공정가치가 장부금액보다 큰 경우

재평가 직전:

(차) 감 가 상 각 비	×××*	(대) 감가상각누계액	×××

* 재평가 직전까지 당기에 인식할 감가상각비

재평가시점:

(차) 감가상각누계액	×××*	(대) 유 형 자 산	×××

* 감가상각누계액계정의 잔액을 ₩0으로 만드는 금액

(차) 유 형 자 산	×××*	(대) 기 타 포 괄 손 익**	×××

* 공정가치가 장부금액을 초과하는 금액

** 개념적 면에서 재평가미실현이익이다. 자세한 내용은 아래에서 설명한다.

예제 6 총액법과 순액법

중요도: ★★★
난이도: ◆

상황

· 1차연도 1. 1.에 유형자산(내용연수: 5년, 잔존가치: ₩0)을 ₩50,000에 취득하였다.
· 정액법에 의한 매년 감가상각비: ₩10,000
· 재평가모형을 적용하여 유형자산을 측정한다.
· 2차연도 12. 31.의 유형자산의 공정가치: ₩48,000

물음 순액법과 총액법을 각각 이용하여 2차연도 12. 31.에 재평가를 기록하는 분개를 하라.

정답 및 해설

2차연도 12. 31. 재평가 직전:

(차) 감 가 상 각 비	10,000	(대) 감가상각누계액	10,000

· 재평가 직전의 감가상각누계액: ₩10,000 × 2년 = ₩20,000
· 재평가 직전의 유형자산 장부금액: ₩50,000 − ₩20,000 = ₩30,000
· 재평가증가액: ₩48,000 − ₩30,000 = ₩18,000

2차연도 12. 31. 재평가시점:

순액법: 유형자산의 측정액(평가액)을 공정가치로 수정한다.
· 재평가시점에 우선적으로 감가상각누계액계정의 잔액을 유형자산의 취득원가와 상계하여 감가상각누계액계정의 잔액을 ₩0으로 만든다.
· 재평가증가액을 유형자산계정과 기타포괄손익계정에 기록한다.

(차) 감가상각누계액	20,000	(대) 유 형 자 산	20,000
(차) 유 형 자 산	18,000	(대) 기 타 포 괄 손 익	18,000

유형자산(재평가액)	₩48,000
감가상각누계액	(0)
유형자산(장부금액)	₩48,000

총액법: 유형자산의 공정가치를 반영하기 위해 유형자산의 취득원가와 감가상각누계액을 비례적으로 증가시킨다.

재평가비율: ₩48,000 ÷ ₩30,000 = 160%
수정된 취득원가: ₩50,000 × 160% = ₩80,000
수정된 감가상각누계액: ₩20,000 × 160% = ₩32,000

(차)	유형자산	30,000	(대)	감가상각누계액	12,000
				기타포괄손익	18,000

유형자산	₩80,000
감가상각누계액	(32,000)
유형자산(장부금액)	₩48,000

(2) 재평가증가액에 대한 회계처리

재평가 결과 자산의 공정가치(새로운 장부금액)가 재평가 직전 장부금액(재평가 직전까지의 감가상각비를 반영한 장부금액)을 초과하는 금액을 재평가증가액(revaluation surplus)이라 한다. 반대로, 재평가 결과 자산의 공정가치(새로운 장부금액)가 재평가 직전 장부금액(재평가 직전까지의 감가상각비를 반영한 후 장부금액)에 미달하는 금액을 재평가감소액(revaluation decrease)이라 한다.

재평가증가액과 재평가감소액에 대한 회계처리를 개념적으로 간단히 정리하면 <그림 5.5>와 같다. 재평가증가액은 원칙적으로 당기손익으로 인식하지 않고 기타포괄손익으로 인식해 재평가잉여금 과목으로 자본에 가산한다. 재평가감소액은 원칙적으로 당기손익(손상차손)으로 처리한다. 그러나, 과거의 재평가 내역에 따라 이러한 처리가 달라질 수 있다. 재평가잉여금이 누적된(재평가누적수정액이 양수인) 자산의 공정가치가 하락해 재평가감소액이 발생하면 재평가잉여금을 먼저 감소시킨 후 잔액을 손상차손으로 인식한다. 반대로, 과거에 손상차손을 인식했던(재평가누적수정액이 음수인) 자산의 공정가치가 상승해 재평가증가액이 발생하면 과거에 당기손익으로 인식했던 만큼 손상차손환입을 먼저 인식하고 잔액을 기타포괄손익으로 인식한다[1016: 39], [1036: 120].

그림 5.5 재평가증가액과 감소액의 회계처리

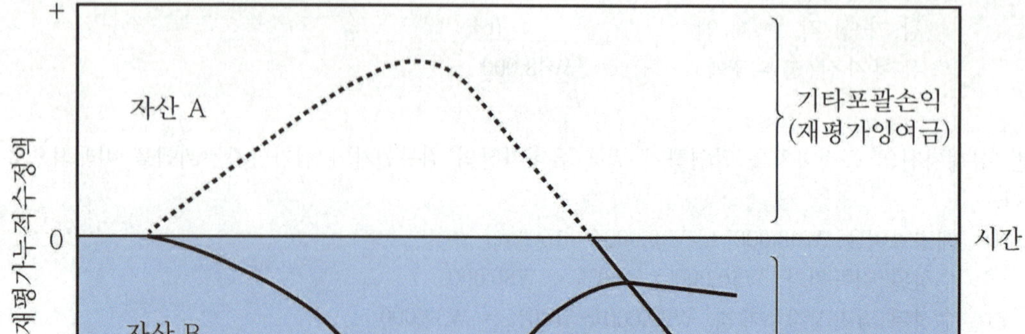

재평가증가액의 회계처리를 단계별로 살펴보면 다음과 같다.

재평가증가액의 회계처리
- 단계 1: 손상차손환입(당기이익) 인식
- 단계 2: 기타포괄손익 인식
- 단계 3: 마감분개

단계 1: 손상차손환입(당기이익) 인식

재평가하는 자산에 대해 과거에 재평가감소액을 손상차손(당기손실)으로 인식했으면, 과거에 손상차손으로 인식했던 금액을 우선적으로 환입하여 손상차손환입(당기이익)을 인식한다. 이러한 회계처리는 과거에 손상차손을 인식했던 금액만큼 당기이익을 인식하여 이익잉여금을 증가(실질적으로는 회복)시킨다.

- [재평가증가액 ≤ 과거 손상차손]인 경우: 재평가증가액 전액을 손상차손환입(당기이익)으로 인식하고 회계처리를 단계 1에서 마친다.
- [재평가증가액 > 과거 손상차손]인 경우: 재평가증가액 중 과거 손상차손 금액만큼 손상차손환입으로 인식하고 나머지 금액은 단계 2에서 회계처리한다.

단계 2: 기타포괄손익(재평가미실현이익) 인식

재평가모형을 처음으로 적용하거나 과거에 손상차손이 발생하지 않은 경우에는 재평가증가액 전액을 기타포괄손익(재평가미실현이익)으로 인식한다. 당기 재평가증가액이 과거에 인식했던 손상차손보다 커서 손상차손을 모두 환입하고도 남은 재평가증가액도 기타포괄손익(재평가미실현이익)으로 인식한다. 재평가증가액을 당기손익으로 인식하지 않고 기타포괄손익으로 인식하면 재평가로 인해 자산의 장부금액은 증가하지만 당기순이익이 과대계상되는 것을 방지하는 효과가 있다.

K-IFRS 재평가증가액을 기타포괄손익으로 인식하는 이유

회계에서는 아직 완료되지 않은(incomplete) 거래에서 발생한 미실현보유손익을 원칙적으로 기타포괄손익으로 인식하고 배당가능액(이익잉여금)에 포함하지 않는다. 유형 · 무형자산은 단기매매목적으로 보유하는 자산이 아니고 장기간 사용할 자산이다. 그러므로 유형 · 무형자산을 재평가하는 시점에 공정가치가 장부금액보다 커서 재평가증가액(재평가미실현보유이익)이 발생하면 당기순이익의 변동성을 최소화하기 위해서 재평가미실현보유이익을 당기이익으로 인식하지 않고 기타포괄손익으로 인식한다.

단계 3: 마감분개

회계기간 말에 손상차손환입(당기이익)계정의 잔액을 다른 당기손익항목과 한꺼번에 마감분개를 통해 이익잉여금으로 대체하고, 기타포괄손익계정의 잔액을 재평가잉여금(기타포괄손익누계액)계정으로 대체한다.

분개 마감분개

(차) 손 상 차 손 환 입	×××	(대) 이 익 잉 여 금	×××
(차) 기 타 포 괄 손 익	×××	(대) 재평가잉여금(기타포괄손익누계액)	×××

(3) 재평가감소액에 대한 회계처리

앞에서 설명했듯이, 자산의 장부금액이 재평가로 인하여 감소한 경우에 그 감소액은 당기손익으로 인식한다. 그러나 그 자산에 대한 재평가잉여금계정의 잔액이 있다면 그 금액을 한도로 재평가감소액을 기타포괄손익(재평가미실현손실)으로 인식한다. 재평가감소액을 기타포괄손익으로 인식하는 경우 재평가잉여금의 과목으로 자본에 누계한 금액을 감소시킨다[1016: 40]. 국제회계기준위원회는 손상차손이 재평가액 감소인지 아니면 용역잠재력 감소인지를 식별하기 어려울 것이라고 보았다. 따라서 IAS 16(「K-IFRS 제1016호」)에서 사용하는 처리 방법을 그대로 유지하여 재평가자산의 손상차손을 재평가감소액(이와 비슷하게 손상차손환입은 후속적 재평가증가액)으로 처리하기로 결정하였다[1036: BCZ111].

기준서 문단의 내용이 상당히 복잡하고 이해하기 어려운데[1016: 40], 저자는 재평가감소액을 다음 세 단계로 회계처리한다.

재평가감소액의 회계처리
- 단계 1: 재평가잉여금(기타포괄손익누계액) 감소
- 단계 2: 손상차손(당기손실) 인식
- 단계 3: 마감분개

단계 1: 재평가잉여금(기타포괄손익누계액) 감소

재평가감소액을 손상차손(당기손실)으로 인식하기에 앞서, 그 자산에 대해 과거에 기타포괄손익으로 인식했던 재평가증가액이 재평가잉여금(기타포괄손익누계액)에 남아있다면 그 금액만큼 재평가잉여금을 감소시키고 자산의 장부금액을 감소시킨다.

- [재평가감소액 ≤ 재평가잉여금계정의 잔액]인 경우: 재평가감소액 전액을 재평가잉여금에서 차감하고 회계처리를 단계 1에서 마친다.
- [재평가감소액 > 재평가잉여금계정의 잔액]인 경우: 재평가감소액 중에서 재평가잉여금계정의 잔액만큼 재평가잉여금을 감소시키고 나머지 금액은 단계 2에서 회계처리한다.

단계 2: 손상차손(당기손실) 인식

재평가모형을 처음 적용하는 경우, 또는 단계 1에서 재평가감소액이 재평가잉여금계정의 잔액보다 많아서 재평가잉여금계정의 잔액을 ₩0으로 만들고도 재평가감소액이 남는 경우에는 나머지 금액을 손상차손(당기손실)으로 인식한다.

단계 3: 마감분개

회계기간 말에 마감분개를 통해 손상차손(당기손실)계정의 잔액을 이익잉여금으로 대체한다.

재평가증가액과 재평가감소액에 대한 구체적 회계처리를 정리하면 <그림 5.6>과 같다. 먼저, 상각대상자산은 재평가 직전까지 상각해서 장부금액을 수정한다. 다음으로, 재평가액과 장부금액을 비교하여 재평가증가액 또는 재평가감소액을 산정한다. 그리고 과거 회계기간의 재평가 결과를 참고해서 당기손익이나 기타포괄손익을 인식하고 자산의 장부금액을 수정한다.

그림 5.6 재평가증가액과 재평가감소액에 대한 회계처리

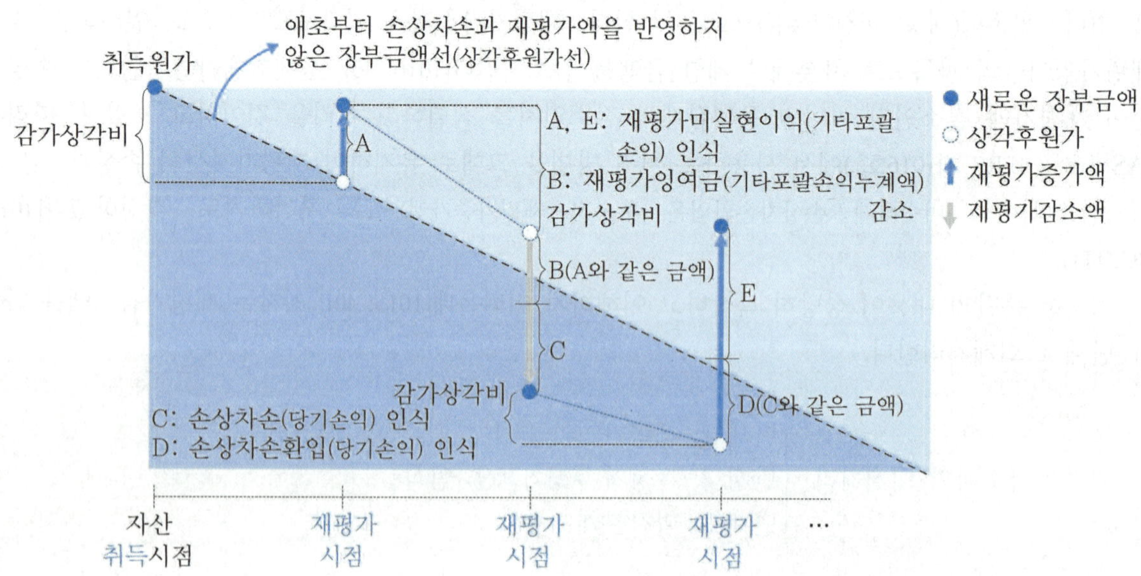

Tip ① 재평가증가액이 발생하여 기타포괄손익(A)을 인식한 이후에 재평가감소액(B+C)이 발생하면 우선적으로 재평가잉여금계정의 잔액(A)을 ₩0으로 만들고 남은 금액을 손상차손(C)으로 인식한다.
② 재평가감소액이 발생하여 손상차손(C)을 인식한 이후에 재평가증가액(D+E)이 발생하면 우선적으로 손상차손누계액계정의 잔액(C)을 ₩0으로 만들고 남은 금액을 기타포괄손익(E)으로 인식한다.

예제 7 상각대상이 아닌 자산(토지)의 재평가

중요도: ★★★
난이도: ◆◆

상황

· 1차연도 1. 1.에 토지를 ₩350,000에 취득하고 재평가모형을 적용하기로 하였다.
· 토지와 관련된 자료는 다음과 같다.

날짜	공정가치	공정가치 변동액	공정가치 변동액의 분해와 해석
1차연도 12. 31.	₩380,000	₩30,000↑	₩30,000 기타포괄손익의 증가
2차연도 12. 31.	290,000	90,000↓	₩30,000 기타포괄손익의 감소
			₩60,000 손상차손
3차연도 12. 31.	360,000	70,000↑	₩60,000 손상차손환입
			₩10,000 기타포괄손익의 증가

· 4차연도 1. 2.에 토지를 ₩380,000에 처분해서 취득원가 대비 ₩30,000을 벌었다.
· 토지 처분시점에 실현된 재평가잉여금을 이익잉여금으로 대체한다.

물음

1. 각 연도 말에 필요한 분개를 하라.
2. 토지 처분에 대한 분개를 하라.
3. 재평가와 토지처분이 연도별 당기순이익과 이익잉여금에 미치는 영향을 분석하라.

정답 및 해설

1.

회계사건	마감분개
1차연도 12. 31. 재평가시점: 재평가증가액: ₩380,000 − ₩350,000 = ₩30,000	
(차) 토 지 30,000 (대) 기 타 포 괄 손 익 30,000	(차) 기 타 포 괄 손 익 30,000 (대) 재 평 가 잉 여 금 30,000
2차연도 12. 31. 재평가시점: 재평가감소액: ₩380,000 − ₩290,000 = ₩90,000	
(차) 재평가잉여금 30,000 (대) 토 지 30,000	마감분개 없음
(차) 손 상 차 손 60,000 (대) 토 지(손상차손누계액) 60,000	(차) 이 익 잉 여 금 60,000 (대) 손 상 차 손 60,000
3차연도 12. 31. 재평가시점: 재평가증가액: ₩360,000 − ₩290,000 = ₩70,000	
(차) 토 지(손상차손누계액) 60,000 (대) 손 상 차 손 환 입 60,000	(차) 손 상 차 손 환 입 60,000 (대) 이 익 잉 여 금 60,000

(차) 토 지 10,000		(차) 기 타 포 괄 손 익 10,000
(대) 기 타 포 괄 손 익 10,000		(대) 재 평 가 잉 여 금 10,000

※ 토지의 장부금액: ₩360,000

※ 재평가잉여금계정의 잔액: ₩10,000
이익잉여금계정의 잔액: ₩0

2.
4차연도 1. 2. 토지 처분시점:

(차) 현 금 380,000
(대) 토 지 360,000
토 지 처 분 이 익 20,000

(차) 토 지 처 분 이 익 20,000
(대) 이 익 잉 여 금 20,000

재평가잉여금의 대체분개:

(차) 재 평 가 잉 여 금 10,000
(대) 이 익 잉 여 금 10,000

※ 재평가잉여금계정의 잔액: ₩0
이익잉여금계정의 잔액: ₩30,000

3.
1차연도부터 4차연도까지 당기순이익과 이익잉여금에 미치는 영향은 다음과 같다.

	당기순이익	이익잉여금
1차연도 재평가증가액	영향 없음	영향 없음
2차연도 손상차손(재평가감소액)	₩(60,000) 감소	₩(60,000) 감소
3차연도 손상차손환입(재평가증가액)	60,000 증가	60,000 증가
4차연도 토지처분이익	20,000 증가	30,000 증가
합계	₩20,000 증가	₩30,000 증가

· 1차연도에 토지의 공정가치가 상승하여 재평가를 하였으나 당기순이익에 미치는 영향이 없으므로 재평가증가액을 주주에게 배당금으로 분배할 수 없다.
· 2차연도에 토지의 공정가치가 하락하여 포괄손익계산서에 손실이 보고되므로 주주에게 배당금으로 분배할 수 있는 금액이 감소한다.

참고 토지를 ₩350,000에 취득하고 ₩380,000에 매각하였으므로 경제적 실질 면에서 회사는 ₩30,000을 벌었다. 그러나 토지처분 직전의 재평가증가액(₩10,000)은 당기순이익에 포함되지 않고 기타포괄손익으로 인식해서 재평가잉여금에 포함되어 있다가 이익잉여금으로 직접 대체되므로 포괄손익계산서에는 ₩20,000(토지처분이익)만 당기이익으로 포함되는 결과를 가져온다. 그러므로 당기이익의 극대화를 선호하는 경영진은 재평가 회계처리를 탐탁하지 않게 여길 수 있다.

예제 8 감가상각대상자산의 재평가

중요도: ★★★
난이도: ◆◆◆

상황

· 1차연도 1. 3.에 기계(내용연수: 5년, 잔존가치: ₩0)를 ₩30,000에 취득하였다.

· 기계에 대해서 재평가모형을 적용하며 기계의 공정가치는 다음과 같다.

	재평가 직전 장부금액	공정가치	재평가증가액 (감소액)
1차연도 12. 31.	₩24,000	₩28,000	₩4,000
2차연도 12. 31.	21,000	15,000	(6,000)
3차연도 12. 31.	10,000	18,900	8,900

· 1차연도 1. 1.의 이익잉여금: ₩0

· 기계를 사용함에 따라 재평가잉여금의 일부가 실현되어도 실현된 재평가잉여금을 내용연수 말에 이익잉여금으로 대체한다.

물음 순액법을 사용하여 재평가를 기록하는 분개와 마감분개를 하라.

정답 및 해설

1차연도 12. 31. 결산시점:

재평가 직전:

(차) 감가상각비	6,000*	(대) 감가상각누계액	6,000

* ₩30,000 ÷ 5년 = ₩6,000

재평가시점:

(차) 감가상각누계액	6,000	(대) 기계	6,000
(차) 기계	4,000	(대) 기타포괄손익	4,000*

* ₩28,000 − ₩24,000 = ₩4,000(재평가증가액)

마감분개:

(차) 이익잉여금	6,000	(대) 감가상각비	6,000
(차) 기타포괄손익	4,000	(대) 재평가잉여금	4,000

	기계	감가상각누계액	이익잉여금	재평가잉여금
기초잔액	₩30,000	₩0	₩0	₩0
감가상각비		6,000	(6,000)	
기말재평가	(6,000)	(6,000)		
재평가증가액	4,000	0	0	4,000
기말잔액	₩28,000	₩0	₩(6,000)*	₩4,000

* 잔액이 음(−)이므로 결손금이라 불러야 정확하나 이익잉여금이 양(+)인 통상적인 경우를 상정하여 이익잉여금계정을 사용한다.

2차연도 12. 31. 결산시점:

재평가 직전:

(차) 감가상각비	7,000*	(대) 감가상각누계액	7,000

* ₩28,000 ÷ 4년 = ₩7,000

재평가시점:

(차) 감가상각누계액	7,000	(대) 기계	7,000
(차) 재평가잉여금	4,000	(대) 기계	4,000*
(차) 손상차손	2,000	(대) 기 계(손상차손누계액)	2,000*

* 재평가감소액 = ₩21,000 − ₩15,000 = ₩6,000

마감분개:

(차) 이익잉여금	7,000	(대) 감가상각비	7,000
(차) 이익잉여금	2,000	(대) 손상차손	2,000

	기계	감가상각누계액	이익잉여금	재평가잉여금
기초잔액	₩28,000	₩0	₩(6,000)	₩4,000
감가상각비		7,000	(7,000)	
기말재평가	(7,000)	(7,000)		
재평가감소액	(6,000)	0	(2,000)	(4,000)
기말잔액	₩15,000	₩0	₩(15,000)	₩0

3차연도 12. 31. 결산시점:

재평가 직전:

(차) 감가상각비	5,000*	(대) 감가상각누계액	5,000

* ₩15,000 ÷ 3년 = ₩5,000

재평가시점:

(차) 감가상각누계액	5,000	(대) 기계	5,000
(차) 기 계(손상차손누계액)	2,000*	(대) 손상차손환입	2,000
(차) 기계	6,900*	(대) 기타포괄손익	6,900

*재평가증가액: ₩18,900 − ₩10,000 = ₩8,900

마감분개:

(차) 이익잉여금	5,000	(대) 감가상각비	5,000
(차) 손상차손환입	2,000	(대) 이익잉여금	2,000
(차) 기타포괄손익	6,900	(대) 재평가잉여금	6,900

	기계	감가상각누계액	이익잉여금	재평가잉여금
기초잔액	₩15,000	₩0	₩(15,000)	₩0
감가상각비		5,000	(5,000)	
기말재평가	(5,000)	(5,000)		
재평가증가액	8,900	0	2,000	6,900
기말잔액	₩18,900	₩0	₩(18,000)	₩6,900

(4) 무형자산의 재평가

무형자산에 대해서도 재평가모형을 선택할 수 있다. 다만, 재평가모형을 적용하기 위해서는 해당 자산에 대한 객관적인 측정액(공정가치 등)을 쉽게 얻을 수 있어야 하는데, 활성시장이 존재하지 않는 무형자산은 공정가치를 객관적으로 결정하는 것이 상당히 어려운 것이 일반적이다. 따라서 무형자산은 활성시장에서 자유롭게 거래되어 공정가치를 결정할 수 있는 항목만 재평가를 허용한다[1038: 81 - 84]. 재평가모형을 적용할 수 있는 무형자산에는 택시인가권(license), 프랜차이즈권리, 어업권, 생산할당량 등이 있다. 반면 상표권, 저작권 등 다른 대부분의 무형자산에는 재평가모형을 적용할 수 없다.

재평가모형을 적용하여 무형자산을 회계처리하는 경우에는, 같은 유형에 포함된 모든 무형자산(영업권 제외)도 그에 대한 활성시장이 없는 경우를 제외하고는 재평가모형을 적용하여 회계처리한다[1038: 72]. 자산을 선택적으로 재평가하거나 서로 다른 기준일의 역사적원가와 공정가치가 혼재된 금액을 보고하는 것을 방지하기 위하여 같은 유형 내에 포함된 무형자산 항목들은 동시에 재평가한다[1038: 73]. 무형자산의 유형(class)은 기업의 영업에서 특성과 용도가 비슷한 무형자산의 집합으로 개별 유형의 예는 다음을 포함할 수 있다[1038: 119].

- 브랜드명
- 제호와 출판표제
- 컴퓨터소프트웨어
- 라이선스와 프랜차이즈
- 저작권, 특허권, 기타 산업재산권, 용역운영권
- 기법, 방식, 모형, 설계 및 시제품
- 개발 중인 무형자산

재평가한 무형자산과 같은 유형 내에 포함된 무형자산에 대한 활성시장이 없어서 재평가할 수 없는 경우에는 원가모형을 적용하여 취득원가에서 상각누계액과 손상차손누계액을 차감한 금액으로 표시한다. 또한 재평가한 무형자산의 공정가치를 더 이상 활성시장을 기초로 하여 결정할 수 없으면 활성시장을 기초로 한 최종 평가일의 재평가금액에서 이후의 상각누계액과 손상차손누계액을 차감한 금액을 장부금액으로 한다[1038: 81, 82]. 그러나 재평가 이후의 측정일에 자산의 공정가치를 활성시장을 기초로 결정할 수 있는 경우에는 그날부터 재평가모형을 적용한다[1038: 84].

주목할 점은, 무형자산의 개발단계에서 일부 과정이 종료될 때까지 인식기준을 충족하지 않아서 개발원가의 일부만 무형자산으로 인식한 경우에 그 자산 전체에 대하여 재평가모형을 적용할 수 있다[1038: 77]. 또한, 정부보조로 무형자산(예 공항 착륙권, 라디오나 텔레비전 방송국 운영권, 수입면허, 수입할당, 기타 제한된 자원을 이용할 수 있는 권리)을 무상이나 낮은 대가로 취득하면, 무형자산과 정부보조금 모두를 최초에 공정가치로 인식할 수 있다. 그러나 최초에 자산을 공정가치로 인식하지 않기로 선택하면, 자산을 명목상 금액과 자산을 의도한 용도로 사용할 수 있도록 준비하는 데 직접 관련되는 지출을 합한 금액으로 인식한다[1020: 44]. 이처럼 정부보조로 취득하고 명목상 금액으로 인식한 무형자산에도 재평가모형을 적용할 수 있다[1038: 77].

3. 재평가 이후의 회계처리

(1) 재평가 이후의 감가상각

자산 재평가는 새로운 자료(재평가시점의 공정가치)를 이용하여 자산의 측정액을 수정하는 것이므로 회계추정의 변경에 해당한다. 따라서 재평가 이후에는 전진법(제22장 참조)을 적용하여 재평가액에서 잔존가치를 차감한 금액을 새로운 감가상각대상액으로 해서 남은 내용연수에 걸쳐 감가상각한다. 재평가 이후 회계기간에 손상차손(또는 손상차손환입)을 인식하여 장부금액을 다시 수정하면 수정된 장부금액을 이용해서 연도별 감가상각비를 다시 계산한다.

(2) 재평가잉여금의 실현: 이익잉여금으로 대체

재평가증가액은 최초 발생시점에 당기순이익에 포함되지 않고 기타포괄손익으로 인식된 후 재평가잉여금으로 이체된다. 결과적으로 자산총액과 자본총액은 증가하지만, 당기손익과 이익잉여금은 재평가증가액의 혜택을 보지 못한다. 그런데 재평가 이후 기간에는 재평가증가액으로 인한 추가 상각비만큼 당기순이익과 이익잉여금이 감소한다. 재평가된 자산을 내용연수 말에 처분하면, 이익잉여금은 누적 추가 상각비만큼 낮게 측정된 상태로 남고, 재평가잉여금은 자산이 제거되었음에도 불구하고 장부에 남는 문제가 발생한다.

이 문제를 해결하는 방법으로, 재평가 이후 자산이 사용되면서 재평가증가액이 실현되는 것으로 보고 재평가증가액으로 인한 추가 상각비만큼 재평가잉여금에서 이익잉여금으로 대체하는 두 가지 방법이 허용된다[1016: 41]. 두 방법은 재평가잉여금을 이익잉여금으로 이체하는 시점은 다르지만, 이익잉여금으로 대체하는 금액을 당기손익으로 인식하지 않으므로 재평가 이후 기간의 당기순이익에 영향을 주지 않는다는 점에서 같다.

방법 1: 자산 제거시점에 일괄 대체

재평가대상자산을 사용해서 재평가잉여금(기타포괄손익누계액)이 실현되어도 자산의 사용기간에 재평가잉여금을 이익잉여금으로 대체하지 않고, 해당 자산을 처분하거나 폐기해서 장부에서 제거하는 시점에 재평가잉여금(기타포괄손익누계액)계정의 잔액 전부를 포괄손익계산서를 거치지 않고 직접 이익잉여금계정으로 대체한다.

분개 자산 처분시점에 재평가잉여금을 일괄 대체

자산 제거시점:

(차) 현 금(처분가격)	×××	(대) 자 산	×××
유형자산처분손실*	×××	유형자산처분이익*	×××

* 두 계정 중에서 어느 한 계정을 상황에 따라 사용한다.

(차) 재평가잉여금(기타포괄손익누계액)	×××	(대) 이익잉여금	×××

방법 2: 사용기간에 순차적으로 대체

자산을 사용하면서 감가상각비를 인식하는 것과 매우 유사하게 재평가된 자산을 사용해서 재평가잉여금이 실현된다고 보고, 재평가잉여금을 매 회계기간(실현시점) 말에 체계적으로 이익잉여금으로 대체한다. 재평가 이후 매 회계연도에 **재평가 직전**에 다음 금액을 재평가잉여금계정에서 이익잉여금계정으로 대체한다.

재평가액에 기초한 특정 연도의 감가상각비	×××
−) 취득원가에 기초한 특정 연도의 감가상각비	(×××)
=) 특정 연도에 실현된 재평가잉여금(기타포괄손익누계액)	×××

Miniature 예제 5 사용기간에 재평가잉여금을 이익잉여금으로 대체

· 1차연도 초에 자산을 취득한 후 1차연도 말부터 재평가한 결과, 2차연도와 3차연도의 감가상각비가 다음과 같다.

	취득원가에 기초한 감가상각비	재평가액에 기초한 감가상각비
2차연도	₩40,000	₩50,000
3차연도	40,000	35,000

· 재평가한 다음 회계연도(2차연도)부터 재평가잉여금이 실현된다. 그러므로 2차연도와 3차연도 말에 재평가하기 직전에 다음과 같이 재평가잉여금의 대체를 기록한다.

2차연도의 대체분개:	(차) 재평가잉여금	10,000	(대) 이익잉여금	10,000
3차연도의 대체분개:	(차) 이익잉여금	5,000	재평가잉여금	5,000

재평가한 자산의 처분

재평가한 자산을 처분하면 처분하는 자산의 장부금액과 처분대가를 비교해서 처분손익을 인식한다. 그리고 재평가잉여금계정의 잔액은 포괄손익계산서를 우회해서 직접 이익잉여금계정으로 이체한다. **재평가잉여금을 '재순환(recycling)'해서 당기이익으로 인식하는 것은 허용되지 않는다**[1016: 41]. 재순환은 제9장에서 설명한다.

4. 재평가모형과 손상회계

자산을 재평가하는 경우에는 회계기간 말에 **재평가모형을 먼저 적용해서 자산의 장부금액을 측정한 후에 손상회계를 적용**한다. 즉, 회계기간 말의 공정가치(재평가액)를 새로운 장부금액으로 측정한 후 이를 회수가능액과 비교한다. 재평가과정에서 손상차손을 인식했더라도, 손상회계에서 또 다른 손상차손을 인식할 수 있다. 자산을 재평가한 후에 인식할 손상차손은 다음과 같다.

재평가액(재평가 직후 자산의 장부금액) = 공정가치
회수가능액 = max {순공정가치(공정가치 − 판매원가), 사용가치}

손상차손:
[재평가액(장부금액) < 회수가능액]이면, 손상차손 = ₩0
[재평가액(장부금액) > 회수가능액]이면, 손상차손 = 회수가능액 − 재평가액(장부금액)

재평가잉여금계정의 잔액이 있는 상태에서 손상회계를 적용해서 손상차손이 산정되면, 우선적으로 재평가잉여금계정의 잔액을 ₩0으로 만들고 나머지 금액을 손상차손으로 인식한다(Miniature 예제 6 참조).

Miniature 예제 6 재평가모형과 손상차손(2021년, 회계사)

상황

차량운반구에 대해 재평가모형을 적용하고 있는 ㈜대한은 3차연도 1. 1.에 영업용으로 사용할 차량운반구를 ₩2,000,000(잔존가치: ₩200,000, 내용연수: 5년, 정액법 상각)에 취득하였다. 동 차량운반구의 3차연도 말 공정가치와 회수가능액은 각각 ₩1,800,000으로 동일하였으나, 4차연도 말 공정가치는 ₩1,300,000이고 회수가능액은 ₩1,100,000으로 자산손상이 발생하였다. 차량운반구의 사용기간 동안 재평가잉여금을 이익잉여금으로 대체하지 않는다.

물음 동 차량운반구와 관련하여 ㈜대한이 4차연도 포괄손익계산서에 당기비용으로 인식할 총 금액은 얼마인가?

① ₩200,000 ② ₩360,000 ③ ₩400,000 ④ ₩540,000 ⑤ ₩600,000

정답 ④

해설

3차연도 1. 1. 취득시점:

(차) 차 량 운 반 구	2,000,000*	(대) 현 금	2,000,000

3차연도 12. 31. 재평가 직전:

(차) 감 가 상 각 비	360,000*	(대) 감 가 상 각 누 계 액	360,000

* 3차연도 감가상각비: (₩2,000,000 − ₩200,000) ÷ 5년 = ₩360,000
※ 차량운반구의 장부금액: ₩1,640,000

3차연도 12. 31. 재평가시점:

(차) 감가상각누계액 360,000 (대) 차 량 운 반 구 360,000
(차) 차 량 운 반 구 160,000 (대) 기타포괄손익 160,000*

* 재평가증가액: ₩1,800,000 − ₩1,640,000 = ₩160,000

※ 차량운반구의 장부금액: ₩1,800,000
재평가잉여금의 장부금액: ₩160,000

4차연도 12. 31. 재평가 직전:

(차) 감 가 상 각 비 400,000* (대) 감가상각누계액 400,000

* 4차연도 감가상각비: (₩1,800,000 − ₩200,000) ÷ 4년 = ₩400,000

※ 차량운반구의 장부금액: ₩1,400,000

4차연도 12. 31. 재평가시점:

(차) 감가상각누계액 400,000 (대) 차 량 운 반 구 400,000
(차) 재 평 가 잉 여 금 100,000 (대) 차 량 운 반 구 100,000*

* 재평가감소액: ₩1,400,000 − ₩1,300,000 = ₩100,000

※ 차량운반구의 장부금액: ₩1,300,000
재평가잉여금의 장부금액: ₩60,000

4차연도 12. 31. 손상회계 적용시점:

(차) 재 평 가 잉 여 금 60,000 (대) 차 량 운 반 구 200,000*
손 상 차 손 140,000

* 장부금액 감소액: ₩1,300,000 − ₩1,100,000 = ₩200,000

4차연도에 인식할 비용: ₩400,000(감가상각비) + ₩140,000(손상차손) = ₩540,000 (보기 ④)

관련예제와 함께 풀어보세요

유제 1 무형자산의 손상차손과 재평가(2020년, 회계사)

관련예제 3, 8
Miniature 예제 5

상황

· ㈜민국은 바이오신약 개발프로젝트 X와 Y를 진행 중에 있다. 프로젝트 X는 1차연도 6. 1.에 임상 승인을 받아 무형자산의 인식기준을 충족하였으며, 이후 발생한 지출은 모두 자산화 요건을 충족한다. 프로젝트 Y는 1차연도 중 임상에 실패하여 개발을 중단하였다. 프로젝트 X, Y와 관련된 지출은 다음과 같으며, 프로젝트 X의 1차연도 지출액 중 6. 1. 이후에 지출한 금액은 ₩500,000이다.

구분	1차연도	2차연도
프로젝트 X	₩800,000	₩100,000*
프로젝트 Y	700,000	–

* 2차연도 1월 2일 지출

· 2차연도 1. 3.에 프로젝트 X의 개발이 종료되고 바로 제품에 대한 생산이 시작되었다. 개발비의 내용연수는 3년이고 잔존가치는 ₩0이며 연수합계법에 따라 상각한다. 상각은 월할계산을 원칙으로 한다.

· ㈜민국은 2차연도 1. 1.에 제3자로부터 신약 관련기술을 ₩500,000에 구입하고 기타무형자산으로 인식하였다. 기타무형자산의 내용연수는 5년, 잔존가치는 ₩0, 정액법으로 상각한다. 제3자로부터 구입한 신약 관련 기술에 대한 활성시장은 존재한다.

· ㈜민국은 개발비에 대해서 원가모형을 적용하며, 기타무형자산에 대해서 재평가모형을 적용한다. 2차연도 말과 3차연도 말의 개발비 회수가능액과 기타무형자산 공정가치는 다음과 같다.

구분	개발비 회수가능액	기타무형자산 공정가치
2차연도 말	₩150,000	₩480,000
3차연도 말	200,000	280,000

물음

1. ㈜민국이 개발비와 관련하여 2차연도에 인식할 손상차손과 3차연도에 인식할 손상차손환입을 계산하시오. 단, 회수가능액이 장부금액보다 낮으면 손상징후가 있는 것으로 가정하며, 회수가능액이 장부금액보다 증가하는 것은 해당 자산의 용역잠재력 증가를 반영한 것으로 본다.

   2차연도 손상차손 ①
   3차연도 손상차손환입 ②

2. ㈜민국은 재평가잉여금을 관련 자산을 사용하는 기간 동안 이익잉여금으로 대체하며, 대체분개 후 재평가를 수행한다. 매 보고기간 말 자산의 장부금액이 공정가치와 중요하게 차이가 나며, 손상차손은 발생하지 않았고, 발생한 비용 중 자본화된 금액은 없다. 기타 무형자산과 관련된 회계처리가 ㈜민국의 3차연도 당기순이익 및 기타포괄손익에 미치는 영향을 계산하시오. 단, 당기순이익과 기타포괄손익이 감소하는 경우에는 (-)를 숫자 앞에 표시하시오.

   당기순이익에 미치는 영향 ①

기타포괄손익에 미치는 영향 ②

정답 **1① ₩150,000, 1② ₩50,000, 2① −₩140,000, 2② −₩60,000**

해설

1.

개발비에 대한 손상차손(환입)

프로젝트 X의 1차연도에 자본화할 금액:	₩500,000
프로젝트 X의 2차연도에 자본화할 금액:	100,000
합계	₩600,000

1차연도에 비용으로 인식할 연구개발비: ₩300,000(X) + ₩700,000(Y) = ₩1,000,000
2차연도 개발비의 상각비: (₩500,000 + ₩100,000) × 3/6 = ₩300,000
2차연도 12. 31.의 개발비 상각후 장부금액: ₩600,000 − ₩300,000(상각비) = ₩300,000
2차연도 손상차손: ₩300,000 − ₩150,000(회수가능액) = ₩150,000 (1 - ①의 해답)
2차연도 12. 31.의 손상차손 인식후 장부금액: ₩300,000 − ₩150,000 = ₩150,000
3차연도 상각비: ₩150,000 × 2/3(잔여 내용연수: 2년) = ₩100,000
3차연도 12. 31.의 상각후 장부금액: ₩150,000 − ₩100,000 = ₩50,000

참고 연수합계법으로 원래는 3차연도 감가상각비가 ₩100,000(₩600,000 × 1/6)이다. 그러나 2차연도에 손상차손을 인식했으므로 새로운 장부금액(₩150,000)에 새로운 감가상각비율(2/3)을 적용해서 3차연도 감가상각비를 산정한다. 이 부분이 이 문제에서 응시생을 곤혹스럽게 만드는 함정이다.

손상차손을 인식하지 않은 경우 3차연도 12. 31.의 가상적 장부금액:
2차연도 12. 31.의 장부금액: ₩600,000 − (₩600,000 × 3/6) = ₩300,000
3차연도 12. 31.의 장부금액: ₩300,000 − (₩600,000 × 2/6) = ₩100,000

손상차손환입 후 장부금액 = min {회수가능액, 손상차손을 인식하지 않았을 경우의 장부금액}
= min {₩200,000, ₩100,000} = ₩100,000
손상차손환입액 = 손상차손환입 후 장부금액 − 손상차손환입 직전 장부금액
= ₩100,000 − ₩50,000 = ₩50,000 (1 - ②의 해답)

2.

2차연도 1. 1. 기타무형자산 취득시점:

(차) 기 타 무 형 자 산	500,000	(대) 현 금	500,000

2차연도 12. 31. 재평가 직전:

(차) 상 각 비	100,000*	(대) 기 타 무 형 자 산	100,000

* ₩500,000 ÷ 5년 = ₩100,000

※ 기타무형자산의 장부금액: ₩400,000

2차연도 12. 31. 재평가시점:

(차) 기 타 무 형 자 산 80,000 (대) 기 타 포 괄 손 익 80,000

※ 기타무형자산의 장부금액: ₩480,000

2차연도 12. 31. 마감분개:

(차) 이 익 잉 여 금 100,000 (대) 상 각 비 100,000

(차) 기 타 포 괄 손 익 80,000 (대) 재 평 가 잉 여 금 80,000

※ 재평가잉여금의 장부금액: ₩80,000

3차연도 12. 31. 재평가 직전:

(차) 상 각 비 120,000* (대) 기 타 무 형 자 산 120,000

* ₩480,000 ÷ 4년 = ₩120,000

※ 기타무형자산의 장부금액: ₩360,000

(차) 재 평 가 잉 여 금 20,000* (대) 이 익 잉 여 금 20,000

* 재평가액에 기초한 3차연도 상각비	₩120,000
취득원가에 기초한 3차연도 상각비	(100,000)
실현된 재평가잉여금	₩20,000

※ 재평가잉여금의 장부금액: ₩60,000

3차연도 12. 31. 재평가시점:

재평가감소액: ₩360,000 − ₩280,000 = ₩80,000

(차) 재평가잉여금(기타포괄손익) 60,000 (대) 기 타 무 형 자 산 80,000

손 상 차 손 20,000

당기순이익에 미친 영향: ₩120,000(상각비) + ₩20,000(손상차손) = −₩140,000 (2 - ①의 해답)

기타포괄손익에 미친 영향: −₩60,000 (2 - ②의 해답)

유제 2 유형자산의 재평가와 손상차손(2016년, 회계사 수정)

관련예제 8, Miniature 예제 6

상황

· 3차연도 1. 1.에 ㈜한국은 차량운반구 B를 ₩900,000에 취득하여 정액법으로 감가상각하고 잔존가치 ₩0, 잔존내용연수 4년을 적용한다.

· ㈜한국은 차량운반구 B에 대해 재평가모형을 적용하여 평가하며, 재평가잉여금은 자산을 사용하는 기간 동안 이익잉여금으로 대체한다. ㈜한국은 차량운반구 B에 대하여 매년 말 자산손상 징후를 검토하며, 회수가능액이 공정가치보다 낮은 경우 손상차손을 인식한다. 차량운반구 B의 각 연도 말 공정가치, 사용가치 및 순공정가치는 다음과 같다.

	3차연도 말	4차연도 말
공정가치	₩600,000	₩350,000
사용가치	650,000	50,000
순공정가치	550,000	100,000

물음 ㈜한국이 ① 3차연도에 당기비용으로 인식할 금액과 ② 4차연도에 당기비용으로 인식할 금액을 구하라.

정답 ① ₩300,000, ② ₩500,000

해설

3차연도 1. 1. 취득시점:

(차) 차 량 운 반 구 900,000 (대) 현 금 900,000

3차연도 12. 31. 재평가 직전:

(차) 감 가 상 각 비 225,000 (대) 감가상각누계액 225,000

※ 차량운반구 장부금액: ₩675,000

3차연도 12. 31. 재평가시점:

(차) 감가상각누계액 225,000 (대) 차 량 운 반 구 225,000

재평가감소액: ₩675,000(장부금액) − ₩600,000(공정가치) = ₩75,000

(차) 손 상 차 손 75,000 (대) 손상차손누계액 75,000

※ 재평가잉여금계정의 잔액: ₩0

회수가능액: max {₩650,000, ₩550,000} = ₩650,000

[회수가능액(₩650,000) > 장부금액(₩600,000)]이므로 더 이상 손상차손이 없음

3차연도의 당기비용: ₩225,000(감가상각비) + ₩75,000(손상차손) = ₩300,000 (물음 ①의 해답)

4차연도 12. 31. 재평가 직전:

참고 3차연도 12. 31.에 재평가감소액이 발생해서 손상차손을 인식하고 재평가잉여금계정의 잔액이 ₩0이므로 재평가 후 감가상각비가 취득원가에 기초한 감가상각비보다 작다. 그러므로 이 경우에는 자산의 사용에 따라 회계기간 말에 재평가잉여금을 이익잉여금으로 이체하지 않는다.

(차) 감 가 상 각 비 200,000* (대) 감가상각누계액 200,000

* ₩600,000 ÷ 3년 = ₩200,000

※ 차량운반구 장부금액: ₩400,000

4차연도 12. 31. 재평가시점:

(차) 감가상각누계액 200,000 (대) 차 량 운 반 구 200,000

재평가감소액: ₩400,000(장부금액) − ₩350,000(공정가치) = ₩50,000

(차) 손 상 차 손 50,000 (대) 손상차손누계액 50,000

4차연도 12. 31. 손상회계 적용시점:

회수가능액: max {₩100,000, ₩50,000} = ₩100,000

[회수가능액(₩100,000) < 장부금액(₩350,000)]이므로 ₩250,000의 손상차손을 인식함

(차) 손 상 차 손 250,000 (대) 손상차손누계액 250,000

4차연도의 당기비용:

₩200,000(감가상각비) + ₩50,000(손상차손) + ₩250,000(손상차손) = ₩500,000 (물음 ②의 해답)

연습문제 05

P5-01 유형자산의 손상차손

- SK는 바다에 석유굴착용 플랫폼을 가지고 있다.
- SK는 내용연수 말에 플랫폼을 해체해야 한다.
- 석유굴착용 플랫폼의 장부금액: ₩12,000
- SK는 플랫폼을 ₩10,000(판매비용: ₩400)에 구입하겠다는 제안을 받았다.
- 해저 복구원가의 현재가치: ₩500
- 복구원가를 무시한 플랫폼의 사용가치: ₩8,500

물음 플랫폼의 손상차손을 결정하라.

P5-02 유형자산의 손상차손과 손상차손환입

- 희노애락회사는 2차연도 1. 1.에 기계장치(내용연수: 6년, 잔존가치: ₩0)를 ₩240,000에 취득하고, 정액법으로 감가상각한다.
- 4차연도 1. 2.에 이 자산의 회수가능액이 ₩52,000으로 판명되었다. 그러나 예기치 못한 신의 가호로 5차연도 1. 2.에 이 자산의 회수가능액이 ₩150,000으로 급격히 상승하였다.
- 희노애락회사의 결산일은 매년 12월 31일이다.

물음 2차연도 1. 1.부터 5차연도 12. 31.까지 필요한 분개를 하라.

P5-03 유형자산의 취득원가와 손상차손 및 손상차손환입 (2008년, 회계사)

12월말 결산법인인 ㈜세계는 자동차를 제조, 판매하는 산업에 종사하고 있다. ㈜세계는 최근 경쟁력 강화를 위하여 첨단기술을 이용한 차세대 자동차를 개발하는 연구를 수행하고 있다. 3차연도 7. 1.에 ㈜세계는 이러한 연구개발활동에 필요한 기계장비를 ₩400,000에 취득하였는데 정부가 기계장비의 취득자금 중 ₩60,000을 보조금으로 지원하였다. 기계장비를 취득하기 위해서는 법령상 국채를 불가피하게 매입하여야 하므로 ㈜세계는 현재가치가 ₩30,000인 국채를 액면금액 ₩50,000에 취득하였다. ㈜세계는 유형자산에 대해 감가상각방법으로 정액법을 사용하며, 관련 내용연수는 3년, 잔존가치는 ₩0으로 가정한다.

물음 1. 4차연도 12. 31. 현재 기계장비의 공정가치가 현저히 하락하여 ㈜세계는 손상차손의 인식여부를 검토하였다. 동 기계장비의 순매각가액, 사용가치, 미래현금흐름총액의 추정액이 각각 ₩170,000, ₩190,000, ₩220,000이다. 기계의 손상차손으로 계상할 금액을 계산하시오.

2. 기계장비의 사용기간은 3차연도 7. 1. ~ 6차연도 6. 30.이며 잔존가치 없이 정액법으로 감가상각한다. 물음 1에서 계산한 손상차손 금액이 ₩30,000이라고 가정한다. 5차연도 12. 31.에 동기계장비의 회수가능액이 ₩90,000이라고 할 때, 손상차손환입액을 계산하시오.

참고 문제에 국고보조금에 대한 회계처리방법이 제시되지 않아 기계장비의 취득원가를 명확하게 알 수 없다. 국고보조금에 대해서 취득원가차감법을 적용한다고 가정하라.

P5-04 영업권의 손상차손

- 3차연도 7. 1.에 YW는 SK의 보통주 100%를 ₩900,000에 취득하였고 SK는 YW의 사업부가 되었다.
- 취득시점에 SK 사업부는 다음과 같은 재무상태표를 보고하였다.

비유동자산	₩600,000	자본	₩100,000
유동자산	400,000	비유동부채	600,000
		유동부채	300,000
총 자산	₩1,000,000	총 자본과 부채	₩1,000,000

- 취득시점의 SK의 식별가능한 순자산의 공정가치: ₩750,000
- 3차연도 12. 31.에 SK 사업부는 다음과 같은 재무상태표를 보고하였다.

유동자산	₩800,000
비유동자산(취득 시에 기록한 영업권 포함)	1,000,000
유동부채	(700,000)
비유동부채	(600,000)
순자산	₩500,000

- 3차연도 12. 31.의 SK 사업부의 회수가능액: ₩600,000

물음 1. 3차연도 7. 1.에 인식하는 영업권 측정액을 구하라.
2. 3차연도 12. 31.에 기록하는 손상차손을 구하라.
3. SK 사업부의 회수가능액을 ₩600,000이 아닌 ₩400,000이라 가정하고 3차연도 12. 31.의 손상차손에 대한 분개를 하라.

P5-05 무형자산의 손상차손 표시

(2016년, 회계사)

- ㈜대한은 1차연도 1월에 ㈜우리를 인수하면서 무형자산 상표권 ₩40,000(비한정내용연수)과 영업권 ₩100,000을 인식하였다. 하지만, 이후 해당 사업분야의 부진으로 인하여 1차연도 12. 31.에 상표권 ₩20,000, 영업권 ₩50,000을 손상처리하였다. 2차연도 말에 해당 사업이 개선되면서 손상회복의 증거가 나타났고, 상표권의 회수가능액은 ₩30,000, 영업권의 회수가능액은 ₩70,000으로 평가되었다.

물음 1. 2차연도 12. 31.에 ㈜대한이 수행해야하는 회계처리를 제시하시오.
2. 재무상태표에 위의 무형자산을 표시하는 방법을 제시하시오.

P5-06 현금창출단위의 손상차손

- 1차연도 1. 1.에 SK는 정부로부터 위락공원 설립을 위한 토지를 리스하고 30년 후에 모든 시설을 제거하고 토지를 복구한 후 정부에 환원하기로 합의하였다.
- 복구원가에 대한 충당부채 설정액: ₩30,000
- 6차연도 12. 31.에 이 지역에 새로운 위락공원이 개장하여 SK에 손실이 발생하여 공원에 대한 손상검사를 해야 한다.
- 잠재적인 구매자가 ₩400,000에 공원을 구매하겠다고 제안하였다. 이 가격에는 구매자가 부담하게 될 복구원가가 반영되어 있다.
- 공원의 처분원가: ₩0
- 현금창출단위로써 공원의 사용가치: ₩410,000(복구원가 제외)
- 6차연도 12. 31.의 공원의 장부금액: ₩600,000

물음 현금창출단위인 공원의 손상차손을 결정하라.

P5-07 현금창출단위와 영업권의 손상차손

- 3차연도 7. 1.에 짝사랑회사는 ₩1,150,000을 지불하여 흠모회사의 보통주 100%를 취득하고 흠모회사 전체를 하나의 현금창출단위로 분류하였다. 취득시점에 흠모회사의 재무상태표는 다음과 같다.

비유동자산	₩700,000	자본	₩200,000
유동자산	300,000	비유동부채	450,000
		유동부채	350,000
총 자산	₩1,000,000	총 자본과 부채	₩1,000,000

- 3차연도 7. 1.에 흠모회사의 식별가능한 순자산의 공정가치는 ₩850,000이다.
- 흠모회사가 영업활동 6개월 후에 영업손실을 기록하였으며 미래에도 상당한 손실이 발생할 것으로 예측하였다.
- 3차연도 12. 31.에 흠모회사의 식별가능한 순자산의 장부금액은 다음과 같다.

유동자산	₩500,000
비유동자산(매입 시 인식한 영업권 포함)	900,000
유동부채	(400,000)
비유동부채	(300,000)
순자산	₩700,000

- 흠모회사의 순공정가치는 알 수 없으나 사용가치가 ₩750,000이므로 흠모회사의 회수가능액은 ₩750,000이다.

물음 1. 3차연도 7. 31.의 영업권의 측정액을 계산하라.
2. 3차연도 12. 31.에 인식할 손상차손을 계산하라.
3. 흠모회사의 회수가능액이 ₩750,000이 아닌 ₩450,000인 경우에 3차연도 12. 31.에 손상차손을 기록하는 분개를 하라.

P5-08 현금창출단위 손상차손의 배분

- 학위판매회사는 온라인 학점 취득 과정을 운영하는데 이 과정과 관련한 현금창출단위의 손상검사를 실시하였다.
- 이 과정의 회수가능액은 ₩1,800이며 장부금액은 다음과 같이 ₩2,100이므로 현금창출단위의 손상차손 ₩300이 발생하였다.

매 출 채 권	₩300
금 융 자 산	200
투자부동산	500
유 형 자 산	600
무 형 자 산	400
영 업 권	100
합계	₩2,100

- 학위판매회사가 소유하는 투자부동산은 임대수익(또는 시세차익)을 창출할 목적으로 보유하는 토지와 건물이다.
- 학위판매회사는 매출채권, 금융자산, 투자부동산을 공정가치로 측정한다.
- 학위판매회사는 공정가치로 측정하는 자산에 현금창출단위의 손상차손을 배분하지 않는다.

물음 현금창출단위의 손상차손 ₩300을 개별자산에 배분하고 배분결과를 기록하기 위한 분개를 하라.

P5-09 영업권과 손상차손환입

• 4차연도 12. 31.에 자회사 YW에 대한 손상차손은 다음과 같다.

	영업권	식별 가능 순자산	합계
장부금액	₩600	₩1,000	₩1,600
손상차손	(600)	(300)	(900)
합계	₩0	₩700	₩700

• 5차연도 12. 31.에 YW의 순자산의 회수가능액은 ₩1,000이고 장부금액은 ₩560이다.

• 4차연도 12. 31.에 손상차손을 인식하지 않았더라면 5차연도 12. 31.의 YW의 식별가능한 순자산의 장부금액은 ₩800이었다.

물음 5차연도 12. 31.의 손상차손 환입 후 자산의 장부금액을 결정하라.

P5-10 토지의 재평가 증가액과 감소액

• 1차연도 1. 1.에 SK는 토지를 ₩500,000에 취득하고 재평가 회계처리를 선택하였다.

• 토지의 공정가치는 다음과 같이 변동하였다.

1차연도 12. 31.: ₩540,000
2차연도 12. 31.: ₩440,000
3차연도 12. 31.: ₩470,000
4차연도 12. 31.: ₩520,000

물음 토지의 재평가를 기록하는 분개를 하라.

P5-11 유형자산의 재평가 증가액

• 1차연도 1. 1.에 SK는 기계를 ₩400,000에 취득하였다.

• 기계의 내용연수가 8년이고 정액법으로 감가상각하고 잔존가치는 ₩0이다.

• SK는 기계의 내용연수에 걸쳐 기계를 공정가치로 재평가하기로 하였다.

• 1차연도 12. 31.의 기계의 공정가치: ₩385,000

• SK는 기계를 공정가치로 재평가하면 감가상각누계액에 대하여 순액법을 적용한다.

• 자산을 사용하여도 재평가잉여금을 이익잉여금으로 대체하지 않는다.

물음 1차연도 12. 31.과 2차연도 12. 31.에 필요한 분개를 하라.

P5-12 유형자산의 재평가 증가액과 재평가잉여금의 대체

• 1차연도 1. 1.에 SK는 유형자산(내용연수: 5년, 잔존가치: ₩0)을 ₩40,000에 취득하고 재평가모형을 채택하였다.

• SK는 정액법을 사용하여 유형자산을 감가상각한다.

• 1차연도 12. 31.에 유형자산이 ₩36,000의 공정가치로 재평가되었다.

• SK는 기계를 공정가치로 재평가하면 감가상각누계액에 대하여 순액법을 적용한다.

• 자산을 사용함에 따라 재평가잉여금을 이익잉여금으로 대체한다.

물음 1차연도 12. 31.과 2차연도 12. 31.에 필요한 분개를 하라.

P5-13 손상차손과 재평가 감소액

- 3차연도 5. 1.에 SK는 몇몇 자산의 손상에 대해 검토하였다.
- 재평가잉여금 ₩3,000이 기록되어 있는 토지는 공정가치로 측정되어 있으나 다른 자산은 취득원가에서 감가상각누계액이나 상각액을 차감한 금액으로 측정되어 있다.
- 손상검토 결과는 다음과 같다.

	측정방법	회수가능액	장부금액
토지	공정가치	₩20,000	₩25,000
기계	감가상각 후 취득원가	6,000	5,500
무형자산	상각후원가	3,000	3,800

물음 손상차손에 대하여 회계처리하라.

P5-14 재평가모형과 손상회계의 동시적용

(2012년, 회계사)

	취득일	내용연수	잔존가치	감가상각방법
건물	1차연도 1. 1.	5년	₩0	정액법
기계장치	1차연도 1. 1.	4	0	정액법

12월말 결산법인인 ㈜한국의 유형자산 중 건물은 재평가모형을 적용한다. 장부금액 조정방법은 기존의 감가상각누계액을 전액 제거한 후, 순 장부금액이 재평가금액과 같아지도록 총 장부금액을 조정한다. 사용기간 중에는 재평가잉여금을 이익잉여금으로 대체하지 않는다. 기계장치는 원가모형을 적용한다.

1차연도 말 유형자산 내역

	취득원가	감가상각누계액	장부금액	재평가잉여금
건물	₩100,000		₩90,000	₩10,000
기계장치	50,000	₩12,500	37,500	

2차연도 말과 3차연도 말 공정가치 및 회수가능액

	2차연도 말		3차연도 말	
	공정가치	회수가능액	공정가치	회수가능액
건물	₩65,000	₩45,000	₩30,000	₩45,000
기계장치	25,000	21,000	15,000	15,000

물음 1. 건물과 관련하여 2차연도 당기손익에 반영할 손상차손 또는 손상차손환입 금액을 구하시오.
2. 기계장치와 관련하여 3차연도 당기손익에 반영할 손상차손 또는 손상차손환입 금액을 구하시오.

P5-15 재평가잉여금의 대체

(2013년, 회계사)

- ㈜민국은 1차연도 1. 1.에 건물을 ₩10,000에 취득하였다. 건물의 추정 잔존가치는 ₩0, 추정 내용연수는 5년이며 정액법으로 감가상각한다. ㈜민국은 건물에 대해 재평가모형을 적용하며 매년 말 주기적으로 재평가를 실시하고 있다.
- 건물의 공정가치는 다음과 같다.

	공정가치
1차연도 12. 31.	₩16,000
2차연도 12. 31.	11,000

- 1차연도 말과 2차연도 말 재평가로 인한 내용연수와 잔존가치의 변경은 없다.
- 재평가모형을 적용하여 장부금액을 조정하는 경우 기존의 감가상각누계액을 전액 제거하는 방법을 적용한다.
- 재평가잉여금은 건물을 사용함에 따라 일부를 이익잉여금으로 대체하는 방법을 채택하고 있다.
- 1차연도 1. 1. 현재 재평가잉여금 잔액은 없었으며, 동 건물 이외의 다른 자산과 관련된 재평가잉여금은 발생하지 않았다.

물음 동 건물과 관련하여 ㈜민국의 2차연도 말 재평가잉여금을 계산하시오.

P5-16 무형자산의 취득원가와 손상차손

(「K-IFRS 제1038호」 사례)

- 회계기간이 1. 1. ~ 12. 31.인 SK는 새로운 생산공정을 개발하고 있다.
- 1차연도 동안 발생한 지출은 ₩1,000이었으며 그 중 ₩900은 1차연도 12. 1. 이전에 발생하였으며 ₩100은 1차연도 12. 1.과 1차연도 12. 31. 사이에 발생하였다.
- SK는 1차연도 12. 1.에 새로운 생산공정이 무형자산의 인식기준을 충족했다는 사실을 제시할 수 있다.
- 1차연도 12. 31.에 생산공정 노하우의 회수가능액(생산공정이 사용 가능하기 전에 생산공정을 완료하기 위한 미래 현금유출액 포함)은 ₩500으로 추정된다.
- SK가 2차연도 중 생산공정 개발에 지출한 금액은 ₩2,000이다.
- 2차연도 12. 31.에 생산공정 노하우의 회수가능액은 ₩1,900으로 추정된다.

물음 2차연도 12. 31.의 새로운 생산공정의 측정액을 결정하라.

P5-17 사용가치와 손상차손의 인식

(「K-IFRS 제1036호」 사례)

- 1차연도 말에 기업 T는 3개국에 제조공장을 보유하고 있는 기업 M을 ₩10,000에 취득하고 매수가격 ₩10,000을 다음과 같이 배분했다.

1차연도 말	매수가격의 배분	식별가능한 자산의 공정가치	영업권*
A국에서의 활동	₩3,000	₩2,000	₩1,000
B국에서의 활동	2,000	1,500	500
C국에서의 활동	5,000	3,500	1,500
합계	₩10,000	₩7,000	₩3,000

- T는 A국 내 식별가능한 자산을 내용연수 12년에 정액법으로 감가상각하며 잔존가치는 없는 것으로 예상한다. 그러므로 A국 내 식별가능한 자산의 2차연도 감가상각비가 ₩167이다.
- 각 국가에서의 활동에 영업권이 배분되었기 때문에 이러한 각 활동에 대한 손상검사를 매년 실시하고, 손상가능성을 시사하는 징후가 있다면 그보다 더 자주 손상검사를 한다.
- 기업 T는 현금창출단위의 회수가능액을 사용가치에 근거하여 결정한다. 1차연도와 2차연도 말에 각 현금창출단위의 사용가치는 장부금액을 초과한다. 따라서 각 국가에서의 활동과 그 활동에 배분된 영업권은 손상되지 않은 것으로 간주된다.
- 3차연도 초에 A국에 새로운 정부가 출범하였다. 새로운 정부는 기업 T의 주요 제품의 수출을 유의적으로 제한하는 법률을 통과시켰다. 이로 인해 기업 T는 3차연도 초에 A국 현금창출단위의 사용가치를 ₩1,360으로 결정하였다.

물음 현금창출단위의 손상차손을 개별자산에 배분하라.

P5-18 재평가와 손상차손

(2015년, 세무사)

㈜한국은 설비자산을 1차연도 초에 ₩400,000에 취득하여, 매년 말에 재평가모형을 적용한다. 이 설비자산의 잔존가

치는 ₩0, 내용연수는 8년이며, 정액법으로 감가상각한다. 2차연도 초에 설비자산의 잔존내용연수를 4년으로 변경하였다. 2차연도 말에 설비자산에 대해서 손상차손을 인식하기로 하였다. 설비자산을 사용하는 동안 재평가잉여금을 이익잉여금으로 대체하지 않는다. 다음은 설비자산의 공정가치와 회수가능액에 대한 자료이다.

구분	공정가치	회수가능액
1차연도 말	₩380,000	₩385,000
2차연도 말	₩270,000	₩242,000

물음 2차연도에 당기손익으로 인식할 손상차손을 구하라.

P5-19 유형자산의 손상차손환입

(2013년, 회계사)

- ㈜민국은 1차연도 1. 1.에 취득원가 ₩5,000,000, 추정 내용연수 5년, 추정 잔존가치 ₩0인 기계장치를 취득하였다. ㈜민국은 기계장치에 대해 원가모형을 적용하며, 감가상각방법은 정액법을 적용한다.
- 2차연도 12. 31.에 동 기계장치의 순공정가치는 ₩1,800,000, 사용가치는 ₩1,000,000이다. 이는 손상차손의 인식 요건을 충족한다.
- 4차연도 12. 31.에 동 기계장치의 순공정가치는 ₩1,500,000, 사용가치는 ₩800,000이다. 이는 손상차손환입의 인식 요건을 충족한다.

물음 4차연도 손상차손환입을 인식한 이후의 손상차손누계액을 계산하시오.

P5-20 유형자산의 손상차손환입

(2021년, 회계사)

- ㈜대한의 4차연도 12. 31. 현재 재무상태표 상 기계장치는 다음과 같다.

기계장치	₩2,000,000
감가상각누계액	(1,200,000)
손상차손누계액	(100,000)

- ㈜대한은 기계장치에 대해서 원가모형을 적용하고 있다.
- 4차연도 말 현재 기계장치는 취득 후 3년이 경과하였으며, 잔존가치 없이 정액법으로 감가상각한다. 또한 기계장치의 취득 이후 손상은 4차연도에 최초로 발생하였다.
- ㈜대한이 5차연도에 기계장치의 내용연수와 잔존가치를 변경하여 내용연수는 2년 연장되고, 잔존가치는 ₩200,000으로 변경되었다.
- 5차연도 말 기계장치에 손상징후가 존재하였으며, 기계장치의 5차연도 말 사용가치는 ₩670,000이고 순공정가치는 ₩700,000이다.

물음 기계장치와 관련한 회계처리가 5차연도 당기순이익에 미치는 영향을 계산하시오. 단, 당기순이익이 감소하는 경우에는 금액 앞에 (-)를 표시하시오.

P5-21 건물의 재평가와 손상차손

(2021년, 회계사)

- ㈜대한이 보유하는 건물은 4차연도 초에 본사사옥으로 사용하기 위하여 ₩4,000,000에 취득(내용연수 4년, 잔존가치 ₩0, 정액법 상각)하였다.
- 건물의 4차연도 12. 31. 현재 측정액은 ₩3,300,000이다. ㈜대한은 건물에 대해서 재평가모형을 적용하며, 처분 부대원가는 무시할 수 없는 수준이다.
- 재평가모형을 적용하여 장부금액을 조정하는 경우 기존의 감가상각누계액을 전액 제거하는 방법을 사용하며, 재평

가잉여금을 이익잉여금으로 대체하지 않는다.

- 5차연도 초 건물의 공정가치는 4차연도 말 공정가치와 동일하다.
- ㈜대한은 5차연도 초에 ₩600,000을 지출하여 건물에 냉난방장치를 설치하였다. 동 지출은 자산의 인식요건을 충족하나, 동 지출로 내용연수와 잔존가치의 변동은 없었다.
- 5차연도 말 건물의 공정가치는 ₩2,500,000이다.
- 5차연도 말 건물에 손상징후가 존재하였으며, 건물의 5차연도 말 순공정가치와 사용가치는 다음과 같다.

순공정가치	사용가치
₩2,200,000	₩2,000,000

물음 건물과 관련하여 4차연도 말 재무상태표에 인식할 ① 재평가잉여금과 5차연도 포괄손익계산서에 인식할 ② 감가상각비와 ③ 손상차손을 계산하시오.

Chapter

06

투자부동산

학습 목표

LO 6-1. 투자부동산의 개념을 이해한다.
LO 6-2. 자가사용부동산(유형자산), 투자부동산, 재고자산의 구분을 이해한다.
LO 6-3. 투자부동산의 인식기준을 이해한다.
LO 6-4. 투자부동산의 최초측정액과 후속측정액의 결정방법을 이해한다.
LO 6-5. 투자부동산의 후속측정에서 원가모형과 공정가치모형의 차이를 이해한다.
LO 6-6. 부동산과 투자부동산의 분류범주 변경에 대한 회계처리를 이해한다.

제6장

제1절 투자부동산의 개념

1. 투자부동산의 정의
2. 투자부동산 분류에 관한 기타 사항
   (1) 부동산의 용도가 여럿인 경우
   (2) 부동산 소유자가 부동산 사용자에게 직접 용역을 제공하는 경우
   (3) 부동산 소유자가 제공하는 용역의 유의성을 판단하기 어려운 경우

제2절 투자부동산의 측정

1. 최초측정
   (1) 이연지급계약
   (2) 다른 자산과 교환해서 취득한 투자부동산
2. 후속측정
   (1) 원가모형
   (2) 공정가치모형
   (3) 투자부동산의 후속지출

제3절 용도 변경에 따른 분류범주의 변경 (계정대체)

1. 유형자산을 투자부동산으로 분류변경
   (1) 유형자산에서 투자부동산(원가모형)으로 분류변경
   (2) 유형자산에서 투자부동산(공정가치모형)으로 분류변경
2. 투자부동산의 처분

Chapter 06 제1절

투자부동산의 개념

1. 투자부동산의 정의

기업이 보유하는 건물(전체 또는 일부분) 또는 토지와 같은 부동산은 용도에 따라 유형자산, 재고자산, 또는 투자부동산으로 분류된다. 투자부동산(investment property)은 임대수익이나 시세차익 또는 둘 모두를 얻기 위하여 소유자가 보유하거나 리스이용자가 사용권자산(제19장 참조)으로 보유하는 부동산이다. 투자부동산은 임대해서 독자적으로 임대수익을 창출하거나 매매해서 시세차익을 달성하므로 다른 자산과 독립적으로 현금흐름을 창출하는 특징이 있다. 용도가 정해지지 않아 부동산의 분류범주가 정해지지 않으면 해당 부동산을 시세차익을 얻기 위해 보유하는 것으로 간주하여 투자부동산으로 분류한다[1040: 8].

부동산 매매가 주된 영업인 기업이 통상적 영업활동에서 판매하기 위해 보유하는 부동산은 재고자산으로 분류한다. 자가사용부동산(owner-occupied property)은 재화나 용역의 생산 또는 제공이나 사용 목적으로 소유자가 보유하거나 리스이용자가 사용권자산으로 보유하는 부동산을 말하며 유형자산으로 분류한다. 부동산 개발회사가 건물을 취득하고 건물을 본사사무실로 사용하면 해당 건물이 자가사용부동산이므로 유형자산으로 분류한다. 만일 해당 건물을 타인에게 임대하면 투자부동산으로 분류하고, 건물을 층별로 분양하고자 하면 해당 건물을 재고자산으로 분류한다. 그러나 렌터카회사가 임대목적으로 보유하는 유형자산(예 승용차, 화물차 등)은 부동산이 아니므로 어떠한 경우에도 투자부동산으로 분류할 수 없다.

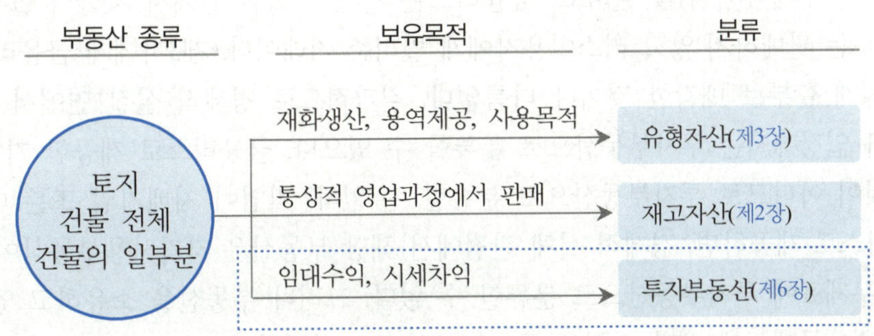

부동산을 유형자산, 재고자산 또는 투자부동산으로 분류할 때의 가정은 해당 부동산을 기업이 보유한다는 것이다. '기업이 보유'한다는 것은 기업이 소유자로서 보유하고 있는 것뿐만 아니라, 리스 등으로 경제적 실질 면에서 기업이 보유하는 것도 포함한다. 「K-IFRS 제1040호」(투자부동산 기준서)는 리스이용자가 사용권자산으로 보유하는 부동산을 투자부동산으로 분류할 수 있도록 투자부동산의 적용범위를 개정했다. 리스이용자(임차인)가 리스제공자(임대인)로부터 빌려서 사용하는 리스물건 또는 기초자산(예 승용차, 비행기, 원룸, 상가건물의 점포)을 리스자산(lease asset) 또는 사용권자산(right-of-use asset)이라 말하는데, 제19장에서 설명하는 것처럼 회계장부에 기록할 때에는 사용권자산이라는 계정과목을 사용한다. 예를 들어, 울릉도에서 서울로 유학 온 청년이 2층집의 지하실에서 2년간 하숙하기로 계약을 체결하면, 울릉도 청년은 「K-IFRS 제1116호」(리스 기준서)에 따라 서울에 사용권자산을 가지고 있다고 말한다.

표 6.1 부동산의 분류와 예

투자부동산[1040: 8]	투자부동산이 아닌 부동산[1040: 9]
· 장기 시세차익을 얻기 위하여 보유하는 토지	· 통상적인 영업과정에서 판매하기 위한 부동산이나 이를 위하여 건설(또는 개발) 중인 부동산
· 미래에 투자부동산으로 사용하기 위하여 건설(또는 개발) 중인 부동산	· 자가사용부동산 · 미래에 자가사용하기 위한 부동산 · 미래에 개발 후 자가사용할 부동산 · 처분 예정인 자가사용부동산
· 장래 용도를 결정하지 못한 채 보유하는 토지(용도를 결정하지 못한 토지는 시세차익을 얻기 위하여 보유한다고 봄)	· 종업원이 사용하고 있는 부동산(종업원이 시장요율로 임차료를 지급하고 있는지는 관계없음)
· 직접 소유하거나 사용권자산으로 보유하면서 운용리스로 제공한 건물(후자의 예: 리스한 사용권자산을 제3자에게 운용리스로 제공) · 운용리스로 제공하기 위하여 보유하는 미사용 건물	· 리스이용자에게 금융리스로 제공한 부동산

제19장에서 자세하게 설명하겠지만, 운용리스는 경제적 실질 면에서 순수한 의미의 임대차거래(예 아파트의 월세 또는 전세 임대차)를 말하고, 금융리스는 경제적 실질 면에서 자산의 할부판매와 마찬가지이지만 실제로는 판매하지 않고 리스이용자에게 빌려준 거래이다. 제3자에게 금융리스로 제공한 부동산은 제3자에게 할부로 매각한 것이나 다름없다. 결과적으로 경제적 실질 면에서 제3자가 소유한 것이므로 제3자 입장에서는 투자부동산으로 분류할 수 있으나, 금융리스로 제공한 기업은 더 이상 소유하고 있는 것이 아니므로 투자부동산으로 분류할 수 없다. 기업이 지배기업 또는 다른 종속기업에게 부동산을 리스로 제공하면, 경제적 실체 관점에서 해당 부동산은 자가사용부동산이므로 이러한 부동산은 연결재무제표에 투자부동산으로 분류할 수 없다. 그러나 부동산을 소유하고 있는 개별기업(리스제공자)은 개별재무제표에 해당 자산을 투자부동산으로 분류한다[1040: 15].

2. 투자부동산 분류에 관한 기타 사항

(1) 부동산의 용도가 여럿인 경우

부동산이 하나의 용도로 사용되면 해당 부동산의 분류범주를 결정하는 것이 쉽다. 그러나 부동산의 일부분은 임대수익(또는 시세차익)을 얻기 위해 보유하고 일부분은 재화를 생산하는데 사용할 목적 또는 판매 목적으로 보유하는 경우와 같이 하나의 부동산 안에 여러 용도가 섞여 있는 경우가 있다. 이 경우에는 해당 부동산을 용도별로 분리하여 매각할 수 있는지를 판단하여 분리매각이 가능하면 용도별로 분리해서 별개의 자산으로 분류한다. 만일 분리매각이 불가능하면 전체 부동산 중에서 재화나 용역의 생산(또는 제공)이나 사용목적으로 보유하는 부분이 경미한 경우에만 해당 부동산을 투자부동산으로 분류하고, 그렇지 않으면 전체 부동산을 유형자산으로 분류한다[1040: 10]. 그러나 「K-IFRS 제1040호」는 경미한 경우가 구체적으로 어느 정도인지에 대한 지침을 제시하지는 않는다.

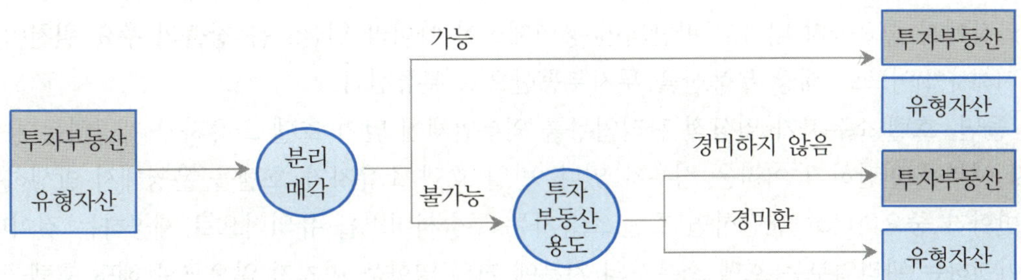

(2) 부동산 소유자가 부동산 사용자에게 직접 용역을 제공하는 경우

부동산 소유자가 부동산 사용자에게 직접 용역을 제공해서 해당 부동산이 임대 목적의 부동산인지 용역제공 목적의 부동산인지가 명확하지 않은 경우에는 부동산 소유자와 이용자가 맺은 계약에서 임대사업과 용역제공사업의 비중에 따라 분류한다. 임대사업의 비중이 크면 투자부동산으로, 용역제공사업의 비중이 크면 자가사용부동산(유형자산)으로 분류한다. 부동산 소유자가 부동산을 사용자에게 임대하고 부수적 용역(ancillary services)을 제공하지만 전체 계약에서 용역제공이 차지하는 비중이 경미하면 부동산 소유자는 해당 부동산을 투자부동산으로 분류한다[1040: 11]. 예를 들어, 원룸 건물 주인이 세입자에게 기본적인 보안과 관련된 일이나 복도를 닦아주는 일처럼 경미한 용역을 제공하는 경우는 세입자로부터 임대수익을 얻는 것이 주된 목적이므로 임대사업의 비중이 큰 것으로 보아 해당 건물을 투자부동산으로 분류한다. 그러나 호텔 주인이 호텔 이용자에게 투숙서비스를 제공하는 경우는 호텔 주인과 호텔 투숙객 간의 계약이 호텔을 임대하는 것보다 투숙서비스를 제공해서 수익을 내는 것이 주된 목적이므로 용역제공의 비중이 큰 것으로 보아 호텔을 자가사용부동산으로 보고 유형자산으로 분류한다.

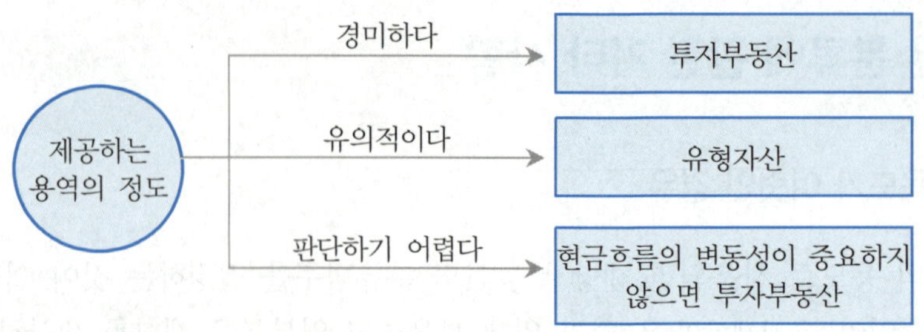

(3) 부동산 소유자가 제공하는 용역의 유의성을 판단하기 어려운 경우

부동산 소유자가 제공하는 용역이 유의적인지 여부를 판단하기 어려우면 부동산에서 창출되는 현금흐름의 변동성을 분석하여 부동산을 분류한다. 부동산 소유자가 용역을 제공하면서 직면하는 현금흐름의 변화가 소유자 입장에서 중요하다고 판단되면, 즉 소유자가 현금흐름의 변동성에 중요하게 노출되면 해당 부동산은 용역을 제공해서 현금흐름을 창출하는 것이 주된 목적이므로 해당 부동산을 자가사용부동산으로 보고 유형자산으로 분류한다. 그러나 용역제공에 따른 현금흐름의 변동이 부동산 소유자 입장에서 중요하지 않다고 판단되면 용역제공이 아니라 현금흐름 창출의 주요 원천이 임대수익(또는 시세차익)이므로 해당 부동산을 투자부동산으로 분류한다.

예를 들면, 호텔 소유자가 일상적 관리업무를 외부업체에 맡겨 호텔 소유자가 제공하는 용역이 유의적인지 여부를 판단하기 어려운 경우가 있다. 만일 호텔 소유자가 호텔을 운영해서 발생하는 현금흐름의 변화가 중요하다고 판단하면 호텔 소유자는 투숙서비스를 유의적으로 제공하는 것이며, 외부업체가 이행하는 관리업무는 호텔 소유자의 지분에 거의 영향을 미치지 않으므로 해당 호텔을 자가사용부동산으로 보아 유형자산으로 분류한다. 그러나 호텔 소유자가 관리업무 중 상당한 부분을 외부업체에 맡기는 동시에, 호텔 운영책임의 일부를 외부업체에게 이전하는 경우에는 외부업체가 호텔 관리업무와 투숙서비스를 제공하는 당사자이므로 외부업체가 실질적인 호텔 운영자이고 호텔 소유자는 형식만 소유자가 되어 '수동적 투자자'에 지나지 않는다. 이 경우에는 호텔 이용자에게 투숙서비스를 제공하면서 발생하는 현금흐름의 변화에 대해 더 민감한 당사자는 외부업체이며, 호텔 소유자에게는 현금흐름의 변화가 중요하지 않고 호텔 이용자에게 제공하는 용역의 정도가 미미하므로 호텔 소유자는 해당 호텔을 투자부동산으로 분류한다[1040: 13].

예제 1	부동산의 분류	중요도: ★★★ 난이도: ◆

상황

· 한량회사는 다음 자산을 보유하고 있다.

① 제품을 생산하는 데 사용하는 공장건물
② 택지를 개발해서 판매할 목적으로 보유하고 있는 전원주택단지
③ 사용목적이 결정되지 않은 토지
④ 모회사인 양반회사에게 임대하고 한량회사가 고객의 보관물에 대한 안전관리용역(상대적으로 중요하지 않은 부수적 용역)을 제공하는 골프장

물음 한량회사의 개별재무제표에 보고하는 각 자산의 분류범주를 결정하라.

정답 및 해설

① 유형자산
② 재고자산
③ 투자부동산
④ 투자부동산. 한량회사가 골프장에 부수적 용역을 제공하고 부수적 용역이 차지하는 비중이 상대적으로 중요하지 않으면 골프장을 투자부동산으로 분류한다.

예제 2 사용권자산으로 보유하는 부동산의 분류

중요도: ★★★
난이도: ◆

상황

· 회사는 토지 3필지를 보유하고 있다.
· 토지 A와 B는 회사가 사용권자산(제19장 참조)으로 보유하고 있다.
· 토지 C는 회사가 임대수익을 창출할 목적으로 소유하고 있다.

물음 회사가 어느 토지를 투자부동산으로 분류할 수 있는 지를 결정하라.

정답 토지 C만을 투자부동산으로 분류하거나 모든 토지를 투자부동산으로 분류한다.

해설

· 토지 C는 투자부동산의 정의를 충족한다.
· 토지 A와 B는 회사가 소유하고 있지 않으나 사용권자산으로 보유하고 있으므로 이론적으로 다음과 같은 대안을 고려할 수 있다.
  ① 토지 A를 투자부동산으로 분류한다.
  ② 토지 B를 투자부동산으로 분류한다.
  ③ 토지 A와 B를 투자부동산으로 분류한다.
· 회사가 위의 대안 중에서 어느 하나를 선택하면 회사는 토지 A, B, C 모두를 투자부동산으로 분류하여야 한다.
· 회사가 위의 세 가지 대안 중 어느 하나도 선택하지 않으면 토지 A와 토지 B는 사용권자산으로 회계처리하고, 토지 C는 투자부동산으로 분류한다.

투자부동산의 측정

1. 최초측정

최초측정(initial measurement)은 특정 거래나 회계사건을 최초로 장부에 기록하는 시점에 인식할 금액을 결정하는 것이다. 소유하는 투자부동산은 다음 인식조건을 모두 충족할 때 자산으로 인식한다[1040: 16].

- 투자부동산에서 생기는 미래경제적효익의 유입 가능성이 높다.
- 투자부동산의 원가를 신뢰성 있게 측정할 수 있다.

소유 투자부동산은 최초 인식시점에 거래원가를 포함한 원가로 측정한다[1040: 20]. 즉, 구입한 투자부동산의 원가는 구입금액과 구입에 직접 관련되는 거래원가(예 법률용역의 대가로 전문가에게 지급하는 수수료, 부동산 구입과 관련된 세금 등)로 구성된다[1040: 21]. 그러나 다음 항목은 투자부동산의 취득원가에 포함되지 않는다[1040: 23].

- 경영진이 의도하는 방식으로 부동산을 운영하는 데 필요한 상태에 이르게 하는 데 직접 관련이 없는 초기원가
- 계획된 사용수준에 도달하기 전에 발생하는 부동산의 운영손실
- 건설이나 개발 과정에서 발생한 비정상인 원재료, 인력 및 기타 자원의 낭비액

(1) 이연지급계약

후불조건으로 취득한 투자부동산은 현금가격상당액 또는 발행된 어음의 이연지급액의 현재가치를 취득원가로 하고, 현금가격상당액(또는 현재가치)과 실제 총지급액의 차액은 신용을 제공한 기간 동안의 이자비용으로 인식한다[1040: 24].

(2) 다른 자산과 교환해서 취득한 투자부동산

비화폐성자산의 교환거래로 취득한 투자부동산의 취득원가는 제3장에서 살펴본 유형자산의 교환과 동일하게 다음 두 방법 중 하나를 적용하여 결정한다[1040: 27].

장부금액법(book value method): 교환거래에 상업적 실질이 결여되어 있거나, 포기한 자산과 취득한 투자부동산 중 어느 자산에 대해서도 공정가치를 신뢰성 있게 측정할 수 없으면, 포기한 자산의 장부금액으로 취득한 투자부동산의 원가를 측정한다.

공정가치법(fair value method): 위의 경우를 제외한 나머지 경우에는 포기한 자산의 공정가치로 취득한 투자부동산의 원가를 측정한다. 구체적으로, 취득한 투자부동산과 포기한 자산 모두의 공정가치를 신

뢰성 있게 측정할 수 있으면, 포기한 자산의 공정가치로 취득한 자산을 측정한다. 다만, 취득한 투자부동산의 공정가치가 더 명백한 경우에는 그 공정가치를 투자부동산의 취득원가로 측정한다[1040: 29].

제3장에서 설명한 것과 같이, 다음 ① 또는 ②에 해당하면서 ③을 충족하는 경우에 교환거래는 상업적 실질이 있다고 보고[1040: 28], 공정가치법을 적용해서 투자부동산의 취득원가를 결정한다.

① 취득한 투자부동산의 현금흐름 구성(위험, 시기, 금액)이 포기한 자산의 현금흐름 구성과 다르다.
② 교환거래의 영향을 받는 영업 일부의 기업특유가치가 교환거래 결과로 변동한다.
③ 위 ① 또는 ②의 차이가 교환된 자산의 공정가치에 비하여 유의적이다.

상업적 실질이 있는지 여부를 결정할 때 교환거래의 영향을 받는 영업 일부의 기업특유가치는 세후현금흐름을 반영하여야 한다.

2. 후속측정

투자부동산을 최초로 인식한 이후에는 **모든 투자부동산을 하나의 집단으로 묶어서 공정가치모형과 원가모형 중 하나를 선택하여 측정한다**[1040: 30]. 원칙적으로는 공정가치모형을 적용해서 투자부동산을 측정하고, 예외적인 경우에만 원가모형을 적용한다.

투자부동산의 후속측정방법 { 원칙: 공정가치모형(감가상각하지 않음)
예외: 원가모형(잔존가치를 ₩0으로 하고 감가상각) }

(1) 원가모형

다음 두 조건이 모두 충족되는 경우에는 투자부동산의 공정가치를 계속 신뢰성 있게 측정하기 어렵다고 판단할 수 있다[1040: 53].

- 비교할 수 있는 부동산 시장이 활성화 되어 있지 않다. 예를 들어, 최근에 거래가 거의 없거나, 공시가격이 측정일 현재 거래되고 있는 가격이 아니거나, 관찰된 거래가격이 정상적 거래가 아니고 강제적 매매거래를 시사한다.
- 공정가치의 대체적 측정치(예 미래 현금흐름의 현재가치)를 신뢰성 있게 추정할 수 없다.

위와 같은 상황에는 최초 인식 이후에도 투자부동산의 공정가치를 측정하기 어려울 것이므로 공정가치모형을 선택하는 것이 무의미하다. 따라서 **이러한 예외상황에 해당하는 투자부동산은 원가모형으로 측정한다.** 그러나 건설중인 투자부동산을 포함한 그 밖의 모든 투자부동산은 공정가치모형을 적용한다[1040: 54].

투자부동산의 측정방법으로 원가모형을 선택한 경우에는 최초 인식 후에 다음과 같이 투자부동산을 측정한다[1040: 56].

① 매각예정으로 분류하는 조건을 충족하는(또는 매각예정으로 분류된 처분자산집단에 포함되는) 투자부동산은 공정가치로 측정한다(제7장 참조).

② 리스이용자가 사용권자산으로 보유하고 매각예정이 아닌 투자부동산은 리스 기준서를 적용해서 측정한다(제19장 참조).

③ 다른 모든 경우의 원가모형에 대해서는 **잔존가치를 ₩0으로 가정해서**[1140: 53] **감가상각하고, 처분할 때까지 원가모형을 적용**해서 손상검사를 수행한 후, 취득원가에서 감가상각누계액과 손상차손누계액을 차감해서 투자부동산의 장부금액을 측정한다.

Miniature 예제 1 투자부동산과 원가모형

상황

· 5차연도 1. 1.에 청포도회사가 임대목적으로 건물과 토지를 ₩10,000에 취득하고 법적 수수료 ₩500을 지급하였다.
· 청포도회사가 리스계약을 협상하면서 임대대행회사에게 수수료 ₩300을 지급하였다.
· 청포도회사는 투자부동산 취득원가의 60%를 건물에 배분하고 40%는 토지에 배분하였다.
· 건물의 내용연수는 10년이고 잔존가치는 ₩500이다.
· 청포도회사는 정액법을 사용해서 건물을 감가상각한다.

물음 청포도회사가 원가모형을 적용해서 투자부동산을 측정하는 경우 5차연도 1. 1.과 5차연도 12. 31.에 필요한 분개를 하라.

정답

5차연도 1. 1. 취득시점:

(차) 투자부동산 - 토지	4,200*	(대) 현 금	10,500
투자부동산 - 건물	6,300		

* ₩10,500 × 40% = ₩4,200
* ₩10,500 × 60% = ₩6,300

참고 리스계약을 협상하면서 임대대행회사에게 지급한 수수료 ₩300은 취득원가의 일부가 아니다.

5차연도 12. 31. 결산시점:

(차) 감 가 상 각 비	630*	(대) 감 가 상 각 누 계 액	630

* (₩6,300 − ₩0) ÷ 10년 = ₩630

(2) 공정가치모형

「K-IFRS 제1040호」는 기본적으로 기업이 투자부동산의 공정가치를 투자부동산의 최초 인식시점과 그 이후기간에 계속해서 신뢰성 있게 측정할 수 있다고 가정한다. 따라서 모든 기업은 투자부동산의 측정(공정가치모형을 사용하는 기업)이나 공시(원가모형을 사용하는 기업)를 위하여 공정가치를 측정하여야 한다[1040: 32]. 후속측정방법으로 공정가치모형을 적용하는 투자부동산은 **감가상각하지 않고 공**

정가치가 변해서 발생하는 미실현평가손익을 당기손익으로 인식한다[1040: 35].

공정가치모형을 선택한 상황에서 특정 투자부동산이 건설 중이라 최초 인식시점에 공정가치를 신뢰성 있게 측정하는 것이 어렵더라도 건설이 완료되면 해당 투자부동산에 대한 공정가치를 신뢰성 있게 측정할 수 있다고 예상하는 경우에는, 다음 중 빠른 시점까지는 건설중인 투자부동산을 원가모형을 적용해서 측정하고 그 이후부터는 공정가치모형을 적용하여 측정한다[1040: 53].

- 공정가치를 신뢰성 있게 측정할 수 있는 시점
- 건설이 완료된 시점

일단 해당 부동산의 건설이 완료되면, 공정가치는 신뢰성 있게 측정할 수 있다고 가정한다. 건설중인 자산을 건설기간에 원가로 측정하고 건설완료시점부터 해당 자산을 공정가치로 측정하면 투자부동산의 장부금액과 공정가치의 차이를 건설완료시점에 당기손익으로 인식한다[1040: 65]. 그러나 건설완료시점에 비교가능한 투자부동산에 대한 활성시장이 존재하지 않아서 공정가치자료를 획득할 수 없으면 해당 자산은 계속 원가모형을 사용하여 회계처리한다[1040: 53A].

공정가치모형을 선택하면 부동산의 용도가 변경되지 않는 한 계속 공정가치모형을 사용한다. 투자부동산을 공정가치로 측정하는 경우, 설사 비교할만한 시장거래가 줄어들거나 시장가격 정보를 쉽게 얻을 수 없게 되더라도 예외상황에 해당하지 않는다. 따라서 해당 부동산을 처분할 때까지 또는 용도를 변경해서 분류범주를 변경하는 시점까지 계속해서 공정가치로 측정한다[1040: 55]. 투자부동산을 공정가치로 측정하다가 공정가치를 신뢰성 있게 측정하기 어렵게 되었다고 해서 원가모형으로 변경할 수 없다. 그 이유는, 투자부동산의 측정모형을 공정가치모형에서 원가모형으로 변경할 때 재무제표가 더욱 목적적합하게 표시될 가능성이 매우 낮기 때문이다. 특정 거래, 기타 사건 또는 상황이 재무상태, 재무성과 또는 현금흐름에 미치는 영향에 대하여 재무제표가 신뢰성 있고 더 목적적합한 정보를 제공하는 경우에만 자발적인 회계정책의 변경을 허용한다[1040: 31].

공정가치를 신뢰성 있게 측정할 수 있는지 여부는 투자부동산을 처음으로 장부에 인식하는 시점에 판단한 것만 유효하다. 즉, 취득시점(또는 기존 부동산의 용도 변경으로 투자부동산으로 분류한 시점)에 투자부동산의 공정가치를 신뢰성 있게 측정할 수 없다고 판단한 것만을 유효한 판단으로 보아 원가모형의 적용을 허용한다. 따라서 건설중인 투자부동산을 공정가치로 측정한 기업은 완성된 투자부동산의 공정가치가 신뢰성 있게 측정될 수 없다고 결론지을 수 없다[1040: 53B]. 취득시점부터 공정가치모형으로 측정했다면 이는 계속해서 공정가치로 측정할 수 있다고 판단해서 공정가치모형을 선택한 것으로 보기 때문에 설사 취득 이후에 공정가치를 신뢰성 있게 측정하기 어려워진다 하더라도 유효한 판단이 아니라고 본다.

투자부동산의 공정가치모형과 유형자산의 재평가모형은 기본적으로 유사하나, 다음 면에서 다르다.

무엇이 다른가? 재평가모형(유형자산)과 공정가치모형(투자부동산)의 차이

- 유형자산의 재평가모형과 투자부동산의 공정가치모형은 공정가치가 측정기준인 것은 동일하지만, 공정가치 변동액에 대한 회계처리, 측정모형의 적용범위, 감가상각 여부 등에서 다음과 같은 차이를 갖는다.

구분	재평가모형(유형자산) (제5장 참조)	공정가치모형 (투자부동산)
재무상태표에 보고하는 금액	공정가치	공정가치
공정가치 변동액에 대한 회계처리		
[공정가치 > 장부금액]인 경우 공정가치 초과액에 대한 회계처리	손상차손환입(당기손익) 재평가미실현이익(기타포괄손익)	미실현평가이익 (당기손익)
[공정가치 < 장부금액]인 경우 공정가치 미달액에 대한 회계처리	재평가잉여금(기타포괄손익누계액) 감소 손상차손(당기손익)	미실현평가손실 (당기손익)
측정빈도	매년 또는 2년 이상에 한번	매년
측정모형의 적용범위	분류범주별로 적용	원칙적으로 모든 투자부동산에 적용
감가상각 여부	감가상각 함	감가상각하지 않음

Miniature 예제 2 공정가치로 측정하는 투자부동산

상황

· 한탕회사는 모든 상각대상자산을 잔존가치 없이 5년에 걸쳐 정액법으로 상각한다.
· 1차연도 1. 1.에 한탕회사가 임대목적으로 건물을 ₩48,000에 취득하고 투자부동산의 취득과 직접 관련해서 최초 인식시점에 ₩2,000의 법적수수료가 발생하였다.
· 한탕회사는 투자부동산을 공정가치로 측정한다.
· 건물의 공정가치는 다음과 같다.

날짜	취득원가	공정가치
1차연도 1. 1.	₩50,000	₩50,000
1차연도 12. 31.		60,000
2차연도 12. 31.		63,000
3차연도 12. 31.		48,000

상황 매 연도 말에 인식할 투자부동산 평가손익과 감가상각비를 구하라.

정답 및 해설

투자부동산의 후속측정방법으로 공정가치모형을 선택하면 투자부동산을 감가상각하지 않고 공정가치로 재무상태표에 보고하고 공정가치가 변해서 발생하는 미실현손익을 당기손익(투자부동산 평가손익)으로 인식한다.

날짜	투자부동산 평가이익(손실)	감가상각비
1차연도 12. 31.	₩10,000	₩0
2차연도 12. 31.	3,000	0
3차연도 12. 31.	(15,000)	0

예제 3 유형자산에 대한 재평가모형과 투자부동산에 대한 공정가치모형

중요도: ★★★
난이도: ◆◆

상황

· 철마회사는 모든 유형자산에 재평가모형을 적용하고 감가상각누계액 전액을 제거해서 재평가액을 기록한다.
· 1차연도 1. 1.에 철마회사가 건물을 ₩40,000에 취득하였다.
· 취득시점에 건물의 내용연수는 10년이고 잔존가치는 ₩0이다.
· 건물의 공정가치는 다음과 같다.

1차연도 12. 31.	₩52,200
2차연도 12. 31.	54,000

물음

1. 철마회사가 건물을 자가사용 유형자산으로 분류하고 재평가하는 경우 1차연도 1. 1.부터 2차연도 12. 31.까지 필요한 분개를 하라.
2. 철마회사가 건물을 투자부동산으로 분류하고 공정가치로 측정하는 경우 1차연도 1. 1.부터 2차연도 12. 31.까지 필요한 분개를 하라.
3. 유형자산과 투자부동산이 자본에 미친 영향을 계산하라.

정답 및 해설

1.

1차연도 1. 1. 취득시점:

(차) 건 물	40,000	(대) 현 금	40,000

1차연도 12. 31. 재평가 직전:

(차) 감 가 상 각 비	4,000	(대) 감가상각누계액	4,000

* ₩40,000 ÷ 10년 = ₩4,000

1차연도 12. 31. 재평가시점:

(차) 감가상각누계액	4,000	(대) 건 물	4,000

※ 건물의 장부금액: ₩36,000

(차) 건 물	16,200	(대) 재평가미실현이익*	16,200**

* 기타포괄손익
** ₩52,200 − ₩36,000 = ₩16,200
※ 건물의 장부금액: ₩52,200

2차연도 12. 31. 재평가 직전:

(차) 감 가 상 각 비	5,800*	(대) 감가상각누계액	5,800

* ₩52,200 ÷ 9년 = ₩5,800

2차연도 12. 31. 재평가시점:

(차) 감가상각누계액	5,800	(대) 건 물	5,800

※ 건물의 장부금액: ₩52,200 − ₩5,800 = ₩46,400

(차) 건 물	7,600	(대) 재평가미실현이익**	7,600*

* ₩54,000 − ₩46,400 = ₩7,600

** 기타포괄손익

※ 건물의 장부금액: ₩54,000

2.

1차연도 1. 1. 취득시점:

(차) 투자부동산 - 건물	40,000	(대) 현 금	40,000

1차연도 12. 31. 결산시점:

(차) 투자부동산 - 건물	12,200	(대) 투자부동산평가이익	12,200

2차연도 12. 31. 결산시점:

(차) 투자부동산 - 건물	1,800	(대) 투자부동산평가이익	1,800

3.

	1차연도		2차연도	
유형자산				
이익잉여금	₩4,000 감소		₩5,800 감소	
재평가잉여금	16,200 증가	₩12,200 증가	7,600 증가	₩1,800 증가
투자부동산				
이익잉여금		₩12,200 증가		₩1,800 증가

유형자산의 재평가모형과 투자부동산의 공정가치모형이 자본에 미치는 영향(자본의 누적 증가)은 동일하다. 유형자산에 대한 재평가모형에서는 자본에 미치는 영향이 감가상각비로 인한 이익잉여금과 재평가잉여금에 반영되는 반면에, 투자부동산에 대한 공정가치모형은 모든 공정가치 변동이 당기손익으로 인식되어 이익잉여금에 반영된다.

예제 4 원가모형 또는 공정가치모형의 적용

중요도: ★★★
난이도: ◆◆

상황

· 1차연도 1. 1.에 임대목적으로 건물을 ₩600,000에, 토지를 ₩350,000에 취득하고 투자부동산으로 분류하였다.

· 건물(내용연수: 5년, 잔존가치: ₩100,000)을 정액법으로 감가상각한다.

· 각 투자부동산의 공정가치는 다음과 같다.

	1차연도 12. 31.	2차연도 12. 31.
건물	₩620,000	알 수 없음
토지	300,000	₩340,000

· 2차연도 12. 31.에 건물의 공정가치를 신뢰성 있게 측정할 수 없게 되었다.

물음 원칙적으로 모든 투자부동산에 공정가치모형을 적용하여 측정하지만, 1차연도 1. 1.(취득시점)부터 건물의 공정가치를 신뢰성 있게 측정할 수 없을 것으로 판단하여 건물에 원가모형을 적용하는 경우와 공정가치모형을 적용하는 경우로 구분하여 2차연도까지 필요한 분개를 하라.

정답 및 해설

원가모형	공정가치모형
1차연도 1. 1. 투자부동산 취득시점:	
(차) 투 자 부 동 산(건물) 600,000 (대) 현 금 600,000	왼쪽과 동일
(차) 투 자 부 동 산(토지) 350,000 (대) 현 금 350,000	왼쪽과 동일
1차연도 12. 31. 결산일:	
(차) 감 가 상 각 비 120,000* (대) 감 가 상 각 누 계 액 120,000 * (₩600,000 − 잔존가치 ₩0) ÷ 5년 = ₩120,000	투자부동산(건물): 감가상각하지 않음 (차) 투 자 부 동 산 (건 물) 20,000 (대) 투자부동산(건물)평가이익 20,000 ※ 건물의 장부금액: ₩620,000 (차) 투자부동산(토지)평가손실 50,000 (대) 투 자 부 동 산(토지) 50,000 ※ 토지의 장부금액: ₩300,000
2차연도 12. 31. 결산시점:	
(차) 감 가 상 각 비 120,000 (대) 감 가 상 각 누 계 액 120,000	건물의 공정가치를 신뢰성 있게 측정할 수 없게 되어도 계속 공정가치모형을 적용 (차) 투 자 부 동 산(토지) 40,000 (대) 투자부동산(토지)평가이익 40,000

(3) 투자부동산의 후속지출

투자부동산 취득 이후에 발생한 추가원가, 대체원가 또는 수선 · 유지원가는 '일반 인식기준'을 적용해 자본화 여부를 결정한다[1040: 17]. 여기서 일반 인식기준은 미래경제적효익이 기업에 유입될 가능성이 높다는 것과 자산의 원가를 신뢰성 있게 측정할 수 있다는 것을 말한다[1016: 16]. 부동산과 관련하여 일상적으로(day-to-day) 발생하는 수선 · 유지원가는 투자부동산의 장부금액으로 인식하지 아니하고 발생시점에 당기손익으로 인식한다. 일상적인 수선 · 유지원가는 주로 노무원가와 소모품원가이며 중요하지 않은 부품의 원가를 포함할 수도 있다[1040: 18].

투자부동산 구성요소의 대체

투자부동산의 일부분을 대체(replacement)해서 취득할 수 있다. 투자부동산의 일부를 바꾸는 경우(예 건물의 지붕을 교체, 시멘트 벽을 오크원목 벽으로 교체) 교체에 소요된 원가가 일반 인식기준을 충족하면 제3장에서 설명한 대체법을 적용해서 대체되는 부분('구성요소')의 장부금액(취득원가에서 감가상각누계액을 차감한 금액)을 장부에서 제거하고 대체에 든 원가(대체원가)를 투자부동산의 장부금액에 가산하여 자본화한다[1040: 19](제3장 Miniature 예제 14 참조). 대체되는 구성요소의 장부금액을 결정하기 어려운 경우에는 아래와 같이 처리한다.

① 원가모형을 적용해서 투자부동산을 측정하는 경우: 제3장에서 설명한 것과 같이, 유형자산을 구성하는 일부 항목의 취득원가가 해당 유형자산의 총 취득원가와 비교해서 유의적이면 해당 항목을 별개 자산으로 구분하고 총 취득원가를 각 항목에 배분하여 개별 유형자산으로 인식한 후 항목별로 감가상각한다[1016: 43]. 경우에 따라서는 유형자산의 전체원가에 비교하여 해당 원가가 유의적이지 않은 부분도 별도로 분리하여 감가상각할 수 있다[1016: 47].

대체되는('버려지는') 구성요소를 취득시점에 별개의 자산으로 인식하지 않고 개별적으로 감가상각하지 않아 그 장부금액을 결정하기 어려운 경우에는, 대체하는 현행원가(대체원가)를 이용하여 대체되는 부분의 취득원가를 추정해서 장부에서 제거한다[1040: 68]. 자산의 대체원가(replacement cost) 또는 현행원가(current cost)는 측정일 현재 동등한(equivalent) 자산의 원가로서 측정일에 지급할 구매대가와 측정일에 발생할 거래원가를 포함한다[「K-IFRS 개념체계」: 6.21].

예제 5 투자부동산 구성요소의 대체

중요도: ★★★
난이도: ◆

상황

· 1차연도 1. 1.에 사족회사가 건물(내용연수: 20년, 잔존가치: ₩300,000)을 ₩4,000,000에 취득하고 투자부동산으로 분류했다.
· 사족회사는 원가모형을 적용해서 투자부동산을 측정하고 정액법으로 감가상각한다.
· 7차연도 1. 1.에 사족회사가 건물의 지붕을 교체했다.
· 1차연도 1. 1. 현재 건물지붕의 취득원가와 장부금액은 알 수 없으나, 7차연도 1. 1.에 건물지붕의 대체원가가 ₩190,000이다. 7차연도 1. 1.에 사족회사가 건물의 지붕을 교체하면서 건설회사에 교체용역 수수료 ₩20,000을 지급했다.

물음 7차연도에 지붕을 교체한 것을 기록하는 분개를 하라.

정답 및 해설

투자부동산의 매년 감가상각비: (₩4,000,000 − ₩0) ÷ 20년 = ₩200,000

지붕의 매년 감가상각비: ₩190,000 ÷ 20년 = ₩9,500
지붕의 감가상각누계액: ₩9,500 × 6년 = ₩57,000

(차) 감 가 상 각 누 계 액	57,000	(대) 투 자 부 동 산	190,000
투자부동산처분손실	133,000		
(차) 투 자 부 동 산	210,000*	(대) 현 금	210,000

* ₩190,000 + ₩20,000 = ₩210,000

② **공정가치모형을 적용해서 투자부동산을 측정하는 경우**: 공정가치모형을 적용해서 투자부동산을 측정하면 투자부동산을 감가상각하지 않으므로 대체되는('버려지는') 구성요소의 장부금액은 공정가치이다. 그러므로 대체되는 구성요소의 가치감소가 투자부동산의 공정가치에 이미 반영되어 있을 수 있다. 어떤 경우에는 버려지는 구성요소에 대한 공정가치 감소액이 얼마인지 식별하기 어려울 수도 있다. 이 경우에는 버려지는 구성요소의 대체원가와 투자부동산의 장부금액의 합계에서 대체 후 재측정한 투자부동산의 공정가치를 차감하여 대체된 부분의 공정가치 감소액을 추정할 수 있다[1040: 68].

Chapter 06 제3절 용도 변경에 따른 분류범주의 변경(계정대체)

참고 US GAAP에서는 임대 또는 시세차익 달성목적으로 보유하는 토지와 건물을 유형자산으로 분류하므로 회계처리가 간단하지만, IFRS는 이러한 토지와 건물을 '투자부동산'이라는 별도 범주로 분류하므로 분류범주의 변경에 대한 회계처리가 복잡하다.

재고자산, 유형자산, 투자부동산의 측정기준이 다르므로 경영자가 임의로 분류범주를 변경할 수 있으면 이익을 마사지하려는 유혹에 빠질 수 있다. 예를 들어, 원가로 측정하는 재고자산을 투자부동산으로 분류범주를 변경하면 공정가치 변동으로 인한 미실현평가이익을 당기이익으로 인식할 수 있다. 이와 같은 이익조정을 방지하고자 「K-IFRS 제1040호」는 투자부동산의 분류범주 변경을 엄격하게 제한해서 부동산의 용도가 변경되는 경우에 한해서만("when, and only when")[1040: BC24] 투자부동산으로/에서 대체하는 것을 허용한다. 부동산이 투자부동산의 정의를 충족하게 되거나 충족하지 못하게 되고, 부동산의 용도가 변경된 증거가 있는 경우를 부동산의 용도 변경(change in use)이라 한다. 부동산의 용도에 대해서 경영진의 의도가 변경된 것은 용도 변경의 증거가 되지 않는다. 부동산의 용도가 변경되면 다음과 같이 회계처리한다[1040: 57].

▸ 자가사용의 개시나 자가사용 목적으로 개발을 시작하면 투자부동산에서 자가사용부동산(유형자산)

으로 대체한다.

▸ 통상적인 영업활동에서 판매할 목적으로 개발을 시작하면 투자부동산에서 재고자산으로 대체한다.
▸ 자가사용이 종료되면 자가사용부동산에서 투자부동산으로 대체한다.
▸ 제3자에게 재고자산을 운용리스하면 재고자산에서 투자부동산으로 대체한다.

표 6.2 **용도변경과 부동산의 분류범주 변경**

용도 변경	분류범주의 변경
통상적 영업활동에서 상품으로 판매 시작	투자부동산 → 재고자산
운용리스로 제3자에게 제공 약정	재고자산 → 투자부동산
자가사용의 개시 또는 자가사용 목적으로 개발 시작	투자부동산 → 유형자산
자가사용의 종료	유형자산 → 투자부동산

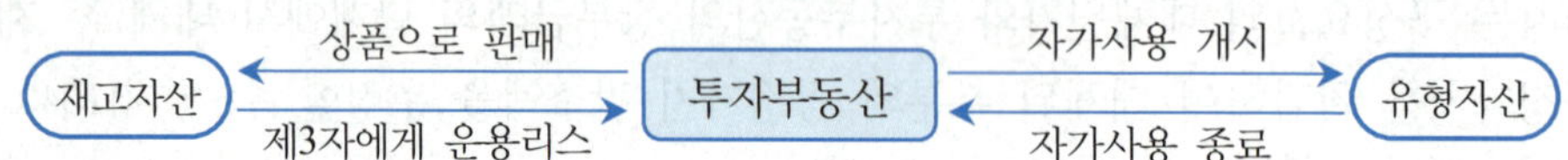

투자부동산을 개발하지 않고 처분하기로 결정하는 경우에는 그 부동산을 재무상태표에서 제거할 때까지 재무상태표에 투자부동산으로 계속 분류하며 재고자산으로 재분류하지 않는다. 이와 비슷하게 투자부동산을 재개발하여 미래에도 계속 투자부동산으로 사용하려는 경우에도 재개발기간에 계속 투자부동산으로 분류하며 자가사용부동산(유형자산)으로 재분류하지 않는다[1040: 58].

투자부동산의 분류범주 변경에 대한 회계처리는 <표 6.3>과 같다. <표 6.3>에 나열된 회계처리의 요점은 다음과 같다.

① 용도가 변경되는 자산에 관련된 기준서(예 재고자산에 「K-IFRS 제1002호」)를 분류범주 변경 직전에 적용해서 자산을 재측정(예 재고자산에 저가법 적용)하고 장부금액을 수정한다.

② 위 ①에서 결정된 장부금액을 분류범주 변경시점에 용도가 변경된 자산의 장부금액(취득원가)으로 한다.

유형자산을 투자부동산(원가모형 또는 공정가치모형)으로 분류범주를 변경하면 회계처리가 약간 복잡하므로 <표 6.3> 다음에 보충설명한다.

표 6.3 **분류범주 변경에 대한 회계처리**

용도 변경	분류범주의 변경	회계처리
통상적 영업활동에서 상품으로 판매 시작	투자부동산 → 재고자산 (원가모형)	**분류변경시점:** 투자부동산의 장부금액을 재고자산의 장부금액으로 함
	투자부동산 → 재고자산 (공정가치모형)	**분류변경 직전:** 투자부동산을 공정가치로 측정해 투자부동산 평가손익을 인식

		분류변경시점: 투자부동산의 공정가치로 재고자산을 측정
자가사용 개시	투자부동산 → 유형자산 (원가모형)	**분류변경시점:** 투자부동산의 장부금액을 유형자산의 장부금액으로 하고 투자부동산 감가상각누계액을 유형자산의 감가상각누계액으로 이체
	투자부동산 → 유형자산 (공정가치모형)	**분류변경 직전:** 투자부동산을 공정가치로 측정해서 투자부동산 평가손익을 인식 **분류변경시점:** 투자부동산의 공정가치로 유형자산을 측정
제3자에게 임대 시작	재고자산 → 투자부동산 (원가모형)	**분류변경 직전:** 재고자산에 저가법을 적용해서 재고자산 평가손실을 인식 **분류변경시점:** 재고자산의 장부금액을 투자부동산의 장부금액으로 함
	재고자산 → 투자부동산 (공정가치모형)	**분류변경 직전:** 재고자산을 공정가치로 측정하여 재고자산 장부금액과 공정가치의 차이를 '처분손익'(당기손익)으로 인식[1040: 63, 64] **분류변경시점:** 재고자산의 공정가치를 투자부동산의 취득원가로 함
자가사용 중단	유형자산 → 투자부동산 (원가모형)	**분류변경 직전:** 유형자산의 장부금액(감가상각후원가 또는 재평가액)을 결정 **분류변경시점:** 유형자산의 장부금액을 투자부동산의 장부금액으로 하고 유형자산 감가상각누계액을 투자부동산 감가상각누계액으로 대체
	유형자산 → 투자부동산 (공정가치모형)	**분류변경 직전:** 유형자산에 반드시 재평가모형을 적용해서 장부금액을 측정 **분류변경시점:** 유형자산의 재평가액을 투자부동산의 취득원가로 함

예제 6 투자부동산(공정가치모형) → 유형자산(원가모형)으로 분류범주 변경

중요도: ★★★
난이도: ◆

상황

· 1차연도 1. 1.에 운용리스로 제공할 목적으로 ₩600,000에 건물을 취득하였다.
· 정액법으로 건물(내용연수: 5년, 잔존가치: ₩100,000)을 감가상각한다.
· 건물의 공정가치는 다음과 같다.

1차연도 12. 31.	₩620,000
2차연도 12. 31.	360,000
3차연도 1. 5.	370,000

· 3차연도 1. 5에 운용리스를 중단하고 건물을 영업활동에 사용하기 시작하였다.
· 3차연도 1. 5 현재 잔존 내용연수: 3년

· 공정가치모형을 적용하여 투자부동산을 측정하고 원가모형을 적용하여 유형자산을 측정한다.

물음 3차연도의 감가상각비를 구하고 1차연도 1. 1.부터 3차연도 12. 31.까지 필요한 분개를 하라.

정답 및 해설 **3차연도의 감가상각비: ₩90,000**

1차연도 1. 1. 투자부동산 취득시점:

(차) 투자부동산	600,000	(대) 현금	600,000

1차연도 12. 31. 결산일:

(차) 투자부동산	20,000	(대) 투자부동산평가이익	20,000

2차연도 12. 31. 결산일:

(차) 투자부동산평가손실	260,000	(대) 투자부동산	260,000

3차연도 1. 5. 분류변경 직전:

(차) 투자부동산	10,000	(대) 투자부동산평가이익	10,000

3차연도 1. 5. 분류변경시점:

(차) 건물(유형자산)	370,000	(대) 투자부동산	370,000

3차연도 12. 31. 결산일:

(차) 감가상각비	90,000*	(대) 감가상각누계액	90,000

* (₩370,000 − ₩100,000) ÷ 3년 = ₩90,000

1. 유형자산을 투자부동산으로 분류변경

(1) 유형자산을 투자부동산(원가모형)으로 분류변경

유형자산을 투자부동산으로 분류범주로 변경하기 직전에 ① 원가모형 또는 ② 재평가모형을 사용해서 유형자산의 장부금액을 측정한다.

① 원가모형을 적용해서 유형자산을 측정한 경우: 분류변경 직전에 유형자산의 감가상각비와 손상차손을 인식해서 장부금액을 측정하고 분류변경시점에 유형자산의 장부금액을 투자부동산계정의 장부금액으로 대체한다. 그리고 유형자산에 대한 감가상각누계액을 투자부동산에 대한 감가상각누계액으로 이체한다.

분류변경 직전:

(차) 감가상각비	×××	(대) 감가상각누계액	××× ← 감가상각
(차) 손상차손	×××	(대) 유형자산	××× ← 손상회계

분류변경시점:

(차) 투 자 부 동 산	×××	(대) 유 형 자 산	×××
(차) 감가상각누계액(유형자산)	×××	(대) 감가상각누계액(투자부동산)	×××

② 재평가모형(제5장 참조)을 적용해서 유형자산을 측정한 경우: 분류변경 직전에 유형자산의 감가상각비와 기타포괄손익(재평가미실현손익)을 인식해서 장부금액을 측정하고 분류변경시점에 유형자산의 장부금액(재평가액)을 투자부동산의 장부금액으로 대체한다. 감가상각누계액계정의 잔액을 ₩0으로 만드는 순액법을 사용하는 재평가모형을 적용하면 분류변경시점에 투자부동산에 대한 감가상각누계액이 ₩0이다.

분류변경 직전:

(차) 감 가 상 각 비	×××	(대) 감가상각누계액	×××	← 감가상각
(차) 감가상각누계액	×××	(대) 유 형 자 산	×××	← 순액법 적용
(차) 유 형 자 산	×××	(대) 기 타 포 괄 손 익(재평가잉여금)	×××	← 재평가

분류변경시점:

(차) 투 자 부 동 산	×××	(대) 유 형 자 산(재평가액)	×××

(2) 유형자산을 투자부동산(공정가치모형)으로 분류변경

자가사용부동산(유형자산)을 공정가치로 평가하는 투자부동산으로 대체하는 시점까지 그 부동산(또는 사용권자산)을 감가상각하고, 발생한 손상차손을 인식한다. 용도 변경시점에 「K-IFRS 제1016호」(유형자산 기준서)에 따른 부동산의 장부금액과 공정가치의 차액은 「K-IFRS 제1016호」에 따른 재평가 회계처리와 동일한 방식으로 회계처리한다[1040: 62].

① 분류변경 직전의 회계처리

[1040: 62]에 의하면 유형자산을 원가모형 또는 재평가모형으로 측정했는지 여부와 관계없이 분류변경 직전에 반드시 재평가모형을 적용해서 유형자산을 공정가치(재평가액)로 측정하고 재평가액을 투자부동산의 최초 인식액으로 한다. 그러므로 분류변경 직전에 유형자산에 대한 재평가증가액(또는 재평가감소액)을 다음과 같이 회계처리한다(제5장 참조).

- 재평가증가액: 분류변경 직전에 재평가증가액(재평가미실현이익)이 산정되고 과거 회계기간에 손상차손을 인식했으면 손상차손환입(당기이익)을 인식하고 나머지 금액을 기타포괄손익(재평가미실현이익)으로 인식한다. 손상차손환입(당기이익)으로 인식하는 금액은 손상차손을 인식하지 않았다면 현재 부동산 장부금액(감가상각누계액 차감 후)이 되었을 금액으로 회복하는 데 필요한 금액을 초과할 수 없다. 과거 회계기간에 손상차손을 인식하지 않았으면 재평가증가액 전액을 기타포괄손익(재평가미실

현이익)으로 인식한다.

▸ 재평가감소액: 분류변경 직전에 재평가감소액(재평가미실현손실)이 산정되고 재평가잉여금계정의 잔액이 존재하면 기타포괄손익(재평가미실현손실)으로 인식해서 재평가잉여금계정의 잔액을 감소시킨다. 재평가잉여금계정의 잔액을 ₩0으로 감소시키고도 남은 금액은 손상차손(당기손실)으로 인식한다. 만일 재평가시점에 재평가잉여금계정의 잔액이 ₩0이면 재평가감소액 전액을 손상차손(당기손실)으로 인식한다.

요약하면, 분류변경 직전에 유형자산에 재평가모형을 적용해서 다음과 같이 측정한다.

▸ 재평가증가액 { ① 손상차손환입(당기손익)
② 기타포괄손익(재평가미실현손익) → 마감분개 → 재평가잉여금 }

▸ 재평가감소액 { ① 재평가잉여금(기타포괄손익누계액) 감소
② 손상차손(당기손익) }

② 분류변경시점의 회계처리

유형자산의 재평가액(공정가치)을 투자부동산계정으로 대체한다. 분류변경시점에 재평가잉여금계정의 잔액이 존재하면 투자부동산을 처분하는 시점까지 자본으로 남기고 처분시점에 포괄손익계산서를 우회해서 이익잉여금으로 직접 이체한다. 즉, 분류변경시점에 재평가잉여금을 당기이익으로 재순환('recycling')하지 않는다[1040: 62](예제 8 참조).

예제 7 | 유형자산 → 투자부동산(공정가치모형)으로 분류범주 변경

중요도: ★★★
난이도: ◆◆◆

상황

· 1차연도 1. 1.에 영업활동에 사용할 목적으로 ₩600,000에 건물을 취득하였다.
· 정액법으로 건물(내용연수: 5년, 잔존가치: ₩100,000)을 감가상각한다.
· 건물의 공정가치(또는 회수가능액)는 다음과 같다.

1차연도 12. 31.	₩620,000
2차연도 12. 31.	340,000
3차연도 12. 31.	350,000

· 2차연도 12. 31.에 타 회사에게 운용리스하고 투자부동산으로 분류범주를 변경하였다.
· 공정가치모형을 적용하여 투자부동산을 측정한다.

물음 분류변경 직전까지 건물에 재평가모형을 적용한 경우와 원가모형을 적용한 경우로 구분하여 필요한 분개를 하라.

정답 및 해설

재평가모형을 적용한 경우				원가모형을 적용한 경우			
1차연도 1. 1. 건물 취득시점:							
(차) 건 물	600,000			(차) 건 물	600,000		
		(대) 현 금	600,000			(대) 현 금	600,000

1차연도 12. 31. 재평가 직전:

(차) 감 가 상 각 비 100,000*

(대) 감가상각누계액 100,000

* (₩600,000 − ₩100,000) ÷ 5년 = ₩100,000

1차연도 12. 31. 재평가시점:

(차) 감가상각누계액 100,000

(대) 건 물 100,000

(차) 건 물 120,000

(대) 기타포괄손익* 120,000

* 재평가미실현이익계정을 사용할 수 있음

※ 건물의 장부금액: ₩620,000

1차연도 12. 31. 마감분개(기타포괄손익 관련):

(차) 기타포괄손익 120,000

(대) 재평가잉여금 120,000

2차연도 12. 31. 재평가 직전:

(차) 감 가 상 각 비 130,000*

(대) 감가상각누계액 130,000

* (₩620,000 − ₩100,000) ÷ 4년 = ₩130,000

2차연도 12. 31. 재평가시점:

(차) 감가상각누계액 130,000

(대) 건 물 130,000

※ 건물의 장부금액: ₩490,000

(차) 재평가잉여금 120,000

손 상 차 손 30,000

(대) 건 물 150,000

※ 건물의 장부금액: ₩340,000

2차연도 12. 31. 분류변경시점:

(차) 투 자 부 동 산 340,000

(대) 건 물 340,000

참고 분류변경시점의 재평가잉여금이 ₩0임.
따라서 이익잉여금으로 이체할 금액이 ₩0임.

(차) 감 가 상 각 비 100,000*

(대) 감가상각누계액 100,000

* (₩600,000 − ₩100,000) ÷ 5년 = ₩100,000

(차) 감 가 상 각 비 100,000

(대) 감가상각누계액 100,000

(차) 손 상 차 손 60,000

(대) 손상차손누계액 60,000

※ 건물의 장부금액: ₩340,000

(차) 손상차손누계액 60,000

(대) 건 물 60,000

(차) 감가상각누계액 − 건물 200.000

(대) 감가상각누계액 − 투자부동산 200,000

(차) 투 자 부 동 산 540,000

(대) 건 물 540,000

3차연도 12. 31. 결산시점:

(차) 투 자 부 동 산 10,000		(차) 투 자 부 동 산 10,000	
(대) 투자부동산평가이익	10,000	(대) 투자부동산평가이익	10,000

2. 투자부동산의 처분

투자부동산을 매각하거나 더 이상 경제적효익을 기대할 수 없는 경우에는 투자부동산을 장부에서 제거하고 재무상태표에서 삭제한다. 투자부동산의 폐기손실 또는 처분손익은 순처분금액과 장부금액의 차액이며 폐기나 매각이 발생한 기간에 당기손익으로 인식한다.

투자부동산의 순처분대가	×××
투자부동산의 장부금액	(×××)
투자부동산 처분손익	×××

투자부동산을 금융리스로 제공하거나 판매후리스계약(제19장 참조)을 체결하는 경우에는「K-IFRS 제1116호」(리스 기준서)를 적용해서 회계처리한다. 투자부동산의 손상, 멸실(lost) 또는 포기로 제3자로부터 받는 보상은 받을 수 있게 되는 시점에 보상액을 당기손익으로 인식한다[1040: 72]. 투자부동산의 손상이나 멸실, 이와 관련한 제3자에 대한 청구금액이나 제3자로부터의 손해배상이나 손실보상, 그리고 후속적인 대체자산의 취득이나 건설은 각각 별개의 경제적 사건이므로 각각 분리하여 회계처리한다.

Miniature 예제 3 제3자로부터의 변상액

상황

· 1차연도 10. 1.에 장부금액이 ₩500,000인 투자부동산이 홍수로 파괴되어 2차연도 3. 1.에 보험회사로부터 보험금 ₩800,000을 받았다.

· 2차연도 11월에 대체 투자부동산을 ₩300,000에 건설하였다.

물음 ₩800,000과 ₩300,000에 대한 회계처리를 제시하라.

정답 및 해설

· 1차연도 10. 1.에 손상차손 ₩500,000을 인식한다. 1차연도 말 현재 보상액이 확실하지 않으므로 인식하지 않고, 2차연도에 보험금 ₩800,000을 당기이익으로 인식한다. 따라서 2년에 걸쳐서 포괄손익계산서에 인식하는 금액은 순이익 ₩300,000이다.

· 보상액 ₩800,000을 대체 투자부동산의 취득원가 ₩300,000과 상계하지 않고 건설원가 ₩300,000을 투자부동산의 취득원가로 자본화한다.

예제 8 유형자산을 투자부동산(공정가치모형)으로 재분류한 후 매각

중요도: ★★
난이도: ◆◆◆

상황

· 1차연도 1. 1.에 대청회사가 건물을 ₩20,000에 취득하고 유형자산으로 분류했다.
· 취득시점에 건물의 내용연수는 10년이고 잔존가치는 ₩0이다.
· 대청회사는 정액법으로 건물을 감가상각한다.
· 건물의 공정가치는 다음과 같다.

1차연도 12. 31.	₩18,900
2차연도 12. 31.	17,600
3차연도 12. 31.	14,000

· 재평가잉여금은 자산 처분시점에 이익잉여금으로 대체한다.
· 3차연도 1. 1.에 대청회사가 건물을 투자부동산으로 분류범주를 변경하고 공정가치로 측정한다.
· 3차연도 1. 5.에 투자부동산을 ₩19,600에 처분한다.

물음

1. 대청회사가 원가모형을 적용해서 유형자산을 측정한다고 가정하고 3차연도 1. 1.과 3차연도 1. 5.에 필요한 분개를 하라.
2. 대청회사가 재평가모형에 따라 유형자산을 측정한다고 가정하고 3차연도 1. 1.과 3차연도 1. 5.에 필요한 분개를 하라.

정답 및 해설

1. 원가모형을 적용해왔던 건물을 투자부동산으로 재분류하기 직전에 공정가치로 측정한다(표 6.3 참조).

3차연도 1. 1. 재분류 직전:

(차)	유형자산 - 건물	1,600	(대) 기타포괄손익	1,600*

* 감가상각누계액: (₩20,000 ÷ 10년) × 2년 = ₩4,000
※ 재평가 직전 건물의 장부금액: ₩16,000
₩17,600(공정가치) − ₩16,000(장부금액) = ₩1,600
※ 재평가 직후 건물의 장부금액: ₩17,600

3차연도 1. 1. 재분류시점:

(차)	투자부동산 - 건물	17,600	(대) 유형자산 - 건물	21,600*
	감가상각누계액	4,000		

* ₩20,000(취득원가) + ₩1,600(재평가잉여금) = ₩21,600

참고 유형자산을 투자부동산으로 재분류하면 재평가잉여금계정의 잔액이 ₩1,600이다. 재평가미실현이익(기타포괄손익) ₩1,600을 당기손익으로 인식하지 않고 건물을 매각하는 시점까지 재무상태표에 재평가잉여금(기타포괄손익누계액)으로 남겼다가 건물 처분시점에 이익잉여금으로 대체할 수 있다.

3차연도 1. 5. 투자부동산 처분시점:

(차)	현금	19,600	(대) 투자부동산 - 건물	17,600
			투자부동산처분이익	2,000
(차)	재평가잉여금 - 건물	1,600	(대) 이익잉여금	1,600

2.

3차연도 1. 1. 재분류 직전:

1차연도 12. 31.부터 재평가모형을 적용해서 건물을 측정하면 3차연도 1. 1.에 건물의 감가상각누계액이 ₩0이고 장부금액이 공정가치인 ₩17,600이다. 따라서 분류변경 직전에 분개할 필요가 없다.

3차연도 1. 1. 재분류시점:

(차) 투자부동산 – 건물	17,600	(대) 유형자산 – 건물	17,600

3차연도 1. 5. 투자부동산 처분시점:

(차) 현금	19,600	(대) 투자부동산 – 건물	17,600
		투자부동산처분이익	2,000
(차) 재평가잉여금 – 건물*	1,700	(대) 이익잉여금	1,700

* 1차연도 재평가미실현이익(기타포괄손익): ₩18,900 − ₩20,000 × 9/10 = ₩900
2차연도 재평가미실현이익(기타포괄손익): ₩17,600 − ₩18,900 × 8/9 = ₩800
합계 ₩1,700

참고 1차연도 12. 31.부터 건물을 공정가치로 재평가하면 2차연도 12. 31.에 건물에 대한 재평가잉여금 잔액이 ₩1,700이다. 만약 건물을 원가모형을 적용해서 측정하다가 3차연도 1. 1.에 투자부동산으로 재분류하면 재평가잉여금이 ₩1,600이다. 재평가잉여금 차액 ₩100은 재평가모형에서 감가상각비가 많아서(₩2,100 − ₩2,000) 이익잉여금이 감소하는 것을 상쇄한다. 건물처분시점에 재평가잉여금이 이익잉여금으로 대체되어도 자본총계는 일정하다.

관련예제와 함께 풀어보세요

유제 1	유형자산(재평가모형)과 투자부동산(공정가치모형)으로 분류범주 변경(2018년, 회계사 수정)	관련예제 3, 8, 9 제5장 Miniature 예제 6

상황

〈관련 자료〉를 이용하여 물음에 답하시오.

〈관련 자료〉

1. ㈜대한은 사옥으로 사용하기 위하여 1차연도 4. 1.에 토지와 건물을 일괄 취득하였으며 대금은 분할지급하기로 하였다.
   (1) 취득 관련 대금 지급조건

   1차연도 4. 1.: ₩1,000,000 지급
   2차연도 3. 31.: ₩4,000,000 지급
   3차연도 3. 31.: ₩5,000,000 지급

   토지와 건물 취득일 현재 현금가격상당액은 총지급액을 연 5%의 이자율로 할인한 현재가치와 동일하다. 현가계수는 다음과 같다.

   5%의 현가계수

기간	단일금액 ₩1	정상연금 ₩1
1	0.9524	0.9524
2	0.9070	1.8594

   (2) 취득일 현재 토지와 건물의 상대적 공정가치 비율은 7:3이다.
   (3) 취득시점에 건물의 내용연수는 10년으로 추정하였으며, 잔존가치는 없고 정액법으로 상각한다.
2. 3차연도 4. 1.에 ㈜대한은 사옥으로 사용하던 건물을 ㈜누리에게 임대하기로 하였고, 임대는 동일자로 즉시 개시되었다.
3. 1차연도부터 3차연도까지 건물과 토지 관련 사항은 다음과 같다.
   시험지 원문에 "1차연도 말에 건물에 대한 손상 징후가 있다"라고 표현되어 있으나, 저자는 이 문장을 "[회수가능액 < 장부금액]이면 손상차손을 인식한다"로 수정해서 해답을 작성한다.

	건물 공정가치	건물 회수가능액	토지 공정가치
1차연도 12. 31.	₩2,800,000	₩2,553,000	₩7,000,000
2차연도 12. 31.	2,475,000	2,450,000	6,500,000
3차연도 4. 1.	2,480,000	2,500,000	6,500,000
3차연도 12. 31.	2,450,000	2,500,000	6,600,000

4. ㈜대한은 유형자산을 재평가모형으로 회계처리하고 투자부동산은 공정가치모형으로 회계처리를 하고 있다. 재평가모형을 적용하여 장부금액을 조정할 때 감가상각누계액을 전액 제거하는 방법을 사용하며 매년 재평가를 실시한다. 또한 유형자산의 경우 자본에 포함된 재평가잉여금은 자산을 사용하는 기간 중에 이익잉여금으로 대체하지 않는다.

물음

1. 위 거래들에 대해 ㈜대한이 관련 회계처리를 모두 적절하게 수행한 경우 2차연도 당기순이익과 기타포괄이익에 미치는 영향을 계산하시오. 단, 당기순이익과 기타포괄이익이 감소하는 경우에는 (-)를 숫자 앞에 표시하시오.

   당기순이익 ①
   기타포괄이익 ②

2. 위 거래들에 대해 ㈜대한이 관련 회계처리를 모두 적절하게 수행한 경우 3차연도 당기순이익과 기타포괄이익에 미치는 영향을 계산하시오. 단, 당기순이익과 기타포괄이익이 감소하는 경우에는 (-)를 숫자 앞에 표시하시오.

   당기순이익 ①
   기타포괄이익 ②

3. 유형자산의 재평가모형과 투자부동산의 공정가치모형을 다음 양식에 따라 간략하게 비교 설명하시오.

구분	유형자산 재평가모형	투자부동산 공정가치모형
평가손익 회계처리	①	②
감가상각여부	③	④

정답 **1. ① (−)₩560,030 ② (−)₩325,906 2. ① (−)₩63,785 ② ₩104,242**

해설

물음 1과 2에 대한 계산근거

토지와 건물의 일괄구입가격:

1차연도 4. 1. 지급액	₩1,000,000
₩4,000,000 × 0.9524 =	3,809,600
₩5,000,000 × 0.9070 =	4,535,000
합계	₩9,344,600

일괄구입가격의 배분:

토지 취득원가: ₩9,344,600 × 70% = ₩6,541,220

건물 취득원가: ₩9,344,600 × 30% = ₩2,803,380

유효이자율에 의한 상각표

기간 ①	지급어음 기초장부금액 ②	현금지급액 ③	이자 지급대상액 ④	유효이자(5%) ⑤ = ③−④	지급어음 기말장부금액 ⑥=②+⑤
1차연도 4. 1.~ 2차연도 3. 30.	₩9,344,600	₩1,000,000	₩8,344,600	₩417,230	₩8,761,830
2차연도 3. 31.~ 3차연도 3. 30.	8,761,830	4,000,000	4,761,830	238,170*	5,000,000
3차연도 3. 31.~ 4차연도 3. 30.	5,000,000	5,000,000	0	0	0
합계		₩9,000,000		₩655,400	

* 반올림 오차

1차연도 이자비용: ₩417,230 × 9/12 = ₩312,923

2차연도 이자비용: ₩417,230 × 3/12 + ₩238,170 × 9/12 = ₩104,308 + ₩178,628 = ₩282,936

3차연도 이자비용: ₩238,170 × 3/12 = ₩59,543

일자	토지 공정가치	토지 재평가증가액(감소액) 공정가치 변동액	당기손익	기타포괄손익	평가모형
1차연도 4. 1.	₩6,541,220				
1차연도 12. 31.	7,000,000	₩458,780		₩458,780	재평가
2차연도 12. 31.	6,500,000	(500,000)	₩(41,220)	(458,780)	
3차연도 4. 1.	6,500,000	투자부동산으로 재분류			
3차연도 12. 31.	6,600,000	100,000	100,000	-	공정가치

1차연도 4. 1. 건물 취득시점:

(차) 건 물	2,803,380	(대) 지 급 어 음	2,803,380
(차) 지 급 어 음	841,014	(대) 현 금	841,014*

* ₩2,803,380 × 0.3 = ₩841,014

1차연도 12. 31. 재평가 직전:

(차) 감 가 상 각 비	210,254*	(대) 감가상각누계액	210,254

* ₩2,803,380 × 9/120 = ₩210,254

1차연도 12. 31. 재평가시점:

(차) 감가상각누계액	210,254	(대) 건 물	210,254

※ 장부금액: ₩2,803,380 − ₩210,254 = ₩2,593,126

(차) 건 물	206,874*	(대) 재평가미실현이익**	206,874

* 재평가증가액: ₩2,800,000 − ₩2,593,126 = ₩206,874

** 기타포괄손익(재평가잉여금)

※ 장부금액: ₩2,800,000

1차연도 12. 31. 손상회계 적용시점:

(차) 재 평 가 잉 여 금	206,874	(대) 건 물	247,000*
손 상 차 손	40,126*		

* 회수가능액: ₩2,553,000

재평가감소액: ₩2,800,000 − ₩2,553,000 = ₩247,000

손상차손: ₩247,000 − ₩206,874(재평가잉여금) = ₩40,126

※ 장부금액: ₩2,553,000

2차연도 12. 31. 재평가 직전:

(차) 감 가 상 각 비	276,000*	(대) 감가상각누계액	276,000

* ₩2,553,000 × 12/111 = ₩276,000

2차연도 12. 31. 재평가시점:

(차) 감가상각누계액 276,000 (대) 건 물 276,000

※ 장부금액: ₩2,553,000 − ₩276,000 = ₩2,277,000

재평가증가액: ₩2,475,000 − ₩2,277,000 = ₩198,000

재평가증가액: ₩198,000 { 손상차손환입액 ₩40,126
재평가미실현이익 ₩198,000 − ₩40,126 = ₩157,874

(차) 건 물 40,126 (대) 손 상 차 손 환 입 40,126

(차) 건 물 157,874 (대) 재평가미실현이익* 157,874

* 기타포괄손익(재평가잉여금)

※ 장부금액(재평가액): ₩2,475,000

2차연도 12. 31. 손상회계 적용시점:

(차) 재 평 가 잉 여 금 25,000* (대) 건 물 25,000

* ₩2,475,000(장부금액) − ₩2,450,000(회수가능액) = ₩25,000

※ 장부금액: ₩2,475,000

3차연도 4. 1. 재평가 직전:

(차) 감 가 상 각 비 74,242* (대) 감가상각누계액 74,242

* ₩2,450,000 × 3/99 = ₩74,242

※ 장부금액: ₩2,450,000 − ₩74,242 = ₩2,375,758

3차연도 4. 1. 재평가시점:

(차) 감가상각누계액 74,242 (대) 건 물 74,242

(차) 건 물 104,242 (대) 재평가미실현이익** 104,242*

* 재평가증가액: ₩2,480,000 − ₩2,375,758 = ₩104,242

** 기타포괄손익(재평가잉여금)

※ 장부금액(재평가액): ₩2,480,000

3차연도 4. 1. 재분류시점:

(차) 투 자 부 동 산 2,480,000 (대) 유 형 자 산 2,480,000

3차연도 12. 31. 결산시점:

(차) 투자부동산평가손실 30,000* (대) 투 자 부 동 산 30,000

* ₩2,480,000 − ₩2,450,000 = ₩30,000

1.

① 2차연도 감가상각비 ₩(276,000)
2차연도 이자비용 (282,936)

2차연도 손상차손(토지) (41,220)
2차연도 손상차손환입(건물) 40,126
2차연도 당기순이익 감소 ₩(560,030) (물음 1-① 해답)

② 2차연도 재평가미실현이익(기타포괄손익): −₩325,906* (물음 1-② 해답)

* 재평가미실현이익(건물) ₩157,874 − 재평가미실현손실(건물) ₩25,000 − 재평가미실현손실(건물) ₩458,780 = −₩325,906

2.

① 3차연도 감가상각비 ₩(74,242)
3차연도 이자비용 (59,543)
3차연도 투자부동산 평가이익 70,000*
3차연도 당기순이익 감소 ₩(63,785) (물음 2-① 해답)

* ₩100,000(토지) − ₩30,000(건물) = ₩70,000

② 3차연도 재평가미실현이익(건물): ₩104,242 (물음 2-② 해답)

3.

구분	유형자산 재평가모형	투자부동산 공정가치모형
평가손익 회계처리	① 재평가증가액: 과거에 인식한 손상차손을 환입 나머지 금액을 기타포괄손익으로 인식 재평가감소액: 과거에 인식한 기타포괄손익을 감소 나머지 금액을 손상차손으로 인식	② 당기손익으로 인식
감가상각 여부	③ 감가상각 함	④ 감가상각 안함

연습문제 06

P6-01 거래원가와 투자부동산의 재측정

- 1차연도 12. 30.에 투자부동산을 ₩300,000에 취득하였다. 투자부동산의 취득과 직접 관련해서 최초 인식시점에 ₩5,000의 법적수수료가 발생하였다. 거래원가 ₩5,000이 투자부동산의 최초 측정액에 포함되어 투자부동산의 최초 측정액이 ₩305,000이다.
- 공정가치모형을 적용해서 투자부동산을 측정한다.
- 1차연도 12. 31.에 투자부동산의 공정가치가 ₩280,000이다.

물음 1차연도 12. 31.의 투자부동산의 장부금액 ₩305,000과 공정가치 ₩280,000의 차이 ₩25,000에 대한 회계처리를 제시하라.

P6-02 투자부동산: 측정

- 1차연도 1. 1.에 청산회사가 건물과 토지를 각각 ₩20,000과 ₩10,000에 취득하고 투자부동산으로 분류했다.
- 건물의 내용연수는 10년이고 잔존가치는 ₩1,000이다.
- 청산회사는 정액법으로 건물을 감가상각한다.
- 1차연도 12. 31.의 공정가치

건물	₩23,000
토지	9,000

물음 1. 원가모형을 적용해서 투자부동산을 측정하는 경우 1차연도에 필요한 분개를 하라.
2. 공정가치모형을 적용해서 투자부동산을 측정하는 경우 1차연도에 필요한 분개를 하라.

P6-03 유형자산을 투자부동산으로 분류변경

- 강변회사는 건물을 물류창고의 관리실(자가사용목적의 건물)로 사용하고 있는 데 3차연도 12. 31.에 건물에 재평가모형을 적용하여 장부금액이 ₩500,000인 건물을 ₩600,000으로 측정하고 재평가미실현이익(재평가잉여금) ₩100,000을 인식하였다.
- 4차연도 1. 5.의 건물의 공정가치: ₩900,000
- 4차연도 1. 5.에 임대수익을 창출하기 위해서 강변회사는 건물을 나루터회사에게 운용리스로 임대하여 유형자산(건물)을 투자부동산으로 분류하고 공정가치로 측정하였다.

물음 4차연도 1. 5.에 필요한 분개를 하라.

P6-04 투자부동산에 대한 원가모형과 공정가치모형

- 1차연도 1. 1.에 주먹회사는 임대목적으로 상가건물(내용연수: 5년, 잔존가치: ₩40,000)을 ₩500,000에 취득하고 투자부동산으로 분류하였다.
- 투자부동산에 원가모형을 적용하는 경우 주먹회사는 정액법을 이용하여 상가건물을 감가상각한다.
- 상가건물의 공정가치는 다음과 같다.

1차연도 12. 31.	₩540,000
2차연도 12. 31.	570,000
3차연도 12. 31.	120,000

• 3차연도 12. 31.에 상가건물에 손상차손이 발생하였다는 징후가 발견되었으며 회수가능액이 ₩120,000이다.

물음 원가모형을 적용하는 경우와 공정가치모형을 적용하는 경우로 구분하여 3차연도 12. 31.까지 투자부동산에 대해 회계처리하라. 상가건물에서 창출되는 임대수익을 무시하라.

P6-05 원가모형으로 측정하는 유형자산을 투자부동산(공정가치모형)으로 분류변경 (2011년, 회계사)

• ㈜공정은 1차연도 1. 1.에 건물을 ₩3,000,000에 취득하여 유형자산으로 분류하고 원가모형을 적용하여 정액법으로 감가상각(내용연수: 5년, 잔존가치: ₩0)하여 왔다.
• ㈜공정은 3차연도 1. 1.부터 동 건물을 유형자산에서 투자부동산으로 용도변경하고, 공정가치모형을 적용하였다. 건물의 공정가치는 다음과 같다.

	1차연도 12. 31.	2차연도 12. 31.	3차연도 12. 31.
건물의 공정가치	₩2,000,000	₩2,200,000	₩2,100,000

• 회계변경은 한국채택국제회계기준에서 제시하는 조건을 충족한다.
• 법인세 효과는 무시하고, 매 보고기간 말과 그 다음 보고기간 초의 공정가치는 동일하다고 가정한다.

물음 3차연도 12. 31.에 ㈜공정의 비교재무제표를 작성할 경우, 동 건물의 용도 및 평가모형의 변경이 ① 전기(2차연도) 재무제표와 ② 당기(3차연도) 재무제표에 미치는 영향(금액)을 각각 기술하시오. 손익항목은 당기손익과 기타포괄손익을 구분하여 표시하시오.

P6-06 이자율과 투자부동산의 손상차손 (영국 회계사 기출문제 수정)

• 배통통회사는 연간 임대료(리스료) ₩50,000을 받고 손싹싹회사에게 임대(운용리스계약)한 투자부동산(잔존 내용연수: 4년)을 소유하고 있다.
• 배통통회사는 원가모형을 적용하여 투자부동산을 측정한다.
• 3차연도 1. 1.의 투자부동산의 장부금액: ₩200,000
• 3차연도 1. 1.에 배통통회사가 투자부동산을 처분하면 ₩130,000의 순 현금유입이 예상된다.
• 임대용 부동산의 공급과잉으로 인해서 손싹싹회사는 3차연도 1. 1.부터 연간 리스료 ₩40,000에 추가로 4년간 리스할 것을 요청하여 배통통회사가 이를 수용하였다.
• 리스료는 매년 12월 31일에 지불된다.
• 시장이자율이 현재는 10%이나 상당히 가까운 장래에 12%로 상승할 예정이다.

물음 3차연도 1. 1. 현재 배통통회사가 소유하는 투자부동산의 손상차손을 계산하라.

P6-07 유형자산 ⇆ 투자부동산(공정가치모형)으로 분류변경과 매각

• 1차연도 1. 1.에 한탕회사가 건물을 ₩50,000에 취득하고 토지를 ₩30,000에 취득하였다.
• 취득시점에 건물의 내용연수는 10년이고 잔존가치는 ₩0이다.
• 한탕회사는 모든 투자부동산을 공정가치로 측정한다.
• 한탕회사가 유형자산을 재평가하면 순액법을 적용해서 감가상각누계액 전액을 제거하고 재평가액을 기록한다.
• 공정가치는 다음과 같다.

	건물	토지
1차연도 12. 31.	₩48,600	₩32,000

• 2차연도 1. 8.에 한탕회사가 건물과 토지를 ₩84,600에 매각했다.

물음 1. 1차연도 1. 1.에 한탕회사가 토지와 건물을 투자부동산으로 분류하고 공정가치로 측정했다. 토지와 건물을 2차연도 1. 1.에 자가사용 유형자산으로 분류했다. 1차연도 1. 1.부터 2차연도 1. 8.까지 필요한 분개를 하라.

2. 1차연도 1. 1.에 한탕회사가 건물과 토지를 유형자산으로 분류하고 재평가모형으로 측정했다. 자가사용 유형자산으로 분류했던 토지와 건물을 2차연도 1. 1.에 투자부동산으로 분류하고 공정가치로 측정했다. 1차연도 1. 1.부터 2차연도 1. 8.까지 필요한 분개를 하라.

P6-08 재평가된 유형자산을 투자부동산(공정가치모형)으로 재분류

• 1차연도 1. 1.에 신세대회사는 건물을 ₩100,000에 취득하고 재평가모형을 적용하였다.
• 신세대회사는 정액법으로 건물(내용연수: 5년, 잔존가치: ₩20,000)을 감가상각한다.
• 건물의 공정가치는 다음과 같다.

1차연도 12. 31.	₩120,000
2차연도 12. 31.	110,000

• 3차연도 1. 2에 강변회사는 건물을 운용리스하고 투자부동산으로 재분류하였다.
• 강변회사는 공정가치모형을 적용하여 건물과 투자부동산을 측정한다.

물음 3차연도 1. 2.의 건물의 장부금액을 결정하고 3차연도 1. 2.까지 필요한 분개를 하라.

P6-09 투자부동산의 재분류와 매각

• 1차연도 1. 1.에 대박회사가 건물(내용연수: 10년, 잔존가치: ₩0)을 ₩60,000에 취득하고 투자부동산으로 분류했다.
• 대박회사는 원가모형을 적용해서 유형자산을 측정하고 정액법으로 감가상각한다.
• 4차연도 1. 1.에 대박회사가 건물을 유형자산으로 사용하기로 용도를 변경하였다.
• 6차연도 1. 1.에 대박회사가 건물을 유형자산에서 투자부동산으로 용도를 변경하였다.
• 건물 처분시점에 재평가잉여금을 이익잉여금으로 대체한다.
• 문제를 단순화하기 위해서 6차연도 1. 1.부터 9차연도 12. 31.까지 투자부동산의 공정가치를 무시한다.
• 건물의 공정가치는 다음과 같다.

4차연도 1. 1.	₩45,500
6차연도 1. 1.	38,000
9차연도 12. 31.	9,000

• 9차연도 12. 31.에 공정가치 ₩9,000으로 측정한 투자부동산을 10차연도 1. 1.에 ₩9,000에 처분하였다.

1차연도 1. 1.	4차연도 1. 1.	6차연도 1. 1.	10차연도 1. 1.
투자부동산	유형자산	투자부동산	처분

물음 1. 대박회사가 투자부동산을 원가로 측정하는 경우 건물의 용도변경과 처분을 기록하는 분개를 하라.

2. 대박회사가 투자부동산을 공정가치로 측정하는 경우 건물의 용도변경과 처분을 기록하는 분개를 하라.

Chapter 07

매각예정자산

학습 목표

LO 7－1. 매각예정자산과 처분자산집단의 개념을 이해한다.
LO 7－2. 비유동자산을 매각예정자산으로 분류하는 조건을 이해한다.
LO 7－3. 매각예정자산(또는 처분자산집단)을 측정하는 방법을 이해한다.
LO 7－4. 매각예정자산의 손상차손(또는 손상차손환입)을 측정하는 방법을 이해한다.
LO 7－5. 처분자산집단의 손상차손(또는 손상차손환입)을 측정하는 방법을 이해한다.
LO 7－6. 매각예정자산(또는 처분자산집단)을 재무상태표에 표시하는 방법을 이해한다.

제7장

제1절 매각예정자산

1. 유동자산과 비유동자산의 개념
2. 매각예정자산의 개념
3. 매각예정자산의 분류
   (1) 분류조건
   (2) 특수 상황에서의 분류

제2절 매각예정자산의 측정

1. 단일 매각예정자산
   (1) 최초측정
   (2) 후속측정
   (3) 매각시점
2. 처분자산집단
   (1) 최초측정
   (2) 후속측정
3. 재무상태표 표시

제3절 매각계획의 변경

1. 매각계획 변경시점의 측정
2. 처분자산집단의 일부 항목이 매각예정 분류조건을 더 이상 충족하지 못하는 경우

Chapter 07 제1절

매각예정자산

1. 유동자산과 비유동자산의 개념

재무상태표에 자산을 표시할 때 해당 자산의 성격에 따라 원칙적으로 유동자산과 비유동자산으로 구분하여 표시한다. 「K-IFRS 제1001호」에 따라 모든 자산을 유동성이 낮은 순서에 따라 표시할 수도 있다.

유동자산

유동자산(current assets)은 미래경제적효익이 1년 이내에 소멸하는 자산으로서 다음을 포함한다.

- 1년 또는 정상영업주기 내에 실현될 것으로 예상하거나, 판매하거나 소비할 의도가 있는 자산(예 제2장에서 설명한 재고자산 또는 소모품)
- 현금이나 현금성자산(제8장 참조)으로서, 사용이 제한된 기간이 12개월 이상이 아닌 자산
- 단기매매거래를 위해 보유하는 자산(예 제9장에서 설명할 당기손익-공정가치측정금융자산)

최초 인식시점에 유동자산으로 인식한 자산은 해당 자산이 장부에서 제거될 때까지 계속 유동자산으로 인식하는 것이 원칙이다.

비유동자산

비유동자산(non-current assets)은 유동자산을 제외한 모든 자산이다. 미래경제적효익이 1년 이상 지속되는 비유동자산에는 유형자산, 무형자산, 그리고 장기금융자산이 포함된다. 현금과 현금성자산 중에서 재무상태표 보고일로부터 12개월 이후에 부채를 결제하기 위해 사용이 제한된 금액도 비유동자산이다. 최초 인식시점에 비유동자산으로 인식한 자산은 해당 자산이 장부에서 제거될 때까지 비유동자산으로 인식하여야 하고 유동자산으로 재분류할 수 없다. 그러나 매각예정자산으로 분류하는 조건이 충족된 비유동자산은 매각예정자산으로 분류범주를 변경할 수 있다.

2. 매각예정자산의 개념

비유동자산은 기본적으로 기업의 영업·생산활동에 사용되어 수익을 창출하는 데 공헌함으로써 경제적효익을 제공한다. 그러나 비유동자산의 경제적효익은 '사용'이 아닌 '매각'을 통해서도 얻어질 수 있다. 매각예정자산(assets held for sale)은 사용이 아니라 매각을 통해서 장부금액을 회수할 것으로 예정된 비유동자산(또는 자산처분집단)이다. 여기서 매각(sale)은 자산의 처분거래뿐만 아니라 상업적 실

질이 있는 교환거래(제3장 참조)도 포함한다. 매각예정자산으로 분류된 비유동자산은 장부금액의 회수 방법이 일반적 비유동자산과 다르므로 재무상태표에 별도 분류범주로 보고한다.

특정 자산을 개별적으로 처분할 수 있지만, 여러 자산(특정 자산과 관련된 부채 포함)을 하나의 집단으로 묶어서 집단 전체를 단일거래로 한꺼번에 처분할 수도 있다. 단일거래로 처분될 자산집단(처분될 자산과 관련된 부채 포함)을 처분자산집단(disposal group)이라 한다. 처분자산집단은 현금창출단위의 일부, 단일 현금창출단위, 또는 여러 개의 현금창출단위를 묶은 집단이다. 유동자산은 개별 매각예정자산으로 분류할 수 없으나, 처분자산집단은 유동자산도 포함할 수 있다.

여러 비유동자산과 유동자산을 한 덩어리로 묶은 처분자산집단이 '중단영업'(고급회계 주제)의 정의를 충족하면 포괄손익계산서에 중단된 영업부문의 영업활동결과를 계속 영업활동결과와 구별하여 별도로 표시한다. 예를 들어, 프로야구구단이 야구장에서 판매하는 간이식품과 음료수 판매부문을 폐쇄하고 관중이 음료수와 음식물을 가져오도록 하면 이를 중단영업손익으로 별도로 보고한다. '매각예정자산' 개념은 재무상태표 보고와 관련된 것이고, '중단영업' 개념은 포괄손익계산서 보고와 관련된다. 이 두 개념은 서로 관련되지만, 독립적이기 때문에 특정 자산에 대해 '매각예정자산'의 분류기준을 충족하는지와 '중단영업'의 분류기준을 충족하는지를 각각 살펴보아야 한다.

3. 매각예정자산의 분류

(1) 분류조건

특정 비유동자산(또는 처분자산집단)을 매각예정으로 분류하기 위해서는 다음 두 가지 조건이 모두 만족된다는 객관적 증거가 있어야 한다[1105: 7].

- 현재 상태에서 통상적이고 관습적인 거래조건으로 즉시 매각이 가능하다. '즉시 매각이 가능'하다는 것은 기업이 비유동자산(또는 처분자산집단)을 현재 상태로 매각하려는 의도와 능력이 있음을 말한다.
- 해당 자산이 매각될 가능성이 매우 높다. IFRS에서 '가능성이 높다(probable)'는 것은 발생확률이 50%보다 크다. 즉, 발생하지 않을 가능성보다 발생할 가능성이 높다(more likely than not)는 것을 말한다[1105: 부록A]. '가능성이 매우 높다(highly probable)'는 것은 발생하지 않을 가능성보다 발생할 가능성이 유의적으로(중요하게) 더 높은 것을 뜻한다[1105: BC81].

'매각될 가능성이 매우 높다'는 것은 다음 다섯 가지 조건이 모두 만족된다는 것을 의미한다[1105: 8].

① 매각을 집행할 수 있는 권한이 있는 경영진이 해당 비유동자산(또는 처분자산집단)의 매각계획을 확약(commit)하였다.

② 매수자 물색 및 매각계획 이행을 위한 적극적인 업무를 이미 시작하였다.

③ 합리적인 가격 수준에서 적극적으로 매각을 추진하고 있다.

④ 매각계획이 유의적으로 변경되거나 철회될 가능성이 낮다.

⑤ 분류시점으로부터 1년 이내에 매각이 완료될 것으로 예상한다.

주주가 매각을 승인해야 자산(또는 처분자산집단)을 매각할 수 있는 경우에는 주주가 승인할 가능성이 매우 높은 경우에 한해서 자산(또는 처분자산집단)이 매각될 가능성이 매우 높다고 한다[1105: 8]. 다음 경우는 매각예정 분류기준이 충족되지 않는다[1105: 사례 4].

- 리스제공자가 리스가 종료된 자산에 대하여 미래에 발생할 거래의 형태(매각 또는 리스)를 아직 결정하지 않은 경우는 매각될 가능성이 매우 높다고 볼 수 없다.
- 사용 중인 자산을 매각하는 계획을 확정하고 해당 자산에 대해 판매후리스계약(제19장 참조)을 체결할 경우는 해당 자산을 매각예정자산으로 분류하지 않고 「K-IFRS 제1116호」(리스 기준서)를 적용해서 회계처리한다.

예제 1 즉시매각 가능성(「K-IFRS 제1105호」 사례 1)

중요도: ★★★
난이도: ◆

상황

· 기업이 현재 사용 중인 본사건물을 매각하기로 확약하고 다음과 같은 상황에서 매수자를 찾기 시작하였다.
· 상황 ①: 현재 사용 중인 본사건물을 비우고 난 후 매수자에게 매각한다. 본사건물을 비우는 데 소요되는 기간은 통상적으로 건물을 매각할 때 걸리는 기간과 크게 차이가 나지 않는다.
· 상황 ②: 새 본사건물이 완공되기 전까지는 기존 본사건물을 사용할 것이다. 새 본사건물이 완공되어 기존 본사건물을 비우기 전까지는 기존 본사건물을 매각할 의사가 없다.

물음 위의 각 상황에서 매각예정 분류기준이 충족되는 시점을 결정하라.

정답 상황 ①: 매각계획 확약일(즉시), 상황 ②: 새 건물 완공일

해설

· 상황 ①: 매각예정 분류기준이 계약 확약일(plan commitment date)에 충족된다. 본사건물에서 퇴거하는 기간이 통상적으로 소요되는 정도이므로 본사건물이 즉시 매각 가능하다고 할 수 있다.
· 상황 ②: 매도자가 기존 건물에 대한 양도시기를 지연시키는 것은 본사건물이 즉시 매각대상이 아님을 의미한다. 거래상대방이 미래에 건물을 구매하는 확정구매계약을 이미 체결했더라도 새 건물이 완공되어야 매각예정 분류기준이 충족된다. 새 본사건물이 완공될 때까지는 기존 건물에서 퇴거하지 않으므로 계획을 확정 짓는 시점에는 매각예정 분류기준이 충족되지 않는다. 그러나 새 본사건물이 완공되면 기존 건물에서 퇴거하고 이를 매각할 의사가 있어서 해당 건물이 즉시 매각 가능하다고 볼 수 있으므로 새 본사건물이 완공되는 시점에 매각예정 분류기준이 충족된다.

(2) 특수 상황에서의 분류

① 매각 완료 기간이 1년을 초과

매각예정자산으로 분류하기 위해서는 즉시 매각 가능해야 하고 매각가능성이 매우 높아야 한다. 매각가능성이 매우 높기 위한 조건 중 하나는 매각예정자산으로 분류하는 시점부터 1년 이내에 매각을 완료할 수 있을 것으로 예상한다는 것이다. 따라서 1년 이내에 매각하지 못할 것으로 판단되면 해

당 비유동자산(또는 처분자산집단)을 매각예정자산으로 분류할 수 없다. 그러나 다음 두 조건이 모두 만족되는 상황에 한해서는 매각기간이 1년을 초과하더라도 '1년 이내 매각'조건이 충족된 것으로 본다[1105: 9].

- 기업이 통제할 수 없는 상황 때문에 매각기간이 연장되었다.
- 기업이 해당 비유동자산(또는 처분자산집단)에 대한 매각계획을 확약한다는 증거가 있다.

다음 상황에서는 매각완료기간이 1년을 초과해도 매각예정자산으로 분류한다[1105: B1].

- 매각예정자산으로 분류한 후에 제3자가 매각완료기간을 연장하는 조건을 부과할 것이라고 합리적으로 기대되는 사건과 상황이 발생했으나, 1년 이내에 확정구매계약을 체결할 가능성이 매우 높고, 확정구매계약을 체결한 후부터 부과된 조건을 이행하기 시작할 수 있다. 확정구매계약(firm purchase commitment)은 거래당사자 모두에게 구속력이 있는 약정으로서, 다음과 같은 특징이 있다.
  - 거래가격과 거래시기를 포함하여 중요한 조건이 모두 확정되었다.
  - 계약의 이행가능성을 높이기 위해, 계약을 이행하지 않을 때 부담해야 하는 의무의 정도가 상당히 크다.
- 확정구매계약을 체결한 후에 구매자 또는 제3자가 매각완료기간을 연장하는 조건을 예기치 못하게 부과하였으나 판매자가 조건을 이행하는 데 필요한 조치를 적시에 취했고 지연요인의 긍정적인 해결이 기대된다.
- 매각기간 동안에 거의 발생하지 않으리라고 예상했던 조건이 부과되어 판매기간이 연장될 가능성이 높다. 그러나 판매자가 조건을 이행하는 조치를 취하고 비유동자산(또는 처분자산집단)을 합리적인 가격에 적극적으로 매각하고자 한다.

예제 2 1년 규정의 예외조건

중요도: ★★★
난이도: ◆

상황

· A사가 B사에게 토지를 현재의 상태로 매각하기로 확약하고 해당 토지를 매각예정자산으로 분류할 예정이다.

· 그러나 토지를 매각예정자산으로 분류하기 직전에 토지매각에 대한 규제법이 통과되어 토지매각 완료까지 분류일로부터 1년 3개월이 걸릴 것으로 예측하였다. 그럼에도 불구하고 A사는 토지를 B사에게 매각한다는 계약을 체결하여 매각을 추진하고자 한다.

물음 A사가 토지를 매각예정자산으로 분류할 수 있는가?

정답 1년 규정의 예외조건이 충족되므로 매각예정자산으로 분류함

해설

· A사가 통제할 수 없는 상황 때문에 매각기간이 연장되므로 1년 규정의 예외조건이 충족된다. 즉, 매각계획을 확약하는 시점에 매각예정 분류기준이 충족되므로 A사가 토지를 매각예정자산으로 분류할 수 있다.

② 매각예정 분류조건이 보고기간 말을 경과하여 충족

매각예정 분류조건(즉시 매각가능, 매각가능성 매우 높음)이 당해 연도 보고기간 말 이전에 충족되면 당해 연도의 재무상태표에 매각예정자산으로 보고한다. 그러나 당해 연도 보고기간 말과 당해 연도 재무제표의 승인일 사이에 분류조건이 충족되면 보고기간 후 사건 중 수정을 요하지 않는 사건에 해당하여 당해 연도 재무상태표에 매각예정자산으로 표시할 수 없고 이와 관련된 정보를 주석에 공시한다. 당해 연도 재무상태표 승인일 이후에 분류조건이 충족되면 당해 연도 재무제표(주석 포함)에는 이러한 사실에 대해 공시하지 않고 차기 연도의 재무상태표에 매각예정자산으로 표시한다.

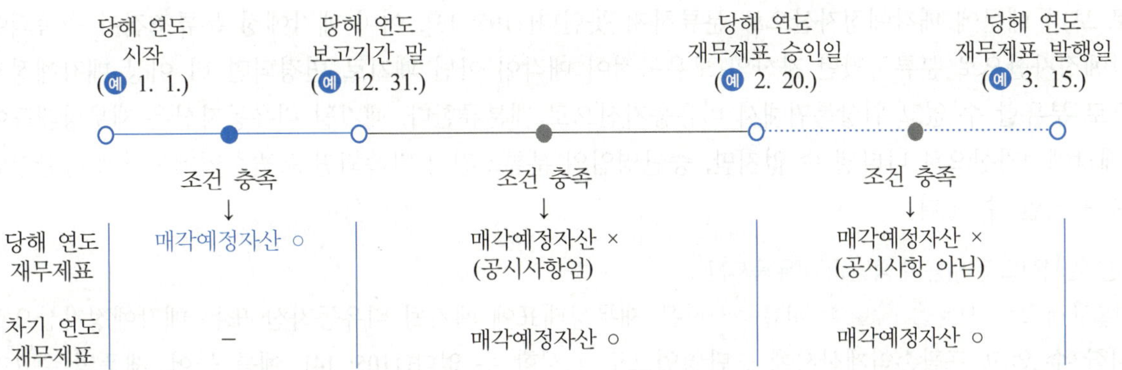

③ 처분목적으로 취득한 비유동자산(또는 처분자산집단)

원칙적으로 매각예정자산의 분류조건이 모두 만족되어야 매각예정자산으로 분류할 수 있다. 그러므로 기업이 다시 팔기 위한 목적으로 사들인 비유동자산은 취득할 때부터 매각하기 위한 것이라고 해서 취득하자마자 매각예정자산으로 분류할 수 없다. 비유동자산을 매각할 목적으로 취득해도 매각예정 분류조건이 충족되기 전까지는 매각예정자산이 아닌 비유동자산으로 분류한다. 그러나 비유동자산을 취득하자마자 곧바로 매각계획을 세우고 이를 이행하기 위한 적극적인 행동을 하는 등 매각가능성을 매우 높게 할 수 있는 행동을 즉시 취하는 것이 현실적으로 어려울 수도 있다. 그러므로 처분목적으로 취득한 비유동자산에 대해서는 예외적으로 취득시점부터 1년 이내에 매각을 완료할 것으로 예상되는 경우에 한하여, 나머지 모든 조건이 취득 후 빠른 시일 내에(일반적으로 3개월 이내) 만족될 가능성이 높으면 매각예정 분류조건이 모두 충족된 것으로 보고 취득시점에 매각예정자산으로 분류할 수 있다[1105: 11].

매각예정자산 분류조건	원칙	예외
① 즉시 매각 가능 ② 매각 가능성 매우 높음 · 경영진이 매각계획을 확약함 · 매각계획의 적극적 추진업무가 시작됨 · 합리적 가격으로 매각을 적극적으로 추진함	분류시점에 충족됨	취득 후 3개월 이내 충족될 가능성 높음

· 매각 철회가능성 낮음
· 분류시점으로부터 1년 이내 매각 완료예상

취득시점에 충족됨

매각예정자산으로 분류

④ 폐기될 비유동자산

폐기(abandon)될 비유동자산은 경제적 내용연수가 끝날 때까지 매각되지 않고 사용된 후 폐쇄(close)될 비유동자산을 말한다. 폐기될 비유동자산은 매각이 아니라 사용해서 장부금액이 회수될 것으로 보기 때문에 매각예정자산으로 분류하지 못한다[1105: 13]. 이미 매각예정 분류조건이 충족되어 매각예정자산으로 분류하였던 자산의 보유목적이 매각이 아닌 폐기로 변경되면 더 이상 매각예정자산으로 분류할 수 없고 원상복귀해서 비유동자산으로 재분류한다. 폐기될 비유동자산은 재무상태표에는 매각예정자산으로 나타낼 수 없지만, 중단영업의 분류조건이 만족되면 포괄손익계산서에 중단영업으로 표시할 수 있다.

⑤ 일시적으로 사용이 중단된 비유동자산

일시적으로 사용을 중단한 비유동자산은 재무상태표에 폐기될 비유동자산 또는 매각예정자산으로 표시할 수 없고 포괄손익계산서에 중단영업으로 표시할 수 없다[1105: 14]. 예를 들어, 제품의 수요가 감소하여 일시적으로 가동을 중단하였으나 언제든지 사용 가능한 상태로 유지되고 있어서 제품의 수요가 회복되면 재가동할 자산은 영업활동에 사용되고 있는 자산이 명백하므로 매각예정자산 또는 중단영업의 분류조건을 충족하지 못한다. 일시적으로 사용이 중단된 자산은 재무상태표에는 비유동자산으로 표시하고, 포괄손익계산서에는 중단영업이 아닌 계속영업손익 항목으로 보고한다.

표 7.1 일반적 비유동자산, 폐기될 비유동자산, 매각예정자산 간의 관계

분류	장부금액의 회수방법	재무상태표 분류	관련 현금흐름의 포괄손익계산서 표시
비유동자산	자산의 사용	비유동자산	계속영업손익
폐기될 비유동자산 ▸ 내용연수가 끝날 때까지 사용 ▸ 구조조정 등에 의한 폐쇄	자산의 사용	비유동자산	계속영업손익 (조건 충족 시 중단영업손익)
매각예정자산	자산의 처분	매각예정자산	계속영업손익

Chapter 07 제2절

매각예정자산의 측정

1. 단일 매각예정자산

(1) 최초측정

매각예정자산은 기업이 사용하지 않고 매각할 예정인 자산이므로 사용가치가 아니라 순공정가치로 측정하는 것이 적절하다. 그러나 자산을 순공정가치로 측정하면 공정가치 상승액을 당기이익으로 인식할 수 있으므로 경영자가 실제로는 매각할 의도가 없는 자산을 매각예정자산으로 분류할 가능성이 있다. 그러므로 비유동자산을 **매각예정자산으로 분류하는 시점**('최초측정시점')**에 장부금액과 순공정가치 중에서 작은 금액으로 측정하고,** 최초측정시점에 순공정가치가 장부금액에 미달하면 미달액을 손상차손으로 인식한다. 또한 제2장에서 재고자산에 저가법을 적용해서 재고자산을 장부금액과 순실현가능가치 중에서 낮은 금액으로 측정한다고 설명했다. 매각예정자산의 특성이 판매용 재고자산과 같으므로 매각예정자산에도 저가법을 적용해서 매각예정자산을 재측정한 장부금액과 순공정가치 중에서 낮은 금액으로 측정한다. 그리고 기업이 다시 팔기 위한 목적으로 사들인 비유동자산은 일반적으로 취득시점부터 1년 이내에 매각이 완료될 가능성이 높으므로 취득시점에 취득원가와 순공정가치 중에서 작은 금액으로 측정한다. 단일 비유동자산을 매각예정자산으로 분류하는 시점의 최초측정액을 구하는 절차는 다음과 같다.

㉠ 매각예정자산 분류 직전의 비유동자산의 '재측정한 장부금액' 결정과 손상차손 인식(아래 ① 참조)

⇩

㉡ 매각예정자산 분류시점의 매각예정자산의 '최초측정액' 결정과 손상차손 인식(아래 ② 참조)

위 ㉠과 ㉡에서 두 번에 걸쳐 손상차손을 인식하므로 매각예정자산 분류시점에 인식할 총 손상차손은 ㉠ '비유동자산의 손상차손'과 ㉡ '매각예정자산의 손상차손'의 합계이다.

① 비유동자산의 '재측정한 장부금액'(분류 직전)

비유동자산에 원래 적용했던 회계처리기준에 따라 장부금액을 측정하고[1105: 18] 장부금액과 회수가능액 중 적은 금액을 비유동자산의 '재측정한 장부금액'으로 결정한다. 그리고 회수가능액이 장부금액에 미달하면 미달액을 손상차손으로 인식한다. 비유동자산을 매각예정자산으로 분류하기 직전에 인식한 손상차손을 설명의 편의상 '비유동자산의 손상차손'이라 한다.

비유동자산의 '재측정한 장부금액' = min {회수가능액,* 원래 회계처리기준에 따른 장부금액}

* 회수가능액 = max {순공정가치,** 사용가치}

** 순공정가치 = 공정가치 − 매각부대원가(매각에 1년 이상이 소요되면 매각부대원가의 '현재가치'를 차감하고, 시간이 지나면서 현재가치가 증가하는 부분은 금융원가(이자비용)로 인식하여 당기손익에 포함한다.)

비유동자산의 손상차손:

[회수가능액 < 장부금액]인 경우: 손상차손 = 장부금액 - 회수가능액

[회수가능액 > 장부금액]인 경우: 손상차손 = ₩0

예제 3 재측정한 장부금액의 결정

중요도: ★★★
난이도: ◆

상황

· 기계를 매각예정자산으로 분류하고자 한다.
· 기계의 장부금액(매각예정자산 분류 직전에 원가모형으로 측정한 금액): ₩100,000

물음 매각예정자산으로 분류하기 직전에 기계의 회수가능액이 ① ₩60,000인 경우와 ② ₩120,000인 경우로 나누어 기계의 '재측정한 장부금액'과 손상차손을 계산하라.

정답 **① ₩60,000과 ₩40,000, ② ₩100,000과 ₩0**

해설

① 기계의 회수가능액이 ₩60,000인 경우:
장부금액 = ₩100,000
비유동자산의 손상차손: ₩100,000(장부금액) − ₩60,000(회수가능액) = ₩40,000
재측정한 장부금액 = min {회수가능액, 장부금액} = min {₩60,000, ₩100,000} = ₩60,000

② 기계의 회수가능액이 ₩120,000인 경우:
장부금액 = ₩100,000
비유동자산의 손상차손: [회수가능액(₩120,000) > 장부금액(₩100,000)]이므로 손상 안 됨
재측정한 장부금액 = min {회수가능액, 장부금액} = min {₩120,000, ₩100,000} = ₩100,000

② 매각예정자산의 최초측정액(분류시점)

매각예정자산은 「K-IFRS 제1105호」의 측정규정을 적용받는 자산인지 아닌지에 따라 최초측정액과 손상차손(또는 손상차손환입)을 결정하는 방법이 다르다. 따라서 해당 자산이 「K-IFRS 제1105호」의 측정규정을 적용받는 자산인지를 살펴보아야 한다.

표 7.2 「K-IFRS 제1105호」의 측정규정 적용 여부에 따른 비유동자산의 분류[1105: 5]

구분	「K-IFRS 제1105호」의 측정규정을 적용받는 자산	「K-IFRS 제1105호」의 측정규정을 적용받지 않는 자산
자산 항목	오른쪽 자산을 제외한 나머지 자산	금융자산 공정가치로 측정하는 투자부동산 순공정가치로 측정하는 농림어업자산 이연법인세자산 종업원급여에서 발생하는 자산 보험계약의 계약상 권리
최초측정액	min {재측정한 장부금액, 순공정가치}	재측정한 장부금액

「K-IFRS 제1105호」의 측정규정을 적용받지 않는 자산:

매각예정자산의 최초측정액 = '재측정한 장부금액'

매각예정자산의 순공정가치를 고려하지 않고 매각예정자산으로 분류하기 직전의 '재측정한 장부금액'을 매각예정자산의 '최초측정액'으로 한다. 이들 자산은 매각예정자산으로 분류하기 직전에 재측정한 장부금액이 분류시점의 매각예정자산의 최초측정액이므로 손상차손을 고려할 여지가 없다. 따라서 '매각예정자산의 손상차손'은 ₩0이며, 총 손상차손은 '비유동자산의 손상차손'과 동일하다.

「K-IFRS 제1105호」의 측정규정을 적용받는 자산: 매각예정자산의 '최초측정액'을 다음 금액으로 한다[1105: 15].

매각예정자산의 최초측정액 = min {'재측정한 장부금액', 순공정가치}

매각예정자산의 순공정가치가 비유동자산의 '재측정한 장부금액'에 미달하면 미달액을 '매각예정자산의 손상차손'으로 인식한다[1105: 20]. 해당 비유동자산이 매각예정자산으로 분류되었으므로 이 시점에 인식하는 손상차손은 설명의 편의상 '매각예정자산의 손상차손'이라 부른다. 그러나 매각예정자산의 순공정가치가 비유동자산의 '재측정한 장부금액'을 초과해도 최초측정시점에 초과액을 손상차손환입으로 인식하지 않는다.

매각예정자산의 손상차손:

[재측정한 장부금액 > 순공정가치]인 경우: 손상차손 = 재측정한 장부금액 - 순공정가치

[재측정한 장부금액 < 순공정가치]인 경우: 손상차손 = ₩0

총 손상차손 = '비유동자산의 손상차손' + '매각예정자산의 손상차손'

③ 감가상각비: 분류시점부터 감가상각 중단

감가상각비는 비유동자산을 '사용'해서 획득한 수익에 자산의 감가상각대상액을 배분하여 대응시키는 것이다. 그러나 매각예정으로 분류된 비유동자산은 더 이상 영업활동에 사용하지 않으므로 **분류시점부터 감가상각하지 않는다**[1105: 25]. 이 점을 악용해서 감가상각하지 않을 목적으로 매각예정자산으로 분류하는 것을 방지하기 위해 비유동자산을 매각예정자산으로 분류하는 기준이 엄격하다.

예제 4 단일 매각예정자산의 최초측정액

기본자료

· 1차연도 1. 1.에 유형자산(내용연수: 6년, 잔존가치: ₩0)을 ₩600,000에 취득하고 정액법으로 감가상각한다. 따라서 매년 감가상각비가 ₩100,000이다.
· 3차연도 12. 31.에 유형자산을 매각예정자산으로 분류하였다.
· 해당 유형자산은 「K-IFRS 제1105호」의 측정규정을 적용받는다.
· 유형자산의 회수가능액과 순공정가치는 다음과 같다.

	회수가능액	순공정가치
1차연도 12. 31.	₩500,000	
2차연도 12. 31.	360,000	
3차연도 12. 31.	270,000	₩200,000
4차연도 12. 31.		140,000
5차연도 12. 31.		380,000

물음 기본자료를 이용해서 3차연도 12. 31.의 매각예정자산의 최초측정액을 결정하라.

정답 및 해설

3차연도 12. 31. 매각예정자산으로 분류하기 직전:

유형자산의 취득원가	₩600,000
감가상각누계액(2차연도 12. 31.)	(200,000)
손상차손 인식 전 장부금액(2차연도 12. 31.)	₩400,000
손상차손(2차연도 12. 31. 장부금액 ₩400,000 − 회수가능액 ₩360,000)	(40,000)
장부금액(2차연도 12. 31.)	₩360,000
감가상각비(3차연도 12. 31.)	(90,000)
손상차손(3차연도 12. 31. 장부금액 ₩270,000 − 회수가능액 ₩270,000)	0
'재측정한 장부금액'(3차연도 12. 31.)	₩270,000

3차연도 12. 31. 매각예정자산으로 분류하는 시점:

손상차손(재측정한 장부금액 − 순공정가치)	(70,000)
매각예정자산의 최초측정액	₩200,000

예제 5 단일 매각예정자산의 손상차손

중요도: ★★★
난이도: ◆

상황

· 기계의 장부금액: ₩310,000
· 매각예정자산으로 분류되기 직전의 사용가치: ₩280,000
· 기계의 순공정가치: ₩260,000

물음 기계를 매각예정자산으로 분류한 경우 총 손상차손을 결정하라.

정답 총 손상차손 = ₩50,000(비유동자산 손상차손 ₩30,000 + 매각예정자산 손상차손 ₩20,000)

해설

① 재측정한 장부금액(분류 직전)

· 기계의 장부금액: ₩310,000
· 비유동자산의 손상차손 결정(「K-IFRS 제1036호」(자산손상 기준서)를 적용)

회수가능액: max {₩280,000(사용가치), ₩260,000(순공정가치)} = ₩280,000

∴ **비유동자산의 손상차손**: ₩310,000(장부금액) − ₩280,000(회수가능액) = ₩30,000

(차) 손 상 차 손	30,000	(대) 손상차손누계액	30,000

· 재측정한 장부금액: min {₩310,000(장부금액), ₩280,000(회수가능액)} = ₩280,000

② 매각예정자산의 최초측정액(분류시점)

· 기계를 매각예정자산으로 분류하면 분류시점에 「K-IFRS 제1105호」를 적용하여 매각예정자산(기계)을 재측정하고 필요하면 손상차손을 또 다시 인식한다.

∴ 매각예정자산의 최초측정액: min {₩280,000(재측정한 장부금액), ₩260,000(순공정가치)}
= ₩260,000

③ 매각예정자산의 손상차손: ₩280,000 − ₩260,000 = ₩20,000

(차) 손 상 차 손	20,000	(대) 손상차손누계액	20,000

※ 총 손상차손: ₩30,000 + ₩20,000 = ₩50,000
기계를 비유동자산으로 보유할 때는 사용가치 ₩280,000이 순공정가치 ₩260,000보다 크므로 더 큰 미래경제적효익을 누릴 수 있는 '사용'을 통해 장부금액을 회수할 것으로 보고 장부금액을 ₩310,000에서 회수가능액 ₩280,000으로 감액하면서 손상차손을 ₩30,000만 인식한다. 그러나 이 기계를 매각예정자산으로 분류하는 순간, 미래경제적효익이 '처분'을 통해 실현될 것이므로 장부금액을 순공정가치 ₩260,000으로 낮추기 위해 추가 손상차손 ₩20,000을 인식한다. 이 예는 자산의 보유목적에 따른 분류가 측정에 어떤 영향을 미치는지를 잘 보여준다.

(2) 후속측정

매각예정자산이 회계기간 말까지 처분되지 않으면 후속기간에 다음 과정을 거쳐 매각예정자산의 '후속측정액'을 결정한다.

㉠ 매각예정자산의 '장부금액' 결정

⇩

㉡ 매각예정자산의 '후속측정액' 결정

⇩

㉢ [후속측정액 < 장부금액]이면 차액만큼 손상차손 인식

[후속측정액 > 장부금액]이면 손상차손환입 인식

① 매각예정자산의 '장부금액' 결정

매각예정자산이 「K-IFRS 제1105호」의 측정규정을 적용받는 자산인지 여부(<표 7.2> 참조)에 따라 장부금액을 다음과 같이 결정한다.

- 「K-IFRS 제1105호」의 측정규정을 적용받는 자산: 지난 회계기간 말의 장부금액을 당기 말의 장부금액으로 한다.
- 「K-IFRS 제1105호」의 측정규정을 적용받지 않는 자산(예 공정가치로 측정하는 투자부동산, 금융자산 등): 해당 자산에 적용되는 기준서를 적용하여 장부금액을 재측정하고 평가손익(예 투자부동산평가손익) 또는 손상차손(예 금융자산(채무상품) 손상차손)을 인식한다.

② 매각예정자산의 '후속측정액' 결정

매각예정자산의 후속측정액은 해당 자산의 순공정가치로 한다(회수가능액이나 최초측정액이 아님).

③ 매각예정자산의 손상차손 인식

'후속측정액'(순공정가치)이 '매각예정자산의 장부금액'에 미달하면 미달액을 매각예정자산의 손상차손으로 인식한다.

Miniature 예제 1 매각예정자산의 후속측정액

물음 예제 4의 기본자료를 이용해서 4차연도 12. 31.의 매각예정자산의 손상차손과 후속측정액을 결정하라.

정답 및 해설

해당 유형자산은 「K-IFRS 제1105호」의 측정규정을 적용받으므로 전기 말의 장부금액을 당기 말의 장부금액으로 사용한다.

4차연도 12. 31. 결산시점:

장부금액(최초측정액)	₩200,000	(4차연도에 감가상각하지 않음)
매각예정자산의 손상차손	(60,000)	
후속측정액(순공정가치)	₩140,000	(4차연도 12. 31. 장부금액)

④ 매각예정자산의 손상차손환입 인식

자산의 순공정가치가 증가하면 이익을 인식한다. 그러나 그 금액은 과거에 인식하였던 손상차손누

계액을 초과할 수 없다[1105: 21]. 후속적으로 매각예정자산의 순공정가치가 증가하여 [후속측정액(순공정가치) > 매각예정자산의 장부금액]이면 일정 범위 이내에서 초과액을 손상차손환입으로 인식할 수 있는데, 과거에 인식했던 손상차손이 감가상각비에 미친 영향이 있으므로 [1105: 21]은 오해의 소지가 있다. 저자는 [1105: 21]의 정확한 의미를 손상차손누계액이 아니라 손상차손이 다음과 같이 이익잉여금을 감소시킨 총액을 한도로 해서 손상차손을 환입한다는 것으로 해석한다.

장부에 인식한 총손상차손(손상차손누계액)	×××
손상차손을 인식해서 줄어든 감가상각비	(×××)
손상차손이 이익잉여금을 감소시킨 총액	×××

다른 관점에서 보면, [1105: 21]의 의미는 매각예정자산의 손상차손환입 후 장부금액은 매각예정자산으로 분류하기 직전까지 인식한 손상차손이 없었을 경우의 비유동자산 장부금액을 한도로 한다는 것이다. 그러므로 비유동자산을 매각예정자산으로 분류하기 이전에 손상차손을 인식한 경우에는 매각예정자산으로 분류하기 직전까지 손상차손누계액을 ₩0으로 가정해서 비유동자산의 '가상적' 장부금액을 새로 계산한다. 설명의 편의상 '가상적' 장부금액을 '장부금액의 한도'라 부르면, 손상차손환입 후 장부금액은 '장부금액의 한도'를 초과할 수 없다.

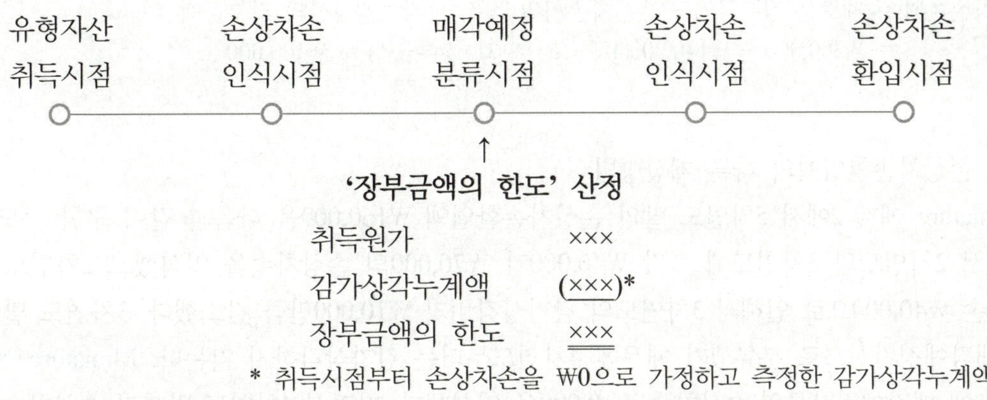

손상차손환입을 다음과 같은 방법으로 계산할 수 있다.

방법 1: '장부금액의 한도'를 토대로 새로운 장부금액과 손상차손환입을 다음과 같이 산정한다.

장부금액의 한도 = 매각예정자산으로 분류하기 직전까지 손상차손을 ₩0으로 가정해서 매각예정 분류시점에 산정한 가상적 장부금액(위 그림 참조)

새로운 장부금액 = min {순공정가치, '장부금액의 한도'}

손상차손환입 = 새로운 장부금액 − 손상차손환입 직전 매각예정자산의 장부금액

Miniature 예제 2 손상차손환입의 측정

물음 예제 4의 기본자료와 Miniature 예제 1의 해답을 이용해서 5차연도 12. 31.의 매각예정자산의 후속측정액과 손상차손환입을 결정하라.

정답 및 해설

5차연도 말의 순공정가치 ₩380,000이 4차연도 말의 장부금액 ₩140,000 (Miniature 예제 1 참조)을 ₩240,000만큼 초과하므로 ₩240,000이 손상차손환입이라고 오해할 수 있다. 그러나 손상차손환입은 다음과 같이 제한된다.

3차연도 12. 31. 매각예정 분류시점:

3차연도 12. 31.까지 손상차손을 ₩0으로 가정하면 3차연도 12. 31.의 감가상각누계액:

₩600,000 × 3/6 = ₩300,000

3차연도 12. 31.까지 손상차손을 ₩0으로 가정하면 3차연도 12. 31.의 장부금액:

₩600,000 − ₩300,000 = ₩300,000

'장부금액의 한도': ₩300,000

새로운 장부금액 = min {'장부금액의 한도', 순공정가치}
= min {₩300,000, ₩380,000}
= ₩300,000(매각예정자산의 후속측정액)

손상차손환입 = 새로운 장부금액 − 손상차손환입 직전 매각예정자산의 장부금액
= ₩300,000 − ₩140,000(4차연도 12. 31. 장부금액) = ₩160,000

방법 2: 손상차손환입액의 다른 계산방법:

Miniature 예제 2에서 5차연도 말의 손상차손환입액 ₩160,000을 다음과 같이 구할 수도 있다. 예제 4에서 2차연도와 3차연도에 각각 ₩40,000과 ₩70,000의 손상차손을 인식했고 2차연도에 인식한 손상차손 ₩40,000으로 인해서 3차연도의 감가상각비가 ₩10,000만큼 감소했다. 3차연도 말에 유형자산을 매각예정자산으로 분류했기 때문에 4차연도부터는 감가상각하지 않는다. Miniature 예제 1에서 4차연도에 매각예정자산의 손상차손 ₩60,000을 인식했다. 따라서 4차연도 말까지 손상차손이 이익잉여금에 미친 부정적 영향의 누적액은 아래와 같이 ₩160,000이다.

2차연도 손상차손	₩40,000
3차연도 손상차손	70,000
3차연도 감가상각비 감소액	(10,000)*
4차연도 손상차손	60,000
손상차손이 이익잉여금을 감소시킨 총액	₩160,000

* ₩100,000 − ₩90,000 = ₩10,000

손상차손환입에 대한 위의 논리를 공식으로 정리하면 다음과 같다.

손상차손환입 = min {(순공정가치 - 현재 장부금액), (손상차손누계액* - 손상차손을 인식했기 때문에 적게 인식했던 감가상각비)}

= min {(₩380,000 - ₩140,000), (₩40,000 + ₩70,000 + ₩60,000 - ₩10,000)}

= min {₩240,000, ₩160,000} = ₩160,000

* 손상차손누계액 = 비유동자산의 손상차손 + 매각예정자산의 손상차손

예제 6 단일 매각예정자산의 손상차손환입 한도 – 매각예정자산으로 분류하기 이전에 손상차손을 인식한 경우 (중요도: ★★★ 난이도: ◆◆◆)

상황

· 1차연도 12. 31.의 유형자산의 장부금액(원가모형으로 측정)은 다음과 같다.

유형자산의 취득원가	₩500,000
감가상각누계액	(100,000)
장부금액	₩400,000

· 1차연도 12. 31.에 유형자산을 매각예정자산으로 분류하였고, 분류 직전에 유형자산의 회수가능액은 ₩320,000이다.

· 매각예정자산의 순공정가치는 다음과 같다.

1차연도 12. 31.	₩300,000
2차연도 12. 31.	315,000
3차연도 12. 31.	410,000

물음

1. 1차연도 12. 31.(분류시점)의 유형자산의 '재측정한 장부금액'을 구하라.
2. 1차연도 12. 31.의 매각예정자산의 '장부금액의 한도'를 구하라.
3. 1차연도 12. 31.부터 3차연도 12. 31.까지 매각예정자산의 손상차손(또는 손상차손환입)을 구하라.

정답

1. ₩320,000, 2. ₩400,000

3. 1차연도 12. 31.: 손상차손 ₩20,000
2차연도 12. 31.: 손상차손환입 ₩15,000
3차연도 12. 31.: 손상차손환입 ₩85,000

해설

1.

1차연도 12. 31. 분류 직전:

유형자산의 손상차손: ₩400,000(장부금액) - ₩320,000(회수가능액) = ₩80,000

손상차손누계액계정의 잔액: ₩80,000

분류 직전의 유형자산의 재측정된 장부금액:

유형자산의 취득원가	₩500,000
감가상각누계액	(100,000)

손상차손누계액 (80,000)
재측정한 장부금액 ₩320,000

2. ₩400,000(손상차손을 인식하지 않았을 경우의 금액)

3.

매각예정자산의 측정시점	매각예정자산의 순공정가치	매각예정자산의 손상차손 또는 손상차손환입
1차연도 12. 31. (분류시점)	₩300,000	재측정한 장부금액: min {₩320,000, ₩400,000} = ₩320,000 최초측정액: min {₩320,000, ₩300,000 = ₩300,000 매각예정자산의 장부금액: ₩300,000 손상차손: ₩320,000 − ₩300,000 = ₩20,000 손상차손누계액: ₩80,000 + ₩20,000 = ₩100,000
2차연도 12. 31.	₩315,000	손상차손환입후 새로운 '장부금액의 한도': ₩400,000 새로운 장부금액: min {₩315,000, ₩400,000} = ₩315,000 손상차손환입: ₩315,000 − ₩300,000 = ₩15,000 또는 손상차손환입: min {순공정가치의 증가, 손상차손누계액 − 감가상각비 감소액} = min {₩15,000, ₩100,000 − ₩0} = ₩15,000 ∴ 매각예정자산의 장부금액: ₩315,000 손상차손누계액: ₩100,000 − ₩15,000 = ₩85,000
3차연도 12. 31.	₩410,000	손상차손환입후 새로운 '장부금액의 한도': ₩400,000 새로운 장부금액: min {₩410,000, ₩400,000} = ₩400,000 손상차손환입: ₩400,000 − ₩315,000 = ₩85,000 또는 손상차손환입: min {순공정가치의 증가, 손상차손누계액 − 감가상각비 감소액} = min {₩95,000, ₩85,000 − ₩0} = ₩85,000 ∴ 매각예정자산의 장부금액: ₩400,000 손상차손누계액: ₩85,000 − ₩85,000 = ₩0

(3) 매각시점

매각예정자산이 매각될 때까지 후속측정을 반복하고, 매각시점에는 받은 대가와 매각 직전 장부금액의 차이를 처분손익으로 인식해서 당기손익에 포함한다. 결국 비유동자산의 매각일 이전에 인식되지 않은 평가손익은 비유동자산이 재무상태표에서 제거되는 시점에 처분손익으로 인식된다.

2. 처분자산집단

(1) 최초측정

① 처분자산집단의 '재측정한 장부금액'(분류 직전)

처분자산집단(disposal group)은 단일거래를 통해 매각될 예정인 자산의 집합과 해당 자산과 직접 관련되어 이전될 부채를 한 덩어리로 묶은 집단이다. 처분자산집단 안에는 여러 자산과 부채가 있으므로, 해당 처분자산집단에 포함된 각각의 항목을 하나씩 매각하는 것으로 생각하여 각 항목에 적용되는 기준서를 적용해서 재측정하여 장부금액을 결정한다. 그리고 개별 자산의 장부금액과 회수가능액을 비교하여 손상차손(또는 손상차손환입)을 인식하고 각 자산 및 부채의 '재측정한 장부금액'을 결정한다. 예를 들어, 유동자산인 재고자산이 처분자산집단에 포함되면 「K-IFRS 제1002호」를 적용하여 재고자산을 min {장부금액, 순실현가능가치}로 측정해서 재고자산평가손익을 당기손익으로 인식하고 재고자산의 재측정한 장부금액을 결정한다. 그리고 각 자산 및 부채의 '개별적으로 재측정한 장부금액'을 모두 합하여 '처분자산집단의 재측정한 장부금액'을 결정한다.

처분자산집단의 재측정한 장부금액 = 개별 자산과 부채의 재측정한 장부금액의 합계

② 처분자산집단의 최초측정액(분류시점)

극히 예외적인 상황이지만 처분자산집단이 「K-IFRS 제1105호」의 측정규정을 적용받지 않는 자산(<표 7.2> 참조)으로만 구성되어 있으면 처분자산집단의 최초측정액은 개별 자산에 적용되는 회계기준서에 따라 재측정한 장부금액의 합계이다. 그러나 처분자산집단 안에 「K-IFRS 제1105호」의 측정규정을 적용받는 자산이 단 하나라도 포함되면 처분자산집단의 최초측정액은 개별 자산에 적용되는 회계기준서에 따라 재측정한 장부금액의 합계와 처분자산집단 전체의 순공정가치 중 작은 금액이다.

▸ 「K-IFRS 제1105호」의 측정규정을 적용받지 않는 자산으로만 구성된 처분자산집단:
처분자산집단의 최초측정액 = 개별 자산의 재측정한 장부금액 합계

▸ 「K-IFRS 제1105호」의 측정규정을 적용받는 자산이 하나 이상 포함된 처분자산집단:
처분자산집단의 최초측정액 = min {개별 자산의 재측정한 장부금액 합계, 처분자산집단의 순공정가치*}

* 처분자산집단의 순공정가치는 처분자산집단의 공정가치에서 처분자산집단을 매각하기 위한 매각부대원가를 차감한 금액이다.

손상차손 인식: 처분자산집단을 매각예정자산으로 분류하는 시점에 '처분자산집단의 최초측정액'이 '처분자산집단의 재측정한 장부금액(각 자산과 부채를 재측정한 장부금액의 합계)'에 미달하면 미달액을

'처분자산집단의 손상차손'으로 인식한다.

손상차손 배분: 매각예정자산이 하나일 때와 여러 개의 묶음(처분자산집단)일 때의 차이점은, 처분자산집단 안에 여러 개의 자산이 섞여 있으므로 인식해야 할 총손상차손을 개별 자산에 배분한다는 점이다. 처분자산집단의 손상차손을 우선적으로 영업권에 배분한 후에, 나머지 손상차손을 「K-IFRS 제1105호」의 측정규정을 적용받는 비유동자산(유동자산 제외)에 각 자산의 장부금액의 상대적 비율로 배분한다[1105: 23](예제 7 참조). 장부금액의 상대적 비율은 처분자산집단에 속한 비유동자산 중에서 「K-IFRS 제1105호」의 측정규정을 적용받는 비유동자산의 장부금액을 전체로 했을 때의 비율이다. 주의할 점은, 「K-IFRS 제1105호」의 측정규정을 적용받는 비유동자산에만 손상차손을 배분하고, 「K-IFRS 제1105호」의 측정규정을 적용받지 않는 비유동자산과 유동자산에는 손상차손을 배분하지 않는다[1105: 사례 10].

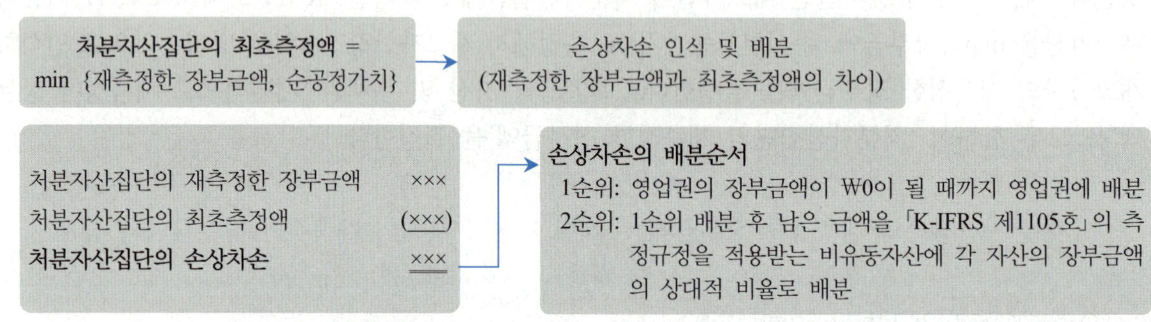

Miniature 예제 3 영업권이 없는 처분자산집단의 손상차손 배분

상황

· 1차연도 12. 31.에 다음 자산과 부채로 구성된 자산집단을 매각예정자산으로 분류하였다. 분류 직전에 자산집단에 속한 순자산의 재측정한 장부금액은 ₩70(₩280 − ₩210)이다.

유형자산 A	₩160	장기부채	₩130
유형자산 B	40	매입채무	20
매출채권	50	기타 부채	60
현금	30	총부채	₩210
총자산	₩280		

· 1차연도 12. 31.의 처분자산집단의 순공정가치가 ₩20이다.

물음 1차연도 12. 31.의 처분자산집단의 손상차손을 배분하라.

정답 및 해설

처분자산집단의 재측정한 장부금액	₩70
처분자산집단의 순공정가치	(20)
처분자산집단의 손상차손	₩50

· 「K-IFRS 제1105호」 측정규정을 적용받는 비유동자산에만 해당 자산의 장부금액의 상대적 비율로 손상차

손을 배분하고 비유동자산별로 인식한다.

손상차손의 배분대상	장부금액	손상차손 배분율	손상차손 배분액	손상차손 배분 후 수정된 장부금액
유형자산 A	₩160	80%	₩40	₩120
유형자산 B	40	20	10	30
합계	₩200	₩100%	₩50	₩150

예제 7 **처분자산집단에 대한 손상차손의 배분(「K-IFRS 제1105호」 사례 10 수정)**

중요도: ★★★
난이도: ◆◆

상황

· 최초측정시점에 처분자산집단에 속한 자산의 장부금액은 다음과 같다.

	매각예정으로 분류하기 전 보고기간 말의 장부금액	매각예정으로 분류하기 직전에 재측정한 장부금액
영업권	₩1,500	₩1,500
유형자산(재평가액으로 측정)	4,600	4,000
유형자산(원가로 측정)	6,000	6,000
재고자산	2,400	2,200
기타포괄손익-공정가치측정금융자산(지분상품)	1,800	1,500
합계	₩16,300	₩15,200

· 처분자산집단의 순공정가치: ₩13,000

물음 처분자산집단의 손상차손을 계산하고 개별 자산에 배분하라.

정답

처분자산집단의 손상차손: ₩2,200
영업권에의 배분액: ₩1,500, 유형자산(재평가액으로 측정)에의 배분액: ₩280,
유형자산(원가로 측정)에의 배분액: ₩420

해설

Tip 재평가액으로 측정하는 유형자산은 공정가치로 측정하지만 「K-IFRS 제1036호」(자산손상 기준서)의 적용대상이므로 재평가된 유형자산에도 손상차손을 배분한다. 예제 7의 숫자만 바꾼 문제가 CPA 시험에 여러 번 출제되었다.

· 처분자산집단을 매각예정으로 분류하기 직전: 개별 자산의 손상차손 ₩1,100(₩16,300 − ₩15,200)을 인식한다.
· 처분자산집단을 매각예정으로 분류하는 시점:

처분자산집단의 측정액 = min {순공정가치, 개별 자산의 재측정한 장부금액의 합계}
= min {₩13,000, ₩15,200} = ₩13,000

처분자산집단의 손상차손 = ₩15,200 − ₩13,000 = ₩2,200

· 처분자산집단의 손상차손 ₩2,200을 「K-IFRS 제1105호」의 측정규정이 적용되는 비유동자산에 배분하고, 유동자산인 재고자산과 측정규정을 적용받지 않는 기타포괄손익-공정가치측정금융자산(지분상품)에는 배분하지 않는다.
· 먼저 손상차손 ₩2,200 중 ₩1,500만큼 영업권의 장부금액을 감소시킨다. 나머지 손상차손 ₩700은 재평

가액으로 측정된 유형자산과 취득원가로 측정된 유형자산의 장부금액에 비례하여 다음과 같이 배분한다.

	장부금액	배분율	배분액
재평가액으로 측정된 유형자산	₩4,000	40%	₩280
취득원가로 측정된 유형자산	6,000	60%	420
합계	₩10,000	100%	₩700

(2) 후속측정

처분자산집단이 회계기간 말까지 처분되지 않으면 후속기간에 다음 과정을 거쳐 처분자산집단의 '후속측정액'을 결정한다.

㉠ 처분자산집단의 '장부금액' 결정

⇩

㉡ 처분자산집단의 '후속측정액' 결정

⇩

㉢ [후속측정액 < 장부금액]이면 차액만큼 손상차손 인식
[후속측정액 > 장부금액]이면 손상차손환입 인식

① 처분자산집단의 '장부금액' 결정

「K-IFRS 제1105호」의 측정규정을 적용받는 자산: 처분자산집단에 속한 개별 자산을 후속기간에 재측정하지 않고 지난 회계기간 말의 장부금액을 당기 말의 장부금액으로 한다. 그리고 각 개별 자산의 '장부금액'을 합해서 처분자산집단의 장부금액을 산정한다.

처분자산집단의 장부금액 = 개별 자산의 장부금액 합계

「K-IFRS 제1105호」의 측정규정을 적용받지 않는 자산: 처분자산집단에 포함되지만 「K-IFRS 제1105호」의 측정규정을 적용받지 않는 자산과 부채에 대해서는 해당 항목에 적용되는 「K-IFRS」 기준서에 따라 장부금액을 재측정한다. 예를 들어, 투자부동산에 「K-IFRS 제1040호」를 적용하여 공정가치로 측정해서 투자부동산 평가손익을 인식하고 공정가치를 재측정한 투자부동산의 장부금액으로 한다.

② 처분자산집단의 '후속측정액' 결정

단일 매각예정자산의 경우와 같이 처분자산집단의 순공정가치를 처분자산집단의 후속측정액으로 한다.

③ 처분자산집단의 손상차손 인식 및 배분

손상차손 인식: 처분자산집단을 재측정하는 경우 매각예정으로 분류된 처분자산집단에 포함되지만 「K-IFRS 제1105호」의 측정규정이 적용되지 않는 자산과 부채에 대해서는 적용가능한 회계처리기준서에 따라 장부금액을 재측정한다. 그 후 처분자산집단의 순공정가치를 재측정한다[1105: 19]. 예를 들

면, 공정가치로 측정하는 투자부동산이 처분자산집단에 포함되면 「K-IFRS 제1040호」(투자부동산 기준서)를 적용하여 투자부동산을 공정가치로 측정해서 투자부동산 평가손익을 당기손익으로 인식하고 공정가치를 투자부동산의 장부금액으로 한다. 처분자산집단의 최초 또는 향후 순공정가치의 하락을 손상차손으로 인식한다. 다만, [1105: 19]에 따라 인식한 금액은 제외한다[1105: 20].

[1105: 20]의 의미: 「K-IFRS 제1105호」의 측정규정을 적용받지 않는 비유동자산에 대해서는 관련 기준서를 적용해서 자산별로 미실현보유손익(예 투자부동산 평가손익) 또는 손상차손(예 금융자산(채무상품) 손상차손)을 측정하지만, 측정규정을 적용받는 비유동자산은 한 덩어리(처분자산집단)로 묶어서 손상차손을 일괄적으로 측정한다는 것이다. 그리고 [장부금액 > 후속측정액(순공정가치)]이면 **처분자산집단의 손상차손을 인식**한다. 장부금액과의 비교대상이 후속측정액(순공정가치)이라는 점만 다르고 나머지는 처분자산집단의 최초측정액을 결정하는 과정에서 인식하는 손상차손 및 이에 대한 배분과정과 동일하다. 즉, 처분자산집단의 손상차손을 우선적으로 영업권에 배분하고, 그다음에 나머지 손상차손을 「K-IFRS 제1105호」의 측정규정을 적용받는 비유동자산에 각 자산의 장부금액의 상대적 비율로 배분한다[1105: 23].

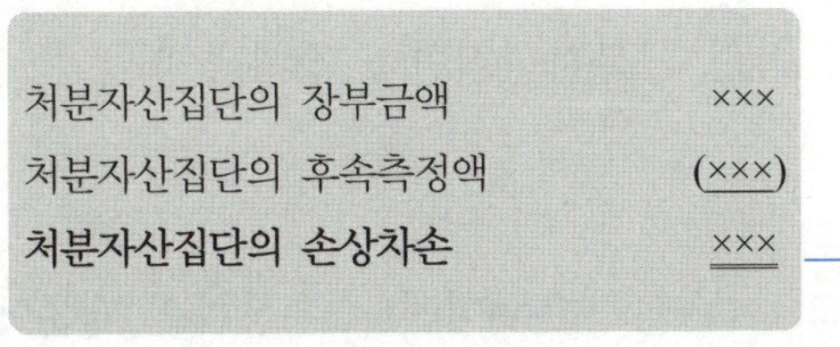

처분자산집단의 장부금액	×××
처분자산집단의 후속측정액	(×××)
처분자산집단의 손상차손	×××

손상차손의 배분순서

1순위: 영업권의 장부금액이 ₩0이 될 때까지 영업권에 배분

2순위: 1순위 배분 후 남은 금액을 「K-IFRS 제1105호」의 측정규정을 적용받는 비유동자산에 각 자산의 장부금액의 상대적 비율로 배분

Miniature 예제 4 처분자산집단의 손상차손

상황

· 2차연도 1. 1.(매각예정으로 분류하는 시점)에 투자부동산을 포함한 처분자산집단의 장부금액과 순공정가치는 다음과 같다.

처분자산집단 장부금액			처분자산집단
투자부동산	기타 자산	합계	순공정가치
₩100,000	₩300,000	₩400,000	₩350,000

· 2차연도 12. 31.의 투자부동산의 공정가치가 ₩70,000이다.

물음

1. 2차연도 12. 31.의 처분자산집단의 후속측정액을 구하라.
2. 2차연도 12. 31.의 처분자산집단의 장부금액과 처분자산집단의 손상차손을 구하라.

정답 및 해설

1. 후속측정액: ₩350,000(순공정가치)
2. 투자부동산의 장부금액: ₩100,000 − ₩30,000(평가손실) = ₩70,000
   처분자산집단의 장부금액: ₩70,000(투자부동산) + ₩300,000(기타 자산) = ₩370,000
   처분자산집단의 손상차손: ₩370,000 − ₩350,000 = ₩20,000

④ 처분자산집단의 손상차손환입의 인식 및 배분

손상차손환입 인식: 처분자산집단의 순공정가치가 증가하면 이익으로 인식한다. 이 경우 이익으로 인식하는 금액은 다음 ①의 금액으로 하되, ②의 금액을 초과할 수 없다[1105: 22].

① 손상차손환입: 다른 관련 기준서에 의해 인식한 금액을 제외하고 [1105: 19]에 따른 순공정가치의 증가액

② 손상차손환입의 한도: 「K-IFRS 제1105호」의 측정규정을 적용받는 비유동자산에 대하여 과거에 인식한 손상차손누계액('이익잉여금을 감소시킨 총액')

처분자산집단의 순공정가치가 증가해서 [후속측정액(순공정가치) > 장부금액]이면 손상차손환입을 인식한다. 그러나 손상차손을 인식하지 않았을 경우 처분자산집단으로 분류하기 직전의 장부금액을 한도로 손상차손을 환입하므로 다음 두 방법 중 하나를 사용해서 손상차손환입을 산정한다.

방법 1: 손상차손을 ₩0으로 가정하고 산정한 '가상적' 장부금액을 이용

새로운 장부금액 = min {순공정가치, '장부금액의 한도' (손상차손을 인식하지 않았을 경우 분류 직전 처분자산집단의 장부금액)}

손상차손환입 = 새로운 장부금액 - 손상차손환입 직전 처분자산집단의 장부금액

방법 2: 손상차손이 이익잉여금을 감소시킨 총액을 이용

손상차손환입 = min {(순공정가치 - 현재 장부금액), (손상차손누계액 - 손상차손 때문에 적게 인식했던 감가상각비)}

손상차손환입의 배분: 손상차손환입이 결정되면 「K-IFRS 제1105호」의 측정규정을 적용받는 비유동자산에 해당 자산의 장부금액의 상대적 비율로 배분한다[1105: 23]. 그러나 「K-IFRS 제1105호」의 측정규정을 적용받지 않는 자산과 유동자산에는 손상차손환입을 배분하지 않는다.

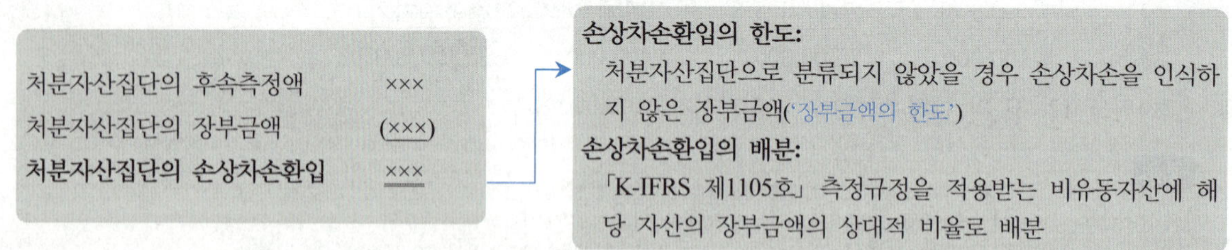

손상차손환입의 영업권에의 배분 여부: 영업권을 포함하는 처분자산집단의 순공정가치가 증가하여 손상차손환입을 인식하는 경우, 손상차손환입을 영업권에 배분하는가? 「K-IFRS 제1105호」는 영업권에 손상차손환입을 배분하는 문제와 관련해서 명확한 지침을 제시하지 않는데, 다음 두 가지 대안이 적용 가능하다.

대안 1: 영업권에는 손상차손환입을 배분하지 않고, 「K-IFRS 제1105호」의 측정규정을 적용받는 비유동자산에 손상차손환입을 배분한다. 단, 새로운 장부금액이 '장부금액의 한도'를 초과하지 않게 한다 [1105: 23].

대안 2: 손상차손환입을 「K-IFRS 제1105호」의 측정규정을 적용받는 비유동자산에 과거 기간에 인식했던 손상차손만큼 우선적으로 배분하고 나머지 금액을 영업권에 대한 조정액으로 인식한다.

대안 1과 대안 2 중 타당한 방법: IFRS 해석위원회가 대안 1과 대안 2 중에서 어느 대안을 채택할 것인지에 대해서 2009년과 2010년에 토론하였으나 결론을 내리지 못하였다. 그 결과 2010년에 IFRS 해석위원회는 다음과 같이 발표하고 대안 1과 대안 2의 선택문제에 대해서 더 이상 검토하지 않기로 결정하였다.

> "IFRS 해석위원회는 매각예정자산으로 분류된 자산처분집단의 영업권에 대해서 인식한 손상차손을 후속 기간에 환입하는지 여부에 대한 회계지침을 제시하도록 요청받았다. 자산처분집단의 영업권에 대해서 손상차손환입의 인식과 배분에 관련하여 해석위원회는 [1105: 22와 23]의 지침이 잠재적으로 상충한다는 것을 인정한다. 그러나 현존하는 IFRS 기준서와 IFRS 개념체계에서 이 문제점을 효과적으로 해결할 수 없으며 해석위원회가 합의에 도달할 가능성도 높지 않다."

예제 8 영업권을 포함하는 처분자산집단의 손상차손환입 배분

중요도: ★★★
난이도: ◆◆◆

상황

· 1차연도 12. 31.에 처분자산집단을 매각예정자산으로 분류하였다. 분류 직전에 처분자산집단에 속한 자산의 장부금액은 다음과 같다.

영업권	₩200,000
투자부동산*	100,000
유형자산**	600,000
합계	₩900,000

* 「K-IFRS 제1105호」의 측정규정을 적용받지 않는 자산
** 「K-IFRS 제1105호」의 측정규정을 적용받는 비유동자산

· 투자부동산의 공정가치는 ₩100,000이다.
· 1차연도 12. 31.의 처분자산집단의 순공정가치가 ₩570,000이다.
· 2차연도 12. 31.의 처분자산집단의 순공정가치는 ₩750,000이다.

물음 1차연도 12. 31.에 손상차손을 배분하고 2차연도 12. 31.에 손상차손환입을 배분하라.

정답 및 해설

· 처분자산집단으로 분류하는 시점(1차연도 12. 31.)의 손상차손:

처분자산집단의 장부금액	₩900,000
처분자산집단의 순공정가치	(570,000)
처분자산집단의 손상차손	₩330,000

· 처분자산집단으로 분류하는 시점(1차연도 12. 31.)의 손상차손 배분:

항목	장부금액	손상차손 배분액	손상차손 배분 후 수정된 장부금액
영업권	₩200,000	₩200,000	₩0
투자부동산	100,000	0	100,000
유형자산	600,000	130,000	470,000
합계	₩900,000	₩330,000	₩570,000

2차연도 12. 31. 손상차손 환입시점:

방법 1:

· 처분자산집단의 새로운 장부금액 = min {순공정가치, '장부금액의 한도'(손상차손을 인식하지 않았을 경우 분류 직전 장부금액)}
= min {₩750,000, ₩900,000}
= ₩750,000

· 처분자산집단의 손상차손환입 = 새로운 장부금액 − 손상차손환입 직전의 장부금액
= ₩750,000 − ₩570,000
= ₩180,000

방법 2:

처분자산집단의 손상차손환입: min {(순공정가치 − 현재 장부금액), (손상차손누계액 − 손상차손으로 적게 인식했던 감가상각비)}
= min {₩180,000, ₩330,000}
= ₩180,000

대안 1: 2차연도 12. 31.의 손상차손환입 배분:

항목	장부금액	손상차손환입 배분액	손상차손환입 배분 후 수정된 장부금액
영업권	₩0	₩0	₩0
투자부동산	100,000	0	100,000
유형자산	470,000	130,000	600,000*
합계	₩570,000	₩130,000	₩700,000

* 유형자산의 장부금액 한도

대안 2: 2차연도 12. 31.의 손상차손환입 배분:

항목	장부금액	손상차손환입 배분액	손상차손환입 배분 후 수정된 장부금액
영업권	₩0	₩50,000*	₩50,000
투자부동산	100,000	0	100,000
유형자산	470,000	130,000	600,000
합계	₩570,000	₩180,000	₩750,000

* 영업권 조정액: ₩180,000 − ₩130,000 = ₩50,000

3. 재무상태표 표시

재무제표이용자가 미래 현금흐름을 보다 정확하게 예측할 수 있도록 매각예정으로 분류된 비유동자산(처분자산집단에 포함되는 자산 포함)과 이와 직접적으로 관련된 부채는 다른 자산 또는 부채와 구별될 수 있도록 재무상태표에 별도항목으로 표시한다. 이때 매각예정으로 분류된 자산과 매각예정으로 분류된 부채를 상계할 수 없다. 매각예정으로 분류된 비유동자산(또는 처분자산집단)과 관련하여 기타포괄손익(예 기타포괄손익－공정가치측정금융자산의 공정가치 상승액)으로 인식한 기타포괄손익누계액도 재무상태표에 별도 항목으로 표시한다[1105: 38].

자산:		부채:	
비유동자산	×××	비유동부채	×××
유동자산	×××	유동부채	×××
매각예정자산	×××	매각예정자산과 관련된 부채	×××
		자본:	
		기타포괄손익누계액	×××
		기타포괄손익누계액(매각예정자산)	×××

예제 9 처분자산집단의 재무상태표 표시

중요도: ★★★
난이도: ◆

상황

· 2차연도 12. 31.에 다음과 같은 자산처분집단을 보유하고 있다.

	자산처분집단 A	자산처분집단 B
기타포괄손익－공정가치측정금융자산	₩1,500*	₩0
유형자산	8,000	3,000
부채	(3,000)	(1,000)
장부금액	₩6,500	₩2,000

* 취득원가는 ₩1,000이며 공정가치 상승액이 ₩500이다.

물음 처분자산집단을 재무상태표에 표시하라.

정답 및 해설

매각예정자산과 기타포괄손익누계액을 별도 분류범주로 표시

자산:		부채:	
비유동자산	×××	비유동부채	×××
유동자산	×××	유동부채	×××
매각예정자산	₩12,500	매각예정자산과 관련된 부채	₩4,000
		자본:	
		기타포괄손익누계액	×××
		기타포괄손익누계액(매각예정자산)	₩500

매각계획의 변경

1. 매각계획 변경시점의 측정

매각계획을 변경해서 매각예정으로 분류했던 자산(또는 처분자산집단)이 매각예정자산의 분류기준을 더 이상 충족하지 못하면 원래 분류로 돌아간다. 매각계획의 변경에 따라 원래의 분류로 돌아갈 때 해당 항목을 재측정한다. 이때 다음 금액을 재측정액으로 한다[1105: 27].

매각계획이 변경되어 원래의 분류로 돌아갈 때의 재측정 금액
= min {애초부터 매각예정자산으로 분류하지 않았더라면 인식했을 장부금액, 매각계획변경일의 회수가능액}

여기서 회수가능액은 사용가치와 순공정가치 중에서 큰 금액이고, 장부금액은 당해 비유동자산(또는 처분자산집단)을 매각예정으로 분류하기 전 장부금액에 상각, 감모 또는 재평가증가(감소)액 등 매각예정자산으로 분류하지 않았더라면 인식하였을 사항을 다음과 같이 모두 반영한 금액을 말한다.

매각예정자산으로 분류하기 직전의 장부금액	×××
±) 조정액:	
매각예정으로 분류하지 않았더라면 재분류시점까지 인식하였을 재평가손익	×××
매각예정으로 분류하지 않았더라면 재분류시점까지 인식하였을 상각액	(×××)
=) 매각예정으로 분류하지 않았더라면 인식하였을 장부금액	×××

매각계획을 변경하면 재측정하기 직전의 장부금액과 재측정한 직후의 장부금액간의 차이를 매각계획을 변경한 회계기간의 포괄손익계산서에 계속영업손익(중단영업이 아님)으로 인식한다. 즉, 매각예정자산으로 더 이상 분류할 수 없는 비유동자산의 장부금액에 반영하는 조정액은 과거기간의 영업결과에 대한 수정사항이 아니므로 계획변경 기간의 계속영업손익으로 인식한다.

예제 10 매각계획의 변경 중요도: ★★★ 난이도: ◆◆

상황

· 5차연도 1. 1.에 내용연수가 5년인 기계를 매각할 목적으로 ₩100,000에 취득하였다.
· 기계의 잔존가치는 없고 정액법으로 감가상각한다.

· 5차연도 1. 1.에 매각계획이 「K-IFRS 제1105호」의 기준을 충족하여 기계를 매각예정자산으로 분류하였다.
· 5차연도 1. 1.의 기계의 순공정가치: ₩100,000
· 6차연도 1. 1.에 매각계획을 취소하고 기계를 계속 사용하기로 결정하였다.

물음 5차연도 12. 31.에 기계의 사용가치는 알 수 없고, 순공정가치가 ① ₩85,000인 경우와 ② ₩70,000인 경우로 구분하여 6차연도 1. 1.의 기계의 측정액을 구하라.

정답 **① ₩80,000, ② ₩70,000**

해설

· 5차연도 1. 1.에 매각예정자산으로 분류하였으므로 5차연도의 감가상각비가 ₩0이고 5차연도 12. 31.에 매각예정자산의 측정액이 ① ₩85,000(순공정가치가 ₩85,000인 경우) 또는 ② ₩70,000(순공정가치가 ₩70,000인 경우)이다.
· 5차연도 1. 1.에 기계를 매각예정으로 분류하지 않았을 경우 6차연도 1. 1.의 기계의 장부금액은 ₩80,000(₩100,000 − (₩100,000 ÷ 5년))이다.
· 매각계획 변경시점(6차연도 1. 1.)의 기계 측정액: min {매각예정자산으로 분류하지 않았더라면 인식했을 장부금액, 회수가능액}

① 순공정가치가 ₩85,000인 경우: 기계의 회수가능액(₩85,000)이 장부금액(₩80,000)을 초과하므로 기계의 측정액은 ₩80,000이다.
② 순공정가치가 ₩70,000인 경우: 기계의 회수가능액(₩70,000)이 장부금액(₩80,000)에 미달하므로 손상차손 ₩10,000을 인식하고 기계를 ₩70,000으로 측정한다.

2. 처분자산집단의 일부 항목이 매각예정 분류조건을 더 이상 충족하지 못하는 경우

처분자산집단에 포함된 일부 항목이 매각예정 분류조건을 더 이상 충족하지 못해서 처분자산집단에서 제외되는 경우, 제외되는 항목은 **매각계획의 변경에 따라 회계처리**하고, 분류기준을 계속 만족하는 항목들은 계속해서 처분자산집단으로 인식한다. 개별 자산이나 부채를 제거함에 따라 해당 집단 전체가 매각예정자산(또는 처분자산집단) 분류기준을 충족하지 못하게 되면 개별 자산별로 매각예정자산 분류기준의 충족 여부를 결정한다. 매각예정 분류기준을 충족하는 개별 항목은 순공정가치와 장부금액 중 적은 금액으로 측정한다. 매각예정 분류기준을 충족하지 못하는 개별 항목은 더 이상 매각예정으로 분류할 수 없다. 현금창출단위가 매각예정이면 현금창출단위에 포함된 비유동자산의 장부금액은 현금창출단위를 처분자산집단으로 분류하기 직전에 현금창출단위의 손상차손이 배분된 후의 금액이다. 그러므로 해당 현금창출단위에 포함된 비유동자산을 사용목적 자산으로 재분류하면 해당 현금창출단위에 대해서 다시 손상차손을 측정한다.

관련예제와 함께 풀어보세요

유제 1 처분자산집단의 손상차손 배분과 매각계획의 변경(2015년, 회계사)

관련예제 7, 10

상황

㈜한국은 2차연도 1. 1.에 자산집단을 매각하여 처분하기로 결정하였는데 매각예정 분류기준을 충족하고 있다. 처분자산집단에 속한 자산은 다음과 같이 측정한다. 유형자산 A의 재평가잉여금은 없다.

	매각예정으로 분류하기 전 보고기간 말의 장부금액	매각예정으로 분류하기 직전에 재측정한 장부금액
영업권	₩30,000	₩30,000
유형자산 A(재평가액으로 표시)	92,000	80,000
유형자산 B(원가로 표시)	120,000	120,000
재고자산	48,000	44,000
기타포괄손익-공정가치측정금융자산	36,000	30,000
합계	₩326,000	₩304,000

물음

1. 매각예정으로 분류하기 직전에 장부금액을 재측정함으로써 발생하는 손실 중 ① 당기손익으로 인식할 금액과 ② 기타포괄손익으로 인식할 금액을 구하시오.
2. 2차연도 12. 31.에 처분자산집단의 순공정가치가 ₩266,000으로 평가되었을 경우 인식되는 손상차손을 처분자산집단에 배분하고자 한다. ① 영업권에 배분하는 손상차손과 ② 유형자산 A(재평가액으로 표시)에 배분하는 손상차손을 구하시오.
3. 3차연도 3. 2.에 유형자산 B를 매각하지 않기로 결정하고 매각예정으로 분류된 처분자산집단에서 제외하였다. 이때 이 자산의 장부금액은 ₩110,000이고 회수가능액은 ₩87,000이며 매각예정으로 분류하지 않고 정상적으로 감가상각하였을 경우의 장부금액은 ₩100,000이라고 가정한다. 매각예정에서 제외되면서 인식한 유형자산 B의 손상차손을 구하시오.

정답 및 해설

1. 유형자산 A 손상차손(당기손실): ₩92,000 − ₩80,000 = ₩12,000
   재고자산 평가손실(당기손실): ₩48,000 − ₩44,000 = 4,000
   합계 ₩16,000 (물음 1-①의 해답)

   기타포괄손익-공정가치측정금융자산 평가손실(기타포괄손익): ₩36,000 − ₩30,000 = ₩6,000
   (물음 1-②의 해답)

2.

처분자산집단의 손상차손: ₩304,000(장부금액) − ₩266,000(순공정가치) = ₩38,000

처분자산집단의 손상차손(총손상차손)을 배분하는 순서는 다음과 같다.

1순위: 영업권

2순위: 「K-IFRS 제1105호」의 측정규정을 적용받는 비유동자산

(1순위 배분 후 남은 금액을 각 자산의 장부금액의 상대적 비율대로 배분)

처분자산집단 손상차손의 배분:

	장부금액	배분율	배분액
영업권	₩30,000		₩30,000 (물음 2 - ①의 해답)
유형자산 A	80,000	40%	3,200 (물음 2 - ②의 해답)
유형자산 B	120,000	60	4,800
합계		100%	₩38,000

3.

매각계획의 변경에 따라 원래의 분류로 돌아갈 때 해당 항목을 재측정한다. 이때 재측정하는 금액은 다음 금액으로 한다.

매각계획이 변경되어 원래의 분류로 돌아갈 때의 재측정 금액

= min {매각예정자산으로 분류하지 않았더라면 인식했을 장부금액, 매각계획 변경일의 회수가능액}

= min {₩100,000, ₩87,000}

= ₩87,000

유형자산 B의 손상차손: ₩110,000(장부금액) − ₩87,000 = ₩23,000

연습문제 07

P7-01 1년 규정의 예외조건(「K-IFRS 제1105호」 사례 7)

• 1차연도 1. 1.에 기업이 비유동자산의 매각계획을 확약하고 다음 상황에서 해당 자산을 매각예정으로 분류하였다.

• 상황 ①: 최초매각예정으로 분류한 시점부터 1년 동안 시장상황이 악화되어 1년 기간의 종료시점까지 자산이 매각되지 않았다. 1년 동안 적극적인 매각활동을 하였으나 합리적인 구매제안을 받지 못한 결과 매각가격을 낮추었다.

• 상황 ②: 다음 1년 동안 시장상황이 더욱 악화되어 2차연도 말에도 자산을 매각하지 못하였다. 그러나 기업은 시장상황이 개선될 것으로 예상하고 매각가격을 추가로 낮추지 않았다. 해당 자산을 계속해서 매각예정자산으로 분류하고 있으나 매각가격이 현재의 공정가치를 초과하는 가격이다.

물음 위의 각 상황에서 매각예정 분류기준이 충족되는가를 결정하라.

P7-02 재평가액으로 표시된 매각예정자산의 측정액

• 5차연도 1. 1.에 무대포회사는 다음 유형자산을 보유하고 있다.

취득원가	₩96,000
감가상각누계액	(36,000)
장부금액	₩60,000

• 유형자산에 대한 매년 감가상각비: ₩12,000

• 무대포회사가 유형자산을 처분하기로 결정하였는데 5차연도 10. 1.에 매각예정자산의 분류조건이 충족되었다.

물음 1. 무대포회사는 원가모형을 적용하여 유형자산을 측정하였다. 유형자산을 매각예정자산으로 분류하기 직전의 유형자산의 측정액을 결정하라.

2. 무대포회사가 재평가모형을 적용하여 유형자산을 측정해서 5차연도 1. 1.에 유형자산의 장부금액이 ₩60,000이라고 가정하라. 5차연도 10. 1.에 유형자산의 공정가치가 ₩30,000이고 재평가잉여금계정의 잔액이 ₩0인 경우 유형자산을 매각예정자산으로 분류하기 직전의 유형자산의 측정액을 결정하라.

3. 물음 2의 자료를 이용하고 유형자산을 처분하는 비용이 ₩2,000인 경우 「K-IFRS 제1105호」에 따라 매각예정자산의 측정액을 결정하라.

P7-03 단일 매각예정자산에 대한 장부금액의 한도의 계산

• 1차연도 1. 1.에 ₩50,000에 기계(내용연수: 5년, 잔존가치: ₩0)를 취득하고 정액법으로 감가상각하여 매년 감가상각비가 ₩10,000이다.

• 1차연도 12. 31.의 기계의 회수가능액이 ₩28,000이다.

• 2차연도 12. 31.에 기계의 순공정가치가 ₩16,000인 시점에 기계를 매각예정자산으로 분류하였다.

물음 ① 분류 직전(2차연도 12. 31.)에 비유동자산(기계)을 재측정한 장부금액, ② 분류시점(2차연도 12. 31.)의 매각예정자산의 장부금액, ③ 손상차손환입후 매각예정자산의 장부금액의 한도를 계산하라.

P7-04 단일 매각예정자산의 손상차손환입의 측정

P7-03의 자료를 이용하되, 3차연도 12. 31.에 기계의 순공정가치가 ₩45,000이라고 가정하라.

물음 3차연도 12. 31.의 손상차손환입을 계산하라.

P7-05 단일 매각예정자산의 손상차손과 손상차손환입[1)]

- 1차연도 1. 1. 기계(내용연수: 10년, 잔존가치: ₩0)를 ₩500,000에 취득해 정액법으로 감가상각한다.
- 2차연도 12. 31.의 비유동자산(기계)의 회수가능액은 ₩300,000이다.
- 3차연도 12. 31.에 비유동자산(기계)을 매각예정자산으로 분류하였다. 분류시점에 매각예정자산의 순공정가치가 ₩162,500이다.
- 4차연도 12. 31.의 매각예정자산의 순공정가치가 ₩362,500이다.

물음 1. 매각예정자산으로 분류하는 시점(3차연도 12. 31.)의 비유동자산(기계)의 재측정된 장부금액을 결정하라.
2. 손상차손을 인식하지 않았을 경우 매각예정자산으로 분류하기 직전(3차연도 12. 31.)의 비유동자산(기계)의 장부금액을 결정하라.
3. 비유동자산(기계)을 매각예정자산으로 분류하는 시점(3차연도 12. 31.)의 매각예정자산의 손상차손을 결정하라.
4. 4차연도 12. 31.의 매각예정자산의 손상차손환입을 결정하라.

P7-06 처분자산집단에 대한 후속측정과 손상차손의 배분

- 다음 처분자산집단은 매각예정자산으로 분류되는 기준이 충족되어 1차연도 12. 31.에 매각예정자산으로 분류하였다.

영업권	₩0
유형자산	72,000
무형자산	18,000
투자부동산	25,000
처분자산집단의 장부금액	₩115,000

- 투자부동산은 공정가치로 측정한다.
- 2차연도 12. 31.에 입수한 자료는 다음과 같다.
  - ▸ 투자부동산의 공정가치: ₩15,000
  - ▸ 처분자산집단 전체의 순공정가치: ₩100,000

물음 처분자산집단의 손상차손을 배분하고 각 자산의 장부금액을 결정하라.

P7-07 영업권을 포함하는 처분자산집단에 대한 손상차손의 배분 (영국 회계사 기출문제)

- SK는 4차연도 12. 31. 이전에 자회사 YW를 매각하기로 결정하였다. YW는 재무제표가 승인된 날 이후에 매각될 예정이다.
- YW의 매각 계약은 재무제표 작성 시기에 협의되어 5차연도 3월에 YW가 매각될 것으로 기대한다.
- 배분된 영업권을 포함하여 YW의 장부금액은 다음과 같다.

영업권	₩30
유형자산 – 취득원가	120
유형자산 – 재평가	180

---

1) Deloitte LLP, *iGAAP 2017: Volume A: A Guide to IFRS Reporting Part 2*, LexisNexis(2017), pp. 1696~1697.

재고자산	100
매출채권	40
매입채무	(20)
합계	₩450

• 4차연도 12. 31.의 YW의 순자산의 공정가치는 ₩415이고 추정 매각비용은 ₩5이다.

물음 4차연도 12. 31.에 손상차손을 배분한 후의 장부금액을 결정하라.

P7-08 영업권을 포함하는 처분자산집단 손상차손의 배분

• 매각예정요건이 충족되는 시점의 처분자산집단에 대한 자료는 다음과 같다.

	장부금액	비고
영업권	₩10,000	매각예정자산으로 분류하기 직전에 재측정된 금액
유형자산	30,000	회수가능액: ₩27,000
재고자산	5,000	순실현가능가치: ₩4,000
금융자산	2,000	매각예정자산으로 분류하기 직전에 재측정된 금액
합계	₩47,000	

• 처분자산집단의 순공정가치: ₩30,000

물음 손상차손을 배분한 후의 개별자산의 장부금액을 결정하라.

P7-09 영업권을 포함하는 처분자산집단의 손상차손 배분

• 매각예정요건을 충족하는 처분자산집단의 4차연도 12. 31.의 장부금액은 다음과 같다.

영 업 권	₩4,000
유형자산	19,000
재고자산	7,000
금융자산	6,000
금융부채	(12,000)
합계	₩24,000

• 영업권, 금융자산, 금융부채는 매각예정자산으로 분류하기 직전에 재측정된 금액이다.
• 매각예정자산으로 분류하기 직전의 유형자산의 측정액은 ₩15,000(회수가능액)이고 재고자산의 측정액은 ₩5,000(순실현가능가치)이다.
• 처분자산집단의 순공정가치는 ₩11,000이다.

물음 손상차손을 배분한 후의 개별자산의 장부금액을 결정하라.

P7-10 영업권을 포함하지 않는 처분자산집단의 손상차손환입 배분

• 1차연도 12. 31.에 처분자산집단을 매각예정자산으로 분류하였는데 분류 직전에 처분자산집단에 속한 자산의 장부금액은 다음과 같다.

투자부동산*(공정가치)	₩200,000
기타 자산**	300,000
처분자산집단	₩500,000

* 「K-IFRS 제1105호」의 측정규정을 적용받지 않는 자산

** 「K-IFRS 제1105호」의 측정규정을 적용받는 비유동자산

- 1차연도 12. 31.의 처분자산집단의 순공정가치가 ₩530,000이다.
- 2차연도 12. 31.과 3차연도 12. 31.의 처분자산집단에 대한 자료는 다음과 같다.

	2차연도 12. 31.	3차연도 12. 31.
투자부동산(공정가치)	₩200,000	₩230,000
기타 자산(순공정가치)	260,000	330,000
처분자산집단(순공정가치)	₩460,000	₩560,000

- 문제를 단순화시켜 기타 자산에 대한 감가상각비를 무시하라.

물음 2차연도 12. 31.의 손상차손과 3차연도 12. 31.의 손상차손환입을 계산하라.

P7-11 단일 자산을 매각예정자산으로 분류: 손상차손환입의 한도(매각예정자산으로 분류하기 이전 회계기간에 손상차손을 인식한 경우)

- 1차연도 1. 1.에 기계를 현금 ₩500,000에 취득하였다.
- 기계를 잔존가치 없이 정액법으로 5년간 감가상각한다.
- 1차연도 12. 31.의 기계의 회수가능액: ₩280,000
- 1차연도 12. 31.에 인식한 손상차손: ₩400,000(장부금액) − ₩280,000 = ₩120,000
  - 손상차손 인식후 기계의 2차연도 감가상각비: ₩280,000 ÷ 4년 = ₩70,000
  - 손상차손 인식후 2차연도 말의 기계의 장부금액: ₩280,000 − ₩70,000 = ₩210,000
  - 손상차손을 인식하지 않았을 경우 2년간 감가상각누계액: ₩200,000
  - 손상차손을 인식하지 않았을 경우 2차연도 12. 31.의 기계의 장부금액: ₩300,000
- 2차연도 12. 31.에 기계의 회수가능액이 ₩210,000이므로 추가 손상차손은 ₩0이다.
- 2차연도 12. 31.에 기계를 매각예정자산으로 재분류하였다.
  - 2차연도 12. 31.의 기계의 순공정가치: ₩180,000
  - 매각예정자산으로 분류하는 시점의 손상차손: ₩210,000 − ₩180,000 = ₩30,000
  - 매각예정자산으로 분류하는 시점의 기계의 장부금액(순공정가치): ₩180,000
  - 손상차손누계액계정의 잔액: ₩120,000 + ₩30,000 = ₩150,000
- 3차연도 12. 31.의 기계의 순공정가치: ₩330,000

물음 3차연도 12. 31.의 손상차손환입을 결정하고 필요한 분개를 하라.

P7-12 사용목적의 비유동자산으로 재분류

- 불가항력회사는 매각목적으로 건물을 취득하고 매각예정자산으로 분류하여 회계처리하고 있다. 그러나 불가항력회사는 확정구매계약을 체결하기 전에 건물이 손상되어 수리할 필요가 있다는 것을 알게 되었다.
- 불가항력회사는 건물을 매각하지만 수리가 완료되기 전까지는 구매자에게 건물을 양도할 수 없다.

물음 건물에 대한 회계처리를 설명하라.

P7-13 영업권을 포함하지 않는 처분자산집단의 손상차손

- 1차연도 12. 31.에 처분자산집단을 매각예정자산으로 분류하였는데 분류 직전의 장부금액은 다음과 같다.

투자부동산*(공정가치)	₩200,000
기타 자산**	300,000

처분자산집단	₩500,000

* 「K-IFRS 제1105호」의 측정규정을 적용받지 않는 자산

** 「K-IFRS 제1105호」의 측정규정을 적용받는 비유동자산

- 1차연도 12. 31.의 처분자산집단의 순공정가치는 ₩530,000이다.
- 2차연도 12. 31.의 처분자산집단의 측정액은 다음과 같다.

투자부동산(공정가치)	₩170,000
기타 자산(순공정가치)	280,000
처분자산집단(순공정가치)	₩450,000

물음 1차연도 12. 31.과 2차연도 12. 31.의 처분자산집단의 손상차손을 계산하라.

P7-14 즉시매각가능성(「K-IFRS 제1105호」 사례 2)

- 기업이 제조설비의 매각계획을 확약하고 다음 상황에서 매수자를 물색하기 시작하였으나 계획확약일(plan commitment date) 현재 고객으로부터 수주한 주문 잔량이 남아있다.
- 상황 ①: 제조설비뿐만 아니라 매각일 현재의 주문 잔량도 매수자에게 양도할 것이다.
- 상황 ②: 관련 영업을 제외하고 제조설비만을 매각할 의도이므로 미완성 주문 잔량을 처리하고 설비의 모든 가동을 중단한 후에 매수자에게 설비를 양도할 계획이다.

물음 위의 각 상황에서 매각예정 분류기준이 충족되는 시점을 결정하라.

P7-15 처분자산집단의 손상차손

- 애물단지회사가 다음과 같은 자산을 처분자산집단으로 분류했다.

	분류 직전 장부금액	분류 직전 재측정액
영업권	₩10,000	₩10,000
유형자산(재평가된 금액)	60,000	40,000
유형자산(원가로 측정한 금액)	80,000	80,000
재고자산	28,000	21,000
금융자산	32,000	27,000
합계	₩210,000	₩178,000

- 처분자산집단의 순공정가치는 ₩153,000이다.

물음 처분자산집단의 손상차손을 배분하라.

P7-16 매각예정자산의 손상차손과 매각

- 3차연도 1. 1.에 철면피회사가 기계를 매각예정자산으로 분류했다.
- 철면피회사는 기계를 원가모형으로 측정해서 3차연도 1. 1.에 장부금액이 다음과 같다.

기계의 취득원가	₩500,000
감가상각누계액	(100,000)
장부금액	₩400,000

- 기계의 공정가치와 장부금액은 다음과 같다.

	3차연도 1. 1.	3차연도 12. 31.
공정가치	₩390,000	₩340,000
사용가치	430,000	400,000

- 기계의 매각비용: ₩20,000
- 4차연도 1. 15.에 철면피회사가 기계를 ₩380,000에 처분했다.

물음 철면피회사에 필요한 분개를 하라.

P7-17 처분자산집단의 손상차손 배분

매각예정요건을 충족하는 처분자산집단에 대한 자료는 다음과 같다.

	장부금액	비고
영업권	₩10,000	매각예정자산으로 분류하기 직전에 재측정된 금액
유형자산	30,000	회수가능액: ₩27,000
재고자산	5,000	순실현가능가치: ₩4,000
금융자산	2,000	매각예정자산으로 분류하기 직전에 재측정된 금액
합계	₩47,000	

처분자산집단의 순공정가치: ₩30,000

물음 손상차손을 배분한 후 개별자산의 장부금액을 결정하라.

P7-18 영업권을 포함하는 처분자산집단의 손상차손 배분

1차연도 12. 31.에 처분자산집단을 매각예정자산으로 분류하였는데 분류 직전에 처분자산집단에 속한 자산의 재측정한 장부금액은 다음과 같다.

영업권	₩100,000
기타 자산*	300,000
합계	₩400,000

* 「K-IFRS 제1105호」 측정규정을 적용받는 비유동자산

1차연도 12. 31.에 처분자산집단의 순공정가치가 ₩280,000이다.

물음 1차연도 12. 31.의 처분자산집단의 손상차손을 배분하라.

P7-19 처분자산집단의 손상차손

(2010년, 회계사 1차)

㈜사직은 12월 말에 특정자산집단을 매각방식으로 처분하기로 하였고 이는 매각예정의 분류기준을 충족한다. 처분자산집단에 속한 자산은 다음과 같이 측정한다.

구 분	매각예정으로 분류하기 전 12월말의 장부금액	매각예정으로 분류하기 직전에 재측정한 장부금액
영업권	₩3,000	₩3,000
유형자산(재평가액으로 표시)	18,000	17,000
재고자산	5,000	4,000
기타포괄손익－공정가치측정금융자산	3,000	2,000
합 계	₩29,000	₩26,000

한편, ㈜사직은 매각예정으로 분류하는 시점에서 처분자산집단의 순공정가치를 ₩20,000으로 추정하였으며, 따라서 처분자산집단에 대한 손상차손을 인식하고자 한다.

물음 손상차손 배분 후 유형자산과 재고자산의 장부금액은 각각 얼마인가?

P7-20 처분자산집단

(2016년, 회계사 1차)

㈜한국은 2차연도 12월 말에 다음의 자산집단을 매각방식으로 처분하기로 하였고, 이는 매각예정의 분류기준을 충족한다. 처분자산집단에 속한 자산은 다음과 같이 측정한다.

구 분	매각예정으로 분류하기 전 12월 말의 장부금액	매각예정으로 분류하기 직전에 재측정한 장부금액
영업권	₩100,000	₩100,000
유형자산 Ⅰ(재평가액으로 표시)	1,200,000	1,000,000
유형자산 Ⅱ(원가로 표시)	2,000,000	2,000,000
재고자산	1,100,000	1,050,000
기타포괄손익－공정가치측정금융자산	1,300,000	1,250,000
합계	₩5,700,000	₩5,400,000

㈜한국은 매각예정으로 분류하는 시점에서 처분자산집단의 순공정가치를 ₩5,000,000으로 추정하였다.

물음 2차연도 12월 말에 ㈜한국이 처분자산집단에 대하여 인식할 총포괄손익과 손상차손 배분 후 유형자산 Ⅰ의 장부금액은 각각 얼마인가?

Chapter 08

현금과 수취채권

학습 목표

LO 8－1. 금융자산의 개념을 이해한다.
LO 8－2. 은행계정조정표를 작성하는 방법을 이해한다.
LO 8－3. 매출채권과 받을어음의 최초측정액과 후속측정액을 결정하는 방법을 이해한다.
LO 8－4. 매출채권과 받을어음의 손상차손을 결정하는 방법을 이해한다.
LO 8－5. 금융자산의 제거조건을 이해한다.
LO 8－6. 매출채권을 이용해서 자금을 조달하는 계약에 대한 회계처리방법을 이해한다.
LO 8－7. 파생상품의 개념을 이해하고 자기지분상품으로 결제되는 계약에 대한 회계처리를 습득한다.

제8장

Chapter 08 제1절

금융상품과 금융자산의 개념

1. 금융상품의 개념

금융상품(financial instruments)은 한 거래당사자에게는 금융자산을 발생시키고 다른 거래당사자에게는 금융부채 또는 지분상품(자본)을 발생시키는 모든 계약이다. 계약(contract)은 둘 이상의 당사자들 간에 집행가능한(법적 구속력이 있는) 권리와 의무가 생기게 하는 약정으로, 서면, 구두 또는 사업 관행에 따라 체결될 수 있다.

금융상품의 핵심은 일반적인 자산, 부채, 자본항목과는 달리 권리 또는 의무를 발생시키는 '계약'의 관점에서 정의된다는 것이다. 따라서 거래당사자 간에 '계약'으로 권리 또는 의무가 부여되는지 여부를 판단해서 특정 항목이 금융상품인지 여부를 결정한다. 현금을 받을 권리(또는 현금을 지급하는 의무)라 하더라도 계약상 권리(또는 의무)가 아닌 자산(또는 부채)은 금융상품이 아니다. 예를 들어, 법인세를 환급받을 권리(또는 법인세를 납부할 의무)는 계약상 권리(또는 의무)가 아니라 법률에 따라 생기는 권리(또는 의무)이므로 금융상품이 아니다.

금융상품은 '금융상품'이란 이름으로 재무상태표에 보고(표시)하지 않고, 계약의 내용에 따라 금융자산, 금융부채, 또는 지분상품으로 분류하여 재무상태표에 보고한다.[1)]

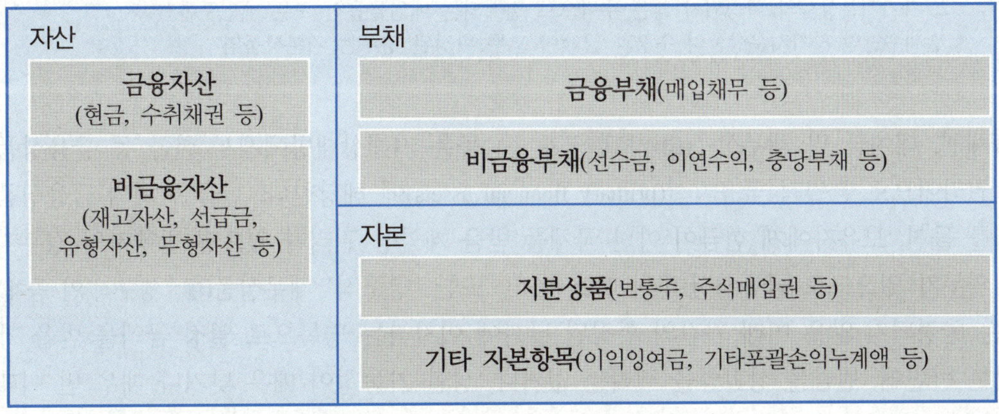

1) 제8장과 「K-IFRS 제1032호」에서 사용하는 용어가 혼돈스러울 수 있다. 금융자산과 금융부채를 다른 자산과 부채와 구분하기 위하여 계약상의 권리와 의무를 강조하는 과정에서 등장한 것이 금융상품이다. 독자는 금융상품을 대분류로 보고 금융자산, 금융부채, 지분상품을 소분류로 보면 된다.

2. 금융자산의 개념

금융자산(financial assets)은 미래에 현금을 받을 계약상 권리로서, 현금, 수취채권, 다른 기업의 지분상품(예 주식), 기타 금융자산(예 자기주식)을 받거나 금융자산(또는 금융부채)을 잠재적으로 유리한 조건으로 교환할 수 있는 계약상 권리 등을 포함한다[1032: 11(4)]. 금융자산은 그 가치가 해당 자산의 시장가치에 의해 직접 결정되는 본원적 금융자산과, 다른 자산('기초자산'이라 함)의 가치를 토대로 가치가 결정되는 파생적 금융자산(부록 8-1 참조)으로 나뉜다.

본원적 금융자산

- 현금(예 국내통화, 은행예금 등) ➡ 현금 및 현금성자산
- 다른 기업의 지분상품(예 상장회사의 보통주 등) ➡ 지분증권
- 거래상대방에게서 금융자산(현금 포함)을 받을 계약상 권리 ➡ 수취채권(대여금 포함), 채무증권

파생적 금융자산

- 잠재적으로 유리한 조건으로 거래상대방과 금융자산 또는 금융부채를 교환하기로 한 계약상 권리 ➡ 파생상품과 관련된 금융자산
  (예 다른 기업의 주식을 약정가격으로 살 수 있는 계약상 권리 등)
- 자기지분상품*으로 결제하는 파생상품 및 비파생상품 ➡ 파생상품과 관련된 금융자산
  (예 1. 특정 일반상품의 가치에 해당하는 가변수량의 자기지분상품을 받을 수 있는 계약
  2. 자기지분상품의 확정되지 않은 수량으로 결제되는 매입콜옵션 또는 매입풋옵션)
  * 결제수단인 자기지분상품의 수량과 금액이 모두 확정된 경우는 지분상품임

매출채권, 대여금 및 채무상품(예 사채, 국채 등) 등은 거래상대방에게서 현금 등 금융상품을 받을 계약상 권리이므로 본원적 금융자산(primary financial assets)에 해당한다. 현금 이외의 금융상품을 수취하는 예를 들면, 보유자에게 현금이 아닌 국채를 받을 계약상 권리가 있으면 발행자인 정부가 현금을 지급할 의무가 있으므로 금융자산이다[1032: AG5]. 또한 '영구적' 채무상품(예 '영구적'인 공채, 사채)의 보유자는 한정되지 않은 미래 기간의 확정된 날짜에 이자라는 명목으로 일정 금액을 받을 계약상 권리를 갖는 반면에, 원금을 상환받을 권리는 없거나, 상환 가능성이 매우 낮거나 매우 먼 미래에 원금을 상환받을 권리를 갖는다. 이러한 금융상품의 보유자 역시 금융자산을 보유한다[1032: AG6].

계약의 결과로 미래에 수취할 대가가 상승할 가능성이 있는 계약을 잠재적으로 유리한 조건의 교환(exchange under potentially favourable terms)이라 한다. 예를 들어, 섬섬회사가 상장기업인 옥수회사의 주식을 90일 후에 주당 ₩1,000에 매입할 수 있는 계약을 체결했다고 가정하자. 섬섬회사는 주가가 ₩1,000이 넘으면 사는 권리를 행사하지만 주가가 ₩1,000 미만이면 사지 않아도 되므로 꽃놀이패이다. 섬섬회사가 사는 권리를 행사하면 이득을 보므로 이 계약은 섬섬회사에게 잠재적으로 유리한 계

약이다. 이 경우 섬섬회사는 파생금융자산(derivative financial asset)을 인식한다. 파생금융자산은 비금융항목을 매도하는 계약 중 차액결제할 수 있거나 금융상품을 교환하여 결제할 수 있는 계약이나 비금융항목을 현금으로 쉽게 전환할 수 있는 계약을 포함한다[1032: AG20].

특정 계약의 결과로 미래에 지급해야 할 대가가 상승할 가능성이 있는 계약을 잠재적으로 불리한 조건의 교환(exchange under potentially unfavourable terms)이라 한다. 예를 들어, 섬섬회사가 상장기업인 자손회사의 주식을 90일 후에 주당 ₩1,000에 반드시 매입해야 하는 계약을 체결했다고 가정하자. 섬섬회사는 자손회사의 주가가 ₩1,000 미만이라 하더라도 반드시 ₩1,000에 사야 하는 계약상 의무를 부담한다. 거래상대방이 자손회사의 주식을 파는 권리를 행사하면 섬섬회사가 손실을 보므로 이 계약은 섬섬회사에게 잠재적으로 불리한 계약이다. 이 경우 섬섬회사는 파생금융부채(derivative financial liability)를 인식한다.

금융자산의 분류범주

현금과 현금성자산은 별도의 분류범주 없이 그 자체로 재무상태표에 보고한다. 나머지 금융자산은 공정가치로 측정할 수도 있고, 다음과 같이 상각후원가(amortized cost, AC)로 측정할 수도 있다.

금융자산의 액면금액	×××
현재가치할인(할증)차금	(×××)
원금회수액	(×××)
총 장부금액(gross carrying amount)	×××
손실충당금(제4절 참조)	(×××)
금융자산의 상각후원가(순 장부금액)	×××

금융자산을 공정가치로 측정하는 경우에 공정가치가 변해서 발생하는 미실현보유손익을 당기손익으로 인식하면 당기손익－공정가치측정(fair value through profit or loss, FVPL)금융자산으로 분류하고, 기타포괄손익으로 인식하면 기타포괄손익－공정가치측정(fair value through other comprehensive income, FVOCI)금융자산으로 분류한다.

종합하면, 현금 및 현금성자산을 제외한 모든 금융자산은 측정방식에 따라 다음 **세 범주**로 나눌 수 있다.

- 상각후원가측정(AC)금융자산
- 당기손익－공정가치측정(FVPL)금융자산
- 기타포괄손익－공정가치측정(FVOCI)금융자산

- 금융자산
  - 현금 및 현금성자산
  - 채무상품 (예 회사채)
    - 상각후원가측정(AC)금융자산(대여금 및 수취채권 포함)
    - 당기손익－공정가치측정(FVPL)금융자산
    - 기타포괄손익－공정가치측정(FVOCI)금융자산
  - 지분상품 (예 보통주)
    - 당기손익－공정가치측정(FVPL)금융자산
    - 기타포괄손익－공정가치측정(FVOCI)금융자산
  - 파생금융자산
    - 당기손익－공정가치측정(FVPL)금융자산(투기목적으로 보유)
    - 위험회피회계 적용 파생상품(위험회피목적으로 보유)

현금 및 현금성자산과 수취채권(받을어음 포함)은 제8장에서 다루고, 파생상품과 관련된 금융자산은 부록 8-1에서, 채무상품과 지분상품은 제9장에서 설명한다.

Chapter 08 제2절

현금과 현금성자산

1. 현금과 현금성자산

회계에서 말하는 현금(cash)은 지폐와 주화뿐만 아니라 다음 항목을 포함한다.

- 타인발행수표 등 통화대용증권과 당좌예금 및 보통예금
- 정기예금 및 적금
- 국내통화로 자유롭게 전환될 수 있는 외국통화
- 현금성자산

화폐(현금)는 교환 수단이고 금융자산이며, 재무제표에 모든 거래를 인식하고 측정하는 수단이다. 금융기관에 예치한 현금은 금융기관에서 현금을 인출하거나 금융부채를 지급하기 위하여 예치된 나머지 금액에 대하여 채권자를 수취인으로 하여 수표 등을 발행할 수 있는 계약상 권리에 해당하므로 금융자산이다[1032: AG3].

현금성자산(cash equivalents)은 큰 거래비용 없이 쉽게 현금으로 전환할 수 있고 이자율변동에 따른 가치변동의 위험이 중요하지 않은 금융자산으로[1007: 6], 취득시점에 만기(또는 상환일)가 3개월 이내에 도래하는 금융자산이다. 현금성자산은 자산보유자의 의도에 따라 아무런 제약 없이 쉽게 현금으로 전환할 수 있어야 한다. 현금성자산은 현금과 합산하여 단일금액으로 재무상태표에 보고하며, 다음을

포함한다.

- 양도성예금증서
- 정부가 발행한 단기국채(예 만기가 4, 13, 26주인 미국 정부의 국채)
- 우량 기업이 발행한 단기어음(신용등급이 매우 좋은 회사가 발행한 단기증권)
- 정부가 발행한 단기증권과 우량 기업의 단기어음으로 구성된 금리연동제 단기투자신탁(money market fund)

2. 은행계정조정표

은행계정조정표(bank reconciliation)는 기업의 당좌예금계정 기말잔액에 대한 은행의 기록과 기업의 기록을 바탕으로 양측의 기말잔액을 조정하여 일치시키는 표이다. 은행계정조정표를 작성하는 이유는 구체적으로 다음과 같다.

- 은행이 작성한 기말잔액과 기업이 작성한 기말잔액이 다른 이유를 이해하기 위해서
- 은행 또는 기업이 범한 오류를 발견하기 위해서
- 현금에 대한 기업의 내부통제에 기여하기 위해서

은행계정조정표는 은행잔액 또는 예금주잔액 중 어느 쪽 잔액에서 시작해서 조정하는지에 따라 두 가지 유형으로 나뉜다. 두 유형의 시작점은 다르지만, 조정의 도착점인 당좌예금계정의 '올바른 기말잔액'은 같아야 한다.

▸ 유형 1: 은행거래내역서상의 기말잔액을 올바른 기말잔액으로 조정
▸ 유형 2: 기업의 장부상 기말잔액을 올바른 기말잔액으로 조정

(1) 유형 1: 은행잔액 ➡ 올바른 기말잔액

유형 1은 당좌예금의 예금주(기업)는 보유하고 있으나 은행이 가지고 있지 않은 자료를 이용하여 은행거래내역서의 기말잔액을 올바른 기말잔액으로 다음과 같이 조정하는 것이다.

양식 유형 1 은행계정조정표

은행거래내역서 상 기말잔액		×××
가산: 미기입예금(deposits in transit)	×××	
은행에 입금하지 않은 현금	×××	
은행거래내역서 잔액을 과소계상한 은행 측 오류	×××	×××
차감: 미인출수표(outstanding checks, 수표를 발행했으나 수취인이 은행에서 인출하지 않은 금액)	×××	
은행거래내역서 잔액을 과대계상한 은행 측 오류	×××	(×××)
올바른 기말잔액		×××

Tip 수정분개: 위의 가산항목과 차감항목은 은행은 모르는 자료지만 예금주(기업)는 이미 알고 있는 자료이므로 예금주는 수정분개를 할 필요가 없다.

(2) 유형 2: 기업잔액 ➡ 올바른 기말잔액

유형 2는 당좌예금의 예금주(기업)는 보유하고 있지 않으나 은행이 가지고 있는 자료를 이용하여 예금주의 당좌예금계정의 기말잔액을 올바른 기말잔액으로 다음과 같이 조정하는 것이다.

양식 유형 2 은행계정조정표

예금주(기업) 장부의 기말잔액		×××
가산: 미통지예금(은행이 예금주를 위해 받은 현금으로 예금주가 아직 모르거나 장부에 기록하지 않은 현금)	×××	
예금주의 장부금액을 과소계상한 예금주 측 오류	×××	×××
차감: 미통지인출(장부에 기록하지 않은 은행수수료 등)	×××	
부도수표*(non-sufficient fund)	×××	
예금주의 장부금액을 과대계상한 예금주 측 오류	×××	(×××)
올바른 기말잔액		×××

* 부도수표: 예금으로 기록하였으나 현재는 예금이 아닌 상태

Tip 수정분개: 위의 가산항목과 차감항목은 은행은 알고 있는 자료이나 예금주(기업)가 모르고 있었던 자료이므로 예금주 장부에 기록되지 않았다. 그러므로 예금주 장부상의 기말잔액을 올바른 기말잔액이 되도록 수정분개를 한다.

예제 1 은행계정조정표

중요도: ★
난이도: ◆

상황

· 회사는 은행에 당좌예금계좌를 가지고 있다.
· 은행이 보낸 3차연도 1월에 대한 은행거래내역서의 내용은 다음과 같다.

3차연도 1. 1. 잔액	₩120,000
예금	100,000
지불된 수표	(30,000)
은행수수료	(1,000)
부도수표	(10,000)*
미통지예금(은행이 받은 금액)	8,000
3차연도 1. 31. 잔액	₩187,000

* 부도수표: 예금으로 기록되었었으나 현재는 예금이 아닌 상태

· 회사 당좌예금계정의 3차연도 1. 31. 잔액: ₩180,000
· 예금되지 않은 현금: 총 ₩20,000
· 미기입예금: 1월 31일에 입금한 ₩10,000은 2월까지 회사 예금계정에 입금처리가 안 되었다.

· 미인출수표: 12월에 발행한 모든 수표에 대하여 은행이 지불하였고 1월 중에 발행한 수표 중에서 은행이 결제하지 않은 금액은 총 ₩47,000이다.
· 회사가 원자재 공급자에게 발행한 수표 ₩20,000을 장부에 ₩13,000으로 잘못 기재하였고 은행은 ₩20,000을 지불하였다.

물음 두 가지 유형의 은행계정조정표를 작성하여 올바른 현금잔액을 구하고 수정분개를 하라.

정답 및 해설

유형 1: 은행잔액을 올바른 현금잔액으로 조정

은행거래내역서의 잔액	₩187,000
가산: 미기입예금(₩20,000 + ₩10,000)	30,000
차감: 미인출수표	(47,000)
은행의 올바른 현금잔액	₩170,000

유형 2: 회사 당좌예금계정의 잔액을 올바른 현금잔액으로 조정

장부잔액	₩180,000
가산: 미통지예금	8,000
차감: 은행수수료	(1,000)
부도수표	(10,000)
수표의 과소계상(장부금액의 과대계상)	(7,000)
회사의 올바른 현금잔액	₩170,000

유형 2에 대한 수정분개:

(차) 현금	8,000	(대) 받을어음	8,000
(차) 은행수수료	1,000	(대) 현금	1,000
(차) 매출채권	10,000	(대) 현금	10,000
(차) 매입채무	7,000	(대) 현금	7,000

Chapter 08

제3절 매출채권

수취채권(receivables)은 기업이 재화나 용역을 외상으로 판매하고 그 대가로 획득한 매출채권과 상거래 이외의 거래에서 발생한 채권(비매출채권)을 말한다. 넓은 의미의 매출채권은 외상매출금과 받을어음을 모두 포함하지만, 좁은 의미의 매출채권은 외상매출금을 의미한다. 실무에서는 일반적으로 매출채권을 좁은 의미로 해석한다. 비매출채권의 예는 다음과 같다.

• 경영자, 종업원, 자회사 등에의 대여금
• 잠재적 손실을 보상하기 위한 예치금
• 계약이행이나 계약금액의 지급을 보증하기 위한 예치금
• 미수이자 또는 미수배당금
• 다음과 같은 청구권:
  • 재해손실에 대한 보험회사에의 청구권
  • 법인세환급 청구권
  • 파손되거나 분실된 재화에 대한 운송업체에의 청구권
  • 반품, 파손되거나 분실된 재화에 대한 판매자에의 청구권
  • 재사용 용기(예 콘테이너) 등 반환할 수 있는 항목에 대한 청구권

1년 또는 통상적 영업주기 중 긴 기간 이내에 현금으로 회수될 것이 예상되는 수취채권은 유동자산으로 분류하고, 나머지 수취채권은 비유동자산으로 분류한다.

1. 매출채권의 최초측정

매출채권(trade receivables)은 구매자가 매입한 재화나 용역에 대한 판매대가를 추후에 지불할 것을 구두로 약속한 것으로, 단기적으로 신용을 제공해서 발생하는 열린 계정(open accounts)이라고도 한다. "매출채권을 어느 시점에 자산으로 인식할 것인가?"는 "언제 수익을 인식할 것인가?"라는 수익인식원칙(제15장 참조)과 직접적으로 관련된다. 매출채권이 발생하는 대부분의 거래에서 재화나 용역과 교환된 가격(판매대가)으로 매출채권을 측정하고 인식한다. 판매대가는 구매자(채무자)가 지불할 금액이라고 생각하면 쉽지만, 다음 요소로 인하여 판매대가의 측정이 복잡해질 수 있다.

▸ 판매대가를 미래에 지급하는 경우의 이자
▸ 판매대가에 대한 수정항목(수량할인 및 현금할인: 제15장 참조)

고객에게 수량할인 또는 현금할인이 제공되면 고객이 할인 혜택을 누리느냐 여부에 따라서 판매자가 받을 금액이 변하므로 거래대가(거래가격)가 변동대가이다. 변동대가(variable consideration)는 판매대가에 대한 기업의 권리가 미래 사건에 따라 변동할 수 있는 계약대가(예 피자 10판에 대한 거래대가가 배달시간에 따라 변동)를 말한다. 판매대가가 변동대가인 경우에는 추후 불확실성이 해소될 때 이미 인식했던 판매대가 중에서 유의적 환원(취소)이 발생하지 않을 가능성이 매우 높은 금액으로 매출채권을 측정한다(제15장 참조).

2. 매출채권의 후속측정

매출채권은 취득 이후에 궁극적으로 회수가 예상되는 금액인 실현가능가치(realizable value)로 측정

하여 보고한다. 즉, 매출채권의 미래경제적효익을 정확히 반영하기 위해서 회수불능 추정액(대손충당금)을 차감한 순액으로 재무상태표에 보고한다. 단기매출채권은 일반적으로 이자를 고려하지 않은 거래가격으로 측정하지만, 장기매출채권은 현재가치할인(할증)차금을 상각한 상각후원가로 재무상태표에 보고한다.

(1) 매출환입과 매출에누리

매출환입(sales returns)은 제품의 결함이나 기타 원인으로 인하여 고객이 구입했던 제품을 반품하고 현금이나 다른 제품으로 교환하는 것(제15장 반품권이 부여된 판매 참조)이다. 매출에누리(sales allowance)는 고객이 제품을 구입한 이후에 파손이나 결함이 발견되어 고객에게 판매가격을 할인해 주는 것으로 고객이 제품을 계속 보유한다는 점에서 매출환입과 다르다. 실무에서는 일반적으로 매출환입 또는 매출에누리(예 ₩5,000) 발생시점에 다음과 같이 매출환입 및 매출에누리계정에 기록하고 매출채권을 감소시킨다.

(차) 매출환입 및 매출에누리(매출차감계정)	5,000	(대) 매출채권	5,000

(2) 매출채권의 손상차손(대손상각비) 인식

신용판매를 하면 현금판매만 고수할 경우에 비하여 매출액이 증가하지만, 매출채권을 현금으로 회수하지 못하는 위험이 따른다. 회수하지 못하는 금액(손상차손 또는 대손상각비)은 판매를 신장시키기 위하여 필연적으로 발생하는 비용이므로 수익 · 비용대응의 원칙을 적용해서 신용판매액을 수익으로 보고하는 기간에 대손상각비(손상차손)를 비용으로 인식한다.

대손충당금이 뭐야? 수익 · 비용대응의 원칙과 대손상각비의 인식시점

- 대손충당금과 대손상각비(손상차손)의 개념을 정립하기 위하여 문제를 단순화시켜 한 건의 매출거래만 일어났다고 가정하자. 즉, 결산일인 1차연도 12. 31.에 원가가 ₩0인 상품을 ₩100,000에 외상판매하고 이 중에서 ₩85,000만을 2차연도에 회수할 것으로 예상한다. 대손상각비(회수불능예상액) ₩15,000을 어느 기간에 인식하느냐에 따라 연도별 순이익은 다음과 같이 다르다.

	수익 · 비용대응의 원칙을 지키는 경우		수익 · 비용대응의 원칙을 지키지 않는 경우	
	1차연도	2차연도	1차연도	2차연도
매출	₩100,000	₩0	₩100,000	₩0
대손상각비	(15,000)	(0)	(0)	(15,000)
순이익	₩85,000	₩0	₩100,000	₩(15,000)

- 판매연도(1차연도)에 수익 · 비용대응의 원칙을 적용해서 대손상각비를 인식하면 기간별 순이익이 충실하게 산정되어 연도별 경영성과가 왜곡되지 않는다. 1차연도에 ₩15,000의 대손상각비를 비용으로 인식하

면 2차연도에 실제로 ₩15,000이 회수불능으로 판명되어도 추가로 인식할 비용은 ₩0이다. 그러나 1차연도 12. 31.에 회수불능으로 확실하게 판명된 것은 아니므로 ₩15,000의 매출채권을 장부에서 제거하지 않고 회수불능예상액 ₩15,000을 대손충당금(손실충당금 또는 손상차손누계액)계정에 기록하고 매출채권에서 차감하는 형식으로 재무상태표에 표시한다. 이와 같이 비용을 적절한 기간에 수익에 대응시켜 인식하고 재무상태표에 매출채권 측정액을 올바르게 보고하기 위하여 사용하는 계정이 대손충당금계정이다. 대손상각비가 발생할 것으로 예상하는 시점(1차연도 말)에 다음과 같이 분개한다.

(차) 대 손 상 각 비	15,000	(대) 대 손 충 당 금	15,000

「K-IFRS 제1109호」(금융자산 기준서)는 3단계접근법(제9장 참조)을 사용하여 아직 발생하지 않은 금융자산의 손상차손(대손상각비)을 예측하여 인식하는 기대손실모형(expected loss model)을 사용하도록 규정한다. 기본 내용을 간략히 설명하면, 거래발생시점부터는 향후 12개월 동안 발생할 기대신용손실을 바탕으로 손상차손을 측정(12개월 기대신용손실법)하다가, 채무자의 신용이 유의적으로 하락하면 향후 전체기간 동안 발생할 기대신용손실을 토대로 손상차손을 측정(전체기간 기대신용손실법)한다. 대상기간이 길어질수록 누적 손실 확률이 증가하므로, 12개월 기대신용손실법보다 전체기간 기대신용손실법 하에서 인식하는 손상차손이 크다. 기대신용손실은 다음 금액을 말한다.

받지 못할 것으로 예상한 금액의 현재가치 (채무불이행으로 인한 신용손실액)	×××
×) 받지 못할 확률	×××
=) 기대신용손실	×××

그런데, 3단계 접근법이 상당히 복잡하므로 매출채권, 계약자산(제15장 참조), 리스채권(제19장 참조)에 대해서는 실무적간편법(practical expedient)을 적용해서 전체기간 기대신용손실을 측정할 수 있다[1109: 5.5.15]. 실무적간편법(예 금융자산연령분석법)에서는 충당금설정률표(provision matrix)에 따라 매 보고기간 말에 전체기간 기대신용손실을 예측한 금액(다음 부분 참조)으로 손실충당금(loss allowance)을 측정하고 대손상각비(bad debt expense)를 인식한다.

(3) 금융자산연령분석법(실무적간편법)

금융자산연령분석법(aging of financial assets)은 매출채권을 경과일수(연령)에 따라 몇 개의 집단으로 분류하고 각 집단에 대해서 상이한 신용손실률을 적용한 연령분석표를 작성해서 대손충당금(손실충당금 또는 손상차손누계액)계정의 기말잔액을 추정하는 방법이다. 구체적으로, 과거 경험을 바탕으로 매출채권의 연령(연체일수)에 따라 차별적으로 예측한 신용손실률을 사용하여 매출채권 전체의 기대신용손실을 계산하고 이를 대손충당금 기말잔액 목표치로 사용한다. 예를 들면, 연체가 없는 경우에는 1%, 연체일수가 30일 미만인 경우에는 2%, 30일 초과 90일 미만인 경우에는 3%, 90일과 180일 사이인 경우에 20% 등의 신용손실률을 설정해서[1109: B5.5.35] 대손충당금계정의 기말잔액 목표치를 추정한다. 금융자산연령분석법 하에서 당기 신용손실(대손상각비)을 계산하는 절차는 다음과 같다.

단계 1: 대손충당금계정의 목표 기말잔액 = (연령별 금융자산 기말잔액 × 대손예상률)의 합계
단계 2:

대손충당금계정의 목표 기말잔액(단계 1에서 독립적으로 결정)		×××
-) 기말 직전 대손충당금계정 잔액:		
대손충당금계정 기초잔액	×××	
-) 회수불능으로 제거된 매출채권	(×××)	
+) 회수불능으로 제거되었던 매출채권의 회수액	×××	(×××)
= 대손상각비(종속적으로 결정)		×××

단계 2에서 계산된 대손상각비가 양(+)이면 대손상각비를 추가로 인식해서 대손충당금계정의 잔액을 목표 기말잔액까지 증가시킨다. 만일 계산된 대손상각비가 음(-)이면 대손충당금을 환입해서 대손충당금계정의 잔액을 목표 기말잔액치로 낮춘다.

분개 결산시점의 대손충당금 기록

결산일에 대손상각비를 추가설정하는 경우:

(차) 대 손 상 각 비	×××	(대) 대 손 충 당 금	×××

결산일에 대손상각비를 환입하는 경우:

(차) 대 손 충 당 금	×××	(대) 대손충당금환입	×××

기억할 점은, 대손충당금은 특정 매출채권이 아닌 매출채권 전체에 대해 설정한다는 점이다. 미래에 어느 매출채권이 회수불능될지는 알 수 없지만, 과거 경험을 바탕으로 매출채권 전체 중 일정 부분은 회수되지 않을 것으로 추정하고 현행 회계기간 말에 매출채권 전체를 대상으로 대손충당금계정의 기말잔액을 확정하고 대손상각비를 인식한다. 대손충당금을 설정한 이후에 회계기간 중 특정 매출채권(예 가나다회사)이 회수불능으로 판명되면, 해당 매출채권을 장부에서 제거하고 대손충당금계정의 잔액을 감소시킨다. 이와 같이 회계처리하면 대손충당금계정의 잔액이 감소하므로 회계기간 중 회수불능으로 판명된 금액이 많으면 대손충당금계정이 일시적으로 차변잔액을 가질 수도 있다. 그러나 그 경우에도 회계기간 말에 대손상각비를 측정해서 인식하면 대손충당금계정의 기말잔액이 대변에 존재하게 된다. 만일 회수불능으로 판정하고 대손처리했던 매출채권이 추후에 현금으로 회수되면 다음과 같이 대손처리분개를 우선적으로 취소한 후에 현금회수를 기록한다.

(차) 매 출 채 권(가나다회사)	×××	(대) 대손충당금	×××
(차) 현 금	×××	(대) 매 출 채 권(가나다회사)	×××

위의 내용을 대손충당금(손상차손누계액)계정에 나타내면 다음과 같다.

대손충당금

		기초잔액	×××	
대손발생액	×××	회수불능채권의 회수	×××	
(회수불능액)		대손상각비 인식	×××	← **끼워 맞추는 금액**
		기말잔액	×××	← 단계 1에서 **독립적으로 결정**

매출채권 기말잔액을 연령별로 구분하지 않고 기말잔액 총액에 대손예상률을 곱한 금액을 대손충당금 기말잔액 목표로 산정한 후 대손상각비를 계산하는 방법을 매출채권기말잔액비율법이라 한다. 이 방법은 금융자산연령분석법에 비해 계산이 간편하지만, 연령별 대손발생률 차이를 적절히 반영하지 못할 가능성이 있다.

예제 2 금융자산연령분석법

중요도: ★★★
난이도: ◆

상황

· 2차연도 12. 31.의 재무상태표에 공시된 금융자산(매출채권)은 다음과 같다.

금융자산(총액)	₩153,000
손상차손누계액(대손충당금)	(7,000)
금융자산(순액)	₩146,000

· 3차연도 3. 5.에 금융자산 ₩3,000이 회수불능으로 판명되었다.
· 2차연도 중 회수불능으로 판명되어 장부에서 제거되었던 금융자산 ₩2,800이 3차연도 6. 8.에 현금으로 회수되었다.
· 3차연도 3. 5.에 회수불능으로 판명되어 장부에서 제거되었던 금융자산 중 ₩700이 3차연도 9. 9.에 현금으로 회수되었다.
· 3차연도 12. 10.에 금융자산 ₩10,000이 회수불능으로 판명되었다.
· 3차연도 12. 31.에 금융자산연령분석법을 사용하여 대손예상액을 추정하는 경우 연령분석표는 다음과 같다.

	금액	대손율	회수불능액	
0~60일	₩80,000	2%	₩1,600	
61~90일	40,000	7	2,800	
90일 초과	20,000	18	3,600	
합계	₩140,000		₩8,000	← 대손충당금계정의 기말목표잔액

물음 금융자산연령분석법을 사용하여 3차연도에 필요한 분개를 하라.

정답 및 해설

3차연도 3. 5. 회수불능 판명시점:

(차)	대손충당금	3,000	(대)	금 융 자 산(매출채권)	3,000

3차연도 6. 8. 전기 회수불능 금융자산의 현금회수시점:

(차)	금 융 자 산	2,800	(대)	대손충당금	2,800
(차)	현 금	2,800	(대)	금 융 자 산	2,800

3차연도 9. 9. 당기 회수불능 금융자산의 현금회수시점:

(차)	금 융 자 산	700	(대)	대손충당금	700
(차)	현 금	700	(대)	금 융 자 산	700

3차연도 12. 10. 회수불능 판명시점:

(차)	대손충당금	10,000	(대)	금 융 자 산	10,000

3차연도 12. 31. 결산시점:

대손충당금(금융자산연령분석법)

차변		대변		
		3차연도 1. 1.	7,000	
3차연도 3. 5.	3,000			
		3차연도 6. 8.	2,800	
		3차연도 9. 9.	700	
3차연도 12. 10.	10,000			
		3차연도 12. 31. (대손상각비, 손상차손)	10,500	← 차변합계와 대변합계를 일치시키는 금액(종속적으로 결정)
		3차연도 12. 31.	8,000	← 목표잔액을 우선적으로 결정

(차)	대손상각비	10,500	(대)	대손충당금	10,500

(4) 개별평가와 집합평가

금융자산에 대한 손상회계의 목적은 최초측정 후 신용위험이 유의적으로 증가한 모든 금융자산에 대해 합리적이고 뒷받침될 수 있는 모든 정보(미래전망 정보 포함)를 고려하여 개별평가나 집합평가로 전체기간 기대신용손실을 인식하는 것이다[1109: 5.5.4]. 매출채권은 원칙적으로 매출채권계정 각각(예 가나다회사에 대한 매출채권)을 개별적으로(individual basis) 손상 여부를 판단해서 신용손실을 측정한다. 그러나 개별 매출채권의 신용위험을 평가하기 위해 과도한 원가나 노력이 필요한 경우에는 매출채권의 집합(collective basis)을 평가하여 신용손실을 측정할 수 있다. 예를 들면, 다수의 소액 매출채권의 경우 연체되기 전에는 개별 매출채권의 갱신된(updated) 신용위험 정보가 거의 없기 때문에 신용위험의 유의적인 변동을 식별하기 어렵다. 이 경우에는 공통된 신용위험 특성(예 상품별, 지역별, 산업별, 신용위험등급별, 담보인정비율 등)으로 매출채권을 묶어서 집단 전체에 대한 기대신용손실(손실충당금)을 측정한다[1109: B5.5.3 ~ B5.5.4]. 자산을 묶는 데 사용할 수 있는 기준의 예로서 지역적 위치, 상품형태, 고객등급, 담보나 거래신용보험, 고객형태(도매상이나 소매상)를 들 수 있다[1109: B5.5.35].

기업이 다수의 매출채권을 보유한 경우, 개별적으로 유의적인 매출채권은 개별평가 대상으로 선정하고, 나머지 매출채권은 집합평가 대상으로 분류할 수 있다. 주의할 점은, 개별평가 대상인 매출채권에 대해서 신용손실이 추정되지 않는다고 해서 해당 자산에 대한 대손상각비를 완전히 무시하는 것이 아니라는 점이다. 개별평가 결과 손상이 예상되지 않는 매출채권은 다시 집합평가 대상에 포함하여 총괄적으로 신용손실을 추정한다.

예제 3 매출채권의 손상차손(대손상각비)

중요도: ★★★
난이도: ◆

상황

· 회사는 집합평가대상인 매출채권과 개별평가대상인 매출채권으로 분류하여 손상 여부를 판단한 결과 다음과 같이 대손이 발생할 것으로 예측하였다.

	장부금액	대손예측치
· 개별평가대상인 매출채권		
AA	₩40,000	₩30,000
BB	100,000	70,000
CC	70,000	0
DD	80,000	0
· 집합평가대상인 매출채권		
기타 매출채권	50,000	장부금액의 3%

물음 대손상각비를 결정하고 분개를 하라.

정답 대손상각비: ₩106,000

해설

		대손상각비
개별적으로 대손을 예측한 매출채권		
AA		₩30,000
BB		70,000
총괄적으로 대손을 예측한 매출채권		
CC	₩70,000	
DD	80,000	
기타 매출채권	50,000	
합계	₩200,000	
손상률	× 3%	

총괄 대손상각비	₩6,000	6,000
총 대손상각비		₩106,000

(차) 대 손 상 각 비(손상차손) 106,000 (대) 대 손 충 당 금 106,000

Chapter 08 제4절

받을어음

1. 받을어음의 최초측정

받을어음(notes receivable)은 미래 특정 시점에 일정액의 현금을 받을 수 있는 권리가 문서(약속어음)로 약속된 것으로서, 매출 등의 일반 상거래뿐만 아니라 자금대여거래에서도 발생한다. 구매자와 판매자가 암묵적으로 동의해서 발생하는 외상매출금과는 달리, 받을어음은 어음 발행인이 계약조건에 따라 수취인에게 일정 금액을 지급할 것을 문서로 약속한 권리이다. 어음 권면에 이자가 표시되느냐의 여부에 따라 어음은 이자부어음과 무이자부어음으로 구분된다.

재화(또는 용역)를 이전(transfer)하고 받은 어음의 만기가 1년 또는 통상적 영업주기를 초과하는 경우에는, 미래 현금유입액의 현재가치로 장기받을어음을 측정한다. 장기받을어음의 발행금액이 액면금액에 미달(액면금액을 초과)할 때 미달(초과)액을 현재가치할인차금(현재가치할증차금)이라 한다. 유의할 점은, 현재가치할인(할증)차금은 상각될 '자산'이 아니고 '자산에 대한 평가계정'으로 관련된 자산과 독립되어 존재할 수 없다는 것이다. 장기받을어음은 액면금액에서 현재가치할인(할증)차금을 차감(가산)한 상각후원가로 재무상태표에 보고하는데, 기간별 이자수익을 정확히 계산하기 위해서는 **현재가치할인(할증)차금을 매기간에 상각(amortization)해서 현금이자에 추가(현금이자에서 차감)하여 이자수익을 인식한다.** 제3장에서 설명한 것과 같이 유효이자율(effective interest rate)은 받을어음의 현재가치를 발행금액(현금지급액)과 일치하게 만드는 이자율로, 시장이 어음발행자에게 요구하는 이자율인 동시에 어음수취인이 어음으로부터 기대하는 실질수익률이다(제3장 Miniature 예제 2 참조). 현재가치할인(할증)차금을 상각하는 방법에는 정액법과 유효이자율법이 있으나, 장기받을어음의 기초장부금액에 유효이자율을 곱해서 이자수익을 인식하는 유효이자율법이 이론적으로 선호된다.

(1) 이자부어음

이자부어음(interest-bearing notes)은 발행인이 어음 기간 동안 어음 권면에 표시된 이자율(액면이자율)에 따라 이자를 지급하고 만기일에 액면금액을 지급할 것을 약정한 어음이다. 미래에 지급될 어음의 액면이자(표시이자)와 액면금액을 유효이자율(시장이자율)로 할인해서 어음의 현재가치를 구한다. 어음은 액면이자율과 유효이자율의 상대적 크기에 따라 액면금액으로 발행되기도 하고, 할인(또는 할증)발행되기도 한다.

① 액면발행 (액면이자율 = 유효이자율)

어음의 액면이자율과 유효이자율이 같으면 어음은 액면금액(face amount, face value)으로 발행된다. 어음 기간 중 지급되는 이자의 현재가치와 만기에 지급되는 액면금액의 현재가치의 합계가 정확하게 어음의 액면금액과 일치해서 어음발행자가 발행시점에 액면금액을 수령한다. 따라서 현재가치할인(할증)차금이 존재하지 않는다.

② 할인발행 (액면이자율 < 유효이자율)

어음의 액면이자율이 유효이자율보다 낮으면 액면이자의 현재가치와 액면금액의 현재가치의 합계가 어음 액면금액 보다 작아 어음이 할인발행(issued at discount)된다. 즉, 시장이 요구하는 수준보다 낮은 이자를 지급하는 것에 대한 대가로 발행시점에 액면금액보다 적은 현금을 수취한다. 액면금액과 현재가치(할인발행금액) 합계의 차이는 현재가치할인차금계정(받을어음의 차감계정)에 최초 보고되었다가 시간이 지남에 따라 상각되어 만기시점에 ₩0이 된다. 예를 들어, 3년 만기, 액면금액 ₩100,000, 액면이자율 10%(매년 말 지급), 유효이자율 25%인 어음을 받고 현금을 대여한다고 할 때, 미래현금흐름을 25%로 할인한 어음의 현재가치는 ₩70,720이다. 따라서 이 어음의 대가로 최초에 지급하는 현금은 액면금액이 아닌 현재가치 ₩70,720이므로 다음과 같이 분개한다.

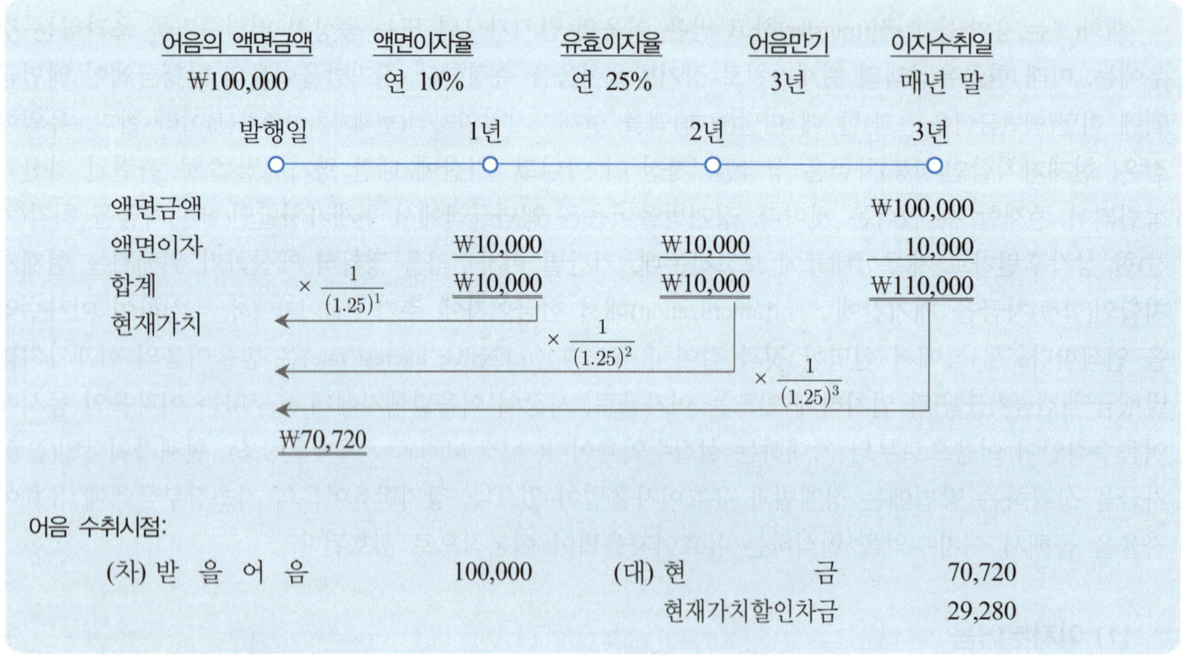

③ 할증발행 (액면이자율 〉 유효이자율)

어음의 액면이자율이 유효이자율보다 높으면 액면이자의 현재가치와 액면금액의 현재가치의 합계가 액면금액보다 커서 어음이 할증발행(issued at premium)된다. 즉, 시장의 요구보다 높은 수준의 이자를 지급하므로 발행시점에 액면금액보다 많은 현금이 지급된다. 할증액은 현재가치할증차금계정(받을어음의 가산계정)에 최초에 보고되었다가 시간이 지남에 따라 상각되어 만기시점에 ₩0이 된다.

발행형태	발행금액과 액면금액	발행금액과 액면금액의 차이	액면이자율과 유효이자율
액면발행	발행금액 = 액면금액	해당 없음	액면이자율 = 유효이자율
할인발행	발행금액 < 액면금액	할인액 (할인발행차금, 현재가치할인차금)	액면이자율 < 유효이자율
할증발행	발행금액 > 액면금액	할증액 (할증발행차금, 현재가치할증차금)	액면이자율 > 유효이자율

(2) 무이자부어음

무이자부어음(noninterest-bearing notes)은 발행인이 별도의 이자지급 없이 만기일에 액면금액만을 지급할 것을 약정한 어음으로, 어음 권면에 표시된 이자율이 없다. 어음 기간 중 지급되는 이자는 없지만, 어음의 액면금액을 유효이자율로 할인하면 발행시점에 받는 현금(액면금액의 현재가치)이 액면금액보다 매우 낮은 수준에 그치므로 그 차액인 현재가치할인차금만큼 암묵적으로 이자를 부담하게 된다. 예를 들어, 3년 만기, 액면금액 ₩100,000, 유효이자율 25%인 무이자부어음을 받고 어음의 현재가치인 ₩51,200을 현금으로 지급하면 다음과 같이 분개한다.

(차) 받 을 어 음	100,000	(대) 현 금	51,200*
		현재가치할인차금	48,800

* ₩100,000 × 0.512(25%, 3년 현재가치계수) = ₩51,200

예제 4 장기받을어음

중요도: ★★★
난이도: ◆

상황

· 1차연도 1. 1.에 자산을 처분하고 처분대가로 장기받을어음(액면금액: ₩100,000, 만기: 2차연도 12. 31., 이자지급일: 매년 12. 31.)을 받았다.
· 처분한 자산의 공정가치를 알 수 없다.
· 장기받을어음에 표시된 이자율은 연 20%이지만 1차연도 1. 1.의 유효이자율(시장이자율)은 연 25%이다.

물음 장기받을어음의 현재가치와 처분한 자산의 공정가치를 추정하고 어음 수취 거래를 분개하라.

정답 및 해설 현재가치 = 공정가치 ₩92,800

장기받을어음으로 인한 미래 현금유입액을 그림으로 나타내면 다음과 같다.

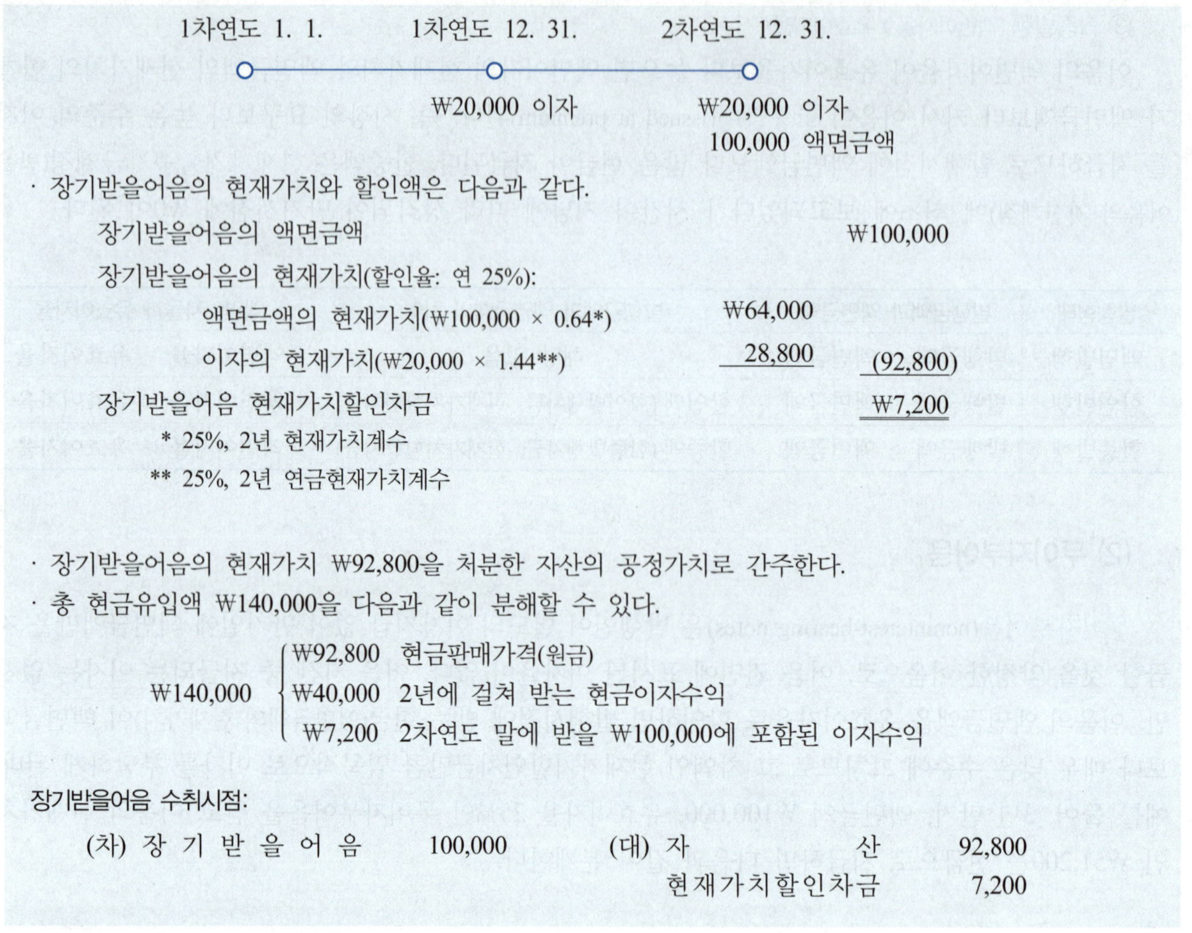

· 장기받을어음의 현재가치와 할인액은 다음과 같다.

장기받을어음의 액면금액		₩100,000
장기받을어음의 현재가치(할인율: 연 25%):		
액면금액의 현재가치(₩100,000 × 0.64*)	₩64,000	
이자의 현재가치(₩20,000 × 1.44**)	28,800	(92,800)
장기받을어음 현재가치할인차금		₩7,200

* 25%, 2년 현재가치계수

** 25%, 2년 연금현재가치계수

· 장기받을어음의 현재가치 ₩92,800을 처분한 자산의 공정가치로 간주한다.

· 총 현금유입액 ₩140,000을 다음과 같이 분해할 수 있다.

₩140,000 {
- ₩92,800 현금판매가격(원금)
- ₩40,000 2년에 걸쳐 받는 현금이자수익
- ₩7,200 2차연도 말에 받을 ₩100,000에 포함된 이자수익

장기받을어음 수취시점:

(차) 장 기 받 을 어 음	100,000	(대) 자 산	92,800
		현재가치할인차금	7,200

2. 받을어음의 후속측정

받을어음은 후속기간에 상각후원가로 측정해서 기간별 이자수익과 손상차손을 인식하는데, 먼저 이자수익 인식문제를 살펴본다. 할인(또는 할증)발행된 받을어음을 보유한 경우에 매 기간에 현금으로 받는 이자만을 이자수익으로 인식하면 기간손익이 왜곡된다. 어음이 할인(할증)발행되었다는 것은 현금으로 지급되는 이자가 유효이자보다 적다(많다)는 것을 의미하며, 이자차액을 보상(회수)하는 의미에서 만기시점에 최초현금수령액보다 많은(적은) 액면금액이 지급된다. 따라서 할인(할증)차금을 고려하지 않고 단순하게 현금이자만을 이자수익으로 인식하면 어음 기간 중의 이자수익은 과소(과대)계상되고 만기에 이자수익이 과대(과소)계상된다.

(1) 현재가치할인(할증)차금의 상각

① 정액법

정액법에서는 현재가치할인(할증)차금을 매년 일정한 금액만큼 상각한다. 따라서 매 기간 이자수익

(할인차금 또는 할증차금 상각액 조정 후) 금액이 동일하다. 이 방식은 계산이 간편하다는 장점은 있지만, 받을어음 기초장부금액 대비 이자수익률이 기간 별로 일정하지 않다는 이론적 한계를 갖고 있어 추천되지 않는다.

② 유효이자율법

「K-IFRS 제1109호」(금융상품 기준서)는 금융자산의 총 장부금액(기초장부금액)에 유효이자율을 적용하는 유효이자율법으로 이자수익을 인식할 것을 요구한다[1109: 5.4.1]. 이렇게 계산한 이자수익과 현금이자의 차이만큼 현재가치할인(할증)차금을 상각하고 동 상각액을 기초장부금액에 가산(기초장부금액에서 차감)함으로써 장부금액을 점차 액면금액에 가깝게 한다. 유효이자율법은 기초잔액 대비 일정한 이자율로 이자수익을 인식하기 때문에 정액법보다 경제적 실질을 더 잘 반영한다. 회계기간마다 변동하는 받을어음의 장부금액과 이자수익을 일목요연하게 파악하려면 예제 5에서와 같이 상각표(amortization schedule)를 작성하는 것이 편리하다.

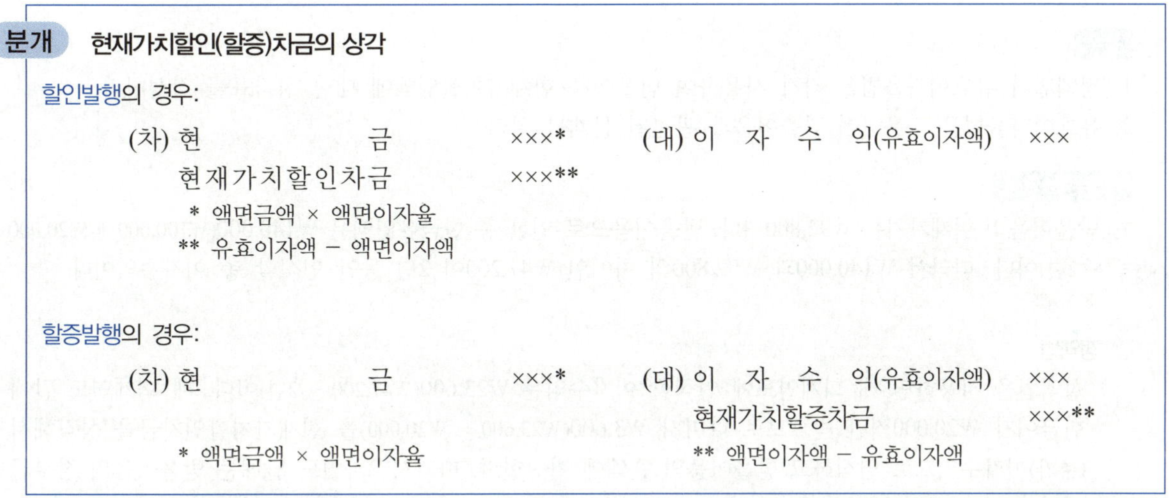

분개 **현재가치할인(할증)차금의 상각**

할인발행의 경우:

(차) 현　　　금	×××*	(대) 이 자 수 익(유효이자액)	×××
현재가치할인차금	×××**		

* 액면금액 × 액면이자율
** 유효이자액 − 액면이자액

할증발행의 경우:

(차) 현　　　금	×××*	(대) 이 자 수 익(유효이자액)	×××
		현재가치할증차금	×××**

* 액면금액 × 액면이자율　　　** 액면이자액 − 유효이자액

표 8.1 유효이자율법에 의한 상각액

① 각 연도의 이자수익(유효이자액) = 받을어음의 기초장부금액 × 유효이자율
② 각 이자수취일의 현금이자 = 받을어음의 액면금액 × 표시(액면)이자율
③ 현재가치할인차금 상각액 = ① − ②
④ 현재가치할증차금 상각액 = ② − ①

<표 8.1>을 **항목별로 분석하면** 다음과 같다.

- 위 ②의 현금이자 금액은 매 기간 일정하다.
- 받을어음이 할인발행되면 최초 장부금액은 액면금액보다 작지만, 기간이 경과하면서 장부금액이 액면금액을 향해 증가하기 때문에 ①의 금액과 ③의 금액은 매 기간 증가한다.
- 받을어음이 할증발행되면 최초 장부금액은 액면금액보다 크지만, 기간이 경과하면서 장부금액이 액

면금액을 향해 감소하기 때문에 ①의 금액은 매 기간 감소하고 ④의 금액은 매 기간 증가한다. 유효이자율법에서 각 연도의 이자수익을 결정하는 데 적용되는 이자율은 유효이자율로 일정하지만, 각 연도의 이자수익금액(유효이자액)은 받을어음의 기초장부금액이 변함에 따라 달라진다. 매 연도의 이자율이 일정하므로 유효이자율법은 정률법과 유사하다고 이해해도 된다.

예제 5 장기받을어음의 현재가치할인차금 상각

중요도: ★★★
난이도: ◆◆

상황

· 다음은 예제 4의 자료이다.

- 1차연도 1. 1.에 자산을 처분하고 처분대가로 장기어음(액면금액: ₩100,000, 만기: 2차연도 12. 31., 이자지급일: 매년 12. 31.)을 받았다.
- 처분한 자산의 공정가치를 알 수 없다.
- 받을어음에 표시된 이자율은 연 20%이지만 1차연도 1. 1.의 유효이자율(유효이자율)은 연 25%이다.

물음

1. 정액법과 유효이자율법을 각각 사용하여 받을어음 현재가치할인액에 대한 상각표를 작성하라.
2. 유효이자율법을 적용하여 받을어음과 관련된 분개를 하라.

정답 및 해설

1. 받을어음의 현재가치는 ₩92,800이나, 받을어음으로 인한 총 현금유입액은 ₩140,000(₩100,000 + ₩20,000 × 2년)이다. 따라서 ₩140,000과 ₩92,800의 차액인 ₩47,200이 2년 동안 인식할 총 이자수익이다.

㉠ 정액법

· 정액법을 사용하면 매 회계연도에 인식할 이자수익은 ₩23,600(₩47,200 ÷ 2년)이다. 매 회계연도 말에 현금이자 ₩20,000씩만 받으므로 나머지 ₩3,600(₩23,600 − ₩20,000)을 현재가치할인차금을 상각해서 (추가)이자수익으로 인식하고 받을어음의 순액에 가산한다. 따라서 2차연도 말에는 받을어음의 장부금액이 ₩100,000이 된다.

정액법에 의한 상각표

연도 ①	받을어음 기초장부금액 ②	이자수익 ③ = ₩47,200 ÷ 2년	현금이자(20%) ④	현재가치할인차금 상각액 ⑤*	받을어음 기말장부금액 ⑥ = ② + ⑤
1차연도	₩92,800	₩23,600	₩20,000	₩3,600	₩96,400
2차연도	96,400	23,600	20,000	3,600	100,000
합계		₩47,200	₩40,000	₩7,200	

* 매년 상각액 = 현재가치할인차금의 최초잔액(₩7,200) ÷ 만기기간(2년)

㉡ 유효이자율법(「K-IFRS 제1109호」 방법)

· 유효이자율법 하에서 1차연도의 이자수익은 최초현금지급액 ₩92,800에 유효이자율 25%를 적용한 ₩23,200이다. 1차연도 말에 현금이자 ₩20,000을 받으므로 나머지 ₩3,200을 받을어음의 순액에 가산(현재가치할인차금상각)하면 받을어음의 장부금액은 ₩96,000이 된다.

· 2차연도 말에 인식하는 이자수익 ₩24,000(₩96,000 × 25%) 중 ₩20,000은 현금으로 받고, 나머지 ₩4,000은 현재가치할인차금상각을 통해 받을어음의 순액에 가산한다. 그 결과 만기시점의 받을어음의 장부금액은 ₩100,000이 된다.

유효이자율법에 의한 상각표

연도 ①	받을어음 기초장부금액 ②	유효이자(25%) ③ = ② × 25%	현금이자(20%) ④	현재가치할인차금 상각액 ⑤ = ③ − ④	받을어음 기말장부금액 ⑥ = ② + ⑤
1차연도	₩92,800	₩23,200	₩20,000	₩3,200	₩96,000
2차연도	96,000	24,000	20,000	4,000	100,000
합계		₩47,200	₩40,000	₩7,200	

2.

1차연도 1. 1. 어음 수취시점:

(차) 받을어음	100,000	(대) 현금	92,800
		현재가치할인차금	7,200

1차연도 12. 31. 결산일:

(차) 현금	20,000	(대) 이자수익	23,200
현재가치할인차금	3,200		

2차연도 12. 31. 결산일 및 만기시점:

(차) 현금	20,000	(대) 이자수익	24,000
현재가치할인차금	4,000		
(차) 현금	100,000	(대) 받을어음	100,000

(2) 상각후원가측정금융자산의 손상차손

받을어음과 같이 상각후원가를 장부금액으로 하는 상각후원가측정금융자산에서 미래에 손상이 발생할 것으로 예측하면(예 채무자의 신용등급 하락), 기대신용손실(p. 350 참조)을 손상차손으로 인식한다. 후속기간 중 손상차손의 금액이 감소하는 경우(예 채무자의 신용등급 향상)에는 과거에 인식하였던 손상차손을 환입하여 당기손익으로 인식한다. 이 경우 손상차손환입 후 장부금액은 애초에 손상차손을 인식하지 않았다면 손상차손 회복일 현재 보고하였을 상각후원가를 초과할 수 없다.

예제 6	대여금에 대한 손상차손	중요도: ★★★ 난이도: ◆

상황

· 대여금 전체의 유효이자율은 연 25%이고 만기는 3차연도 12. 31.이다.
· 3차연도 1. 1.에 다음과 같은 신용손실이 발생할 것으로 예상하였다.
· A사에 대한 대여금의 액면금액: ₩200,000

· A사에 대한 대여금의 회수가능액: ₩0
· B사에 대한 대여금의 액면금액: ₩800,000
· B사에 대한 대여금의 회수가능액: 만기금액의 75%(₩600,000)와 ₩600,000에 대한 1년 이자 ₩90,000

물음 손상차손액을 결정하고 분개하라.

정답 및 해설 손상차손: ₩448,000

대여금의 총 장부금액(₩200,000 + ₩800,000)		₩1,000,000
미래 현금유입액의 현재가치:		
A사 대여금 원금의 현재가치	₩0	
A사 대여금 이자의 현재가치	0	
B사 대여금 원금의 현재가치 ₩600,000 × 0.8(현재가치계수)	480,000	
B사 대여금 이자의 현재가치 ₩90,000 × 0.8(현재가치계수)	72,000	(552,000)
손상차손		₩448,000

손상차손 인식시점:

(차) 손 상 차 손	448,000	(대) 대 여 금*	448,000

* 손상차손누계액계정을 사용할 수 있다.

금융자산의 제거

Chapter 08 제5절

금융자산의 제거(derecognition)는 장부에 이미 인식했던 금융자산을 장부와 재무상태표에서 삭제하는 것이다. 다음 중 하나에 해당하는 경우에 금융자산을 제거한다.

① 계약상 권리 소멸: 금융자산의 현금흐름에 대한 계약상 권리가 소멸한 경우(예 금융자산의 만기일에 현금흐름 회수)

② 금융자산에 대한 권리를 양도하고 양도가 금융자산의 제거조건을 충족하는 경우

금융자산의 제거 여부와 제거 정도의 적정성을 평가하기 전에 제거규정을 금융자산(또는 비슷한 금융자산의 집합)의 일부에 적용하여야 하는지 아니면 전체에 적용하여야 하는지를 결정한다[1109: 3.2.2].

1. 금융자산의 제거 여부 판단

단계 ①: 계약상 권리 소멸 검사

현금흐름에 대한 계약상 권리(예 받을 현금)가 더 이상 존재하지 않으면 금융자산을 장부에서 제거

한다. 예를 들어, 매출채권 전액을 현금으로 받으면 현금을 받을 권리가 소멸되므로 매출채권을 장부에서 제거한다. 또한 자금을 차입한 회사가 파산해서 현실적으로 현금을 받을 수 없게 되면 손상차손을 인식하고 회수불능 대여금을 장부에서 제거한다.

단계 ②: 금융자산의 양도(이전) 검사

현금을 받을 계약상 권리가 소멸되지 않았으면 금융자산이 양도(이전)되었는가를 판단한다. 다음 중 하나에 해당하면 금융자산을 양도(이전)한 것으로 본다.

- 금융자산의 현금흐름을 받을 계약상 권리를 양도한 경우
- 금융자산의 현금흐름을 받을 계약상 권리를 보유하고 있으나, 특정 조건을 만족시키는 이체거래를 통해 금융자산을 이전한 경우

이체거래(pass-through transaction)는 매도인이 금융자산(최초자산)의 현금을 받을 계약상 권리는 보유하고 있으나, 해당 현금을 거래상대방(최종수취인)에게 지급할 계약상 의무가 존재하여 받은 현금을 거래상대방(최종 수취인)에게 그대로 전달하는 거래(중간자 역할로서 금융자산을 건네주는 역할만 하는 거래)를 말한다. 이체거래가 다음 세 가지 조건을 모두 만족하는 경우에만 금융자산의 양도거래로 본다 [1109: 3.2.5].

- 매도인이 해당 금융자산으로부터 매수인(최종 수취인)에게 지급할 금액에 상응하는 금액을 회수하지 못하면 회수하지 못한 금액을 매수인(최종 수취인)에게 지급할 의무가 없다.
- 현금흐름을 지급할 의무를 이행하기 위해 최종 수취인에게 담보물로 제공하는 경우를 제외하고는, 매도인은 매수인을 제외한 제3자에게 해당 금융자산을 매각하거나 담보물로 제공하지 못한다.
- 매도인이 회수한 현금은 짧은 기간 내에 지체 없이 매수인(최종 수취인)에게 지급할 의무가 있다.[2)] 또한 매도인은 해당 현금을 재투자할 권리가 없다. 그러나 현금 회수일부터 최종 수취인에게 지급하기까지의 단기결제유예기간에 현금이나 현금성자산에 투자하고 이러한 투자에서 생긴 이자를 최종 수취인에게 지급하는 경우는 제외한다.

예제 7	이체거래	중요도: ★ 난이도: ◆

상황

· 1차연도 12. 31.에 회사는 장부금액이 ₩1,000인 매출채권을 보유하고 있다.
· 2차연도 1. 1.에 회사(매도인)는 매수인에게 매출채권을 ₩950에 이전하면서 매출채권에서 회수되는 금액을 매수인에게 즉시 지불하는 계약을 체결하였다.
· 매도인은 매출채권을 매수인 이외의 제3자에게 매각할 수 없다.
· 매출채권의 일부가 회수되지 않아도 매도인은 미회수액을 지불할 의무가 없다.

---

2) 매출채권과 관련해서 고객으로부터 유입된 현금을 매수인에게 지급하는 기간에 대한 특별한 규정은 없으나, 유동화의 경우 3개월 이내 지급이 일반적이다. 매도인이 현금을 회수하고 이를 매수인에게 송금하기까지 출납정리기간이 있어 시간차가 존재하더라도 매도인은 받은 현금을 다른 곳에 재투자할 수 없다. 재투자하여 이자를 받을 경우, 해당 이자는 모두 매수인에게 전달해야 한다(단, 현금 및 현금성자산에는 재투자할 수 있다).

물음 매도인의 입장에서 매출채권에 대한 회계처리를 설명하라.

정답 및 해설

· 매출채권의 이전거래가 다음 조건을 모두 충족시키므로 이 거래를 매출채권의 양도로 해석하고 양도거래가 자산의 제거조건을 충족하는지를 판단한다.

- ▶ 매도인은 매출채권으로부터 현금흐름을 수취하지 않는 한 매수인에게 지불할 필요가 없다.
- ▶ 매도인은 매출채권을 매수인 이외의 제3자에게 매각할 수 없다.
- ▶ 매도인은 매출채권으로부터 회수되는 모든 현금을 매수인에게 지급해야 한다.

단계 ③: 금융자산의 제거조건 추가검사

금융자산이 양도되지 않았다고 판단되면 해당 금융자산을 제거할 수 없으므로 장부에 계속 인식하고 금융자산을 이용해서 유입된 현금을 담보부차입(부채)으로 회계처리한다. 그러나 **금융자산이 양도되었다고 판단되면 추가검사를 수행해서 금융자산의 제거 여부를 결정한다.** 금융자산이 양도(이전)되었더라도 금융자산의 ① 소유에 따른 위험 및 보상과 ② 통제권 중에서 어느 하나 또는 모두가 이전되지 않을 수도 있다. 따라서 금융자산의 양도가 자산제거기준을 충족하는지를 판단하기 위하여 다음 추가검사를 순차적으로 수행한다.

위험과 보상 검사 → 통제권 검사 → 지속적 관여 검사

① 위험과 보상 검사: 매도인이 소유에 따른 위험과 보상의 대부분을 이전했는가?

② 통제권 검사: 위험과 보상의 대부분이 이전되었는지 여부가 불투명하다면 이전된 금융자산에 대한 통제권을 매도인이 상실했는가? 매수인이 이전된 금융자산을 담보로 사용하거나 처분할 권리를 가지게 되면 매도인이 통제권을 상실했다고 본다.

③ 지속적 관여 검사: 매도인이 통제권을 보유하고 있으나 회수불능채권에 대해서 매도인이 매수인한테 지급할 것을 보증하였는가?

① 위험과 보상 검사

금융자산의 소유에 따른 위험과 보상의 대부분(substantially all)이 매도인과 매수인 중에서 누구에게 귀속되는가를 판단한다. 예를 들어, 매도자가 매수자에게 발생가능성이 높은 대손에 대해서 보상을 보증하고 단기수취채권을 매도하면 금융자산 매도자가 소유에 따른 위험과 보상의 대부분을 보유한다[1109: B3.2.5]. 따라서 해당 양도자산을 장부에 계속 인식하고, 받은 대가를 금융부채로 인식한다. 그리고 매도인은 후속기간에 양도자산에서 생기는 수익과 금융부채에서 발생하는 이자비용을 인식한다[1109: 3.2.15]. 양도자산을 계속 인식하는 경우에 해당 양도자산과 관련된 부채를 상계하지 않고, 양도자산에서 생기는 수익을 관련된 부채에서 발생하는 이자비용과 상계하지 아니 한다[1109: 3.2.22]. 또한 매도자가 금융자산을 매도했으나 추후에 확정된 금액(또는 매도가격)에 이자를 가산한 금액으로 매도된 금융자산을 재매입하는 거래에서도 금융자산 매도자가 소유에 따른 위험과 보상의 대부분을 보유한다(제15장 '판매 후 재매입약정' 참조).

표 8.2 금융자산의 소유에 따른 위험과 보상 이전 여부

매도자가 소유에 따른 위험과 보상의 대부분을 이전하는 예[1109: B3.2.4]	매도자가 소유에 따른 위험과 보상의 대부분을 보유하는 예[1109: B3.2.5]
· 금융자산을 아무런 조건 없이 매도한 경우 · 매도자가 매도한 금융자산을 재매입시점의 공정가치로 재매입할 수 있는 권리를 보유하고 있는 경우 · 매도자가 매도한 금융자산에 대한 콜옵션(부록 8-1 참조)을 보유하고 있거나 매수자가 해당 금융자산에 대한 풋옵션(부록 8-1 참조)을 보유하고 있지만, 해당 콜옵션이나 풋옵션이 현재까지 깊은 외가격(부록 8-1 참조) 상태이기 때문에 만기 이전에 해당 옵션이 내가격(부록 8-1 참조) 상태가 될 가능성이 매우 낮은 경우	· 매도자가 매도 후에 미리 정한 가격으로 또는 매도가격에 매도자에게 금전을 대여하였더라면 그 대가로 받았을 수익을 더한 금액으로 매도자산을 재매입하는 경우 · 유가증권대여계약을 체결한 경우 · 시장위험 익스포저(exposure)를 매도자에게 다시 이전하는 총수익스왑 체결과 함께 금융자산을 매도한 경우 · 매도자가 매도한 금융자산에 대한 콜옵션을 보유하고 있거나 매수자가 해당 금융자산에 대한 풋옵션을 보유하고 있으며, 해당 콜옵션이나 풋옵션이 현재까지 깊은 내가격 상태이기 때문에 만기 이전에 해당 옵션이 외가격 상태가 될 가능성이 매우 낮은 경우 · 매도자가 발생 가능성이 높은 신용손실의 보상을 매수자에게 보증하면서 단기 수취채권을 매도한 경우

금융자산의 소유에 따른 위험과 보상의 대부분이 매수인에게 이전(transfer)되면 매도인은 이전거래를 매각거래로 분류하여 금융자산을 장부에서 제거하고 매도해서 생기거나 갖게 된 권리와 의무는 각각 자산과 부채로 인식한다[1109: 3.2.6]. 그러나 금융자산의 소유에 따른 위험과 보상의 대부분이 매도인에게 귀속되면 매도인은 이전거래를 담보부차입거래로 분류하여 해당 금융자산을 계속해서 장부에 인식한다. 금융자산의 소유에 따른 위험과 보상의 대부분을 매도인이 보유하지도 아니하고 매수인에게 이전하지도 않은 애매한 상황('grey area')이면 통제권 검사를 실시한다.

② 통제권 검사

금융자산의 소유에 따른 위험과 보상의 대부분을 매도자가 보유하지도 않고 매수자에게 이전하지도 않았으면 금융자산에 대한 통제권을 누가 보유하는가를 판단한다. 매도자가 매도자산을 통제하고 있는지 여부는 누가 해당 자산을 매도할 수 있는 능력을 보유하는지에 따라 결정한다[1109: 3.2.9, B3.2.7]. 매수자가 자산 전체를 독립된 제3자에게 매도할 수 있는 실질적 능력(practical ability)을 가지고 있고 매도에 추가 제약을 할 필요 없이 그 능력을 일방적으로 행사할 수 있다면, 매도자는 매도자산에 대한 통제를 상실한 것이다. 이 경우 외에는 매도자가 매도자산을 통제한다[1109: 3.2.9].

예를 들면, 매도자가 매도자산을 재매입할 수 있는 옵션(선택권)을 보유하고 있으나, 해당 옵션을 행사하더라도 매수자가 시장에서 해당 매도자산을 쉽게 매입할 수 있다면, 매수자는 매도자산을 매도할 수 있는 실질적인 능력을 보유한다고 볼 수 있다. 그러나 매도자가 매도자산을 재매입할 수 있는 옵션을 보유하고 있고, 해당 옵션을 행사할 경우 매수인이 시장에서 해당 매도자산을 쉽게 매입할 수 없다면, 매수자는 매도자산을 매도할 수 있는 실질적인 능력을 보유하지 않는다[1109: B3.2.7]. 위의 내용을 요약하면 다음과 같다.

▸ 매수인이 금융자산 전체를 독립된 제3자에게 매도할 수 있는 실질적 능력을 보유하고 매도할 수 있는 능력을 일방적으로 행사할 수 있으면, 매도인은 매도자산에 대한 통제권을 상실한다.

▸ 매수인이 금융자산을 담보로 사용하는 권리를 가지면 매도인은 통제권을 상실한다.

▸ 매수인이 매도자산을 매도할 수 있는 실질적 능력을 보유하지 않으면 매도인이 양도자산을 통제한다.

매도자가 금융자산을 통제하고 있지 않다면, 금융자산의 이전거래를 매각거래로 분류하여 해당 금융자산을 제거하고 매도해서 생기거나 보유하게 된 권리와 의무를 각각 자산과 부채로 인식한다[1109: 3.2.6]. 그러나 매도인이 금융자산을 양도한 후에도 통제권을 행사할 수 있으면 지속적 관여 여부를 검사한다.

③ 지속적 관여 검사

매도인이 금융자산에 대한 통제권을 보유하는 경우에는 이전된 금융자산에 대해서 매도인이 어느 정도까지 지속적으로 관여하는가를 판단한다. 지속적 관여 정도는 이전된 자산의 가치 변동에 매도인이 노출되는 정도를 의미한다. 매도인이 금융자산 이전 후 지속적으로 관여하지 않으면, 금융자산의 이전거래를 매각거래로 분류하고 금융자산을 장부에서 제거한다. 매도인이 지속적으로 관여하면, 지속적으로 관여하는 정도까지 담보부차입거래로 분류하여 금융자산을 계속해서 장부에 인식하고[1109: 3.2.6], 지속적 관여로 취득한 자산(예 현금회수용역에 대한 보상)과 발생한 부채도 장부에 함께 인식한다(제10장 참조). 이는 지속적으로 관여하는 정도까지는 금융자산을 매도한 것이 아니지만 매도대가를 받았으므로 이를 마치 담보부차입(부채조달거래)인 것처럼 회계처리한다. 관련 부채는 다음과 같이 측정한다[1109: 3.2.17].

• 매도자산을 상각후원가로 측정한다면, 매도자산과 관련 부채의 순장부금액이 매도자가 보유하는 권리와 부담하는 의무의 상각후원가가 되도록 관련 부채를 측정한다.
• 매도자산을 공정가치로 측정한다면, 매도자산과 관련 부채의 순장부금액이 매도자가 보유하는 권리와 부담하는 의무를 독립적으로 측정한 공정가치가 되도록 관련 부채를 측정한다.

④ 금융자산의 제거 여부

표 8.3 금융자산의 양도와 제거 여부

상황	금융자산의 제거 여부
금융자산의 현금흐름에 대한 계약상 권리가 소멸	금융자산을 제거
금융자산의 소유에 따른 위험과 보상의 대부분을 이전	금융자산을 제거하고 매각거래로 분류
금융자산의 소유에 따른 위험과 보상의 대부분을 보유	금융자산을 제거하지 않고 담보부차입거래로 분류
금융자산의 소유에 따른 위험과 보상의 대부분을 이전했는지 또는 보유하는지가 불투명하지만 금융자산에 대한 통제권을 상실	금융자산을 제거하고 매각거래로 분류
금융자산의 소유에 따른 위험과 보상의 대부분을 이전했는지 또는 보유하는지가 불투명하지만 금융자산에 대	금융자산을 제거하지 않고 담보부차입거래로 분류

한 통제권을 보유	
통제권을 보유하지만 회수불능채권에 대해서 매도인이 매수인한테 지급할 것을 보증	지속적으로 관여하는 정도까지 담보부차입거래(부채조달거래)로 분류하고 지속적 관여 부분 이외의 금융자산 이전은 매각거래로 분류

그림 8.1 금융자산의 제거 여부 판단과정

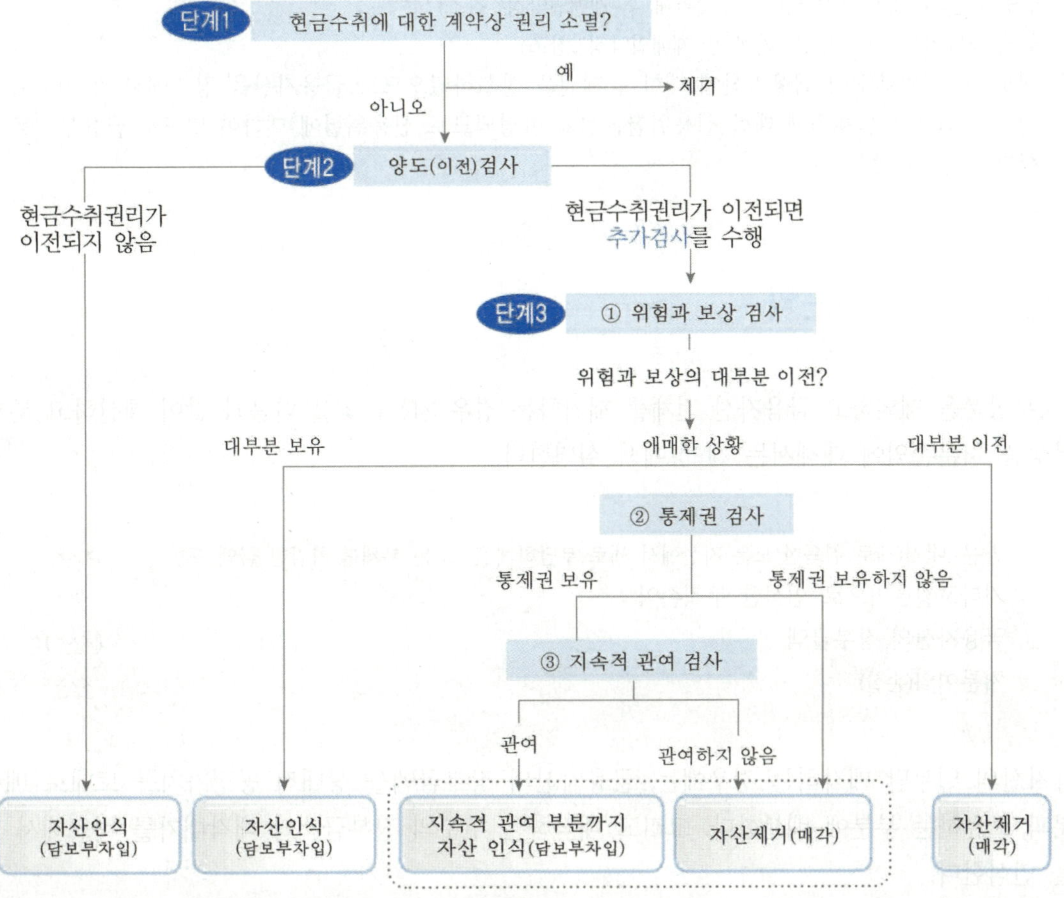

예제 8 금융자산의 제거

중요도: ★★★
난이도: ◆

상황

① 알거지회사가 보유하고 있는 대출금에 대한 권리를 포기하고 대출금을 알부자은행에 양도(이전)한다.

② 알거지회사가 금융자산의 만기일 이전에 재구매할 수 있으며 이전일의 공정가치에 시장이자를 가산한 금액으로 재구매한다는 조건을 명기하여 금융자산을 이전한다.

③ 알거지회사가 금융자산의 만기일 이전에 금융자산을 재구매하는데 재구매일의 시장가치로 금융자산을 재구매해야 한다는 조건을 명기하여 알부자은행에게 금융자산을 이전한다.

④ 알거지회사가 알부자은행에게 매출채권의 통제권을 포기하여 매각하고 채무자가 만기일에 지불하지 못하는 부실채권에 대한 모든 신용위험손실을 부담한다는 보증을 한다. 매출채권의 소유에 따른 기타 위

험과 보상이 모두 이전된다.

물음 위의 각 상황에서 금융자산의 제거 여부를 판단하라.

정답 및 해설

① 알거지회사가 대출금에 대한 권리를 포기하여 소유에 따른 위험과 보상이 이전되었기 때문에 금융자산의 매각(제거)에 해당한다.
② 금융자산의 제거가 아님(제15장 '판매 후 재매입약정' 참조)
③ 금융자산의 제거(제15장 '판매 후 재매입약정' 참조)
④ 매도인(알거지회사)이 금융자산에 대한 통제권을 상실하였으므로 금융자산을 장부에서 제거한다. 매도인의 위험은 부실채권에 대한 신용위험손실에 한정되므로 신용위험에 대하여 별도로 금융부채를 인식한다.

2. 금융자산 처분손익

지분상품을 제외하고 금융자산 전체를 제거하는 경우 처분손익을 다음과 같이 계산하고 분개한다. 지분상품 처분손익에 대해서는 제9장에서 설명한다.

받은 대가(새로 취득한 모든 자산에서 새로 부담하게 된 모든 부채를 차감한 금액 포함)	×××
기타포괄손익으로 인식한 누적손익	×××
금융자산의 장부금액	(×××)
처분이익(손실)	×××

금융자산의 일부만 매각하는 경우에는, 금융자산의 장부금액을 상대적 공정가치를 토대로 매각하는 부분과 보유하는 부분에 배분한다. 그리고 매각하는 부분의 장부금액과 매각대가를 비교해서 처분손익을 인식한다.

(차)			(대)		
	현 금(받은 대가)	×××		금 융 자 산	×××
	기타포괄손익누계액(이익인 경우)	×××		처 분 이 익(있을 경우)	×××
	처 분 손 실(있을 경우)	×××			

Chapter 08 제6절

매출채권의 양도

금융자산 중에서 매출채권은 금액 면에서 중요할 뿐만 아니라 분식회계의 수단으로 이용되는 경우가 많아 위험도가 높은 자산이다. 예를 들어, 기업이 연간 매출목표를 달성하기 위해 연말에 소위 '밀어내기' 방식으로 유통업체에 물량을 떠넘기고 매출액과 매출채권을 과대계상하는 경우가 있다. 다음 연도에 발생할 매출을 앞당겨 인식한 후 다음 연도 초에 반품 처리를 하거나 대금지급기간을 평상시보다 연장해 줌으로써 당기의 매출목표를 맞추고자 하는 것이다. 그러나 이렇게 하면 매출채권 기말잔액이 매출액에 비해서 비정상적으로 증가하여 매출채권회전율이 낮아지고 재무분석가(analyst)들이 경영성과를 부정적으로 평가할 수 있다. 비양심적인 경영자는 이러한 결과를 회피하고자 연말 직전에 매출채권을 대량 매도함으로써 밀어내기의 흔적을 재무상태표에서 지우려고 시도하기도 한다. 한편, 매도하지 않은 매출채권에 대한 대손상각비(손상차손)를 적게 인식해서 매출채권을 과도하게 많은 금액으로 재무상태표에 보고하기도 한다. 금융자산의 제거에 대한 회계처리 규정이 복잡해진 이유 중 하나는 이러한 분식회계 시도를 저지하기 위한 것이다.

분식회계 **밀어내기와 대손충당금의 과소계상**

- 미국 증권거래위원회(Securities and Exchange Commission)에 따르면 컴퓨터 보안 및 바이러스 백신을 제조·판매하는 미국 맥아피회사(MacAfee)가 유통업체의 제품 판매기회를 훨씬 상회하는 수량을 공격적으로 판매하였으나 재고자산 밀어내기에 대해서 공시하지 않았다. 대리점이 맥아피 제품을 구매해서 비축하도록 설득하기 위해서 맥아피는 대폭적 할인, 리베이트 등 높은 판매 인센티브를 대리점에 제공하였다. 유통업체들은 맥아피 제품을 구매하고 과잉 재고를 반품하는 대신에 비축하는 대가로 수백만 달러를 비밀리에 받았다. 맥아피는 재고자산 밀어내기를 범하고 대리점에게 밀어낸 재고자산을 판매수익으로 인식했다. 또한 유통업체에게 제공한 지급액과 할인액을 장부에 거짓으로 기록했고 유통업체에게 지급한 금액의 원가를 회수하기 위해서 충당금계정의 잔액을 부적절하게 조작해서 분식회계를 감추었다. 출처: www.sec.gov
- ㈜대한전선은 특정 회사에 대한 채권과 관련하여, 해당 회사가 잉여영업현금흐름을 창출할 만한 영업을 영위하고 있지 않았고, 완전 자본잠식 상태였으며, 회사의 채권을 상환할 자금을 다른 용도(이자비용 및 차입금 상환)로 이용하는 등 실질적으로 채무상환능력이 없었음에도 회수가능액을 과대평가해서 2011년에 2,270억원의 대손충당금을 과소계상했다. 또한 ㈜부산저축은행은 이자가 연체상태이거나 대출채권의 회수가 지연되고 있음에도 불구하고 2009년에 605억원, 2010년에 1조 5,885억원의 대손충당금을 과소계상했다. 출처: www.fsc.go.kr

1. 매출채권의 이전

자금조달활동의 일환으로서 매출채권을 제3자에게 이전(transfer)하는 방법은 다음과 같다.

매출채권 이전 방법
- 담보부차입: 매출채권의 담보제공
- 매출채권의 매각
  - 유동화[3)]
  - 팩토링
    - 상환청구불능팩토링
    - 상환청구가능팩토링

(1) 담보부차입

담보제공(pledging) 또는 특수양도(assignment)는 매출채권을 담보로 사용하여 자금을 차입하고 차입자(매출채권의 원래 보유자)가 추후에 매출채권으로부터 회수한 현금으로 차입금을 상환하는 거래이다.

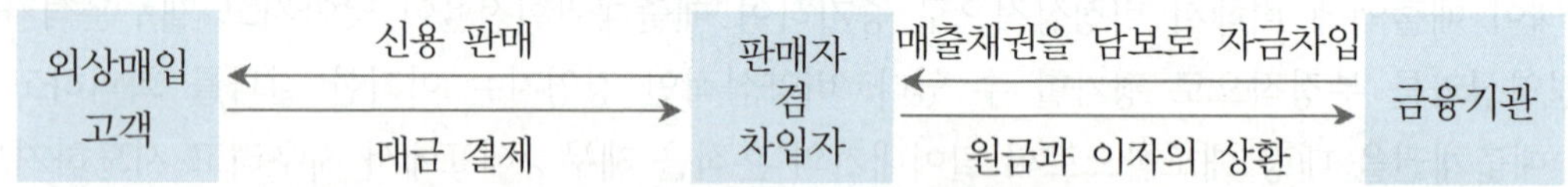

일반적으로 고객(외상매입인)은 매출채권이 담보로 제공되었다는 사실을 모른다. 매출채권의 원래 보유자(매출채권을 이용한 차입자)가 고객에게 청구서를 보내면 고객은 원래 보유자에게 대금을 지불하므로 담보로 제공된 매출채권에 대해서 보유자가 별도로 회계처리를 하지 않는 경우가 비일비재하다. 그러나 매출채권을 담보물로 제공하고 자금을 차입하면 다음과 같이 회계처리하여야 한다.

- 매출채권을 장부에서 제거하지 않고, 담보제공 사실을 주석으로 공시한다.
- 금융부채를 장부에 인식한다.
- 금융부채에 대해서 이자비용을 인식한다.

(2) 매출채권의 매각

매출채권을 매각하는 대표적 방법인 팩토링(factoring)은 매출채권에서 현금을 받을 권리를 금융기관(팩터, factor)에 양도(이전)하고 자금을 조달하는 것이다. 매출채권을 매입하는 기관은 일반적으로 은행이며, 신용카드발급회사 등도 해당된다. 금융기관은 매출채권으로부터 현금을 받을 권리를 양도(이전)받고, 매출채권 고객(외상매입자)에게 청구서를 발부하고 현금을 직접 회수한다. 또한, 이러한 용역에 대해 매출채권을 양도(이전)한 기업에게 수수료를 부과한다. 팩토링은 VISA와 같은 신용카드 거래에서 다음과 같이 매출채권을 이전한다.

① 고객이 신용카드를 사용하여 상품을 구입한다.

② 판매자는 판매가격에 해당하는 금액의 매출채권을 신용카드발급회사(팩터)로 이전(팩토링)한다(매출채권의 매각).

③ 신용카드발급회사는 매출채권금액에서 이자비용과 청구서 발부 및 현금회수 대행업무에 관한 수

---

3) 매출채권을 매각하는 방법으로 유동화(securitization)도 있으나, 팩토링을 통해 수취채권이 매각되는 경우가 대부분이고, 유동화에는 특수목적기업(Special Purpose Entity)의 개념이 등장하므로 이 책에서는 유동화에 대한 설명을 생략한다.

수료를 제외한 나머지 금액을 판매자에게 지불한다.

④ 신용카드발급회사는 상품을 구입한 고객에게 청구서를 발부한다.

⑤ 고객이 신용카드발급회사에 상품 구입대금을 지불한다.

그림 8.2 **매출채권 이전(팩토링)**

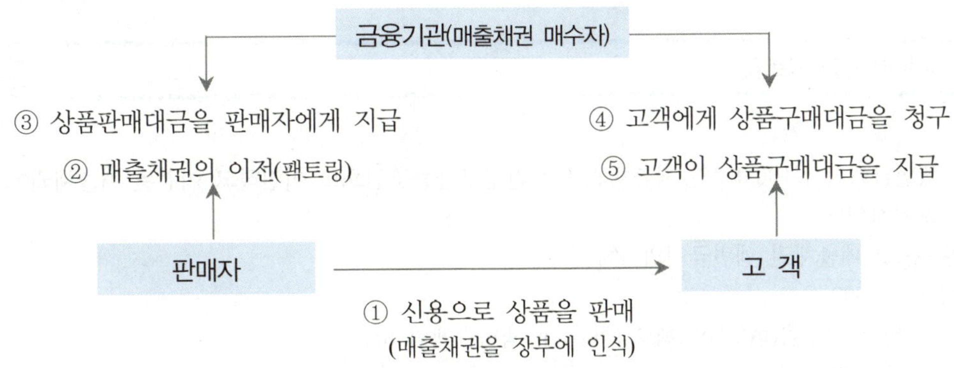

매출채권의 매수자가 해당 채권을 전액 상환받지 못할 경우 매출채권 매도자에게 회수불능액의 상환을 청구할 수 있는지 여부에 따라 팩토링을 상환청구불능팩토링과 상환청구가능팩토링으로 구분한다.

① 상환청구불능팩토링

상환청구불능팩토링(factoring without recourse)은 매수인(금융기관)이 이전받은 매출채권의 일부를 회수하지 못하더라도 매출채권의 매도인(판매자)에게 회수불능액에 대한 손실을 전가할 수 없는 매출채권 이전계약이다. 상환청구불능팩토링에서는 매출채권이 이전되는 순간 매출채권에 대한 모든 권리와 책임이 매수인에게 이전되기 때문에 매출채권의 소유에 따른 혜택과 위험의 대부분이 매수인에게 이전되었다고 본다. 따라서 매도인은 이 거래를 매각거래로 분류하여 매출채권을 장부에서 제거하는 한편, 매출채권의 장부금액과 처분금액의 차이(아래 설명하는 팩토링미수금 제외)를 매출채권 처분손익으로 인식한다. 매출채권 처분손익은 매수인(팩터)이 부과하는 이자비용과 팩토링수수료를 반영해서 산정한다. 매수인은 이전된 매출채권을 현금으로 회수하며 부실채권(현금이 회수되지 않는 채권)에 대한 위험을 감수한다. 매출채권을 이전할 때 매도인은 매수인이 미래에 현금을 회수하는 과정에서 발생할 수 있는 조정항목(예 매출할인, 매출환입 또는 매출에누리)에 사용할 수 있도록 매각대가의 일부를 매수인에게 남겨두는데, 이러한 **예치금을 유동자산인** 팩토링미수금(receivable from factor)**계정에 기록한다**. 판매기업이 미래 매출할인 등을 고려하지 않은 총액으로 매출채권을 최초 기록하는 경우, 할인기간 이내에 현금이 회수되면 매출차감계정인 매출할인을 차변에 기록한다. 그러므로 고객이 매출할인 등을 실제로 이용하면 매도인은 매수인(팩터)으로부터 총 판매액보다 덜 받게 되므로 매출할인만큼 팩토링미수금계정의 잔액을 감소시킨다. 그리고 매출할인 등이 더 이상 발생하지 않으면 매도인은 사용되지 않은 팩토링미수금을 매수인으로부터 돌려받는다.

분개 팩토링미수금에 대한 회계처리

매출할인 등의 발생시점		매출할인 등의 만기시점	
(차) 매 출 할 인	×××	(차) 현 금	×××
(대) 팩 토 링 미 수 금	×××	(대) 팩 토 링 미 수 금	×××

예제 9 상환청구불능팩토링

중요도: ★★★
난이도: ◆◆

상황

· 회사는 액면금액이 ₩100,000인 매출채권을 상환청구불능조건으로 이전하고 이전된 매출채권에 대한 통제권을 포기하였다.
· 팩토링수수료: 매출채권 액면금액의 4%
· 이자비용: ₩3,000
· 매수인의 팩토링선수금(매도인의 팩토링미수금): 액면금액의 8%
· 매출환입: ₩5,000
· 매수인은 사용되지 않은 팩토링선수금(₩3,000)을 매도인에게 반납한다.

물음 회사에 필요한 분개를 하라.

정답 및 해설

(차) 현 금	85,000	(대) 매 출 채 권	100,000
매출채권처분손실	7,000*		
팩 토 링 미 수 금	8,000		

* 이자비용 ₩3,000
팩토링비용(₩100,000 × 4%) 4,000
매출채권처분손실 ₩7,000

(차) 매 출 환 입	5,000	(대) 팩 토 링 미 수 금	5,000
(차) 현 금	3,000*	(대) 팩 토 링 미 수 금	3,000

* ₩8,000(팩토링미수금계정의 잔액) − ₩5,000(매출환입) = ₩3,000

② 상환청구가능팩토링

상환청구가능팩토링(factoring with recourse)은 외상매입자(고객)가 대금을 매출채권 매수인에게 지불하지 않을 경우, 매도인에게 회수불능액의 상환을 청구할 수 있는 권리가 매수인에게 부여되고 매도인은 고객 대신 상환하는 의무를 부담하는 매출채권 이전계약이다. 상환청구가능팩토링에서는 매도인이 이전된 매출채권의 회수에 따르는 위험을 부담한다. 회수불능채권액의 일정 한도까지 상환해 줄 의무가 있으므로 상환청구가능팩토링은 개념적 면에서 일부는 담보부차입거래이고 일부는 매각거래라 할 수 있다. 즉, 매도인이 발생 가능성이 높은 대손의 보상을 보증하면 매도인이 소유에 따른 위험과 보상의 대부분을 보유하므로 담보부차입거래로 본다.

상환청구가능팩토링 < 담보부차입거래: 회수불능채권에 대한 상환한도
매각거래: [팩토링한 매출채권의 장부금액 − 회수불능채권에 대한 상환한도]

매도인이 이전된 매출채권에 대한 통제권을 포기하면 상환청구가능팩토링을 매각거래로 분류하고, 통제권을 포기하지 않으면 원칙적으로 담보부차입거래로 분류한다. 상환청구가능팩토링을 담보부차입거래로 간주하면, 받은 금액을 장부에 금융부채로 인식하고 매출채권의 장부금액과 실수령액의 차이는 매출채권의 회수기간에 걸쳐 이자비용으로 인식한다. 그러나 매출채권의 회수기간이 단기인 경우에는, 매출채권의 장부금액과 실수령액의 차이 전액을 매출채권의 이전시점에 이자비용으로 인식한다.

예제 10 상환청구가능팩토링

중요도: ★★★
난이도: ◆◆

상황

· 회사는 액면금액이 ₩100,000인 매출채권을 상환청구가능조건으로 이전하였다. 이전된 매출채권에 대한 통제권을 포기하지 않고, 회수불능액 전액에 대해서 상환의무를 부담한다.
· 팩토링수수료: 매출채권 액면금액의 4%
· 이자비용: ₩3,000
· 매수인의 팩토링선수금: 액면금액의 8%
· 매출환입: ₩5,000
· 매수인은 사용되지 않은 팩토링선수금(₩3,000)을 매도인에게 반납한다.

물음 회사에 필요한 분개를 하라.

정답 및 해설

담보부차입거래

(차) 현금	85,000	(대) 차입금(부채)	100,000
이자비용	3,000		
팩토링수수료비용	4,000		
팩토링미수금	8,000		
(차) 매출환입	5,000	(대) 팩토링미수금	5,000
(차) 현금	3,000	(대) 팩토링미수금	3,000*

* ₩8,000(팩토링미수금계정의 잔액) − ₩5,000(매출환입) = ₩3,000

(3) 지속적 관여를 통한 보증

매도인이 금융자산을 이전하지만 이전된 금융자산에 대해서 지속적으로 관여하는 경우에는 매출채권의 일부가 매각되었는지를 판단한다. 매도자(양도자)가 양도(이전)한 매출채권에 대하여 지속적으로 관여하는 경우를 다음과 같이 구분할 수 있다.

- 양도자산 중에서 회수불능액을 **보증**하고 지속적으로 관여한다.
- 양도자산에 대한 **옵션**을 매도하거나 매입하여 지속적으로 관여한다.
- 양도자산에 대하여 **현금결제옵션**이나 이와 유사한 계약을 체결하여 지속적으로 관여한다.

이 가운데 옵션에 대한 내용은 중급회계 수준을 벗어나므로 제8장과 제10장에서는 보증계약만 살펴본다.

「K-IFRS 제1109호」는 매도인이 이전된 금융자산에 대해서 지속적으로 관여해서 신용손실을 보증하면 지속적 관여법(continuing involvement approach)을 채택하여 이전거래의 일부는 차입거래로, 나머지는 매각거래로 회계처리한다. 즉, 회수불능액 중에서 매도인이 상환해야하는 최대 금액인 지속적 관여의 보증액에 해당하는 금액은 담보부차입거래로 분류하여 매출채권을 장부에 존속시키고 금융부채를 인식하며, 나머지 부분은 매각거래로 분류하여 금융자산을 장부에서 제거하고 처분손익을 인식한다.

지속적 관여법 < 차입거래: 상환할 회수불능액
매각거래: [이전한 매출채권의 장부금액 − 상환할 회수불능액]

예를 들어, 장부금액이 ₩1,000,000인 금융자산(매출채권)을 이전하고 ₩50,000까지 회수불능액을 매수인에게 변제해주기로 하면, 매출채권 ₩950,000은 매각되었다고 보고 장부에서 제거하고 최대 변제액 ₩50,000에 대해서는 담보부차입거래로 해석하여 매출채권 ₩50,000을 장부에 계속 기록하고 매각대가로 받은 금액 중 ₩50,000을 금융부채로 인식한다. 양도(이전)시점에 매각되지 않은 금융자산은 지속적 관여가 종료되는 시점에 매각된다고 보아 지속적 관여가 종료되는 시점에 신용손실이 발생하지 않으면 금융자산(예 ₩50,000)과 금융부채를 장부에서 제거한다.

① 지속적 관여법에 대한 회계처리

매도인이 지속적 관여를 통해 신용손실을 보증하고 금융자산을 이전하면 매도인은 총 이전대가 중에서 지속적 관여를 통한 보증액을 '담보부차입거래'에서 조달된 금액으로 보고 금융부채를 인식한다. 매도인이 지속적 관여로 금융자산을 이전하고 받은 총 현금을 저자는 다음 세 부분으로 분해한다.

- 보증의 대가로 받은 금액(보증의 공정가치) ← '선수수익'의 성격을 갖는 부채
- 지속적 관여로 보증한 금액 ← '담보부차입거래'에서 조달한 금액(금융부채)
- 매각된 자산에 대한 대가 ← 상환청구불능팩토링과 유사

② 금융자산 제거액

지속적 관여로 이전된 금융자산의 장부금액을 다음 두 부분으로 분해한다.

총 장부금액 { 매각되었다고 간주하는 부분(처분된 금융자산의 장부금액)
지속적 관여로 보증한 금액(담보부차입거래에서 조달된 현금)

매도인은 금융자산의 장부금액 중에서 매각되었다고 간주하는 부분을 장부에서 제거하고 처분손익을 인식한다. 지속적 관여로 이전된 금융자산에 대해서 제거할 장부금액과 처분손익은 다음과 같다.

금융자산 장부금액	×××
-) 지속적 관여로 보증한 금액(담보부차입거래에서 조달된 현금)	(×××)
=) 금융자산 제거액(매각되었다고 간주하는 부분의 장부금액)	×××

금융자산 처분손익 = 매각된 자산에 대한 대가 - 금융자산 제거액

③ 보증의 공정가치

매도인이 지속적 관여로 매출채권을 양도(이전)한 후에 매수인을 위해서 매출채권을 현금으로 회수하는 용역을 제공하면, 매도인은 회수용역에 대해 수수료를 받는다. 이와 같이 매도인이 매수인에게 보증용역을 제공하고 회수용역대가('보증대가')를 받으면 '보증의 대가로 받은 금액(보증의 공정가치)'은 매도인이 미래에 보증을 제공하는 수행의무를 이행하는 대가를 미리 받은 것이다. 대가를 미리 받은 시점에는 수행의무(제15장 참조)를 아직 이행하지 않았으므로 매도인은 보증대가로 **미리 받은 금액**(보증의 공정가치)**을 선수수익**(unearned revenue)**의 성격을 갖는 부채로 인식한 후, 시간이 경과함에 따라 보증의 공정가치를 수수료수익으로 인식한다**. 금융보증계약에 따라 매도인이 보증한 금액을 실제로 지급하면 지급액을 금융보증손실로 인식한다.

보증대가를 받은 시점에 예수금처리법(제15장 참조)을 적용:

(차) 현 금	×××	(대) 부 채(보증의 공정가치)	×××

시간의 경과:

(차) 부 채	×××	(대) 보증용역수수료(보증의 공정가치)	×××

보증한 금액을 실제로 지급하는 경우:

(차) 금융보증손실	×××	(대) 현 금(보증 지급액)	×××

④ 지속적 관여액

매도인이 신용손실의 보상을 보증하고 매출채권을 이전하면 매출채권에 대한 회수불능위험에 노출된다. 매도인이 금융자산에 대한 통제권을 보유하면서 이전된 금융자산을 현금으로 회수하는 데 지속적으로 관여하면, 금융자산 전액을 장부에서 제거할 수 없고 **지속적으로 관여하는 정도까지 매각되지 않은 금융자산을 인식한다**. 보증을 통한 지속적 관여에서 지속적 관여 정도는 양도된 자산의 가치 변동에 대하여 양도자가 부담하는 노출 정도이다. 구체적으로, 지속적 관여 정도를 다음과 같이 측정해서 금융부채(지속적관여부채)로 인식한다.

지속적 관여액 = min {양도자산의 장부금액, 양도대가 중 최대 상환의무액(보증액)}
(매각되지 않은 자산의 측정액)

지속적으로 관여해서 보증한 금액은 '담보부차입거래'에서 조달된 금액으로 해석하여, 매도인이 금융자산을 매각하고 받은 총 이전대가 중에서 보증액에 해당하는 금액을 부채로 인식한다. 총 부채(지속적관여부채)의 최초측정액을 다음과 같이 결정하고 지속적 관여의 보증액에 대해서 분개한다.

	보증의 공정가치(보증의 대가로 미리 받은 수수료 금액)	×××
+)	보증액(지속적 관여로 보증한 금액)	×××
=)	부채(지속적관여부채)의 최초측정액	×××

(차) 현 금	×××	(대) 부	채(보증의 공정가치)	×××
(차) 현 금	×××	(대) 금 융 부	채(지속적 관여의 보증액)*	×××

* 이 금액을 담보부차입거래로 해석한다.

Miniature 예제 1 매출채권의 이전과 지속적 관여

상황

· 매도인이 매수인에게 장부금액과 공정가치가 ₩200,000인 매출채권을 ₩210,000에 이전하였다. 이전된 자산의 기대신용손실이 ₩24,000이지만, 매도인은 신용손실 ₩16,000까지 매수인에게 지급하기로 보증하였다.
· 이전일의 보증의 공정가치: ₩10,000
· 매도인은 자산의 소유에 따른 위험과 보상의 대부분이 이전되지도 않고 보유되지도 않았다고 판단한다. 매수인은 자산을 처분할 실질적 능력을 가지고 있지 않아 매도인이 자산을 통제한다.
· 매도인은 지속적 관여의 정도를 이전된 자산의 가치변동에 계속 노출되는 정도로 결정한다. 즉, min {₩200,000(매출채권의 장부금액), ₩16,000(보증액－매도인이 최악의 경우 지급하는 금액)}으로 지속적 관여의 정도를 측정한다.

물음 매도인의 입장에서 금융자산 제거액을 결정하라.

정답 및 해설

· 매도인이 지속적 관여로 매출채권을 이전하고 받은 총대가(₩210,000)를 다음 세 부분으로 분해할 수 있다.
  ▶ 보증의 대가로 미리 받은 ₩10,000(보증의 공정가치) ← 선수수익의 성격을 갖는 부채
  ▶ 지속적 관여로 보증한 ₩16,000 ← 담보부차입거래에서 받은 금액(금융부채)
    ∴ 부채(지속적관여부채)의 최초측정액: ₩10,000(보증의 공정가치) + ₩16,000(지속적 관여로 보증한 금액)
    = ₩26,000
  ▶ 매각된 자산에 대한 대가: ₩210,000 － ₩10,000 － ₩16,000 = ₩184,000 ← 상환청구불능팩토링과 유사

· 매출채권에 대해서 장부에서 제거하는 금액과 금융자산 처분손익은 다음과 같다.
자산 제거액(매각됐다고 간주하는 부분의 장부금액) = 총장부금액 − 지속적 관여로 보증한 금액
= ₩200,000 − ₩16,000 = ₩184,000(해답)
금융자산 처분손익 = 매각된 자산에 대한 대가 − 자산 제거액
= ₩184,000 − ₩184,000 = ₩0

예제 11 매출채권의 팩토링과 지속적 관여

중요도: ★★★
난이도: ◆◆◆

상황

· 매도인이 장부금액이 ₩1,200,000인 매출채권을 ₩1,152,000에 팩토링으로 이전하였다.
· 매도인은 자산의 소유에 따른 위험과 보상의 대부분이 이전되지도, 계속 보유되지도 않았다고 판단한다.
· 매수인은 자산을 처분할 실질적 능력을 가지고 있지 않아 매도인이 자산을 통제한다.
· 매도인이 매출채권의 신용손실을 이전하지만 최대 4개월까지 지급이 지연되는 지급위험을 부담한다. 즉, 지급이 지연되고 있다고 간주되는 매출채권 잔액에 대해 매도인이 매수인에게 연 10%의 이자를 지급한다. 그러나 매출채권이 4개월 후에도 결제되지 않으면 채무불이행으로 간주하여 매수인이 신용손실을 감수한다.
· 지급 지연에 대한 보증의 공정가치: ₩2,000
· 매도인은 지속적 관여의 정도를 이전된 자산의 가치변동에 계속 노출되는 정도로 결정하며, 구체적으로 다음과 같이 측정한다.

지속적 관여의 정도 = min {자산의 장부금액, 보증액}

물음

1. 매도인의 입장에서 매출채권의 이전에 대해서 회계처리하라.
2. 보증액을 지급한 금액이 ₩0인 경우와 ₩40,000인 경우로 구분해서 분개하라.

정답 및 해설

1.
· 매도인이 최악의 경우에 지급하는 이자(보증액): ₩1,200,000 × 10% × (4개월 ÷ 12개월) = ₩40,000
지속적 관여의 정도: min {₩1,200,000(자산의 장부금액), ₩40,000(보증액)} = ₩40,000
· 매도인이 지속적 관여로 매각한 자산을 매각하고 받은 총대가(₩1,152,000)를 다음 세 부분으로 분해한다.
▸ 보증의 대가로 미리 받은 ₩2,000(보증의 공정가치) ← 선수수익의 성격을 갖는 부채
▸ 지속적 관여로 보증한 ₩40,000 ← 담보부차입거래에서 받은 금액(금융부채)
∴ 부채(지속적관여부채)측정액 = 지속적 관여로 보증한 금액 + 보증의 공정가치
= ₩40,000 + ₩2,000 = ₩42,000
▸ 매각된 자산에 대한 대가: ₩1,152,000 − ₩40,000 − ₩2,000
= ₩1,110,000 ← 상환청구불능 팩토링 대가

· 부채(지속적관여부채)의 최초측정액은 ₩42,000이고, 매각된 자산에 대해서 ₩1,110,000만큼 자산의 장부금액을 장부에서 제거한다.
금융자산 제거액 = 총장부금액 − 지속적 관여로 보증한 금액
= ₩1,200,000 − ₩40,000 = ₩1,160,000

금융자산 처분손실 = 매각된 자산에 대한 대가 − 금융자산 제거액
= ₩1,110,000 − ₩1,160,000 = −₩50,000(손실)

팩토링시점:

(차) 현 금	2,000	(대) 부 채	2,000(보증의 공정가치)
(차) 현 금	40,000	(대) 금 융 부 채	40,000(지속적 관여 보증액)
(차) 현 금	1,110,000	(대) 금 융 자 산	1,160,000
처 분 손 실	50,000		

보증기간 말:

(차) 부 채	2,000	(대) 보 증 수 익(영업외수익)	2,000*

* 보증의 공정가치(₩2,000)를 시간이 경과하는 비율에 따라 손익으로 인식한다.

2. 보증액을 지급한 금액이 ₩0인 경우:

(차) 금 융 부 채	40,000	(대) 금 융 자 산	40,000

총손실 인식액: ₩50,000 (처분손실) − ₩2,000 = ₩48,000

참고 위 분개는 매출채권 잔여분(미제거액) ₩40,000을 ₩40,000에 매도한 것과 같다. 그러나 매도대가 ₩40,000은 이전일(팩토링시점)에 미리 받았다.

보증액을 지급한 금액이 ₩40,000인 경우:

(차) 금 융 부 채	40,000	(대) 현 금	40,000
(차) 손 실	40,000	(대) 금 융 자 산	40,000

총손실 인식액: ₩50,000(처분손실) + ₩40,000 − ₩2,000 = ₩88,000

참고 위 분개는 부채를 현금으로 상환하고 '담보부차입거래'에서 담보로 사용하였던 매출채권(장부금액: ₩40,000)의 가치가 ₩0이 되어 손상차손을 인식하는 것과 같다.

2. 받을어음의 이전

받을어음 소지자는 어음의 만기일까지 기다리는 대신에 즉각적으로 자금을 조달하기 위하여 제3자(어음매수인)에게 받을어음을 할인할 수 있다. 받을어음 할인액은 어음의 만기일에 받는 금액과 할인시점에 지급받는 금액의 차액으로서 어음을 할인해주는 자(어음매수인)가 어음을 만기까지 보유함으로써 획득하는 이자수익과 같은 금액이다. 할인액은 통상적으로 어음의 만기금액을 기준으로 계산한다.

참고 받을어음할인액 계산 예

- 액면금액이 ₩10,000이고 표시이자율이 연 12%인 만기 3개월짜리 어음을 받은 즉시 연 16%로 할인한 경우 만기금액은 ₩10,300(₩10,000 + ₩10,000 × 12% × 3/12)이고, 할인액은 ₩412(₩10,300 × 16% × 3/12)이다.
- 현금실수령액(₩9,888) = 만기금액(₩10,300) − 할인액(₩412)

• 금융비용(매각손실: ₩112) = 장부금액(₩10,000)* − 현금실수령액(₩9,888)
  * 장부금액 = 액면금액(₩10,000) + 어음발행일부터 할인한 날까지의 표시이자(₩0)

Chapter 08 부록 8-1

파생상품과 관련된 금융자산

지금까지는 본원적 금융자산(예 현금, 대여금, 수취채권)을 설명하였다. 그러나 아래 <표 8.4>에 나열된 파생상품도 금융자산으로 분류하므로[1032: 11(4)], 금융자산은 상당히 복잡하고 어려운 항목이다. 특히, 금융자산의 정의에 '파생상품' 개념과 '자기지분상품으로의 결제' 개념이 동시에 포함되므로 파생상품과 결제수단에 대한 지식이 없으면 특정 금융상품을 금융자산으로 분류하는 여부를 판단하는 것부터 어려움에 처할 수 있다. 파생상품(특히 옵션)에 대한 내용을 이해하지 않으면 금융자산, 금융부채, 지분상품을 설명하는 「K-IFRS 제1032호」, 「K-IFRS 제1107호」, 「K-IFRS 제1109호」에 대한 이해가 상당히 어려워진다. 더불어, 제10장(단기금융부채), 제18장(주당이익)에서 옵션을 포함한 파생상품의 개념에 기초해서 설명하는 주제가 있어 파생상품의 개념을 이해하는 것이 이후에 등장하는 주제를 학습하는 데 도움이 된다. 파생상품에 대한 회계처리가 상당히 어려우므로 이 책에서 꼭 필요한 부분에 국한해서 설명한다.

표 8.4 금융자산의 정의와 예[1032: 11(4)]

금융자산의 정의	금융자산의 예
자기지분상품으로 결제되거나 결제될 수 있는 다음 중 하나의 계약:	
▸ 거래대상물이 자기지분상품인 비파생상품: 확정되지 않은 수량의 자기지분상품을 받을 권리가 있는 비파생상품	특정 일반상품(commodity)의 가치(예 100온스의 금의 가치)에 해당하는 가변적 수량의 자기지분상품을 받을 수 있는 계약
▸ 거래대상물이 자기지분상품인 파생상품: 확정 수량의 자기지분상품에 대하여 확정 금액의 현금 등 금융자산을 교환하여 결제하는 방법이 아닌 방법으로 결제되거나 결제될 수 있는 파생상품	자기지분상품의 확정되지 않은 수량으로 결제되는 매입콜옵션(또는 매입풋옵션)

<표 8.4>[1032: 11(4)]의 금융자산 정의와 관련하여 다음 4가지 의문점이 제기된다.

▸ 파생상품이 무엇인가?

▸ 자기지분상품으로 결제될 수 있는 계약을 비파생상품과 파생상품으로 구분한 이유가 무엇이고 결제방법이 금융자산의 정의에 등장하는 이유가 무엇인가?

▸ 인도(발행)하거나 수취하는 자기지분상품(자기주식)을 자본으로 분류하지 않는 이유가 무엇인가?
▸ <표 8.4>가 구체적으로 무엇을 의미하는가?

아래에서는 위의 4가지 의문점을 해소한다. 먼저, 금융자산을 이해하기 위한 기초지식으로 파생상품의 개념과 파생상품과 관련된 금융자산을 살펴본다.

1. 파생상품의 개념과 회계처리

기업은 형태가 비교적 단순한 금융자산 뿐만 아니라 상당히 복잡한 형태의 금융자산도 다양한 목적으로 이용한다. 그 중 대표적인 것이 파생상품이다. 기업이 보유하고 있는 파생상품의 형태가 다양해지고 기업의 재무상태와 경영성과에 미치는 영향도 커져서 파생상품에 대한 회계처리가 중요해지고 있다. 기업은 파생상품의 취득시점, 보유기간 중, 그리고 청산시점에 적절하게 회계처리하고 재무제표이용자에게 공시해야 한다.

(1) 파생상품의 정의

파생상품(derivatives)은 그 가치가 특정 상품의 가격(예 주가)이나 지수(예 이자율, 환율 등)의 변동에 따라 변하는, 즉 가치가 다른 것에서부터 파생(derived)되는 형태의 금융상품이다. 파생상품의 구체적인 정의를 살펴보기에 앞서, 개념을 이해하기 위해 간단한 시나리오를 먼저 살펴본다.

스마트폰 가격과 내기: 전자제품 판매장이나 통신회사 대리점에 가서 스마트폰을 사고 현금을 지불하는 것은 상식적이고 이해하기 쉬운 거래이다. 이 경우 현금지급액 만큼 스마트폰을 자산으로 계상하면 된다. 그러나 스마트폰을 구입할 목적이 아니라 스마트폰의 가격변동에 관심이 있어서 대리점 사장과 내기를 하면 이야기가 상당히 복잡해진다. '내기' 자체가 나에게 자산(또는 부채)인지 아닌지에 대한 문제에서부터, '내기'가 자산이라면 자산의 가치를 얼마로 측정해야 할지에 대한 문제도 발생한다. 이는 거래 대상물인 '내기 약속'이 일반적 상품과는 다른 형태를 띠고 있고, 내기의 가치가 내기 자체가 아닌 내기의 기초인 스마트폰의 가격에 의존하기 때문에 내기의 역학을 이해하는 것은 일반적 거래를 이해하는 것보다 어렵다. 이 스마트폰 시나리오에서 파생상품인 내기 약속의 기초변수는 '스마트폰의 가격', 그리고 내기시점에 별도로 지불한 금액이 없으니 순투자액은 ₩0, 약속한 날짜에 내기의 결과에 따라 서로 돈을 주고받을 것이니 미래에 결제되는 형태를 띤다. 따라서 대리점 사장과 한 '내기 약속'을 일종의 파생상품으로 분류한다.

(2) 파생상품의 주요 개념

파생상품의 정의에서 사용되는 '기초변수', '순투자액', '미래결제'에 대한 개념을 살펴보자.

① 기초변수

파생상품은 하나 이상의 기초변수와 하나 이상의 명목금액을 가지며, 파생상품의 가치는 기초변수의 가치변동에 따라 변한다. 명목금액(notional amounts)은 파생계약에 명시된 액면금액 또는 단위 수량(예 원유의 구매예정량)을 말한다. 기초변수(underlying)는 변동을 관측할 수 있거나 객관적으로 검증할 수 있는 재무적 변수(예 주식가격, 금 가격, 원유 가격 등) 또는 물리적 변수(예 특정 기간 동안 평균온도 등)로 기초자산(underlying asset)이라고도 한다. 파생상품은 기초변수(기초자산)와 같은 다른 자산에 대한 청구권을 나타내므로 기초변수의 가치로부터 가치가 변하는 금융상품이다.

② 순투자액

파생상품은 최초투자액이 ₩0이거나 다른 종류의 계약에 비하여 매우 적다. 예를 들어, 주식콜옵션(주식을 살 수 있는 권리)을 매입하기 위해서 수수료(프리미엄)만 지불하는데, 수수료의 금액이 해당 주식에 직접 투자하기 위해서 필요한 자금에 비하여 극히 적다.

참고 주식과 주식에 대한 콜옵션(살 수 있는 권리가 있는 선택권)의 비교

	전통적 금융상품 (예 주식)	파생금융상품 (예 콜옵션)
결제조항	주식가격 × 주식수량	주식가격(기초변수)의 변동액 × 주식수량(명목금액)
최초투자	투자자가 취득가격을 지불한다.	최초투자(옵션프리미엄)는 총 취득가격보다 훨씬 적다.
결 제	현금을 지급하고 주식을 받는다.	[주식가격의 변동액 × 주식 수]에 기초하여 현금을 지급하거나 받는다.

③ 미래결제

파생상품은 미래시점에 총액으로 결제되거나 순액(차액)으로 결제된다. 총액으로 결제한다는 것은 거래 당사자가 서로 주고받아야 할 것을 상계하지 않고 그대로 주고받는 형식으로 결제하는 것을 말한다. 순액으로 결제한다는 것은 거래 당사자가 서로 주고받아야 할 것을 실제로 주거나 받지 않고 '차이'(약정가격과 현재 시세와의 차이)만을 현금이나 다른 금융자산으로 주고받음(정산)으로 계약을 종결시키는 것이다.

(3) 파생상품의 유형

파생상품은 종류가 다양하다. 선도, 선물, 스왑, 옵션이 대표적이며, 대출약정, 비금융자산을 사고팔기 위한 계약, 정형화된 방식의 거래 등 상당히 많은 계약이 파생상품에 해당한다. 여기서는 대표적 파생상품인 선도, 선물, 스왑, 옵션의 개념을 살펴본다.

① 선도계약

선도계약(forward contract)은 특정 상품을 미래시점(청산시점)에 확정가격에 확정수량만큼 매매하기로 합의한 계약이다. 선도계약은 일반적으로 장외시장에서 거래당사자끼리 합의해서 체결되며, 선도계약의 가치는 다른 자산(예 주식, 채권, 일반상품 등)의 가치나 시장요소(예 이자율, 환율 등)로부터 파생된다.

선도계약의 공정가치 = (현행 선도가격 - 계약상 선도가격) × 명목금액

② 선물계약

선물계약(futures contract)은 선도계약이 변형된 것으로, 선도계약과 모든 점에서 유사하나, 거래소(예 부산 선물거래소)에서 계약이 체결되고 계약절차가 표준화되어있으며, 선물계약의 공정가치를 매일 평가해 손익을 정산한다는 점만 다르다.

선물계약의 공정가치 = (현행 선물가격 - 계약상 선물가격) × 명목금액

③ 스왑

스왑(swap)은 거래 당사자끼리 교환의 매개물(예 현금)이 없이 특정 항목을 맞바꾸는 행위 또는 거래이다. 예를 들어, 원유나 우유와 같은 상품의 판매기업이 특정 지역의 수요를 적시에 충족시키기 위하여 다른 기업이 여러 지역에 보유하고 있는 원유나 우유와 교환하는 거래를 체결할 수 있다. 스왑은 거래 당사자가 특정 항목을 맞바꾸면서 서로에게 경제적 효익이 있을 것이라 생각하기 때문에 이루어진다. 스왑의 가장 대표적 예는 고정금리(변동금리)를 변동금리(고정금리)로 교환하는 이자율스왑(interest rate swap)이다.

④ 옵션계약

옵션계약(option contract)**은 계약 당사자에게 특정 항목의 정해진 수량**(명목수량)**을 정해진 기간**(행사기간)**에 약정가격**(행사가격)**에 사거나 팔 수 있는 권리를 부여하는 계약이다.** 옵션을 사는 쪽에서는 '권리'를 갖고, 파는 쪽에서는 '의무'를 갖게 되므로 옵션에는 일종의 가격이 존재한다. 이 가격을 옵션프리미엄(option premium)이라 한다. 옵션을 분류하면 다음과 같다.

	옵션을 파는(매도) 쪽	옵션을 사는(매수) 쪽
살 수(콜) 있는 권리	매도콜옵션	매수콜옵션
팔 수(풋) 있는 권리	매도풋옵션	매수풋옵션

콜옵션의 개념

독자가 현시점에 소액(예 총 거래규모 ₩300,000의 0.5%에 해당하는 ₩1,500)을 지불하고 A사 주식 10주를 60일 후에 주당 ₩30,000에 살 수 있는 계약을 체결했다고 가정하자. 이 경우 기초변수는 A사 주식의 주당 가격(주식시장에서의 거래가격)이고 명목금액은 약정수량인 10주이며, 이 계약의 가치는 A사 주식의 주당 가격에 따라 변동한다. 따라서 이 계약은 독자가 소액의 대가(예 프리미엄 ₩1,500)를 지불하고 A사 주식 10주를 주당 ₩30,000에 살 수 있는 선택권을 구입한 것으로 콜옵션(call option)에 해당한다. 특정 항목을 사는 권리의 구매를 매입콜옵션(purchased call option)이라 하고 특정 항목을 사는 권리의 매도는 매도콜옵션(written call option)이라 한다. 60일 후에 기초변수인 A사 주식의 주당가격이 ₩40,000으로 상승하면 거래상대방(콜옵션을 발행하여 판매한 사람)으로부터 A사 주식 10주를

₩300,000에 매수한 후, 이를 바로 주식시장에서 ₩400,000에 팔면 ₩100,000의 이익을 달성하므로 현명한 독자는 살 수 있는 권리를 행사할 것이다. 그러나 60일 후에 기초변수인 A사 주식의 주당 가격이 ₩20,000으로 하락한 경우 거래상대방으로부터 10주를 ₩300,000에 사서 주식시장에서 ₩200,000에 팔면 ₩100,000의 손실이 발생하므로 현명한 독자는 살 수 있는 권리를 행사하지 않고 계약을 종료시킬 것이다. 옵션 취득자는 상황이 자신에게 유리할 때만 권리를 행사할 수 있으므로 누구나 옵션을 취득하려 할 것 같지만, 옵션을 취득하려면 옵션프리미엄(옵션매수대가, 옵션취득가격)이라는 취득대가를 지불해야 한다. 여기서 프리미엄은 아파트 분양권 등의 가격이 상승한 차액이 아니라 단순히 취득대가를 말한다. 이 경우 최초투자액은 옵션프리미엄이며 주식가격(기초변수)의 변동에 대하여 예측만 잘하면 적은 금액의 옵션프리미엄만을 지불하고 큰 수익을 얻을 수 있다. 옵션을 발행하여 판 사람은 옵션을 산 사람이 권리를 행사하면 반드시 의무를 이행해야 하므로 잠재적으로 불리한 위치에 처하게 되어 이에 대한 대가로 옵션프리미엄을 받는다.

풋옵션의 개념

풋옵션(put option)은 파는 권리이다. 신기한 돼지꿈을 꾸면 로또복권을 사는 사람들이 있다. 구매한 복권의 번호 조합과 1등 당첨번호가 동일하면 이 복권은 1등 당첨금액의 가치를 지니게 되지만, 복권번호의 조합이 당첨번호와 맞지 않으면 복권의 가치는 ₩0에 불과하다. 이 경우 로또복권번호를 기초변수로 이해하고, 로또복권 구매를 매입풋옵션(purchased put option)으로 비유하면 로또복권 발행은 매도풋옵션(written put option)으로 비유할 수 있다. 로또복권 구매가격은 옵션프리미엄이다.

분식회계 삼성바이오로직스의 주식매수선택권(콜옵션)

2012년 2월에 삼성바이오로직스가 미국 바이오젠과 3,300억원을 공동 투자해서 신약개발 자회사 삼성바이오에피스를 설립하고 지분 91.2%를 보유(취득원가: 2,900억원)했다. 바이오젠의 투자를 끌어내기 위해 삼성바이오에피스의 실적이 좋은 경우 바이오젠이 삼성바이오에피스 지분을 49.9%로 늘릴 수 있는 파생상품인 주식매수선택권(콜옵션)을 바이오젠에게 부여했지만, 삼성바이오로직스는 이러한 주식매수선택권과 파생상품부채를 공시하지 않았다. 바이오젠이 파생상품인 콜옵션을 행사하면 삼성바이오로직스는 삼성바이오에피스에 대하여 50% + 1주의 지분을 갖고 삼성바이오로직스와 바이오젠이 각각 삼성바이오에피스 이사회 구성원의 50%를 임명한다. 또한, 삼성바이오로직스와 바이오젠 중에서 어느 한쪽이 지분의 52% 이상을 보유하지 않는 이상 어느 한 회사도 주주총회 또는 이사회에서 의사결정을 내릴 수 없다는 비밀약정을 체결했으나 삼성바이오로직스는 이러한 비밀협약을 공시하지 않았다. 삼성바이오로직스는 2015년에 바이오젠이 주식매수선택권을 행사할 가능성이 높아졌다고 판단하고 삼성바이오에피스를 자회사에서 지분법적용회사로 분류범주를 변경하고 지분법 평가이익 4조 5,000억원을 인식했다. 삼성바이오로직스는 이러한 회계원칙 변경을 통해 2015년에 영업손실이 2,036억원임에도 불구하고 당기순이익 1조 9,049억원을 보고했으나, 2018년 11. 14.에 증권선물위원회에 의해 분식회계로 판정받고 18거래일 동안 주식거래가 정지되었다.

(4) 파생상품의 회계처리

파생상품은 차익을 얻기 위한 '투기' 목적으로 이용될 수도 있고, 가격 변동의 '위험을 회피'할 목적으로도 이용될 수 있다. 위험회피목적으로 사용된 것이 아닌 모든 파생상품은[4] 금융상품(금융자산, 금융부채, 지분상품 중 하나)으로 분류한다. 파생상품은 그 특성상 거래 당사자에게 잠재적으로 유리한 조건으로 현금 또는 기타 금융자산을 받을 수 있는 권리를 부여할 수 있고, 반대로 잠재적으로 불리한 조건으로 현금 또는 기타 금융자산을 건네야 하는 의무를 부여할 수도 있다. 일종의 '내기'라고 비유하면, 내기에서 이긴 쪽은 이득을 보지만, 내기에서 진 쪽은 손해를 본다고 생각하면 이해하기 쉽다. 잠재적으로 유리한 조건이면 해당 파생상품을 금융자산으로 분류하고, 잠재적으로 불리한 조건이면 해당 파생상품을 금융부채로 분류한다. 예를 들어, 대한민국 국가 성인대표 축구팀과 초등학교 축구팀과의 친선경기의 승부에 대한 내기에서 국가 성인대표 축구팀이 이긴다고 내기에 걸은 사람은 잠재적으로 유리하므로 파생금융자산을 인식하지만, 초등학교 축구팀이 이긴다고 내기에 걸은 사람은 잠재적으로 불리하므로 파생금융부채를 인식한다. 위험회피목적이 아닌 파생상품은 당기손익−공정가치측정금융자산으로 분류해서 매 회계기간 말에 파생상품을 공정가치로 측정하고 공정가치가 변해서 발생하는 미실현손익을 당기손익으로 인식한다.

옵션의 내재가치와 내가격 및 외가격

독자가 현재 주당가격이 ₩30,000인 A사 주식 1,000주를 60일 후에 주당 ₩30,000(행사가격, 약정가격)에 살 수 있는 콜옵션을 구매했다고 하자. 콜옵션 취득 즉시 사는 권리를 행사하면 주당 거래가격이 ₩30,000인 주식을 주당 ₩30,000에 사게 되어 실현할 수 있는 이익은 ₩0이므로, 구매한 콜옵션의 내재가치는 ₩0이다. 내재가치(intrinsic value)는 기초자산의 시장가격과 옵션행사가격의 차이이다. 콜옵션을 취득한지 며칠이 지나 A사 주식의 주당 거래가격이 ₩50,000으로 상승하면 ₩50,000짜리를 ₩30,000에 살 수 있으므로 주당 ₩20,000의 이익이 생기게 되어 독자는 ₩20,000,000이 눈앞에 어른거려 기쁜 마음을 통제할 수 없어 친구에게 옵션의 내재가치가 ₩20,000,000이라는 문자를 날리고 붕어빵을 푸짐하게 사주겠다고 약속할 것이다. 이처럼 독자의 기분을 들뜨게 한 콜옵션, 즉 행사가격이 현재 거래가격보다 낮은 콜옵션을 내가격(in-the-money) 상태에 있다 하고, 기쁜 마음을 회계장부에 다음과 같이 분개하여 만천하에 알린다.

(차) 파생상품자산	20,000,000	(대) 당 기 이 익	20,000,000

A사 주식의 주당가격이 ₩50,000(기초변수)인 경우, ₩50,000짜리 주식 1,000주를 주당 ₩30,000에 실제로 사서 바로 주식시장에 파는 번거로움 없이, 콜옵션 발행자에게 살 권리를 행사하겠다고 통보해서 총 행사가격 ₩30,000,000과 총 주가 ₩50,000,000 간의 차이인 ₩20,000,000을 받고 계약을 종료시킬 수 있다. 즉, 기초자산(주식)을 소유하지 않고도 파생상품계약에서 이익을 실현할 수 있는데, 이러한 거래를 차액결제라 한다. 독자에게 콜옵션을 판 거래상대방은 자신의 예측능력이 엉망인 것을 통감하고 콜옵션이 행사될 것으로 가정하면서, "오호통재라"라는 표현 대신에 회계장부에 다음과 같

4) 위험회피목적으로 사용되는 파생상품에 대한 회계처리는 고급회계에서 다루어진다.

이 분개하여 비통한 마음을 추스른다.

(차) 당 기 손 실 20,000,000 (대) 파생상품부채 20,000,000

독자가 콜옵션을 취득하고 며칠 후에 주당 거래가격이 ₩10,000으로 하락하면 미래에 싸게 살 가능성이 매우 낮아져 실망할 것이다. 이처럼 독자에게 실망감을 안겨주는 콜옵션, 즉 행사가격이 현재 거래가격보다 높은 콜옵션을 외가격(out-of-the-money) 상태에 있다고 한다. 콜옵션이 외가격 상태이면 콜옵션의 소유자는 권리를 행사하지 않고 이미 지불한 옵션의 취득대가인 옵션프리미엄만 포기하고 옵션계약을 종료하면 된다.

참고로, 매도인이 공정가치가 ₩100,000인 받을어음(장부금액: ₩90,000)을 ₩150,000에 매수인에게 이전하였으나 10일 이내에 매수인이 매도인에게 ₩160,000에 되팔 수 있는 선택권(풋옵션)이 부여되었다고 가정하자. 받을어음의 공정가치는 ₩100,000인데 매수자가 풋옵션을 행사해서 매도인에게 되팔면 ₩160,000을 받을 수 있으므로 이 경우 풋옵션은 매수인에게 매우 '매력적'이다. 이를 '깊은 내가격(deep in-the-money)' 상태라 한다. 받을어음의 공정가치가 10일 이내에 ₩160,000 이상이 될 가능성이 현실적으로 극히 희박하므로 매수인이 선택권을 행사하는 것이 거의 확실하다. 이러한 경우에는 매도인이 받을어음의 소유에 따른 위험과 보상의 대부분을 보유한다고 보고 이 거래를 담보부차입거래로 분류한다. 그리고 매도가격과 매수가격의 차액 ₩10,000을 이자비용으로 인식한다.

예제 12 파생상품의 개념

중요도: ★★★
난이도: ◆◆

상황

· 대한민국 국가대표 야구팀과 일본 국가대표 야구팀의 경기(연장전이 없는 경기)에서 대한민국 야구팀을 응원하는 돌돌 씨가 일본 야구팀을 응원하는 병병 씨와 득점 차 1점당 ₩10,000씩 내는 내기를 하고 9회 말이 끝나면 정산하기로 하였다.
· 이 내기는 다음 3가지 특징을 모두 가지고 있으므로 파생상품이다.
  · 기초변수: 득점 차이
  · 최초투자액: ₩0
  · 결제시점: 미래(9회 말 경기 종료시점)

물음

1. 1회 초에 대한민국 선수가 만루 홈런을 날리는 순간에 돌돌 씨가 측정하는 파생상품자산(혹은 부채)의 금액을 결정하고 분개하라.
2. 1회 초가 득점 없이 끝나고 1회 말에 일본 선수가 만루 홈런을 때리는 순간 돌돌 씨가 측정하는 파생상품자산(또는 부채)의 금액을 결정하고 분개하라.

정답 **1회 초: 파생상품자산 ₩40,000, 1회 말: 파생상품부채 ₩40,000**

해설

1. 1회 초에 대한민국 선수가 만루 홈런을 날리는 순간

초등학생의 표현과 분개		회계전문가의 표현과 분개	
이게 웬 떡이야. ₩40,000이 들어 올 것 같다.		이번 회(당기) 이익이 ₩40,000이고 파생상품자산을 ₩40,000으로 측정하겠다.	
(차) 받을 수 있는 금액	40,000	(차) 파 생 상 품 자 산	40,000
(대) 예 측 능 력 이 익	40,000	(대) 미실현이익(당기이익)	40,000

2. 1회 초가 득점 없이 끝나고 1회 말에 일본 선수가 만루 홈런을 때리는 순간

초등학생의 표현과 분개		회계전문가의 표현과 분개	
에고 큰일 났네. ₩40,000이 나갈 것 같다.		이번 회(당기) 손실이 ₩40,000이고 파생상품부채를 ₩40,000으로 측정하겠다.	
(차) 예 측 능 력 손 실	40,000	(차) 미 실 현 손 실(당기손실)	40,000
(대) 갚아야 할 금액	40,000	(대) 파생상품부채	40,000

예제 13 잠재적으로 유리한 조건으로 교환

중요도: ★★★
난이도: ◆◆

상황

· A사는 120일 후에 B사의 주식 1,000주를 주당 ₩500에 살 수 있는 선택권을 ₩15,000에 취득하였다.
· A사가 120일 후에 B사의 주식 1,000주를 주당 ₩500에 반드시 사야 하는 의무는 없다.

물음 A사의 관점에서 위 상황이 잠재적으로 유리한 교환인지 불리한 교환인지를 판단하라.

정답 잠재적으로 유리한 교환

해설

· 이 계약은 A사에게 현금 ₩500,000과 B사의 주식 1,000주를 교환하는 계약상 권리를 부여한다.
· 120일 후에 B사의 주식의 주당 공정가치가 ₩500을 초과하면 A사에게 유리하므로 A사는 계약상 권리를 행사할 것이다. 120일 후에 B사의 주식의 주당 공정가치가 ₩500 미만이면 A사에게 불리하므로 A사는 계약상 권리를 행사하지 않을 것이다.
· A사가 계약상 권리를 행사하면 이익을 창출할 수 있기 때문에 이 교환거래는 A사에게 잠재적으로 유리한 교환이다. 따라서 A사가 계약의 거래당사자가 되는 순간부터 이 계약은 금융자산이다.

2. 결제수단이 자기지분상품(자기주식 등)인 비파생상품 및 파생상품

일반적으로 가장 많이 사용되는 결제수단은 현금이다. 현금을 빌려주면 현금으로 돌려받고, 물건을 외상으로 팔면 나중에 현금을 받는다. 또한, 내기를 하더라도 서로 현금을 주고받으며 최종 정산을 한다. 그러나 만일 상대방이 현금 대신 자기회사의 지분상품(주식 등)으로 빌린 돈 또는 외상값을 갚거나 내기의 대가로 지분상품을 준다면 어떨까? 이 경우는 현금을 주고받은 경우에 비해 상당히 복잡해진다.

(1) 지분상품과 자기지분상품의 개념

지분상품(equity instruments)은 금융상품 중에서 금융자산과 금융부채로 분류되지 않은 나머지를 말하며, 대표적 예는 주식이다. 자본이 자산에서 부채를 차감한 잔여지분이라는 개념과 동일하다. 자기지분상품(entity's own equity instruments)은 회사 자신이 발행한 지분상품을 말한다. 굳이 '자기'지분상품이라고 하는 이유는 지분상품을 크게 회사 자신이 발행한 것과 타인이 발행한 것을 나누기 위함이고, 거래의 매개체로 자기지분상품이 사용될 때 회계처리 시 고려해야 할 사항이 있기 때문이다. 자기지분상품도 여러 종류가 있지만, 여기에서는 간단하게 회사 자신이 발행한 주식, 즉 자기주식이라고 생각하자. 회사가 자신의 주식을 타인에게 발행해야 하는 의무나 타인으로부터 자기회사의 주식(자기주식)을 받을 권리는 주식을 새로 발행하거나 자기주식을 새로 사들이는 것이므로 자본으로 분류한다. 즉, 주식을 새로 발행하면 자본의 증가, 자기주식을 취득해서 소각하면 자본의 감소로 회계처리한다. 그러나 이 경우는 발행하거나 받을 회사 자신의 주식의 '총 가치와 수량이 모두 확정'되어 있을 경우에만 해당한다(p. 388의 Recap 참조). 즉, 계약이 결제될 때 자기지분상품으로 결제되거나 결제될 수 있다고 해서 무조건 자본으로 분류하는 것은 아니고, 금액이 확정되고 결제될 수 있는 주식의 수가 확정되어야만 자본으로 분류할 수 있다. 그렇다면 결제되는 대가의 가치와 자기주식의 수량 중에서 하나라도 확정되지 않는다면 어떨까?

(2) 자기지분상품으로 결제되는 비파생상품

비파생상품은 거래대상물의 총수량과 거래가격 총액과 교환하는 총액결제방식으로 정산된다. 비파생상품(본원적 금융자산) 중 대표적인 '받을어음'을 생각해 보자. 받을어음을 금융자산으로 가지고 있다는 것은 자금을 타인에게 빌려주고 나중에 돌려받을 권리가 있음을 의미한다. 이때 상대방이 현금으로 갚지 않고 대여자의 주식(대여자 입장에서 자기지분상품)으로 갚는다면 상황이 조금 복잡해진다. 받을어음은 상대방이 갚아야 할 금액이 정해져 있으므로 가치가 확정되어 있다. 그러나 상대방이 그 빚을 대여자의 지분상품으로 갚으면 자금을 빌려준 회사는 회사 자신의 지분상품(주식 등)을 받을 권리가 생기므로 자기지분상품(자기주식 등)의 취득으로 볼 수도 있다. 갚을 때 사용될 주식의 수가 확정(예 만기에 현금대신 자금을 빌려준 회사의 주식 100주 등)되어 있다면 이는 자기주식의 취득이므로 자기주식을 받을 권리를 금융자산이 아닌 자본으로 분류한다. 그러나 갚을 때 사용될 주식의 수가 변하면, 즉 갚을 금액은 정해져 있으나 빌린 돈을 갚는 날(만기)의 주가 상황에 따라 갚을 금액만큼의 가치를 지닌 주식으로 빚을 갚겠다고 하면 빚을 갚을 때 사용되는 대여자의 지분상품의 수량은 고정되지 않고 변할 수 있다(즉, 만기일 당일이 되어야 채무자로부터 받을 주식의 수량이 확정된다). 이 경우는 자금을 빌려준 회사입장에서 자신의 지분상품(자기지분상품)을 받을 권리가 생겼다 하더라도 받을 자기주식의 수량이 확정되지 않았기 때문에 자기주식의 취득이라기보다는 정해진 금액을 받을 권리, 즉 금융자산의 성격에 더 가깝다. 특히 빌린 돈을 갚는 회사의 입장에서 보면 자금을 빌려준 회사의 **주식**(자기주식)**을 마치 현금 대신** 일종의 화폐**로 사용한 것이 된다. 따라서 이 경우에 대여자는 자기지분상품으로 결제되는 비파생상품**(받을어음)**을 금융자산으로 분류한다.**

(3) 자기지분상품으로 결제되는 파생상품

파생상품(파생적 금융자산)은 현금순액결제, 주식순액결제, 총액결제 등으로 정산될 수 있다. 대표적으로, 회사는 회사 자신이 발행한 주식(자기주식)을 사거나 팔기 위해 선도계약이나 옵션계약을 맺을 수 있다. 파생상품은 계약의 특성상 명목금액과 명목수량이 존재하기 때문에 파생상품을 정산하는 미래결제시점에 실제로 현금을 주고 자기주식을 받는다면(총액결제) 받는 자기주식의 가치와 수량이 모두 정해져 있으므로 해당 계약은 자본으로 분류된다. 그러나 미래결제시점에 주고받은 매개물이 양쪽 다 현금(현금순액결제)이거나 모두 자기주식(주식순액결제)일 경우 서로 주고받은 것을 합하면 결과적으로 순액결제가 되는 셈이 된다. 이 경우는 경제적 실질상 자기주식을 기초변수로 하여 이익을 내기 위해 파생상품계약을 한 것이고, 나아가 결제하는 시점에 결제하는 자기주식의 수량이 결제하는 금액에 따라 변하기 때문에 자본이 아니다. 이러한 파생상품계약은 금융자산(또는 금융부채)으로 분류한다.

- ▸ 현금 순액결제인 경우: 금융자산(또는 금융부채)
- ▸ 주식 순액결제인 경우: 금융자산(또는 금융부채)
- ▸ 확정된 금액과 확정된 수량에 대한 총액결제인 경우: 지분상품(자본)

Recap 자기지분상품으로 결제될 수 있는 계약의 분류

· 현금(또는 기타 금융자산)을 받을 권리가 자기지분상품으로 결제되는 계약을 분류하면 다음과 같다.

	받을 권리의 화폐가치	지분상품의 수량	분류
상황 ①	가변	가변	금융자산
상황 ②	가변	확정	금융자산
상황 ③	확정	가변	금융자산
상황 ④	확정	확정	지분상품

· 받을 권리의 화폐가치와 받을 지분상품의 수량이 모두 확정되어 있어야만 지분상품(자본)으로 분류할 수 있다. 위 표는 [1032: 11(4)]의 행간의 뜻을 규명한 것이므로 「K-IFRS」 또는 실무에서 사용하는 용어가 없으나 설명의 편의상 '확정된 금액과 확정된 수량 규칙'이라 부른다.

예제 14 자기주식의 발행

중요도: ★★★
난이도: ◆◆◆

상황

상황 ①: 회사가 앞으로 2년 이내에 주식 500주(주당 액면금액: ₩1,000)를 발행하는 대가로 ₩800,000을 받을 계약을 체결하였다.

상황 ②: 회사가 앞으로 2년 이내에 ₩800,000을 받는 대가로 주식을 발행하는 계약을 체결하였으나 발행될 주식의 수량이 발행시점의 주가에 따라 다르다.

물음 위의 각 상황에서 회사가 발행할 주식을 지분상품으로 분류하는지 아니면 금융자산으로 분류하는지 판단하라.

정답 상황 ①: 지분상품, 상황 ②: 금융자산

길라잡이

확정된 금액과 확정된 수량 규칙의 충족 여부를 판단한다. 특히 주식이 일종의 통화로 사용되는 지를 고려한다.

해설

상황 ①:

· 확정된 금액과 확정된 수량 규칙이 충족되므로 이 계약을 지분상품으로 분류한다.

· 거래상대방이 받을 주식의 수량과 지불할 금액이 모두 확정되었으므로 회사 주식의 주가가 올라가면 이득을 보고 주가가 하락하면 손실을 보아 회사의 잔존가치를 취득한 것이다.

미래 발행시점:

(차) 현　　금	800,000	(대) 자　본　금(500주로 확정)	500,000
		주식발행초과금	300,000

상황 ②:

· 발행될 주식의 수량이 발행시점의 주가에 따라 다르면 확정된 금액과 확정된 수량 규칙이 충족되지 않으므로 회사는 이 계약을 확정된 금액을 받을 계약상 권리인 금융자산으로 분류한다.

· 다른 각도에서 보면 원화(₩)와 스털링파운드(￡)를 교환하는 것과 유사하게 회사가 자기지분상품을 일종의 통화로 사용하는 것이므로 이 계약을 금융자산으로 분류한다.

미래 발행시점:

(차) 현　　금	800,000	(대) 자　본　금(???주)	주가에 따라 결정됨
		주식발행초과금	주가에 따라 결정됨

관련예제와 함께 풀어보세요

유제 1 매출채권의 상환청구가능팩토링과 대손상각비(2013년, 회계사)

관련예제 2, 10

상황

㈜한국이 1차연도 12. 31. 재무상태표에 보고한 매출채권은 ₩200,000, 대손충당금은 ₩6,000이다. 2차연도부터 4차연도까지 매출 등 관련 자료는 다음과 같다.

연도	총매출액	매출액 중 외상금액	외상대금 회수액	대손확정 금액
2차연도	₩1,000,000	₩600,000	₩300,000	₩10,000
3차연도	1,500,000	1,000,000	600,000	20,000
4차연도	1,200,000	800,000	600,000	15,000

물음

위의 자료를 이용하여 각 물음에 답하라. 각 물음은 독립된 상황이다.

1. ㈜한국은 3차연도 2. 1.에 외상매출금 ₩200,000(회수예정일은 4월 30일)을 ㈜대한은행에 양도(팩토링)하였다. 수수료 5%를 공제하고 현금으로 ₩190,000을 수령하였다. 팩토링 조건은 4월 30일까지 외상매출금이 회수되지 않으면 ㈜한국이 ㈜대한은행에 전액 변제하는 것이다. 3차연도 2. 1.자 ㈜한국의 회계처리(분개)를 제시하시오.
2. ㈜한국이 매 보고기간 말에 추정한 매출채권의 회수가능액은 다음과 같다.

2차연도 말	₩460,000
3차연도 말	850,000
4차연도 말	1,100,000

2차연도에 대손으로 확정하였던 외상매출금 ₩3,000을 3차연도 중에 현금으로 회수하였다. 3차연도 포괄손익계산서에 인식할 대손상각비를 계산하시오.

정답 및 해설

1. 매출채권 팩토링시점(담보부차입거래):

(차)	현금	190,000	(대) 금융부채*	200,000
	이자비용	10,000		

* 단기차입금계정을 사용할 수도 있다.

2. 매출채권에 대한 대손상각비

매출채권(2차연도)

차변		대변	
기초	200,000	현금회수액	300,000
외상매출	600,000	대손확정	10,000
		기말	490,000

대손충당금(2차연도)

차변		대변	
대손확정	10,000	기초	6,000
		대손상각비	34,000*
		기말	30,000

* 2차연도의 대손상각비: ₩30,000 + ₩10,000 = ₩6,000 + 대손상각비

∴ 2차연도의 대손상각비 = ₩34,000

매출채권(3차연도)

차변		대변	
기 초	490,000	현금회수액	600,000
외상매출	1,000,000	대손확정	20,000
기 말	870,000		

대손충당금(3차연도)

차변		대변	
대손확정	20,000	기 초	30,000
		현금회수	3,000
		대손상각비	7,000 *
		기 말	20,000

* 3차연도의 대손상각비: ₩20,000 + ₩20,000 = ₩30,000 + ₩3,000 + 대손상각비

∴ 3차연도의 대손상각비 = ₩7,000

P8-01 매출채권 기말잔액비율법

• SK의 수정 전 시산표상의 잔액이 다음과 같다.

	차변	대변
매출채권	₩300,000	
대손충당금		₩3,000
신용판매액		800,000
반품 및 반품충당부채	60,000	

물음 1. 회수불능액이 매출채권 기말잔액의 5%라고 가정하고 대손상각비와 관련된 분개를 하라.
2. 대손충당금이 대변잔액이 아닌 차변잔액 ₩3,000이라고 가정하고 물음 1에 답하라.

P8-02 매출채권 기말잔액비율법과 연령분석법

• 우왕좌왕회사의 2차연도 총매출채권발생액은 ₩300,000이었다.
• 2차연도 12. 31.의 매출채권잔액은 ₩115,000이며, 이에 대한 연령분석표는 다음과 같다.

경과일수	금 액	대손추정률	대손예상액
30일 미만	₩65,000	2%	₩1,300
30~60일	25,000	4	1,000
61~90일	15,000	8	1,200
91일 이상	10,000	16	1,600
합 계	₩115,000		₩5,100

• 2차연도 1. 1.의 대손충당금계정의 대변잔액은 ₩2,400이었다.
• 회수불능으로 판명되어 1차연도에 제거되었던 매출채권 ₩800이 2차연도에 회수되었고 2차연도 4월에 ₩2,100의 매출채권이 회수불능으로 판명되었다.
• 매출채권 기말잔액비율법을 사용하여 회수불능채권 추정액을 결정할 경우에는 매출채권 기말잔액의 5%를 대손추정률로 사용한다.

물음 매출채권 기말잔액비율법과 매출채권 연령분석법을 각각 사용하여 필요한 분개를 하라.

P8-03 장기미수금과 현재가치할인차금

• 1차연도 1. 1.에 내각시회사는 장부금액이 ₩165,200인 토지를 매각하고, 대금은 1차연도 말부터 3차연도 말까지 매년 말에 ₩100,000씩 받기로 하였다.
• 1차연도 1. 1.의 유효이자율: 연 25%

물음 1. 유형자산처분이익과 3년에 걸쳐 인식되는 이자수익총액을 계산하라.
2. 유효이자율법을 적용하여 현재가치할인차금 상각표를 작성하라.
3. 위의 거래에 대하여 내각시회사에 필요한 분개를 하라.

P8–04 매출채권의 상환청구불능 이전과 상환청구가능 이전

• 3차연도 1. 1.에 SK는 YW에게 ₩300,000의 매출채권을 상환청구불능조건으로 이전하였다.
• YW는 매출채권을 수금하고 회수불능손실을 부담한다.
• YW(매수인)는 이전된 매출채권에 대한 통제권에 제약이 없다.
• YW는 이전된 총 매출채권의 5%에 대한 수수료를 부과하고 매출할인(현금할인)은 SK가 부담하며, YW가 수금하는 과정에서 발생하는 매출할인에 대비하여 총 매출채권의 2%에 해당하는 금액을 YW가 보유한다.

물음 1. 3차연도 1. 1.에 SK가 기록해야 하는 분개를 하라.
2. 3차연도 1. 1.에 YW가 기록해야 하는 분개를 하라.
3. SK가 ₩300,000의 매출채권을 상환청구가능조건으로 이전하고 신용손실 ₩10,000까지 상환의무를 부담한다고 가정해서 3차연도 1. 1.에 SK가 기록해야 하는 분개를 하라.

P8–05 매출채권의 이전과 지속적 관여

• 다음은 pp. 376-377 Miniature 예제 1의 자료이다.

> · 매도인이 매수인에게 장부금액과 공정가치가 ₩200,000인 매출채권을 ₩210,000에 이전하였다. 이전된 자산의 기대신용손실이 ₩24,000이지만, 매도인은 신용손실 ₩16,000까지 매수인에게 지급하기로 보증하였다.
> · 이전일의 보증의 공정가치: ₩10,000
> · 매도인은 자산의 소유에 따른 위험과 보상의 대부분이 이전되지도 않고 보유되지도 않았다고 판단한다. 매수인은 자산을 처분할 실질적 능력을 가지고 있어서 자산을 통제한다.
> · 매도인은 지속적 관여를 이전된 자산의 가치변동에 계속 노출되는 정도로 결정한다. 즉, min {₩200,000 (매출채권의 장부금액), ₩16,000(보증액 − 매도인이 최악의 경우 지급해야 하는 금액)}으로 지속적 관여의 정도를 측정한다.

물음 보증기간 말에 보증액으로 ₩0을 지불한 경우와 ₩16,000을 지급한 경우로 구분하여 이전시점과 보증기간 말에 필요한 분개를 하라.

P8–06 이전한 자산에 대해 보증을 통한 지속적 관여

• 쪼들려회사(매도자)는 1차연도 12. 25.에 외상으로 상품을 ₩170,000에 판매하고 결산일인 12. 31.에 대손충당금 ₩20,000을 설정하였다
• 2차연도 1. 1.에 매출채권의 장부금액이 ₩150,000이고 공정가치가 ₩150,000인데 배불러회사(매수자)에게 ₩145,000에 양도하였다.

물음 1. 매출채권의 양도가 매각거래라고 가정하여 2차연도 1. 1.에 쪼들려회사에게 필요한 분개를 하라.
2. 쪼들려회사가 ₩158,000(장부금액 ₩150,000 + 보증의 공정가치 ₩8,000)에 매출채권을 양도하고 다음 자료가 추가로 주어졌을 때, 2차연도 1. 1.에 쪼들려회사에게 필요한 분개를 하라.
· 쪼들려회사는 채무불이행 손실에 대하여 ₩12,000까지 상환하기로 보증하였다.
· 2차연도 1. 1.의 보증의 공정가치: ₩8,000
· 지급보증기간은 2차연도 1. 1.부터 2차연도 5. 31.까지이다.
3. 물음 2에서 매출채권에 대하여 지속적으로 관여한다고 가정하고 다음 각 경우에 대하여 2차연도 5. 31.에 필요한 분개를 하라.
① 보증기간 말에 배불러회사가 상환을 청구한 금액이 없다.

② 보증기간 말에 배불러회사가 상환액 ₩12,000을 청구하였다.

P8-07 매출채권의 상환청구가능팩토링: 담보부차입거래 (2009년, 회계사)

- 12월 말 결산법인인 ㈜개신의 2차연도 12. 31. 현재 매출채권 관련 자료는 다음과 같다.

매출채권	₩500,000
대손충당금	(2,000)

- ㈜개신은 2차연도 12. 31.에 매출채권 ₩500,000에 대하여 홍덕은행과 상환청구가능조건으로 팩토링계약을 체결하고 양도하였다. 팩토링계약에 의하면 홍덕은행은 ㈜개신으로부터 양수한 매출채권을 처분할 자유로운 권리가 없다. ㈜개신과 홍덕은행의 팩토링계약에 관한 자료는 다음과 같다.
- 2차연도 12. 31.: ㈜개신이 홍덕은행에 양도한 매출채권은 3차연도 2. 28.에 만기가 도래하며, 홍덕은행은 수수료와 예치금(매출할인, 매출에누리 · 환입, 추심실패에 대비) 명목으로 각각 매출채권 액면금액의 2%와 3%를 공제한 잔액을 ㈜개신에 현금으로 지급하였다.
- 3차연도 2. 28.: 홍덕은행이 ㈜개신의 거래처로부터 매출할인 ₩10,000과 추심 실패액 ₩10,000을 제외한 잔액을 회수하여 예치금을 정산하였으며 ㈜개신은 부족분을 현금으로 결제하였다.
- ㈜개신은 추심실패액 ₩10,000을 회수불가능한 것으로 판단하여 대손처리하였다.
- ㈜개신은 매출채권잔액비율법을 적용하여 대손충당금을 설정하고 있으며, 2차연도 말의 대손율은 5%로 추정하였다.

물음 ㈜개신의 ① 2차연도 12. 31.과 ② 3차연도 2. 28.에 필요한 모든 회계처리를 각각 제시하시오.

P8-08 매출채권의 팩토링과 지속적 관여[5]

- 2차연도 1. 1.에 A가 장부금액이 ₩500,000인 매출채권을 B에게 ₩490,000에 팩토링 이전하였다.
- A가 매출채권의 소유에 따른 위험과 보상의 일부를 이전하였으나 전부를 이전하지는 않았다. A가 최장 180일까지 지연지급에 따른 위험을 보유한다. 지연지급에 대해서 6%의 수수료가 A에게 부과되며, 지연지급위험 보장의 공정가치는 ₩2,000이다. 180일 후에는 신용보험이 효력을 발생한다.
- 이 매출채권에 대한 시장이 존재하지 않아 B가 이전된 자산을 판매할 실질적 능력이 없다. A가 이전된 자산의 통제권을 보유하며, 이전된 매출채권에 지속적으로 관여한다고 판단한다.
- A의 보증액: ₩500,000 × 6% × (180 ÷ 360) = ₩15,000
- 이전대가로 받은 금액 중에서 A의 지급이 요구되는 최대금액:
  A의 지속적 관여의 측정액 = min {₩500,000, ₩15,000} = ₩15,000
- A의 부채: ₩15,000 + ₩2,000 = ₩17,000

물음 A에 필요한 분개를 하라. 매출채권의 지급이 늦어져서 B가 ₩4,000을 부과해서 A가 지급하는 경우 A에 필요한 분개를 하라.

P8-09 매출채권의 양도(이전)

- 1차연도 6. 1.에 매도자인 SK는 장부금액과 공정가치가 ₩500,000인 매출채권과 풋옵션(만기일: 1차연도 6. 30.)을 매수자인 YW에게 ₩520,000에 양도하였다.
- 매수자인 YW는 ₩550,000의 행사가격으로 풋옵션을 행사할 수 있다. 즉, YW는 매출채권을 ₩550,000에 되 팔 수 있다.

---

5) Deloitte LLP, *iGAAP 2017: Volume B: A Guide to IFRS Reporting Part 2*, LexisNexis(2017), pp. 44089 ~ 44091 수정.

물음 매출채권의 양도(이전)를 기록하기 위한 분개를 하라.

P8-10 매출채권의 양도(이전) (P8-09의 계속)

- 연습문제 P8-09에서 풋옵션 행사가격이 ₩400,000이라고 가정하라.

물음 매출채권의 양도(이전)에 대한 회계처리를 설명하라.

P8-11 매출채권의 양도(이전)의 매수자의 통제권 보유 여부(P8-09의 계속)

- 연습문제 P8-09에서 매수자 YW가 매출채권의 공정가치인 ₩500,000을 지급하고 풋옵션의 행사가격이 ₩500,000이라고 가정하라.

상황 ①: SK의 수취채권이 활성시장에서 활발하게 거래된다.
상황 ②: SK의 수취채권에 대한 활성시장이 없다.

물음 위의 각 상황에서 SK가 수취채권을 통제하고 있는지를 판단하여 회계처리를 설명하라.

P8-12 받을어음의 할인 (2013년, 회계사)

㈜한국은 4차연도 8. 31.에 보유하고 있던 받을어음(취득일 4차연도 6. 1., 만기일 4차연도 11. 30., 액면금액 ₩100,000, 표시이자율 연 6%, 만기일 이자지급 조건)을 ㈜대한은행에서 할인받았다. 이 거래는 금융자산의 제거조건을 충족한다. 이자는 월할 계산한다.

물음 할인율이 연 8%일 때, ① ㈜한국이 받을어음의 할인으로 수취한 현금액과 ② 매출채권 처분손익을 계산하시오.

P8-13 할인매입권

- 1차연도 1. 1.에 어깨상사는 현금 ₩50,000을 빌려주고 2년 만기, 액면 ₩50,000인 무이자부 어음과 함께 할인가격(단위당: ₩50)으로 물주먹 1,000개를 구입할 수 있는 권리를 취득하였다.
- 현행 시장이자율은 연 25%이고 유효이자율법으로 이자수익을 인식한다.
- 어깨상사는 1차연도에 물주먹 600개를 현금구입하였다.

물음 1차연도의 어깨상사의 거래를 분개하라.

P8-14 매출채권의 상환청구가능이전

- 영동회사는 액면금액이 ₩300,000인 매출채권을 영서은행에게 상환청구권이 있는 조건으로 매각하였다. 영동회사는 신용손실 ₩40,000까지 보상하는 책임을 수용하였다.
- 상환청구의무의 공정가치: ₩40,000
- 영서은행은 1.5%에 해당하는 ₩4,500의 이자와 3%의 팩토링수수료를 청구한다.
- 영서은행은 매출채권의 장부금액의 5%에 해당하는 금액을 팩토링선수금으로 보유한다.

물음 매각조건이 충족되는 경우에 매출채권의 이전거래를 기록하기 위해 필요한 분개를 하라.

P8-15 매출채권의 상환청구권가능이전

- SK는 액면금액이 ₩300,000이고 대손충당금이 ₩30,000인 매출채권을 YW에게 ₩250,000에 상환청구가능 조건으로 양도(이전)하였다.

- SK는 모든 신용손실에 대한 책임을 수용하여 사실상 매출채권의 회수를 보증한 것이다.
- YW는 매출채권 액면금액의 4%의 이자비용과 수수료 ₩8,000을 부과한다.
- YW는 매출채권 액면금액의 10%에 해당하는 금액을 팩토링선수금으로 보유한다.

물음 1. 매출채권의 양도(이전)거래에 대하여 분개하라.
2. 매출환입 ₩7,000과 매출채권의 미회수액 ₩13,000을 제외하고 나머지 팩토링미수금이 반환되었다. 이에 대한 분개를 하라.
3. 물음 2에서 매출채권의 미회수액이 ₩33,000이라 가정하고 분개를 하라.

P8-16 매출채권의 이전

• 액면금액으로 이전된 매출채권	₩5,000
• 통제권을 보유할 때 팩토링미수금	800
• 매수인이 부과한 이자비용	500
• 회수불능액에 대한 상환청구의무의 공정가치(지속적 관여)	200

물음 1. 매출채권의 이전을 담보부차입거래로 분류하는 경우에 필요한 분개를 하라.
2. 매도인이 매출채권에 대한 통제권을 포기하지 않은 경우에 필요한 분개를 하라.

P8-17 사후적 가격할인

- 1차연도 11. 14.에 탈모제약회사는 병당 제조원가가 ₩700이고 기준판매가격이 ₩1,500인 발모약 20병을 소갈머리 약국에 외상으로 판매하였다.
- 그러나 예기치 않게 빠른 시일인 1차연도 11. 17.에 대금을 결제하였으므로 병당 ₩300씩을 할인해 주었다.

물음 총액법을 사용하여 탈모제약회사에 필요한 분개를 하고 매출총이익을 계산하라.

Chapter 09

금융자산: 채무상품과 지분상품

학습 목표

LO 9－1. 채무상품과 지분상품의 분류방법을 이해한다.
LO 9－2. 채무상품과 지분상품의 최초측정액 및 후속측정액을 결정하는 방법을 이해한다.
LO 9－3. 채무상품과 지분상품에 대한 평가손익과 처분손익을 측정 · 인식하는 방법을 이해한다.
LO 9－4. 손상차손 측정방법인 일반적 접근법(3단계 접근법)을 이해한다.
LO 9－5. 채무상품의 손상차손(환입)에 대한 회계처리를 이해한다.
LO 9－6. 계약상 현금흐름이 변경된 금융자산에 대한 회계처리를 이해한다.
LO 9－7. 채무상품 분류범주의 변경에 대한 회계처리를 이해한다.

제9장

제1절 금융자산의 분류

1. 금융자산(채무상품)의 분류
   (1) AC 금융자산(채무상품)
   (2) FVPL 금융자산(채무상품)
   (3) FVOCI 금융자산(채무상품)
   (4) 공정가치선택권(채무상품)
2. 금융자산(지분상품)의 분류

제2절 채무상품의 측정과 인식

1. 채무상품의 최초측정
2. 채무상품의 후속측정
   (1) AC 금융자산(채무상품)의 후속측정
   (2) FVPL 금융자산(채무상품)의 후속측정
   (3) FVOCI 금융자산(채무상품)의 후속측정
   (4) FVPL 금융자산으로 지정한 금융자산(채무상품)

제3절 지분상품의 측정과 인식

1. 지분상품의 최초측정
2. 지분상품의 후속측정
3. FVPL 금융자산(지분상품)의 처분
4. FVOCI 금융자산(지분상품)의 처분

제4절 금융자산(채무상품)의 손상차손

1. 기대신용손실의 측정
   (1) 「K-IFRS 제1109호」 손상규정의 적용대상
   (2) 용어의 정의
   (3) 기대신용손실의 측정방법
2. 손상차손 측정의 일반적 접근법(3단계 접근법)
3. 기대신용손실의 기록
   (1) AC 금융자산(채무상품)
   (2) FVOCI 금융자산(채무상품)
4. 취득 시 신용이 손상되어 있는 채무상품
5. 계약상 현금흐름의 변경
   (1) 기존 금융자산을 제거하지 않는 경우
   (2) 기존 금융자산을 제거하고 새로운 금융자산을 인식하는 경우

제5절 채무상품의 분류변경(재분류)

1. 채무상품의 재분류
2. 채무상품의 재분류에 대한 회계처리

Chapter 09 제1절

금융자산의 분류

약자 제9장에서 사용하는 약자의 정의:
AC 금융자산: 상각후원가측정(amortized cost)금융자산
FVPL 금융자산: 당기손익–공정가치측정(fair value through profit or loss)금융자산
FVOCI 금융자산: 기타포괄손익–공정가치측정(fair value through other comprehensive income)금융자산

기업이 보유하는 금융자산은 현금, 수취채권(제8장 참조), (다른 기업의) 채무상품, (다른 기업의) 지분상품, 그리고 파생상품(부록 8–1과 부록 10–1 참조) 등을 포함한다. 각 유형의 금융자산의 경제적 실질이 같지 않기 때문에 금융자산을 재무상태표에 '금융자산'으로 묶어서 표시하지 않고 세부 범주 중 하나로 분류해서 표시한다.

채무상품(debt instruments)은 발행자가 일정한 금액을 빌리고 정해진 조항에 따라 특정 시점에 상환하는 의무를 약정한 계약으로, 발행자에게는 금융부채이고 보유자에게는 발행자에게 일정 금액을 청구할 수 있는 권리를 갖는 금융자산이다. 채무상품에는 국가가 발행한 국채, 공공기관이 발행한 공채, 기업이 발행한 사채 및 장기지급어음 등이 있다. 지분상품(equity instruments)은 회사, 조합 또는 기금 등의 총자산에서 총부채를 차감한 잔여지분에 대한 청구권을 나타내는 계약으로 다음을 포함한다.

- 순자산에 대한 소유지분을 나타내는 계약(예 보통주)
- 일정금액으로 소유지분을 취득할 수 있는 권리를 약정한 계약(예 주식매입권 또는 주식콜옵션)
- 소유지분을 매도할 수 있는 권리를 약정한 계약(예 주식풋옵션)

「K-IFRS 제1109호」(금융자산 기준서)는 자산으로 보유하는 채무상품(예 다른 기업의 사채)과 지분상품(예 다른 기업의 보통주)을 원칙적으로 공정가치로 평가하되, 일부 채무상품에 대해서는 예외적으로 상각후원가로 측정하는 것을 허용한다. 공정가치로 평가할 때 발생하는 평가손익은 당기손익에 포함할 수도 있고 기타포괄손익으로 처리할 수도 있으므로, 자산으로 보유하는 채무상품은 총 세 가지, 자산으로 보유하는 지분상품은 두 가지로 구분할 수 있다. 구체적으로, 채무상품은 AC(amortized cost, 상각후원가측정) 금융자산, FVPL(fair value through profit or loss, 당기손익-공정가치측정) 금융자산, FVOCI(fair value through other comprehensive income, 기타포괄손익-공정가치측정) 금융자산으로 나누고, 지분상품은 AC 금융자산의 분류범주 없이 FVPL 금융자산과 FVOCI 금융자산으로만 구분한다.

미리보기 **금융자산(채무상품과 지분상품)의 분류**

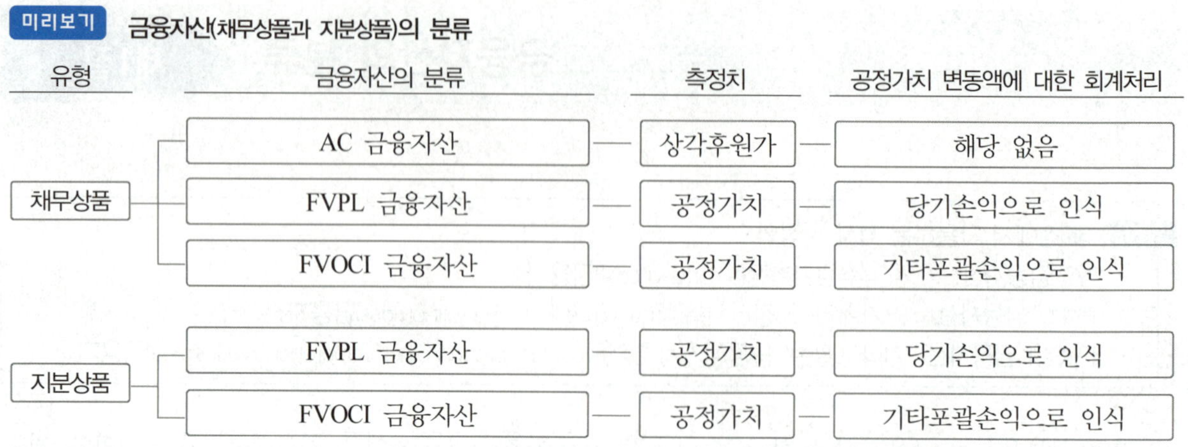

1. 금융자산(채무상품)의 분류

기업이 채무상품으로부터 현금흐름을 창출하는 방식을 사업모형(business model)이라 한다. 채무상품을 보유한 기업은 채무상품의 운용과 관련한 사업모형을 선택할 수 있다. 예를 들어, 제조업을 영위하는 A회사가 여유자금을 투자해서 B회사와 C회사의 사채를 취득했다고 가정하자. B회사의 사채는 만기까지 장기간 보유하면서 이자수익을 얻고자 계획하고, C회사의 사채는 단기매매를 통해 시세차익을 얻고자 계획하면 A회사의 채무상품에 대한 사업모형은 다음 두 가지로 구성된다.

채무상품	보유목적	채무상품 사업모형
B회사의 사채	만기보유	계약상 현금흐름 수취(만기까지 이자수익 창출)
C회사의 사채	단기매매	금융자산의 매도(처분이익 창출)

기업이 채무상품을 보유하는 목적이 시장에서 매매를 통해 시세차익을 얻는 것이면, 채무상품의 매도 여부를 결정하는 데에는 공정가치(시장가치)가 관련성 있는 정보이고 그 채무상품의 공정가치가 변동한 금액은 기업의 미래현금흐름의 변화를 의미하므로 이들 채무상품을 공정가치로 측정하는 것이 타당하다. 그러므로 이러한 채무상품은 공정가치로 측정하고 FVPL 금융자산(채무상품) 또는 FVOCI 금융자산(채무상품)으로 분류한다. 그러나 기업이 채무상품의 공정가치 변동액에는 전혀 관심이 없고 계약상 정해진 현금흐름(이자와 원금)을 창출하기 위해 채무상품을 보유하면 이러한 사업모형을 '수취'모형이라 표현하고 해당 채무상품을 상각후원가로 측정하는 AC 금융자산으로 분류한다.

(1) AC 금융자산(채무상품)

다음 두 가지 기준을 모두 충족하는 금융자산(채무상품)은 상각후원가로 측정한다[1109: 4.1.2].

① 사업모형기준: 기업이 계약상 현금흐름을 받기 위한 목적으로 채무상품을 만기까지 보유한다. 이

러한 사업모형을 '수취모형'이라 한다.[1)]

② 계약상 현금흐름(contractual cash flows)기준: 채무상품의 계약상 조건에 따라 원금지급액과 잔여 원금에 대한 이자로만 구성된 현금흐름이 계약상 명시된 날에 지급된다.

기업이 전환사채(제13장 참조)에 투자하는 것은 계약상 현금흐름기준을 충족하지 못한다. 왜냐하면, 전환사채를 보유하는 기업이 전환사채를 보통주로 전환할 가능성이 있으므로 기업이 받는 금액이 원금과 이자로만 구성된 것이 아니기 때문이다. 수취모형과 계약상 현금흐름기준 중에서 어느 하나라도 충족하지 않는 채무상품과 모든 지분상품은 공정가치로 측정한다.

AC 금융자산(채무상품)은 재무상태표에 상각후원가로 보고하고 포괄손익계산서에는 이자수익을 인식한다. 상각후원가(amortized cost)는 다음 금액을 말한다.

액면금액	×××
할인차금 미상각액	(×××)
손상차손누계액	(×××)
상각후원가	×××

사업모형이 계약상 현금흐름을 받을 목적으로 채무상품을 만기까지 보유하는 사업모형이라 하더라도, 취득한 채무상품을 반드시 만기까지 보유해야 하는 것은 아니다. 기업이 만기 이전에 채무상품을 매각할 수 있으나 기업의 전체적 사업모형이 계약상 현금흐름을 받기 위해서 금융자산(채무상품)을 보유하면 채무상품을 AC 금융자산으로 분류하는 것을 배제하지 않는다. 기업이 다음 경우에 채무상품을 만기 이전에 매도해도 수취모형기준이 충족된다고 본다[1109: B4.1.3A].

- 금융자산의 신용위험이 증가하여 해당 금융자산을 매도하는 경우
- 만기 전에는 경미한 금액만을 매도하는 경우

기업이 계약상 현금흐름을 받기 위해 보유하는 채무상품을 규칙적으로 매매하기 시작하면 그러한 매도가 계약상 현금흐름을 받는 목적과 일치하는지를 평가해야 한다. 신용위험이 증가해서 채무상품을 매도하거나 매도거래가 다음과 같이 부수적인 수준에 그치면 수취모형기준이 충족된다[1109: B4.1.3B].

- 매도가 금액 면에서 유의적(significant)이라 해도 매도거래가 빈번하지 않다.
- 매도거래가 빈번해도 금액 면에서 유의적이지 않다.
- 매도대가가 잔여 계약상 현금흐름의 회수와 유사할 때 만기에 가까운 시점에 매도한다.

1) 「K-IFRS 제1109호」는 계약상 현금흐름을 받는 사업모형을 '수취' 모형이라 하고, 매도하는 사업모형을 '매도' 모형이라 하는데, 이러한 표현은 오해를 유발할 위험이 있다. 엄밀하게 보면, 비록 현금의 창출 방식에 차이는 있지만 두 모형 모두 미래에 현금 수취를 기대한다. 그러나 우리나라에서 수취모형이라는 용어가 오래전부터 사용됐으므로 이 책에서도 수취모형이라는 용어를 사용한다.

(2) FVPL 금융자산(채무상품)

기업이 채무상품의 계약상 현금흐름에는 관심이 없고 단기간에 처분손익을 달성하려는 목적으로 채무상품을 보유하면, 그 채무상품을 FVPL 금융자산으로 분류한다. 이러한 FVPL 금융자산(채무상품)은 재무상태표에 공정가치로 보고하고, 공정가치가 변해서 발생하는 미실현(보유)손익과 이자수익을 당기손익으로 인식한다. FVPL 금융자산(채무상품)은 이자율 변동으로 인한 공정가치 변동액을 실현하기 위해 활발하게 매매되므로 단기매매목적 채무상품 또는 단기매도목적으로 보유하는 금융자산(채무상품)이라고도 부른다.

(3) FVOCI 금융자산(채무상품)

다음 두 가지 요건을 모두 충족하는 채무상품은 FVOCI 금융자산으로 분류해서 공정가치로 측정하고, 공정가치가 변해서 발생하는 미실현(보유)손익을 기타포괄손익으로 인식한다[1109: 4.1.2A].

- 계약상 현금흐름의 수취와 금융자산의 매도 둘 모두를 달성할 목적인 사업모형(계약상 현금흐름 수취와 매도 둘 다인 사업모형)하에서 금융자산을 보유한다.
- 금융자산의 계약 조건에 따라 특정일에 이자와 원리금 지급만으로 구성된 현금흐름이 발생한다.

FVOCI 금융자산(채무상품)은 수취 · 매도목적으로 보유하는 금융자산(채무상품)이다. 공정가치가 변해서 발생하는 미실현(보유)손익을 당기손익으로 인식하지 않고 기타포괄손익으로 인식하므로, 기업이 매도 또는 계약상 현금흐름의 수취 가운데 어느 사업모형을 선택하더라도 당기순이익이 영향을 받지 않는다.

(4) 공정가치선택권(채무상품)

계약상 현금흐름기준과 수취모형기준을 모두 충족해서 AC 금융자산으로 분류할 수 있는 채무상품이나 수취 · 매도목적으로 보유하려고 하는 FVOCI 금융자산(채무상품)도 경우에 따라서는 취득시점에 FVPL 금융자산(채무상품)으로 지정하고 회계처리할 수 있다[1109: 4.1.5]. 이러한 선택권을 공정가치선택권(fair value option)이라 하는데, 서로 다른 기준에 따라 자산이나 부채를 측정하거나 그에 따른 손익을 인식하는 경우에 발생하는 측정이나 인식의 불일치('회계불일치')를 피하기 위해 허용된다. 즉, 채무상품을 FVPL 금융자산(채무상품)으로 지정하면 측정(또는 인식)의 불일치성이 제거되거나 유의적으로 감소하는 경우에 한해서 공정가치선택권을 행사할 수 있다(제10장 참조). 한 가지 유의할 점은, FVOCI 금융자산(채무상품)으로 분류할 채무상품에 대해 취득시점에 공정가치선택권을 행사한다는 것은 공정가치의 변동을 당기손익으로 인식하겠다는 의미이다. 공정가치선택권은 취득시점(또는 사업결합시점)에만 행사할 수 있고 일단 행사하면 사후에 취소할 수 없다[1109: 4.1.5]. 즉, 공정가치선택권을 행사해서 FVPL 금융자산(채무상품)으로 분류한 채무상품은 후속기간에 다른 분류범주로 변경할 수 없다.

2. 금융자산(지분상품)의 분류

기업이 특정 회사 발행주식의 20% 미만 또는 중대한 영향력을 행사할 수 없을 정도의 주식을 소유하면, 피투자회사의 경영활동에 영향력을 미치는 능력이 없다고 보고 해당 지분상품을 원칙적으로 FVPL 금융자산(지분상품)으로 분류하고 공정가치가 변해서 발생하는 미실현(보유)손익을 당기손익으로 인식한다. 가까운 미래에 처분할 목적으로 취득한 지분상품은 가격변동으로 인한 시세차익을 달성할 목적으로 관리하는 금융자산이다. 이러한 지분상품의 공정가치가 변해서 발생하는 미실현손익은 해당 금융자산을 관리한 성과에 대한 적절한 측정치이고 미실현손익이 가까운 장래에 실현될 가능성이 높다. 따라서 지분상품은 원칙적으로 FVPL 금융자산으로 분류하고 공정가치가 변해서 발생하는 미실현(보유)손익을 당기손익으로 인식한다.

그러나 지분상품을 보유하는 의도가 비매매목적인 경우에, 보유자가 원하면 취득시점에 FVOCI 금융자산으로 분류하고 공정가치가 변해서 발생하는 미실현(보유)손익을 기타포괄손익(자본항목)으로 인식한다[1109: 4.1.4]. 이러한 선택권을 기타포괄손익선택권(other comprehensive income option)이라 하는데, 비매매목적 지분상품의 취득시점(또는 사업결합시점)에만 금융상품별(주식별)로 미실현(보유)손익을 당기손익으로 인식할 것인가 기타포괄손익으로 인식할 것인가를 선택할 수 있고, 일단 선택하면 추후에 취소할 수 없다[1109: 4.1.4, BC5.25(4)].

Recap 금융자산(채무상품과 지분상품)의 측정치와 분류범주

[채무상품의 분류]

계약상 현금흐름	사업모형	공정가치선택권	측정치	분류범주
충족	현금흐름 수취	행사하지 않음	상각후원가	AC 금융자산
		행사함	공정가치	FVPL 금융자산
충족	현금흐름 수취와 매도	행사하지 않음	공정가치	FVOCI 금융자산
		행사함	공정가치	FVPL 금융자산
미충족	단기매도	해당 없음	공정가치	FVPL 금융자산

[지분상품의 분류]

취득 목적	기타포괄손익선택권	측정치	분류
단기매매	해당 없음	공정가치	FVPL 금융자산
비매매	행사하지 않음	공정가치	FVPL 금융자산
	행사함	공정가치	FVOCI 금융자산

Chapter 09 제2절

채무상품의 측정과 인식

1. 채무상품의 최초측정

유의적인 금융요소를 포함하지 않는 매출채권(또는 실무적간편법으로 손상차손을 측정하는 매출채권)은 최초인식시점에 거래가격으로 측정한다[1109: 5.1.3]. 매출채권을 제외한 금융자산 또는 금융부채는 최초인식시점에 공정가치로 측정하며, FVPL 금융자산(또는 FVPL 금융부채)이 아닌 경우에는 해당 금융자산의 취득(또는 해당 금융부채의 발행)과 직접 관련되는 거래원가를 취득원가에 가산(차감)한다[1109: 5.1.1]. 최초인식시점의 금융자산의 공정가치는 일반적으로 거래가격(포기한 대가의 공정가치 또는 받은 대가의 공정가치)이다. 장기대여금이나 장기수취채권의 공정가치(취득원가)는 그와 유사한 현금흐름과 신용등급을 가진 채무상품(측정단위인 통화, 만기기간, 이자율 유형 등이 유사함)의 미래현금흐름을 시장이자율(유효이자율)로 할인한 현재가치로 추정한다.

채무상품과 다른 항목을 묶은 덩어리를 단일거래에서 단일가격으로 일괄취득하면 적절한 측정기법을 사용해 취득한 채무상품의 공정가치(취득원가)를 추정한다. 예를 들어, 기업이 전체 대여금 중에서 일부를 종업원에게 무이자로 대여하면 전체 대여금의 일부는 종업원에 대한 보상비용이거나 충성도에 대한 대가의 형태로 제공된 것일 수 있다. 그러므로 유사한 대여금(통화, 기간, 이자율 유형, 신용등급 등 측면에서 유사)에 시장이자율을 사용해서 미래현금흐름을 할인하여 대여금의 공정가치를 측정한다. 그리고 대여금의 공정가치 이외에 추가로 제공된 항목이 다음과 같은 일반 인식기준[1016: 7]을 충족하면 자산으로 인식하고 일반 인식기준을 충족하지 못하면 비용으로 인식한다.

- 자산으로부터 발생하는 미래경제적효익이 기업에 유입될 가능성이 높다.
- 자산의 원가를 신뢰성 있게 측정할 수 있다.

Miniature 예제 1 금융자산 거래대가에 포함된 무형자산

상부회사가 활성시장의 공시가격이 ₩300,000인 금융자산을 상조회사로부터 ₩400,000에 취득했다. 이 거래를 통해서 상부회사는 상조회사가 생산하는 제한된 자원을 앞으로 2년 동안 싸게 살 수 있는 법적 권리를 획득했다. 싸게 사는 권리가 일반 인식기준을 충족하므로 상부회사는 취득시점에 다음과 같이 회계처리한다.

(차)	금 융 자 산	300,000	(대) 현 금	400,000
	무 형 자 산	100,000		

이 경우는 제2장에서 설명한 일괄구입과 성격이 같으나 무형자산의 공정가치를 알 수 없으므로 잔여접근법(제2장 참조)으로 취득원가 ₩400,000을 금융자산과 무형자산에 배분한다.

Miniature 예제 2 종업원에 제공한 무이자부 대여금

상황

허장성세회사가 충성심이 강한 종업원에게 ₩100,000을 5년간 이자 없이 대여했다. 유사한 5년-대출금의 시장이자율은 연 7%다. 미래현금흐름을 7%로 할인한 대여금의 현재가치가 ₩71,300이므로 ₩28,700은 종업원에 대한 보상비용(제20장 참조)이다. 보상비용 ₩28,700을 비용으로 인식하는 기간은 대출 조건에 따라 다르다.

상황 ①: 종업원이 퇴사해서 근무용역을 제공하지 않더라도 종업원은 무이자부 대출의 혜택을 계속 받을 수 있다.

상황 ②: 종업원이 퇴사해서 근무용역을 제공하지 않으면 대출금을 즉시 상환해야 하므로 무이자부 대출의 혜택을 계속 받기 위해서는 5년간 근무용역을 제공해야 한다.

물음 대여금의 최초인식시점에 상황 ①과 상황 ②에 대해서 허장성세회사에게 필요한 분개를 하라.

정답

상황 ①:

(차) 장기대여금	71,300	(대) 현	금	100,000
보상비용	28,700			

상황 ②:

(차) 장기대여금	71,300	(대) 현	금	100,000
이연보상비용	28,700			

아래에서는 공정가치와 거래가격의 차이에 대해서 설명한다.

거래당일손익

최초인식시점에 금융상품의 공정가치와 거래가격 사이에 차이가 나면 취득기업은 이러한 차이가 나는 이유를 이해해야 한다. 이 차이는 취득기업이 제공한 재화(또는 용역)에 대한 대가, 증여 또는 소유주에 대한 분배일 수도 있다. 이러한 형태가 아닌 차이를 거래당일손익(day 1 profit and loss)이라 하는데 이를 최초인식시점에 당기손익으로 인식할 수 있는지 여부를 판단해야 한다. 취득시점에 자산이나 부채의 공정가치를 측정해서 거래가격이 공정가치와 다른 경우에, 특정 기준서에서 차이에 대한 회계처리를 구체적으로 밝히지 않으면 차이를 당기손익으로 인식한다[1113: 60]. 「K-IFRS 제1109호」는 이러한 차이를 다음과 같이 회계처리하도록 규정한다.

최초인식시점에 금융상품 공정가치가 거래가격과 다르다고 결정하면, 금융상품을 그 날짜에 다음과 같이 회계처리한다[1109: B5.1.2A].

(1) 그러한 공정가치가 같은 자산이나 부채에 대한 활성시장의 공시가격(수준 1 투입변수)에 따라 입증되거나 관측 가능한 시장의 자료만을 사용하는 평가기법에 기초한다면, 최초인식시점에 금융자산이나 금융부채를 공정가치로 측정[1109: 5.1.1]한다. 최초인식시점의 공정가치와 거래가격 간의 차이는 손익으로 인식한다.

(2) 그 밖의 모든 경우에는 최초인식시점의 공정가치와 거래가격 간의 차이를 이연하기 위해 [1109: 5.1.1]에

서 요구하는 측정치에서 그러한 차이를 조정하여 회계처리한다.

[1109: B5.1.2A]의 의미는 다음과 같다.

- 동일한 자산(또는 부채)에 대한 활성시장의 공시가격(예 상장법인 주가와 같이 제5장에서 설명한 수준 1 투입변수)에 따라 공정가치가 입증되거나, 관측 가능한 시장 자료(예 유사한 자산이나 부채에 대한 활성시장의 공시가격과 같이 제5장에서 설명한 수준 2 투입변수)만을 사용하는 평가기법을 이용해서 공정가치를 추정하면, 최초인식시점에 금융자산(금융부채)을 공정가치로 측정하고 공정가치와 거래가격의 차이를 당기손익(거래당일손익)으로 인식한다.
- 그 밖의 모든 경우(예 제5장에서 설명한 수준 3 투입변수, 즉 해당 자산이나 부채에 관한 관측 불가능한 투입변수를 사용한 경우)에는 최초인식시점에 금융자산(금융부채)을 거래가격으로 측정하고, 공정가치와 거래가격의 차이인 거래당일손익을 이연한다. 그리고 최초인식 이후에는 시장참여자가 "자산이나 부채의 가격을 결정하는 데에 고려하는 요소(시간 포함)의 변동에서" 생기는 정도까지만 이연된 차이를 당기손익으로 인식한다.

관측 불가능한 수준 3의 투입변수를 사용해서 공정가치를 추정하는 경우('그 밖의 모든 경우')에는 추정자의 주관성이 많이 개입되므로 추정한 공정가치를 금융자산의 최초 측정치로 사용하지 않고, 금융자산(금융부채)을 거래가격으로 측정한다. 그리고 거래당일손익을 금융자산(금융부채)의 최초 장부금액에 포함시켜서 이연한다.

[1109: B5.1.2A]의 '시장참여자가 자산이나 부채의 가격을 정하는 데에 고려하는 요소(시간 포함)의 변동'이라는 문구를 어떻게 해석하는지가 불투명하다. 「K-IFRS 제1109호」는 '요소(시간 포함)의 변동'이 구체적으로 무엇을 구성하는지를 보충설명하지 않고, 공정가치와 거래가격의 차이(이연손익)를 미래에 어떻게 당기손익으로 인식할지에 대해서 구체적인 회계처리를 제시하지 않는다. 분명한 점은, 이연된 거래당일손익은 활성시장의 공시가격 또는 검증 가능한 객관적인 시장 정보를 사용하여 금융자산의 공정가치를 객관적으로 평가할 수 있는 시점에 ₩0이 되도록 손익으로 인식해야 한다는 것이다. 거래당일손익의 인식시점에 대해서 명확한 회계처리지침이 없으나, 모든 시장 투입변수가 관측 가능할 때까지 거래당일손익을 이연하거나 금융자산의 존속기간에 걸쳐 합리적인 방법으로 거래당일손익을 배분해서 인식하는 것으로 유추할 수 있다. 토론회에서 국제회계기준위원회가 거래당일손익을 정액법으로 배분하는 것이 어떤 경우에는 적절한 방법이 될 수 있지만 다른 경우에는 적절하지 않을 것이라는 입장을 표명함에 따라 거래당일손익을 어떻게 배분하느냐는 현 시점에서 오리무중이다.

표 9.1 금융자산(금융부채)의 취득원가

상황	금융자산(금융부채)의 취득원가
거래가격 = 공정가치	금융자산(금융부채)을 공정가치로 측정
거래가격 ≠ 공정가치 (수준 1 또는 2 투입변수로 추정한 공정가치)	금융자산(금융부채)을 공정가치로 측정 취득시점에 공정가치와 거래가격의 차이를 당기손익으로 인식
거래가격 ≠ 공정가치 (수준 3 투입변수로 측정한 공정가치)	금융자산(금융부채)을 거래가격으로 측정 취득시점에 공정가치와 거래가격의 차이를 이연해서 미래 기간에 손익으로 인식하고 금융자산(금융부채)의 측정액을 조정

Miniature 예제 3 공정가치와 거래가격이 다른 금융자산

상황

2차연도 1. 1.에 등하불명회사가 활성시장의 공시가격이 없는 금융상품을 ₩3,000에 취득했다. 등하불명회사는 자신이 독자적으로 개발한 투입변수를 사용해서 금융상품의 공정가치를 ₩3,200으로 추정했다. 등하불명회사가 사용한 투입변수는 시장참여자가 자산이나 부채의 가격을 결정하는 데에 통상적으로 고려하는 요소(시간 포함)의 관측가능한 자료가 아니고 기업 특유의 자료를 사용했다.
등하불명회사가 취득한 금융상품의 활성시장 공시가격이 2차연도 9. 1.에 ₩3,200으로 판명되었다.

물음 공정가치 ₩3,200과 거래대가 ₩3,000의 차이 ₩200에 대한 회계처리를 제시하라.

정답 및 해설

등하불명회사는 관측불능한 기업 특유의 투입변수를 사용해서 공정가치를 추정했으므로 최초인식시점에 금융자산을 거래가격인 ₩3,000으로 측정한다. 거래당일이익 ₩200은 취득시점에 이익으로 인식할 수 없고 금융자산의 최초측정액에 포함해서 이연한다.

2차연도 1. 1. 취득시점:

(차) 금 융 자 산 3,000 (대) 현 금 3,000

등하불명회사가 "시장참여자가 자산이나 부채의 가격을 결정하는 데에 고려하는 요소(시간 포함)의 변동에서 생기는 정도"가 확인되기를 기다리는 중에 2차연도 9. 1.에 금융자산의 공시가격이 입증되므로 취득시점에 이연했던 차이 ₩200을 즉시 당기손익으로 인식한다.

2차연도 9. 1. 공정가치를 객관적으로 측정할 수 있는 시점:

(차) 금 융 자 산 200 (대) 금융자산평가이익 200

거래원가

거래원가(transaction costs)는 채무상품의 취득, 발행, 처분에 직접 발생하는 증분원가이다. 즉, 거래원가는 기업이 채무상품을 취득, 발행, 처분하지 않았더라면 발생하지 않았을 원가로, 예를 들면 다음과 같다[1109: B5.4.8].

- 대리인(판매대리인 역할을 하는 종업원을 포함), 고문, 중개인 및 판매자에게 지급하는 수수료와 중개수

수료
• 감독기관과 증권거래소의 부과금과 양도세
• 금융자산 취득세
• 투자은행 및 규제기관이 부과하는 수수료, 법률 및 회계 수수료와 판매촉진비용

채무상품할인액(할증액), 금융원가(이자비용), 내부 관리 · 보유원가는 거래원가에 포함하지 않는다.

원칙적으로 채무상품의 최초측정액은 채무상품을 취득하기 위해 포기한 대가의 공정가치에 거래원가를 가산한 금액이다. AC 금융자산(채무상품) 또는 FVOCI 금융자산(채무상품)의 취득과 직접 관련된 거래원가는 해당 금융자산(채무상품)의 취득원가에 포함한다. 그러나 FVPL 금융자산(채무상품)의 취득과 직접 관련된 거래원가는 발생시점에 비용으로 인식한다. 그 이유를 아래에서 설명한다.

표 9.2 **거래원가에 대한 회계처리**

측정 대상	취득원가	거래원가
FVPL 금융자산(채무상품)	공정가치	비용으로 인식
AC 금융자산, FVOCI 금융자산(채무상품)	공정가치 + 거래원가	취득원가에 가산

자산의 취득원가는 구입가격과 해당 자산을 의도한 용도에 맞는 상태와 위치로 가져오는 데 필요한 모든 지출을 포함한다(제3장 참조). 그러므로 취득시점에 공정가치에 거래원가를 가산한 금액으로 금융자산을 측정하는 것이 원칙이다[1109: 5.1.1]. 예를 들어, 기업이 공정가치가 ₩100,000인 금융자산을 취득하고 거래원가 ₩2,000이 발생하면 취득시점에 금융자산의 취득원가를 ₩102,000으로 측정한다. 그러나 FVPL 금융자산은 공정가치로 취득원가를 측정하고 거래원가를 발생시점에 당기비용으로 인식한다[1109: 5.1.1]. 이렇게 하는 이유는, FVPL 금융자산(채무상품)은 매 보고기간 말에 공정가치로 측정함에 따라 설령 거래원가를 취득원가에 포함하더라도 회계기간 말에 취득원가와 공정가치의 차이를 당기손익으로 인식하면 결과적으로 거래원가가 취득연도에 비용(손실)으로 인식되기 때문이다. 예를 들어, 공정가치가 ₩100,000인 FVPL 금융자산을 취득하고 거래원가 ₩2,000이 발생한 경우, FVPL 금융자산의 기말공정가치가 ₩100,000이면 ① 취득원가를 공정가치로 측정(₩100,000)하든 ② 공정가치에 거래원가를 가산한 금액으로 취득원가를 측정(₩102,000)하든 취득연도의 당기손익이 다음과 같이 똑같다.

	취득원가를 공정가치로 측정	취득원가를 (공정가치 + 거래원가)로 측정
취득시점의 비용 인식액	거래원가 ₩2,000	₩0
기말 미실현(보유)손실 인식액	₩0	미실현손실 ₩2,000
취득연도의 당기이익에 미치는 영향	₩2,000 감소	₩2,000 감소

2. 채무상품의 후속측정

(1) AC 금융자산(채무상품)의 후속측정

① 이자수익과 상각후원가의 측정

AC 금융자산(채무상품)은 상각후원가로 측정하고 기초상각후원가에 유효이자율법을 적용해서 기간별 이자수익과 할인(할증)차금 상각액을 측정한다. 제3장과 제8장에서 설명했듯이, 유효이자율(effective interest rate)은 채무상품의 미래현금흐름의 현재가치를 최초 현금지급액과 같게 하는 할인율로서 취득시점에 시장에서 해당 채무상품에 요구하는 기대수익률이다. 유효이자율은 이자수익과 신용손실(제4절 참조)을 계산하는 기초로 활용되는데, 채무상품을 취득한 이후에 시장상황이 변해서 시장이자율이 달라지면 최초 유효이자율(취득시점의 시장이자율)과 시장이자율 사이에 괴리가 발생한다.

채무상품의 미래현금흐름에 대한 추정치가 변하면, 새로 추정된 현금흐름을 최초 유효이자율로 할인한 현재가치를 새로운 장부금액으로 인식하고 기존의 장부금액과 새로 계산된 장부금액과의 차이를 당기손익(손상차손)으로 인식한다(제4절 참조). [1109: B5.4.6]은 금융상품의 현금흐름에 대한 추정을 변경하는 경우에(계약상 현금흐름의 변경과 기대신용손실에 대한 추정의 변경은 제외) 실제 현금흐름과 변경된 계약상 추정현금흐름을 반영하여 해당 금융자산의 총 장부금액이나 금융부채의 상각후원가를 조정하도록 규정한다. 이때 계약상 추정미래현금흐름의 현재가치를 계산하는 방식으로 금융자산의 총 장부금액이나 금융부채의 상각후원가를 재계산한다. 이러한 조정액은 수익이나 비용으로서 당기손익으로 인식한다.

예제 1 AC 금융자산(채무상품)의 이자수익과 기간별 상각액

중요도: ★★★
난이도: ◆

상황

· 1차연도 1. 1.에 A회사가 발행한 사채(액면금액: ₩100,000, 액면이자율: 연 20%, 만기: 3차연도 12. 31.)를 ₩89,000에 취득하고 AC 금융자산으로 분류하였다.
· 1차연도 1. 1.에 해당 사채의 취득과 관련해서 거래원가 ₩1,240이 발생하였다.

물음 1차연도 1. 1.부터 3차연도 12. 31.까지 필요한 분개를 하라.

정답 및 해설

AC 금융자산(채무상품)의 매입가격	₩89,000
거래원가	1,240
AC 금융자산(채무상품)의 취득원가	₩90,240

∴ 할인차금: ₩100,000 − ₩90,240 = ₩9,760

참고 이 사채를 만기까지 보유하고 만기일(3차연도 12. 31.)에 액면금액 ₩100,000을 상환받으면 총 ₩69,760(₩20,000 × 3년 + ₩9,760)의 이자를 받는 셈이다.

· 미래 현금유입액의 현재가치가 ₩90,240이 되는 유효이자율을 다음과 같이 계산한다.

$$₩90,240 = \frac{₩20,000}{(1 + 유효이자율)^1} + \frac{₩20,000}{(1 + 유효이자율)^2} + \frac{₩120,000}{(1 + 유효이자율)^3}$$

∴ 유효이자율 = 25%

유효이자율에 의한 상각표

연도 ①	금융자산 기초장부금액 ②	유효이자(25%) ③ = ② × 25%	현금이자(20%) ④	할인차금상각액 ⑤ = ③ − ④	금융자산 기말장부금액 ⑥ = ② + ⑤
1차연도	₩90,240	₩22,560	₩20,000	₩2,560	₩92,800
2차연도	92,800	23,200	20,000	3,200	96,000
3차연도	96,000	24,000	20,000	4,000	100,000
합계		₩69,760	₩60,000	₩9,760	

참고 취득시점에 AC 금융자산을 재무상태표에 다음과 같이 보고할 수 있다.

방법 1		방법 2	
AC 금융자산(상각후원가)	₩90,240	AC 금융자산(액면금액)	₩100,000
		할인차금	(9,760)
		AC 금융자산(상각후원가)	₩90,240

실무에서는 보편적으로 방법 1을 사용하므로 아래에서는 방법 1을 사용한다.

1차연도 1. 1. 취득시점:

(차) AC 금융자산	90,240	(대) 현금	90,240

1차연도 12. 31. 결산시점:

(차) 현금	20,000	(대) 이자수익	22,560
AC 금융자산	2,560		

2차연도 12. 31. 결산시점:

(차) 현금	20,000	(대) 이자수익	23,200
AC 금융자산	3,200		

3차연도 12. 31. 결산시점:

(차) 현금	20,000	(대) 이자수익	24,000
AC 금융자산	4,000		

3차연도 12. 31. 만기시점:

(차) 현금	100,000	(대) AC 금융자산	100,000

② AC 금융자산(채무상품) 처분손익의 측정

AC 금융자산(채무상품)을 처분하면 직전 회계연도 말부터 처분시점까지의 이자수익과 할인(할증)차금 상각액을 인식해서 처분시점의 장부금액(상각후원가)을 먼저 수정한다. 그리고 **수정된 장부금액**

(상각후원가)과 처분대가(이자수익 제외)의 차이를 처분손익(당기손익)으로 인식한다.

이자수익을 제외한 매도대가	×××
−) AC 금융자산의 상각후원가	(×××)
=) 처분손익	×××

Miniature 예제 4 AC 금융자산의 처분손익

상황

· 다음은 예제 1의 자료이다.

· 1차연도 1. 1.에 A회사가 발행한 사채(액면금액: ₩100,000, 액면이자율: 연 20%, 만기: 3차연도 12. 31.)를 ₩89,000에 취득하고 AC 금융자산으로 분류하였다.
· 1차연도 1. 1.에 해당 사채의 취득과 관련해서 거래원가 ₩1,240이 발생하였다.

· 2차연도 12. 31.에 상각후원가가 ₩96,000인 AC 금융자산을 3차연도 4. 1.에 ₩102,800에 매도했다.

물음 3차연도 4. 1.의 AC 금융자산의 처분손익을 계산하라.

정답 및 해설

3차연도 1. 1.부터 3. 31.까지 유효이자수익: ₩24,000 × 3/12 = ₩6,000
3차연도 1. 1.부터 3. 31.까지 현금이자수익: ₩20,000 × 3/12 = ₩5,000
3차연도 1. 1.부터 3. 31.까지 할인차금 상각액: ₩4,000 × 3/12 = ₩1,000

현금이자수익을 제외한 매도대가(₩102,800 − ₩5,000)	₩97,800
AC 금융자산의 상각후원가(₩96,000 + ₩1,000)	(97,000)
AC 금융자산의 처분이익	₩800

(2) FVPL 금융자산(채무상품)의 후속측정

① 이자수익과 미실현손익의 측정

FVPL 금융자산(채무상품)은 매 회계기간 말에 공정가치로 측정해서 재무상태표에 보고하고 **공정가치가 변한 금액을** 미실현손익(또는 미실현평가손익)**으로 인식해서 당기손익에 포함한다.** FVPL 금융자산(채무상품)의 손상차손은 공정가치 변동액에 반영되어 당기손실로 인식하므로 **손상차손을 별도로 측정하지 않는다.** FVPL 금융자산(채무상품)의 공정가치 변동으로 인한 기간별 미실현손익을 측정하는 방식과 금액은 기간별 이자수익을 측정하는 방법에 따라 다르다. 그러나 「K-IFRS 제1109호」는 FVPL 금융자산(채무상품)의 이자수익과 미실현손익을 측정하는 방법에 대해 언급하지 않는다. 따라서 AC 금융자산(채무상품)과 같이 유효이자율법을 적용하여 기초상각후원가(기초장부금액)에 유효이자율을 곱해서 이자수익을 측정할 수도 있고, 간편하게 액면(표시)이자율법을 적용하여 액면금액에 액면(표시)이자율을 곱해서 이자수익을 측정할 수도 있다. 이자수익을 유효이자율법으로 측정하느냐 아니면 액면이자율법으로 측정하느냐에 따라 연도별 이자수익은 다르지만, 이자수익의 측정방법에 따라 연도별 미실현손익의 측정액이 자동적으로 달라지므로 이자수익과 미실현손익의 합계가 당기손익에 미치는 영향은 매 회계기간에 동일하다(예제 3의 해답 4 참조). 즉, FVPL 금융자산(채무상품)에 대해서는 액면이자율법을 적용한 경우의 매 회계기간의 이자수익과 미실현손익의 합계가 유효이자율법을 적용한 경우의 매 회계기간의 이자수익과 미실현손익의 합계와 정확하게 같다.

FVPL 금융자산(채무상품)에 대해서는 이자수익과 공정가치 변동으로 인한 미실현손익 모두를 당기손익으로 인식하므로 미실현손익과 이자수익의 합계를 포괄손익계산서에 투자손익(당기손익)으로 보고해도 정보의 손실이 거의 없다. 그러므로 FVPL 금융자산(채무상품)에 대해서는 액면이자율법을 적용해서 이자수익을 계산하는 것이 간편하다. FVPL 금융자산에 대해서 액면이자율법을 적용하여 **액면금액에 액면이자율을 곱해서 이자수익을 측정하면, 미실현손익을 기말공정가치와 기초공정가치의 차이로 측정한다.** 그리고 미실현평가이익(손실)을 FVPL 금융자산(채무상품)에 직접 가산(차감)해서 장부금액을 공정가치로 나타낸다(예제 2 참조). 만일 FVPL 금융자산(또는 FVOCI 금융자산)에 대해서 유효이자율법으로 이자수익을 측정하면 금융자산의 공정가치 변동액을 공정가치조정계정에 기록하고, 공정가치조정계정의 기말잔액과 당기 미실현손익을 <표 9.3>과 같이 측정한다(예제 3의 해답 2 참조).

표 9.3 유효이자율법하에서 미실현손익의 측정

취득연도 말		취득연도 이후의 회계연도 말	
기말상각후원가	×××	기말상각후원가	×××
기말공정가치	(×××)	기말공정가치	(×××)
당기 미실현손익	×××	공정가치조정계정의 기말잔액	×××
		공정가치조정계정의 기초잔액	(×××)
		당기 미실현손익	×××

예제 2 AC 금융자산과 FVPL 금융자산(채무상품)

중요도: ★★★
난이도: ◆

상황

· 예제 1의 자료를 이용하되, 사채를 ₩90,240에 취득하고 거래원가가 없다고 가정하라.
· 상각표는 다음과 같다(예제 1 참조).

유효이자율에 의한 상각표

연도 ①	금융자산 기초장부금액 ②	유효이자(25%) ③ = ② × 25%	현금이자(20%) ④	할인차금 상각액 ⑤ = ③ − ④	금융자산 기말장부금액 ⑥ = ② + ⑤
1차연도	₩90,240	₩22,560	₩20,000	₩2,560	₩92,800
2차연도	92,800	23,200	20,000	3,200	96,000
3차연도	96,000	24,000	20,000	4,000	100,000
합계		₩69,760	₩60,000	₩9,760	

· 이 사채를 만기까지 보유하면 3년간의 총이익은 ₩69,760(₩20,000 × 3년 + ₩9,760)이다.

· 사채의 공정가치는 다음과 같다.

1차연도 12. 31.	₩94,000
2차연도 12. 31.	95,200
3차연도 12. 31.	100,000

물음 채무상품(사채)을 FVPL 금융자산으로 분류하고 액면이자율법을 적용한 경우와 AC 금융자산으로 분류하고 유효이자율법을 적용한 경우로 구분하여 1차연도 1. 1.부터 3차연도 12. 31.까지 필요한 분개를 하라.

정답 및 해설

채무상품(사채)을 FVPL 금융자산으로 분류하고 액면이자율법을 적용하면 회계기간 말에 기초공정가치와 기말공정가치를 비교해서 미실현손익(당기손익)을 다음과 같이 산정한다.

	1차연도	2차연도	3차연도
기말공정가치	₩94,000	₩95,200	₩100,000
기초공정가치	(90,240)	(94,000)	(95,200)
당기 미실현이익(손실)	₩3,760	₩1,200	₩4,800

FVPL 금융자산(액면이자율법)			AC 금융자산(유효이자율법)		
1차연도 1. 1. 취득시점:					
(차) FVPL 금융자산	90,240		(차) AC 금융자산	90,240	
(대) 현금		90,240	(대) 현금		90,240
1차연도 12. 31. 결산시점:					
(차) 현금	20,000		(차) 현금	20,000	
(대) 이자수익		20,000	AC 금융자산	2,560	
			(대) 이자수익		22,560
			※ 장부금액(상각후원가): ₩92,800		
(차) FVPL 금융자산	3,760		분개 없음		
(대) 미실현이익(당기손익)		3,760*			
* ₩94,000 − ₩90,240 = ₩3,760					
※ 장부금액(공정가치): ₩94,000					
2차연도 12. 31. 결산시점:					
(차) 현금	20,000		(차) 현금	20,000	
(대) 이자수익		20,000	AC 금융자산	3,200	
			(대) 이자수익		23,200
			※ 장부금액(상각후원가): ₩96,000		
(차) FVPL 금융자산	1,200		분개 없음		
(대) 미실현이익		1,200*			

* ₩95,200 − ₩94,000 = ₩1,200

※ 장부금액(공정가치): ₩95,200

3차연도 12. 31. 결산시점:

(차) 현 금	20,000		(차) 현 금	20,000	
(대) 이 자 수 익		20,000	A C 금 융 자 산	4,000	
			(대) 이 자 수 익		24,000
			※ 장부금액(상각후원가): ₩100,000		
(차) F V P L 금 융 자 산	4,800		분개 없음		
(대) 미 실 현 이 익(당기손익)		4,800*			

* ₩100,000 − ₩95,200 = ₩4,800

※ 장부금액(공정가치): ₩100,000

참고 예제 2에서 금융자산을 FVPL 금융자산으로 분류하든 또는 AC 금융자산으로 분류하든 3년간의 총이익은 ₩69,760이다.

② FVPL 금융자산(채무상품) 처분손익의 측정

FVPL 금융자산(채무상품)을 처분하면 다음과 같이 **처분대가(이자수익 제외)와 장부금액(전기 말 재무상태표에 보고한 공정가치)의 차이를 처분손익(당기손익)으로 측정한다.**

이자수익을 제외한 매도대가	×××
−) 전기 재무상태표에 보고한 공정가치(장부금액)	(×××)
=) 처분손익	×××

처분손익을 위와 같이 계산하면 다음 부분에서 FVOCI 금융자산(채무상품)에 대해서 설명할 '재순환'(recycling)의 의미를 이해하기 쉽고 미실현손익의 계산도 상대적으로 쉽다.

(3) FVOCI 금융자산(채무상품)의 후속측정

① 이자수익과 미실현손익의 측정

채무상품을 관리하는 사업모형이 계약상 현금흐름의 수취와 매도 둘 모두이면 채무상품을 FVOCI 금융자산(채무상품)으로 분류한다. FVOCI 금융자산(채무상품) 범주의 목적은 재무제표 이용자에게 공정가치와 상각후원가 둘 모두에 대한 정보를 제공하는 것이다. 그러므로 AC 금융자산(채무상품)의 측정방식과 공정가치 측정방식을 혼합해서 FVOCI 금융자산(채무상품)을 후속측정한다. 즉, 계약상 현금흐름의 수취 측면을 고려해 AC 금융자산(채무상품)과 같은 방식으로 이자수익과 손상차손(환입)을 인식하고, 매도 가능성을 고려해 FVOCI 금융자산(채무상품)을 공정가치로 측정해서 재무상태표에 보고한다.

표 9.4 AC 금융자산과 FVOCI 금융자산의 비교

분류범주	사업모형	회계처리
AC 금융자산	수취모형	이자수익과 손상차손 인식
FVOCI 금융자산	수취모형 + 매도모형	수취모형에 의해 이자수익과 손상차손 인식 매도모형에 의해 공정가치 변동액 인식

FVOCI 금융자산(채무상품)의 공정가치 변동액은 해당 자산을 장부에서 제거하거나 분류범주를 변경할 때까지 기타포괄손익으로 인식하지만, 이 가운데 손상차손(환입)에 해당하는 금액은 예외적으로 당기손익으로 인식한다. 이렇게 손상차손을 당기손익에 반영하고 손상차손을 제외한 공정가치변동으로 인한 미실현손익을 당기손익에 포함하지 않으면 당기순이익에 미치는 영향 면에서 AC 금융자산(채무상품)과 FVOCI 금융자산(채무상품)의 회계처리는 같다. 그리고 FVOCI 금융자산(채무상품)을 장부에서 제거할 때에는 과거에 인식했던 기타포괄손익누계액을 자본에서 당기손익으로 재분류한다[1109: 5.7.10].

FVPL 금융자산(채무상품)과 달리 AC 금융자산(채무상품)과 FVOCI 금융자산(채무상품)에 대해서는 **이자수익(당기손익)과 미실현손익(기타포괄손익)을 구분해야 한다**. 그러므로 유효이자율법을 적용하여 기초상각후원가에 유효이자율을 곱해서 유효이자수익을 측정하고 유효이자와 현금이자의 차이를 할인(할증)차금 상각액으로 인식해서 기말상각후원가를 측정한다. 그리고 FVOCI 금융자산(채무상품)에 대해서는 <표 9.3>처럼 미실현손익을 측정한다.

FVOCI 금융자산(채무상품)의 '장부금액'은 이자수익을 인식한 후의 상각후원가인 데 반해, 재무상태표에는 상각후원가가 아니라 공정가치로 보고하므로 장부금액과 보고액 간에 괴리가 생길 수 있다. 공정가치가 변해서 발생하는 미실현손익을 금융자산의 평가계정인 공정가치조정계정(fair value adjustment account)에 기록하고 재무상태표에 다음과 같이 표시하면 FVOCI 금융자산(채무상품)의 상각후원가를 공정가치로 전환할 수 있다. 공정가치조정은 이자수익의 측정 · 인식에 영향을 미치지 않는다.

FVOCI 금융자산(채무상품)(상각후원가)	×××
±) 공정가치조정계정의 기말잔액	×××
=) FVOCI 금융자산(채무상품)(공정가치)	×××

FVOCI 금융자산(채무상품)의 공정가치 변동액을 공정가치조정계정에 기록하지 않고 FVOCI 금융자산(채무상품)에 직접 가감할 수도 있다. 한 종류의 FVOCI 금융자산(채무상품)만 존재하면 공정가치 변동액인 미실현이익(손실)을 FVOCI 금융자산(채무상품)에 직접 가산(차감)해도 상각후원가와 미실현손익을 상대적으로 쉽게 파악할 수 있다(예제 10 참조). 그러나 FVOCI 금융자산(채무상품)이 여러 종류이고 개별 자산의 상각후원가를 반드시 알아야 하는 경우도 있으므로 공정가치조정계정을 사용해서 미실현손익을 기록하고 개별 FVOCI 금융자산(채무상품)의 상각후원가와 미실현손익을 구분해서 파악하는 것이 바람직하다.

공정가치조정계정 잔액의 변동액(기말잔액 − 기초잔액)을 다음과 같이 분개해서 특정 회계기간의 미실현손익으로 기록한다.

미실현이익인 경우			미실현손실인 경우		
(차) 공 정 가 치 조 정	×××		(차) 미 실 현 손 실(기타포괄손익)	×××	
(대) 미 실 현 이 익(기타포괄손익)		×××	(대) 공 정 가 치 조 정		×××

예제 3 금융자산(채무상품)의 이자수익과 미실현손익 측정

중요도: ★★★
난이도: ◆◆

상황

· 1차연도 1. 1.에 청실회사가 액면금액이 ₩100,000인 홍실회사 사채(표시이자율: 연 10%, 만기: 3차연도 12. 31.)를 ₩107,873에 취득하였다.
· 사채에 대한 1차연도 1. 1.의 유효이자율은 연 7%이고 이자는 매년 말에 지급한다.
· 사채의 공정가치는 다음과 같다.

1차연도 12. 31.	₩107,000
2차연도 12. 31.	100,804

물음

1. 청실회사가 사채를 AC 금융자산으로 분류했다고 가정하고 1차연도와 2차연도에 필요한 분개를 하라.
2. 청실회사가 사채를 FVPL 금융자산으로 분류했다고 가정하고 액면이자율법과 유효이자율법을 각각 적용해서 1차연도 12. 31.과 2차연도 12. 31.에 필요한 분개를 하라.
3. 액면이자율법과 유효이자율법을 각각 적용해서 FVPL 금융자산이 1차연도와 2차연도의 당기이익에 미치는 영향을 계산하라.
4. 청실회사가 사채를 FVOCI 금융자산으로 분류했다고 가정하고 유효이자율법을 적용해서 1차연도 12. 31.과 2차연도 12. 31.에 필요한 분개를 하라.

정답 및 해설

1.

1차연도 1. 1.에 유효이자율 7%로 할인한 사채의 현재가치(시장가격)는 다음과 같다.

액면금액의 현재가치(₩100,000 × 0.8163)	₩81,630
이자의 현재가치(₩10,000 × 2.62432)	26,243
사채의 현재가치	₩107,873

유효이자율에 의한 상각표

연도	금융자산 기초장부금액	유효이자 (7%)	현금이자 (10%)	할증차금 상각액	금융자산 기말장부금액
①	②	③	④	⑤ = ③ − ④	⑥ = ② + ⑤
1차연도	₩107,873	₩7,551	₩10,000	₩2,449	₩105,424
2차연도	105,424	7,380	10,000	2,620	102,804
3차연도	102,804	7,196	10,000	2,804	100,000
합계		₩69,760	₩30,000	₩9,760	

1차연도 1. 1. 금융자산 취득시점:

(차) AC 금융자산	107,873	(대) 현금	107,873

1차연도 12. 31. 결산시점(유효이자율법 적용):

(차) 현금	10,000	(대) AC 금융자산	2,449
		이자수익	7,551

2차연도 12. 31. 결산시점(유효이자율법 적용):

(차) 현금	10,000	(대) AC 금융자산	2,620
		이자수익	7,380

2.
채무상품을 FVPL 금융자산으로 분류했으므로 간편하게 액면이자율법을 적용해서 이자수익을 측정하면 기초공정가치와 기말공정가치를 비교해서 미실현손익을 측정한다.

1차연도 12. 31. 결산시점(액면이자율법 적용):

(차) 현금	10,000	(대) 이자수익	10,000
(차) 미실현손실(당기손실)	873*	(대) FVPL 금융자산	873

* ₩107,873(취득원가) − ₩107,000(기말공정가치) = ₩873 손실

∴ 1차연도 이익: ₩10,000 − ₩873 = ₩9,127

2차연도 12. 31. 결산시점(액면이자율법 적용):

(차) 현금	10,000	(대) 이자수익	10,000
(차) 미실현손실(당기손실)	6,196*	(대) FVPL 금융자산	6,196

* ₩107,000(기초공정가치) − ₩100,804(기말공정가치) = ₩6,196 손실

∴ 2차연도 이익: ₩10,000 − ₩6,196 = ₩3,804

유효이자율법을 적용해서 이자수익과 미실현손익을 측정하고 분개하면 다음과 같다.

1차연도 12. 31. 결산시점(유효이자율법 적용):

(차) 현금	10,000	(대) FVPL 금융자산	2,449
		이자수익	7,551
(차) 공정가치조정	1,576*	(대) 미실현이익(당기이익)	1,576

* ₩107,000(기말공정가치) − ₩105,424(기말상각후원가) = ₩1,576

∴ 1차연도 이익: ₩7,551 + ₩1,576 = ₩9,127

2차연도 12. 31. 결산시점(유효이자율법 적용):

(차) 현금	10,000	(대) FVPL 금융자산	2,620
		이자수익	7,380

	상각후원가	공정가치	미실현이익(손실)
공정가치조정계정의 기말잔액	₩102,804	₩100,804	₩(2,000)
공정가치조정계정의 기초잔액(미실현이익)			(1,576)
공정가치조정계정의 변동액			₩(3,576)

공정가치조정계정의 2차연도말 잔액이 미실현손실(대변 잔액) ₩2,000이 되어야 하는데 기말 직전 잔액이 미실현이익(차변 잔액) ₩1,576이므로 미실현손실 ₩3,576을 인식한다.

(차) 미실현손실(당기손실)	3,576	(대) 공 정 가 치 조 정	3,576

∴ 2차연도 이익: ₩7,380 − ₩3,576 = ₩3,804

3.

	액면이자율법	유효이자율법
1차연도 이익	₩9,127	₩9,127
2차연도 이익	3,804	3,804

4.

1차연도 12. 31. 결산시점(유효이자율법 적용):

(차) 현 금	10,000	(대) FVOCI 금융자산	2,449
		이 자 수 익	7,551
(차) 공 정 가 치 조 정	1,576*	(대) 미실현이익(기타포괄손익)	1,576

* ₩107,000 − ₩105,424 = ₩1,576

2차연도 12. 31. 결산시점(유효이자율법 적용):

(차) 현 금	10,000	(대) FVOCI 금융자산	2,620
		이 자 수 익	7,380
(차) 미실현손실(기타포괄손익)	3,576	(대) 공 정 가 치 조 정	3,576

FVPL 금융자산(채무상품)과 FVOCI 금융자산(채무상품)에 대한 회계처리의 공통점과 차이점은 <표 9.5>와 같다.

표 9.5 FVPL 금융자산과 FVOCI 금융자산에 대한 회계처리의 공통점과 차이점

	FVPL 금융자산(채무상품)	FVOCI 금융자산(채무상품)
공통점: 이자수익, 손상차손, 처분손익	당기손익으로 인식	당기손익으로 인식
차이점: 미실현손익*	당기손익으로 인식	기타포괄손익으로 인식

* 손상차손(제4절 참조)을 제외한 공정가치 변동액

예제 4 금융자산(채무상품) 회계처리의 공통점과 차이점

중요도: ★★★
난이도: ◆◆

상황

· 1차연도 1. 1.에 대장회사가 사채(액면금액: ₩100,000, 액면이자율: 연 5%, 만기: 3차연도 12. 31.)를 액면금액인 ₩100,000에 취득했다.

· 1차연도 12. 31.에 사채의 공정가치가 ₩104,000이다.

물음

대장회사가 사채를 AC 금융자산, FVPL 금융자산, FVOCI 금융자산으로 분류한 경우로 구분해서 다음 물음에 답하라.

1. 이자수익을 측정하고 1차연도에 대장회사에 필요한 분개를 하라.
2. 대장회사가 1차연도 12. 31.에 재무상태표에 금융자산을 보고하는 방식과 1차연도 포괄손익계산서에 이자수익(₩5,000)과 공정가치 변동액(₩4,000)을 보고하는 방식을 제시하라.

정답 및 해설

1.

	AC 금융자산		FVPL 금융자산		FVOCI 금융자산	
1차연도 1. 1. 취득시점:						
(차) AC 금융자산	100,000					
FVPL 금융자산			100,000			
FVOCI 금융자산					100,000	
(대) 현 금		100,000		100,000		100,000
1차연도 12. 31. 결산시점:						
(차) 현 금	5,000		5,000		5,000	
(대) 이 자 수 익		5,000		5,000		5,000
1차연도 12. 31. 결산시점:						
(차) FVPL 금융자산			4,000			
(대) 미실현이익(당기이익)				4,000		
(차) 공 정 가 치 조 정					4,000	
(대) 미실현이익(기타포괄손익)						4,000

2.

대장회사가 보유한 금융자산에 대한 회계처리 요약

	AC 금융자산	FVPL 금융자산	FVOCI 금융자산
1차연도 12. 31.의 장부금액	₩100,000	₩104,000	₩104,000
이자수익	₩5,000	₩5,000	₩5,000
당기손익으로 보고하는 미실현이익	0	4,000	0
총 당기이익	₩5,000	₩9,000	₩5,000
기타포괄손익으로 보고하는 미실현이익	0	0	4,000
총 포괄이익	₩5,000	₩9,000	₩9,000

재무상태표에 보고하는 금액:

AC 금융자산: ₩100,000
FVPL 금융자산: ₩104,000
FVOCI 금융자산: ₩104,000

포괄손익계산서에 보고하는 금액의 구성요소:

AC 금융자산: 이자수익(₩5,000)
FVPL 금융자산: 이자수익(₩5,000) + 미실현이익(₩4,000)
FVOCI 금융자산: 이자수익(₩5,000) + 기타포괄손익(₩4,000)

② FVOCI 금융자산(채무상품)의 처분손익 측정과 재분류조정

FVOCI 금융자산(채무상품)을 처분하면 이자수익을 제외한 처분대가와 상각후원가를 비교해서 처분손익을 산정하고 당기손익으로 인식한다. 이는 AC 금융자산(채무상품)의 처분손익 계산절차와 같다. AC 금융자산(채무상품)은 공정가치를 무시하고 상각후원가로 측정하므로 공정가치 변동으로 인한 미실현손익 자체가 존재하지 않고, 처분시점의 상각후원가와 처분대가의 차이가 처분손익(당기손익)으로 인식된다. 그러나 FVOCI 금융자산(채무상품)을 처분하면 처분 직전 회계연도 말까지 공정가치가 변해서 기타포괄손익누계액계정(자본계정)에 누적해왔던 금액을 어떻게 회계처리하느냐는 문제가 제기된다.

이러한 문제 때문에 FVOCI 금융자산(채무상품)의 처분손익을 측정하는 것이 쉽지 않으므로 처분손익의 측정을 자세하게 설명하고 <표 9.6>에 요약한다. AC 금융자산과 FVOCI 금융자산 간에 공정가치 변동액에 대한 회계처리가 다름에도 불구하고, 특정 채무상품을 FVOCI 금융자산(채무상품)으로 분류한 후에 취득시점부터 처분시점까지 인식하는 총 당기손익(이자수익, 손상차손, 처분손익)은 해당 채무상품을 AC 금융자산(채무상품)으로 분류했을 때 인식하는 총 당기손익과 같다[1109: 5.7.11]. 그 이유는, FVOCI 금융자산(채무상품)에 대해 **기타포괄손익누계액계정에 보관했던('parked') 공정가치 변동액을 처분시점에 처분손익(당기손익)으로 '재순환(재분류)'**하기 때문이다. 그러므로 **FVOCI 금융자산(채무상품)의 처분손익(당기손익)**은 다음 두 부분으로 구성된다.

- 취득시점부터 처분 직전 회계연도 말까지 공정가치 변동액을 기타포괄손익으로 인식해서 기타포괄손익누계액계정(자본계정)에 보관했던 금액
- 이자수익을 제외한 처분대가와 처분 직전 회계연도 말 공정가치(기말상각후원가 ± 공정가치조정계정의 기말잔액)의 차이

FVOCI 금융자산(채무상품)에 대해서 취득시점부터 처분 직전 회계연도의 재무상태표 작성일까지 공정가치가 변해서 발생한 미실현손익(손상차손 제외)을 발생시점에 기타포괄손익으로 인식하고 마감분개를 통해 기타포괄손익누계액계정에 축적해 놓았던 금액을 처분시점에 처분손익(당기손익)으로 인식하는 회계처리를 '재순환'(recycling) 또는 '재분류조정'(reclassification adjustment)이라 한다[1109: B5.7.1A, BC4.151]. 재순환의 목적은 FVOCI 금융자산(채무상품)의 처분손익을 AC 금융자산(채무상품)의 처분손익과 동일한 금액으로 인식하기 위해서이다.

재순환 조치는 FVOCI 금융자산(채무상품)에 대한 기타포괄손익 누적액을 당기손익으로 재분류해서 당기순이익을 증가시키고 궁극적으로는 마감분개를 통해 이익잉여금계정으로 이체시킨다. 제5장에서 재평가한 유형자산을 처분하고 재평가잉여금계정의 잔액을 이익잉여금계정으로 이체할 때는 당기순이익을 거치지 않고 직접 이익잉여금으로 대체했는데, 이러한 처리는 '재순환'이라 하지 않는다. 자본 내에서 기타포괄손익누계액을 이익잉여금으로 이동한다는 점은 같지만, 재순환은 이동하는 회계연도의 당기순이익에 영향을 준다는 점을 기억할 필요가 있다. 재순환문제가 대두되므로 FVOCI 금융자산(채무상품)의 처분손익은 <표 9.6>과 같이 구분하여 계산할 수 있다.

표 9.6 FVOCI 금융자산(채무상품)의 처분손익

FVOCI 금융자산 취득시점	처분 직전 재무상태표 작성일	FVOCI 금융자산 처분시점
(예 1차연도 1. 1.)	(예 2차연도 12. 31.)	(예 3차연도 7. 1.)

⇤ 처분 직전 회계기간 말 상각후원가와 공정가치의 차이(β) ⇥ ⇤ 처분 직전 회계기간 말 공정가치와 매도대가(이자수익 제외)의 차이(α) ⇥

(기타포괄손익누계액 ⇒ 재순환 대상) (처분직전 회계기간 말 이후 공정가치 변동액)

총 처분손익 = $\beta + \alpha$

처분손익의 구성요소(α, β)를 기록하는 분개를 자세하게 설명하면 다음과 같다.

㉠ 처분손익α : α는 처분 직전 회계기간 말부터 처분시점까지 FVOCI 금융자산(채무상품)의 공정가치가 변동한 금액이다. FVOCI 금융자산(채무상품) 매도시점에 α를 처분손익의 일부로 인식하고 처분된 FVOCI 금융자산(채무상품)에 대해서 처분 직전 회계기간 말 재무상태표에 표시된 공정가치를 장부에서 제거한다. 즉, 매도된 FVOCI 금융자산(채무상품)의 처분 직전 회계기간 말 상각후원가와 공정가치조정계정의 잔액을 장부에서 제거한다.

이자수익을 제외한 처분대가	×××
-) 처분 직전 회계기간 말 재무상태표에 보고한 공정가치	(×××)
=) 처분손익(α)	×××

분개 처분 직전 회계기간 말 이후 공정가치 변동액(α)을 처분손익의 일부로 인식

(차)		(대)	
현 금(처분대가)	×××	FVOCI 금융자산(상각후원가)	×××
FVOCI 금융자산처분손실(α)	×××**	공 정 가 치 조 정	×××*
		FVOCI 금융자산처분이익(α)	×××**

* 공정가치조정계정의 잔액 중에서 처분한 FVOCI 금융자산과 관련되어 제거하는 금액.
FVOCI 금융자산(상각후원가) + 공정가치조정 = 처분 직전 회계기간 말 재무상태표에 보고한 공정가치

** 처분 직전 회계기간 말 이후에 공정가치가 변동한 금액을 처분손실이나 처분이익으로 인식. 즉, [이자수익을 제외한 매도대가 − 처분 직전 회계기간 말 공정가치(기말 상각후원가 + 기말 공정가치조정계정 잔액)]을 처분손익의 일부로 인식.

ⓛ 처분손익 β (기타포괄손익에 대한 재분류조정): FVOCI 금융자산(채무상품)에 대해서는 처분 직전 회계기간 말까지의 공정가치 변동액을 기타포괄손익으로 인식했다가 처분시점에 매도된 부분에 해당하는 기타포괄손익누계액을 처분손익(β)으로 인식하고 아래와 같이 분개한다.

분개 재분류조정: β(재순환 대상액)를 처분손익의 일부로 인식

(차) 기 타 포 괄 손 익 ×××* (대) FVOCI 금융자산처분이익(β) ×××

또는

(차) FVOCI 금융자산처분손실(β) ××× 기 타 포 괄 손 익 ×××*

* [장부에 기록된 기타포괄손익누계액 × 매각비율] ← 이 금액은 매도된 FVOCI 금융자산에 대해 취득시점부터 처분 직전 재무상태표 작성일까지 기타포괄손익으로 기록했던 금액 중 매도비율에 해당하는 금액임

참고 FVOCI 금융자산(**채무상품**)은 처분 직전 회계기간 말까지 기타포괄손익으로 인식해서 기타포괄손익누계액계정에 보관하고 있던 금액을 처분시점에 처분손익(당기손익)으로 재분류한다. 제3절에서 보겠지만, FVOCI 금융자산(**지분상품**)은 β를 처분손익(당기손익)으로 재분류하지 않고 기타포괄손익누계액계정에 계속 보관한다.

예제 5 세 가지 분류범주의 금융자산(채무상품)에 대한 처분손익

중요도: ★★★
난이도: ◆◆◆

상황

· 다음은 예제 3의 자료이다.

· 1차연도 1. 1.에 대장회사가 사채(액면금액: ₩100,000, 액면이자율: 연 5%, 만기: 3차연도 12. 31.)를 액면금액인 ₩100,000에 취득했다.

· 1차연도 12. 31.에 사채의 공정가치가 ₩104,000이다.

물음 2차연도 1. 3.에 대장회사가 사채의 40%를 ₩41,800에 매각해서 개념적 관점에서 처분이익이 ₩1,800(₩41,800 − ₩40,000)이다. 세 가지 분류범주의 금융자산(AC 금융자산, FVPL 금융자산, FVOCI 금융자산) 처분을 기록하는 분개를 하라.

정답 및 해설

참고

① 금융자산의 분류범주와 관계없이 재무상태표에서 제거하는 금액:
재무상태표계정에 기록된 금액 × 매각비율

② 이자수익을 제외한 처분대가를 이용해서 처분손익을 인식하는 분개를 함

③ AC 금융자산

	이자수익을 제외한 매도대가	₩41,800
−)	AC 금융자산의 상각후원가	(40,000)
=)	처분손익(당기손익)	₩1,800 이익

④ FVPL 금융자산

	이자수익을 제외한 매도대가	₩41,800
−)	전기 재무상태표에 보고한 공정가치	(41,600)
=)	처분손익(당기손익)	₩200 이익

⑤ FVOCI 금융자산

이자수익을 제외한 매도대가 ₩41,800
-) FVOCI 금융자산의 상각후원가 (40,000)
=) 처분손익(당기손익) ₩1,800 이익

AC 금융자산으로 분류한 경우

(차) 현 금	41,800	(대) AC 금융자산(상각후원가)	40,000*
		AC 금융자산처분이익	1,800**

* ₩100,000(상각후원가) × 40% = ₩40,000
** 처분이익: 이자수익을 제외한 처분대가 − AC 금융자산의 **상각후원가**
= ₩41,800 − ₩40,000 = ₩1,800

FVPL 금융자산으로 분류한 경우

(차) 현 금	41,800	(대) FVPL 금융자산(전기 말 공정가치)	41,600*
		FVPL 금융자산처분이익	200**

* 매도한 FVPL 금융자산에 대해서 전기 재무제표에 보고한 공정가치 ₩41,600 (₩104,000 × 40%)을 제거함
** 처분이익: **전기 말 이후** 공정가치 상승액(₩41,800 − ₩104,000 × 40%)
= 이자수익을 제외한 매도대가 − FVPL 금융자산의 전기 말 **공정가치**
= ₩41,800 − ₩41,600 = ₩200

FVOCI 금융자산으로 분류한 경우

(차) 현 금	41,800	(대) FVOCI 금융자산(상각후원가)	40,000
		공 정 가 치 조 정	1,600*
		FVOCI 금융자산처분이익	200**

* 공정가치조정계정의 잔액 일부를 제거하는 금액: ₩4,000 × 40% = ₩1,600
즉, 매도한 FVOCI 금융자산의 전기 말 공정가치(₩40,000 + ₩1,600)를 대변에 기록함
** 처분이익: **전기 말 이후** 공정가치 상승(₩41,800 − ₩104,000 × 40%)
= 이자수익을 제외한 매도대가 − FVOCI 금융자산의 전기 말 **공정가치**
= ₩41,800 − ₩41,600 = ₩200

재분류조정 분개:

(차) 기 타 포 괄 손 익	1,600*	(대) FVOCI 금융자산처분이익	1,600

* ₩4,000(전기 말까지 기타포괄손익으로 기록한 금액) × 40%(매도비율) = ₩1,600

참고 FVOCI 채무상품이므로 전기 말까지 기타포괄손익으로 인식해서 기타포괄손익누계액계정에 보관중인 ₩4,000 중에서 40%(매도비율)에 해당하는 ₩1,600을 처분시점에 처분이익(당기이익)의 일부로 재분류한다.

(4) FVPL 금융자산으로 지정한 금융자산(채무상품)

채무상품을 취득한 시점에 AC 금융자산 또는 FVOCI 금융자산으로 분류하면 회계불일치(또는 '측정이나 인식의 불일치')가 생긴다고(제10장 참조) 판단될 경우 취득시점(최초측정시점)에 공정가치선택권(fair value option)을 행사해서 해당 금융자산을 FVPL 금융자산으로 지정할 수 있다[1109: 4.1.5]. 공정가치선택권을 행사해서 FVPL 금융자산으로 지정하면 채무상품을 공정가치로 보고하고 이자수익과

미실현손익(공정가치 변동액)을 당기손익으로 인식한다. 그리고 FVPL 금융자산으로 지정한 금융자산은 추후에 다른 분류범주로 변경할 수 없다[1109: 4.1.5].

공정가치선택권을 행사해 FVPL 금융자산(채무상품)으로 지정한 채무상품은 **액면이자율법**을 적용하여 이자수익을 측정하고, **기말공정가치와 기초공정가치의 차이를 미실현손익으로 측정할 수 있다.** 만일 FVPL 금융자산으로 지정한 항목에 대해 유효이자율법을 적용해서 기초상각후원가에 유효이자율을 곱해서 이자수익을 측정하면 미실현손익을 <표 9.3>과 같이 어렵게 측정해야 하므로 저자는 유효이자율법의 사용을 권장하지 않는다.

예제 6 금융자산(채무상품)과 공정가치선택권

중요도: ★★★
난이도: ◆◆

상황

· 1차연도 1. 1.에 난감해회사가 사채(액면금액: ₩100,000, 액면이자율: 연 20%, 만기: 3차연도 12. 31.)를 ₩90,240에 취득하고 공정가치선택권을 행사해서 이 사채를 FVPL 금융자산으로 분류했다.

· 사채의 공정가치는 다음과 같다.

1차연도 12. 31.	₩94,000
2차연도 12. 31.	95,000

· 이 사채의 유효이자율은 연 25%이다.

물음 액면이자율법을 적용해서 이자수익을 측정하고 1차연도와 2차연도에 난감해회사에 필요한 분개를 하라.

정답 및 해설

1차연도 1. 1. 금융자산 취득시점:

(차) FVPL 금융자산	90,240	(대) 현금	90,240

1차연도 12. 31. 결산시점(액면이자율법의 적용):

(차) 현금	20,000	(대) 이자수익	20,000
(차) FVPL 금융자산	3,760	(대) 미실현이익(당기이익)	3,760*

* ₩94,000(기말공정가치) − ₩90,240(기초공정가치) = ₩3,760

※ 장부금액(공정가치): ₩94,000

2차연도 12. 31. 결산시점(액면이자율법의 적용):

(차) 현금	20,000	(대) 이자수익	20,000
(차) FVPL 금융자산	1,000	(대) 미실현이익(당기이익)	1,000*

* ₩95,000(기말공정가치) − ₩94,000(기초공정가치) = ₩1,000

Chapter 09 제3절

지분상품의 측정과 인식

1. 지분상품의 최초측정

FVPL 금융자산(지분상품)은 최초측정시점에 지분상품을 취득하기 위하여 포기한 대가의 공정가치로 측정하고 지분상품의 취득과 관련된 거래원가를 당기비용으로 인식한다[1109: 5.1.1]. FVPL 금융자산(지분상품)은 취득원가(기초공정가치)와 기말공정가치의 차이를 당기손익으로 인식하므로 ① 거래원가를 발생시점에 비용으로 인식하는 방법과 ② 거래원가를 취득원가에 포함하는 방법이 취득연도의 당기순이익에 미치는 영향이 동일하다. 그러나 FVOCI 금융자산(지분상품)은 최초측정시점에 지분상품을 취득하기 위하여 포기한 대가의 공정가치에 거래원가를 가산한 금액으로 취득원가를 측정한다. 단기매매가 아닌 지분상품에 대해서 보유자가 원하면 공정가치 변동을 기타포괄손익으로 인식하는 취소 불가능한 선택을 취득시점에 할 수 있다[1109: 5.7.5]. 이러한 선택은 기타포괄손익선택권이라 부르며 상품별(주식별)로 한다[1109: B5.7.1].

표 9.7 **거래원가에 대한 회계처리**

측정 대상	취득원가	거래원가
FVPL 금융자산(지분상품)	공정가치	비용으로 인식
FVOCI 금융자산(지분상품)	공정가치 + 거래원가	취득원가에 가산

2. 지분상품의 후속측정

지분상품은 최초측정 이후 보고기간 말에 공정가치로 측정해서 재무상태표에 보고한다. FVPL 금융자산(지분상품)의 공정가치가 변해서 발생하는 미실현손익은 당기손익으로 인식하고, FVOCI 금융자산(지분상품)의 공정가치가 변해서 발생하는 미실현손익은 기타포괄손익으로 인식한다. FVOCI 금융자산(지분상품)의 공정가치 변동액은 FVOCI 금융자산(지분상품)에 직접 가감할 수도 있고, 공정가치조정계정에 기록할 수도 있다. 그러나 여러 종류의 FVOCI 금융자산(지분상품)을 보유하는 경우에는 공정가치조정계정을 사용해서 공정가치의 변동액을 기록하여 개별 FVOCI 금융자산(지분상품)의 취득원가와 공정가치를 구분하는 것이 좋다.

3. FVPL 금융자산(지분상품)의 처분

처분 직전 회계기간 말까지 FVPL 금융자산(지분상품)의 공정가치 변동액은 이미 당기손익으로 인식하였다. 그러므로 FVPL 금융자산(지분상품)을 처분하면 **처분대가와 장부금액(전기 재무상태표에 보고한 공정가치)의 차이를 처분손익(당기손익)으로 측정**한다. 즉, FVPL 금융자산(지분상품)의 처분손익은 전기 재무제표 작성일 이후에 공정가치가 변동한 금액으로 측정한다.

배당수익을 제외한 매도대가	×××
−) 전기 재무상태표에 보고한 공정가치(장부금액)	(×××)
=) 처분손익	×××

Miniature 예제 5 FVPL 금융자산(지분상품)의 처분손익

상황

· 1차연도 1. 1.에 한탕회사가 A회사 주식과 B회사 주식을 각각 ₩100,000에 취득하고 FVPL 금융자산으로 분류했다.
· 2차연도 1. 5.에 A회사 주식을 ₩115,000에 매도했다.
· 두 주식의 공정가치는 다음과 같다.

	1차연도 12. 31.	2차연도 12. 31.
A회사 주식	₩110,000	−
B회사 주식	120,000	₩124,000

· 경제적 현상: 한탕회사가 A회사 주식에서 확실하게 ₩15,000을 벌었고 B회사 주식에서는 2차연도 12. 31.까지 잠정적으로 ₩24,000을 벌고 있는 상태이다.

물음 1차연도와 2차연도에 한탕회사에 필요한 분개를 하라.

정답 및 해설

1차연도 1. 1. 취득시점:

(차)	FVPL 금융자산	200,000	(대) 현금	200,000

1차연도 12. 31. 결산시점:

(차)	FVPL 금융자산	30,000	(대) 미실현이익	30,000*

* (₩110,000 + ₩120,000) − ₩200,000 = ₩30,000

2차연도 1. 5. 처분시점:

(차)	현금	115,000	(대) FVPL 금융자산(장부금액)	110,000*
			금융자산처분이익	5,000**

* 전기 재무상태표에 표시된 공정가치(장부금액)를 제거함
** 전기 말 이후에 공정가치가 상승(₩115,000 − ₩110,000)한 금액

2차연도 12. 31. 결산시점:

(차) FVPL 금융자산	4,000	(대) 미 실 현 이 익	4,000*

* ₩124,000 − ₩120,000 = ₩4,000

4. FVOCI 금융자산(지분상품)의 처분

FVOCI 금융자산(지분상품)을 처분하는 경우에는 **처분 직전 회계기간 말까지 기타포괄손익으로 인식했던 공정가치 변동액을 처분손익(당기손익)으로 재순환(recycling)하지 않는다.** 처분시점이 속하는 회계연도 초부터 처분시점까지의 공정가치 변동액만을 처분손익으로 인식하고, 처분된 FVOCI 금융자산(지분상품)의 전기 말 공정가치를 장부에서 제거한다. 즉, FVOCI 금융자산(지분상품)의 처분손익은 FVPL 금융자산(지분상품)과 마찬가지로 처분 직전 회계연도의 재무제표 작성일 이후에 공정가치가 변동한 금액으로 측정한다.

배당수익을 제외한 매도대가	×××
−) 전기 재무상태표에 보고한 공정가치	(×××)
=) 처분손익(α)	×××

표 9.8 FVOCI 금융자산(지분상품)의 처분손익

FVOCI 금융자산 취득시점	전기 재무상태표 작성일	FVOCI 금융자산 처분시점
(예 1차연도 1. 1.)	(예 3차연도 12. 31.)	(예 4차연도 5. 1.)
← 취득원가와 처분 직전 회계기간 말 공정가치의 차이(β) (기타포괄손익누계액계정에 계속 보관) →		← 처분 직전 회계기간 말 공정가치와 매도대가(배당수익 제외)의 차이(α) (처분 직전 회계기간 말 이후 공정가치 변동액) →
총 처분손익 = α		

처분된 FVOCI 금융자산(지분상품)에 대해서 취득시점부터 처분 직전 회계연도의 재무상태표 작성일까지 공정가치가 변동해서 기타포괄손익으로 인식했던 금액은 계속해서 기타포괄손익누계액(자본)계정에 보관한다. 그러나 기업이 원하면 처분시점에 다음과 같이 당기순이익을 거치지 않고 기타포괄손익누계액을 이익잉여금으로 직접 대체할 수 있다.

(차) 기타포괄손익누계액	×××	(대) 이익잉여금	×××

Miniature 예제 6 FVOCI 금융자산(지분상품)의 처분손익

상황

· 1차연도 1. 1.에 지분상품을 ₩100,000에 취득하고 FVOCI 금융자산으로 분류했다.
· FVOCI 금융자산(지분상품)의 공정가치가 다음과 같다.

1차연도 12. 31.	₩104,000
2차연도 12. 31.	109,000
3차연도 12. 31.	115,000

· 4차연도 5. 1.에 지분상품을 ₩118,000에 처분했다.
· 지분상품을 ₩100,000에 취득해서 ₩118,000에 처분했으므로 ₩18,000을 번 셈이다.

물음 FVOCI 금융자산(지분상품)의 처분이익을 계산하라.

정답 및 해설

· 처분이익: 4차연도 1. 1.부터 4차연도 5. 1.까지 공정가치가 상승한 ₩3,000

참고 FVOCI 금융자산(지분상품)에 대해서는 1차연도 1. 1.부터 3차연도 12. 31.까지 기타포괄손익으로 인식해서 기타포괄손익누계액계정에 보관한 ₩15,000을 처분이익으로 인식하지 않는다. 현실적으로 ₩15,000을 벌었음에도 불구하고 포괄손익계산서에 경영성과로 나타내지 않고 당기순이익을 우회해서 다음과 같이 직접 이익잉여금으로 이체할 수는 있다.

(차) 기타포괄손익누계액	15,000	(대) 이익잉여금	15,000

조금 과장해서 표현하면 경영자가 현명하게 투자해서 ₩15,000을 번 것이 아니라 산타클로스가 ₩15,000의 이익잉여금을 선물했으므로 주주에게 ₩15,000을 배당금으로 지급할 수 있다는 것이다.

왜 다른가? FVOCI 금융자산(채무상품)과 FVOCI 금융자산(지분상품)에 대한 회계처리가 다른 이유

• 예제 5와 Miniature 예제 6과 같이 채무상품과 지분상품에 대한 회계처리가 다음과 같이 다른 이유가 무엇일까?
  ▸ FVOCI 금융자산(채무상품): 취득시점부터 처분 직전 재무상태표 작성일까지 공정가치가 변동한 금액을 처분시점에 재분류해서 처분손익(당기손익)으로 인식한다.
  ▸ FVOCI 금융자산(지분상품): 취득시점부터 처분 직전 재무상태표 작성일까지 공정가치가 변동한 금액을 처분시점에 처분손익(당기손익)으로 재분류하지 않고 기타포괄손익누계액(자본)계정에 계속 보관한다.
• 금융자산 매도시점에 기타포괄손익을 당기손익으로 재순환하는 것이 허용되면 기업이 선택적으로 FVOCI 금융자산을 매도해서 미실현손익(기타포괄손익)을 실현손익(당기손익)으로 전환하는 골라잡기(cherry picking)를 할 가능성이 매우 높다. 즉, 기업이 선택적으로 기타포괄손익을 당기손익으로 재분류해서 이익을 관리할 수 있다. 그러나 과거에 기타포괄손익으로 인식했던 금액을 당기손익으로 재분류하는 것이 허용되지 않으면 모든 기타포괄손익이 당기순이익을 우회해서 직접 이익잉여금으로 대체되므로 기업이 당기순이익을 관리할 수 있는 기회가 박탈된다.
• 국제회계기준위원회가 이러한 문제를 예상해서 2009년에 발표한 IFRS 9 공개초안에는 FVOCI 금융자산에 대한 분류범주 자체가 없었다. 2009년 공개초안이 기준서로 제정되면 채무상품을 상당히 많이 보유하는 유럽의 금융기관은 금융자산을 FVPL 금융자산 또는 AC 금융자산으로 분류하여야 해 이익을 마사지

할 기회가 원천적으로 봉쇄되었다. 유럽의 금융기관이 위기를 심각하게 느끼고 치열하게 로비한 후 2012년 IFRS 9 공개초안에 FVOCI 금융자산 범주가 추가되었고[1109: BC4.149] 한 걸음 더 나아가서 2014년에 금융기관을 위해서 FVOCI 금융자산(채무상품)에 대해서는 기타포괄손익을 처분손익(당기손익)으로 재순환하는 것을 허용하였다. FVOCI 금융자산(채무상품)을 매도하면 과거에 기타포괄손익으로 인식했던 금액을 당기손익으로 재분류해서 금융기관에게 이익을 관리할 수 있는 기회가 부여된 것이다.

- FVOCI 금융자산(지분상품)에 대한 기타포괄손익누계액을 처분시점에 처분손익으로 재순환하면 지분상품의 손상을 평가해야 한다. 그러나 지분상품에 대한 손상처리가 매우 주관적이므로 IFRS 9에서는 지분상품에 대한 손상 요구사항을 포함하지 않고 FVOCI 금융자산(지분상품)에 대해 재순환을 금지하였다[1109: BC4.153]. 유럽의 금융기관이 보유하는 FVOCI 금융자산(지분상품)의 비중이 상대적으로 낮은 상황에서 금융기관이 한걸음 물러서면서 FVOCI 금융자산(지분상품)을 매도하면 과거에 기타포괄손익으로 인식했던 금액을 처분손익(당기손익)으로 재순환할 수 없게 되었다[1109: B5.7.1].
- 이와 같이 FVOCI 금융자산(지분상품)에 대한 회계처리가 FVOCI 금융자산(채무상품)에 대한 회계처리와 다르게 된 것은 이론적 근거가 있어서라기보다는 금융기관의 로비의 영향이 컸다고 할 수 있다.

예제 7 FVOCI 금융자산(지분상품)

중요도: ★★★
난이도: ◆◆◆

상황

· 1차연도 1. 1.에 돼지회사가 삼겹살회사 주식과 오겹살회사 주식을 취득하고 취득시점에 두 주식 모두를 FVOCI 금융자산(지분상품)으로 분류했다.
· FVOCI 금융자산(지분상품)에 관한 자료는 다음과 같다.

	취득원가	1차연도 말 공정가치	공정가치조정
삼겹살회사 주식	₩36,000	₩39,000	₩3,000
오겹살회사 주식	24,000	23,000	(1,000)
합계	₩60,000	₩62,000	₩2,000

· 2차연도 1. 2.에 삼겹살회사 주식을 ₩37,400에 처분했다.
· 2차연도 12. 31.에 오겹살회사 주식의 공정가치가 ₩23,000이다.
· 경제적 현상: 돼지회사가 지분상품에 ₩60,000을 투자해서 2차연도 1. 2.까지 삼겹살회사 주식에서 확실하게 ₩1,400을 벌고 오겹살회사 주식에서 잠정적으로 ₩1,000을 잃고 있다. 따라서 2차연도 12. 31. 현재 주식투자에서 잠정적으로 ₩400을 벌었다. 그럼에도 불구하고 2차연도 1. 2.에 삼겹살회사 주식을 매도하면 포괄손익계산서에 처분손실 ₩1,600을 보고한다.

물음 1차연도 1. 1.부터 2차연도 12. 31.까지 필요한 분개(마감분개 포함)를 하라.

정답 및 해설

1차연도 1. 1. 취득시점:

(차) FVOCI 금융자산(오겹살)	36,000	(대) 현 금	60,000
FVOCI 금융자산(오겹살)	24,000		

1차연도 12. 31. 결산시점:

(차) 공정가치조정(삼겹살)	3,000	(대) 기타포괄손익(미실현이익)	2,000

			공정가치조정(오겹살)	1,000

1차연도 12. 31. 마감분개:

(차)	기타포괄손익	2,000	(대) 기타포괄손익누계액	2,000

2차연도 1. 2. 처분시점(삼겹살):

(차)	현금	37,400	(대) FVOCI 금융자산(삼겹살)	36,000*
	금융자산처분손실	1,600**	공정가치조정(삼겹살)	3,000*

* 전기 재무상태표에 보고된 공정가치(₩36,000 + ₩3,000)를 장부에서 제거함

** 전기 재무상태표 작성일 이후부터 공정가치가 하락(₩39,000 − ₩37,400)한 금액

참고 FVOCI 지분상품이므로 삼겹살회사 주식에 대해 전기 재무상태표 작성일까지 기타포괄손익으로 인식해서 기타포괄손익누계액(자본)계정에 보관하고 있는 ₩3,000을 처분시점에 당기손익으로 재분류하지 않고 계속해서 기타포괄손익누계액(자본)계정에 보관하거나 이익잉여금으로 대체한다.

2차연도 12. 31. 결산시점: 분개 없음

Chapter 09 제4절

금융자산(채무상품)의 손상차손

1. 기대신용손실의 측정

(1) 「K－IFRS 제1109호」 손상규정의 적용대상[2)]

「K-IFRS 제1109호」는 기대손실모형(expected credit losses model)을 적용해서 금융자산의 손상차손(손실충당금)을 측정 · 인식한다. 즉, 채무불이행이 실제로 발생할 때 사후적으로 손상차손을 인식하는 것이 아니라, 미래에 발생할 수 있는 기대신용손실을 취득시점부터 사전에 추정해서 손상차손(신용손실)과 손실충당금(손상차손누계액)을 인식한다. 이 절에서 설명하는 「K-IFRS 제1109호」 손상규정은 다음 이유로 채무상품 중 AC 금융자산(채무상품)과 FVOCI 금융자산(채무상품)에만 적용된다.

- FVPL 금융자산(채무상품)은 공정가치의 모든 변동액을 당기손익으로 인식하므로 손상차손을 별도로 고려할 필요가 없어 「K-IFRS 제1109호」 손상규정을 적용하지 않는다.
- 지분상품은 계약상 원금과 이자가 없고 공정가치로 측정하므로 「K-IFRS 제1109호」 손상규정을 적용하지 않는다. 또한 지분상품에 대한 손상차손의 추정이 매우 주관적이므로 「K-IFRS 제1109호」는

2) 공정가치로 측정하지 않는 대출약정(제10장 참조), 공정가치로 측정하지 않는 금융보증계약(제10장 참조), 금융자산, 계약자산(제15장 참조), 리스채권(제19장 참조) 등의 금융상품에 「K-IFRS 제1109호」의 손상규정을 적용하여 기대신용손실을 측정한다.

지분상품에 대해서는 손상회계를 적용하지 않는다[1109: BC4.153].

AC 금융자산(채무상품)에 대해서는 공정가치를 고려하지 않으므로 신용손실을 별도로 측정하지 않으면 손상차손과 손실충당금이 재무제표에 보고되지 않는다. 그러므로 AC 금융자산(채무상품)은 신용손실을 측정해서 손상차손과 손실충당금을 인식하고, 재무상태표에 AC 금융자산(채무상품)의 총 장부금액에서 손실충당금을 차감한 상각후원가(순 장부금액)로 보고한다.

FVOCI 금융자산(채무상품)에 대한 공정가치 변동액은 ① 손상차손(환입)으로 인한 공정가치 변동액과 ② 손상차손(환입) 이외의 요인으로 인한 공정가치 변동액으로 분해해서 손상차손(환입)은 당기손익으로 인식하고 손상차손(환입) 이외의 요인으로 인한 공정가치 변동액은 기타포괄손익(미실현손실)으로 인식한 후에 마감분개를 통해 기타포괄손익누계액(자본)계정으로 옮긴다.

표 9.9 금융자산의 공정가치 변동액과 손상차손 회계처리 요약

금융자산의 분류범주	측정치	공정가치 변동액	손상차손
FVPL 금융자산 (채무상품과 지분상품)	공정가치	당기손익으로 인식	손상차손을 별도로 측정하지 않음
FVOCI 금융자산(지분상품)	공정가치	기타포괄손익으로 인식	손상차손을 별도로 측정하지 않음
FVOCI 금융자산(채무상품)	공정가치	기타포괄손익으로 인식. 그러나 처분시점에 당기손익으로 재순환	당기손익으로 인식 (제4절 내용)
AC 금융자산(채무상품)	상각후원가	공정가치 변동액 자체가 없음	당기손익으로 인식 (제4절 내용)

왜 적용할까? 공정가치로 측정하는 FVOCI 금융자산(채무상품)에 손상규정을 적용하는 이유

- 공정가치로 측정하는 금융자산에 대해서는 원칙적으로 「K-IFRS 제1109호」 손상규정을 적용하지 않으므로 FVOCI 금융자산(채무상품)에 대해서도 손상차손을 인식하지 않아야 한다. 그럼에도 불구하고 FVOCI 금융자산(채무상품)에 「K-IFRS 제1109호」 손상규정을 적용해서 손상차손(환입)을 인식하는 이유가 무엇일까?
- FVOCI 금융자산(지분상품)에 대해서는 배당수익과 처분손익의 일부(<표 9.8>의 α)를 제외하고 다른 손익을 기타포괄손익으로 인식한다. 처분시점에 금융자산(지분상품)을 장부에서 제거해도 장부에 기록된 기타포괄손익누계액(예 공정가치가 변해서 발생하는 미실현손익 즉, <표 9.8>의 β)을 재순환해서 처분손익(당기손익)으로 인식하지 않는다.
- FVOCI 금융자산(채무상품)은 매도대가의 수취와 계약상 현금흐름 수취 모두를 목적으로 보유하므로, 공정가치가 변해서 발생하는 미실현손익을 기타포괄손익으로 인식한다. 그러나 처분시점에 금융자산(채무상품)을 장부에서 제거하면서 장부에 기록된 기타포괄손익누계액을 처분손익(당기손익)으로 재순환한다. p. 420에서 언급했듯이 FVOCI 금융자산(채무상품)의 처분시점에 기타포괄손익누계액을 처분손익(당기손익)으로 재순환하는 것은 AC 금융자산(채무상품)의 처분손익과 동일한 금액을 인식하기 위한 것이다.
- 이와 같이 기타포괄손익에 대한 재순환 여부가 다르기 때문에 FVOCI 금융자산(지분상품)에 대해서는 손상규정을 적용하지 않지만, FVOCI 금융자산(채무상품)에는 손상규정을 적용해서 기대신용손실을 당기손

실로 인식하고 기타포괄손익을 감소시킨다. 즉, FVOCI 금융자산(채무상품)에 대해서 AC 금융자산(채무상품)과 동일하게 손상차손을 인식한다.

(2) 용어의 정의

「K-IFRS 제1109호」에서 사용하는 용어인 현금 부족액(cash shortfall)은 햄버거나 노트북을 살 현금이 모자란다는 뜻이 아니고, 계약에 따라 지급받기로 한 모든 계약상 현금흐름과 받을 것으로 예상하는 모든 계약상 현금흐름의 차이를 말한다[1109: 부록 A]. 즉, 현금 부족액은 계약상 받기로 한 현금흐름과 받을 것으로 기대하는 현금흐름의 차이로서[1109: B5.5.28], 쉽게 표현하면 채권자가 받지 못할 것으로 예상한 금액이다. 신용손실(credit losses)은 현금 부족액을 최초 유효이자율(또는 취득 시 신용이 손상되어 있는 금융자산은 신용조정 유효이자율)로 할인한 현재가치이고[1109: 부록 A], 기대신용손실(expected credit losses)은 신용손실(현금 부족액의 현재가치)을 전체기간(또는 12개월) 동안 채무불이행(default)이 발생할 확률로 가중평균한 금액이다[1109: 부록 A, B5.5.28], (Miniature 예제 8 참조).

유효이자율(effective interest rate)은 금융자산(금융부채)의 기대 존속기간에 유입(유출)될 추정 미래현금흐름의 현재가치를 금융자산의 취득원가(금융부채의 현금수취액)와 일치시키는 할인율이다. 유효이자율을 계산할 때는 기대신용손실을 고려하지 아니하고 현금흐름을 추정한다[1109: 부록 A]. 신용조정(credit-adjusted) 유효이자율은 신용이 손상되어 있는 금융자산(채무상품)을 취득했을 때 기대존속기간의 추정 미래현금지급액이나 수취액의 현재가치를 해당 금융자산(채무상품)의 상각후원가와 일치시키는 이자율이다(예제 12 참조). 신용조정 유효이자율은 AC 금융자산(채무상품)의 유효이자율과 같은 개념이지만, 할인액에 미래신용손실이 이미 포함되어 있다고 해서 신용조정 유효이자율이라 부른다. 신용조정 유효이자율을 계산할 때는 기대신용손실을 고려하여 기대현금흐름을 추정한다[1109: 부록 A].

(3) 기대신용손실의 측정방법

기대신용손실을 측정하는 방법은 다음과 같다.

원칙: 일반적 접근법('3단계 접근법') { 전체기간 기대신용손실법 / 12개월 기대신용손실법

예외: 실무적간편법(제8장 참조)

최초인식 후에 금융상품의 신용위험이 유의적으로 증가하지 아니한 경우에는 보고기간 말에 12개월 기대신용손실에 해당하는 금액으로 손실충당금을 측정한다[1109: 5.5.5]. 그러나 최초인식 후에 금융상품의 신용위험이 유의적으로 증가한 경우에는 보고기간 말에 전체기간 기대신용손실에 해당하는 금액으로 손실충당금을 측정한다[1109: 5.5.3].

전체기간 기대신용손실법(lifetime expected credit losses model)은 매 보고기간 말에 금융자산의 전체 존속기간에 발생할 기대신용손실을 측정하는 방법이다. 전체기간 기대신용손실은 차입자가 전체 차입

기간 중에 채무를 불이행할 것으로 예상한 기대신용손실로 다음과 같이 계산한다.

전체기간 동안 받지 못할 것으로 예상한 금액의 현재가치 (채무불이행으로 인한 신용손실)	×××
×) 전체기간 동안 채무불이행이 발생할 확률	×××
=) 전체기간 기대신용손실	×××

예를 들어, 대출채권의 전체 존속기간에 걸쳐 회수하지 못할 계약상 현금흐름의 현재가치가 ₩20,000이고 전체 존속기간에 걸쳐 채무가 불이행될 확률이 5%인 경우, 전체기간 기대신용손실은 ₩1,000(₩20,000 × 0.05)이다.

12개월 기대신용손실법(12-month expected credit losses model)은 매 보고기간 말에 12개월 기대신용손실을 측정하는 방법이다. 12개월 기대신용손실은 전체기간 신용손실에 향후 12개월 이내에 채무불이행이 발생할 확률을 곱해서 다음과 같이 계산하므로 일반적으로 전체기간 기대신용손실보다 적다.

전체기간 동안 받지 못할 것으로 예상한 금액의 현재가치 (채무불이행으로 인한 신용손실)	×××
×) 향후 12개월 동안 채무불이행이 발생할 확률	×××
=) 12개월 기대신용손실	×××

Miniature 예제 7　12개월 기대신용손실과 전체기간 기대신용손실

상황

· 금융자산의 최초측정액(대여금의 공정가치)	₩3,000,000
· 대여금의 존속기간	36개월
· 향후 12개월 동안 채무가 이행되지 않을 확률	2%
· 향후 13 ~ 36개월 동안 채무가 이행되지 않을 확률	5%
· 채무가 불이행되어 신용손실(현재가치)이 ₩500,000일 확률	30%
· 채무가 불이행되어 신용손실(현재가치)이 ₩700,000일 확률	70%

물음 12개월 기대신용손실과 전체기간 기대신용손실을 구하라.

정답 및 해설

전체기간 신용손실: ₩500.000 × 0.3 + ₩700,000 × 0.7 = ₩640,000
12개월 기대신용손실: ₩640,000 × 2% = ₩12,800
전체기간 기대신용손실: ₩640,000 × (2% + 5%) = ₩44,800

2. 손상차손 측정의 일반적 접근법(3단계 접근법)

「K-IFRS 제1109호」는 채무자의 신용위험의 수준(질, quality)을 <표 9.10>과 같이 3단계로 구분하여 손상차손과 이자수익을 다르게 측정하도록 한다.

표 9.10 **단계별 손상차손과 이자수익**

	손상차손 측정액	이자수익 측정액
단계 1	12개월 기대신용손실	**총액기준 이자수익 측정**(손실충당금을 차감하지 않은 총 장부금액에 유효이자율을 곱한 금액)
단계 2	전체기간 기대신용손실	**총액기준 이자수익 측정**(손실충당금을 차감하지 않은 총 장부금액에 유효이자율을 곱한 금액)
단계 3	전체기간 기대신용손실	**순액기준 이자수익 측정**(총 장부금액에서 손실충당금을 차감한 금액, 즉 상각후원가에 유효이자율을 곱한 금액)

3단계를 구체적으로 살펴보면 다음과 같다. 채무상품을 취득한 시점에는 일반적으로 단계 1(신용위험이 낮은 단계)에서 시작한다. 시간이 지나도 채무자의 신용위험이 유의적으로 증가하지 않으면, 단계 1에 머물러서 기대신용손실을 측정한다. 그러나 채무자의 신용위험이 유의적으로 증가하고(예 30일 이상 연체) 채무자가 채무를 이행하는 정도가 낮아지면, 단계 2(신용위험이 낮지 않은 단계)로 진입한다. 채무자가 채무를 이행하지 않고, 설상가상으로 채무상품의 신용이 손상되었다는 증거가 드러나면, 최악의 상황인 단계 3으로 진입한다. 금융자산의 신용이 손상된 증거의 예는 다음과 같다[1109: 부록 A].

- 채무자의 유의적인 재무적 어려움
- 채무불이행이나 연체 같은 계약 위반
- 채무자의 재무적 어려움에 관련된 이유로 당초 차입조건의 불가피한 완화
- 차입자의 파산 가능성이 높아지거나 재무구조조정 가능성이 높아짐
- 재무적 어려움으로 해당 금융자산에 대한 활성시장이 소멸
- 이미 발생한 신용손실을 반영하여 크게 할인한 가격으로 금융자산을 매입하거나 창출

표 9.11 **3단계의 의미**

단계 1 →	단계 2 →	단계 3
· 취득시점에는 단계 1임 · 채무가 현재 이행중임* · 신용위험이 낮음	· 신용위험이 단계 1보다 유의적으로 증가함 · 채무이행 수준이 낮음 · 신용위험이 낮지 않음	· 신용위험이 단계 1보다 유의적으로 증가하고, 손상된 객관적 증거가 있음 · 채무가 이행되지 않음 · 신용위험이 낮지 않음
‘신용이 손상되지 않은 금융자산’		‘신용이 손상된 금융자산’

* 「K－IFRS 제1115호」(수익 기준서)에서 말하는 수행의무(performance obligation)의 이행임

신용위험이 유의적으로 증가했다고 해서 금융자산이 손상되었다는 것을 의미하지는 않는다. 기업이 금융자산의 현금흐름을 회수하기를 바라지만 채무가 불이행될 가능성이 높아졌다는 것을 의미하므로 기업은 경각심을 갖고 기대신용손실의 측정방법을 변경한다. 지난 회계기간에 신용위험이 낮다고 보아 단계 1에 머물렀으나, 당기에는 신용위험이 낮지 않다고 판단한 경우에 무조건 단계 2로 진입하는 것은 아니다. 당기에 신용위험이 '유의적으로 증가'하지 않았다고 판단하면, 당기에도 계속해서 단계 1에 머무른다. 이전 보고기간에 금융상품의 신용위험이 낮다고 보았으나 보고기간 말에 신용위험이 낮다고 보지 않는다고 해서 전체기간 기대신용손실을 인식하는 것은 아니다. 이 경우에 최초인식 후 신용위험이 유의적으로 증가하였는지를 판단해서 전체기간 기대신용손실을 인식해야 하는지를 판단한다[1109: B5.5.24]. 즉, **신용위험의 유의적 증가 여부가 단계를 결정하는 척도가 된다**. 최초인식 이후에 금융상품의 신용위험이 유의적으로 증가한 경우에는 매 보고기간 말에 전체기간 기대신용손실에 해당하는 금액으로 손실충당금을 측정한다[1109: 5.5.3].

신용위험의 유의적 증가 여부의 판단기준: 「K-IFRS 제1109호」는 기대신용손실의 금액이 아니라 채무상품의 전체 존속기간 동안 채무가 불이행될 확률이 얼마나 변동했는가를 토대로 신용위험의 유의적 증가 여부를 판단한다. 그러나 채무불이행(default)을 따로 정의하지는 않고, 관련되는 금융상품의 내부 신용위험 관리 목적으로 사용하는 채무불이행의 정의와 일관되게 적용하되, 적절하다면 질적지표(예 재무약정)를 고려하도록 규정한다[1109: B5.5.37]. 예를 들어, 부동산 담보대출의 경우 차입자가 채무를 불이행하면 담보물을 처분해서 대여금의 대부분을 현금으로 회수하므로 실제 손실은 사실상 매우 적다. 그러나 담보물은 채무불이행에 영향을 미치지 않고 기대신용손실금액에만 영향을 미치므로 신용위험의 유의적 증가 여부를 판단할 때 담보물을 고려하지 않는다.

코로나19로 경기가 침체되어 차입자가 부정적으로 영향을 받거나 정년퇴직해서 정기적 수입이 없게 되면 신용위험의 수준이 유의적으로 증가했다고 판단해서 해당 부동산 담보대출금을 단계 2로 진입시킬 수 있다. 그러나 신용위험의 수준이 유의적으로 증가하더라도 신용위험의 절대적 수준이 낮으면 단계 1에 머무르는 것이 허용된다. 단계 2는 단계 1과 같은 방식으로 이자수익을 측정하지만, 전체기간 기대신용손실을 바탕으로 손상차손을 인식한다는 점에서 단계 1과 다르다. 단계 2에 진입하여 기대신용손실을 측정하다가 후속기간에 채무자의 신용위험 수준이 개선되면(예 신용위험 수준이 단계 1보다 유의적으로 더 높지 않음) 단계 1로 되돌아가서 기대신용손실을 측정한다.

금융자산의 추정미래현금흐름에 악영향을 미치는 사건이 생겨서 신용위험이 단계 3에 속한 채무상품을 '신용이 손상된 금융자산'(credit-impaired financial asset)이라 부른다[1109: 부록 A]. 신용이 손상된 채무상품의 보유자는 **전체기간 기대신용손실과 이자수익을 다음과 같이 측정한다**. 단계 3에서는 단계 1과 단계 2와 달리 손실충당금을 제외한 순 장부금액에 대해서 이자수익을 인식하는 점에 주의할 필요가 있다.

	총 장부금액(손실충당금을 차감하지 않은 상각후원가)	×××
−)	미래현금흐름의 추정액을 최초 유효이자율로 할인한 현재가치	(×××)
=)	전체기간 기대신용손실(손실충당금)	×××

취득원가에서 손실충당금을 차감한 상각후원가(순 장부금액)	×××
×) 유효이자율	(×××)
=) 순액기준 이자수익	×××

예제 8 3단계 접근법

중요도: ★★★
난이도: ◆

상황

· 1차연도 12. 31.에 A회사에게 ₩500,000을 대여(만기: 4차연도 12. 31., 이자율: 연 10%)하였다. 향후 12개월 동안 채무불이행 확률이 4%이다.

· 채무가 불이행되면 신용손실이 ₩100,000이다.

· 2차연도 12. 31.에 경제가 침체되어 A회사가 현금흐름에 어려움에 봉착할 것으로 예측된다. 전체기간 동안 채무불이행 확률이 30%이다.

· 3차연도 12. 31.에 A회사가 대여금을 상환할 현금이 충분하지 못해서 대여금의 만기를 7차연도 12. 31.로 연장하였다. 전체기간 동안 채무불이행 확률이 70%이다.

물음 1차연도부터 4차연도까지 인식할 손상차손과 이자수익을 연도별로 계산하라.

정답 및 해설

· 2차연도 12. 31.에 A회사가 현금흐름에 어려움에 봉착할 것으로 예측되므로 신용위험이 유의적으로 증가했다고 판단한다.

· 3차연도 12. 31.에 A회사가 유동성 위기에 직면해서 대여금이 손상되었다고 판단하여 단계 3으로 진입한다.

시점	단계	손상차손 측정액	이자수익 측정액
1차연도 12. 31.	단계 1	₩100,000 × 4% = ₩4,000	₩0
2차연도 12. 31.	단계 2	₩100,000 × 30% = ₩30,000	₩500,000 × 10% = ₩50,000
3차연도 12. 31.	단계 3	₩100,000 × 70% = ₩70,000	₩500,000* × 10% = ₩50,000
4차연도 12. 31.	단계 3	₩100,000 × 70% = ₩70,000	₩430,000** × 10% = ₩43,000

* 3차연도 12. 31.까지 대여금이 단계 2에 머물러 있었으므로 총액기준으로 이자수익을 인식함

** 3차연도 12. 31.에 대여금이 단계 3으로 진입하였으므로 순 장부금액 ₩430,000(₩500,000 − ₩70,000)을 기초로 이자수익을 인식함

예제 9 기대신용손실

중요도: ★★★
난이도: ◆

상황

· 빌려줘회사의 회계기간은 매년 1. 1.부터 12. 31.까지이다.

· 1차연도 7. 1.에 빌려줘회사가 힘들어회사에게 ₩3,000,000을 대여(대여기간: 3년)하였다.

· 1차연도 12. 31.에 신용의 질이 유의적으로 악화되었다고 판단하였으나 채무상품이 손상되었다는 객관적 증거는 없다.

· 빌려줘회사가 예측한 채무불이행 확률과 채무불이행으로 인한 손실은 다음과 같다.

	향후 12개월 동안 채무불이행 확률 ①	12개월 이후 기간 중 채무불이행 확률 ②	채무불이행으로 인한 신용손실* ③	전체기간 기대신용손실 ④ = ③ × (① + ②)
1차연도 7. 1.	2%	5%	₩700,000	₩49,000
1차연도 12. 31.	3	8	500,000	55,000
2차연도 12. 31.	2	3	400,000	20,000

* 회수하지 못할 계약상 현금흐름의 현재가치

· 예제를 단순화하기 위해서 이자수익은 무시한다.

물음 다음 날짜의 손실충당금계정 잔액을 계산하라.

· 1차연도 7. 1.
· 1차연도 12. 31.
· 2차연도 12. 31.

정답 **1차연도 7. 1.: ₩14,000, 1차연도 12. 31.: ₩55,000, 2차연도 12. 31.: ₩8,000**

해설

1차연도 7. 1.:

· 단계 1에서는 12개월 기대신용손실을 손실충당금의 최초측정액으로 한다.
12개월 기대신용손실: ₩700,000 × 2% = ₩14,000

1차연도 12. 31.:

· 단계 2로 진입하여 전체기간 기대신용손실로 손실충당금을 측정한다.
전체기간 기대신용손실: ₩500,000 × (3% + 8%) = ₩55,000

2차연도 12. 31.:

· 최초인식일(1차연도 7. 1.)의 신용위험 수준에 비해서 2차연도 12. 31.에 신용위험이 유의적으로 증가하지 않았기 때문에 신용위험의 절대적 수준이 낮은지 여부를 판단할 필요가 없다.
· 채무불이행 확률이 5%(2% + 3%)로 감소하여 최초인식일 시점(1차연도 7. 1.)의 채무불이행 확률 7%보다 낮다. 따라서 2차연도 12. 31.에 단계 1로 되돌아와서 12개월 기대신용손실로 손실충당금을 측정한다.
12개월 기대신용손실: ₩400,000 × 2% = ₩8,000

3. 기대신용손실의 기록

(1) AC 금융자산(채무상품)

AC 금융자산(채무상품)은 기대 현금유입액을 최초 유효이자율로 할인한 현재가치(회수가능액)와 장부금액(상각후원가)을 비교해서 현재가치가 장부금액에 미달하면 미달액을 손상차손(당기손실)으로 인식하고, 손실충당금(loss allowance)계정의 대변에 기록한다. 손상차손을 인식한 이후에 현재가치(회수가능액)가 회복되어 상각후원가를 초과하면, 과거에 손상차손을 인식하지 않았을 경우의 상각후원가를 한도로 손상차손환입을 인식한다(예제 11 참조).

분개 손상차손(환입)의 인식

(차) 손 상 차 손(당기손실)	×××	(대) 손 실 충 당 금	×××
또는			
(차) 손 실 충 당 금	×××	(대) 손 상 차 손 환 입	×××

손실충당금(손상차손누계액)은 재무상태표에 AC 금융자산(채무상품)을 상각후원가로 표시하기 위해 사용하는 차감계정으로서 다음과 같이 표시한다.

총 장부금액	×××
손실충당금	(×××)
상각후원가	×××

손실충당금은 유효이자율의 산정이나 유효이자율에 의한 상각표를 작성하는 데에 영향을 미치지 않는다.

<표 9.11>에 표시한 것처럼 단계 3에 속한 금융자산(채무상품)을 '신용이 손상된 금융자산'이라 한다. 신용이 손상된 금융자산(채무상품)에 대해서는 p. 434에 지적한 것처럼 금융자산(채무상품)의 총 장부금액이 아니라 상각후원가(총 장부금액에서 손실충당금을 차감한 금액)에 유효이자율을 적용하여 순액기준으로 이자수익을 측정한다[1109: 5.4.1(2)]. 따라서 ① 신용이 손상된 금융자산의 총장부금액에 유효이자율을 적용하여 계산되었을 이자수익과 ② 해당 금융자산에 대해 실제로 인식하는 이자수익에 차이가 발생할 수 있다. 2019년 3월에 국제회계기준해석위원회는 신용이 손상된 금융자산의 신용위험이 후속적으로 회복되면 위 ①과 ②의 차이를 포괄손익계산서에 손상차손환입으로 표시한다고 결론 내렸다.

(2) FVOCI 금융자산(채무상품)

FVOCI 금융자산(채무상품)의 손상차손(당기손실)은 AC 금융자산(채무상품)과 같이 기대 현금유입액을 최초 유효이자율로 할인한 현재가치(회수가능액)가 장부금액(상각후원가)에 미달하는 금액이다. 즉, FVOCI 금융자산(채무상품)을 AC 금융자산(채무상품)으로 분류했었더라면 AC 금융자산(채무상품)의 손상차손으로 인식했을 금액이다. 그런데 FVOCI 금융자산(채무상품)은 공정가치로 측정하므로, 공정가치가 하락한 경우 그 하락을 손상으로 인한 하락과 기타 요인으로 인한 하락으로 다음과 같이 분해한다.

- [장부금액(상각후원가) > 최초 유효이자율로 할인한 현재가치(회수가능액)]이면, 차액을 손상차손으로 인식

▸ [회수가능액 > 공정가치(현행 시장이자율로 할인한 현재가치)]이면, 차액을 기타포괄손익으로 인식

공정가치가 하락해서 발생하는 미실현손실 중에서 일부가 손상차손이면 손상차손을 당기손실로 인식하지만, 대변에는 손실충당금계정이 아니라 기타포괄손익계정을 기록한다[1109: 5.5.2]. 기타포괄손익으로 인식했던 공정가치 하락액 중 손상차손에 해당하는 부분을 당기손익으로 인식하는 것이다. 손상차손을 환입하는 경우에는 손상차손환입을 당기이익으로 인식하고 기타포괄손익을 감소시킨다.

분개 **FVOCI 금융자산의 공정가치 평가와 손상차손(환입) 인식**

미실현손실(공정가치 하락액)의 기록:

(차) 미실현손실(기타포괄손익) ××× (대) FVOCI 금융자산 ×××

또는

(차) 미실현손실(기타포괄손익) ××× (대) 공정가치조정 ×××

공정가치 하락액 중 손상차손의 기록:

(차) 손상차손(당기손실) ××× (대) 미실현손실(기타포괄손익) ×××

공정가치 상승액 중 손상차손환입의 기록:

(차) 미실현이익(기타포괄손익) ××× (대) 손상차손환입 ×××

FVOCI 금융자산(채무상품)에 대해서는 손실충당금을 별도로 설정하지 않으므로 재무상태표에 FVOCI 금융자산의 측정액('장부금액')에서 손실충당금(손상차손누계액)을 차감하는 형식으로 보고하지 않는다[1109: 5.5.2]. FVOCI 금융자산(채무상품)에 대해서는 손실충당금이 재무상태표에서 금융자산의 장부금액을 줄이는 대신에 기타포괄손익으로 인식된다[1109: BC5.119].

예제 10 **FVOCI 금융자산(채무상품)의 기대신용손실과 처분손익의 측정(「K-IFRS 제1109호」 사례 13)** 중요도: ★★★ 난이도: ◆

상황

· 1차연도 12. 15.에 신용이 손상되어 있지 않고 공정가치가 ₩1,000인 채무상품을 액면금액으로 취득한 후 FVOCI 금융자산(채무상품)으로 분류하였다. 이 채무상품의 이자율은 10년의 계약기간에 연 5%이다.
· 1차연도 12. 31.에 시장이자율의 변동에 따라 채무상품의 공정가치가 ₩950으로 하락하였다. 최초인식 후에 신용위험이 유의적으로 증가하지 않았다고 판단하고 12개월 기대신용손실에 해당하는 금액인 ₩30으로 기대신용손실을 측정하였다.
· 2차연도 1. 1.에 채무상품을 공정가치인 ₩950에 처분하였다.
· 사례의 단순화를 위해 이자수익을 생략한다.

물음 취득시점, 결산시점, 처분시점에 필요한 분개를 하라.

정답 및 해설

1차연도 12. 15. 취득시점:

(차) FVOCI 금융자산 1,000 (대) 현금 1,000

1차연도 12. 31. 결산시점:

(차) 미실현손실(기타포괄손익) 50 (대) F V O C I 금 융 자 산 50
(차) 손 상 차 손(당기손익) 30 (대) 미실현손실(기타포괄손익) 30

위의 두 분개는 다음 분개로 통합할 수 있다.

(차) 손 상 차 손(당기손익) 30 (대) F V O C I 금 융 자 산 50
미실현손실(기타포괄손익) 20*

* 공정가치 총 변동액 ₩50(₩1,000 − ₩950)에서 손상차손 ₩30을 차감: ₩50 − ₩30 = ₩20

2차연도 1. 1. 처분시점:

(차) 현 금 950 (대) F V O C I 금 융 자 산 950

2차연도 1. 1. 재분류조정분개: 다음을 수정하세요.

(차) 처 분 손 실 20 (대) 기 타 포 괄 손 익 20

* FVOCI 금융자산(채무상품)을 제거하는 시점에 공정가치가 변해서 발생했던 미실현손익(손상차손 제외)을 당기손익으로 재분류한다. 즉, 취득시점(1차연도 12. 15.)부터 전기 재무상태표 작성일까지 기타포괄손익으로 인식해서 기타포괄손익누계액계정에 보관했던 ₩20을 처분시점에 처분손실(당기손실)로 재분류(recycle)한다.

예제 11 AC 금융자산(또는 FVOCI 금융자산)의 손상차손과 손상차손환입

중요도: ★★★
난이도: ◆

상황

· 2차연도 1. 1.에 A회사가 발행한 사채(액면금액: ₩500,000, 액면이자율: 연 10%, 만기: 5차연도 12. 31.)를 액면금액에 취득하였다. 따라서 이 사채의 유효이자율은 연 10%이다.
· 이 사채는 계약상 현금흐름 수취 목적으로 보유하므로 AC 금융자산(채무상품)으로 분류하고, 원래 유효이자율 연 10%를 적용해서 회수가능액의 현재가치를 측정한다.
· 이자는 매년 말에 지급된다.
· A회사가 재무위기에 봉착해서 2차연도 12. 31.에 사채의 추정 현금유입액을 다음과 같이 수정하였다.

3차연도 12. 31.	₩40,000
4차연도 12. 31.	40,000
5차연도 12. 31.	440,000
합계	₩520,000

물음

1. 2차연도 12. 31.에 손상차손을 인식하는 분개를 하라.
2. 3차연도 12. 31.에 사채의 현금유입액의 현재가치가 ₩430,000이라고 가정하고, 현금유입액의 회복을 기록하는 분개를 하라.
3. A회사가 발행한 사채를 FVOCI 금융자산(채무상품)으로 분류하고 2차연도 12. 31.에 사채의 현금유입액을 위와 같이 예측했으나, 사채의 공정가치가 ₩320,000이라고 가정하고 물음 1에 답하라.

정답 및 해설

1.

AC 금융자산 회수가능액의 현재가치(할인율: 원래 유효이자율 연 10%):
액면금액의 현재가치: ₩400,000 × 0.75131 = ₩300,524
이자의 현재가치: ₩40,000 × 2.48685 = (반올림오차) 99,476 ₩400,000

AC 금융자산의 장부금액(상각후원가)	₩500,000
AC 금융자산 회수가능액의 현재가치	(400,000)
손상차손	₩100,000

2차연도 12. 31. 결산시점:

(차) 손 상 차 손 100,000 (대) 손 실 충 당 금* 100,000
* 또는 AC 금융자산

2.
3차연도 12. 31. 결산시점:

(차) 손 실 충 당 금* 30,000 (대) 손 상 차 손 환 입 30,000**
* 또는 AC 금융자산
** ₩430,000 − ₩400,000 = ₩30,000

3.
2차연도 12. 31. 결산시점:

(차) 미실현손실(기타포괄손익) 180,000* (대) FVOCI 금 융 자 산 180,000
* ₩500,000 − ₩320,000 = ₩180,000

(차) 손 상 차 손(당기손익) 100,000* (대) 미실현손실(기타포괄손익) 100,000
* 공정가치 하락액 중 손상차손에 해당하는 부분

4. 취득 시 신용이 손상되어 있는 채무상품

최초 발생시점이나 매입할 때 신용이 손상되어 있는 금융자산을 '취득 시 신용이 손상되어 있는 금융자산'이라 한다[1109: 5.5.13]. 취득시 신용이 손상되어 있는 금융자산(purchased or originated credit-impaired financial asset)은 취득시점(최초인식시점)에 신용위험이 매우 높아서 크게 할인한 가격으로 매입한 금융자산(채무상품)이다. 취득시 신용이 손상되어 있는 채무상품에 대해서는 손상에 대한 3단계 접근법을 적용하지 않고 신용위험이 유의적으로 증가(또는 감소)했는지 여부를 고려하지 않는다.

이미 발생한 신용손실로 인해 공정가치가 크게 하락한 채무상품을 헐값에 취득하면, 취득시점의 공정가치가 최초 상각후원가가 된다. 그리고 회계기간 말에는 원래의 원금에서 감액된 미래현금흐름의 현재가치를 취득시점의 공정가치와 일치시키는 '신용조정 유효이자율'을 상각후원가에 곱한 금액을 이자수익으로 인식한다(예제 12 참조). 이 경우에 통상적으로 사용되는 취득시점의 유효이자율을 적용해서 이자수익을 인식하지 않는 이유는, 원래 원리금의 현재가치를 취득원가와 일치시키는 유효이자율이 지나치게 높게 계산되기 때문이다.

취득 시 신용이 손상되어 있는 금융자산은 최초인식시점에 전체기간 기대신용손실을 반영하여 공정가치를 측정하므로 취득 이후에 손상차손으로 인식할 금액은 기대신용손실이 아니라 기대신용손실의 누적변동분이다. 즉, 취득 시 신용이 손상되어 있는 금융자산은 보고기간 말에 최초인식 이후 전체기간 기대신용손실의 누적변동분만을 손실충당금으로 인식한다[1109: 5.5.13].

> 매 보고기간 말에 전체기간 기대신용손실의 변동액을 손상차손(환입)으로 당기손익에 인식한다. 전체기간 기대신용손실이 최초인식시점의 추정현금흐름에 포함되었던 기대신용손실액보다 작다 하더라도 전체기간 기대신용손실의 유리한 변동을 손상환입으로 인식한다[1109: 5.5.14].

[1109: 5.5.14]의 의미: 취득시 신용이 손상되지 않은 채무상품에 대해서는 과거 기간에 인식했던 손상차손을 한도로 손상차손환입을 인식한다. 그러나 취득 시 신용이 손상되어 있는 채무상품에 대해서는 신용의 질이 최초인식시점에 예측한 신용의 질 이상으로 향상되는 경우 과거 기간에 인식했던 손상차손을 초과해서 손상차손환입(손상이익, impairment gain)을 당기손익으로 인식하는 것이 허용된다.

Recap 신용손실과 이자수익

최초 측정 이후에 신용위험이 유의적으로 증가하지 아니한 경우 (단계 1)	최초 측정 이후에 신용위험이 유의적으로 증가하거나 신용이 손상된 경우 (단계 2 또는 단계 3)
신용손실: 12개월 기대신용손실 **이자수익**: (총 장부금액* × 유효이자율) * 손실충당금을 차감하기 전 상각후원가	**신용손실**: 전체기간 기대신용손실 **이자수익**: **단계 2**에서는 (총 장부금액 × 유효이자율) **단계 3**에서는 (순 장부금액* × 유효이자율) * 총 장부금액에서 손실충당금을 차감한 상각후원가

취득 시 신용이 손상되어 있는 채무상품[1109: 5.4.1 – 5.4.2]
일반적 접근법(3단계 접근법)을 사용하지 않고 신용손실과 이자수익을 다음과 같이 측정한다.
신용손실: 전체기간 기대신용손실
이자수익: 상각후원가 × 신용조정 유효이자율

예제 12 신용조정 유효이자율의 계산과 손상이익의 인식

중요도: ★★
난이도: ◆◆

상황

· 2차연도 1. 1.에 신용이 손상되어 있는 사채를 ₩3,200에 취득하였다.
· 이 사채는 중간 이자 지급 없이 3차연도 12. 31.에 ₩5,000을 지급할 것으로 예상된다.

물음

1. 이 사채의 신용조정 유효이자율을 계산하라.
2. 2차연도 12. 31.에 필요한 분개를 하라.

3. 만일 2차연도 12. 31.에 예상이 변경되어 이 사채가 3차연도 12. 31.에 ₩6,500을 지급할 것으로 예상되는 경우 필요한 분개를 하라.

정답 및 해설

1. 이 사채의 신용조정 유효이자율은 다음과 같이 연 25%이다.

   ₩5,000 × {1 ÷ (1 + 신용조정 유효이자율)^2} = ₩3,200

   ∴ 신용조정 유효이자율 = 25%

2. (차) AC 금융자산 800 (차) 이 자 수 익 800*

   * ₩3,200 × 25% = ₩800

   ※ AC 금융자산의 장부금액: ₩3,200 + ₩800 = ₩4,000

3. 현금유입액이 ₩6,500으로 예측된 직후의 장부금액:

   ₩6,500 × 0.8(25%, 기간이 1인 현재가치계수) = ₩5,200

   손상이익(impairment gain): ₩5,200 − ₩4,000 = ₩1,200

(차) AC 금융자산	2,000	(대) 이 자 수 익	800
		손 상 이 익	1,200

예제 13 취득 시 신용이 손상되어 있는 채무상품의 손상차손환입

중요도: ★★
난이도: ◆

상황

· 1차연도 1. 1.에 신용이 손상되어 있는 대여금 포트폴리오를 ₩9,760에 취득하고 AC 금융자산으로 분류하였다.

· 1차연도 1. 1.에 기대신용손실을 차감한 대여금의 전체기간 기대 현금흐름이 아래와 같고, 신용조정 유효이자율이 연 25%이다.

기대 현금유입액		현재가치계수(25%)
1차연도 12. 31.	₩5,000	0.8
2차연도 12. 31.	5,000	0.64
3차연도 12. 31.	5,000	0.512

· 1차연도 12. 31.에 ₩5,000을 회수한 직후에 차입자의 신용이 향상되어 미래 기대현금흐름을 다음과 같이 예측하였다.

기대 현금유입액		현재가치계수(25%)
2차연도 12. 31.	₩6,000	0.8
3차연도 12. 31.	6,000	0.64

물음 1차연도 1. 1.과 1차연도 12. 31.에 필요한 분개를 하라.

정답 및 해설

1차연도 1. 1. 취득시점:

(차) A C 금 융 자 산	9,760	(대) 현 금	9,760

1차연도 12. 31. 현금회수시점:

(차) 현 금	5,000	(대) AC 금융자산	2,560	
		이자수익	2,440*	

* ₩9,760 × 25% = ₩2,440

※ AC 금융자산의 장부금액: ₩9,760 − ₩2,560 = ₩7,200

· 수정된 현금흐름을 원래의 신용조정 유효이자율로 할인하고 전체기간 기대신용손실의 변동액을 손상차손(환입)으로 인식한다.

손상차손환입(손상이익): ₩1,000 × (0.8 + 0.64) = ₩1,440

(차) 손실충당금	1,440	(대) 손상이익	1,440

5. 계약상 현금흐름의 변경

채무상품 발행자가 재무적 어려움에 처했을 때 금융자산(채무상품) 보유자가 손실을 감수하고 다음과 같은 형태로 양보하여 금융자산(채무상품)의 계약상 현금흐름을 재협상하거나 변경하는 경우가 있다.

- 액면금액의 감면
- 발생이자의 감면
- 이자율 인하
- 만기의 연장

이 경우 금융자산(채무상품) 보유자는 기존 금융자산(채무상품)을 제거하고 새로운 금융자산(채무상품)을 인식할 것인지 결정해야 한다. 계약상 현금흐름이 변경되어 자산 측정액이 10% 이상 변동되어 금융자산의 조건이 '실질적'(substantially)으로 변경되면(제11장 참조) 기존 금융자산을 장부에서 제거하고 새로운 금융자산을 공정가치로 인식한다. 채권자가 채무자로부터 계약상 받아야 할 금액 중에서 일부를 포기하고 현실적으로 받을 수 있는 금액으로 줄여주었으므로 금융자산(채무상품) 보유자는 신용손실(credit loss, bad debt expense)을 인식한다.

(1) 기존 금융자산을 제거하지 않는 경우

채무상품 발행자와 보유자가 재협상해서 금융자산(채무상품)의 계약상 현금흐름을 변경하지만 금융자산(채무상품) 보유자가 기존 금융자산(채무상품)을 장부에서 제거하지 않는 경우에는 변경된 금융자산(채무상품)을 기존 금융자산(채무상품)의 연속으로 본다. 기존 금융자산(채무상품)을 제거하지 않는 경우에는 다음 순서로 회계처리한다.

① 재협상 직전에 12개월 기대신용손실법 또는 전체기간 기대신용손실법으로 손실충당금을 측정한다.

② 재협상 직후에 변경된 새로운 계약상 현금흐름에 기초해서 금융자산(채무상품)의 새로운 총 장부금액을 다시 계산한다[1109: 5.4.3].

㉠ 취득 시 신용이 손상되어 있지 않은 금융자산(채무상품)을 재협상해서 계약상 현금흐름이 변경되면, 변경된 계약상 현금흐름을 최초 유효이자율로 할인한 현재가치를 기존 금융자산(채무상품)의 새로운 총 장부금액으로 측정한다.

㉡ 취득 시 신용이 손상된 채로 매입했거나 창출했던 금융자산(채무상품)을 재협상해서 계약상 현금흐름이 변경되면, 변경된 계약상 현금흐름을 신용조정 유효이자율로 할인한 현재가치를 새로운 총 장부금액으로 측정한다.

③ 취득 시 신용이 손상되어 있지 않은 금융자산(채무상품)에 대해서는 기대신용손실을 제외하고 변경손익(modification profit or loss)을 다음과 같이 산정한다.

기존 금융자산의 총 장부금액	×××
변경된 금융자산의 총 장부금액	(×××)*
변경손익	×××

* 변경된 현금흐름을 최초 유효이자율로 할인한 현재가치로 계산한다. 기대신용손실에 대한 조정(adjustment for expected credit losses)을 제외한다.

참고 여기서 말하는 '변경손익'은 개념적인 면에서 제8장에서 설명한 대손상각비(손상차손)와 의미가 같다. 채무자가 재무적 어려움에 처했기 때문에 채권자가 눈물을 머금고 부실채권(troubled debt)을 구조조정(restructuring)하는 것이므로 실무에서 현실적으로 '변경이익'이 발생하기는 어렵다. 그러나 채권자가 만기를 연장하는 한편 만기까지 이자율을 인상하면 변경이익이 발생할 수 있다. 계약상 현금흐름이 변경되면 금융자산의 총 장부금액을 조정한다. 예를 들면, 신용손실이 변경에 따라 확정되는 경우에는 총 장부금액을 줄여야 한다. 총 장부금액의 조정으로 차익을 인식하는 상황이 있을 수 있다[1109: BC5.241]. 채권자와 채무자가 재협상해서 금융부채(채무상품)의 "계약상 현금흐름이 변경"되는 경우를 제11장에서는 '금융부채의 조건변경'이라 표현하고 여기서 말하는 변경이익을 '금융부채조정이익'이라 말한다.

④ 다음을 비교해서 최초인식 후에 금융자산(채무상품)의 신용위험이 유의적으로 증가하였는지를 평가하고, 평가결과에 따라 12개월 기대신용손실법 또는 전체기간 기대신용손실법으로 손실충당금을 다시 계산하고 손실충당금의 변동액을 손상차손(당기손실)으로 인식한다[1109: 5.5.12].

- 회계기간 말의 채무불이행 발생위험(변경된 계약조건에 기초함)
- 최초인식 시점의 채무불이행 발생위험(변경되기 전 최초 계약조건에 기초함)

금융자산(채무상품)의 현금흐름이 변경된 후에 보유자가 장부에서 금융자산을 제거하지 않는다고 해서 자동적으로 신용위험이 낮다고 보는 것은 아니다. 금융자산(채무상품)의 현금흐름이 변경되어 차입자가 실제 상환할 것으로 예상하는 금액으로 감소하였다 해도 12개월 기대신용손실 또는 전체기간 기대신용손실에 대한 손실충당금을 ₩0으로 가정할 수 없다. 신용손실 발생 가능성이 매우 낮더라도 신용손실이 발생할 가능성과 발생하지 아니할 가능성을 반영하여 신용손실이 발생할 위험이나 확률을 고려한다[1109: 5.5.18]. 또한 기대신용손실을 측정할 목적으로 사용된 기대현금흐름은 신용손실의 가능성을 고려하는 반면에, 새로 계산해서 수정한 총 장부금액은 이러한 기대신용손실을 고려하지 않는다. 그러므로 수정된 기대신용손실을 ₩0으로 가정할 수 없다.

예제 14 계약상 현금흐름의 변경과 변경손익(「K-IFRS 제1109호」 사례 11 수정)

중요도: ★★★
난이도: ◆

상황

· 1차연도 1. 1.에 A은행은 만기에 액면금액을 상환하는 5년 만기 대출채권(액면금액: ₩1,000, 액면이자율: 연 5%, 유효이자율: 연 5%)을 창출하고 AC 금융자산으로 분류하였다.

· 1차연도 12. 31.에 신용위험이 유의적으로 증가하지 아니하였기 때문에 A은행은 12개월 기대신용손실에 해당하는 금액으로 손실충당금을 측정하였다. 그러나 2차연도 12. 31.과 3차연도 12. 31.에 대출채권의 신용위험이 최초 측정 후에 유의적으로 증가하였다고 판단했기 때문에 해당 대출채권에 대한 전체기간 기대신용손실을 다음과 같이 예측했다.

1차연도 12. 31.	₩20
2차연도 12. 31.	30

· 3차연도 12. 31.에 차입자가 유의적인 재무적 어려움에 봉착해서 계약상 만기를 6차연도 12. 31 로 1년 연장하고 해당 대출채권의 계약상 현금흐름을 변경하였다. A은행이 이러한 변경에도 불구하고 해당 대출채권을 장부에서 제거하지 않고 변경된 계약상 현금흐름을 최초 유효이자율인 5%로 할인하여 다시 계산한 결과 현재가치가 ₩700이다.

· 3차연도 12. 31.에 해당 대출채권의 신용이 손상되지 않았다고 판단하지만, 최초 측정시점의 신용위험에 비해 신용위험이 여전히 유의적으로 증가하였으므로 계속 전체기간 기대신용손실을 측정한 결과, 기대신용손실이 ₩100이다.

물음 3차연도 말의 변경손실과 대출채권의 상각후원가를 계산하라.

정답 및 해설

변경 전 총 장부금액	₩1,000
변경 후 총 장부금액	(700)
3차연도 12. 31.에 인식하는 변경손실	₩300

3차연도 12. 31. 재협상시점:

(차) 변경손실	300	(대) 대출채권	300

변경 후 총 장부금액	₩700
손실충당금	(100)
상각후원가	₩600

(2) 기존 금융자산을 제거하고 새로운 금융자산을 인식하는 경우

제8장에서 대가를 받고 금융자산을 매도(양도)하면 받은 대가가 순수한 의미의 매도대가인지 아니면 금융자산을 이용해서 조달한 차입금인지를 판단하기 위해서 금융자산의 제거조건을 살펴보았다.

일부 중급회계 교재는 금융자산의 계약상 현금흐름이 재협상되거나 변경되어 당해 금융자산이 제8장에서 설명한 제거조건을 충족하는 경우에는 기존의 금융자산을 제거하고 변경된 금융자산을 새로운 금융자산으로 인식한다고 설명한다. 그러나 부실채무상품의 구조조정에서는 재무적 어려움에 처한 채무자에게 금융자산(채무상품) 보유자가 대가를 한 푼도 받지 않고 금융자산(채무상품)의 계약상 현금흐름을 감면해 주거나 이자율 인하 또는 만기 연장 등 못 받을 금액을 장부에서 제거하는 상황이므로 제8장의 금융자산 제거조건의 적용여부와 관계가 없다.

금융자산(채무상품) 일부(또는 전체)의 회수를 합리적으로 예상할 수 없는 경우에 해당 금융자산(채무상품)의 총 장부금액을 직접 줄이는 것을 제각(write-off)한다고 말한다[1109: 5.4.4, B3.2.16(18)].[3] 예를 들면, 채권자가 금융자산(채무상품)의 담보권을 행사해서 금융자산(채무상품)의 30%만 회수할 것으로 합리적으로 전망하면 해당 금융자산(채무상품)의 나머지 70%를 제각한다[1109: B5.4.9]. 다른 예를 들면, 매출채권의 일부가 회수불능으로 판명되면 다음과 같이 분개해서 회수불능으로 판명된 매출채권을 제각하고 매출채권의 장부금액을 감소시킨다.

(차) 대손충당금	×××	(대) 매출채권	×××

기존 금융자산(채무상품)을 제거하는 경우에는 다음 순서로 회계처리한다.

① 재협상 직전에 기존 금융자산(채무상품)에 대한 대손충당금(손실충당금)을 측정한다.

② 재협상한 결과 금융자산(채무상품) 보유자가 원래 금융자산(채무상품)을 제거하고 후속적으로 변경된 금융자산(채무상품)을 인식하는 경우에, 변경된 금융자산(채무상품)을 '새로운' 금융자산(채무상품)으로 본다[1109: B5.5.25]. 변경된(새로운) 계약상 현금흐름을 현행 이자율로 할인한 현재가치(공정가치)로 새로운 금융자산(채무상품)을 측정한다.

③ 새로운 금융자산(채무상품)을 공정가치로 측정한 후에 변경손실('대손상각비')을 다음과 같이 측정해서 인식한다.

원래 채무상품의 장부금액(손실충당금을 포함한 금액)	×××
-) 최초로 인식하는 새로운 채무상품의 공정가치	(×××)
=) 변경손실('대손상각비')	×××

손실충당금의 측정기준과 변경손익의 측정기준이 다르므로 손실충당금 측정액과 변경손익 측정액이 다르다. 금융자산(채무상품)의 일부(또는 전부)가 제각되면 제각을 금융자산(채무상품)을 제거하는 사건

3) 영어표현인 'write off'와 'derecognition'은 사실상 같은 의미이지만, 한국회계기준원이 'write off'는 '제각'이라고 번역하고 'derecognition'은 '제거'로 번역했다. 통상적으로 '제거'는 관련 항목을 재무제표에서 완전히 삭제하는 것을 의미하고 [1109: 부록 A], '제각'은 관련 항목의 일부 또는 전체를 줄이는 것을 의미한다[1109: B5.4.9]. 그러나 「K-IFRS 제1109호」에서 '제각'을 설명하면서 '제거'라는 용어를 사용하기도 해[1109:B3.2.16(18)] 사실상 두 용어를 혼용하고 있다. 즉, 제각과 제거 모두 특정 항목의 전체 또는 일부를 감액하는 행위를 의미할 수 있다.

으로 보기[1109: 5.4.4] 때문에 변경손익의 측정액에 영향을 미칠 수 있다.

④ 변경된('새로운') 금융자산(채무상품)의 최초인식시점에 금융자산(채무상품) 보유자는 변경된('새로운') 금융자산(채무상품)이 취득 시 신용이 손상되어 있는지 여부를 결정하고 손실충당금을 다음과 같이 측정한다.

㉠ 새로운('변경된') 금융자산(채무상품)이 취득 시 신용이 손상되어 있지 않으면, 금융자산(채무상품) 보유자는 최초인식시점에 12개월 기대신용손실을 손실충당금으로 인식한다. 왜냐하면, 변경일을 해당 금융자산(채무상품)의 최초인식일로 보므로 최초인식 후에 금융자산(채무상품)의 신용위험이 유의적으로 증가할 때까지 손실충당금을 12개월 기대신용손실 상당액으로 측정한다[1109: B5.5.26]. 최초인식 후에 금융자산(채무상품)의 신용위험이 유의적으로 증가한 경우에는, 매 보고기간 말에 전체기간 기대신용손실에 해당하는 금액으로 손실충당금을 측정한다 [1109: 5.5.3].

㉡ 최초인식시점에 변경된 금융자산의 신용이 손상되었다는 증거가 있어 신용이 손상된 채로 창출된 금융자산으로 인식해야 할 수 있다. 예를 들면, 부실자산(distressed asset)의 계약상 현금흐름을 변경해서 최초의 금융자산을 제거해야 하는 경우다. 이 경우에는 변경에 따른 새로운 금융자산이 최초인식시점에 신용이 손상된 것으로 볼 수도 있다[1109: B5.5.26]. 최초인식시점에 보유자가 새로운 금융자산(채무상품)이 취득 시 신용이 손상되어 있다고 판단하면, 최초 측정액에 신용손실이 이미 반영되어 있으므로 최초인식시점에 손실충당금을 인식하지 않고 신용조정 유효이자율을 산정한다. 그리고 후속 기간에 신용조정 유효이자율을 적용해서 손실충당금을 측정한다.

Miniature 예제 8 기존 금융자산의 일부 제거

상황

2차연도 1. 1.에 보은회사가 결초은행으로부터 ₩50,000을 차입(이자율: 연 10%, 만기: 5차연도 12. 31.)했다. 이 대여금은 취득 시 신용이 손상되어 있지 않았으나, 보은회사가 재무적 어려움에 처해서 2차연도 이자를 지급하지 못했다. 3차연도 1. 1.에 시장이자율이 연 10%이다. 3차연도 1. 1.에 결초은행과 보은회사가 재협상해서 계약상 현금흐름을 다음과 같이 변경했다.

· 2차연도 이자를 면제했다.
· 연 이자율을 8%로 인하했다.
· 원금(액면금액)을 ₩50,000에서 ₩35,000으로 감면했다.

새로운('변경된') 금융자산(채무상품)은 취득 시 신용이 손상되어 있지 않다.

물음 결초은행이 기존 금융자산의 일부인 미수이자를 장부에서 제거하고 변경손실을 인식하는 분개를 하라.

정답 및 해설

원래 금융자산(채무상품)의 장부금액

원금	₩50,000
미수이자(₩50,000 × 10%)	5,000
금융자산(채무상품)의 장부금액	₩55,000

변경된('새로운') 금융자산(채무상품)의 현재가치

원금의 현재가치: ₩35,000 × 0.82645 =	₩28,926
미수이자의 현재가치:	0
이자수익의 현재가치: ₩4,000 × 1.73554 =	6,942
금융자산(채무상품)의 현재가치	₩35,868

원래 금융자산(채무상품)의 장부금액	₩55,000
변경된('새로운') 금융자산(채무상품)의 현재가치	(35,868)
변경손실('대손상각비')	₩19,132

3차연도 1. 1. 재협상 완료시점:

(차) 변경손실(또는 대손상각비)	19,132	(대)	미수이자	5,000
			손실충당금	14,132*

* ₩50,000 − ₩35,868 = ₩14,132

채무상품의 분류변경(재분류)

Chapter 09 제5절

1. 채무상품의 재분류

금융자산의 분류범주를 변경하여 측정방법을 새로 결정하고 회계처리하는 것을 분류변경(또는 재분류)이라 한다. 예를 들면, AC 금융자산(채무상품)을 FVOCI 금융자산(채무상품)으로, 또는 FVOCI 금융자산(채무상품)을 FVPL 금융자산(채무상품)으로 분류범주를 변경하는 것이다. 지분상품은 취득시점에 FVPL 금융자산(지분상품)이나 FVOCI 금융자산(지분상품)으로 분류한 후에는 재분류할 수 없으므로, 이 절에서 설명하는 분류변경은 채무상품에만 해당된다.

금융자산(채무상품)을 관리하는 사업모형을 변경하는 경우에 한해서만, 사업모형이 변경되어 보유목적이 달라진 금융자산(채무상품)을 재분류한다[1109: 4.4.1]. 사업모형의 변경은 다음과 같은 특성을 갖는다[1109: B4.4.1].

- 매우 드물다.
- 외부나 내부의 변화로 인해 고위 경영진이 결정한다.
- 영업에 유의적인 영향을 미친다.
- 외부 이해당사자에게 사업모형의 변경을 제시할 수 있어야 한다.

• 영업에 유의적인 활동을 시작하거나 중단하는 경우에만 생긴다.

사업모형이 변경되는 경우가 실무에서 흔치 않으므로 이로 인한 금융자산(채무상품)의 재분류 빈도는 높지 않다.

사업모형 변경의 예[1109: B4.4.1]	사업모형의 변경이 아닌 예 [1109: B4.4.3]
· 단기 매매목적으로 대여금(채무상품)의 포트폴리오를 보유하고 있는 기업이 계약상 현금흐름을 받기 위해 대여금을 보유하는 사업모형을 갖고 있는 회사를 취득. 사업결합 이후에 기존 대여금의 포트폴리오는 더 이상 매매목적으로 보유하지 않으며 새로 취득한 대여금과 함께 관리하면서 계약상 현금흐름을 받으려고 보유하면 사업모형이 변경된다. · 금융서비스회사가 소매주택담보부 대여업을 중단하기로 결정하고 더 이상 새로운 사업을 수용하지 않으면서 주택담보부 대여금 포트폴리오(채무상품)를 매도하기 위해 활발히 매매활동을 수행	· 특정 금융자산을 보유하는 의도를 변경(시장 상황이 중대하게 변경되는 상황 포함) · 금융자산(채무상품)에 대한 특정 시장의 일시적 소멸 · 기업 내 서로 다른 사업모형을 갖고 있는 부문 간 금융자산의 이전

2. 채무상품의 재분류에 대한 회계처리

채무상품의 분류범주를 변경하는 유형은 다음과 같이 6가지이다.

유형 ①: FVPL 금융자산 → FVOCI 금융자산으로 변경
유형 ②: FVPL 금융자산 → AC 금융자산으로 변경
유형 ③: FVOCI 금융자산 → FVPL 금융자산으로 변경
유형 ④: FVOCI 금융자산 → AC 금융자산으로 변경
유형 ⑤: AC 금융자산 → FVPL 금융자산으로 변경
유형 ⑥: AC 금융자산 → FVOCI 금융자산으로 변경

채무상품을 재분류하면 재분류일부터 전진법(제22장 참조)으로 회계처리한다[1109: 5.6.1]. 즉, 재분류 직전까지 이미 측정하였던 손상차손(환입) 또는 이자수익은 소급하여 조정하지 않고 새로운 범주에 따른 회계처리를 재분류일부터 적용한다. 여기서 **재분류일(재분류시점)은 사업모형을 변경한 후 첫 번째 보고기간의 첫째 날을 말한다.** 예를 들어, 재무제표 보고기간이 매년 1. 1.부터 12. 31.까지인 기업이 4차연도 1. 2.에 금융자산(채무상품)을 재분류하면 1년을 기다렸다가 재분류일(재분류시점)인 5차연도 1. 1.에 채무상품(채무상품)의 분류범주 변경(재분류)을 회계처리한다(Miniature 예제 9 참조). 그러나 4차연도 1. 1.에 금융자산(채무상품)을 재분류하면 4차연도 1. 1.에 채무상품(채무상품)의 분류범주 변경(재분류)을 회계처리한다.

「K-IFRS 제1109호」와 시중에 나와 있는 중급회계 교재는 재분류에 대한 회계처리를 복잡하고 어렵게 설명하지만[1109: 5.6.1 ~ 5.6.7], 채무상품의 분류범주 변경(재분류)을 간략히 요약하면 재분류일

(재분류시점)에 다음과 같이 회계처리한다.

㉠ 위 유형 ④는 재분류된 AC 금융자산을 재분류시점의 상각후원가로 측정하고 채무상품이 취득시점부터 AC 금융자산이었던 것처럼 재분류시점에 회계처리한다. 유형 ④를 제외한 나머지 모든 유형은 재분류된 채무상품을 재분류시점의 공정가치로 측정한다.

㉡ 위 유형 ⑥은 채무상품이 취득시점부터 FVOCI 금융자산이었던 것처럼 재분류시점에 회계처리한다.

㉢ 위 유형 ④와 유형 ⑥을 제외한 나머지 모든 유형의 재분류는 재분류시점에 기존의 채무상품을 공정가치로 매도하고 재분류된 채무상품을 공정가치로 취득한 것처럼 회계처리한다.

㉣ 재분류시점에 다음과 같은 재분류손익(reclassification gain or loss)을 당기손익으로 인식한다.

재분류손익(당기손익) = 재분류된 금융자산의 공정가치 − 재분류되는 금융자산의 장부금액

참고 재분류손익이 재분류되는 금융자산의 장부금액과 공정가치의 차이이므로 개념을 강조하는 의미에서 재분류손익을 공정가치손익(gain or loss in fair value)이라 부를 수 있다.

금융자산(채무상품)에 대한 기대신용손실이 발생한 경우에 대해서는 Miniature 예제 9와 연습문제 16을 참조하라.

예제 15 분류범주 변경: FVOCI 금융자산 ⇆ AC 금융자산으로 재분류

중요도: ★★
난이도: ◆◆◆

상황

· 1차연도 1. 1.에 금융자산(채무상품)을 ₩500에 취득하고 FVOCI 금융자산(또는 AC 금융자산)으로 분류했다.
· 1차연도 12. 31.과 2차연도 1. 1.의 금융자산(채무상품)의 공정가치: ₩600
· 손상차손누계액: ₩0
· 재무제표 보고기간은 매년 1. 1.부터 12. 31.이다.
· 1차연도 1. 25.에 금융자산(채무상품)의 분류범주를 변경했다. 그러므로 재분류일(재분류시점)은 2차연도 1. 1.이다.
· 문제를 단순화하기 위해서 이자수익을 무시한다.

물음

1. 유형 ④: FVOCI 금융자산 → AC 금융자산으로 재분류한 경우 필요한 분개를 하라.
2. 유형 ⑥: AC 금융자산 → FVOCI 금융자산으로 재분류한 경우 필요한 분개를 하라.

정답 및 해설

	현재 장부금액	
	AC 금융자산	FVOCI 금융자산
취득원가	₩500	₩500
기타포괄손익		100
손실충당금	0	
장부금액	₩500	₩600

1.

유형 ④: FVOCI 금융자산 → AC 금융자산으로 분류범주를 변경

· FVOCI 금융자산을 AC 금융자산으로 재분류하면 채무상품을 취득시점부터 AC 금융자산으로 분류했었던 것처럼 회계처리한다. 채무상품을 취득시점부터 AC 금융자산으로 분류했었더라면 재분류시점에 AC 금융자산의 측정액이 ₩500이므로 AC 금융자산 ₩500을 인식하고 FVOCI 금융자산의 장부금액 ₩600을 장부에서 제거한다. 그러므로 FVOCI 금융자산에 대해서 공정가치 상승액 ₩100을 기타포괄손익으로 인식했던 분개를 취소시킨다.

1차연도 1. 1. 취득시점:

(차) FVOCI 금융자산	500	(대) 현금	500

1차연도 12. 31. 결산시점:

(차) FVOCI 금융자산	100	(대) 기타포괄손익	100

마감분개:

(차) 기타포괄손익	100	(대) 기타포괄손익누계액	100

2차연도 1. 1. 재분류시점:

(차) AC 금융자산	500	(대) FVOCI 금융자산	500
(차) 기타포괄손익	100	(대) FVOCI 금융자산	100

2.

유형 ⑥: AC 금융자산 → FVOCI 금융자산으로 분류범주를 변경

· AC 금융자산을 FVOCI 금융자산으로 재분류하면 채무상품을 취득시점부터 FVOCI 금융자산으로 분류했었던 것처럼 회계처리한다. 채무상품을 취득시점부터 FVOCI 금융자산으로 분류했었더라면 재분류시점에 FVOCI 금융자산의 측정액이 ₩600이므로 FVOCI 금융자산 ₩600을 인식하고 AC 금융자산의 장부금액 ₩500을 장부에서 제거한다. 그러므로 재분류시점에 FVOCI 금융자산에 대해서 공정가치 상승액 ₩100을 기타포괄손익으로 인식한다.

1차연도 1. 1. 취득시점:

(차) AC 금융자산	500	(대) 현금	500

1차연도 12. 31. 결산시점:

분개 없음

2차연도 1. 1. 재분류시점:

AC 금융자산의 취득원가를 장부에서 제거하고 FVOCI 금융자산을 기록:

(차) FVOCI 금융자산	500	(대) AC 금융자산	500*

* 상각후원가

재분류 직전까지 공정가치가 변동한 금액을 재분류이익(기타포괄손익)으로 인식

(차) FVOCI 금융자산	100	(대) 기타포괄손익	100*

* 재분류이익 = 재분류일의 공정가치 − 재분류 직전 AC 금융자산의 장부금액(상각후원가)
= ₩600 − ₩500 = ₩100

예제 16 금융자산(채무상품)의 분류범주 변경(재분류)

중요도: ★★
난이도: ◆◆◆

상황

· 재분류일에 변심회사가 보유하고 있는 금융자산에 대한 자료가 다음과 같다.

취득원가	₩3,000
AC 금융자산의 장부금액(상각후원가)	3,000
FVPL 금융자산의 장부금액(공정가치)	3,200
FVOCI 금융자산의 장부금액(공정가치)	3,200
재분류일에 측정한 신용손실(손실충당금)	없음
재분류일의 공정가치	3,200
기타포괄손익누계액: 미실현이익(공정가치 상승액)	200

물음 다음 각 유형에 대해서 재분류를 기록하는 분개를 하라.

유형 ①: FVPL 금융자산 → FVOCI 금융자산으로 분류범주를 변경한 경우
유형 ②: FVPL 금융자산 → AC 금융자산으로 분류범주를 변경한 경우
유형 ③: FVOCI 금융자산 → FVPL 금융자산으로 분류범주를 변경한 경우
유형 ④: FVOCI 금융자산 → AC 금융자산으로 분류범주를 변경한 경우
유형 ⑤: AC 금융자산 → FVPL 금융자산으로 분류범주를 변경한 경우
유형 ⑥: AC 금융자산 → FVOCI 금융자산으로 분류범주를 변경한 경우

해설

· 주어진 자료를 정리하면 다음과 같다.

	재분류일 직전
취득원가	₩3,000
신용손실	(0)
상각후원가	₩3,000
미실현이익	200
공정가치	₩3,200

· 재분류일부터 손상규정을 적용하기 시작한다.

유형 ①: FVPL 금융자산 → FVOCI 금융자산으로 재분류
재분류한 금융자산을 공정가치로 인식:

(차)	FVOCI 금융자산	3,200	(대) FVPL 금융자산	3,200

유형 ②: FVPL 금융자산 → AC 금융자산으로 재분류
재분류한 금융자산을 공정가치로 인식:

(차)	AC 금융자산	3,200	(대) FVPL 금융자산	3,200

유형 ③: FVOCI 금융자산 → FVPL 금융자산으로 재분류
재분류한 금융자산을 공정가치로 인식:

(차)	FVPL 금융자산	3,200	(대) FVOCI 금융자산	3,200

공정가치 변동으로 인한 미실현이익을 재분류이익(당기이익)으로 인식

(차) 기 타 포 괄 손 익 200 (대) 재 분 류 이 익 200*

* 재분류이익 = 신용손실을 제외한 공정가치 상승액(기타포괄손익) = ₩200

참고 위 분개의 의미는 FVOCI 금융자산을 처분하는 시점(재분류시점)까지 보관해 왔던 기타포괄손익누계액을 재분류시점('처분시점')에 처분이익으로 재분류하는 것이다.

유형 ④: FVOCI 금융자산 → AC 금융자산으로 재분류

재분류일에 기타포괄손익누계액을 공정가치에 조정

재분류일의 공정가치	₩3,200
+ 재분류일의 기타포괄손익누계액(손실)	–
– 재분류일의 기타포괄손익누계액(이익)	(200)
= 새로운 상각후원가	₩3,000

재분류한 금융자산을 공정가치로 인식:

(차) A C 금 융 자 산 3,200 (대) F V O C I 금 융 자 산 3,200

재분류일까지 인식했던 미실현이익(신용손실 제외)을 AC 금융자산의 측정액 감소로 인식:

(차) 기 타 포 괄 손 익 200* (대) A C 금 융 자 산 200

* 공정가치 상승액

참고 위 두 분개를 통합하면 AC 금융자산의 측정액 ₩3,000이 재분류일의 새로운 상각후원가가 된다. 유형 ④에서는 채무상품을 취득시점부터 AC 금융자산으로 분류했었던 것처럼 회계처리한다. 채무상품을 취득시점부터 AC 금융자산으로 분류했었더라면 재분류시점에 AC 금융자산의 측정액이 ₩3,000이므로 AC 금융자산 ₩3,000을 인식하고 FVOCI 금융자산의 장부금액 ₩3,200을 장부에서 제거한다. 따라서 FVOCI 금융자산에 대해서 공정가치 상승액 ₩200을 기타포괄손익으로 인식했던 분개를 취소시킨다.

유형 ⑤: AC 금융자산 → FVPL 금융자산으로 재분류

AC 금융자산의 취득원가를 장부에서 제거하고 FVPL 금융자산을 기록:

(차) F V P L 금 융 자 산 3,000 (대) A C 금 융 자 산 3,000*

* 취득원가

재분류이익을 FVPL 금융자산의 측정액에 가산:

(차) F V P L 금 융 자 산 200 (대) 재 분 류 이 익 (당 기 이 익) 200*

* 재분류이익 = 재분류일의 공정가치 – 재분류 직전 AC 금융자산의 장부금액(상각후원가)
= ₩3,200 – ₩3,000 = ₩200

참고 위 두 분개의 결과 FVPL 금융자산의 측정액이 공정가치인 ₩3,200이다. 위 분개의 의미는 재분류시점에 AC 금융자산을 공정가치인 ₩3,200에 처분해서 처분이익 ₩200을 인식하고 FVPL 금융자산을 공정가치인 ₩3,200에 취득한다는 것이다.

유형 ⑥: AC 금융자산 → FVOCI 금융자산으로 재분류

AC 금융자산의 취득원가를 장부에서 제거하고 FVOCI 금융자산을 기록:

(차) FVOCI 금융자산 3,000 (대) AC 금융자산 3,000*
* 취득원가

재분류 직전까지의 공정가치 변동액을 재분류이익(기타포괄손익)과 신용손실로 분해해서 인식

(차) FVOCI 금융자산 200 (대) 기타포괄손익 200*
* 재분류이익 = 재분류일의 공정가치 − 재분류 직전 AC 금융자산의 장부금액(상각후원가)
= ₩3,200 − ₩3,000 = ₩200

참고 유형 ⑥에서는 채무상품을 취득시점부터 FVOCI 금융자산으로 분류했었던 것처럼 회계처리한다. 채무상품을 취득시점부터 FVOCI 금융자산으로 분류했었더라면 재분류시점에 FVOCI 금융자산의 측정액이 ₩3,200이므로 FVOCI 금융자산 ₩3,200을 인식하고 AC 금융자산의 장부금액 ₩3,000을 장부에서 제거한다. 따라서 FVOCI 금융자산에 대해서 공정가치 상승액 ₩200을 기타포괄손익으로 인식한다.

Miniature 예제 9 AC 금융자산 → FVPL 금융자산으로 재분류(2021년, 회계사)

상황

㈜대한은 ㈜민국이 1차연도 1. 1.에 발행한 액면금액 ₩50,000(만기 5년(일시상환), 표시이자율 연 10%, 매년 말 이자지급)인 사채를 동 일자에 액면금액으로 취득하고, 상각후원가로 측정하는 금융자산(AC 금융자산)으로 분류하여 회계처리하였다. 그러나 ㈜대한은 2차연도 중 사업모형의 변경으로 동 사채를 당기손익-공정가치로 측정하는 금융자산(FVPL 금융자산)으로 재분류하였다. 2차연도 말 현재 동 사채와 관련하여 인식한 손실충당금은 ₩3,000이다. 동 사채의 3차연도 초와 3차연도 말의 공정가치는 각각 ₩45,000과 ₩46,000이다. 동 사채의 3차연도 말 공정가치는 이자수령 후 금액이다.

물음 동 사채가 ㈜대한의 3차연도 포괄손익계산서 상 당기순이익에 미치는 영향은 얼마인가?

① ₩2,000 감소 ② ₩1,000 감소 ③ ₩4,000 증가 ④ ₩5,000 증가 ⑤ ₩6,000 증가

정답 ③

해설

재분류일(3차연도 초):

㉠ AC 금융자산의 취득원가를 장부에서 제거하고 FVPL 금융자산을 인식:

(차) FVPL 금융자산 50,000 (대) AC 금융자산 50,000*
* 금융자산의 취득원가

㉡ 재분류이익(손실)을 FVPL 금융자산의 측정액에 가산(또는 차감):

(차) 재분류손실(당기손실) 2,000* (대) FVPL 금융자산 2,000
* 재분류손실 = 재분류일(3차연도 초)의 금융자산의 공정가치 − 재분류 직전 AC 금융자산 장부금액
= ₩45,000 − ₩47,000
= (−)₩2,000

㉢ 손실충당금을 장부에서 제거하고 FVPL 금융자산의 측정액을 감소:

(차) 손실충당금 3,000* (대) FVPL 금융자산 3,000

참고 위의 세 분개 결과, FVPL 금융자산(채무상품)의 측정액이 3차연도 초 공정가치인 ₩45,000이다.

3차연도 12. 31. 결산시점:

(차) 현 금	5,000	(대) 이 자 수 익	5,000
(차) F V P L 금 융 자 산	1,000*	(대) 미 실 현 이 익	1,000*

* ₩46,000(3차연도 말의 공정가치) − ₩45,000(3차연도 초의 공정가치) = ₩1,000

※ FVPL 금융자산의 장부금액: ₩46,000

3차연도 당기순이익에 미치는 영향: −₩2,000(재분류손실) + ₩5,000(이자수익) + ₩1,000(미실현이익)
= ₩4,000 증가 (보기 ③)

관련예제와 함께 풀어보세요

유제 1	FVOCI 금융자산(채무상품)의 손상차손과 처분손익(2019, 회계사)	관련예제 5, 7, 11.

상황

· ㈜대한은 1차연도 1. 1.에 발행된 ㈜민국의 A사채를 공정가치로 동 일자에 현금으로 취득하였으며, 취득 시 동 사채의 신용이 손상되어 있지 않았다.

· ㈜대한이 취득한 A사채와 관련된 조건은 다음과 같다.

액면금액: ₩1,000,000
액면이자율: 연 6%
이자지급일: 매년 12. 31.
만기일: 4차연도 12. 31.
사채발행 시 시장이자율: 연 4%
사채취득 관련 거래원가는 없음

· 시장이자율로 할인된 미래현금흐름의 현재가치는 공정가치와 동일하다.

· 현재가치 계산 시 아래의 현가계수(연 이자율: 4%)를 이용한다.

기간	단일금액 ₩1의 현가계수	정상연금 ₩1의 현가계수
1	0.9615	0.9615
2	0.9246	1.8861
3	0.8890	2.7751
4	0.8548	3.6299

· ㈜대한은 1차연도 이자는 정상적으로 수취하였으나, 1차연도 12. 31.에 동 사채의 신용이 후속적으로 심각하게 손상되어 신용위험이 유의적으로 증가하였다고 판단하였다. ㈜대한은 해당 사채의 채무불이행 발생확률을 고려하여, 2차연도부터 4차연도까지 매년 말에 수취할 이자의 현금흐름을 각각 ₩30,000으로, 만기에 수취할 원금의 현금흐름을 ₩700,000으로 추정하였다.

· ㈜대한은 2차연도 ₩30,000의 이자를 수취하였다. ㈜대한은 2차연도 12. 31.에 동 사채의 신용손상이 일부 회복되어 3차연도부터 4차연도까지 매년 말에 수취할 이자의 현금흐름을 각각 ₩50,000으로, 만기에 수취할 원금의 현금흐름을 ₩900,000으로 추정하였다.

· 동 사채의 1차연도 12. 31. 공정가치는 ₩700,000이고, 2차연도 12. 31. 공정가치는 ₩800,000이다.

· ㈜대한은 3차연도 7. 1.에 동 사채를 ₩1,050,000(미수이자 ₩25,000 포함)에 처분하였다.

· ㈜대한은 금융자산을 기타포괄손익-공정가치 측정 금융자산으로 분류 시 이자수익의 인식은 유효이자율법에 의하며, 당기손익-공정가치 측정 금융자산으로 분류 시 표시이자를 이자수익으로 인식한다.

물음

1. ㈜대한이 취득한 A사채를 기타포괄손익-공정가치 측정 금융자산으로 분류하였을 경우, 2차연도와 3차연도 포괄손익계산서의 당기순이익과 기타포괄손익에 미치는 영향을 각각 계산하시오. 단, 당기순이익과

기타포괄손익이 감소하는 경우에는 (−)를 숫자 앞에 표시하시오.

항목	2차연도	3차연도
당기순이익에 미치는 영향	①	②
기타포괄손익에 미치는 영향	③	④

2. ㈜대한이 취득한 A사채를 당기손익−공정가치 측정 금융자산으로 분류하였을 경우, 1차연도, 2차연도, 3차연도 포괄손익계산서의 당기순이익에 미치는 영향의 총 합계액을 계산하시오. 단, 당기순이익이 감소하는 경우에는(−)를 숫자 앞에 표시하시오.

	1차연도 1. 1.부터 3차연도 7. 1.까지
당기순이익에 미치는 영향	①

정답

	2차연도		3차연도	
1.	**① ₩250,892**	**③ (−)₩120,892**	**② ₩123,555**	**④ ₩126,445**

2. ₩67,406

해설

1.

1차연도 1. 1. 현재가치:

액면금액의 현재가치	₩1,000,000 × 0.8548 =	₩854,800	
이자의 현재가치	₩60,000 × 3.6299 =	217,794	₩1,072,594

유효이자율에 의한 상각표

연도 ①	금융자산 기초장부금액 ②	유효이자(4%) ③	현금이자(6%) ④	할증차금 상각액 ⑤ = ④ − ③	손상차손 ⑥ = 상각후원가 − ⑦	금융자산 기말상각후원가 ⑦
1차연도	₩1,072,594	₩42,904	₩60,000	₩17,096	₩349,945	₩705,553
2차연도	705,553	28,222	30,000	1,778	환입 222,670	926,445
3차연도	926,445	18,529**	25,000	6,471		1,031,471***

* 손상차손 인식 후 상각후원가

** 6개월분 이자수익

*** 이자수익을 제외한 3차연도 7. 1.의 공정가치

1차연도 12. 31. 현재가치:

액면금액의 현재가치	₩700,000 × 0.8890 =	₩622,300	
이자의 현재가치	₩30,000 × 2.7751 =	83,253	₩705,553

1차연도 12. 31. 손상차손 인식 직전 상각후원가:

1차연도의 이자수익:	₩1,072,594 × 4% = ₩42,904	
할증차금 상각액:	₩60,000 − ₩42,904 = ₩17,096	
상각후원가:	₩1,072,594 − ₩17,096 =	₩1,055,498
1차연도 손상차손		₩349,945

당기순이익에 미치는 영향: ₩42,904(이자수익) − ₩349,945(손상차손) = (−)₩307,041
기타포괄손익('손실'): ₩705,553 − ₩700,000(공정가치) = ₩5,553

2차연도 12. 31. 현재가치:

액면금액의 현재가치	₩900,000 × 0.9246 = ₩832,140		
이자의 현재가치	₩50,000 × 1.8861 =	94,305	₩926,445

2차연도 12. 31. 손상차손환입 인식 직전 상각후원가:

2차연도의 이자수익:	₩705,553 × 4% = ₩28,222	
할증차금 상각액:	₩30,000 − ₩28,222 = ₩1,778	
상각후원가:	₩705,553 − ₩1,778 =	(703,775)
2차연도 손상차손환입		₩222,670

2차연도 당기순이익에 미치는 영향: ₩28,222(이자수익) + ₩222,670(손상차손환입)
= ₩250,892 (1 - ①의 해답)
기타포괄손익누계액계정의 2차연도 말 잔액(손실): ₩926,445 − ₩800,000(공정가치) = ₩126,445
2차연도 기타포괄손익(손실): ₩126,445(손실) − ₩5,553(1차연도 기타포괄손익) = ₩120,892 (1 - ③의 해답)

3차연도 7. 1. 처분시점:
2차연도 12. 31. 장부금액(공정가치): ₩800,000
2차연도 12. 31. 기타포괄손익누계액계정의 잔액: ₩126,445
3차연도 상반기 이자수익: ₩926,445 × 4% × 6/12 = ₩18,529
3차연도 7. 1. 매도대가(이자수익 제외): ₩1,050,000 − ₩18,529 = ₩1,031,471
3차연도 1. 1.부터 7. 1.까지 공정가치 상승액: ₩1,025,000(미수이자 제외) − ₩800,000 = ₩225,000

FVOCI 금융자산 취득시점 (예 1차연도 1. 1.) — 전기 재무상태표 작성일 (예 2차연도 12. 31.) — FVOCI 금융자산 처분시점 (예 3차연도 7. 1.)

⇤ 처분 직전 기말 상각후원가와 공정가치의 차이(β) (기타포괄손익누계액 ⇒ 재순환 대상) ⇥ ⇤ 매도대가와 처분 직전 기말 공정가치의 차이(α) (처분 직전 기말 이후 공정가치 변동액) ⇥

총 처분손익: β + α

α를 처분시점에 처분손익(당기손익)의 일부분으로 인식
β의 인식: 취득시점부터 전기 재무상태표 작성일까지 기타포괄손익으로 인식해서 기타포괄손익누계액 (AOCI)계정에 보관한 금액을 처분시점에 처분손익(당기손익)의 일부분으로 재순환

1차연도 1. 1.	2차연도 12. 31.	3차연도 7. 1.
취득원가 ₩1,072,594	공정가치 ₩800,000 상각후원가: ₩926,445	매도대가: ₩1,031,471

↦ 기타포괄손익누계액(손실) ₩126,445↤

3차연도 7. 1. 처분시점:

(차) 현 금	25,000*	(대) 이 자 수 익	18,529**
		FVOCI 금융자산	6,471

* 현금이자: ₩50,000 × 6/12 = ₩25,000
** ₩926,445 × 4% × 6/12 = ₩18,529

(차) FVOCI 금융자산	6,471	(대) FVOCI 금융자산처분이익	6,471*

* FVOCI 금융자산 할증차금 상각액 ⇒ 처분시점에 처분이익으로 실현된 것으로 해석

(차) 현 금	1,025,000	(대) FVOCI 금융자산(공정가치)	800,000*
		FVOCI 금융자산 처분이익	225,000**

* 2차연도 12. 31.에 재무상태표에 보고된 FVOCI 금융자산의 공정가치
** 3차연도 1. 1.부터 공정가치가 상승한 금액: ₩1,025,000 − ₩800,000 = ₩225,000

재분류분개

(차) FVOCI 금융자산처분손실	126,445	(대) 기 타 포 괄 손 익(손실)	126,445*

* 2차연도 12. 31.까지 장부에 누적된 기타포괄손익

FVOCI 금융자산 처분이익: ₩6,471 + ₩225,000 − ₩126,445 = ₩105,026

참고 FVOCI 금융자산 처분이익 ₩105,026을 다음과 같이 계산할 수도 있다.

(차) FVOCI 금융자산	6,471	(대) FVOCI 금융자산처분이익	6,471
(차) 현 금	1,025,000	(대) FVOCI 금융자산(상각후원가)	926,445
		FVOCI 금융자산 처분이익	98,555

처분이익: ₩6,471 + ₩98,555 = ₩105,026

3차연도 당기순이익에 미치는 영향: ₩18,529(이자수익) + ₩105,026(처분이익) = ₩123,555 (1 - ②의 해답)
3차연도 기타포괄손익: ₩126,445 (1 - ④의 해답)

2.
FVPL 금융자산으로 분류한 경우 당기순이익에 미치는 영향 합계액
이자수익: ₩60,000 + ₩30,000 + ₩25,000 = ₩115,000

공정가치변동으로 인한 손실: ₩1,072,594 − ₩1,025,000 = ₩47,594
합계액: ₩115,000 − ₩47,594 = ₩67,406

유제 2 FVPL 금융자산(채무상품) → FVOCI 금융자산(채무상품)으로 분류범주 변경(2019년, 회계사)

관련예제 15, 16
Miniature 예제 9

상황

· ㈜대한은 1차연도 1. 1.에 발행된 ㈜민국의 A사채를 공정가치로 동 일자에 현금으로 취득하였으며, 취득 시 동 사채의 신용이 손상되어 있지 않았다.

· ㈜대한이 취득한 A사채와 관련된 조건은 다음과 같다.

액면금액: ₩1,000,000
액면이자율: 연 6%
이자지급일: 매년 12. 31.
만기일: 4차연도 12. 31.
사채발행 시 시장이자율: 연 4%
사채취득 관련 거래원가는 없음

· 시장이자율로 할인된 미래현금흐름의 현재가치는 공정가치와 동일하다.

· 현재가치 계산 시 아래의 현가계수(연 이자율: 4%)를 이용한다.

기간	단일금액 ₩1의 현가계수	정상연금 ₩1의 현가계수
1	0.9615	0.9615
2	0.9246	1.8861
3	0.8890	2.7751
4	0.8548	3.6299

· 금융자산 재분류 시 재분류조건을 충족한다고 가정한다. A사채의 일자별 공정가치는 다음과 같다.

일 자	공정가치
1차연도 12. 31.	₩1,060,000
2차연도 7. 1.	950,000
2차연도 12. 31.	1,000,000
3차연도 1. 1.	1,000,000
3차연도 12. 31.	980,000

· ㈜대한은 1차연도 1. 1. A사채를 당기손익-공정가치 측정(FVPL) 금융자산으로 분류하였으나 2차연도 7. 1.에 사업모형을 변경하여 기타포괄손익-공정가치 측정(FVOCI) 금융자산으로 재분류하였다.

물음

· A사채와 관련한 회계처리가 ㈜대한의 2차연도와 3차연도 포괄손익계산서의 당기순이익과 기타포괄손익에 미치는 영향을 각각 계산하시오. 단, 당기순이익과 기타포괄손익이 감소하는 경우에는 (-)를 숫자 앞에 표시하시오.

항목	2차연도	3차연도
당기순이익에 미치는 영향	①	②
기타포괄손익에 미치는 영향	③	④

정답 ① ₩0 ② ₩60,000 ③ ₩0 ④ (-)₩20,000

해설

FVPL 금융자산의 취득원가:

액면금액의 현재가치 ₩1,000,000 × 0.8548 = ₩854,800
이자의 현재가치 ₩60,000 × 3.6299 = 217,794 ₩1,072,594

1차연도 1. 1. FVPL 금융자산 취득시점:

(차) FVPL 금융자산 1,072,594 (대) 현 금 1,072,594

1차연도 12. 31. 결산시점:

FVPL 금융자산: 계산을 쉽게하기 위해서 **액면이자율법**으로 이자수익을 측정

(차) 현 금 60,000 (대) 이 자 수 익 60,000
(차) 미실현손실(당기손실) 12,594 (대) FVPL 금융자산 12,594

* ₩1,072,594(기초공정가치) − ₩1,060,000(기말공정가치) = ₩12,594

※ FVPL 금융자산 장부금액(공정가치): ₩1,060,000

2차연도 7. 1.에 사업모형을 변경해도 재분류일이 3차연도 1. 1.이므로 2차연도 말까지는 FVPL금융자산으로 처리한다.

2차연도 12. 31. 결산시점:

(차) 현 금 60,000 (대) 이 자 수 익 60,000
(차) 미실현손실(당기손실) 60,000* (대) FVPL 금융자산 60,000

* ₩1,060,000(전기 말 공정가치) − ₩1,000,000(당기 말 공정가치) = ₩60,000

※ FVPL 금융자산 장부금액(공정가치): ₩1,000,000

2차연도 당기순이익에 미친 영향: ₩60,000(이자수익) − ₩60,000(미실현손실) = ₩0 (해답 ①)
2차연도 기타포괄손익(이익)에 미친 영향: ₩0 (해답 ③)

3차연도 1. 1. 재분류일(분류범주 변경시점):

참고 재분류손익(공정가치손익) = 재분류일의 공정가치 ₩1,000,000 − 재분류 직전 FVPL 금융자산의 장부금액 ₩1,000,000 = ₩0

(차) FVOCI 금융자산 1,000,000 (대) FVPL 금융자산 1,000,000

· FVOCI 금융자산을 재분류일의 공정가치로 측정한다. 그리고 재분류일의 FVOCI 금융자산의 **공정가치에 기초하여 유효이자율을 산정한다**[1109: B5.6.2]. 재분류일의 공정가치(₩1,000,000)가 A사채의 액면가치와 같으므로, 재분류일의 유효이자율은 액면이자율(6%)이다.

3차연도 12. 31. 결산시점:

(차) 현 금 60,000 (대) 이 자 수 익 60,000*

* ₩1,000,000 × 6% = ₩60,000

(차) 기타포괄손익(손실)	20,000*	(대) FVOCI 금융자산 (공정가치조정)	20,000

* 기말상각후원가	₩1,000,000	
기말공정가치	(980,000)	
공정가치조정의 기말잔액	₩20,000	손실
공정가치조정의 기초잔액	(0)	
당기 미실현손익	₩20,000	손실

3차연도 당기순이익에 미친 영향: ₩60,000(이자수익) (해답 ②)
3차연도 기타포괄손익에 미친 영향: (－)₩20,000 (해답 ④)

연습문제 09

P9-01 상각후원가측정금융자산과 당기손익－공정가치측정금융자산(채무상품)

- 1차연도 1. 1.에 화초회사는 사채(액면금액: ₩100,000, 표시이자율: 연 20%, 만기: 2차연도 12. 31.)를 ₩92,800에 취득하였다.
- 1차연도 1. 1.에 사채의 취득과 관련된 거래비용은 없다.
- 사채의 유효이자율은 25%이다. 화초회사는 표시이자율법으로 당기손익－공정가치측정금융자산의 이자수익을 계산한다.

유효이자율에 의한 상각표

연도 ①	금융자산 기초장부금액 ②	유효이자 (25%) ③	현금이자 (20%) ④	할인차금 상각액 ⑤ = ③ − ④	금융자산의 기말장부금액 ⑥ = ② + ⑤
1차연도	₩92,800	₩23,200	₩20,000	₩3,200	₩96,000
2차연도	96,000	24,000	20,000	4,000	100,000
합계		₩47,200	₩40,000	₩7,200	

- 1차연도 12. 31.에 사채의 공정가치는 ₩97,000이다.
- 2차연도 6. 30.에 사채를 ₩115,000에 처분하였다.

물음 사채를 당기손익－공정가치측정금융자산으로 분류한 경우와 상각후원가측정금융자산으로 분류한 경우로 구분하여 1차연도 1. 1., 1차연도 12. 31., 2차연도 6. 30.에 필요한 분개를 하라.

P9-02 당기손익－공정가치측정금융자산(지분상품)의 취득과 처분

- SK가 지분상품에 처음으로 투자한 1차연도와 관련된 내용은 다음과 같다.

당기손익－공정가치측정금융자산	취득시점	매수대가	취득수수료
YW 보통주	1차연도 1. 2.	₩3,000,000	₩15,000
JK 보통주	1차연도 1. 3.	2,000,000	10,000
BB 보통주	1차연도 1. 4.	1,000,000	5,000

- SK는 모든 지분상품을 당기손익－공정가치측정금융자산으로 분류하였다.
- 1차연도 5. 20.에 SK는 YW 보통주 40%를 ₩1,600,000에 처분하였고 이와 관련된 판매수수료, 세금과 기타수수료 ₩100,000을 지불하였다.
- 1차연도 12. 31.에 YW의 공정가치는 ₩1,700,000, JK의 공정가치는 ₩2,200,000, BB의 공정가치는 ₩1,300,000이다.

물음 1. 당기손익－공정가치측정금융자산의 매입과 관련된 분개를 하라.
2. 1차연도 5. 20.에 당기손익－공정가치측정금융자산의 처분과 관련된 분개를 하라.
3. 1차연도 12. 31.에 SK가 기록할 조정분개를 하라.

P9-03 기타포괄손익-공정가치측정금융자산(지분상품)과 공정가치조정계정

- 2차연도 12. 1.에 SK는 YW의 보통주 500주를 ₩35,000에 취득하고 기타포괄손익-공정가치측정금융자산으로 분류하였다.
- 취득시점에 거래비용 ₩1,000이 발생하였다.
- 2차연도 12. 31.에 YW의 보통주 공시가격이 ₩38,000으로 상승하였다.
- 3차연도 1. 8.에 SK는 YW의 보통주를 ₩41,000에 처분하였다.

물음 공정가치조정계정을 사용하는 경우와 공정가치조정계정을 사용하지 않는 경우로 구분하여 YW의 보통주 500주에 대하여 필요한 분개를 하라.

P9-04 기타포괄손익-공정가치측정금융자산(지분상품)의 처분

- 2차연도에 황제회사가 두 종류의 지분상품을 취득하고 모두 기타포괄손익-공정가치측정금융자산으로 분류하였다.
- 2차연도 12. 31.에 황제회사가 보유하고 있는 기타포괄손익-공정가치측정금융자산(지분상품):

기타포괄손익-공정가치측정금융자산	취득원가	공정가치	기타포괄손익
알현회사 보통주	₩100,000	₩120,000	₩20,000
윤허회사 보통주	150,000	180,000	30,000
포트폴리오 전체	₩250,000	₩300,000	₩50,000

- 황제회사가 3차연도 3. 1.에 윤허회사 주식 전부를 ₩190,000에 처분하였다.
- 3차연도 12. 31.의 알현회사 주식의 공정가치: ₩142,000

물음 1. 2차연도 12. 31.에 공정가치변동으로 인한 미실현손익을 인식하는 분개를 하라.
2. 3차연도 3. 1.과 3차연도 12. 31.에 필요한 분개를 하라.

P9-05 당기손익-공정가치측정금융자산과 기타포괄손익-공정가치측정금융자산(지분상품)

- 2차연도 12. 1.에 배통통회사는 뺙다귀회사의 보통주 500주를 ₩35,000에 취득하였다.
- 취득시점에 거래비용 ₩1,000이 발생하였다.
- 2차연도 12. 31.에 뺙다귀회사의 보통주 공시가격이 ₩38,000으로 상승하였다.
- 3차연도 1. 8.에 배통통회사가 뺙다귀회사의 보통주를 ₩43,000에 매각하여 뺙다귀회사의 보통주로부터 ₩7,000 (₩43,000 − ₩35,000 − ₩1,000)의 이익을 창출하였다.

물음 지분상품을 당기손익-공정가치측정금융자산으로 분류한 경우와 기타포괄손익-공정가치측정금융자산으로 분류한 경우로 구분하여 취득일부터 처분일까지 필요한 분개를 하고 연도별 부분 포괄손익계산서를 작성하라.

P9-06 기타포괄손익-공정가치측정금융자산(지분상품과 채무상품)

- 1차연도 1. 1.에 털보회사는 지분상품과 채무상품을 취득하고 기타포괄손익-공정가치측정금융자산으로 분류하였는데 1차연도와 2차연도의 자료는 다음과 같다.

구 분	주식수	취득원가	1차연도 말 공정가치	2차연도 말 공정가치
지분상품 A	300주	₩2,500,000	₩2,190,000	₩2,350,000
지분상품 B	200	1,500,000	1,450,000	1,300,000
채무상품	100매*	476,000	485,000	550,000

* 1차연도 1. 1.에 채무상품(액면금액: ₩500,000, 액면이자율: 연 10%, 만기: 3차연도 12. 31.)을 취득하고 기타포괄손익-공정

가치측정금융자산으로 분류하였다.

- 1차연도 1. 1.의 유효이자율: 연 12%
- 1차연도 12. 31.의 채무상품의 상각후원가: ₩483,120
- 2차연도 12. 31.의 채무상품의 상각후원가: ₩491,094

물음 다음 항목을 계산하라.

① 공정가치조정계정의 1차연도 기말잔액
② 공정가치조정계정의 2차연도 기말잔액
③ 1차연도의 기타포괄손익
④ 2차연도의 기타포괄손익

P9-07 기타포괄손익-공정가치측정금융자산(지분상품)

- 명란젓회사의 기타포괄손익-공정가치측정금융자산은 다음과 같다.

취득일	기타포괄손익-공정가치 측정금융자산	취득원가	1차연도 12. 31.의 공정가치	2차연도 12. 31.의 공정가치
1차연도 12. 25.	동태회사 보통주	₩15,000	₩18,000	
1차연도 12. 25.	생태회사 보통주	23,000	21,000	₩14,000
2차연도 12. 15.	북어회사 보통주	35,000		40,000

- 2차연도 1. 10.에 명란젓회사가 동태회사 보통주를 ₩25,000에 매각하였다.
- 2차연도 12. 31.의 기타포괄손익-공정가치측정금융자산의 공정가치: ₩43,000

물음 1차연도 12. 25.부터 2차연도 12. 31.까지 필요한 분개를 하라.

P9-08 기타포괄손익-공정가치측정금융자산(채무상품)

- 1차연도 12. 31.에 기타포괄손익-공정가치측정금융자산의 장부금액이 다음과 같다.

	상각후원가	공정가치	기타포괄손익
L 사채	₩80,000	₩105,000	₩25,000
W 사채	120,000	135,000	15,000
기말잔액	₩120,000	₩240,000	₩40,000

- 2차연도 8. 10.에 L 사채를 ₩105,000에 처분하였다.
- 2차연도 12. 31.에 기타포괄손익-공정가치측정금융자산의 장부금액이 다음과 같다.

	상각후원가	공정가치	기타포괄손익
W 사채	₩120,000	₩155,000	₩35,000
기말잔액	₩120,000	₩155,000	₩35,000

물음 필요한 분개를 하라.

P9-09 대여금에 관한 손상차손

- 3차연도 1. 1.에 SK가 고객에게 대여금(만기금액: ₩100,000, 이자율: 25%, 이자지급일: 매년 12월 31일, 만기일: 4차연도 12. 31.)을 제공하였다.

- 대여금의 유효이자율이 연 25%이다.
- 4차연도 1. 1.에 SK는 차입자가 재무적 어려움에 당면하여 잔존 미래현금흐름을 ₩125,000(4차연도의 이자 ₩25,000과 원금 ₩100,000)이 아닌 ₩60,000(원금 ₩48,000과 4차연도 이자 ₩12,000)으로 추정하였다.
- 4차연도 12. 31.에 SK의 예상이 정확한 것으로 판명되었다.
- SK는 대여금을 상각후원가측정금융자산으로 보고 원래의 유효이자율을 적용해서 회수가능액을 측정한다.

물음 4차연도 1. 1.과 4차연도 12. 31.에 필요한 분개를 하라.

P9-10 상각후원가측정금융자산 손상차손(환입)의 기록

- 2차연도 1. 1.에 청풍회사는 명월회사가 발행한 사채(액면금액: ₩500,000, 표시이자율: 연 10%, 만기: 5차연도 12. 31.)를 ₩500,000에 취득하였다. 따라서 이 사채의 유효이자율이 연 10%이다.
- 이자는 매년 말에 지급된다.
- 청풍회사는 이 사채를 수취 목적으로 보유하므로 상각후원가측정금융자산으로 분류한다. 따라서 청풍회사는 원래 유효이자율 연 10%를 적용해서 회수가능액의 현재가치를 측정한다.
- 명월회사가 재무위기에 처해서 2차연도 12. 31.에 청풍회사는 사채의 현금유입액을 다음과 같이 예측하였다.

3차연도 12. 31.	₩40,000
4차연도 12. 31.	40,000
5차연도 12. 31.	440,000
합계	₩520,000

물음 1. 2차연도 12. 31.에 손상차손을 인식하는 분개를 하라.
2. 3차연도 12. 31.에 사채의 회수가능액이 ₩430,000이다. 회수가능액의 회복을 기록하는 분개를 하라.

P9-11 기타포괄손익-공정가치측정금융자산(채무상품)의 취득과 손상 및 처분

- 2차연도 1. 1.에 채무상품(액면금액: ₩100,000, 만기: 6차연도 12. 31., 이자율: 연 8%)을 ₩100,000에 취득하고 기타포괄손익-공정가치측정금융자산으로 분류하였다.
- 취득시점의 기대신용손실이 ₩3,000이다.
- 2차연도 12. 31.에 채무상품의 공정가치가 ₩94,000이며 추가 기대신용손실이 ₩1,000이다.
- 3차연도 1. 2.에 채무상품을 ₩94,000에 매각하였다.

물음 2차연도 1. 1.부터 3차연도 1. 2.까지 필요한 분개를 하라.

P9-12 금융자산(채무상품)의 손상차손 (2014년, 회계사)

㈜대한은 사채 액면상 발행일이 1차연도 1. 1.이고 액면금액이 ₩1,000,000(표시이자율 연 6%, 이자는 매년 12월 31일 지급, 만기일 5차연도 12. 31.)인 회사채를 1차연도 7. 1.에 발행하였다.

1. 각 일자의 동 사채에 대한 시장이자율은 다음과 같다. 미래현금흐름의 현재가치는 공정가치와 동일한 것으로 본다.

일 자	시장이자율
1차연도 1. 1.	8%
1차연도 7. 1.	6
1차연도 12. 31.	10
2차연도 1. 1.	10
2차연도 12. 31.	8

3차연도 1. 1. 8

2. 현재가치 계산시 아래의 현가계수를 이용하시오.

	단일금액 ₩1의 현가계수			정상연금 ₩1의 현가계수		
기간	6%	8%	10%	6%	8%	10%
1	0.94340	0.92593	0.90909	0.94340	0.92593	0.90909
2	0.89000	0.85734	0.82645	1.83340	1.78327	1.73554
3	0.83962	0.79383	0.75131	2.67302	2.57710	2.48685
4	0.79209	0.73503	0.68301	3.46511	3.31213	3.16986
5	0.74726	0.68058	0.62092	4.21237	3.99271	3.79078

물음 ㈜민국은 1차연도 7. 1. 동 사채를 100% 취득하였는데, 취득관련 비용은 발생하지 않았다. ㈜민국은 1차연도 말에 액면이자를 회수한 후, ㈜대한의 재무상태 악화로 차기부터 연 2%의 이자만을 수령할 수 있을 것으로 추정하였다. ㈜민국이 동 사채를 ① 기타포괄손익-공정가치측정금융자산으로 분류하는 경우와 ② 상각후원가측정금융자산으로 분류하는 경우의 손상차손을 각각 구하시오.

P9-13 상각후원가측정금융자산의 이자수익과 손상차손

- 1차연도 1. 1.에 헷갈려회사는 액면금액이 ₩100,000인 채무상품(만기: 3년, 표시이자율: 연 8%)를 ₩95,026에 취득하고 상각후원가측정금융자산으로 분류하였다.
- 이자지급일은 매년 12월 31일이며 이 날은 헷갈려회사의 결산일이다.
- 1차연도 1. 1.의 유효이자율: 연 10%
- 2차연도 말 채무상품 발행회사의 재무상태가 악화되어 회수가능액이 ₩49,091*으로 판명되어 손상차손이 발생하였다.

* 2차연도 12. 31.의 회수가능액은 원리금과 이자의 50%만 회수될 것으로 예상되어 현재가치가 ₩49,091((₩50,000 + ₩4,000) × 0.90909)이다.

물음 1. 상각표를 작성하고 손상차손을 인식하기 직전까지 필요한 분개를 하라.
2. 2차연도 12. 31.에 손상차손에 대한 분개를 하고 손상차손을 인식한 이후에 사용할 상각표를 작성하라.
3. 3차연도 12. 31.에 필요한 분개를 하라.
4. 상각후원가측정금융자산(채무상품)의 보유기간 동안 헷갈려회사가 인식하는 손익을 연도별로 나타내라.

P9-14 취득 시 신용이 손상되어 있는 채무상품에 대한 이자수익과 손실충당금 측정[4)]

- 1차연도 1. 1.에 사채(액면금액: ₩10,000,000, 만기: 4차연도 12. 31., 표시이자율: 연 10%)를 ₩5,880,240에 취득하였다.
- 이 사채는 취득 시 신용이 손상되어 있는 채무상품이다.
- 사채 보유자는 사채의 만기일까지 이자를 받지 않을 것으로 예상하고 액면금액의 상환도 예상하지 않는다.
- 1차연도 1. 1.에 사채 보유자는 4차연도 12. 31.(만기일)에 ₩8,000,000을 받을 것으로 예상하였다. 그러므로 1차연도 1. 1.에 신용조정 유효이자율이 다음과 같이 연 8%이다.

$$₩8,000,000 \times \frac{1}{(1 + \text{신용조정 유효이자율})^4} = ₩5,880,240$$

---

4) Deloitte, *iGAAP 2017, Volume B: Financial Instruments – IFRS 9 and related Standards* (Wolters Kluwer, 2017), pp. 404-407의 예제 5.2.5.3을 수정했음.

∴ 신용조정 유효이자율 = 8%

- 1차연도 12. 31.에 사채 보유자는 만기일에 ₩8,000,000을 받을 것으로 예측하였다.
- 2차연도 12. 31.에 사채 보유자는 만기일에 ₩9,000,000을 받을 것으로 예측하였다.
- 3차연도 12. 31.에 사채 보유자는 만기일에 ₩7,000,000을 받을 것으로 예측하였다.
- 4차연도 12. 31.(만기일)에 사채 보유자는 ₩7,000,000을 받았다.

물음 연도별 이자수익과 손실충당금(손상차손)의 측정액을 결정하라.

P9-15 AC 금융자산과 FVOCI 금융자산의 손상차손 (2018년, 회계사)

㈜대한은 1차연도 1. 1.에 발행된 ㈜민국의 사채를 동 일자에 취득하였으며, 취득시에 신용이 손상되어 있지는 않았다. ㈜대한이 취득한 사채와 관련된 조건은 다음과 같다.

액면금액: ₩3,000,000
이자지급: 액면금액의 8%를 매년 12월 31일에 지급
상환일: 4차연도 12. 31.에 일시 상환
사채발행 시 유효이자율: 연 12%
사채발행 및 취득과 직접적으로 관련된 비용은 없음

	8%의 현가계수		12%의 현가계수	
기간	단일금액 ₩1	정상연금 ₩1	단일금액 ₩1	정상연금 ₩1
1	0.9259	0.9259	0.8929	0.8929
2	0.8574	1.7833	0.7972	1.6901
3	0.7938	2.5771	0.7117	2.4018
4	0.7350	3.3121	0.6356	3.0374

현재가치 계산 시 위의 현가계수를 이용한다.

물음 1. ㈜대한은 취득한 사채를 상각후원가측정금융자산으로 분류하였다. ㈜대한은 1차연도 이자는 정상적으로 수취하였으나, 1차연도 말에 상각후원가측정금융자산의 신용이 후속적으로 심각하게 손상되었다고 판단하였다. ㈜대한은 해당 상각후원가측정금융자산의 채무불이행 발생확률을 고려하여, 2차연도부터 4차연도까지 매년 말에 수취할 이자의 현금흐름을 각각 ₩80,000으로, 만기에 수취할 원금의 현금흐름을 ₩2,200,000으로 추정하였다. ㈜대한이 상각후원가측정금융자산에 대하여 1차연도 말에 수행해야 할 회계처리를 제시하시오.

2. (물음 1)과 관련하여, ㈜대한은 2차연도 ₩80,000의 이자를 회수하였다. ㈜대한은 2차연도 말에 상각후원가측정금융자산의 채무불이행 발생확률을 고려하여 3차연도부터 4차연도까지 매년 말에 수취할 이자의 현금흐름을 각각 ₩160,000으로, 만기에 수취할 원금의 현금흐름을 ₩2,400,000으로 추정하였다. ㈜대한이 상각후원가측정금융자산에 대하여 2차연도 말에 수행해야 할 회계처리를 제시하시오.

3. 위 물음들과는 독립적으로 1차연도 말에 ㈜대한은 상각후원가측정금융자산의 신용위험이 유의하게 증가하지 않았다고 가정한다. ㈜대한의 채무가 불이행되어 예상되는 향후 12개월의 신용손실금액(현재가치)과 확률은 아래와 같다.

향후 12개월 신용손실금액(현재가치)	확률
₩100,000	20%
200,000	40
300,000	40

그리고 향후 12개월의 개별 채무불이행 발생위험(발생확률)이 10%라고 추정하였다. ㈜대한의 기대신용손실금

액을 가중평균방법을 활용하여 추정하시오.

4. ㈜대한이 취득한 사채를 기타포괄손익-공정가치측정금융자산으로 분류한 것을 제외하고, 손상과 관련된 모든 자료는 (물음 1)과 동일하다고 가정한다. 1차연도 말 사채의 공정가치가 ₩1,600,000일 때, ㈜대한이 기타포괄손익-공정가치측정금융자산에 대하여 (1) 1차연도 말에 수행해야 할 회계처리를 제시하시오. 또한, (2) 1차연도 ① 당기순이익과 ② 기타포괄이익에 미치는 영향을 계산하시오. 단, 당기순이익과 기타포괄이익이 감소하는 경우에는 (-)를 숫자 앞에 표시하시오.

P9-16 금융자산(채무상품)의 분류범주 변경(재분류)[5)]

재분류일에 변심회사가 보유하고 있는 금융자산에 대한 자료가 다음과 같다.

취득원가	₩1,000
재분류일 직전의 AC 금융자산의 상각후원가	1,000
FVPL 금융자산의 장부금액	1,050
FVOCI 금융자산의 장부금액	1,050
재분류일에 측정한 신용손실(손실충당금)	10
공정가치	1,050

	재분류일 직전
취득원가	₩1,000
신용손실	(10)
상각후원가	₩990
기타포괄손익	60
공정가치	₩1,050

물음 상황 ①: FVPL 금융자산 → FVOCI 금융자산으로 분류범주를 변경한 경우 재분류를 기록하는 분개를 하라.
상황 ②: FVPL 금융자산 → AC 금융자산으로 분류범주를 변경한 경우 재분류를 기록하는 분개를 하라.
상황 ③: FVOCI 금융자산 → FVPL 금융자산으로 분류범주를 변경한 경우 재분류를 기록하는 분개를 하라.
상황 ④: FVOCI 금융자산 → AC 금융자산으로 분류범주를 변경한 경우 재분류를 기록하는 분개를 하라.
상황 ⑤: AC 금융자산 → FVPL 금융자산으로 분류범주를 변경한 경우 재분류를 기록하는 분개를 하라.
상황 ⑥: AC 금융자산 → FVOCI 금융자산으로 분류범주를 변경한 경우 재분류를 기록하는 분개를 하라.

P9-17 장기받을어음(채무상품)을 당기손익-공정가치측정항목으로 지정

- 1차연도 1. 1.에 주먹회사는 유형자산을 ₩92,800에 처분하고 그 대가로 장기어음(액면금액: ₩100,000, 만기기간: 2년)을 받았다.
- 장기받을어음에 표시된 이자율은 연 20%이지만 1차연도 1. 1.의 시장이자율은 연 25%이다.
- 주먹회사는 당기손익-공정가치측정항목에 대해서 표시이자율법으로 이자수익을 산정한다.
- 1차연도 12. 31.에 장기받을어음의 공정가치는 ₩95,000이다.
- 1차연도 1. 1.에 장기받을어음의 현재가치는 ₩92,800이며 유효이자율에 의한 상각표는 다음과 같다.

5) Charles, I., *Essential IFRS*, Emile Woolf International(2021-22), pp. 204-210의 예제에서 해답을 이해하기 쉽게 재구성했음.

유효이자율에 의한 상각표

연도 ①	받을어음 기초장부금액 ②	유효이자 (25%) ③	현금이자 (20%) ④	할인차금 상각액 ⑤ = ③ − ④	받을어음의 기말장부금액 ⑥ = ② + ⑤
1차연도	₩92,800	₩23,200	₩20,000	₩3,200	₩96,000
2차연도	96,000	24,000	20,000	4,000	100,000
합계		₩47,200	₩40,000	₩7,200	

물음 장기받을어음을 당기손익 - 공정가치측정항목으로 지정하지 않은 경우와 지정한 경우로 구분하여 1차연도 1. 1. 과 1차연도 12. 31.에 필요한 분개를 하라.

P9-18 상각후원가측정금융자산 → 기타포괄손익 - 공정가치측정금융자산으로 분류변경 (2012년, 회계사)

㈜위풍과 ㈜당당은 모두 12월말 결산법인이다. ㈜위풍은 1차연도 1. 1. ㈜당당이 발행한 A사채를 다음과 같은 조건으로 취득하였다. 사채발행 및 취득과 직접적으로 관련되는 비용은 없다.

• 사채액면금액: ₩5,000,000
• 사채의 만기: 3차연도 12. 31.
• 표시이자율: 연 10%
• 이자지급: 매년 12. 31.(연 1회)
• 1차연도 1. 1. 동종사채에 대한 시장이자율 : 연 12%
• 현재가치 계산 시 아래의 현가계수만을 이용한다.

	현가계수		연금현가계수	
기간	10%	12%	10%	12%
2년	0.8264	0.7972	1.7355	1.6901
3년	0.7513	0.7117	2.4868	2.4018

㈜위풍은 A사채 취득시점에 이를 상각후원가측정금융자산으로 분류하였다. 1차연도 말에 보유의도나 능력에 변화가 예상되어 더 이상 상각후원가측정금융자산으로 분류하는 것이 적절하지 않다고 여기고, A사채를 기타포괄손익 - 공정가치측정금융자산으로 재분류하였다.

물음 1. 1차연도 말 A사채의 공정가치가 ₩5,100,000이다. 1차연도 말에 인식할 기타포괄손익 - 공정가치측정금융자산 평가손익을 계산하시오. 기타포괄손익 - 공정가치측정금융자산 평가손실일 경우 (-)로 표시한다.
2. 2차연도 1. 1.에 A사채를 ₩5,200,000에 처분하였다. 기타포괄손익 - 공정가치측정금융자산 처분손익을 계산하시오. 기타포괄손익 - 공정가치측정금융자산 처분손실일 경우 (-)로 표시한다.

P9-19 기타포괄손익 - 공정가치측정금융자산(채무상품)의 손상차손과 분류변경 (2013년, 회계사)

㈜대한은 ㈜민국이 1차연도 1. 1.에 발행한 A사채를 다음과 같은 조건으로 동 일자에 현금 취득하고 기타포괄손익 - 공정가치측정금융자산으로 분류하였다. 사채발행 및 취득과 직접적으로 관련되는 비용은 없다.

• 사채액면금액: ₩100,000
• 사채의 만기: 5차연도 12. 31.
• 표시이자율: 연 7%
• 이자지급 : 매년 12월 31일(연 1회)
• 각 일자의 동종사채에 대한 시장이자율은 다음과 같다. 한편, 미래현금흐름의 현재가치는 공정가치와 동일한 것으로

본다.

일 자	시장이자율
1차연도 1. 1.	5%
1차연도 12. 31.	6
2차연도 12. 31.	7
3차연도 1. 1.	7
3차연도 12. 31.	4

• 각 물음의 현재가치 계산 시 아래의 현가계수를 이용하시오.

	단일금액 ₩1의 현가계수				정상연금 ₩1의 현가계수			
기간	4%	5%	6%	7%	4%	5%	6%	7%
1	0.96154	0.95238	0.94340	0.93458	0.96154	0.95238	0.94340	0.93458
2	0.92456	0.90703	0.89000	0.87344	1.88609	1.85941	1.83339	1.80802
3	0.88900	0.86384	0.83962	0.81630	2.77509	2.72325	2.67301	2.62432
4	0.85480	0.82270	0.79209	0.76290	3.62990	3.54595	3.46511	3.38721
5	0.82193	0.78353	0.74726	0.71299	4.45182	4.32948	4.21236	4.10020

물음 1. A사채와 관련하여 ㈜대한이 1차연도 말에 인식하는 기타포괄손익－공정가치측정금융자산평가손익을 구하시오.

2. ㈜대한이 2차연도 말에 이자 ₩7,000을 수령한 직후 ㈜민국의 재무상태 악화로 3차연도부터 이자는 매년 ₩3,600씩, 만기에 원금회수는 ₩60,000이 될 것으로 추정하였다. A사채와 관련한 회계처리가 ㈜대한의 2차연도 포괄손익계산서상 당기순이익과 기타포괄손익에 미치는 영향(순액)을 각각 계산하시오.

3. ㈜대한은 3차연도 1. 1.에 A사채를 기타포괄손익－공정가치측정금융자산에서 상각후원가측정금융자산으로 재분류하였다. 재분류 직전 A사채의 장부금액과 3차연도 1. 1. A사채의 공정가치는 ₩58,426으로 가정한다. 한편, ㈜대한이 3차연도 말에 이자 ₩3,600을 수령한 직후 ㈜민국의 재무상태가 호전되어 4차연도부터 이자는 매년 ₩5,000씩, 만기에 원금회수는 ₩80,000이 될 것으로 추정하였다. A사채와 관련한 회계처리가 ㈜대한의 3차연도 포괄손익계산서의 당기순이익에 미친 영향(순액)을 계산하시오.

Chapter 10

단기금융부채

학습 목표

LO 10－1. 금융부채의 개념과 분류를 이해한다.
LO 10－2. 금융부채의 최초측정액과 후속측정액을 결정하는 방법을 이해한다.
LO 10－3. FVPL(당기손익－공정가치측정)항목으로 지정한 금융부채에 대한 회계처리를 이해한다.
LO 10－4. 금융보증계약의 측정과 인식을 이해한다.
LO 10－5. 파생상품과 관련된 금융부채의 개념을 이해한다.

제10장

Chapter 10 제1절

부채 및 금융부채의 개념

1. 부채의 개념

부채(liability)는 과거사건의 결과로 미래에 경제적 자원을 이전해야 하는 현재의무이고, 이행가치(fulfillment value)는 부채(의무)를 이행(상환)할 때 이전해야 하는 현금이나 그 밖의 경제적자원의 현재가치를 말한다[「K-IFRS 개념체계」: 4.26, 6.17]. 계약당사자가 무조건적으로 결제할 의무가 있는 채무는 현금 등을 지급할 계약상 · 법적의무를 부담하는 시점에 **현재의무가 존재하므로 부채로 인식한다**. 일반적으로 확정계약에서 거래당사자 중 어느 한쪽(예 채권자 또는 채무자)이 계약에 포함된 수행의무(제15장 참조)를 이행하는 시점에 상대방이 부채를 인식한다. 예를 들어, 기업이 신용으로 상품을 구매하면 구매한 상품을 인수하는 시점에 현재의무가 존재하므로 부채(예 매입채무)를 인식한다. 그러나 기업이 미래에 이행할 거래에 대해서 현재시점에 집행가능한 의무가 존재하지 않으면 예상거래의 발생가능성에 관계없이 부채를 인식하지 않는다. 이처럼 계약당사자 모두가 계약에서 약속된 수행의무를 전혀 이행하지 않았거나 계약당사자 모두가 동일한 정도로 자신의 수행의무를 부분적으로 이행한 계약을 미이행계약(executory contract)이라 한다[「K-IFRS 개념체계」: 4.56].

다음 인식기준(조건)이 모두 충족되는 시점에 부채를 인식한다.

① **과거에 발생한 거래나 회계사건의 결과로 현재의무가 존재한다.** 예를 들어, 지난주에 은행에서 자금을 차입하였으면 미래에 차입금을 상환해야 하는 현재의무가 존재하므로 차입한 자금을 부채로 인식한다.

② **현재의무를 미래에 이행하기 위해 경제적효익을 가진 자원이 유출될 가능성이 높다.** 가능성이 높다(probable)는 것은 일반적으로 발생 확률이 50%를 넘는 경우를 의미한다. 부채가 존재하면 의무를 이행하기 위해서 미래에 현금이나 기타 자산 또는 용역 등을 제공해야 한다. 경제적자원이 유출될 가능성이 높지 않지만 희박하지 않으면 우발부채로 공시한다(제12장 참조).

③ **현재의무의 이행에 소요될 금액을 신뢰성 있게 측정할 수 있다.** 현재의무를 이행하기 위해서 경제적자원이 유출되는 시기 또는 금액이 불확실한 경우도 있으나, 지급시기 또는 지급액이 불확실하다는 사실 자체가 부채를 신뢰성 있게 측정할 수 없다는 것을 의미하지는 않는다. 지급액 또는 지급시기가 불확실한 부채는 재무상태표에 충당부채로 보고하거나 재무제표 주석에 우발부채로 공시한다(제12장 참조).

부채의 대부분은 명시적 · 묵시적 계약 또는 법률에 의하여 발생하는 계약상 · 법적의무이다. 그러나 회계에서는 계약상 · 법적 강제청구권이 존재하지 않는 의제의무도 부채로 인식한다. 의제의무(constructive obligation)는 기업이 특정 의무를 수용할 것을 과거의 관행, 이미 공표한 정책, 또는 충분하고 자세한 설명서 등으로 제3자에게 표명한 결과 제3자로 하여금 기업이 이러한 의무를 이행할 것으로 기대하게 하는 의무이다. 의제의무의 예는 다음과 같다.

- 고객과 좋은 관계를 유지하기 위해서 판매한 제품에 대해서 제품품질보증기간이 지난 후에도 관습적으로 무상으로 수리해 주면 제품품질보증기간이 지난 후에 발생할 품질보증비를 충당부채로 인식한다.
- 과거 수년간 종업원에게 추석상여금을 관습적으로 지급해 온 회사는 추석상여금을 지급한다는 회사 규정이 없고 추석상여금 지급정책이 공식적으로 발표되지 않았다 하더라도 과거 관행상 종업원들이 추석상여금을 지급받을 것이라 기대하므로 종업원에게 지급할 추석상여금을 충당부채로 인식한다. 기업이 별도의 상여금을 지급해야 할 법적의무가 없는데도 불구하고 관행적으로 상여금을 지급하는 경우에는 상여금을 지급하는 것 이외에 다른 현실적인 대안이 없으므로 의제의무를 부담한다[1019: 21].

2. 금융부채의 개념

금융부채(financial liability)는 상대방에게 현금이나 기타 금융자산을 인도하거나 금융자산 또는 금융부채를 잠재적으로 불리한 조건으로 교환해야 하는 계약상 의무이다. 금융부채의 특성은 다음과 같다.

① 확정의무: 상환금액과 상환시기가 계약에 모두 확정된 의무이다. 상환금액과 상환시기 중 어느 하나라도 확정되지 않은 부채는 충당부채 또는 우발부채로 분류한다.

② 계약상 의무: 계약상 의무가 아니고 법적의무(예 미지급법인세)나 의제의무인 부채는 비금융부채 또는 충당부채로 분류한다.

③ 현금 또는 다른 금융자산의 인도의무: 현금이나 기타 금융자산, 또는 확정되지 않은 수량이나 확정되지 않은 금액의 자기지분상품을 인도하는 의무이어야 한다. 재화(또는 용역)를 인도하는 의무(예 잡지회사의 정기구독권)는 비금융부채로 분류한다.

금융부채는 상장회사의 사채와 같이 그 가치가 해당 부채의 시장가격으로 직접 결정되는 본원적 금융부채와 다른 기초자산의 가치를 토대로 결정되는 파생적 금융부채(부록 10-1 참조)로 나뉜다.

본원적 금융부채

거래상대방에게 금융자산(현금 포함)을 지급해야할 계약상 의무
(예 매입채무, 지급어음, 차입금, 사채, 리스부채 등) ➡ 장·단기 금융부채

파생적 금융부채

잠재적으로 불리한 조건으로 거래상대방과 금융자산이나 금융부채를 교환하기로 한 계약상 의무 ➡ 파생금융부채
(예 매도자가 현금 ₩50,000을 대가로 액면금액이 ₩50,000인 고정금리부 국채를 6개월

후에 인도하는 선도계약을 체결한 후, 국채의 시장가격이 ₩50,000을 초과하여 상승하면 계약조건이 매도자에게 불리함)
(예 지급보증계약, 불리한 조건으로 구사채와 신사채의 차환 등)

└거래상대방과 자기지분상품으로* 결제하는 비파생상품 및 파생상품 ➡ 파생금융부채(자기지분상품 결제)
(예 ① 자기지분상품의 확정되지 않은 수량으로 결제되는 매도콜옵션 또는 매도풋옵션
② 특정 일반상품의 가치에 해당하는 가변수량의 자기지분상품을 지급하는 계약)
* 결제수단인 자기지분상품의 수량과 금액이 모두 확정된 경우는 자본으로 분류함. 예를 들어, 거래상대방으로 하여금 ₩50,000에 주식 100주를 사는 권리를 부여한 선택권을 발행하면 자본으로 분류함

기업이 계약을 이행하기 위해 현금이나 다른 금융자산을 지급하는 것을 피할 수 있는 무조건적인 권리가 없으면 그 계약은 금융부채이거나 금융부채요소를 포함한다. 「K-IFRS 제1032호」는 금융상품의 법적 형태가 아닌 계약의 경제적 실질에 따라 금융부채와 지분상품(예 주식)을 분류하도록 규정한다. 특정 금융상품의 법적 형태가 지분상품이더라도 경제적 실질상 금융부채의 정의를 충족시키면 해당 금융상품을 금융부채로 분류한다. 예를 들어, 의무상환우선주(mandatorily redeemable preference share)는 발행자가 보유자에게 확정할 수 있는 미래 시점에 확정할 수 있는 금액을 의무적으로 상환하거나 보유자가 특정 시점 이후에 확정할 수 있는 금액의 상환을 청구할 수 있는 계약상 권리가 부여된 우선주이다. 의무상환우선주는 법적 형태로는 지분상품이지만, 발행자가 확정할 수 있는 금액을 현금 또는 다른 금융자산으로 상환할 계약상 의무가 있으므로 금융부채의 정의를 충족한다. 따라서 「K-IFRS 제1032호」는 의무상환우선주를 금융부채로 분류한다. 그리고 발행자가 배당금을 지급할 계약상 의무가 있는 우선주는 금융부채로 분류하고, 배당 명목으로 지급되는 금액을 이자비용으로 인식한다[1032: AG26]. 상환의무가 없으면서 발행자가 배당금을 재량으로 지급하는 우선주는 배당이 누적적이라 하더라도 자본으로 분류한다.

파생적 금융부채(derivative financial liability)는 비금융항목을 매도하는 계약 중 차액결제할 수 있거나 금융상품을 교환하여 결제할 수 있는 계약이나 비금융항목을 현금으로 쉽게 전환할 수 있는 계약을 포함한다[1032: AG20]. 특정 교환거래에서 미래에 대가를 지급할 법적의무를 부담하게 되고 지급할 대가가 앞으로 상승할 가능성이 있으면 잠재적으로 불리한 조건의 교환(exchange under potentially unfavourable terms)이라 한다. 예를 들어, 섬섬회사가 상장기업인 옥수회사의 주식을 90일 후에 주당 ₩1,000에 반드시 매입해야 하는 계약을 체결했다고 가정하자. 섬섬회사는 옥수회사의 주가가 ₩1,000 미만이라 하더라도 반드시 사야하는 계약상 의무를 부담한다. 거래상대방이 옥수회사의 주식을 파는 권리를 행사하면 섬섬회사가 손실을 보므로 이 계약은 섬섬회사에게 잠재적으로 불리한 계약이다. 그러므로 섬섬회사는 파생금융부채를 인식한다.

비금융부채

비금융부채(nonfinancial liability)는 부채의 정의를 충족하지만 계약상 의무가 아니거나, 확정되지 않은 의무이거나, 재화를 인도하거나 용역을 제공하여 청산되는 부채이다. 비금융부채의 예는 다음과 같다.

- 계약상 의무가 아니고 법적의무인 법인세 지급의무(예 미지급법인세와 이연법인세부채)
- 정기구독권을 판매한 잡지사가 정기구독자에게 일정 기간 잡지를 제공하는 의무
- 용역 또는 재화(예 부품)를 인도하는 제품품질보증의무
- 손해배상소송의 배상액 또는 환경복구의무

금융상품은 거래당사자 어느 한쪽에게는 금융자산이 생기게 하고 거래상대방에게 금융부채나 지분상품이 생기게 하는 모든 계약을 말한다[1032: 11]. 의제의무는 계약에서 생긴 것이 아니기 때문에 금융부채가 아니다[1032: AG12]. 비금융항목을 매입하거나 매도하는 계약은 비금융자산을 받거나 용역을 제공받을 거래당사자의 계약상 권리와 이에 대응하는 다른 거래당사자의 의무가 거래당사자에게 금융자산을 수취, 인도, 교환할 현재의 권리와 의무를 발생시키지 않으므로 금융상품의 정의를 충족하지 못한다. 마찬가지로 선수수익과 같은 항목도 현금 등 금융자산을 지급할 계약상 의무가 아니라 재화나 용역을 인도하여 해당 항목과 관련된 경제적효익이 유출될 것이므로 금융부채가 아니다[1032: AG11]. 그리고 비금융항목을 인도해서 결제하는 계약(예 금을 기초자산으로 하는 옵션, 선물, 선도계약)은 금융부채가 아니다. 그러나 비금융항목을 매입하거나 매도하는 계약 중 차액결제할 수 있거나 금융상품을 교환하여 결제할 수 있는 계약과 비금융항목을 현금으로 쉽게 전환할 수 있는 계약은 금융부채로 분류한다[1032: 8, AG20].

3. 금융부채의 분류범주

금융부채는 측정과 인식을 위해 아래의 분류범주로 나누고 **최초인식시점에 분류한 이후에는 다른 분류범주로 재분류할 수 없다**[1109: 4.4.2].

- FVPL(당기손익－공정가치측정) 금융부채
  - FVPL 금융부채
  - FVPL 항목 지정 금융부채
- AC(상각후원가측정) 금융부채
- 기타 금융부채
  - 금융보증계약
  - 제거조건을 충족시키지 못하거나 지속적으로 관여 중인 금융부채
  - 시장이자율보다 낮은 이자율로 대출하기로 한 약정

4. 금융자산과 금융부채의 상계

금융자산과 금융부채를 상계(offset)한다는 것은 두 항목을 서로 상쇄시켜 재무상태표에 하나의 항목으로 통합해서 '순액'으로 보고하는 것을 말한다. 금융자산과 금융부채를 '상계'하는 것은 '제

거'(derecognition)하는 것과는 다른 개념이다. 상계는 단순히 두 가지 항목을 재무상태표에서 하나로 합쳐 나타내는 것이므로 실질적으로 삭제되는 것은 아무것도 없으며 처분손익이 발생하지 않는다. 그러나 제거는 장부와 재무상태표에서 실질적으로 삭제되기 때문에 처분손익이 발생할 수 있다. 예를 들어, 매출채권이 ₩30,000이고 매입채무가 ₩20,000인 경우 재무상태표에 매출채권 ₩30,000과 매입채무 ₩20,000을 별도로 보고하지 않고 순매출채권 ₩10,000(₩30,000 − ₩20,000)을 보고하는 것이 상계이다. 일반적으로 자산과 부채를 분리해서 별도로 보고하는 것이 더 많은 정보를 제공하고 재무제표이용자가 재무결과를 올바르게 해석할 수 있다. 그러나 경영진은 자산과 부채를 상계함으로써 주요한 재무비율을 미화할 수 있고, 차입약정을 쉽게 충족할 수도 있으며, 부채조달한도를 초과하지 않을 수도 있으므로 상계를 선호하는 경향이 있다.

원칙적으로, 금융자산과 금융부채는 상계하지 않고 각각 표시한다. 금융자산을 양도하였음에도 제거요건을 충족하지 못해서 장부에 남아있는 경우에, 해당 금융자산을 관련된 금융부채와 상계할 수 없다. 그러나 다음 조건을 모두 만족하는 금융자산과 금융부채에 대해서는, 경제적 실질상 별도의 금융자산이나 금융부채가 아닌 하나의 금융자산 혹은 금융부채로 볼 수 있으므로 해당 금융자산과 금융부채를 상계하여 재무상태표에 하나의 항목으로 통합해서 순액으로 표시한다[1032: 42].

- 인식한 금융자산과 금융부채를 상계할 수 있는 법적 구속력이 있는 권리를 현재 보유하고 있다.
- 순액으로 결제하거나, 금융자산의 회수와 동시에 금융부채를 결제할 의도가 있다.

Chapter 10 제2절

단기금융부채의 측정

1. 단기금융부채의 최초측정

단기금융부채는 1년 이내에 상환할 부채이므로 후속측정문제는 대두되지 않는다. 그러므로 단기금융부채에 대해서는 '최초측정'만 다루고 장기부채의 후속측정은 제11장에서 다룬다. 단기금융부채는 최초 인식시점에 공정가치로 측정하며, 당기손익-공정가치측정(fair value through profit or loss, FVPL) 금융부채가 아닌 금융부채의 발행과 직접 관련되는 거래원가는 공정가치에서 차감한다[1109: 5.1.1]. 최초 인식시점에 금융부채의 공정가치와 거래가격 사이에 차이가 나면 이 차이를 거래당일손익(day 1 profit and loss)이라 한다. 제9장에서 거래당일손익을 금융자산 관점에서 설명하였는데 정확하게 동일한 내용이 금융부채에도 적용되므로 여기서는 설명을 생략하고 예제 1을 제시한다.

예제 1 공정가치와 거래가격이 다른 금융부채

중요도: ★★★
난이도: ◆◆◆

상황

2차연도 1. 1.에 등하불명회사가 활성시장의 공시가격이 없는 금융부채를 ₩3,000에 발행했다. 등하불명회사는 자신이 독자적으로 개발한 투입변수를 사용해서 금융부채의 공정가치를 ₩3,200으로 추정했다. 등하불명회사가 사용한 투입변수는 시장참여자가 자산이나 부채의 가격을 결정하는 데에 통상적으로 고려하는 요소(시간 포함)의 관측가능한 자료가 아니고 기업 특유의 자료이다.

상황 1: 등하불명회사가 발행한 금융부채의 활성시장 공시가격이 2차연도 1. 1.에 ₩3,200으로 판명되었다.

상황 2: 등하불명회사가 발행한 금융부채의 활성시장 공시가격이 2차연도 9. 1.에 ₩3,200으로 판명되었다.

물음 위의 각 상황에서 공정가치 ₩3,200과 거래대가 ₩3,000의 차이 ₩200에 대한 회계처리를 제시하라.

정답 및 해설

상황 1.

2차연도 1. 1. 발행시점:

(차)	현 금	3,000	(대) 금 융 부 채	3,200
	금융부채평가손실	200		

상황 2.

회사가 관측불능한 기업 특유의 투입변수를 사용해서 공정가치를 추정했으므로 최초 인식시점에 금융부채를 거래가격으로 측정한다. 결과적으로, 거래당일손익은 금융부채의 최초 측정액에 포함되어 이연된다. 2차연도 1. 1.에 금융부채를 거래가격인 ₩3,000으로 인식해서 장부에 기록하고 거래당일 손실 ₩200을 발행시점에 인식할 수 없다.

2차연도 1. 1. 발행시점:

(차)	현 금	3,000	(대) 금 융 부 채	3,000

등하불명회사가 "시장참여자가 자산이나 부채의 가격을 결정하는 데에 고려하는 요소(시간 포함)의 변동에서 생기는 정도"가 확인되기를 기다리는 중에 2차연도 9. 1.에 금융부채의 공시가격이 입증되므로 취득시점에 이연했던 차이 ₩200을 즉시 당기손실로 인식한다.

2차연도 9. 1. 공정가치를 객관적으로 측정할 수 있는 시점:

(차)	금융부채평가손실	200	(대) 금 융 부 채	200

2. FVPL(당기손익 - 공정가치측정) 금융부채

다음 조건 중에서 하나 이상을 충족하는 금융부채를 FVPL 금융부채로 분류한다[1109: 부록 A].

- 단기간 내에 매각하거나 재매입할 목적으로 취득하거나 발행한 부채
- 최초인식시점에 최근의 실제 운용형태가 단기 이익을 획득할 목적이라는 증거가 있으며, 공동으로

관리되고 있는 금융부채 포트폴리오의 일부

▸ 파생금융부채(단, 금융보증계약인 파생상품과 위험회피수단으로 지정되고 위험회피에 효과적인 파생상품은 제외)

① FVPL 금융부채의 측정

금융부채는 원칙적으로 발행시점의 공정가치에서 거래원가를 차감한 금액으로 측정한다. 예를 들어, 기업이 공정가치가 ₩100,000인 장기지급어음을 ₩100,000에 발행하고 거래원가(발행비용) ₩2,000이 발생하면 발행시점에 장기지급어음을 ₩98,000으로 측정해서 장부에 기록한다. 그러나 FVPL 금융부채는 최초 인식시점에 공정가치로 측정하고 거래원가를 발생시점에 비용으로 인식하며[1109: 5.1.1], 공정가치가 변해서 발생하는 미실현(보유)손익을 당기손익으로 인식한다. 거래원가의 예는 부채 발행비용, 투자은행 및 규제기관이 부과하는 수수료, 법률 및 회계 수수료와 판매촉진비용 등이다. FVPL 금융부채는 매 회계기간 말에 공정가치로 측정하므로 거래원가를 최초측정액에 포함하지 않아도 결과적으로 부채 발행연도에 거래원가가 당기비용으로 인식된다. 예를 들어, 공정가치가 ₩100,000인 FVPL 금융부채를 ₩100,000에 발행하고 거래원가 ₩2,000이 발생한 경우, FVPL 금융부채의 기말 공정가치가 ₩100,000이면 ① 취득원가를 공정가치(₩100,000)로 측정하는 방법과 ② 취득원가를 공정가치에서 거래원가를 차감해서(₩98,000) 측정한 방법이 부채 발행연도의 당기이익에 미치는 영향은 다음과 같이 동일하다.

	취득원가를 공정가치로 측정	취득원가를 [공정가치 − 거래원가]로 측정
발행시점의 비용 인식액	거래원가 ₩2,000	없음
기말 평가손실 인식액	없음	평가손실 ₩2,000*
당기이익에 미치는 영향	₩2,000 감소	₩2,000 감소

* ₩100,000 − ₩98,000 = ₩2,000

② 최초인식시점에 FVPL 항목으로 지정한 부채

AC 금융부채를 최초인식시점에 FVPL 항목으로 지정하는 것을 공정가치선택권(fair value option)이라 한다. 다음 중 하나 이상을 충족하여 금융부채를 FVPL로 처리하는 것이 더 목적적합한 정보를 제공하는 경우에는 최초 인식시점에 금융부채를 FVPL 항목으로 지정할 수 있다. 그러나 일단 지정하면 이를 취소할 수 없다[1109: 4.2.2].

▸ FVPL 항목으로 지정하면, 서로 다른 기준에 따라 자산이나 부채를 측정하거나 그에 따른 손익을 인식하여 생길 수 있는 인식이나 측정의 불일치('회계불일치')를 제거하거나 유의적으로 줄인다.

▸ 문서화된 위험관리전략이나 투자전략에 따라 금융상품 집합(금융부채, 금융자산과 금융부채의 조합으로 구성된 집합)을 공정가치 기준으로 관리해서 성과를 평가하고 그 정보를 이사회, 대표이사 등 주요 경영진에게 그러한 공정가치 기준에 근거하여 내부적으로 제공한다.

FVPL 항목으로 지정한 금융부채는 FVPL 금융부채와 동일하게 처리한다. 즉, 부채발행과 직접 관련된 거래원가를 발생시점에 당기비용으로 인식하고, 매 보고기간 말에 공정가치로 측정하며, 공정가치가 변해서 발생하는 미실현(보유)손익을 당기손익으로 인식한다. 공정가치 변동액(미실현손익)을 계산할 때에는 이미 가득되었으나 인식하지 않은 이자수익은 포함하지 않는다. 금융부채를 최초로 인식할 때 또는 최초인식 이후에 사업결합과 같은 회계사건이 발생해서 금융부채의 측정방법을 결정할 때 FVPL 금융부채로 지정할 수 있다. 그러나 이 시점 이후에는 해당 금융상품을 FVPL 항목으로 지정할 수 없다. 기업이 보유하는 총 금융부채 중에서 일부만을 FVPL 항목으로 지정하고 나머지를 AC 금융부채로 재무상태표에 보고할 수 있다.

비유동(장기)금융부채(장기매입채무, 장기차입금, 사채 등)는 AC 금융부채로 분류해서 상각후원가로 측정하는 것이 일반적이다. 그러나 회계불일치(측정이나 인식의 불일치)를 감소시키기 위하여 최초 인식시점에 금융부채를 FVPL 항목으로 지정하고 공정가치로 측정할 수 있다.

회계불일치(accounting mismatch) 또는 측정이나 인식의 불일치는 특정 금융자산과 특정 금융부채가 서로 밀접하게 연관되어 있음에도 불구하고 해당 금융자산과 금융부채의 인식방법이나 측정방법이 서로 달라 회계이익의 변동성이 발생하는 문제를 가리킨다. 예를 들어, FVOCI 금융자산의 공정가치 변동은 미실현손익(기타포괄손익)으로 인식하는 데 반해(제9장 참조), 그 자산과 직접 관련된 금융부채는 상각후원가로 측정하여 공정가치 변동액을 무시하는 경우가 있다. 이 경우 최초 인식시점에 FVOCI 금융자산과 AC 금융부채를 모두 FVPL 항목으로 지정하면, FVOCI 금융자산의 손익과 AC 금융부채의 손익이 상계되어 이익의 변동성이 제거될 수 있다(예제 2 참조). 이처럼 회계불일치 현상을 최소화하여 더 목적적합한 정보를 제공하고자 하는 목적으로 금융부채를 FVPL 항목으로 지정할 수 있다.

예제 2 당기손익-공정가치측정항목과 이익변동성

중요도: ★★★
난이도: ◆

상황

· 1차연도 1. 1.에 A사가 사채(액면금액: ₩100,000, 이자율: 10%, 만기일: 2차연도 12. 31.)를 액면금액으로 발행하였다.
· 1차연도 1. 1.에 A사는 B사가 발행한 사채(액면금액: ₩100,000, 이자율: 10%, 만기일: 2차연도 12. 31.)를 액면금액에 취득하고 FVPL 금융자산으로 분류하였다.
· A사가 발행한 사채와 B사가 발행한 사채는 매우 유사하다.
· 1차연도 12. 31.의 시장이자율: 25%(현재가치계수: 0.8)
· 시장이자율의 상승으로 인하여 1차연도 12. 31.에 A사 사채와 B사 사채의 공정가치는 각각 ₩88,000 ((₩100,000 + ₩10,000) × 0.8)이다.

물음 A사가 발행한 사채를 FVPL 항목으로 지정하지 않은 경우와 FVPL 항목으로 지정한 경우로 구분하여 1차연도에 필요한 분개를 하라. 이자수익과 이자비용은 무시하라.

정답 및 해설

FVPL 항목으로 지정하지 않은 경우			FVPL 항목으로 지정한 경우		
1차연도 1. 1. 발행과 취득시점:					
(차) 현	금	100,000	(차) 현	금	100,000

(대) A C 금 융 부 채 100,000		(대) F V P L 금 융 부 채	100,000
(차) F V P L 금 융 자 산 100,000		(차) F V P L 금 융 자 산 100,000	
(대) 현 금 100,000		(대) 현 금	100,000

1차연도 12. 31. 결산일:

(차) 미 실 현 손 실(B) 12,000	(차) 미 실 현 손 실(B) 12,000
(대) F V P L 금 융 자 산 12,000	(대) F V P L 금 융 자 산 12,000
	(차) F V P L 금 융 부 채 12,000
	(대) 미 실 현 이 익(A) 12,000

· A사가 자신이 발행한 사채를 FVPL 항목으로 지정하지 않고 상각후원가로 측정하면, 1차연도 말에 사채의 공정가치 하락에 따른 미실현이익을 인식하지 않는다. 그러나 1차연도 말에 FVPL 금융자산(투자사채)에 대한 미실현손실 ₩12,000을 포괄손익계산서에 보고하므로 회계불일치가 발생한다. 이 경우 금융부채(발행된 사채)를 FVPL 항목으로 지정하면 FVPL 금융자산의 미실현손실 ₩12,000과 발행된 사채의 미실현이익 ₩12,000이 상쇄되어 이익의 변동성이 제거된다.

자기신용위험의 변동과 손익의 분류

공정가치선택권을 행사해서 FVPL 항목으로 지정한 금융부채의 공정가치 변동액 모두를 당기손익으로 인식하면, 부채 발행자의 자기신용위험(entity's own credit risk)이 높아져 금융부채의 공정가치가 하락했을 때 미실현평가이익을 당기이익으로 인식하게 되어 경영성과가 왜곡된다(Miniature 예제 1 참조). 이러한 문제를 회피하기 위해 금융부채의 자기신용위험의 변동에 따른 공정가치 변동은 기타포괄손익으로 인식하고, 그 이외의 공정가치 변동은 당기손익으로 인식한다[1109: 5.7.7]. 즉, FVPL 항목의 공정가치 변동액을 다음과 같이 회계처리한다.

(차) 금 융 부 채 ×××	(대) 기 타 포 괄 손 익 ×××*
	금융부채평가이익(당기손익) ×××**

* FVPL항목으로 지정된 금융부채의 자기신용위험 변동으로 인한 공정가치 하락액

** FVPL 항목으로 지정된 금융부채의 자기신용위험 변동 이외의 요인으로 인한 공정가치 하락액

자기신용위험의 변동으로 인한 공정가치 하락액을 이렇게 인식하면 자신의 신용등급하락으로 인한 공정가치 하락(평가이익)이 기타포괄손익으로 인식되므로, 자신이 발행한 금융부채를 처분하고 동액만큼 새로운 금융부채를 발행함으로써 금융부채의 조기 상환에 따른 처분이익을 당기손익으로 인식하는 행위를 예방할 수 있다. 그러나 다음 경우에는 공정가치 변동액 모두를 당기손익으로 인식한다[1109: 5.7.7~5.7.9].

- 자기신용위험의 변동 효과가 회계불일치를 일으키거나 확대하는 경우
- 당기손익－공정가치측정항목으로 지정한 대출약정과 금융보증계약

한편, FVPL 항목으로 지정한 금융부채를 제거하는 시점에 기타포괄손익누계액을 자본 내에서 다른 항목(예 이익잉여금)으로 이전할 수는 있으나 당기손익으로는 이전하지 못한다. 이를 '재순환

(recycling)의 금지'라 한다[1109: BC4.113].

Miniature 예제 1 금융부채에 대한 공정가치선택권과 자기신용위험의 변동

상황

· 1차연도 12. 1.에 봉사회사가 사채를 ₩100,000에 발행하고 공정가치선택권을 행사해서 FVPL 금융부채로 분류했다.

· 상황 ①: 1차연도 12. 31.에 봉사회사의 자기신용이 하락하여 투자가가 봉사회사의 사채를 매력적이지 못하다고 판단해서 사채의 공정가치가 ₩95,000으로 하락하였다.

· 상황 ②: 1차연도 12. 31.에 봉사회사의 자기신용이 향상되어 투자가가 봉사회사의 사채를 매력적으로 판단해서 사채의 공정가치가 ₩105,000으로 상승하였다.

물음

1. 「K-IFRS 제1109호」는 부채발행자가 공정가치선택권을 행사하면 자기신용위험의 변동으로 인한 공정가치 변동액은 당기손익으로 인식하지 않고 기타포괄손익으로 인식하고, 그 밖의 원인으로 인한 공정가치 변동액만 당기손익으로 인식하도록 규정한다. 이러한 규정이 없다고 가정해서 위의 각 상황을 분개하고 공정가치 변동액이 당기손익에 미치는 영향을 분석하라.
2. 상황 ①에서 사채의 공정가치 하락액 ₩5,000 중에서 ₩2,000이 자기신용위험의 변동으로 인한 하락이라 가정하고 「K-IFRS 제1109호」를 적용하여 공정가치 하락액을 포괄손익계산서에 표시하라.

정답 및 해설

1.

상황 ①: 자기신용이 악화된 경우

'자기신용위험의 변동'에 대한 규정이 없으면 봉사회사는 다음과 같이 분개한다.

(차)	금 융 부 채	5,000	(대) 미 실 현 이 익	5,000

※ 금융부채의 장부금액: ₩95,000

위 분개의 의미: 사채의 공정가치 하락 ⇒ 부채상환액 감소 ⇒ 경제적 혜택이 생김

봉사회사의 신용이 하락하여 경제적 상황이 악화된 것이 포괄손익계산서에는 오히려 이익으로 인식되어 당기순이익이 증가하는 납득하기 어려운 결과를 낳는다.

상황 ②: 자기신용이 향상된 경우

'자기신용위험의 변동'에 대한 규정이 없으면 봉사회사는 다음과 같이 분개한다.

(차)	미 실 현 손 실	5,000	(대) 금 융 부 채	5,000

※ 금융부채의 장부금액: ₩105,000

위 분개의 의미: 사채의 공정가치 상승 ⇒ 부채상환액 증가 ⇒ 경제적 손해 발생

봉사회사의 신용이 향상되어 경제적 상황이 향상된 것이 포괄손익계산서에는 오히려 손실로 인식되어 당기순이익이 감소하는 문제가 발생한다.

2.

당기이익: ₩3,000(자기신용위험 이외의 원인으로 인한 공정가치 하락)

기타포괄손익: ₩2,000(자기신용위험으로 인한 공정가치 하락)

3. AC(상각후원가측정) 금융부채

AC 금융부채는 최초인식시점에 공정가치에서 거래원가를 차감한 금액으로 측정한다, 최초인식시점 이후에는 유효이자율법으로 측정한 이자비용을 인식하고 상각후원가(amortized costs)로 측정한다.

최초인식시점의 측정액(공정가치 − 거래원가)	×××
±) 현재가치할인(할증)차금의 상각누계액	×××
=) 상각후원가	×××

표 10.1 **금융부채의 측정**

범주	최초측정	후속측정	당기손익으로 인식하는 항목
FVPL 금융부채	공정가치	공정가치	거래원가, 공정가치 변동액, 이자비용, 처분손익
AC 금융부채	공정가치 − 거래원가	상각후원가	이자비용, 처분손익

다음 금융부채는 상각후원가로 측정하지 않고 별도 기준을 적용해서 측정한다[1109: 4.2.1].

- 금융자산의 양도가 제거조건을 충족하지 못하거나 양도 이후에 지속적으로 관여해서 발생한 금융부채: 양도자산과 관련부채의 장부금액이 양도자가 보유하는 권리와 부담하는 의무의 상각후원가(양도자산을 상각후원가로 측정하는 경우) 또는 공정가치(양도자산을 공정가치로 측정하는 경우)가 되도록 관련부채를 측정[1109: 3.2.17]
- 금융보증계약
- 시장이자율보다 낮은 이자율로 대출하기로 한 약정

제3절 단기금융부채의 유형

Chapter 10

1. 단기금융부채의 정의와 측정

1년 또는 통상적 영업주기 중에서 긴 기간 이내에 상환하여야 할 부채를 유동부채(current liabilities)로 분류하고 두 기간 중에서 긴 기간을 초과해서 결제할 부채는 비유동부채(non-current liabilities)로 분류한다. 유동부채의 예는 매입채무, 단기차입금, 유동성장기차입금 등이고 비유동부채의 예는 장기차입금, 사채, 전환사채, 신주인수권부사채 등이다. 금융부채 중에서 1년 이내에 결제(정산)해야 하는 금융부채를 유동(단기)금융부채(current financial liabilities)라 한다. 일반 상거래에서 발생하는 유동금융부채는 거래상대방에게 현금 등 금융자산을 인도하기로 하는 계약상 의무로서 단기매입채무, 단기차입금, 미지급비용(부채), 유동성장기부채 등이 있다. 유동금융부채도 원칙적으로는 상각후원가로 측정하여야 하지만 명목금액(액면금액)과 현재가치의 차이가 중요하게 크지 않으므로 실무 편의상 상각후원가로 측정하지 않고 액면금액으로 측정한다.

2. 단기금융부채의 예

(1) 매입채무

매입채무(accounts payable, trade payable)는 일반 상거래에서 발생한 외상매입금과 지급어음을 포함한다. 이론적 관점에서는 매입채무를 미래 현금흐름의 현재가치로 측정하여야 하나, 매입채무의 만기일이 단기간에 도래하므로 상환(액면)금액으로 측정한다.

판매자가 현금할인(매출할인)을 제공하는 경우 구매자는 다음 두 가지 방법 중에서 한 방법을 사용해서 매입채무를 측정한다.

- 총액법: 매입채무를 송장가격으로 측정한다.
- 순액법: 송장가격에서 매입할인을 차감한 금액으로 매입채무를 측정하고 이용하지 않은 현금할인을 이자비용으로 인식한다.

「K-IFRS 제1002호」(재고자산 기준서)에 의하면 재고자산의 취득원가는 매매할인을 제외한 금액이므로 순액법을 적용해서 매입채무를 측정한다. 그러나 총액법이 사용하기 쉽고, 순액법 하에서 이용되지 않은 현금할인이 경영상 비효율로 해석될 것을 우려하기 때문에 실무에서는 총액법이 압도적으로 많이 사용된다.

(2) 단기지급어음

통상적으로 결제기간이 60일이 넘는 경우에는 판매자가 구매자에게 약속어음의 발행을 요구한다. 따라서 지급어음(notes payable)은 지급기간이 외상매입금의 지급기간보다 길 때 발행된다. 기업이 금융기관으로부터 단기차입금을 조달하면서 발행하는 약속어음도 단기지급어음으로 분류한다.

측정 원칙: 화폐의 시간가치를 무시하고 어음의 만기(액면)금액으로 지급어음을 측정하면 재무상태표상 부채와 포괄손익계산서상 이자비용이 과대계상되므로 원칙적으로 지급어음을 미래 현금유출액의 현재가치로 측정한다.

실무적간편법: 어음의 만기일이 상대적으로 짧고 액면금액과 현재가치의 차이가 중요하지 않은 경우에는 지급어음을 액면금액으로 측정할 수 있다. 실무에서는 통상적으로 만기가 90일 이내인 지급어음은 액면금액으로 측정하고, 90일을 초과하는 지급어음은 현재가치로 측정한다.

예제 3 단기지급어음

중요도: ★★★
난이도: ◆

상황

· 1차연도 1. 1.에 재고자산을 외상으로 매입하고 액면금액이 ₩100,000인 무이자부어음(만기일: 1차연도 12. 31.)을 발행하였다.
· 1차연도 1. 1.의 유효이자율: 연 25%
· 1차연도 12. 31.에 어음을 상환하였다.

물음 단기지급어음을 액면금액으로 측정하는 경우와 현재가치(현재가치계수: 0.8)로 측정하는 경우로 구분하여 재고자산의 취득원가를 측정하고, 필요한 분개를 하라.

정답 액면금액으로 측정: ₩100,000, 현재가치로 측정: ₩80,000

해설

단기지급어음을 액면금액으로 측정하는 경우 재고자산의 취득원가: ₩100,000
단기지급어음을 현재가치로 측정하는 경우 재고자산의 취득원가: ₩100,000 × 0.8 = ₩80,000

액면금액으로 측정하는 경우			현재가치로 측정하는 경우		
1차연도 1. 1. 재고자산 취득시점:					
(차) 재 고 자 산	100,000		(차) 재 고 자 산	80,000	
(대) 지 급 어 음		100,000	현재가치할인차금	20,000	
			(대) 지 급 어 음		100,000
1차연도 12. 31. 상환시점:					
(차) 지 급 어 음	100,000		(차) 이 자 비 용	20,000	
(대) 현 금		100,000	(대) 현재가치할인차금		20,000
			(차) 지 급 어 음	100,000	
			(대) 현 금		100,000

(3) 미지급비용

미지급비용(accrued expenses)은 이미 발생했지만 지급기일이 도래하지 않아 지급되지 않은 비용으로, 일반적으로 유동부채로 분류한다. 미지급비용을 장부에 인식하는 목적은 발생주의에 입각하여 기간별 손익을 계산하기 위한 것이다. 당기에 발생했지만 계약상 지급기일이 도래하지 않은 집세, 급여, 이자 등은 발생한 기간에 수정분개를 통해 미지급비용으로 인식한다. 예를 들어, 이자비용이 발생했지만 아직 지급되지 않았다면 회계기간 말에 수정분개를 해서 이자비용과 부채(미지급이자)를 인식한다.

(4) 유동성장기부채

비유동부채 중에서 만기일이 1년 이내에 도래하여 유동자산의 사용이나 유동부채의 발생을 초래할 부분은 유동부채로 재분류하고 유동성장기부채 또는 유동성대체라 부른다. 그러나 다음 경우에는 비유동부채의 만기가 1년 또는 정상영업주기 이내에 도래한다고 하더라도 유동부채로 재분류하지 않고 계속 비유동부채로 분류한다.

- 비유동자산을 사용하여 상환하는 경우
- 새로운 비유동부채(예 장기차입금)로 비유동부채를 차환하는 경우
- 주식을 발행하여 상환하는 경우

① 차입약정 위배

장기차입약정서에 채무자의 재무상태 등에 관한 조건이 위배되면 채권자가 상환을 요구할 수 있는 조건이 있고 해당 조건이 실제로 위배된 경우에는 비유동부채를 유동부채로 재분류한다. 그러나 장기차입약정이 위반되어도 다음 조건이 모두 충족되면 계속 비유동부채로 분류한다[1001: 75].

- 채무자가 약정조건을 위반하였더라도 채권자가 적어도 12개월 이상의 유예기간(grace period)을 주는 것을 보고기간 말 이전에 합의하였다.
- 유예기간 내에 기업이 위반사항을 해소할 수 있고, 또 그 유예기간 동안에는 대여자가 즉시 상환을 요구할 수 없다.

② 차 환

새로운 부채를 발행해서 기존 부채를 상환하는 것을 차환(refinance)이라 한다. 기업이 부채를 차환하거나 만기를 연장할 것으로 예상할 때, 보고기간 후 12개월 이상 부채의 결제를 연기할 수 있는 무조건의 권리를 가지고 있지 않으면 이를 유동부채로 분류한다[1001: 69(4)]. 계약 상대방의 선택에 따라, 지분상품의 발행으로 결제할 수 있는 부채의 조건은 그 분류에 영향을 미치지 아니한다. 그 밖의 모든 부채는 비유동부채로 분류한다. 기업이 기존의 대출조건에 따라 보고기간 후 적어도 12개월 이상 부채를 차환하거나 연장할 것으로 기대하고 있고, 그런 재량권이 있다면, 보고기간 후 12개월 이내에 만기가 도래한다 하더라도 비유동부채로 분류한다[1001: 73].

국제회계기준위원회는 [1001: 69(4)]와 [1001: 73]을 다음과 같이 수정해서 부채의 유동 · 비유동을 분류할 때 고려할 사항을 명확하게 하였다.

㉠ 채무자가 보고기간 말에 채무관련 계약사항(약정사항)을 준수하면, 채무자에게 부채의 결제를 연기할 권리가 있다.

㉡ 부채의 결제 연기 가능성과 경영진의 기대는 부채의 유동성 분류에 영향을 미치지 않는다.

㉢ 부채는 현금 이전, 재화나 용역 제공, 기업 자신의 지분상품 이전을 통해 결제된다.

예를 들어, 보고기간 말이 12월 31일인 기업이 1차연도 12. 29.에 만기가 2차연도 4. 1.인 유동부채를 3차연도 4. 1.로 만기를 연장하면 해당 부채를 비유동부채로 분류한다. 그러나 기업이 재무상태표 작성일이 지난 2차연도 1. 10.에 해당 부채의 만기일을 3차연도 4. 1.로 연장하면 1차연도 재무상태표에 해당 부채를 유동부채로 보고한다. 또한 기업에게 부채의 차환이나 연장에 대한 재량권이 없다면(예를 들어, 차환약정이 없는 경우), 차환가능성을 고려하지 않고 유동부채로 분류한다.

③ 보고기간후사건

유동부채로 분류된 차입금의 경우 다음과 같은 사건이 보고기간 말과 재무제표 발행승인일 사이

에 발생하면 주석으로 공시한다[1001: 76].

▸ 비유동부채로 차환(또는 만기연장)
▸ 장기차입약정의 위배사항의 해소
▸ 장기차입약정의 위배사항을 해소할 수 있는 유예기간을 채권자가 부여

<표 10.2>는 유동성장기금융부채의 차환이나 차입약정 위배에 대한 유예기간 부여가 언제 이루어지는가에 따라 당기와 차기 재무제표에 해당 부채의 분류가 어떻게 달라지는가를 보여준다. 부채의 유동 · 비유동 분류가 왜 중요한지 의문을 갖는 독자가 있을 수 있다. 기업의 재무적 안전성을 평가할 때는 자본 대비 부채의 절대적 규모뿐만 아니라 유동부채와 비유동부채의 비율도 중요하다. 유동부채를 상환하기에 충분한 유동자산을 보유하지 못하면 흑자도산의 위험이 있기 때문이다. 이를 의식한 기업이 유동부채를 비유동부채로 분류함으로써 유동비율(유동자산 ÷ 유동부채)을 높이려 할 때 관련 기준이 없다면 재무제표 이용자의 의사결정이 왜곡될 수 있다. 부채를 재무상태표에 아예 보고하지 않는 것('부외부채')뿐만 아니라 잘못된 분류로 보고하는 것도 분식회계에 포함된다.

표 10.2 유동성장기부채의 분류와 공시

	당해 연도 시작 1. 1. ~ 당해 연도 보고기간 말 12. 31.	당해 연도 보고기간 말 12. 31. ~ 당해 연도 재무제표 승인일 2. 20.	당해 연도 재무제표 승인일 2. 20. ~ 당해 연도 재무제표 발행일 3. 15.
다음 회계연도에 만기가 도래하는 부분	차환협약체결	차환협약체결	차환협약체결
당해 연도 재무제표	비유동부채	유동부채 (차환사실 공시)	유동부채
차기 연도 재무제표	비유동부채	비유동부채	비유동부채
장기차입약정의 위배	유예기간부여	유예기간부여	유예기간부여
당해 연도 재무제표	비유동부채	유동부채 (약정위배해소 공시)	유동부채
차기 연도 재무제표	비유동부채	비유동부채	비유동부채

예제 4 비유동부채의 차환

중요도: ★★
난이도: ◆

상황

· 2차연도 1. 1.에 지급어음(액면금액: ₩10,000)을 발행하였고 만기가 3차연도 1. 31.이다.
· 보고기간 말은 2차연도 12. 31.이다.
· 3차연도 1. 1.에 차입금의 차환협약이 완료되어 차입금의 만기일을 5차연도 1. 1.로 연장했다.

· 3차연도 2. 10.에 2차연도 재무제표의 발행이 사실상 확정되었다.
· 차환과 관련된 주요한 날짜는 다음과 같다.

2차연도 12. 31.	3차연도 1. 1.	3차연도 1. 31.	3차연도 2. 10.
부채 분류시점	차환협정 완료	부채의 원래 만기일	재무제표의 발행이 승인된 날

물음 2차연도 12. 31.에 지급어음 ₩10,000을 비유동부채로 분류할 수 있는지 결정하라.

정답 유동부채로 분류

해설
· 2차연도 12. 31. 또는 그 이전에 차환협정이 완료되어야만 지급의무를 비유동부채로 분류할 수 있다. 2차연도 12. 31.에 의무의 청산을 연기할 무조건적 권리가 없으므로 지급어음을 유동부채로 분류한다.

제4절 특별한 형태의 금융부채

Chapter 10

1. 조건부 결제조항이 있는 계약

미래에 발생할 특정 사건의 결과에 따라 현금이나 기타 금융자산 또는 자기지분상품의 인도 여부가 결정되는 결제조항을 조건부 결제조항(contingency settlement provisions)이라 한다. 예를 들면, 어음의 만기일 직전 10일간 평균 주가가 ₩10,000을 초과하면 지분상품으로 결제하고, ₩10,000 이하이면 현금으로 결제하는 조건부 결제조항이 명시되어 어음이 발행될 수 있다. 부채의 조건부 결제조항에 정의된 미래사건의 결과를 기업이 통제할 수 없는 것(예 주가의 변동)이면 금융부채로 분류한다. 미래에 일어날 사건의 결과를 통제할 수 없다는 것은 기업이 현금(또는 다른 금융자산) 지급을 피할 수 있는 무조건적인 권리를 갖고 있지 않다는 것을 의미하므로 해당 계약을 금융부채로 분류한다[1032: 25].[1)]

자기지분상품을 인도하는 계약은 이를 부채로 분류할 것인지 자본으로 분류할 것인지를 판단해야 한다. 자기지분상품으로 결제하는 계약에서 조건부 결제규정이 '실질적으로 유효'하면 금융부채로 분류한다. 예를 들어, 인도되는 자기지분상품의 총 공정가치가 계약상 지급액과 같아지도록 자기지분상품의 공정가치 변동에 따라 인도되는 자기지분상품의 수량이 조정되는 계약인 경우, 이러한 계약의 거래상대방은 자기지분상품을 인도하는 기업의 잔여지분을 보유하는 것이 아니므로 해당 계약을 금

1) 조건부 결제조항은 전환사채(사채 보유자가 원할 경우 사채 발행자에게 현금 대신 사채 발행자의 주식으로 지급할 것을 요구할 수 있는 사채)와는 다르다.

융부채로 분류한다.

조건부 결제조항이 있다고 해서 모두 금융부채로 분류하는 것은 아니다. 금융상품의 발행자가 조건부 상황을 회피할 수 있거나 다음과 같이 실질적으로 유효하지 않은 결제조항인 경우에는 금융부채로 분류하지 않는다[1032: 25].

- 현금 등 금융자산을 인도하는 결제방법이나 금융부채로 분류될 그 밖의 결제방법과 관련된 조건부 결제조항이 실질적으로 유효하지 않은 경우
- 발행자가 청산하는 경우에만, 현금 등 금융자산을 인도하는 방법으로 (또는 금융부채로 분류될 그 밖의 방법으로) 의무를 결제하도록 요구받을 수 있는 경우

그러나 「K-IFRS 제1032호」가 '실질적으로 유효하지 않다'(not genuine)라는 표현을 정의하지 않으므로 실무에서는 실질적으로 유효한지를 주관적으로 판단해야 한다. 한편, 지극히 드물고 예외적이며 발생 가능성이 매우 낮은 사건이 일어나는 경우에만 현금으로 결제하거나 변동 가능한 수량의 기업 자신의 주식으로 결제해야 하는 계약은 지분상품이다. 또한 발행자가 통제할 수 없는 특정 상황에서는 확정 수량의 기업 자신의 주식으로 하는 결제가 계약에 의해 배제될 수 있지만, 실제로 그러한 상황이 벌어질 가능성이 없는 경우에는 지분상품으로 분류한다[1032: AG28].

예제 5 조건부 결제조항

중요도: ★
난이도: ◆

상황

· 회사가 2개월 내에 종합주가지수가 15% 이상 하락하면 주식발행 금액을 현금으로 상환하는 보통주를 발행하였다.

물음

1. 이 계약이 금융부채인지 자본(지분상품)인지를 판단하라.
2. 회사가 1개월 내에 종합주가지수가 100% 이상 하락하면 주식발행 금액을 현금으로 상환하는 보통주를 발행하였다고 가정하고 물음 1에 답하라.
3. 회사가 외국에 위치한 자회사의 영업을 중단하면 주식발행 금액을 현금으로 상환하는 보통주를 발행하였다고 가정하고 물음 1에 답하라.

정답 1. 금융부채, 2. 자본, 3. 자본

해설

1. 회사(금융상품 발행자)의 통제를 벗어나는 불확실성이 존재하기 때문에 보통주를 금융부채로 분류한다.
2. 종합주가지수가 1개월 내에 100% 이상 하락하는 것은 매우 드문 현상이며 발생할 가능성이 극히 낮다. 이러한 조건은 인위적이며 실질적으로 유효하지 않기 때문에 보통주를 자본(지분상품)으로 분류한다.
3. 회사가 재량으로 자회사의 영업을 중단하지 않을 수 있으므로 보통주 상환의무를 회피할 수 있다. 회사가 자회사의 영업중단을 통제할 수 있으므로 조건부 결제 규정에 해당되지 아니하여 회사는 보통주를 자본(지분상품)으로 분류한다.

2. 지속적 관여를 통한 보증

제8장에서 설명했듯이, 금융자산의 매도인이 금융자산에 대한 통제권을 보유하면서 이전된 금융자산의 회수에 지속적으로 관여(continuing involvement)하면, 지속적으로 관여하는 정도까지 금융자산을 장부에 계속 인식하고 지속적관여부채를 인식한다. 지속적 관여 정도는 양도자산의 가치 변동에 대해서 매도인이 부담하는 노출 정도를 의미하며, 다음과 같이 측정한다.

지속적 관여액 = min {양도자산의 장부금액, 양도대가 중 최대 상환의무액(보증액)}

매도인이 금융자산을 매각하고 받은 총이전대가 중에서 지속적으로 관여하고 보증한 금액을 '담보부차입거래'에서 조달된 금액으로 해석하여 금융부채로 인식한다. 구체적으로, 부채의 최초측정액은 다음과 같다.

	보증의 공정가치(보증의 대가로 받은 금액)	×××
+)	보증액(지속적 관여로 보증한 금액)	×××
=)	부채의 최초측정액	×××

양도자가 지속적으로 관여하는 정도까지 자산을 계속 인식하는 경우에 관련 부채도 함께 인식한다. 이때 양도자산과 관련 부채는 양도자가 보유하는 권리와 부담하는 의무를 반영하여 측정한다. 관련 부채는 다음과 같이 측정한다[1109: 3.2.17].

- 양도자산을 상각후원가로 측정한다면, 양도자산과 관련 부채의 순장부금액이 양도자가 보유하는 권리와 부담하는 의무의 상각후원가가 되도록 관련 부채를 측정한다.
- 양도자산을 공정가치로 측정한다면, 양도자산과 관련 부채의 순장부금액이 양도자가 보유하는 권리와 부담하는 의무를 독립적으로 측정한 공정가치가 되도록 관련 부채를 측정한다.

Recap 지속적 관여법에 대한 회계처리(참조)

· 매도인이 지속적으로 관여해서 신용손실을 보증하고 금융자산을 이전하면 총이전대가를 다음 세 부분으로 분해할 수 있다.
- 보증의 대가로 미리 받은 금액(보증의 공정가치) ← '선수수익'(unearned revenue)의 성격을 갖는 부채임
- 지속적 관여로 보증한 금액 ← '담보부차입거래'에서 받은 금액(금융부채)임
- 매각된 자산에 대한 대가 ← 상환청구불능팩토링과 유사함

예제 6 자산의 이전과 보증을 통한 지속적 관여

중요도: ★★★
난이도: ◆◆◆

상황

· 매도회사(매도자)가 1차연도 12. 25.에 외상으로 상품을 ₩170,000에 판매하고 결산일인 12. 31.에 손실충당금 ₩20,000을 설정하였다.

· 2차연도 1. 1.에 매출채권의 장부금액이 ₩150,000이고 공정가치가 ₩150,000인데 매출채권을 매수회사(매수자)에게 ₩145,000에 양도하였다.

물음

1. 매출채권의 양도가 매각거래라고 가정하여 2차연도 1. 1.에 매도회사에게 필요한 분개를 하라.
2. 매도회사가 지속적으로 관여하는 조건으로 ₩158,000(장부금액 ₩150,000 + 보증의 공정가치 ₩8,000)에 매출채권을 양도하고 다음 자료가 추가로 주어졌다고 가정하고, 2차연도 1. 1.에 필요한 분개를 하라.
   · 매도회사는 채무불이행 손실에 대하여 ₩12,000까지 상환하기로 보증하였다.
   · 지급보증기간은 2차연도 1. 1.부터 2차연도 5. 31.까지이다.
3. 물음 2에서 다음 각 경우에 대해서 2차연도 5. 31.에 필요한 분개를 하라.
   ① 보증기간 말에 매수회사가 상환을 청구한 금액이 없다.
   ② 보증기간 말에 매수회사가 상환액 ₩12,000을 청구하였다.

정답 및 해설

1. 2차연도 1. 1. 양도시점:

(차) 현금	145,000	(대) 매출채권	170,000
손실충당금	20,000		
매출채권처분손실	5,000		

2.

· 지속적 관여의 정도 = min {양도자산의 장부금액, 받은 양도대가 중 최대 상환의무액}
= min {₩150,000, ₩12,000}
= ₩12,000

· 매도인이 지속적 관여로 자산을 매각하고 받은 **총대가(₩158,000)를 다음 세 부분으로 분해한다.**
▶ 보증의 대가로 미리 받은 ₩8,000(보증의 공정가치) ← 선수수익임
▶ 지속적 관여로 보증한 ₩12,000 ← 담보부차입거래에서 받은 금액(금융부채)임
▶ 매각된 자산에 대한 대가: ₩158,000 − ₩12,000 − ₩8,000 = ₩138,000 ← 상환청구불능팩토링 대가

금융자산 제거액(매각됐다고 간주하는 부분의 장부금액)
= 총장부금액 − 지속적 관여로 보증한 금액
= ₩150,000 − ₩12,000 = ₩138,000

금융자산 처분손익 = 매각된 자산에 대한 대가 − 금융자산 제거액
= ₩138,000 − ₩138,000 = ₩0

2차연도 1. 1. 양도시점:

(차) 현금	158,000	(대) 매출채권	138,000
		선수수익	8,000

		금 융 부 채	12,000
또는			
(차) 현 금	150,000	(대) 매 출 채 권	170,000
손 실 충 당 금	20,000		
(차) 현 금	8,000	(대) 선 수 수 익	8,000
(차) 지속적관여자산	12,000	(대) 금 융 부 채	12,000

3.

2차연도 5. 31. 보증기간 종료시점:

① 부실채권 발생액 = ₩0			② 부실채권 발생액 = ₩12,000		
(차) 금 융 부 채	12,000		(차) 금 융 부 채	12,000	
(대) 매 출 채 권		12,000	(대) 현 금		12,000
			(차) 금융보증손실	12,000	
			(대) 매 출 채 권		12,000
(차) 선 수 수 익	8,000		(차) 선 수 수 익	8,000	
(대) 금융보증수익(영업외이익)		8,000	(대) 금융보증수익(영업외이익)		8,000

3. 금융보증계약

금융보증계약(financial guarantee contracts)은 채무상품의 최초 계약조건이나 변경된 계약조건에 따라 지급기일에 채무자가 지급하지 못하여 보유자가 입은 손실을 보상하기 위해 금융보증계약 발행자가 특정 금액을 지급하여야 하는 계약을 말한다[1109: 부록 A]. 금융보증계약 발행자가 보상하는 금액은 실제로 발생한 손실액과 같거나 작은 금액이고, 손실액보다 큰 금액을 보상하는 것은 금융보증계약이 아니다. 예를 들어, 종속기업이 은행대출금을 상환하지 않는 경우 모기업이 종속기업을 대신해서 대출금을 은행에 보상한다고 보증하면, 이 약정은 특정 채무자 및 채무상품과 관련되며 지급불능으로 인한 손실만 보상하기 때문에 금융보증계약의 정의를 충족한다. 금융보증계약의 다른 예는 다음과 같다.

- 판매인에 의한 보증: 판매를 촉진하기 위해서 판매인이 고객의 은행 차입금에 대해 보증을 선다.
- 특수 관계가 없는 제3자에 의한 보증: 기업과 특수 관계가 없는 은행이나 보증보험회사 등이 기업으로부터 수수료를 받고 고객의 은행 차입금을 보증한다.

제3자(금융보증계약 발행인, 보증인)는 「K-IFRS 제1109호」(금융상품 기준서)를 적용해서 금융보증계약을 회계처리한다.

(1) 최초측정

금융보증계약으로 인해서 회계불일치가 발생하는 경우에 보증인은 최초인식시점에 금융보증계약을 FVPL(당기손익-공정가치측정) 항목으로 지정해서 금융보증계약의 발행과 직접 관련된 거래원가를 발생시점에 비용으로 인식하고 공정가치로 측정할 수 있다. 또한 금융보증계약의 발행자가 해당 계약을 보험계약으로 본다는 것을 사전에 명백히 하고 보험계약에 적용 가능한 회계처리를 하였다면, 금융보증계약 발행자는 금융보증계약에 「K-IFRS 제1109호」나 「K-IFRS 제1104호」(보험계약 기준서)를 선택하여[2] 적용할 수 있다[1109: B2.5 ~ B2.6]. 발행자는 각 금융보증계약별로 회계처리방법을 선택할 수 있으나 선택한 후에는 변경할 수 없다.

FVPL 금융부채로 지정하지 않은 금융보증계약은 금융보증계약의 발행과 직접 관련된 거래원가를 금융보증계약의 공정가치에서 차감한 금액으로 최초측정한다[1109: 5.1.1]. 금융보증계약이 독립적 당사자 간의 정상적 거래(arm's-length transaction)에서 발행되면 최초 공정가치는 수취한 보증대가(premium, 보증수수료)와 같을 가능성이 높다. 그러나 **연결실체 간의 거래에서와 같이 보증대가를 받지 않는 경우, 금융보증계약의 공정가치를 이자율차이접근법으로 측정한다.** 실무에서는 보증보험회사와 같이 독립적 당사자 간에 금융보증계약이 체결되는 경우는 극히 드물고 대부분 경우에 관계회사 또는 연결실체 간에 금융보증계약이 체결된다. 그러므로 **이자율차이접근법과 예제 7이 매우 중요하다.** 이자율차이접근법(interest rate differentials approach)은 다음 두 금액의 차이를 금융보증계약이 없다면 적용될 이자율로 할인한 현재가치로 금융보증계약의 공정가치를 측정하는 방법이다.

- 보증한 경우 채무상품의 현금흐름
- 보증하지 않은 경우 채무상품의 현금흐름

예를 들면, 금융보증계약이 존재하는 경우 7%의 이자율이 부과되지만 금융보증계약이 없는 경우 10%의 이자율이 부과된다면, 3%의 이자율 차이는 금융보증계약의 경제적효익이다. 따라서 대여기간 중 이자율 차이에 대한 현금흐름의 현재가치가 금융보증계약의 최초 공정가치이다.

금융보증계약을 체결하지 않은 경우 총이자비용의 현재가치	×××
금융보증계약을 체결한 경우 총이자비용의 현재가치	(×××)
금융보증계약의 공정가치(현재가치)	×××

Miniature 예제 2 금융보증계약의 공정가치

상황

· 1차연도 1. 1.에 대한이 은행에서 ₩100,000을 차입(만기: 3차연도 12. 31., 이자율: 연 25%)하였다.
· 1차연도 1. 1.에 민국이 자회사인 대한의 차입금 ₩100,000을 보증함에 따라 은행이 이자율을 연 20%로

---

2) 보험계약으로 지정된 금융보증계약: 금융보증계약의 발행자는 금융보증계약에 대해 다음 두 가지 조건이 모두 충족되면 최초인식시점에 금융보증계약 또는 보험계약 중에서 선택하여 회계처리할 수 있다.
- 발행자가 해당 금융보증계약을 보험계약으로 간주한다는 것을 사전에 명백히 한다.
- 발행자가 유사한 금융보증계약에 대하여 과거에 보험계약으로 회계처리한 증거가 있다.

특정 금융보증계약을 보험계약으로 선택하면 「K-IFRS 제1104호」에 따라 회계처리하는데 보험계약의 회계처리가 중급회계의 범위를 벗어나므로 이 책에서는 생략한다.

낮추었다.

물음 이자율차이접근법을 사용해서 1차연도 1. 1.의 금융보증계약의 최초측정액(공정가치)을 구하라.

정답 및 해설

보증하지 않은 경우의 채무 현금흐름의 현재가치(할인율: 연 25%)		
액면금액의 현재가치: ₩100,000 × 0.512 =	₩51,200	
이자의 현재가치: ₩**25,000** × 1.952 =	48,800	₩100,000
보증한 경우의 채무 현금흐름의 현재가치(할인율: 연 25%)		
액면금액의 현재가치: ₩100,000 × 0.512 =	₩51,200	
이자의 현재가치: ₩**20,000** × 1.952 =	39,040	(90,240)
금융보증계약의 공정가치(현재가치)		₩9,760

참고 액면금액이 동일하므로 금융보증계약의 공정가치 ₩9,760을 다음과 같이 계산할 수도 있다.
(₩25,000 − ₩20,000) × 1.952 = ₩9,760

(2) 후속측정

FVPL 항목으로 지정된 금융보증계약은 공정가치로 측정하고 공정가치 변동액을 당기손익으로 인식한다. FVPL 항목으로 지정되지 않은 금융보증계약의 발행자는 금융보증계약의 기대신용손실을 손실충당금으로 인식한다[1109: 5.5.1]. 그러므로 금융보증계약을 후속적으로 다음 금액으로 측정하고 금융보증손익을 인식한다[1109: 4.2.1, 부록 A].

금융보증계약 후속측정액 = max {손실충당금, 최초 인식금액에서 「K-IFRS 제1115호」에 따라 인식한 이익누계액을 차감한 금액}

각 후속 보고기간 말에 원칙적으로 12개월 기대신용손실로 손실충당금을 측정한다. 그러나 채무자의 채무불이행으로 인한 위험이 유의적으로 증가한 경우에는 전체기간 기대신용손실로 손실충당금을 측정한다. 기대신용손실은 다음 금액이다(제9장 참조).

받지 못할 것으로 예상한 금액의 현재가치 (채무불이행으로 인한 신용손실액)	×××
×) 받지 못할 확률	(×××)
=) 기대신용손실	×××

「K-IFRS 제1109호」(금융자산 기준서)는 3단계접근법(제9장 참조)을 사용하여 아직 발생하지 않은 금융자산의 손상차손을 미리 예측하여 인식하는 기대손실모형을 사용하도록 규정한다. 제8장과 제9장에서 설명한 것과 같이, 일반적인 상황에서는 향후 12개월 동안 발생할 기대신용손실을 바탕으로 손상

차손을 측정('12개월 기대신용손실법')하다가, 채무자의 신용이 유의적으로 하락하면 향후 전체기간 동안 발생할 기대신용손실을 토대로 손상차손을 측정('전체기간 기대신용손실법')한다. 여기서 유의할 점은 제8장에서 설명한 실무적간편법은 금융보증계약에 사용할 수 없다는 것이다.

참고 「K-IFRS 제1109호」는 「K-IFRS 제1115호」(수익 기준서)의 원칙에 따라 금융보증계약에 대해서 이익누계액을 측정하도록 요구한다. 「K-IFRS 제1115호」의 일반적 원칙은 기업이 고객에게 재화와 용역을 이전하는 것을 나타내기 위해 고객으로부터 받을 것으로 예상하는 대가를 반영하는 금액으로 수익을 인식하는 것이다. 금융보증계약의 주요 실무적 문제는, 계약에 따른 기업의 의무의 성격을 식별하고, 해당 의무가 이행되는 시기(예 보증기간 또는 계약만료시점)를 결정하고, 인식할 이익누계액을 측정하는 것이다. 그러나 「K-IFRS 제1115호」는 금융보증계약에 일반적 원칙을 적용하는 방법에 대해서 구체적 지침을 제시하지 않으므로, 「K-IFRS 제1115호」에 따라 인식하는 '이익누계액'을 산정하는 방법이 모호하다.

제3자를 위한 금융보증계약

제3자로부터 보증수수료를 미리 받고 금융보증계약을 체결하면 시간(보증기간)이 경과함에 따라 인식하는 보증수수료수익을 '이익누계액'으로 측정할 수 있다.

Miniature 예제 3 제3자를 위한 금융보증계약

상황

· 1차연도 1. 1.에 다급해회사는 미인은행으로부터 ₩30,000(만기: 3차연도 12. 31.)을 차입하였으나 지불능력이 있고 부채를 상환할 의도가 있다.
· 1차연도 1. 1.에 느긋해회사는 다급해회사의 부채를 보증하는 계약을 체결(보증기간: 3년)하고 다급해회사로부터 보증수수료 ₩3,000을 받았다.
· 3년간의 금융보증의 공정가치: ₩3,000
· 2차연도 12. 31.에 다급해회사가 재무위기에 봉착하여, 느긋해회사는 미인은행에 다급해회사 대신 ₩30,000을 지불할 가능성이 매우 높다.
· 예제를 단순화하기 위해서 이자를 무시한다.

물음 느긋해회사가 보증액을 지불할 가능성이 낮은 경우와 지불할 가능성이 높은 경우로 구분하여 1차연도 1. 1.부터 2차연도 12. 31.까지 필요한 분개를 하라.

정답 및 해설

지불할 가능성이 낮은 경우			지불할 가능성이 높은 경우		
1차연도 1. 1. 보증계약 체결시점:					
(차) 현 금	3,000		(차) 현 금	3,000	
(대) 미실현수익(부채)		3,000	(대) 미실현수익(부채)		3,000
1차연도 12. 31. 결산시점:					
(차) 미실현수익(부채)	1,000		(차) 미실현수익	1,000	
(대) 수수료수익		1,000	(대) 수수료수익		1,000

2차연도 12. 31. 결산시점:

(차) 미실현수익(부채)	1,000		(차) 금융보증손실	28,000	
(대) 수수료수익		1,000	미실현수익	2,000	
			(대) 금융보증부채		30,000

특수관계자를 위한 금융보증계약

금융보증계약은 보증기간 동안 유효이자율법으로 상각해서 금융보증손익(당기손익)을 인식하고, 보증기간 말에 금융보증부채 측정액을 영(₩0)으로 감소시킨다. 위 참고에서 지적한 것처럼 「K-IFRS 제1115호」와 「K-IFRS 제1109호」에 명문화된 규정은 없으나, 다음과 같이 금융보증부채의 기말장부금액을 산정한다.

금융보증부채의 기초장부금액	×××
기초장부금액에 대한 암묵적 유효이자비용*	×××
금융보증계약의 경제적효익**	(×××)
금융보증부채의 기말장부금액 (최초인식액에서 이익누계액을 차감한 장부금액)	×××

* 금융보증계약이 없는 경우에 부과될 이자율을 적용

** 금융보증계약을 체결해서 절약하는 연도별 이자비용

참고 금융보증부채의 기말장부금액을 연도별로 위와 같이 산정하고 이 금액을 '최초 인식금액에서 「K-IFRS 제1115호」에 따라 인식한 이익누계액을 차감한 금액'이라 부른다. 이 금액은 예제 7의 유효이자율법에 의한 상각표 상의 열(column) ⑤에 제시된 것과 같다. [1109: 4.2.1]에 표현된 '최초인식액에서 이익누계액을 차감한 금액'이라는 명칭이 이러한 기말장부금액의 의미를 제대로 전달하지 못하므로 다소 헷갈린다.

금융보증부채의 기말장부금액	×××
금융보증계약의 기초장부금액	(×××)
연도별 금융보증손익(당기손익)	×××

예제 7 금융보증계약의 측정액과 금융보증손익

중요도: ★★
난이도: ◆◆◆

상황

- 1차연도 1. 1.에 배통통은행이 뻐앙상회사에 ₩100,000을 대여(만기일: 3차연도 12. 31., 연 이자율: 20%)하고 뻐앙상회사의 모회사인 근육골격회사가 뻐앙상회사의 대출금에 대해서 배통통은행과 금융보증계약을 체결했다.
- 만약 근육골격회사가 금융보증계약을 체결하지 않았다면, 배통통은행은 뻐앙상회사에게 연 25%의 이자를 부과했을 것이다.
- 근육골격회사는 종속기업인 뻐앙상회사를 위한 보증 제공에 대해 보증대가를 청구하지 않는다. 또한 종

속기업인 뼈앙상회사가 대여금을 채무불이행할 경우, 근육골격회사는 종속기업인 뼈앙상회사로부터 어떠한 금액도 회수할 것으로 예상하지 않는다.
· 이자는 매년 말에 지급되고 원금은 대출기간 말에 상환된다.
· 1차연도 12. 31에 종속기업인 뼈앙상회사가 향후 12개월 이내에 대여금에 대해 채무불이행할 확률은 1%이다.
· 2차연도 12. 31에 종속기업인 뼈앙상회사가 향후 12개월 이내에 대여금에 대해 채무불이행할 확률은 3%이다. 이는 채무불이행 발생 확률을 1차연도 12. 31.에서 크게 증가시킨 것은 아니다.

물음

1. 금융보증계약의 최초측정액(공정가치)을 결정하고 1차연도 1. 1.에 필요한 분개를 하라.
2. 1차연도 12. 31.과 2차연도 12. 31.에 필요한 분개를 하라.
3. 1차연도 12. 31.에 종속기업인 뼈앙상회사가 대출금에 대해 채무불이행할 위험이 유의적으로 증가해서 대출 잔여기간(2년)에 대한 채무불이행 확률이 35%라고 가정하고 1차연도 12. 31.에 필요한 분개를 하라.

정답 및 해설

1.

1차연도 1. 1.

금융보장계약의 최초측정액(공정가치)은 대여금의 계약상 순현금흐름과 보증이 없었다면 요구되었을 계약상 순현금흐름의 차이의 현재가치이다.

금융보장계약의 최초측정액(공정가치):

[(₩100,000 × 25%) − (₩100,000 × 20%)] × 1.952* = ₩5,000 × 1.952 = ₩9,760

* 이자율 25%, 기간이 3인 연금현재가치계수

참고 최초측정액(공정가치) ₩9,760을 Miniature 예제 2와 같이 계산할 수도 있다.

1차연도 1. 1. 금융보증계약 체결시점:

(차) 종 속 기 업	9,760	(대) 금 융 보 증 부 채	9,760

참고 만약 뼈앙상회사가 근육골격회사의 연결실체가 아니고 독립적인 제3의 기업이면 다음과 같이 분개한다.

1차연도 1. 1. 금융보증계약 체결시점:

(차) 금융보증손실(당기손실)	9,760	(대) 금 융 보 증 부 채	9,760

금융보증부채와 기간별 금융보증이익의 측정(유효이자율에 의한 상각표)

연도	금융보증부채 기초장부금액	유효이자(25%)	이자 절약액 (5%)	금융보증부채 기말장부금액	금융보증이익 (당기이익)
①	②	③ = ② × 25%	④	⑤ = ② + ③ − ④	⑥ = ② − ⑤
1차연도	₩9,760	₩2,440	₩5,000	₩7,200	₩2,560
2차연도	7,200	1,800	5,000	4,000	3,200
3차연도	4,000	1,000	5,000	0	4,000
합계		₩5,200	₩15,000		₩9,760

2.

1차연도 12. 31.에 종속기업인 뼈앙상회사가 향후 12개월 이내에 대여금에 대해 채무불이행할 확률은 1%이고, 종속기업인 뼈앙상회사가 대여금을 채무불이행할 경우, 근육골격회사는 종속기업인 뼈앙상회사로부터 어떠한 금액도 회수할 것으로 예상하지 않는다. 따라서 12개월 기대신용손실은 ₩1,000(₩100,000 × 1%)이다.

금융보증계약 후속측정액 = max {기대신용손실충당금, 최초인식액 - 상각누계액}
= max {기대신용손실충당금, 금융보증부채의 기말장부금액}
= max {₩1,000, ₩7,200}
= ₩7,200

금융보증부채의 기말장부금액이 ₩7,200이므로 금융보증이익(당기이익) ₩2,560(₩9,760 − ₩7,200)을 인식한다. 즉, 뼈앙상회사가 대출금을 이행하면 근육골격회사는 금융보증계약의 기말잔액과 기초잔액의 차이를 당기손익으로 인식한다.

1차연도 12. 31. 결산시점:

(차) 금 융 보 증 부 채	2,560	(대) 금융보증이익(당기이익)	2,560

2차연도 12. 31.

2차연도 12. 31에 종속기업인 뼈앙상회사가 향후 12개월 이내에 대출금에 대해 채무불이행할 확률은 3%이다. 이는 채무불이행 발생 확률을 1차연도 12. 31.에서 크게 증가시킨 것은 아니므로 12개월 기대신용손실은 ₩3,000(₩100,000 × 3%)이다.

금융보증계약 후속측정액 = max {기대신용손실충당금, 금융보증부채의 기말장부금액}
= max {₩3,000, ₩4,000}
= ₩4,000

금융보증부채의 기말장부금액이 ₩4,000이므로 뼈앙상회사가 대출금을 이행하면 근육골격회사는 금융보증계약의 기말잔액과 기초잔액의 차이 ₩3,200(₩7,200 − ₩4,000)을 금융보증이익(당기이익) 인식한다.

2차연도 12. 31. 결산시점:

(차) 금 융 보 증 부 채	3,200	(대) 금융보증이익(당기이익)	3,200

3.

1차연도 12. 31.

뼈앙상회사가 대출금에 대해 채무불이행할 위험이 유의적으로 증가했으므로 근육골격회사는 전체기간 기대신용손실 ₩35,000(₩100,000 × 35%)을 이용해서 손실충당금을 ₩25,240(₩35,000 − ₩9,760) 증가시킨다. 즉, 근육골격회사는 금융보증계약의 기말잔액과 기초잔액의 차이 ₩25,240을 금융보증손실(당기손실)로 인식한다.

1차연도 12. 31. 결산시점:

(차) 금융보증손실(당기손실) 25,240 (대) 금 융 보 증 부 채 25,240

Chapter 10 부록 10-1

파생상품과 관련된 금융부채

제8장에서 살펴본 금융자산과 마찬가지로 금융부채의 정의에도 파생상품의 개념이 포함되어 있다. 또한 결제수단으로 현금이 아닌 자기지분상품(자기주식 등)을 선택하는 경우 발생하는 지분상품과의 구분 문제 역시 금융부채에서도 발생한다. 부록 8-1에서 살펴본 파생상품의 기본개념을 바탕으로, 여기서는 파생상품과 관련된 금융부채와 금융부채 중에서 결제수단이 자기지분상품인 비파생상품과 파생상품에 대해 살펴본다.

1. 금융부채로 분류되는 파생상품

파생상품은 '투기'목적으로 사용되거나 '위험회피'목적으로 사용되는데, 위험회피목적으로 사용되지 않는 모든 파생상품은 금융상품(금융자산, 금융부채, 지분상품 중 하나)으로 인식한다. 파생상품은 그 특성상 거래당사자에게 잠재적으로 유리한 조건으로 현금 또는 기타 금융자산을 받을 수 있는 권리(금융자산)를 부여하거나 잠재적으로 불리한 조건으로 현금 또는 기타 금융자산을 건네야 하는 의무(금융부채)를 부담하는 경우도 있다. **위험회피목적이 아닌 모든 파생상품은 FVPL(당기손익-공정가치측정) 항목으로 분류한다.** 따라서 금융부채로 분류된 파생상품은 FVPL 금융부채로 분류해서 공정가치로 측정하고 공정가치가 변해서 발생하는 미실현손익을 당기손익으로 인식한다.

대표적 파생상품인 선도, 선물, 스왑, 옵션 등이 거래 당사자에게 잠재적으로 불리한 조건으로 거래상대방과 금융자산 혹은 금융부채를 교환하기로 한 계약상 의무를 부여한다면 해당 파생상품은 금융부채이다. 예를 들어, 금 1돈이 ₩200,000에 거래되는 시점에 독자는 미래에 금값이 떨어질 것으로 생각하고 독자의 친구는 미래에 금값이 오를 것으로 생각한다고 가정하자. 그래서 독자와 독자의 친구가 3개월 후에 다시 만나서 금 1돈 가격이 오르면 독자가 친구에게 ₩10,000을 주고, 금 1돈 가격이 내리면 친구로부터 ₩10,000을 받는 약속을 했다고 하자. 약속하는 시점에는 누구에게 유리하고 불리한 상황이 될는지 아무도 모른다. 그렇지만 시간이 지나면서 금값이 변함에 따라 어느 한쪽이 유리해지거나 불리해지는 상황이 벌어진다. 만일 2개월이 지난 시점에 금 1돈의 값이 ₩230,000이 되었다면 독자는 독자 친구에게 ₩10,000을 줘야 할지도 모르기 때문에 '잠재적으로 불리한 조건'이 되어 이 약속을 '금융부채'로 인식한다. 3개월이 된 시점에 금값이 최종적으로 ₩230,000이 되었다면 독자는 약속대로 독자의 친구에게 ₩10,000을 주면서 약속을 이행해야 한다.

비금융항목을 매입하거나 매도할 수 있는 권리를 부여하는 매도옵션이 현금 등 금융상품으로 차액결제할 수 있거나 금융상품을 교환하여 결제할 수 있는 경우에는 파생금융부채이다. 이러한 경우의 계약은 기업이 예상하는 매입, 매도, 사용의 필요에 따라 비금융항목을 수취하거나 인도할 목적으로 체결할 수 없다[1032: 10]. 결제옵션이 있는 파생금융상품으로서 금융부채인 예로는, 발행자가 현금으로 차액결제하는 방법과 현금의 대가로 기업 자신의 주식을 교환하여 결제하는 방법 중에서 하나를 선택할 수 있는 주식옵션을 들 수 있다. 마찬가지로, 자기지분상품을 대가로 비금융항목을 매입하거나 매도하는 일부 계약은 비금융항목을 인도하여 결제하거나 현금 등 금융상품으로 차액결제할 수 있기 때문에 이러한 계약은 지분상품이 아니라 금융자산이나 금융부채에 해당한다[1032: 27].

2. 풋가능상품

풋가능(puttable)상품은 상품의 보유자가 원하면 언제든지 팔 수 있는 계약상 권리가 포함된 상품을 말한다. 부록 8-1에서 살펴본 것처럼, 풋(put)은 '팔다'의 의미와 일맥상통하므로, '풋가능'이라는 것은 '원하는 때에 팔 수 있음'으로 이해하면 쉽다. 「K-IFRS 제1032호」에 따르면, 풋가능상품의 보유자가 발행인에게 확정된 또는 결정 가능한 가격에 상환하도록 요구할 권리가 부여된 풋옵션이 포함된 금융상품이면 지분소유를 시사하는 특징이 존재해도 금융부채로 분류한다. 왜냐하면, 발행인이 현금이나 다른 금융자산을 사용하여 결제하는 것을 회피할 수 있는 무조건적인 권리를 보유하지 않기 때문이다.

예를 들어, 기업이 보통주를 팔았는데, 이 보통주 안에는 보통주를 보유한 자가 원하는 때에 정해진 가격(보통주를 거래할 때 두 당사자가 협의한 가격)에 기업에게 되팔 수 있는 '풋옵션'이 포함된 것이라고 생각해 보자. 이 경우 해당 보통주를 '풋가능보통주'라 한다. 풋가능보통주는 법적 형태로는 자본이지만, 보유자가 풋옵션을 행사하면 기업은 꼼짝없이 합의한 가격에 주식을 사야하는 계약상 의무가 있다. 나아가, 보유자가 언제 풋옵션을 행사할 것인지 기업으로서는 예측할 수 없고 결과적으로 기업의 통제권을 벗어난다. 기업이 현금(또는 기타 금융자산)의 지출을 피할 수 있는 재량권이 없으므로 풋가능보통주를 지분상품(자본)이 아닌 금융부채로 분류한다. 핵심은, 계약을 이행하기 위해 실질적으로 현금(또는 기타 금융자산)을 상대방에게 건네야 하는 행위를 피할 수 있다면 부채가 아닐 수 있지만, 이러한 행위를 피할 수 있는 무조건적인 권리가 없으면 금융부채로 인식한다.

3. 결제수단이 자기지분상품(자기주식 등)인 비파생상품 및 파생상품 (금융부채)

부록 8-1에서는 현금 대신 자기지분상품(자기주식)으로 '받는' 경우를 살펴보았다. 여기서는 현금

대신 자기지분상품(자기주식)으로 '지불'하는 경우를 살펴본다.

(1) 자기지분상품으로 결제하는 비파생상품(금융부채)

비파생상품은 거래대상물의 총수량과 거래가격 총액과 교환하는 '총액결제방식'으로 정산되기 때문에 결제해야 하는 금액이 '확정'되어 있다. 마치 사채(bond)를 발행해서 돈을 빌리고 다시 갚아야 하는 상황에서 갚을 금액이 확정되어 있는 것과 같다. 그러나 확정된 금액을 결제하기 위해 현금이 아닌 자기지분상품(자기주식)을 건네기로 계약했다고 생각해 보자. 자기지분상품의 공정가치는 시시각각 변하기 때문에 결제하는 시점에 과연 몇 주를 상대방에게 건네야 하는지 알지 못한다. 즉, 결제하는 자기지분상품의 수량이 '가변'적이다. 이 경우 기업 입장에서는 거래상대방에게 **주식을 발행하는 것이 아니라 현금을 대신하는** 일종의 화폐**로 자기지분상품을 사용하는 것이 되므로 해당 계약을 금융부채로 분류한다.** 「K-IFRS 제1032호」는 "자기지분상품으로 결제되거나 결제될 수 있는 계약 중 인도할 자기지분상품의 수량이 변동가능한 비파생상품"은 금융부채로 분류하도록 규정한다[1032: 11]. 예를 들어, 지금부터 3개월 후에 ₩100,000에 해당하는 회사 자신의 주식(자기주식)을 상대방에게 주기로 한 계약을 맺었다고 하자. 이 계약에서 상대방에게 갚아야 하는 금액은 정해져 있지만, 주가가 시시각각 변하기 때문에 ₩100,000에 맞추기 위해 상대방에게 건네주어야 하는 자기주식의 수량이 변한다. 따라서 이 계약은 주식발행이 아니라 금융부채의 발생이다.

(2) 자기지분상품으로 결제하는 파생상품(금융부채)

계약상 의무를 현금(또는 기타 금융자산)이 아닌 자기지분상품(자기주식 등)을 건넴으로써 정산하는 계약을 상황별로 분류하면 다음과 같다.

	지급할 대가의 화폐가치	지분상품의 수량	분류
상황 ①	가변	가변	금융부채
상황 ②	가변	확정	금융부채
상황 ③	확정	가변	금융부채
상황 ④	확정	확정	지분상품

지급해야 할 대가의 화폐가치와 지급할 지분상품의 수량이 모두 확정되어 있어야만 지분상품(자본)으로 분류할 수 있다. 위 표는 [1032: 11(4)]의 행간의 뜻을 규명한 것이므로 설명의 편의상 '확정된 금액과 확정된 수량 규칙'이라 부른다. 확정된 금액과 확정된 수량규칙이 만족되어야 지분상품이다. 미래시점에 자기지분상품을 인도하는 계약상 의무가 반드시 지분상품은 아니다. 결제(인도)되는 자기지분상품의 수량과 금액이 모두 확정되는 경우만 지분상품이고, 둘 중에 하나라도 결정되지 않으면 금융부채로 분류한다.

파생상품은 현금순액결제, 주식순액결제, 총액결제 모두가 가능하다. 미래에 결제하는 금액이 계약상 정해져 '확정'되어 있을 수도 있지만, 순액결제와 같이 미래에 뚜껑을 열어봐야 결제금액을 알 수 있어 '가변'적일 수도 있다. 이러한 상황에서 현금이 아닌 자기지분상품을 결제수단으로 사용하면 상황이 복잡해진다. "자기지분상품으로 결제되거나 결제될 수 있는 계약 중 확정수량의 자기지분상품에 대하여 확정 금액의 현금 등 금융자산을 교환하여 결제하는 방법이 아닌 방법으로 결제되거나 결제될 수 있는 파생상품"은 금융부채로 분류한다[1032: 11].

자기지분상품으로 결제하는 파생상품(금융부채)에는 실질적으로 다음 두 가지 유형이 존재한다.

① 상대방으로부터 받는 현금이나 금융자산의 가치가 정해져 있고(확정금액), 지불하는 자기지분상품의 수량도 정해져 있는(확정수량) 파생상품(위 표에서 말한 상황 ④): 확정된 금액의 현금 등 금융자산에 대한 대가로 확정된 수량의 자기지분상품을 받거나 인도하여 결제되는 계약은 지분상품(자본)이다. 즉, 주당 발행금액이 정해진 경우에는 파생상품계약을 체결하여 자기주식을 발행하더라도 경제적 실질상 일반적인 주식발행과 같기 때문에 해당 계약을 지분상품으로 분류한다.

② 그 외(금액 또는 수량 중 하나 이상이 확정되지 않은 파생상품): 상대방으로부터 받을 현금 또는 기타 금융자산의 금액이 변할 수 있거나 기업이 상대방에게 건네주어야 할 자기지분상품의 수량이 확정되지 않은 계약은 금융부채이다.

- 변동금액, 확정수량: 파생상품은 특성상 결제액이 기초변수의 변동에 따라 결정되므로 결제액이 변동될 수밖에 없다는 점을 고려하면, 확정된 수량의 자기주식으로 결제된다 하더라도 금액이 가변적인 경우는 금융부채로 분류한다.
- 확정금액, 변동수량: 지급하는 대가의 금액이 확정되어 있으나 결제일의 주가에 따라 인도하는 자기주식의 수량이 변동하여 자기지분상품의 수량이 확정되지 않으면 금융부채이다. 왜냐하면, 자기지분상품의 공정가치가 변함에 따라 자기지분상품의 수량이 변하므로 계약의 상대방이 해당 기업에 대하여 잔여지분을 보유하는 것이 아니기 때문이다. 이 경우 **자기지분상품으로 결제하는 기업은 자기지분상품을 일종의 통화(현금 이외의 통화)로 사용하는 것이므로 이 계약을 금융부채로 분류한다.**

(3) 금융부채의 결제방법을 기업이 선택하는 경우

기업이 금융상품의 결제수단으로 현금과 자기주식 둘 중에서 선택할 수 있는 권리를 보유하는 경우, 자기주식으로 결제할 경우의 총액이 현금으로 결제하는 경우의 총액보다 많으면 현금으로 결제하는 것이 자기주식으로 결제하는 것보다 기업에게 유리하므로 현금 지급의무로서 금융부채가 존재한다.

일부 금융상품은 금융상품의 발행자 또는 보유자가 결제선택권을 선택할 수 있다. 예를 들면, 현금으로 상환되거나 발행회사의 보통주로 전환되는 우선주가 이에 해당한다. 여러 가지 결제방법(예 현금 차액결제 또는 현금의 대가로 주식을 교환) 중 발행자나 보유자가 결제방법을 선택할 수 있는 파생금융상품은, 어떤 결제방법을 선택하더라도 지분상품이 되는 경우를 제외하고는, 금융자산이나 금융부채이다[1032: 26]. 예를 들어, 발행자가 차액을 현금으로 결제하거나 자기주식으로 교환할 수 있는 주식선택권은 현금으로 결제될 수 있다는 사실 자체로 인해서 금융자산 또는 금융부채로 분류한다.

Miniature 예제 4 '확정된 금액과 확정된 수량규칙'의 응용

· 상황 ①: 자본

앞으로 2년 이내에 ₩800,000을 받는 대가로 자기주식(주당 액면금액: ₩1,000) 500주를 인도하는 계약을 체결하면 확정된 금액과 확정된 수량 규칙이 충족되어 이 계약은 지분상품(자본)이다. 거래상대방이 받을 주식의 수량과 지급할 금액이 모두 확정되었으므로 주가가 올라가면 이득을 보고 주가가 하락하면 손실을 보아 발행회사의 잔여지분을 취득한 것이다. 이 경우 회사가 자기주식으로 결제하는 시점에 자본의 증가를 인식한다.

(차) 현 금	800,000	(대) 자 본 금	500,000
		주식발행초과금	300,000

· 상황 ②: 금융부채

확정된 금액을 받는 대가로 자기주식을 지급하는 계약을 체결하였으나 인도할 자기주식의 수량이 인도시점의 주가에 따라 변동하면 기업이 자기지분상품을 일종의 통화로 사용하는 것이다. 따라서 이 계약은 확정된 잔여지분이 아니라 확정된 금액을 지급할 계약상 의무이므로 금융부채로 분류한다. 예를 들어, 1개월 후 시장가격으로 ₩800,000에 상당하는 자기주식을 발행하는 대가로 ₩800,000을 받은 경우에는 1개월 후에 인도할 자기지분상품의 수량이 확정되지 않은 금융부채이다.

(차) 현 금	800,000	(대) 금 융 부 채	800,000

예제 8 발행될 자기주식의 분류

중요도: ★★★
난이도: ◆◆

상황

· 강남회사는 강북회사가 보유하고 있는 독도회사 주식 5,000주를 구매하는 선택권을 취득하였다.
· 강남회사는 취득대가로 자기주식 3,000주를 발행하여 강북회사에게 인도하기로 하였다.

독도회사 주식 5,000주

강남회사 ←→ 강북회사

강남회사 주식 3,000주

· 영동회사가 영서회사로부터 현금 ₩500,000을 받고 미래에 ₩500,000의 가치에 해당하는 수량의 자기주식을 발행하여 인도하는 계약을 체결하였다.

현금 ₩500,000

영동회사 ←→ 영서회사

영동회사 주식

물음

1. 강남회사가 발행하는 자기주식에 대한 회계처리를 제시하라.
2. 영동회사가 발행하는 자기주식에 대한 회계처리를 제시하라.

정답 1. 금융부채, 2. 금융부채

길라잡이 확정된 금액과 확정된 수량 규칙의 충족 여부를 판단한다. 또한 자기주식이 일종의 통화(현금 대신 결제하는 수단)로 사용되는지 여부를 고려한다.

해설

1.

· 강남회사가 발행하는 자기주식의 수량(3,000주)이 확정되었으나 강남회사가 취득하는 독도회사 주식의 가치가 변동할 수 있다. 강남회사가 발행하는 자기주식의 확정된 수량이 확정된 금액의 현금과 교환되는 것이 아니므로 확정된 금액과 확정된 수량 규칙이 충족되지 않는다. 따라서 강남회사는 취득한 선택권을 금융자산으로 분류하고 발행한 자기주식을 금융부채로 분류한다.

2.

· 영서회사는 미래에 영동회사로부터 받은 주식을 공개시장에서 매도하여 ₩500,000을 받을 수 있다. 영서회사는 미래에 영동회사로부터 주식을 받거나 또는 현금 ₩500,000을 받거나 경제적 실질이 동일하므로 영서회사는 미래에 영동회사로부터 주식을 받더라도 영동회사의 잔여지분을 취득한 것이 아니다.

· 영동회사는 자기주식을 일종의 통화로 사용하고 있으므로 영동회사는 발행될 자기주식을 금융부채로 분류한다.

(차) 현 금	500,000	(대) 금 융 부 채	500,000

관련예제와 함께 풀어보세요

유제 1 매출채권의 양도와 지급보증(2013년, 회계사) 관련예제 6

상황

4차연도 5. 1. ㈜한국은 ㈜대한에게 장부금액 ₩10,000인 매출채권을 현금 ₩10,000(지급보증의 공정가치 ₩1,000 포함)에 양도하였다. ㈜한국은 이 거래와 관련하여 발생할 수 있는 손실에 대해 최대 ₩3,000까지 책임을 지는 지급보증약정을 체결하였다. ㈜한국의 회계담당자는 양도된 매출채권의 보상과 위험의 대부분을 보유하지도 않고 이전하지도 않은 것으로 판단하였다. 또한 ㈜대한은 위 매출채권을 제3자에게 매도할 수 없다.

물음 ㈜한국의 4차연도 5. 1.의 회계처리(분개)를 제시하시오.

정답 **정답 및 해설**

· 지속적 관여의 정도 = min {양도자산의 장부금액, 받은 양도대가 중 최대 상환의무액}
= min {₩10,000, ₩3,000}
= ₩3,000

· 매도인이 지속적 관여로 매각한 자산을 매각하고 받은 총대가(₩10,000)를 다음 세 부분으로 분해한다.
- 보증의 대가로 받은 ₩1,000(보증의 공정가치) ← 선수수익
- 지속적 관여로 보증한 ₩3,000 ← 담보부차입거래에서 받은 금액(금융부채)
- 매각된 자산에 대한 대가: ₩10,000 − ₩3,000 − ₩1,000 = ₩6,000 ← 상환청구불능팩토링 대가

· 금융자산 제거액 = 총장부금액 − 지속적 관여로 보증한 금액 = ₩10,000 − ₩3,000 = ₩7,000
금융자산 처분손실 = 매각된 자산에 대한 대가 − 금융자산 제거액 = ₩6,000 − ₩7,000 = −₩1,000(손실)

∴

(차)	현 금	10,000	(대)	매 출 채 권	7,000
	매출채권처분손실	1,000		금 융 부 채	3,000
				선 수 수 익	1,000

또는

(차)	현 금	9,000	(대)	매 출 채 권	10,000
	매출채권처분손실	1,000			
(차)	현 금	1,000	(대)	선 수 수 익	1,000
(차)	지속적관여자산	3,000	(대)	금 융 부 채	3,000

유제 2 금융보증계약(2021년, 회계사)

관련예제 Miniature 예제 3

상황

· ㈜대한은 2차연도 1. 1. 추가 운영자금을 나라은행으로부터 차입(차입금 A)하고자 하였는데, 나라은행은 ㈜대한의 지급불능 위험을 회피하기 위하여 제3자 보증을 요구하였다. 이에 2차연도 1. 1. ㈜만세가 ㈜대한으로부터 지급보증의 공정가치인 ₩6,000을 보증료로 수취하고 나라은행에 보증을 제공하기로 하였다. 동 금융보증계약에 따라 ㈜만세는 ㈜대한이 보유한 차입금A의 지급불이행으로 나라은행이 손실을 입을 경우 이를 보상한다.

· 금융보증기간은 2차연도 1. 1.부터 5차연도 12. 31.까지이며, ㈜만세는 수취한 보증료를 보증기간 4년 동안 매년 균등하게 수익으로 인식한다. ㈜만세가 연도별로 추정한 ㈜대한의 차입금 A에 대한 손실충당금 잔액은 다음과 같으며, 이는 나라은행이 추정한 금액과 동일하다.

2차연도 말	₩1,000
3차연도 말	3,500
4차연도 말	3,700
5차연도 말	3,700

물음 ㈜만세가 ㈜대한을 위해 2차연도 1. 1. 나라은행과 체결한 금융보증계약이 ㈜만세의 ① 3차연도의 포괄손익계산서 상 당기순이익에 미치는 영향과 ② 4차연도의 포괄손익계산서 상 당기순이익에 미치는 영향을 각각 계산하시오. 단, 당기순이익이 감소하는 경우에는 금액 앞에 (-)를 표시하시오.

정답 **① ₩1,000 이익, ② ₩200 손실**

해설

금융보증부채 최초 측정액(2차연도 초) = ₩6,000

보증수수료 ₩6,000이 4년에 걸쳐 매년 25%(₩1,500)씩 가득된다. 따라서 금융보증부채 후속 측정액은 다음과 같다.

	금융보증부채 후속 측정액 = max {손실충당금, 최초인식 – 이익누계액}	연도별 금융부채 증가액 (손실) 또는 감소액(이익)
2차연도 말	금융보증부채 = max {₩1,000, ₩4,500} = ₩4,500	감소액 ₩1,500(이익)
3차연도 말	금융보증부채 = max {₩3,500, ₩3,000} = ₩3,500	감소액 ₩1,000(이익)
4차연도 말	금융보증부채 = max {₩3,700, ₩1,500} = ₩3,700	증가액 ₩200(손실)
5차연도 말	금융보증부채 = max {₩3,700, ₩0} = ₩3,700	변동액 ₩0

연습문제 10

P10-01 지급어음

- 2차연도 10. 1.에 액면금액이 ₩100,000인 8개월, 무이자부어음을 연 12%의 시장이자율로 할인발행하였다.

물음 어음에 대해서 필요한 분개를 하라.

P10-02 미지급배당금

- 솥뚜껑회사의 주주총회일인 2차연도 3. 1.에 현금배당 ₩62,000을 지급하기로 결의하였다.
- 2차연도 4. 10.에 배당금을 지급하였다.
- 솥뚜껑회사의 회계기간은 매년 12. 31.일에 종료된다.

물음 현금배당에 필요한 분개를 하라.

P10-03 유동부채의 차환

- 보고기간 말인 2차연도 12. 31.에 SK의 부채는 다음과 같다.
  1. 3차연도 1. 11.에 지급하는 미지급 현금배당이 ₩30,000이다.
  2. YW은행에게 발행한 지급어음은 ₩150,000이고 만기가 3차연도 1. 20.이다.
  3. 발행한 연속상환사채 ₩500,000 중 3차연도 중에 만기가 도래하는 금액은 ₩100,000이다.
  4. JK은행에게 발행한 지급어음은 ₩200,000이고 만기가 3차연도 1. 31.이다.
- 3차연도 초에 일어난 사건은 다음과 같다.
  1. 11.: 현금배당금을 지불
  1. 18.: YW은행에게 지급어음 지불
  1. 23.: SK는 YW은행과 재무계약을 체결하여 5차연도 말까지 언제나 ₩700,000까지 차입할 수 있다. 이 계약에 의하면 차입액에 대하여 우대금리에 2%를 가산한 이자율을 적용하고 차입일로부터 3년 후에 만기가 도래한다.
  1. 30.: 보통주 10,000주를 ₩250,000에 발행하여 ₩200,000을 JK은행에서 빌린 지급어음을 청산하는 데 사용하였다.
  2. 9.: 2차연도 재무제표가 발행되었다.

물음 2차연도의 부분재무상태표에 위의 부채를 나타내라. 부채를 유동부채와 비유동부채로 분류하고 적절한 주석을 포함하라.

P10-04 의무상환우선주와 배당금

- 1차연도 1. 1.에 SK는 우선주(주당 액면금액: ₩5,000) 10주를 주당 ₩10,000에 발행하였다.
- 5차연도 12. 31.에 SK는 의무적으로 우선주의 액면금액을 상환하여야 한다.
- 매년 말에 우선주 주당 ₩1,500의 배당금을 지급하는데 SK의 보통주(주당 액면금액: ₩5,000)로 지급한다.
- SK가 매년 말에 발행하는 주식의 수량은 ₩15,000의 가치와 동일하도록 변한다.
- 상황 ①: 1차연도 12. 31.에 보통주 주당주가가 ₩5,000이라 보통주 3주를 발행하여 교부하였다.

• 상황 ②: 1차연도 12. 31.에 보통주 주당주가가 ₩7,500이라 보통주 2주를 발행하여 교부하였다.

물음 위의 각 상황에 대하여 1차연도 1. 1.과 1차연도 12. 31.에 필요한 분개를 하라.

P10-05 금융부채 여부 – 조건부 결제

• SK는 비누적적 우선주를 발행하였다.
• 우선주의 배당률은 10%이다.
• 비누적적 배당금은 발행자의 재량에 따라 배당금을 지급한다.
• 이 우선주는 시장이자율이 25% 이상으로 상승하면 액면금액으로 상환해야 하는 결제규정을 포함하고 있다.

물음 1. 이 우선주가 금융부채인지 자본인지를 판단하라.
2. 우선주의 결제규정이 시장이자율 상승이 아니라 SK가 중국에 공장을 건설하면 액면금액으로 상환해야 하는 결제규정을 포함하고 있다고 가정하고 물음 1에 답하라.

P10-06 장기지급어음과 공정가치선택권

• 1차연도 1. 1.에 SK는 YW은행에게 장기지급어음을 ₩90,000에 발행하고 FVPL 항목으로 지정하였다.
• SK는 FVPL 금융부채에 대해서 표시이자율법으로 이자비용을 측정한다.
• 장기지급어음과 관련된 자료는 다음과 같다.

	장부금액	공정가치
1차연도 12. 31.	₩90,000	₩90,000
2차연도 12. 31.	90,000	88,000

물음 1차연도 12. 31.과 2차연도 12. 31.에 공정가치 변동액에 대해서 분개를 하고 장기지급어음을 2차연도 재무상태표에 보고하는 금액을 결정하라.

P10-07 장기지급어음과 FVPL 항목의 지정

• 1차연도 1. 1.에 주먹회사는 자산을 취득하고 그 대가로 장기지급어음(액면금액: ₩100,000, 만기기간: 2년)을 발행하였다.
• 장기지급어음에 표시된 이자율은 연 20%이지만 1차연도 1. 1.의 시장이자율은 연 25%이다.
• 주먹회사는 FVPL 금융부채에 대해서 표시이자율법으로 이자비용을 측정한다.
• 1차연도 12. 31.의 지급어음의 공정가치: ₩95,000
• 장기지급어음의 현재가치는 ₩92,800이며 유효이자율에 의한 상각표는 다음과 같다.

유효이자율법에 의한 상각표

연도 ①	지급어음 기초장부금액 ②	유효이자(25%) ③	현금이자 ④	현재가치할인차금 상각액 ⑤ = ③ − ④	지급어음 기말장부금액 ⑥ = ② + ⑤
1차연도	₩92,800	₩23,200	₩20,000	₩3,200	₩96,000
2차연도	96,000	24,000	20,000	4,000	100,000
합계		₩47,200	₩40,000	₩7,200	

물음 장기지급어음을 FVPL 항목으로 지정하지 않은 경우와 지정한 경우로 구분하여 1차연도 1. 1.과 1차연도 12. 31.에 필요한 분개를 하라.

P10-08 자기주식으로 결제하는 비파생계약(부록 10-1)

상황 ①: SK는 10%의 이자를 지불하는 ₩100의 부채(만기: 1년)를 가지고 있다. SK는 ₩100의 부채를 10주의 주식을 발행함으로써 결제할 것이다.

상황 ②: SK는 10%의 이자를 지불하는 ₩100의 부채(만기: 1년)를 가지고 있다. SK는 ₩100의 부채를 ₩110의 가치와 동일하도록 가변적 수량의 주식으로 결제할 것이다.

상황 ③: 계약은 ₩100,000과 동일한 수량의 자기지분상품을 인도할 것을 요구한다.

상황 ④: 계약은 50온스의 금의 가치와 동일한 수량의 자기지분상품을 인도할 것을 요구한다.

상황 ⑤: 계약은 50온스의 금의 가치와 같다고 계산된 현금액에 대한 대가로 확정된 수량의 자기지분상품을 인도할 것을 요구한다.

물음 위의 각 상황에 대해 계약이 금융부채로 분류되는지 판단하라.

P10-09 보증계약과 지속적 관여

- 3차연도 1. 1.에 성급해회사는 장부금액이 ₩200,000이고 공정가치가 ₩200,000인 매출채권을 미인은행에게 ₩218,000에 양도하였다.
- 성급해회사는 매출채권의 소유에 따른 위험과 보상의 대부분을 이전한 것도 아니고 보유한 것도 아니다. 또한 미인은행은 매출채권을 매도할 실질적 능력을 보유하고 있지 않아 성급해회사가 매출채권을 통제하고 있다.
- 성급해회사는 매출채권 중 ₩40,000이 회수불능하다고 예상한다.
- 성급해회사는 ₩30,000을 한도로 회수불능채권에 대하여 지급보증을 하였다.
- 3차연도 1. 1.의 지급보증의 공정가치: ₩18,000
- 지급보증기간은 3차연도 1. 1.부터 3차연도 6. 30.까지이다.

물음 1. 3차연도 1. 1.에 성급해회사에 필요한 분개를 하라.
2. 3차연도 6. 30.까지 매출채권 전액이 회수되어 지급보증을 이행하지 않았다고 가정하고 3차연도 6. 30.에 성급해회사에 필요한 분개를 하라.
2. 3차연도 6. 30.까지 매출채권 중 ₩35,000이 회수불능으로 판명되어 지급보증을 이행하였다고 가정하고 3차연도 6. 30.에 성급해회사에 필요한 분개를 하라.

P10-10 환급

- 필기구회사는 제도샤프를 제조 · 판매한다. 필기구회사가 판매가격이 ₩10,000(매출원가: ₩7,000)인 새로운 모형의 제도샤프 판매를 촉진하기 위해서 제도샤프를 구입하고 구입영수증을 제시하면 사후에 제도샤프 1개당 ₩1,000을 환급(rebate)해주기로 했다.
- 판매촉진기간 동안에 필기구회사는 200개의 제도샤프를 판매하였다.
- 필기구회사는 판매량의 70%가 환급될 것으로 예측하였으며, 실제 환급률은 판매량의 60%였다.

물음 판매촉진기간 동안에 제도샤프의 판매시점과 환급시점에 필요한 분개를 하라.

P10-11 매입채무와 지급어음

- 1차연도 1. 1.에 은하수회사가 태양회사로부터 상품 ₩100,000을 외상으로 구입하고 액면금액이 ₩100,000인 약속어음(이자율: 연 6%, 만기: 1차연도 12. 31.)을 발행했다. 은하수회사는 계속기록법을 사용해서 상품구매를 기록한다.
- 1차연도 1. 1.에 은하수회사가 행성은행으로부터 ₩200,000을 차입하고 액면금액이 ₩212,000인 약속어음(이자율:

0%, 만기일: 1차연도 12. 31.)을 발행했다. 1차연도 1. 1.에 시장이자율이 연 6%이다.

물음 1. 1차연도 1. 1.에 은하수회사에 필요한 분개를 하라.
2. 1차연도 12. 31.에 은하수회사가 이자비용을 인식하는 분개를 하라.

P10-12 유동부채의 차환

- 운석회사의 재무제표작성일이 매년 12. 31.이다.
- 2차연도 12. 31. 현재 운석회사가 3차연도 2. 10.에 만기가 도래하는 유동부채 ₩500,000이 있다.
- 3차연도 1. 15.에 운석회사가 보통주 25,000주를 발행해서 ₩400,000을 받았다. 주식발행대금 ₩400,000에 현금 ₩100,000을 보태서 부채 ₩500,000을 상환했다.
- 3차연도 3. 2.에 이사회가 2차연도 재무제표의 발행을 승인했다.

물음 유동부채 ₩500,000을 2차연도 재무상태표에 표시하는 방법을 제시하라.

P10-13 채무약정위반

(2021년, 회계사)

- 보고기간 말 이전에 장기차입약정(예 차입기간 내 유동비율 100% 유지)을 위반했을 때 채권자가 즉시 상환을 요구할 수 있는 채무에 대해 '보고기간 후' 재무제표 발행승인일 전에 채권자가 약정위반을 이유로 상환을 요구하지 않기로 합의하였다.

물음 이 경우 동 채무를 유동부채와 비유동부채 중 어떤 항목으로 분류해야 하는지 설명하고 그 이유를 간략히 기술하시오.

Chapter 11

장기금융부채

학습 목표

LO 11－1. 비유동부채의 개념과 분류를 이해한다.
LO 11－2. 비유동부채의 최초측정액과 후속측정액을 결정하는 방법을 이해한다.
LO 11－3. 사채발행비에 대한 회계처리를 이해한다.
LO 11－4. 비유동부채의 최초측정액과 후속측정액에 대한 회계처리를 이해한다.
LO 11－5. 비유동부채의 제거에 대한 회계처리를 이해한다.
LO 11－6. 금융부채의 차환과 조건변경에 대한 회계처리를 이해한다.
LO 11－7. 연속상환사채의 개념과 측정방법을 이해한다.

제11장

제1절 사채와 장기지급어음

1. 사채와 장기지급어음의 최초측정
   (1) 액면발행
   (2) 할인발행
   (3) 할증발행
   (4) 회계처리
2. 후속측정
   (1) 할인(할증)발행차금의 상각과 이자비용의 인식
   (2) 할인(할증)발행차금의 상각: 유효이자율법
3. 사채발행비
4. 이자지급일 사이에 발행된 사채
   (1) 최초측정: 사채 발행금액
   (2) 후속측정: 할인(할증)발행차금의 상각

제2절 금융부채의 제거

1. 금융부채의 제거조건
2. 금융부채의 제거에 대한 회계처리
   (1) 사채의 중도상환
   (2) 자기사채의 취득
   (3) 자산 이전을 통한 부채상환
   (4) 주식 발행을 통한 부채상환
   (5) 금융부채의 사실상 해제

제3절 금융부채의 차환과 조건변경

1. 실질적 조건변경
   (1) 조건변경이 실질적인지 여부 판단
   (2) 실질적 조건변경에 대한 회계처리
2. 비실질적 조건변경

제4절 연속상환사채

Chapter 11

사채와 장기지급어음 제1절

1. 사채와 장기지급어음의 최초측정

사채(bonds payable)는 회사가 불특정 다수인에게 확정채무임을 표시하는 증권을 발행하고 장기간 자금을 빌려 발생하는 금융부채이다. 이에 반해 장기지급어음(long-term notes payable)은 특정인(예 금융기관)에게 약속어음을 발행하고 자금을 1년 이상 차입함으로써 발생하는 금융부채이다. 사채와 장기지급어음은 자금을 장기적으로 차입한다는 점에서 성격이 동일하므로 계정과목 명칭만 다를 뿐 이 둘에 대한 회계처리방법은 동일하다(예제 2 참조).

기업이 사채(장기지급어음)를 발행하여 받는 금액(발행금액)은 만기까지 지불할 이자와 만기에 갚아야 할 액면금액의 현재가치로 결정된다. 사채(장기지급어음)의 현재가치를 구하기 위해 사용하는 이자율은 그 사채(장기지급어음)와 위험과 만기기간이 비슷한 사채(장기지급어음)가 거래되는 시장에서 결정된 시장이자율이다. 사채(장기지급어음)에 표기된 표시이자율과 시장(유효)이자율은 같을 수도 있고 다를 수도 있다. 그러므로 사채(장기지급어음)의 발행금액과 액면금액의 관계(결과적으로는 시장이자율과 표시이자율의 관계)에 따라 발행형태를 액면발행, 할인발행, 할증발행으로 나눈다.

제8장 제4절 받을어음에서 설명한 것과 같이 표시(액면)이자율과 유효(시장)이자율의 관계에 따라 사채(장기지급어음)를 발행해서 받는 금액(발행금액)과 만기에 갚아야 할 금액(액면금액)이 같을 수도 있고 다를 수도 있다. 표시이자율과 유효이자율이 같으면 사채의 발행금액은 액면금액과 같지만, 두 이자율이 다르면 사채의 발행금액이 액면금액보다 높거나 낮게 된다. 사채를 발행하는 기업에 돈을 빌려주는 투자자가 사채가 매력적이라고 생각하면 액면금액보다 돈을 더 빌려주며, 매력적이지 않다고 생각하면 액면금액보다 돈을 덜 빌려준다.

(1) 액면발행

사채의 액면발행은 발행금액(사채발행회사가 받는 금액)이 액면금액과 같은 경우를 말한다. 사채의 표시이자율이 유효이자율과 같으면 액면발행된다. 액면금액이 ₩100,000이고 표시이자율이 8%인 사채를 발행할 때 시장에서 유사한 사채가 8%의 이자수익을 제공하면, 발행되는 사채는 시장에서 유통되는 사채와 수익성이 동일하므로 ₩100,000(액면금액)에 발행된다.

(2) 할인발행

사채의 할인발행은 발행금액이 액면금액보다 작은 경우를 말한다. 사채의 표시이자율이 유효이자율보다 낮으면 할인발행된다. 액면금액이 ₩100,000이고 표시이자율이 8%인 사채를 발행할 때 시장에서 유사한 사채가 10%의 이자수익을 제공하면, 발행되는 사채가 투자자에게 상대적으로 매력적이지 못하므로 ₩100,000(액면금액)보다 낮은 가격에 발행된다. 할인발행된 경우 액면금액과 발행금액의 차이를 할인액(discount)이라 한다. 사채의 할인액은 사채할인발행차금이라 하고, 장기지급어음의 할인액은 현재가치할인차금이라 한다.

(3) 할증발행

사채의 할증발행은 발행금액이 액면금액보다 큰 경우를 말한다. 사채의 표시이자율이 유효이자율보다 높으면 할증발행된다. 액면금액이 ₩100,000이고 표시이자율이 8%인 사채를 발행할 때 시장에서 유사한 사채가 5%의 이자수익을 제공하면, 발행되는 사채는 투자자에게 상대적으로 매력적이므로 ₩100,000(액면금액)보다 높은 가격에 발행된다. 할증발행된 경우 액면금액과 발행금액의 차이를 할증액(premium)이라 한다. 사채의 할증액은 사채할증발행차금, 장기지급어음의 할증액은 현재가치할증차금이라 한다.

비유동부채의 유형	할인발행(할인액, 부채차감계정)	할증발행(할증액, 부채가산계정)
사채	사채할인발행차금	사채할증발행차금
장기지급어음	현재가치할인차금	현재가치할증차금

(4) 회계처리

발행시점에 사채의 미래 현금유출액(액면금액과 이자)을 유효이자율로 할인한 현재가치로 사채를 측정한다. 사채가 할인(할증)발행되면 총액법과 순액법 중에서 한 가지 방법을 선택하여 회계처리한다.

- 총액법(gross method): 할인액(할증액)을 별도의 사채할인(할증)발행차금계정에 기록하고, 그 계정의 잔액을 사채의 액면금액에서 차감(가산)하는 형식으로 재무상태표에 표시한다.
- 순액법(net method): 사채할인(할증)발행차금을 사채의 액면금액에서 직접 차감(가산)한 순액으로 장부에 기록하고 재무상태표에 표시한다.

「K-IFRS」는 사채할인(할증)발행차금계정의 사용에 대해서 언급하지 않으나, 실무에서는 총액법이 많이 사용되고 있다.

분개 **사채발행시점의 회계처리(총액법)**

할인발행의 경우

(차) 현 금(발행금액)	×××	
사채할인발행차금	×××	
(대) 사 채(액면금액)		×××

할증발행의 경우

(차) 현 금(발행금액)	×××	
(대) 사 채(액면금액)		×××
사채할증발행차금		×××

예제 1 장기지급어음의 현재가치할인차금

중요도: ★★★
난이도: ◆

상황

다음은 제8장 예제 4의 자료이다.

> · 1차연도 1. 1.에 자산을 처분하고 처분대가로 장기받을어음(액면금액: ₩100,000, 만기: 2차연도 12. 31., 이자지급일: 매년 12. 31.)을 받았다.
> · 처분한 자산의 공정가치를 알 수 없을 뿐만 아니라 장기받을어음의 공정가치도 알 수 없다.
> · 장기받을어음에 표시된 이자율은 연 20%이지만 1차연도 1. 1.의 시장이자율(유효이자율)은 연 25%이다.

· 위 자료와는 달리 이 예제에서는 자산을 취득하고 취득대가로 장기지급어음(액면금액: ₩100,000, 만기: 2차연도 12. 31.)을 발행하였다고 가정하라.

물음

1. 장기지급어음의 현재가치와 취득한 자산의 공정가치를 추정하라.
2. 현재가치할인차금의 개념을 파악하고 장기지급어음 발행시점에 필요한 분개를 하라.

정답 및 해설 1. 장기지급어음의 현재가치(취득한 자산의 공정가치): ₩92,800

길라잡이 제8장 예제 4에서 장기받을어음은 자산인 반면에 이 예제에서 장기지급어음은 부채이다. 받을 것과 지급할 것이라는 것을 제외하고는 현재가치할인차금의 개념은 동일하다.

· 취득한 자산의 공정가치가 제시되지 않았으므로 장기지급어음의 현재가치를 취득한 자산의 공정가치로 간주한다.
· 장기지급어음으로 인한 미래 현금유출액은 다음과 같다.

1차연도 1. 1.	1차연도 12. 31.	2차연도 12. 31.
	₩20,000 이자	₩20,000 이자 100,000 액면금액

· 장기지급어음의 현재가치와 할인액은 다음과 같다.

장기지급어음의 액면금액		₩100,000
장기지급어음의 현재가치(할인율: 연 25%):		
액면금액의 현재가치(₩100,000 × 0.64*)	₩64,000	
이자의 현재가치(₩20,000 × 1.44**)	28,800	(92,800)
장기지급어음 현재가치할인차금		₩7,200

* 25%, 2년 현재가치계수
** 25%, 2년 연금현재가치계수

· 장기지급어음의 현재가치(취득한 자산의 공정가치): ₩92,800

2. 현재가치할인차금 ₩7,200의 의미를 파악하기 위하여 2년간 인식할 이자비용을 계산하면 다음과 같다.

총 현금유출액	₩140,000
장기지급어음의 현재가치	(92,800)

총 이자비용	₩47,200

총 이자비용 ₩47,200을 다음과 같이 구할 수도 있다.

1차연도에 현금으로 지급하는 이자	₩20,000
2차연도에 현금으로 지급하는 이자	20,000
현재가치할인차금	7,200
총 이자비용	₩47,200

· 따라서 총 현금유출액 ₩140,000을 다음과 같이 분해할 수 있다.

₩140,000
- ₩92,800 현금발행가격(원금)
- ₩40,000 2년에 걸쳐 지급하는 현금이자비용
- ₩7,200 2차연도 말에 지급할 ₩100,000에 포함되는 이자비용

KEY 현재가치할인차금의 의미: 장기지급어음의 현재가치할인차금 ₩7,200은 2년에 걸쳐 인식되는 이자비용이지만 만기시점에 액면금액 ₩100,000에 포함되어 지불되는 이자비용이다.

1차연도 1. 1. 장기지급어음 발행시점:

(차) 현 금	92,800	(대) 장 기 지 급 어 음	100,000
현재가치할인차금	7,200		

2. 후속측정

(1) 할인(할증)발행차금의 상각과 이자비용의 인식

사채할인(할증)발행차금의 상각(amortization)은 사채할인(할증)발행차금을 사채의 만기기간에 걸쳐 기간별 이자비용으로 배분하여 현금이자 지급액 이외에 추가로 인식할(현금이자 지급액에서 차감할) 이자비용을 계산하는 과정이다. 여기서 유의할 점은, 할인(할증)발행차금은 '상각될 자산'이 아니고 '평가계정'이기 때문에 관련된 부채와 독립되어 존재할 수 없다. 할인(할증)발행차금의 '상각'이라는 용어가 널리 사용되고는 있으나 개념상 혼동을 유발할 수 있는 용어이다. 시간이 경과함에 따라 사채할인(할증)발행차금을 상각(배분)하여 기간별 이자비용으로 인식하고 사채할인(할증)발행차금계정의 잔액을 감소시킨다. 사채할인(할증)발행차금계정의 잔액이 감소하면 사채의 장부금액이 증가(감소)한다.

분개 발행차금상각에 대한 회계처리

할인발행의 경우			할증발행의 경우		
(차) 이 자 비 용	×××		(차) 사채할증발행차금	×××	
(대) 사채할인발행차금		×××	(대) 이 자 비 용		×××

(2) 할인(할증)발행차금의 상각: 유효이자율법

사채할인(할증)발행차금을 기간별로 이자비용으로 상각(배분)하는 방법에는 정액법(제8장 참조)과 유효이자율법(제8장 참조)이 있으나, 「K-IFRS 제1109호」(금융상품 기준서)는 유효이자율법을 사용하도록 규정한다[1109: 5.4.1]. 사채의 유효이자율(effective interest rate)은 사채의 현재가치와 발행금액을 일치시키는 이자율로, 사채의 기초장부금액에 유효이자율을 곱해서 이자비용을 측정하는 것을 유효이자율법(제3장과 제8장 참조)이라 한다. 유효이자율법에서는 사채할인(할증)발행차금을 사채 발행시점부터 상환시점까지 매 회계기간에 상각하고 상각액을 사채의 기초장부금액에 가산(차감)한다. 유효이자율법을 사용하면 각 연도에 적용되는 이자율은 유효이자율로서 일정하지만, 각 연도에 인식할 이자비용금액(유효이자액)은 장부금액이 변함에 따라 달라진다.

사채가 할인발행된 경우에는 시간 경과에 따라 장부금액이 계속 증가하면서 기간별 이자비용이 계속 증가하고 만기일에는 장부금액이 액면금액과 같게 된다. 반대로 사채가 할증발행된 경우에는 장부금액이 계속 감소하여 기간별 이자비용도 감소한다. 매 회계기간마다 변동하는 사채의 장부금액과 이자비용을 일목요연하게 파악하려면, 사채가 만기까지 변화하는 것을 표로 작성하는 것이 편리하다. 이러한 표를 전통적으로 상각표(amortization schedule)라 부른다. 사채 발행기업은 유효이자율에 의한 상각표를 작성하고 매 회계기간 말에 상각표에 기록된 이자비용을 인식한다.

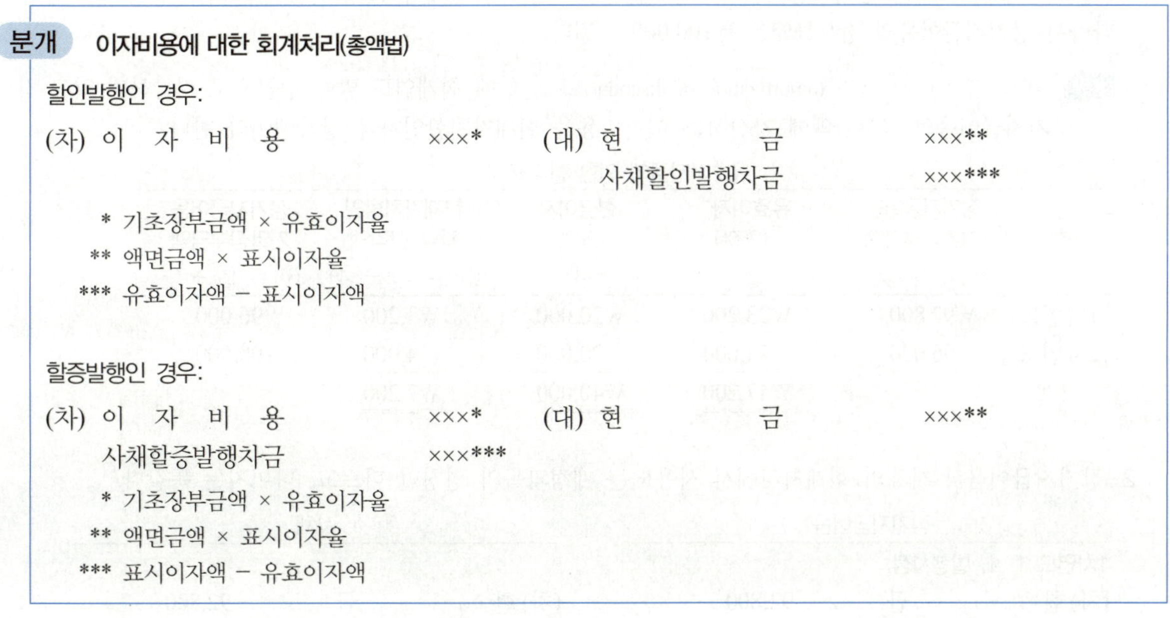

분개 이자비용에 대한 회계처리(총액법)

할인발행인 경우:

(차) 이 자 비 용	×××*	(대) 현 금	×××**
		사채할인발행차금	×××***

* 기초장부금액 × 유효이자율
** 액면금액 × 표시이자율
*** 유효이자액 − 표시이자액

할증발행인 경우:

(차) 이 자 비 용	×××*	(대) 현 금	×××**
사채할증발행차금	×××***		

* 기초장부금액 × 유효이자율
** 액면금액 × 표시이자율
*** 표시이자액 − 유효이자액

예제 2 장기지급어음의 현재가치할인차금의 상각

중요도: ★★★
난이도: ◆◆

상황

· 예제 1의 자료를 이용하라.

물음

1. 유효이자율법을 사용하여 장기지급어음 현재가치할인차금의 상각표를 작성하라.
2. 유효이자율법을 이용하여 장기지급어음과 관련된 분개를 하라. 또한 장기지급어음이 아니고 사채를 발행하였다고 가정하고 사채와 관련된 분개를 하라.

길라잡이 제8장 예제 4에서 장기받을어음은 자산인 반면에 이 예제에서 장기지급어음은 부채이다. 받을 것과 지급할 것이라는 것을 제외하고는 현재가치할인차금 상각의 개념은 동일하다. 그러나 받을 것과 지급할 것이 반대되는 개념이므로 회계처리는 대칭적이다.

정답 및 해설

1. 장기지급어음의 현재가치는 ₩92,800이나, 장기지급어음의 발행으로 인한 총 현금유출액은 ₩140,000(₩100,000 + ₩20,000 × 2년)이다. 따라서 ₩140,000과 ₩92,800의 차액인 ₩47,200은 2년 동안에 인식할 총 이자비용이다.

유효이자율법(「K-IFRS 1109호」 방법)

· 유효이자율법에서는 이자비용을 장기지급어음의 장부금액에 기초하여 결정하므로 1차연도의 이자비용은 ₩23,200(₩92,800 × 25%)이다. 그러나 매년 말에 이자로 현금 ₩20,000씩만 지불하므로 나머지 ₩3,200을 1차연도 말에 장기지급어음의 장부금액에 가산해서 1차연도 말의 장기지급어음의 장부금액은 ₩96,000이 된다.

· 2차연도 말에 인식하는 이자비용은 ₩24,000(₩96,000 × 25%)이고, 그 중에 ₩20,000은 현금으로 지급하고, 나머지 ₩4,000은 장기지급어음의 장부금액에 가산해서 현재가치할인차금이 ₩4,000만큼 감소한다. 따라서 장기지급어음의 장부금액은 ₩100,000이 된다.

KEY 현재가치할인차금 상각액(amortization of discount)의 의미: 매 회계연도 말에 현금으로 지급하지 않고 장기지급어음의 장부금액에 가산하는 이자비용을 현재가치할인차금 상각액이라 한다.

유효이자율에 의한 상각표

연도 ①	장기지급어음 기초장부금액 ②	유효이자 (25%) ③	현금이자 (20%) ④	현재가치할인 차금 상각액 ⑤ = ③ − ④	장기지급어음 기말장부금액 ⑥ = ② + ⑤
1차연도	₩92,800	₩23,200	₩20,000	₩3,200	₩96,000
2차연도	96,000	24,000	20,000	4,000	100,000
합계		₩47,200	₩40,000	₩7,200	

2. 장기지급어음과 사채의 회계처리에서 사용되는 계정과목의 명칭만 다르고, 나머지는 똑같다.

장기지급어음			사채		
1차연도 1. 1. 발행시점:					
(차) 현 금	92,800		(차) 현 금	92,800	
현재가치할인차금	7,200		사채할인발행차금	7,200	
(대) 장 기 지 급 어 음		100,000	(대) 사 채		100,000
1차연도 12. 31. 결산일:					
(차) 이 자 비 용	23,200		(차) 이 자 비 용	23,200	
(대) 현 금		20,000	(대) 현 금		20,000

현재가치할인차금		3,200	사채할인발행차금		3,200

2차연도 12. 31. 결산일 및 상환시점:

(차) 이 자 비 용	24,000		(차) 이 자 비 용	24,000	
(대) 현 금		20,000	(대) 현 금		20,000
현재가치할인차금		4,000	사채할인발행차금		4,000
(차) 장 기 지 급 어 음	100,000		(차) 사 채	100,000	
(대) 현 금		100,000	(대) 현 금		100,000

예제 3 사채의 할증발행과 할인발행

중요도: ★★★
난이도: ◆◆

상황

· 1차연도 1. 1.에 사채(액면금액: ₩100,000, 만기기간: 2년)를 발행하였다.
· 사채의 표시이자율은 연 30%이나 시장이자율은 연 25%이다.

물음

1. 사채의 발행금액을 추정하고 사채할증(할인)발행차금의 의미를 설명하라.
2. 유효이자율법을 사용하여 사채할증(할인)발행차금에 대한 상각표를 작성하라.
3. 사채에 표시된 이자율이 연 30%인 경우와 20%인 경우(예제 1과 2 참조)로 구분하여 사채와 관련된 분개를 하라.

길라잡이 훗날 이자를 상대적으로 많이 지급하는 대가로 발행시점에 미리 많이 받아 할증발행된 것이므로 할증발행차금의 상각은 이자비용을 감소시킨다. 반대로, 할인발행차금의 상각은 이자비용을 증가시킨다. 이 점을 제외하고는 할증발행에 대한 회계처리와 할인발행에 대한 회계처리가 동일하다.

정답 및 해설

1. 사채로 인한 미래 현금유출액을 그림으로 나타내면 다음과 같다.

1차연도 1. 1.	1차연도 12. 31.	2차연도 12. 31.
	₩30,000 이자	₩30,000 이자 100,000 액면금액

· 사채의 발행금액과 할증발행액은 다음과 같다.

사채의 액면금액		₩100,000
사채의 현재가치(할인율: 연 25%):		
액면금액의 현재가치(₩100,000 × 0.64*)	₩64,000	
이자의 현재가치(₩30,000 × 1.44**)	43,200	(107,200)
사채할증발행차금(어음이면 현재가치할증차금)		₩7,200

* 25%, 2년 현재가치계수
** 25%, 2년 연금현재가치계수

· 사채할증발행차금 ₩7,200의 의미를 파악하기 위하여 2년간 인식할 이자비용을 계산하면 다음과 같다.

총 현금유출액	₩160,000
사채의 현재가치	(107,200)
총 이자비용	₩52,800

· 따라서 총 현금유출액 ₩160,000을 다음과 같이 분해할 수 있다.

₩160,000 {
- ₩107,200 차입한 원금
- ₩60,000 2년에 걸쳐 지급하는 현금이자
- ₩(7,200) 현금이자비용의 감소액(2차연도 말에 지급할 원금에서 차감)

· 사채할증발행차금 ₩7,200은 2년에 걸쳐 현금으로 지급하는 이자비용의 감소액으로 만기시점에 지급하는 원금을 감소시킨다.

2. 유효이자율법(「K-IFRS 1109호」 방법)

· 유효이자율법에서는 이자비용을 사채 장부금액에 기초해서 결정하므로 1차연도의 이자비용은 ₩26,800(₩107,200 × 25%)이다. 그러나 매년 말에 이자로 현금 ₩30,000씩 지불하므로 차액 ₩3,200을 1차연도 말에 사채 장부금액에서 차감하여 1차연도 말 사채의 장부금액은 ₩104,000이 된다.

· 2차연도 말에 인식하는 이자비용은 ₩26,000(₩104,000 × 25%)인데, ₩30,000을 현금으로 지급하므로, ₩4,000은 사채 장부금액에서 차감해서 사채할증발행액이 ₩4,000만큼 감소한다. 따라서 사채 장부금액은 ₩100,000이 된다.

KEY 사채할증발행차금 상각액의 의미: 매 회계연도 말에 유효이자비용보다 더 많은 이자를 현금으로 지급했기 때문에 사채 장부금액에서 차감하는 금액을 사채할증발행차금 상각액이라 한다.

유효이자율법에 의한 상각표

연도 ①	사채 기초장부금액 ②	유효이자 (25%) ③	현금이자 (20%) ④	할증발행차금 상각액 ⑤ = ③ − ④	사채 기말장부금액 ⑥ = ② + ⑤
1차연도	₩107,200	₩26,800	₩30,000	₩3,200	₩104,000
2차연도	104,000	26,000	30,000	4,000	100,000
합계		₩52,800	₩60,000	₩7,200	

3.

할인발행			할증발행	
1차연도 1. 1. 발행시점:				
(차) 현　　금	92,800		(차) 현　　금	107,200
사채할인발행차금	7,200		(대) 사채할증발행차금	7,200
(대) 사　　채		100,000	사　　채	100,000
1차연도 12. 31. 결산일:				
(차) 이 자 비 용	23,200		(차) 이 자 비 용	26,800
(대) 사채할인발행차금		3,200	사채할증발행차금	3,200
현　　금		20,000	(대) 현　　금	30,000

2차연도 12. 31. 결산일 및 상환시점:

(차) 이 자 비 용	24,000		(차) 이 자 비 용	26,000	
(대) 사채할인발행차금		4,000	사채할증발행차금	4,000	
현 금		20,000	(대) 현 금		30,000
(차) 사 채	100,000		(차) 사 채	100,000	
(대) 현 금		100,000	(대) 현 금		100,000

3. 사채발행비

사채발행비(bond issue costs)는 사채를 발행하는 데 직접적으로 발생한 거래원가로 발행수수료, 사채인쇄비용, 법률비용, 광고비용 등을 포함한다. 발행한 사채를 어느 범주(FVPL 금융부채, AC 금융부채)로 분류하느냐에 따라 사채발행비에 대한 회계처리방법이 다르다.

- 사채를 FVPL(당기손익－공정가치측정) 금융부채로 분류한 경우: 사채발행비를 발생시점에 비용으로 인식한다.
- 사채를 AC(상각후원가측정) 금융부채로 분류한 경우: 사채발행금액에서 사채발행비를 차감한 금액 즉, 사채를 발행해서 받은 순 현금유입액을 사채의 최초측정액으로 하고, 액면금액과 순 현금유입액의 차액을 만기까지 상각해서 이자비용에 포함한다. 사채발행비를 이자비용의 일부로 만기까지 인식한다. 사채발행비를 고려한 **유효이자율은 사채를 발행해서 받은 순 현금유입액과 사채의 현재가치**(미래 현금흐름을 할인한 금액)**를 동일하게 만드는 할인율**(유효이자율)**이다.** 사채발행비가 발생하면 순 현금유입액이 사채의 발행금액보다 적으므로 이렇게 계산한 **유효이자율은 시장이자율보다 약간 높다.**

Miniature 예제 1 사채발행비와 유효이자율의 계산

상황

- 시장이자율이 20%인 상황에서 2년 만기의 사채(액면금액: ₩100,000, 표시이자율: 20%)를 ₩100,000에 액면발행하고 AC 금융부채로 분류하였다.
- 사채발행비가 발생하지 않았다면 순 현금유입액이 ₩100,000이므로 유효이자율은 시장이자율인 20%이다. 그러나 사채를 발행하면서 ₩7,200의 거래원가(사채발행비)가 발생해서 사채를 발행해서 받은 순 현금유입액이 ₩92,800(₩100,000 − ₩7,200)이다.

물음 사채의 유효이자율을 계산하라.

정답 및 해설

- 사채발행비로 인해 순 현금유입액이 ₩92,800이므로 순 현금유입액(₩92,800)과 사채의 현재가치(미래 현금흐름을 할인한 금액)를 같게 만드는 새로운 유효이자율을 아래와 같이 계산한다. 그리고 이 유효이자율로 할인발행차금(사채발행비 포함)을 상각해서 매년 이자비용의 일부로 인식한다.

$$₩92,800 = \frac{₩20,000}{(1+r)^1} + \frac{₩120,000}{(1+r)^2}$$

$$\therefore\ r = 25\%$$

· 사채발행비를 사채 발행금액에서 차감하므로 실질적 이자비용이 ₩7,200만큼 많아지기 때문에 유효이자율이 다음과 같이 시장이자율보다 높다.

	사채발행비 발생하지 않음	사채발행비 발생함
사채발행으로 인한 현금유출액	₩140,000	₩140,000
사채발행으로 인한 현금유입액	(100,000)	(92,800)
실질적 이자비용	₩40,000	₩47,200
이자율	20%(시장이자율)	25%(유효이자율)

사채가 할인(할증)발행되는 동시에 사채발행비가 발생하면 조금 복잡해 질 수 있지만, 아래와 같이 비교적 간단한 방법으로 사채할인(할증)발행차금과 사채발행비를 동시에 상각할 수 있다.

단계 1: 새로운 유효이자율 계산

사채발행시점에 사채를 발행해서 받은 순 현금유입액과 사채의 현재가치(미래 현금흐름을 할인한 금액)를 같게 만드는 할인율(유효이자율)을 계산한다.

단계 2: 사채할인(할증)발행차금 계산

사채의 액면금액		×××
사채의 현재가치(할인율: 새로 계산한 유효이자율):		
액면금액의 현재가치	×××	
이자의 현재가치	×××	(×××)
사채할인(할증)발행차금		×××

단계 3: 이자비용의 인식

단계 1에서 계산한 유효이자율을 이용하여 사채할인(할증)발행차금을 상각해서 이자비용을 인식하면 실질적으로 사채발행비도 동시에 상각된다.

예제 4 사채발행비와 사채할인발행차금 상각액

중요도: ★★★
난이도: ◆

상황

· 1차연도 1. 1.에 2년 만기의 사채(액면금액: ₩100,000, 표시이자율: 연 20%)를 발행해서 현금 ₩97,017을 받고 AC 금융부채로 분류하였다.

· 투자자에게 매년 22%의 수익률(시장이자율)을 제공할 수 있도록 이 사채의 판매가격은 ₩97,017으로 결정

되었다.
· 이자지급일: 매년 12. 31.
· 1차연도 1. 1.에 발생한 사채발행비: ₩4,217
· 유효이자율법을 사용하여 사채할인발행차금을 상각한다.

물음 사채할인발행차금을 구하고 1차연도 1. 1.과 1차연도 12. 31.에 필요한 분개를 하라.

정답 **사채할인발행차금: ₩7,200**

해설
· 순 현금유입액 ₩92,800(₩97,017 − ₩4,217)과 미래 현금유출액의 현재가치를 일치시키는 유효이자율(r)을 다음과 같이 계산한다.

$$₩92,800 = \frac{₩20,000}{(1+r)^1} + \frac{₩120,000}{(1+r)^2}$$

$$\therefore\ r = 25\%$$

사채의 액면금액		₩100,000
사채의 현재가치(할인율: 유효이자율 연 25%):		
액면금액의 현재가치(₩100,000 × 0.64)	₩64,000	
이자의 현재가치(₩20,000 × 1.44)	28,800	(92,800)
사채할인발행차금		₩7,200

1차연도 1. 1. 사채발행시점:

(차)	현 금	92,800*	(대)	사 채	100,000
	사채할인발행차금	7,200**			

* ₩97,017 − ₩4,217 = ₩92,800
** (₩100,000 − ₩97,017) + ₩4,217 = ₩7,200

1차연도 12. 31. 결산일:

(차)	이 자 비 용	23,200*	(대)	사채할인발행차금	3,200
				현 금	20,000

* ₩92,800 × 25% = ₩23,200

4. 이자지급일 사이에 발행된 사채

사채발행회사가 사채를 사채 권면에 명시된 발행일에 발행하지 않고 그 이후 날짜에 발행할 수도 있다. 이처럼 사채가 이자지급일 사이에 발행되면 다음 세 가지 회계처리문제가 대두된다.

• 발행일의 사채발행금액 결정
• 발행일까지 발생한 이자로 인한 ① 최초측정 및 ② 후속측정 상 문제
• 사채가 액면금액으로 발행되지 않았을 경우, 할인(할증)액의 상각

(1) 최초측정: 사채 발행금액

사채가 이자지급일 사이에 발행되면 사채발행회사가 사채구입자로부터 받는 현금 총액에는 발행일 직전 이자지급일(또는 권면발행일)부터 발행일까지의 기간에 대한 이자가 포함된다. 사채발행회사가 다음 이자지급일에 직전 이자지급일(또는 권면발행일)부터 이자지급일까지의 기간에 대해 이자를 지급하므로, 사채를 구입하는 사람은 자신이 보유하지 않았던 기간에 대한 이자를 사채발행회사에 지급하는 것이다. 이를 수취한 사채발행회사는 직전 이자지급일(또는 권면발행일)부터 발행일까지 표시이자율에 의한 이자를 미지급이자(유동부채)로 인식하였다가 사채발행 후 첫 번째 이자지급일에 표시이자율에 의한 현금이자를 사채보유자에게 지급하면서 미지급이자를 장부에서 제거한다. 직전 이자지급일부터 발행일까지 발생한 이자를 제외한 사채의 순수한 발행금액은 다음과 같다.

사채의 순수한 발행금액 = 발행일의 미래 현금유출액의 현재가치 − 발행일까지의 이자발생액

사채 발행금액 결정방법: 이론적 방법과 근사치 추정법

사채가 이자지급일 사이에 발행되면 이론적 방법 또는 근사치 추정법을 사용해서 사채 발행금액을 산정한다. 예를 들어, 1차연도 7. 1.에 회사(매년 결산일과 이자지급일: 12. 31.)가 사채(만기: 3차연도 12. 31.)를 시장이자율(연 r%)에 발행하고 1차연도 말, 2차연도 말, 3차연도 말의 현금유출액이 각각 XX, YY, ZZ라 하면, 사채 발행금액을 다음과 같이 계산한다.

▶ 이론적 방법: 발행일(1차연도 7. 1.)에 사채 발행금액을 다음과 같이 계산한다.

사채 발행금액 = 발행일의 사채의 현재가치* − 발행일까지의 이자발생액

$$* \text{ 발행일의 사채의 현재가치} = \frac{₩XX}{(1+r)^{0.5}} + \frac{₩YY}{(1+r)^{1.5}} + \frac{₩ZZ}{(1+r)^{2.5}}$$

실무에서는 $(1+r)^{0.5}$ 등을 계산하는 것이 어려울 수 있어 근사치 추정법이 압도적으로 널리 사용된다.

▶ 근사치 추정법:

	권면발행일의 사채의 현재가치*(실제발행일의 유효이자율로 할인)	×××
+)	사채가치의 증가분(권면발행일부터 실제발행일까지의 유효이자)	×××
=)	이자를 포함한 사채의 발행금액(발행시점)	×××
−)	표시이자율에 의한 이자(권면발행일부터 실제발행일까지의 기간)	(×××)
=)	사채의 순수한 발행금액(실제발행일)	×××

* 사채 권면에 표시된 발행일(또는 발행일 직전의 이자지급일)의 시장이자율이 아니라 **실제발행일의 시장이자율**을 적용하여 사채의 현재가치를 계산한다.

사채가 이자지급일 사이에 할인발행(또는 할증발행)되는 경우, 할인액(또는 할증액)을 발행일부터 만

기일까지의 기간에 상각한다. 이자지급일 사이에 사채가 발행되면 할인액(또는 할증액)은 다음과 같다.

할인액(또는 할증액) = 사채의 액면금액 − 실제발행일의 사채의 순수한 발행금액
(표시이자율에 의한 이자를 차감한 금액)

분개 이자비용에 대한 회계처리

발행시점:

(차)	현 금	×××	(대) 미 지 급 이 자	×××

사채가 할인발행된 경우 사채발행 후 첫 번째 이자지급시점:

(차)	미 지 급 이 자(장부금액)	×××	(대) 사채할인발행차금(상각액)	×××
	이 자 비 용(유효이자액)	×××	현 금(현금이자액)	×××

예제 5 사채발행금액

중요도: ★★★
난이도: ◆◆

상황

- 1차연도 7. 1.에 만기일이 3차연도 12. 31.인 사채(액면금액: ₩100,000, 표시이자율: 연 20%, 이자지급일: 매년 12월 31일)를 발행하였다.
- 사채이자는 1차연도 1. 1.부터 발생하지만 1차연도 7. 1.에 실제로 발행되었다.
- 1차연도 1. 1.의 시장이자율: 연 22%
- 1차연도 7. 1.의 시장이자율: 연 25%
- 사채 발행금액에는 1차연도 1. 1.부터 1차연도 6. 30.까지의 표시이자율에 의한 이자액도 포함된다.

물음 유효이자율법을 사용하여 표시이자율에 의한 이자를 제외하고 1차연도 7. 1.의 사채의 순수한 발행금액을 계산하고 필요한 분개를 하라.

정답 및 해설 근사치 추정법에 의한 발행금액(표시이자 제외): **₩91,520**

길라잡이 근사치 추정법을 사용하면 1차연도 7. 1.의 시장이자율인 25%를 적용하여 1차연도 1. 1.의 현재가치를 계산한다.

이론적 방법:

$$\text{사채의 현재가치} = \frac{₩20,000}{(1+0.25)^{0.5}} + \frac{₩20,000}{(1+0.25)^{1.5}} + \frac{₩120,000}{(1+0.25)^{2.5}}$$

= ₩17,889 + ₩14,311 + ₩68,692

= ₩100,892

사채의 순수한 발행금액: ₩100,892 − ₩10,000(6개월간 발생이자) = ₩90,892

근사치 추정법:

사채의 현재가치(1차연도 1. 1.시점)(할인율: **1차연도 7. 1.의 시장이자율인 25%**)

액면금액의 현재가치 ₩100,000 × 0.512 = ₩51,200

이자의 현재가치 ₩20,000 × 1.952 =	39,040
1차연도 1. 1.의 사채 발행금액	₩90,240

사채의 현재가치(1차연도 1. 1.시점)	₩90,240
1차연도 1. 1. ~ 6. 30. 까지 사채가치의 증가분(유효이자율: 연 25%) (₩90,240 × 25% × 6/12 = ₩11,280)	11,280
이자를 포함한 사채 발행금액(1차연도 7. 1.시점)	₩101,520
1차연도 1. 1. ~ 6. 30.까지 표시이자율에 의한 이자발생액 (표시이자율: 연 20%)(₩100,000 × 20% × 6/12 = ₩10,000)	(10,000)
사채의 순수한 발행금액(1차연도 7. 1.시점)	₩91,520*

* 이론적 방법으로 계산된 현재가치(₩90,892)와의 차이는 반올림 오차이다. 만일 이 예제에서 6개월 단위로 현금이자가 지급되면 두 방법에서의 현재가치는 같다.

1차연도 7. 1. 사채발행시점:

(차)	현 금	101,520	(대) 사 채	100,000
	사채할인발행차금	8,480*	미 지 급 이 자	10,000

* ₩100,000 − ₩91,520 = ₩8,480

(2) 후속측정: 할인(할증)발행차금의 상각

이자지급일 사이에 사채가 발행되면 ① 사채가 발행 직전의 이자지급일(또는 권면발행일)에 발행되었다고 가정하여 상각표를 작성하고 ② 첫 번째 이자지급기간에는 상각표상의 수치를 월할기준으로 수정한다. 발행 직전의 이자지급일에 발행되었다고 가정해서 상각표를 작성한 후에 사채발행일이 속한 회계연도의 이자비용 및 할인(할증)발행차금 상각액을 다음과 같이 계산한다.

$$\text{사채발행일이 속한 회계연도의 이자비용} = \text{첫 이자지급기간의 이자비용} \times \frac{\text{사채발행일부터 사채발행 이후 첫 이자지급일까지의 기간}}{\text{첫 이자지급기간}}$$

$$\text{사채발행일이 속한 회계연도의 할인(할증)발행차금상각} = \text{첫 이자지급기간의 할인(할증)발행차금상각} \times \frac{\text{사채발행일부터 사채발행 이후 첫 이자지급일까지의 기간}}{\text{첫 이자지급기간}}$$

예제 6 이자지급일 사이의 사채발행

중요도: ★
난이도: ◆◆

상황

· 예제 5의 자료를 이용하라.

물음 유효이자율법을 사용하여 다음 사항에 답하라.

1. 1차연도 7. 1.의 사채할인발행차금과 1차연도 7. 1.부터 3차연도 12. 31.까지 인식할 총 이자비용을 계산하라.
2. 사채할인발행차금의 상각표를 작성하라.
3. 1차연도 12. 31.에 필요한 분개를 하라.

길라잡이 사채가 이자지급일 사이에 발행되면 사채가 발행 직전의 이자지급일(1차연도 1. 1.)에 ₩90,240(예제 5 참조)에 발행되었다고 가정하고 할인발행차금상각표를 작성한다. 그리고 첫번째 이자지급기간에는 상각표상의 수치를 월할기준으로 수정한다.

정답 및 해설 **사채할인발행차금: ₩8,480, 총 이자비용: ₩58,480**

1.

사채의 액면금액	₩100,000
표시이자액을 제외한 사채의 발행금액(1차연도 7. 1.)	(91,520)
사채할인발행차금	₩8,480

미래에 지급될 총 현금유출액	₩160,000
1차연도 7. 1.에 유입된 총 현금액	(101,520)
총 이자비용	₩58,480*

* 총 이자비용 ₩58,480을 다음과 같이 구할 수도 있다.

현금이자:

1차연도	₩10,000
2차연도	20,000
3차연도	20,000
사채할인발행차금	8,480
합계	₩58,480

2. 유효이자율법에 의한 상각표

· 사채가 발행된 1차연도 7. 1.의 사채발행금액이 ₩91,520이고 사채할인발행차금이 ₩8,480이다. 1차연도 1. 1.에 사채가 발행되었더라면 사채발행금액이 ₩90,240이고 사채할인발행차금이 ₩9,760이다.

유효이자율에 의한 상각표

연도 ①	사채 기초장부금액 ②	유효이자 (25%) ③	현금이자 (20%) ④	할인발행차금 상각액 ⑤ = ③ − ④	사채 기말장부금액 ⑥ = ② + ⑤
1차연도	**₩90,240**	₩22,560	₩20,000	₩2,560	₩92,800
2차연도	92,800	23,200	20,000	3,200	96,000
3차연도	96,000	24,000	20,000	4,000	100,000
합계		₩69,760	₩60,000	₩9,760	

· 사채가 1차연도 7. 1.에 발행되었으므로 1차연도의 이자비용과 할인발행차금상각액을 다음과 같이 다시 계산한다.

1차연도 7. 1. ~ 12. 31.까지의 이자비용: ₩22,560 × 6/12 = ₩11,280

1차연도 7. 1. ~ 12. 31.까지의 할인발행차금 상각: ₩2,560 × 6/12 = ₩1,280

· 사채가 1차연도 7. 1.에 발행되었으므로 1차연도의 수정된 이자비용과 수정된 할인발행차금상각액을 이용하여 위의 상각표를 다음과 같이 수정한다.

수정된 상각표

연도 ①	사채 기초장부금액 ②	유효이자(25%) ③	현금이자(20%) ④	할인발행차금 상각액 ⑤ = ③ − ④	사채 기말장부금액 ⑥ = ② + ⑤
1차연도	**₩91,520**	₩11,280*	₩10,000*	₩1,280*	₩92,800
2차연도	92,800	23,200	20,000	3,200	96,000
3차연도	96,000	24,000	20,000	4,000	100,000
합계		₩58,480	₩50,000	₩8,480	

* 6개월간 금액

3. 1차연도 12. 31. 결산시점:

(차) 미 지 급 이 자	10,000		(대) 사채할인발행차금	1,280
이 자 비 용	11,280		현 금	20,000

금융부채의 제거

1. 금융부채의 제거조건

금융부채는 계약에 명시된 의무를 이행하거나, 의무이행 요구가 취소되거나 상환되었을 때 장부에서 제거한다. 예를 들어, 기업이 사채(금융부채)의 원금과 이자를 모두 지급하면 사채를 장부에서 제거한다. 금융자산의 제거 여부를 결정할 때는 소유에 따른 보상과 위험의 대부분이 누구에게 있는가를 판단해야 한다. 그러므로 법적 소유권이 이전되었음에도 불구하고 제거조건이 충족되지 않는 경우가 있다(제8장 참조). 그러나 금융부채의 제거 여부를 판단할 때는, 소유에 따른 보상과 위험의 대부분이 누구에게 귀속되는지는 상관없이 오로지 계약상 의무의 법적 소멸 여부에 따라 결정한다. 따라서 금융부채의 제거 여부는 금융자산의 제거 여부에 비해서 상대적으로 단순하고 비교적 객관적이다. 채권자가 채무자의 현재 지급의무를 면제하는 대신에 제3자가 기존 채무를 인수하고 미래에 지급하지 않으면 현재의 채무자가 지급보증의무를 부담하는 경우에도 금융부채의 제거조건이 충족된다. 그러나 이 경우에는 현재의 채무자가 지급보증의무를 공정가치로 측정해서 새로운 금융부채로 인식한다. 금융부채의 전부 또는 일부가 다음 중 하나에 해당해서 소멸하면 금융부채를 장부와 재무상태표에서 제거한다.

- 채무자가 현금, 그 밖의 금융자산, 재화 또는 용역을 채권자에게 제공하여 부채의 전부 또는 일부를 이행한 경우

- 채권자로부터 부채의 전부 또는 일부에 대한 의무를 법적으로 면제받은 경우
- 금융부채의 교환: 유의적(significant)으로 다른 조건으로 금융부채를 교환하면 기존 금융부채를 장부에서 제거하고 새로운 금융부채를 인식한다(제3절 참조).
- 조건변경: 금융부채 조건이 실질적(substantial)으로 변경되면 기존 금융부채를 장부에서 제거하고 새로운 금융부채를 인식한다(제3절 참조).

예제 7	금융부채의 제거	중요도: ★★★ 난이도: ◆◆◆

상황

상황 ①: 사과회사가 발행한 풋옵션(written put option)이 만료되었다.

상황 ②: 사과회사는 앵두회사로부터 ₩50,000을 차입한 후에 앵두회사에게 지불하기 위한 목적으로만 사용되는 ₩50,000을 특별신탁에 비축하였다.

상황 ③: 사과회사는 밀감회사에 대한 채무 ₩30,000을 이행하기 위하여 밀감회사에게 ₩30,000을 지불하였다.

물음 위의 각 상황에서 금융부채의 제거가 적절한지 판단하라.

정답 ①과 ③: 금융부채의 제거, ②: 금융부채의 제거 아님

해설

상황 ①: 풋옵션 소유자는 옵션계약에 명시된 기초변수(underlying)의 약정수량을 약정가격에 매도할 수 있는 권리를 보유한다(부록 8 - 1 참조). 사과회사는 풋옵션을 매도하였으므로 행사할 수 있는 권리는 없고 풋옵션 소유자가 권리를 행사하면 의무를 이행하여야 하므로 옵션채무를 부담한다. 개념을 이해하기 위하여 예제를 단순화시켜 사과회사가 무료(옵션 프리미엄 = ₩0)로 풋옵션을 발행하였다면 사과회사는 풋옵션 파생상품계약에서 자산은 꿈도 꾸지 못하고 부채가 발생할 가능성만 있다. 옵션채무가 만료되어 사과회사에게 더 이상 의무가 없으면 채무가 소멸되므로 금융부채를 장부에서 제거한다.

상황 ②: 사과회사가 ₩50,000을 지불할 법적 의무를 해소하지 못해 여전히 앵두회사에게 ₩50,000을 갚아야 하므로 금융부채를 제거하지 아니한다.

상황 ③: 사과회사가 ₩30,000을 지불할 의무를 해소했으므로 금융부채를 장부에서 제거한다.

2. 금융부채의 제거에 대한 회계처리

금융부채의 전부(또는 일부)가 소멸하거나 제3자에게 금융부채를 양도하면 장부금액과 지급한 대가(양도한 비현금자산이나 부담한 부채를 포함)의 차이를 당기손익으로 인식한다[1109: 3.3.3]. 금융부채의 일부를 재매입하는 경우에는, 기존 금융부채의 장부금액을 재매입일 현재 계속 인식하는 부분과 제거하는 부분에 상대적 공정가치를 기준으로 배분하고, 다음 ①과 ②의 차이를 당기손익으로 인식한다[1109: 3.3.4].

① 제거하는 부분에 배분된 금융부채의 장부금액

② 제거하는 부분에 대해 지급한 대가(양도한 비현금자산이나 부담한 부채를 포함)

(1) 사채의 중도상환

사채의 중도상환(early extinguishment of bond)은 만기일 이전에 투자자(채권자)에게 현금을 주고 사채를 다시 취득하여 보관하거나(자기사채) 즉시 소각하는 등 만기일 이전에 현금으로 사채를 상환하는 것이다.[1)] 사채를 중도상환하면 상환일까지의 이자비용과 할인(할증)발행차금상각액을 인식하고 중도상환시점의 사채의 장부금액을 아래와 같이 결정한다.

	직전 이자지급일의 사채의 장부금액	×××
+)	직전 이자지급일부터 중도상환일까지의 유효이자(이자비용)	×××
−)	직전 이자지급일부터 중도상환일까지의 액면이자(미지급이자)	(×××)
=)	중도상환일의 사채의 장부금액	×××

사채를 중도(조기)상환하면서 지출하는 금액(취득가격)은 조기상환프리미엄과 기타 비용(재취득비용)을 포함한다. 조기상환프리미엄은 만기를 지키지 못하고 중도에 상환하는 것에 대한 일종의 '벌금'이다. 돈을 빌려준 쪽(투자자)은 만기까지 사채를 보유하면서 이자를 받고 싶었는데 돈을 빌린 쪽(사채발행회사)이 만기 이전에 돈을 갚아 이자를 받을 기회를 박탈당했다고 보기 때문에 조기상환프리미엄(벌금)을 요구하는 것이 일반적이다. 중도(조기)상환시점에 사채와 관련된 계정(미지급이자, 사채할인(할증)발행차금)의 잔액을 장부에서 제거하고, 사채의 취득가격과 장부금액의 차이를 사채조기상환손익으로 인식한다.

[사채의 장부금액 > 사채의 취득가격]: 사채조기상환이익 인식
[사채의 장부금액 < 사채의 취득가격]: 사채조기상환손실 인식

사채조기상환이익은 상환일의 시장이자율이 발행일의 시장이자율보다 높을 때 발생한다. 사채의 공정가치는 사채의 미래현금흐름(이자와 액면금액)을 시장이자율로 할인한 금액이므로, 시장이자율이 높으면 그만큼 할인액이 더 많아져 사채의 공정가치가 하락한다. 기존사채의 거래가격이 하락하면 사채발행회사가 사채를 낮은 가격에 상환할 수 있어 사채조기상환이익이 발생한다. 반대로, 상환일의 시장이자율이 발행일의 시장이자율보다 낮으면 사채조기상환손실이 발생한다.

사채의 일부를 상환하면 사채의 총 장부금액을 계속 보유하는 사채와 상환되는 사채에 상대적 공정가치에 비례하여 배분한다[1109: 3.3.4](Miniature 예제 3 참조). 상환되는 부분에 대한 장부금액이 결정되면 다음 금액을 당기손익으로 인식한다.

---

1) 전환사채가 주식으로 전환되는 것은 사채의 중도상환으로 간주하지 않는다. 전환사채에 대해서는 제13장에서 자세히 살펴본다.

상환되는 부분에 배분된 사채의 장부금액	×××
-) 상환되는 부분에 지급한 대가(양도한 비현금성자산이나 부담한 부채 포함)	(×××)
=) 사채조기상환손익	×××

예제 8 사채의 중도(조기)상환

중요도: ★★★
난이도: ◆

상황

· 1차연도 1. 1.에 2년만기 사채(액면금액: ₩100,000, 표시이자율: 연 10%)를 발행하였다. 사채이자는 1차연도 1. 1.부터 발생하며 이자지급일은 매년 12. 31.이다.

· 이 사채는 투자자에게 매년 12%의 수익률을 제공하기 위해 ₩96,620으로 발행되었다.

· 1차연도 1. 2.에 시장이자율이 연 15%로 상승하였다. 1차연도 1. 1.에 발행했던 사채를 1차연도 1. 2.에 시장가격으로 재취득하고 똑같은 성격의 새로운 사채를 발행하였다.

물음

1. 사채 중도상환에 따른 손익을 계산하고 1차연도 1. 2.에 필요한 분개를 하라.
2. 시장이자율이 1차연도 1. 2.에 연 8%로 하락하였다고 가정하고 물음 1에 답하라.

정답 및 해설

1.

· 1차연도 1. 2.에 시장이자율 15%로 할인한 사채의 현재가치(시장가격)는 다음과 같다.

액면금액의 현재가치(₩100,000 × 0.75614)	₩75,614
이자의 현재가치(₩10,000 × 1.6257)	16,257
사채의 현재가치	₩91,871

· 사채의 조기상환이익은 다음과 같다.

사채의 장부금액	₩96,620
현금지급액	(91,871)
사채조기상환이익	₩4,749

1차연도 1. 2. 사채 중도(조기)상환시점:

(차)	사 채	100,000	(대) 사채할인발행차금	3,380
			사채조기상환이익	4,749
			현 금	91,871

1차연도 1. 2. 신 사채 발행시점:

(차)	현 금	91,871	(대) 사 채	100,000
	사채할인발행차금	8,129		

참고 사채발행회사의 경제적 실질이 변하지 않았음에도 불구하고 사채발행회사는 위 거래를 통하여 ₩4,749의 이익을 인식한다. 구 사채를 계속 보유하면 2년 동안 상각하는 사채할인발행차금이 ₩3,380이나, 구 사채를 중도상환하고 동종의 신 사채를 발행함으로써 2년에 걸쳐 상각할 사채할인발행차금이 ₩8,129이다. 중도상환시점에 사채할인발행차금의 차액인 ₩4,749(₩8,129 − ₩3,380)의 이익을 인식하고 앞으로 2년간 ₩4,749을 추가 이자비용으로 인식한다. 즉, 사채발행회사는 사채의 중도상환을 통해 미래의 비용으로 현재의 이익을 증대시킨다.

2.

· 1차연도 1. 2.에 시장이자율 8%로 할인한 사채의 현재가치(시장가격)는 아래와 같다.

액면금액의 현재가치(₩100,000 × 0.85734)	₩85,734
이자의 현재가치(₩10,000 × 1.7833)	17,833
사채의 현재가치	₩103,567

· 사채의 조기상환손실은 다음과 같다.

사채의 장부금액	₩96,620
현금지급액	(103,567)
사채조기상환손실	₩(6,947)

1차연도 1. 2. 사채 중도(조기)상환시점:

(차)	사채	100,000	(대) 사채할인발행차금	3,380
	사채조기상환손실	6,947	현금	103,567

1차연도 1. 2. 신 사채 발행시점:

(차)	현금	103,567	(대) 사채할증발행차금	3,567
			사채	100,000

(2) 자기사채의 취득

자기사채(treasury bonds)는 사채발행회사가 자신이 발행한 사채를 취득하여 소각하지 않고 보유하는 것이다. 자기사채를 취득하고 보유하는 것은 사채 중도상환의 한 유형이므로 자기사채 취득 시에 수행하는 회계처리는 사채의 중도상환에 대한 회계처리와 같다. 취득한 자기사채를 일시적으로 보유하고 있다가 미래에 이를 다시 발행할 것으로 계획한다 하더라도 중도상환시점(자기사채 취득시점)에 이미 사채의 제거조건이 충족되므로 취득한 사채를 장부에서 제거한다. 즉, 채무상품의 발행자가 해당 채무상품을 재매입하면, 발행자가 당해 채무상품을 단기간 내에 재매도할 의도가 있더라도 당해 금융부채는 소멸한다[1109: B3.3.2]. 그리고 자기사채를 재발행하면 사채를 새로 발행하는 것과 동일하게 회계처리한다. 보유하고 있던 자기사채를 소각하면 자기사채를 취득할 때에 이미 장부에서 제거하였으므로 별도의 회계처리를 하지 않는다.

예제 9 자기사채

중요도: ★★★
난이도: ◆◆

상황

· 1차연도 1. 1.에 사채(액면금액: ₩100,000, 만기: 2년, 표시이자율: 20%)를 매년 말에 이자를 지급하는 조건으로 ₩97,017에 발행하고 AC(상각후원가측정) 금융부채로 분류하였다.

· 1차연도 1. 1.에 사채발행비 ₩4,217이 발생하여 순 현금유입액은 ₩92,800(유효이자율: 연 25%)이다.

· 유효이자율법을 사용하여 사채할인발행차금을 상각하여 1차연도 12. 31.에 사채장부금액이 ₩96,000이다.

· 1차연도 12. 31.의 사채의 공정가치: ₩105,000
· 2차연도 1. 2.에 공정가치가 ₩105,000인 자기사채를 취득하였다.

물음

사채를 FVPL(당기손익-공정가치측정) 금융부채로 지정한 경우와 AC 금융부채로 분류한 경우로 구분하여 다음 물음에 답하라.

1. 자기사채를 ₩105,000에 취득한 거래를 분개하라.
2. 취득한 자기사채를 소각한 경우에 필요한 분개를 하라.
3. 취득한 자기사채를 소각하지 않고 보유하다가 2차연도 7. 1.에 ₩115,000(미지급이자 ₩10,000 포함)에 발행한 경우에 필요한 분개를 하라.

정답 및 해설

1. 자기사채의 취득에 대한 회계처리는 사채의 중도(조기)상환에 대한 회계처리와 동일하다.

FVPL 금융부채로 지정			AC 금융부채로 분류		
2차연도 1. 2. 취득시점:					
(차) FVPL 금융부채	105,000		(차) 사채	100,000	
(대) 현금		105,000	사채조기상환손실	9,000	
			(대) 사채할인발행차금		4,000
			현금		105,000

2. 자기사채를 취득하는 시점에 금융부채가 소멸되었으므로 자기사채의 소각에 대해서 별도로 회계처리를 하지 않는다.

3.

FVPL 금융부채로 지정			AC 금융부채로 분류		
2차연도 7. 1. 재발행시점:					
(차) 현금	115,000		(차) 현금	115,000	
(대) FVPL 금융부채		105,000	(대) 사채할증발행차금		5,000
미지급이자		10,000*	사채		100,000
			미지급이자		10,000*

* ₩100,000 × 20% × 6/12 = ₩10,000

(3) 자산 이전을 통한 부채상환

채무자가 채권자와 합의하여 현금이 아닌 다른 자산을 이전해서 빚을 갚을 수도 있다. 이처럼 부채의 전부(또는 일부)를 상환하기 위해서 채무자가 채권자에게 현금 이외의 자산을 이전하는 것을 채권 · 채무조정이라고도 한다. 자산을 이전해서 빚을 갚으면(부채의 변제) 이전되는 자산의 공정가치 만큼 부채를 제거하여 장부금액을 감소시키고, 이전되는 자산의 공정가치와 장부금액의 차이를 자산처분손익으로 인식한다. 만일 채권자가 채무를 경감시켜 상환되는 부채의 장부금액보다 이전되는 자산의 공정가치가 적을 경우, 채무자 입장에서 갚아야 할 돈을 덜 갚아도 되는 '이익'이 발생하므로 제거하는 부채의 장부금액과 이전한 자산의 공정가치의 차이를 부채상환이익으로 인식한다[1109: 3.3.3]. 이처럼 채무자가 자산을 이전해서 부채를 상환하는 거래를 자산처분(자산처분손익 발생)과 현금상환(부채상환손익 발생)의 두 부분으로 나누어 생각할 수 있는데, 자산처분손익과 부채상환손익은 상계하지 않고 포괄손익계산서에 각각 별도로 표시한다.

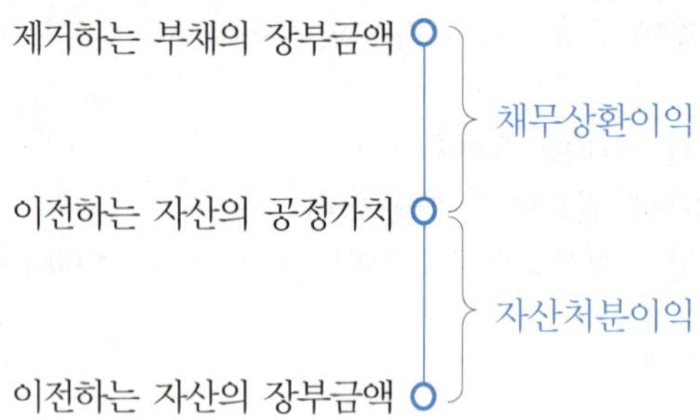

채무자가 자산을 이전하여 부채의 일부를 상환하고 나머지 부채에 대해서 조건을 변경해서 자산의 이전과 부채의 조건변경이 동시에 일어나면 자산을 이전해서 부채를 상환하는 것을 먼저 회계처리하고, 그러고도 남은 부채의 장부금액에 대해서 금융부채의 조건변경(제3절 참조)으로 회계처리한다.

Miniature 예제 2 자산이전을 통한 부채상환

상황

- 알거지회사는 알부자은행으로부터 ₩550,000의 장기차입금을 조달하였으나 재무위기에 처하였다.
- 알거지회사는 부채를 상환하기 위해서 공정가치가 ₩450,000이고 장부금액이 ₩300,000인 토지를 알부자은행에게 이전하기로 합의하였다.

물음 부채상환을 기록하기 위한 분개를 하라.

정답 및 해설

토지처분이익: ₩450,000(공정가치) − ₩300,000(장부금액) = ₩150,000
부채상환이익: ₩550,000(장부금액) − ₩450,000(토지의 공정가치) = ₩100,000

토지처분(실제로 현금을 받고 팔지는 않았지만 판 것처럼 생각):

(차)	현 금	450,000	(대)	토 지	300,000
				토 지 처 분 이 익	150,000

부채상환:

(차)	장 기 차 입 금	550,000	(대)	현 금	450,000
				부 채 상 환 이 익	100,000

Tip 실무에서는 두 개의 분개를 하나로 합쳐서 다음과 같이 분개한다.

(차)	장 기 차 입 금	550,000	(대)	토 지	300,000
				토 지 처 분 이 익	150,000
				부 채 상 환 이 익	100,000

(4) 주식 발행을 통한 부채상환

금융부채를 소멸시키기 위한 지분상품의 발행이 다음 두 개의 거래로 구성된 것으로 본다[2119: BC13].

① 기업이 현금을 받고 채권자에게 새로운 지분상품을 발행하는 거래
② 기업이 주식발행 대가로 받은 현금을 지급해 금융부채를 소멸하는 것을 채권자가 수용하는 거래

지분상품의 발행을 위와 같이 보면 다음 두 회계처리가 사실상 동일하다는 것을 의미한다.

① 주식을 금융부채와 교환하는 거래에 대한 회계처리
② 주식을 현금발행하여 조달한 현금으로 금융부채를 상환하는 거래에 대한 회계처리

채무의 전부(또는 일부)에 대해서 채무자가 채권자에게 지분증권을 발행하여 변제하는 경우(debt to equity swaps)를 출자전환이라 한다[2119: 1]. 「K－IFRIC 제2119호」(지분상품에 의한 금융부채의 소멸 해석서)에 따르면 금융부채 조건을 재협상한 결과 금융부채의 전부(또는 일부)를 소멸시키기 위하여 채권자가 지분상품을 발행하면, 교부된 주식의 공정가치를 금융부채를 청산하는 데에 지급한 대가로 보고 주식의 공정가치만큼 금융부채를 장부에서 제거한다[2119: 6]. 금융부채의 상환액이 교부된 주식의 공정가치와 다르면 해당 차이를 금융부채 상환손익으로 인식하고, 주식의 액면금액과 공정가치의 차이를 주식발행초과금으로 인식한다. 금융부채의 소멸시점에 교부된 주식의 공정가치를 신뢰성 있게 측정할 수 없으면 소멸된 금융부채의 공정가치(미래 현금유출액의 현재가치)를 대용치로 사용하여 지분상품을 측정한다[2119: 7]. 소멸된 금융부채(또는 금융부채의 일부)의 장부금액과 지급한 대가의 차이를 당기손익으로 인식한다. 발행된 지분상품은 금융부채(또는 금융부채의 일부)가 소멸된 날에 최초로 인식하고 측정한다[2119: 9].

금융부채의 일부만 주식으로 교환되면 상대적 공정가치법(상대적 개별 판매가격법)을 이용해서 상환되는 금융부채의 공정가치와 상환되지 않는 금융부채의 공정가치의 상대적 비율에 따라 총 금융부채의 장부금액을 상환되는 금융부채와 상환되지 않는 금융부채로 나눈다(Miniature 예제 3 참조). 금융부채의 일부만 소멸시키는 경우, 지급한 대가의 일부가 금융부채의 남아있는 부분의 조건변경과 관련된다면, 지급한 대가를 소멸된 부채와 남아있는 부채에 배분한다[2119: 8]. 남아있는 부채의 조건이 실질적으로 변경된(제3절 참조) 경우, 조건변경을 기존 부채의 소멸과 새로운 부채의 인식으로 회계처리한다[2119: 10].

표 11.1 중도상환방법과 사채의 제거 여부 및 상환손익의 인식 여부

중도상환방법	사채의 제거 여부	상환손익의 인식 여부
현금 상환	사채의 제거	상환손익을 인식
현금 이외 자산의 이전	사채의 제거	상환손익을 인식
주식과 교환	사채의 제거	상환손익을 인식
새로운 사채와 교환(차환)	부채 조건변경	이 장 제3절 참조

Miniature 예제 3 주식발행을 통한 부채상환

상황

· 궁색회사가 은행에서 ₩500,000(공정가치: ₩400,000)을 빌렸으나, 재무위기에 처해서 공정가치가 ₩300,000인 주식으로 부채의 80%(₩400,000)를 상환하기로 은행과 합의하였다. 재협상 후 나머지 부채 20%(₩100,000)의 공정가치는 ₩100,000이다.

· 재협상 후 금융상품의 상대적 공정가치는 다음과 같다.

	공정가치	비율
부채	₩100,000	25%
주식	300,000	75
합계	₩400,000	100%

물음 주식으로 부채를 상환하는 거래에 대해서 분개하라.

정답 및 해설

· 주식과 부채의 상대적 공정가치를 바탕으로 부채 장부금액 ₩500,000을 상환된 부분과 남은 부분으로 나누고, 주식으로 상환된 원래 부채의 장부금액의 75%에 「K-IFRIC 제2119호」를 적용하여 다음과 같이 회계처리한다.

(차) 부　　채	375,000*	(대)	자　　본	300,000
			부채상환이익	75,000

* ₩500,000 × 75% = ₩375,000

· 원래 부채의 나머지 25%에 해당하는 ₩125,000이 실질적 조건변경인지를 판단하기 위해서 새로운 부채와 비교한다. 실질적 조건변경(제3절 참조)이라고 가정하면 나머지 부채 25%와 새로운 부채의 교환을 다음과 같이 기록한다.

(차) 부　　채(구)	125,000*	(대)	부　　채(신)	100,000**
			부채조정이익	25,000

* ₩500,000 × 25% = ₩125,000
** 잔존 부채의 공정가치

수수료에 대한 회계처리: 채무상품(또는 지분상품)의 교환이나 계약조건변경으로 인해서 금융부채가 소멸하면 발생한 수수료를 금융부채 상환손익의 일부로 인식한다. 그러나 채무상품(또는 지분상품)의 교환이나 계약조건을 변경한 후에 금융부채가 소멸하지 아니하면, 발생한 수수료만큼 금융부채의 장부금액을 조정하고 변경된 금융부채의 잔여기간에 상각한다[1109: B3.3.6].

예제 10 주식발행을 통한 부채상환과 채무자가 지급한 수수료에 대한 회계처리

중요도: ★★
난이도: ◆◆◆

상황

▸ 상황 1: 금융부채 전부를 상환: 수수료를 지급하지 않음

· 채무자가 공정가치가 ₩9,500,000인 주식을 발행하고 부채(장부금액: ₩10,000,000) 전액(100%)을 변제했다.

▸ 상황 2: 금융부채 전부를 상환: 수수료를 지급하지 않음

· 채무자가 공정가치를 알 수 없는 주식을 발행하고 공정가치가 ₩9,000,000인 부채(장부금액: ₩10,000,000) 전액(100%)을 변제했다.

▶ 상황 3: 금융부채 전부를 상환: 수수료를 현금으로 지급

· 채무자가 공정가치가 ₩9,500,000인 주식을 발행하고 부채(장부금액: ₩10,000,000) 전액(100%)을 변제하면서 수수료 ₩300,000을 현금으로 지급하였다.

▶ 상황 4: 금융부채 일부를 상환: 수수료를 주식으로 지급

· 채무자가 공정가치가 ₩2,700,000인 주식을 발행하고 부채(장부금액: ₩10,000,000)의 일부(30%)를 변제하고 나머지 부채(70%)는 조건을 변경하였다. 주식의 공정가치 ₩2,700,000 중에서 ₩2,400,000은 부채를 변제한 금액이고 ₩300,000은 잔여 부채의 조건변경에 대한 수수료이다. 조건이 변경된 나머지 부채가 과거 조건과 실질적으로 다르지 않다.

물음 위의 각 상황에 대해서 채무자에게 필요한 분개를 하라.

정답 및 해설

상황 1

(차) 금 융 부 채	10,000,000	(대)	자 본	9,500,000*
			부채상환이익	500,000

* 발행된 주식의 공정가치

상황 2

(차) 금 융 부 채	10,000,000	(대)	자 본	9,000,000*
			부채상환이익	1,000,000

* 발행된 주식의 공정가치를 알 수 없으므로 소멸된 금융부채의 공정가치를 사용함

상황 3

(차) 금 융 부 채	10,000,000	(대)	자 본	9,500,000
			부채상환이익	500,000
(차) 부채상환손실	300,000		현 금	300,000

상황 4

(차) 금 융 부 채	3,000,000	(대)	자 본	2,400,000*
			부채조정이익	600,000
(차) 금 융 부 채	300,000**		자 본	300,000

* 소멸된 금융부채의 일부(₩3,000,000)를 제거하고 발행된 주식의 공정가치를 인식함

** [1109: B3.3.6]에 따라 잔여 금융부채의 장부금액을 수수료 ₩300,000만큼 조정하고 발행된 주식의 공정가치를 기록함. 잔여 금융부채의 유효이자율을 새로 계산한 후에 새로 계산한 유효이자율로 액면금액과 현재가치의 차이를 잔여 잔존기간에 걸쳐 상각한다.

(5) 금융부채의 사실상 해제

사채를 발행한 회사(채무자)가 사채를 보유하는 투자자(채권자)에게 차입한 자금을 직접 갚는 것이 가장 쉬운 형태의 사채상환(채무변제)이다. 그러나 채무자가 만기 이전에 부채를 간접적으로라도 상환해서 차입약정을 위배하지 않고 부채를 재무상태표에 보고하지 않으려 하기도 한다. 예를 들어, 사채

발행회사가 사채를 직접 갚지 않고 제3자(예 신탁회사)에게 담보(현금이나 기타 자산)를 제공하고 제3자가 사채발행회사(채무자)를 대신해서 투자자(채권자)에게 사채를 갚도록 할 수도 있다. 이렇게 되면 제3자가 사채를 상환할 것이기 때문에 사채발행회사 입장에서는 실질적으로 사채를 상환할 의무가 사라진다. 이처럼 채무자(사채발행회사)가 금융부채를 변제하기 위해 제3자에게 자금을 예치하거나 제3자에게 만족할 만한 수준의 자산을 담보로 제공하고 제3자가 채무자를 대신하여 채권자에게 부채를 상환하게 함으로써 채무자가 실질적으로 부채상환의무를 더 이상 지지 않는 것을 부채의 사실상 해제(in-substance defeasance)라 한다.

그러나 「K-IFRS 제1109호」는 채무자가 제3자(신탁인 포함)에게 지급하였다는 사실만으로는 금융부채에 대한 법적 의무가 해소되지 않는다고 본다. 채무자가 제3자(예 신탁 포함)에게 지급했더라도 법적 면제의 효력이 없으면, 채권자에 대한 채무자의 1차적 의무가 면제되지 아니한다[1109: B3.3.3]. 금융부채가 사실상 해제되었다 하더라도 법적으로 채무자로 남아있으면 금융부채의 상환으로 볼 수 없으므로 해당 금융부채를 장부에서 제거할 수 없다. 즉, 제3자와 맺은 계약은 별도의 계약이며 채권-채무관계는 그대로 유지되기 때문에 해당 금융부채를 장부에서 제거할 수 없다.

Chapter 11 제3절 금융부채의 차환과 조건변경

채무자가 새로운 부채를 발행해서 기존 부채를 상환하는 것을 차환(refinancing)이라 한다. 부실채무(troubled debt)의 조건변경(modification of debt)은 채무자의 채무변제능력이 떨어졌을 때 채권자가 채무자와 합의해서 채무자의 부담을 완화시켜 주는 것이다. 이때 채무자가 채권자에게 일정한 수수료(예 변경수수료 또는 재약정수수료)를 지급하거나 법률서비스 비용 등 부대원가(costs)가 발생할 수 있다. 채무의 조건변경을 우리나라에서 채권 · 채무조정이라 하는데, 혜택의 내용과 조건은 채권자와 채무자가 합의해서 결정하며, 통상적으로 다음 조합으로 이루어진다.

- 원금의 감면
- 발생이자의 감면
- 표시이자율의 인하 또는 이자의 일시 유예
- 만기의 연장

형태상으로 차환은 새로운 부채를 발행하면서 기존 부채를 상환하는 것이고, 조건변경은 기존 부채의 조건을 변경하여 부채상환금액을 줄이거나 만기를 연장하는 것이다. 형태상으로는 다르지만, 경제적 실질상으로는 새로운 부채를 발행하는 것이 기존에 발행된 부채의 조건을 변경하는 것으로도 볼 수 있기 때문에 **차환과 조건변경은 경제적 실질이 동일한 것으로 보고 동일하게 회계처리한다.** 차환과 부채의 조건변경에 대한 회계처리는 새로 발행된 부채나 변경된 부채가 기존 부채와 유의적

(significant)으로 다른지 또는 실질적(substantial)으로 변경된 것인지에 따라 다르다. '유의적으로 다른 부채'와 '실질적으로 변경된 조건'을 실질적 조건변경, '형식적으로 발행된 부채'와 '형식상으로 변경된 조건'을 비실질적 조건변경이라 부른다. 채무자는 비계량적 테스트 또는 계량적 테스트('10% 테스트')를 적용해서 채무의 조건변경이 실질적인지 여부를 결정한다.

비계량적 테스트: 기존 부채의 조건이 유의적으로 변경되면 채무자는 추가적인 계량적 분석 없이 채무조정일에 기존 부채를 장부에서 제거하고 새로운 부채를 인식한다. 유의적인 조건변경의 예는 기존 부채와 다른 통화로 새로운 부채를 발행하거나 새로운 부채에 지분상품을 내재파생상품(제13장 참조)으로 포함시키는 것 등이다.

계량적 테스트('10% 테스트'): 채무자가 지급하는 변경수수료(재약정수수료)를 포함해서 새로이 조정된 미래현금흐름을 원래 유효이자율로 새로운 상환기간에 걸쳐 할인한 현재가치와 원래 부채의 잔존 현금흐름의 현재가치를 비교한다. 2020년 9월에 의결된 「K-IFRS 2018-2020 연차개선」에 의하면, 10% 테스트를 적용할 때 수수료 중에서 채무자와 채권자 간에 지급하거나(받은) 변경수수료(재약정수수료)만 새로운 조건에 따른 금융부채 현금흐름에 포함하고, 제3자(예 변호사)에게 지급한 수수료(예 자문용역수수료)는 새로운 조건에 따른 금융부채 현금흐름에서 제외한다. 즉, 10% 테스트는 채권자와 채무자 사이의 변경 정도를 비교하는 것이므로 채권자와 채무자 사이의 변경수수료(재약정수수료)를 고려해서 10% 테스트를 실시한다. 반면에, 외부 수수료(예 변호사에게 지불하는 수수료 등)를 포함한 기타 수수료는 10% 테스트에 포함하지 않고 유효이자율의 조정에 포함한다. 조건변경이 실질적인지 또는 비실질적인지에 따라 채무의 조건변경에 대한 회계처리가 다음과 같이 다르다.

실질적 조건변경 부채측정액의 변동율 ≥ 10%	비실질적 조건변경 부채측정액의 변동율 〈 10%
⇓	⇓
기존 부채를 장부에서 제거하고 조건이 변경된 새로운 부채를 조건변경시점의 시장이자율로 금융부채를 측정해서 공정가치로 인식	조건이 변경된 부채를 기존 부채의 연장으로 보고 새로운 현금흐름을 원래 유효이자율로 할인한 현재가치로 측정
⇓	⇓
새로운 부채의 공정가치와 기존 부채의 장부금액의 차이를 금융부채 조정손익(당기손익)으로 인식	기존 부채의 장부금액과 변경된 현금흐름의 현재가치의 차이를 금융부채 조정손익(당기손익)으로 인식
⇓	⇓
조건변경비용(변경수수료) 또는 변호사수수료를 기존 부채의 금융부채 조정손익의 일부로 인식	조건변경비용(변경수수료) 또는 변호사수수료를 조건이 변경된 금융부채의 측정액에서 차감하고 금융부채조정손익으로 인식. 새로운 현금흐름을 기초로 새로 계산한 유효이자율로 이자비용 인식

1. 실질적 조건변경

기존 채무자와 채권자가 실질적으로 다른 조건으로 채무상품을 교환하거나 기존 금융부채의 조건을 실질적으로 변경하면 기존 금융부채를 상환하는 것으로 본다[1109: 3.3.2]. 여기서 실질적 변경(substantial modification)은 새로운 조건에 따른 현금흐름의 현재가치와 최초 금융부채의 나머지 현금흐름의 현재가치의 차이가 10% 이상인 경우를 말한다. 실질적 조건변경이 발생하면 조건변경시점에 기존 금융부채를 장부에서 제거하고 새로운 금융부채를 공정가치로 측정하면서 금융부채 조정손익을 인식한다[1109: B3.3.6].

(1) 조건변경이 실질적인지 여부 판단

다음 네 단계를 거쳐 **채무변동률을 계산**하여 조건변경이 실질적인지를 판단한다.

단계 ①: 기존 부채의 현재가치 계산

기존 부채의 변경 전 원리금의 현재가치를 원래(최초) 유효이자율을 이용하여 계산한다. 이 금액은 최초 유효이자율을 적용해서 산정한 상각후원가(장부금액)이기도 하다. 조건변경시점에 미지급이자가 있으면 장부금액에 가산한다.

단계 ②: 조건변경 후 부채의 현재가치 계산(채무변동률 계산 목적)

채무자가 채권자에게 지출하는 금액이 조건 변경으로 인해 얼마나 줄었는지 판단하기 위하여 원래 유효이자율을 사용해서 다음과 같이 조건 변경 후 부채의 현재가치를 계산한다. 조건변경을 위해 채권자에게 지급한 수수료(재약정수수료)는 조건변경시점의 지출이므로 할인 없이 포함하고, 제삼자(예 변호사)에게 지출하는 법률서비스 비용 등은 이 계산에서 제외한다.

조건변경 후 액면금액의 현재가치	×××
조건변경 후 이자의 현재가치	×××
조건변경 시 채권자에게 지급한 변경수수료	×××
조건변경 후 부채의 현재가치	×××

단계 ③: 채무변동률의 계산

$$\text{채무변동률} = \frac{\text{부채 변동액}}{\text{기존 부채의 현재가치}}$$

$$= \frac{\text{기존 부채의 현재가치} - (\text{조건변경 후 부채의 현재가치} + \text{재약정수수료})}{\text{기존 부채의 현재가치}}$$

Miniature 예제 4 채무변동률의 계산

기본자료

1차연도 1. 1.에 ₩800,000(표시이자율: 연 25%, 만기 2차연도 12. 31.)을 시장이자율 **25%**에 차입하였는데, 1차연도 12. 31.에 채권자가 원금을 ₩500,000으로 탕감하고 이자율을 연 20%로 감소시켰다. 1차연도 12. 31.(조건변경시점)의 시장이자율은 연 22%이다. 2차연도 12. 31.에 ₩600,000(원금 ₩500,000 + 새로운 이자율 **20%**를 적용한 이자 ₩100,000)을 지급하기로 합의하였다. 현재가치계수는 다음과 같다.

	22%	25%
기간 = 1	0.82	0.8

물음 기본자료에서 채무변동률은 몇%인가?

정답 및 해설

기존 부채의 현재가치	₩800,000
조건변경 후 부채의 현재가치(**원래의 유효이자율 25%**로 할인)	(480,000)*
채무 감소액(채무 변동액)	₩320,000

* ₩600,000 × 0.8 = ₩480,000

∴ 채무변동률: $\frac{₩320,000}{₩800,000}$ = 40%

단계 ④: 조건변경이 실질적인지 여부의 판단

[채무변동률 ≥ 10%]이면 실질적 조건변경으로 분류하고, [채무변동률 < 10%]이면 실질적 조건변경이 아닌 것으로 분류한다.

(2) 실질적 조건변경에 대한 회계처리

새로운 부채의 측정액: 기존 부채를 제거하고 새로 인식하는 부채는 공정가치로 측정한다. 새로운 부채의 공정가치를 미래 원리금의 현재가치로 추정할 때는 조건변경시점의 새로운 시장이자율을 할인율로 사용한다. 기억할 점은, 채무변동률을 계산할 때는 원래 유효이자율을 사용해 새로운 부채의 현재가치를 계산하지만, 실질적 조건변경에 해당하는 새로운 부채의 공정가치를 계산할 때는 새로운 시장이자율을 사용해 현재가치를 계산한다는 것이다. 그리고 조건변경을 위해 채권자에게 지급한 수수료나 제삼자(예 변호사)에게 지출한 기타 비용은 새로운 부채의 미래현금흐름에 포함하지 않고 즉시 당기손익으로 인식한다.

금융부채 조정손익: 조건변경시점에 다음 금액을 금융부채 조정손익으로 인식한다. 조건변경은 채무자의 어려움을 해소하기 위해 채권자가 양보하면서 이루어지는 것이 통상적이므로 채무자 입장에서 금융부채 조정이익을 인식하는 것이 통상적이다. 그러나 일정 기간 이자를 감면한 후 후속 기간 이자 지급액을 크게 증가시키는 등 조건변경의 내용에 따라서는 채무자 입장에서 조정손실이 발생할 수도 있으므로 포괄적으로 '조정손익'이라는 용어를 사용한다. 금융부채 조정손익은 당기손익으로 인

식한다.

기존 부채의 현재가치	×××
−) 새로운 부채의 공정가치	(×××)
−) 변경수수료 및 기타 비용 지급액	(×××)
=) 금융부채 조정손익(당기손익)	×××

새로운 부채에 대한 이자비용의 인식: 새로운 부채의 장부금액에 조건변경 시점의 새로운 시장이자율을 유효이자율로 적용하여 기간별 이자비용을 산정한다.

표 11.2 실질적 조건변경의 측정대상액에 적용하는 이자율

측정대상액	적용하는 이자율
채무변동률 계산 시 기존부채의 현재가치	원래(최초인식시점)의 유효이자율
채무변동률 계산 시 조건변경 후 부채의 현재가치	원래(최초인식시점)의 유효이자율
실질적 조건변경 시 새로운 부채의 현재가치	새로운(조건변경시점) 시장이자율
새로운 부채의 이자비용	새로운(조건변경시점) 시장이자율

Miniature 예제 5 새로운 부채의 현재가치와 금융부채 조정손익 계산

상황

Miniature 예제 4의 기본자료에서 새로운 부채의 측정액과 금융부채 조정손익은 얼마인가?

정답 및 해설

새로운 부채의 현재가치(**새로운 유효이자율 22%**로 할인): ₩600,000 × 0.82 = ₩492,000

금융부채 조정이익: ₩800,000 − ₩492,000 = ₩308,000

Tip 조건변경 후 부채의 현재가치(₩480,000) ≠ 새로운 부채의 현재가치(₩492,000)

예제 11 실질적 조건변경

중요도: ★★★
난이도: ◆◆◆

상황

- 2차연도 1. 1.에 뻐앙상회사가 배통통은행에게 장기지급어음(표시이자율: 30%, 만기: 3차연도 12. 31.)을 액면발행하여 ₩800,000을 차입하였다.
- 2차연도 1. 1.의 유효이자율: 연 30%
- 3차연도 12. 31.의 미지급이자: ₩0
- 3차연도 12. 31.에 뻐앙상회사가 재무위기에 처하자 배통통은행이 만기일을 5차연도 12. 31.로 연장하고 원금을 ₩500,000으로 감소시키는 한편, 매년 12. 31.에 지급하는 이자율을 20%로 낮춰주었다.
- 조건변경시점의 시장이자율: 연 25%

	현재가치계수	
기간	25%	30%
1	0.80	0.768
2	0.64	0.592

물음

1. 채무변동률을 계산하라.
2. 새로운 부채의 공정가치와 금융부채 조정손익을 계산하라.
3. 3차연도 12. 31.부터 5차연도 12. 31.까지 회사의 장부에 기록할 분개를 하라.

정답 및 해설 **채무변동률: 46%, 새로운 부채의 공정가치: ₩464,000, 금융부채 조정이익: ₩336,000**

1.

단계 ①: 기존 부채의 현재가치 계산

미지급이자가 없으므로 기존 부채의 현재가치는 ₩800,000이다.

단계 ②: 조건변경 직후 부채의 현재가치 계산(채무변동률 계산 목적)

· **원래의 유효이자율 30%**를 적용하여 조건이 변경된 부채의 현재가치를 다음과 같이 계산한다.

장기지급어음의 액면금액		₩500,000
장기지급어음의 현재가치(할인율: 연 30%):		
액면금액의 현재가치(₩500,000 × 0.592)	₩296,000	
이자의 현재가치(₩500,000 × 20% × 1.36)	136,000	(432,000)
장기지급어음 할인액(현재가치할인차금)		₩68,000

단계 ③: 채무변동률 계산

$$\text{채무변동률} = \frac{\text{부채 변동액}}{\text{기존 부채의 현재가치}}$$

$$= \frac{\text{기존 부채의 현재가치} - \text{조건변경 후 부채의 현재가치}}{\text{기존 부채의 현재가치}}$$

$$= (₩800,000 - ₩432,000) \div ₩800,000$$

$$= 46\%$$

2.

단계 ④: 조건변경이 실질적인지 여부의 판단과 새로운 부채 및 금융부채 조정손익의 측정

· 채무변동률(46%)이 10%를 초과하므로 조건변경을 실질적 변경으로 분류하고 기존 부채를 제거한다. 그리고 조정일에 새로운 부채를 공정가치(₩464,000)로 측정하고 금융부채 조정손익을 인식한다. 조건변경 시점에 **새로운 시장이자율 25%**를 적용하여 새로운 부채의 미래현금흐름을 할인하여 현재가치(공정가치)와 금융부채 조정손익을 다음과 같이 계산한다.

새로운 부채의 액면금액		₩500,000
새로운 부채의 현재가치(할인율: 연 25%)		
새로운 원금의 현재가치(₩500,000 × 0.64)	₩320,000	
이자의 현재가치(₩500,000 × 20% × 1.44)	144,000	(464,000)
새로운 부채의 할인액(현재가치할인차금)		₩36,000

기존 부채의 현재가치	₩800,000
−) 새로운 부채의 현재가치(공정가치)	(464,000)
−) 수수료 지급액	(0)
=) 금융부채 조정이익(당기이익)	₩336,000

이때 만약 채권자에게 조건변경 수수료를 지급했다면 그 금액만큼 금융부채 조정이익이 감소하고 수수료가 당기손익으로 인식된다.

3. 조건변경시점(3차연도 12. 31.)의 회계처리: 기존 부채의 총 장부금액(₩800,000)을 장부에서 제거하고 새로운 부채의 액면금액(₩500,000)과 현재가치할인차금(₩36,000)을 장부에 기록한다.

(차) 장 기 지 급 어 음(구)	800,000	(대) 장 기 지 급 어 음(신)	500,000
현재가치할인차금(신)	36,000	**금융부채조정이익**	336,000

· 조건변경 이후부터 새로운 부채에 대한 이자비용의 인식: 새로운 부채의 측정액이 액면금액 ₩500,000이 아닌 순액 ₩464,000이므로 새로운 시장이자율(25%)을 적용하여 현재가치할인차금 ₩36,000을 새로운 부채의 만기기간에 걸쳐 상각하고 이자비용으로 인식한다.

4차연도 12. 31. 결산일:

(차) 이 자 비 용	116,000*	(대) 현재가치할인차금	16,000
		현 금	100,000**

* ₩464,000 × 25% = ₩116,000
** ₩500,000 × 20% = ₩100,000

5차연도 12. 31. 결산일 및 만기일:

(차) 이 자 비 용	120,000*	(대) 현재가치할인차금	20,000
		현 금	100,000**
(차) 장 기 지 급 어 음	500,000	(대) 현 금	500,000

* (₩464,000 + ₩16,000) × 25% = ₩120,000
** ₩500,000 × 20% = ₩100,000

2. 비실질적 조건변경

채무변동률이 10% 미만인 조건변경은 비실질적 조건변경으로 다루어 새로운 조건의 금융부채를 원래 금융부채의 연장으로 본다. 따라서 기존 금융부채를 소멸시키지 않고, 조건변경의 영향만큼 기존 부채의 장부금액을 조정한다. 조건변경 후 기존 부채의 새로운 장부금액은 변경 후 원금과 이자(변경시점에 지출한 수수료 및 변호사수수료 등을 제외)를 원래 유효이자율로 할인한 금액이고, 그 금액과 변경 전 장부금액의 차이를 금융부채 조정손익(당기손익)으로 인식한다. 그런데 「K-IFRS 제1109호」에서 비실질적인 조건변경과 관련된 수수료나 비용(예 변호사수수료 등)을 변경시점에 금융부채 조정손익의 일부로 인식하지 않고 금융부채의 장부금액에서 조정했다가 남은 기간에 상각하도록 요구하므로 [1109: B3.3.6] 추가적인 조정이 필요하다. 변경 관련 수수료와 비용(예 변호사수수료 등)을 변경 후 원금과 이자의 현재가치(원래 유효이자율로 할인)에서 차감한 금액을 기존 부채의 변경 후 장부금액으로 한다. 이렇게 하면 조건변경 수수료와 비용만큼 부채 장부금액이 감소함에 따라 새로운 유효이자율이 상승하면서 잔여기간에 인식하는 이자비용이 증가하게 된다(예제 12 참조).

기존 부채의 조건변경 전 장부금액		×××
기존 부채의 조건변경 후 장부금액(원래 할인율 사용)		
변경된 원금의 현재가치	×××	
변경된 이자의 현재가치	×××	(×××)
금융부채 조건변경손익		×××
기존 부채의 조건변경 후 장부금액(원래 할인율 사용)		×××
변경수수료		(×××)
제삼자에게 지급한 수수료(예 변호사수수료)		(×××)
인식할 기존 부채의 새로운 측정액		×××

Miniature 예제 6 금융부채 조건변경(2021년, 회계사)

상황

· ㈜대한은 1차연도 1. 1.에 ㈜민국으로부터 현금 ₩500,000을 1년간 차입(연 이자율 8%, 이자는 만기상환 시 지급)하였다. 차입금의 이자율은 시장이자율과 동일하다. ㈜대한은 1차연도 12. 31.에 동 차입금의 만기를 4차연도 12. 31,로 연장하고, 연 이자율을 4%(매년 말 후급)로 하향조정하는 것에 대해 ㈜민국과 합의하였다. 1차연도 말 현재 시장이자율은 연 10%이며, 미지급이자는 없다.

물음

㈜대한은 1차연도 12. 31.에 금융부채의 조건 변경 과정에서 ㈜민국에게 수수료 ₩7,000을 지급하였다. 이 경우 1차연도 말 ㈜대한이 조건변경에 따라 인식할 ① 금융부채조정손익과 1차연도 말 재무상태표에 인식할 ㈜민국에 대한 ② 동 차입금의 장부금액을 각각 계산하시오.

정답 ① ₩51,558, ② ₩441,442

해설

새로운 현금흐름을 원래 유효이자율 8%로 할인한 현재가치

원금의 현재가치: ₩500,000 × 0.7938 = ₩396,900

이자의 현재가치: (₩500,000 × 4%) × 2.5771 = 51,542 ₩448,442

$$\text{채무 변동률} = \frac{\text{부채 변동액}}{\text{조건변경일(1차연도 12. 31.)의 부채 장부금액}}$$

$$= \frac{₩500{,}000 - (₩448{,}442 + \text{조건변경수수료 } ₩7{,}000)}{₩500{,}000}$$

$$= ₩44{,}558 \div ₩500{,}000 = 0.089(8.9\%)$$

10% 테스트의 목적상 새로운 현금흐름의 현재가치를 기존 부채 장부금액 ₩500,000과 비교하면 차이가 8.9%이므로 조건변경을 비실질적 조건변경으로 간주해서 기존 금융부채를 소멸시키지 아니한다.

구 부채의 장부금액	₩500,000
신 부채의 측정액	
새로운 현금흐름의 현재가치(수수료 제외)	(448,442)
금융부채 조정이익	₩51,558(해답 ①)

· 회계 목적상 ㈜대한이 채권자에게 지급한 변경수수료 ₩7,000을 기존 금융부채 측정액에서 차감해서 기존 금융부채의 장부금액을 ₩441,442(해답 ②)으로 수정한다. 그리고 잔존 상환기간에 지급할 이자와 원금의 현재가치를 새로운 장부금액과 일치시키는 유효이자율을 계산한다. 조건변경 직후부터는 새로운 유효이자율을 적용해서 기간별 이자비용을 산정한다. 그러므로 채무자인 ㈜대한은 조건변경시점에 다음과 같이 분개한다.

(차)	기 존 부 채*	51,558	(대) 채무조정이익(당기이익)	51,558
(차)	기존부채(조건변경수수료)*	7,000	(대) 현 금(변경수수료)	7,000

* 현재가치할인차금계정을 사용해서 차입금의 액면금액에서 차감해서 차입금의 장부금액을 줄일 수도 있음

예제 12 비실질적 조건변경[2)]

중요도:
난이도:

상황

· 1차연도 1. 1.에 기업 A가 은행에서 연 이자율 7%(시장이자율)에 ₩1,000,000을 빌렸다.
· 차입금의 만기는 10차연도 12. 31.이고 이자는 매년 말에 지급한다.
· 1차연도 1. 1.에 부채발행비 ₩50,000이 발생해서 차입금의 유효이자율이 연 7.736%이다.
· 1차연도 1. 1.에 기업 A가 장부에 기록한 차입금은 ₩950,000(₩1,000,000 − ₩50,000)이다.
· 5차연도 12. 31.에 차입금의 상각후원가가 ₩970,400이다.
· 6차연도 1. 1.에 기업 A가 차입금의 조건을 다음과 같이 변경하기로 은행과 합의했다.

6차연도와 7차연도에 이자를 지급하지 않는다.
8차연도부터 연 이자율을 9%로 인상한다.
만기를 2년 연장해서 12차연도 12. 31.에 차입금을 상환한다.
6차연도 1. 1.에 기업 A가 은행에 조건변경수수료 ₩20,000을 지급한다.
변호사수수료와 기타 비용은 ₩0이다.
6차연도 1. 1.에 미래현금흐름(조건변경수수료 ₩20,000 포함)을 원래 유효이자율 7.736%로 할인한 현재

가치는 ₩925,300이다.

물음 6차연도 1. 1.의 조건변경이 실질적인지 판단하고 관련된 분개와 후속 회계처리를 설명하라.

정답 및 해설

· 6차연도 1. 1.에 조건변경 후 금융부채의 현재가치 ₩925,300(조건변경수수료 ₩20,000 포함)을 변경 전 장부금액 ₩970,400과 비교하면 채무변동률이 4.6%이다. 따라서 이 조건변경은 비실질적 조건변경이므로, 기존 금융부채를 소멸시키지 않는다.

기존부채의 장부금액	₩970,400
새로운 미래 현금흐름의 현재가치(수수료 제외)	(905,300)
금융부채조정이익	₩65,100

· 금융부채의 장부금액을 감소시키고 금융부채 조정이익을 인식하는 분개는 다음과 같다.

(차)	금 융 부 채	65,100	(대) 금융부채조정이익	65,100

위의 분개에 더하여, 채권자에게 지급한 조건변경수수료를 미래 기간에 상각하기 위하여 금융부채를 감소시키는 분개는 다음과 같다.

(차)	금 융 부 채	20,000	(대) 현 금	20,000

· 결과적으로 변경 후 금융부채의 장부금액은 변경 후 원리금의 현재가치 ₩905,300에서 수수료 ₩20,000을 차감한 ₩885,300이 된다. 남은 기간에 지급할 연 ₩90,000의 이자와 원금 ₩1,000,000의 현재가치를 새로운 장부금액 ₩885,300과 일치시키는 유효이자율은 약 8.1213%가 된다. 향후 기간에는 8.1213%를 적용하여 기간별 이자비용을 계산하고, 현금이자와의 차액을 이용하여 금융부채 장부금액을 수정한다. 참고로, 만일 변경시점에 수수료를 금융부채 장부금액에서 차감하지 않으면(당기손익에 포함하면), 금융부채의 새로운 장부금액이 ₩905,300이 되고 새로운 유효이자율이 약 7.7355%가 되어 남은 기간 인식하는 이자비용이 앞의 경우에 비해 ₩20,000만큼 적게 된다. 이는 [1109: B3.3.6]과 어긋나는 처리이다.

Chapter 11

제4절 연속상환사채

일반적으로 사채의 금액이 매우 크기 때문에 액면금액 전액을 한 번에 상환하는 데에는 재무적 어려움이 따를 수 있다. 이러한 어려움을 덜기 위하여 사채 발행기업은 미리 조금씩 자금을 쌓아두는

2) Ernst & Young LLP, *International GAAP 2020 Volume 3* (Chichester: Wiley, 2020), pp. 3982-3983.

감채기금(sinking fund)을 설정하고, 감채기금의 원금과 투자수익을 사채를 상환하는 데 사용하기도 한다. 그러나 감채기금의 수익률을 정확하게 예측하는 것이 어렵기 때문에 적립한 원금과 투자수익의 합계가 사채의 상환금액이 되기 위해서 얼마의 금액을 적립하여야 하는가를 결정하기가 쉽지 않다. 감채기금 운용수익의 불확실성으로 인해 감채기금이 일시상환사채에 대한 대비책으로 완벽하지 않다는 문제를 해결하기 위해 고안된 것이 연속상환사채이다.

연속상환사채(serial bonds)는 만기일이 하나로 고정되어 액면금액 전액이 일시에 상환되는 것이 아니라 사채의 액면금액이 여러 번에 걸쳐 연속적으로 분할상환되는 사채이다. 연속상환사채는 액면금액을 할부로 상환하는 것과 같은 개념이며, 경제적 실질 면에서 만기일이 서로 다른 여러 사채를 동시에 발행한 것과 같다. 연속상환사채의 발행금액은 액면금액 상환일을 기준으로 구분한 각 조(series)별로 미래에 상환될 액면금액과 이자를 적정한 할인율로 할인한 금액을 모두 합한 금액이다. 즉, 만기일이 서로 다른 여러 사채를 동시에 발행하여 이 사채들의 발행금액을 모두 합한 것과 같다. 연속상환사채는 할부로 액면금액을 상환하므로 상환에 필요한 현금이 여러 기간에 걸쳐 분포된다. 사채의 액면금액이 여러 번에 걸쳐 연속적으로 분할상환되므로 투자자의 입장에서 일반사채보다 더 매력적인 투자대상이 될 수 있다.

예제 13 연속상환사채

중요도: ★
난이도: ◆

상황

· 1차연도 1. 1.에 매년 말에 ₩100,000씩 상환하는 연속상환사채(액면금액: ₩200,000, 이자율: 20%, 이자지급일: 매년 말)를 발행하였다.
· 발행시점의 유효이자율: 연 25%

물음

1. 연속상환사채의 발행금액을 구하라.
2. 유효이자율법으로 상각표를 작성하고 분개를 하라.

정답 및 해설 발행금액: ₩188,800

1. 사채 발행금액

		발행금액	사채할인발행차금
1년 후 상환액의 현재가치			
원금: ₩100,000 × 0.8 =	₩80,000		
이자: ₩20,000 × 0.8 =	16,000	₩96,000	₩4,000
2년 후 상환액의 현재가치			
원금: ₩100,000 × 0.64 =	₩64,000		
이자: ₩20,000 × 1.44 =	28,800	92,800	7,200
합계		₩188,800	₩11,200

2.

유효이자율에 의한 상각표

연도 ①	사채 기초장부금액 ②	유효이자 (25%) ③	현금이자 (20%) ④	할인발행차금 상각액 ⑤ = ③ − ④	사채 기말장부금액 ⑥
1차연도	₩188,800	₩47,200	₩40,000	₩7,200	₩96,000*
2차연도	96,000	24,000	20,000	4,000	0
합계		₩71,200	₩60,000	₩11,200	

* ₩188,800 + ₩7,200 − ₩100,000(상환액) = ₩96,000

1차연도 1. 1. 발행시점:

(차) 현　　　　금	188,800	(대) 연 속 상 환 사 채	200,000
사채할인발행차금	11,200		

1차연도 12. 31. 결산일:

(차) 사 채 이 자 비 용	47,200	(대) 현　　　　금	40,000
		사채할인발행차금	7,200
(차) 연 속 상 환 사 채	100,000	(대) 현　　　　금	100,000

2차연도 12. 31.결산일 및 만기일:

(차) 사 채 이 자 비 용	24,000	(대) 현　　　　금	20,000
		사채할인발행차금	4,000
(차) 연 속 상 환 사 채	100,000	(대) 현　　　　금	100,000

개념적으로 연속상환사채와 유사한 것이 할부지급어음이다. 예를 들어, 어떤 젊은이가 스피드자동차회사의 스포츠카를 일시불로 사야 할지 할부로 사야 할지를 결정하지 못해서 애를 태우고 있다고 가정하자. 스포츠카의 일시불 현금 판매가격은 ₩1,000,000인데, 할부로 사는 경우에 할부금을 얼마씩 내야 하는지를 몰라서 곤혹감을 느끼고 있다. 자동차를 할부로 사면 통상적으로 36개월 ~ 60개월 할부이지만 계산을 간단하게 하기 위해서 3년 동안 매년 말에 세 번 할부금을 내고 연 이자율을 25%로 가정한다. 스포츠카를 할부로 사면 스피드자동차회사에게 액면금액이 ₩1,000,000인 약속어음(만기: 3년, 이자율: 연 25%)을 발행해야 한다.

할부지급어음(installment notes payable)을 발행하면 통상적으로 매년(또는 매월) 내는 금액이 일정하고 할부금은 원금상환액과 이자비용을 포함한다. 그러므로 할부금을 지급함으로서 원금이 점차 감소해서 만기일에는 할부지급어음의 장부금액이 ₩0이 된다. 할부금에서 이자비용을 차감한 금액만큼 매기간에 할부지급어음의 장부금액을 '상각'하므로 할부지급어음은 통상적으로 할인계정 없이 단일 계정에 순장부금액으로 기록한다. 대출금을 연금 현재가치계수로 나눈 값이 매년(또는 매월) 내야하는 금액(할부금)이다.

원금의 현재가치: ₩1,000,000 × 0.512 = ₩512,000

이자의 현재가치: ₩250,000 × 1.952 = 488,000
할부지급어음의 현재가치 ₩1,000,000

할부금: ₩1,000,000 ÷ 1.952(25%, 기간이 3인 연금현가계수) = ₩512,295

유효이자율에 의한 상각표를 작성하면 다음과 같다.

유효이자율에 의한 상각표

연도 ①	지급어음 기초장부금액 ②	유효이자(25%) ③ = ② × 0.25	현금지급액 (할부금) ④	지급어음 장부금액 감소 ⑤ = ④ − ③	지급어음 기말장부금액 ⑥ = ② − ⑤
1차연도	₩1,000,000	₩250,000	₩512,295	₩262,295	₩737,705
2차연도	737,705	184,426	512,295	327,869	409,836
3차연도	409,836	102,459	512,295	409,836	0
합계		₩536,885	₩1,536,885		

1차연도 1. 1.에 스포츠카를 할부로 구입했다면 1차연도에 다음과 같이 분개한다.

1차연도 1. 1. 취득시점:

(차) 스 포 츠 카	1,000,000	(대) 할 부 지 급 어 음	1,000,000

1차연도 12. 31. 할부금 상환시점:

(차) 할 부 지 급 어 음	262,295	(대) 현 금	512,295
이 자 비 용	250,000		

위에서 살펴본 할부지급어음은 개념적인 면에서 연속상환사채와 똑같고, 제19장에서 도전할 리스부채에 대한 회계처리는 할부지급어음에 대한 회계처리와 똑같다. 스포츠카의 내용연수가 3년이라고 가정하고 스포츠카를 취득하지 않고 3년간 리스했다고 하면 리스회계에서도 위에 나온 모든 숫자가 정확하게 동일하고 다만 여기서 할부금이라 부른 것을 '리스료'라고 부르면 된다.

관련예제와 함께 풀어보세요

유제 1 이자지급일 사이에 발행된 사채와 실질적 조건변경(2014년, 회계사)

관련예제 6, 11

상황

· ㈜대한은 사채 액면상 발행일이 1차연도 1. 1.이고 액면금액 ₩1,000,000(표시이자율 연 6%, 이자는 매년 12월 31일 지급, 만기일 5차연도 12. 31.)인 회사채를 1차연도 7. 1.에 발행하였다.

· 각 일자의 동 사채에 대한 시장이자율은 다음과 같다. 단, 미래현금흐름의 현재가치는 공정가치와 동일한 것으로 본다.

일 자	시장이자율
1차연도 1. 1.	8%
1차연도 7. 1.	6
1차연도 12. 31.	10
2차연도 1. 1.	10
2차연도 12. 31.	8
3차연도 1. 1.	8

· 현재가치 계산시 아래의 현가계수를 이용하시오.

	단일금액 ₩1의 현가계수			정상연금 ₩1의 현가계수		
기간	6%	8%	10%	6%	8%	10%
1	0.94340	0.92593	0.90909	0.94340	0.92593	0.90909
2	0.89000	0.85734	0.82645	1.83340	1.78327	1.73554
3	0.83962	0.79383	0.75131	2.67302	2.57710	2.48685
4	0.79209	0.73503	0.68301	3.46511	3.31213	3.16986
5	0.74726	0.68058	0.62092	4.21237	3.99271	3.79078

물음

1. ㈜대한은 동 사채를 AC(상각후원가측정) 금융부채로 분류하였으며, 사채발행과 관련된 비용은 발생하지 않았다. ㈜대한이 동 사채를 ① 액면상 발행일인 1차연도 1. 1.에 발행하는 경우와 ② 1차연도 7. 1.에 발행하는 경우 1차연도에 인식할 이자비용을 각각 구하시오.
2. ㈜대한은 3차연도 1. 1.에 동 사채의 만기를 2년 연장하고, 표시이자율을 6%에서 3%로 낮추는 조건변경을 채권자와 합의하였다. 이러한 사채 조건의 변경은 실질적인 조건변경에 해당된다고 가정한다. 동 사채의 조건변경이 ㈜대한의 3차연도 1. 1. 당기순이익에 영향을 미치는 금액을 구하시오.

정답 **1. ① ₩73,611, ② ₩30,000, 2. 당기순이익의 증가 ₩98,854**

해설

1.

① 1차연도 1. 1.에 발행하는 경우, AC 금융부채의 현재가치와 할인액은 다음과 같다.

AC 금융부채의 액면금액		₩1,000,000
AC 금융부채의 현재가치(할인율: 연 **8%**):		
액면금액의 현재가치(₩1,000,000 × 0.68058)	₩680,580	
이자의 현재가치(₩60,000 × 3.99271)	239,563	(920,143)
AC 금융부채 할인발행차금		₩79,857

1차연도 이자비용: ₩920,143 × 8% = ₩73,611 (물음 1-①에 대한 해답)

② 1차연도 7. 1.에 발행하는 경우에는 표시이자율(연 6%)이 1차연도 7. 1.의 시장이자율(연 6%)과 같으므로 사채가 액면발행된다. 1차연도 7. 1.에 발행하는 경우, AC 금융부채의 현재가치와 할인액은 다음과 같다.

AC 금융부채의 현재가치(할인율: 연 **6%**):		
액면금액의 현재가치(₩1,000,000 × 0.74726)	₩747,260	
이자의 현재가치(₩60,000 × 4.21237)	252,740*	₩1,000,000
+) AC 금융부채 가치의 증가분(₩1,000,000 × 6% × 6/12)		30,000
=) 이자를 포함한 AC 금융부채의 발행금액(발행시점)		₩1,030,000
-) 표시이자율에 의한 이자(₩1,000,000 × 6% × 6/12)		(30,000)
=) AC 금융부채의 순수한 발행금액(발행시점)		₩1,000,000

* 반올림 오차

1차연도 이자비용: 이자비용: ₩1,000,000 × 6% × 6/12 = ₩30,000 (물음 1-②에 대한 해답)

2.

Tip 조건변경이 실질적인 경우에는 조건변경시점에 기존 금융부채를 장부에서 제거하고 새로운 금융부채를 공정가치로 측정하여 금융부채 조정손익을 인식한다. 그러므로 3차연도 1. 1.에 조건이 변경된 현금흐름을 유효이자율 8%로 할인한 현재가치(공정가치)를 계산한다.

실질적 조건변경: 1차연도 7. 1.에 AC 금융부채를 발행한 경우

3차연도 1. 1.의 AC 금융부채의 장부금액:		₩1,000,000
AC 금융부채의 현재가치(잔존 만기: 4년, 할인율: 연 **8%**):		
액면금액의 현재가치(₩1,000,000 × 0.73503)	₩735,030	
이자의 현재가치(₩30,000 × 3.31213)	99,364	(834,394)
AC 금융부채 할인발행차금		₩165,606

부채조정이익: ₩1,000,000 - ₩834,394 =	₩165,606
3차연도의 이자비용: ₩834,394 × 8% =	(66,752)
당기순이익의 증가	₩98,854 (물음 2에 대한 해답)

P11-01 장기미지급금과 유효이자율의 계산

- 1차연도 1. 1.에 하늘회사는 공정가치가 ₩43,240인 기계를 구입하고 2년 만기 어음(액면금액: ₩50,000, 이자율: 연 4%)을 발행하였다.
- 이자는 매년 12월 31일에 지불한다.

물음 1. 1차연도 1. 1.에 필요한 분개를 하라.
2. 유효이자율법을 이용하여 1차연도의 이자비용을 기록하는 분개를 하라.
3. 기계의 공정가치를 결정할 수 없고 발행한 어음과 위험이 유사한 어음의 시장이자율이 1차연도 1. 1.에 연 10%라고 가정하고, 물음 1과 2에 다시 답하라.

P11-02 유형자산의 취득과 할부지급어음의 이자비용

- 1차연도 1. 1.에 SK는 장비를 BB로부터 ₩480,000에 취득하였다.
- SK는 3년에 걸쳐 매년 말에 ₩200,000을 지불하기로 하였다.
- 시장이자율(유효이자율): 연 12%
- 미래 현금유출액을 그림으로 나타내면 다음과 같다.

	1차연도 1. 1.	1차연도 12. 31.	2차연도 12. 31.	3차연도 12. 31.
	×	×	×	×
현금가격:	₩480,000	지불액	지불액	지불액
시장이자율:	12%	₩200,000	₩200,000	₩200,000
현재가치:	₩480,000			

물음 2차연도 12. 31.까지 필요한 분개를 하라.

P11-03 사채할증발행과 유효이자율법

- 1차연도 1. 1.에 모래성회사는 토지와 교환으로 사채(액면금액: ₩100,000, 표시이자율: 연 12%)를 발행하였다.
- 사채의 이자계산은 1차연도 1. 1.부터 시작되며 만기일은 3차연도 12. 31.이다.
- 1차연도 1. 1.에 교환된 토지의 현금구입가격: ₩110,308
- 만일 이 사채를 투자자들에게 공매하였다면 투자자들은 ₩110,308의 가격으로 사채를 구입하였을 것이다.
- 사채의 판매가격은 시장이자율에 의하여 결정되므로 1차연도 1. 1.의 유효(시장)이자율은 연 8%이다.

물음 다음 물음에 답하라.
1. 1차연도 1. 1.에 발생한 거래를 분개하라. 또한 만기일까지 인식할 총이자비용을 계산하고 사채발행 직후의 부분재무상태표를 작성하라.
2. 유효이자율법을 사용하여 다음 사항에 답하라.
   ① 할증액 상각표를 작성하라.
   ② 1차연도 12. 31.에 필요한 분개를 하라.

③ 1차연도 12. 31.의 재무상태표에 사채를 표시하라.

P11–04 이자지급기간과 회계기간이 일치하지 않는 사채

- 1차연도 3. 1.에 흑곰회사는 3년 만기인 사채(액면금액: ₩100,000, 표시이자율: 연 10%)를 발행하였다.
- 1차연도 3. 1.부터 이자계산이 시작되고, 이자는 매년 9. 1.과 3. 1.에 액면금액의 5%가 지불된다.
- 투자자가 6개월간 6%의 수익률을 획득할 수 있도록 ₩95,080으로 사채의 판매가격이 결정되었다.
- 흑곰회사의 회계기간은 매년 12. 31.에 종료된다.

물음 1. 사채할인발행차금 상각표를 작성하라.
2. 1차연도 3. 1., 9. 1., 12. 31.에 필요한 분개를 하라.
3. 1차연도 12. 31.에 재무상태표에 보고할 사채 및 관련부채의 금액을 계산하라.
4. 2차연도 3. 1.에 필요한 분개를 하라.

P11–05 사채발행비와 유효이자율의 계산

- 1차연도 1. 1.에 화초회사는 2년 만기의 사채(액면금액: ₩100,000, 표시이자율: 연 20%)를 발행하고 현금 ₩94,000을 받았다.
- 이 사채는 1차연도 1. 1.부터 이자가 계산되며 만기는 2차연도 12. 31.이다.
- 이자지급일은 매년 12. 31.이다.
- 1차연도 1. 1.에 사채의 발행과 관련해서 사채발행비 ₩1,200이 발생하였다.
- 화초회사는 사채의 할인액을 상각하기 위하여 유효이자율법을 사용한다.

물음 1차연도 1. 1.과 12. 31.에 필요한 분개를 하라.

P11–06 이자지급일 사이에 발행된 사채의 발행금액

- 내사랑회사는 만기일이 3차연도 12. 31.인 사채(액면금액: ₩100,000, 표시이자율: 연 12%, 이자지급일: 매년 12. 31.)를 발행하였다.
- 사채이자는 1차연도 1. 1.부터 계산되나 실제로 1차연도 4. 1.에 발행되었다.
- 1차연도 1. 1.의 시장이자율은 연 7%이고, 1차연도 4. 1.의 시장이자율은 연 8%이다. 사채의 발행금액에는 1차연도 1. 1.부터 1차연도 4. 1.까지의 표시이자율에 의한 이자액도 포함되어 있다.

물음 유효이자율법을 사용하여 다음 사항에 답하라.
1. 사채가 1차연도 1. 1.에 발행되었다고 가정하고 사채의 발행금액을 결정하라.
2. 사채가 1차연도 4. 1.에 발행되었다고 가정하고 표시이자율에 의한 이자를 제외한 1차연도 4. 1.의 순수한 사채의 발행금액을 계산하라. 또한 1차연도 4. 1.에 필요한 분개를 하라.

P11–07 사채의 중도 현금상환

- 1차연도 1. 1.에 사채(액면금액: ₩100,000, 만기: 2년, 표시이자율: 20%)를 매년 말에 이자를 지급하는 조건으로 ₩97,017에 발행하고 AC 금융부채로 분류하였다.
- 1차연도 1. 1.에 사채발행비 ₩4,217이 발생하여 순 현금유입액은 ₩92,800(유효이자율: 연 25%)이다.
- 유효이자율법을 사용하여 사채의 할인발행차금을 상각한다.
- 2차연도 1. 2.에 발행 사채 전부를 ₩103,000에 재매입하여 상환하였다.

유효이자율에 의한 상각표

연도 ①	사채 기초장부금액 ②	유효이자(25%) ③	현금이자(20%) ④	할인발행차금 상각액 ⑤ = ③ − ④	사채 기말장부금액 ⑥ = ② + ⑤
1차연도	₩92,800	₩23,200	₩20,000	₩3,200	₩96,000
2차연도	96,000	24,000	20,000	4,000	100,000
합계		₩47,200	₩40,000	₩7,200	

물음 사채조기상환손익을 구하고 사채거래를 기록하기 위한 분개를 하라.

P11-08 AC 금융부채의 상환손익 (2012년, 회계사)

㈜위풍과 ㈜당당은 모두 12월말 결산법인이다. ㈜위풍은 1차연도 1. 1. ㈜당당이 발행한 A사채를 다음과 같은 조건으로 취득하였다. 사채발행 및 취득과 직접적으로 관련되는 비용은 없다.

- 사채액면금액: ₩5,000,000
- 사채의 만기: 3차연도 12. 31.
- 표시이자율: 연 10%
- 이자지급: 매년 12. 31.(연 1회)
- 1차연도 1. 1. 동종사채에 대한 시장이자율 : 연 12%
- 아래의 현가계수만을 이용한다.

	현가계수		연금현가계수	
기간	10%	12%	10%	12%
2년	0.8264	0.7972	1.7355	1.6901
3년	0.7513	0.7117	2.4868	2.4018

㈜당당은 2차연도 10. 1.에 ㈜위풍이 보유한 A사채 70%를 매입상환하였다. 이에 대해 경과이자를 포함하여 ₩3,400,000을 지불하였다.

물음 ㈜위풍이 보유한 A사채에 대하여 ㈜당당이 인식할 사채상환손익을 계산하시오.

P11-09 사채발행비와 사채 조기상환이익

- 1차연도 1. 1.에 흥얼흥얼회사는 3년만기 사채(액면금액: ₩100,000, 표시이자율: 연 10%)를 발행하였다.
- 사채의 발행일은 1차연도 1. 1.이며, 이자는 매년 12. 31.에 지급된다.
- 투자자에게 매년 15%의 수익률을 제공할 수 있도록 이 사채의 판매가격은 ₩88,584으로 결정되었다. 1차연도 1. 1.에 사채발행비용 ₩4,051이 발생하였다.

물음 1. 흥얼흥얼회사의 입장에서 이 사채의 유효이자율이 연 17%임을 증명하라.
2. 유효이자율법을 사용하여 사채할인발행차금 상각표를 작성하라.
3. 3차연도 7. 1.에 회사는 현금 ₩101,500을 지급하고 사채를 상환하였다. 이 사채의 중도상환과 관련된 분개를 하라.

P11-10 사채발행비와 자기사채

- 1차연도 1. 1.에 늑대회사는 사채(액면금액: ₩100,000, 표시이자율: 연 12%, 이자지급일: 매년 12월 말, 사채만기일: 3차연도 12. 31.)를 발행하였다.

- 사채발행시점의 시장이자율은 연 15%이며, 사채발행과 직접 관련하여 ₩6,197의 비용이 발생하였다.
- 2차연도 4. 1.에 늑대회사는 이 사채 전부를 ₩80,000에 취득하였다.

물음 1. 사채발행금액(사채발행비 차감전)이 ₩93,151이고, 사채의 유효이자율이 연 18%임을 증명하라.
2. 유효이자율법을 이용하여 사채발행시점의 사채할인발행차금 상각표를 작성하고, 1차연도 1. 1.에 필요한 분개를 하라.
3. 1차연도 12. 31.과 2차연도 4. 1.에 필요한 분개를 하라.

P11-11 자산의 이전과 채무상환

- SK는 YW에게 약속어음을 발행하고 ₩350,000을 차입하였다.
- 약속어음의 만기는 10년이고 표시이자율과 시장이자율이 연 11%이다.
- SK가 재무위기에 처하였기 때문에 YW는 토지를 받는 조건으로 약속어음 전부를 소멸하기로 하였다.
- 토지의 장부금액은 ₩200,000이고 공정가치는 ₩300,000이다.

물음 채무합의에 대하여 SK의 장부에 기록할 분개를 하라.

P11-12 자산의 이전과 채무의 청산

- SK는 YW에게 장기지급어음(액면금액 및 장부금액: ₩500,000)을 발행하였으며 미지급이자가 ₩60,000이고 재무위기에 처하였다.
- SK는 채무를 청산하기 위해 공정가치가 ₩450,000인 기계(취득원가: ₩800,000, 감가상각누계액: ₩230,000)를 YW에게 이전하기로 하였다.

물음 장기지급어음의 상환을 기록하는 분개를 하라.

P11-13 주식발행과 채무상환

- 알거지회사는 장기지급어음을 발행하고 알부자은행으로부터 ₩550,000을 조달하였으나 재무위기에 처하였다.
- 알거지회사는 채무 전부를 상환하기 위해서 공정가치가 ₩450,000이고 액면금액이 ₩300,000인 주식을 발행하여 알부자은행에게 이전하기로 합의하였다.

물음 채무상환이익을 구하고 채무상환을 기록하기 위한 분개를 하라.

P11-14 채무상환: 주식발행, 자산의 이전, 또는 조건변경

- SK는 재무위기에 처하여 YW은행에게 발행한 어음(액면금액: ₩400,000)에 대해서 구조조정하기를 요청하였다.
- 어음은 YW은행에게 액면금액으로 발행되었으며 어음의 잔존 만기기간은 3년이다.
- 어음상환시점의 시장이자율: 연 25%

물음 1. YW은행이 공정가치가 ₩300,000인 SK의 보통주(액면금액: ₩100,000)를 받고 채권을 소멸하기로 합의한 경우 SK에 필요한 분개를 하라.
2. YW은행이 공정가치가 ₩280,000인 토지(장부금액: ₩200,000)를 받고 채권을 소멸하기로 합의한 경우 SK에 필요한 분개를 하라.
3. YW은행은 어음의 조건을 변경하기로 동의하여 SK는 3년 동안 어음에 대한 이자를 지불하지 않아도 되는 경우 SK에 필요한 분개를 하라.

P11-15 채무의 실질적 조건변경

- 5차연도 1. 1.에 YW는 장기지급어음(액면금액: ₩100,000, 표시이자율: 25%, 만기: 5차연도 12. 31.)을 발행한 상태이다.
- YW는 이자 ₩5,000을 연체하였다.
- 5차연도 1. 1.에 어음소지자(채권자)가 이자율은 20%로 감소시키고 원금은 ₩95,000으로 감소시키고 미지급이자는 면제하였다.
- 조건변경시점의 시장이자율: 24%

물음 조건변경시점에 YW에게 필요한 분개를 하라.

P11-16 채무의 실질적 조건변경 (2006년, 회계사 수정)

- 1차연도 1. 1.에 강북은행은 ₩20,000,000을 만기 3년, 이자율 연 10%(연도말 후급)의 조건으로 강남회사에 대출하였다. 1차연도 1. 1.의 유효이자율은 10%이다. 강북은행은 부도회사에 대한 대출채권에 대하여 대손충당금 차감 전 장부금액의 20%에 해당하는 금액을 대손충당금으로 설정하고 있다. 강남회사는 1차연도 7. 1.에 부도처리 되었다. 강북은행과 강남회사는 모두 12월말 결산법인이다.
- 현재가치 계수표:

₩1의 현재가치

이자율	7년	8년	9년	10년	11년	12년
5%	0.7107	0.6768	0.6446	0.6139	0.5847	0.5568
10%	0.5132	0.4665	0.4241	0.3855	0.3855	0.3186
12%	0.4523	0.4039	0.3606	0.3220	0.2875	0.2567

정상연금 ₩1의 현재가치

이자율	7년	8년	9년	10년	11년	12년
5%	5.7864	6.4632	7.1078	7.7217	8.3064	8.8633
10%	4.8684	5.3349	5.7590	6.1446	6.4951	6.8137
12%	4.5638	4.9676	5.3282	5.6502	5.9377	6.1944

- 1차연도 7. 1. 강남회사는 법정관리를 신청하였다. 2차연도 12. 31. 법원은 채권 · 채무조정일로부터 만기 10년, 이자율 연 5%(연도말 후급)로 계약조건을 변경하는 채권 · 채무조정을 결정하였다. 채권 · 채무조정일인 2차연도 12. 31.의 유효이자율은 12%이다. 채권 · 채무조정 후 강북은행 대출채권의 현재가치는 ₩13,854,600(유효이자율 연 10%로 할인한 금액)이었고, 2차연도 12. 31. 강북은행은 대손충당금 ₩2,145,400을 추가로 설정하였다.

물음 1. 3차연도 12. 31.에 강남회사가 상각해야 할 현재가치할인차금은 얼마인가?

2. 2차연도 7. 1.에 강남회사가 법정관리를 신청하였고, 2차연도 12. 31.에 법원은 다음과 같은 조건으로 채권.채무조정을 인가하였다고 가정하라. 대출채권(차입채무) ₩20,000,000을 출자전환하고, 2,000주(액면금액 ₩5,000)의 신주를 교부한다. 법원인가일(2차연도 12. 31.)에 주식의 시가는 주당 ₩7,500이다. 2차연도 12. 31.에 강남회사가 계상할 채무조정이익과 강북은행이 계상할 대손상각비는 각각 얼마인가?

P11-17 토지의 취득과 장기미지급금

- 놀부부동산회사는 1차연도 1. 1.에 흥부회사로부터 토지를 ₩130,000에 구입하였다.
- 놀부회사는 토지구입대금 중 ₩10,000은 1차연도 1. 1.에, 나머지 ₩120,000에 대해서는 1차연도 12. 31.부터 시작하여 매년 말에 ₩40,000씩 지불하기로 합의하고 약속어음을 발행하였다.
- 1차연도 1. 1. 현재 시장이자율: 연 10%

물음 1. 1차연도 1. 1.의 분개를 하라.
2. 유효이자율법을 사용하여 1차연도 12. 31.의 분개를 하고 재무상태표에 장기매입채무를 적절히 공시하라.

P11-18 장기지급어음의 이자비용

- 1차연도 1. 1.에 흔들흔들회사는 2년만기 어음(액면금액: ₩100,000, 표시이자율: 연 2%)을 현금 ₩86,116에 발행했다.
- 이자지급일은 매년 12월 31일이다.
- 이 어음거래의 유효이자율: 연 10%

물음 1. 어음의 발행에 대하여 분개하라.
2. 유효이자율법을 사용하여 1차연도의 이자비용을 기록하는 분개를 하라.

P11-19 채무의 실질적 조건변경

- 5차연도 1. 1.에 YW는 장기지급어음(액면금액: ₩100,000, 표시이자율: 25%, 만기: 5차연도 12. 31.)을 보유하고 있다.
- YW는 이자 ₩5,000을 연체하였다.
- 5차연도 1. 1.에 어음소지자(채권자)가 이자율은 20%로 감소시키고 원금은 ₩95,000으로 감소시키고 미지급이자는 면제하였다.
- 조건변경시점의 시장이자율: 30%

물음 조건변경시점에 YW에게 필요한 분개를 하라.

P11-20 채무의 비실질적 조건변경

- 3차연도 1. 1.에 장기지급어음(액면금액: ₩100,000, 표시이자율: 25%, 만기: 5차연도 12. 31.)을 ₩100,000에 발행하였다.
- 장기지급어음 발행시점의 시장이자율(유효이자율): 연 25%
- 4차연도의 이자 ₩25,000 중 ₩5,000이 연체되었다.
- 5차연도 1. 1.에 어음소지자(채권자)가 이자율은 20%로, 원금은 ₩95,000으로 감소시켰다. 만기는 변함없이 5차연도 12. 31.이고 미지급이자는 탕감하지 않았다.
- 5차연도 2. 28.에 미지급이자 ₩5,000을 지급하였다.
- 조건변경시점의 시장이자율: 연 30%

물음 1. 채무변동률을 계산하라.
2. 새로운 부채의 공정가치와 금융부채 조정이익을 계산하라.
3. 5차연도에 필요한 분개를 하라.

P11-21 채무의 실질적 조건변경

- 2차연도 1. 1.에 SK은행은 YW가 발행한 어음의 조건을 변경하는 계약을 체결하였다.
- SK은행은 다음 조건으로 액면금액이 ₩130,000인 YW의 어음을 조정하였다.
    - 어음의 원금을 ₩130,000에서 ₩100,000으로 감소
    - 만기를 2차연도 12. 31.에서 3차연도 12. 31.로 연장
    - 표시이자율을 30%에서 20%로 감소
- 시장에 기초한 YW의 차입이자율은 25%이다.

물음 조건변경시점에 YW에게 필요한 분개를 하라.

P11-22 비실질적 조건변경

- 1차연도 1. 1.에 빈곤기업이 풍요은행에서 연 이자율 5%(시장이자율)에 ₩1,000,000을 빌렸다.
- 차입금의 만기는 4차연도 12. 31.이고 이자는 매년 말에 지급한다.
- 2차연도 1. 1.에 빈곤기업이 차입금의 조건을 다음과 같이 변경하기로 은행과 합의했다.

  2차연도 12. 31.까지 1년간 이자를 면제한다.

  3차연도와 4차연도의 이자율을 연 6%로 인상한다.

  2차연도 1. 1.에 빈곤기업이 은행에 조건변경수수료 ₩14,500을 지급한다.

  2차연도 1. 1.에 빈곤기업이 변호사수수료 ₩5,000을 지급한다.

물음 1. 2차연도 1. 1.의 채무변동률을 계산하라.
2. 2차연도 1. 1.에 새로운 금융부채의 공정가치와 금융부채 조정손익을 계산하라.
3. 2차연도 1. 1.에 빈곤기업에게 필요한 분개를 하라.

P11-23 채무의 비실질적 조건변경

적자회사가 1차연도 1. 1.에 다음 조건으로 ₩1,000,000을 빌렸다.

이자율: 연 9%

이자 지급일: 매년 12. 31.

만기: 10차연도 12. 31.

7차연도에 재무상태가 악화됨에 따라, 적자회사는 채권자와 대출조건을 다음과 같이 변경하기로 하고 8차연도 1. 1.부터 적용하기로 합의하였다. 7차연도까지의 이자는 지급되었다.

- 연 이자율을 10%로 인상하고 이자를 매년 말에 지급한다.
- 만기일에 지급해야 할 원금을 ₩900,000으로 감소시킨다.
- 조건변경수수료(재약정수수료) ₩30,000을 8차연도 1. 1.에 채권자에게 지급한다.
- 채권자에게 발생한 법적 비용 ₩10,000을 8차연도 1. 1.에 채권자에게 보상한다.

물음 1. 채무변동률을 계산하라.
2. 새로운 부채의 공정가치와 금융부채 조정손익을 계산하라.
3. 8차연도에 적자회사에 필요한 분개를 하라.

P11-24 자산이전을 통한 채무상환과 실질적 조건변경

- 상황 ①: 천둥회사가 번개회사에게 ₩500,000을 갚아야 하는데 공정가치가 ₩420,000인 토지(장부금액: ₩320,000)를 이전해서 채무를 상환하기로 했다.
- 상황 ②: 1차연도 1. 1.에 파죽회사가 지세회사에게 액면금액이 ₩100,000인 약속어음(표시이자율: 12%)을 발행하고 ₩100,000을 차입하였다. 3차연도 1. 2.에 지세회사가 약속어음의 만기를 5차연도 12. 31.로 연기하고 액면금액을 ₩80,000으로 감소하는 한편, 연 이자율을 8%로 인하했다.
- 이자지급일은 매년 12. 31.이다.
- 3차연도 1. 2.의 시장이자율은 연 10%이다.

물음 1. 천둥회사가 채무상환을 기록하는 분개를 하라.

2. 파죽회사가 채무의 조건을 변경한 것을 기록하는 분개와 3차연도 12. 31.에 이자비용을 인식하는 분개를 하라.

Chapter

12

충당부채와 기타 비금융부채

학습 목표

LO 12－1. 충당부채, 우발부채, 우발자산의 개념을 이해한다.
LO 12－2. 충당부채의 인식조건과 측정방법을 이해한다.
LO 12－3. 충당부채의 유형별 회계처리방법을 이해한다.
LO 12－4. 선수수익(선수금)에 대한 회계처리방법을 이해한다.

제12장

제1절 충당부채, 우발부채 및 우발자산

1. 충당부채 및 우발부채의 개념
2. 충당부채의 인식
   (1) 현재의무
   (2) 과거사건
   (3) 경제적효익을 갖는 자원의 유출가능성
   (4) 신뢰성 있는 추정
3. 충당부채의 측정: 단일현금흐름
   (1) 최선의 추정치
   (2) 현재가치 측정
   (3) 측정 시 고려할 사항
4. 제삼자에 의한 충당부채의 변제
5. 충당부채의 제거
6. 우발자산

제2절 충당부채의 유형

1. 소송사건
2. 제품품질보증
3. 경품권 등 고객에게 지급할 대가
4. 구조조정
5. 매입계약에 의한 구입(손실부담계약)
   (1) 어느 한쪽이 일방적으로 취소할 수 있는 매입계약
   (2) 어느 한쪽이 일방적으로 취소할 수 없는 매입계약
6. 복구충당부채

제3절 기타 비금융부채

1. 선수금(또는 선수수익)
2. 예수금

Chapter 12 제1절

충당부채, 우발부채 및 우발자산

1. 충당부채 및 우발부채의 개념

부채는 과거사건의 결과로 기업이 미래에 경제적 자원을 이전해야 하는 현재의무이다. 경제적효익을 갖는 자원의 유출 가능성이 높고(probable) 유출액을 신뢰성 있게 측정할 수 있는 시점에 부채를 인식한다. 경제적효익을 갖는 자원의 유출'시점'과 '유출액'은 대부분 확실하다. 그러나 경제적효익을 갖는 자원의 유출시점과 유출액이 확실하지 않은 경우에는 어떻게 회계처리할까?

① 충당부채의 정의

충당부채(provisions)는 부채의 정의를 만족하지만, 경제적효익을 갖는 자원의 유출시점 또는 유출액이 불확실한 부채이다. 부채 측정액이 확실하지 않아도 경제적 자원의 유출액을 신뢰성 있게 추정할 수 있으면 그 추정액을 충당부채로 인식한다.

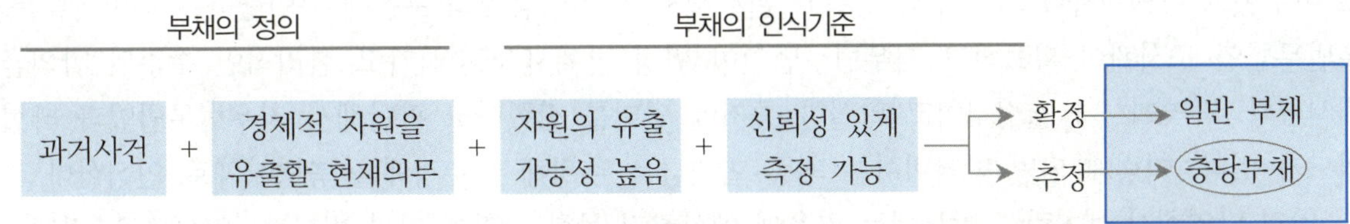

② 우발부채의 정의

우발부채(contingent liabilities)는 과거 거래 또는 회계사건이 발생하였으나 기업이 통제할 수 없는 불확실한 미래사건의 발생 여부에 의해서만 현재의무의 존재 여부가 확인되는 잠재적 의무 또는 과거사건으로 생긴 현재의무라 할지라도 해당 의무를 이행하기 위해 경제적효익을 갖는 자원의 유출 가능성이 높지 않거나 해당 의무를 이행할 금액을 신뢰성 있게 추정할 수 없는 항목을 말한다[1037: 10]. 우발부채는 설령 현재의무라 하더라도 경제적효익을 갖는 자원의 유출 여부가 불투명(또는 유출 가능성이 높지 않음)하거나 유출액이 얼마인지 신뢰성 있게 추정할 수 없는 의무이기 때문에 부채의 인식요건을 충족하지 못하므로 재무상태표에 부채로 보고하지 않는다. 잠재적 의무 중 다음 하나에 해당하면 우발부채로 분류하고 주석에 공시한다.

- 현재의무가 존재하지 않는다.
- 금액을 신뢰성 있게 추정할 수 없다.
- 의무를 청산하기 위한 경제적 자원의 유출 가능성이 높지 않다.

③ 충당부채와 우발부채의 관계

일반적으로 모든 충당부채는 지출 시기 또는 지출액이 불확실하므로 '우발적'이라 할 수 있다. 그러나 기업이 전적으로 통제할 수는 없는 불확실한 미래사건의 발생 여부로만 부채 또는 자산의 존재 여부를 확인할 수 있는데 이를 확인할 수 없어 재무상태표에 부채 또는 자산으로 인식하지 않는 경우에 「K-IFRS 제1037호」(충당부채, 우발부채, 우발자산 기준서)는 '우발'이라는 용어를 사용한다. 그리고 부채 인식기준을 충족하지 못해 부채로 인식하지 않는 경우에는 '우발부채'라는 용어를 사용한다[1037: 12].

충당부채는 현재의무이고 이를 이행하기 위하여 경제적효익이 있는 자원을 유출할 가능성이 높고 유출액을 신뢰성 있게 추정할 수 있으므로 부채로 인식하는 반면에, 우발부채는 다음 ① 또는 ②의 이유로 부채로 인식하지 않는다는 점에서 충당부채와 구별된다[1037: 13].

① 기업이 경제적효익이 있는 자원을 유출할 현재의무를 가지고 있는지가 아직 확인되지 않은 잠재적 의무이다.

② 현재의무이지만 이를 이행하기 위하여 경제적효익이 있는 자원을 유출할 가능성이 높지 않거나 유출액을 신뢰성 있게 추정할 수 없으므로 부채인식기준을 충족하지 못한다.

예를 들어, 막역회사가 자동차 배터리를 제조 · 판매하는데 인근의 초등학교를 오염시켜 많은 학생들이 납에 중독된 증상을 나타내고 있다고 지우법무법인이 집단손해배상소송을 제기하였다고 가정하자. 그러나 막역회사가 공장 주변 토지를 말끔하게 정화해 지우법무법인이 토양 샘플을 채취해서 분석해도 토지가 납에 오염됐다는 증거를 찾지 못하고 있다. 이 경우 막역회사는 집단손해배상소송을 우발부채로 주석에 공시한다. 그러다가 공장 주변에 살던 막역회사 임직원의 가족들이 모두 다른 지역으로 이주했고 막역회사가 최근에 납 중독과 관련해서 막대한 금액의 보험에 가입했다는 증빙서류를 지우법무법인 조사관이 확보하고 지우법무법인이 법정 밖에서 해결하자고 합리적인 수준의 합의금을 제시했다. 막역회사가 결정적이고 확실한 증거에 덜미를 잡혔다고 판단해서 지우법무법인과 타협할 의도가 있다. 이렇게 되면 막역회사는 최종 합의금을 추정해서 추정액을 충당부채로 인식한다.

위의 막역회사 예처럼 우발부채는 처음에 예상하지 못한 상황에 따라 변할 수 있으므로, 경제적효익이 있는 자원의 유출 가능성이 높아졌는지를 판단하기 위하여 우발부채를 지속적으로 평가한다. 과거에 우발부채로 처리하였더라도 미래경제적효익의 유출 가능성이 높아지게 되면 가능성이 높아진 기간의 재무상태표에 충당부채로 인식한다[1037: 30].

④ 충당부채의 표시

충당부채는 일반 부채와 같이 인식요건을 충족하면 재무상태표에 부채로 보고한다. 다만, 충당부채는 일반 부채와 같이 현재의무에 대해서 자원이 유출될 가능성이 높다 하더라도 의무이행에 필요한 지출시기 또는 지출액이 확실하지 않기 때문에 미지급비용이나 매입채무와 같은 일반 부채(확정부채)와는 구별된다. 따라서 재무상태표에 표시할 때에는 확정부채와 충당부채를 별도 항목으로 분리해서 표시한다.

2. 충당부채의 인식

다음 인식조건이 모두 충족되면 충당부채를 인식한다[1037: 14].

① 과거사건의 결과로 현재의무(법적의무 또는 의제의무)가 존재한다.
② 현재의무를 이행하기 위하여 경제적효익을 갖는 자원이 유출될 가능성이 높다.
③ 현재의무의 이행에 소요되는 금액을 신뢰성 있게 추정할 수 있다.

충당부채도 부채의 일종이기 때문에 충당부채의 인식조건 ①은 부채의 정의와 중복된다. 충당부채의 인식조건 ②와 ③의 의미는 경제적효익을 갖는 자원의 유출 시기 또는 금액이 확정되지 않고 불확실하더라도 신뢰성 있게 추정할 수 있으면 추정치를 부채로 인식한다는 것이다. 예를 들어, 기업이 판매한 제품의 품질을 보증하고, 고객이 보증기간 내에 무상수리를 요구할 가능성이 높으면 다음 이유로 제품품질보증의무에 대해서 충당부채를 인식한다.

▸ 과거의 사건은 '품질보증이 있는 제품의 판매'이다(법적의무나 의제의무를 발생시킴). 이러한 회계사건으로 인해 무상으로 수리해 줄 현재의무가 존재한다.
▸ 보고기간 말 이전에 판매한 제품에 대한 제품품질보증의무로 인해서 미래에 경제적 자원이 유출될 가능성이 높다.
▸ 기업이 미래에 발생할 품질보증비를 신뢰성 있게 추정할 수 있다.

충당부채와 관련하여 인식하는 비용은 성격에 따라 매출원가, 판매비와 관리비 또는 영업외비용 등으로 분류한다. 만일 충당부채의 청산시기를 합리적으로 예측할 수 없는 경우에는 충당부채 전액을 비유동부채로 분류할 수 있다.

의제의무와 충당부채

A 백화점이 법적의무는 없지만, 고객이 구매한 상품에 만족하지 않으면 판매가격을 환불해주는 관행이 고객들에게 널리 알려져 있다. 이 경우 A 백화점은 다음 이유로 환불원가를 추정해서 충당부채를 인식한다.

▸ 상품판매라는 과거의 회계사건으로 인해 환불하는 현재의무가 존재한다. 즉, A 백화점의 관행이 고객으로 하여금 구매상품을 환불받을 수 있다는 것을 기대하게 하므로 상품판매가 의제의무를 발생시킨다.
▸ 판매된 상품 일부가 환불될 가능성이 높고 고객이 환불을 요청하면 경제적효익을 갖는 자원이 유출된다.

Miniature 예제 1 구조조정충당부채의 인식 여부

상황

· 1차연도 12. 31.에 천연회사는 구조조정의 일환으로 아프리카 연안에서의 석유 시추 사업을 중단하고 관련 종업원을 해고하기로 결정했다. 2차연도 1. 4.에 천연회사가 아프리카 연안에서 근무하는 종업원에게 해고계획을 통지했다. 따라서 천연회사는 해고될 종업원에게 해고급여를 지급할 현재의무가 존재하게 되었다.

상황 1차연도 12. 31.의 재무상태표에 천연회사가 구조조정충당부채를 인식할 수 있는지 여부를 결정하라.

정답 및 해설

천연회사는 보고기간 말(1차연도 12. 31.)까지 영향을 받는 사람들에게 해고계획을 전달하지 않았으므로 1차연도에 구조조정충당부채를 인식할 수 없다. 그러나 시추 작업을 폐쇄하기로 결정한 날(1차연도 12. 31.)에 영향을 받는 직원에게 해고를 발표한 경우에는 1차연도에 구조조정충당부채를 인식한다.

(1) 현재의무

현재의무(present obligation)는 보고기간 말 현재 이행을 회피할 수 없는 법적의무 또는 의제의무를 말한다. 법적의무는 명시적 또는 묵시적 조항에 따른 계약, 법률, 기타 법적 효력에 의해 발생하는 의무이고, 의제의무는 기업의 과거 실무관행, 경영방침, 또는 기타 구체적이고 유효한 약속 등을 통해 기업이 특정 책임을 부담하겠다는 것을 상대방에게 표명한 결과 기업이 그 책임을 이행할 것으로 상대방이 기대하게 만들어서 발생하는 의무이다. '회피할 수 없다'는 것은 현재의무를 이행하는 것 이외에는 실질적 대안이 없다는 것을 말한다. 현재의무를 이행하지 않을 수 있는 대안이 존재한다면 의무를 부담하지 않는 것으로 본다. 예를 들어, 특정 자산(예 항공기)에 대하여 법적으로 대규모 수리가 강요된다 하더라도 수선유지와 관련된 지출이 기업의 경영의사결정(예 자산처분)에 따라 회피할 수 있는 비용이면 현재의무가 아니다. 왜냐하면, 기업이 해당 자산을 처분하면 수리할 필요성이 없어 현재의무가 존재하지 않게 되므로 이 경우에는 충당부채를 인식하지 않는다. 그러나 수선유지와 관련해 법적으로 정비(대규모 수리)가 강요된 자산을 기업이 처분할 의도가 없으면 실질적으로 법적의무를 이행하는 것 이외에는 의무를 회피할 방법이 없으므로 미래에 대규모 수리비 지출을 피할 수 없다. 따라서 대규모 수리비를 충당부채로 인식한다.

(2) 과거사건

현재의무를 생기게 하는 과거사건(past event)을 의무발생사건(obligating event)이라 한다. 의무발생사건이 되려면 다음 중 어느 하나에 해당해서 의무의 이행 이외에는 현실적인 대안이 없어야 한다[1037: 17].

- 의무의 이행을 법적으로 집행할 수 있다.
- 의제의무와 관련해서는 기업이 해당 의무를 이행할 것이라는 정당한 기대를 상대방에게 갖도록 한다.

기업의 미래 행위(미래 사업행위)와 관계없이 독립적으로 존재하는 과거사건에서 생긴 의무만을 충당부채로 인식한다. 예를 들어, 과거에 불법으로 환경을 오염시켜 벌과금이 부과되거나 환경정화비용이 발생한 경우에는 기업이 미래에 어떻게 행동할 것인지 관계없이 환경정화의무를 이행하는 데 자원이 유출될 것이므로 충당부채를 인식한다. 이와 마찬가지로 유류보관시설이나 원자력 발전소 때문에 이미 일어난 피해에 대하여 기업은 복구할 의무가 있는 범위에서 유류보관시설이나 원자력 발전소의 사후처리원가와 관련된 충당부채를 인식한다[1037: 19]. 그러나 법에 규정된 환경기준을 충족시키기 위해 또는 민원 때문에 미래에 특정 정화장치를 공장에 설치해야 하는 경우에는 기업이 미래에 환경을 훼손시키지 않는 방향으로 공장운영방식을 변경하면(예 발전소 연료를 저질석탄에서 천연가스로 교체) 정화장치 설치비용을 회피할 수 있다. 이처럼 정화장치 설치비용의 회피가능성 때문에 미래에 경제적 자원을 유출해야 할 현재의무가 될 수 없으면 충당부채를 인식하지 아니한다.

어떤 회계사건은 발생 당시에는 현재의무를 발생시키지 않지만, 나중에 법이 개정되거나 새로 제정됨으로써 법적의무가 발생하거나 기업이 대외적으로 의무이행을 공표하여 의제의무가 발생하는 경우가 있다. 예를 들면, 과거에 기업이 공장 주변의 환경을 오염시켰는데, 당장은 환경복구와 관련된 법적의무 또는 의제의무가 없다 하더라도 나중에 새로운 법이 제정되어 환경오염을 복구하도록 강요받을 수 있다. 또는 기업이 환경복구 의무를 의제의무로 공식적으로 수용하면 법규의 제정시점 또는 기업의 공식적 수용시점에 환경오염을 일으킨 것은 의무발생사건이 된다[1037: 21]. 입법 예고된 법률의 세부사항이 아직 확정되지 않은 경우에는 법안이 제정될 것이 거의 확실한(virtually certain) 때에만 법적의무가 발생하는 것으로 보며, 법률 제정과 관련된 이해관계의 상충 등으로 인하여 법률의 제정을 예측하기 어려운 경우에는 법률이 제정되는 시점에 법적의무가 발생하는 것으로 본다[1037: 22].

예제 1 법적의무가 있는 대규모 수선에 대한 현재의무

중요도: ★★
난이도: ◆

상황

· 1차연도 12. 31.에 항공기를 ₩500,000에 취득하였다.
· 회사는 잔존가치 없이 정액법으로 항공기를 감가상각한다.
· 항공기의 내용연수가 20년이나 법령에 따라 매 3년마다 기체를 정비해야 한다.
· 3년 후의 기체수리비가 ₩40,000이고 연 이자율이 6%이므로 현재가치는 ₩31,720이다.
　상황 ①: 회사가 항공기를 사용할 기간이 불확실하다.
　상황 ②: 회사가 항공기를 내용연수까지 사용할 예정이다.

물음 각 상황으로 구분하여 기체정비에 대해서 충당부채의 인식 여부를 결정하라.

정답 상황 ①: 충당부채를 인식하지 않음, 상황 ②: 충당부채를 인식함

해설

상황 ①: 법에서 기체를 정비하도록 강요하더라도 회사가 항공기를 처분하면 기체를 정비하지 않아도 되므로 기체정비와 관련된 미래지출을 회피할 수도 있다. 기체를 정비해야 할 의무가 회사의 의사결정과 독립적으로 존재하지 않으므로 현재의무가 존재하지 않는다. 과거 사건의 결과로 인한 정비와 관련된 현재의무가 없으므로 충당부채를 인식하지 않고 기체정비비용을 자본적지출로 분류한 후 대체 또는 개량으로 회계처리한다(제3장 Miniature 예제 14 참조).

상황 ②: 회사가 기체정비와 관련된 미래 지출을 회피할 수 없으므로 충당부채를 인식한다. 대규모 수선비의 현재가치 ₩31,720을 항공기의 취득원가에 포함하여 감가상각하고 시간이 경과함에 따라 충당부채 측정액에 대해서 이자비용을 인식한다(제3장 예제 4 참조).

항공기 취득시점:

(차)	항 공 기	531,720	(대) 현 금	500,000
			충 당 부 채	31,720

(3) 경제적효익을 갖는 자원의 유출가능성

의무를 청산하기 위한 경제적 자원의 유출가능성을 고려해서 충당부채의 인식 여부를 판단한다. 경제적 자원을 유출시키는 사건이 발생할 가능성이 50%보다 높으면 자원의 유출가능성이 높다고 보고 충당부채를 인식한다. 유사한 의무(예 제품품질보증계약)가 여럿인 경우에는 유사한 의무 전체를 일괄적으로 고려하여 자원의 유출가능성을 결정한다. 비록 개별 항목에서 의무 이행에 필요한 자원의 유출 가능성이 높지 않더라도 전체적인 의무 이행에 필요한 자원의 유출 가능성이 높을 경우에는(그 밖의 인식기준이 충족된다면) 충당부채를 인식한다[1037: 24].

(4) 신뢰성 있는 추정

우발성(contingency)은 하나 이상의 불확실한 미래 결과(outcome)를 수반하므로 미래 결과에 대한 확률이 중요하다. 「K-IFRS 제1037호」에서는 특정 사건이 일어날 가능성이 일어나지 않을 가능성보다 높은 경우(more likely than not to occur)에 자원의 유출이나 그 밖의 사건이 일어날 가능성이 높다(probable)고 본다. 현재의무의 존재 가능성이 높지 않은 경우에는 우발부채를 주석에 공시한다. 다만 해당 의무를 이행하기 위하여 경제적효익이 있는 자원을 유출할 가능성이 희박한 경우에는 공시하지 아니한다[1037: 23]. 충당부채와 우발부채에 대한 회계처리를 위해서 확률의 범위를 다음 세 가지로 구분할 수 있다.

- 가능성이 높음(probable): 발생확률 > 50%
- 가능성이 있음(possible): 5% ≤ 발생확률 ≤ 50%. 「K-IFRS 제1037호」는 가능성이 있다는 것을 정의하지 않지만, 가능성의 높음에 대한 정의에 비추어서 50% 이하임을 유추할 수 있다.
- 가능성이 희박함(remote): 발생확률 < 5%. 「K-IFRS 제1037호」는 가능성이 희박함을 정의하지 않지만 단어의 의미에서 저자는 5% 미만으로 유추한다.

추정치의 사용은 재무제표 작성에 반드시 필요하며 재무제표의 신뢰성을 떨어뜨리지 않는다. 충당부채는 특성상 재무상태표의 다른 항목보다 불확실성이 더 크다. 그러나 극히 드문 경우를 제외하고는 가능한 결과의 범위를 판단할 수 있으므로 충당부채를 인식할 때 충분히 신뢰성 있게 금액을 추정할 수 있다[1037: 25]. 부채로 인식하기 위해서는 경제적효익을 갖는 자원의 유출액이 확실하지 않아도 신뢰성 있게 추정할 수 있어야 한다. 신뢰성 있게 추정할 수 없으면 충당부채의 인식요건을 충족하지 못하므로 부채로 인식할 수 없다. 신뢰성 있게 추정할 수 없더라도 경제적효익을 갖는 자원의 유출가능성이 희박하지 않으면 우발부채로 재무제표 주석에 공시한다. 자원 유출가능성과 유출액 추정가능성에 따라 충당부채와 우발부채를 구분하면 <표 12.1>과 같다.

표 12.1 **충당부채와 우발부채의 회계처리**

자원유출 가능성 \ 금액 추정 가능성	신뢰성 있게 추정 가능	신뢰성 있게 추정 불가능
가능성이 높음(발생확률 > 50%)	충당부채 인식	우발부채로 주석공시
가능성이 있음(5% ≤ 발생확률 ≤ 50%)	우발부채로 주석공시	우발부채로 주석공시
가능성이 희박함(발생확률 < 5%)	우발부채로 주석공시 안 함*	우발부채로 주석공시 안 함*

* 계류 중인 중요한 소송사건과 보증제공 사항은 의무적으로 공시한다.

3. 충당부채의 측정: 단일현금흐름

(1) 최선의 추정치

충당부채는 대부분의 다른 재무상태표 항목보다 본질적으로 불확실성을 더 갖고 있으므로 추정이 필수적이다. 그러나 추정 자체가 재무제표의 신뢰성을 저해하지는 않는다. 충당부채는 보고기간 말에 현재의무의 이행에 소요될 지출의 최선의 추정치(예 소송사건에서 발생가능성이 가장 높은 배상액)로 측정한다. 현재의무를 이행하기 위하여 필요한 지출에 대한 최선의 추정치는 보고기간 말에 의무를 이행하거나 제삼자에게 이전하는 경우에 합리적으로 지급하여야 하는 금액이다[1037: 37].

불확실한 상황에서는 수익이나 자산을 과대 표시하거나 비용이나 부채를 과소 표시하지 않도록 주의하여야 한다. 불확실성을 이유로 충당부채를 과도하게 인식하거나 부채를 의도적으로 과대 표시하는 것도 정당화될 수 없다. 예를 들어, 특별히 부정적인 결과에 대해 예상원가를 신중하게 추정하였다고 해서 의도적으로 해당 결과의 발생 가능성이 실제보다 더 높은 것처럼 취급하여서는 안 된다[1037: 43]. 충당부채 측정액을 추정하는 방법은 다음과 같다.

① 발생가능성이 가장 높은 금액

하나의 의무를 측정하는 경우에는 가능성이 가장 높은(most likely) 단일의 결과가 해당 부채에 대한 최선의 추정치가 될 수 있다[1037: 40]. 현재의무를 이행하기 위한 현금유출이 여러 금액으로 추정되는 경우, 여러 금액 중에서 발생확률이 가장 높은 추정액으로 충당부채를 측정한다. 충당부채로 측정할 금액이 범위로 추정될 경우에는 추정금액의 범위 내에서 발생가능성이 가장 높은 금액을 더 나은 추정치로 본다.

② 발생 예상 현금흐름의 기댓값: 기대현금흐름접근법

기대현금흐름접근법(expected cash flow approach)은 현금흐름의 금액과 시기와 관련한 불확실성에 대한 확률분포를 이용하여 기댓값을 결정하는 방법이다. 현재의무를 이행하기 위한 현금유출액이 여러 금액으로 추정되는 경우, 예상되는 유출액 각각에 발생확률을 곱한 결과를 더한 금액으로 충당부채를 측정한다. 발생가능한 금액이 일정 범위 내에서 비례적으로 증가하는 분포를 이루고 각각의 발생확률이 동일하면 그 범위의 중간값으로 충당부채를 측정한다[1037: 39].

Miniature 예제 2 충당부채 측정액

상황

· 회사는 제품 구입 후 12개월 이내에 발생하는 제조상의 결함이나 다른 명백한 결함에 따른 하자에 대하여 제품품질보증을 실시하고 있다.
· 1차연도에 제품 1단위를 판매하였는데 중요하지 않은 결함이 발견되면 ₩60,000의 수리비용이 발생하고, 치명적인 결함이 발생하면 ₩300,000의 수리비용이 발생할 것으로 예상된다.
· 과거 경험을 기초로 제품에 하자가 없을 가능성을 80%, 중요하지 않은 결함이 발생할 가능성을 15%로 예상하며, 5%는 치명적인 결함이 있을 것으로 예상한다.

물음 기대현금흐름접근법을 사용하여 충당부채 측정액을 계산하라.

정답 (₩0 × 80%) + (₩60,000 × 15%) + (₩300,000 × 5%) = ₩24,000

(2) 현재가치 측정

이행가치(fulfillment value)는 부채를 이행(상환)할 때 이전해야 하는 현금이나 경제적 자원의 현재가치이다[「K-IFRS 개념체계」: 6.17]. 충당부채의 명목금액과 현재가치의 차이가 중요한 경우에는 미래 경제적 자원 유출액의 현재가치로 충당부채를 측정한다[1037: 45]. 충당부채를 현재가치로 측정한 후에는 기간이 지남에 따라 장부금액에 이자율을 곱해서 이자비용(차입원가)을 인식하고 충당부채의 장부금액을 증가시킨다[1037: 60]. 충당부채를 현재가치로 측정하는 것은 현재 시점에 충당부채를 청산하는 데 소요되는 금액 또는 충당부채의 상환의무를 제삼자에게 이전하는 데 사용되는 자산의 공정가치를 측정하는 것과 같다. 충당부채를 현재가치로 측정한 후에 시간이 지남에 따라 인식하는 이자비용과 충당부채의 추정치가 감소해서 인식하는 충당부채환입액은 성격이 서로 다르므로 상계하지 않고 재무제표에 이자비용과 환입액을 각각 총액으로 표시한다.

예제 2 충당부채의 현재가치

중요도: ★★★
난이도: ◆

상황

· 회사가 소프트웨어를 도용하여 법적 소송에 연루되었는데 변호사의 소견으로는 패소할 가능성이 상당히 높다.
· 회사는 자원의 유출액을 다음과 같이 추정하였다.
  ▸ 최상의 시나리오(발생확률: 35%): 1년 후에 ₩100,000을 지급
  ▸ 실현가능성이 가장 높은 시나리오(발생확률: 50%): 2년 후에 ₩200,000을 지급
  ▸ 최악의 시나리오(발생확률: 15%): 3년 후에 ₩500,000을 지급
· 회사의 할인율(세전이자율): 연 25%

기간	현재가치계수
1	0.8
2	0.64
3	0.512

물음 충당부채 측정액을 결정하라.

정답 **₩130,400**

해설

	현금유출액	기간	현재가치	확률	합계
최상의 상황	₩100,000	1	₩80,000	35%	₩28,000
가능성 최고 상황	200,000	2	128,000	50	64,000
최악의 상황	500,000	3	256,000	15	38,400
기댓값				100%	₩130,400

· 가능성이 가장 높은 추정치의 현재가치는 ₩128,000이나 기댓값의 현재가치는 ₩130,400이다. 기댓값이 보다 과학적인 접근법으로 추정된 것이므로 ₩130,400을 충당부채로 측정한다.

(3) 측정 시 고려할 사항

① 위험과 불확실성: 고려함

충당부채에 대한 최선의 추정치를 구할 때는 현재의무를 발생시키는 특정 사건 또는 상황과 관련된 불가피한 위험과 불확실성을 고려한다. 이 경우 수익 또는 자산을 부풀려 인식(과대계상)하거나 비용 또는 부채를 축소(과소계상)해 인식하지 않도록 주의해야 한다. 또한, 부채를 의도적으로 부풀려서 인식하는 것도 허용되지 않는다.

② 미래사건: 고려함

현재의무를 이행하기 위해 소요되는 지출액에 영향을 미치는 사건(새로운 기술개발 또는 법률 제·개정 등)이 미래에 발생할 것이라는 객관적 증거가 있는 경우에는 해당 미래사건을 고려해서 충당부채를 측정한다[1037: 48]. 예를 들어, 오염지역을 미래에 복구해야 할 의무를 회사가 부담하는 경우를 생각해 보자. 현재 기술이면 막대한 비용이 들 것이지만 미래에 기술이 진보하여 오염지역을 저렴한 가격에 효율적으로 복구할 수 있으면 오염지역을 복구하리라 예상하는 시점에 이용할 수 있는 기술에 대한 증거를 바탕으로 복구원가를 예측하고, 추정된 복구원가의 현재가치로 충당부채를 측정한다.

새로운 법률의 제정이 거의 확실하다는 충분하고 객관적인 증거가 존재할 때 해당 법률의 영향을 고려하여 충당부채를 측정한다. 실무에서 벌어지는 수많은 상황들 때문에 충분하고 객관적인 증거를 제공하는 단일 사건을 개별 상황마다 특정하는 것은 불가능하다. 따라서 새로운 법률에서 요구하게 될 사항과 해당 법률이 적당한 시일 안에 제정되어 시행될 것이 거의 확실하다는 증거가 있어야 한다. 일반적으로 새로운 법률이 제정되기 전까지는 충분하고 객관적인 증거가 존재하지 않는다[1037: 50].

③ 예상되는 자산처분: 고려하지 않음

충당부채를 발생시킨 사건과 밀접하게 관련된 자산을 미래에 처분하여 처분손익이 예상되더라도 이러한 예상처분손익은 충당부채 측정액을 결정할 때 고려하지 않는다[1037: 51]. 예를 들어, 과거에 취득한 자산에 대한 반환소송에서 패소할 가능성이 높아 충당부채를 인식할 때 해당 자산을 나중에 처분하여 현금으로 배상할 것을 계획할 수 있다. 나중에 자산을 처분하면서 처분이익이 발생할 수 있는데, 충당부채의 측정과 충당부채의 변제는 별개이므로 이러한 처분이익은 충당부채를 측정할 때는 고려하지 않고 자산을 실제로 처분하는 시점에 자산처분이익을 인식한다[1037: 52].

4. 제삼자에 의한 충당부채의 변제

기업이 인식한 충당부채의 일부 또는 전부에 대해 보증계약 등에 따라 제삼자(예 보험회사)가 대신 갚아주는(reimbursement) 경우가 있다. 이 경우에도 충당부채를 이행해야 하는 의무가 기업에 있으므로 재무상태표에 **의무이행을 위한 예상금액**(충당부채 결제를 위해 필요한 지출액) **전액을 충당부채로 인식한다**. 제삼자가 대신 지급해 줄 것이 거의 확실한 경우에는 (예상)변제액을 별도의 자산으로 인식하지만 자산으로 인식하는 금액은 관련 충당부채 측정액을 초과할 수 없다[1037: 53]. 특정 의무에 대해 제삼자와 '연대'하여 의무를 부담하는 경우에는 전체 의무 중에서 제삼자가 이행할 것으로 기대되는 부분에 한해 우발부채로 공시한다[1037: 29]. 재무상태표에서는 충당부채 측정액과 제삼자가 대신 변제할 금액을 상계하지 않지만, 충당부채와 관련하여 포괄손익계산서에 인식된 '비용'(예 이자비용)은 제삼자가 대신 변제할 금액과 상계하여 표시할 수 있다[1037: 54].

5. 충당부채의 제거

충당부채는 해당 부채를 최초에 인식한 시점에 의도했던 목적과 용도를 위한 지출에만 사용하여야 한다. 최초에 충당부채를 인식한 목적과 다른 지출에 충당부채를 사용하면 성격이 서로 다른 충당부채를 상계(offset)하는 효과가 발생하여 각 사건의 영향이 충실하게 표시되지 않고 은폐될 가능성이 있다. 당초에 특정('다른') 목적으로 인식된 충당부채를 그 목적이 아닌 지출에 사용하면 서로 다른 두 사건의 영향이 적절하게 표시되지 않는다[1037: 62]. 충당부채를 인식한 이후에 상황이 변하여 충당부채의 상환을 위해 경제적 자원이 유출될 가능성이 높지 않으면 충당부채를 환입하고[1037: 59], 환입액을 당기손익으로 인식한다. 충당부채를 인식한 목적을 달성한 상태에서 충당부채 일부가 사용되지 않고 남은 경우에는 잔여 충당부채를 환입하여 소멸시킨다. 또한, 현재의무가 소멸하거나 충당부채의 추정액을 ₩0으로 변경하면 충당부채를 장부에서 제거한다. 사용하지 않은 충당부채를 환입하는 것은 최초에 충당부채를 설정했던 목적과 다른 목적으로 충당부채를 사용하는 것을 방지하는 역할을 한다.

6. 우발자산

우발자산(contingent assets)은 과거 거래나 회계사건의 결과 때문에 발생할 가능성이 있는 자산으로,

기업이 통제할 수 없는 불확실한 미래사건의 발생 여부에 의해서만 존재 여부가 확인되는 잠재적 자산을 말한다. 우발자산의 예는 다음과 같다.

- 계류 중인 손해배상청구 소송에서 승소해서 받을 가능성이 상당히 확실한 자산
- 선물, 기부금, 상여금 등으로 받을 가능성이 상당히 확실한 현금
- 세금분쟁에서 정부로부터 세금이 환급될 가능성이 상당히 확실한 현금

우발자산을 인식하면 불확실한 사건에 대하여 이익을 인식하는 결과가 초래되어 보수주의와 수익인식원칙에 어긋난다. 그러므로 우발성이 미래에 확정되기까지는 재무상태표에 자산으로 인식하지 않고, 경제적 자원의 유입가능성이 높은 경우에는 우발자산을 주석으로 공시한다. 미래에 실현되지 않을 수도 있는 수익을 인식하는 결과를 가져올 수 있기 때문에 우발자산은 재무제표에 인식하지 아니한다. 그러나 **수익의 실현이 거의 확실하다면** 관련 자산은 우발자산이 아니므로 해당 자산을 재무제표에 인식하는 것이 타당하다[1037: 33]. 즉, 우발자산의 발생이 거의 확실하면 이는 더 이상 우발자산이 아닌 자산이므로 재무상태표에 자산을 인식한다. 「K-IFRS 제1037호」는 '거의 확실'(virtually certain)하다는 것을 정의하지 않지만, 일반적으로 발생확률 90% 이상을 의미한다. 그러나 기업이 손해배상청구소송에서 승소해서 배상액이 판결되어도 피고가 배상액을 갚을 자금이 없을 수도 있다. 그러므로 보수주의를 준수하는 실무에서는 배상액이 은행구좌에 입금된 시점에 자산유입이 '거의 확실'하다고 판단할 수 있다.

표 12.2 우발자산에 대한 회계처리

발생가능성	확률*	회계처리
거의 확실*	90% 이상	자산을 인식(우발자산이 아님)
가능성 높음	50% 이상 ~ 90% 미만	주석 공시
가능성 있음	5% 이상 ~ 50% 미만	공시하지 않음
가능성 희박함*	5% 미만	공시하지 않음

* 실무에서는 '거의 확실'과 '가능성 희박함'에 대한 확률이 위와 다를 수 있다.

Chapter 12 제2절 충당부채의 유형

충당부채의 인식대상이 되는 거래 또는 회계사건의 예는 다음과 같다.

① 계류 중인 소송사건

② 제품품질보증

③ 판매촉진을 위해서 시행하는 환불정책, 경품 등

④ 구조조정(중단사업 제외)
⑤ 손실부담계약
⑥ 복구충당부채(제3장 예제 4 참조)

환경과 관련된 복구충당부채는 제3장에서 살펴보았으나 이 장에서는 복구원가 측정치가 변하는 상황에 대해서 「K-IFRIC 제2101호」(사후처리 및 복구관련 충당부채의 변경 해석서)의 내용을 추가로 설명하고, 복구충당부채 이외 유형의 충당부채에 대한 회계처리를 살펴본다.

1. 소송사건

소송이 이미 제기되어 현재의무가 존재하고 경제적 자원의 유출가능성이 높으며, 소송으로 인한 손실을 신뢰성 있게 추정할 수 있으면 소송손실과 소송충당부채를 인식한다. 소송 중인 사건의 1심 판결 내용이 2심 판결에서 변경될 가능성이 높은 경우에는 이를 반영하여 소송충당부채를 측정한다. 제기되지 않은 소송(unfiled lawsuit)과 청구되지 않은 벌금(unasserted claims or assessments)에 대해서도 소송이 제기된 경우와 같게 회계처리한다. 그러므로 아래 경우에는 제기되지 않은 손해배상소송과 청구되지 않은 벌금부과에 대해 충당부채를 인식한다.

- 소송이 제기되거나 벌금이 부과되는 사건이 보고기간 말 이전에 발생하였다.
- 소송이 제기되거나 손해배상 또는 벌금이 부과될 가능성이 높다.
- 소송결과가 불리하게 나올 가능성이 높다.
- 손실을 합리적으로 추정할 수 있다.

예제 3	충당부채(소송)	중요도: ★★★ 난이도: ◆

상황

· 1차연도 12. 1.에 회사의 직원이 사고로 부상을 입어 1차연도 12. 25.에 회사를 상대로 ₩100,000을 배상청구하였다.
· 회사의 결산일은 12. 31.이고 2차연도 2. 28.에 재무제표가 사실상 확정되었다.

물음

다음 각 상황에 대한 회계처리를 설명하라.

상황 ㉠: 소송의 결과가 불리하게 판결될 가능성이 높다(가능성이 50%를 초과). 변호인이 합리적으로 예측한 결과는 소송을 해결하는데 ₩30,000 ~ ₩60,000의 비용이 소요될 것이라는 것이다. 변호인은 이 범위 내에서 ₩40,000이 소송을 해결하는데 최선의 추정치라고 확신한다.

상황 ㉡: 상황 ㉠과 동일하나 위의 범위 내에서 모든 금액의 발생확률이 동일하다.

상황 ㉢: 소송이 불리하게 판결될 가능성이 높으나 변호인이 잠재적 배상액을 추정할 수 없다.

상황 ㉣: 소송의 결과가 불리하게 판결될 가능성이 높지 않다는 것을 제외하고는 다른 모든 조건이 상황 ㉠과 동일하다.

상황 ⓜ: 소송의 결과가 불리하게 판결될 가능성이 높다(가능성이 50%를 초과). 1차연도 12. 31.에 변호인은 잠재적 배상액을 추정할 수 없다. 2차연도 2. 20.에 법원이 소송을 제기한 직원에게 ₩35,000을 배상하도록 판결했다.

상황 ⓑ: 회사의 직원이 2차연도 1. 31.에 소송을 제기하였다는 것을 제외하고는 상황 ㉠과 같다. 1차연도 12. 31.에 변호인은 소송이 제기될 것으로 예상하였고, 추정치는 상황 ㉠과 동일하다.

상황 ⓢ: 2차연도 1. 1.에 회사의 직원이 사고로 부상을 입었고 2차연도 2. 8.까지 소송이 제기되지 않았으나 변호인은 소송이 제기될 것으로 예상하였다.

상황 ⓞ: 상황 ㉠이 없다고 가정하고, 회사가 손해배상 청구소송을 제기하여 계류 중이다. 회사의 변호인은 회사가 승소하여 손해배상금으로 ₩50,000을 받을 것이 거의 확실(가능성이 90%를 초과)하다고 확신한다.

정답 및 해설

상황 ㉠: 최선의 추정치인 ₩40,000을 충당부채로 인식한다.

(차) 손해배상손실 40,000 (대) 충당부채 40,000

상황 ㉡: 범위 내에서 모든 금액의 발생확률이 동일하면 범위 내 중간값을 손실과 충당부채로 인식한다.

(차) 손해배상손실 45,000 (대) 충당부채 45,000

상황 ㉢: 잠재적 손실을 추정할 수 없으면 발생한 손실을 인식할 수 없고 회사는 주석에 소송내용을 공시한다.

상황 ㉣: 손실의 발생가능성이 높지 않은 경우이므로 충당부채를 인식하지 아니하고 주석에 소송내용을 공시한다.

상황 ⓜ: 1차연도 12. 31.(보고기간 말) 이전에 일어난 사건에 대하여 확정판결이 났으므로 이것은 재무제표의 수정을 요하는 보고일 후 사건이다.

(차) 손해배상손실 35,000 (대) 충당부채 35,000

상황 ⓑ: 소송이 제기된 사건이 보고기간 말 이전에 발생하여 과거 사건으로 현재의무가 존재한다. 또한 자원의 유출액을 신뢰성 있게 예측할 수 있으므로 최선의 추정치인 ₩40,000을 충당부채로 인식한다.

(차) 손해배상손실 40,000 (대) 충당부채 40,000

상황 ⓢ: 부상사고가 2차연도 1. 1.에 발생하여 1차연도 12. 31.(보고기간 말)에는 부채가 발생하지 않았으므로 충당부채를 인식하지 않는다. 그러나 재무제표 승인일 이전에 부상사고가 발생한 것을 알았으므로 1차연도 12. 31.의 재무제표에 부상사고를 주석으로 공시한다.

상황 ⓞ: 일반적으로 이익이 실제로 실현되기 전까지는 우발이익(우발자산)을 인식해서는 안 된다. 그러나 우발자산 ₩50,000의 실현가능성이 거의 확실하므로 자산으로 인식한다.

(차) 자산 50,000 (대) 손해배상이익 50,000

2. 제품품질보증

제품품질보증은 판매자가 판매된 제품의 품질이나 성능에 결함이 있으면 해당 제품을 무상으로 수리 또는 교환해 주겠다는 약정으로, 확신유형 제품품질보증과 보증용역유형 제품품질보증으로 나뉜다.

확신유형 제품품질보증(「K-IFRS 제1037호」 적용대상)

판매된 제품의 품질이나 성능이 판매계약에 합의된 설계상 명세(specification)를 충족한다는 확신을 주는 제품품질보증을 확신유형 제품품질보증(assurance-type warranty)이라 한다. 확신유형 제품품질보증은 판매된 제품의 품질이나 성능에 결함이 있을 경우 해당 제품을 무상으로 수리 또는 교환해 주겠다는 약정으로, 재화(또는 용역)가 판매시점에 불량하지 않다는 것을 보증하며 판매촉진수단으로 사용되고 제품품질보증비가 제품의 판매대가에 암묵적으로 포함되어 있다.

확신유형 제품품질보증 충당부채의 예측액은 품질을 보증해서 판매 이후에 발생할 모든 수리비를 포함한다. 제품품질보증으로 인해 미래에 경제적 자원이 유출될 가능성이 높으며 제품판매시점에 유출액을 신뢰성 있게 추정할 수 있으므로 일반적으로 미래 유출액의 기댓값으로 제품품질보증충당부채를 측정하여 인식한다. 확신유형 제품품질보증은 약속한 보증(또는 그 일부)이 합의된 규격에 제품이 부합한다는 확신에 추가해서 구매자에게 재화 또는 용역을 제공하는 것이 아니기 때문에 보증을 별개의 수행의무(제15장 참조)로[1] 분류하지 않고, 판매시점에 제품품질보증비와 제품품질보증충당부채를 인식한다[1115: B30]. 예를 들어, 매출수익(예 ₩100,000) 및 매출원가(예 ₩70,000)와 함께 제품품질보증비(예 ₩4,000) 및 제품품질보증충당부채를 판매시점에 다음과 같이 인식하고 제품품질보증비를 영업비로 분류한다.

(차)	현 금(또는 매출채권)	100,000	(대)	매 출 수 익	100,000
(차)	매 출 원 가	70,000	(대)	재 고 자 산	70,000
(차)	제품품질보증비(영업비용)	4,000	(대)	제품품질보증충당부채	4,000

예제 4 제품품질보증비와 충당부채

중요도: ★★★
난이도: ◆

상황

· 1차연도 10. 1.에 현금으로 기계 100대를 판매하였다.

· 판매한 기계에 대해 1년간 제품품질보증을 하고 있으며, 과거 경험을 바탕으로 매출액의 3%를 제품품질보증비로 추정하였다.

· 각 기계의 취득원가는 ₩4,200이고 판매가격은 ₩5,000이다.

· 1차연도 12. 15.에 ₩3,000의 제품품질보증비가 발생하였고, 2차연도 7. 27.에 ₩12,000의 제품품질보증비

---

1) 수행의무는 기업이 재화(또는 용역)의 통제를 고객에게 이전하겠다는 약속을 의미한다.

가 발생하였다.
· 모든 제품품질보증비를 현금으로 지출하였다.

물음

1. 기계 1대를 판매할 때 얻는 평균이익을 계산하라.
2. 1차연도 10. 1.에 실현된 이익을 계산하고 1차연도 10. 1., 1차연도 12. 15., 2차연도 7. 27.에 필요한 분개를 하라.
3. 위에 제시된 2차연도 자료 중 7. 27.에 ₩9,600의 제품품질보증비용이 발생하고, 제품품질보증의무가 소멸되는 9. 30.까지 추가 제품품질보증비용이 발생하지 않았다고 가정할 경우에 2차연도 7. 27.과 2차연도 9. 30.에 필요한 분개를 하라.

정답 및 해설

1.
총 추정 제품품질보증비용: ₩5,000 × 3% × 100대 = ₩15,000
기계 1대당 평균 제품품질보증비용: ₩15,000 ÷ 100대 = ₩150
기계의 평균이익: ₩5,000 − ₩4,200 − ₩150 = ₩650

물음 2

1차연도 10. 1. 제품판매시점:

(차) 현금	500,000	
(대) 매출		500,000
(차) 매출원가	420,000	
(대) 재고자산		420,000
(차) 제품품질보증비	15,000	
(대) 제품품질보증충당부채		15,000

매출	₩500,000
매출원가	(420,000)
제품품질보증비	(15,000)
이익	₩65,000

1차연도 12. 15. 제품품질보증비 발생시점:

(차) 제품품질보증충당부채	3,000	
(대) 현금		3,000

2차연도 7. 27. 제품품질보증비 발생시점:

(차) 제품품질보증충당부채	12,000	
(대) 현금		12,000

물음 3

2차연도 7. 27. 제품품질보증비 발생시점:

(차) 제품품질보증충당부채	9,600	
(대) 현금		9,600

2차연도 9. 30. 제품품질보증의무 소멸시점:

(차) 제품품질보증충당부채	2,400	
(대) 영업외수익		2,400*

* ₩15,000 − ₩3,000 − ₩9,600 = ₩2,400

보증용역유형 제품품질보증(「K-IFRS 제1115호」 적용대상)

확신유형 제품품질보증 만료 이후 기간에 대한 제품품질보증용역을 제품 판매시점에 고객으로부터 대가를 받고 '별도'로 판매하면 이를 보증용역유형 제품품질보증(service-type warranty)이라 한다. 즉, 제품 판매시점에 ① 고객이 판매기업으로부터 별도로 구매할 선택권을 가지거나 ② 판매기업이 결함이 없는 재화(또는 용역)를 인도한다는 것을 확신시켜 주는 것을 넘어서 추가로 재화(또는 용역)를 제공하는 경우에는 보증용역유형 제품품질보증으로 본다. 고객이 보증을 별도로 구매할 수 있는 선택권이 있거나 보증이 제품의 합의된 규격에 부합한다는 확신에 추가해서 고객에게 재화(또는 용역)를 제공하면 이러한 보증은 구별되는 재화(또는 용역)이며,[2] 별개의 수행의무이다[1115: B29, B32]. 예를 들어, 스마트폰 구입자에게 스마트폰이 이유(예 떨어트림, 강물에 빠트림, 차에 깔려 으스러짐 등)를 불문하고 훼손되면 새로운 스마트폰으로 대체해 줄 것을 보증하면 보증용역유형 제품품질보증이다. 이러한 훼손은 판매시점의 스마트폰의 품질과 관련이 없고 추가 보증서비스(예 새 스마트폰의 제공)가 스마트폰 판매와 구별되는 수행의무이므로 「K-IFRS 제1115호」(수익 기준서)를 적용해서 별도로 회계처리한다. 판매자가 제품품질보증에서 확신유형과 보증용역유형을 합리적 관점에서 별도로 분리할 수 없으면 확신유형 제품품질보증과 보증용역유형 제품품질보증을 통합된 수행의무로 회계처리한다.

보증용역유형 제품품질보증은 별개의 수행의무이므로 제품과 함께 보증용역유형 제품품질보증을 판매한 기업은 거래가격의 일부분을 보증용역유형 수행의무에 배분하고 보증용역유형 제품품질보증이 이행되는 기간에 수익으로 인식한다. 즉, 제품 판매시점에 보증용역유형 제품품질보증용역에 대한 수익을 이연한 후, 통상적인 보증기간이 만료된 이후부터 추가보증용역 제공기간에 걸쳐 정액법으로 보증용역판매수익을 인식한다. 이러한 방법을 보증용역판매법(sales warranty approach)이라 한다. 보증용역판매법에서는 추가보증용역의 판매와 직접 관련하여 발생하는 증분비용(예 보증용역판매수수료)은 이연하여 보증계약기간에 걸쳐 상각하고, 추가보증용역에 대해서 발생하는 보증비용은 발생시점에 비용으로 인식한다. 결과적으로 예수금처리법(제15장 참조)을 보증용역유형 거래에 적용한 것이 된다.

분개 보증용역판매법 회계처리

보증용역 판매시점		보증계약기간	
(차) 현 금	×××	(차) 선수보증수익(계약부채)	×××
(대) 선수보증수익(계약부채)	×××	(대) 보증용역수익	×××
(차) 선급판매수수료	×××	(차) 제품품질보증비	×××
(대) 현 금	×××	(대) 현 금(또는 원자재 등)	×××
		(차) 제품품질보증비	×××
		(대) 선급판매수수료	×××

예제 5 보증용역판매법

중요도: ★★★
난이도: ◆◆

상황

· 1차연도 12. 31.에 취득원가가 ₩420,000인 냉장고를 ₩500,000에 판매하고 1년간 품질을 보증함과 동시에 보증기간을 2년간 추가로 연장하는 계약을 ₩100,000에 판매하였다.
· 2차연도에 발생할 냉장고의 보증수리비를 ₩30,000으로 추정하였다.

2) 구별되는 재화(또는 용역)와 수행의무의 개념에 대해서는 제15장에서 자세하게 설명한다.

· 냉장고 수리비의 실제 발생액은 다음과 같다.

2차연도 12. 31.	₩23,000
3차연도 12. 31.	28,000
4차연도 12. 31.	35,000

물음 보증용역판매법을 적용하여 필요한 분개를 하라.

정답 및 해설

1차연도 12. 31. 냉장고 판매시점:

(차) 현금	500,000	(대) 매출	500,000
(차) 매출원가	420,000	(대) 재고자산	420,000
(차) 제품품질보증비	30,000	(대) 제품품질보증충당부채	30,000

1차연도 12. 31. 보증용역유형 제품품질보증 판매시점:

(차) 현금	100,000	(대) 선수보증수익(계약부채)*	100,000

* 보증기간이 2년이므로 비유동부채로 분류한다.

2차연도 12. 31. 확신유형 제품품질보증용역 제공시점:

(차) 제품품질보증충당부채	30,000	(대) 현금	23,000
		영업외수익	7,000

3차연도 12. 31. 보증용역유형 제품품질보증 제공시점:

(차) 선수보증수익(계약부채)	50,000	(대) 보증용역수익	50,000
(차) 제품품질보증비	28,000	(대) 현금	28,000

4차연도 12. 31. 보증용역유형 제품품질보증 제공시점:

(차) 선수보증수익(계약부채)	50,000	(대) 보증용역수익	50,000
(차) 제품품질보증비	35,000	(대) 현금	35,000

3. 경품권 등 고객에게 지급할 대가

기업이 판매를 촉진하기 위해 경품권을 발행한 후 고객으로부터 구매영수증, 인증서, 경품권, 또는 바코드 등을 받고 경품을 지급하거나, 고객이 특정 상품을 구입하면 구매금액을 할인해 주는 경우가 있다. 경품권을 발행한 기업은 고객이 미래에 행사할 경품권의 수량을 추정하여 경품비용을 인식하고, 경품을 제공할 현재의무를 충당부채로 인식한다. 경품권에 대한 회계처리는 제15장에서 설명할 고객충성제도(또는 마일리지부여제도)에 대한 회계처리와 다르다. 경품권을 상품 판매거래의 일부로 무상 교부하면 판매된 재화(또는 용역)의 인도에 대해서만 수행의무를 부담하지만, 고객충성제도에서는 기업이 다음 두 가지 수행의무를 부담한다.

- 판매된 재화(또는 용역)의 인도

▸ 고객이 보너스포인트(마일리지)를 사용하여 미래에 사는 재화(또는 용역)의 인도

예제 6 경품권

중요도: ★★★
난이도: ◆

상황

· 1차연도 10. 1.에 경품권 1매당 액면금액이 ₩100인 경품권 1,000매(총 액면금액: ₩100,000)를 무상으로 발행하였다.
· 고객이 회사의 상품을 구매하면서 경품권을 제시하면 경품권 1매당 원가가 ₩100인 경품 1개를 증정한다.
· 발행된 경품권의 80%가 회수될 것으로 예측하고 경품 900개를 개당 ₩100에 구입하였다.
· 회수된 경품권의 수량은 다음과 같다.

1차연도 12. 31.	200매
2차연도 12. 31.	500매

물음 경품권에 대하여 분개하라.

정답

1차연도 10. 1. 경품권 발행시점:

(차) 경 품 비	80,000*	(대) 충 당 부 채	80,000
(차) 경품용재고자산	90,000	(대) 현 금	90,000

* ₩100,000 × 80% = ₩80,000

1차연도 12. 31. 경품권 회수시점:

(차) 충 당 부 채	20,000	(대) 경품용재고자산	20,000

2차연도 12. 31. 경품권 회수시점:

(차) 충 당 부 채	50,000	(대) 경품용재고자산	50,000

4. 구조조정

구조조정(restructuring)은 경영자가 계획하고 통제하는 일련의 절차로 기업이 수행하는 사업의 범위 또는 사업을 수행하는 방법을 중요하게 변화하는 것이다. 구조조정의 예는 다음과 같다[1037: 70].

- 일부 사업을 매각 또는 폐쇄
- 특정 국가 또는 지역에 소재한 사업장을 폐쇄하거나 다른 나라 또는 지역으로 이전
- 조직구조의 변경. 예를 들어, 과장 또는 부장 등의 직위를 없애고 팀 제도를 도입하는 경우와 같이 특정 경영계층을 제거
- 회사정리절차, 화의, 기업개선계획 등에 따라 사업구조조정 및 조직개편을 통하여 영업의 성격과 목적에 중대한 변화를 초래

경영자는 수익을 부당하게 조기에 인식(premature recognition of revenue)하는 등 당기이익을 과대계

상해서 분식회계를 범하는 경우가 많다. 그러나 때로는 당기손실을 과대계상하는 방향으로 이익을 조정하기도 하는데 이를 '빅배스(big bath)'라 한다. 구조조정과 관련된 충당부채가 빅배스에 이용될 수 있다. 재무적 어려움에 부닥친 회사에 새로 취임한 경영자가 구조조정을 시행하면서 미래에 발생할 비용을 취임연도에 최대한 조기 인식함으로써 취임연도의 손실은 극대화하고 미래 기간의 수익성은 더 좋게 만드는 사례가 종종 발생한다. 취임연도의 손실은 본인의 책임이 아니라고 주장하고, 자신은 취임 이후 기업의 수익성을 크게 개선했다고 주장하기 위해서 빅배스를 실행하는 것이다. 수익성의 극적인 변화를 보여주기 위해서는 미래 비용을 최대한 조기 인식하는 것이 유리하므로 취임연도에 과도한 수준의 구조조정비를 인식하려는 유인이 존재한다. 이처럼 기업이 임의로 구조조정비용과 구조조정충당부채를 인식하는 것을 방지하기 위해서 「K-IFRS 제1037호」는 구조조정충당부채의 인식과 포함되는 비용의 형태를 상당히 제약한다.

분식회계 **월드컴회사의 분식**

- 미국의 장거리 통신회사인 월드컴회사(WorldCom)는 2002년에 분식회계가 발견되고 2003년에 파산한 회사로 현재까지 미국 역사상 세 번째로 파산규모가 크다. 월드컴회사가 사용한 분식회계방법 중 한 가지는, 이익이 과도하게 많아서 재무분석가(analyst)의 예상을 뛰어넘는('earnings surprise') 회계연도에 비용과 충당금을 대규모로 계상했다가 이익이 부족한 후속 연도에 충당금을 환입해서 영업외수익으로 보고하는 것이었다. 배가 부를 때 과자를 통에 저장했다가 배가 고플 때 빼 먹는 것처럼, 이익이 많이 날 때 비용을 과대계상해서 충당금에 쌓았다가 이익이 부족할 때 환입하는 방식으로 이익을 조정하는 'cookie jar' 회계를 실행한 것이다.
- 월드컴이 다른 회사를 인수하면서 사업결합에 영향을 미치는 예상 비용을 반영하기 위해 기업결합충당금(business combination reserves)을 설정하는 경우가 많았다. 시설 통합, 리스 종료 및 인력감축을 위해 지불될 것으로 예상되는 금액을 과대계상해서 비용을 지나치게 많이 인식하고 충당금을 많이 설정했다가 미래 기간에는 과거에 과도하게 설정했던 충당금을 환입해서 이익을 인식했다. 기업결합충당금 이외에도 대손충당금(대손상각비)과 소송충당금(소송손실)을 많이 설정했다가 매출채권이 회수되거나 소송과 관련해서 배상금이 지급되면 이러한 충당금을 환입하고 영업외이익을 인식했다. 표면적으로는 월드컴이 충당금을 적절하게 사용하고 있었으나 실제로는 재무분석가들을 기만하고 당기순이익을 늘리는 수단으로 충당금을 사용한 것이다.

구조조정충당부채의 인식조건

구조조정에 대한 의제의무는 다음 요건 ①과 ②가 모두 충족되는 경우에만 발생한다고 보고, 아래 ①과 ②가 모두 충족될 때에만 충당부채를 인식한다[1037:72].

① 구조조정에 대한 다음 항목을 모두 밝히는 공식적 계획이 존재한다.

- 구조조정 대상이 되는 사업
- 구조조정의 영향을 받는 주 사업장 소재지
- 해고에 대한 보상을 받는 종업원의 근무지, 역할, 대략적인 인원 수
- 구조조정에 소요되는 지출 내용

▸ 구조조정계획의 이행시기

② 기업이 구조조정계획의 이행에 착수하였거나 구조조정의 주요 내용을 공표함으로써 구조조정의 영향을 받을 당사자가 기업이 구조조정을 이행할 것이라는 정당한 기대를 가져서 의제의무가 발생한다.

구조조정과 관련된 충당부채는 p. 567에서 설명한 일반적 인식기준을 모두 충족하는 경우에만 인식한다[1037: 71]. 그리고 구조조정충당부채에는 계속영업과 관련된 비용을 제외하고 구조조정과 관련된 직접증분비용만을 포함한다. 그러므로 구조조정충당부채로 인식할 수 있는 지출은 구조조정과 직접 관련하여 발생하여야 하고 다음 요건을 모두 충족하여야 한다[1037: 80].

▸ 구조조정과 관련하여 필수적으로 발생하는 지출(예 부서폐쇄로 인해 퇴직 종업원에게 지급하는 해고급여, 퇴출 직원에 지급하는 격려금)

▸ 기업의 계속적인 활동과 관련이 없는 지출(예 폐쇄된 공장건물의 리스계약 취소 위약금, 부서폐쇄로 인해 발생하는 손실부담계약)

구조조정을 완료하는 날까지 발생할 것으로 예상하는 영업손실은 손실부담계약과 관련되지 않는 한 충당부채로 인식하지 않는다. 구조조정의 일환으로 자산의 매각을 계획하고 자산 처분이익이 예상되는 경우, 예상처분이익은 충당부채 측정액을 측정하는 데 고려하지 않는다[1037: 83]. 보고기간 말 이전에 특정 부서를 폐쇄하기로 결정하였으나 폐쇄결정을 이행하기 위한 절차를 착수하지 않고 폐쇄결정으로 인해 영향을 받는 직원에게 폐쇄결정 내용이 전달되지 않은 경우에는 과거사건(의무발생사건)이 발생하지 않은 것이므로 결과적으로 현재의무도 발생하지 않아 충당부채를 인식하지 않는다[1037: 사례 5A]. 그러므로 다음에 대해서는 구조조정충당부채를 인식하지 않는다[1037: 81].

• 계속 근무하는 직원에 대한 교육훈련비와 재배치비용
• 마케팅비용
• 새로운 제도와 물류체제의 구축에 대한 투자
• 구조조정을 완료하는 날까지 생길 것으로 예상되는 영업손실[1037: 82]
• 부서를 폐쇄해서 미래에 발생할 영업손실[1037: 63]

또한, 다음과 관련하여 발생하는 지출은 미래의 영업활동과 관련된 것이므로 구조조정과 관계없이 독립적으로 발생한 것으로 보아 구조조정충당부채로 인식하지 아니한다.

• 구조조정 이후에도 직원을 잔류시키기 위해서 지급하는 격려금
• 새로운 경영자의 영입비용과 이주비용

예제 7 **부서폐쇄 의사소통을 보고기간 말 이전에 한 경우(「K-IFRS 제1037호」 사례)** 중요도: ★ 난이도: ◆

상황

· 이사회가 1차연도 12. 2.에 특정 제품을 제조하는 부서를 폐쇄하기로 결정하고 1차연도 12. 20.에 이 부서의 폐쇄에 관한 세부계획을 승인하였다.
· 지금까지 당해 부서에서 생산한 제품을 구매하던 고객에게는 부서폐쇄계획과 다른 공급업체를 물색하도록 통지하였으며 해당 부서의 종업원에게도 부서폐쇄계획을 알려주었다.

· 자원의 유출금액을 신뢰성 있게 추정할 수 있으며 자원의 유출가능성이 매우 높다.

물음 충당부채의 인식 여부를 결정하라.

정답 충당부채를 인식

해설

· 부서를 폐쇄하는 의사결정을 고객과 종업원에게 알림으로써 그와 같은 의사소통이 있었던 날부터 의제의무가 발생하였다. 왜냐하면, 그 부서가 폐쇄될 것이라는 정당한 기대를 관련자들이 가지게 되었기 때문이다. 그러므로 부서 폐쇄비용에 대한 최선의 추정치로 충당부채를 인식한다.

예제 8	사무실의 구조조정	중요도: ★ 난이도: ◆

상황

· 6차연도 1. 1.부터 울릉도사무실을 축소하고 다음과 같이 구조조정하기로 5차연도 12. 1.에 공표하였다.
① 울릉도사무실의 책임자를 회사 외부에서 영입하고 이주비용을 지급한다.
② 울릉도사무실에서 일하는 직원의 일부를 퇴직시킨다.
③ 일부 직원에게는 격려금을 지급하고 독도사무실로 재배치한다.
④ 울릉도사무실에 계속 남아서 일하는 직원에게 재교육을 실시한다.

물음 충당부채의 인식 여부를 결정하라.

정답 및 해설

· 울릉도사무실의 축소와 관련된 비용은 미래경제적효익을 창출하는 데에 공헌하지 않으므로 충당부채로 인식한다.
· 책임자 영입비용과 이주비용: 책임자로 인한 미래경제적효익이 비용을 초과할 것으로 예상하여 책임자를 영입하였으므로 영입비용과 이주비용을 충당부채에서 제외한다.
· 격려금: 독도사무실로 재배치되는 직원은 격려금을 받을 것으로 예상하고 회사가 격려금 지급을 취소할 상황이 아니다. 그러나 직원이 독도사무실로 이전하기 전까지는 의제의무가 존재하지 않으므로 격려금을 충당부채에서 제외한다.
· 직원 재교육비: 회사의 미래 영업활동에 경제적효익을 창출할 가능성이 높으므로 충당부채에서 제외한다.

5. 매입계약에 의한 구입(손실부담계약)

매입계약(purchase commitments)은 사전에 결정한 상품의 약정가격과 약정수량대로 미래에 매입하겠다고 약속한 계약이다. 매입계약을 체결했다는 사실만으로 구매거래가 반드시 성립된 것이 아니므로 거래당사자 중에서 위약금 없이 어느 한쪽이 일방적으로 매입계약을 취소할 수 있는지 여부에 따라 매입계약에 대한 회계처리가 다르다.

(1) 어느 한쪽이 일방적으로 취소할 수 있는 매입계약

계약당사자 모두가 계약(또는 계약의 일부)에서 약속한 의무를 전혀 이행하지 않은 계약 또는 계약당사자 모두가 동일한 정도로 자신의 의무를 부분적으로 이행한 계약을 미이행계약(executory contract)이라 한다[「K-IFRS 개념체계」: 4.56]. 계약의 각 당사자가 의무를 전혀 이행하지 않은 계약에 대해 상대방에게 보상하지 않고 일방적으로 취소할 수 있는 집행 가능한 권리를 갖는 계약은 수익을 인식할 수 있는 계약이 존재하지 않는다고 간주한다[1115: 12]. 계약당사자 중 어느 한쪽이 일방적으로 취소할 수 있는 매입계약은 단순한 약속에 불과한 미이행계약이므로 상품이 구매자에게 이전(transfer)되기 전까지는 판매자의 재고자산이다. 그러므로 구매자는 매입계약을 체결한 시점에는 회계처리를 하지 않고, 상품을 인수할 때 실제로 지불한 금액을 재고자산 취득원가로 하여 재고자산을 장부에 기록한다. 또한 일상적인 구매주문과 같이 상대방에게 보상하지 않고도 해약할 수 있는 계약에는 아무런 의무가 없으므로 손실을 부담하지 않는 미이행계약에 대해서는 충당부채를 인식하지 아니한다[1037: 67].

(2) 어느 한쪽이 일방적으로 취소할 수 없는 매입계약

손실부담계약(onerous contract)은 계약상 의무를 이행하는 데 필요한 회피불능원가가 그 계약에서 받을 것으로 예상되는 경제적효익을 초과하는 계약을 말한다. 회피불능원가는 계약을 해지하기 위한 최소 순원가로 다음 ①과 ② 중 작은 금액을 말한다[1037: 68].

① 계약을 이행하기 위하여 필요한 원가

② 계약을 이행하지 못하였을 때 지급하여야 할 보상금이나 위약금

2019년에 개정된 「K-IFRS 제1037호」에 의하면 여기서 계약이행원가(costs of fulfilling the contract)는 계약에 직접 관련되는 원가(증분원가와 직접 관련된 그 밖의 원가배분액)를 의미한다. 손실부담계약에 대한 충당부채를 인식하기 전에 해당 손실부담계약을 이행하기 위하여 사용하는 자산에서 생긴 손상차손(제5장 참조)을 먼저 인식한다[1037: 69].

얼마로 측정할까? 저가구입과 고가구입

- 저가구입(lucky buy): **[취득한 자산의 공정가치 > 취득한 자산의 취득원가]**인 경우 자산을 공정가치로 측정하면 공정가치가 취득원가를 초과하는 금액만큼 취득시점에 이익이 인식된다. 그러나 역사적 원가주의에서는 자산을 취득원가 이상으로 측정하지 않으므로, 해당 자산이 제삼자에게 재판매될 때까지 이익을 인식하지 않고 취득한 자산을 취득원가로 측정한다.
- 고가구입: **[취득한 자산의 공정가치 < 취득한 자산의 취득원가]**인 경우 자산의 과대측정을 방지하기 위하여 취득시점에 취득원가를 공정가치로 측정하고 공정가치를 초과해서 지급한 금액을 즉시 당기손실로 인식한다.

취소불능한 매입계약을 체결하고 있는 경우에는 재고자산이 구매자에게 인도되기 이전에 손실이 예상되어 손실부담계약이 되면 구매자는 손실을 예상한 시점에 현재의무에 보수주의를 적용해서 매

입계약추정손실과 매입계약충당부채를 인식하고[1037: 66], 재고자산 인수시점에 약정가격과 공정가치 중 작은 금액을 재고자산 취득원가로 측정한다. 구매자가 매입계약을 체결한 시점에는 재고자산을 인식하지 않고 상품 인수시점에 재고자산을 인식한다. 매입계약은 본질적으로 판매자와 구매자가 미래기간에 각자의 수행의무를 이행하는 미이행계약이므로 구매자가 계약시점에 자산(재고자산)과 부채(매입채무)를 인식하지 않는다. 그러나 매입계약을 취소할 수 없으면 구매자가 약정가격과 약정수량대로 반드시 매입해야 하는 의무를 부담하므로, 약정가격이 상품의 기대 경제적효익보다 높으면 비싸게 사서 손실이 발생할 위험이 있다. 매입계약으로 취득하는 상품에서 받을 미래경제적효익과 약정가격을 비교해서 손실부담계약인지 여부를 판단하므로 약정가격이 현행 시장가격보다 높다고 해서 반드시 손실부담계약은 아니다. 왜냐하면, 미래경제적효익이 현행 시장가격보다 높을 수 있기 때문이다. 그러므로 경제적효익을 어떻게 측정하느냐는 회계문제가 대두되는데 실무에서는 일반적으로 공정가치를 경제적효익의 측정치로 본다.

약정가격이 상품의 공정가치보다 낮아서 이익이 발생할 것으로 예상되면 이익예상액은 재고자산 판매시점까지 인식하지 않는다. 그러나 **약정가격이 상품의 공정가치보다 높아서 손실이 발생할 것으로 예상되면 손실예상액을 즉시 손실로 인식한다.** 예를 들어, 재고자산을 ₩500에 구입하기로 취소불능한 계약을 체결하였는데 재고자산의 공정가치가 아래 그림에서와 같이 ₩500 → ₩800 → ₩300 → ₩450으로 변한다고 가정하자. 공정가치가 매입약정액(₩500) 아래로 떨어지면, 매입계약추정손실(영업외손익항목)을 당기손실로 보고하고 매입계약충당부채를 인식한다. 이후에 공정가치가 상승하면 과거에 인식했던 매입계약추정손실을 한도로 매입계약이익(영업외이익)을 인식한다. 매입계약추정손실을 인식한 회계기간과 동일한 회계기간에 매입계약이익을 인식하면 포괄손익계산서에 순액으로 보고하고, 매입계약추정손실과 매입계약이익을 서로 다른 회계기간에 인식하면 매입계약이익을 인식한 회계기간에 당기이익(영업외이익)으로 보고한다. 매입계약충당부채는 매입시점에 약정가격을 지불하면서 소멸된다.

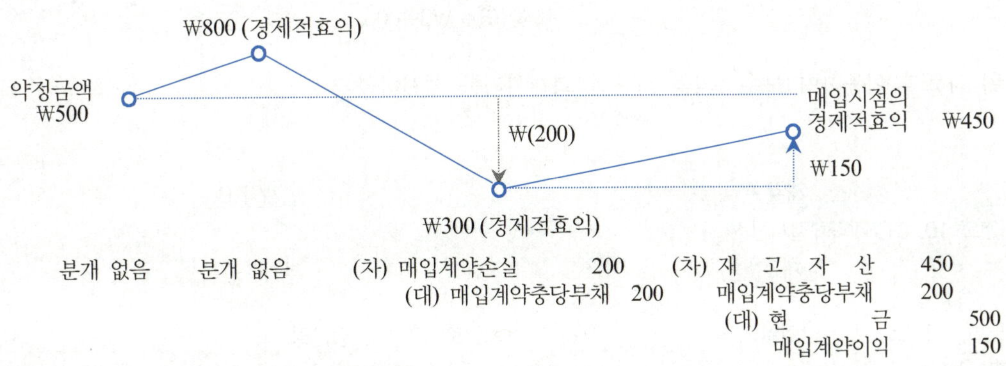

Miniature 예제 3 손실부담계약

상황

· 4차연도 12. 1.에 황당회사가 재판매용 상품 3,000개를 단위당 ₩10에 취득하는 취소불능 매입계약을 체

결하였다.
· 황당회사는 이 상품을 단위당 ₩12에 판매할 예정이다.
· 4차연도 12. 31.까지 상품이 인도되지 않았고 상품에 대한 수요가 감소하여 공급자가 상품의 판매가격을 단위당 ₩8으로 인하하고 황당회사는 5차연도에 이 상품을 단위당 ₩9에 판매하기로 결정하였다.

물음 4차연도 12. 31.(결산일)에 황당회사에게 필요한 분개를 하라.

정답 및 해설

이 예제에는 상품의 공정가치가 없고 공급자의 판매가격이 있으므로 손실예상액을 다음과 같이 추정한다.

경제적효익의 기대치	3,000개 × ₩9 =	₩27,000
차감: 회피불능원가	3,000개 × ₩10 =	(30,000)
손실 예상액		₩(3,000)

상품매입계약이 취소불능 손실부담계약이므로 4차연도 12. 31.에 황당회사는 다음과 같이 분개한다.

(차) 매 입 계 약 손 실 3,000 (대) 매입계약충당부채 3,000

예제 9 매입계약(손실부담계약)

중요도: ★★
난이도: ◆◆

상황

· 2차연도 10. 31.에 취소불가능한 두개의 매입계약(계약 A와 계약 B)을 체결하고 경제적효익을 공정가치로 측정한다.

계약 A
계약 만기일: 2차연도 12. 25.
계약가격: ₩30,000
2차연도 12. 25. 공정가치:
상황 ①: ₩32,000
상황 ②: ₩26,000

계약 B
계약 만기일: 3차연도 1. 8.
계약가격(2차연도 10. 31.): ₩30,000
공정가치(2차연도 12. 31.): ₩26,000
3차연도 1. 8. 공정가치:
상황 ①: ₩26,000
상황 ②: ₩25,000
상황 ③: ₩29,000

물음 위 자료를 이용하여 보수주의를 적용한 회계처리를 제시하라.

정답

계약 A

2차연도 10. 31. 계약체결시점:
분개 없음

2차연도 12. 25. 계약 만기일:
상황 ①:
(차) 재 고 자 산 30,000
(대) 현 금 30,000

계약 B

분개 없음

2차연도 12. 31. 결산일:
(차) 매 입 계 약 손 실 4,000
(대) 매입계약충당부채 4,000

2차연도 12. 25. 계약 만기일:

상황 ②:

(차) 재 고 자 산	26,000	
매입계약손실	4,000	
(대) 현 금		30,000

3차연도 1. 8. 계약 만기일:

상황 ①:

(차) 재 고 자 산	26,000	
매입계약충당부채	4,000	
(대) 현 금		30,000

상황 ②:

(차) 재 고 자 산	25,000	
매입계약충당부채	4,000	
매 입 계 약 손 실	1,000	
(대) 현 금		30,000

상황 ③:

(차) 재 고 자 산	29,000	
매입계약충당부채	4,000	
(대) 현 금		30,000
매입계약이익		3,000

6. 복구충당부채

제3장에서 설명한 것과 같이 복구원가(restoration costs, decommissioning costs)는 유형자산의 내용연수에 도달하면 기업이 유형자산을 해체, 제거하고 유형자산이 위치한 부지를 원래 상태로 회복시키는 데 소요될 것으로 예상하는 비용이다. 예를 들어, 바다에 석유 굴착장치를 건설한 석유회사는 석유를 시추한 후에 해저기반을 원래 상태로 복구할 의무가 있다. 복구원가는 비록 미래에 발생하지만 자산에서 경제적 혜택을 얻기 위해 불가피하게 발생하는 지출이므로 자산으로부터 수익을 인식하는 기간에 대응하여 비용으로 인식한다. 아울러 복구의무는 미래 경제적 희생을 필요로 하는 현재의무이므로 **기댓값의 현재가치로 측정한 복구원가를 복구충당부채로 인식함과 동시에 자산의 취득원가에 포함하여 내용연수 동안 상각한다.** 그리고 기간이 경과함에 따라 복구충당부채의 기초장부금액에 대해 이자비용을 인식하고 장부금액을 증가시킨다.

원가추정치의 변경

다음 사건이 발생하면 복구충당부채 측정액과 복구대상유형자산의 장부금액을 수정한다[2101: 3].

- 의무를 이행하기 위해 필요한 경제적효익을 갖는 자원의 유출액(예 현금흐름)에 대한 추정치의 변경
- 할인율(이자율)의 변경(연습문제 12 참조)
- 시간이 경과함에 따라 복구충당부채에 이자비용 발생

복구대상유형자산을 원가모형과 재평가모형 중 어느 모형을 적용해서 측정하든 관계없이 복구충당부채의 측정액이 변동해서 복구대상유형자산의 감가상각대상액이 조정되면 조정된 감가상각대상액을

잔여 내용연수동안 상각한다. 복구대상유형자산의 내용연수가 종료되면, 복구충당부채의 모든 후속적인 변경은 발생시점에 당기손익으로 인식한다[2101: 7].

복구대상유형자산을 원가모형으로 측정

원가모형을 사용하여 복구대상유형자산을 측정하면 복구충당부채 측정액의 증가(감소)액을 복구대상유형자산의 장부금액에 가산(차감)한다. 그러나 복구충당부채가 감소해서 복구대상유형자산의 장부금액에서 차감하는 금액은 복구대상유형자산의 장부금액을 초과할 수 없다. 만약 복구충당부채의 감소액이 복구대상유형자산의 장부금액을 초과하면, 초과액을 즉시 당기손익으로 인식한다[2101: 5]. 복구충당부채 측정액이 증가해서 증가액을 복구대상유형자산의 장부금액에 가산하는 경우에는 복구대상유형자산의 새로운 장부금액이 회수가능한지를 고려하여야 한다. 만약 회수가능성이 의심되면, 회수가능액을 추정하여 자산손상 여부를 검토하고 손상된 경우에는 손상차손을 인식한다.

예제 10 복구충당부채와 추정현금흐름의 변경: 원가모형(「K-IFRIC 제2101호」 사례 1 수정)

중요도: ★★★
난이도: ◆◆

상황

- 1차연도 1. 1.에 원자력발전소를 운영하기 시작하였다.
- 이 발전소의 내용연수는 40년이고 잔존가치는 ₩0이다.
- 이 발전소의 최초 원가는 ₩120,000이며, 이 중에는 40년 후에 지급해야 할 추정현금흐름 ₩70,400을 5%로 할인한 금액 ₩10,000의 복구원가(사후처리원가)가 포함되어 있다.
- 10차연도 12. 31.에 복구충당부채(사후처리부채의 장부금액)가 ₩10,000에서 ₩16,289으로* 증가하였다.
  * ₩10,000 × $(1 + 0.05)^{10}$ = ₩10,000 × 1.62889 = ₩16,289
- 추정 현금흐름의 변경: 10차연도 12. 31.에 할인율은 변동하지 않았으나, 기술발전의 결과로 복구충당부채(사후처리부채)의 순현재가치가 ₩8,000만큼 감소하였다고 추정된다.

물음 원가모형을 사용한다고 가정하고, 1차연도 1. 1., 10차연도 12. 31., 11차연도 12. 31.에 필요한 분개를 하라.

정답 및 해설

1차연도 1. 1. 유형자산 취득시점:

(차) 유 형 자 산	120,000	(대)	현 금	110,000
			복구충당부채(사후처리부채)	10,000

10차연도 12. 31. 결산시점:

(차) 감 가 상 각 비	3,000*	(대)	감가상각누계액	3,000

* ₩120,000 ÷ 40년 = ₩3,000

※ 감가상각누계액계정의 잔액: ₩3,000 × 10년 = ₩30,000

(차) 이 자 비 용 776* (대) 복구충당부채(사후처리부채) 776

* ₩10,000 × (1 + 0.05)⁹ = ₩15,513

₩15,513 × 5% = ₩776

※ 복구충당부채(사후처리부채)의 장부금액: ₩15,513 + ₩776 = ₩16,289

참고 충당부채를 인식한 이후에 시간이 경과해서 충당부채의 장부금액이 증가하는 것을 「K-IFRIC 제2101호」는 "할인액을 상각한다"라고 표현하지만[2101: 3(3)], 쉽게 말하면 이자비용을 인식한다는 것이다.

(차) 복구충당부채(사후처리부채) 8,000* (대) 유 형 자 산 8,000

* 복구충당부채(사후처리부채)의 순현재가치 감소액. 기업은 복구충당부채(사후처리부채)를 ₩16,289에서 ₩8,289으로 조정한다.

10차연도 12. 31.의 유형자산 장부금액은 다음과 같다.

유형자산 취득원가	₩120,000
감가상각누계액	(30,000)
복구원가 현재가치의 감소액	(8,000)
유형자산 장부금액	₩82,000

11차연도 12. 31. 결산시점:

(차) 감 가 상 각 비 2,733* (대) 감가각누계액 2,733

* ₩82,000 ÷ 30년 = ₩2,733

(차) 이 자 비 용 414* (대) 복구충당부채(사후처리부채) 414

* (₩16,289 − ₩8,000) × 5% = ₩8,289 × 5% = ₩414

참고 복구충당부채 장부금액의 변경이 추정현금흐름의 변경 대신에 할인율의 변경에 기인하면, 장부금액의 변경에 대한 회계처리는 동일하지만 11차연도부터는 새로운 할인율을 사용해서 복구충당부채에 대한 이자비용(금융원가)을 인식한다.

복구대상유형자산을 재평가모형으로 측정

재평가모형을 사용하여 관련 자산을 측정한 경우 다음과 같이 회계처리한다[2101: 6].

(1) 부채의 변경은 당해 자산에 대하여 이전에 인식한 재평가잉여금을 조정하여 회계처리한다.

(가) 부채의 감소는(아래 (2)의 경우를 충족시키는 조건) 기타포괄손익으로 인식하고 자본의 항목 중 재평가잉여금을 증가시킨다. 다만, 그 금액 중 자산에 대하여 이전에 당기손익으로 인식한 재평가감소에 해당하는 금액은 당기손익으로 환입한다.

(나) 부채의 증가는 당기손익으로 인식한다. 다만, 그 금액 중 해당 자산과 관련된 재평가잉여금의 잔액을 한도로 기타포괄손익으로 인식하고 재평가잉여금을 감소시킨다.

(2) 당해 자산이 원가모형으로 평가되었다면 인식되었을 장부금액을 초과하여 부채가 감소하는 경우, 그 초과액은 즉시 당기손익으로 인식한다.

[2101: 6]의 의미: 문단 6이 상당히 간단하게 표현되었는데, 복구충당부채의 감소액을 복구대상자산에 대한 재평가증가액으로 해석하고, 복구충당부채의 증가액을 복구대상자산에 대한 재평가감소액으로

해석해서 다음과 같이 분개한다.

재평가모형에서 복구충당부채 감소액에 대한 회계처리

① 복구대상유형자산을 원가모형으로 측정했었더라면 인식했을 장부금액을 초과해서 복구충당부채가 감소하면 초과액을 즉시 당기이익으로 인식한다.

② 복구대상유형자산에 과거 회계기간에 재평가감소액이 발생하지 않은 경우에는 복구충당부채 감소액을 기타포괄손익(재평가미실현이익)으로 인식한다.

(차) 복구충당부채	×××	(대) 기타포괄손익*	×××**

* 재평가미실현이익

** 복구충당부채 감소액

마감분개:

(차) 기타포괄손익	×××	(대) 재평가잉여금	×××

③ 복구대상유형자산에 과거 회계기간에 재평가감소액이 발생해서 손상차손을 인식한 경우에는 손상차손을 인식한 한도까지 복구충당부채 감소액을 손상차손환입(당기이익)으로 인식하고 과거에 손상차손으로 인식했던 금액을 초과하는 금액은 기타포괄손익(재평가미실현이익)으로 인식한다.

㉠ [복구대상유형자산에 대해 과거에 인식했던 손상차손 ≥ 충당부채 감소액]인 경우

(차) 복구충당부채	×××	(대) 손상차손환입(당기이익)	×××*

* 과거 기간에 재평가감소액을 손상차손으로 인식했던 금액

㉡ [복구대상유형자산에 대해 과거에 인식했던 손상차손 < 충당부채 감소액]인 경우 초과액에 대한 분개:

(차) 복구충당부채	×××	(대) 기타포괄손익	×××

마감분개:

(차) 손상차손환입	×××	(대) 이 익 잉 여 금	×××
(차) 기타포괄손익	×××	(대) 재평가잉여금	×××

재평가모형에서 복구충당부채 증가액에 대한 회계처리

과거 기간에 복구대상유형자산에 대해서 기타포괄손익(재평가미실현이익)을 인식해서 재평가잉여금계정에 잔액이 존재하는 상황에서 복구충당부채가 증가하면(즉, 복구대상유형자산의 재평가액이 감소하면), 과거에 인식했던 재평가미실현이익을 환원해야 하므로 재평가잉여금계정의 잔액을 감소시킨다. 복구충당부채 증가액이 재평가잉여금계정의 잔액을 초과하면 초과액을 당기손실로 인식한다.

㉠ [복구대상유형자산과 관련된 재평가잉여금계정의 잔액 > ₩0]인 경우

(차) 기타포괄손익* ×××** (대) 복구충당부채 ×××*

* 재평가미실현손실

** 복구충당부채 증가액

㉡ [복구대상유형자산과 관련된 재평가잉여금계정의 잔액 = ₩0]인 경우 위 ㉠에서 기타포괄손익으로 인식하고 남은 복구충당부채 증가액에 대한 분개:

(차) 손 상 차 손(당기손실) ××× (대) 복구충당부채 ×××

마감분개:

(차) 재평가잉여금 ××× (대) 기타포괄손익 ×××

(차) 이 익 잉 여 금 ××× (대) 손 상 차 손 ×××

[2101: 사례 1과 2]에서는 '총'가치평가법으로 복구대상유형자산을 평가한다. '총'가치평가법은 복구원가(사후처리원가)에 대한 충당금을 차감하지 않고 복구대상유형자산을 다음과 같이 측정하는 방법이다[2101: IE7].

복구대상유형자산의 공정가치	×××
복구원가(사후처리원가)의 현재가치	×××
복구대상유형자산의 측정액	×××

예제 11 복구충당부채와 추정현금흐름의 변경: 재평가모형(「K-IFRIC 제2101호」 사례 2 수정) 중요도: ★★★ 난이도: ◆◆◆

상황

다음은 예제 10의 자료이다.

- 1차연도 1. 1.에 원자력발전소를 운영하기 시작하였다.
- 이 발전소의 내용연수는 40년이고 잔존가치는 ₩0이다.
- 이 발전소의 최초 원가는 ₩120,000이며, 이중에는 40년 후에 지급해야 할 추정현금흐름 ₩70,400을 5%로 할인한 금액 ₩10,000의 복구원가(사후처리원가)가 포함되어 있다.

위 자료 이외에 다음을 가정하라.

- 3차연도 12. 31.에 재평가모형을 채택하였고, 재평가일에 순액법을 적용해서 유형자산의 총장부금액에서 감가상각누계액을 제거한다.
- 3차연도 12. 31.의 유형자산의 공정가치는 ₩115,000이고 재평가액은 다음과 같다.

유형자산의 공정가치	₩115,000
공정가치에 반영되었으나 별도의 충당부채로 인식된 복구원가	11,576
유형자산 재평가액	₩126,576

- 4차연도 12. 31.에 기술발전의 결과로 복구충당부채(사후처리부채)의 현재가치가 ₩5,000만큼 감소하였다고 추정한다.
- 4차연도 12. 31.의 유형자산의 공정가치는 ₩107,000이다. 이 금액은 별도 충당부채로 인식되어야 하는,

감소된 사후처리의무에 대한 ₩7,155의 충당금을 차감한 금액이다. '총'가치평가법으로 복구대상유형자산의 재평가액을 다음과 같이 측정한다[2101: IE7].

복구대상유형자산의 공정가치	₩107,000
복구원가(사후처리원가)의 현재가치	7,155
복구대상유형자산의 측정액	₩114,155

따라서 재무보고 목적상 유형자산의 평가가치는 충당금을 차감하기 전인 ₩114,155이다.

물음 재평가모형을 사용한다고 가정하고 1차연도 1. 1., 3차연도 12. 31., 4차연도 12. 31.에 필요한 분개를 하라.

정답 및 해설

1차연도 1. 1. 유형자산 취득시점:

(차) 유 형 자 산	120,000	(대) 현 금	110,000
		복구충당부채(사후처리부채)	10,000

3차연도 12. 31. 재평가 직전:

(차) 감 가 상 각 비 3,000* (대) 감가상각누계액 3,000

* ₩120,000 ÷ 40년 = ₩3,000

※ 감가상각누계액계정 잔액: ₩3,000 × 3년 = ₩9,000

(차) 이 자 비 용 551* (대) 복구충당부채(사후처리부채) 551

* ₩10,000 × (1 + 0.05)² = ₩11,025

₩11,025 × 5% = ₩551

※ 복구충당부채(사후처리부채)의 장부금액: ₩11,025 + ₩551 = ₩11,576

3차연도 12. 31. 재평가시점:

(차) 감가상각누계액 9,000* (대) 유 형 자 산 9,000

※ 유형자산 장부금액: ₩120,000 − ₩9,000 = ₩111,000

(차) 유 형 자 산 15,576* (대) 기타포괄손익(재평가미실현이익) 15,576

* ₩126,576(재평가액) − ₩111,000(장부금액) = ₩15,576

※ 유형자산 장부금액: ₩111,000 + ₩15,576 = ₩126,576

3차연도 12. 31. 마감분개:

(차) 기타포괄손익 15,576* (대) 재평가잉여금 15,576

※ 재평가잉여금 장부금액: ₩15,576

※ 이익잉여금 장부금액:

3년간 감가상각비	₩9,000
3년간 이자비용: ₩11,576 − ₩10,000 =	1,576
3년간 이익잉여금 차변잔액	₩10,576

3차연도 12. 31.의 재무상태표에 공시하는 금액은 다음과 같다.

재평가된 유형자산	₩126,576
감가상각누계액	0
복구충당부채	(11,576)*
순자산	₩115,000
이익잉여금	₩(10,576)
재평가잉여금	15,576

* ₩10,000 + ₩1,576 = ₩11,576

4차연도 12. 31. 재평가 직전:

(차) 감 가 상 각 비 3,421* (대) 감가상각누계액 3,421

* ₩126,576 ÷ 37년 = ₩3,421

※ 유형자산 장부금액: ₩126,576 − ₩3,421 = ₩123,155

(차) 이 자 비 용 579* (대) 복구충당부채(사후처리부채) 579

* ₩11,576 × 5% = ₩579

※ 복구충당부채(사후처리부채) 장부금액: ₩11,576 + ₩579 = ₩12,155

(차) 복구충당부채(사후처리부채) 5,000 (대) 기타포괄손익 5,000

※ 복구충당부채(사후처리부채) 장부금액: ₩12,155 − ₩5,000 = ₩7,155

참고 4차연도 12. 31.에 기술발전의 결과로 복구충당부채(사후처리부채)의 현재가치가 ₩5,000만큼 감소하였다고 추정한다. 이에 따라 기업은 복구충당부채(사후처리부채)를 ₩12,155에서 ₩7,155으로 조정한다. 이러한 조정액 ₩5,000이 원가모형을 적용하였더라면 인식되었을 자산의 장부금액을 초과하지 않기 때문에, 이러한 조정액을 기타포괄손익으로 인식하고 재평가잉여금을 증가시킨다. 만약 당해 유형자산이 원가모형으로 평가되었다면 인식되었을 장부금액을 초과하여 충당부채가 감소하면, 초과액을 즉시 당기손익으로 인식한다[2101: 6(2)].

4차연도 12. 31. 마감분개:

(차) 기타포괄손익 5,000 (대) 재평가잉여금 5,000

4차연도 12. 31. 재평가시점:

(차) 재평가잉여금 9,000* (대) 유 형 자 산 9,000

* ₩123,155(재평가 직전 유형자산 장부금액) − ₩114,155(재평가액) = ₩9,000

※ 유형자산 장부금액: ₩123,155 − ₩9,000 = ₩114,155

※ 재평가잉여금: ₩15,576 + ₩5,000 − ₩9,000 = ₩11,576

※ 이익잉여금:

3차연도 12. 31.의 차변잔액	₩10,576
4차연도 감가상각비	3,421
4차연도 이자비용	579
3차연도 12. 31.의 차변잔액	₩14,576

4차연도 12. 31.의 재무상태표에 공시하는 금액은 다음과 같다.

재평가된 유형자산	₩114,155

감가상각누계액	0
복구충당부채	(7,155)
순자산	₩107,000
이익잉여금	₩(14,576)
재평가잉여금	11,576

기타 비금융부채

Chapter 12 제3절

1. 선수금(또는 선수수익)

선수금(advances from customers) 또는 선수수익(unearned revenue, deferred revenue)은 미래에 재화를 판매하거나 용역을 제공하기로 약정하고 고객으로부터 미리 받은 대금을 말한다. 선수금(또는 선수수익, 이연수익)의 예는 다음과 같다.

- 백화점이 판매한 상품권
- 항공회사가 발행한 여객기 탑승권
- 지하철공사가 발행한 지하철 정액승차권
- 한국도로공사가 충전한 고속도로 이용권
- 잡지사가 미리 받은 정기구독료

재화를 판매하거나 용역을 제공하기로 약정하고 이를 이행하기 이전에 받은 금액은, 받은 시점에 유동부채인 선수금(또는 선수수익)으로 인식하였다가 약정된 재화나 용역을 제공하는 시점에 수익으로 인식한다(제15장의 예수금처리법 참조). 이때 기간손익을 정확히 산정하도록 당기에 해당하는 금액만을 당기수익으로 인식하고 당기 이후에 해당하는 금액은 당기손익에서 제외한다. 선수수익을 추정 미래원가로 측정하면 수익이 실현되기도 전에 수익을 인식하게 되므로(예제 12의 해답 4 참조), 선수금(또는 선수수익)으로 인식하는 금액은 실제로 받은 금액으로 측정한다.

스타벅스가 커피 선불카드를 판매하면 기업이 무엇인가를 '판매'하고 현금을 받았기 때문에 '판매시점'에 수익을 인식해야 할 것처럼 보이지만 부채를 인식해야 하므로 선수수익(미실현수익, 이연수익)은 상당히 혼란스러운 개념이다. 소매기업이 상품권(교환권)을 판매하면 실제로 상품을 판매하기 이전에 현금이 기업에 유입되므로, 상품권 판매거래는 기업에게 이자를 내지 않는 '차입금'(leverage)을 증가시킨다. 그러나 이러한 차입금은 은행대출금과 같이 기업이 미래에 현금으로 상환하지 않고 재화(또는 용역)를 제공해서 소멸시킨다. 미국의 스타벅스가 커피 선불카드를 판매해서 재무상태표에 16억 달러의 유동부채(이연수익)를 인식했는데, 커피의 원가율이 매우 낮으므로 미래에 고객에게 제공해야 하는 커피의 원가는 10억 달러를 훨씬 밑돈다.

분개 선수금(또는 선수수익)에 대한 회계처리

현금(또는 특정 자산)을 받은 시점:

(차) 현 금	×××	(대) 선 수 금(또는 선수수익)	×××

재화 또는 용역을 제공한 시점 또는 결산시점:

(차) 선 수 금(또는 선수수익)	×××	(대) 수 익	×××
(차) 매 출 원 가	×××	(대) 재 고 자 산	×××

재화 또는 용역이 제공되지 않고 재화나 용역의 인도요구가 효력을 상실한 시점:

(차) 선 수 금(또는 선수수익)	×××	(대) 영 업 외 수 익	×××

예제 12 선수금(또는 선수수익)

중요도: ★★★
난이도: ◆

상황

· 1차연도 5. 1.에 개점 1주년 기념으로 상품권 200매를 발행하여 1매당 ₩18,000에 고객에게 전량 판매하였다.
· 고객은 상품권 1매를 영화 '귀여워'의 캐릭터 인형과 교환할 수 있다.
· 이 인형의 취득원가: 1개당 ₩15,000
· 어린이날인 5. 5.에 상품권 165매가 인형과 교환되었다.
· 1차연도 6. 1.에 영화 '깜찍해'와 관련 캐릭터 인형이 출시되었다. 위의 상품권을 소지한 고객 25명이 각각 상품권과 ₩10,000을 추가로 지불하고 '깜찍해' 캐릭터 인형과 교환하였다. 이 인형의 단위당 판매가격과 취득원가는 각각 ₩23,000과 ₩19,000이다.

물음

1. 1차연도 5. 1.의 분개를 하라.
2. 1차연도 5. 5.의 분개를 하라.
3. 1차연도 6. 1.의 분개를 하라.
4. 재화나 용역을 이전하는 데 필요한 예상원가(미래 추정원가)로 부채를 기록한다고 가정하고 1차연도 5. 1.의 분개를 다시 하라.

정답 및 해설

1.

(차) 현 금	3,600,000	(대) 선 수 금(선수수익)	3,600,000

2.

(차) 선 수 금	2,970,000*	(대) 매 출	2,970,000
(차) 매 출 원 가	2,475,000**	(대) 상 품(재고자산)	2,475,000

* 165매 × ₩18,000 = ₩2,970,000
** 165매 × ₩15,000 = ₩2,475,000

3.

(차) 선 수 금(25매 × ₩18,000) 450,000 (대) 매 출 575,000*
현 금(25명 × ₩10,000) 250,000 영 업 외 수 익 125,000**

* 25매 × ₩23,000 = ₩575,000
** (₩28,000 − ₩23,000) × 25매 = ₩125,000

(차) 매 출 원 가 475,000* (대) 상 품(재고자산) 475,000

* 25매 × ₩19,000 = ₩475,000

4.

(차) 현 금(200매 × ₩18,000) 3,600,000 (대) 선 수 금 3,000,000*
상 품 매 출 이 익 600,000**

* 200매 × ₩15,000 = ₩3,000,000
** (₩18,000 − ₩15,000) × 200매 = ₩600,000

2. 예수금

예수금(deposits)은 계약의 이행이나 용역의 제공을 보증(예 공사입찰담보금)받기 위해 또는 고객이 임시로 보관하고 있는 회사재산의 손실에 대비해서 고객으로부터 일시적으로 받은 금액(예 맥주병에 대한 예치금, 일회용 지하철 탑승권 카드에 대한 예치금)이다. 고객이 소정의 의무를 이행하면 예수금을 반환해야 하므로 예수금을 부채로 인식한다. 고객이 예수금의 반환을 청구하지 않거나 고객이 특정 의무를 수행하지 않아 고객에게 예수금을 반환할 의무가 소멸한 경우에는 해당 재화(예 맥주병)가 판매된 것으로 보고 자산을 감소시키고 처분손익을 인식한다.

고객에게 예수금을 반환할 의무가 소멸한 시점:

(차) 예 수 금 ××× (대) 재 고 자 산(맥주병) ×××
처 분 이 익 ×××

예제 13 재사용이 가능한 용기와 예수금

중요도: ★★
난이도: ◆

상황

· 재사용이 가능한 용기에 포장한 청량음료를 판매한다.
· 배송된 용기의 취득원가에 해당하는 금액을 고객으로부터 보증금으로 받는다.
· 고객은 용기를 반환할 때 보증금을 환불받는다.
· 용기가 12개월 안에 반환되지 않으면 보증금을 몰수한다.
· 3차연도 1. 1.에 고객이 보관하고 있는 용기의 취득원가: ₩250,000
· 3차연도 중 배송된 용기에 대해 받은 보증금: ₩500,000
· 3차연도에 ₩320,000을 환불하였고 ₩30,000을 몰수하였다.

물음

1. 3차연도 중 받거나 환불한 보증금을 기록하는 분개를 하라.
2. 3차연도 말에 보고되어야 하는 환불가능 보증금부채는 얼마인가?

정답 및 해설 **2. ₩400,000**

1. 보증금을 받은 시점:

(차) 현 금	500,000	(대) 예 수 금(환불가능보증금)	500,000

용기가 반환된 시점:

(차) 예 수 금(환불가능보증금)	320,000	(대) 현 금	320,000

보증금을 몰수한 시점:

(차) 예 수 금(환불가능보증금)	30,000	(대) 매 출	30,000
(차) 매 출 원 가	30,000	(대) 재 고 자 산(용기)	30,000

2. 3차연도 말의 부채

3차연도 기초잔액	₩250,000
받은 보증금	500,000
반환한 보증금	(320,000)
몰수한 보증금	(30,000)
3차연도 기말잔액	₩400,000

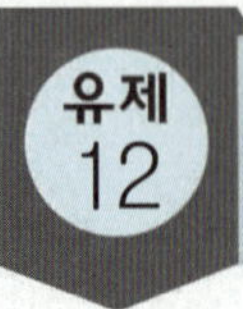

관련예제와 함께 풀어보세요

유제 1 제품보증비와 충당부채(2013년, 회계사)

관련예제 4

상황

㈜한국이 1차연도 12. 31. 재무상태표에 보고한 매출채권은 ₩200,000, 대손충당금은 ₩6,000이다. 2차연도부터 4차연도까지 매출 등 관련 자료는 다음과 같다.

연도	총매출액	매출액 중 외상금액	외상대금 회수액	대손확정 금액
2차연도	₩1,000,000	₩600,000	₩300,000	₩10,000
3차연도	1,500,000	1,000,000	600,000	20,000
4차연도	1,200,000	800,000	600,000	15,000

㈜한국은 2차연도 1. 1.부터 판매한 제품에 대해 3년간 무상으로 제품수리보증을 해주기로 경영방침을 확정하고 이러한 정책을 외부에 공표하였다. 총 매출액의 5%에 해당하는 금액이 제품보증비로 발생한다고 추정하였고, 실제 지출한 제품보증비는 다음과 같다.

	보증비 지출액
2차연도	₩40,000
3차연도	60,000
4차연도	30,000

충당부채의 현재가치 평가는 고려하지 않는다.

물음 4차연도의 ① 포괄손익계산서에 충당부채와 관련하여 인식할 비용과 ② 재무상태표에 보고할 충당부채 기말잔액을 계산하시오.

정답 ① ₩60,000, ② ₩55,000

해설

연도	총 매출액	보증비 인식액	보증비 지출액	충당부채잔액
2차연도	₩1,000,000	₩50,000	₩40,000	₩10,000
3차연도	1,500,000	75,000	60,000	25,000
4차연도	1,200,000	60,000	30,000	55,000

2차연도 판매시점:

(차) 제 품 품 질 보 증 비 50,000 (대) 제품품질보증충당부채 50,000

2차연도 보증비 발생시점:

(차) 제품품질보증충당부채 40,000 (대) 현 금 40,000

※ 제품품질보증충당부채 기말잔액: ₩10,000

3차연도 판매시점:

(차) 제 품 품 질 보 증 비 75,000 (대) 제품품질보증충당부채 75,000

3차연도 보증비 발생시점:

(차) 제품품질보증충당부채 60,000 (대) 현 금 60,000

※ 제품품질보증충당부채 기말잔액: ₩25,000

4차연도 판매시점:

(차) 제 품 품 질 보 증 비 60,000 (대) 제품품질보증충당부채 60,000

(해답 ①)

4차연도 보증비 발생시점:

(차) 제품품질보증충당부채 30,000 (대) 현 금 30,000

※ 제품품질보증충당부채 기말잔액: ₩55,000 (해답 ②)

연습문제 12

P12-01 법적의무가 있는 오염토지 복구(「K-IFRS 제1037호」 사례 2A)

- 북두회사는 화학제품을 생산하면서 수년간 토지를 오염시켜 왔다.
- 토지오염에 대한 법적 규제가 없었다가 6차연도 12. 31. 현재 오염된 토지에 대한 복구의무를 규정하는 새로운 법안이 제안되어 재무상태표 작성일 후 제정될 것이 거의 확실하다.
- 자원의 유출가능성이 매우 높으며 유출액에 대하여 신뢰성 있게 추정할 수 있다.

물음 충당부채의 인식 여부를 결정하라.

P12-02 의제의무가 있는 오염토지 복구(「K-IFRS 제1037호」 사례 2B)

- 칠성회사는 화학제품을 생산하면서 토지를 오염시켰다.
- 토지오염에 대한 법적규제는 없으나 칠성회사는 오염된 토지를 복구한다는 환경정책을 대외적으로 표방하고 있다.
- 칠성회사는 대외에 공표한 환경정책을 실제로 준수한 사실이 있다.
- 자원의 유출가능성이 매우 높으며 유출액에 대하여 신뢰성 있게 추정할 수 있다.

물음 충당부채의 인식 여부를 결정하라.

P12-03 법적 소송(「K-IFRS 제1037호」 사례 10 수정)

- 서해회사는 예식장 부근에서 대형 음식점을 경영하고 있다.
- 1차연도의 어느 날에 있은 결혼식 직후 음식물에 포함된 독극물 영향인지는 확실하지 않으나 10명이 사망하였다.
- 서해회사는 1차연도 말 현재, 고객이 제소한 손해배상청구 소송의 피고로 재판을 받고 있으며 책임이 있는지의 여부에 대해 원고와 다투고 있다.
- 1차연도 12. 31.로 종료되는 회계연도의 재무제표가 승인되는 시점까지 법률고문은 서해회사가 법적의무를 지지 않을 가능성이 높다고 조언하였다.
- 그러나 서해회사가 2차연도 12. 31.의 재무제표를 작성할 때 법률고문은 소송이 불리하게 진행됨에 따라 서해회사가 법적의무를 부담할 가능성이 높다고 조언하였다.

물음 1차연도 12. 31.과 2차연도 12. 31. 시점에서 충당부채의 인식 여부를 결정하라.

P12-04 소송사건

- 망했소회사는 1차연도 6. 15.에 악질회사로부터 고소를 당하고 1차연도 11. 6.에 약올려 판사로부터 ₩450,000의 보상금을 지급하라는 패소판결을 받아 이를 상급법원에 항소하였다.
- 항소심의 결과는 2차연도 상반기에 판명될 것이다.

물음 1. 망했소회사의 법률고문은 항소심에서는 보상액이 ₩300,000이 될 것으로 거의 확신하고 있다. 망했소회사의 회계처리방법을 제시하라.

2. 법률고문이 추정한 보상액의 범위가 ₩250,000부터 ₩450,000이나, 가능성이 가장 높은 금액은 ₩320,000이

라 가정하고 회계처리방법을 제시하라.

P12-05 제품품질보증비

- SK는 1차연도 1. 1.에 영업을 시작하여 제조회사의 결함에 대해 2년 동안 품질을 보증해주는 장난감을 판매한다.
- SK는 보증기간의 첫 해 동안에는 장난감의 2%가, 둘째 해 동안에는 추가로 4%가 수리를 필요로 할 것으로 추정한다.
- 판매가격: 단위당 ₩30
- 장난감 1단위를 수리하는 데 드는 평균비용: ₩4
- SK는 10%의 부가가치세를 내야하는 소매고객에게 70%의 장난감을 판매한다.
- 첫 번째 해와 두 번째 해의 판매와 보증에 관한 정보는 다음과 같다.

첫 번째 해	두 번째 해
1,000개의 장난감을 외상으로 판매하였다.	2,000개의 장난감을 외상으로 판매하였다.
제품품질보증비 실제 발생액: ₩90	제품품질보증비 실제 발생액: ₩300

물음 1. 첫 번째 해의 판매와 제품품질보증비를 기록하기 위한 분개를 하라.
2. 두 번째 해의 판매와 제품품질보증비를 기록하기 위한 분개를 하라.

P12-06 제품보증충당부채

- 풍선을 제조하는 날아라회사는 풍선을 단위당 ₩400에 판매하고 3년간 제품품질보증을 하고 있다.
- 단위당 판매가격에는 단위당 평균보증이익 ₩40이 포함되어 있으며, 단위당 제품품질보증비는 ₩32이다.
- 1차연도 10. 1.과 2차연도 5. 1.에 날아라회사는 풍선 600개와 800개를 현금으로 판매하였으며, 1차연도 12. 15.에 ₩5,000, 2차연도 7. 27.에 ₩8,000의 제품품질보증비가 발생하였다.
- 날아라회사의 결산일은 매년 12. 31.이다.

물음 위 거래를 분개하라.

P12-07 제품보증충당부채 (2010년, 회계사)

㈜전자는 컴퓨터를 제조 및 판매하는 회사로서 1차연도 12. 31.과 2차연도 12. 31.에 각각 500대와 800대의 컴퓨터를 대당 ₩1,000에 판매하였다. ㈜전자의 매출총이익률은 40%이다. ㈜전자는 판매시점부터 1년간 무상으로 제품수리보증을 해 주고 있다. 그리고 고객은 제품을 구매할 때 원하는 경우 1년의 추가보증을 대당 ₩200에 구매할 수 있다. 1년 추가보증과 함께 판매한 컴퓨터 수량은 전체 판매량의 20%이다. 보증활동은 지속적이다. 보증수리 청구 유형별 최선의 추정치에 의한 보증수리비용 및 판매 제품에 대한 보증수리 발생확률은 아래의 표에 제시되어 있다. 보증수리 발생확률은 1차연도와 2차연도에 동일하게 적용된다.

보증수리유형	보증수리 건당 추정비용	보증수리 발생확률 판매후 1년 이내	보증수리 발생확률 판매후 2년 이내
본체	₩100	8%	14%
통신장비	50	4	9
모니터	200	2	5

매입 및 매출과 관련해서는 현금 거래를 가정하고, 화폐의 시간가치는 무시한다.

물음 1. 1차연도 12. 31.에 ㈜전자가 수행할 회계처리(기말수정분개 포함)를 제시하라.

2. 1차연도 12. 31.에 판매된 컴퓨터에 대한 보증수리비용 ₩4,000이 2차연도에 발생하였다.
   (1) 위의 주어진 정보 이외의 다른 비용 및 수익은 없다고 가정하고, 2차연도 ㈜전자의 당기순손익을 구하라.
   (2) 2차연도 12. 31.에 ㈜전자가 부채로 보고해야 할 항목 및 잔액을 구하라. 단, 유동 · 비유동 구분은 고려하지 말 것.

P12-08 경품권

- 왕사운드회사는 3차연도에 우수 고객 300명에게 1인당 경품권 1매를 제공하였다.
- 회사는 경품권 1매와 현금 ₩100을 지불하면 경품으로 A를 1개씩 증정한다.
- 왕사운드회사는 과거 경험에 의해 발행된 경품권 중 60%가 경품을 요구할 것으로 추정하고 있다.
- 왕사운드회사는 3차연도에 경품 A를 개당 ₩500에 200개를 구입하였다.
- 경품권 60매를 현금과 함께 제시받아 경품 A와 교환하여 주었다.
- 경품권이 행사되면 경제적자원이 이전될 가능성이 높다.

물음 왕사운드회사의 3차연도 거래에 대한 분개를 하라.

P12-09 환경충당부채

- 1차연도 1. 1.에 SK는 석유시추 플랫폼을 ₩50,000(복구비용 포함)에 취득하여 5년 동안 플랫폼을 운영하기를 기대한다.
- SK는 플랫폼을 사용한 마지막 해에 플랫폼을 해체하고 해저를 밀봉해야 하는 법적의무가 있다.
- 복구비용은 ₩10,000이 될 것으로 예측한다.
- 유효이자율 22%를 바탕으로 1차연도 1. 1.에 환경충당부채의 현재가치는 ₩3,700이다.
- SK는 정액법을 사용하여 감가상각하고 플랫폼의 추정 잔존가치는 ₩0이다.

물음 1. 1차연도 1. 1.에 플랫폼의 취득과 환경충당부채를 기록하기 위한 분개를 하라.
2. 1차연도 12. 31.에 필요한 분개를 하라.
3. 5차연도 12. 31.에 SK는 플랫폼의 이전과 해저를 밀봉하는 비용으로 ₩12,000을 지불하였다. 환경충당부채의 청산에 대한 분개를 하라.

P12-10 선수수익

- 1차연도 1. 1.부터 섬마을회사는 월간 음악잡지를 달나라로부터 수입할 계획이다.
- 섬마을회사는 이 잡지를 1년 단위로 정기구독신청을 받아 정기구독자에게 공급하거나 가두판매한다.
- 이 음악잡지의 권당 취득원가는 ₩600이며, 1년 구독료는 ₩60,000, 가두판매 때에는 권당 ₩8,000에 판매한다.

물음 다음 거래를 분개하라.
1. 현금을 지불하고 1월호 잡지 100권을 수입하였다.
2. 70명으로부터 정기구독신청과 함께 1년 구독료를 선급받았다.
3. 정기구독자에게 1월호를 우송하였다. 권당 우송료는 ₩90이다.
4. 30권을 가두판매하였다.

P12-11 확정구매계약(손실부담계약)

- SK는 계속기록법을 사용한다.
- SK는 2차연도 1. 31.이나 그 이전에 ₩100,000에 상품을 구매하겠다는 확정구매계약을 1차연도 9. 5.에 체결하였다.

- 1차연도 12. 31.의 구매예정상품의 공정가치: ₩80,000
- 2차연도 1. 31.에 구매예정상품을 약정가격으로 현금 매입하였다.
- 2차연도 1. 31.의 구매예정상품의 공정가치: ₩50,000

물음 1차연도 12. 31.과 2차연도 1. 31.에 필요한 분개를 하라.

P12-12 복구충당부채와 할인율 변경

- 해저시추회사가 1차연도 1. 1.에 복구대상자산(내용연수: 5년, 잔존가치: ₩0)을 ₩800,000에 취득하고 정액법으로 감가상각한다.
- 5차연도 12. 31.에 발생할 복구원가를 ₩100,000으로 추정하였다.
- 1차연도 1. 1.의 할인률이 연 10%이다.
- 복구대상자산의 공정가치:
  1차연도 12. 31. ₩720,000
  2차연도 12. 31. ₩510,000
- 해저시추회사는 원가모형을 적용해서 복구대상자산을 측정한다.

물음 1. 1차연도 1. 1.과 1차연도 12. 31.에 필요한 분개를 하라.
2. 1차연도 12. 31.에 할인율을 연 7%로 변경하였다. 1차연도 12. 31.에 필요한 분개를 하라.
3. 2차연도 12. 31.에 할인율을 연 5%로 변경하였다. 2차연도 12. 31.에 필요한 분개를 하라.
4. 할인율이 물음 2와 3과 같이 변경되고 해저시추회사가 재평가모형을 적용해서 복구대상자산을 측정한다고 가정하고 1차연도 1. 1.부터 2차연도 12. 31.까지 필요한 분개를 하라.

P12-13 제품보증(「K-IFRS 제1037호」 사례 1)

- 광주회사는 판매시점부터 3년간 품질을 보증하는 조건으로 제품을 판매하고 판매일로부터 3년 이내에 제품의 결함이 발생하는 경우 수리 또는 교체해 주고 있다.
- 과거경험에 의하면 이러한 보증판매에 따라 약간의 보증청구가 있을 가능성이 높다. 즉, 보증청구가 없을 가능성보다 청구가 있을 가능성이 더 높다.

물음 충당부채의 인식 여부를 결정하라.

P12-14 소송사건

- 얌체호텔은 청평댐물을 1차연도 중에 오염시켜 오다가 드디어 1차연도 12월에 남양주시로부터 제소되었다. 얌체호텔은 오염에 대한 증거가 충분하지 않다고 판단하여 이 소송에 대한 사항을 주석으로만 공시하였다.
- 그러나 뜻밖에도 재무제표공표 직전에 법원으로부터 ₩380,000을 남양주시에 지급하라는 판결을 받았다.

물음 얌체호텔의 회계처리방법을 제시하라.

P12-15 우발채무, 충당부채와 우발자산

다음 각 상황은 독립적이다.

- 상황 ①: 4차연도 8월에 그믐달회사의 공장에서 종업원이 자신의 부주의로 상해를 입었으나 그믐달회사를 상대로 ₩700,000의 손해배상청구 소송을 제기했다. 그믐달회사의 변호인은 소송의 결과가 불리할 가능성은 낮지만 종업원과 합의하기 위해서는 그믐달회사가 ₩200,000에서 ₩300,000 사이의 금액을 배상해야 할 것으로 추정했다.

- 상황 ②: 4차연도 10. 4.에 고객이 보름달회사에 대해서 ₩2,400,000의 손해배상을 청구한 소송이 제기되었다. 보름달회사의 법률 고문은 바람직하지 않은 결과가 초래될 가능성이 높다고 판단하고 고객과 합의하기 위해서는 보름달회사가 ₩1,000,000에서 ₩2,000,000 사이의 금액을 배상해야 할 것으로 추정했다. 이 범위 내의 어떤 금액도 다른 금액보다 잠재적인 손해를 더 잘 예측할 수 없다.
- 상황 ③: 초생달회사가 손해배상을 청구하는 소송을 제기했다. 초생달회사의 변호사는 초생달회사가 ₩500,000의 배상액을 지급받을 가능성이 매우 높다고 추정한다.

물음 위의 각 상황에 대한 회계처리방법을 제시하라.

P12-16 충당부채 측정액과 우발채무

다음 각 상황은 독립적이다.

- 상황 ①: 이슬비회사는 정부와 세금분쟁소송에 연루되었다. 이슬비회사의 변호사는 이슬비회사가 이 소송에서 패소할 가능성이 높다고 판단하고 배상액이 ₩500,000에서 ₩1,000,000 사이일 것으로 믿는다. 4차연도 12. 31.의 재무제표가 공표된 후에 이슬비회사가 ₩1,200,000을 배상하기로 정부와 합의했다.
- 상황 ②: 가랑비회사가 환경을 오염해서 ₩500,000을 배상할 책임이 있다고 판단한다. 가랑비회사가 환경오염배상보험에 가입했는데 보험회사는 배상액 중에서 ₩50,000을 공제하고 최대 ₩1,000,000까지 보험금으로 지급한다.
- 상황 ③: 보슬비회사의 공장이 내전으로 파괴됐다. 누가 이 파괴를 배상해 줄는지가 불확실하지만 정부 관료가 보슬비회사가 이 공장에 대한 보상금으로 일정 금액을 받을 것이라고 확인해 주었다. 보상금액은 공장의 공정가치보다 낮지만 장부금액보다 높을 것이다.

물음 1. 상황 ①에서 4차연도 12. 31.에 이슬비회사가 충당부채로 인식할 금액을 결정하라.
2. 상황 ②에서 4차연도 12. 31.의 재무제표에 가랑비회사가 환경오염에 대해서 보고하는 방법을 제시하라.
3. 상황 ③에서 보슬비회사가 재무제표에 보상금을 보고하는 방법을 제시하라.

Chapter 13

복합금융상품

학습 목표

LO 13-1. 복합금융상품(전환사채, 신주인수권부사채)의 개념을 이해한다.
LO 13-2. 전환사채와 신주인수권부사채에 대한 상환할증금의 개념과 회계처리를 이해한다.
LO 13-3. 전환사채를 조기에 현금상환하는 경우, 상환손익의 측정과 회계처리방법을 습득한다.
LO 13-4. 전환사채를 회계처리하는 방법을 이해한다.
LO 13-5. 비분리형 신주인수권부사채를 회계처리하는 방법을 이해한다.
LO 13-6. 분리형 신주인수권부사채를 회계처리하는 방법을 이해한다.

제13장

제1절 전환사채

1. 복합상품과 복합금융상품의 개념
2. 전환사채의 개념
3. 최초측정
   (1) 부채요소와 자본요소의 분리
   (2) 복합금융상품 발행과 관련된 거래원가
4. 후속측정
5. 전환사채의 전환 및 상환
   (1) 만기상환 및 만기전환
   (2) 조기전환 및 조기상환
   (3) 전환조건의 변경(유도전환)

제2절 상환할증금조건부 전환사채

1. 상환할증금의 개념과 측정
2. 상환할증금조건부 전환사채의 부채요소와 자본요소의 측정
3. 상환할증금조건부 전환사채의 사채할인(할증)발행차금의 상각
4. 상환할증금조건부 전환사채의 전환 및 상환

제3절 신주인수권부사채

1. 신주인수권부사채의 개념
   (1) 주식매입권과 신주인수권
   (2) 신주인수권부사채의 개념과 유형
   (3) 신주인수권부사채와 전환사채의 비교
2. 최초측정
3. 후속측정(전환 및 상환)

전환사채

1. 복합상품과 복합금융상품의 개념

복합상품과 복합금융상품은 그 명칭이 비슷해 겉으로 보기에는 개념이 유사해 보이지만 구체적으로는 차이가 있다. 복합상품(hybrid instruments, combined instruments)은 '파생상품이 아닌 주계약'과 '파생상품인 내재계약(내재파생상품)'으로 합성된 계약을 말한다. 내재파생상품(embedded derivatives)은[1] 파생상품이 아닌 주계약(non-derivative host instruments)을 기초자산(underlying assets)으로 하여 기초자산의 가치가 변함에 따라 미래의 현금흐름을 변동시키는 등 독립적 파생상품(stand-alone derivative)과 유사한 역할을 하는 금융상품 또는 기타 계약을 말한다.

복합상품:

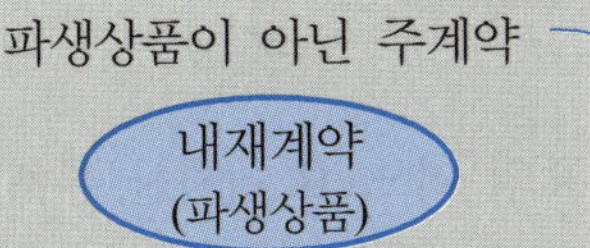

- 주계약이 금융상품이면 복합상품 전체(채무증권, 지분증권 등)를 상각후원가 또는 공정가치로 측정
- 주계약이 비금융상품(미이행계약 등)이면 특정 조건을 충족하는 경우[2] 내재파생상품을 주계약과 분리하여 파생상품으로 회계처리

복합상품의 특징
① 전체 계약을 주계약과 내재계약으로 구분할 수 있다.
② 주계약은 파생상품이 아니다(금융상품일 수도 있고 아닐 수도 있다).
③ 내재계약은 파생상품이다.

Miniature 예제 1 복합상품(2020년, 회계사)

물음

주계약과 내재파생상품으로 구성된 복합상품(hybrid instrument)을 취득한 투자자의 회계처리에 대해 주계약이 「K-IFRS 제1109호」(금융상품 기준서)의 적용범위 포함 여부에 따라 어떻게 차이가 있는지에 대해 간략히 서술하시오.

---

1) 내재파생상품의 예:
① 변동금리 채무상품: 액면금액은 명시되어 있지만, 이자율은 변동이자율인 LIBOR(London Interbank Offered Rate)에 기반을 둔다. 이자가 시장으로부터 기인하는 가치에 따라 변동하므로 내재파생상품이다.
② 고정이자 이외에 조건부 보상금을 지급하는 사채: 예를 들어, 사채의 표시이자 이외에 미래의 원유 1배럴 가격이 $100을 초과하면 초과액의 2%를 추가로 지급하는 사채를 발행하면 조건부 지급특성이 내재파생상품이다.

2) 다음 세 가지 조건이 모두 만족되는 경우에만 내재파생상품을 주계약과 분리하여 파생상품으로 회계처리한다[1109: 4.3.3].
① 내재파생상품의 경제적 특성과 위험(risk)이 주계약의 그것과 밀접하게 관련되어 있지 않음
② 내재된 계약이 별도로 존재했더라면 파생상품의 정의를 만족함
③ 복합상품 전체의 공정가치 변동을 당기손익으로 인식하고 있지 않음

정답

주계약이 금융상품의 적용범위에 포함되면 내재계약(내재파생상품)을 분리하지 않고 복합상품 전체를 상각후원가(또는 공정가치)로 측정한다. 그러나 주계약이 비금융상품(미이행계약 등)이고 특정 조건을 충족하면, 내재계약(내재파생상품)을 주계약과 분리해서 파생상품으로 회계처리한다.

복합금융상품(compound financial instruments)은 발행자의 관점에서 볼 때 부채요소와 자본요소를 모두 가지고 있고 보유자가 확정 수량의 보통주로 전환할 수 있는 사채 또는 이와 비슷한 비파생금융상품이다. 대표적 복합금융상품은 전환사채(부채요소: 일반사채, 자본요소: 전환권)와 신주인수권부사채(부채요소: 일반사채, 자본요소: 주식매입권)이다. 이러한 복합금융상품을 발행하는 거래는 조기상환 조항이 있는 채무상품과 주식을 매입할 수 있는 주식매입권을 동시에 발행하는 거래 또는 분리형 주식매입권이 있는 채무상품을 발행하는 거래와 실질적으로 같은 경제적 효과가 있다[1032: 29].

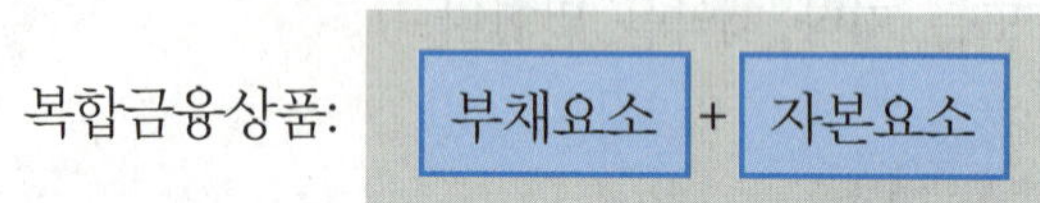

특정 항목을 재무상태표에 인식할 때 해당 항목이 재무상태표의 어느 요소(자산, 부채, 자본)에 속하는지를 판단하여 인식하는 것이 일반적이다. 그러나 하나의 항목에 여러 요소가 섞여 있는 경우에는 어떻게 회계처리할까? 부채요소와 자본요소를 모두 가지고 있는 복합금융상품은 최초측정시점에 부채요소와 자본요소를 분리해서 측정하고, 재무상태표에 금융부채와 지분상품(자본)으로 분리하여 표시한다[1032: 29].

2. 전환사채의 개념

전환사채(convertible bonds)는 만기 이전에 보통주로 전환할 수 있는 권리가 부여된 사채로, 전환권이 없는 일반사채와 사채발행회사의 보통주로 전환할 수 있는 권리인 전환권으로 구성된다. 전환 시 발행되는 주식의 금액과 수량이 확정(제8장 부록 참조)된 경우에는 전환권을 지분상품으로 분류하고, 나머지 경우에는 전환권을 금융부채(파생상품부채)로 분류한다.[3] 아래에서는 전환권이 지분상품으로 분류되어 전환사채가 부채요소와 자본요소를 포함한 복합금융상품인 경우에 대해서 설명한다.

3) 전환가액 재조정 조항을 포함한 전환사채는 '확정된 금액과 수량' 조건(부록 8-1과 부록 10-1 참조)을 충족하지 못하므로 전환권을 금융부채(파생상품부채)로 분류하고 파생상품부채에 대한 평가손익을 당기손익으로 인식한다. 이 경우 회사의 영업성과가 개선되어 주가가 상승할수록 파생상품평가손실이 커지는 문제가 발생할 수 있다. 한 예로, HMM㈜의 2020년 사업보고서에 보고된 연결영업이익이 9,808억원임에도 불구하고, 파생상품평가손실이 5,251억원에 달하여 1,240억원의 연결당기순이익을 보고했다.

3. 최초측정

(1) 부채요소와 자본요소의 분리

전환사채의 전환권이 행사될 때 발행되는 보통주의 수량이 확정되어 있는 것이 일반적이다. 확정된 금액의 현금(또는 기타 금융자산)에 대한 대가로 확정된 수량의 자기지분상품을 받거나 인도하여 결제되는 계약은 지분상품(부록 8-1과 부록 10-1 참조)이다. 그러므로 전환사채 발행자는 전환사채 보유자가 전환권을 행사할 것인지 여부에 관계없이 전환사채 발행시점에 발행금액을 부채요소(사채)와 자본요소(전환권)로 분리하여 재무상태표에 별도로 보고한다.

전환사채 발행금액(회사가 전환사채를 발행하고 받는 금액)은 전환사채의 미래현금흐름을 전환사채에 대한 시장이자율로 할인한 현재가치(공정가치)이다. 이 발행금액은 전환사채의 부채부분(사채부분)에 대한 대가와 자본부분(전환권부분)에 대한 대가를 모두 포함하므로 발행금액을 부채요소와 자본요소에 배분한다.

- 부채요소: 현금을 인도하는 계약(전환권이 없는 일반사채)
- 자본요소: 보유자가 확정 수량의 보통주로 전환할 수 있는 권리(전환권)

전환사채의 발행금액을 부채요소와 자본요소에 배분할 때 전환사채의 부채요소를 우선적으로 결정한다. 재무상태표에 부채로 인식되는 전환사채의 최초측정액(부채요소의 공정가치)은 전환사채의 미래현금흐름을 일반사채(전환사채와 조건이 같고 신용상태가 유사하며 실질적으로 같은 현금흐름을 제공하지만 전환권만 없는 사채)에 적용되는 시장이자율로 할인한 현재가치이다. 이 금액을 부채인 '전환사채'로 인식한다. 전환사채의 자본요소 측정액은 전환권의 시장거래가격(공정가치)이 아니라, 전환사채 발행금액에서 부채요소의 현재가치를 차감한 나머지 금액이다. 자본측정액은 채권자로부터 차입한 금액이 아니라 잠재적 주주로부터 납부받은 자본잉여금으로 보므로 자본잉여금인 '전환권대가'로 인식한다.

복합금융상품의 자본요소(예 보통주 전환권)가 아닌 파생상품의 특성(예 콜옵션)에 해당하는 가치는 부채요소의 장부금액에 포함한다. 최초 인식시점에 부채요소와 자본요소에 배분된 금액의 합계는 항상 금융상품 전체의 공정가치와 같으므로 금융상품의 구성요소를 분리하여 인식하는 최초 인식시점에는 손익이 발생하지 않는다[1032: 28, 31].

그림 13.1 전환사채 발행금액의 구성요소

전환사채 =	전환권이 없는 일반사채	+	전환권
	⇓		⇓
	부채요소		자본요소
	⇓		⇓
공정가치 =	일반사채의 시장이자율로 미래현금흐름을 할인한 현재가치 (일반사채의 현재가치)		전환사채의 발행금액 －일반사채의 현재가치 (잔여 배분액)
	⇓		⇓
전환사채 발행금액 =	부채요소 측정액 (부채요소의 공정가치)	+	자본요소(전환권) 측정액

전환사채의 액면금액에서 전환사채의 할인(할증)발행차금을 차감(가산)한 금액이 전환사채의 부채요소의 공정가치이므로, 전환사채 할인발행차금을 다음과 같이 계산한다.

전환사채 할인발행차금 = 전환사채 액면금액 - 부채요소 공정가치
(차감계정) (일반사채의 현재가치)

전환사채 할인발행차금의 측정액은 '전환사채의 액면금액 - 전환사채의 발행금액'이 아니라 '전환사채 액면금액 - 전환사채 부채요소의 공정가치'이기 때문에 전환사채가 액면발행되어도 사채할인발행차금이 존재한다. 「일반기업회계기준」에서는 전환사채 할인발행차금을 전환권조정이라 부른다. 「K-IFRS 제1032호」에는 전환권조정이라는 명칭이 없으나, 우리나라가 IFRS를 채택한 이후에도 전환권조정이라는 용어가 종종 사용되고 있다. 전환사채의 액면금액과 발행금액, 사채할인발행차금의 관계를 정리하면 <그림 13.2>와 같다.

그림 13.2 할인발행된 전환사채의 할인발행차금과 전환권 대가

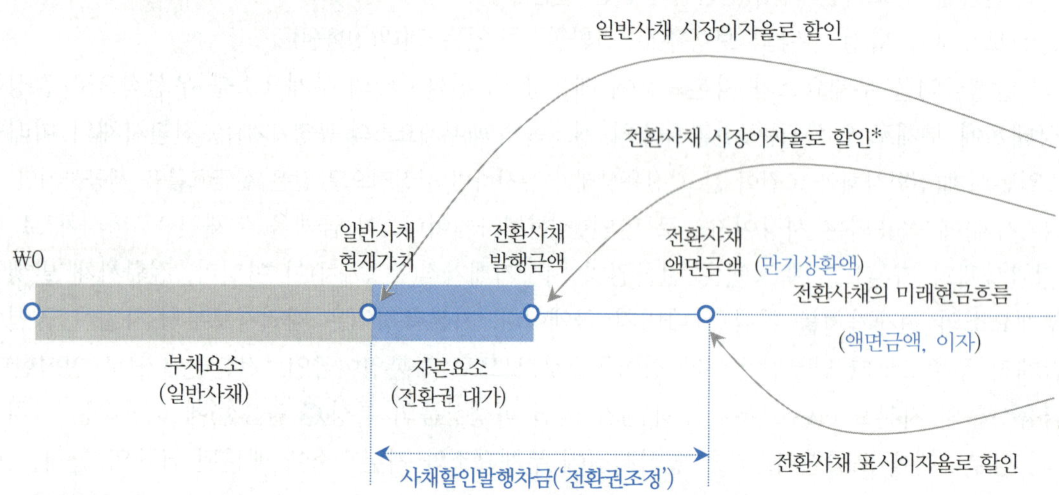

* [전환사채 표시이자율 = 전환사채 시장이자율]이면, 발행금액 = 액면금액

Miniature 예제 2 전환사채 할인발행차금과 발행시점의 회계처리

· 전환사채(액면금액: ₩100,000, 만기: 1년, 표시이자율: 연 20%)가 액면금액으로 발행되면 전환사채에 대한 시장이자율이 연 20%이고 할인발행차금이 ₩0이라고 생각할 수 있다. 만일 이때 전환권이 없는 일반사채에 대한 시장이자율이 25%라고 가정하면, 전환사채의 부채요소의 공정가치(현재가치)는 전환사채의 미래 현금유출액(1년 후 지급되는 액면금액 ₩100,000과 이자 ₩20,000)을 25%로 할인한 현재가치인 ₩96,000 (₩120,000 × 0.8 현재가치계수)이며 전환사채 할인발행차금은 ₩4,000이 된다. 즉, 발행시점에 총 ₩100,000을 받았지만, 이 가운데 ₩96,000은 차입한 것이고 ₩4,000은 자본으로 납부받은 것으로 본다. 그러므로 전환사채 발행시점에 다음과 같이 회계처리한다.

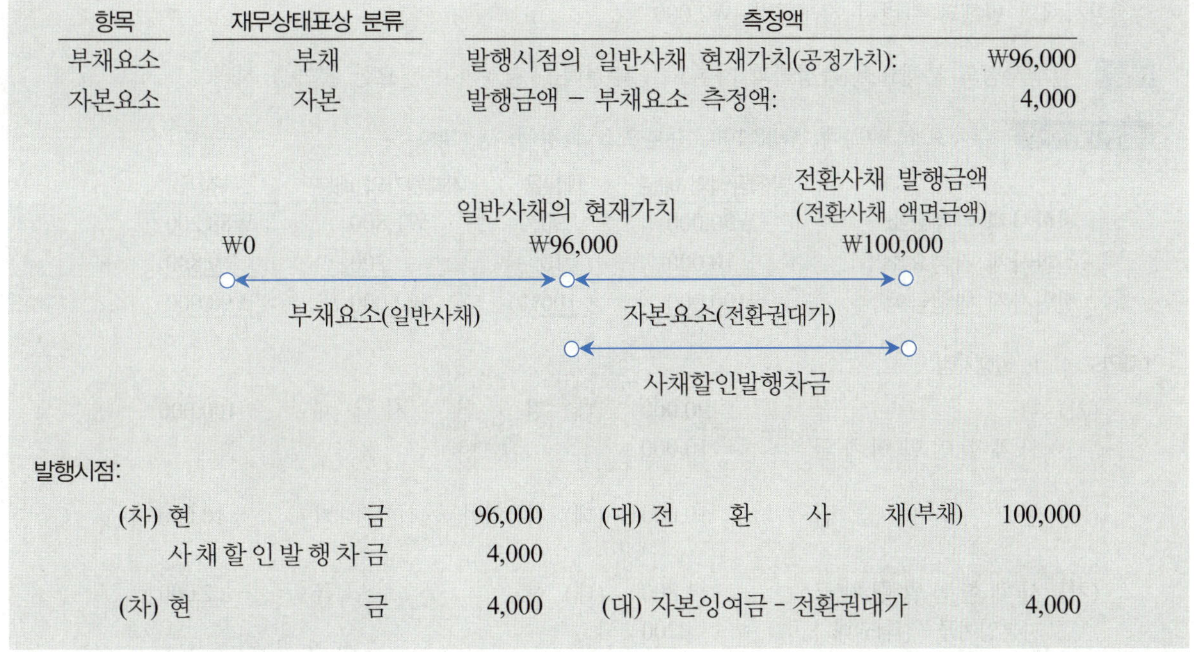

항목	재무상태표상 분류	측정액	
부채요소	부채	발행시점의 일반사채 현재가치(공정가치):	₩96,000
자본요소	자본	발행금액 − 부채요소 측정액:	4,000

발행시점:

(차) 현　　　금	96,000	(대) 전 환 사 채(부채)	100,000
사채할인발행차금	4,000		
(차) 현　　　금	4,000	(대) 자본잉여금 - 전환권대가	4,000

(2) 복합금융상품 발행과 관련된 거래원가

복합금융상품을 발행할 때에 등록과 관련된 수수료, 법률, 회계 및 기타 자문수수료, 복합금융상품 인쇄비 등 다양한 거래원가가 발생할 수 있다. 복합금융상품 발행과 관련된 거래원가는 발생시점에 비용으로 인식하지 않고 복합금융상품의 부채요소 측정액과 자본요소 측정액의 상대적 비율로 배분한 후, 각 요소의 측정액에서 배분액을 차감해서 부채요소의 최초측정액과 자본요소의 최초측정액을 결정한다[1032: 38]. 자본거래의 거래원가 중 해당 자본거래가 없었다면 회피할 수 있고 해당 자본거래에 직접 관련하여 생긴 증분원가는 자본에서 차감하여 회계처리한다[1032: 35, 37]. 이렇게 부채요소의 장부금액이 감소한 상태에서 부채요소에 대해 일반사채의 시장이자율을 적용하여 이자비용을 산출하면 거래원가가 발생하지 않았을 때보다 기간별 이자비용이 적게 계산되어 만기일에 전환사채 장부금액이 액면금액에 도달하지 못하는 문제가 생긴다. 그러므로 부채요소에 배분된 거래원가를 차감한 후의 부채요소 측정액과 전환사채의 미래현금흐름의 현재가치를 같게 만드는 유효이자율을 새로 계산하고(제11장 '사채발행비'에 대한 예제 4 참조), 이 유효이자율을 적용해 이자비용을 산정한다.

예제 1	전환사채의 거래원가	중요도: ★★ 난이도: ◆

상황

· 1차연도 1. 1.에 전환사채(액면금액: ₩100,000, 표시이자율: 연 10%)를 액면금액으로 발행하고 발행금액을 다음과 같이 분리하였다.

· 전환사채 발행금액의 구성요소 { 부채요소: ₩90,000
자본요소: ₩10,000

· 전환사채의 발행과 관련된 거래원가: ₩2,000

물음 발행시점의 부채요소 측정액과 자본요소 측정액을 결정하고 필요한 분개를 하라.

정답 및 해설 **부채요소 측정액: ₩88,200, 자본요소 측정액: ₩9,800**

	발행금액의 배분	배분율	거래원가의 배분	측정액
전환사채 부채요소	₩90,000	90%	₩1,800	₩88,200
전환사채 자본요소	10,000	10	200	9,800
전환사채 발행금액	₩100,000	100%	₩2,000	₩98,000

1차연도 1. 1. 발행시점:

(차)	현　　　금	90,000	(대) 전 환 사 채	100,000
	사채할인발행차금	10,000		
(차)	현　　　금	10,000	(대) 자본잉여금 - 전환권대가	10,000
(차)	사채할인발행차금	1,800	(대) 현　　　금	2,000
	자본잉여금 - 전환권대가	200		

4. 후속측정

전환사채 발행자는 발행시점에 인식한 사채할인발행차금(전환사채의 액면금액 − 부채요소의 공정가치)을 만기까지 일반사채의 시장이자율로 상각하여 부채요소를 상각후원가로 측정하고, 상각액을 이자비용으로 인식한다. 왜냐하면, 발행시점에 전환사채의 부채요소를 측정할 때 미래현금흐름을 일반사채의 시장이자율로 할인했기 때문이다. 전환사채의 시장이자율은 전환권대가를 포함한 이자율이므로 이를 사용해서 부채요소의 이자비용을 계산하면 안 된다는 점에 주의하여야 한다. 전환사채가 만기일까지 주식으로 전환되지 않으면 사채할인발행차금을 만기까지 상각한다.

발행시점에 인식한 자본요소(전환권대가)는 최초 인식 이후에 재측정(재평가)하지 않고, 이후에 전환권대가의 공정가치가 변해도 전환권대가의 장부금액을 수정하지 않는다. 자본요소인 전환권대가는 상각하지 않으므로 최초측정액이 자본잉여금계정에 남는다. 전환사채 보유자가 전환권의 가치를 포기하고 발행자에게 전환권의 가치만큼을 자본으로 확정 납부한 것으로 보고 행사되지 않은 전환권대가를 계속 자본잉여금으로 인식한다. 전환사채 보유자가 전환권을 행사해서 보통주가 발행되어도, 주식발행시점에 자본잉여금 − 전환권대가계정이 주식발행초과금계정으로 계정과목의 이름만 바뀔 뿐 자본잉여금의 총액은 변하지 않는다.

분개 **전환권대가에 대한 회계처리**

① 만기 이전에 주식으로 전환:

(차) 자본잉여금 – 전환권대가 ××× (대) 주식발행초과금(자본잉여금) ×××

② 만기 이전에 현금 상환(다음 부분 (2)–② '전환사채의 조기 현금상환' 참조):

(차) 자본잉여금 – 전환권대가 ××× (대) 현 금 ×××*

* 전환권대가에 대한 현금지급액

참고 자본요소 상환손익을 자본잉여금 – 전환권대가계정에 남겨 놓을 수 있으나, 이익잉여금으로 대체할 수 있다.

③ 만기에 주식으로 전환:

(차) 자본잉여금 – 전환권대가 ××× (대) 주식발행초과금(자본잉여금) ×××

④ 만기에 현금 상환:

방법 1	방법 2
분개 없음	(차) 자본잉여금 – 전환권대가 ××× (대) 주식발행초과금(자본잉여금) ×××

예제 2 할인발행된 전환사채의 최초측정과 후속측정

중요도: ★★★
난이도: ◆

상황

- 1차연도 1. 1.에 100매의 전환사채(1매당 액면금액: ₩1,000, 만기: 2년, 표시이자율: 연 20%)를 ₩97,017에 할인발행하였다.
- 전환사채의 시장이자율: 연 22%
- 이자는 매년 말에 지급된다.
- 전환사채가 발행된 시점에 발행된 전환사채와 유사하면서 전환권이 없는 일반사채의 시장이자율: 연 25%
- 발행된 전환사채는 만기 전 어느 때나 1매당 1주의 보통주로 전환될 수 있다.
- 전환사채 발행시점의 전환권의 시장거래가격(공정가치): ₩5,000

물음

1. 전환사채 부채요소와 자본요소의 최초측정액을 계산하라.
2. 전환사채 발행시점에 필요한 분개를 하라.
3. 부채요소에 대한 상각표를 작성하고 1차연도 12. 31.에 이자비용을 기록하기 위한 분개를 하라.

정답 및 해설 전환사채 부채요소: ₩92,800, 자본요소(전환권대가): ₩4,217

1. 전환사채 발행금액(할인율: 전환사채의 시장이자율 22%)

액면금액의 현재가치(₩100,000 × 0.67186)	₩67,186	
이자의 현재가치(₩20,000 × 1.49153)	29,831	₩97,017
전환사채 부채요소(할인율: 일반사채의 시장이자율 25%)		
액면금액의 현재가치(₩100,000 × 0.64)	₩64,000	
이자의 현재가치(₩20,000 × 1.44)	28,800	(92,800)
자본요소 측정액(전환권대가)		₩4,217

전환사채의 발행금액 ₩97,017 { 일반사채의 현재가치 ₩92,800 / 전환권의 가치 ₩4,217*

* 위와 같이 결정된 전환권 측정액(전환권대가) ₩4,217은 활성시장에서 거래되는 전환권의 거래가격(공정가치)인 ₩5,000과는 관계가 없다.

2.

1차연도 1. 1. 발행시점:

(차) 현 금	92,800	(대) 전 환 사 채	100,000
사채할인발행차금	7,200		
(차) 현 금	4,217	(대) 자본잉여금 - 전환권대가	4,217

3.

유효이자율법에 의한 상각표

연도 ①	부채요소 기초장부금액 ②	유효이자 (25%) ③	현금이자 (20%) ④	할인발행차금 상각액 ⑤ = ③ − ④	부채요소 기말장부금액 ⑥ = ② + ⑤
1차연도	₩92,800	₩23,200	₩20,000	₩3,200	₩96,000
2차연도	96,000	24,000	20,000	4,000	100,000
합계		₩47,200	₩40,000	₩7,200	

1차연도 12. 31. 결산시점:

(차) 이 자 비 용	23,200	(대) 사채할인발행차금	3,200
		현 금	20,000

5. 전환사채의 전환 및 상환

전환사채 보유자가 전환권을 행사하면 전환사채 발행자는 전환사채를 회수하고 주식을 교부하면서 전환사채 부채요소를 장부에서 제거하고 주식발행을 장부에 기록한다. 전환사채를 현금으로 상환해도 전환사채 발행자는 전환사채 부채요소를 장부에서 제거한다.

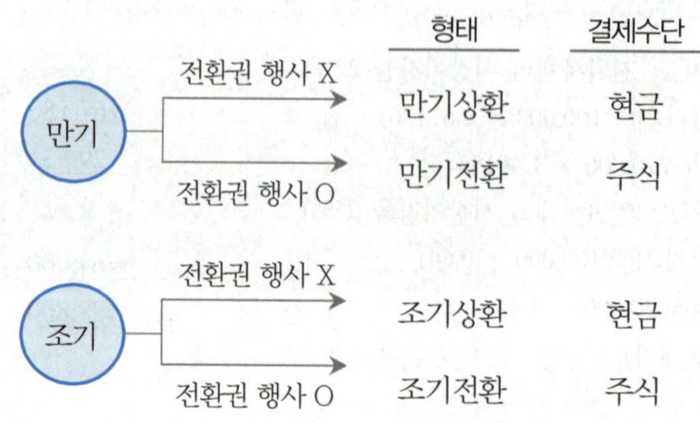

(1) 만기상환 및 만기전환

① 만기상환

전환사채 보유자가 전환사채의 만기일까지 전환권을 행사하지 않으면 전환사채의 액면금액을 현금으로 상환한다. 만기일에 사채할인발행차금계정의 잔액이 ₩0이므로 만기상환시점에 전환사채의 액면금액을 장부에서 제거한다. 「K-IFRS 제1032호」는 전환권대가에 대한 후속 회계처리지침을 제시하지 않으나, 전환사채를 발행할 때 인식했던 자본요소(전환권대가)는 전환사채 보유자가 전환권 행사를 포기하면서 사채발행회사에 자본으로 납입한 것으로 해석하여 계속해서 자본에 남긴다. 단, 전환사채가 현금으로 상환될 때 전환권대가를 다른 자본항목(예 이익잉여금)으로 대체할 수도 있다[1032: IE46].

② 만기전환

만기시점에 전환사채가 전환되면 발행자는 부채요소를 제거하고 장부금액법(book value method)을 사용해서 자본을 인식한다. 즉, 만기일의 전환사채 장부금액(액면금액)으로 주식의 발행금액을 결정한다. 그러므로 만기시점에 전환손익이 발생하지 않는다[1032: AG32]. 장부금액법의 이론적 근거는, 전환거래가 주주와의 거래이므로 소유주이론(제14장 참조)에 따라 전환손익을 인식하지 않겠다는 것이다. 발행시점에 인식했던 전환사채 자본요소(전환권대가)는 자본 내에서 계정과목만 달라지고(자본잉여금 − 전환권대가계정 ⇒ 주식발행초과금계정) 계속해서 자본에 남는다. 또는 자본잉여금 − 전환권대가를 이익잉여금으로 대체할 수도 있다[1032: IE46].

Miniature 예제 3 전환사채의 만기전환 또는 만기상환

상황

- 1차연도 1. 1.에 요정회사가 전환사채(액면금액: ₩1,000,000, 표시이자율: 연 5%, 만기: 3차연도 12. 31.)를 ₩1,000,000에 발행했다.
- 전환사채 액면금액 ₩1,000당 보통주 8주(주당 액면금액: ₩100)로 전환할 수 있다.
- 1차연도 1. 1.에 전환권이 없는 일반사채의 시장이자율은 연 8%이다.
- 이자는 매년 말에 지급한다.
- 1차연도 1. 1.에 부채요소의 현재가치는 ₩922,685이고 전환권대가는 ₩77,315이다.
- 3차연도 12. 31.(만기시점)에 전환사채의 장부금액이 ₩100,000이다.

물음 3차연도 12. 31.(만기시점)에 전환사채 전부가 보통주로 전환된 경우와 현금상환된 경우로 구분해서 요정회사에 필요한 분개를 하라. 예제의 단순화를 위해서 이자비용을 인식하는 분개는 생략하라.

정답 및 해설

전환사채가 주식으로 전환된 경우

(차) 전환사채	1,000,000	(대) 보통주자본금	800,000*
		주식발행초과금	200,000

* ₩1,000,000 ÷ ₩1,000 × 8주 × ₩100 = ₩800,000

(차) 자본잉여금 - 전환권대가	77,315	(대) 주식발행초과금	77,315
또는			
(차) 자본잉여금 - 전환권대가	77,315	(대) 이 익 잉 여 금	77,315

전환사채가 현금상환된 경우

(차) 전 환 사 채	1,000,000	(대) 현 금	1,000,000
(차) 자본잉여금 - 전환권대가	77,315	(대) 이 익 잉 여 금	77,315

(2) 조기전환 및 조기상환

① 조기전환(만기이전 주식전환)

전환사채가 만기 이전에 전환되는 경우에도 장부금액법에 따라 처리한다. 즉, 발행하는 주식의 공정가치를 고려하지 않고 **전환시점의 전환사채의 장부금액**(부채요소의 상각후원가)**으로 주식의 발행금액을 측정하고 전환손익을 인식하지 않는다.** 만기 이전에 전환사채 보유자가 전환권을 행사하여 주식으로 전환하면, 사채할인(할증)발행차금이 완전히 상각되지 않았으므로 잔액이 남아있다. 따라서 전환사채 발행자는 전환사채의 액면금액과 사채할인(할증)발행차금계정의 잔액 모두를 장부에서 제거하고 장부금액으로 주식의 발행금액을 측정한다(Miniature 예제 4와 예제 6 참조).

최초에 인식한 전환권의 측정액이 변하지 않은 상태에서 조기상환이나 재매입으로 만기 전에 전환상품이 소멸되는 경우 전환사채 발행회사는 조기상환하거나 재매입하기 위하여 지급한 거래대가와 거래원가를 거래 발생시점의 부채요소와 자본요소에 배분한다. 배분하는 방법은 전환사채가 발행되는 시점에 발행금액을 각 요소에 배분한 방법과 일관되어야 한다[1032: AG33].

Miniature 예제 4 전환사채의 조기전환

상황

봄비회사가 발행한 전환사채(액면금액: ₩500,000) 부채요소의 장부금액이 ₩502,000이고 전환권대가의 장부금액이 ₩8,000이다. 전환사채 액면금액 ₩1,000당 2주의 우선주(주당 액면금액: ₩400)로 전환할 수 있다. 전환사채 전부가 우선주로 전환되었다. 이자는 매년 말에 지급한다.

물음 전환사채의 전환을 기록하는 분개를 하라.

정답 및 해설

(차) 전 환 사 채	500,000	(대) 우 선 주 자 본 금	400,000*
사 채 할 증 발 행 차 금	2,000	주 식 발 행 초 과 금	110,000**
자본잉여금 - 전환권대가	8,000		

* (₩500,000 ÷ ₩1,000) × 2주 × ₩400 = ₩400,000

** 차변합계와 대변합계를 일치시키는 금액

② 조기 현금상환(만기이전 현금상환)

전환사채를 만기 이전에 현금으로 상환하면 조기 현금상환시점의 부채요소의 상환대가를 먼저 결정하고 잔여접근법을 이용해서 자본요소의 상환대가를 종속적으로 결정해서 총 상환대가를 다음과 같이 분해한다.

총 상환대가 { ㉠ 부채요소의 상환대가(독립적으로 결정)
㉡ 자본요소의 상환대가(총 상환대가 − 부채요소의 상환대가)

㉠ 부채요소의 상환대가: 조기 현금상환시점에 새로운 일반사채가 발행된다고 가정하고 새로 발행될 **일반사채의 새로운 시장이자율을 적용**하여 조기 현금상환시점(또는 재매입시점)의 전환사채 부채요소의 현재가치(공정가치)를 다음과 같이 결정하고, 이 금액을 부채요소의 상환대가로 한다.

	조기 현금상환시점의 전환사채 액면금액의 현재가치	×××
+)	조기 현금상환시점의 만기까지 전환사채 이자의 현재가치	×××
=)	조기 현금상환시점의 전환사채 부채요소의 현재가치(부채요소의 상환대가)	×××

㉡ 자본요소의 상환대가: 부채요소의 현재가치(공정가치)가 결정되면 조기 현금상환시점(재매입시점)의 자본요소의 공정가치(상환대가)를 다음과 같이 종속적으로 결정한다.

	조기 현금상환액(상환대가와 거래원가의 합계)	×××
−)	조기 현금상환시점의 전환사채 부채요소의 현재가치	(×××)
=)	조기 현금상환시점의 전환사채 자본요소의 공정가치(자본요소의 상환대가)	×××

전환사채 발행시점에 결정한 자본요소(전환권대가)의 측정액은 후속기간에 재측정(재평가)하지 않으므로 전환사채 발행 이후 자본요소의 공정가치가 변동해도 그 변동액을 무시한다. 조기 현금상환시점에 전환사채 자본요소의 공정가치를 재측정하는 목적은 자본요소의 상환대가를 결정하기 위한 것이지 자본요소의 공정가치 변동에 따라 장부금액을 수정하려는 것이 아니다.

㉢ 부채요소와 자본요소의 상환손익: 전환사채 조기현금상환으로 인한 손익은 부채요소 상환손익과 자본요소 상환손익을 따로따로 측정한다. 부채요소(일반사채 부분)의 현금상환과 관련하여 발생하는 손익은 당기손익으로 인식하고, 자본요소(전환권 부분)의 현금상환과 관련하여 발생하는 손익은 소유주이론(제14장 참조)에 따라 자본의 변동으로 인식한다[1032: AG34](예제 3 참조).

부채요소 상환손익(손익항목): 부채요소의 상환대가와 장부금액의 차이
자본요소 상환손익(자본항목): 자본요소의 상환대가와 장부금액의 차이

분개 **전환사채의 조기상환 시 회계처리: 손실이 발생한 경우**

① 부채요소의 현금상환

(차) 전 환 사 채 ×××* (대) 현 금 ×××**
(차) 전환사채상환손실 ×××
* 전환사채 부채요소의 장부금액
** 부채요소 상환대가

② 자본요소의 현금상환: 다음은 p. 615의 분개를 자세하게 설명한 것이다.

(차) 자본잉여금 - 전환권대가 ×××* (대) 현 금 ×××*
* 전환권대가에 지급한 상환대가

참고 [1032: 사례 11]은 위와 같이 분개한 후에 자본요소 상환손익을 전환권대가계정에 남긴다. 그러나 자본요소를 상환한 후에 남아있는 전환권대가 장부금액(자본요소 상환손익)을 포괄손익계산서를 우회해서 다음과 같이 자본의 다른 요소(예 이익잉여금)로 대체할 수 있다[1032: IE46], (예제 3 참조).

(차) 이 익 잉 여 금 ×××* (대) 자본잉여금 - 전환권대가 ×××
* 자본요소 상환손실

또는

(차) 자본잉여금 - 전환권대가 ××× (대) 이 익 잉 여 금 ×××*
* 자본요소 상환이익

예제 3 전환사채의 조기 현금상환

중요도: ★★
난이도: ◆◆◆

상황

다음은 예제 2의 자료이다.

· 1차연도 1. 1.에 100매의 전환사채(1매당 액면금액: ₩1,000, 만기: 2년, 표시이자율: 20%)를 ₩97,017에 할인발행하였다.
· 전환사채의 시장이자율: 연 22%
· 이자는 매년 말에 지급된다.
· 전환사채가 발행된 시점에 발행된 전환사채와 유사하면서 전환권이 없는 일반사채의 시장이자율: 연 25%
· 발행된 전환사채는 만기 전 어느 때나 1매당 1주의 보통주로 전환될 수 있다.
· 전환사채 발행시점의 전환권의 거래가격(공정가치): ₩5,000

예제 2의 자료 이외에 다음을 추가로 가정하라.
· 2차연도 1. 1.에 전환사채의 공정가치인 ₩115,000에 전환사채를 조기 현금상환하였다.
· 2차연도 1. 1. 현재 전환권이 없는 일반사채 시장이자율: 연 11%(기간이 1인 현재가치계수: 0.9)

물음

1. 1차연도 12. 31.의 자본요소의 장부금액은 ₩4,217이다. 조기 현금상환시점의 부채요소 상환손익과 자본요소 상환손익을 계산하라.
2. 조기 현금상환시점에 필요한 분개를 하라.

정답 및 해설 **부채요소 상환손실: ₩12,000, 자본요소 상환손실: ₩2,783**

1. 전환사채의 상환가격과 거래원가의 합계 ₩115,000

전환사채의 장부금액:

전환사채 부채요소의 장부금액	₩96,000*	
전환사채 자본요소의 장부금액	4,217	(100,217)
전환사채 총상환손실		₩14,783

* 전환사채 부채요소의 장부금액(할인율: 일반사채의 역사적(원래) 시장이자율 25%)

액면금액의 현재가치(₩100,000 × 0.8)	₩80,000	
이자의 현재가치(₩20,000 × 0.8)	16,000	₩96,000

· 전환사채 총상환손실 ₩14,783 중에서 얼마가 부채요소 상환손실이고 얼마가 자본요소 상환손실인가를 결정해야 한다.

① 전환사채 부채요소의 현재가치(할인율: 일반사채의 새로운 시장이자율 **11%**)

액면금액의 현재가치(₩100,000 × 0.9)	₩90,000	
이자의 현재가치(₩20,000 × 0.9)	18,000	₩108,000

② 조기 현금상환금액(상환대가와 거래원가의 합계)	₩115,000
조기 현금상환시점의 전환사채 부채요소의 현재가치(상환대가)	(108,000)
조기 현금상환시점의 전환사채 자본요소의 공정가치(상환대가)	₩7,000

③ 조기 현금상환시점의 전환사채 부채요소의 현재가치(상환대가)	₩108,000
조기 현금상환시점의 전환사채 부채요소의 장부금액	(96,000)
부채요소 상환손실	₩12,000

④ 자본요소 상환손실:

₩14,783(총손실) − ₩12,000(부채요소 상환손실) = ₩2,783

또는 ₩7,000(자본요소 상환대가) − ₩4,217(자본요소 장부금액) = ₩2,783

2.

부채요소의 현금상환:

(차) 전 환 사 채	100,000	(대) 사채할인발행차금	4,000
전환사채상환손실	12,000	현 금	108,000

자본요소의 현금상환:

(차) 자본잉여금 - 전환권대가	7,000	(대) 현 금	7,000*

* 전환권대가에 대한 현금지급액

(차) 이 익 잉 여 금	2,783	(대) 자본잉여금 - 전환권대가	2,783*

* 자본요소 상환손실: ₩7,000 − ₩4,217 = ₩2,783

그러므로 장부에서 제거되는 전환권대가 순액은 ₩4,217(₩7,000 − ₩2,783)이다.

(3) 전환조건의 변경(유도전환)

투자자들은 전환사채를 취득한 이후에 발행회사 보통주의 주가가 놀라울 정도로 올라도 전환사채를 주식으로 전환하는 것을 꺼리는 경향이 있다. 왜냐하면, 주가가 오르면 일반적으로 전환사채의 시장가격도 오르기 때문이다. 따라서 전환사채 발행자는 전환사채 보유자가 전환사채를 주식으로 전환하도록 유도하기 위해 추가적인 유인(예 현금지급, 전환비율을 전환사채 보유자에게 유리하게 인하, 주식매입권의 제공, 전환가격의 할인 등)을 제공하는 등 전환조건을 변경할 수 있다. 전환사채 발행 이후에 전환조건을 수정하는 것을 전환사채의 조건변경 또는 유도전환이라 하고, 추가 유인대가를 조건변경비용으로 인식한다. 즉, 전환사채의 전환을 유도하기 위해서 추가 대가를 지급하면, 변경된 조건으로 전환할 때 전환사채 보유자가 받을 대가의 공정가치와 원래의 조건으로 전환할 때 받을 대가의 공정가치의 차이로 조건변경비용을 측정해서 당기손실로 인식한다[1032: AG35]. 저자는 전환조건을 변경하여 추가로 지급하는 대가가 현금이면 금융부채를 인식하고, 주식(전환비율을 유리하게 변경)이면 자본을 인식한다고 본다.

참고 주당이익을 계산할 때에는 조건변경비용을 배당금으로 처리한다[1033: 17], (제18장 참조).

표 13.1 조건변경비용 측정액과 인식시점

조건변경비용 인식시점	조건변경비용 측정액	
조건변경시점	변경된 조건으로 전환 시 전환사채 보유자가 받을 대가의 공정가치	×××
	−) 원래의 조건으로 전환 시 전환사채 보유자가 받을 대가의 공정가치	(×××)
	=) 조건변경비용(금융부채 또는 자본) 측정액	×××

전환사채 발행회사가 전환조건을 변경한 후에 전환사채 보유자가 전환을 청구하지 않을 수도 있으나, 「K-IFRS 제1032호」는 조건변경시점에 유도전환의 효과를 당기손실로 인식하도록 규정한다[1032: AG35]. 그러나 「K-IFRS 제1032호」는 전환조건을 변경했음에도 불구하고 전환사채 보유자가 전환하지 않아 조건변경효과가 소멸되는 경우에 대한 회계처리방법을 제시하지 않는다. Big 4 회계법인 중 하나인 딜로이트(Deloitte)는 조건변경효과가 소멸되면 현금을 추가로 지급하기로 해서 인식했던 금융부채를 장부에서 제거하고 미행사 이익(gain upon non-exercise of inducement)을 인식하는 방법을 제시한다. 그러나 전환비율을 전환사채 보유자에게 유리하게 변경하여 주식을 추가로 교부할 것으로 예상해서 조건변경시점에 인식했던 자본은 조건변경효과가 소멸되어도 장부에서 제거하지 않는다.[4]

분개 조건변경에 대한 회계처리

	현금을 추가로 지급하는 경우	전환사채 보유자에게 조건을 유리하게 변경한 경우
조건변경시점:		

4) Deloitte LLP, *iGAAP 2017, Volume B: Financial Instruments – IFRS 9 and related Standards* (Wolters Kluwer, 2017), pp. 162-164.

(차) 조건변경비용(추가지급액)	×××		(차) 조건변경비용(추가지급액)	×××	
(대) 금 융 부 채		×××	(대) 자 본 잉 여 금		×××

전환시점:

(차) 전 환 사 채(장부금액)	×××		(차) 전 환 사 채(장부금액)	×××	
(대) 자 본		×××	(대) 자 본		×××
(차) 금 융 부 채	×××				
(대) 현 금		×××			

조건변경효과 소멸시점:

(차) 금 융 부 채	×××		분개 없음
(대) 전환미행사이익		×××	

예제 4 전환사채의 조기전환을 유도하기 위한 전환조건의 변경

중요도: ★
난이도: ◆◆◆

상황

· 1차연도 1. 1.에 전환사채 1매(액면금액: ₩1,000, 표시이자율: 연 10%, 만기: 10차연도 12. 31.)를 액면금액으로 발행하고 발행금액을 다음과 같이 분리하였다.

전환사채 발행금액의 구성요소 { 부채요소: ₩900 / 자본요소: ₩100

· 전환사채 액면금액 ₩50당 보통주 1주로 전환할 수 있다.
· 2차연도 1. 1.의 사채할인발행차금계정의 잔액: ₩60
· 전환사채 보유자가 전환사채를 조기에 전환하도록 유도하기 위하여, 2차연도 1. 1.에 전환조건을 다음과 같이 변경하였다.
  상황 ①: 2차연도 3. 1.까지 전환하는 경우 전환사채 발행회사가 ₩400을 현금으로 지급한다.
  상황 ②: 2차연도 3. 1.까지 전환하는 경우 전환사채 액면금액 ₩40당 보통주 1주로 전환할 수 있다.
· 전환조건 변경시점의 보통주(주당 액면금액: ₩10) 1주당 시장가격: ₩80
· 2차연도 2. 28.에 전환사채 전부가 보통주로 전환되었다.

물음

1. 조건변경비용을 측정하라.
2. 조건변경과 전환사채의 전환을 기록하기 위한 분개를 하라.
3. 2차연도 3. 1.까지 전환사채가 보통주로 전환되지 않았을 경우 2차연도 3. 2.에 필요한 분개를 하라.

정답 및 해설 **1. 상황 ①: ₩400, 상황 ②: ₩400**

1. 상황 ②에서 추가로 지급하는 대가의 공정가치는 다음과 같다.

	최초 전환조건	변경된 전환조건	증가액
액면금액	₩1,000	₩1,000	
주당 전환가격	÷ ₩50	÷ ₩40	
발행될 보통주의 수	20주	25주	5주
주당 시장가격			× ₩80

추가 지급대가 ₩400

2.

상황 ①			상황 ②		
2차연도 1. 1. 조건변경시점:					
(차) 조건변경비용(당기손실)	400		(차) 조건변경비용(당기손실)	400	
(대) 금 융 부 채		400	(대) 자 본 잉 여 금*		400
			*최초에 인식한 전환권대가 측정액을 수정하지 않음		
2차연도 2. 28. 전환시점:					
(차) 금 융 부 채	400		분개 없음		
(대) 현 금		400			
(차) 전 환 사 채	1,000		왼쪽과 동일		
(대) 사채할인발행차금		60			
자본금 - 보통주		200*			
주식발행초과금		740			
* 20주 × ₩10 = ₩200					
(차) 자본잉여금 - 전환권대가	100*		왼쪽과 동일		
(대) 주 식 발 행 초 과 금		100			
* 전환권대가 ₩100을 자본 내의 다른 계정으로 대체할 수 있음					

3.

상황 ①			상황 ②
2차연도 3. 2. 조건변경효과 소멸시점:			
(차) 금 융 부 채	400		분개 없음
(대) 전 환 미 행 사 이 익		400	

제2절 상환할증금조건부 전환사채

Chapter 13

1. 상환할증금의 개념과 측정

전환사채가 만기일까지 보통주로 전환되지 않을 경우 만기일에 보유자에게 액면금액과 함께 별도의 현금을 추가 이자로 지급하는 전환사채가 발행되기도 한다. 「K-IFRS 제1032호」는 현금을 추가 이자로 지급하는 상황에 대해서 언급하지 않으므로 「일반기업회계기준」에 기초해서 현금을 추가 이자로 지급하는 상황을 설명한다. 전환사채 보유자가 만기까지 전환권을 행사하지 않고 만기에 현금으로 상환받는 경우 전환사채 발행회사가 전환사채 보유자에게 일정 수준의 수익률(보장수익률)을 보장하기 위해 액면금액 이외에 현금이자를 추가로 지급하는 금액을 상환할증금이라 한다. 상환할증금을 지급하는 조건으로 발행된 전환사채를 상환할증금조건부 전환사채라 한다. 상환할증금조건부 전환사채의 만기 상환금액은 전환사채의 액면금액과 상환할증금을 합한 금액이다. 상환할증금은 투자자에게 일정한 수익률을 보장해주기 위해 전환사채의 만기일에 추가 이자를 일시에 지급하는 것이라고 볼 수 있다. 그러나 상환할증금을 지급하는 조건이 붙은 전환사채라도 만기 이전에 보통주로 전환되면 전환사채의 발행자는 상환할증금을 지급할 의무가 없다.

Miniature 예제 5 상환할증금의 개념과 측정

상황

· 1차연도 1. 1.에 발행된 전환사채(표시이자율: 연 20%, 액면금액: ₩100,000, 만기: 3차연도 12. 31.)가 만기까지 주식으로 전환되지 않으면 전환사채 발행자가 보유자에게 연 24%의 수익률을 보장한다.

물음 상환할증금을 계산하라.

정답 및 해설

· 매년 말에 실제로 지급되는 현금이자는 표시이자율에 근거한 ₩20,000(₩100,000 × 20%)이다. 그러나 만기까지 전환권이 행사되지 않아 현금으로 상환하면 보장수익률에 근거한 이자 ₩24,000(₩100,000 × 24%)을 매년 지급했어야 하므로 매년 ₩4,000(₩24,000 − ₩20,000)만큼 추가로 현금이자를 지급했어야 한다. 그러나 매연도의 추가 이자 ₩4,000을 만기시점에 일시에 지급하므로, 매년 추가로 지급했어야 하는 이자 ₩4,000에 대해 보장수익률 24%를 적용하여 계산된 미래가치를 합한 금액(아래의 ₩15,110)이 상환할증금이다.

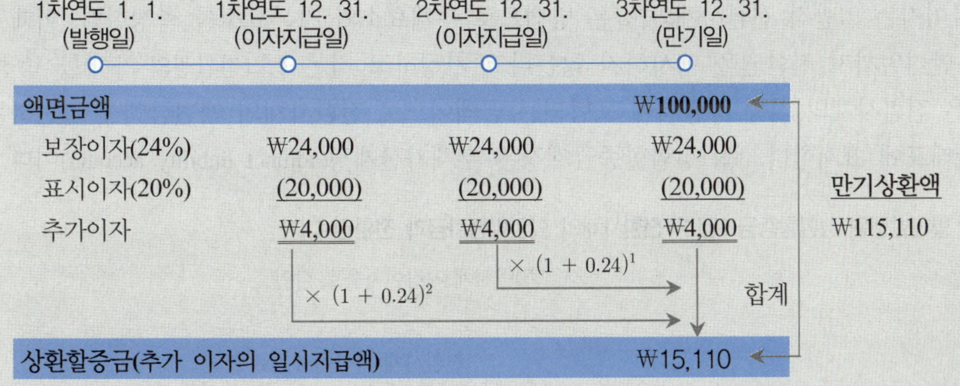

연금의 미래가치로 상환할증금 계산

Miniature 예제 5의 그림에서, 1차연도 12. 31.과 2차연도 12. 31.에 발생한 '추가 이자' ₩4,000을 3차연도 12. 31.(만기일)에 일시에 지급하므로, 1차연도 말과 2차연도 말에 지급되지 않은 ₩4,000에 대해서 3차연도 12. 31.까지 별도의 이자가 발생한다. 즉, 1차연도 말에 지급되지 않은 ₩4,000에 대한 이자 ₩2,150(₩4,000 × (1 + 보장수익률 24%)^2 − ₩4,000)과 2차연도 말에 지급되지 않은 ₩4,000에 대한 이자 ₩960(₩4,000 × (1 + 보장수익률 24%)^1 − ₩4,000)이 추가로 발생한다. 그러므로 3차연도 12.

31.에 실제로 지급하는 금액은 1차연도 12. 31.에 발생한 '추가 이자' ₩4,000의 2년 후의 미래가치인 ₩6,150(₩4,000 × $(1.24)^2$)과 2차연도 12. 31.에 발생한 '추가 이자' ₩4,000의 1년 후의 미래가치인 ₩4,960(₩4,000 × $(1.24)^1$)에 3차연도 12. 31.에 발생한 '추가 이자' ₩4,000을 합한 ₩15,110이다. 그러므로 매년 말에 ₩4,000씩 추가로 발생하는 금액에 보장수익률 24%를 적용하여 계산된 연금의 미래가치가 만기시점에 일시불로 지급하는 상환할증금이다.

상환할증금(미래가치): ₩6,150 + ₩4,960 + ₩4,000 = ₩15,110

또는

상환할증금(미래가치) = ₩4,000 × $\{(1 + 0.24)^2 + (1 + 0.24)^1 + (1 + 0.24)^0\}$
= ₩4,000 × 3.7776(기간이 3이고 이자율이 24%인 연금종가계수) = ₩15,110

2. 상환할증금조건부 전환사채의 부채요소와 자본요소의 측정

상환할증금조건부 전환사채를 발행할 때에도 일반적 전환사채를 발행할 때와 마찬가지로 발행시점에 부채요소와 자본요소를 분리해서 측정하고 인식한다. 일반적 전환사채와 상환할증금조건부 전환사채의 유일한 차이점은 만기일에 전환사채 보유자에게 지급되는 상환할증금의 유무이다. 일반적 전환사채의 만기상환액은 액면금액이나, 상환할증금조건부 전환사채의 만기상환금액은 액면금액에 상환할증금(보장수익률에 따른 추가 이자의 연금미래가치)을 합한 금액이다. 상환할증금조건부 전환사채의 만기상환액인 '액면금액 + 상환할증금'을 일반적 전환사채의 '액면금액' 대신 사용하고 현재가치를 구한다. 나머지는 일반적 전환사채와 같은 방법으로 부채요소와 자본요소를 측정한다. 이때 전환사채 보유자가 만기일까지 전환권을 행사하지 않는다고 가정하고 자본요소(전환권의 가치)를 측정한다. 상환할증금은 전환사채의 최종 상환액에 포함되는 금액이므로 전환사채의 액면금액에 가산하는 형식으로 재무상태표에 표시한다. 즉, 상환할증금계정은 부채가산계정(adjunct liability account)이다.

그림 13.3 **할인발행된 상환할증금조건부 전환사채의 할인발행차금과 전환권 대가**

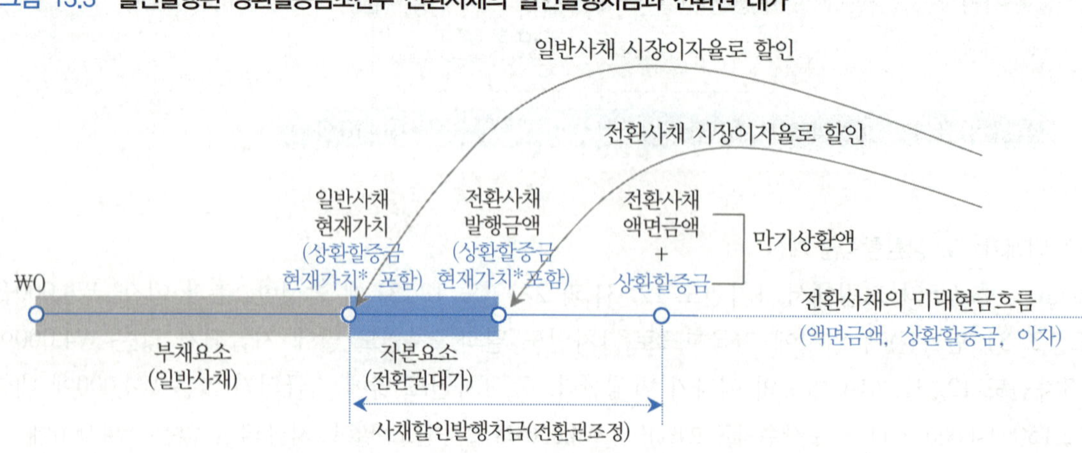

* 두 경우의 상환할증금의 현재가치는 각기 다른 이자율을 적용한 값이므로 서로 다를 수 있음

표 13.2 상환할증금조건부 전환사채의 측정액

측정액	계산방법
① 만기상환액	전환사채의 액면금액 + 상환할증금
② 전환사채 발행금액	전환사채의 미래현금흐름액(액면금액, 현금이자, 상환할증금)의 현재가치* * 전환사채의 시장이자율로 할인
③ 전환사채 부채요소	전환사채의 미래현금흐름액(액면금액, 현금이자, 상환할증금)의 현재가치* * 일반사채의 시장이자율로 할인
④ 전환사채 자본요소	전환사채 발행금액(②) − 전환사채 부채요소(③)
⑤ 사채할인(할증)발행차금	만기상환액(①) − 전환사채 부채요소(③)

3. 상환할증금조건부 전환사채의 사채할인(할증)발행차금의 상각

상환할증금조건부 전환사채의 사채할인(할증)발행차금도 일반적 전환사채의 경우와 동일하게 일반사채의 시장이자율(유효이자율)을 적용하여 만기까지 상각해서 이자비용으로 인식한다. 상환할증금조건부 전환사채를 발행하면 상환할증금도 만기까지 별도로 상각하여 이자비용으로 인식해야 하지만 상환할증금이 전환사채의 할인(할증)발행차금에 이미 포함되어 있으므로 할인(할증)발행차금을 상각하면 상환할증금도 자동적으로 상각된다. 전환사채 발행시점에 상환할증금의 현재가치(상환할증금을 일반사채 시장이자율로 할인한 금액)가 전환사채 부채요소에 포함되므로 일반사채의 시장이자율로 사채할인발행차금을 사채 만기일까지 상각해서 부채요소의 장부금액을 점차 증가시키면 결과적으로 장부금액이 만기일에 지급할 총 상환액, 즉 액면금액과 상환할증금의 합계와 같아진다.

예제 5 전환사채의 할인발행과 상환할증금(전환 제외)

중요도: ★★★
난이도: ◆◆

상황

· 1차연도 1. 1.에 다음과 같은 조건으로 전환사채(액면금액: ₩100,000, 표시이자율: 연 20%, 상환일(만기일): 2차연도 12. 31.)를 ₩98,523에 할인발행하였다.
· 전환사채의 시장이자율(유효이자율): 연 24%
· 일반사채의 시장이자율(유효이자율): 연 25%
· 보장수익률: 연 23%
· 전환가격: 전환사채 ₩1,000당 보통주 1주(1주당 액면금액: ₩800)로 전환
· 전환청구기간: 사채발행 이후 1개월 경과일로부터 상환만기일 2일 전까지
· 이자지급 방법: 매 연도 말에 지급

물음

1. 상환할증금을 계산하라.
2. 전환사채의 부채요소와 자본요소인 전환권대가(전환권의 가치)를 계산하라.
3. 사채할인발행차금 상각표를 작성하라.

4. 전환사채가 만기상환 되었다고 가정하고 전환사채 발행시점부터 만기상환시점까지 전환사채와 관련된 분개를 하라.

정답 및 해설 **1. 상환할증금: ₩6,690 2. 전환사채 부채요소: ₩97,082, 전환사채 자본요소: ₩1,441**

1. 보장수익률 23%가 되기 위한 추가 이자에 대한 현금흐름은 다음과 같다.

	1차연도 1. 1.	1차연도 12. 31.	2차연도 12. 31.
추가 이자:		₩3,000	₩3,000

보장수익률을 이용한 추가 이자의 미래가치: (₩3,000 × 123%) + ₩3,000 = ₩6,690
상환할증금: ₩6,690

2. 전환사채 발행금액(할인율: 전환사채의 시장이자율 24%)

액면금액의 현재가치: ₩100,000 × 0.65036 =	₩65,036	
상환할증금의 현재가치: ₩6,690 × 0.65036 =	4,351	
현금이자의 현재가치: ₩20,000 × 1.45682 =	29,136	₩98,523
전환사채 부채요소(할인율: 일반사채의 시장이자율 25%)		
액면금액의 현재가치: ₩100,000 × 0.64 =	₩64,000	
상환할증금의 현재가치: ₩6,690 × 0.64 =	4,282	
현금이자의 현재가치: ₩20,000 × 1.44 =	28,800	(97,082)
전환권대가(전환권의 가치)		₩1,441

3.

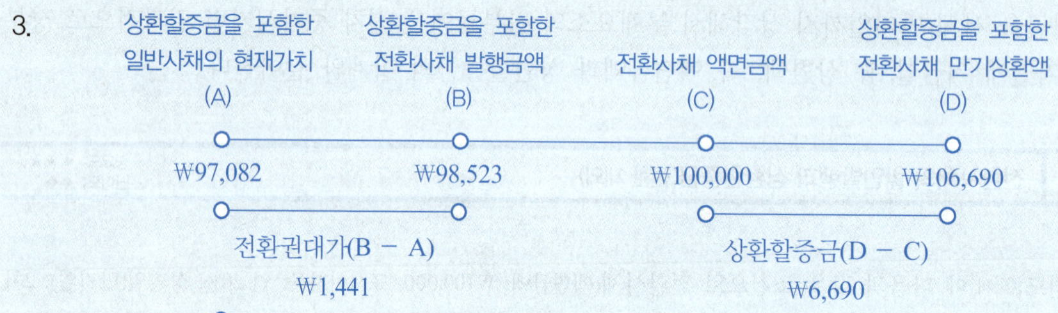

전환사채할인발행차금(D − A): ₩9,608

참고 「일반기업회계기준」에 따르면 ₩9,608이 '전환권조정'이다.

유효이자율법에 의한 상각표

연도 ①	부채요소 기초장부금액 ②	유효이자 (25%) ③	현금이자 (20%) ④	할인발행차금 상각액 ⑤ = ③ − ④	부채요소 기말장부금액 ⑥ = ② + ⑤
1차연도	₩97,082	₩24,271	₩20,000	₩4,271	₩101,353
2차연도	101,353	25,337*	20,000	5,337	106,690
합계		₩49,608	₩40,000	₩9,608	

* 반올림 오차

4. 1차연도 1. 1. 전환사채 발행시점:

(차) 현 금(부채요소)	97,082	(대) 전 환 사 채	100,000
사채할인발행차금	9,608	사채상환할증금	6,690
(차) 현 금	1,441	(대) 자본잉여금 - 전환권대가	1,441

1차연도 12. 31. 이자지급시점:

(차) 이 자 비 용	24,271	(대) 사채할인발행차금	4,271
		현 금	20,000

2차연도 12. 31. 이자지급시점:

(차) 이 자 비 용	25,337	(대) 사채할인발행차금	5,337
		현 금	20,000

2차연도 12. 31. 만기상환시점:

(차) 전 환 사 채	100,000	(대) 현 금	106,690
사채상환할증금	6,690		

4. 상환할증금조건부 전환사채의 전환 및 상환

상환할증금조건부 전환사채가 만기일에 현금으로 상환되면 액면금액에 상환할증금이 추가로 지급되고 상환되나, 최초로 인식한 자본요소(전환권대가)는 계속해서 자본잉여금으로 남는다. 만기일에 상환할증금조건부 전환사채가 주식으로 전환되면 발행자는 전환사채를 장부에서 제거하고, 부채요소의 장부금액인 '액면금액 + 상환할증금'으로 주식발행금액을 측정하여 보통주자본금과 주식발행초과금을 인식한다. 만기일에 사채할인(할증)발행차금은 모두 상각되어 잔액이 ₩0이 되므로 상환시점에 전환사채의 장부금액(상환할증금을 포함한 금액)과 상환금액은 동일하다. 그리고 장부금액법을 사용하여 전환거래를 회계처리하므로 만기일에 전환사채를 주식으로 전환해도 전환손익이 발생하지 않는다.

분개 할인발행한 상환할증금조건부 전환사채의 만기일 회계처리

현금으로 상환하는 경우			주식으로 전환하는 경우		
(차) 전 환 사 채(액면금액)	×××		(차) 전 환 사 채(액면금액)	×××	
사채상환할증금	×××		사채상환할증금	×××	
(대) 현 금		×××	(대) 자 본 금		×××
			주식발행초과금		×××

예제 6 할인발행된 상환할증금조건부 전환사채의 전환

중요도: ★★★
난이도: ◆◆◆

상황

다음은 예제 5의 자료이다.

· 1차연도 1. 1.에 다음과 같은 조건으로 전환사채(액면금액: ₩100,000, 표시이자율: 연 20%, 상환일(만기일): 2차연도 12. 31.)를 ₩98,523에 할인발행하였다.
· 전환사채의 시장이자율(유효이자율): 연 24%
· 일반사채의 시장이자율(유효이자율): 연 25%
· 보장수익률: 연 23%
· 전환가격: 전환사채 ₩1,000당 보통주 1주(1주당 액면금액: ₩800)로 전환
· 전환청구기간: 사채발행 이후 1개월 경과일로부터 상환만기일 2일 전까지
· 이자지급방법: 매 연도 말에 지급

물음

1. 2차연도 1. 1.에 전환사채의 60%가 보통주로 전환되었다고 가정하고 장부금액법을 사용하여 전환거래를 분개하고 재무상태표에 부채와 자본항목으로 표시하라.
2. 2차연도 12. 31.에 전환사채의 100%가 주식으로 전환되었다고 가정하고 분개하라.

정답 및 해설

1.

2차연도 1. 1.에 전환사채의 60%가 보통주로 전환되므로 부채요소 장부금액의 60%를 자본으로 대체한다. 부채요소의 장부금액은 (액면금액 + 상환할증금 − 사채할인발행차금)으로 구성되는데, 2차연도 1. 1.의 각 항목의 잔액과 부채요소 장부금액을 계산하면 다음과 같다.

전환사채 액면금액	₩100,000
+) 사채상환할증금	6,690
−) 사채할인발행차금(상각후)	5,337
=) 부채요소 장부금액	₩101,353

₩101,353의 60%인 ₩60,812를 자본에 대체하되, 자본금은 ₩48,000(₩800 × 60주)만큼 증가시키고, 나머지 ₩12,812는 주식발행초과금으로 대체한다. 실제 분개에서는 부채 구성요소 각각의 60%를 감소시키는 것이 필요하므로 다음과 같이 회계처리한다.

(차)	전환사채(액면금액)	60,000	(대)	사채할인발행차금	3,202
	사채상환할증금	4,014		자본금	48,000
				주식발행초과금	12,812

그리고 전환된 60%의 전환사채에 대한 전환권 대가를 자본잉여금 - 전환권대가에서 주식발행초과금으로 대체한다.

(차)	자본잉여금 - 전환권대가	865*	(대)	주식발행초과금	865

* ₩1,441 × 60% = ₩865

참고 부채에서 자본으로 대체하는 위의 분개가 직관적으로 이해하기 쉽지만, 깊이 이해하기를 원하는 독자를 위해 부채요소의 장부금액의 구성요소 각각을 대체하면 다음과 같이 세 개의 분개 ①~③을 별도로 작성한다.

① (차) 전 환 사 채 60,000 (대) 자 본 금 48,000
주식발행초과금 12,000

* ₩60,000 ÷ ₩1,000 = 60주
₩800 × 60주 = ₩48,000

② (차) 사채상환할증금 4,014* (대) 주식발행초과금 4,014

* 2차연도 1. 1.의 사채상환할증금 잔액 ₩6,690 × 60% = ₩4,014를 부채에서 자본으로 대체함.

③ (차) 주식발행초과금 3,202* (대) 사채할인발행차금 3,202

* 2차연도 1. 1.에 사채할인발행차금 잔액 ₩5,337 × 60% = ₩3,202를 제거하고 동액만큼 자본 증가를 감소시킴. 이 분개가 없다면 전환사채의 액면금액과 상환할증금에 대한 위의 두 분개는 부채에서 자본으로 전환되는 금액을 과대계상함. 원래 부채요소의 장부금액은 사채할인발행차금을 차감한 것이므로 이 분개를 통해 부채감소와 자본증가의 과대계상 부분을 정정하는 것임.

부분재무상태표

부채:	
전환사채(액면금액)	₩40,000
사채상환할증금	2,676
사채할인발행차금	(2,135)
전환사채(장부금액)	₩40,541
자본:	
자본금	₩48,000
주식발행초과금	13,677
자본잉여금－전환권 대가	576

2.
2차연도 12. 31. 100% 주식 전환시점:

(차) 이 자 비 용 25,337 (대) 사채할인발행차금 5,337
현 금 20,000

(차) 전 환 사 채 100,000 (대) 자 본 금 80,000*
사채상환할증금 6,690 주식발행초과금 26,690

* ₩100,000 ÷ ₩1,000 = 100주
₩800 × 100주 = ₩80,000

(차) 자본잉여금 - 전환권대가 1,441 (대) 주식발행초과금 1,441

Chapter 13 제3절

신주인수권부사채

1. 신주인수권부사채의 개념

주식매입권이 첨부된 사채인 복합금융상품을 발행하는 거래는 주식을 매입할 수 있는 주식매입권을 채무상품과 함께 발행하는 거래와 실질적으로 동일한 경제적 효과가 있다. 따라서 발행자는 이러한 거래를 부채요소와 자본요소로 분리하여 재무상태표에 표시한다[1032: 29]. 그러나 IFRS는 [1032: 29] 이외에는 신주인수권부사채에 대한 회계처리를 제시하지 않으므로 「일반기업회계기준」을 토대로 신주인수권부사채에 대한 회계처리를 설명한다.

(1) 주식매입권과 신주인수권

① 주식매입권

주식매입권(share warrants)은 명시된 기간 내에 약정금액을 지급하고 주식을 취득할 수 있는 권리가 부여된 증권으로, 회사가 신주를 순조롭게 발행하기 위해 투자자들에게 일반적으로 유상으로 매각하는 권리증서이다. 주식매입권은 일정 기간 내에 일정한 가격으로 회사의 신주를 매입할 수 있는 권리가 부여된다는 점에서 신주인수권과 같지만, 기존 주주를 포함한 일반투자자를 대상으로 유상으로 발행된다는 점에서 기존 주주에게만 무상으로 지급되는 신주인수권과 다르다. 투자자는 대가를 지급하고 주식매입권을 취득한 후 원하는 때에 권리를 행사하여 발행회사의 주식을 취득할 수 있으므로, 주식매입권이 다른 증권과 독립적으로 단독으로 발행되면 발행시점에 공정가치로 측정해서 장부에 자본으로 인식한다.

② 신주인수권

신주인수권(share right)은 회사가 추가로 신주를 발행할 때 기존 주주가 보유한 주식 수에 비례하여 우선적으로 신주를 구입할 수 있는 권리이다. 엄밀한 의미에서 신주인수권과 주식매입권은 그 뜻이 조금 다르나, 우리나라 실무에서는 신주인수권과 주식매입권을 구분하지 않고 신주인수권을 주식매입권이라 한다. 기존 주주 이외의 투자자에게 신주가 발행되면 기존 주주는 지분율이 감소할 뿐만 아니라 주가가 하락하는 위험도 부담한다. 이를 보상하기 위해 기존 주주에게 보유주식 수에 비례하여 신주인수권을 무상으로 배부하여 일정 기간 내에 특정 금액(일반적으로 발행될 신주의 공정가치보다 낮은 금액)으로 신주를 살 수 있도록 하기도 한다. 신주인수권은 기존 주주에게 무상으로 제공되고, 기존 주주가 신주인수권을 받아도 신주인수권이 곧 주식을 의미하는 것이 아니기 때문에 피투자회사에 대한 지분율이 증가하지 않고 보유한 금융자산(주식)의 장부금액도 변하지 않는다. 신주인수권은 통상적으로 해당 주식의 시장가치보다 낮은 가격으로 주식을 구매할 수 있는 권리를 부여하기 때문에 그 자체로 경제적 가치를 가지고 있다. 그러나 신주인수권을 발행하는 회사의 입장에서는 신주인수권이 대가 없이 무상으로 교부되므로 발행시점에 신주인수권에 대해서 비망록에 기록한다. 그리고 신주인수권이 행사되어 실제로 주식이 발행되면 「K-IFRS 제1033호」(주당이익 기준서)에 따라 총 발행금액을 '공정가치로 발행된 주식'과 '무상으로 교부된 주식'으로 분해할 수 있다(제18장 참조).

(2) 신주인수권부사채의 개념과 유형

주식매입권은 단독으로 발행되는 경우도 있지만, 일반적으로 사채 또는 우선주 등 특정 증권을 발행할 때 해당 증권에 첨부되어 같이 발행된다. 이처럼 **주식매입권이 첨부된 사채를** 신주인수권부사채(bonds with share warrants)**라 한다.** 신주인수권부사채는 두 종류의 증권(사채와 주식매입권)을 단일가격으로 발행한 사채이다. 우리나라에서 말하는 신주인수권부사채는 신주인수권이 부여된 사채가 아니라 주식매입권이 부여된 사채이므로, 신주인수권부사채는 엄밀한 의미에서 주식매입권부사채라 해야 한다. 「K-IFRS 제1032호」도 주식매입권(share purchase warrants)이라 표현하지만[1032: 29], 우리나라에서 신주인수권부사채라는 용어가 오래전부터 사용됐으므로 이 책에서도 신주인수권부사채라는 용어를 사용한다.

신주인수권부사채는 투자자에게 주식을 취득할 기회를 제공하므로 신주인수권부사채의 시장이자율(유효이자율)이 주식매입권이 없는 일반사채의 시장이자율(유효이자율)보다 낮은 것이 일반적이다. 즉, 신주인수권부사채의 발행금액이 주식매입권의 가치로 인해 일반사채의 발행금액보다 크다. 신주인수권부사채의 발행자 입장에서는 사채의 이자율을 낮춰 이자 부담을 줄이면서 공개시장에서 사채의 유동성을 높일 수 있다는 장점을 갖는다.

주식매입권(신주인수권)을 사채에 첨부하여 발행할 때, 주식매입권이 사채와 분리되어 별도로 거래되도록(분리형) 할 수도 있고, 두 종류의 증권이 반드시 함께 거래되도록(비분리형) 할 수도 있다. 다른 증권과 분리하여 따로 거래할 수 있는 주식매입권을 분리형 주식매입권(detachable share warrants)이라 하고 다른 증권과 분리해서 거래할 수 없는 주식매입권을 비분리형 주식매입권(nondetachable share warrants)이라 한다. 따라서 신주인수권부사채를 분리형 신주인수권부사채와 비분리형 신주인수권부사채로 나눌 수 있다.

비분리형 신주인수권부사채는 사채의 소유를 포기함과 동시에 사채에 첨부된 주식매입권을 행사해서 약정된 수량의 주식을 살 수 있는 사채이다. 분리형 신주인수권부사채는 사채의 소유를 포기하지 않고 사채에 첨부된 주식매입권을 별도로 행사하여 약정된 수량의 주식을 약정가격으로 살 수 있는 사채로, 투자자가 주식매입권을 주식으로 전환할 때 행사가격을 현금으로 지급하는 것이 일반적이다. 우리나라는 2015년에 「자본시장법」을 개정해서 분리형 신주인수권부사채의 발행을 허용하였다. 그러나 비분리형 신주인수권부사채라 하더라도 주식매입권 행사 시 사채의 소유를 포기하지 않고 주식매입권을 행사해서 현금으로 납입하는 방식이 허용되어 주식매입권 행사시점에 사채의 수량과 액면금액이 감소하지 않으므로 비분리형 신주인수권부사채를 마치 분리형 신주인수권부사채인 것처럼 회계처리한다. 즉, 우리나라에서는 분리형 신주인수권부사채와 비분리형 신주인수권부사채를 구분하지 않고 비분리형 신주인수권부사채도 분리형 신주인수권부사채처럼 회계처리한다. IAS 32(「K-IFRS

제1032호」)는 비분리형 신주인수권부사채에 대한 회계처리와 분리형 신주인수권부사채에 대한 회계처리를 제시하지 않지만, US GAAP은 신주인수권부사채를 분리형과 비분리형으로 구분하고 각 유형을 다르게 회계처리한다. 이론적 관점에서는 비분리형 신주인수권부사채의 주식매입권이 행사되면 사채의 액면금액을 감소시켜야 한다(연습문제 15 참조).

(3) 신주인수권부사채와 전환사채의 비교

전환사채는 투자자가 전환사채의 소유를 포기하고 주식으로 전환할 수 있는 사채로, 주식으로 전환할 때 투자자가 추가 대가를 지급하지 않는 것이 일반적이다. 전환사채는 주식으로 전환할 수 있는 권리(전환권)가 사채에 내재해 있기 때문에 전환사채 소유자가 **전환권을 행사하면 전환시점에 주식이 발행되고 사채의 장부금액이 장부에서 제거된다.** 따라서 전환사채 보유자는 전환권을 행사하여 주식으로 전환하는 순간 사채의 액면금액과 이자를 받을 권리가 사라지고, 발행자는 더 이상 사채의 액면금액과 이자를 지급할 의무를 부담하지 않는다. 우리나라에서는 비분리형 신주인수권부사채 또는 분리형 신주인수권부사채의 보유자가 현금을 납입하고 신주인수권(주식매입권)을 행사해도 사채의 액면금액과 이자를 받을 권리를 그대로 보유하기 때문에 신주인수권부사채와 전환사채의 경제적 실질이 다르다. 즉, 비분리형 신주인수권부사채의 주식매입권이 행사되어도 사채가 상환된 것이 아니므로 사채는 계속해서 장부에 남고 이자를 지급해야 한다.

2. 최초측정

신주인수권부사채의 발행자는 신주인수권부사채를 '일반사채'와 '사채에 내재된 주식매입권'의 두 가지 요소로 구성된 복합금융상품으로 보고, 최초측정시점에 사채발행금액을 부채요소와 자본요소로 배분한다. 신주인수권부사채 발행금액은 만기일까지 기대되는 미래현금흐름액(상환할증금 포함)을[5] 신주인수권부사채의 시장이자율(유효이자율)로 사채발행일에 할인한 현재가치이다. 신주인수권부사채 부채요소의 공정가치는 만기일까지 기대되는 미래현금흐름액(상환할증금 포함)을 주식매입권이 없는 유사한 일반사채의 시장이자율(유효이자율)로 사채발행일에 할인한 현재가치이다. 신주인수권부사채의 발행금액에서 부채요소의 측정액을 차감하고 남은 금액을 자본요소(주식매입권)에 배분한다. 자본요소인 주식매입권의 가치를 신주인수권대가로 인식하고 자본잉여금으로 분류했다가 주식매입권이 행사되면 주식발행초과금으로 이체한다. 만일 주식매입권이 만기까지 행사되지 않으면 신주인수권대가는 그대로 두거나 주식발행초과금으로 이체한다.

---

5) 전환사채처럼 상환할증금을 지급하지 않는 신주인수권부사채도 존재하지만 여기서는 상환할증금조건부 신주인수권부사채 위주로 설명한다.

분개 신주인수권대가의 회계처리

최초인식시점:

(차) 현　금	×××	(대) 자본잉여금 - 신주인수권대가	×××

행사시점:

(차) 자본잉여금 - 신주인수권대가	×××	(대) 주식발행초과금	×××

만기시점: 다음 중 선택

방법 1	방법 2
분개 없음	(차) 자본잉여금 - 신주인수권대가 ××× (대) 주식발행초과금 ×××

3. 후속측정(전환 및 상환)

신주인수권부사채의 주식매입권 행사나 상환에 대한 회계처리도 전환사채에 대한 회계처리와 유사하다. 즉, 신주인수권부사채의 이자비용은 전환사채와 마찬가지로 부채요소의 기초장부금액에 일반사채의 시장이자율(유효이자율)을 적용하여 계산한다. 그러나 우리나라에서는 분리형과 비분리형을 실질적으로 구분하지 않으므로 신주인수권부사채의 주식매입권 행사에 대한 회계처리는 전환사채에 대한 회계처리와 다르다.

신주인수권부사채 보유자가 만기 이전에 주식매입권을 행사하여 주식을 교부받으면 신주인수권부사채 발행자는 주식의 공정가치를 고려하지 않고 행사가격으로 주식의 발행금액을 측정한다. 이때 중요한 점은, 주식매입권 행사로 감소하는 부채의 금액이 전환사채의 경우에 비해 매우 작다는 점이다. 왜냐하면, 사채 자체는 그대로 남은 채, 주식매입권의 행사에 따라 만기에 지급할 상환할증금만 감소하기 때문이다. 주식매입권 행사시점에 부채요소 장부금액에서 주식발행초과금으로 이체되는 금액은 행사비율에 해당하는 상환할증금을 발행시점의 일반사채의 시장이자율로 할인한 현재가치이다. 주식매입권 행사시점에 상환할증금의 일부를 추가로 상각해야 하므로, 상각되지 않은 사채할인발행차금의 금액이 변하여 주식매입권 행사 직전과 직후의 신주인수권부사채의 부채요소 장부금액이 변한다. **상환할증금 제거액과 상환할증금 제거액의 현재가치의 차이는 사채할인발행차금에 조정한다**(보충설명 **참조**). 그리고 이렇게 조정된 사채할인발행차금에 대한 상각표를 새로 작성한다(예제 8 참조).

전환사채에 대한 회계처리와 신주인수권부사채에 대한 회계처리의 차이점은 다음과 같다.

① 계정과목의 명칭(전환사채 ↔ 신주인수권부사채, 전환권대가 ↔ 신주인수권대가)이 다르다.

② 신주인수권부사채의 주식매입권이 행사되어도 부채요소를 장부에서 제거하지 않으므로 사채의 장부금액에 대해 만기까지 이자비용이 발생한다.

③ 신주인수권부사채의 주식매입권의 일부가 행사될 때 사채할인발행차금 조정액과 주식발행초과금 이체액이 전환사채의 경우와 다르다(예제 8 참조).

분개 **할인발행된 전환사채의 전환시점과 신주인수권부사채의 행사시점에 대한 회계처리 비교**

전환사채 전환시점			신주인수권부사채 주식매입권 행사시점		
(차) 전환사채	×××		(차) 현금	×××	
(대) 자본금		×××	(대) 자본금		×××
주식발행초과금		×××	주식발행초과금		×××
(차) 주식발행초과금	×××		(차) 주식발행초과금	×××	
(대) 사채할인발행차금		×××	(대) 사채할인발행차금		×××
(차) 자본잉여금-전환권대가	×××		(차) 자본잉여금-신주인수권대가	×××	
(대) 주식발행초과금		×××	(대) 주식발행초과금		×××
(차) 상환할증금(명목금액)	×××*		(차) 상환할증금(명목금액)	×××*	
(대) 주식발행초과금		×××	(대) 주식발행초과금		×××**
			사채할인발행차금		×××***

*** 상환할증금 제거액: 총상환할증금 × 전환비율**

* 상환할증금 제거액: 행사비율에 해당하는 상환할증금 (총 상환할증금 × 주식매입권 행사비율)

** 자본으로 대체하는 금액: 행사비율에 해당하는 상환할증금을 **원래 유효이자율로 할인**한 현재가치

*** 차감할 사채할인발행차금

Tip 위 마지막 분개의 의미는 아래의 보충설명 참조

보충설명 **주식매입권 행사시점에 상환할증금 제거액과 자본으로 대체하는 금액**

전환사채의 상환할증금

- 1차연도 1. 1.에 발행된 전환사채(표시이자율: 연 20%, 만기: 2차연도 12. 31.)가 만기까지 전환되지 않을 경우에 전환사채 발행자가 보유자에게 연 24%의 수익률을 보장한다고 가정하면, 매년 말에 현금이자 ₩20,000을 지급하고 매년 말에 추가로 발생하는 ₩4,000씩의 이자는 만기시점(2차연도 12. 31.)에 상환할증금 명목으로 일괄적으로 지급한다. 일반사채의 시장이자율을 연 25%로 가정한다.

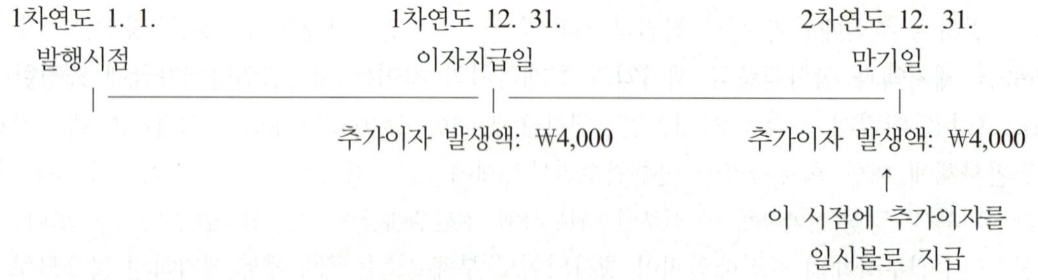

보장수익률: 연 24%

상환할증금: 1차연도 말과 2차연도 말에 각각 ₩4,000씩 추가로 발생한 이자를 2차연도 12. 31.에 일시로 지급하는 금액

- 상환할증금: (₩4,000 × 1.24) + ₩4,000 = ₩8,960
- 상환할증금 ₩8,960을 1차연도 1. 1.에 일반사채의 시장이자율 25%로 할인한 현재가치: ₩5,734

1차연도 1. 1. 발행시점	1차연도 12. 31. 이자지급일	2차연도 12. 31. 만기일
── 상환할증금의 증가 ──→	── 상환할증금의 증가 ──→	
상환할증금의 현재가치: ₩5,734	상환할증금의 현재가치: ₩5,734 × 1.25 = ₩7,168 또는 $₩8,960 \times \frac{1}{1.25}$ = ₩7,168	상환할증금: ₩8,960

분리형 신주인수권부사채에 부착된 주식매입권의 행사

- 위의 예에서 전환사채가 아니라 분리형 신주인수권부사채라 하고 1차연도 12. 31.에 분리형 신주인수권부사채에 부착된 주식매입권의 40%가 행사되었다고 가정하면 1차연도 12. 31.에 장부에 기록되어 있는 상환할증금 ₩7,168(1차연도 12. 31.에 상환할증금의 현재가치) 중에서 40%에 해당하는 ₩2,867을 장부에서 제거한다. 그러나 2차연도 12. 31.에 상환할증금(₩8,960) 중에서 40%에 해당하는 ₩3,584(₩8,960 × 40%)을 지급할 의무가 없으므로 상환할증금을 ₩3,584만큼 제거해야 한다. 그렇다면 ₩3,584와 ₩2,867의 차이 ₩717은 무엇을 의미할까? **전환사채가 주식으로 전환되면** 전환사채의 액면금액이 소멸하므로 **₩3,584 전액을 장부에서 제거하고 자본으로 대체한다. 그러나 신주인수권부사채의 경우, 주식매입권이 행사되어도 사채의 액면금액이 소멸하지 않는다.** 따라서 상환할증금(₩8,960) 중에서 주식매입권 행사비율(40%)에 해당하는 금액 ₩3,584(α)을 일단 장부에서 제거하고 상환할증금 제거액 ₩3,584(α)을 다음 두 부분으로 분해한다.

제거하는 상환할증금(α)의 분해 < 자본으로 대체하는 금액(β) / 부채측정액에 가산하는 금액(α − β)

- ▸ **자본으로 대체하는 금액**(β): 주식발행초과금으로 인식하는 금액은 제거하는 상환할증금을 행사시점에 원래 유효이자율로 할인한 현재가치(₩2,867, 즉 행사시점의 α의 현재가치)이다.
- ▸ **부채로 존속시키는 잔여액**(α − β): 위에서 상환할증금(₩8,960) 중 주식매입권 행사비율(40%)에 해당하는 금액 ₩3,584(α)만큼 부채를 감소하였다. 그러나 자본으로 대체하는 금액 ₩2,867(β)을 제외하고 나머지 금액 ₩717(α − β)은 계속해서 부채로 남겨야 하므로, ₩717(α − β)을 부채측정액에 다시 가산해서 잔여기간 동안 상각한다. 우리나라에서는 ₩717(α − β)을 '상환할증금과 관련된 미상각사채할인발행차금'이라 부르는데 의미가 명확하지 않으므로 저자는 ₩717(α − β)을 부채측정액을 증가시킨다는 의미에서 '차감할 사채할인발행차금'이라 부른다.

- 주식매입권 행사시점에 차액 ₩717(α − β)을 사채할인발행차금에서 차감해야 하므로 다음과 같이 분개한다.

(차) 상 환 할 증 금(α)	3,584	(대) 주 식 발 행 초 과 금(β)	2,867
		사채할인발행차금(α − β)	717

예제 7 분리형 신주인수권부사채의 할인발행과 상환할증금(행사 제외)

중요도: ★★★
난이도: ◆◆

상황

· 다음은 예제 5의 자료에서 전환사채를 분리형 신주인수권부사채로 바꾼 것이다.

· 1차연도 1. 1.에 다음과 같은 조건으로 분리형 신주인수권부사채(액면금액: ₩100,000, 표시이자율: 연 20%, 만기일: 2차연도 12. 31.) 100매를 ₩98,523에 발행하였다.
· 분리형 신주인수권부사채의 시장수익률(유효이자율): 연 24%
· 일반사채의 시장수익률(유효이자율): 연 25%
· 보장수익률: 연 23%
· 주식매입권 행사가격: 주식매입권 1매와 현금 ₩1,000을 납부하면 보통주 1주(1주당 액면금액: ₩800)를 발행
· 행사청구기간: 사채발행 이후 1개월 경과일로부터 상환만기일 2일 전까지
· 이자지급 방법: 매연도 말에 지급

물음

1. 상환할증금을 계산하라.
2. 신주인수권대가(신주인수권의 가치)를 계산하라.
3. 사채할인발행차금 상각표를 작성하라.
4. 신주인수권부사채가 만기상환 되었다고 가정하고 신주인수권부사채 발행시점부터 만기상환시점까지 신주인수권부사채와 관련된 분개를 하라.

정답 및 해설 **1. 상환할증금: ₩6,690 2. ₩1,441**

예제 5의 해답과 계정과목의 명칭만 다를 뿐(전환사채 ↔ 신주인수권부사채, 전환권대가 ↔ 신주인수권대가), 두 예제에서의 회계처리가 정확하게 동일(숫자 포함)하다는 것을 아래에서 확인할 수 있다.

1. 보장수익률 23%가 되기 위한 추가 이자에 대한 현금흐름은 다음과 같다.

	1차연도 1. 1.	1차연도 12. 31.	2차연도 12. 31.
추가이자:		₩3,000	₩3,000

보장수익률을 이용한 추가 이자의 미래가치: (₩3,000 × 123%) + ₩3,000 = ₩6,690
상환할증금: ₩6,690

2. 신주인수권부사채 발행금액(할인율: 신주인수권부사채의 시장이자율 24%)

액면금액의 현재가치: ₩100,000 × 0.65036 =	₩65,036	
상환할증금의 현재가치: ₩6,690 × 0.65036 =	4,351	
이자의 현재가치: ₩20,000 × 1.45682 =	29,136	₩98,523
신주인수권부사채 부채요소(할인율: 일반사채의 시장이자율 25%)		
액면금액의 현재가치: ₩100,000 × 0.64 =	₩64,000	
상환할증금의 현재가치: ₩6,690 × 0.64 =	4,282	
이자의 현재가치: ₩20,000 × 1.44 =	28,800	(97,082)
신주인수권대가(주식매입권의 가치)		₩1,441

3.

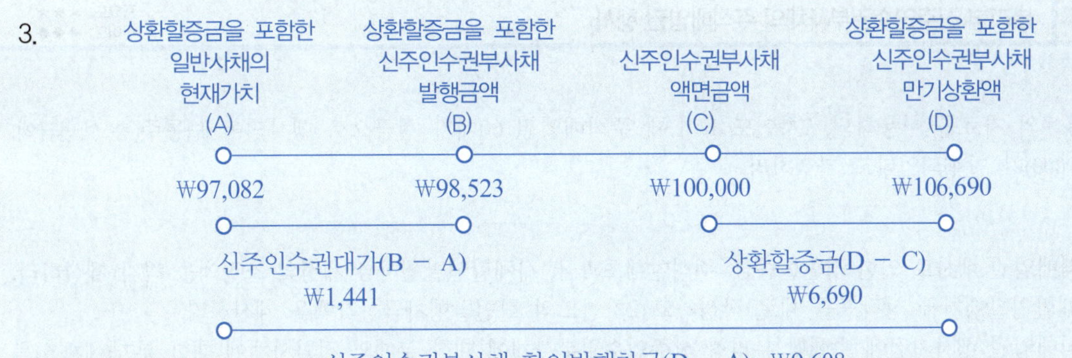

참고 「일반기업회계기준」에서는 신주인수권부사채의 액면금액 또는 만기상환액(상환할증금이 있는 경우)과 부채요소의 차이인 할인발행차금을 신주인수권조정이라 부르는데, 「K-IFRS 제1032호」에서는 이에 대한 별도의 언급이 없다.

유효이자율법에 의한 상각표

연도 ①	부채요소 기초장부금액 ②	유효이자 (25%) ③	현금이자 (20%) ④	할인발행차금 상각액 ⑤ = ③ − ④	부채요소 기말장부금액 ⑥ = ② + ⑤
1차연도	₩97,082	₩24,271	₩20,000	₩4,271	₩101,353
2차연도	101,353	25,337*	20,000	5,337	106,690
합계		₩49,608	₩40,000	₩9,608	

* 반올림 오차

4. 1차연도 1. 1. 신주인수권부사채 발행시점:

(차) 현 금(부채요소)	97,082	(대) 신주인수권부사채	100,000
사채할인발행차금	9,608	사채상환할증금	6,690

(차) 현 금	1,441	(대) 신주인수권대가(자본)	1,441

1차연도 12. 31. 이자지급시점:

(차) 이 자 비 용	24,271	(대) 사채할인발행차금	4,271
		현 금	20,000

2차연도 12. 31. 이자지급시점:

(차) 이 자 비 용	25,337	(대) 사채할인발행차금	5,337
		현 금	20,000

2차연도 12. 31. 만기상환시점:

(차) 신주인수권부사채	100,000	(대) 현 금	106,690
사채상환할증금	6,690		

예제 8 분리형 신주인수권부사채의 주식매입권 행사

중요도: ★★★
난이도: ◆◆◆

상황

· 예제 7의 자료를 이용하되, 2차연도 1. 1.에 주식매입권 60매가 현금으로 행사되어 보통주(총 액면금액: ₩48,000)가 발행되었다고 가정하라.

물음

1. 주식매입권 행사로 인한 상환할증금, 주식발행초과금, 사채할인발행차금 계정의 조정액을 각각 계산하라.
2. 사채할인발행차금 상각표를 새로 작성하고 2차연도의 할인발행차금상각액을 계산하라.
3. 주식매입권 행사시점에 수행할 분리형 신주인수권부사채에 대한 분개와 전환사채에 대한 분개(예제 6)를 비교 제시하라.

정답 및 해설

1.

· 분리형 신주인수권부사채이므로, 2차연도 1. 1.에 주식매입권의 60%가 행사된다 하더라도 부채 원금은 변함이 없다. 다만, 1년 후 지급할 상환할증금 ₩6,690의 60%인 ₩4,014이 절감된다. 이를 부채요소의 유효이자율인 발행시점의 일반사채 시장이자율 25%로 할인하여 2차연도 1. 1.의 현재가치를 계산하면 다음과 같다.

₩4,014 ÷ (1 + 0.25) = ₩3,211

₩3,211이 2차연도 1. 1.에 주식매입권 행사로 인한 부채의 실질적인 감소로 주식발행초과금에 이체되는 금액이다(참고로, 전환사채에 대한 예제 5에서 부채의 감소액은 ₩60,812이었다). 상환할증금 감소액 ₩4,014과 부채의 실질감소액 ₩3,211와의 차이 ₩803은 사채할인발행차금 감소액이다.

주식매입권 행사 결과를 요약하면 다음과 같다.

상환할증금 감소액	₩4,014
사채할인발행차금 감소액	803
주식발행초과금 증가액(부채 이체)	3,211
주식발행초과금 증가액(현금 수취)	12,000
주식발행초과금 증가액(자본잉여금 이체)	865

2.

신주인수권부사채 할인발행차금의 상각표(60% 행사 후)

연도	부채요소 기초장부금액	유효이자(25%)	현금수취액	할인발행차금 상각액	부채요소 기말장부금액
①	②	③	④	⑤ = ③ − ④	⑥ = ② + ⑤
1차연도	₩97,082	₩24,271	₩20,000	₩4,271	₩101,353
행사시점				803	98,142*
2차연도	98,142	24,534	20,000	4,534	102,676**
합계		₩48,805	₩40,000	₩9,608	

* ₩101,353 − (₩4,014 (상환할증금 제거액) − ₩803 (차감할 사채할인발행차금)) = ₩98,142

** 신주인수권부사채의 만기상환액

액면금액	₩100,000
상환할증금(₩6,690 × 40%)	2,676
만기상환액	₩102,676

3.

전환사채(예제 6)			분리형 신주인수권부사채		
(차) 사채상환할증금	4,014		(차) 사채상환할증금	4,014	
(대) 주식발행초과금		**812**	(대) 주식발행초과금		**3,211**
사채할인발행차금		**3,202**	사채할인발행차금		**803**
(차) 전환사채	60,000		(차) 현금	60,000	
(대) 자본금		48,000	(대) 자본금		48,000
주식발행초과금		12,000	주식발행초과금		12,000
(차) 전환권대가	865*		(차) 신주인수권대가	865*	
(대) 주식발행초과금		865	(대) 주식발행초과금		865

* ₩1,441 × 60% = ₩865

관련예제와 함께 풀어보세요

유제 1 상환할증금부 전환사채와 거래원가(2014년, 회계사)

관련예제 1, 2, 6

상황

아래에서 제시되는 (물음)은 각각 독립적인 상황이고, <공통자료>는 모든 (물음)에 공통적으로 적용된다. ㈜한국은 1차연도 1. 1.에 아래의 조건과 함께 액면금액 ₩100,000으로 전환사채를 발행하였다. 아래는 이와 관련된 자료들이다.

<공통자료>

· 표시이자율은 연 8%이며, 이자는 매 회계연도 말에 후급으로 지급한다.
· 상환기일은 3차연도 12. 31.로 3년 만기이다.
· 전환권이 없는 일반사채에 적용되는 시장이자율은 연 10%이다.
· 사채액면금액 ₩2,000당 보통주(주당 액면금액 ₩1,000) 1주로 전환된다.
· 주식의 액면금액을 초과하는 발행금액은 주식발행초과금으로 표시한다.
· 전환청구기간은 발행일 이후 2개월 경과일로부터 상환기일 60일 전까지로 한다.
· 이자율에 대한 단일금액 및 연금 현가계수는 아래와 같다.

기간 및 구분		이자율		
		8%	9%	10%
3년	단일금액현가	0.7938	0.7722	0.7513
	연금현가	2.5771	2.5313	2.4868

물음

1. ① 전환사채 발행시점의 전환권가치를 구하시오. ② 전환사채의 발행과 관련하여 거래원가 ₩2,000이 발생할 경우 전환사채 발행시점의 전환권가치를 구하시오.
2. 전환사채의 만기일까지 투자자가 전환권을 행사하지 않는 경우 만기일에 연 9%의 수익률을 보장받는 금액을 액면금액에 추가하여 수령할 수 있다고 할 때 전환사채 발행시점의 전환권가치를 구하시오.
3. 전환사채의 발행금액이 ₩98,000이며 2차연도 1. 1.에 50%의 전환권이 행사되었다고 하자. 즉, 전환사채 중 1/2인 액면금액 ₩50,000이 보통주로 전환되었다. ① 이로 인해 증가되는 자본을 구하시오. ② 전환권이 행사될 때 ㈜한국이 해야 할 회계처리를 하시오.
4. 1차연도 1. 1. 액면금액으로 발행한 전환사채의 표시이자율을 연 8%가 아닌 연 5%로 가정한다. 또한 전환사채 보유자가 전환권을 행사하지 않은 부분에 대해서는 ㈜한국이 만기일에 액면금액의 115%를 상환하는 전환사채라고 가정한다. 3차연도 1. 1.에 50%의 전환권이 행사되었다. 즉, 전환사채 중 1/2인 액면금액 ₩50,000이 보통주로 전환되었다. 3차연도 12. 31.에 인식할 당기 이자비용을 구하시오.

정답 및 해설 **1. ① ₩4,976 ② ₩4,876 2. ₩2,513 3. ① ₩48,263 4. ₩5,455**

1. 전환사채 발행시점:

전환사채 발행금액		₩100,000
전환사채 부채요소(할인율: 일반사채의 시장이자율 10%)		
액면금액의 현재가치: ₩100,000 × 0.7513 =	₩75,130	
이자의 현재가치: ₩8,000 × 2.4868 =	19,894	(95,024)
전환권대가(전환권의 가치)		₩4,976

거래원가 ₩2,000의 배분:

항목	측정액	배분율	배분액	장부금액
부채요소	₩95,024	95%	₩1,900	₩93,124
자본요소	4,976	5	100	4,876
합계	₩100,000	100%	₩2,000	₩98,000

2.

보장수익률을 이용한 추가 이자의 미래가치: ₩1,000 × $(1.09)^2$ + ₩1,000 × $(1.09)^1$ + ₩1,000
= ₩1,000 × 3.2781 = ₩3,278

상환할증금: ₩3,278

전환사채 발행금액		₩100,000
전환사채 부채요소(할인율: 일반사채의 시장이자율 10%)		
액면금액의 현재가치: ₩100,000 × 0.7513 =	₩75,130	
상환할증금의 현재가치: ₩3,278 × 0.7513 =	2,463	
이자의 현재가치: ₩8,000 × 2.4868 =	19,894	(97,487)
전환권대가(전환권의 가치)		₩2,513

3.

전환사채 발행금액		₩98,000
전환사채 부채요소(할인율: 일반사채의 시장이자율 10%)		
액면금액의 현재가치: ₩100,000 × 0.7513 =	₩75,130	
이자의 현재가치: ₩8,000 × 2.4868 =	19,894	(95,024)
전환권대가(전환권의 가치)		₩2,976

유효이자율에 의한 상각표

연도 ①	전환사채 기초장부금액 ②	유효이자 (10%) ③	현금이자 (8%) ④	할인발행차금 상각액 ⑤ = ③ − ④	전환사채 기말장부금액 ⑥ = ② + ⑤
1차연도	₩95,024	₩9,502	₩8,000	₩1,502	₩96,526
2차연도	96,526	9,653	8,000	1,653	98,179
3차연도	98,179	9,821*	8,000	1,821	100,000
합계		₩28,976	₩24,000	₩4,976	

* 반올림 오차

2차연도 1. 1. 전환시점:

(차) 전 환 사 채	50,000	(대) 사채할인발행차금	1,737*
		보 통 주	25,000**
		주식발행초과금	23,263

* (₩4,976 − ₩1,502) × 50% = ₩1,737
** 주식발행 수: ₩50,000 ÷ ₩2,000 = 25주
25주 × ₩1,000 = ₩25,000

(차) 전 환 권 대 가	1,488*	(대) 주식발행초과금	1,488

* ₩2,976 × 50% = ₩1,488

자본의 증가: ₩25,000 + ₩23,263 = ₩48,263(전환권대가가 주식발행초과금으로 이체되는 것은 자본 내의 계정 간 이체이므로 자본 총액에 영향을 주지 않는다.)

4.
상환할증금: ₩100,000 × 115% − ₩100,000 = ₩15,000

전환사채 발행금액		₩100,000
전환사채 부채요소(할인율: 일반사채의 시장이자율 10%)		
액면금액의 현재가치: ₩100,000 × 0.7513 =	₩75,130	
상환할증금의 현재가치: ₩15,000 × 0.7513 =	11,270	
이자의 현재가치: ₩5,000 × 2.4868 =	12,434	(98,834)
전환권대가(전환권의 가치)		₩1,166

유효이자율에 의한 상각표

연도 ①	전환사채 기초장부금액 ②	유효이자 (10%) ③	현금이자 (5%) ④	할인발행차금 상각액 ⑤ = ③ − ④	전환사채 기말장부금액 ⑥ = ② + ⑤
1차연도	₩98,834	₩9,883	₩5,000	₩4,883	₩103,717
2차연도	103,717	10,372	5,000	5,372	109,089
3차연도	54,545	5,455	2,500	2,955	57,500
합계		₩25,710	₩12,500	₩13,210	

3차연도의 이자비용: ₩2,500 + ₩2,955 = ₩5,455

유제 2 상환할증금조건부 비분리형 신주인수권부사채의 행사와 이자비용(2016년, 회계사 1차) 관련예제 7, 8

상황

1차연도 1. 1.에 ㈜조선이 다음과 같은 비분리형 신주인수권부사채를 액면발행하였다.

액면금액	₩1,000,000
표시이자율	연 5%

일반사채 시장이자율 연 12%
이자지급일 매년 12. 31.
만기일 3차연도 12. 31.

㈜조선의 신주인수권부사채는 2차연도 1. 1.부터 권리행사가 가능하며, 신주인수권부사채의 신주인수권을 행사하지 않을 경우에는 만기에 상환할증금이 지급된다. 보장수익률은 연 8%이며, 3차연도 1. 1.에 액면금액의 50%에 해당하는 신주인수권이 행사되었다. 행사가격은 ₩10,000이며, 신주인수권부사채 액면 ₩10,000당 액면 ₩5,000의 보통주 1주를 인수할 수 있다.

물음 3차연도의 이자비용은 얼마인가?

① ₩61,467 ② ₩86,549 ③ ₩117,717 ④ ₩141,413 ⑤ ₩146,549

정답 ③

해설

보장수익률 8%가 되기 위한 추가이자에 대한 현금흐름은 다음과 같다.

	1차연도 1. 1.	1차연도 12. 31.	2차연도 12. 31.	3차연도 12. 31.
추가이자:		₩30,000	₩30,000	₩30,000

보장수익률을 이용한 추가 이자의 미래가치: ₩30,000 × $(108\%)^2$ + ₩30,000 × $(108\%)^1$ + ₩3,000
= ₩34,992 + ₩32,400 + ₩30,000 = ₩97,392

상환할증금: ₩97,392

신주인수권부사채 발행금액:		₩1,000,000
신주인수권부사채 부채요소(할인율: 일반사채의 시장이자율 12%)		
액면금액의 현재가치: ₩1,000,000 × 0.7118 =	₩711,800	
상환할증금의 현재가치: ₩97,392 × 0.7118 =	69,324	
이자의 현재가치: ₩50,000 × 2.4018 =	120,090	(901,214)
신주인수권대가(주식매입권의 가치)		₩98,786

1차연도 1. 1. 신주인수권부사채 발행시점:

(차) 현금	901,214	(대) 신주인수권부사채	1,000,000
사채할인발행차금	196,178	사채상환할증금	97,392
(차) 현금	98,786	(대) 신주인수권대가	98,786

유효이자율법에 의한 상각표

연도 ①	부채요소 기초장부금액 ②	유효이자 (12%) ③	현금이자 (5%) ④	할인발행차금 상각액 ⑤ = ③ − ④	부채요소 기말장부금액 ⑥ = ② + ⑤
1차연도	₩901,214	₩108,146	₩50,000	₩58,146	₩959,360
2차연도	959,360	115,123	50,000	65,123	1,024,483
3차연도	1,024,483	122,909*	50,000	72,909	1,097,392
합계		₩346,178	₩150,000	₩196,178	

* 반올림 오차

※ 3차연도 1. 1.에 신주인수권 행사 후 신주인수권부사채의 장부금액:
행사비율에 해당하는 상환할증금: ₩97,392 × 50% = ₩48,696
행사비율에 해당하는 상환할증금을 원래 유효이자율로 할인한 현재가치:
₩48,696 ÷ (1 + 0.12) = ₩(43,479)
₩43,479은 상환할증금 감소액 ₩48,696과 사채할인발행차금 감소액 ₩5,217의 합이다.
행사 후 사채 장부금액 = ₩1,024,483 − ₩43,479 = ₩981,004

3차연도 12. 31.에 인식할 이자비용: ₩981,004 × 12% = ₩117,720 (보기 ③)

(차) 이 자 비 용	117,720	(대) 사채할인발행차금	67,720
		현 금	50,000

참고 3차연도 1. 1. 신주인수권(주식매입권) 행사시점의 회계처리는 다음과 같다.
주식매입권에 대해 현금으로 받는 주당 행사가격이 사채의 액면금액인 ₩10,000이라고 가정하고 풀면 다음과 같다.

(차) 현 금	500,000	(대) 자 본 금	250,000
		주식발행초과금	250,000

(차) 상 환 할 증 금	48,696	(대) 주식발행초과금	43,479
		사채할인발행차금	5,217*

* 상환할증금 제거액: 행사비율에 해당하는 상환할증금: ₩97,392 × 50% = ₩48,696
자본으로 대체하는 금액: 행사비율에 해당하는 상환할증금을 원래 유효이자율로 할인한 현재가치
₩48,696 ÷ (1 + 0.12) = (43,479)
차감할 사채할인발행차금: 상환할증금할인차금(상환할증금과 관련된 '미상각사채발행차금')
₩5,217

(차) 신주인수권대가	49,393*	(대) 주식발행초과금	49,393

* ₩98,786 × 50% = ₩49,393

연습문제 13

P13-01 전환사채의 전환

- 할인발행된 전환사채 전부가 보통주(총 액면금액: ₩50,000)로 전환되었다.
- 전환시점에 전환사채와 관련된 자료는 다음과 같다.

전환사채(액면금액)	₩100,000
전환사채 할인발행차금	(4,000)
부채요소의 장부금액	₩96,000
전환권대가	₩7,200

물음 전환사채의 전환을 기록하기 위한 분개를 하라.

P13-02 전환사채의 조기 현금상환(「K-IFRS 제1032호」 사례 11)

- 1차연도 1. 1.에 전환사채(액면금액: ₩1,000, 이자율: 연 10%, 만기: 10차연도 12. 31.) 1매를 액면금액으로 발행하였다.
- 발행시점의 전환사채의 시장이자율: 연 10%
- 전환사채 1매는 주당 ₩25의 전환가격으로 보통주로 전환할 수 있다.
- 이자는 6개월마다 현금으로 지급된다.
- 전환사채 발행일에 만기 10년의 전환권이 없는 일반사채의 시장이자율은 연 11%이다.
- 전환사채의 발행시점에 현금 수취액 ₩1,000을 다음과 같이 배분하였다.

전환사채 발행금액 (전환사채의 시장이자율 5%(6개월 이자율)로 20기간 할인)		
액면금액 (₩1,000 × 0.377)	₩377	
이자 (₩50 × 12.462)	623	₩1,000
전환사채의 현재가치(일반사채의 시장이자율 5.5%(6개월 이자율)로 20기간 할인)		
액면금액 (₩1,000 × 0.343)	₩343	
이자 (₩50 × 11.95)	597	(940)
자본요소 측정액(전환권대가)		₩60

- 6차연도 1. 1.에 전환사채를 공정가치 ₩1,700에 조기상환하였다.
- 조기상환시점의 만기 5년의 전환권이 없는 일반사채의 시장이자율: 연 8%

물음 조기상환에 대한 분개를 하라.

P13-03 상환할증금부 전환사채의 할인발행과 기간별 이자비용

- 1차연도 1. 1.에 선심회사는 다음과 같은 조건으로 전환사채(액면금액: ₩1,000,000, 표시이자율: 연 7%, 만기일: 3차연도 12. 31.)를 ₩928,283에 할인발행하였다.
- 전환사채의 시장이자율(유효이자율): 연 15%
- 전환권이 없는 일반사채의 시장이자율(유효이자율): 연 16%
- 전환청구기간: 1차연도 4. 1.부터 3차연도 11. 30.까지

- 전환조건: 전환사채 액면금액 ₩750당 보통주 1주(주당 액면금액: ₩500)를 교부
- 상환방법: 전환되지 않은 전환사채는 보장수익률 연 12%를 적용하여 상환할증금을 지급

물음 1. 전환사채 발행시점의 상환할증금과 전환권대가를 계산하라.
2. 전환사채 할인발행차금의 연도별 상각액을 계산하라.
3. 전환사채 발행시점에 선심회사에 필요한 분개를 하라.
4. 1차연도 12. 31.과 2차연도 12. 31.에 선심회사에 필요한 분개를 하라.

P13-04 할인발행된 전환사채의 전환 및 만기상환

- 연습문제 P13-03의 자료를 이용하되, 다음 자료를 가정하라.
- 상황 ①: 전환사채의 100%가 만기일에 일시상환되었다.
- 상황 ②: 전환사채의 30%가 3차연도 1. 1.에 보통주로 전환되고 나머지 70%는 만기일에 현금으로 상환되었다.

물음 1. 상황 ②의 경우 3차연도 1. 1.에 선심회사에 필요한 분개를 하라.
2. 위의 각 상황으로 구분하여 3차연도 12. 31.에 선심회사에 필요한 분개를 하라.

P13-05 전환사채의 이자비용과 전환 (2010년, 회계사)

㈜금종의 유통보통주식수는 10,000주(액면가 ₩5, 발행가 ₩8)이다. 1차연도 1. 1.에 발행된 액면금액 ₩200,000, 만기 5년의 전환사채의 조건은 다음과 같다.

발행가격: ₩200,000
표시이자율: 연 10%
이자지급방법: 매년도 말 지급
일반사채 유효이자율: 연 15%
전환가격: ₩10당 보통주 1주(액면가 ₩5)
의무전환조건: 없음

㈜금종의 사채액면금액 중 ₩25,000에 해당하는 전환사채가 4차연도 1. 1.에 전환되었다. 정상연금 ₩1의 15% 5년 현재가치계수는 3.3522이며, ₩1의 15% 5년 현재가치계수는 0.4972이다.

물음 1. ㈜금종이 1차연도 12. 31.에 인식해야할 이자비용과 전환사채의 장부금액을 구하시오.
2. 3차연도 12. 31. 전환사채의 장부금액은 ₩183,752이다. 4차연도 1. 1.에 전환사채의 전환으로 발생하는 ㈜금종의 부채와 자본 증감액을 각각 제시하시오.

P13-06 상환할증금부 전환사채의 전환 (2015년, 회계사)

- 1차연도 1. 1.에 ㈜한국은 만기 3년의 전환사채를 액면발행(액면금액: ₩1,000,000)하였다. 전환사채는 2차연도 1. 1.부터 전환권을 행사할 수 있으며, 발행일 현재 전환권이 없는 일반사채의 시장이자율은 연 8%이다. 전환사채의 액면이자율은 연 4%이며 이자지급일은 매년 12월 31일이다. 전환사채의 보유자가 전환권을 행사하지 않을 경우 ㈜한국은 보유자에게 만기일에 연 6%의 수익률을 보장한다. 전환사채의 상환기간 중 전환된 금액은 ₩800,000이다. 현재가치(현가)계수는 아래 표에서 주어진 자료를 이용한다.

단일금액 ₩1의 현가계수			정상연금 ₩1의 현가계수		
4%	6%	8%	4%	6%	8%
0.8890	0.8396	0.7938	2.7751	2.6730	2.5771

물음 1. ① 만약 ㈜한국이 1차연도 1. 1.에 전환사채를 액면발행하지 않고 ₩960,000에 할인발행한다면, 발행일 현재 전환사채의 장부금액(①)을 계산하시오.

2. ① 만약 전환사채 보유자가 상환기간 동안 전환권을 중도에 행사하지 않는다면, ㈜한국이 상환기간에 걸쳐 인식할 총이자비용을 계산하시오. ② 만약 전환사채 보유자가 상환기간 동안 전환권을 행사하지 않아 만기일에 표시이자를 제외하고 실제로 상환한 금액이 ₩265,918이라고 한다면, ㈜한국이 발행한 전환사채의 상환기간 동안 전환청구된 비율(전환비율)이 몇 %인지 계산하시오.

P13-07 전환사채와 전환권 행사

(2016년, 회계사)

- 2차연도 1. 1.에 ㈜대한이 발행한 전환사채에 대한 내용은 다음과 같다.
- 액면금액은 ₩1,000,000이며, 만기일은 4차연도 12. 31.이다.
- 표시이자율은 연 5%이며, 이자는 매년 말 후급이다.
- ㈜대한은 납입자본에 자본금과 주식발행초과금을 표시한다.
- ㈜대한은 전환권(혹은 신주인수권)이 행사될 때 전환권대가(혹은 신주인수권대가)를 주식의 발행금액으로 대체한다.
- 발행당시 회사의 일반사채에 적용되는 시장이자율은 연 9%이며, 동 이자율에 대한 현가계수는 다음과 같다.

	기간 1	기간 2	기간 3
단일금액 ₩1의 현가계수	0.9174	0.8417	0.7722
정상연금 ₩1의 현가계수	0.9174	1.7591	2.5313

물음 1. 전환사채가 액면발행되었다고 가정하자. ㈜대한은 전환사채의 만기일에 액면금액의 일정비율을 상환할증금으로 지급한다. 3차연도 1. 1.에 40%의 전환권이 행사되어 주식이 발행되었으며, 3차연도 12. 31.에 인식한 이자비용은 ₩52,474이다. ① 전환사채 발행시점의 전환권대가와 ② 2차연도 12. 31.의 전환사채의 장부금액을 계산하시오.

2. 전환사채의 발행금액은 ₩980,000이라 가정하자. 전환으로 발행되는 주식 1주에 요구되는 사채액면금액은 ₩20,000이며, 주식의 액면금액은 주당 ₩10,000이다. 3차연도 1. 1. 60%의 전환권이 행사되어 주식이 발행되었다고 할 때 ① 전환권 행사로 증가하는 주식발행초과금과 ② 전환권이 행사된 직후 전환사채의 장부금액을 계산하시오.

P13-08 전환사채의 조건변경

- 전환사채(액면금액: ₩1,000,000, 장부금액: ₩870,000)를 1개월 내에 전환하는 경우 전환비율을 주당 ₩1,000에서 주당 ₩800으로 조정하기로 전환조건을 변경하였다.
- 조건변경일의 주당 공정가치: ₩1,400

물음 조건변경시점에 필요한 분개를 하라.

P13-09 분리형 신주인수권부사채의 조기행사

- 1차연도 1. 1.에 푸른숲회사는 분리형 신주인수권부사채(액면금액: ₩1,000, 표시이자율: 연 8%, 만기: 3년) 1,000매를 ₩950,258에 발행하였다.
- 분리형 신주인수권부사채의 시장이자율(유효이자율): 연 10%
- 일반사채의 시장이자율(유효이자율): 연 12%
- 사채 1매당 1매의 주식매입권이 첨부되어 있는데, 주식매입권 10매당 액면 ₩5,000인 보통주 1주를 ₩5,800에 매입

할 수 있다.

- 1차연도 1. 2.에 주식매입권 800매가 행사되어 현금이 납입되었으며, 나머지 200매는 권리행사기간 만료일까지 행사되지 않았다.

물음 분리형 신주인수권부사채의 발행과 주식매입권의 행사를 분개하라.

P13-10 분리형 신주인수권부사채 할인발행과 신주인수권의 행사 (2009년, 회계사 수정)

㈜서진은 1차연도 1. 1.에 다음과 같은 조건의 분리형 신주인수권부사채를 상환할증금을 지급하지 않는 조건으로 ₩940,000에 ㈜은혁에 판매하였다.

- 액면금액: ₩1,000,000
- 표시이자율: 연 4%
- 이자지급시기: 매년 12월 31일
- 1차연도 1. 1.의 일반사채 시장수익률: 연 10%
- 액면금액의 상환: 3차연도 12. 31. 일시상환
- 신주인수권의 내용: 발행일 후 1개월부터 상환기일 30일 이전까지 신주인수권을 행사할 수 있으며, 사채액면금액 ₩1,000당 행사가액 ₩1,000으로 보통주 1주(주당 액면금액 ₩1,000)를 교부
- 사채발행과 관련하여 발생한 비용은 없음
- 사채액면금액 중 ₩600,000에 해당하는 신주인수권이 1차연도 10. 1.에 행사되었다. 이자율이 연 10%일 때 3년 후 ₩1의 현가계수와 3년간 정상연금 ₩1의 현가계수는 각각 0.75131과 2.48685이다.

물음 ㈜서진의 1차연도 12. 31. 현재 사채할인발행차금의 잔액을 계산하시오.

P13-11 상환할증금부 분리형 신주인수권부사채의 할인발행

다음은 P13-03의 자료이다.

- 1차연도 1. 1.에 선심회사는 다음과 같은 조건으로 전환사채(액면금액: ₩1,000,000, 표시이자율: 연 7%, 만기일: 3차연도 12. 31.)를 ₩928,283에 할인발행하였다.
- 전환사채의 시장이자율(유효이자율): 연 15%
- 전환권이 없는 일반사채의 시장이자율(유효이자율): 연 16%
- 전환청구기간: 1차연도 4. 1.부터 3차연도 11. 30.까지
- 전환조건: 전환사채 액면금액 ₩750당 보통주 1주(주당 액면금액: ₩500)를 교부
- 상환방법: 전환되지 않은 전환사채의 보장수익률은 연 12%

- 선심회사가 발행한 복합금융상품이 전환사채가 아니고 분리형 신주인수권부사채라고 가정하라.
- 분리형 신주인수권부사채 액면금액 ₩1,000당 주식매입권 1매를 첨부
- 신주매입가격: 주식매입권 10매당 액면금액이 ₩5,000인 보통주 1주를 ₩7,000에 매입

물음 1. 분리형 신주인수권부사채 발행시점의 상환할증금과 신주인수권대가를 계산하라.
2. 분리형 신주인수권부사채 할인발행차금의 연도별 상각액을 계산하라.
3. 분리형 신주인수권부사채 발행시점에 선심회사에 필요한 분개를 하라.
4. 1차연도 12. 31.과 2차연도 12. 31.에 선심회사에 필요한 분개를 하라.
5. 3차연도 1. 1.에 80%의 주식매입권이 행사되고 나머지 20%는 만기일에 현금으로 상환되었다고 가정하라. 3차연도 1. 1.과 3차연도 12. 31.에 필요한 분개를 하고 3차연도 1. 2.의 부분재무상태표를 작성하라.

P13-12 비분리형 신주인수권부사채의 행사 (2013년, 회계사 수정)

12월 말 결산법인인 ㈜한국은 1차연도 7. 1.에 다음과 같은 조건의 비분리형 신주인수권부사채를 액면발행하였다.

- 사채액면금액: ₩1,000,000
- 사채의 만기: 4차연도 6. 30.
- 표시이자율: 연 5%
- 이자지급: 매년 6월 30일(연 1회)
- 신주인수권 행사비율: 사채액면금액의 100%
- 원금상환방법: 상환기일에 액면금액의 100%를 상환하되, 신주인수권이 행사되지 않은 부분에 대해서는 액면금액의 109.74%를 상환
    - 신주인수권의 행사가액: ₩10,000
    - 발행주식의 액면금액: ₩5,000
    - 발행일 현재 일반사채 시장이자율: 연 10%

동 사채 액면금액 중 ₩700,000에 해당하는 신주인수권이 2차연도 7. 1.에 행사되었다. ㈜한국은 신주인수권이 행사되는 시점에 신주인수권대가를 주식발행초과금으로 대체한다. 각 물음의 현재가치 계산 시 아래의 현가계수를 이용하시오.

	단일금액 ₩1의 현가계수		정상연금 ₩1의 현가계수	
기간	5%	10%	5%	10%
3	0.8638	0.7513	2.7233	2.4869

참고 ① 문제에 비분리형 신주인수권부사채가 발행되었다고 하였으나 우리나라에서는 비분리형 신주인수권이 행사되어도 사채가 소멸하지 않고 계속 존재한다고 가정한다. 따라서 신주인수권이 행사되는 시점에 상각되지 않은 사채할인발행차금의 70%를 주식발행초과금과 대체하지 않는다. 이와 같은 회계처리는 사실상 분리형 신주인수권부사채에 대한 회계처리와 동일하다.

② 원래 문제에는 3차연도 1. 1.에 신주인수권이 행사되었다. 그러나 3차연도 1. 1.에 신주인수권이 행사되면 $[1 \div (1 + 0.05)^{1.5}]$ 또는 $[1 \div (1 + 0.1)^2 \times 1.05]$ 등을 계산해야 하므로 계산이 불필요하게 복잡하다. 따라서 개념에 집중하기 위해서 2차연도 7. 1.에 신주인수권이 행사되었다고 문제를 수정한다.

물음 1. 1차연도 7. 1. 발행시점에 인식되는 ① 신주인수권대가와 ② 신주인수권조정을 구하시오.

2. 2차연도 7. 1.에 신주인수권이 행사되었을 때 ① 제거되는 사채상환할증금과 ② 인식되는 주식발행초과금을 구하시오.

3. 동 사채와 관련하여 3차연도 1. 1.부터 6. 30.까지 발생한 이자비용을 구하시오.

P13-13 비분리형 신주인수권부사채의 행사 (2015년, 회계사)

- 1차연도 1. 1.에 ㈜한국이 상환기간 3년의 비분리형 신주인수권부사채를 액면발행(액면금액: ₩1,000,000)하였다. 발행일 현재 일반사채의 시장이자율은 연 8%이며 신주인수권부사채는 2차연도 1. 1.부터 신주인수권을 행사할 수 있다. 신주인수권부사채의 액면이자율은 연 4%이며 이자지급일은 매년 12월 31일이다. 신주인수권은 액면금액의 100%를 행사할 수 있으며, 신주인수권을 행사하지 않을 경우 만기일에 ₩71,500에 해당하는 상환할증금을 사채액면금액에 가산하여 지급한다. 2차연도 12. 31.에 액면이자를 지급한 직후 액면금액의 40%에 해당하는 신주인수권이 행사되었다. 행사조건은 사채액면금액 ₩10,000당 액면금액 ₩5,000의 보통주 1주를 인수한다. 신주인수권 행사시 신주인수권대가는 주식발행초과금으로 대체한다. 현재가치(현가)계수는 아래 표에 주어진 자료를 이용한다.

단일금액 ₩1의 현가계수			정상연금 ₩1의 현가계수		
4%	6%	8%	4%	6%	8%
0.8890	0.8396	0.7938	2.7751	2.6730	2.5771

물음 신주인수권의 권리행사로 ㈜한국이 발행한 주식의 발행금액을 계산하시오.

P13-14 비분리형 신주인수권부사채와 전환사채의 조기 현금상환과 유도전환을 위한 조건변경 (2020년, 회계사)

* 다음의 각 물음은 독립적이다.

㈜대한은 1차연도 1. 1. 복합금융상품을 발행하였다. 이와 관련된 다음 자료를 이용하여 각 물음에 답하시오.

1. 발행조건은 다음과 같다
   - 액면금액: ₩1,000,000
   - 만기상환일: 4차연도 12. 31.
   - 표시이자율: 연 2%
   - 이자지급일: 매년 12월 31일(연 1회)
   - 보장수익률: 연 4%
   - 사채발행일 현재 동일 조건의 신주인수권(전환권)이 없는 일반사채 시장수익률: 연 5%
   - 행사(전환)가격: 사채액면 ₩10,000당 1주의 보통주
   - 보통주 액면금액: 1주당 ₩5,000
2. ㈜대한은 주식발행가액 중 주식의 액면금액은 '자본금'으로, 액면금액을 초과하는 부분은 '주식발행초과금'으로 표시한다.
3. ㈜대한은 신주인수권(전환권)이 행사될 때 신주인수권대가(전환권대가)를 주식의 발행가액으로 대체한다.
4. 현재가치 계산 시 아래의 현가계수를 이용한다.

단일금액 ₩1의 현가계수

기간	1%	2%	3%	4%	5%	6%
1	0.9901	0.9804	0.9709	0.9615	0.9524	0.9434
2	0.9803	0.9612	0.9426	0.9246	0.9070	0.8900
3	0.9706	0.9423	0.9151	0.8890	0.8638	0.8396
4	0.9610	0.9238	0.8885	0.8548	0.8227	0.7921

정상연금 ₩1의 현가계수

기간	1%	2%	3%	4%	5%	6%
1	0.9901	0.9804	0.9709	0.9615	0.9524	0.9434
2	1.9704	1.9416	1.9135	1.8861	1.8594	1.8334
3	2.9410	2.8839	2.8286	2.7751	2.7232	2.6730
4	3.9020	3.8077	3.7171	3.6299	3.5459	3.4651

물음 1. 상기 복합금융상품이 비분리형 신주인수권부사채이며 액면발행되었다고 가정할 때 ㉠과 ㉡에 답하시오.

㉠ ㈜대한의 1차연도 포괄손익계산서에 인식될 이자비용을 계산하시오.

1차연도 이자비용	①

㉡ 2차연도 7. 1.에 50매의 신주인수권이 행사되어 보통주가 발행되었고, 행사비율은 사채 액면금액의 100%이다. 다음 양식에 제시된 항목을 계산하시오.

신주인수권 행사시 주식발행초과금 증가분	①

신주인수권 행사 직후 신주인수권부사채의 장부금액 ②
2차연도 이자비용 ③

2. 상기 복합금융상품이 전환사채이며 액면발행되었다고 가정하자. 2차연도 7. 1.에 50%의 전환권이 행사되어 보통주가 발행되었을 때, 다음 양식에 제시된 항목을 계산하시오. 단, 기중전환 시 전환간주일은 고려하지 않으며, 전환된 부분의 전환일까지의 표시이자를 지급하는 것으로 가정한다.
   전환권 행사시 주식발행초과금 증가분 ①
   전환권 행사 직후 전환사채의 장부금액 ②
   2차연도 이자비용 ③
3. 상기 복합금융상품이 전환사채이며 액면발행되었다고 가정하자. ㈜대한이 2차연도 1. 1.에 전환사채 전부를 동 일자의 공정가치인 ₩1,000,000에 조기상환하였고, 조기상환일 현재 일반사채의 시장수익률은 연 6%이다. 2차연도 당기순이익에 반영될 사채상환손익을 계산하시오. 단, 손실일 경우에는 (-)를 숫자 앞에 표시하시오.
   사채상환손익 ①
4. 상기 복합금융상품이 전환사채이며 액면발행되었다고 가정하자. ㈜대한은 2차연도 1. 1.에 전환사채의 조기전환을 유도하기 위하여 전환으로 발행되는 보통주 1주에 요구되는 사채액면금액을 ₩8,000으로 변경하였다. 전환조건 변경일 현재 ㈜대한의 보통주 1주당 공정가치가 ₩4,000일 때, 해당 조건변경이 2차연도 당기순이익에 미치는 영향을 계산하시오. 단, 당기순이익이 감소하는 경우에는 (-)를 숫자 앞에 표시하시오.
   당기순이익에 미치는 영향 ①

P13–15 상환할증금부 비분리형 신주인수권부사채와 신주인수권의 행사(이론적 회계처리)

- 액면회사는 1차연도 1. 1.에 다음 조건으로 비분리형 신주인수권부사채를 액면발행하였다.
- 액면금액: 사채 30매 총 ₩30,000
- 표시이자율: 연 10%
- 비분리형 신주인수권부사채의 시장이자율(유효이자율): 연 10%
- 일반사채의 시장이자율(유효이자율): 연 15%
- 신주매입가격: 비분리형 신주인수권부사채 1매당 액면금액이 ₩1,000인 보통주 1주를 매입
- 신주매입기간: 사채발행 이후 1개월 경과일로부터 상환만기일 2일 전까지
- 상환일(만기일): 3차연도 12. 31.
- 이자지급 방법: 매연도 말에 지급
- 상환방법: 주식매입권이 행사되지 않은 사채는 보장수익률 연 12%를 적용하여 상환할증금을 지급

물음 비분리형 신주인수권부사채가 행사되면 사채의 액면금액이 소멸하고 주식이 발행된다고 가정하고, 다음 물음에 답하라.

1. 비분리형 신주인수권부사채 발행시점의 상환할증금과 신주인수권대가를 계산하라.
2. 비분리형 신주인수권부사채 할인발행차금 상각표를 작성하라.
3. 1차연도 1. 1.부터 2차연도 12. 31.까지 필요한 분개를 하라.
4. 비분리형 신주인수권부사채 18매(60%)가 3차연도 1. 2.에 행사되어 보통주 18주가 발행되었다. 필요한 분개를 하고 부분재무상태표를 작성하라.
5. 물음 4의 거래가 발생한 이후 3차연도 12. 31.에 비분리형 신주인수권부사채 40%를 현금으로 상환하였다. 이 거래를 기록하기 위한 분개를 하라.

P13-16 전환사채의 조기 현금상환

- 전환사채(액면금액: ₩500,000)를 ₩520,000에 조기상환하였다.
- 조기상환시점의 부채요소와 자본요소의 장부금액은 각각 ₩450,000과 ₩25,000이다.
- 조기상환시점의 부채요소의 공정가치는 ₩480,000이다.

물음 조기상환시점에 필요한 분개를 하라.

P13-17 전환사채의 유도전환[6)]

- 1차연도 1. 1.에 전환사채(액면금액: ₩60,000,000, 만기: 3차연도 12. 31., 이자율: 연 6%, 이자지급일: 매년 12. 31.)를 ₩60,000,000에 발행하였다.
- 3차연도 12. 31.에 전환사채 액면금액 ₩100당 25주로 전환된다.
- 1차연도 1. 1.의 일반사채의 시장이자율이 ₩9%이다.
- 전환사채발행비 ₩600,000이 발생하였다.
- 1차연도 12. 31.의 부채요소의 장부금액: ₩56,442,438
- 1차연도 12. 31.의 자본요소의 장부금액: ₩4,510,767
- 2차연도 1. 1.에 전환조건을 변경해서 60일 이내에 전환하면 액면금액 ₩100당 25주가 아니라 30주로 전환된다.
- 2차연도 1. 1.의 주식의 주당 주가가 ₩5이다.
- 2차연도 4. 1.에 전환사채 전부가 주식으로 전환되었다.

물음 2차연도 4. 1.에 필요한 분개를 하라.

6) PwC, Manual of Accounting IFRS 2021 - Volume 2 (Tolley, 2021), pp. 43080-43082 수정

Chapter 14

자 본

학습 목표

LO 14－1. 주주지분 구성요소의 개념을 이해한다.
LO 14－2. 주식발행에 대한 회계처리를 이해한다.
LO 14－3. 자기주식에 대해서 「일반기업회계기준」과 US GAAP의 원가법에 따른 회계처리를 이해한다.
LO 14－4. 여러 유형의 배당금과 주식분할에 대한 회계처리를 이해한다.
LO 14－5. 자본변동표의 내용을 이해한다.
LO 14－6. 이익잉여금처분계산서의 내용을 이해한다.

제14장

제1절 자본의 개념과 구성요소

1. 자본의 구성요소
   (1) 자본금
   (2) 자본잉여금
   (3) 자본조정
   (4) 이익잉여금
   (5) 기타포괄손익누계액
   (6) 「일반기업회계기준」에 따른 자본의 분류
   (7) 영구채무상품과 신종자본증권
2. 소유주이론

제2절 주식의 발행

1. 주식의 현금발행
   (1) 액면금액과 액면주식의 개념
   (2) 액면주식의 발행
2. 주식의 현물발행
3. 주식청약
4. 기부자본
5. 신주발행비

제3절 자기주식

1. 자기주식의 개념
2. 자기주식의 회계처리: 원가법
3. 재무상태표상 자기주식의 보고
4. 주식의 소각
   (1) 실질적 감자(유상감자)
   (2) 형식적 감자(무상감자, 명목적 감자)

제4절 배당금

1. 배당과 관련된 개념
   (1) 배당기준일
   (2) 배당결의(선언)일
   (3) 배당지급일
2. 배당의 종류
   (1) 현금배당
   (2) 현물배당
   (3) 주식배당
3. 주식분할과 주식병합

제5절 우선주

1. 누적적 우선주
2. 참가적 우선주
3. 전환우선주
4. 상환가능우선주
5. 의무상환우선주

제6절 자본변동표

제7절 이익잉여금처분계산서

1. 이익잉여금의 사내유보
2. 「일반기업회계기준」에 따른 이익잉여금처분계산서

Chapter 14
제1절

자본의 개념과 구성요소

1. 자본의 구성요소

자본(equity)은 기업의 잔여지분(residual interest), 즉 기업의 총자산에서 총부채를 뺀 순자산이다[1032: 11]. 지분상품(equity instruments)은 투자자의 입장에서는 금융자산이지만, 발행자의 입장에서는 계약상 의무를 포함하지 않는 금융상품이므로 금융부채가 아니고, 자기지분상품의 확정된 수량으로 확정된 금액의 금융상품을 결제할 수 있기 때문에 금융자산도 아니다. 대표적 지분상품은 기업이 발행한 보통주와 우선주이며, 최근에는 신종자본증권도 지분상품에 포함된다. 재무상태표에 표시되는 자본은 지분상품과 동일하지 않다. 예를 들어, 유형자산의 재평가잉여금은 기타포괄손익누계액으로 재무상태표에 자본으로 표시되지만 계약에 토대한 지분상품이 아니다. 지분상품의 예는 다음과 같다[1032: AG13].

- 풋가능하지 않은 보통주
- 일부 풋가능 금융상품
- 발행자가 청산하는 경우에만 거래상대방에게 지분비율에 따라 발행자 순자산을 인도해야 하는 의무를 발행자에게 부과하는 일부 금융상품
- 일부 유형의 우선주
- 확정 금액의 현금 등 금융자산을 대가로 확정 수량의 자기지분상품을 발행하거나 매입할 의무
- 주식매입권 또는 매도콜옵션

「K-IFRS 제1001호」(재무제표 표시 기준서)에서는 자본을 구체적으로 어떻게 세분하는가에 대한 규정은 없지만 자본(주주지분)을 납입자본과 적립금으로 나누는 대원칙을 제시한다[1001: 54]. 또한 납입자본은 자본금, 주식발행초과금 등으로 세분화하고[1001: 78], 자본의 구성요소는 각 분류별 납입자본, 각 분류별 기타포괄손익의 누계액과 이익잉여금의 누계액 등을 포함한다[1001: 108]. 종합하면, 「K-IFRS 제1001호」에서 말하는 납입자본은 자본금과 자본잉여금(예 주식발행초과금)을 포함하고, 적립금은 자본항목 중 납입자본을 제외한 나머지 자본구성 항목, 즉 이익잉여금, 기타포괄손익누계액 등을 통틀어 의미한다. 그러나 우리나라 「상법」에서 사용하는 적립금은 이익잉여금 중 주주에게 배당금 등으로 지급하지 못하도록 별도로 분리해 둔 법정적립금이나 임의적립금 등을 말한다.

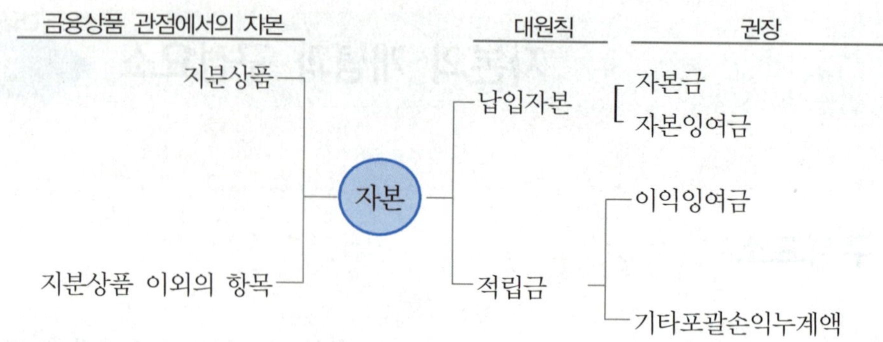

주주지분을 변동시킨 거래의 성격에 따라 자본을 분류하면 다음과 같다.

① 주주(소유주)와의 거래

- 자본금: 보통주(액면금액), 우선주(액면금액)
- 자본잉여금: 주식발행초과금, 주식선택권, 자기주식처분이익 등

② 주주 외 제3자와의 거래(일반적인 영업 · 경영활동에서 발생한 제3자와의 거래)

- 이익잉여금(실현된 손익): 배당가능액과 배당불능액으로 분류
- 기타포괄손익누계액(완료되지 않은 거래에서 발생한 미실현손익)

참고 실현기준은 기업에 경제적효익이 유입될 가능성이 높고 신뢰성 있게 측정할 수 있어서 수익 또는 차익을 실현 가능한 시점에 인식하는 것을 의미한다. 여기서 실현 가능(realizable)하다는 것은 제품, 상품, 기타 자산이 확정된 금액의 현금(또는 현금청구권)으로 전환 가능하다는 것을 말한다.

거래 유형	영향을 미치는 자본의 구성요소
주식발행과 자기주식 거래	자본금과 자본잉여금(또는 자본조정)
당기손익 거래	이익잉여금
기타포괄손익 거래	기타포괄손익누계액
배당 결의	이익잉여금
회계정책의 변경과 오류수정	이익잉여금

자본금과 자본잉여금은 자본거래에서 비롯된 것이며, 이익잉여금은 손익거래에서 비롯된 것이다. 기타포괄손익은 손익거래에서 비롯되지만 아직 완료되지 않은 거래에서 발생한 미실현손익이므로 원칙적으로 당기순이익에 포함되지 않은 채 순자산을 변동시킨다. 아래에서는 자본을 자본금, 자본잉여금, 이익잉여금, 기타포괄손익누계액으로 나누어 살펴본다.

(1) 자본금

자본금(share capital)은 기업이 발행한 보통주 또는 우선주를 투자자가 취득하면서 기업에 납입한 금액으로, p. 662에서 설명할 주식발행초과금과 함께 납입자본(paid-in capital 또는 contributed capital)이

라고도 불린다. 기업이 발행한 보통주 또는 우선주가 1주당 금액이 정해져 있는 액면주식인 경우 보통주 또는 우선주의 액면금액을 자본금계정에 기록한다. 지분상품은 잔여지분에 대한 모든 계약이기 때문에 보통주 및 우선주 이외에도 주식선택권, 전환권대가 등을 포함한다. 지분상품 중 보통주 및 우선주의 액면금액은 자본금으로 분류하고 액면금액 이외는 자본잉여금으로 분류한다.

(2) 자본잉여금

자본잉여금은 보통주 또는 우선주를 발행하면서 받은 금액이 액면금액을 초과한 주식발행초과금(paid-in capital in excess of par), 주식발행이 아닌 기타 형태(주식의 증여 등)의 자본거래에서 받은 납입금 등 주주와의 자본거래에서 발생한 금액 중 자본금을 제외한 금액을 포괄적으로 일컫는 말이다.

(3) 자본조정

「K-IFRS 제1001호」는 자본조정을 언급하지 않으나 「일반기업회계기준」에서는 자본조정을 자본잉여금과 별개 항목으로 분류한다. 「일반기업회계기준」은 자본조정의 의미를 정의하지 않고 자본조정으로 분류하는 항목(예 주식선택권, 자기주식)을 나열한다. 그러나 「K-IFRS 제1102호」(주식기준보상기준서)는 주식선택권을 자본잉여금으로 분류하므로(제17장 참조) 「일반기업회계기준」에서 말하는 자본조정의 의미가 모호하다.

(4) 이익잉여금

이익잉여금(retained earnings)은 기업의 누적 이익에서 주주에게 배당으로 분배된 금액을 차감한 나머지 금액이다. 제3자와의 거래에서 발생한 실현손익은 포괄손익계산서에 당기손익으로 인식하고 마감분개를 통해 자본항목인 이익잉여금으로 대체한다. 기업이 주주를 대신하여 영업활동을 통해 가득(earned)한 이익잉여금은 원칙적으로 주주에게 배당으로 분배할 수 있는 금액이다. 그러나 이익잉여금 모두를 배당으로 사용하는 것은 아니다. 「상법」에 따라 이익잉여금의 일부를 '법정적립금'으로 사내에 유보하는 경우도 있고, 사업 확장 등의 별도 목적에 사용하기 위해 '임의적립금' 형태로 사내에 유보하는 경우도 있다. 이익잉여금에 대해서는 제7절에서 살펴본다.

(5) 기타포괄손익누계액

완료되지 않은 거래에서 발생하고 아직 실현되지 않은 손익은 당기순이익에 포함하지 않고 기타포괄손익(other comprehensive income)으로 분류한다(제1장 참조). 마감분개를 해서 당기순이익을 이익잉여금으로 대체하는 것처럼, 기타포괄손익은 마감분개를 해서 기타포괄손익누계액(accumulated other comprehensive income)계정으로 대체하고 보고기간 말 현재 기타포괄손익누계액계정의 잔액을 재무상태표에 표시(보고)한다. 기타포괄손익누계액은 이익잉여금과 달리 주주에게 분배할 수 없는 자본항목이다. 기타포괄손익의 본질이 아직 완료되지 않은 거래에서 발생한 미실현손익이므로 기타포괄손익누계약 역시 완전히 주주의 것이 되지 않았으므로 주주에게 배당금으로 분배할 수 없다. 기타포괄손익누계액계정의 금액 중 거래가 완료되었거나 실현된 금액은 당기손익으로의 '재순환(recycling)' 과정(제9장 참조)이나 자본항목 내 직접 대체를 통해 이익잉여금으로 이체한 후 주주에게 분배할 수 있다.

기타포괄손익누계액에 대한 회계처리에서 유의할 점은 재분류(재순환)이다. 당기손익항목은 발생한 회계기간에 이익잉여금에 영향을 미치지만, 기타포괄손익은 마감분개를 통해 기타포괄손익누계액계정에 보관되었다가 추후에 당기손익을 거쳐서 또는 직접 이익잉여금으로 이체된다. 예를 들면, FVOCI(기타포괄손익－공정가치측정) 금융자산(채무상품)에서 발생한 기타포괄손익은 매도시점에 당기손익으로 재순환하여 이익잉여금으로 대체한다. 그러나 FVOCI 금융자산(지분상품)에서 발생한 기타포괄손익은 매도시점에 당기손익으로 재순환하지 않고 포괄손익계산서를 우회해서 기타포괄손익누계액을 직접 이익잉여금으로 대체한다(제9장 참조). 기타포괄손익 항목 중 당기손익으로의 재분류조정이 가능한 항목과 불가능한 항목은 아래와 같다.

기타포괄손익 항목	당기손익으로의 재분류조정 가능 여부
재평가미실현이익(제5장 참조)	불가능(이익잉여금으로 대체가능)
확정급여제도 하에서 재측정요소(제20장 참조)	불가능(이익잉여금으로 대체가능)
FVOCI 금융자산(지분상품) 평가손익(제9장 참조)	불가능(이익잉여금으로 대체가능)
FVOCI 금융자산(채무상품) 평가손익(제9장 참조)	가능
현금흐름위험회피 파생상품손익 중 효과적인 부분	가능
해외사업장 재무제표의 외화환산 손익	가능

(6) 「일반기업회계기준」에 따른 자본의 분류

「일반기업회계기준」은 주주지분을 아래와 같이 분류한다.

자 본 금
- 보통주자본금(액면금액)
- 우선주자본금(액면금액)

자본잉여금
- 주식발행초과금
- 기타 자본잉여금: 자기주식처분이익
  - 감자차익
  - 전환권대가(제13장 참조)
  - 신주인수권대가(제13장 참조)

자본조정
- 자본가산항목: 미교부주식배당금
  - 주식선택권
  - 청약기일이 경과된 신주청약증거금
- 자본차감항목: 자기주식
  - 주식할인발행차금
  - 감자차손

	자기주식처분손실
기타포괄손익누계액	재평가잉여금(제5장 참조)
	FVOCI 금융자산 평가손익(제9장 참조)
	보험수리적손익(제20장 참조)
	현금흐름위험회피파생상품 평가손익
	해외사업장외화환산손익
	기타포괄손익 관련 법인세(제21장 참조)
이익잉여금	처분이익잉여금: 법정적립금
	임의적립금
	미처분이익잉여금(또는 미처리결손금)

(7) 영구채무상품과 신종자본증권

영구채무상품(예 만기가 없는 사채)은 원금을 상환할 의무가 아예 없거나, 상환가능성이 매우 낮거나 설사 상환한다 하더라도 매우 먼 미래에 상환할 의무가 있는 채무상품이다. 한정되지 않은 미래기간 동안 확정된 날짜에 일정 금액의 이자를 지급할 계약상 의무가 있는 영구채무상품은 이자를 지급할 의무를 내포해서 금융부채의 정의를 충족시키므로 금융부채로 분류한다[1032: AG6]. 그러나 영구사채의 발행자가 재량으로 상환할 수 있는 선택권을 보유하는 경우에는, 발행자가 반드시 상환해야 하는 의무가 없으므로 자본으로 분류한다. 발행자가 배당금을 의무적으로 지급하는 우선주는 자본인 것처럼 보이지만 금융부채이다.

신종자본증권은 만기가 없거나 만기가 있다 하더라도 발행자의 재량으로 연기할 수 있으며, 지정된 날짜에 이자를 지급하지만 발행자의 재량으로 이자지급을 연기할 수 있다. 그러므로 신종자본증권의 경제적 실질은 사실상 원금 또는 이자를 지급하지 않는 금융상품이다. 신종자본증권의 발행자는 현금 등 금융자산으로 원금 또는 이자를 상환할 계약상 의무를 부담하지 않으며, 발행자의 보통주를 교부하는 경우에 발행 수량이 확정되어 있기 때문에 자본의 정의가 충족되어 지분상품(자본)으로 분류한다. 신종자본증권은 [1032: AG6]을 적용받지 않고 자본으로 분류될 수 있도록 (순수) 영구사채의 구조를 변형시킨 것이다.

2. 소유주이론

기업실체이론(entity theory)은 기업(예 주식회사)이 소유주와 별개의 실체라고 보는 데 반해, 소유주(자본주)이론(proprietary view)은 기업과 소유주가 동일하다고 본다. 소유주이론에 의하면, 기업과 그 소유주인 주주 간의 거래(예 보통주 또는 우선주의 발행, 자기주식의 재취득, 자기주식의 재발행 등)에서는 손익이 발생하지 않고, 기업과 주주 이외의 제3자와의 거래에서만 손익이 발생한다. 따라서 주주와의 자본거래에서 발생하는 경제적 손익을 포괄손익계산서상의 손익으로 인식하지 않고 자본항목을 직접 증가 또는 감소시킨다.

소유주이론에서는 기업이 조달한 자금의 원천이 주주냐 아니냐에 따라 다르게 회계처리한다. 예를 들면, 금융기관 또는 기타 채권자(기업 외부인)가 제공한 자금에 대해 지급하는 이자는 포괄손익계산서에 비용으로 인식해서 이익잉여금을 감소시킨다. 반면, 보통주나 우선주의 보유자(주주)가 제공한 자금에 대해 지급하는 배당금은 주주와의 거래이므로 포괄손익계산서에 비용으로 인식하지 않고 자본항목인 이익잉여금에서 직접 차감한다. 특정 거래의 결과를 포괄손익계산서에 손익으로 계상하면 마감분개를 통해 이익잉여금으로 대체하므로 포괄손익계산서상 손익을 인식하는 것이나 자본을 직접 증감시키는 것이나 궁극적으로 자본에 미치는 영향은 같다. 그러나 포괄손익계산서는 특정 연도의 '경영성과'를 보여주는 재무보고서이므로 포괄손익계산서를 거쳐 이익잉여금으로 대체한다는 것은 해당 연도의 경영성과에 반영한다는 의미이고, 자본에 직접 조정한다는 것은 해당 연도의 경영성과와 무관하게 처리한다는 것을 의미한다.

Chapter 14 제2절

주식의 발행

1. 주식의 현금발행

(1) 액면금액과 액면주식의 개념

액면금액(par value)은 주식 1주당 법적 가치라고도 불리며, 자본금의 가장 작은 단위로서 기업의 정관에 기재되어 있는 금액이다. 액면금액은 주식의 실제 가격이 아니고 주식 표면에 기재된 명목상 금액이다. 주식의 1주당 액면금액이 주권에 표시된 주식을 액면주식(par value share)이라 한다.

(2) 액면주식의 발행

기업이 보통주(또는 우선주)를 발행하고 현금을 받으면 발행된 주식의 액면금액은 자본 중에서 '자본금'계정의 잔액을 증가시키고, 받은 현금과 주식의 액면금액의 차이는 '자본잉여금'계정의 잔액을 증가시키거나 감소시킨다. 액면금액보다 높게 발행하면 초과액을 자본잉여금의 하위계정인 '주식발행초과금'(share premium)계정에 기록하고, 반대의 경우에는 미달액을 자본잉여금의 하위계정인 '주식할인발행차금'계정에 기록한다. '주식발행초과금'은 대변에 잔액을 갖는 자본항목으로, 실무에서는 주식발행초과금과 주식할인발행차금을 별도로 구분하지 않고 '주식발행초과금'계정 하나만 사용하기도 한다. 우리나라에서는 주식할인발행차금을 우선적으로 주식발행초과금에서 차감하고, 주식발행초과금계정의 잔액을 초과하는 금액은 자본조정으로 분류한다. 자본조정으로 분류된 주식할인발행차금은 미처분이익잉여금에서 차감한다.

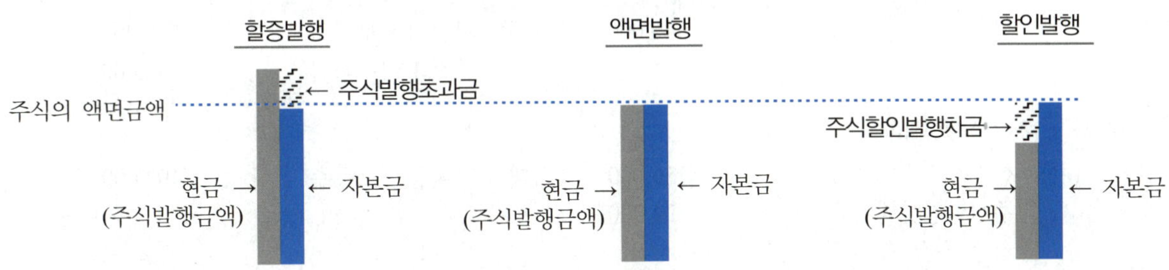

주식의 액면금액이 주권에 기재되지 않은 무액면주식(no-par share)이 발행되기도 한다. 우리나라 「상법」은 무액면주식의 발행을 허용하지만 무액면주식을 발행하면 액면주식을 발행할 수 없다. 그리고 무액면주식 발행 시 자본금은 주식 발행금액 중 50% 이상의 금액으로 이사회에서 결정하므로 발행금액 전부를 자본금으로 분류하지 않는 한, 주식발행초과금이 발생한다.

분개 **주식의 현금발행에 대한 회계처리(액면주식)**

액면발행(주식발행금액 = 액면금액):

(차)	현 금(발행금액)	×××	(대)	자 본 금(액면금액)	×××

할증발행(주식발행금액 > 액면금액):

(차)	현 금(발행금액)	×××	(대)	자 본 금(액면금액)	×××
				주식발행초과금	×××*

* 발행금액 − 액면금액

할인발행(주식발행금액 < 액면금액):

(차)	현 금(발행금액)	×××	(대)	자 본 금(액면금액)	×××
	주식할인발행차금	×××*			

* 액면금액 − 발행금액

예제 1 **주식의 현금발행(액면주식)**

중요도: ★★★
난이도: ◆

상황

· 1차연도 1. 1.에 주당 액면금액이 ₩5,000인 보통주 100주를 주당 ₩5,400에 발행하였고, 1차연도 7. 2.에 주당 액면금액이 ₩5,000인 보통주 80주를 주당 ₩4,700에 발행하였다.

물음

1. 주식발행을 기록하기 위한 분개를 하라.
2. 주식발행 후의 재무상태표 자본부분(주주지분)을 작성하라.

정답

1.

1차연도 1. 1. 주식발행시점:

(차) 현 금	540,000	(대)	자본금 - 보통주	500,000
			주식발행초과금	40,000

1차연도 7. 2. 주식발행시점:

(차) 현 금	376,000	(대)	자본금 - 보통주	400,000
주식할인발행차금	24,000			

2.

자본금 - 보통주	₩900,000
주식발행초과금	40,000
주식할인발행차금	(24,000)
자본총액(주주지분)	₩916,000

2. 주식의 현물발행

기업이 주식을 발행하면 현금을 납입받는 것이 일반적이지만 현금 이외의 자산(예 부동산, 유형자산 등)을 받는 경우도 있는데, 이를 현물출자라고 한다. 이 경우에 대두되는 회계문제는 주식을 발행해서 취득한 자산을 얼마로 측정하느냐이다. 취득한 자산의 공정가치가 포기한 자산의 공정가치보다 더 명백한 경우를 제외하고는 원칙적으로 포기한 자산의 공정가치로 취득한 자산의 취득원가를 측정한다 [1016: 26]. 예외적으로 주식을 발행해서 자산을 취득하면 포기한 대가의 형태가 주식이므로 취득한 자산의 공정가치로 취득원가를 측정한다. 예를 들어, 종업원이 아닌 거래상대방과의 거래에서 지분상품(예 주식)을 부여하고 제공받은 재화는 취득한 재화의 공정가치로 직접 측정한다[1102: 10]. 종업원이 아닌 거래상대방과의 거래에서 제공받는 재화나 용역의 공정가치는 신뢰성 있게 추정할 수 있다고 본다. 이때 공정가치는 재화나 용역을 제공받는 날을 기준으로 측정한다. 드문 경우이긴 하지만, 제공받는 재화의 공정가치를 신뢰성 있게 추정할 수 없으면, 부여한 지분상품의 공정가치로 취득한 자산의 취득원가를 간접 측정한다[1102: 13]. 주식이 활성시장(KOSPI 또는 KOSDAQ)에서 거래되는 경우, 활성시장에서 거래되는 해당 주식의 가격이 주식의 공정가치이다.

Miniature 예제 1 주식을 발행해서 취득한 유형자산

상황

· 보통주 5,000주(주당 액면금액: ₩10)를 발행하여 토지와 교환하였다.
· 보통주의 공정가치는 주당 ₩30이다.

물음 토지의 공정가치가 ₩230,000인 경우와 토지의 공정가치를 알 수 없는 경우로 구분해서 토지 취득 거래를 분개하라.

참고 주식을 발행해서 유형자산을 취득하는 거래를 제17장에서 '주식결제형 주식기준보상거래'라 한다.

정답

토지의 공정가치가 ₩230,000인 경우:

(차) 토 지	230,000	(대) 자본금-보통주	50,000
		주식발행초과금	180,000

토지의 공정가치를 알 수 없는 경우:

(차) 토 지	150,000	(대) 자본금-보통주	50,000
		주식발행초과금	100,000

3. 주식청약

일반적으로 주식은 청약대금이 완전히 납입된 후에 발행된다. 그러나 주식의 발행을 쉽게 하기 위해서 투자자로부터 주식발행에 따른 총 계약금액(청약금액) 중 일부를 계약금(선수금)으로 받고, 가까운 장래에 나머지 잔액을 받기로 하고 주식을 발행할 것을 약정할 수 있다. 이러한 약정을 신주청약 또는 주식청약(share subscriptions)이라 한다. 주식청약을 회계처리하는 방법에는 회계사건적 견해와 미이행계약적 견해가 있다.

회계사건적 견해(「K-IFRS 제1001호」의 방법): 회계사건(accounting event)적 견해는 주식 청약시점에 주식이 발행되는 '회계사건'이 발생한 것으로 보아 자본의 증가를 기록한다. 「K-IFRS」가 주식청약에 대해서 구체적인 회계처리지침을 제시하지 않으나, 「K-IFRS 제1001호」는 발행되었으나 부분적으로 납입된 주식 수를 재무제표에 공시하도록 규정한다[1001: 79]. 가까운 장래에 주식을 발행할 것이 확실하므로 청약시점에 주식을 발행하는 것으로 회계처리한다고 유추할 수 있다.

US GAAP도 회계사건적 견해를 채택하고 있으며 다음과 같이 회계처리한다. 주식청약시점에 마치 주식이 발행된 것처럼 회계처리하지만, 주식청약은 주식발행을 '약속'한 것일 뿐 실제로는 주식이 발행되지 않는다. 따라서 주식이 실제로 발행된 거래와 구분할 수 있도록 계약금(청약금)을 받은 시점에 '자본금(보통주)'계정 대신 '신주청약자본금'계정을 사용하고, 청약금액 중 잔액(신주청약미수금)을 모두 받아 주식을 실제로 발행하는 시점에 '신주청약자본금'계정을 '자본금(보통주)'계정으로 대체(재분류)한다. 신주청약미수금은 주식이 실제로 발행될 미래에 받을 금액이라서 얼핏 보기에는 자산(미수금)인 것처럼 보인다. 그러나 주식청약거래는 주주와의 자본거래이고, 주식청약 후 잔액을 모두 받지 않아서 신주청약미수금이 장부상에 남아있는 한 자본거래는 완료되지 않는다. 따라서 신주청약미수금을 자산이 아닌 자본의 차감항목으로 보고한다.

미이행계약적 견해(「일반기업회계기준」): 미이행계약(executory contract)적 견해는 「일반기업회계기준」에 규정된 방법으로, 주식청약을 단지 계약자 쌍방 간의 아직 이행되지 않은 계약에 대한 약속으로 해석하여, 주식청약시점에 계약금을 받은 사실을 제외하고는 거래가 발생하지 않았다고 본다. 결과적으로 주식청약 시 받은 계약금을 일반적인 선수금과 유사하게 해석하여 회계처리한다. 미이행계약적 견해에서는 주식청약 시 받은 계약금만 현금계정의 차변에 기록하고 대변에 신주청약증거금을 기록한다. 주식청약계약이 해지되었을 경우 회사가 청약가입자에게 계약금을 환불해 줄 의무가 있으면 신주청약증거금을 부채로 분류하고, 주식청약계약이 해지되어도 계약금을 환불해야 할 의무가 없으면 자본잉여금으로 분류한다.

예제 2 주식청약

중요도: ★
난이도: ◆

상황

· 1차연도 1. 1.에 주당 액면금액이 ₩5,000인 보통주 30주를 ₩190,000에 발행하기로 청약을 받아 계약금 ₩80,000을 받았다.

· 1차연도 8. 2.에 잔액을 받고 보통주를 발행하였다.

물음 주식청약계약을 회계사건으로 보는 견해(「K-IFRS 제1001호」와 US GAAP)와 미이행계약으로 보는 견해(「일반기업회계기준」)로 구분하여 1차연도 1. 1.과 1차연도 8. 2.에 필요한 분개를 하라.

정답

회계사건적 견해(「K-IFRS 제1001호」와 US GAAP)			미이행계약적 견해		
1차연도 1. 1. 계약금 수취시점:					
(차) 현 금	80,000		(차) 현 금	80,000	
신주청약미수금	110,000		(대) 신주청약증거금*		80,000
(대) 신주청약자본금		150,000	* 부채 또는 자본잉여금		
주식발행초과금		40,000			
1차연도 8. 2. 주식 발행시점:					
(차) 현 금	110,000		(차) 현 금	110,000	
신주청약자본금	150,000		신주청약증거금	80,000	
(대) 신주청약미수금		110,000	(대) 자 본 금		150,000
자 본 금		150,000	주식발행초과금		40,000

4. 기부자본

기부자본(donated capital)은 주주로부터 특정 자산(토지 등)이나 용역을 대가 없이 기부 받을 때 생긴다. 주주와의 일방적 이전거래를 통상적 영업활동에서 발생하는 이전거래와 구분하기 위해서 주주로부터 기부 받은 자산 또는 용역은 일반적으로 자본잉여금으로 분류한다.

무상수증 { 주주의 무상증여 → 수증자본으로 해석해서 자본잉여금을 인식
주주 이외의 제3자의 무상증여 → 수증이익(당기이익)을 인식
정부의 무상증여 → 보조금수익을 인식(제3장 참조) }

기업이 주주가 아닌 제3자로부터 특정 자산을 증여받는 일방적 이전거래(nonreciprocal transactions)에서는 자산의 취득원가가 ₩0이지만, 제공받은 자산을 ₩0으로 측정하면 해당 거래의 경제적 실질을 적절하게 반영하지 못하므로, 기부 받은 자산을 공정가치로 측정하고 수증이익을 인식한다(제3장 Miniature 예제 6 참조).

5. 신주발행비

신주발행비(share issue costs)는 주식발행과 직접 관련해서 발생하는 비용으로, 주식발행을 완성하기 위한 주주와의 자본거래로 본다. 주식을 발행하기 위하여 발생한 회계, 광고, 법률 서비스 비용, 주권 인쇄비, 주식판매 대행 수수료 등이 주식발행비에 포함된다. 자본거래의 거래원가(신주발행비) 중 해당 자본거래가 없었다면 회피할 수 있고 해당 자본거래에 직접 관련하여 생긴 증분원가는 자본에서 직접 차감한다. 중도에 포기한 자본거래의 원가는 비용으로 인식한다[1032: 37]. 부채요소와 자본요소가 포함된 복합금융상품의 발행비용은 부채요소와 자본요소의 장부금액의 비율로 부채요소와 자본요소에 배분한다(제13장 예제 1 참조).

「K-IFRS 제1032호」는 이미 발행되었으나 상장되지 않은 주식을 증권거래소에 상장하는 데에 발생하는 비용에 대한 회계처리를 제시하지 않는다. 상장비용과 관련된 유일한 규정은 [1032: 38]이다. 주식발행거래와 주식상장거래에 공통으로 발생한 거래원가(예 주식을 발행하는 동시에 해당 주식 외의 다른 주식을 증권거래소에 상장하는 경우의 거래원가)는 합리적인 배분기준을 적용하여 각 거래별로 배분한다[1032: 38]. 주식을 새로 발행하여 발생하는 비용이나 신주 발행과 동시에 증권거래소에 상장하는 데에 발생하는 비용도 신주발행비의 일부로 본다. 그러나 이미 발행되었으나 상장되지 않은 주식을 증권거래소에 상장하는 활동은 자본조달활동이 아닌 이익창출활동으로 보아 상장비용을 발생시점에 비용으로 인식한다. 즉, 기존 주식의 상장사건이 주주와의 자본거래가 아닌 손익거래이므로 비상장 주식을 상장하면서 발생하는 비용은 주식거래 부대비용으로 해석하고 발생시점에 당기비용으로 인식한다.[1] 기존 주식을 발행하는 시점에 발생하였던 신주발행비는 발행시점에 이미 자본에서 차감하였다.

---

1) Deloitte LLP, *iGAAP 2017, Volume B: Financial Instruments – IFRS 9 and related Standards* (Wolters Kluwer, 2017), p. 187.

예제 3 신주발행비

중요도: ★★
난이도: ◆◆

상황

· 보통주(주당 액면금액: ₩500) 40,000주를 증권거래소에 상장함과 동시에 10,000주를 ₩7,000,000에 발행하여 유상증자하였다.

· 상장과 유상증자에서 발생한 비용은 다음과 같다.

신주발행비:	₩80,000
기타 거래원가:	250,000

· 주식수량을 기준으로 기타 거래원가를 기존 주식과 신주에 배분한다.

물음 신주발행비를 구하고 신주발행비와 기타 거래원가를 기록하기 위한 분개를 하라.

정답 및 해설 신주발행비: ₩130,000

· 신주발행비는 주식을 새로 발행하는 데에만 관련된 비용이며, 주식을 증권거래소에 상장하는 과정에서 발생한 기타 거래원가(₩250,000)는 기존 주식과 새로 발행된 주식에 다음과 같이 배분한다.

	수량	배분율	배분액
기존 주식	40,000주	80%	₩200,000
새로 발행된 주식	10,000	20	50,000
합계	50,000주	100%	₩250,000

· 총 거래원가 ₩330,000을 기존 주식과 신주에 배분하면 다음과 같다.

	기존 주식	신주
신주발행비		₩80,000
기타 거래원가	₩200,000	50,000
합계	₩200,000	₩130,000

· 새로운 주식을 발행하면서 소요된 ₩130,000은 주식발행초과금에서 차감한다.

주식발행시점:

(차) 현 금	7,000,000	(대) 자 본 금	5,000,000
		주식발행초과금	2,000,000

신주발행비 발생시점:

(차) 주식발행초과금	80,000	(대) 현 금	80,000

기타 거래원가 발생시점:

(차) 주식발행초과금	50,000	(대) 현 금	250,000
주식거래비용(당기손익)	200,000		

Chapter 14 제3절
자기주식

1. 자기주식의 개념

회사가 자신이 발행해서 유통 중인 주식을 소각하거나 나중에 재발행할 목적으로 다시 사들여 보유하고 있는 것을 자기주식(treasury shares)이라 한다. 'treasury'는 비유적인 표현으로, 회사가 자신의 주식을 다시 사들인 후 금고(treasury)에 보관하고 있다는 의미이다. 자기주식은 형식적으로는 이미 발행된 주식이기 때문에 발행주식 수에 포함된다. 그러나 경제적 실질 면에서는 발행이 승인되었으나 아직 발행되지 않은 '미발행주식'과 동일하다. 자기주식은 이미 발행되어 유통 중인 주식을 다시 취득한 것이므로 자기주식을 취득하면 발행주식 수는 변하지 않고 유통주식 수만 감소한다.

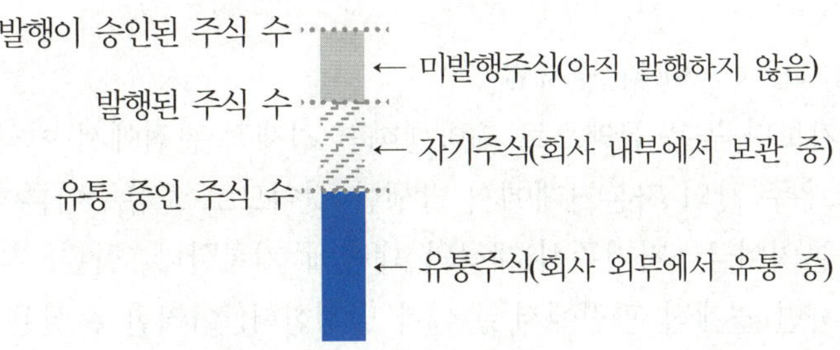

2. 자기주식의 회계처리: 원가법

「K-IFRS 제1001호」(재무제표 표시 기준서)와 「K-IFRS 제1032호」(금융상품: 표시 기준서)가 자기주식 거래에 대한 회계처리지침을 상세하게 제시하지 않으므로, 우리나라에서는 「일반기업회계기준」에 따라 자기주식을 회계처리한다. 자기주식의 취득과 재발행(재판매)은 회사와 소유주와의 거래이므로 「일반기업회계기준」에서는 소유주이론에 따라 자기주식거래에서 발생한 '경제적 손익'을 당기손익이 아닌 자본(주주지분)의 변동으로 인식하고 자본잉여금 또는 자본조정으로 분류한다. 그러나 「일반기업회계기준」의 처리방법은 논리적 결점이 많다. 많은 경우에 국제회계기준위원회가 US GAAP(generally accepted accounting principles)을 참조하고, US GAAP의 원가법이 논리적으로 우월하며, 「일반기업회계기준」이 US GAAP의 원가법과 다르므로 이 책의 '자기주식 부분'에서는 ① 「일반기업회계기준」과 ② US GAAP의 원가법을 모두 설명한다. US GAAP에서 자기주식을 회계처리하는 방법에 원가법, 액면법, 의제소각법(constructive retirement method)이 있으나 「일반기업회계기준」과 유사한 원가법만 살펴본다.

① 자기주식의 취득: 「일반기업회계기준」과 US GAAP의 원가법

원가법(cost method)에서는 자기주식의 취득과 재발행(재판매)을 '단일거래'로 해석하므로 자기주식의 취득을 미완성 거래로 본다. 그러므로 재발행시점까지 특정 자본계정에 미치는 영향을 기록하지 않고 자기주식 취득원가를 자기주식계정의 차변에 임시로 기록한다. 그리고 자기주식을 재발행하는 시점에 자본잉여금계정과 이익잉여금계정에 미치는 영향을 기록한다. 자기주식을 취득해서 현금이 사외로 유출되면 순자산이 감소하므로 자기주식계정은 자본의 차감계정이다. 「일반기업회계기준」에서는 자기주식을 자본 차감항목인 자본조정으로 분류하고, US GAAP에서는 총자본에서 차감하는 형식으로 보고한다(표 14.1 참조).

② 자기주식의 재발행: 「일반기업회계기준」

자기주식의 재발행금액이 취득원가를 초과하면, 초과액을 자기주식처분이익으로 계상하고 자본잉여금으로 분류한다. 재발행금액이 취득원가에 미달하면, 미달액을 자기주식처분이익계정의 잔액과 우선적으로 상계하고, 상계되지 않은 금액은 자기주식처분손실로 인식해서 자본의 차감항목인 자본조정으로 분류한다. 그러나 궁극적으로는 자기주식처분손실을 결손금 처리순서(제7절 참조)에 준하여 이익잉여금에서 차감한다.

③ 자기주식의 재발행: US GAAP의 원가법

자기주식을 취득원가보다 높은 금액으로 재발행하면 경제적 관점에서 이익이 발생한다. 그러나 이러한 이익은 회사와 소유주 간의 자본거래에서 발생한 것이므로 소유주이론에 따라 이익을 인식하지 않고 해당 차액을 '자본잉여금－자기주식'계정의 대변에 기록한다. 한편, 자기주식을 취득원가보다 낮은 금액으로 재발행하면 경제적 관점에서 손실이 발생한다. 이러한 손실은 회사와 소유주 간의 자본거래에서 발생한 것이므로 소유주이론에 따라 손실을 인식하지 않고 해당 차액을 '자본잉여금－자기주식'계정의 대변 잔액에서 차감한다. 자본잉여금－자기주식계정의 대변 잔액이 부족한 경우에는 부족액만큼 이익잉여금을 감소시킨다. 회사가 여러 번에 걸쳐 각기 다른 가격으로 자기주식을 취득하면 재고자산의 원가흐름에 대한 가정(개별법, 평균법, 선입선출법)을 이용해서 재판매시점에 자기주식의 취득원가를 식별한다.

Miniature 예제 2 자기주식 재발행(원가법)

· 자기주식처분이익(자본잉여금)계정의 대변 잔액이 ₩2,000인 상황에서, ₩9,000에 취득한 자기주식을 ① ₩12,000에 재발행한 경우와 ② ₩6,000에 재발행한 경우로 구분하여 분개하면 다음과 같다.

「일반기업회계기준」

① ₩12,000에 재발행한 경우 '경제적 이익'이 발생한 상황 (재발행가격 〉 취득원가)			② ₩6,000에 재발행한 경우 '경제적 손실'이 발생한 상황 (재발행가격 〈 취득원가)	
(차) 현 금	12,000		(차) 현 금	6,000
(대) 자 기 주 식		9,000	자기주식처분이익	2,000
자기주식처분이익		3,000	자기주식처분손실	1,000*

(대) 자 기 주 식 9,000

* 자기주식처분이익계정의 대변 잔액이 부족하여 손실이 충당되지 않으므로 부족액만큼 자기주식처분손실을 인식한다.

US GAAP의 원가법

① ₩12,000에 재발행한 경우 '경제적 이익'이 발생한 상황 (재발행가격 〉 취득원가)			② ₩6,000에 재발행한 경우 '경제적 손실'이 발생한 상황 (재발행가격 〈 취득원가)		
(차) 현 금	12,000		(차) 현 금	6,000	
(대) 자 기 주 식		9,000	자본잉여금 - 자기주식	2,000	
자본잉여금 - 자기주식		3,000	이 익 잉 여 금	1,000*	
			(대) 자 기 주 식		9,000

* 자본잉여금－자기주식계정의 대변 잔액이 부족하여 손실이 충당되지 않으므로 부족액만큼 이익잉여금을 감소시킨다.

④ 자기주식의 소각: 「일반기업회계기준」

「일반기업회계기준」에서는 자기주식의 소각을 유상 감자로 해석하여 액면금액으로 자본금을 감소시키고, 액면금액과 자기주식 취득원가의 차이를 감자차익 또는 감자차손으로 인식한다. 이때 주식의 최초발행금액을 고려하지 않고, 발행시점에 인식한 주식발행초과금이나 주식할인발행차금을 장부에 그대로 존속시킨다. 액면금액보다 낮은 금액으로 취득한 자기주식을 소각하면 순자산이 증가한다고 보고, 액면금액과 취득원가의 차액을 감자차익으로 인식하고 자본잉여금으로 분류한다. 자기주식을 액면금액보다 높은 금액으로 취득한 후 소각하면 순자산이 감소한다고 보고 순자산의 감소액을 감자차손으로 인식하고 자본조정으로 분류한다. 감자차손은 감자차익계정의 잔액과 우선적으로 상계하고, 부족액은 결손금처리순서(제7절 참조)에 따라 이익잉여금에서 차감한다. 이익잉여금이 부족하면 차기 이후의 회계연도에 감자차익(또는 이익잉여금)에서 차감한다.

Miniature 예제 3 자기주식의 소각(「일반기업회계기준」)

· 자본잉여금－감자차익계정의 대변 잔액이 ₩2,000인 상황에서 자기주식(액면금액: ₩5,000, 최초발행금액: ₩8,000)을 ① ₩4,000에 취득하여 소각한 경우와 ② ₩14,000에 취득하여 소각한 경우로 구분하여 「일반기업회계기준」에 따라 분개하면 다음과 같다.

[취득원가 < 액면금액]인 경우			[취득원가 > 액면금액]인 경우		
(차) 자본금 - 보통주	5,000		(차) 자본금 - 보통주	5,000	
(대) 자 기 주 식(자본조정)		4,000	감 자 차 익(자본잉여금)	2,000	
감 자 차 익(자본잉여금)		1,000	감 자 차 손(자본조정)	7,000*	
			(대) 자 기 주 식(자본조정)		14,000

* 결손금처리순서에 따라 이익잉여금으로 보전

「일반기업회계기준」에서 발행금액이 아닌 **액면금액과 취득원가를 비교해서 감자차익**(또는 감자차손)**을 측정**하면 주식의 최초발행시점에 인식한 주식발행초과금(또는 주식할인발행차금) 잔액이 자기주식의 취득과 소각에 따라 조정되지 않는 한계를 갖는다. 예를 들어, 1. 1.에 액면금액이 ₩5,000인 보통주를 ₩9,000에 발행한 후 다음 날인 1. 2.에 ₩6,000에 취득하여 소각하였다고 가정하자. 이 두 거래의 결과 현금과 순자산이 ₩3,000만큼 증가하는데, 「일반기업회계기준」에 따르면 자본항목에는 감자차손 ₩1,000(취득원가 ₩6,000 − 액면금액 ₩5,000)과 주식발행초과금 ₩4,000이 각각 보고된다. 주식발행으로 인한 주식발행초과금과 자기주식의 소각에 따른 감자차손을 구분해서 보고하므로 완전공시원칙에 더 충실하다는 장점은 있지만, 재무보고를 복잡하게 한다는 지적은 피하기 어렵다.

자기주식의 소각시점에 발행금액이 아닌 액면금액과 취득가격을 비교해서 **감자차익**(또는 감자차손)**을 측정**하는 또 다른 논거는, 회사가 여러 번에 걸쳐 주식을 발행하고 발행금액이 각기 다르면 소각된 자기주식의 최초발행금액을 알 수 없다는 것이다. 그러나 원가흐름가정(개별법, 평균법, 선입선출법)을 적용해서 기말재고자산의 측정액과 매출원가를 결정하는 상황을 고려하면 이 주장은 받아들이기 어렵다. 회사가 여러 번에 걸쳐 서로 다른 금액으로 주식을 발행했다 하더라도 재고자산의 원가흐름가정(개별법, 평균법, 선입선출법)을 참고해서 소각한 자기주식의 발행금액을 결정하고 그에 따라 회계처리하는 것이 가능하기 때문이다.

⑤ 자기주식의 소각: US GAAP

회사가 이미 발행했던 주식을 재취득하여 소각하면 경제적 실질(economic substance) 면에서 **애초부터 주식을 발행하지 않은 것과 동일**하므로, 주식을 소각하는 시점에 발행금액을 식별해서 '자본금(보통주)'계정과 '주식발행초과금'계정의 잔액을 감소시킨다. 이러한 회계처리방법은 「일반기업회계기준」보다 개념적으로 우월하다. 자기주식을 발행금액보다 낮은 금액으로 취득한 후 소각하여 순자산이 증가하면, 주식을 처분한 주주가 기여한 수증자본으로 해석하고 순자산의 증가액을 자본잉여금 − 자기주식계정의 대변에 기록한다. 자기주식을 발행금액보다 높은 금액으로 취득한 후 소각해서 순자산이 감소하면, 순자산의 감소액을 자본잉여금 − 자기주식계정의 대변 잔액에서 우선적으로 차감하고, 자본잉여금 − 자기주식계정의 대변 잔액이 부족할 경우 주식을 처분한 주주에게 자산을 추가로 분배한 것으로 해석하고 이익잉여금의 감소로 기록한다.

Miniature 예제 4 자기주식의 소각(US GAAP의 원가법)

· Miniature 예제 3에서와 같이 자기주식처분이익계정(자본잉여금 − 자기주식)의 대변 잔액이 ₩2,000인 상황에서 자기주식(액면금액: ₩5,000, 발행금액: ₩8,000)을 ① ₩4,000에 취득하여 소각한 경우와 ② ₩14,000에 취득하여 소각한 경우로 구분하여 US GAAP의 원가법에 따라 분개하면 다음과 같다.

① ₩4,000에 취득하여 소각한 경우 '경제적 이익'이 발생한 상황 (발행금액 〉 취득원가)		② ₩14,000에 취득하여 소각한 경우 '경제적 손실'이 발생한 상황 (발행금액 〈 취득원가)	
(차) 자 본 금 - 보 통 주	5,000	(차) 자 본 금 - 보 통 주	5,000
주식발행초과금 - 보통주	3,000	주식발행초과금 - 보통주	3,000

(대) 자 기 주 식	4,000	자본잉여금 - 자기주식	2,000
자본잉여금 - 자기주식	4,000	이 익 잉 여 금	4,000*
		(대) 자 기 주 식	14,000

* 자본잉여금 - 자기주식계정의 대변 잔액이 부족하여 부족분을 이익잉여금에서 차감한다.

3. 재무상태표상 자기주식의 보고

재무상태표에는 자기주식을 자본의 차감으로 보고한다.

표 14.1 **자기주식의 표시(보고)방법**

	「일반기업회계기준」		US GAAP의 원가법	
재무상태표상 보고방법	자기주식을 자본조정으로 표시		특정 자본계정에 영향을 주지 않기 위해 자기주식의 취득원가를 주주지분 총액에서 차감	
재무상태표의 자본부분	자본금	×××	자본금	×××
	자본잉여금	×××	자본잉여금	×××
	자기주식(자본조정)	(×××)	총 납입자본금	×××
	총 납입자본금	×××	이익잉여금	×××
	이익잉여금	×××	주주지분총계(차감전)	×××
	주주지분총계	×××	자기주식(취득원가)	(×××)
			주주지분총계(차감후)	×××

예제 4 **자기주식**

중요도: ★★★
난이도: ◆◆◆

상황

자기주식에 관한 거래는 다음과 같다.

㉠ 회사가 1차연도 8. 12.에 주당 액면금액이 ₩5,000인 보통주를 주당 ₩5,600에 10주 발행하고 설립되었다. 2차연도 1. 1. 현재 이익잉여금계정의 잔액은 ₩4,350이다.
㉡ 2차연도 4. 6.에 자기주식 3주를 주당 ₩5,900에 취득하였다.
㉢ 2차연도 5. 16.에 자기주식 5주를 주당 ₩5,400에 취득하였다.
㉣ ₩5,900에 취득한 자기주식 1주를 2차연도 8. 14.에 ₩6,300에 재발행하였다.
㉤ ₩5,900에 취득한 자기주식 1주를 2차연도 9. 9.에 ₩5,300에 재발행하였다.
㉥ ₩5,400에 취득한 자기주식 1주를 2차연도 9. 26.에 ₩4,200에 재발행하였다.
㉦ ₩5,900에 취득한 자기주식 1주를 2차연도 10. 15.에 소각하였다.
㉧ ₩5,400에 취득한 자기주식 1주를 2차연도 12. 6.에 소각하였다.

물음 위 거래를 「일반기업회계기준」(원가법)과 US GAAP(원가법)을 각각 적용하여 분개하라.

정답

1.

원 가 법(「일반기업회계기준」)			원 가 법(US GAAP)		
㉠ 주식발행:					
(차) 현 금	56,000		왼쪽과 동일		
(대) 자 본 금 - 보 통 주		50,000			
주식발행초과금 - 보통주		6,000			
㉡ 자기주식 취득:					
(차) 자 기 주 식	17,700		왼쪽과 동일		
(대) 현 금		17,700			
㉢ 자기주식 취득:					
(차) 자 기 주 식	27,000		왼쪽과 동일		
(대) 현 금		27,000			
㉣ 자기주식 재발행:					
(차) 현 금	6,300		(차) 현 금	6,300	
(대) 자 기 주 식		5,900	(대) 자 기 주 식		5,900
자 기 주 식 처 분 이 익		400	자본잉여금 - 자기 주 식		400
㉤ 자기주식 재발행:					
(차) 현 금	5,300		(차) 현 금	5,300	
자 기 주 식 처 분 이 익	400		자 본잉여금 - 자기주식	400	
자 기 주 식 처 분 손 실	200		이 익 잉 여 금	200	
(대) 자 기 주 식		5,900	(대) 자 기 주 식		5,900
㉥ 자기주식 재발행:					
(차) 현 금	4,200		(차) 현 금	4,200	
자 기 주 식 처 분 손 실	1,200		이 익 잉 여 금	1,200	
(대) 자 기 주 식		5,400	(대) 자 기 주 식		5,400
㉦ 자기주식 소각:					
(차) 자 본 금 - 보 통 주	5,000		(차) 자 본 금 - 보 통 주	5,000	
감 자 차 손	900		주식 발행초과금 - 보통주	600	
(대) 자 기 주 식		5,900	이 익 잉 여 금	300	
			(대) 자 기 주 식		5,900
㉧ 자기주식 소각:					
(차) 자 본 금 - 보 통 주	5,000		(차) 자 본 금 - 보 통 주	5,000	

감 자 차 손	400	주식 발행초과금 - 보통주	600
(대) 자 기 주 식	5,400	(대) 자 기 주 식	5,400
		자본잉여금 - 자기 주식	200

4. 주식의 소각

우리나라 「상법」에서 말하는 자본감소소각은 주주총회의 결의를 거치고 주주에게 개별 통지하여 자본금을 감소시키는 소각이다. 회계에서는 「상법」과 달리 자본감소소각을 실질적 감자(유상감자)와 형식적 감자(무상감자)로 구분한다.

(1) 실질적 감자(유상감자)

회사가 이미 발행한 주식을 유상으로 재취득하여 소각하는 것을 실질적 감자 또는 유상감자라 한다. **개념적 관점에서 실질적 감자와 자기주식의 소각이 동일하므로 회계처리도 동일하다.** 「일반기업회계기준」과 US GAAP(원가법)의 자기주식의 소각에 대한 회계처리가 다르므로 실질적 감자에 대한 회계처리도 다음과 같이 다르다.

	「일반기업회계기준」	US GAAP(원가법)
납입자본 제거액	액면금액	발행금액
손익의 측정액	취득원가와 액면금액의 차이	취득원가와 발행금액의 차이
인식하는 손익	경제적 실질과 어긋난 손익을 인식	경제적 손익을 인식

(2) 형식적 감자(무상감자, 명목적 감자)

형식적 감자는 주주에게 주식소각의 대가를 지급하지 않고 자본을 감소시키는 것으로 무상감자 또는 명목적 감자라고도 한다. 즉, 순자산을 반환하지 않고 자본을 감소시키는 것이다. 형식적 감자는 결손금이 누적되어 배당금을 지급할 수 없을 때 결손금을 장부에서 제거하고 이익잉여금이 ₩0인 상태에서 새 출발하기 위한 수단으로 사용된다. 형식적 감자를 하는 방법은 다음과 같다.

① 주식을 합병(병합)해서 발행주식 수를 일정비율로 감소시키는 방법
② 주당 액면금액을 감소시키는 방법
③ 위의 ①과 ②를 동시에 실시하는 방법

형식적 감자를 하면 감자액을 이월결손금에서 우선적으로 차감하고, 감자액이 이월결손금을 초과하면 초과액을 감자차익계정의 대변에 기록하여 자본잉여금으로 분류한다. 형식적 감자는 자본금과 이월결손금이 상계되어 현금이 사외로 유출되지 않고, 주주지분 총액도 변동하지 않는다. 형식적 감자에서는 대가를 지급하지 아니하므로 감자차손이 발생하지 아니한다.

참고 결손금이 누적되어 배당금을 지급할 수 없을 때 결손금을 장부에서 제거하고 이익잉여금이 ₩0인 상태에서 새 출발하기 위한 수단으로 US GAAP은 자산, 부채, 자본을 재측정하는 준갱생(quasi reorganization)을 허용한다. 그러나 IFRS는 준갱생을 허용하지 않는다. 이에 따라 ㈜삼성중공업이 ₩5,040억의 결손금(deficit)을 보전하고 320%로 예상되는 부채비율을 개선하기 위해서 2021년 7월에 발행주식 수는 변동시키지 않고 주당 액면금액을 ₩5,000에서 ₩1,000으로 감액하는 5대1 무상감자를 실시함과 동시에 1조원 규모의 유상증자에 돌입했다. 신주의 상장일인 8월 10일에 주가가 ₩6,540에서 ₩6,720으로 약간 상승했다.

Miniature 예제 5 형식적 감자(무상감자)

상황

· 누적결손금 ₩80,000을 보전하기 위하여 주당 액면금액이 ₩600인 보통주 300주를 주당 액면금액이 ₩400인 보통주 150주로 합병하였다.

물음 형식적 감자에 대한 분개를 하라.

정답

(차) 자 본 금	120,000*	(대) 결 손 금(이익잉여금계정의 차변잔액)	80,000
		감자차익(자본잉여금)	40,000

* (₩600 × 300주) − (₩400 × 150주) = ₩120,000

Chapter 14 제4절

배당금

1. 배당과 관련된 개념

배당금(dividends)은 기업이 경영활동을 수행해서 획득한 이익을 자본금에 대한 보상형식으로 주주에게 지급하는 것이다. 우리나라에서는 현금배당, 주식배당과 현물배당을 인정한다. 배당을 회계처리하는 데 중요한 시점은 배당기준일, 배당결의(선언)일, 배당지급일이다.

(1) 배당기준일

배당기준일(date of record)은 배당받을 권리가 있는 주주를 확정짓는 날로서 배당기록일이라고도 한다. 배당기준일은 일반적으로 재무상태표일(회계장부 결산일)이며, 배당기준일에 주주명부에 주주로 기록된 자에게만 배당금을 받을 권리가 부여된다. 배당권은 배당기준일에 주주명부에 등록된 주주가 배당받을 수 있는 권리를 나타내는 증서이다. 배당기준일이 지나면 주식은 배당권과 분리되어 거래되는데, 배당권이 떨어져 나간 주식을 배당락주식(ex-dividend share)이라 한다. 배당권을 제시하면 주식을 소유하고 있지 않아도 배당을 받을 수 있다.

(2) 배당결의(선언)일

배당선언일(date of declaration)은 이사회에서 정기주주총회 제출용 재무제표를 승인하고 배당금액을 결정한 날이다. 배당결의일(date of authorization)은 정기주주총회에서 재무제표를 최종 승인하고 이익잉여금을 배당금으로 분배하도록 결의한 날(주주총회일)이다. 우리나라에서는 배당금 지급이 정기주주총회에서 승인되면 기업이 이를 번복할 수 없다. 일반적으로 배당선언과 배당결의 모두를 정기주주총회일에 하므로 배당선언일과 배당결의일을 같은 개념으로 본다.

배당을 결의한 시점에 배당을 지급할 확정의무가 생기기 때문에 배당을 결의한 날에 배당지급의무를 장부에 인식한다. 즉, 배당을 결의한 시점에 이익잉여금을 처분한 것으로 간주하여 예상배당액만큼 미지급배당금(부채)을 인식하고 이익잉여금을 감소시킨다. 그러나 분기배당과 중간배당에 대해서는 이사회 선언일을 배당결의일로 보아 이사회 당일에 미지급배당금을 부채로 인식한다. 미지급배당금은 배당결의 후 1개월 이내에 지급되는 것이 일반적이므로 재무상태표에 유동부채로 보고한다. 보고기간 말 이전에 이사회가 중간배당을 결의하고 보고기간 말 현재 배당금을 지급하지 않은 경우와 기말배당결의에 대해 이사회나 주주총회가 취소할 권한이 없으면 확정의무이므로 부채로 인식한다.

(3) 배당지급일

배당지급일(date of payment)은 회사가 배당금을 실제로 지급하는 날로서, 배당을 지급하면서 배당결의일에 인식한 유동부채인 미지급배당금을 장부에서 제거한다.

2. 배당의 종류

(1) 현금배당

현금배당(cash dividends)은 배당금을 현금으로 지급하는 것이다. 우리나라 「상법」에 따르면 자본금의 50%에 달할 때까지 현금배당액의 10% 이상을 이익준비금으로 적립해야 한다. 따라서 주주총회에서 현금배당을 결의하면 미지급배당금을 인식함과 동시에 적어도 배당액의 10%를 이익준비금으로 인식한다. 그러나 중간배당에 대해서는 이익준비금을 적립하지 않으며, 중간배당이나 분기배당은 반드시 현금배당으로 하여야 한다. 이익잉여금계정의 잔액을 초과해서 배당하면 초과액을 청산배당(liquidating dividends)이라 한다. 청산배당은 배당의 원천이 이익잉여금이 아니라 자본잉여금(주식발행초과금)이므로 잔여재산의 분배라 할 수 있다. 우리나라 「상법」은 이익잉여금을 초과해서 배당하는 것을 금한다.

예제 5 현금배당과 청산배당

중요도: ★★★
난이도: ◆

상황

· 백호회사의 보통주 1,000주가 유통 중이다.
· 2차연도 2. 15.에 보통주 1주당 ₩200의 현금배당을 결의하고 배당기준일은 2차연도 2. 20.이다. 2차연도 4. 1.에 현금배당금을 지급했다.

물음

1. 백호회사의 현금배당에 대해서 필요한 분개를 하라.
2. 백호회사가 지급한 현금배당이 청산배당인 경우 필요한 분개를 하라.

정답

1.

2차연도 2. 15. 배당 결의시점:

(차) 이 익 잉 여 금	220,000	(대) 미 지 급 배 당 금	200,000
		이익준비금(10%)	20,000

2차연도 2. 20. 배당기준일:

분개 없음

2차연도 4. 1. 배당 지급시점:

(차) 미 지 급 배 당 금	200,000	(대) 현 금	200,000

2.

2차연도 2. 15. 배당 결의시점:

(차) 주식발행초과금	200,000	(대) 미 지 급 배 당 금	200,000

2차연도 4. 1. 배당 지급시점:

(차) 미 지 급 배 당 금	200,000	(대) 현 금	200,000

(2) 현물배당

현물배당(property dividends)은 유가증권, 재고자산, 현금이 아닌 기타 자산으로 지급되는 배당으로 재산배당이라고도 한다. 현물배당을 지급하면, 분배되는 자산을 공정가치로 측정하여 자산처분손익을 인식하고 그 자산의 공정가치를 배당금으로 측정해서 이익잉여금을 감소시킨다. 현물배당 결의시점부터 자산이 분배되는 시점까지 분배되는 자산의 공정가치가 변하면 분배시점에 추가로 자산처분손익을 인식한다.

예제 6 현물배당(재산배당)

중요도: ★★
난이도: ◆◆

상황

· 유통 중인 보통주는 5,000주이다.
· 판매용으로 라면을 보유하고 있다.
· 3차연도 12. 1.에 재산배당의 형태로 보통주 1주당 라면 0.2개를 분배하기로 결의하였다.
· 배당지급일은 3차연도 12. 30.이다.
· 라면과 관련된 정보는 다음과 같다.

	3차연도 12. 1.	3차연도 12. 30.
1개당 취득원가	₩10	₩10
1개당 공정가치	15	20

물음 현물배당액을 결정하고 현물배당(재산배당)을 기록하기 위한 분개를 하라.

정답 및 해설 **현물배당액: ₩20,000**

3차연도 12. 1. 현물배당 결의일:

(차) 재 고 자 산	5,000	(대) 재고자산처분이익	5,000*

* 5,000주 × 0.2개 × (₩15 − ₩10) = ₩5,000

(차) 이 익 잉 여 금	15,000*	(대) 미지급현물배당	15,000

* 1,000개 × ₩15(공정가치) = ₩15,000

3차연도 12. 30. 현물배당 지급일:

(차) 재 고 자 산	5,000	(대) 재고자산처분이익	5,000*

* 5,000주 × 0.2개 × (₩20 − ₩15) = ₩5,000

(차) 이 익 잉 여 금	5,000*	(대) 미지급현물배당	5,000

* 1,000개 × (₩20 − ₩15) = ₩5,000(공정가치의 추가 상승액)

(차) 미지급현물배당	20,000	(대) 재 고 자 산	20,000

(3) 주식배당

주식배당(share dividends)은 주주에게 무상으로 주식을 분배하는 것으로, 주식배당 결의시점에 미교부주식배당금을 인식해서 이익잉여금을 자본금으로 재분류한다. 주주총회에서 주식배당을 결의하면, 기업의 자산이 외부로 유출되지 않고 자본총액은 변함이 없이 이익잉여금이 자본금으로 재분류되면서 발행주식 수만 증가한다. 한편, 주주는 자신의 보유주식 수에 비례해서 새로운 주식을 추가로 분배받으므로 지분율이 변하지 않고 실질적인 이익도 없다. 그럼에도 불구하고 주식배당을 배당수익으로 생각하는 사람들이 많고, 기업은 이들의 배당욕구를 충족시키는 수단으로 주식배당을 이용한다. 우리나라에서는 배당 총액의 50% 범위 이내에서 주식배당을 할 수 있다.

주식배당을 회계처리하는 방법에는 액면법과 공정가치법이 있는데, 「일반기업회계기준」과 「상법」은 액면법으로 주식배당을 회계처리한다. 그러나 「K-IFRS」는 어느 방법을 사용하느냐에 대해서 지침을 제시하지 않으므로 액면법과 공정가치법 모두 사용할 수 있는 것으로 해석된다.

① 액면법

액면법(par value method)은 주식의 액면금액만큼을 배당한다고 보고, 배당 주식의 액면금액을 이익잉여금계정에서 자본금계정으로 대체하는 방법이다. 개념적 면에서 무상증자는 이익잉여금을 납입자본으로 재분류한다는 관점에서 주식배당과 동일하지만, 우리나라 「상법」에서는 주식배당과 무상증자를 구분한다. 주식배당은 임의적립금과 미처분이익잉여금을 재원으로 하여 배당형식을 통해 주식을 교부한다. 무상증자는 배당형식을 통하지 않고 자본잉여금(주식발행초과금)과 법정이익잉여금(이익준비금, 임의적립금, 기타 법정적립금 등)을 자본금에 전입하여 주식을 교부한다. 주식배당과 무상증자는 경제적 실질은 동일하지만 우리나라에서는 납입자본으로 분류변경 되는 재원이 다르므로 영향받는 계정과목이 다르다. 또한, 절차적 측면에서 주식배당은 주주총회에서 의결해야 하지만, 무상증자는 이사회의 의결만으로 실시할 수 있다.

분개 주식배당과 무상증자에 대한 회계처리

결의시점:

주식배당			무상증자		
(차) 이 익 잉 여 금	×××		(차) 주식발행초과금	×××	
(대) 미교부주식배당금*		×××	이 익 준 비 금	×××	
			(대) 미 교 부 보 통 주		×××

* 주식배당은 자산이 분배되지 않으므로 미교부주식배당금(ordinary share dividend distributable)을 자본조정으로 분류하여 주주지분에 포함한다.

분배시점:

주식배당			무상증자		
(차) 미교부주식배당금	×××		(차) 미 교 부 보 통 주	×××	
(대) 자 본 금(액면금액)		×××	(대) 자 본 금(액면금액)		×××

② 공정가치법

공정가치법(fair value method)은 주식배당 결의시점에 분배되는 주식의 공정가치만큼 배당금을 지급한다고 보고 주식배당으로 분배되는 주식의 총 공정가치를 이익잉여금에서 자본금과 주식발행초과금으로 재분류하는 방법이다. 주식을 분배하는 시점의 주식의 공정가치가 배당결의시점의 공정가치를 초과하면 공정가치 상승액만큼 추가로 이익잉여금을 주식발행초과금으로 대체한다. 일반적으로 보통주의 공정가치가 액면금액보다 크므로 공정가치법을 적용해서 주식배당을 회계처리하면 이익잉여금이 크게 감소한다. 이익잉여금계정의 잔액이 ₩0에 가까운 상황에서는 이익잉여금을 자본금계정으로 전환할 수가 없으므로 공정가치법으로 회계처리하면 기업이 지속적으로 주식배당을 할 수 없다.

예제 7 주식배당과 무상증자

중요도: ★★
난이도: ◆◆

상황

· 1차연도 12. 31.에 주당 액면금액이 ₩5,000, 공정가치가 ₩7,800인 보통주 100주를 배당할 것을 결의하고 2차연도 2. 8.에 주식을 분배하였다.
· 2차연도 2. 8.에 주식의 공정가치가 주당 ₩7,800이다.

물음

1. 액면법과 공정가치법을 각각 사용하여 주식배당과 관련된 분개를 하라.
2. 주식발행초과금을 재원으로 하여 ₩40,000을 무상증자했다고 가정하고 무상증자에 대한 분개를 하라.
3. 2차연도 2. 8.에 주식의 공정가치가 주당 ₩8,000으로 상승했다고 가정하고 공정가치법을 사용해서 2차연도 2. 8.에 필요한 분개를 하라.

정답

1.

액면법		공정가치법	
1차연도 12. 31. 주식배당 결의시점:			
(차) 이 익 잉 여 금	500,000	(차) 이 익 잉 여 금	780,000
(대) 미교부주식배당금	500,000	(대) 미교부주식배당금	500,000
		주 식 발 행 초 과 금	280,000
2차연도 2. 8. 주식분배시점:			
(차) 미교부주식배당금	500,000	(차) 미교부주식배당금	500,000
(대) 자 본 금 - 보 통 주	500,000	(대) 자 본 금 - 보 통 주	500,000

2. 교부된 주식 수는 8주(₩40,000 ÷ ₩5,000)이다.

(차) 주식발행초과금 40,000 (대) 자본금 - 보통주 40,000

3. 2차연도 2. 8. 주식분배시점:

(차) 이 익 잉 여 금 20,000* (대) 주식발행초과금 20,000

* (₩8,000 − ₩7,800) × 100주 = ₩20,000

(차) 미교부주식배당금 500,000 (대) 자 본 금 - 보통주 500,000

3. 주식분할과 주식병합

주식분할(share split)은 하나의 주식을 여러 개의 동일 주식으로 분할하는 것이다. 주식을 분할하면 발행주식 수는 증가하지만 추가로 발행한 주식 수에 비례하여 주당 액면금액이 감소하므로 총 납입자본은 변하지 않는다. 이에 반해, 주식병합(reverse share split)은 주당 액면금액이 증가하는 반면, 주식 수는 감소(예 1 : 2 주식병합)하는 것을 말한다. 주식병합에 대해서도 주식분할의 회계처리와 동일한 원리를 적용한다. 예를 들어, 주식분할 전 주당 액면금액이 ₩100인 주식이 1,000주 유통되고 있는 상황에서 2 : 1로 주식분할이 되면 주당 액면금액이 ₩50이 되고 유통주식 수는 2,000주가 된다. 이처럼 추가로 발행한 주식 수에 비례하여 주식의 액면금액이 감소하면 주식분할에 대해서 별도로 분개할 필요가 없으며, 주당 액면금액의 변동을 비망록(memo)에 기록한다.

Miniature 예제 6 주식분할

상황

· 유통 중인 주식 80주(주당 액면금액: ₩10,000)를 2 : 1로 분할하였다.
· 새로 발행된 주식의 액면금액: 주당 ₩5,000

물음 주식분할을 기록하기 위한 분개를 하라.

정답 및 해설

· 주식분할은 자본금, 자본잉여금, 이익잉여금 등에 영향을 미치지 않고 단지 유통주식 수와 주당 액면금액만 변하였기 때문에 분개가 필요 없다. 즉, 위의 주식분할로 유통주식 수와 액면금액이 다음과 같이 변했지만 자본금총액은 동일하다.

	사외유통주식 수	주당 액면금액	자본금 총액
주식분할 전	80주	₩10,000	₩800,000
주식분할 후	160	5,000	800,000

제5절 우선주

Chapter 14

우선주(preference share) 주주는 기업의 경영활동에 대한 의결권 및 통제권은 없으나, 회사가 배당을 결의할 경우 보통주 주주에 우선하여 배당금을 지급받을 권리가 있다. 우선주는 배당을 받을 수 있는 권리와 미래 상환가능성에 따라 다음과 같이 나뉜다.

표 14.2 우선주의 유형

<table>
<tr><td rowspan="3">배당 특성에 따른 분류</td><td rowspan="2">구분</td><td rowspan="2">비참가적 우선주</td><td colspan="2">참가적 우선주</td></tr>
<tr><td>완전참가적 우선주</td><td>부분참가적 우선주</td></tr>
<tr><td>누적적 우선주</td><td>누적적－비참가적</td><td>누적적－완전참가적</td><td>누적적－부분참가적</td></tr>
<tr><td></td><td>비누적적 우선주</td><td>비누적적－비참가적</td><td>비누적적－완전참가적</td><td>비누적적－부분참가적</td></tr>
<tr><td>상환권에 따른 분류</td><td colspan="4">의무상환우선주(금융부채)
전환우선주(일반적으로 자본)
상환가능우선주(자본)</td></tr>
</table>

1. 누적적 우선주

누적적 우선주(cumulative preference share)는 특정 연도에 배당이 결의되지 않거나 배당액이 우선주의 배당률에 해당하는 금액에 미달하는 경우, 미래 회계연도에 보통주 주주에게 배당이 지급되기 전에 과거 기간의 배당금 부족액과 당해 연도 배당금을 우선적으로 배당받을 수 있는 우선주이다. 누적적 우선주에 대해서 특정 연도에 배당이 결의되지 않아서 지급되지 않은 배당을 연체배당(dividends in arrears)이라 한다. 배당이 주주총회에서 결의되기 전까지는 부채가 아니므로 누적적 우선주에 대한 연체배당을 미지급배당금(부채)으로 인식하지 않고 주석으로 공시한다. 특정 연도의 배당금이 우선주 액면금액의 일정한 비율로 정해진 우선주배당률에 미달하여도 추후 연도에 그 미달액을 배당받을 수 없는 우선주를 비누적적 우선주라 한다. 비누적적 우선주에는 연체배당이 존재하지 않는다.

2. 참가적 우선주

참가적 우선주(participating preference share)는 우선주 배당률에 따라 소정의 배당을 우선적으로 받고, 보통주 주주에게 적절한 배당률(일반적으로 우선주 배당률과 동일)대로 배당을 지급한 후에도 결의된 배당금의 잔액(잔여배당)이 남아 있을 경우 이 잔액에 대해서 보통주 주주와 함께 추가로 배당받을 수 있는 권리가 부여된 우선주이다. 우선주 배당률에 따라 소정의 배당을 우선적으로 받은 후에는 결의된 배당금 중 남은 금액이 있어도 배당에 참가할 수 없는 우선주를 비참가적 우선주라 한다. 참가적 우선주에는 완전참가적 우선주와 부분참가적 우선주가 있다. 완전참가적 우선주(fully participating preference share)는 잔여배당액에 대해 보통주와 동일한 자격으로 추가배당에 참가할 수 있는 우선주이다. 예를 들어, 우선주 배당률이 6%이고 보통주 배당률이 15% 초과 시 참가하는 완전참가적 우선주를 보자. 우선주 배당(액면금액 × 6%)을 먼저 지급받고 남은 배당금이 보통주 액면금액 총액의 15%를 초과할 경우에는 초과액에 대해서 보통주와 동일한 자격으로 추가배당에 참여할 수 있다. 그러나 남은 배당금이 보통주 액면금액 총액의 15% 이하인 경우에는 남은 배당금 전액이 보통주 주주에게 분배되고 우선주 주주가 참가하는 추가배당은 없다.

부분참가적 우선주(partially participating preference share)는 우선주 배당률에 따라 배당을 받고 보통주 주주에게 적절한 배당률로 배당금이 지급된 후에도 잔여배당이 있는 경우 일정 한도까지 추가로 배당에 참여할 수 있는 우선주이다. 예를 들어, 우선주 배당률이 6%이고 총 10%까지 참가하는 부분참가적 우선주를 보자. 우선주 배당(액면금액 × 6%)을 먼저 지급받고 보통주 주주에게도 적절한 배당률(일반적으로 우선주 배당률과 동일, 여기서는 6%로 배당)로 배당하고도 남은 배당금이 있는 경우에는 우선주 주주는 총 10%까지만 참가할 수 있으므로 추가로 받는 배당액은 [액면금액 × 4%]이며, 나머지 금액은 모두 보통주 주주에게 분배된다.

예제 8 우선주 배당금

중요도: ★
난이도: ◆

상황

· 1주당 액면금액이 각각 ₩5,000인 4% 우선주 ₩100,000과 보통주 ₩200,000을 발행하였다.
· 2차연도와 3차연도에 배당금이 결의되거나 지급된 것이 없다.
· 4차연도 1. 2.에 ₩52,000의 배당금이 결의되고 지급되었다.

물음

다음을 각각 가정하고, 우선주와 보통주 주주들이 4차연도에 받을 배당금액을 계산하라.
① 비누적적, 비참가적 우선주
② 누적적, 비참가적 우선주
③ 누적적, 완전참가적 우선주
④ 누적적, 총 9% 참가적 우선주

정답 및 해설

①

	우선주	보통주	합계
당기 배당금(₩100,000 × 4%)	₩4,000		₩4,000
보통주 배당금		₩48,000	48,000
합계	₩4,000	₩48,000	₩52,000

②

	우선주	보통주	합계
2년간 연체배당금(₩100,000 × 4% × 2년)	₩8,000		₩8,000
당기 배당금	4,000		4,000
보통주 잔여분		₩40,000	40,000
합계	₩12,000	₩40,000	₩52,000

③

	우선주	보통주	합계
2년간 연체배당금(₩100,000 × 4% × 2년)	₩8,000		₩8,000
당기 배당금(4%)	4,000*	₩8,000*	12,000
참가 배당금	10,667**	21,333**	32,000
합계	₩22,667	₩29,333	₩52,000

* 우선주 액면금액 × 4% = ₩4,000
보통주 액면금액 × 4% = ₩8,000
** 잔여 배당금: ₩52,000 − (₩8,000 + ₩12,000) = ₩32,000

$$\text{우선주 배당금: ₩32,000} \times \frac{\text{₩100,000}}{\text{₩100,000} + \text{₩200,000}} = \text{₩10,667}$$

$$\text{보통주 배당금: ₩32,000} \times \frac{\text{₩200,000}}{\text{₩100,000} + \text{₩200,000}} = \text{₩21,333}$$

④

	우선주	보통주	합계
2년간 연체 배당금(₩100,000 × 4% × 2년)	₩8,000		₩8,000
당기 배당금(4%)	4,000	₩8,000	12,000

참가 배당금(5%*)	5,000		5,000
보통주 잔여분		27,000	27,000
합계	₩17,000	₩35,000	₩52,000

* 4%는 이미 지급했으므로 나머지 5%(9% − 4%)를 지급

3. 전환우선주

전환우선주(convertible preference share)는 보통주로 전환할 권리를 가진 우선주 또는 일정 기간이 지난 후에 자동적으로 보통주로 전환되는 우선주이다. 자동적으로 전환되는 우선주와 보유자의 의사에 따라 보통주로 전환되는 우선주의 회계처리는 같다. 전환우선주가 보통주로 전환되면 납입자본 총액이 변하지 않으므로 전환시점에 전환손익을 인식하지 않기 위해서 장부금액법을 적용해서 전환우선주의 장부금액으로 보통주 발행금액을 측정한다. 우리나라 「상법」에 의하면, 전환으로 인하여 보통주자본금 총액이 전환우선주 자본금 미만으로 감소할 수 없고, 증가하는 보통주자본금 총액이 감소하는 전환우선주의 장부금액(총발행금액)을 초과할 수 없으므로 발행되는 보통주 수량이 다음 범위 이내이어야 한다.

$$\text{최소수량} \leq \text{전환으로 발행될 보통주 수량} \leq \text{최대수량}$$

$$\frac{\text{전환우선주의 자본금 총액}}{\text{보통주 1주당 액면금액}} \leq \text{전환으로 발행될 보통주 수량} \leq \frac{\text{전환우선주의 총 발행금액}}{\text{보통주 1주당 액면금액}}$$

Miniature 예제 7 전환우선주의 발행과 전환

상황

· 산천초목회사가 주당 액면금액이 ₩5,000인 전환우선주 100주를 ₩900,000에 발행했다.
· 산천초목회사의 보통주 주당 액면금액도 ₩5,000이다.

물음

1. 전환우선주의 발행에 대한 분개를 하라.
2. 「상법」에 따르면 산천초목회사가 전환우선주를 전환해서 발행할 수 있는 보통주의 최대수량은 180주(₩900,000 ÷ ₩5,000)이다. 전환우선주 전부가 보통주 140주로 전환된 경우 필요한 분개를 하라.
3. 전환우선주를 전환해서 발행할 수 있는 보통주의 최소수량을 구하라.

정답

1.

(차) 현 금	900,000	(대) 자 본 금 - 전 환 우 선 주	500,000
		주식발행초과금 - 전환우선주	400,000

2.

(차) 자 본 금 - 전 환 우 선 주	500,000	(대) 자 본 금 - 보 통 주	700,000
주식발행초과금 - 전환우선주	400,000	주식발행초과금 - 보통주	200,000

3. 보통주의 최소수량: $\frac{\text{전환우선주의 자본금 총액}}{\text{보통주 1주당 액면금액}}$ = ₩500,000 ÷ ₩5,000 = 100주

4. 상환가능우선주

상환가능우선주(callable preference share)는 발행회사가 미래 특정 시점에 약정된 가격으로 상환하거나 우선권을 해제할 수 있는 우선주이다. 현금으로 상환할 수 있는 권리가 발행자에게 있는 우선주는 발행자가 주식의 보유자에게 금융자산을 이전해야 할 현재의무가 없으므로 금융부채의 정의를 충족하지 못한다. 이 경우에 우선주를 상환할지는 발행자가 재량으로 결정할 수 있다. 그러나 우선주를 발행한 기업이 이러한 선택권을 행사하여 주주들에게 우선주를 상환하겠다는 의도를 공식적으로 통지하면 금융자산을 이전해야 할 의무가 생길 수 있다[1032: AG25].

「일반기업회계기준」에 의하면 「상법」의 규정에 의해 발행된 상환우선주 등의 상환과 관련하여 상환주식은 이를 취득한 때에 자기주식으로 처리하고, 상환절차를 완료한 때에 이익잉여금의 감소로 회계처리한다[일반기업회계기준: 15.11].

분개 **상환가능우선주의 상환**

자기주식 취득시점:

(차) 자 기 주 식	×××	(대) 현 금	×××

상환절차 완료시점:

• 이익잉여금으로 상환할 경우

(차) 미 처 분 이 익 잉 여 금	×××*	(대) 자 기 주 식	×××

* 상환주식상환액

• 별도적립금으로 상환할 경우

(차) 임 의 적 립 금	×××*	(대) 자 기 주 식	×××

* 상환주식상환적립금

Miniature 예제 8 상환가능우선주

상황

· 1차연도 1. 1.에 삼라만상회사가 상환가능우선주(주당 액면금액: ₩100) 3,000주를 ₩500,000에 발행하고 지

분상품으로 분류했다.
· 5차연도 1. 1.에 삼라만상회사가 상환가능우선주 3,000주를 ₩600,000에 취득하고 5차연도 2. 1.에 상환절차를 완료했다.
· 삼라만상회사는 상환가능우선주를 상환하기 위해서 임의적립금을 적립했다.

물음 상환가능우선주에 대해서 삼라만상회사에 필요한 분개를 하라.

정답

1차연도 1. 1. 상환가능우선주 발행시점:

(차) 현 금	500,000	(대) 자 본 금 - 우 선 주	300,000
		주식발행초과금 - 우선주	200,000

5차연도 1. 1. 상환가능우선주 취득시점:

(차) 자 기 주 식	600,000	(대) 현 금	600,000

5차연도 2. 1. 상환가능우선주 상환절차 완료시점:

(차) 임 의 적 립 금	600,000	(대) 자 기 주 식	600,000

5. 의무상환우선주

특정 시점에 상환하거나 보유자의 선택에 따라 상환해야 하는 우선주는 발행자가 보유자에게 금융자산을 이전해야 할 의무가 있으므로 금융부채의 특성을 가지고 있다[1032: AG25]. 의무상환우선주(mandatorily redeemable preference share)는 표면상으로는 우선주로 발행되었으나, 발행자가 미래의 특정 시점(일반적으로 발행 후 5년 또는 10년)에 해당 우선주를 현금으로 상환해야 하므로 경제적 실질 면에서 자본으로 위장된 금융부채이다. 즉, 법적형식으로는 지분상품이지만 발행자가 보유자의 상환청구권리를 회피할 수 없으므로 금융부채로 분류한다. 금융부채인 금융상품이나 금융부채인 구성요소와 관련하여 생기는 이자, 배당, 손익은 수익이나 비용으로 당기손익에 인식한다[1032: 35]. 따라서 의무상환우선주는 자본이 아닌 금융부채로 보고하고 상환일까지 이자비용을 인식한다.

의무적으로 몇 년 후에 현금으로 상환하여야 하지만 배당은 상환 전까지 발행자의 재량에 따라 지급하는 비누적적 우선주는 상환금액의 현재가치에 상당하는 부채요소와 자본요소가 포함되어있는 복합금융상품이다. 그러므로 부채요소에 관련된 현재가치할인차금의 상각액은 이자비용으로 분류하고, 배당은 자본요소와 관련되므로 당기손익의 분배로 인식한다. ① 의무적으로 상환해야 하는 것은 아니지만 보유자의 선택에 따라 상환을 청구할 수 있거나 ② 의무적인 전환에 따라 인도할 보통주의 수량이 기초 변수(예 일반상품)의 변동에 따라 결정되는 금액이나 확정 금액과 같은 가치를 가지도록 결정되는 우선주의 경우에도 비슷하게 회계처리한다. 그러나 지급되지 않은 배당을 상환금액에 가산하는 경우에는 금융상품 전체가 부채에 해당하고 배당을 이자비용으로 분류한다[1032: AG37].

예제 9 의무상환우선주(2014년, 회계사)

중요도: ★★★
난이도: ◆◆◆

상황

· ㈜민국의 상환우선주에 관련된 거래는 아래와 같다.
  ▸ 1차연도 4. 1.: 우선주 100주 발행(주당 액면금액 ₩5,000, 주당 발행금액 ₩13,350)
  ▸ 2차연도 3. 31.: 우선주에 대한 배당금 지급
  ▸ 3차연도 3. 31.: 우선주에 대한 배당금 지급
  ▸ 3차연도 4. 1.: 우선주에 대한 상환 절차 완료(주당 상환금액 ₩15,000)

· 우선주 발행 시 유효이자율: 연 6%

· ㈜민국의 주주총회는 매년 3. 31.에 열리며, 우선주의 연 배당률은 4%로 고정되어 있고 주주총회에서 배당결의 후 즉시 배당금을 지급한다.

· ㈜민국이 발행한 우선주는 비누적적 우선주이며 우선주 보유자가 3차연도 4. 1.에 상환을 청구할 수 있는 권리를 가지고 있다.

물음

1. ㈜민국이 1차연도에 해야 할 모든 회계처리(분개)를 하시오.
2. ㈜민국의 3차연도 재무상태표의 자본에 영향을 미치는 금액을 구하시오.

정답 및 해설

1.

1차연도 4. 1. 비누적적 우선주 100주 발행시점:

(차) 현 금	1,335,000*	(대) 금 융 부 채	1,500,000
할인발행차금	165,000		

* 상환금액의 현재가치: ₩1,500,000 × $1/(1.06)^2$ = ₩1,335,000(반올림 오차)

1차연도 12. 31. 결산일:

(차) 이 자 비 용	60,075*	(대) 할인발행차금	60,075

* ₩1,335,000 × 6% × 9/12 = ₩60,075

2.

2차연도 3. 31. 비누적적 의무상환우선주 이자비용 발생시점:

1년 이자비용: ₩1,335,000 × 6% = ₩80,100

※ 금융부채의 장부금액: ₩1,335,000 + ₩80,100 = ₩1,415,100

3차연도 3. 31. 이자비용

'배당금'(이자비용)의 현금지급액: ₩5,000 × 100주 × 4% = ₩20,000

1년 이자비용: ₩1,415,100 × 6% = ₩84,900(반올림 오차)

3개월 이자비용: ₩84,900 × 3/12 = ₩21,225

※ 금융부채의 장부금액: ₩1,415,100 + ₩84,900 = ₩1,500,000

이익잉여금('배당금' 이자비용) 감소	₩20,000
이익잉여금(이자비용) 감소	21,225
자본 감소	₩41,225

Chapter 14 제6절

자본변동표

자본변동표(statement of changes in equity)는 과거 거래 또는 회계사건의 결과로 특정 회계기간 중 자본 구성요소의 잔액이 변동한 내용을 나타내는 재무보고서로 주재무제표이다[1001: 10]. 자본변동표는 납입자본(자본금과 자본잉여금)의 변동, 이익잉여금(또는 결손금)의 변동, 기타 자본요소(기타포괄손익누계액 등)의 변동에 대한 정보를 제공한다. 회계기간 동안 소유주가 아닌 제3자와의 거래결과로 인한 자본의 변동은 주로 영업 · 경영활동에서 초래된 것이며, 포괄손익계산서상 총수익과 총비용(이득과 손실 포함)에서 기인한다. 자본변동표는 납입자본, 이익잉여금, 기타 적립금으로 나누어 각 항목의 증감을 표시하며, 기타 적립금은 기타포괄손익누계액 등을 포함한다.

포괄손익을 보고하는 목적은 소유주와의 거래를 제외한 자본의 모든 변동에 대한 측정치를 보고하기 위함이다. 마감분개를 해서 당기순이익을 이익잉여금으로 이전하는 것처럼 기타포괄손익은 마감분개를 해서 기타포괄손익누계액으로 이전한다. 「K-IFRS 제1001호」는 기타포괄손익의 원천을 포괄손익계산서에 보고하도록 하며 기타포괄손익을 자본변동표에서 인식하는 것을 금지한다. 자본변동표에는 '기타포괄손익항목에 대한 누적잔액'인 기타포괄손익누계액에 대한 정보를 표시한다.

「K-IFRS 제1001호」에서 말하는 자본변동표의 구성항목중 하나인 적립금(reserves)은 이익잉여금과 기타포괄손익누계액 항목을 통칭하는 용어로, 이익잉여금의 사내유보금액인 '법정적립금' 또는 '임의적립금'에서의 '적립금'의 의미와는 다르다. 「일반기업회계기준」에 따른 이익잉여금처분계산서(또는 결손금처리계산서)에 기재되는 적립금은 우리나라 「상법」에서 말하는 적립금과 같은 의미이지만, 「K-IFRS 제1001호」에 따라 자본변동표에 기재되는 적립금은 일반적으로 기타포괄손익누계액을 말한다. 「K-IFRS 제1001호」에 제시된 자본변동표의 양식을 단순화한 자본변동표의 양식은 <표 14.3>과 같다.

표 14.3 **자본변동표의 양식**

	납입자본	이익잉여금	기타포괄손익누계액	합계
당기순이익		×××		×××
기타포괄손익		___	×××	×××
총 포괄이익		×××	×××	×××
주식발행	×××			×××
배당금 결의액	___	(×××)	___	(×××)
자본의 순변동	×××	×××	×××	×××
기초잔액	×××	×××	×××	×××
기말잔액	×××	×××	×××	×××

자본의 구성요소

예제 10 자본변동표

중요도: ★★
난이도: ◆◆

상황

다음은 자본계정 잔액과 관련된 자료이다.

4차연도 1. 1.의 보통주	₩50,000
4차연도 1. 1.의 미처분이익잉여금	20,000
4차연도 1. 1.의 처분이익잉여금(감채기금)	3,000
4차연도 1. 1.의 재평가잉여금	2,000
4차연도 당기순이익	30,000
4차연도 중 감채기금 설정	1,500
4차연도 재평가미실현이익	10,000
4차연도에 결의된 배당금	4,000
5차연도 당기순이익	65,000
5차연도 중 감채기금 설정	2,500
5차연도 재평가미실현손실	(1,800)
5차연도에 결의된 배당금	6,000

물음 다음 4개 항목을 구분해서 4차연도와 5차연도의 자본변동표를 작성하라.

납입자본	이익잉여금	기타포괄손익누계액	합계
₩×××	₩×××	×××	₩×××

해설

	납입자본	이익잉여금	기타포괄손익누계액	합계
4차연도 당기순이익		₩30,000		₩30,000
4차연도 재평가잉여금			₩10,000	10,000
총 포괄이익		₩30,000	₩10,000	₩40,000
4차연도 배당금 결의액		(4,000)		(4,000)
4차연도 감채기금 설정		(1,500)		(1,500)
4차연도 자본의 순변동액		₩24,500	₩10,000	₩34,500
4차연도 1. 1. 잔액	₩50,000	20,000	2,000	72,000
4차연도 12. 31. 잔액	₩50,000	₩44,500	₩12,000	₩106,500
5차연도 당기순이익		₩65,000		₩65,000
5차연도 재평가미실현손실			₩(1,800)	(1,800)
5차연도 총 포괄이익		₩65,000	₩(1,800)	₩63,200
5차연도 배당금 결의액		(6,000)		(6,000)
5차연도 감채기금 설정		(2,500)		(2,500)
5차연도 자본의 순변동액		₩56,500	₩(1,800)	₩54,700
5차연도 1. 1. 잔액	₩50,000	44,500	12,000	106,500
5차연도 12. 31. 잔액	₩50,000	₩101,000	₩10,200	₩161,200

Chapter 14

제7절 이익잉여금처분계산서

이익잉여금(retained earnings)은 기업이 주주를 대신하여 영업활동을 통해 가득(earned)한 이익누적액에서 배당금을 차감한 금액으로, 이론적 면에서 주주에게 배당금으로 분배할 수 있는 금액이다. 손실이 지속적으로 발생하여 이익잉여금계정에 차변잔액이 있으면 이를 누적결손금(deficit)이라 부른다. 회사는 이익잉여금에 대해 주주에게 배당으로 분배할지, 배당하지 못하도록 제한을 걸어 사내에 유보할지, 아니면 배당금도 주지 않고 제한도 걸지 않은 상태로 남겨두고 다음 연도에 활용할지 여부를 결정한다.

이익잉여금과 관련해서는 회계처리방법뿐만 아니라 연관 용어에 대한 정확한 이해도 중요하므로 아래와 같이 정리한다.

이익잉여금의 처분(적립 포함): 배당이나 사내유보 등 이익잉여금을 사내 또는 사외로 배분하는 행위를 「일반기업회계기준」에서는 이익잉여금의 처분이라 한다. 배당 이외에 이익잉여금을 처분한다는 것은 특정 목적을 달성하기 위해 경영진이 현금을 준비한다는 것이 아니라, 주주가 배당으로 기대하는 이익잉여금 총액(미처분이익잉여금) 중 일부에 대하여 배당으로 분배하지 않겠다는 의사를 표시한 것이다. 즉, 주주에게 이익잉여금 중에서 배당금과 배당대상이 아닌 금액을 알려주는 것을 이익잉여금의 처분이라 한다. 미처분이익잉여금을 배당하지 않을 목적으로 분류범주를 변경하는 것을 우리나라에서는 처분이라고 표현하지만, 특정 목적을 달성하기 위해 경영진이 현금을 준비하거나 자산을 처분하는 것이 아님에 주의하여야 한다.

이익잉여금의 전입: 「일반기업회계기준」에 따르면, 미처분이익잉여금을 납입자본으로 분류범주를 변경(예 주식배당)하는 것을 전입이라 한다.

임의적립금의 이입: 배당재원의 확보, 결손금의 보전, 자본조정항목의 상각 등을 위해 이익준비금, 임의적립금, 기타 법정적립금 등을 미처분이익잉여금으로 다시 분류범주를 변경하는 것을 이입이라 한다. 즉, 임의적립금 등을 배당가능액으로 재분류하는 것을 이입이라 한다.

분개 이익잉여금의 처분, 이입, 전입에 대한 회계처리(「일반기업회계기준」)

이익잉여금의 처분(또는 적립)

(차) 미처분이익잉여금 ×××
　　(대) 임 의 적 립 금 ×××

의미: 임의적립금으로 설정된 금액은 잠정적으로 배당대상이 아님

임의적립금의 이입

(차) 임 의 적 립 금 ×××
　　(대) 미처분이익잉여금 ×××

의미: 잠정적으로 배당대상이 아닌 금액이 앞으로 배당 가능하게 됨

이익잉여금의 전입

(차) 미처분이익잉여금 ×××
　　(대) 자 본 금 ×××

의미: 이익잉여금의 일부가 영원히 배당대상이 아니게 됨

1. 이익잉여금의 사내유보

기업이 특정 목적을 달성(예 우발손실에 대한 사전 대비)하기 위하여 이익잉여금을 배당금으로 분배하지 않고 사내유보(appropriation)시키겠다는 의도를 재무제표 이용자에게 전달하고 이익잉여금의 사용을 제한할 수 있다. 이익잉여금을 사내에 유보하겠다는 경영진의 의도를 전달하는 방법은 다음과 같다.

① 이익잉여금의 처분을 제한하기로 결정하고 제한내용을 주석에 공시
② 현금배당 대신 주식배당을 결의함으로써 이익잉여금의 처분을 제한
③ 이익잉여금의 일부를 별도의 다른 계정(예 사업확장적립금계정, 감채적립금계정 등)으로 대체하여 이익잉여금을 배당불능액(appropriated retained earnings)과 배당가능액(unappropriated retained earnings)으로 구분

외국에서는 일반적으로 위의 방법 ① 또는 방법 ②를 사용하고 방법 ③을 사용하는 경우는 희귀하다. 그러나 우리나라 실무에서는 방법 ③을 채택하고 있으므로 아래에서는 방법 ③을 설명한다.

① 이익잉여금의 분류

이익잉여금의 사내유보는 자산을 사외로 유출시키지 않겠다는 경영자의 의도를 전달하는 신호(signal)에 불과하다. 이익잉여금의 사내유보는 자금을 별도로 할당하여 적립(reserve)하는 것도 아니고 자산을 별도로 처분(disposition) 또는 매각하여 이익잉여금을 소모하는 것 또한 아니다. 회사는 다음과 같은 다양한 이유로 이익잉여금 중의 일부를 사내에 유보(appropriation)한다.

㉠ 법률상의 제한(법정적립금): 기업의 이해관계자를 보호하기 위해 법적으로 이익잉여금의 일부를 이익준비금 등으로 적립한다. 예를 들어, 기업은 「상법」에 따라 자본금의 1/2에 달할 때까지 이익배당액(주식배당 제외)의 10% 이상을 이익준비금으로 적립하여야 한다. 법정적립금은 무상증자나 미처리결손금과의 상계 또는 일정 조건을 만족하는 경우 배당의 재원으로 사용할 수 있다.

㉡ 계약상의 제한 또는 자발적 의사결정에 의한 제한(임의적립금): 이해관계자와의 계약이나 기업의 자발적 의사결정에 따라 이익잉여금의 일부를 적립한다. 정관이나 주주총회 결의로 이익잉여금 중 일부를 사업확장적립금, 감채기금적립금, 재해손실적립금 등으로 사내에 유보하는 것을 임의적립금이라 한다. 미래의 투자기회를 확보하거나 예상하지 못한 손실에 대비하도록 기업의 재무구조를 건전하게 유지하기 위해 이익잉여금의 일부를 분배하지 못하도록 하거나 결손보전적립금 등으로 적립하도록 경영진이 결정할 수도 있다.

	개념상 분류	이익잉여금처분계산서상 분류
이익잉여금	사내에 유보된 이익잉여금	법정적립금 임의적립금
	주주에게 배당이 가능한 이익잉여금	미처분이익잉여금

② 적립금의 설정

이익잉여금의 일부가 배당 대상이 아니라는 것을 결정한 시점: 차변에 이익잉여금의 감소를 기록하고 대변에 적절한 적립금계정을 설정한다. 이와 같이 이익잉여금을 재분류하는 것은 사업확장 등의 필요성에 따라 이익잉여금의 일부를 배당금으로 지급하지 않는다는 것을 공시하는 목적일 뿐, 사업확장을 위해 경제적 자원(예 현금)을 확보(적립)한다는 의미는 아니다. 위와 같이 설정된 사업확장적립금 등은 이익잉여금의 세부항목으로 공시한다. 이익잉여금 내에서 계정과목만 바뀌는 것이므로 이익잉여금 총액에 미치는 영향은 없다.

적립금으로 설정한 금액이 배당 대상액이 될 수 있다고 결정한 시점: 적립금을 설정한 목적이 추후에 달성되어 사업확장적립금 등의 설정이 더 이상 필요하지 않으면 반드시 다음과 같이 역분개를 해서 사업확장적립금계정의 잔액을 미처분이익잉여금으로 환원시킨다.

(차) 사업확장적립금	×××	(대) 미처분이익잉여금	×××

2. 「일반기업회계기준」에 따른 이익잉여금처분계산서

① 이익잉여금처분계산서의 양식

이익잉여금처분계산서(statement of retained earnings)는 재무상태표의 이익잉여금 기초잔액과 기말잔액, 그리고 기중 변동사항을 설명해 주는 재무보고서이다. 「일반기업회계기준」은 이익잉여금처분계산서를 주재무제표로 분류하지만 「K-IFRS 제1001호」는 자본변동표에 이익잉여금의 변동액이 충분하게 보고된다고 보아 이익잉여금처분계산서를 주재무제표에 포함하지 않는다. 심지어는 이익잉여금처분계산서를 작성하지 않는 것도 허용된다. 그러나 우리나라의 정보이용자들이 이익잉여금처분계산서를 요구함에 따라 한국에서만 적용되는 단서조항[1001: 한138.1]을 추가하여 「상법」에서 요구하는 이익잉여금처분계산서를 주석으로 공시한다. 「일반기업회계기준」은 이익잉여금을 다음과 같이 분류한다.

- 미처분이익잉여금 (이익잉여금 총액)
  - 처분이익잉여금
    - 법정적립금
      - 이익준비금
      - 기타법정적립금(기업합리화적립금 등)
    - 임의적립금
      - 적극적 적립금(감채적립금, 사업확장적립금 등)
      - 소극적 적립금(배당평균적립금 등)
    - 배당금
  - 기말 이익잉여금(차기이월미처분이익잉여금)

적립금의 이입이 없는 경우, 「일반기업회계기준」에서 말하는 미처분이익잉여금은 배당가능 이익잉여금이 아니라 이익잉여금 총액을 말한다. 「일반기업회계기준」에 따른 이익잉여금처분계산서와 결손금처리계산서의 양식은 다음과 같다.

이익잉여금처분계산서			결손금처리계산서		
I. 미처분이익잉여금			I. 처리전 결손금		
1. 전기이월미처분이익잉여금			1. 전기이월이익잉여금		
(또는 전기이월결손금)	×××		(또는 전기이월결손금)	×××	
2. 회계변경의 누적효과	×××		2. 회계변경의 누적효과	×××	
3. 전기오류수정손익	×××		3. 전기오류수정손익	×××	
4. 중간배당액	(×××)		4. 중간배당액	(×××)	
5. 당기순이익	×××		5. 당기순손익	×××	
6. 기타포괄손익누계액의			6. 기타포괄손익누계액의		
이익잉여금 대체	×××	×××	이익잉여금 대체	×××	×××
II. 임의적립금 등의 이입액		×××	II. 결손금처리액		(×××)
III. 이익잉여금처분액			III. 차기이월결손금		×××
1. 이익준비금	×××				
2. 기타 법정적립금	×××				
3. 배당금	×××				
4. 사업확장적립금	×××				
5. 감채적립금	×××	(×××)			
IV. 차기이월미처분이익잉여금		×××			

② 적립금의 이입과 이익잉여금 처분(결손금 처리)순서

「K-IFRS 제1001호」와 US GAAP에서는 적립금의 설정을 중요시 하지 않아 이익잉여금의 적립을 강요하지 않으므로 이익잉여금과 결손금을 사용(처분)하는 순서를 규정하지 않는다. 그러나 「일반기업회계기준」에서는 이익잉여금과 결손금을 다음 순서로 사용(처분)하도록 규정한다.

	이익잉여금 처분순서	결손금 처리순서
순위 1	자본잉여금의 감소를 이익잉여금의 감소로 재분류 자기주식 처분손실의 상각 감자차손의 상각	임의적립금의 이입
순위 2	이익잉여금 총액의 일부를 적립금으로 분류	기타 법정적립금의 이입
순위 3	배당금 결의	이익준비금의 이입
순위 4		자본잉여금의 이입

③ 이익잉여금처분계산서와 「K-IFRS 제1001호」의 비교

「K-IFRS 제1001호」는 이익잉여금처분계산서에 대해 별도로 언급하지 않으나, 자본변동표에 나타난 이익잉여금의 증가(감소)항목을 토대로 이익잉여금처분계산서를 작성하면 다음과 같이 상당히 간단하다.

기초이익잉여금	×××
전기오류수정	×××
회계정책변경으로 인한 누적효과	×××
수정된 기초이익잉여금	×××
당기순이익	×××
배당금	(×××)
기말이익잉여금	×××

Miniature 예제 9 이익잉여금처분계산서

상황

· 「일반기업회계기준」을 이해하기 위해 예제를 단순화시켜 다음 자료를 가정하라.

기초이익잉여금	₩5,000
당기순이익	6,000
사업확장적립금	1,000
현금배	3,000

물음 「K-IFRS 제1001호」와 「일반기업회계기준」에 따른 이익잉여금처분계산서를 작성하라.

정답

「K-IFRS 제1001호」

기초이익잉여금		₩5,000
당기순이익		6,000
현금배당		(3,000)
기말이익잉여금		₩8,000
배당불능액: 사업확장적립금	₩1,000	
배당가능액	7,000	

「일반기업회계기준」

미처분이익잉여금		
전기이월미처분이익잉여금	₩5,000	
당기순이익	6,000	₩11,000
이익잉여금처분액		
현금배당	₩3,000	
사업확장적립금	1,000	(4,000)
차기이월미처분이익잉여금*		₩7,000

* 차기이월미처분이익잉여금은 배당가능액을 말함

예제 11 이익잉여금처분계산서(「일반기업회계기준」)

중요도: ★★★
난이도: ◆◆

상황

· 2차연도 1. 1.의 주주지분은 다음과 같다.

자본금(주당 액면금액: ₩5,000)	₩100,000
주식발행초과금	30,000
이익준비금	5,000
결손보전적립금	10,000
전기이월미처분이익잉여금	20,000

· 2차연도 당기순이익은 ₩50,000이며, 다음과 같이 이익잉여금을 처분하기로 하였다.

현금배당: 액면금액의 20%
이익준비금적립: 현금배당액의 10%
결손보전적립금이입액: ₩10,000
배당평균적립금적립액: ₩30,000

물음 이익잉여금처분과 관련된 분개를 하고, 이익잉여금처분계산서를 작성하라.

정답 및 해설

당기순이익의 대체:

(차) 집 합 손 익	50,000	(대) 미처분이익잉여금	50,000

결손보전적립금 이입:

(차) 결손보전적립금	10,000	(대) 미처분이익잉여금	10,000

이익잉여금의 처분:

(차) 미처분이익잉여금	52,000	(대) 미 지 급 배 당 금	20,000*
		이 익 준 비 금	2,000**
		배당평균적립금	30,000

* ₩100,000 × 20% = ₩20,000
** ₩20,000 × 10% = ₩2,000

이익잉여금처분계산서

I. 미처분이익잉여금		
1. 전기이월미처분이익잉여금	₩20,000	
2. 당기순이익	50,000	₩70,000
II. 임의적립금 등의 이입		
1. 결손보전적립금	₩10,000	10,000
합계		₩80,000
III. 이익잉여금처분액		
1. 이익준비금	₩2,000	
2. 현금배당	20,000	
3. 배당평균적립금	30,000	(52,000)
IV. 차기이월미처분이익잉여금		₩28,000

참고 「일반기업회계기준」에 의하면 이익잉여금처분액 중 적립금은 당기에 설정된 적립금을 말하고 적립금 누계액이 아니다. 또한 당기 이전에 설정된 이익준비금 ₩5,000과 결손보전적립금 ₩10,000은 전기이월미처분이익잉여금 ₩20,000에 포함되지 않는다. 그러나 재무상태표에 표시되는 적립금은 누계액이므로 엄밀한 의미에서는 전기이월미처분이익잉여금이 기초이익잉여금이 아니다. 「K-IFRS 제1001호」에 따라 이익잉여금을 계산하면 다음과 같이 간단하다.

기초이익잉여금	₩35,000*
당기순이익	50,000
배당금	(20,000)
기말이익잉여금	₩65,000

* ₩20,000 + ₩5,000(이익준비금) + ₩10,000(결손보전적립금) = ₩35,000

관련예제와 함께 풀어보세요

유제 1 자본(2013년, 회계사)

관련예제 1, 2, 8
Miniature 예제 1, 2, 3

상황

다음은 ㈜한국의 4차연도 1. 1.의 부분재무상태표이다.

I. 자본금		₩6,000,000
1. 보통주자본금	₩5,000,000	
2. 우선주자본금	1,000,000	
II. 자본잉여금		46,000,000
1. 주식발행초과금	45,000,000	
2. 감자차익	300,000	
3. 자기주식처분이익	700,000	
III. 자본조정		(3,500,000)
1. 자기주식(보통주)	(3,500,000)	
IV. 기타포괄손익누계액		1,500,000
1. 기타포괄손익-공정가치측정 금융자산 평가손익	(1,500,000)	
2. 재평가잉여금	3,000,000	
V. 이익잉여금		13,000,000
1. 이익준비금	2,000,000	
2. 임의적립금	3,200,000	
3. 미처분이익잉여금	7,800,000	
자본 합계		₩63,000,000

〈추가자료〉

· 보통주는 4차연도 1. 1. 현재 10,000주가 발행되었으며 주당 발행가는 ₩5,000이었고, 주당 액면금액은 ₩500이다. 우선주는 4차연도 1. 1. 현재 1,000주가 발행되었으며 주당 액면금액은 ₩1,000이다.

· 우선주는 1종류만 발행되었으며, 배당률은 연 5%이다. 우선주는 누적적 우선주로 12%까지 부분참가적 우선주이다.

· 주식 발행 시 주식발행초과금과 주식할인발행차금은 우선적으로 상계처리한다.

· ㈜한국이 4차연도 1. 1. 현재 보유하고 있는 자기주식의 수량은 500주이다. 자기주식의 취득은 원가법으로 처리하며 자기주식의 처분 시 취득원가의 배분은 평균법으로 계산한다. 자기주식을 소각하는 경우 감자되는 금액은 소각되는 주식 수에 비례하는 자본금만을 감소시키며, 감자차익과 감자차손은 우선적으로 상계처리한다.

물음

각 물음은 독립적인 상황이다.

1. ㈜한국은 사업확장을 위하여 4차연도 1. 15.에 ㈜민국으로부터 공정가치가 ₩1,200,000인 공장부지를 수취하고 보통주 3,000주를 발행하여 지급하였다. ㈜한국의 보통주 신주의 공정가치는 ₩1,800,000으로 추정된다. 보통주 신주발행 직후 ㈜한국의 ① 자본금과 ② 자본잉여금을 각각 계산하시오.
2. ㈜한국은 보유하고 있는 자기주식 중 4차연도 3. 5.에 100주를 소각하였으며, 4차연도 3. 15.에 200주를 주당 ₩8,000에 재발행하였다. ㈜한국은 주주총회에서 감자차손을 이익잉여금에서 처분하기로 의결하였다. 이상의 자기주식과 관련된 일련의 거래 후 이 거래가 ㈜한국의 ① 자본잉여금에 미친 영향과 ② 이익잉여금에 미친 영향을 각각 계산하시오. 변동이 없으면 '변동 없음'으로 표시하시오.
3. ㈜한국은 1차연도 1. 1.에 설립되었으며, ㈜한국의 보통주와 우선주는 설립과 동시에 발행되었다. ㈜한국은 설립 이래 처음으로 4차연도 4. 20.에 3차연도 12. 31.을 기준일로 하는 ₩700,000의 현금배당을 선언하였다. ㈜한국의 ① 우선주에 배분되는 배당금과 ② 보통주에 각각 배분되는 배당금을 계산하시오.
4. ㈜한국은 4차연도 5. 1. 사업확장과 운영자금 조달을 위하여 보통주 신주 2,000주를 임직원과 일반인에게 청약을 받아 발행하기로 이사회에서 의결하였다. ㈜한국이 발행하고자 하는 보통주 신주는 주당 액면금액이 ₩500이고 신주발행금액은 주당 ₩12,000이다. 청약자는 주식청약일에 청약한 주식대금의 30%를 납입하고, 주식대금잔액은 1개월 후에 납입하며, 청약된 주식은 주식 대금잔액 납부 2개월 후 발행된다. 청약계약이 해약되는 경우 ㈜한국은 이미 납입된 주식대금을 상환할 의무가 없으며, 청약자가 청약한 주식대금의 잔액을 납부하지 않는 경우 이미 납입한 주식대금에 대해서는 비례기준(납입한 주식대금/신주의 발행금액)에 의거하여 청약자에게 주식을 발행교부한다. ㈜한국의 보통주 신주에 대한 청약이 주식청약일에 2,000주가 청약되었으나 이후 주식시장의 상황악화로 인하여 청약된 주식대금 잔액의 80%만 납입되었다. 주식청약을 미이행계약의 관점에서 회계처리하는 경우, 청약된 주식대금 잔액의 납입 직후 주식청약이 ㈜한국의 ① 부채에 미친 영향과 ② 자본에 미친 영향과 이러한 주식청약으로 ㈜한국이 ③ 발행교부할 보통주 신주의 수를 계산하시오.

정답 및 해설

1. 현물출자시점:

(차)	토 지	1,200,000	(대) 자 본 금	1,500,000
	주식할인발행차금	300,000		

① 자본금: ₩6,000,000 + ₩1,500,000 = ₩7,500,000

② 자본잉여금: ₩46,000,000 − ₩300,000 = ₩45,700,000

2. 자기주식 소각과 재발행

4차연도 3. 5. 자기주식 소각시점:

(차)	자 본 금	50,000	(대) 자 기 주 식	700,000*
	감 자 차 익	300,000		
	감 자 차 손	350,000		

* (₩3,500,000 ÷ 500주) × 100주 = ₩700,000

(차)	이 익 잉 여 금	350,000	(대) 감 자 차 손	350,000

4차연도 3. 5. 자기주식 재발행시점:

(차) 현　　　　금　1,600,000　(대) 자 기 주 식　1,400,000
　　　　　　　　　　　　　　　　자기주식처분이익　200,000

① 자본잉여금 ₩100,000 감소
② 이익잉여금 ₩350,000 감소

3. 누적적, 부분참가적 우선주 배당금

	우선주	보통주	합계
2년간 연체 배당금(₩50,000 × 2년)	₩100,000		₩100,000
당기 배당금(5%)	50,000	₩250,000	₩300,000
참가 배당금	50,000*		50,000
보통주 잔여분		250,000	250,000
합계	① ₩200,000	② ₩500,000	₩700,000

* 5%는 이미 지급했으므로 우선주에 대한 최대 추가 배당률이 7%(12% − 5%)이다.
우선주의 참가 배당금 = max {₩300,000 × 7%, ₩300,000 × 1/6} = ₩50,000

4. 주식청약과 미이행계약적 견해

(차) 현　　　　금　7,200,000　(대) 신주청약증거금　7,200,000*

* 2,000주 × ₩12,000 × 30% = ₩7,200,000

(차) 현　　　　금　13,440,000*　(대) 자 본 금(1,600주)　800,000
　　신주청약증거금　5,760,000**　　　주식발행초과금　18,400,000***

* 2,000주 × ₩12,000 × 70% × 80% = ₩13,440,000
** ₩7,200,000 × 80% = ₩5,760,000
*** 1,600주 × (₩12,000 − ₩500) = ₩18,400,000

(차) 신주청약증거금　1,440,000*　(대) 자 본 금(120주**)　60,000
　　　　　　　　　　　　　　　　　주식발행초과금　1,380,000

* ₩7,200,000 × 20% = ₩1,440,000
** ₩1,440,000 ÷ ₩12,000 = 120주

① 부채: 영향 없음
② 자본: ₩800,000 + ₩18,400,000 + ₩60,000 + ₩5,700,000 = ₩20,640,000 증가
③ 발행교부할 보통주 신주의 수: 1,600주 + 120주 = 1,720주

유제 2 자본 구성요소의 측정액(2020년, 회계사)

관련예제 1, 5, 7
Miniature 예제 2

상황

· ㈜대한은 1차연도 초에 설립되었으며, 3차연도 1. 1. 현재 자본부분은 다음과 같다.

Ⅰ. 자본금　₩7,500,000

1. 보통주자본금	₩5,000,000	
2. 우선주자본금	2,500,000	
II. 자본잉여금		1,500,000
1. 보통주주식발행초과금	1,500,000	
III. 기타포괄손익누계액		(20,000)
1. 금융자산평가손익	(20,000)	
IV. 이익잉여금		3,000,000
1. 이익준비금	1,000,000	
2. 미처분이익잉여금	2,000,000	
자본총계		₩11,980,000

· ㈜대한의 자본금은 설립 이후 3차연도 초까지 변화가 없었으며, 보통주와 우선주의 1주당 액면금액은 각각 ₩1,000과 ₩2,000이다.
· ㈜대한은 2차연도 경영성과에 대해 3차연도 3. 25. 주주총회에서 현금배당 ₩1,050,000을 원안대로 승인하고 지급하였으며, 이익준비금은 상법 규정에 따라 최소 금액만을 적립하기로 결의하였다.
· ㈜대한은 3차연도 4. 1. 보통주 5,000주를 1주당 ₩950에 현금 발행하였다.
· ㈜대한은 3차연도 5. 1. 주가 안정화를 위해 현재 유통 중인 보통주 1,000주를 1주당 ₩900에 취득하였으며, 자본조정으로 분류한 자기주식의 취득은 원가법으로 회계처리하였다.
· ㈜대한은 3차연도 7. 1. 자본잉여금 ₩1,000,000과 이익준비금 ₩500,000을 재원으로 하여 보통주에 대한 무상증자를 실시하였다.
· ㈜대한은 3차연도 10. 1. 보유 중인 자기주식 500주를 1주당 ₩1,300에 재발행하였다.
· ㈜대한의 3차연도 당기순이익은 ₩1,200,000이다.

물음

㈜대한의 3차연도 말 재무상태표에 표시되는 자본금, 자본잉여금, 자본조정 및 이익잉여금의 금액을 계산하시오. 단, 음의 값은 (−)를 숫자 앞에 표시하시오.

자본금	①
자본잉여금	②
자본조정	③
이익잉여금	④

해설

3차연도 3. 25 현금배당 결의시점:

(차) 이 익 잉 여 금	1,155,000	(대) 미 지 급 배 당 금	1,050,000
		이 익 준 비 금(10%)	105,000

3차연도 4. 1. 주식발행시점:

(차) 현 금	4,750,000	(대) 자 본 금 - 보 통 주	5,000,000
주 식 할 인 발 행 차 금*	250,000		

* 주식발행초과금의 차감계정

3차연도 5. 1. 자기주식 취득시점:

(차) 자 기 주 식	900,000	(대) 현 금	900,000

3차연도 7. 1. 무상증자시점:

(차) 주식발행초과금	1,000,000	(대) 자본금 - 보통주	1,500,000
이 익 준 비 금	500,000		

※ 교부된 주식수: ₩1,500,000 ÷ ₩1,000 = 1,500주

3차연도 10. 1. 자기주식 재발행시점:

(차) 현 금	650,000	(대) 자 기 주 식	450,000
		자기주식처분이익	200,000

3차연도 12. 31. 마감분개:

(차) 손 익	1,200,000	(대) 이 익 잉 여 금	1,200,000

① 자본금: ₩7,500,000 + ₩5,000.000 + ₩1,500,000 = ₩14,000,000
② 자본잉여금: ₩1,500,000 − ₩250,000 − ₩1,000,000 + ₩200,000 = ₩450,000
③ 자본조정(자기주식): ₩900,000 − ₩450,000 = ₩450,000
④ 이익잉여금: ₩3,000,000 − (₩1,155,000 − ₩105,000) + ₩1,200,000 = ₩3,150,000

연습문제 14

P14-01 신종자본증권의 특성 (2015년, 회계사)

• ㈜대한은 ㈜민국이 발행한 부채와 자본의 속성을 모두 가지고 있는 아래와 같은 조건의 채권형 신종자본증권을 장기보유목적으로 발행일에 액면취득하였다. 발행자인 ㈜민국은 동 조건으로 발행한 신종자본증권을 자본으로 분류했다.

- 액면금액: ₩100,000
- 만기: 20년
- 액면이자율: 연 4%(1년~5년), 연 9%(6년~20년)
- 이자지급: 1년 후급. 단, 발행자의 선택에 의해 이자 지급 연기 가능
- 원금지급순위: 무담보채무(선순위)와 동순위
- 콜옵션: 발행자는 발행 5년 후 액면금액으로 중도상환 가능
- 만기연장옵션: 만기시마다 발행자 재량으로 20년 단위로 연장가능
- 20년 만기 일반채권 시장이자율: 연 3%
- 신종자본증권 시장이자율: 연 4%
- 이자지급 정지권: 발행자의 주주총회에서 보통주에 대해 배당을 실시하지 않는 경우 이자를 지급하지 않으며, 이 경우 지급이 정지된 이자에 대한 발행자의 의무는 소멸함

물음 1. 발행자인 ㈜민국이 신종자본증권을 부채로 분류하는 것이 타당하다는 주장과 자본으로 분류하는 것이 타당하다는 주장이 대립된다. 둘 중 하나의 주장을 선택하고 이를 뒷받침할 수 있는 논거를 5줄 이내로 제시하시오.

2. ㈜대한이 취득한 신종자본증권을 지분상품으로 보아야 한다는 주장과 채무상품으로 보아야 한다는 주장이 대립된다. 둘 중 하나의 주장을 선택하고 이를 뒷받침할 수 있는 논거를 5줄 이내로 제시하시오.

3. ㈜대한이 취득한 신종자본증권을 지분상품으로 본다면, 「K-IFRS 제1109호」에서 정의하고 있는 금융상품의 범주 중 어느 것으로 분류하는 것이 가장 타당한지 5줄 이내로 논거를 제시하시오.

P14-02 주식발행

• SK는 주주지분과 관련된 다음 거래를 완료하였다.
• 2차연도 1. 1.에 1주당 ₩15에 보통주(액면금액: 1주당 ₩1) 1,000주를 발행하였다.
• 2차연도 1. 1.에 1주당 ₩30에 우선주(액면금액: 1주당 ₩5) 2,000주를 발행하였다.
• 2차연도 1. 2.에 현금가격이 ₩45,000인 장비를 취득하여 대가로 보통주 5,000주를 발행하였다.

물음 위의 거래를 분개하라.

P14-03 주식의 일괄발행

• SK는 보통주 1,200주와 우선주 400주를 현금 ₩9,000에 일괄발행하였다.

	1주당 액면가	상황 1 1주당 공정가치	상황 2 1주당 공정가치
보통주	₩1	₩5	₩5
우선주	6	10	??

물음 상황 1과 상황 2에서 주식발행을 기록하기 위한 분개를 하라.

P14-04 신주발행비

- 1차연도 1. 1.에 설립된 오락가락회사는 2차연도 1. 1.에 총 액면금액이 ₩50,000인 보통주를 ₩110,000에 발행하였다.
- 주식발행과 관련하여 ₩6,000의 비용이 발생하였다.
- 오락가락회사의 회계기간은 매년 12. 31.에 종료된다.

물음 신주발행비에 대하여 2차연도 1. 1.과 2차연도 12. 31.의 분개를 하라.

P14-05 신주청약

- ₩50(액면금액: ₩10)에 보통주 1주가 청약되었다.
- ₩20을 청약금으로 미리 받고 회계사건적 견해에 따라 회계처리한다.

물음 1. 청약시점에 청약금을 받은 거래에 대해서 분개를 하라.
2. 현금 ₩30을 수취하고 주식을 발행하는 분개를 하라.
3. 다음 각 상황에 대하여 필요한 분개를 하라
   상황 ① 청약이 취소되어 ₩20을 환급하였다.
   상황 ② 청약이 취소되어 ₩20을 몰수하였다.
   상황 ③ 청약이 취소되어 추후 주식발행시의 손실을 보전하기 위하여 ₩20을 보유하다가 제3자에게 ₩36에 주식을 발행하였다.

P14-06 자기주식의 회계처리: 「일반기업회계기준」

- 1차연도 1. 1.에 설립된 동의보감회사의 1차연도 12. 31.의 자본은 다음과 같다.

자 본 금(주당 액면금액: ₩5,000)	₩2,000,000
주식발행초과금	1,200,000
이 익 잉 여 금	400,000
합 계	₩3,600,000

- 1차연도 3. 1. 자기주식 10주를 주당 ₩7,500에 취득하였다.
- 1차연도 3. 5. 취득한 자기주식 5주를 주당 ₩8,500에 처분하였다.
- 1차연도 3. 10. 취득한 자기주식 3주를 주당 ₩6,500에 처분하였다.
- 1차연도 3. 30. 취득한 자기주식 1주를 ₩4,800에 처분하였다.
- 1차연도 4. 1. 취득한 자기주식 1주를 소각하였다.

물음 「일반기업회계기준」을 적용해서 위 거래를 분개하라.

P14-07 자기주식의 회계처리: US GAAP의 원가법과 액면법

• 2차연도 1. 1. 현재 주주지분은 다음과 같다.

보통주자본금(액면: ₩5,000, 발행주식: 500주)	₩2,500,000
자본잉여금: 주식발행초과금	1,000,000
이익잉여금	1,000,000
합계	₩4,500,000

• 2차연도 중의 자기주식에 관한 거래는 다음과 같다.
• 2. 14. 자기주식 6주를 주당 ₩7,500에 취득하였다.
• 4. 19. 자기주식 6주를 주당 ₩6,500에 취득하였다.
• 6. 16. ₩7,500에 취득한 보통주 1주를 ₩8,000에 재발행하였다.
• 8. 20. 주당 ₩7,500에 취득한 보통주 2주를 주당 ₩7,000에 재발행하였다.
• 9. 8. ₩6,500에 취득한 보통주 1주를 ₩7,200에 재발행하였다.
• 10. 10. 주당 ₩6,500에 취득한 보통주 2주를 주당 ₩4,800에 재발행하였다.
• 10. 31. ₩7,500에 취득한 보통주 1주를 소각하였다.
• 11. 20. ₩6,500에 취득한 보통주 1주를 소각하였다.
• 12. 10. 대주주로부터 보통주 4주를 증여받았다. 경영자는 증여받은 자기주식을 재발행할 의도이다. 수증시점에서 주식의 공정가치는 주당 ₩6,500이었다.
• 12. 22. 증여받은 주식 중 2주를 주당 ₩6,800에 재발행하였다.
• 12. 31. 1차연도의 당기순이익은 ₩450,000이며, 2차연도 3. 2.에 현금배당 ₩360,000을 결의하였다.

물음 US GAAP의 원가법과 액면법을 각각 적용하여 위의 거래를 분개하라.

P14-08 상환우선주

(2014년, 회계사)

• ㈜민국의 상환우선주 발행 및 상환 등에 관련된 거래는 아래와 같다.
  ▸ 1차연도 4. 1.: 우선주 100주 발행(주당 액면금액 ₩5,000, 주당 발행금액 ₩13,350)
  ▸ 2차연도 3. 31.: 우선주에 대한 배당금 지급
  ▸ 3차연도 3. 31.: 우선주에 대한 배당금 지급
  ▸ 3차연도 4. 1.: 우선주에 대한 상환 절차 완료(주당 상환금액 ₩15,000)
• 우선주 발행시 유효이자율: 연 6%
• ㈜민국의 주주총회는 매년 3월 31일에 열리며, 위 우선주의 연 배당률은 4%로 고정되어 있고 주주총회에서 배당결의 후 즉시 배당금을 지급한다.
• ㈜민국이 발행한 우선주는 누적적 우선주이며 발행자인 ㈜민국이 3차연도 4. 1.까지 상환할 수 있는 권리를 가지고 있다.

물음 1. ㈜민국이 1차연도에 해야 할 모든 회계처리(분개)를 하시오.
2. ㈜민국의 3차연도 재무상태표의 자본에 영향을 미치는 금액을 구하시오.

P14-09 배당금

• 1차연도 1. 1.에 보통주와 우선주를 발행한 또아리회사가 영업을 개시한 이후 당기손익의 변동은 다음과 같다.

1차연도	₩1,400,000	순손실
2차연도	2,800,000	순손실

3차연도	1,050,000 순이익	
4차연도	7,000,000 순이익	

- 4차연도 12. 31. 현재 또아리회사의 자본구조는 다음과 같다.

자 본 금		
보통주자본금		₩7,000,000
우선주자본금:		
10% 비참가적 비누적적 우선주	₩800,000	
6% 완전참가적 누적적 우선주	2,000,000	
6% 부분참가적 비누적적 우선주	1,500,000	4,300,000
합계		₩11,300,000

- 또아리회사는 설립일 이후 배당금을 지급하지 않았으며 자본금계정에는 변동이 없었다.
- 배당금의 원천은 이익잉여금만 인정된다.
- 부분참가적 우선주는 10%까지만 배당에 참가할 수 있다.

물음 1. 또아리회사의 4차연도 최대현금배당가능액을 계산하라.
2. 최대현금배당가능액을 각 주식별로 배분하라.

P14-10 우선주배당금

- 3차연도 12. 31. 현재 똘똘이회사의 주주지분계정의 잔액은 다음과 같다.

6%의 우선주(유통주식: 4,000주, 주당 액면금액: ₩20)	₩80,000
보통주(유통주식: 10,000주, 주당 액면금액: ₩12)	120,000
이익잉여금	75,000

- 3차연도 결산 후, 4차연도 2. 28.에 똘똘이회사의 주주총회에서 총 ₩38,000을 배당금으로 지급하기로 결의하였다.
- 똘똘이회사는 1차연도 1. 1. 이후 지난 2년간 우선주에 대하여 전혀 배당금을 지급하지 않았다.

물음 다음 각 경우에 대하여 우선주와 보통주에 대한 배당금을 계산하라.
1. 우선주가 비누적적이고 비참가적이다.
2. 우선주가 누적적이고 비참가적이다.
3. 우선주가 누적적이고 완전참가적이다.
4. 우선주가 비누적적이고 보통주에 대해 13%를 초과하는 배당을 할 경우에만 잔여이익의 배당에 참가할 수 있다.
5. 우선주가 누적적이고 보통주에 대해 15%를 초과하는 배당을 할 경우에만 잔여이익의 배당에 참가할 수 있다.
6. 총 ₩32,000을 배당금으로 지급하기로 결의한 경우 물음 5에 다시 답하라.

P14-11 현금배당과 청산배당

- 3차연도 12. 31.의 SK의 부분재무상태표는 다음과 같다.

보통주(주당 액면금액: ₩10)	₩300,000
자본잉여금	10,000
이익잉여금	55,000

- ₩80,000의 현금배당금이 3차연도 12. 31.에 결의되고 배당기준일인 4차연도 1. 15.을 기준으로 주주들에게 4차연도 2. 1.에 지급 가능하다.

물음 필요한 분개를 하라.

P14-12 재산배당

- 3차연도 11. 15.에 SK는 재산배당을 결의하였고 배당기록일은 3차연도 12. 1.이다.
- 재산배당의 대상물은 SK가 3차연도 5월에 취득한 YW회사의 우선주 220주이다.
- SK는 YW회사의 우선주를 당기손익-공정가치측정 금융자산으로 분류하였다.
- 3차연도 11. 15.의 우선주의 공정가치: 주당 ₩500
- YW우선주의 장부금액: 주당 ₩420
- 3차연도 12. 15.에 YW우선주를 분배한다.

물음 재산배당과 관련된 분개를 하라.

P14-13 주식배당과 주식분할

- SK는 주식배당결의 전에 유통 보통주가 50,000주이다.
- 3차연도 12. 1.에 SK는 보통주에 대해 10%의 주식배당을 결의하였다.
- 주식은 3차연도 12. 15.을 배당기준일로 하여 3차연도 12. 24.에 분배될 것이다.
- 3차연도 12. 30.에 SK는 자기주식 15,000주를 1주당 ₩120에 재구매하였다.
- 3차연도 12. 31.에 SK는 발행보통주에 대한 주식배당의 형태로 2 : 1 주식분할을 선언하였다.
- SK주식에 관련된 정보는 다음과 같다.

	3차연도 12. 1.	3차연도 12. 31.
1주당 액면금액	₩20	₩20
1주당 공정가치	100	130

물음 공정가치법을 이용하여 위 거래를 기록하기 위한 분개를 하라.

P14-14 주식분할과 주식배당

- 5차연도 1. 1.에 SK는 다음과 같은 계정잔액이 있었다.

보통주(주당 액면금액: ₩5), 23,000주 발행	₩115,000
이익잉여금	500,000
자기주식, 3,000주(취득원가)	30,000

- 5차연도 12. 24.에 2 : 1 주식분할이 선언되었고 SK는 이를 주식배당으로 회계처리한다.
- 5차연도 12. 24.의 주식의 공정가치: 주당 ₩15
- 5차연도 12. 30.에 보통주에 대한 10% 주식배당이 결의되고 분배되었다.
- 5차연도 12. 30.의 1주당 공정가치: 주당 ₩15
- SK는 공정가치법으로 주식배당을 회계처리한다.

물음 위의 거래와 사건을 분개하라.

P14-15 주식의 현물발행

- 토지를 제공받는 대가로 주당 액면금액이 ₩5,000인 보통주 800주를 발행하였다.
- 주식의 주당 공정가치가 ₩10,000이며, 토지의 공정가치가 ₩7,000,000이다.

물음 토지의 취득원가를 결정하고 위의 교환 거래를 분개하라.

P14-16 자본

(2008년, 회계사 수정)

㈜한국(결산일 12월 31일)의 8차연도 1. 1. 현재 자본금은 ₩5,500,000이며, 그 내역은 다음과 같다.

보통주자본금 : 발행주식수 10,000주, 주당액면금액 ₩500

우선주자본금(상환우선주, 모두 액면발행) : 발행주식수 1,000주, 연배당률 5%, 주당액면금액 ₩500

㈜한국의 당기순이익은 ₩1,500,000이다. 다음은 8차연도 중 ㈜한국에서 발생한 자본 관련 거래이다.

거래 1: 당기 초에 전기 발행 전환사채의 액면금액 중 60%가 보통주 600주로 전환되었다. 전환사채의 전환직전 관련 계정금액은 다음과 같으며, 전환간주일은 기초시점이다.

전환사채	₩1,000,000
전환권조정	(96,000)
사채상환할증금	70,000
전환권대가	65,000

전환사채 발행시 일반사채 시장수익률은 연 8%이다.

거래 2: 3월 10일에 개최된 정기주주총회에서 다음과 같이 7차연도 이익잉여금 처분을 승인하였다.

현금배당: ₩200,000

주식배당: ₩100,000(보통주에 대해서만 주식배당을 하였으며, 4월 1일에 주식 발행)

이익준비금 적립: ₩50,000

거래 3: 5월 1일에 현물출자 방식으로 보통주 300주를 발행하였다. 현물출자자산의 공정가치는 ₩200,000이다.

거래 4: 6월 1일에 상환우선주 1,000주를 ₩1,000,000에 모두 취득하였으며, 이 중 500주는 12월 31일에 상환절차를 완료하였고, 나머지 500주는 다음 연도 중에 상환절차를 완료할 예정이다.

물음 아래의 양식에 의거하여 (거래 1)부터 (거래 4)까지 각 거래가 자본 항목에 미치는 금액을 표시하시오. 단, 금액이 음수이면 금액 앞에 (-)표시를 하시오.

거래	자본금	자본잉여금	자본조정	이익잉여금
1				
2				
3				
4				

P14-17 주주지분과 이익잉여금처분계산서

• 「일반기업회계기준」을 적용하는 빵빵회사의 1차연도 12. 31. 주주지분은 다음과 같다.

자 본 금(주당 액면금액: ₩5,000, 발행주식: 800주)		₩4,000,000
자본잉여금		
주식발행초과		800,000
이익잉여금		
이익준비금	₩300,000	
임의적립금	265,000	
차기이월이익잉여금	995,000	1,560,000
합 계		₩6,360,000

• 2차연도 중의 거래는 다음과 같다.

• 1. 1. 보통주 200주를 주당 ₩7,000에 발행하였다.

- 12. 10. 자기주식 30주를 주당 ₩7,000에 취득하였다.
- 12. 20. 자기주식 10주를 주당 ₩8,000에 처분하였다.
- 12. 28. 15%의 현금배당을 주주총회에서 결의하였다.
- 2차연도의 당기순이익: ₩1,005,000
- 2차연도의 이익잉여금 처분(안)은 다음과 같다.

사업확장적립금 이입	₩120,000
감채적립금 적립	150,000
이익준비금	현금배당의 10%

물음 1. 빵빵회사의 2차연도 주주지분변동에 관한 분개를 하라.
2. 2차연도 12. 31.의 재무상태표에 계상될 주주지분과 이익잉여금처분계산서를 작성하라.

P14-18 우선주의 소각

- 치타회사는 주당 ₩8,000에 발행되었던 우선주(주당 액면금액: ₩5,000, 총 액면금액: ₩200,000) 10주를 재취득하여 소각하였다.
- 소각시점에서 감자차익계정의 잔액은 ₩60,000이었다.

물음 1. 재취득가격이 주당 ₩10,000이라고 가정하고, US GAAP과 「일반기업회계기준」을 각각 적용하여 우선주의 소각에 대한 분개를 하라.
2. 재취득가격이 주당 ₩3,500이라고 가정하고, 물음 1에 답하라.

Chapter 15

수익과 비용의 인식

학습 목표

LO 15-1. 수익인식기준을 이해한다.
LO 15-2. 구별되는 재화와 수행의무의 의미와 이를 식별하는 방법을 이해한다.
LO 15-3. 변동대가 추정치의 한도와 변동대가 최소액의 개념을 이해한다.
LO 15-4. 반품권이 부여된 판매거래에서 수익을 인식하는 방법을 이해한다.
LO 15-5. 판매 후 재매입약정에 대한 회계처리를 이해한다.
LO 15-6. 라이선스수수료의 수익인식시점을 이해한다.
LO 15-7. 고객충성제도에서 수익을 인식하는 방법을 이해한다.
LO 15-8. 비용의 인식시점을 이해한다.
LO 15-9. 계약변경에 대한 회계처리를 이해한다.

제15장

제1절 수익인식원칙

제2절 수익인식 5단계 모형

1. 단계 1: 고객과의 계약의 식별
   (1) 고객과의 계약
   (2) 수익을 인식하지 않는 계약
2. 단계 2: 수행의무의 식별
   (1) 수행의무의 개념과 수행의무의 통합
   (2) 구별되는 재화(또는 용역)의 개념
3. 단계 3: 거래가격의 결정
   (1) 계약의 거래가격
   (2) 계약의 변동대가
   (3) 유의적 금융요소의 존재
   (4) 고객으로부터 받은 비현금 대가
   (5) 고객에게 지급할 대가
4. 단계 4: 거래가격을 수행의무에 배분
   (1) 할인액의 배분
   (2) 변동대가의 배분
   (3) 거래가격의 후속 변동과 배분 여부
5. 단계 5: 수행의무가 이행되는 시점에 수익인식
   (1) 자산에 대한 통제의 이전
   (2) 기간에 걸친 통제 이전
   (3) 한 시점의 통제 이전
   (4) 수익인식과 재무상태표 공시

제3절 재화 판매와 수익인식

1. 반품권이 부여된 판매
2. 판매 후 재매입약정
   (1) 선도계약(또는 콜옵션계약)
   (2) 풋옵션계약
3. 대리인에 의한 판매
4. 환불되지 않는 선수수수료
5. 유상으로 판매한 교환권
6. 추가 재화(또는 용역)에 대한 고객의 선택권: 할인권
7. 추가 재화(또는 용역)에 대한 고객의 선택권: 고객충성제도
   (1) 부여기업의 재화(또는 용역)에 대해서만 행사되는 보너스포인트
   (2) 부여기업 이외의 보상기업의 재화(또는 용역)에 대해서만 행사되는 보너스포인트
8. 라이선스
   (1) 구별되지 않는 라이선스
   (2) 구별되는 라이선스
   (3) 라이선스의 수익인식에 대한 예외: 매출(또는 사용)에 기초한 라이선스
9. 프랜차이즈 라이선스
   (1) 수행의무의 식별
   (2) 수익의 인식

제4절 비용의 인식

1. 기본원칙: 수익 · 비용대응의 원칙
2. 체계적 · 합리적 배분에 따른 인식
3. 즉시인식
4. 계약원가
   (1) 계약체결 증분원가
   (2) 계약이행원가
   (3) 계약원가에 대한 손상차손(환입)

부록 15-1 계약변경

1. 계약변경을 새로운 별개 수행의무로 분류
2. 새로운 별개 계약이 아닌 계약변경
   (1) 재화가 구별되지만 개별 판매가격과 괴리: 전진법
   (2) 구별되지 않는 재화: 소급법

Chapter 15

제1절 수익인식원칙

「K-IFRS 개념체계」(2018)는 특정 회계기간 동안 주주에 의한 자본납입 이외에 주주지분의 증가를 가져오는 자산증가나 부채감소의 형태로 경제적효익이 증가하는 것을 수익(income)으로 정의한다[「K-IFRS 개념체계」: 4.2]. 「K-IFRS 개념체계」에서 사용하는 영어표현인 income이 우리가 통상적으로 말하는 수익에서 비용을 차감한 이익('profit' 또는 'margin')이 아니므로 혼란스럽다. 그러나 국제회계기준위원회(IASB)가 미국 재무회계위원회(FASB)와 공동으로 제정한 「K-IFRS 제1115호」(수익 기준서)는 수익(revenue)을 기업이 고객에게 재화(또는 용역)를 이전하고 받은(또는 받을 것으로 예상하는) 거래대가로 정의해서[1115: 2, 15, 부록 A] 혼란을 덜어준다. 부가가치세와 같이 제3자를 대신하여 받는 금액이나 위임자－대리인 관계에서 대리인이 위임자를 대신하여 받는 금액 등은 대리인의 수익으로 보지 않는다.

수익(매출액)은 포괄손익계산서 항목 중 규모가 제일 크고, 거래의 형태가 다양할 뿐 아니라, 수익을 인식하는 과정에서 경영자 또는 회계담당자의 주관적 판단이 개입될 수 있어 이익을 마사지(massage)하는 수단으로 사용될 가능성이 높다. 미래현금흐름이 불확실성을 수반할수록 회계정보의 검증가능성과 신뢰성 그리고 경영성과 측정치로서의 정확성이 낮아진다. 수익인식은 분식회계(fraudulent financial reporting)가 일어나는 대표적 분야 중 하나라는 점에서 주의 깊게 공부할 필요가 있다.

분식회계 한국전력공사의 수익 조기인식

- 정부가 전기료를 인상할 계획이 없었음에도 불구하고 한국전력공사가 전기료가 인상될 것으로 예측해서 2011년 재무제표에 1조 8천억원의 매출과 미수금('수취채권')을 인식했다가 2012년에 미국 상장법인감리위원회(US Public Company Accounting Oversight Board)에 의해 적발된 적이 있다. 미국 증권감독위원회(US Securities and Exchange Commision)가 수익인식의 타당성을 추궁하자 감사인인 안진회계법인이 제대로 답변하지 못하고 한국전력공사는 미수금 1조 8천억원을 사후적으로 장부에서 제거하고 손실 1조 8천억원을 인식해서 망신을 당했다. 수익인식은 이와 같이 외부감사인에게도 감사위험이 높은 영역이고, 재무제표이용자의 관점에서도 특별한 주의가 필요한 분야이다.

「K-IFRS 제1115호」의 목적은 고객과의 계약에서 생기는 수익 및 현금흐름의 특성, 금액, 시기(timing), 불확실성에 대한 유용한 정보를 재무제표이용자들에게 보고하기 위하여 적용할 원칙을 정하는 것이다[1115: 1]. 「K-IFRS 제1115호」의 핵심 원칙은 기업이 고객에게 약속한 재화(또는 용역)와 교환하여 받을 대가를 반영하는 금액으로 해당 재화(또는 용역)의 이전(transfer)을 나타내도록(표현하도록) 수익을 인식하는 것이다[1115: 2].

수익인식원칙(revenue recognition principle): 기업이 재화(또는 용역)를 이전한 대가로 받을 것으로 예상하는(또는 받은) 금액을 재화(또는 용역)가 고객에게 이전된 시점에 수익으로 인식한다. 구체적으로, 다음 5단계를 적용하여 수익을 인식한다[1115: IN7].

- 단계 1(계약의 식별): 고객과의 계약을 식별한다.
- 단계 2(수행의무의 식별): 계약에 내포된 수행의무를 식별한다. 수행의무는 기업이 재화(또는 용역)의 통제를 고객에게 이전하겠다는 약속을 의미한다. 계약에는 하나의 수행의무만 존재할 수도 있고, 여러 수행의무가 존재할 수도 있다.
- 단계 3(거래대가의 결정): 재화(또는 용역)의 통제를 이전해서 받은(또는 받을 것으로 예상하는) 계약대가(거래가격, 거래대가)를 결정한다. 단계 3에서는 거래가격의 식별방법을 결정하고 거래가격을 화폐의 시간적 가치로 조정하는지 여부를 결정한다. 또한 거래가격이 변동대가를 포함하는 경우 변동대가 중에서 수익으로 인식하는 금액을 결정한다.
- 단계 4(거래대가의 배분): 계약에 포함된 수행의무가 복수인 경우, 총거래대가를 개별 수행의무에 배분한다.
- 단계 5(수익인식): 개별 수행의무가 이행되는 시점에 수익을 인식한다. 판매자가 재화(또는 용역)의 통제를 고객에게 이전하는 시점에 수행의무가 이행된다. 그러므로 수행의무가 한 시점(a point in time)에 이행되는지 아니면 기간에 걸쳐(over time) 이행되는지를 결정한다. 수행의무가 한 시점에 이행되면 구체적으로 어느 시점에 이행되는지를 결정한다.

그림 15.1 수익인식원칙과 「K-IFRS 제1115호」의 핵심문단

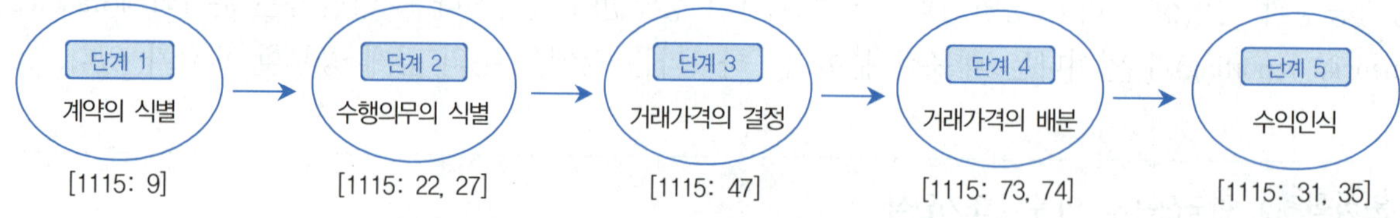

Miniature 예제 1 승용차판매에 수익인식의 5단계 모형 적용

· 고객섬김회사가 3년간 제품의 품질을 보증(예상비용: ₩30,000)하고 승용차를 현금 ₩500,000(원가: ₩400,000)에 판매한다. 이 거래에서 수익인식의 5단계 모형을 요약하면 다음과 같다.

단계 1–계약의 식별: 문서화된 계약을 식별한다.

단계 2–수행의무의 식별: 고객섬김회사는 고객(구매자)에게 승용차의 통제를 인도하는 것을 수행의무로 판단한다.

단계 3–거래가격의 결정: 계약에 명시된 ₩500,000이 거래가격이다.

단계 4–거래가격을 수행의무에 배분: 계약에 포함된 수행의무(승용차 인도)가 하나이므로 거래가격을 배분할 필요가 없다. 승용차 구매의 일부분으로 포함된 품질보증은 별도 수행의무가 아니라 적절한 품질의 승용차를 제공하는 의무의 일부분이다. 그러나 고객섬김회사가 승용차 구입자에게 자동차보험도 동시에 판매하면 수행의무가 둘(승용차 인도와 자동차보험 제공)이므로 총거래가격을 승용차와 자동차보험에 적절하게 배분한다.

단계 5–수행의무의 이행에 따라 수익을 인식: 고객섬김회사는 승용차의 통제를 고객에게 이전(인도)할 때에 다음과 같이 분개해서 수익과 비용을 인식한다.

(차) 현 금	500,000	(대) 매 출	500,000

(차) 매 출 원 가	400,000	(대) 재 고 자 산	400,000
(차) 품질보증비	30,000	(대) 품질보증충당부채	30,000

Chapter 15 제2절

수익인식 5단계 모형

1. 단계 1: 고객과의 계약의 식별

(1) 고객과의 계약

그림 15.2 기업과 고객과의 관계

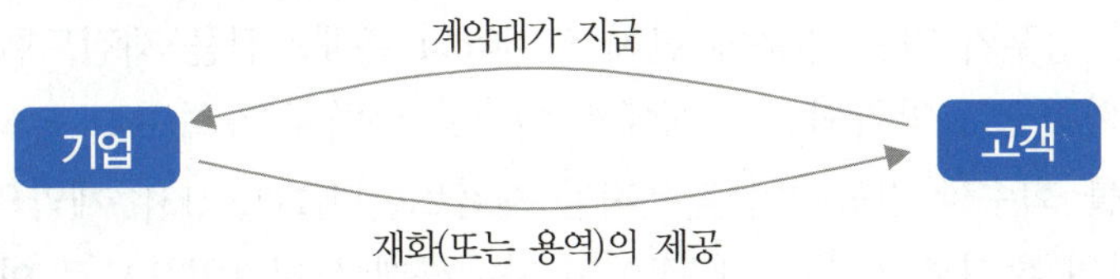

「K-IFRS 제1115호」는 거래상대방이 고객인 경우에 한해서 수익을 인식하며, 계약을 수익인식의 핵심으로 사용한다. 고객(customer)은 기업의 재화(또는 용역)를 일정한 대가(consideration)와 교환하여 취득하기로 계약한 당사자이다[1115: 6]. 계약(contract)은 둘 이상의 당사자들 간에 집행 가능한(법적 구속력이 있는) 권리와 의무를 발생시키는 약정으로, 서면, 구두 또는 산업관행에 따라 체결될 수 있다. 계약의 존속기간 중 다양한 시점에 수익을 인식할 수 있으며, 계약 내용을 바탕으로 수익 인식 시기와 금액을 합리적으로 결정한다. 「K-IFRS 제1115호」에서 말하는 계약은 다음과 같다.

계약의 존재조건(계약의 의미): 계약개시시점에 다음 다섯 가지 조건이 모두 충족되면 집행 가능한(enforceable) 계약으로 분류하고 계약에 약속된 수행의무가 이행되는 시점에 수익을 인식한다[1115: 9].
① 계약당사자가 계약을 승인하고 각자의 수행의무를 이행할 것을 확약한다.
② 이전되는 재화(또는 용역)와 관련된 계약당사자의 권리를 식별할 수 있다.
③ 이전되는 재화(또는 용역)에 대한 계약(거래)대가의 지급조건을 식별할 수 있다.
④ 계약에 상업적 실질(제3장 참조)이 있다.
⑤ 고객에게 재화(또는 용역)를 이전한 결과로 받을 권리를 갖게 되는 계약대가(거래대가)를 회수할 가능성이 높다(probable). 회수가능성(collectability)은 고객의 거래대가 지급능력과 지급의도만을 고려해서 판단한다.

Miniature 예제 2 계약의 존재조건

· 홍길동 씨가 던킨도너츠에서 ₩5,000 어치 도너츠를 사면 유효한 계약의 존재조건이 다음과 같다.
① 홍길동 씨가 도너츠를 사기로 동의했고 던킨도너츠는 도너츠를 팔기로 동의해서 두 계약당사자가 계약을 승인하고 각자의 수행의무를 이행할 것을 확약했다.
② 홍길동 씨가 도너츠에 대한 권리를 갖고 던킨도너츠는 ₩5,000을 받을 권리가 있다. 그러므로 이전되는 재화와 관련된 계약당사자의 권리를 식별할 수 있다.
③ 홍길동 씨가 현금으로 ₩5,000을 지급하기로 동의해서 이전되는 재화(도너츠)에 대한 계약(거래)대가의 지급조건을 식별할 수 있다.
④ 홍길동 씨가 도너츠의 대가로 현금 ₩5,000을 지급해서 미래 현금흐름의 구성요소가 달라지므로 계약에 상업적 실질이 있다.
⑤ 던킨도너츠가 도너츠를 인도하면서 현금 ₩5,000을 받았으므로 거래대가가 현금으로 회수될 가능성이 높은 것을 넘어서 이미 회수했다.
결론: 독자가 던킨도너츠에서 도너츠를 사면 독자와 던킨도너츠 간에 서면 협정이 없다 하더라도 수익인식목적을 위해서 도너츠 주문을 계약으로 본다.

고객과의 계약이 계약개시시점에 계약의 존재조건을 모두 충족하는 경우에는 후속적으로 사실과 상황에 유의적인 변동 징후가 있는 경우에 한해서 계약의 존재조건을 재검토한다. 예를 들면, 고객의 대가 지급 능력이 유의적으로 악화되면 고객에게 이전할 나머지 재화(또는 용역)에 대하여 받을 권리를 갖게 될 거래대가를 회수할 가능성이 높은지를 재검토한다[1115: 13]. 계약의 존재조건 ① ~ ③의 의미는 명백하고 계약의 존재조건 ④는 제3장에서 자세하게 살펴보았으므로 아래에서는 계약의 존재조건 ⑤의 의미를 살펴본다.

회수가능성조건(계약의 존재조건 ⑤)

계약의 존재 여부를 판단하는 데 현금회수불능위험(credit risk)에 대한 평가가 중요하다. 기업이 외상으로 재화를 판매할 때(또는 용역을 제공할 때) 계약개시시점에 거래가격이 회수되지 않을 가능성이 높거나 회수가능성에 유의적 의혹이 존재하면 거래상대방(고객)이 수행의무를 이행하기로 확약하지 못하는 징후이므로 계약의 존재조건이 충족되지 않는다. 판매대가를 받을 여부가 불확실해서 현금회수불능위험이 높으면 경제적효익이 기업으로 유입될 가능성이 불확실하다. 즉, 회수가능성조건은 거래에서 경제적 혜택을 획득하지 못할 가능성이 높으면 수익을 인식하지 않는다는 것을 의미한다. 따라서 회수가능성에 대한 유의적 의혹이 해소되어 계약당사자가 계약에서 약속한 수행의무를 이행하기로 확약하는 징후가 나타날 때에 수익을 인식한다.

Miniature 예제 3 회수가능성

· 구매자가 외국에서 매입대금을 송금하는 것이 외국 정부의 허가 여부에 달려 있고 허가 여부가 불확실하면 판매대가가 기업으로 유입될 수 있을지 불투명하다. 고객의 지급능력이 제한되는 것은 수행의무를 이행하기로 확약하지 못하는 징후이므로 계약의 존재조건이 충족되지 않는다. 그러므로 이 경우에는 송금이

허가되어 불확실성이 해소되는 시점까지 수익인식을 이연한다.

· 군계회사가 상당한 수량의 닭 날개를 일학회사에게 앞으로 24개월 동안 판매하는 계약을 체결하였다. 군계회사가 첫 번째 닭 날개 인도분을 이전하기 직전에 일학회사의 신용이 현저하게 하락하고 인건비를 절약하기 위해서 다수의 직원을 해고한 사실을 알게 되었다. 일학회사의 지급능력이 유의적으로 악화되어 군계회사는 계약에 명시된 거래대가를 회수하지 못할 가능성을 우려한다. 따라서 군계회사의 관점에서 수익을 인식할 계약이 존재하지 않을 수도 있다.

· 기업이 상품을 장기할부판매했으나 할부금의 현금회수가 매우 불확실하면 기업은 판매시점이 아니라 현금이 회수되는 시점에 수익을 인식한다.

기업이 '계약'에서 약속한 재화(또는 용역)를 제공하기 전에 구매자로부터 거래대가의 일부 또는 전부를 미리 받으면 받은 금액을 계약부채(미실현수익, 선수금 또는 선수수익)로 인식했다가 재화(또는 용역)를 이전하는 시점에 수익을 인식하는데, 이를 예수금처리법(deposit method)이라 한다.

고객과의 계약이 존재하지 않지만 고객으로부터 대가를 받은 경우에는 다음 중 어느 한 사건이 발생해서 이미 인식한 수익을 후속기간에 취소시킬 위험이 거의 없으면 고객으로부터 받은 거래대가를 수익으로 인식한다[1115: 15].

- 고객에게 재화(또는 용역)를 이전할 잔여 의무가 없고, 고객이 약속한 대가의 전부(또는 대부분)를 받았으며 받은 대가를 고객에게 환불하지 않는다.
- 계약이 종료되었고 고객으로부터 받은 거래대가를 환불하지 않는다.

문단 [1115: 15]는 수익을 상당히 보수적으로 인식하는 접근방법이다. 예를 들어, 고객이 아파트 분양을 청약하고 청약증거금 ₩1,000,000을 납부한 후에 잔여 대금을 납부하지 않고 분양청약계약을 종료시켰으나 기업이 청약증거금을 환불할 의무가 없으면 청약증거금 ₩1,000,000을 수익으로 인식한다.

(2) 수익을 인식하지 않는 계약

① 일방적으로 취소할 수 있는 계약(존재하지 않는 계약)

계약의 각 당사자가 전혀 수행되지 않은 계약에 대해 상대방에게 보상하지 않고 종료할 수 있는 일방적이고 집행 가능한 권리를 가지면, 계약 자체가 존재하지 않는다고 본다. 다음 기준을 모두 만족하는 계약은 전혀 수행되지 않은 것이다[1115: 12].

- 기업이 약속한 재화(또는 용역)를 아직 고객에게 이전하지 않았다.
- 기업이 약속한 재화(또는 용역)에 대하여 어떤 대가도 아직 받지 않았고 받을 권리도 없다.

거래 당사자가 위약금 없이 일방적으로 취소할 수 있는 계약은 계약 자체가 존재하지 않는다고 보므로 이러한 계약에서는 수익을 인식하지 않는다.

Miniature 예제 4 계약의 존재 여부

· 1차연도 12. 10.에 상부회사가 곰인형 500개를 단위당 ₩2,000에 상조회사에게 주문했으나, 상부회사는 곰인형이 인도되기 이전에 위약금 없이 주문을 취소할 수 있다. 2차연도 1. 5.에 상조회사가 곰인형 500개를 인도하기로 하고 ₩1,000,000을 받았다. 이 경우 1차연도 12. 10.에 주문한 사실 자체는 수익인식목적의 계약이 아니라고 본다. 2차연도 1. 5.에 드디어 계약이 존재하고 2차연도 1. 5. 이전에는 상부회사와 상조회사 모두가 계약상 의무를 이행하지 않고 위약금 없이 주문을 취소할 수 있으므로 수익인식목적의 계약이 존재하지 않는다. 2차연도 1. 5.에 상조회사는 ₩1,000,000을 계약부채(미실현수익 또는 선수수익)로 인식한다.

· 최열심 양이 영문판 중급회계 책(IFRS 판) 1부를 아마존(Amazon)에 주문했다. 아마존이 책을 배송하였다는 이메일을 고객에게 보내기 전에는 주문받은 사실 자체는 수익인식목적의 계약이 아니다.

② 미이행계약

계약당사자 모두가 계약(또는 계약의 일부)에서 약속된 수행의무를 전혀 이행하지 않았거나 동일한 정도로 수행의무를 부분적으로 이행한 미이행계약(executory contract)은 계약당사자 각자가 수행의무를 이행할 것을 확약하지 않은 상태이므로 계약의 존재조건 ①이 충족되지 않아 계약이 존재하지 않는다고 본다. 미이행계약에서 고객으로부터 계약대가의 일부(또는 전부)를 미리 받고 미래에 재화(또는 용역)를 이전하거나 받은 대가를 환불해야 하는 경우에는, 계약의 존재조건이 충족되고 수행의무가 이행될 때까지 고객으로부터 미리 받은 금액을 계약부채(환불부채)로 인식한다. 인식된 부채는 계약과 관련된 사실 및 상황에 따라, 재화(또는 용역)를 미래에 이전해야 하는 의무나 받은 대가를 환불해야 하는 의무를 나타낸다[1115: 16].

예제 1 거래대가의 회수가능성과 계약의 존재조건(「K-IFRS 제1115호」 사례 1)

중요도: ★★★
난이도: ◆

상황

· 개발회사가 고객에게 건물(원가: ₩600,000)을 ₩1,000,000에 매각하는 계약을 체결하였다.

· 고객은 계약개시시점에 환불되지 않는 예치금으로 ₩50,000을 지급하였고 개발회사는 계약개시시점에 건물에 대한 통제를 고객에게 이전하였다. 고객은 나머지 대가 ₩950,000을 장기 분할상환하는 금융약정을 개발회사와 체결하였다.

· 고객과의 장기 분할상환거래는 상환청구불능조건(제8장 참조)으로 고객이 잔여 대가를 체납하면 개발회사가 건물을 재소유하지만 설사 건물의 공정가치가 잔여 지급액에 미달해도 고객으로부터 더 이상 대가를 받을 수 없다.

· 개발회사가 건물을 이전하였으나 고객의 지급능력과 지급의도를 조사한 결과, 개발회사가 받을 권리가 있는 대가를 회수할 가능성이 높지 않다고 판단해서 회수가능성조건이 충족되지 않는다고 결정하고 이 계약이 계약의 존재조건을 충족하지 않는다고 판단하였다.

물음 고객이 지급하는 대가에 대한 회계처리를 설명하라.

정답 받은 대가를 보증금부채(계약부채)로 인식

해설

· 개발회사가 거래대가의 대부분을 받지 않았고 계약이 종료되지 않았으므로 개발회사는 환불되지 않는 선수금 ₩50,000을 수익으로 인식하지 않고 예수금처리법을 적용해서 보증금부채(deposit liability)로 인식한다. 개발회사는 아래 사건 중에서 어느 하나가 발생할 때까지 최초예치금 ₩50,000과 후속기간에 받는 원금 상환액 및 이자를 부채로 인식한다.
  - 회수가능성조건이 충족되었다.
  - 거래대가의 대부분을 받았다.
  - 계약이 종료되었다.

· 개발회사는 회수가능성조건이 후속적으로 충족되는지 여부 또는 다음 두 가지 사건 중에서 어느 하나의 사건이 발생하였는지 여부를 판단하기 위해서 계약을 계속적으로 평가한다.
  - 고객이 약속한 대가의 대부분을 받았고 받은 대가를 환불하지 않는다.
  - 계약이 종료되었고 고객으로부터 받은 대가를 환불하지 않는다.

2. 단계 2: 수행의무의 식별

(1) 수행의무의 개념과 수행의무의 통합

수행의무(performance obligation)는 ① 구별되는 재화(또는 용역) 또는 ② 실질적으로(substantially) 동일하고 고객에게 이전하는 방식이 동일한 일련(series)의 구별되는 재화(또는 용역)를 고객에게 이전하기로 한 약속이다. 판매자가 재화(또는 용역)의 통제를 고객에게 이전하는 시점에 수행의무가 이행된다. 구별되는 재화의 개념은 pp. 718 ~ 720에서 살펴본다. 계약개시시점에 고객과의 계약에서 고객에게 다음 중 어느 하나를 이전하기로 한 각 약속을 하나의 수행의무로 식별한다[1115: 22].

- 구별되는 재화나 용역(또는 재화나 용역의 묶음)
- 실질적으로 서로 같고 고객에게 이전하는 방식도 같은 '일련의 구별되는 재화(또는 용역)'

수행의무는 명시적 약속뿐만 아니라 암묵적 또는 사업관행에 기초한 약속을 모두 포함한다. 각 수행의무가 이행됨에 따라 수익을 인식하므로 계약 내에 여러 수행의무가 포함되어 있으면 특정 재화(또는 용역)가 계약에 포함된 다른 재화(또는 용역)와 구별되는지 여부에 따라 계약에 포함된 개별 수행의무를 모두 분리해서 식별하는 것이 중요하다. 계약을 이행하기 위해 필요한 활동이지만 고객에게 재화(또는 용역)를 이전하는 활동이 아니면 그 활동은 수행의무가 아니다. 예를 들면, 용역 제공자가 계약을 준비(set up)하기 위해 다양한 관리 업무를 수행할 수 있는데, 관리 업무를 수행해도 **고객에게 재화**(또는 용역)**가 이전되지 않으므로 준비 활동은 수행의무가 아니다**[1115: 25].

계약상 여러 종류의 재화(또는 용역)를 제공하는 복합거래에는 수익인식기준을 개별 재화(또는 용역)에 적용하는 것이 아니라 개별 수행의무에 적용한다. 그러므로 수행의무는 고객에게 이전하기로 약속한 재화(또는 용역)를 회계처리하는 단위라 말할 수 있다. 회계처리단위(unit of account)는 측정기준과 인식기준을 적용하는 권리(또는 권리의 집합), 의무(또는 의무의 집합), 권리와 의무의 집합이다[「K-IFRS 개념체계」: 4.48]. 개별 권리 또는 개별 의무가 회계처리단위이며, 단일 원천(예 계약)에서 생기는 모든 권리, 모든 의무, 모든 권리와 의무 등도 회계처리단위가 될 수 있다[「K-IFRS 개념체계」: 4.55].

수행의무의 통합

고객과 체결한 계약에 여러 종류의 재화를 이전하는 수행의무 또는 재화와 용역을 이전하는 수행의무 등 둘 이상의 수행의무가 포함되는 경우에는 특정 재화(또는 용역)가 다른 재화(또는 용역)와 구별되는지 여부를 판단해서 특정 수행의무를 다른 수행의무와 분리할지를 결정하고 수익을 인식한다. 예를 들어, 판매기업은 계약개시시점에 다수의 구별되는 재화(또는 용역)를 이전하는 계약인지 아니면 다수의 구별되는 재화(또는 용역)를 결합한 산출물을 이전하는 계약인지를 결정해야 한다.

특정 재화(또는 용역)가 계약에서 약속한 다른 재화(또는 용역)와 구별되면 해당 재화(또는 용역)를 이전하는 수행의무가 존재한다. 계약상 이전하기로 약속한 재화(또는 용역)가 동일 계약 내에 포함된 다른 재화(또는 용역)와 구별되지 않으면, 해당 재화(또는 용역)를 다른 재화(또는 용역)와 통합해서 수행의무를 식별한다. 즉, 구별되는 재화(또는 용역)의 묶음을 식별할 때까지 구별되지 않는 재화(또는 용역)를 다른 재화(또는 용역)와 통합해서 전체적 관점에서 구별되는 재화(또는 용역)의 묶음이 되도록 하고 이러한 묶음을 별도의 수행의무로 분류해서 수익을 인식한다. 구별되지 않는 재화(또는 용역)를 통합하면 경우에 따라서는 계약상 약속된 모든 재화(또는 용역)를 전부 묶어서 단일 수행의무로(예 프랜차이즈 판매거래) 회계처리하는 결과를 가져올 수도 있다[1115: 30].

계약에 포함된 둘 이상의 수행의무가 상호의존적이거나 상호관련되면 해당 수행의무를 통합해서 단일 수행의무로 분류하고 수익을 인식한다. 개별 수행의무가 계약에 포함된 다른 약속과의 상호의존도나 상호관련성이 높지 않거나 계약에 포함된 여러 약속이 각각 구별되면, 총거래가격을 각 수행의무에 배분하고 수행의무 각각에 대해 수익인식시점을 결정한다.

Miniature 예제 5 수행의무

- 기업이 천연가스 5만톤을 공급함과 동시에 60개월에 걸쳐서 매달 1,000톤의 석탄을 공급하는 계약을 체결하면 천연가스와 석탄은 구별되는 재화이다. 그러므로 기업은 천연가스를 공급하는 수행의무와 석탄을 공급하는 수행의무를 분리하고, 석탄을 공급하는 수행의무는 60개월에 걸쳐서 연속적으로 이행된다고 보고 총 석탄공급대가의 1/60을 매달 수익으로 인식해도 무방하다. 즉, 석탄을 인도하는 수행의무가 기간에 걸쳐 이행되므로 기간에 걸쳐 수익을 인식한다.
- 기업이 고객의 사무실을 단장하는 계약에서 가구와 조명장치를 취득한 후에 고객에게 가구와 조명장치에 대한 통제를 이전해도 가구와 조명장치의 이전에서 수익을 인식하지 않고 사무실을 단장하는 수행의무에서 수익을 인식한다. 그러나 인테리어 자재 판매기업이 고객에게 가구와 조명장치를 개별 상품으로 판매하면 가구를 인도하는 수행의무에서 가구 판매수익을 인식하고 조명장치를 인도하는 수행의무에서 조명장치 판매수익을 인식한다.

(2) 구별되는 재화(또는 용역)의 개념

다음 기준이 모두 충족되면 고객에게 약속한 재화(또는 용역)는 구별되는(distinct) 재화(또는 용역)이다[1115:

27].

▶ 효익획득기준: 고객이 재화(또는 용역) 그 자체에서 효익을 얻거나, 쉽게 구할 수 있는 다른 자원과 함께하여 그 재화(또는 용역)에서 효익을 얻을 수 있다(그 재화 또는 용역이 구별될 수 있다).

▶ 별도식별기준: 고객에게 재화(또는 용역)를 이전하기로 하는 약속을 계약 내의 다른 약속과 별도로 식별해 낼 수 있다(그 재화 또는 용역을 이전하기로 하는 약속은 계약상 다른 약속과 구별된다).

두 종류 이상의 재화(또는 용역)를 이전하는 복합거래에서 종전 기준서(IAS 18)는 기업이 인도한 재화(또는 용역)를 별도로 회계처리하기 위해서는 해당 재화(또는 용역)가 반드시 '개별적으로 고객에게 가치가 있어야 한다'고 규정하였다. 그러나 IASB와 미국 FASB는 기업이 고객의 의도를 아는 것은 불가능하지는 않지만 어려울 것이므로 계약에서 수행의무를 식별할 때 약속한 재화(또는 용역)를 고객이 어떤 의도로 사용할지 반드시 판단해야 하는 것으로 비치는 것을 피하기 위하여 위 표현을 사용하지 않고[1115: BC101], 그 대신에 '효익획득기준'을 제시하였다. 그렇다면 '효익획득'이 무엇을 의미할까?

재화(또는 용역)를 사용 또는 소비할 수 있거나, 폐물 가치(scrap value)보다 큰 금액으로 매각할 수 있거나, 그 밖에 경제적효익을 창출하는 방법으로 보유할 수 있다면, 고객은 재화(또는 용역)에서 효익을 얻을 수 있다(효익획득기준). 어떤 재화(또는 용역)는 그 자체에서 고객이 효익을 얻을 수 있고, 다른 재화(또는 용역)는 쉽게 구할 수 있는 다른 자원과 함께하는 경우에만 효익을 얻을 수 있다. 여기서 쉽게 구할 수 있는 자원(readily available resource)이란 시장에서 별도로 판매되는 재화(또는 용역)이거나 고객이 다른 거래에서 이미 획득한 자원 또는 판매기업이 계약상 고객에게 미래에 이전할 자원을 말한다. 기업이 재화(또는 용역)를 별도로 판매한다는 사실 자체가 고객이 그 재화(또는 용역)로부터 효익을 얻거나 쉽게 구할 수 있는 다른 자원과 함께하여 효익을 얻을 수 있다는 증거이다[1115: 28].

개별 재화(또는 용역)를 구별할 수 있다고 하더라도 관련 의무의 수행 정도를 충실하게 나타내지 못하는 경우에는 해당 재화(또는 용역)를 별도로 회계처리하지 않는다. 예를 들어, 많은 건설(또는 생산) 유형 계약은 구별될 수 있는 여러 재화(또는 용역)(예 다양한 건축 자재, 노동력, 프로젝트 관리용역)를 고객에게 이전하는 것을 포함한다. 그러나 이러한 모든 재화(또는 용역)를 별도 수행의무로 식별하는 것은 실무상 불가능할 뿐만 아니라 기업이 고객과 한 약속의 성격을 충실하게 나타내거나 의무의 수행 정도를 유용하게 나타내지도 못한다. 왜냐하면, 고객이 계약한 재화(또는 용역)에 대하여 기업이 건설(또는 생산)을 수행(그리고 그 투입물을 사용)할 때 수익을 인식하고 측정하는 것이 아니라, 기업이 건설(또는 생산) 과정에 자재와 그 밖의 투입물을 공급할 때 수익을 인식하고 측정하기 때문이다. 따라서 IASB와 미국 FASB는 재화(또는 용역)가 구별되는지를 식별할 때, 개별 재화(또는 용역)에 대한 효익획득기준 뿐만 아니라 재화(또는 용역)를 이전하겠다는 약속에 대해 별도식별기준을 고려해야 하는 것으로 결정하였다[1115: BC102].

고객에게 재화(또는 용역)를 이전하기로 한 약속이 [1115: 27]에 규정된 것과 같이 별도로 식별되는 약속인지(별도식별기준)를 판단할 때, 계약상 약속의 성격이 각 재화(또는 용역)를 개별적으로 이전하는 것인지, 아니면 약속된 재화(또는 용역)가 투입물로 사용되는 결합 품목을 이전하는 것인지를 판단한다. 예를 들면, 결합산출물(예 한정식)을 이전하기로 한 약속에서 결합산출물(예한정식)에 투입물로 사용되는 재화(예 김치) 또는 용역(예 음식서빙)은 별도로 식별되지 않는 재화(또는 용역)이다. 그러므로 한

정식 식당은 고객이 결합산출물인 한정식을 먹은 후에 한정식값을 받지 김치를 먹는 시점에 김치값을 별도로 받지 않는다.

별도로 판매되지 않는 재화(또는 용역)는 일반적으로 구별되지 않는 재화(또는 용역)이다. 그러나 특정 재화(또는 용역)의 대체적 공급자가 아예 없거나 적더라도 해당 재화(또는 용역)를 구별되는 재화(또는 용역)로 볼 수 없는 것은 아니다. 기업은 다른 재화(또는 용역)에 추가해서 특정 재화(또는 용역)를 이전하겠다는 약속이 구별될 수 있고 계약에 포함된 약속에서 별도로 식별할 수 있는지를 주관적으로 판단할 필요가 있다. 구체적으로, 다음의 [1115: 29]를 참조해서 별도식별기준의 충족 여부를 판단할 수 있다.

고객에게 특정 재화(또는 용역)를 이전하는 약속이 다른 약속과 구별되지 않아서 별도식별기준을 충족하지 못하는 3가지 예를 들면 다음과 같으나 이 예에만 국한되는 것은 아니다[1115: 29].

① 통합: 기업이 특정 재화(또는 용역)와 그 계약에서 약속한 다른 재화(또는 용역)를 통합하는 유의적인 용역을 제공한다. 재화(또는 용역)를 통합한 결과 고객이 계약한 결합산출물에 해당하는 재화(또는 용역)의 묶음이 된다. 다시 말해서, 기업이 해당 재화(또는 용역)를 고객이 규정(특정)한 결합산출물을 생산하거나 인도하기 위한 투입물로 사용하는 경우에는 별도식별기준이 충족되지 않는다.

② 변형 또는 고객 맞춤화(customization): 하나 이상의 재화(또는 용역)가 계약에서 약속한 하나 이상의 다른 재화(또는 용역)를 유의적으로 변형하거나 고객 맞춤화하거나, 계약에서 약속한 하나 이상의 다른 재화(또는 용역)에 의해 변형되거나 고객 맞춤화되면 별도식별기준이 충족되지 않는다. 특정 재화(또는 용역)를 다른 기업도 제공하면 해당 재화는 일반적으로 고객 맞춤화가 아닌 징후이다.

③ 상호의존도 또는 상호관련성: 계약에서 약속한 재화(또는 용역)가 해당 계약에서 하나 이상의 다른 재화(또는 용역)에 의해 유의적으로 영향을 받는다. 예를 들면, 어떤 경우에는 기업이 각 재화(또는 용역)를 별개로 이전하여 해당 약속을 이행할 수 없기 때문에 둘 이상의 재화(또는 용역)가 유의적으로 서로 영향을 주고받는다. 이 경우에는 별도식별기준이 충족되지 않는다.

저자는 [1115: 27, 29]를 토대로 구별되는 재화(또는 용역)를 다음과 같이 판단한다.

① 특정 재화(또는 용역)가 시장에서 별도로 판매되고 해당 재화(또는 용역)가 계약에 포함된 통합된 재화(또는 용역)의 묶음을 구성하는 투입물로 사용되지 않으면 해당 재화(또는 용역)는 구별되는 재화(또는 용역)이다.

별도로 판매되지 않는 재화(또는 용역)는 아래 ② ~ ④를 모두 충족하면 구별되는 재화(또는 용역)이다.

② 기업이 특정 재화(또는 용역)를 계약에 포함된 통합된 재화(또는 용역)의 묶음을 구성하는 투입물로 사용하지 않는다.

③ 특정 재화(또는 용역)가 고객 맞춤화(customization)의 징후가 없으며 계약에 포함된 다른 재화(또는 용역)를 유의적으로 수정하지 않는다.

④ 특정 재화(또는 용역)가 계약에 포함된 다른 재화(또는 용역)와 상호의존성이 높지 않거나 상호관련성이 높지 않다.

Miniature 예제 6 결합산출물에 유의적 용역을 제공하기 때문에 구별되지 않는 재화

· 건설회사가 대형 사무실 건물(지하 상점 포함)을 건설하여 제공하기로 고객과 계약하였다. 건설회사는 정토작업, 건물의 기초공사, 건물의 건설, 배관공사 및 전선설치, 사무용품 설치, 마감작업 등 전체 프로젝트를 수행한다. 이처럼 건설회사가 대형 사무실 건물이라는 결합산출물을 이전하기 위해서 여러 종류의 재화를 유의적으로 수정하고 고객 맞춤화를 제공하는 등 유의적인 통합 용역을 제공하는 경우에는 개별 재화가 설사 구별된다고 하더라도 재화(또는 용역)의 묶음을 단일 수행의무로 회계처리한다. 이때 대형 사무실 건물에 포함된 재화(또는 용역)들은 매우 높은 상호관련성을 갖는다. 사무실 건물(지하 상점 포함)을 건설하여 제공하는 계약에서 벽돌 등 원자재 구매, 정토작업, 건물의 기초공사, 건물의 건설, 배관공사 및 전선설치, 사무용품 설치, 마감작업 등은 [1115: 27]의 효익획득기준을 충족한다. 그러나 이러한 개별 재화는 완성된 사무실 건물을 인도한다는 약속을 충족하기 위해서 투입물로 사용되므로 [1115: 27]의 별도식별기준이 충족되지 않아서 구별되지 않는 재화이다.

Miniature 예제 7 구별되는 재화와 수행의무의 식별

상황

· 우리산업이 복합프린터를 ₩300,000에 이전하는 계약을 고객과 체결하였다. 또한 우리 산업은 ₩20,000에 프린터를 설치하는 용역을 제공하고 ₩40,000에 프린터의 내용연수(5년) 동안 보수용역을 제공하기로 하였다.
· 설치용역이 제공되지 않으면 프린터를 사용할 수 없다.
· 우리산업 이외의 다른 기업도 설치용역과 보수용역을 제공할 수 있다.

물음 계약에 포함된 수행의무를 식별하라.

정답 및 해설

· 프린터, 설치용역, 보수용역이 시장에서 별도로 판매되고 해당 재화(또는 용역)가 계약에 포함된 통합된 재화(또는 용역)의 묶음을 구성하는 투입물로 사용되지 않으므로 각기 별개의 재화(또는 용역)이다.
· 이 계약에는 3개의 수행의무가 존재한다. 먼저, 우리산업은 고객에게 복합프린터를 이전하는 수행의무를 이행해야 한다. 우리산업 이외의 다른 기업도 설치용역과 보수용역을 제공할 수 있으므로 우리산업이 설치용역과 보수용역에서 고객 맞춤화를 한다는 징후가 없다. 그러므로 우리산업은 고객에게 설치용역을 제공하는 수행의무와 보수용역을 제공하는 수행의무를 부담한다.

예제 2 구별되는 재화와 용역

중요도: ★★★
난이도: ◆◆◆

상황

· 이동통신회사인 전달회사는 고객에게 휴대폰 단말기를 판매하고 휴대폰으로 통신망에 24개월 동안 접속할 수 있는 이동통신계약을 별도로 판매한다.
· 고객이 매달 지급하는 금액에 따라서 통화시간과 자료전송량이 결정되며 고객이 계약상 약정된 분량을 초과해서 사용하면 추가 요금을 부담한다.
· 고객은 전달회사 이외의 다른 이동통신회사로부터 이러한 재화와 용역을 별도로 구입할 수 있다.

물음

1. 전달회사가 약속한 재화(휴대폰 단말기)와 용역(통신망 접속)이 구별되는가?
2. 전달회사가 휴대폰 단말기와 통신망 사용을 별개로 판매하지 않는다고 가정하고 물음 1에 답하라.

정답 및 해설

1.

· 전달회사가 약속한 재화(휴대폰 단말기)와 용역(통신망 접속)이 구별되는지를 결정하기 위해서 다음 두 가지 기준의 충족 여부를 판단한다.

· 기준 ① 효익획득기준: 고객이 재화(또는 용역) 자체에서 혜택을 획득할 수 있거나 또는 쉽게 구할 수 있는 다른 자원과 함께 그 재화(또는 용역)에서 혜택을 획득할 수 있는가?

· 전달회사 또는 전달회사의 경쟁자가 휴대폰 단말기와 통신망 사용(접속)을 다른 고객에게 별도로 판매한다. 그리고 고객은 휴대폰 단말기와 통신망을 사용, 소비, 또는 보유함으로 재화(또는 용역)에서 혜택을 획득할 수 있으므로 이 예제에서 기준 ①이 충족된다.

· 기준 ② 별도식별기준: 고객에게 재화(또는 용역)를 이전하기로 하는 약속을 계약 내의 다른 약속과 별도로 식별할 수 있는가?

· 휴대폰 단말기와 통신망 사용이 통합된 산출물을 만들기 위한 투입물로 사용되지 않고 각기 별개의 재화(또는 용역)이므로 기준 ②가 충족된다.

· 기준 ①과 기준 ②가 모두 충족되므로 전달회사가 약속한 재화(휴대폰 단말기)와 용역(통신망 접속)이 구별된다. 그리고 전달회사는 다음과 같은 세 가지 수행의무를 회계처리한다.
  · 휴대폰 단말기를 인도하는 수행의무
  · 통신망 사용(접속)을 제공하는 수행의무
  · 고객이 약정한 분량을 초과해서 통신망을 사용하는 것에 대한 수행의무

2.

· 고객이 휴대폰 단말기와 통신망을 사용, 소비, 또는 보유함으로 재화(또는 용역)에서 혜택을 획득할 수 있으므로 기준 ①(효익획득기준)이 충족된다.

· 전달회사가 휴대폰 단말기와 통신망 사용을 별개로 판매하지 않으면 휴대폰 단말기와 통신망 사용이 결합산출물을 만들기 위한 투입물로 사용된다. 따라서 휴대폰 단말기 인도와 통신망 사용은 기준 ②(별도식별기준)를 충족하지 못한다. 그러나 전달회사는 고객이 약정한 분량을 초과해서 통신망을 사용하는 것을 별도의 산출물로 판매하므로 초과사용량은 기준 ②(별도식별기준)가 충족된다.

· 그러므로 이 예제에서 전달회사는 다음 두 가지 수행의무를 회계처리한다.
  · 휴대폰 단말기 인도와 통신망 사용을 합한 묶음에 대한 수행의무
  · 고객이 약정한 분량을 초과해서 통신망을 사용하는 것에 대한 수행의무

예제 3	[1115: 29]에 대한 예제: 구별되는 재화와 수행의무의 식별	중요도: ★★★ 난이도: ◆◆◆

상황

· 제조기업이 고객에게 제품을 이전하는 계약을 체결하고 확신유형(보장형) 제품품질보증을 제공한다. 확신

유형(assurance-type) 제품품질보증은 제품이 약정된 성능과 규격에 따르고 구매한 날부터 1년 동안 약속된 대로 작동할 것을 보증한다. 또한, 추가 비용 없이 제품 사용방법에 대해서 30시간의 교육용역을 받을 권리도 고객에게 제공한다. 기업은 통상적으로 교육용역 없이 별도로 제품을 판매한다.

물음 계약에 포함된 구별되는 재화(또는 용역)를 이전하는 수행의무를 식별하라.

정답 및 해설

· 확신유형 제품품질보증은 적절한 품질의 제품을 제공하는 의무의 일부이고 보증에 추가하여 고객에게 재화(또는 용역)를 제공하지 않으므로 별개의 수행의무로 분류하지 않는다. 따라서 수익 · 비용대응의 원칙에 따라 제품 판매시점에 제품품질보증비를 인식한다.

· 고객이 교육용역 없이도 제품에서 효익을 얻을 수 있으며 기업으로부터 이전받은 제품과 함께하여 교육용역에서 효익을 얻을 수도 있기 때문에 [1115: 27]의 기준 ①("효익획득기준")이 충족된다. 교육용역 제공 약속이 제품 제공약속과 별도로 식별되는지 여부를 묻는 [1115: 27]의 기준 ②(별도식별기준)를 충족하는지를 판단하기 위해 [1115: 29]에서 말하는 세 가지 징후의 존재 여부를 다음과 같이 검토한다.

㉠ 기업은 교육용역을 제품과 통합하는 유의적인 용역을 제공하지 않는다. 즉, 기업은 후속적으로 교육용역을 제공하는 노력과 별도로 제품을 이전하기로 하는 약속을 이행할 수 있고, 과거에 제품을 취득한 다른 고객에게도 교육용역을 제공할 수 있다. 따라서 제품을 이전하는 약속과 교육용역을 제공하는 약속은 결합 품목을 생산하기 위한 투입물이 아니다.

㉡ 교육용역과 제품은 서로를 유의적으로 변형하거나 고객 맞춤화하지 않는다.

㉢ 제품과 교육용역은 상호의존도나 상호관련성이 매우 높지 않다.

· 제품과 교육용역이 [1115: 29]의 세 가지 징후에 해당하지 않으므로(비록 이 세 가지가 절대적인 기준은 아니지만) [1115: 27]의 기준 ②(별도식별기준)가 충족될 가능성이 높다고 판단된다. 따라서 제조기업은 다음 두 가지 수행의무를 이행한다.

▸ 제품을 이전하는 약속

▸ 교육용역을 제공하는 약속

3. 단계 3: 거래가격의 결정

(1) 계약의 거래가격

계약의 거래가격(transaction price of the contract)은 고객에게 약속한 재화나 용역을 이전하고 그 대가로 기업이 받을 금액이며, 제삼자를 대신해서 회수한 금액(예 부가가치세)은 거래가격에서 제외한다. 고객과의 계약에서 약속한 대가는 고정금액, 변동금액 또는 둘 다를 포함할 수 있다[1115: 47]. 개별 재화(또는 용역)의 독립판매가격 또는 개별 판매가격(stand-alone selling price)은[1] 기업이 고객에게 약속한 재화(또는 용역)를 별도로 판매할 경우 받는 대가이다. 개별 판매가격에 대한 증거는 기업이 유사한 상황에서 유사한 고객에게 재화(또는 용역)를 별도로 판매할 때 해당 재화(또는 용역)의 관측 가능한 가격이다[1115: 77].

1) 한국회계기준원은 "stand-alone selling price"를 「K-IFRS 제1115호」 본문에서는 개별 판매가격으로 번역하였고 적용사례에서는 독립판매가격으로 번역하였다.

(2) 계약의 변동대가

대부분의 거래에서 거래가격은 확정된 금액이므로 거래가격(거래대가)을 쉽게 결정할 수 있으나, 판매자는 다음 요소의 영향을 고려해서 거래대가를 결정해야 한다[1115: 48].

- 변동대가
- 변동대가 추정치의 제약
- 유의적인 금융요소(화폐의 시간적 가치)
- 고객으로부터 받은 비현금 대가
- 고객에게 지급할 대가

변동대가의 개념

계약대가는 고정대가, 변동대가 또는 둘 모두를 포함할 수 있는데, 「K-IFRS 제1115호」는 변동대가를 정의하지 않는다. 변동대가(variable consideration)는 미래 사건에 따라 거래대가(계약대가)의 금액이 변동할 수 있어 금액이 불확실한 계약대가(예 피자 10판을 주문한 후 배달시간에 따라 지불되는 피자값)를 말한다. 예를 들어, 반품권을 부여하고 제품을 판매하거나, 고객이 일정 수량 이상을 구매하면 소급하여 구매가격을 할인해주거나, 특정 단계에 도달하면 추가로 성과보너스를 받기로 약속하는 경우에는 계약대가가 불확실하므로 변동대가이다. 재화(또는 용역)의 판매대가는 가격할인, 현금할인, 위약금 등의 요소와 미래 사건의 발생 여부에 따라서도 변동될 수 있다. 기업이 상품을 특정 가격(예 단위당 ₩5,000)에 유통업자에게 판매하고 유통업자가 일정 시점까지 소비자에게 판매하지 못한 상품에 대해서 사후적으로 일정 금액(예 단위당 ₩2,000)을 환급(refund)하는 것을 가격할인(price concessions)이라 한다.

고객이 구매대가를 조기에(예 청구일로부터 10일 이내) 지급하면 구매가격에서 일정액(예 송장가격의 2%)을 할인받는 경우가 있는데 이를 현금할인(cash discount) 또는 매출할인(sales discount)이라 한다. 현금할인을 포함하는 계약에는 고객이 할인기간 이내에 구매대가를 지급하느냐에 대한 불확실성이 존재하므로 거래가격의 일부가 변동대가이다. 그리고 고객이 일정 기간 동안 특정 금액 이상 구입하면 판매자가 모든 판매량에 소급해서 할인해 주면 계약대가가 변동대가이므로, 판매자는 수행의무(예 상품의 인도)를 이행하는 시점에 매출액의 일부를 환급부채(계약부채)로 인식한다(Miniature 예제 8 참조).

Miniature 예제 8 변동대가의 예: 판매후 수량할인

- 3차연도 7. 1.에 인심써회사가 고객이 4차연도 6. 30.까지 적어도 ₩50,000의 상품을 구매하면 2%의 현금할인을 소급하여 적용하는 계약을 체결하였다. 고객이 3차연도 7. 1.부터 3차연도 12. 31.까지 ₩30,000의 상품을 구매하였다. 인심써회사는 6개월 동안의 매출액이 ₩30,000 이상이면 현금할인을 적용해도 이미 인식했던 누적수익 금액 중에서 유의적 환원이 발생하지 않을 가능성이 매우 높다고 판단한다.
- 인심써회사가 고객에게 이전한 재화에 대해서 할인의 형태로 고객에게 대가를 지급하는 경우에는 고객에게 지급할 대가를 거래가격(따라서 수익)에서 차감한다. 3차연도 7. 1.부터 3차연도 12. 31.까지 6개월 간 매출액이 ₩30,000이므로 12개월 동안의 예상판매액을 ₩60,000(₩30,000 × 2)으로 가정할 수 있다. 따라서

인심써회사는 3차연도의 거래대가 ₩30,000에서 2%의 현금할인 ₩600(₩30,000 × 2%)을 차감하여 ₩29,400의 수익을 인식한다.

(차) 매출채권	30,000	(대) 매　　출	29,400
		환급부채(계약부채)	600

예제 4 리베이트와 변동대가

중요도: ★★
난이도: ◆

상황

· 찬바람회사는 손목시계를 제조 · 판매한다. 찬바람회사가 판매가격이 ₩50,000(매출원가: ₩40,000)인 새로운 모형의 손목시계 판매를 촉진하기 위해서 손목시계를 구입하면 사후에 1개당 ₩2,000을 환급(rebates) 해주기로 했다.
· 판매촉진기간 동안에 찬바람회사는 100개의 손목시계를 판매하였다.
· 찬바람회사는 판매수량의 80%가 환급될 것으로 예측하였으나, 실제 환급률은 판매수량의 70%였다.

물음 판매촉진기간 동안에 손목시계의 판매를 기록하는 분개와 환급시점에 필요한 분개를 하라.

정답 및 해설

판매시점:

(차) 매출채권	5,000,000	(대) 매　　출	4,840,000**
		환급부채(계약부채)	160,000*

* ₩2,000 × 100개 × 80% = ₩160,000
** ₩5,000,000 − ₩160,000 = ₩4,840,000

(차) 매출원가	4,000,000	(대) 재고자산	4,000,000

환급시점:

(차) 환급부채(계약부채)	160,000	(대) 매출채권	140,000*
		매　　출	20,000

* ₩2,000 × 100개 × 70% = ₩140,000

변동대가 추정방법

판매대가에 변동대가가 포함되면 판매자는 고객에게 약속한 재화(또는 용역)를 이전해서 받을 변동대가를 추정한다. 변동대가의 추정치는 ① 기댓값(확률가중평균) 또는 ② 발생가능성이 가장 높은 금액 중에서 기업이 받을 대가(금액)를 더 잘 예측할 것으로 예상하는 방법을 사용하여 추정한다[1115: 53]. 계약에서 발생가능한 상황이 두 가지뿐일 경우(예 기업이 성과보너스를 획득하거나 획득하지 못하는 경우)에는 발생가능성이 높은 금액을 변동대가의 추정치로 사용할 수 있다.

Miniature 예제 9 변동대가의 예측: 발생가능성이 가장 높은 금액과 기댓값

상황

· 싸요회사는 근심회사에게 단위당 ₩200,000에 100개의 휴대폰을 판매하였다.
· 싸요회사는 향후 휴대폰 가격인하를 우려하는 근심회사에게 향후 6개월간 최저판매가격과 ₩200,000의 차이를 보상하기로 약속하였다.
· 싸요회사는 향후 6개월간의 가격인하 가능성을 다음과 같이 예측한다.

향후 6개월간의 가격인하액	확률
₩20,000	70%
10,000	20
0	10

물음

1. 발생가능성이 가장 높은 금액을 사용하여 거래가격을 예측하라.
2. 기댓값으로 거래가격을 예측하라.

정답 **1. ₩180,000 2. ₩184,000**

해설

1. ₩200,000 − ₩20,000 = ₩180,000
2. (₩180,000 × 70%) + (₩190,000 × 20%) + (₩200,000 × 10%) = ₩184,000

변동대가 추정치에 대한 제약

기업이 변동대가를 과대추정해서 수익을 인식하면 불확실성이 해소되는 후속기간에 수익을 '환원'(취소)해야 하는 경우도 있다. 이처럼 수익이 과대계상되는 것을 방지하기 위해서 「K-IFRS 제1115호」는 변동대가의 추정치 전액을 수익으로 인식하는 것을 제한하는데, 이를 변동대가 추정치의 제약(constraining estimates of variable consideration)[2]이라 한다. 변동대가와 관련된 불확실성이 나중에 해소될 때, 이미 인식한 누적 수익 금액 중 유의적인 부분을 되돌리지(환원하지) 않을 가능성이 매우 높은(highly probable) 정도까지만 추정된 변동대가(금액)의 일부나 전부를 거래가격에 포함한다[1115: 56, BC206].[3] 즉, 불확실성이 해소될 때에 과거에 수익으로 인식했던 금액을 환원(취소)할 가능성이 매우 높은 변동대가는 애초(계약개시시점)부터 수익으로 인식하지 않는다. 유의적 환원(significant reversal)은 환원 확률, 환원될 금액의 절대적 크기 및 상대적 크기 등을 고려하여 판단한다. 매 회계기간 말에 변동대가와 관련된 불확실성을 다시 검토해서 불확실한 상황이 변했다고 판단되면 수익으로 인식하는 변동대가 추정치의 한도를 새로 결정한다.

문단 [1115: 56]은 가능성이 높은 경우가 아니라 '매우 높은' 경우를 지칭하므로 거래가격에 불확

---

2) 변동대가 추정치의 제약을 수익에 대한 제약 또는 변동대가에 대한 제약(constraint on variable consideration)이라고도 한다.

3) 이 장 제3절에서 설명한 것과 같이 반품권을 부여하고 상품을 판매했으나 판매시점에 반품률을 예측할 수 없으면 판매시점에 인식한 매출 중 얼마가 환원될지를 종잡을 수 없으므로 불확실성이 해소되는 반품기간 만료시점에 수익을 인식하면 모든 근심 · 걱정이 없어진다.

실성이 존재하면 보수적으로 회계처리하는 것이 필수적이다. 미래가 불확실하므로 사전에 안전장치를 마련해두자는 것이 [1115: 56]의 의도라 할 수 있다. 그러나 변동대가 추정치에 대한 제약은 한쪽으로 치우친 면이 있다. 즉, 유의적인 금액을 환원하지 않을 확률을 고려해서 수익을 인식하는 것은 수익인식에 보수적 편의(bias)를 반영하므로 최초에 인식한 수익의 수준이 지나치게 낮은 경향이 있다. 그러나 미래에 환원되지 않을 수익이 보다 더 관련성 있는 정보라는 점을 고려하면 이러한 접근방식이 합리적이다. 변동대가 추정치의 한도가 변하면 거래가격의 추정치를 수정하여 누적효과를 당기에 일괄처리하는 방식(누적효과 일괄조정기준)(cumulative catch-up basis)으로 수익을 조정한다[1115: 116](예제 6의 해설 2, 예제 31과 Miniature 예제 25 참조).

Miniature 예제 10 변동대가 추정치의 제약

· 1차연도 1. 1.에 범용성이 없는 특수 정밀기계를 제작·인도하기로 한 계약을 체결했는데 계약의 거래가격에 고정 판매대가와 기계인도 후 고장이 나지 않으면 받는 성과보너스가 포함되어 있다. 구체적으로, 특수 정밀기계를 1차연도 12. 31.까지 인도하고 2차연도 6. 30.까지 고장이 나지 않으면(고장 나지 않을 가능성: 1%) 성과보너스 ₩10,000,000을 받고, 고장이 나면(고장 날 가능성: 99%) 성과보너스가 ₩0이다. 이 경우 성과보너스는 변동대가이고 변동대가의 추정치는 다음 중 어느 하나이다.

기댓값			발생가능성이 가장 높은 금액
₩10,000,000	× 1% =	₩100,000	₩0(발생가능성: 99%)
₩0	× 99% =	0	
기댓값		₩100,000	

기댓값을 이용하여 예측한 변동대가 ₩100,000을 기계인도시점에 거래가격에 포함해서 수익을 인식하면 6개월 후에 ₩100,000을 환원할 가능성이 매우 높으므로 수익이 과대계상된다. 즉, 기계인도시점에 성과보너스 ₩100,000을 거래대가에 포함해서 수익을 인식하면 6개월 후에 성과보너스를 못 받아서 과거에 인식했던 수익 ₩100,000을 ₩0으로 환원시켜야 할 가능성이 매우 높다. 그러므로 이 경우에는 수익으로 인식할 변동대가의 합리적 한도가 ₩0이다. 아래의 대안 2가 아니라 대안 1로 회계처리하라는 것이 [1115: 56]이 전달하는 메시지이다.

대안 1: 변동대가 추정치를 제약			대안 2: 변동대가 추정치의 인식		
1차연도 12. 31. 기계 인도시점:					
(차) 매 출 채 권	0		(차) 매 출 채 권	100,000	
(대) 수 익		0	(대) 수 익		100,000
(실질적으로는 분개 없음)					
2차연도 6. 30. 고장판명 만기시점:					
분개 없음			(차)수 익	100,000	
			(대) 매 출 채 권		100,000

예제 5 사후적 할인과 변동대가의 추정치 중요도: ★★★ 난이도: ◆

상황

· 4차연도 1. 1.에 통큰회사가 소매상에게 제품 1,000개를 단위당 ₩100에 판매하고 제품의 통제를 이전하였다.

· 소매상은 이 제품을 최종 소비자에게 판매하는 대로 구입대금을 통큰회사에게 지급한다.

· 통큰회사는 소매상의 판촉활동을 지원하기 위해 향후 원래 판매가격(단위당 ₩100)의 20%에 해당하는 금액을 부담하고 단위당 ₩80의 대금만 수령할 가능성이 있는 것으로 예측한다. 따라서 계약의 거래대가가 변동대가이다.

· 통큰회사는 기댓값으로 변동대가를 예측한다.

물음

1. 제품의 통제가 이전되는 시점(4차연도 1. 1.)에 통큰회사가 인식할 수익을 결정하라.
2. 4차연도 1. 1.에 통큰회사가 판매한 제품이 진부화 위험이 높아 궁극적 판매가격이 심하게 변동할 수 있다고 가정하라. 통큰회사는 유사한 제품에 대해서 후속기간에 원래 판매가격의 30% ~ 70% 범위 내에서 할인될 것으로 예상하나, 시장에서 예상하는 범위는 20% ~ 60% 사이이다. 통큰회사는 계약개시시점에 기댓값으로 변동대가를 예측하는 한편, 사후적 할인율을 30%로 예측하였다. 그러나 사후적 할인율이 통큰회사가 통제할 수 없는 요인에 민감하고 사후적 할인율의 변동 폭이 넓어서, 향후 과거에 인식했던 누적수익 금액이 유의적으로 환원되지 않을 가능성이 매우 높다고 판단하기는 어려운 상황이다. 제품의 통제가 이전되는 시점에 통큰회사가 불확실성에 대처해서 인식할 수익을 결정하라.

정답 **1. ₩80,000 2. ₩40,000**

해설

1. 4차연도 1. 1.(계약개시시점)에 통큰회사가 인식하는 수익은 ₩80,000(1,000개 × ₩100 × 80%)이다.

2. 통큰회사가 할인율을 30%로 예측하였으므로 변동대가의 기댓값은 ₩70,000이다. 그러나 현행 거래에 대해서 시장의 할인율이 20% ~ 60% 사이이므로 60%의 할인율을 적용하여 수익을 인식하면 추후에 이미 인식했던 누적수익 금액을 유의적으로 환원하지 않을 가능성이 매우 높다. 따라서 4차연도 1. 1.(계약개시시점)에 통큰회사가 60%의 할인율을 적용하여 수익을 ₩40,000으로 인식한다.

변동대가 추정치에 대한 제약 - 판매후 수량할인

판매후 수량할인(quantity discount) 또는 수량리베이트(quantity rebate)는 구매수량이 일정 수준을 초과하는 경우에 기업이 구매자에게 소급해서 가격을 할인해 주는 것이다. 계약개시시점에는 고객이 궁극적으로 **구입하는 수량이 불확실**하기 때문에 기업이 제공하는 할인액이 얼마인지를 알 수 없으므로 계약대가가 변동대가를 포함한다. 예제 4와 Miniature 예제 8에서는 특정 기간이 지난 시점에 해당 기간 동안 고객이 특정 수량 이상을 구매했는지를 기업이 사후적으로(retrospectively) 판단해서 수량할인 혜택의 제공 여부를 결정했다. 그러나 예제 6에서는 고객이 향후 일정 기간 동안에 특정 수량 이상 구매할 것인지를 기업이 사전적으로(prospectively) 예측해서 예측 결과에 따라 수량할인혜택을 회계처리하는 방법을 살펴본다. 즉, 기업이 미래 수량할인액을 사전에 예측해서 거래가격을 추정하고 변동대가 추정치의 한도를 고려하는 방법을 살펴본다. 기업은 불확실성이 해소되면 이미 인식했던 누적수익 금액 중에서 유의적 환원이 발생하지 않을 가능성이 매우 높은 범위까지 변동대가를 수익으로 인식한다. 그러므로 판매기업은 수행의무(상품인도)를 이행하는 시점에 매출액의 일부를 환급부채(계약부채)로 인식한다(예제 6 참조).

예제 6 고객에게 지급할 대가: 수량할인으로 인한 변동대가

중요도: ★★
난이도: ◆◆◆

상황

· 2차연도 10. 1.에 많이사라회사는 왕창살께회사에게 제품을 1년간 판매하는 계약을 체결하였다.
· 단위당 가격은 구매 수량에 따라 다음과 같이 변동한다.

구매량	단위당 가격
0 ~ 1,000개	₩200
1,001 ~ 3,000개	170
3,001개 이상	150

· 2차연도 10. 1.에 많이사라회사가 왕창살께회사에게 1년간 제품 2,500개를 판매할 것으로 예측하면, 불확실성이 해소될 때 과거에 인식했던 누적수익 금액 중에서 유의적 환원이 발생하지 않을 가능성이 매우 높다고 판단하였다.
· 많이사라회사는 고객에게 이전한 재화에 대해서 할인의 형태로 고객에게 대가를 지급한다.

물음

1. 많이사라회사가 왕창살께회사에게 판매한 수량이 다음과 같다고 가정하고, 2차연도 12. 15.과 3차연도 1. 1.에 많이사라회사에게 필요한 분개를 하라.

2차연도 12. 15.	1,000개
3차연도 1. 1.	1개

2. 물음 1의 자료를 무시하라. 2차연도 12. 20.에 많이사라회사는 왕창살께회사에게 600개를 판매하고 3차연도 1. 1.에 계약기간 1년간의 총 예상판매량을 2,000개로 수정하였다. 2차연도 12. 20.과 3차연도 1. 1.에 많이사라회사에게 필요한 분개를 하라.

길라잡이

판매량에 따라 할인액이 다른 경우에는 총 예상판매량을 예측하고 예상 총판매량의 평균 판매가격을 산정해서 수익을 인식하고 예상 총판매량에 도달할 때까지 계약부채를 인식한다.

정답 및 해설

1.

₩200 × 1,000개	₩200,000
₩170 × 1,500개	255,000
합계	₩455,000
예상 총판매량	2,500개
평균 판매가격	₩182

· 많이사라회사는 불확실성이 해소될 때 과거에 인식했던 누적수익 금액(단위당 ₩182) 중에서 유의적 환원이 발생하지 않을 가능성이 매우 높다고 판단하므로 많이사라회사는 판매량이 2,500개를 초과할 때까지

단위당 판매가격 ₩182을 적용해서 수익을 인식한다. 그러나 제품이 처음 1,000개가 판매될 때까지는 왕창살께회사로부터 단위당 ₩200을 받으므로 판매량이 1,000개를 초과할 때까지 단위당 ₩18(₩200 − ₩182)의 계약부채(환불부채)를 인식한다. 판매량 1,001개부터는 왕창살께회사한테 단위당 ₩170을 청구하므로 추가 판매량에 대해 단위당 ₩12(₩182 − ₩170)만큼 계약부채를 장부에서 제거한다.

2차연도 12. 15. 판매시점:

(차) 매 출 채 권	200,000	(대) 수 익	182,000*
		계약부채(환불부채)	18,000**

* 1,000개 × ₩182 = ₩182,000
** 1,000개 × (₩200 − ₩182) = ₩18,000

3차연도 1. 1. 판매시점:

(차) 매 출 채 권	170	(대) 수 익	182
계 약 부 채	12*		

* 판매량이 1,000개를 초과하는 시점부터 계약부채를 장부에서 제거한다.

2.

2차연도 12. 20. 판매시점:

(차) 매 출 채 권	120,000	(대) 수 익	109,200*
		계 약 부 채	10,800**

* 600개 × ₩182 = ₩109,200
** 600개 × (₩200 − ₩182) = ₩10,800

3차연도 1. 1.에 새로 예측한 평균판매가격

₩200 × 1,000개	₩200,000
₩170 × 1,000개	170,000
합계	₩370,000
예상 총판매량	2,000개
평균 판매가격	₩185

· 2차연도 12. 20.에 많이사라회사는 ₩109,200(600개 × ₩182)을 수익으로 인식하였다. 그러나 2차연도 10. 1.에 많이사라회사가 판매량을 2,000개로 예측했었더라면 ₩111,000(600개 × ₩185)의 수익을 인식했을 것이다. 따라서 3차연도 1. 1.에 예상판매량을 2,000개로 변경함에 따라 3차연도 1. 1.에 누적효과 일괄조정기준 또는 당기일괄처리법(제22장 참조)을 적용하여 추가로 ₩1,800의* 수익을 인식하고 동액만큼 계약부채를 감소시킨다.

* 3차연도 1. 1. 직전까지 인식한 계약부채: 600개 × (₩200 − ₩182)	₩10,800
3차연도 1. 1.까지 인식할 계약부채: 600개 × (₩200 − ₩185)	(9,000)
3차연도 1. 1.에 장부에서 제거할 계약부채(추가 수익)	₩1,800

(차) 계 약 부 채	1,800	(대) 수 익	1,800

변동대가의 최소액

변동대가의 최소액(minimum amount of variable consideration)은 변동대가에 대한 불확실성이 해소되는 시점에 이미 인식한 누적수익 금액 중에서 유의적으로 환원하지 않을 가능성이 매우 높은 금액을 말한다. 기업이 변동대가 중에서 일정 금액을 받을 것을 고객이 보장하는 경우도 있는데 보장액은 고정대가와 유사하므로 거래가격에 포함한다. 예를 들어, 건설회사가 24개월 이내에 공사를 완료하면 성과보너스로 ₩200,000을 받는 계약에 공사기간이 24개월을 초과하는 경우 성과보너스 ₩5,000을 받는 것이 명시되면 ₩5,000이 보장액이고 나머지 ₩195,000이 변동대가이다. 성과보너스 보장액 ₩5,000은 사실상 변동대가가 아니라 고정대가이므로 보장액 전액을 계약대가에 포함한다. 불확실성이 해소되는 시점에 이미 인식한 누적수익 금액 중에서 유의적으로 환원하지 않을 가능성이 매우 높으면 계약에 명시된 보장액을 초과하는 금액도 거래가격에 포함해서 수익으로 인식할 수 있다.

Miniature 예제 11 변동대가의 최소액

· 마법회사는 절약회사의 냉난방 시설을 개조하는 계약을 체결하였다. 마법회사는 고정대가 ₩500,000을 받고, 개조 후 첫해에 절약회사의 냉난방비가 10% 감소할 때마다 성과보너스 ₩10,000을 받기로 했다. 즉, 절약회사의 첫해 냉난방비가 30%가 감소하면 성과보너스가 ₩30,000이다. 개조 후 두 번째 해부터는 성과보너스가 없다. 이 경우 마법회사가 받는 성과보너스는 변동대가이다.

· 마법회사가 다른 회사의 냉난방비를 30% 이상 감소시킨 실적도 있으나 감소율이 일정하지는 않다. 마법회사는 개조 후 첫해에 여름철 날씨가 덥지 않고 겨울철 날씨는 춥지 않을 것으로 낙관적으로 예상하여 절약회사의 냉난방비가 30% 감소할 것으로 예측하였으나, 변동대가 ₩30,000을 거래가격에 포함하면 추후에 환원할 가능성이 매우 높다고 보았다. 그러나 절약회사의 냉난방비가 10% 감소할 것으로 비관적으로 예측하면 이미 인식한 누적수익 금액 중에서 유의적 환원이 발생하지 않을 가능성이 매우 높다고 판단하였다. 그러므로 마법회사는 계약개시시점에 거래가격을 다음과 같이 결정한다.

고정대가	₩500,000
변동대가 최소액의 추정치	10,000*
계약개시시점의 거래가격	₩510,000

* 냉난방비 10% 감소에 대해서 받을 성과보너스

변동대가의 재검토

각 보고기간 말의 상황과 보고기간의 상황 변동을 충실하게 표현하기 위하여 보고기간 말마다 추정 거래가격을 새로 수정한다(변동대가 추정치가 제약되는지를 다시 평가하는 것을 포함)[1115: 59].

(3) 유의적 금융요소의 존재

기업이 고객에게 재화(또는 용역)를 이전하는 시점(수익인식시점)과 거래대가의 지급시점이 다를 수 있다. 기업이 수행의무를 이행하기 훨씬 전에 고객이 거래대가를 지급하는 계약도 있고, 기업이 수행의무를 이행하고 상당한 기간이 지난 후에 고객이 거래대가를 지급하는 계약도 있다. 이러한 계약에는 금융요소가 명시적(또는 암묵적)으로 포함된다. 수행의무가 이행되는 시점과 수행의무에 대한 대가가 현금으로 지급되는 시점 간의 시간적 차이가 길수록 유의적 금융요소가 존재할 가능성이 높다. 거래가격을 산정할 때, 계약당사자들 간에 (명시적으로나 암묵적으로) 합의한 지급시기 때문에 고객에게 재화(또는 용역)를 이전하면서 유의적인 금융효익이 고객이나 기업에 제공되는 경우에는 화폐의 시간가치가 미치는 영향을 반영하여 약속된 대가(금액)를 조정한다[1115: 60].

기업이 재화(또는 용역)를 이전해서 받을 금액에 유의적인 금융지원혜택이 포함되면 거래대가의 구성요소가 인도(delivery)요소(재화 또는 용역의 현금판매가격)와 신용제공요소(이자수익)를 포함하므로 신용제공요소를 반영하여 계약의 거래가격을 조정한다. 즉, 현금회수가 장기간 지연되는 경우에는 판매대가의 이연수취액에서 미래 기간에 귀속될 이자수익을 차감한 현금가격상당액(cash equivalent price)으로 매출액과 매출채권을 인식한다. 이자를 지급하지 않거나 시장이자보다 낮은 수준의 이자를 지급하는 장기채권은 받을 현금흐름을 유효이자율(시장이자율)로 할인한 현재가치로 측정한다. 그리고 시간이 경과함에 따라 이자수익을 인식한다. 계약을 개시할 때 기업이 고객에게 약속한 재화(또는 용역)을 이전하는 시점과 고객이 그에 대한 대가를 지급하는 시점 간의 기간이 1년 이내일 것이라고 예상한다면 유의적인 금융요소의 영향을 반영하지 않은 금액을 수익으로 인식하는 실무적간편법(practical expedient)을 사용할 수 있다[1115: 63].

개념 유의적 금융요소: 판매대가를 매출수익과 이자수익으로 분해

- 1차연도 1. 1.에 느긋해회사가 노트북을 컴도사에게 ₩10,000(취득원가: ₩7,000)에 판매하고 판매대가 ₩10,000은 1차연도 12. 31.에 받기로 하였다
- 이 경우에 느긋해회사가 재화와 함께 유의적 금융지원을 제공한 것이므로 판매대가를 재화의 매출액과 이자수익으로 구분한다. 미래현금에 대한 적절한 할인율이 연 25%라면 판매대가 ₩10,000을 다음과 같이 두 부분으로 분해한다.

  · 1년 후 현금회수액의 현재가치(매출액): ₩10,000 × $\frac{1}{(1 + 0.25)^1}$ = ₩8,000

  · 1년간 이자수익: ₩10,000 − ₩8,000 = ₩2,000

- 1차연도 1. 1. 재화에 대한 통제가 이전되는 시점:

(차) 매 출 채 권	8,000	(대) 매 출	8,000
(차) 매 출 원 가	7,000	(대) 재 고 자 산	7,000

- 판매시점에 미래에 받을 금액의 현재가치를 수익으로 인식하므로 매출채권의 최초측정액은 ₩8,000이고 매출총이익은 ₩1,000(₩8,000 − ₩7,000)이다.

- 1차연도 12. 31. 결산시점:

  판매 후 1년이 경과한 1차연도 12. 31.에는 원금 ₩8,000에 25%의 이자율을 적용하여 ₩2,000의 이자수익을 인식한다.

(차) 매 출 채 권	2,000	(대) 이 자 수 익	2,000*

  * ₩8,000 × 25% = ₩2,000

할인율(유효이자율)

유의적 금융요소에 대한 이자수익(또는 이자비용)을 계산할 때 사용하는 할인율은 계약개시시점에 기업과 고객이 별도의 금융거래를 한다면 적용할 할인율(고객의 신용 특성을 반영한 이자율)이다. 계약개시 후에는 이자율이나 그 밖의 상황이 달라져도(예 고객의 신용위험 평가의 변동) 그 할인율을 새로 수정하지 않는다[1115: 64]. 계약에 명시된 이자율이 고객의 신용 특성을 반영하지 못해서 기업과 고객 간의 별도 금융거래에서 사용될 이자율과 다르면 계약에 표시된 가격이 현금판매가격이 아니다. 그러므로 판매기업은 고객의 신용 특성을 반영한 이자율을 사용해서 계약상 지급액을 반영하기 위해 약속된 대가(금액)를 조정하여 거래가격을 산정한다[1115: IE147].

예제 7 할인율과 수익인식금액(「K-IFRS 제1115호」 사례 28 수정) 중요도: ★★ 난이도: ◆◆

상황

· 1차연도 1. 1.에 판매기업은 장비를 판매하기로 고객과 계약을 체결하였다. 계약에 서명하는 시점에 장비에 대한 통제를 고객에게 이전한다. 고객은 1차연도 12. 31.부터 3년간 매년 말에 할부금을 지급한다. 계약에 약속된 가격은 ₩1,000,000이고 계약 이자율 5%를 더한 금액으로 3년간의 할부금은 매년 ₩367,208이다. 제11장에서 설명한 할부지급어음의 내용을 참조해서 다음과 같이 할부금 ₩367,208을 계산한다.

₩1,000,000 ÷ 2.72325(기간 3, 이자율 5%의 연금현재가치계수) = ₩367,208

상황 ①: 계약 이자율 5%가 계약개시시점에 판매기업과 고객 간의 별도 금융거래에서 사용될 이자율(고객의 신용 특성을 반영한 이자율)을 반영한다.

상황 ②: 계약개시시점에 계약 이자율 5%가 판매기업과 고객 간의 별도 금융거래에서 사용될 이자율 12%보다 상당히 낮다고 본다. 계약 이자율 5%는 고객의 신용 특성을 반영하지 못하므로 현금판매가격이 ₩1,000,000보다 낮음을 암시한다.

물음 위의 각 상황에서 계약개시시점에 판매기업에 필요한 분개를 하고 매출수익과 이자수익을 산정하라.

정답 및 해설

상황 ①: 계약 할인율이 별도 금융거래의 이자율을 반영하는 경우

· 유의적 금융요소를 포함한 계약에서 계약 이자율 5%가 계약개시시점에 판매기업과 고객 간의 별도 금융거래에서 사용될 이자율을 반영하므로 장비의 현금판매가격이 ₩1,000,000임을 의미한다. 판매기업은 이 금액을 장비가 고객에게 이전될 때 매출과 매출채권으로 인식해서 다음과 같이 분개한다.

1차연도 1. 1. 계약개시시점:

(차) 매 출 채 권 1,000,000 (대) 매 출 1,000,000

유효이자율에 의한 상각표

연도 ①	매출채권 기초장부금액 ②	유효이자(5%) ③ = ① × 0.05	현금수취액 (할부금) ④	매출채권 장부금액 감소** ⑤ = ④ − ③	매출채권 기말장부금액 ⑥ = ② − ⑤
1차연도	₩1,000,000	₩50,000	₩367,208	₩317,208	₩682,792
2차연도	682,792	34,140	367,208	333,068	349,724
3차연도	349,724	17,484 *	367,208	349,724	0

합계		₩101,624	₩1,101,624	₩1,000,000

* 반올림 오차
** 원금회수액

상황 ②: 계약 할인율이 별도 금융거래의 이자율을 반영하지 못하는 경우

· 계약 이자율 5%가 판매기업과 고객 간의 별도 금융거래에서 사용될 이자율 12%보다 상당히 낮으므로 현금판매가격이 ₩1,000,000보다 낮음을 암시한다.

· 판매기업은 고객의 신용 특성을 반영한 이자율 12%를 사용하여 약속된 대가를 조정하여 거래가격을 산정한다. 거래가격을 ₩881,971(3년간의 할부금 ₩367,208을 12%로 할인한 금액)*으로 산정하고 이 금액을 장비가 고객에게 이전될 때 매출과 매출채권으로 인식해서 다음과 같이 분개한다.

* ₩367,208 × 2.40183(기간 = 3과 이자율 = 12%의 연금현재가치계수) = ₩881,971

1차연도 1. 1. 계약개시시점:

(차) 매 출 채 권 881,971 (대) 매 출 881,971

유효이자율에 의한 상각표

연도 ①	매출채권 기초장부금액 ②	유효이자(12%) ③ = ① × 0.12	현금수취액 (할부금) ④	매출채권 장부금액 감소* ⑤ = ④ − ③	매출채권 기말장부금액 ⑥ = ② − ⑤
1차연도	₩881,971	₩105,837	₩367,208	₩261,371	₩620,600
2차연도	620,600	74,472	367,208	292,736	327,864
3차연도	327,864	39,344	367,208	327,864	0
합계		₩219,653	₩1,101,624	₩881,971	

* 원금회수액

· 각 상황에서 인식하는 매출수익과 이자수익을 비교하면 다음과 같다.

	상황 ① (이자율 5%)	상황 ② (이자율 12%)
매출수익	₩1,000,000	₩881,971
이자수익	101,624	219,653
합계	₩1,101,624	₩1,101,624

회계처리

계약에 포함된 유의적 금융요소에 대한 이자수익(또는 이자비용)은 계약과 관련된 수취채권이나 계약자산(또는 계약부채)을 인식한 경우에만 인식한다[1115: 65]. 계약자산과 계약부채의 의미는 pp. 749 ~ 751에서 살펴본다. 예를 들어, 고객에게 90일간 반품할 권리를 부여하고 제품을 판매했는데 판매대가를 2년 후에 받기로 했다면 유의적 금융요소가 존재한다. 그러나 기업이 반품률을 예측할 수가 없어서 판매시점에 수익을 인식하지 않으면 이 판매와 관련하여 계약자산(또는 수취채권)을 인식하지 않고 반품기간이 만료될 때(90일 후)까지 이자수익도 인식하지 않는다. 반품기간이 만료되어 계약자산(또는 수취채권)을 인식하면 잔여 계약기간을 고려해서 현금을 받을 때까지 이자수익을 인식한다(예제 15 참조).

예제 8 판매대가의 이연수취와 이자수익의 인식

중요도: ★★★
난이도: ◆

상황

· 2차연도 1. 1.에 느긋해회사는 성급해회사로부터 2년 동안 매년 ₩10,000의 할부금을 받는 조건으로 제품을 판매하였다.
· 느긋해회사는 할부금에 이자를 부과하지 않기로 성급해회사와 합의하였다.
· 할부금은 매년 12. 31.에 지급된다.
· 제품의 현금판매가격: 알 수 없음
· 계약개시시점에 느긋해회사와 성급해회사가 별도의 금융거래를 하는 경우 할인율(이자율)이 연 25%이다.
· 2차연도 1. 1.에 느긋해회사는 이 거래에 유의적 금융요소가 존재한다고 판단하여 미래에 받을 금액을 할인한다.

물음 수익 측정액을 결정하고 판매시점과 현금회수시점에 필요한 분개를 하라.

정답 및 해설 수익 측정액: ₩14,400

· 제품의 개별 판매가격을 알 수 없으므로 미래 현금유입액을 연 이자율 25%로 할인한 현재가치로 개별 판매가격을 추정한다.

₩10,000 × 1.44* = ₩14,400

* 기간 = 2, 이자율 = 25%, 연금 현재가치계수

· 2차연도 1. 1.에 느긋해회사는 ₩14,400을 판매대가로 인식하고 시간이 경과함에 따라 이자수익을 인식한다. 즉, 할부금을 받으면 매출채권을 감소시키는 원금회수분과 이자수익으로 분해한다.

2차연도 1. 1. 판매시점:

(차) 매 출 채 권	14,400	(대) 매 출	14,400

2차연도 12. 31. 현금회수시점:

(차) 현 금	10,000	(대) 매 출 채 권	6,400
		이 자 수 익	3,600*

* ₩14,400 × 25% = ₩3,600

3차연도 12. 31. 현금회수시점:

(차) 현 금	10,000	(대) 매 출 채 권	8,000
		이 자 수 익	2,000*

* (₩14,400 − ₩6,400) × 25% = ₩2,000

(4) 고객으로부터 받은 비현금 대가

기업이 계약에서 약속한 수행의무를 쉽게 이행할 수 있도록 고객이 원자재, 설비 또는 노동력 등 재화(또는 용역)를 기업에게 제공하고 기업이 그 재화(또는 용역)를 통제하는 경우가 있다. 기업이 판매대가의 일부로 제공받은 재화(또는 용역)를 통제하면, 이를 고객으로부터 받은 비현금 대가(non-cash consideration)라 하고 비현금 대가를 공정가치로 측정해서[1115: 66] 다음과 같이 수익을 인식한다.

(차) 자산(또는 비용)*	×××	(대) 매 출	×××

* 재화를 제공받으면 자산을 인식하고 용역을 제공받으면 비용을 인식한다.

비현금 대가가 포함된 거래에서 판매자는 비현금 대가의 공정가치를 추정해서 거래대가를 다음과 같이 측정한다.

거래대가 = 현금으로 받는 대가 + 비현금 대가의 공정가치

비현금 대가의 공정가치를 합리적으로 추정할 수 없는 경우에는, 비현금 대가와 교환하여 고객에게 약속한 재화(또는 용역)의 개별 판매가격을 참조하여 비현금 대가의 공정가치를 간접적으로 측정한다[1115: 67](Miniature 예제 12 상황 3 참조). 비현금 대가의 공정가치가 대가의 형태(예 제공받은 주식의 거래가격) 때문에 변동할 수 있다. 그러나 고객이 약속한 비현금 대가의 공정가치가 대가의 형태가 아니라 기업의 성과 또는 기업이 수행의무를 이행하는 정도에 따라 달라지면 비현금 대가의 일부(또는 전부)가 변동대가이다. 이 경우, 변동대가와 관련된 불확실성이 미래에 해소될 때에 이미 인식한 누적 수익 금액 중 유의적 부분을 환원하지 않을 가능성이 매우 높은 정도까지만 변동대가 추정치의 일부(또는 전부)를 거래가격에 포함한다[1115: 68].

Miniature 예제 12 고객으로부터 받은 비현금 대가

상황 1

· 기업이 기계를 제작해서 고객에게 인도하는 대가로 고객이 현금 ₩500,000과 기계개발에 사용될 원자재를 제공한다. 원자재의 공정가치는 ₩100,000이고 고객이 원자재를 인도하면 제조기업은 원자재에 대한 통제를 획득한다. 이 경우 제조기업은 원자재의 공정가치 ₩100,000을 거래가격에 포함하여 기계제작계약의 총거래가격은 ₩600,000이다.

상황 2

· 승용차판매기업이 고객으로부터 현금 ₩100,000과 공정가치가 ₩8,000인 중고승용차를 받고 신품 승용차를 판매했다. 이 경우 중고승용차는 고객으로부터 받은 비현금 대가이고 승용차판매기업이 신품 승용차를 판매해서 수익으로 인식할 총 거래대가는 ₩108,000(₩100,000 + ₩8,000)이다.

상황 3

· 상황 2에서 중고승용차의 공정가치를 알 수 없지만 신품 승용차의 개별 판매가격이 ₩120,000이라고 가정하면 비현금 대가(중고승용차)의 공정가치를 다음과 같이 추정한다.

₩120,000(신품 승용차의 개별 판매가격) − ₩100,000(받은 현금) = ₩20,000

따라서 승용차판매기업이 신품 승용차를 판매해서 수익으로 인식할 총 거래대가는 ₩120,000(₩100,000 + ₩20,000)이다.

(5) 고객에게 지급할 대가

일반적으로는 판매자가 고객에게 재화(또는 용역)를 인도하고, 고객이 판매자에게 거래대가를 지급한다. 그러나 때로는 이와 반대의 경우가 발생하기도 한다. 이처럼 판매기업이 고객으로부터 재화(또는 용역)를 제공받고 지급하는 대가를 고객에게 지급할 대가(consideration payable to a customer)라 한다. 예를 들어, 삼성전자가 백화점에 TV 등 가전제품을 판매하고 백화점 매장 면적의 사용이나 백화점의 판매촉진 활동에 대해서 고객인 백화점에 대가를 지급할 수 있다. 이 경우에 대두되는 회계문제는 삼성전자가 지급한 금액의 성격이 무엇인가이다. 구별되는 재화(또는 용역)를 받고 지급할 대가인지 아니면 구별되지 않는 재화(또는 용역)를 받고 지급할 대가인지 여부에 따라 회계처리가 다음과 같이 다르다.

① 구별되는 재화(또는 용역)를 받고 지급할 대가

고객이 판매기업으로부터 매입한 재화(또는 용역)와 구별되는 재화(또는 용역)를 판매기업에게 제공할 수 있다. 예를 들어, 고객(예 백화점)이 기업의 제품을 소비자 눈에 띄게 만드는 진열장을 설치해서 기업이 진열장을 통제하고 대가를 고객(백화점)에게 지급하면 고객으로부터 받은 재화(또는 용역)와 기업이 고객에게 이전하는 재화(또는 용역)가 구별된다. 이 경우 [판매기업이 지급할 금액 = 고객이 제공한 재화의 개별 판매가격(공정가치)]이면 고객에게 지급할 대가를 별개의 통상적인 구매거래와 유사하게 회계처리한다. 즉, 판매기업은 다른 공급자로부터 해당 자산을 공정가치로 구입한 것처럼 회계처리한다. 그러나 고객으로부터 받은 구별되는 재화(또는 용역)의 공정가치를 합리적으로 추정할 수 없는 경우에는 고객에게 지급할 대가 전액을 거래가격에서 차감한다[1115: 71].

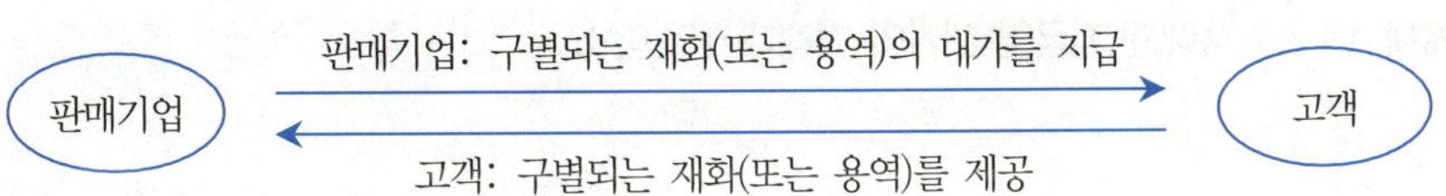

판매기업이 구별되는 재화를 저가[판매기업이 지급할 금액 < 고객이 제공한 재화의 개별 판매가격(공정가치)]에 구입하면, 매입한 재화는 고객에게 지급할 금액(저가)으로 기록하고 고객에게 이전한 재화(또는 용역)의 거래가격은 변경하지 않는다. 그러나 판매기업이 구별되는 재화를 고가[판매기업이 지급할 금액 > 고객이 제공한 재화의 개별 판매가격(공정가치)]에 구입하면, 매입한 재화는 공정가치로 기록하고 이 공정가치를 초과해 지급하는 금액만큼 고객에게 이전한 재화(또는 용역)의 거래가격을 감소시킨다.

고가구입액의 분해 { 공정가치 ⇒ 구별되는 재화의 매입가격
공정가치 초과액 ⇒ 거래대가에서 차감할 금액 }

Miniature 예제 13 구별되는 재화(또는 용역)를 받고 지급할 대가: 고가구입

· 흥부회사가 원가가 ₩2,000,000인 여러 종류의 스마트폰을 놀부회사에게 ₩2,100,000에 외상판매했다.

· 소매상인 놀부회사가 흥부회사의 스마트폰을 진열하기 위해서 공정가치가 ₩100,000인 진열장을 설치한 후에 흥부회사에게 진열장의 통제를 이전하고 판매가격으로 ₩140,000을 청구했다.
· 스마트폰과 진열장은 구별되는 재화이다.
· 진열장의 내용연수는 5년이다.
· 흥부회사는 다음과 같이 분개한다.

(차) 매출채권	2,100,000	(대) 매 출	2,100,000
(차) 매출원가	2,000,000	(대) 재고자산	2,000,000
(차) 유형자산	100,000	(대) 미지급금	100,000
(차) 매 출	40,000*	(대) 매출채권	40,000

* 구입가격(₩140,000)이 공정가치(₩100,000)를 초과하는 금액

② 구별되지 않는 재화(또는 용역)를 받고 지급할 대가

기업이 이전하는 재화(또는 용역)와 구별되지 않는 재화(또는 용역)를 고객이 제공해서 기업이 고객에게 대가를 지급하면 고객에게 지급할 대가를 **거래가격에서 차감**한다. 고객에게 지급할 대가가 변동대가를 포함하면 기댓값(또는 발생가능성이 가장 높은 금액)으로 변동대가를 예측하고 변동대가 추정치의 한도를 적용해서 거래가격을 추정한다[1115: 70]. 고객에게 지급할 대가를 **거래가격에서 차감하는 시점은 다음 중 늦은 시점**이다[1115: 72].

- 고객에게 약속한 재화(또는 용역)를 이전하여 수익을 인식하는 시점
- (미래 사건을 지급조건으로 하더라도) 대가를 실제로 지급하거나 지급하기로 약속하는 시점

Miniature 예제 14 고객에게 지급할 대가와 거래대가의 감소

상황

· 동분회사는 서주회사에게 3년의 계약기간 동안에 순차적으로 재화 A를 판매하는 계약(총 거래대가: ₩500,000)을 체결하였다.
· 서주회사는 동분회사가 재화 A를 저렴한 가격에 제조할 수 있도록 계약개시시점부터 동분회사에게 재화 B를 제공하고 동분회사는 서주회사에게 ₩100,000을 지급하기로 했다.
· 동분회사가 판매하는 재화 A와 서주회사가 제공하는 재화 B가 구별되지 않는 재화라 가정한다.

물음 동분회사가 수익으로 인식할 금액을 결정하라.

정답

· 동분회사는 서주회사에게 지급할 ₩100,000을 재화 A 판매대가 ₩500,000의 감소액으로 회계처리한다. 그러므로 판매대가의 감소액이 판매액의 20%(₩100,000 ÷ ₩500,000)이다. 서주회사가 계약에 따라 재화 A를 인도해서 수행의무를 이행하는 시점에 인도된 재화 A 판매가격의 20%를 감소시키고 나머지를 수익으로 인식한다.

Miniature 예제 15 무상으로 제공한 상품

· 판매촉진활동의 일환으로 고객에게 특정 상품을 판매하면서 대가없이 추가로 해당 상품을 제공하면 무료로 제공된 상품의 취득원가를 판매한 상품의 매출원가로 인식한다. 그러나 고객에게 상품을 판매하지 않고 대가없이 상품을 제공하면 무료로 제공된 상품의 취득원가를 판매촉진비로 인식한다. 예를 들어, 닭날개를 판매하는 닭튀김회사가 창사기념으로 원가가 ₩500,000인 닭 날개를 고객에게 무상으로 제공하고, 맥주를 ₩300,000에 사와서 특별 고객에게 무상으로 배달하였다면 닭튀김회사는 다음과 같이 장부에 기록한다.

(차)	매 출 원 가(닭 날개)	500,000	(대) 재 고 자 산	500,000
(차)	판매촉진비	300,000	현 금	300,000

4. 단계 4: 거래가격을 수행의무에 배분

복합거래(multiple-deliverable arrangements)는 두 종류 이상의 재화(또는 용역)를 이전하기로 약속한 거래이다. 단일거래가 여러 수행의무를 포함하면 기업이 고객에게 약속한 재화(또는 용역)를 이전하고 그 대가로 받을 금액(거래가격)을 각 수행의무에 배분한 후에 수익인식기준을 수행의무별로 적용해서 수익을 인식한다. 예를 들어, 기업이 지속적으로 업그레이드(upgrade)하는 운영프로그램을 판매할 때 운영프로그램과 업그레이드 서비스가 서로 구별되면 이 둘을 별개의 수행의무로 분류한다. 그리고 상대적 개별 판매가격을 기준으로 계약에서 식별된 각 수행의무에 거래가격을 배분하고[1115: 74] 수행의무 각각에 수익인식기준을 적용해서 수익을 인식한다. 이와 같이 상대적 개별 판매가격법(relative stand-alone selling price method) 또는 상대적 공정가치법(relative fair value method)은 각 수행의무(또는 구별되는 재화나 용역)의 공정가치의 최선의 추정치로 간주되는 개별 판매가격에 비례해서 총거래가격을 개별 수행의무에 배분하는 방법이다.

개별 판매가격(또는 공정가치)을 직접 관측할 수 없으면, 다음 방법을 사용하여 재화(또는 용역)의 개별 판매가격을 추정한다[1115: 79].

① 시장평가 조정 접근법(adjusted market assessment approach): 기업이 재화(또는 용역)를 판매하는 시장에서 고객이 해당 재화(또는 용역)에 대해 지급하고자 하는 가격을 추정하여 개별 판매가격을 결정한다. 유사한 재화(또는 용역)에 대한 경쟁자의 가격을 기업의 원가와 이익을 반영하는 방향으로 조정하여 개별 판매가격으로 추정할 수도 있다.

② 예상원가 이윤 가산 접근법(expected cost plus a margin approach): 수행의무를 이행하기 위해 소요되는 예상원가에 해당 재화(또는 용역)에 대한 적절한 이익을 가산한 금액을 개별 판매가격으로 결정한다.

③ 잔여접근법(residual approach): 계약에 여러 재화가 포함되어 있을 때, 특정 재화(또는 용역)의 개별 판매가격을 다음과 같이 추정한다.

총거래가격	×××
관측 가능한 개별 판매가격의 합계	(×××)
특정 재화(또는 용역)의 개별 판매가격(잔여액)	×××

잔여접근법은 공정가치(개별 판매가격)가 형성된 재화(또는 용역)에 해당 재화(또는 용역)의 개별 판매가격을 우선적으로 배분하고 총 거래대가 중에서 배분되지 않은 잔액을 개별 판매가격이 형성되지 않은 재화(또는 용역)에 배분하는 방법이다. 그러나 잔여접근법은 다음 상황 중 어느 하나에 해당하는 경우에만, 재화(또는 용역)의 개별 판매가격 추정에 사용할 수 있다[1115: 79].

- 같은 재화(또는 용역)를 서로 다른 고객들에게 (동시에 또는 가까운 시기에) 광범위한 금액으로 판매한다(과거 거래나 그 밖의 관측 가능한 증거로 하나의 대표적인 개별 판매가격을 분간할 수 없어 판매가격이 매우 다양하다).
- 재화(또는 용역)의 가격을 아직 정하지 않았고 과거에 그 재화(또는 용역)를 따로 판매한 적이 없다(판매가격이 불확실하다).

참고 위의 세 가지 방법 중에서 기업은 통상적으로 잔여접근법을 최후의 보루로 사용한다. 잔여접근법조차 사용할 수 없는 상황에 대해서는 「K-IFRS 제1115호」가 언급하지 않는다.

할인액은 [1115: 81~83]을 적용해서 배분하고 변동금액이 포함된 대가는 [1115: 84~86]을 적용해서 배분한다[1115: 74]. 이에 대해서는 pp. 741 ~ 742에서 살펴본다.

Miniature 예제 16 개별 판매가격의 추정

상황

시원해회사가 고객에게 냉방장치(air conditioner)를 설치하는 용역을 판매한다. 설치원가가 ₩150,000이고, 시원해회사는 설치원가의 40%를 적절한 이익으로 판단하지만, 때로는 경쟁회사가 부과하는 설치용역 판매가격보다 10% 낮게 판매가격을 책정한다. 경쟁회사의 설치용역의 평균 판매가격은 ₩250,000이다.

물음 시장평가 조정 접근법과 예상원가 이윤 가산 접근법을 각각 사용해서 시원해회사의 설치용역의 개별 판매가격을 계산하라.

정답 및 해설

시장평가 조정 접근법: ₩250,000 × 90% = ₩225,000

예상원가 이윤 가산 접근법: ₩150,000 + (₩150,000 × 40%) = ₩210,000

예제 9 거래가격의 배분과 수익의 인식

중요도: ★★★
난이도: ◆◆

상황

· 전달회사가 휴대폰 단말기와 통신망 사용권을 각각 별도로 판매하기도 하고 통합해서 판매하기도 한다.
· 휴대폰 단말기의 개별 판매가격은 ₩880,000이고 24개월 통신망 사용권의 개별 판매가격은 ₩720,000(매

월 ₩30,000 × 24개월)이다.

· 1차연도 1. 1.에 고객이 휴대폰 단말기와 통신망 사용권을 동시에 구입해서 전달회사는 24개월 동안 매달 통신료 ₩50,000을 현금으로 받는 계약을 체결하였다. 그러므로 거래대가가 ₩1,200,000(₩50,000 × 24개월)이다.

· 예제를 단순화하기 위해서 화폐의 시간적 가치를 무시한다.

물음 1차연도 1. 1.과 매달 말에 필요한 분개를 하라.

정답 및 해설

전달회사는 거래대가가 ₩1,200,000을 다음과 같이 배분해서 수익을 인식하다.

	개별 판매가격	배분율	배분된 거래가격	매달 받는 거래대가
휴대폰 단말기	₩880,000	55%	₩660,000	₩27,500
통신망 사용	720,000	45	540,000	22,500
합계	₩1,600,000	100%	₩1,200,000	₩50,000

전달회사는 계약 개시시점에 휴대폰 단말기를 고객에게 인도하므로 휴대폰 단말기에 대해서 매출 ₩660,000을 인식한다. 그러나 전달회사가 계약개시시점에 고객으로부터 현금을 받지 않으므로 매출채권을 인식한다.

1차연도 1. 1. 판매시점:

(차) 매출채권	660,000	(대) 매출	660,000

매달 말(현금 수취시점):

(차) 현 금	50,000*	(대) 수 익(통신망 사용)	22,500
		(대) 매출채권(단말기)	27,500

* ₩1,200,000 ÷ 24개월 = ₩50,000

참고 예제를 단순화하기 위해서 화폐의 시간적 가치를 무시하였다. 그러나 전달회사가 휴대폰 단말기 대금은 계약체결시점(단말기 인도시점)에 받고 통신망 사용료는 미래의 24개월에 걸쳐 연속적으로 받는 경우에 화폐의 시간적 가치를 고려하지 않으면 개별 판매가격이 상호 일관성이 없다. 그러므로 이론적 관점에서는 통신망 사용의 개별 판매가격을 매달 지급액의 현재가치로 측정하고 휴대폰 단말기의 개별 판매가격을 고려해서 거래대가를 배분한다.

(1) 할인액의 배분

계약에서 약속한 재화(또는 용역)의 개별 판매가격 합계가 거래대가를 초과하면 일부 재화(또는 용역)를 할인된 가격으로 판매하는 것이다. 할인액은 원칙적으로 수행의무의 상대적 개별 판매가격에 비례해서 계약에 포함된 **모든 수행의무에 배분한다**[1115: 81]. 여러 종류의 제품을 한 덩어리로 묶어서 단일거래로 일괄판매하고 할인혜택을 부여하지만 일괄판매한 제품의 인도시점이 각각 다르면 인도시점별로 수행의무를 구별한 후에 할인액을 각 수행의무에 배분하고 인도시점별로 수익을 인식한다. 그러나 다음 경우에는 할인액이 판매된 제품 중에서 어느 제품에 적용되는가를 파악해서 할인액을 **일부 수행의무에만 배분한다**[1115: 82].

- 기업이 구별되는 재화 또는 용역(또는 구별되는 재화 또는 용역의 각 묶음)을 보통 별도로 판매한다.
- 기업이 구별되는 재화(또는 용역) 중 일부를 묶어서 판매하고 묶음의 판매가격이 묶음에 포함된 재화(또는 용역)의 개별 판매가격 합계 미만이다.
- 위에 기술한 재화나 용역의 각 묶음의 할인액이 계약의 할인액과 실질적으로 같고, 각 묶음의 재화나 용역을 분석하면 계약의 전체 할인액이 귀속되는 수행의무(들)에 대한 관측 가능한 증거를 제공한다.

계약에 포함된 하나 이상의 일부 수행의무에 할인액을 배분하는 경우에 잔여접근법을 사용하여 재화(또는 용역)의 개별 판매가격을 추정하기 전에 그 할인액을 배분한다[1115: 83].

예제 10 할인액의 배분

중요도: ★★★
난이도: ◆◆◆

상황

· 명실회사는 세 가지 제품을 상부회사에게 ₩450에 일괄판매하는 계약을 체결하였다. 각 제품의 개별판매가격이 다음과 같으므로 명실회사가 세 종류의 제품을 일괄판매해서 ₩50의 할인혜택을 부여했다.

	개별 판매가격
제품 A	₩100
제품 B	160
제품 C	240

물음

다음 각 상황에서 할인액 ₩50을 각 제품에 배분하라.

상황 ①: 명실회사는 계약상 제품 B와 C를 동시에 인도한다. 명실회사가 통상적으로 제품 B와 C를 묶어서 ₩350에 판매하는 경우 잔여접근법을 사용하여 제품 A의 개별 판매가격을 결정하라.

상황 ②: 명실회사는 계약상 제품 A, B와 C를 각기 다른 시점에 인도한다. 명실회사가 통상적으로 제품 B와 C를 묶어서 ₩350에 판매하는 경우 각 제품의 개별 판매가격을 결정하라.

상황 ③: 명실회사는 계약상 제품 A, B와 C를 각기 다른 시점에 인도한다. 세 가지 제품 중에서 특정 제품이 할인된다는 객관적 증거가 없다. 이 경우 각 제품의 개별 판매가격을 결정하라.

정답 및 해설

상황 ①: 명실회사는 계약상 제품 B와 C를 동시에 인도해야 하므로 제품 B와 C의 인도를 단일 수행의무로 분류한다. 명실회사가 통상적으로 제품 B와 C를 묶어서 ₩350에 판매하기 때문에 명실회사는 할인액 ₩50을 다음과 같이 배분한다.

	개별 판매가격	배분율	배분액	배분후 거래가격
제품 A	₩100			₩100
제품 B와 C	400	100%	₩50	350
합계	₩500	100%	₩50	₩450

상황 ②: 명실회사는 계약상 제품 A, B와 C를 각기 다른 시점에 인도하므로 각 제품의 인도를 별개의 수

행의무로 분류한다. 명실회사가 통상적으로 제품 B와 C를 묶어서 ₩350에 판매하기 때문에 명실회사는 할인액 ₩50을 다음과 같이 제품 B와 C에 배분한다.

	개별 판매가격	배분율	배분액	배분후 거래가격
제품 A	₩100			₩100
제품 B	160	40%	₩20	140
제품 C	240	60	30	210
합계	₩500	100%	₩50	₩450

상황 ③: 명실회사는 계약상 제품 A, B와 C를 각기 다른 시점에 인도하므로 각 제품의 인도를 별개의 수행의무로 분류한다. 세 가지 제품 중에서 특정 제품이 할인된다는 객관적 증거가 없으므로 할인액 ₩50을 다음과 같이 모든 제품에 배분한다.

	개별 판매가격	배분율	배분액	배분후 거래가격
제품 A	₩100	20%	₩10	₩90
제품 B	160	32	16	144
제품 C	240	48	24	216
합계	₩500	100%	₩50	₩450

(2) 변동대가의 배분

변동대가는 원칙적으로 수행의무의 개별 판매가격에 기초해서 계약에 포함된 모든 수행의무에 배분한다. 그러나 기업이 계약의 모든 수행의무에 변동대가를 배분하는 것이 적절하지 않은 경우도 있다. 예를 들면, 서로 다른 시기에 두 제품을 판매하면서 두 번째 제품의 적시 인도 여부에 따라서만 결정되는 성과보너스(변동대가)를 받는 계약을 체결한 경우에 변동대가를 두 제품 모두에 귀속하는 것은 부적절하다[1115: BC284]. 계약에서 약속한 변동대가가 계약 전체 또는 특정 부분과 관련될 수 있으므로 다음 두 가지 모두가 충족되면 예외적으로 변동대가 전액과 변동대가의 후속 변동액 전액을 단일 수행의무 또는 단일 수행의무의 일부를 구성하는 구별되는 재화(또는 용역)에 배분한다[1115: 85].

- 수행의무를 이행하거나 구별되는 재화(또는 용역)를 이전하는 기업의 노력(또는 그에 따른 특정 성과)과 변동대가 지급조건이 명백하게 관련되어 있다.
- 변동대가 전액을 특정 수행의무에 배분하면 해당 수행의무의 개별 판매가격에 근접한다.

노력과 지급조건과의 상호관련성: 특정 수행의무를 이행하거나 구별되는 재화(또는 용역)를 이전하는 기업의 노력(또는 성과)과 변동대가 지급조건이 명백하게 관련되어 있으면 해당 수행의무에 변동대가 전액을 배분한다. 예를 들어, 다수의 제품을 인도하는 계약에서 특정 제품을 조기에 인도하면 성과보너스(변동대가)를 받는 경우에는 성과보너스(변동대가)를 조기에 인도하기로 약정한 제품에 배분한다 (Miniature 예제 17 참조).

개별 판매가격의 근사치에 접근: 특정 수행의무 또는 구별되는 재화(또는 용역)에 변동대가를 배분해서 해당 수행의무 또는 구별되는 재화의 개별 판매가격에 근접하면 해당 수행의무 또는 구별되는 재화에 변동대가를 배분한다.

(3) 거래가격의 후속 변동과 배분 여부

거래가격의 후속 변동은 계약 개시시점에 사용했던 기준(예 상대적 개별 판매가격법)으로 계약상 수행의무에 배분한다. 따라서 계약을 개시한 후의 개별 판매가격 변동을 반영하기 위해 거래가격을 다시 배분하지 않는다. 이행된 수행의무에 배분되는 금액은 거래가격이 변동되는 기간에 누적효과 일괄조정기준으로 수익으로 인식하거나 수익에서 차감한다[1115: 88].

Miniature 예제 17 고정대가와 변동대가의 배분(2020년, 회계사)

상황

- ㈜민국은 1차연도 6. 1.에 제품 C와 제품 D를 이전하기로 약속하였다.
- 제품 C는 계약 개시시점에 고객에게 이전하고, 제품 D는 2차연도 2. 1.에 이전한다.
- 고객이 약속한 대가는 고정대가 ₩300,000과 ₩50,000으로 추정되는 변동대가를 포함하며, 대금은 제품 D가 이전되는 시점에 받기로 하였다. 변동대가 추정액은 변동대가 추정치의 제약이 고려된 후의 금액이며, 변동대가는 제품 C와 제품 D에 모두 배분한다.
- ㈜민국이 1차연도 12. 31.에 변동대가 추정치 및 추정치의 제약을 재검토한 결과 변동대가를 ₩60,000으로 추정하였다.
- 제품 C와 제품 D의 날짜별 개별 판매가격은 다음과 같다.

구분	1차연도 6. 1.	1차연도 12. 31.
제품 C	₩300,000	₩280.000
제품 D	100,000	120,000

물음 ㈜민국이 제품 C와 제품 D의 판매로 1차연도에 인식할 수익을 계산하시오.

정답 및 해설

제품 C와 제품 D에 배분할 금액: ₩300,000(고정대가) + ₩60,000(변동대가) = ₩360,000

수행의무의 개별 판매가격에 기초해서 고정대가와 변동대가를 계약에 포함된 수행의무에 다음과 같이 배분한다.

수행의무	개별 판매가격	배분율	배분액
제품 C의 인도	₩300,000	75%	₩270,000
제품 D의 인도	100,000	25	90,000
합계	₩400,000	100%	₩360,000

제품 C에 대해 인식할 수익: ₩270,000

제품 D에 대해 인식할 수익: ₩0(1차연도에 이전되지 않았음)

예제 11 변동대가의 후속 변동과 수익인식금액

중요도: ★★
난이도: ◆◆

상황

- 예제 10의 상황 ③의 자료 이외에 다음을 가정하라.
- 명실회사가 제품 A ~ C를 모두 3차연도 5. 31까지 상부회사에게 인도하면 상부회사가 성과보너스 ₩30

을 지급한다.
· 계약체결시점(3차연도 1. 10.)에 명실회사는 변동대가인 성과보너스 ₩30을 받을 가능성이 있다고 판단하였으나, 시한을 지키지 못할 가능성이 있다. 따라서 계약체결시점에 변동대가 ₩30을 수익으로 인식해도 추후에 유의적인 환원이 발생하지 않을 가능성이 매우 높다고 단정할 수는 없다. 그러므로 명실회사가 변동대가인 성과보너스 ₩30을 제한해서 거래가격 ₩450을 상대적 개별 판매가격법을 적용해서 수행의무에 배분했다.
· 3차연도 4. 20.에 명실회사가 제품 A ~ C 모두를 상부회사에게 인도해서 명실회사는 ₩30의 성과보너스를 받을 권리가 있으므로 거래가격을 ₩480으로 다시 추정하였다.

물음 변동대가 ₩30을 배분해서 각 제품의 개별 판매가격을 결정하라.

정답 및 해설

· 3차연도 4. 20.에 명실회사는 변동대가 ₩30을 계약개시시점인 3차연도 1. 10.에 사용했던 기준(예 상대적 개별 판매가격법)으로 계약상 수행의무에 배분한다. 이행된 수행의무에 배분되는 변동대가는 거래가격이 변동되는 기간에 누적효과 일괄조정기준으로 수익을 증가시킨다.

	개별 판매가격	배분율	배분액	배분후 거래가격
제품 A	₩100	20%	₩6.0	₩90 + ₩6.0
제품 B	160	32	9.6	144 + 9.6
제품 C	240	48	14.4	216 + 14.4
합계	₩500	100%	₩30.0	₩480

5. 단계 5: 수행의무가 이행되는 시점에 수익인식

(1) 자산에 대한 통제의 이전

재화(자산)의 통제(control)란 보유자가 자산의 사용방법과 사용목적을 결정(지시)하고 자산의 잔여 효익의 대부분을 획득할 수 있는 능력을 말한다. 통제에는 다른 기업이 자산의 사용을 지시하고 그 자산에서 효익을 획득하지 못하게 하는 능력이 포함된다[1115: 33]. 고객이 자산을 통제하는지를 판단할 때, 그 자산을 재매입하는 약정을 고려한다[1115: 34].

자산의 통제가 고객에게 이전되면 해당 자산이 매각된 것인데, 고객이 자산의 통제를 획득했다는 지표는 다음과 같다[1115: 38].
- 기업이 자산에 대해 지급청구권(right to payment)을 보유한다.
- 고객에게 자산의 법적 소유권이 있다.
- 기업이 자산의 물리적 점유를 이전하였다.
- 자산의 소유에 따른 유의적(significant) 위험과 보상이 고객에게 있다.
- 고객이 자산의 인수를 수락하였다.

고객이 재화(또는 용역)를 이전받고 통제권을 획득하면 해당 재화(또는 용역)가 고객의 자산이 되고,

고객이 재화(또는 용역)를 통제하게 되는 시점이 기업이 수행의무를 이행하는 시점이다. 기업은 고객에게 약속한 재화(또는 용역)를 이전해서 수행의무를 이행하는 시점에 해당 수행의무에 배분된 거래가격을 수익으로 인식한다.

기업이 약속한 재화(또는 용역)를 이전하는 수행의무는 기간에 걸쳐서(over time) 이행되거나 한 시점(a point in time)에 이행된다. 기업은 계약개시시점에 계약에 포함된 개별 수행의무에 아래에 제시된 '기간에 걸쳐 수익을 인식하는 기준'(over-time criteria)을 적용해서 해당 수행의무가 일정한 기간(예 3년)에 걸쳐 이행되는지 아니면 한 시점(예 재화를 인도하는 시점)에 이행되는지를 결정한다.

(2) 기간에 걸친 통제 이전

기간에 걸쳐 수익을 인식하는 기준(over-time criteria): 다음 세 가지 기준 중에서 어느 하나라도 충족되면 기업이 고객에게 재화(또는 용역)의 통제를 기간에 걸쳐 이전하는 것이므로(수행의무가 기간에 걸쳐 이행되므로), 기간에 걸쳐 수익을 인식한다[1115: 35].

기준 ①: 기업이 수행의무를 이행하는 대로 고객이 효익을 받는 동시에 소비한다(예 청소 용역 등과 같이 일상적 또는 반복적 용역을 제공한다.).

기준 ②: 기업이 수행의무를 이행해서 만들거나 가치를 향상시키는 대로 고객이 자산(예 재공품)을 통제한다(예 고객의 기존 건물을 증축한다.).

기준 ③: 기업이 수행의무를 이행하여 만든 자산이 기업 자신에게는 대체적 용도가 없으며, 기업이 현재까지 완료한 수행분에 대해 집행 가능한 지급청구권을 보유한다(예 고객만이 사용할 수 있는 특수기계를 제작하거나 고객의 주문에 맞추어 자산을 제조한다. 예를 들어, 방위산업기업이 대한민국 육군을 위해서 고객 맞춤화된 탱크를 제조한다.).

위의 세 가지 기준 중에서 하나 이상이 충족되면 기업은 수행의무를 이행하는 방식(재화 또는 용역의 통제를 고객에게 이전하는 형태)에 따라 기간에 걸쳐 수익을 인식한다. 많은 용역제공계약이 기준 ①을 충족하고, 일부 건설계약이 기준 ② 또는 기준 ③을 충족한다. 수행의무가 기간에 걸쳐 이행되는 경우에는 기간에 걸쳐 이행되는 수행의무 각각에 대해서 진행률을 측정하여 진행률에 따라 수익을 순차적으로 인식한다(제16장 참조). 진행률을 측정하는 목적은 고객에게 약속한 재화(또는 용역)의 통제를 이전하는 과정에서 기업이 수행의무를 이행한 정도를 나타내기 위한 것이다[1115: 32, 39].

기준 ① 제3자에 의한 재작업의 불필요: 기업이 현재까지 완료한 작업을 다른 기업(제3자)이 대폭적으로 다시 수행할 필요가 없으면 고객은 기업이 이행한 혜택을 받는 동시에 소비한다. 다른 기업이 작업을 대폭적으로 다시 수행할 필요가 없는지를 판단할 때에는 수행의무가 제3자에게 이전되더라도 기업이 현재 통제하고 앞으로도 통제하는 자산(예 재공품)에서 제3자가 혜택을 얻지 못할 것으로 가정한다[1115: B3, B4].

기준 ② 자산의 통제: 고객이 모든 재공품을 통제하기 때문에 고객은 기업이 제공하는 재화(또는 용역)로부터 효익을 얻고 있으므로 수행의무가 기간에 걸쳐 이행된다. 예를 들면, 고객의 기존 건물을 증축하거나 고객의 토지에 새 건물을 건설하는 경우에 고객은 일반적으로 기업의 수행에서 생기는 모든 재공품을 통제한다[1115: BC129].

기준 ③ 대체적 용도와 지급청구권: 기업이 수행의무를 이행하여 기업 자체에 대체적 용도가 있는 자산을 만드는 경우에 기업은 다른 고객에게 자산을 쉽게 넘길 수 있으므로 고객은 자산이 만들어질 때 해당 자산을 통제하지 못한다[1115: BC134]. 기업이 자산의 대체적 용도를 갖는지를 판단할 때, 해당 자산이 완성되면 기업이 다른 용도(예 다른 고객에게 판매)에 쉽게 전용할 수 있는지 여부는 계약개시 시점에 결정하고 수행의무의 실질적 변경을 초래하는 계약변경을 거래 당사자 모두가 승인하지 않는 한 후속기간에 변경할 수 없다. 판매자가 자산을 다른 용도에 전용하는 의사결정을 제한하거나 자산을 다른 용도로 결정하면 유의적인 경제적 손실이 발생해서 실질적 제약이 존재하면 대체적 용도가 없다고 본다.

기업이 약속한 대로 수행하지 못했기 때문이 아니라 그 밖의 사유로 고객이나 다른 당사자가 계약을 종료시키는 것이 법적으로 허용되지 않음에도 불구하고 고객이 계약을 종료시키려고 시도하는 경우 판매자가 고객에게 계속해서 재화(또는 용역)를 제공하는 권리를 갖고 고객에게 계약에 명시된 금액의 지급을 요구할 수 있으면 판매자는 '집행 가능한' 지급청구권을 보유한다. 지급청구권에서 말하는 판매자의 청구액은 계약 취소시점까지 고객에게 이전한 재화(또는 용역)의 판매가격에 근접하는 금액이다. 구체적으로, 지금까지 수행을 완료한 부분에 대해 기업에 보상하는 금액은, 계약이 종료된다고 가정할 때, 기업이 잠재적으로 상실하는 이익만을 보상하는 것이 아니라 지금까지 이전된 재화(또는 용역)의 판매가격에 가까운 금액(예 수행의무의 이행에 든 원가의 회수금액에 적정한 이윤을 더한 금액)이다. 적정한 이윤에 대한 보상은 계약에서 약속한 대로 이행한 것을 가정한 예상 이윤과 동일할 필요는 없으나, 다음 금액 중 어느 하나에 대해 보상 받을 권리는 있어야 한다[1115: B9].

- 계약상 예상 이윤 중 고객(또는 다른 당사자)이 계약을 종료하기 전에 기업이 계약을 수행한 정도를 합리적으로 반영하는 부분
- 계약 특유의 이윤이 비슷한 계약에서 일반적으로 생기는 기업의 이익보다 더 높은 경우에, 비슷한 계약에서 기업의 자본원가에 대한 적정한 보상(또는 비슷한 계약에서 기업의 일반적인 영업이윤)

「K-IFRS 제1115호」는 언급하지 않지만, US GAAP에서는 계약종료에 대한 기업의 지급청구권이 계약에 구체적으로 명시되지 않으면 지급청구권이 존재하지 않는다고 본다.

예제 12 수익인식시점: 대체적 용도가 있는(또는 없는) 자산

중요도: ★★★
난이도: ◆

상황

· 달려라회사는 하늘회사에게 승용차를 제조·판매하는 계약을 체결하고 지급청구권을 보유한다.
· 하늘회사는 승용차 사양을 구체적으로 지정하고 승용차를 확보하기 위해서 환불불가능한 금액을 예치하였으나 달려라회사의 미완성품(재공품)에 대해서 통제하지 않는다.
· 달려라회사는 어느 시점에나 하늘회사 이외의 다른 고객에게 승용차를 이전하고 하늘회사를 위해 동일한 사양의 승용차를 새로 제조할 선택권이 있다.

물음

1. 달려라회사가 하늘회사와의 계약에서 수익을 인식하는 시점을 결정하라.

2. 하늘회사가 달려라회사가 생산한 첫 번째 승용차에 대해서 집행 가능한 권리를 보유해 달려라회사가 하늘회사 이외의 다른 고객에게 승용차를 이전하는 것이 계약상 금지된다고 가정하라. 이 경우 달려라회사가 하늘회사와의 계약에서 수익을 인식하는 시점을 결정하라.

정답 및 해설

1. 고객인 하늘회사는 제조과정 중인 자산을 통제하지 않는다. 하늘회사가 승용차의 사양을 구체화 했으나 달려라회사가 승용차를 다른 고객에게 이전할 능력에 계약상 제한이 없다. 달려라회사는 추가 원가가 발생하지 않거나 적은 원가를 발생시켜서 승용차를 다른 고객에게 판매할 수 있으므로 승용차가 대체적 용도를 가지고 있다. 그러므로 이 계약의 수행의무는 기간에 걸쳐 이행되지 않으며 달려라회사는 승용차의 통제가 하늘회사에게 이전되는 시점에 수익을 인식한다.

2. 이 경우에는 승용차가 달려라회사에게 대체적 용도가 없다. 승용차가 제조되면서 달려라회사가 수행한 작업에 대해 지급액에 대한 권리를 보유한다고 가정하면 수행의무가 기간에 걸쳐 이행된다. 그러므로 달려라회사는 승용차를 제조하는 기간에 걸쳐 수익을 인식한다.

(3) 한 시점의 통제 이전

특정 수행의무가 기간에 걸쳐 이행되지 않으면, 해당 수행의무는 한 시점에 이행된다[1115: 38]. 기간에 걸쳐서 충족되지 않는 수행의무는 한 시점에 충족된다고 보고, 판매자는 수행의무가 충족되는 시점을 식별해서 식별된 시점(특정 시점)에 수익을 인식한다.

예제 13 지급청구권의 유무와 수행의무의 이행시점(「K-IFRS 제1115호」 사례 17 수정)

중요도: ★★★
난이도: ◆◆◆

공동주택단지를 개발하고 있는 기업이 건설 중인 특정 단위에 대해 고객과 구속력 있는 판매계약을 체결하였다. 각 단위는 평면도도 비슷하고 크기도 비슷하지만 각 단위의 그 밖의 속성(예 공동주택단지 내에서 각 단위의 위치)은 서로 다르다.

상황 A: 지금까지 완료된 수행분에 대해 집행 가능한 지급청구권이 없는 수행의무

· 고객이 계약을 체결하면서 지급한 계약금은 계약에 따라 해당 단위의 건설을 완료하지 못하는 경우에만 환불된다. 거래가격의 나머지는 고객이 해당 단위의 물리적 소유권을 획득할 때인 계약의 완료시점에 지급된다. 해당 단위가 완성되기 전에 고객이 계약을 이행하지 못하면 기업은 계약금을 보유할 권리만 있다.

상황 B: 지금까지 완료된 수행분에 대해 집행 가능한 지급청구권이 있는 수행의무

· 공동주택단지를 건설하면서 기업은 공동주택단지 내 개별 단위들을 건설하기 위해 개별 고객들과 많은 계약을 체결하고 판매기업은 각 계약을 별도로 회계처리한다.

· 고객은 계약을 체결하면서 환불되지 않는 계약금을 지급하고 해당 단위가 건설되는 동안에 기성금을 지급할 예정이다. 계약에는 기업이 다른 고객에게 해당 단위를 넘기지 못하게 하는 실질적인 조건이 있다(즉, 대체 용도가 없음).

· 고객은 기업이 약속한 대로 이행하지 못하는 경우가 아니면 계약을 종료할 권한이 없다. 고객이 지급기한에 기성금을 지급하지 못하여 의무를 이행하지 못하는 경우에 기업이 해당 단위의 건설을 완료하면 계약에 따라 약속된 대가 전부에 대해 권리를 갖는다(즉, 완료된 수행분에 대해 지급청구권 있다).

물음 각 상황에 대해서 계약개시시점에 해당 단위를 건설하고 고객에게 이전하기로 한 약속이 기간에 걸쳐 이행되는 수행의무인지를 판단하라.

정답 및 해설

상황 A: 지금까지 완료된 수행분에 대해 집행 가능한 지급청구권이 없는 수행의무

기업은 해당 단위의 건설이 완료될 때까지 고객이 지급한 계약금에 대해서만 권리가 있기 때문에 지금까지 완료된 수행분에 대해 집행 가능한 지급청구권이 없다. 그러므로 기업의 수행의무는 기간에 걸쳐 이행되는 수행의무가 아니며, 해당 단위를 판매한 시점에 수행의무를 이행하는 것으로 회계처리한다.

상황 B: 지금까지 완료된 수행분에 대해 집행 가능한 지급청구권이 있는 수행의무

계약에서 해당 특정 단위를 다른 고객에게 이전하지 못하도록 했기 때문에 수행으로 창출된 자산(단위)은 기업에 대체적 용도가 없다. 기업이 다른 고객에게 자산을 넘길 수 있는지를 파악할 때 계약 종료의 가능성을 고려하지 않는다. 고객이 의무를 이행하지 못하는 경우에 기업이 약속한 대로 계속 수행하면 계약에 따라 약속된 대가 전부에 대해 집행 가능한 권리가 있다. 그러므로 기업은 완료된 수행분에 대해 지급청구권도 있다. 따라서 기간에 걸쳐 이행하는 수행의무로 보아 기간에 걸쳐 수익을 인식한다.

기업이 가치를 창출하는 과정에서 수익을 인식할 수 있는 시점은 통상적으로 <그림 15.3>과 같다.

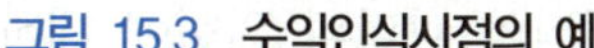

그림 15.3 **수익인식시점의 예**

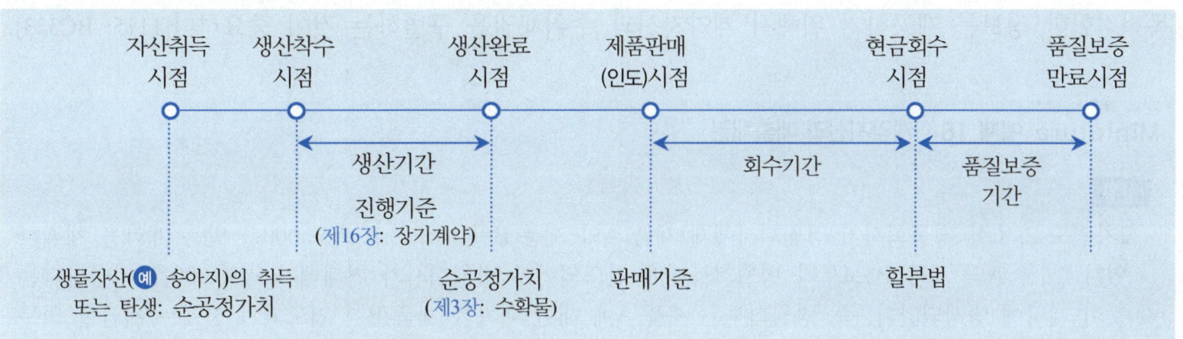

(4) 수익인식과 재무상태표 공시

계약당사자 중 어느 한 편이 계약에 약속된 수행의무를 이행하면 이러한 계약은 더 이상 미이행계약이 아니므로 미래에 받을 금액(또는 재화를 인도할 의무)을 자산(또는 부채)으로 인식할 수 있다. 예를 들어, 판매기업이 계약에 약속된 수행의무를 먼저 이행하면 경제적 자원을 받을 권리가 생기므로 판매기업은 이러한 권리를 자산으로 인식한다(Miniature 예제 18 참조). 계약과 관련하여 판매기업이 자산으로 인식할 수 있는 권리는 다음 두 유형으로 분류할 수 있다.

거래대가를 받을 권리(자산)의 유형
- 무조건적 권리(매출채권)
- 조건부 권리(계약자산)

거래대가를 받을 무조건적 권리: 고객이 거래대가의 일부(또는 전부)를 지급하기 이전에 기업이 수행의무를 이행하고 대가를 받을 무조건적 권리를 가지면 기업은 수취채권으로 구분하여 표시한다[1115: 105]. 즉, 고객이 거래대가(계약대가)를 지급하기로 한 날짜가 도래하기까지 오직 시간만 경과하면 거래대가를 받을 수 있는 무조건적 권리는 매출채권으로 인식한다. 설령 그 금액이 미래에 환불될 수 있다하더라도 기업이 지급청구권을 보유하면 이러한 무조건적 권리를 매출채권으로 인식한다. 통상적으로 기업이 수행의무를 이행한 후에 매출채권을 인식하지만, 수행의무를 전부 이행하기 전이라도 지급청구권에 대한 무조건적 권리를 보유하면 매출채권을 인식한다.

거래대가를 받을 조건부 권리: 기업이 수행의무를 이행하였지만 대가를 받을 무조건적인 권리가 없는 경우에는 계약자산을 인식한다[1115: BC323]. 즉, 기업이 수행의무의 일부를 이행하였으나 계약에 약속된 다른 수행의무를 이행해야 거래대가를 받을 수 있는 조건부 권리는 재무상태표에 '계약자산'으로 보고한다. 계약자산(contract asset)은 고객이 대가를 지급하기 전 또는 지급기일이 도래하기 전에 기업이 재화(또는 용역)를 이전해서 거래대가를 받을 수 있는 계약상 권리이지만, 시간경과 이외의 조건(예 Miniature 예제 18에서와 같이 수행의무의 미래 이행)이 충족되어야 거래대가를 받을 수 있는 자산이다. 기업이 계약에서 약속한 다른 수행의무를 이행해서 대가를 받을 조건부 권리가 무조건적 권리가 되면 계약자산을 매출채권으로 변경한다.

계약자산과 수취채권 모두 신용위험에 노출되지만, 계약자산은 수행위험(performance risk)과 같은 다른 위험에도 노출된다. 그러므로 재무제표이용자들에게 계약상 기업의 권리와 관련된 위험에 대한 목적적합한 정보를 제공하기 위해서 계약자산과 수취채권을 구별하는 것이 중요하다[1115: BC323].

Miniature 예제 18 계약자산과 매출채권

상황

· 2차연도 2. 1.에 청풍회사가 명월회사에게 제품 A와 제품 B를 인도하고 ₩50,000을 받는 계약을 체결하였다. 제품 A와 제품 B 모두가 명월회사에게 인도되어야 명월회사가 거래대가 ₩50,000을 지급한다는 것이 계약에 명시되었다. 즉, 명월회사는 제품 A에 대한 대가를 제품 B가 인도되기 전에는 지급할 의무가 없다.
· 제품 A의 개별 판매가격은 ₩40,000이고 제품 B의 개별 판매가격은 ₩10,000이다.
· 2차연도 3. 1.에 청풍회사가 제품 A를 명월회사에게 인도했고 2차연도 4. 15.에 제품 B를 인도하였다.

물음 2차연도 3. 1.과 2차연도 4. 15.에 청풍회사에 필요한 분개를 하라.

정답 및 해설

2차연도 3. 1. 제품 A 인도시점:

(차) 계약자산	40,000	(대) 매 출	40,000

참고 청풍회사가 계약에 약속된 수행의무를 먼저 이행해서 거래대가를 받을 권리가 생겼으나, 명월회사에게 제품 B를 인도하기 전에는 조건부 권리이고 거래대가 ₩40,000을 받을 무조건적 권리를 보유하지 않으므로 2차연도 3. 1.에 청풍회사는 매출채권을 인식하지 않고 계약자산(조건부 권리)을 인식한다.

2차연도 4. 15. 제품 B 인도시점:

(차) 매출채권	50,000	(대) 매 출		10,000
		계약자산		40,000

계약부채: 판매자가 수행의무를 이행하기 전에 고객이 거래대가를 미리 지급하면 판매자는 받은 금액을 미실현수익으로 기록한다. 미실현수익(deferred revenue, unearned revenue) 또는 선수금을 계약부채라고도 말한다. 고객으로부터 선수금을 받으면 미래에 재화(또는 용역)를 이전할(또는 언제라도 이전할 수 있는 상태에 있어야 하는) 수행의무에 대한 선수금을 계약부채로 인식한 후에, 해당 재화(또는 용역)를 이전해서 수행의무를 이행할 때 계약부채를 제거하고 수익을 인식한다[1115: B44]. 계약부채(contract liability)는 기업이 고객으로부터 받은(또는 받을) 계약대가에 상응하여 고객에게 재화(또는 용역)를 이전해야 하는 의무이다. 고객이 계약에 약속된 수행의무를 먼저 이행하면 해당 계약은 더 이상 미이행계약이 아니고 기업은 경제적 자원을 이전해야 하는 의무를 부담하므로 이러한 의무를 계약부채로 인식한다(Miniature 예제 19 참조). 기업이 고객으로부터 이미 받은 계약대가의 일부(또는 전부)를 고객에게 미래에 환불할 것으로 예상하는 경우에도 기업은 계약부채 또는 환불부채(refund liability)를 인식한다. 계약부채라는 용어 대신에 미실현매출, 미실현용역수익, 재매입부채 등 적절한 계정과목을 사용할 수 있다.

Miniature 예제 19 계약부채

상황

- 2차연도 2. 1.에 가가회사는 원가가 ₩30,000인 제품을 호호회사에게 2차연도 6. 1.에 이전하는 취소불능 계약을 체결하였다.
- 계약에 따라 호호회사는 총 거래대가 ₩50,000을 2차연도 3. 1.에 가가회사에 지불해야 한다.
- 2차연도 4. 1.에 호호회사가 거래대가 ₩50,000을 지급하고 2차연도 6. 1.에 가가회사가 제품을 인도하였다.

물음 2차연도 2. 1.부터 가가회사에 필요한 분개를 하라.

해설

2차연도 2. 1. 계약체결시점:
가가회사와 호호회사 모두 수행의무를 이행하지 않아 미이행계약이므로 분개 없음

2차연도 4. 1. 현금수취시점:

(차) 현 금	50,000	(차) 계약부채(선수금)	50,000

2차연도 6. 1. 제품인도시점:

(차) 계약부채(선수금)	50,000	(대) 매 출	50,000
매출원가	30,000	(대) 재고자산	30,000

Chapter 15 제3절

재화 판매와 수익인식

1. 반품권이 부여된 판매

반품권이 부여된 판매(sales with right of return)는 구매자가 취득한 상품에 만족하지 않으면 구매자에게 특정한 날(반품기한일)까지 상품을 반품할 수 있는 권리를 부여하고 판매하는 거래이다. 구매자가 상품을 반품할 때 현금 환불, 외상판매대금의 감액 또는 다른 종류의 상품으로 교환할 수 있는 권리를 판매시점에 부여하면, 반품이 예상되는 상품은 실질적으로 판매되지 않은 상품이다. 반품권이 있는 제품의 통제를 이전하면 반품률에 따라 거래대가가 달라지므로 고객으로부터 받을 거래대가가 변동대가이다.

매출과 계약부채의 인식

기업은 반품 여부와 관계없이 판매시점에 총판매량에 대해서 매출채권을 인식한다. 「K-IFRS 제1115호」에 반품권이 부여된 판매에 대해서 매출채권을 얼마로 측정하느냐에 대해서 언급이 없으나, 판매시점에 반품이 예상되지 않는 판매수량에 대해서는 매출을 인식하고 반품예상수량에 대해서 환불부채(계약부채)를 인식하므로 판매시점에 총판매량에 대해서 매출채권을 인식하는 것으로 유추한다[1115: 사례 22]. 따라서 총판매량에 대한 매출채권을 다음과 같이 분해한다.

총판매량에 대한 매출채권 { 매출(반품이 예상되지 않는 수량에 대한 판매대가)
환불부채(반품이 예상되는 수량에 대한 판매대가)

반품받는 것을 별개의 수행의무로 보지 않고[4] 반품되지 않을 상품을 고객에게 이전하는 시점(판매시점)에 상품의 통제를 이전해서 수행의무를 이행하는 것으로 보아 판매시점에 매출을 인식한다. 즉, 판매기업은 인식했던 누적수익 금액 중에서 추후에 유의적 환원이 발생하지 않을 가능성이 매우 높은 금액까지 변동대가를 매출로 인식한다[1115: B23].

환불부채(refund liability)는 기업이 외상으로 판매한 경우 미래에 고객으로부터 현금을 받을 권리가 없다고 예상되는 거래대가이고, 현금판매한 경우에는 미래에 고객이 제품을 반품하면 고객에게 환불할 금액이다. 판매이후 보고기간 말마다, 기업은 제품을 이전한 대가로 받을 금액을 다시 평가하고 이

4) IASB와 미국 FASB는 반품권이 있는 계약은 개념적 면에서 ① 고객에게 재화를 이전하는 수행의무와 ② 반품기간에 고객이 반품하는 재화를 받는 수행의무(반품용역에 대한 수행의무) 등 두 개의 수행의무를 포함한다고 결정하였다[1115: BC363]. 그러나 반품용역을 별개의 수행의무로 분류하면 회계처리가 지나치게 복잡하고 재무제표작성자에게 작성원가가 발생하여 반품용역을 별개의 수행의무로 분류하지 않기로 결정하였다[1115: B22, BC366].

에 따라 거래가격과 인식한 수익 금액을 바꾼다[1115: B23]. 상품이 실제로 반품되어 현금으로 회수할 권리가 없는 매출채권은 계약부채와 상계한다. 그러므로 보고기간 말마다 반품 예상량의 변동에 따라 환불부채의 측정치를 새로 수정하고 이에 따라 생기는 조정액을 수익(또는 수익의 차감)으로 인식한다 [1115: B24].

반품권이 있는 제품(환불 대상이 되는 제공한 일부 용역 포함)의 이전을 회계처리하기 위해서, 다음 사항을 모두 인식한다[1115: B21].

- 기업이 받을 권리를 갖게 될 것으로 예상하는 대가를 이전하는 제품에 대한 수익으로 인식(반품이 예상되는 제품에 대해서는 수익을 인식하지 않는다.)
- 환불부채를 인식
- 환불부채를 결제할 때, 고객에게서 제품을 회수할 기업의 권리에 대하여 자산(이에 상응하는 매출원가 조정)을 인식

매출원가와 반품자산(반환제품 회수권)의 인식

고객에게 인도된 총수량에 대해서 재고자산을 감소시키고, 반품이 예상되지 않는 수량은 매출원가로, 반품이 예측되는 수량은 반품자산으로 인식한다.

재고자산의 감소 { 반품되지 않을 재고자산에 대해 매출원가 인식
반품될 재고자산에 대해 반품자산 인식 }

반품예상수량은 실질적으로 판매하지 않은 제품이므로 고객에게서 제품을 회수할 기업의 권리에 대하여 반품자산(이에 상응하는 매출원가 조정)을 인식한다[1115: B21]. [1115: B21, B25]와 [1115: 사례 22]에서는 반품될 자산을 '자산'이라 부르나, [1115: 사례 26]에서는 반품될 자산을 반환제품 회수권(asset for right to recover product to be returned)이라고 부른다(예제 15 참조). 반품자산(assets to be returned)은 판매시점의 장부금액에서 반품 회수원가와 반품자산의 가치 감소액을 차감한 실현가능가치(realizable value)로 측정한다[1115: B25]. 반품 회수비용 등으로 인해서 반품자산의 실현가능가치가 반품자산의 장부금액에 미달할 것으로 예상하면 미달액 만큼 매출원가(일종의 '손상차손')를 증가시켜 손실을 인식한다.

예제 14	반품권이 부여된 판매: 반품률을 추정할 수 있는 경우	중요도: ★★ 난이도: ◆

상황

· 재미있어출판사가 서점에 책을 외상으로 판매하는데 고객(서점)은 구입량의 30%까지 반품할 수 있다.
· 고객(서점)은 거래대가를 구입 후 90일 이내에 지급해야 한다.
· 재미있어출판사는 반품률을 15%로 예측하면 이미 인식했던 누적수익 금액 중에서 유의적 환원이 발생하지 않을 가능성이 매우 높다고 판단한다.
· 5차연도 9. 1.에 재미있어출판사가 원가가 총 ₩160,000인 여러 책을 ₩200,000에 판매하였다.

· 5차연도 12. 1.에 판매가격이 ₩20,000인 책이 반품되고 나머지는 반품되지 않고 현금 ₩180,000이 회수되었다. 즉, 실제 반품액이 예상했던 반품액보다 ₩10,000이 적다.

물음 5차연도 9. 1.과 5차연도 12. 1.에 필요한 분개를 하라.

정답 및 해설

· 판매시점에 책의 통제가 이전되어 수행의무가 이행되므로 판매시점에 수익을 인식한다. 또한, 반품률을 추정할 수 있으므로 수행의무가 이행되는 시점(판매시점)에 수익을 인식하고 반품예상액에 대해서 환불부채(계약부채)를 인식한다.

5차연도 9. 1. 판매시점:

(차) 매 출 채 권	200,000	(대) 매 출	170,000
		환 불 부 채(계약부채)	30,000*

* ₩200,000 × 15%(예상반품률) = ₩30,000

(차) 매 출 원 가	136,000*	(대) 재 고 자 산	160,000
반 품 자 산	24,000**		

* ₩160,000 × 85% = ₩136,000
** ₩160,000 × 15%(예상반품률) = ₩24,000

5차연도 12. 1. 거래대가 회수시점:
반품되지 않은 상품에 대한 매출채권 회수:

(차) 현 금	180,000	(대) 매 출 채 권	180,000

반품된 수량:

(차) 환 불 부 채	20,000	(대) 매 출 채 권	20,000*

* 반품되어 현금을 받을 권리가 없는 매출채권

(차) 재 고 자 산	16,000*	(대) 반 품 자 산	16,000

* 실제반품률: ₩20,000 ÷ ₩200,000 = 10%
반품된 재고자산: ₩160,000 × 10% = ₩16,000

실제 반품률이 원래 예상했던 반품률보다 낮음:

(차) 환 불 부 채	10,000	(대) 매 출	10,000*
(차) 매 출 원 가	8,000*	(대) 반 품 자 산	8,000

* 예상 반품수량보다 적게 반품되어 실질적으로 많이 판매한 금액과 매출원가

예제 15 반품률을 예측할 수 없고 유의적 금융요소가 존재하는 판매거래(「K-IFRS 제1115호」 사례 26 수정)

중요도: ★★
난이도: ◆◆

상황

· 불확실회사는 고객에게 원가가 ₩80,000인 제품을 ₩121,000에 판매하고 거래대가를 2년 후에 받는 계약

을 체결하였다.

· 이 제품의 현금판매가격은 ₩100,000이므로 이 계약은 유의적 금융요소를 포함한다. 이 계약에 내재된 이자율은 연 10%인데, 계약개시시점에 기업과 고객이 별도의 금융거래를 체결하였더라면 이자율이 연 10%이다.

· 계약개시시점에 고객이 제품의 통제를 획득하고 90일 이내에 반품할 수 있으나 기업은 반품률과 매출로 인식할 변동대가의 한도를 추정할 수 없다.

· 반품기간이 만료된 시점까지 고객이 제품을 반품하지 않았다.

물음

1. 제품 판매에 대해서 불확실회사에 필요한 분개를 하라.
2. 계약개시시점에 불확실회사가 총 판매액의 70%를 거래대가에 포함하면 이미 인식했던 누적수익 금액 중에서 유의적 환원이 발생하지 않을 가능성이 매우 높다고 예측한 경우, 불확실회사의 회계처리를 설명하라.

정답 및 해설

1.

· 총 판매대가는 ₩121,000이지만 이 계약은 유의적 금융요소를 포함하므로 현재가치인 ₩100,000으로 매출을 측정하고 ₩121,000과 ₩100,000의 차이를 이자수익으로 인식한다.

· 불확실회사가 반품률과 매출로 인식할 변동대가의 한도를 예측할 수 없으므로 이미 인식했던 누적수익 금액 중에서 유의적 환불이 발생하지 않을 가능성이 매우 높은 범위를 추정할 수 없다. 그러므로 판매시점에 수익을 인식하지 않고 90일 후 반품기간이 만료되는 시점에 매출채권과 매출을 인식한다.

제품을 이전하는 시점:

(차) 반환제품 회수권	80,000	(대) 재 고 자 산	80,000

· 불확실회사가 계약부채(또는 매출채권)를 인식하지 않았으므로 유의적 금융요소가 존재하더라도 90일 후 반품기간이 만료될 때까지 이자수익을 인식하지 아니한다.

반품기간이 만료된 시점:

(차) 매 출 채 권	100,000	(대) 매 출	100,000
(차) 매 출 원 가	80,000	(대) 반환제품 회수권	80,000

· 반품기간이 만료되면 계약기간을 고려하여 유효이자율을 결정하고, 고객으로부터 현금을 받을 때까지 이자수익을 인식한다.

2.

· 불확실회사는 반품률을 예측할 수 없지만 누적수익 금액 중에서 유의적 금액이 환원되지 않을 가능성이 매우 높은 최소 판매액의 존재 여부를 판단한다. 예를 들어, 불확실회사가 계약개시시점에 총 판매액의 70%를 거래가격에 포함하면 추후에 판매량의 일부가 반품되어도 이미 인식했던 누적수익 금액 중에서 유의적 환원이 발생하지 않을 가능성이 매우 높다고 판단하면, 판매시점에 총 판매대가의 70%를 매출로 인식한다.

2. 판매 후 재매입약정

판매 후 재매입약정(repurchase agreements)은 판매자가 금융자산 이외의 재화를 판매하면서 다음 중 어느 하나를 미래에 다시 매입하겠다고 약속하거나 매입할 수 있는 선택권(option)을 갖는 계약이다.

- 고객에게 원래 판매했던 자산(예 재고자산)
- 고객에게 원래 판매했던 자산과 실질적으로 같은 자산
- 고객에게 원래 판매했던 자산이 구성요소가 된 다른 자산

재매입약정은 원래 계약의 일부분이거나 별개의 계약으로 최초계약개시시점에 거래 당사자 간에 재구매조건이 합의되어야 한다. 특정 자산의 통제를 이전한 후 후속기간에 해당 자산을 다시 사기로 한 결정은 여기서 말하는 재매입약정이 아니다. 왜냐하면, 재화를 다시 사기로 하는 후속적 결정은 처음에 이전된 재화의 사용방법과 사용목적을 지시(결정)할 수 있는 능력과 재화의 잔여 효익의 대부분을 획득할 수 있는 고객의 능력에 영향을 미치지 않기 때문이다[1115: BC423].

「K-IFRS 제1115호」는 파생상품 용어(부록 8-1 참조)를 사용하여 재매입약정을 다음 중 하나로 분류한다[1115: B65].

- 선도계약: 기업이 자산을 다시 사야 하는 의무
- 콜옵션(call option)계약: 기업이 자산을 다시 살 수 있는 권리
- 풋옵션(put option)계약: 고객이 요청하면 자산을 다시 사야 하는 기업의 의무. 풋옵션은 팔 수 있는 권리를 말하며, 풋옵션을 매도한 판매기업은 매도풋옵션(written put option)이라 하고, 풋옵션을 산 고객은 매입풋옵션(purchased put option)이라 한다. 풋옵션을 매입한 고객이 파는 권리를 행사하면 풋옵션을 판매한 기업은 자산을 다시 사야 하는 의무를 부담한다.

판매 후 재매입약정에 대한 회계처리가 표면적으로는 복잡하게 보이지만, 개념적 관점에서 핵심은 아래 길라잡이에서 보듯이 원래 판매가격과 재매입가격을 비교해서 재매입약정이 판매자와 구매자 중에서 누구한테 불리한가를 파악하고 불리한 거래 당사자가 어떤 형태의 사용료(이자비용 또는 리스료)를 부담하는지를 결정하는 것이다.

(1) 선도계약(또는 콜옵션계약)

길라잡이 판매 후 재매입약정: 선도계약(또는 콜옵션계약)

- 원래 판매가격보다 재매입가격이 높은 고가재매입이면 판매자에게 불리하다. 이처럼 불리한 재매입약정은 판매자가 담보를 제공하고 자금을 차입한 후 이자비용을 지급하는 금융약정으로 본다. 원래 판매가격보다 재매입가격이 낮아서 판매자의 관점에서 저가재매입(lucky buy)이면 구매자에게 불리하므로 구매자가 사용대가(리스료)를 지불했다가 자산을 돌려주는 리스로 본다.

  재구매가격 ≥ 최초판매가격 ⇒ 금융약정
  재구매가격 < 최초판매가격 ⇒ 리스계약

판매기업이 자산을 다시 사야 하는 의무(선도계약) 또는 다시 살 수 있는 권리(콜옵션계약)가 있으면 고객은 판매기업이 이전한 자산을 통제하지 못한다. 즉, 고객이 자산을 물리적으로 점유하더라도 자산의 사용방법과 사용목적을 지시(결정)할 수 없고 자산의 나머지 효익의 대부분을 획득할 수 있는 능력이 제한된다. 따라서 선도계약(또는 콜옵션계약)을 아래와 같이 상황에 따라 금융약정 또는 리스(제19장 참조)로 회계처리한다[1115: B66].

고가재매입 또는 판매후리스거래: 재매입약정이 판매후리스거래(제19장 참조)이거나 원래 판매가격보다 높은 금액으로 자산을 재매입해야 하는 재매입약정은 재화를 매개로 자금을 조달하는 금융약정(financing arrangement)으로 분류한다[1115: B66]. 즉, 판매 후 재매입약정을 담보부차입거래로 해석해서 '판매한' 자산을 회계장부에 계속 인식하는 한편, 고객으로부터 받은 대가(금액)를 금융부채로 인식하고 받은 대가(금액)와 고객에게 지급해야 하는 대가(금액)의 차이를 이자비용으로 인식한다[1115: B68]. 선도계약(또는 콜옵션계약)에서 의무(또는 권리)가 만기까지 행사되지 않고 소멸되면 자산이 매각된 것이므로 자산과 금융부채를 장부에서 제거하고 수익과 자산처분손익을 인식한다[1115: B69].

저가재매입(lucky buy): 재매입약정이 판매후리스 거래의 일부가 아니고 기업이 저가(재매입가격 < 원래 판매가격)로 다시 살 수 있거나 다시 사야 하는 재매입약정은 리스(제19장 참조)로 회계처리한다[1115: B66].

분개 판매 후 재매입약정(선도계약 또는 콜옵션계약)

재매입약정을 금융약정으로 분류한 경우 판매기업의 회계처리:

(차) 현　　금(판매가격)	×××	(대) 금 융 부 채	×××
(차) 이 자 비 용	×××*	(대) 금 융 부 채	×××

* 재매입가격 − 판매가격 = 이자비용
재매입가격을 판매가격과 비교할 때 화폐의 시간가치를 고려한다.

선도계약 또는 콜옵션계약이 행사되어 다시 사는 경우:

(차) 금 융 부 채	×××	(대) 현　　금	×××

선도계약 또는 콜옵션계약이 행사되지 않고 만기가 도래하는 경우:

(차) 금 융 부 채	×××	(대) 매　　출(재매입가격)	×××
(차) 매 출 원 가	×××	(대) 재 고 자 산(장부금액)	×××

예제 16 판매 후 재매입약정(콜옵션계약)

중요도: ★★★
난이도: ◆◆

상황

· 1차연도 11. 30.에 사면회사가 초가회사에게 취득원가가 ₩480,000인 자산을 ₩500,000에 판매하는 계약을 체결하였다.
· 2차연도 3. 31.에 사면회사가 해당 자산을 ₩560,000에 다시 살 수 있는 권리가 계약에 명시되어 있다.

물음 1차연도 11. 30.과 1차연도 12. 31., 그리고 2차연도 3. 31.에 사면회사에 필요한 분개를 하라.

정답 및 해설

· 사면회사가 해당 자산을 다시 살 수 있는 권리가 계약에 명시되어 있으므로 자산이 판매되었다 해도 자산에 대한 통제가 초가회사에게 이전되지 않는다.

· 이 거래에서 사면회사는 사실상 자산에 대한 통제를 보유하고 자산을 담보로 제공하여 ₩500,000을 빌린 것이므로 자산을 장부에서 제거하지 않고 재매입약정을 금융약정으로 분류해서 '판매대금'을 금융부채로 인식한다. 즉, 사면회사가 판매가격보다 크거나 동일한 금액에 대해서 무조건적 의무(선도계약) 또는 무조건적 권리(콜옵션계약)를 보유하면 사면회사는 해당 거래를 금융약정으로 분류하고 자산을 장부에서 제거하지 않는다.

1차연도 11. 30. 판매시점:

(차) 현 금	500,000	(대) 금 융 부 채	500,000

1차연도 12. 31. 결산시점:

(차) 이 자 비 용	15,000*	(대) 금 융 부 채	15,000

* (₩560,000 − ₩500,000) × 1/4 = ₩15,000

2차연도 3. 31. 만기시점:

계약기간 말의 회계처리는 콜옵션의 행사 여부에 따라 회계처리가 다음과 같이 다르다.

① 사면회사가 다시 사는 권리를 행사한 경우:

(차) 이 자 비 용	45,000*	(대) 금 융 부 채	45,000
(차) 금 융 부 채	560,000	(대) 현 금	560,000

* (₩560,000 − ₩500,000) × 3/4 = ₩45,000

② 사면회사가 다시 사는 권리를 행사하지 않은 경우:

(차) 이 자 비 용	45,000*	(대) 금 융 부 채	45,000
(차) 금 융 부 채	560,000	(대) 매 출	560,000
(차) 매 출 원 가	480,000	(대) 재 고 자 산	480,000

* (₩560,000 − ₩500,000) × 3/4 = ₩45,000

(2) 풋옵션계약

길라잡이 판매후 재매입약정: 풋옵션계약

• 풋옵션계약에서도 판매자의 관점에서 고가재매입이면 판매자에게 불리하므로 재매입약정을 판매자가 자산을 담보로 제공하고 자금을 차입한 후에 이자비용을 지급하는 금융약정으로 본다. 판매자의 관점에서 저가재매입이면 구매자에게 불리하므로 재매입약정을 구매자가 사용대가(리스료)를 지불했다가 자산을 돌려주는 리스로 본다. 고객이 자산을 되팔지 않는다면 판매자의 입장에서는 매출수익을 인식하는 판매거래이다. 그러나 확률적 관점에서 되팔 가능성이 낮은 경우이므로 판매자는 '조건부 판매', 즉 반품권이 부여된 판매로 본다.

[재매입가격 ≥ 원래 판매가격] 그리고 [재매입가격 > 자산의 기대 시장가치] ⇒ 금융약정

[재매입가격 ≥ 원래 판매가격] 그리고 [재매입가격 ≤ 자산의 기대 시장가치]인 동시에 풋옵션을 행사할 유의적인 경제적 동기가 없음 ⇒ 반품권이 부여된 판매

[재매입가격 < 원래 판매가격] 그리고 고객이 행사할 유의적 경제적 유인을 가짐 ⇒ 리스
[재매입가격 < 원래 판매가격] 그리고 고객이 행사할 유의적 경제적 유인이 없음 ⇒ 반품권이 부여된 판매

풋옵션계약에서는 고객이 파는 권리를 행사하는 경우에 한해서 판매기업이 자산을 재매입할 의무가 있다. 고객이 요청해서 판매기업이 원래 판매가격보다 낮은 가격으로 자산을 다시 사야 하는 의무(매도풋옵션)가 있으면 판매기업은 계약개시시점에 고객이 파는 권리를 행사할 경제적 유인이 있는지, 있다면 경제적 유인이 유의적인지 여부를 판단한다[1115: B70]. 고객이 자산을 파는 권리를 행사할 경제적 유인이 있는지 여부를 판단하기 위하여 다양한 요소(예 재매입일의 자산의 예상 시장가치와 재매입가격의 관계, 권리가 소멸될 때까지 남은 기간 등)를 고려한다. 계약개시시점에 고객이 자산을 보유해서 얻는 이득보다 파는 권리를 행사해서 얻는 이득이 크다고 예상하면 고객이 자산을 파는 권리를 행사할 경제적 유인이 유의적이다. 예를 들면, 재매입가격이 자산의 시장가치보다 유의적으로 높을 것으로 예상되면 고객이 파는 권리(풋옵션)를 행사할 경제적 유인이 유의적이다[1115: B71].

고객이 자산을 파는 권리를 보유하면 자산의 시장가격의 크기와 판매후리스거래의 존재 여부에 따라 회계처리가 아래 상황과 같이 다르다.

상황 ① 판매후리스거래 또는 고가재매입[재매입가격 ≥ 원래 판매가격 그리고 재매입가격 > 자산의 기대 시장가치(공정가치)]: 판매기업은 재매입약정을 금융약정으로 회계처리한다[1115: B73].

상황 ② 고객이 자산의 원래 판매가격보다 낮은 가격으로 파는 권리를 행사할 경제적 유인이 유의적이 아닌 경우: 재매입약정을 반품권이 부여된 판매로 회계처리한다[1115: B72].

(차) 현 금	×××	(대) 매 출	×××
		계 약 부 채(환불부채)	×××

상황 ③ 저가재매입(lucky buy): [재매입가격 < 원래 판매가격]이고 재매입가격이 자산의 시장가치보다 유의적으로 높을 것으로 예상하면, 고객이 파는 권리를 행사할 유의적인 경제적 동기가 있다. 고객이 파는 권리를 행사하면 사실상 고객이 일정 기간 특정 자산의 사용권 대가를 기업에 지급하는 결과이므로 판매기업은 재매입약정을 리스(제19장 참조)로 분류하여 회계처리한다[1115: B70].

Miniature 예제 20 판매 후 재매입약정(풋옵션계약)

상황

· 1차연도 1. 1.에 탁상회사가 자산을 공론회사에게 ₩500,000에 판매하는 계약을 체결하였다.
· 1차연도 12. 31.에 공론회사가 해당 자산을 ₩450,000에 탁상회사에게 되 팔수 있는 권리가 계약에 명시되어 있다.
· 1차연도 12. 31.에 해당 자산의 시장가격이 ₩380,000일 것으로 추정된다.

물음 탁상회사의 판매계약을 회계처리하는 방법을 제시하라.

정답 및 해설

· 1차연도 1. 1.(계약개시시점)에 탁상회사는 공론회사가 1차연도 12. 31.에 풋옵션을 행사할 유의적 경제적 유인이 존재하는지 여부를 판단해야 한다.
· 1차연도 12. 31.에 해당 자산을 되파는 가격 ₩450,000이 시장가격 ₩380,000을 유의적으로 초과하므로 공론회사는 풋옵션을 행사할 유의적 경제적 유인이 존재한다. 그러므로 탁상회사는 자산의 통제를 공론회사에게 이전하지 않고 이 거래를 리스로 분류한다.

3. 대리인에 의한 판매

어떤 경우에는 위임자(principal, "본인")가[5] 자신이 통제하는 재화를 자신을 위해서 일하는 대리인을 통해 판매할 수 있다. 대리인(agent)은 수수료수익을 획득하기 위해서 위임자(본인) 또는 제3자에게 용역을 제공한다(예 여행사의 항공권 판매). 위임자(본인)가 통제하는 경제적 자원을 대리인이 관리해도, 그 경제적 자원은 대리인의 자산이 아니다. 또한 위임자(본인)가 통제하는 경제적 자원을 제3자에게 이전할 의무가 대리인에게 있는 경우, 이전될 경제적 자원은 대리인의 자원이 아니라 위임자(본인)의 경제적 자원이기 때문에 이전할 의무는 대리인의 부채가 아니다[「K-IFRS 개념체계」: 4.25]. 위임자(본인)-대리인 관계에서 위임자를 대신하여 대리인이 받는 판매대가는 위임자(본인)에게 귀속될 경제적 효익의 총 유입에 해당한다. 따라서 위임자는[6] 대리인이 받은 판매대가 총액을 매출수익으로 인식한다. 대리인이 위임자(또는 제3자)를 위해 회수한 금액(예 위탁판매액이나 부가가치세 등)은 대리인의 순자산을 증가시키지 않으므로 대리인의 수익이 아니고, 대리인은 위임자(본인)로부터 받을 권리가 있는 수수료와 기타 금액의 합을 수익으로 인식한다.

위임자의 수익: 위임자(본인)를 대신해서 대리인이 받은 판매대가 총액을 수익으로 인식

5) 개념적 관점에서 'principal'은 거래의 주체인 위임자이다. 한국회계기준원은 principal을 '본인'으로 번역하였다.
6) 고객에게 재화(또는 용역)를 이전하기 전에 기업이 재화(또는 용역)를 통제하므로 위임자(본인)임을 나타내는 지표는 다음과 같다[1115: B37].
  · 재화(또는 용역)를 제공하는 약속을 이행할 주된 책임이 기업(위임자)에 있다.
  · 재화(또는 용역)가 고객에게 이전되기 전이나, 고객에게 통제가 이전된 후에 재고위험(예 고객에게 반품권이 있는 경우)이 기업에 있다.
  · 재화(또는 용역)의 가격을 결정할 재량권이 기업에 있다.

대리인의 수익: 위임자(본인)로부터 받을 수수료와 대리인이 부과한 기타 금액을 수익으로 인식

	수수료 금액	×××
+)	대리인이 부과한 기타 금액	×××
=)	대리인의 수익	×××

예제 17 대리인과 위임자(본인)

중요도: ★★★
난이도: ◆

상황

· 심부름회사는 자신의 재고자산을 판매하여 ₩1,000(부가가치세 ₩150을 포함)을 받았다.
· 또한 심부름회사는 항공회사를 대신하여 항공권을 ₩2,000에 판매하였는데 매출가격에는 수수료 ₩300이 포함되어 있다.

물음 심부름회사(대리인), 항공회사(위임자), 조세당국(위임자)의 수익을 결정하고 심부름회사가 위임자에게 지급할 금액(부채 측정액)을 결정하라.

정답 **심부름회사의 수익: ₩1,150, 항공회사의 수익: ₩2,000, 조세당국의 수익: ₩150**

해설

· 심부름회사(대리인)의 수익: (₩1,000 − ₩150) + ₩300 = ₩1,150
· 항공회사(위임자)의 수익: ₩2,000. 위임자(본인)는 ₩2,000의 매출수익을 인식하고 수수료 ₩300을 판매비용으로 인식한다.
· 제3자인 조세당국(위임자)의 수익: ₩150
· 심부름회사(대리인)의 부채 측정액: ₩1,700 + ₩150 = ₩1,850

위탁판매(consignment sales)거래는 위탁자가 통제하는 상품을 수탁자에게 적송하고 수탁자로 하여금 위탁자를 대신해서 위탁품(적송품)을 판매하게 하는 형태의 거래이다. 수탁자가 위탁품을 물리적으로 점유하지만 제3자인 고객에게 위탁품을 판매할 때까지는 위탁자가 적송비용(운송비용), 판매비용 및 소유에 따른 위험과 보상을 부담하고, 수탁자는 위탁자가 의뢰해서 판매를 대행할 뿐 위탁품(적송품)의 통제를 이전받은 것이 아니다. 그러므로 수탁자(대리인)가 제3자인 고객에게 위탁품(적송품)을 판매한 시점에 위탁자(위임자)는 매출수익을 인식하고 수탁자(대리인)는 수수료수익을 인식한다. 위탁판매의 내용이 어렵지는 않지만 응용범위가 상당히 넓은 주제이다. 위탁판매거래에서 대리인이 판매수수료만 수익으로 인식하는 것을 대리인모형(agent model)이라 하고 위임자(본인)가 총매출액을 수익으로 인식하는 것을 상인모형(merchant model)이라 한다.

위탁자(위임자): 수탁자(대리인)가 제3자(고객)에게 위탁품(적송품)을 판매하는 시점에 매출수익을 인식
수탁자(대리인): 위탁품(적송품)을 판매하는 시점에 수수료수익을 인식

Miniature 예제 21 위탁판매와 분식회계

올바른 회계처리 위탁판매에서 수익의 인식

참똘똘회사의 회계연도는 매년 12월 31일에 종료된다. 어벙벙회사(위탁자)가 참똘똘회사(수탁자)에게 스마트폰을 적송하고 1차연도 12. 31.에 참똘똘회사가 어벙벙회사를 대신해서 어벙벙회사의 원가가 ₩4,000,000인 스마트폰을 ₩5,000,000에 고객에게 현금판매했다. 참똘똘회사가 앞으로 어벙벙회사로부터 판매수수료 ₩150,000을 받을 예정이므로 참똘똘회사는 대리인모형(agent model)을 사용해서 다음과 같이 수익을 인식한다.

(차) 수 취 채 권	150,000	(대) 판매수수료수익	150,000

참똘똘회사는 위와 같이 장부에 기록한 후에 1차연도 포괄손익계산서에 판매수수료수익 ₩150,000과 당기순이익 ₩150,000을 보고한다.

분식회계 위탁판매에서 수익의 과대 인식

위의 상황에서 참똘똘회사가 앞으로 어벙벙회사로부터 판매수수료 ₩150,000을 받을 예정이지만 참똘똘회사가 매출과 이익을 부풀리기 위해서 상인모형(merchant model)을 사용해서 다음과 같이 회계장부에 기록했다.

(차) 현 금	5,000,000	(대) 매 출 수 익	5,000,000
(차) 매 출 원 가	4,000,000	(대) 재 고 자 산	4,000,000
(차) 판 매 비 용	150,000	(대) 현 금	150,000

참똘똘회사가 위와 같이 장부에 기록한 후에 1차연도 포괄손익계산서에 매출수익 ₩5,000,000과 당기순이익 ₩850,000(₩5,000,000 − ₩4,000,000 − ₩150,000)을 보고하는 것은 분식회계이다.

엔론(Enron Inc.)

미국의 엔론사는 판매중개사업에서 대리인의 역할을 했음에도 불구하고 상인모형으로 수익을 인식해서 대규모의 분식회계를 범했다. 우리나라에서는 ㈜대호하이텍이 8개 회사로부터 매입하여 특수관계자에 판매한 상품에 대해 재고위험을 부담하지 않고 중개업무만 수행했으므로 대리인모형을 적용해서 수수료수익만 인식해야 함에도 불구하고 상인모형을 적용해서 판매대가 전액을 수익으로 인식해서 2011년에 매출 85억원을 과대계상한 바 있다. 출처: www.fsc.go.kr

예제 18 위탁판매

중요도: ★★★
난이도: ◆

상황

· 위탁품의 판매액: ₩1,000
· 위탁자의 위탁품(재고자산) 취득원가: ₩600
· 위탁자가 수탁자에게 위탁품을 운송한 비용: ₩30
· 위탁자가 수탁자에게 지급하는 판매수수료: ₩120

물음 위탁자의 매출총이익과 영업이익을 결정하라.

정답 **위탁자의 매출총이익: ₩370, 위탁자의 영업이익: ₩250**

해설

매출	₩1,000
매출원가(₩600 + ₩30*)	(630)
매출총이익	₩370
판매수수료	(120)
영업이익	₩250

* 운송비 ₩30은 재고자산을 판매 가능한 지역으로 옮기는데 소요된 비용이므로 매출원가의 일부이다.

4. 환불되지 않는 선수수수료

제품(또는 용역)을 제공하기 이전에 미래에 제공될 제품(또는 이행될 용역)의 준비(setup)와 용역제공의 활성화(activation) 등을 위해 계약개시시점이나 그와 가까운 시기에 고객으로부터 미리 받은 금액을 선수수수료(upfront fees)라 한다. 선수수수료의 예는 헬스클럽 회원가입수수료와 통신계약의 가입수수료 등인데, 대부분 경우에 선수수수료는 고객에게 환불되지 않는다[1115: B48]. 준비활동을 실행하면서 고객에게 약속한 재화(또는 용역)가 이전되지는 않으므로 **준비활동은 수행의무가 아니다.** 따라서 기업은 선수수수료를 받은 시점에 선수수수료를 수익으로 인식하지 않고 계약부채(선수수익)를 인식한다. 그리고 미래에 재화(또는 용역)를 이전해서 수행의무가 이행되는 시점에 계약부채를 장부에서 제거하고 수익을 인식한다.

기업이 선수수수료를 수익으로 인식하는 기간은 선수수수료가 갱신권에 대해서 중요한(material) 권리(예 새로운 고객에 비해서 상당히 낮은 금액으로 갱신하는 권리)를 부여하는지 여부에 따라 다음과 같이 다르다.

상황 ①: 월 단위로 용역을 제공하는 기업이 선수수수료를 받아도 중요한 권리를 부여하지 않으면 총 거래대가(첫째 달 수수료와 선수수수료)를 용역이 제공되는 첫째 달의 수익으로 인식한다.

상황 ②: 기업이 선수수수료를 받고 중요한 권리를 부여하면 중요한 권리와 관련된 기대용역제공 기간에 걸쳐 선수수수료를 수익으로 인식한다. 예를 들어, 고객으로부터 헬스클럽 가입수수료를 한번 받으면 추후에 가입기간을 갱신할 때 가입수수료를 또다시 받지 않는 것과 같이 선수수수료는 미래에 할인된 가격으로 제품(또는 용역)을 제공하는 갱신선택권과 유사하므로 다음과 같이 회계처리한다.

- 판매자가 고객에게 계약을 연장할 중요한 선택권을 부여하면 환불되지 않는 선수수수료를 추가 계약기간을 포함한 기간에 수익으로 인식한다.
- 계약을 준비할 때 드는 원가를 자산으로 인식해야 하는지를 판단한다[1115: B51]. 준비활동 원가가 인식기준을 충족하면 계약을 준비하는 데에 발생한 원가를 자산으로 인식하고 계약기간에 걸쳐서 비용으로 인식한다.

예제 19 환불되지 않는 선수수수료

중요도: ★★★
난이도: ◆

상황

· 1차연도 1. 1.에 근육헬스클럽이 환불되지 않는 선수수수료 ₩9,000을 받고 고객과 1년간 계약을 체결하였다.
· 고객은 매달 회비 ₩750을 지급한다.
· 고객이 근육헬스클럽의 회원권을 종료시키기 전에 평균적으로 추가로 2년간 계약을 갱신하며 고객이 기간을 연장하면 할인가격이 적용된다.

물음 헬스클럽이 1차연도에 인식할 수익을 결정하라.

정답 ₩12,000

해설

· 회원권 수수료는 단일 수행의무이고 고객이 계약을 갱신하면 2차연도와 3차연도에 할인가격이 적용되므로 선수수수료 ₩9,000을 1차연도 1. 1.부터 3년에 걸쳐 수익으로 인식한다.

선수수수료 중 매달 수익으로 인식할 금액: ₩9,000 ÷ 36개월 =	₩250
헬스클럽이 매달 인식할 수익: ₩250 + ₩750 =	₩1,000
헬스클럽의 1차연도 수익: ₩1,000 × 12개월 =	₩12,000

5. 유상으로 판매한 교환권

기업이 상품으로 교환할 수 있는 교환권(예 상품권)을 고객에게 판매하면 미래에 교환권이 행사되어 재화(또는 용역)를 이전하는 시점에 교환권에 대한 수행의무가 이행된다. 교환권의 대가로 받은 금액은 선수금이므로 기업은 받은 금액을 계약부채(미실현수익)로 인식했다가, 교환권이 행사(redemption)되어 재화(또는 용역)가 고객에게 이전되는 시점에 수익을 인식하고 계약부채(선수금)를 장부에서 제거한다(제12장 선수수익 참조).

교환권의 일부가 유효기간이 종료될 때까지 재화(또는 용역)와 교환되지 않으면 행사되지 않은 권리를 미행사 부분 또는 소멸된 권리(breakage 또는 forfeiture)라 한다. 여기서 대두되는 회계문제는 소멸된 권리(미행사 부분)에 대해서 수익을 인식할 것인지 여부와 수익을 인식한다면 어느 시점에 수익을 인식할 것인가이다. 후속기간에 유의적 수익을 환원할 가능성이 매우 높으면 소멸된 권리에 대해서 수익을 인식하지 않는다. 그러나 후속기간에 유의적 수익을 환원할 가능성이 매우 낮으면 소멸된 권리(미행사 부분)에 대해서 다음과 같이 수익을 인식한다[1115: B46].

- 행사되지 않은 금액을 고객에게 환불해 줄 것으로 예상하면, 고객이 남은 권리를 행사할 가능성이 희박해지는 시점에 미행사 금액을 수익으로 인식한다.
- 행사되지 않은 금액을 고객에게 환불할 의무가 없고 기업이 소멸된 권리금액을 획득할 권리가 있다고 예상하면, 고객이 권리를 행사하는 방식에 따라 예상되는 미행사 금액을 수익으로 인식한다.

예를 들어, 백화점이 ₩100,000의 상품권을 발행하고 발행시점에 20%가 행사되지 않을 것으로 예측하면 행사되지 않을 비율이 발행금액의 20%(₩20,000 ÷ ₩100,000)이고 행사금액의 25%(₩20,000 ÷ ₩80,000)이다. 백화점이 미행사 금액을 받을 권리를 갖게 될 것으로 예상하면, 행사시점에 실제행사금액의 125%를 수익으로 인식한다. 현재까지 ₩78,000의 상품권이 행사되었다고 가정하면 백화점은 ₩97,500(₩78,000 × 125%)을 수익으로 인식한다. 그러나 미행사 금액을 받을 권리를 갖지 못할 것으로 예상하면 백화점은 고객이 상품권을 행사하기를 기다리다가 고객이 상품권을 행사할 가능성이 희박해질 때 미행사 금액을 수익으로 인식한다. 이 예에서 고객이 액면금액 ₩80,000의 상품권을 행사하고 기업이 미행사 금액을 받을 권리가 없다고 예상하면 나머지 액면금액 ₩20,000이 행사될 가능성이 희박해질 때에 비로소 ₩20,000을 수익으로 인식한다.

참고 상품권의 할인판매와 수익인식

기업(예 구두제조회사)이 직접 상품권을 발행·판매할 때 일정 비율만큼 할인하여 액면금액보다 적은 대가를 고객으로부터 받는 경우, 상품권 판매시점에서는 고객에 대한 수행의무를 이행하지 않았으므로 수익을 인식할 수 없고 기업이 고객에게 수행의무를 이행해서 해당 대가를 받을 권리가 생길 때 수익을 인식한다. 여기서 수행의무는 기업이 고객에게 직접 재화(또는 용역)를 제공하거나 제3자가 재화(또는 용역)를 제공하도록 주선하는 것을 말한다. 기업은 거래가격(계약대가)으로 수익을 인식해야 하므로 상품권의 액면금액에서 할인액을 차감하여 상품권을 판매해서 받은 금액으로 수익을 인식한다. 액면금액을 수익으로 인식하면서 할인액을 별도 비용(예 판매촉진비)으로 인식할 수 없다.

예제 20 유상으로 판매한 교환권

중요도: ★★
난이도: ◆◆

상황

· 5차연도 1. 1.에 닭튀김회사가 닭 날개와 교환할 수 있는 교환권 50매(1매당 액면금액: ₩12,000)를 1매당 ₩10,000에 할인 판매하였다.
· 교환권 1매에 해당하는 닭 날개의 원가는 ₩7,000이고 개별 판매가격은 ₩10,000이다.
· 교환권은 5차연도 7. 1.에 시효가 만료된다.
· 교환권이 다음과 같이 행사되었다.

5차연도 4. 30.	35매
5차연도 6. 30.	13

· 5차연도 7. 1.까지 나머지 교환권 2매가 행사되지 않고 닭튀김회사는 시효가 만료된 교환권에 대해서 환불하지 않는다.

물음 닭튀김회사에 필요한 분개를 하라.

정답 및 해설

5차연도 1. 1. 교환권 판매시점:

(차) 현 금	500,000	(대) 계 약 부 채*	500,000

* 미실현매출수익

5차연도 4. 30. 교환권 35매 행사시점:

(차) 계 약 부 채	350,000	(대) 매 출	350,000
(차) 매 출 원 가	245,000	(대) 재 고 자 산	245,000

5차연도 6. 30. 교환권 13매 행사시점:

(차) 계 약 부 채	130,000	(대) 매 출	130,000
(차) 매 출 원 가	91,000	(대) 재 고 자 산	91,000

5차연도 7. 1. 교환권 소멸시점:

(차) 계 약 부 채	20,000	(대) 매 출	20,000

6. 추가 재화(또는 용역)에 대한 고객의 선택권: 할인권

기업이 고객에게 무료 또는 할인된 가격으로 추가 재화(또는 용역)를 취득할 수 있는 선택권을 제공하는 경우가 다음과 같이 다양하다.

- 고객이 미래에 구매하는 재화(또는 용역)에 대해서 일반적으로 제공되는 할인의 범위를 초과하는 추가(증분) 할인7)
- 고객충성제도에서 고객에게 부여하는 보너스포인트
- 고객에게 중요한 권리를 제공하는 계약갱신선택권

기업이 고객에게 재화(또는 용역)를 판매하면서 추가 재화(또는 용역)를 할인된 가격에 구입할 수 있는 선택권(할인권)을 제공하고 해당 선택권이 고객이 계약을 체결하지 않았으면 받을 수 없는 중요한(material) 권리를 제공하는 경우(예 재화 또는 용역에 대해 일반적으로 제공하는 할인의 범위를 초과하는 추가 할인)에는 선택권(할인권)을 별개의 수행의무로 본다. 선택권이 고객에게 중요한 권리를 제공하면, 고객은 사실상 미래 재화(또는 용역)의 구매대가를 기업에 미리 지급한 것이므로 기업은 선택권(할인권)에 배분된 금액을 미실현수익(계약부채)으로 인식했다가 미래에 선택권이 행사되어 재화(또는 용역)가 이전되거나 선택권이 만료될 때 수익을 인식한다[1115: B40]. 따라서 기업은 판매시점에 상대적 개별 판매가격법을 적용해서 거래대가를 상품을 인도하는 수행의무와 고객에게 부여한 선택권(할인권)에 배분해서 다음과 같이 각기 다른 시점에 수익을 인식한다.

총판매대가 {
- 재화의 판매대가: 판매시점에 수익을 인식
- 선택권의 판매대가: 선택권 행사시점이나 만료시점에 수익을 인식

7) 우리나라 구두제조회사가 액면금액에 일정 비율만큼 할인해서 액면금액보다 적은 대가를 받고 할인판매한 상품권은 여기에 해당되지 않는다. 그러나 구두제조회사가 일부 우수고객이 상품권을 제시할 때 추가로 할인해주면 추가할인은 고객에게 중요한 권리를 제공하는 별개의 수행의무이다.

상대적 개별 판매가격법을 사용하려면 선택권(할인권)의 개별 판매가격을 알아야 한다. 추가 재화(또는 용역)를 구매할 수 있는 선택권의 개별 판매가격을 직접 관측할 수 없으면, 고객이 선택권을 행사할 때 받을 할인을 반영하되 다음 모두에 대해 조정해서 추정한다[1115: B42].

• 고객이 선택권을 행사하지 않고도 받을 수 있는 할인액
• 선택권이 행사될 가능성

[1115: B42]의 의미: 기업이 특정 상품을 판매할 때에 ₩3,000을 깎아주는 할인권 1,000매를 발행해서 고객에게 제공했지만 고객이 실제로 행사한 할인권 수량이 0매이면 깎아주는 금액이 ₩0이라 할인권의 실질적 가치가 ₩0(₩3,000 × 1,000매 × 행사율 0%)이다. 그러나 고객이 실제로 행사한 할인권 수량이 1,000매 전체이면 할인권의 가치가 ₩3,000,000(₩3,000 × 1,000매 × 행사율 100%)이다. 이와 같이 할인권의 가치(개별 판매가격)를 측정하려면 행사율을 추정해야 한다. 따라서 추가 재화(또는 용역)를 구매할 수 있는 고객의 선택권의 개별 판매가격을 직접 관측할 수 없으면 선택권의 개별 판매가격을 다음과 같이 추정한다.

할인권의 추정 판매가격 = 할인권의 액면금액 × 추정 행사율
= 할인대상 품목의 단위당 판매가격 × 할인율 × 추정 행사율

예제 21 추가 재화에 대해 고객에게 제공한 할인권

중요도: ★★★
난이도: ◆

상황

· 덤줘요회사는 100명의 고객에게 공학계산기 1개씩을 단위당 ₩9,000에 판매하였다. 공학계산기를 판매하면서 덤줘요회사는 각 고객에게 단위당 판매가격이 ₩2,500인 샤프를 1/3 가격(단위당 할인액: ₩1,667)으로 살 수 있는 할인권을 교부했다. 할인권은 90일 후에 시효가 만료되고 덤줘요회사는 고객의 60%가 할인권을 사용해서 샤프를 구매할 것으로 예측하였다.
· 덤줘요회사는 고객이 공학계산기를 사지 않으면 받을 수 없는 중요한 권리(할인권)를 고객에게 부여한다.

상황 공학계산기 1단위와 샤프 1단위를 판매하는 시점에 필요한 분개를 하라.

정답 및 해설

공학계산기 1단위 판매시점:

할인권의 액면금액: ₩2,500(판매가격) × 2/3(할인율) = ₩1,667
할인권의 개별 판매가격: ₩1,667 × 60%(추정 행사율) = ₩1,000

공학계산기 판매시점에서 공학계산기 단위당 판매가격 ₩9,000을 공학계산기와 할인권에 배분하면 다음과 같다.

수행의무	개별 판매가격	배분율	배분된 거래가격
공학계산기	₩9,000	90%	₩8,100
할인권	1,000	10	900
합계	₩10,000	100%	₩9,000

덤줘요회사는 고객에게 공학계산기 1단위를 ₩9,000에 판매할 때마다 다음과 같이 분개해서 ₩8,100의 수익을 인식한다.

(차) 현 금	9,000	(대) 매	출(계산기)	8,100
			미실현수익(샤프)	900

샤프 1단위 판매시점:
덤줘요회사는 할인권에 ₩900을 배분하고 고객이 샤프를 사면서 할인권을 제시하거나 할인권의 행사기간이 만료하면 할인권에 대한 수익을 인식한다.

(차) 현 금	833*	(대) 매	출(샤프)	1,733
미실현수익(샤프)	900			

* 할인 후 현금판매가격: ₩2,500 × 1/3 = ₩833

7. 추가 재화(또는 용역)에 대한 고객의 선택권: 고객충성제도

참고 「K-IFRS 제1115호」가 고객충성제도에 대해서 제시하는 회계처리지침이 상당히 제한적이다. 무료(또는 할인된 가격)로 추가 재화(또는 용역)를 취득할 수 있는 고객의 선택권 중의 하나의 형태로 '고객보상점수'(customer award credits or points)가 [1115: B39]에 나열되고 [1115: B383]이 위임자(본인) – 대리인 관계를 설명하고, 고객충성제도에 대한 간단한 사례 하나(적용사례 52)가 제시되어 있을 뿐이지만 고객충성제도에 대한 회계처리가 복잡하다. 고객충성제도가 일상생활에 보편화 되고 회계사 시험에 종종 출제되므로 자세하게 설명한다. [1115: BC88]에는 보너스포인트가 '고객충성포인트'(customer loyalty points)로 번역되었으나 일상생활에서 충성포인트라는 표현이 쓰이지 않으므로 이 책에서는 보너스포인트 또는 마일리지라 부른다.

고객충성제도(customer loyalty program)는 기업이 재화(또는 용역)를 구입하는 고객에게 보너스포인트(customer award points) 또는 마일리지(mileage)를 부여하고, 고객은 보너스포인트(마일리지)를 사용하여 무상(또는 할인된 가격)으로 재화(또는 용역)를 구매하는 제도를 말한다. 보너스포인트는 pp. 766 ~ 767에서 설명한 '추가 재화(용역)에 대한 고객의 선택권(할인권)'과 같이 계약을 체결하지 않으면 받을 수 없는 중요한 권리를 고객에게 부여하므로 별개 수행의무이고 보너스포인트에 대한 수익인식시점이 상황에 따라 다르다.

과거에는 보너스포인트를 부여한 기업(예 항공회사)이 직접 보상(예 항공기 무료 탑승)하는 형태가 주를 이루었지만, 근래에는 보너스포인트를 부여한 부여기업(예 항공기 탑승마일리지를 부여하는 신용카드 발급회사)과 보상을 제공하는 보상기업(예 항공회사)이 다른 경우가 많아져서 거래구조가 복잡해 졌다. 고객충성제도는 다음 세 가지 유형으로 나뉜다.

유형 ①: 포인트 부여기업이 제공하는 재화(또는 용역)에만 행사할 수 있는 보너스포인트. 이러한 유형의 보너스포인트에 대한 회계처리는 pp. 766 ~ 767에서 설명한 '추가 재화(또는 용역)에 대한 고객의 선택권'에 대한 회계처리와 동일하다.

유형 ②: 포인트 부여기업이 아닌 다른 보상기업이 제공하는 재화(또는 용역)에만 행사할 수 있는 보너스포인트. 이러한 유형의 보너스포인트에 대한 회계처리는 기본적으로 재고자산 구매와 판매에 대한 회계처리와 동일하다. 만일 부여기업이 대리인이면 위탁판매에 대한 회계처리와 똑같다.

유형 ③: 포인트 부여기업 또는 다른 보상기업으로부터 재화(또는 용역)를 구매할 때에 사용할 수 있는 보너스포인트. 유형 ③은 전문가가 주관적으로 판단해서 회계처리해야 하므로 설명을 생략한다.

유형 ①의 보너스포인트: 고객이 보너스포인트를 포인트 부여기업이 제공하는 재화(또는 용역)에만 행사할 수 있으면 고객충성제도를 시행하는 기업은 두 종류의 재화(상품과 보너스포인트)를 판매하고 다음 두 가지 수행의무를 부담한다.

- 판매된 상품(또는 용역)의 인도
- 고객이 보너스포인트를 사용하여 미래에 사는 재화(또는 용역)의 인도

이러한 고객충성제도를 시행하는 기업은 판매시점에 상대적 개별 판매가격법을 적용해서 거래대가를 상품과 보너스포인트에 배분해서 다음과 같이 각기 다른 시점에 수익을 인식한다.

총판매대가 { 상품의 판매대가: 판매시점에 수익을 인식
보너스포인트 판매대가: 보너스포인트 행사시점에 수익을 인식

보너스포인트에 배분된 판매대가는 상품 판매시점에 계약부채(미실현매출수익)로 인식하고 고객이 미래에 보너스포인트를 행사하는 시점에 수익을 인식하고 계약부채(미실현매출수익)를 제거한다.

유형 ②의 보너스포인트: 고객이 보너스포인트를 포인트 부여기업이 판매하는 재화(또는 용역)에는 행사할 수 없고, 다른 보상기업으로부터 재화(또는 용역)를 구매할 때에 사용할 수 있다. 예를 들어, 서점이 특정 커피체인점에게 대가를 지불한 후에 고객에게 책을 판매하면서 해당 커피체인점에서 할인된 가격(또는 무료)으로 커피를 살 수 있는 보너스포인트를 부여하면 고객충성제도를 시행하는 서점은 책 판매시점에 보너스포인트를 부여하는 자체로 모든 수행의무를 이행했고 판매 이후에 서점이 이행할 수행의무(커피의 인도)가 없다. 그러므로 서점이 고객충성제도의 거래주체(위임자)이면 책과 보너스포인트 판매시점에 총거래가격을 수익으로 인식하는 동시에 커피체인점으로부터 보너스포인트를 취득한 금액을 매출원가로 인식한다. 서점이 대리인이면 경제적 실질 면에서 보너스포인트를 위탁판매하는 것이므로 커피체인점으로부터 받을 판매수수료를 수익으로 인식한다. 그러므로 유형 ②에서는 포인트 부여기업의 지위가 무엇인지(거래주체의 자격으로 보너스포인트를 부여하는지 또는 보상기업의 대리인으로 보너스포인트를 부여하는지)를 파악한 후 처리한다. 아래에서는 유형 ①과 유형 ②에 대한 회계처리를 자세하게 설명한다.

(1) 부여기업의 재화(또는 용역)에 대해서만 행사되는 보너스포인트

보너스포인트에 대한 회계처리의 개요

단계 1: 보너스포인트 제공이 별개의 수행의무이므로 보너스포인트의 개별 판매가격을 결정한다.

단계 2: 상대적 개별 판매가격법을 적용해서 총거래가격을 판매된 재화(또는 용역)와 보너스포인트에 배분한 후 판매시점에 재화 판매수익을 인식하고 보너스포인트에 대한 계약부채를 인식한다.
단계 3: 보너스포인트와 관련된 수행의무가 이행되는 시점에 보너스포인트에 배분된 금액을 수익으로 인식한다.

단계 1: 보너스포인트의 개별 판매가격 결정

재화(또는 용역) 판매시점에 보너스포인트의 개별 판매가격을 다음과 같이 결정한다.

예상행사율(α) = 예상 행사수량 ÷ 총 부여수량
포인트 단위당 개별 판매가격 = 포인트 단위당 액면금액 × 예상행사율(α)

재화(또는 용역) 판매시점에 보너스포인트의 개별 판매가격이 일단 결정되면 추후에 행사될 총 보너스포인트 예측수량이 변경되어도 개별 판매가격을 수정하지 않는다.

참고 일반적으로 거래가격(판매가격)을 현재가치로 측정한다. 그러나 고객이 재화(또는 용역)의 대가를 선급하고 고객의 재량에 따라 그 재화(또는 용역)의 이전시점이 결정되면 유의적 금융요소가 없다고 가정하므로 [1115: 62(1)] 보너스포인트의 거래가격을 현재가치로 조정하지 않는다

단계 2: 총거래가격을 판매된 재화(또는 용역)와 보너스포인트에 배분

보너스포인트가 포인트 부여기업의 재화(또는 용역)에 대해서만 행사될 수 있는 제도를 시행하는 부여기업은 재화(또는 용역)의 통제를 이전하는 수행의무와 보너스포인트에 관련된 수행의무를 이행해야 한다. 그러므로 재화(또는 용역) 판매시점에 상대적 개별 판매가격법을 사용하여 총거래가격을 판매된 재화(또는 용역)와 보너스포인트 행사예상량에 배분한다. 판매된 재화(또는 용역)에 배분한 금액은 판매시점에 매출수익으로 인식하고, 보너스포인트에 배분한 금액은 계약부채(미실현매출수익)로 인식한다.

단계 3: 보너스포인트와 관련된 수행의무가 이행되는 시점에 수익을 인식

총거래가격 중 보너스포인트에 배분했던 금액은 고객이 보너스포인트를 행사하는 시점(또는 보너스포인트가 소멸하는 시점)에 수익을 인식하고 계약부채(미실현매출수익)를 제거한다. 실무에서는 통상적으로 회계연도 말에 보너스포인트의 누적행사율을 바탕으로 수익을 인식하고 계약부채(미실현수익) 장부금액을 감소시킨다. 여기서 유의할 점은, 판매시점에는 '판매시점에서의 행사예상 총 포인트' 기준으로 계약부채를 측정하지만, 회계기간 말에 계약부채 중에서 당기수익으로 인식하는 금액을 결정할 때에는 '당기 말까지 실제로 행사된 누적 포인트 수량'과 '당기 말에 다시 예상한 행사예상 총 포인트 수량'을 토대로 해서 누적행사율을 계산한다는 것이다. 이렇게 구한 누적행사율에 판매시점에 측정했던 계약부채를 곱해 당기 말까지의 누적수익을 계산한 후 여기에서 전기 말까지 인식한 누적수익을

차감하여 당기에 인식할 수익을 결정한다(그림 15.4 참조).

그림 15.4 **보너스포인트에 배분한 총 계약부채 중 당기에 인식할 수익**

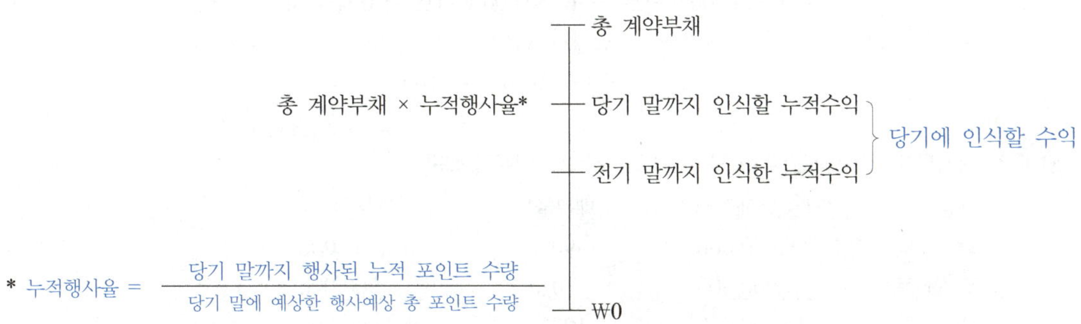

예제 22 포인트 부여기업에 대해서만 사용될 수 있는 보너스포인트

중요도: ★★★
난이도: ◆◆

상황

· 낙원호텔은 호텔 숙박비 ₩7.2당 1보너스포인트를 부여하는 고객충성제도를 시행하고 있다. 낙원호텔은 고객이 호텔에 숙박하지 않으면 받지 못하는 중요한 권리를 제공한다고 판단해서 고객에게 부여한 포인트를 별개의 수행의무로 분류한다. 고객이 낙원호텔에 숙박하면 1포인트당 ₩1을 할인 받을 수 있다.

· 5차연도의 숙박비 총액은 ₩9,000,000이고 1,250,000(₩9,000,000 ÷ ₩7.2)포인트가 부여되었다. 판매시점에 낙원호텔은 부여된 포인트 중에서 1,000,000포인트가 행사될 것으로 예측하므로 총 포인트의 개별 판매가격은 ₩1,000,000이다

· 고객충성제도에 참여하는지 여부와 관계없이 모든 고객이 낙원호텔에 동일한 숙박비를 지급하므로 판매된 총 숙박비의 개별 판매가격은 ₩9,000,000이다.

물음

1. 5차연도 중에 400,000포인트가 행사되었고 6차연도부터 600,000포인트가 행사될 것으로 추정된다. 5차연도 판매시점과 5차연도 12. 31.에 낙원호텔이 보너스포인트에서 인식할 계약부채와 수익에 대해서 분개하라.
2. 6차연도 1. 1.에 낙원호텔은 포인트의 총 행사예상량을 1,000,000포인트에서 950,000포인트로 감소시켰고, 6차연도 중에 고객이 312,500포인트를 행사하였다. 6차연도 12. 31.에 낙원호텔이 보너스포인트에서 인식할 계약부채와 수익을 계산하라.
3. 7차연도 중에 고객이 237,500포인트를 행사하였다. 7차연도 12. 31.에 낙원호텔이 보너스포인트에서 인식할 수익과 계약부채를 계산하라.
4. 물음 2의 포인트 총 행사예상량 감소와 물음 3의 자료를 무시하라. 7차연도 중에 고객이 87,500포인트를 행사했고 낙원호텔은 총 행사예상량 1,000,000포인트 중 나머지 200,000포인트가 행사되지 않을 것으로 예측한다. 7차연도 12. 31.에 낙원호텔이 보너스포인트에서 인식할 수익과 계약부채를 계산하라.

정답 및 해설

	물음 1	물음 2	물음 3	물음 4
수익	₩360,000	₩315,000	₩225,000	₩225,000
계약부채	540,000	225,000	0	0

1.

단계 1: 보너스포인트의 개별 판매가격을 결정

예상행사율(α) = 예상 행사수량 ÷ 총 부여수량
= 1,000,000포인트 ÷ 1,250,000포인트 = 0.8(80%)

포인트 단위당 개별 판매가격 = 포인트 단위당 액면금액 × 예상행사율(α)
= ₩1 × 0.8(α) = ₩0.8

단계 2: 총거래가격을 판매된 재화(또는 용역)와 보너스포인트에 배분

항목	개별 판매가격	배분율	배분액
숙 박	₩9,000,000	90%	₩8,100,000
포 인 트	1,000,000	10	900,000
합 계	₩10,000,000	100%	₩9,000,000

· 판매시점의 계약부채(미실현수익) 측정액: ₩900,000

5차연도 중 판매시점:

(차) 현 금	9,000,000	(대) 매 출	8,100,000
		계약부채(미실현수익)	900,000

단계 3: 보너스포인트와 관련된 수행의무가 이행되는 시점에 수익을 인식

· 5차연도 12. 31.까지 포인트의 누적 행사율: 400,000포인트 ÷ 1,000,000포인트 = 40%
· 5차연도 12. 31.에 포인트에서 인식할 누적수익: ₩900,000 × 40% = ₩360,000
· 5차연도 12. 31.의 계약부채 측정액: ₩900,000 − ₩360,000 = ₩540,000

5차연도 12. 31. 결산일:

(차) 계약부채(미실현수익)	360,000	(대) 매 출	360,000

2.

· 6차연도 12. 31.까지 포인트의 누적 행사율: 712,500포인트 ÷ 950,000포인트 = 75%
· 6차연도 12. 31.까지 포인트에서 인식할 누적수익: ₩900,000 × 75% = ₩675,000
· 6차연도 12. 31.에 인식할 6차연도 수익: ₩675,000 − ₩360,000 = ₩315,000
· 6차연도 12. 31.의 계약부채 측정액: ₩540,000 − ₩315,000 = ₩225,000

3.

· 7차연도 12. 31.까지 포인트의 누적 행사율: 950,000포인트 ÷ 950,000포인트 = 100%
· 7차연도 12. 31.까지 포인트에서 인식할 누적수익: ₩900,000 × 100% = ₩900,000
· 7차연도 12. 31.에 인식할 7차연도 수익: ₩900,000 − ₩675,000 = ₩225,000
· 7차연도 12. 31.의 계약부채 측정액: ₩225,000 − ₩225,000 = ₩0

4.

· 7차연도 12. 31.까지 포인트의 누적 행사율: 800,000포인트 ÷ 800,000포인트 = 100%

· 7차연도 12. 31.까지 포인트에서 인식할 누적수익: ₩900,000 × 100% = ₩900,000
· 7차연도 12. 31.에 인식할 7차연도 수익: ₩900,000 − ₩675,000 = ₩225,000
· 7차연도 12. 31.의 계약부채 측정액: ₩225,000 − ₩225,000 = ₩0

(2) 부여기업 이외의 보상기업의 재화(또는 용역)에 대해서만 행사되는 보너스포인트

보너스포인트가 부여기업이 아닌 보상기업의 재화(또는 용역)에 대해서만 행사될 수 있는 경우에는 부여기업의 지위(위임자 또는 대리인)에 따라 이행하는 수행의무의 성격이 다르므로 수익으로 인식할 금액이 다르다. 왜냐하면, 부여기업이 위임자(본인)이면 p. 761에서 설명한 상인모형을 적용해서 수익을 인식하고 대리인이면 대리인모형을 적용해서 수익을 인식하기 때문이다.

포인트 부여기업이 위임자(본인)인 경우: 포인트 부여기업이 위임자(본인)이면 경제적 실질 면에서 포인트 부여기업이 보상기업의 재화(또는 용역)에 대해 행사될 수 있는 보너스포인트를 보상기업으로부터 사와서 직접 통제하다가 고객에게 판매하는 거래주체(위임자)이므로 재고자산(보너스포인트)의 구매와 판매처럼 회계처리한다. 즉, 보너스포인트의 구매시점에는 보상기업에게 지급할 대가(구매원가)를 매입채무(미지급금)로 인식하고 보너스포인트는 재고자산으로 인식한다. 보너스포인트의 판매시점에는 고객으로부터 받은 총액을 수익으로 인식하고, 보너스포인트를 구매한 금액을 매출원가로 인식한다. 쉽게 얘기하면, 담뱃가게 주인이 KT&G에서 담배를 사와서 흡연자에게 판매하는 것과 똑같다.

Miniature 예제 22 위임자(본인)인 포인트 부여기업의 보너스포인트 회계처리

· 포인트 부여기업이 포인트 보상기업으로부터 보너스포인트를 ₩70,000에 외상으로 사와서 고객에게 ₩100,000에 현금판매하면 다음과 같이 분개한다.

보너스포인트 취득시점:

(차)	재고자산(보너스포인트)	70,000	(대) 매입채무(미지급금)	70,000

보너스포인트 이전시점:

(차)	현　　금(또는 매출채권)	100,000	(대) 매　　출(보너스포인트)	100,000
(차)	매출원가(보너스포인트)	70,000	재고자산(보너스포인트)	70,000

포인트 부여기업이 대리인인 경우: 포인트 부여기업이 보상기업을 대신해서 대리인으로 보너스포인트를 제공하는 경우 부여기업은 보너스포인트가 고객에게 이전되기 전에 보너스포인트를 통제하지 않고 단순히 고객에게 보너스포인트가 제공될 수 있도록 주선해주는 역할을 수행한다. 이 경우 부여기업은 보너스포인트를 고객에게 제공하는 시점에 보너스포인트 판매수수료를 수익으로 인식하고 위임자인 보상기업에게 지급할 것으로 예상되는 금액을 계약부채(미지급금)로 인식한다. 쉽게 얘기하면, 극장이 영화배급사로부터 '어벤져스 엔드게임' 영화필름을 받아와 상영해서 입장료의 일부를 수수료로

챙기고 나머지를 영화배급사에 지급하는 것과 같다. 이 경우 극장이 Miniature 21의 참똘똘회사처럼 입장료 전액을 수익으로 인식하면 분식회계를 범하는 것이 된다.

예제 23 포인트 부여기업이 대리인인 경우

중요도: ★
난이도: ◆

상황

· 드세요회사가 식료품 구입비용 ₩100당 1마일리지를 부여하는 고객충성제도를 시행하고 있다. 고객은 마일리지를 사용해 날아라항공회사의 항공편을 무료로 이용할 수 있다.

· 판매된 식료품과 마일리지의 상대적 개별 판매가격에 기초하여 거래가격을 마일리지에 배분한 결과, 거래가격 중에서 1마일리지당 배분된 금액이 ₩2이다. 드세요회사는 이 거래에서 대리인의 역할을 하며, 1마일리지당 ₩1.5을 날아라항공회사에 지급한다.

· 2차연도에 드세요회사의 상품 매출액은 총 ₩1,000,000이고 10,000마일리지를 부여하였다. 드세요회사는 거래가격 중에서 ₩20,000(부여된 10,000마일리지 × 마일리지당 배분된 금액 ₩2)을 마일리지에 배분하였다.

물음 드세요회사가 고객에게 부여한 마일리지에 대한 수익인식시점과 수익측정액을 결정하라.

정답 **식료품 판매시점, ₩5,000**

해설

· 드세요회사가 고객에게 식료품을 판매하고 마일리지를 이전하는 시점에 수행의무가 이행되므로 식료품 판매시점에 ₩5,000의* 수수료를 수익으로 인식하고 ₩15,000을 날아라항공회사에게 지급할 계약부채(미지급금)로 인식한다.

* ₩20,000(마일리지에 배분된 금액) − ₩15,000(날아라항공회사에 지급하는 대가) = ₩5,000

8. 라이선스

라이선싱(licensing)은 기업이 고객으로부터 일정한 대가를 받고 자신의 지적재산(예 소프트웨어, 기술, 영화, 음악, 그 밖의 형태의 미디어와 오락물, 프랜차이즈, 상표권, 특허권, 저작권 등)을 사용할 권리를 부여하는 계약이다. 라이선스수수료(로열티)수익의 인식시점을 결정하기 위해서 다음을 결정한다.

① 라이선스를 부여하는 약속에 다른 재화(또는 용역)를 이전하는 약속이 함께 포함되면 계약에서 라이선스가 구별되는지 여부를 판단하여 수행의무를 식별한다.

② 라이선스 이전이 별개의 재화(또는 용역)로 구별되는 수행의무이면, 구별되는 라이선스가 지적재산 접근권인지 아니면 지적재산 사용권인지를 판단한다.

표 15.1 **라이선스에 대한 회계처리 개요**

- 라이선스를 지적재산 접근권 또는 지적재산 사용권으로 구분
- 지적재산 접근권을 제공하는 라이선스는 수행의무가 기간에 걸쳐 이행되므로 라이선스기간이 시작되는 시점부터 라이선스 부여기간에 걸쳐 수익을 인식
- 지적재산 사용권을 제공하는 라이선스는 수행의무가 한 시점에 이행되므로 사용권 제공 시점에 수익을 인식
- 예외: 라이선스에 대한 수수료(로열티)가 후속 매출이나 사용에 기초해서 지급되면 후속 판매나 사용이 일어날 때 수익을 인식. 이와 같은 수수료(로열티)는 지적재산 접근권에만 관련됨

(1) 구별되지 않는 라이선스

라이선스를 부여하는 약속이 그 밖에 약속한 재화(또는 용역)와 구별되지 않으면, 둘을 하나로 묶어 단일 수행의무로 분류하고, 해당 수행의무를 이행하는 시점에 수익을 인식한다. 라이선스계약에 라이선스뿐만 아니라 다른 재화(또는 용역)가 포함되는 경우 다음 라이선스는 구별되지 않는다[1115: B54].

- 유형 재화의 구성요소를 형성하고 해당 재화의 기능성에 반드시 필요한 라이선스
- 고객이 라이선스와 관련된 용역을 함께 사용해야 혜택을 볼 수 있는 라이선스. 예를 들어, 기업이 라이선스를 부여하고 고객이 콘텐츠에 접근할 수 있도록 하는 온라인 서비스를 제공하면 해당 라이선스가 구별되지 않는다.

(2) 구별되는 라이선스

제2절에서 설명한 것과 같이 고객이 라이선스 자체로 혜택을 볼 수 있고(효익획득기준) 라이선스를 계약에 포함된 다른 약속과 분리할 수 있으면(별도식별기준) 라이선스는 구별되는 재화이므로 라이선스를 부여하는 약속은 별개의 수행의무이다. 예를 들어, 근면회사가 나태회사에게 자신의 소프트웨어를 영구적으로 사용하게 허용하는 라이선스계약을 체결하였으나, 근면회사는 고객에게 소프트웨어를 설치해 주지 않는다. 나태회사가 근면회사 이외의 다른 기업에게 근면회사의 소프트웨어를 설치하도록 시키는 경우에 소프트웨어의 설치는 근면회사의 소프트웨어를 유의적으로 개선하거나 고객 맞춤화(customization)하지 않는다. 나태회사는 이 계약에서 라이선스 자체에서 혜택을 볼 수 있고 라이선스를 계약에 포함된 다른 약속과 분리할 수 있으므로 근면회사가 제공하는 라이선스는 구별되는 재화이다.

구별되는 라이선스를 이전하는 약속이 지적재산 접근권과 지적재산 사용권 중에서 어떤 것을 제공하느냐에 따라 라이선스에 대한 수익인식시점이 다르다.

지적재산 접근권(right to access)은 라이선스기간 전체에 걸쳐 존재하는 기업의 지적재산에 접근할 권리로, 지적재산 접근권을 제공하는 라이선스는 수행의무가 기간에 걸쳐 이행되므로 라이선스기간이 시작되는 시점부터 라이선스 부여기간에 걸쳐 수익을 인식한다. US GAAP에서는 지적재산 접근권을 상징적 지적재산(symbolic intellectual property)이라고 부른다. 판매자가 지적재산권에 유의적으로 영향을 미치는 다음과 같은 활동에 계속 관여해서 고객이 권리를 갖는 지적재산권이 라이선스 부여기간에

걸쳐 계속해서 변경되면 라이선스를 부여하는 기업의 약속은 지적재산 접근권을 제공하는 것이다[1115: B58].

① 고객이 접근할 권리를 보유한 지적재산에 유의적으로 영향을 미치는 활동을 라이선스 제공기업이 실제로 수행하거나 그럴 것으로 고객이 합리적으로 예상한다. 예를 들면, 프랜차이즈 본사가 프랜차이즈 가맹점에게 프랜차이즈권리를 부여하고 고객의 인지도를 높이는 판매촉진활동, 상품을 개발하는 연구개발 등을 지속적으로 수행한다.

② 라이선스를 취득한 고객은 위 ①의 긍정적(또는 부정적) 영향에 직접적으로 노출된다.

③ 재화(또는 용역)가 고객에게 이전되지 않는다.

위와 같은 조건이 계약에 명시되지 않을 수 있으나 판매자의 상거래 관행에서 유추할 수도 있다. 예를 들면, 판매자가 제공한 지적재산을 활용한 제품의 판매량에 기초해서 고객이 판매자에게 사용료를 지급하는 경우, 판매자가 지적재산을 갱신(update)한다는 것을 시사한다. 이러한 조건이 존재하면 지적재산 접근권을 제공하는 약속이므로 라이선스 부여기간에 걸쳐 관련 수익을 인식한다.

2019년 3월에 국제회계기준해석위원회는 고객이 정해진 기간에 공급자의 응용 소프트웨어에 접근할 권리를 획득한 대가로 수수료를 지급하는 '용역형 소프트웨어' 클라우드 컴퓨팅(cloud computing) 계약은 리스 또는 무형자산이 아니라 용역계약이라고 결론 내렸다. 즉, 고객은 계약기간에 걸쳐 용역(소프트웨어에 접근)을 제공받는 것이다. 고객이 용역을 제공받기 전에 공급자에게 대가를 지급하면, 그 선급금은 고객에게 미래 용역에 대한 권리를 부여하며, 고객의 자산이다.

지적재산 접근권이 아닌 라이선스는 라이선스를 부여하는 시점에 존재하는 지적재산 사용권(right to use)으로 분류한다. US GAAP에서는 지적재산 사용권을 기능적 지적재산(functional intellectual property)이라고 부른다. 지적재산 사용권이 이전되는 시점에 고객이 라이선스의 사용방법과 사용목적을 결정(지시)할 수 있고 라이선스에서 생기는 효익의 대부분을 획득할 수 있으므로 지적재산 사용권을 제공하는 약속은 한 시점에 이행되는 수행의무로 분류해서 수익을 인식한다[1115: B61]. 즉, 고객이 지적재산을 처음으로 사용할 수 있는 시점에 수행의무가 이행되므로 그 시점에 수익을 인식한다.

지적재산 사용권을 제공하는 라이선스에 대한 수익은 고객이 라이선스를 사용하여 효익을 얻을 수 있는 기간이 시작되기 전에는 인식할 수 없다. 예를 들면, 고객이 즉시 소프트웨어를 사용할 수 있게 하는 접속번호를 고객에게 제공하거나 다른 방법으로 사용할 수 있게 하기 전에, 소프트웨어의 라이선스 기간이 시작될 수 있다. 이 경우에 판매기업은 고객에게 해당 접속번호를 제공하거나 고객이 다른 방법으로 사용할 수 있게 하기 전에는 수익을 인식하지 않는다[1115: B61].

라이선스 분류방법의 변경 **수익에 미치는 영향**

- 마이크로소프트(Microsoft)가 종전에는 윈도우(Windows)를 판매하면 통상적으로 2년에서 4년에 걸쳐 수익을 인식했으나, 2017년에 IFRS 15의 미국 version을[8] 조기 적용하고 윈도우 10을 지적재산 사용권(기능적 지적재산)으로 분류해서 인도시점에 수익을 인식했다. 라이선스의 분류방법을 변경해서 수익인식시점이 변경된 결과 2016년과 2017년의 수익이 각각 58억 달러와 66억 달러 증가했다.

예제 24 구별되는 라이선스와 구별되지 않는 라이선스

중요도: ★★★
난이도: ◆

상황

· 오래살자회사가 연구개발 초기 단계에서 발명한 의약품에 대한 라이선스를 돈벌자회사에게 사용하게 하는 계약을 체결하였다. 오래살자회사는 이 계약의 일부분으로 돈벌자회사에게 연구개발용역을 제공한다.

· 돈벌자회사는 이 의약품을 독자적으로 연구개발할 능력이 없고 오래살자회사가 특화된 기술에 기초하여 이 의약품에 대한 연구개발용역을 제공할 수 있는 유일한 기업이다.

물음

1. 이 협약에서 라이선스가 연구개발용역과 구별되는지를 결정하라.
2. 돈벌자회사가 스스로 연구개발용역을 수행하거나 또는 다른 기업으로부터 연구개발용역을 구매할 수 있다고 가정하고 이 협약에서 라이선스가 구별되는지를 결정하라.

정답 및 해설

1.

돈벌자회사는 스스로 연구개발용역을 수행하거나 또는 다른 기업으로부터 연구개발용역을 구매할 수 없으므로 라이선스 자체로부터 또는 쉽게 이용할 수 있는 자원과 함께 라이선스에서 혜택을 볼 수 없다. 이 경우 라이선스가 구별되지 않으며, 라이선스와 연구개발용역을 결합하여 단일 수행의무로 분류한다.

2.

라이선스와 연구개발용역을 분리하여 각각 별개의 수행의무로 분류해야 하는지, 아니면 둘을 결합하여 단일 수행의무로 분류해야 하는지를 결정해야 한다. 예를 들어, 돈벌자회사가 완전히 개발된 의약품(라이선스와 연구개발용역이 결합된 산출물)에 대해서 오래살자회사와 계약을 체결하였거나 연구개발용역이 돈벌자회사에게 부여된 라이선스를 유의적으로 개선하는 경우이면 라이선스를 연구개발용역과 분리하여 구별되는 별개의 라이선스로 식별할 수 없다.

(3) 라이선스의 수익인식에 대한 예외: 매출(또는 사용)에 기초한 라이선스

지적재산의 라이선스에 대한 수수료(로열티)가 후속 매출이나 사용에 기초하여 지급되는 경우에는 관련수수료를 거래가격에서 일단 제외하였다가 다음 중 나중의 사건이 일어날 때(또는 일어나는 대로) 판매기준 로열티나 사용기준 로열티의 수익을 인식한다[1115: B63].

▶ 후속 판매나 사용

---

8) 2014년 5월에 발표된 IFRS 15에서 'highly probable'이라고 표현하는 것을 US GAAP에서 'probable'이라고 표현한 것 이외에는 IFRS 15와 US GAAP이 동일하다. IFRS에서 '가능성이 높다(probable)'는 것은 발생확률이 50%보다 크다는 것을 말한다[1037: 23]. 이에 반해, US GAAP에서 'probable'은 가능성이 '상당히 높다(likely)'는 것을 의미하며, 명확한 지침은 없으나 대략 75~80% 정도로 이해한다. 「K-IFRS 제1105호」(매각예정자산 기준서)는 '가능성이 매우 높다(highly probable)'는 것이 가능성이 높다(probable)는 것보다 중요하게 더 높은 경우라고 말한다[1105: BC81]. 「K-IFRS 제1105호」에서 말하는 'highly probable'이 US GAAP에서 말하는 "probable'과 거의 같은 개념이므로 「K-IFRS 제1115호」와 US GAAP이 실질적으로 같다고 할 수 있다. 그러나 2016년에 발표된 IFRS 15 개정(수행의무 식별 등의 명확화)에서 특히 라이선스에 대한 규정은 US GAAP과 상당히 다르다. 그리고 미국 FASB가 2015년부터 US GAAP을 개정함에 따라 현시점의 IFRS 15와 US GAAP의 수익기준서 사이에는 차이가 많다. 예를 들어, p. 746에 인용한 [1115: 35]를 IASB는 현재까지 보완하지 않았으나, US GAAP에서는 이에 대한 실무지침이 공표되었다.

▸ 판매기준 또는 사용기준 로열티의 일부나 전부가 배분된 수행의무를 이행(또는 일부 이행)

이러한 예외는 로열티가 다음 중 어느 하나에 해당하는 경우에 적용한다[1115: B63A].

① 로열티가 지적재산의 라이선스에만 관련된다.

② 로열티와 관련된 항목들 중에서 지적재산의 라이선스가 지배적 항목이다. 예를 들어, 로열티와 관련된 다른 재화(또는 용역)보다 고객이 라이선스에 더 유의적인 가치를 부여할 것으로 기업이 합리적으로 예상하면 로열티와 관련되는 항목들 중에서 지적재산의 라이선스가 지배적인 항목일 수 있다.

9. 프랜차이즈 라이선스

「K-IFRS 제1115호」는 사례 57(예제 26 참조)을 제외하고는 프랜차이즈 판매에 대한 회계처리를 제시하지 않지만,[9] 프랜차이즈 판매(franchise sales)는 판매기업('프랜차이즈 본사')이 프랜차이즈 가맹점에 약정기간 동안 상호를 사용하면서 특정 지역에서 특정 상품(또는 용역)을 독점적으로 판매하는 권리를 부여하는 것을 말한다. 판매기업은 통상적으로 상호 및 지적재산을 사용할 권리와 재고자산을 염가에 구매하는 권리를 부여할 뿐만 아니라 프랜차이즈 가맹점에게 창업지원용역(예 가맹점의 위치선정, 시설건설, 설비자산판매, 가맹점의 개업준비, 가맹점 직원에게 교육훈련 등)과 운영지원용역(예 가맹점의 판매촉진지원, 재고자산 관리용역, 품질관리용역 등)을 제공한다. 가장 중요한 것은 판매기업의 지적재산(예 상호)을 사용할 수 있는 권리를 부여하는 것으로, 판매기업이 제공하는 프랜차이즈 라이선스는 일반적으로 지적재산 접근권('상징적 지적재산')이다.

(1) 수행의무의 식별

프랜차이즈계약은 일반적으로 프랜차이즈 가맹점의 위치 선정, 설비자산 또는 재고자산의 이전, 독점적 설명서의 사용, 점포의 건축양식 및 디자인 계획의 검토 및 승인, 교육용역 또는 훈련용역제공 등을 포함한다. 판매기업('프랜차이즈 본사')은 프랜차이즈 상호를 향상하기 위해 제품 개선, 가격 전략, 마케팅 캠페인, 운영 효율화 등의 활동을 수행한다. 프랜차이즈 가맹점이 개업하기 전에 프랜차이즈 본사가 수행하는 활동은 설비자산 제공 이외에 기본적으로 준비활동(setup activities)이다. 개업전 준비활동은 프랜차이즈 본사가 프랜차이즈계약을 이행하는 데 필요하지만 고객(프랜차이즈 가맹점)에게 재화(또는 용역)를 이전하지 않으므로 수행의무가 아니다. 프랜차이즈 본사가 프랜차이즈 가맹점에 미래에 개별 독립가격으로 제품을 공급하는 것을 준비완료(stand ready)하는 약속은 프랜차이즈 가맹점에게 중요한(material) 권리를 제공하지 않으므로 계약 내에서 별개의 수행의무로 분류하지 않는다. 그리고 프랜차이즈 가맹점이 라이선스 자체에서(또는 다른 쉽게 이용할 수 있는 자원과 함께) 효익을 얻을 수 있으나 이러한 항목이 실무에서 각각 별개로 판매되지 않으며 프랜차이즈 본사의 지적재산(용역 및 교육자료를 최신 상태로 유지할 수 있는 능력)과 밀접한 관련이 있다. 그리고 일반적으로 프랜차이즈 라이선

9) 2021년 1월에 미국 FASB가 프랜차이즈 수익인식에 대한 회계기준을 발표했으나, IASB는 프랜차이즈에 대해서 개정하려는 움직임이 없다.

스가 계약에 약속된 다른 재화(또는 용역)와의 상호의존도 또는 상호관련성이 매우 높으므로 라이선스를 계약에 약속한 다른 재화(또는 용역)와 통합해서 하나의 수행의무로 분류한다. 그러나 프랜차이즈 본사(또는 다른 공급자)가 교육훈련용역을 별도로 판매하면 해당 용역이 구별되는 용역이므로 프랜차이즈 본사가 교육훈련용역을 이전할 때 수행의무가 이행된다.

(2) 수익인식

판매기업이 프랜차이즈 가맹점으로부터 받는 수익은 통상적으로 다음 항목으로 구성된다.

- 프랜차이즈 지적재산 대가
- 창업지원용역수수료(upfront fee)
- 설비자산 대가
- 판매기준(또는 사용기준) 로얄티

지적재산 통제의 이전 또는 지적재산 사용권의 부여

프랜차이즈 본사가 프랜차이즈 권리의 통제를 이전하고 프랜차이즈 가맹점의 영업에 추가로 관여하지 않으면 프랜차이즈 가맹점은 영업을 시작하고 프랜차이즈 권리를 통제해서 효익을 얻을 수 있으므로 창업지원용역에 대한 수행의무가 한 시점에 이행된다. 즉, 프랜차이즈 본사가 프랜차이즈 가맹점 직원의 교육훈련, 품질관리 및 광고 등에 거의(또는 전혀) 관여하지 않으면 프랜차이즈 본사가 더 이상 이행할 의무가 없으므로 프랜차이즈 가맹점이 영업을 시작하는 시점에 프랜차이즈 본사가 창업지원용역수수료 전액을 수익으로 인식한다. 이와 같이 지적재산 사용권('기능적 지적재산')과 관련된 수수료는 프랜차이즈 가맹점이 영업을 시작하는 시점에 수익으로 인식한다. 왜냐하면, 프랜차이즈 가맹점이 영업을 시작하는 시점에 프랜차이즈 권리의 사용방법과 사용목적을 결정(지시)하고 권리의 잔여효익의 대부분을 획득할 수 있는 능력을 가져서 제품(또는 용역)을 통제하기 때문이다. 통제에는 다른 기업이 자산의 사용을 지시하고 그 자산에서 효익을 획득하지 못하게 하는 능력도 포함된다.

지적재산 접근권의 부여

프랜차이즈 본사가 지적재산에 유의적으로 영향을 미치는 활동(예 고객의 인지도를 높이는 판매촉진 활동, 상품을 연구개발하는 활동 등)에 계속 관여해서 프랜차이즈 가맹점이 권리를 갖는 지적재산이 라이선스 부여기간에 걸쳐 계속해서 변경되면 지적재산권을 부여하는 프랜차이즈 본사의 약속은 지적재산 접근권('상징적 지적재산')을[10] 제공하는 것이다. 프랜차이즈 본사가 프랜차이즈 라이선스의 통제

10) 프랜차이즈 라이선스를 지적재산 접근권(US GAAP의 상징적 지적재산)으로 보는 이유는 다음과 같다[1115: B58, IE294].

▸ 기업이 고객에게 권리가 있는 지적재산에 유의적으로 영향을 미칠 수 있는 활동을 할 것으로 고객이 합리적으로 예상한다. 고객이 권리를 가지는 지적재산에서 효익을 얻는 고객의 능력은 기업의 예상되는 활동에서 실질적으로 생기거나 그 활동에 따라 달라진다. 이는 소비자의 선호 변화를 분석하고 제품 개선, 가격 전략, 마케팅 캠페인, 운영의 효율화 등의 활동을 하는 기업의 사업 관행에 기초한다. 그리고 기업은 대가의 일부가 프랜차이즈의 성공에 달려 있기 때문에 (판매기준 로열티에서 입증되듯이), 기업은 고객과 경제적 이해를 공유하며 이에 따라 기업이 수익을 극대화하기 위해 그 활동을

를 이전하는 것이 아니고 프랜차이즈 라이선스에 대한 지적재산 접근권을 제공하면 프랜차이즈 본사는 프랜차이즈 가치를 유지하기 위해 프랜차이즈 부여기간 내내 프랜차이즈 가맹점에게 용역을 제공한다. 즉, 프랜차이즈 가맹점이 운영하기 시작하면 프랜차이즈 본사는 지적재산 접근권을 제공하고 갱신(update)과 용역제공을 계속 수행해야 한다. 이 경우에는 프랜차이즈 본사가 프랜차이즈계약에 약정된 창업지원용역과 그 밖의 수행의무(예 가맹점 입지선정, 종업원교육, 자금조달, 광고지원 등)를 라이선스 부여기간에 걸쳐 이행하는 대로 창업지원용역수수료를 기간에 걸쳐 수익으로 인식한다.

창업지원용역수수료

프랜차이즈 본사가 프랜차이즈계약을 체결하면서 받는 대가(upfront fee)를 최초 프랜차이즈수수료 또는 창업지원용역수수료라 한다. 2018년 1월 1일부터 「K-IFRS 제1115호」가 시행되기 이전에 사용된 종전 기준서(IAS 18)에서 판매기업은 프랜차이즈 가맹점이 영업을 시작하면 상당한 성과가 달성된 것으로 간주하여 가맹점의 개업시점에 거래대가('창업지원용역수수료')를 수익으로 인식했다. 그러나 「K-IFRS 제1115호」에 의하면 프랜차이즈 가맹점이 영업을 개시하기 이전에 판매기업이 제공하는 활동(예 점포위치선정 자문 등)이 지적재산의 제공에 추가해서 구별되는 재화(또는 용역)인지 여부를 결정하고, 거래대가를 구별되는 재화(또는 용역)에 배분한 후에 구별되는 재화(또는 용역)의 통제를 이전할 때(또는 이전하면서) 수익을 인식한다. 그런데 프랜차이즈계약에 약속된 수행의무의 수가 실무에서 정해져 있지 않고 개별 프랜차이즈계약을 검토해서 수행의무를 주관적으로 판단해야 하므로 수행의무의 식별 자체가 복잡하다. 「K-IFRS 제1115호」를 적용하면 많은 경우에 판매기업은 창업지원용역수수료의 일부(또는 전부)를 프랜차이즈 라이선스기간에 걸쳐 수익으로 인식한다.

프랜차이즈 라이선스 제공과 훈련용역 제공을 통합한 한 개의 수행의무로 구성되고 창업지원용역수수료('개업전 준비용역 수수료')와 판매기준(또는 사용기준) 로열티를 지급하는 프랜차이즈계약에서 대두되는 회계문제는 종전의 회계처리기준(IAS 18)처럼 창업지원용역수수료 전액을 준비활동과 관련된 별도의 수행의무에 배분할 수 있는지 아니면 지적재산 라이선스에 대한 단일 수행의무와 관련시켜 라이선스기간(예 10년)에 걸쳐 수익으로 인식해야 하는지에 관한 문제이다. 「K-IFRS 제1115호」는 이 문제를 언급하지 않으나, US GAAP에 의하면 [구별되는 훈련용역의 개별 판매가격 > 창업지원용역수수료]이면 창업지원용역수수료 전액을 준비활동과 관련된 수행의무에 배분해서 준비활동용역이 이행될 때에 수익을 인식한다. 지적재산에 대한 판매기준(또는 사용기준) 로열티는 창업지원용역수수료로 인식할 수 없기 때문에 로열티는 가득되면서 수익으로 인식한다. 그러나 [훈련용역의 개별 판매가격 < 창업지원용역수수료]이면, 창업지원용역수수료의 일부를 미래 기간으로 이연하고 이연된 금액을 라이선스기간(예 5년)에 걸쳐 수익으로 인식한다.

할 것으로 고객이 예상한다.

- 기업은 프랜차이즈 라이선스가 그 활동의 결과에 따른 변화를 고객이 실행하도록 요구하고 따라서 고객이 그 활동의 긍정적(또는 부정적) 영향에 노출된다.
- 라이선스에서 부여하는 권리를 통해 고객이 그 활동에서 효익을 얻을 수 있을지라도, 그 활동이 행해짐에 따라 고객에게 재화나 용역을 이전하지 않는다.

판매기준(또는 사용기준) 로열티

로열티와 관련된 다른 재화(또는 용역)보다 고객이 라이선스에 더 유의적인 가치를 부여할 것으로 기업이 합리적으로 예상하면 로열티와 관련되는 항목들 중에서 지적재산 라이선스가 지배적인 항목이다. 지적재산 라이선스에 대한 수수료(로열티)가 가맹점의 후속 매출(또는 사용)에 기초해서 지급되는 경우에, 통합된 단일 수행의무에서 라이선스가 지배적인 품목으로 간주되면 관련 수수료를 예외적으로 창업지원용역의 거래가격에서 일단 제외하였다가 판매기준(또는 사용기준) 로열티를 다음 중 나중의 사건이 일어날 때(또는 일어나는 대로) 수익으로 인식한다[1115: B63].

- 후속 판매나 사용
- 판매기준(또는 사용기준) 로열티의 일부나 전부가 배분된 수행의무를 이행(또는 일부 이행)

기업이 미래의 판매기준(또는 사용기준) 로열티의 일부를 계약개시시점에 미리 수익으로 인식하는 것은 허용되지 않는다. 변동대가인 판매기준(또는 사용기준) 로열티는 라이선스를 이전하는 수행의무를 이행한 결과와 구체적으로 관련되기 때문에 로열티 전액을 라이선스에 배분한 후에, 가맹점의 후속 판매(사용)가 발생할 때 로열티 관련 수익을 인식한다.

예제 25 프랜차이즈계약

중요도: ★★★
난이도: ◆◆

상황

- 기업이 특정 지역에서 10년 동안 프랜차이즈 식당을 운영할 권리를 부여하고, 프랜차이즈 가맹점은 이 기업으로부터 주방 설비자산을 구입한다.
- 기업은 창업지원용역수수료로 ₩500,000(주방 설비자산 ₩100,000, 프랜차이즈 권리 ₩400,000)을 받고 계약기간 동안 가맹점 매출액의 5%를 로열티로 받는다.

물음 기업이 수익을 인식하는 시점을 결정하라.

정답 및 해설

- 프랜차이즈 권리는 구별되는 수행의무이며, 기업 약속의 본질은 기업의 지적재산 접근권(US GAAP에 따른 상징적 지적재산)을 제공하는 것이다. 그러므로 기업은 시간이 지남에 따라 수익을 인식한다.
- 주방 설비자산의 제공은 구별되는 수행의무이다. 기업은 주방 설비자산을 이전하는 시점에 이 수행의무를 이행한다.
- 프랜차이즈 권리와 주방 설비자산의 독립 개별 판매가격이 각각 ₩400,000과 ₩100,000이면, 기업은 주방 설비자산을 이전할 때 창업지원용역수수료 ₩500,000 중 ₩100,000을 수익으로 인식한다.
- 창업지원용역수수료 중에서 나머지 ₩400,000은 시간이 지남에 따라 10년에 걸쳐 수익으로 인식한다. 기업이 받을 변동대가(판매액의 5% 로열티)는 판매기준 로열티 예외규정에 따라 후속 판매가 발생한 경우에만 거래가격에 포함한다. 변동대가는 프랜차이즈 라이선스를 부여하는 기업의 약속과 전적으로 관련되기 때문에 판매기준 로열티 전액을 프랜차이즈 라이선스에 배분한다.
- 이와 같이 ₩100,000을 주방 설비자산에 배분하고 판매기준 로열티를 프랜차이즈 라이선스에 배분하는 것은 기업이 유사한 계약에서 상대적 개별 판매가격에 기초해서 배분하는 것과 일관성이 있다.

예제 26 프랜차이즈 판매에서 수행의무와 거래대가의 배분(「K-IFRS 제1115호」 사례 57 수정) 중요도: ★★★ 난이도: ◆◆

상황

· 프랜차이즈 본사인 판매기업은 고객(프랜차이즈 가맹점)과 계약을 체결하여 고객이 10년 동안 판매기업의 상호를 사용하고 판매기업의 제품을 판매할 권리를 제공하는 프랜차이즈 라이선스를 부여하기로 약속하였다. 라이선스에 추가하여 판매기업은 프랜차이즈 상점을 운영하기 위해 필요한 장비를 제공하기로 약속하였다.

· 판매기업은 어떤 재화와 용역이 구별되는지를 판단하기 위해 고객에게 약속한 재화와 용역을 파악한다. 판매기업은 소비자의 선호 변화를 분석하고 프랜차이즈 상호를 지원하기 위해 제품 개선, 가격 전략, 마케팅 캠페인, 운영의 효율화 등의 활동을 해왔다. 그러나 판매기업은 이러한 활동이 라이선스를 부여하는 약속의 일부이기 때문에 이러한 활동이 고객에게 직접 재화나 용역을 이전하는 것은 아니라고 판단한다.

· 판매기업은 장비가 인도될 때 장비의 고정대가 ₩150,000을 받고 라이선스 부여와 교환하여 프랜차이즈 가맹점의 월 매출액 중 5%를 판매기준 로열티로 받는다.

물음

1. 판매기업의 수행의무를 식별하라.
2. 고정대가 ₩150,000과 변동대가(판매기준 로열티)를 수행의무에 배분하라.

정답 및 해설

1.

· 판매기업의 수행의무는 다음 두 가지이다.

  ▶ 프랜차이즈 라이선스의 부여
  ▶ 장비의 이전

· **효익획득기준**: 고객이 각 재화나 용역(라이선스와 장비) 그 자체에서 효익을 얻을 수 있거나 쉽게 구할 수 있는 다른 자원과 함께하여 효익을 얻을 수 있다. 즉, 고객이 프랜차이즈 개업 전에 인도된 장비와 함께 라이선스에서 효익을 얻을 수 있고, 해당 장비는 프랜차이즈에서 사용할 수 있거나 폐물 가치보다 큰 금액으로 매각할 수 있다.

· **별도식별기준**: 판매기업은 프랜차이즈 라이선스를 부여하기로 하는 약속과 장비를 이전하기로 하는 약속을 별도로 식별할 수 있다. 라이선스와 장비가 결합 품목의 투입물이 아니다(고객에게 사실상 단일 약속을 이행하는 것이 아니다). 판매기업은 라이선스와 장비를 결합 품목으로 통합하는 유의적인 용역을 제공하지 않는다(라이선스 되는 지적재산은 장비를 구성하지 않으며 해당 장비를 유의적으로 변형하지 않는다). 또한 판매기업은 각 약속(프랜차이즈 라이선스의 부여, 장비 이전)을 별개로 이행할 수 있을 것이기 때문에 라이선스와 장비는 상호의존도나 상호관련성이 매우 높지 않다.

· 그러므로 라이선스를 부여하기로 하는 약속과 장비를 이전하기로 하는 약속이 구별된다.

2.

· 각주 10에서 언급한 것과 같이 라이선스를 부여하는 기업의 약속이 지적재산 접근권을 제공하는 것이므로 라이선스를 이전하는 약속이 기간에 걸쳐 이행되는 수행의무이다. 판매기준 로열티의 형태인 대가가 프랜차이즈 라이선스에 분명히 관련되므로, 프랜차이즈 라이선스를 이전한 다음에, 기업은 고객이 판매하는 대로 수익을 인식한다[1115: IE296].

· 판매기업은 변동대가를 프랜차이즈 라이선스를 이전하기로 하는 수행의무에 전부 배분해야 하는지를 판단하기 위해 변동대가의 배분지침([1115: 85])을 적용한다. 변동대가(판매기준 로열티)가 프랜차이즈 라이선스를 부여하는 판매기업의 약속에 전부 관련되기 때문에 이를 프랜차이즈 라이선스에 전부 배분한다. 그

리고 판매기업이 ₩150,000을 장비에 배분하고 판매기준 로열티를 프랜차이즈 라이선스에 배분하는 것이 이와 비슷한 계약에서 상대적 개별 판매가격에 기초해 배분하는 것과 일관된다. 따라서 판매기업은 변동대가(판매기준 로열티)를 프랜차이즈 라이선스를 부여하는 수행의무에 전부 배분한다[1115: IE293].

예제 27 창업지원용역수수료와 운영지원용역수수료에 대한 수익인식

중요도: ★★★
난이도: ◆◆

상황

· 2차연도 1. 1.에 프랜차이즈 가맹점이 프랜차이즈 본사에 창업지원용역수수료 ₩500,000을 지급하고 프랜차이즈 사업자로 3년 동안 영업하기로 합의했다. 프랜차이즈 가맹점은 계약 체결시점에 ₩200,000을 지불하고, 잔액 ₩300,000은 2차연도 12. 31.부터 매년 말에 ₩100,000씩 3회 지급한다.
· 계약금이 환불되지 않으며 프랜차이즈 가맹점이 2차연도 3. 1.에 운영을 시작하면 프랜차이즈 본사가 추가로 제공할 용역이 없다.
· 프랜차이즈 가맹점의 연 이자율은 25%이다.

물음

1. 프랜차이즈 본사가 2차연도에 작성해야 하는 분개를 하라.
2. 프랜차이즈 본사가 2차연도 1. 1.부터 1년간의 운영자문용역을 제공한다고 가정하라. 이 용역의 가치는 ₩24,000이다. 프랜차이즈 본사가 2차연도에 작성해야 하는 분개를 하라.
3. 프랜차이즈 본사가 프랜차이즈 가치를 유지하기 위해 프랜차이즈 부여기간 내내 프랜차이즈 가맹점에게 용역을 제공한다고 가정하고, 물음 1에 다시 답하라.

정답 및 해설

2차연도 1. 1. 프랜차이즈계약체결시점:

(차) 현금	200,000	(대) 미실현프랜차이즈수익	395,200*
받을어음	300,000	현재가치할인차금	104,800

*	
계약금	₩200,000
받을어음의 현재가치(₩100,000 × 1.952)	195,200
창업지원용역수수료의 현재가치	₩395,200

2차연도 3. 1. 프랜차이즈 가맹점의 영업개시 및 본사의 자문활동 이행시점:

(차) 미실현프랜차이즈수익	395,200	(대) 프랜차이즈수익	395,200

2차연도 12. 31. 결산시점:

(차) 현재가치할인차금	48,800	(대) 이자수익	48,800*

* ₩195,200 × 25% = ₩48,800

2.

2차연도 1. 1. 프랜차이즈계약체결시점:

(차) 현금	200,000	(대) 미실현프랜차이즈수익	371,200
받을어음	300,000	미실현운영자문용역수익	24,000
		현재가치할인차금	104,800

2차연도 3. 1. 프랜차이즈 가맹점의 영업개시 및 본사의 자문활동 이행시점:

(차) 미실현프랜차이즈수익	371,200	(대) 프 랜 차 이 즈 수 익	371,200
(차) 미실현운영자문용역수익	4,000	(대) 운 영 자 문 용 역 수 익	4,000*

* ₩24,000 × 2/12 = ₩4,000

2차연도 12. 31. 결산시점:

(차) 현 재 가 치 할 인 차 금	48,800	(대) 이 자 수 익	48,800
(차) 미실현운영자문용역수익	20,000	(대) 운 영 자 문 용 역 수 익	20,000

3.

2차연도 1. 1. 프랜차이즈계약체결시점:

(차) 현 금	200,000	(대) 미실현프랜차이즈수익	395,200
받 을 어 음	300,000	현 재 가 치 할 인 차 금	104,800

2차연도 12. 31. 결산시점:

(차) 미실현프랜차이즈수익	131,733	(대) 프 랜 차 이 즈 수 익	131,733*
(차) 현 재 가 치 할 인 차 금	48,800	(대) 이 자 수 익	48,800

* ₩395,200 ÷ 3년 = ₩131,733

Chapter 15 제4절 비용의 인식

「K-IFRS 제1115호」는 비용의 인식에 대해서 구체적 지침을 제시하지 않고, 비용의 인식에 관한 서술이 계약원가에 국한되어 있다. 그러나 「K-IFRS 개념체계」(2018)는 수익 · 비용대응의 원칙을 비용 인식시점을 결정하는 일반 원칙으로 제시한다.

비용 인식시점의 결정
- 기본원칙: 수익 · 비용대응의 원칙(원인과 결과의 연관)
- 차선책
  - 체계적 · 합리적 배분에 따른 인식
  - 즉시인식

1. 기본원칙: 수익 · 비용대응의 원칙

거래나 그 밖의 사건에서 발생한 자산이나 부채를 최초에 인식하는 과정에 수익과 비용을 동시에 인식할 수 있다. 예를 들어, 재화를 현금판매하면 수익(현금자산의 인식으로 발생)과 비용(재화의 제거로 발생)을 동시에 인식한다. 수익과 관련된 비용을 동시에 인식하면 수익과 관련 원가가 대응된다[「K-IFRS 개념체계」: 5.5]. 특정 수익의 창출과 직접 관련하여 비용이 발생하면 수익을 창출하기 위해서 해당 비용이 발생했다고 보고, 해당 수익을 인식하는 시점에 비용을 동시에 인식해서 포괄손익계산서에 보고하는 것을 수익 · 비용대응의 원칙(matching principle)이라 한다. 수익 · 비용대응의 원칙은 비용을 인식하는 시점을 통제한다.

특정 수익과 직접적으로 관련하여 비용이 발생하여 비용과 수익 간에 뚜렷한 인과관계가 존재할 때에는 수익 · 비용대응의 원칙에 따라 수익을 인식하는 기간에 비용을 인식한다. 발생주의(accrual basis) 회계의 핵심은, 수익은 수익인식원칙을 적용해서 인식하고 해당 수익을 창출하기 위해 발생한 비용은 수익 · 비용대응의 원칙에 따라 인식하는 것이다. 비용을 노력(effort)으로, 수익을 성과(accomplishment)로 비유하면, 수익 · 비용대응의 원칙은 노력과 성과 간의 인과관계를 추구하는 논리적 구조라 볼 수 있다.

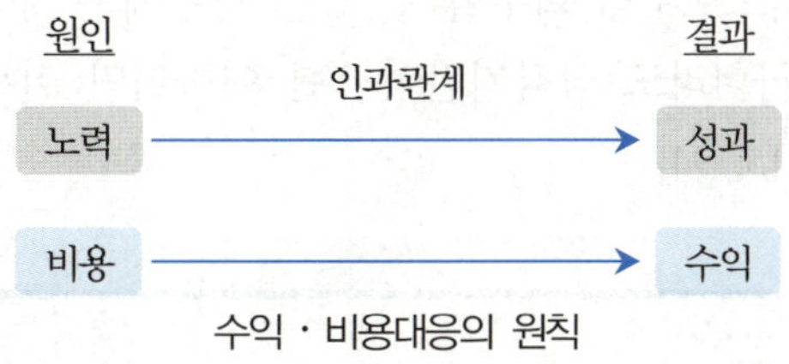

2. 체계적 · 합리적 배분에 따른 인식

경제적효익이 여러 회계기간에 걸쳐 소비되거나 소멸되는 자산은 내용연수 기간에 걸쳐 수익 창출에 공헌한다. 그러나 매 회계연도의 수익과 자산 취득원가의 소멸 사이에 명확한 인과관계를 발견하기가 쉽지 않은 경우에는 해당 자산의 취득원가를 내용연수에 걸쳐 체계적이고 합리적으로 배분(systematic and rational allocation)하여 매 회계연도의 수익에 대응시켜 비용으로 인식한다(예 유형자산의 감가상각비와 무형자산의 상각비).

3. 즉시인식

특정 수익과 직접 관련이 없거나 관련성이 있다하더라도 현실적으로 관련정도를 발견하기 어려운 비용은 자산이 소비되는 시점에 기간비용으로 즉시인식(immediate recognition)한다. 예를 들어, 판매비나 광고비는 수익을 창출하는 데에 중요하나 특정 기간의 특정 수익의 창출에 기여한 정도를 계량화하는 것이 실무에서 매우 어려우므로 발생시점에 비용으로 인식한다.

4. 계약원가

「K-IFRS 제1115호」는 계약원가(contract costs)를 계약체결 증분원가와 계약이행원가로 분류한다.

(1) 계약체결 증분원가

계약체결 증분원가(incremental costs of obtaining a contract)는 고객과 계약을 체결하기 위해 추가로 발생한 원가를 말한다. 계약의 획득 여부와 관계없이 발생하는 계약체결원가는 원칙적으로 발생시점에 비용으로 인식한다. 그리고 고객에게 해당 원가를 명시적으로 청구할 수 없으면 계약체결 증분원가를 발생시점에 비용으로 인식한다[1115: 93]. 그러나 계약을 체결하지 않았다면 발생하지 않았을 계약체결 증분원가(예 판매수수료)가 회수될 것으로 예상되면 자산으로 인식한다[1115: 91]. 계약의 획득 여부와 관계없이 발생하는 계약체결원가라 하더라도 계약의 획득 여부와 관계없이 고객에게 해당 원가를 명시적으로 청구해서 고객으로부터 회수할 수 있는 경우에는 자산으로 인식한다. 그러나 계약체결 증분원가를 자산으로 인식하더라도 상각기간이 1년 이하이면 실무의 편의를 위해서 발생시점에 비용으로 인식할 수도 있다[1115: 94].

예제 28 계약체결 증분원가 중요도: ★★★ 난이도: ◆

상황

· 결백회사가 분식회계 여부를 조사하는 계약을 체결했는데 계약체결과정에서 다음과 같은 원가가 발생했다.

계약을 체결하는 데에 성공한 판매원에게 지급한 수수료	₩20,000
분식회계 조사용역의 제안서를 작성하기 위한 원가	15,000
조사용역 제안서 인쇄비	6,000
분식회계 조사용역 제안서를 전달하기 위한 교통비	9,000
총 원가발생액	₩50,000

물음 자본화할 금액을 결정하라.

정답 및 해설

· 판매원에게 지급한 수수료 ₩20,000: 판매원에게 지급한 수수료는 계약을 체결하는 데에 소요된 증분원가이다. 그리고 결백회사가 분식회계 조사용역을 수행하면서 고객에게 청구해서 회수하는 금액이므로 계약자산으로 자본화한다.

· 다음 원가는 계약 체결 여부와 관계없이 발생하는 비용으로 계약을 체결하는 데에 소요된 증분원가가 아

니므로 발생시점에 비용으로 인식한다.

분식회계 조사용역의 제안서를 작성하기 위한 원가	₩15,000
조사용역 제안서 인쇄비	₩6,000
제안서를 전달하기 위한 교통비	₩9,000

(2) 계약이행원가

계약이행원가(costs to fulfil a contract)는 고객과의 계약에 포함된 수행의무를 이행하기 위해 발생하는 원가이다. 기업은 수익창출과 관련된 계약이행원가를 자산이나 비용으로 인식하는데, 다음 조건을 모두 충족하는 계약이행원가는 자산으로 인식한다[1115: 95].

- 계약이행원가가 계약에 직접 관련되거나 구체적으로 식별할 수 있는 예상 계약과 직접 관련된다(예 기존 계약의 갱신에 따라 제공할 용역 관련 원가 또는 아직 승인되지 않은 특정 계약에 따라 이전할 자산의 설계원가).
- 계약이행원가가 기업이 미래 수행의무를 이행(또는 계속 이행)할 때 사용될 자원을 창출하거나 가치를 높인다.
- 계약이행원가가 회수될 것으로 예상된다.

표 15.2 **계약이행원가의 분류**

자산으로 인식하는 계약이행원가[1115: 97]	비용으로 인식하는 계약이행원가[1115: 98]
· 직접노무원가(예 고객에게 약속한 용역을 직접 제공하는 종업원의 급여와 임금) · 직접재료원가(예 고객에게 약속한 재화를 생산하기 위해 사용하는 원자재) · 계약에 직접 관련되는 원가 배분액(예 계약의 관리·감독원가, 보험원가 및 계약 수행에 사용된 장비의 감가상각비) · 계약에 따라 고객에게 명백하게 청구할 수 있는 원가 · 기업이 계약을 체결하였기 때문에 발생하는 그 밖의 원가(예 하도급자에게 지급한 금액)	· 일반관리원가(계약에 따라 명백히 고객에게 청구할 수 있는 원가가 아닌 경우) · 계약을 이행하는 과정에서 낭비된 재료원가, 노무원가, 그 밖의 자원의 원가로서 계약가격에 반영되지 않은 원가 · 계약에 따라 이미 이행한 수행의무(또는 부분적으로 이미 이행한 수행의무)와 관련된 원가(즉, 과거의 수행과 관련된 원가) · 이행하지 않은 수행의무와 관련된 원가인지 또는 이미 이행한(또는 부분적으로 이미 이행한) 수행의무와 관련된 원가인지를 구별할 수 없는 원가

예제 29 계약이행원가

중요도: ★★★
난이도: ◆

상황

· 재생회사는 새출발회사와 3년간 재활용품을 가공하는 계약을 체결하였다.
· 새출발회사는 재생회사에게 고정 수수료 ₩50,000을 매년 12월 31일에 지급한다.
· 재생회사가 계약을 획득하기 위해서 수수료 ₩4,000을 지출하였다.
· 재생회사가 재활용품을 가공하는 특수 기계를 ₩600,000에 취득하였다. 이 기계는 향후 다른 고객과의 계

약을 위해서도 사용될 예정이다.
· 재생회사에게 발생한 기타 원가:

디자인 용역	₩15,000
시험과 검사수수료	1,000
계약상 새출발회사에게 명시적으로 청구할 수 없는 일반관리비	5,000
낭비된 재료비	3,000
인건비	10,000

물음 재생회사가 자본화할 원가와 발생시점에 비용으로 인식할 원가를 구분하라.

정답 및 해설

재생회사는 다음 원가를 자산으로 인식한다.

계약획득과 관련된 수수료	₩4,000
디자인용역	15,000
시험과 검사수수료	1,000

재생회사는 다음 원가를 발생시점에 비용으로 인식한다.

계약상 새출발회사에게 명시적으로 청구할 수 없는 일반관리비	₩5,000
낭비된 재료비	3,000
인건비	10,000

재생회사가 취득한 특수기계는 새출발회사와의 계약 이외의 다른 계약에도 사용될 것이므로 특수기계의 취득원가 ₩600,000은 새출발회사와의 계약과 독립적이다.

(3) 계약원가에 대한 손상차손(환입)

자산의 장부금액이 회수가능액(순공정가치와 사용가치 중에서 큰 금액)을 초과하면 초과액을 손상차손으로 인식한다. 그러나 자산으로 인식한 계약원가의 회수가능액을 실무에서 측정할 수 없으므로 「K-IFRS 제1115호」는 「K-IFRS 제1036호」(자산손상 기준서)와는 다르게 계약원가(계약체결 증분원가와 계약이행원가)의 손상차손(환입)에 대해서 별도로 규정한다. 자산으로 인식한 계약원가의 손상차손을 다음과 같이 산정하고 당기손익으로 인식한다[1115: 101].

자산과 관련된 재화(또는 용역)의 대가로 기업이 받을 것으로 예상하는 나머지 금액	×××
재화(또는 용역)의 제공에 직접 관련되는 원가로 아직 비용으로 인식하지 않은 원가	(×××)
손상차손	×××

손상 상황이 사라졌거나 개선된 경우에는 과거에 인식했던 손상차손의 일부나 전부를 환입하여 당기손익으로 인식한다. 그러나 증액된 자산의 장부금액은 과거에 손상차손을 인식하지 않았다면 산정되었을 금액(상각 후 순액)을 초과해서는 안 된다[1115: 104].

Chapter 15 부록 15-1

계약변경

계약변경(contract modification)은 계약개시일 이후에 계약범위(즉, 이전될 제품의 종류 또는 수량)나 거래가격 또는 둘 모두를 변경하는 것이다. 예를 들어, 인테리어 업체가 처음에 욕실의 샤워헤드를 교체해주기로 해서 교체 중에 집주인의 요청에 의해 거실의 전등도 교체해 주기로 하면 구별되는 재화를 추가한 계약변경이다. 그러나 커피숍이 고객에게 커피를 제공한 후에 염가로 리필을 채워주는 것은 구별되지 않는 재화를 추가한 계약변경이다.

원래 계약에서 약속된 재화(또는 용역)의 수량을 감소시키는 계약변경은 새로운 별개 계약으로 분류하지 않고 원래 계약의 변경으로 간주한다. 계약범위가 확장되는 계약변경의 회계처리가 복잡한데, 수익기준서의 관련규정[1115: 18 ~ 21]이 이해하기 어려워 주의가 필요하다. 계약범위가 확장되는 계약변경은 추가되는 재화의 구별 여부와 가격 수준에 따라 다음 중 하나의 유형으로 회계처리한다.

- 기존 계약과 별개인 새로운 계약
- 기존 계약을 종료시키고 기존 계약과 계약변경을 통합한 새로운 계약(유제 2 참조)
- 기존 계약의 일부분으로 포함

길라잡이 계약변경에 대한 회계처리방법

- 계약이 변경되면 계약변경의 내용을 분석하여 ① "추가로 약속한 재화(또는 용역)가 기존 재화(또는 용역)와 구별되는가?"와 ② "추가로 약속한 재화(또는 용역)의 거래대가가 개별 판매가격을 반영(상응)하는가?"에 대한 답에 따라 다음 세 가지 중 하나로 회계처리한다.

추가로 약속한 재화(또는 용역)가 구별되는 재화(또는 용역)인가?	추가로 약속한 재화(또는 용역)의 대가가 개별 판매가격을 반영(상응)하는가?	회계처리
○	○	별개 계약으로 분류
○	×	전진법 적용
×	-	소급법 적용

- 예를 들어, 앞의 예에서 인테리어 업체 사장이 추가로 설치하는 전등에 공정가치를 청구하면 샤워헤드와 전등을 별개 계약으로 회계처리하지만, 샤워헤드에서 집주인에게 바가지를 씌운 것에 대해 양심에 가책을 느껴 저렴한 가격으로 전등을 설치하면 전진법으로 회계처리한다. 그러나 커피숍이 고객에게 리필을 채워주는 것은 구별되지 않는 재화이므로 리필가격과 관계없이 소급법으로 회계처리한다.

1. 계약변경을 새로운 별개 수행의무로 분류

다음 두 조건이 모두 충족되면 원래 계약은 계속 유지하고 계약변경을 새로운 별개 계약으로 회계처리한다

[1115: 20].
① 원래 계약에서 약속한 재화(또는 용역)와 구별되는 재화(또는 용역)를 추가(감소는 제외)해서 계약범위가 확장된다.
② 계약변경으로 추가로 받을 금액이 기업이 추가로 약속한 재화(또는 용역)의 개별 판매가격을 반영(상응)하는(commensurate with the stand-alone selling prices) 대가만큼 증가한다. 특정 계약 상황을 반영하기 위해서 개별 판매가격이 조정될 수 있다.

예를 들어, 기업이 대형 음식점에 닭다리를 공정가치로 납품하다가 추가로 소갈비를 공정가치로 납품하기로 계약을 변경하면 추가되는 부분(소갈비 공급계약)은 기존 계약(닭다리 공급계약)과 별도의 계약으로서의 성격을 갖는다. 따라서 원래 계약에 대해서 계약변경 직전까지 인식한 수익을 수정하지 아니하고, 계약변경시점부터 다음 **두 개의 계약에서 수익을 인식**하는 것이 논리적이다.

원래 계약의 잔존 수행의무에서 인식하는 수익	×××
새로운 별개 계약의 수행의무에서 추가로 인식하는 수익	×××
계약변경 이후에 인식하는 총수익	×××

Miniature 예제 23 계약변경과 새로운 별개 계약

상황

· 상품 250개를 단위당 ₩95에 12개월 동안 판매하는 계약을 체결하였다. 상품 150개를 판매한 후에 추가로 상품 50개를 단위당 ₩80에 판매하기로 계약을 변경하였다. 추가로 판매하는 상품은 기존 계약에 포함된 상품과 구별되며 개별 판매가격은 단위당 ₩80이다.

물음 계약변경 이후에 인식할 총수익을 계산하라.

정답 및 해설

· 계약변경을 새로운 별개 계약으로 분류하고, 계약변경 이후에 인식할 총수익을 다음과 같이 계산한다.

원래 계약의 잔여분에서 인식할 수익:	100개 × ₩95 =	₩9,500
새로운 계약에서 인식할 수익:	50개 × ₩80 =	4,000
계약변경 이후에 인식할 총수익		₩13,500

2. 새로운 별개 계약이 아닌 계약변경

새로운 별개 계약이 아닌 계약변경은 계약변경과 원래 계약을 단일 수행의무로 통합해서 다음과 같이 회계처리한다.

계약변경이 별도 계약으로 회계처리하는 계약변경이 아니면, 계약변경일에 아직 이전되지 않은 약속한 재화나 용역(나머지 약속한 재화나 용역)를 다음 중 해당하는 방법으로 회계처리한다[1115: 21].

① 나머지 재화(또는 용역)가 계약변경일이나 그 전에 이전한 재화(또는 용역)와 구별되면, 그 계약변경은 기존 계약을 종료하고 새로운 계약을 체결한 것처럼 회계처리한다. 나머지 수행의무(또는 식별한 단일 수행의무에서 구별되는 나머지 재화나 용역)에 배분하는 대가(금액)는 다음 항목의 합계로 한다.
- 고객이 약속한 대가(고객에게서 이미 받은 대가 포함) 중 거래가격 추정치에는 포함되었으나 아직 수익으로 인식되지 않은 금액
- 계약변경의 일부로 약속한 대가

② 나머지 재화(또는 용역)가 구별되지 않아서 계약변경일에 부분적으로 이행된 단일 수행의무의 일부를 구성하면, 해당 계약변경은 기존 계약의 일부인 것처럼 회계처리한다. 계약변경이 거래가격과 수행의무의 진행률에 미치는 영향은 계약변경일에 수익을 조정(수익의 증액이나 감액)하여 인식한다. 수익을 누적효과 일괄조정기준(cumulative catch-up basis)으로 조정한다.

③ 나머지 재화나 용역이 ①과 ②의 경우로 결합되어 있다면, 변경된 계약에서 이행되지 아니한 수행의무(일부 미이행 포함)에 미치는 계약변경의 영향을 이 문단의 목적에 맞는 방법으로 회계처리한다.

[1115: 21]에서 "계약변경이 별도 계약으로 회계처리하는 계약변경이 아니라"는 것은 원래 계약에서 약속한 재화(또는 용역)와 구별되지 않는 재화(또는 용역)를 추가하는 계약변경이거나 구별되는 재화(또는 용역)라도 추가로 약속한 재화(또는 용역)가 개별 판매가격을 반영하지 않는 계약변경을 의미한다. [1115: 21③]의 내용은 중급회계 수준을 넘어서므로 생략하고, 나머지 규정에 대한 회계처리를 아래 (1)과 (2)에서 설명한다.

(1) 재화가 구별되지만 개별 판매가격과 괴리: 전진법

계약변경 이후에 제공될 재화(또는 용역)가 계약변경 직전까지 이전된 재화(또는 용역)와 구별되지만 거래대가가 개별 판매가격을 반영하지 않는 경우에는 원래 계약이 종료되고 새로운 계약이 체결된 것으로 보고 새로운 계약에 전진법(prospective approach)(제22장 참조)을 적용해서 수익을 인식한다.[11] 새로운 계약은 원래 계약의 잔여 재화(또는 용역)와 계약변경으로 추가된 재화(또는 용역)를 통합해서 인도하는 것이다. 그러므로 새로운 계약의 거래가격은 원래 계약에서 인식하지 않은 수익에 계약변경으로 약속한 대가를 합한 금액이다. 전진법을 적용하면 원래 계약에서 이미 인식했던 수익을 조정하지 않고, 기존 계약의 잔여 수행의무와 새로운 계약의 추가 수행의무를 통합한 단일 수행의무에 대해 새로 계산한 가중평균가격을 적용해서 미래 기간에 수익을 인식한다. 즉, 계약변경 직후부터 이전할 재화(또는 용역)의 평균가격(blended price)을[12] 다음과 같이 계산한 후 평균가격을 이용해서 수익을 인식한다.

11) 여기서는 전진법과 소급법의 핵심을 설명하고 보다 자세한 설명은 제22장(회계변경)에 싣는다.
12) [1115: IE24(사례 5)]에서 "blended price"를 평균가격이라고 부른다.

기존 계약에서 계약변경시점부터 수익으로 인식할 금액	×××
+) 계약을 변경해서 추가(증분) 수익으로 인식할 금액	×××
=) 총 잔여 수익	×××
÷) 계약변경 직후부터 이전될 재화(또는 용역)의 수량(α)	÷ α
=) 평균가격(blended price)	×××

전진법에서 기존 계약의 잔여 가격을 조정하는 논리는 다음과 같다. 새로 제공되는 재화가 기존에 제공된 재화와 구별되는데도 불구하고 거래대가가 개별 판매가격에 못 미치게 책정되면 합리적인 계약당사자는 이러한 계약이 단독으로 제시되었을 때 이에 응하지 않을 것이다. 판매기업이 이런 불리한 추가계약을 받아들인다는 것은 기존 계약의 잔여 수행의무의 거래대가가 충분한(계약변경시점에서 보면 과도할 정도의) 보상을 주는 수준일 가능성이 높다. 즉, 새로운 수행의무의 거래대가가 개별 판매가격보다 낮게 책정된 만큼 기존 계약의 잔여 수행의무의 거래대가는 현 시점에서 개별 판매가격보다 높을 가능성이 크므로 양자를 평균가격으로 조정한다.

Miniature 예제 24 계약변경과 전진법의 적용

상황

· 상품 250개를 단위당 ₩95에 12개월 동안 판매하는 계약을 체결하였다. 상품 150개를 판매한 후에 추가로 상품 50개를 단위당 ₩80에 판매하기로 계약을 변경하였다. 추가되는 상품은 기존계약의 상품과 구별되며, 단위당 판매가격 ₩80은 개별 판매가격을 반영하지 않는다.

물음 계약변경 직후에 상품 5개를 인도할 때 인식할 수익을 계산하라.

정답 및 해설

· 원래 계약에서 계약변경시점까지 수행되지 않은 잔여 수행의무를 계약변경으로 새로 추가되는 수행의무와 통합해서 단일 수행의무로 분류한다. 그리고 계약변경시점에 미래에 제공할 재화의 평균가격을 다음과 같이 계산한 후에, 계약변경 직후부터 이전되는 재화에 평균가격 ₩90을 적용해서 수익을 측정한다.

기존계약의 잔여 판매대가:	100개 × ₩95 =	₩9,500
변경된 계약변경의 판매대가:	50개 × ₩80 =	4,000
계약변경 이후 총판매대가		₩13,500

평균가격(blended price): ₩13,500 ÷ 150개 = ₩90

판매수익: ₩90 × 5개 = ₩450

예제 30 계약변경: 추가 용역 제공과 가격변경

중요도: ★★
난이도: ◆◆

상황

· 1차연도 1. 1.에 대박회사가 2년간 경영자문용역을 제공하고 매년 말에 ₩10,000을 받기로 계약하였다.

· 1차연도 12. 31.에 대박회사가 용역수수료 ₩10,000을 받은 직후에 계약을 변경해서 2차연도의 수수료를 ₩7,000으로 인하하는 한편, 3차연도 12. 31.과 4차연도 12. 31.에 각각 ₩5,500의 수수료를 받고 계약기간을 4차연도 12. 31.까지 2년간 연장하기로 했다. 따라서 계약변경시점에 잔여 계약기간이 총 3년이 되었다.

물음

1. 1차연도 12. 31.에 필요한 분개를 하라.
2. 3차연도 1. 1.부터 연장된 계약기간에 제공되는 용역이 원래 계약에서 약속한 용역과 구별되고 용역수수료 ₩5,500이 대박회사가 추가로 약속한 용역의 개별 판매가격을 반영한다고 가정하라. 2차연도 12. 31.과 3차연도 12. 31.에 필요한 분개를 하라.
3. 3차연도 1. 1.부터 연장된 계약기간에 제공되는 용역이 원래 계약에서 약속한 용역과 구별되지만 용역수수료 ₩5,500이 대박회사가 추가로 약속한 용역의 개별 판매가격을 반영하지 못한다고 가정하라. 2차연도 12. 31.과 3차연도 12. 31.에 필요한 분개를 하라.

정답 및 해설

1. 계약변경 이전의 수익 인식

1차연도 12. 31. 원래 계약에 대한 용역수수료 인식:

(차) 현	금	10,000	(대) 용역수수료수익	10,000

2. 새로운 별개 계약

· 3차연도 1. 1.부터 연장된 계약기간에 제공되는 용역이 원래 계약에서 약속한 용역과 구별되고, 대박회사가 추가로 약속한 용역의 개별 판매가격을 반영하는 대가를 받으므로, 원래 계약은 계속 유지하고 계약변경을 새로운 별개 계약으로 분류한다.

· 연장된 계약기간(3차연도와 4차연도)에 제공되는 잔여 용역에 대해서 원래 계약과는 다른 수수료율을 적용해서 매년 ₩5,500의 용역수수료수익을 인식한다. 이와 같이 계약변경을 새로운 별개 계약으로 분류하면 계약변경이 원래 계약에 대한 회계처리에 미치는 영향이 없고 원래 계약에 대해서 계약변경 직전까지 인식한 수익을 수정하지 아니 한다.

2차연도 12. 31. 원래 계약에 대한 용역수수료 인식:

(차) 현	금	7,000	(대) 용역수수료수익	7,000

3차연도 12. 31. 새로운 계약에 대한 용역수수료 인식:

(차) 현	금	5,500	(대) 용역수수료수익	5,500

3. 원래 계약의 종료와 새로운 계약의 체결: 전진법의 적용

· 1차연도 12. 31.에 계약이 변경된 이후에 제공될 용역이 계약변경 직전까지 이전된 용역과 구별되지만 개별 판매가격을 반영하지 못하는 가격으로 제공되므로 원래 계약이 종료되고 새로운 계약이 체결된 것으로 본다.

· 잔여 수수료수익에 대해서 미래 3년(2차연도부터 4차연도까지)에 걸쳐 매년 동일한 금액으로 수수료수익을 인식한다. 즉, ① 원래 계약에서 계약변경시점까지 수익으로 인식하지 않은 대가에 ② 계약을 변경하여 추가로 약속한 대가를 합해서 계약변경 직후부터 받을 대가를 계약변경시점(1차연도 12. 31.)에 잔여 단일

수행의무에 배분하여 전진법으로 회계처리한다.

2차연도 12. 31. 새로운 계약에 대한 용역수수료 인식:

(차) 현 금	7,000	(대) 용 역 수 수 료 수 익	6,000*
		선수용역수수료수익	1,000

* 평균가격(blended price): (₩7,000 + ₩5,500 × 2년) ÷ 3년 = ₩6,000

3차연도 12. 31. 새로운 계약에 대한 용역수수료 인식:

(차) 현 금	5,500	(대) 용역수수료수익	6,000
선수용역수수료수익	500*		

* ₩1,000 ÷ 2년 = ₩500

(2) 구별되지 않는 재화: 소급법

계약변경 이후에 제공될 재화(또는 용역)가 원래 계약에 따라 제공되는 재화(또는 용역)와 구별되지 않으면, 계약변경시점부터 이행할 수행의무가 원래 계약에서 계약변경시점까지 부분적으로 이행했던 수행의무의 일부분을 구성한다고 보아 계약변경을 원래 계약의 일부분으로 간주한다. 그러므로 미래에 이행할 수행의무를 계약변경시점에 원래 계약의 수행의무에 포함시켜 단일 수행의무로 통합하고 소급법(retrospective approach)을 적용해서 수익을 인식한다.

계약변경과 원래 계약을 단일 수행의무로 통합하는 것은 pp. 791 ~ 792에서 설명한 전진법을 적용하는 경우와 유사하지만, 여기서는 통합된 수행의무가 새로운 계약이 아니라 원래 계약을 수정(재구성)하는 것으로 본다. 변경된 계약이 원래 계약에 포함되어 단일 계약을 형성하므로 총 거래대가에 대해서 계약변경시점까지 수행의무를 이행한 정도만큼을 계약변경시점에 측정 · 인식하는 것이 논리적이다. 그러므로 계약변경시점까지 수행의무의 이행도를 측정한 후, 계약변경의 누적효과를 계약변경시점에 다음과 같이 산정해서 원래 계약에 한꺼번에 반영하여 수익을 조정(상향조정 또는 하향조정)한다(Miniature 예제 25, 예제 31 참조).

계약변경시점까지 인식할 수익	×××
계약변경시점까지 인식했던 수익	(×××)
계약변경시점에 소급해서 증감시킬 수익(누적효과 일괄조정액)	×××

원래 계약에서 이미 인식했던 누적수익을 위와 같이 조정하는 방법을 소급법[13] 또는 누적효과 일괄조정기준(cumulative catch-up basis)이라 한다[1115: 21]. 그리고 계약변경 직후부터 이전되는 재화는 수행의무의 이행도에 따라 수익을 인식한다.

---

13) 전기 재무제표를 수정하지 않으므로 엄밀하게 말하면 당기일괄처리법(제22장 참조)이다. 그러나 「K-IFRS 제1008호」는 소급법이 암묵적으로 당기일괄처리법을 포함한다고 본다.

계약변경에 대한 계약대가가 확정되지 않은 경우

계약 당사자들이 계약범위를 변경하였으나, 변경된 계약범위에 대한 거래가격(거래대가)을 합의하지 않으면 판매기업은 거래가격의 추정치를 사용해서 계약변경을 회계처리한다. 예를 들어, 건설회사가 현재 건설 중인 건물의 모든 층의 바닥을 개선하기로 고객(건물 주인)과 계약변경을 합의하였지만, 건설회사가 추가로 받을 보상(거래대가)에 대해 고객과 합의하는 과정에 있다고 가정하자. 이 계약이 단일 수행의무(건물의 인도)로 구성되고 [1115: 35]에 의해 시간이 지남에 따라 수익을 인식하는 경우, 건설회사는 계약변경으로 인한 새 거래가격을 추정한다. 그리고 건물의 계약진행률을 갱신(update)하고 갱신된 진행률을 변경된 추정거래가격에 적용해서 현재까지 인식한 수익을 누적효과 일괄조정기준으로 수정한다.

Miniature 예제 25 원래 계약의 일부분을 구성하는 계약변경: 소급법의 적용

상황

· 상품 250개를 단위당 ₩95에 12개월 동안 판매하는 계약을 체결하였다. 상품 150개를 판매한 후에 추가로 상품 50개를 단위당 ₩80에 판매하기로 계약을 변경하였다.

물음

1. 추가로 판매하는 상품이 원래 계약에 포함된 상품과 구별되지 않지만 단위당 판매가격 ₩80은 개별 판매가격을 반영한다. 계약변경시점에 인식할 수익을 계산하라.
2. 계약변경 이후에 상품 30개가 이전되어 수행의무의 추가 이행도가 10%인 경우, 추가로 인식할 수익을 구하라.

정답 및 해설

1.

· 추가로 판매하는 상품이 원래 계약에 포함된 상품과 구별되지 않으므로 계약변경으로 인한 수행의무를 계약변경시점에 원래 계약의 수행의무에 포함시켜 단일 수행의무로 통합하고 계약변경시점에 수행의무의 이행도를 측정한다. 그리고 계약변경이 원래 계약의 거래가격과 수행의무의 이행도에 미치는 영향을 반영하기 위해서 소급법(누적효과 일괄조정기준)을 적용하여 원래 계약에서 이미 인식했던 누적수익을 계약변경시점에 다음과 같이 조정한다.

· 총 거래대가(총수익): (250개 × ₩95) + (50개 × ₩80) = ₩27,750

· 수행의무의 이행도: 150개(현재까지 이전한 수량) ÷ 300개(총 이전수량) = 50%

· 계약변경시점에 소급해서 감소시킬 수익:

계약변경시점까지 인식할 수익(₩27,750 × 50%)	₩13,875
계약변경시점까지 인식했던 수익(150개 × ₩95)	(14,250)
계약변경시점에 소급해서 감소시킬 수익	₩(375)

2. ₩27,750 × 10% = ₩2,775

예제 31 계약변경과 소급법

중요도: ★★
난이도: ◆◆◆

상황

· 1차연도 1. 1.에 경치회사가 ₩500,000에 2차연도 12. 31.까지 2층집을 건설해서 전망여사에게 인도하는 계약을 체결하였다. 경치회사는 계약이 기간에 걸쳐 이행되는 단일 수행의무를 포함한다고 판단하였다.
· 경치회사는 수행의무의 충족도(진행률)를 발생원가기준으로 측정한다.
· 1차연도 1. 1.에 경치회사가 다음을 예측하였다.

거래대가	₩500,000
총 추정원가	300,000

· 1차연도에 경치회사에 ₩210,000의 원가가 발생해서 1차연도에 달성한 진행률이 70%(₩210,000 ÷ ₩300,000)이다.
· 2차연도 1. 1.에 경치회사가 추가로 1개 층을 더 올려서 3층집을 건설하기로 계약을 변경하였다. 경치회사는 계약변경 이후에 제공되는 재화와 용역이 계약변경 직전까지 제공한 재화와 용역과 구별되지 않는다고 판단하였다.
· 고객인 전망여사가 추가로 ₩350,000을 지급하기로 해서 총 거래대가가 ₩850,000이다. 계약변경으로 인해 경치회사에 추가원가 ₩200,000이 발생할 것으로 예측되어 총 추정원가가 ₩500,000이다.

물음 계약변경시점에 경치회사가 인식할 계약수익을 측정하라.

정답 및 해설

1차연도 12. 31.에 경치회사가 인식할 계약이익은 다음과 같다.

계약수익(₩500,000 × 70%)	₩350,000
계약원가(₩300,000 × 70%)	(210,000)
계약이익	₩140,000

2차연도 1. 1. 계약변경시점:

· 계약변경 직전까지 인도한 재화(또는 용역)와 계약이 변경된 이후에 인도할 재화(또는 용역)가 구별되지 않으므로 경치회사는 계약변경을 새로운 계약으로 보지 않고 원래 계약의 일부분으로 회계처리한다.
· 계약변경이 원래 계약의 거래가격과 수행의무의 이행도에 미치는 영향을 반영하기 위해서 소급법(누적효과 일괄조정기준)을 적용하여 원래 계약에서 1차연도에 이미 인식했던 누적수익을 계약변경시점에 아래와 같이 조정한다.

경치회사의 진행률: ₩210,000 ÷ ₩500,000 = 42%

인식했어야 할 수익(₩850,000 × 42%)	₩357,000
1차연도 12. 31.까지 인식했던 수익	(350,000)
누적효과 일괄조정액	₩7,000

· 경치회사는 2차연도 1. 1.에 계약수익을 ₩7,000 증가시킨다.

관련예제와 함께 풀어보세요

유제 1 수행의무의 식별과 수익인식(2018년, 회계사)

관련예제 12
Miniature 예제 4, 18, 19

상황

㈜대한은 1차연도 1. 1.에 ㈜민국과 자동화 설비장치인 시스템A를 판매하는 계약을 체결하였으며 주요 계약내용은 다음과 같다.

<주요 계약 내용>

· ㈜대한은 ㈜민국에게 시스템A를 2차연도 12. 31.까지 이전한다.

· 시스템A는 자동화설비 로봇과 로봇의 작동을 위한 소프트웨어를 포함한다.

· ㈜민국은 ㈜대한에게 대가를 1차연도 1. 1. 계약체결시점에 ₩1,000,000을 지급하거나 2차연도 12. 31. 제품 이전시점에 ₩1,210,000을 지급하는 방안 중 하나를 선택할 수 있다.

㈜대한은 로봇과 소프트웨어 제작 및 개발 프로젝트 전체를 책임지고 있다. ㈜대한이 개발하는 소프트웨어는 시스템A의 로봇에서만 사용가능하며 또한 해당 로봇은 ㈜대한이 개발하는 소프트웨어가 아니면 작동하지 않는다.

시스템A의 제작에 2년이 소요되며, ㈜대한은 총 ₩800,000의 제작원가 중 개발 1년차에 60%(₩480,000), 2년차에 40%(₩320,000)가 투입될 것으로 예상한다. 로봇 제작원가와 소프트웨어 개발원가의 비율은 50% 대 50%이다. 1차연도에 예상대로 원가가 발생하였다.

㈜대한은 ㈜민국이 주문한 제품과 동일한 시스템A 여러 대를 제작 중이며 ㈜민국이 주문한 제품은 특정되지 않는다. 계약체결 시점에 ㈜대한과 ㈜민국의 신용 특성을 반영하는 계약 이자율은 10%이다.

물음 다음의 각 물음은 독립적이다.

1. 1차연도 1. 1. ㈜대한이 식별해야 할 ㈜민국과의 계약에 의한 수행의무와 수행의무 이행에 따른 수익을 어떻게 인식할 지를 간략하게 설명하시오.
2. ㈜민국이 1차연도 1. 1. 계약체결시점에 대가 ₩1,000,000을 ㈜대한에게 지급하기로 결정했다면, ㈜대한이 1차연도 12. 31.에 수행해야 할 회계처리를 제시하고 그 이유를 간략하게 설명하시오.
3. ㈜민국이 2차연도 12. 31.에 시스템A를 이전하면서 대가 ₩1,210,000을 ㈜대한에게 지급하기로 결정했다면, ㈜대한이 1차연도 12. 31.에 수행해야 할 회계처리를 제시하고 그 이유를 간략하게 설명하시오.
4. ㈜민국이 3차연도 3. 1.에 ㈜만세와 포장시스템을 구매하는 별도의 계약을 체결하였다. 해당 계약은 취소불능하다. 계약에 의하면 ㈜민국은 3차연도 5. 1.까지 ㈜만세에게 대가 ₩500,000을 지급하여야 하며, ㈜만세는 3차연도 12. 31.까지 포장시스템을 이전해야 한다. ㈜민국은 3차연도 6. 15.에 ㈜만세에게 ₩500,000을 지급하였다. ㈜만세가 포장시스템 계약에 대해 3차연도 5. 1.에 수행해야 할 회계처리를 제시하고 그 이유를 간략하게 설명하시오.

정답 및 해설

1. 참고 이 문제는 [1115: 사례 29]에 기초하였다. 사례 29는 수행의무가 한 시점에 이행된다고 명확하게 가정하지만, 이 문제는 그러한 가정이 없고 지문에 "㈜대한은 ㈜민국이 주문한 제품과 동일한 시스템A 여러 대를 제작 중이며 ㈜민국이 주문한 제품은 특정되지 않는다"고 제시되어[1115: 35](기간에 걸쳐 수익을 인식하는 기준)에서 말하는 시스템A가 '대체적 용도'가 있다. 이 문제에서 수행의무가 한 시점에 이행되므로 ㈜대한은 시스템A의 통제가 ㈜민국에게 이전되는 시점에 수익을 인식한다(예제 12 참조).

· ㈜대한이 개발하는 소프트웨어는 시스템A의 로봇에서만 사용가능하며 ㈜대한이 개발하는 소프트웨어가 아니면 로봇이 작동하지 않으므로 로봇과 소프트웨어는 구별되지 않는 재화(또는 용역)이다. 그러므로 ㈜대한은 로봇과 소프트웨어의 이전을 단일 수행의무로 분류한다.
· ㈜대한은 ㈜민국이 주문한 제품과 동일한 시스템A 여러 대를 제작 중이며 ㈜민국이 주문한 제품은 특정되지 않으므로 시스템A가 '대체적 용도'가 있다. 따라서 수행의무를 이행하는 시점(시스템A 이전시점)에 수익을 인식한다.

2.

1차연도 1. 1. 계약대가를 받은 시점:
· ㈜대한이 계약체결시점(1차연도 1. 1.)에 계약상 수행의무를 이행하지 않고 계약대가 ₩1,000,000을 받았으므로 계약부채 ₩1,000,000을 인식한다.

(차) 현　　금	1,000,000	(대) 계약부채	1,000,000

1차연도 12. 31. 결산시점:

(차) 이자비용	100,000*	(대) 계약부채	100,000

* ₩1.000.000 × 10% = ₩100,000
※ 계약부채 장부금액: ₩1,100,000

2차연도 12. 31. 결산시점:

(차) 이자비용	110,000*	(대) 계약부채	110,000

* ₩1,100.000 × 10% = ₩110,000
※ 계약부채 장부금액: ₩1,100,000 + ₩110,000 = ₩1,210,000

2차연도 12. 31. 자산(시스템A) 이전시점:
· 수익을 인식하고 계약부채를 장부에서 제거한다.

(차) 계약부채	1,210,000	(대) 수　　익	1,210,000

3.

1차연도 12. 31. 결산시점:
· ㈜대한과 ㈜민국 둘 다 계약상 수행의무를 이행하지 않아 미이행계약이므로 분개 없음

4.

3차연도 3. 1. 계약체결시점:

· ㈜만세와 ㈜민국 둘 다 계약상 수행의무를 이행하지 않아 미이행계약이므로 분개 없음

3차연도 5. 1. 만기일 도래시점:

· ㈜만세가 아직 수행의무를 이행하지 않았지만, 판매대가에 대한 만기일이 도래하여 ㈜만세가 판매대가를 받을 무조건적 권리가 생겼으므로 수취채권을 인식한다.
· ㈜만세는 지급기일이 도래한 대가에 상응하여 ㈜민국에게 재화(포장시스템)를 이전할 의무가 생겼으므로 계약부채를 인식한다.

(차) 수취채권	500,000	(대) 계약부채	500,000

3차연도 6. 15. 현금 수취시점:

(차) 현　　금	500,000	(대) 수취채권	500,000

유제 2 계약변경과 변동대가의 배분(2019년, 회계사)

관련예제 5
Miniature 예제 24

상황

· ㈜대한은 1차연도 5. 1.에 구별되는 제품 X와 Y를 고객에게 이전하기로 계약하였다. 제품 X는 계약 개시시점에 고객에게 이전하고 제품 Y는 1차연도 12. 1.에 이전한다. 고객이 약속한 대가는 고정대가 ₩200,000과 변동대가 ₩40,000으로 구성된다. ㈜대한은 거래가격에 변동대가 추정치를 포함한다. 두 제품의 개별 판매가격은 같다.
· 1차연도 10. 30.에 고객에게 인도하지 않은 제품 Y에 추가하여 제품 Z를 2차연도 3. 30.에 이전하기로 한 약속을 포함하도록 계약의 범위를 변경하였다. 이 계약변경으로 계약가격을 ₩60,000(고정대가)만큼 증액하였는데, 이 금액이 제품 Z의 개별 판매가격을 나타내지는 않는다. 제품 Z의 개별 판매가격은 제품 X와 Y의 개별 판매가격과 같다.
· ㈜대한은 계약변경을 하면서 변동대가 추정치를 ₩40,000에서 ₩48,000으로 수정하였다. ㈜대한은 변동대가 추정치 변경분을 거래가격에 포함하였다.

물음

1. ㈜대한이 변동대가를 거래가격에 포함할 수 있다고 판단한 근거가 무엇인지 간략히 서술하시오.
2. 1차연도 10. 30. 계약변경이 별도계약인지 여부를 판단하고, 그 근거가 무엇인지 간략히 서술하시오.
3. 제품 X, Y, Z를 약속시점에 고객에게 이전하였다. ㈜대한이 ① 1차연도와 ② 2차연도에 인식할 수익금액을 각각 계산하시오.

정답 및 해설

1. 거래가격에 관련된 불확실성이 나중에 해소될 때 이미 인식했던 누적수익 금액 중에서 유의적인 금액을 환원(취소)하지 않을 가능성이 매우 높다고 판단해서 변동대가를 계약의 거래가격에 포함해서 수익으로 인식한다.

2. 계약의 범위를 확장했으므로 계약변경이다. 제품 Y와 제품 Z가 구별되는 재화이다. 그러나 제품 Z의 거래대가가 개별 판매가격을 반영하지 않으므로 계약변경을 새로운 별개 계약으로 분류하지 않고, 원래 계약이 종료되고 새로운 계약이 체결된 것으로 보고 새로운 계약에 전진법을 적용해서 수익을 인식한다.

3.

1차연도 5. 1. 제품 X 이전시점:

제품 X의 개별 판매가격과 제품 Y의 개별 판매가격이 같으므로 총판매대가 ₩240,000을 제품 X와 제품 Y에 균등하게 배분한다.

제품 X의 판매수익: (₩200,000 + ₩40,000) ÷ 2 = ₩120,000
제품 Y의 판매수익: (₩200,000 + ₩40,000) ÷ 2 = ₩120,000

1차연도 10. 30. 계약변경시점:

변동대가 증가액 ₩8,000을 제품 X와 제품 Y에 균등하게 배분해서 제품 X의 판매수익을 사후적으로 ₩124,000(₩120,000 + ₩4,000)으로 수정한다. 그리고 잔여 판매대가를 제품 Y와 제품 Z의 인도시점에 수익으로 인식한다.

제품 Y와 제품 Z의 총판매대가:

기존 계약에서 계약변경시점부터 수익으로 인식할 금액	₩120,000
+) 계약을 변경해서 추가(증분) 수익으로 인식할 금액	64,000 *
=) 총 잔여 수익	₩184,000

* ₩60,000(고정대가 증가액) + ₩4,000(제품 Y에 대한 변동대가 증가액) = ₩64,000

제품 Y의 개별 판매가격과 제품 Z의 개별 판매가격이 같으므로 총판매대가 ₩184,000을 제품 Y와 제품 Z에 다음과 같이 균등하게 배분한다.

제품 Y의 판매수익: ₩184,000 ÷ 2 = ₩92,000
제품 Z의 판매수익: ₩184,000 ÷ 2 = ₩92,000

1차연도 12. 1. 제품 Y 이전시점:

제품 Y의 판매대가 ₩92,000을 수익으로 인식한다.

2차연도 3. 30. 제품 Z 이전시점:

제품 Z의 판매대가 ₩92,000을 수익으로 인식한다.

1차연도 수익: ₩124,000(제품 X 수익) + ₩92,000(제품 Y 수익) = ₩216,000(해답 ①)
2차연도 수익: ₩92,000(제품 Z 수익)(해답 ②)

총수익: ₩124,000(제품 X 수익) + ₩92,000(제품 Y 수익) + ₩92,000(제품 Z 수익) = ₩308,000
총 수취액: ₩200,000 + ₩40,000 + ₩60,000 + ₩8,000 = ₩308,000

P15-01 거래대가 측정액

(2016년, 회계사)

• ㈜대한은 컴퓨터 주변기기를 판매하거나 소프트웨어를 개발 및 판매하는 기업이다.
• ㈜대한은 컴퓨터 주변기기를 판매하고 그 대가로 업무에 필요한 소형차량을 받았으며 현금 ₩1,000,000을 지급하였다. 제공받은 소형차의 공정가치는 ₩3,500,000으로 신뢰성 있게 평가되며, 판매된 컴퓨터 주변기기의 원가는 ₩1,800,000이다. 판매한 컴퓨터 주변기기와 제공받은 소형차는 성격이나 가치가 상이한 재화이다.

물음 ㈜대한의 2차연도 포괄손익계산서의 당기순이익에 미치는 영향을 계산하시오.

P15-02 구별되는 재화(또는 용역)와 수행의무의 식별

상황 1: 구별되는 재화(또는 용역)

• 판매기업(소프트웨어 개발자)은 2년 동안 다음을 제공하는 계약을 고객과 체결하였다.
  ① 소프트웨어 라이선스의 이전　② 설치용역
  ③ 특정되지 않은 소프트웨어 갱신(updates)　④ 기술지원용역
• 판매기업은 소프트웨어 라이선스, 설치용역, 기술지원을 별도로 판매한다. 소프트웨어 라이선스는 다른 재화와 용역보다 먼저 인도되고 갱신과 기술지원이 없어도 가동된다. 설치용역은 이용자의 각 유형(예 마케팅, 재고관리, 기술정보)에 맞추어 웹 스크린을 변경하는 것을 포함하지만 일상적으로 다른 기업이 수행하고 소프트웨어를 유의적으로 변경하지 않는다.

상황 2: 유의적인 고객 맞춤화

• 약속된 재화와 용역은 상황 1과 동일하지만 계약에서 설치용역의 일부로 고객이 사용하고 있는 다른 고객 맞춤 소프트웨어 어플리케이션에 접근할 수 있도록 소프트웨어에 유의적인 새 기능을 추가하기 위해서 실질적인 고객 맞춤화용역을 제공한다. 고객 맞춤화 설치용역은 다른 기업도 제공할 수 있다.

물음 상황 1과 상황 2에서 수행의무를 식별하라.

P15-03 구별되는 재화(또는 용역)와 수익인식시점

• 중장비회사는 설비를 현금가격 ₩300,000에 판매하였다.
• 중장비회사가 설비를 판매한 후 2년간 무상으로 설비를 수리해 주는 경우에는 이 설비를 ₩350,000에 판매한다.

물음 수익인식시점을 결정하라.

P15-04 선급금과 금융요소

• 4차연도 1. 1.에 건설회사가 아직 시공되지 않은 전원주택을 고객에게 판매하는 계약을 체결하였다. 건설회사의 수행의무(전원주택의 인도)가 건설완료시점인 5차연도 12. 31.에 이행된다.
• 건설이 완료될 때까지 24개월이 소요될 것으로 예상한다.
• 건설완료시점에 전원주택의 현금 판매가격은 ₩1,000,000이나 계약개시시점에 고객이 분양가 전액을 지급하면 ₩640,000이다. 4차연도 1. 1.에 고객이 ₩640,000을 선납하였다. 고객이 선납하면 건설원가를 지급하기 위해서 금융혜택을 제공하므로 건설회사는 선급금에 유의적 금융요소가 포함되어 있다고 판단하였다. 건설회사와 고객이 별도의 금융거래를 체결하면 건설회사에 적용되는 이자율이 연 25%이다.

참고 이자계산을 편하게 하고 개념의 이해에 집중하기 위해서 이자율을 연 25%로 가정한다.

물음 4차연도 1. 1.부터 5차연도 12. 31.까지 건설회사에 필요한 분개를 하라.

P15-05 고객에게 지급할 대가: 수량할인의 충족 여부에 따른 수익측정액

- 청포도회사는 고객이 회계연도 중에 ₩1,000,000 이상을 구입하면 구입가격의 4%를 할인한다.
- 2차연도 1. 1.에 청포도회사가 건포도회사에게 판매한 금액이 ₩600,000였는데 2차연도 중에 건포도회사에 대한 판매액이 ₩1,000,000 이상일 것으로 예측하였다.

물음 1. 2차연도 1. 1.에 청포도회사에 필요한 분개를 하라.
2. 건포도회사가 할인분기점을 충족하고 매입채무를 결제하였다고 가정하고, 청포도회사에 필요한 분개를 하라.
3. 건포도회사가 할인분기점을 충족하지 못하고 매입채무를 결제하였다고 가정하고, 청포도회사에 필요한 분개를 하라.

P15-06 계약변경: 새로운 별개 계약 또는 전진법의 적용

- 변심회사가 상품 180개를 단위당 ₩100에 3개월 이내에 인도하는 계약을 체결하였다.
- 단위당 원가가 ₩70인 상품 120개를 인도한 후에 변심회사가 계약을 변경하여 동일한 상품을 단위당 ₩80에 추가로 40개를 인도하기로 했다.
- 변심회사는 상품을 인도함과 동시에 거래대가를 현금으로 받는다.

물음 1. 원래계약에 따라 120개를 판매한 것에 대해서 분개하라.
2. 계약변경으로 인해 추가로 인도될 상품이 원래 계약에 포함된 상품과 구별되고 추가로 인도될 상품의 단위당 판매가격 ₩80이 계약변경시점의 개별 판매가격이다. 이 경우 계약변경 이후에 원래 계약에 따라 20개를 추가로 판매한 거래에 대해서 분개하라.
3. 추가로 인도되는 상품이 원래 계약에서 약속한 나머지 상품 60개와 구별되지만 판매가격이 변심회사가 추가로 약속한 상품의 개별 판매가격을 반영하지 못한다고 가정하라. 이 경우 계약변경 이후에 원래 계약에 따라 20개를 추가로 판매한 거래에 대해서 분개하라.

P15-07 계약변경: 새로운 별개 계약 또는 전진법의 적용(「K-IFRS 제1115호」 사례 5 수정)

- 헷갈려회사는 고객에게 제품 120개를 단위당 ₩100(총 ₩12,000)에 판매하는 계약을 체결하였다. 제품 120개는 6개월에 걸쳐 고객에게 이전되며 각 제품에 대한 통제를 인도시점에 이전한다.
- 헷갈려회사가 고객에게 제품 60개에 대한 통제를 이전한 이후에 원래 계약에 포함되지 않은 제품 30개를 단위당 ₩95(총 ₩2,850)에 고객에게 추가로 판매하여 총 판매량이 150개가 되도록 계약을 변경하였다.
- 계약변경 이후에 추가로 판매하는 제품 30개는 원래 계약에 따라 인도되는 제품 120개와 구별된다.

물음 1. 계약변경시점에 제품의 단위당 개별 판매가격이 ₩95이라 가정하고, 헷갈려회사가 제품 150개에 대해서 인식할 수익을 계산하라.
2. 추가로 판매하는 제품 30개를 개별 판매가격에 미달하는 단위당 ₩80(총 ₩2,400)에 인도한다. 계약변경시점에 고객에게 이미 인도된 제품 60개에 결함이 발견되어 헷갈려회사가 고객에게 제품 60개에 대해서 단위당 ₩15(총 ₩900)을 환불하기로 하였다. 그러나 현금을 지급하는 대신에 추가로 인도될 제품의 단위당 가격을 ₩30만큼 인하(총 인하액 ₩900)하여 단위당 가격을 ₩50으로 책정하였다. 헷갈려회사가 제품 150개에 대해서 인식할 수익을 계산하라.

P15-08 반품권이 부여된 판매

- 반품권을 부여하고 원가가 ₩24,000(원가율: 80%)인 상품을 ₩30,000에 판매하였다.
- 반품기간이 만료되어서 ₩2,000이 반품되고 나머지 ₩28,000은 현금으로 지급되었다.

물음 1. 반품율을 10%로 예측하였다고 가정하고 판매시점과 반품기간 만료시점에 필요한 분개를 하라.
2. 반품율을 예측할 수 없다고 가정하고 판매시점과 반품기간 만료시점에 필요한 분개를 하라.

P15-09 재고자산의 재구매약정 (2014년, 회계사)

㈜A는 1차연도 3. 1.에 재고자산을 ₩90,000에 현금 판매하면서 1년 후에 ₩99,000으로 재구매하기로 약정하였다.

물음 1차연도에 해야 할 모든 분개를 적절하게 했을 경우, 재고자산 장부금액에 미치는 영향과 당기순이익에 미치는 영향을 구하라.

P15-10 위임자(본인)의 위탁판매계약 (2016년, 회계사)

- ㈜대한은 컴퓨터 주변기기를 판매하거나 소프트웨어를 개발 및 판매하는 기업으로 거래내역은 다음과 같다.
- ㈜대한은 ㈜민국과 매출액의 10%를 판매수수료로 지급하는 위탁판매계약을 맺고 있다. 2차연도 10. 1. ㈜대한은 ㈜민국에 원가 ₩3,040,000의 컴퓨터 주변기기를 적송하였다. 2차연도 12. 31.까지 적송한 제품의 60%가 ₩2,300,000에 판매되었다.

물음 이 거래가 ㈜대한의 2차연도 포괄손익계산서의 당기순이익에 미치는 영향을 계산하시오.

P15-11 상품권의 판매와 수익인식

- 철부지회사는 1차연도 1. 1.에 1매당 액면금액이 ₩50,000인 상품권 100매를 1매당 ₩40,000에 발행하였다.
- 이 상품권의 만기는 발행일로부터 6개월이며 유효기간이 경과한 후에는 액면금액의 60%만 환급해준다.
- 상품권 유효기간이 경과하기 전에 상품권 80매를 회수하였는데, 이 중 70매는 단위당 취득원가가 ₩30,000이고 단위당 현금판매가격이 ₩40,000인 상품 70개와 교환하였다. 그러나 상품권 10매에 대해서는 상품 10개를 추가로 할인하여 단위당 ₩34,000에 판매하고 상품권 1매당 ₩6,000을 현금으로 지급하였다(상품의 단위당 취득원가는 ₩30,000임). 철부지회사는 모든 고객에게 추가 할인이 적용되므로 추가 할인이 고객에게 중요한 권리를 제공하지 않는다고 판단한다.

물음 상품권판매시점과 상품판매시점에 필요한 분개를 하라.

P15-12 상품권의 판매와 소멸된 권리

- 5차연도 중에 재수회사는 액면금액이 ₩100인 상품권 1,000매를 판매하였다.
- 재수회사는 판매된 상품권 중에서 80%가 행사되고 20%는 행사되지 않을 것으로 예측하였다.
- 재수회사는 행사되지 않은 상품권 금액을 고객에게 환불할 의무가 없고 소멸된 권리금액을 획득할 권리가 있다고 예상한다.
- 5차연도 12. 31.까지 상품권 540매가 행사되었다.

물음 5차연도 12. 31.까지 행사된 상품권에 대해서 인식할 수익을 결정하라.

P15-13 고객충성제도: 보너스포인트가 부여기업의 제품구매에만 사용되는 경우

- 고객이 ₩10을 구매할 때마다 1보너스포인트를 부여한다.
- 보너스포인트는 포인트 부여기업의 제품을 구매하는 경우에만 사용될 수 있다. 1포인트는 2년간 제품을 구입할 때

에 구매가격에서 ₩3을 할인한다.

- 5차연도 7. 2.에 고객이 ₩1,500,000을 구입하여 150,000 보너스포인트를 부여받았다.
- 매출원가(원가율: 60%)는 ₩900,000이다.
- 포인트 부여기업은 125,000 보너스포인트가 행사(행사율: 83.3%)될 것으로 예상한다.

물음 1. 5차연도 7. 2.에 필요한 분개를 하라.

2. 5차연도 7. 31.에 총 판매가격이 ₩100,000(매출원가: ₩60,000)인 상품을 고객에게 현금판매했는데 고객이 10,000 보너스포인트를 행사(행사율: 8%)하였다. 그리고 앞으로 115,000 보너스포인트가 행사될 것으로 예상한다. 5차연도 7. 31.에 10,000 보너스포인트가 행사된 판매에 대해서 분개하라.

P15-14 고객충성제도: 부여기업 또는 보상기업에 사용되는 보너스포인트 (2010년, 회계사)

- ㈜전자는 1차연도 1. 1.부터 새로운 마케팅전략의 일환으로 마일리지제도를 실시한다.
- ㈜전자는 컴퓨터를 구매한 고객에게 컴퓨터 구입비용 ₩10당 1마일리지를 부여하며, 고객은 마일리지를 사용하여 ㈜전자가 직접 제작한 소프트웨어를 사용할 수 있다.
- 각 마일리지당 개별 판매가격은 ₩1.2이다.
- ㈜전자는 1차연도 12. 31.에 2,500대의 컴퓨터를 대당 ₩1,000에 판매하였고 60%의 마일리지가 사용될 것으로 예측하였다.
- 마일리지의 유효기간은 없으며 매출총이익률은 40%이다.

물음 1. 1차연도 12. 31.에 필요한 분개(수정분개 포함)를 하라.

2. 2차연도에 30,000 마일리지가 사용되었다. 이와 관련된 분개를 하라.

3. 예상보다 부진한 반응에 경영진은 2차연도 12. 31.에 사용 마일리지 예측을 총 120,000 마일리지로 수정하였다. 3차연도에 30,000 마일리지가 사용되었다. 3차연도의 마일리지 사용과 관련된 분개를 하라.

4. 물음 2와 3의 자료를 무시하고 다음 자료를 이용하라.
1차연도 12. 31.에 ㈜전자는 온라인 서비스회사 ㈜업로드가 운영하는 포인트제도에 참여를 고려하고 있다. 이 제도는 ㈜전자가 ㈜업로드를 대신하여 컴퓨터 판매대금 ₩10당 1포인트를 고객에게 부여하며, 고객은 1포인트를 사용하여 ㈜업로드의 온라인 콘텐츠를 10분 동안 이용할 수 있다. ㈜업로드의 1포인트당 개별 판매가격은 ₩1.1이다. ㈜전자는 1포인트당 ₩0.4을 컴퓨터 판매 후 1주 내에 ㈜업로드에게 지급해야 하며, 콘텐츠 제공과 관련한 추가 의무는 부담하지 않는다. ㈜전자가 마일리지제도를 대신하여 포인트제도에 참여하는 경우, 1차연도 12. 31.에 2,500대의 컴퓨터 판매와 관련한 분개를 하라.

P15-15 지적재산 접근권을 제공하는 라이선스와 수익인식시점

- 재능회사는 TV에 방영되는 만화영화의 창작자이며 제작자이다. 재능회사는 아동용 장난감을 제조하는 깜찍해회사에게 만화 등장인물의 초상권을 장난감에 3년간 사용하는 권리를 부여하였다. 깜찍해회사는 TV에 방영되는 만화 등장인물의 최신 이미지를 사용한다. 재능회사는 깜찍해회사에게 다른 재화(또는 용역)를 제공하지 아니 한다.
- 계약체결시점에 깜찍해회사는 재능회사가 만화영화를 TV에 계속해서 방영하고 새로운 등장인물을 개발하여 등장인물의 인지도를 높이기 위해서 마케팅 활동을 수행할 것으로 예상한다.
- 깜찍해회사는 만화영화가 TV에 처음 방영되면 등장인물이 포함된 장난감을 판매하기 시작한다.

물음 이 협약에 포함된 라이선스의 성격과 수익인식시점을 설명하라.

P15-16 제품품질보증의 판매와 수행의무의 식별

- 「K-IFRS 제1115호」에서는 제품품질보증을 확신유형(보장형) 제품품질보증과 용역제공형 제품품질보증으로 분해한다.
- 확신유형(보장형) 제품품질보증(standard warranty, assurance warranty) 하에서 무상수리회사는 제품에 결함이 없고 판

매후 1년간 합의된 설계명세서를 준수하여 약속된 상태로 작동할 것을 고객에게 확신시켜 준다.
- 무상수리회사는 제품의 판매와 함께 고객에게 확신유형(보장형) 제품품질보증을 부여하는 계약을 체결하였다.

물음 1. 제품 판매계약이 단일 수행의무인지 아니면 별도의 수행의무인지를 식별하라.
2. 무상수리회사는 확신유형(보장형) 제품품질보증 이외에 고객에게 제품에 숙련되는 30시간의 훈련용역을 제공하기로 합의하였다. 또한 고객은 제품품질보증기간이 만료되는 판매후 1년 후에 추가로 2년간 수리해 주는 용역형 제품품질보증(extended warranty, service-type warranty)을 구매할 선택권이 있다. 이러한 현상이 단일 수행의무인지 아니면 별도의 수행의무인지를 결정하라.

P15-17 예수금처리법

- 개발회사는 택지를 조성하여 분양하는 부동산개발 사업에 착수하였다.
- 5차연도 동안 개발회사는 조성 중인 전원주택 택지 400필지 중 100필지를 미리 판매하였다.
- 100필지에 대한 판매액은 ₩1,000,000이고 개발회사는 ₩200,000을 계약금으로 받았다.

물음 100필지의 판매에 대한 회계처리를 설명하라.

P15-18 수취채권 및 계약자산과 계약부채 (2019년, 회계사 1차)

다음은 ㈜대한의 1차연도과 2차연도의 수취채권, 계약자산, 계약부채에 대한 거래이다.
- ㈜대한은 고객에게 제품을 이전하기로 한 약속을 수행의무로 식별하고, 제품을 고객에게 이전할 때 각 수행의무에 대한 수익을 인식한다.
- ㈜대한은 2차연도 1. 31.에 ㈜민국에게 제품A를 이전하는 취소 불가능 계약을 1차연도 10. 1.에 체결하였다. 계약에 따라 ㈜민국은 1차연도 11. 30.에 대가 ₩1,000 전액을 미리 지급하여야 하나 ₩300만 지급하였고, 2차연도 1. 15.에 잔액 ₩700을 지급하였다. ㈜대한은 2차연도 1. 31.에 제품A를 ㈜민국에게 이전하였다.
- ㈜대한은 ㈜만세에게 제품 B와 제품 C를 이전하고 그 대가로 ₩1,000을 받기로 1차연도 10. 1.에 계약을 체결하였다. 계약에서는 제품 B를 먼저 인도하도록 요구하고, 제품B의 인도대가는 제품 C의 인도를 조건으로 한다고 기재되어 있다.
- ㈜대한은 제품의 상대적 개별 판매가격에 기초하여 제품B에 대한 수행의무에 ₩400을, 제품 C에 대한 수행의무에 ₩600을 배분한다. ㈜대한은 ㈜만세에게 1차연도 11. 30.에 제품B를, 2차연도 1. 31.에 제품 C를 각각 이전하였다.
- 기초잔액은 없는 것으로 가정한다.

물음 상기 거래에 대하여, 1차연도 12. 31. 현재 ㈜대한의 수취채권, 계약자산, 계약부채 금액은 각각 얼마인가?

	수취채권	계약자산	계약부채
①	₩0	₩400	₩0
②	400	0	0
③	700	400	1,000
④	1,000	400	1,000
⑤	1,100	0	1,000

P15-19 시용판매의 수익인식

- 1차연도 10. 18.에 오뚜기회사는 상품 280개를 단위당 ₩13에 현금으로 매입하여 단위당 ₩17에 시용판매하기 위하여 1차연도 10. 29.에 꼴뚜기회사에 50개를 배달하였다.
- 1차연도 11. 12.에 꼴뚜기회사로부터 35개를 매입하고 15개는 반품하겠다는 통지를 받았다.

물음 위 거래에 대하여 오뚜기회사에 필요한 분개를 하라.

P15-20 반품권이 부여된 판매와 시용판매

- 야웅회사는 ₩15,000의 와인을 고객에게 판매하고 판매대금을 받았으나 고객이 10일 이내에 개봉하지 않고 반품하는 와인에 대해서는 판매대금을 환불해야 한다. 반품기간 동안 통상적으로 10% 정도가 반품된다.
- 멍멍회사가 고객에게 인형을 이전(인도)하였는데 고객은 10일 이내에 인형을 반품하거나 매입대금을 현금으로 지급해야 한다.

물음 야웅회사와 멍멍회사가 거래에서 인식하는 수익을 결정하라.

P15-21 지적재산 사용권을 제공하는 라이선스와 수익인식시점

- 첨단회사가 성실회사에게 일정 기간 동안 소프트웨어 라이선스를 제공하는 계약을 체결하였다. 계약상 조건은 성실회사는 첨단회사가 제공하는 독특한 키를 사용하여 소프트웨어를 다운받아 성실회사의 서버에서 사용한다.
- 성실회사는 라이선스계약을 체결한 이후에 첨단회사로부터 고객지원 프로그램을 구입하였다. 첨단회사가 계약을 체결한 이후에 고객지원 프로그램 이외의 활동을 수행하지 아니 한다.
- 성실회사는 라이선스 자체에서 혜택을 볼 수 있으며 라이선스는 계약이후 고객지원 프로그램과 분리할 수 있으므로 라이선스와 계약을 체결한 이후에 구입한 고객지원 프로그램은 각각 구별된다.

물음 이 협약에서 첨단회사가 수익을 인식하는 시점을 결정하라.

P15-22 단일 수행의무를 형성하는 일련의 구별되는 재화(또는 용역)와 변동대가의 배분

- 사무실건물에 3년간 냉난방장치를 제공하는 계약을 체결하였다. 고객의 냉난방 사용시간에 기초하여 보상받고 사무실건물의 6개월간 냉난방비가 직전 6개월간의 냉난방비에 비해서 10% 절감되면 성과보너스를 받는다.
- 냉난방장치에 3년간 제공되는 일련의 구별되는 용역을 단일 수행의무로 회계처리한다.
- 계약개시시점에서 변동대가를 예측하지만 고객의 원가절감에 대한 추정치가 변하면 이미 인식했던 누적수익 금액 중에서 유의적인 금액을 사후적으로 환원하지 않을 가능성이 매우 높다고 판단할 수가 없어서 냉난방장치를 설치한 후에 성과보너스를 거래대가에 포함시키지 않았다.
- 첫 6개월 후에 고객의 냉난방비가 과거기간에 비해서 12% 감소하여 성과보너스를 받았다.

물음 성과보너스에 대한 회계처리를 설명하라.

P15-23 프랜차이즈 수익인식

2차연도 1. 1.에 배통통상점(프랜차이즈 가맹점)이 건강식품회사의 프랜차이즈 가맹점으로 운영하기로 계약을 체결하고, 창업지원용역수수료(초기 프랜차이즈 수수료) ₩100,000 중에서 ₩40,000을 계약체결시점에 지급하고 잔액은 2차연도 12. 31.부터 매년 말에 ₩20,000씩 3회 지급하기로 했다. 계약금 ₩400,000은 환불이 불가능하며, 2차연도 5. 1.에 프랜차이즈 가맹점이 영업을 시작하면 건강식품회사는 프랜차이즈 가맹점에게 추가 용역을 제공하지 않는다. 프랜차이즈 가맹점의 증분차입이자율은 연 25%이다.

물음 1. 건강식품회사가 프랜차이즈 약정에 대해서 2차연도에 필요한 분개를 하라.
2. 프랜차이즈 권리에 추가해서 건강식품회사가 2차연도 1. 1.부터 1년 동안 훈련용역(독립 판매가격: ₩7,020)을 제공한다고 가정하라. 2차연도에 건강식품회사에게 필요한 분개를 하라.
3. 건강식품회사가 프랜차이즈 권리의 가치를 유지하기 위해 프랜차이즈 기간 내내 프랜차이즈 가맹점에게 용역을 제공해야 한다고 가정하고 물음 1에 다시 답하라.

P15-24 중요한 권리를 제공하는 갱신선택권: 수익인식금액(「K-IFRS 제1115호」 사례 51)

- 1차연도 1. 1.에 판매기업은 계약당 ₩1,000에 1년 동안 유지보수용역을 제공하기로 고객들과 100건의 별도 계약을

체결하였다. 계약에는 각 고객이 1차연도 12. 31.에 ₩1,000을 추가로 지급하면 2차연도의 유지보수용역 계약을 갱신할 수 있는 선택권이 있다. 또한 2차연도 12. 31.에 갱신하는 고객은 ₩1,000에 3차연도에 대한 갱신선택권을 받는다. 100건의 계약에 대한 3개 연도의 추정 원가는 다음과 같다.

1차연도	₩600
2차연도	750
3차연도	1,000

- 판매기업은 1차연도 1. 1.에(제품이 신품일 때) 유지보수용역에 서명하지 않은 고객에게는 유지보수용역에 대해 유의적으로 높은 가격을 부과한다. 즉, 고객이 처음에 유지보수용역을 구매하지 않거나 유지보수용역이 소멸된 경우에는 연간 유지보수용역에 대해 2차연도에는 ₩3,000을 부과하고 3차연도에는 ₩5,000을 부과한다.
- 판매기업은 1차연도 12. 31.에 고객 90명(판매된 계약의 90%)이 유지보수용역을 갱신할 것으로 예상하고 2차연도 12. 31.에 고객 81명(1차연도 말에 갱신한 고객 90명 중 90%(판매된 계약의 81%))이 유지보수용역을 갱신할 것으로 예상한다. 1차연도 12. 31.에 판매기업이 예상한 대로 90명의 고객이 유지보수용역을 갱신하였다.
- 판매기업은 발생원가를 총 예상원가로 나눈 비율로 수행의무의 이행도를 측정하고 수행의무의 진척도로 수익을 인식하는 것이 고객에게 이전되는 유지보수용역을 반영한다고 판단한다.

물음 1. 1차연도 12. 31.에 인식할 수익과 계약부채 측정액을 결정하라.
2. 2차연도에 수익으로 인식할 금액과 2차연도의 갱신선택권에 배분할 금액을 결정하라.

P15-25 변동대가의 배분과 라이선스에 대한 수익인식(「K-IFRS 제1115호」 사례 35 수정)

- 기업이 두 지적재산 라이선스(X와 Y)에 대해 고객과 계약을 체결하였고, 이 계약은 한 시점에 이행되는 두 가지 수행의무를 포함한다. 라이선스 X와 Y의 개별 판매가격은 각각 ₩1,000과 ₩3,000이다.

물음 1. 기업이 계약개시시점에 라이선스 Y를 이전하고 한 달 후에 라이선스 X를 이전한다고 가정하라. 계약상 라이선스 X의 대가는 고정금액 ₩800이고, 라이선스 Y의 대가는 고객이 라이선스 Y를 사용한 제품을 판매한 금액의 4%이다. 기업은 배분 목적상 판매기준 로열티(변동대가)를 ₩3,000으로 추정하고 변동대가(판매기준 로열티) 전액을 라이선스 Y에 배분하였다. 라이선스 이전시점에 인식할 수익을 결정하라.
2. 계약에 표시된 라이선스 X의 가격은 고정금액 ₩400이고 라이선스 Y의 대가는 고객이 라이선스 Y를 사용한 제품을 미래에 판매하는 금액의 5%라고 가정하라. 기업은 판매기준 로열티(변동대가)를 ₩4,600으로 추정하였다. 라이선스 Y는 계약 개시시점에 고객에게 이전하고 라이선스 X는 3개월 후에 이전한다. 고객의 첫째 달 판매로 기업이 첫째 달에 받을 로열티는 ₩180이다. 라이선스 이전시점에 인식할 수익을 결정하라.

P15-26 거래가격의 후속 변동과 수익인식금액(「K-IFRS 제1115호」 사례 24)

- 8차연도 1. 1.에 판매기업이 제품 A를 단위당 ₩100에 판매하기로 고객과 계약을 체결하였다. 고객이 제품 A를 1년 동안 1,000단위를 초과하는 수량을 구매하면 단위당 가격을 ₩90으로 소급하여 낮추기로 계약에서 정하였으므로 계약상 대가는 변동될 수 있다.
- 8차연도 3. 31.로 종료되는 1분기에 고객에게 제품 A 75단위를 판매하였으나 고객이 8차연도에 대량 할인을 받을 수 있는 1,000단위를 초과하여 구매하지 않을 것으로 추정한다. 판매기업은 불확실성이 해소될 때 (가격할인 총액이 알려질 때) 이미 인식했던 누적수익 금액 (단위당 ₩100) 중 유의적인 부분을 환원하지 않을 가능성이 매우 높다고 판단해서 8차연도 3. 31.로 종료되는 1분기에 ₩7,500(75단위 × 단위당 ₩100)을 수익으로 인식했다.
- 8차연도 6. 30.로 종료되는 2분기에 판매기업은 추가로 500단위의 제품 A를 고객에게 판매하고 고객이 8차연도에 1,000단위를 초과해서 구매할 것으로 예상했다.

물음 판매기업이 8차연도 6. 30.로 종료되는 2분기에 수익으로 인식하는 금액을 결정하라.

P15-27 프랜차이즈의 수행의무와 수익인식

3차연도 1. 1.에 맛좋은피자회사가 프랜차이즈 계약을 체결해서 만남식당에게 5년간 맛좋은피자회사의 프랜차이즈 가맹점으로 영업하는 권리를 부여하였다. 맛좋은피자회사는 프랜차이즈 가맹점으로 운영할 수 있는 권리에 대해 창업지원용역수수료 (초기 프랜차이즈수수료) ₩100,000을 부과하였다. 이 금액 중에서 만남식당은 3차연도 1. 1.에 ₩25,000을 지급하고, 나머지 ₩75,000은 3차연도 12. 31.부터 매년 말에 ₩15,000씩 5회 지급한다. 맛좋은피자회사는 이 계약의 일환으로 식당 장소를 물색하고, 식당의 내부공사활동을 감독하며, 종업원 훈련용역과 식당운영에 필요한 장비(맛좋은피자회사의 재고자산)를 제공한다. 맛좋은피자회사 이외의 다른 기업도 종업원 훈련용역과 식당운영에 필요한 장비를 판매한다.

프랜차이즈 가맹점인 만남식당은 맛좋은피자회사의 제품을 개별 판매가격으로 구매해야 하며, 로열티로 연 매출액의 2%를 4차연도부터 매년 1. 31.에 지급한다. 프랜차이즈 가맹점의 증분차입이자율은 연 7%이다. 7%로 할인한 미래현금흐름의 현재가치가 ₩61,503이고, 현재가치할인차금 ₩13,497은 지급기간에 걸쳐 맛좋은피자회사에게 발생하는 이자수익을 의미한다.

3차연도 1. 1.에 총거래가격 ₩86,503(현금 ₩25,000 + 현재가치 ₩61,503)을 다음과 같이 배분했다고 가정하라.

상호, 시장 영역 및 노하우 권리	₩70,000
훈련용역	6,000
장비(원가: ₩9,500)	10,503
총 거래가격	₩86,503

3차연도 1. 31.에 훈련용역이 완료되고 장비가 설치되어 3차연도 2. 1.에 만남식당이 개점했다. 그리고 만남식당의 3차연도 매출액이 ₩800,000이다.

물음 1. 이 약정에서 맛좋은피자회사의 수행의무를 식별하고, 수익을 인식하는 시점을 결정하라.
2. 3차연도 1. 1., 3차연도 2. 1., 3차연도 12. 31.에 맛좋은피자회사에 필요한 분개를 하라.

Chapter 16

장기계약

학습 목표

LO 16－1. 진행기준에 따른 회계처리를 이해한다.
LO 16－2. 사용하지 않은 원자재가 존재하는 경우 진행률과 계약이익의 측정방법을 이해한다.
LO 16－3. 미성공사계정과 진행청구액계정의 잔액을 재무상태표에 표시하는 방법을 이해한다.
LO 16－4. 인도기준에 따른 회계처리를 이해한다.
LO 16－5. 계약손실을 인식하는 방법을 이해한다.
LO 16－6. 하자보수비와 계약체결 전 지출에 대한 회계처리를 이해한다.
LO 16－7. 원가회수법의 내용을 습득한다.
LO 16－8. 계약원가의 회수가능성이 크지 않은 불확실성 하에서 수익의 측정방법을 이해한다.

제16장

Chapter 16 제1절

진행기준과 인도기준

1. 기간에 걸쳐 이행되는 수행의무

장기계약은 통상적으로 계약에 포함된 수행의무가 여러 기간에 걸쳐 이행된다는 특징을 갖는다. 제15장에서 설명한 것과 같이, 기업이 고객에게 재화(또는 용역)의 통제를 기간에 걸쳐 이전하는 경우, 즉 아래 세 기준 중 어느 하나라도 충족되면 기간에 걸쳐 수익을 인식한다[1115: 35].

기준 ①: 기업이 수행의무를 이행하는 대로 고객이 효익을 받는 동시에 소비한다.

기준 ②: 기업이 수행의무를 이행해서 만들거나 가치를 향상시키는 대로 고객이 자산을 통제한다.

기준 ③: 기업이 수행의무를 이행하여 만든 자산이 기업 자신에게는 대체적 용도가 없으며, 기업이 현재까지 완료한 수행분에 대해 집행 가능한 지급청구권을 보유한다.

위 기준을 하나도 충족시키지 못하는 계약의 수행의무는 한 시점(특정 시점)에 이행되므로 재화(또는 용역)가 이전되는 시점(예 인도시점)에 수익을 인식한다.

계약수익을 인식하는 방법 { 진행기준([1115: 35]의 3가지 기준 중 하나 이상이 충족되는 경우) / 인도기준([1115: 35]의 3가지 기준 중 어느 것도 충족되지 않는 경우)

실무에서 논란이 많은 부분은, 세 번째 기준의 '집행 가능한 지급청구권'(enforceable right to payment) 보유 여부이다. 장기계약에서 이미 수행한 의무에 대해 지급청구권을 갖는 것으로 인정되면 진행기준에 따라 수익을 인식할 수 있는데, 그 적정성을 평가하기가 쉽지 않다. 지급청구권은 계약 취소시점까지 고객에게 이전한 재화(또는 용역)의 판매가격에 근접하는 금액의 지급을 요구할 수 있는 권리이다.

「K-IFRS 제1115호」에 대한 질의회신에서 한국회계기준원은 "고객의 채무불이행 시 회사가 계약상 약속한 재화를 고객에게 계속 이전할 수 있는 권리가 있고, 고객에게 그 대가의 지급을 요구할 수 있다면 [1115: 35(3)]에 따라 회사에 지금까지 수행을 완료한 부분에 대해 지급청구권이 있다"는 입장을 표명하였다. IASB는 지급청구권에 대해서 적용지침을 제시하지 않지만, 미국 FASB에 따르면 계약 종료 시 기업의 지급 권리에 대한 조건이 고객과의 계약서에 구체적으로 명시되지 않으면 집행 가능한 지급청구권이 존재하지 않는다. 그리고 FASB의 전환지원그룹(Transition Resources Group)에 의하면, 고객이 계약을 조기에 종료하는 경우, 기업이 지금까지 완료한 작업에 발생한 원가에 합리적 이윤(예 10%)을 더한 금액을 보상받을 권리가 있어야 한다. 그러나 기업이 계약에 사용하기 위해 구입하였으나 아직 사용하지 않은 표준화된 원재료와 일반구성요소 부품('generic' component parts)(예 재고자산으로 분류할 수 있는 하위 구성요소)은 현재까지 이행된 수행의무의 일부가 아니므로, 고객이 변제할 의무가 없다. 규정 자체는 동일하지만, IFRS에 비해 US GAAP 실무지침이 구체적이다.

예제 1 지급청구권과 수익인식시점(「K-IFRS 제1115호」 사례 17 수정) 중요도: ★★★ 난이도: ◆

상황

· 한탕회사가 특정 단지에 여러 채의 단독주택을 건설한다. 각 주택의 건설기간은 2년이고 전용면적과 층수가 비슷하다. 한탕회사가 단지 내에 건설 중인 특정 주택(예 '1호주택')을 고객에게 판매하는 계약을 체결하였다.

물음

1. 고객이 계약을 체결하면서 계약금을 지급하고, 그 계약금은 한탕회사가 계약에 따라 해당 단위의 건설을 완료하지 못하는 경우에만 환불된다. 거래가격의 나머지는 고객이 해당 단위의 물리적 소유권을 획득할 때인 인도시점에 지급된다. 해당 단위가 인도되기 전에 고객이 계약을 이행하지 못하면 한탕회사는 계약금만 보유할 권리가 있다. 한탕회사가 1호주택에 대해 수익을 인식하는 시점을 결정하라.
2. 고객이 계약을 체결하면서 환불되지 않는 계약금을 지급하고, 해당 단위가 건설되는 동안에 중도금을 지급할 예정이다. 계약에는 한탕회사가 다른 고객에게 해당 단위를 넘기지 못하게 하는 조건이 있으며, 고객은 한탕회사가 약속한 대로 이행하지 못하는 경우가 아니면 계약을 종료할 권한이 없다. 고객이 지급기한에 중도금을 지급하지 못해서 의무를 이행하지 못해도 한탕회사는 해당 단위의 건설을 완료하면 계약에 따라 약속된 대가 전부를 받을 권리를 갖는다. 한탕회사가 1호주택에 대해 수익을 인식하는 시점을 결정하라.

정답 1. 인도시점에 수익을 인식 2. 기간에 걸쳐 수익을 인식

해설

1. **특정 시점까지 완료된 수행분에 대해 집행 가능한 지급청구권이 없는 경우**

· 한탕회사가 특정 시점까지 완료된 작업에 대해 지급청구권이 없고 해당 단위의 건설이 완료될 때까지 고객이 지급한 계약금에 대해서만 권리가 있다. 따라서 한탕회사의 수행의무는 한 시점에 이행되는 수행의무이므로 인도시점에 수익을 인식한다.

2. **특정 시점까지 완료된 수행분에 대해 집행 가능한 지급청구권이 있는 경우**

· 한탕회사가 특정 단위를 다른 고객에게 이전하지 못하기 때문에 수행의무를 이행하여 창출된 자산(단위)은 한탕회사에게 대체적 용도가 없다.
· 고객이 의무를 이행하지 못할 때 한탕회사가 약속한 대로 계속 수행하면 계약에 따라 약속된 대가 전부에 대해 집행 가능한 권리가 있다. 한탕회사는 완료된 수행분에 대해 지급청구권이 있으므로 기간에 걸쳐 수행의무를 이행해서 진행기준을 적용하여 기간에 걸쳐 수익을 인식한다.

2. 진행기준: 기간별 수익(이익)의 산정

(1) 진행기준

진행기준(percentage-of-completion method)은 당기 말까지 계약이 진행된 정도(누적 계약진행률)만큼을 전체 수행의무 중에서 당기까지 이행한 부분으로 가정해서 수익을 인식하는 방법으로 발생주의를 준

수하는 회계처리방법이다. 진행기준을 사용하면 계약의 거래가격에 특정 기간의 계약진행률을 곱하여 해당 기간의 계약수익을 인식한다. 예를 들면, 특정 회계연도 동안에 장기계약의 30%가 진행되면 총 거래대가의 30%를 해당 연도의 수익으로 인식한다. 진행기준을 적용하면 계약이 진행된 만큼 수익, 비용, 이익을 포괄손익계산서에 보고할 수 있으므로 일정 기간의 계약 수행의무의 이행성과에 대해 유용한 정보를 제공할 수 있다.

(2) 계약진행률 측정

계약진행률에 따라 기간별 수익과 이익이 달라지므로 계약진행률을 어떻게 측정할 것인가는 장기계약의 회계처리에 있어서 매우 민감한 주제이다. 진행률을 측정하는 방법으로는 최종산출물(output)을 기준으로 하는 산출법과 투입물(input)을 기준으로 하는 투입법이 있는데, 기업이 임의로 선택하는 것이 아니다. 고객에게 이전하기로 약속한 재화(또는 용역)의 성격을 고려하여 재화(또는 용역)의 통제를 고객에게 이전함에 있어서 수행의무의 이행도를 가장 잘 묘사하는 진행률 측정방법을 선택하여야 한다.

① 산출법과 투입법

산출법을 정의하는 [1115: B15]가 난해하게 표현되었는데, 산출법(output methods)은 계약에서 고객에게 인도하기로 약속한 재화(산출물) 중에서 현재까지 물리적으로 완성한 정도를 측정해서 계약진행률을 계산하는 방법이다. 예를 들면, 도로건설계약에서 총 계약거리 대비 현재까지 공사가 완성된 거리의 비율로 계약진행률을 측정한다.

투입법(input methods)은 해당 수행의무의 이행을 위해 필요할 것으로 예상하는 총 투입물 대비 현재까지 제공된 노력이나 투입물(예 소비한 자원, 사용한 노동시간, 발생원가, 지나간 시간, 사용한 기계시간)을 바탕으로 수익을 인식하는 방법이다[1115: B18]. 예를 들면, 계약을 완성하는데 필요한 총 노동시간 대비 당기까지 투입된 노동시간의 비율로 계약진행률을 측정한다.

일반적으로는 계약조건 하에서 판매기업의 성과를 충실하게 묘사하는 산출법이 이론적으로 선호된다. 그러나 투입법을 적용할 때 비용이 적게 소요되고 계약진행률에 대해서 합리적인 대용치(proxy)를 제공하면 투입법의 사용도 허용된다. 투입법의 대표적 예는 발생원가를 기준으로 진행률을 측정하는 원가기준법이다.

② 진행률 측정방법의 변경

진행률의 측정방법을 계약기간 중에 변경하는 것은 허용되지 않는다. 따라서 기업은 계약개시시점에 산출법 또는 투입법 중 하나를 선택하고 선택한 방법을 계약개시시점부터 수행의무 이행을 완료하는 시점까지 사용하여야 한다.

③ 원가기준법

원가기준법(cost-to-cost method)은 계약을 완성하는 데 필요한 총 추정원가 대비 당기 말까지 실제로 발생한 누적원가의 비율로 누적 계약진행률을 측정한다.

$$\text{누적 계약진행률} = \frac{\text{당기 말까지 실제로 발생한 누적원가}}{\text{계약 완성을 위한 총 추정원가}}$$

계약가격(거래대가)에 특정 기간의 계약진행률(누적 계약진행률 변동분)을 곱하여 해당 기간의 계약수익을 인식하고, 해당 기간에 실제로 발생한 원가를 비용으로 인식해서 기간별 손익을 산정한다. 즉, 계약진행률은 기간 수익을 결정하는 데만 사용될 뿐, 기간 비용은 실제 발생원가를 사용한다. 이런 의미에서 원가기준법은 수익을 기간별로 배분하는 방법이다. 기간 수익에서 기간 비용을 차감해 기간이익을 결정하는 일반적인 경우와 비교할 때, 원가(비용)가 기간 수익을 결정하고 결과적으로 기간 이익까지 결정하는 원가기준법은 분명 특이한 경우라 할 수 있다. 제3장에서 정부보조금을 수익으로 인식할 때 발생한 비용에 대응하여 수익을 인식하는 것도 이와 유사한 처리라 할 수 있다(제3장 Miniature 예제 5 참조).

원가기준법을 사용할 때 수행의무의 진척도에 공헌하지 않은 원가는 진행률 측정에서 제외한다. 예를 들어, 고객에게 통제를 아직 이전하지 않은 재화(또는 용역)에 발생한 원가는 무시하고 계약진행률을 측정한다[1115: 42].[1] 또, 계약가격에 반영되지 않았고 기업의 유의적인 비효율 때문에 든 원가(예 수행의무를 이행하기 위해 발생했으나 낭비된 재료원가, 노무원가, 그 밖의 자원의 원가)에 기초하여 수익을 인식하지 않는다[1115: B19]. 같은 논리로, 기업의 일반적 운영원가는 계약을 완료시키는 데에 공헌하지 않는 원가이므로 계약진행률 측정에 포함하지 않는다. 원가기준법에서 계약진행률 측정에서 제외하는 원가의 예를 나열하면 다음과 같다.

- 차입원가
- 미래에 이행될 작업을 위해 발생한 선급원가(예 미사용 원자재의 취득원가)
- 판매비
- 계약과 직접 관련되지 않은 일반관리비나 연구개발비
- 유휴장비와 유휴시설에 대한 감가상각비
- 낭비된 재료비, 비정상적 인건비, 재작업원가

단, 계약과 관련 없는 원가 또는 수행의무의 이행에 공헌하지 않은 원가라 하더라도 계약의 거래가격에 반영되어 궁극적으로 현금으로 회수할 수 있으면 계약진행률 측정에 포함한다.

당기 말까지 실제로 발생한 누적원가

당기 말까지 실제로 수행된 작업에 대한 계약원가만 발생원가에 포함하고 중도금과 선수금은 계약진행률 계산에 포함하지 않는다. 장기계약과 관련하여 차입금의 이자를 자본화할 수 있는 경우에는(제3장 참조), 자본화할 차입원가를 미성공사(재고자산)계정의 차변에 기록하여 미성공사의 취득원가에 가산하지만 계약진행률을 계산할 때에는 차입원가를 무시한다(유제 1 참조).

---

1) 고객에게 재화 또는 용역의 통제를 이전하였으나 원가가 진행률에 비례해서 발생하지 않은 경우에는 진행률을 조정한다. 구체적 예에 대해서는 pp. 816 ~ 817의 '미사용 원자재'를 참조하라.

계약 완성을 위한 총 추정원가

계약을 완성하기 위해서 소요되는 총 추정원가는 현재까지 실제로 발생한 원가와 미래에 발생할 원가추정치의 합계로서, 하자보수비 예상액도 포함한다. 수행의무를 이행하는 데 장기간이 소요되는 장기계약은 계약기간 중에 상황이 변하면서 최초에 추정한 원가가 변경되는 것이 흔하다. 이때 기업은 가장 최근에 추정한 총 추정원가를 바탕으로 누적 계약진행률을 측정하고 수익을 인식한다. 총 추정원가의 예측치가 변경되어 누적 계약진행률이 변하면 회계추정을 변경한 회계연도에 누적효과 일괄조정기준(당기일괄처리법)을 적용하여(부록 15-1 또는 제22장 참조) 수익을 인식하고 과거 회계기간에 인식했던 수익을 수정하지 않는다(연습문제 15 참조).

특정 회계기간에 인식할 계약수익과 계약이익의 계산

원가기준법에서는 계약을 완성하는 데까지 필요한 총 추정원가(= 누적 실제발생원가 + 미래기간에 발생할 원가의 추정치)에 기초해서 회계기간 말의 누적 계약진행률을 산정한 후 당기수익과 당기이익을 <표 16.1>과 같이 계산한다.

표 16.1 당기수익과 당기이익의 계산

총 거래대가	×××
×) 누적 계약진행률(α%)	α%
=) 당기 말까지 인식할 누적수익	×××
−) 전기 말까지 인식한 누적수익	(×××)
=) 당기수익	×××
−) 당기비용(실제 발생액)	(×××)
=) 당기이익(손실)	×××

예제 2 원가기준법에 의한 계약수익과 계약이익의 인식

중요도: ★★★
난이도: ◆

상황

· 1차연도 초에 동해회사는 독도상사의 오징어양식장을 건설하는 계약을 체결하였다.
· 재화(오징어양식장)가 건설되면서 재화의 통제를 고객에게 이전하므로 수행의무가 기간에 걸쳐 이행되며 원가기준법을 사용하여 진행률을 측정한다.
· 총 거래대가는 ₩8,000이며 계약이 완성되는 3차연도 말까지 건설활동과 관련된 자료는 다음과 같다.

	1차연도	2차연도	3차연도
기말까지 실제로 발생한 누적계약원가	₩1,600	₩4,225	₩6,700
추가로 소요될 원가추정액	4,800	2,275	0
총 계약원가 추정액	₩6,400	₩6,500	₩6,700
독도상사에 당기에 청구한 금액	1,700	4,300	2,000
독도상사로부터 당기에 받은 금액	1,200	4,100	2,700

물음 원가기준법에 따라 매년 인식해야 할 계약수익, 계약원가, 계약이익을 계산하라.

정답 및 해설

1차연도 말까지 누적진행률: ₩1,600 ÷ ₩6,400 = 25%

2차연도 말까지 누적진행률: ₩4,225 ÷ ₩6,500 = 65%

Tip 이 예제에서 총 계약원가 추정액이 매년 변하는데, 이는 미래원가를 정확하게 예측할 수 없기 때문에 발생하는 것으로 장기계약에서는 일반적인 현상이다.

	1차연도	2차연도	3차연도
총 거래대가	₩8,000	₩8,000	₩8,000
누적 계약진행률	25%	65%	100%
당기 말까지 인식할 누적수익	₩2,000	₩5,200	₩8,000
전기 말까지 인식한 누적수익	(0)	(2,000)	(5,200)
당기수익	₩2,000	₩3,200	₩2,800
당기비용	(1,600)	(2,625)*	(2,475)**
당기이익	₩400	₩575	₩325

* ₩4,225 − ₩1,600 = ₩2,625

** ₩6,700 − ₩4,225 = ₩2,475

④ 원가기준법과 미사용 원자재 원가

미래에 수행의무를 이행하는 데 사용하기 위해 미리 취득해 작업현장에 보관하는 원자재를 미사용 원자재(uninstalled materials)라 한다. 진행기준에서 계약진행률을 측정할 때 미리 지급한 선급원가를 제외하므로 미사용 원자재의 취득원가도 진행률 계산에 포함하지 않는다. 그러나 미사용 원자재는 진행률 산정에서 제외하는 다른 항목들(예 작업 비효율에 따른 원가)과는 제외하는 이유와 후속 회계처리가 다르다. 예를 들어, 작업의 비효율 때문에 발생한 원가는 수행의무를 이행하는 데 영원히 공헌하지 않으므로 진행률 산정에서 영구적으로 제외한다. 그러나 미래에 사용할 원자재나 설비를 미리 구입하고 작업현장에 임시 보관하는 경우에는, 취득원가는 이미 발생했지만 기업의 수행의무가 원가발생액과 비례적으로 진척되었다고 보기 어렵다. 이러한 원가를 포함해서 진행률을 계산하면 수행의무의 이행도가 과대계상되므로, 미사용 원자재를 제외한 나머지 누적원가를 기준으로 진행률을 계산하였다가 추후에 원자재가 사용되는 시점에 진행률 산정에 포함한다.

미사용 원자재와 관련하여 예외적으로 일정 한도에서 수익을 인식하는 경우도 있다. 계약개시시점에 다음 네 가지 조건이 모두 충족될 것으로 예상하면, 수행의무를 이행하기 위해 미래에 사용할 재화의 취득원가와 동일한 금액을 수익으로 인식한다[1115: B19(2)].

- 재화가 결합산출물을 이전하기 위해서 투입물로 사용되므로 구별되지 않는다(제15장 참조).
- 고객이 재화와 관련된 용역을 제공받는 때보다 유의적으로 이른 시점에 해당 재화를 통제할 것으로 예상한다.
- 이전되는 재화의 원가가 수행의무를 완전히 이행하기 위해 예상되는 총 원가에 비해서 유의적이다.
- 기업이 재화를 제3자로부터 조달하고 해당 재화의 설계와 생산에 유의적으로 관여하지 않는다.

위의 네 가지 조건이 모두 충족되면 미사용 원자재의 원가가 발생하는 시점에 이를 비용으로 인식하고 원가와 동일한 금액을 수익으로 인식한다(예제 3 참조). 즉, 미사용 원자재에 대해 수익과 비용은 인식하되 이익(또는 손실)이 ₩0이 되게 한다. 그리고 총 계약금액에서 이렇게 인식하는 수익(미사용 원자재 원가와 동일한 금액)을 제외한 나머지 금액은 별도로 계산된 진행률을 적용해서 수익을 인식한다.

예제 3 미사용 원자재와 원가기준법(「K-IFRS 제1115호」 사례 19 수정)

중요도: ★
난이도: ◆◆

상황

· 2차연도 11. 1.에 기업이 고객의 3층 건물을 새로 단장하고 새 승강기(원가: ₩1,500,000)를 설치하는 계약(총 거래가격: ₩5,000,000)을 체결하였다.
· 이 계약은 단일 수행의무를 포함하며 원가기준법으로 진행률을 측정한다.
· 기업이 건물을 단장하면서 건물의 통제가 고객에게 기간에 걸쳐 이전되므로 기간에 걸쳐 수익을 인식한다.
· 승강기는 3차연도 6월에 설치되지만 2차연도 12월에 공사현장에 인도되었고, 인도 직후에 승강기의 통제가 고객에게 이전되었다.
· 승강기 원가 ₩1,500,000은 수행의무를 이행하기 위해서 소요되는 총원가 ₩4,000,000에 비교하여 상대적으로 유의적이며, 기업은 승강기를 조달하기 위해서 발생한 원가가 수행의무를 이행하는 진척정도와 비례하여 발생하지 않는다고 판단하였다.
· 기업은 승강기를 디자인하고 제조하는 데에 관여하지 않으며, 승강기가 고객에게 이전되기 전에 기업이 승강기의 통제를 획득하므로 기업이 위임자이다. 따라서 기업은 승강기에 대해서 총수익과 총비용을 인식한다.
· 총 예상원가와 2차연도에 발생한 원가는 다음과 같다.

총 예상원가(승강기 원가 ₩1,500,000 포함)	₩4,000,000
2차연도에 발생한 원가(승강기 원가 ₩1,500,000 포함)	2,000,000

물음 2차연도의 이익을 계산하라.

정답 **₩200,000**

Tip 2차연도에 승강기가 사용되지 않았으나 고객에게 승강기의 통제가 이전되었고 [1115: B19(2)]가 충족되므로 승강기에 대한 이익이 ₩0이 되도록 승강기 원가만큼 수익을 인식한다.

승강기 이전대가(수익)	₩1,500,000
승강기 원가(매출원가)	(1,500,000)
이익	₩0

그리고 승강기의 원가(₩1,500,000)를 총 예상원가와 발생원가에서 제외하고 진행률을 측정한다.

해설

2차연도의 원가 발생액(승강기 원가 ₩1,500,000 제외)	₩500,000
총 예상원가(승강기 원가 ₩1,500,000 제외)	÷ ₩2,500,000
진행률	20%

2차연도 12. 31.까지 인식할 누적수익(₩3,500,000* × 20%)	₩700,000
1차연도 12. 31.까지 인식한 누적수익	(0)
2차연도 12. 31.에 인식할 2차연도 수익	₩700,000

2차연도에 발생한 원가(승강기 원가 ₩1,500,000을 제외)	(500,000)
2차연도 이익	₩200,000

* 승강기 원가를 제외한 거래가격

따라서 2차연도에 인식할 수익, 비용, 이익은 다음과 같다.

수익(₩1,500,000 + ₩700,000)	₩2,200,000
비용(₩1,500,000 + ₩500,000)	(2,000,000)
이익	₩200,000

(3) 진행기준에 따른 회계처리

진행기준에 따른 회계처리는 다음 5단계로 요약할 수 있다.

단계 1: 발생한 원가의 인식(회계기간 중)
단계 2: 고객에게 청구한 계약대가의 인식(회계기간 중)
단계 3: 고객으로부터 받은 계약대가의 인식(회계기간 중)
단계 4: 당기수익과 당기비용의 인식(회계기간 말)
단계 5: 모든 관련 계정의 마감(계약 완료시점)

단계 1: 발생한 원가의 인식

기업이 장기계약의 수행의무를 이행하는 과정에서 발생하는 원가 중에서 계약에 포함된 재화의 가치를 높이는 원가를 미성공사(construction in progress)라는 유동자산으로 인식한다. 미성공사계정은 장기계약에서 발생한 원가를 누적 집계하므로 제조회사에서 제품의 제조원가를 집계할 때 사용하는 재공품(work in process)계정과 성격이 유사하며, 기업이 고객에게 계약대가를 청구하는 토대가 된다.

(차) 미 성 공 사	×××	(대) 현 금(원자재 등)	×××

단계 2: 고객에게 청구한 계약대가의 인식

장기계약에서는 기업이 자금을 조달하기 위해서 계약 진행 중에 거래대가의 일부를 고객에게 중도금 형식으로 청구하는 것이 일반적이다. 기업이 중도금을 청구하면 청구액을 받을 권리를 계약미수금(매출채권)이라는 유동자산으로 인식하고, 청구액만큼 고객에게 재화를 이전할 의무는 진행청구액(billings on construction in progress)이라는 유동부채로 인식한다. 앞에서 살펴본 미성공사도 자산이고, 계약미수금(매출채권)도 자산이다. 그러나 미성공사는 공사과정에서 발생한 원가를 누적하고 기말에 손익을 가감한 것이지만, 계약미수금은 판매가격에 기초해 고객에게 지급을 청구한 매출채권이라는 차이가 있다.

(차) 계약미수금(매출채권)	×××	(대) 진 행 청 구 액	×××

단계 3: 고객으로부터 받은 계약대가의 인식

고객으로부터 중도금을 현금으로 받으면 그 금액만큼 계약미수금(매출채권)을 감소시킨다. 이처럼 계약미수금계정은 고객에게 청구할 때 증가하고 고객으로부터 대금을 지급받을 때 감소한다.

(차) 현 금	×××	(대) 계약미수금(매출채권)	×××

단계 4: 당기수익과 당기비용의 인식

회계연도 말에 당기수익, 당기비용, 당기이익(또는 당기손실)을 인식하고, 미성공사계정의 잔액을 당기이익(당기손실)만큼 증가(감소)시킨다. 미성공사계정의 잔액은 회계기간 중에는 원가가 발생하는 대로 증가하다가 회계기간 말에 이익이나 손실에 따라 추가로 증가하거나 감소한다.

① 당기에 이익이 발생한 경우: 실지재고조사법(제2장 참조)을 사용해서 재고자산을 기록하면 회계기간 말에 마감분개를 하기 직전에 매입계정의 잔액을 매출원가계정으로 대체해서 매출원가를 산정한다. 같은 맥락으로 다음 분개를 통해 당기수익과 당기비용을 인식하고 당기이익을 미성공사(재고자산)계정의 차변에 기록한다.

(차) 계 약 원 가	×××	(대) 계 약 수 익	×××
미 성 공 사(이익)	×××		

위와 같이 회계처리하면 실현된 이익이 미성공사계정의 기말잔액에 포함되므로 재고자산인 미성공사가 역사적원가의 누적치가 아닌 실현가능가치로 측정된다. 이는 역사적원가에 기초한 장부금액과 순실현가능가치 중 적은 금액으로 재고자산을 측정하도록 한 일반 원칙(저가법)에서 벗어나는 예외적 처리이다. 그러나 pp. 823 ~ 825에서 설명할 '계약손실'이 발생할 것으로 예측하면 미성공사(재고자산)에 저가법을 적용한다(유제 1 참조).

② 당기에 손실이 발생한 경우: 당기이익과 마찬가지로 회계기간 말에 다음 분개를 통해 당기손실을 미성공사계정의 대변에 기록한다. 실현된 손실이 미성공사(재고자산) 측정액에 포함되므로 이 경우 역시 미성공사가 역사적원가가 아닌 실현가능가치로 측정된다.

(차) 계 약 원 가	×××	(대) 미 성 공 사 (손 실)	×××
		계 약 수 익	×××

단계 5: 모든 관련 계정의 마감

장기계약의 완료시점에 이르면, 미성공사계정에 총 원가와 총 이익(또는 손실)이 누적됐으므로 미성공사계정의 최종 잔액은 총 거래대가와 같다. 또한, 청구액이 누적되어 온 진행청구액계정의 잔액도 총 거래대가와 같게 된다. 장기계약이 완료되고 완성된 재화에 대한 통제가 고객에게 최종적으로 이전되면 아래와 같이 분개해서 미성공사계정 잔액과 진행청구액계정 잔액을 상계 제거한다.

(차) 진 행 청 구 액 ×××* (대) 미 성 공 사 ×××*
* 총 거래대가

3. 재무상태표에 표시하는 방법

고객에게 계약대가를 청구하면서 대변에 기록하는 진행청구액계정은 미성공사(재고자산)계정의 평가계정(contra asset account)으로서의 성격도 갖는다. 재무상태표에는 미성공사계정과 진행청구액계정의 잔액을 비교한 후 잔액이 상대적으로 더 큰 계정에서 작은 계정을 차감하는 형식으로 유동자산이나 유동부채로 보고한다.2)

[미성공사계정의 잔액 > 진행청구액계정의 잔액]이면 미성공사계정 잔액의 초과액을 미청구공사라 하고 유동자산으로 보고한다. 미성공사의 실현가능가치(판매가치)가 계약청구액보다 많다는 것은 기업이 이행한 수행의무가 이제까지 청구한 금액보다 커서 고객에게 추가로 더 청구하고 회수할 수 있다는 뜻이므로 유동자산으로 분류한다.

미성공사	×××
진행청구액	(×××)
미청구공사(유동자산)	×××

[미성공사계정의 잔액 < 진행청구액계정의 잔액]이면 진행청구액계정 잔액의 초과액을 초과청구공사라 하고 유동부채로 보고한다. 미성공사의 실현가능가치(판매가치)가 계약청구액보다 적다는 것은 수행의무를 이행해서 청구할 수 있는 금액보다 이미 더 많이 청구했다는 뜻이므로 다음 회계기간에 수행의무를 추가로 이행해야 한다는 점에서 유동부채로 보고한다.

진행청구액	×××
미성공사	(×××)
초과청구공사(유동부채)	×××

예제 4 장기계약에 대한 회계처리와 재무제표 보고방법

중요도: ★★★
난이도: ◆◆

상황

· 다음은 예제 2의 자료이다.

2) [1115: 한129.1]은 원가기준 투입법을 적용하는 계약에서 계약수익이 직전 회계연도 매출액의 5% 이상인 계약별로 진행률, 유동자산과 손실충당금, 수취채권과 손실충당금을 주석 공시하도록 규정한다.

· 1차연도 초에 동해회사가 독도상사의 오징어양식장을 건설하는 계약을 체결하였다.
· 총 거래대가는 ₩8,000이며 계약이 완성되는 3차연도 말까지 건설활동과 관련된 자료는 다음과 같다.

	1차연도	2차연도	3차연도
기말까지 실제로 발생한 누적계약원가	₩1,600	₩4,225	₩6,700
추가로 소요될 원가의 추정액	4,800	2,275	0
총 계약원가의 추정액	₩6,400	₩6,500	₩6,700
독도상사에 당기에 청구한 금액	1,700	4,300	2,000
독도상사로부터 당기에 받은 금액	1,200	4,100	2,700

물음

1. 진행기준을 적용하여 각 연도에 필요한 분개를 하라.
2. 진행기준을 적용하여 각 연도의 부분포괄손익계산서와 부분재무상태표를 작성하라.

정답 및 해설

1.

	1차연도		2차연도		3차연도	
계약원가 발생시점:						
(차) 미 성 공 사	1,600		2,625		2,475	
(대) 현금(원자재)		1,600		2,625		2,475
중도금 청구시점:						
(차) 계약미수금*	1,700		4,300		2,000	
(대) 진 행 청 구 액		1,700		4,300		2,000
중도금 수취시점:						
(차) 현 금	1,200		4,100		2,700	
(대) 계 약 미 수 금		1,200		4,100		2,700
회계기간 말:						
(차) 미 성 공 사	400		575		325	
계 약 원 가	1,600		2,625		2,475	
(대) 계 약 수 익		2,000		3,200		2,800
계약완료시점:						
(차) 진행청구액					8,000	
(대) 미 성 공 사						8,000

* 매출채권계정을 사용할 수 있음

참고 p. 822에서 설명할 인도기준을 적용하면 위 분개 중에서 회계기간 말의 분개를 제외한 나머지 분개는 똑같다.

① 1차연도 말과 2차연도 말에 분개를 하지 않는다.
② 3차연도 말에 다음 분개를 한다.

(차) 미 성 공 사	1,300	(대) 계 약 수 익	8,000
계 약 원 가	6,700		

2. 부분포괄손익계산서:	1차연도	2차연도	3차연도
계약수익	₩2,000	₩3,200	₩2,800
계약원가	(1,600)	(2,625)	(2,475)
계약이익	₩400	₩575	₩325

부분재무상태표:	1차연도		2차연도	
유동자산:				
계약미수금(매출채권)		₩500		₩700
미청구공사:				
미성공사	₩2,000 *			
진행청구액	(1,700)	300		
유동부채:				
초과청구공사:				
진행청구액			₩6,000	
미성공사			(5,200)*	800

* 당기 말까지 인식할 누적수익

4. 인도기준

인도기준('revenue recognition at a point in time')은 장기계약의 산출물이 고객에게 이전(인도)되는 시점에 수익, 비용, 이익을 인식하는 방법이다. 계약기간 동안 발생한 원가를 미성공사(재고자산)계정에 누적하여 재무상태표에 표시하지만, 고객에게 산출물이 인도되기 전까지는 포괄손익계산서에 계약수익과 계약원가를 인식하지 않는다. 다음 중 어느 하나라도 충족되면 인도기준으로 수익을 인식한다.

- [1115: 35]의 '기간에 걸쳐 수익을 인식하는 기준'(over-time criteria)이 충족되지 못하는 경우
- 수행의무를 이행하는 계약기간이 단기인 경우
- 고객으로부터 거래대가를 받지 못할 가능성이 큰 경우.[3] 이 경우에는 제15장에서 설명한 계약의 존재조건 중에서 회수가능성기준이 충족되지 않으므로 수익을 인식하지 않는다(제15장 Miniature 예제 3 참조).

참고 진행기준과 인도기준의 회계처리 비교

- 인도기준의 회계처리는 보고기간 말에 수익과 비용을 인식하지 않는다는 점을 제외하고는 진행기준의

3) 보수주의를 적용하여 이익의 발생이 확실해질 때까지 이익의 인식을 연기한다는 뜻이 포함되어 있다.

회계처리와 같다.

	진행기준		인도기준
계약원가 발생시점:			
(차) 미성공사 ×××	(대) 현금 ×××		왼쪽과 동일
중도금 청구시점:			
(차) 계약미수금* ×××	(대) 진행청구액 ×××		왼쪽과 동일
* 매출채권계정을 사용할 수 있음			
중도금 수취시점:			
(차) 현금 ×××	(대) 계약미수금 ×××		왼쪽과 동일
회계연도 말:			
(차) 계약원가 ××× 미성공사* ×××	(대) 계약수익 ×××		분개 없음
* 당기에 손실이 발생하면 손실액을 미성공사계정의 대변에 기록한다.			
인도시점:			
오른쪽 분개 없음		(차) 계약원가 ××× 미성공사 ×××	(대) 계약수익 ×××
(차) 진행청구액 ×××	(대) 미성공사 ×××		왼쪽과 동일

5. 계약손실

장기계약의 속성상 계약 기간 중 총 추정원가가 변동하는 경우가 적지 않다. 때로는 새로운 총 추정원가가 계약대가를 초과해 전체계약으로부터 손실이 예상될 수도 있다. 과거의 건설계약 기준서(「K-IFRS 제1011호」)는 이 경우 예상손실을 즉시 인식하도록 규정했었다. 그러나 새 수익인식 기준서 「K-IFRS 제1115호」는 이러한 손실부담계약에 대해 특별한 설명이 없다. 이미 존재하는 「K-IFRS 제1037호」(충당부채 기준서)를 적용하여 손실부담계약을 충분히 식별하고 아래와 같이 손실을 측정할 수 있다고 보기 때문이다[1115: BC296].

(1) 계약손실을 예상한 회계기간의 회계처리

제12장에서 살펴본 대로, 손실부담계약(onerous contract)은 계약상 의무를 이행하기 위해서 발생할 '회피불가능원가'가 계약에서 창출될 '경제적효익'을 초과하는 계약이다[1037: 68]. 장기계약이 손실부담계약인 것으로 판단되면, 그 시점 기준으로 미래의 회피불가능원가와 경제적효익 유입액의 차이를 당기손실로 인식하고 충당부채를 인식한다. 여기서 회피불가능원가와 경제적효익을 어떻게 측정하느냐가 중요한 문제가 된다. 2020년에 개정된 「K-IFRS 제1037호」는 회피불가능원가를 '계약을 해지하기 위한 최소 순원가로서 다음 중 적은 금액'으로 정의한다[1037: 68].

- 계약을 이행하기 위하여 필요한 원가
- 계약을 이행하지 못했을 때 지급해야 할 보상금이나 위약금

여기서 계약을 이행(fulfill)하기 위하여 필요한 원가는 계약에 직접 관련된 원가로서 그 계약을 이행하는 데 드는 증분원가(예 직접노무원가)와 그 밖의 원가배분액(예 그 계약을 이행하는 데 사용하는 유형자산의 감가상각비)으로 구성된다[1037: 68A]. 계약이행원가에 증분원가만 포함되는가라는 논란이 있었으나, 2020년의 개정으로 정리되었다. 그리고 장기계약의 미래 경제적효익은 거래대가를 바탕으로 측정한다.

Big 4 회계법인 중 하나인 EY는 각 보고기간 말에 다음과 같은 2단계 접근법(overlay approach)을 사용해서 손실부담계약인 장기계약을 회계처리하도록 권한다.4)

단계 ① 「K-IFRS 제1115호」를 적용해 수행의무의 진행도를 측정하고, 발생한 관련 원가를 적용 가능한 기준서에 기초해서 회계처리한다.

단계 ② 「K-IFRS 제1037호」를 적용해 잔여계약 전체가 손실부담계약인지 여부를 판단한다. **이 책에서는 [계약이행원가 < 계약을 이행하지 못했을 때 지급할 위약금]으로 가정**하고, 기업이 잔여계약 전체를 손실부담계약으로 판단하면 잔여 회피불가능원가가 앞으로 받을 잔여 경제적효익을 초과하는 금액만큼 충당부채를 인식한다.

풀어서 설명하면, 먼저 「K-IFRS 제1115호」에 따라 통상적인 진행기준의 경우처럼 계약수익과 계약원가를 인식하고 차액을 미성공사 계정에 반영한다. 그리고 「K-IFRS 제1037호」에 따라 잔여기간의 회피불가능원가와 경제적효익의 차액을 다음과 같이 분개해서 추가적 계약원가로 인식하고 충당부채를 설정한다.

(차) 계 약 원 가	×××	(대) 계약손실충당부채	×××

이렇게 처리하면 진행기준 하에서 당기에 비용으로 인식하는 계약원가 총액은 실제발생원가와 미래기간의 예상손실의 합이 된다.5)

종전의 건설계약 기준서(「K-IFRS 제1011호」)에서는 예상계약손실을 인식할 때 충당부채 대변에 기록하지 않고 미성공사 대변에 기록했었다. 이러한 처리는 손실이 예상되는 장기계약을 다른 손실부담계약과 같이 충당부채 기준서에 따라 처리하도록 한 「K-IFRS 제1115호」와는 부합하지 않지만, 재고자산인 미성공사를 순실현가능가치에 가깝게 측정한다는 장점을 갖는다. 그러나 위와 같이 예상손실을 충당부채로 처리하면 장기계약과 관련된 자산과 부채를 파악할 때 미성공사, 매출채권(또는 계약미수금), 진행청구액 외에 충당부채까지 고려해야 한다는 부담이 있다.

---

4) EY International Financial Reporting Group, *International GAAP 2020, Volume 2* (Wiley), pp. 1878-1881.

5) 계약손실의 회계처리에 대한 저자의 견해: 사실 이러한 보수적 회계처리는 계약의 성과를 계약기간 전체에 배분하는 진행기준의 취지와는 맞지 않는다. 이익을 계약기간에 나누어 인식하는 것과 같이 계약손실도 계약기간에 나누어 인식하는 것이 합리적이기 때문이다. 특히 과거에 이익을 인식했다면 진행기준 하에서 계약손실을 인식하는 당기의 손실은 더 크게 되고, 미래 기간의 이익은 ₩0이 되는데 이처럼 기업의 이익흐름이 양 → 음 → ₩0의 급격한 변화를 보이게 하는 것이 실제 경영성과를 충실히 반영하는 것인가라는 의문이 제기된다.

만일 인도기준 하에서 계약손실이 예상되면 회계기간 말에 예상계약손실 전액을 손실로 인식한다. 손실부담계약을 충당부채 기준서에 따라 처리하면 이때 대변에 기록할 계정과목 역시 충당부채가 적절하다고 판단된다. 인도기준 하에서는 인도(완성)시점까지 계약수익과 계약원가를 인식하지 않으므로, 인도 이전 회계기간 말에 총추정원가가 계약대가를 초과하는 금액만큼 계약손실을 인식하고 충당부채를 설정한다.

(차) 계 약 원 가 ×××* (대) 계약손실충당부채 ×××

* 예상계약손실

(2) 계약손실 인식 이후 회계기간의 회계처리

진행기준 하에서는 기말에 통상적인 방식으로 수익과 비용을 인식하고, 차액을 미성공사계정에 반영한다. 그리고 기말시점에 다시 계산한 계약손실충당부채 필요액이 기말직전잔액보다 크면(작으면) 차액을 충당부채계정에 가산(차감)하고 계약원가에 가산(차감)한다(예제 5 참조). 인도기준 하에서도 계약손실충당부채를 같은 방식으로 조정한다.

손실부담계약에 대해서 충당부채를 설정하거나 조정한 결과는 수익에 대한 조정이 아닌 당기비용으로 인식한다. 그리고 손실부담계약에 대한 충당부채는 「K-IFRS 제1115호」의 적용범위를 벗어나므로 계약부채(contract liabilities)에 포함하지 않는다. 「K-IFRS 제1037호」는 손실부담계약을 정의하면서 오로지 계약에 대해서만 언급하므로, 손실부담계약 여부 역시 「K-IFRS 제1115호」에 따라 식별된 수행의무가 아니라 계약을 기준으로 판단한다. 그러므로 기업은 아직 충족하지 못한 (또는 부분적으로 충족하지 못한) 수행의무에 대해서 인식할 잔여수익 전체와 이러한 수행의무를 이행하기 위한 잔여원가를 고려해야 한다.

예제 5 계약손실

중요도: ★★★
난이도: ◆◆◆

상황

· 1차연도 1. 1.에 건설회사가 고객과 거래대가가 ₩400,000인 계약(계약기간: 3년)을 체결하였다. 관련된 자료는 다음과 같다.

	1차연도	2차연도	3차연도
당기 발생원가	₩108,000	₩248,000	₩94,000
전기까지 발생한 누적원가	0	108,000	356,000
차기부터 발생할 추정원가	252,000	89,000	0
총원가 추정액	₩360,000	₩445,000	₩450,000
누적 계약청구액	₩100,000	₩350,000	₩380,000

· 재화가 건설되면서 재화의 통제를 고객에게 이전하므로 수행의무가 기간에 걸쳐 이행되며 원가기준법을 사용하여 진행률을 측정한다.

물음

1. 진행기준을 사용하여 연도별 계약이익(손실)을 계산하라.
2. 진행기준과 인도기준을 각각 적용하여 1, 2, 3차연도 말에 필요한 분개를 하라.

정답 및 해설

1.

1차연도 말에는 총원가 추정액이 계약대가보다 작아 계약이익이 예상되지만, 2차연도 말에는 총원가 추정액 ₩445,000이 계약대가 ₩400,000을 초과하므로 ₩45,000의 계약손실이 예상된다. 따라서 2차연도 말에 손실부담계약에 대한 충당부채를 설정한다.

1차연도의 누적 계약진행률: ₩108,000 ÷ ₩360,000 = 30%
2차연도의 누적 계약진행률: (₩248,000 + ₩108,000) ÷ ₩445,000 = 80%

	1차연도	2차연도	3차연도
총 거래대가	₩400,000	₩400,000	₩400,000
누적 계약진행률	× 30%	× 80%	× 100%
당기 말까지 인식할 누적수익	₩120,000	₩320,000	₩400,000
전기 말까지 인식한 누적수익	(0)	(120,000)	(320,000)
당기수익	₩120,000	₩200,000	₩80,000
당기발생원가	(108,000)	(248,000)	(94,000)
충당부채 인식전 이익(손실)	₩12,000	₩(48,000)	₩(14,000)
충당부채 설정 또는 환입	0	(9,000)*	9,000**
당기이익(손실)	₩12,000	₩(57,000)***	₩(5,000)***

*** 인식할 금액: (₩12,000 + ₩45,000) (2차연도), (₩89,000 − ₩94,000) (3차연도)

* 충당부채 설정액(환입액)

2차연도 말에 계약손실충당부채로 설정하는 금액은 다음 두 금액의 차이인 ₩9,000이다.

3차연도 회피불가능원가 추정액: ₩89,000(주어진 자료)

3차연도 경제적효익 추정액: ₩400,000 × (100% − 80%) = ₩80,000

회피불가능원가 초과액 ₩9,000을 2차연도 계약원가에 가산해서 당기손실로 인식하고 충당부채를 설정한다. 결과적으로 2차연도에 인식하는 총계약원가는 실제발생원가 ₩248,000과 예상손실 ₩9,000을 더한 ₩257,000이 된다. 2차연도의 당기손실 ₩57,000은 1차연도 이익 ₩12,000과 2차연도 말 기준 총원가 추정액 ₩445,000이 계약대가 ₩400,000을 초과하는 금액 ₩45,000의 합이다. 1차연도에 인식했던 이익만큼 2차연도에 추가로 손실을 인식해 결과적으로 2차연도 말 누적손실이 ₩45,000이 된다.

** 충당부채 환입액

3차연도 말에는 계약이 종료되고 계약손실충당부채 필요액이 ₩0이다. 따라서 충당부채 장부금액 ₩9,000을 환입하고 계약원가 대변에 기록한다. 그러면 3차연도에 인식하는 총계약원가는 실제발생원가 ₩94,000에서 충당부채 환입액 ₩9,000을 차감한 금액이 된다. 3차연도의 당기손실이 ₩0이 아니라 ₩5,000인 이유는 2차연도말 추정원가보다 3차연도 실제발생원가가 ₩5,000만큼 크기 때문이다.

*** 2차연도와 3차연도의 당기손실을 다음과 같이 계산할 수도 있다.

	2차연도	3차연도
총 거래대가	₩400,000	₩400,000
총 원가예상액	(445,000)	(450,000)
계약손실예상액	₩(45,000)	₩(50,000)
직전연도까지 인식한 손실(이익)	(12,000)	45,000
당기이익(손실)	₩(57,000)*	₩(5,000)*

2.

진행기준:

	1차연도		2차연도		3차연도	
(차) 계 약 원 가	108,000		248,000*		94,000*	
미 성 공 사	12,000					
(대) 계 약 수 익		120,000		200,000		80,000
미 성 공 사				48,000		14,000
(차) 계 약 원 가			9,000			
(대) 계약손실충당부채				9,000		
(차) 계약손실충당부채					9,000	
(대) 계 약 원 가						9,000

* 당기 원가발생액

인도기준:

	1차연도	2차연도		3차연도	
(차) 계 약 원 가	분개 없음			450,000	
(대) 계 약 수 익		분개 없음			400,000
미 성 공 사					50,000
(차) 계 약 원 가		45,000*			
(대) 계약손실충당부채	충당부채 분개 없음		45,000		
(차) 계약손실충당부채				45,000	
(대) 계 약 원 가					45,000

* 결과적으로 인도기준 하에서 2차연도에는 ₩45,000의 손실, 3차연도에는 ₩5,000의 손실이 인식된다.

6. 하자보수비

대부분의 건설계약은 계약 완료 후 일정 기간 동안 무료하자보수용역을 제공하는 약속을 포함한다. 「K-IFRS 제1115호」는 하자보수비를 진행률 산정에 포함하는지에 대해서 언급하지 않아 실무에 혼선이 초래되고 있고, 많은 중급회계 교재에서 설명이 생략되고 있다. 기업이 하자보수 수행의무를 이행하기 위해 발생하는 하자보수비는 재화의 통제를 고객에게 이전한 이후에 발생하는 원가이지만, 계약수익을 창출하기 위해 발생하는 계약이행원가이다. 따라서 수익 · 비용대응의 원칙에 따라 계약수익을 인식하는 시점에 진행률에 따라 하자보수비를 비용으로 인식하고 미래에 하자보수용역을 제공할 의무에 대해 하자보수충당부채를 인식할 필요가 있다. 즉, 하자보수비에 대한 회계처리는 개념적 면에서 확신유형 제품품질보증비에 대한 회계처리(제12장 참조)와 유사하다.

총 하자보수비 예상액은 계약상 미래 활동과 관련된 계약이행원가로서 계약진행률 계산식의 분모인 '계약 완성을 위한 총 추정원가'에 포함한다. 또한, 매 기간 계약진행률에 따라 하자보상비를 비용으로 인식하면 계약진행률 계산식의 분자인 '누적 발생원가'에 하자보수비 누적액을 포함한다. 그러나 계약진행률 계산식을 수학적으로 정리하면 하자보수비 총액과 누적액을 제외한 통상적인 계약진행률과 같으므로 하자보수비를 제외하고 누적계약진행률을 다음과 같이 계산해도 무방하다.

$$\text{누적 계약진행률}^{6)} = \frac{\text{당기 말까지 실제 발생 누적원가(하자보수비 제외)} + \text{진행률에 따른 하자보수비}}{\text{계약 완성을 위한 총 추정원가(하자보수비 제외)} + \text{총 하자보수비 예상액}}$$

$$= \frac{\text{당기 말까지 실제 발생 누적원가(하자보수비 제외)}}{\text{계약 완성을 위한 총 추정원가(하자보수비 제외)}}$$

각 연도의 하자보수비는 총 하자보상비 예상액에 계약진행률을 곱하여 계산한다. 예를 들어, 1차연도 1. 1.에 시작된 장기계약에 대한 총 하자보수비 예상액이 ₩5,000이고 1차연도의 계약진행률이 40%이면 1차연도 말에 하자보수비에 대해서 다음과 같이 회계처리한다.

(차) 미 성 공 사 2,000 (대) 하자보수충당부채 2,000*

* ₩5,000 × 40% = ₩2,000

예제 6 진행기준에 의한 하자보수비와 계약이익의 인식

중요도: ★★
난이도: ◆◆

상황

· 1차연도 1. 1.에 붕어회사는 고래상사와 수족관을 건설하는 계약을 체결하였다.
· 총 계약대가는 ₩15,000이며 1차연도 1. 1.에 붕어회사가 추정한 하자보수비는 ₩2,000이다.
· 하자보수비를 제외한 계약원가는 다음과 같다.

6) 누적 계약진행률을 계산하는 첫 번째 식과 두 번째 식이 같다는 것을 증명하기 위해서 누적 계약진행률 분자와 분모에 포함되는 항목을 다음과 같이 기호로 표시하자.

β: 누적 계약진행률, x: 총 예상원가(하자보수비 제외), α: 총 하자보수비 예상액

x_1: 1차연도에 발생한 당기원가(하자보수비 제외)

α_1: 계약진행률에 따라 1차연도에 인식해야 할 하자보수비

진행기준으로 하자보수비를 인식하여 누적 계약진행률을 계산하면 다음과 같다.

$$\text{누적 계약진행률 } \beta = \frac{x_1+\alpha_1}{x+\alpha} = \frac{x_1+\alpha\beta}{x+\alpha} \text{ (첫 번째 계산식)}$$

$$\beta(x+\alpha) = x_1+\alpha\beta$$

$$x\beta+\alpha\beta = x_1+\alpha\beta$$

$$x\beta = x_1$$

$$\therefore \beta = \frac{x_1}{x} \text{ (두 번째 계산식)}$$

	1차연도	2차연도	3차연도
기말까지 실제로 발생한 누적계약원가	₩5,000	₩9,000	₩10,000
추가로 소요될 원가의 추정액	5,000	1,000	0
총 계약원가의 추정액	₩10,000	₩10,000	₩10,000

물음

1. 진행기준에 따라 매년 인식해야 할 계약수익, 계약원가, 계약이익을 계산하라.
2. 1차연도 말에 필요한 분개를 하라.

해설

1. 1차연도 말까지 누적계약진행률: ₩5,000 ÷ ₩10,000 = 50%
   2차연도 말까지 누적 계약진행률: ₩9,000 ÷ ₩10,000 = 90%

	1차연도	2차연도	3차연도
총 계약대가	₩15,000	₩15,000	₩15,000
누적 계약진행률	50%	90%	100%
당기 말까지 인식할 누적수익	₩7,500	₩13,500	₩15,000
전기 말까지 인식한 누적수익	(0)	(7,500)	(13,500)
당기수익	₩7,500	₩6,000	₩1,500
당기비용(하자보수비 제외)	(5,000)	(4,000)**	(1,000)***
계약진행률에 따른 하자보수비	(1,000)*	(800)**	(200)***
당기이익	₩1,500	₩1,200	₩300

* ₩2,000(총 하자보수비) × 50% = ₩1,000

** ₩9,000 − ₩5,000 = ₩4,000
₩2,000(총 하자보수비) × 40% = ₩800

*** ₩10,000 − ₩9,000 = ₩1,000
₩2,000(총 하자보수비) × 10% = ₩200

2.

(차)	미 성 공 사	1,000	(대) 하자보수충당부채	1,000
(차)	계 약 원 가	6,000*	(대) 계 약 수 익	7,500
	미 성 공 사	1,500		

* ₩5,000(실제 원가발생액) + ₩1,000(하자보수비) = ₩6,000

7. 계약체결 전 지출

제15장에서 설명한 계약체결 증분원가(incremental costs of obtaining a contract)는 기업이 미래에 수익을 창출할 목적으로 고객과 계약을 체결하는 과정에서 발생한 원가로서 계약을 체결하지 않았다면 발생하지 않았을 증분원가(예 판매수수료)이다. 입찰, 견적서작성 및 중개수수료 등 수주활동에 수반하여 발생한 수주원가와 같은 계약체결 전 지출은 발생한 기간에 비용으로 인식하는 것이 일반적이나, 증분원가가 회수될 것으로 예상하면 자산으로 인식한다. 구체적으로, 다음 상황에서는 계약체결 증분

원가와 수주원가의 회수가능액을 선급계약원가(자산)로 인식한 후 진행률에 따라 기간에 걸쳐 나눠서 비용으로 인식한다(유제 2 참조).

- 특정 계약의 체결과 직접적으로 관련되고 계약의 체결가능성이 매우 높다.
- 계약체결 전에 발생한 지출이 특정 계약에 개별적으로 식별 가능하다.
- 원가를 신뢰성 있게 측정할 수 있다.

계약준비에 드는 원가를 보상할 목적으로 기업이 환불되지 않는 수수료(예 일부 용역계약 준비수수료, 일부 공급계약의 개시수수료)를 부과하는 경우가 있다. 계약 준비활동이 수행의무 이행의 일부분인 경우에는 준비활동과 관련된 원가를 포함해서 진행률을 측정한다. 그러나 일반적으로는 계약 준비활동이 고객에 대한 수행의무를 이행하는 것이 아니므로 준비활동과 관련된 원가를 제외하고 진행률을 측정한다[1115: B51].

Chapter 16 제2절 불확실성 하의 장기계약

불확실성 하의 장기계약을 다음 유형으로 분류하여 다르게 회계처리한다.

유형	회계처리방법	이익 또는 손실
계약결과를 신뢰성 있게 예측할 수 없는 불확실성	원가회수법	이익 = ₩0 또는 손실
계약원가의 회수가능성이 크지 않은 불확실성	'아지랑이법'	수익 = ₩0

1. 계약결과를 신뢰성 있게 예측할 수 없는 불확실성

장기계약에서 계약결과(outcome)는 계약수익(거래대가), 계약원가, 발생가능성, 계약진행률 등을 지칭하는 포괄적 개념이다. 계약결과를 신뢰성 있게 예측할 수 없으면 재화(또는 용역)의 통제가 언제 어느 정도 이전되었는지를 알 수 없어 수행의무의 진행률을 합리적으로 추정할 수 없으므로 진행기준을 적용할 수 없다. 어떤 상황(예 계약 초기단계)에서는 수행의무의 최종 결과를 합리적으로 측정할 수 없으나, 수행의무를 이행하는 데 드는 원가는 회수될 것으로 예상할 수 있다. 이러한 상황에서는 수행의무의 결과를 합리적으로 측정할 수 있을 때까지 발생원가의 범위에서만 수익을 인식한다[1115: 45]. 구체적으로, 계약기간 동안 발생한 원가를 회수할 수 있는 때에만 원가발생액 전액을 비용으로 인식하고 원가발생액의 범위 내에서 회수가능성이 높은 금액을 수익으로 인식한다. 이러한 회계처리방법을 원가회수법(cost recovery method)이라 한다.

$$\text{수익인식액} = \min\ \{\text{원가 실제발생액, 회수가능액}\}$$

원가회수법은 원가 실제발생액의 범위 내에서 회수가능성이 높은 금액을 수익으로 인식하고 이익을 인식하지 아니하므로 이익무인식법(zero-profit method)이라고도 불린다. 그러나 계약손실이 예상되는 경우에는 원가회수법에서도 보수주의에 따라 예상 계약손실을 당기 계약원가로 인식해서 결과적으로 당기손실로 인식한다.

표 16.2 원가회수법에서의 계약수익과 계약손익

	[회수가능액 > 원가발생액]인 경우	[회수가능액 < 원가발생액]인 경우
계약수익	원가발생액	회수가능액
계약원가	원가발생액	원가발생액
계약손익	계약손익 = ₩0	손실 = 원가발생액 − 회수가능액

정보가 부족해서 수행의무의 진행률을 합리적으로 추정할 수 없다가 진행률을 합리적으로 측정할 수 있게 되면 누적 계약진행률을 이용하여 누적효과 일괄조정기준(부록 15-1 또는 제22장 참조)으로 당해 연도 수익을 인식한다[1115: 118]. 즉, 과거에 진행률을 측정할 수 없었기 때문에 인식하지 않았던 과거 기간의 수익을 인식하기 위해서 회계추정(진행률)을 변경한 회계기간에 누적효과 일괄조정기준(당기일괄처리법)을 적용하여 회계추정변경의 누적효과(cumulative catch-up)를 인식한다.

예제 7 계약진행률 추정 불가능: 원가회수법의 적용

중요도: ★★★
난이도: ◆◆

상황

- 1차연도 1. 1.에 애매모호회사는 1차연도 7. 1.부터 3차연도 12. 31.까지 진행될 동물원건설계약(총 거래대가: ₩25,000)을 정부로부터 수주하였다.
- 재화(동물원)가 건설되면서 재화의 통제를 고객에게 이전하므로 이 계약은 기간에 걸쳐 이행되는 단일 수행의무를 포함한다.
- 정부와의 계약이기 때문에 총 거래대가는 전액 회수 가능하다. 그러나 애매모호회사는 과거에 동물원을 건설한 경험이 없을 뿐만 아니라 원자재가격이 극심하게 변동하여 특정 시점에 총 계약원가를 예측할 수 없으므로 계약진행률을 합리적으로 추정할 수 없다.
- 건설계약과 관련된 자료는 다음과 같다.

	1차연도	2차연도	3차연도	합계
당기 발생 계약원가	₩4,000	₩12,000	₩4,000	₩20,000
당기까지 발생한 누적계약원가	4,000	16,000	20,000	
당기에 청구한 계약대금	6,000	17,000	2,000	25,000
당기에 받은 계약대금	1,000	10,000	14,000	25,000

물음 연도별 계약이익(손실)을 계산하고 각 연도에 필요한 분개를 하라.

정답 및 해설

· 계약결과를 신뢰성 있게 예측할 수 없으므로 계약진행률을 합리적으로 추정할 수 없다. 따라서 발생원가 전액을 비용으로 인식하고 원가발생액 범위 내에서 회수가능성이 높은 금액을 계약수익으로 인식하는 원가회수법을 사용한다.

· 3차연도에 계약이 완성되고 거래대가를 전액 회수하였으므로 이익으로 인식하지 않은 금액을 전액 3차연도 계약이익으로 인식한다. 연도별 계약이익은 다음과 같다.

	1차연도	2차연도	3차연도	합계
계약수익	₩4,000	₩12,000	₩9,000	₩25,000
계약원가	(4,000)	(12,000)	(4,000)	(20,000)
계약이익	₩0	₩0	₩5,000	₩5,000

계정과목	1차연도		2차연도		3차연도	
계약원가 발생시점:						
(차) 미 성 공 사	4,000		12,000		4,000	
(대) 현 금(원자재)		4,000		12,000		4,000
중도금 청구시점:						
(차) 계약미수금	6,000		17,000		2,000	
(대) 진행청구액		6,000		17,000		2,000
중도금 수취시점:						
(차) 현 금	1,000		10,000		14,000	
(대) 계약미수금		1,000		10,000		14,000
회계기간 말:						
(차) 계 약 원 가	4,000		12,000			
(대) 계 약 수 익		4,000		12,000		
(차) 계 약 원 가					4,000	
미성공사(이익)					5,000	
(대) 계 약 수 익						9,000
장기계약 완료시점(계정마감):						
(차) 진행청구액					25,000	
(대) 미 성 공 사						25,000

2. 계약원가의 회수가능성이 크지 않은 불확실성

계약개시시점에 거래가격이 회수되지 않을 가능성이 크거나 회수가능성에 유의적인 의혹이 존재하면 고객이 의무를 이행하기로 확약하지 않은 징후이므로 계약의 존재조건 5가지 중에서 회수가능성 조건(제15장 참조)이 충족되지 않는다. 그러므로 회수가능성에 대한 유의적 의혹이 해소되어 고객이 계약상 수행의무를 이행하기로 확약하는 징후가 나타날 때까지 미성공사(재고자산)와 수익을 인식하지 아니한다(제15장 Miniature 예제 3 참조). 즉, 계약원가가 발생하였으나 현금회수가 불투명하면 다음과 같이 계약수익을 인식하지 않는다.

- 계약수익을 ₩0으로 기록한다.
- 계약원가 발생액을 미성공사계정에 기록하지 아니하고, 발생시점에 전액 손실로 인식한다.

「K-IFRS 제1115호」에서는 이 경우의 회계처리에 대한 명칭이 없다. 미성공사 자산을 인식하지 않고 계약수익도 인식하지 않으면서, 계약원가 실제발생액이 봄날의 아지랑이처럼 대가 없이 허공 속에 묻힌 것이므로 저자는 이러한 회계처리를 '아지랑이법'이라 부른다.

과거에는 회수가능성이 커 계약수익을 인식해오다가 특정 시점에 회수가능성이 불확실해진 경우, 해당 금액을 회수하지 못하더라도 과거에 인식한 계약수익 금액은 수정하지 않고 회수불가능한 금액 또는 더 이상 회수가능성이 높다고 볼 수 없는 금액을 당기에 손상차손으로 인식한다. 손상차손을 인식한 이후의 회계연도에 회수가능성이 커져 원가발생액 전액을 초과하여 계약대가를 회수하면 초과액을 계약이익으로 인식한다.

예제 8 불확실성 하의 건설계약

중요도: ★★★
난이도: ◆

상황

- 1차연도 1. 1.에 안개속회사는 ₩6,000에 건물을 건설해주는 계약을 고객과 체결하였다. 총 원가추정액은 ₩4,000이다.
- 재화(건물)가 건설되면서 재화의 통제를 고객에게 이전하므로 수행의무가 기간에 걸쳐 이행되며 진행기준을 사용하여 진행률을 측정하고 수익을 인식한다.
- 1차연도 12. 31.까지 원가 ₩2,800(계약진행률: 70%)이 발생하였고, 기업은 이를 현금으로 지불하였다.

물음

다음 각 상황에 대해 1차연도 말의 미성공사 측정액을 결정하고 분개를 하라.

상황 ①: 계약결과(계약진행률)를 신뢰성 있게 측정할 수 있다.

상황 ②: 계약결과(계약진행률)를 신뢰성 있게 측정할 수 없으나, 원가발생액의 회수가능성이 상당히 크다.

상황 ③: 원가발생액의 회수가능성이 불투명하다.

정답 및 해설 **상황 ①: ₩4,200, 상황 ②: ₩2,800, 상황 ③: ₩0**

상황 ①: 진행기준의 적용

계약수익 = ₩6,000 × 70% = ₩4,200

계약이익 = ₩4,200 − ₩2,800 = ₩1,400

미성공사 = 원가발생액 + 이익 = ₩2,800 + ₩1,400 = ₩4,200

상황 ②: 원가회수법(이익무인식법)의 적용

계약수익 = ₩2,800(계약원가 발생액)

계약이익 = ₩2,800 − ₩2,800 = ₩0

미성공사 = 원가발생액 = ₩2,800

상황 ③: '아지랑이법'의 적용

계약수익 = ₩0

계약손실 = ₩2,800(계약원가 발생액)

미성공사 = ₩0

	상황 ①		상황 ②		상황 ③	
(차) 미 성 공 사	2,800		2,800		분개 없음	
(대) 현 금		2,800		2,800		
(차) 계 약 손 실					2,800	
(대) 현 금						2,800
(차) 계 약 원 가	2,800		2,800		분개 없음	
미 성 공 사	1,400					
(대) 계 약 수 익		4,200		2,800		

유제 16 관련예제와 함께 풀어보세요

유제 1 장기계약의 계약변경과 계약손실 및 재무제표 표시(2019년, 회계사)

관련예제 5, 제15장 예제 31

상황

- ㈜대한은 2차연도 5. 1.에 ₩900,000의 약속된 대가로 고객에게 고객 소유의 토지에 상업용 건물을 건설해주고, 그 건물을 20개월 이내에 완성할 경우에는 ₩50,000의 보너스를 받는 계약을 체결하였다.
- 고객이 건설기간동안 건물을 통제하므로 약속된 재화와 용역의 묶음을 기간에 걸쳐 이행하는 단일 수행의무로 회계처리한다. 계약개시시점에 ㈜대한은 다음과 같이 예상하였다.

거래가격	₩900,000
총계약원가 추정액	700,000

- 건물의 완공은 날씨와 규제 승인을 포함하여 ㈜대한의 영향력이 미치지 못하는 요인에 매우 민감하고, ㈜대한은 비슷한 유형의 계약에 대한 경험도 적다. ㈜대한은 발생원가에 기초한 투입측정법이 수행의무의 적절한 진행률이 된다고 판단하였다. 2차연도 12. 31. ㈜대한은 변동대가를 다시 평가하고 변동대가 추정치에 여전히 제약이 있는 것으로 결론지었다.
- 3차연도 1분기에 ㈜대한과 고객은 건물의 평면도를 바꾸는 계약변경에 합의하였다. 계약변경으로 고정대가는 ₩100,000, 총계약원가는 ₩400,000이 증액되었으며 보너스 획득 허용 기간은 최초 계약개시시점부터 36개월로 16개월 연장되었다. 계약 변경일에 ㈜대한은 그동안의 경험과 수행할 나머지 업무를 고려할 때 변동대가 추정치에 제약이 없는 것으로 판단하였다.
- ㈜대한이 각 회계연도에 지출한 누적계약원가와 총계약원가 추정액을 정리하면 다음과 같으며 이러한 금액에는 자본화 차입원가가 포함되어 있지 않다. 건물은 5차연도 4. 30.에 완공되었다.

구분	2차연도	3차연도	4차연도
누적 계약원가	₩420,000	₩715,000	₩1,035,000
총계약원가 추정액	700,000	1,100,000	1,150,000

- 각 회계연도 계약원가에 포함될 차입원가는 다음과 같이 계산되었다.

구분	2차연도	3차연도	4차연도
자본화 차입원가	₩1,000	₩3,000	₩1,000

- 4차연도까지 ㈜대한의 건설 계약대금 청구액과 계약대금 회수액은 다음과 같다.

구분	2차연도	3차연도	4차연도
계약대금 청구액	₩400,000	₩300,000	₩200,000
계약대금 회수액	400,000	200,000	100,000

물음

1. 3차연도 1분기 계약변경에 대해 ㈜대한이 수행해야 할 회계처리를 설명하고 그 근거를 서술하시오.
2. ㈜대한의 3차연도과 4차연도의 계약손익 금액을 계산하시오. 단, 계약손실인 경우에는 (−)를 숫자 앞에 표시하시오.

구분	3차연도	4차연도
계약손익	①	②

3. ㈜대한의 3차연도와 4차연도 말 유동자산(미청구공사) 또는 유동부채(초과청구공사)를 각각 구하시오. 단, ㈜대한은 손실부담계약에 해당되는 경우 예상손실을 미성공사에서 차감하는 방법을 사용한다.

정답 및 해설

2. ① (-)₩173,000 ② (-)₩51,000

3. ① 유동부채(초과청구공사) ₩35,000, ② 유동자산(미청구공사) ₩35,000

1. 구별되지 않는 재화에 대한 계약변경을 소급법으로 회계처리: 계약변경 이후에 제공될 재화(또는 용역)가 원래 계약에 따라 제공되는 재화(또는 용역)와 구별되지 않으면 계약변경시점부터 이행할 수행의무가 원래 계약에서 계약변경시점까지 부분적으로 이행했던 수행의무의 일부분을 구성한다고 보아 계약변경을 원래 계약의 일부분으로 간주한다. 그러므로 미래에 이행할 수행의무를 계약변경시점에 원래 계약의 수행의무에 포함시켜 단일 수행의무로 통합한다. 계약변경시점까지 수행의무의 이행도를 측정한 후, 계약변경의 누적효과를 계약변경시점에 다음과 같이 산정해서 원래 계약에 한꺼번에 반영하여 수익을 조정한다.

계약변경시점까지 인식할 수익	×××
계약변경시점까지 인식했던 수익	(×××)
계약변경시점에 소급해서 증감시킬 수익(누적효과 일괄조정액)	×××

2.

· 2차연도 12. 31.에 변동대가 추정치에 제약이 있으므로 2차연도에는 고정대가(₩900,000)에 대해서만 수익을 인식한다. 그러나 계약 변경일(3차연도 1분기)에 변동대가 추정치에 제약이 없는 것으로 판단하였으므로 총거래대가는 변동대가를 포함해서 ₩1,050,000(₩900,000 + ₩50,000 + ₩100,000)이다.

· 3차연도에 총계약수익이 ₩1,050,000인 데 반해 총계약원가 추정액이 ₩1,100,000(₩700,000 + ₩400,000)이므로 계약이 완료되면 계약 전체에서 ₩50,000의 계약손실이 발생할 것으로 예상하는 손실부담계약이다. 손실부담계약에서는 ㈜대한이 손실을 예측한 3차연도에 총기대손실을 장부에 기록해서 기대손실의 100%를 인식한다. 그러므로 ㈜대한은 3차연도 누적손실(차입원가 제외)이 ₩50,000이 되도록 비용을 인식한다. 그러나 이 문제에서는 차입원가가 발생하므로 ㈜대한이 3차연도에 인식할 누적손실은 ₩54,000(₩50,000 + ₩1,000 + ₩3,000)이다.

· 장기계약과 관련하여 발생한 차입금의 이자를 자본화하는 경우에는, 자본화할 차입원가를 미성공사(재고자산)계정의 차변에 기록하여 미성공사의 취득원가에 가산하지만, 계약진행률을 계산할 때에는 차입원가를 무시한다.

2차연도 누적 계약진행률: ₩420,000 ÷ ₩700,000 = 60%
3차연도 누적 계약진행률: ₩715,000 ÷ ₩1,100,000 = 65%
4차연도 누적 계약진행률: ₩1,035,000 ÷ ₩1,150,000 = 90%

	2차연도	3차연도	4차연도
총거래대가	₩900,000	₩1,050,000	₩1,050,000
누적 계약진행률	60%	65%	90%
당기 말까지 인식할 누적수익	₩540,000	₩682,500	₩945,000
전기 말까지 인식한 누적수익	(0)	(540,000)	(682,500)
당기수익	₩540,000	₩142,500	₩262,500

당기비용	(420,000)	(295,000)*	(320,000)**
당기 차입원가	(1,000)	(3,000)	(1,000)
충당부채환입(설정)액(끼워 맞추는 금액)		(17,500)	7,500
당기이익(손실)	₩119,000	₩(173,000)***	₩(51,000)****
		(해답 ①)	(해답 ②)

* ₩715,000 − ₩420,000 = ₩295,000

** ₩1,035,000 − ₩715,000 = ₩320,000

*** 3차연도에 인식할 계약손실: ₩1,050,000 − ₩1,100,000 − ₩4,000 = −₩54,000
3차연도에 인식할 당기손실(α): ₩119,000 − α = −₩54,000
3차연도에 인식할 당기손실(α) = ₩173,000

**** 4차연도에 인식할 계약손실: ₩1,050,000 − ₩1,150,000 − ₩5,000 = −₩105,000
3차연도까지 인식했던 누적손실: ₩119,000 − ₩173,000 = −₩54,000
4차연도에 인식할 당기손실: ₩105,000 − ₩54,000 = ₩51,000

3.

	2차연도	3차연도	4차연도
당기 말까지 누적수익	₩540,000	₩682,500	₩945,000
당기 말까지 누적비용조정액		(17,500)	(10,000)*
미성공사	₩540,000	₩665,000**	₩935,000**
계약청구액	(400,000)	(700,000)	(900,000)
미청구공사			₩35,000
초과청구액		₩35,000	(해답 ②)
		(해답 ①)	

* 당기 비용조정액: ₩7,500(당기 조정액) − ₩17,500(전기 조정액) = −₩10,000

** 미성공사 측정액을 다음과 같이 계산할 수도 있다.
2차연도 말 미성공사: 계약대가 ₩1,050,000 − 추가원가 ₩385,000 = ₩665,000
3차연도 말 미성공사: 계약대가 ₩1,050,000 − 추가원가 ₩115,000 = ₩935,000

유제 2 미사용 원자재, 계약손실, 하자보수비, 수주비(2015년, 회계사)

관련예제 3, 4, 5, 7

상황

· ㈜한국건설은 1차연도 5. 1.에 ₩180,000에 학교건물을 건설하는 정액계약을 체결하였다. 건물의 완공에는 2년이 소요될 예정이다. 이 회사는 수행한 공사에 대하여 발생한 누적계약원가를 추정총계약원가로 나눈 비율을 계산하여 계약진행률을 결정한다. 건설기간 동안 계약수익 및 계약원가와 관련된 자료는 다음과 같다.

· 자료 1: 최초에 합의한 계약수익은 ₩180,000이지만 2차연도에 발주자가 공사변경을 승인하여 계약수익이 ₩4,000만큼 증가하였다.

· 자료 2: 이 회사가 최초에 추정한 총 계약원가는 ₩160,000이며, 1차연도 말에 추정한 총 계약원가는 ₩161,000으로 증가하였다.

· 자료 3: 2차연도 말에 발생한 계약원가에는 3차연도에 공사완료를 위해 사용할 ₩2,000만큼의 현장보관 표준자재가 포함되어 있다.

· 자료 4: 위 자료가 반영된 건설기간 동안의 요약재무정보는 다음과 같다.

	1차연도	2차연도	3차연도
최초 계약수익	₩180,000	₩180,000	₩180,000
공사변경 계약수익	0	4,000	4,000
총 계약수익	₩180,000	₩184,000	₩184,000
당기발생 계약원가	₩41,860	₩81,500	₩40,640
누적발생 계약원가	41,860	123,360	164,000
추정 추가발생 계약원가	119,140	40,640	0
추정 총 계약원가	₩161,000	₩164,000	₩164,000

· 자료 5: 요약재무정보에 제시된 계약원가에는 다음 두 개의 항목이 반영되어 있지 않다.
① 계약수익의 2.5%를 하자보수원가로 추정하고 매 회계연도 말에 충당부채로 설정하기로 하였다.
② 공사계약을 수주하기 위해 공사계약체결 전에 발생한 수주비는 ₩5,000이다.

· 자료 6: 공사대금청구액과 수취액은 다음과 같다.

	1차연도	2차연도	3차연도
공사대금 청구액	₩40,000	₩100,000	₩44,000
공사대금 수취액	35,000	85,000	64,000

물음

1. 2차연도의 ① 계약진행률 산출을 위한 누적발생 계약원가와 ② 누적 계약진행률을 구하시오.
2. 2차연도의 ① 하자보수비, ② 수주비 및 ③ 당기 발생 계약원가를 구하시오.
3. 1차연도와 2차연도의 초과청구공사 또는 미청구공사를 구하시오.
4. 자료 5에 제시된 내용을 무시하고 2차연도 말에 추정되는 3차연도 추가 발생 계약원가가 ₩78,640(자료 3이 반영된 금액)이라고 가정하자. 이 경우에 2차연도 ① 누적 계약진행률과 ② 계약손익을 구하시오. 가정과는 달리 3차연도에 실제 발생한 계약원가가 ₩80,640일 경우에 ③ 3차연도 계약손익을 구하시오.

Tip 미사용 원자재의 원가: 예제 3에서는 승강기의 통제가 고객에게 이전되어 미사용 원자재에 대해서 별도로 수익을 인식하므로 미사용 원자재의 원가를 **거래가격과 발생원가에서 구분**하고 진행률을 측정한 후에 계약이익을 산정했다. 그러나 이 문제에서는 미사용 원자재의 통제가 계약 완성시점까지 고객에게 이전되지 않으므로 미사용 원자재에 대해서 별도로 수익을 인식하지 않고 **발생원가에서만 제외하고** 진행률을 측정한 후에 계약이익을 산정한다.

하자보수비: 하자보수비를 제외하여 계약진행률을 측정하고 진행률에 따라 하자보수비를 비용으로 인식한다.

수주비: 원칙적으로 발생시점에 비용으로 인식하나, 특정 계약과 직접 관련되어 발생했으므로 수주비를 계약체결 증분원가로 분류하여 진행률에 따라 비용으로 인식한다.

정답 및 해설

1.

2차연도까지 누적 계약원가	₩123,360
현장보관 표준자재비	(2,000)
2차연도까지 발생한 누적 계약원가	₩121,360 (**1-①의 해답**)

1차연도 말까지 누적 계약진행률: ₩41,860 ÷ ₩161,000 = 26%

2차연도 말까지 누적 계약진행률: (₩123,360 − ₩2,000) ÷ ₩164,000 = 74% (**1-②의 해답**)

2. 누적 계약진행률이 결정되면 하자보수비와 수주비의 연도별 인식액을 다음과 같이 계산한다.

	하자보수비 누적인식액	당기에 인식할 하자보수비
1차연도	₩180,000 × 2.5% × 26% = ₩1,170	₩1,170
2차연도	₩184,000 × 2.5% × 74% = ₩3,404	2,234(2-①의 해답)
3차연도	₩184,000 × 2.5% × 100% = ₩4,600	1,196

	수주비 누적인식액	당기에 인식할 수주비
1차연도	₩5,000 × 26% = ₩1,300	₩1,300
2차연도	₩5,000 × 74% = ₩3,700	2,400(2-②의 해답)
3차연도	₩5,000 × 100% = ₩5,000	1,300

2차연도의 원가 발생액	₩81,500
현장보관 표준자재비(미사용 원자재)	(2,000)
2차연도의 하자보수비 발생액	2,234
2차연도의 수주비 발생액	2,400 (2-③의 해답)
2차연도의 계약원가 발생액	₩84,134

3.

1차연도 말		2차연도 말	
유동자산:		유동부채:	
미성공사	₩46,800*	공사대금청구액	₩140,000
공사대금청구액	(40,000)	미성공사	(136,160)*
미청구공사	₩6,800	초과청구공사	₩3,840
* ₩180,000 × 26% = ₩46,800		* ₩184,000 × 74% = ₩136,160	

4.

1차연도 말까지 누적 계약진행률: ₩41,860 ÷ ₩161,000 = 26%

2차연도 말에 3차연도 원가추정액이 ₩38,000(₩78,640* − ₩40,640)만큼 증가하였다.

* 현장보관 표준자재비 ₩2,000이 반영되어 3차연도 추가 발생 계약원가가 ₩78,640이므로 현장보관 표준자재가 3차연도에 소비된다고 가정한다.

2차연도 말까지 누적 계약진행률: (₩123,360 − ₩2,000) ÷ (₩164,000 + ₩38,000) = 61% (4-①의 해답)

하자보수원가와 수주비가 없는 경우:

	2차연도	3차연도
당기말까지 발생한 원가	₩123,360	₩202,000**
현장보관 표준자재비	(2,000)	
추가 발생 계약원가	78,640	
총 계약원가	₩200,000	₩202,000
계약수익	(184,000)	(184,000)
계약손실	₩(16,000)	₩(18,000)
전기까지 인식한 총손실(총이익)	(4,940)*	16,000
당기손실	₩(20,940)	₩(2,000)
	(4-②의 해답)	(4-③의 해답)

* (₩180,000 × 26%) − ₩41,860 = ₩4,940

** (₩123,360 − ₩2,000) + ₩80,640(현장보관 자재비 포함) = ₩202,000

연습문제 16

P16-01 미청구공사(또는 초과청구공사)

(2016년, 회계사)

- ㈜대한은 2차연도 3. 1.에 택배물류자동시스템의 구축공사를 수주하였다. 공사는 3차연도 12월에 완공될 예정이며 2차연도 12. 31. 기준으로 65%가 진행되었다. ㈜대한은 해당 건설공사의 수익과 비용을 진행률 기준으로 정상적으로 인식하였으나 다음 계정에 대하여 공시할 방법을 찾고 있다.

미성공사	₩35,000
진행청구액	40,000

물음 재무상태표에 위의 건설계약과 관련된 항목을 표시하는 방법을 제시하시오.

P16-02 계약손실(회계기준위원회)

- 1차연도 1. 1.에 A건설회사는 B회사의 사옥을 건설하는 계약을 체결하였다. 총 계약금액은 ₩10,000,000이며, 계약과 관련된 자료는 다음과 같다.

	1차연도	2차연도	3차연도
기말까지 실제로 발생한 누적계약원가	₩3,600,000	₩7,150,000	₩11,000,000
추가로 소요될 원가의 추정액	5,400,000	3,850,000	0
총 계약원가 예상액	₩9,000,000	₩11,000,000	₩11,000,000
당기에 받은 중도금	2,300,000	3,700,000	4,000,000

물음 연도별 계약이익을 계산하라.

P16-03 계약손실과 미청구공사(또는 초과청구공사)

(미국 회계사, 기출문제)

- SK는 1차연도 1. 1.에 서로 다른 건설계약 2개(β와 γ)를 수주하였다.
- 베타(β)의 건설계약액은 ₩600,000이며 건설완료가 지연되면 1주일당 ₩10,000의 벌금이 부과된다. 베타가 4주가 늦은 2차연도 12월에 완공되었다.
- 감마(γ)의 건설계약액은 ₩800,000이며 2차연도에 설계변경으로 원래의 건설계약액에 추가로 ₩40,000을 더 받게 되었다.
- 건설계약에 관한 자료는 다음과 같다.

	베타	감마
1차연도 12. 31.		
원가발생액	₩360,000	₩410,000
계약완료까지 발생할 원가	40,000	410,000
진행청구액	315,000	440,000
현금 회수	275,000	365,000
2차연도 12. 31.		
누적원가발생액	₩450,000	₩720,000

계약완료까지 발생할 원가	0	180,000
진행청구액	560,000	710,000
현금 회수	560,000	625,000

물음 1. 진행기준을 적용하여 1차연도 12. 31.과 2차연도 12. 31.에 SK의 계약이익(손실)을 계산하라.

2. 진행기준을 적용하여 1차연도에 필요한 분개를 하고 1차연도 12. 31.에 베타와 감마 각각에 대한 다음 계정의 잔액을 계산하라.
   - 매출채권(계약미수금)
   - 유동자산
   - 유동부채

P16-04 복수계약과 계약손실 및 원가회수법 (2009년, 회계사)

- 서울은 1차연도 1. 1. ㈜부산에 컴퓨터보안프로그램(이하 '프로그램')을 판매하고, 그 프로그램의 운용과 관련된 용역(이하 '운용용역')도 향후 3년 동안 함께 제공하기로 약정하였다. 프로그램과 그 운용용역의 판매대금 및 관련원가 등은 다음과 같으며, 문제에서 명시되지 않은 수익인식조건들은 모두 충족되는 것으로 가정한다.

구분	판매대금 및 수령방법	원가
프로그램	₩3,000,000 (1차연도부터 3차연도까지 매년 말 ₩1,000,000씩 수령)	₩1,800,000
운용용역	₩2,700,000 (1차연도 초와 3차연도 말에 ₩1,350,000씩 수령)	₩2,400,000 (1차연도부터 3차연도까지 매년 ₩800,000씩 발생이 예상됨)

물음 1. 복수계약

프로그램의 판매와 그 운용용역의 제공과 관련된 판매대금의 수령 및 원가발생은 실제로 자료와 같았다. 1차연도 초 현재 시장이자율은 연 8%이며 (3년 정상연금 ₩1의 현재가치계수: 2.577), 모든 판매가격의 명목금액과 현재가치의 차이는 중요하다. ㈜서울이 프로그램 판매 및 운용용역 제공과 관련하여 1차연도와 2차연도의 포괄손익계산서에 인식할 ①부터 ⑥까지의 금액을 계산하라.

포괄손익계산서 과목	1차연도	2차연도
매출(용역수익 포함)	①	④
매출원가(용역원가 포함)	②	⑤
이자수익	③	⑥

2. 계약손실

㈜서울이 ㈜부산에 제공하는 운용용역과 관련하여 1차연도와 2차연도에는 예상과 동일하게 매년 ₩800,000씩 원가가 발생하였다. 그러나 2차연도 말 현재 ㈜서울은 원가 및 임금의 급격한 상승으로 인하여, 3차연도에 운용용역 관련 원가가 ₩800,000에서 ₩1,600,000으로 증가할 것으로 예상한다. 3차연도에 운용용역 관련 원가는 실제로 ₩1,600,000이 발생하였다. ㈜서울이 운용용역 제공과 관련하여 2차연도와 3차연도의 손익계산서에 인식할 ①부터 ④까지의 금액을 계산하라.

손익계산서 과목	2차연도	3차연도
용역수익	①	③
용역원가	②	④

3. 현금회수가능액

㈜서울이 ㈜부산에 제공하는 운용용역과 관련하여 1차연도와 2차연도에는 판매대금의 수령 및 관련 원가의 발생이 위 자료와 동일하였다. 그러나 2차연도 중 ㈜부산의 재무상태 악화로 인하여 운용용역거래의 성과를 신뢰성 있게 추정할 수 없게 되었다. 다만, 2차연도 말 현재 ㈜서울은 ㈜부산으로부터 운용용역 제공에 대한 잔금 ₩1,350,000 중 ₩1,100,000을 3차연도 말에 회수 가능할 것으로 예상한다. ㈜서울이 ㈜부산에게 제공한 운용용역과 관련하여 2차연도에 인식할 ① 용역수익과 ② 용역이익(손실)을 계산하라.

P16-05 계약손실과 미청구공사(또는 초과청구공사) (2010년, 회계사)

• ㈜남아공이 1차연도에 수주한 장기건설계약은 3년간에 걸쳐서 수행될 예정이며, 당해 건설계약의 결과를 신뢰성 있게 추정할 수 있다. 최초 계약금액은 ₩2,400이었으나 2차연도 초에 ₩5,000으로 증가되었다. 진행기준 적용 시 진척도는 총 추정원가 대비 현재까지 발생한 누적원가의 비율을 사용한다. 관련 정보는 아래와 같다.

	1차연도	2차연도	3차연도
당기 발생원가	₩500	₩1,300	₩1,700
완성 시까지 추가 소요원가	1,500	1,200	
대금 청구액	550	2,490	1,960
대금 회수액	500	2,000	2,500

물음 1. 진행기준에 따라 3개연도의 계약수익 및 계약손익과 관련된 아래의 양식에 따라 ①부터 ③까지 답하시오.

	1차연도	2차연도	3차연도
계약수익	?	?	③
계약손익	①	②	?

2. 1차연도 말과 2차연도 말의 각 재무상태표에 표시할 미청구공사(또는 초과청구공사)금액을 구하고, 동 금액이 자산 또는 부채인지를 명시하시오.

3. 2차연도 말에 원자재 가격 상승으로 인하여 이후 추가 소요원가가 ₩1,200에서 ₩4,200으로 증가한다고 가정하고 2차연도 계약수익과 계약손익을 계산하시오.

P16-06 진행기준과 원가회수법

• 다음은 p. 815 ~ 816 예제 2의 자료에서 2차연도 말에 추가로 소요될 원가를 추정할 수 없고 총 거래대가는 전액 회수가능하다고 가정한 자료이다.

• 1차연도 초에 동해회사는 독도상사와 오징어양식장을 건설하는 계약을 체결하였다.
• 재화(오징어양식장)가 건설되면서 재화의 통제를 고객에게 이전하므로 수행의무가 기간에 걸쳐 이행되며 원가기준법을 사용하여 진행률을 측정한다.
• 총 거래대가는 ₩8,000이며 계약이 완성되는 3차연도 말까지 건설활동과 관련된 자료는 다음과 같다.

	1차연도	2차연도	3차연도
기말까지 실제로 발생한 누적계약원가	₩1,600	₩4,225	₩6,700
추가로 소요될 원가의 추정액	4,800	알 수 없음	0
총 계약원가의 추정액	₩6,400	알 수 없음	₩6,700
독도상사에 당기에 청구한 금액	1,700	4,300	2,000
독도상사로부터 당기에 받은 금액	1,200	4,100	2,700

물음 진행기준과 원가회수법을 적용하여 매년 인식해야 할 계약수익, 계약원가, 계약이익을 계산하라.

P16-07 원가회수법에서 진행기준으로 변경(회계기준위원회)

- 1차연도 1. 1.에 진홍건설회사는 진철회사의 사옥을 건설하기로 진철회사와 계약을 체결하였고 계약예정원가의 회수가능성은 매우 높다.
- 총 계약금액은 ₩10,000,000이며, 계약과 관련된 자료는 다음과 같다.

	1차연도	2차연도	3차연도
기말까지 실제로 발생한 누적계약원가	₩2,100,000	₩5,200,000	₩8,500,000
추가로 소요될 원가의 추정액	?	2,800,000	0
총 계약예정원가	?	₩8,000,000	₩8,500,000
당기에 받은 중도금	2,000,000	4,000,000	4,000,000

물음 계약이익을 연도별로 계산하라.

P16-08 계약원가의 회수가능성이 낮은 경우(회계기준위원회)

- 1차연도 1. 1.에 진홍건설회사는 진철회사의 사옥을 건설하기로 진철회사와 계약을 체결하였다. 그러나 2차연도 중에 당 공사와 관련하여 진철회사는 소송을 제기하였으며 2차연도 말 현재 진홍건설회사는 건설공사를 중지한 상태이며, 계약원가의 회수가능성이 작다.
- 총 계약금액은 ₩10,000,000이며, 계약과 관련된 자료는 다음과 같다.

	1차연도	2차연도
기말까지 실제로 발생한 누적계약원가	₩2,100,000	₩5,200,000
추가로 소요될 원가의 추정액	4,900,000	2,800,000
총 계약예정원가	₩7,000,000	₩8,000,000
당기에 청구한 중도금 및 받은 현금	1,500,000	1,800,000

물음 1차연도와 2차연도의 계약손익을 계산하라.

P16-09 계약손실과 원가회수법

(2012년, 회계사)

다음에 제시되는 물음은 각각 독립된 상황이다.

12월 말 결산법인인 ㈜한국은 1차연도 5. 1.에 ㈜대한으로부터 도로건설공사를 수주하였다. 공사계약기간은 1차연도 7. 1.부터 3차연도 6. 30.까지이고, 공사계약금액은 ₩1,800,000이다. 진행기준 적용 시 계약진행률은 총 추정원가 대비 현재까지 발생한 누적원가의 비율을 사용하고, 관련 기본자료는 아래와 같다.

	1차연도	2차연도	3차연도
당기 발생 계약원가	₩260,000	₩892,000	₩288,000
완성 시까지 추가 계약원가 예상액	1,040,000	288,000	–
계약대금 청구액	400,000	900,000	500,000
계약대금 회수액	300,000	900,000	600,000

물음 1. 건설계약과 관련하여 재무제표에 인식할 ① ~ ⑤의 금액을 구하시오.

		1차연도	2차연도
포괄손익계산서	계약수익		②
	계약손익	①	③
재무상태표	미청구공사		④
	초과청구공사		⑤

2. 2차연도 말 건설자재 가격이 급등하여 추가 소요원가가 ₩288,000에서 ₩848,000으로 증가할 것으로 예상된다. 그 외의 조건은 기본자료와 동일하다. 2차연도 포괄손익계산서에 인식할 ① 계약수익과 ② 계약손익을 구하시오.
3. 1차연도의 자료는 기본자료와 동일하다. 2차연도 초부터 ㈜대한의 재무상태 악화로 인하여 2차연도에 대금회수가 전혀 이루어지지 않았고, 계약대금 중 회수가능성이 큰 금액은 2차연도 말 현재 ₩500,000이다. 2차연도 발생원가는 ₩892,000이고, 건설자재 가격의 변동이 심하여 공사에 추가로 소요되는 금액을 2차연도 말 현재 신뢰성 있게 추정할 수 없다. 2차연도 포괄손익계산서에 인식할 계약손익을 구하시오.

P16-10 진행기준과 계약손실

(2016년, 회계사)

• ㈜대한은 2차연도 5. 1.부터 ㈜만세가 주문한 소프트웨어를 개발하고 인도 후 지원용역을 함께 제공하기로 하였다. 총 계약금액은 ₩1,200,000이며 개발된 소프트웨어의 공정가치는 ₩300,000이다. 프로그램 개발은 2차연도 10. 31.에 완료되었고 지원용역은 4차연도 6. 30.에 완료된다. 진행기준 적용 시 진행률은 총 추정원가 대비 현재까지 발생한 누적원가의 비율을 사용하고, 관련 자료는 다음과 같다.

	2차연도	3차연도	4차연도
당기 개발원가	₩200,000	₩0	₩0
당기 지원용역원가	200,000	300,000	300,000
지원용역 추가 예상원가	600,000	300,000	0

저자가 추가한 정보: 소프트웨어 개발과 지원용역을 통합한 것이 단일 수행의무이다.

물음 1. ㈜대한의 2차연도 포괄손익계산서에 인식할 계약손익을 구하시오.
2. 주어진 자료를 이용하되, 3차연도 말 인건비가 급등하여 지원용역에 대한 추가 예상원가가 ₩300,000에서 ₩700,000으로 증가할 것으로 예상된다. 이외 다른 조건이 같을 경우 3차연도 포괄손익계산서에 인식할 계약손익을 구하시오.

P16-11 차입원가와 장기계약에 대한 분개

• 1차연도 1. 1.에 허둥지둥회사는 땅부자회사와 3년간(1차연도 1. 1. ~ 3차연도 12. 31.)의 건설계약(총 계약금액: ₩10,000,000)을 체결하였는데, 이와 관련된 자료는 다음과 같다.

	1차연도	2차연도	3차연도
기말까지 실제로 발생한 누적계약원가	₩2,100,000	₩4,500,000	₩8,000,000
추가로 소요될 원가의 추정액	4,900,000	3,000,000	0
총 계약원가의 추정액	₩7,000,000	₩7,500,000	₩8,000,000
당기에 청구한 공사대금과 현금회수액	₩2,000,000	₩5,000,000	₩3,000,000

• 허둥지둥회사는 1차연도 7. 1.에 상기 건설공사에 필요한 자금 ₩3,000,000(만기: 5년, 이자율: 연 10%, 이자지급일: 매년 말)을 차입하여 이 공사에 투입하였다.
• 허둥지둥회사는 특정차입금(제3장 참조)에 대한 차입원가를 자본화하지만 문제를 단순화시켜 이자를 복리로 계산하

지 않는다. 이자는 위의 자료에서 제외되어 있다.

물음 허둥지둥회사에 필요한 분개를 연도별로 하라.

P16-12 진행기준과 현금회수의 불확실성

• 헛수고회사는 1차연도 중에 건설계약(총 계약금액: ₩4,000,000)을 체결하였는데, 이와 관련된 자료는 다음과 같다.

	1차연도	2차연도
기말까지 실제로 발생한 누적계약원가	₩300,000	₩1,600,000
추가로 소요될 원가의 추정액	2,700,000	1,600,000
총 계약원가의 추정액	₩3,000,000	₩3,200,000

• 계약대금 청구 및 회수는 1차연도 중에 계약대가 중에서 ₩500,000으로 한 번 있었으나, 2차연도 중 계약대금회수가 불확실하게 되었다. 헛수고회사는 추가로 회수할 수 있는 금액을 ₩800,000으로 추정하고 있으며, 2차연도 말 현재 공사를 중단하고 있다.

물음 1. 헛수고회사에 필요한 분개를 하라.
2. 추가로 회수 가능한 금액이 ₩800,000이 아니라 ₩1,500,000이라고 가정하고, 2차연도의 수익을 인식하는 분개를 하라.

P16-13 계약손실과 원가회수법

3차연도 1. 1.에 섬섬회사가 ₩1,700,000에 옥수회사를 위해서 창고를 건설하는 계약(계약기간: 3년)을 체결하였다. 5차연도 12. 31.에 섬섬회사가 건설공사를 완료하였는데 연도별 자료는 다음과 같다.

	3차연도 12. 31.	4차연도 12. 31.	5차연도 12. 31.
당기 말까지 발생한 원가	₩375,000	₩1,080,000	₩2,050,000
추가로 발생할 계약원가	1,125,000	720,000	0
총 추정원가	₩1,500,000	₩1,800,000	₩2,050,000
옥수회사로부터 받은 금액	400,000	600,000	700,000

물음 1. 진행기준을 사용하여 연도별 계약이익(손실)을 계산하라.
2. 원가회수법을 사용하여 연도별 계약이익(손실)을 계산하라.

P16-14 추가계약원가와 계약손실의 유추

• 대기만성회사의 건설형 공사계약(총 계약금액: ₩1,000,000)에 관한 자료 중 일부는 다음과 같다.
• 대기만성회사는 진행기준을 적용한다.

	1차연도	2차연도	3차연도	4차연도
기말까지 실제로 발생한 누적계약원가	₩245,000	₩440,000	₩960,000	₩1,500,000
누적 계약진행률	25%	40%	80%	100%

물음 각 연도의 계약이익(손실)을 계산하라.

P16-15 계약진행률 추정이 가능한 경우의 누적효과 일괄조정법(당기일괄처리법)

다음은 p. 831 예제 7의 자료이다.

- 1차연도 1. 1.에 애매모호회사는 1차연도 7. 1.부터 3차연도 12. 31.까지 진행될 동물원건설계약(총 거래대가: ₩25,000)을 정부로부터 수주하였다.
- 재화(동물원)가 건설되면서 재화의 통제를 고객에게 이전하므로 이 계약은 기간에 걸쳐 이행되는 단일 수행의무를 포함한다.
- 정부와의 계약이기 때문에 총 거래대가는 전액 회수가능하다. 그러나 애매모호회사는 과거에 동물원을 건설한 경험이 없을 뿐만 아니라 원자재가격이 극심하게 변동하여 특정 시점에 총 계약원가를 예측할 수 없으므로 계약진행률을 합리적으로 추정할 수 없다.
- 건설계약과 관련된 자료는 다음과 같다.

	1차연도	2차연도	3차연도	합계
당기 발생 계약원가	₩4,000	₩12,000	₩4,000	₩20,000
당기까지 발생한 누적계약원가	4,000	16,000	20,000	
당기에 청구한 계약대금	6,000	17,000	2,000	25,000
당기에 받은 계약대금	1,000	10,000	14,000	25,000

- 위 자료를 이용하되 다음을 가정하라.
- 예측능력이 탁월한 천리안 여사가 2차연도 1. 1.에 애매모호회사에 입사하였다.
- 천리안 여사가 2차연도 1. 1.에 계약원가를 신뢰성 있게 다음과 같이 예측하여 계약진행률을 합리적으로 추정할 수 있게 되었다.

	1차연도	2차연도	3차연도
계약원가 당기 실제 발생액	₩4,000	₩12,000	₩4,000
추가로 발생할 원가의 추정액	알 수 없음	4,000	0
누적 계약진행률	$\frac{₩4,000}{₩20,000}$ = 20%*	$\frac{₩16,000}{₩20,000}$ = 80%	$\frac{₩20,000}{₩20,000}$ = 100%

* 1차연도 12. 31.이 아니라 2차연도 1. 1.에 사후적으로 계산함

물음 1. 연도별 계약이익을 계산하라.

2. 회계추정의 변경으로 인한 누적효과를 계산하고 누적효과에 대한 회계처리를 설명하라.

Chapter 17

주식기준보상

학습 목표

LO 17-1. 주식기준보상거래의 개념을 이해한다.
LO 17-2. 주가차액보상권의 개념을 이해한다.
LO 17-3. 주식결제형 주식기준보상거래에 대한 회계처리를 습득한다.
LO 17-4. 주식선택권 조건변경 유형을 이해한다.
LO 17-5. 조건변경의 각 유형에 대한 회계처리를 습득한다.
LO 17-6. 현금결제형 주식기준보상거래에 대한 회계처리를 습득한다.
LO 17-7. 선택결제형 주식기준보상거래에 대한 회계처리를 습득한다.

제17장

제1절 주식기준보상거래의 개념

1. 주식기준보상거래의 유형
2. 주식기준보상거래의 주요 개념
3. 주식기준보상거래의 측정과 인식

제2절 주식결제형 주식기준보상거래

1. 종업원이 아닌 거래상대방과의 주식결제형 주식기준보상거래
2. 종업원과의 주식결제형 주식기준보상거래
   (1) 측정원칙
   (2) 지분상품의 공정가치를 신뢰성 있게 측정할 수 없는 경우
   (3) 가득조건
   (4) 가득기간 중 권리상실률의 변경

제3절 부여한 지분상품의 조건변경

1. 조건변경의 유형
2. 부여기업에 의한 취소 또는 중도청산
   (1) 현금을 지급하고 취소 또는 중도청산
   (2) 새로운 지분상품을 부여하고 취소 또는 중도청산
3. 행사가격의 변경
4. 지분상품의 수량변경

제4절 현금결제형 주식기준보상거래

1. 현금결제형 주식기준보상거래의 개요
2. 현금결제형 주식기준보상거래에 대한 회계처리
3. 현금결제형 주식기준보상거래와 가득조건
4. 현금결제형 주식기준보상거래의 취소 또는 조건변경
5. 결제방식을 주식결제형에서 현금결제형으로 변경
6. 주식결제형에 현금결제선택권을 새로 포함

제5절 선택결제형 주식기준보상거래

1. 부여기업이 결제방식을 선택할 수 있는 경우
2. 종업원이 결제방식을 선택할 수 있는 경우

Chapter 17 제1절

주식기준보상거래의 개념

기업이 재화나 용역을 제공받으면 그 재화나 용역의 공정가치를 현금으로 지급하는 것이 일반적이다. 그러나 때에 따라서는 현금 대신 기업 자신의 주식 또는 주식선택권을 부여하거나, 자신(또는 다른 기업)의 주식가격을 바탕으로 결정된 금액을 현금으로 지급하기도 하는데, 이러한 거래를 주식기준보상거래(share-based payment transaction)라 한다. 주식기준보상거래의 대표적 예로 기업이 종업원에게 부여하는 주식선택권을 들 수 있다. 일정 기간 이내에 약정가격으로 일정 수량의 주식을 살 수 있는 권리를 주식선택권(share option)이라 하며, 행사시점의 주가가 약정가격보다 높으면 주식선택권 보유자는 주식선택권을 행사해서 차익을 얻을 수 있다. 현금이 부족한 신생기업이 우수 인재를 영입하기 위해 주식선택권을 제공하는 경우가 많은데, 2013년 미국에서 페이스북(Facebook)의 최고경영자가 주식선택권 행사로 33억 달러를 벌었다는 뉴스가 화제가 되기도 했다. 이러한 주식기준보상거래를 회계처리할 때 최대 문제는 보상비용을 기간별로 얼마로 인식할 것인가이다.

1. 주식기준보상거래의 유형

종업원 또는 종업원 이외의 제3자와의 주식기준보상거래를 다음 세 가지 유형으로 분류할 수 있다.

① 주식결제형 주식기준보상거래: 재화나 용역을 제공받은 대가로 기업 자신의 지분상품(주식 또는 주식선택권 등)을 부여하는 거래로, 다음을 포함한다.

- 종업원이 아닌 자(예 재화공급자, 용역제공자 등)로부터 제공받은 재화나 용역의 대가로 지분상품(보통주, 주식선택권 등)을 부여하는 거래
- 종업원이 제공한 근무용역에 대한 대가로 지분상품을 부여하는 거래

② 현금결제형 주식기준보상거래: 재화나 용역을 제공받은 대가로 기업의 보통주나 다른 지분상품의 가치를 바탕으로 결정된 금액을 종업원이 아닌 자 또는 종업원에게 현금을 지급하는 거래로, 주가차액보상권을 부여하는 거래를 포함한다. 주가차액보상권(share appreciation rights)은 일정 기간 동안 주가 상승액에 해당하는 금액을 현금으로 지급하거나 지분상품을 발행하는 증서이다.

③ 선택결제형 주식기준보상거래: 재화나 용역을 제공받고 기업 또는 거래상대방 중 어느 한쪽이 지분상품으로 결제할지 아니면 현금(또는 다른 자산)으로 결제할지를 선택할 수 있는 거래를 말한다. 기업과 거래상대방 중 누가 결제방식을 선택할 수 있는가에 따라 다르게 회계처리한다.

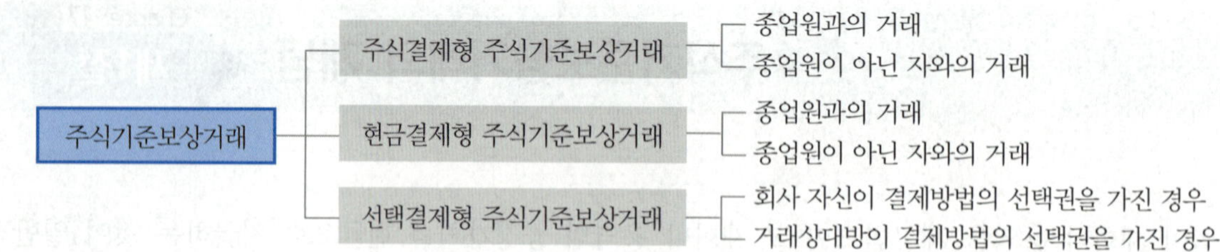

2. 주식기준보상거래의 주요 개념

주식기준보상거래에 적용되는 시점과 관련된 주요 용어의 개념을 먼저 살펴본다.

그림 17.1 주식기준보상거래에서 중요한 날과 기간

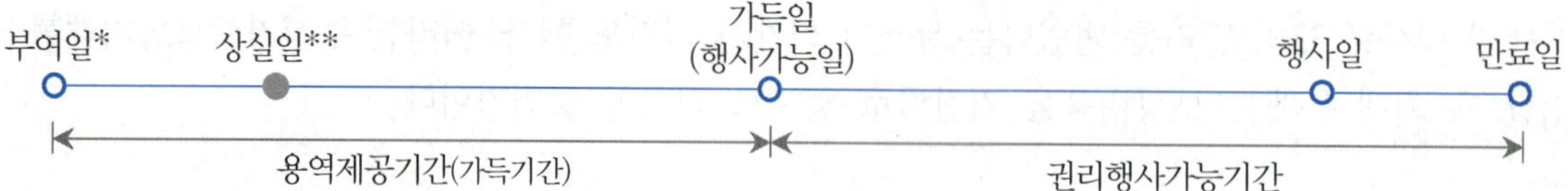

* 종업원이 권리부여일 이전에 이미 제공한 용역에 대한 대가로 종업원에게 주식선택권이 부여되면 가득기간 없이 권리부여일부터 권리행사가능기간이 시작된다.

** 특정 종업원이 퇴사하는 등 가득조건(시장조건 제외)을 충족시키지 못해서 주식선택권을 가득하지 못하면 해당 종업원은 주식기준보상거래에서 권리를 상실한다.

① 부여일

부여일(grant date)은 기업과 거래상대방(종업원 포함)이 주식기준보상약정에 합의한 날이며, 거래조건에 대하여 기업과 거래상대방이 공동으로 이해한 날이다. 부여일에 기업은 현금(그 밖의 자산) 또는 기업의 지분상품에 대한 권리를 거래상대방에게 부여하며, 이러한 권리를 부여할 때 특정 가득조건을 미래에 충족할 것을 내세우기도 한다. 주식기준보상거래가 유효하기 위해 승인(예 주주총회의 승인)이 필요하면 주식기준보상거래가 승인된 날이 부여일이다[1102: 부록 A].

② 측정기준일

측정기준일(measurement date)은 주식기준보상거래에서 기업이 거래상대방에게 부여한 권리(예 주식선택권)의 공정가치를 측정하는 날이다. 종업원이 아닌 자(예 재고자산 공급자)와의 주식기준보상거래에서는 거래상대방으로부터 재화나 용역을 제공받는 날이 측정기준일이다. 그러나 종업원(종업원과 유사한 용역제공자 포함)과의 주식기준보상거래에서는 부여일이 측정기준일이다[1102: 부록 A]. 측정기준일에 측정한 금액을 장부에 인식하는 시점(인식일)은 측정기준일과 다를 수 있다.

③ 가득조건

주식기준보상약정에 따라 거래상대방이 현금, 그 밖의 자산이나 기업의 지분상품에 대한 권리를 행사하는 자격을 획득하기 위해 충족해야 하는 조건을 가득조건(vesting condition)이라 한다. 주식기준보상거래의 대부분이 가득조건을 부과하는데, 가득조건의 예는 일정 기간 용역을 제공하는 것이나, 특정한 시장 상황(예 일정액 이상의 주가)이 발생하거나 특정 수준의 성과(예 일정액 이상의 당기순이익)를 달성하는 것 등이다.

④ 가득일과 가득기간

주식기준보상약정상의 가득조건이 모두 충족되어 발행될 지분상품에 대한 권리를 갖는 날을 가득일(vesting date)이라 한다. 계약을 맺는 시점에 현금 또는 지분상품에 대한 법적 권리가 부여되면 계약체결일이 가득일이다. 가득기간(vesting period)은 주식기준보상약정에 명시된 가득조건이 충족되어야 하는 기간으로[1102: 부록 A], 부여일부터 가득일까지의 기간을 말한다.

⑤ 행사일

행사일(exercise date)은 거래상대방이 부여된 권리(예 주식선택권)를 실제로 행사하는 날을 말한다.

3. 주식기준보상거래의 측정과 인식

종업원으로부터 용역을 제공받으면 그 용역의 공정가치를 측정하는 것이 현실적으로 어려우므로 부여일의 주식선택권의 공정가치로 보상비용을 측정한다. 그러나 종업원 이외의 제3자로부터 재화(또는 용역)를 제공받으면 재화(또는 용역)를 제공받는 날의 재화(또는 용역)의 공정가치로 보상비용(또는 자산 취득원가)을 측정한다. 종업원이 아닌 거래상대방과의 거래에서 제공받는 재화(또는 용역)의 공정가치를 신뢰성 있게 추정할 수 없으면 부여된 지분상품의 공정가치로 제공받는 재화나 용역에 상응하는 보상비용을 간접 측정한다[1102: 13].

보상비용(또는 자산 취득원가)을 차변에 기록할 때 대변에 기록하는 계정과목은 주식기준보상거래의 유형에 따라 다르다. 주식결제형 주식기준보상거래에서는 대변에 '자본잉여금-주식선택권'계정을 사용해서 자본의 증가를 기록하고, 현금결제형 주식기준보상거래에서는 대변에 '금융부채(예 미지급비용 또는 장기미지급비용)'의 증가를 기록한다.

주식결제형 주식기준보상거래 인식시점:

(차) 보 상 비 용	×××	(대) 자본잉여금－주식선택권	×××

현금결제형 주식기준보상거래 인식시점:

(차) 보 상 비 용	×××	(대) 금 융 부 채	×××

주식결제형 주식기준보상거래 Chapter 17 제2절

회사가 재화나 용역을 제공받고 그 대가로 거래상대방에게 회사 자신의 지분상품(주식 또는 주식선택권)을 발행해 주는 주식기준보상거래를 주식결제형 주식기준보상거래(equity-settled share-based payment transaction)라 한다. 주식결제형 주식기준보상거래의 회계처리는 재화나 용역을 제공한 자(거래상대방)가 회사의 종업원인지 여부에 따라 다르다.

1. 종업원이 아닌 거래상대방과의 주식결제형 주식기준보상거래

회사가 종업원이 아닌 제3자로부터 재화나 용역을 제공받고 그 대가로 회사 자신의 지분상품(주식 또는 주식선택권 등)을 부여하는 경우, 원칙적으로 재화 또는 용역이 제공된 날(지분상품 부여일이 아님)에 제공받은 재화 또는 용역의 공정가치로 주식기준보상거래를 측정해서 보상비용(또는 자산 취득원가)을 인식한다. 예를 들어, 회사의 종업원이 아닌 공급자로부터 장비를 구매하고 현금 대신 자신의 주식을 발행하면, 구매한 장비의 공정가치로 거래대가(보상비용)를 측정한다. 그러나 제3자가 제공한 재화 또는 용역의 공정가치를 합리적으로 측정할 수 없으면, 부여된 지분상품의 공정가치로 거래대가(보상비용)를 측정한다.

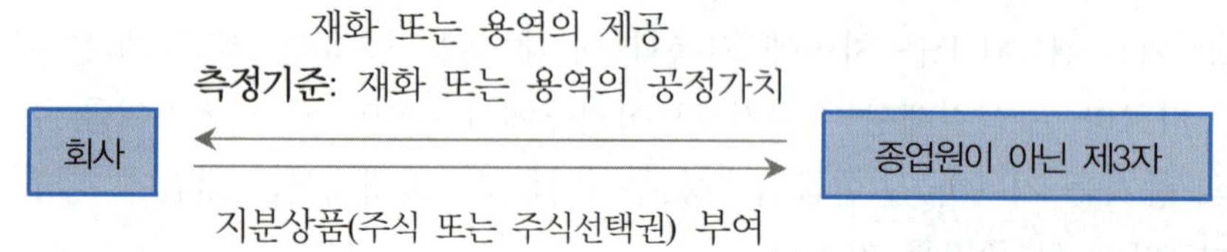

만일 제3자로부터 취득한 재화가 자산(예 재고자산, 유형자산)의 인식요건을 충족하면 먼저 자산을 인식한(Miniature 예제 1 참조) 후에 해당 자산이 소비되거나 판매되는 시점에 비용(예 매출원가, 감가상각비)을 인식한다. 그러나 자산 인식요건을 충족하지 못하면 취득시점에 비용을 인식한다(예제 1 참조). 제3자로부터 제공받은 용역은 일반적으로 제공받는 즉시 소비되므로 원칙적으로 용역이 제공된 시점에 비용을 인식하지만, 해당 용역에 가득기간이 부과되면 가득기간에 걸쳐 비용을 인식한다.

Miniature 예제 1 제3자가 제공한 재화에 대한 주식결제형 주식기준보상거래

상황

· 제3자로부터 재화를 제공받고 지분상품(주식 또는 주식선택권 등)을 부여하는 경우, 제공받은 재화의 공정가

치로 자본을 측정한다. 예를 들어, 공정가치가 ₩60,000인 유형자산을 취득하고 주당 액면금액이 ₩5,000(주당 공정가치: ₩8,000)인 보통주 10주를 발행하면 다음과 같이 분개한다.

(차) 유 형 자 산	60,000	(대) 자 본 금	50,000
		주 식 발 행 초 과 금	10,000

참고 여기서는 '주식결제형 주식기준보상거래'라는 표현을 사용하지만, 제3장에서는 이 거래를 '주식을 발행한 유형자산의 취득거래'로 표현하고 제14장에서는 주식의 '현물출자'라고 표현하였다. 모두가 같은 형태의 거래이며 회계처리가 동일하지만, 부르는 이름만 다르다.

예제 1 종업원이 아닌 거래상대방과의 주식결제형 주식기준보상거래

중요도: ★★
난이도: ◆

상황

· 4차연도 5. 31.에 기업을 주식시장에 공개하기로 하였다.
· 3차연도 12. 1.에 투자은행으로부터 4차연도 5월에 있을 기업공개에 대한 경영자문을 받기로 하였다.
· 경영자문용역에 대한 수수료는 ₩60,000이고, 주식선택권 2,000매를 발행하여 경영자문용역비를 지급할 예정이다. 주식선택권 1매당 공정가치는 ₩25이다.
· 경영자문용역비는 기업공개의 성공 여부와 무관하다.
· 경영자문용역은 4차연도 5월까지 수행되었으며 4차연도 5. 31.에 기업을 공개하였다.

물음 3차연도 12. 31.과 4차연도 5. 31.에 주식기준보상거래를 기록하기 위한 분개를 하라.

정답 및 해설

3차연도 12. 31. 결산시점:

(차) 경 영 자 문 용 역 비	10,000*	(대) 자본잉여금-주식선택권	10,000

* ₩60,000 ÷ 6개월 = ₩10,000

4차연도 5. 31. 경영자문용역 완료시점:

(차) 경 영 자 문 용 역 비	50,000*	(대) 자본잉여금-주식선택권	50,000

** ₩60,000 − ₩10,000 = ₩50,000

2. 종업원과의 주식결제형 주식기준보상거래

(1) 측정원칙

회사가 종업원으로부터 근무용역을 제공받고 그 대가로 회사 자신의 지분상품(주식 또는 주식선택권 등)을 부여하는 경우, 종업원이 지속적으로 제공하는 근무용역의 공정가치를 신뢰성 있게 측정할 수 없는 것이 일반적이다. 따라서 부여일에 옵션가격결정모형(예 블랙-숄즈모형 등)을 이용하여 측정한 지분상품의 공정가치로 주식기준보상거래(보상비용과 자본잉여금)를 측정한다[1102: 11]. 설사 후속기간에 지분상품의 공정가치가 변하더라도 공정가치 변동액을 무시하고 보상비용과 자본 측정액을 수정(재측정)하지 않는다[1102: 23, IG9]. 그리고 가득된 지분상품이 추후 상실되거나 주식선택권이 행

사되지 않더라도 종업원에게서 제공받은 근무용역에 대해 인식한 보상비용을 환입하지 아니한다. 그러나 특정 자본계정에서 다른 자본계정으로 대체할 수는 있다[1102: 23].

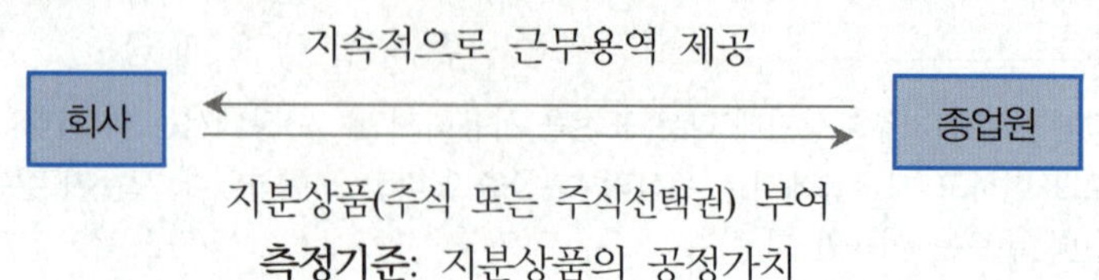

측정기준: 지분상품의 공정가치

주식선택권이 재부여 특성을 포함하는 경우도 있다. 재부여 특성(reload feature)이란 종업원이 주식선택권을 행사하면 추가 주식선택권이 자동으로 부여되는 특성을 말한다. 기업은 재부여 특성을 무시하고 측정기준일에 주식선택권의 공정가치를 측정하였다가, 종업원이 재부여 특성으로 주식선택권을 추가로 부여받으면 새로 부여된 주식선택권으로 회계처리한다[1102: 22].

종업원이 일정 기간 근무용역을 제공해야 주식기준보상약정에서 부여된 권리를 행사할 수 있는 자격을 획득(가득)하는 경우에는, 부여일에 지분상품의 공정가치로 측정한 총보상비용을 용역제공기간으로 나누어 연도별 보상비용을 인식한다. 종업원이 용역을 제공하는 기간이 경과함에 따라 종업원의 '누적 용역제공비율'은 점진적으로 증가한다. 따라서 종업원이 제공한 용역에 대해 특정 기간에 인식할 보상비용은 제16장에서 설명한 원가기준법에 적용했던 <표 16.1>과 유사하게 다음과 같이 계산한다.

총보상비용(주식선택권의 공정가치)	×××
×) 누적 용역제공비율(α%)	α%
=) 당기 말까지 인식할 누적 보상비용	×××
−) 전기 말까지 인식한 누적 보상비용	(×××)
=) 당기 보상비용	×××

예제 2 주식결제형 주식기준보상거래의 연도별 보상비용

중요도: ★★★
난이도: ◆

상황

· 1차연도 1. 1.에 50명의 종업원에게 3년간 근무하는 조건으로 종업원 1인당 100개의 주식선택권을 부여하였다.
· 종업원은 4차연도 1. 1.부터 주식선택권 1개당 ₩10에 보통주 1주를 취득할 수 있다.
· 1차연도 1. 1.에 회사는 3차연도 12. 31.까지 5%의 종업원이 회사를 떠나 주식선택권에 대한 권리가 상실될 것으로 예상했는데, 궁극적으로 이직률 추정치와 실제 이직률이 동일하다.
· 측정기준일의 주식선택권의 공정가치: 1개당 ₩30
· 1차연도 12. 31.의 주식선택권의 공정가치: 1개당 ₩50(부여시점에 공정가치로 총보상비용을 측정하므로 이 자료는 불필요한 자료임.)
· 4차연도 1. 1.에 4,000개의 주식선택권이 행사되어 보통주 4,000주(주당 액면금액: ₩15, 주당 행사금액: ₩10)가 발행되었다.

물음 연도별 보상비용을 계산하고 필요한 분개를 하라.

정답 및 해설 매년 보상비용: ₩47,500

· 이직률 추정치를 적용하여 가득기간에 인식할 보상비용을 다음과 같이 계산한다.

	1차연도	2차연도	3차연도
주식선택권 총 부여갯수	5,000개	5,000개	5,000개
예상행사율	× 95%	× 95%	× 95%
주식선택권 예상행사갯수	4,750개	4,750개	4,750개
단위당 공정가치	× ₩30	× ₩30	× ₩30
총보상비용	₩142,500	₩142,500	₩142,500
누적 용역제공비율	1/3	2/3	3/3
당기 말까지의 누적 보상비용	₩47,500	₩95,000	₩142,500
전기 말까지의 누적 보상비용	(0)	(47,500)	(95,000)
당기 보상비용	₩47,500	₩47,500	₩47,500

1차연도 12. 31., 2차연도 12. 31., 3차연도 12. 31. 결산시점:

(차) 보상비용	47,500	(대) 자본잉여금–주식선택권	47,500

4차연도 1. 1. 4,000매 행사시점:

(차) 현금	40,000*	(대) 보통주	60,000
자본잉여금-주식선택권	120,000**	주식발행초과금	100,000***

* 4,000주 × ₩10 = ₩40,000

** 4,000개 × ₩30(측정기준일의 공정가치) = ₩120,000

*** 주식발행초과금 ₩100,000은 차변합계와 대변합계를 일치시키는 금액으로 종속적으로 결정한다.

(2) 지분상품의 공정가치를 신뢰성 있게 측정할 수 없는 경우

부여한 지분상품의 공정가치를 측정기준일에 신뢰성 있게 추정할 수 없으면 다음과 같이 회계처리한다.

▸ 거래상대방에게서 재화나 용역을 제공받는 날을 기준으로 지분상품(또는 발행될 주식)을 내재가치로 최초 측정한다[1102: 24]. 주식선택권의 내재가치(intrinsic value)는 주식의 시장가격과 주식선택권의 행사가격의 차이이다[1102: BC75]. 주식선택권을 내재가치로 측정하면 측정기준일부터 권리행사일까지 매 보고기간 말과 최종결제일에 내재가치를 재측정한 후 내재가치 변동액을 당기손익(보상비용)으로 인식한다. 이 경우에 지분상품이 주식선택권이면 그 주식선택권이 행사되거나 상실(예 고용의 중단)되거나 만기소멸(예 주식선택권 계약기간 만료)되는 날을 주식기준보상약정의 최종결제일로 한다[1102: 24].

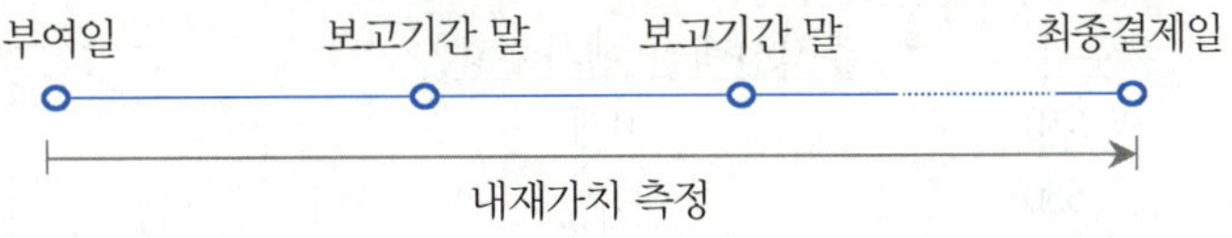

▸ 내재가치로 측정한 금액이 현금지급액이므로 부여한 지분상품을 내재가치로 측정하면 보상비용 발생시점에 예제 2와는 달리 금융부채(예 미지급비용 또는 장기미지급비용)를 인식한다. 그러므로 지분상품을 공정가치로 측정하는 경우와는 달리 부여했던 주식선택권이 가득일이 지난 뒤 상실되거나 만기소멸되면 금융부채(현금지급의무)를 결제할 필요성이 연기처럼 사라진다. 따라서 제공받은 재화나 용역에 대하여 과거에 인식했던 보상비용을 환입한다[1102: 24]. 보상비용을 공정가치로 측정하는 경우와 내재가치로 측정하는 경우를 비교하면 <표 17.1>과 같다.

표 17.1 지분상품 측정기준의 비교

구분	공정가치로 측정하는 경우	내재가치로 측정하는 경우
측정기준일과 지분상품의 측정기준	부여일에 지분상품의 총공정가치를 측정하고 용역제공기간 별로 배분	용역(또는 재화)을 제공받은 날, 회계기간 말, 결제일에 지분상품을 내재가치로 측정
보상비용의 인식	가득기간 중에 보상비용을 인식하고 부여일에 측정한 총보상비용을 수정하지 않음	부여일부터 최종결제일까지 매 회계기간 말과 결제일에 내재가치 변동액을 보상비용으로 인식. 주식선택권이 가득된 직후부터는 내재가치의 당기 증가액(감소액)을 당기 보상비용(당기 보상비용환입)으로 인식(예제 3 참조)
가득된 지분상품의 상실	가득된 지분상품이 상실되거나 행사되지 않아도 이미 인식한 보상비용을 환입하지 않음	가득된 지분상품이 상실되거나 행사되지 않는 경우 이미 인식한 보상비용을 환입

예제 3 내재가치로 측정하는 주식선택권(「K-IFRS 제1102호」 사례 10 수정)

중요도: ★★★
난이도: ◆◆◆

상황

· 기업은 1차연도 1. 1.에 종업원 50명에게 각각 주식선택권 100개를 부여하였다. 각 주식선택권은 종업원이 3차연도 말까지 근무하면 3차연도 말에 가득된다. 주식선택권의 만기는 5차연도 12. 31.이다. 주식선택권의 행사가격은 1개당 ₩600이고 부여일의 기업의 주당 주가도 ₩600이다.
· 기업은 부여일에 주식선택권의 공정가치를 신뢰성 있게 측정할 수 없다고 판단하였다.
· 1차연도 말 현재 이미 3명이 퇴사하였고, 기업은 2차연도와 3차연도에 추가로 7명이 퇴사할 것으로 추정하였다. 따라서 부여한 주식선택권의 80%가 가득될 것으로 추정되었다.
· 2차연도에 실제로 2명이 퇴사하였고, 기업은 미래에 가득될 것으로 기대되는 주식선택권의 비율을 86%로 재추정하였다.
· 3차연도에 실제로 2명이 퇴사하였고, 3차연도 12. 31.에 주식선택권 4,300개가 가득되었다.
· 1차연도부터 5차연도까지 기업의 주가와 4차연도부터 5차연도까지 행사된 주식선택권의 수량은 다음과 같다. 행사된 주식선택권은 모두 회계연도 말에 행사되었다.

	주가	주식선택권 행사수량
1차연도 말	₩630	0개
2차연도 말	650	0

3차연도 말	750	0
4차연도 말	880	3,300
5차연도 말	1,000	1,000

물음 1차연도부터 5차연도까지 기업이 인식할 보상비용을 계산하라.

정답 및 해설

참고 주식선택권이 가득되기 직전까지는 당기 보상비용을 다음과 같이 산정한다.

당기 말의 누적 보상비용	×××
전기 말의 누적 보상비용	(×××)
당기 보상비용	×××

주식선택권이 가득된 직후부터는 내재가치의 당기 증가액(감소액)을 당기 보상비용(당기 보상비용환입)으로 인식한다.

1차연도 12. 31.의 미행사량 단위당 내재가치: ₩630 - ₩600 = ₩30
2차연도 12. 31.의 미행사량 단위당 내재가치: ₩650 - ₩600 = ₩50
3차연도 12. 31.의 미행사량 단위당 내재가치: ₩750 - ₩600 = ₩150

4차연도 12. 31.의 미행사량과 행사량 단위당 내재가치 증가액: ₩880 - ₩750 = ₩130
5차연도 12. 31.의 미행사량과 행사량 단위당 내재가치 증가액: ₩1,000 - ₩880 = ₩120

① 행사되지 않은 주식선택권에 대한 보상비용:

	1차연도	2차연도	3차연도	4차연도	5차연도
부여수량	5,000개	5,000개	5,000개		
예상행사율	× 80%	× 86%	× 86%		
예상 행사수량	4,000개	4,300개	4,300개	1,000개	0개
단위당 내재가치	× ₩30	× ₩50	× ₩150	× ₩130	× ₩120
총 금융부채	₩120,000	₩215,000	₩645,000	₩130,000	₩0
누적 용역제공비율	× 1/3	× 2/3	× 3/3		
당기 말까지 누적 금융부채	₩40,000	₩143,333	₩645,000		
전기 말까지 누적 금융부채	(0)	(40,000)	(143,333)		
당기 보상비용(α)	₩40,000	₩103,333	₩501,667		

② 행사된 주식선택권에 대한 보상비용:

	4차연도	5차연도
행사수량	3,300개	1,000개
1매당 내재가치	× ₩130	× ₩120
당기 보상비용(β)	₩429,000	₩120,000

	1차연도	2차연도	3차연도	4차연도	5차연도
③ 당기 총보상비용($\alpha + \beta$)	₩40,000	₩103,333	₩501,667	₩559,000	₩120,000

(3) 가득조건

기업은 현금(그 밖의 자산) 또는 지분상품에 대한 권리를 거래상대방에게 부여할 때 특정 가득조건을 미래에 충족할 것을 내세우기도 한다. 예를 들면, 종업원에게 일정 기간 용역을 제공하는 조건 외에도, 특정 이익성장 또는 주가상승을 달성하는 것과 같은 성과조건을 부과할 수 있다. 이러한 가득조건의 유형은 다음과 같다.

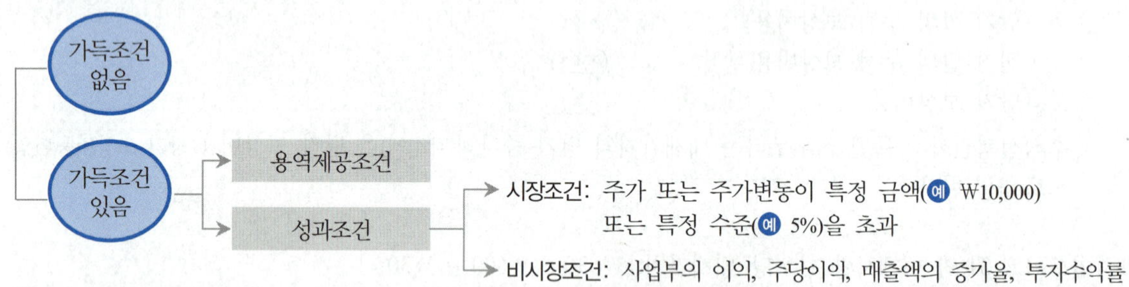

아래에서는 용역제공조건, 시장조건, 비시장조건의 의미를 먼저 살펴보고 가득조건에 대한 회계처리를 설명한다.

용역제공조건(service condition)은 종업원이 일정 기간 근무용역을 제공해야 주식기준보상약정에 부여된 권리를 행사할 수 있는 자격을 획득하는 조건이다. 용역제공조건은 성과조건의 달성과는 관계가 없다[1102: 부록 A]. 종업원이 용역을 제공하는 기간이 경과함에 따라 종업원의 '누적 용역제공비율'은 점진적으로 증가한다. 예를 들어, 향후 4년간 용역을 제공하는 조건으로 종업원에게 주식선택권을 부여하면, 1년이 지날 때마다 누적 용역제공비율이 25%씩 증가한다고 해석하여 부여일에 측정한 총보상원가의 25%를 매 연도의 보상비용으로 인식한다. 즉, 향후 4년 동안 매 회계연도 말에 25%씩 주식선택권이 가득된다고 해석한다.

성과조건(performance condition)은 종업원이 특정 기간에 용역을 제공(용역제공조건)하고, 용역을 제공하는 동안 특정 성과목표도 달성해야 하는 조건으로[1102: 부록 A], 시장조건과 비시장조건으로 구분된다. 시장조건(market condition)은 지분상품의 시장가치에 관련된 성과조건으로, 예를 들면 주가나 주식선택권의 내재가치가 특정 수준을 달성하는 것 등이다. 비시장조건(non-market condition)은 시장조건 이외의 성과조건으로 시장과 무관한 성과지표가 달성되어야만 주식선택권을 행사할 권리가 가득되는 조건을 말한다. 비시장조건의 예는 사업부 이익, 주당이익, 매출액 증가율, 투자수익률 등이다.

용역제공조건과 보상비용의 인식

지분상품이 부여되자마자 가득되면 지분상품의 대가에 해당하는 용역을 종업원에게서 이미 제공받은 것으로 보므로 제공받은 용역에 대한 대가(보상비용) 전부를 부여일에 인식하고 그에 상응하여 자본의 증가를 인식한다[1102: 14]. 만일 종업원에게 지분상품을 부여하면서 용역제공조건을 부과하면, 부여일에 지분상품의 공정가치로 측정한 총보상비용을 가득기간으로 나누어 연도별 보상비용을 인식하고 그에 상응하여 자본의 증가를 인식한다. 그리고 종업원에게 성과조건을 충족할 때까지 계속 근무하는 조건으로 주식선택권을 부여하고 성과조건이 충족되는 시점에 따라 가득기간이 달라지면, 측정시점 현재 실현 가능성이 가장 높다고 판단되는 성과조건의 예상결과에 기초하여 기대가득기간을 추정한다.

용역제공조건이 충족되지 않아서(예 종업원이 가득기간 중에 퇴사) 부여한 지분상품이 가득되지 않으면, 제공받은 재화나 용역에 대해 보상비용을 일절 인식하지 아니하고 누적효과 일괄조정기준(당기일괄처리법)(부록 15-1, 제22장 참조)을 적용해서 부여일의 총보상비용을 소급해서 수정한다. 그리고 총보상비용의 누적효과를 권리상실률이 변경된 회계연도의 보상비용(당기손익)으로 인식한다(예제 6 참조).

그림 17.2 용역제공조건과 보상비용의 인식

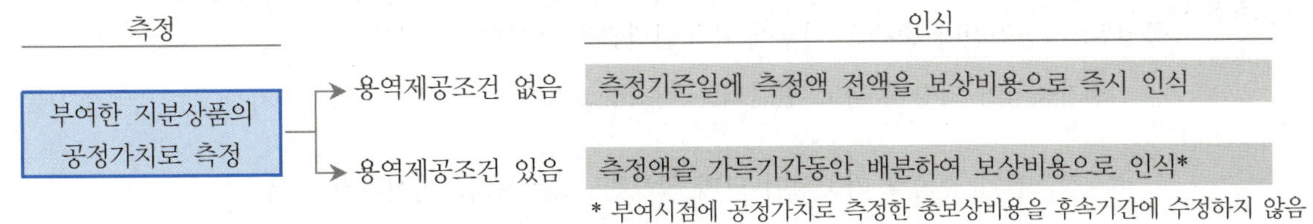

시장조건과 보상비용의 인식

용역제공조건 이외에 시장조건(예 목표주가)이 충족되어야 주식선택권이 가득되면, 부여일에 시장조건을 가격결정모형(예 블랙-숄즈모형)에 반영해서 지분상품(주식선택권 등)의 공정가치를 추정한다. 이렇게 공정가치를 추정한 후에는 시장조건의 충족 여부와 관계없이 다른 모든 가득조건(예 용역제공조건)이 충족되면 가득기간 동안 용역제공비율에 따라 연도별 보상비용을 인식한다[1102: 21]. 시장조건을 가격결정모형에 이미 반영하였으므로 시장조건을 무시하고 다른 조건의 충족 여부에 따라 회계처리한다.

가득조건이 시장조건이면 부여일에 측정한 지분상품의 공정가치를 이후에 수정하지 않는다. 기대가득기간 역시 주식선택권의 공정가치를 추정할 때 사용한 가정에 맞게 추정하며 부여일 이후에 수정하지 아니한다. 지분상품을 부여한 기업은 시장조건의 충족 여부와 관계없이 가득기간 중에 연도별 보상비용을 인식하지만, 종업원은 시장조건이 궁극적으로 충족되어야만 가득일(행사가능일)부터 권리를 행사할 수 있다(예제 4 참조). 행사기간 말까지 시장조건이 충족되지 않으면 종업원이 부여받은 주식선택권이 소멸한다.

비시장조건과 보상비용의 인식

비시장조건은 측정기준일에 주식 또는 주식선택권의 공정가치를 추정할 때 고려하지 아니한다 [1102: 부록 A]. 비시장조건이 부과되면 부여시점에 비시장조건의 달성가능성이 가장 높은 성과에 기초해서 가득기간(예제 5 참조) 또는 주식선택권의 공정가치(예제 11 참조)를 결정하고 총보상비용을 산정한다. 비시장조건이 충족되지 않아서 부여한 지분상품이 가득되지 않으면, 제공받은 재화나 용역에 대해 보상비용을 일절 인식하지 아니한다[1102: 19](예제 8 참조). 주식선택권 부여일 이후에 입수한 자료를 바탕으로 새로 추정한 가득기간이 직전 회계연도 말에 추정한 가득기간과 다르면, 새로운 가득기간에 기초해서 총보상비용을 다시 산정한다[1102: 15](예제 5 참조). 또한 부여일 이후에 미래에 가득될 것으로 예상되는 지분상품의 수량이 과거의 추정치와 다르면 과거의 추정치를 수정해서 궁극적으로 가득시점에 가득된 지분상품의 수량과 일치되도록 한다. 최종적으로 가득되는 지분상품의 수량 또는 (해당되는 경우라면) 최종적으로 행사되는 지분상품의 수량에 기초해서 제공받는 재화나 용역의 측정액을 인식한다.

Recap 가득조건

용역제공조건: 총보상비용을 가득기간으로 나누어 연도별 보상비용을 인식

시장조건
- 부여기업: 시장조건의 충족 여부와 관계없이 기간별 보상비용을 인식
- 종업원: 시장조건이 충족된 이후에 주식선택권을 행사할 수 있음

비시장조건
- 실현가능성이 가장 높다고 판단되는 비시장조건에 기초해서 용역제공기간(또는 공정가치)을 추정
- 비시장조건이 충족될 가능성이 크지 않으면 보상비용을 인식하지 않음

보상비용 인식기간과 달성하지 못한 가득조건이 보상비용에 미치는 영향

- 용역제공조건이 충족되지 않아서(예 종업원의 퇴직) 부여한 지분상품이 가득되지 않으면, 제공받은 재화나 용역에 대해 보상비용을 일절 인식하지 아니한다. 즉, 과거에 인식했던 보상비용을 환입(취소)해서 총보상비용이 ₩0이 되게 한다.
- 시장조건이 부과되면 부여일에 예측한 가득기간에 걸쳐 보상비용을 인식하고, 부여일 이후에는 가득기간을 변경할 수 없다.
- 비시장조건이 부과되면 부여일에 예측한 가득기간에 걸쳐 보상비용을 인식하되, 부여일 이후에 가득기간을 변경할 수 있다. 비시장조건이 충족되지 않아서 부여한 지분상품이 가득되지 않으면, 제공받은 재화나 용역에 대해 보상비용을 일절 인식하지 아니한다[1102: 19].

예제 4 시장조건과 용역제공조건

중요도: ★★★
난이도: ◆

상황

· 3차연도 1. 1.에 1,000개의 주식선택권을 사장에게 부여하였다.
· 주식선택권 1개당 보통주 1주(액면금액: 주당 ₩1)를 ₩4에 취득할 수 있다.
· 3차연도 1. 1.(부여일)의 주식선택권의 공정가치: 1개당 ₩9
· 사장은 5차연도 12. 31.까지 회사에 근무해야 하며, 사장이 가득일 이전에 회사를 떠날 것으로 예상하지 않는다.
· 주당 주가가 ₩10 이상이어야 한다는 시장조건을 부과하였다. 따라서 가득일은 5차연도 12. 31.이지만 주당 주가가 ₩10 이상이 되기 전에는 사장이 주식선택권을 행사할 수 없다.
· 8차연도 1. 14.까지 주가: 주당 ₩10 미만
· 8차연도 1. 15.에 드디어 주가가 처음으로 주당 ₩10을 초과하여 사장이 주식선택권 전량을 행사하였다.

물음 연도별 보상비용을 측정하고 보상비용을 기록하기 위한 분개를 하라.

정답 및 해설 매년 보상비용: ₩3,000

	3차연도	4차연도	5차연도
주식선택권 예상행사 개수	1,000개	1,000개	1,000개
단위당 공정가치	× ₩9	× ₩9	× ₩9
총보상비용	₩9,000	₩9,000	₩9,000
누적 용역제공비율	× 1/3	× 2/3	× 3/3
당기 말까지 누적 보상비용	₩3,000	₩6,000	₩9,000
전기 말까지 누적 보상비용	(0)	(3,000)	(6,000)
당기 보상비용	₩3,000	₩3,000	₩3,000

3차연도 말부터 5차연도 말까지 매 결산일:

(차) 보 상 비 용 3,000 (대) 자본잉여금-주식선택권 3,000

5차연도 12. 31.부터 8차연도 1. 14.까지:

사장이 주식선택권을 행사할 수 없음

8차연도 1. 15. 행사시점:

(차)	현 금	4,000	(대) 보 통 주	1,000
	자본잉여금-주식선택권	9,000*	주 식 발 행 초 과 금	12,000**

* 1,000개 × ₩9(부여일의 주식선택권 공정가치) = ₩9,000

** 차변합계와 대변합계를 일치시키는 금액

예제 5 비시장조건과 예상가득기간(「K-IFRS 제1102호」 사례 2 수정)

중요도: ★★★
난이도: ◆◆

상황

· 1차연도 1. 1.에 종업원 500명에게 가득기간 중 계속 근무하는 조건으로 주식선택권 100매씩을 부여하였다.
· 1차연도 1. 1.의 주식선택권 단위당 공정가치: ₩30
· 이익이 18% 이상 증가하면 1차연도 12. 31.에, 2년간 이익이 연평균 13% 이상 증가하면 2차연도 12. 31.에, 3년간 이익이 연평균 10% 이상 증가하면 3차연도 12. 31.에 주식선택권이 가득된다.
· 1차연도 1. 1.에 2차연도 12. 31.에 주식선택권이 가득될 것으로 예상하였다.
· 가득조건, 실제결과, 권리상실률은 다음과 같다.

날짜	가득조건	실제결과	실제 퇴직자 수	추가퇴직 예상자 수	잔존예상 종업원 수
1차연도 말	이익증가율 ≥ 18%	이익증가율 = 14%	30명	30명	440명
2차연도 말	연평균이익증가율 ≥ 13%	연평균이익증가율 = 10%	28	25	417
3차연도 말	연평균이익증가율 ≥ 10%	연평균이익증가율 = 10.7%	23	0	419

· 1차연도 말까지 기업의 이익이 14% 증가하였으며 기업은 2차연도에도 비슷한 비율로 이익이 성장하여 2차연도 말에 주식선택권이 가득될 것으로 예상하였다.

물음 연도별 보상비용을 결정하고 주식선택권과 관련된 분개를 하라.

정답 및 해설 **1차연도 보상비용: ₩660,000, 2차연도 보상비용: ₩174,000, 3차연도 보상비용: ₩423,000**

	1차연도	2차연도	3차연도
잔존 종업원 추정인원	440명	417명	419명
1인당 주식선택권 부여 개수	× 100개	× 100개	× 100개
주식선택권 예상 행사 개수	44,000개	41,700개	41,900개
단위당 공정가치	× ₩30	× ₩30	× ₩30
총보상비용	₩1,320,000	₩1,251,000	₩1,257,000
누적 용역제공비율	× 1/2*	× 2/3	× 3/3
당기 말까지 누적 보상비용	₩660,000	₩834,000	₩1,257,000
전기 말까지 누적 보상비용	(0)	(660,000)	(834,000)
당기 보상비용	₩660,000	₩174,000	₩423,000

* 1차연도 말에 이익증가율이 14%이고 2차연도 말까지 연평균 이익증가율이 13% 이상일 것으로 예측한다. 따라서 2차연도 말에 주식선택권이 가득될 것으로 1차연도 말에 예상하였으므로 1차연도의 용역제공비율이 50%이다.

1차연도 12. 31. 결산일:

(차) 보 상 비 용 660,000 (대) 자본잉여금-주식선택권 660,000

2차연도 12. 31. 결산일:

(차) 보 상 비 용 174,000 (대) 자본잉여금-주식선택권 174,000

3차연도 12. 31. 결산일:

(차) 보 상 비 용 423,000 (대) 자본잉여금-주식선택권 423,000

(4) 가득기간 중 권리상실률의 변경

종업원이 제공하는 용역에 대한 총보상비용과 기간별 보상비용을 정확히 산정하기 위해서는 주식선택권의 실제 행사수량을 알아야 하지만, 실제 행사수량은 부여수량과 다를 수 있고, 권리행사 만료일까지 확정적으로 알 수 없다. 따라서 가득기간 중 특정 시점에 합리적으로 예측한 권리상실률을 이용하여 총보상비용을 산정한다. 특정 종업원이 용역제공조건을 충족하지 못해서(예 가득기간 중에 퇴직) 해당 종업원에게 부여한 주식선택권이 가득기간 중에 상실(forfeitures)되면, 상실된 주식선택권에 대해서는 보상비용을 인식하지 않는다. 또한, 가득일 이전에 종업원이 비시장조건을 충족하지 못해 주식선택권이 상실되거나 소멸하면, 부여기업이 종업원으로부터 그동안 제공받은 용역에 대해 이미 인식한 보상비용을 상실(또는 소멸) 시점에 환입한다[1102: 27](예제 8 참조). 즉, 과거에 인식했던 보상비용을 취소해서 이미 제공받은 재화나 용역에 대해 보상비용을 일절 인식하지 아니한다[1102: 19].

매 회계기간 말에 권리상실률을 추정하고 새로 추정한 권리상실률이 종전 추정치와 다르면 추정치를 수정한다[1102: 24, BC182]. 회계추정을 변경하면 일반적으로 전진법(제22장 참조)으로 회계처리한다. 그러나 「K-IFRS 제1102호」는 부여일 이후에 새로운 정보가 입수되어 주식선택권이 가득되기 전에 권리상실률 추정치가 변경되면 누적효과 일괄조정기준(당기일괄처리법)(부록 15-1, 제22장 참조)을 적용해서 부여일의 총보상비용을 소급해서 수정하고 총보상비용의 누적효과를 권리상실률이 변경된 회계연도의 보상비용(당기손익)으로 인식하도록 한다(예제 6 참조). 회계추정의 누적효과(cumulative effect)는 회계추정을 변경한 후의 손익과 회계추정을 변경하기 전의 손익의 차이를 말한다.

회계추정 변경 후 손익	×××
회계추정 변경 전 손익	(×××)
회계추정변경의 누적효과	×××

예제 6 가득기간 중 주식선택권의 상실과 누적효과 일괄조정기준(당기일괄처리법)

중요도: ★★★
난이도: ◆◆

상황

· 1차연도 1. 1.에 4차연도 12. 31. 이후에 보통주(액면금액: 주당 ₩5)를 취득할 수 있는 주식선택권 1,000매를 임원들에게 부여하였다.
· 모든 임원이 4차연도 12. 31.까지 근무하여 주식선택권 1,000매가 행사되면 보통주 1,000주가 발행된다.
· 주식선택권 1매당 행사가격: 부여일의 보통주 시장거래가격인 ₩12
· 주식선택권의 공정가치는 부여일에 블랙-숄즈모형을 이용하여 측정했으며, 주식선택권 1매당 ₩8이다.
· 1차연도 1. 1.에 권리상실률을 5%로 예상하였으나, 3차연도 1. 1.에 권리상실률을 10%로 수정했다.

물음 3차연도의 보상비용을 구하고 1차연도 12. 31.부터 4차연도 12. 31.까지 필요한 분개를 하라.

정답 및 해설 **3차연도의 보상비용: ₩1,600**

1차연도 1. 1. 부여일:

총보상비용: 1,000매 × ₩8 × 95% = ₩7,600
매년 보상비용: ₩7,600 ÷ 4년 = ₩1,900

1차연도 12. 31. 결산시점:

(차) 보 상 비 용	1,900	(대) 자본잉여금-주식선택권	1,900

2차연도 12. 31. 결산시점:

(차) 보 상 비 용	1,900	(대) 자본잉여금-주식선택권	1,900

3차연도 1. 1. 회계추정 변경시점:

장부에 실제로 기록된 2년간 보상비용	₩3,800
장부에 기록되었어야 할 2년간 보상비용	(3,600)*
누적효과(보상비용의 감소)	₩200

* 총보상비용: 1,000주 × ₩8 × 90% = ₩7,200
매년 보상비용: ₩7,200 ÷ 4년 = ₩1,800
과거 2년간 보상비용: ₩1,800 × 2년 = ₩3,600

회계추정 변경에 대한 누적효과 인식:

(차) 자본잉여금–주식선택권 200 (대) 보 상 비 용 200

3차연도 12. 31. 결산시점:

(차) 보 상 비 용 1,800 (대) 자본잉여금–주식선택권 1,800

참고 위에서는 전진법이 아니라 누적효과 일괄조정기준(당기일괄처리법)을 적용하여 회계추정의 변경에 대해 회계처리한다는 것을 명확하게 나타내기 위하여 3차연도 1. 1.에 누적효과 ₩200에 대해 분개를 하였다. 그러나 3차연도 1. 1.의 분개와 3차연도 12. 31의 분개를 합하여 3차연도 12. 31.에 다음과 같이 분개할 수 있다.

(차) 보 상 비 용 1,600 (대) 자본잉여금–주식선택권 1,600

4차연도 12. 31. 결산시점:

(차) 보 상 비 용 1,800 (대) 자본잉여금–주식선택권 1,800

가득된 주식선택권의 소멸

공정가치로 측정하는 주식선택권을 받은 종업원이 용역제공조건을 충족해서 가득된 주식선택권이 권리행사기간 동안에 행사되지 않아서 소멸하여도 기업은 장부에 이미 인식했던 보상비용을 취소하거나 수정하지 않는다. 그러나 가득된 주식선택권이 소멸하거나 행사되지 않으면 자본계정 간의 이체, 즉 자본잉여금계정에서 다른 자본계정으로의 대체(예 이익잉여금계정으로 재분류)는 가능하다. 가득된 주식선택권이 행사기간 말에 소멸한다고 해서 당초 거래가 일어났다는 사실은 변함이 없으며, 주식선택권이 만기소멸한다고 해서 기업의 순자산에 변동이 있는 것은 아니므로 기업에 이익이 생기지는 않는다. 따라서 필요하다면 자본에서 계정을 대체하는 것(즉, 자본의 유형을 바꾸는 것)밖에는 없다 [1102: BC219](Miniature 예제 2 참조).

Miniature 예제 2 주식선택권의 소멸

상황

· 가득조건이 없는 주식선택권 500매를 부여했다.
· 부여시점에 1매당 공정가치가 ₩30인 주식선택권 500매가 권리행사 만기일까지 행사되지 않고 소멸하였다.

물음 필요한 분개를 하라.

정답

부여시점:

(차) 보 상 비 용 15,000* (대) 자본잉여금–주식선택권 15,000

* 500개 × ₩30 = ₩15,000

소멸시점:

(차) 자본잉여금–주식선택권 15,000 (대) 자본잉여금–소멸된 주식선택권 15,000

Chapter 17 제3절

부여한 지분상품의 조건변경

기업이 이미 부여한 지분상품의 조건을 바꾸는 때도 있다. 예를 들면, 종업원에게 부여한 주식선택권의 행사가격을 낮추어 주식선택권의 공정가치를 높일 수 있다. 지분상품을 부여한 이후에 조건을 변경하는 대표적 유형은 다음과 같다.

- 현금을 지급하고 취소 또는 중도청산
- 새로운 지분상품을 부여하고 취소 또는 중도청산
- 행사가격의 변경
- 지분상품 수량의 변경
- 결제방식을 주식결제형에서 현금결제형으로 변경(제4절 참조)
- 주식결제형에 현금결제선택권을 새로 포함(제4절 참조)

1. 조건변경의 유형

부여한 지분상품의 조건변경을 종업원에게 불리한 조건변경과 유리한 조건변경으로 나누어 다음과 같이 다르게 처리한다.

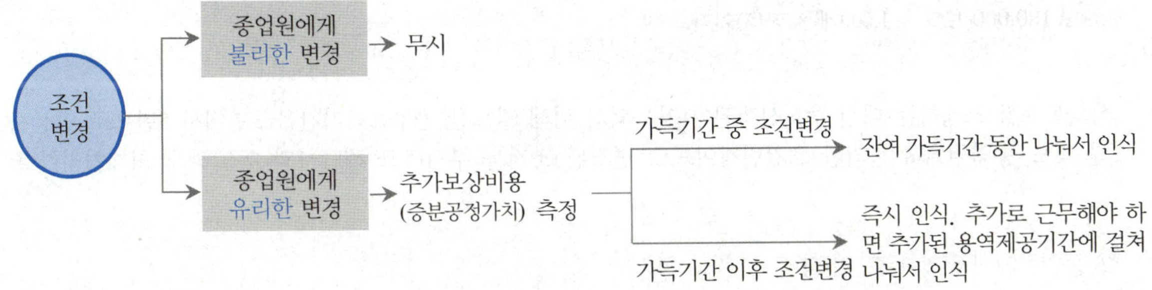

① 종업원에게 불리한 조건변경

용역제공조건이나 비시장조건이 충족되지 않아서 부여한 주식선택권이 가득되지 않은 경우를 제외하고는, 기업이 보상비용으로 인식할 최소금액은 부여한 주식선택권의 공정가치이다. 즉, 부여일에 지정된 가득조건(시장조건 제외)이 충족되지 않아 지분상품이 가득되지 않는 경우가 아닌 한, 지분상품을 부여한 당시의 조건을 변경하는지, 부여한 지분상품을 취소하거나 중도청산하는지 아닌지와 관계없이 최소한 지분상품의 부여일에 측정한 공정가치만큼을 보상비용으로 인식해야 한다[1102: 27]. 그러므로 부여한 지분상품에 대해 부여일 이후에 조건을 변경해서 주식기준보상약정의 총공정가치를 감소시키거나 가득조건을 종업원에게 불리하게 변경한 경우에는, 조건이 변경되지 않은 것처럼 조건변경을 무시하고 부여일에 추정한 지분상품의 공정가치를 계속해서 보상비용으로 인식한다[1102: B44].

예제 7 종업원에게 불리한 조건변경(「K-IFRS 제1102호」 사례 8)

중요도: ★★
난이도: ◆

상황

- 1차연도 1. 1.에 판매부서 종업원들에게 3년간 근무할 것과 3년 동안 특정 제품을 50,000개 이상 판매하는 조건으로 종업원 1인당 주식선택권 1,000개를 부여하였다.
- 3년 동안 근무할 것으로 부여일에 예상된 종업원: 총 12명
- 부여일의 주식선택권의 단위당 공정가치: ₩15
- 2차연도 초에 가득조건을 해당 제품의 판매량이 80,000개 이상 되어야 하는 조건으로 변경하였다.
- 3차연도 말까지 55,000개를 판매하였다.

물음

1. 조건변경에 대한 회계처리를 설명하라.
2. 2차연도 말에 판매량 목표를 조정하는 대신 주식선택권이 가득되기 위해 필요한 근무 용역기간을 3년에서 5년으로 연장시켰다고 가정하고 조건변경에 대한 회계처리를 설명하라.

정답 및 해설 1과 2: 종업원에게 불리한 조건변경이므로 총보상비용 ₩180,000을 인식

1.

- 비시장조건의 변경으로 인해 종업원의 입장에서 주식선택권이 가득될 가능성이 당초보다 낮아지므로 이러한 조건변경은 종업원에게 불리한 변경이다. 따라서 회사는 보상비용을 인식할 때 변경된 성과조건을 무시한다.
- 부여시점에 가득기간인 3년에 걸쳐 근무할 것으로 예상되는 12명에 대해 3년에 걸쳐 인식할 총보상비용은 ₩180,000(12명 × 1,000개 × ₩15)이다.

2.

- 성과목표를 조정하는 대신 주식선택권이 가득되기 위해 필요한 근무용역기간을 3년에서 5년으로 연장시킨 것도 종업원에게 불리한 조건변경이므로 변경된 조건을 무시하고 해답 1과 동일하게 회계처리한다.

② 종업원에게 유리한 조건변경

주식기준보상약정의 총공정가치를 증가시키거나 종업원에게 유리하게 조건을 변경하는 경우에는 회사의 입장에서 추가비용이 발생하므로 조건변경시점부터 조건변경효과를 추가보상비용으로 인식한다[1102: 27, B42]. 그러므로 가득기간 중에 종업원에게 유리하게 조건을 변경(시장조건 제외)하면 종업원으로부터 제공받는 용역에 대해 조건변경 직후부터 보상비용으로 인식할 금액은 다음 두 요소로 구성된다[1102: B43].

- **조건변경 이전에 부여한 지분상품**: 부여시점의 공정가치에 기초해서 측정한 금액을 원래 약정한 가득기간 중 잔여기간에 걸쳐 보상비용으로 인식한다.
- **조건변경시점에 측정한 증분공정가치**: 조건변경일부터 조건이 변경된 지분상품이 가득되는 날까지 제공받는 용역에 대해 다음과 같이 계산한 증분공정가치(incremental fair value)를 추가보상비용으로

인식한다.

부여한 지분상품의 조건변경 직후 공정가치	×××
-) 부여한 지분상품의 조건변경 직전 공정가치	(×××)
=) 증분공정가치(종업원에게 유리한 조건변경효과)	×××

그러므로 조건변경시점부터 가득기간 말까지 인식하는 총보상비용은 다음과 같다.

증분공정가치(종업원에게 유리한 조건변경효과)	×××
+) 최초 부여시점의 지분상품의 공정가치	×××
=) 총보상비용	×××

종업원이 추가로 용역을 제공하지 않아도 가득되는 조건으로 가득일 또는 가득일 이후에 종업원에게 유리하게 조건을 변경하면 증분공정가치(종업원에게 유리한 조건변경효과) 전액을 조건변경시점에 추가보상비용으로 즉시 인식한다. 그러나 가득조건이 유리하게 변경된 지분상품에 대하여 종업원이 권리를 행사할 자격을 획득하기 위한 용역제공기간이 늘어나면 추가된 가득기간에 걸쳐 증분공정가치를 추가보상비용으로 인식한다[1102: B43].

예제 8 종업원에게 유리한 조건변경

중요도: ★★★
난이도: ◆

상황

· 1차연도 1. 1.에 종업원 100명에게 1인당 100개의 주식선택권을 부여하였다.
· 종업원이 주식선택권을 가득하기 위해서 3차연도 12. 31.까지 근무해야 하고 성과조건으로 3차연도에 주당이익이 ₩1 이상이어야 한다.
· 1차연도 1. 1.에 주당이익 성과조건이 충족될 것으로 예측하였다.
· 2차연도 1. 1.에 주당이익 성과조건이 충족되지 않으리라고 예측하였다.
· 3차연도 1. 1.에 주당이익 성과조건이 철회되었다.
· 회사에 잔류할 종업원 인원을 다음과 같이 예측하였다.

1차연도 12. 31.	100명
2차연도 12. 31.	100
3차연도 12. 31.	90

· 1차연도 1. 1.의 주식선택권의 공정가치: ₩3

물음 연도별 보상비용을 계산하고 각 연도 말에 필요한 분개를 하라.

정답 및 해설 **1차연도: ₩10,000, 2차연도: ₩(10,000), 3차연도: ₩27,000**

· 3차연도 1. 1.에 주당이익 성과조건을 철회한 것은 종업원에게 유리한 조건변경이다.
· 부여일의 최초 공정가치로 측정한 연도별 보상비용:

	1차연도	2차연도	3차연도
잔존 종업원의 추정 인원	100명		90명
1인당 주식선택권 부여수량	× 100개		× 100개
주식선택권 총 예상 행사수량	10,000개		9,000개
단위당 공정가치	× ₩3		× ₩3
총보상비용	₩30,000		₩27,000
누적 용역제공비율	× 1/3		× 3/3
당기 말까지 누적 보상비용	₩10,000		₩27,000
전기 말까지 누적 보상비용	(0)		(0)
당기 보상비용	₩10,000	**₩(10,000)***	₩27,000

* 성과조건이 충족되지 않으므로 과거에 인식했던 보상비용을 취소해서 총보상비용이 ₩0이 되게 함

1차연도 12. 31. 결산일:

(차) 보 상 비 용	10,000	(대) 자본잉여금-주식선택권	10,000

2차연도 12. 31. 결산일:

(차) 자본잉여금-주식선택권	10,000	(대) 보 상 비 용	10,000

3차연도 12. 31. 결산일:

(차) 보 상 비 용	27,000	(대) 자본잉여금-주식선택권	27,000

2. 부여기업에 의한 취소 또는 중도청산

(1) 현금을 지급하고 취소 또는 중도청산

종업원이 가득조건을 충족해나가는 도중에 기업이 과거에 부여했던 지분상품을 취소하거나 중도청산하면 다음과 같이 회계처리한다[1102: 25, 28].

- 기업이 현금을 지급하고 주식기준보상거래를 취소(또는 중도청산)하면, 애초에 부여했던 지분상품이 조기(약정된 가득일 이전)에 가득된 것으로 본다. 가득기간 중에 지분상품을 취소하면 조건이 종업원에게 불리하게 변경된 것이므로 조건변경을 무시하고 잔여 가득기간 중에 기간별 보상비용을 인식한다. 그러나 지분상품이 취소(또는 중도정산)되었으므로 잔여 가득기간 자체가 없다. 따라서 취소일(또는 중도정산일) 이후에 인식할 보상비용을 취소일(또는 중도정산일)에 인식한다. 즉, 취소나 중도청산이 없었다면 잔여가득기간에 제공받을 용역에 대해 인식해야 할 보상비용 전액을 취소일 또는 중도청산일에 즉시 인식한다.
- 취소나 중도청산 시 종업원에게 지급하는 금액은 자기주식(자본)을 취소일(또는 중도정산일)의 공정가치로 재매입한 것으로 보아 자본에서 차감한다. 그러나 이때 실제로 자기주식을 취득한 것은 아니므로 자본잉여금을 감소시킨다. 종업원에게 지급하는 금액이 부여한 지분상품의 재매입시점의

공정가치(또는 내재가치)를 초과하면 초과액을 추가보상비용으로 인식한다.

▸ 주식기준보상약정에 현금결제선택권 등의 금융부채가 포함된 경우에는 취소일 또는 중도청산일에 해당 금융부채의 공정가치를 다시 측정하며, 금융부채를 정산하기 위해 종업원에게 지급한 금액은 금융부채의 상환으로 회계처리한다.

예제 9 주식결제형 보상거래의 중도청산

중요도: ★★★
난이도: ◆◆◆

상황

· 1차연도 1. 1.에 향후 3년간 근무하는 조건으로 종업원에게 10,000매(1매당 공정가치: ₩9)의 주식선택권을 부여하였다.

· 이 주식결제형 보상거래의 연도별 보상비용은 다음과 같다.

1차연도	₩30,000
2차연도	30,000
3차연도	30,000
합계	₩90,000

· 2차연도 12. 31.에 2차연도의 보상비용을 인식한 직후 중도청산하기로 하였다.

· 2차연도 12. 31. 현재 주식선택권 1매당 공정가치가 ₩5이나 주식선택권 1매당 현금 ₩7을 지급하고 주식선택권 10,000매를 모두 정산하였다.

물음 필요한 분개를 하라.

정답

1차연도 12. 31. 보상비용 인식시점:

(차) 보 상 비 용 30,000 (대) 자본잉여금-주식선택권 30,000

2차연도 12. 31. 보상비용 인식시점:

(차) 보 상 비 용 30,000 (대) 자본잉여금-주식선택권 30,000

2차연도 12. 31. 중도청산 직전(3차연도 보상비용 인식):

(차) 보 상 비 용 30,000 (대) 자본잉여금-주식선택권 30,000

2차연도 12. 31. 중도청산시점:

(차) 보 상 비 용 20,000* (대) 현 금(10,000매×₩7) 70,000
자본잉여금-주식선택권 50,000**

* 공정가치 이상으로 지급한 금액: 10,000매 × (₩7 − ₩5) = ₩20,000
** 지분상품의 재취득금액: 10,000매 × ₩5(1매당 공정가치) = ₩50,000

참고 위의 마지막 분개에서 **중도청산일의** 지분상품의 **공정가치**로 자본잉여금-주식선택권계정의 차변에 기록했다. 그러나 중도청산일까지 자본잉여금-주식선택권계정의 대변에 기록된 금액은 **부여일의** 지분상품의 **공정가치**이므로 위와 같이 분개하면 자본잉여금-주식선택권계정에 ₩40,000이 남게 된다. 그러나 자본잉여금-주식선택권계정의 잔액을 다음에 다른 자본계정으로 대체할 수 있다[1102: 23]. 즉, 자본계정 간에 이체(특정 자본계정에서 다른 자본계정으로 이체)하는 것을 금지하지 않으므로 자본잉여금-주식선택권계정을 적절한 자본계정으로 재분류할 수 있다[1102: 40](Miniature 예제 2 참조).

(2) 새로운 지분상품을 부여하고 취소 또는 중도청산

종업원에게 새로운 지분상품을 부여하고 과거에 부여했던 지분상품을 취소(또는 중도청산)하면 다음 두 상황 중 하나로 구분하여 회계처리한다[1102: 28(3)].

상황 ①: 기업이 새로 부여한 지분상품을 취소한 지분상품의 대체로 보는 경우

기업이 종업원에게 새로 부여한 지분상품이 원래 부여했던 지분상품을 대체하는 것으로 결정한 경우에는 원래 부여했던 지분상품의 조건변경으로 회계처리한다[1102: 28(3)]. 그러므로 원래 부여했던 지분상품의 공정가치를 잔여 가득기간에 보상비용으로 계속 인식한다. 그리고 새로 부여해서 대체한 지분상품에 대해서 대체시점에 새로운 지분상품의 증분공정가치를 다음과 같이 계산한 후 잔여 가득기간에 걸쳐 추가보상비용으로 인식한다(예제 10 해답 1 참조).

새로 부여한 지분상품의 조건변경일의 공정가치	×××
원래 부여했으나 대체된 지분상품의 조건변경일의 공정가치	(×××)
새로 부여해서 대체한 지분상품의 증분공정가치	×××

상황 ②: 기업이 새로 부여한 지분상품을 취소한 지분상품의 대체로 보지 않는 경우

기업이 종업원에게 호의를 베풀어서 새로 부여한 지분상품이 과거에 부여했던 지분상품을 대체하지 않는 것으로 결정한 경우에는, 원래 부여했던 지분상품을 취소하지 않았더라면 잔여 가득기간 동안 제공받을 용역에 대해서 인식할 보상비용 전액을 조건변경(취소)일에 즉시 보상비용으로 인식한다. 그리고 새로 부여한 지분상품의 공정가치를 조건변경시점부터 잔여가득기간 동안 보상비용으로 인식한다(예제 10 해답 2 참조).

새로운 지분상품의 부여에 대한 「K-IFRS 제1102호」의 지침

「K-IFRS 제1102호」는 새로운 지분상품의 부여가 기존에 부여한 지분상품의 대체인지 또는 새로운 지분상품의 부여인지를 구분하는 지침을 제시하지 않는다. 따라서 새로 부여한 지분상품을 기존 지분상품의 대체로 회계처리할 것인지, 아니면 새로운 지분상품의 부여로 회계처리할 것인지를 부여기업이 스스로 결정한다. 부여기업이 기존 지분상품의 취소를 새로운 지분상품의 부여로 분류하면 기존에 부여한 지분상품에 대해서 보상비용을 인식하는 시점이 빨라진다(예제 10 해답 2 참조). 그러므로 새로운 지분상품의 부여일이 속한 기간의 당기순이익을 최대화하려는 기업은 새로 부여된 지분상품을 과거에 부여한 지분상품의 대체로 보는 것이 유리하다.

예제 10 새로운 지분상품의 부여: 대체 또는 새로운 부여

중요도: ★
난이도: ◆◆◆

상황

· 1차연도 1. 1.에 사장이 3차연도 12. 31.까지 근무하는 조건으로 주식선택권 1,000매를 부여하였다.
· 주식선택권의 행사가격은 1매당 ₩10이고 1차연도 1. 1.의 총공정가치는 ₩7,500이다.
· 2차연도 1. 1.에 기존의 주식선택권을 취소하고 1매당 행사가격이 ₩1.5인 새로운 주식선택권 1,000매로 대체하였다.
· 2차연도 1. 1.의 기존 주식선택권의 총공정가치는 ₩2,000이고 새로운 주식선택권의 총공정가치는 ₩8,000이다.

물음

1. 2차연도의 보상비용을 계산하라.
2. 새로운 주식선택권의 부여가 기존 주식선택권의 대체가 아니라고 가정하고 2차연도의 보상비용을 계산하라.

정답 **1. ₩5,500 2. ₩9,000**

해설

1.

1차연도 1. 1.에 부여한 지분상품에 대한 보상비용(₩7,500 × 1/3)	₩2,500
2차연도 1. 1.에 부여한 지분상품의 증분공정가치에 대한 보상비용[(₩8,000 − ₩2,000) × 1/2]	3,000
2차연도의 총보상비용	₩5,500

2.

기존 주식선택권에 대한 연도별 보상비용: ₩7,500 ÷ 3년 = ₩2,500

기존 주식선택권에 대한 잔존기간 동안 보상비용(₩2,500 × 2년)	₩5,000
새로운 주식선택권에 대한 2차연도 보상비용(₩8,000 ÷ 2년)	4,000
2차연도 보상비용	₩9,000

3. 행사가격의 변경

주식선택권을 부여한 이후에 주가가 하락해서 주식선택권의 행사가격을 낮추어 주는 경우가 있다. 주식선택권의 행사가격을 인하하면 일반적으로 주식선택권의 공정가치가 상승한다. 그러므로 주식선택권의 행사가격을 변경한 것은 기존에 부여된 주식선택권을 새로운 행사가격의 새로운 주식선택권으로 교환하는 효과를 갖는다. 따라서 기업은 행사가격 인하로 인한 증분공정가치를 조건변경일부터 변경된 주식선택권이 가득되는 날까지 추가로 보상비용으로 인식한다. 즉, 종업원에게 유리하게 조건을 변경해서 주식선택권의 공정가치가 증가하면 아래의 증분공정가치만큼 추가보상비용을 인식한다.

행사가격 변경시점의 변경된 주식선택권의 단위당 공정가치	×××
행사가격 변경시점의 최초 주식선택권의 단위당 공정가치	(×××)
행사가격 변경시점의 변경된 주식선택권의 단위당 증분공정가치	×××

그리고 부여일의 공정가치로 측정한 보상비용에 대해 조건변경시점부터 적용하는 누적 용역제공비율과 증분공정가치로 측정한 추가보상비용에 대해 조건변경시점부터 적용하는 누적 용역제공비율이 다른 것이 일반적이다(예제 11 참조). 따라서 조건변경시점부터 당기 보상비용을 다음과 같이 산정한다.

부여일의 공정가치로 측정한 연도별 보상비용(A)	×××
증분공정가치로 측정한 연도별 추가보상비용(B)	(×××)
당기 보상비용(A + B)	×××

예제 11 주식선택권의 행사가격 변경

중요도: ★★★
난이도: ◆◆

상황

· 1차연도 1. 1.에 100명의 종업원 각자에게 1,000개의 주식선택권을 부여하였다.
· 주식선택권은 종업원이 3년 동안 회사에 근무해야 가득된다.
· 종업원은 4차연도 1. 1.부터 주식선택권을 행사할 수 있다.
· 주식선택권의 행사는 5차연도 12. 31.에 만료된다.
· 주식선택권의 단위당 행사가격: ₩6
· 부여일에 주식선택권 1매의 공정가치를 ₩3.9로 추정하였다.
· 연도별 잔존 종업원 수는 다음과 같다.

시점	실제 퇴직자 수	추가퇴직 예상자 수	잔존 예상 종업원 수
1차연도 말	2명	3명	95명
2차연도 말	7	1	90
3차연도 말	1	0	90

· 주가가 하락하여 2차연도 1. 2.에 주식선택권의 1단위당 행사가격을 ₩5.4으로 변경하였다.
· 2차연도 1. 2.에 행사가격을 재조정하기 전에는 주식선택권의 공정가치를 ₩3으로 추정하였으나 행사가격을 재조정한 후에 주식선택권의 공정가치를 ₩3.6으로 추정하였다.
· 2차연도 1. 2.에 주식선택권 1단위당 행사가격을 변경한 것은 기존에 부여된 주식선택권을 행사가격이 1단위당 ₩5.4인 새로운 주식선택권으로 교환하는 효과를 갖는다.
· 새로운 주식선택권은 5차연도 12. 31.에 소멸한다.

물음 연도별 보상비용을 결정하라.

정답 **1차연도 보상비용: ₩123,500, 2차연도 보상비용: ₩137,500, 3차연도 보상비용: ₩144,000**

해설

· 행사가격의 변경으로 인한 추가보상비용은 다음과 같다.

2차연도 1. 2.의 변경된 주식선택권의 단위당 공정가치	₩3.6
2차연도 1. 2.의 최초 주식선택권의 단위당 공정가치	(3)
2차연도 1. 2.의 변경된 주식선택권의 단위당 증분공정가치	₩0.6

① 부여일의 공정가치로 측정한 연도별 보상비용:

	1차연도	2차연도	3차연도
잔존 종업원의 추정 인원	95명	90명	90명
1인당 주식선택권 부여개수	× 1,000개	× 1,000개	× 1,000개
주식선택권 총 예상 행사개수	95,000개	90,000개	90,000개
단위당 공정가치	× ₩3.9	× ₩3.9	× ₩3.9
총보상비용	₩370,500	₩351,000	₩351,000
누적 용역제공비율	× 1/3	× 2/3	× 3/3
당기 말까지 누적 보상비용	₩123,500	₩234,000	₩351,000
전기 말까지 누적 보상비용	(0)	(123,500)	(234,000)
당기 보상비용(A)	₩123,500	₩110,500	₩117,000

② 증분공정가치로 측정한 연도별 추가보상비용:

	1차연도	2차연도	3차연도
주식선택권 총 예상 행사개수		90,000개	90,000개
단위당 추가공정가치		× ₩0.6	× ₩0.6
추가보상비용		₩54,000	₩54,000
누적 용역제공비율		× 1/2	× 2/2
당기 말까지 추가 누적 보상비용		₩27,000	₩54,000
전기 말까지 추가 누적 보상비용		(0)	(27,000)
추가 당기 보상비용(B)		₩27,000	₩27,000

③ 연도별 보상비용:

	1차연도	2차연도	3차연도
당기 보상비용(A + B)	₩123,500	₩137,500	₩144,000

4. 지분상품의 수량변경

기업이 부여했던 지분상품의 수량을 증가해서 가득기간 중에 종업원에게 유리하게 조건을 변경하면, 부여일에 측정한 원래 지분상품의 공정가치는 원래 가득기간의 잔여기간에 걸쳐 인식하고, 조건변경일에 추가로 부여한 지분상품의 공정가치는 조건변경일부터 추가 지분상품이 가득되는 날까지 제공받는 근무용역에 대해 보상비용으로 인식한다[1102: B43].

원래 부여한 지분상품에 대한 연도별 보상비용*	×××
+) 추가로 부여한 지분상품에 대한 연도별 보상비용**	×××
=) 조건변경시점부터 인식할 연도별 보상비용	×××

* 최초에 부여한 지분상품의 공정가치 ÷ 부여일부터 가득일까지의 가득기간

** 추가로 부여한 지분상품의 공정가치 ÷ 추가로 부여한 시점부터 가득일까지의 가득기간

기업이 가득기간 중에 종업원에게 불리하게 조건을 변경해서 부여한 지분상품의 수량이 감소하면, 부여한 지분상품의 일부가 취소된 것으로 해석해서 취소 또는 중도청산으로 회계처리한다.

Miniature 예제 3 부여한 지분상품의 수량증가

상황

· 1차연도 1. 1.에 사장이 4차연도 12. 31.까지 근무하는 조건으로 5차연도 1. 1.에 보통주 1,000주를 무료로 제공하는 협약을 맺었다.
· 부여일의 주가: 주당 ₩6
· 1차연도 중에 주가가 중요하게 하락하여 2차연도 1. 1.에 사장에게 추가로 1,500주를 무료로 제공하기로 하였다.
· 2차연도 1. 1.의 주가: 주당 ₩2

물음 2차연도의 보상비용을 계산하라.

정답 ₩2,500

해설

1차연도 1. 1.에 부여한 지분상품에 대한 보상비용(1,000주 × ₩6 ÷ 4년)	₩1,500
+) 2차연도 1. 1.에 부여한 지분상품에 대한 보상비용(1,500주 × ₩2 ÷ 3년)	1,000
=) 2차연도의 보상비용	₩2,500

Chapter 17 제4절

현금결제형 주식기준보상거래

1. 현금결제형 주식기준보상거래의 개요

기업이 재화나 용역을 제공받고 지분상품의 공정가치에 기초해서 결정된 금액만큼 현금으로 대가를 지급하는 거래를 현금결제형 주식기준보상거래(cash-settled share-based payment)라 한다. 현금결제형 주식기준보상거래의 대표적 예는 주가차액보상권을 부여하는 것이다. 주가차액보상권(share appreciation rights)은 종업원이 권리를 행사하면 특정 기간 동안 주식가격이 상승한 금액을 현금으로 받을 수 있는 권리를 나타내는 증서로, 유령주식선택권(phantom option schemes)이라고도 부른다. 기업이 주식을 받을 수 있는 권리(주식선택권 행사로 주식을 받을 수 있는 권리 포함)를 종업원에게 부여할 때

반드시 현금으로 상환하거나 종업원에게 현금을 받을 수 있는 선택권을 부여함으로써 미래에 현금을 받는 권리를 부여하는 것도 현금결제형 주식기준보상거래의 예이다[1102: 31].

2. 현금결제형 주식기준보상거래에 대한 회계처리

주가차액보상권이 부여된 즉시 가득되면 종업원이 현금에 대한 권리를 획득하기 위해 정해진 기간 근무해야 할 의무가 없으므로 반증이 없는 한 종업원으로부터 이미 근무용역을 제공받았다고 본다. 따라서 기업은 이미 제공받은 용역에 대한 보상비용과 용역대가로 지급할 금융부채(현금지급의무)를 부여시점에 인식한다. 그러나 종업원이 특정 기간 동안 근무해야 주가차액보상권이 가득되면, 제공받는 근무용역에 대한 비용과 용역대가로 지급할 금융부채를 종업원이 근무용역을 제공하는 기간에 걸쳐 인식한다[1102: 32].

기업이 현금결제를 선택하는 순간부터 현금을 지급하는 의무가 생기므로 금융부채(예 미지급비용 또는 장기미지급비용)를 인식한다. 기업이 현금결제형 주식선택권(또는 주가차액보상권)을 부여하면 일단 부여일의 공정가치로 금융부채를 측정해서 인식한다. 그러나 부여일의 공정가치로 측정하는 주식결제형 주식선택권과는 달리 결제될 때까지 매 보고기간 말과 결제일에 주가차액보상권의 공정가치로 재측정해서 보상비용을 인식한다[1102: 30]. 그리고 주식선택권(또는 주가차액보상권)을 내재가치로 측정한 금액이 현금지급액이므로 내재가치를 현금으로 지급해서 결제한다. 내재가치는 주가가 행사가격을 초과하는 금액이다.

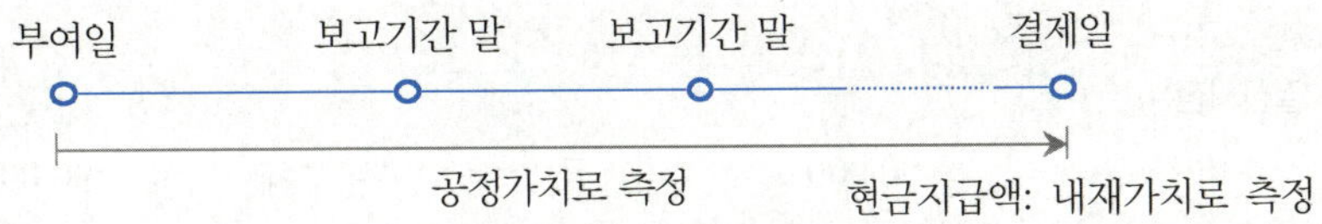

현금결제형 주식기준보상거래에서는 행사되지 않은 주식선택권(또는 주가차액보상권)에 대한 금융부채 측정기준과 행사된 주식선택권(또는 주가차액보상권)에 대한 현금지급액의 측정기준이 위 그림에 표시한 것처럼 다르다. 그러므로 지분상품에 대한 권리의 행사 여부에 따라 금융부채와 보상비용을 다음과 같이 측정한다.

① **금융부채 측정액**(지분상품에 대한 권리가 행사되지 않은 수량): 가득일 이후에 주식선택권(또는 주가차액보상권)에 대한 권리가 소멸할 때까지, 매 회계기간 말에 금융부채를 공정가치로 재측정하고, 재측정한 금액에 종업원이 근무용역을 제공한 누적 용역제공비율을 곱해서 해당 회계기간 말의 누적 금융부채를 산정한다. 그리고 해당 회계기간 동안 누적 금융부채가 변동한 금액을 당기 보상비용(α)과 금융부채로 인식한다.

② **현금지급액**(지분상품에 대한 권리가 행사된 수량): 주가차액보상권을 행사한 종업원에게 지급하는 금액은 내재가치이다. 그러므로 행사시점에 실제로 지급하는 금액인 주가차액보상권(또는 주식선택권)의 내재

가치로 보상비용을 측정해서 현금지급액을 당기 보상비용(β)으로 인식한다.

$\therefore$ 특정 회계기간의 총보상비용 = α + β

금융부채 인식액(또는 상환액) = (α + β) − 현금지급액

Miniature 예제 4 주가차액보상권과 금융부채: 권리가 행사되지 않은 지분상품

상황

- 1차연도 1. 1.에 거지회사가 사장에게 주가차액보상권 10,000매를 부여했다.
- 사장이 2차연도 12. 31.까지 근무용역을 제공해야 주가차액보상권이 가득된다.
- 1차연도 1. 1.의 주가차액보상권 1매의 공정가치가 ₩15이다.
- 1차연도 12. 31.의 주가차액보상권 1매의 공정가치가 ₩18이다.
- 2차연도 12. 31.의 주가차액보상권 1매의 공정가치가 ₩20이다.

물음 1차연도 12. 31.과 2차연도 12. 31.에 보상비용을 인식하는 분개를 하라.

정답 및 해설

	1차연도	2차연도
주가차액보상권 예상행사개수	10,000매	10,000매
단위당 공정가치	× ₩18	× ₩20
총보상비용	₩180,000	₩200,000
누적 용역제공률	× 1/2	× 2/2
당기 말까지 누적 보상비용	₩90,000	₩200,000
전기 말까지 누적 보상비용	(0)	(90,000)
당기 보상비용	₩90,000	₩110,000

1차연도 12. 31. 결산시점:

(차) 보 상 비 용	90,000	(대) 금 융 부 채	90,000

2차연도 12. 31. 결산시점:

(차) 보 상 비 용	110,000	(대) 금 융 부 채	110,000

예제 12 현금결제형 주식기준보상거래: 권리가 행사된 지분상품 포함

중요도: ★★★
난이도: ◆◆◆

상황

- 1차연도 1. 1.에 종업원이 향후 2년간 근무하는 조건으로 종업원 1인당 40개의 주식선택권을 100명의 종업원에게 부여했다.
- 주식선택권은 2차연도 12. 31.부터 행사할 수 있다.
- 주식선택권이 행사되면 종업원에게 주식선택권의 내재가치를 현금으로 지급한다.
- 2차연도 12. 31.에 30명의 종업원이 주식선택권을 행사하고, 3차연도에 45명의 종업원이 주식선택권을 행사했으며 4차연도에 25명의 종업원이 주식선택권을 행사하였다.
- 다음 추정치를 사용하여 현금결제형 주식보상기준거래를 인식한다.

연도	단위당 공정가치	단위당 내재가치
1차연도	₩20	–
2차연도	23	₩22
3차연도	26	25
4차연도	–	28

물음 연도별 보상비용을 구하고 매년 말에 주식기준보상거래를 인식하기 위한 분개를 하라.

정답 및 해설 **1차연도: ₩40,000, 2차연도: ₩50,800, 3차연도: ₩6,600, 4차연도: ₩2,000**

① 행사되지 않은 주식선택권에 대한 보상비용:

	1차연도	2차연도	3차연도	4차연도
행사하지 않은 직원 수	100명	70명	25명	0명
1인당 주식선택권 수	× 40개	× 40개	× 40개	× 40개
행사 가능 주식선택권 수	4,000개	2,800개	1,000개	0개
단위당 공정가치	× ₩20	× ₩23	× ₩26	무시
총 금융부채	₩80,000	₩64,400	₩26,000	₩0
누적 용역제공비율	× 50%	× 100%	× 100%	× 100%
당기 말까지 누적 금융부채	₩40,000	₩64,400	₩26,000	₩0
전기 말까지 누적 금융부채	(0)	(40,000)	(64,400)	(26,000)
당기 보상비용(α) (금융부채 측정액)	₩40,000	₩24,400	₩(38,400)	₩(26,000)

② 행사된 주식선택권에 대한 보상비용:

	1차연도	2차연도	3차연도	4차연도
행사한 직원 수		30명	45명	25명
1인당 주식선택권 수		× 40개	× 40개	× 40개
행사된 주식선택권 수		1,200개	1,800개	1,000개
단위당 내재가치		**₩22**	× **₩25**	× **₩28**
당기 보상비용(β) (현금지급액)		₩26,400	₩45,000	₩28,000

	1차연도	2차연도	3차연도	4차연도
③ 당기 총보상비용($\alpha + \beta$)	₩40,000	₩50,800	₩6,600	₩2,000

1차연도 12. 31. 결산일:

(차) 보 상 비 용	40,000	(대) 금 융 부 채	40,000

2차연도 12. 31. 결산일:

(차) 보 상 비 용	50,800	(대) 금 융 부 채	24,400
		현 금	26,400

3차연도 12. 31. 결산일:

(차) 보 상 비 용	6,600	(대) 현 금	45,000
금 융 부 채	38,400		

4차연도 12. 31. 결산일:

(차) 보 상 비 용	2,000	(대) 현 금	28,000
금 융 부 채	26,000		

3. 현금결제형 주식기준보상거래와 가득조건

주식기준보상거래의 성과조건 중 시장조건(예 목표 주가)은 부여한 현금결제형 주가차액보상권의 공정가치를 추정할 때 고려한다. 그러나 비시장조건은 현금결제형 주가차액보상권의 공정가치를 추정할 때 고려하지 않고, 그 대신 금융부채 측정액에 포함하는 권리의 수량을 조정하는 방식으로 고려한다.

예제 13 비시장조건과 현금결제형 주식기준보상거래(「K-IFRS 제1102호」 사례 12A) 중요도: ★★★ 난이도: ◆◆◆

상황

· 종업원 500명에게 앞으로 3년간 근무하고 기업의 매출액이 3차연도 말까지 목표액 10억원을 달성하는 조건으로 종업원 1인당 현금결제형 주가차액보상권을 100개씩 부여하였다. 모든 종업원이 계속 근무할 것으로 예상한다.

· 1차연도 말에 3차연도 말까지 목표 매출액을 달성하지 못할 것이라고 예상하였다.

· 2차연도에 기업의 매출액이 유의적으로 증가하였고 계속 증가할 것이라고 예상되어 2차연도 말에 3차연도 말까지 목표 매출액을 달성할 것으로 예상하였다.

· 3차연도 말에 목표 매출액을 달성하여 주가차액보상권이 모두 가득되었고, 150명의 종업원이 주가차액보상권을 행사하였다. 4차연도 말에 추가로 150명이 주가차액보상권을 행사하였고 나머지 200명은 5차연도 말에 주가차액보상권을 행사하였다.

· 매 회계연도 말에 추정한 주가차액보상권의 공정가치와 행사일의 주가차액보상권 내재가치(현금지급액과 일치)는 다음과 같다.

	공정가치	내재가치
1차연도	₩14.4	−
2차연도	15.5	−
3차연도	18.2	₩15
4차연도	21.4	20
5차연도	25	25

	용역제공조건을 충족할 것으로 예상되는 종업원 수	매출액 목표의 달성 여부에 대한 예상
1차연도	500명	미달성으로 예측
2차연도	500	달성으로 예측
3차연도	500	실제로 달성

물음 1차연도부터 5차연도까지 각 연도의 보상비용과 각 연도 말의 금융부채 측정액을 결정하라.

정답 및 해설

① 행사되지 않은 주식선택권에 대한 보상비용:

	1차연도	2차연도	3차연도	4차연도	5차연도
행사하지 않은 직원 수	가득되지 않으므로 보상비용을 인식하지 않음	500명	350명	200명	0명
1인당 주가차액보상권 수		× 100개	× 100개	× 100개	× 100개
행사 가능 주가차액보상권 수		50,000개	35,000개	20,000개	0개
단위당 공정가치		× ₩15.5	× ₩18.2	× ₩21.4	× ₩25
총 금융부채		₩77,500	₩637,000	₩428,000	₩0
누적 용역제공비율		× 2/3	× 3/3	× 3/3	× 3/3
당기 말까지 누적 금융부채		₩516,667	₩637,000	₩428,000	₩0
전기 말까지 누적 금융부채		(0)	(516,667)	(637,000)	(428,000)
당기 보상비용(α) (금융부채 증감액)		₩516,667	₩120,333	₩(209,000)	₩(428,000)

② 행사된 주가차액보상권에 대한 보상비용:

	1차연도	2차연도	3차연도	4차연도	5차연도
행사한 직원 수			150명	150명	200명
1인당 주가차액보상권 수			× 100개	× 100개	100개
행사된 주가차액보상권 수			15,000개	15,000개	20,000개
단위당 내재가치			× **₩15**	× **₩20**	× **₩25**
당기 보상비용(β) (현금 지급액)			₩225,000	₩300,000	₩500,000

	1차연도	2차연도	3차연도	4차연도	5차연도
③ 당기 총보상비용($\alpha + \beta$)	₩0	₩516,667	₩345,333	₩91,000	₩91,000
④ 금융부채	₩0	₩516,667	₩637,000	₩428,000	₩0

4. 현금결제형 주식기준보상거래의 취소 또는 조건변경

현금결제형 주식기준보상거래의 취소

지분상품을 내재가치로 측정하면 가득된 지분상품이 상실되거나 행사되지 않는 경우 현금을 지급할 필요가 없으므로 이미 인식한 보상비용을 환입한다. 즉, 가득일이 지난 뒤, 부여했던 주식선택권이 나중에 상실되면 제공받은 재화나 용역에 대하여 인식한 금액을 환입한다[1102: 24]. 기업이 현금결제형 주식기준보상거래를 취소하면 금융부채의 장부금액을 제거하고, 금융부채 장부금액과 취소대가로 지급한 현금액과의 차이를 당기손익으로 인식한다.

Miniature 예제 5 현금결제형 주식기준보상거래의 취소

상황

· 1차연도 1. 1.에 가렴주구회사가 공정가치가 1매당 ₩10인 현금결제형 주가차액보상권 500매를 종업원에게 부여했다.
· 종업원이 주가차액보상권을 가득하기 위해서 4차연도 12. 31.까지 근무해야 한다.
· 2차연도 12. 31.에 가렴주구회사가 기존의 주가차액보상권을 대체하는 주가차액보상권을 발행하지 않고 현금도 지급하지 않고 몰인정하게 기존의 주가차액보상권을 취소했다.
· 주가차액보상권 1매당 공정가치는 다음과 같다.

1차연도 12. 31.	₩15
2차연도 12. 31.	8

물음 1차연도 12. 31.과 2차연도 12. 31.에 가렴주구회사에 필요한 분개를 하라.

정답 및 해설

1차연도 12. 31. 결산시점:

(차) 보 상 비 용	1,875*	(대) 금 융 부 채	1,875

* 500매 × ₩15 × 1/4 = ₩1,875

2차연도 12. 31. 취소시점:

(차) 금 융 부 채	1,875	(대) 보 상 비 용	1,875

· 2차연도 12. 31.에 가렴주구회사의 부채가 ₩0이므로 과거에 인식했던 보상비용을 ₩0으로 환원한다.

현금결제형 주식기준보상거래의 결제방법변경

2018년에 개정된 「K-IFRS 제1102호」는 현금결제형 주식기준보상거래(예 주가차액보상권의 부여)에 대한 조건변경을 원래 부여했던 주가차액보상권을 새로 부여한 주가차액보상권과 교환하는 것으로 회계처리한다[1102: B44A]. 만일 주식선택권을 현금결제형에서 주식결제형으로 조건을 변경하면, 조건변경일 직전까지 인식했던 금융부채를 장부에서 제거하고 다음 금액을 자본잉여금과 보상비용(또는 보상비용환입)으로 인식한다.

> 자본잉여금으로 인식하는 금액 = 주식선택권 수량 × 조건변경일의 주식결제형 단위당 공정가치 × 조건변경일까지 누적 용역제공비율
>
> 추가보상비용 = 자본잉여금으로 인식하는 금액 − 제거하는 금융부채 장부금액

참고 주가차액보상권의 측정방법과 주식선택권의 측정방법이 다르므로 조건변경시점에 인식할 추가보상비용(조건변경손실) 또는 보상비용환입(조건변경이익)이 존재할 수 있다.

조건변경일의 분개:

(차) 금 융 부 채	×××	(대) 자본잉여금−주식선택권	×××
보 상 비 용(조건변경손실)	×××		

또는

(차) 금 융 부 채	×××	(대) 자본잉여금-주식선택권	×××
	×××	보 상 비 용 환 입 (조 건 변 경 이 익)	×××

예제 14 주식기준보상거래를 현금결제형에서 주식결제형으로 변경(「K-IFRS 제1102호」 사례 12C) 중요도: ★★★ 난이도: ◆◆◆

상황

· 기업이 1차연도 1. 1.에 종업원 100명에게 앞으로 4년간 근무할 것을 조건으로 각각 주가차액보상권 100개씩을 부여하였다.

· 1차연도 12. 31.에 기업이 주가차액보상권의 단위당 공정가치를 ₩10으로 추정해서 현금결제형 주식기준보상의 총 공정가치는 ₩100,000이다. 2차연도 12. 31.에 주가차액보상권 단위당 추정 공정가치가 ₩12이므로 현금결제형 주식기준보상의 총 공정가치는 ₩120,000이다.

· 2차연도 12. 31.에 기업이 주가차액보상권을 취소하고 그 대신 종업원에게 앞으로 2년간 근무할 것을 조건으로 주식결제형 주식선택권 100개씩을 부여하였다. 가득기간에는 변함이 없다. 2차연도 12. 31.에 주식선택권의 단위당 공정가치가 ₩13.2이므로 새로운 주식선택권의 총 공정가치는 ₩132,000이다.

· 모든 종업원이 요구되는 용역을 제공할 것으로 예상하였으며 실제로도 그러하였다.

물음 연도별 보상비용을 계산하라.

정답 및 해설

· 조건변경일(2차연도 12. 31.)의 주식결제형의 측정액과 현금결제형의 측정액 간의 차이:

주식결제형 주식기준보상의 공정가치(100명 × 100매 × ₩13.2 × 2/4)	₩66,000
현금결제형 주식기준보상의 공정가치(100명 × 100매 × ₩12 × 2/4)	(60,000)
조건변경일에 인식할 추가보상비용(조건변경손실)	₩6,000

· 조건변경일의 공정가치로 측정된 주식결제형 주식기준보상의 나머지 부분은 조건변경일부터 남은 2년의 가득기간에 걸쳐 추가보상비용으로 인식한다.

	1차연도	2차연도	3차연도	4차연도
직원 수	100명	100명	100명	100명
1인당 주식선택권 수	× 100개	× 100개	× 100개	× 100개
행사 가능 주식선택권 수	10,000개	10,000개	10,000개	10,000개
단위당 공정가치	× ₩10	× ₩12	× ₩13.2	× ₩13.2
총 금융부채	₩100,000	₩120,000	₩132,000	₩132,000
누적 용역제공비율	× 25%	× 50%	× 75%	× 100%
당기 말까지 누적 금융부채	₩25,000	₩60,000	99,000	₩132,000
전기 말까지 누적 금융부채	(0)	(25,000)	(66,000)	(99,000)
당기 보상비용(α)	₩25,000	₩35,000	₩33,000	₩33,000
추가보상비용		6,000*		
2차연도 보상비용(α)		₩41,000		

* 2차연도 12. 31. 추가보상비용 인식:
(100명 × 100개 × 50%) × (₩12 − ₩13.2) = −₩6,000

또는

(100명 × 100개 × ₩12 × 50%) − (100명 × 100개 × ₩13.2 × 50%)
= ₩60,000 − ₩66,000
= −₩6,000

참고 2차연도 12. 31. 조건변경 직전:

(차) 보 상 비 용	35,000	(대) 금 융 부 채	35,000

2차연도 12. 31. 조건변경시점:

(차) 금 융 부 채	60,000	(대) 자본잉여금-주식선택권	66,000*
보 상 비 용	6,000		

* 10,000개 × ₩13.2 × 2/4 = ₩66,000

현금결제형 주식기준보상거래에서 다수의 조건변경

기업이 주식선택권의 결제방법을 현금결제형에서 주식결제형으로 변경하면서 주식선택권의 다른 조건도 동시에 변경(예 공정가치의 증가, 가득기간의 연장, 성과조건의 부과 등)하는 경우가 있다. 「K-IFRS 제1102호」는 다수의 조건변경(multiple modifications)에 대해서 명확한 회계처리지침을 제공하지 않으나, 2016년 6월에 국제회계기준해석위원회가 ① 분류범주 변경(예 현금결제형에서 주식결제형으로 변경) 이외의 여타 조건변경을 먼저 회계처리한 후에 ② 결제방법의 변경(분류범주 변경)을 회계처리하기로 결정했다.

예제 15 두 가지 유형의 조건변경: 결제방법의 변경과 가득기간의 변경

중요도: ★★
난이도: ◆◆◆

상황

- 1차연도 1. 1.에 배은망덕회사가 총공정가치가 ₩1,500인 주가차액보상권을 종업원에게 부여하고 3차연도 12. 31.까지 근무하는 조건을 부과했다.
- 1차연도 12. 31.의 주가차액보상권의 총공정가치: ₩1,500
- 2차연도 12. 31.에 배은망덕회사가 현금결제형 주식기준보상을 주식결제형 주식기준보상으로 조건을 변경하고 종업원의 근무용역제공기간을 3년에서 4년으로 연장했다.
- 2차연도 12. 31.에 주가차액보상권의 총공정가치가 ₩1,800으로 상승했다.
- 배은망덕회사는 결제일인 4차연도 12. 31.에 주가차액보상권의 공정가치인 ₩1,800에 기초해서 종업원에게 주식을 교부한다.
- 배은망덕회사는 근무용역제공기간의 연장에 대해서 먼저 회계처리한 후에 분류범주(결제방식)의 변경에 대해서 회계처리한다.

물음 1차연도 12. 31.부터 3차연도 12. 31.까지 배은망덕회사에게 필요한 분개를 하라.

정답 및 해설

1차연도 12. 31. 결산시점:

(차) 보 상 비 용	500*	(대) 금 융 부 채	500

* 금융부채 측정액: ₩1,500 × 1/3 = ₩500

2차연도 12. 31. 조건변경
1순위: 분류범주 변경 직전: 공정가치 변동과 용역제공기간의 변경

(차) 보 상 비 용	400*	(대) 금 융 부 채	400

* 금융부채 측정액: ₩1,800 × 2/4 = ₩900
금융부채 변동액(2차연도 보상비용): ₩900 − ₩500 = ₩400
※ 금융부채 장부금액: ₩900

2순위:
2차연도 12. 31. 주식기준보상거래의 분류범주 변경시점:

(차) 금 융 부 채	900*	(대) 자본잉여금-주식선택권	900

* ₩500 + ₩400 = ₩900

3차연도 12. 31. 결산시점:

(차) 보 상 비 용	450*	(대) 자본잉여금-주식선택권	450

* (₩1,800 − ₩900) ÷ 2년 = ₩450

5. 결제방식을 주식결제형에서 현금결제형으로 변경

기업이 현금결제를 선택하기 전에는 현금으로 결제할 의무가 없지만, 현금결제를 선택하는 순간에는 현금지급액만큼 금융부채(예 미지급비용 또는 장기미지급비용)가 발생한다. 그러므로 결제방식을 주식결제형에서 현금결제형으로 변경하는 시점에 다음 금액을 자본잉여금-주식선택권계정에서 금융부채계정으로 대체해서 금융부채를 인식한다.

금융부채로의 대체액 = 조건변경일의 주식선택권의 총공정가치
× 조건변경일까지 누적 용역제공비율

현금결제형 주식기준보상거래로 분류한 이후 후속기간에는 현금결제의무가 존재하므로 기업은 매 회계기간 말과 최종청산일에 금융부채를 공정가치로 재측정하고 공정가치 변동액을 당기손익(보상비용)으로 인식한다.

Miniature 예제 6 결제방식을 주식결제형에서 현금결제형으로 조건변경

상황

· 1차연도 1. 1.에 A사가 특정 종업원에게 주식선택권 100매를 부여했으며, 주식선택권의 행사가격은 1매당 ₩12이다. 이 주식선택권이 가득되기 위해서 종업원이 4년 동안 근무해야 한다. 부여일에 주식선택권의 1

매당 공정가치가 ₩5이고 주식결제형이다.

· 2차연도 12. 31.에 A사는 2년간 누적 보상비용 ₩250[(100매 × ₩5) × 2/4년]을 인식했다. 3차연도 1. 1.에 A사는 주식선택권의 결제방식을 주식결제형에서 현금결제형으로 변경했다. 따라서 A사는 종업원에게 결제일의 내재가치와 동일한 금액을 현금으로 지불한다. 조건변경일의 주식선택권 1매당 공정가치가 ₩8이다.

물음 조건변경시점에 회사에 필요한 분개를 하라.

정답 및 해설

종업원으로부터 제공받은 누적용역비율(50%)까지 주식선택권의 공정가치 ₩400(100매 × ₩8 × 2/4)을 주식결제형에서 현금결제형으로 재분류한다.

(차) 자본잉여금-주식선택권	400	(대) 금 융 부 채	400

위와 같이 분개한 결과 자본계정의 차변 잔액이 ₩150이다.

조건변경으로 차변에 인식한 자본	₩400
조건변경 직전까지 대변에 인식했던 자본	(250)
조건변경 직후에 차변에 기록된 자본	₩150

6. 주식결제형에 현금결제선택권을 새로 포함

주식결제형 주식기준보상거래의 가득기간 중에 현금결제대안을 추가로 포함하는 조건변경은 단지 결제방식만 추가한 것이므로 조건변경일에 주식기준보상거래의 총공정가치를 증가시키지 않는다. 그러므로 부여일에 측정한 주식선택권의 공정가치를 토대로 가득기간 동안 원래 부여했던 주식결제형 주식선택권의 총공정가치를 보상비용으로 인식한다. 그러나 조건변경일부터는 현금결제의무가 존재하므로 조건변경일에 자본잉여금-주식선택권의 일부를 금융부채(예 미지급비용 또는 장기미지급비용)로 대체하고, 조건변경일부터는 매 회계기간 말과 결제일에 금융부채의 공정가치를 재측정해서 공정가치 변동액을 추가 보상비용으로 인식한다[1102: 30].

「K-IFRS 제1102호」는 기업이 주식결제형 주식선택권을 부여한 이후에 사후적으로 현금결제선택권을 추가한 주식기준보상거래를 회계처리하는 지침을 제시하지 않으나, 분개와 논리적 근거조차 없는 적용사례 9가 이 문제를 다룬다. 저자가 [1102: 사례 9]와 「K-IFRS 제1102호」의 일반 원칙에서 유추하면 현금결제선택권이 사후적으로 추가된 주식기준보상거래에 대해서 <표 17.2>와 같이 회계처리한다.

표 17.2 현금결제권을 추가로 포함한 경우 보상비용의 인식

부여일	조건변경일	가득기간 말	결제일
×	×	×	×

↦ ① 주식선택권의 총 공정가치를 기간별로 배분해서 보상비용과 자본의 증가를 인식 ↤

↦ ③-㉠ 기간별 보상비용을 자본과 금융부채로 배분해서 인식
③-㉡ 금융부채 변동액을 추가보상비용(또는 비용의 감소)으로 인식 ↤

↦ ③-㉡ 금융부채 변동액을 추가보상비용(또는 비용의 감소)으로 인식 ↤

② 조건변경일에 자본잉여금-주식선택권계정의 잔액 일부를 금융부채로 대체

<표 17.2>의 내용을 분개로 나타내면 아래와 같다.

① 부여일부터 조건변경일까지 매 회계기간 말: 주식결제형 주식기준보상거래에서 보상비용과 자본잉여금의 증가를 인식한다. 즉, 부여일에 측정한 주식선택권의 총공정가치를 기간별로 배분해서 연도별 보상비용을 다음과 같이 인식한다.

(차) 보 상 비 용	×××	(대) 자본잉여금-주식선택권	×××

② 조건변경일(현금결제 대안이 추가된 시점): 다음 금액을 자본잉여금에서 금융부채로 대체한다.

금융부채로의 대체액 = 조건변경일의 주식선택권의 총공정가치
× 조건변경일까지 누적 용역제공비율

(차) 자본잉여금-주식선택권	×××	(대) 금 융 부 채	×××

참고 [금융부채 대체액 〉 자본잉여금-주식선택권계정의 잔액]이어서 자본잉여금-주식선택권계정의 잔액이 음수(-)가 되는 경우에 대해서는 예제 17을 참조하라.

③-㉠ 조건변경 이후 가득기간 말까지 매 회계기간 말: 조건변경시점에 자본잉여금의 일부(또는 전부)를 금융부채로 대체한 후 **자본잉여금계정의 장부금액과 금융부채계정의 장부금액의 상대적 비율로** 연도별 보상비용(위 ①에서 산정한 금액)을 자본잉여금과 금융부채에 **배분**해서 보상비용을 다음과 같이 인식한다.

(차) 보 상 비 용	×××	(대) 자본잉여금-주식선택권	×××
		금 융 부 채	×××

③-㉡ 조건변경일부터는 현금결제의무가 존재하므로 조건변경일부터 최종 정산일(결제일)까지 다음 금액을 보상비용(또는 보상비용의 감소)과 금융부채(또는 금융부채의 감소)로 인식한다.

금융부채의 공정가치 증가(감소)액 = 주당 공정가치 상승(하락)액 × 주식선택권(주식) 수량
× 누적 용역제공비율

금융부채 증가액에 대한 분개:

(차) 보 상 비 용	×××	(대) 금 융 부 채	×××

금융부채 감소액에 대한 분개:

(차) 금 융 부 채	×××	(대) 보 상 비 용	×××

예제 16 현금결제선택권의 포함: 공정가치의 하락: [1102: 사례 9]에 대한 자세한 설명

중요도: ★★
난이도: ◆◆◆

상황

· 1차연도 1. 1.에 임원 1명에게 3년간 근무할 것을 조건으로 공정가치가 주당 ₩33인 주식 10,000주를 부여하였다.
· 2차연도 12. 31.에 주가가 ₩25으로 하락하였고, 당초 부여한 주식에 현금결제선택권을 추가하여 이 임원은 가득일에 주식 10,000주를 받거나 10,000주에 상당하는 현금을 받을 수 있게 되었다.
· 3차연도 12. 31.에 주식기준보상거래를 결제하였으며 결제일의 주가는 ₩22이다.

물음 3차연도 12. 31.까지 필요한 분개를 하라.

정답 및 해설

① 부여시점에 공정가치로 측정한 총 보상비용의 기간별 배분:

	1차연도	2차연도	3차연도
주식 총 예상 부여수량	10,000주	10,000주	10,000주
단위당 공정가치	× ₩33	× ₩33	× ₩33
총 보상비용	₩330,000	₩330,000	₩330,000
누적 용역제공비율	× 1/3	× 2/3	× 3/3
당기 말까지 누적 보상비용	₩110,000	₩220,000	₩330,000
전기 말까지 누적 보상비용	(0)	(110,000)	(220,000)
당기 보상비용	₩110,000	₩110,000	₩110,000

② 연도별 회계처리

1차연도 12. 31. 보상비용 인식:

(차) 보 상 비 용	110,000	(대) 자본잉여금-주식선택권	110,000

2차연도 12. 31. 보상비용 인식:

(차) 보 상 비 용	110,000	(대) 자본잉여금-주식선택권	110,000

2차연도 12. 31. 조건변경시점: 자본을 금융부채로 대체:

(차) 자본잉여금-주식선택권	166,667	(대) 금 융 부 채	166,667*

* 금융부채로의 대체액 = 조건변경일의 주식의 총공정가치 × 조건변경일까지 누적 용역제공비율
= (10,000주 × ₩25) × 2/3 = ₩166,667

※ 자본잉여금의 장부금액: ₩53,333
금융부채의 장부금액: ₩166,667

3차연도 12. 31. 보상비용 인식:
3차연도 보상비용 ₩110,000을 자본잉여금과 금융부채에 다음과 같이 배분한다.

	조건변경 직후의 장부금액	배분율	보상비용 ₩110,000의 배분액
자본잉여금	₩53,333	24.2%	₩26,620
금융부채	166,667	75.8	83,380
합계	₩220,000	100.0%	₩110,000

(차) 보 상 비 용	110,000	(대) 자본잉여금 - 주식선택권	26,620
		금 융 부 채	83,380

3차연도 12. 31. 금융부채의 공정가치 변동액(하락액)에 대한 분개:

(차) 금 융 부 채	30,000*	(대) 보 상 비 용	30,000

* 금융부채의 총공정가치 변동액(하락액)
= 주당 공정가치 하락액 × 주식 수량 × 누적 용역제공비율
= [(₩25 − ₩22) × 10,000주] × 3/3 = ₩30,000
따라서 3차연도 12. 31.에 보상비용을 ₩30,000만큼 감소시킴

예제 17 현금결제선택권의 추가: 공정가치의 상승과 [금융부채 대체액 〉 자본잉여금계정의 잔액]인 경우

중요도: ★★
난이도: ◆◆◆

상황

· 1차연도 1. 1.에 주식선택권 1매를 부여하고 주식결제형 주식보상기준거래로 분류했고 종업원은 3차연도 12. 31.까지 근무해야 한다.
· 1차연도 1. 1.에 주식선택권 총공정가치가 ₩3,000이므로 매 연도에 보상비용 ₩1,000을 자본잉여금으로 인식한다.
· 3차연도 1. 1.에 주식결제형 주식기준보상거래에 현금결제선택권을 추가했다.
· 3차연도 1. 1.에 주식선택권 공정가치가 ₩3,600으로 상승했으며, 3차연도 12. 31.의 주식선택권 공정가치는 ₩4,500이다.

물음 2차연도 12. 31., 3차연도 1. 1., 3차연도 12. 31.에 필요한 분개를 하라.

정답 및 해설

1차연도 12. 31. 결산시점:

(차) 보 상 비 용	1,000*	(대) 자본잉여금 - 주식선택권	1,000

* ₩3,000 ÷ 3년 = ₩1,000

2차연도 12. 31. 결산시점:

(차) 보 상 비 용	1,000*	(대) 자본잉여금 - 주식선택권	1,000

* ₩3,000 ÷ 3년 = ₩1,000

3차연도 1. 1. 조건변경시점:

금융부채로의 대체액 = 조건변경시점의 지분상품의 총공정가치 × 조건변경일까지 누적 용역제공비율
= ₩3,600 × 2/3(3차연도 1. 1.까지 누적 용역제공비율) = ₩2,400

(차) 자본잉여금 - 주식선택권	2,400*	(대) 금 융 부 채	2,400

* 자본잉여금 - 주식선택권계정에 2년간 기록된 총액은 ₩2,000이다. 그러나 [1102: 43]은 금융부채의 공정가치를 지분상품의 재취득과 유사하게 자본의 차감으로 회계처리한다. 그러므로 금융부채 ₩2,400을 인식하기 위해서 ₩2,000보다 많은 금액을 자본잉여금 - 주식선택권계정의 차변에 기록한다.

※ 자본잉여금의 차변잔액: ₩400
금융부채의 장부금액: ₩2,400

3차연도 12. 31. 결산시점:

3차연도 보상비용 ₩1,000을 자본잉여금과 금융부채에 다음과 같이 배분한다.

	조건변경 직후의 장부금액	배분율	보상비용 ₩1,000의 배분액
자본잉여금	₩(400)	(20)%	₩(200)
금융부채	2,400	120	1,200
합계	₩2,000	100%	₩1,000

(차) 보 상 비 용	1,000	(대) 금 융 부 채	1,200
자본잉여금 - 주식선택권	200		

3차연도 12. 31. 금융부채의 총공정가치 변동액(상승액)에 대한 분개:

(차) 보 상 비 용	900	(대) 금 융 부 채	900*

* 금융부채의 총공정가치 변동액: (₩4,500 − ₩3,600) × 3/3 = ₩900

Chapter 17 제5절 선택결제형 주식기준보상거래

거래당사자(기업 또는 거래상대방)가 결제방식(현금 또는 지분상품)을 선택할 수 있는 선택결제형 주식기준보상거래(cash or equity-settled share-based payment)는 다음과 같이 회계처리한다.

- 현금으로 결제할 금융부채가 존재하면 현금결제형 주식기준보상거래로 회계처리한다.
- 현금으로 결제할 금융부채가 존재하지 않으면 주식결제형 주식기준보상거래로 회계처리한다.

다만, 부여기업과 거래상대방 중 누가 결제방식을 결정할 권리를 갖는지에 따라 구체적인 회계처리가 아래와 같이 다르다.

1. 부여기업이 결제방식을 선택할 수 있는 경우

기업이 결제방식을 선택할 수 있는 경우, 결제 이전까지의 회계처리는 거래상대방에게 현금을 지급하는 현재의무가 존재하는지 여부에 따라 다음과 같이 다르다.

현금을 지급하는 현재의무가 존재하는 경우

현금을 지급하는 현재의무가 있는 경우에는 제공받은 재화(또는 용역)를 현금결제형 주식기준보상거래로 분류하고 금융부채를 인식한다. 다음 경우는 현금을 지급하는 현재의무가 있는 것으로 본다 [1102: 41].

- 지분상품을 발행하여 결제하는 방식에 상업적 실질이 없는 경우(예 법률에 의해 주식발행이 금지된 경우 등 기업이 사실상 지분상품 결제방법을 선택할 수 없는 경우)
- 과거에 현금으로 결제한 관행이 있거나 현금결제정책이 내부문건에 명백히 규정되어 있는 경우
- 거래상대방이 현금결제를 요구할 때마다 기업이 일반적으로 이를 수용하는 경우

현금을 지급하는 현재의무가 존재하지 않는 경우

현금을 지급하는 현재의무가 없는 경우에는 제공받은 재화(또는 용역)를 주식결제형 주식기준보상거래로 분류하고 자본을 인식한다.

분개 부여기업이 결제방식을 선택할 수 있는 주식기준보상거래에 대한 회계처리

현금을 지급하는 현재의무가 없는 경우(주식결제형 주식기준보상거래)

- 결제 직전까지 주식결제형 주식기준보상거래로 보아 보상비용 발생시점에 자본을 인식한다.

보상비용 발생시점:

(차) 보상비용	×××	(대) 자본잉여금-주식선택권	×××

결제시점(주식결제방식을 선택하는 경우):

(차) 자본잉여금-주식선택권	×××	(대) 자본금	×××
		주식발행초과금	×××

현금을 지급하는 현재의무가 있는 경우(현금결제형 주식기준보상거래)

- 결제 직전까지 현금결제형 주식기준보상거래로 보아 보상비용 발생시점에 금융부채를 인식한다.

보상비용 발생시점:

(차) 보상비용	×××	(대) 금융부채	×××

결제시점(현금결제방식을 선택하는 경우):

(차) 금융부채	×××	(대) 현금	×××

결제시점의 회계처리

결제시점에 현금결제형 결제방식의 공정가치가 주식결제형 결제방식의 공정가치와 다를 수 있다. 기업이 두 결제방식 중 공정가치가 '작은' 방식을 선택해서 결제하면 위에서 설명한 일반적인 경우와 동일하게 회계처리한다(예제 18 참조). 그러나 부여기업이 두 결제방식 중 공정가치가 '큰' 방식을 선택해서 결제하면, 두 결제방식 간의 차이(초과분)를 추가보상비용으로 인식한다. 왜냐하면, 기업이 종업원으로부터 추가 근무용역을 제공받을 것으로 기대하고(또는 이미 추가 근무용역을 제공받아서) 이에 대한 대가로 더 많은 금액을 자발적으로 지급했다고 가정할 수 있기 때문이다[1102: BC268]. 이에 대해 「K-IFRS 제1102호」는 다음과 같이 규정한다.

현금을 지급해야 하는 현재의무가 없으면, 주식결제형 주식기준보상거래로 보아 문단 10 ~ 29에 따라 회계처리하며, **결제하는 때**에 다음과 같이 회계처리한다[1102: 43].

⑴ 기업이 현금결제를 선택하는 때에는 자기지분상품의 재매입으로 보아 현금지급액을 자본에서 차감한다. 다만, 아래 ⑶의 경우는 추가 회계처리가 필요하다.

⑵ 기업이 지분상품을 발행하여 결제하기로 하는 때에는 아래 ⑶의 경우를 제외하고는 별도의 회계처리를 하지 아니한다. 다만 필요하다면 한 자본계정에서 다른 자본계정으로 대체는 가능하다.

⑶ 기업이 결제일에 더 높은 공정가치를 가진 결제방식을 선택하는 때에는 초과 결제가치를 추가 비용으로 인식한다. 이때 초과 결제가치는 실제로 지급한 금액이 주식결제방식을 선택할 때 발행하여야 하는 지분상품의 공정가치를 초과하는 금액이거나 실제로 발행한 지분상품의 공정가치가 현금결제방식을 선택할 때 지급하여야 하는 금액을 초과하는 금액이다.

기업이 결제방식을 선택할 수 있는 경우, [1102: 43]에 규정된 결제시점의 회계처리를 이해하기 쉽게 정리하면 <표 17.3>과 같다.

표 17.3 현금을 지급하는 현재의무가 존재하지 않는 주식기준보상거래에 대한 회계처리

결제일	현금결제형의 공정가치가 높음	주식결제형의 공정가치가 높음
현금결제를 선택	현금결제형의 공정가치를 자본잉여금에서 차감 (차) 자본잉여금 ××× (대) 현 금 ××× 주식결제형의 공정가치를 초과해서 지급한 금액을 추가보상비용으로 인식 (차) 보상비용 ××× (대) 자본잉여금 ×××	현금지급액을 주식선택권 취득대가로 회계처리해서 현금결제형의 공정가치를 자본잉여금에서 차감 (차) 자본잉여금 ××× (대) 현 금 ×××
주식결제를 선택	추가 회계처리 없음 자본계정 간의 이체는 가능	현금지급액을 초과하는 금액을 결제시점에 추가보상비용으로 인식 (차) 보상비용 ××× (대) 자본잉여금 ×××

예제 18 [1102: 43](표 17.3)의 적용: 부여기업이 결제방식을 선택할 수 있는 주식기준보상거래

중요도: ★★★
난이도: ◆◆

상황

1차연도 1. 1.에 눈치회사는 공정가치가 ₩80,000인 주식선택권을 종업원에게 부여했다. 종업원이 2차연도 12. 31.까지 근무용역을 제공해야 부여된 주식선택권이 가득된다. 3차연도 1. 1.에 눈치회사는 가득된 주식선택권을 현금 또는 주식으로 결제할 수 있다. 그러나 눈치회사가 현금으로 결제해야 하는 의무(또는 과거 관행)는 없다. 아래의 각 상황은 독립적이다.

상황 1(현금결제, 현금결제가 주식결제보다 가치가 높음)
눈치회사는 주식선택권을 현금 ₩95,000 또는 주식으로 결제할 수 있다. 2차연도 말에 눈치회사는 현금 ₩95,000으로 주식선택권을 결제하기로 선택했다. 현금결제가 주식선택권의 공정가치 ₩80,000보다 가치가 높다.

상황 2(현금결제, 현금결제가 주식결제보다 가치가 낮음)
눈치회사는 주식선택권을 현금 ₩65,000 또는 주식으로 결제할 수 있다. 2차연도 말에 눈치회사는 현금 ₩65,000으로 주식선택권을 결제하기로 선택했다. 현금결제가 주식선택권의 공정가치 ₩80,000보다 가치가 낮다.

상황 3(주식결제, 현금결제가 주식결제보다 가치가 높음)
눈치회사는 주식선택권을 현금 ₩95,000 또는 주식으로 결제할 수 있다. 눈치회사가 현금으로 결제해야 하는 의무(또는 과거 관행)는 없다. 2차연도 말에 눈치회사는 주식선택권을 주식으로 결제하기로 결정했다. 주식선택권의 공정가치 ₩80,000이 현금결제대안 ₩95,000보다 가치가 낮다.

상황 4(주식결제, 현금결제가 주식결제보다 가치가 낮음)
눈치회사는 주식선택권을 현금 ₩65,000 또는 주식으로 결제할 수 있다. 눈치회사가 현금으로 결제해야 하는 의무(또는 과거 관행)는 없다. 2차연도 말에 눈치회사는 주식으로 결제하기로 선택했다. 주식선택권의 공정가치 ₩80,000이 현금결제대안 ₩65,000보다 가치가 높다.

물음 각 상황에 대해서 1차연도 12. 31.부터 3차연도 1. 1.까지 눈치회사에 필요한 분개를 하라.

정답 및 해설

상황 1에 대한 분개 – 현금결제, 현금결제가 주식결제보다 가치가 높음

1차연도 12. 31. 결산시점:

(차) 보상비용	40,000	(대) 자본잉여금	40,000

2차연도 12. 31. 결산시점:

(차) 보상비용	40,000	(대) 자본잉여금	40,000

3차연도 1. 1. 결제시점:

(차) 자본잉여금	80,000	(대) 현금	95,000
보상비용	15,000		

상황 2에 대한 분개 – 현금결제, 현금결제가 주식결제보다 가치가 낮음

1차연도 12. 31. 결산시점:

(차) 보상비용	40,000	(대) 자본잉여금	40,000

2차연도 12. 31. 결산시점:

(차) 보 상 비 용 40,000 (대) 자 본 잉 여 금 40,000

3차연도 1. 1. 결제시점:

(차) 자 본 잉 여 금 65,000 (대) 현 금 65,000

상황 3에 대한 분개 - 주식결제, 현금결제가 주식결제보다 가치가 높음

1차연도 12. 31. 결산시점:

(차) 보 상 비 용 40,000 (대) 자 본 잉 여 금 40,000

2차연도 12. 31. 결산시점:

(차) 보 상 비 용 40,000 (대) 자 본 잉 여 금 40,000

상황 4에 대한 분개 - 주식결제, 현금결제가 주식결제보다 가치가 낮음

1차연도 12. 31. 결산시점:

(차) 보 상 비 용 40,000 (대) 자 본 잉 여 금 40,000

2차연도 12. 31. 결산시점:

(차) 보 상 비 용 40,000 (대) 자 본 잉 여 금 40,000

2. 종업원이 결제방식을 선택할 수 있는 경우

종업원이 결제방식을 선택할 수 있는 주식기준보상거래는 경제적 실질 면에서 기업이 종업원에게 부채요소(현금 결제요구권)와 자본요소(지분상품 결제요구권)가 포함된 **복합금융상품**(compound financial instruments)**을 부여**한 것과 같다. 따라서 측정기준일(또는 부여일)에 복합금융상품의 공정가치와 부채요소의 공정가치를 먼저 측정한 다음, 잔여접근법을 적용하여 자본요소의 '공정가치'를 잔여액으로 측정한다.

종업원이 제공하는 용역에 대해서 부여일에 측정한 총보상비용	
복합금융상품의 공정가치(주식결제형 주식기준보상거래의 공정가치)	×××
-) 부채요소의 공정가치(현금결제형 주식기준보상거래의 공정가치)	(×××)
=) 자본요소의 '공정가치'(잔여액)	×××

결제 직전까지의 회계처리

부여한 복합금융상품의 대가로 제공받는 용역을 구성요소별로 구분하여 회계처리한다. 즉, 부채요

소에 대해서는 현금결제형 주식기준보상거래 규정에 따라 거래상대방으로부터 용역을 제공받을 때 그 용역의 대가로 부채를 인식한다. 자본요소(만일 존재한다면)에 대해서는 주식결제형 주식기준보상거래 규정에 따라 거래상대방에게서 용역을 제공받을 때 그 용역에 상응하는 자본증가를 인식한다[1102: IG22]. 구체적으로, 결제 직전까지 복합금융상품의 부채요소와 자본요소를 다음과 같이 별개로 회계처리한다[1102: 38].

- 측정기준일에 부채요소와 자본요소의 공정가치를 결정한다.
- 측정기준일 이후에는 총 보상비용을 부채요소(금융부채)에 해당하는 보상비용과 자본요소에 해당하는 보상비용으로 분해해서 다음과 같이 인식한다.

(차) 보 상 비 용	×××	(대) 자본잉여금-주식선택권	×××
		금 융 부 채	×××

- 측정기준일 이후에 부채요소(금융부채)에 해당하는 보상비용은 현금결제형 주식기준보상거래처럼 회계처리해서 가득기간 중에 종업원이 용역을 제공하면 보상비용과 금융부채를 인식한다. 그리고 매 회계기간 말과 결제일에 금융부채의 공정가치를 재측정하고 공정가치 변동액을 보상비용으로 인식한다[1102: 30]. 측정기준일 이후에 자본요소에 해당하는 보상비용은 주식결제형 주식기준보상거래이므로 가득기간 중에 종업원이 용역을 제공하면 보상비용과 자본(자본잉여금-주식선택권)의 증가로 인식한다.

결제일에 종업원이 지분상품을 선택하는 경우

결제일에 종업원이 현금 대신 지분상품을 선택해서 기업이 지분상품(예 주식)을 발행하면, 결제일에 금융부채를 공정가치로 재측정한다. 그리고 금융부채의 공정가치를 발행되는 지분상품의 대가로 보아 자본으로 대체한다. 즉, 금융부채로 인식했던 금액을 지분상품의 발행대가(즉, 부채청산대가)로 보고 금융부채를 장부에서 제거하는 한편, 자본금과 주식발행초과금의 증가를 장부에 인식한다[1102: 39].

결제일에 종업원이 현금을 선택하는 경우

종업원이 결제 시 현금을 받기로 선택하여 지분상품(예 주식)을 받을 권리를 상실해서 기업이 현금을 지급하면, 현금지급액을 전액 금융부채의 상환액으로 본다. 그리고 이미 인식한 자본요소는 계속 자본으로 분류한다. 그러나 자본계정 간의 이체, 즉 특정 자본계정에서 다른 자본계정으로 이체하는 것을 금지하지 않으므로 자본잉여금-주식선택권계정을 적절한 자본계정(예 이익잉여금)으로 재분류할 수 있다[1102: 40].

예제 19 종업원에게 결제선택권이 있는 주식기준보상거래

중요도: ★★
난이도: ◆◆

상황

· 1차연도 1. 1.에 10명의 종업원에게 주식선택권을 부여하였고, 각 종업원은 다음 결제 대안 중 하나를 선택할 수 있다.

① 현금결제대안: 2,010주의 공정가치와 동일한 현금결제권리. 이러한 권리를 '유령주식'(phantom share)이라 부른다.

② 주식결제대안: 2,300주

· 종업원이 부여일로부터 3차연도 12. 31.까지 근무용역을 제공해야 주식선택권이 가득되며, 주가는 다음과 같다.

날짜	주당 가격
1차연도 1. 1.	₩2
1차연도 12. 31.	3
2차연도 12. 31.	4
3차연도 12. 31.	5

· 향후 3년간 회사를 떠날 종업원은 없을 것이라 예상하며, 이 기간에 배당금을 지급할 의도가 없다.
· 1차연도 1. 1.에 주식결제대안의 공정가치를 주당 ₩1.8으로 추정하였다.
· 3차연도 12. 31.까지 실제로 회사를 떠난 종업원은 없다.

물음

1. 부여일의 각 대안의 공정가치를 구하고, 부채요소와 관련된 보상비용을 연도별로 계산하라.
2. 다음의 각 상황에 대해 1차연도, 2차연도, 3차연도의 보상비용을 계산하라.
   상황 ①: 종업원이 3차연도 12. 31.에 현금대안을 선택하였다.
   상황 ②: 종업원이 3차연도 12. 31.에 주식대안을 선택하였다.

정답

1. 주식결제대안의 공정가치: ₩41,400, 현금결제대안의 공정가치: ₩40,200,
부채요소와 관련된 보상비용:
1차연도: ₩20,100, 2차연도: ₩33,500, 3차연도: ₩46,900

2. 상황 ①과 상황 ② 모두
1차연도 보상비용: ₩20,500, 2차연도 보상비용: ₩33,900, 3차연도 보상비용: ₩47,300

해설

1.

복합금융상품의 공정가치:

주식결제대안의 공정가치: 2,300주 × 10명 × ₩**1.8**(주식선택권의 공정가치) =	₩41,400
복합금융상품 부채요소의 공정가치:	
현금결제대안의 공정가치: 2,010주 × 10명 × ₩**2**(주식의 공정가치) =	(40,200)
복합금융상품 자본요소의 공정가치(잔여액)	₩1,200

현금결제대안(부채요소, 금융부채)과 관련된 보상비용

	1차연도	2차연도	3차연도
유령주식 부여갯수	20,100개	20,100개	20,100개
단위당 공정가치	× ₩3	× ₩4	× ₩5
총보상비용	₩60,300	₩80,400	₩100,500
누적 용역제공비율	× 1/3	× 2/3	× 3/3
당기 말까지 누적 보상비용	₩20,100	₩53,600	₩100,500

전기 말까지 누적 보상비용	(0)	(20,100)	(53,600)
당기 보상비용	₩20,100	₩33,500	₩46,900

2. 보상비용과 부채 및 자본으로의 배분액

연도	요소	보상비용	자본	부채
1차연도	부채요소:	₩20,100		₩20,100
	자본요소: ₩1,200 × 1/3	400	₩400	
2차연도	부채요소:	33,500		33,500
	자본요소: ₩1,200 × 1/3	400	400	
3차연도	부채요소:	46,900		46,900
	자본요소: ₩1,200 × 1/3	400	400	
합계		₩101,700	₩1,200	₩100,500

3차연도 12. 31. 결산일:

상황 ①: 금융부채 상환을 위해 지급된 현금	₩(100,500)
총보상비용(₩100,500 + ₩1,200)	101,700
상황 ②: 금융부채 상환을 위한 주식발행	(100,500)
총보상비용(₩100,500 + ₩1,200)	101,700

1차연도 12. 31. 결산일:

(차) 보 상 비 용	20,500	(대) 자본잉여금-주식선택권	400
		금 융 부 채	20,100

2차연도 12. 31. 결산일:

(차) 보 상 비 용	33,900	(대) 자본잉여금-주식선택권	400
		금 융 부 채	33,500

3차연도 12. 31. 결산일:

(차) 보 상 비 용	47,300	(대) 자본잉여금-주식선택권	400
		금 융 부 채	46,900

상황 ①: 종업원이 현금결제대안을 선택

(차) 금 융 부 채	100,500	(대) 현 금	100,500

상황 ②: 종업원이 주식결제대안을 선택

(차) 금 융 부 채	100,500	(대) 자 본 금(보통주)	101,700
자본잉여금-주식선택권	1,200		

관련예제와 함께 풀어보세요

유제 1 현금결제형 주식기준보상거래(2015년, 회계사)

관련예제 12

상황

· ㈜개신은 1차연도 1. 1.에 종업원 100명에게 각각 현금결제형 주가차액보상권 100개를 부여하고, 3년의 용역조건을 부여하였다.

· 1차연도 중에 5명이 퇴사하였으며, 회사는 2차연도와 3차연도에 걸쳐 추가로 7명이 퇴사할 것으로 추정하였다. 2차연도에는 실제로 3명이 퇴사하였고, 회사는 3차연도에 추가로 2명이 퇴사할 것으로 추정하였다. 3차연도에 실제로 3명이 퇴사하여 3차연도 12. 31.자로 89명이 주가차액보상권을 가득하였다.

· 3차연도 12. 31.에 20명이 주가차액보상권을 행사하였고, 4차연도 12. 31.에 30명이 주가차액보상권을 행사하였으며, 나머지 39명은 5차연도 12. 31.에 주가차액보상권을 행사하였다.

· ㈜개신이 매 회계연도 말에 추정한 주가차액보상권의 공정가치와 3차연도, 4차연도 및 5차연도 말에 행사된 주가차액보상권의 내재가치(현금지급액)는 아래 표와 같다.

회계연도	공정가치	내재가치(현금지급액)
1차연도	₩144	–
2차연도	155	–
3차연도	182	₩150
4차연도	214	200
5차연도	250	250

물음 ① 3차연도에 인식할 보상비용 및 ② 5차연도에 인식해야 할 보상비용을 각각 구하시오.

정답 및 해설

① 행사되지 않은 주식선택권에 대한 보상비용:

	1차연도	2차연도	3차연도	4차연도	5차연도
행사하지 않은 직원 수	88명	90명	69명	39명	0명
1인당 주식선택권 수	× 100개	× 100개	× 100개	× 100개	× 100개
행사 가능 주식선택권 수	8,800개	9,000개	6,900개	3,900개	0개
단위당 공정가치	× **₩144**	× **₩155**	**₩182**	× **₩214**	× **₩250**
금융부채	₩1,267,200	₩1,395,000	₩1,255,800	₩834,600	₩0
누적 용역제공비율	× 1/3	× 2/3	× 3/3	× 3/3	× 3/3
당기 말까지 누적 부채	₩422,400	₩930,000	₩1,255,800	₩834,600	₩0
전기 말까지 누적 부채	(0)	(422,400)	(930,000)	(1,255,800)	(834,600)
당기 보상비용(A) (금융부채 증감액)	₩422,400	₩507,600	₩325,800	₩(421,200)	₩(834,600)

② 행사된 주식선택권에 대한 보상비용:

행사한 직원 수			20명	30명	39명
1인당 주식선택권 수			× 100개	× 100개	× 100개
행사된 주식선택권 수			2,000개	3,000개	3,900개
단위당 내재가치			× ₩150	× ₩200	× ₩250
당기 보상비용(B) (현금지급액)			₩300,000	₩600,000	₩975,000
③ 당기 총보상비용 (A + B)	₩422,400	₩507,600	₩625,800 (①의 해답)	₩178,800	₩140,400 (②의 해답)

유제 2 주식기준보상거래를 현금결제형에서 주식결제형으로 변경(2021년, 회계사)

관련예제 예제 14

상황

· ㈜대한은 1차연도 1. 1.에 종업원 50명에게 3차연도 12. 31.까지 근무하는 것을 조건으로 각각 현금결제형 주가차액보상권 10개를 부여하였다. 주가차액보상권은 행사가격 ₩500과 행사시점의 ㈜대한의 주가와의 차액을 현금으로 지급하는 계약이다.

· 종업원의 연도별 실제 퇴사인원과 연도 말 퇴사 추정인원은 다음과 같다.

1차연도: 실제 퇴사인원 3명, 3차연도 말까지 추가 퇴사 추정인원 2명
2차연도: 실제 퇴사인원 3명, 3차연도 말까지 추가 퇴사 추정인원 2명
3차연도: 실제 퇴사인원 4명

· 매 회계연도 말에 추정한 주가차액보상권의 단위당 공정가치는 다음과 같다.

1차연도: ₩100
2차연도: ₩150

물음 ㈜대한은 2차연도 말에 기존의 주가차액보상권을 모두 취소하는 대신 4차연도 말까지 계속 근무할 것을 조건으로 종업원 각각에게 주식선택권 8개를 부여하는 것으로 변경하였다. 2차연도 말 현재 주식선택권의 단위당 공정가치는 ₩130이다. 2차연도 말 주식기준보상거래의 회계처리에 따른 2차연도 포괄손익계산서 상 ① 당기순이익에 미치는 영향과 2차연도 말 재무상태표 상 ② 주식선택권의 금액을 계산하시오. 단, 당기순이익이 감소하는 경우 금액 앞에 (−)를 표시하시오.

정답 및 해설

	1차연도	2차연도
직원 수	45명	42명
1인당 주식선택권 수	× 10개	× 10개
행사 가능 주식선택권 수	450개	420개
단위당 공정가치	× ₩100	× ₩150
총 금융부채(또는 자본)	₩45,000	₩63,000
누적 용역제공비율	× 1/3%	× 2/3%
당기 말까지 누적 금융부채(또는 자본)	₩15,000	₩42,000
전기 말까지 누적 금융부채(또는 자본)	(0)	(15,000)

당기 보상비용(α)	₩15,000	₩27,000
보상비용환입		(20,160)*
2차연도 보상비용(α)		₩6,840**

* 조건변경일(2차연도 12. 31.)의 주식결제형의 측정액과 현금결제형의 측정액 간의 차이:

현금결제형 주식기준보상의 공정가치(42명 × 10매 × ₩150 × 2/3)	₩42,000
주식결제형 주식기준보상의 공정가치(42명 × 8매 × ₩130 × 2/4)	(21,840)
조건변경일에 인식할 보상비용환입(조건변경이익)	₩20,160

** 2차연도 보상비용(α) ₩6,840을 다음과 같이 구할 수 있다.

2차연도 보상비용 = 2차연도 말 자본잉여금 − 1차연도 말 금융부채
= (42명 × 8개 × ₩130 × 2/4) − (45명 × 10개 × ₩100 × 1/3)
= ₩21,840 − ₩15,000
= ₩6,840

2차연도 12. 31. 조건변경 직전:

(차) 보 상 비 용	27,000	(대) 금 융 부 채	27,000

2차연도 12. 31. 조건변경시점:

(차) 금 융 부 채	42,000	(대) 자본잉여금-주식선택권	21,840*
		보 상 비 용 환 입 (조 건 변 경 이 익)	20,160

* 42명 × 8개 × ₩130 × 2/4 = ₩21,840 (②의 해답)

당기순이익 감소액: ₩20,160(조건변경이익) − ₩27,000(당기보상비용) = (−)₩6,840 (①의 해답)

연습문제 17

P17-01 주식결제형 주식기준보상거래

- 3차연도 1. 1.에 SK는 주요 경영진이 주당 액면금액이 ₩1인 보통주 10,000주(주당 액면금액: ₩1)를 취득할 것을 허용하는 주식선택권 10,000매를 부여하였다.
- 행사가격은 부여일의 주식의 시장 거래가격인 주당 ₩15이다.
- 주요 경영진은 6차연도 12. 31.까지 SK에서 근무해야 하며 주식선택권의 가득일은 6차연도 12. 31.이고 8차연도 12. 31.까지 행사되어야 한다.
- 3차연도 1. 1.의 주식선택권의 공정가치: 주식선택권 1매당 ₩12

물음 1. 3차연도 1. 1.부터 6차연도 12. 31.까지 필요한 분개를 하라.
2. 7차연도 8. 1.에 시장거래가격이 주당 ₩25일 때 70%의 주식선택권이 행사되었다. 필요한 분개를 하라.
3. 9차연도 1. 1.에 30%의 주식선택권이 행사되지 않고 소멸하였다. 필요한 분개를 하라.

P17-02 주식결제형 주식기준보상거래

- 1차연도 1. 1.에 SK는 100명의 직원에게 직원 1명당 보통주 10주를 취득할 주식선택권을 부여하였다.
- 직원은 2차연도 12. 31.까지 SK에서 근무하여야 하며, 가득일은 2차연도 12. 31.이다.
- 2차연도 12. 31.의 주가: 주당 ₩10
- 1차연도 1. 1.에 SK는 주식선택권의 공정가치를 ₩4으로 추정하였다.
- SK는 권리상실률을 사전에 예상할 수 없어 실제 상실률에 기초하여 보상비용을 산정한다.
- 1차연도와 2차연도 동안에 SK를 떠난 직원의 수는 각각 5명과 3명이다.

물음 1차연도와 2차연도의 보상비용을 기록하기 위한 분개를 하라.

P17-03 성과조건과 예상 가득 수량

- 1차연도 1. 1.에 SK는 주식선택권 제도를 한 명의 종업원에게 시행하였다.
- 부여일의 주식선택권 1매의 공정가치: ₩12
- 종업원은 3차연도 12. 31.까지 근무해야 하며 가득일은 3차연도 12. 31.이다.
- 가득될 주식선택권 수량은 다음과 같이 향후 3년에 걸친 주당이익의 평균증가율에 달려있다.

성과조건	부여수량
연평균 주당이익 증가율 < 10%	0개
10% ≤ 연평균 주당이익 증가율 < 14%	1,000
연평균 주당이익 증가율 ≥ 14%	1,200

- 1차연도 1. 1.에 SK는 연평균 주당이익 증가율을 12%로 추정했다.

날짜	실제결과	3차연도 말까지 예상 증가율	예상 부여수량
1차연도 말	연평균 주당이익 증가율 = 12%	연평균 주당이익 증가율 = 12%	1,000개
2차연도 말	연평균 주당이익 증가율 = 18%	연평균 주당이익 증가율 = 15%	1,200
3차연도 말	연평균 주당이익 증가율 = 13%		1,000

물음 연도별 보상비용을 결정하고 주식선택권과 관련된 분개를 하라.

P17-04 성과조건이 시장조건인 주식결제형 주식기준보상거래(「K-IFRS 제1102호」 사례 5)

- 기업은 1차연도 초에 임원에게 3년간 근무할 것을 조건으로 주식선택권 10,000개를 부여하였다. 그러나 1차연도 초에 ₩50인 주가가 3차연도 말에 ₩65 이상으로 상승하지 않으면 임원은 주식선택권을 행사할 수 없다.
- 3차연도 말에 기업의 주가상승률 ≥ 30%가 되면 이 임원은 주식선택권을 10차연도 말까지 언제든지 행사할 수 있다.

날짜	성과조건	부여수량
3차연도 12. 31.	주가상승률 ≥ 30%	10,000개
3차연도 12. 31.	주가상승률 < 30%	0

- 기업은 시장조건이 부과된 주식선택권 1매당 공정가치를 ₩24으로 추정하였다.

물음 연도별 보상비용을 결정하라.

P17-05 주식결제형 주식기준보상거래

(2008년, 회계사)

1차연도 7. 1.에 ㈜한국이 종업원 100명에게 주식선택권을 부여하였으며, 그 내용은 다음과 같다.

* 가득되지 않은 주식선택권의 종업원 1인당 평균 수량: 30개
* 의무근로 제공기간: 부여일로부터 3년간
* 가득되지 않은 주식선택권 행사가격: ₩1,100
* 주식선택권 1개당 종업원이 제공해야 할 용역의 공정가치: ₩100
* 주식선택권의 단위당 공정가치: ₩100
* 당기 보통주의 주당 평균공정가치: ₩2,000

㈜한국의 당기순이익은 ₩1,500,000이다. 의무근로 제공 기간에 퇴사할 종업원은 없다고 추정한다.

물음 1차연도 7. 1.에 부여한 주식선택권에 대하여 1차연도 12. 31.에 ㈜한국이 인식해야 할 보상비용을 계산하시오.

P17-06 주식선택권의 행사가격 변경(「K-IFRS 제1102호」 사례 7)

- 기업은 1차연도 1. 1.에 종업원 500명에게 각각 주식선택권 100개를 부여하였다.
- 종업원이 3차연도 12. 31.까지 근무해야 주식선택권을 행사할 수 있다.
- 권리상실률은 다음과 같다.

날짜	실제 퇴직자 수	추가퇴직 예상자 수	잔존 종업원 수
1차연도 말	40명	70명	390명
2차연도 말	35	30	395
3차연도 말	28	0	397

- 1차연도 1. 1.의 주식선택권의 단위당 공정가치: ₩15
- 1차연도 중에 주가가 하락하여 1차연도 말에 기업이 주식선택권의 행사가격을 조정하였고 조정된 주식선택권은 3차연도 12. 31.에 가득된다.
- 행사가격을 조정한 날에 기업은 당초 주식선택권의 공정가치(즉, 행사가격 조정을 고려하기 전의 공정가치)를 ₩5으로 추정하였고, 조정된 주식선택권의 공정가치를 ₩8으로 추정하였다.

물음 연도별 보상비용을 결정하라.

P17-07 중도청산

- 3차연도 1. 1.에 SK는 주식선택권을 종업원들에게 부여하였다.
- 가득일인 6차연도 12. 31.까지 총 보상비용은 ₩1,000이다.
- SK는 주식선택권을 5차연도 12. 31.에 현금을 지급하여 정산하기로 하였다.
- 연도별 보상비용은 다음과 같다.

3차연도	₩200
4차연도	250
5차연도(추정치)	260

물음 5차연도 12. 31.에 필요한 분개를 하라.

P17-08 조건변경과 현금결제선택권의 포함: 공정가치가 하락한 경우

- 1차연도 1. 1.에 후덕회사는 사장에게 주식선택권 1,000매를 부여하는 약정을 맺었다.
- 사장은 3차연도 12. 31.(가득일)까지 후덕회사에서 근무해야 한다.
- 사장은 5차연도 1. 1.부터 주식선택권 1매당 1주의 주식을 취득하는 권리를 행사할 수 있다.
- 부여시점의 주식선택권의 공정가치: 1매당 ₩6
- 3차연도 12. 31.의 주식선택권의 공정가치: 1매당 ₩5.4
- 3차연도 12. 31.에 후덕회사는 현금결제대안을 추가로 포함했는데, 이에 따라 사장은 지분상품에 대한 권리를 행사하는 시점에 1,000주의 주식을 받거나 가득일에 주식 1,000주의 공정가치와 동일한 현금을 받는 것 중 하나를 선택할 수 있다.
- 4차연도 12. 31.의 주가: 1주당 ₩5

물음 4차연도 12. 31.까지 연도별 보상비용을 인식하는 분개를 하라.

P17-09 종업원에게 유리한 조건변경: 현금결제형 주식기준보상거래에서 가득기간의 단축

- 1차연도 1. 1.에 단위당 공정가치가 ₩10인 현금결제형 주가차액보상권 500개를 부여하였다.
- 종업원이 4차연도 12. 31까지 근무해야 주가차액보상권을 가득한다.
- 2차연도 12. 31.에 종업원이 3차연도 12. 31까지 3년간 근무하면 주가차액보상권을 가득하는 것으로 가득기간이 변경되었다.
- 주가차액보상권의 공정가치는 다음과 같다.

1차연도 12. 31.	₩40
2차연도 12. 31.	42
3차연도 12. 31.	30

물음 1차연도 12. 31.부터 3차연도 12. 31.까지 필요한 분개를 하라.

P17-10 현금결제형을 주식결제형 주식기준보상거래로 변경(「K-IFRS 제1102호」 사례 12C)

- 1차연도 1. 1.에 종업원 100명에게 앞으로 4년간 근무할 것을 조건으로 각각 주가차액보상권 100개씩을 부여하였다.
- 현금결제형 주가차액보상권과 주식결제형주식선택권의 공정가치는 다음과 같다.

	공정가치	
	주가차액보상권	주식선택권
1차연도 12. 31.	₩10	
2차연도 12. 31.	12	₩13.2
3차연도 12. 31.		13.2
4차연도 12. 31.		13.2

- 2차연도 12. 31.에 주가차액보상권을 취소하고 그 대신 종업원에게 앞으로 2년간 근무할 것을 조건으로 주식선택권 100개씩을 부여하였다. 당초 가득기간에는 변함이 없다. 모든 종업원이 요구되는 용역을 제공할 것으로 예상하였으며 실제로도 그러하였다.

물음 4차연도 12. 31.까지 필요한 분개를 하라.

P17-11 주식선택권을 내재가치로 측정(주식선택권의 공정가치를 추정할 수 없는 경우)

- 2차연도 1. 1.에 SK는 100명의 종업원 각자에게 1,000개의 주식선택권을 부여하였다.
- 주식선택권은 종업원이 4차연도 12. 31.까지 근무한다는 조건으로 4차연도 12. 31.에 가득되며, 7차연도 1. 1.에 소멸된다.
- 주식선택권 1개당 행사가격은 ₩5이고 이는 부여일의 SK 주식의 시장거래가격과 동일하다.
- 부여일에 SK는 부여된 주식선택권의 공정가치를 합리적으로 추정할 수 없다고 판단하였다.
- 퇴직자 수와 가득기간 동안 퇴직할 것으로 예상되는 종업원 수는 다음과 같다.

날짜	실제 퇴직자 수	추가퇴직 예상자 수	잔존 종업원 수
2차연도 말	3명	2명	95명
3차연도 말	2	1	94
4차연도 말	2	--	93

- 2차연도부터 6차연도까지 SK의 주가와 5차연도 및 6차연도에 행사된 주식선택권의 수는 아래와 같다. 특정 기간에 행사된 주식선택권은 모두 그해 말에 행사되었던 것이라고 가정한다.

연도	연말 주가	연말에 행사된 주식선택권
2차연도	₩14.6	0개
3차연도	15.5	0
4차연도	17	0
5차연도	17.3	30,000
6차연도	18.5	63,000

물음 매년 말 주식결제형 주식기준보상거래를 인식하기 위한 분개를 하라.

P17-12 현금결제형 주식기준보상거래

- 1차연도 1. 1.에 SK는 100명의 종업원에게 1인당 100매의 현금결제형 주가차액보상권을 부여하여, 종업원은 3차연도 12. 31.에 가득되는 10,000매의 주가차액보상권을 받았다.
- 종업원은 3차연도 12. 31.까지 SK에서 근무해야 하며 주가차액보상권은 4차연도 1. 1.부터 5차연도 12. 31.까지 행사할 수 있다.
- 행사일에 SK의 주가가 올랐으면 각 종업원은 주가차액보상권에 주가를 곱한 금액을 현금으로 받는다.
- SK의 경영진은 권리상실률을 5%로 추정하였고 추정된 상실률은 가득기간 동안 동일하다.

• 종업원 2명이 1차연도에 퇴사하였다.
• 주가차액보상권의 공정가치와 내재가치는 다음과 같다.

날짜	추정공정가치	내재가치(현금지급액)
1차연도 1. 1.	₩3	
1차연도 12. 31.	3.6	
2차연도 12. 31.	4.5	
3차연도 12. 31.	6	
4차연도 12. 31.	5.7	₩5.1
5차연도 12. 31.	5.0	4.5

• 4차연도 12. 31.에 35,000매의 주가차액보상권이 행사되었고 5차연도 12. 31.에 잔여분이 행사되었다.

물음 주가차액보상권과 관련되어 1차연도부터 5차연도까지 필요한 분개를 하라.

P17-13 현금결제형 주식기준보상거래 (2015년, 회계사)

• ㈜개신은 1차연도 1. 1.에 종업원 100명에게 각각 현금결제형 주가차액보상권 100개를 부여하고, 3년의 용역조건을 부과하였다.
• 1차연도 중에 5명이 퇴사하였으며, 회사는 2차연도와 3차연도에 걸쳐 추가로 7명이 퇴사할 것으로 추정하였다. 2차연도에는 실제로 3명이 퇴사하였고, 3차연도에 추가로 2명이 퇴사할 것으로 추정하였다. 3차연도에 실제로 3명이 퇴사하여 3차연도 12. 31. 자로 89명이 주가차액보상권을 가득하였다.
• 3차연도 12. 31.에 20명이 주가차액보상권을 행사하였고, 4차연도 12. 31.에 30명이 주가차액보상권을 행사하였으며, 나머지 39명은 5차연도 12. 31.에 주가차액보상권을 행사하였다.
• ㈜개신이 매 회계연도 말에 추정한 주가차액보상권의 공정가치와 3차연도, 4차연도 및 5차연도 말에 행사된 주가차액보상권의 내재가치(현금지급액)는 아래 표와 같다.

회계연도	공정가치	내재가치(현금지급액)
1차연도	₩144	-
2차연도	155	-
3차연도	182	₩150
4차연도	214	200
5차연도	250	250

물음 ① 3차연도에 인식할 보상비용 및 ② 5차연도에 인식해야 할 보상비용을 각각 구하시오.

P17-14 종업원이 결제방식을 선택할 수 있는 주식기준보상거래

• SK는 직원 한 명에게 다음 결제방식 중에서 한 방식을 선택할 수 있는 권리를 부여하였다.
  ① 주식결제대안: 1,000주 수령
  ② 현금결제대안: 725주의 가치와 동일한 현금 수령
• 부여일의 주식의 공정가치: 주당 ₩8
• SK는 주식결제대안의 공정가치를 주당 ₩6으로 추정하였다.

물음 자본요소의 공정가치를 결정하라.

P17-15 종업원에게 현금결제선택권이 있는 주식기준보상약정(「K-IFRS 제1102호」 사례 13)

1차연도 1. 1.에 기업은 종업원에게 다음 중 하나를 선택할 수 있는 권리를 부여하였다.

- 가상주식 1,000주(주식 1,000주에 상당하는 현금 지급에 대한 권리)
- 주식 1,200주

각 권리는 종업원이 3년간 근무할 것을 조건으로 한다. 종업원이 주식 1,200주를 제공받는 결제방식을 선택하는 경우에는 주식을 가득일 이후 3년간 보유하여야 하는 제한이 있다. 주가는 다음과 같다.

1차연도 1. 1.	₩50
1차연도 12. 31.	52
2차연도 12. 31.	55
3차연도 12. 31.	60

기업은 부여일 이후 3년 동안 배당금을 지급할 것으로 예상하지 않는다. 기업은 가득 이후 양도제한의 효과를 고려할 때 주식 1,200주를 제공받는 결제방식의 부여일 공정가치가 주당 ₩48이라고 추정하였다. 3차연도 12. 31.에 종업원은 다음을 선택할 수 있다.

상황 ①: 현금결제방식
상황 ②: 주식결제방식

물음 1차연도 12. 31.부터 3차연도 12. 31.까지 기업이 인식할 금액을 구하라.

P17-16 종업원에게 유리한 조건변경: 시장성과조건의 부과와 철회[1)]

- 1차연도 1. 1.에 종업원 100명에게 1인당 100개 주식선택권을 부여하였다.
- 주식선택권을 가득하기 위해서 종업원이 3차연도 12. 31.까지 근무해야 하고 3차연도 12. 31.까지 주가가 ₩9 이상이 되어야 한다. 퇴직하지 않은 종업원 수는 다음과 같다.

1차연도 12. 31.	90명
2차연도 12. 31.	92
3차연도 12. 31.	88

1차연도 1. 1.의 주식선택권의 공정가치: ₩3
1차연도 1. 1.의 주가: ₩5
2차연도 1. 1.에 목표주가에 대한 가득조건을 철회하였다.
2차연도 1. 1.의 주식선택권의 공정가치(목표주가에 대한 가득조건이 부과된 경우): ₩2
2차연도 1. 1.의 주식선택권의 공정가치(목표주가에 대한 가득조건이 없는 경우): ₩3.5

물음 연도별 보상비용을 계산하라.

P17-17 가득기간 중 현금결제선택권의 추가

- 1차연도 1. 1.에 종업원에게 100개의 주식선택권을 부여했는데 종업원은 2차연도 12. 31.까지 근무해야 하며 가득일은 3차연도 1. 1.이다.
- 부여시점의 주식선택권의 단위당 공정가치가 ₩10이므로 총보상비용이 ₩1,000이고 연도별 보상비용이 ₩500이다.
- 2차연도 12. 31.에 현금결제선택권을 추가했다.
- 2차연도 12. 31.의 주식선택권의 공정가치가 단위당 ₩8이고, 3차연도 1. 1.(가득일)의 주식선택권의 공정가치가 단위당 ₩7이다.

---

1) Deloitte, *iGAAP 2017, Volume A: A Guide to IFRS Reporting Part 1* (Wolters Kluwer, 2017), pp. 1347-1348.

물음 2차연도 12. 31.과 3차연도 1. 1.에 필요한 분개를 하라.

P17-18 현금결제형 주식기준보상거래의 취소

- 1차연도 1. 1.에 단위당 공정가치가 ₩10인 주가차액보상권 500개를 부여하였다.
- 종업원이 4차연도 12. 31까지 근무해야 주가차액보상권을 가득한다.
- 2차연도 12. 31.에 대체주식의 발행이나 현금 지급이 없이 현금결제형 주식기준보상거래가 취소되었다.
- 주가차액보상권의 공정가치는 다음과 같다.

1차연도 12. 31.	₩40
2차연도 12. 31.	45

물음 1차연도 12. 31.과 2차연도 12. 31.에 필요한 분개를 하라.

P17-19 현금결제형을 포함한 조건변경과 공정가치가 상승한 후 하락한 상황[2)]

- 1차연도 1. 1.에 사장에게 10,000주를 부여하였다.
- 주식을 가득하기 위해서 사장이 3차연도 12. 31.까지 근무해야 한다.
- 부여일의 주식의 공정가치: ₩33
- 2차연도 12. 31.의 주식의 공정가치: ₩50으로 상승
- 2차연도 12. 31.에 사장에게 다음 두 가지 중에서 하나를 선택할 수 있는 권리를 부여하였다.
  ① 가상주식 1,000주(주식 1,000주에 상당하는 현금을 지급받을 수 있는 권리)
  ② 주식 10,000주의 가치에 해당하는 현금을 받는다.
- 3차연도 12. 31.의 주식의 공정가치: ₩45으로 하락

물음 2차연도 12. 31.과 3차연도 12. 31.에 필요한 분개를 하라.

P17-20 종업원에게 결제선택권이 있는 주식기준보상거래 (2007년, 회계사)

- 12월 말 결산법인이 6차연도 1. 1.에 최고경영자에게 다음 두 가지 중 하나를 선택할 수 있는 권리를 부여하였다.
  ① 가상주식 1,000주(주식 1,000주에 상당하는 현금을 지급받을 권리)
  ② 주식선택권 3,000개를 행사하여 주식 3,000주를 받을 권리
- 이 주식기준보상약정은 가상주식 1,000주와 행사가격 ₩450인 주식선택권 2,000개를 모두 행사할 수 있는 권리와 사실상 동일한 복합금융상품이다.
- 이 권리에는 3년의 용역제공조건이 부과되었고, 주식선택권의 행사가격은 ₩300이다.
- 행사가격 ₩450인 주식선택권의 부여일 현재 공정가치는 ₩10이다.
- 주당 액면금액 ₩100인 주식의 주가 자료는 다음과 같다.

날 짜	주가
6차연도 1. 1.	₩300
6차연도 12. 31.	350
7차연도 12. 31.	400

물음 1. 7차연도 12. 31.의 분개를 하라.

---

2) Deloitte, *iGAAP 2017, Volume A: A Guide to IFRS Reporting Part 1* (Wolters Kluwer, 2017), pp. 1369-1370.

2. 9차연도 1. 1.의 주가가 ₩420일 경우 최고경영자의 권리행사에 따른 분개를 하라.
3. 9차연도 1. 1.의 주가가 ₩480일 경우 최고경영자의 권리행사에 따른 분개를 하라.

P17-21 기업이 결제방식을 선택할 수 있는 주식기준보상거래(주식결제선택권의 공정가치 〉 현금결제선택권의 공정가치)

- SK가 부여일부터 주식기준보상거래를 주식결제형으로 회계처리하였다.
- SK가 부여일의 공정가치에 기초하여 인식한 총 보상비용은 ₩85,000이다.
- 결제시점의 주식결제선택권의 공정가치: ₩85.000
- 결제시점의 현금결제선택권의 공정가치: ₩70.000

물음 다음 각 상황에 대해서 결제시점에 필요한 회계처리를 설명하라.

- 상황 ①: 현금결제선택권이 없는 주식결제형 주식기준보상거래이다.
- 상황 ②: SK에게 결제선택권이 부여되어 SK가 주식을 액면금액으로 발행하여 주식기준보상거래를 결제하였다.
- 상황 ③: SK에게 결제선택권이 부여되어 SK가 현금 ₩70,000을 지급하고 주식기준보상거래를 결제하였다.

P17-22 기업이 결제방식을 선택할 수 있는 주식기준보상거래(주식결제선택권의 공정가치 〈 현금결제선택권의 공정가치)

- SK가 부여시점의 공정가치에 기초하여 인식한 총 보상비용은 ₩70,000이다.
- 결제시점의 주식결제선택권의 공정가치: ₩70,000
- 결제시점의 현금결제선택권의 공정가치: ₩85,000

물음 다음 각 상황에 대해서 결제시점에 필요한 회계처리를 설명하라.

상황 ①: 현금결제 선택권이 없는 주식결제형 주식기준보상거래이다.

상황 ②: SK에게 결제선택권이 부여되어 SK가 액면금액이 ₩50,000인 주식을 발행하여 주식기준보상거래를 결제하였다.

상황 ③: SK에게 결제선택권이 부여되어 SK가 현금 ₩85,000을 지급하고 주식기준 보상거래를 결제하였다.

P17-23 주식결제형 주식기준보상거래 (2020년, 회계사)

- ㈜대한은 1차연도 1. 1.에 종업원이 3차연도 12. 31.까지 근무하면 가득하는 조건으로 종업원 100명에게 각각 주식선택권 10개를 부여하였다.
- 주식선택권의 만기는 5년, 주식선택권의 단위당 행사가격은 ₩1,000이고, 부여일 현재 ㈜대한의 1주당 주가(액면금액 ₩500)는 ₩1,000이다.
- 4차연도부터 5차연도까지 행사된 주식선택권의 수량은 다음과 같다. 한편 행사된 주식선택권은 모두 회계연도 말에 행사되었다.

회계연도	행사된 주식선택권 수량
4차연도	300개
5차연도	550

- 1차연도 12. 31. 현재 이미 6명이 퇴사하였으며, ㈜대한은 2차연도와 3차연도에 추가로 총 4명이 퇴사할 것으로 추정하였다. 따라서 부여한 주식선택권의 90%가 가득될 것으로 추정하였다.
- 2차연도에 실제로 4명이 퇴사하였고, ㈜대한은 미래에 가득될 것으로 기대되는 주식선택권의 비율을 85%로 재추정하였다.
- 3차연도에 실제로 5명이 퇴사하였고, 3차연도 12. 31. 현재 총 850개의 주식선택권이 가득되었다.

물음 1. 주식선택권의 공정가치를 신뢰성 있게 측정할 수 없는 경우

㈜대한은 주식선택권 부여일 현재 주식선택권의 공정가치를 신뢰성 있게 측정할 수 없다고 판단하였다. 1차연도부터 5차연도까지 ㈜대한의 1주당 주가는 다음과 같다.

회계연도	회계연도 말 1주당 주가
1차연도	₩1,100
2차연도	1,300
3차연도	1,250
4차연도	1,150
5차연도	1,350

㈜대한은 주식선택권 행사 시 자본항목으로 자본금, 주식발행초과금, 주식선택권을 사용하는데, 주식발행가액 중 주식의 액면금액은 '자본금', 액면금액 초과액은 '주식발행초과금'으로 표시한다. 주식선택권 행사 시 주식발행초과금으로 대체하는 경우, 4차연도와 5차연도의 주식선택권 행사 시 인식할 주식발행초과금의 금액을 각각 계산하시오.

4차연도 행사 시 인식할 주식발행초과금	①
5차연도 행사 시 인식할 주식발행초과금	②

2. 주식선택권의 행사가격을 인하(또는 인상)하는 조건변경

㈜대한은 주식선택권 부여일 현재 주식선택권의 단위당 공정가치를 ₩300으로 신뢰성 있게 측정할 수 있다고 판단하였다. ㈜대한은 2차연도 12. 31.에 다음과 같은 두 가지의 조건변경을 고려하고 있다.

조건변경 1: 주식선택권의 행사가격을 인하하는 조건변경으로 인해 주식선택권의 단위당 공정가치가 ₩100 증가

조건변경 2: 주식선택권의 행사가격을 인상하는 조건변경으로 인해 주식선택권의 단위당 공정가치가 ₩100 감소

주식선택권과 관련한 모든 회계처리로 ㈜대한이 3차연도에 인식할 보상비용(또는 보상비용환입)의 금액을 각각 계산하시오. 단, 보상비용의 경우에는 (-)를 숫자 앞에 표시하시오.

	3차연도	
구분	조건변경 1	조건변경 2
보상비용(또는 보상비용환입)	①	②

P17-24 주식결제형 주식기준보상거래와 권리상실률에 대한 당기일괄처리법

- 1차연도 1. 1.에 SK는 100명의 종업원에게 종업원 1인당 SK주식 100주를 취득할 주식선택권을 부여하였다.
- 종업원들은 3차연도 12. 31.까지 근무하여야 하며 주식선택권은 6차연도 1. 1.에 소멸한다.
- 행사가격: 주당 ₩10(1차연도 1. 1.의 주가와 동일)
- 1차연도 1. 1.의 주식선택권 1매당 공정가치: ₩6
- SK는 퇴직 종업원의 수를 다음과 같이 추정하였다.

날짜	실제 퇴직자 수	추가퇴직 예상자 수	잔존 종업원 수
1차연도 말	3명	2명	95명
2차연도 말	2	0	95
3차연도 말	2	0	93

물음 1. 1차연도부터 3차연도까지 보상비용을 기록하는 분개를 하라.

2. 3차연도 12. 31.의 주식선택권의 권리상실률에 대한 누적효과를 계산하라.

P17-25 비가득조건과 종업원에 의한 취소(「K-IFRS 제1102호」 사례 9A)

- 기업은 종업원에게 3년 동안 월급 ₩400의 25%를 저축하는 데 동의할 경우 주식선택권을 받는 제도에 참여할 기회를 부여하였다. 매월 불입액은 종업원의 월급에서 차감하여 지급된다.
- 종업원은 3년이 지난 시점에 주식선택권을 행사할 때 누적저축액을 사용하거나, 3년 중 어느 때라도 기여금을 환급받을 수 있다. 이 주식기준보상약정으로 인한 추정연간비용은 ₩120이다. 18개월이 지나서 종업원이 제도에 기여금을 납부하는 것을 중단하고 그 동안 납부한 기여금 ₩1,800을 환급받았다.
- 이 제도는 월급지급액, 저축제도에 납입된 월급공제액, 주식기준보상 등 세 가지 요소가 있다. 기업은 각 요소에 대해 비용을 인식하고 그에 상응하는 부채나 자본의 증가를 인식한다. 이 제도에 기여금을 납부하는 요구사항은 비가득조건인데, 종업원은 2차연도에는 이를 충족시키지 않기로 선택하였다.

물음 기여금의 환불과 2차연도에 기여금 납부가 중단된 것에 대해서 2차연도까지 비용, 현금, 부채, 자본을 측정하라.

P17-26 현금결제형 결제방식의 공정가치가 높은 선택형 주식기준보상거래

- 1차연도 1. 1.에 향후 2년간 근무하는 조건으로 종업원에게 10,000매(1매당 공정가치: ₩10)의 주식선택권을 부여하였다.
- 회사가 결제방식을 선택할 수 있고, 주식결제형 보상거래로 회계처리하였다.
- 주식결제형 보상거래에서 연도별 보상비용은 다음과 같다.

1차연도	₩50,000
2차연도	50,000
합계	₩100,000

- 2차연도 12. 31.(결제시점)의 공정가치:
  - 주식결제형 결제방식의 공정가치: ₩120,000
  - 현금결제형 결제방식의 공정가치: ₩160,000

물음 1차연도 말과 2차연도 말에 필요한 분개를 하되, 2차연도 12. 31.에 주식으로 결제하는 경우와 현금으로 결제하는 경우 각각에 대해 분개하라.

P17-27 주식결제형 결제방식의 공정가치가 높은 선택형 주식기준보상거래

- P17-26의 자료를 이용하되, 다음을 가정하라.
- 2차연도 12. 31.(결제시점)의 공정가치:
  - 주식결제형 결제방식의 공정가치: ₩160,000
  - 현금결제형 결제방식의 공정가치: ₩120,000

물음 2차연도 12. 31.에 주식으로 결제하는 경우와 현금으로 결제하는 경우로 구분하여 결제시점에 필요한 분개를 하라.

Chapter 18

주당이익

학습 목표

LO 18－1. 기본주당이익과 희석주당이익의 차이를 이해한다.
LO 18－2. 기본주당이익의 계산방법을 이해한다.
LO 18－3. 주주 우선배정 신주발행에서 무상증자비율의 계산방법을 이해한다.
LO 18－4. 잠재적보통주의 개념을 이해한다.
LO 18－5. 주당이익 희석화의 개념을 이해한다.
LO 18－6. 자기주식법과 전환가정법의 내용을 이해한다.
LO 18－7. 조건부발행보통주가 존재하는 경우 희석주당이익의 계산방법을 이해한다.
LO 18－8. 자기주식 옵션이 존재하는 경우 희석주당이익의 계산방법을 이해한다.

제18장

제1절 기본주당이익

1. 주당이익의 개념과 종류
2. 보통주에 귀속되는 당기순이익
   (1) 우선주 배당금
   (2) 할증배당우선주
3. 가중평균유통보통주식수
   (1) 일반적인 신주발행
   (2) 주식배당(무상증자 포함)과 주식분할
   (3) 재취득주식(자기주식)
   (4) 주주 우선배정 신주발행

제2절 희석주당이익

1. 희석주당이익의 개념
2. 잠재적보통주의 희석효과
   (1) 희석효과
   (2) 희석주당이익을 계산하는 방법
3. 자기주식법: 주식선택권과 주식매입권
4. 전환가정법: 전환증권
   (1) 전환증권의 희석성 판단
   (2) 희석주당이익 계산식의 분자에 미치는 영향
   (3) 희석주당이익 계산식의 분모에 미치는 영향
5. 잠재적보통주가 여러 종류인 경우
6. 조건부발행보통주

제3절 희석주당이익과 관련된 기타 거래

1. 거래대상물이 자기주식인 매입옵션
2. 거래대상물이 자기주식인 매도옵션
   (1) 매도풋옵션
   (2) 매도콜옵션
3. 현금 또는 보통주로 결제할 수 있는 채무계약
   (1) 채무증권의 발행자인 기업이 결제선택권을 보유하는 경우
   (2) 채무증권의 보유자가 결제선택권을 보유하는 경우

Chapter 18
제1절 기본주당이익

1. 주당이익의 개념과 종류

주당이익(earning per share: EPS)은 보통주 1주당 이익을 나타내는 경영성과 측정치로, 많은 양의 재무제표 정보를 분석하지 않고도 기업의 한 해 경영성과를 한눈에 알아볼 수 있는 지표이다. 주당이익은 투자자들이 기업의 수익성을 평가하는 데 가장 널리 사용하는 지표 중 하나이며, 기업이 주주들로부터 받은 자원을 얼마나 효과적으로 사용했는지를 나타내는 지표이다. 투자자와 재무분석가가 기업의 경영성과를 평가하고, 미래 수익을 예측하며, 기업의 주식 가치를 추정하는 데 주당이익을 사용한다.

보통주만 발행한 회사는 **보통주 1주당 이익**을 다음과 같이 계산한다. 이러한 주당이익을 '기본주당이익'(basic EPS)이라 한다.

$$\text{기본주당이익} = \frac{\text{보통주에 귀속되는 당기순이익}}{\text{가중평균유통보통주식수}}$$

회사가 보통주를 발행해야 하는 조항이 포함된 증권(예 전환우선주, 전환사채, 신주인수권부사채, 주식선택권, 주식매입권 등)을 발행하면 이러한 증권이 보통주식수와 주당이익에 미치는 영향도 유용한 정보가 된다. 보통주의 총 유통주식수를 증가시킬 수 있는 금융상품의 영향을 고려해서 계산한 주당이익을 '희석주당이익'(diluted EPS)이라 하고 희석주당이익을 기본주당이익에 추가하여 공시한다.

포괄손익계산서에 보고되는 '이익'의 종류가 다양하므로, 주당이익 계산식의 분자로 어떤 이익을 사용하느냐에 따라 다양한 주당이익을 계산할 수 있다. 예를 들어, 주당이익 계산식의 분자로 '계속영업이익'을 사용하면 '주당계속영업이익', 당기순이익을 사용하면 '주당이익'이 계산된다. '주당이익' 계산식의 분모로 보통주만 고려하면 '기본주당이익', 보통주를 증가시킬 금융상품까지 모두 고려하면 '희석주당이익'이 계산된다.

계산기준이 되는 이익	기본주당이익	희석주당이익
계속영업이익	기본주당계속영업이익**	희석주당계속영업이익**
중단영업이익	기본주당중단영업이익*	희석주당중단영업이익*
당기순이익	기본주당이익**	희석주당이익**

* 기본주당중단영업이익과 희석주당중단영업이익은 포괄손익계산서 본문 또는 주석에 공시한다.

** 기본주당이익(기본주당계속영업이익)과 희석주당이익(희석주당계속영업이익)은 포괄손익계산서에 의무적으로 공시하는 항목이다.

2. 보통주에 귀속되는 당기순이익

보통주에 귀속되는 당기순이익은 포괄손익계산서 상의 당기순이익 중에서 보통주 주주에게 돌아가지 않는 항목(예 우선주 배당금)을 모두 차감한 후의 당기순이익이다. 구체적으로, 기업에 귀속되는 계속영업이익과 당기순이익 각각의 금액에서 자본으로 분류된 우선주에 대한 세후배당금, 우선주 상환 시 발생한 차액 및 유사한 효과를 조정한(아래 (1) 참조) 금액이다[1033: 12].

(1) 우선주 배당금

우선주 배당금은 보통주 주주에게 돌아가는 몫이 아니므로 기본주당이익을 계산할 때 당기순이익에서 차감한다.

보통주에 귀속되는 당기순이익 = 당기순이익 − 우선주 배당금(세후)

당기순이익에서 차감할 우선주 배당금은 다음과 같다[1033: 14].

- 당해 회계기간과 관련하여 배당 결의된 비누적적 우선주에 대한 세후배당금
- **배당결의 여부와 관계없이** 당해 회계기간과 관련한 누적적 우선주에 대한 세후배당금

특정 회계기간에 누적적 우선주에 대해 배당이 결의되지 않더라도 궁극적으로 미래에 배당금을 지급해야 한다. 따라서 배당결의 여부와 관계없이 당해 회계연도의 누적적 우선주에 대한 배당금을 지급하는 것으로 간주하고 당기순이익에서 차감해서 보통주에 귀속되는 당기순이익을 계산한다. 누적적 우선주에 대해 배당을 결의하지 않아 지급되지 않은 배당금을 연체배당(dividends in arrears)이라 한다. 누적적 우선주에 대한 연체배당은 과거 회계기간의 기본주당이익을 계산할 때 이미 고려한 사항이므로, 당기의 '보통주에 귀속되는 당기순이익'을 계산할 때에는 당기순이익에서 차감하지 않는다. 그리고 배당이 결의되기 전까지는 부채가 아니므로 연체배당을 미지급배당금(부채)으로 인식하지 않는다. 예를 들어, 1차연도부터 3차연도까지 연체배당금이 발생하였다면 매 연도의 연체배당금이 주당이익의 계산에 미치는 영향은 다음과 같다.

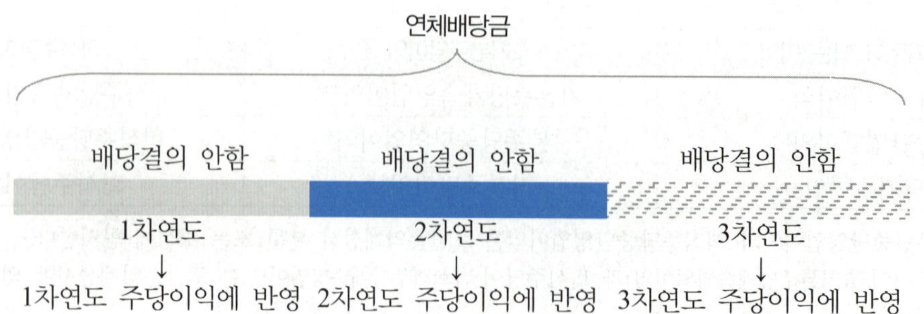

기업이 공개매수 방식으로 우선주를 재매입할 때 우선주 주주에게 지급한 대가의 공정가치가 우선주의 장부금액을 초과하는 부분은 우선주 주주에 대한 이익배분('배당금')으로 이익잉여금에서 차감한다. 이 금액은 보통주에 귀속되는 당기순이익을 계산할 때 차감한다[1033: 16]. 그러나 우선주 장부금액이 우선주 매입대가의 공정가치를 초과하는 경우에는 그 차액을 보통주에 귀속되는 당기순이익을 계산할 때 가산한다[1033: 18].

전환우선주를 발행한 기업이 원래 전환조건보다 유리한 조건을 제시하거나 추가 대가를 지급해서 조기 전환을 유도하는 경우(제13장 참조), 원래 전환조건에 따라 발행될 보통주의 공정가치를 초과하여 지급하는 보통주나 그 밖의 대가의 공정가치는 전환우선주에 대한 이익배분('배당금')으로 보아 기본주당이익을 계산할 때 보통주에 귀속되는 당기순이익에서 차감한다[1033: 17].

(2) 할증배당우선주

할증배당우선주(increasing rate preference shares)는 배당이 처음보다 나중에 증가하는 우선주로서, 두 가지 경우가 존재할 수 있다. 시가보다 할증된 금액으로 우선주를 매수한 투자자에 대한 보상으로 나중 기간에 시장 배당금보다 높은 배당을 지급하거나 아니면 우선주를 시가보다 할인 발행한 기업에 대한 보상으로 초기에 시장 배당금보다 낮은 배당을 지급하는 우선주이다[1033: 15]. 할증배당우선주의 할인(또는 할증)발행차금은 유효이자율법으로 상각하고, 상각액을 우선주 배당금으로 해석하여 이익잉여금에서 차감(가산)하고 주당이익을 계산할 때 우선주 배당금으로 처리한다[1033: 15]. 우선주는 의무상환조건이 없는 한 일반적으로 자본으로 분류되므로 유효이자율법을 적용해 상각한 금액은 이자비용이 아니라 내재된 배당금(imputed dividend)이다. 즉, 부채로 분류되는 사채였다면 채권자에게 지급하는 이자였을 금액이 자본으로 분류되는 주식이기 때문에 주주에게 지급하는 배당금이 된다. 내재된 배당금은 이익잉여금에 직접 조정하고, 기본주당이익을 계산하기 위한 '보통주에 귀속되는 당기순이익'을 결정할 때 우선주 배당금으로 처리한다(예제 1 참조).

분개 할증배당우선주의 할인(또는 할증)발행차금 상각

할증배당우선주의 할인발행			할증배당우선주의 할증발행		
발행시점:					
(차) 현 금	×××		(차) 현 금	×××	
우선주할인발행차금	×××		(대) 자본금 - 우선주		×××
(대) 자본금 - 우선주		×××	우선주할증발행차금		×××
할인(할증)발행차금 상각시점:					
(차) 이 익 잉 여 금	×××		(차) 우선주할증발행차금	×××	
(대) 우선주할인발행차금		×××	(대) 이 익 잉 여 금		×××

예제 1 할증배당우선주의 할인발행

중요도: ★
난이도: ◆◆

상황

· 1차연도 1. 1.에 누적적 우선주 1주(액면금액: ₩10,000)를 ₩5,120에 할인발행하고, 3차연도 12. 31.까지 이 누적적 우선주에 대해 배당금을 지급하지 않는다.

· 발행일의 누적적 우선주에 대한 시장배당률: 연 25%

· 이 누적적 우선주를 보유한 주주는 4차연도부터 매년 주당 ₩2,500(액면금액의 25%)의 현금배당금을 받는다.

물음 보통주에 귀속되는 이익을 계산하기 위하여 차감할 우선주 배당금을 연도별로 계산하고 1차연도에 필요한 분개를 하라.

정답 및 해설 **1차연도: ₩1,280, 2차연도: ₩1,600, 3차연도: ₩2,000**

· 3차연도까지 무배당 후 4차연도부터 배당금이 지급되므로 이 우선주는 할증배당우선주이다. 발행연도부터 매년 배당금 ₩2,500을 지급하면 누적적 우선주의 발행금액은 ₩10,000이었을 것이다. 그러나 이 누적적 우선주에 대해 발행연도부터 3년간 배당금을 지급하지 않으므로 발행금액은 ₩10,000보다 적다.

· 3차연도 말까지 매년 ₩2,500씩 배당금의 현재가치(할인율: 연 25%)는 ₩4,880이다.

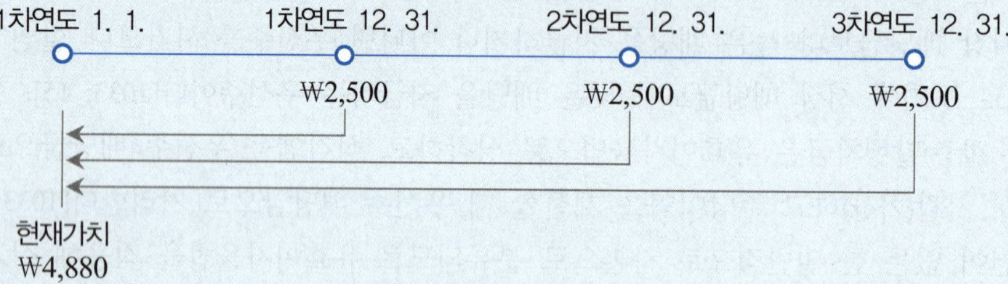

· 3년간 배당금을 지급하지 않으므로 우선주가 ₩5,120(₩10,000 − ₩4,880)에 발행되었다. 유효이자율법을 이용하여 내재된 배당금을 연도별로 계산하면 다음과 같다.

유효이자율법에 의한 내재 배당금

연도 ①	할증배당우선주 기초장부금액 ②	내재 배당금 (25%) ③	현금배당금 ④	할증배당우선주 기말장부금액 ⑤ = ② + ③
1차연도	₩5,120	₩1,280	₩0	₩6,400
2차연도	6,400	1,600	0	8,000
3차연도	8,000	2,000	0	10,000
합계		₩4,880	₩0	

1차연도 1. 1. 발행시점:

(차) 현 금	5,120	(대) 자 본 금(우선주)	10,000
우선주할인발행차금	4,880		

1차연도 12. 31. 결산일:

(차) 이 익 잉 여 금(배당금)	1,280	(대) 우선주할인발행차금	1,280

3. 가중평균유통보통주식수

신주발행, 자기주식 취득, 보통주의 소각 등으로 인해서 보통주의 수량이 특정 회계기간 동안 변하면 해당 기간 평균적으로 유통된 보통주의 수량을 바탕으로 주당이익을 계산한다. 보통주식이 실제로 유통된 기간(월 단위)만큼 가중평균해서 한 회계기간(12개월) 동안 유통된 보통주식수를 구한 것을 가중평균유통보통주식수(number of weighted average common shares outstanding)라 한다. 시간적 관점에서 가중치를 부여한다는 의미로 시간가중이라고도 하는데, [1033: 20]에 의하면 유통일수를 토대로 해서 유통기간에 따른 가중치를 산정하지만, 이 책에서는 계산상 편의를 위해서 월할기준으로 유통기간 가중치를 계산한다. 예를 들어, 결산일이 12. 31.인 기업이 10. 1.에 12,000주의 신주를 발행하면 1년 중 3개월 동안 유통되었으므로 유통기간 가중치는 3/12이고 신주에 대한 가중평균유통보통주식수는 3,000주(12,000주 × 3/12)이다. 이때 '유통'이라 함은 '주식이 발행된 후 재취득되지 않은 상태'를 말하므로 자기주식은 유통보통주에 포함하지 않는다. 그리고 가중평균유통보통주식수는 기초의 유통보통주식수에 회계기간 중 취득된 자기주식수 또는 신규 발행된 보통주식수를 각각의 유통기간에 따른 가중치를 고려하여 조정한 보통주식수이다.

가중평균유통보통주식수를 산정할 때 시간가중을 하기 위해서는 다음과 같은 유통기간 기산일(보통주 유통기간 시작일)을 알아야 한다.

가중평균유통보통주식수를 산정하기 위한 보통주 유통일수 계산의 유통기간 기산일은 통상 주식발행의 대가를 받을 권리가 발생하는 시점(일반적으로 주식발행일)이다. 보통주 유통일수를 계산하는 유통기간 기산일의 예는 다음과 같다[1033: 21].

· 현금 납입의 경우 현금을 받을 권리가 발생하는 날
· 보통주나 우선주 배당금을 자발적으로 재투자하여 보통주가 발행되는 경우 배당금의 재투자일
· 채무상품의 전환으로 인하여 보통주를 발행하는 경우 최종이자 발생일의 다음 날
· 그 밖의 금융상품에 대하여 이자를 지급하거나 원금을 상환하는 대신 보통주를 발행하는 경우 최종이자 발생일의 다음 날
· 채무를 변제하기 위하여 보통주를 발행하는 경우 채무변제일
· 현금 이외의 자산을 취득하기 위하여 보통주를 발행하는 경우 그 자산의 취득을 인식한 날
· 용역의 대가로 보통주를 발행하는 경우 용역제공일

(1) 일반적인 신주발행

일반적으로 기업이 새로운 보통주를 발행할 때에는 공정가치로 발행한다. 이처럼 경제적 자원(예 현금)이 유입되거나 유출(예 자기주식 현금취득)되면서 유통보통주의 수량이 변하는 회계사건이 발생하면 경제적 자원이 개입되는 시점을 유통기간 기산일로 하고 이 시점부터 시간가중치를 부여한다. 예를 들어, 회계 기간에 보통주를 발행하여 현금을 조달하면 현금을 받고 보통주를 발행한 시점(납입일)

부터 시간가중하여 가중평균유통보통주식수를 계산한다.

예제 2 보통주에 귀속되는 당기순이익과 기본주당이익

중요도: ★★★
난이도: ◆

상황

· 3차연도 당기순이익: ₩856,800
· 3차연도 1. 1.의 유통보통주: 30,000주
· 3차연도 4. 1.에 16,000의 신주를 공정가치로 발행하였다.
· 3차연도 12. 31.에 ₩142,800의 우선주 배당금이 결의되었다.

물음 보통주의 기본주당이익을 계산하라.

정답 및 해설

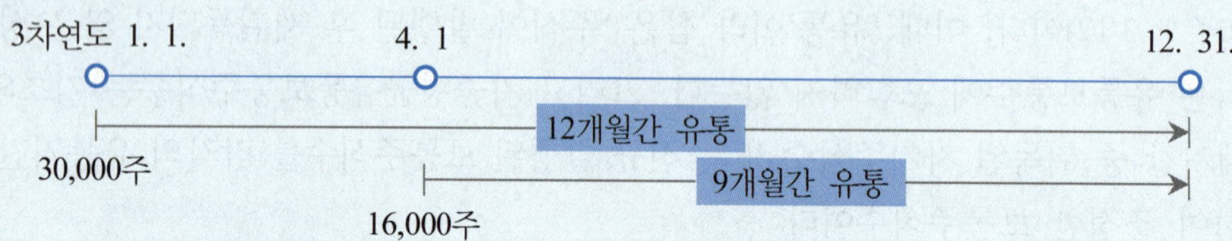

· 위의 **유통수량과 유통기간을 다음과 같이 표현**할 수 있다.

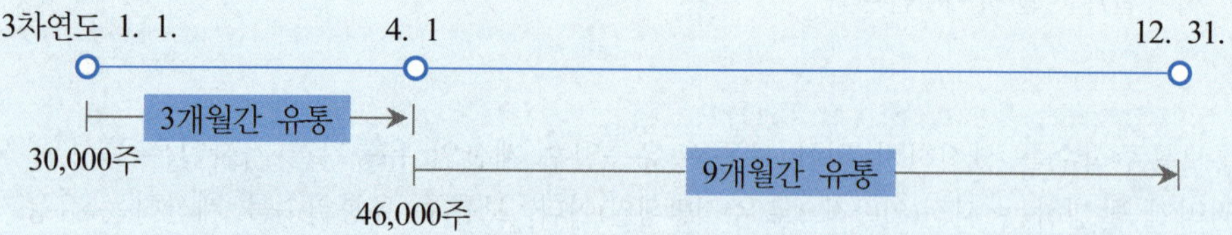

· 유통수량과 유통기간을 위와 같이 표현하면 가중평균유통주식수를 다음과 같이 계산한다.

유통기간	항목	수량	유통주식수	가중치	가중평균유통보통주식수
1. 1 ~ 3. 31	기초 보통주	30,000주	30,000주	3/12	7,500 주
4. 1 ~12. 31	신주발행	16,000	46,000	9/12	34,500
합계					42,000 주

∴ 기본주당이익: (₩856,800 − ₩142,800) ÷ 42,000주 = ₩17

참고 **특정 회계사건이 발생할 때마다 위와 같이 해당 회계사건이 발생한 시점부터 다음 회계사건이 발생하는 날까지의 기간 동안 가중평균유통주식수를 계산하고 합계를 구하는 것이 좋은 방법이다.**

(2) 주식배당(무상증자 포함)과 주식분할

주식배당, 무상증자, 주식분할, 또는 주식병합은 경제적 자원(예 현금)이 개입되지 않고 순자산 금액도 변하지 않으면서 단순히 유통주식수가 변하는 회계사건이다. 이처럼 경제적 자원의 변동 없이 보통주의 수량을 변동시키는 회계사건이 발생하면 해당 사건이 회계기간 중에 발생했다 하더라도 회계기간 초에 발생한 것으로 가정한다. 그리고 새로운 유통주식수를 비교재무제표에 표시된 과거의 모든 회계기간에 소급적용하여 기본주당이익과 희석주당이익을 다시 계산한다. 예를 들어, 1차연도 1. 1.의 유통주식 10,000주에 대해 2차연도 12. 31.에 20%(2,000주)의 주식배당을 결의하면, 1차연도 1. 1.부터 2차연도 12. 31.까지 12,000주가 유통된다고 보고 1차연도 주당이익을 소급해서 다시 계산해서 비교재무제표에 공시한다. 주식배당(또는 주식분할)은 대가 없이 주식을 발행하기 때문에 현금이 유입되지 않고 순자산 금액이 변하지 않는다. 그러나 주식배당(또는 주식분할) 이후에는 더 많은 주식이 유통되므로 순자산 총액을 더 많은 주식수로 나눈다. 즉, 주당 가치가 낮은 주식을 더 많이 발행한 것처럼 된다. 예를 들면, '2 대 1'의 주식분할 후 주당이익은 다른 사항이 동일하면 주식분할 이전에 비해 절반이 된다.

유통되는 보통주식수나 잠재적보통주식수(제2절 참조)가 자본금전입, 무상증자, 주식분할로 증가하거나 주식병합으로 감소하면, 비교 재무제표상에 표시되는 모든 회계기간의 기본주당이익과 희석주당이익을 소급하여 다시 계산해서 기간별 비교가능성을 높여야 한다. 만일 이러한 회계사건이 보고기간 말과 재무제표 발행 승인일 사이에 발생하면, 당기와 비교 표시되는 과거 기간의 주당이익을 새로운 유통보통주식수에 근거해 다시 계산하고, 보고기간 말 이후에 유통주식수의 변동으로 인해 주당이익을 소급하여 다시 계산하였다는 사실을 주석에 공시한다[1033: 64]. 그러나 주식을 발행(또는 재취득)하면서 현금이 유입(또는 유출)되는 등 경제적 자원이 개입되는 경우에는 순자산 금액이 변하고, 회사는 변화된 순자산을 이용하여 미래에 더 많은(또는 더 적은) 이익을 창출할 수 있다. 따라서 주식을 현금 발행(또는 자기주식을 재구매)한 회계사건 등으로 인해 경제적 자원이 개입되어 주당이익이 변하는 경우에는 주당이익을 과거 회계기간에 소급하여 조정하지 않는다.

표 18.1 신주발행 시 경제적 자원의 개입 여부에 따른 시간가중 기산일과 주당이익 소급계산 여부

경제적 자원 개입 여부	시간가중 기산일	주당이익 소급계산 여부	예
개입 ○	경제적 자원 개입시점	소급 ×	일반적인 신주발행, 자기주식 취득 등
개입 ×	회계기간 초	소급 ○	주식배당, 무상증자, 주식분할, 주식병합 등

Miniature 예제 1 비교 재무제표상 모든 회계기간에 소급하여 주당이익을 다시 계산하는 이유

▸ 개념을 이해하기 위해 문제를 단순화시켜 다음 상황을 생각해 보자.
· 1차연도 1. 1.에 보통주 1주를 발행하여 영업을 시작
· 1차연도 당기순이익: ₩30
· 2차연도 1. 1.에 2 대 1로 주식을 분할하여 보통주 2주가 유통됨
· 2차연도 당기순이익: ₩30

▸ 1차연도의 주당이익을 소급해서 계산하지 않으면 연도별 주당이익은 다음과 같다.
· 1차연도: ₩30 ÷ 1주 = ₩30
· 2차연도: ₩30 ÷ 2주 = ₩15

▸ 동일한 자산과 자본을 운용하여 1차연도와 2차연도의 경영성과(매년 당기순이익: ₩30)가 같음에도 불구하고 2차연도에 유통주식수가 증가한 사실을 반영하지 않고 주당이익을 위와 같이 공시하면 회계정보이용

자는 이 기업의 2차연도 경영성과가 1차연도에 비해서 반 토막 났다고 오해할 수 있다. 그러므로 2차연도에 비교 목적으로 공시되는 1차연도 포괄손익계산서에 주당이익을 ₩15으로 다시 계산(소급적용)하여 공시한다.

예제 3 주식배당

중요도: ★★★
난이도: ◆◆

상황

· 당기순이익: ₩856,800
· 3차연도 1. 1.의 유통보통주: 30,000주
· 3차연도 4. 1.에 16,000의 신주를 공정가치로 발행하였다.
· 3차연도 7. 1.에 20%의 주식배당을 하였다.

물음 3차연도의 기본주당이익을 계산하라.

정답 ₩17

해설

유통기간	항목	수량	유통주식수	가중치	가중평균유통보통주식수
1.1 ~ 3.31	기초유통보통주	30,000주			
	20% 주식배당	6,000	36,000주	3/12	9,000주
4.1 ~ 12.31	신주발행	16,000			
	20% 주식배당	3,200	55,200	9/12	41,400
합계					50,400주

기본주당이익: ₩856,800 ÷ 50,400주 = ₩17

(3) 재취득주식(자기주식)

기업이 자기주식을 시장에서 취득하면 경제적 자원(예 현금)이 개입되므로 자기주식을 재취득한 시점이 유통기간 기산일이 된다. 자기주식은 유통주식수에 포함하지 않으므로 재취득시점부터 유통되지 않은 기간 동안 시간가중하여 이를 주당이익 계산식의 분모인 가중평균유통보통주식수에서 차감한다.

예제 4 자기주식의 재취득

중요도: ★★★
난이도: ◆

상황

· 3차연도 당기순이익: ₩856,800
· 3차연도 1. 1.의 유통보통주: 30,000주
· 3차연도 4. 1.에 16,000의 신주를 공정가치로 발행하였다.
· 3차연도 7. 1.에 20%의 주식배당을 하였다.
· 3차연도 11. 1.에 자기주식 16,800주를 재취득하였다.

물음 3차연도의 기본주당이익을 계산하라.

정답 ₩18

해설

유통기간	항목	수량	유통주식수	가중치	가중평균유통보통주식수
1.1 ~ 3.31	기초유통보통주	30,000주			
	20% 주식배당	6,000	36,000주	3/12	9,000주
4.1 ~ 10.31	신주발행	16,000			
	20% 주식배당	3,200	55,200	7/12	32,200
11.1 ~ 12.31	자기주식	(16,800)	38,400	2/12	6,400
합계					47,600주

기본주당이익: ₩856,800 ÷ 47,600주 = ₩18

(4) 주주 우선배정 신주발행

회계기간 중에 시가(공정가치)로 유상증자해 발행된 신주에 대해서는 유상증자일부터 시간가중하여 가중평균유통보통주식수에 가산한다. 그러나 기업이 회계기간 중에 시가 미만으로 유상증자해 신주를 발행하는 때도 있다. 주주 우선배정 신주발행(rights issue at a discount to the market price)은 새로 발행되는 보통주를 기존주주가 다른 투자자들보다 먼저 공정가치보다 낮은 가격에 주식을 살 수 있도록 하면서 기존주주들의 지분율이 신주발행 이후에도 신주발행 이전과 동일하게 하는 제도이다. 보통주가 시가(공정가치)보다 낮게 발행되면 발행회사는 시가로 발행하는 경우보다 상대적으로 더 많은 주식을 발행하므로 공짜로 발행하는 주식이 섞이는 셈이다. 따라서 시가 미만으로 유상증자를 할 때는 발행하는 신주의 총 수량을 대가를 받고 발행한 '유상증자' 부분과 공짜로 발행한 '무상증자' 부분으로 나누어 유통기간 기산일을 다르게 설정해서 가중평균유통보통주식수를 결정한다.

① 주주 우선배정 신주발행에 대한 해석

유상증자를 시가(공정가치) 미만으로 실시한 경우에는 유상증자주식(주주 우선배정 신주) 전체 중에서 일부 주식은 시가(공정가치)로 발행되고 일부 주식은 유상증자에 참여한 주주에게 무상으로 교부되었다고 해석한다. 따라서 유상증자를 통해 발행한 총 주식수를 시가(공정가치)로 발행한 유상증자주식수와 무상증자주식수로 분해한다.

주주 우선배정 신주 { 현금을 받고 발행한 주식(시가로 발행한 주식)
보너스요소(무상으로 교부한 주식)

▸ **현금을 받고 발행한 주식**: 유상신주를 시가로 발행했더라면 발행되었을 주식수로서 다음과 같이 계산한다.

$$\text{공정가치로 발행한 유상증자주식수}(\beta) = \frac{\text{현금유입액}}{\text{유상증자 직전일의 주당 종가}}$$

▸ **보너스요소**(공짜발행): 주식이 시가(공정가치) 미만으로 발행됨에 따라 '대가 없이 무상으로 교부되었다고 간주하는 주식수'로서 다음과 같이 계산한다.

실제로 발행한 총 주식수(주주 우선배정 신주)	×××
-) 공정가치로 발행한 유상증자주식수(β)	(×××)
=) 무상으로 발행한 주식수(무상증자)	×××

② 무상증자비율(조정비율)의 계산

기업이 무상증자하면 무상증자 이전에 유통되고 있는 보통주에 대해서도 무상증자가 적용된다고 가정하므로 가중평균유통주식수를 계산하기 위해서 무상증자비율을 다음과 같이 구한다.

$$\text{무상증자비율}^* = \frac{\text{무상으로 발행한 주식수}}{\text{공정가치로 발행한 주식수}}$$

$$= \frac{\text{무상으로 발행한 주식수}}{\text{유상증자 직전의 유통주식수} + \beta}$$

* 「K-IFRS 제1033호」에서는 무상증자비율을 조정비율이라 부른다.

무상증자비율을 다음과 같이 적용하여 가중평균유통보통주식수를 구한다(예제 5 참조).

▸ [유상증자 이전에 유통된 보통주 × 무상증자비율]: 유상증자 이전에 유통되기 시작한 날부터 시간가중하여 가중평균유통보통주식수에 가산한다.

▸ [공정가치(시가)로 유상증자된 보통주 × 무상증자비율]: 유상증자일부터 시간가중하여 가중평균유통보통주식수에 가산한다.

예제 5 주주 우선배정 신주발행과 기본주당이익(2016년, 회계사 1차 수정)

중요도: ★★★
난이도: ◆◆◆

상황

· 2차연도 1. 1. 현재 기발행한 보통주 100,000주(주당 액면금액: ₩5,000)가 유통 중이며, 우선주는 없다. 2차연도 중 발생한 거래는 다음과 같다.

구분	내용	변동주식수
1. 1.	기초 유통보통주식수	100,000주
4. 1.	무상증자	20,000
7. 1.	유상증자	15,000
10. 1.	자기주식 취득	(1,500)

· 2차연도 7. 1.에 주당 ₩5,000에 유상증자했으며, 증자 직전 주당 공정가치는 ₩15,000이다.

물음

1. 2차연도 당기순이익이 ₩500,000,000일 때 기본주당이익을 계산하라.
2. 1차연도 1. 1.의 유통보통주식수가 100,000주이고 1차연도 당기순이익이 ₩378,000,000이므로 1차연도의 기본주당이익이 ₩3,780이었다. 2차연도의 비교재무제표에 공시하는 1차연도의 기본주당이익을 계산하라.

정답 **1. ₩3,790, 2. ₩2,917**

해설

1.

공정가치로 발행한 유상증자주식수(β) = $\dfrac{15{,}000주 \times ₩5{,}000}{₩15{,}000}$ = 5,000주

실제로 발행한 총 주식수(주주 우선배정 신주)	15,000주
−) 공정가치로 발행한 유상증자주식수(β)	(5,000)
=) 무상으로 발행한 주식수(무상증자)	10,000주

$$무상증자비율 = \frac{무상으로\ 발행한\ 주식수}{공정가치로\ 발행한\ 주식수}$$

$$= \frac{무상으로\ 발행한\ 주식수}{주주\ 우선배정\ 신주발행\ 직전의\ 유통주식수^{*} + \beta}$$

$$= \frac{10{,}000주}{100{,}000주 + 20{,}000주 + 5{,}000주}$$

$$= 8\%$$

* 주주 우선배정 신주발행 직전의 무상증자 주식수 포함

유통기간	항목	수량	유통주식수	가중치	가중평균유통보통주식수
1. 1 ~ 6. 30	기초유통보통주	100,000주			
	무상증자(20%)	20,000			
	무상증자(8%)	9,600	129,600주	6/12	64,800주
7. 1 ~ 9. 30	유상신주발행	5,000			
	무상증자(8%)	400	135,000	3/12	33,750
10. 1 ~ 12. 31	자기주식 취득	(1,500)	133,500	3/12	33,375
합계					131,925주

기본주당이익: ₩500,000,000 ÷ 131,925주 = ₩3,790

2.

2차연도 4. 1.에 20%의 무상증자를 했고 2차연도 7. 1.의 유상증자에 무상으로 주식이 교부되어 경제적 자원이 개입되지 않고 주식이 발행되었다. 그러므로 비교재무제표에 표시되는 모든 회계기간의 주당이익을 소급하여 다시 계산한다.

1차연도 1. 1.의 유통보통주식수	100,000주
무상증자(20%)	20,000
무상증자(8%)	9,600
1차연도 가중평균유통보통주식수	129,600주

1차연도 기본주당이익: ₩378,000,000 ÷ 129,600주 = ₩2,917

희석주당이익

1. 희석주당이익의 개념

잠재적보통주(potential common shares)는 현시점에는 보통주가 아니지만, 보유자가 전환하거나 행사하면 보통주를 받을 권리가 부여된 금융상품 또는 기타 계약이다. 잠재적보통주의 예는 다음과 같다[1033: 7].

- 보통주로 전환될 수 있는 금융부채(예 전환사채)와 지분상품(예 전환우선주)
- 주식선택권과 주식매입권
- 조건부발행보통주: 목표이익의 달성 등과 같이 계약상 약정에 따라 특정 조건이 충족되면 발행하는 보통주

잠재적으로 보통주가 될 수 있는 증권(잠재적보통주)이 유통되어 미래에 보통주가 추가로 발행되면 주당이익 계산식의 분모(가중평균유통보통주식수)가 증가하므로 주당이익이 감소할('희석'될) 가능성이 있다. 따라서 이러한 정보를 회계정보이용자에게 충실히 알리기 위해 다음 주당이익을 포괄손익계산서에 보고한다.

- ▸ 기본주당계속영업이익과 기본주당이익: 잠재적보통주의 희석효과를 무시한 주당이익
- ▸ 희석주당계속영업이익과 희석주당이익: 잠재적보통주의 희석효과를 반영한 주당이익

잠재적보통주가 존재하지 않는 기업은 기본주당계속영업이익과 기본주당이익만 포괄손익계산서에 공시하지만, 잠재적보통주를 발행한 기업은 기본주당이익 이외에 추가로 희석주당계속영업이익과 희석주당이익을 공시해야 한다. 희석주당이익(diluted earnings per share)은 최악의 상황을 가정하고 계산한 최소 주당이익이다. 즉, 잠재적으로 보통주가 될 수 있는 전환증권과 주식선택권 등이 모두 전환(또는 행사)되거나 조건부발행보통주의 조건이 충족되어 보통주가 추가로 발행된다고 가정해서 다음과 같이 계산한 주당이익이다.

$$\text{희석주당이익} = \text{기본주당이익 요소} + \text{잠재적보통주의 영향을 반영한 추가 요소}$$

$$= \frac{\text{보통주에 귀속되는 당기순이익} + \text{잠재적보통주의 희석효과*}}{\text{가중평균유통보통주식수} + \text{희석성 잠재적보통주식수}}$$

* 아래에서 설명함

2. 잠재적보통주의 희석효과

(1) 희석효과

잠재적보통주가 실제로 전환(행사)되면 보통주 수량이 증가하여 기본주당이익 계산식의 분모가 증가하지만, 잠재적보통주가 더 이상 존재(예 전환사채의 전환)하지 않으므로 기본주당이익 계산식의 분자도 증가(예 전환사채가 보통주로 전환되어 이자비용이 발생하지 않음)할 수 있다. 그러나 이러한 두 변화는 일반적으로 주당계속영업이익을 감소('희석화')시킬 가능성이 높다.

희석주당이익을 계산하는 목적이 최악의 희석상황(가장 작은 주당이익)을 재무제표이용자에게 제공하는 것이므로 희석주당이익을 계산할 때에는 잠재적보통주의 보유자에게 가장 유리한 행사가격이나 전환비율이 적용된다고 가정한다. 잠재적보통주는 보통주로 전환된다고 가정할 경우 주당계속영업이익을 감소시키거나 주당계속영업손실을 증가시킬 수 있는 경우에만 희석성 잠재적보통주로 취급한다[1033: 41]. 즉, 잠재적보통주가 희석성인지 반(反)희석성인지를 판단할 때 사용하는 기준이익은 당기순이익이 아닌 '계속영업이익'이다. 그러므로 잠재적보통주가 보통주로 전환(또는 행사)될 때 주당계속영업이익(손실)을 감소(증가)시키는 경우, 즉 [희석주당계속영업이익 < 기본주당계속영업이익]이면 희석성(dilutive) 잠재적보통주라 한다. 잠재적보통주가 보통주로 전환(또는 행사)될 때 주당계속영업이익(손실)을 증가(감소)시키거나 동일하게 유지하는 경우, 즉 [희석주당계속영업이익 ≥ 기본주당계속영업이익]이면 반희석성(antidilutive) 잠재적보통주라 한다. 반희석효과를 가져오는 잠재적보통주는 희석주당이익을 계산할 때 처음부터 고려대상에서 제외한다.

여러 종류의 잠재적보통주가 존재하면, 희석성인 잠재적보통주를 하나씩 반영해 가면서 이들을 반영한 희석주당이익을 계산해 나간다. 이때 최종적인 희석주당이익은 여러 번 계산한 결과값 중 가장 작은 값이다. 희석주당이익의 계산 횟수를 줄이는 방법에 대해서는 p. 931에서 살펴본다.

(2) 희석주당이익을 계산하는 방법

잠재적보통주는 유통기간을 가중치로 하여 가중평균한다. 유효기간이 지난 잠재적보통주는 기말까지 유통된 기간에 대해서만 희석주당이익의 계산에 포함하며, 당기에 보통주로 전환된 잠재적보통주는 기초부터 전환일 직전까지 희석주당이익의 계산에 포함한다. 그리고 잠재적보통주가 전환돼서 발행되는 보통주는 전환일부터 기본주당이익과 희석주당이익의 계산에 포함한다[1033: 38]. 그러므로 희석주당이익을 계산하기 위한 보통주식수는 가중평균유통보통주식수에 희석성 잠재적보통주가 모두 전환될 경우에 발행되는 보통주의 가중평균유통보통주식수를 가산하여 산출한다. 희석주당이익을 계산하는 목적이 최악의 희석상황(가장 작은 주당이익)을 재무제표이용자에게 제공하는 것이므로, 희석주당이익을 계산할 때 당기 이전에 발행된 희석성 잠재적보통주는 회계기간의 기초에 전환된 것으로 보되 당기에 발행된 것은 그 발행일에 전환된 것으로 본다[1033: 36].

희석주당이익을 계산하는 방법은 잠재적보통주의 유형별로 다음과 같다.

잠재적보통주의 유형	희석주당이익 계산방법
주식선택권	자기주식법
주식매입권	자기주식법
전환우선주	전환가정법
전환사채	전환가정법
조건부발행보통주	조건이 충족되면 충족된 회계기간의 기초부터 조건충족시점까지* 유통주식수에 가산

* 조건이 충족되면 보통주가 발행되므로 더 이상 잠재적보통주가 아님

3. 자기주식법: 주식선택권과 주식매입권

주식선택권(share option) 또는 주식매입권(share warrants)은 소유주에게 행사가격으로 보통주를 구매할 수 있는 권리를 부여한 증서이다. 유통 중인 주식선택권(또는 주식매입권)이 존재하면 자기주식법을 사용해 희석주당이익을 계산한다. [주식선택권(또는 주식매입권)의 약정가격(행사가격) < 주식의 연평균시장가격]이면 주식선택권(또는 주식매입권) 보유자가 주식선택권(또는 주식매입권)을 행사할 것이므로 희석성 잠재적보통주이다(예제 6 참조). 왜냐하면, 주식선택권(또는 주식매입권)이 행사되면 주당계속영업이익 계산식의 분자에 미치는 영향은 없지만, 보통주가 추가로 발행되어 계산식의 분모가 커지면서 희석주당계속영업이익이 낮아지기 때문이다. 희석주당이익을 계산할 때 희석효과가 있는 주식선택권 또는 주식매입권이 행사되어 행사가격으로 들어오는 현금은 회계기간의 평균시장가격으로 보통주를 취득하는 데 사용한다고 가정한다. 달리 표현하면, 주식선택권(또는 주식매입권)이 행사가격으로 행사되어 받은 현금은 공개시장에서 유통되는 보통주를 회계기간의 주당 평균시장가격으로 재구매(자기주식의 취득)하는 데 사용한다는 것이다. 주식선택권 또는 주식매입권의 행사가격이 보통주 평균시장가격보다 낮으면 이들이 행사되어 발행되는 주식수가 재취득하는 주식수보다 많다. 이렇게 추가되는 주식수를 무상으로 발행된 것으로 보고[1033: 45] 다음과 같이 희석주당이익을 계산하는 방법을 자기주식법(treasury share method)이라 한다.

$$\text{희석주당이익} = \frac{\text{보통주에 귀속되는 당기순이익}}{\text{유통 중인 주식수} + (\text{발행주식수} - \text{재취득주식수})}$$

희석주당이익을 계산하는 목적이 최악의 희석상황(가장 작은 주당이익)을 재무제표이용자에게 제공하는 것이므로, 희석주당이익을 계산할 때 당기 이전에 발행된 주식선택권(또는 주식매입권)은 회계기

간 초에 행사되는 것으로 가정하고, 당기에 발행된 주식선택권(또는 주식매입권)은 발행시점에 즉시 행사되는 것으로 가정한다. 그리고 주식선택권(또는 주식매입권)이 행사되어 신주가 발행되면 이는 경제적 자원이 개입되는 사건이므로 과거 기간에 보고된 주당이익은 수정하지 않는다.

예제 6 주식매입권의 희석성 여부의 판단

중요도: ★★★
난이도: ◆

상황

· 주식매입권의 행사가격: 주당 ₩30
· 주식의 연평균 시장가격: 주당 ₩15

물음

1. 주식매입권의 희석성을 판단하라.
2. 주식의 연평균 시장가격이 주당 ₩30이고 주식매입권의 행사가격이 주당 ₩20이라고 가정해서 주식매입권의 희석성을 판단하라.

정답 및 해설

1. [연평균 시장가격(예 ₩15) < 행사가격(예 ₩30)]인 상황에서 주식매입권이 행사되면 회사는 발행하는 주식보다 더 많은 주식을 시장에서 재취득할 수 있어 주당이익을 증가시킬 수 있다. 따라서 이 상황에서 주식매입권은 반희석성 증권인 것처럼 보인다. 그러나 이 경우 주식매입권의 보유자는 주식매입권을 행사해서 경제적 손실을 보려 하지 않을 것이므로 주식매입권 보유자가 권리를 행사하지 않는다고 간주하고 주식매입권을 무시한 채 희석주당이익을 계산한다.

2. [연평균 시장가격(예 ₩30) > 행사가격(예 ₩20)]이면 주식매입권의 보유자가 보통주를 싸게 사서 비싸게 팔아 이익을 창출할 수 있으므로 주식매입권이 행사된다고 가정한다. 주식매입권이 행사되어 받은 현금을 사용하여 회사가 재취득한 주식이 발행된 주식보다 적으므로 다음 현상이 일어난다.

유통주식수 ↑ ⇒ 주당이익 계산식의 분모 ↑ ⇒ 주당이익 ↓ ⇒ 희석성 증권

예제 7 주식선택권과 희석주당이익

중요도: ★★★
난이도: ◆

상황

· 다음은 예제 2와 예제 4의 자료이다.

> · 3차연도 당기순이익: ₩856,800
> · 3차연도 1. 1.의 유통보통주: 30,000주
> · 3차연도 4. 1.에 16,000의 신주를 공정가치로 발행하였다.
> · 3차연도 7. 1.에 20%의 주식배당을 하였다.
> · 3차연도 11. 1.에 자기주식 16,800주를 재취득하였다.
> · 3차연도 12. 31.에 ₩142,800의 우선주 배당금이 결의되었다.

· 위의 자료 이외에 다음 사항을 가정하라.
· 주식선택권 1,000매가 3차연도 1. 1.에 부여되었다.

· 주식선택권을 행사하면 주식선택권 1매당 ₩72의 행사가격으로 보통주 1주(주식배당을 조정한 수량)를 취득할 수 있다.
· 보통주의 연평균 시장가격: 주당 ₩200

물음 기본주당이익과 희석주당이익을 계산하라.

정답 **기본주당이익: ₩15, 희석주당이익: ₩14.8**

해설

기본주당이익: (₩856,800 − ₩142,800) ÷ 47,600주(예제 4 참조) = ₩15

주식선택권이 행사되어 발행할 주식수	1,000주
주식선택권의 행사금액으로 재취득할 주식수:	
1,000주 × ₩72(행사가격) = ₩72,000	
재취득할 주식수: ₩72,000 ÷ ₩200(연평균 시장가격) =	(360)
주식선택권이 행사되어 증가할 주식수	640주

$$\therefore \text{ 희석주당이익: } \frac{₩856,800 - ₩142,800}{47,600주 + 640주} = ₩14.8$$

Miniature 예제 2 신주인수권부사채와 희석주당이익

상황

· 1차연도 1. 1.에 수호신회사의 유통 중인 보통주는 1,000주이다.
· 1차연도 1. 1.에 수호신회사가 액면금액이 ₩10,000(만기 3년, 이자 연말 지급)인 상환할증조건이 없는 분리형 신주인수권부사채 500매를 액면발행하였다.
· 만기 전까지 신주인수권부사채 1매당 행사금액 ₩1,400에 보통주 1주를 매입할 수 있는 신주인수권을 행사할 수 있으나, 1차연도 말까지 신주인수권이 행사되지 않았다.
· 보통주 1주의 1차연도 평균시가는 ₩3,500이다.
· 1차연도 4. 1.에 수호신회사가 20% 무상증자를 시행하였다.
· 수호신회사의 1차연도 당기순이익은 ₩600,000이다.
· 신주인수권부사채와 관련하여 1차연도 포괄손익계산서에 인식한 이자비용은 ₩300,000이고, 법인세율은 30%이다.
· 가중평균유통주식수는 월할계산한다.

물음 희석주당이익을 계산하라.

정답 및 해설

유통기간	항목	수량	누적유통주식수	가중치	가중평균유통보통주식수
1. 1. ~ 12. 31.	기초유통보통주	1,000주			
	20% 무상증자	200	1,200주	12/12	1,200주
합계					1,200주

참고 주식매입권이 행사되어도 사채가 계속 존재하면 신주인수권부사채와 관련된 이자비용을 절약할 수 없다.

주식매입권의 행사로 발행될 보통주식수	500주
주식매입권의 행사금액으로 재취득될 보통주식수:	
500주 × ₩1,400(주당 행사금액) = ₩700,000	
재취득될 주식수: ₩700,000 ÷ ₩3,500(평균시장가격) =	(200)
주식매입권의 행사로 증가할 보통주식수	300주

희석주당이익: ₩600,000 ÷ (1,200주 + 300주) = ₩400

종업원에게 부여한 주식선택권과 희석주당이익

종업원에게 부여한 주식선택권은 가득조건이 충족되기 전에는 종업원이 행사할 수 없다. 그렇다면 이러한 주식선택권을 무시하고 희석주당이익을 계산하여야 하는가? 아니다. 종업원에게 부여한 주식선택권이 설사 가득되지 않았다고 하더라도 주식선택권이 사외에 유통되고 있고 희석주당이익이 최악의 상황을 가정한 것이므로 가득조건의 유형에 따라 희석주당이익을 다음과 같이 계산한다.

① 가득조건이 종업원의 근무용역제공조건인 경우: 약정된 용역제공기간이 충족되지 않아 아직 가득되지 않은 주식선택권은 미래에 가득될 여부가 불확실하더라도 희석주당이익을 계산할 때 부여일부터 유통되는 것으로 취급한다[1033: 48]. 즉, 주식선택권이 마치 부여일에 가득된 것처럼 보고 부여일부터 종업원 주식선택권이 행사되는 것으로 가정한다. 그리고 주식선택권 단위당 현금유입액(총행사가격)을 다음과 같이 산정하고 자기주식법을 이용하여 희석주당이익을 계산한다.

주식선택권 단위당 행사가격	×××
+) 주식선택권 단위당 잔여 보상비용	×××
=) 주식선택권 단위당 현금유입액(총 행사가격)	×××

Miniature 예제 3 종업원 주식선택권의 행사가격(「K-IFRS 제1033호」 사례 5A)

상황

· 가득되지 않은 주식선택권의 종업원 1인당 가중평균수량	1,000매
· 주식선택권의 대가로 종업원이 제공하는 용역에 대하여 잔여가득기간에 인식할 종업원 1인당 가중평균금액(종업원 1인당 제공해야 할 용역의 보상비용)	₩1,200
· 가득되지 않은 주식선택권의 현금행사가격	15

이 경우 행사가격은 다음과 같이 ₩16.2이다.

가득되지 않은 주식선택권의 현금행사가격	₩15
주식선택권 1개당 제공해야 할 용역의 공정가치(₩1,200 ÷ 1,000매)	1.2
주식선택권의 총행사가격	₩16.2

Miniature 예제 4 종업원에게 부여한 주식선택권의 잠재적보통주식수(2015년, 회계사)

상황

· 2차연도 초에 종업원에게 100개의 주식선택권을 부여하였다. 부여일 현재 가득되지 못한 주식선택권 행사가격은 ₩1,500이며 성과조건이 부여되어 있지 않고, 잔여가득기간에 인식할 총 보상원가는 ₩50,000이다. 2차연도의 보통주 평균시장가격은 주당 ₩2,500이고, 기말 종가는 ₩3,000이다.

물음 주식선택권의 행사로 증가할 주식수(주식선택권의 잠재적보통주식수)를 구하라.

정답 및 해설

주식선택권 단위당 행사가격	₩1,500
+) 가득되지 않은 주식선택권의 단위당 잔여 보상비용	500*
=) 주식선택권 단위당 현금유입액(총행사가격)	₩2,000

* ₩50,000 ÷ 100개 = ₩500

주식선택권의 행사로 발행될 주식수	100주
주식선택권의 행사금액으로 재취득될 주식수:	
100주 × ₩2,000(단위당 현금유입액) = ₩200,000	
재취득될 주식수: ₩200,000 ÷ ₩2,500(연평균 시장가격) =	(80)
주식선택권의 행사로 증가할 주식수(잠재적보통주식수)	20주

② 가득조건이 성과조건(시장조건 및 비시장조건)인 경우: 성과조건이 부과된 종업원 주식선택권은 시간의 경과 이외에 특정 조건이 충족되어야 발행되므로 pp. 933 ~ 934에서 설명할 조건부발행보통주로 분류해서 희석주당이익을 계산한다[1033: 48].

4. 전환가정법: 전환증권

전환가정법(if-converted method)은 당기 이전에 발행된 전환증권(전환사채 또는 전환우선주)은 회계기간 초에 보통주로 전환되었다고 가정하고, 당기 중에 발행된 전환증권(전환사채 또는 전환우선주)은 발행시점에 즉시 보통주로 전환된 것으로 가정하여 희석주당이익을 계산하는 방법이다. 희석주당이익을 계산하는 목적이 최악의 희석상황(가장 작은 주당이익)을 재무제표이용자에게 제공하는 것이므로 전환증권이 발행되자마자 보통주로 전환된다고 가정한다. 전환사채가 유통되는 동안에는 이자비용이 발생하지만, 전환사채가 보통주로 전환되면 이자비용이 더 이상 발생하지 않아 보통주에 귀속되는 당기순이익이 증가하고 발행되는 보통주의 수만큼 가중평균유통보통주식수도 증가한다. 그러므로 전환사채는 희석주당이익 계산식의 분자인 '보통주에 귀속되는 당기순이익'과 분모인 '가중평균유통보통주식수' 모두에 영향을 미친다.

(1) 전환증권의 희석성 판단

희석성인 전환증권은 전환가정법을 사용하여 희석주당이익을 계산하고, 반희석성인 전환증권은 희석주당이익의 계산에서 제외한다. 전환증권(전환사채 또는 전환우선주)의 희석성 여부는 전환에 따른 분자의 변화량(세후 이자비용 또는 전환우선주 배당금)을 분모의 변화량(전환에 따라 추가로 발행되는 보통주)으로 나눈 값을 기본주당계속영업이익과 비교해서 판단한다. 전환으로 인해서 다음 관계가 성립하면 해당 전환증권은 희석성 증권이다.

$$\frac{\text{보통주에 귀속되는 계속영업이익의 증가액}}{\text{추가로 발행될 주식수}} < \text{기본주당계속영업이익}$$

위 부등식 왼쪽의 값을 증분주당계속영업이익(earnings per incremental share)이라 부른다. 따라서 아래 부등식을 만족하는 전환증권은 희석성 전환증권이다.

$$\text{증분주당계속영업이익} < \text{기본주당계속영업이익}$$

(2) 희석주당이익 계산식의 분자에 미치는 영향

전환사채(또는 전환우선주)가 보통주로 전환된 것으로 가정하면 더 이상 전환사채(또는 전환우선주)의 부채요소에 대한 이자비용(또는 전환우선주에 대한 배당금)이 발생하지 않아 보통주에 귀속되는 당기순이익이 증가한다. 전환사채의 부채요소가 할인(할증)발행되면 발행회사는 유효이자율법을 적용하여 이자비용을 인식한다. 따라서 보통주에 귀속되는 당기순이익에 가산되는 금액(세후 이자비용)은 현금으로 지급되는 이자가 아니라 회계기간 동안 발생한 세후 이자비용이다.

$$\text{전환사채에 대한 세후 이자비용} = \text{전환사채 장부금액} \times \text{유효이자율} \times (1 - \text{법인세율})$$

전환사채가 보통주로 전환되면, 전환사채에 대한 세후 이자비용만큼 보통주에 귀속되는 당기순이익이 증가하므로 희석주당이익 계산식의 분자에 세후 이자비용을 가산한다. 그러나 전환우선주는 보통주로 전환되었다고 가정해서 전환우선주에 대한 배당금을 당기순이익에서 차감하지 않는다.

항목	희석주당이익 계산식의 분자에 미치는 영향
전환우선주에 대한 배당금	계속영업이익에서 차감하지 않음
전환사채에 대한 세후 이자비용	계속영업이익에 다시 가산함
잠재적보통주와 관련된 기타 비용(또는 기타 수익)	계속영업이익에 다시 가산함(기타 수익이면 차감)

(3) 희석주당이익 계산식의 분모에 미치는 영향

전환증권이 보통주로 전환되면 보통주가 발행되므로 추가로 발행되는 보통주 수량을 희석주당이익 계산식의 분모(가중평균유통주식수)에 가산하여 희석주당이익을 계산한다.

예제 8	전환사채와 전환우선주	중요도: ★★★ 난이도: ◆

상황

2차연도 1. 1.부터 다음 회계사건이 발생했다.

· 당기순이익: ₩48,800
· 가중평균유통보통주식수: 20,000주
· 6% 전환가능, 누적적 우선주(주당 액면금액: ₩100), 1,000주가 유통되고 있다.
· 전환우선주 1주당 보통주 3주로 전환 가능하다.
· 회계기간 말까지 전환우선주가 전환되지 않았다.
· 전환사채(1매당 액면금액: ₩1,000) 200매: 각 사채는 보통주 40주로 전환 가능하다.
· 전환사채의 부채요소가 ₩200,000이고 시장이자율이 연 8%이다.
· 전환사채의 할인(할증)발행차금이 ₩0이다.
· 회계기간 말까지 전환사채가 전환되지 않았다.
· 법인세율: 30%

물음 기본주당이익과 희석주당이익을 계산하라.

정답 기본주당이익: ₩2.14, 희석주당이익: ₩1.94

해설

전환우선주배당금: ₩100 × 1,000주 × 6% = ₩6,000
전환우선주의 전환으로 발행되는 보통주: 1,000주 × 3 = 3,000주
전환사채의 전환으로 발행되는 보통주: 200매 × 40주 = 8,000주
전환사채 이자비용: ₩200,000 × 8% = ₩16,000
전환사채 세후 이자비용: ₩16,000 × 70% = ₩11,200
보통주에 귀속되는 당기순이익: ₩48,800 − ₩6,000 = ₩42,800

기본주당이익: (₩48,800 − ₩6,000) ÷ 20,000주 = ₩2.14
희석주당이익: (₩48,800 + ₩11,200) ÷ (20,000주 + 3,000주 + 8,000주) = ₩1.94

5. 잠재적보통주가 여러 종류인 경우

여러 종류의 잠재적보통주를 발행한 경우에 잠재적보통주가 희석효과를 가지는지 아닌지는 잠재적보통주를 모두 통합해서 판단하는 것이 아니라 각각의 잠재적보통주에 대해 판단한다. 이때 잠재적보통주를 고려하는 순서가 영향을 미칠 수 있으므로 기본주당이익을 최대한 희석할 잠재적보통주부터 차례로 고려한다. 즉,

'증분주식 1주당 이익'이 가장 작은 희석성 잠재적보통주를 증분주식 1주당 이익이 상대적으로 큰 희석성 잠재적보통주보다 먼저 희석주당이익 계산에 포함한다. 주식선택권과 주식매입권은 주당이익 계산식의 분자에 영향을 미치지 않으므로 일반적으로 가장 먼저 고려한다[1033: 44].

희석성을 판단할 때 기준이 되는 지표가 기본주당계속영업이익이므로 잠재적보통주 중에 희석효과가 가장 큰 것부터 희석주당계속영업이익의 계산에 반영하면 가장 빠르게 희석주당계속영업이익의 최소값을 구할 수 있다.

희석주당이익을 계산하는 순서

① 기본주당계속영업이익을 계산한다.
② 현재 보유하고 있는 모든 잠재적보통주를 나열한다.
③ 각 잠재적보통주에 대해 전환가정법 또는 자기주식법을 사용하여 증분주당계속영업이익(earnings per incremental share: EPIS)을 다음과 같이 계산한다. 「K-IFRS 제1033호」는 증분주당계속영업이익을 '증분주식 1주당 이익'이라고 부른다[1033: 44].

$$\text{EPIS} = \frac{\text{전환(또는 행사)을 가정한 계속영업이익의 증가액}}{\text{전환(또는 행사)을 가정한 보통주 증가 수}}$$

④ 증분주당계속영업이익(EPIS)이 가장 작은 잠재적보통주가 희석효과가 가장 높으므로 증분주당계속영업이익이 가장 작은 잠재적보통주부터 차례로 포함해 희석주당계속영업이익을 계산한다.
⑤ 위의 ④를 반복하다가 희석주당계속영업이익이 해당 잠재적보통주를 포함하기 이전의 희석주당계속영업이익보다 커지면 과정 ④를 중단한다. 그리고 해당 잠재적보통주 직전의 잠재적보통주까지만 반영하여 희석주당계속영업이익, 희석주당중단영업이익, 희석주당이익을 계산하고, 이를 포괄손익계산서에 보고한다. 이렇게 계산된 값, 즉 포괄손익계산서에 보고되는 희석주당이익은 계산한 결과 중 가장 작은 금액이다.

예제 9 **잠재적보통주를 포함하는 순서와 희석주당이익(「K-IFRS 제1033호」 사례 9 수정)**

중요도: ★★★
난이도: ◆◆

상황

이익:

계속영업이익	₩16,400,000
우선주 배당금	(6,400,000)
보통주에 귀속되는 계속영업이익	₩10,000,000
중단영업손실	(4,000,000)
보통주에 귀속되는 당기순이익	₩6,000,000
유통보통주식수	2,000,000주

보통주 1주당 연간 평균시장가격 ₩75

잠재적보통주:

주식매입권 수량: 100,000개, 주당 행사가격: ₩60

전환우선주 주당 ₩8의 누적적 배당금을 받을 수 있는 액면금액이 ₩100인 주식 800,000주. 우선주 1주당 보통주 2주로 전환 가능하다.

전환사채 액면금액 ₩100,000,000(표시이자율: 5%). 각 사채 액면금액 ₩1,000당 보통주 20주로 전환 가능하다. 이자 비용 금액에 영향을 미치는 할증(할인)발행차금과 발행차금의 상각액은 없다.

법인세율: 40%

물음 기본주당이익과 희석주당이익을 계산하라.

정답 **기본주당이익: ₩3, 희석주당이익: ₩2.24**

해설

잠재적 보통주	이익의 증가 ①	보통주식수의 증가 ②	증분주당 계속영업이익 ③ = ① ÷ ②
주식매입권	₩0	100,000 × ₩60 = ₩6,000,000 ₩6,000,000 ÷ ₩75 = 80,000주 100,000주 − 80,000주 = 20,000주	₩0
전환우선주	800,000주 × ₩100 × 8% = ₩6,400,000	800,000주 × 2 = 1,600,000주	₩4
전환사채	₩100,000,000 × 5% × (100% − 40%) = ₩3,000,000	(₩100,000,000 ÷ ₩1,000) × 20주 = 2,000,000주	₩1.5

· 증분주당 계속영업이익에 기초하면 희석성 잠재적보통주를 포함하는 순서는 다음과 같다.

① 주식매입권
② 전환사채
③ 전환우선주

· 희석주당계속영업이익의 계산:

	보통주에 귀속되는 계속영업이익	보통주식수		희석주당계속영업이익
보고수치	₩10,000,000	2,000,000주		₩5
주식매입권	0	20,000		
	₩10,000,000	2,020,000		4.95
전환사채	3,000,000	2,000,000		
	₩13,000,000	4,020,000	← 가중평균유통주식수	3.23
전환우선주	6,400,000	1,600,000		
합계	₩19,400,000	5,620,000		3.45

· 전환우선주를 고려할 경우 희석주당계속영업이익이 증가(₩3.23에서 ₩3.45으로 증가)하므로, 전환우선주는 반희석성 증권이다. 따라서 희석주당이익 계산 시 포함하지 않는다. 결과적으로 희석주당계속영업이익은 ₩3.23이다.

· 희석화 증권이 식별되었으므로 희석주당이익을 다음과 같이 계산한다.
기본주당이익: ₩6,000,000(보통주에 귀속되는 당기순이익) ÷ 2,000,000주 = ₩3
희석주당이익: (₩6,000,000 + ₩3,000,000) ÷ 4,020,000주 = ₩2.24

6. 조건부발행보통주

조건부발행보통주(contingently issuable common shares)는 특정 조건이 충족되면 무상 또는 매우 적은 금액으로 보통주가 발행되는 잠재적보통주이다. 조건부발행보통주는 회사의 경영진 또는 사업결합 시 피매수인에게 발행될 수 있다. 조건부발행조건의 예는 목표이익, 목표주가, 측정 가능한 활동수준(예 특정한 수의 영업점 개설 등)이 있으나, 다음 조건은 조건부발행조건이 아니다.

• 시간과 관련된 가득조건
• 종업원의 근무용역제공조건

단순히 일정 기간이 지나간 후 보통주를 발행하기로 하는 계약의 경우 기간의 경과에는 불확실성이 없으므로 조건부발행보통주로 보지 아니한다. 조건부발행보통주는 모든 필요조건이 충족(즉, 사건의 발생)된 날에 발행된 것으로 보아 기본주당이익을 계산하기 위한 보통주식수에 포함한다. 조건부로 재매입할 수 있는 보통주를 발행한 경우 이에 대한 재매입 가능성이 없어질 때까지는 보통주로 간주하지 아니하고, 기본주당이익을 계산할 때에 조건부발행보통주를 가중평균유통주식수에 포함하지 않는다[1033: 24]. 조건이 충족되면 보통주가 발행되므로 더 이상 조건부발행보통주가 아니다. 그러므로 조건부발행보통주의 발행조건이 충족되면(즉, 사건의 발생) 조건충족일부터 기본주당이익 계산식의 가중평균유통주식수에 포함하고 희석주당이익 계산식에는 회계기간 초부터(회계기간 중에 조건부발행보통주에 대한 약정이 이루어졌다면 약정일부터) 조건충족 직전까지 가중평균유통주식수에 포함한다[1033: 52].

회계기간 중에 보통주 발행에 필요한 모든 조건이 충족되면 기초부터 조건이 충족된 날까지 조건부발행보통주를 유통주식수에 가산해서 희석주당이익을 계산한다(Miniature 예제 5와 6 참조). 그러나 보통주를 발행하는 조건이 회계기간 말까지 충족되지 않으면 회계기간 초부터 회계기간 말까지 조건부발행보통주를 포함하지 않고 희석주당이익을 계산한다. 특정 시점까지(예 다음 회계기간 말) 목표이익을 달성해야 하는 조건처럼 조건충족기간이 종료되기 전까지 조건의 충족 여부가 불확실한 경우에는 설령 조건충족만료기간이 종료되기 이전에(예 현행 회계기간 말) 목표이익을 달성했다 하더라도 조건이 실제로 완전히 만족된 것이 아니므로 기본주당이익의 계산에는 조건부발행보통주를 가중평균유통주식수에 포함하지 않는다.

조건부발행보통주는 조건충족시점과 조건충족만기일 사이의 관계가 어떤지에 따라 기본주당이익 및 희석주당이익에의 반영 여부가 다음 ①과 ②와 같이 다르다.

① 조건충족 만기일이 당기 말이고 당기 중 특정 시점부터 조건이 충족되면, 기본주당이익을 계산할 때에는 조건이 충족된 시점부터 조건부발행보통주를 유통주식수에 가산해서 기본주당이익을 계산한다. 그리고 회계기간 초(또는 조건부발행보통주 약정일)부터 조건이 충족된 날까지 조건부발행보통주를 유통주식수에 가산해서 희석주당이익을 계산한다.

Miniature 예제 5 조건충족 만기일이 당기 말인 경우 조건부발행보통주를 포함하는 기간

· 조건부발행보통주의 약정일이 1차연도 1. 1.이고 조건충족 만기일이 1차연도 12. 31.인데 1차연도 7. 1.에 조건이 충족되어 1차연도 12. 31.까지 조건충족 상태가 유지되면, 기본주당이익과 희석주당이익을 계산할 때에 유통주식수를 다음과 같이 계산한다.

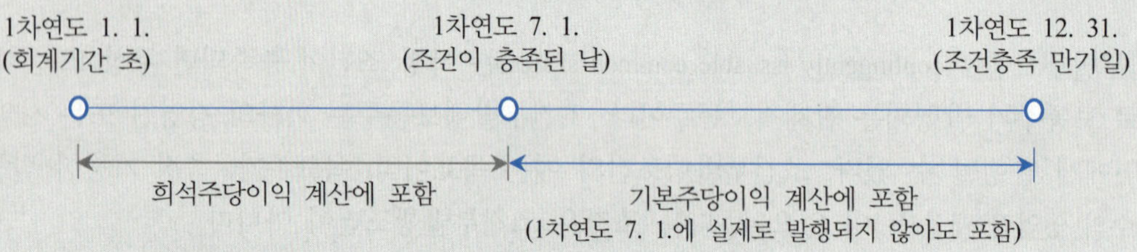

Tip 보고기간 말에 주당이익을 계산하는데 이 경우는 조건충족 만기일이 보고기간 말이다. 그러므로 1차연도 12. 31.에 조건이 충족되었다는 것이 확인되면 보통주가 1차연도 12. 31.에 실제로 발행되지만 1차연도 7. 1.에 발행되었다고 보고 주당이익을 계산한다.

② 조건충족 만기일이 다음 회계연도 말(예 2차연도 12. 31.)이지만 당기 말(예 1차연도 12. 31.)에 조건이 충족되었으면 조건이 충족된 상태가 조건충족 만기일(2차연도 12. 31.)까지 변하지 않으리라고 가정하여 다음 회계기간 말(2차연도 12. 31.)에 발행될 보통주 수량을 당기 유통주식수에 포함해 희석주당이익을 계산한다.

Miniature 예제 6 조건충족 만기일이 다음 회계연도 말인 경우 조건부발행보통주를 포함하는 기간

· 조건충족 만기가 2차연도 12. 31.이면 1차연도 12. 31.에 조건이 충족되어도 조건충족 만기일 이전에는 보통주가 실제로 발행되지 않으므로 1차연도 기본주당이익을 계산할 때에는 조건부발행보통주를 유통주식수에 가산하지 않는다. 그러나 1차연도 말에 조건이 충족되었으므로 1차연도 희석주당이익을 계산할 때에는 1차연도 1. 1.부터 1차연도 12. 31.까지 조건부발행보통주를 유통주식수에 가산한다.

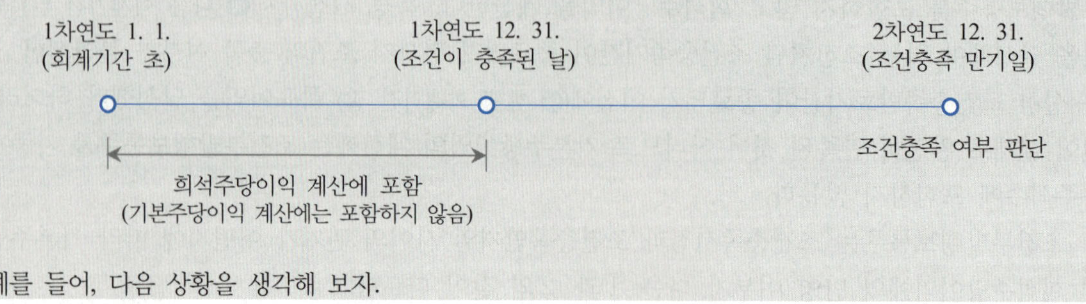

· 예를 들어, 다음 상황을 생각해 보자.

· 1차연도 1. 1.에 보통주를 조건부로 발행하는 약정을 체결하였다.
· 2차연도 12. 31.까지 당기순이익이 ₩10,000을 초과하면 보통주 10주를 발행하고 당기순이익이 ₩30,000을 초과하면 보통주 50주를 발행한다.
· 1차연도 12. 31.에 실제로 달성한 당기순이익: ₩10,005

· 이 경우, 1차연도 12. 31.에는 2차연도 말에 실제로 달성될 당기순이익을 ₩10,005으로 가정하여 1차연도 1. 1.부터 보통주 10주를 포함해 희석주당이익을 계산한다. 조건충족 만기일(2차연도 12. 31.)에 실제로 달성한 당기순이익이 ₩9,800 밖에 되지 않아 조건이 실제로 충족되지 않은 경우에도 1차연도의 희석주당이익 계산결과를 수정하지 않는다. 그러나 1차연도 12. 31.에 실제로 달성한 당기순이익이 ₩32,000이라 보통주 50주 발행에 필요한 모든 조건이 만족되었다 하더라도 조건충족 만기일(2차연도 12. 31.)이 도래하지 않아 보통주가 실제로 발행되지 않으므로, 1차연도 기본주당이익의 계산에는 조건부발행보통주를 포함하지 않는다.

예제 10 조건부발행보통주(「K-IFRS 제1033호」 사례 7의 일부분)

중요도: ★★★
난이도: ◆◆

상황

· 1차연도의 유통보통주식수: 1,000,000주(이 기간에 유통되는 주식선택권, 주식매입권 또는 전환상품은 없음)
· 1차연도에 새로 개점하는 영업점 1개당 개점시점에 보통주 5,000주를 추가로 발행한다.
· 1차연도에 개점한 영업점:
  1차연도 5. 1.에 1개(5. 1.에 보통주 5,000주가 실제로 발행되어 8개월간 유통)
  1차연도 9. 1.에 1개(9. 1.에 보통주 5,000주가 실제로 발행되어 4개월간 유통)

물음 기본주당이익과 희석주당이익을 계산하기 위한 가중평균유통주식수를 계산하라.

정답 기본주당이익을 위한 가중평균유통주식수: **1,005,000주**
희석주당이익을 위한 가중평균유통주식수: **1,010,000주**

해설

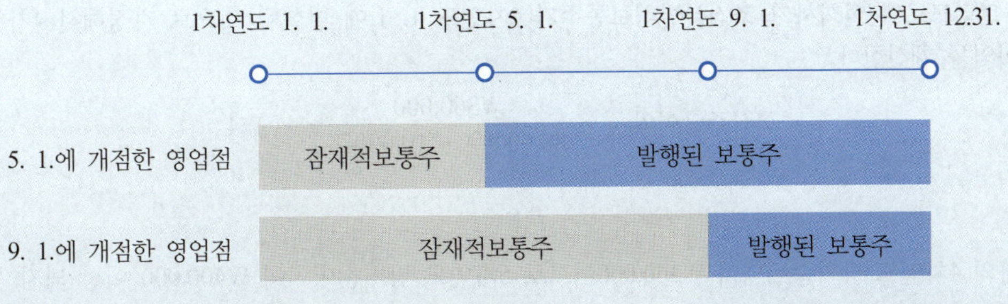

1차연도 1. 1. — 1차연도 5. 1. — 1차연도 9. 1. — 1차연도 12.31.

	1. 1. ~ 5. 1.	5. 1. ~ 9. 1.	9. 1. ~ 12.31.
5. 1.에 개점한 영업점	잠재적보통주	발행된 보통주	발행된 보통주
9. 1.에 개점한 영업점	잠재적보통주	잠재적보통주	발행된 보통주

· 기본주당이익을 계산하기 위한 가중평균유통주식수:

유통기간	항목	수량	유통주식수	가중치	가중평균유통보통주식수
1.1 ~ 4.30	기초유통보통주	1,000,000주	1,000,000주	4/12	333,333주
5.1 ~ 8.31	영업점개점	5,000	1,005,000	4/12	335,000
9.1 ~ 12.31	영업점개점	5,000	1,010,000	4/12	336,667
합계					1,005,000주

· 희석주당이익을 계산하기 위한 가중평균유통주식수:

유통기간	항목	수량	유통주식수	가중치	가중평균유통보통주식수
1.1 ~ 4.30	기초유통보통주	1,000,000주			
	조건부 보통주	10,000	1,010,000주	4/12	336,667주
5.1 ~ 8.31	영업점개점	5,000			
	조건부 보통주 소멸	(5,000)	1,010,000	4/12	336,667
9.1 ~ 12.31	영업점개점	5,000			
	조건부 보통주 소멸	(5,000)	1,010,000	4/12	336,667
합계					1,010,000주

예제 11 조건부발행보통주와 희석주당이익

중요도: ★★★
난이도: ◆◆

상황

· 4차연도 1. 1.에 춘설회사 보통주 80,000주가 유통 중이다.
· 4차연도에 춘설회사가 봄눈회사를 현금취득하고 춘설회사의 5차연도 당기순이익이 ₩350,000 이상이면 6차연도 1. 1.에 추가로 보통주 10,000주를 봄눈회사의 주주에게 발행해 주기로 합의했다.
· 춘설회사의 4차연도 당기순이익이 ₩360,000이다.

물음

1. 춘설회사의 4차연도 희석주당이익을 계산하라.
2. 5차연도 당기순이익이 ₩400,000 이상이면 6차연도 1. 1.에 추가로 보통주 10,000주를 봄눈회사의 주주에게 발행해 주기로 합의했다고 가정하고 4차연도 희석주당이익을 계산하라.

정답 및 해설

1.

춘설회사의 4차연도 당기순이익이 ₩360,000이므로 5차연도 당기순이익이 ₩350,000 이상이 될 것으로 가정한다. 그러므로 춘설회사가 조건부발행보통주가 6차연도 1. 1.에 발행될 것으로 가정해서 4차연도의 희석주당이익을 계산한다.

$$\text{희석주당이익:}\quad \frac{₩360,000}{80,000\text{주} + 10,000\text{주}} = ₩4$$

2.

춘설회사의 4차연도 당기순이익이 ₩360,000이므로 5차연도 당기순이익이 ₩400,000 이상 되지 못할 것으로 가정한다. 그러므로 조건부발행보통주가 6차연도 1. 1.에 발행하지 않을 것으로 가정해서 4차연도의 희석주당이익을 계산한다. 이 예제에서는 조건부발행보통주가 발행되지 않을 것이므로 희석주당이익이 존재하지 않는다.

Chapter 18 제3절

희석주당이익과 관련된 기타 거래

Tip 거래대상물이 자기주식인 매입옵션(또는 매도옵션)이 존재하면 매입옵션(또는 매도옵션)에 자기주식법을 적용하여 매입옵션(또는 매도옵션)이 희석주당이익 계산식의 분모에 미치는 영향을 반영하여 희석주당이익을 계산한다. **매입옵션(매입풋옵션과 매입콜옵션)은 모두 반희석성**이고, 매도옵션(매도풋옵션과 매도콜옵션)은 희석성일 가능성이 있다.

1. 거래대상물이 자기주식인 매입옵션

기초자산(기초변수)이 자기주식인 매입풋옵션(purchased put option)은 약정된 금액(행사가격)으로 자기주식을 팔 수 있는 권리가 부여된 계약이며, 기초자산(기초변수)이 자기주식인 매입콜옵션(purchased call option)은 약정된 금액(행사가격)으로 자기주식을 살 수 있는 권리가 부여된 계약이다. 기업이 기초자산(기초변수)이 자기주식인 풋옵션 또는 콜옵션을 매입하면 기업은 자기주식을 거래대상으로 하는 투자자 입장이 된다. 기업이 자신의 보통주에 기초한 옵션(풋옵션이나 콜옵션)을 매입하여 보유하는 경우에는 반희석효과가 있으므로 희석주당이익의 계산에 포함하지 아니한다. 일반적으로 풋옵션은 행사가격이 시장가격보다 높을 경우에만 행사되고, 콜옵션은 행사가격이 시장가격보다 낮을 경우에만 행사된다[1033: 62]. 기업이 자기주식에 기초한 풋옵션을 매입하고 팔 수 있는 권리를 행사하면 자기주식을 매도해 시중에 유통하므로 얼핏 보기에는 유통주식수가 증가해 희석효과를 가져오는 것처럼 보인다. 또한, 자기주식에 기초한 콜옵션을 매입하고 살 수 있는 권리를 행사하면 자기주식을 사들이므로 유통주식수가 감소해 반희석효과를 갖는 것처럼 보인다. 그러나 다음과 같은 이유로 **매입풋옵션과 매입콜옵션 모두가 반희석성**이므로 희석주당이익 계산 시 무시한다.

매입풋옵션: 일반적으로 풋옵션(파는 선택권)은 행사가격(파는 가격)이 시장가격보다 높을 때 행사된다.

[행사가격(파는 가격) < 자기주식의 시장가격]인 경우

풋옵션 보유자가 풋옵션 매도자에게 자기주식을 파는 것보다 공개시장에 자기주식을 파는 것이 유리하기 때문에 자기주식을 팔 수 있는 권리를 행사하지 않을 것이므로 유통주식수에 미치는 영향은 없다.

[행사가격(파는 가격) > 자기주식의 시장가격]인 경우

풋옵션 보유자가 자기주식을 팔 수 있는 권리를 행사해 유통주식수가 증가하지만 매도대가로 받은 현금을 사용해서 매도된 주식수보다 더 많은 자기주식을 공개시장에서 취득하므로 실질적으로는 유통주식수가 감소한다. 예를 들어, 주당 시가가 ₩10인데 주당 행사가격이 ₩30인 풋옵션을 행사하여 자기주식 500주를 매도하면, 총 행사가격 ₩15,000을 받고, 받은 금액을 사용하여 공개시장에서

1,500주를 취득하므로 유통주식수가 1,000주만큼 감소한다. 유통주식수가 감소하면 희석주당이익 계산식의 분모가 작아지므로 희석주당이익이 증가하여 반희석효과가 발생한다.

매입콜옵션: 일반적으로 콜옵션(사는 선택권)은 행사가격(사는 가격)이 시장가격보다 낮을 경우에 행사된다.

[행사가격(사는 가격) > 자기주식의 시장가격]인 경우

콜옵션 보유자가 콜옵션 매도자로부터 자기주식을 취득하는 것보다 공개시장에서 자기주식을 매입하는 것이 유리하기 때문에 자기주식을 살 수 있는 권리를 행사하지 않으므로 유통주식수에 미치는 영향은 없다.

[행사가격(사는 가격) < 자기주식의 시장가격]인 경우

콜옵션 보유자가 자기주식을 살 수 있는 권리를 행사하면 행사가격을 조달하기 위해 매입한 주식수보다 적은 수량의 자기주식을 공개시장에 매도하므로 유통주식수가 감소한다. 예를 들어, 주당 시가가 ₩25인데 주당 행사가격이 ₩10인 콜옵션을 행사하여 자기주식 500주를 취득하면, 총 행사가격 ₩5,000을 조달하기 위해서 공개시장에 200주를 발행하므로 유통주식수가 300주만큼 감소한다. 유통주식수가 감소하면 희석주당이익 계산식의 분모가 작아지므로 희석주당이익이 증가하여 반희석효과가 발생한다.

예제 12 매입풋옵션

중요도: ★
난이도: ◆◆◆

상황

· 2차연도 1. 1.의 유통주식수: 3,100주
· 2차연도 1. 1.에 주당 ₩100(행사가격)에 자기주식(기초변수: 주가) 400주(명목수량)를 매도할 수 있는 권리가 부여된 풋옵션계약(파는 권리)을 취득하였다.
· 2차연도 3. 31.에 풋옵션계약이 만료된다.
· 옵션계약기간 중 주식의 평균가격: 주당 ₩125

물음

1. 풋옵션 계약 만료 후의 유통주식수를 계산하라.
2. 풋옵션계약기간 중 주식의 평균가격이 주당 ₩80이라 가정하고 물음 1에 답하라.

정답 **1. 3,100주, 2. 3,000주**

해설

1. 공개시장에 자기주식을 팔면 주당 ₩125을 받지만, 풋옵션을 행사하면 주당 ₩100을 받아 주당 ₩25의 손실이 발생하므로 회사는 풋옵션 만기까지 권리를 행사하지 않아 유통주식수는 그대로 3,100주이다.

2. 풋옵션 행사로 인한 주식발행 수: 400주(명목수량)
   현금수취액: 400주 × ₩100 = ₩40,000
   수취한 현금으로 다시 취득한 자기주식수량: ₩40,000 ÷ ₩80 = 500주
   풋옵션 행사 후 유통주식수: 3,100주 + 400주 − 500주 = 3,000주

· 유통주식수가 감소해 희석주당이익 계산식의 분모가 작아지고 희석주당이익이 증가하므로 반희석효과가 발생한다. 그러므로 희석주당이익을 계산할 때에 매입풋옵션을 무시한다.

예제 13 매입콜옵션

중요도: ★
난이도: ◆◆◆

상황

· 다음은 예제 12의 자료이다.

· 2차연도 1. 1.의 유통주식수: 3,100주
· 2차연도 1. 1.에 주당 ₩100(행사가격)에 자기주식(기초변수: 주가) 400주(명목수량)를 매도할 수 있는 권리가 부여된 풋옵션계약(파는 권리)을 취득하였다.
· 2차연도 3. 31.에 풋옵션계약이 만료된다.
· 옵션계약기간 중 주식의 평균가격: 주당 ₩125

· 위 자료를 이용하되 매입한 옵션을 풋옵션(파는 권리)이 아닌 콜옵션(사는 권리)으로 가정하라.

물음

1. 콜옵션 계약 만료 후의 유통주식수를 계산하라.
2. 콜옵션계약기간 중 주식의 평균가격이 주당 ₩80이라 가정하고 물음 1에 답하라.

정답 1. 3,020주, 2. 3,100주

해설

1. 콜옵션을 행사해서 취득한 주식수: 400주(명목수량)
   콜옵션을 행사하는 데 소요되는 자금: 400주 × ₩100 = ₩40,000
   소요되는 자금을 조달하기 위해서 공개시장에 발행하는 주식수: ₩40,000 ÷ ₩125 = 320주
   콜옵션 행사 후 유통주식수: 3,100주 − 400주 + 320주 = 3,020주
   · 유통주식수가 감소하여 희석주당이익 계산식의 분모가 작아지므로 희석주당이익이 증가하여 반희석효과가 발생한다. 그러므로 희석주당이익을 계산할 때에 매입콜옵션을 무시한다.

2. 공개시장에서 자기주식을 사면 주당 ₩80을 지급하지만, 콜옵션을 행사하면 주당 ₩100을 지급하므로 주당 ₩20의 손실이 발생한다. 따라서 콜옵션 만기까지 권리를 행사하지 않아 유통주식수는 그대로 3,100주이다.

2. 거래대상물이 자기주식인 매도옵션

(1) 매도풋옵션

매도풋옵션과 선도매입계약과 같이 기업이 자기주식을 매입하도록 하는 계약이 희석효과가 있으면 희석주당이익의 계산에 반영한다. 이러한 계약이 그 회계기간 동안에 행사가격이나 결제가격이 그 회계기간의 평균시장가격보다 높아서 '내가격'(부록 8-1 참조)에 있으면 주당이익에 대한 잠재적 희석효과를 다음과 같이

계산한다[1033: 63].

· 계약 이행에 필요한 자금 조달을 위해 충분한 수의 보통주를 그 회계기간의 평균시장가격으로 기초에 발행한다고 가정한다.
· 주식발행으로 유입된 현금은 그 계약을 이행하는 용도(즉, 자기주식의 매입)로 사용한다고 가정한다.
· 증가할 보통주식수(즉, 발행할 것으로 가정하는 보통주식수와 계약을 이행할 경우 받게 되는 보통주식수의 차이)는 희석주당이익의 계산에 포함한다.

기업이 자기주식에 기초한 풋옵션을 발행(매도)하면 기업이 아니라 풋옵션 보유자가 약정된 금액(행사가격)으로 풋옵션 발행기업의 주식을 팔 수 있는 권리를 보유한다. 즉, 투자자는 파는 권리를 보유하고 발행자는 사는 의무를 부담한다. 풋옵션 보유자가 기업의 주식을 파는 권리를 행사하면 기업은 약정가격에 자기주식을 사야 하는 의무를 부담한다. 기업이 자기주식에 기초한 총액결제형태로 매도풋옵션(written put options)계약을 체결한 후에 사는 의무를 이행하면 약정가격을 지급하고 자기주식을 취득하므로 유통주식수가 감소하여 주당이익 계산식의 분모가 작아지므로 희석주당이익이 증가하여 반희석효과가 발생한다고 생각하기 쉽다. 그러나 기업이 공개시장에 주식을 발행해서 자기주식의 취득대가를 조달한다고 가정하므로 매도풋옵션은 유통주식수를 증가시킬 수 있는 잠재적보통주이다. 따라서 매도풋옵션계약이 이행된다는 가정 하에 잠재적 희석효과를 고려하여 희석주당이익을 계산한다. 매도풋옵션에 대해 희석주당이익을 계산하는 것은 자기주식 재취득에 대해 자기주식법을 적용하는 것과 같다. 예를 들어, 기업이 자기주식 10,000주를 주당 ₩5에 재구매해야 하면 공개시장에서 새로운 보통주를 발행하여 재구매대가 ₩50,000을 조달한다고 가정한다. 보고기간 동안 보통주의 평균시장가격이 ₩4이면 12,500주(₩50,000 ÷ ₩4)가 공개시장에 발행될 것으로 가정한다. 재구매하는 10,000주와 발행할 것으로 가정한 12,500주의 차이 2,500주를 희석주당이익 계산식의 분모에 가산하고 희석주당이익을 계산한다.

▸ [행사가격(파는 가격) < 주식의 시장가격]인 경우: 풋옵션 보유자가 주식을 파는 권리를 행사하면 시가보다 낮은 금액에 주식을 처분하여야 하므로 손실이 발생한다. 따라서 풋옵션 보유자가 팔 수 있는 권리를 행사하지 않는다.
▸ [행사가격(파는 가격) > 주식의 시장가격]인 경우: 풋옵션 보유자는 시가보다 높은 금액에 주식을 처분할 수 있으므로 주식을 팔 수 있는 권리를 행사한다.

매도풋옵션의 행사가격(파는 가격)이 평균시장가격보다 높으면 매도풋옵션이 행사된다고 가정하여 희석주당이익을 다음과 같이 계산한다.

▸ 자기주식의 취득대가를 조달하기 위해서 보통주를 회계기간의 평균시장가격으로 회계기간 초에 발행한다고 가정한다.
▸ 보통주를 공개시장에 발행하여 조달된 자금으로 풋옵션 보유자로부터 자기주식을 산다고 가정한다.
▸ 공개시장에 발행될 것으로 가정하는 주식수량이 자기주식의 취득수량을 초과하는 수량을 희석주당이익 계산식의 분모에 포함하여 희석주당이익을 계산한다.

예제 14 매도풋옵션

중요도: ★
난이도: ◆◆◆

상황

· 다음은 예제 12의 자료이다.

> · 2차연도 1. 1.의 유통주식수: 3,100주
> · 2차연도 1. 1.에 주당 ₩100(행사가격)에 자기주식(기초변수: 주가) 400주(명목수량)를 매도할 수 있는 권리가 부여된 풋옵션계약(파는 권리)을 취득하였다.
> · 2차연도 3. 31.에 풋옵션계약이 만료된다.
> · 옵션계약기간 중 주식의 평균가격: 주당 ₩125

· 위 자료를 이용하되 회사가 풋옵션을 발행하였다고 가정하라. 이 경우 투자자는 파는 권리를 보유하고 발행자는 사는 의무를 부담한다.

물음

1. 풋옵션 계약 만료 후의 유통주식수를 계산하라.
2. 풋옵션 계약기간 중 주식의 평균시장가격이 주당 ₩80이라 가정하고 물음 1에 답하라.

정답 **1. 3,100주, 2. 3,200주**

해설

1.

· 풋옵션 보유자(회사의 거래상대방)가 풋옵션을 행사하면 공개시장에서 주당 ₩125에 팔 수 있는 주식을 회사에 주당 ₩100에 처분하게 되어 주당 ₩25의 손실이 발생한다. 따라서 풋옵션 보유자가 풋옵션 만기까지 권리를 행사하지 않아 유통주식수는 그대로 3,100주이다.

2.

· 매도풋옵션계약의 행사가격(파는 가격) ₩100이 평균시장가격(₩80)보다 높으므로 매도풋옵션계약이 행사된다고 가정하여 주당이익에 대한 잠재적 희석효과를 다음과 같이 계산한다.

풋옵션이 행사되어 회사가 취득하는 주식수: 400주(명목수량)
풋옵션의 의무를 이행하는 데에 드는 자금: 400주 × ₩100 = ₩40,000
소요되는 자금을 조달하기 위해서 공개시장에 발행하는 주식수: ₩40,000 ÷ ₩80 = 500주
풋옵션이 행사된 후 유통주식수: 3,100주 − 400주 + 500주 = 3,200주

(2) 매도콜옵션

기업이 자기주식에 기초한 총액결제 매도콜옵션(written call options) 계약을 체결한 후에 자기주식을 파는 의무를 이행하여 희석주당이익 계산식의 분모가 커지면 희석주당이익이 감소하여 희석효과가 발생한다. 따라서 매도콜옵션계약이 이행된다는 가정하에 잠재적 희석효과를 고려하여 희석주당이익을 계산한다.

▶ [행사가격(사는 가격) > 주식의 시장가격]인 경우: 콜옵션 보유자는 시가보다 높은 금액에 주식을 사야 하므로 살 수 있는 권리를 행사하지 않고 공개시장에서 주식을 매수한다.

▸ [행사가격(사는 가격) < 주식의 시장가격]인 경우: 콜옵션의 보유자가 시가보다 낮은 금액에 주식을 살 수 있으므로 콜옵션 보유자가 살 수 있는 권리를 행사한다고 가정하고, 기업은 총 행사가격의 수령액을 이용하여 콜옵션 보유자에게 매도한 주식수량보다 적은 수량을 공개시장에서 매수하므로 유통주식수가 증가해 희석효과를 가져온다.

매도콜옵션의 행사가격(사는 가격)이 평균시장가격보다 낮으면 매도콜옵션이 행사된다고 가정하여 희석주당이익을 다음과 같이 계산한다.

▸ 콜옵션 보유자로부터 받은 자기주식의 매도대가를 이용하여 보통주를 회계기간의 평균시장가격으로 회계기간 초에 공개시장에서 취득한다고 가정한다.
▸ 자기주식의 매도량이 공개시장에서 취득할 것으로 가정하는 주식수량을 초과하는 수량을 희석주당이익 계산식의 분모에 포함하여 희석주당이익을 계산한다.

Recap 매입옵션과 매도옵션에 대한 희석성 여부

▸ 기업이 권리를 보유하는 경우(매입풋옵션 또는 매입콜옵션): 반희석성 금융상품
▸ 기업이 사는 의무를 부담하는 경우(매도풋옵션): [행사가격(파는 가격) > 주식의 시장가격]이면 희석성
▸ 기업이 파는 의무를 부담하는 경우(매도콜옵션): [행사가격(사는 가격) < 주식의 시장가격]이면 희석성

3. 현금 또는 보통주로 결제할 수 있는 채무계약

현금이나 보통주로 결제(청산)할 수 있는 채무계약에 대해서는 결제선택권을 누가 보유하느냐에 따라 다르게 회계처리한다.

(1) 채무증권의 발행자인 기업이 결제선택권을 보유하는 경우

기업의 선택에 따라 현금 또는 보통주(자기주식)로 결제될 수 있는 채무계약을 체결한 경우, 채무증권의 보유자가 아니라 채무증권의 발행자인 기업이 주식을 발행하는 권리를 보유하므로 채무증권 보유자가 결제선택권을 가지고 있는 전환사채와는 성격이 다르다. 희석주당이익이 최악의 상황을 가정한 주당이익이므로 채무증권의 발행자가 결제방법에 대한 선택권을 보유하면 발행자는 보통주를 발행하여 채무계약을 결제한다고 가정하고 그로 인한 잠재적보통주가 희석효과를 가진다면 희석주당이익의 계산에 포함한다[1033: 58]. 그러므로 채무계약을 잠재적보통주로 분류하고 희석효과가 있으면 잠재적보통주를 희석주당이익의 계산에 포함한다.

예제 15 발행자의 선택으로 주식이나 현금으로 결제할 수 있는 전환사채

중요도: ★
난이도: ◆◆◆

상황

· 1차연도 초에 2,000매의 전환사채를 액면발행하였다.
· 전환사채의 만기는 3년이고, 전환사채의 1매당 액면금액은 ₩500이며, 총 발행금액은 ₩1,000,000이다.
· 전환사채의 표시이자율은 연 10%로 매년 후불로 이자를 지급한다.
· 각 전환사채는 만기 전에 언제든지 보통주 200주로 전환할 수 있다.
· 전환사채 발행자는 전환사채의 액면금액을 보통주나 현금으로 결제할 수 있는 선택권을 갖는다.
· 전환사채 발행시점에 전환조건이 없는 유사한 일반사채의 시장이자율: 연 25%
· 전환사채 발행시점의 보통주의 주당 시장가격: ₩3
· 1차연도에 보통주에 귀속되는 이익: ₩6,000,000
· 1차연도의 가중평균 유통보통주식수: 1,200,000주
· 법인세는 고려하지 않는다.

물음 1차연도의 기본주당이익과 희석주당이익을 계산하라.

정답 기본주당이익: ₩5, 희석주당이익: ₩3.86

해설

· 전환사채 발행금액의 배분:
부채요소: (₩1,000,000 × 0.512 + ₩100,000 × 1.952) = ₩707,200
자본요소: ₩1,000,000 − ₩707,200 = ₩292,800

· 1차연도 기본주당이익: ₩6,000,000 ÷ 1,200,000주 = ₩5

· 1차연도 희석주당이익:
발행자가 보통주를 발행하여 전환사채를 결제한다고 가정한다.
전환사채 이자비용(세금 무시): ₩707,200 × 25% = ₩176,800
전환사채의 전환으로 인해 발행될 보통주 수량: 2,000매(전환사채) × 200주(보통주) = 400,000주

$$\frac{₩6,000,000 + ₩176,800}{1,200,000\text{주} + 400,000\text{주}} = ₩3.86$$

(2) 채무증권의 보유자가 결제선택권을 보유하는 경우

현금 또는 보통주(자기주식)로 결제될 수 있는 채무계약이 체결되고 채무증권의 보유자가 결제방법에 대한 선택권을 가지면 주식결제와 현금결제 중 희석효과가 더 큰 방법으로 결제된다고 가정하고 희석주당이익을 계산한다[1033: 60].

관련예제와 함께 풀어보세요

유제 1	기본주당순이익: 자기주식과 유상 · 무상증자(2016년, 회계사)	관련예제 5

상황

· ㈜한국의 2차연도와 3차연도의 유통보통주식수(주당 액면금액: ₩5,000)에 대한 자료는 다음과 같다.

2차연도 1. 1. 유통보통주식수	5,000주
2차연도 7. 1. 자기주식 취득	500
3차연도 1. 1. 유통보통주식수	4,500
3차연도 7. 1. 보통주 유상증자	1,000
(주당 발행금액: ₩10,000, 주당 공정가치: ₩20,000)	

· ㈜한국의 2차연도와 3차연도의 당기순이익은 각각 ₩500,000과 ₩600,000이다.

물음 3차연도 말에 2차연도 재무제표가 3차연도 재무제표와 비교 표시되는 경우, ① 2차연도 기본주당이익과 ② 3차연도 기본주당이익을 계산하라.

길라잡이

3차연도 7. 1.에 저가 유상증자를 통해 실질적으로 무상증자를 했으므로 무상증자의 영향을 소급해서 반영하여 2차연도의 주당이익을 계산한다.

정답 및 해설

3차연도의 무상증자 비율

$$\text{공정가치로 발행한 유상증자주식수}(\beta): \frac{1{,}000\text{주} \times ₩10{,}000}{₩20{,}000} = 500\text{주}$$

실제로 발행한 총 주식수(주주 우선배정 신주)	1,000주
−) 공정가치로 발행한 유상증자주식수(β)	(500)
=) 무상으로 발행한 주식수(무상증자)	500주

$$\text{무상증자비율} = \frac{\text{무상으로 발행한 주식수}}{\text{유상증자 직전의 유통주식수} + \beta}$$

$$= \frac{500\text{주}}{4{,}500\text{주} + 500\text{주}} = 10\%$$

2차연도 기본주당이익

유통기간	항목	수량	유통주식수	가중치	가중평균유통보통주식수
1. 1 ~ 6. 30	기초유통보통주	5,000			
	무상증자(10%)	500	5,500	6/12	2,750주

7. 1 ~ 12. 31	자기주식	(500)			
	무상증자(10%)	(50)	4,950	6/12	2,475
합계					5,225주

2차연도 기본주당이익: ₩500,000 ÷ 5,225주 = ₩96 (물음 ①의 해답)

3차연도 기본주당이익

유통기간	항목	수량	유통주식수	가중치	가중평균유통보통주식수
1. 1 ~ 6. 30	기초유통보통주	4,500			
	무상증자(10%)	450	4,950	6/12	2,475주
7. 1 ~ 12. 31	유상증자	500			
	무상증자(10%)	50	5,500	6/12	2,750
합계					5,225주

3차연도 기본주당이익: ₩600,000 ÷ 5,225주 = ₩115 (물음 ②의 해답)

연습문제 18

다음은 P18–01 ~ P18–08을 위한 기본자료이다. 연습문제 P18–01 ~ P18–08은 각기 독립적이다.

- 길벗회사의 회계기간은 매년 1. 1.부터 12. 31.까지이며, 2차연도의 이익은 다음과 같다.

계속영업이익	₩25,000,000
중단영업손실	(6,250,000)
법인세비용차감전 순이익	₩18,750,000
법인세비용(20%)	(3,750,000)
법인세비용차감후 순이익	₩15,000,000

- 2차연도 1. 1.의 기타 자료는 다음과 같다.

보통주(주당 액면금액: ₩5,000)	20,000주
우선주(주당 액면금액: ₩5,000)	5,000

우선주 배당률: 연 10%

2차연도 법인세율: 20%

- 기말에 유통 중인 우선주에 대해서만 배당금을 지급한다.

P18–01 주당계속영업이익과 주당이익

- 기본자료를 이용하라.

물음 1. 보통주에 귀속되는 계속영업이익과 당기순이익을 계산하라.
2. 기본주당계속영업이익과 기본주당이익을 계산하라.

P18–02 자기주식과 기본주당이익

- 기본자료를 이용하되, 길벗회사가 2차연도 11. 1.에 보통주 자기주식 6,000주를 취득하였다고 가정하라.

물음 기본주당계속영업이익과 기본주당이익을 계산하라.

P18–03 주식배당, 무상증자 및 유상증자

- 기본자료 이외에 길벗회사의 2차연도 중 보통주 자본금의 변동내역은 다음과 같다.

날짜	내역	발행주식 수
5. 31.	주식배당(20%)	4,000주
7. 1.	유상증자(시가발행)	10,000
11. 1.	무상증자(10%)	3,400

물음 기본주당계속영업이익과 기본주당이익을 계산하라.

P18-04 신주인수권부사채의 주식매입권행사

- 기본자료 이외에, 2차연도 8. 1.에 다음 신주인수권부사채가 행사되어 보통주 1,000주를 발행하였다고 가정하라.

  분리형 신주인수권부사채 총 액면금액: ₩30,000,000

  분리형 신주인수권부사채의 발행일: 2차연도 이전

  행사가격: 사채액면 ₩8,000당 주식매입권 1매 부착

  주식매입권 1매당 현금 ₩8,000의 행사가격으로 보통주 1주 발행

  보통주의 2차연도 중 주당 평균시가: ₩10,000

물음 1. 기본주당계속영업이익과 기본주당이익을 구하라.

2. 희석주당계속영업이익과 희석주당이익을 구하라.

P18-05 당기 이전에 발행한 전환우선주

- 기본자료의 우선주가 전부 전환우선주이고 전환우선주 1주당 보통주 1주로 전환된다고 가정하라.
- 2차연도 12. 31.까지 전환우선주가 보통주로 전환되지 않았다.

물음 1. 기본주당계속영업이익과 기본주당이익을 계산하라.

2. 희석주당계속영업이익과 희석주당이익을 계산하라.

P18-06 당기 이전에 발행한 전환사채의 전환

- 기본자료를 이용하되, 다음 전환사채 중에서 2차연도 5. 1.에 30%가 전환되어 보통주 3,000주(전환사채 액면금액 ₩4,000당 보통주 1주로 전환)가 발행되었다고 가정하라.

  전환사채 액면금액: ₩40,000,000

  전환사채의 발행일: 2차연도 이전

  포괄손익계산서에는 유통 중인 전환사채에 대한 이자비용 ₩2,000,000이 포함되어 있다.

물음 1. 기본주당계속영업이익과 기본주당이익을 계산하라.

2. 법인세효과를 무시하고 희석주당계속영업이익과 희석주당이익을 계산하라.

P18-07 당기에 발행한 전환사채의 전환

- 기본자료를 이용하되, 다음 전환사채 중에서 2차연도 10. 1.에 30%가 전환되어 보통주 3,000주(전환사채 액면금액 ₩4,000당 보통주 1주로 전환)를 발행하였다고 가정하라.

  전환사채 액면금액: ₩40,000,000

  전환사채의 발행일: 2차연도 7. 1.

  포괄손익계산서에는 유통 중인 전환사채에 대한 이자비용 ₩1,000,000이 포함되어 있다.

물음 1. 기본주당계속영업이익과 기본주당이익을 계산하라.

2. 법인세효과를 무시하고 희석주당계속영업이익과 희석주당이익을 계산하라.

P18-08 주주 우선배정 신주발행

- 기본자료 이외에 길벗회사의 2차연도 중 보통주 자본금의 변동내역은 다음과 같다.

날짜	내역	발행주식 수
7. 1.	보통주 유상증자(액면금액: ₩5,000)	10,000주
11. 1.	보통주에 대한 무상증자(10%)	3,000

- 유상증자 직전일의 보통주 주당종가: ₩12,000
- 유상증자주식의 주당발행금액: ₩6,000

물음 기본주당계속영업이익과 기본주당이익을 계산하라.

P18-09 주당순이익: 무상증자와 자기주식 (2016년, 회계사)

㈜한국의 2차연도와 3차연도의 유통보통주식수(주당 액면금액: ₩5,000)에 대한 자료는 다음과 같다.

2차연도 자료			3차연도 자료		
1. 1.	유통보통주식수	5,000주	1. 1.	유통보통주식수	4,500주
7. 1.	자기주식 취득	500	7. 1.	보통주 유상증자(주당 발행금액: ₩10,000, 주당 공정가치: ₩20,000)	1,000
12. 31.	유통보통주식수	4,500주	12. 31.	유통보통주식수	5,500주

- ㈜한국의 2차연도과 3차연도의 당기순이익은 각각 ₩500,000과 ₩600,000이다.

물음 3차연도 말에 2차연도 재무제표가 3차연도 재무제표와 비교 표시되는 경우, ① 2차연도 기본주당이익과 ② 3차연도 기본주당이익을 계산하면 각각 얼마인가?

P18-10 기본주당이익과 희석주당이익 (2012년, 회계사)

12월말 결산법인인 ㈜여름에 관한 2차연도 자료는 다음과 같다.

<자료 1>

- 기초 보통주식수 : 100,000주(액면금액 ₩1,000)
- 기초 우선주식수 : 10,000주(액면금액 ₩500)
- 비누적적, 비참가적 우선주이며, 배당률은 7%
- 전환우선주에 해당하며, 우선주 2주당 보통주 1주로 전환가능
- 2차연도 10. 1.에 전환우선주 40%가 보통주로 전환됨

<자료 2: 전환사채>

- 2차연도 4. 1.에 ㈜여름은 전환사채(액면금액 ₩5,000,000)를 액면발행하였으며, 액면금액 ₩5,000당 보통주 1주로 전환 가능하다. 2차연도 7. 1. 전환권 행사로 전환사채의 60%가 보통주로 전환되었다. 당기 포괄손익계산서에 인식된 전환사채 관련 이자비용은 ₩300,000이다.

<자료 3: 상환할증조건 신주인수권부사채>

- 1차연도 4. 1.에 ㈜여름은 상환할증금을 지급하는 조건으로 행사가격이 ₩450인 신주인수권부사채를 발행하였다. 2차연도 4. 1.에 신주인수권의 50%가 행사되어 보통주 2,000주를 교부하였다. 2차연도 ㈜여름의 보통주 주당 평균시장가격은 ₩600이다. ㈜여름이 신주인수권부사채에 대해 2차연도에 인식한 이자비용은 모두 ₩2,000,000이며, 이 중 사채상환할증금과 관련된 이자비용은 ₩100,000이다.
- 저자가 추가한 자료: 신주인수권부사채는 분리형으로 가정해서 신주인수권이 행사되면 행사가격이 현금납입되고 사채의 액면금액이 소멸하지 않는다.

<자료 4>

- ㈜여름의 당기순이익은 ₩50,000,000이고 법인세율(법인세에 부가되는 세액 포함)은 25%로 가정하며, 기말에 미전환된 우선주에 대해서만 배당금을 지급한다(상법의 관련 규정은 무시한다).

물음 1. ㈜여름의 2차연도 기본주당이익을 계산하시오.

2. 다음은 ㈜여름의 2차연도 희석주당이익을 계산하기 위하여 희석효과를 분석하는 표이다. ①~⑦을 구하시오.

구분	분자요소	분모요소	주당 효과
전환우선주	①	②	?
전환사채	③	④	⑤
신주인수권부사채	⑥	⑦	?

3. ㈜여름의 2차연도 희석주당이익은 얼마인지 계산하시오.

P18-11 주식배당

2차연도의 보통주의 변동이 다음과 같다.

1. 1.	기초 유통주식수	100,000주
4. 1.	공정가치로 신주발행	40,000
5. 1.	주식배당(50%)	70,000
10. 1.	자기주식 취득	30,000

물음 기본주당이익을 계산하기 위한 가중평균유통주식 수를 계산하라.

P18-12 주식매입권과 잠재적보통주식 수 (2015년, 회계사)

- ㈜상당의 결산일은 12월 31일이며, 2차연도 초 현재 유통 보통주는 10,000주이다. 2차연도 7. 1. 전기에 발행한 주식매입권(행사가격: 단위당 ₩2,000) 중 50%가 행사되어 보통주 5,000주가 발행 · 교부되었다.
- 2차연도 ㈜상당의 보통주 평균시장가격은 주당 ₩2,500이고, 기말 종가는 ₩3,000이다.

물음 2차연도 희석주당이익 산정을 위한 주식매입권의 잠재적보통주식 수를 구하시오.

P18-13 주식매입권과 자기주식법

- 복숭아회사의 1차연도 당기순이익은 ₩96,000이었으며, 보통주의 가중평균유통주식 수는 24,000주이다.
- 1차연도 1. 1.에 복숭아회사는 일부 종업원들에게 4,000주를 주당 ₩120에 매입할 수 있는 주식매입권 4,000매를 부여하였는데, 주식매입권의 행사가능기간은 3차연도 1. 1.부터 5년간이다.
- 1차연도의 복숭아회사 보통주의 주당 시가는 다음과 같다.

1차연도 1. 1.	₩140
1차연도 평균	160
1차연도 12. 31.	180

물음 1. 자기주식법을 사용하여 1차연도의 희석주당이익을 계산하라.

2. 1차연도에 복숭아회사 보통주의 주당 평균시가가 ₩100이라고 가정하고, 물음 1에 답하라.

P18-14 희석주당이익 (2015년, 회계사)

- ㈜내수의 2차연도 초 유통보통주식수는 100,000주이고 유통 전환우선주식수는 12,000주(액면금액 ₩1,000, 전환우선

주 2주당 보통주 1주로 전환, 배당률 5%)이다. 2차연도 4. 1.에 ㈜내수는 전환사채(액면금액 ₩10,000,000)를 액면발행하였으며, 전환사채 액면금액 ₩10,000당 보통주 1주로 전환 가능하다. 당기의 전환사채 이자비용은 ₩800,000이다. 한편 ㈜내수의 당기순이익은 ₩53,000,000이고, 한계세율은 30%이다. 상기 전환우선주 및 전환사채는 당기말까지 보통주로 전환되지 않았다. 전환우선주는 비누적적 우선주이며 당기 배당을 지급하기로 결의했다고 가정한다.

물음 ① 2차연도의 기본주당이익과 ② 2차연도의 희석주당이익을 계산하시오.

P18-15 조건부발행보통주

- 1차연도 1. 1.에 P는 S를 취득하였는데, S의 2차연도 당기순이익이 ₩150,000을 넘으면 S의 주주들에게 보통주 10,000주를 3차연도 1. 2.에 교부하기로 합의하였다.
- S의 1차연도 당기순이익: ₩180,000

물음 1차연도 기본주당이익과 희석주당이익을 계산하는 데 조건부발행보통주의 포함 여부를 결정하라.

P18-16 매도풋옵션

- 1차연도 1. 1.에 기업이 보통주 120주에 대한 풋옵션을 발행하였는데 주당 행사가격은 ₩35이다.
- 보통주의 평균시장가격: ₩28

물음 매도풋옵션이 희석화에 미치는 영향을 분석하라.

P18-17 유상증자, 무상증자, 자기주식(회계기준위원회)

- 산마루회사의 우선주는 비누적적 비참가적 우선주이며, 2차연도 이익에 대한 우선주 배당은 현금배당으로 10%이다.
- 유상신주의 배당기산일은 납입한 날이며, 무상신주의 배당기산일은 원구주에 따른다.
- 계속영업이익(법인세비용차감후): ₩500,000
- 당기순이익: ₩600,000
- 산마루회사의 2차연도 자본금(주당 액면금액: ₩5)의 변동상황은 다음과 같다.

날짜	항목	보통주	자본금	우선주	자본금
1. 1.	기초유통주식	90,000주	₩450,000	20,000주	₩100,000
7. 1.	유상증자(납입)	20,000	100,000	4,000	20,000
8. 15.	무상증자(10%)	11,000	55,000	2,400	12,000
11. 1.	자기주식(구주)취득	(1,000)	(5,000)		
12. 31.		120,000주	₩600,000	26,400주	₩132,000

- 유상증자 직전일의 보통주의 주당종가: ₩20
- 유상증자주식의 주당발행금액: ₩10

물음 기본주당계속영업이익과 기본주당이익을 계산하라.

Chapter 19

리 스

학습 목표

LO 19-1. 리스이용자의 리스부채에 대한 회계처리를 이해한다.
LO 19-2. 리스이용자의 리스부채 재측정을 이해한다.
LO 19-3. 리스이용자의 사용권자산에 대한 회계처리를 이해한다.
LO 19-4. 리스이용자의 리스변경에 대한 회계처리를 습득한다.
LO 19-5. 리스제공자의 운용리스와 금융리스에 대한 회계처리를 이해한다.
LO 19-6. 판매형리스의 개념과 회계처리를 이해한다.
LO 19-7. 잔존가치보증과 무보증잔존가치의 개념과 회계처리를 이해한다.
LO 19-8. 판매후리스에 대한 개념과 회계처리를 이해한다.

제19장

제1절 리스회계의 기초

1. 리스의 개념
2. 리스계약 구성요소의 분리
3. 리스대가의 배분
4. 리스에서 사용되는 용어
5. 리스기간

제2절 리스이용자의 리스부채와 사용권자산의 측정

1. 리스료
   (1) 고정리스료
   (2) 리스 인센티브
   (3) 변동리스료
   (4) 매수선택권
   (5) 잔존가치
2. 리스부채의 최초측정
3. 사용권자산의 최초측정
4. 리스부채의 후속측정
5. 사용권자산의 후속측정
   (1) 사용권자산의 감가상각
   (2) 사용권자산의 손상차손
6. 리스부채의 재측정
   (1) 보증잔존가치 지급액이나 변동리스료가 변한 경우
   (2) 리스기간이 변하거나 리스이용자의 매수선택권 행사 가능성이 변한 경우
7. 리스변경
8. 리스이용자의 인식 면제와 운용리스

제3절 리스제공자의 리스분류

1. 리스제공자의 리스유형
2. 리스의 분류기준
   (1) 주요 지표
   (2) 보조지표
   (3) 전대리스의 분류
3. 리스의 재분류

제4절 리스제공자의 운용리스

제5절 리스제공자의 금융리스

1. 리스료의 구성요소
2. 금융리스채권의 최초측정
3. 금융리스채권의 후속측정

제6절 판매형리스

1. 판매형리스의 개념
2. 판매형리스와 금융리스의 비교
3. 판매형리스에 대한 회계처리
   (1) 리스개시일의 회계처리
   (2) 리스기간 중 회계처리

제7절 판매후리스

1. 판매후리스의 개념
2. 판매후리스의 분류
3. 매각거래인 판매후리스
   (1) 판매자 - 리스이용자의 회계처리: 판매대가가 공정가치와 같은 경우
   (2) 판매자 - 리스이용자의 회계처리: 판매대가가 공정가치와 다른 경우
   (3) 구매자 - 리스제공자의 회계처리
4. 매각거래가 아닌 판매후리스

Chapter 19 제1절

리스회계의 기초

1. 리스의 개념

리스(lease)는 대가(리스료)와 교환하여 기초자산의 사용권을 일정 기간 이전(convey)하는 계약이나 계약의 일부이다[1116: 부록 A]. 기초자산(underlying asset)은 리스제공자(임대인)가 리스이용자(임차인)에게 사용권을 이전하는 리스대상자산(예 승용차, 비행기, 설비, 원룸, 상점 등)을 말한다[1116: 부록 A]. 대가와 교환하여 기초자산 사용권을 일정 기간 동안 제공하는 기업을 리스제공자(lessor)라 하고, 대가와 교환하여 기초자산의 사용권을 일정 기간 동안 얻는 기업을 리스이용자(lessee)라 부른다. 리스회계는 리스제공자의 입장과 리스이용자의 입장을 구분해서 이해하는 것이 중요하다.

유형자산에만 적용되는 「K-IFRS 제1116호」(리스 기준서)는 소액(신품가격이 US$5,000 이하) 기초자산 리스[1116: 5, 8]와 리스기간이 12개월 이내인 단기리스를 제외한 모든 리스계약에 대해서 리스이용자가 재무상태표에 사용권자산과 리스부채를 보고하도록 규정한다.[1)] 사용권자산(right-of-use asset)은 리스기간에 리스이용자가 기초자산을 리스해서 사용할 권리가 있는 자산이다[1116: 부록 A]. 예를 들어, 울릉도에서 서울로 유학 온 청년이 서울 소재 2층집의 지하실에서 2년간 하숙하는 계약을 체결하면, 울릉도 청년은 「K-IFRS 제1116호」에 따라 서울에 사용권자산을 가지고 있다는 것을 기록한다. 계약의 경제적 실질이 리스요소를 포함하면 리스이용자는 리스요소를 독립 리스계약으로 분리해서 재무상태표에 사용권자산과 리스부채를 보고한다.

리스제공자는 일반적으로 기초자산에 대한 법적 소유권을 보유하며, 각 리스를 금융리스 또는 운용리스로 분류한다. 기초자산의 소유에 따른 위험과 보상의 대부분을 리스이용자에게 이전해서 경제적 실질 면에서 할부매각과 유사한 리스는 금융리스(finance lease)로 분류하고(제3절 참조), 기초자산의 소유에 따른 위험과 보상의 대부분을 리스이용자에게 이전하지 않는 아파트 월세(또는 전세)와 같이 순수한 임대차계약인 리스는 운용리스(operating lease)로 분류한다.

2. 리스계약 구성요소의 분리

실무에서 많은 계약이 리스계약과 재화(또는 용역)의 판매약정을 동시에 포함한다. 예를 들면, 리스계약에 수선유지, 보안, 고객을 위한 상품제조계약 등과 같이 재화(또는 용역)를 판매하는 계약이 포함될 수 있는데 이러한 계약을 비리스요소(non-lease components)라 한다. 리스계약이나 리스를 포함하는

---

1) 「K-IFRS 제1116호」 본문에 소액리스가 정의되지 않았으나, 결론도출근거에서 소액리스를 기초자산이 새것일 때 가격이 대략 US$5,000 이하인 리스로 정의한다[1116: BC100].

계약이 비리스요소를 포함하면 원칙적으로 리스계약을 리스요소와 비리스요소로 분해해서 각각 별도로 회계처리한다[1116: 12]. 그러나 예외적으로 실무적간편법을 사용하여 리스요소와 비리스요소를 분해하지 않고 비리스요소를 리스계약의 일부분으로 포함시켜 단일 리스계약으로 회계처리하는 방법을 기초자산의 유형별로 선택할 수도 있다[1116: 15]. 이러한 실무적간편법을 사용하면 계약상 총 지급액을 리스료로 인식한다.

하나의 리스계약에 다수의 리스요소가 존재하면(예 예제 14에서와 같이 10대의 프린터), 리스요소를 모두 식별해서 개별 리스요소를 각각 회계처리한다(예제 2 참조). 구체적으로, 다음 두 조건이 모두 충족되면 기초자산을 사용하는 권리를 별개의 리스요소로 구분한다[1116: B32]. 그러나 다음 두 조건이 모두 충족되지 않으면 다수 자산을 사용하는 권리를 묶어서 단일 리스요소로 본다.

- 조건 1(효익획득): 리스이용자가 기초자산 그 자체를 사용하여 효익을 얻거나 쉽게 구할 수 있는 다른 자원을 함께 사용하여 효익을 얻을 수 있다. 쉽게 구할 수 있는 자원(readily available resources)이란 리스제공자나 그 밖의 공급자가 별도로 판매하거나 리스하는 재화(또는 용역)이거나 리스이용자가 (리스제공자에게서, 그 밖의 거래 또는 사건에서) 이미 얻은 자원을 말한다.
- 조건 2(독립성): 특정 기초자산이 계약에 포함된 다른 기초자산에 크게 의존하지 않거나 상호관련성이 높지 않다. 예를 들어, 계약에 포함된 다른 기초자산을 사용하는 권리에 유의적인 영향을 미치지 않으면서 리스이용자가 해당 기초자산을 리스하지 않기로 할 수 있으면 해당 기초자산은 다른 기초자산에 크게 의존하지 않거나 상호관련성이 높지 않다.

지하권과 리스

고객이 대가를 주고 20년 동안 지하공간에 송유관을 매설할 권리를 얻었다고 가정하자. 이 계약은 관로가 매설될 지하공간의 정확한 위치와 규모(경로, 너비, 깊이)를 규정한다. 고객은 관로를 점검하고 수리 · 유지하는 업무(필요한 경우, 관로의 손상된 부분의 교체를 포함)를 수행할 권리가 있다. 토지 소유주는 관로 위의 지표면을 사용할 권리를 계속 보유하나 정해진 지하공간의 사용기간 20년 동안 그 지하공간에 접근할 권리나 용도를 변경할 권리가 없다. 2019년 6월에 국제회계기준해석위원회는 이 계약이 「K-IFRS 제1116호」에 정의된 리스를 포함하므로 고객은 「K-IFRS 제1116호」을 적용해서 이 계약을 회계처리해야 한다고 결론 내렸다.

예제 1	리스요소의 식별과 분해	중요도: ★★★ 난이도: ◆◆

상황 1 리스이용자가 상품 배달과 배달차량의 주차에 이용하는 창고와 주차장을 리스하는 계약을 체결하였다. 리스이용자는 창고를 배달사업을 위한 물류센터로 사용할 계획이다.

상황 2 리스이용자가 상황 1에서와 같이 창고와 주차장을 리스하는 한편, 창고 인근의 공터도 리스하였다. 리스이용자는 공터를 다른 용도(예 배달차량의 수리유지 시설의 건설)에 맞게 개발할 수 있다.

물음 상황 1과 2에서 리스요소를 식별하라.

정답 및 해설

상황 1

· 리스이용자는 주차장을 사용하지 않고 창고를 사용해서 경제적 혜택을 볼 수 없으므로 창고 공간이 주차장에 의존한다. 그러므로 이 계약은 단일 리스요소를 포함한다.

상황 2

· 창고 인근의 공터는 창고와 주차장과는 독립적으로 다른 용도에 맞게 개발될 수 있으며 리스이용자는 공터 자체로 또는 쉽게 이용가능한 자원과 함께 경제적 혜택을 얻을 수 있다. 또한 리스이용자는 창고와 주차장 자체로 또는 쉽게 이용가능한 자원과 함께 경제적 혜택을 얻을 수 있다. 그러므로 이 계약은 다음과 같은 두 개의 리스요소를 포함한다.

주차장과 창고에 대한 리스

창고 인근의 공터에 대한 리스

3. 리스대가의 배분

리스계약에 여러 리스요소와 비리스요소가 존재하면 식별된 리스요소의 상대적 개별가격과 비리스요소의 통합가격에 기초해서 계약대가(리스개설직접원가 포함)를 각 리스요소와 비리스요소에 배분한다. 리스요소와 비리스요소의 상대적 개별가격은 리스제공자나 이와 비슷한 공급자가 해당 요소나 그와 비슷한 요소에 개별적으로 부과할 가격을 기초로 산정한다. 관측 가능한 개별가격을 쉽게 구할 수 없으면, 리스이용자는 관측 가능한 정보를 최대한 활용하여 개별가격을 추정한다[1116: 14].

예제 2	리스대가의 배분	중요도: ★★★ 난이도: ◆◆

상황

· 청결회사(리스이용자)가 정기적인 보수용역을 포함해서 정수기와 가습기를 3년간 리스하였다. 총 거래대가는 ₩85,000이다.

· 청결회사는 리스계약에 정수기와 가습기에 대한 별개의 리스가 포함된다고 판단하고, 보수용역을 계약의 비리스요소로 구분해서 별도로 회계처리한다. 또한 청결회사는 정수기에 대한 보수용역과 가습기에 대한 보수용역이 구별되어 별개의 비리스요소 수행의무가 존재한다고 판단한다.

· 각 구성요소의 개별 판매가격은 다음과 같다.

	리스	보수용역	합계
정수기	₩48,000	₩8,400	₩56,400
가습기	32,000	11,600	43,600
합계	₩80,000	₩20,000	₩100,000

상황 총 거래대가 ₩85,000을 각 구성요소에 배분하라.

정답 및 해설

· 상대적 개별 판매가격법(제15장 참조)으로 거래대가 ₩85,000을 우선적으로 리스요소와 비리스요소에 배

분한다. 그리고 리스대가와 비리스대가를 각 구성요소에 배분한다.

· 총대가 ₩85,000을 리스와 보수용역에 배분

	개별 판매가격	배분율	배분액
리스	₩80,000	80%	₩68,000
보수용역	20,000	20	17,000
합계	₩100,000	100%	₩85,000

리스대가 ₩68,000을 리스의 구성요소에 배분

	개별 판매가격	배분율	배분액
정수기	₩48,000	60%	₩40,800
가습기	32,000	40	27,200
합계	₩80,000	100%	₩68,000

보수용역대가 ₩17,000을 각 보수용역에 배분

	개별 판매가격	배분율	배분액
정수기	₩8,400	42%	₩7,140
가습기	11,600	58	9,860
합계	₩20,000	100%	₩17,000

총대가 ₩85,000의 배분결과

	리스	보수용역	합계
정수기	₩40,800	7,140	₩47,940
가습기	27,200	9,860	37,060
합계	₩68,000	₩17,000	₩85,000

4. 리스에서 사용되는 용어

리스에서 사용되는 용어를 정리하면 <그림 19.1>과 같다.

그림 19.1 리스에서 사용되는 용어

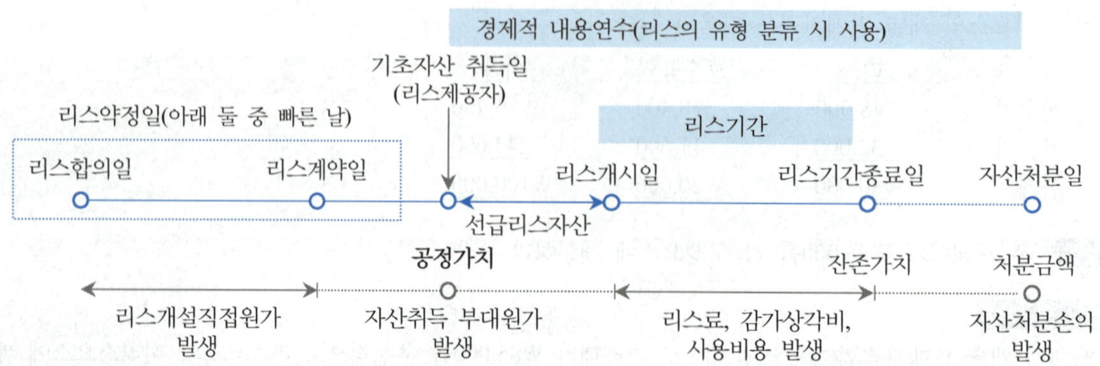

리스회계에서는 리스약정일과 리스개시일을 구분한다. 리스약정일(inception date)은 리스계약 당사자들이 리스의 주요 조건에 대해 합의한 날과 리스계약일 중 빠른 날이다. 리스약정일에 리스이용자와 리스제공자는 계약이 리스계약인지 또는 리스요소를 포함하는 계약인지를 판단하고, 리스제공자는 리스의 분류범주를 운용리스 또는 금융리스로 결정한다. 그러나 리스이용자는 리스를 운용리스 또는 금융리스로 구분하지 않고 소액리스(새것일 때 가격이 $5,000 이하)와 단기리스(리스기간이 12개월 이내)를 제외한 모든 리스에 대해서 재무상태표에 리스부채와 사용권자산을 보고한다.

리스개시일(commencement date)은 리스이용자가 기초자산을 처음 사용할 수 있게 된 날로 기초자산의 사용권을 얻고 리스료를 지급할 의무를 부담한다. 리스이용자와 리스제공자는 리스개시일에 리스에서 생기는 자산(또는 부채)의 손익을 처음으로 인식하고 측정한다[1116: BC142]. 리스약정일과 리스개시일 사이에 리스계약의 내용이 변경되면 리스이용자는 리스개시일에 이를 반영해서 사용권자산과 리스부채를 측정한다.

경제적 내용연수(economic life)는 리스제공자가 리스를 금융리스 또는 운용리스로 분류할 때 사용하는 기간개념으로 다음 중 하나이다.2)

- 한 명 이상의 사용자가 자산을 '경제적으로' 사용할 수 있을 것으로 예상하는 기간
- 자산에서 얻을 것으로 기대되는 생산량이나 유사단위의 수량

리스개설직접원가(initial direct cost)는 리스거래를 협의하고 리스계약을 체결하는 행위와 직접 관련하여 발생하는 증분원가로 리스계약을 체결하지 않았더라면 부담하지 않았을 원가(예 수수료, 법률 상담료, 내부발생원가, 리스이용자에 대한 신용조사비용, 리스계약문서의 준비 및 작성비용 등)이다. 그러나 금융리스와 관련하여 제조자(또는 판매자)인 리스제공자가 부담하는 리스계약체결 증분원가는 리스개설직접원가에서 제외한다[1116: 부록 A]. 리스이용자(또는 리스제공자)가 리스계약을 실행하지 않아도 발생하는 원가(예 종업원 급여, 광고비, 감가상각비)는 증분원가가 아니므로 리스개설직접원가에 포함하지 않는다. 리스개설직접원가에 포함하는 원가의 예는 다음과 같다.

- 리스를 실행해서 발생하는 수수료
- 리스서류를 준비하기 위해 발생하는 원가
- 기초자산의 기존 리스이용자를 철수시키기 위해서 지급한 금액
- 관련 없는 제3자가 잔존가치를 보증한 대가로 지급한 금액

5. 리스기간

리스기간(lease term)은 리스이용자가 기초자산을 사용할 권리를 보유하는 해지불능기간(non-cancellable period)으로서, 리스개시일에 시작한다. 리스의 해지불능기간은 계약의 집행 가능한

---

2) 유사한 개념인 '내용연수(useful life)'는 자산을 사용할 수 있을 것으로 예상하는 기간이나 자산에서 얻을 것으로 예상하는 생산량을 의미한다. 경제적 내용연수가 '경제적으로' 사용할 수 있다는 것을 강조하므로 내용연수보다 짧을 수 있으나 실무상 유의적인 차이는 없다고 본다. 경제적 내용연수는 리스제공자가 리스를 분류하는 데 사용하고, 내용연수는 리스이용자가 사용권자산을 상각하는 기간을 결정할 때 사용할 수 있다.

(enforceable) 기간에 따라 결정된다. 만일 약간의 위약금만 지급하고 리스제공자 또는 리스이용자가 각각 계약상대방의 동의 없이 리스를 종료할 권리를 가지면 그 리스는 집행 가능하지 않다.

리스기간의 결정이 중요한 이유는, 리스이용자가 리스기간에 걸쳐 지급하는 리스료의 현재가치로 리스이용자의 리스부채와 리스제공자의 리스채권을 측정하기 때문이다. 리스기간은 최초 계약기간보다 길어지거나 짧아질 수 있는데, 리스기간을 결정할 때는 다음을 고려한다[1116: 18].

- 리스이용자가 리스 연장선택권(renewal option)을 행사할 것이 상당히 확실하면(reasonably certain), 연장선택권 대상기간을 리스기간에 포함한다.
- 리스이용자가 리스 종료선택권(termination option)을 행사하지 않을 것이 상당히 확실하면, 종료선택권 대상기간을 리스기간에 포함한다. 나머지 경우에는 리스이용자가 종료선택권을 행사할 수 있는 시점에 리스기간이 종료한다.

리스이용자가 연장선택권을 행사할 (종료선택권을 행사하지 않을) 것이 상당히 확실한지 평가하기 위해서는 리스이용자의 경제적 동기에 영향을 미칠 모든 사실과 상황을 고려하여야 한다. 예를 들어, 연장선택권 대상기간의 리스료가 시장요율을 초과한다면 리스이용자는 연장선택권을 행사하지 않을 것이다. 반대로, 리스이용자가 리스자산(예 점포)에 유의적인 투자(예 인테리어)를 했다면 연장선택권을 행사할 가능성이 높을 것이다. 만일 다음과 같이 리스이용자의 연장선택권이나 종료선택권의 행사 여부가 변경되면 해지불능기간을 변경한다[1116: 21].

- 리스이용자가 리스기간을 결정할 때에 고려하지 않았던 선택권을 리스이용자가 행사하거나 계약상 의무적으로 행사하도록 만드는 사건이 발생
- 리스이용자가 리스기간을 결정할 때에 고려하였던 선택권을 리스이용자가 행사하지 않거나 행사하는 것을 계약상 금지하는 사건이 발생

만일 리스제공자만 리스를 종료할 권리를 가지면, 리스제공자가 리스를 종료시키기 전까지 리스이용자는 리스료를 지급할 무조건적 의무를 진다[1116: BC128]. 그러므로 이 경우에는 리스이용자는 리스제공자의 종료선택권을 무시한다. 즉, 리스의 해지불능기간을 산정할 때 리스제공자의 종료선택권 대상기간을 제외하지 않고 리스기간에 포함한다.

예제 3 연장선택권과 리스기간의 결정

중요도: ★★
난이도: ◆

상황

1. 리스이용자가 해지불능기간이 4년이고 리스기간을 2년간 연장할 수 있는 선택권이 있는 리스계약을 체결하였다. 리스기간을 연장하는 선택권을 행사하면 연장된 리스기간 동안 시장리스료를 지급한다. 리스기간을 연장하지 않아도 위약금이 없으며 리스이용자가 연장선택권을 행사하는 것이 상당히 확실하다는 것을 시사하는 징후가 없다.
2. 리스이용자가 건물에 대해서 해지불능기간이 4년이고 리스기간을 2년간 연장할 수 있는 선택권이 있는 리스계약을 체결하였다. 리스기간을 연장하는 선택권을 행사하면 연장된 리스기간 동안 시장리스료를 지급한다. 리스이용자가 건물을 점유하기 이전에 리스개량에 대해서 지급하였다. 4년 후에 리스개량자산의 가치가 중요할 것으로 예상하는데, 리스된 건물을 계속 점유하여야 리스개량자산의 가치를 실현할 수 있다. 그리고 해지불능기간 말에 리스개량자산을 포기하면 리스이용자가 중요한 위약금을 부담해야 한다.

그러므로 리스이용자는 리스개시일에 연장선택권을 행사하는 것이 상당히 확실하다고 판단하였다.

물음 상황 1과 2에 대해 리스개시일에 리스기간을 결정하라.

정답 상황 1: 4년, 상황 2: 6년

Chapter 19 제2절

리스이용자의 리스부채와 사용권자산의 측정

1. 리스료

리스이용자가 리스기간 동안 기초자산을 사용할 권리에 대한 대가로 리스제공자에게 지급하는 금액을 리스료(lease payment)라 한다. 리스료는 정기적으로 지불하는 일정한 금액을 뜻하는 고정리스료와 상황에 따라 변하는 변동리스료를 합한 금액에서 리스 인센티브(일종의 할인액)를 차감한 금액이다. 구체적으로, 리스개시일에 리스이용자의 리스부채 측정액에 포함되는 리스료의 구성요소는 다음과 같다[1116: 27].

고정리스료(실질적 고정리스료 포함)	×××
-) 리스 인센티브	(×××)
+) 리스이용자가 통제할 수 없는 변수(물가지수 또는 요율)와 연계된 변동리스료	×××
+) 잔존가치를 보증해서 리스이용자가 지급할 것으로 예상되는 금액	×××
+) 매수선택권의 행사가격(매수선택권 행사가 상당히 확실한 경우)	×××
+) 리스를 종료하기 위하여 부담하는 금액(리스기간이 리스이용자의 종료선택권 행사를 반영하는 경우)	×××
=) 리스료	×××

다음 항목은 리스료에 포함하지 않는다.

- 단일 계약에 포함된 비리스요소에 대한 지급액(단일 계약을 리스요소와 비리스요소로 분리하지 않으면 리스료는 비리스요소에 대한 지급액을 포함)
- 리스기간의 연장이 상당히 확실하지 않다고 판단하는 경우 연장선택권에 포함된 연장기간 동안 지급할 리스료
- 리스이용자가 재량으로 통제할 수 있는 변수(예 리스이용자의 매출액 또는 기초자산의 사용량 등)와 연

계된 변동리스료

보증잔존가치는 리스기간이 끝나는 시점에 리스이용자가 기초자산을 리스제공자에게 돌려주면서 해당 기초자산에 대한 가치로 보장해주는 금액이다. 반면, 매수선택권은 리스기간이 끝나는 시점에 리스이용자가 기초자산을 살 수 있는 권리이므로 보증잔존가치의 개념과 상호배타적이다. 즉, 매수선택권이 존재하면 성격상 보증잔존가치가 존재하지 않고, 보증잔존가치가 존재하면 매수선택권이 존재하지 않는다.

그림 19.2 **리스료에 포함되는 항목과 제외되는 항목**

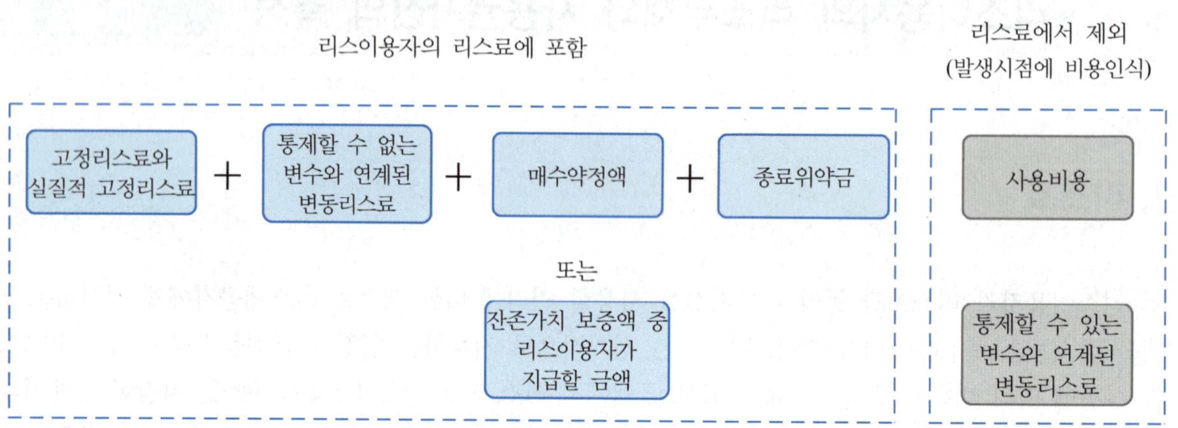

(1) 고정리스료

고정리스료(fixed lease payments)는 기초자산 사용권에 대하여 리스이용자가 리스제공자에게 리스기간 동안 지급하는 금액에서 변동리스료를 뺀 금액을 말한다[1116: 부록 A].

(2) 리스 인센티브

리스 인센티브(incentives)는 리스와 관련하여 리스제공자가 리스이용자에게 지급하거나 리스의 원가를 보상하거나 부담하는 금액을 말한다[1116: 부록 A]. 리스제공자가 리스개시일에 리스이용자에게 현금을 지급하거나 리스이용자에게 발생한 원가(예 이주비용 또는 기존 리스에 확약된 금액의 변제)를 변제하거나 떠안는 리스 인센티브는 일종의 할인액이므로 리스료에서 차감한다.

제2장에서 재고자산의 구매가격에서 할인액을 차감한 금액으로 재고자산의 취득원가를 결정한다고 설명했다. 리스 인센티브를 받으면 사용권자산을 실질적으로 싸게 사는 것이므로 리스이용자는 리스개시일 이후에 받는 인센티브는 리스료에서 제외하고, 리스개시일 또는 그 이전에 지급받은 인센티브 금액은 사용권자산의 취득원가에서 제외한다. 따라서 리스 인센티브는 리스기간에 걸쳐 인식할 리스비용(리스부채에 대한 이자비용과 사용권자산에 대한 감가상각비)을 감소시킨다.

Miniature 예제 1 리스 인센티브(「K-IFRS 제1116호」 사례 13. 가)

상황

· 리스이용자가 건물의 한 층을 10년간 리스하고 5년간 연장할 수 있는 선택권이 있는 리스계약을 체결했다. 리스료는 최초 기간에 매년 ₩50,000씩이고, 선택권 대상 기간에는 매년 ₩55,000씩이며, 모든 지급액은 매년 초에 지급한다. 리스이용자는 리스를 체결하기 위하여 리스개설직접원가 ₩20,000을 부담했는데, 그 중 ₩15,000은 건물 해당 층의 종전 임차인에게 지급하는 금액에 관련되고, ₩5,000은 리스를 주선한 부동산 중개인에게 지급하는 수수료에 관련된다. 리스제공자는 리스이용자에게 인센티브로 부동산 중개수수료 ₩5,000을 변제해 주기로 합의하였다.

물음 리스 인센티브 금액을 결정하라.

정답 및 해설

· 리스 인센티브: ₩5,000

(3) 변동리스료

리스이용자가 기초자산을 리스기간 동안 사용하는 권리에 대해서 지급하는 금액 중 시간의 경과 이외에 리스개시일 이후 특정 변수(예 소비자물가지수, 시장이자율, 시장 리스료율, 리스이용자가 리스한 기계의 가동시간 등)의 값과 연계되어 금액이 달라지는 리스료를 변동리스료(variable lease payment)라 한다. 변동리스료는 다음 3가지 유형으로 구분한다[1116: BC163].

① 실질적으로 고정리스료인 변동리스료
② 소비자물가지수, 시장이자율, 시장리스료 등 지수(또는 요율)와 연계된 변동리스료
③ 리스이용자가 기초자산을 사용해서 판매한 수량 또는 기초자산을 사용한 수량 등과 연계된 변동리스료

「K-IFRS 제1116호」는 위의 유형 ②를 '지수나 요율(시장리스료, 시장이자율)에 따라 달라지는 변동리스료'라 표현하지만, 저자는 개념적 면에서 이를 '리스이용자가 통제할 수 없는 변수와 연계된 변동리스료'라 부른다. 또한 「K-IFRS 제1116호」는 유형 ③을 '미래 성과나 기초자산의 사용에 연동되는 변동리스료'라 표현하지만, 저자는 개념적 면에서 이를 '리스이용자가 통제할 수 있는 변수와 연계된 변동리스료'라 부른다.

① 실질적 고정리스료

실질적(in-substance) 고정리스료는 형식적으로는 리스료가 변동할 수 있으나 실질적으로는 변동성이 존재하지 않아 사실상 회피할 수 없는 리스료이다[1116: BC164]. 예를 들어, 매년 리스료가 다음 회계연도에 max {₩100,000, 연 판매수익의 0.1%}만큼 상승하는 경우 리스료가 내년에 적어도 ₩100,000만큼 인상될 것이므로 ₩100,000을 실질적 고정리스료로 본다. 리스이용자는 리스개시일에 실질적 고정리스료를 포함한 금액으로 리스부채를 측정한다.

Miniature 예제 2 실질적 고정리스료

상황

· 리스이용자가 매년 리스료 ₩500,000에 의료설비를 3년간 리스하였다. 리스이용자는 의료설비를 운영하는데 사용할 소모품을 리스기간 말까지 최소한 ₩600,000어치를 구입해야 한다. 리스이용자가 3년 동안 ₩600,000의 소모품을 구입하지 않으면 리스이용자는 총구매액과 ₩600,000의 차이를 현금으로 지급해야 한다.

물음 3년간 고정리스료를 결정하라.

정답 및 해설

· 3년간 리스료는 ₩2.100,000(₩500,000 × 3년 + ₩600,000)이다. 소모품의 구입액이 의료설비의 사용량에 연동되는 변동비이지만, 리스이용자는 소모품 사용량과 관계없이 소모품 구입비로 최소한 ₩600,000을 지급해야 하므로 ₩600,000이 실질적 고정리스료이다.

② 리스이용자가 통제할 수 없는 변수와 연계된 변동리스료

리스이용자는 소비자물가지수, 시장이자율, 시장리스료 등과 같은 지수(또는 요율)의 값을 통제할 수 없다. 그러므로 이러한 지수(또는 요율)와 연계된 변동리스료는 리스이용자가 회피할 수 없는 리스료이다. 즉, 리스이용자의 관점에서 보면 리스부채의 존재 여부가 불확실한 것이 아니라 측정액이 불확실하다. 리스부채의 측정액이 지수나 요율(이자율)에 따라 달라지는 변동리스료를 포함하면 그 지급액은 회피할 수 없고 리스이용자의 의사결정 또는 미래 행위에 따라 달라지지 않으므로 리스이용자의 관점에서 부채의 정의를 충족한다. 따라서 리스이용자는 리스개시일에 자신이 통제할 수 없는 지수(또는 요율)와 연계된 변동리스료를 리스부채의 최초측정액에 포함한다. 그리고 이러한 변수의 값이 일정 기간(예 매 2년) 동안 상승한 만큼 리스료가 인상되도록 협약을 맺으면 일정 기간마다 변수가 상승한 값에 기초해서 리스부채와 사용권자산을 다시 측정한다(예제 7 참조).

③ 리스이용자가 통제할 수 있는 변수와 연계된 변동리스료

기초자산에서 생기는 미래 성과(예 상가 부동산리스의 경우 상점에서 생기는 매출액) 또는 기초자산의 미래사용(예 차량리스의 경우 차량의 주행거리)과 같이 리스이용자가 임의로 통제할 수 있는 변수(또는 요율)와 연계된 변동리스료는 리스이용자가 재량으로 회피할 수 있으므로 리스이용자가 이를 지급할 현재의무가 없다. 즉, 특정 성과가 달성되거나 기초자산이 일정 수준 이상으로 사용될 때까지 부채의 정의를 충족하지 못한다[1116: BC169]. 예를 들면, 리스이용자가 매출액이 특정 금액을 초과하는 부분에 일정 비율로 지급하는 리스료는 특정 매출액의 달성 여부에 따라 지급액이 결정되지만 매출액이 특정 금액 미만이면 지급하지 않으므로 리스부채의 존재 자체가 불확실하다. 그러므로 리스이용자가 통제할 수 있는 변수와 연계된 변동리스료는 리스료에 포함하지 않고 지급액을 발생시키는 사건이 발생한 시점에 당기비용으로 인식한다. 리스부채 측정액에서 제외하는 변동리스료(리스이용자가 통제할 수 있는 변수와 연계된 변동리스료)의 예는 다음과 같다.

- 리스이용자의 매출액과 연계된 리스료

- 리스이용자의 기초자산 사용량과 연계된 리스료
- 리스이용자가 기초자산을 사용해서 생산한 수량과 연계된 리스료

예제 4 리스이용자가 통제할 수 있는 변수와 연계된 변동리스료(「K-IFRS 제1116호」 사례 14B) 중요도: ★★★ 난이도: ◆◆

상황

· 1차연도 1. 1.에 리스이용자는 매년 초에 ₩50,000씩 연간 리스료를 지급하고 부동산을 10년간 리스하는 계약을 체결하였다. 추가로, 리스이용자는 리스한 부동산에서 생기는 매출액의 1%를 변동리스료로 매년 지급해야 한다.
· 리스개설직접원가는 ₩0이다.
· 리스이용자는 리스의 내재이자율을 산정할 수 없고, 리스이용자의 증분차입이자율은 연 5%이다.
· 1차연도 1. 1.(리스개시일)에 리스이용자는 1차연도의 리스료 ₩50,000을 지급하고, ₩50,000씩 나머지 9회의 지급액을 연 5%의 이자율로 할인한 현재가치 ₩355,391(₩50,000 × 7.10782)으로 리스부채를 측정한다. 사용권자산의 측정액은 ₩405,391(₩50,000 + ₩355,391)이고, 리스이용자는 사용권자산을 잔존가치 없이 정액법으로 감가상각한다.
· 1차연도에 리스이용자는 리스한 부동산에서 ₩800,000의 매출을 창출하였다.
· 예제를 단순화하기 위해서 이자비용을 무시한다.

물음 1차연도 1. 1.(리스개시일), 1차연도 12. 31.(결산일)에 필요한 분개를 하라.

정답 및 해설

1차연도 1. 1. 리스개시일:

· 추가 변동리스료가 미래 매출액에 연계되어 있으므로 리스료의 정의를 충족하지 못한다. 따라서 리스개시일에 리스이용자는 자신이 통제할 수 있는 변수와 연계된 변동리스료를 무시하고 사용권자산과 리스부채를 측정한다.

(차) 사용권자산	405,391	(대) 리스부채	355,391
		현금	50,000*

* 1차연도의 리스료

1차연도 12. 31. 결산일:

· 리스이용자는 ₩8,000(₩800,000 × 1%)의 추가 비용을 부담한다. 리스이용자는 ₩8,000을 리스부채 및 사용권자산의 측정액에 포함하지 않고, 1차연도에 당기비용으로 인식한다.

(차) 리스비용	8,000	(대) 현금	8,000

④ 실질적 고정리스료와 변동리스료의 예

리스이용자가 생산라인을 리스하고 생산라인 운영시간당 ₩500을 지급하지만, 매년 최소 지급액이 ₩500,000이다. 리스이용자가 생산라인 운영시간이 매년 1,400시간일 것으로 예상한다고 가정하자. 이 경우 실질적 고정리스료 ₩500,000을 리스부채의 최초측정액에 포함한다. 리스이용자는 변동리스료 ₩200,000(₩500 × 1,400시간 − ₩500,000)을 추가로 지급할 것으로 예상한다. 그러나 변동리스료 ₩200,000은 리스이용자가 통제할 수 있는 변수인 운영시간에 따라 결정되므로 리스료와 리스부채의

측정액에 포함하지 않고 발생시점에 당기비용으로 인식한다. 왜냐하면, 리스이용자가 임의적으로 생산라인 운영시간을 연 1,000시간으로 줄이면 변동리스료가 ₩0(₩500 × 1,000시간 − ₩500,000)이 되어 리스이용자가 재량으로 변동리스료를 회피할 수 있기 때문이다.

(4) 매수선택권

매수선택권(purchase option)은 리스기간 종료 시 리스이용자가 리스자산을 취득할 수 있는 권리이다. 리스이용자가 매수선택권을 행사하면서 리스제공자에게 지급하기로 약정한 금액을 매수선택권의 행사가격(exercise price of a purchase option)이라 한다. 리스이용자가 매수선택권을 행사할 것이 상당히 확실하면 매수선택권의 행사가격을 리스료와 리스부채 측정액에 포함한다[1116: 27(4)](예제 9 참조).

(5) 잔존가치

잔존가치(residual value)는 리스종료일의 기초자산의 공정가치이다. 리스이용자 또는 제3자가 기초자산의 잔존가치를 리스제공자에게 보증하느냐의 여부에 따라 잔존가치를 보증잔존가치와 무보증잔존가치로 구분한다.

보증잔존가치(guaranteed residual value)는 리스종료일에 기초자산 공정가치(또는 가치의 일부)가 적어도 특정 금액이 될 것임을 리스이용자가 리스제공자에게 보증한 금액이다. 리스이용자는 잔존가치를 보증해서 자신이 지급할 것으로 예상되는 금액을 리스료에 포함한다[1116: 27(3), 부록 A]. 보증잔존가치는 리스이용자가 예측한 잔존가치보다 클 수도 있고 작을 수도 있으며, 리스이용자가 보증한 잔존가치 중에서 리스료에 포함하는 금액은 잔존가치에 대한 자신의 예측에 따라 다르다. 만일 리스기간 말에 실제 잔존가치가 보증잔존가치를 초과하면 리스이용자가 지급할 금액은 없다. 따라서 리스이용자는 보증잔존가치보다 리스기간 말의 실제 잔존가치가 작아 보증잔존가치 중에서 자신이 부담할 것으로 예측한 금액을 리스료와 리스부채의 측정액에 포함한다.

리스료에 포함할 금액 = 보증잔존가치 − 리스이용자가 예측한 잔존가치

예를 들어, 리스이용자가 리스계약을 체결하고 리스대상 기초자산에 대해서 ₩30,000의 잔존가치를 보증하고 리스기간 말에 기초자산의 잔존가치가 ₩0일 것으로 예측한 경우, 리스이용자는 ₩30,000(₩30,000 − ₩0)을 리스료에 포함하여 리스부채의 최초측정액을 결정한다.

리스기간 말에 실제 잔존가치가 리스이용자가 예측했던 잔존가치에 미달하면 리스이용자는 미달액을 당기비용(처분손실)으로 인식한다. 예를 들어, 리스이용자가 기초자산의 잔존가치 ₩30,000을 보증하고 리스기간 말에 기초자산의 잔존가치가 ₩30,000일 것으로 예측해서 ₩0을 리스부채 측정액에 포함했는데, 리스기간 말에 기초자산의 실제 잔존가치가 ₩20,000이면 기초자산을 리스제공자에게 돌려주면서 현금 ₩10,000도 물어내야하므로 다음과 같이 회계처리한다.

(차) 처 분 손 실(보증손실) 10,000* (대) 현 금 10,000

* ₩30,000 − ₩20,000 = ₩10,000

무보증잔존가치(unguaranteed residual value)는 리스이용자 등이 리스제공자에게 보증하지 않은 기초자산의 잔존가치이다. 리스제공자 입장에서 무보증잔존가치는 다음과 같이 계산한다.

리스제공자가 추정한 리스기간 종료시점의 잔존가치	×××
−) 리스이용자 등이 보증한 잔존가치	(×××)
=) 무보증잔존가치	×××

2. 리스부채의 최초측정

리스이용자는 리스개시일 현재 지급하지 않은 리스료를 리스의 내재이자율로 할인한 현재가치로 리스부채를 측정한다. 리스의 내재이자율(implicit interest rate)은 리스개시일에 다음 등식을 성립시키는 할인율(유효이자율)로서, 리스제공자의 주관적 목표투자수익률(desired rate of return)이라 할 수 있다. 즉, 리스제공자는 리스채권에 대한 이자수익을 통해 자신의 목표투자수익률(내재이자율)을 달성할 수 있도록 정기리스료를 결정한다(Miniature 예제 5 참조).

기초자산의 공정가치 + 리스제공자의 리스개설직접원가
= (리스료 + 무보증잔존가치)의 현재가치

리스이용자가 리스제공자의 잔존가치나 리스개설직접원가 등을 알지 못해서 리스의 내재이자율을 산정할 수 없으면, 자신의 증분차입이자율을 사용해서 리스부채를 측정한다[1116: 26]. 리스이용자의 증분차입이자율(incremental borrowing rate)은 리스이용자가 비슷한 경제적 환경에서 비슷한 기간에 걸쳐 비슷한 담보로 기초자산의 가치와 유사한 자산을 구입하는 데 필요한 자금을 차입하는 경우 적용되는 이자율이다[1116: 부록 A].

3. 사용권자산의 최초측정

리스이용자는 기초자산이 새것일 때 가격이 $5,000 이하인 소액리스와 리스기간이 12개월 이내인 단기리스를 제외한 모든 리스에 대해 리스개시일에 사용권자산과 리스부채를 인식한다[1116: 6, BC93, BC100]. 구체적으로, **리스이용자는 리스부채를 먼저 측정한 후 리스부채의 측정액을 다음과 같이 조정해서 사용권자산**(right-of-use asset)**의 취득원가를 종속적으로 측정한다**[1116: 24].

리스부채의 최초측정액	×××
조정액:	
+) 선급리스료(리스개시일 또는 그 이전에 지급한 리스료)	×××
-) 리스 인센티브(리스개시일 또는 그 이전에 수취)	(×××)
+) 리스개설직접원가(리스이용자가 부담한 금액)	×××
+) 복구원가 예상액의 현재가치(리스이용자가 부담하는 금액)	×××
+) 예치한 임차보증금의 현재가치와 액면금액의 차이	×××
사용권자산의 취득원가	×××

복구원가

리스기간 종료 시 기초자산을 특정 상태로 복구하는 조건 때문에 리스이용자가 비용을 부담할 수 있다. 예를 들어, 제조기업이 공장을 리스하고 기계장치와 칸막이벽을 설치해서 공장(리스자산)을 개량하면 리스기간 말에 공장을 원상복구하는 데 상당한 비용이 소요될 수 있다. 이 경우에는 리스개시일에 예측한 복구원가의 현재가치를 사용권자산의 취득원가와 복구충당부채로 인식한다(제3장 예제 4 참조). 즉, 리스 조건에서 요구하는 대로 기초자산을 해체하고 제거하거나, 기초자산이 위치한 부지를 복구하거나, 기초자산 자체를 복구할 때 리스이용자가 부담하는 복구원가의 현재가치(다만 그 원가가 재고자산을 생산하기 위해 부담하는 것이 아니어야 한다)를 사용권자산의 취득원가에 포함한다[1116: 24(4)].

리스이용자가 예치한 임차보증금

아파트 월세계약에서처럼, 리스이용자가 리스제공자에게 임차보증금을 예치하는 경우가 많다. 그러나 「K-IFRS 제1116호」는 임차보증금에 대해서 따로 언급하지 않는다. 리스이용자는 리스기간 말에 임차보증금에 대한 이자 없이 원금만을 돌려받으므로 임차보증금의 현재가치를 금융자산인 보증금자산(deposit asset)으로 리스개시일에 인식한다. 그리고 임차보증금의 현재가치와 원금(명목금액)의 차이를 사용권자산 취득원가에 가산해서 감가상각한다. 리스기간 전체에 걸쳐 이 부분에 대해서 인식하는 감가상각비와 이자수익은 거의 동일한 금액이다. 이러한 회계처리는 제3장에서 설명한 '유형자산 취득 시 국·공채 등을 강제로 매입하는 계약'에 대한 회계처리와 일맥상통한다.

예제 5 사용권자산의 최초측정액

중요도: ★★★
난이도: ◆

상황

· 6차연도 1. 1.(리스약정일)에 리스이용자와 리스제공자가 다음과 같은 조건으로 화물차를 10년간 리스하는 계약을 체결하였다.
· 리스개시일: 6차연도 2. 1.
· 리스이용자는 리스제공자에게 리스약정일에 첫 달 리스료 ₩20,000을 지급한다.
· 리스제공자는 리스이용자에게 리스약정일에 리스 인센티브 ₩50,000을 현금으로 지급한다.

· 리스이용자는 6차연도 2. 1.에 리스개설직접원가 ₩5,000을 현금으로 지급한다.
· 리스제공자의 리스 내재이자율을 알 수가 없어서 리스이용자는 자신의 증분차입이자율을 이용해서 리스부채를 ₩800,000으로 최초 측정하였다.
· 리스기간 말의 복구원가의 현재가치가 ₩15,000이다.
· 리스개시일에 리스이용자가 임차보증금 ₩40,000을 예치하였고, 10년 후에 되돌려 받는 ₩40,000의 리스개시일의 현재가치가 ₩21,000이다.

물음 리스이용자의 입장에서 리스거래를 분개하라.

정답 및 해설

리스개시일(6차연도 2. 1.)에 리스이용자는 사용권자산을 다음과 같이 측정한다.

리스부채의 최초측정액	₩800,000
리스개시일 또는 그 이전에 리스제공자에게 지급한 리스료	20,000
리스개시일 또는 그 이전에 리스제공자로부터 받은 리스 인센티브	(50,000)
리스개설직접원가	5,000
복구원가의 현재가치	15,000
임차보증금의 현재가치와 액면금액의 차이(₩40,000 − ₩21,000)	19,000
사용권자산의 최초측정액	₩809,000

6차연도 1. 1. 리스약정일:

(차) 선급리스료	20,000	(대) 현금	20,000
(차) 현금	50,000	(대) 선수수익*	30,000
		선급리스료	20,000

* 리스 인센티브

6차연도 2. 1. 리스개시일:

(차) 사용권자산	815,000	(대) 리스부채	800,000
		복구충당부채	15,000
(차) 선수수익	30,000	(대) 사용권자산	30,000
(차) 사용권자산	5,000	(대) 현금	5,000
(차) 보증금자산	21,000	(대) 현금	40,000
사용권자산	19,000		

4. 리스부채의 후속측정

리스이용자는 후속기간에 유효이자율법을 적용해서 리스료 지급액을 이자비용과 리스부채의 상환액으로 분해하고, 리스부채의 재측정액을 반영해서 리스부채를 다음과 같이 측정한다[1116: 36].

리스부채의 최초측정액	×××
+) 리스부채의 기초장부금액에 대한 이자비용	×××
-) 리스료 지급액	(×××)
±) 재측정으로 인한 리스부채의 증가(감소)액	×××
±) 리스변경으로 인한 리스부채의 증가(감소)액	×××
=) 리스부채의 후속측정액	×××

리스이용자는 잔존가치를 보증해서 지급할 것으로 예상되는 금액까지 리스부채를 상각한다.

리스부채의 최초측정에 사용되었던 추정치가 시간이 경과해서 변경되거나 리스변경이 발생하면 리스부채를 재측정(재평가)하고 리스부채와 사용권자산의 장부금액을 조정한다. 리스부채의 재측정에 관한 내용은 '6. 리스부채의 재측정'에서 설명한다. 중급회계 수준에서는 어렵다고 판단되지만, 리스계약을 변경(modification)('7. 리스변경' 참조)하거나 고정리스료가 변경되면 리스부채를 우선적으로 재측정하고 리스부채 측정액이 변하면 리스부채의 변동액만큼 사용권자산의 장부금액을 수정한다. 그리고 [리스부채의 감소액 > 사용권자산의 감소액]이면 초과액을 당기이익으로 인식한다.

5. 사용권자산의 후속측정

리스이용자는 원가모형, 재평가모형, 공정가치모형 중 하나를 적용해서 사용권자산을 후속측정한다. 리스이용자가 '투자부동산'(제6장 참조)에 공정가치모형을 적용하는 경우에는, 투자부동산 정의를 충족하는 사용권자산에도 공정가치모형을 적용한다[1116: 34]. 사용권자산이 재평가모형을 적용하는 유형자산과 관련되는 경우, 리스이용자는 그 유형자산에 관련되는 사용권자산에 재평가모형을 적용해서 측정할 수 있다[1116: 35]. 공정가치모형이나 재평가모형을 적용하지 않는 사용권자산은 원가모형을 적용해서 후속측정한다.

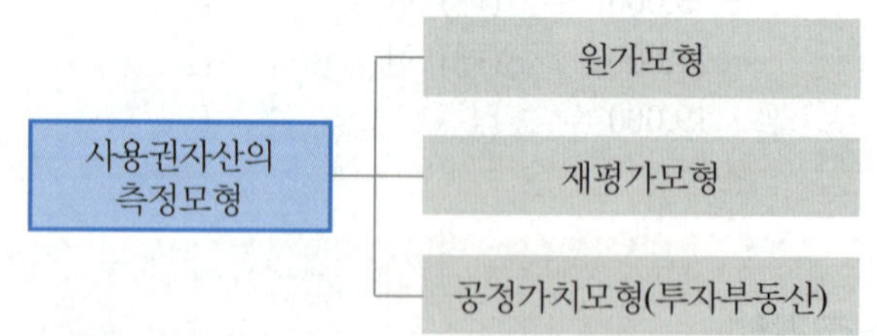

원가모형을 적용하는 사용권자산의 후속측정액은 다음과 같다.

사용권자산의 취득원가(리스개설직접원가 포함)	×××
-) 감가상각누계액(리스개설직접원가 상각비 포함)	(×××)

-) 손상차손누계액	(×××)
±) 리스부채의 재측정에 따른 조정액	×××
±) 리스변경에 따른 조정액	×××
=) 사용권자산의 후속측정액	×××

(1) 사용권자산의 감가상각

리스이용자는 취득한 유형자산과 유사하게 사용권자산을 감가상각한다. 리스이용자가 부담한 리스개설직접원가는 사용권자산의 최초측정액에 포함되어 있으므로 사용권자산을 상각하면 리스개설직접원가도 자동적으로 상각된다.

일반적으로 자산의 감가상각대상액은 취득원가에서 잔존가치를 차감한 금액이고, 잔존가치는 자산의 내용연수 말에 자산소유자가 획득할 것으로 예상하는 자산가치이다. 리스이용자는 리스기간 말에 기초자산의 소유권을 획득하는 경우에 한해서 잔존가치를 획득할 권리가 있다. 즉, 리스기간 말에 기초자산이 리스이용자에게 이전(transfer)되면 리스이용자는 잔존가치를 획득한다. 그러므로 이 경우 리스이용자는 취득원가에서 잔존가치를 차감해서 사용권자산의 감가상각대상액을 결정한다. 반대로 리스기간 말에 기초자산의 소유권이 리스이용자에게 이전되지 않으면 잔존가치가 리스이용자에게 귀속되지 않는다. 그러므로 이 경우에는 리스이용자가 설사 잔존가치를 보증해도 잔존가치를 ₩0으로 해서 사용권자산의 감가상각대상액을 결정한다.

원칙: 감가상각기간 = min {리스기간, 사용권자산의 내용연수}
감가상각대상액 = 사용권자산 취득원가(리스개설직접원가와 잔존가치를 보증해서 지급할 것으로 예상되는 금액의 현재가치* 포함)

* 리스이용자가 잔존가치를 보증해서 지급할 것으로 예상되는 금액의 현재가치는 리스부채 측정액의 일부이므로 사용권자산의 최초측정액에 포함한다. 그러나 잔존가치를 차감하지 않고 감가상각대상액을 결정한다.

예외: 다음 경우는 감가상각대상액을 [사용권자산 취득원가 − 잔존가치]로 해서 리스개시일부터 기초자산의 내용연수 말까지 사용권자산을 감가상각한다.

- 리스이용자가 매수선택권을 행사하는 것이 상당히 확실한 경우
- 리스제공자가 리스기간 종료일 이전에 기초자산의 소유권을 리스이용자에게 이전하는 경우

예제 6 리스이용자의 리스부채와 사용권자산 후속측정

중요도: ★★★
난이도: ◆

상황

· 1차연도 1. 1.에 기계에 대한 리스계약(만기: 3차연도 12. 31., 리스이용자의 증분차입이자율: 연 5%)을 체결하였다.
· 리스료 ₩100,000을 매년 12. 31.에 지급한다.

· 리스이용자는 사용권자산(기계)을 잔존가치 없이 정액법으로 감가상각한다.
· 리스이용자가 기계의 잔존가치에 대해서 보증한 금액이 없다.

물음 1차연도 1. 1.과 1차연도 12. 31.에 리스이용자에게 필요한 분개를 하라.

정답 및 해설

리스부채의 최초측정액: ₩100,000 × 2.72325(5%, 3년의 연금현재가치계수) = ₩272,325
사용권자산의 최초측정액: ₩272,325
사용권자산의 매년 감가상각비: ₩272,325 ÷ 3년 = ₩90,775

유효이자율법에 의한 상각표

연도 ①	리스부채 기초장부금액 ②	유효이자(5%) ③	리스료 지급액 ④	리스부채 감소액 ⑤ = ④ − ③	리스부채 기말장부금액 ⑥ = ② − ⑤
1차연도	₩272,325	₩13,616	₩100,000	₩86,384	₩185,941
2차연도	185,941	9,297	100,000	90,703	95,238
3차연도	95,238	4,762	100,000	95,238	0
합계		₩27,675	₩300,000	₩272,325	

1차연도 1. 1. 리스개시일:

(차) 사용권자산	272,325	(대) 리스부채	272,325

1차연도 12. 31. 결산시점:

(차) 리스부채	86,384	(대) 현금	100,000
이자비용	13,616		
(차) 감가상각비	90,775	(대) 감가상각누계액	90,775

(2) 사용권자산의 손상차손

리스이용자는 사용권자산이 손상되었다는 징후가 있으면 손상 여부(제5장 참조)를 판단한다[1116:33]. 사용권자산이 손상된 것으로 판명되면, 손상차손을 당기손실로 인식하고 사용권자산의 장부금액을 감소시킨다(예제 19 참조). 손상차손을 인식한 이후에는 감소된 장부금액을 토대로 감가상각비를 계산한다.

6. 리스부채의 재측정

리스부채의 최초측정에 사용되었던 추정치가 시간이 경과해서 변경되면 리스부채를 재측정(재평가)한다. 여기서 유의할 점은 원래 리스계약조항의 내용이 변해서 리스개시일 이후에 현금흐름이 변동하면 리스부채를 재측정한다는 점이다. 예를 들어, 원래 리스계약조항에 포함된 리스조건의 변경,

특정 선택권의 행사 여부에 대한 수정(변경), 또는 잔존가치를 보증해서 리스이용자가 지급할 것으로 예상하는 금액이 변하면 리스부채를 재측정한다. 그러나 원래 리스계약조항에 포함되지 않은 리스조건이 후속기간에 변경되면 pp. 977 ~ 988에서 설명할 '리스변경'으로 회계처리한다.

리스이용자는 리스개시일 이후에 자신이 통제할 수 없는 변동리스료가 변하면 리스부채를 재측정하고 리스부채가 변동한 금액만큼 사용권자산의 측정액을 수정한다(예제 7 참조). 예를 들어, 변동리스료가 감소하면 리스부채를 재측정해서 리스부채의 장부금액을 감소시키고 이에 따라 사용권자산의 장부금액을 감소시킨다. 그러나 리스부채의 감소액이 사용권자산의 장부금액을 초과하면 사용권자산의 측정액을 음수(−)로 만들 수 없으므로 사용권자산의 장부금액을 ₩0으로 만들고 나머지 감소액을 당기이익으로 인식한다. 예를 들어, 사용권자산의 장부금액이 ₩8,500인 상황에서 변동리스료의 현재가치가 ₩10,000 감소해서 리스부채를 재측정한 결과, 리스부채의 장부금액이 ₩10,000만큼 감소하면, 다음과 같이 분개한다.

(차) 리 스 부 채	10,000	(대) 사 용 권 자 산	8,500
		리스부채조정이익	1,500

리스부채를 재측정할 때 적용하는 할인율은 리스기간의 변동 여부에 따라 다음과 같이 다르다.

▸ 리스기간이 변하지 않은 경우: 보증잔존가치 지급액이나 변동리스료가 변한 경우에는 원래의 할인율을 적용해서 리스부채를 재측정한다.

▸ 리스기간이 변한 경우: 리스기간이 변경되거나 리스이용자의 선택권 행사가능성이 변해서 리스기간이 변하면 변경시점에 잔여 리스기간 동안의 리스 내재이자율을 할인율로 적용해서 리스부채를 재측정한다. 리스이용자가 리스의 내재이자율을 쉽게 산정할 수 없으면 재측정시점의 증분차입이자율을 수정된 할인율로 사용한다[1116: 41].

(1) 보증잔존가치 지급액이나 변동리스료가 변한 경우

리스이용자는 다음 중 어느 하나에 해당해서 리스기간이 변하지 않는 경우에 원래 할인율을 적용해서 수정된 리스료를 할인하여 리스부채를 다시 측정한다[1116: 42, 43].

▸ 잔존가치를 보증해서 리스이용자가 지급할 것으로 예상되는 금액이 변경되어 리스료를 수정한 경우(연습문제 5 참조)

▸ 리스이용자가 통제할 수 없는 변수(지수 또는 요율)와 연계된 변동리스료가 변경된 경우(예제 7 참조)

리스이용자가 잔존가치를 보증해서 지급할 것으로 예상되는 금액이 변한 경우에는 변경된 보증잔존가치 지급액을 원래의 할인율로 할인해서 리스부채를 재측정한다. 예를 들어, 리스이용자가 기초자산의 잔존가치를 ₩100,000일 것으로 보증하고 리스개시일에 잔존가치를 ₩100,000으로 예측하면 보증잔존가치 중에서 리스이용자가 리스료에 포함할 금액이 ₩0이다. 그러나 일정 기간이 지난 후에 리스이용자가 잔존가치를 ₩100,000이 아니라 ₩20,000으로 예측하면 ₩80,000을 리스료에 포함하고 원래의 할인율을 적용해서 리스부채를 재측정한다.

리스이용자가 통제할 수 없는 지수(또는 요율)가 변해서 잔여 리스기간 동안 발생할 변동리스료가 변하면 리스계약조항에 따라 새로운 지수(또는 요율)를 적용해야 하는 날에 새로운 지수(또는 요율)에 기초해서 산정된 변동리스료를 원래의 할인율로 할인하여 리스부채를 재측정한다. 예를 들어, 리스료가 2년 동안의 소비자물가지수와 연계되어 계약상 리스료가 2년마다 변경되는 경우, 리스이용자는 소비자물가지수가 변하는 시점이 아니라 리스부채를 측정한 이후 2년이 지난 시점에 소비자물가지수의 변동 여부를 판단한다. 소비자물가지수가 변했으면 계약상 리스료가 변경되므로 리스부채를 재측정한다. 즉, 소비자물가지수가 변할 때마다 리스부채를 재측정하지 않고, 계약에 따라 2년마다 소비자물가지수가 변하면 리스부채를 재측정한다(예제 7 참조). 그리고 리스부채를 재측정해서 리스부채가 변동한 금액(수정된 금액)만큼 사용권자산의 장부금액을 조정한다.

예제 7	리스이용자가 통제할 수 없는 변수와 연계된 변동리스료(「K-IFRS 제1116호」 사례 14A)	중요도: ★★★ 난이도: ◆◆

상황

- 1차연도 1. 1.에 리스이용자는 매년 초에 ₩50,000씩 연간 리스료를 지급하고 부동산을 10년간 리스하는 계약을 체결하였다. 리스계약에서는 앞선 24개월의 소비자물가지수 상승을 반영하여 리스료가 2년마다 오르도록 정한다. 리스개시일의 소비자물가지수는 125이다.
- 리스개설직접원가는 ₩0이다.
- 리스이용자는 리스의 내재이자율을 산정할 수 없고, 리스이용자의 증분차입이자율은 연 5%이다.
- 1차연도 1. 1.(리스개시일)에 리스이용자는 1차연도의 리스료 ₩50,000을 지급하고, ₩50,000씩 나머지 9회의 지급액을 연 5%의 이자율로 할인한 현재가치 ₩355,391(₩50,000 × 7.10782)으로 리스부채를 측정한다. 사용권자산의 측정액은 ₩405,391(₩50,000 + ₩355,391)이고, 리스이용자는 사용권자산을 잔존가치 없이 정액법으로 감가상각한다.
- 3차연도 1. 1.에 리스료를 지급하기 직전의 리스부채는 ₩339,319이다.*

  * ₩50,000 + ₩50,000 × 5.78637(5%, 기간 7의 연금 현재가치계수) = ₩339,319

- 3차연도 1. 1.의 소비자물가지수는 135이다.
- 리스료가 변하면 리스이용자는 먼저 리스부채를 재측정하고 리스부채의 변동액만큼 사용권자산의 장부금액을 수정한다.
- 예제를 단순화하기 위해서 이자비용을 무시한다.

물음 1차연도 1. 1.(리스개시일), 2차연도 1. 1.(리스료 지급시점), 3차연도 1. 1.(리스부채 재측정시점), 3차연도 1. 1.(리스료 지급시점)에 리스이용자에게 필요한 분개를 하고, 3차연도 1. 1.의 사용권자산의 측정액을 결정하라.

정답 및 해설

1차연도 1. 1. 리스개시일:

(차) 사용권자산	405,391	(대) 리 스 부 채	355,391
		현 금	50,000

2차연도 1. 1. 리스료 지급시점:

(차) 리 스 부 채	50,000	(대) 현 금	50,000

3차연도 1. 1. 리스부채 재측정시점:

· 소비자물가지수의 상승을 반영하여 조정한 3차연도의 리스료는 ₩54,000(₩50,000 × 135 ÷ 125)이다. 소비자물가지수가 변동한 결과로 미래 변동리스료가 변하므로 리스이용자는 원래 할인율 연 5%를 적용해서 리스부채를 다시 측정한다. 3차연도 1. 1.에 리스료를 지급하기 직전의 리스부채는 ₩366,464이다.*

* ₩54,000 + ₩54,000 × 5.78637(5%, 기간 7의 연금 현재가치계수) = ₩366,464

· 리스이용자는 3차연도 1. 1.에 다시 측정한 리스부채 ₩366,464과 종전 장부금액인 ₩339,319의 차이 ₩27,145만큼 리스부채와 사용권자산의 측정액을 증가시킨다.

(차) 사용권자산	27,145	(대) 리 스 부 채	27,145

따라서 3차연도 1. 1.의 사용권자산의 장부금액은 다음과 같다.

사용권자산의 최초측정액	₩405,391
감가상각누계액(₩405,391 ÷ 10년 × 2년)	(81,078)
사용권자산의 조정액	27,145
3차연도 1. 1.의 사용권자산의 측정액	₩351,458

3차연도 1. 1. 리스료 지급시점:

(차) 리 스 부 채	54,000	(대) 현 금	54,000

(2) 리스기간이 변하거나 리스이용자의 매수선택권 행사 가능성이 변한 경우

다음과 같이 리스기간이 변하면 수정된 할인율을 적용해서 수정된 리스료를 할인하여 리스부채를 다시 측정한다[1116: 40].

- 원래 리스계약에 포함된 연장선택권 또는 종료선택권의 행사 여부가 변경되어 리스기간이 변경된 경우(예제 8 참조)
- 기초자산에 대한 매수선택권의 행사 가능성이 변경되어 리스이용자가 실질적으로 사용하는 기간이 변한 경우(예제 9 참조)

위 상황에서는 리스의 경제적 실질이 달라져서 리스부채의 측정치에 포함되는 리스료의 변동과 일치하도록 할인율을 다시 산정하는 것이 적절하기 때문에[1116: BC 194], 재측정시점에 잔여 리스기간 동안의 내재이자율을 할인율로 적용해서 리스부채를 재측정한다. 리스이용자가 리스의 내재이자율을 알 수 없으면 재측정시점의 리스이용자의 증분차입이자율을 할인율로 사용한다. 그리고 리스부채를 재측정해서 리스부채가 변동한 금액(수정된 금액)만큼 사용권자산의 장부금액을 조정한다.

리스개시일에 리스이용자가 리스기간 연장선택권을 행사할 것이 상당히 확실하거나 리스 종료선택권을 행사하지 않을 것이 상당히 확실하면, 연장될 기간 동안의 리스료를 고려해서 리스부채를 측정한다. 그러나 리스개시일에 행사할 것이 상당히 확실하다고 판단했었던 연장선택권을 리스이용자가 실제로 행사하지 않거나 또는 행사하지 않을 것이 상당히 확실하다고 판단했었던 종료선택권을 리스이용자가 실제로 행사하면 리스기간이 변경되므로 리스부채를 재측정한다.

예제 8 연장선택권의 행사와 리스부채의 재측정

중요도: ★
난이도: ◆◆◆

상황

· 1차연도 1. 1.에 리스이용자가 리스계약(리스기간: 5년, 할인율: 연 4%)을 체결하고 매년 1. 1.에 연 리스료 ₩5,000을 지급한다.

· 리스계약에 리스이용자가 연 리스료 ₩6,000에 리스기간을 5년 연장하는 선택권이 포함되어 있으나, 리스이용자는 연장선택권의 행사가 상당히 확실하지 않다고 1차연도 1. 1.에 결정하였다.

· 3차연도 12. 31.에 리스이용자의 경영환경이 중대하게 변화하여 연장선택권의 행사가 상당히 확실하다고 판단하였다. 3차연도 12. 31.에 리스의 내재이자율을 알 수 없으나 리스이용자의 증분차입이자율은 연 3%이다.

· 리스이용자는 사용권자산(내용연수: 최초 5년)을 정액법으로 감가상각한다.

물음

1. 3차연도 12. 31.의 리스부채 재측정액과 사용권자산 장부금액을 계산하라.
2. 4차연도 12. 31.의 사용권자산의 연간 감가상각비를 계산하라.

정답 및 해설

1.

최초 리스기간: 5년

리스개시일 직전의 리스부채 측정액: ₩5,000 + ₩5,000 × 3.6299(4%, 4년의 연금현재가치계수) = ₩23,150

리스개시일의 리스부채 최초측정액: ₩23,150 − ₩5,000 = ₩18,150

3차연도 12. 31.의 리스부채 장부금액(재측정 전)은 아래 상각표에 표시된 것처럼 ₩9,808이다.

유효이자율법에 의한 상각표

연도 ①	리스부채 기초장부금액 ②	리스료 ③	이자산정 대상금액 ④ = ② − ③	유효이자(4%) ⑤ = ④ × 4%	리스부채 기말장부금액 ⑥ = ④ + ⑤
1차연도	₩23,150	₩5,000	₩18,150	₩726	₩18,876
2차연도	18,876	5,000	13,876	555	14,431
3차연도	14,431	5,000	9,431	377	**9,808**
4차연도	9,808	5,000	4,808	192	5,000
5차연도	5,000	5,000	0	0	0
합계		₩25,000		₩1,850	

사용권자산의 최초측정액: ₩23,150

사용권자산의 매년 감가상각비: ₩23,150 ÷ 5년 = ₩4,630

3차연도 12. 31.의 사용권자산의 장부금액(재측정 전): ₩23,150 − (₩4,630 × 3년) = ₩9,260

Tip 리스기간이 10차연도까지 5년 연장되므로 리스부채를 재측정하는 시점(3차연도 12. 31.)에 수정된 할인율(연 3%)을 적용하여 리스료의 현재가치를 다시 계산한다.

3차연도 12. 31.의 원래 리스료(4차연도, 5차연도)의 현재가치(새로운 유효이자율: 연 **3%**):

₩5,000 + ₩5,000 × 0.97087(3%, 1년의 현재가치계수) = ₩9,854

3차연도 12. 31.의 연장기간(6차연도 ~ 10차연도) 리스료의 현재가치(새로운 유효이자율: 연 **3%**):

{₩6,000 + ₩6,000 × 3.71710(4년 연금현재가치계수)} × 0.94260(2년 현재가치계수)
= ₩28,303 × 0.94260 = ₩26,678

3차연도 12. 31.의 리스료의 총 현재가치: ₩9,854 + ₩26,678 = ₩36,532

3차연도 12. 31.에 수정된 리스부채 측정액	₩36,532
3차연도 12. 31.의 원래 리스부채 측정액	(9,808)
3차연도 12. 31.의 리스부채 재측정 증가액	₩26,724

3차연도 12. 31.의 사용권자산의 원래 장부금액	₩9,260
3차연도 12. 31.의 리스부채 재측정 증가액	26,724
3차연도 12. 31.의 사용권자산의 새로운 장부금액	₩35,984

2.
4차연도부터 사용권자산의 매년 감가상각비: ₩35,984 ÷ 7년 = ₩5,141

예제 9 리스이용자: 리스료의 기초지급과 매수선택권의 행사 여부

중요도: ★★★
난이도: ◆◆◆

상황

· 1차연도 1. 1.에 장량회사(리스이용자)가 다음과 같은 리스계약을 체결했다.
· 기초자산의 공정가치: ₩350,000
· 리스기간 만료시점의 매수선택권 가격: ₩50,000
· 리스이용자는 리스기간 말에 매수선택권을 행사하는 것이 합리적으로 확실하다고 판단했다.
· 취소불능리스기간: 3년
· 기초자산의 경제적 사용연수: 4년
· 매년 초에 지급하는 리스료: ₩100,000
· 기초자산의 잔존가치: ₩0
· 리스의 내재이자율: 연 8%
· 리스이용자의 증분차입이자율: 연 10%
· 리스이용자는 사용권자산을 잔존가치 없이 정액법으로 감가상각한다.

물음

1. 1차연도와 2차연도에 필요한 분개를 하라.
2. 2차연도 1. 1.에 리스이용자가 리스기간 말에 매수선택권을 행사하지 않기로 결정했다고 가정하라. 2차연도 1. 1.의 리스의 내재이자율은 연 9%이다. 2차연도 1. 1.의 리스부채 재측정액과 사용권자산 장부금액을 계산하고 필요한 분개를 하라.

정답 및 해설

1.

고정리스료의 현재가치: ₩100,000 + ₩100,000 × 1.78326* =	₩278,326
매수선택권: ₩50,000 × 0.79383(8%. 기간이 3인 현재가치계수) =	39,692
리스료의 현재가치(리스부채)	₩318,018

* 8%, 기간이 2인 연금현재가치계수

유효이자율에 의한 상각표

연도 ①	리스부채 기초장부금액 ②	리스료 지급액 ③	이자산정 대상금액 ④ = ② − ③	유효이자 ⑤ = ④ × 8%	리스부채 기말장부금액 ⑥ = ④ + ⑤
1차연도	₩318,018	₩100,000	₩218,018	₩17,441	₩235,459
2차연도	235,459	100,000	135,459	10,837	146,296
3차연도	146,296	100,000	46,296	3,704*	50,000
합계		₩300,000		₩31,982	

* 반올림 오차

1차연도 1. 1. 리스개시시점:

(차) 사 용 권 자 산	318,018	(대) 리 스 부 채	318,018
(차) 리 스 부 채	100,000	(대) 현 금	100,000

1차연도 12. 31. 결산시점:

(차) 이 자 비 용	17,441	(대) 리 스 부 채	17,441
(차) 감 가 상 각 비	79,505*	(대) 사 용 권 자 산	79,505

* ₩318,018 ÷ 4년 = ₩79,505

Tip 리스이용자가 매수선택권을 행사할 것이 합리적으로 확실하다고 판단하므로 리스기간이 아니라 기초자산의 내용연수에 걸쳐 감가상각한다.

2차연도 1. 1. 리스료 지급시점:

(차) 리 스 부 채	100,000	(대) 현 금	100,000

2차연도 12. 31. 결산시점:

(차) 이 자 비 용	10,837	(대) 리 스 부 채	10,837
(차) 감 가 상 각 비	79,505	(대) 사 용 권 자 산	79,505

2.

1차연도 12. 31.의 사용권자산의 장부금액(재측정 전): ₩318,018 × 3/4 = ₩238,514

1차연도 12. 31.의 원래 리스료의 현재가치(유효이자율: 연 8%): ₩235,459

Tip 매수선택권이 행사되지 않으므로 리스를 재측정하는 시점(2차연도 1. 1.)에 수정된 할인율(연 9%)을 적용하여 매수선택권 가격을 무시하고 리스료의 현재가치를 계산한다.

2차연도 1. 1.의 리스료 현재가치(유효이자율: 연 9%):

₩100,000 + ₩100,000 × 0.91743(9%, 1년의 현재가치계수) = ₩191,743

2차연도 1. 1.의 수정된 리스부채 측정액	₩191,743
2차연도 1. 1.의 원래 리스부채 측정액	(235,459)
2차연도 1. 1.의 리스부채 재측정 감소액	₩(43,716)
2차연도 1. 1.의 사용권자산의 원래 장부금액	₩238,514
2차연도 1. 1.의 리스부채 재측정 감소액	(43,716)
2차연도 1. 1.의 사용권자산의 새로운 장부금액	₩194,798

2차연도 1. 1. 매수선택권 행사 여부 변경시점:

(차) 리 스 부 채	43,716	(대) 사 용 권 자 산	43,716

7. 리스변경

리스변경(lease modification)은 리스의 원래 계약조건에 없었던 리스범위의 변경이나 리스료의 변경을 말한다[1116: BC201]. 회계처리목적을 위해서 저자는 리스변경을 다음과 같이 유형 ① ~ ③으로 분류한다.

- 리스변경
  - ① 별도 리스인 리스변경
  - 별도 리스가 아닌 리스변경
    - ② 리스범위를 좁히는 리스변경
    - ③ 리스범위를 좁히지 않는 리스변경

유형 ①의 예: 원래 리스 계약조건에 없던, 하나 이상의 기초자산을 사용할 권리를 추가하고 개별 판매가격만큼 리스료가 증가한 리스변경

유형 ②의 예: 원래 리스 계약조건에 없던, 하나 이상의 기초자산을 사용할 권리를 종료하거나 리스기간을 단축하는 리스변경

유형 ③의 예: 원래 리스 계약조건에 없던, 리스료를 변경하거나, 리스기간을 연장하거나 또는 기초자산을 추가하지만 증가하는 리스료가 개별 판매가격이 아닌 리스변경

Miniature 예제 3 리스계약의 변경 여부

· 1차연도 1. 1.에 공주회사가 건물을 5년간 리스했으나 리스계약에 리스기간을 3년간 연장할 선택권이 포함되어 있다. 리스개시일에 공주회사는 연장선택권을 행사하는 것이 합리적으로 확실하지 않다고 판단해서 리스기간을 5년으로 결정했다. 그러나 4차연도 말에 상황이 변해서 공주회사가 리스기간의 연장선택권을 행사하는 것이 합리적으로 확실하다. 리스기간의 연장선택권을 행사하면 공주회사는 리스부채를 다시 측정해야 하지만 연장선택권이 원래 계약조건의 일부이므로 이 변경은 리스변경이 아니라 **리스부채의 재측정**이다.

· 1차연도 1. 1.에 왕자회사가 건물을 5년간 리스했다. 4차연도 말에 왕자회사의 상황이 바뀌어서 원래 약정

된 리스기간을 넘어 3년간 연장하기로 리스제공자와 합의했다. 이 리스기간의 연장은 원래 리스계약의 일부가 아닌 변경이므로 **리스변경**이다.

유형 ① 별도 리스인 리스변경

리스이용자는 다음 조건을 모두 충족하는 리스변경을 별도 리스로 회계처리한다[1116: 44, B238].
· 리스이용자에게 하나 이상의 기초자산 사용권이 추가되어 리스의 범위가 넓어진다.
· 넓어진 리스범위의 개별가격에 상응하는 금액만큼 리스대가가 증액된다.

리스변경을 별도 리스로 회계처리하면 리스이용자는 리스개시일에 인식했던 기존 리스에 대해서 종전처럼 회계처리한다. 그러나 범위가 확장된 별도 리스에 대해서 사용권자산과 리스부채를 인식해야 하므로, 결과적으로 2개의 리스(수정되지 않은 기존 리스와 새로운 리스)에 대해 회계처리한다. 리스이용자는 새로운 별도 리스에 대해서 리스부채와 사용권자산을 다음과 같이 측정하고 기존 리스와 별도 리스 각각에 대해서 회계기간 말에 리스부채 이자비용과 사용권자산 감가상각비를 인식한다.

별도 리스의 리스부채와 사용권자산 측정액 = 리스변경일의 추가 리스료의 현재가치

예를 들어, 리스이용자가 건물 400평을 리스해서 직원용 오락실과 음료수 매장으로 사용하고 있는데 추가로 건물 100평을 시장 리스료로 리스했다고 가정하자. 이 경우 리스이용자가 개별 판매가격으로 기초자산(추가 공간 100평) 사용권을 추가하여 리스범위를 늘렸기 때문에 100평을 별도 리스로 분류하고 원래 400평 리스와 추가 100평 리스를 각각 독립적으로 회계처리한다. 즉, 추가 100평 리스가 원래 400평 리스에 시장 리스료로 추가된 기초자산이므로 원래 400평 리스와 추가 100평 리스는 두 개의 관련되지 않은 별도 리스로 회계처리한다. 따라서 사용권자산과 리스부채를 다음과 같이 회계처리한다.

① 기존 400평 리스계약에 아무런 변동이 없으므로 400평 리스요소에 대해서 아무 일도 없었던 것처럼 과거와 같이 계속 회계처리한다. 400평 리스요소에 대한 리스부채에 대해서는 원래 할인율을 적용해서 이자비용을 측정한다. 그리고 원래 리스기간에 걸쳐 사용권자산(기존 400평)을 감가상각한다.

② 추가 100평의 리스에 대해서 리스변경 유효일의 수정된 내재이자율(알 수 없으면 증분차입이자율)을 적용해서 리스부채와 사용권자산을 리스변경일에 측정하고 수정된 할인율을 적용해서 회계기간 말에 이자비용을 측정한다. 그리고 추가 리스기간에 걸쳐 사용권자산(추가 100평)을 감가상각한다.

③ 재무제표에는 기존 400평 리스와 추가 100평 리스를 합해서 사용권자산, 리스부채, 이자비용, 감가상각비를 보고한다.

예제 10 기초자산의 사용범위를 확장하여 별도 리스인 리스변경(2020년, 회계사)

중요도: ★★
난이도: ◆◆◆

상황

기본자료:

· 리스제공자인 ㈜민국리스는 리스이용자인 ㈜대한과 1차연도 1. 1.에 리스계약을 체결하였다. 리스개시일은 1차연도 1. 1.이다.

· 기초자산인 사무실 공간 10,000m²의 리스기간은 리스개시일로부터 6년이다.

· 리스기간 종료시점까지 소유권이 이전되거나 염가로 매수할 수 있는 매수선택권은 없으며, 리스기간 종료시점의 해당 기초자산 잔존가치는 ₩0으로 추정된다.

· 기초자산의 내용연수는 7년이며, 내용연수 종료시점의 추정잔존가치는 ₩0으로 정액법으로 감가상각한다.

· ㈜대한은 리스기간 동안 매년 말 ₩2,000,000의 고정리스료를 지급한다.

· ㈜대한은 리스종료일에 기초자산을 리스제공자인 ㈜민국리스에게 반환하여야 한다.

· ㈜대한이 리스계약과 관련하여 지출한 리스개설직접원가는 없다.

· 1차연도 1. 1.의 동 리스의 내재이자율은 연 8%이고, 리스제공자와 리스이용자가 이를 쉽게 산정할 수 있다.

· 사용권자산은 정액법으로 감가상각한다.

	정상연금 ₩1의 현가계수	
기간	8%	10%
1	0.9259	0.9091
2	1.7833	1.7355
3	2.5771	2.4869
4	3.3121	3.1699
5	3.9927	3.7908
6	4.6229	4.3553

· 3차연도 1. 1.에 ㈜민국리스와 ㈜대한은 기존 리스를 수정하여 다음과 같은 리스변경에 합의하였다.

· ㈜민국리스와 ㈜대한은 리스기간 종료시점까지 남은 4년 동안 사무실 공간 3,000m²를 추가하기로 합의하였다. ㈜ 대한은 사무실 공간 3,000m²의 추가 사용 권리로 인해 3차연도 1. 1.부터 6차연도 12. 31.까지 매년 말 ₩400,000의 고정리스료를 추가로 지급하는데, 증액된 리스대가는 계약 상황을 반영하여 조정한 추가 사용권자산의 개별 가격에 상응하는 금액이다. 3차연도 1. 1.에 동 리스의 내재이자율을 쉽게 산정할 수 없으나 리스이용자의 증분차입이자율은 연 10%이다. 모든 리스는 소액기초자산 리스에 해당하지 않는다.

물음

리스와 관련한 모든 회계처리가 ㈜대한의 3차연도 포괄손익계산서의 당기순이익에 미치는 영향과 3차연도 말 재무상태표에 표시되는 사용권자산 및 리스부채의 금액을 계산하시오. 단, 당기순이익이 감소하는 경우에는 (-)를 숫자 앞에 표시하시오.

당기순이익에 미치는 영향	①
사용권자산 금액	②
리스부채 금액	③

정답 ① (-)₩2,514,689, ② ₩5,573,870, ③ ₩6,148,960

해설

참고 리스변경이 다음 특성을 가지므로 리스이용자인 ㈜대한은 리스변경을 별도 리스로 회계처리한다 [1116: 44, B238].

- 리스이용자에게 하나 이상의 기초자산 사용권이 추가되어 리스의 범위가 넓어진다.
- 추가 고정리스료가 추가 사용권자산의 개별 가격에 상응하는 금액이다.

1차연도 1. 1.의 리스부채와 사용권자산의 측정액(‘**기존 리스**’):
₩2,000,000 × 4.6229(8%, 기간 6인 연금현재가치계수) = ₩9,245,800
2차연도 12. 31.의 사용권자산의 장부금액: ₩9,245,800 × 4/6 = ₩6,163,867
2차연도 12. 31.의 리스부채의 장부금액:
₩2,000,000 × 3.3121(8%, 기간 4인 연금현재가치계수) = ₩6,624,200

3차연도의 감가상각비: ₩9,245,800 ÷ 6년 = ₩1,540,967
3차연도의 이자비용: ₩6,624,200 × 8% = ₩529,936

3차연도 12. 31.의 사용권자산의 장부금액: ₩9,245,800 × 3/6 = ₩4,622,900
3차연도 12. 31.의 리스부채의 장부금액:
₩2,000,000 × 2.5771(8%, 기간 3인 연금현재가치계수) = ₩5,154,200

3차연도 1. 1.의 변경된 리스부채와 사용권자산의 측정액(‘**별도 리스**’):
₩400,000 × 3.1699(10%, 기간 4인 연금현재가치계수) = ₩1,267,960
별도 리스의 사용권자산에 대한 3차연도 감가상각비: ₩1,267,960 ÷ 4년 = ₩316,990
별도 리스의 리스부채의 3차연도 이자비용: ₩1,267,960 × 10% = ₩126,796
3차연도 12. 31.의 사용권자산의 장부금액: ₩1,267,960 × 3/4 = ₩950,970
3차연도 12. 31.의 리스부채의 장부금액:
₩400,000 × 2.4869(10%, 기간 3인 연금현재가치계수) = ₩994,760

3차연도 당기순이익에 미친 영향(비용):
₩1,540,967 + ₩529,936 + ₩316,990 + ₩126,796 = ₩2,514,689 (①의 해답)
3차연도 12. 31.의 사용권자산의 장부금액:
₩4,622,900 + ₩950,970 = ₩5,573,870 (②의 해답)
3차연도 12. 31.의 리스부채의 장부금액:
₩5,154,200 + ₩994,760 = ₩6,148,960 (③의 해답)

유형 ② 별도 리스가 아니고 리스범위를 좁히는 리스변경

리스범위를 축소하는 리스변경은 리스의 범위가 넓어지면서 새로운 별도 리스를 초래하는 것이 아니므로 다음과 같이 회계처리한다.

(1) 리스의 범위를 좁히는 리스변경에 대하여 리스의 일부나 전부의 종료를 반영하기 위하여 사용권자산의 장부금액을 줄인다. 리스이용자는 리스의 일부나 전부의 종료에 관련되는 차손익을 당기손익으로 인식한다 [1116: 46].

참고 [1116: 46과 100(판매후리스)]에 '차손익'이라는 낯선 표현이 나오는데, 이는 'gain or loss'를 번역한 것이다. [1116: 46]의 의미는 리스부채 변동액과 사용권자산 변동액의 차이(차손익)를 당기손익(profit or loss)으로 인식한다는 것이다. 차손과 차익을 포괄하는 의미로 한국회계기준원이 '차손익'이라는 용어를 사용한 것으로 추정하나, '손익'이라는 용어가 더 적절하다고 생각한다.

리스계약의 적용범위를 감소시키는 변경(예 기초자산 사용범위의 축소(리스공간의 축소), 리스기간의 단축)을 하면 리스이용자는 리스부채와 사용권자산의 장부금액을 리스범위의 축소율만큼 비례적으로 감소시킨다. 이러한 방법을 저자는 비례법(proportionate reduction method)이라 한다. 그리고 리스의 일부(또는 전부)의 종료를 반영하기 위해서 리스부채 변동액과 사용권자산 변동액의 차이를 당기손익으로 인식한다. 여기서 주의할 점은, 기초자산의 사용범위를 좁히는 리스변경에서 리스부채 감소액을 측정하는 방법(예제 11 참조)과 리스기간을 단축하는 리스변경에서 리스부채 감소액을 측정하는 방법(연습문제 10 참조)이 다르다는 것이다.

기초자산 사용범위를 좁히는 리스변경

단계 1: 장부금액 감소액의 인식

① 사용권자산의 장부금액을 리스범위 축소율만큼 비례적으로 감소시킨다.
사용권자산 감소액 = 리스변경 직전의 사용권자산 장부금액 × 리스범위 축소율
사용권자산 장부금액 = 리스변경 직전의 사용권자산 장부금액 × 리스범위 유지율*
* 리스범위 유지율(%) = 100% − 리스범위 축소율(%)

② 리스부채의 장부금액을 리스범위 축소율만큼 비례적으로 감소시킨다.
리스부채의 감소액 = 리스변경 직전의 리스부채 장부금액 × 리스범위 축소율
리스부채의 장부금액 = 리스변경 직전의 리스부채 장부금액 × 리스범위 유지율

③ 리스부채 변동액과 사용권자산 변동액의 차이를 당기손익으로 인식한다.
[리스부채 감소액 > 사용권자산 감소액]이면, 차액을 당기이익으로 인식한다.

(차) 리 스 부 채	×××	(대) 사 용 권 자 산	×××
		리스변경이익	×××

[리스부채 감소액 < 사용권자산 감소액]이면, 차액을 당기손실로 인식한다.

(차) 리 스 부 채	×××	(대) 사 용 권 자 산	×××
리스변경손실	×××		

단계 2: 재측정효과의 측정과 인식

리스변경일에 할인율 변경이 리스부채 측정액에 미친 영향을 재측정효과(effect of the remeasurement)라 한다[1116: 사례 18]. 재측정효과는 다음과 같이 측정한다.

리스변경일의 리스부채 재측정액(수정된 할인율 적용)	×××
리스변경일의 감소된 리스부채의 장부금액	(×××)
재측정효과	×××

재측정효과를 다음과 같이 리스부채와 사용권자산으로 인식한다.

[재측정효과 > ₩0]이면 다음과 같이 분개한다.

(차) 사 용 권 자 산	×××	(대) 리 스 부 채	×××

[재측정효과 < ₩0]이면 다음과 같이 분개한다.

(차) 리 스 부 채	×××	(대) 사 용 권 자 산	×××

[재측정효과 = ₩0]이면 아무런 분개를 하지 않고 휴식을 취한다.

리스기간을 단축하는 리스변경(연습문제 10 참조)

단계 1: 장부금액 감소액의 인식

① 사용권자산의 장부금액을 리스기간의 단축률만큼 비례적으로 감소시킨다.
사용권자산 감소액 = 리스변경 직전의 사용권자산 장부금액 × 리스기간 단축률
사용권자산 장부금액 = 리스변경 직전의 사용권자산 장부금액 × 리스기간 유지율

② 리스부채의 장부금액을 단축된 리스기간에 해당하는 리스료의 현재가치만큼 감소시킨다.

조건변경 직전 리스부채의 장부금액	×××
조건변경시점의 단축된 리스기간을 반영한 리스부채의 측정액(원래 할인율 적용)	(×××)
리스부채 감소액	×××

③ 기초자산 사용범위를 좁히는 리스변경에서와 같이 리스부채 변동액과 사용권자산 변동액의 차액을 당기손익으로 인식한다.

단계 2: 재측정효과의 측정과 인식

기초자산 사용범위를 좁히는 리스변경에서와 같이 조건변경일의 리스부채의 재측정액과 감소된 장부금액과의 차이로 재측정효과를 측정한다.

예제 11 기초자산의 사용범위를 축소하는 리스변경(2020년, 회계사)

중요도: ★★
난이도: ◆◆◆

상황

예제 10의 기본자료를 이용하되, 3차연도 1. 1.에 ㈜민국리스와 ㈜대한이 기존 리스를 수정하여 다음과 같은 리스변경에 합의하였다.

· ㈜민국리스와 ㈜대한은 리스기간 종료시점까지 남은 4년 동안 사무실 공간을 10,000m²에서 7,000m²로 30% 줄이기로 합의하였다. 이에 따라 ㈜대한은 3차연도 1. 1.부터 6차연도 12. 31.까지 매년 말 ₩1,000,000의 고정리스료를 지급한다. 3차연도 1. 1.에 동 리스의 내재이자율을 쉽게 산정할 수 없으나 리스이용자의 증분차입이자율은 연 10%이다.

물음

리스와 관련한 모든 회계처리가 ㈜대한의 3차연도 포괄손익계산서의 당기순이익에 미치는 영향과 3차연도 말 재무상태표에 표시되는 사용권자산 및 리스부채의 금액을 계산하시오. 단, 당기순이익이 감소하는 경우에는 (−)를 숫자 앞에 표시하시오.

당기순이익에 미치는 영향	①
사용권자산 금액	②
리스부채 금액	③

정답 ① (-)₩890,807, ② ₩2,135,682, ③ ₩2,486,900

해설

참고 기초자산의 사용범위가 축소되었으므로 리스변경시점에 비례법을 적용해서 리스부채와 사용권자산의 측정액을 다시 산정하고, 리스부채 변동액과 사용권자산 변동액의 차이를 당기손익(리스변경손익)으로 인식한다.

1. 장부금액 감소액의 인식(비례법의 적용)

1차연도 1. 1.의 리스부채와 사용권자산의 측정액:

₩2,000,000 × 4.6229(8%, 기간 6인 연금현재가치계수) = ₩9,245,800

3차연도 1. 1. 리스변경 직전:

사용권자산의 장부금액: ₩9,245,800 × 4/6 = ₩6,163,867

리스부채의 장부금액: ₩2,000,000 × 3.3121(원래 할인율 8%, 기간 4인 연금현재가치계수) = ₩6,624,200

3차연도 1. 1. 리스변경시점:

리스변경으로 기초자산의 사용범위가 30%만큼 축소됐다.

사용권자산 장부금액의 감소액: ₩6,163,867 × 30%(리스범위 축소율) = ₩1,849,160

감소된 사용권자산 장부금액: ₩6,163,867 × 70%(리스범위 유지율) = ₩4,314,707

리스부채 장부금액의 감소액: ₩6,624,200 × 30%(리스범위 축소율) = ₩1,987,260
감소된 리스부채 장부금액: ₩6,624,200 × 70%(리스범위 유지율) = ₩4,636,940

리스변경이익: ₩1,987,260(리스부채 감소액) − ₩1,849,160(사용권자산 감소액) = ₩138,100

3차연도 1. 1. 리스변경시점:

(차) 리 스 부 채	1,987,260	(대) 사 용 권 자 산	1,849,160
		리스변경이이익	138,100

2. 재측정효과의 측정과 인식
리스부채 재측정액: ₩1,000,000 × 3.1699(수정 할인율 10%, 기간 4인 연금현재가치계수) = ₩3,169,900

3차연도 1. 1.의 리스부채 재측정액	₩3,169,900
3차연도 1. 1.의 리스부채의 감소된 장부금액	(4,636,940)
재측정효과(리스부채 장부금액을 감소시킬 금액)	−₩1,467,040

(차) 리 스 부 채	1,467,040	(대) 사 용 권 자 산	1,467,040

변경된 리스의 리스부채와 사용권자산은 다음과 같다.

	리스부채	사용권자산
3차연도 1. 1.		
리스변경 직전 장부금액	₩6,624,200	₩6,163,867
리스변경 영향:	(1,987,260)	(1,849,160)
	(1,467,040)	(1,467,040)
리스변경시점	₩3,169,900	₩2,847,667
3차연도 비용	₩316,990*	₩711,894**
3차연도 12. 31. 장부금액	₩2,486,900*** (③의 해답)	₩2,135,682 (②의 해답)

* 이자비용: ₩3,169,900 × 10% = ₩316,990
** 감가상각비: ₩2,847,667 ÷ 4년 = ₩711,917
*** ₩1,000,000 × 2.4869(10%, 기간이 3인 연금현재가치계수) = ₩2,486,900
또는
₩3,169,900 + ₩316,990 − ₩1,000,000 = ₩2,486,890(₩10 반올림 오차)

3차연도 이자비용: ₩3,169,990 × 10% = ₩316,990
3차연도 감가상각비: ₩2,847,667 ÷ 4년 = ₩711,917
3차연도 1. 1.의 리스변경이익: ₩138,100
3차연도 당기순이익에 미친 영향: ₩138,100 − ₩316,990 − ₩711,917 = −₩890,807 (①의 해답)

유형 ③ 별도 리스가 아니고 리스범위를 좁히지 않는 리스변경

별도 리스로 회계처리하지 않고 리스범위를 좁히지 않는 리스변경의 예는 다음과 같다.

- 기초자산의 사용범위가 확장되지만 추가 리스료가 개별 가격에 상응하지 않는 리스변경(예제 12 참조)
- 리스기간이 연장되지만 기초자산이 추가되지 않은 리스변경(연습문제 8 참조)
- 기존 리스조건을 유지하면서 남은 기간의 리스료만 증액(또는 감액)하는 리스변경(연습문제 9 참조)

위와 같은 유형의 리스변경에 대하여 리스이용자는 다음과 같이 회계처리한다.

> 별도 리스로 회계처리하지 않는 리스변경에 대하여 리스이용자는 리스변경 유효일에 수정 할인율로 수정 리스료를 할인하여 리스부채를 다시 측정한다[1116: 45].
> (2) 리스범위를 좁히지 않는 리스변경 이외의(저자가 추가) 모든 리스변경에 대하여 사용권자산에 상응하는 조정을 한다[1116: 46].

[1116: 45, 46(2)]의 의미

유형 ③의 리스변경에 대해서는 리스변경일에 수정된 할인율로 기존 리스부채를 재측정해서 기존 리스부채의 측정액과 사용권자산의 측정액을 수정한다. 즉, 별도 리스로 회계처리하지 않고 리스범위를 좁히지 않는 리스변경에 대하여 리스이용자는 리스변경 유효일에 수정된 리스료를 수정된 내재이자율(알 수 없으면 증분차입이자율)로 할인하여 기존 리스부채를 다시 측정한다. 수정된 할인율을 사용해서 기존 리스부채와 사용권자산을 다시 측정하는 것은 리스변경에서 리스 내재이자율에 변동이 있음을 반영하는 것이다[1116: BC203]. 그리고 리스부채 재측정액과 장부금액의 차이를 당기손익에 영향을 주지 않고 리스부채와 사용권자산에 다음과 같이 조정한다.

(차) 리 스 부 채	×××	(대) 사 용 권 자 산	×××
또는			
(차) 사 용 권 자 산	×××	(대) 리 스 부 채	×××

예제 12 리스범위의 확장과 독립 가격에 상응하지 않는 리스대가

중요도: ★★
난이도: ◆◆

상황

· 1차연도 1. 1.에 리스이용자가 5,000m²의 사무용 공간에 대해서 리스계약(리스기간: 10년)을 체결하고, 매년 말에 연 리스료 ₩100,000을 지급한다.
· 1차연도 1. 1.의 리스의 내재이자율을 알 수 없으나, 리스이용자의 증분차입이자율이 연 6%이다.
· 6차연도 1. 1.에 사무용 공간 5,000m²를 5년간 추가로 리스하고 6차연도 12. 31.부터 추가 공간 5,000m²에 대해서 연 리스료 ₩50,000을 지급한다. 그러나 6차연도 1. 1.에 증가된 사무용 공간 5,000m²의 시장 리스료는 ₩100,000이다.
· 6차연도 1. 1.의 리스의 내재이자율을 알 수 없으나, 리스이용자의 증분차입이자율이 연 7%이다.

물음 6차연도 1. 1.에 리스이용자에게 필요한 분개를 하고 6차연도에 인식할 비용을 계산하라.

정답 및 해설

· 추가로 리스한 사무용 공간에 대한 리스료가 독립가격을 반영하지 않으므로 리스변경을 원래 리스계약의 변경으로 분류한다. 이 경우 변경으로 인한 리스부채 증가액만큼 사용권자산의 장부금액을 증가시킨다.

1차연도 1. 1.의 리스부채와 사용권자산 측정액:

₩100,000 × 7.36009(6%, 기간이 10인 연금현재가치계수) = ₩736,009

6차연도 1. 1. 리스변경 직전의 사용권자산 장부금액: ₩736,009 × 5/10 = ₩368,005

6차연도 1. 1. 리스변경 직전의 리스부채 장부금액:

₩100,000 × 4.21236(6%, 기간이 5인 연금현재가치계수) = ₩421,236

리스변경 직후의 리스부채 측정액: ₩150,000 × 4.1002(할인율 7%, 기간 5년의 연금 현재가치계수) = ₩615,030

변경 직후의 리스부채 측정액	₩615,030
변경 직전의 리스부채 장부금액	(421,236)
리스부채와 사용권자산의 증가액	₩193,794

6차연도 1. 1. 리스변경일:

(차) 사 용 권 자 산	193,794	(대) 리 스 부 채	193,794

리스변경으로 인한 리스부채와 사용권자산의 장부금액과 6차연도 비용은 다음과 같다.

	리스부채	사용권자산
6차연도 1. 1.		
리스변경 직전 장부금액	₩421,236	₩368,005
리스변경으로 인한 증가액	193,794	193,794
리스변경 직후 장부금액	₩615,030	₩561,799
6차연도 비용	43,052*	₩112,360**
6차연도 12. 31. 장부금액	₩508,082***	₩449,439

* 이자비용: ₩615,030 × 7% = ₩43,052

** 감가상각비: ₩561,799 ÷ 5년 = ₩112,360

*** ₩150,000 × 3.38721(7%, 기간이 4인 연금현재가치계수) = ₩508,082

또는

₩615,030 + ₩43,052 − ₩150,000 = ₩508,082

유형 ③의 리스변경과 실무적간편법

임차료를 면제 · 할인 · 유예하는 것을 임차료 할인 등(rent concession)이라 한다.[3] 리스제공자가 리

3) 여기서 다루는 내용은 원래 리스 계약조건에 없던 것으로, 리스료를 변경하거나 리스료 지급일을 연장하는 것이므로 저자가 p. 977에서 유형 ③으로 분류한 리스변경에 해당한다. 그러나 이를 리스변경으로 처리하면 코로나19로 타격을 받는 기업의 회계처리업무가 가중되므로 IASB가 예제 13처럼 간단하게 처리하는 실무적간편법을 제시하였다.

스이용자(특히 소매산업)에게 임차료 할인 등을 제공하는 경우, 리스이용자는 원칙적으로 다음과 같이 회계처리한다.

① 임차료 할인 등이 리스대가의 변동에 해당하는지와 리스조건의 일부였는지를 평가해서 리스변경에 해당하는지를 판단한다.

② 리스변경이면 ㉠ 별도 계약으로 회계처리할 것인지, 안 할 것인지를 먼저 결정하고, ㉡ 별도 계약이 아니면 새로운 할인율을 사용해서 기존 리스부채를 재측정해서 인식할지 여부를 결정한다.

코로나19의 전세계적 대유행의 여파로 임차료 할인 등이 제공되는 일이 많아지면서 이를 리스변경으로 처리해야 하는지 여부가 논란이 되었다. 리스를 이용하는 많은 기업들이 코로나19로 인한 유례없는 경제한파를 헤쳐 나가는 데 도움이 되도록 IASB가 2020년 5월에 [1116: 46A, 46B] 개정안을 발표하고 시행하였다.

실무적간편법으로, 리스이용자는 코로나19와 관련된 임차료 할인 등이 리스변경에 해당하는지를 평가하지 않을 수 있다. 이러한 선택을 한 리스이용자는 코로나19와 관련된 임차료 할인 등으로 인한 리스 지급의 변동을 그러한 변동이 리스변경이 아닐 경우에 「K-IFRS 제1116호」가 규정하는 방식과 일관되게 회계처리하여야 한다[1116: 46A].

[1116: 46A]의 실무적간편법은 코로나19의 직접적인 결과로 발생한 임차료 할인 등에만 적용되며 아래의 조건을 모두 만족하여야 한다[1116: 46B].

(1) 변경 후 리스대가가 변경 전 리스대가와 같거나 작아야 한다.

(2) 리스료 감소가 2022년 6월 30일 이전에 지급하여야 할 리스료에만 영향을 미쳐야 한다. (예를 들어, 임차료 할인 등이 2022년 6월 30일 이전에 지급하여야 할 리스료를 감소시키고 2022년 6월 30일 이후에 리스료를 증가시키는 경우 이러한 조건을 만족시킨다.)

(3) 그 밖의 리스계약 조건은 실질적으로 변경되지 않는다.

[1116: 46A, 46B]의 의미

리스이용자가 실무적간편법을 채택하면 코로나19 관련 임차료 할인 등은 리스변경이 아닌 것처럼 회계처리한다. 임차료 할인 등에 대해서 리스이용자가 통제할 수 있는 변동리스료로 회계처리해서, 임차료 면제는 당기이익으로 인식하고 유예기간을 반영해서 리스부채를 측정한다. 포괄손익계산서에 임차료 할인 등을 인식하는 시기는 할인의 성격에 따라 다르다. 만일 조건 없이 할인되면 합의된 시점에 즉시 당기이익으로 인식한다. 그러나 미래 상황 전개에 따라 조건부이면(예 정부가 영업정지를 강요하는 한 지속되는 임차료 할인 등) 해당 할인이 적용되는 기간에 걸쳐 포괄손익계산서에 혜택을 인식한다. 위 개정사항은 「K-IFRS 제1008호」에 따라 소급적용하되, 작성자의 업무부담을 줄이기 위해서 전기재무제표의 재작성은 면제하고 당기일괄처리법('변형된 소급법')을 적용해서 개정사항의 적용에 따른 차액을 개정사항의 최초적용일이 속하는 재무제표의 기초 이익잉여금(또는 기타포괄손익)에 반영한다.

예제 13	코로나19 관련 임차료 할인 등(한국회계기준원 검토보고서 예시)	중요도: ★★ 난이도: ◆

상황

· 2차연도 10. 1.에 리스이용자의 리스부채는 ₩2,000이며 매달 말에 지급하는 리스료는 ₩100이다.

· 예제를 단순화하기 위해서 아래의 모든 경우에 ㉠ 매달 ₩20의 이자가 발생하며, ㉡ 특정 월의 리스료 ₩100이 미래로 유예되면 지급시점에만 영향을 미친다고 가정한다.
· 리스이용자는 매 분기 말에 리스료에 대해서 분개한다.
상황 ①: 리스료 지급에 변동이 없다.
상황 ②: 10월~12월의 리스료 지급이 면제된다.
상황 ③: 10월~12월의 리스료 지급이 3차연도 3. 31.까지 유예된다.
· 3차연도 1. 1.부터는 임차료 할인 등이 없다.

물음 각 상황에서 2차연도 12. 31.과 3차연도 3. 31.에 리스이용자에게 필요한 분개를 하라.

정답 및 해설

상황 ①: 2차연도 12. 31.의 3개월 리스료에 대한 분개

(차) 리 스 부 채	300	(대) 현 금	300
(차) 이 자 비 용	60	(대) 리 스 부 채	60

상황 ②: 3개월 리스료 지급면제에 대한 분개			상황 ③: 3개월 리스료 지급유예에 대한 분개		
2차연도 12. 31.					
(차) 리 스 부 채	300		분개 없음		
(대) 채 무 면 제 이 익*		300			
* 부의 변동대가					
(차) 이 자 비 용	60		왼쪽 분개와 동일		
(대) 리 스 부 채		60			
3차연도 3. 31.					
(차) 리 스 부 채	300		(차) 리 스 부 채	600	
(대) 현 금		300	(대) 현 금		600
(차) 이 자 비 용	60		왼쪽 분개와 동일		
(대) 리 스 부 채		60			

8. 리스이용자의 인식 면제와 운용리스

리스기간이 12개월 이내인 단기리스이거나 기초자산이 새것일 때 가격이 대략 US$5,000 이하인 기초자산을 리스하면 리스이용자는 사용권자산과 리스부채를 인식하지 않고 정액법으로 기간별로 균등하게 리스료비용을 인식할 수 있다. 그러나 다른 체계적인 방법이 기초자산의 사용으로 인한 효익이 감소하는 형태를 더 잘 나타내면 그 방법을 적용하여 리스료비용을 인식한다[1116: 5, 6, BC100]. 기초자산이 새것일 때 가격이 $5,000을 넘는 자산이면, 해당 기초자산 리스는 소액자산 리스에 해당하지 않는다. 예를 들면, 자동차의 새 차 가격이 일반적으로 $5,000을 넘으므로, 자동차 리스는 소액자

산 리스에 해당하지 않는다[1116: B6]. 기초자산이 리스별로 소액자산인지 여부는 절대적 기준(예 새것일 때 가격이 $5,000 이하)으로 판단하며, 기초자산이 소액자산(예 태블릿 · 개인 컴퓨터, 소형 사무용 가구, 전화기 등)이 되려면 다음 조건이 모두 충족되어야 한다[1116: B5].

▸ 효익획득: 리스이용자가 기초자산 그 자체를 사용하여 효익을 얻거나 쉽게 구할 수 있는 다른 자원과 함께 기초자산을 사용하여 효익을 얻을 수 있다.
▸ 독립성: 기초자산은 다른 자산과 상호의존도나 상호관련성이 매우 높지 않다.

이러한 인식면제 규정은 단기리스에 대해서는 기초자산의 유형별로 적용하고, 소액자산 리스에 대해서는 리스별로 적용한다[1116: 8, BC103]. 리스기간이 12개월 이내라도 매수선택권이 포함된 리스계약은 단기리스로 분류할 수 없다. 그리고 단기리스 인식면제 규정을 적용하였던 리스에 대해 후속 기간에 리스조건을 변경하거나 리스기간이 변경되면 변경된 리스계약을 새로운 리스로 분류한다.

리스이용자가 사용권자산과 리스부채를 인식하지 않는 예외조항은 리스계약을 아파트 월세 임대처럼 운용리스로 회계처리하는 것과 같다. 운용리스(operating lease)에서는 고정리스료와 변동리스료가 매 기간 일정하지 않더라도 총 리스기간에 걸쳐 지급하는 리스료 총액을 다음과 같이 리스기간에 균등하게 배분하고 동일한 금액을 기간별 리스료비용으로 인식한다.

$$\text{매 기간에 인식할 리스료} = \frac{\text{리스기간에 걸친 총 리스료} - \text{리스 인센티브}}{\text{총 리스기간}}$$

리스이용자가 일정 기간 무상으로 임대하는 등의 상황에서는 매 기간 리스료가 동일하지 않다. 이 경우 리스이용자는 무상임대기간이라고 해서 리스료비용을 인식하지 않는 것이 아니라, 리스의 전체 기간에 지급할 리스료를 모두 더한 합계에서 리스 인센티브를 차감한 금액을 총 리스기간으로 나눈 값을 매 회계기간에 리스료비용으로 인식한다.

예제 14 소액자산에 대한 리스회계처리

중요도: ★★★
난이도: ◆

상황

· 기업이 10대의 프린터를 한꺼번에 리스하는 단일 리스계약(취소불능 리스기간: 3년)을 체결하였다. 10대의 프린터 중에서 1대의 새것일 때 가격은 $7,000이고 나머지 9대의 프린터는 새것일 때 단위당 가격이 $2,000이다.

물음 리스계약에 대한 회계처리를 제시하라.

정답 및 해설

· 기업이 개별 프린터 자체로부터 경제적 혜택을 볼 수 있고 프린터 간의 상호관련성이 높지 않기 때문에 개별 프린터를 각각 별개의 리스계약으로 분해한다. 즉, 형식상으로는 10대의 프린터가 하나의 리스계약에 속해 있으나 개별 프린터를 각각 별개의 구별된 리스요소로 분해해서 10개의 리스계약 각각에 대해서 회계처리한다. 그리고 상대적 개별가격에 기초해서 총 리스료를 10개의 리스요소에 배분한다.
· 새것일 때 단위당 가격이 $7,000인 1대의 프린터에 대해서는 리스개시일에 사용권자산과 리스부채를 인

식한다.

· 새것일 때 단위당 가격이 $2,000인 9대의 프린터에 대해서는 리스이용자가 원하면 일부(예 3대) 또는 전부(9대)에 소액자산 리스에 대한 인식 면제조항을 적용하여 운용리스와 유사하게 회계처리한다. 즉, 리스기간 동안 정액법을 사용하여 리스료를 비용으로 인식한다.

예제 15 소액자산과 리스 인센티브 중요도: ★★★ 난이도: ◆

상황

· 1차연도 1. 1.에 리스이용자가 신품가격이 $3,000인 사무용품을 5년간 리스하였고, 리스제공자가 리스 인센티브로 ₩500을 제공하였다.

· 매년 리스료는 다음과 같다.

1차연도	₩0(무료 리스료 기간)
2차연도와 3차연도	매년 ₩2,000
4차연도와 5차연도	매년 ₩3,000

물음 소액자산리스에 대한 인식 면제조항을 적용하여 리스이용자가 매년 비용으로 인식할 금액을 결정하라.

정답 및 해설

· 리스이용자가 소액자산리스에 대한 인식 면제조항을 적용하면 리스부채와 사용권자산을 인식하지 않고 정액법으로 총 리스료를 비용으로 인식한다. 리스이용자가 받은 리스인센티브도 정액법을 적용하여 리스기간에 걸쳐 인식한다.

$$\text{매년 리스료비용} = \frac{(₩2,000 \times 2\text{년}) + (₩3,000 \times 2\text{년}) - ₩500}{5\text{년}} = ₩1,900$$

Chapter 19 제3절

리스제공자의 리스분류

1. 리스제공자의 리스유형

리스제공자는 리스의 법적 형식(또는 계약의 형식)이 아닌 경제적 실질을 고려해서 리스를 운용리스 또는 금융리스로 분류한다.

리스제공자의 리스유형 { 운용리스(경제적 실질 면에서 임대차거래)
금융리스(경제적 실질 면에서 자산의 할부판매거래)

2. 리스의 분류기준

리스제공자는 기초자산의 소유에 따른 위험과 보상의 대부분을 리스이용자에게 이전하는지를 판단하여 리스를 운용리스 또는 금융리스로 분류한다. 여기서 위험(risk)은 유휴 생산능력이나 기술적 진부화로 인한 손실 가능성과 경제적 상황의 변화로 인한 수익의 변동성을 포함한다. 보상(rewards)은 기초자산의 수익성과 가치의 상승 또는 잔존가치의 실현에서 생기는 차익에 대한 예상으로 나타날 수 있다[1116: B53].

금융리스(finance lease)는 기초자산의 소유에 따른 위험과 보상의 대부분(substantially all)이 리스이용자에게 이전되는 리스이며, 경제적 실질 면에서 자산의 할부판매(예 승용차를 48개월간 할부판매한 계약)와 유사하다. 이에 반해, 운용리스(operating lease)는 기초자산의 소유에 따른 위험과 보상의 대부분이 리스제공자에게 남아있는 리스로서 경제적 실질 면에서 자산에 대한 순수한 임대차계약(예 아파트를 월세 또는 전세로 임대차한 계약)과 유사하다[1116: 62].

- 리스계약이 운용리스이면 기초자산을 장부에서 제거하지 않는다.
- 리스계약이 금융리스이면 기초자산을 장부에서 제거하고 리스순투자액(제5절 참조)을 금융리스채권으로 인식한다.

특정 리스계약을 운용리스로 분류할 것인지 또는 금융리스로 분류할 것인지를 결정할 때에는 기초자산의 소유에 따른 위험과 보상의 대부분이 리스이용자와 리스제공자 중에서 어느 쪽에 귀속되는 것인지를 결정하는 것이 핵심이다. 그렇다면 '소유에 따른 위험과 보상'의 대부분이 리스제공자에게 있는지 또는 리스이용자에게 넘어갔는지는 어떻게 판단할까?

(1) 주요지표

p. 992에 나열된 다섯 가지 세부기준 중 하나 이상이 만족되면 경제적 실질 면에서 기초자산의 소유에 따른 위험과 보상의 대부분이 리스이용자에게 이전되는 것으로 보아, 리스제공자는 해당 리스를 금융리스로 분류한다[1116: 63].

(2) 보조지표

IFRS는 US GAAP과는 달리 p. 992에 나열된 다섯 가지 세부기준 중 어느 하나에 해당하지 않더라도 다음 중 하나 이상에 해당하면 금융리스로 분류할 수 있다[1116: 64].

① 리스이용자가 리스를 해지할 수 있는 경우에 해지에 관련되는 리스제공자의 손실을 리스이용자가 부담하는 경우

② 잔존자산의 공정가치가 변해서 발생하는 손익이 리스이용자에게 귀속되는 경우(예 리스 종료시점에 매각대가의 대부분이 리스료 환급의 형태로 리스이용자에게 귀속되는 경우)

③ 리스이용자가 시장리스료보다 현저하게 낮은 리스료로 추가 리스기간에 계속해서 리스할 능력이 있는 경우

리스의 유형을 결정하는 세부기준

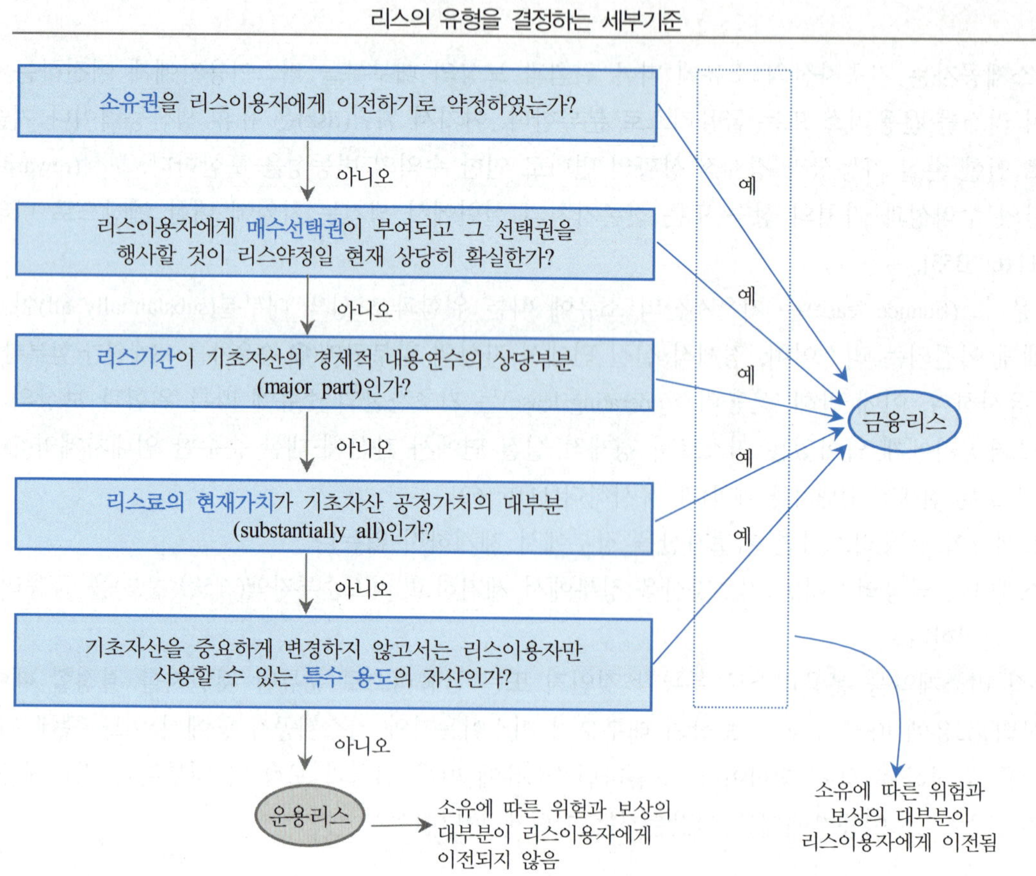

(3) 전대리스의 분류

전대리스(sublease)는 다음과 같이 리스이용자(중간리스제공자)가 기초자산을 제삼자에게 다시 리스하는 거래를 말한다[1116: B58].

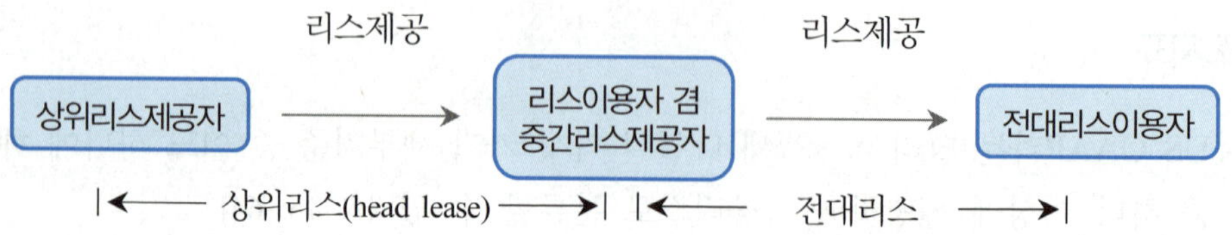

중간리스제공자(리스이용자)는 다음과 같은 관점에서 전대리스를 금융리스 또는 운용리스로 분류한

다[1116: B58].

- 리스이용자가 단기리스로 회계처리하는 상위리스를 전대리스로 제공하면 그 전대리스는 운용리스로 분류한다.
- 그 밖의 경우에는 기초자산(예 리스 대상인 유형자산)이 아니라 상위리스에서 생기는 리스이용자의 사용권자산에 따라 전대리스를 분류한다.

국제회계기준위원회(IASB)는 상위리스에서 생기는 사용권자산에 따라 전대리스를 분류하면, 기초자산에 따라 전대리스를 분류하는 경우보다 중간리스제공자가 더 많은 전대리스를 금융리스로 분류하게 될 것이라고 보았다[1116: BC234]. 따라서 사용권자산의 소유에 따른 위험과 보상의 대부분을 이전하는 전대리스는 금융리스로 분류하고, 사용권자산의 소유에 따른 위험과 보상의 대부분을 이전하지 않는 전대리스는 운용리스로 분류한다.

3. 리스의 재분류

리스제공자는 리스약정일에 리스를 운용리스 또는 금융리스로 분류한다. 그러나 리스계약 당사자가 리스기간 만기이전에 리스의 계약조건을 변경할 수 있다는 조항을 포함시킨 경우, 리스개시일 이후에 리스의 계약조건을 실제로 변경하면 리스의 분류범주를 변경할 수 있다. 또한 기초자산을 매수할 선택권을 행사할 가능성이 변하면 리스의 분류범주를 다시 결정한다. 그러나 리스제공자가 원래 리스의 분류에 사용했었던 추정치를 리스약정일 이후에 변경(예 경제적내용연수의 변경, 기초자산의 잔존가치 변경 등)하거나 상황이 변화(예 리스이용자의 채무불이행)한 경우에는 리스를 재분류하지 않는다[1116: 66].

Miniature 예제 4 갱신선택권의 행사가 리스분류에 미치는 영향

1차연도 1. 1.에 리스제공자가 리스이용자에게 기계를 10년간 리스하였고 리스계약에 갱신선택권이 포함되어 있다. 그러나 리스제공자는 리스약정일에 리스이용자의 갱신선택권 행사가 상당히 확실하지 않다고 판단하여 갱신기간을 리스기간에 포함하지 않고 이 리스계약을 운용리스로 분류했다. 리스이용자가 8차연도 말에 갱신선택권을 행사하기로 하여 상황이 변했다. 그러나 갱신선택권은 원래 리스조건의 일부분으로 리스변경이 아니므로 리스제공자는 리스를 재분류하지 않는다. 리스기간 말(10차연도 말)에 리스기간이 실제로 갱신되면 새로운 리스계약이 체결되고 갱신선택권의 행사일(11차연도 1. 1.)이 새로운 리스의 약정일이 된다. 갱신선택권의 행사가 별개의 리스협약이므로 11차연도 1. 1.에 갱신된 리스를 운용리스 또는 금융리스로 분류할 것인지를 결정한다. 그러나 원래 리스계약에 갱신선택권이 포함되지 않았고 8차연도 말에 리스제공자와 리스이용자가 재협상해서 갱신선택권을 포함하기로 하거나 리스계약에 포함된 기존 갱신선택권의 조건내용을 변경하면 이는 리스변경에 해당한다. 그러므로 리스변경일(8차연도 말)에 리스의 분류범주를 다시 판단해서 결정한다.

리스제공자의 운용리스

Chapter 19 제4절

기초자산의 소유에 따른 위험과 보상의 대부분이 리스제공자에게 남아있는 리스계약은 경제적 실질 면에서 기초자산에 대한 순수한 임대차계약과 유사하므로 리스제공자는 운용리스로 분류하고 기초자산을 장부에서 제거하지 않는다. 리스제공자가 제조자(또는 판매자)라 하더라도 리스제공자의 운용리스 체결이 판매와 동등하지 않으므로 운용리스 체결시점에 매출이익(처분이익)을 인식하지 않는다[1116: 86]. 리스제공자가 운용리스에서 리스료수익을 인식하는 방법은 리스이용자가 운용리스에서 총리스료를 연도별로 나누어서 리스료비용으로 인식하는 방법과 같다. 즉, 전체 리스기간에 걸쳐 받을 리스료(일부 변동리스료는 제외) 총액을 전체 리스기간으로 나누어 각 회계기간에 동일한 금액으로 리스료수익을 인식하는 '정액법'을 적용한다. 그러나 다른 체계적인 방법이 기초자산의 사용으로 인한 효익이 감소하는 형태를 더 잘 나타낸다면 그 방법을 적용하여 리스료수익을 인식한다[1116: 81]. 리스제공자의 운용리스에서 사용하는 용어의 의미와 회계처리는 다음과 같다.

리스기간: 리스제공자가 일정기간 동안 무료로 리스를 제공하면 리스기간이 리스개시일부터 시작해서 무료리스기간(rent-free periods)을 포함하지만, 집행 가능한 기간을 초과하지 않는다. 리스이용자 또는 리스제공자가 유의하지 않은(insignificant) 위약금을 지급하고 상대방의 승인 없이 리스를 종료할 수 있으면 리스는 더 이상 집행 가능하지 않다.

기초자산 취득시점: 「K-IFRS 제1116호」에는 규정되어 있지 않지만, 「일반기업회계기준」에 따르면 리스제공자는 기초자산의 취득시점부터 리스개시일까지 기초자산의 취득에 소요된 지출액을 임시계정인 '선급리스자산'계정에 기록한다. 기초자산을 취득하긴 했지만 직접 사용할 자산이 아니라 미래에 리스할 자산이라고 '표시'해두는 것과 같은 개념이다.

리스개시일: 기초자산을 취득하면서 인식했던 '선급리스자산'을 리스개시일에 '운용리스자산'계정으로 대체한다. 선급리스자산은 '미래에 리스할 기초자산'을 가리키고, 운용리스자산은 '현재 운용리스 중인 기초자산'을 말하므로, 선급리스자산과 운용리스자산은 구분되는 개념이다.

기초자산 감가상각비의 인식: 운용리스에서는 기초자산이 리스제공자의 장부에 남아 있으므로 리스제공자가 소유하는 다른 유형자산과 동일한 방법으로 운용리스자산의 내용연수 동안 감가상각한다.

기타 비용(기초자산 유지비 및 기타 관리비용)의 인식: 리스제공자는 기초자산의 수선유지비와 기타 관리비용을 발생시점에 비용으로 인식한다.

리스개설직접원가의 인식: 리스제공자는 운용리스 체결 과정에서 부담하는 리스개설직접원가를 기초자산의 장부금액에 더하고 리스료수익과 같은 기준으로 리스기간에 걸쳐 비용으로 인식한다[1116: 83]. 리스계약에 리스이용자가 재량으로 통제할 수 없는 변수(예 물가지수 또는 이자율)와 연계된 변동리스료가 존재하지 않으면, 운용리스에서 정액법을 적용하는 경우 리스제공자가 매 기간 인식하는 리스료수익이 일정하다. 따라서 리스개설직접원가를 리스료수익과 같은 방법으로 리스기간에 걸쳐 비용으로 인식하는 것은 정액법을 적용하여 비용으로 인식한다는 것을 의미한다.

기초자산 손상차손의 인식: 리스제공자는 운용리스자산이 손상되었는지를 판단하고 기초자산이 손상된 경우에는 손상차손을 당기손실로 인식한다[1116: 85].

예제 16 운용리스: 리스료가 균등하지 않은 경우

중요도: ★★★
난이도: ◆◆

상황

- 1차연도 1. 1.부터 3차연도 12. 31.까지 3년간 기계(장부금액: ₩70,000)를 운용리스로 제공하는 계약이 체결되었다. 매년 리스료는 ₩18,000이며 12. 31.에 지급된다.
- 1차연도 1. 1.부터 8. 31.까지 8개월간 무상임대기간이 주어져, 1차연도 리스료 ₩6,000이 1차연도 12. 31.에 지급되었다.
- 변동리스료: 리스이용자의 연간 매출액이 ₩500,000을 초과하는 연도에는 추가로 ₩7,000을 지급한다. 리스이용자의 2차연도 매출액이 ₩500,005이다.
- 예제를 단순화하기 위해서 감가상각비를 무시하라.

물음 리스이용자와 리스제공자에 필요한 분개를 하라.

정답 및 해설

- 리스기간과 리스료는 다음과 같다.

	1차연도 1. 1.	1차연도 12. 31.	2차연도 12. 31.	3차연도 12. 31.
정기리스료		₩6,000	₩18,000	₩18,000
통제할 수 있는 변수와 연계된 변동리스료			7,000	

$$\text{정기리스료} = \frac{\text{총 정기리스료}}{\text{총 리스기간}}$$

$$= \frac{₩6,000 + (₩18,000 \times 2\text{년})}{3\text{년}}$$

$$= ₩14,000$$

리스이용자			리스제공자		
1차연도 1. 1. 리스개시일:					
분개 없음			(차) 운용리스자산	70,000	
			(대) 선급리스자산		70,000
1차연도 12. 31. 결산일:					
(차) 리스료	14,000		(차) 현금	6,000	
(대) 미지급리스료		8,000*	미수리스료수익	8,000*	
현금		6,000	(대) 리스료수익		14,000

* 미지급리스료(미수리스료수익)는 향후 2년에 걸쳐 지급(수취)된다.

리스이용자			리스제공자		
2차연도 12. 31. 결산일:					
(차) 리스료	14,000		(차) 현금	18,000	
미지급리스료	4,000		(대) 미수리스료수익		4,000

(대) 현 금	18,000		리 스 료 수 익	14,000
(차) 비 용*	7,000		(차) 현 금	7,000
(대) 현 금		7,000	(대) 수 익*	7,000

* 리스이용자가 통제할 수 있는 변수와 연계된 변동리스료이므로 리스료에 포함하지 않음

3차연도 12. 31. 결산일:

(차) 리 스 료	14,000		(차) 현 금	18,000
미 지 급 리 스 료	4,000		(대) 미수리스료수익	4,000
(대) 현 금		18,000	리 스 료 수 익	14,000

제5절 리스제공자의 금융리스

Chapter 19

금융리스(finance lease)는 리스제공자가 기초자산의 소유에 따른 위험과 보상의 대부분을 리스이용자에게 이전해서 경제적 실질 면에서 리스이용자에게 기초자산을 '장기할부판매'한 거래와 성격이 유사한 리스이다. 금융리스의 경제적 실질은 리스제공자(금융기관 등)가 리스이용자에게 자금을 빌려주고 리스이용자는 리스제공자로부터 빌린 자금을 이용해 기초자산을 사실상 구입한 것이다. 리스제공자가 리스이용자에게 실질적으로 '자금'을 장기간 사용할 수 있게 도와준 자금대여거래(financing)이므로 리스이용자로부터 벌어들이는 수익을 '이자'수익(또는 금융수수료)으로 보고 '금융'리스라 부른다.

금융리스에서 리스제공자는 기초자산의 통제권을 포기하지만 일반적으로 기초자산의 소유권을 이전하지 않는다. 리스이용자는 리스기간 동안 기초자산을 사용하지만 리스기간 말에 리스자산을 리스제공자에게 돌려주고, 리스제공자는 리스료와 잔존가치로 기초자산가치를 회수하므로 리스제공자는 다음과 같이 회계처리한다.

- 기초자산을 장부에서 제거하고 리스순투자액을 금융리스채권으로 인식한다.
- 매출총이익을 이연하고 리스기간에 걸쳐 상각해서 이자수익을 인식한다.

리스제공자는 리스개시일에 선급리스자산을 장부에서 제거하고 금융리스채권을 인식하므로, 리스개시일은 측정일 겸 인식일이다.

1. 리스료의 구성요소

리스제공자의 입장에서 리스개시일에 리스순투자액을 측정하는 데 포함할 리스료는 리스기간에 걸쳐 기초자산을 사용하는 권리를 제공한 대가로 받을 금액 중 리스개시일에 지급받지 않은 다음 금액으로 구성된다[1116: 70].

고정리스료(실질적 고정리스료 포함)	×××
-) 리스 인센티브	(×××)
+) 리스이용자가 재량으로 통제할 수 없는 변수와 연계된 변동리스료	×××
+) 보증잔존가치 총액	×××
+) 매수선택권의 행사가격(리스이용자의 매수선택권 행사가 상당히 확실한 경우)	×××
+) 리스를 종료하기 위하여 리스이용자가 부담하는 금액(리스이용자의 종료선택권 행사가 리스기간에 반영된 경우)	×××
=) 리스료	×××

위에 열거한 리스제공자의 리스료 구성요소는 리스이용자의 리스료 구성요소와 비슷하나 보증잔존가치에 대한 회계처리가 다음과 같이 다르다.

보증잔존가치: 리스이용자, 리스이용자의 특수관계자, 리스제공자와 특수 관계에 있지 않은 제삼자가 리스제공자에게 잔존가치를 보증하면, 리스제공자는 리스기간 말에 리스이용자로부터 보증잔존가치를 현금으로 받거나 기초자산을 처분해서 보증잔존가치 전액이 실현될 것으로 예상하므로 보증잔존가치 전액을 리스료에 포함한다. 이에 반해, 리스이용자는 보증잔존가치 중에서 자신이 지급할 것으로 예상하는 금액을 리스료에 포함한다[1116: 27(3)]. 즉, 리스이용자는 자신이 예측한 잔존가치가 보증잔존가치에 미달하는 금액만을 리스료에 포함한다. 리스기간 말에 실제 잔존가치(예 ₩170,000)가 추정 잔존가치(예 ₩180,000)에 미달하면 리스제공자는 미달액(예 ₩10,000)을 리스자산회수손실로 인식한다. 그러나 이 경우 보증잔존가치(예 ₩200,000)가 실제 잔존가치(예 ₩170,000)를 초과하면 리스제공자는 초과액(예 ₩30,000)을 리스자산보증이익으로 인식한다.

고정리스료(fixed lease payment): 실질적 고정리스료를 포함하여 리스계약과 관련해 리스이용자가 리스제공자에게 계약상 정기적으로 지급하기로 명시한 금액을 리스료에 포함한다.

매수선택권의 행사가격(매수약정액): 리스기간 종료 시 리스이용자가 기초자산을 취득할 수 있는 권리(매수선택권)를 행사하는 것이 상당히 확실하면 매수약정액을 리스료에 포함한다.

리스를 종료하기 위하여 리스이용자가 부담하는 금액(termination penalties): 리스이용자가 종료선택권을 행사해서 리스를 종료시키고 부담하는 위약금을 리스료에 포함한다.

2. 금융리스채권의 최초측정

리스제공자는 자신의 목표투자수익률을 달성하기 위해서 리스기간 중 현금으로 회수하는 금액(리스료)과 리스기간 말에 돌려받는 물건에 대한 무보증잔존가치의 현재가치가 리스자산의 공정가치와 리스개설직접원가의 합계(취득원가)와 일치하도록 리스료를 결정한다. 미래현금흐름을 할인하는 데에 적용할 리스의 내재이자율은 리스제공자의 주관적 목표투자수익률이다. 바꿔 말하면, 리스제공자는 금융리스채권에 대한 이자수익을 통해 자신의 마음속에 있는 목표투자수익률(내재이자율)을 달성할 수 있도록 정기리스료를 결정한다. 그러므로 리스의 내재이자율(목표투자수익률)은 다음 등식을 성립시키는 할인율이다.

기초자산의 공정가치 + 리스제공자의 리스개설직접원가 = (리스료 + 무보증잔존가치)의 현재가치

리스제공자가 금융리스를 통해 리스이용자로부터 받게 될 리스료와 무보증잔존가치의 합계액을 리스총투자(gross investment)라 한다.

리스료(총 현금유입액)	×××
+) 기초자산 무보증잔존가치	×××
=) 리스총투자	×××

리스총투자는 현재가치가 아닌 명목금액이기 때문에 리스총투자에는 리스제공자가 리스기간에 걸쳐 인식할 미실현이자수익이 포함되어 있다. 따라서 리스제공자는 리스총투자액을 리스순투자와 미실현이자수익 두 요소로 분해한다.

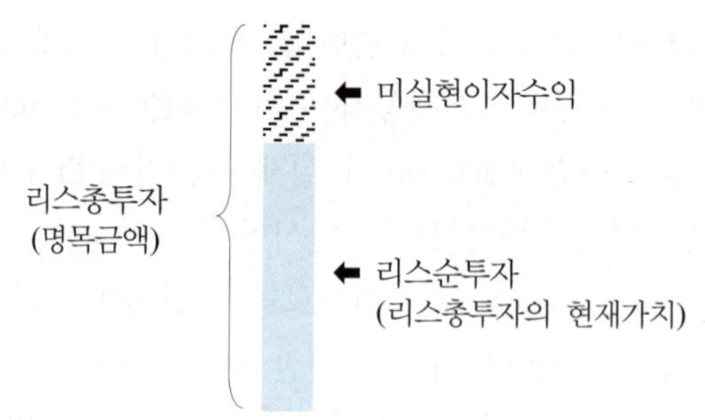

리스총투자를 리스의 내재이자율로 할인한 금액이 리스순투자이다.

리스료의 현재가치	×××
+) 기초자산 무보증잔존가치의 현재가치	×××
=) 리스순투자(net investment)	×××

리스순투자 = 기초자산의 공정가치 + 리스제공자의 리스개설직접원가

리스제공자의 리스개설직접원가는 리스계약을 체결하지 않았더라면 부담하지 않았을 리스체결의 증분원가로, 제조자 또는 중간상인인 리스제공자가 판매형리스를 체결하면서 부담하는 증분원가는 제외한다. 제조자 또는 중간상인이 리스제공자인 판매형리스에서는 리스개설직접원가가 기초자산을 팔기 위해서 지출된 것이므로 리스순투자에 포함하지 않고 판매시점에 판매비용으로 인식한다. 그러나

제조자 또는 중간상인이 아닌 리스제공자의 금융리스에서는 리스개설직접원가가 리스순투자의 최초 측정액에 포함되어 리스기간에 걸쳐 인식되는 이자수익금액을 줄인다.

리스제공자는 리스개시일에 리스순투자와 동일한 금액을 금융리스채권으로 인식하고 재무상태표에 수취채권으로 표시한다[1116: 67]. 그리고 리스기간에 걸쳐 금융리스채권 기초장부금액에 내재이자율(목표투자수익률)을 곱한 금액을 이자수익으로 인식한다.

리스제공자가 리스이용자로부터 리스기간 동안 받을 금액(금융리스채권)을 장부에 기록하는 방법에는 총액법과 순액법이 있다. 총액법(gross method)은 금융리스채권을 리스총투자(미래 총 현금유입액) 금액으로 기록한 후 미실현이자수익(unearned finance income)을 차감하는 형식으로 보고하는 방법이고, 순액법(net method)은 금융리스채권을 리스순투자액으로 기록하는 방법이다. 총액법에서 사용하는 미실현이자수익계정은 리스제공자의 금융리스채권 총액을 순액(현재가치)으로 감소시키는 평가계정(contra account)이다. 그러므로 어느 방법을 사용하느냐에 관계없이 리스제공자는 금융리스채권을 리스순투자액으로 재무상태표에 표시한다.

금융리스채권(리스총투자)	×××
미실현이자수익	(×××)
금융리스채권(리스순투자)	×××

리스제공자는 운용리스와 마찬가지로 금융리스에서도 기초자산을 취득하기 위해 지출한 원가를 임시계정인 '선급리스자산'계정에 기록했다가, 리스개시일에 '선급리스자산'을 '금융리스채권'계정으로 대체한다. 이것은 '앞으로 이전할 물건'이라고 표시했던 것을 '물건을 이전해서 앞으로 받을 물건값'으로 인식하는 것과 유사하다.

Miniature 예제 5 내재이자율과 정기리스료(2017년, 회계사 1차)

상황

㈜민국은 1차연도 1. 1.에 ₩500,000(공정가치)에 취득한 기계장치로 ㈜대한과 금융리스계약을 체결하고 1차연도 1. 1.부터 리스를 실행하였다.

· 리스기간은 3년이며, 리스기간 종료시점에 ㈜대한에게 기계장치 소유권을 ₩100,000에 이전한다.
· 최초 정기리스료('고정리스료')는 리스실행일에 수취하며, 1차연도 말부터 3차연도 말까지 매년 말 3회에 걸쳐 추가로 정기리스료를 수취한다.
· 리스계약과 관련하여 ㈜민국이 지출한 리스개설직접원가는 ₩20,000이다.
· ㈜민국의 내재이자율은 12%이며, 현가계수는 다음과 같다.

단일금액 ₩1의 현재가치			정상연금 ₩1의 현재가치		
1년	2년	3년	1년	2년	3년
0.8929	0.7972	0.7118	0.8929	1.6901	2.4018

물음 리스제공자인 ㈜민국이 내재이자율을 유지하기 위하여 책정해야 할 정기리스료는?

정답 및 해설

이 예제에서 리스기간은 3년이지만 리스제공자인 ㈜민국은 정기리스료를 4번 받는다.
[기초자산 공정가치 + 리스개설직접원가 = 리스료 현재가치 + 소유권 이전대가의 현재가치]이므로, 정기리스료를 β라 하면, 다음 식이 성립한다.

₩500,000 + ₩20,000 = β + (β × 2.4018) + (₩100,000 × 0.7118)
3.4018β = ₩520,000 − ₩71,180
∴ β(정기리스료) = ₩131,936

예제 17 리스총투자와 리스순투자

중요도: ★★
난이도: ◆◆

상황

· 기초자산의 공정가치: ₩11,681
· 리스기간: 5년(1차연도 1. 1. ~ 5차연도 12. 31.)
· 리스료: 매년 초 ₩2,500
· 총리스료: ₩2,500 × 5년 = ₩12,500
· 5차연도 12. 31.의 기초자산의 무보증잔존가치: ₩1,000
· 보증잔존가치: ₩0
· 리스제공자의 리스개설직접원가: ₩0
· 리스의 내재이자율: 연 7%

물음 각 연도 말의 리스순투자와 리스총투자 금액을 계산하라.

정답 및 해설

1차연도 1. 1.의 리스총투자 = 미래 리스료 + 무보증잔존가치
= ₩2,500 × 5년 + ₩1,000
= ₩13,500

1차연도 1. 1.의 리스순투자 = 리스료의 현재가치 + 무보증잔존가치의 현재가치
= ₩2,500 + (₩2,500 × 3.38721) + (₩1,000 × 0.71299)
= ₩10,968 + ₩713 = ₩11,681

리스총투자 ₩13,500의 분해 { 리스순투자 ₩11,681 / 미실현이자수익 ₩1,819 }

각 연도 말의 리스순투자는 아래 상각표에서 ⑤열의 금액이고 리스총투자는 ⑥열의 금액이다.

유효이자율에 의한 상각표

연도	리스채권 기초장부금액 ①	리스료 수취액 ②	이자산정 대상금액 ③ = ① − ②	유효이자(7%) ④ = ③ × 7%	리스채권 기말장부금액 ⑤ = ③ + ④	리스채권 기말총투자 ⑥ = ₩13,500 − Σ ②
1차연도	₩11,681	₩2,500	₩9,181	₩643	₩9,824	₩11,000
2차연도	9,824	2,500	7,324	513	7,837	8,500

3차연도	7,837	2,500	5,337	374	5,711	6,000
4차연도	5,711	2,500	3,211	225	3,436	3,500
5차연도	3,436	2,500	936	64*	1,000	1,000
합계		₩12,500		₩1,819**		

* 반올림 오차

** 미실현이자수익으로 5년에 걸쳐 이자수익으로 인식

3. 금융리스채권의 후속측정

리스제공자는 자신의 리스순투자 금액에 일정한 기간수익률을 반영하는 방식으로 리스기간에 걸쳐 금융수익을 인식한다[1116: 75]. 즉, 리스제공자는 유효이자율법을 적용해서 매 보고기간 말에 리스료를 금융리스채권의 원금회수 부분과 이자수익 부분으로 구분하여 인식한다.

리스료의 구성요소 { 금융리스채권의 원금회수
금융리스채권의 기초잔액에 대한 이자수익 }

이자수익 = 금융리스채권의 기초잔액 × 유효이자율

리스제공자는 리스개시일에 기초자산(선급리스자산)을 장부에서 제거하므로 기초자산의 감가상각비는 존재하지 않는다. 그러나 리스제공자는 금융리스채권계정의 잔액이 무보증잔존가치가 될 때까지 금융리스채권을 상각해서 리스기간 종료시점에 금융리스채권계정의 잔액이 기초자산의 무보증잔존가치가 된다(예제 19 참조).

리스제공자가 금융리스에서 유효이자율법을 사용하여 이자수익을 인식하면 리스개설직접원가는 암묵적으로 비용으로 인식된다. p. 998에서 설명했듯이, 리스개설직접원가와 기초자산 공정가치의 합계가 리스순투자(리스료의 현재가치와 무보증잔존가치의 현재가치)이다. 리스개설직접원가는 리스순투자를 증가시켜 미실현이자수익(리스총투자와 리스순투자의 차이) 총액을 감소시키므로, 매 기간의 이자수익이 감소한다. 이는 리스개설직접원가가 리스기간 동안 암묵적으로 비용으로 인식되기 때문이다.

예제 18 금융리스

중요도: ★★★
난이도: ◆◆

상황

· 1차연도 1. 1.에 알부자회사(리스제공자)가 빈깡통회사(리스이용자)에 기계(재고자산)를 2년간 금융리스로 제공하였다.
· 리스기계(내용연수: 2년)의 공정가치는 ₩144,000이고 잔존가치는 ₩0이다.
· 매년 고정리스료는 ₩100,000이고 2년간 매년 12. 31.에 지급된다.
· 리스의 내재이자율(리스제공자의 목표투자수익률): 연 25%

· 감가상각방법: 정액법
· 알부자회사의 기계 취득원가: ₩144,000

물음 빈깡통회사(리스이용자)가 순액법을 사용하고 리스제공자(알부자회사)는 총액법을 사용한다고 가정하고, 빈깡통회사와 알부자회사에 리스기간 말까지 필요한 분개를 하라.

정답 및 해설

유효이자율법에 의한 상각표

연도 ①	리스채권(부채) 기초장부금액 ②	유효이자(25%) ③	현금수수액 ④	리스채권(부채) 감소액 ⑤ = ④ − ③	리스채권(부채) 기말장부금액 ⑥ = ② − ⑤
1차연도	₩144,000	₩36,000	₩100,000	₩64,000	₩80,000
2차연도	80,000	20,000	100,000	80,000	0
합계		₩56,000	₩200,000	₩144,000	

빈깡통회사(리스이용자) − 순액법			알부자회사(리스제공자) − 총액법		
1차연도 1. 1. 리스개시일:					
(차) 사 용 권 자 산	144,000		(차) 금 융 리 스 채 권	200,000	
(대) 리 스 부 채		144,000	(대) 선 급 리 스 자 산		144,000
			미실현이자수익		56,000
1차연도 12. 31. 결산일:					
(차) 리 스 부 채	64,000		(차) 현 금	100,000	
이 자 비 용	36,000		(대) 금 융 리 스 채 권		100,000
(대) 현 금		100,000			
(차) 감 가 상 각 비	72,000		(차) 미실현이자수익	36,000	
(대) 감가상각누계액		72,000	(대) 이 자 수 익		36,000

재무상태표(1차연도 12. 31.)

금융리스채권(총액)	₩100,000
미실현이자수익	(20,000)
금융리스채권(순액)	₩80,000

포괄손익계산서(1차연도)

이자수익	₩36,000

빈깡통회사(리스이용자) − 순액법			알부자회사(리스제공자) − 총액법		
2차연도 12. 31. 결산일:					
(차) 리 스 부 채	80,000		(차) 현 금	100,000	
이 자 비 용	20,000		(대) 금 융 리 스 채 권		100,000
(대) 현 금		100,000			

(차) 감 가 상 각 비	72,000	(차) 미실현이자수익	20,000
(대) 감가상각누계액	72,000	(대) 이 자 수 익	20,000

무보증잔존가치 추정치의 변경과 손상차손

리스제공자의 금융리스채권 측정액에는 무보증잔존가치의 현재가치가 포함되어 있다. 그러므로 리스기간 중에 예상잔존가치가 감소해서 리스제공자가 무보증잔존가치의 추정치를 하향조정하면, 리스제공자는 금융리스채권을 다시 측정하고 금융리스채권에 대해서 손상차손을 인식한다. 추정 무보증잔존가치가 줄어든 경우에 리스제공자는 리스기간에 걸쳐 인식할 수익을 조정하고 줄어든 잔존가치를 즉시 당기손실(손상차손)로 인식한다[1116: 77]. 그리고 후속연도에는 새로운 금융리스채권 측정액을 바탕으로 해서 이자수익을 인식한다. 리스제공자는 리스총투자를 계산할 때 사용한 추정 무보증잔존가치를 정기적으로 검토한다.

예제 19 무보증잔존가치의 감소와 손상차손 인식

중요도: ★★
난이도: ◆◆◆

상황

· 1차연도 1. 1.에 리스제공자가 리스이용자에게 기계를 2년간 리스로 제공하였다.
· 리스제공자의 기계 취득원가: ₩142,400
· 리스기계(내용연수: 2년)의 공정가치: ₩142,400
· 리스제공자의 금융리스채권 측정액(리스순투자액): ₩142,400(리스자산의 공정가치)
· 매년 리스료 ₩90,000은 2년간 매년 12. 31.에 지급된다.
· 리스기간 말의 리스자산의 총 잔존가치: ₩20,000
· 리스자산의 보증잔존가치: ₩0
· 리스자산의 무보증잔존가치: ₩20,000
· 리스의 내재이자율: 연 25%

리스제공자의 리스상각표

연도 ①	금융리스채권 기초장부금액 ②	유효이자(25%) ③	현금수수액 ④	금융리스채권 감소액 ⑤ = ④ − ③	금융리스채권 기말장부금액 ⑥ = ② − ⑤
1차연도	₩142,400	₩35,600	₩90,000	₩54,400	₩88,000
2차연도	88,000	22,000	90,000	68,000	**20,000**
합계		₩57,600	₩180,000	₩122,400	

물음

1. 총액법을 사용해서 리스제공자에게 필요한 분개를 하라.
2. 1차연도 12. 31.에 리스제공자가 무보증잔존가치의 추정치를 ₩15,000으로 변경하였다고 가정하고, 총액법을 사용해서 리스제공자에게 필요한 분개를 하라.

정답 및 해설

1.

1차연도 1. 1. 리스개시일:

(차) 금융리스채권	200,000	(대) 선급리스자산	142,400
		미실현이자수익	57,600

1차연도 12. 31. 결산일:

(차) 현 금	90,000	(대) 금융리스채권	90,000
(차) 미실현이자수익	35,600	(대) 이 자 수 익	35,600

2차연도 12. 31. 결산일:

(차) 현 금	90,000	(대) 금융리스채권	90,000
(차) 미실현이자수익	22,000	(대) 이 자 수 익	22,000
(차) 선급리스자산	20,000	(대) 금융리스채권	20,000

2.

· 1차연도 12. 31.에 인식할 손상차손:(₩20,000 − ₩15,000) × 0.8 = ₩4,000

· 리스제공자가 무보증잔존가치의 추정치를 ₩15,000으로 변경하였으므로 리스제공자는 1차연도 말에 금융리스채권 측정액을 감소시키고 다음과 같은 상각표를 새로 작성한다.

리스제공자의 리스상각표

연도 ①	리스채권 기초장부금액 ②	유효이자(25%) ③	현금수수액 ④	리스채권 감소액 ⑤ = ④ − ③	리스채권 기말장부금액 ⑥ = ② − ⑤
1차연도	₩142,400	₩35,600	₩90,000	₩58,400*	₩84,000
2차연도	84,000	21,000	90,000	69,000	**15,000**
합계		₩56,600	₩180,000	₩127,400	

* 원금회수액 ₩54,400 + 금융리스채권 감소액 ₩4,000** = ₩58,400

** 무보증잔존가치 추정액의 감소액 ₩5,000을 내재이자율 25%로 할인한 현재가치

1차연도 1. 1. 리스개시일:

(차) 금융리스채권	200,000	(대) 선급리스자산	142,400
		미실현이자수익	57,600

1차연도 12. 31. 결산일:

(차) 현 금	90,000	(대) 금융리스채권	90,000
(차) 미실현이자수익	35,600	(대) 이 자 수 익	35,600
(차) 손 상 차 손	4,000	(대) 금융리스채권	4,000

2차연도 12. 31. 결산일:

(차) 현 금	90,000	(대) 금융리스채권	90,000

(차) 미실현이자수익	21,000	(대) 이 자 수 익	21,000
(차) 선급리스자산	15,000	(대) 금융리스채권	15,000

Chapter 19

판매형리스 제6절

1. 판매형리스의 개념

제조자(또는 중간상인)가 제조(또는 구매)한 자산을 제조원가(또는 취득원가)보다 높은 가격으로 리스하는, 즉 거래의 법적 형태가 리스이지만 경제적 실질은 기초자산을 할부로 팔아서 처분이익(매출액 – 매출원가)과 이자수익(금융수익)을 모두 획득하는 거래를 판매형리스(sales type lease)라 한다. 예를 들어, 자동차 제조회사가 제조원가보다 높은 금액으로 고객에게 48개월간 승용차를 리스한 후 리스기간 말에 고객에게 승용차의 명의를 이전하는 리스계약을 맺으면, 경제적 실질 면에서 승용차를 48개월간 할부판매하고 리스종료일에 매수약정액이 ₩0인 판매형리스를 체결한 것이다. 제조업자나 중간상인이 판매를 촉진하는 방안의 일환으로 제공하는 이러한 판매형리스는 '기초자산의 제조(취득)–판매'거래와 '자금대여'거래라는 두 거래를 결합한 리스이므로, 리스이용자에게는 적용되지 않고 리스제공자에게만 적용되는 리스유형이다.

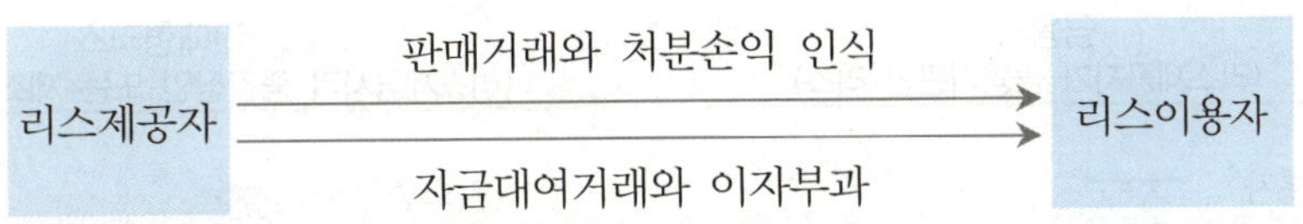

판매형리스에서 리스제공자가 총이익을 판매로 인한 이익(매출총이익)과 자금대여로 인한 이익(이자수익)으로 어떻게 나눌 것인가가 중요한 문제가 된다. 왜냐하면, 매출총이익은 판매시점에 인식되는 데 반해, 이자수익은 리스기간에 걸쳐 인식되어 기간별 손익에 미치는 영향이 다르기 때문이다. 판매형리스에서 매출총이익과 이자수익이 왜곡되는 것을 방지하기 위해 통상적인 금융리스의 회계처리와는 다른 접근법이 필요하다. 예를 들어, 리스제공자가 판매연도의 당기이익을 극대화할 목적으로 매출액과 금융리스채권을 과대계상하는 것을 방지하기 위해 매출액과 금융리스채권에 대해 저가법을 적용하거나, 리스의 내재이자율(리스제공자의 주관적 목표투자수익률) 대신에 객관적 시장이자율을 적용하여 현재가치를 계산하는 것 등이다.

2. 판매형리스와 금융리스의 비교

판매형리스는 리스제공자가 리스개시일에 기초자산에 대한 처분이익(매출총이익)을 인식하고 리스기간 동안에 이자수익을 획득한다는 점에서 이자수익만 인식하는 금융리스와 차이가 있다. 리스제공자는 판매형리스를 기초자산의 할부매각과 유사하게 회계처리한다. 즉, 리스개시일에 기초자산을 장부에서 제거하면서 매출총이익을 인식하고 리스료의 현재가치를 금융리스채권('장기매출채권')으로 인식한 후에 리스기간에 걸쳐 시장이자율을 사용해서 금융리스채권에 이자수익을 인식한다. 리스개설직접원가는 기초자산을 판매하기 위해 발생했으므로 수익 · 비용대응의 원칙을 적용해서 리스개시일에 판매비용으로 인식한다. 즉, 판매형리스의 협상 및 계약체결단계에서 지출한 원가는 판매거래를 성사시키기 위해 발생한 비용이므로 판매비용으로 인식해서 리스개설직접원가로 분류하지 않고 리스순투자액에서도 제외한다[1116: 74]. 리스제공자의 입장에서 금융리스와 판매형리스를 비교하면 다음과 같다.

표 19.1 금융리스와 판매형리스의 비교(리스제공자의 입장)

항목	금융리스	판매형리스
수익의 원천	이자수익	매출총이익 + 이자수익
저가법 적용 여부	해당 없음	매출액에 저가법 적용
금융리스채권 측정액	(리스료 + 무보증잔존가치)의 현재가치	저가법으로 측정한 매출액
할인율	내재이자율 또는 증분차입이자율	시장이자율

그림 19.3 금융리스와 판매형리스의 수익비교

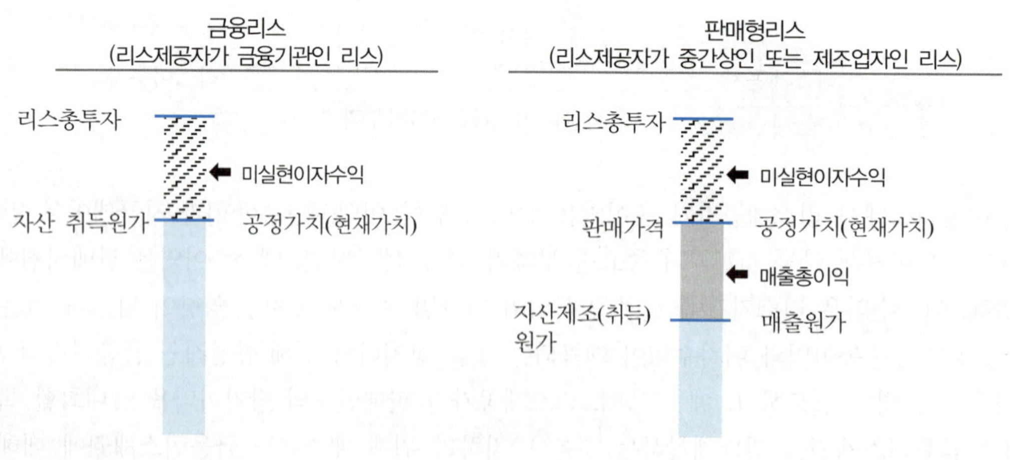

3. 판매형리스에 대한 회계처리

(1) 리스개시일의 회계처리

판매형리스에서 제조자(또는 판매자)인 리스제공자는 리스개시일에 다음을 인식한다[1116: 71].

- 저가법에 따라 min {기초자산의 공정가치, 리스료를 시장이자율로 할인한 현재가치)으로 매출액과 금융리스채권을 측정 · 인식한다.
- [기초자산의 취득원가 또는 장부금액 - 무보증잔존가치의 현재가치]로 매출원가를 인식한다.
- 결과적으로 매출총이익을 인식한다.

그러나 판매형리스에 대해 무보증잔존가치가 존재하는 경우, [1116: 71]은 오해의 소지가 있다. 왜냐하면, 무보증잔존가치가 존재하면 기초자산의 공정가치 중에서 무보증잔존가치는 매각된 것이 아니므로 리스제공자가 무보증잔존가치의 현재가치만큼 매출액을 감소시켜야 하기 때문이다(예제 21 참조). 즉, 무보증잔존가치가 존재하면 기초자산의 공정가치가 아니라 아래와 같이 기초자산의 공정가치 중에서 팔린 부분을 측정해서 매출수익과 금융리스채권을 인식한다.

리스개시일에 인식할 매출액과 금융리스채권 측정액
= min {기초자산의 공정가치 중에서 팔린 부분, 리스료의 현재가치}
= min {(기초자산의 공정가치 - 무보증잔존가치의 현재가치), 리스료의 현재가치}
매출원가 = 기초자산의 장부금액 - 무보증잔존가치의 현재가치

판매형리스 제공자가 고객을 유인하기 위하여 의도적으로 낮은 이자율을 제시하기도 한다. 그러나 인위적으로 낮은 이자율을 적용하여 매출액을 측정하면 거래에서 생기는 전체 이익 중 과도한 부분이 리스개시일에 매출총이익으로 인식되어 기간손익이 왜곡된다. 이를 방지하기 위하여 [1116: 73]은 리스제공자가 시장이자율을 적용하여 계산된 금액을 한도로 매출총이익을 인식하도록 요구한다.

판매형리스에서 무보증잔존가치의 현재가치는 위에서 설명한대로 매출액과 매출원가에서 제외하고(예제 21 참조), 리스의 내재이자율이 아니라 시장이자율을 할인율로 사용한다는 점에 주의하여야 한다. 무보증잔존가치의 현재가치를 매출액과 매출원가에서 모두 제외하므로 무보증잔존가치가 매출총이익에 미치는 영향은 없다(예제 21 참조). 무보증잔존가치의 현재가치는 재고자산계정에 남거나 아니면 리스개시일에 금융리스채권계정으로 대체한다. 후자의 경우 금융리스채권의 최초측정액은 매출액에 무보증잔존가치의 현재가치를 더한 금액이 되어 리스자산의 공정가치와 같아질 수 있고, 리스기간 말의 리스채권계정의 잔액은 무보증잔존가치가 된다(예제 21 참조).

(2) 리스기간 중 회계처리

판매형리스에서 리스기간 중 리스제공자는 시장이자율을 적용하여 기간별 이자수익을 인식한다.

기간별 이자수익 = 금융리스채권의 기초장부금액 × 시장이자율

예제 20 **판매형리스**

중요도: ★★★
난이도: ◆◆

상황

· 1차연도 1. 1.에 리스제공자가 기계(재고자산)를 2년간 금융리스로 제공하였다.
· 리스기계(내용연수: 2년)의 공정가치는 ₩144,000이고 잔존가치는 ₩0이다.
· 매년 리스료는 ₩100,000이고 2년간 매년 12. 31.에 지급한다.
· 리스의 내재이자율(리스제공자의 목표투자수익률): 연 30%
· 리스제공자의 기계 제조원가가 ₩114,000이고 시장이자율이 연 25%이다.

물음 총액법을 사용해서 리스제공자에게 필요한 분개를 하라.

정답 및 해설

· 리스료의 총 현금유입액 ₩200,000과 제조원가 ₩114,000의 차이의 구성요소는 다음과 같다.

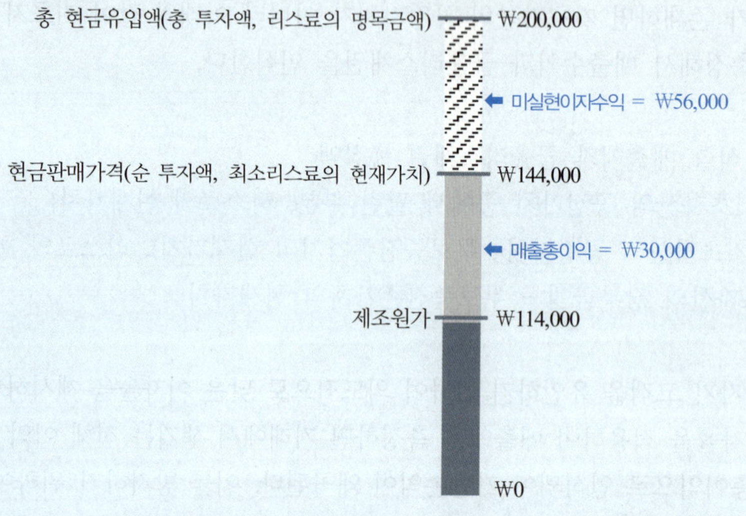

유효이자율법에 의한 상각표

연도 ①	금융리스채권 기초장부금액 ②	유효이자(25%) ③	현금수수액 ④	금융리스채권 감소액 ⑤ = ④ − ③	금융리스채권 기말장부금액 ⑥ = ② − ⑤
1차연도	₩144,000	₩36,000	₩100,000	₩64,000	₩80,000
2차연도	80,000	20,000	100,000	80,000	0
합계		₩56,000	₩200,000	₩144,000	

1차연도 1. 1. 리스개시일:

(차) 금융리스채권	200,000	(대) 매 출	144,000
		미실현이자수익	56,000
(차) 매 출 원 가	114,000	(대) 재 고 자 산	114,000

1차연도 12. 31. 결산일:

(차) 현 금	100,000	(대) 금융리스채권	100,000
(차) 미실현이자수익	36,000	(대) 이 자 수 익	36,000

2차연도 12. 31. 결산일:

(차) 현 금	100,000	(대) 금융리스채권	100,000
(차) 미실현이자수익	20,000	(대) 이 자 수 익	20,000

예제 21 판매형리스: 보증잔존가치와 무보증잔존가치

중요도: ★★
난이도: ◆◆◆

상황

판매형리스의 조건은 다음과 같다.

· 리스기간: 1차연도 1. 1. ~ 5차연도 12. 31.
· 고정리스료: 매년 초에 ₩100,000 지급
· 리스제공자의 내재이자율: 연 5%
· 5차연도 말의 기초자산(건물)의 잔존가치: ₩30,000
· 리스개시일의 기초자산(건물)의 공정가치: ₩487,648
· 기초자산(건물)의 원가: ₩447,648

시장이자율이 연 4%이다.

물음

1. 리스이용자가 잔존가치 ₩30,000을 보증한 경우와 보증하지 않은 경우로 구분하여 금융리스채권 측정액, 기초자산의 판매가격, 기초자산의 매출원가, 매출총이익을 계산하라.
2. 1차연도 1. 1.과 1차연도 12. 31.에 리스제공자에게 필요한 분개를 하라.

정답 및 해설

1.

리스료의 현재가치: ₩100,000 + ₩100,000 × 3.62990 = ₩462,990

리스이용자가 잔존가치를 보증하면 리스제공자는 보증잔존가치 전액을 리스료에 포함한다.

보증잔존가치의 현재가치: ₩30,000 × 0.82193 = ₩24,658

리스제공자의 금융리스채권 측정액: ₩462,990 + ₩24,658 = ₩487,648

1차연도부터 5차연도까지 금융리스채권 상각표는 다음과 같다.

유효이자율법에 의한 상각표

연도 ①	금융리스채권 기초장부금액 ②	현금수취액 ③	이자 발생대상액 ④ = ② − ③	유효이자(4%) ⑤ = ④ × 4%	금융리스채권 기말장부금액 ⑥ = ④ + ⑤
1차연도	₩487,648	₩100,000	₩387,648	₩15,506	₩403,154
2차연도	403,154	100,000	303,154	12,126	315,280
3차연도	315,280	100,000	215,280	8,611	223,891
4차연도	223,891	100,000	123,891	4,956	128,847
5차연도	128,847	100,000	28,847	1,153	**30,000**
합계		₩500,000		₩42,352	

	보증잔존가치가 ₩30,000인 경우	무보증잔존가치가 ₩30,000인 경우
무보증잔존가치의 현재가치	₩0	₩30,000 × 0.82193 = ₩24,658
금융리스채권	₩487,648	₩487,648
건물의 판매가격	₩487,648	₩487,648 − ₩24,658 = ₩462,990
건물의 매출원가	₩447,648	₩447,648 − ₩24,658 = ₩422,990
매출총이익	₩487,648 − ₩447,648 = ₩**40,000**	₩462,990 − ₩422,990 = ₩**40,000**

2.

잔존가치(₩30,000)가 보증된 경우			무보증잔존가치(₩30,000)가 존재하는 경우		
1차연도 1. 1. 리스개시일:					
(차) 금융리스채권	487,648		(차) 금융리스채권	487,648	
매출원가	**447,648**		매출원가	**422,990**	
(대) 매출		**487,648**	(대) 매출		**462,990**
재고자산		447,648	재고자산		447,648
(차) 현금	100,000		(차) 현금	100,000	
(대) 금융리스채권		100,000	(대) 금융리스채권		100,000
1차연도 12. 31. 결산시점:					
(차) 금융리스채권	15,506		(차) 금융리스채권	15,506	
(대) 이자수익		15,506	(대) 이자수익		15,506

제7절 판매후리스

Chapter 19

1. 판매후리스의 개념

판매후리스(sale and leaseback)는 판매자가 소유하는 기초자산의 통제를 구매자에게 이전함과 동시에 구매자(자산취득자)로부터 리스해서 판매자(자산의 원래 소유자)가 기초자산을 계속해서 사용하는 리스이다. 예를 들어, 홍길동 씨가 주식에 투자할 자금을 마련하기 위해 자신이 소유하는 농가주택을 율도국 씨에게 이전함과 동시에 월세로 임차하여 그 농가주택에서 계속 거주하는 경우, 홍길동 씨의 입장에서 이 거래는 판매후리스거래이다.

일반적으로 판매후리스거래는 홍길동 씨가 농가주택을 금융기관에 담보로 제공하고 자금을 차입하는 것이 수월하지 않거나 금융기관이 부과하는 이자율이 매우 높을 때 성사된다. 홍길동 씨가 판매후리스거래를 체결하면 농가주택을 매각해서 받은 목돈을 이용할 수(예 주식투자) 있을 뿐만 아니라, 처분이익도 인식할 수 있으므로 금상첨화이다. 게다가 농가주택을 처분하더라도 해당 농가주택을 즉시 리스하여 계속 사용할 수 있으며, 리스료를 장기간에 걸쳐 분할 지급하므로 자금부담을 완화할 수 있다. 한편, 구매자-리스제공자는 여유자금을 투자해서 농가주택을 취득한 즉시 리스로 제공해서 오랜 기간 동안 정기적으로 리스료수익을 창출할 수 있다. 이와 같이 판매후리스거래는 두 거래당사자의 이해관계가 일치하기 때문에 발생한다.

판매후리스에서는 다음 두 거래가 동시에 발생해서 판매자는 리스이용자가 되고 구매자는 리스제공자가 된다.

- 판매자-리스이용자가 구매자-리스제공자로부터 현금을 받고 기초자산의 통제를 이전하는 이전거래
- 판매자-리스이용자가 기초자산을 리스해서 구매자-리스제공자에게 리스료를 지급하는 리스거래

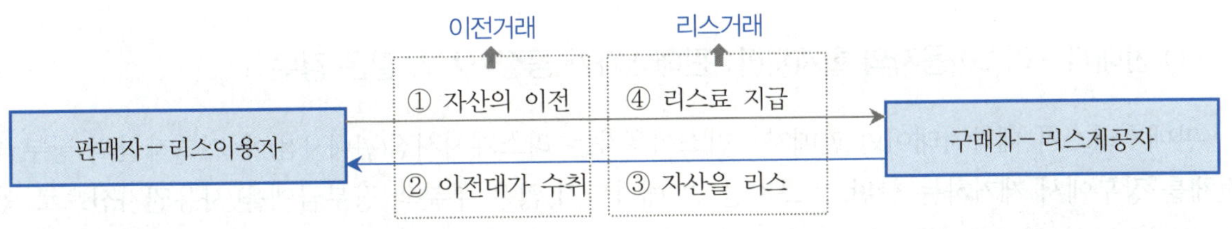

2. 판매후리스의 분류

기초자산의 이전(transfer)이 매각거래인지 여부에 따라 판매후리스에 대한 회계처리가 확연하게 다르다. 기초자산에 대한 통제권의 이전 여부에 따라 판매후리스를 다음과 같이 분류한다.

판매후리스의 분류
- 매각거래인 판매후리스
- 매각거래가 아닌 판매후리스('실패한 판매후리스')

판매자-리스이용자가 판매후리스계약에 명시된 가격으로 기초자산을 재구매할 수 있는 선택권이 있거나, 구매자-리스제공자가 요청하면 판매후리스계약에 명시된 가격으로 기초자산을 재구매해야 하면 판매후리스를 매각거래로 분류할 수 없다[1116: B46](제15장 판매 후 재매입약정 참조). 그러나 다음 두 조건이 충족되면 판매자-리스이용자는 판매후리스를 매각거래로 분류하고 리스개시일에 판매수익을 인식한다[1116: B46, BC261].

- 판매자-리스이용자가 기초자산을 이전한다.
- 구매자-리스제공자가 기초자산을 이전받고 통제권을 획득한다.

판매자-리스이용자와 구매자-리스제공자가 기초자산의 소유권을 법적으로 이전하는 합의를 했기 때문에 위의 첫 번째 조건인 이전조건은 충족되지만, 판매자-리스이용자가 기초자산을 계속 사

용하기 때문에 통제권의 획득 여부를 판단하는 것은 간단하지 않다. 기초자산의 통제(control)는 기초자산의 사용방법과 사용목적을 결정(지시)하는 능력과 기초자산의 잔여 혜택의 대부분을 획득하는 능력을 말한다[1115: 33]. 따라서 구매자-리스제공자가 기초자산을 통제하는지를 판단할 때, 그 자산을 재매입하는 약정을 고려하여야 한다[1115: 34, B64 ~ B76](제15장 참조).

판매후리스에서는 기초자산의 장부금액, 기초자산의 공정가치, 기초자산의 판매가격(판매대가의 공정가치)이 모두 다를 수 있으므로 다음 두 가지 회계처리문제가 대두된다.

- 기초자산의 장부금액과 공정가치가 다르면 그 차액(처분손익)을 어떻게 회계처리하는가?
- 고가판매[판매대가의 공정가치 > 기초자산의 공정가치]이거나 저가판매[판매대가의 공정가치 < 기초자산의 공정가치]인 경우 판매대가가 공정가치를 초과하는 금액(또는 미달액)을 어떻게 회계처리하는가?

3. 매각거래인 판매후리스

(1) 판매자-리스이용자의 회계처리: 판매대가가 공정가치와 같은 경우

판매후리스가 매각거래이면 판매자-리스이용자는 리스개시시점(판매시점)에 기초자산의 장부금액 전체를 장부에서 제거하는 한편, 기초자산 중 매각되지 않은 부분의 장부금액을 사용권자산으로 인식하고 리스료의 현재가치를 리스부채로 인식한다. 그러므로 기초자산의 장부금액과 처분손익을 각각 다음과 같이 두 부분으로 분해한다.

기초자산의 장부금액 {
- 매각된 부분의 장부금액
- 매각되지 않은 부분의 장부금액(사용권자산의 측정액으로 함)

총처분손익 {
- 매각된 부분에 대한 처분손익
- 매각되지 않은 부분에 대한 처분손익

판매자-리스이용자의 자산 이전이 자산의 판매로 회계처리하게 하는 「K-IFRS 제1115호」의 요구사항을 충족하면 다음과 같이 회계처리한다[1116: 100].

(1) 판매자-리스이용자는 계속 보유하는 사용권에 관련되는 자산의 종전 장부금액에 비례하여 판매후리스에서 생기는 사용권자산을 측정한다. 따라서 판매자-리스이용자는 구매자-리스제공자에게 이전한 권리에 관련되는 차손익(gain or loss) 금액만을 인식한다.

(2) 구매자-리스제공자는 자산의 매입에 적용할 수 있는 기준서를 적용하고 리스에는 이 기준서의 리스제공자 회계처리 요구사항을 적용한다.

[1116: 100]의 의미: 매각거래인 판매후리스거래에서 판매자-리스이용자는 기초자산에 대해서 다음을 계산해서 처분손익과 리스부채 및 사용권자산의 측정액을 결정한다.

$$보유비율 = \frac{시장리스료의\ 현재가치}{기초자산의\ 공정가치}$$

$$매각비율 = 100\% - 보유비율$$

또는

$$매각비율 = \frac{총\ 거래규모 - 리스이용자가\ 기초자산을\ 보유하는\ 규모}{총\ 거래규모}$$

$$= \frac{기초자산의\ 공정가치 - 시장리스료의\ 현재가치}{기초자산의\ 공정가치}$$

판매자-리스이용자가 기초자산을 공정가치로 판매(판매가격 = 기초자산의 공정가치)하면 총처분손익 중에서 매각비율에 해당하는 처분손익은 판매후리스 개시일에 인식하고 나머지 처분손익은 이연해서 리스기간에 걸쳐서 감가상각비가 감소하는 형태로 간접적으로 인식한다.

총처분손익 = 판매가격(기초자산의 공정가치) - 기초자산의 장부금액
리스개시일에 인식할 처분손익 = 총처분손익 × 매각비율

그리고 판매자-리스이용자는 판매후리스 개시일에 리스부채와 사용권자산을 다음과 같이 측정하고 후속기간에는 리스부채의 이자비용을 인식하고 사용권자산을 감가상각한다.

리스부채 측정액 = 시장리스료의 현재가치
사용권자산 측정액 = 기초자산의 장부금액 × 보유비율

쉬어가는 코너 **판매후리스에 대한 Kieso의 설명**

- 판매후리스에 대해서 US GAAP은 판매자-리스이용자가 기초자산의 통제를 이전하는 판매시점에 기초자산의 장부금액 전액을 장부에서 제거하고 기초자산의 장부금액과 판매가격의 **차이 전액**을 처분손익으로 인식하므로 「K-IFRS 제1116호」의 회계처리보다 상대적으로 쉽다.
- Kieso, et al.은 *Intermediate Accounting: IFRS Edition* (4th edition, 2020) 21장에서 판매후리스를 4쪽 분량으로 간단하게 설명하므로 9쪽에 걸친 이 책의 설명이 지나치게 복잡하다고 생각할 수 있다. 그러나 Kieso, et al.이 IFRS Edition에서 설명한 회계처리는 불행하게도 IFRS 16이 아니라 US GAAP이다.
- Kieso, et al., *Intermediate Accounting: IFRS Edition*(4th edition, 2020)의 상당히 많은 부분이 US GAAP에 바탕을 둔 Kieso, et al., *Intermediate Accounting*(17th edition, 2019)의 복사판인데서 비롯된 문제로 독자의 주의가 필요하다.

참고 US GAAP은 IFRS와 달리 다른 모든 리스처럼 판매후리스에서도 판매자-리스이용자는 시장리스료의 현재가치로 사용권자산을 측정한다(아래에 설명한 조정을 반영한 후). 또한, IFRS와 달리 기초자산의 장부금액과 판매가격(아래에 설명한 조정을 반영한 후)의 차이로 처분손익을 인식한다. 그러나 판매가격이 공정가치가 아니거나 리스료가 시장리스료가 아닌 금액은 IFRS와 마찬가지로 선급리스료 또는 자금대여로 조정한다.

예제 22 매각거래인 판매후리스(판매가격 = 기초자산의 공정가치)

기본자료

- 3차연도 1. 1.에 판매회사는 구매회사에 기계장치(잔여 내용연수: 5년, 잔존가치: ₩0)를 ₩244,000에 매각함과 동시에 이 기계에 대해 리스계약(리스기간: 3년, 매년 리스료: ₩100,000, 리스료 지급일: 매년 12. 31., 리스의 내재이자율: 연 25%)을 체결하였다.
- 기계장치의 공정가치는 ₩244,000이고 장부금액은 ₩200,000이다.
- 기초자산의 통제권이 구매자-리스제공자에게 이전되어 「K-IFRS 제1115호」에 따라 기계의 이전을 기계의 판매로 분류한다.
- 판매회사(리스이용자)와 구매회사(리스제공자)의 결산일은 12. 31.이다.
- 리스료의 현재가치(할인율: 연 25%)는 ₩195,200이며 리스부채의 상각표는 다음과 같다.

유효이자율법에 의한 상각표

연도 ①	리스부채 기초장부금액 ②	유효이자(25%) ③	현금지급액 ④	리스부채 감소액 ⑤ = ④ − ③	리스부채 기말장부금액 ⑥ = ② − ⑤
3차연도	₩195,200	₩48,800	₩100,000	₩51,200	₩144,000
4차연도	144,000	36,000	100,000	64,000	80,000
5차연도	80,000	20,000	100,000	80,000	0
합계		₩104,800	₩300,000	₩195,200	

물음 3차연도 1. 1.에 필요한 분개를 하라.

정답 및 해설

기계 보유비율: ₩195,200(시장리스료의 현재가치) ÷ ₩244,000(기계의 공정가치) = 80%
기계 매각비율: 100% − 80% = 20%
기계 처분이익: ₩244,000(현금수취액) − ₩200,000(장부금액) = ₩44,000

구성요소	공정가치	비율	장부금액의 배분
기계 보유부분	₩195,200	80%	₩160,000
기계 매각부분	48,800*	20	40,000
합계	₩244,000	100%	₩200,000

* 잔여접근법(제2장 참조)의 적용: ₩244,000 − ₩195,200 = ₩48,800

처분이익의 배분
- 미실현처분이익: ₩44,000 × 80% = ₩35,200
- 실현된 처분이익: ₩44,000 × 20% = ₩8,800

사용권자산 측정액: 기초자산의 장부금액 × 보유비율 = ₩200,000 × 80% = ₩160,000

[판매대가 = 기초자산의 공정가치]인 판매후리스거래에 대한 분개("표준분개"):

(차)		(대)	
현 금	244,000	리 스 부 채	195,200*
사용권자산	160,000	기 계(장부금액)	200,000
		처 분 이 익	8,800**

* 시장리스료의 현재가치
** (₩244,000 − ₩200,000) × 20%(매각비율) = ₩8,800

참고 판매자-리스이용자가 판매후리스계약을 체결하지 않고 장부금액이 ₩200,000인 기초자산(기계)을 ₩244,000에 처분했었더라면 ₩44,000(₩244,000 − ₩200,000)의 처분이익을 인식한다. 그러나 판매후 리스거래에서는 처분이익 ₩8,800(₩44,000 × 매각비율 20%)을 인식하고, 나머지 이익 ₩35,200(₩44,000 − ₩8,800)은 이연해서 리스기간에 걸쳐서 감가상각비가 감소하는 형태로 간접적으로 인식한다.

(2) 판매자-리스이용자의 회계처리: 판매대가가 공정가치와 다른 경우

기초자산 판매대가가 기초자산의 공정가치와 다르거나 리스료가 시장리스료가 아닌 경우에는 판매액을 기초자산의 공정가치로 측정하기 위해서 판매가격과 기초자산의 공정가치의 차이를 다음과 같이 조정한다[1116: 101].

- 저가판매: 판매가격이 기초자산의 공정가치에 미달하는 금액은 판매자-리스이용자가 지불한 선급리스료로 인식한다. 즉, 판매자-리스이용자는 기초자산을 공정가치에 매각해서 받은 금액 중에서 미달액만큼 현금을 선지급한 것으로 가정하여 선급리스료(자산)를 인식한다.
- 고가판매: 판매가격이 기초자산의 공정가치를 초과하는 금액은 구매자-리스제공자가 판매자-리스이용자에게 자금을 제공(금융거래)한 추가 금융으로 해석해서 초과액을 리스부채에 가산한다.

분개 **[판매가격 ≠ 기초자산의 공정가치]인 판매후리스에 대한 분개**

저가판매: 판매가격이 기초자산의 공정가치에 미달하는 판매후리스

① 저가판매에서 판매가격이 공정가치에 미달하는 금액에 대한 분개:

(차) 선급리스료	×××	(대) 현 금(미달액)	×××

판매자-리스이용자의 기초자산 판매대가가 기초자산의 공정가치보다 낮으면 우선적으로 두 금액의 차이를 일단 위 ①과 같이 분개해서 판매가격을 공정가치로 조정한다. 그리고 그 후에는 기초자산 판매가격이 공정가치와 동일하다고 보고, [판매대가 = 기초자산의 공정가치]인 판매후리스거래로 해석해서 예제 22의 '표준분개'와 같이 회계처리한다. 즉, 아래 ②와 같이 분개한다.

② [판매대가 = 기초자산의 공정가치]인 판매후리스거래에 대한 분개:

(차) 현 금(공정가치)	×××	(대) 리 스 부 채	×××*
사용권자산	×××	기 초 자 산(장부금액)	×××
처 분 손 실	×××**	처 분 이 익	×××**

* 시장리스료의 현재가치

** 처분손익 = (기초자산의 장부금액 − 기초자산의 공정가치) × 매각비율

고가판매: 판매가격이 기초자산의 공정가치를 초과하는 판매후리스

① 고가판매에서 판매가격이 공정가치를 초과하는 금액에 대한 분개:

(차) 현 금(초과액)	×××	(대) 리 스 부 채	×××

판매자-리스이용자의 기초자산 판매대가가 기초자산의 공정가치보다 높으면 우선적으로 두 금액의 차이를 일단 위 ①과 같이 분개해서 판매가격을 공정가치로 조정한다. 그 후에는 판매가격이 공정가치

와 동일하다고 보고, [판매대가 = 기초자산의 공정가치]인 판매후리스거래로 해석해서 예제 22의 '표준분개'와 같이 회계처리한다. 즉, 위 ②와 같이 분개한다.

Miniature 예제 6 매각거래인 판매후리스: 저가판매(판매대가 〈 기초자산의 공정가치)

상황

예제 22의 기본자료에서 기계의 판매가격이 공정가치에 ₩14,000이 미달한 ₩230,000이라고 가정하라.

물음 3차연도 1. 1.에 필요한 분개를 하라.

정답 및 해설

판매가격이 공정가치에 미달하면 그 미달액을 리스료에 포함하지 않고 선급리스료로 인식한다. 그리고 기초자산의 공정가치에 해당하는 금액에 대해서는 [판매대가 = 기초자산의 공정가치]인 판매후리스거래로 회계처리한다[1116: 101].

(차) 선급리스료	14,000	(대) 현　　금	14,000
(차) 현　　금	244,000	(대) 리스부채	195,200
사용권자산	160,000	기　　계	200,000
		처분이익	8,800

참고 위의 마지막 분개는 예제 22의 '표준분개'와 똑같다.

Miniature 예제 7 매각거래인 판매후리스: 고가판매(판매대가 〉 기초자산의 공정가치)

상황

예제 22의 기본자료에서 기계의 판매가격이 공정가치를 ₩30,000 초과한 ₩274,000이라고 가정하라.

물음 3차연도 1. 1.에 필요한 분개를 하라.

정답 및 해설

판매가격이 공정가치를 초과하면 초과액을 구매자－리스제공자의 자금대여로 해석한다. 따라서 판매자－리스이용자는 초과액을 담보부차입거래로 해석하여 리스부채 측정액에 가산한다. 그리고 기초자산의 공정가치에 해당하는 금액에 대해서는 [판매대가 = 기초자산의 공정가치]인 판매후리스거래로 회계처리한다[1116: 101].

(차) 현　　금	30,000	(대) 리스부채	30,000
(차) 현　　금	244,000	(대) 리스부채	195,200
사용권자산	160,000	기　　계	200,000
		처분이익	8,800

참고 위의 마지막 분개는 예제 22의 '표준분개'와 똑같다.

(3) 구매자 – 리스제공자의 회계처리

판매후리스거래에서 기초자산의 이전이 매각거래이면 구매자 – 리스제공자는 해당 거래를 기초자산의 취득과 리스 제공으로 분해한다. 매입한 기초자산(유형자산)에 대해서는 「K-IFRS 제1016호」(유형자산 기준서)를 적용해서 통상적인 유형자산의 취득처럼 회계처리하고, 리스 제공에 대해서는 일반 리스처럼 「K-IFRS 제1116호」의 리스 분류기준을 적용해서 리스가 운용리스인지 금융리스인지를 결정하고 리스제공자의 리스모형을 적용한다[1116: 100].

판매후리스의 분해
- 유형자산 취득 → 「K-IFRS 제1016호」를 적용
- 리스 제공 → 「K-IFRS 제1116호」 리스제공자의 리스모형을 적용

구매자 – 리스제공자도 기초자산의 구매대가가 기초자산의 공정가치와 다르면 우선적으로 두 금액의 차이를 다음과 같이 조정한 후에, 기초자산의 공정가치에 해당하는 금액에 대해서 [판매대가 = 기초자산의 공정가치]인 판매후리스거래로 회계처리한다[1116: 101].

▸ 공정가치에 미달하는 금액은 선수리스료로 인식한다.
▸ 공정가치를 초과하는 금액은 판매자 – 리스이용자에 제공한 추가 금융(대여금)으로 분류한다.

예제 23 판매조건이 충족된 판매후리스: 구매자 – 리스제공자의 회계처리

중요도: ★★
난이도: ◆◆◆

상황

다음은 예제 22의 자료이다.

· 3차연도 1. 1.에 판매회사는 구매회사에 기계장치(잔여 내용연수: 5년, 잔존가치: ₩0)를 ₩244,000에 매각함과 동시에 이 기계에 대해 리스계약(리스기간: 3년, 매년 리스료: ₩100,000, 리스료 지급일: 매년 12. 31., 리스의 내재이자율: 연 25%)을 체결하였다.
· 기계장치의 공정가치는 ₩244,000이고 장부금액은 ₩200,000이다.
· 기초자산의 통제권이 구매자 – 리스제공자에게 이전되어 「K-IFRS 제1115호」에 따라 기계의 이전을 기계의 판매로 분류한다.
· 판매회사(리스이용자)와 구매회사(리스제공자)의 결산일은 12. 31.이다.
· 리스료의 현재가치(할인율: 연 25%)는 ₩195,200이다.

물음 리스를 운용리스 또는 금융리스로 분류할 수 있다고 가정하고 각 리스 하에서 3차연도에 구매회사(구매자 – 리스제공자)에게 필요한 분개를 하라.

정답 및 해설

상황 ①: 운용리스

3차연도 1. 1. 리스개시일:

(차) 기 계	244,000	(대) 현 금	244,000

3차연도 12. 31. 결산시점:

(차) 현 금	100,000	(대) 리 스 료 수 익	100,000
(차) 감 가 상 각 비	48,800*	(대) 감가상각누계액	48,800

* (₩244,000 − ₩0) ÷ 5년 = ₩48,800. 리스가 운용리스로 분류됨에 따라 자산은 리스제공자의 장부에 남아 있다. 따라서 리스제공자는 리스기간이 아니라 내용연수에 걸쳐 자산을 감가상각한다.

상황 ②: 금융리스

3차연도 1. 1. 리스개시일:

(차) 선급리스자산	244,000	(대) 현 금	244,000
(차) 금융리스채권	300,000	(대) 선급리스자산	195,200
		미실현이자수익	104,800

3차연도 12. 31. 결산시점:

(차) 현 금	100,000	(대) 금융리스채권	100,000
미실현이자수익	48,800	이 자 수 익	48,800*

* ₩195,200 × 25% = ₩48,800

4. 매각거래가 아닌 판매후리스

판매자－리스이용자의 판매후리스거래에서 자산의 이전이 매각거래로 인정받지 못할 때 그 거래를 '실패한 판매후리스'(failed sale and leaseback)라 한다. 판매자－리스이용자가 기초자산을 이전했으나 통제권을 부여하지 않아서 기초자산의 판매로 회계처리하게 하는 「K-IFRS 제1115호」의 요구사항을 충족하지 못하면 실패한 판매후리스를 자금차입(또는 자금대여)거래로 분류하고 다음과 같이 회계처리한다[1116: 103].

판매자－리스이용자의 회계처리: 판매자－리스이용자는 이전한 자산을 계속 인식하고, 이전금액(transfer proceeds)을 금융부채로 인식한다. 그리고 「K-IFRS 제1109호」(금융상품 기준서)를 적용하여 금융부채를 회계처리한다. 기초자산의 통제를 구매자－리스제공자에게 이전하지 않으면 판매자－리스이용자가 판매후리스를 매각거래로 분류할 수 없으므로 이러한 이전거래는 사실상 담보부차입거래이다. 따라서 판매자－리스이용자는 기초자산을 계속해서 장부에 인식하고 감가상각하는 한편, 이전금액을 금융부채(차입금)로 인식하고 「K-IFRS 제1109호」를 적용해서 일반적으로 상각후원가로 보고한다. 그리고 리스계약에 약정된 리스료를 차입금(금융부채)의 상환액으로 회계처리한다.

구매자－리스제공자의 회계처리: 구매자－리스제공자가 이전된 기초자산을 취득한 것이 아니므로 리스채권을 장부에 인식하지 않고 이전금액을 금융자산(대여금)으로 인식하고 「K-IFRS 제1109호」를 적용해서 회계처리한다. 리스계약에 약정된 리스료는 대여금(금융자산)의 회수액으로 회계처리한다.

예제 24 매각거래가 아닌 판매후리스(실패한 판매후리스)

중요도: ★★★
난이도: ◆◆

상황

- 판매자－리스이용자는 이전에 건물을 소유했었다. 5차연도 1. 1.에 판매자－리스이용자가 구매자－리스제공자와 건물에 대해 다음과 같은 판매후리스계약을 체결했다.
- 판매가격은 ₩25,000으로 자산의 공정가치와 동일하다.
- 판매자－리스이용자는 리스기간 만료시점에 건물을 ₩5,000에 재구매해야 한다.
- 판매자－리스이용자는 매년 초에 리스료 ₩3,000을 지급하고 건물의 내용연수인 10년 동안 건물을 리스했다. 이 리스료는 시장리스료를 반영한다.
- 리스의 내재이자율은 연 10%이고 구매자－리스제공자도 알고 있다.
- 판매후리스 이전에 판매자－리스이용자의 건물의 장부금액은 ₩18,000(취득원가 ₩30,000 － 감가상각누계액 ₩12,000)이다.
- 판매자－리스이용자는 정액법으로 건물을 감가상각(잔존가치: ₩0)한다.

상황 판매자－리스이용자와 구매자－리스제공자에게 5차연도에 필요한 분개를 하라.

정답 및 해설

판매자－리스이용자가 건물을 미리 정해진 가격(₩5,000)으로 재구매할 의무가 있기 때문에 매각거래로 분류할 수 없는 '실패한 판매후리스'이다. 따라서 구매자－리스제공자는 판매가격 ₩25,000을 금융자산(대여금)으로 인식하고 판매자－리스이용자는 ₩25,000을 금융부채(차입금)로 인식한다. 그리고 '리스료'를 대여금(또는 대출금)의 현금회수(또는 상환)로 회계처리한다.

구매자－리스제공자			판매자－리스이용자		
5차연도 1. 1. 리스 개시시점:					
(차) 금융자산	25,000		(차) 현금	25,000	
(대) 현금		25,000	(대) 금융부채		25,000
(차) 현금	3,000		(차) 금융부채	3,000	
(대) 금융자산		3,000	(대) 현금		3,000
* 대여금의 현금회수			* 대여금의 현금회수		
5차연도 12. 31. 결산시점:					
(차) 금융자산	2,200		(차) 이자비용	2,200*	
(대) 이자수익		2,200*	(대) 금융부채		2,200
* (₩25,000 － ₩3,000) × 10% = ₩2,200					

관련예제와 함께 풀어보세요

유제 1 리스이용자의 사용권자산과 리스부채 및 리스제공자의 금융리스(2019년, 회계사) 관련예제 5, 6, 18

상황

· 리스제공자인 ㈜민국리스는 리스이용자인 ㈜대한과 2차연도 1. 1.에 금융리스계약을 체결하였다.
· 리스개시일은 2차연도 1. 1.이다.
· 기초자산의 공정가치는 ₩3,281,000이며, 기초자산의 경제적 내용연수와 내용연수는 모두 7년이다. 내용연수 종료시점의 추정잔존가치는 ₩0이며 해당 기초자산은 정액법으로 감가상각한다.
· 리스기간 종료시점의 해당 기초자산의 잔존가치는 ₩400,000으로 추정되며 추정잔존가치 중에서 ㈜대한이 보증한 잔존가치 지급예상액은 ₩200,000이다.
· 리스기간은 리스개시일로부터 5년이고, 리스종료일에 소유권이 이전되거나 염가로 매수할 수 있는 매수선택권은 없다.
· 리스료는 리스기간 동안 매년 말 ₩800,000이 수수된다.
· ㈜대한이 리스계약과 관련하여 지출한 리스개설직접원가는 ₩150,000이다.
· 리스종료일에 기초자산을 리스제공자인 ㈜민국리스에게 반환하여야 한다.
· 리스의 내재이자율은 연 10%이다.
· 현재가치 계산 시 아래의 현가계수(연 이자율: 10%)를 이용한다.

기간	단일금액 ₩1의 현가계수	정상연금 ₩1의 현가계수
1	0.9091	0.9091
2	0.8265	1.7356
3	0.7513	2.4869
4	0.6830	3.1699
5	0.6209	3.7908

물음

1. 리스이용자인 ㈜대한과 리스제공자인 ㈜민국리스가 리스개시일에 인식할 다음의 금액을 계산하시오.

	구 분	금 액
㈜대한	리스부채	①
	사용권자산	②
㈜민국리스	리스채권	③

2. 리스이용자인 ㈜대한이 해당 리스와 관련하여 3차연도 포괄손익계산서에 인식할 다음 금액을 계산하시오.

	구 분	금 액
㈜대한	이자비용	①
	감가상각비	②

3. 리스이용자인 ㈜대한과 리스제공자인 ㈜민국리스가 5차연도 말 재무상태표에 표시할 다음 금액을 계산하시오.

	구 분	금 액
㈜대한	리스부채	①
㈜민국리스	리스채권	②

4. 새롭게 도입된 「K-IFRS 제1116호」(리스 기준서)는 리스이용자가 모든 리스(일부 예외 제외)에 대하여 사용권자산과 리스부채를 인식하도록 요구하고 있다. 종전 리스회계모형(「K-IFRS 제1017호」)은 리스이용자에게 운용리스에서 생기는 자산 및 부채를 인식하도록 요구하지 않았고, 금융리스에서 생기는 자산 및 부채는 인식하도록 요구하였다. 개정된 「K-IFRS 제1116호」의 도입배경과 관련하여 종전 리스회계모형이 비판받는 문제점에 대해 재무정보의 투명성과 비교가능성 측면에서 간략히 서술하시오.

정답 및 해설

1. ㈜대한(리스이용자)

리스료의 현재가치: ₩800,000 × 3.7908 =	₩3,032,640
보증잔존가치의 현재가치: ₩200,000 × 0.62098 =	134,181
리스부채	₩3,156,821 (해답 ①)

사용권자산: ₩3,156,821 + ₩150,000(리스개설직접원가) = ₩3,306,821 (해답 ②)

㈜민국리스(리스제공자)

리스료의 현재가치: ₩800,000 × 3.7908 =	₩3,032,640
잔존가치의 현재가치: ₩400,000 × 0.62098 =	248,360
리스채권	₩3,281,000 (해답 ③)

2와 3.

유효이자율법에 의한 상각표(리스이용자-(주)대한)

연도 ①	리스부채 기초장부금액 ②	유효이자(10%) ③	현금지급액 ④	리스부채 감소액 ⑤ = ④ − ③	리스부채 기말장부금액 ⑥ = ② − ⑤
2차연도	₩3,156,821	₩315,682	₩800,000	₩484,318	₩2,672,503
3차연도	2,672,503	267,250	800,000	532,750	2,139,753
4차연도	2,139,753	213,975	800,000	586,025	1,553,728
5차연도	1,553,728	155,373	800,000	644,727	909,101

3차연도 이자비용: ₩267,250 (물음 2의 해답 ①)
감가상각비: (₩3,306,821 − ₩200,000) ÷ 5년 = ₩621,364 (물음 2의 해답 ②)

위 상각표에서 ₩909,101 (물음 3의 해답 ①)
₩909,101을 다음과 같이 간단하게 구할 수 있다.

(₩800,000 + ₩200,000) × 0.9091 = ₩909,100* (물음 3의 해답 ①)

* 반올림 오차

유효이자율법에 의한 상각표(리스제공자-(주)민국리스)

연도 ①	리스채권 기초장부금액 ②	유효이자(10%) ③	현금수취액 ④	리스채권 감소액 ⑤ = ④ - ③	리스채권 기말장부금액 ⑥ = ② - ⑤
2차연도	₩3,281,000	₩328,100	₩800,000	₩471,900	₩2,809,100
3차연도	2,809,100	280,910	800,000	519,090	2,290,010
4차연도	2,290,010	229,001	800,000	570,999	1,719,011
5차연도	1,719,912	171,901	800,000	628,099	**1,090,912**

위 상각표에서 ₩1,090,912 (물음 3의 해답 ②)
₩1,090,912을 다음과 같이 간단하게 구할 수 있다.

(₩800,000 + ₩400,000) × 0.9091 = ₩1,090,920* (물음 3의 해답 ②)

* 반올림 오차

4.

· 종전 리스회계모형(「K-IFRS 제1017호」)은 리스이용자와 리스제공자 모두가 리스를 금융리스 아니면 운용리스로 분류하고 리스이용자는 운용리스에서 생기는 자산과 부채를 인식하지 않았다. 종전 모형이 리스 거래를 충실하게 표현하지 못하였기 때문에 운용리스에 대해서 보고되는 정보가 투명성이 결여되어 재무제표이용자의 요구를 충족하지 못했다는 비판을 받았다. 「K-IFRS 제1116호」는 리스이용자가 모든 리스에서 생기는 권리와 의무에 대하여 사용권자산과 리스부채를 인식하도록 요구해서 리스이용자의 자산과 부채를 더욱 충실하게 표현하고, 공시 강화와 함께 리스이용자의 재무 레버리지와 자본 사용액을 더 투명하게 보여준다.

유제 2 판매후리스와 손상차손(2017년, 회계사 수정)

관련예제 19, 22

상황

상황 ①: ㈜대한은 1차연도 1. 1.에 장부금액 ₩746,200인 항공기를 ㈜민국에게 동 자산의 공정가치인 ₩821,200에 처분하고 동 일자로 금융리스계약(리스기간: 3년)을 체결하였다. 정기리스료 ₩300,000은 매년 말 지급하고 리스기간 종료 시 리스자산은 반환하는 조건이다. 리스기간 종료 시 예상되는 잔존가치 ₩100,000 중에서 ㈜대한은 ₩60,000을 보증하였다. ㈜대한과 ㈜민국은 모두 정액법으로 감가상각하고 있다. ㈜민국의 내재이자율은 10%이며, ㈜대한도 이를 알고 있다. 이자율 10%의 현재가치계수는 다음과 같다.

기간	1	2	3
단일금액 ₩1	0.9091	0.8265	0.7513
정상연금 ₩1	0.9091	1.7356	2.4869

저자 주: 다음을 가정한다.

㉠ ㈜민국(구매자-리스제공자)은 리스기간 개시일에 리스기간 말의 항공기 잔존가치를 ₩0으로 추정한다.

㉡ ㈜대한(판매자－리스이용자)이 기초자산의 통제권을 ㈜민국(구매자－리스제공자)에게 이전해서 「K-IFRS 제1115호」에 따라 기계의 이전을 매각거래로 분류하고 ㈜민국은 리스를 금융리스로 분류한다.

㉢ 항공기의 내용연수는 3년이다.

상황 ②: 상황 ①에 추가하여, 1차연도 말 동 리스자산의 리스기간 종료 시 예상잔존가치가 ₩100,000에서 ₩80,000으로 하락하였다. 이에 따라 추정무보증잔존가치를 ₩40,000에서 ₩20,000으로 조정하였다.

물음

1. 상황 ①에서 리스계약이 ㈜대한과 ㈜민국의 1차연도 당기순이익에 미치는 영향을 계산하시오. 그리고 ㈜대한과 ㈜민국의 1차연도의 재무상태표에 계상될 다음 각 계정과목의 금액을 계산하시오. 해당 금액이 없는 경우에는 '0'으로 표시하고, 당기순이익이 감소하는 경우에는 금액 앞에 '(－)'를 표시하시오.

회계연도	내용	금액 ㈜대한	금액 ㈜민국
1차연도	당기순이익에 미치는 영향	①	②

회계연도	내용	금액 ㈜대한	금액 ㈜민국
1차연도	재무상태표 금융리스채권		③
1차연도	재무상태표 금융리스부채	④	

2. 상황 ②에서 1차연도 말 ㈜민국이 인식해야 하는 금융리스채권의 손상차손 금액을 구하시오. 해당 금액이 없는 경우에는 '0'으로 표시하시오.

회계연도	내용	금액
1차연도	금융리스채권 손상차손	⑤

정답 ① (－)₩296,004 ② ₩82,120 ③ ₩603,320 ④ ₩570,263 ⑤ ₩16,530

해설

1.

㈜대한(판매자－리스이용자)의 회계처리

리스료의 현재가치: ₩300,000 × 2.4869 + ₩60,000 × 0.7513 = ₩791,148

항공기 보유비율: ₩791,148(리스료의 현재가치) ÷ ₩821,200(항공기의 공정가치) = 96.34%

항공기 매각비율: 100% － 96.34% = 3.66%

처분이익: ₩821,200(현금수령액) － ₩746,200(장부금액) = ₩75,000

구성요소	공정가치	비율	장부금액의 배분
항공기 보유부분	₩791,148	96.34%	₩718,889
항공기 매각부분	30,052*	3.66	27,311
합계	₩821,200	100.00%	₩746,200

* 잔여접근법(제2장 또는 제15장 참조)의 적용: ₩821,200 － ₩791,148 = ₩30,052

처분이익의 배분 { 실현된 처분이익: ₩75,000 × 3.66% = ₩2,745
미실현 처분이익: ₩75,000 × 96.34% = ₩72,255 }

사용권자산의 측정액: 기초자산의 장부금액 × 보유비율 = ₩746,200 × 96.34% = ₩718,889

판매자-리스이용자는 판매후리스 개시일에 리스부채와 사용권자산을 측정하고 후속기간에는 리스부채의 이자비용을 인식하고 사용권자산을 감가상각한다.

1차연도 1. 1. 판매후리스 개시일:

(차) 현 금	821,200*	(대) 리 스 부 채	791,148
사용권자산	718,889	기 계	746,200
		처 분 이 익	2,741**

* 기초자산의 공정가치
** 반올림 오차

1차연도 12. 31. 결산시점:

(차) 감가상각비	219,630*	(대) 감가상각누계액	219,630
(차) 리 스 부 채	220,885	(대) 현 금	300,000
이 자 비 용	79,115**		

* (₩718,889 − ₩60,000) ÷ 3년 = ₩219,630
** ₩791,148 × 10% = ₩79,115

㈜대한의 1차연도 당기순이익에 미친 영향:

항공기 처분이익	₩2,741	
사용권자산 감가상각비	(219,630)	
이자비용	(79,115)	₩(296,004) (해답 ①)

1차연도 12. 31.의 리스부채: ₩791,148 − ₩220,885 = ₩570,263 (해답 ④)

㈜민국(구매자-리스제공자)의 회계처리

1차연도 1. 1.의 ㈜민국의 금융리스채권:

₩300,000 × 2.4869 + ₩60,000(보증잔존가치) × 0.7513 + ₩40,000(무보증잔존가치) × 0.7513
= ₩791,148 + ₩30,052 = ₩821,200

유효이자율에 의한 상각표

연도 ①	금융리스채권 기초장부금액 ②	유효이자(10%) ③	리스료 ④	금융리스채권 감소액 ⑤ = ③ − ④	금융리스채권 기말장부금액 ⑥ = ② + ⑤
1차연도	₩821,200	₩82,120	₩300,000	₩217,880	₩603,320
2차연도	603,320	60,332	300,000	239,668	363,652
3차연도	363,652	36,348 *	300,000	263,652	100,000 **
합계		₩178,800	₩900,000	₩721,200	

* 반올림 오차
** 항공기의 잔존가치

㈜민국의 1차연도 당기순이익에 미친 영향: 이자수익 ₩82,120 (해답 ②)
1차연도 12. 31.의 금융리스채권: ₩603,320 (해답 ③)

2.
1차연도 12. 31.의 손상차손: (₩40,000 − ₩20,000) × 0.8265 = ₩16,530 (해답 ⑤)
또는
1차연도 12. 31.의 수정된 금융리스채권: ₩300,000 × 1.7356 + ₩60,000(보증잔존가치) × 0.8265 + ₩20,000 (무보증잔존가치) × 0.8265 = ₩520,680 + ₩66,120 = ₩586,800
1차연도 12. 31.의 손상차손: ₩603,320 − ₩586,800 = ₩16,520(반올림 오차)

연습문제 19

P19-01 실질적 고정리스료

1차연도 1. 1.에 리스이용자가 리스제공자와 리스기간이 5년인 리스계약을 체결하였다. 최초리스료는 매년 ₩30,000인데 리스료가 매년 다음 금액만큼 인상된다.

리스료 인상액 = max {리스이용자 연 매출액의 1%, 매년 12개월 리스료의 4%}

물음 리스 분류목적으로 리스료가 얼마인가?

P19-02 리스이용자가 재량으로 통제할 수 없는 변수(또는 비율)와 연계된 변동리스료

- 1차연도 1. 1.에 리스이용자가 리스료가 매년 말의 소비자물가지수와 연계된 리스계약(리스기간: 3년, 리스의 내재이자율: 연 12%)을 체결하고 리스료를 매년 말에 지급한다.
- 1차연도 말부터 매년 말의 소비자물가지수 변동률만큼 다음 연도의 리스료가 변동한다.
- 1차연도의 리스료가 ₩100,000이고 1차연도 1. 1.에 소비자 물가지수가 100이다.
- 1차연도 12. 31.의 소비자물가지수가 108이다.

물음 1차연도 12. 31.에 리스부채의 재측정과 관련하여 리스이용자에게 필요한 분개를 하라.

P19-03 리스이용자의 리스부채와 사용권자산

리스조건은 다음과 같다.

- 리스기간: 1차연도 1. 1. ~ 5차연도 12. 31.
- 리스료: 매년 초에 ₩100,000 지급
- 5차연도 말의 기초자산(건물)의 보증잔존가치: ₩30,000
- 리스이용자가 예상한 5차연도 말의 기초자산(건물)의 잔존가치: ₩20,000
- 리스제공자의 내재이자율: 연 4%
- 리스이용자의 증분차입이자율: 연 5%
- 리스이용자는 리스제공자의 내재이자율을 알고 있다.
- 리스이용자의 사용권자산을 정액법으로 상각한다.

물음 1차연도 1. 1.과 1차연도 12. 31.에 필요한 분개를 하라.

P19-04 리스이용자의 사용권자산과 리스부채의 최초측정(「K-IFRS 제1116호」 사례 13A)

- 1차연도 1. 1.에 리스이용자는 건물의 1개 층을 10년간 리스하는 계약을 체결하였는데 이 리스계약은 5년간 연장할 수 있는 연장선택권이 있다. 리스이용자가 리스 연장선택권을 행사할지가 확실하지 않다고 리스개시일에 판단하였다.
- 리스료는 매년 초에 지급되며 최초 10년 동안에는 매년 ₩50,000이고, 리스기간이 연장되면 11차연도부터는 매년 ₩55,000이다.
- 리스이용자는 리스를 체결하기 위하여 리스개설직접원가 ₩20,000을 부담하였다. ₩20,000 중에서 ₩15,000은 건물

해당 층의 종전 임차인에게 지급하는 금액이고, ₩5,000은 리스를 주선한 부동산 중개인에게 지급하는 수수료이다. 리스를 체결하면서 리스제공자는 리스이용자에게 인센티브로 부동산 중개 수수료 ₩5,000을 변제해 주기로 합의하였다.

- 리스의 내재이자율을 알 수 없고, 리스이용자의 증분차입이자율은 연 5%이다.

물음 리스부채의 최초측정액과 사용권자산의 취득원가를 결정하고 1차연도 1. 1.(리스개시일)에 리스이용자에게 필요한 분개를 하라.

P19-05 보증잔존가치 지급액의 변동으로 인한 리스부채 재측정

- 1차연도 1. 1.에 다음과 같은 리스계약을 체결하였다.

  리스실행일: 1차연도 1. 1.

  리스기간: 5년(연장선택권이 없음)

  기초자산의 경제적 내용연수: 6년

  매년 리스료: ₩100,000(1. 1.에 지급)

- 리스이용자가 리스기간 말에 기초자산의 잔존가치 ₩15,000을 보증했고 잔존가치가 ₩15,000이 될 것으로 예측하였다.
- 리스개시일의 리스이용자의 증분차입이자율: 연 8%
- 사용권자산의 감가상각방법: 정액법
- 3차연도 1. 1.에 기초자산이 진부화되어 리스기간 말에 기초자산의 공정가치가 ₩5,000으로 하락할 것으로 예상하였다. 리스이용자가 리스기간 말에 ₩10,000(₩15,000 − ₩5,000)을 지급할 것으로 예상하므로 3차연도 1. 1.에 리스를 재측정한다.

물음 리스이용자의 관점에서 리스부채 재측정에 대해서 분개하라.

P19-06 연장선택권의 행사로 리스기간 변경과 리스부채의 재측정

- 1차연도 1. 1.에 리스이용자가 다음과 같은 리스계약을 체결했다.
- 리스이용자는 5년 동안 매년 말에 리스료 ₩100,000을 지급한다.
- 리스이용자가 잔존가치 ₩50,000을 보증했다. 리스이용자는 리스기간 만료 시에 기초자산의 잔존가치가 ₩20,000일 것으로 추정했다.
- 리스이용자의 리스개설직접원가가 ₩10,000이고 리스의 내재이자율이 7%이다.
- 리스이용자가 매년 말에 리스료 ₩105,000을 지급하고 리스기간을 3년 연장할 수 있는 선택권을 갖고 있다. 리스이용자가 리스기간 연장선택권을 행사하면 잔존가치를 보증할 필요가 없다. 리스개시일에 리스이용자는 리스기간 연장선택권을 행사하는 것이 합리적으로 불확실하다고 판단해서 리스기간을 5년으로 결정했다.
- 리스이용자는 정액법으로 기초자산을 감가상각한다.

물음 1. 1차연도 1. 1.에 리스이용자에게 필요한 분개를 하라.

2. 5차연도 1. 1.에 상황이 바뀌어서 리스이용자가 리스기간 연장선택권을 행사하였다. 5차연도 1. 1.에 리스이용자는 리스의 내재이자율을 알 수 없지만 리스이용자의 증분차입이자율이 연 8%이다. 5차연도 1. 1.과 5차연도 12. 31.에 필요한 분개를 하라.

P19-07 리스이용자의 회계처리: 리스료의 기말지급과 보증잔존가치 및 손상차손

- 1차연도 1. 1.에 리스이용자가 다음과 같은 리스계약을 체결했다.

- 리스이용자는 5년 동안 매년 말에 리스료 ₩100,000을 지급한다.
- 리스이용자가 잔존가치 ₩30,000을 보증했다. 리스이용자는 리스기간 만료시점에 기초자산의 잔존가치가 ₩0일 것으로 예측했다.
- 리스이용자의 리스개설직접원가가 ₩10,000이고 리스의 내재이자율이 7%이다.
- 기초자산의 내용연수는 5년이다. 리스이용자는 정액법으로 기초자산을 감가상각한다.

물음 1. 리스이용자에게 1차연도 1. 1.에 필요한 분개를 하라.
2. 매년 감가상각비를 계산하라.
3. 리스이용자에게 5차연도 12. 31.에 필요한 분개를 하라.
4. 5차연도 12. 31.에 기초자산의 잔존가치가 ₩18,000인 경우 리스이용자에게 필요한 분개를 하라.

P19-08 리스기간의 연장으로 인한 리스범위의 확장(「K-IFRS 제1116호」 사례 16)

- 1차연도 1. 1.에 리스이용자는 사무실 공간 5,000m²를 10년간 리스하는 계약을 체결하고 연간 리스료 ₩100,000을 매년 말에 지급한다.
- 리스의 내재이자율은 알 수 없으나 리스개시일의 리스이용자의 증분차입이자율은 연 6%이다.
- 7차연도 1. 1.에 리스이용자와 리스제공자는 최초 리스를 수정하여 계약상 리스기간을 4년 연장하였으나 연간 리스료는 변동되지 않았다. 즉, 7차연도부터 14차연도까지 매년 말에 ₩100,000을 지급한다. 7차연도 1. 1.의 리스이용자의 증분차입이자율은 연 7%이다.

물음 7차연도 1. 1.에 리스이용자에게 필요한 분개를 하라.

P19-09 리스료를 줄이는 계약변경(「K-IFRS 제1116호」 사례 19)

- 1차연도 1. 1.에 리스이용자는 사무실 공간 5,000m²를 10년간 리스하는 계약을 체결한다. 연간 리스료는 매년 말에 지급한다.
- 리스이용자는 리스의 내재이자율은 산정할 수 없고, 리스개시일에 리스이용자의 증분차입이자율은 연 6%이다.
- 6차연도 1. 1.에 리스이용자와 리스제공자는 남은 5년간의 고정리스료를 연 ₩100,000에서 연 ₩95,000으로 줄이는 계약변경에 합의했다.
- 6차연도 1. 1.의 리스이용자의 증분차입이자율은 연 7%이다.
- 리스이용자는 잔존가치 없이 정액법으로 사용권자산을 감가상각한다.

물음 리스계약변경 직후(6차연도 1. 1.)의 리스부채와 사용권자산의 측정액을 결정하라.

P19-10 리스기간을 단축하는 리스변경

원래 리스에 대한 자료:

1차연도 1. 1.에 리스이용자가 다음과 같은 조건으로 건물을 리스했다.

- 리스기간: 1차연도 1. 1.부터 5차연도 12. 31.까지 5년
- 리스기간 연장선택권 또는 리스기간 종료선택권이 없음
- 리스료 ₩100,000을 매년 12월 31일에 지급
- 리스의 내재이자율: 연 5%

리스변경에 대한 자료:

- 2차연도 1. 1.에 리스이용자와 리스제공자가 리스기간을 1년간 단축해서 4차연도 12. 31.에 리스를 종료하기로 합의했다.

- 2차연도 1. 1.의 리스의 내재이자율: 연 7%
- 나머지 조건은 원래 리스조건과 동일하다.

물음 2차연도 12. 31.의 리스이용자의 리스부채와 사용권자산을 결정하라.

P19-11 리스이용자와 리스제공자의 리스 (2013년, 회계사 수정)

㈜한국(리스이용자)은 A리스회사(리스제공자)와 1차연도 1. 1.에 리스계약을 체결하였다. 리스계약 종료 시 리스물건은 반환하는 조건이다.

- 리스개시일: 1차연도 1. 1.
- 리스자산: 공정가치 ₩897,000, 내용연수와 경제적 내용연수는 모두 5년, 내용연수 종료시점의 추정 잔존가치 ₩30,000, 리스기간 종료시점의 추정 잔존가치 ₩200,000, 정액법 상각
- 리스기간: 리스개시일로부터 3년
- 고정리스료: 매년 말 ₩300,000
- 보증잔존가치: 리스기간 종료 시 ₩150,000
- 저자가 추가한 자료: 리스이용자는 리스기간 말의 잔존가치를 ₩0으로 추정함
- 내재이자율: 연 10%
- ㈜한국은 리스계약 체결을 위하여 법률자문 등 수수료 ₩100,000을 지출하였다.
- 현재가치 계산 시 아래의 현가계수를 이용하시오.

기간	단일금액 ₩1의 현가계수	정상연금 ₩1의 현가계수
1	0.91	0.91
2	0.83	1.74
3	0.75	2.49

물음 1. 리스개시일에 ㈜한국이 인식할 ① 사용권자산의 장부금액과 ② 리스부채의 장부금액, A리스회사(리스제공자)가 인식할 ③ 금융리스채권의 장부금액을 계산하시오.

2. 물음 1에서 ㈜한국이 인식한 사용권자산의 장부금액이 ₩960,000이고 리스부채의 장부금액을 ₩890,000으로 가정하는 것 이외의 다른 조건은 그대로 이용한다. ㈜한국이 리스와 관련하여 1차연도 포괄손익계산서에 인식할 비용을 계산하시오.

3. 3차연도 12. 31.에 A리스회사(리스제공자)는 ㈜한국으로부터 사용권자산을 반환받았다. 리스종료 시 금융리스자산의 실제 잔존가치가 ₩110,000이었다. 리스자산 반환이 A리스회사의 3차연도 당기순이익에 미치는 영향을 계산하시오.

P19-12 리스제공자의 운용리스 또는 금융리스 (2014년, 회계사 수정)

㈜한강리스는 1차연도 1. 1.에 ㈜서울과 운용리스계약을 체결하고 리스자산을 공정가치로 구입하였다. 리스조건은 다음과 같다.

- 리스기간: 1차연도 1. 1.부터 3년
- 고정리스료: 매년 말 ₩1,000,000
- 리스자산:
  - 취득원가 ₩3,200,000
  - 경제적 내용연수 5년
  - 내용연수 종료시점의 추정 잔존가치 없음

▸ 정액법 상각
▸ 리스기간 종료 시 추정 잔존가치 ₩500,000

• 보증잔존가치: 없음
• ㈜한강리스의 리스개설직접원가: ₩75,000
• 내재이자율: 연 10%
• 현재가치 계산시 아래의 현가계수(이자율: 10%)를 이용하시오

기간	단일금액 ₩1의 현가계수	정상연금 ₩1의 현가계수
1	0.90909	0.90909
2	0.82645	1.73554
3	0.75131	2.48685

물음 1. 운용리스계약이 1차연도에 ① ㈜한강리스의 당기순이익에 영향을 미치는 금액과 ② ㈜서울의 당기순이익에 영향을 미치는 금액을 각각 구하시오.

2. 2차연도 1. 1.에 물음 1의 리스계약의 조건을 다음과 같이 변경하였다.
   · 리스기간: 2차연도 1. 1.부터 3년(1년 연장)
   · 고정리스료: 매년 말 ₩1,000,000
   · 리스자산: 2차연도 1. 1. 현재 경제적 내용 연수와 종료시점의 추정 잔존가치 및 정액법 상각은 변화 없음. 연장된 리스기간 종료 시 추정 잔존가치 ₩100,000
   · 보증잔존가치: 연장된 리스기간 종료 시 ₩50,000
     저자가 추가한 자료: 리스이용자인 ㈜서울이 리스기간 종료 시 잔존가치를 ₩0으로 예측함
   · 내재이자율: 연 10%

   이상의 조건변경으로 리스계약이 금융리스로 분류 변경되었다고 할 때, 2차연도 1. 1.에 ㈜한강리스가 인식할 ① 리스채권 및 ② 리스조건변경손익과 ③ ㈜서울(리스이용자)이 인식할 사용권자산금액을 각각 구하시오.

P19-13 리스제공자의 금융리스와 리스이용자의 리스

• 1차연도 1. 1.에 빈깡통회사(리스이용자)는 알부자회사(리스제공자)로부터 다음과 같이 기계를 리스하였다.

리스제공자의 리스분류	금융리스
리스기간	3년
고정리스료	매년 1. 1.에 ₩50,000
자산의 내용연수	3년
내재이자율	12%
증분차입이자율	12
알부자회사의 기계 취득원가	₩134,500
잔존가치	0
결산일	12. 31.

물음 알부자회사와 빈깡통회사에게 1차연도와 2차연도에 필요한 분개를 하라.

P19-14 사용권자산과 투자부동산 (2016년, 회계사 수정)

㈜동북아는 2차연도 1. 1.에 회사소유의 토지와 토지 위의 건물 A를 ㈜한국에게 하나의 단위로 부동산 금융리스를 실행하였으며, ㈜한국은 2차연도 1. 1.에 건물 A를 운용리스로 ㈜독도에게 제공하였다.

1. 2차연도 1. 1. 약정일 현재 토지와 건물 A의 공정가치 요율은 2:1이며, 토지와 건물 A에 대한 임차권의 상대적인 공정가치 요율은 3:1이다.
2. ㈜동북아와 ㈜한국의 리스기간은 10년이고, 리스기간 종료 후 무상으로 소유권을 이전하는 조건이다.
3. ㈜한국은 ㈜동북아에게 매년 말 리스료로 ₩3,000,000을 지급하며, 리스제공자의 내재이자율은 연 3%이다. 10기간, 3% 연금현가계수는 8.5302이다.
4. ㈜한국과 ㈜독도의 리스기간은 3년이고, ㈜독도는 매년 말 ㈜한국에게 다음과 같이 리스료를 지급한다.

   2차연도 12. 31. ₩1,000,000
   3차연도 12. 31. ₩1,200,000
   4차연도 12. 31. ₩1,700,000

   ㈜한국은 리스자산의 사용효익이 감소되는 기간적 형태를 더 잘 나타내는 다른 체계적인 인식기준을 가지고 있지 않다.

물음 1. 2차연도 1. 1.의 ㈜한국의 사용권자산(토지)의 장부금액은 얼마인가?
2. 2차연도에 ㈜한국이 ㈜독도로부터 인식할 리스료수익은 얼마인가?
3. 2차연도 말 ㈜한국은 건물 A를 재고자산, 유형자산, 투자부동산 중 어떤 자산으로 분류하여야 하는가?
4. 분류근거를 3줄 이내로 기술하시오.

P19-15 판매형리스

- 1차연도 1. 1.에 제조업자인 BB는 기계(공정가치: ₩480,000, 내용연수: 3년, 잔존가치: ₩0)를 알부자회사에게 리스하였다.
- 매년 리스료 ₩200,000은 3년 동안 매년 12. 31.에 지급한다.
- 잔존가치: ₩0
- 시장이자율: 연 12%
- 감가상각방법: 정액법
- BB의 기계 제조원가는 ₩420,000이다.

물음 리스계약이 판매형리스라고 가정하여 1차연도와 2차연도에 BB에 필요한 분개를 하라.

P19-16 판매형리스: 무보증잔존가치가 있는 경우

리스제공자가 체결한 판매형리스의 조건은 다음과 같다.

- 리스기간: 1차연도 1. 1. ~ 3차연도 12. 31.
- 리스료: 매년 말에 ₩50,000 지급
- 리스개시일의 기초자산(원가: ₩100,000)의 공정가치: ₩130,000
- 3차연도 말의 기초자산의 잔존가치(무보증): ₩7,530
- 기초자산의 내용연수: 3년
- 시장이자율: 연 10%

이 거래의 협상 및 계약체결단계에서 현금비용 ₩1,856이 발생하였다.

물음 1차연도 1. 1.과 1차연도 12. 31.에 필요한 분개를 하라.

P19-17 판매형리스의 최초측정과 후속측정: 무보증잔존가치가 있음

- 리스제공자가 다음과 같은 판매형리스계약을 체결하였다.

리스기간: 3년
갱신선택권 또는 매수선택권: 없음
기초자산의 경제적내용연수: 4년
매년 리스료: ₩100,000(매년 1. 1.에 지급)
기초자산의 공정가치: ₩281,067
리스기간 말의 기초자산의 추정 공정가치: ₩10,000
리스이용자가 기초자산의 잔존가치를 보증하지 않았다.
리스제공자의 기초자산 장부금액: ₩270,000
리스의 시장이자율: 연 10%

물음 1. 1차연도 1. 1.에 리스제공자에 필요한 분개를 하라.
2. 유효이자율법에 의한 상각표를 작성하라.

P19-18 금융리스와 판매형리스 (2015년, 회계사 수정)

기계장치 제조회사인 ㈜한국은 1차연도 1. 1.에 ㈜대한리스와 리스계약을 체결한 후 제조한 기계장치(제조원가: ₩2,000,000)를 판매하였다. 판매와 관련된 아래의 리스계약 자료는 모든 물음에 공통적으로 적용되며 제시되는 각각의 물음은 서로 독립적인 상황이다.

- 리스기간개시일은 1차연도 1. 1., 리스만료일은 5차연도 12. 31.이고 매년 말에 ₩600,000의 리스료를 지급하며, 이 기간 동안은 해지가 불가능한 리스로서 리스기간이 5년이다.
- 기계장치의 추정 내용연수는 6년이고 내용연수가 종료된 시점의 잔존가치는 ₩300,000으로 추정된다.
- 리스기간이 만료된 후 기계장치는 ㈜한국으로 반환되며 만료시점의 잔존가치는 ₩400,000으로 추정되는데, ㈜한국은 ㈜한국과 특수관계가 없고 재무적 이행능력이 있는 제3자로부터 리스기간 만료시점의 추정 잔존가치 50%를 보증받았다.

  저자가 추가한 자료: 리스이용자는 기계장치의 잔존가치를 ₩0으로 추정하였다.
- 1차연도 1. 1. 판매시점에 기계장치의 공정가치는 ₩2,594,000이며 제조회사인 ㈜한국은 리스의 협상 및 계약단계에서 리스와 관련하여 발생한 추가적인 비용 ₩50,000을 현금으로 지급하였다.
- 1차연도 1. 1. ㈜한국의 내재이자율은 연 9%이고 ㈜대한리스의 증분차입이자율은 연 11%이며, 일반 상거래에 적용되는 시장이자율은 연 10%이다. 현재가치계수는 다음 표를 이용한다.

기간	단일금액 ₩1의 현가계수 9%	10%	11%	기간	정상연금 ₩1의 현가계수 9%	10%	11%
5	0.6499	0.6209	0.5935	5	3.8897	3.7908	3.6959
6	0.5963	0.5645	0.5346	6	4.4859	4.3553	4.2305

물음 1. 금융리스 분류기준의 하나인'리스료의 현재가치가 리스자산 공정가치의 대부분(substantially all)'에 상당하는지 여부에 따라 상기 리스계약이 금융리스와 운용리스로 분류될 수 있다. ㈜대한리스의 입장에서 리스료의 현재가치(①)를 계산하시오. 현재가치 할인율은 리스제공자의 내재이자율을 적용한다.
2. 상기 리스계약은 금융리스 거래형태로 기계장치가 판매되었으며, ㈜한국은 재고수량 결정방법으로 계속기록법을 사용하고 있다고 가정한다. ㈜한국의 입장에서 리스기간개시일(판매시점)에 필요한 회계처리를 할 때, 1차연도 재무제표상 당기순이익에 미치는 영향을 계산하시오. 당기순이익의 증감(①)을 기입하고 감소인 경우에는 금액 앞에'(-)'로 표시하시오. 매출원가는 리스자산의 장부금액에서 '무보증 잔존가치의 현재가치'를 차감하여 계산한다.

P19-19 리스개설직접원가

(2017년, 회계사 수정)

리스제공자인 ㈜대한은 리스이용자인 ㈜민국과 리스기간개시일이 1차연도 1. 1.인 리스계약을 체결하였다. 리스기간은 3년이며, 리스자산인 기계장치의 내용연수는 5년이다. 리스의 협상 및 계약단계에서 ㈜대한과 ㈜민국은 동 리스와 관련하여 직접 발생한 원가로 각각 ₩30,000과 ₩60,000을 지출하였다. 이러한 지출과 관련하여, ㈜대한과 ㈜민국이 1차연도에 인식할 비용에 대한 다음의 물음에 답하시오. 인식할 비용이 없는 경우에는 '0'으로 표시하시오.

물음 ① 동 리스계약이 운용리스로 분류될 때, ㈜대한이 1차연도에 인식할 비용을 구하시오.

② 리스이용자가 잔존가치를 전액 보증하는 경우에, ㈜민국이 1차연도에 인식할 비용을 구하시오.

저자가 추가한 자료: ㈜민국은 리스기간 개시시점에 리스기간 말의 잔존가치를 ₩0으로 추정한다.

③ 동 리스계약이 판매형리스로 분류될 때, ㈜대한이 1차연도에 인식할 비용을 구하시오.

항목	㈜대한	㈜민국
운용리스 분류 시 비용 인식액	①	
리스이용자의 비용 인식액		②
판매형리스 분류 시 비용 인식액	③	

P19-20 고정리스료의 결정

- 1차연도 1. 1.에 꼭지회사(리스제공자)는 유형자산(내용연수: 2년, 잔존가치: ₩0)을 망치상사(리스이용자)에게 2년간 임대하였다.
- 유형자산의 공정가치는 ₩140,000이고 리스개설직접원가는 ₩4,000이다.
- 꼭지회사의 목표투자수익률(내재이자율)은 연 25%이며, 리스지급액은 매년 말에 받는다.

물음 매 연도의 리스료를 계산하라.

P19-21 판매후리스(공정가치를 초과하는 금액으로 매각)

- 1차연도 1. 1.에 다소곳회사(판매자－리스이용자)가 똘똘회사(구매자－리스제공자)에게 자산을 매각한 후에 즉시 다음 조건으로 자산을 리스했다.

  자산의 장부금액: ₩320,000
  자산의 판매대가: ₩430,000
  자산의 공정가치: ₩400,000
  리스기간: 3년
  매년 리스료: ₩100,000
  이자율: 연 25%

- 이 판매후리스거래는 「K-IFRS 제1115호」에 따라 매각거래로 분류된다. 판매대가 ₩430,000 중에서 자산의 공정가치에 해당하는 ₩400,000은 자산처분대가이고 ₩30,000은 추가 자금조달로 해석한다. 그러므로 매년 리스료의 현재가치는 리스부채와 추가 자금조달액으로 구성된다.

  리스부채 = 총부채 － 추가 자금조달액

물음 1차연도 1. 1.에 다소곳회사(판매자－리스이용자)에 필요한 분개를 하라.

P19-22 판매후리스(공정가치 미만으로 매각)

- 1차연도 1. 1.에 다소곳회사(판매자－리스이용자)가 똘똘회사(구매자－리스제공자)에 자산을 매각한 후에 즉시 다음 조건으로 자산을 리스했다.

장부금액: ₩320,000
공정가치: ₩400,000
판매대가: ₩380,000
리스기간: 3년
매년 리스료: ₩95,000
이자율: 연 25%

- 이 판매후리스거래는 「K-IFRS 제1115호」에 따라 매각거래로 분류된다.

물음 1차연도 1. 1.에 다소곳회사(판매자－리스이용자)에 필요한 분개를 하라.

P19-23 실패한 판매후리스

- 쪼들려회사가 건물(취득원가: ₩300,000, 감가상각누계액: ₩100,000)을 넉넉해회사에게 ₩220,000에 매각하고 넉넉해회사로부터 이 건물을 연 리스료 ₩30,000에 리스하였다.
- 리스료의 현재가치는 ₩105,000이다.
- 이 판매후리스는 「K-IFRS 제1115호」의 매각기준을 충족하지 못한다.

물음 상황 1: 리스가 운용리스로 분류되는 경우 쪼들려회사에 필요한 분개를 하라.
상황 2: 리스가 금융리스로 분류되어 실패한 판매후리스인 경우 쪼들려회사에 필요한 분개를 하라.

P19-24 판매후리스(「K-IFRS 제1116호」 사례 24)

- 판매자－리스이용자가 건물(장부금액: ₩1,000,000, 공정가치: ₩1,800,000)을 ₩2,000,000에 이전하였는데, 「K-IFRS 제1115호」의 판매조건이 충족되어 건물의 이전이 매각이다.
- 매각과 동시에 건물을 18년간 리스하고, 매년 말에 시장리스료인 연 리스료 ₩120,000을 지급한다.
- 리스의 내재이자율이 연 4.5% 이므로 리스료의 현재가치(할인율: 연 4.5%)는 ₩1,459,200이다.

사례 24의 표현: "연간 리스료의 현재가치(연 4.5%로 할인한 ₩120,000씩 18회의 지급액)는 추가 금융에 관련되는 ₩200,000과 리스에 관련되는 ₩1,259,200(각각 ₩16,447과 ₩103,553씩인 18회의 연간 지급액에 대응함)을 더한 ₩1,459,200이다."

참고 사례 24의 표현의 의미는 다음과 같다.

연간 리스료 ₩120,000의 분해 ＜ 연간 시장리스료 ₩103,533 / 추가 금융거래 대여액의 할부금 ₩16,447

연간 시장리스료 ₩103,533의 현재가치: ₩103,533 × 12.16 =	₩1,259,200
추가 금융거래 대여액의 할부금의 현재가치: ₩16,447 × 12.16 =	₩200,000
합계(리스료의 현재가치)	₩1,459,200

물음 판매후리스 거래시점에 판매자－리스이용자와 구매자－리스제공자에게 필요한 분개를 하라.

Chapter 20

종업원급여

학습 목표

LO 20-1. 종업원급여의 개념과 회계처리를 이해한다.
LO 20-2. 해고급여와 퇴직급여의 차이를 이해한다.
LO 20-3. 예측단위적립방식과 당기근무원가의 측정방법을 이해한다.
LO 20-4. 퇴직급여비용을 산정하는 방법을 이해한다.
LO 20-5. 확정급여채무의 개념과 측정방법을 이해한다.
LO 20-6. 보험수리적가정이 재무제표에 미치는 영향을 이해한다.
LO 20-7. 재측정요소의 개념과 회계처리방법을 이해한다.
LO 20-8. 자산인식상한의 개념과 회계처리방법을 이해한다.
LO 20-9. 기타장기종업원급여에 대한 회계처리방법을 이해한다.

제20장

Chapter 20 제1절

종업원급여

1. 종업원급여의 분류와 인식원칙

종업원급여(employee benefits)는 종업원이 제공한 근무용역의 대가로 또는 종업원을 해고하는 대가로 기업이 제공하는 모든 종류의 보수를 말한다[1019: 8]. 근무용역에 대한 통상적 대가 이외에 종업원을 해고하거나 자발적 퇴직을 제안하면서 별도로 지급하는 해고급여도 종업원급여에 포함한다. 근무용역대가로 지급하는 종업원급여는 현직종업원에게 지급하는 급여와 퇴직종업원에게 지급하는 급여로 나눌 수 있다. 현직종업원에게는 단기종업원급여(예 월급, 유급휴가)와 기타장기종업원급여(예장기장애급여)를 지급하고, 퇴직종업원에게는 퇴직연금, 퇴직일시금 등의 퇴직급여를 지급한다.

표 20.1 **종업원급여의 분류**

- 종업원급여
  - 근무용역대가
    - 현직 종업원에 대한 급여
      - 단기종업원급여(예 월급)
      - 기타장기종업원급여(예 장기장애급여)
    - 퇴직 종업원에 대한 급여(퇴직급여)[1]
  - 해고급여(퇴직급여 이외의 추가지급금)

2. 단기종업원급여

단기종업원급여(short-term employee benefits)는 종업원이 근무용역을 제공한 회계기간 말 이후 12개월 이내에 결제될 것으로 예상되는 종업원급여(해고급여 제외)로 예는 다음과 같다[1019: 8, 9].

- 급여(예 월급)
- 사회보장분담금(예 국민연금)
- 유급연차휴가
- 유급병가
- 종업원이 근무용역을 제공하는 회계기간 말부터 12개월 이내에 지급될 이익분배금과 상여금
- 현직 종업원에게 제공되는 비화폐성급여(예 의료, 주택 또는 차량 제공, 무상 또는 일부 보조로 제공되는 재화나 용역)

단기종업원급여는 종업원이 근무용역을 제공하는 회계기간에 비용으로 인식하고,[2] 할인하지 않은 금

1) 우리나라에서는 2005년 12월부터 퇴직급여제도를 도입하였으며, 원칙적으로 중도 정산이 불가능하다.

2) 「K-IFRS 제1019호」 이외의 다른 기준서에 따라 해당 급여를 자산(예 재고자산 또는 유형자산)의 취득원가에 포함하는 경우도 있다.

액으로 측정한 미지급급여를 부채로 보고한다. 종업원에게 이미 지급한 금액이 단기종업원급여부채의 측정액(할인하지 않은 급여)을 초과하고 초과지급액만큼 미래 지급액이 감소하거나 종업원으로부터 현금을 환급받을 예정이면 초과지급액을 선급비용(자산)으로 인식한다.

(1) 단기유급휴가

기업은 연차휴가, 병가, 단기장애휴가, 출산, 육아휴가 등과 같은 여러 가지 이유로 생기는 종업원 휴가에 대해서 보상한다. 종업원이 기업에 실질적으로 근무용역을 제공하지 않지만 근무용역을 제공한 것으로 보고 종업원에게 보상하는 휴가를 단기유급휴가(short-term compensated absences)라 한다. 우리나라에서는 「근로기준법」에 따라 근속기간이 1년 미만인 경우 1개월 만근 시 1일의 유급휴가가 주어지며, 근속기간이 3년 이상인 경우 2년마다 유급휴가가 1일씩 추가되어 최대 25일까지 부여된다. 단기유급휴가는 부여된 회계연도에만 사용할 수 있는지 아니면 부여된 회계연도 이후에도 사용할 수 있는지에 따라 비누적 유급휴가(당기에만 사용 가능)와 누적 유급휴가(당기 이후에도 사용 가능)로 나뉜다.

① 비누적 유급휴가

비누적 유급휴가(nonaccumulating compensated absences)는 당기에 사용되지 않으면 회계기간 말에 자동으로 소멸하는 유급휴가이다. 예를 들어, 비누적 유급휴가의 성격을 갖는 병가는 모든 종업원들에게 연초에 부여되는 유급휴가이며, 사용하고 남은 병가는 연말에 자동적으로 소멸한다. 종업원이 퇴직하면 사용되지 않은 비누적 유급휴가는 자동 소멸하며, 사용하지 않고 남은 비누적 유급휴가에 대해 종업원이 현금으로 보상 받을 수 없다. 비누적 유급휴가는 주로 유급병가(미사용 유급병가로 미래에 받을 유급병가에 대한 권리가 확대되지 않는 경우에 한함), 출산 · 육아휴가와 유급병역 등에서 생긴다. 비누적 유급휴가는 근무용역을 제공한 종업원에게 제공하는 유급휴가이므로 근무용역대가로 주어지는 종업원급여이다. 그러나 일반적으로 병가, 출산휴가, 육아휴가 등은 '정해진 일수'로 주어지며, 근무용역을 제공하더라도 사용할 수 있는 유급휴가의 일수가 증가하지 않는다. 이와 같이 비누적 유급휴가는 종업원이 근무용역을 제공하더라도 관련 급여가 증가하지 않기 때문에 종업원이 실제로 유급휴가를 사용하기 전에는 부채나 비용을 인식하지 않고[1019: 18], 종업원이 비누적 유급휴가를 실제로 사용하는 시점에 예상원가를 비용으로 인식한다[1019: 13(2)].

② 누적 유급휴가

누적 유급휴가(accumulating compensated absence, accumulating paid vacation)는 당기에 사용하지 않으면 미래 기간으로 이월해 사용할 수 있는 유급휴가이다. 누적 유급휴가는 '가득'(vested)되거나 가득되지 않을 수 있다. 가득된 누적 유급휴가는 종업원이 퇴직할 때 사용하지 않은 누적 유급휴가에 대해서 현금을 받을 수 있는 자격이 있는 휴가이다. 예를 들어, 종업원이 회계연도 말에 사용하지 않은 1주일의 유급휴가가 있는 상황에서 퇴직할 때 기업이 해당 종업원에게 잔여 유급휴가에 대해 현금으로 보상하면 이 유급휴가는 가득된 누적 유급휴가이다. 가득되지 않은 누적 유급휴가는 종업원이 퇴직할 때 사용하지 않은 누적 유급휴가에 대해서 현금을 받을 자격이 없는 휴가이다.

유급휴가가 아직 가득되지 않은 경우에도 관련 채무는 존재하므로 채무를 인식한다. 그러나 채무를 측정할 때에는 가득되지 않은 누적 유급휴가를 사용하기 전에 종업원이 퇴사할 가능성을 고려한다[1019: 15]. 예를 들어, 퇴사자가 없다고 가정하면 특정 회계연도의 누적 유급휴가에 대한 미지급급여가 ₩800,000이지만, 일부 종업원이 퇴사함에 따라 실제 누적 유급휴가에 대한 미지급급여가 ₩700,000으로 감소할 것으로 예상하면 ₩700,000을 부채와 급여비용으로 인식한다.

③ 누적 유급휴가의 회계처리

기업은 모든 종업원이 재직할 것으로 가정하고 누적 유급휴가와 관련된 비용과 부채를 인식한다. 그러나 아직 가득되지 않은 누적 유급휴가 중 퇴직종업원이 사용하지 않은 부분은 현금으로 보상하지 않으므로 이를 제외하고 인식한다. 누적 유급휴가의 예상원가는 종업원이 미래 유급휴가 권리를 증가시키는 근무용역을 제공할 때 인식한다[1019: 13(1)]. 누적 유급휴가의 예상원가는 보고기간 말 현재 누적된 미사용 유급휴가에 대해 종업원에게 미래 회계기간에 지급할 것으로 예상하는 추가 금액으로 측정한다[1019: 16]. 예를 들어, 새로 고용된 종업원이 고용된 두 번째 회계연도에 1주일의 유급휴가를 받을 권리를 획득하면, 고용 첫해에 유급휴가가 획득된 것으로 보고 고용 첫해에 비용과 부채를 인식한다.

누적된 유급휴가가 미래에 지급될 때 어떤 순서로 지급된다고 가정하느냐에 따라 부채측정액이 달라질 수 있다. 미래 유급휴가급여의 지급순서에 대한 가정으로는 선입선출법과 개인별 후입선출법이 있다. 「K-IFRS 제1019호」(종업원급여 기준서)는 개인별 후입선출법을 사용하는 반면, US GAAP은 선입선출법을 사용한다. 개인별 후입선출법에서는 미래에 발생할 유급휴가가 우선적으로 사용되고 당기에 사용되지 않은 유급휴가는 그 다음에 사용된다고 해석하여, 사용되지 않고 누적된 권리 중 개별 종업원에게 추가로 지급될 것으로 예상되는 미래 유급휴가급여만을 부채로 인식한다[1019: 16과 17에 대한 사례]. 반면에, US GAAP의 선입선출법에서는 먼저 누적된 권리에 대하여 유급휴가급여가 지급된 후에 미래에 누적되는 권리에 대해서 유급휴가급여가 지급된다고 해석하여 사용되지 않고 누적된 종업원 권리 전체를 부채로 인식한다. 각 방법에서 유급휴가급여의 지급순서와 부채측정액은 다음과 같다.

	선입선출법(US GAAP)	개인별 후입선출법 (「K-IFRS 제1019호」)
미래에 누적되는 권리	2순위	1순위
이미 누적되었으나 아직 사용되지 않은 권리	1순위	2순위
부채측정액	사용되지 않은 권리 전체의 미래 유급휴가급여	사용되지 않아 추가로 지급될 것으로 예상되는 미래 유급휴가급여

우리나라는 「근로기준법」에 따라 종업원이 근무용역을 1년간 제공하면 차기연도 초에 일괄적으로 연차유급휴가가 부여되고, 차기연도 말까지 사용되지 않은 연차유급휴가는 소멸하거나 현금으로 정산된다. 즉, 연차유급휴가에 대한 **회계처리가 US GAAP의 선입선출법과 같다**. 이와 같이 우리나라 「근로기준법」에 따른 연차유급휴가 사용순서가 「K-IFRS 제1019호」에 규정된 연차유급휴가 사용순서와

다르므로 「K-IFRS 제1019호」를 준수하는 기업에서 유급휴가급여에 대한 부채측정액에 혼선이 초래되고 있다. 기업이 우리나라 「근로기준법」에 따라 연차유급휴가를 회계처리할 때에는 「K-IFRS 제1019호」에 규정된 개인별 후입선출법(예제 2 참조) 대신에 US GAAP의 선입선출법을 적용해서 근무용역이 제공되는 기간에 미래에 지급될 유급휴가급여 전체를 부채로 인식하는 것이(예제 1 참조) 혼선을 피하는 길이다.

연차유급휴가가 가득된 시점의 급여율과 유급휴가가 사용되는 시점의 급여율이 다를 수 있다. 일반적으로 종업원이 연차유급휴가를 가득한 시점의 급여율로 유급휴가부채를 먼저 측정한 후, 사용시점의 급여율이 달라지면 유급휴가부채를 추가로 인식한다.

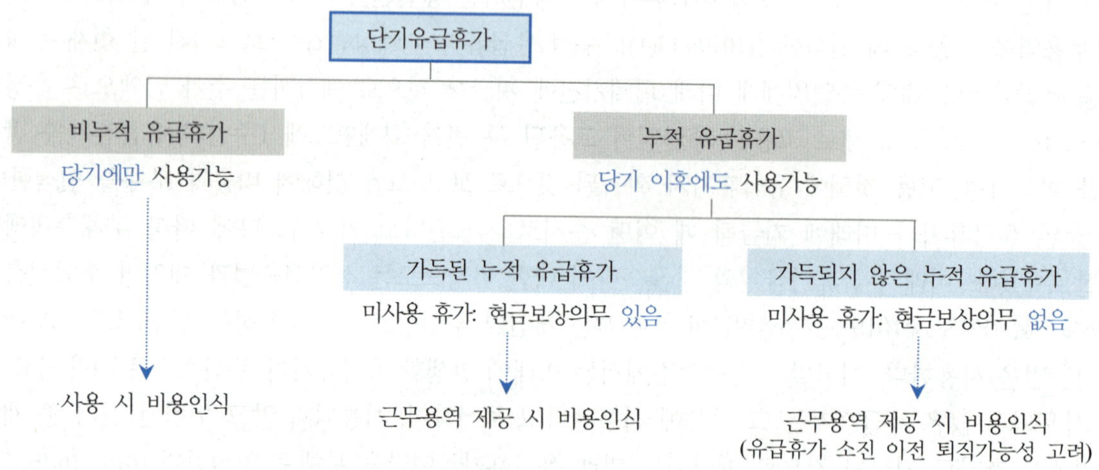

예제 1 연차유급휴가: 우리나라 「근로기준법」을 반영한 회계처리(US GAAP의 적용)

중요도: ★★
난이도: ◆◆

상황

· 회사는 우리나라 「근로기준법」에 따라 전체 근무일수의 80% 이상을 일한 종업원에게 1년에 15일의 연차휴가를 연말에 일괄 부여하는 정책을 시행하고 있다.
· 종업원이 1차연도에 얻은 휴가는 2차연도 1. 1.부터 사용 가능하며, 사용되지 않은 휴가는 누적되지 않고 2차연도 12. 31.에 소멸한다.
· 회사의 종업원의 수는 30명이며, 경영진은 30명 전원이 계속 근무할 것으로 판단한다.
· 회사의 모든 종업원이 1차연도에 근무일수의 80% 이상을 근무하였다.
· 회사의 종업원 1인당 1일평균 유급휴가급여원가는 다음과 같다.
  ▸ 1차연도: ₩160
  ▸ 2차연도: ₩200
· 회사의 각 종업원이 2차연도 중에 실제로 12일의 휴가를 사용하고 3일의 휴가를 사용하지 않았다.
· 회사는 종업원이 유급휴가를 가득한 시점에 원가로 유급휴가비용을 측정하고, 실제로 유급휴가가 사용되는 시점에 유급휴가의 원가에 기초하여 유급휴가비용을 추가로 인식한다.

물음

1. 연차휴가와 관련하여 1차연도 12. 31.에 필요한 분개를 하라.

2. 다음 각 경우에 대하여 연차휴가와 관련하여 2차연도 12. 31.에 필요한 분개를 하라.
   경우 ①: 2차연도 말에 미사용 연차휴가가 소멸하면서 회사가 현금으로 보상하는 경우
   경우 ②: 2차연도 말에 미사용 연차휴가가 현금보상 없이 소멸하는 경우

정답 및 해설

1.

1차연도 12. 31. 결산시점 – 1차연도 근무용역 대가에 대한 연차휴가 발생:

(차) 급 여 비 용 72,000* (대) 미지급급여 72,000

* ₩160 × 15일 × 30명 = ₩72,000

2.

2차연도 12. 31. 결산시점 – 2차연도 근무용역 대가에 대한 연차휴가 발생:

(차) 급 여 비 용 90,000* (대) 미지급급여 90,000

* ₩200 × 15일 × 30명 = ₩90,000

2차연도 12. 31. 결산시점 – 1차연도에 발생한 연차휴가에 대한 사후적 회계처리:

경우 ①: 미사용 연차휴가를 현금으로 보상

1차연도 근무용역 대가로 받은 연차휴가 사용:

(차) 급 여 비 용 14,400* (대) 미지급급여 14,400 ⬅ 사용된 연차휴가에 대해 2차연도 급여수준으로 조정

(차) 미지급급여 72,000** (대) 급 여 비 용 72,000 ⬅ 사용된 연차휴가만큼 2차연도 급여비용에서 제외

* (₩200 − ₩160) × 12일 × 30명 = ₩14,400
** ₩200 × 12일 × 30명 = ₩72,000(실제 사용액)

1차연도 연차휴가 중에서 미사용분에 대한 현금지급의무 발생:

(차) 급 여 비 용 3,600* (대) 현 금(또는 미지급비용) 18,000**
미지급급여 14,400***

* (₩200 − ₩160) × 3일 × 30명 = ₩3,600
** ₩200 × 3일 × 30명 = ₩18,000
*** ₩72,000 + ₩14,400 − ₩72,000 = ₩14,400(1차연도 연차휴가 관련 미지급급여계정 잔액)

경우 ②: 미사용 연차휴가가 현금보상 없이 소멸

1차연도 근무용역 대가로 받은 연차휴가 사용:

경우 ①과 동일

미사용 1차연도 연차휴가에 대한 지급의무 소멸:

(차) 미지급급여 14,400* (대) 급 여 비 용 14,400

* ₩72,000 + ₩14,400 − ₩72,000 = ₩14,400(1차연도 연차휴가 관련 미지급급여계정의 잔액)

예제 2 **단기유급휴가**[1019: 16과 17에 대한 사례 수정]

중요도: ★★
난이도: ◆◆

☠경고☠: 이 예제의 해답에서 종업원개인별 후입선출법(「K-IFRS 제1019호」 방법)은 유럽에서는 통하지만 우리나라 「근로기준법」에는 위배되는 방법이다.

상황

· 헷갈려회사는 100명의 종업원에게 1년에 5일의 근무일수에 해당하는 유급휴가를 부여하며, 미사용유급휴가는 다음 1년 동안 이월하여 사용할 수 있다. 유급휴가는 당해 연도에 부여된 권리가 먼저 사용된 후에 직전연도에서 이월된 권리가 사용된다.

· 유급휴가의 가치는 1일당 ₩30,000이다.

· 3차연도 12. 31. 현재 미사용유급휴가는 종업원 1인당 평균 2일이고, 과거의 경험에 비추어 볼 때 4차연도 중에 종업원 92명이 사용할 유급휴가일수는 1인당 5일 이하, 나머지 8명이 사용할 유급휴가일수는 1인당 평균 6.5일이 될 것으로 예상된다.

물음 미래 유급휴가급여의 지급순서(유급휴가의 사용순서)에 대하여 종업원개인별 후입선출법과 선입선출법을 각각 가정하여 3차연도 12. 31.에 인식할 부채를 결정하라.

정답 **종업원개인별 후입선출법: ₩360,000, 선입선출법: ₩6,000,000**

해설

· 종업원개인별 후입선출법(「K-IFRS 제1019호」 방법)에서는 미래에 누적되는 권리에 대해 먼저 유급휴가급여가 지급되고, 이미 누적되었으나 사용되지 않은 권리에 대해서는 그 다음 차례로 유급휴가급여가 지급된다고 해석하여 아직 사용되지 않은 권리 중에서 미래에 사용될 권리에 대해서만 부채를 인식한다. 즉, 누적특성으로 인하여 개별 종업원에게 미래에 추가로 지급될 것으로 예상되는 미래 유급휴가급여만을 부채로 인식한다. 12일분(8명 × 1.5일)의 미래 유급휴가급여와 관련된 금액을 부채로 인식한다.

  사용되지 않은 유급휴가 중에서 미래에 사용될 누적일수: 92명 × 0일 + 8명 × 1.5일 = 12일
  미래 유급휴가급여의 예상원가: 12일 × ₩30,000 = ₩360,000

· 선입선출법(US GAAP)에서는 3차연도 12. 31. 현재 사용되지 않은 유급휴가 200일분(2일 × 100명)에 대하여 유급휴가 권리가 발생한다고 가정하여 200일의 유급휴가와 관련된 ₩6,000,000(200일 × ₩320,000)을 부채로 인식한다.

(2) 이익분배금 및 상여금

이익분배제도(profit-sharing plan)는 종업원이 특정 기간 동안 근무하는 조건으로 이익을 분배받을 수 있는 제도이다. 종업원이 특정 시점까지 근무용역을 제공함에 따라 이익분배제도를 실시하는 기업에게 지급할 금액이 증가하므로 의제의무(제12장 참조)가 발생한다. 기업이 별도의 상여금을 지급해야 할 법적의무가 없는데도 불구하고 관행적으로 상여금을 지급하는 경우에는 상여금을 지급하는 것 이외에 다른 현실적인 대안이 없으므로 의제의무를 부담한다[1019: 21]. 이익분배제도와 상여금제도에 따라 기업이 부담하는 의무는 종업원이 제공하는 근무용역에서 생기는 것이지 주주와의 거래에서 생기는 것은 아니므로 이익분배제도와 상여금제도와 관련된 원가는 이익분배('배당금')가 아닌 당기비용

으로 인식한다[1019: 23]. 이익분배제도(또는 상여금제도) 하에서 기업의 보상의무는 종업원이 용역을 제공해서 발생한 결과이므로 발생한 회계기간에 영업비용 및 유동부채로 인식한다. 의제의무를 측정할 때 일부 종업원이 이익분배금을 받지 못하고 퇴직할 가능성이 있다면 퇴사할 가능성을 고려해서 실제로 지급될 이익분배금만 비용과 유동부채로 인식한다[1019: 20]. 예를 들어, 기업이 특정 회계연도 당기순이익의 일정 부분을 회계연도에 근무한 종업원에게 이익분배하는 제도에서 해당 회계연도에 퇴사자가 없다고 가정하면 이익분배금 총액은 당기순이익의 3%가 되지만, 일부 종업원이 퇴사함에 따라 실제 이익분배금 총액이 당기순이익의 2.5%로 감소할 것으로 예상하면 기업은 당기순이익의 2.5%에 상당하는 금액을 유동부채와 비용으로 인식한다[1019: 20에 대한 사례].

다음 조건이 모두 충족되는 경우, 이익분배금 및 상여금의 예상원가를 비용과 유동부채로 인식한다[1019: 19].

- 과거 회계사건의 결과로 현재의무(법적의무 또는 의제의무)가 존재한다.
- 채무액을 신뢰성 있게 측정할 수 있다.

이익분배제도 및 상여금제도에 따라 기업이 부담하는 법적의무 또는 의제의무는 다음 중 하나가 충족되면 신뢰성 있게 측정할 수 있다고 본다[1019: 22].

- 제도의 공식 규약에 급여산정공식이 명시되어 있다.
- 재무제표 발행이 승인되기 전에 지급액이 결정된다.
- 과거 관행에 비추어 볼 때 기업이 부담하는 의제의무의 금액을 결정할 수 있다.

예제 3 이익분배금 중요도: ★ 난이도: ◆

상황

· 3차연도 1. 1.에 회사의 종업원은 50명이다.
· 회사는 당기순이익의 0.2%를 3차연도 말까지 근무한 각 종업원에게 지급한다.
· 3차연도의 당기순이익: ₩500,000
· 3차연도 중 종업원 퇴직률: 4%

물음 이익분배금에 대하여 분개하라.

정답 및 해설 이익분배금 총액: ₩500,000 × 0.2% × 50명 × 96% = ₩48,000

(차) 급 여 비 용 48,000 (대) 미 지 급 급 여 48,000

3. 해고급여

(1) 해고급여와 일반적 종업원급여의 차이

해고급여(termination benefits)는 통상적인 퇴직시점 이전에 기업의 요청으로 해고되는 종업원에게 지급하는 보상금으로, 미래에 근무용역을 제공하는 조건 없이 지급하는 급여이다. 해고급여채무를 발생시키는 회계사건이 종업원의 '근무'가 아니라 '해고'이므로 근무용역에 대한 대가로 제공되는 '급여'와 해고대가로 제공되는 '해고급여'를 구분한다. 기업이 퇴직을 제안하지 않고 종업원이 자발적으로 요청한 퇴직 또는 기업의 의무퇴직규정(예 정년퇴직규정 등)으로 인해 발생하는 종업원급여는 해고급여가 아닌 퇴직급여이다. 기업의 요청으로 해고하는 경우에는 종업원의 요청으로 해고할 때 지급하는 급여(실질적으로 퇴직급여)보다 더 많은 급여를 제공할 수 있다. 종업원의 요청에 따라 해고할 때 지급하는 급여와 기업의 요청으로 해고할 때 더 많이 지급하는 급여와의 차이가 해고급여이다[1019: 160].

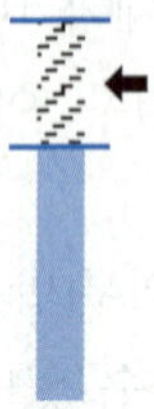

기업이 요청해서 해고할 때 지급하는 급여
해고급여
종업원이 요청해서 퇴직할 때 지급하는 급여

종업원이 추가로 근무용역을 제공할 의무가 없으면 해고전달시점에 해고급여를 인식한다. 그러나 종업원이 추가로 근무용역을 제공한 후에 기업이 해고급여를 지급하면 지급액이 해고급여가 아니고 근속보너스(retention bonus)이므로 종업원이 근무용역을 제공하는 미래 기간에 걸쳐 종업원급여비용으로 인식한다. 즉, 종업원이 해고급여를 받을 권리를 획득할 때까지 추가로 근무용역을 제공해야 하는 경우에는 추가 근무용역에 대한 대가로 제공되는 '체류상여금'을 해고급여로 분류하지 않는다. 체류상여금은 추가 근무기간에 배분하여 급여비용으로 인식하고 체류상여금 이외의 금액을 해고급여로 인식한다(예제 4 참조). 퇴직 이유를 불문하고 지급되는 종업원급여는 소정의 가득조건이나 최소근무조건이 충족되면 지급되는 것으로서 지급시기만 불확실할 뿐 언젠가는 지급될 것이 확실하다. 따라서 이러한 급여는 명칭(예 해고보상금, 해고퇴직금 등)과 관계없이 해고급여가 아닌 퇴직급여로 인식한다[1019: 164].

(2) 해고급여의 측정과 인식

해고급여를 공정가치로 측정하는 것이 복잡하므로 기업이 종업원에게 해고대가로 제안한 금액으로 해고급여를 측정한다[1019: 159]. 해고급여는 종업원급여의 성격에 따라 최초 인식시점에 측정하고, 후속적 변동을 측정하고 인식한다. 해고급여가 퇴직급여를 증액하는 것이라면, 퇴직급여 규정을 적용한다. 그 밖의 경우에는 다음과 같이 회계처리한다[1019: 169].

- 해고급여가 인식되는 보고기간 말 후 12개월 이내에 해고급여가 모두 결제될 것으로 예상되는 경우 단기종업원급여 규정을 적용한다.
- 해고급여가 인식되는 보고기간 말 후 12개월이 지난 후에 해고급여가 모두 결제될 것으로 예상하면 기타장기종업원급여 규정을 적용한다.

해고급여를 받을 권리를 얻기 위해 종업원이 일정 기간 근무해야 하는 조건이 없는 경우, 즉 종업원의 퇴직시점과 관계없이 종업원이 해고급여를 받을 권리를 가지면 해고전달시점에 해고급여비용과 부채를 인식한다. 해고전달시점(communication date)은 종업원에게 해고될 것이라는 사실을 통보하여 종업원이 해고급여 제안을 수락하고 기업이 해고급여 제안을 철회할 수 없는 시점이다. 구체적으로, 다음 ①과 ② 중 이른 날에 해고급여에 대한 부채와 비용을 인식한다[1019: 165, 166].

① 기업이 해고급여 제안을 더 이상 철회할 수 없는 시점. 구체적으로는 다음 중 이른 날이다.
- 종업원이 해고급여 제안을 수락하는 시점
- 해고급여 제안을 철회할 수 있는 기업의 능력에 대한 제한(예 법적, 규제적, 계약적 규정이나 기타 제한)이 효력을 발생한 시점. 단, 해고급여 제안시점에 제한이 존재하면 해고급여를 제안하는 시점

② 기업이 해고급여 지급을 수반하는 구조조정에 대한 원가를 인식하는 시점

예제 4 해고급여와 단기종업원급여[1019: 159 ~ 170에 대한 사례] 중요도: ★ 난이도: ◆

상황

· 기업은 10개월 이내에 특정 공장을 폐쇄하고, 폐쇄시점에 해당 공장의 모든 종업원을 해고하되, 폐쇄시점 이전에 퇴직하는 종업원에게는 ₩10,000씩 지급할 계획이다.

· 잔여 계약을 마무리하기 위한 추가 작업을 위해 공장의 폐쇄시점까지 근무용역을 제공하는 각 종업원에게 해고일에 ₩30,000을 지급할 계획이다.

· 해고계획의 발표시점에, 기업은 전체 종업원 120명 중에서 20명이 공장폐쇄 이전에 퇴직하고 100명이 폐쇄시점까지 남아서 근무용역을 제공할 것으로 예상한다. 따라서 해고계획에 따라 예상되는 총 현금유출액은 ₩3,200,000(20명 × ₩10,000 + 100명 × ₩30,000)이다.

물음 해고급여와 단기종업원급여를 결정하라.

정답 **해고급여: ₩1,200,000, 단기종업원급여: ₩2,000,000**

해설

해고급여

· 종업원이 폐쇄시점까지 남아서 근무용역을 제공하거나 그 이전에 퇴직하거나 관계없이 해고대가로 각 종업원에게 지급되는 급여는 ₩10,000이다. 기업은 해고계획을 발표하는 시점과 공장폐쇄와 관련된 구조조정원가를 인식하는 시점 중 이른 날에 ₩1,200,000(120명 × ₩10,000)을 해고급여비용과 부채로 인식한다.

단기종업원급여

· 종업원이 10개월 동안 근무용역을 제공하는 경우 받을 증분급여는 해당 기간 동안의 근무용역에 대한 대가이다. 보고기간 말 이후 12개월 이내에 이 급여를 지급할 것으로 예상하므로 급여 ₩2,000,000(100명 × ₩20,000)을 단기종업원급여로 인식한다. 종업원이 근무용역을 제공하는 기간 동안 1개월 마다 ₩200,000 (₩2,000,000 ÷ 10개월)을 비용으로 인식하며, 동 금액만큼 부채를 증가시킨다.

4. 퇴직급여

퇴직급여(post-employment benefits)는 종업원이 퇴직한 이후에 지급하는 종업원급여(해고급여 제외)이

다. 퇴직급여제도(post-employment benefits plans)는 퇴직한 종업원에게 연금이나 일시불의 형태로 퇴직급여를 지급하겠다는 협약을 말한다. 일반적으로 <그림 20.1>과 같이 퇴직급여기금을 운용하는 별도의 기금(또는 기관)이 주체가 되어 퇴직급여제도를 운용한다.

그림 20.1 퇴직급여제도의 운용

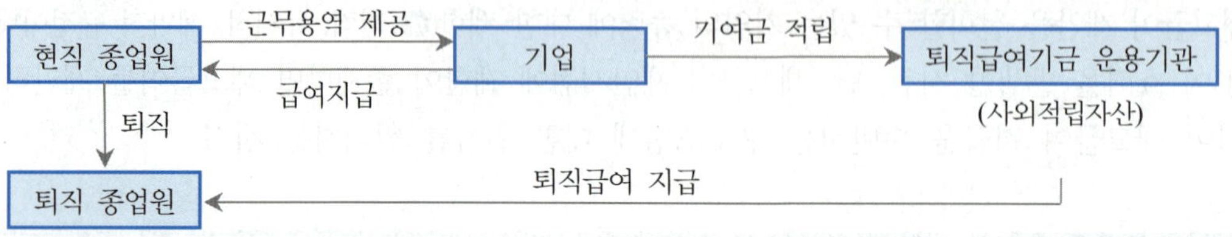

(1) 퇴직급여제도의 분류

퇴직급여제도는 급여의 형태와 산정방식에 따라 다음과 같이 구분할 수 있는데, 확정급여제도에 대한 회계처리가 특히 중요하다.

- 퇴직급여
  - 퇴직연금(pensions) 또는 이와 유사한 퇴직급여
    - 확정기여제도
    - 확정급여제도
  - 기타 퇴직급여(퇴직 후 생명보험, 퇴직 후 의료급여 등)

(2) 확정기여제도

확정기여제도(defined contribution plans)는 기업이 매 회계기간에 확정된 금액(예 종업원 연봉의 3%)을 퇴직급여기금 운용기관에 사외적립자산으로 출연하고, 그 금액 이외에는 추가로 퇴직급여를 지급해야 할 법적의무나 의제의무를 부담하지 않는 퇴직급여제도이다. 확정기여제도에서는 기업이 사외적립자산에 기여하는 금액은 확정되지만, 종업원이 퇴직 후에 받을 급여는 가변적이다. 즉, 종업원이 받을 퇴직급여액은 기업과 종업원이 퇴직급여제도나 보험회사에 출연하는 기여금과 그 기여금에서 생기는 투자수익에 따라 달라진다. 그 결과 종업원이 보험수리적위험(급여가 예상에 미치지 못할 위험)과 투자위험(투자한 자산이 예상급여액을 지급하는 데 충분하지 못할 위험)을 실질적으로 부담한다[1019: 28].

확정기여제도에서는 보고기업이 각 기간에 부담하는 채무를 해당 기간의 기여금으로 결정하기 때문에 회계처리가 비교적 단순하다. 기여금 전부나 일부의 납부기일이 종업원이 관련 근무용역을 제공하는 보고기간 말 후 12개월 이내에 모두 결제될 것으로 예상하면 할인되지 않은 금액으로 채무를 측정한다[1019: 50]. 종업원이 일정 기간 근무용역을 제공하면, 기업은 그 대가로 확정기여제도에 납부할 기여금을 다음과 같이 인식한다[1019: 51].

- 이미 납부한 기여금이 있다면 이를 차감한 후 부채(미지급비용)로 인식한다. 이미 납부한 기여금이 보고기간 말 전에 제공된 근무용역에 대해 납부할 기여금을 초과하는 경우, 그 초과 기여금 때문에 미래 지급액이 감소하거나 현금이 환급된다면 그 만큼을 자산(선급비용)으로 인식한다.

▸ 기여금이 다른 「K-IFRS」 기준서(예 「K-IFRS 제1002호」(재고자산 기준서), 「K-IFRS 제1016호」(유형자산 기준서))에 따라 자산의 원가에 포함되는 경우를 제외하고는, 비용으로 인식한다.

확정기여제도에서 기업이 부담해야 할 기여금의 납부일이 종업원이 근무용역을 제공한 회계기간 말부터 12개월 이후에 도래하는 경우에는 기여금의 현재가치를 부채로 인식한다[1019: 52]. 기업이 퇴직급여기금이나 보험회사에 이미 납부한 기여금이 보고기간 말까지 제공된 근무용역에 대해 납부해야 하는 기여금을 초과하면 초과기여금만큼 미래에 납부할 기여금이 감소되거나 현금으로 환급되므로 초과기여금을 자산(선급비용)으로 인식한다.

Miniature 예제 1 확정기여제도

상황

· 확정기여제도에의 기여금 출연액: 종업원 총 급여액의 5%
· 당기의 총 급여액: ₩200,000

물음 확정기여제도에서 기여금 출연을 기록하기 위한 분개를 하라.

정답

(차) 퇴직급여비용	10,000*	(대) 현	금(또는 부채)	10,000

* ₩200,000 × 5% = ₩10,000

Chapter 20 제2절

확정급여제도

1. 확정급여제도의 개념

확정급여제도(defined benefit plans)는 기업이 퇴직한 종업원에게 다음과 같은 퇴직급여공식에 정해진 금액을 지급하는 제도로, 확정기여제도 이외의 모든 퇴직급여제도를 포함한다.

예상퇴직급여 총액 = 퇴직 연도의 연봉 × 퇴직급여율(%) × 근무연수

확정급여제도 하에서는 기업이 미래에 지급할 금액이 보험수리적위험과 투자위험에 영향을 받으므로 기업이 위험을 부담한다. 따라서 기업이 미래에 부담할 금액을 추정해서 퇴직급여비용과 확정급여부채를 측정하는 것이 쉽지 않다.

2. 확정급여채무와 사외적립자산

(1) 확정급여채무

확정급여채무(defined benefit obligation)는 퇴직급여공식에 따라 종업원이 퇴직한 이후 생존기간 동안 지급할 미래 예상지급액이다. 확정급여채무의 현재가치는 종업원이 당기와 과거 기간에 근무용역을 제공하여 생긴 채무를 결제하기 위해 필요한 예상 미래지급액의 현재가치(사외적립자산 차감 전)를 말한다[1019: 8].

(2) 사외적립자산

사외적립자산(plan assets)은 퇴직급여기금 운용기금 또는 기관에 적립된 기금으로, 퇴직급여를 지불하는 재원으로 사용된다. 사외적립자산은 공정가치로 측정하며, 종업원퇴직급여기금이 보유하는 자산과 적격보험계약으로 구성된다. 적격보험계약(qualified insurance contract)은 기업이 특수관계자가 아닌 보험회사와 체결한 보험계약으로서, 다음 요건을 모두 충족하는 보험계약이다[1019: 8].

- 보험금은 오직 확정급여채무를 지급하거나 퇴직급여기금을 적립하는 데만 사용될 수 있다.
- 보험금은 기업의 채권자에게 지급(파산의 경우 포함)될 수 없으며, 보험금으로 확정급여채무를 모두 이행하고도 남는 경우 또는 기업이 이미 지급한 확정급여채무를 보상하는 경우에만 기업에게 지급될 수 있다.

사외적립자산은 다음 이유로 증가하거나 감소한다.

- 사외적립자산의 운용수익(투자지분증권에 대한 배당금, 투자채무증권에 대한 이자수익, 투자자산의 시장가격변동 등)으로 증가
- 기업(고용주)이 기여금을 출연해서 증가
- 퇴직종업원에게 퇴직급여를 지급해서 감소

표 20.2 사외적립자산

사외적립자산 기초잔액(공정가치)	×××
+) 기업이 출연한 기여금	×××
-) 퇴직종업원에게 지급한 퇴직급여	(×××)
±) 사외적립자산의 실제 운용수익	×××
=) 사외적립자산 기말잔액(공정가치)	×××

확정급여채무를 정산하기 위해 필요한 지출의 전부 또는 일부를 제3자(예 보험회사)가 보상할 것이 거의 확실한 금액을 보상권(reimbursement right)이라 한다. 보상권을 공정가치로 측정하고, 사외적립자산의 공정가치 변동과 보상권의 공정가치 변동을 구분하여 인식한다. 보상권을 사외적립자산과 별개

의 자산으로 인식한다는 점을 제외하고는 사외적립자산과 동일한 방식으로 회계처리한다[1019: 116].

3. 확정급여원가

확정급여원가의 구성요소를 다음과 같이 인식한다[1019: 120].

- 종업원으로부터 제공받은 근무용역에 관련된 원가인 당기근무원가와 과거근무원가를 포괄손익계산서에 퇴직급여비용(당기비용)으로 인식한다.
- 사외적립자산에서 발생하는 이자수익과 확정급여채무에서 발생하는 이자비용의 차액인 순이자비용(또는 순이자수익)을 포괄손익계산서에 퇴직급여비용(당기비용)으로 인식한다.
- 확정급여채무와 사외적립자산의 재측정요소를 포괄손익계산서에 기타포괄손익으로 인식한다.

표 20.3 확정급여원가의 구성요소

당기손익(퇴직급여비용)으로 인식하는 확정급여원가 요소		기타포괄손익(재측정요소)으로 인식하는 확정급여원가 요소
근무원가	· 당기근무원가 · 과거근무원가(확정급여제도 축소손익 포함) · 확정급여제도 정산손익	· 확정급여채무에 대한 보험수리적손익 · 사외적립자산에 대한 내재이자수익과 실제수익의 차이 · 자산인식상한효과의 변동
순이자비용 (또는 수익)	· 확정급여채무의 이자비용 · 사외적립자산의 내재이자수익(다음 부분 참조)	

표 20.4 퇴직급여비용의 구성요소

당기근무원가	×××
과거근무원가 및 정산손익	×××
이자비용(기초확정급여채무 × 할인율)	×××
이자수익(자산인식상한효과에* 대한 이자)	(×××)
이자수익(기초사외적립자산 × 할인율)	(×××)
퇴직급여비용	×××

* 자산인식상한효과는 이 절 6(4)에서 설명한다.

4. 퇴직급여비용

(1) 당기근무원가

당기근무원가(current service cost)는 당기에 종업원이 근무용역을 제공하여 생긴 확정급여채무 현재가치의 증가액을 말한다[1019: 8]. 즉, 종업원이 1년(또는 1회계연도) 더 근무용역을 제공함에 따라 퇴직급여액이 증가해서 확정급여채무의 현재가치가 증가한 금액으로서, 종업원이 당기에 회사에 근무해서 받는 연봉과는 다른 개념이다[1019: 68에 대한 사례].

분개 **당기근무원가에 대한 회계처리**

당기근무원가(현재가치) 발생시점:

(차) 퇴직급여비용(당기근무원가) ××× (대) 확정급여채무 ×××

① 연도별 퇴직급여 배분

원칙: 확정급여채무의 현재가치와 관련 당기근무원가를 결정할 때에는 확정급여제도에서 정하는 급여계산방식에 따라 종업원의 근무기간에 걸쳐 급여를 배분한다[1019: 70].

예외: 종업원의 근무기간 후반의 급여 수준이 근무기간 초반의 급여 수준보다 중요하게 높은 경우에는 정액법을 적용해서 퇴직급여를 전 기간에 균등하게 배분한다. 예를 들어, 종업원의 근무기간 후반에 귀속되는 의료급여 수준이 근무기간 초반에 귀속되는 의료급여 수준보다 중요하게 높으면 총 의료급여를 정액법으로 매 기간에 배분한다. 정액법에 따라 퇴직급여를 배분하는 기간은 다음 ㉠부터 ㉡까지의 기간이다[1019: 70].

㉠ 종업원이 근무용역을 제공함에 따라 확정퇴직급여가 처음으로 발생하는 날. 퇴직급여가 미래의 근무용역제공을 조건으로 하는지 여부와 무관하다.

㉡ 종업원이 추가로 근무용역을 제공하더라도 연봉이 추가로 상승하는 것 이외에는 확정퇴직급여금액이 더 이상 중요하게 증가하지 않는 날. 종업원이 추가로 근무용역을 제공하면 근무기간 전체에 걸쳐 궁극적으로 더 높은 수준의 퇴직급여를 받을 수 있다.

예제 5	퇴직 후 의료급여([1019: 73]에 대한 사례 3과 4)	중요도: ★★ 난이도: ◆

상황

상황 ①

· 회사는 다음 조건으로 종업원의 퇴직 후 의료원가를 보상해 준다.
· 근무연수가 10년 이상, 20년 미만인 경우에는 퇴직 후 의료원가의 40%를 보상
· 근무연수가 20년 이상인 경우에는 퇴직 후 의료원가의 50%를 보상

상황 ②

· 회사는 다음 조건으로 종업원의 퇴직 후 의료원가를 보상해 준다.
· 근무연수가 10년 이상, 20년 미만인 경우에는 퇴직 후 의료원가의 10%를 보상
· 근무연수가 20년 이상인 경우에는 퇴직 후 의료원가의 50%를 보상

물음 근무연도별로 배분되는 의료원가를 계산하라.

정답

상황 ①: 처음 10년 동안은 매년 4%, 그 다음 10년 동안은 매년 1%를 배분

상황 ②: 처음 20년 동안 매년 2.5%씩 배분

해설

상황 ①

· 종업원의 근무기간 후반에 귀속되는 의료급여 수준이 근무기간 초반에 귀속되는 의료급여 수준보다 중요하게 높지 않으므로 퇴직급여공식에 따라 의료급여를 배분한다. 처음 10년 동안은 매 근무연도에 예상의료원가 현재가치의 4%(40% ÷ 10년)를 배분하고, 그 다음 10년 동안은 매 근무연도에 예상의료원가 현재가치의 1%(10% ÷ 10년)를 배분한다. 10년 이내에 퇴직할 것으로 예상되는 종업원에 대해서는 의료급여를 배분하지 않는다.

상황 ②

· 종업원의 근무기간 후반에 귀속되는 의료급여 수준이 근무기간 초반에 귀속되는 의료급여 수준보다 중요하게 높으므로, 근무기간이 20년을 경과할 것으로 예상되는 종업원에 대해서 정액법으로 의료급여를 배분한다. 근무기간이 20년을 경과한 후에는 추가로 근무용역이 제공되더라도 더 이상 중요한 금액의 의료급여가 발생하지 않으므로 의료급여는 처음 20년 동안 매 근무연도에 예상의료원가 현재가치의 2.5%(50% ÷ 20년)씩 배분한다. 근무기간이 10년 이상이지만 20년에 미치지 못할 것으로 예상되는 종업원의 경우에는 처음 10년 동안 매 근무연도에 예상의료원가 현재가치의 1%를 의료급여로 배분하고, 처음 10년이 경과한 날부터 예상 퇴직일까지는 의료급여를 배분하지 않는다. 10년 이내에 퇴직할 것으로 예상되는 종업원에 대해서는 의료급여를 배분하지 않는다.

② 예측단위적립방식

예측단위적립방식(projected unit credit method)은 "근무기간마다 추가적인 '급여수급권 단위'가 생긴다고 보며, 궁극적인 확정급여채무액을 결정하기 위하여 각 급여수급권 단위를 별도로 측정한다"[1019: 68]. [1019: 68]을 쉽게 설명하면, 예측단위적립방식은 퇴직시점의 예상급여를 사용해서 퇴직급여공식으로 총 예상퇴직급여를 측정한 후에, 이를 기간별로 배분하여 기간별 당기근무원가를 현재가치로 측정하고 기간이 경과함에 따라 이자비용을 인식하고 확정급여채무의 장부금액을 증가시키는 것을 의미한다(Miniature 예제 2와 예제 6 참조).

Miniature 예제 2 예측단위적립방식에 따른 당기근무원가 측정

상황

· 종업원의 연봉이 1차연도에 ₩100,000이며 앞으로 매년 5%(복리)씩 상승하고 할인율은 연 10%이다. 종업원이 퇴직하는 시점(3차연도 12. 31.)에 다음 퇴직금을 일시불로 지급한다.

  일시불 퇴직금 = 퇴직 직전의 연간 급여 × 4% × 근무연수(3년)

· 연도별 예측단위적립액을 다음과 같이 계산한다.

  1차연도 12. 31.의 연간 급여: ₩100,000

  2차연도 12. 31.의 연간 급여: ₩100,000 × 1.05 = ₩105,000

  3차연도 12. 31.의 연간 급여: ₩105,000 × 1.05 = ₩110,250(최종 급여)

· 퇴직급여공식으로 정해진 퇴직금을 연도별로 배분하면 다음과 같다.

  일시불 퇴직금: ₩110,250(퇴직 직전 연간 급여) × 4% × 3년(근무연수) = ₩13,230

  일시불 퇴직금의 1년분: ₩13,230 ÷ 3년 = **₩4,410**

· 당기근무원가를 다음과 같이 현재가치로 측정한다.

1차연도의 당기근무원가: ₩4,410 × 0.82645(10%, 2년의 현재가치계수) = ₩3,645

2차연도의 당기근무원가: ₩4,410 × 0.90909(10%, 1년의 현재가치계수) = ₩4,009

3차연도의 당기근무원가: ₩4,410

참고 예측단위적립방식의 의미: 1차연도 12. 31.에 당기근무원가 ₩3,645에 대해 다음과 같이 분개한다.

(차) 퇴 직 급 여 비 용	3,645	(대) 확 정 급 여 채 무	3,645

확정급여채무 ₩3,645은 2년 후에 종업원이 퇴직하면 지급하는 금액이므로 시간이 경과하면서 확정급여채무 ₩3,645에 이자비용이 발생하고 확정급여채무 측정액이 증가한다. 즉, 2차연도 12. 31.에 확정급여채무가 ₩4,009(₩3,645 × 1.1)이 되고 3차연도 12. 31.에 확정급여채무가 ₩4,410(₩4,009 × 1.1)이 되므로 일시불 퇴직금의 1년분에 해당하는 금액에 도달한다. 위와 같이 연도별 당기근무원가를 측정하는 방법을 **예측단위적립방식**이라고 하는데 [1019: 68]에서는 "각 급여수급권 단위를 별도로 측정하는 방법"이라는 난해한 표현을 사용하였다.

예제 6 예측단위적립방식에 따른 당기근무원가의 산정

중요도: ★★★
난이도: ◆◆

상황

· 1차연도 1. 1.에 입사한 종업원이 3차연도 12. 31.에 퇴직하면 퇴직급여를 일시불로 지급한다. 종업원의 연봉은 다음과 같다.

	상황 ①	상황 ②
1차연도	₩100,000	₩100,000
2차연도	110,000	150,000
3차연도	120,000	200,000

· 할인율(이자율): 연 25%

· 연도별 퇴직급여 배분액의 결정:

상황 ①: 퇴직급여공식으로 정해진 예상퇴직급여 총액을 근무기간에 걸쳐 기간별로 배분한다.

일시불 퇴직급여 = 종업원의 퇴직 직전 최종연봉 × 3% × 근무연수
= ₩120,000 × 3% × 3년
= ₩10,800

연도별 퇴직급여 배분액: ₩10,800 ÷ 3년 = ₩3,600

상황 ②: 종업원의 근무기간 후반에 귀속되는 급여수준이 근무기간 초반에 귀속되는 급여수준보다 중요하게 높으므로 정액법에 따라 퇴직급여를 배분한다.

일시불 퇴직급여 = 매년 연봉의 합계 × 3%
= (₩100,000 + ₩150,000 + ₩200,000) × 3%
= ₩13,500

연도별 퇴직급여 배분액: ₩13,500 ÷ 3년 = ₩4,500

물음 각 상황으로 구분하여 예측단위적립방식에 따라 당기근무원가를 연도별로 결정하고 확정급여채무의 기말잔액을 계산하라.

정답 및 해설

상황 ①

	1차연도	2차연도	3차연도
연 봉	₩100,000	₩110,000	₩120,000
해당연도에 발생한 당기근무원가	₩3,600	₩3,600	₩3,600
현재가치계수	0.64	0.8	1.0
당기근무원가의 현재가치	₩2,304	₩2,880	₩3,600
확정급여채무의 기초잔액	₩0	₩2,304	₩5,760
이자비용(기초잔액의 25%)	0	576	1,440
당기근무원가의 현재가치	2,304	2,880	3,600
확정급여채무의 기말잔액	₩2,304	₩5,760	₩10,800

상황 ②

	1차연도	2차연도	3차연도
연 봉	₩100,000	₩150,000	₩200,000
해당연도에 발생한 평균 당기근무원가	₩4,500	₩4,500	₩4,500
현재가치계수	0.64	0.8	1.0
평균 당기근무원가의 현재가치	₩2,880	₩3,600	₩4,500
확정급여채무의 기초잔액	₩0	₩2,880	₩7,200
이자비용(기초잔액의 25%)	0	720	1,800
당기근무원가의 현재가치	2,880	3,600	4,500
확정급여채무의 기말잔액	₩2,880	₩7,200	₩13,500

(2) 순이자비용

순이자비용(수익)을 다음과 같이 계산해서 퇴직급여비용(또는 퇴직급여비용의 감소)으로 인식한다.

기초 확정급여채무에 대한 이자비용*	×××
기초 사외적립자산에 대한 내재이자수익*	(×××)
이자수익(자산인식상한효과에*** 대한 이자수익)	(×××)
기초 순확정급여부채(자산)의** 순이자비용(수익)	×××

* 확정급여채무에 적용하는 이자율(할인율)을 사용해서 이자비용과 내재이자수익을 계산한다.

** 순확정급여부채(자산) = 확정급여채무 – 사외적립자산'(이 절 5. 순확정급여부채 참조)

*** 자산인식상한효과는 이 절 6. 순확정급여자산과 인식상한 참조

① 확정급여채무에 대한 이자비용

미래에 지급할 퇴직급여를 현재가치로 측정한 확정급여채무에 대해 시간이 경과함에 따라 발생

하는 이자비용을 퇴직급여비용으로 인식하고 확정급여채무를 증가시킨다. 이자비용은 확정급여채무의 정산일에 가까워짐에 따라 확정급여채무의 현재가치가 증가하는 것을 반영하며, 다음과 같이 계산한다.

이자비용 = 확정급여채무의 기초잔액 × 회계기간 초의 이자율(할인율)

분개 **확정급여채무의 이자비용에 대한 회계처리**

이자비용 발생시점:

(차) 퇴직급여비용(이자비용)	×××	(대) 확정급여채무	×××

② 사외적립사산에 내포된 이자수익(내재이자수익)

사외적립자산에 내포된 이자수익(implied interest income)은 사외적립자산에 대한 기대수익을 반영하는 것으로서, 확정급여채무를 할인하기 위해 사용하는 할인율(기초에 결정됨)을 사용해서 다음과 같이 계산한다.

사외적립자산의 내재이자수익 = 사외적립자산의 기초잔액 × 회계기간 초의 할인율

위와 같이 계산한 내재이자수익은 사외적립자산의 실제 운용수익과 다를 수 있는데, 그 차액은 기타포괄손익으로 인식한다. 내재이자수익과 실제수익의 차이에 대한 자세한 회계처리는 p. 1065에서 설명한다. 사외적립자산의 내재이자수익만큼 확정급여채무에 대한 이자비용(퇴직급여비용)을 감소시킨다. 즉, 확정급여채무에 대한 이자비용과 사외적립자산에 대한 내재이자수익을 상계한 순이자비용(수익)을 퇴직급여비용으로 인식한다.

예제 7 사외적립자산 측정액

중요도: ★★★
난이도: ◆

상황

· 3차연도 1. 1.의 사외적립자산의 공정가치: ₩500,000
· 3차연도 1. 1.의 할인율: 연 8%
· 3차연도 12. 29.의 사외적립자산에 대한 기여금: ₩440,000
· 3차연도 12. 31.의 퇴직급여 지급액: ₩700,000

물음 3차연도 12. 31.의 사외적립자산 측정액을 계산하고, 3차연도에 필요한 분개를 하라.

정답 및 해설 기말 사외적립자산: ₩280,000

기초 사외적립자산	₩500,000
3차연도의 기여금	440,000 *
3차연도의 내재이자수익	40,000

3차연도의 퇴직급여 지급액	(700,000)
기말 사외적립자산	₩280,000

* ₩500,000 × 8% = ₩40,000

3차연도 12. 29. 기금 적립시점:

(차) 사 외 적 립 자 산	440,000	(대) 현 금	440,000

3차연도 12. 31. 내재이자수익 인식시점:

(차) 사 외 적 립 자 산	40,000	(대) 퇴 직 급 여 비 용(내재수익)	40,000

3차연도 12. 31. 퇴직급여 지급시점:

(차) 확 정 급 여 채 무	700,000	(대) 사 외 적 립 자 산	700,000

예제 8 퇴직급여의 일시불 지급과 확정급여채무 측정액

중요도: ★★★
난이도: ◆

상황

· 1차연도 1. 1.에 종업원이 고용되었다.
· 종업원은 3차연도 12. 31.에 퇴직할 것으로 기대된다.
· 이자율(할인율): 연 25%
· 퇴직급여공식: ₩10,000 × 고용연수
· 특정 시점의 퇴직급여채무의 현재가치는 다음과 같다.

	누적퇴직급여	현재가치계수	누적퇴직급여의 현재가치	현재가치의 증가
1차연도 12. 31.	₩10,000	0.64($n=2$)	₩6,400	₩6,400
2차연도 12. 31.	20,000	0.80($n=1$)	16,000	9,600
3차연도 12. 31.	30,000	1.0	30,000	14,000
합 계				₩30,000

물음 연도별로 확정급여채무의 기말잔액을 계산하라.

정답 **1차연도 말: ₩6,400, 2차연도 말: ₩16,000, 3차연도 말: ₩30,000**

해설

기초 확정급여채무(1차연도 1. 1.)		₩0
당기근무원가:		
1차연도에 제공된 용역에 대한 채무	₩10,000	
현재가치계수(기간 = 2, i = 25%)	× 0.64	
확정급여채무의 현재가치	₩6,400	6,400
이자비용(₩0 × 25%)		0
기말 확정급여채무(1차연도 12. 31.)		₩6,400

기초 확정급여채무(2차연도 1. 1.)		₩6,400
당기근무원가:		
2차연도에 제공된 용역에 대한 채무	₩10,000	
현재가치계수(기간 = 1, i = 25%)	× 0.8	
확정급여채무의 현재가치	₩8,000	8,000
이자비용(₩6,400 × 25%)		1,600
기말 확정급여채무(2차연도 12. 31.)		₩16,000
기초 확정급여채무(3차연도 1. 1.)		₩16,000
당기근무원가:		
3차연도에 제공된 용역에 대한 채무	₩10,000	
현재가치계수(n = 0, i = 25%)	× 1.0	
확정급여채무의 현재가치	₩10,000	10,000
이자비용(₩16,000 × 25%)		4,000
기말 확정급여채무(3차연도 12. 31.)		₩30,000

예제 9 확정급여채무의 개념과 측정

중요도: ★★★
난이도: ◆◆◆

길라잡이 이 예제에서는 독자가 기말확정급여채무를 직접 계산할 필요는 없고, 해설에 제시된 확정급여채무의 계산 과정을 훑어보면서 확정급여채무의 개념을 이해하는 것이 중요함

상황

· 퇴직급여공식: 퇴직연도의 연봉 × 2% × 근무기간
· 퇴직급여 지급일: 퇴직 다음연도부터 매년 말
· 종업원이 고용된 날: 1차연도 1. 1.
· 정년퇴직 예상일: 40차연도 12. 31.
· 종업원의 추정 근무기간: 40년
· 종업원이 퇴직하는 연도의 연봉 추정액: ₩300,000
· 종업원의 예상사망일: 60차연도 12. 31.
· 종업원의 추정 퇴직기간(은퇴기간): 20년(41차연도 1. 1. ~ 60차연도 12. 31.)
· 이자율(할인율): 연 5%

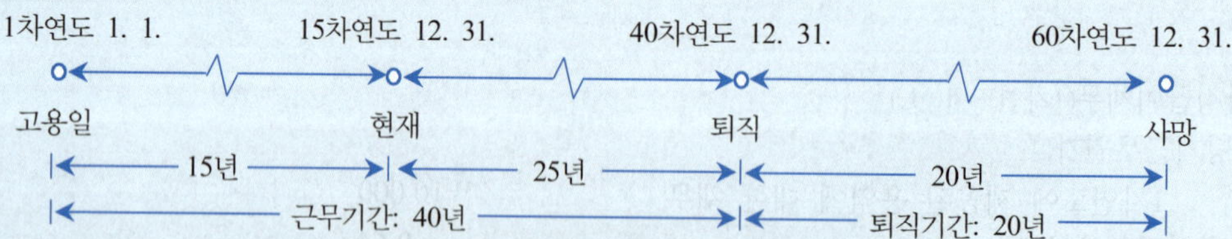

물음 15차연도 12. 31.과 16차연도 12. 31.의 확정급여채무 잔액을 계산하라.

정답 **15차연도 12. 31.: ₩331,208, 16차연도 12. 31.: ₩370,959**

해설

15차연도 12. 31.까지 가득된 퇴직급여가 41차연도 12. 31.부터 20년간 지급된다고 가정하고 예상 정년퇴

직일(40차연도 12. 31.)의 현재가치를 계산한 후, 그 값을 다시 15차연도 12. 31.의 현재가치로 환산한다.

15차연도 12. 31.까지 가득된 퇴직연금(확정급여채무): ₩300,000 × 2% × 15년 = ₩90,000(매년)

예상퇴직일(40차연도 12. 31.)의 퇴직연금(확정급여채무)의 현재가치:

₩90,000 × 12.46221(연금의 현재가치계수, n = 20, i = 5%) = ₩1,121,599

15차연도 12. 31.의 퇴직연금(확정급여채무)의 현재가치:

₩1,121,599 × 0.29530(현재가치계수, 기간 = 25, i = 5%) = ₩331,208

기말 확정급여채무(15차연도 12. 31.): ₩331,208

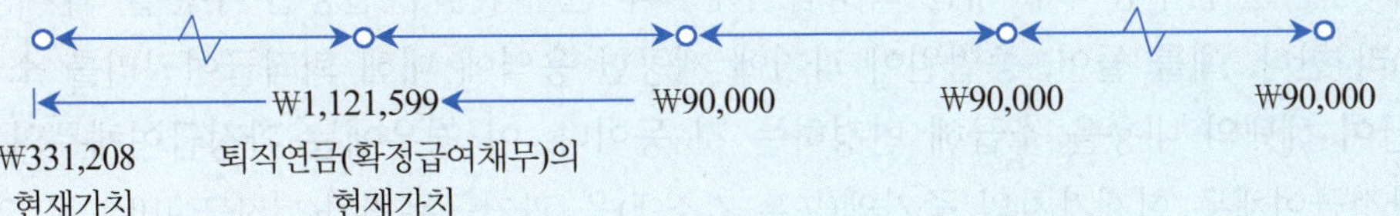

16차연도 12. 31.까지 가득된 퇴직연금(확정급여채무): ₩300,000 × 2% × 16년 = ₩96,000(매년)

예상퇴직일(40차연도 12. 31.)의 퇴직연금(확정급여채무)의 현재가치

₩96,000 × 12.46221(연금의 현재가치계수, n = 20, i = 5%) = ₩1,196,372

16차연도 12. 31.의 퇴직연금(확정급여채무)의 현재가치

₩1,196,372 × 0.31007(현재가치계수, 기간 = 24, i = 5%) = ₩370,959

기말 확정급여채무(16차연도 12. 31.): ₩370,959

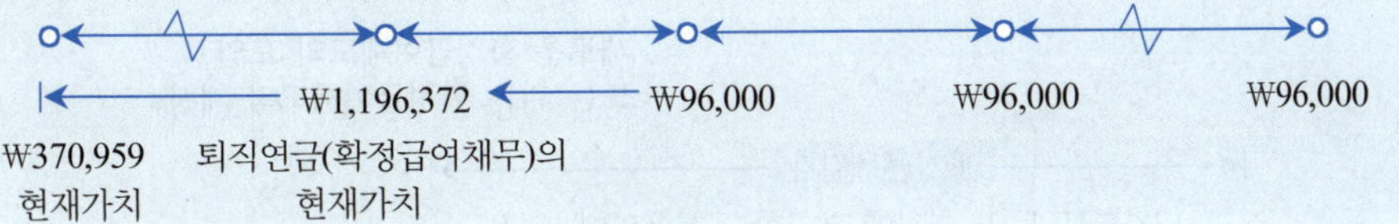

16차연도 중 확정급여채무의 증가액: ₩370,959 − ₩331,208 = ₩39,751

16차연도에 확정급여채무가 ₩39,751만큼 증가한 이유:

① 당기근무원가: 종업원이 1년을 더 근무한 것이 퇴직급여공식에 반영된다.

② 이자비용: 퇴직일에 1년 가까워지므로 미래 퇴직연금(확정급여채무)의 시간가치가 증가하여 퇴직연금(확정급여채무)의 현재가치가 증가한다.

참고 16차연도의 확정급여채무 증가액 ₩39,751을 예제 8과 같이 계산할 수도 있다.

기초 확정급여채무(16차연도 1. 1.)		₩331,208
당기근무원가:		
16차연도의 근무기간 동안 퇴직연금(확정급여채무)의 증가액		
₩300,000 × 2% × 1년 =	₩6,000	
40차연도 12. 31.의 연금현재가치계수	× 12.46221	
	₩74,773	
16차연도 12. 31.의 현재가치계수	× 0.31007	23,185
이자비용: ₩331,208 × 5%		16,560
기말 확정급여채무(15차연도 12. 31.)		₩370,953

16차연도의 확정급여채무 증가액: ₩23,185 + ₩16,560 = ₩39,745(반올림오차)

(3) 과거근무원가

고용주가 종업원의 사기진작, 고용시장의 경쟁적 요인, 종업원의 생산성 향상 등 다양한 이유로 확정급여제도를 새로 도입하거나 기존의 확정급여제도를 종업원에게 유리(불리)하게 변경하는 경우가 있다. 확정급여제도의 변경(확정급여제도의 도입, 철회 또는 대상 종업원의 유의적 감소 등)으로 인해 종업원이 과거에 제공한 근무용역에 대한 확정급여채무의 현재가치가 변동한 부분을 과거근무원가(past service costs)라 한다. 예를 들어, 종업원이 과거에 제공한 용역에 대해 퇴직급여권리를 소급해 부여하거나, 퇴직급여 혜택의 내용을 소급해 변경하는 것 등이다. 이 경우에는 확정급여채무의 현재가치가 변하므로 확정급여채무 현재가치의 증가액(또는 감소액)을 과거근무원가(퇴직급여비용)로 인식한다. 과거근무원가는 양(+)의 금액(급여가 새로 생기거나 변동되어 확정급여채무의 현재가치가 증가하는 경우)이 될 수도 있고 부(-)의 금액(기존 급여가 철회되거나 변동되어 확정급여채무의 현재가치가 감소하는 경우)이 될 수도 있다[1019: 106]. 예를 들어, 1차연도 1. 1.에 영업을 시작한 회사가 12차연도 1. 1.에 확정급여제도를 새로 도입하거나, 또는 기존 제도를 개정하여 1차연도 1. 1.부터 근무한 종업원에게 12차연도 1. 1.에 추가로 혜택을 부여하는 경우 12차연도 1. 1.에 인식할 과거근무원가는 다음과 같다.

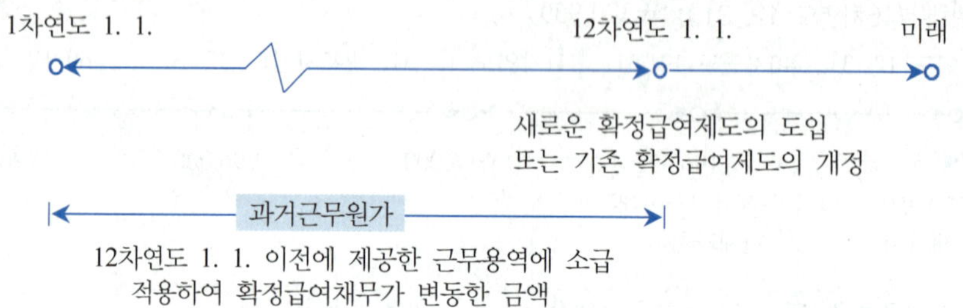

과거근무원가의 발생원인	
확정급여제도의 개정	확정급여제도의 축소
확정급여제도의 도입 확정급여제도의 철회 확정급여제도의 변경	제도의 대상이 되는 종업원 수를 유의적으로 감소

예제 10 과거근무원가의 개념 중요도: ★★★ 난이도: ◆◆◆

길라잡이 이 예제에서는 독자가 기말확정급여채무를 계산할 필요는 없고, 해설에 제시된 확정급여채무의 계산과정을 훑어보면서 과거근무원가의 개념을 이해하는 것이 중요함

상황

· 예제 9의 자료를 이용하되 16차연도 1. 1.에 퇴직급여공식이 다음과 같이 변경되었다고 가정하라.

퇴직연도의 연봉 × 2.4% × 용역제공기간

물음 과거근무원가를 계산하라.

정답 ₩66,242

해설

퇴직급여공식이 변경되지 않은 경우의 확정급여채무:

16차연도 1. 1.까지 가득된 퇴직급여: ₩300,000 × **2%** × 15년 = 매년 ₩90,000

퇴직일(40차연도 12. 31.)의 확정급여채무의 현재가치

₩90,000 × 12.46221(연금의 현재가치계수, n = 20, i = 5%) = ₩1,121,599

16차연도 1. 1.의 확정급여채무의 현재가치

₩1,121,599 × 0.29530(현재가치계수, 기간 = 25, i = 5%) = ₩331,208

퇴직급여공식이 변경된 경우의 확정급여부채:

16차연도 1. 1.까지 가득된 퇴직급여: ₩300,000 × **2.4%** × 15년 = 매년 ₩108,000

퇴직일(40차연도 12. 31.)의 확정급여채무의 현재가치: ₩108,000 × 12.46221 = ₩1,345,919

16차연도 1. 1.의 확정급여채무의 현재가치: ₩1,345,919 × 0.29530 = ₩397,450

· 과거근무원가(확정급여채무의 증가액): ₩397,450 − ₩331,208 = ₩66,242

· 확정급여제도를 개정하고 소급적용함에 따라 발생한 과거근무원가 ₩66,242는 확정급여채무를 증가시킨다.

① 확정급여제도의 개정

확정급여제도의 개정은 확정급여제도를 도입하거나, 철회하거나, 기존 확정급여제도에서 지급될 급여를 변경할 때 일어난다[1019: 104]. 기업이 종업원에게 유리하게 확정급여제도를 변경하고 소급적용하여 과거근무원가가 발생하면 퇴직급여비용과 확정급여채무가 증가한다. 과거근무원가가 발생하는 시점에 과거근무원가에 해당하는 금액을 퇴직급여비용과 확정급여채무로 인식한다.

(차) 퇴직급여비용(과거근무원가)	×××	(대) 확 정 급 여 채 무	×××

주식기준보상거래에서는 종업원에게 불리하게 조건을 변경하면 변경 자체를 무시한다(제17장 참조). 그러나 제20장에서는 확정급여제도를 종업원에게 불리하게 변경하고 소급적용함에 따라 종업원이 과거 기간에 제공한 근무용역에 대한 확정급여채무의 현재가치가 감소하면 감소액만큼 확정급여채무의 장부금액을 감소시킨다.

(차) 확정급여채무	×××	(대) 퇴 직 급 여 비 용	×××

② 확정급여제도의 축소

확정급여제도의 축소(curtailment)는 독립된 사건(예 공장폐쇄, 영업중단, 또는 확정급여제도의 종료나 중

단 등)과 관련해 확정급여제도의 수혜대상인 종업원 수를 유의적으로 감소시킬 것을 명시적으로 확약하는 것이다[1019: 105]. 기업이 구조조정을 해서 확정급여제도를 축소하면, 구조조정과 동시에 확정급여축소에 대해서 회계처리한다. 확정급여제도 축소로 인한 이익(손실)만큼 당기의 퇴직급여비용과 확정급여채무의 측정액을 감소(또는 증가)시킨다.

(차) 확정급여채무	×××	(대) 퇴직급여비용	×××

예제 11 확정급여제도 축소이익

중요도: ★★
난이도: ◆

상황

· 확정급여제도의 기금적립 상태는 다음과 같다.

확정급여채무의 현재가치	₩(5,000)
사외적립자산의 공정가치	4,300
과소적립액(기금적립 부족액)	₩(700)

· 공장 한 곳을 폐쇄하여 일부 종업원을 해고하고 퇴직급여를 축소하기로 결정하였다.
· 해고된 종업원들에 대한 확정급여채무: ₩500

물음 축소효과를 측정하고 축소를 기록하기 위한 분개를 하라.

정답 및 해설 축소이익: ₩500

· 확정급여채무의 제거액: ₩500

	축소 전	축소효과	축소 후
확정급여채무의 현재가치	₩(5,000)	₩500	₩(4,500)
사외적립자산의 공정가치	4,300		4,300
과소적립액(기금적립 부족액)	₩(700)	₩500	₩(200)

확정급여채무의 감소를 기록하는 분개:

(차) 확정급여채무	500	(대) 퇴직급여비용(축소이익)	500

(4) 확정급여제도의 정산손익

확정급여제도의 정산(settlement)은 확정급여제도 시행의 종료를 의미한다. 퇴직급여의 전부(또는 일부)에 대한 법적의무 또는 의제의무를 기업이 더 이상 부담하지 않기로 하는 계약이 체결되면 확정급여제도가 정산된다(확정급여제도의 규약에서 정하고 있고 보험수리적 가정에 포함된 종업원에 대한 또는 종업원의 대리인에 대한 지급은 제외). 퇴직금 중도정산처럼 확정급여제도 가입자에게 현금을 일시불로 지급하고 가입자가 퇴직급여를 지급받을 권리를 포기하면 확정급여제도가 정산된다. 특정 기업이 다른 기업(예 보험회사)에게 확정급여채무를 실질적으로 이전하는 계약을 체결해서 해당 기업이 퇴직급여 부족분에 대한 법적의무 또는 의제의무가 없어져도 확정급여제도가 정산된다. 그러나 퇴직급여기금을 적립할 목적으로 기업이 보험계약을 체결했으나, 보험회사가 퇴직급여를 지급하지 못하는 경우에 기업이 대신 지급할 법적의무 또는 의제의무를 부담하면 확정급여제도가 정산된 것이 아니다.

확정급여제도를 정산하여 사외적립자산의 공정가치와 확정급여채무의 현재가치가 변동하여 발생하는 손익을 정산손익(gain or loss on settlement)이라 한다. 확정급여제도의 개정, 축소, 정산이 일어날 때, 과거근무원가나 정산손익을 인식하고 측정한다. 확정급여제도의 개정, 축소, 정산이 한꺼번에 일어나는 경우에는 확정급여제도 개정에 따른 과거근무원가, 축소에 따른 과거근무원가와 정산손익을 구분하지 않고 일괄적으로 퇴직급여비용과 확정급여채무를 인식한다. 그러나 확정급여제도에 따른 급여를 변경하고 개정된 급여를 나중에 정산하는 경우에는 정산손익을 인식하기 전에 과거근무원가를 인식한다[1019: 100]. 확정급여제도를 정산하면 정산손익을 다음과 같이 측정하여 퇴직급여비용과 확정급여채무를 인식한다.

정산대가	×××
정산으로 인한 기금적립 상태의 변동분*	(×××)
정산손익	×××

* 사외적립자산과 확정급여채무의 변동액

2018년에 개정된 「K-IFRS 제1019호」에 따르면 개정전 회계처리지침과는 달리 제도의 개정, 축소, 정산이 일어날 때, 과거근무원가나 정산손익을 인식하고 측정하지만 자산인식상한효과(pp. 1070 ~ 1071 참조)는 고려하지 않는다(예제 16 참조). 과거근무원가나 정산손익을 인식한 후, 확정급여제도의 개정, 축소, 정산 후의 자산인식상한효과를 측정하고 자산인식상한효과의 변동을 인식한다[1019: 101A].

예제 12 정산손익

중요도: ★★
난이도: ◆

상황

· 확정급여제도의 기금적립 상태는 다음과 같다.

확정급여채무의 현재가치	₩(5,000)
사외적립자산의 공정가치	3,500
과소적립액(기금적립 부족액)	₩(1,500)

· 사외적립자산을 전부 사용하고 추가로 일시불 ₩2,500을 지급하여 확정급여제도를 정산하였다.

물음 정산손익을 계산하고 정산을 기록하는 분개를 하라.

정답 및 해설 정산손실: ₩1,000

정산대가	₩2,500
기금적립 부족액	(1,500)
정산손실	₩1,000

정산손실을 기록하는 분개:

(차) 확정급여채무	5,000	(대) 사외적립자산	3,500

퇴직급여비용(정산손실)	1,000	현 금	2,500

(5) 재측정요소

순확정급여부채(자산)의 재측정요소(remeasurements)는 다음 세 가지 항목으로 구성된다[1019: 8].

① 보험수리적손익: 보험수리적가정의 변경이 확정급여채무의 현재가치에 미치는 영향

② 사외적립자산에 대한 자산손익: 사외적립자산의 실제수익과 내재이자수익의 차이

③ 자산인식상한효과의 변동액(이 절 6(4). 자산인식상한효과 참조): 퇴직급여비용으로 인식된 순이자비용(수익) 제외

순확정급여부채(자산)의 재측정요소는 기타포괄손익으로 인식하며, 후속기간에 당기손익으로 재분류하지 않는다. 그러나 기타포괄손익누계액계정의 잔액을 자본의 다른 분류범주(예 이익잉여금)로 대체할 수는 있다[1019: 122].

① 보험수리적손익

확정급여채무와 기간별 확정급여원가(퇴직급여비용)를 측정하기 위해 다음 항목의 값을 추정하여 특정 수치를 부여하는 것을 보험수리적가정(actuarial assumption)이라 한다.

- 퇴직기간(퇴직자의 생존기간): 퇴직 이후 종업원의 예상 생존기간(퇴직시점부터 사망시점까지의 기간)은 얼마인가?
- 종업원의 이직률 또는 조기퇴직률: 퇴직연금혜택조건을 충족시키기 위해 현직 종업원 중 몇 명이 정년퇴직시점까지 근무용역을 제공할 것인가?
- 미래 급여상승률과 특정 종업원이 퇴직하는 연도의 연봉: 퇴직시점까지의 급여상승률과 퇴직연도의 급여액은 얼마인가?
- 미래 의료비용
- 이자율(할인율): 당기에 종업원이 가득한 미래 연금의 현재가치 계산과 사외적립자산에 내포된 이자수익을 계산하기 위해 사용할 적절한 이자율(할인율)은 얼마인가?

쉬어가는 코너 보험수리적손익의 개념에 대한 직관적 해석

- 일반적으로 보험수리적손익은 통계학에 박식한 계리인(actuary)이 '주관적'으로 측정한다. 그러나 보험수리적손익의 개념과 회계처리방법을 이해하기 위해 계리인이 아니라 대학병원 원장, 신들린 도사, 운명철학원 원장을 등장시켜보자.
- 극단적인 경우, 종업원이 퇴직한 바로 다음 날에 사망할 것으로 대학병원 원장이 예측하면 기업은 해당 종업원에게 지급할 확정급여채무가 없다. 그러나 58세에 퇴직하고 퇴직 직후에 사망할 것으로 운명철학원 원장이 예측한 종업원이 108세까지 생존할 것으로 신들린 도사가 새로 예측하면 기업이 50년간 퇴직연금을 지급하여야 하므로 확정급여채무의 현재가치가 상당히 늘어나서 기업의 회장을 실망하게 한다. **이처럼 보험수리적가정을 변경해 확정급여채무의 현재가치가 증가하면, 확정급여채무의 이러한 현재가치 증가액을 보험수리적손실이라 한다.**
- 58세에 퇴직하는 종업원이 98세까지 생존할 것으로 예측하였으나 종업원이 갑자기 못된 풍토병에 걸려

운명철학원 원장이 59세까지 생존할 것으로 점을 치면 해당 종업원에게 지급할 확정급여채무의 현재가치가 상당히 줄어든다. **이처럼 보험수리적가정을 변경해 확정급여채무의 현재가치가 감소하면, 확정급여채무의 이러한 현재가치 감소액을 보험수리적이익이라 한다.**

- 여기서 의도적으로 대학병원 원장, 신들린 도사, 운명철학원 원장 등을 등장시킨 이유는 이분들의 말씀 한마디에 확정급여채무액이 증감할 수 있으므로, 보험수리적손익은 정당한 손익(legitimate gain or loss)이 아니라는 점을 강조하기 위해서이다. 보험수리적손익에 대해서는 비합리적인 회계처리방법을 수용해서 보험수리적손익을 당기순이익에 포함시키지 않고 기타포괄손익으로 인식해서 당기순이익의 변동성에 영향을 미치지 않도록 한다.

확정급여제도를 도입한 이후 후속 기간에 위 항목 중 하나 이상의 값이 수정되면 확정급여채무의 측정액이 변한다. 위 항목의 추정치가 변경됨에 따라 확정급여채무의 현재가치가 증감하는 금액을 보험수리적손익(actuarial gains or losses)이라 한다. 보험수리적손익은 확정급여제도의 도입, 개정, 축소, 정산으로 인한 확정급여채무의 현재가치의 변동이나 확정급여제도에 따라 지급될 급여의 변동을 포함하지 아니한다. 이러한 변동으로는 과거근무원가나 정산손익이 발생한다[1019: 129].

보험수리적손익의 구분
- 보험수리적손실(확정급여채무의 현재가치가 증가하는 금액)
- 보험수리적이익(확정급여채무의 현재가치가 감소하는 금액)

예제 13 보험수리적손익의 개념

중요도: ★★★
난이도: ◆◆◆

길라잡이 이 예제에서는 독자가 보험수리적손익을 직접 계산할 필요는 전혀 없고, 해설에 제시된 확정급여채무의 계산과정을 대충 훑어보면서 보험수리적손익의 개념을 이해하는 것이 중요함

상황 예제 10의 자료를 사용하되, 17차연도 12. 31.에 종업원이 정년퇴직하는 연도의 연봉을 ₩350,000으로 추정하였다고 가정하라.

물음 확정급여채무에 대한 보험수리적손익을 계산하라.

정답 **보험수리적손실 ₩82,770**

해설

연봉 추정치를 수정하기 전의 확정급여채무:

17차연도 12. 31.까지 가득된 퇴직급여: **₩300,000** × 2.4% × 17년 = ₩122,400

퇴직일(40차연도 12. 31.)의 퇴직연금(확정급여채무)의 현재가치:

₩122,400 × 12.46221(연금의 현재가치계수, n = 20, i = 5%) = ₩1,525,375

17차연도 12. 31.의 퇴직연금(확정급여채무)의 현재가치:

₩1,525,375 × 0.32557(현재가치계수, 기간 = 23, i = 5%) = ₩496,616

보험수리적 가정의 변경으로 인하여 연봉 추정치를 수정한 후의 확정급여채무:

17차연도 12. 31.까지 가득된 퇴직급여: **₩350,000** × 2.4% × 17년 = ₩142,800

퇴직일(40차연도 12. 3.일)의 퇴직연금(확정급여채무)의 현재가치:

₩142,800 × 12.46221 = ₩1,779,604

17차연도 12. 31.의 퇴직연금(확정급여채무)의 현재가치: ₩1,779,604 × 0.32557 = ₩579,386

보험수리적손실(확정급여채무의 증가액): ₩579,386 − ₩496,616 = ₩82,770

보험수리적손익은 기타포괄손익으로 인식한 후 당기손익으로 재순환(recycling)하지 않고[1019: 122] 기타포괄손익누계액계정(자본계정)에 보관한다. 예를 들어, 예제 13에서와 같이 보험수리적가정이 변경되어 확정급여채무가 증가하면 증가액 ₩82,770의 보험수리적손실을 기타포괄손익으로 인식하고 마감분개를 통해 기타포괄손익누계액계정(자본계정)으로 이체한다. 기타포괄손익으로 인식된 재측정요소는 후속기간에 퇴직급여비용(당기손익)으로 재순환하지 않으므로 영원히 포괄손익계산서에 퇴직급여비용으로 표시되지 않고 자본을 직접 증가시키거나 감소시킨다.

분개 보험수리적손익에 대한 회계처리

보험수리적손실 발생시점:

(차) 보험수리적손실(기타포괄손익)	×××	(대) 확정급여채무	×××

보험수리적이익 발생시점:

(차) 확정급여채무	×××	(대) 보험수리적이익(기타포괄손익)	×××

마감분개:

(차) 기타포괄손익누계액	×××	(대) 보험수리적손실(기타포괄손익)	×××
(차) 보험수리적이익(기타포괄손익)	×××	(대) 기타포괄손익누계액	×××

Miniature 예제 3 보험수리적손실에 대한 회계처리방법

상황

· 10차연도 1. 1.의 보험수리적손실 누계액: ₩0
· 10차연도의 보험수리적손실: ₩50,000

물음 10차연도 12. 31.에 보험수리적손실과 관련된 분개를 하라.

해설

10차연도 12. 31. 결산일:

(차) 보험수리적손실(기타포괄손익)	50,000	(대) 확정급여채무	50,000

마감분개:

(차) 기타포괄손익누계액	50,000	(대) 보험수리적손실(기타포괄손익)	50,000

② 사외적립자산에 내포된 이자수익(내재이자수익)과 실제수익의 차이

사외적립자산에 내포된 이자수익(implied interest income)은 확정급여채무를 할인할 때 사용한 할인율을 사외적립자산의 기초금액에 곱해서 계산한 이자수익(내재이자수익)이다. 기여금의 출연이나 퇴직급여의 지급으로 생기는 사외적립자산의 변동을 고려해서 이자수익을 계산한다[1019: 125]. 예를 들어, 사외적립자산의 기초잔액이 ₩3,000,000이고 연 이자율이 10%이면 내재이자수익이 ₩300,000이다. 그러나 11월 30일에 사외적립자산에서 퇴직급여 ₩1,200,000을 지급해서 12월 1일부터 사외적립자산의 잔액이 ₩1,800,000이 되면 1년간 내재이자수익이 ₩290,000[(₩3,000,000 × 10% × 11/12) + (₩1,800,000 × 10% × 1/12)]이다.

내재이자수익은 회계연도 중 사외적립자산을 운용해서 달성한 실제수익(actual returns)과 다를 가능성이 매우 높다. 사외적립자산의 내포된 이자수익(내재이자수익)과 실제수익의 차이를 사외적립자산에 대한 자산손익(asset gains and losses)이라 한다. 사외적립자산의 실제수익이 내포된 이자수익(내재이자수익)보다 크면 자산이익(asset gains)이 발생하고, 사외적립자산의 실제수익이 내포된 이자수익(내재이자수익)보다 작으면 자산손실(asset losses)이 발생한다.

자산이익 = 사외적립자산의 실제수익 − 사외적립자산에 내포된 이자수익(내재이자수익)
자산손실 = 사외적립자산에 내포된 이자수익(내재이자수익) − 사외적립자산의 실제수익

사외적립자산에 내포된 이자수익과 사외적립자산의 실제수익의 차이는 사외적립부채(자산)의 재측정요소에 포함한다[1019: 125]. 그러므로 자산이익(또는 손실)을 기타포괄손익으로 인식하고, 회계기간 말에 마감분개를 해서 기타포괄손익누계액계정으로 이체한다.

분개 자산손실에 대한 회계처리

자산손실 발생시점:

(차) 자 산 손 실(기타포괄손익)	×××	(대) 사 외 적 립 자 산	×××

마감분개:

(차) 기타포괄손익누계액	×××	(대) 자 산 손 실(기타포괄손익)	×××

표 20.5 퇴직급여비용, 확정급여채무와 사외적립자산의 변동요소

원인	확정급여채무에 미치는 영향	퇴직급여비용에 미치는 영향	사외적립자산에 미치는 영향	측정시점
당기근무원가	+	+	영향 없음	매 회계기간 말
확정급여채무에 대한 이자비용	+	+	영향 없음	매 회계기간 말
사외적립자산에 내포된 이자수익	영향 없음	−	+	매 회계기간 말
사외적립자산에 대한 자산손익	영향 없음	영향 없음*	+ 또는 −	매 회계기간 말

과거근무원가(축소손익 포함)	+ 또는 −	+ 또는 −	영향 없음	퇴직급여공식을 수정(또는 채택)하는 시점
퇴직급여제도의 정산손익	+ 또는 −	+ 또는 −	영향 없음	확정급여제도의 정산시점
보험수리적손익	+ 또는 −	영향 없음*	영향 없음	확정급여채무에 대한 추정치 변경시점
퇴직자에게 지급한 퇴직급여	−	영향 없음	−	종업원이 퇴직한 후 퇴직급여 지급시점
기업(고용주)이 납입한 기여금	영향 없음	영향 없음	+	납입시점

* 기타포괄손익으로 인식함.

표 20.6 확정급여채무

확정급여채무 기초잔액(현재가치)	×××
+) 당기 퇴직급여비용	×××
−) 퇴직급여 지급액	(×××)
±) 보험수리적손익	×××
=) 확정급여채무 기말잔액(현재가치)	×××

확정급여제도에 대한 회계처리를 요약하면 다음과 같다.

① 포괄손익계산서에 보고할 퇴직급여비용을 결정한다. 당기 퇴직급여비용을 확정급여채무에 가산한다.

② 자산손익과 보험수리적손익을 결정해서 기타포괄손익으로 인식한다. 보험수리적손익을 확정급여채무에 가산하고, 자본요소인 기타포괄손익누계액계정으로 이전하거나 포괄손익계산서를 우회해서 직접 이익잉여금으로 대체한다.

③ 회계기간 말에 사외적립자산의 공정가치에서 확정급여채무의 현재가치를 차감해서 순액을 재무상태표에 자산(또는 부채)으로 보고한다(다음 부분 참조). 일반적으로 [확정급여채무의 현재가치 > 사외적립자산의 공정가치]이므로 확정급여채무의 현재가치에서 사외적립자산의 공정가치를 차감한 잔액을 재무상태표에 순확정급여부채로 보고한다.

예제 14 퇴직급여비용과 기타포괄손익(Recap)

중요도: ★★★
난이도: ◆◆

상황

· 5차연도 1. 1.의 누적 보험수리적손실(기타포괄손익누계액 차변잔액): ₩100,000
· 5차연도 1. 1.의 사외적립자산의 공정가치: ₩700,000
· 5차연도 1. 1.의 확정급여채무의 현재가치: ₩800,000
· 이자율(할인율): 10%
· 5차연도 1. 3.에 회사가 확정급여제도를 변경하여 과거근무원가 ₩60,000이 발생
· 5차연도 12. 31.에 추정치의 변경으로 인해 확정급여채무가 ₩35,000 증가
· 5차연도 12. 31.의 사외적립자산에 대한 실제수익: ₩75,000

물음 5차연도에 필요한 회계처리를 하라.

정답 및 해설

5차연도 1. 3. 과거근무원가 발생시점:

(차) 퇴직급여비용(과거근무원가) 60,000 (대) 확정급여채무 60,000

5차연도 12. 31. 결산일:

확정급여채무의 현재가치에 대한 이자비용 인식:

(차) 이 자 비 용(퇴직급여비용) 80,000* (대) 확정급여채무 80,000

* ₩800,000 × 10% = ₩80,000

사외적립자산에 대한 내재이자수익 인식:

(차) 사외적립자산 70,000* (대) 퇴직급여비용(내재수익) 70,000

* ₩700,000 × 10% = ₩70,000

확정급여채무의 현재가치에 대한 보험수리적손실 인식:

(차) 보험수리적손실(기타포괄손익) 35,000 (대) 확정급여채무 35,000

사외적립자산에 대한 자산이익 인식:

(차) 사외적립자산 5,000 (대) 자 산 이 익(기타포괄손익) 5,000*

* ₩75,000(실제수익) − ₩70,000(내재이자수익) = ₩5,000

마감분개:

(차) 자 산 이 익(기타포괄손익) 5,000 (대) 보험수리적손실(기타포괄손익) 35,000
기타포괄손익누계액 30,000

기타포괄손익누계액

기초잔액	100,000	
5차연도	30,000	
기말잔액	130,000	

5. 순확정급여부채(자산)

일반적으로는 재무상태표에 자산(예 매출채권 ₩30,000)과 부채(예 매입채무 ₩20,000)를 상계해서 순액(예 매출채권 ₩10,000)으로 표시하지 않고 각각 총액으로 표시한다. 그러나 확정급여제도에서는 미래에 종업원에게 지급하는 '확정급여채무'와 기업이 퇴직급여를 지급하기 위해 기금운용기관에 쌓아놓은 '사외적립자산'의 크기를 비교하여 이 둘의 순액(net amount)을 재무상태표에 표시한다. 확정급여채무의 현재가치가 사외적립자산의 공정가치보다 크면 그만큼 '덜 적립'한 것이므로 그 차이를 과소적립액이라 하고, 반대의 경우에는 그만큼 '더 적립'한 것이므로 그 차이를 초과적립액이라 한다. 실무에서는 확정급여채무의 현재가치가 사외적립자산의 공정가치보다 커서 과소적립액이 발생하는 경우가 대부분이다. 이처럼 기업이 정산할 '의무'가 지급할 수 있는 '재원'을 초과하면 초과액(과소적립액)을 재무상태표에 '순확정급여부채'로 표시한다.

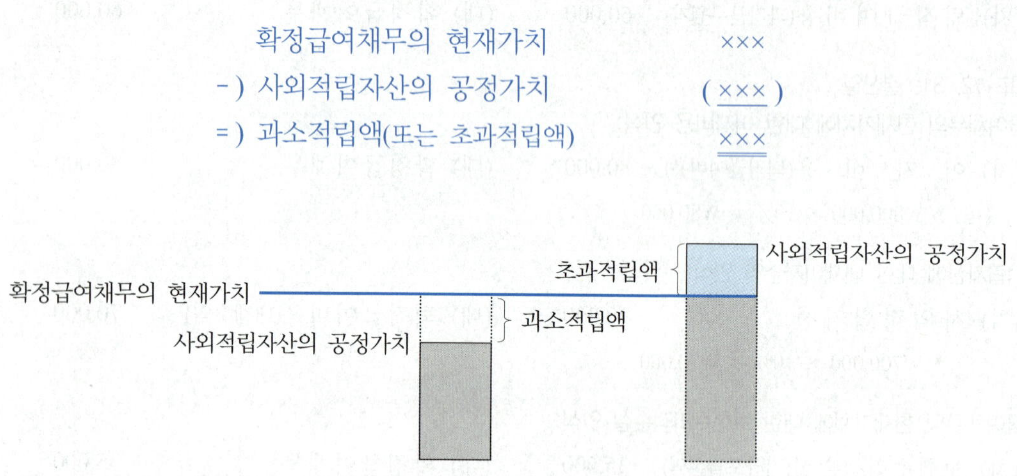

실무에서 매우 드물지만 확정급여채무의 현재가치가 사외적립자산의 공정가치보다 적어 확정급여채무의 현재가치에서 사외적립자산의 공정가치를 차감한 금액이 음(−)의 값을 가져 초과적립액이 존재하는 경우도 있다. 이 경우에는 '순확정급여자산(자산항목)'을 인식하되, 초과적립액 전액이 아니라 자산으로 인식할 수 있는 상한선 내에서만 순확정급여자산을 인식한다.

6. 순확정급여자산과 인식상한

(1) 순확정급여자산

사외적립자산의 공정가치가 확정급여채무의 현재가치보다 커서 초과적립액이 발생하면 다음 금액을 순확정급여자산으로 측정한다[1019: 64].

재무상태표에 순확정급여자산으로 표시하는 금액 = min {초과적립액, 자산인식상한}

자산인식상한(asset ceiling)은 기업이 초과적립액에서 이용할 수 있는 경제적효익의 총액이다. 구체적으로, 자산인식상한은 확정급여제도로부터 환급받거나 확정급여제도에의 기여금을 절감하는 방식으로 미래에 이용할 수 있는 경제적효익의 현재가치를 의미한다[1019: 8]. 일반적으로 기업은 확정급여채무를 정산하고 남는 초과적립액 전액을 순확정급여자산으로 인식하고자 한다. 그러나 초과적립액 중 다음과 같이 미래에 기업에게 경제적효익을 줄 수 있어 자산의 정의에 부합하는 부분만 자산으로 인식한다.

이용가능한 경제적효익: 환급예상액의 현재가치	×××
+) 이용가능한 경제적효익: 미래기여금 감소액의 현재가치	×××
=) 자산인식상한	×××

(2) 이용가능한 경제적효익: 환급예상액의 현재가치

보험수리적가정이 변해서 확정급여채무의 현재가치가 감소한 결과 초과적립액이 발생하면 기업은 사외적립자산 운용자로부터 과거에 납부한 기여금의 일부를 환급받을 수 있다. 그러나 기업이 이러한 환급예상액을 이용가능한 경제적효익으로 인식하려면 사외적립자산의 운용자로부터 환급받을 수 있는 무조건적 권리를 보유하여야 한다[2114: 11]. 예를 들어, 확정급여제도 해산 등 단일 사건으로 확정급여제도부채가 전부 청산되는 경우에는 기업이 무조건부 환급권을 갖는다. 그러나 기업이 전적으로 통제할 수 없는 불확실한 미래사건의 발생 여부에 따라 초과적립액에 대한 환급권리의 존재 여부가 결정되면 기업이 무조건적인 권리를 가지고 있지 않으므로 해당 환급예상액은 이용가능한 경제적효익이 아니다. 초과적립액의 환급과 관련하여 부대비용(예 전문가 수수료 등)이 발생하면 이용가능한 경제적효익인 환급액을 계산할 때 해당 부대비용을 차감한다.

초과적립액 중에서 환급받을 수 있는 금액	×××
-) 환급과 관련된 원가(예 전문가 수수료)	(×××)
=) 이용가능한 경제적효익: 환급예상액	×××

(3) 이용가능한 경제적효익: 미래기여금 감소액의 현재가치

기업은 미래에 종업원이 근무함에 따라 발생하는 미래 근무원가에 해당하는 금액은 최소한 납부해야 하기 때문에, 별다른 제약조건이 없다면 기업이 혜택을 받을 수 있는 미래기여금 감소액은 미래 근무원가에 해당한다. 그러나 확정급여제도의 가입자에게 약속된 퇴직급여의 지급 보장성을 높이기 위해 특정 기간 동안에 확정급여제도에 출연해야 하는 기간별 기여금의 최소금액(또는 최소수준)이 법으로 정해진 경우(예 확정급여채무의 70%를 기여금으로 출연해야 함)가 있다. 이 경우에는 미래기여금에 대해서 감소 혜택을 받더라도 법에 따라 최소한 출연해야 하는 금액이 존재하기 때문에 미래기여금 감소혜택 금액이 실질적으로 줄어들게 된다. 그러므로 미래 근무원가 전체에 대해 감소혜택을 받지 못하고, 법적 최소적립요구액을 차감한 금액만큼만 혜택을 받을 수 있다.

기간별 미래근무용역원가	×××
-) 미래 근무용역원가에 대해 요구되는 법적 최소적립액	(×××)
=) 이용가능한 경제적효익: 미래기여금 감소액	×××

(4) 자산인식상한효과

자산인식상한효과(effect of the asset ceiling)는 초과적립액 중 자산인식상한 때문에 자산으로 인식하지 못한 부분이다. 「K-IFRS 제1019호」와 「K-IFRIC 제2114호」(「K-IFRS 제1019호」: 확정급여자산한도, 최소적립요구 및 그 상호작용」)는 자산인식상한효과를 구체적으로 정의하지 않지만, 「K-IFRS 제1019호」의 전반적 내용에 비추어 보면, 자산인식상한효과는 '초과적립액에서 기업이 자산으로 인식한 금액을 차감한 금액'임을 유추할 수 있다.

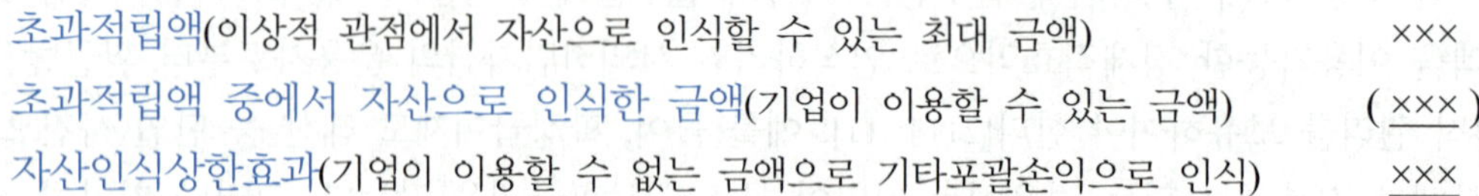

초과적립액(이상적 관점에서 자산으로 인식할 수 있는 최대 금액)	×××
초과적립액 중에서 자산으로 인식한 금액(기업이 이용할 수 있는 금액)	(×××)
자산인식상한효과(기업이 이용할 수 없는 금액으로 기타포괄손익으로 인식)	×××

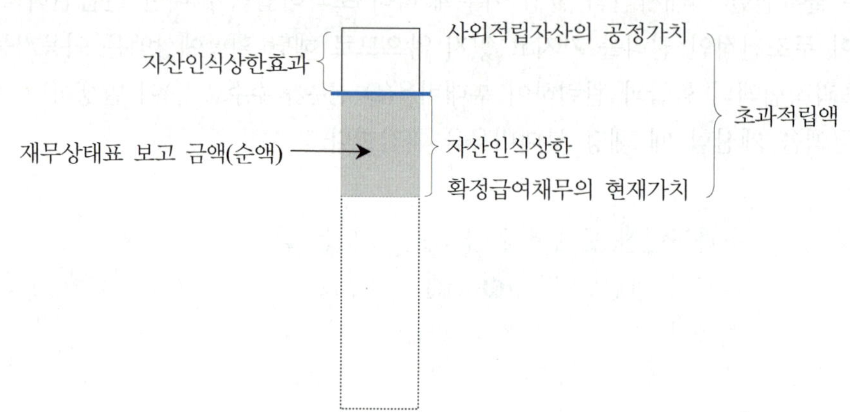

'자산인식상한'은 재무상태표의 자산 측정액을 결정하는 데 사용하고, '자산인식상한효과'는 포괄손익계산서의 퇴직급여비용과 재측정요소(기타포괄손익)를 결정하는 데 사용한다. 기업의 관점에서 자산인식상한효과는 사외적립자산의 공정가치 중에서 아쉽게도 자산으로 인식하지 못하는 금액이다. 자산인식상한효과도 사외적립자산의 일부분이므로 내재이자수익을 발생시킨다. 이러한 내재이자수익은 퇴직급여비용을 감소시킨다.

자산인식상한효과에 대한 내재이자수익 = 자산인식상한효과 × 회계기간 초의 이자율(할인율)

(차) 사외적립자산	×××	(대) 퇴직급여비용	×××

확정급여제도의 초과적립액 중에서 자산인식상한 금액까지만 재무상태표에 자산으로 인식할 수 있으므로 아래 조정분개를 통해 사외적립자산 금액을 자산인식상한으로 감소시킨다.

분개 특정 회계기간 말에 자산인식상한효과 인식	당기 말에 자산인식상한효과 변동분 인식
(차) 자산인식상한효과* ××× (대) 사 외 적 립 자 산 ××× * 기타포괄손익	상황 ① [전기 말 자산인식상한효과 〉 당기 말 자산인식상한효과] (차) 사 외 적 립 자 산 ××× (대) 자산인식상한효과* ×××** * 기타포괄손익 ** 자산인식상한효과 감소액 = 전기 말 자산인식상한효과 − 당기 말 자산인식상한효과 상황 ② [전기 말 자산인식상한효과 〈 당기 말 자산인식상한효과] (차) 자산인식상한효과* ×××** (대) 사 외 적 립 자 산 ××× * 기타포괄손익 ** 자산인식상한효과 증가액 = 당기 말 자산인식상한효과 − 전기 말 자산인식상한효과

Miniature 예제 4 자산인식상한효과

상황

확정급여채무 기말 장부금액	₩300,000
사외적립자산 기말 공정가치	800,000
자산인식상한	100,000
확정급여채무에 대한 보험수리적이익	40,000
사외적립자산에 대한 실제수익	60,000
사외적립자산의 내재이자수익	150,000

물음 포괄손익계산서에 보고하는 기타포괄손익은 얼마인가?

정답

기말 사외적립자산	₩800,000	확정급여채무에 대한 보험수리적이익	₩40,000
기말 확정급여채무	(300,000)	사외적립자산에 대한 자산손실	(90,000)
초과적립액	₩500,000	자산인식상한효과(손실)	(400,000)
자산인식상한	(100,000)	기타포괄손익(손실)	₩(450,000)
자산인식상한효과	₩400,000		

예제 15 확정급여제도(2018년, 회계사 1차)

중요도: ★★★
난이도: ◆◆◆

상황

다음은 ㈜대한이 채택하고 있는 확정급여제도와 관련한 자료이다.

· 순확정급여부채(자산) 계산 시 적용한 할인율은 연 5%이다.
· 2차연도 초 사외적립자산의 공정가치는 ₩550,000이고, 확정급여채무의 현재가치는 ₩500,000이다.
· 2차연도 당기근무원가는 ₩700,000이다.
· 2차연도 말에 퇴직종업원에게 ₩100,000의 현금이 사외적립자산에서 지급되었다.
· 2차연도 말에 사외적립자산에 ₩650,000을 현금으로 출연하였다.
· 2차연도 말 사외적립자산의 공정가치는 ₩1,350,000이다.
· 보험수리적 가정의 변동을 반영한 2차연도 말 확정급여채무는 ₩1,200,000이다.
· 2차연도 초와 2차연도 말 순확정급여자산의 자산인식상한금액은 각각 ₩50,000과 ₩100,000이다.

물음 ㈜대한의 확정급여제도 적용이 2차연도 당기순이익과 기타포괄이익에 미치는 영향을 결정하라.

정답 및 해설

기초 사외적립자산의 공정가치	₩550,000	기초 확정급여채무	₩500,000
출연금	650,000	퇴직급여 지급액	(100,000)
퇴직급여 지급액	(100,000)	당기근무원가	700,000
이자수익	27,500	이자비용	25,000
당기증가액(끼워 맞춘 금액)	222,500*	당기증가액(끼워 맞춘 금액)	75,000**
기말 사외적립자산의 공정가치	₩1,350,000	기말 확정급여채무	₩1,200,000

이자수익: ₩550,000 × 5% = ₩27,500
이자비용: ₩500,000 × 5% = ₩25,000
* 자산이익(기타포괄손익): ₩222,500
** 보험수리적손실(기타포괄손익): ₩75,000

퇴직급여비용:

당기근무원가	₩700,000	
이자비용	25,000	
이자수익	(27,500)	₩697,500 (**당기순이익 감소**)(해답)

2차연도 1. 1.		2차연도 12. 31.	
초과적립액	₩50,000	초과적립액	₩150,000
자산인식상한	(50,000)	자산인식상한	(100,000)
자산인식상한효과	₩0	자산인식상한효과	₩50,000

자산인식상한효과 증가액(기타포괄손익): ₩50,000 − ₩0 = ₩50,000

기타포괄손익 변동액

자산이익(기타포괄손익)	₩222,500
보험수리적손실(기타포괄손익)	(75,000)
자산인식상한효과 증가액	(50,000)
기타포괄손익 증가액('이익')	₩97,500 (해답)

예제 16 2018년에 개정된 「K-IFRS 제1109호」에 따른 정산손익

중요도: ★★
난이도: ◆◆◆

상황

· 확정급여제도의 기금적립 상태는 다음과 같다.

확정급여채무의 현재가치	₩(3,000)
사외적립자산의 공정가치	5,000
초과적립액(기금 과대적립액)	₩2,000

· 자산인식상한은 ₩3,000이고 자산인식상한효과(기타포괄손익)의 장부금액은 ₩0이다.
· 사외적립자산을 전부 사용해서 확정급여제도를 정산하였다. 기업이 추가로 직접 지급한 금액은 없다.

물음 정산손익을 계산하고 자산인식상한효과와 정산을 기록하는 분개를 하라.

정답 및 해설 정산손실: ₩2,000

정산대가	₩0
확정급여채무의 현재가치	3,000
사외적립자산의 공정가치	(5,000)
정산손실	₩(2,000)

재무상태표에 순확정급여자산으로 표시하는 금액 = min {초과적립액, 자산인식상한}

자산인식상한효과를 인식하는 분개:
자산인식상한효과만큼 사외적립자산을 줄이고 이를 기타포괄손익으로 인식한다.

(차) 자산인식상한효과 (기타포괄손익)	2,000	(대) 사외적립자산	2,000

정산손실을 기록하는 분개:
개정된 「K-IFRS 제1019호」에 따라 자산인식상한효과를 고려하지 않고 정산손익을 인식한다.

(차) 확정급여채무	3,000	(대) 사외적립자산	5,000
퇴직급여비용(정산손실)	2,000		

자산인식상한효과의 변동분을 인식하는 분개:
자산인식상한효과 감소액을 기타포괄손익으로 인식한다.

(차) 사외적립자산	2,000	(대) 자산인식상한효과 (기타포괄손익)	2,000

예제 17 확정급여제도에 대한 종합예제(Recap)

중요도: ★★★
난이도: ◆◆

상황

· 모든 거래는 기말에 일어나는 것으로 가정한다.
· 확정급여채무의 현재가치와 사외적립자산의 공정가치는 2차연도 1. 1.에 각각 ₩1,100과 ₩1,040이다.
· 2차연도 1. 1.에 보험수리적이익의 누계액(기타포괄손익누계액계정의 대변 잔액)은 ₩500이다.

· 2차연도 1. 1.에 확정급여제도가 개정되어 과거근무원가 ₩130이 발생하였다.

	2차연도	3차연도
기초 할인율	10%	10%
당기근무원가	₩180	₩210
퇴직급여 지급액	20	50
기여금 출연액	100	120
기말 확정급여채무의 현재가치	1,300	1,500
기말 사외적립자산의 공정가치	1,050	1,150

물음

1. 확정급여채무의 현재가치와 사외적립자산의 공정가치의 변동을 요약하고, 매 회계기간의 보험수리적손익과 자산손익을 결정하라.
2. 재무상태표와 포괄손익계산서에 보고할 금액을 결정하라.

정답 및 해설

1. 확정급여채무의 현재가치의 변동:

	2차연도	3차연도
기초 확정급여채무의 현재가치	₩1,100	₩1,300
당기근무원가	180	210
과거근무원가	130	0
이자비용	110*	130**
퇴직급여 지급액	(20)	(50)
확정급여채무에 대한 보험수리적손실(이익)	(200)***	(90)***
기말 확정급여채무의 현재가치	₩1,300	₩1,500

* ₩1,100 × 10% = ₩110

** ₩1,300 × 10% = ₩130

*** 위에서 보험수리적이익(손실)은 합계가 도출되도록 끼워 맞추는 금액이다.

사외적립자산의 공정가치의 변동:

	2차연도	3차연도
기초 사외적립자산의 공정가치	₩1,040	₩1,050
기여금 출연액	100	120
사외적립자산의 내재이자수익	104*	105**
퇴직급여 지급액	(20)	(50)
사외적립자산에 대한 자산이익(손실)	(174)***	(75)***
기말 사외적립자산의 공정가치	₩1,050	₩1,150

* ₩1,040 × 10% = ₩104

** ₩1,050 × 10% = ₩105

*** 위에서 자산이익(손실)은 합계가 도출되도록 끼워 맞추는 금액이다.

기타포괄손익누계액계정의 대변 잔액

	2차연도	3차연도
기초 기타포괄손익누계액	₩500	₩526
당기보험수리적이익(손실): 확정급여채무	200	90

자산이익(손실): 사외적립자산	(174)	(75)
기말 기타포괄손익누계액	₩526	₩541

2. 재무상태표에 보고하는 금액:

	2차연도	3차연도
확정급여채무의 현재가치	₩1,300	₩1,500
사외적립자산의 공정가치	(1,050)	(1,150)
과소적립액(또는 초과적립액)	₩250	₩350
기타포괄손익누계액	₩526	₩541

포괄손익계산서에 보고하는 비용:

	2차연도		3차연도	
당기근무원가		₩180		₩210
과거근무원가		130		0
순이자비용:				
확정급여부채의 이자비용	₩110		₩130	
사외적립자산에 내포된 이자수익	(104)	6	(105)	25
퇴직급여비용		₩316		₩235

기타장기종업원급여

기타장기종업원급여는 종업원이 용역을 제공한 회계기간의 말부터 12개월이 지난 후에 지급기일이 도래하는 종업원급여이다(퇴직급여와 해고급여는 제외). 기타장기종업원급여의 예는 다음과 같다[1019: 153].

- 장기유급휴가(예 장기근속휴가, 안식년휴가 등)
- 장기장애급여
- 장기 이익분배금과 상여금
- 이연된 보상
- 그 밖의 장기근속급여

기타장기종업원급여를 측정하는 데 따르는 불확실성은 확정급여제도하의 퇴직급여를 측정하는 데 따르는 불확실성만큼 높지 않은 것이 일반적이므로 기타장기종업원급여에 대한 회계처리가 비교적 간단하다. 예를 들어, 기타장기종업원급여에 대한 재측정요소는 기타포괄손익으로 인식하지 않고 발생시점에 비용으로 인식한다. 기타장기종업원급여와 관련하여, 다른「K-IFRS」기준서에 따라 자산의 원가에 포함하는 경우를 제외하고는 다음의 순합계액을 당기손익으로 인식한다[1019: 156].

▸ 근무원가
▸ 순확정급여부채(자산)의 순이자
▸ 순확정급여부채(자산)에 대한 재측정요소

[1019: 156]에 따라 기타장기종업원급여에 대해 다음 항목의 합계를 발생시점에 비용으로 인식한다.

- 당기근무원가
- 과거근무원가
- 확정급여채무의 이자비용
- 사외적립자산의 내재이자수익과 자산으로 인식한 보상권의 내재이자수익
- 축소손익(또는 정산손익)
- 자산손익: 사외적립자산의 내재이자수익과 실제수익의 차이
- 확정급여채무의 보험수리적손익
- 자산인식상한의 변동액

그리고 기타장기종업원급여에 대한 순부채(순자산)를 다음과 같이 측정한다.

	보고기간 말 현재 기타장기종업원급여채무의 현재가치	×××
-)	종업원급여채무를 직접 정산하는 데 사용할 수 있는 사외적립자산의 공정가치	(×××)
=)	기타장기종업원급여에 대한 과소적립액(또는 초과적립액)	×××

Miniature 예제 5 장기종업원급여제도

상황

보드득회사의 장기종업원급여제도에 관한 4차연도 자료는 다음과 같다.

당기근무원가	₩1,150,000
기여금	800,000
장기종업원급여 지급액	350,000
기초사외적립자산	6,000,000
기초 장기종업원급여채무	9,500,000
기초 기타포괄손익누계액(손실)	50,000
할인율	10%

물음 4차연도의 장기종업원급여비용을 계산하라.

정답 및 해설

당기근무원가	₩1,150,000
이자비용	950,000 *
이자수익	(600,000)**
장기종업원급여비용	₩1,500,000

* ₩9,500,000 × 10% = ₩950,000

** ₩6,000,000 × 10% = ₩600,000

관련예제와 함께 풀어보세요

유제 1 당기근무원가의 측정과 확정급여제도(2016년, 회계사 수정)

관련예제 6, 16
Miniature 예제 2

상황

㈜대한의 확정급여제도와 관련된 자료는 다음과 같다.

· 2차연도 1. 1.의 확정급여채무의 현재가치: ₩90,000
· 2차연도 1. 1.의 사외적립자산의 공정가치: ₩88,000
· 2차연도 말에 퇴직종업원에게 ₩2,000의 현금이 사외적립자산에서 지급되었다.
· 2차연도 당기근무원가: ₩105,000
· 2차연도 말의 제도 개정으로 인한 과거근무원가: ₩20,000
· 2차연도 말에 사외적립자산에 ₩70,000을 현금으로 출연하였다.
· 2차연도 확정급여채무에서 발생한 보험수리적손실(재측정요소): ₩8,000
· 2차연도 사외적립자산의 실제수익: ₩14,000
· 보험수리적 가정의 변동을 반영한 2차연도 말 확정급여채무: ₩230,000

물음

1. ① ㈜대한이 확정급여채무의 이자원가 계산에 적용한 할인율을 계산하시오. ② 확정급여제도가 ㈜대한의 2차연도 당기순이익에 미친 영향을 계산하시오. ③ 2차연도 12. 31. 사외적립자산의 공정가치를 계산하시오.
2. ㈜대한은 종업원이 퇴직한 시점에 일시불급여를 지급하며, 종업원은 4차연도 말에 퇴직할 것으로 예상한다. 일시불급여는 종업원의 퇴직 전 최종 임금의 2%에 근무연수를 곱하여 산정한다. 종업원의 연간 임금은 1차연도 12. 31.에 ₩10,000,000이며 앞으로 매년 8%(복리)씩 상승한다. 연간 할인율은 12%이다. 보험수리적 가정에 변화는 없으며, 종업원이 예상보다 일찍 또는 늦게 퇴직할 가능성을 반영하기 위해 필요한 추가 조정은 없다. ① 1차연도 당기근무원가와 ② 2차연도 말 당기근무원가에 대한 확정급여채무를 각각 제시하시오.

정답 **1-①: 10%, 1-②: -₩125,200, 1-③: ₩170,000, 2-①: ₩179,318, 2-②: ₩401,682**

해설

1.

확정급여채무

퇴직금 지급액	2,000	기초잔액	90,000
		당기근무원가	105,000
		이자원가	???
		과거근무원가	20,000
		보험수리적손실	8,000
		기말잔액	230,000

₩90,000 + ₩105,000 + 이자원가 + ₩20,000 + ₩8,000 = ₩230,000 + ₩2,000
∴ 이자원가 = ₩9,000
이자율: ₩9,000 ÷ ₩90,000(기초 확정급여채무) = 10% (물음 1-①의 해답)

당기근무원가	₩105,000
이자원가	9,000
이자수익(₩88,000 × 10%)	(8,800)
과거근무원가	20,000
퇴직급여원가(당기비용)	₩125,200 (물음 1-②의 해답)

사외적립자산

기초잔액	88,000	퇴직금 지급액	2,000
기여금 출연	70,000		
실제수익	14,000		
기말잔액	???		

2차연도 기말 사외적립자산: (₩88,000 + ₩70,000 + ₩14,000) − ₩2,000 = ₩170,000 (물음 1-③의 해답)

2.

2차연도 12. 31.의 연간 임금: ₩10,000,000 × 1.08 = ₩10,800,000
3차연도 12. 31.의 연간 임금: ₩10,800,000 × 1.08 = ₩11,664,000
4차연도 12. 31.의 연간 임금: ₩11,664,000 × 1.08 = ₩12,597,120(최종연봉)

일시불퇴직금: ₩12,597,120(퇴직 전 최종 임금) × 2% × 4년(근무연수) = ₩1,007,770
일시불퇴직금의 1년분: ₩1,007,770 ÷ 4년 = ₩251,943

1차연도 당기근무원가: ₩251,943 × 0.71174(12%, 3년의 현재가치계수) = ₩179,318 (물음 2-①의 해답)

2차연도 기초 확정급여채무(1차연도 당기근무원가)	₩179,318
2차연도 당기근무원가	200,846*
2차연도 이자원가(₩179,318 × 12%)	21,518
2차연도 기말 확정급여채무	₩401,682 (물음 2-②의 해답)

2차연도 당기근무원가: ₩251,943 × 0.79719(12%, 2년의 현재가치계수) = ₩200,846

연습문제 20

P20-01 유급휴가와 유급병가(우리나라「근로기준법」또는 US-GAAP)

- 혹사회사는 1차연도 1. 1.에 영업을 시작하였다.
- 혹사회사의 종업원 수: 20명
- 각 종업원은 매년 15일간의 유급휴가와 7일의 유급병가를 가득한다.
- 종업원이 특정 연도에 가득한 유급휴가일은 다음 해 1. 2. 이후부터 사용할 수 있으나 다음 해에 사용되지 않은 유급휴가일은 다음 해 12. 31.에 소멸된다.
- 유급병가일은 부여된 즉시 사용할 수 있으며 사용되지 않은 유급병가일은 누적되지 않는다.
- 1차연도와 2차연도의 자료는 다음과 같다.

	1일당 급여원가	각 종업원이 사용한 유급휴가일	각 종업원이 사용한 유급병가일
1차연도	₩5,000	0	4
2차연도	6,000	8	5

- 혹사회사는 유급휴가가 가득된 기간의 급여원가를 사용하여 급여비용과 부채를 측정한다. 그러나 유급휴가가 사용되는 시점의 급여로 급여비용을 인식한다.

물음 1. 우리나라「근로기준법」또는 US GAAP을 적용해서 1차연도와 2차연도에 필요한 분개를 하라.
2. 1차연도 12. 31.과 2차연도 12. 31.의 재무상태표에 인식하는 부채측정액을 결정하라.

P20-02 해고급여

- SK는 공장 한 곳을 폐쇄하기로 계획하고, 6개월 내에 모든 종업원의 고용을 종료하기로 8차연도 1. 1.에 발표하였다.
- 이 계획 하에서 퇴직하지 않고 6개월간 근무하는 각 종업원은 8차연도 6. 30.에 해고급여로 고용법률에 명시된 금액에 추가하여 현금 ₩10,000을 받는다.
- 고용법률 하에서 각 종업원은 해고급여로 ₩5,000을 지급받는다.
- SK가 폐쇄하기로 계획한 공장에는 200명의 종업원이 근무하고 있는데 180명은 6개월간 용역을 제공하기로 하고 20명은 8차연도 6. 30. 이전에 자발적으로 퇴직하기로 결정하였다.

물음 필요한 분개를 하라.

P20-03 해고급여

- 4차연도 12. 1.에 기업은 섬마을에 위치한 공장의 생산활동을 구조조정하기로 하고 5차연도 2월 말까지 종업원 100명을 해고하기로 하였다.
- 종업원은 5차연도 1월 말까지 자발적 퇴사여부를 기업에 통지하여야 한다.
- 자발적으로 퇴사하는 종업원에게는 1인당 ₩3,000의 해고급여를 지급한다.
- 자발적으로 퇴사하는 종업원 수가 100명 미만이면 기업은 부족한 수의 종업원을 강제로 퇴사시키고 비자발적으로

퇴사하는 종업원에게는 1인당 ₩2,000의 해고급여를 지급한다.
- 4차연도 12. 31.에 70명의 종업원이 자발적으로 퇴사하겠다고 수락하였다.

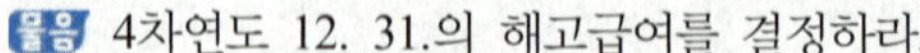
물음 4차연도 12. 31.의 해고급여를 결정하라.

P20-04 확정급여제도(기댓값과 예측단위적립방식)

- 1차연도 1. 1.에 SK는 올챙이 씨를 채용하였다.
- 올챙이 씨가 3차연도 12. 31.까지 근무하면 3차연도 12. 31.에 월급 이외에 추가로 ₩75,000을 지급한다.
- SK의 퇴직급여제도는 올챙이 씨가 3차연도 12. 31.이후 근무에 대한 추가 급여를 제공하지 않는다.
- 할인율: 연 10%
- 올챙이 씨가 3차연도 12. 31.까지 근무할 확률과 기댓값은 다음과 같다.

₩75,000 × 80% =	₩60,000
₩0 × 20% =	0
기댓값	₩60,000

물음 각 연도 말의 확정급여채무를 계산하라.

P20-05 정산손익

- 5차연도 12. 31.에 짠돌이회사의 확정급여제도 기금적립상태는 다음과 같다.

확정급여채무의 현재가치	₩5,000
사외적립자산의 공정가치	(3,500)
과소적립액	₩1,500

- 짠돌이회사는 현금 ₩2,000을 지급하고 확정급여제도를 정산하였다.

물음 정산을 기록하기 위한 분개를 하라.

P20-06 보험수리적손익이 재무제표에 미치는 영향

- SK는 작년도 재무상태표에 보험수리적손익으로 인한 기타포괄손익누계액을 보고하였다.
- SK는 금년도에 미래 급여액에 대한 추정치를 변경하여 확정급여채무 현재가치의 추정치가 ₩30,000만큼 감소하였다. 또한 사외적립자산에 대한 실제수익 ₩13,000은 사외적립자산의 내재이자수익보다 ₩5,000 적었다.

물음 보험수리적손익을 기록하기 위한 분개를 하고 보험수리적손익이 SK의 포괄손익계산서 및 재무상태표에 미치는 영향을 설명하라.

P20-07 확정급여제도

- SK는 확정급여제도를 시행하고 있다.
- 5차연도 12. 31.에 확정급여제도와 관련된 자료는 다음과 같다.

확정급여채무 잔액, 5차연도 1. 1.	₩300,000
당기근무원가	50,000
이자비용(할인율: 연 6%)	18,000
과거근무원가	70,000
5차연도의 보험수리적가정의 변경에 따른 이익	(40,000)

퇴직급여 지급액	(30,000)
확정급여채무 잔액, 5차연도 12. 31.	₩368,000
사외적립자산 잔액, 5차연도 1. 1.	₩230,000
사외적립자산에 대한 실제수익	5,000
사외적립자산에 대한 내재이자수익	8,000
현금기여금	70,000
퇴직급여 지급액	(30,000)
사외적립자산 잔액, 5차연도 12. 31.	₩283,000
5차연도 1. 1.의 보험수리적이익누계액	₩54,000

물음 1. 5차연도의 퇴직급여비용을 기록하기 위한 분개를 하라.
2. 사외적립자산에 대한 기여금을 기록하기 위한 분개를 하라.
3. 5차연도 보험수리적손익을 기록하기 위한 분개를 하라.

P20-08 확정급여제도 (미국 회계사 기출문제 수정)

• SK의 확정급여제도와 관련된 자료는 다음과 같다.

	8차연도 1. 1.	8차연도 12. 31.
확정급여채무	₩600,000	₩910,000
사외적립자산의 공정가치	720,000	825,000
기타포괄손익누계액 - 보험수리적손실(이익)	(96,000)	

• 8차연도 1. 1.의 할인율: 연 8%
• 8차연도의 당기근무원가: ₩90,000
• 8차연도에 발생한 과거근무원가: ₩20,000
• 8차연도에 사외적립자산에 출연하지 않았고 퇴직급여를 지급하지도 않았다.
• 8차연도의 확정급여채무에 대한 보험수리적손실: ₩9,000

물음 다음 항목을 계산하고 퇴직급여비용을 기록하기 위한 분개를 하라.
1. 이자비용
2. 사외적립자산에 대한 내재이자수익
3. 사외적립자산에 대한 실제수익
4. 기타포괄손익누계액의 잔액(8차연도 12. 31.) - 보험수리적 순손익

P20-09 확정급여제도 (영국 회계사 기출문제 수정)

• SK는 확정급여제도를 운영하고 예측단위적립방식을 사용하여 매년 퇴직급여비용을 결정한다.
• 2차연도의 당기근무원가: ₩40
• 퇴직 종업원에게 2차연도 중 지급된 퇴직급여: ₩42
• SK는 ₩28을 기여해야 했으나 현금흐름 문제 때문에 이 금액 중 ₩8은 2차연도 12. 31.까지 출연되지 않았다.
• 현재와 과거 종업원들에 대한 혜택을 제공하기 위한 의무의 현재가치는 1차연도 12. 31.에 ₩3,000, 2차연도 12. 31.에 ₩3,375이다.
• 사외적립자산의 공정가치는 1차연도 12. 31.에 ₩2,900, 2차연도 12. 31.에 ₩3,170(SK가 현금으로 기여하지 않은 금

액 포함)이다.

- 1차연도 12. 31.에 인식한 보험수리적이익: ₩336
- 2차연도 1. 1.부터 SK는 제도를 개정하여 종업원들은 증가된 퇴직급여 권리를 지급 받는다. 2차연도 1. 1.에 이러한 과거근무원가의 현재가치가 ₩125이다.
- 할인율은 다음과 같다.

	1차연도 12. 31.	2차연도 12. 31.
할인율	6%	7%

물음 2차연도의 퇴직급여비용을 계산하고 2차연도 12. 31.의 확정급여채무와 사외적립자산을 계산하라.

P20-10 확정급여순자산

확정급여채무의 현재가치	₩1,500
사외적립자산의 공정가치	2,700
환급액의 현재가치	80
미래 기여금절감액의 현재가치	320

물음 위의 자료를 이용하여 재무상태표에 보고할 순확정급여부채(또는 순확정급여자산)을 계산하라.

P20-11 확정급여제도와 자산인식 상한효과

(2013년, 회계사 1차)

㈜거제는 퇴직급여제도로 확정급여제도를 채택하고 있으며, 2차연도 초 확정급여채무와 사외적립자산의 장부금액은 각각 ₩1,000,000과 ₩900,000이다. ㈜거제의 확정급여제도와 관련하여 적용할 할인율은 연 12%이며, 모든 거래는 기말에 발생하고, 퇴직금은 사외적립자산에서 지급한다. 또한 자산인식상한은 ₩20,000으로 가정한다. ㈜거제의 2차연도 확정급여제도와 관련된 자료는 다음과 같다.

• 당기 근무원가	₩100,000
• 퇴직금 지급액	150,000
• 사외적립자산에 대한 기여금 납부액	400,000
• 보험수리적가정의 변동을 고려한 2차연도 말의 확정급여채무	1,300,000
• 2차연도말 사외적립자산의 공정가치	1,350,000

법인세효과와 과거근무원가는 고려하지 않는다.

물음 동 확정급여제도로 인하여 ㈜거제의 2차연도 포괄손익계산서상 당기순이익과 기타포괄이익에 미치는 영향은 각각 얼마인가?

P20-12 확정급여제도와 자산인식상한

순천명회사의 확정급여제도에 관한 2차연도 자료는 다음과 같다.

	2차연도 1. 1.	2차연도 12. 31.
사외적립자산(공정가치)	₩4,000	₩4,500
확정급여채무	(3,000)	(3,200)
순자산(초과적립액)	₩1,000	₩1,300
자산인식상한	₩600	₩700

기타 자료:

기여금	500
퇴직급여 지급액	300

물음 2차연도의 기타포괄손익을 계산하라.

P20-13 예측단위적립방식과 장기 상여금제도

- 회사는 1차연도 1. 1.에 입사한 종업원이 3년을 근무하면 상여금으로 매년 연봉의 3%를 3차연도 12. 31.에 일시불로 지급한다.
- 종업원의 연봉은 다음과 같다.

1차연도	₩100,000
2차연도	150,000
3차연도	200,000

- 할인율(이자율): 연 25%
- 연도별 상여금 배분액의 결정:

일시불 상여금 = (매년 연봉 × 3%)의 합계
= (₩100,000 + ₩150,000 + ₩200,000) × 3%
= ₩13,500

종업원의 근무기간 후반에 귀속되는 급여 수준이 근무기간 초반에 귀속되는 급여수준보다 중요하게 높으므로 정액법에 따라 상여금을 배분한다.

연도별 상여금 배분액: ₩13,500 ÷ 3년 = ₩4,500

물음 예측단위적립방식에 따라 상여금을 근무연도별로 배분하고 기타 장기종업원급여채무의 기말잔액을 계산하라.

P20-14 근무기간에 대한 퇴직급여의 배분(「K-IFRS 제1019호」 BC사례 2)

- SK는 종업원에게 다음과 같이 퇴직급여를 지급한다.
  ① 종업원의 근무연수가 10년을 초과하고 20년 미만인 경우에는 총 퇴직급여 ₩400을 지급한다.
  ② 종업원의 근무연수가 20년 이상인 경우에는 퇴직급여 ₩100을 추가하여 총 퇴직급여 ₩500을 지급한다.

물음 1. 근무연도별로 배분되는 금액을 계산하라.

2. 물음 1과 달리 종업원에게 퇴직급여가 다음과 같이 지급된다고 가정하고 근무연도별로 배분되는 금액을 계산하라.
   ① 종업원의 근무연수가 10년을 초과하고 20년 미만인 경우에는 총 퇴직급여 ₩100을 지급한다.
   ② 종업원의 근무연수가 20년 이상인 경우에는 퇴직급여 ₩400을 추가하여 총 퇴직급여 ₩500을 지급한다.

P20-15 퇴직 후 의료급여제도 하의 보상(「K-IFRS 제1019호」 사례 4)

- 퇴직 후 의료급여제도에 따르면 다음과 같은 조건에서 종업원의 퇴직 후 의료원가 중 일부를 보상해 준다.
- 종업원의 근무연수가 10년 이상 20년 미만인 경우에는 퇴직 후 의료원가의 10%를 보상
- 종업원의 근무연수가 20년 이상인 경우에는 퇴직 후 의료원가의 50%를 보상

물음 근무연도별로 배분되는 금액을 계산하라.

P20-16 단기유급병가(「K-IFRS 제1019호」 문단 16과 17에 대한 사례 수정)

- 간호회사는 100명의 종업원에게 1년에 5일간 유급병가를 제공하고 있다.
- 유급병가는 연간 균등하게 발생하고, 종업원은 발생한 유급병가를 당기부터 사용할 수 있다. 당기에 사용하지 않은 유급병가는 다음 1년(차기) 동안 이월하여 사용할 수 있다. 그러나 간호회사의 정책상 발생한 유급병가를 사용할 권리는 다다음연도(차차기) 초에 소멸된다.
- 유급병가는 해당 연도에 부여된 권리가 먼저 사용된 후에 직전 연도에서 이월된 권리가 사용된다.
- 유급병가의 가치: 1일당 ₩30,000
- 3차연도 12. 31. 현재 미사용유급병가는 종업원 1인당 평균 2일이고, 4차연도 중에 종업원 92명이 사용할 유급병가 일수는 1인당 5일 이하이고, 나머지 8명이 사용할 유급병가일수는 1인당 평균 6.5일이 될 것으로 예상된다.

물음 미래 유급병가급여의 지급순서(유급병가의 사용순서)에 대해 종업원개인별 후입선출법을 가정하여 미래 유급병가급여의 예상원가를 결정하고 3차연도 12. 31.에 필요한 분개를 하라.

P20-17 확정급여제도와 자산인식상한 (2021년, 회계사)

1차연도 1. 1.에 설립된 ㈜대한은 1차연도 말에 확정급여제도를 도입하였으며, 이와 관련된 <자료>는 다음과 같다. 단, 1차연도 확정급여채무 계산 시 적용한 할인율은 연 10%이며, 1차연도 이후 할인율의 변동은 없다.

〈1차연도〉

- 1차연도 말 확정급여채무 장부금액은 ₩80,000이다.
- 1차연도 말에 사외적립자산에 ₩79,000을 현금으로 출연하였다.

〈2차연도〉

- 2차연도 6. 30.에 퇴직종업원에게 ₩1,000의 현금이 사외적립자산에서 지급되었다.
- 2차연도 11. 1.에 사외적립자산에 ₩81,000을 현금으로 출연하였다.
- 당기근무원가는 ₩75,000이다.
- 2차연도 말 현재 사외적립자산의 공정가치는 ₩171,700이며, 보험수리적 가정의 변동을 반영한 확정급여채무는 ₩165,000이다.
- 자산인식상한은 ₩5,000이다.

〈3차연도〉

- 3차연도 말에 퇴직종업원에게 ₩2,000의 현금이 사외적립자산에서 지급되었다.
- 3차연도 말에 사외적립자산에 ₩80,000을 현금으로 출연하였다.
- 당기근무원가는 ₩110,000이다.
- 3차연도 말에 제도 정산이 이루어졌으며, 정산일에 결정되는 확정급여채무의 현재가치는 ₩80,000, 정산가격은 ₩85,000(이전되는 사외적립자산 ₩60,000, 정산 관련 기업 직접 지급액 ₩25,000)이다.
- 3차연도 말 제도 정산 직후 사외적립자산의 공정가치는 ₩220,000이며, 보험수리적 가정의 변동을 반영한 확정급여채무는 ₩215,000이다.
- 자산인식상한은 ₩3,500이다.

물음 1. ㈜대한의 확정급여제도와 관련하여 2차연도 말 현재 재무상태표에 표시될 ① 순확정급여부채(자산)와 2차연도 포괄손익계산서 상 ② 기타포괄이익에 미치는 영향 및 ③ 당기순이익에 미치는 영향을 각각 계산하시오. 단,

순확정급여자산인 경우에는 괄호 안에 금액(예시: (1,000))을 표시하고, 기타포괄이익이나 당기순이익이 감소하는 경우에는 금액 앞에 (−)를 표시하시오.

2. ㈜대한의 확정급여제도와 관련하여 3차연도 말 현재 재무상태표에 표시될 ① 순확정급여부채(자산), ② 기타포괄손익누계액 및 3차연도 포괄손익계산서 상 ③ 당기순이익에 미치는 영향을 계산하시오. 단, 기타포괄손익에 포함되는 재측정요소의 경우 재무상태표에 통합하여 표시하며, 순확정급여자산인 경우와 기타포괄손익누계액이 차변 잔액일 경우에는 괄호 안에 금액(예시: (1,000))을 표시하고, 당기순이익이 감소하는 경우에는 금액 앞에 (-)를 표시하시오.

P20-18 자산인식상한효과(「K-IFRIC 제2114호」 사례)

• 확정급여제도의 회계연도 말 과소적립액은 다음과 같다.

사외적립자산의 공정가치	₩1,000
확정급여채무의 현재가치	(1,100)
과소적립액	₩(100)

• 기업은 법령에 따라 확정급여제도에 즉시 추가기여금 ₩300을 납부해야 할 법적 의무를 지고 있다.

• 확정급여제도의 약관에 따르면 초과적립액 중 최대 60%가 기업에게 환급될 수 있다.

물음 자산인식상한효과를 계산하라.

P20-19 사외적립자산과 확정급여채무

• 난맥회사의 확정급여제도에 관한 4차연도 12. 31.의 자료는 다음과 같다.

확정급여채무	₩3,700,000
사외적립자산	2,600,000
기타포괄손익누계액*	42,000
4차연도 당기근무원가	420,000
4차연도 실제 이자수익	250,000
4차연도 이자비용	?
4차연도 기여금	450,000
4차연도 퇴직급여 지급	500,000
할인율	8%

* 기초 기타포괄손익누계액 = ₩0

물음 1. 기초사외적립자산과 기초확정급여채무를 계산하라.

2. 퇴직급여비용과 기타포괄손익을 계산하라.

3. 4차연도 당기순이익을 ₩35,000으로 가정하고 포괄손익을 계산하라.

P20-20 퇴직급여비용과 기말확정급여채무 및 기말사외적립자산

• 4차연도 1. 1.에 좌반회사의 확정급여채무와 사외적립자산은 다음과 같다.

확정급여채무	₩6,000,000
사외적립자산의 공정가치	5,000,000

• 기타 자료:

당기근무원가	₩450,000

기여금	350,000
퇴직급여 지급액	1,250,000
사외적립자산 실제수익	400,000
할인율	5%

물음 1. 기말확정급여채무와 기말사외적립자산을 계산하라.
2. 4차연도의 퇴직급여비용을 계산하라.
3. 4차연도에 필요한 분개를 하라.

Chapter 21

법인세회계

학습 목표

LO 21－1. 법인세회계에서 사용하는 용어의 개념을 이해한다.
LO 21－2. 당기법인세비용과 이연법인세비용의 측정과 인식을 이해한다.
LO 21－3. 당기법인세부채(자산)의 측정과 인식을 이해한다.
LO 21－4. 이연법인세부채(자산)의 측정과 인식을 이해한다.
LO 21－5. 세무상결손금에 대한 회계처리와 포괄손익계산서에 표시하는 방법을 이해한다.
LO 21－6. 법인세비용을 당기손익 이외로 인식하는 항목에 대한 회계처리방법을 이해한다.

제21장

제1절 법인세회계의 개요

1. 법인세회계의 필요성과 목적
2. 법인세의 기간별배분
   (1) 이연법인세의 필요성
   (2) 법인세의 기간별배분
3. 법인세비용의 분해와 계정과목

제2절 일시적차이와 영구적차이

1. 일시적차이
   (1) 가산할 일시적차이와 이연법인세부채
   (2) 차감할 일시적차이와 이연법인세자산
2. 영구적차이
3. 이연법인세부채 및 자산 인식의 예외
   (1) 영업권의 최초인식 예외
   (2) 자산 · 부채의 최초인식 예외
   (3) 리스와 이연법인세
4. 과세소득의 산출
   (1) 재무회계상 수익(또는 비용)이지만 「세법」상 과세(또는 공제) 대상이 아닌 항목
   (2) 재무회계상 수익(또는 비용)이 아니지만 「세법」상 과세(또는 공제) 대상인 항목

제3절 법인세 결정

1. 이연법인세 결정방법
   (1) 자산 · 부채법과 세무기준액
   (2) 포괄손익계산서접근법
2. 법인세비용의 결정과 회계처리
3. 법인세비용의 결정과 관련된 기타 문제
   (1) 이연법인세수익
   (2) 법인세 환급

제4절 세무상결손금 및 세액공제의 소급과 이월

1. 세무상결손금과 세액공제
2. 세무상결손금의 소급공제
3. 세무상결손금의 이월공제

제5절 이연법인세 측정 시 고려할 사항

1. 법인세율
   (1) 적용할 법인세율
   (2) 「세법」 개정과 법인세율 변동
2. 이연법인세자산의 실현가능성
   (1) 이연법인세자산의 인식조건
   (2) 이연법인세자산의 재검토
3. 이연법인세의 할인 여부
4. 법인세 처리의 불확실성
5. 재무제표 표시와 관련된 사항
   (1) 당기법인세자산과 당기법인세부채의 상계
   (2) 이연법인세자산과 이연법인세부채의 상계
   (3) 이연법인세자산과 부채의 유동 · 비유동 구분

제6절 당기손익 이외로 인식하는 항목

1. 기타포괄손익과 관련된 법인세
2. 자산재평가와 관련된 이연법인세
3. 자기주식처분손익과 관련된 법인세
4. 회계정책의 변경 또는 오류수정과 관련된 법인세
5. 복합금융상품의 자본요소와 관련된 이연법인세

Chapter 21 제1절

법인세회계의 개요

1. 법인세회계의 필요성과 목적

재무회계의 목적이 투자자와 채권자에게 유용한 정보를 제공하는 것인데 반해, 세무회계의 목적은 「세법」에 따라 납부할 법인세액을 결정하는 것이다.[1] 재무회계에서는 발생주의에 따라 수익과 비용을 인식해 법인세차감전이익(이하 회계이익이라 함)을 결정하고 이에 대응하는 법인세비용을 계산한다. 그러나 「세법」에서는 권리 · 의무확정주의에 따라 익금(과세대상 수익)과 손금(공제대상 비용)을 결정하여 과세소득(과세표준)을 계산하고 당기법인세부담액을 결정한다. 권리 · 의무확정주의는 현금을 받을 권리가 확정된 수익에서 현금을 지급할 의무가 확정된 비용을 차감해서 과세소득을 산출하는 것이다.

재무회계에서 수익과 비용을 인식하는 기준과 「세법」에서 익금과 손금을 인식하는 기준이 다르므로 회계이익과 과세소득 간 차이가 발생할 수 있다. 재무회계의 포괄손익계산서에서 보고하는 회계이익 및 법인세비용과 「세법」에 따라 신고하는 과세소득 및 당기법인세부담액은 다음과 같이 다르다.

표 21.1 법인세비용과 당기법인세부담액의 산출

재무회계(발생주의)		세법(권리 · 의무확정주의)	
(실현된) 수익	×××	과세대상 수익(익금)	×××
(발생한) 비용	(×××)	공제대상 비용(손금)	(×××)
회계이익	×××	과세소득(과세표준)	×××
법인세율(α%)	× α%	법인세율(α%)	× α%
법인세비용	×××	당기법인세부담액	×××

포괄손익계산서에 보고되는 법인세비용은 해당 회계기간에 발생한 거래의 결과로 기업이 언젠가 부담할 법인세액이다. 법인세비용도 비용의 일종이므로, 비록 미래기간에 부담할 법인세라도 재무회계상 법인세비용은 수익 · 비용대응의 원칙에 따라 당기수익에 대응해서 당기에 비용으로 인식한다. 그러므로 포괄손익계산서상 법인세비용은 당기에 납부할 법인세액(당기법인세비용)과 미래 회계기간에 납부할 법인세액(이연법인세비용)으로 나눌 수 있다[1012: 6].[2]

포괄손익계산서상 법인세비용 = 당기법인세비용 + 이연법인세비용

1) 이 장은 기업의 관점에서 법인세회계를 설명하며, 이 장에서 「세법」은 「법인세법」을 의미한다.
2) 설명의 편의상 "당기에 납부"라는 표현을 사용하지만, 법인세는 사업연도가 끝나는 달의 말일부터 3개월 이내에 신고 납부하여야 하므로 당기분 법인세('당기법인세' 또는 '당기법인세부담액')를 실제로 납부하는 시점은 다음 회계기간이다. 따라서 당기법인세부담액을 기말 재무상태표에 미지급법인세(유동부채)로 보고한다. 당기 소득의 과세가 미래로 이연된 부분에 대한 '이연법인세'는 차기 이후에 실제 납부하므로 관련 부채('이연법인세부채')를 비유동부채로 보고한다.

당기 포괄손익계산서에서 인식한 법인세비용의 일부가 「세법」상 미래기간에 과세된다면, 기업은 미래에 이연법인세를 납부할 의무를 재무상태표에 '이연법인세부채'로 보고한다. 반대로, 기업이 포괄손익계산서에 보고한 법인세비용보다 더 많은 법인세를 당기에 납부하도록 요구 받고 그 대신 미래기간에 법인세를 덜 납부할 권리를 얻는다면 이러한 혜택을 '이연법인세자산'으로 보고한다.

이 책은 재무회계 관점에서 법인세회계를 설명하므로, 재무회계기준과 「세법」 간 차이가 존재하는 상황에서 포괄손익계산서의 법인세비용과 재무상태표의 이연법인세자산 및 이연법인세부채를 어떻게 측정하고 보고할 것인가를 주된 과제로 다룬다.

2. 법인세의 기간별배분

(1) 이연법인세의 필요성

만일 당기 회계이익(법인세차감전이익)에 대해 발생한 법인세비용 중에서 미래기간에 납부할 법인세를 제외한 '당기법인세부담액'만을 포괄손익계산서에 법인세비용으로 보고하면, ① 발생주의에 따른 수익 · 비용대응의 원칙이 위배되고 ② 재무상태표상의 순자산이 과대(또는 과소)계상되는 문제가 대두된다. 그러므로 당기에 발생했지만 당기 이후에 납부할(환급받을) 법인세를 포괄손익계산서에 이연법인세비용(수익)으로 보고하고 재무상태표에 '이연법인세부채(자산)'로 보고한다. 「세법」에 따라 당기에 납부할 금액인 당기법인세부담액(미지급법인세)은 상대적으로 쉽게 계산할 수 있지만, 이연법인세는 당기에 발생한 법인세비용 중에서 당기 이후에 납부할(또는 환급받을) 부분을 '측정'하기 때문에 간단하지 않다. 이런 이유로, 법인세회계에서 다루는 내용의 대부분은 이연법인세에 대한 회계처리이다.

(2) 법인세의 기간별배분

법인세를 실제로 납부하는 회계기간이 아니라, 과세의 원인인 수익과 비용이 발생한 회계기간에 법인세비용을 측정하고 그 중 일부를 미래 회계기간으로 미루어 이연법인세비용(비용의 감소)으로 인식하는 것을 법인세비용의 기간별배분(interperiod income tax allocation)이라 한다. 이연법인세를 이용하여 법인세비용을 기간별로 배분하면, 재무상태표에 자산과 부채가 충실하게 표시되고, 포괄손익계산서에 수익과 비용이 적절하게 대응되어 경영성과가 왜곡되는 것을 방지할 수 있다.

3. 법인세비용의 분해와 계정과목

당기법인세비용과 이연법인세비용은 법인세비용의 구성요소이므로[1012: 80] 포괄손익계산서에 당기법인세비용과 이연법인세비용을 구분해서 공시한다[1012: 79](예제 12 참조). 실무에서는, 포괄손익계산서에 법인세비용 총액을 보고하고 주석에서 당기법인세비용과 이연법인세비용의 주요 구성내역을 보고하는 사례도 많다.

법인세회계에서는 '당기'(current period)의 의미가 '당기에 발생'했다는 뜻인지 '당기에 납부'한다는 뜻인지를 구분해야 한다. 당기에 발생한 법인세비용 중에서 「세법」에 따라 당기에 납부할 부분은 포괄손익계산서에 당기법인세비용(current tax expense)으로 보고하고, 재무상태표에 유동부채인 미지급법인세(income taxes payable) 또는 당기법인세부담액(current tax liability)으로 보고한다. 당기에 발생한 법인세비용 중에서 미래에 납부할 부분은 포괄손익계산서에 이연법인세비용(deferred tax expense)으로 보고하고, 재무상태표에 미래에 법인세를 납부할 의무라는 의미로 이연법인세부채(deferred tax liability)로 보고한다. 만일 미래기간에 법인세를 감소시킬 혜택이 있으면, 이를 포괄손익계산서에 이연법인세수익(deferred tax income)으로 보고하고 재무상태표에 미래기간에 법인세를 감소시킬 혜택이라는 의미로 이연법인세자산(deferred tax asset)으로 보고한다. 포괄손익계산서에서 보고하는 구성요소에 대해 재무상태표에서 사용하는 계정과목 명칭은 다음과 같다.

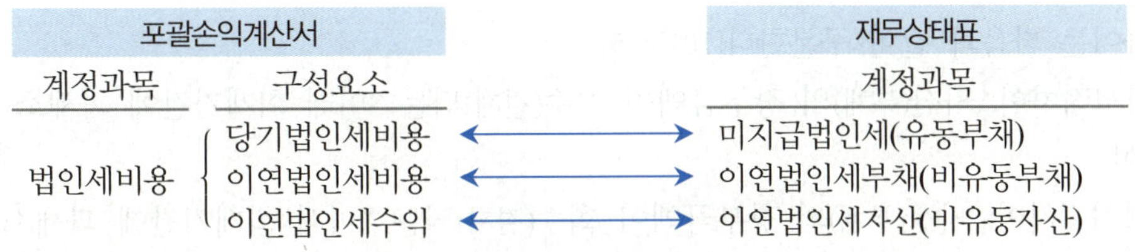

Chapter 21 제2절 일시적차이와 영구적차이

「K-IFRS 제1012호」(법인세 기준서)와 미국의 일반적으로 인정된 회계원칙(Generally Accepted Accounting Principles, US GAAP)은 모두 자산(또는 부채)의 장부금액과 세무기준액의 차이를 일시적차이와 영구적차이로[3] 정의한다. 이연법인세와 관련된 국제회계기준(IFRS)과 미국의 재무회계기준(US GAAP)이 거의 동일함에도 불구하고, 영국에서 사용되는 중급회계교재는 장부금액과 세무기준액의 차이를 이용해서 법인세회계에 접근하는 반면, 미국에서 사용되는 중급회계교재는 회계이익과 과세소득(과세표준)의 차이를 이용해서 법인세회계에 접근한다. 두 접근법 모두 사용 가능하지만, 회계이익과 과세소득의 차이를 분석하는 미국식 접근법('포괄손익계산서접근법')이 장부금액과 세무기준액의 차이를 분석하는 영국식 접근법('재무상태표접근법')보다 직관적으로 이해하기 쉬우므로, 이 책은 미국식 접근법을 중심으로 설명한다.

회계이익과 과세소득의 차이는 다음과 같이 분류할 수 있다.

---

3) 「K-IFRS 제1012호」는 영구적차이라는 표현 대신에 '이연법인세부채와 자산 인식의 예외'라고 표현한다.

회계이익과 과세소득의 차이 { 영구적차이 / 일시적차이 { 가산할 일시적차이(미래과세대상액) / 차감할 일시적차이(미래공제대상액)

1. 일시적차이

일시적차이(temporary differences)는 특정 기간의 회계이익과 과세소득의 차이가 미래기간에 역전되면서 소멸(reversal)하는 차이이다. 즉, 재무회계상 수익 또는 비용으로 인식되는 기간과 「세법」상 과세수익 또는 공제비용으로 인식되는 기간은 다르지만, 기업의 전체 존속 기간에 걸쳐 재무회계와 「세법」에서 인식되는 금액이 똑같아 특정 기간의 회계이익과 과세소득의 차이가 궁극적으로 소멸하는 차이를 일시적차이라 부른다.

일시적차이는 다음과 같이 구분한다[1012: 5].

- 가산할 일시적차이: 자산(부채)의 장부금액이 회수(결제)되는 "미래 회계기간에 과세소득에 가산할" 일시적차이
- 차감할 일시적차이: 자산(부채)의 장부금액이 회수(결제)되는 "미래 회계기간에 과세소득에서 차감할" 일시적차이

		재무회계 상	「세법」 상
일시적차이	미래과세소득에 가산할 일시적차이 ("지금 덜 내고, 나중에 더 내는")	당기수익이지만	미래과세수익인 항목
		미래비용이지만	당기공제비용인 항목
	미래과세소득에서 차감할 일시적차이 ("지금 더 내고, 나중에 덜 내는")	미래수익이지만	당기과세수익인 항목
		당기비용이지만	미래공제비용인 항목

Tip 특정 항목이 미래기간의 회계이익 대비 과세소득에 미치는 영향:
특정 항목 때문에 [미래 회계이익 < 미래 과세소득]이면 가산할 일시적차이(미래과세대상액)
특정 항목 때문에 [미래 회계이익 > 미래 과세소득]이면 차감할 일시적차이(미래공제대상액)
'차감할(가산할) 일시적차이' 또는 '미래공제대상액(미래과세대상액)'이라는 용어는 미래 회계기간의 과세소득에 미치는 영향의 관점에서 정의한다.
가산할 일시적차이와 차감할 일시적차이 앞에 수식어 '미래에'를 붙여서
가산할 일시적차이를 '미래에' 가산할 일시적차이라 부르고
차감할 일시적차이를 '미래에' 차감할 일시적차이라 부르면 혼란을 해소할 수 있다.

(1) 가산할 일시적차이와 이연법인세부채

① 가산할 일시적차이

일시적차이 중에서 미래 과세소득에 가산하는 일시적차이를 가산할 일시적차이(taxable temporary differences) 또는 미래과세대상액(future taxable amount)이라 한다. 재무회계상 당기수익으로 포함하였으나 「세법」상 미래의 익금으로 처리하는 항목, 재무회계상 당기 비용이 아니지만 「세법」상 당기손금으로 처리하였다가 미래에는 손금에서 제외하는 항목이 가산할 일시적차이이다. 두 종류 모두 회계이익 대비 "당기의 과세소득은 감소시키고 미래의 과세소득은 증가시킨다"는 특성을 갖는다.

가산할 일시적차이를 「K-IFRS 제1012호」의 재무상태표접근법에 따라 설명하면, 장부에 자산을 인식한다는 것은 장부금액만큼 미래기간에 경제적효익이 회수될 것을 기대한다는 것을 의미한다. 만일 재무회계상 장부금액이 세무기준액(세무상 인정되는 장부금액)을 초과하면, 미래기간의 과세대상 경제적효익이 세무상 손금으로 차감될 금액을 초과한다. 그리고 미래기간에 자산의 장부금액을 회수할 때 가산할 일시적차이가 소멸하면서 과세소득이 발생한다[1012: 16]. 이러한 차이가 '가산할' 일시적차이이고, 이로 인해 미래기간에 법인세를 납부하게 될 의무가 이연법인세부채이다.

예를 들어, 기업이 제품(상품)을 할부로 외상판매하고 회수불능액을 합리적으로 추정할 수 있으면, 재무회계에서는 판매시점에 수익을 인식하고 할부매출채권을 자산으로 인식하면서 판매수익과 관련된 법인세비용도 인식한다. 그러나 「세법」에서는 할부매출채권이 현금으로 회수될 때까지 할부판매액을 과세대상으로 보지 않고, 할부매출채권을 자산으로 인식하지도 않는다. 그 대신 미래의 현금회수시점에 할부판매액을 과세소득에 가산하여 법인세부담액을 산정한다. 따라서 재무회계상 당기에 인식한 할부판매 수익은 미래 법인세부담액을 증가시키는 가산할 일시적차이가 되고 관련된 법인세비용은 이연법인세부채를 발생시킨다.

또 다른 예로, 유형자산을 취득한 후 당기에 「세법」상 인식한 감가상각비가 재무회계상 인식한 감가상각비보다 많으면, 당기 과세소득은 회계이익보다 작지만 미래 과세소득은 회계이익보다 크므로 가산할 일시적차이가 발생한다. 당기 법인세부담액을 최소화하려는 회사는 재무보고목적으로 정액법을 사용하더라도 세무보고목적으로 가속상각법(정률법 등)을 적용해서 자산을 취득한 초기에 더 많은 감가상각비를 인식하려는 동기가 있다. 왜냐하면, 초기의 과세소득을 최소화하고 법인세 납부를 미래기간으로 이연하면 현재가치로 측정한 법인세부담액이 감소하기 때문이다.

가산할 일시적차이(미래과세대상액)가 발생한 회계연도에는 과세소득이 회계이익보다 작으므로, 회계이익을 바탕으로 계산한 법인세비용보다 과세소득을 기준으로 계산한 법인세부담액(미지급법인세)이 작아 총 법인세비용 중 법인세부담액(미지급법인세)을 제외한 나머지가 미래기간으로 이연된다.

② 이연법인세부채

미래과세대상액(가산할 일시적차이)이 발생하면 미래에 납부할 법인세(미래 법인세부담액)를 당기 재무상태표에 비유동부채인 이연법인세부채(deferred tax liability)로 보고한다. 가산할 일시적차이(미래과세대상액)가 소멸하는 미래 회계기간에는 과세소득이 회계이익보다 많아 법인세부담액이 증가하므로 다음 관계가 성립한다.

▸ 가산할 일시적차이가 발생한 회계기간: 과세소득 < 회계이익

▸ 가산할 일시적차이가 소멸하는 미래 회계기간: 과세소득 > 회계이익

위의 내용을 단계별로 나타내면 다음과 같다.

가산할 일시적차이가 발생한 회계기간	미래 회계기간
가산할 일시적차이(미래과세대상액)의 발생	가산할 일시적차이의 소멸
⇒ 당기 과세소득 ⬇	⇒ 미래 과세소득 ⬆
⇒ 당기 미지급법인세 ⬇	⇒ 미래 미지급법인세 ⬆
⇒ 일부 법인세 납부의무를 미래로 이연	⇒ 이연법인세부채 ⬇
⇒ 이연법인세부채 ⬆	

③ 법인세비용 산정

당기법인세비용과 이연법인세비용을 측정하는 방법을 아래에서 먼저 간단하게 요약한 후에, pp. 1122 ~ 1124에서 자세하게 설명한다.

회계처리 요약 **법인세비용의 측정과 분개**

• 다음 순서로 당기법인세비용과 이연법인세비용을 측정하고 회계처리한다(예제 1-3, Miniature 예제 2 참조).

▸ 단계 ①: 회계이익에 영구적차이와 일시적차이를 조정해서 과세소득을 산출한 후, 과세소득에 법인세율을 곱해서 당기법인세비용(미지급법인세, 당기법인세부담액)을 산정한다(예제 8 참조). 여기서 '당기법인세비용'은 당기에 납부할 법인세부담액을 말한다.

▸ 단계 ②: 가산할(또는 차감할) 일시적차이 총액에 대해서 이연법인세부채(또는 자산)의 기말잔액을 산정한 후, 이연법인세부채(또는 자산)의 기중 변동액을 다음과 같이 측정한다. 그리고 기중 변동액을 이연법인세비용(또는 수익) 또는 당기에 인식할 이연법인세부채(또는 자산)로 한다.

이연법인세부채(자산) 기말잔액	×××
−) 이연법인세부채(자산) 기초잔액	(×××)
=) 이연법인세부채(자산) 기중 변동액*	×××

* 당기에 인식할 이연법인세부채(자산)

▸ 단계 ③: 단계 ①과 ②를 토대로 해서 법인세비용(income tax expense) 당기발생액을 다음과 같이 **종속적으로 산정한다.**

당기미지급법인세(당기법인세비용)	×××
+) 당기에 인식할 이연법인세부채	×××
−) 당기에 인식할 이연법인세자산	(×××)
=) 법인세비용 당기발생액	×××

▸ 단계 ④: 법인세와 관련된 분개를 다음과 같이 작성한다.

(차) 법 인 세 비 용	×××*	(대) 미 지 급 법 인 세	×××
이 연 법 인 세 자 산	×××	이 연 법 인 세 부 채	×××

* 단계 ③에서 구한 법인세비용 당기발생액으로, 위 분개에서 차변합계와 대변합계를 일치시키기 위해 끼워 맞추는 금액(plugged-in figure)이기도 함

▶ 단계 ⑤: 법인세와 관련된 항목을 재무제표에 표시한다.

예제 1 할부판매로 발생한 가산할 일시적차이

중요도: ★★★
난이도: ◆◆

상황

· 상품을 외상으로 할부판매하면 가산할 일시적차이(미래과세대상액)가 발생한다. 예를 들어, 1차연도 12. 31.에 상품(원가: ₩0)을 외상으로 ₩100,000에 할부판매하고 2차연도에 현금 ₩100,000을 회수한 상황에서 법인세율이 40%이면 연도별 포괄손익계산서와 세무신고서는 다음과 같다.

포괄손익계산서

	1차연도	2차연도
회계이익	₩100,000	₩0
법인세비용(40%)	(40,000)	(0)
당기순이익	₩60,000	₩0

세무신고서

	1차연도	2차연도
과세소득	₩0	₩100,000
미지급법인세(40%)	(0)	(40,000)
세후소득	₩0	₩60,000

물음 1차연도의 법인세비용과 관련된 분개를 하라.

정답 및 해설

· 이 예제에서 할부판매액 ₩100,000이 1차연도에 매출수익으로 포괄손익계산서에 인식되어 법인세비용이 ₩40,000이다. 그러나 세무신고서에는 할부판매액이 1차연도에 수익으로 인정되지 않아 과세소득이 ₩0이고, 2차연도에 할부판매액이 수익으로 인정되어 과세소득이 ₩100,000이 되므로 2차연도의 포괄손익계산서에 인식되는 법인세비용(₩0)보다 세무신고서에 계상되는 미지급법인세(₩40,000)가 많다.

· 재무보고목적으로는 할부판매시점에서 할부매출채권을 자산으로 인식하지만 세무목적으로는 할부매출채권을 자산으로 인식하지 않아 1차연도의 과세소득이 ₩0이므로 미래과세대상액이 발생하여 회계이익(₩100,000)과 과세소득(₩0) 간에 가산할 일시적차이가 존재한다. 법인세회계에서는 1차연도 할부판매액(₩100,000)을 가산할 일시적차이(미래과세대상액)라 하고 미래에 납부할 법인세(₩40,000)를 이연법인세부채라 부른다.

· 1차연도 12. 31.에 다음과 같이 분개한다.

초등학생도 이해할 수 있는 분개			「K-IFRS 제 1012호」에 따른 분개		
(차) 당기에 발생한 법인세비용	40,000		(차) 법인세비용	40,000	
(대) 미래에 납부할 법인세		40,000	(대) 이연법인세부채		40,000

예제 2 미래과세대상액인 감가상각비와 이연법인세부채

중요도: ★★★
난이도: ◆◆

상황

· 1차연도 1. 1.에 절세회사는 유형자산(내용연수: 2년, 잔존가치: ₩0)을 ₩100,000에 취득하였다.

· 연도별 감가상각비:

	포괄손익계산서	세무신고서
1차연도	₩50,000	₩70,000
2차연도	50,000	30,000

· 법인세율: 40%

· 1차연도와 2차연도에 현금 판매액이 각각 ₩130,000이고 감가상각비 이외의 비용은 없다.

· 이연법인세부채(또는 자산)의 기초잔액은 ₩0이다.

물음 1차연도 12. 31.과 2차연도 12. 31.에 법인세와 관련된 분개를 하라.

정답 및 해설

· 포괄손익계산서상의 감가상각비와 「세법」상 감가상각비가 달라 1차연도 말에 가산할 일시적차이(미래과세대상액) ₩20,000(₩70,000 − ₩50,000)과 이연법인세부채 ₩8,000(₩20,000 × 40%)이 발생한다. 이연법인세부채의 의미를 이해하기 위해 연도별 법인세비용과 미지급법인세를 계산하면 다음과 같다.

포괄손익계산서:

	1차연도	2차연도
현 금 매 출	₩130,000	₩130,000
감가상각비	(50,000)	(50,000)
세 전 이 익	₩80,000	₩80,000
법인세비용(40%)	(32,000)	(32,000)
당기순이익	₩48,000	₩48,000

세무신고서:

	1차연도	2차연도
현 금 매 출	₩130,000	₩130,000
감 가상 각 비	(70,000)	(30,000)
과 세 소 득	₩60,000	₩100,000
법 인 세 율	× 40%	× 40%
미지급법인세	₩24,000	₩40,000

· 1차연도 포괄손익계산서에 인식한 법인세비용이 ₩32,000이다. 그러나 「세법」에 따라 인식한 당기법인세비용인 미지급법인세(당기법인세부담액)는 ₩24,000이다. 이것은 법인세를 1차연도에 ₩8,000만큼 덜 내고 2차연도에 ₩8,000만큼 더 낸다는 것을 의미한다. 그러므로 2차연도에 더 내야 할 법인세 ₩8,000을 이연법인세부채로 인식한다.

· 세무회계에서는 통상적으로 과세소득과 미지급법인세(당기법인세비용) 및 이연법인세부채(자산)를 다음과 같이 산정한다. 이와 같이 회계이익(세전이익)에 일시적차이(예 감가상각비)를 조정해서 과세소득을 산출하는 과정을 세무조정이라 한다. 세무조정에 대해서는 pp. 1114 ~ 1116에서 자세하게 설명한다.

	1차연도	2차연도
회계이익	₩80,000	₩80,000
가산할 일시적차이:		
감가상각비	(20,000)	20,000
과세소득	₩60,000	₩100,000
법인세율	× 40%	× 40%
미지급법인세	₩24,000	₩40,000

	1차연도	2차연도
이연법인세부채 기말잔액	₩8,000*	₩0
이연법인세부채 기초잔액	(0)	(8,000)
이연법인세부채 당기 증가(감소)액**	₩8,000	₩(8,000)

* 가산할 일시적차이(감가상각비): ₩20,000 × 40% = ₩8,000

** 이연법인세부채 당기인식액

1차연도		2차연도	
(차) 법 인 세 비 용	32,000*	(차) 법 인 세 비 용	32,000*
(대) 이 연 법 인 세 부 채	8,000	이 연 법 인 세 부 채	8,000
미 지 급 법 인 세	24,000	(대) 미 지 급 법 인 세	40,000

* 차변합계와 대변합계를 일치시키는 금액

· 1차연도의 법인세비용 ₩32,000을 분해하면 다음과 같다.

		포괄손익계산서 구성요소	재무상태표 계정과목
법인세비용 ₩32,000	₩24,000	당기법인세비용	미지급법인세
	₩8,000	이연법인세비용	이연법인세부채

(2) 차감할 일시적차이와 이연법인세자산

① 차감할 일시적차이

일시적차이 중에서 미래 과세소득에서 '차감'하는 일시적차이를 차감할 일시적차이(deductible temporary differences) 또는 미래공제대상액(future deductible amount)이라 한다. 차감할 일시적차이는 포괄손익계산서에 당기수익으로 인식하지 않지만 「세법」상 당기 과세수익에 포함했다가 미래기간에 과세소득을 감소시키는 차이이다. 예를 들어, 자동차보험회사가 고객으로부터 2년치 보험료를 현금으로 미리 받으면, 「세법」상 현금을 받는 시점에 보험료 수취액 전액을 과세소득에 포함하지만 재무회계에서는 발생주의에 따라 매달 1/24을 보험료수익으로 인식한다. 따라서 미래기간에 재무회계목적으로 수익을 인식할 때 세무상 과세소득에서 차감하는 일시적차이이다. 다른 예는, 당기에 제품을 판매하면서 추정치를 바탕으로 재무회계상 수익 · 비용대응의 원칙에 따라 제품품질보증비를 인식하지만, 이러한 제품품질보증비가 아직 현금을 지출하지 않은 상태이면 「세법」상 공제비용으로 인정받지 못한다. 그러나 미래 회계기간에 제품품질보증비를 현금으로 지급하면 공제비용으로 인정받아 과세소득을 감소시키므로 차감할 일시적차이이다. 이렇듯 특정 회계기간에 발생한 일시적차이가 후속 회계기간에 소멸하면서 과세소득을 회계이익보다 작게 하는, 즉 '미래에 공제되는' 금액이라는 의미에서 차감할 일시적차이를 미래공제대상액이라고도 한다.

미래기간에 차감할 일시적차이(미래공제대상액)가 발생한 회계연도에는 과세소득이 회계이익보다 크다. 따라서 당기 회계이익에 기초해서 계산한 법인세비용보다 당기 과세소득을 바탕으로 계산한 당기법인세부담액(미지급법인세)이 크고, 이 중 일부가 미래기간에 법인세부담액을 감소시킨다. 즉, 차감할 일시적차이(미래공제대상액)가 소멸하는 미래 회계기간에는 법인세부담액이 감소하는 혜택을 누릴 수 있다. 이러한 혜택을 이연법인세자산으로 인식한다.

Miniature 예제 1 제품품질보증비와 차감할 일시적차이(미래공제대상액)

· 제품을 현금으로 판매해서 제품판매수익이 1차연도와 2차연도에 각각 ₩5,000씩이고, 1차연도에 제품품질보증비와 제품품질보증충당부채 ₩1,000을 인식한 후 2차연도에 제품품질보증비 ₩1,000을 현금으로 지출했다. 예제를 단순화하기 위해서 2차연도의 제품품질보증비를 ₩0으로 가정한다. 연도별 회계이익과 과세소득은 다음과 같다.

1차연도	포괄손익계산서	세무신고서
제품판매수익	₩5,000	₩5,000
제품품질보증비	(1,000)	(0)
회계이익(또는 과세소득)	₩4,000	₩5,000

2차연도	포괄손익계산서	세무신고서
제품판매수익	₩5,000	₩5,000
제품품질보증비	(0)	(1,000)
회계이익(또는 과세소득)	₩5,000	₩4,000

· 제품을 판매한 회계기간(1차연도)에는 수익·비용대응의 원칙에 따라 제품품질보증비를 수익에서 차감하여 회계이익을 산출하지만, 제품품질보증비가 현금으로 지급되지 않았기 때문에 「세법」상 공제비용으로 인정받지 못해 1차연도 과세소득이 회계이익보다 ₩1,000(제품품질보증비)만큼 많다.

· 제품품질보증비가 현금으로 지급되는 2차연도에는 「세법」상 제품품질보증비 ₩1,000을 비용으로 공제하지만, 제품품질보증비를 1차연도 포괄손익계산서에 이미 비용으로 인식했으므로 2차연도 과세소득이 회계이익보다 적다. 제품을 판매한 회계연도(1차연도)에 미리 낸 법인세는 제품품질보증비가 공제비용으로 인정받는 미래 회계기간(2차연도)의 법인세부담액을 감소시키는 미래 경제적 혜택이다. 따라서 1차연도에 차감할 일시적차이(₩1,000)에 법인세율(예 30%)을 곱해 이연법인세자산(₩300)을 인식한다.

② 이연법인세자산

차감할 일시적차이(미래공제대상액)가 발생하면, 당기에는 재무회계목적으로 인식한 법인세비용보다 더 많은 세금을 내지만, 그로 인해 미래 회계기간에 세금을 덜 낼 수 있는 혜택이 발생한다. 이처럼 차감할 일시적차이로 인해서 미래 법인세부담액(미지급법인세)이 감소하는 금액을 재무상태표에 비유동자산인 이연법인세자산(deferred tax asset)으로 보고한다. 차감할 일시적차이(미래공제대상액)가 발생하면 다음 관계가 성립한다.

- 차감할 일시적차이가 발생한 회계기간: 과세소득 > 회계이익
- 차감할 일시적차이가 소멸하는 미래회계기간: 과세소득 < 회계이익

위의 내용을 단계별로 나타내면 다음과 같다.

차감할 일시적차이가 발생한 회계기간	미래 회계기간
차감할 일시적차이(미래공제대상액)의 발생 ⇒ 당기 과세소득 ⬆ ⇒ 당기 미지급법인세 ⬆ ⇒ 미래 법인세 감소혜택의 발생 ⇒ 이연법인세자산 ⬆	차감할 일시적차이의 소멸 ⇒ 미래 과세소득 ⬇ ⇒ 미래 미지급법인세 ⬇ ⇒ 이연법인세자산 ⬇

용어	의미	관련된 재무상태표계정
가산할 일시적차이	미래 과세소득을 증가시키는 금액(미래과세대상액)	이연법인세부채
차감할 일시적차이	미래 과세소득을 감소시키는 금액(미래공제대상액)	이연법인세자산

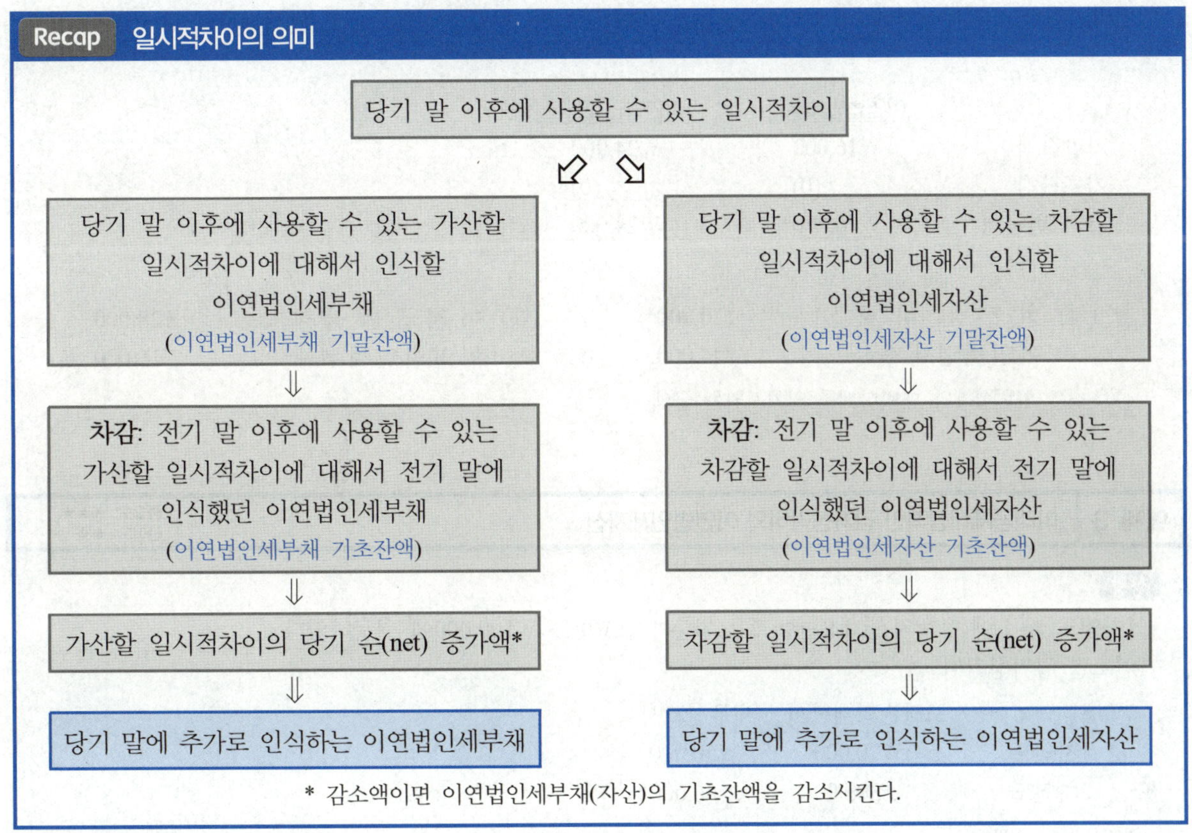

Miniature 예제 2 가산할 일시적차이와 차감할 일시적차이

상황

· 1차연도에 세전회계이익이 ₩300,000이다. 1차연도에 발생한 가산할 일시적차이는 ₩40,000이고 차감할 일시적차이가 ₩60,000이다.
· 1차연도 1. 1.에 이연법인세자산과 이연법인세부채는 모두 ₩0이다.
· 법인세율은 매년 40%이다.

상황 1차연도 12. 31.에 법인세비용을 인식하는 분개를 하라.

정답 및 해설

	1차연도 (당기)	가산할 일시적차이 (미래과세대상액)	차감할 일시적차이 (미래공제대상액)
회계이익	₩300,000		
일시적차이:			
가산할 일시적차이	(40,000)	₩40,000	
차감할 일시적차이	60,000		₩(60,000)
과세소득(과세표준)	₩320,000		
법인세율	40%	40%	40%
미지급법인세	₩128,000		
이연법인세부채 기말잔액		₩16,000	
이연법인세자산 기말잔액			₩24,000

	이연법인세부채	이연법인세자산
기말잔액	₩16,000	₩24,000
기초잔액	(0)	(0)
당기 변동액	₩16,000	₩24,000

(차)		(대)	
법인세비용	120,000*	미지급법인세	128,000
이연법인세자산	24,000	이연법인세부채	16,000

* 차변합계와 대변합계를 일치시키는 금액

예제 3 미래공제대상액인 감가상각비와 이연법인세자산

중요도: ★★★
난이도: ◆◆

상황

· 1차연도 1. 1.에 유형자산(내용연수: 2년, 잔존가치: ₩0)을 ₩100,000에 취득하였다.
· 연도별 감가상각비:

	포괄손익계산서	세무신고서
1차연도	₩70,000	₩50,000
2차연도	30,000	50,000

· 법인세율: 40%

· 1차연도와 2차연도에 현금 판매액이 각각 ₩130,000이고 감가상각비 이외의 비용은 없다.
· 이연법인세부채(자산)의 기초잔액은 ₩0이다.

물음 1차연도 12. 31.과 2차연도 12. 31.에 법인세비용을 인식하는 분개를 하라.

정답 및 해설

· 포괄손익계산서상 감가상각비와 「세법」상 감가상각비가 달라 1차연도에 차감할 일시적차이(미래공제대상액) ₩20,000(₩70,000 − ₩50,000)이 발생하여 이연법인세자산 ₩8,000(₩20,000 × 40%)을 인식한다. 차감할 일시적차이(미래공제대상액)와 이연법인세자산이 2차연도에 소멸한다. 연도별 법인세비용과 미지급법인세를 계산하면 다음과 같다.

포괄손익계산서:

	1차연도	2차연도
현 금 매 출	₩130,000	₩130,000
감가상각비	(70,000)	(30,000)
세 전 이 익	₩60,000	₩100,000
법인세비용(40%)	(24,000)	(40,000)
당기순이익	₩36,000	₩60,000

세무신고서:

	1차연도	2차연도
현 금 매 출	₩130,000	₩130,000
감가상각비	(50,000)	(50,000)
과 세 소 득	₩80,000	₩80,000
법 인 세 율	× 40%	× 40%
미지급법인세	₩32,000	₩32,000

· 1차연도 포괄손익계산서에 인식한 법인세비용이 ₩24,000이다. 그러나 「세법」에 따라 인식한 당기법인세부담액은 ₩32,000이다. 이것은 1차연도에 법인세를 ₩8,000만큼 더 내고 2차연도에는 법인세를 ₩8,000만큼 덜 낸다는 것을 의미한다. 그러므로 1차연도에 더 내는 법인세 ₩8,000을 이연법인세자산으로 인식한다.
· 법인세회계에서는 통상적으로 과세소득과 미지급법인세(당기법인세비용) 및 이연법인세부채(자산)을 다음과 같이 산정한다.

	1차연도	2차연도
회계이익	₩60,000	₩60,000
차감할 일시적차이:		
감가상각비	20,000	(20,000)
과세소득	₩80,000	₩80,000
법인세율	× 40%	× 40%
미지급법인세	₩32,000	₩32,000

	1차연도	2차연도
이연법인세자산 기말잔액	₩8,000*	₩0
이연법인세자산 기초잔액	(0)	(8,000)
이연법인세자산 당기 증가(감소)액**	₩8,000	₩(8,000)

* 차감할 일시적차이(감가상각비): ₩20,000 × 40% = ₩8,000
** 이연법인세자산 당기인식액

1차연도		2차연도	
(차) 법 인 세 비 용	24,000*	(차) 법 인 세 비 용	40,000*
이연법인세자산	8,000	(대) 이연법인세자산	8,000
(대) 미 지 급 법 인 세	32,000	미 지 급 법 인 세	32,000

* 차변합계와 대변합계를 일치시키는 금액

· 1차연도의 법인세비용 ₩24,000을 분해하면 다음과 같다.

		포괄손익계산서 구성요소	재무상태표 계정과목
법인세비용 ₩24,000	₩32,000	당기법인세비용	미지급법인세
	₩(8,000)	이연법인세수익	이연법인세자산

2. 영구적차이

영구적차이(permanent differences)는 특정 수익이나 비용에 대해서 재무회계에서 인식하는 금액과 「세법」에서 인식하는 금액이 기업의 존속기간 동안 영구적으로 다른 차이를 말한다. 즉, 기업이 설사 청산해도 회계이익과 과세소득 간 차이가 소멸(reversal)하지 않는 차이이다. 예를 들어, 경영자가 외국 구매자를 접대해서 ₩800,000을 지출한 경우, 포괄손익계산서에는 접대비 ₩800,000을 비용으로 인식하지만, 「세법」에서 1년간 손금(공제비용)으로 인정하는 접대비가 ₩300,000이면 '접대비한도초과액' ₩500,000(₩800,000 − ₩300,000)은 기업의 존속기간 동안 영원히 손금(공제비용)으로 인정되지 않으므로 ₩500,000을 영구적차이라 한다. 영구적차이는 회계이익과 과세소득 중 어느 한쪽에만 영향을 미치고 다른 쪽에는 전혀 영향을 미치지 않는다. 즉, 영구적차이는 과세되지 않는 수익(또는 과세대상수익)이나 공제되지 않는 비용(또는 공제대상비용)이 발생하는 회계기간에만 법인세비용과 미지급법인세(당기법인세부담액)에 영향을 미치고 이연법인세부채(또는 자산)는 발생시키지 않는다.

재무회계에서 인식한 수익과 비용 중에서 「세법」상으로는 익금 또는 손금으로 인정받지 못해서 과세소득에 전혀 영향을 미치지 않는 경우가 있다. 반대로, 「세법」상으로는 익금 또는 손금으로 처리되지만, 재무회계에서는 수익이나 비용으로 인식하지 않는 경우도 있다. 예를 들면, 자기주식처분이익이 「세법」에서는 과세대상이지만, 재무회계에서는 자기주식처분이익은 자본잉여금으로 분류하고 자기주식처분손실은 자본의 차감항목인 자본조정으로 분류해서 회계이익 산정에서 제외하므로 자기주식처분손익은 영구적차이이다.

영구적차이는 다음 두 가지 유형으로 분류할 수 있다.

- 유형 ①: 회계이익에 영향을 미치지만, 과세소득에는 영향을 미치지 않는 항목
- 유형 ②: 회계이익에 영향을 미치지 않지만, 과세소득에는 영향을 미치는 항목

포괄손익계산서 (K-IFRS, 회계이익)		세무신고서 (세법, 과세소득)	영구적차이의 예
유형 ①	수익 ○	과세수익 × (익금불산입)	비과세이자수익, 기관투자자의 일부 배당수익 등
	비용 ○	공제비용 × (손금불산입)	벌금, 과태료, 비공제기부금, 접대비한도초과액 등
유형 ②	수익 ×	과세수익 ○ (익금산입)	자기주식처분이익 등
	비용 ×	공제비용 ○ (손금산입)	자기주식처분손실, 투자세액공제 등

「세법」이 익금으로 인정하지 않는 비과세수익(non-taxable income)이 포괄손익계산서에 수익으로 보고되면 회계이익과 과세소득의 차이가 영구적으로 소멸하지 않는다. 비과세수익은 회계이익보다 과세소득을 작게 하므로(수익 전액이 과세되는 경우에 비해) 당기법인세부담액을 줄이지만, 미래에 납부할 법인세비용인 이연법인세비용은 발생시키지 않는다. 한편, 접대비한도초과액과 같이 「세법」에서 손금으로 인정되지 않는 비공제비용(non-deductible expense)이 포괄손익계산서에 보고되면, 과세소득이 회계이익보다 크고 그 차이가 기업의 존속기간 동안 소멸하지 않는다. 따라서 비공제비용은(비용 전액이 공제되는 경우에 비해) 당기법인세부담액을 증가시키지만 미래에 납부할 이연법인세비용에는 영향을 미치지 않는다. 위 표의 유형 ②와 관련된 수익과 비용에 대한 영향도 유형 ①과 유사하다.

「K-IFRS 제1012호」는 자산(또는 부채)의 장부금액과 세무기준액 간의 모든 차이를 원칙적으로 '일시적차이'로 보고, 영구적차이라는 표현을 사용하지 않으므로 표면적으로 영구적차이가 없는 것 같이 보이지만, [1012: 15, 21 - 24]에서 '이연법인세부채(또는 자산)를 인식하지 않는 예외'라 표현해서 사실상 영구적차이의 내용을 규정한다.

3. 이연법인세부채 및 자산 인식의 예외

「K-IFRS 제1012호」는 사업결합이 아닌 거래에서 자산이나 부채를 최초로 인식하였으나, 거래발생시점에 회계이익 또는 과세소득에 영향을 미치지 않는 거래에서는 이연법인세를 인식하지 않도록 규정한다[1012; 15, 24]. 설명의 편의를 위해서 이를 '최초인식의 예외(initial recognition exemption)'라 부른다. [1012: 15, 24]는 거래에 대한 보고투명성(reporting transparency)을 성취하기 위한 목적으로 규정되었다. 그러나 단일 거래에서 다음과 같이 자산과 부채가 동시에 발생하면 이연법인세를 어떻게 회계처리하느냐는 문제가 대두된다.

- 유형자산(예 석유시추 플랫폼)을 취득하면서 미래 복구원가의 현재가치를 자산 취득원가에 가산하고 해당 금액만큼 복구충당부채(플랫폼 해체와 해저기반 밀봉의무)를 동시에 인식하는 거래
- 리스이용자가 리스개시시점에 사용권자산과 리스부채를 동시에 인식하는 거래

자산과 부채가 동시에 발생하는 단일 거래에 대해서 일부 기업은 [1012: 15, 24]에 규정된 최초인식의 예외를 적용해서 가산할 일시적차이와 차감할 일시적차이 모두를 무시하고 이연법인세를 인식하지 않았다. 그러나 일부 기업은 단일 거래에서 가산할 일시적차이와 차감할 일시적차이 모두를 산정하고 이연법인세자산과 이연법인세부채를 동시에 인식했다. 이와 같이 자산과 부채가 동시에 발생하는 단일 거래와 관련된 이연법인세 회계처리에 대해서 실무에 다양성이 있었다.

기업이 최초인식의 예외를 적용하면 자산과 부채의 최초인식시점과 후속기간에 이연법인세를 인식하지 않으므로 장부금액의 회수가 아니라 공제대상의 이용가능성 때문에 법인세비용이 기간에 걸쳐 변동하는 결과를 초래한다. 예를 들어, 리스개시시점에 인식한 사용권자산에 대해서 재무회계의 감가상각비 인식시점과 「세법」상 감가상각비 인식시점 간의 시간적 차이 때문에 법인세비용이 기간에 걸쳐 변동한다. 회계이익과 과세소득의 차이가 오로지 일시적차이 때문에 생기는 데도 불구하고 이연법인세를 인식하지 않으면 기업의 연도별 법인세비용이 변동한다. 이러한 문제를 해소하기 위해서 2021년 5월에 IASB는 자산과 부채가 동시에 인식되어 동일한 금액의 가산할 일시적차이와 차감할 일시적차이를 동시에 발생시키는 거래에는 최초인식의 예외를 적용하지 않기로 결정하고 「K-IFRS 제1012호」를 다음과 같이 개정했다.

최초인식의 예외

모든 가산할 일시적차이에 대하여 이연법인세부채를 인식한다. 그리고 차감할 일시적차이가 사용될 수 있는 과세소득의 발생 가능성이 높은 경우에, 모든 차감할 일시적차이에 대하여 이연법인세자산을 인식한다. 다만, 다음의 경우에 생기는 이연법인세부채(자산)는 인식하지 아니한다[1012: 15, 24].

(1) 영업권을 최초로 인식하는 경우
(2) 다음에 모두 해당하는 거래에서 자산이나 부채가 최초로 인식되는 경우
  ① 사업결합에 해당되지 않는다.
  ② 거래 당시 회계이익과 과세소득(세무상결손금)에 영향을 미치지 아니한다.
  ③ 거래 당시 동일한 금액으로 가산할 일시적차이와 차감할 일시적차이를 생기게 하지는 않는다.

문단 [1012: 15(2③), 24(2③)]의 의미: 최초인식의 예외와 관련하여 재무제표작성자의 비일관성과 재무제표이용자의 해석에 대한 잠재적 문제를 해소하기 위해 [1012: 15, 24]에 요건 ③을 추가해서 단일 거래에서 동일한 금액의 가산할 일시적차이와 차감할 일시적차이를 동시에 발생시키는 거래에 대해서는 최초인식의 예외를 적용하지 않는다. 그러므로 단일 거래에서 최초 측정시점에 자산과 부채를 인식할 때 동일한 금액의 가산할 일시적차이와 차감할 일시적차이가 생기면 최초인식의 예외가 적용되지 않으며 최초 인식시점과 후속기간에 일시적차이에 대해서 이연법인세부채와 이연법인세자산을 각각 장부에 인식해야 한다.

(1) 영업권의 최초인식 예외

사업결합으로 취득한 영업권은 취득대가에서 식별 가능한 순자산의 공정가치를 차감한 잔여액

(residual)으로 측정한다. 재무회계에서는 영업권의 내용연수를 비한정으로 보기 때문에 영업권을 상각하지 않고 매년 적어도 한 번씩 손상징후를 검토해서 영업권이 손상된 것으로 판명되면 포괄손익계산서에 손상차손을 인식한다(제5장 참조). 그러나 「세법」상으로 영업권상각비를 공제대상으로 인정하는 국가도 있고, 공제대상으로 허용하지 않는 국가도 있다. 우리나라 「세법」은 영업권(합병 또는 분할로 인하여 합병법인 등이 계상한 영업권은 제외)을 상각대상자산에 포함하고, 내용연수를 5년으로 한정한 상각비를 공제대상으로 인정한다[「법인세법」 시행규칙 별표 3].

순환계산문제

취득한 영업권은 취득대가에서 취득한 순자산의 공정가치를 차감한 잔여액으로 측정하므로, 만일 최초 인식하는 영업권에 대해 이연법인세부채를 인식하면 그로 인해 순자산이 감소하여 영업권의 장부금액이 다시 증가하고 영업권과 이연법인세부채가 순환적으로 증가하는 문제가 발생한다[1021: 21]. 즉, 영업권의 장부금액(최초인식금액)과 세무기준액의 차이에 대해 이연법인세부채를 인식하면 피취득기업 순자산의 측정액이 감소하므로 영업권의 장부금액을 다시 계산하여 다음과 같이 분개하여야 한다.

(차) 영 업 권	×××	(대) 이연법인세부채	×××

그런데 이렇게 영업권 측정액을 증가시키면 재무상태표상의 차변 합계가 증가되어 이연법인세부채의 측정액이 또 달라지고, 이연법인세부채의 측정액이 달라지면 영업권을 또 다시 측정해야 하므로, 순환계산(circular calculation)문제가 반복된다.[4] 최초인식하는 영업권에 대해서 이연법인세부채를 인식하지 않으면 이 문제를 피할 수 있다. 그리고 영업권의 최초인식에서 발생하였기 때문에 인식되지 않은 이연법인세부채가 향후 감소하는 상황이 발생해도 최초인식으로부터 발생한 것으로 간주하여 인식하지 않는다[1012: 21A].

영업권상각비가 공제대상이 아닌 경우

[1012: 15]는 영업권상각비의 「세법」상 공제 여부에 관계없이 영업권의 최초 인식과 관련된 이연법인세부채를 인식하지 않도록 규정한다. 영업권 감소액을 「세법」상 공제대상으로 인정하지 않는 국가에서는, 영업권의 세무기준액이 ₩0이 되고 영업권 장부금액 전액이 영구적차이의 성격을 갖는다.[5] pp. 1102 ~ 1103에서 보았듯이 영구적차이에 대해서는 이연법인세가 발생하지 않으므로, 영업권에 대

4) 참고로, 순환계산을 한다고 가정하면 궁극적인 영업권 측정액을 다음과 같이 계산할 수는 있다.
궁극적 영업권 = 영업권 최초측정액 + (궁극적 영업권 − 영업권 세무기준액) × 법인세율
∴ 궁극적 영업권 = (영업권 최초측정액 − 영업권 세무기준액 × 법인세율) ÷ (1 − 법인세율)

5) 이 차이는 pp. 1102 ~ 1103에서 설명한 영구적차이의 성격을 갖지만, [1012: 21]에서는 "이 경우 영업권의 세무기준액은 ₩0이고, 당해 영업권의 장부금액과의 차이는 가산할 일시적차이이다."라고 서술한다. 이러한 설명은 [1012: 5]에서 '재무상태표상 자산 또는 부채의 장부금액과 세무기준액과의 차이'를 모두 '일시적차이'라 정의한 데서 비롯한 것으로서, 직관적으로 이해하는 데 상당한 어려움을 초래한다.

한 이연법인세부채를 인식하지 않는다. 그리고 이런 국가에서 후속기간에 영업권 손상차손으로 인해 영업권 장부금액이 감소하여 세무기준액과의 차이가 감소하더라도 이와 관련된 이연법인세부채는 인식하지 않는다. 왜냐하면, 장부금액과 세무기준액과의 차이가 여전히 영구적차이의 성격을 갖기 때문이다.

영업권상각비가 공제대상인 경우

우리나라와 같이 영업권상각비가 「세법」상 공제대상인 국가에서도 영업권의 최초 인식과 관련된 이연법인세부채를 인식하지 않도록 한 규정은 추가 설명이 필요하다. 주의할 점은, 영업권과 관련된 가산할 일시적차이에 대해 이연법인세부채를 인식하는 경우도 있다는 것이다. 가산할 일시적차이가 영업권의 최초 인식시점이 아닐 때 발생하는 경우가 여기에 해당한다. 즉, 「세법」이 영업권 상각비를 공제대상으로 인정하면 통상적 유형자산처럼 차감할(가산할) 일시적차이를 산정하고 이연법인세자산(부채)을 인식한다. 예를 들어, 우리나라처럼 영업권상각비가 세무상 공제되는 경우를 생각해보자. 사업결합에서 ₩100의 영업권을 인식하고 취득연도부터 연 20%씩 세무상 공제하면, 영업권의 세무기준액은 최초인식 시 ₩100이고 취득연도 말에 ₩80이 된다. 재무회계에서는 영업권을 상각하지 않고 필요한 경우에 손상차손을 인식한다(제5장, 제7장 참조). 취득연도 말에 재무회계상 영업권의 장부금액이 ₩100으로 유지된다면, 취득연도 말에 ₩20의 가산할 일시적차이가 발생한다. 이 차이는 영업권 최초 인식과 관련된 것이 아니므로 그에 따른 이연법인세부채를 인식한다[1012: 21B]. 한편, 장부상 인식한 영업권 손상차손이 「세법」상 인정받은 영업권상각비보다 커서 영업권 장부금액이 세무기준액보다 작은 경우도 발생할 수 있다. 이 경우 발생하는 차감할 일시적차이는 향후 과세소득의 발생가능성이 높은 경우 이연법인세자산을 인식한다[1012: 32A].

예제 4 영업권과 이연법인세부채

중요도: ★★
난이도: ◆◆

상황

· 1차연도 12. 31.에 큰손회사는 작은손회사를 ₩600,000에 취득하여 ₩1,000의 영업권을 인식하였다.
· 2차연도의 세전 회계이익: ₩8,000
· 법인세율: 40%
· 상황 1: 「세법」상 영업권의 상각을 허용하지 않아 영업권상각비가 「세법」상 공제대상항목이 아닌 상황에서 2차연도 12. 31.에 영업권에 대한 손상차손 ₩1,000이 발생하였다.
· 상황 2: 「세법」상 영업권의 상각이 허용되어 2차연도에 ₩750의 영업권상각비를 공제대상항목으로 인정받는 상황에서 2차연도 12. 31.에 영업권에 대한 손상차손 ₩250이 발생하였다.

물음 위 각 상황에 대하여 2차연도의 미지급법인세와 이연법인세부채를 계산하라.

정답 및 해설

상황 1		상황 2	
회계이익	₩8,000	회계이익	₩8,000
영구적차이:		가산할 일시적차이:	

영업권 손상차손	1,000	영업권 손상차손	₩250	
과세소득	₩9,000	영업권상각비	(750)	(500)
법인세율	× 40%	과세소득		₩7,500
미지급법인세	₩3,600	법인세율		× 40%
이연법인세부채	₩0*	미지급법인세		₩3,000
		이연법인세부채		₩200**

* 영업권상각비가 공제대상이 아니므로 영업권 최초인식 예외규정에 따라 이연법인세부채를 인식하지 않음

** (₩750 − ₩250) × 40% = ₩200
가산할 일시적차이가 영업권 최초인식시점이 아닐 때 발생하므로 이연법인세부채를 인식

(2) 자산 · 부채의 최초인식 예외

세무상 공제대상이 아닌 자산의 인식

사업결합이 아닌 거래로서, 거래발생시점에 회계이익이나 과세소득에 영향을 미치지 않는 거래를 통해 최초로 인식한 자산 또는 부채에 대해서도 이연법인세부채를 인식하지 않는다[1012: 15]. 예를 들어, 기업이 세무상 공제되지 않는 개발비 지출액을 재무회계상 무형자산으로 인식하는 경우를 생각해보자. 무형자산의 세무기준액은 ₩0이고, 자본화된 개발비는 영구적차이의 성격을 갖는 '가산할 일시적차이'에 해당한다. 무형자산을 최초인식하는 시점부터 가산할 일시적차이가 존재하므로 최초인식 시점에 이연법인세부채가 발생하지만, [1012: 15]에서 이를 인식하지 않도록 예외를 규정한다. 그리고 [1012: 24]에서는 동일한 조건을 만족하는 차감할 일시적차이에 대해 이연법인세자산을 인식하지 않도록 규정한다. 또한 관련 자산의 감가상각에 따라 최초에 미인식한 이연법인세부채 또는 자산이 향후에 변동하여도 이를 인식하지 않는다[1012: 22(3)]. 이렇게 하는 이유는, 자산 · 부채의 최초인식 시 이연법인세부채나 이연법인세자산을 인식하면 동일한 금액만큼 자산이나 부채의 측정액을 조정해야 하는데 그러한 조정이 재무제표의 투명성을 저해한다고 보기 때문이다[1012: 22(3)]. 다음 보충설명을 통해 [1012: 22(3)]의 의미를 살펴본다.

보충설명 **공제대상이 아닌 지출액의 무형자산 인식과 이연법인세부채 인식 예외**

- 2차연도 1. 1.에 창조회사가 개발비 ₩450,000을 지출하고 무형자산의 자본화기준[1038: 57]을 충족한다고 보아 ₩450,000을 무형자산(개발비)으로 인식했다. 개발비는 2차연도 1. 1.부터 정액법으로 3년 동안 상각한다. 개발비 ₩450,000은 세무상 공제대상이 아니고 법인세율은 40%이다. 무형자산 취득시점과 취득연도 말의 가산할 일시적차이는 다음과 같다.

	2차연도 1. 1	2차연도 12. 31
무형자산	₩450,000	₩450,000
상각누계액	0	(150,000)
장부금액	₩450,000	₩300,000
세무기준액	0	0

가산할 일시적차이 누적액	₩450,000	₩300,000
이연법인세부채	₩180,000*	₩120,000**

* ₩450,000 × 40% = ₩180,000
** ₩300,000 × 40% = ₩120,000

- [1012: 15]의 인식 예외규정이 없으면 창조회사는 취득시점에 이연법인세부채를 인식하고 다음과 같이 분개한다.

2차연도 1. 1. 무형자산 취득시점:

(차) 무 형 자 산	630,000	(대) 현 금	450,000
		이 연 법 인 세 부 채	180,000

- 위 분개의 결과로 무형자산의 장부금액이 ₩630,000으로 증가하면 가산할 일시적차이가 증가하므로 창조회사는 이연법인세부채 측정액을 다시 계산해야 한다. 그리고 이연법인세부채 측정액이 증가하면 무형자산의 장부금액이 또 다시 증가하는 순환계산(circular calculation)문제가 대두되고, 결과적으로 무형자산의 장부금액이 취득원가보다 상당히 커지게 된다.
- 이연법인세부채를 대변에 인식하는 위 분개에서 차변에 어떤 계정과목을 사용해야 하는가를 생각하면, 거래발생시점에 회계이익 또는 과세소득에 영향을 미치지 않는다는 조건이 있으므로 차변에 손익항목을 사용할 수 없다. 따라서 차변에 자산계정을 사용해야 하는데, 그렇게 하면 이연법인세부채 측정액만큼 해당 자산의 장부금액을 증가시키게 되고, 이러한 조정이 재무제표의 투명성을 저해한다고 본다[1012: 22(3)].

자산·부채의 최초인식 시 이연법인세를 인식하지 않는 예외는 '차감할' 일시적차이에 대해서도 발생할 수 있다. 예를 들어, 과세대상이 아닌 정부보조금을 받고 유형자산을 취득하면서 재무회계목적으로는 정부보조금을 유형자산의 취득원가에서 차감해서 감가상각하지만 세무기준액에서는 공제하지 않고 감가상각하는 경우, 해당 자산의 장부금액이 세무기준액보다 작아 '차감할' 일시적차이가 발생한다. 이러한 일시적차이에 대한 이연법인세자산은 인식하지 않는다[1012: 33].

예제 5 자산의 최초인식 예외[1012: 22(3) 예시]

중요도: ★★★
난이도: ◆◆◆

상황

· 다음은 [1012: 22(3)] 예시에 제시된 자료이다.

· 기업이 취득원가가 ₩1,000인 자산을 내용연수 5년 동안 사용한 후 ₩0의 잔존가치에 처분하려고 한다. 법인세율은 40%이다.
· 당해 자산의 감가상각비는 세무상 공제되지 아니한다. 또한 자산의 처분 시 발생할 수 있는 자본이득과 자본손실도 과세소득을 계산할 때 반영하지 않는다.
· 기업은 유형자산의 장부금액을 회수하면서 과세대상수익 ₩1,000을 획득하고 법인세 ₩400을 납부하게 되지만, 기업은 이연법인세부채 ₩400을 인식하지 않는데, 그 이유는 자산의 최초인식으로부터 발생한 것이기 때문이다.

다음 자료를 추가로 가정한다.

· 1차연도 1. 1.부터 기업은 재무보고목적으로 정액법을 사용하여 감가상각한다.
· 이 유형자산을 장부금액으로 처분하면 처분대가(장부금액)를 과세소득에 포함한다.
· 1차연도부터 5차연도까지 매년 회계이익(감가상각비 차감 후, 세전): ₩0

물음 1차연도 말부터 5차연도 말까지 연도별 과세소득과 당기법인세부담액 및 이연법인세부채를 계산하라.

정답 및 해설

· 쉽게 설명하면, 감가상각비가 「세법」상 공제대상이 아니고 처분손익도 과세대상이 아니면 장부상 감가상각비와 세무상 감가상각비의 차이는 영구적차이의 성격을 갖는다. 그러므로 이연법인세부채를 인식하지 아니한다.

유형자산을 5년 동안 사용하는 경우:

	1차연도 말	2차연도 말	3차연도 말	4차연도 말	5차연도 말
회계이익	₩0	₩0	₩0	₩0	₩0
영구적차이:					
장부상 감가상각비	200	200	200	200	200
세무상 감가상각비	(0)	(0)	(0)	(0)	(0)
과세소득	₩200	₩200	₩200	₩200	₩200
법인세율	40%	40%	40%	40%	40%
당기법인세부담액	₩80	₩80	₩80	₩80	₩80
이연법인세부채	₩0	₩0	₩0	₩0	₩0

5년간 법인세납부액: ₩80 × 5년 = ₩400

· 감가상각비가 「세법」상 공제되지 않는 영구적차이의 성격을 갖고[1012: 15] 예외규정에 따라 이연법인세부채를 인식하지 않는다. 감가상각비만큼 과세소득이 회계이익보다 많으므로, 이 유형자산을 취득하고 사용함에 따라 미래에 납부할 총 법인세는 ₩400(매년 ₩80 × 5년 또는 취득원가 ₩1,000 × 40%)이다.

특정 회계기간 말에 유형자산을 장부금액으로 처분하는 경우:

	1차연도 말	2차연도 말	3차연도 말	4차연도 말	5차연도 말
처분대가	₩1,000	₩800	₩600	₩400	₩200
법인세율	40%	40%	40%	40%	40%
당기법인세부담액	₩400	₩320	₩240	₩160	₩80

사후처리부채

자산을 취득하는 동시에 미래에 해당 자산을 원래 상태로 복구할 의무를 부담하면 기업은 복구원가를 취득한 자산의 취득원가에 가산하는 동시에 복구충당부채 또는 사후처리부채(decommissioning liability)를 인식한다(제3장 예제 4 참조). 복구원가는 자산의 사용연수 말에 발생할 미래지출로서 미래에 얼마가 발생할지 불확실하므로 이러한 불확실성을 반영한 기댓값의 현재가치로 측정한다. 기댓값의 현재가치(probability adjusted present value)는 미래발생예상액에 발생확률을 곱해 구한 기댓값을 적절한 이자율로 할인한 현재가치이다.

유형자산(예 석유시추 플랫폼)을 취득하면서 자산에 미래 복구원가의 현재가치를 자산 취득원가에 가산하고 해당 금액만큼 복구충당부채(플랫폼 해체와 해저기반 밀봉의무)를 동시에 인식하면 동일한 금액의 가산할 일시적차이와 차감할 일시적차이가 발생한다. 그러므로 최초인식의 예외를 적용하지 않고 최초 인식시점과 후속기간에 일시적차이를 산정하고 이연법인세부채(자산)를 장부에 인식한다.

기업은 2023년 1월 1일 이후 시작되는 보고기간에 비교재무제표의 가장 이른 회계기간의 시작일 또는 그 이후에 발생하는 거래에 [1012: 15③, 24③]을 적용해야 한다. 기업은 이연법인세의 인식효과(이연법인세부채 측정액과 이연법인세자산 측정액의 차이)를 누적효과 일괄조정기준(제15장 Miniature 예제 25 참조)으로 기초이익잉여금에 반영한다(예제 6 참조). [1012: 15③, 24③]를 소급 적용하지 않으므로 전기 재무제표는 수정하지 않는다.

Miniature 예제 3 복구충당부채와 이연법인세(한국회계기준원 검토보고서)

개별 취득한 유형자산에 대하여 복구충당부채(₩100)를 인식하고 같은 금액을 유형자산의 취득원가에 가산한 경우, 복구충당부채는 복구비용을 지출할 때 세무상 공제되며, 유형자산 취득원가에 가산한 금액은 세무상 공제를 받지 못한다고 가정하면 세무기준액은 '₩0'이다. 적용할 법인세율을 20%로 가정한다.

유형자산 취득시점:

(차)	유형자산	100	(대) 복구충당부채	100

[1012: 15③, 24③] 적용: 이연법인세부채 · 자산 인식(재무제표 투명성을 저해하지 않음)

(차)	이연법인세자산	20*	(대) 법인세비용	20
(차)	법인세비용	20	(대) 이연법인세부채	20*

* 이연법인세자산과 이연법인세부채 상계 조건[1012: 74]을 충족하면 상계한다.

예제 6 복구충당부채와 이연법인세

중요도: ★★★
난이도: ◆◆

상황

· 방사능회사는 연 6%의 이자율을 적용해서 복구원가의 현재가치를 구하고 충당부채를 인식했다.
· **복구원가를 복구대상자산의 취득원가에 포함하여 내용연수 동안 상각**한다.
· 1차연도 1. 1.에 방사능회사는 원자력발전소의 복구충당부채 ₩50,000을 인식하였고, ₩50,000을 원자력발전소 취득원가에 가산해서 자본화하였다.
· 원자력발전소의 내용연수는 40년이고 잔존가치 없이 정액법으로 감가상각한다.
· 세법은 현금기준으로 비용의 공제를 인정한다.
· 1차연도 1. 1.에 방사능회사는 최초인식의 예외 규정을 자산과 부채 각각에 적용해서 이연법인세를 인식하지 않았다.
· 법인세율은 40%이다.
· 방사능회사는 11차연도 1. 1.에 [1012: 15③, 24③]를 채택하고, 관련 날짜에 복구충당부채의 장부금액과 원자력발전소의 장부금액은 다음과 같다.

날짜	충당부채 장부금액	이연법인세부채 장부금액	원자력발전소 장부금액	이연법인세자산 장부금액
1차연도 1. 1.	₩50,000	₩20,000	₩50,000	₩20,000
10차연도 12. 31.	89,542	35,817	37,500	15,000

위 숫자의 계산근거는 다음과 같다.

₩50,000 + (₩50,000 × 6%) × 13.18079 = ₩89,542
₩89,542 × 40% = ₩35,817
₩50,000 × 30/40 = ₩37,500
₩37,500 × 40% = ₩15,000

물음 11차연도 1. 1.에 이연법인세부채(자산)에 대한 분개를 하라.

정답 및 해설

이연법인세의 인식효과(이연법인세부채 측정액과 이연법인세자산 측정액의 차이)를 누적효과 일괄조정기준(제15장 Miniature 예제 25 참조)으로 11차연도 기초이익잉여금에 반영한다.

(차) 이연법인세자산	35,817	(대) 이연법인세부채	15,000
		이 익 잉 여 금	20,817

(3) 리스와 이연법인세

리스이용자가 사용권자산과 리스부채를 최초 인식할 때 발생하는 가산할(차감할) 일시적차이에 대한 최초인식 예외의 적용 여부에 대해 IASB의 견해와 다른 견해가 실무에서 제기된다는 것을 2019년에 IASB가 알게 되었다. 최초인식의 예외를 적용하면 기업은 리스개시시점과 후속기간에 걸쳐 리스이용자의 사용권자산과 리스부채에 대해서 이연법인세부채(자산)를 인식하지 않으므로 관련 항목의 장부금액의 회수보다는 세무목적의 공제(차감) 이용가능성 때문에 회계이익과 과세소득 간에 차이가 난다. 그러므로 당기법인세비용과 이연법인세비용을 합한 법인세비용이 기간에 걸쳐 변동한다. 따라서 IASB가 [1012: 15③, 24③]를 도입해서 리스에서와 같이 동일한 금액의 차감할 일시적차이와 가산할 일시적차이가 생기는 거래에 최초인식의 예외를 적용하지 않기로 결정하였다.

사용권자산과 리스부채의 세무기준액

자산의 세무기준액은 자산의 장부금액을 회수할 때 기업에 유입될 과세대상 경제적효익에서 세무상 차감될(공제할) 금액을 말한다. 경제적효익이 과세대상이 아니면, 자산의 세무기준액은 장부금액과 일치한다[1012: 7]. 사용권자산은 세무상 공제할 금액이 아니므로 최초 인식시점에 세무기준액은 ₩0이다. 「세법」이 리스이용자가 측정한 사용권자산의 취득대가를 공제대상으로 인정하지 않으므로 세무기준액이 ₩0이고 이연법인세부채를 발생시키는 가산할 일시적차이이다. 부채의 세무기준액은 장부금액에서 미래기간에 해당 부채와 관련하여 세무상 공제될 금액을 차감한 금액이다. 수익을 미리 받은 경우, 이로 인한 부채의 세무기준액은 당해 장부금액에서 미래 회계기간에 과세되지 않을 수익을 차감한 금액이다[1012: 8]. 리스료는 세무목적으로 공제되며 여기에는 이자비용이 포함된다. 따라서 최초 인식시점의 과세소득(과세표준)은 리스부채의 장부금액에서 미래 세금공제액을 차감한 금액으로, 세무기준액은 ₩0이다. 이와 같이 「세법」이 리스이용자가 측정한 리스부채를 공제대상으로 인정하지 않으므로 세무기준액이 ₩0이고 이연법인세자산을 발생시키는 차감할 일시적차이이다.

선급리스료와 리스개설직접원가

선급리스료(advance lease payments)와 리스개설직접원가 때문에 리스부채의 최초측정액과 사용권자산의 최초측정액이 다를 수 있다. 예를 들어, 총리스료의 현재가치가 ₩20,000인 상황에서 리스이용자가 ₩1,500을 미리 지급하고 리스이용자에게 발생한 리스개설직접원가가 ₩400이면 최초 인식시점에 리스부채와 사용권자산의 장부금액은 다음과 같다.

• 리스부채 측정액: ₩20,000(리스료의 현재가치) − ₩1,500(선급리스료) = ₩18,500
• 사용권자산 측정액: ₩18,500(리스부채) + ₩1,500(선급리스료) + ₩400(리스개설직접원가) = ₩20,400

리스개시시점에 가산할 일시적차이의 금액과 차감할 일시적차이의 금액이 다르기 때문에 [1012: 15③, 24③]에 해당하므로 최초인식의 예외를 적용해야 하는가? 아니다. 선급리스료 또는 리스개설직접원가가 발생하면 가산할 일시적차이의 금액과 차감할 일시적차이의 금액이 다르므로 [1012: 15③, 24③]에 해당한다. 그러나 선급리스료와 리스개설직접원가가 지급시점에 세무목적으로 공제되면 과세소득에서 공제되기 때문에 과세소득이 리스개설시점에 영향을 받아서 [1012: 15②, 24②]에 해당되지 않는다. 차감할 일시적차이 ₩1,900(선급리스료 ₩1,500 + 리스개설직접원가 ₩400)가 존재해서 최초인식의 예외가 적용되지 않으므로 이연법인세부채(자산)를 인식한다(연습문제 21 참조).

Miniature 예제 4 리스와 이연법인세(한국회계기준원 검토보고서)

건물을 임차하여 리스이용자가 리스부채(₩100)와 사용권자산(리스부채의 최초측정액)을 인식한 경우, 사용권자산은 세무상 공제받지 못하며, 리스부채는 리스기간에 걸쳐 세무상 공제된다고 가정하면 세무기준액은 '₩0'이다. 적용할 법인세율을 20%로 가정한다.

리스개시시점:

(차) 사 용 권 자 산	100	(대) 리 스 부 채	100

[1012: 15③, 24③] 적용: 이연법인세부채 · 자산 인식(재무제표 투명성을 저해하지 않음)

(차) 이연법인세자산	20	(대) 법 인 세 비 용	20
(차) 법 인 세 비 용	20	(대) 이연법인세부채	20

예제 7 리스이용자의 리스와 이연법인세

중요도: ★★★
난이도: ◆◆◆

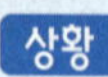

· 리스개시시점인 1차연도 1. 1.에 리스이용자가 사용권자산과 리스부채로 각각 ₩11,431을 인식하였다.

· 리스기간 만료일은 3차연도 12. 31.이다.
· 리스이용자는 재무회계목적상 사용권자산(내용연수: 3년)을 잔존가치 없이 정액법으로 감가상각한다.
· 리스이용자의 증분차입이자율은 25%이고 고정리스료 ₩5,856을 매년 말에 지급한다. 리스료의 현재가치는 ₩11,431(₩5,856 × 1.952)이다.
· 사용권자산 측정액과 리스부채 측정액이 동일해서 리스개시시점에 생기는 가산할 일시적차이의 금액과 차감할 일시적차이의 금액이 동일하므로 리스이용자는 최초인식의 예외[1012: 15③, 24③]를 적용하지 않는다.
· 법인세율은 40%이다.

물음 각 연도 말의 법인세비용에 대해서 분개하라.

정답 및 해설

· 리스부채에 대한 상각표는 다음과 같다.

유효이자율에 의한 상각표

연도 ①	리스부채 기초장부금액 ②	유효이자(25%) ③ = ② × 0.25	리스료 ④	리스부채 기말장부금액 ⑤ = ② + ③ − ④
1차연도	₩11,431	₩2,858	₩5,856	₩8,433
2차연도	8,433	2,108	5,856	4,685
3차연도	4,685	1,171	5,856	0

리스부채의 최초측정액: ₩11,431
사용권자산의 최초측정액: ₩11,431
사용권자산의 매년 감가상각비: ₩11,431 ÷ 3년 = ₩3,810
사용권자산에 대한 이연법인세부채의 최초측정액: ₩11,431 × 40% = ₩4,572
리스부채에 대한 이연법인세자산의 최초측정액: ₩11,431 × 40% = ₩4,572

사용권자산에 대한 이연법인세부채는 아래 표에 표시된 대로 최초측정액 ₩4,572에서 사용권자산 내용연수 말까지(3차연도 말) 매년 ₩1,524씩 감소한다.

이연법인세부채의 연도별 감소액

연도 ①	사용권자산의 기초장부금액 ②	세무기준액 ③	가산할 일시적차이 ④	사용권자산 기말장부금액 ⑤ = ② − ₩3,810	이연법인세부채 감소액 ⑥ = [② − ⑤] × 40%
1차연도	₩11,431	₩0	₩11,431	₩7,621	₩1,524
2차연도	7,621	0	7,621	3,811	1,524
3차연도	3,811	0	3,811	0	1,524

이연법인세부채의 총 감소액: ₩1,524 × 3년 = ₩4,572

리스부채에 대한 이연법인세자산의 1차연도 초 장부금액은 ₩4,572이다. 이연법인세자산의 당기 감소액은 매년 당기 초 잔액에서 당기 말 잔액을 차감한 금액이고 3차연도 말에는 잔액이 ₩0이 된다.

이연법인세자산의 연도별 감소액

연도 ①	리스부채 기초장부금액 ①	세무기준액 ③	리스부채 기말장부금액 ④ = ② × 125% − ₩5,856	차감할 일시적차이 ⑤ = ④	이연법인세자산 기말장부금액 ⑥ = ⑤ × 40%	이연법인세자산 감소액 ⑦ = 당기 초 잔액 − 당기 말 잔액
1차연도	₩11,431	₩0	₩8,433	₩8,433	₩3,373	₩1.199
2차연도	8,433	0	4,685	4,685	1,874	1,499
3차연도	4,685	0	0	0	0	1,874

이연법인세자산의 총 감소액: ₩1,199 + ₩1,499 + ₩1,874 = ₩4,575

1차연도 12. 31. 결산시점:

(차) 이연법인세부채	1,524	(대) 이연법인세자산	1,199
		이연법인세비용	325

2차연도 12. 31. 결산시점:

(차) 이연법인세부채	1,524	(대) 이연법인세자산	1,499
		이연법인세비용	25

3차연도 12. 31. 결산시점:

(차) 이연법인세부채	1,524	(대) 이연법인세자산	1,874
이연법인세비용	350		

참고 사용권자산과 리스부채의 내용연수(리스기간) 동안 가산할 일시적차이와 차감할 일시적차이를 인식하면 다음과 같은 일관된 법인세비용(당기법인세비용 + 이연법인세비용)이 포괄손익계산서에 보고된다.

연도별 법인세비용 = 세전회계이익 × 법인세율

4. 과세소득의 산출

회계이익에 일시적차이와 영구적차이를 조정해서 과세소득을 산출하는 과정을 세무조정(tax reconciliation)이라 한다. 세무조정에서는 원래 익금산입, 익금불산입, 손금산입, 손금불산입 등의 용어를 사용하지만, 이 책은 세무회계 교과서가 아니므로 세무조정을 개념적으로 단순화시켜 설명한다. 더 상세한 내용은 세무회계 교재를 참고하기 바란다.

일시적차이와 영구적차이 개별 항목들을 ① 회계이익을 계산할 때와는 반대로 회계이익에 가산(또는 차감)한 후, ② 해당 항목에 대해 「세법」에서 인정하는 금액을 차감(또는 가산)해서 과세소득을 산출한다. 예를 들어, 회계이익을 계산할 때 차감했던 장부상 감가상각비를 회계이익에 다시 가산한 후, 「세법」에서 인정하는 감가상각비를 차감해서 과세소득을 산정한다.

(1) 재무회계상 수익(또는 비용)이지만 「세법」상 과세(또는 공제) 대상이 아닌 항목

재무보고목적으로는 수익이지만 「세법」상 과세되지 않는 수익은 회계이익에서 차감하고, 재무보고목적으로는 비용이지만 「세법」상 공제되지 않는 비용은 회계이익에 가산한다. 즉, 회계이익을 계산할 때와 반대로, 비과세수익은 회계이익에서 차감하고 비공제비용은 회계이익에 가산해서 과세소득을 산정한다. 예를 들어, 당기에 할부로 제품을 외상판매하면 재무회계목적으로는 할부매출액 전액을 당기에 수익으로 인식하지만, 현금을 받지 않은 매출액은 「세법」상 당기에 비과세수익이므로 이를 당기 회계이익에서 차감해서 당기 과세소득을 산출한다. 그리고 미래 회계연도에 할부매출액 중 현금을 받으면 미래 과세소득에 가산한다.

한편, 기업이 사업활동을 수행하는 과정에서 접대비가 필연적으로 발생한다. 예를 들면. 거래처에 식사를 대접할 수도 있고, 명절에 고객에게 선물을 보낼 수도 있다. 재무회계에서는 접대비 전액을 발생시점에 비용으로 인식하지만, 「세법」에서는 일정 한도 이상으로 사용한 접대비는 손금(경비)으로 인정하지 않는다. 따라서 접대비한도초과액을 회계이익에서 차감해서 과세소득을 산출한다.

(2) 재무회계상 수익(또는 비용)이 아니지만 「세법」상 과세(또는 공제) 대상인 항목

재무보고목적으로는 수익이 아니지만 「세법」상 수익으로 인정되는 항목은 회계이익에 가산하고, 재무보고목적으로 비용이 아님에도 불구하고 「세법」상 비용으로 인정받는 항목은 회계이익에서 차감한다. 예를 들어, 재무제표작성일인 12월 31일에 다음 회계연도의 임대료를 미리 받은 경우, 재무회계상 당기수익으로 인식하지 않지만 현금을 받은 금액이 「세법」상 과세되는 수익항목이므로 현금수취액을 회계이익에 가산하여 과세소득을 산출한다. 그리고 미래 회계연도에 임대료가 재무회계상 당기수익으로 인식되면 임대료수익을 회계이익에서 차감하여 과세소득을 산출한다.

재무보고목적으로 정액법을 사용해서 인식한 감가상각비가 ₩2,000이고 「세법」상 가속상각법을 사용해서 인식한 감가상각비가 ₩5,000이라고 가정하면 가산할 일시적차이(미래과세대상액) ₩3,000이 발생한다. 이 경우 ₩2,000(정액법에 의한 감가상각비)을 회계이익에 가산한 다음에 ₩5,000(가속상각법에 의한 감가상각비)을 회계이익에서 차감해서 과세소득을 산출한다. 간단하게 말하면, 가산할 일시적차이(미래과세대상액) ₩3,000을 회계이익에서 차감해서 과세소득을 산정한다. 아래의 보충설명에서는 가산할 일시적차이 ₩3,000을 "당기 회계비용은 아니지만 당기에 공제되는 비용"이라 표현한다.

간편법(simplified approach): 영구적차이를 회계이익에 가산 또는 차감한다. 회계장부상에 가산할 일시적차이(미래과세대상액)와 차감할 일시적차이(미래공제대상액)가 여러 항목이면, 먼저 가산할 일시적차이의 기말 누적액과 차감할 일시적차이의 기말 누적액을 계산한 후, 가산할 일시적차이의 기말 누적액은 회계이익에서 차감하고 차감할 일시적차이의 기말 누적액은 회계이익에 가산해서 과세소득을 산정한다. 그리고 가산할(차감할) 일시적차이의 기말 누적액에 법인세율을 곱해서 이연법인세부채(자산)계정의 기말잔액을 측정한다.

요약 일시적차이에 대한 세무조정

일시적차이에 대해서 회계이익을 다음과 같이 조정하여 과세소득을 산정한다.

	발생한 회계연도	소멸하는 회계연도
가산할 일시적차이(미래과세대상액)	회계이익에서 차감	회계이익에 가산
차감할 일시적차이(미래공제대상액)	회계이익에 가산	회계이익에서 차감

표 21.2 세무조정: 회계이익으로부터 과세소득을 산출하는 과정

회계이익

(+) 과세되거나 공제되지 않는 영구적차이(예 자기주식처분이익, 접대비한도초과액)
(−) 과세되지 않거나 공제되는 영구적차이(예 비과세 이자수익, 자기주식처분손실)
(−) 미래에 과세되는 일시적차이(가산할 일시적차이)
(+) 미래에 공제되는 일시적차이(차감할 일시적차이)

과세소득

보충설명 표 21.2 세무조정 상세절차

회계수익(과세대상수익 + 비과세수익)	×××
회계비용(공제대상비용 + 비공제비용)	(×××)
회계이익	×××
영구적차이:	
+) 회계수익은 영원히 아니지만 과세되는 수익(예 자기주식처분이익)	×××
+) 회계비용이지만 영원히 공제되지 않는 비용(예 접대비한도초과액)	×××
−) 회계수익이지만 영원히 과세되지 않는 수익(예 비과세 이자수익)	(×××)
−) 회계비용은 영원히 아니지만 공제되는 비용(예 자기주식처분손실)	(×××)
일시적차이:	
+) 당기 회계수익은 아니지만 당기에 과세되는 수익(예 선수수익)	×××
+) 당기 회계비용이지만 미래에 공제되는 비용(예 제품품질보증비)	×××
−) 당기 회계수익이지만 미래에 과세되는 수익(예 할부판매액)	(×××)
−) 당기 회계비용은 아니지만 당기에 공제되는 비용(예 선급비용)	(×××)
과세소득	×××

Miniature 예제 5 세무조정

상황

절세회사의 세전회계이익: ₩100,000
비과세 이자수익: ₩2,000
재무회계상 감가상각비: ₩3,000
「세법」상 감가상각비: ₩4,000

물음 과세소득과 미지급법인세를 계산하라.

정답 및 해설

세전회계이익	₩10,000
영구적차이:	
비과세 이자수익	(2,000)
일시적차이:	
재무회계상 감가상각비	(3,000)
「세법」상 감가상각비	4,000
과세소득(과세표준)	₩9,000
법인세율	40%
미지급법인세	₩3,600

예제 8 세무조정과 미지급법인세

중요도: ★★★
난이도: ◆◆

상황

· 회계이익: ₩180,000
· 회사가 수혜자인 생명보험료비용: ₩5,000(세무상 공제비용이 아님)
· 국채 이자수익: ₩40,000(세무상 과세수익이 아님)
· 접대비 ₩35,000이 발생하였으나 「세법」상 ₩15,000만 손금으로 인정되어 접대비한도초과액이 ₩20,000이다.
· 현금이 회수되지 않은 할부판매액: ₩50,000
· 장부상 감가상각비: ₩10,000
· 세무상 감가상각비: ₩30,000
· 가득되지 않은 선수임대료: ₩22,000
· 미지급 제품품질보증비의 추정액: ₩3,000
· 법인세율: 30%

물음 과세소득과 미지급법인세를 계산하라.

정답 과세소득: ₩120,000, 미지급법인세: ₩36,000

해설

영구적차이와 일시적차이 각각에 대해서 재무회계상 수익(비용)을 회계이익에서 차감(가산)한 후 「세법」상 수익(비용)을 가산(차감)하여 과세소득을 계산한다.

회계이익	₩180,000
영구적차이:	
장부상 생명보험료	5,000
세법상 생명보험료	(0)
장부상 국채 이자수익	(40,000)
세법상 국채 이자수익	0
장부상 접대비	35,000
세법상 접대비	(15,000)
일시적차이:	
가산할 일시적차이(미래과세대상액)	
장부상 할부판매액	(50,000)
세법상 할부판매액	0
장부상 감가상각비	10,000
세법상 감가상각비	(30,000)
차감할 일시적차이(미래공제대상액)	
장부상 임대료수익	(0)
세법상 임대료수익	22,000
장부상 제품품질보증비	3,000
세법상 제품품질보증비	(0)
과세소득	₩120,000
법인세율	× 30%
미지급법인세(당기법인세부담액)	₩36,000

제3절 법인세 결정

Chapter 21

1. 이연법인세 결정방법

이연법인세 개념에 대한 이제까지의 설명을 바탕으로 이 절에서는 법인세비용과 이연법인세부채 및 자산을 결정하는 구체적 과정을 살펴본다. 그리고 법인세회계를 처음 접하는 독자들이 어려워하는 재무상태표접근법과 포괄손익계산서접근법의 구체적 내용을 정리하면서 비교 · 설명한다.

(1) 자산 · 부채법과 세무기준액

① 자산 · 부채법

개념적 관점에서 이연법인세자산(부채)이 자산(부채)의 정의를 충족하므로 「K-IFRS 제1012호」는 자산(부채)의 장부금액과 세무기준액을 비교해서 일시적차이를 파악하고 이러한 일시적차이와 세무상 결손금(영업손실)이 미래기간의 법인세에 미치는 영향에 대해서 이연법인세부채(자산)를 측정 · 인식한다. 이러한 접근법을 자산 · 부채법(asset-liability method) 또는 재무상태표접근법이라 한다.

② 세무기준액

자산 또는 부채의 세무기준액은 세무보고목적을 위한 자산 또는 부채의 측정액이다[1012: 7, 8].[6] 자산(또는 부채)의 세무기준액은 자산(또는 부채)에서 발생하는 일시적차이를 파악하여 당기법인세비용과 이연법인세비용(수익)을 산정하는 데 사용한다. 자산 · 부채법의 문제는 각주 6에서 보듯이 세무기준액을 결정하는 것이 어렵다는 점인데, 「K-IFRS 제1012호」에 제시된 사례도 이해하기가 쉽지 않다. 자산(부채)의 세무기준액은 다음과 같이 결정한다.

자산의 세무기준액	
자산의 장부금액	×××
-) 미래과세대상액	(×××)
+) 미래공제대상액	×××
=) 자산의 세무기준액	×××

부채의 세무기준액	
부채의 장부금액	×××
+) 미래과세대상액	×××
-) 미래공제대상액	(×××)
=) 부채의 세무기준액	×××

예제 9 비용 및 수익과 관련된 자산의 세무기준액

중요도: ★★★
난이도: ◆◆◆

상황

A: 설비자산의 취득원가는 ₩80,000, 재무보고목적의 감가상각누계액은 ₩35,000, 세무목적의 감가상각누계액은 ₩60,000

B: 매출채권 ₩30,000, 대손충당금 ₩1,000: 판매수익 ₩30,000이 과세소득에 이미 포함되어 있으나, 대손상각비 ₩1,000은 세무목적으로는 대손금액이 확정되는 시점에 비용으로 인정된다.

C: 개발비 ₩8,000: 재무보고목적으로 현금지급시점에 무형자산으로 인식하였으나 세법에는 지급시점에 과세소득에서 차감할 비용으로 인정되어 과세소득에서 공제된다.

D: 미수이자 ₩500이 발생하여 장부에 수익으로 인식했으나 세무목적으로는 현금을 받는 시점에 이자수익

6) [1012: 7]에서 "자산의 세무기준액은 자산의 장부금액이 회수될 때 기업에 유입될 과세대상 경제적효익에서 세무상 차감될 금액을 말한다. 만약 그러한 경제적효익이 과세대상이 아니라면, 자산의 세무기준액은 장부금액과 일치한다"라 정의하고, 다음 예를 소개한다. "한 기계의 원가가 ₩100이었다. 세무상 감가상각비 ₩30은 이미 당기와 과거 기간에 공제되었고 미상각잔액은 미래 회계기간에 감가상각이나 처분으로 공제된다. 기계를 사용하여 창출할 수익과 기계의 처분 시 차익은 과세대상이며 처분 시 손실은 세무상 차감된다. 이 기계의 세무기준액은 ₩70이다."
[1012: 8]에서 "부채의 세무기준액은 장부금액에서 미래 회계기간에 당해 부채와 관련하여 세무상 공제될 금액을 차감한 금액이다. 수익을 미리 받은 경우, 이로 인한 부채의 세무기준액은 당해 장부금액에서 미래 회계기간에 과세되지 않을 수익을 차감한 금액이다"라 정의하고, 다음 예를 소개한다. "유동부채에 장부금액이 ₩100인 미지급비용이 포함되어 있다. 관련 비용은 현금기준으로 세무상 공제될 것이다. 이 미지급비용의 세무기준액은 ₩0이다."

을 인식한다.

E: 장부금액 ₩80,000인 유형자산을 세무목적으로 ₩100,000으로 평가하여 평가이익 ₩20,000이 발생하였다.

물음

1. 자산 A ~ C에 대하여 세무기준액을 결정하라.
2. 자산 D ~ E에 대하여 세무기준액을 결정하라.

정답 **A: ₩20,000, B: ₩30,000, C: ₩0, D: ₩0, E: ₩100,000**

해설

1.

	장부에 인식한 비용	세무상 인식한 비용	미래 세무상 계상되는 비용이 미래 장부상 비용보다	미래 과세소득이 미래 회계이익보다	결론
자산 A	₩35,000	₩60,000	₩25,000 적음	₩25,000 많음	미래과세대상액
자산 B	1,000	0	1,000 많음	1,000 적음	미래공제대상액
자산 C	0	8,000	8,000 적음	8,000 많음	미래과세대상액

	A	B	C
자산의 장부금액	₩45,000	₩29,000	₩8,000
−) 미래과세대상액	(25,000)	(0)	(8,000)
+) 미래공제대상액	0	1,000	0
=) 자산의 세무기준액	₩20,000	₩30,000	₩0

2.

	장부에 인식한 수익	세무상 인식한 수익	미래 세무상 계상되는 수익이 미래 장부상 수익보다	미래 과세소득이 미래 회계이익보다	결론
자산 D	₩500	₩0	₩500 많음	₩500 많음	미래과세대상액
자산 E	0	20,000	20,000 적음	20,000 적음	미래공제대상액

	D	E
자산의 장부금액	₩500	₩80,000
−) 미래과세대상액	(500)	0
+) 미래공제대상액	0	20,000
=) 자산의 세무기준액	₩0	₩100,000

참고 위 방법을 이용하여 각주 6에 인용된 [1012: 7]의 기계의 세무기준액(₩70)을 계산하면 다음과 같다.

	장부에 인식한 비용	세무상 인식한 비용	미래 과세소득에 더 적게(많게) 계상할 비용	미래 과세소득이 미래 회계이익보다	결론
자산	₩0	₩30	₩30 적음	₩30 많음	미래과세대상액

기계의 장부금액	₩100
−) 미래과세대상액	(30)

+) 미래공제대상액	0
=) 기계의 세무기준액	₩70

(2) 포괄손익계산서접근법

포괄손익계산서접근법은 특정 거래에서 생기는 회계이익과 과세소득(과세표준)의 차이를 영구적차이와 일시적차이로 구분하고, 두 차이를 이용해서 회계이익으로부터 과세소득을 산출한 후(예제 8 참조), 당기법인세비용(미지급법인세)과 이연법인세비용(이연법인세부채 또는 자산의 회계기간중 변동액)을 산정한다. 즉, 포괄손익계산서접근법은 회계이익과 과세소득의 차이에 초점을 맞추어 회계이익과 과세소득 사이의 영구적차이와 일시적차이가 법인세에 미치는 영향을 재무제표에 보고한다. 미래기간의 법인세율이 개정되는 경우에는 개정된 법인세율을 사용해서 이연법인세부채(또는 자산)의 기말잔액을 계산한다(예제 11 참조).

자산 · 부채법(또는 재무상태표접근법)과 포괄손익계산서접근법은 동일한 거래(또는 회계사건)를 다른 관점에서 해석한다. 즉, 자산 · 부채법에서는 자산 또는 부채의 장부금액과 세무기준액을 비교하여 당기법인세비용과 이연법인세비용을 산정하는 반면에, 포괄손익계산서접근법에서는 발생주의회계에 초점을 맞추어 회계이익과 과세소득을 비교하여 특정 거래(또는 회계사건)에서 생기는 영구적차이 또는 일시적차이를 식별해서 당기법인세비용과 이연법인세비용을 산정한다. 자산 · 부채법과 포괄손익계산서접근법 중 어느 방법을 사용하든 미지급법인세(당기법인세비용)와 이연법인세부채(자산)가 동일한 금액이므로 포괄손익계산서접근법은 결과적으로 자산 · 부채법(「K-IFRS 제1012호」 방법)을 준수한다. 그러나 포괄손익계산서접근법은 자산 · 부채법(「K-IFRS 제1012호」 방법)보다 상대적으로 이해하기 쉽다(예제 10 참조).

예제 10 자산 · 부채법(재무상태표접근법)과 포괄손익계산서접근법

중요도: ★★★
난이도: ◆◆

상황

· 1차연도 1. 1.에 자산을 ₩1,000에 취득하였다.
· 1차연도의 감가상각비는 다음과 같다.
  재무보고를 위한 감가상각비: ₩200
  세무목적의 감가상각비: ₩500
· 1차연도의 접대비한도초과액: ₩250
· 법인세율: 40%

물음 포괄손익계산서접근법과 재무상태표접근법을 각각 사용하여 일시적차이와 이연법인세를 결정하라.

정답 및 해설

· 접대비한도초과액 ₩250은 영구적차이이므로 이연법인세를 인식하지 않고 무시한다.

포괄손익계산서접근법:

	재무보고목적	세무보고목적	가산할 일시적차이	이연법인세부채
접대비한도초과액	₩250	₩0	없음	없음
감가상각비	200	500	₩300	₩120

자산 · 부채법(재무상태표접근법):

취득원가	₩1,000
감가상각누계액	(200)
장부금액	₩800

자산의 장부금액	₩800	자산의 장부금액	₩800
−) 미래과세대상액	(300)*	−) 자산의 세무기준액	(500)
+) 미래공제대상액	0	=) 가산할 일시적차이	₩300
=) 자산의 세무기준액	₩500	×) 법인세율	40%
* ₩500 − ₩200 = ₩300		=) 이연법인세부채	₩120

2. 법인세비용의 결정과 회계처리

아래에서는 pp. 1094 ~ 1095에서 간단히 제시했던 **회계처리 요약** 내용을 상세히 설명한다.

단계 ①: 당기법인세비용(미지급법인세)의 산출

회계이익(예 ₩70,000)에 영구적차이와 일시적차이를 조정(가산 또는 차감)해서 과세소득(예 ₩50,000)을 산출한 후(예제 8 참조), 당기법인세비용(미지급법인세(예 ₩20,000) 또는 법인세환급액)을 다음과 같이 산정하여 포괄손익계산서에 보고한다.

회계이익	₩70,000
⋮	⋮
과세소득	₩50,000
×) 법인세율(예 40%)	× 40%
=) 미지급법인세(당기법인세비용)	₩20,000

당기법인세비용은 당기에 발생한 법인세비용이 아니라, 당기과세소득(세무상결손금)에 대해서 가까운 장래에 납부할(또는 환급될) 법인세비용이다. 당기법인세비용을 재무상태표에 미지급법인세 또는 당기법인세부담액으로 보고하고, 전기에 납부한 법인세 중에서 당기에 환급될 금액은 법인세환급미수금(유동자산)으로 보고한다.

단계 ②: 이연법인세자산 및 이연법인세부채의 산출

가산할(또는 차감할) 일시적차이의 누적액(예 총 미래과세대상액 ₩60,000)에 대해서 이연법인세부채(자산)계정의 기말잔액(예 ₩24,000)을 다음과 같이 산정한다.

가산할 일시적차이 누적액(총 미래과세대상액)	₩60,000
×) 법인세율(예 40%)	× 40%
=) 이연법인세부채 기말잔액(재무상태표에 보고할 금액)	₩24,000

차감할 일시적차이 누적액(총 미래공제대상액)	×××
×) 법인세율(α%)	× α%
=) 이연법인세자산 기말잔액(재무상태표에 보고할 금액)	×××

이연법인세부채(자산)계정의 기말잔액이 계산되면 기말잔액에서 기초잔액을 차감해서 당기에 인식할 이연법인세부채(자산)를 계산한다. 예를 들어, 이연법인세부채계정의 기말잔액이 ₩24,000이고 기초잔액이 ₩14,000이면, 차액 ₩10,000을 포괄손익계산서에 이연법인세비용으로 보고하고 동액만큼 이연법인세부채계정의 기초잔액에 가산하여 재무상태표상 이연법인세부채계정의 기말잔액이 ₩24,000이 되게 한다.

이연법인세부채계정 기말잔액	₩24,000
−) 이연법인세부채계정 기초잔액	(14,000)
=) 당기에 인식할 이연법인세부채(이연법인세비용)	₩10,000

일시적차이를 유발하는 항목이 다수이면 모든 일시적차이를 ㉠ 미래과세대상액(가산할 일시적차이)과 ㉡ 미래공제대상액(차감할 일시적차이)으로 분류한다. 그리고 이연법인세부채와 이연법인세자산 각각에 대해서 다음과 같이 기말잔액을 결정한 후, 당기에 인식할 이연법인세부채와 이연법인세자산을 각각 산정한다.

미래과세대상액 총액	×××	미래공제대상액 총액	×××
×) 미래 법인세율(α%)	× α%	×) 미래 법인세율(α%)	× α%
=) 이연법인세부채 기말잔액	×××	=) 이연법인세자산 기말잔액	×××

이연법인세부채 기말잔액	×××	이연법인세자산 기말잔액	×××
−) 이연법인세부채 기초잔액	(×××)	−) 이연법인세자산 기초잔액	(×××)
=) 이연법인세부채 당기인식액	×××	=) 이연법인세자산 당기인식액	×××

단계 ③: 총 법인세비용(법인세비용 당기발생액)의 산출

단계 ①과 ②가 완료되면 법인세비용 당기발생액을 다음과 같이 **종속적으로 계산**한다. 위의 숫자를 이용하면 법인세비용 당기발생액이 ₩30,000이다.

미지급법인세(당기법인세비용)	₩20,000
+) 당기에 인식할 이연법인세부채(이연법인세비용)	10,000
−) 당기에 인식할 이연법인세자산(이연법인세수익)	(0)
=) 법인세비용 당기발생액*	₩30,000

* 미지급법인세와 이연법인세를 바탕으로 종속적으로 결정하는 금액

단계 ④: 당기법인세비용과 이연법인세비용(이연법인세부채 및 자산)에 대한 분개

미지급법인세와 이연법인세부채(자산)를 기록하는 분개를 한다. 위의 숫자를 이용하면 아래의 첫 번째 분개와 같다.

분개 당기법인세비용과 이연법인세비용을 기록하는 분개

이연법인세부채를 인식하는 분개:

(차) 법 인 세 비 용	30,000*	(대) 미 지 급 법 인 세(당기법인세비용)	20,000
		이연법인세부채(이연법인세비용)	10,000

* 차변합계와 대변합계를 일치시키는 금액

이연법인세자산을 인식하는 분개:

(차) 법 인 세 비 용	×××	(대) 미 지 급 법 인 세(당기법인세비용)	×××
이연법인세자산(이연법인세수익)	×××		

참고 여기서 유의할 점은, 위 분개에서 법인세비용은 차변합계와 대변합계를 일치시키는 금액이므로 다른 항목의 금액을 먼저 결정한 후에 법인세비용을 종속적으로 계산한다는 것이다.

단계 ⑤: 재무제표에 표시

가산할(또는 차감할) 일시적차이가 존재하면 법인세비용의 발생시점과 납부시점이 다르므로 당기에 발생한 법인세비용을 두 부분(당기법인세비용 또는 수익과 이연법인세비용 또는 수익)으로 구분해서 포괄손익계산서에 공시한다[1012: 79]. 위에서 사용한 숫자를 이용하면 포괄손익계산서에 법인세비용을 다음과 같이 보고한다.

법인세비용:

당기법인세비용	₩20,000
이연법인세비용	10,000

예제 11 법인세비용의 계산(2018년, 회계사 1차)

중요도: ★★★
난이도: ◆◆◆

상황

다음은 ㈜대한의 법인세와 관련된 자료이다.

· 2차연도 세무조정내역

법인세비용차감전순이익	₩1,500,000
세무조정항목:	
전기 감가상각비 한도초과	(90,000)
과세소득	₩1,410,000

· 세무조정항목은 모두 일시적차이에 해당하고, 이연법인세자산의 실현가능성은 거의 확실하다.

· 1차연도 말 이연법인세자산과 이연법인세부채는 각각 ₩65,000과 ₩25,000이다.

· 2차연도의 법인세율은 25%이고, 3차연도와 4차연도 이후의 세율은 각각 20%와 18%로 2차연도 말에 입법화되었다.

· 2차연도 말 현재 미소멸 일시적차이의 소멸시기는 아래와 같다. 감가상각비 한도초과와 토지 건설자금이자는 전기로부터 이월된 금액이다.

일시적차이	2차연도 말 잔액	소멸시기
감가상각비 한도초과	₩170,000	3차연도 ₩90,000 소멸
		4차연도 ₩80,000 소멸
토지 건설자금이자	(100,000)	4차연도 이후 전액 소멸

물음

㈜대한의 2차연도 포괄손익계산서에 인식할 법인세비용은?

① ₩335,000 ② ₩338,100 ③ ₩352,500 ④ ₩366,900 ⑤ ₩378,100

정답 ⑤

해설

	2차연도	3차연도 공제대상액	4차연도와 그 이후 공제대상액	4차연도와 그 이후 과세대상액
회계이익	₩1,500,000			
차감할 일시적차이:				
감가상각비 한도초과	(90,000)	₩90,000	₩80,000	
가산할 일시적차이:				
건설자금이자				₩100,000
과세소득	₩1,410,000			
법인세율	25%	20%	18%	18%
미지급법인세	₩352,500			
이연법인세자산		₩18,000	₩14,400	
이연법인세부채				₩18,000

	이연법인세자산	이연법인세부채
기말잔액	₩32,400	₩18,000
기초잔액	(65,000)	(25,000)
기중 변동액	₩(32,600)	₩(7,000)

(차) 법인세비용	378,100*	(차) 미지급법인세	352,500
이연법인세부채	7,000	이연법인세자산	32,600

* 차변합계와 대변합계를 일치시키는 금액 (보기 ⑤)

예제 12 복수의 일시적차이

중요도: ★★★
난이도: ◆◆

상황

· 1차연도 1. 1.에 사업을 시작하고 미래 전 기간에 충분한 과세소득이 발생할 것으로 기대된다. 회계장부상 가산할 일시적차이와 차감할 일시적차이가 각각 여러 항목이지만 과세소득을 산정하기 위해서 가산할 일시적차이의 기말 누적액과 차감할 일시적차이의 기말 누적액을 계산한 결과, 법인세와 관련된 자료는 다음과 같다.

	1차연도	2차연도	3차연도
회계이익	₩150,000	₩150,000	₩150,000
미래과세대상액(가산할 일시적차이)	80,000	50,000*	30,000*
미래공제대상액(차감할 일시적차이)	30,000	20,000*	10,000*
법인세율	40%	30%	30%

* 일시적차이의 소멸

물음 1차연도와 2차연도의 법인세비용을 기록하는 분개를 하고, 1차연도 포괄손익계산서에 법인세비용을 보고하라.

정답 및 해설

1차연도

	당기 1차연도	미래 회계연도 2차연도	미래 회계연도 3차연도	미래 총 과세대상액	미래 총 공제대상액
회계이익	₩150,000				
일시적차이:					
미래과세대상액	(80,000)	₩50,000	₩30,000	₩80,000	
미래공제대상액	30,000	(20,000)	(10,000)		₩(30,000)
과세소득	₩100,000			₩80,000	₩(30,000)
법인세율	× 40%			× 30%	× 30%
당기법인세부담액	₩40,000				
이연법인세부채 기말잔액				₩24,000	
이연법인세자산 기말잔액					₩(9,000)

	이연법인세부채	이연법인세자산
기말잔액	₩24,000	₩9,000
−) 기초잔액	(0)	(0)
=) 당기변동액(당기인식액)	₩24,000	₩9,000

(차) 법 인 세 비 용	55,000*	(대) 이연법인세부채(이연법인세비용)	24,000
이연법인세자산(이연법인세수익)	9,000	미 지 급 법 인 세(당기법인세비용)	40,000

* 차변합계와 대변합계를 일치시키기 위해서 끼워 맞추는 금액

· 포괄손익계산서에 법인세비용 ₩55,000을 다음과 같이 표시한다.

법인세차감전이익		₩150,000
법인세비용		
당기법인세비용	₩40,000	
이연법인세비용	15,000*	(55,000)
당기순이익		₩95,000

* ₩24,000(이연법인세부채) − ₩9,000(이연법인세자산) = ₩15,000

2차연도

	전기 1차연도	당기 2차연도	미래 3차연도	미래 총 과세대상액	미래 총 공제대상액
회계이익		₩150,000			
일시적차이:					
미래과세대상액	₩(80,000)	50,000	₩30,000	₩30,000	
미래공제대상액	30,000	(20,000)	(10,000)		₩(10,000)
과세소득		₩180,000		₩30,000	₩(10,000)
법인세율		× 30%		× 30%	× 30%
법인세부담액		₩54,000			
이연법인세부채 기말잔액				₩9,000	
이연법인세자산 기말잔액					₩(3,000)

	이연법인세부채	이연법인세자산
기말잔액	₩9,000	₩3,000
−) 기초잔액	(24,000)	(9,000)
=) 당기변동액(당기인식액)	₩(15,000)	₩(6,000)

(차) 법 인 세 비 용	45,000*	(대) 이연법인세자산(이연법인세수익)	6,000
이연법인세부채(이연법인세비용)	15,000	미지급법인세(당기법인세비용)	54,000

* 차변합계와 대변합계를 일치시키기 위해서 끼워 맞추는 금액

3. 법인세비용의 결정과 관련된 기타 문제

(1) 이연법인세수익

당기 또는 미래기간에 법인세비용을 감소시키는 경제적효익이 발생하면 [1012: 사례 4와 5]에서 이를 법인세수익(tax income)이라[7] 부른다. 법인세비용과 유사하게, 당기에 발생한 법인세수익은 당기법인세수익과 이연법인세수익으로 분해한다.

법인세수익 당기발생액 { 당기법인세수익(당기법인세비용을 감소시키는 금액)
이연법인세수익(미래법인세비용을 감소시키는 금액)

당기법인세수익은 당기법인세비용의 차감항목이므로 당기법인세비용과 미지급법인세(당기법인세부담액)에서 차감한다. 이연법인세수익은 발생시점에 이연법인세자산으로 인식한 후, 미래 회계기간에 법인세수익이 실현되면 이연법인세자산을 장부에서 제거하고 미래기간의 법인세비용을 감소시킨다.

(2) 법인세 환급

사업연도 중 미리 납부한 법인세 예납액이 당기법인세부담액(미지급법인세)을 초과해서 법인세를 환급받는 경우에는 다음과 같이 분개한다.

(차) 법인세환급미수금	×××	(대) 법 인 세 비 용(법인세수익)*	×××

* IAS 12에서 사용하는 영어표현으로는 tax income이다.

당기에 세무상결손금(제4절 참조)이 발생해서 과거에 납부한 법인세를 환급받거나 미래의 법인세를 감소시키는 경우에는 다음과 같이 분개한다.

당기에 과거 법인세를 환급받는 경우		미래 법인세를 감소시키는 경우	
(차) 법인세환급미수금	×××	(차) 이 연 법 인 세 자 산	×××
(대) 법 인 세 비 용(법인세수익)	×××	(대) 이 연 법 인 세 비 용(이연법인세수익)	×××

7) tax income의 반대되는 영어표현이 tax loss라고 생각하기 쉽다. 그러나 IAS 12에서 말하는 tax income은 법인세비용이 감소하여 생기는 법인세수익이고 tax loss(미국식 영어표현으로는 net operating loss)는 세무상결손금(제4절 참조)을 지칭하므로 영국식 영어표현 tax income과 tax loss는 반대되는 개념이 아니다.

Chapter 21 제4절

세무상결손금 및 세액공제의 소급과 이월

1. 세무상결손금과 세액공제

세액공제(tax credits)는 「세법」상 특정 조건이 충족되는 경우 미지급법인세(당기법인세부담액) 총액에서 일정 금액을 차감(면제)해 법인세를 줄여 주는 것이다. 세액공제액만큼 당기법인세부담액을 줄여주므로 절세효과가 크다. 우리나라 「세법」에서는 세액공제를 과거 기간으로 소급 적용하는 것은 인정하지 않지만, 미래기간으로 이월해서 공제하는 것은 허용한다.

만일 「세법」상 당기 과세대상액('익금')이 당기 공제대상액('손금')보다 적으면 당기 세무상결손금(IAS 12에서는 tax losses, US GAAP에서는 net operating losses)이 발생한다. 세무상결손금이 발생한 회계연도에는 과세소득이 없기 때문에 미지급법인세(당기법인세부담액)가 ₩0이다. 기업의 입장에서는 과거에 과세소득이 양(+)인 기간에 법인세를 납부했으니, 과세소득이 음(−)인 기간에는 반대로 정부로부터 지원을 받아야 한다고 생각할 수 있다. 만일 기업과 정부 간 관계가 완벽히 대칭적이라면 그렇게 될 것이지만, 정부 운영에 필요한 재정을 확보해야 하는 과세당국의 입장에서는 세무상결손금이 발생한 기업을 무조건 지원하기 어려운 것이 현실이다.

세무상결손금에 대한 처리는 각 나라마다 다르다. 기업이 세무상결손금을 활용하는 방법은 크게 두 가지인데, 세무상결손금을 활용해서 과거에 납부한 세금을 환급받거나('소급공제'), 미래기간으로 이월해서 미래 법인세부담액을 줄이는 것('이월공제')이다.

참고 재임기간 중에 연봉 전액을 사회에 기부했던 미국 대통령 트럼프는 뉴욕 맨해튼의 심장부에 자리 잡은 트럼프 타워 건물을 1983년에 완공하고 배우 소피아 로렌(Sophia Loren) 등에게 아파트를 분양해서만 3억 달러를 벌어들였으나, 이월결손금을 활용해서 오랫동안 막대한 금액의 세금을 내지 않았다고 알려졌다.

2. 세무상결손금의 소급공제

세무상결손금만큼 과거연도에 과세소득이 없었던 것으로 간주해서 과거연도에 납부한 법인세 중 전부 또는 일부를 환급받는 것을 세무상결손금의 소급공제(carryback of tax losses)라 한다. 과거 회계기간의 법인세에 대하여 세무상결손금을 소급공제해서 실현될 경제적 혜택은 세무상결손금 발생연도에 유동자산인 '법인세환급미수금'으로 인식한다[1012: 13].

우리나라는 대기업에 대해서는 세무상결손금의 소급공제를 허용하지 않는다. 중소기업에 한해서 세무상결손금을 직전 사업연도로 소급하여 직전 사업연도에 납부한 법인세의 전부 또는 일부를 환급받을 수 있도록 허용한다. 만일 중소기업이 결손금소급공제를 선택했으나 세무상결손금이 과거 회계연도의 과세소득보다 많으면 소급공제 후 남은 금액은 미래기간으로 이월한다(예제 16 참조).

예제 13 세무상결손금의 소급공제

중요도: ★★★
난이도: ◆

상황

· 2차연도 세무상결손금: ₩165,000
· 2차연도 법인세율: 40%
· 1차연도 과세소득, 법인세율, 법인세납부액은 다음과 같다.

	과세소득	법인세율	법인세납부액
1차연도	₩100,000	35%	₩35,000

· 회사는 2차연도 12. 31.에 결손금소급공제를 선택하였다.

물음 2차연도 말에 필요한 분개를 하라.

정답 및 해설 결손금소급공제혜택: ₩35,000

	전기 1차연도	당기 2차연도
세무상결손금		₩(165,000)
일시적차이:		
결손금소급공제	₩(100,000)	100,000*
법인세율	× 35%	× 40%
법인세부담액(환급가능액)	₩(35,000)	₩0

참고 소급공제 후 남은 결손금(₩65,000)은 미래기간에 이월공제혜택을 받을 수 있다.

(차) 법인세환급미수금	35,000	(대) 법 인 세 비 용*	35,000

* 결손금소급공제혜택 또는 **법인세수익**

3. 세무상결손금의 이월공제

세무상결손금을 미래기간으로 이월해서 미래 과세소득에서 공제하는 것을 세무상결손금의 이월공제(carryforward of tax losses)라 한다. 세무상결손금을 **일종의 차감할 일시적차이**(미래공제대상액)**로 해석하고**, 이월되는 세무상결손금을 공제하기에 충분한 과세소득을 미래기간에 창출할 것으로 예상하면 이연법인세자산을 인식한다[1012: 27]. 즉, 미사용 세무상결손금과 세액공제가 사용될 수 있는 미래 과세소득이 발생할 가능성이 높은 경우 그 범위 안에서 이월된 미사용 세무상결손금과 세액공제에 대하여 이연법인세자산을 인식한다[1012: 34].

세무상결손금의 이월공제에도 시간적 제약이 있다. 우리나라는 세무상결손금이 발생한 이후 15년 이내의 기간 동안 과세소득이 창출되는 회계연도의 과세소득에서 이월된 세무상결손금을 공제(차감)

하는 것을 허용한다. 설령 미래기간에 과세소득이 창출될 가능성이 작다 하더라도 세무상결손금(미래공제대상액)으로 가산할 일시적차이를 상쇄할 수 있으므로, 다음 항목을 고려해서 이연법인세자산을 인식한다.

- [가산할 일시적차이(미래과세대상액) > 세무상결손금]이면 세무상결손금 전액에 대한 법인세효과를 이연법인세자산으로 인식한다.
- [가산할 일시적차이(미래과세대상액) < 세무상결손금]이면 세무상결손금 중 가산할 일시적차이(미래과세대상액)에 해당하는 금액에 대한 법인세효과를 이연법인세자산으로 인식한다.

미사용 세무상결손금이 존재한다는 것은 미래에 과세소득이 발생하지 않을 수 있다는 강한 증거가 된다. 따라서 최근 결손금 이력이 있는 기업은, 충분한 가산할 일시적차이가 있거나 충분한 미래과세소득이 발생할 것이라는 설득력 있는 증거가 있는 경우에만 그 범위 안에서 미사용 세무상결손금과 세액공제에 대한 이연법인세자산을 인식한다. 그리고 이연법인세자산의 금액과 이를 인식하는 근거가 된 증거의 내용을 주석으로 공시한다[1012: 35]. 이월 가능한 세무상결손금의 최대금액은 다음과 같다.

발생가능성이 높은 미래 과세소득*	×××
+) 가산할 일시적차이(미래과세대상액)	×××
=) 이월 가능한 세무상결손금의 최대금액	×××

* 발생가능성이 높지 않은 미래 과세소득은 무시

이연법인세자산을 측정할 때는 세무상결손금의 이월공제로 인한 경제적 혜택이 실현될 것으로 예상하는 미래기간의 법인세율을 적용한다. 이연법인세자산으로 인식할 수 있는 최대금액은 다음과 같다.

발생가능성이 높은 미래 과세소득* × 미래법인세율	×××
+) 가산할 일시적차이가 소멸되는 기간의 세율을 적용한 이연법인세부채	×××
=) 이연법인세자산으로 인식할 수 있는 최대금액	×××

* 발생가능성이 높지 않은 미래 과세소득은 무시

분개 **결손금소급공제와 이월공제에 대한 회계처리**

결손금소급공제혜택에 대한 분개:

(차) 법인세환급미수금(유동자산)	×××	(대) 법 인 세 수 익*	×××

* '결손금소급공제혜택'계정(포괄손익계산서항목)을 사용해도 무방하다.

결손금이월공제혜택에 대한 분개:

(차) 이연법인세자산(비유동자산)	×××	(대) 법 인 세 수 익*	×××

* '결손금이월공제혜택'계정(포괄손익계산서항목)을 사용해도 무방하다.

결손금이월공제혜택이 실현되는 회계기간:

(차) 법 인 세 비 용	×××	(대) 이 연 법 인 세 자 산	×××
		미 지 급 법 인 세	×××

결손금소급공제혜택과 결손금이월공제혜택은 법인세비용을 감소시키며, 포괄손익계산서에 다음과 같이 보고한다.

법인세차감전손실		(×××)
법인세수익:		
결손금소급공제혜택	×××	
결손금이월공제혜택	×××	×××
당기순손실		(×××)

예제 14 세무상결손금의 이월가능액 한도

중요도: ★★
난이도: ◆◆◆

상황

· 3차연도 세무상결손금: ₩300,000
· 법인세율: 40%
· 3차연도 12. 31. 현재 가산할 일시적차이(미래과세대상액): ₩90,000
· 이연법인세부채 기말잔액: ₩36,000(₩90,000 × 40%)
· 미래수익성 상황:
  상황 ①: 미래과세소득이 세무상결손금 ₩300,000을 완전히 흡수할 가능성이 높다.
  상황 ②: 미래과세소득 ₩150,000이 창출될 가능성이 높다.
  상황 ③: 미래과세소득이 창출될 가능성이 높지 않다.

물음 각 상황에서 3차연도 12. 31.의 이연법인세자산을 결정하라.

정답 및 해설

	상황 ①	상황 ②	상황 ③
미래과세소득	충분함	₩150,000	없을 수 있음
미래과세대상액(가산할 일시적차이)	관련성 없음	90,000	₩90,000*
결손금이월공제 최대액	₩300,000	₩240,000	₩90,000
법인세율	× 40%	× 40%	× 40%
이연법인세자산	₩120,000	₩96,000	₩36,000

* 미래 과세소득을 ₩0으로 가정해도 가산할 일시적차이가 ₩90,000이므로 ₩90,000까지 차감할 일시적차이를 인식한다.

예제 15 세무상결손금의 이월공제

중요도: ★★
난이도: ◆◆◆

상황

· 3차연도 12. 31.의 자료는 다음과 같다.

· 회계손실	₩70,000
· 장부상 감가상각비	20,000
· 세무상 감가상각비	60,000
· 세무상 접대비한도초과액(영구적차이)	10,000

· 법인세율: 40%

물음

1. 미래에 과세소득이 충분히 창출될 가능성이 높다고 가정하고 3차연도 말에 이연법인세자산을 인식하기 위한 분개를 하라.
2. 4차연도의 과세소득이 ₩250,000인 경우 4차연도 법인세를 기록하기 위한 분개를 하라.
3. 3차연도 말의 예상과 달리 4차연도 과세소득이 ₩0이고 그 후에도 과세소득이 창출될 가능성이 높지 않다고 가정하고 4차연도 법인세를 기록하기 위한 분개를 하라.

정답 및 해설

1.

회계손실	₩(70,000)
영구적차이:	
접대비한도 초과액	10,000
일시적차이:	
장부상 감가상각비	20,000
세무상 감가상각비	(60,000)
세무상결손금	₩(100,000)
법인세율	× 40%
이연법인세자산	₩40,000

3차연도 12. 31. 결산일:

(차) 이 연 법 인 세 자 산	40,000	(대) 법 인 세 수 익	40,000

2.

이월결손금 공제전 과세소득	₩250,000
이월결손금	(100,000)
과세소득	₩150,000
법인세율	× 40%
미지급법인세	₩60,000

4차연도 12. 31. 결산일:

(차) 법 인 세 비 용	100,000	(대) 미 지 급 법 인 세	60,000
		이 연 법 인 세 자 산	40,000

3. 4차연도 12. 31. 결산일:

(차) 법 인 세 비 용 40,000 (대) 이 연 법 인 세 자 산 40,000

예제 16 결손금소급공제와 이월공제

중요도: ★★
난이도: ◆◆◆

상황

· 몰입회사의 세전이익(손실)과 법인세율이 다음과 같다.

	세전이익(손실)	법인세율
3차연도	₩100,000	30%
4차연도	(250,000)	40
5차연도	200,000	40

· 몰입회사는 법인세차감전손실이 발생하면 우선적으로 소급공제를 이용한다.

· 4차연도 말에 미래 회계기간에 결손금이월공제혜택의 30%가 실현되지 않을 가능성이 높다고 추정한다.

물음

1. 3차연도부터 5차연도까지 필요한 분개를 하라.
2. 4차연도와 5차연도의 포괄손익계산서에 법인세비용을 나타내라.

정답 및 해설

1.

3차연도 12. 31. 결산시점:

(차) 법 인 세 비 용 30,000 (대) 미 지 급 법 인 세 30,000*

* ₩100,000 × 30% = ₩30,000

4차연도 12. 31. 결산시점:

(차) 법 인 세 환 급 미 수 금 30,000* (대) 법 인 세 수 익** 30,000

* ₩100,000 × 30% = ₩30,000

** 결손금소급공제혜택 계정을 사용해도 된다.

(차) 이 연 법 인 세 자 산 42,000 (대) 법 인 세 수 익* 42,000**

* 결손금이월공제혜택 계정을 사용해도 된다.

** (₩250,000 − ₩100,000) × 70% × 40% = ₩42,000

5차연도 12. 31. 결산시점:

4차연도 말에 이월공제혜택을 인식하지 않았던 세무상결손금 ₩150,000의 30%에 대해서 이연법인세자산을 인식한다.

(차) 이 연 법 인 세 자 산 18,000 (대) 법 인 세 수 익* 18,000**

* 결손금이월공제혜택 계정을 사용해도 된다.

** ₩150,000 × 30% × 40% = ₩18,000

5차연도 회계이익(법인세차감전이익) ₩200,000에서 세무상결손금이월공제 ₩150,000을 차감한 후의 과세소득 ₩50,000에 대해 40% 세율을 적용해 미지급법인세를 계산하고 법인세비용을 다음과 같이 인식한다.

(차)	법 인 세 비 용	80,000	(대) 이 연 법 인 세 자 산	60,000*
			미 지 급 법 인 세	20,000**

* ₩42,000 + ₩18,000 = ₩60,000
** ₩50,000 × 40% = ₩20,000

2.

<u>4차연도 부분포괄손익계산서</u>

법인세차감전손실		₩(250,000)
법인세수익:		
결손금소급공제혜택	₩30,000	
결손금이월공제혜택	42,000	72,000
당기순손실		₩(178,000)

<u>5차연도 부분포괄손익계산서</u>

법인세차감전이익		₩200,000
법인세비용:		
당기법인세비용	₩20,000	
이연법인세비용	60,000	
이연법인세수익	(18,000)	(62,000)
당기순이익		₩138,000

이연법인세 측정 시 고려할 사항

Chapter 21 제5절

1. 법인세율

(1) 적용할 법인세율

이연법인세를 계산할 때는 법인세 납부의무(환불권리)를 이행(행사)하는 미래기간의 법인세율을 적용한다. 즉, 이연법인세자산이나 부채는 보고기간 말까지 이미 제정되었거나 실질적으로(virtually certain) 제정된 세율과 「세법」에 근거하여 이연법인세자산이 실현되거나 이연법인세부채가 정산될 기간의 예상 법인세율을 사용하여 측정한다[1012: 46]. 「K-IFRS 제1012호」는 '실질적으로 제정된 「세법」'을 정의하지 않지만 US GAAP에서는 제정이 거의 확실한(예 제정될 확률이 90% 이상) 「세법」을 의미한다.

표 21.3 법인세 산출 시 적용하는 법인세율

구분	근거 「세법」	적용 법인세율
당기법인세	보고기간 말에 제정 또는 실질적으로 제정된 「세법」	당기과세소득에 적용될 법인세율
이연법인세	보고기간 말에 제정 또는 실질적으로 제정된 「세법」	이연법인세자산의 실현 또는 이연법인세부채의 정산이 예상되는 시점에 적용될 것으로 기대되는 세율

(2) 「세법」 개정과 법인세율 변동

특정 회계연도에 적용될 새로운 법인세율이 이미 제정되었거나 미래에 개정이 거의 확실시 되면 새로운 법인세율을 적용해서 해당 연도의 미지급법인세(당기법인세부담액)를 계산한다. 그리고 새로 제정되었거나 미래에 개정이 거의 확실시 되는 법인세율을 전기에 인식한 이연법인세부채(자산)에도 적용해서 이연법인세부채(자산)의 기초잔액을 다음과 같이 다시 계산한다.

가산할 일시적차이(또는 차감할 일시적차이)의 기초잔액	×××
×) 제정되었거나 개정이 거의 확실시 되는 법인세율(α%)	× α%
=) 이연법인세부채(또는 자산) 기초잔액	×××

새로운 법인세율을 적용해서 계산한 이연법인세부채(자산)와 새로운 법인세율을 적용하기 이전의 이연법인세부채(자산)의 장부금액을 비교하여 차이를 계산하고, 그 차이만큼 이연법인세부채(자산)의 장부금액을 증가 또는 감소시키는 분개를 한다. 과거 기간에 자본으로 기록된 항목과 관련된 이연법인세 금액은 제외하고, 이연법인세부채(자산)의 변동액을 해당 회계연도의 포괄손익계산서에 법인세비용으로 인식한다. 법인세율의 변화율을 이용해 이연법인세부채(자산)의 변동액을 구할 수도 있다. 예를 들어, 법인세율이 40%에서 30%로 인하되면 인하율이 25%(10% ÷ 40%)이다. 이연법인세부채의 기초잔액이 ₩100,000이면 기초잔액을 ₩25,000(₩100,000 × 25%)만큼 감소시킨다.

표 21.4 법인세율의 변동이 이연법인세에 미치는 영향

세율 변동	이연법인세부채에 대한 영향	이연법인세자산에 대한 영향
인상	이연법인세부채의 기초잔액을 상향조정 ⇒ 법인세비용을 증가시킴	이연법인세자산의 기초잔액을 상향조정 ⇒ 법인세비용을 감소시킴
인하	이연법인세부채의 기초잔액을 하향조정 ⇒ 법인세비용을 감소시킴	이연법인세자산의 기초잔액을 하향조정 ⇒ 법인세비용을 증가시킴

예제 17 법인세율의 변동

중요도: ★★★
난이도: ◆◆

상황

· 3차연도 12. 31.에 법인세율이 40%이고 이연법인세부채계정의 잔액과 이연법인세자산계정의 잔액이 다음과 같다.

이연법인세부채 ₩200,000(가산할 일시적차이: ₩500,000)

이연법인세자산 ₩60,000(차감할 일시적차이: ₩150,000)

· 4차연도 12월에 법인세율이 40%에서 30%로 인하되었다.

물음 법인세율변동의 영향을 측정하고 4차연도 12월에 필요한 분개를 하라.

정답 및 해설 **이연법인세부채의 감소: ₩50,000, 이연법인세자산의 감소: ₩15,000**

	법인세율변경 전	법인세율변경 후	감소액
가산할 일시적차이	₩500,000	₩500,000	
법인세율	× 40%	× 30%	
이연법인세부채	₩200,000	₩150,000	₩50,000
차감할 일시적차이	₩150,000	₩150,000	
법인세율	× 40%	× 30%	
이연법인세자산	₩60,000	₩45,000	₩15,000

(차)		(대)	
이연법인세부채	50,000	이연법인세자산	15,000
		법인세비용	35,000*

* ₩50,000 − ₩15,000 = ₩35,000

참고 이연법인세부채와 이연법인세자산의 조정된 기초잔액을 다음과 같이 계산할 수도 있다.

법인세율의 인하율: (40% − 30%) ÷ 40% = 25%

	이연법인세부채	이연법인세자산
기초잔액	₩200,000	₩60,000
법인세율 변경에 대한 조정(25%)	(50,000)	(15,000)
조정된 기초잔액	₩150,000	₩45,000

2. 이연법인세자산의 실현가능성

(1) 이연법인세자산의 인식조건

이연법인세자산은 다음 항목과 관련하여 미래 회계기간에 회수될 수 있는 법인세금액을 인식한 것이다[1012: 5].

▸ 차감할 일시적차이

▸ 세무상결손금의 이월(제4절 참조)

▸ 세액공제의 이월(제4절 참조)

가산할 일시적차이가 발생하면 자동적으로 이연법인세부채를 인식하는 데 반해, 차감할 일시적차이(미래공제대상액) 등은 미래 과세소득의 발생가능성이 높은 범위 안에서만 이연법인세자산을 인식한다는 차이를 갖는다.

만일 가산할 일시적차이가 충분하지 않다고 판단되면, 다음 중 하나 이상이 만족될 때 이연법인세자산을 인식한다[1012: 29].

▸ 세무정책(tax planning opportunities)으로 적절한 기간에 과세소득을 창출할 수 있다.
▸ 차감할 일시적차이가 소멸될 미래 회계기간(또는 세무상결손금이 소급공제되거나 이월공제되는 회계기간)에 충분한 과세소득이 발생할 가능성이 높다.

(2) 이연법인세자산의 재검토

매 보고기간 말에 이연법인세자산의 장부금액과 장부에 인식하지 않은 이연법인세자산을 재검토한다. 이연법인세자산의 일부 또는 전부에 대한 혜택이 사용되기에 충분한 과세소득이 발생할 가능성이 더 이상 높지 않다면 이연법인세자산의 장부금액을 감액시킨다. 감액된 금액은 사용되기에 충분한 과세소득이 발생할 가능성이 높아지면 그 범위 내에서 환입한다[1012: 56]. 미래 과세소득이 발생할 가능성이 높아지면 이연법인세자산이 회수될 가능성이 높아진 범위까지 과거기간에 인식되지 않은 이연법인세자산을 인식한다[1012: 37]. 이연법인세자산의 측정액의 처리를 정리하면 <표 21.5>와 같다.

표 21.5 이연법인세자산 측정액에 대한 회계처리

이연법인세자산 측정액	회계처리
특정 연도의 이연법인세자산 측정액	미래기간에 활용할 수 있는 금액을 장부에 인식 미래기간에 활용할 수 없는 금액을 메모장에 기록
후속연도의 이연법인세자산 측정액	과거연도에 메모장에 기록한 일부(활용할 수 없다고 판단되었으나 활용할 수 있게 된 금액)를 장부에 인식 미래기간에 활용할 수 없는 금액을 계속 메모장에 기록

Miniature 예제 6 이연법인세자산의 인식 한계

2차연도 12. 31.에 칠갑산회사의 차감할 일시적차이가 ₩200,000이고 법인세율은 40%다. 모든 자료를 조사한 결과 미래 과세소득이 차감할 일시적차이의 25%인 ₩50,000만을 실현하기에 충분할 것으로 추정된다. 2차연도에 발생한 이연법인세자산은 없고 과거연도의 과세소득은 ₩0이다. 2차연도 12. 31.에 칠갑산회사는 다음과 같이 분개해서 이연법인세자산 ₩20,000을 인식한다.

2차연도 12. 31. 이연법인세자산 인식:

(차) 이연법인세자산	20,000*	(대) 법인세수익	20,000

* ₩200,000 × 25% × 40% = ₩20,000

예제 18 이연법인세자산과 실현가능성기준

중요도: ★★★
난이도: ◆◆◆

상황

· 3차연도 12. 31.에 사업장의 운영을 중단하고 4차연도 1. 1.부터 사업장의 과세소득을 ₩0으로 추정하였다.
· 중단된 사업장이 보유하고 있는 자산(장부금액: ₩0)의 감가상각누계액이 ₩100,000이고 세무상 감가상각누계액이 ₩20,000이므로 차감할 일시적차이가 ₩80,000이다.
· 3차연도 12. 31.에 중단된 사업장의 자산을 5차연도 초에 ₩50,000에 처분하기로 계약하였다.
· 법인세율: 40%

물음

1. 3차연도 12. 31.의 이연법인세자산을 결정하라.
2. 3차연도에 「세법」에서 허용된 손상차손 ₩15,000을 인식했는데 4차연도 12. 31.에 손상차손 ₩15,000을 5차연도 중에 현금으로 회수할 것으로 추정하였다. 4차연도 12. 31.의 이연법인세자산을 결정하라.

정답 **1. ₩20,000, 2. ₩26,000**

해설

1.

	「K-IFRS 제1012호」를 무시한 측정액	「K-IFRS 제1012호」에 따른 측정액
차감할 일시적차이	₩80,000	₩50,000
법인세율	× 40%	× 40%
이연법인세자산	₩32,000	₩20,000

· 사업장의 운영을 중단하였기 때문에 자산의 처분을 제외하고는 미래에 과세소득을 창출하지 못할 것이다. 따라서 자산처분액 ₩50,000에 대해서만 차감할 일시적차이를 이용할 수 있으므로 이연법인세자산을 ₩20,000만 인식한다.

2. 3차연도에 인식한 이연법인세자산: ₩20,000
3차연도에 인식하지 않은 이연법인세자산: ₩12,000
· 매 보고기간 말에 미인식된 이연법인세자산 ₩12,000을 재검토하고, 3차연도에 미인식된 이연법인세자산 ₩12,000 중에서 ₩6,000(₩15,000 × 40%)을 4차연도에 추가로 인식한다.

3. 이연법인세의 할인 여부

이연법인세자산과 이연법인세부채는 현재가치로 할인하지 않고 명목금액으로 인식한다[1012: 53]. 이연법인세자산과 이연법인세부채의 측정액을 현재가치로 할인하기 위해서는 일시적차이가 소멸하는 시점과 소멸액을 상세히 추정하여야 한다. 그러나 많은 경우 소멸시점과 소멸액을 추정할 수 없거나 추정과정이 매우 복잡하므로 이연법인세자산과 부채를 할인하는 것은 적절하지 않다. 또한 할인을 허용한다면 할인율이 다르므로 기업 간 이연법인세자산과 부채의 비교가능성이 저해될 것이다. 따라서 이연법인세자산과 부채를 할인하지 않는다[1012: 54].

4. 법인세 처리의 불확실성

기업이 당기법인세비용과 이연법인세비용을 계산하고 과세당국에 신고하는 것으로 법인세회계가 확정되는 것은 아니다. 특정 거래나 상황에 대한 기업의 해석과 과세당국의 해석이 다를 수 있기 때문이다. 2019년부터 시행된 「K-IFRS 제2123호」(법인세 처리의 불확실성 해석서)에 의하면, 법인세 처리(tax treatment)는 기업이 법인세 신고에 사용하였거나 사용하려는 처리를 말한다[2123: 3]. 특정 법인세 처리에 대한 과세당국이나 법원의 조사나 분쟁은 기업의 당기법인세비용 및 이연법인세자산(부채)에 대한 회계처리에 영향을 미칠 수 있다[2123: 2].

과세당국이 기업의 법인세 처리에 대해서 분쟁을 제기할 것인지 여부가 불투명하고, 분쟁을 제기할 경우 기업의 법인세 처리의 수용 여부에 대한 불확실성을 해결하는 데 수년이 걸릴 수도 있다. 이러한 불확실한 법인세 처리를 어떻게 회계처리해야 할까? 기업이 세무분쟁에서 승리할 것으로 가정해야 할까? 아니면 세무분쟁에서 패해서 기업이 궁극적으로 더 많은 세금을 내야 할 것으로 가정할까? 법원의 최종 판결이 나올 때까지 손을 놓고 기다려야 할까? 「K-IFRS 제2123호」에 의하면 불확실한 법인세 처리를 다음과 같이 회계처리한다.

- 과세당국이 불확실한 법인세 처리를 수용할 가능성이 높다고 판단하면, 법인세 신고에 사용하였거나(또는 하려는) 법인세 처리와 일관되게 과세소득(세무상결손금), 세무기준액, 미사용 세무상결손금, 미사용 세액공제, 세율을 산정한다[2123: 10].
- 과세당국이 불확실한 법인세 처리를 수용할 가능성이 높지 않다고 판단하면, 관련되는 과세소득(세무상결손금), 세무기준액, 미사용 세무상결손금, 미사용 세액공제, 세율을 산정할 때에 불확실성의 영향을 반영한다. 기업은 기댓값과 가능성이 가장 높은 금액 중에서 불확실성의 해소를 더 잘 예측할 것으로 예상하는 방법을 사용하여 불확실성의 영향을 반영한다[2123: 11].

[2123: 10 ~ 11]이 구체적 회계처리지침을 제시하지 않고 추상적인데, 구체적으로는 예제 19 해답 1과 2처럼 회계처리하라는 것이다.

예제 19	법인세 처리의 불확실성: 기댓값의 사용	중요도: ★★ 난이도: ◆◆

상황

· 절세회사가 태양광농장의 건설을 완성한 시점에 법인세 신고서에 세액공제 ₩180,000을 사용하였으나, 과세당국이 세액공제에 대해서 분쟁을 제기할 것으로 예상했다. 세액공제액의 기댓값은 ₩100,000이다.
· 절세회사가 세액공제 ₩180,000을 사용하기 전 과세소득은 ₩800,000이고 이연법인세부채(자산)는 ₩0이다.
· 법인세율은 40%이다.

물음

1. 과세당국이 세액공제 ₩180,000을 수용할 가능성이 높다고 판단한 경우 절세회사에 필요한 분개를 하라.
2. 과세당국이 세액공제 ₩180,000을 수용할 가능성이 높지 않다고 판단한 경우 절세회사에 필요한 분개를 하라. 절세회사는 기댓값이 법인세 처리 불확실성의 해소를 더 잘 예측한다고 판단한다.

3. 물음 2와 같이 회계처리한 이후에 법인세 처리 불확실성이 다음 각 상황과 같이 해소되었다고 가정하고 절세회사에 필요한 분개를 하라.
   ㉠ 최악의 해결: 수용된 세액공제가 ₩0이다.
   ㉡ 최상의 해결: 총 세액공제 ₩180,000이 수용되었다.
   ㉢ 예상했던 해결: 세액공제액의 기댓값 ₩100,000이 수용되었다.

정답 및 해설

1.

(차) 법 인 세 비 용	140,000	(대) 미 지 급 법 인 세	140,000*

* (₩800,000 × 40%) − ₩180,000 = ₩140,000

2.

과세당국이 세액공제 ₩180,000을 수용할 가능성이 높지 않다고 판단하면 절세회사는 총 세액공제 ₩180,000을 반영하는 미지급법인세, 세액공제액의 기댓값 ₩100,000, 그리고 세액공제가 궁극적으로 수용되지 않는 경우에 추가로 납부해야 할 법인세 지급의무가 마치 존재하는 것처럼 법인세비용을 기록한다.

(차) 법 인 세 비 용	220,000*	(대) 미 지 급 법 인 세	140,000**
		부채-불확실한 법인세처리	80,000***

* (₩800,000 × 40%) − 세액공제 기댓값 ₩100,000 = ₩220,000
** (₩800,000 × 40%) − 세액공제 ₩180,000 = ₩140,000
*** 총 세액공제 ₩180,000 − 세액공제 기댓값 ₩100,000 = ₩80,000

'부채-불확실한 법인세처리' ₩80,000은 세액공제가 기댓값대로 ₩100,000만큼 최종 수용될 경우에 추가로 납부해야 할 금액을 나타낸다. 잠재적 지급 시기는 불확실한 법인세 처리의 해결에 달려 있다. 법인세처리가 다음 회계기간 이내에 해결되지 않을 가능성이 높다면 부채-불확실한 법인세처리 ₩80,000을 비유동부채로 보고한다.

3. ㉠ 최악의 해결

(차) 법 인 세 비 용	100,000*	(대) 미 지 급 법 인 세	180,000
부채-불확실한 법인세처리	80,000		

* 절세회사가 인식한 법인세비용: ₩800,000 × 40% = ₩220,000 + ₩100,000 = ₩320,000

㉡ 최상의 해결

(차) 부채-불확실한 법인세처리	80,000	(대) 법 인 세 비 용	80,000

㉢ 예상했던 해결

(차) 부채-불확실한 법인세처리	80,000	(대) 미 지 급 법 인 세	80,000

쉬어가는 코너 **세무분쟁에서 기업이 과세당국에 지급한 예치금의 분류범주**

• 기업이 법인세 외의 세금을 납부해야 하는지에 대해 과세당국과 분쟁 중이라고 가정하자. 기업은 사용할 수 있는 증거를 고려하여 세금을 납부하지 않아도 될 가능성이 높다고 판단한다. 즉, 기업에 유리하게 분쟁이 해결될 가능성이 불리하게 분쟁이 해결될 가능성보다 높다. 그러나 기업은 불이익을 피하기 위해 분쟁 대상액을 과세당국에 일단 예치하였다. 분쟁이 해결되면 과세당국은 해당 예치금을 기업에 환급하거나(분쟁이 기업에 유리하게 해결된 경우), 기업의 부채를 결제하기 위해 해당 예치금을 사용한다(분쟁이 과세당국에 유리하게 해결된 경우). 이 경우 세금에 관련되는 예치금의 성격이 무엇이냐는 문제가 대두된다. 세금에 관련되는 예치금은, 현금으로 환급받거나 예치금을 사용하여 세금에 대한 부채를 결제하는 방법으로 미래 경제적효익을 획득할 권리를 기업에 부여한다. 따라서 국제회계기준해석위원회는 2019년 1월에 기업이 과세당국에 지급한 세금에 관련되는 예치금을 자산이라고 판단하였다.

5. 재무제표 표시와 관련된 사항

(1) 당기법인세자산과 당기법인세부채의 상계

당기법인세자산(법인세환급미수금)과 당기법인세부채(미지급법인세)는 원칙적으로 각각 별도로 재무상태표에 보고한다. 그러나 다음 조건이 모두 충족되면 당기법인세자산과 당기법인세부채를 상계한다[1012: 71].

- 인식된 금액에 대해 기업이 법적으로 집행가능한 상계권리를 가지고 있다.
- 기업이 순액으로 결제하거나, 당기법인세자산을 실현하는 동시에 당기법인세부채를 결제할 의도가 있다.

동일 과세당국이 부과하고 과세당국이 순액으로 납부하거나 환급받을 수 있도록 허용하는 경우, 기업은 일반적으로 당기법인세자산을 당기법인세부채와 상계할 법적 집행 가능한 권리를 가지게 된다.

(2) 이연법인세자산과 이연법인세부채의 상계

이연법인세부채와 이연법인세자산을 원칙적으로 각각 별도로 재무상태표에 보고한다. 그러나 다음 조건이 모두 충족되면 이연법인세자산과 이연법인세부채를 상계한다[1012: 74].

- 기업이 당기법인세자산과 당기법인세부채를 상계할 수 있는 법적으로 집행 가능한 권리를 가지고 있다.
- 다음 각 경우에 해당하면서, 이연법인세자산과 이연법인세부채를 부과한 과세당국과 동일한 과세당국이 기업에 법인세를 부과한다.
  - ㉠ 과세대상기업이 동일하다.
  - ㉡ 과세대상기업은 다르지만 당기법인세부채와 당기법인세자산을 순액으로 결제할 의도가 있거나, 유의적인 금액의 이연법인세부채가 결제되거나 이연법인세자산이 회수될 미래의 각 회계기간마다 이연법인세자산이 실현되는 동시에 이연법인세부채를 결제할 의도가 있다.

(3) 이연법인세자산과 부채의 유동 · 비유동 구분

재무상태표에는 당기법인세비용을 당기법인세부담액 또는 미지급법인세(유동부채)로 보고하고, 이연법인세비용을 이연법인세부채(또는 이연법인세자산)로 보고한다. 이연법인세부채(또는 이연법인세자산)는 비유동부채(또는 비유동자산)로 분류하도록 규정한다[1001: 56].

당기손익 이외로 인식하는 항목

당기에 발생한 법인세비용(당기법인세비용과 이연법인세비용)은 포괄손익계산서에 보고하는 것이 원칙이다. 그러나 다음 항목과 관련된 당기법인세비용과 이연법인세비용은 당기손익 이외의 항목으로 인식한다[1012: 61A].

표 21.6 당기손익 이외로 인식하는 항목

기타포괄손익으로 인식[1012: 62]	자본에 직접 가감[1012: 62A]
· 유형자산을 재평가해서 발생하는 장부금액의 변동 · 해외사업장 재무제표의 환산에서 발생하는 외환차이	· 소급 적용되는 회계정책의 변경이나 오류의 수정으로 인한 이익잉여금 기초잔액의 조정 · 복합금융상품의 자본요소를 최초로 인식해서 발생한 금액

위 항목 이외에도 FVOCI(기타포괄손익-공정가치측정) 금융자산의 공정가치 변동액을 기타포괄손익으로 인식하고 자기주식처분손익(「일반기업회계기준」의 원가법)을 자본에 직접 가감한다. 기타포괄손익을 포괄손익계산서에 보고하는 방법은 다음 두 가지인데, 이 책에서는 방법 1을 사용한다.

- 방법 1: 기타포괄손익항목을 법인세차감 후 순액으로 나타낸다.
- 방법 2: 기타포괄손익을 항목별 총액으로 나타내고 기타포괄손익 전체에 대한 법인세를 차감한다.

1. 기타포괄손익과 관련된 법인세

「세법」은 금융자산의 측정방법으로 공정가치법을 인정하지 않고 원가법만 인정한다. 따라서 과세(또는 공제)되는 금융자산 처분손익은 처분대가와 취득원가(또는 상각후원가)의 차이이고, 보유기간 중에 FVOCI(기타포괄손익-공정가치측정) 금융자산의 공정가치가 변하면 일시적차이가 발생한다. FVOCI 금융자산(채무상품 또는 지분상품)의 공정가치 변동액은 기타포괄손익으로 인식하므로 당기에 발생한 법인세비용(당기법인세비용과 이연법인세비용)에 미치는 영향이 없고 포괄손익계산서에 공정가치 변동액을 세후 기타포괄손익(앞의 방법 1)으로 보고한다. 그리고 FVOCI 금융자산의 일시적차이에 대해서 이연법인세부채(자산)를 인식하고 세후 공정가치 변동액을 기타포괄손익누계액계정(자본계정)에 직접 가산(차감)한다.

FVOCI 금융자산(채무상품)에 대해서 인식한 기타포괄손익은 처분시점에 당기손익으로 재순환(recycling)(제9장 참조)하는 반면에, FVOCI 금융자산(지분상품)에 대해서 인식한 기타포괄손익은 처분시점에 당기손익으로 재순환하지 않기 때문에 FVOCI 금융자산이 채무상품인지 또는 지분상품인지에 따라 처분시점에 법인세비용에 미치는 영향이 다르다. 예를 들어, 공정가치가 상승한 후 FVOCI 금융자산을 처분하면 법인세와 관련해서 다음과 같이 분개한다.

분개 **FVOCI 금융자산 처분이익에 대해서 법인세를 기록하는 분개**

공정가치가 상승한 FVOCI 금융자산(채무상품)을 처분한 경우:

① 전기 재무제표작성일까지 인식했던 공정가치 상승액을 처분이익(당기이익)으로 재순환하면서 처분이익에 대해서 법인세비용을 인식한다.

(차) 기 타 포 괄 손 익	×××	(대) FVOCI 채무상품 처분이익	×××
법 인 세 비 용	×××		

② 가산할 일시적차이(공정가치 상승액)가 소멸했으므로 이연법인세부채를 장부에서 제거하고 미지급법인세를 인식한다.

(차) 이 연 법 인 세 부 채	×××	(대) 미 지 급 법 인 세	×××

공정가치가 상승한 FVOCI 금융자산(지분상품)을 처분한 경우:

지분상품에 대해서는 전기 재무제표작성일까지 인식했던 공정가치 상승액을 처분이익(당기이익)으로 재순환하지 않으므로(표 9.8 참조) 위 ①의 분개를 하지 않는다.

(차) 이 연 법 인 세 부 채*	×××	(대) 미 지 급 법 인 세	×××

* 가산할 일시적차이(공정가치 상승액)가 소멸했으므로 이연법인세부채를 장부에서 제거하고 미지급법인세를 인식한다. 그러나 전기 재무제표작성일까지 인식했던 공정가치 변동액의 세후 금액은 기타포괄손익누계액 계정에 남아 있다.

예제 20 FVOCI 금융자산과 이연법인세부채

중요도: ★★★
난이도: ◆◆◆

상황

· 1차연도 법인세차감전 계속영업이익: ₩2,500
· 매년 법인세율: 40%
· FVOCI 금융자산(지분상품)에 대한 자료는 다음과 같다.
 1차연도 1. 1.에 ₩3,000에 취득하고 FVOCI 금융자산(지분상품)으로 분류
 1차연도 12. 31.의 공정가치: ₩3,500
 2차연도 초에 ₩3,500에 처분

물음

1. 1차연도와 2차연도에 필요한 분개를 하고 1차연도의 포괄손익계산서를 작성하라.
2. 1차연도 1. 1.에 취득한 금융상품이 액면금액이 ₩3,000인 채무상품이라 FVOCI 금융자산(채무상품)으로 분류했다고 가정하고, 1차연도와 2차연도에 필요한 분개를 하라. 단, 회계문제의 핵심을 파악하기 위해서 이자수익에 대한 분개는 생략하라.

정답 및 해설

1.

1차연도 취득시점:

(차) FVOCI 금융자산(지분상품)	3,000	(대) 현 금	3,000

1차연도 12. 31. 결산시점:

(차) 법 인 세 비 용	1,000*	(대) 미 지 급 법 인 세	1,000

* ₩2,500(계속영업이익) × 40% = ₩1,000

(차) FVOCI 금융자산(지분상품)	500	(대) 기 타 포 괄 손 익(세후 금액)	300**
		이 연 법 인 세 부 채	200*

* ₩500 × 40% = ₩200

** 포괄손익계산서에 FVOCI 금융자산의 세후 공정가치 상승액 ₩300을 기타포괄손익으로 표시하고 재무상태표에 기타포괄손익누계액(자본)을 ₩300으로 나타낸다.

<u>포괄손익계산서</u>(1차연도)

법인세차감전 계속영업이익		₩2,500
법인세비용:		
당기법인세비용	₩1,000	
이연법인세비용	0	(1,000)
당기순이익		₩1,500
세후 기타포괄손익		300
총 포괄이익		₩1,800

2차연도 처분시점:

(차) 현 금	3,500	(대) FVOCI 금융자산(지분상품)	3,500
(차) 이 연 법 인 세 부 채*	200	(대) 미 지 급 법 인 세	200

* 가산할 일시적차이 ₩500이 소멸했으므로 이연법인세부채를 장부에서 제거하고 미지급법인세를 인식한다.

2.

1차연도 취득시점:

(차) FVOCI 금융자산(채무상품)	3,000	(대) 현 금	3,000

1차연도 12. 31. 결산시점:

(차) 법 인 세 비 용	1,000	(대) 미 지 급 법 인 세	1,000
(차) FVOCI 금융자산(채무상품)	500	(대) 기 타 포 괄 손 익(세후 금액)	300
		이 연 법 인 세 부 채	200

2차연도 처분시점:

(차) 현 금	3,500	(대) FVOCI 금융자산(채무상품)	3,500

2차연도 재분류조정분개:

(차) 기 타 포 괄 손 익	300	(대) 금융자산(채무상품)처분이익	500
법 인 세 비 용*	200		

* FVOCI 금융자산(채무상품)은 전기 재무제표에 인식했던 공정가치 상승액을 처분이익(당기이익)으로 재분류하므로 처분이익에 대해서 법인세비용을 인식한다.

(차) 이 연 법 인 세 부 채*	200	(대) 미 지 급 법 인 세	200

* 가산할 일시적차이 ₩500이 소멸했으므로 이연법인세부채를 장부에서 제거하고 미지급법인세를 인식한다.

2. 자산재평가와 관련된 이연법인세

「K-IFRS 제1016호」(유형자산 기준서)와 「K-IFRS 제1038호」(무형자산 기준서)는 유형자산이나 무형자산에 대해서 재평가모형의 적용을 허용하지만, 「세법」은 원가법만 허용한다. 따라서 기업이 유형·무형자산에 대해서 재평가모형을 적용하면 장부금액과 세무기준액 간에 차이가 나므로 일시적차이가 발생한다.

유형자산의 공정가치가 장부금액보다 큰 상황에서 유형자산을 재평가하면 기타포괄손익(재평가미실현이익)이 발생하고(손상차손환입 제외) 재평가된 장부금액이 세무기준액보다 크다. 재무회계에서는 기타포괄손익(재평가미실현이익)을 당기순이익에 포함하지 않고 마감분개를 해서 자본계정인 기타포괄손익누계액(재평가잉여금)으로 대체한다. 그러나 「세법」에 따르면 세무기준액이 재평가액으로 조정되지 않아 일시적차이가 발생하므로 이연법인세부채(자산)를 인식하고 세후 금액을 기타포괄손익누계액(재평가잉여금)계정에 기록한다.

감가상각대상이 아닌 자산(예 토지)을 재평가해서 발생한 기타포괄손익(재평가미실현이익)은 이후 기간에 감가상각을 통해 당기순이익에 영향을 주지 않으므로 기타포괄손익누계액(재평가잉여금)이 자산을 처분하는 시점에 실현된다. 기타포괄손익(재평가미실현이익)이 토지 처분시점에 실현되면 재평가잉여금을 이익잉여금으로 대체할 수 있다.

감가상각대상인 자산은 재평가액(공정가치)이 장부금액보다 크면 재평가액에 기초한 감가상각비가 재평가하지 않은 장부금액(세무기준액)에 기초한 감가상각비보다 많다. 그 결과 미래 과세소득이 회계이익보다 크면 기타포괄손익(재평가미실현이익)으로 인한 가산할 일시적차이(미래과세대상액)가 유발된다. 이 경우 재평가시점에 장부금액을 초과하는 재평가액(공정가치 상승액)에 대해서 이연법인세부채를 인식하고 기타포괄손익(재평가미실현이익)의 세후 금액을 재평가잉여금계정(기타포괄손익누계액계정)에 기록한다(연습문제 18 참조).

예제 21 토지의 재평가와 이연법인세

중요도: ★★★
난이도: ◆◆◆

상황

· 1차연도 1. 1.에 토지를 ₩150,000에 취득하고 재평가모형을 적용해서 토지를 측정한다.
· 토지의 공정가치는 다음과 같다.

1차연도 12. 31.	₩250,000
2차연도 12. 31.	200,000
3차연도 12. 31.	120,000

· 법인세율은 40%이다.

물음 1차연도 1. 1.부터 3차연도 12. 31.까지 필요한 분개를 하라.

정답 및 해설

1차연도 1. 1. 취득시점:

(차) 토지	150,000	(대) 현금	150,000

1차연도 12. 31. 재평가시점(재평가 증가액: ₩100,000↑)

(차) 토지	100,000	(대) 기타포괄손익	60,000*
		이연법인세부채	40,000

* (₩250,000 − ₩150,000) × 60% = ₩100,000

1차연도 12. 31. 마감분개:

(차) 기타포괄손익	60,000	(대) 재평가잉여금	60,000

2차연도 12. 31. 재평가시점(재평가 감소액: ₩50,000↓):

(차) 재평가잉여금	30,000*	(대) 토지	50,000
이연법인세부채	20,000		

* (₩250,000 − ₩200,000) × 60% = ₩30,000

3차연도 12. 31. 재평가시점:

재평가 감소액 ₩80,000의 분해
- 취득원가로 감소시키는 ₩50,000
- 취득원가 미만으로 감소시키는 ₩30,000

취득원가로 감소시키는 분개:

(차) 재평가잉여금	30,000	(대) 토지	50,000
이연법인세부채	20,000		

취득원가 미만으로 감소시키는 분개:

(차) 손 상 차 손	18,000	(대) 토 지	30,000
이연법인세자산	12,000*		

* 차감할 일시적차이 ₩30,000 × 40% = ₩12,000

참고 애초부터 재평가를 하지 않았을 경우의 장부금액(₩150,000)보다 재평가액(₩120,000)이 적으면 차액(₩30,000)을 손상차손으로 인식하고, 차감할 일시적차이인 손상차손에 대해서 이연법인세자산을 인식한다.

3. 자기주식처분손익과 관련된 법인세

재무회계목적으로는 자기주식 처분거래가 손익거래가 아니고 자본거래이므로 소유주이론(제14장 참조)에 따라 자기주식처분이익(또는 손실)을 당기순이익에 포함하지 않고 자본잉여금(또는 자본조정)으로 분류한다. 그러나 「세법」에서는 자기주식처분손익을 과세소득에 포함하므로 자기주식처분손익이 영구적차이를 발생시킨다. 자기주식처분손익이 영구적차이이므로 이연법인세부채(자산)에 미치는 영향은 없으나, 자기주식을 처분하면 처분이익(손실)이 과세소득을 증가(또는 감소)시키므로 당기법인세비용(미지급법인세)에 영향을 미친다. 자기주식처분이익(손실)이 영구적차이이고 자본잉여금(또는 자본조정)계정에 직접 인식하는 항목이므로, 자기주식처분손익과 관련된 당기법인세비용을 포괄손익계산서에 표시하지 않고 세후 자기주식처분이익(손실)을 자본계정에 직접 가감한다.

분개 자기주식처분손익에 대한 회계처리

- **분개 A**: 결산시점에 세무조정(예제 8 참조)을 하지 않는다고 가정하고 이익이 발생한 자기주식처분거래에만 국한하여 분개하면 다음과 같다.

(차) 현 금	×××	(대) 자 기 주 식(취득원가)	×××
		자기주식처분이익(세후 금액)	×××
		미 지 급 법 인 세(법인세부담액)	×××

참고 실무에서는 일반적으로 Miniature 예제 7과 유제 1과 같이 기말 세무조정에서 영구적차이인 자기주식처분손익을 포함하여 과세소득과 미지급법인세를 계산한다. 그러므로 기중에 자기주식처분이익 거래가 발생한 시점에서는 아래 분개 B와 같이 법인세차감후 자기주식처분이익을 자본잉여금계정에 계상하고 자본항목에 직접 인식한 법인세비용을 포괄손익계산서상에는 나타내지 않는다.

분개 B:

(차) 현 금	×××	(대) 자 기 주 식(취득원가)	×××
		자기주식처분이익(세후 금액)	×××
		법 인 세 비 용(영구적차이)*	×××

* 기말에 영구적차이인 자기주식처분이익을 세무조정에 포함해서 법인세비용과 미지급법인세를 산정하는 일반적 경우를 상정하면(Miniature 예제 7 또는 유제 1 참조), 기중에 위의 분개 B처럼 법인세비용을 대변에 기록하

고 기말 세무조정을 거치면 영구적차이에 대한 법인세비용은 상쇄되고 자기주식처분이익에 대한 당기법인세부채만 대변에 남게 된다. 그 결과는 기말 세무조정을 하지 않는 경우를 가정한 위의 분개 A와 같다. 이러한 회계처리(분개 B)가 다소 복잡하게 느껴질 수도 있지만, 위의 분개 A보다 실무와 더 부합하는 회계처리이다.

- 자기주식처분손실이 발생한 경우에는 다음과 같이 분개한다.

(차) 현 금	×××	(대) 자 기 주 식(취득원가)	×××
자기주식처분손실(세후 금액)	×××		
법 인 세 비 용(영구적차이)*	×××		

* 자기주식처분손실이 기말 세무조정에 포함되어 법인세비용을 감소시킬 것이므로 기중에는 위와 같이 분개해서 법인세비용 효과를 상쇄한다.

Miniature 예제 7 자기주식처분이익과 법인세비용(2010년, 회계사 1차)

상황

아래 자료는 ㈜한국의 1차연도 법인세와 관련된 거래내용이다.

· 1차연도 ㈜한국의 접대비 한도초과액은 ₩300,000이다.

· ㈜한국은 1차연도 6. 7.에 ₩35,000에 취득한 자기주식을 1차연도 9. 4.에 ₩60,000에 처분하였다.

· ㈜한국이 사옥을 건설하기 위하여 1차연도 9. 7.에 ₩70,000에 취득한 토지의 1차연도 12. 31. 현재 공정가치는 ₩80,000이다. ㈜한국은 유형자산에 대하여 재평가모형을 적용하고 있으나, 세법에서는 이를 인정하지 않는다.

· ㈜한국의 1차연도 법인세비용차감전 순이익은 ₩3,000,000이다. ㈜한국의 향후 과세소득은 1차연도와 동일한 수준이며, 전기이월 일시적차이는 없다.

물음

당기 과세소득에 적용될 법인세율은 30%이고, 향후에도 세율이 일정하다면 ㈜한국이 1차연도 포괄손익계산서에 인식할 법인세비용과 1차연도 말 재무상태표에 계상될 이연법인세자산·부채는 각각 얼마인가?

	법인세비용	이연법인세자산·부채
①	₩900,000	이연법인세자산 ₩3,000
②	973,500	이연법인세자산 ₩4,500
③	973,500	이연법인세부채 ₩3,000
④	990,000	이연법인세자산 ₩4,500
⑤	990,000	이연법인세부채 ₩3,000

정답 및 해설 ⑤

기중 자기주식처분거래 분개:

(차) 현 금	60,000	(대) 자 기 주 식(취득원가)	35,000
		자기주식처분이익(세후 금액)	17,500
		법 인 세 비 용(영구적차이)	7,500*

* (₩60,000 − ₩35,000) × 30% = ₩7,500

기말 토지재평가 분개:

(차) 토 지	10,000	(대) 기 타 포 괄 손 익	7,000
		이 연 법 인 세 부 채(보기 ⑤)	3,000

기말 세무조정:

	1차연도
법인세비용차감전 순이익	₩3,000,000
영구적차이:	
접대비한도초과액	300,000
자기주식처분이익	25,000
과세소득	₩3,325,000
법인세율	× 30%
미지급법인세	₩997,500

(차) 법 인 세 비 용	997,500	(대) 미 지 급 법 인 세	997,500

1차연도 법인세비용: ₩997,500 − ₩7,500(영구적차이) = ₩990,000 (보기 ⑤)

4. 회계정책의 변경 또는 오류수정과 관련된 법인세

회계정책을 변경하면, 재무보고목적으로는 변경된 회계정책을 소급적용하여 변경으로 인한 세후 누적효과(제22장 참조)를 변경연도의 기초이익잉여금에 가산(또는 차감)한다. 그러나 미지급법인세(법인세부담액)를 계산할 목적으로 회계정책변경으로 인한 누적효과를 변경연도부터 순차적으로 과세소득에 포함시키면 누적효과에 해당하는 금액만큼 일시적차이가 발생한다. 따라서 회계정책변경의 누적효과 또는 오류수정의 누적효과에 대해서 이연법인세부채(또는 이연법인세자산)를 인식한다. 누적효과를 반영하기 이전의 이익잉여금이 이미 세후금액이므로 기초이익잉여금을 수정할 때는 세후 누적효과를 이익잉여금 기초잔액에 반영하고, 회계정책변경 또는 오류수정 회계연도에 이연법인세부채(자산)를 인식한다. 그리고 기간이 경과함에 따라 이연법인세부채(자산)의 기말잔액이 변동하면 이연법인세비용(수익)을 당기법인세비용(수익)으로 인식한다.

예제 22 장기계약: 인도기준에서 진행기준으로의 회계정책 변경

중요도: ★★★
난이도: ◆

상황

· 튼튼회사는 장기 부동산 건설계약에 대해 인도기준을 사용해 왔다.

· 4차연도 1. 1.에 튼튼회사는 재무보고목적을 위해 진행기준으로 변경하였으나, 세무보고목적으로는 인도기준을 계속 사용한다.

· 3차연도의 기초이익잉여금: ₩25,000

· 모든 회계연도의 법인세율: 40%

· 회계정책변경에 대한 자료는 다음과 같다.

	세전이익		
	진행기준	인도기준	차이
3차연도 이전	₩60,000	₩40,000	₩20,000
3차연도	42,000	32,000	10,000
4차연도	65,000	58,000	7,000

물음 4차연도 1. 1.에 회계정책변경을 기록하는 분개를 하라.

정답 및 해설 **회계정책변경으로 인한 4차연도 기초이익잉여금의 증가액: ₩18,000**

(차) 미 성 공 사	30,000*	(대) 이연법인세부채	12,000
		이 익 잉 여 금	18,000**

* 새로운 방법으로 인한 추가 이익: ₩20,000 + ₩10,000 = ₩30,000

** 4차연도 이전의 당기순이익은 ₩18,000(₩30,000 × 60%)만큼 많았을 것이기 때문에, 4차연도 기초이익잉여금을 ₩18,000만큼 증가시킨다.

5. 복합금융상품의 자본요소와 관련된 이연법인세

재무회계목적으로 복합금융상품(예 전환사채)은 부채요소와 자본요소로 분리하여 인식하지만[1032:29], 「세법」에서는 부채요소와 자본요소를 분리하지 않고 발행금액 전액을 부채로 인식한다. 따라서 복합금융상품의 구성요소 중 재무상태표에 자본요소로 인식된 금액으로 인해 재무보고목적의 이자비용과 세무보고목적의 이자비용 사이에 차이가 발생한다. 「세법」이 복합금융상품의 자본요소를 인정하지 않으므로 이러한 이자비용의 차이가 영구적차이인 것처럼 보이지만, 발행자가 복합금융상품을 만기 이전에 상환하지 않으면 이자비용의 차이가 만기기간에 걸쳐 궁극적으로 소멸한다.

예를 들어, 복합금융상품의 부채요소에 대한 미래기간의 이자비용이 현금이자보다 많으면 과세소득이 회계이익보다 크므로 가산할 일시적차이(미래과세대상액)가 발생한다. 따라서 복합금융상품 발행금액 중 자본요소(예 전환권대가)로 인식된 금액만큼 발행시점에 가산할 일시적차이(미래과세대상액)가 발생하는 데 대해 대변에 이연법인세부채를 인식하고 차변에 자본잉여금(전환권대가)의 감소를 기록한다. 이연법인세부채를 인식하면서 차변에 자본잉여금(전환권대가)의 감소를 기록하는 것은 전환권대가로 인식한 금액을 사실상 세후 금액으로 감소시키는 것이다. 왜냐하면, 발행금액의 일부분을 자본요소로 배분해서 세무상 공제대상이 아닌 이연비용(할인발행차금)이 더 많이 생겼기 때문이다. 그러나 후속기간에 이연비용(할인발행차금)을 상각하면 일시적차이가 소멸하면서 법인세비용이 감소한다.

예제 23	전환사채와 전환권대가	중요도: ★★★ 난이도: ◆◆◆

상황

· 1차연도 1. 1.에 전환사채(액면금액: ₩100,000, 액면이자율: 연 20%, 만기일: 3년)를 ₩100,000에 발행하였다.

· 전환사채 발행시점의 전환사채의 시장이자율: 20%

· 전환사채 발행시점의 일반사채의 시장이자율: 25%
· 미래현금유출액을 25%로 할인한 현재가치는 다음과 같이 ₩90,240이다.

액면금액의 현재가치: ₩100,000 × 0.512 =	₩51,200
이자비용의 현재가치: ₩20,000 × 1.952 =	39,040
전환사채의 부채요소(일반사채의 현재가치)	₩90,240

· 전환사채 발행금액을 다음과 같이 분류한다.

전환사채 발행금액	₩100,000
부채요소	(90,240)
자본요소	₩9,760

부채요소에 대한 상각표

기간	기초부채	이자비용(25%)	현금이자	상각액	기말부채
1차연도	₩90,240	₩22,560	₩20,000	₩2,560	₩92,800
2차연도	92,800	23,200	20,000	3,200	96,000
3차연도	96,000	24,000	20,000	4,000	100,000
합계		₩69,760	₩60,000	₩9,760	

· 전환사채 부채요소의 할인액 상각액을 세무상 공제할 수 없다.
· 법인세율: 40%

물음 1차연도 1. 1.과 1차연도 12. 31.에 필요한 분개를 하라.

정답 및 해설

1차연도 1. 1. 발행시점:

(차) 현 금	90,240*	(대) 전 환 사 채	100,000
사채할인발행차금	9,760		
(차) 현 금	9,760*	(대) 전 환 권 대 가	9,760
(차) 전 환 권 대 가	3,904	(대) 이연법인세부채	3,904*

* ₩9,760 × 40% = ₩3,904

Tip 1차연도 1. 1.에 이연법인세부채 ₩3,904을 장부에 기록하고, 상대 계정을 전환권대가로 회계처리한다. 기간이 경과함에 따라 이연법인세부채 기말잔액이 점차 감소하여 궁극적으로 ₩0이 된다. 후속기간에 이연법인세부채계정의 기말잔액에서 기초잔액을 차감한 금액을 해당 연도의 법인세비용 감소로 인식한다.

1차연도 12. 31. 결산시점:

(차) 이 자 비 용	22,560	(대) 현 금	20,000
		사채할인발행차금	2,560
(차) 이연법인세부채	1,024*	(대) 법 인 세 비 용	1,024

참고

	1차연도 1. 1.	1차연도 12. 31.	2차연도 12. 31.	3차연도 12. 31.
부채요소의 액면금액	₩100,000	₩100,000	₩00,000	₩100,000

부채요소의 장부금액	(90,240)	(92,800)	(96,000)	(100,000)
미래과세대상액(자본항목)	₩9,760	₩7,200	₩4,000	₩0
법인세율	× 40%	× 40%	× 40%	× 40%
이연법인세부채 기말잔액	₩3,904	₩2,880	₩1,600	₩0

* 이연법인세부채 기말잔액[(₩100,000 − ₩92,800) × 40%]	₩2,880
이연법인세부채 기초잔액	(3,904)
이연법인세부채 당기 감소액	₩1,024

관련예제와 함께 풀어보세요

유제 1 당기손익 이외로 인식하는 항목과 법인세비용(2021년, 회계사)

관련예제 18, 19
Miniature 예제 4

상황

다음은 ㈜대한의 1차연도 법인세 관련 자료이다.

- 1차연도 법인세비용차감전순이익은 ₩500,000이다.
- 1차연도 말 접대비 한도초과액은 ₩20,000이며, 1차연도 말 재고자산평가손실의 세법 상 부인액은 ₩5,000이다.
- 1차도 5. 1.에 ₩30,000에 취득한 자기주식을 1차연도 10. 1.에 ₩40,000에 처분하였다.
- 1차연도 말 기타포괄손익－공정가치로 측정하는(FVOCI) 금융자산(지분상품) 평가손실 ₩20,000을 기타포괄손익으로 인식하였다.
- 1차연도 10. 1. 본사 사옥을 건설하기 위하여 ₩100,000에 취득한 토지의 1차연도 말 현재 공정가치는 ₩120,000이다. ㈜대한은 유형자산에 대해 재평가모형을 적용하고 있으나, 「세법」에서는 이를 인정하지 않는다.
- 연도별 법인세율은 20%로 일정하다.
- 일시적 차이에 사용될 수 있는 과세소득의 발생가능성은 높으며, 전기이월 일시적차이는 없다.

물음 ㈜대한이 1차연도 포괄손익계산서에 당기비용으로 인식할 법인세비용을 구하라.

정답 **₩104,000**

해설

	미지급법인세	가산할 일시적차이 (미래과세대상액)	차감할 일시적차이 (미래공제대상액)
회계이익	₩500,000		
영구적차이:			
접대비 한도초과액	20,000		
자기주식처분이익	10,000		
가산할 일시적차이:			
토지 재평가증가액	–	₩20,000	
차감할 일시적차이:			
재고자산 평가손실	5,000		₩5,000
FVOCI 금융자산 평가손실	–		20,000
과세소득	₩535,000		
법인세율	× 20%	× 20%	× 20%
미지급법인세	₩107,000		
이연법인세부채		₩4,000	
이연법인세자산			₩5,000

회계기간 중 자기주식처분거래 분개:

(차) 현 금	40,000	(대) 자 기 주 식(취득원가)	30,000
		자기주식처분이익(세후 금액)	8,000
		법 인 세 비 용(영구적차이)	2,000*

* (₩40,000 − ₩30,000) × 20% = ₩2,000

회계기간 말 세무조정: 법인세비용의 인식

(차) 법 인 세 비 용	106,000*	(대) 미 지 급 법 인 세	107,000
이 연 법 인 세 자 산	5,000	이 연 법 인 세 부 채	4,000

* ₩107,000 + ₩4,000 − ₩5,000 = ₩106,000

법인세비용: ₩106,000 − ₩2,000(자기주식처분이익에 대한 법인세비용) = ₩104,000

연습문제 21

P21-01 미래과세대상액(할부판매액)과 이연법인세부채: 자산 · 부채법과 포괄손익계산서접근법

- 원가가 ₩0인 제품을 1차연도 1. 1.에 ₩60,000에 할부판매하였다.
- 할부판매액의 연도별 현금 회수액은 다음과 같다.

1차연도	₩30,000
2차연도	30,000

- 할부판매액에 대한 회수불능액을 합리적으로 추정할 수 있으므로 할부판매시점에 매출수익을 인식한다.
- 세무보고목적으로는 할부법(현금회수기준)을 사용한다.
- 기타 현금 판매액: 매년 ₩10,000
- 현금 비용: 매년 ₩5,000
- 1차연도 1. 1.의 이연법인세부채(자산)의 잔액은 ₩0이다.
- 법인세율: 40%

물음 포괄손익계산서접근법과 자산 · 부채법을 각각 적용하여 각 연도 말의 이연법인세부채를 계산하여 필요한 분개를 하고 부분포괄손익계산서와 부분재무상태표를 작성하라.

P21-02 미래공제대상액(제품품질보증비)과 이연법인세자산: 자산 · 부채법과 포괄손익계산서접근법

- 회계이익:

1차연도	₩2,200
2차연도	3,000
3차연도	3,000

- 1차연도에 제품품질보증비 ₩800을 인식하였으나 세무목적으로는 제품품질보증비를 현금으로 지불하는 2차연도(₩500), 3차연도(₩300)에 비용으로 인정받아 공제한다.
- 1차연도 말의 이연법인세자산: ₩320(₩800 × 40%)
- 법인세율: 40%

물음 포괄손익계산서접근법과 자산 · 부채법을 각각 적용하여 2차연도 말과 3차연도 말의 이연법인세자산을 계산하여 필요한 분개를 하고 2차연도와 3차연도의 부분포괄손익계산서와 부분재무상태표를 작성하라.

P21-03 다수의 일시적차이와 법인세율의 변동

- 1차연도에 SK는 ₩100,000의 세전회계이익을 보고했다.
- 세전회계이익에는 다음 금액이 포함되어 있다.
- 1차연도의 장부상 토지처분이익은 ₩20,000인데 세무목적으로는 2차연도에 ₩15,000, 3차연도에 ₩5,000이 보고될 것이다.
- 1차연도 1. 1.의 이연법인세부채(자산)의 장부금액은 ₩0이다.
- 재무보고목적과 세법상 감가상각비는 다음과 같다.

	포괄손익계산서 (정액법)	세무신고서 (가속상각법)	차이
1차연도	₩5,000	₩6,600	₩(1,600)
2차연도	5,000	8,800	(3,800)
3차연도	5,000	3,000	2,000
4차연도	5,000	1,600	3,400
합계	₩20,000	₩20,000	₩0

• 제품품질보증비는 다음과 같다.

	포괄손익계산서	「세법」	차이
1차연도	₩8,000		₩8,000
2차연도		₩4,800	(4,800)
3차연도		3,200	(3,200)

• 2차연도의 세전회계이익 ₩100,000은 충당부채를 설정한 결과 추정손실 ₩30,000을 포함한다. 추정손실은 4차연도에 지급될 것으로 기대되어 4차연도에 세금공제가 가능하다.
• 1차연도에 제정된 1차연도와 2차연도의 법인세율: 40%
• 2차연도에 제정된 3차연도부터 법인세율: 30%

물음 1차연도와 2차연도에 필요한 분개를 하라.

P21-04 이연법인세 (2009년, 회계사)

다음 자료를 이용하여 각 물음에 답하시오. 각 물음은 독립적이다.

다음은 1차연도 1. 1.에 영업을 시작한 ㈜한라의 1차연도 법인세비용차감전 순이익과 세무조정사항 및 법인세율이다.

법인세비용차감전순이익	₩200,000
세무조정사항:	
접대비한도초과액	80,000
퇴직급여충당부채(순확정급여부채)	100,000
재고자산평가충당금	50,000
단기예금미수이자	(10,000)
비과세이자수익	(40,000)
당기손익－공정가치측정금융자산 평가이익	(60,000)
법인세율	30%

당기에 발생한 모든 일시적차이의 소멸시기는 다음과 같다.

일시적차이	1차연도 말 잔액	2차연도 소멸	3차연도 소멸
퇴직급여충당부채	₩100,000	₩(80,000)	₩(20,000)
재고자산평가충당금	50,000	(50,000)	
단기예금미수이자	(10,000)	10,000	
당기손익－공정가치측정금융자산 평가이익	(60,000)	60,000	

㈜한라의 세무조정사항 반영 전 예상과세소득은 2차연도부터 매년 ₩100,000이며, 이는 확실한 증거에 따른 것이다. 1차연도 말 「세법」이 개정되어 2차연도와 3차연도에 적용될 세율은 각각 25%와 20%로 인하되었다. 2차연도와 3차연도의 세무조정사항은 1차연도의 세무조정과 관련된 사항 이외에는 없다.

물음 1. ㈜한라의 ① 1차연도 말 이연법인세자산(부채)과 ② 1차연도 법인세비용을 계산하시오.

2. ㈜한라의 1차연도 세무조정사항과 세율 및 추가자료는 위 자료와 동일하다. 그러나 ㈜한라의 1차연도 법인세비용차감전순손익이 순이익 ₩200,000이 아니라 순손실 ₩200,000일 경우, ㈜한라의 ① 1차연도 말 이연법인세자산(부채)과 ② 1차연도 당기순이익(손실)을 계산하시오.

3. 위 자료에 주어진 ㈜한라의 1차연도 내용과 다음의 <추가자료>를 모두 이용하여 ㈜한라의 1차연도 ① 이연법인세자산(부채)과 ② 법인세비용을 각각 계산하시오.

〈추가자료〉

㈜한라는 1차연도에 취득원가 ₩200,000의 자기주식을 ₩300,000에 매각하고, ₩100,000의 자기주식처분이익을 자본잉여금으로 회계처리하였다. ㈜한라는 1차연도 말 기타포괄손익－공정가치측정금융자산의 공정가치가 ₩150,000만큼 하락하여, 동 금액을 기타포괄손익－공정가치측정금융자산 평가손실로 인식하고 기타포괄손익누계액으로 회계처리하였다. 기타포괄손익－공정가치측정금융자산 평가손실은 2차연도에 소멸된다고 가정한다.

P21-05 세무상결손금과 이월공제

- 3차연도에 SK는 재무보고와 세무목적으로 ₩160,000의 영업손실을 보고하였다.
- 법인세율: 40%
- SK는 세무상결손금에 대하여 이월공제방법을 선택하였다.
- SK는 미래에 ₩160,000 이상의 과세소득을 창출할 것으로 예측하였다.

물음 법인세와 관련된 분개를 하고 3차연도의 포괄손익계산서를 작성하라.

P21-06 세무상결손금의 소급공제와 이월공제

- 3차연도에 SK는 재무보고목적으로 ₩160,000의 영업손실을 보고하였다.
- 3차연도의 법인세율: 40%
- 과세소득, 법인세율, 지불한 법인세는 다음과 같다.

	과세소득	법인세율	지불한 법인세
1차연도	₩40,000	35%	₩14,000
2차연도	90,000	30	22,000

- SK는 3차연도 말에 세무상결손금에 대하여 소급공제를 선택하였다.
- 4차연도의 세전회계이익: ₩35,000

물음 3차연도와 4차연도에 필요한 분개를 하라.

P21-07 이연법인세자산과 부채

- 천사회사의 1차연도 법인세비용차감전순이익은 ₩1,000,000이며 법인세율은 30%이나 2차연도부터 법인세율은 25%이다. 천사회사의 법인세를 계산하기 위한 세무조정사항 및 이연법인세 계산과 관련된 1차연도의 자료는 다음과 같다.

㉠ 세무회계상 손금한도를 초과하여 지출한 접대비: ₩70,000

㉡ 비과세이자소득 ₩50,000을 받아 영업외수익으로 인식하였다.

㉢ 천사회사가 보유중인 재고자산(장부금액: ₩300,000)을 순실현가능가치 ₩200,000으로 평가하여 ₩100,000을 재고자산평가손실로 인식하였다. 그러나 이는 세무회계상으로는 1차연도 손금으로 인정되지 않는 사항이며, 재고

자산이 판매되는 2차연도의 과세소득을 감소시킨다.

㉣ 거래처의 부도발생으로 받을어음 ₩200,000을 대손처리하였으나 세무회계상 2차연도 및 3차연도에 각각 ₩100,000씩 손금으로 인정된다.

㉤ 천사회사는 만기일이 2차연도 12. 31.인 정기예금에 대한 미수이자수익 ₩80,000을 재무상태표에 계상하였다.

㉥ 퇴직급여비용 한도초과액으로 ₩200,000이 발생하였으며, 동 한도초과액은 2차연도와 3차연도에 각각 ₩100,000씩 손금으로 인정된다.

㉦ 천사회사는 내용연수가 5년인 기계장치를 1차연도 1. 1.에 ₩200,000에 취득하여 정액법으로 상각하나 「조세특례제한법」상 ₩60,000을 추가로 특별상각하였다. 특별상각비 ₩60,000은 2차연도부터 5차연도까지 균등하게 소멸된다.

㉧ 천사회사는 1차연도에 기술개발준비금 ₩120,000을 전입하고 2차연도부터 과세대상액으로 환입한다. 재무보고 목적으로는 기술개발준비금을 비용으로 인식하지 않는다.

㉨ 위 사항 이외에 직전 사업연도까지 누적되어 온 일시적차이는 없다.

㉩ 천사회사는 2차연도 이후 매년 계속해서 세무조정사항 반영 전 과세소득을 실현할 것으로 보인다.

㉪ 천사회사의 이연법인세부채(자산)의 1차연도 초 잔액은 ₩0이다.

물음 1차연도에 법인세를 기록하는 분개를 하라.

P21-08 전기오류수정의 세금효과

- 2차연도의 세전이익: ₩300,000
- 법인세율: 40%
- 2차연도 12. 31.에 퇴직급여비용 ₩50,000이 1차연도에 기록되지 않은 것을 발견하였다.
- 전기 오류수정손실은 2차연도의 세금공제대상이다
- 2차연도 초에 일시적차이나 영구적차이가 없다.
- 2차연도 1. 1.의 이연법인세 잔액: ₩0

물음 2차연도의 법인세비용을 기록하기 위한 분개를 하라.

P21-09 일시적차이 및 기타포괄손익과 이연법인세 (2012년, 회계사)

다음은 12월 말 결산법인인 ㈜국세의 당기(2차연도 1. 1. ~ 12. 31.) 법인세 관련 자료이다.

- 전기와 당기의 과세소득에 대하여 적용되는 평균세율(법인세에 부가되는 세액 포함)은 30%이며, 차기 이후 관련 세율 변동은 없는 것으로 가정한다.
- '법인세 과세표준 및 세액조정계산서'에 기재된 내용의 일부는 다음과 같다(주: 파란색은 저자가 추가했음).

구 분	금 액
산출세액	₩28,300
총부담세액(법인세부담액)	25,400
기납부세액(선급법인세)	13,500
차감납부할 세액(당기법인세부채)	11,900

- 세무조정 시 유보잔액(일시적차이)은 다음과 같다.

과 목	기초잔액	당기 중 증감		기말잔액
		감소	증가	
매출채권 대손충당금	₩5,000	₩1,000	₩3,000	₩7,000

당기손익-공정가치측정금융자산	△4,000	△4,000	△1,000	△1,000
기타포괄손익-공정가치측정금융자산*	△8,000	△5,000	0	△3,000
설비자산 감가상각누계액	9,000	3,000	2,000	8,000
토지**	0	0	△24,000	△24,000
합 계	₩2,000	△₩5,000	△₩20,000	△₩13,000

* 감소는 자산처분으로 인한 감소임

** 토지 재평가에 따른 재평가잉여금

※ △는 (-)유보 즉, 자산의 세무기준액 - 자산의 장부금액(또는 부채의 장부금액 - 부채의 세무기준액)이 음수(-)임을 나타냄

Tip 우리나라 세법에서는 가산할 일시적차이(미래과세대상액)를 △유보로, 차감할 일시적차이(미래공제대상액)를 유보라 부른다.

- 전기 말과 당기 말 현재 이월공제가 가능한 세무상 결손금 · 세액공제 · 소득공제 등은 없으며, 차감할 일시적차이가 사용될 수 있는 과세소득의 발생가능성은 높다.
- ㈜국세는 당기법인세자산과 당기법인세부채를 상계할 수 있는 법적으로 집행 가능한 권리를 가지고 있지 않다.
- 법인세효과 반영 전 기타포괄이익은 ₩24,000이다.

물음 ㈜국세의 당기(2차연도) 포괄손익계산서와 당기 말 재무상태표에 계상될 다음 각 계정과목의 금액을 계산하시오. 법인세 관련 분개도 제시하시오.

재무제표	계정과목	금 액
포괄손익계산서	법인세비용	①
	기타포괄손익	②
재무상태표	이연법인세자산	③
	이연법인세부채	④

P21-10 비상각자산의 재평가와 가산할 일시적차이

- 토지(취득원가: ₩500,000)를 ₩600,000으로 재평가하였다.
- 토지의 재평가손익은 과세되지 않는다.

물음 가산할 일시적차이를 결정하라.

P21-11 유형자산 재평가와 이연법인세부채

- 1차연도 1. 1.에 SK는 유형자산(내용연수: 5년, 잔존가치: ₩0)을 ₩200,000에 취득하였다.
- 재무회계와 세무회계에서 사용하는 감가상각법이 모두 정액법이므로 감가상각비로 인한 일시적차이가 발생하지 아니한다.
- 1차연도 12. 31.에 유형자산을 ₩230,000으로 재평가하였다. 세법에서는 재평가를 인정하지 않는다.
- 법인세율은 40%이지만 취득원가를 초과하는 부분은 25%의 세율을 적용한다.

물음 1차연도 12. 31.의 이연법인세부채를 결정하라.

P21-12 유형자산 재평가와 재평가잉여금의 대체

- 1차연도 1. 1.에 SK는 유형자산을 ₩50,000에 취득하였다.

- 정액법(잔존가치: ₩0)을 사용하여 감가상각하며 내용연수는 다음과 같다.
  재무보고목적: 5년
  세무보고목적: 4년
- 3차연도 12. 31.에 자산(장부금액: ₩20,000)을 ₩45,000으로 재평가하였으나 내용연수와 감가상각방법은 변경하지 않는다. 세법에서는 재평가를 인정하지 않는다.
- 재평가된 자산을 처분하면 재평가잉여금을 이익잉여금으로 대체한다.
- 법인세율: 40%

물음 3차연도 12. 31.에 유형자산에 대해서 분개하고 재평가하지 않은 상황과 비교하라.

P21-13 일시적차이 및 자기주식과 이연법인세 (2007년, 회계사 수정)

다음은 중소기업에 해당되지 않는 ㈜성실의 당기(7차연도 1. 1.~ 12. 31.) 이연법인세 계산 관련 자료이다.
당기의 법인세부담액은 ₩400,000이다. 한편, 당기 중 원천징수나 중간예납 등을 통하여 ₩180,000의 법인세를 미리 납부하였고 이를 다음과 같이 회계처리하였다.

선급법인세	180,000	현금	180,000

전기와 당기의 법인세율은 30%이며, 차기 이후의 법인세율 변동은 없다고 가정한다. 연구 및 인력개발준비금은 세법 규정에 따라 8차연도부터 매년 ₩30,000씩 환입할 예정이다. 전기와 당기의 차감할 일시적차이에 따른 미래 법인세 절감효과의 실현 가능성은 거의 확실하다. 세무조정 유보소득(일시적차이)의 증감내용은 다음과 같다.

과목	기초잔액	당기 중 증감 감 소	당기 중 증감 증 가	기말잔액
매출채권 대손충당금	₩50,000	₩10,000	₩40,000	₩80,000
당기손익-공정가치측정금융자산 평가이익	△120,000	△100,000	△10,000	△30,000
재고자산평가손실	100,000	40,000	0	60,000
미수이자	△40,000	△40,000	△30,000	△30,000
기타포괄손익-공정가치측정금융자산 평가이익	△80,000	△10,000	△20,000	△90,000
설비자산 감가상각누계액	200,000	0	30,000	230,000
퇴직급여충당부채	300,000	140,000	0	160,000
연구 및 인력개발준비금	△90,000	0	0	△90,000
합계	₩320,000	₩40,000	₩10,000	₩290,000

Tip △ 유보: 가산할 일시적차이(미래과세대상액)를 의미함
유보: 차감할 일시적차이(미래공제대상액)를 의미함

물음 1. ㈜성실의 전기(6차연도) 말 재무상태표에 계상된 다음 각 계정의 금액(①과 ②)을 계산하시오.

계정과목	금액
이연법인세자산	①
이연법인세부채	②

참고 원래의 문제에는 이연법인세자산과 이연법인세부채를 각각 유동성과 비유동성으로 구분하도록 요구하였으나, 「K-IFRS 제1001호」에 따르면 이연법인세부채(자산)를 항상 비유동부채(자산)로 분류하므로 물음을 수정하였다.

2. ㈜성실의 당기(7차연도) 포괄손익계산서와 당기 말 재무상태표에 계상될 다음 각 계정의 금액(①부터 ⑤까지)을 계산하시오.

재무제표	계정과목	금액
포괄손익계산서	법인세비용	①
재무상태표	선급법인세	②
	이연법인세자산	③
	미지급법인세	④
	이연법인세부채	⑤

3. 위 사항에 추가하여 7차연도 초 ₩500,000에 취득하였던 자기주식을 당기 중 ₩600,000에 전부 처분하였다. 당기의 법인세부담액 ₩400,000에는 자기주식처분이익에 대한 법인세 과세분이 포함되어 있다. 이 경우 ㈜성실의 당기(7차연도) 포괄손익계산서와 당기 말 재무상태표에 계상될 다음 각 계정의 금액(①부터 ②까지)을 계산하시오.

재무제표	계정과목	금액
포괄손익계산서	법인세비용	①
재무상태표	자기주식처분이익	②

P21-14 회계이익과 과세소득의 차이에 대한 세무조정

- 2차연도 1. 1.에 간단해회사는 명청해회사의 보통주를 ₩1,000,000에 취득하여 당기손익－공정가치측정금융자산으로 분류하였다.
- 2차연도 12. 31.에 당기손익－공정가치측정금융자산의 공정가치가 ₩1,200,000으로 상승하여 미실현이익(당기손익) ₩200,000이 발생하였고, 3차연도 12. 24.에 ₩1,500,000에 처분하여 당기손익－공정가치측정금융자산 처분이익 ₩300,000(₩1,500,000 － ₩1,200,000)이 발생하였다.
- 문제의 핵심을 파악하기 위하여 당기손익－공정가치측정금융자산과 관련된 손익만 있다고 가정하면, 간단해회사의 2차연도와 3차연도의 회계이익은 각각 ₩200,000과 ₩300,000이다.
- 「세법」에서는 2차연도의 미실현이익에 대해서는 과세하지 아니하고, 처분시점에 실현된 이익에 대해서만 과세한다.
- 법인세율: 40%

물음 2차연도와 3차연도의 과세소득과 미지급법인세를 각각 계산하라.

P21-15 기타포괄손익-공정가치측정금융자산 평가손실과 이연법인세자산 (2014년, 회계사 1차)

아래 자료는 ㈜한국의 1차연도 법인세와 관련된 거래 내용이다.

- 1차연도 말 접대비 한도초과액은 ₩30,000이다.
- 1차연도 말 재고자산평가손실은 ₩10,000이다.
- 1차연도 말 기타포괄손익－공정가치측정금융자산 평가손실 ₩250,000을 기타포괄손익으로 인식하였다. 동 기타포괄손익－공정가치측정금융자산 평가손실은 3차연도에 소멸된다고 가정한다.
- 1차연도 법인세비용차감전순이익은 ₩1,000,000이다.
- 1차연도까지 법인세율이 30%이었으나, 1차연도 말에 세법개정으로 인하여 2차연도 과세소득분부터 적용할 세율은 20%로 미래에도 동일한 세율이 유지된다.
- 일시적차이에 사용될 수 있는 과세소득의 발생가능성은 높으며, 전기이월 일시적차이는 없는 것으로 가정한다.

물음 ㈜한국의 1차연도 포괄손익계산서에 계산할 법인세비용은 얼마인가?

① ₩260,000 ② ₩310,000 ③ ₩335,000 ④ ₩360,000 ⑤ ₩385,000

P21-16 전환사채와 이연법인세

(2011년, 회계사 1차)

㈜대박은 1차연도 1. 1. 다음과 같은 조건의 전환사채를 발행하였다.

- 액면금액 및 발행금액: ₩50,000,000
- (전환권이 없는 동일조건) 일반사채의 유효이자율: 연 9%
- 액면이자율: 연 7%
- 이자지급방법: 매년 말 현금지급
- 만기(상환기일): 3차연도 12. 31.(상환기일에 액면금액 일시상환)
- 전환청구기간: 사채발행일 이후 1개월 경과일로부터 상환기일 30일 전까지
- 전환조건: 사채발행금액 ₩1,000,000당 주식 100주로 전환 가능

전환사채와 관련하여 「세법」에서는 자본요소에 해당하는 부분을 인정하지 않으며, 당기 과세소득에 적용될 법인세율은 40%로 향후에도 세율의 변동은 없을 것으로 예상된다. 당기 및 차기 이후 차감할 일시적차이에 사용될 수 있는 과세소득의 발생가능성은 높으며, 전기이월 일시적차이는 없는 것으로 가정한다. 현가계수는 아래 표를 이용하라.

	기간 말 단일금액 ₩1의 현재가치		정상연금 ₩1의 현재가치	
기간	7%	9%	7%	9%
3	0.8163	0.7722	2.6243	2.5313

물음 동 전환사채의 세무조정으로 인해 발생하는 이연법인세자산 · 부채와 관련된 법인세비용(이자비용 중 현금으로 지급되는 부분으로 인해 발생하는 법인세효과는 제외)이 ㈜대박의 1차연도 포괄손익계산서상 당기순이익에 미치는 영향은 얼마인가?

① 영향 없음 ② ₩308,904 증가 ③ ₩308,904 감소 ④ ₩703,276 증가 ⑤ ₩703,276 감소

P21-17 자기주식처분이익과 법인세비용

(2015년, 회계사 1차)

다음 자료는 ㈜한국의 2차연도 법인세와 관련된 내용이다.

- 1차연도 말 현재 일시적차이:
  - 미수이자 ₩(100,000)
- 2차연도 법인세비용차감전순이익 1,000,000
- 2차연도 세무조정 사항:
  - 미수이자 (20,000)
  - 접대비한도초과액 15,000
  - 자기주식처분이익 100,000
- 연도별 법인세율은 20%로 일정하다.
- 일시적차이에 사용될 수 있는 과세소득의 발생가능성은 높으며, 1차연도 말과 2차연도 말 각 연도의 미사용 세무상결손금과 세액공제는 없다.

물음 ㈜한국의 2차연도 포괄손익계산서에 인식할 법인세비용은 얼마인가?

① ₩199,000 ② ₩203,000 ③ ₩219,000 ④ ₩223,000 ⑤ ₩243,000

P21-18 상각대상자산의 재평가와 이연법인세

(2017년, 회계사)

- 2차연도의 법인세부담액은 ₩38,000이며, 선급법인세자산으로 ₩11,000을 인식하였다.
- 2차연도 중 일시적차이의 변동 내역은 다음과 같다.

구분	기초잔액	감소	증가	기말잔액
대손충당금 - 매출채권	₩45,000	₩12,000	₩26,000	₩59,000
감가상각누계액 - 기계	120,000	32,000	56,000	144,000
연구 및 인력개발준비금	(60,000)	(20,000)	-	(40,000)

* 주: ( )는 가산할 일시적차이를 의미한다.

- 2차연도까지 법인세율은 30%이며, 미래에도 동일한 세율이 유지된다.
- 1차연도 말과 2차연도 말 미사용 세무상결손금과 세액공제, 소득공제 등은 없으며, 차감할 일시적차이가 사용될 수 있는 과세소득의 발생가능성은 높다.
- ㈜대한은 법인세 관련 자산과 부채를 상계하여 표시하는 것으로 가정한다.
- ㈜대한은 3차연도 3. 30.에 2차연도 분 법인세를 관련 「세법」 규정에 따라 신고, 납부하였으며, 법인세에 부가되는 세액은 없는 것으로 가정한다.

상각대상자산의 재평가에 관한 자료

- ㈜대한은 1차연도 1. 1.에 건물을 ₩1,000,000에 취득하고 정액법(내용연수: 10년, 잔존가치: ₩0)으로 감가상각한다.
- ㈜대한은 동 건물에 대하여 재평가모형을 선택하였으며, 재평가이익으로 인하여 이연법인세부채에 영향을 미치는 부분은 법인세비용에 반영하지 않고 관련 법인세효과를 재평가잉여금에서 직접 차감한다. 또한, 기타포괄손익누계액에 계상된 재평가잉여금은 당해 자산을 사용하면서 일부를 이익잉여금으로 대체한다. 동 건물은 ㈜대한이 소유하고 있는 유일한 건물이며, 연도별 공정가치는 다음과 같다.

구분	1차연도 1. 1.	1차연도 12. 31.	2차연도 12. 31.
건물의 공정가치	₩1,000,000	₩1,080,000	₩960,000

물음 ㈜대한의 1차연도 및 2차연도의 포괄손익계산서와 재무상태표에 계상될 다음 각 계정과목의 금액을 계산하시오. 해당 금액이 없는 경우에는 '0'으로 표시하시오.

회계연도	재무제표	계정과목	금액
1차연도	포괄손익계산서	기타포괄이익(손실)	①
2차연도	재무상태표	미지급법인세	②
2차연도	재무상태표	이연법인세자산(부채)	③
2차연도	재무상태표	기타포괄이익(손실)누계액	④
2차연도	포괄손익계산서	법인세비용(수익)	⑤

P21-19 상각하지 않는 자산의 재평가와 처분

- 장부금액과 세무기준액이 ₩1,000인 토지를 ₩1,500으로 재평가한 이후에 후속 연도에 ₩1,500에 처분하였다.
- 법인세율: 40%

물음 토지와 관련된 분개를 하라.

P21-20 자기주식처분이익과 법인세비용

(2005년, 세무사 1차)

다음은 ㈜태양의 5차연도 법인세비용 계산에 필요한 자료이다.

4차연도 말 현재 미소멸 일시적차이:	
기술개발준비금	₩(3,000,000)
5차연도 법인세비용차감전 순이익	5,000,000
5차연도 세무조정 사항:	

기술개발준비금 환입	1,000,000
자기주식처분이익	300,000
접대비한도초과	100,000

물음 자기주식처분이익은 회계장부에 자본잉여금으로 처리하였다. 4차연도 말 현재 기술개발준비금에 대한 일시적차이는 5차연도부터 매년 1/3씩 소멸될 예정이다. 4차연도 말 법인세부담액 계산 시 적용한 세율은 30%이며, 5차연도에도 동일한 30%를 적용한다. 그러나 5차연도 말 세법개정으로 인하여 6차연도부터 적용할 세율은 25%로 인하되었다. 이연법인세회계(자산 · 부채법)를 적용하여 ㈜태양의 5차연도 포괄손익계산서에 계상될 법인세비용을 계산하면 얼마인가?

① ₩1,430,000 ② ₩1,520,000 ③ ₩2,420,000 ④ ₩1,580,500 ⑤ ₩2,330,000

P21-21 리스와 이연법인세([1012: 사례 8])

- 기업(리스이용자)은 건물을 5년 동안 리스하는 계약을 체결하였다. 연간 리스료는 ₩100이고 매년 말에 지급한다. 리스개시일 전에 리스이용자는 리스료 ₩15을 지급하고(선급리스료) 리스개설직접원가 ₩5을 지급한다. 리스의 내재이자율은 쉽게 산정할 수 없다. 리스이용자의 증분차입이자율은 연 5%이다.
- 리스이용자는 리스개시일에 「K-IFRS 제1116호」(리스 기준서)를 적용하여 리스부채를 ₩435(₩100 5회 리스료를 연 5% 이자율로 할인한 현재가치로 측정)으로 인식한다. 리스이용자는 사용권자산(리스자산)을 ₩455으로 측정하는데 이는 리스부채의 최초 측정치(₩435), 선급리스료(₩15)와 리스개설직접원가(₩5)로 구성된다.

세법

- 세법에서는 기업이 리스료(리스개시일 전에 지급한 리스료를 포함)와 리스개설직접원가를 지급할 때 그 지급액에 대한 세무상 공제를 허용한다. 리스이용자가 리스자산의 장부금액을 회수할 때 리스이용자에게 유입될 경제적 효익은 과세된다.
- 리스이용자가 리스자산의 장부금액을 회수하고 리스부채를 결제할 기간에는 세율 20%가 적용될 것으로 예상된다.
- 적용되는 세법을 고려한 다음에 리스이용자는 리스료에 대하여 받을 세무상 공제가 리스부채의 상환에 관련된다고 결론 내린다.[8)]

물음 일시적차이를 산정하고 이연법인세자산(부채)을 구하라.

P21-22 상각대상자산의 재평가와 이연법인세

- 1차연도 1. 1.에 눈보라회사가 유형자산(내용연수: 4년)을 ₩80,000에 취득하고 재평가모형을 적용해서 측정한다.
- 눈보라회사는 잔존가치 없이 정액법으로 유형자산을 감가상각한다.
- 1차연도 12. 31.에 회계목적과 세무목적의 감가상각비가 ₩20,000이다. 따라서 1차연도 12. 31.에 유형자산을 재평가하기 직전에 유형자산의 장부금액과 세무기준액이 ₩60,000이다.
- 1차연도 12. 31.에 유형자산의 공정가치가 ₩45,000이다.
- 법인세율이 40%이다.

---

8) 적용되는 세법에 따라, 기업은 리스료에 대하여 받을 세무상 공제가 리스자산에 관련된다는 다른 결론을 내릴 수도 있다. 이 경우, 리스부채와 관련 리스자산 원가의 구성요소를 최초로 인식할 때 일시적차이가 생기지 않는다. 따라서 최초 인식시점에는 이연법인세를 인식하지 않겠지만 최초 인식 후에 일시적차이가 생기는 경우에는 이연법인세를 인식할 것이다.

• 재평가시점에 감가상각누계액계정의 잔액을 ₩0으로 만들고 재평가를 회계처리한다.

물음 1차연도 12. 31.에 필요한 분개를 하라.

Chapter 22

회계변경과 오류수정

학습 목표

LO 22－1. 회계정책과 회계추정의 차이를 이해한다.
LO 22－2. 회계추정과 오류의 차이를 이해한다.
LO 22－3. 회계정책변경의 개념과 회계처리를 이해한다.
LO 22－4. 회계추정변경의 개념과 회계처리를 이해한다.
LO 22－5. 오류를 수정하는 방법을 습득한다.

제22장

제1절 회계변경

1. 회계정책의 변경
   (1) 회계정책의 의미
   (2) 회계정책의 변경
   (3) 회계정책의 변경에 대한 회계처리
2. 회계추정의 변경
   (1) 회계추정의 의미
   (2) 회계추정의 변경에 대한 회계처리
   (3) 회계정책의 변경과 회계추정의 변경을 구분하는 것이 어려운 경우
3. 보고실체의 변경

제2절 오류수정

1. 오류의 개념
2. 오류수정
   (1) 오류수정의 개념
   (2) 오류수정의 회계처리
3. 오류의 유형
   (1) 손익에 영향을 미치지 않는 오류: 계정분류오류
   (2) 손익에 영향을 미치는 오류
   (3) 자동조정오류(상계적 오류)
   (4) 비자동조정오류(비상계적 오류)

Chapter 22 제1절

회계변경

경제 환경이 변화하면서 재무제표이용자에게 유용한 정보를 제공하기 위해 회계정책이나 회계추정 또는 회계보고주체를 바꾸는 회계변경(accounting change)을 하기도 한다. 회계변경의 유형을 구분하면 <표 22.1>과 같다.

표 22.1 회계변경의 유형

회계변경의 유형	내용	회계변경의 예
회계정책의 변경	특정 「K-IFRS」 기준에서 다른 「K-IFRS」 기준으로의 변경	· 유형자산 취득 이후에 측정방법을 원가법에서 재평가법으로 변경 · 재고재산 원가흐름가정의 변경 · 장기계약에서 수익측정방법을 진행기준에서 인도기준으로 변경 · 영업비용을 기능별로 분류해서 포괄손익계산서에 표시한 것을 속성별로 분류해서 표시하는 것으로 변경 · 현금할인의 인식방법을 총액법에서 순액법으로 변경 · 정부보조금의 인식방법을 취득원가차감법에서 이연수익법으로 변경
회계추정의 변경	새로운 정보나 경험으로 인한 회계추정치의 수정*	· 감가상각방법의 변경* · 정부가 정부보조금의 상환을 요구한 경우 · 장기계약에서 총 예상원가의 변경 · 상각대상자산의 내용연수 변경 · 법인세율의 변경
보고실체의 변경	특정 보고실체에서 다른 보고실체로의 변경	· 이전의 연결재무제표에 포함되지 않은 관계회사를 연결재무제표에 새로 포함하는 경우 · 개별재무제표 대신에 연결재무제표를 작성하는 경우

* 회계정책의 변경과 회계추정의 변경을 구분하는 것이 실무적으로 불가능할 때에는 회계추정의 변경으로 분류한다. 예를 들어, 감가상각대상자산의 미래경제적효익의 소비형태에 대한 추정의 변경과 감가상각방법의 변경을 구분하는 것이 불가능하므로 감가상각방법의 변경은 회계정책의 변경이 아니라 회계추정의 변경으로 분류한다.

회계변경을 회계처리하는 방법에는 소급법, 전진법, 누적효과 일괄조정기준(당기일괄처리법)[1115: 21(2)]이 있으나, 누적효과 일괄조정기준(당기일괄처리법)은 광의의 소급법에 포함할 수 있다. 소급법을 적용하는 상황과 전진법을 적용하는 상황을 <그림 22.1>에 요약한다.

그림 22.1 **소급법 또는 전진법을 적용하는 상황**

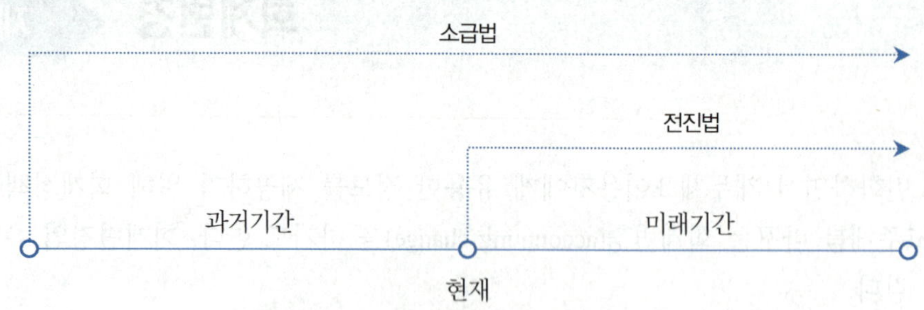

소급법을 적용하는 경우
- ➡ 대부분의 회계정책 변경(소급적용법)
- ➡ 보고실체 변경(소급적용법)
- ➡ 오류수정(소급재작성법)

전진법을 적용하는 경우
- ➡ 회계정책 변경 중 일부
  - ▸ 회계정책 변경의 누적효과를 실무적으로 결정할 수 없는 경우
  - ▸ 회계정책의 소급적용이 실무적으로 불가능한 경우
  - ▸ 전진법의 적용이 강요되는 회계정책 변경
    (예 제9장 금융자산(채무상품) 분류범주의 변경으로 인한 측정방법의 변경)
- ➡ 회계추정 변경
  - ▸ 감가상각방법의 변경 등

<그림 22.1>에서 소급법을 소급적용법과 소급재작성법으로 세분했는데, 오류가 발생하지 않은 상황에서 소급법을 적용하는 것을 소급적용법이라 하고, 오류가 발생해서 오류를 수정하고 재무제표를 재작성하기 위해서 소급법을 적용하는 것을 소급재작성법이라 한다. 그러나 소급적용법과 소급재작성법은 명칭만 다를 뿐 회계처리 내용은 동일하다.

1. 회계정책의 변경

(1) 회계정책의 의미

회계정책(accounting policy)은 기업이 재무제표를 작성하고 보고하기 위해 적용하는 회계원칙, 회계기준, 관습과 관행을 말한다. 재무제표를 작성하고 보고한다는 것은 재무제표의 구성요소(예 자산, 부채, 자본, 수익, 비용)를 인식, 측정, 보고한다는 것을 의미한다. 특정 재무제표요소(자산, 부채, 자본, 수익, 비용)에 대한 회계정책은 다음 항목을 결정하는 것이다.

- ▸ 인식: 재무제표요소의 인식 여부와 인식시점을 결정한다.
- ▸ 측정: 재무제표요소를 장부에 인식하는 금액을 결정한다.
- ▸ 보고: 재무제표요소를 재무제표에 보고하는 방법을 결정한다.

(2) 회계정책의 변경

다음 중 하나 이상을 변경하면 회계정책의 변경(change in accounting policy)이라 한다.

▸ 인식기준
▸ 측정기준
▸ 보고(표시)방법

회계정책의 변경은 특정 「K-IFRS」 회계처리기준에서 다른 「K-IFRS」 회계처리기준으로 변경하는 것이다. 즉, 회계정책을 변경하기 전과 변경 후의 인식기준, 측정기준, 보고방법 모두가 「K-IFRS」를 준수해야 한다. 회계정책을 변경하기 전의 인식기준, 측정기준, 보고방법이 「K-IFRS」를 준수하지 않고 변경한 후의 인식기준, 측정기준, 보고방법이 「K-IFRS」를 준수하는 것이면 이는 잘못된 것을 바로잡는 것이므로 회계정책의 변경이 아닌 '오류수정'에 해당한다. 오류수정은 제2절에서 설명한다. 위의 어느 항목에도 영향을 미치지 않는 변경은 회계정책의 변경이 아니고 회계추정의 변경일 수 있다. 회계정책의 변경이 아닌 예는 다음과 같다[1008: 16].

- 경제적 실질 면에서 과거에 발생한 것과 다른 거래, 회계사건 또는 상황에 대하여 과거에 적용하였던 회계정책과 다른 회계정책을 적용하는 경우
- 과거에 발생하지 않았거나 발생하였어도 중요하지 않았던 거래, 회계사건 또는 상황에 대해서 새로운 회계정책을 적용하는 경우

「K-IFRS」는 원칙중심의 회계기준이므로 같은 경제현상에 대해 대체적 회계정책을 인정하는 경우가 많다. 하나의 경제현상을 충실하게 표현하기 위한 회계정책은 여러 가지가 있을 수 있지만, 같은 경제현상에 대해 서로 다른(대체적) 회계정책을 사용하면 비교가능성을 떨어뜨리는 문제가 대두될 수 있다. 그러므로 기간별 비교가능성을 높이기 위해서는 회계정책을 일관되게 적용해야 한다. 유사한 거래 또는 회계사건에 대해서는 동일한 회계정책을 전 기간에 걸쳐 지속적으로 적용하여야 하지만, 다음 중 하나의 경우에 회계정책을 변경할 수 있다[1008: 14].

- 「K-IFRS」 기준서나 해석서에서 회계정책의 변경을 요구하는 경우
- 회계정책을 변경하면 거래, 회계사건 또는 상황이 재무상태, 재무성과 또는 현금흐름에 미치는 영향에 대하여 신뢰성 있고 더 목적적합한 정보를 제공하는 경우

회계정책을 변경함에도 불구하고 재무제표가 비교가능성을 갖게 하기 위해서는, 재무제표를 작성할 때 적용된 회계정책, 회계정책이 변경된 사실, 그리고 회계정책의 변경이 재무제표에 미치는 영향을 충분하게 공시해서 회계정책의 차이가 드러나도록 해야 한다. 이를 통해 재무제표이용자가 특정 거래나 회계사건에 대해 동일 기업 내 기간별 비교 및 동일 보고기간의 기업 간 비교를 할 수 있다.

Miniature 예제 1 회계정책의 변경

상황

· 유형자산의 측정방법을 원가법에서 재평가법으로 변경하고 재평가증가액 또는 재평가감소액을 기타포괄손익 또는 손상차손(환입)으로 인식한다.

물음 유형자산의 측정방법을 원가법에서 재평가법으로 변경하는 것이 회계정책의 변경인지를 결정하라.

정답 및 해설

· 유형자산을 재평가하면 다음과 같이 측정기준과 인식기준 및 표시방법을 변경한다.

· 측정기준과 인식기준: 재평가증가액(재평가감소액)을 측정해서 장부금액을 수정한다.
· 표시방법: 재평가증가액(재평가감소액)을 재무상태표에 표시한다.
· 그러므로 유형자산을 재평가하는 것은 회계정책의 변경이다.

(3) 회계정책의 변경에 대한 회계처리

원칙: 소급적용법

회계정책을 자발적으로 변경하거나, 경과규정이 없는 「K-IFRS」를 최초로 채택함에 따라 회계정책을 변경하는 경우에는 원칙적으로 소급적용한다[1008: 19]. 소급적용법(retrospective application approach)은 새로 채택된 회계정책이 처음부터 적용되었던 것처럼 재무제표에 보고하기 위해 변경된 회계정책을 과거기간에 소급하여 적용하고 비교재무제표를 소급하여 재작성한다. 소급적용법을 적용하면 '회계정책을 변경하기 전의 장부금액'을 '새로 채택된 회계정책을 과거기간에 사용하였더라면 장부에 기록되어 있을 장부금액'으로 수정한다. 이를 위해 다음 절차를 수행한다.

㉠ 새로 채택된 회계정책을 적용하여 비교재무제표에 표시되는 기간 중 가장 빠른 기간의 자산, 부채, 자본의 기초장부금액을 수정한다.

㉡ 회계정책의 변경으로 인한 누적효과를 비교재무제표에 표시되는 기간 중 가장 빠른 기간의 기초이익잉여금에 반영한다. 회계정책변경의 누적효과(cumulative effect)는 회계정책을 변경한 후의 손익과 회계정책을 변경하기 전의 손익의 차이를 말한다.

회계정책 변경 후 손익	×××
회계정책 변경 전 손익	(×××)
회계정책변경의 누적효과	×××

㉢ 비교재무제표에 표시되는 각 기간의 재무제표를 새로운 회계정책에 맞게 수정한다.

예제 1 재고자산 측정방법을 선입선출법에서 평균법으로 변경

중요도: ★★★
난이도: ◆◆

상황

· 1차연도와 2차연도에 재무보고와 세무목적을 위해 재고자산 측정방법으로 선입선출법(FIFO)을 사용하였으나, 3차연도 1. 1.에 재고자산 측정방법을 선입선출법에서 평균법으로 변경하였다.
· 1차연도 1. 1.의 이익잉여금 잔액: ₩0
· 법인세는 무시하고, 매출원가가 유일한 비용이라고 가정한다.
· 1차연도 ~ 3차연도의 수익과 매출원가는 다음과 같다.

	1차연도	2차연도	3차연도
수 익	₩45,000	₩53,000	₩63,000
매출원가(FIFO)	(25,000)	(30,000)	(38,000)
매출원가(평균법)	(37,000)	(44,000)	(50,000)

물음

1. 회계정책의 변경으로 인한 누적효과를 계산하고 회계정책의 변경을 기록하기 위해 3차연도 1. 1.에 필요한 분개를 하라.
2. 이익잉여금의 3차연도 기말잔액을 계산하라.

정답 및 해설

1. 회계정책의 변경으로 인한 누적효과: ₩26,000
2. 이익잉여금의 3차연도 기말잔액: ₩30,000

1.
선입선출법 하의 포괄손익계산서:

	1차연도	2차연도	3차연도
수 익	₩45,000	₩53,000	₩63,000
매출원가(FIFO)	(25,000)	(30,000)	(38,000)
당기순이익	₩20,000	₩23,000	₩25,000

평균법 하의 포괄손익계산서:

	1차연도	2차연도	3차연도
수 익	₩45,000	₩53,000	₩63,000
매출원가(평균법)	(37,000)	(44,000)	(50,000)
당기순이익	₩8,000	₩9,000	₩13,000

당기순이익의 차이:

	1차연도	2차연도	합계
당기순이익(FIFO)	₩20,000	₩23,000	₩43,000
당기순이익(평균법)	(8,000)	(9,000)	(17,000)
차 이(누적효과)	₩12,000	₩14,000	₩26,000

3차연도 1. 1. 회계정책 변경시점:

변경 전 회계정책(선입선출법)에 따른 당기순이익: ₩20,000 + ₩23,000 = ₩43,000
변경 후 회계정책(평균법)에 따른 당기순이익: ₩8,000 + ₩9,000 = ₩17,000
회계정책 변경으로 인한 누적효과: ₩43,000 − ₩17,000 = ₩26,000

(차) 이익잉여금(누적효과)	26,000	(대) 재 고 자 산	26,000

2.

이익잉여금(3차연도 1. 1.)	₩43,000*
회계정책변경의 누적효과	(26,000)
수정된 이익잉여금(3차연도 1. 1.)	₩17,000
3차연도 당기순이익	13,000

이익잉여금(3차연도 12. 31.)	₩30,000

* 선입선출법 하에서 1차연도와 2차연도의 당기순이익: ₩20,000 + ₩23,000 = ₩43,000

예외: 수정된 소급법(누적효과 일괄조정기준 또는 당기일괄처리법)

회계원칙을 변경하면 원칙적으로 소급법을 적용해서 회계처리한다. 그러나 국제회계기준위원회는 때때로 수정된 소급법의 적용을 허용한다. 수정된 소급법(modified retrospective approach)에서는 새로운 회계원칙을 채택기간(즉, 현재기간)부터 적용하고, 과거기간에 보고된 회계수치를 수정하지 않지만 과거기간의 누적효과를 포착하기 위해서 회계변경 연도의 포괄손익계산서에 누적효과를 보고한다. 예를 들어, 유형자산 또는 무형자산을 재평가하는 회계정책을 최초로 적용하는 경우에 회계정책의 변경에 대해서 소급법을 적용하지 아니하고 「K-IFRS 제1016호」(유형자산 기준서) 또는 「K-IFRS 제1038호」(무형자산 기준서)에 따라 회계처리하도록 해서[1008: 17] 소급법의 적용을 면제한다. 또한 「K-IFRS 제1115호」(수익 기준서)는 구별되지 않는 재화에 대해서 계약변경을 하면 계약을 변경한 회계연도에 누적효과를 한꺼번에 추가로 인식하고(제15장 Miniature 예제 24 또는 예제 31 참조), 이를 누적효과 일괄조정(cumulative catch-up adjustment)이라 부른다[1115: 21(2)]. 누적효과 일괄조정기준 또는 당기일괄처리법(current approach)은 수정된 소급법으로 회계변경의 영향에 대하여 과거기간의 재무제표를 수정하지 않고 회계변경의 누적효과를 회계변경 연도의 포괄손익계산서에 보고하는 방법이다. 회계변경 중 다음과 같은 항목에 대해서는 누적효과 일괄조정기준(당기일괄처리법)을 적용하여 회계변경으로 인한 누적효과를 변경연도의 포괄손익계산서에 보고한다.

- 장기계약에 대한 불확실성이 해소됨에 따라 계약결과를 신뢰성 있게 추정할 수 있게 되어 원가회수법에서 진행기준으로 변경한 경우(제16장 연습문제 15 참조)
- 주식기준보상거래에서 주식선택권에 대한 상실률 추정의 변경(제17장 예제 6 참조)

예외: 전진법

전진법(prospective approach)은 회계변경이 일어난 회계기간부터 새로운 회계정책을 적용하는 방법이다. 「K-IFRS」 기준서 또는 해석서에서 특정 회계정책의 변경에 대하여 전진법의 적용을 요구하는 경우가 있다. 예를 들어, 금융자산(채무상품)의 분류범주를 변경하면 측정방법을 재분류일부터 전진적으로 적용한다[1109: 5.6.1]. 또한 기업이 정부보조금을 받고 정부보조금에 부과된 조건을 충족한다고 판단해서 유형자산 취득원가에서 정부보조금을 차감하고 감가상각비를 인식해 왔는데 정부보조금에 부과된 조건을 충족하지 못해서 자산관련보조금을 정부에 상환하면 정부보조금의 상환을 회계추정의 변경으로 분류해서 전진법으로 회계처리하도록 규정한다[1020: 32]. 자산관련보조금을 상환하는 경우는 상환금액만큼 자산의 장부금액을 증가시키거나 이연수익에서 차감하여 기록하고, 보조금이 없었더라면 현재까지 당기비용으로 인식했어야 하는 추가 감가상각비 전액을 즉시 당기손익으로 인식한다.

Miniature 예제 2 취득원가차감법과 정부보조금의 상환(2016년, 회계사)

상황

· 2차연도 1. 1.에 ㈜한국이 ₩500,000의 정부보조금을 수취하여 영업용으로 차량운반구를 ₩1,000,000에 취득하였다. 차량운반구의 내용연수는 5년, 잔존가치는 없으며 정액법으로 감가상각한다. 정부보조금은 차량운반구의 원가에서 차감하는 형식으로 표시하며, 정액법으로 내용연수에 걸쳐 상각한다. ㈜한국은 3차연도 1. 1.에 정부가 요구한 기준을 충족할 수 없어 수취한 정부보조금 ₩500,000을 모두 상환하였다.

물음 3차연도 1. 1.에 ㈜한국이 정부보조금을 모두 상환했을 때 차량운반구의 장부금액이 얼마인가?

정답 및 해설

· 정부보조금을 지급받은 2차연도 1. 1.에 차량운반구의 취득원가는 ₩500,000(₩1,000,000 − ₩500,000)이며 매년 감가상가비가 ₩100,000이므로 2차연도 12. 31.에 차량운반구의 장부금액이 ₩400,000이다. 그러나 3차연도 1. 1.에 정부보조금 ₩500,000을 모두 상환하였으므로 보조금 지급대상이었던 차량운반구의 장부금액을 증가시키고, 애초부터 정부보조금이 없었다고 가정하여 취득시점(2차연도 1. 1.)부터 감가상각비를 다시 계산해서 장부금액을 다음과 같이 결정한다.

차량운반구의 "새로운" 취득원가	₩1,000,000
감가상각누계액(₩1,000,000 ÷ 5년)	(200,000)
3차연도 1. 1.의 장부금액	₩800,000

새로운 회계정책을 소급적용하여 재무제표를 재작성하기 위해서는 과거 자료가 필요하다. 그러나 실무적으로 과거 자료를 수집할 수 없거나, 과거 자료가 있다 하더라도 해당 자료의 신뢰성을 객관적으로 검증할 수 없으면, 회계정책의 변경이 과거기간에 미친 영향을 결정할 수 없으므로 소급적용법을 적용하는 것이 불가능하다. 예를 들어, 과거 기록에서 필요한 자료를 궁극적으로 재구성할 수는 있으나 이러한 작업의 비용에 비해 효익이 작을 수 있다. 회계정책 변경에 대해서 소급적용법의 적용이 불가능한 경우는 다음과 같다.

- 회계정책의 변경으로 인한 누적효과를 알 수 없는 경우
- 과거기간에 경영진이 사용했던 가정을 알아야 소급적용할 수 있는 경우

회계정책 변경에 대해 소급적용법을 적용할 수 없는 상황에서는 새로운 회계정책을 실무적으로 적용할 수 있는 가장 이른 날부터 전진법을 적용해서 회계처리한다. 실무적으로 적용할 수 있는 가장 이른 회계기간은 당기일 수도 있다[1008: 24]. 실무적으로 적용할 수 있는 가장 이른 날이 회계정책을 변경한 시점인 경우에는, 새로운 회계정책으로 변경한 회계연도부터 적용하고, 회계정책의 변경으로 인해 영향을 받는 계정의 기존 장부금액을 수정하지 않는다. 비교표시되는 하나 이상의 과거기간의 비교정보에 대해 특정기간에 미치는 회계정책 변경의 영향을 실무적으로 결정할 수 없는 경우, 실무적으로 소급적용할 수 있는 가장 이른 회계기간의 자산 및 부채의 기초장부금액에 새로운 회계정책을 적용하고, 그에 따라 변동하는 자본 구성요소의 기초금액을 조정한다.

회계정책의 변경으로 인한 누적효과를 알 수 없는 경우를 다음 두 가지로 구분한다.

① 회계정책 변경시점에 누적효과를 알 수 없는 경우

회계정책 변경시점에 새로운 회계정책의 적용으로 인한 과거기간 전체의 누적효과를 실무적으로 결정할 수 없으면 소급적용법을 적용할 수 없다. 변경된 회계정책을 과거 회계기간부터 실무적으로 적용할 수 없는 경우에도 회계정책 변경시점에 새로운 회계정책의 적용으로 인한 누적효과를 결정할 수 없다. 이 경우에는 새로운 회계정책을 실무적으로 적용할 수 있는 가장 빠른 회계기간의 기초부터 새로운 회계정책을 전진적으로 적용하여 비교재무제표를 작성한다. 즉, 새로운 회계정책을 적용하기 이전 회계기간의 자산, 부채 및 자본에 미치는 누적효과를 무시하고 실무적으로 적용 가능한 시점부터 새로운 회계정책을 적용한다.

② 비교재무제표에 표시되는 특정 기간의 누적효과를 알 수 없는 경우

회계정책의 변경이 특정 회계기간에 미치는 영향을 실무적으로 결정할 수 없는 경우, 즉 비교표시되는 둘 이상의 과거 회계기간 중 특정 회계기간에 대해 회계정책의 변경으로 인한 누적효과를 실무적으로 결정할 수 없으면 누적효과를 알 수 없는 회계기간에는 소급적용법을 적용할 수 없다. 이 경우에는 실무적으로 소급적용할 수 있는 가장 이른 회계기간부터 새로운 회계정책을 적용하여 자산, 부채, 자본의 기초장부금액을 수정한다. 이때 '새로운 회계정책을 실무적으로 적용할 수 있는 가장 이른 회계기간'은 회계정책을 변경하는 회계연도일 수 있다.

새로운 회계정책을 소급적용하여 재무제표를 수정할 때에는 일반적인 정보와 다음 정보를 구별할 필요가 있다.

- ㉠ 거래, 회계사건 또는 상황이 발생하였던 시점의 상황에 대하여 증거를 제공하는 정보
- ㉡ 과거기간의 재무제표발행 승인시점에 이용할 수 있었던 정보

때에 따라서는 실무적으로 위와 같은 정보를 일반적인 정보와 구별할 수 없는 경우가 있다. 예를 들면, 과거기간에 관측 가능한 가격이나 입력자료에 기초하여 공정가치를 산정하지 않고 주관적으로 판단한 자료를 사용하여 산출한 현재가치를 공정가치로 사용했던 경우에 해당 주관적 자료를 사후에 수집하는 것이 어려울 수 있다. 따라서 회계정책을 소급적용하기 위해 추정이 필요하지만, 실무적으로 위와 같은 속성을 지닌 정보를 그 밖의 정보와 구별할 수 없는 경우에는 새로운 회계정책을 소급하여 적용할 수 없으므로 전진법을 적용해서 회계처리한다.

2. 회계추정의 변경

(1) 회계추정의 의미

회계추정(accounting estimate)은 재무제표요소의 측정에 영향을 미치는 추정이다. 재무제표의 일부 구성요소는 본질적으로 불확실하므로 정확하게 측정할 수 없고 추정할 수밖에 없다. 합리적인 추정치의 사용이 재무제표 작성의 필수적인 부분이므로, 추정 자체가 재무제표의 신뢰성을 떨어뜨리지는 않는다. 불확실성이 내포된 추정치를 새로운 자료나 경험을 이용하여 수정하는 것은 과거 회계기간과

관련성이 없고 오류를 수정하는 것도 아니다. 회계추정치의 예는 다음과 같다.

- 건설계약의 누적 계약진행률
- 재고자산의 진부화 정도
- 감가상각자산의 내용연수 또는 감가상각자산에 내재된 미래경제적효익의 소비형태
- 판매된 제품에 대한 제품품질보증의무에 대한 측정액

(2) 회계추정의 변경에 대한 회계처리

불확실한 미래에 대한 회계추정치를 변경할 때 소급적용법을 적용하면 과거기간의 재무제표를 끊임없이 재작성해야 하는 문제가 발생한다. 이러한 문제점을 해결하기 위해 회계추정의 변경에 대해서는 전진법을 적용한다. 즉, 전기의 재무제표를 수정하지 않고 회계추정을 변경한 기간부터 관련 자산, 부채 또는 자본 구성요소에 대한 회계추정의 변경효과를 인식한다[1008: 37]. 구체적으로, 회계추정의 변경효과는 다음 회계기간의 당기손익에 포함하여 전진적으로 인식한다[1008: 36].

- 변경이 발생한 기간에만 영향을 미치는 경우에는 변경이 발생한 기간
- 변경이 발생한 기간과 미래기간에 모두 영향을 미치는 경우에는 변경이 발생한 기간과 미래 기간

예를 들면, 대손에 대한 회계추정의 변경은 당기손익에만 영향을 미치므로 변경의 효과가 당기에 인식된다. 그러나 감가상각자산의 추정내용연수의 변경 또는 감가상각자산에 내재된 미래경제적효익의 기대소비 형태의 변경은 당기의 감가상각비뿐만 아니라 잔존 내용연수 동안 미래기간의 감가상각비에도 영향을 미친다. 위의 두 경우 모두 당기에 미치는 변경의 효과는 당기손익으로 인식하며, 미래기간에 영향을 미치는 변경의 효과는 해당 미래기간의 손익으로 인식한다[1008: 38].

(3) 회계정책의 변경과 회계추정의 변경을 구분하는 것이 어려운 경우

측정기준의 변경은 회계추정의 변경이 아니라 회계정책의 변경에 해당한다. 그러나 회계정책의 변경과 회계추정의 변경을 구분하는 것이 어려운 경우에는 이를 회계추정의 변경으로 본다[1008: 35]. 예를 들어, 감가상각자산의 미래경제적효익의 소비 형태에 대한 추정의 변경과 감가상각방법의 변경을 구분하는 것이 실무적으로 불가능하다. 따라서 감가상각방법의 변경은 회계정책의 변경이 아니라 회계추정의 변경으로 보아 누적효과를 무시하고 전진법으로 회계처리한다. 감가상각자산의 내용연수의 변경 또는 감가상각자산에 내재된 미래경제적효익의 기대소비형태의 변경은 당기의 감가상각비뿐만 아니라 자산의 잔존 내용연수 동안 미래기간의 감가상각비에 영향을 미친다. 이 경우 감가상각방법의 변경으로 인한 영향이 변경연도에 미치면 변경의 영향을 당기손익으로 인식하며, 변경으로 인한 영향이 미래 회계기간에 미치면 변경의 영향을 미래기간에 손익으로 인식한다.

예제 2 회계추정의 변경(2017년, 회계사 수정)

중요도: ★★★
난이도: ◆

상황

㈜한국은 1차연도 1. 1.에 영업용 건물(취득원가 ₩100,000, 잔존가치 ₩0, 내용연수 10년, 정액법 감가상각)을 취득하여 원가모형을 적용하고 있다. 3차연도 1. 1.에 ₩30,000의 수선비가 지출되었고, 이로 인하여 내용연수가 2년 연장될 것으로 추정하였다. 수선비는 자산화하기로 하였으며, ㈜한국은 감가상각방법을 3차연도 초부터 연수합계법으로 변경하였다.

물음 영업용 건물의 회계처리가 ㈜한국의 3차연도 당기순이익에 미치는 영향은?

정답 ₩20,000 감소(감가상각비)

해설

감가상각방법의 변경이 회계추정의 변경이므로 전진법으로 회계처리한다.

> **참고** 연수합계법으로 감가상각하면 자본적 지출 또는 손상차손을 인식한 이후에 감가상각비율이 달라지는 점에 주의해야 한다. 예를 들어, 내용연수가 4년인 유형자산을 1차연도 1. 1.에 취득한 경우 연수합계법에서 감가상각비율은 4/10 → 3/10 → 2/10 → 1/10으로 매년 감소한다. 그러나 2차연도 12. 31.에 손상차손을 인식하면, 손상차손을 인식한 이후에 잔존내용연수가 2년이므로 3차연도와 4차연도의 감가상각비율이 각각 2/3와 1/3로 변한다. 이 예제에서 수선비(자본적 지출)를 지출한 후에 내용연수가 2년 연장되었으므로 3차연도의 감가상각비율이 10/55이다.

3차연도 감가상각비(연수합계법)

3차연도 초 장부금액(감가상각누계액 ₩20,000)	₩80,000
3차연도 자본적 지출	30,000
3차연도 감가상각 전 장부금액	₩110,000
3차연도 감가상각비율(연수합계법)	× 10/55
3차연도 감가상각비(연수합계법)	₩20,000

예제 3 법인세율의 변경

중요도: ★★
난이도: ◆

상황

- 가산할 일시적차이(미래과세대상액) ₩200,000에 대해서 3차연도 12. 31.에 이연법인세부채 ₩80,000을 기록하였다. 가산할 일시적차이는 5차연도부터 소멸하기 시작해서 이연법인세부채가 미지급법인세로 될 것으로 예상한다.
- 4차연도에는 일시적차이가 발생하지 않았다.
- 3차연도와 4차연도의 법인세율: 40%
- 4차연도에 「세법」이 개정되어 5차연도부터 법인세율이 40%에서 30%로 변경되었다.
- 4차연도의 과세소득: ₩700,000

상황 법인세율변경의 영향을 설명하고 4차연도 법인세비용을 기록하기 위한 분개를 하라.

정답 및 해설 이연법인세부채의 감소액: ₩20,000

· 4차연도의 「세법」 개정에 따른 법인세율 변경은 회계추정의 변경이다. 법인세율에 대한 회계추정치가 변경되어도 과거연도의 재무제표를 수정하지 않는다. 새로운 법인세율(30%)을 반영하기 위하여 「세법」이 개정된 4차연도에 이연법인세부채계정의 잔액을 수정한다. 가산할 일시적차이(미래과세대상액)가 소멸할 것으로 예상되는 회계기간의 법인세율을 이용하여 이연법인세부채 금액을 다시 계산한다.

이연법인세부채의 감소액: ₩200,000 × (40% − 30%) = ₩20,000
미지급법인세: ₩700,000 × 40% = ₩280,000

(차) 법 인 세 비 용	260,000*	(대) 미 지 급 법 인 세	280,000
이연법인세부채	20,000		

* 차변합계와 대변합계를 일치시키는 금액

3. 보고실체의 변경

재무보고실체는 단일회사가 될 수 있고 여러 회사들의 집단이 될 수도 있다. 단일 회사가 개별재무제표로 보고하다가 회계기간 중 다른 회사의 지분을 취득하여 연결재무제표를 작성해야 하는 의무가 생기는 경우에는 보고실체가 회사의 집단(연결실체)이 된다. 또한, 이미 회사의 집단(연결실체)으로 보고하는 상황에서 집단을 구성하는 개별회사가 변경되는 경우에도 보고실체가 변경될 수 있다. 보고실체의 변경의 유형은 다음과 같다.

- 개별재무제표로 보고하다가 연결재무제표를 작성하여 보고하는 의무가 생김
- 연결재무제표에 포함되는 회사가 변경됨

보고실체가 변경되면, 새로운 보고실체가 과거부터 있었던 것처럼 가정하고 소급적용법을 사용하여 비교재무제표를 소급하여 수정한다. 보고실체 변경이 비교재무제표상 모든 기간의 계속영업이익, 당기순이익, 주당이익에 미친 결과를 나타내고, 변경된 회계연도의 재무제표에 변경내용과 변경이유를 주석으로 공시한다.

표 22.2 회계변경의 유형과 회계처리방법

회계변경의 유형	회계처리방법
회계정책의 변경	소급적용법(예외적인 상황에서는 당기일괄처리법 또는 전진법)
회계추정의 변경	전진법
보고실체의 변경	소급적용법

Chapter 22 제2절

오류수정

1. 오류의 개념

회계상 오류(errors)는 계산의 실수, 회계정책의 잘못된 적용, 사실판단의 잘못, 부정, 과실 또는 사실의 누락 등을 의미한다. 오류는 재무제표요소의 인식, 측정, 표시 또는 공시와 관련하여 발생할 수 있다. 오류가 포함된 재무제표는 「K-IFRS」에 따라 작성되었다고 할 수 없다. 회계상 오류의 예는 다음과 같다.

- 계산 실수
- 기말재고자산 수량의 과대 또는 과소계상
- 회계정책 적용의 실수
- 필요한 수정분개의 누락
- 자산을 비용으로 기록 또는 비용을 자산으로 기록

2. 오류수정

(1) 오류수정의 개념

오류수정(error correction)은 당기 또는 그 이전의 재무제표에 포함된 회계처리오류를 발견해서 수정하는 것이고, 회계추정의 변경은 과거에는 이용할 수 없었던 새로운 정보를 얻음으로써 원래의 추정치 대신 새로운 추정치를 사용하는 것이다. 즉, 처음에 이용가능한 자료를 신중하게 사용하여 도출하였던 추정치가 그 후 새로운 정보를 획득함에 따라 부정확한 것으로 밝혀지는 경우에 새로운 추정치를 사용하는 것은 회계추정의 변경이다. 예를 들어, 충당부채로 인식했던 금액을 새로운 정보에 따라 보다 합리적으로 추정한 금액으로 수정하는 것은 오류수정이 아니라 회계추정의 변경이다. 이에 반해, 오류는 추정(측정)할 당시에 이용할 수 있었던 정보를 잘못 사용하거나 경험부족 및 부주의 등으로 인하여 추정치를 잘못 계산한 경우이며, 이를 수정하는 것이 오류수정이다. 예를 들어, ₩60,000에 기계를 취득한 후, 기계의 내용연수는 4년, 잔존가치는 ₩10,000이라 추정하고 정액법으로 감가상각하면 매년 감가상각비가 ₩12,500이다. 그러나 잔존가치를 무시하고 매년 감가상각비를 ₩15,000으로 인식하거나 또는 계산을 잘못하여 매년 감가상각비를 ₩13,500으로 인식하면 이것은 오류에 해당한다. 이 기계를 3년간 사용한 후 검사한 결과, 기계를 앞으로 5년간 더 사용할 수 있다고 판단해서 내용연수를 변경하면 회계추정의 변경에 해당한다.

표 22.3 회계추정오류와 회계처리오류의 예

수정이 필요하지 않은 추정오류	수정이 필요한 회계처리오류
· 장기계약에서 총 원가예상액을 ₩100,000으로 추정했으나 궁극적으로 원가 ₩120,000이 발생했다. · 재고자산을 순실현가능가치로 측정했으나 장부금액 미만으로 판매했다. · 건물의 내용연수를 10년으로 추정했으나 실제 내용연수가 7년으로 판명되었다. · 특허권의 내용연수를 10년으로 추정했으나 기술적 진보로 인해 4년 후에 특허권이 진부화됐다. · 희석주당이익을 계산할 때에 희석성으로 판명된 잠재적보통주가 만기일까지 보통주로 전환되지 않았다.	· 재화판매와 미래 3년에 걸쳐 제공하는 용역의 대가를 당기수익으로 인식했다. · 재고자산의 회수가능액이 장부금액 미만임에도 불구하고 회계기간 말에 재고자산을 순실현가능가치로 측정하지 않았다. · 광고비를 건물 건설원가에 포함했다. · 연구개발비를 무형자산으로 인식하는 기준[1038: 57]이 충족되지 않았음에도 불구하고 연구개발비를 무형자산으로 인식했다. · 기본주당이익을 계산하면서 자기주식을 반영하지 않아서 가중평균유통주식수를 잘못 계산했다. · 일시적차이를 영구적차이로 분류해서 이연법인세를 계산했다.

(2) 오류수정의 회계처리

원칙: 소급재작성법

전기오류는 특정기간에 미치는 오류의 영향이나 오류의 누적효과를 실무적으로 결정할 수 없는 경우를 제외하고는 소급재작성법을 적용해서 수정한다[1008: 43]. 소급재작성법(retrospective restatement approach)은 애초부터 오류가 없었던 것처럼 재무제표요소의 인식, 측정, 표시를 소급하여 수정하고 부정확하였던 과거기간의 재무제표를 올바르게 재작성하는 것이다. 소급재작성법은 회계정책의 변경에 적용하는 소급적용법과 회계처리가 기본적으로 같지만, 오류를 수정하고 재무제표를 다시 작성한다는 것을 강조하기 위하여 소급재작성법이라 부른다.

중요한 전기오류가 발견된 이후 최초로 발행을 승인하는 재무제표에 다음과 같이 전기오류를 소급하여 수정한다[1008: 42].

- 오류가 발생한 과거기간의 재무제표가 비교표시되는 경우에는 그 재무정보를 재작성한다.
- 비교표시되는 가장 이른 과거기간 이전에 오류가 발생한 경우에는 비교표시되는 가장 이른 과거기간의 자산, 부채 및 자본의 기초금액을 재작성한다.

소급재작성법을 적용해서 과거기간의 오류를 수정하는 방법은 다음과 같다.

㉠ 장부에 잘못 기록된 분개를 파악한다.
㉡ 오류가 발생하지 않았더라면 기록되었을 올바른 분개를 결정한다.
㉢ 위의 두 분개를 비교하여 오류를 수정하는 수정분개를 작성한다.

전기오류수정의 결과는 오류를 발견한 기간의 당기손익으로 보고하지 않는다. 오류로 인해 부정확한 계정의 장부금액을 수정하고 오류의 누적효과를 비교재무제표상에 보고되는 가장 빠른 회계연도의 기초이익잉여금에 대한 수정액으로 보고한다. 오류로 인한 누적효과를 기초이익잉여금에 가산(또는 차감)하는 것을 전기오류수정(prior period adjustment)이라 부른다.

분개 **오류에 대한 회계처리: 전기오류수정**

(차) 자 산	×××	(대) 이 익 잉 여 금	×××
또는			
(차) 이 익 잉 여 금	×××	(대) 부 채	×××

참고 위의 오류수정분개에서 이익잉여금계정을 사용하는 이유는 pp. 1184 ~ 1185에서 살펴본다.

오류수정 개념은 간단해 보이지만 소급재작성법을 적용하여 오류를 수정하는 과정이 의외로 복잡할 수 있으므로 다양한 문제를 풀어보기를 권한다.

예외: 전진법

과거자료를 수집할 수 없거나 자료의 신뢰성을 객관적으로 검증할 수 없어 소급재작성법을 적용해서 오류를 수정할 수 없는 경우에는, 과거기간 전체에 대한 오류의 누적효과를 실무적으로 결정할 수 있는 가장 이른 날부터 전진법을 적용해서 오류를 수정하고 재무제표를 재작성한다. 극단적인 경우 실무적으로 적용할 수 있는 가장 이른 날이 오류를 발견한 시점일 수도 있다.

3. 오류의 유형

회계상 오류는 당기손익에 영향을 미치는지 여부, 오류의 영향이 시간이 지남에 따라 자동으로 사라지는지 여부에 따라 다음과 같이 분류한다.

손익에 영향을 미치지 않는 오류: 계정분류오류 { 재무상태표 오류 / 포괄손익계산서 오류 }

손익에 영향을 미치는 오류 { 자동조정오류(상계적 오류) / 비자동조정오류(비상계적 오류) }

(1) 손익에 영향을 미치지 않는 오류: 계정분류오류

계정분류오류는 계정을 잘못 분류하여 재무상태표 또는 포괄손익계산서의 계정과목(자산, 부채, 자본, 수익, 비용)만 잘못되었을 뿐 손익에는 전혀 영향을 미치지 않는 오류이다. 계정분류오류는 재무상태표 내에서 계정과목을 잘못 분류한 '재무상태표 오류'와 포괄손익계산서 내에서 계정과목을 잘못 분류한 '포괄손익계산서 오류'로 나뉜다.

재무상태표 오류는 미지급급여를 매입채무로 잘못 기록하는 등 재무상태표 계정과목을 잘못 분류하여 자산, 부채, 자본계정에만 영향을 미치고 손익에는 영향을 미치지 않는 오류이다. 재무상태표 오류는 해당 오류가 발생한 회계연도에 발견되면 계정과목을 재분류하는 분개를 해서 수정한다. 재무상태표 오류가 전기에 발생했고, 공시되는 비교재무제표가 오류가 발생한 회계기간을 포함하면 오류를 수정하고 비교재무상태표를 재작성한다.

포괄손익계산서 오류는 수익 또는 비용의 분류를 잘못하여 포괄손익계산서상의 계정과목에만 영향을 미치고 손익에는 영향을 미치지 않는 오류이다. 예를 들면, ㉠ 제품판매수익을 금융자산처분이익으로 잘못 분류한 오류, ㉡ 유형자산처분손실을 매출원가로 기록한 오류 등이다. 포괄손익계산서 오류는 해당 오류가 발생한 회계연도에 발견되면 계정과목을 재분류하는 분개를 한다. 포괄손익계산서 오류가 전기에 발생했고, 공시되는 비교재무제표가 오류가 발생한 회계기간을 포함하면 오류를 수정하고 비교포괄손익계산서를 재작성한다.

Miniature 예제 3 손익에 영향을 미치지 않는 오류

1차연도에 벽계수회사가 받을어음 ₩100,000을 다음과 같이 매출채권으로 기록했다.

(차) 매 출 채 권	100,000	(대) 현 금	100,000

2차연도에 벽계수회사가 오류를 발견해서 다음과 같이 오류수정분개를 했다.

(차) 받 을 어 음	100,000	(대) 매 출 채 권	100,000

2차연도에 벽계수회사가 비교재무제표를 작성하면 받을어음을 보고하기 위해서 1차연도 재무상태표를 재작성한다. 그러나 위의 오류가 손익에 영향을 미치지 않으므로 2차연도 기초이익잉여금잔액은 수정할 필요가 없다.

(2) 손익에 영향을 미치는 오류

손익에 영향을 미치는 오류는 Miniature 예제 4와 같이 재무상태표와 포괄손익계산서 모두에 연관된 오류이다.

Miniature 예제 4 손익에 영향을 미치는 오류

1차연도 말에 청산리회사가 제품 ₩5,000(원가 ₩0)을 외상판매하고 장부에는 판매수익 ₩5,000을 2차연도 초에 기록했다. 예제를 단순화하기 위해 세금효과는 무시한다.

	장부에 잘못 기록한 분개	올바른 분개		
1차연도				
	분개 없음	(차) 매 출 채 권	5,000	
		(대) 매 출 수 익		5,000

2차연도

(차) 매 출 채 권 5,000 분개 없음

(대) 매 출 수 익 5,000

1차연도 매출수익이 2차연도 매출수익으로 잘못 기록되었으므로 1차연도 당기순이익이 ₩5,000만큼 과소계상되고 2차연도 기초이익잉여금도 ₩5,000만큼 과소계상되었다. 그리고 2차연도 매출수익이 ₩5,000만큼 과대계상되었으므로 2차연도에 오류를 발견하면 다음과 같이 분개해서 오류를 수정한다.

오류수정분개:

(차) 매 출 수 익 5,000 (대) 이 익 잉 여 금 5,000

오류의 결과로 이익잉여금이 잘못 측정되었으므로 2차연도 기초이익잉여금에 ₩5,000을 가산한다. 이와 같이 오류의 영향을 기초이익잉여금에 가산(또는 차감)하는 것을 전기오류수정(prior period adjustment)이라 한다.

위 Miniature 예제 4의 오류수정분개의 대변(또는 차변)에 이익잉여금계정을 사용하는 이유를 아래에서 설명한다. 손익에 영향을 미치는 오류를 수정하는 분개를 이해하기 위해서 영구계정과 임시계정의 개념을 이해하는 것이 중요하다.

① 영구계정과 임시계정의 개념

독자가 1차연도 1. 1.에 구매한 스마트폰이나 노트북은 1년 이상 사용할 수 있으므로 독자의 머리에 장기자산으로 입력되는 재무상태표 항목이다. 즉, 독자가 스마트폰이나 노트북을 1차연도 12. 31.까지 사용하고 버리는 것이 아니라 2차연도 1. 1. 아침부터도 계속 사용할 것이다. 이와 같이 재무상태표계정은 회계기간 말의 잔액이 다음 회계기간으로 옮겨지고 매 회계기간 말에 계정을 마감하지 않으므로 영구계정(permanent accounts)이라고 한다. 여기서 마감(closing)한다는 것은 회계연도 말에 특정계정의 잔액을 ₩0으로 만들고 다음 회계연도 초에 잔액 ₩0에서 새롭게 출발한다는 것이다.

포괄손익계산서는 단일 회계기간 동안의 영업·경영활동의 결과를 포괄손익으로 요약한다. 1차연도 말까지 ₩1,000,000의 포괄이익을 달성했다 하더라도 ₩1,000,000이 2차연도로 이전되는 것이 아니라 2차연도 1. 1.부터는 ₩0에서 새로 출발하여 경영성과를 측정한다. 이처럼 포괄손익계산서계정은 한 회계기간만 존재한다는 의미에서 임시계정(temporary accounts) 또는 명목계정(nominal accounts)이라 한다. 그리고 회계기간 말에 수익계정의 잔액 또는 비용계정의 잔액을 ₩0으로 만드는 회계처리를 마감분개(closing entry)라 한다.

② 영구계정과 임시계정에 동시에 영향을 미치는 오류: 소급수정

회계기간 말에 당기순이익과 관련된 임시계정을 이익잉여금으로 마감하고, 기타포괄손익과 관련된 임시계정을 기타포괄손익누계액(자본)으로 마감한다. 만일 영구계정과 임시계정에 동시에 영향을 미치는 오류가 발생하면, 영구계정은 장부가 마감되지 않으므로 소급수정을 반영하는 오류수정분개를 할 수 있지만, 임시계정은 이미 마감되었으므로 소급수정을 반영하는 오류수정분개를 할 수 없다. 따

라서 과거연도의 오류가 임시계정에 미친 영향은 임시계정 자체를 수정하는 것이 아니라 이익잉여금계정의 잔액을 수정하거나 기타포괄손익누계액계정의 잔액을 수정한다.

(3) 자동조정오류(상계적 오류)

손익에 영향을 미치는 오류는 다음 회계기간 말까지 오류의 영향이 자동으로 사라지는 자동조정오류와 세 회계기간 이상이 걸려 오류의 영향이 사라지거나 오류의 영향이 영원히 사라지지 않는 비자동조정오류로 나뉜다.

자동조정오류(self-correcting errors) 또는 상계적 오류(counterbalancing errors)는 오류가 재무상태표와 포괄손익계산서에 영향을 미치지만 특정 연도의 오류 발생이 다음 연도에 소멸되어 오류의 영향이 2개 회계기간에 걸쳐 자동적으로 상쇄되어 소멸하는 오류이다. 자동조정오류의 예는 다음과 같다.

- 재고자산과 관련된 오류
- 미수수익, 미지급비용, 이연비용, 이연수익 등을 기록하지 않은 오류

① 자동조정오류에 대한 소급수정

재고자산의 구매와 판매처럼 일반적 영업활동과 관련된 오류가 발생한 다음 회계연도에 소멸하는 경우가 있다. 발생과 소멸이 연속적인 두 회계기간에 일어나면 첫 번째 회계연도(오류가 발생한 회계연도)와 두 번째 회계연도(오류가 소멸하는 회계연도)에 오류를 어떻게 수정하느냐가 문제이다. 오류를 수정하기 위해서는 오류가 발견된 시점을 알아야 한다. 자동조정오류(상계적 오류)가 발견되면 다음과 같이 수정한다.

- ▸ 오류가 발생한 회계연도 후 첫 번째 회계연도에 오류가 발견되고 장부가 아직 마감되지 않은 경우 ⇒ 오류의 영향이 이미 상계되었다 하더라도 장부가 마감되지 않았으므로 오류를 수정하는 수정분개를 하고 기초이익잉여금을 수정한다.
- ▸ 오류가 발생한 회계연도 후 첫 번째 회계연도에 오류가 발견되고 장부가 이미 마감된 경우 ⇒ 오류가 이미 상계되었으면 장부가 이미 마감되었으므로 오류수정분개를 하지 않는다. 만일 오류가 아직 상계되지 않았으면 오류가 발생하지 않았던 것처럼 계정의 장부금액을 수정하는 수정분개를 하고 기초이익잉여금을 수정한다. 비교재무제표를 공시하는 경우에는 오류수정분개가 필요 없다고 하더라도 장부금액을 수정하여 비교재무제표를 소급하여 재작성한다.

만일 자동조정오류가 발생하고 2년을 초과하는 기간이 지난 후에 오류가 발견되면 이미 오류의 영향이 상쇄되었으므로 오류를 수정할 필요가 없다.

② 자동조정오류와 오류수정의 예

건강부회회사가 3차연도의 외상매출 ₩100,000을 2차연도에 기록해서 수익을 조기에 인식하는 오류를 범했다고 가정하자. 법인세율은 40%로 매년 일정하다. 매출채권은 4차연도에 현금으로 회수되었다. 예제를 단순화하기 위해서 매출원가를 ₩0으로 가정한다. 매출채권계정의 잔액이 3차연도 말에는 ₩100,000으로 기록되기 때문에 3차연도 말의 매출채권계정의 잔액은 정확하다.

3차연도 중에 오류를 발견하면 오류가 2차연도 재무제표계정에 미친 영향과 3차연도에 필요한 오

류수정은 다음과 같다.

오류가 2차연도 재무제표계정에 미친 영향: 매출수익이 3차연도가 아니라 2차연도에 조기에 인식됐으므로 2차연도 매출수익과 매출채권이 ₩100,000만큼 과대계상되고 2차연도 법인세비용이 ₩40,000(₩100,000 × 40%)만큼 과대계상되었다. 그러므로 2차연도 당기순이익과 2차연도 기말이익잉여금이 ₩60,000(₩100,000 − ₩40,000)만큼 과대계상되었다.

3차연도 중의 오류수정: 매출을 조기에 인식했던 오류를 3차연도 중에 발견하면 매출수익 ₩100,000과 법인세비용을 2차연도에서 3차연도로 이전(shift)해서 2차연도 오류를 수정하고 매출수익 ₩100,000과 법인세비용 ₩40,000을 3차연도에 기록한다. 그러나 2차연도 말에 임시계정인 매출수익계정과 법인세비용계정이 이미 마감되었으므로 2차연도에 기록한 매출수익계정과 법인세비용계정의 잔액을 직접 되돌려서 수정할 수 없다. 그러므로 오류의 순영향 ₩60,000(₩100,000 − ₩40,000)을 이익잉여금계정의 3차연도 기초잔액을 수정해서 오류를 기록한다. 3차연도 중에 오류를 발견하면, 오류의 영향과 오류수정분개는 다음과 같다.

	오류수정 전 거래의 영향		오류수정 후 거래의 영향	
	3차연도	2차연도	3차연도	2차연도
기말매출채권	₩100,000	₩100,000	₩100,000	—
이연법인세	40,000	40,000	40,000	—
이익잉여금	60,000	60,000	60,000	—
수익	—	₩100,000	₩100,000	—
법인세비용	—	(40,000)	(40,000)	—
당기순이익		₩60,000	₩60,000	

3차연도의 오류수정분개

(차) 이 익 잉 여 금	60,000*	(대) 수 익	100,000**
법 인 세 비 용	40,000**		

* 2차연도 매출 ₩100,000 − 2차연도 법인세비용 ₩40,000 = ₩60,000

** 3차연도 매출과 법인세비용

따라서 재무제표이용자가 2차연도 말에 보고된 이익잉여금 수치와 3차연도 재무제표에 보고된 수치의 차이를 이해할 수 있도록 기업은 이익잉여금처분계산서에 다음 세 금액을 구체적으로 공시하고 3차연도에 이익잉여금처분계산서를 아래와 같이 다시 작성한다.

- 원래 보고했던 이익잉여금 기초잔액
- 전기오류 소급수정액(prior period adjustment)
- 수정된 이익잉여금 기초잔액

이익잉여금처분계산서(3차연도)	
3차연도 기초잔액(원래 보고한 금액)	₩60,000
전기오류수정(소급수정액)	(60,000)
3차연도 기초잔액(수정한 금액)	₩0
당기순이익	60,000
배당금	(0)
3차연도 기말잔액	₩60,000

3차연도 말에 장부가 마감된 후에 오류를 발견하면, 수익과 법인세비용이 3차연도에 기록되었어야 하므로 3차연도 수익이 ₩100,000만큼 과소계상되고 법인세비용은 ₩40,000만큼 과소계상되어 당기순이익이 ₩60,000만큼 과소계상되었다. 3차연도 말에 장부가 이미 마감된 후에 오류가 발견되면 임시계정의 잔액을 수정할 수 없으므로 오류수정분개를 해서 3차연도 기초이익잉여금을 수정하고 비교재무제표를 다시 작성한다.

4차연도에 오류를 발견하면, 오류가 2차연도에 발생했고 3차연도(후속 연도)에 소멸되어 오류의 영향이 이미 상쇄됐기 때문에 수정이 필요하지 않다.

③ 자동조정오류: 재고자산 오류와 급여비용 오류

포괄손익계산서 비용 항목 중 매출원가의 규모가 가장 크고, 재고자산의 입·출고가 매우 빈번하므로 재고자산은 오류가 발생하는 대표적 분야 중 하나이다. 실지재고조사법(periodic inventory system)으로 재고자산을 기록하면 회계기간 말에 매출원가를 다음과 같이 계산하므로 재고자산 측정액이 계산식에 두 번(기초재고자산 측정액과 기말재고자산 측정액) 등장한다.

매출원가 = 기초재고자산 + 당기매입액 − 기말재고자산

만일 기말재고자산 측정액에 오류가 발생하면 그 오류가 두 회계기간의 매출원가와 당기순이익에 영향을 미친다. 기말재고로 계산식에 한번 포함되고, 다음 회계기간의 기초재고로 또 한 번 포함되기 때문이다. 예를 들어, 1차연도 기말재고자산이 과소계상되면 1차연도 매출원가가 과대계상되어 1차연도 당기순이익이 과소계상된다. 또한 1차연도 기말재고자산이 2차연도 기초재고자산이므로 2차연도 기초재고자산이 과소계상되면 2차연도 매출원가도 과소계상되어 당기순이익이 과대계상된다. 선입선출법(FIFO)을 사용하는 경우에는, 이러한 재고자산 오류의 영향이 두 회계기간에 걸쳐 상계되어 자동조정되므로 2차연도 기말이익잉여금은 올바르게 계상된다. 그러나 평균법을 사용하는 경우에는 2차연도 말까지도 오류의 영향이 제거되지 않을 수 있다.

예제 4 **기말재고자산의 과소계상 오류: 자동조정오류**

중요도: ★★★
난이도: ◆◆

상황

· 1차연도의 기말재고자산에 ₩20,000이 제외된 것을 발견하였다.
· 2차연도 1. 1.의 이익잉여금: ₩80,000

· 선입선출법과 실지재고조사법을 가정하고, 오류가 법인세에 미치는 영향은 무시한다.

물음

1. 기말재고자산이 과소계상된 영향을 분석하라.
2. 다음을 가정하여 기말재고자산의 과소계상을 수정하기 위한 분개를 하라.
   ① 2차연도에 장부가 마감되기 전에 오류가 발견되었다.
   ② 3차연도에 오류가 발견되었다.

정답 및 해설

1. 기말재고자산의 과소계상이 매출원가에 미치는 영향:

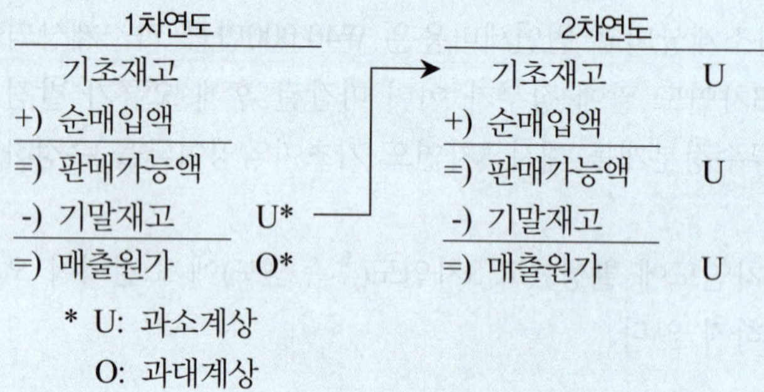

1차연도		2차연도	
기초재고		기초재고	U
+) 순매입액		+) 순매입액	
=) 판매가능액		=) 판매가능액	U
-) 기말재고	U*	-) 기말재고	
=) 매출원가	O*	=) 매출원가	U

* U: 과소계상
O: 과대계상

기말재고자산의 과소계상이 당기순이익에 미치는 영향:

1차연도		2차연도	
수 익		수 익	
-) 매출원가	O	-) 매출원가	U
-) 기타 비용		-) 기타 비용	
=) 당기순이익	U	=) 당기순이익	O

기말재고자산의 과소계상이 이익잉여금 기말잔액에 미치는 영향:

1차연도		2차연도	
이익잉여금	U	이익잉여금	올바름

2.

① 2차연도에 발견된 경우(장부마감 전):

(차) 재 고 자 산	20,000	(대) 이 익 잉 여 금	20,000

기초이익잉여금(2차연도)	₩80,000
전기오류수정	20,000
수정된 기초이익잉여금	₩100,000

· 2차연도에 비교목적으로 1차연도의 재무제표가 공시되면 오류로 인하여 잘못된 1차연도의 재무제표를 소급하여 재작성한다. 비교재무제표의 1차연도의 매출원가, 법인세비용, 당기순이익, 기말재고자산, 이익잉여금을 수정하고 수정된 금액을 1차연도의 재무제표에 나타낸다. 1차연도의 당기순이익이 과소계상되

었으므로 2차연도의 기초이익잉여금이 과소계상되었다. 그러므로 비교재무상태표에 ₩20,000을 2차연도의 기초이익잉여금에 대한 전기수정항목으로 보고한다.

② 3차연도나 이후에 발견된 경우:
수정분개가 필요하지 않다.

· 3차연도 또는 그 이후에 오류가 발견되면 전기오류수정이 필요하지 않다.

예제 5 급여비용의 누락: 자동조정오류

중요도: ★★★
난이도: ◆◆

상황

· 매년 급여비용: ₩10,000
· 1차연도의 급여비용 미지급분 ₩10,000이 누락되고 2차연도에 급여비용 ₩20,000이 발생한 것으로 잘못 기록하였다.
· 1차연도와 2차연도의 매출수익은 각각 ₩50,000이었고 법인세율은 30%이다.
· 2차연도의 기초이익잉여금: ₩35,000
· 비교 목적으로 3개연도의 재무제표를 공시한다.

물음 급여비용의 누락에 대한 영향을 분석하고, 오류가 2차연도 중에 발견된 경우와 3차연도에 발견된 경우로 구분하여 누락을 수정하기 위한 분개를 하라.

정답 및 해설

	1차연도		2차연도	
	잘못됨	올바름	잘못됨	올바름
매출	₩50,000	₩50,000	₩50,000	₩50,000
급여비용	(0)	(10,000)	(20,000)	(10,000)
세전 이익	₩50,000	₩40,000	₩30,000	₩40,000
법인세비용(30%)	(15,000)	(12,000)	(9,000)	(12,000)
당기순이익	₩35,000	₩28,000	₩21,000	₩28,000

누락의 영향:

	1차연도	2차연도	3차연도
급여비용	U	O	올바름
당기순이익	O	U	올바름
기말 미지급급여	U	올바름	올바름
기말 이익잉여금	O	올바름	올바름

* U(understated): 과소계상
O(overstated): 과대계상

2차연도 이익잉여금처분계산서의 재작성	
기초 이익잉여금	₩35,000
전기오류수정	(7,000)

수정된 기초 이익잉여금	₩28,000
수정된 순이익(2차연도)	28,000
기말 이익잉여금	₩56,000

잘못된 분개				올바른 분개		
1차연도						
분개 없음				(차) 급 여 비 용	10,000	
				(대) 미 지 급 급 여		10,000
2차연도						
(차) 급 여 비 용	20,000			(차) 급 여 비 용	10,000	
(대) 미 지 급 급 여		20,000		(대) 미 지 급 급 여		10,000

오류수정분개

2차연도에 발견된 경우(장부마감 전):

(차) 이 익 잉 여 금	7,000	(대) 급 여 비 용	10,000
이연법인세자산	3,000		

3차연도에 발견된 경우:
오류수정분개가 필요하지 않다.

(4) 비자동조정오류(비상계적 오류)

비자동조정오류(noncounterbalancing errors)는 오류의 영향이 상쇄되는 데에 세 기간 이상이 걸리거나 오류의 영향이 영원히 없어지지 않는 오류를 말하며 비상계적 오류라고도 부른다. 예를 들어, 특정 연도에 유형자산을 취득하고 해당 유형자산을 5년간 사용하다가 처분하면 취득원가의 발생이 5년간의 감가상각비와 처분손익으로 소멸한다. 그러므로 유형자산의 취득원가를 취득시점에 비용으로 인식하면 오류의 영향이 5개 회계기간에 미친다. 만일 토지의 취득원가를 자산이 아닌 비용으로 인식하면 토지는 감가상각 되지 않기 때문에 토지를 처분하지 않는 한 오류의 영향이 소멸하지 않는다.

영업활동은 일반적으로 원가의 발생과 소멸 사이의 현금 순환주기가 짧은 특성이 있으나 투자활동과 자금조달활동은 통상적으로 더 긴 현금 순환과정을 거친다. 예를 들어, 유형자산 취득원가의 발생을 기록한 후에 사용기간 동안 감가상각비를 인식하고 처분시점에 유형자산을 장부에서 제거하면 취득원가의 발생이 소멸하므로 오류의 영향이 취득시점부터 처분시점까지 나타날 수 있다. 따라서 비유동자산(또는 비유동부채)에 영향을 미치는 오류나 회계정책의 변경은 여러 회계기간에 걸쳐 수정한다. 그러나 오류의 영향이 미치는 회계기간이 길다 하더라도 오류수정방법은 발생과 소멸이 두 회계기간에 일어나는 회계처리와 동일하다. 비자동조정오류에 대해서는 장부가 마감되었다 하더라도 오류를 수정하는 분개를 한다.

비상계적오류에 대한 소급수정의 예

1차연도 1. 1.에 언중유골회사가 기계(내용연수: 5년, 잔존가치: ₩0, 감가상각방법: 정액법)를 ₩20,000에 취득했다. 법인세율은 매년 40%이다. 1차연도 12. 31.에 언중유골회사가 감가상각비 ₩4,000을 인식한 후에 기계에 대한 손상차손 ₩6,000을 인식해서 기계의 장부금액이 ₩10,000이 되었다. 그 결과 2차연도부터 연간 감가상각비가 ₩4,000에서 ₩2,500으로 감소했다. 4차연도 1. 15.에 언중유골회사는 기계가 실제로 손상되지 않았음을 발견하고, 1차연도 12. 31.에 손상차손 ₩6,000을 인식하지 않았어야 한 것을 알게 됐다. 이 경우 오류의 영향이 여러 회계기간에 걸쳐 나타나므로 오류와 관련된 금액을 다음과 같은 표로 작성하는 것이 유용하다.

	장부에 기록한 금액			올바른 금액	
	감가상각비	손상차손	감가상각누계액과 손상차손누계액	감가상각비	감가상각누계액
1차연도 12. 31.	₩4,000	₩6,000	₩10,000	₩4,000	₩4,000
2차연도 12. 31.	2,500		12,500	4,000	8,000
3차연도 12. 31.	2,500		15,000	4,000	12,000

1차연도부터 3차연도까지 장부에 기록한 분개와 올바른 분개를 대비하면 다음과 같다.

장부에 기록한 분개			올바른 분개		
1차연도 12. 31. 결산시점:					
(차) 감 가 상 각 비	4,000		(차) 감 가 상 각 비	4,000	
(대) 감가상각누계액		4,000	(대) 감가상각누계액		4,000
(차) 손 상 차 손	6,000		분개 없음		
(대) 손상차손누계액		6,000			
※ 기계의 장부금액: ₩10,000			※ 기계의 장부금액: ₩16,000		
2차연도 12. 31. 결산시점:					
(차) 감 가 상 각 비	2,500*		(차) 감 가 상 각 비	4,000	
(대) 감가상각누계액		2,500	(대) 감가상각누계액		4,000
* ₩10,000 ÷ 4년 = ₩2,500					
3차연도 12. 31. 결산시점:					
(차) 감 가 상 각 비	2,500		(차) 감 가 상 각 비	4,000	
(대) 감가상각누계액		2,500	(대) 감가상각누계액		4,000

위와 같이 장부에 실제 기록한 금액과 올바른 금액을 비교하면 다음과 같은 두 가지 수정이 필요하다.

㉠ 손상차손누계액계정의 잔액을 ₩6,000에서 ₩0으로 수정하고 손상차손 ₩6,000을 ₩0으로 수정해야 한다. 그러나 1차연도 12. 31.에 임시계정인 손상차손계정이 마감되었으므로 이익잉여금계정의 잔액을 수정해서 오류수정을 기록한다.

㉡ 4차연도 1. 15.에 오류를 발견했으므로 손상차손 오류로 인해서 잘못 기록한 1차연도 손상차손과 법인세비용을 수정하고 2차연도와 3차연도에 장부에 기록했던 감가상각비와 감가상각누계액을 수정한다. 그러나 임시계정인 손상차손계정과 감가상각비계정이 마감되었으므로 이익잉여금계정의 기초잔액을 수정하는 오류수정분개를 한다.

4차연도 1. 15. 1차연도의 손상차손과 법인세비용의 오류를 수정하는 분개:

(차) 손상차손누계액	6,000	(대) 이 익 잉 여 금	6,000
(차) 이 익 잉 여 금	2,400*	(대) 이연법인세부채	2,400

* 손상차손 ₩6,000 × 40% = ₩2,400

4차연도 1. 15. 2차연도의 감가상각비와 법인세비용의 오류를 수정하는 분개:

(차) 이 익 잉 여 금	1,500	(대) 감가상각누계액	1,500
(차) 이연법인세부채	600*	(대) 이 익 잉 여 금	600

* 감가상각비 ₩1,500 × 40% = ₩900

4차연도 1. 15. 3차연도의 감가상각비와 법인세비용의 오류를 수정하는 분개:

(차) 이 익 잉 여 금	1,500	(대) 감가상각누계액	1,500
(차) 이연법인세부채	600	(대) 이 익 잉 여 금	600

예제 6 자산을 비용으로 기록한 오류와 법인세

중요도: ★★★
난이도: ◆◆

상황

· 깜빡회사가 1차연도 1. 1.에 구입한 기계(내용연수: 5년, 잔존가치: ₩0)의 취득원가 ₩80,000을 기타 비용으로 기록한 것을 3차연도에 장부를 마감하기 전에 발견하였다.
· 정액법을 사용하여 감가상각한다.
· 오류에 대한 법인세는 무시한다.
· 세무보고목적과 재무보고목적으로 정액법을 사용하며, 세무신고서에도 감가상각비가 누락되었다.

물음 3차연도에 오류를 수정하는 분개를 하라.

정답 및 해설

잘못된 분개			올바른 분개		
1차연도					
(차) 비 용	80,000		(차) 기 계	80,000	
(대) 현 금		80,000	(대) 현 금		80,000

감가상각비를 인식하는 분개를 누락 (차) 감 가 상 각 비 16,000
(대) 감가상각누계액 16,000

2차연도

감가상각비를 인식하는 분개를 누락 (차) 감 가 상 각 비 16,000
(대) 감가상각누계액 16,000

· 1차연도에 기타 비용이 ₩80,000만큼 과대계상되었다. 그리고 1차연도와 2차연도에 감가상각비가 ₩32,000만큼 과소계상되고 감가상각누계액이 ₩32,000만큼 과소계상되었다. 오류의 결과로 3차연도 기초이익잉여금이 ₩48,000만큼 과소계상되었다.

오류를 수정하기 위한 분개:

(차) 기 계	80,000	(대) 감가상각누계액	32,000
		이 익 잉 여 금	48,000

· 오류수정을 이익잉여금의 전기수정으로 보고한다. 3차연도에 비교목적으로 1차연도와 2차연도의 재무제표를 공시하면 취득한 기계를 소급하여 보고하고, 수정된 감가상각비와 감가상각누계액을 반영하여 재무제표를 소급하여 재작성한다.

예제 7 오류수정(2014년, 회계사 수정)

중요도: ★★★
난이도: ◆◆◆

상황

1. 토지의 취득원가와 건물의 철거

· ㈜대한은 11차연도 초에 건물이 있는 토지를 ₩10,000에 구입하였다. 구입계약서에는 토지의 가격이 ₩9,000이고 건물의 가격은 ₩1,000이다. 이 토지를 취득한 것은 인근 기존 사옥부지와 합하여 사옥을 신축하기 위해서이다. 토지에 있던 건물을 구입 즉시 철거하였는데, 철거비용 ₩500이 발생하였고 철거 시에 수거한 폐자재를 ₩30에 매각하였다. 또한, 11차연도 2월 중에 사옥을 신축하기 위해 기존에 사옥으로 사용하던 건물(취득가액: ₩40,000, 감가상각누계액: ₩38,000)도 철거하였는데, 철거비용 ₩200이 발생하였고 철거 시에 수거한 폐자재를 ₩10에 매각하였다. 11차연도 3월에 ㈜민국과 신사옥 건설계약을 체결하고 11차연도 말까지 공사대금으로 ₩20,000을 지급하였다. ㈜대한은 이와 관련하여 다음과 같이 회계처리하였다.

분개 1:

(차) 토 지	9,000	(대) 현 금	10,470
건 물	1,470		
(차) 건 설 중 인 자 산	1,470	(대) 건 물	1,470

분개 2:

(차) 건 설 중 인 자 산	22,190	(대) 현 금	20,190
감가상각누계액	38,000	건 물	40,000

2. 구축물과 복구충당부채

· 사용이 종료되면 설치지역을 원상복구 해야 하는 구축물을 11차연도 1. 1.에 ₩5,000을 지출하여 설치하

였다. 설치지역을 복구하는 시점인 10년 후에 ₩5,706의 지출이 예상되며, 적절한 할인율 연 10%를 적용하였을 경우의 현재가치는 ₩2,200이다. 이 구축물의 내용연수는 10년이고, 정액법으로 감가상각하며, 잔존가치는 없다. ㈜대한은 이와 관련하여 다음과 같이 회계처리하였다.

(차) 구 축 물	5,000	(대) 현 금	5,000
감 가 상 각 비	500	(대) 감가상각누계액	500

3. 확정급여제도

· 10차연도 말 현재 확정급여채무의 현재가치와 사외적립자산의 공정가치는 각각 ₩25,000과 ₩22,800이며, 확정급여채무를 할인하기 위해 사용한 할인율은 연 10%이다. 11차연도 12. 31. 확정급여제도와 관련하여 기여금 ₩800을 출연하고 퇴직급여 ₩1,000을 지급하였다. 11차연도 당기근무원가는 ₩3,100이다. 11차연도 말 현재 확정급여채무의 현재가치와 사외적립자산의 공정가치는 각각 ₩28,500과 ₩24,600이다. ㈜대한은 이와 관련하여 다음과 같이 회계처리하였다.

(차) 판매비와관리비	3,100	(대) 현 금	800
		사 외 적 립 자 산	200
		확 정 급 여 채 무	2,100

4. 이중체감잔액법

· 10차연도 1. 1.에 내용연수가 10년, 잔존가치가 ₩800으로 추정되는 기계장치를 ₩10,000에 구입하였다. 이 기계를 1년간 사용한 후 보다 유용한 정보제공을 위해 11차연도 초에 감가상각방법을 이중체감잔액법에서 정액법으로 변경하기로 결정하였다. ㈜대한은 이러한 감가상각방법의 변경을 반영하지 않고 10차연도와 같이 이중체감잔액법으로 감가상각하여 11차연도 재무제표를 작성하였다. 내용연수 10년의 이중체감잔액법에 의한 상각률은 20%로 가정한다.

참고 원래의 문제에는 감가상각방법이 정률법이나, 계산의 편의를 위해 이중체감잔액법으로 바꾸었다.

물음 위의 각 상황에 대해 오류를 수정하는 분개를 하라.

정답 및 해설

1.

참고 건물을 짓기 위해서 취득한 토지에 기존건물이 있는 경우 기존건물의 가치와 철거비용을 토지의 취득원가에 가산한다.

분개 1에 대한 올바른 분개

(차) 토 지	9,470*	(대) 현 금	10,470
건 물	1,000		

* ₩9,000 + ₩500 − ₩30 = ₩9,470

(차) 토 지	1,000	(대) 건 물	1,000

오류수정분개 ①

(차) 토 지	1,470	(대) 건 설 중 인 자 산	1,470

분개 2에 대한 올바른 분개

(차)	건설중인자산	20,000	(대) 현 금	20,190*
	감가상각누계액	38,000	건 물	40,000
	건물철거손실	2,190		

* ₩20,000 + ₩200 − ₩10 = ₩20,190

오류수정분개 ②

(차) 건물철거손실	2,190	(대) 건설중인자산	2,190

2. 올바른 분개

(차) 구 축 물	5,000	(대) 현 금	5,000
(차) 구 축 물	2,200	(대) 복구충당부채	2,200
(차) 감 가 상 각 비	720	(대) 감가상각누계액	720
(차) 이 자 비 용	220	(대) 복구충당부채	220

오류수정분개:

(차) 구 축 물	2,200	(대) 복구충당부채	2,200
(차) 감 가 상 각 비	220	(대) 감가상각누계액	220
(차) 이 자 비 용	220	(대) 복구충당부채	220

3. 올바른 분개

(차) 사외적립자산	800	(대) 현 금	800
(차) 확정급여채무	1,000	(대) 사외적립자산	1,000
(차) 이 자 비 용	2,500	(대) 확정급여채무	2,500
(차) 사외적립자산	2,280	(대) 이 자 수 익	2,280
(차) 당기근무원가	3,100	(대) 확정급여채무	3,100

기초 사외적립자산	₩22,800	기초 확정급여채무	₩25,000
기여금	800	이자비용	2,500
퇴직급여 지급	(1,000)	퇴직급여 지급	(1,000)
이자수익	2,280	당기근무원가	3,100
자산손실(재측정요소)	(280)*	보험수리적이익	(1,100)*
기말 사외적립자산	₩24,600	기말 확정급여채무	₩28,500

* 기말 잔액이 도출되도록 끼워 맞추는 금액

당기근무원가	₩3,100
이자비용	2,500
내재이자수익	(2,280)
퇴직급여비용	₩3,320

(차) 기타포괄손익	280	(대) 사외적립자산	280
(차) 확정급여채무	1,100	(대) 기타포괄손익	1,100

오류수정분개

(차) 사외적립자산	2,000	(대) 확정급여채무	1,400
퇴직급여비용	3,320	기타포괄손익	820
		판매비와관리비	3,100

4. 이중체감잔액법:

감가상각비율 $= \frac{1}{\text{내용연수}} \times 2$

10차연도 감가상각비: ₩10,000 × 20% = ₩2,000

10차연도 12. 31.의 장부금액: ₩8,000

11연도의 감가상각비(이중체감잔액법): ₩8,000 × 20% = ₩1,600

11연도의 감가상각비(정액법): (₩10,000 − ₩2,000 − ₩800) ÷ 9년 = ₩800

오류수정분개

(차) 감가상각누계액	800	(대) 감가상각비	800

관련예제와 함께 풀어보세요

유제 1	회계추정의 변경과 오류수정(2018년, 회계사)	관련예제 5, 6

상황

· ㈜대한은 1차연도 초에 영업을 개시하였으며, 다음은 ㈜대한의 회계담당자가 3차연도 장부를 마감하기 전에 발견한 중요 사항들을 정리한 것이다. ㈜대한의 회계변경은 타당한 것으로 간주하고, 회계정책의 적용효과가 중요하며, 오류가 발견된 경우 중요한 오류로 간주한다. 다음 각 사항은 독립적이다.

1. ㈜대한은 동종업계의 대손경험만을 고려하여 연도별 신용매출액의 2%를 대손상각비로 인식하고 다음과 같이 회계처리하였다. 단, 과거 3년간 ㈜대한이 대손 확정한 금액과 환입한 금액은 없다.

1차연도 말:

(차) 대 손 상 각 비 40,000 (대) 대 손 충 당 금 40,000

2차연도 말:

(차) 대 손 상 각 비 50,000 (대) 대 손 충 당 금 50,000

3차연도 말:

(차) 대 손 상 각 비 60,000 (대) 대 손 충 당 금 60,000

과거 3년간 ㈜대한의 신용매출액과 매 연도 말 추정한 기대신용손실금액은 다음과 같다.

구분	1차연도	2차연도	3차연도
신용매출액	₩2,000,000	₩2,500,000	₩3,000,000
추정기대신용손실금액	35,000	27,000	28,000

2. ㈜대한은 1차연도 7. 1.에 차입한 장기차입금의 3년간 이자 ₩36,000(1차연도 7. 1. ~ 4차연도 6. 30.)을 동일자에 현금으로 선지급하고 전액 비용으로 처리하였다. 단, 현재가치 계산은 고려하지 않는다.

3. ㈜대한은 2차연도 초에 무형자산을 ₩500,000에 취득하였다. 취득시점에 해당 무형자산이 순현금유입을 창출할 것으로 기대되는 기간을 합리적으로 결정할 수 없어서 내용연수가 비한정(indefinite)이라고 판단하고 무형자산을 상각하지 않았다. 3차연도 말에 해당 무형자산의 내용연수가 비한정이라는 평가가 계속하여 정당화되는지를 검토한 결과, 사건과 상황이 그러한 평가를 정당화하지 않는다고 판단하여 비한정 내용연수를 유한한 내용연수 4년(정액법 상각, 추정잔존가치: ₩0)으로 변경하고 다음과 같이 소급하여 회계처리하였다.

3차연도 말:

(차) 이 익 잉 여 금 100,000 (대) 무 형 자 산 200,000
무형자산상각비 100,000

4. ㈜대한은 3차연도 초에 특허권을 ₩1,000,000에 취득하였으며 동 특허권의 법적 권리기간은 20년이나 순현금유입이 가능한 기간은 10년이 될 것으로 예상한다. ㈜대한은 취득가액의 60%인 ₩600,000으로 5년 후에 특허권을 구매하려는 제3자와 약정하였으며 5년 후에 특허권을 매각할 의도를 가지고 있다. 동

금액에 대한 매각예정시점으로부터의 현재가치는 ₩550,000이다. ㈜대한은 이와 관련하여 다음과 같이 정액법을 적용하여 회계처리하였다.

3차연도 초:

(차) 무 형 자 산	1,000,000	(대) 현 금	1,000,000

3차연도 말:

(차) 무형자산상각비	100,000	(대) 무 형 자 산	100,000

물음

1. 상기 거래들에 대한 회계처리를 올바르게 수정하였을 때 ㈜대한의 3차연도 전기이월이익잉여금 및 당기순이익에 미치는 영향을 계산하시오. 단, 감소하는 경우에는 (−)를 숫자 앞에 표시하시오.

	3차연도	
항목	전기이월 이익잉여금	당기순이익
1. 대손상각	①	②
2. 이자 지급	③	④
3. 무형자산	⑤	⑥
4. 특허권 거래		⑦

2. 「K-IFRS」하에서 유형자산과 무형자산의 감가상각방법 변경을 회계정책의 변경이 아닌 회계추정의 변경으로 회계처리하는 이유를 간략하게 설명하시오.

정답 ① ₩28,000 ② ₩32,000 ③ ₩18,000 ④ (-)₩12,000 ⑤ ₩100,000 ⑥ -₩25,000 ⑦ ₩20,000

해설

1.

대손상각

전기오류 수정분개:

(차) 대 손 충 당 금	28,000	(대) 이 익 잉 여 금	28,000* (해답 ①)

* (₩40,000 + ₩50,000) − (₩35,000 + ₩27,000) = ₩28,000

당기오류 수정분개:

(차) 대 손 충 당 금	32,000	(대) 대 손 상 각 비	32,000* (해답 ②)

* ₩60,000 − ₩28,000 = ₩32,000

이자비용

전기오류 수정분개:

(차) 선 급 이 자	18,000	(대) 이 익 잉 여 금	18,000* (해답 ③)

* ₩36,000 × 18개월/36개월 = ₩18,000

당기오류 수정분개:

(차) 이 자 비 용(해답 ④)	12,000	(대) 선 급 이 자	12,000*

* ₩36,000 × 12개월/36개월 = ₩12,000

무형자산

올바른 회계처리:

(차) 무형자산상각비	125,000	(대) 무 형 자 산	125,000*

* ₩500,000 ÷ 4년 = ₩125,000

당기오류 수정분개:

(차) 무형자산상각비(해답 ⑥)	25,000*	(대) 이 익 잉 여 금	100,000**(해답 ⑤)
무 형 자 산	75,000		

* 무형자산상각비 ₩125,000 − ₩100,000 = ₩25,000

** 전진법을 적용해서 회계추정의 변경을 회계처리하므로 소급적용한 금액을 취소한다.

특허권

올바른 회계처리:

(차) 특 허 권	1,000,000	(대) 현 금	1,000,000
(차) 특 허 권 상 각 비	80,000*	(대) 특 허 권	80,000

* 특허권상각비: (₩1,000,000 − ₩600,000 매도약정금액) ÷ 5년 = ₩80,000

당기오류 수정분개:

(차) 특 허 권	20,000	(대) 특 허 권 상 각 비	20,000* (해답 ⑦)

* 무형자산상각비: ₩100,000 − ₩80,000 = ₩20,000

2.

회계정책의 변경과 회계추정의 변경을 구분하는 것이 실무적으로 불가능할 때에는 회계추정의 변경으로 분류한다. 예를 들어, 감가상각대상자산의 미래경제적효익의 소비 형태에 대한 추정의 변경과 감가상각방법의 변경을 구분하는 것이 불가능하므로 감가상각방법의 변경은 회계추정의 변경으로 분류한다.

연습문제 22

P22-01 재고자산측정방법의 변경

- 3차연도 1. 1.에 SK는 재고자산측정방법을 평균법에서 선입선출법(FIFO)으로 변경하였다.
- 2차연도 12. 31.의 재고자산측정액은 다음과 같다.

평균법	₩270,000
FIFO	200,000

- 2차연도 말에 보고된 이익잉여금: ₩442,000
- 법인세율: 40%

물음 회계정책변경에 대한 영향을 분석하고 회계정책변경에 대한 회계처리를 하라.

P22-02 재고자산에 대한 회계정책변경(선입선출법 → 평균법)

(2014년, 회계사 1차)

㈜대경은 4차연도에 재고자산평가방법을 선입선출법에서 평균법으로 변경하였다. 그 결과 4차연도의 기초재고자산과 기말재고자산이 각각 ₩22,000과 ₩18,000만큼 감소하였다. 이러한 회계정책변경은 한국채택국제회계기준에 의할 때 인정된다. 만일 회계정책변경을 하지 않았다면 ㈜대경의 4차연도 당기순이익은 ₩160,000이고, 4차연도 12. 31. 현재 이익잉여금은 ₩540,000이 된다. 법인세효과는 고려하지 않는다.

물음 회계정책변경 후 ㈜대경의 4차연도 당기순이익과 4차연도 12. 31. 현재 이익잉여금을 계산하면 각각 얼마인가?

P22-03 대손추정률의 변경과 전진법

- 왕세자회사는 회수불능채권에 대하여 충당금설정법을 이용하여 왔으며, 이제까지는 기말매출채권잔액의 3%를 대손추정률로 사용하여 왔다.
- 2차연도에 왕세자회사는 대손추정률을 기말매출채권잔액의 2%로 수정하였다.
- 2차연도의 기말매출채권잔액은 ₩3,500,000이고, 2차연도 12. 31.에 2차연도의 대손상각비를 계상하기 이전의 대손충당금계정의 대변잔액은 ₩58,000이다.

물음 회계추정의 변경과 관련된 분개를 하라.

P22-04 내용연수 및 잔존가치의 변경과 전진법

- 사발면회사는 취득원가가 ₩75,000인 유형자산(잔존가치: ₩3,000, 내용연수: 6년)을 정액법으로 2년 동안 감가상각하였다.
- 3차연도 1. 1.에 이 자산의 내용연수를 6년이 아니라 5년으로 변경하고 잔존가치도 내용연수 말에 ₩0이 될 것으로 추정하였다.

물음 전진법을 사용하여 마지막 3년 동안의 각 연도에 인식될 감가상각비를 계산하고, 3차연도 말에 필요한 분개를 하라.

P22-05 선급거래와 관련된 오류

- 1차연도 1. 1.에 유비무환회사는 회사건물에 대하여 2년 만기의 보험계약을 체결하고 2년간 보험료 ₩2,000을 선급하였다. 그리고 선급보험료계정의 차변에 ₩2,000을 기록하였다.
- 1차연도 말에 유비무환회사는 이 중 1차연도에 해당되는 보험료 ₩1,000을 비용화했어야 함에도 불구하고, ₩2,000 전액을 2차연도에 보험료로 인식하였다.
- 이 오류는 2차연도 말에 발견되었다.

물음 1. 이 오류가 1차연도와 2차연도의 재무제표에 미치는 영향을 분석하라.
2. 2차연도의 장부가 마감된 후 오류가 발견되었다고 가정하고 수정분개를 하라.
3. 2차연도의 장부가 마감되기 전에 오류가 발견된 경우의 수정분개를 하라.
4. 2차연도의 재무제표만 공시된다고 가정할 때, 위의 오류를 처리하는 방법에 대해 서술하라.

P22-06 재고자산과 관련된 오류

- 확실해회사는 1차연도 말 재고실사 시 기말재고액을 ₩15,000 과대계상하였다.
- 이 오류는 2차연도에 발견되었다.
- 법인세 효과는 고려하지 않는다.

물음 1. 1차연도와 2차연도의 재무제표에 대해서 이 오류가 미치는 영향을 분석하라.
2. 2차연도의 장부가 마감된 후에 오류가 발견되었다고 가정하고 수정분개를 하라.
3. 2차연도의 장부가 마감되기 전에 오류가 발견되었다고 가정하고 수정분개를 하라.
4. 2차연도의 재무제표만 공시된다고 가정할 때, 이 오류를 회계처리하는 방법에 대해 서술하라.

P22-07 매입기록에 대한 오류

- 헷갈려회사의 재고자산에 대한 자료는 다음과 같다.

	1차연도	2차연도
기초 재고자산	₩0	₩60,000
재고자산 매입액	150,000	0
기말 재고자산	60,000	35,000

- 헷갈려회사는 1차연도 재고자산 매입액 ₩50,000을 2차연도 재고자산 매입액으로 기록하는 오류를 범하였다.

물음 1. 1차연도 기말재고 실사 시 ₩50,000은 기말재고에 포함되었으며 실지재고조사법을 적용한다. 2차연도 장부마감 전 오류수정분개를 하라.
2. ₩50,000이 1차연도 기말재고에 포함되지 않았고 계속기록법을 사용한다고 가정하고, 2차연도 장부마감 전 오류수정분개를 하라.

P22-08 미수수익과 관련된 오류

- 1차연도 말에 풍선회사는 장기매출채권에 대한 미수이자 ₩3,000을 기록하지 않고 현금이 회수된 2차연도에 이자수익으로 기록하였다.
- 이 오류는 2차연도 말에 발견되었다.

물음 1. 이 오류가 1차연도와 2차연도의 재무제표에 미치는 영향을 분석하라.
2. 2차연도의 장부가 마감되었다고 가정하고 수정분개를 하라.

3. 2차연도의 장부가 마감되지 않았다고 가정하고 수정분개를 하라.
4. 2차연도의 재무제표만 공시된다고 가정할 때, 위의 오류를 처리하는 방법에 대해 서술하라.

P22-09 감가상각비와 관련된 오류

- 1차연도 1. 1.에 산돼지회사는 내용연수가 4년인 유형자산을 ₩6,000에 취득하였는데, 잔존가치를 ₩0으로 하고 정액법을 사용하여 감가상각하기로 하였다. 그러나 산돼지회사는 취득원가 ₩6,000 전액을 1차연도의 매출원가로 기록하는 오류를 범하였다.
- 이 오류로 인해 1차연도의 매출원가는 ₩6,000이 과대계상되었고, 1차연도부터 4차연도까지 각 연도의 감가상각비는 ₩1,500씩 과소계상된다.

물음 1. 이 오류가 1차연도에 발견되었으며 유형자산에 대한 1차연도의 감가상각비가 아직 계상되지 않았다고 가정하고 수정분개를 하라.
2. 이 오류가 1차연도에 발견되었고 다른 유형자산에 대한 1차연도의 감가상각비가 이미 계상되었으나 장부는 아직 마감되지 않았다고 가정하고 수정분개를 하라.
3. 이 오류가 2차연도에 발견되었고 2차연도의 장부가 아직 마감되지 않았다고 가정하고 수정분개를 하라.
4. 이 오류가 2차연도에 발견되었고 2차연도의 장부가 이미 마감되었다고 가정하고 수정분개를 하라.

P22-10 감가상각비와 관련된 오류와 법인세비용

- 1차연도 1. 1.에 얼간이회사는 ₩80,000에 유형자산(내용연수: 5년)을 취득하고 2년 동안 이 유형자산을 정액법으로 감가상각하였다.
- 3차연도 초에 얼간이회사는 그 동안 잔존가치(₩12,000)를 고려하지 않고 감가상각비를 계산하였다는 사실을 발견하였다.
- 얼간이회사의 법인세율: 40%.

물음 위의 오류를 수정하는 분개를 하라.

P22-11 사채이자비용의 오류

- 어벙벙회사는 1차연도 1. 1.에 사채(액면금액: ₩100,000, 표시이자율: 연 10%, 만기일: 5차연도 12. 31.)를 ₩95,000에 발행하였다.
- 이자지급일은 매년 12. 31.이다.
- 족집게 양이 어벙벙회사의 2차연도의 회계감사를 하는 도중 어벙벙회사가 1차연도 1. 1.에 다음과 같이 분개하고 매년 12. 31.에 이자비용으로 ₩10,000씩 장부에 기록한 것을 발견하였다.

(차) 현 금	95,000	(대) 사 채	95,000

- 어벙벙회사의 결산일은 매년 12. 31.이며, 이 문제에서는 계산의 편의상 정액법을 적용하여 사채할인차금을 상각한다.

물음 어벙벙회사의 올바른 회계처리를 제시하고, 2차연도의 장부가 아직 마감되지 않았을 경우 이 오류에 대한 수정분개를 하라.

P22-12 오류수정과 법인세비용

- 걸음마상사는 3차연도 당기순이익으로 ₩1,000,000을 보고하였으나 다음과 같은 오류가 발견되었다.

㉠ 2차연도에 감가상각비 ₩125,000이 과소계상되었다.
㉡ 기말재고자산이 2차연도에는 ₩25,000이 과대계상되고, 3차연도에는 ₩50,000이 과소계상되었다.
㉢ 걸음마상사의 법인세율: 40%

물음 1. 3차연도의 장부가 마감되지 않았다고 가정하고 오류를 수정하는 분개를 하라.
2. 오류수정 후 3차연도의 당기순이익을 계산하라.

P22-13 오류수정 (2008년, 회계사)

12월 말 결산법인인 ㈜변경은 8차연도 회계변경 및 오류수정과 관련하여 아래와 같은 사항들을 발견하였다. 다음의 각 상황을 독립된 상황이라 가정하시오.

1. 위탁판매와 오류수정

㈜변경은 A제품에 대하여 위탁판매를 8차연도에 시작하였는데, 수탁자에게 운송하는 시점에 모두 매출로 계상하였다. 당기의 위탁매출액은 ₩1,500,000이고 매출총이익률은 10%이다. 수탁자는 그해에 위탁받은 A제품의 1/3을 기말재고로 보유하고 있다.

2. 차감할 일시적차이에 잘못된 법인세율을 적용

8차연도에 퇴직급여충당부채 한도초과액이 ₩200,000 발생하였으며, 당해 한도초과액이 9차연도와 그 다음 해인 10차연도에 각각 ₩100,000씩 손금으로 추인될 것이다. 현행 법인세율은 30%이나, 8차연도 1월중에 개정된 「세법」에 의하면 10차연도부터 적용되는 법인세율은 20%이다. ㈜변경은 현행 법인세율을 적용하여 이연법인세를 회계처리하였다.

3. 고객충성제도와 오류수정

8차연도 중 ㈜변경은 B제품의 매출촉진을 위하여 매출액의 1%를 고객의 보너스포인트로 적립해주고 있다. 고객은 적립포인트 한도 내에서 제휴사 서비스를 사용하고 ㈜변경은 사용된 포인트 1점당 ₩1을 제휴사에 지급한다. 8차연도 중 B제품의 매출액은 ₩80,000,000이었고, 8차연도 중 실제로 사용된 포인트는 150,000점이었다. ㈜변경은 실제로 사용된 포인트에 대해서만 판매촉진비로 회계처리하였다.

4. 품질보증비에 대한 회계정책의 변경

7차연도에 출품을 시작한 C제품에 대한 품질보증비용이 중요하지 않아 동 연도에 발생한 ₩20,000을 비용으로 처리하였다. 그러나 8차연도에 중요성이 증대됨에 따라 ㈜변경은 매출액의 2%를 품질보증충당부채로 설정하였다. 7차연도와 8차연도의 C제품의 매출액은 각각 ₩4,000,000과 ₩10,000,000이다.

5. 팩토링과 오류수정

8차연도 12. 31.에 ㈜변경은 ㈜팩토링과 팩토링계약을 체결하고 매출채권 ₩120,000(해당 매출채권에 대한 대손충당금은 ₩4,000)을 양도하였다. 이 거래의 내용은 다음과 같다.

▸ ㈜팩토링은 매출채권의 4%를 금융비용으로 부과하고, 5%를 매출할인 및 매출환입에 대한 유보액으로 차감한 잔액을 현금으로 ㈜변경에 지급하였다. 이 거래는 매각거래로 본다. ㈜변경은 이 거래에 대해 회계처리를 하지 않았다.

물음 8차연도 재무제표 작성 시 위의 각 상황에 대하여 필요한 분개(또는 수정분개)를 하시오. 분개(또는 수정분개)가 필요 없는 경우에는 '필요 없음'이라고 기재하시오. 특별한 언급이 없는 한 법인세효과는 무시하시오.

P22-14 자동조정오류와 비자동조정오류에 대한 수정

• 1차연도에 기말재고자산이 ₩10,000 과소계상되었다.
• 2차연도 7. 1.에 3년 만기의 보험계약을 체결하고 선급보험료계정의 차변에 ₩72,000을 기록하였다.

- 2차연도 12. 31.과 3차연도 12. 31.에 보험료에 대하여 수정분개를 하지 않았다.
- 기말재고자산의 과소계상과 보험료에 대한 수정분개의 누락이 3차연도에 발견되었다.
- 3차연도의 장부가 아직 마감되지 않았다.
- 오류에 대한 법인세는 무시한다.

물음 3차연도에 오류를 수정하는 분개를 하라.

P22-15 기초재고자산과 기말재고자산 측정액의 오류

- 사시회사의 이익잉여금이 다음과 같다.

	이익잉여금
3차연도 기초잔액	₩10,000
3차연도 당기순이익	7,000
3차연도 기말잔액	₩17,000
4차연도:	
배당금	(2,500)
당기순이익	9,500
4차연도 기말잔액	₩24,000

- 사시회사의 재고자산이 다음과 같이 잘못 계상된 것이 4차연도 12. 31.에 발견되었다.

3차연도 기말재고자산	₩3,000 과대계상
4차연도 기말재고자산	4,000 과대계상

- 법인세율: 매년 40%

물음 4차연도 12. 31.에 오류를 수정한 후 4차연도 기말이익잉여금을 계산하라.

P22-16 재고자산 오류

- 언감회사는 실지재고조사법을 사용해서 재고자산을 장부에 기록한다.
- 상황 ①: 2차연도의 기말재고자산이 ₩20,000만큼 과대계상되었으나 3차연도의 기말재고자산은 정확하게 기록되었다.
- 상황 ②: 언감회사가 선적지인도기준으로 ₩30,000의 재고자산을 취득하였다. 이 재고자산은 2차연도 12. 24.에 선적되었으나 언감회사는 이 재고자산이 3차연도 1. 5.에 도착할 때까지 회계처리를 하지 아니 하였다. 그러나 언감회사는 이 재고자산을 2차연도 기말재고자산에 포함하였다.
- 상황 ③: 3차연도 12. 24.에 수탁자가 위탁판매를 위해서 위탁자로부터 받은 상품 ₩40,000을 3차연도 기말재고자산에 포함하였다.

물음 1. 위의 각 상황이 2차연도 순이익, 3차연도 순이익, 3차연도 기말이익잉여금에 미치는 영향을 나열하라.
2. 위의 각 상황에서 오류를 수정하기 위해서 3차연도에 기록할 분개를 하라.

Chapter 23

현금흐름표

학습 목표

LO 23-1. 현금흐름표의 유용성을 이해한다.
LO 23-2. 당기순이익과 영업활동 현금흐름의 차이를 이해한다.
LO 23-3. 영업에서 창출된 현금흐름과 영업활동 현금흐름의 차이를 이해한다.
LO 23-4. 직접법으로 영업활동 현금흐름을 계산하는 방법을 이해한다.
LO 23-5. 간접법으로 영업활동 현금흐름을 계산하는 방법을 이해한다.
LO 23-6. 투자활동 현금흐름을 계산하는 방법을 이해한다.
LO 23-7. 재무활동 현금흐름을 계산하는 방법을 이해한다.

제23장

Chapter 23 제1절

현금흐름표

1. 현금흐름표의 개념

포괄손익계산서의 당기순이익은 발생주의에 따라 측정한 수익과 비용의 차이로 기업의 경영성과를 요약해서 보여주는 유용한 지표이다. 발생주의에 따라 계산한 당기순이익이 기업의 미래현금흐름의 예측치로 갖는 장점은 크다. 그러나 많은 재무제표이용자들이 당기순이익에 관심을 가질수록, 기회주의적인 경영자가 당기순이익을 과대계상하는 분식회계 사례도 늘어났다. 그리고 「K-IFRS」에 따라 회계이익을 계산하는 과정에 다양한 회계처리방법이 허용되고 재무제표 작성자의 주관적 판단이 개입되므로, 기업이 보고하는 회계이익의 질(quality)에 차이가 크다는 경각심이 높아졌다. 그 결과, 당기순이익 이외에 기업의 재무성과를 측정하는 대체지표에 대한 수요도 자연스럽게 커지게 되었다.

주주, 종업원, 공급자, 채권자, 정부 등 기업의 이해관계자들은 기업의 당기순이익 이외에 현금창출능력에 대해서도 관심을 둔다. 투자자, 채권자 등 자본제공자들은 자신의 투자로부터 궁극적으로 현금을 회수할 수 있을지, 종업원이나 공급자들은 급여 및 상여금이나 납품대금을 제때 지급받을 수 있을지 궁금하기 때문이다. 현금흐름은 기업의 지속가능성과도 밀접하게 관련된다. 장기적으로 수익성이 높은 기업이 일시적으로 심각한 자금난에 빠져 흑자도산하는 경우도 있고, 적자기업이라 하더라도 현금유입액이 현금유출액보다 많으면 일정 기간 영업활동을 활발하게 수행할 수 있다.

발생주의에 따라 계산된 특정 기간의 당기순이익이 해당 기간의 현금변동액과 같은 경우는 거의 없다. 현금흐름표(statement of cash flows)는 특정 회계기간 동안 현금 및 현금성자산의 유입과 유출을 주요 활동별로 보고함으로써 비교재무상태표에 표시된 기초현금잔액에서 기말현금잔액에 도달하게 된 과정을 설명한다.

비교재무상태표			현금흐름표	
기말현금잔액	×××		현금유입액 명세	×××
기초현금잔액	(×××)		현금유출액 명세	(×××)
현금변동액	×××	⟷	현금변동액	×××

포괄손익계산서와 현금흐름표는 한 회계기간 동안 발생한 거래의 결과로 기초의 재무상태가 어떻게 기말의 재무상태로 바뀌었는지 보여준다는 공통점을 갖는다. 비교재무상태표가 기초와 기말의 재무상태를 순간적으로 촬영한 '사진'이라면, 포괄손익계산서와 현금흐름표는 기초부터 기말까지 발생한 일련의 거래를 모두 포함하는 '동영상'이라고 할 수 있다. 포괄손익계산서와 현금흐름표의 차이는, 포괄손익계산서가 발생주의 관점에서 수익, 비용, 이익을 보고하는 데 반해, 현금흐름표는 현금주의 관점

에서 현금의 유입, 유출, 그리고 변동액을 보고한다는 점이다.

(1) 현금 및 현금성자산

현금흐름표에서 '현금'은 현금과 현금성자산을 의미하며, 현금은 보유현금과 요구불예금을 모두 포함한다. 현금성자산(cash equivalent)은 단기 현금수요를 충족하기 위한 목적으로 보유하는 자산으로, 확정된 금액의 현금으로 쉽게 전환할 수 있고 가치변동의 위험이 매우 낮은 자산이다. 투자자산은 일반적으로 만기일이 단기에 도래(예 취득일로부터 만기일이 3개월 이내)하는 경우에만 현금성자산으로 분류한다. 지분상품은 현금성자산(예 상환일이 명시된 의무상환우선주로 취득시점부터 만기가 3개월 이내)이 아니면 현금에 포함하지 않는다[1007: 7].

(2) 현금흐름표의 유용성

현금흐름표는 다음과 같은 역할을 통해 재무제표이용자에게 유용한 정보를 제공한다.

① 기업의 현금창출능력(cash generating ability), 현금창출의 시기(timing)와 불확실성을 평가하는 데 필요한 정보를 제공한다. 즉, 기업의 재무구조(유동성과 지급능력 포함)와 배당금을 지급할 능력을 평가하는 데 필요한 정보를 제공한다. 여기서 유동성(liquidity)은 가까운 장래에 만기가 도래하는 단기부채에 대한 상환능력을 말하며, 지급능력(solvency)은 장기부채에 대한 상환능력을 말한다.

② 포괄손익계산서 상의 당기순이익과 영업활동으로 인한 현금흐름(현금이익) 간의 차이를 설명함으로써 이익의 지속가능성을 예측하는 데 도움을 준다.

③ 동일한 거래 또는 회계사건에 대해서 기업이 사용할 수 있는 서로 다른 회계정책(예 유형자산의 측정에 원가모형 또는 재평가모형의 적용)의 영향을 최소화하여 재무제표의 기업 간 비교가능성을 높인다. 현금은 '있거나' '없거나' 둘 중의 하나이므로, 현금흐름표에 보고된 영업활동 현금흐름('현금이익(cash profit)'이라고도 함)은 상이한 회계정책과 발생주의를 적용해서 당기순이익을 산정할 때에 회계담당자가 주관적으로 판단한 결과에 영향을 받지 않는다.

④ 사업 확장, 영업자산 대체, 배당금 지급 등과 관련한 정보를 제공해서 기업의 건전성과 지속가능성을 평가하는 데에 도움을 준다.

현금흐름표는 그 자체만으로도 유용하지만, 다른 재무제표와 함께 사용할 때 다음과 같은 유용한 정보를 제공할 수 있다.

- 유동성과 지불능력을 포함한 재무구조
- 변화하는 환경이나 기회에 적응하기 위하여 현금흐름의 시점이나 금액에 영향을 줄 수 있는 기업의 능력
- 과거 현금흐름정보와 비교한 미래현금흐름의 금액, 시기, 불확실성
- 현금흐름에 대한 과거 평가의 정확성
- 수익성과 현금흐름과의 관계

분식회계 **가공 현금 잔액**

• 독일 뮌헨에 본사를 두고 혁신금융의 상징으로 통했던 다국적 전자결제서비스 기업인 와이어카드(Wirecard)는 1999년에 설립됐다. 와이어카드는 소매업체와 각종 온라인 기업에 전자결제 서비스를 제공하는 방식으로 전 세계에서 가장 빠르게 성장하는 핀테크 기업 중 하나였다. 2018년 시가총액이 독일의 최대 은행인 도이체뱅크를 뛰어넘었고, 2019년에는 시가총액이 240억 유로를 넘어 독일 2위 은행인 코메르츠뱅크를 뛰어넘기도 했다. 그러나 와이어카드 싱가포르 사무소가 위조 계약을 통해 수익을 부풀렸고, 두바이와 더블린 자회사에서 매출과 수익을 부풀렸다는 회계부정 의혹이 제기되어오다가 2020년 6월에 현금 19억 유로가 존재하지 않는다고 이실직고했다. 19억 유로는 와이어카드의 현금 잔액의 25%에 해당한다. 회계부정이 수면 위로 드러나면서 와이어카드 주가는 약 일주일간 96% 폭락했고, 2020년 6월 18일 하루 동안 허공으로 날아간 시가총액이 90억 달러에 달한다. 와이어카드는 19억 유로가 없다는 것이 발각된 지 일주일 만에 파산신청을 했다.

출처: 조선비즈(2020. 06. 23.), 한국경제(2020. 06. 25.)

2. 현금흐름의 활동별 분류

현금흐름표는 현금의 조달과 사용을 다음 세 가지 분류범주(영업활동, 투자활동, 재무활동)로 나누어 보고한다.

(1) 영업활동 현금흐름

영업활동 현금흐름은 기업이 외부에서 자금을 조달하지 않고도 영업을 유지하고, 대출금을 상환하며, 새로운 투자를 할 수 있는 충분한 현금을 창출할 수 있는 능력이 있는지 파악하는 데에 도움을 준다[1007: 13]. 기업이 자산을 팔거나(자산매각), 자금을 빌리거나(현금차입), 주식을 발행해서 조달한 현금으로 부채를 갚는 것이 일상화되면 오래 존속할 수 없다. 그러므로 영업활동에서 충분한 현금흐름을 창출할 수 있는지는 기업의 경영성과를 평가하는 데 중요한 정보가 된다.

영업활동으로 인한 현금흐름은 기업의 수익창출 활동에서 발생하는 현금유입과 현금유출이므로, 일반적으로 당기순손익의 결정에 영향을 미치는 거래나 그 밖의 사건의 결과로 발생한다. 영업활동 현금흐름의 예는 <표 23.1>과 같다[1007: 14].

표 23.1 **영업활동 현금흐름**

영업활동 현금유입	영업활동 현금유출
· 재화의 판매와 용역의 제공에 따른 현금유입 · 로열티, 수수료, 중개료 및 기타수익에 따른 현금유입 · 법인세의 환급(재무활동과 투자활동에 명백히 관련되는 법인세는 제외)	· 재화 또는 용역의 구입에 따른 현금유출 · 종업원과 관련하여 직·간접으로 발생하는 현금유출 · 법인세의 납부(재무활동과 투자활동에 명백히 관련되는 법인세는 제외) · 단기매매목적으로 보유하는 계약에서 발생하는 현금

· 단기매매목적으로 보유하는 계약에서 발생하는 현금유입	유출

(2) 투자활동 현금흐름

통상적 영업활동과 관련 없는 비유동자산의 취득 및 매각으로 인한 현금유출과 유입을 투자활동 현금흐름으로 분류한다. 예를 들어, 제조기업이 시세차익을 달성하기 위해서 토지를 취득하면 토지 취득원가를 투자활동 현금유출액으로 보고한다. 특정 현금유출을 투자활동 현금유출로 분류하기 위해서는 현금유출의 결과 재무상태표에 자산을 인식할 수 있어야 한다[1007: 16]. 예를 들어, 기업이 신약을 개발하는 과정에서 발생한 연구개발비 중 자본화기준이 충족되지 않아 비용으로 인식하는 개발비는 영업활동 현금유출로 분류한다(제4장 참조).

투자활동 현금흐름은 미래에 이익을 창출하는 자산에 대한 순지출을 요약하는데, 투자활동은 다시 다음 두 유형으로 분류할 수 있다.

① 장기자산의 취득 및 처분
② 금융자산의 매입 및 재판매

유형 ①의 투자활동은 사업을 운영하는 데 필요한 기초시설(infrastructure)을 구축하고 유지하기 위한 장기자산을 취득하고 매각하는 활동이다. 유형 ②의 투자활동은 다른 기업이 발행한 채무증권이나 지분증권을 사고파는 활동 대부분을 포함하지만, 다음과 같은 두 가지 예외가 있다.

- 현금성자산의 취득과 매각은 현금흐름표에 보고하지 않는다.
- 단기매매목적의 금융자산에 대한 취득과 매각은 영업활동으로 보고한다.

투자활동 현금흐름의 예는 <표 23.2>와 같다[1007: 16].

표 23.2 투자활동 현금흐름

투자활동 현금유입	투자활동 현금유출
· 유형자산, 무형자산 및 기타 장기성 자산의 처분에 따른 현금유입	· 유형자산, 무형자산 및 기타 장기성자산의 취득에 따른 현금유출. 자본화된 개발원가와 자가건설 유형자산에 관련된 지출 포함
· 다른 기업의 지분상품이나 채무상품 및 공동기업 투자지분의 처분에 따른 현금유입(현금성자산과 단기매매목적의 금융자산 처분은 제외)	· 다른 기업의 지분상품이나 채무상품 및 공동기업 투자지분의 취득에 따른 현금유출(현금성자산과 단기매매목적의 금융자산 취득은 제외)
· 제3자에 대한 선급금 및 대여금의 회수(금융회사의 현금 선지급과 대출채권은 제외)	· 제3자에 대한 선급금 및 대여금의 지급(금융회사의 현금 선지급과 대출채권은 제외)
· 선물계약, 선도계약, 옵션계약 및 스왑계약에 따른 현금유입(단기매매목적의 계약과 현금유입이 재무활동으로 분류되는 경우는 제외)	· 선물계약, 선도계약, 옵션계약 및 스왑계약에 따른 현금유출(단기매매목적의 계약과 현금유출이 재무활동으로 분류되는 경우는 제외)

(3) 재무활동 현금흐름

장기성 자금의 조달 및 상환과 관련된 현금흐름을 재무활동 현금흐름으로 분류한다. 재무활동은 자기자본과 장기성 외부자본의 크기와 구성요소를 변동시키는 활동이다. 장기채무증권과 지분증권을 발행하고 상환하는 것과 관련된 현금흐름은 재무활동 현금흐름으로 분류하고, 통상적 영업활동에서 조달한 자금은 재무활동 현금흐름에 포함하지 않는다. 예를 들어, 공급자로부터 재고자산을 외상으로 구입하고 매입채무를 인식한 것은 재무활동이 아닌 영업활동이다. 그리고 비유동부채(예 사채) 또는 자본(예 보통주)의 증가는 재무활동으로 분류하지만, 유동부채(예 매입채무, 미지급급여, 미지급이자 등)의 변동은 영업활동으로 분류한다. 재무활동 현금흐름의 예는 <표 23.3>과 같다[1007: 17].

표 23.3 재무활동 현금흐름

재무활동 현금유입	재무활동 현금유출
· 주식이나 기타 지분상품의 발행에 따른 현금유입 · 담보·무담보부사채 및 어음의 발행과 기타 장·단기차입에 따른 현금유입	· 자기주식을 취득하기 위한 현금유출 · 장기차입금의 상환에 따른 현금유출 · 리스이용자의 리스부채 상환에 따른 현금유출

(4) 이자와 배당금

이자와 배당금의 수취 또는 지급은 현금흐름표를 작성하는 기업이 금융기관인지 아닌지에 따라 다르게 분류한다. 금융기관은 이자와 배당금의 수취 또는 지급이 통상적 영업행위에서 자연스럽게 발생하므로 이들을 '영업활동 현금흐름'으로 분류한다. 금융기관이 아닌 기업은 이자와 배당금의 수취 또는 지급을 다음과 같이 선택적으로 분류할 수 있다.

- 이자의 지급: 이자비용이 당기순이익에 영향을 미치므로 영업활동으로 분류할 수도 있고, '자금을 조달하기 위해 발생한 원가'의 측면을 강조해 재무활동으로 분류할 수도 있다[1007: 33].
- 이자 또는 배당금의 수취: 이자수익이나 배당금수익이 당기순이익에 영향을 미치므로 영업활동으로 분류할 수도 있고, '투자자산에 대한 수익'이라는 측면을 강조해 투자활동으로 분류할 수도 있다 [1007: 33].
- 배당금의 지급: 재무제표이용자가 기업이 영업활동 현금흐름에서 배당금을 지급할 수 있는지 판단하는 데 도움을 주도록 영업활동으로 분류할 수도 있고, '자금을 조달하는 데 발생한 원가'로 해석해 재무활동으로 분류할 수도 있다[1007: 34].

그림 23.1 이자와 배당금의 활동별 분류

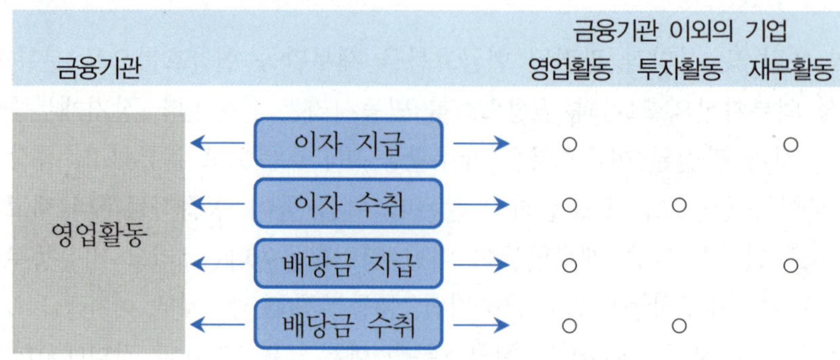

참고 **별도로 언급하지 않는 한** 이 책**에서는 이자 지급, 이자 수취, 배당금 수취를 영업활동으로 분류하고, 배당금 지급을 재무활동으로 분류한다.** 그러나 실무에서는 기업마다 이들 항목의 분류방식이 달라 현금흐름표의 비교가능성이 떨어지고 있다. 이러한 문제를 해결하고자 국제회계기준위원회는 금융기관 이외의 기업에 대해 이자 지급은 영업활동, 이자와 배당금 수취는 투자활동, 배당금 지급은 재무활동으로 단순하게 분류하는 방안을 검토하고 있다.

(5) 법인세

법인세 현금흐름은 현금흐름표에 별도로 공시하며, 재무활동과 투자활동에 명백히 관련되지 않는 한 영업활동 현금흐름으로 분류한다[1007: 35]. 만일 투자활동이나 재무활동으로 분류한 현금흐름을 유발하는 개별 거래와 관련된 법인세 현금흐름을 실무적으로 식별할 수 있다면, 투자활동이나 재무활동으로 적절히 분류한다. 예를 들어, 유형자산을 처분해서 별도의 법인세를 납부하면 법인세 지급액을 투자활동으로 분류한다. 그러나 법인세비용이 투자활동이나 재무활동으로 쉽게 식별할 수 있는 경우에도 관련된 법인세 현금흐름을 실무적으로 식별할 수 없는 경우가 많고, 법인세 현금흐름이 특정 거래의 현금흐름과 다른 기간에 발생하기도 한다. 법인세 현금흐름이 둘 이상의 활동에 배분되는 경우에는 법인세의 총지급액을 공시한다[1007: 36].

이연법인세자산(부채)은 재무상태표에 비유동자산(부채)으로 분류한다[1001: 56]. 그러나 이연법인세자산(부채)이 영업활동과 관련된 자산(부채)이면 간접법에 따라 현금흐름표를 작성하는 경우에 이연법인세자산(부채)계정의 증감액을 영업활동으로 인한 현금흐름에서 조정한다. 즉, 이연법인세자산(부채)이 마치 유동자산(유동부채)인 것처럼 취급한다(p. 1231의 예제 2 참조).

(6) 복수의 활동으로 분류될 수 있는 경우

특정 거래가 두 가지 이상의 활동으로 분류되는 현금흐름을 포함하면 현금흐름을 각 활동별로 구분하여 보고한다. 예를 들어, 대출금을 상환하는 현금지출액이 이자지급액과 원금지급액을 포함하면, 이자지급액은 영업활동으로 보고하고 원금상환액은 재무활동으로 보고한다.

3. 현금흐름표의 작성

(1) 현금흐름표에 보고하지 않는 거래

현금흐름표에서는 현금과 현금성자산을 '현금 및 현금성자산'으로 묶어서 본다. 따라서 처분손익 없는 현금 및 현금성자산을 구성하는 항목 간의 변동(예 만기가 3개월 이내인 단기채무증권의 취득이나 매각)은 현금흐름표에 보고하지 않는다. 은행차입금은 일반적으로 재무활동 항목으로 분류한다. 그러나 은행이 요구하면 즉시 상환해야 하고 기업 현금관리의 일부를 구성하는 당좌차월(또는 마이너스 통장의 차입금)은 현금 및 현금성자산의 구성요소에 포함한다[1007: 8].

(2) 비현금거래

현금유입 또는 현금유출을 수반하지 않는 투자활동 및 재무활동은 현금흐름표에 포함하지 않고 별도의 부속명세서나 현금흐름표의 주석에 공시한다[1007: 43]. 예를 들어, 현금 이외의 대가(예 유형자산)를 받고 부채 또는 주식을 발행하면 현금이 개입되지 않은 중요한 비현금거래이므로 현금흐름표의 주석에 별도로 공시한다. 많은 투자활동과 재무활동은 자본과 자산 구조에 영향을 미치지만, 당기의 현금흐름에는 직접적인 영향을 미치지 않을 수 있다. 비현금거래는 당기에 현금흐름을 수반하지 않으므로 현금흐름표에서 제외하는 것이 현금흐름표의 목적에 부합한다. 비현금거래의 예는 다음과 같다 [1007: 44].

- 자산 취득 시 직접 관련된 부채를 인수하거나 리스로 자산을 취득하는 경우
- 주식발행을 통한 기업의 인수
- 채무의 지분전환(주식을 발행하여 사채를 상환)
- 주식배당
- 보통주를 발행하여 자산(예 유형자산)을 취득
- 비현금자산(예 유형자산)과 부채의 교환

(3) 현금흐름표의 작성절차

현금흐름표는 비교재무상태표, 포괄손익계산서와 기타 회계기록에서 추출한 자료를 바탕으로 회계기간 동안 자산, 부채, 자본의 변동으로 발생한 현금흐름을 유추하여 작성한다. 자세한 내용은 다음 부분에서 순차적으로 설명한다.

▸ 당기 말 비교재무상태표: 재무상태표 각 항목의 기중 변동액 정보를 사용
▸ 당기 포괄손익계산서: 영업활동으로 인한 현금흐름을 결정하는 데 주로 사용
▸ 추가 세부자료: 활동별 현금흐름액과 비현금거래액을 결정하는 데 사용

Chapter 23 제2절

영업활동 현금흐름

1. 영업활동 현금흐름의 의미

대부분의 포괄손익계산서 항목이 기업의 통상적 영업활동과 관련되므로 현금흐름표의 '영업활동으로 인한 현금흐름'('영업활동 현금흐름')은 포괄손익계산서의 수익 및 비용과 직접 연관된다. 그러나 발생주의에 따라 인식한 수익, 비용, 당기순이익은 영업활동을 통해 실제로 유입되거나 유출된 현금과 다르다. 왜냐하면, 현금수입(지출)이 없는 수익(비용)이 포함되거나, 현금유입(유출)은 있지만 영업활동이 아닌 투자활동이나 재무활동으로 인한 이익(손실)이 당기순이익에 포함될 수 있기 때문이다. 현금흐름표상의 영업활동으로 인한 현금흐름은 현금주의를 적용해서 인식한 현금수익에서 현금비용을 차감한 현금이익(cash profit)[1)]이라고 한다.

분식회계 **현금흐름표**

- SK글로벌은 2001년 1월 은행명의의 채무잔액증명서를 위조(우리은행 본점, 하나은행 서소문지점 등에서 SK글로벌로 제대로 기재한 채무잔액증명서를 보냈으나 SK글로벌은 이를 폐기하고 허위로 자체 작성)하여 해외매출에 대한 기한부어음(외화외상매입금)인 1조 1,881억원의 부채를 누락시켰다.
- 기업이 현금 기말잔액을 과대계상 또는 과소계상하는 것은 매우 어렵다. 통상적으로 기말 실사에서 현금잔액을 검증하기 때문이다. 현금흐름표에서 분식회계를 범하는 기업의 목표는 영업활동으로 인한 현금흐름은 증가시키고, 재무활동 및 투자활동으로 인한 현금흐름은 감소시켜서 현금이익이 견고하다는 인상을 주고자 하는 것이 대부분이다. 예를 들면, 일회성 영업손실이나 영업비용을 영업활동이 아니라 재무활동 또는 투자활동으로 인한 현금흐름에 포함하거나, 자산을 매각해서 받은 일회성 현금유입을 영업활동으로 인한 현금유입에 포함하는 것 등이다.
- 미국의 엔론(Enron)사는 은행으로부터 대여받은 금액을 재무활동으로 인한 현금유입에 포함해야 했음에도 불구하고 영업활동으로 인한 현금유입에 포함했다. 우리나라에서 ㈜심석은 현금흐름표 작성 시 현금 유출입이 없는 건설 중인 자산과 관련된 미지급금 증가액을 영업활동으로 인한 현금흐름으로 분류해서 영업활동으로 인한 현금흐름을 18억원 과대계상한 바 있다. 출처: www.fsc.go.kr

2. 영업활동 현금흐름 산정방법

영업활동 현금흐름(현금이익)을 산정하는 방법에는 직접법과 간접법이 있다. 직접법은 영업활동으

1) '영업활동으로 인한 현금흐름', '영업현금흐름', '영업활동 현금흐름', '현금이익'은 같은 의미를 갖는 용어로 실무에서 혼용된다.

로 인한 현금수취액과 현금지급액을 직관적으로 이해할 수 있는 주요 범주별로 집계하여 영업활동 현금흐름을 산정한다. 이에 반해, 간접법은 당기순이익에 비현금수익 · 비용과 비영업활동(재무활동 · 투자활동)거래의 영향을 가감해서 '영업'활동으로 인한 '현금흐름'(현금이익)을 산정한다. 직접법과 간접법에서 영업활동 현금흐름을 계산하는 방식은 다르지만, 금액은 같다. 그리고 투자활동과 재무활동으로 인한 현금흐름은 당기순이익에서 유추할 수 없으므로 간접법을 사용하지 않고 직접법을 사용해서 현금흐름을 도출한다.

직접법과 간접법 모두 영업활동 현금흐름을 계산하기 위해서는 **발생기준에 따라 계산된 수익, 비용, 또는 이익을 현금기준 금액으로 전환하여야 한다.** 직접법은 개별 수익 항목과 비용 항목을 전환하는 데 비해, 간접법에서는 당기순이익에서 출발하여 전환하므로 계산과정이 더 복잡하다. 그러나 두 방법은 기본적으로 같은 기초를 공유하므로 개괄적 내용을 여기서 살펴보고, 각 방법의 구체적 절차는 제3절과 제4절에서 자세하게 설명한다.

발생기준금액을 현금기준금액으로 전환하는 과정은 '자산 = 부채 + 자본'으로 표현되는 회계등식(또는 재무상태표 등식)에서 출발한다. 기업의 자산과 부채 가운데 영업활동과 직접적인 관련을 갖는 자산(예 매출채권, 재고자산)을 영업자산이라 부르고 영업활동과 직접적인 관련을 갖는 부채(예 매입채무)를 영업부채라 부르면 자산과 부채를 <표 23.4>와 같이 분류할 수 있다.

표 23.4 현금흐름표 작성을 위한 자산과 부채의 분류

자산과 부채의 분류	용도
현금	회계기간 중 증감액을 계산
영업자산(주로 비현금 유동자산)	영업활동 현금흐름 산정에 사용
비영업자산(주로 비유동자산)	투자활동 또는 재무활동 현금흐름 산정에 사용
영업부채(주로 유동부채)	영업활동 현금흐름 산정에 사용
비영업부채(주로 비유동부채)	투자활동 또는 재무활동 현금흐름 산정에 사용

<표 23.4>를 바탕으로 회계등식을 표현하면 다음과 같다.

현금 + 영업자산 + 비영업자산 = 영업부채 + 비영업부채 + 자본 (식 23.1)

<식 23.1>은 재무상태표 항목들을 특정 시점의 잔액으로 표시한 것인데, 당기 말 잔액에서 전기 말 잔액을 차감한 당기증가액(Δ로 표시)으로 표시한 <식 23.2>도 성립한다.[2] 기억할 점은, 현금흐름은 특정 시점의 잔액(stock)이 아니라 특정 기간의 유입과 유출, 즉 흐름(flow)이라는 것이다.

Δ현금 + Δ영업자산 + Δ비영업자산 = Δ영업부채 + Δ비영업부채 + Δ자본 (식 23.2)

2) 일관성을 갖도록 '증가액'이라고 부르고, 잔액이 감소하는 경우에는 음(-)의 값으로 계산한다.

<식 23.2>에서 Δ자본을 당기순이익(이익잉여금을 변동시키는 금액)과 그 밖의 자본 변동(Δ자본_기타)으로 구분하고, 좌변에서 Δ현금을 제외한 항목들을 우변으로 옮겨서 정리하면 다음 식이 성립한다.

Δ현금 = (당기순이익 − Δ영업자산 + Δ영업부채) − Δ비영업자산 + Δ비영업부채 + Δ자본_기타 (식 23.3)

<식 23.3>에서 **괄호 안의 식**은 간접법으로 영업활동 현금흐름을 구할 때 기초가 되는데, 영업활동 현금흐름을 구하기 위해 당기순이익에서 다음 두 가지 항목을 제외한다.

① 현금유입이나 현금유출이 없는 '비현금손익'

② 현금유입이나 현금유출은 있지만, 투자활동 또는 재무활동과 관련된 '비영업 현금손익'

비현금손익의 대표적 예는 감가상각비이다. 감가상각비는 현금지출이 없지만, 당기순이익을 감소시키므로 당기순이익에 감가상각비를 다시 가산해야 영업활동에서 조달된 현금흐름을 정확히 계산할 수 있다. 비영업 현금손익의 예로는 유형자산처분이익과 사채상환손실을 들 수 있다. 유형자산 처분이익은 당기순이익과 현금잔액을 모두 증가시키지만, 투자활동의 결과로 발생하므로 영업활동 현금흐름에서 제외하기 위해 당기순이익에서 차감한다. 반대로, 사채상환손실은 당기순이익과 현금잔액을 모두 감소시키지만, 재무활동의 결과로 발생하므로 영업활동 현금흐름에서 제외하기 위해 당기순이익에 가산한다.

당기순이익에서 차감하는 수익(비현금수익과 비영업 현금수익의 합)을 편의상 '조정수익'이라 부르고, 당기순이익에 가산하는 비용(비현금비용과 비영업 현금비용의 합)을 '조정비용'이라 부르면, <식 23.3>을 다음과 같이 바꿀 수 있다.

Δ현금 = (당기순이익 − 조정수익 + 조정비용 − Δ영업자산 + Δ영업부채)
− Δ비영업자산 + Δ비영업부채 + Δ자본_기타 + 조정수익 − 조정비용 (식 23.4)

위 식의 **괄호 안**이 영업활동 현금흐름(현금이익)이며, **괄호 밖**이 투자활동과 재무활동 현금흐름의 합이다.[3] 편의상 **{당기순이익 − 조정수익 + 조정비용}을 '영업활동 조정손익'이라 부르면,** 간접법에서의 영업활동 현금흐름(현금이익)은 다음과 같이 표현할 수 있다.

영업활동 현금흐름(현금이익) = 영업활동 조정손익* − Δ영업자산 + Δ영업부채***** (식 23.5)

* '영업활동 조정손익' = 당기순이익 − '조정수익' + '조정비용'

** 영업자산(예: 매출채권)의 증가(감소)액을 차감(가산)한다.

*** 영업부채(예: 매입채무)의 증가(감소)액을 가산(차감)한다.

<식 23.5>의 '영업활동 조정손익'은 당기순이익에서 감가상각비와 같은 비현금손익과 유형자산 처분손익과 같은 비영업 현금손익의 영향을 제거한 금액이다. '영업활동 조정손익'은 발생기준에서 영업활동의 결과를 반영하는 측정치이지만, 감가상각비 등을 비용으로 차감하지 않은 금액이라는 점,

---

3) <식 23.4>의 괄호 밖에서 조정수익과 조정비용을 편의상 우변의 마지막에 제시했지만, 실제로는 관련된 투자 또는 재무활동에 반영한다.

그리고 pp. 1224 ~ 1227에서 설명하듯이 이자, 배당금, 법인세의 영향을 반영하는 금액이라는 점에서 포괄손익계산서의 영업이익과 다르다. 직접법은 <식 23.5>의 항목을 주요 영업활동 범주별 관련 수익, 비용 및 관련 영업자산(또는 부채)의 변동으로 구분하여 영업활동 현금흐름을 구하는 반면, 간접법은 이러한 구분을 하지 않고 당기순이익에서 출발하여 영업활동 현금흐름과의 차이를 조정하여 영업활동 현금흐름을 구한다. 한편 직접법과 간접법 모두 <식 23.4>의 **우변 괄호 밖의 항목**을 투자활동과 재무활동 별로 정리해 투자활동 현금흐름과 재무활동 현금흐름을 구한다.

길라잡이 영업활동 현금흐름(현금이익)의 산정

- 현금흐름표를 작성하는 데에 <식 23.5>가 매우 중요하다. 제3절에서 자세하게 설명할 직접법에서는 <식 23.5>를 바탕으로 한 <표 23.6>을 이용해서 영업에서 창출된 현금을 산정한다. 그리고 <표 23.6>과 유사한 <표 23.7>을 이용해서 영업활동 현금흐름(현금이익)을 계산한다. 제4절에서 자세하게 설명할 간접법에서는 <식 23.5>에서 영업활동 조정손익(당기순이익 – 조정수익 + 조정비용)이라고 부르는 부분을 [당기순이익 ± 조정유형 1 ~ 4]로 계산하고 <식 23.5>를 이용해서 영업활동 현금흐름(현금이익)을 산정한다.

Chapter 23 제3절 직접법

직접법(direct method)은 영업활동으로 인한 현금유입과 현금유출을 주요 항목별로 구분하여 표시한다[1007: 18]. 즉, 영업활동과 관련된 현금유입(현금수익)과 현금유출(현금비용)을 <표 23.5>과 같이 주요 범주(항목)별로 보고한다.

표 23.5 **영업활동 현금흐름(직접법)**

고객으로부터 받은 현금	×××
공급자에게 지급한 현금	(×××)
종업원에게 지급한 현금	(×××)
영업비용 현금지급액	(×××)
영업에서 창출된 현금	×××
별도 공시항목: 이자 수취액	××× *
배당금 수취액	××× *
이자 지급액	(×××)*
법인세 지급액	(×××)*
영업활동 현금흐름(현금이익)	××× *

* 이 금액은 직접법과 간접법 중 어느 방법을 사용하든 같다.

영업활동 현금흐름 중 이자, 배당금, 법인세와 관련된 현금흐름을 제외한 부분을 '영업에서 창출된 현금'('영업으로부터 창출된 현금')이라 부른다. 이자, 배당금, 법인세 지급액과 수취액은 직접법과 간접법하에서 동일하다.

직접법에 따른 현금흐름표는 직관적으로 이해하기 쉽고, 이를 토대로 미래현금흐름을 예측하는 데 간접법보다 유용하므로 「K-IFRS 제1007호」(현금흐름표 기준서)는 직접법의 사용을 권장한다[1007: 19]. 그러나 직접법으로 현금흐름표를 작성하려면 추가적으로 자료를 수집하는 작업이 복잡해 거의 모든 기업이 간접법에 따른 현금흐름표를 보고하고 있다. US GAAP은 기업이 현금흐름표를 직접법으로 공시하면 영업활동으로 인한 현금흐름을 간접법(제4절 참조)으로도 작성해서 추가로 공시하도록 한다. 간접법을 사용하는 기업이 많은 상황에서 기업 간 비교가능성을 높이고, 간접법의 장점도 취하려는 조치로 해석된다.

1. 영업에서 창출된 현금

직접법에서는 <표 23.5>의 영업활동 범주별 현금유입 또는 현금유출을 <식 23.5>를 바탕으로 계산한다. 즉, 포괄손익계산서 상의 수익과 비용을 그 항목과 직접적으로 관련된 영업자산계정 또는 영업부채계정과 연계해서 현금유입(수익) 또는 현금유출(비용)로 전환한다. 이를 '영업에서 창출된 현금'을 구성하는 각 범주에 대해 정리하면 <표 23.6>과 같다. 직접법에서는 간접법처럼 당기순이익을 조정해서 영업활동 조정손익을 복잡하게 계산할 필요가 없고, 각 영업활동 별로 인식한 수익 또는 비용을 그대로 사용하므로 상대적으로 간단하다.

표 23.6 영업에서 창출된 현금

영업에서 창출된 현금	=	영업활동 조정손익*	−	Δ영업자산**	+	Δ영업부채**
고객으로부터 받은 현금	=	매출액 − 손상차손	−	Δ매출채권***	+	Δ선수금****
공급자에게 지급한 현금	=	(−)매출원가 ∓ 평가손익	−	Δ재고자산***	+	Δ매입채무
			−	Δ선급금****		
종업원에게 지급한 현금	=	(−)급여	−	Δ선급급여	+	Δ미지급급여
영업비용 현금지급액	=	(−)영업비용	−	Δ선급비용	+	Δ미지급비용

* 영업활동 조정손익을 각 영업활동 관련 수익과 비용으로 구분하되, 비용은 현금유출이므로 음(−)수로 표시한다.
** **영업자산 변동액과 영업부채의 변동액은 기말잔액에서 기초잔액을 차감한 금액으로 측정**한다. 따라서 증가액은 양(+), 감소액은 음(−)의 값을 갖는다.
*** 매출채권과 재고자산은 손실충당금(대손충당금) 또는 평가충당금을 차감한 순액이다.
**** 선수금과 선급금 중 투자활동 및 재무활동과 관련된 것은 제외한다.

<표 23.6>의 수식과 관련해서 몇 가지 예를 들면 아래와 같다.

상황 ㉠: 현금매출 ₩0, 신용매출 ₩3,000, 매출채권 기말잔액 ₩1,200, 매출채권 기초잔액 ₩1,000이

라고 가정하면 고객으로부터 받은 현금은 다음과 같다.

고객으로부터 받은 현금 = 매출수익 - 매출채권(영업자산) 증가액
= ₩3,000 - (₩1,200 - ₩1,000)
= ₩2,800

상황 ㉡: 현금매출 ₩0, 신용매출 ₩3,000, 매출채권 기말잔액 ₩1,000, 매출채권 기초잔액 ₩1,200이라고 가정하면 고객으로부터 받은 현금은 다음과 같다.

고객으로부터 받은 현금 = 매출수익 - 매출채권(영업자산) 증가액
= ₩3,000 - (₩1,000 - ₩1,200)
= ₩3,200

상황 ㉢: 재고자산매입액 ₩3,000, 매입채무 기말잔액 ₩1,000, 매입채무 기초잔액 ₩1,200이라고 가정하면 공급자에게 지급한 현금은 다음과 같다.

공급자에게 지급한 현금 = －매입대가 + 매입채무(영업부채) 증가액
= (－)₩3,000 + (₩1,000 - ₩1,200)
= (－)₩3,200*

* 증가액은 양(+), 감소액은 음(－)의 값을 갖는다.

아래에서 영업에서 창출된 현금의 주요 범주에 대해 자세하게 설명한다.

(1) 고객으로부터 받은 현금

포괄손익계산서에 보고된 매출액은 고객이 구매대가를 현금으로 지급했는지 여부와 관계없이 기업이 회계기간에 달성한 판매액을 나타낸다. 예를 들어, 신용매출이 발생하면 다음과 같이 분개해서 매출수익을 인식하고 매출채권이 증가하지만, 현금유입은 없다.

(차) 매 출 채 권	×××	(대) 매 출 수 익	×××

반대로, 당기 중 매출수익이 없더라도 기초매출채권이 회수되면 판매로 인한 현금유입이 발생한다. 그러므로 당기에 고객으로부터 받은 현금을 계산하려면 포괄손익계산서 상 매출수익과 비교재무상태표 상 매출채권계정의 변동을 분석해야 한다. 매출채권계정의 잔액이 '감소'했다면, 당기에 외상으로 판 것보다 현금을 더 많이 회수했다는 것을 의미한다. 이 경우 당기에 고객으로부터 받은 현금은 당기 매출수익에 매출채권계정의 감소액을 가산한 금액이다. 반대로, 매출채권계정의 잔액이 '증가'했다면, 당기에 외상으로 판 것보다 현금을 회수한 것이 작았다는 것을 의미한다. 따라서 당기에 고객으로부터 받은 현금은 당기 매출수익에서 매출채권계정의 증가액을 차감한 금액이다.

매출채권의 반대 경우인 선수금(advances from customers)에 대해서도 비슷한 방식으로 분석할 수 있다. 선수금계정의 잔액이 '증가'했다면, 매출을 인식하기 전에 수취한 현금이 증가했다는 것이므로, 고객으로부터 받은 현금을 계산할 때 선수금계정의 증가액을 가산한다. 반대로 선수금계정의 잔액이

'감소'한 경우에는, 고객으로부터 받은 현금을 계산할 때 선수금계정의 감소액을 차감한다.

제8장에서 보았듯이, 회계기간 중에 특정 매출채권이 회수불능으로 판명되면 매출채권계정의 대변과 손실충당금(대손충당금)계정의 차변에 기록해 매출채권을 제거한다. 따라서 매출채권 순액(손실충당금 차감 후)에는 변동이 없다. 기말에 매출채권 손상차손(대손상각비)을 인식하면 매출채권 순액이 감소하고 그 결과 기초 대비 매출채권(순액) 증가액이 감소한다. 그러므로 매출채권 증가가 고객으로부터의 현금유입에 미치는 음(−)의 영향을 제대로 측정하려면, 매출채권(순액)계정의 증가액에 손상차손을 가산해야 한다. 이를 정리하면, 매출채권을 순액으로 표시할 때 고객으로부터 받은 현금은 다음과 같다(Miniature 예제 1 참조).

고객으로부터 받은 현금 = 순매출수익 − {손상차손 + 매출채권(순액) 증가액}

위 식에서 순매출수익은 매출환입, 에누리 및 할인을 차감한 순액을 의미한다.

순매출수익 = 총매출수익 − 매출환입 및 에누리 − 매출할인(현금할인)

이상의 설명을 모두 반영하여 고객으로부터 받은 현금을 <표 23.6>에서 제시한 대로 계산하면 다음과 같다.

고객으로부터 받은 현금 = 순매출수익 − 손상차손 − 매출채권(순액) 증가액 + 선수금 증가액 (식 23.6)

Miniature 예제 1 고객으로부터 받은 현금

상황

· 매출채권계정과 대손충당금계정에 기록된 금액이 다음과 같다.

매출채권

기초잔액	15,000	회수불능채권	4,000
매출수익	600,000	현금회수액	??
기말잔액	35,000		

손실충당금

회수불능채권	4,000	기초잔액	6,000
		손상차손	7,000
		기말잔액	9,000

물음 고객으로부터의 현금회수액을 구하라.

정답 및 해설

고객으로부터 받은 현금 = 매출수익 − 손상차손 − 매출채권(순액) 증가액
= ₩600,000 − ₩7,000 − [(₩35,000 − ₩9,000) − (₩15,000 − ₩6,000)]
= ₩576,000

(2) 공급자에게 지급한 현금

현금흐름과 관련하여 판매 못지않게 중요한 영업활동이 재고자산의 구매이다. 재고자산 구매와 동시에 또는 구매 이전에 재고자산 공급자에게 구매대가를 현금으로 지급할 수도 있으나, 대부분은 구매 이후에 현금을 지급한다.[4] 따라서 매입채무계정의 변화를 분석하는 것이 중요하다. 매입채무계정을 정리하면 당기현금지출을 다음과 같이 계산할 수 있다.

기초매입채무 + 재고자산 당기매입액 = 당기현금지출 + 기말매입채무
당기현금지출 = 재고자산 당기매입액 − (기말매입채무 − 기초매입채무)
= 재고자산 당기매입액 − 매입채무 증가액

위 식은 매입채무가 증가할수록 재고자산 매입을 위한 현금지출이 감소한다는 것을 보여준다. 한편, 재고자산 당기매입액은 재고자산계정을 분석해서 구할 수 있다. 재고자산의 평가계정인 재고자산평가충당금계정을 사용해서 재고자산 평가손실과 평가손실환입을 기록하는 경우, 평가손실(환입)은 재고자산(순액) 증가액을 감소(증가)시킨다. 그러므로 재고자산 증가가 현금지출에 미치는 음(−)의 영향을 제대로 반영하려면, 재고자산(순액) 증가액에 평가손실(환입)을 가산(차감)해야 한다. 따라서 재고자산을 순액으로 표시할 때 당기매입액을 다음과 같이 계산한다.

기초재고자산(순액) + 재고자산 당기매입액
= 매출원가 + 기말재고자산(순액) + 평가손실 − 평가손실환입
재고자산 당기매입액 = 매출원가 + {재고자산(순액) 증가액 + 평가손실 − 평가손실환입}

재고자산 당기매입액을 위의 당기현금지출 식에 대입하면 다음과 같다.

당기현금지출 = 매출원가 ± 평가손익 + 재고자산(순액) 증가액 − 매입채무 증가액

현금지출을 음(−)수로 표시하기 위해 위 식의 양변에 (−)1을 곱하고, 또 다른 현금유출인 선급금 증가액을 포함하면 <표 23.6>에서 제시한 대로 공급자에게 지급한 현금을 다음과 같이 계산할 수 있다.

공급자에게 지급한 현금 = (−)매출원가 ∓ 평가손익 − 재고자산(순액) 증가액
+ 매입채무 증가액 − 선급금 증가액 (식 23.7)

---

4) 구매 이전에 현금이 유출되는 경우 선급금이 발생하는데, 선급금은 영업자산의 일부이므로 영업활동 현금흐름 계산 시 증가(감소)액을 차감(가산)한다.

Miniature 예제 2 재고자산 구매와 현금지급액(직접법)

상황

· 재고자산계정, 재고자산평가충당금계정, 매입채무계정에 기록된 금액이 다음과 같다.

재고자산

기초잔액	80,000	매출원가	500,000
매입	??		
기말잔액	90,000		

재고자산평가충당금

		기초잔액	0
		재고자산평가손실	3,000
		기말잔액	3,000

매입채무

현금지급액	???	기초잔액	50,000
		매입	???
		기말잔액	65,000

상황 재고자산과 관련된 현금지급액을 결정하라.

정답 및 해설

재고자산계정:

재고자산 당기매입액 = 매출원가 + 재고자산(순액) 증가액 + 평가손실
= ₩500,000 + (₩87,000 − ₩80,000) + ₩3,000
= ₩510,000

매입채무계정:

당기현금지출 = 재고자산 당기매입액 − 매입채무증가액
= ₩510,000 − (₩65,000 − ₩50,000)
= ₩495,000

또는 위 과정을 종합한 식을 이용하여 당기현금지출액을 아래와 같이 계산할 수도 있다.

공급자에게 지급한 현금
= (−)매출원가 − 평가손실 − 재고자산(순액) 증가액 + 매입채무 증가액
= (−)₩500,000 − ₩3,000 − (₩87,000 − ₩80,000) + (₩65,000 − ₩50,000)
= (−)₩495,000

(3) 급여와 기타 영업비용을 위해 지출한 현금

종업원에게 지급하는 급여와 기타 영업비용은 발생과 동시에 지급되기도 하지만, 미리 지급되거나 나중에 지급되는 경우도 많다. 따라서 이러한 영업비용과 관련된 현금지출은 선급비용계정과 미지급비용계정을 분석해서 결정하여야 한다.

① 영업비용이 발생 즉시 현금으로 지출되는 경우에는 다음 식이 성립한다.

당기현금지출(현금) = 당기발생비용(현금)

② 영업비용을 선급하는 경우에는 유동자산인 선급비용계정이 다음 식을 만족해야 한다.

기초선급비용 + 당기현금지출(선급) = 당기발생비용(선급) + 기말선급비용
당기현금지출(선급) = 당기발생비용(선급) + (기말선급비용 − 기초선급비용)
= 당기발생비용(선급) + 선급비용 증가액

위 식에서 당기발생비용(선급)은 당기에 비용으로 인식되면서 선급비용에서 제거되는 부분이다. 과거에 현금이 지출되었지만, 당기에 비용으로 인식된다. 선급비용 증가액은 미리 지급한 현금이 늘어난 부분이므로 당기현금지출에 가산한다.

③ 영업비용을 미지급하는 경우에는 유동부채인 미지급비용계정이 다음 식을 만족해야 한다.

기초미지급비용 + 당기발생비용(미지급) = 당기현금지출(미지급) + 기말미지급비용
당기현금지출(미지급) = 당기발생비용(미지급) − (기말미지급비용 − 기초미지급비용)
= 당기발생비용(미지급) − 미지급비용 증가액

당기발생비용(미지급)은 당기에 비용으로 인식되면서 현금이 동시에 지급되지 않은 부분이고, 당기현금지출(미지급)은 과거에 비용으로 인식되었던 부분이 당기에 현금으로 지급된 것이다. 미지급비용 증가액은 현금지출을 미룬 것이 증가한 것을 의미하므로 현금지출에서 차감한다.

위의 세 경우(① ~ ③)를 종합하면, 영업비용을 위해 당기에 지출한 현금 총액은 다음과 같다.

당기현금지출 총액 = 당기현금지출(현금) + 당기현금지출(선급) + 당기현금지출(미지급)
= 당기발생비용(현금) + 당기발생비용(선급) + 선급비용 증가액 + 당기발생비용(미지급)
− 미지급비용 증가액
= {당기발생비용(현금) + 당기발생비용(선급) + 당기발생비용(미지급)} + 선급비용 증가액
− 미지급비용 증가액

= 당기발생비용 + 선급비용 증가액 − 미지급비용 증가액

현금지출을 음수로 표시하기 위해 위 식의 양변에 (−)1을 곱하면 <표 23.6>에 제시된 종업원에게 지급한 현금 및 기타 영업비용 현금지급액과 일치한다.

당기현금지출 총액 = (−)당기발생비용 − 선급비용 증가액 + 미지급비용 증가액 (식 23.8)

Miniature 예제 3 종업원에게 지급한 현금과 선급비용 지급액

상황

1. 2차연도 중에 포괄손익계산서 상 급여비용은 ₩320,000이고 미지급급여계정에 기록된 금액은 다음과 같다.

미지급급여

		기초잔액	60,000
현금지급액	??	발생액	320,000
		기말잔액	80,000

2. 2차연도 6. 1.에 추가로 보험료를 선납하고 2차연도 6. 30.에 2차연도 상반기 재무제표를 작성한다고 가정하면 선급보험료계정의 변동액과 현금지급액이 다음과 같다.

선급보험료

기초잔액	90,000	소멸(보험료비용)	90,000
현금지급액	??		
기말잔액	78,000		

상황 2차연도 중 종업원에게 지급한 현금과 보험료로 지급한 현금을 계산하라.

정답 및 해설

종업원에게 지급한 현금 = (−)당기발생비용 + 미지급급여 증가액
= (−)₩320,000 + (₩80,000 − ₩60,000)
= (−)₩300,000

보험료로 지급한 현금 = (−)당기발생비용 − 선급보험료 증가액
= (−)₩90,000 − (₩78,000 − ₩90,000) = (−)₩78,000

2. 이자, 배당금, 법인세로 인한 현금흐름

금융기관 이외의 기업이 직접법을 사용해서 영업활동 현금흐름(현금이익)을 공시하면 영업활동과 관련된 이자, 배당금, 법인세 현금흐름을 직접 확인할 수 있다. 그러나 간접법을 사용해서 영업활동 현금흐름을 구한다 하더라도, 이자, 배당금, 법인세와 관련된 현금흐름이 얼마인지를 확인할 수 있도록 별도항목으로 공시한다[1007: 31, 35]. 이자, 배당금 및 법인세를 영업활동으로 분류하면, 이자 수취

액, 이자 지급액, 배당금 수취액 및 법인세 납부(환급)액을 각각 결정한 후 아래와 같이 '영업에서 창출된 현금'에 가감해서 '영업활동 현금흐름(현금이익)'을 구한다.

영업에서 창출된 현금		×××
+) 이자 수취액	×××	
+) 배당금 수취액	×××	
−) 이자 지급액	(×××)	
−) 법인세 납부액	(×××)	×××
=) 영업활동 현금흐름(현금이익)		×××

이자, 배당금 및 법인세 관련 현금흐름을 계산하는 방법은 <표 23.6>에 제시한 영업에서 창출된 현금을 계산하는 방법과 유사한데, <식 23.5>에 기초해서 정리하면 <표 23.7>과 같다.

표 23.7 이자 및 배당금과 법인세와 관련된 영업활동 현금흐름

별도 공시항목[1037, 31, 35]	=	영업활동 조정손익*	−	Δ영업자산	+	Δ영업부채
이자 수취액	=	이자수익**	−	Δ미수이자	+	Δ선수이자
배당금 수취액	=	배당금수익	−	Δ미수배당금		
이자 지급액	=	(−)이자비용**	−	Δ선급이자	+	Δ미지급이자
법인세 납부액*	=	(−)법인세비용***	−	Δ법인세환급금	+	Δ미지급법인세
			−	Δ이연법인세자산	+	Δ이연법인세부채

* 영업활동 조정손익을 각 영업활동 관련 수익과 비용으로 구분하되, 비용은 현금유출이므로 음(−)수로 표시한다.
** 유효이자율법 적용으로 인한 관련 자산 및 부채의 조정액(예 할인발행차금 상각액)은 현금흐름에 영향을 주지 않으므로 이자수익과 이자비용에서 제외한다. 사채할인(할증)발행차금 상각액에 대해서는 제4절에서 설명한다.
*** 기타포괄손익에 대한 이연법인세비용도 포함한 금액이다.

<표 23.7>에서 이자 수취액, 배당금 수취액 및 이자 지급액을 계산하기 위해서는 포괄손익계산서 관련 항목에서 선급이자와 같은 영업자산의 증가액을 차감하고, 선수이자와 같은 영업부채의 증가액을 가산하는데, 이러한 방법은 '영업에서 창출된 현금'을 계산할 때 <표 23.6>에 이미 적용하였다. 그러나 법인세 납부액 결정은 이연법인세부채(자산)와 기타포괄손익(예 재평가미실현이익)을 고려해야 하기 때문에 쉽지 않으므로 아래에서 추가로 설명한다.

Miniature 예제 4 이자 수취액과 배당금 수취액

상황

이자수익	₩4,000
배당금수익	6,000

	기초잔액	기말잔액
미수이자	₩1,500	₩2,500
미수배당금	8,000	3,500

물음 이자와 배당금 수취액을 각각 계산하라.

정답 및 해설

이자 수취액 = 이자수익 – 미수이자 증가액
= ₩4,000 – (₩2,500 – ₩1,500)
= ₩3,000

배당금 수취액 = 배당금수익 – 미수배당금 증가액
= ₩6,000 – (₩3,500 – ₩8,000)
= ₩10,500

법인세 납부액

법인세 납부액을 결정하기 위해서는 포괄손익계산서의 법인세비용과 재무상태표의 미지급법인세 및 이연법인세부채(자산)를 분석하여야 한다. 포괄손익계산서의 법인세비용은 당기법인세비용과 이연법인세비용으로 구성된다. 주의할 점은, 기타포괄손익항목에 대한 법인세는 포괄손익계산서상 법인세비용에 포함되지 않고 세후로 보고되는 기타포괄손익항목에 가려져 있으므로 법인세비용과 별도로 고려해야 한다는 것이다.

법인세 관련 현금흐름은 통상적으로 미지급법인세를 납부하면서 발생하므로, 미지급법인세계정에 대한 분석이 중심이 된다. 그리고 이연법인세는 이연법인세부채계정을 중심으로 분석한다. 설명을 단순화하기 위해서 이연법인세자산이 없다고 가정하면 미지급법인세와 이연법인세부채에 대해서 다음 식이 성립한다.

기초미지급법인세 + 당기법인세비용 = 법인세 납부액 + 기말미지급법인세
기말이연법인세부채 = 기초이연법인세부채 + 이연법인세비용 + 기타포괄손익 이연법인세비용

위 두 식의 좌변과 우변을 각각 더하고 정리하면 다음과 같다.

법인세 납부액 = 당기법인세비용 + 이연법인세비용 + 기타포괄손익 이연법인세비용
– (기말미지급법인세 – 기초미지급법인세)
– (기말이연법인세부채 – 기초이연법인세부채)
= 법인세비용 + 기타포괄손익 이연법인세비용
– 미지급법인세 증가액 – 이연법인세부채 증가액

현금지출이 음(–)이 되도록 위 식의 양변에 (–)1을 곱하면 법인세 납부액은 다음과 같다.

$$\text{법인세 납부액} = (-)\text{법인세비용} - \text{기타포괄손익 이연법인세비용} + \text{미지급법인세 증가액} + \text{이연법인세부채 증가액} \quad \text{(식 23.9)}$$

<식 23.9>에 법인세 관련 자산(법인세환급금 및 이연법인세자산)의 증가액을 추가하면 <표 23.7>에 제시된 법인세 납부액을 구할 수 있다.

당기법인세비용과 이연법인세비용이 구분 공시되지 않는 경우에는, 이연법인세부채(자산)의 변동액을 바탕으로 다음과 같이 이연법인세비용과 당기법인세비용을 구한 후, <식 23.9>를 이용하여 법인세 납부액을 산정한다(예제 1 참조).

① 이연법인세비용 = 이연법인세부채 증가액 − 기타포괄손익 이연법인세비용

② 당기법인세비용 = 법인세비용 − 이연법인세비용

예제 1 법인세 납부액

중요도: ★★★
난이도: ◆◆◆

상황

포괄손익계산서에 인식한 법인세비용	₩18,000
재평가미실현이익(기타포괄손익)에 인식한 이연법인세비용(이연법인세부채)	3,000

	기초잔액	기말잔액
미지급법인세	₩9,500	₩5,000
이연법인세부채	1,000	6,500

물음 당기법인세비용(미지급법인세 발생액)과 법인세 납부액을 계산하라.

정답 및 해설

이연법인세부채의 변동액은 다음과 같다.

이연법인세부채

(차변)	(대변)	
	기초잔액	1,000
	이연법인세비용	??
	기타포괄손익에 인식한 이연법인세비용	3,000
	기말잔액	6,500

이연법인세비용 = ₩6,500 − ₩1,000 − ₩3,000
= ₩2,500

당기법인세비용을 다음과 같이 계산한다.

포괄손익계산서에 인식한 법인세비용	₩18,000
−) 이연법인세비용	(2,500)
=) 당기법인세비용(미지급법인세 발생액)	₩15,500

법인세 납부액을 결정하기 위해서 미지급법인세계정의 변동상황을 분석한다.

미지급법인세			
법인세 납부액	??	기초잔액	9,500
		당기법인세비용	15,500
		기말잔액	5,000

법인세 납부액 = 당기법인세비용 − 미지급법인세 증가액
= ₩15,500 − (₩5,000 − ₩9,500)
= ₩20,000

한편, 법인세 납부액을 <식 23.9>를 이용해서 다음과 같이 구할 수도 있다.
법인세 납부액 = (−)₩18,000 − ₩3,000 − ₩4,500 + ₩5,500 = (−)₩20,000

Chapter 23 제4절

간접법

1. 간접법의 특징

간접법(indirect method)은 발생기준에 따라 계산한 **당기순이익에 여러 항목을 가산하고 차감하는 조정과정을 거쳐** 영업활동 현금흐름(현금이익)을 **계산**한다. 직접법이 판매, 구매와 같은 영업활동 별로 현금의 유입과 유출을 보고해 직관적으로 이해하기 쉬운 데 반해, 간접법은 발생주의 이익을 조정하는 과정이 복잡하다. 그러나 현금흐름표를 작성하는 기업은 발생주의에 기초한 회계시스템의 자료를 그대로 활용하는 간접법이 편리하므로 대부분 기업이 간접법에 따른 현금흐름표를 발표한다. 간접법에서는 **당기순이익에 가감하는 항목과 그 이유를 이해하는 것이 핵심이다**. 다행하게도, 직접법에서 발생기준 금액을 현금기준 금액으로 전환할 때 사용했던 논리를 기억하면 이해가 쉽다.

재무제표이용자 관점에서 간접법에 따른 현금흐름표가 갖는 장점이 있다. 간접법에서는 발생기준 당기순이익과 현금이익(영업활동 현금흐름)을 한 곳에서 보여주므로, 서로 다른 기준에 따라 작성된 두 개의 경영성과 측정치를 쉽게 비교할 수 있다. 실제로 많은 재무분석가가 다음과 같이 영업활동 현금흐름과 당기순이익을 비교해 당기순이익의 질을 평가하는 지표로 사용한다.

회계이익의 질(quality) = 영업활동 현금흐름 ÷ 당기순이익

당기순이익 대비 영업활동 현금흐름이 클수록 이익의 질이 좋다고 해석한다. 단순한 지표이기 때문에 한계는 있지만, 당기순이익의 보조지표로서 유용하다. 예를 들어, 당기순이익은 양(+)이지만 영

업활동 현금흐름이 음(−)인 기업은 포괄손익계산서가 보여주는 양호한 경영성과가 왜 현금흐름으로 이어지지 않는지 추가적인 분석이 필요하다. 당기순이익과 영업활동 현금흐름의 변화추세를 비교하면 기업의 미래수익성 변화를 추정하는 데 도움을 얻을 수 있다. 기업의 재무제표와 주석이 100쪽을 넘는 경우가 흔하다. 저자에게 이 가운데 가장 중요한 곳을 짚으라고 하면, 저자는 간접법에 따른 현금흐름표에서 당기순이익과 영업활동 현금흐름이 나란히 제시된 부분을 선택한다.

다음은 p. 1216에 제시한 <식 23.5>이다.

영업활동 현금흐름 = (당기순이익 − 조정수익 + 조정비용) − Δ영업자산 + Δ영업부채
= 영업활동 조정손익 − Δ영업자산 + Δ영업부채

위 <식 23.5>을 활용하여 간접법에서 당기순이익을 영업활동 현금흐름으로 변환하는 조정과정은 크게 다음 네 부분으로 구성된다.

- 조정 1: 비현금수익 및 비현금비용의 영향을 제거
- 조정 2: 비영업 현금수익 및 비영업 현금비용의 영향을 제거
- 조정 3: 영업관련 비현금자산 및 영업관련 부채의 영향을 조정
- 조정 4: 이자, 배당금, 법인세의 영향을 반영

조정 1과 조정 2는 포괄손익계산서 항목을 이용한 조정이고, 조정 3은 재무상태표계정의 증감액을 이용한 조정이다. 조정 4는 이자, 배당금, 법인세로 인한 현금흐름을 별도로 공시하기 위한 조정이다.[5] 아래에서 네 가지 유형의 조정을 각각 설명하고 현금흐름표 작성절차를 요약한다.

2. 비현금손익의 영향 제거

(1) 비현금손익 조정 이유

간접법의 출발점인 당기순이익은 발생기준 수익에서 발생기준 비용을 차감한 것으로, 손익계산서의 가장 밑에 위치해서 통상적으로 'bottom line'이라고도 불린다. 당기순이익이 영업활동 현금흐름(현금이익)과 같다면 조정할 필요가 없다. 그러나 발생기준 수익 및 비용이 현금기준 수익 및 비용과 달라, 당기순이익과 영업활동 현금흐름(현금이익) 사이에 괴리가 발생하는 것이 일반적이다. **간접법의 최종 목표는 당기순이익에서 출발해 영업활동 현금흐름(현금이익)을 역산하는 것**이다. 따라서 당기순이익을 계산하는 과정에 포함된 수익이나 비용 중 현금기준을 따랐다면 다르게 인식되었을 항목을 찾아내고 그로 인해 차이 난 부분을 바로 잡는 조치가 필요하다.

영업활동에서 발생했지만 현금유입이나 현금유출을 수반하지 않는 비현금수익 또는 비현금비용은

---

5) 여기서 '조정 1'과 '조정 2'는 제2절에서 도출한 영업현금흐름 공식에서 당기순손익에 가감되는 '비현금손익', '비영업 현금손익'과 각각 동일하다. 한편 '조정 3'은 영업현금흐름 공식에 '− Δ영업자산 + Δ영업부채'로 반영되어 있다. '조정 4'는 이자, 배당금, 법인세 관련 손익을 당기순손익에서 분리한 것으로 볼 수 있다.

당기순이익을 증가 또는 감소시키지만, 현금흐름에는 영향을 미치지 않는다. 따라서 이들 항목을 당기순이익에서 차감 또는 가산하여야 영업활동 현금흐름을 정확히 계산할 수 있다. 이러한 조정은 비현금수익 때문에 당기순이익이 현금흐름 대비 과대계상된 부분은 줄여주고, 비현금비용 때문에 당기순이익이 현금흐름 대비 과소계상된 부분은 다시 늘려준다.

개념 감가상각비를 당기순이익에 가산[6)]

- 예제를 단순화시켜 유일한 수익이 현금매출(매출원가: ₩0) ₩10,000이고 유일한 비용이 감가상각비 ₩2,000이라고 가정하면, 당기순이익은 ₩8,000이고 영업에서 창출된 현금은 ₩10,000이다. 감가상각비를 인식하는 분개는 다음과 같다.

(차) 감 가 상 각 비	2,000	(대) 감가상각누계액	2,000

- 위의 분개에서 보듯이 감가상각비는 비현금비용이므로 간접법에서는 당기순이익 ₩8,000에 감가상각비 ₩2,000을 가산해서 영업에서 창출된 현금 ₩10,000을 얻는다.

당기순이익	₩8,000
가산: 감가상각비	2,000
영업에서 창출된 현금	₩10,000

(2) 주식기준보상비용

주식결제형 주식기준보상거래에서 보상비용이 발생하면 다음과 같이 분개하므로 현금흐름에 미치는 영향이 없다.

(차) 보 상 비 용	×××	(대) 자본잉여금-주식선택권	×××

한편, 주식기준보상비용이 법인세비용에 미치는 영향은 다음과 같다.

주식기준보상비용의 인식 ⇒ 차감할 일시적차이(미래공제혜택)의 발생

6) 감가상각비를 당기순이익에 가산하는 조정을 <식 23.4>를 이용하여 설명하면 다음과 같다.

Δ현금 = (당기순이익 + 감가상각비 − Δ영업자산 + Δ영업부채) − Δ비영업자산 − 감가상각비 + Δ비영업부채 + Δ자본_기타

감가상각비가 비현금비용이므로 당기순이익에 가산하여 영업활동현금흐름을 구하고, 괄호 밖에서 투자활동 현금흐름을 계산할 때는 동일한 금액을 차감한다. 이렇게 하면, 비영업자산의 증감을 통해 투자활동 현금흐름을 파악하는 접근법하에서 감가상각비가 불러올 오해를 없앨 수 있다. 즉, 유형자산의 처분이 없는 경우에도 감가상각비가 유형자산 순액을 감소시켜 처분으로 인한 현금유입이 있는 것처럼 보일 수 있는데, 감가상각비를 차감하면 그 영향이 제거되고 투자활동 현금흐름이 정확히 계산된다. 그러나 실무에서는 이처럼 비영업자산의 증감액을 조정하지 않고 더 간편한 방법을 이용한다. 예를 들면, 유형자산의 취득이나 처분이 있는 경우에만 실제 지출액이나 수취액을 바탕으로 투자활동 현금흐름을 계산해 이런 복잡한 과정을 피한다. 위의 식은 당기순이익 조정항목이 괄호 밖에서 어떤 영향을 미치는지 이해를 돕기 위해 제시하였다.

⇒ 이연법인세자산의 증가
⇒ 법인세비용의 감소
⇒ 당기순이익의 증가

즉, 주식결제형 주식기준보상비용을 인식하면 보상비용이 당기순이익을 감소시키지만, 법인세비용을 감소시켜 당기순이익을 증가시키는 효과도 동시에 발생한다. 그러나 둘 다 현금흐름에 미치는 영향이 없으므로 비현금 영업비용인 주식기준보상비용의 이연법인세효과 차감 후 순액을 당기순이익에 가산한다. 주식선택권이 행사되어 주식이 발행되고 약정가격에 해당하는 현금이 유입되면 현금유입액을 재무활동(주식발행)으로 인한 현금유입액으로 보고한다.

예제 2 간접법과 주식기준보상비용

중요도: ★
난이도: ◆◆

상황

· 1차연도 1. 1.에 자방회사가 사장에게 주식선택권 5,000개를 부여했다. 사장이 2차연도 12. 31.까지 근무용역을 제공해야 주식선택권이 3차연도 1. 1.에 가득된다.
· 1차연도 1. 1.에 자방회사가 부여한 주식선택권의 공정가치가 ₩500,000이다.
· 자방회사의 1차연도 당기순이익이 ₩750,000이다.
· 자방회사의 법인세율이 40%이다.
· 이연법인세자산은 실현 가능하다.

물음 간접법을 사용하여 영업에서 창출된 현금을 계산하라.

정답 및 해설

1차연도 12. 31. 결산시점:

(차) 보 상 비 용	250,000*	(대) 주식선택권-자본잉여금	250,000

* ₩500,000 ÷ 2년 = ₩250,000

(차) 이연법인세자산	100,000*	(대) 법 인 세 비 용	100,000

* ₩250,000(차감할 일시적차이: 보상비용) × 40% = ₩100,000

당기순이익	₩750,000
조정:	
보상비용	250,000
이연법인세자산 증가*	(100,000)
영업에서 창출된 현금	₩900,000

* 이연법인세자산(부채)은 재무상태표에 비유동자산(부채)으로 분류한다[1001: 56]. 그러나 이연법인세자산(부채)이 영업활동과 관련되고 현금흐름표를 간접법으로 작성하는 경우에는 이연법인세자산(부채)이 마치 유동자산(유동부채)인 것처럼 취급한다.

3. 비영업 현금손익의 영향 제거

현금유입을 수반하는 수익(이익)이나 현금유출을 수반하는 비용(손실) 중 영업활동과 관련이 없는 항목이 있을 수 있다. 유형자산의 처분대가가 장부금액보다 클 때 인식하는 유형자산처분이익이 한 예이다. 유형자산처분이익만큼 추가적인 현금유입이 있고, 당기순이익도 그로 인해 증가한다. 그러나 비유동자산의 처분으로 발생한 현금흐름은 영업활동이 아닌 투자활동으로 분류하므로, 유형자산처분이익은 영업활동 현금흐름 부분에서 제외하고 투자활동 현금흐름으로 보고한다. 이를 위해 유형자산처분이익을 포함하는 당기순이익에서 비영업 현금수익(유형자산처분이익)을 차감한다. 같은 이유로, 유형자산처분손실과 같은 비영업 현금비용(손실)은 영업활동의 결과가 아니면서 당기순이익을 감소시켰으므로 당기순이익에 가산한다. 요약하면, **비영업 현금수익(이익)은 당기순이익에서 차감하고, 비영업 현금비용(손실)은 당기순이익에 가산**한다. 그리고 영업활동에서 제외된 비영업 현금수익(이익)과 비영업 현금비용(손실)은 투자활동이나 재무활동 부분에서 보고한다.[7]

개념 유형자산처분손실을 당기순이익에 가산

- 예제를 단순화시켜 유일한 수익이 현금매출 ₩10,000(매출원가: ₩0)이고 유일한 비용이 유형자산(장부금액: ₩5,000, 감가상각누계액: ₩0) 처분손실 ₩2,000이라고 가정하자. 당기순이익은 ₩8,000(매출총이익 ₩10,000 − 유형자산처분손실 ₩2,000)이지만, 영업에서 창출된 현금은 ₩10,000(매출 ₩10,000 − 매출원가 ₩0)이다. 간접법을 이용하면 영업에서 창출된 현금 ₩10,000을 다음과 같이 계산한다.

당기순이익	₩8,000
가산: 유형자산처분손실	2,000
영업에서 창출된 현금	₩10,000

- 유형자산을 처분해서 받은 현금 ₩3,000(장부금액 ₩5,000 − 처분손실 ₩2,000)은 투자활동 현금흐름으로 보고한다. 만약 영업활동 부분에서 유형자산처분손실을 가산하지 않으면, 유형자산처분손실이 당기순이익을 감소시킨 것 때문에 영업활동 현금흐름도 감소하고 투자활동 현금흐름도 감소하는 이중계산 문제가 발생한다. 따라서 영업활동 부분에서 유형자산처분손실을 당기순이익에 가산함으로써 위축되었던 당기순이익을 회복시키고, 처분손실로 인한 현금감소는 투자활동 부분에서 한 번만 인식하는 것이 올바른 회계처리이다.

---

7) 유형자산처분이익을 당기순이익에서 차감하는 조정을 <식 23.4>를 이용하여 설명하면 다음과 같다.

Δ현금 = (당기순손익 − 유형자산처분이익 − Δ영업자산 + Δ영업부채)
− Δ비영업자산 + 유형자산처분이익 + Δ비영업부채 + Δ자본_기타

괄호 밖에서 유형자산처분이익을 가산하는 이유는, '− Δ비영업자산'이 유형자산 장부금액의 감소분을 반영하므로 여기에 처분이익을 더해야 처분으로 인한 현금수취액 총액이 되기 때문이다. 유형자산처분손실의 조정도 같은 논리를 따른다. 이러한 조정은 제5절에서 설명할 투자활동 현금흐름을 구하는 과정에 반영된다.

4. 영업관련 비현금자산 및 부채의 영향 조정

직접법에서 살펴보았듯이, 매출채권, 재고자산, 매입채무 등 영업자산과 영업부채의 증감은 영업활동 현금흐름에 영향을 미친다. 즉, 영업활동 현금흐름은 영업자산(주로 비현금 유동자산) 증가(감소)액만큼 감소(증가)하고, 영업부채(주로 유동부채) 증가(감소)액만큼 증가(감소)한다. 제3절 '직접법'에서 주요 영업자산 및 영업부채에 대해 이러한 관계를 설명하였으므로, 아래에서는 '간접법'에서 유의할 항목을 중심으로 설명한다.

(1) 매출채권

대손충당금

직접법에서 도출한 '고객으로부터 받은 현금' 식(식 23.6)을 활용하여 (다른 영업활동이 없다는 가정하에) 간접법에서의 '영업에서 창출된 현금'을 제시하면 아래와 같다.

영업활동에서 창출된 현금 = 당기순이익 − 매출채권(순액) 증가액 + 선수금 증가액 (식 23.10)

매출채권 손상차손(대손상각비)이 비현금비용이지만 당기순이익에 가산하지 않음에 주의하여야 한다(예제 3 참조). 직접법에서의 <식 23.6>을 기억하는 독자들은 거기서는 순매출수익에서 매출채권 손상차손(대손상각비)을 차감한 후 매출채권(순액)과 선수금 증가액을 조정했는데, <식 23.10>에서는 손상차손을 왜 당기순이익에 가산하지 않는지 의문을 가질 수 있다. 간접법의 출발점인 당기순이익은 이미 손상차손의 영향을 포함하고 있으므로, <식 23.10>은 <식 23.6>과 사실상 같다고 할 수 있다. 매출채권 손상차손은 영업활동 현금흐름의 계산에 포함되는 매출채권(순액)의 변동액에 영향을 주므로, 만약 당기순이익에 손상차손을 가산한다면 매출채권(순액) 변동액에서 다시 차감해야 하는데 이러한 조정이 모두 영업활동 내에서 이루어지므로 조정의 실익이 없다. 감가상각비는 비현금비용이지만 비영업자산과 관련되므로 영업활동 현금흐름의 계산에서 조정해야 하지만, 매출채권 손상차손은 비현금비용이지만 영업자산과 관련되므로 영업활동 현금흐름의 계산에 영향이 없는 조정을 할 필요가 없다.

예제 3 매출채권계정

중요도: ★★★
난이도: ◆◆

상황

· 2차연도 손익계산서는 다음과 같다.

매 출 액	₩300,000
매 출 원 가	(140,000)
대손상각비	(5,000)
기 타 비 용	(17,000)
당기순이익	₩138,000

· 기초재고자산과 기말재고자산이 없으며, 상품 구입대금은 모두 현금으로 지급하였다.
· 상품을 전부 외상으로 판매하며, 기말매출채권과 관련된 자료는 다음과 같다.

	1차연도 말	2차연도 말	차이(↑: 증가, ↓: 감소)
매출채권(총액)	₩120,000	₩150,000	₩30,000↑
대손충당금	(10,000)	(12,000)	(2,000)↑
매출채권(순액)	₩110,000	₩138,000	₩28,000↑

물음 간접법을 이용하여 2차연도의 영업에서 창출된 현금을 계산하라.

정답 및 해설

영업에서 창출된 현금 = 당기순이익 − 매출채권(순액) 증가액
= ₩138,000 − ₩28,000 = ₩110,000

외화환산손익 및 외환차손익

기업이 화폐성 외화자산이나 외화부채를 보유하는 상황에서 환율이 변동하면 외화환산손익 또는 외환차손익이 발생한다. 우리나라에서는 완료되지 않은 거래(예 외화매출채권을 보유하고 있는 상황)에 대한 환율변동의 결과를 외화환산손익이라 하고, 완료된 거래(예 외화매출채권의 회수)에 대한 환율변동의 결과를 외환차손익이라 한다. 「K-IFRS 제1021호」(환율변동 기준서)는 외화환산손익과 외환차손익을 구분하지 않고 일괄적으로 외화환산손익이라 부른다.

일반 상거래에서 발생한 채권 · 채무(예 매출채권, 매입채무)와 관련된 외화환산손익 및 외환차손익은 일반 상거래 이외에서 발생한 채권 · 채무와 관련된 외화환산손익 및 외환차손익과 다르게 처리한다. 먼저, 매출채권에 외화환산손익이 발생하면 매출채권 기말잔액을 다음과 같이 수정한다.

수정된 기말매출채권 = 기초매출채권 + 매출채권 기중변동 + 외화환산이익 − 외화환산손실

외화환산손익을 반영해 수정된 매출채권이 그 금액대로 회수되는 경우, 외화환산손익은 당기순이익과 영업에서 창출된 현금에 동일한 영향을 미친다. 따라서 일반 상거래에서 발생한 채권 · 채무와 관련된 외화환산손익과 외환차손익은 당기순이익에 포함된 상태에서 추가적인 조정이 필요 없다.

그러나 일반 상거래 이외에서 발생한 채권 · 채무(예 장기미수금, 장기미지급금 등)와 관련된 외화환산손익과 외환차손익은 영업활동 현금흐름에서 제외해야 하므로 당기순이익에서 차감한다. 예를 들어, 유형자산 취득으로 인한 장기미지급금과 관련해서 외화환산이익이 발생하면, 이는 영업활동 현금흐름이 아닌데도 당기순이익에 포함되어 있으므로 당기순이익에서 차감한다. 이러한 외화환산손익과 외환차손익은 투자활동 또는 재무활동으로 인한 현금흐름에 포함한다.

Miniature 예제 5 외화표시 매출채권의 환율변동 효과가 현금흐름에 미치는 영향

상황

· 예제를 단순화시켜 매출채권 기초잔액이 ₩0인 상황에서 원가가 ₩0인 상품을 ₩100,000에 외상판매하고

다음 거래만 발생하였다고 가정하면 당기순이익은 ₩130,000이다.

외상판매시점:

(차) 매 출 채 권	100,000	(대) 매 출	100,000

환율변동시점:

(차) 매 출 채 권	10,000	(대) 외 화 환 산 이 익	10,000

매출채권회수시점:

(차) 현 금	130,000	(대) 매 출 채 권	110,000
		외 환 차 익	20,000

· 위 거래에서 현금흐름표상 '영업활동으로 인한 현금유입'은 ₩130,000이고, 당기순이익은 ₩130,000(매출수익 ₩100,000 + 외화환산이익 ₩10,000 + 외환차익 ₩20,000)이며, 매출채권계정의 순증가액은 ₩0이다. 이 경우, 외화환산이익과 외환차익이 이미 당기순이익에 포함되어 현금유입액과 당기순이익이 일치하므로 간접법을 사용하여 영업활동 현금흐름을 계산하는 경우에 당기순이익을 조정할 필요가 없다.

(2) 재고자산

직접법에서 도출한 '공급자에게 지급한 현금' 식(식 23.7)을 활용하여 (다른 영업활동이 없다는 가정하에) 간접법에서의 '영업에서 창출된 현금'을 제시하면 아래와 같다.

영업에서 창출된 현금 = 당기순이익 − 재고자산(순액) 증가액 − 선급금 증가액
+ 매입채무 변동액 (식 23.11)

매출채권 손상차손과 마찬가지로, 재고자산 평가손실도 비현금비용이지만 당기순이익에 가산하지 않는다는 점에 주의하여야 한다.

Miniature 예제 6 재고자산 구매와 현금지급액(간접법)

상황

· Miniature 예제 2에서 아래 자료에 대해 직접법에 따라 계산한 현금유입액이 ₩308,000이다.

· 재고자산계정, 재고자산평가충당금계정, 매입채무계정에 기록된 금액이 다음과 같다.

재고자산

기초잔액	80,000	매출원가	500,000
매입	??		
기말잔액	90,000		

재고자산평가충당금

		기초잔액	0
		재고자산 평가손실	3,000
		기말잔액	3,000

매입채무

		기초잔액	50,000
현금지급액	??	매입	??
		기말잔액	65,000

· 매출액(모두 현금판매)은 ₩803,000이고, 다른 비용은 없다.

물음 위의 자료를 이용해서 간접법으로 영업에서 창출된 현금을 결정하라.

정답 및 해설

매출액	₩803,000
매출원가	(500,000)
재고자산 평가손실	(3,000)
당기순이익	₩300,000

	기초잔액	기말잔액	차이
재고자산	₩80,000	₩90,000	₩10,000 증가
재고자산평가충당금	(0)	(3,000)	(3,000) 증가
재고자산(순액)	₩80,000	₩87,000	₩7,000 증가

영업에서 창출된 현금
= 당기순이익 − 재고자산(순액) 증가액 + 매입채무 증가액
= ₩300,000 − ₩7,000 + ₩15,000 = ₩308,000

(3) FVPL 금융자산

제9장에서 살펴보았듯이, FVPL(당기손익－공정가치측정) 금융자산의 공정가치 변동액(평가손익)은 당기손익으로 인식하고 FVPL 금융자산 장부금액에 반영한다. 그리고 처분손익은 전기 재무제표 작성일 이후에 공정가치가 변동한 금액으로 측정한다. FVPL 금융자산을 영업자산으로 분류하면, FVPL 평가손익이 FVPL 금융자산 장부금액에 이미 포함되어 있으므로 비현금손익인 평가손익을 간접법에서 별도로 조정할 필요가 없다. 즉, FVPL 금융자산을 매출채권이나 재고자산처럼 처리한다. FVPL 금융자산의 처분손익 역시 영업활동에서 발생한 현금유출과 현금유입이고 당기순이익에 포함되어 있으므로 별도의 조정이 필요 없다.

예제 4	FVPL 금융자산(2007년, 회계사)	중요도: ★★★ 난이도: ◆◆◆

상황

· FVPL 금융자산(단기매매증권)의 당기 변동내역은 다음과 같다.

계정과목	기초	기말	증감
FVPL 금융자산	₩200,000	₩160,000	− ₩40,000

· 기초에 보유했던 FVPL 금융자산 ₩200,000을 매도해서 처분이익 ₩50,000이 발생하였다.
· 당기에 발생한 FVPL 금융자산 평가손실: ₩30,000
· FVPL 금융자산(단기매매증권)과 관련된 현금흐름은 영업활동으로 분류하고, 기중 다른 거래는 발생하지 않았다고 가정한다.

물음 직접법과 간접법을 각각 사용하여 영업활동 현금흐름을 계산하라.

정답 **영업활동 현금흐름: ₩60,000**

해설

참고 이 예제에는 이자, 배당금, 법인세가 없으므로 '영업에서 창출된 현금'과 '영업활동 현금흐름'이 같다.

직접법

FVPL 금융자산을 영업관련 자산으로 보면 영업현금유입과 영업현금유출은 다음과 같다.

영업현금유입 = FVPL 금융자산 처분액
= 기초장부금액 ₩200,000 + 처분이익 ₩50,000
= ₩250,000

영업현금유출 = FVPL 금융자산 구입액
= 기말장부금액 ₩160,000 + 평가손실 ₩30,000
= ₩190,000

영업에서 창출된 현금 = 영업현금유입 ₩250,000 − 영업현금유출 ₩190,000
= ₩60,000

간접법

영업에서 창출된 현금 = 당기순이익 − 관련자산 증가액 + 관련부채 감소액

당기순이익 = FVPL 금융자산 처분이익 ₩50,000 − 평가손실 ₩30,000 = ₩20,000

영업에서 창출된 현금 = ₩20,000 − (₩160,000 − ₩200,000) + ₩0 = ₩60,000

예제 5	영업에서 창출된 현금(2018년, 회계사)	중요도: ★★★ 난이도: ◆◆◆

상황

다음은 유통업을 영위하는 ㈜대한의 1차연도 자료이다.

· 1차연도 포괄손익계산서 관련 자료

매출	₩435,000
매출원가	337,000

급여	8,000
매출채권 대손상각비	1,500
차량운반구 감가상각비	16,000
재고자산 평가손실	5,000
매출채권 외화환산이익	1,000
유형자산 처분손실	2,000

· 1차연도 재무상태표 관련 자료

계정과목	기초	기말
매출채권	₩92,400	₩135,500
매출채권 대손충당금	4,400	5,500
재고자산	120,000	85,000
재고자산평가충당금	–	5,000
매입채무	70,000	40,000

· 매출액 중 ₩25,000은 현금매출이며 나머지는 신용매출이다.

· 별도의 언급이 없는 한, 당기 중 거래는 현금으로 이루어졌다. 세금효과는 무시한다.

물음 간접법을 사용해서 영업에서 창출된 현금을 구하라.

정답 및 해설

1차연도 말에 ㈜대한이 재고자산에 저가법을 적용해서 평가손실 ₩5,000을 인식하고 재고자산평가충당금 대변에 기록했음을 알 수 있다. 자료를 바탕으로 당기순이익과 영업에서 창출된 현금을 계산하면 다음과 같다.

매출	₩435,000
매출원가	(337,000)
매출총이익	₩98,000
매출채권 외화환산이익	1,000
급여	(8,000)
매출채권 대손상각비	(1,500)
재고자산 평가손실	(5,000)
차량운반구 감가상각비	(16,000)
유형자산 처분손실	(2,000)
당기순이익	₩66,500

당기순이익	₩66,500
가산: 감가상각비	16,000
유형자산 처분손실	2,000
재고자산(순액) 감소	40,000
차감: 매출채권(순액) 증가	(42,000)
매입채무 감소	(30,000)
영업에서 창출된 현금	₩52,500

5. 이자, 배당금, 법인세의 영향 반영

이자, 배당금, 법인세와 관련된 현금흐름을 영업에서 창출된 현금과 별도로 공시하는 것은 이미 직접법에서 살펴보았다. 여기서는 사채 할인(또는 할증)발행의 경우를 추가로 설명한다.

사채(또는 기타 금융부채)에 대한 할인(할증)액 상각액

사채 이자와 관련된 현금흐름은 표시이자율에 따라 지급되는 현금이자이다. 그러나 사채가 할인(할증)발행된 경우 포괄손익계산서에 인식되는 이자비용은 현금이자와 사채할인(할증)발행차금 상각액을 포함한 금액이다. 사채할인(할증)발행차금 상각액이 현금흐름을 유발하지 않으므로 직접법에서는 할인(할증)발행차금 상각액을 무시하고 현금이자 지급액을 현금흐름표에 보고한다. 그러나 간접법에서는 당기순이익을 계산하는 과정에서 차감한 이자비용 전액(현금이자 ± 사채할인(할증)발행차금 상각액)을 다시 가산해서 '영업에서 창출된 현금'을 계산하고, 여기에서 현금이자 지급액을 차감하여 '영업활동 현금흐름'을 계산한다.

할인발행의 경우		할증발행의 경우	
현금이자(공시항목)	×××	현금이자(공시항목)	×××
가산: 할인발행차금 상각액	×××	차감: 할증발행차금 상각액	(×××)
당기순이익에 가산할 이자비용	×××	당기순이익에 가산할 이자비용	×××

예제 6 간접법과 사채할인(할증)발행차금 상각액

중요도: ★★★
난이도: ◆◆

상황 1 사채할인발행차금 상각

- 2차연도의 당기순이익이 ₩300,000이다.
- 2차연도의 이자비용은 ₩7,000이고 현금이자 지급액은 ₩5,000이다.
- 이자비용 발생액 ₩7,000과 현금이자 지급액 ₩5,000의 차이 ₩2,000은 사채할인발행차금을 상각한 결과이다.

상황 2 사채할증발행차금 상각

- 2차연도의 당기순이익이 ₩300,000이다.
- 2차연도의 이자비용은 ₩5,000이고 현금이자 지급액은 ₩7,000이다.
- 이자비용 발생액 ₩5,000과 현금이자 지급액 ₩7,000의 차이 ₩2,000은 사채할증발행차금을 상각한 결과이다.

물음 이자비용을 영업활동으로 분류한다고 가정하라. 상황 1과 상황 2에서 간접법으로 영업에서 창출된 현금과 영업활동 현금흐름을 계산하라.

정답 및 해설

상황 1: 사채할인발행차금 상각

당기순이익	₩300,000
가산: 이자비용	7,000
영업에서 창출된 현금	₩307,000
차감: 현금이자 지급액	(5,000)
영업활동 현금흐름	₩302,000

상황 2: 사채할증발행차금 상각

당기순이익	₩300,000
가산: 이자비용	5,000
영업에서 창출된 현금	₩305,000
차감: 현금이자 지급액	(7,000)
영업활동 현금흐름	₩298,000

Miniature 예제 7 영업활동 현금흐름(2021년, 회계사)

상황

다음은 ㈜대한의 재무상태표에 표시된 두 종류의 상각후원가(AC)로 측정하는 금융부채(A사채, B사채)와 관련된 계정의 장부금액이다. 상기 금융부채 외에 ㈜대한이 보유한 이자발생 부채는 없으며, ㈜대한은 1차연도 포괄손익계산서 상 당기손익으로 이자비용 ₩48,191을 인식하였다. 당기 중 사채의 추가발행·상환·출자전환 및 차입금의 신규차입은 없었으며, 차입원가의 자본화는 고려하지 않는다.

구분	1차연도 1. 1.	1차연도 12. 31.
미지급이자	₩10,000	₩15,000
A사채(순액)	94,996	97,345
B사채(순액)	110,692	107,334

물음 이자지급을 영업활동으로 분류할 경우, ㈜대한이 1차연도 현금흐름표의 영업활동 현금흐름에 표시할 이자지급액은 얼마인가?

① ₩42,182 ② ₩43,192 ③ ₩44,200 ④ ₩45,843 ⑤ ₩49,200

정답 ③

해설

A사채 할인발행액에 대한 상각액(이자비용의 증가): ₩97,345 − ₩94,996 = ₩2,349
B사채 할증발행액에 대한 상각액(이자비용의 감소): ₩110,692 − ₩107,334 = ₩3,358
₩48,191(총이자비용) = 영업활동 현금흐름(이자 현금지급액) + ₩2,349 − ₩3,358
+ ₩5,000(미지급이자 증가액)
이자 현금지급액 = ₩44,200 (보기 ③)

6. 현금흐름표 작성절차

간접법으로 현금흐름표를 작성하는 절차는 구체적으로 다음과 같다.

단계 1: 현금 증감액(기말현금 − 기초현금)을 계산한다.

단계 2: '영업에서 창출된 현금'과 '영업활동 현금흐름'을 다음과 같이 계산한다.

① 포괄손익계산서의 당기순이익에서 출발한다.

② 포괄손익계산서에 보고된 비현금수익은 차감하고, 비현금비용(예 감가상각비)은 가산한다.

③ 포괄손익계산서에 보고된 비영업 현금수익(예 유형자산처분이익)은 차감하고, 비영업현금비용은 가산한다.

④ 포괄손익계산서에 보고된 이자수익과 배당금수익은 차감하고, 이자비용과 법인세비용은 가산한다.

⑤ 영업활동과 관련된 비현금 유동자산(영업자산)의 증가(감소)액은 차감하고, 영업활동과 관련된 유동부채(영업부채)의 증가(감소)액은 가산해서 '영업에서 창출된 현금'(cash generated from operations)을 결정한다. 그러나 이자, 배당금, 법인세와 관련된 유동자산과 유동부채의 변동은 아래 ⑥에서 고려하므로 여기서는 무시한다.

⑥ 이자 수취액과 배당금 수취액을 영업에서 창출된 현금에 가산하고 이자 지급액, 법인세 납부액을 영업에서 창출된 현금에서 차감하여 '영업활동 현금흐름' 또는 '영업활동으로 인한 현금흐름'(cash provided by operating activities)을 구한다.

단계 3: 비유동자산계정, 비유동부채계정, 자본계정의 변동액을 투자활동 현금흐름이나 재무활동 현금흐름으로 분류해서 현금흐름표에 보고한다.

단계 4: 영업활동 현금흐름, 투자활동 현금흐름, 재무활동 현금흐름의 합계로 현금 증감액을 계산하고, 이를 현금 기초잔액에 가산(또는 차감)해서 현금 기말잔액을 구한다.

위의 여러 단계 가운데 당기순이익을 영업활동 현금흐름(현금이익)으로 전환하는 단계 2가 가장 중요한데, 그 과정을 <표 23.8>에 제시한다.

표 23.8 간접법: 영업활동으로 인한 현금흐름(현금이익)

포괄손익계산서 상의 당기순이익		×××
포괄손익계산서 항목의 조정		
+) 당기순이익에 가산하는 항목		
비현금 영업비용	×××	

비영업 현금비용	×××	
이자비용, 법인세비용	×××	×××
−) 당기순이익에서 차감하는 항목		
비현금 영업수익	×××	
비영업 현금수익	×××	
이자수익, 배당금수익	×××	(×××)
영업관련 비현금 유동자산과 유동부채 변동액의 조정		
현금에 긍정적 영향을 미치는 항목:		
+) 영업관련 비현금 유동자산의 감소	×××	
+) 영업관련 유동부채의 증가	×××	
현금에 부정적 영향을 미치는 항목:		
−) 영업관련 비현금 유동자산의 증가	(×××)	
−) 영업관련 유동부채의 감소	(×××)	×××
영업에서 창출된 현금		×××
+) 이자 수취액	×××	
+) 배당금 수취액	×××	
−) 이자 지급액	(×××)	
−) 법인세 납부액	(×××)	×××
영업활동 현금흐름(현금이익)		×××

만일 당기순이익이 아닌 '법인세차감전순이익'부터 시작하여 '영업활동 현금흐름(현금이익)'을 계산할 때에는, <표 23.8>과는 달리 법인세비용을 다시 가산할 필요가 없다. 왜냐하면, 당기순이익은 법인세비용을 차감한 후의 금액이므로 법인세의 영향을 상쇄하기 위해 다시 가산하지만, 법인세차감전순이익은 법인세비용을 반영하기 전의 금액이기 때문에 상쇄할 필요가 없기 때문이다. 이 점을 제외한 모든 과정은 당기순이익에서 출발하는 경우에 대한 <표 23.8>과 같다.

예제 7 간접법: 영업에서 창출된 현금과 영업활동 현금흐름

중요도: ★★★
난이도: ◆◆◆

상황

포괄손익계산서 항목		영업관련 항목의 당기 중 변동액	
당기순이익	₩80,000	미수이자 감소	₩500
감가상각비	20,000	미지급이자 증가	1,000
이자수익	6,000	미지급법인세 증가	3,000
이자비용	5,000	이연법인세부채 증가	4,500
법인세비용	40,000	매출채권 증가	4,200
기타포괄손익으로 인식된 이연법인세비용	1,500	매입채무 증가	3,400

물음 이자수익과 이자비용을 영업활동 현금흐름으로 분류한다. 간접법을 사용하여 영업에서 창출된 현금과 영업활동 현금흐름을 계산하라.

정답 영업에서 창출된 현금: ₩138,200, 영업활동 현금흐름: ₩106,700

해설

이자 수취액 = 당기이자수익 + 미수이자 감소액 = ₩6,000 + ₩500 = ₩6,500

이자 지급액 = 당기이자비용 − 미지급이자 증가액 = ₩5,000 − ₩1,000 = ₩4,000

이연법인세비용 = 이연법인세부채 증가액 − 기타포괄손익에 대한 이연법인세
= ₩4,500 − ₩1,500 = ₩3,000

당기법인세비용 = 법인세비용 − 이연법인세비용 = ₩40,000 − ₩3,000 = ₩37,000

법인세 납부액 = 당기법인세비용 − 미지급법인세 증가액 = ₩37,000 − ₩3,000 = ₩34,000

당기순이익	₩80,000
포괄손익계산서 항목의 조정	
+) 당기순이익에 가산하는 항목	
감가상각비	20,000
이자비용	5,000
법인세비용	40,000
−) 당기순이익에서 차감하는 항목	
이자수익	(6,000)
영업관련 비현금 유동자산과 유동부채 변동액	
매출채권 증가액	(4,200)
매입채무 증가액	3,400
영업에서 창출된 현금	₩138,200
이자 수취액	6,500
이자 지급액	(4,000)
법인세 납부액	(34,000)
영업활동 현금흐름(현금이익)	₩106,700

Chapter 23 제5절 투자활동 현금흐름과 재무활동 현금흐름

영업활동과 관련되지 않는 재무상태표계정(비유동자산계정, 비유동부채계정, 자본계정) 잔액의 변동이 현금흐름에 미치는 영향을 투자활동 또는 재무활동으로 분류해서 현금흐름표에 보고한다.

1. 투자활동 현금흐름

투자활동 현금흐름은 비유동자산의 취득 및 처분과 관련된 현금유입과 현금유출이다. 투자활동으로 인한 현금흐름의 예는 다음과 같다.

• 유형자산, 무형자산, 기타 장기자산을 취득하기 위한 현금지급(자가건설 유형자산과 자본화한 개발비용과 관련된 현금흐름을 포함)
• 유형자산, 무형자산, 기타 장기자산의 처분으로 인한 현금수취
• 다른 기업의 지분증권 혹은 채무증권을 취득하기 위한 현금지급(현금성자산으로 분류되거나 단기매매목적으로 보유하는 상품은 제외)
• 금융기관이 아닌 기업이 제3자에게 제공한 장기선급금과 장기대여금

투자활동 현금흐름은 비유동자산계정과 관련계정의 변동을 분석해서 파악한다. 예를 들어, 건물계정의 기초잔액이 ₩800,000이고 기말잔액이 ₩500,000이면 건물 일부가 처분된 것을 시사한다. 감가상각누계액계정의 변동액과 유형자산 처분손익 및 감가상각비를 바탕으로 건물의 처분대가와 감가상각누계액 제거액을 유추한다. 그리고 추가자료를 이용해서 추가로 취득한 건물이 있는지, 있다면 취득원가가 얼마인지 추정한다. 이러한 추정을 바탕으로 건물계정의 변동으로 인한 현금흐름을 투자활동으로 분류해서 현금흐름표에 보고한다.

비유동자산의 처분손익은 투자활동 현금유입에 영향을 미친 것으로 보고, 처분손익을 반영한 순현금유입을 투자활동 현금흐름 부분에 보고한다. 즉, 장부금액의 제거와 처분손익의 효과를 함께 보고한다. 영업활동 현금흐름 부분에서 유형자산처분손익을 당기순이익에 다시 가산하거나 차감하여 조정한 이유도 이처럼 비영업항목인 처분손익의 영향을 투자활동으로 보고하기 위한 것이다.

투자활동으로 인한 현금유입액과 현금유출액은 상계하지 않고 각각 총액으로 공시한다. 그리고 현금의 유입 또는 유출이 없는 투자활동(예 사채를 발행하여 토지를 구입)과 재무활동 거래는 현금흐름표에서 제외하지만, 기업의 투자활동과 재무활동에 대해 목적적합한 정보를 제공할 수 있도록 재무제표의 다른 부분에 공시한다[1007:9]. 여기서 '다른 부분'은 주석을 의미하는 것으로 해석한다.

투자활동 현금흐름을 계산하는 과정을 요약하면 다음과 같다.

㉠ 투자활동으로 인한 현금유입액(예 토지의 처분 등)을 파악한다.
㉡ 투자활동으로 인한 현금유출액(예 토지의 취득 등)을 파악한다. 당기 중에 발생한 거래를 유추하여 분개하면 위와 같은 현금유입(유출)액을 파악할 수 있다(예제 8 참조).
㉢ 현금의 유입 또는 유출이 없는 거래(예 사채를 발행하여 토지를 구입)를 분석한 후, 비현금계정의 변동이 빠짐없이 설명되었는지 확인한다.

Miniature 예제 8 투자활동 현금흐름

상황

· 유형자산 처분이익: ₩6,000

· 유형자산 처분으로 인한 총 현금유입액: ₩10,000
· 사채(액면금액: ₩200,000)의 취득: ₩180,000

물음 투자활동 현금흐름을 구하라.

정답 **₩180,000(현금유출) − ₩10,000(현금유입) = ₩170,000(순현금유출)**

예제 8	거래의 유추와 투자활동 현금흐름	중요도: ★★★ 난이도: ◆◆

상황

· 건물에 관한 자료는 다음과 같다.

	기초	기말
건 물	₩400,000	₩640,000
감가상각누계액	45,000	80,000

· 건물(취득원가: ₩110,000, 감가상각누계액: ₩40,000)을 처분하여 유형자산 처분손실 ₩15,000이 발생하였다.
· 공정가치를 알 수 없는 토지를 취득하고 그 대가로 공정가치가 ₩38,000인 사채(액면금액: ₩35,000)를 발행하였다.

물음 회계기간 중 건물에 대해 발생한 거래를 유추해서 분개하고 투자활동 현금흐름을 구하라.

정답 및 해설

① 건물의 처분:

(차) 현 금	55,000*	(대) 건 물	110,000
감가상각누계액	40,000		
유형자산처분손실	15,000		

* (₩110,000 − ₩40,000) − 현금수취액 = ₩15,000
∴ 현금수취액 = ₩55,000

② 기초잔액, 기말잔액과 위 ①의 분개를 건물계정과 감가상각누계액계정에 적용하면 다음과 같다.
건물 기초잔액 ₩400,000 + 건물 취득액 = 건물 처분액 ₩110,000 + 건물 기말잔액 ₩640,000
∴ 건물 취득액 = ₩350,000

감가상각누계액 기초잔액 ₩45,000 + 감가상각비 = 감가상각누계액 제거 ₩40,000 + 감가상각누계액 기말잔액 ₩80,000

∴ 감가상각비 = ₩75,000

건물의 취득:

(차) 건 물	350,000	(대) 현 금	350,000

감가상각비의 기록:

(차) 감 가 상 각 비	75,000	(대) 감가상각누계액	75,000

③ 토지의 취득과 사채의 발행:

(차) 토 지	38,000	(대) 사 채	35,000
		사채할증발행차금	3,000

참고 위 분개에서 파란색으로 표시한 금액을 현금흐름표에 투자활동 현금흐름으로 보고한다.

현금흐름표

투자활동		
건물처분	₩55,000	
건물취득	(350,000)	₩(295,000)

주석: 사채를 발행해서 토지를 ₩38,000에 취득

2. 재무활동 현금흐름

재무활동 현금흐름은 주주 또는 채권자와의 거래(자금조달과 관련된 활동 등)로 인한 현금유입과 현금유출이다. 기업의 재무활동은 납입자본과 차입금의 구성요소와 크기에 변화를 가져오며, 재무활동 현금흐름은 기업의 자본 제공자가 미래현금흐름에 대한 청구액을 예측하는 데 유용하다.

자금 조달 {
- 내부자금 조달: 영업활동의 결과 내부적으로 창출한 자금
- 외부자금 조달: 차입금 또는 주식발행 등으로 조달한 자금

자금 조달과 사용에 관련된 재무활동의 예는 다음과 같다.

- 주식이나 기타 지분증권을 발행하여 받은 현금
- 기업이 자기주식을 취득하거나 상환하기 위하여 소유주에게 지급한 현금
- 채무증권(어음 및 사채)의 발행, 기타 장기차입금으로 인한 현금유입
- 리스료를 지급하여 금융리스부채의 일부를 상환한 현금유출

납입자본과 타인자본(차입금)의 크기와 구성요소를 변동시키는 현금흐름을 식별해서 재무활동 현금흐름을 결정한다. 예를 들어, 장기차입금계정의 변동액을 분석해서 장기차입금의 상환이나 차입이 있었는지, 비현금거래에서 발생한 증가인지를 결정한다. 기업이 회계기간에 주식을 발행하면 자기자본이 변동한다. 주식배당과 같이 비현금거래로 주식이 발행되면 주식발행으로 인한 현금유입액을 계산할 때에 주식배당으로 발행한 금액을 자기자본 변동액에서 차감한다. 투자활동과 마찬가지로, 재무활동으로 인한 현금유입액과 현금유출액은 상계하지 않고 각각 총액으로 공시한다.

재무활동 현금흐름을 계산하는 과정을 요약하면 다음과 같다.

㉠ 재무활동으로 인한 현금유입액(예 사채의 발행 등)을 파악한다.

㉡ 재무활동으로 인한 현금유출액(예 사채의 상환 등)을 파악한다. 당기 중에 발생한 거래를 유추하여

분개하면 위와 같은 현금유입(유출)액을 파악할 수 있다(예제 9 참조).

㉢ 현금의 유입 또는 유출이 없는 거래(예 사채를 발행하여 토지를 구입)를 분석한 후, 비현금계정의 변동이 빠짐없이 설명되었는지를 확인한다.

Miniature 예제 9 재무활동 현금흐름

상황

· 사채할인발행차금 상각액: ₩2,000
· 배당금 결의: ₩45,000
· 배당금 지급: ₩38,000
· 자기주식(장부금액: ₩65,000) 매도로 인한 현금유입액: ₩75,000

물음 재무활동 현금흐름을 구하라.

정답 ₩75,000(현금유입액) − ₩38,000(현금유출액) = ₩37,000(순 현금유입)

예제 9 거래의 유추와 재무활동 현금흐름

중요도: ★★★
난이도: ◆◆

상황

· 사채에 관한 자료는 다음과 같다.

	기초	기말
사 채	₩180,000	₩115,000
사채할증발행차금	22,000	15,000

· 액면금액이 ₩100,000인 사채를 ₩104,000에 상환하면서 사채상환이익 ₩4,000이 발생했다.
· 공정가치를 알 수 없는 토지를 취득하고 그 대가로 공정가치가 ₩38,000인 사채(액면금액: ₩35,000)를 발행하였다.

물음 회계기간 중 사채에 대해 발생한 거래의 분개를 유추하고 현금흐름표에 재무활동 현금흐름을 보고하라.

정답 및 해설

① 토지의 취득과 사채의 발행:

(차) 토 지	38,000	(대) 사 채	35,000
		사채할증발행차금	3,000

② 사채의 상환:

상환된 사채의 장부금액: ₩104,000(상환액) + ₩4,000(상환이익) = ₩108,000

상환된 사채의 할증발행차금: ₩108,000(장부금액) − ₩100,000 = ₩8,000

(차) 사 채	100,000	(대) 현 금	104,000
사채할증발행차금	8,000	사 채 상 환 이 익	4,000

③ 위 ①과 ②의 분개를 사채할증발행차금계정에 전기하고 분석하면 다음과 같다.

기초잔액 ₩22,000 + 발행증가액 ₩3,000 = 상환감소액 ₩8,000 + 상각액 + 기말잔액 ₩15,000
∴ 상각액 = ₩2,000

(차) 사채할증발행차금	2,000	(대) 이 자 비 용*	2,000

* 사채할증발행차금 상각액

참고 위 분개에서 파란색으로 표시한 금액을 현금흐름표에 보고한다.

현금흐름표

재무활동
　　건물취득　　₩(104,000)
주석: 사채를 발행해서 토지를 ₩38,000에 취득

참고 현금 및 현금성자산에 대한 환율변동효과

- 외화로 표시된 현금 및 현금성자산에 대한 환율변동효과로 인해 현금 및 현금성자산의 잔액이 증가하거나 감소할 수 있다. 이러한 변화는 미실현손익으로서 현금흐름이 아니며, 기업의 영업활동, 투자활동, 재무활동 중 어느 것과 관련된다고 보기 어렵다. 따라서 외화로 표시된 현금 및 현금성자산에 대한 환율변동효과(외화환산손익과 외환차손익)는 현금흐름표에 별도항목으로 표시한다[1007: 28]. 그리고 관련 손익은 당기순이익에서 조정해 영업활동 현금흐름에서 제외한다.

영업활동 현금흐름	×××
투자활동 현금흐름	×××
재무활동 현금흐름	×××
순 현금흐름	×××
현금 및 현금성자산에 대한 환율변동효과	×××

- 환율변동효과에 대한 현금흐름표상 처리를 정리하면 다음과 같다. 먼저, 일반 상거래에서 발생한 자산·부채에 관련된 환율변동효과는 당기순이익에 포함된 상태에서 별도 조정하지 않음으로써 영업활동 현금흐름으로 보고한다. 일반 상거래 외의 거래에서 발생한 자산·부채에 관련된 환율변동효과는 당기순이익에서 제거한 후 투자활동이나 재무활동으로 보고한다. 현금 및 현금성자산에 관련된 환율변동효과는 영업, 투자, 재무활동 어디에도 포함하지 않는다고 보고, 당기순이익에서 제거한 후 별도로 보고한다.

예제 10 현금흐름표(직접법과 간접법)

중요도: ★★★
난이도: ◆◆◆

상황

· 포괄손익계산서 정보는 다음과 같다.

현금매출	₩186,000
감가상각비	(50,000)
건물처분이익	7,000
FVOCI(기타포괄손익－공정가치측정) 금융자산 처분손실	(8,000)
FVPL 금융자산 미실현이익	15,000
당기순이익	₩150,000

· 건물(취득원가: ₩60,000, 감가상각누계액: ₩37,000)을 처분하였고 건물과 관련된 자료는 다음과 같다.

	기초잔액	기말잔액
건물	₩200,000	₩290,000
감가상각누계액	40,000	53,000

· 장부금액(기타포괄손익: ₩0)이 ₩50,000인 FVOCI 금융자산(지분증권)을 ₩42,000에 매도했다.
· FVPL 금융자산(지분증권)의 공정가치변동액을 FVPL 금융자산계정에 직접 기록하며, 보유하고 있는 FVPL 금융자산의 장부금액은 다음과 같다.

기초장부금액	₩35,000
미실현이익	15,000
기말장부금액	₩50,000

· 당기 중에 FVPL 금융자산을 취득하거나 매도하지 않았다.

물음 직접법과 간접법을 이용하여 현금흐름표를 작성하라.

정답 및 해설

이 예제에 주어진 자료가 상당히 간단하므로 영업활동 현금흐름(현금이익)이 다음과 같이 ₩186,000이다.

현금매출	₩186,000
현금비용	(0)
현금이익	₩186,000

그러나 앞에서 설명한 조정항목(가산유형과 차감유형)을 이해하기 위하여 모든 거래와 회계사건에 대하여 분개하고 현금유입액과 현금유출액을 파악한 후에 현금흐름표를 작성한다.

건물: 기초잔액 ₩200,000 + 취득 = 처분 ₩60,000 + 기말잔액 ₩290,000
∴ 취득액 = ₩150,000
건물감가상각누계액: 기초잔액 ₩40,000 + 감가상각비 = 제거액 ₩37,000 + 기말잔액 ₩53,000
∴ 감가상각비 = ₩50,000

포괄손익계산서 항목과 추가자료에 대한 분개:

(차) 현금	186,000	(대) 매출	186,000
(차) 감가상각비	50,000	(대) 감가상각누계액	50,000
(차) 현금	30,000	(대) 건물	60,000
감가상각누계액	37,000	건물처분이익	7,000
(차) 건물	150,000	(대) 현금	150,000
(차) 현금	42,000	(대) FVOCI 금융자산	50,000
금융자산처분손실	8,000		
(차) FVPL 금융자산	15,000	(대) 미실현이익(당기손익)	15,000

· 위와 같이 모든 회계사건에 대하여 분개하고 차변 또는 대변에 현금계정이 등장하는 항목(위에서 파란색으로 표시한 부분)을 나열하면 현금유입액과 현금유출액은 다음과 같다.

영업활동 현금흐름(직접법)	
매출(현금유입액)	₩186,000
투자활동 현금흐름	
FVOCI 금융자산 처분	42,000
건물처분	30,000
건물취득	(150,000)
투자활동 현금흐름	₩(78,000)
현금순유입액(현금증가액)	₩108,000

영업활동 현금흐름(간접법)	
당기순이익	₩150,000
감가상각비	50,000
FVOCI 금융자산 처분손실	8,000
건물 처분이익	(7,000)
FVPL 금융자산 증가	(15,000)
영업활동 현금흐름(현금이익)	₩186,000
투자활동 현금흐름	
FVOCI 금융자산 처분	42,000
건물처분	30,000
건물취득	(150,000)
투자활동 현금흐름	₩(78,000)
현금순유입액(현금증가액)	₩108,000

관련예제와 함께 풀어보세요

유제 1	현금흐름표: 간접법(2020년, 회계사)	관련예제 6, 8, 9

상황

다음은 제조업을 영위하고 있는 ㈜대한의 재무상태표 계정 중 2차연도 기초대비 기말잔액이 증가(감소)한 계정의 일부이다(자산 및 부채 모두 증가는 (+), 감소는 (-)로 표시하였음).

계정		증감
매출채권	(+)	₩200,000
손실충당금(매출채권)	(+)	30,000
토지	(+)	50,000
건물	(+)	250,000
감가상각누계액(건물)	(-)	7,000
제품보증충당부채	(+)	45,000
사채		?
사채할인발행차금		?

2차연도 12. 31.로 종료되는 회계연도의 현금흐름표를 작성할 때 추가로 고려할 항목들은 다음과 같다.

1. ㈜대한의 매출채권은 전액 미국에 수출하여 발생한 것이다. 매출채권과 관련하여 당기 포괄손익계산서에 계상된 외화환산손실은 ₩40,000이고 외환차손은 ₩20,000이며 손상차손은 ₩5,000이다.
2. 토지와 건물의 변동
   당기 중 토지 ₩50,000을 주주로부터 현물로 출자받았고, 건물을 ₩300,000에 신규 취득하였다. 토지와 건물의 증감은 토지의 취득, 건물의 취득 및 처분으로 발생한 것이다. 포괄손익계산서에 계상된 당기의 감가상각비는 ₩3,000이고, 건물의 처분으로 인하여 발생한 처분이익은 ₩10,000이다.
3. ㈜대한은 판매한 제품에 대하여 2년간 보증해주고 있으며 재무상태표에 제품보증충당부채를 표시하고 있다. 당기 말에 최선의 추정치로 측정하여 포괄손익계산서에 계상한 품질보증비용은 ₩60,000이고, 이외의 변동은 모두 보증으로 인한 수리활동으로 지출된 금액이다.
4. 사채는 전액 당기 초에 발행되었고, 발행 시 액면금액은 ₩90,000(액면이자율 연 8%), 사채할인발행차금은 ₩6,000이다. 당기 포괄손익계산서에 계상된 사채의 이자비용은 ₩9,000이다. 동 사채 액면 ₩90,000중 ₩30,000은 당기 말에 상환되었으며, 포괄손익계산서에 계상된 사채상환이익은 ₩800이다.

물음

㈜대한이 2차연도 12. 31.로 종료되는 회계연도의 현금흐름표를 간접법으로 작성하는 경우 상기 4가지 추가항목과 관련하여 현금흐름표 상 영업, 투자 또는 재무활동으로 인한 현금흐름에 가산 또는 차감 표시하여야 할 금액을 아래 양식에 따라 항목별로 표시하시오. 단, ㈜대한은 이자 수취 및 지급을 영업활동으로 분류하고 있으며, 당기순이익은 영업활동으로 인한 현금흐름에 가산하였다.

(예시) 5. 당기 무형자산의 취득액은 ₩12,000이고, 무형자산 상각액은 ₩4,000이다.

항목 번호	활동 구분	현금흐름 가산(+) 또는 차감(−)	금액
5	영업	+	₩4,000
	투자	−	12,000
	재무	없음	

정답

항목 번호	활동 구분	현금흐름: 가산(+) 또는 차감(−)	금액
1	영업	−	₩170,000
	투자	없음	
	재무	없음	
2	영업	−	7,000
	투자	−	250,000
	재무	없음	
3	영업	+	45,000
	투자	없음	
	재무	없음	
4	영업	+	1,000
	투자	없음	
	재무	+	56,200

해설

항목 1: **매출채권**

영업활동: (−)₩170,000(매출채권 순액 증가)

항목 2: **토지와 건물의 변동**

(차) 토지	50,000	(대) 수증이익	50,000
(차) 건물	300,000	(대) 현금	300,000
(차) 감가상각비	3,000	(대) 감가상각누계액	3,000
(차) 현금	50,000	(대) 건물	50,000*
감가상각누계액	10,000	처분이익	10,000

* 아래 T계정 참조

영업활동: ₩3,000(감가상각비) − ₩10,000(처분이익) = −₩7,000

투자활동: 건물 처분액 ₩50,000 − 건물 취득액 ₩300,000 = −₩250,000

토지와 건물

차변		대변	
기초잔액	α	처분	50,000
취득	300,000		
기말잔액	α + 250,000		

감가상각누계액

차변		대변	
처분	10,000	기초잔액	β
		감가상각비	3,000
기말잔액	β − 7,000		

항목 3: **제품보증충당부채**

영업활동: 제품보증충당부채증가(비현금비용 제품보증비) ₩45,000

항목 4: **사채**

(차) 현　　　금	84,000	(대) 사　　　채	90,000
할 인 발 행 차 금	6,000		

(차) 이　자　비　용	9,000	(대) 현　　　금	7,200*
		할인발행차금상각	1,800

* ₩90,000 × 8% = ₩7,200

※ 사채할인발행차금상각계정의 잔액: ₩6,000 − ₩1,800 = ₩4,200

(차) 사　　　채	30,000	(대) 할 인 발 행 차 금	1,400*
		사 채 상 환 이 익	800
		현　　　금	27,800

* ₩4,200 × 1/3 = ₩1,400

영업활동: ₩1,800(할인발행차금상각) − ₩800(사채상환이익) = ₩1,000

재무활동: 사채 발행액 ₩84,000(₩90,000 − ₩6,000) − ₩27,800(사채 상환액) = ₩56,200

연습문제 23

P23-01 영업에서 창출된 현금

(2018년, 회계사)

다음은 유통업을 영위하는 ㈜대한의 1차연도 현금흐름표를 작성하기 위한 자료이다.

• 1차연도 포괄손익계산서 관련 자료

매출	₩435,000
매출원가	337,000
급여	8,000
매출채권 대손상각비	1,500
차량운반구 감가상각비	16,000
재고자산 평가손실(기타 비용)	5,000
매출채권 외화환산이익	1,000
유형자산 처분손실	2,000

• 1차연도 재무상태표 관련 자료

계정과목	기초	기말
매출채권	₩92,400	₩135,500
매출채권 대손충당금	4,400	5,500
재고자산	120,000	85,000
재고자산평가충당금	–	5,000
매입채무	70,000	40,000

• 매출액 중 ₩25,000은 현금매출이며 나머지는 신용매출이다.
• 별도의 언급이 없는 한, 당기 중 거래는 현금으로 이루어졌다.

물음 직접법을 사용해서 영업에서 창출된 현금을 구하라.

P23-02 매입채무계정의 분석: 직접법과 간접법

• 쫑알쫑알회사의 매입채무와 선급금에 관한 자료는 다음과 같다.
• 부분비교재무상태표:

	기초	기말	차이(↑: 증가, ↓: 감소)
재고자산	₩310,000	₩340,000	₩30,000↑
매입채무	430,000	475,000	45,000↑
선급금	80,000	87,000	7,000↑

• 부분포괄손익계산서:

매출원가:

기초재고자산	₩310,000	
당기매입	610,000	
기말재고자산	(365,000)	₩(555,000)
외화환산이익(매입채무에서 발생)		50,000
외환차손(매입채무에서 발생)		(30,000)
재고자산평가손실		(25,000)
채무면제이익(매입채무에서 발생)		96,000
순비용		₩(464,000)

물음 1. 부분포괄손익계산서 상의 자료를 이용해 분개한 후, 부분비교재무상태표 상의 각 계정을 T계정으로 나타내라.
2. 재무상태표항목의 T계정을 분석해 회계기간 중에 발생하였을 거래를 유추해 분개하라.
3. 직접법을 사용하여 영업활동 현금흐름을 계산하라.
4. 간접법을 사용하여 영업활동 현금흐름을 계산하라.

P23-03 영업활동으로 인한 현금유입액

㉠ 부분비교재무상태표:

	기초	기말	차이(↑: 증가, ↓: 감소)
미수수수료	₩20,000	₩35,000	₩15,000↑
선수임대료	10,000	10,500	500↑

㉡ 부분포괄손익계산서:

수수료수익	₩80,000
임대료수익	90,000
외화환산이익	30,000
채무면제이익	200,000

㉢ 외화환산이익과 채무면제이익은 전액 매입채무에서 발생한 것이다.

물음 영업활동으로 인한 현금흐름을 계산하라.

P23-04 현금지출액

(미국 회계사 기출문제)

• 어리둥절회사는 발생주의에 기초해서 2차연도 6월 수익과 비용을 다음과 같이 추정하였다.

매출액	₩700,000
매출총이익	판매액의 30%
6월 중 매출채권의 증가액	₩20,000
6월 중 매입채무의 변동액	0
6월 중 재고자산의 증가액	10,000

• 매출액의 1%인 대손상각비(손상차손)가 변동판매비와 일반관리비에 포함되어 있다.
• 총 판매비와 일반관리비는 매달 ₩71,000에 매출액의 15%를 가산한 금액이다.
• 매달 감가상각비가 ₩40,000이고 고정판매비와 일반관리비에 포함되어 있다.

물음 위 자료에 기초하여 6월의 영업활동으로 인한 현금흐름을 계산하라.

P23-05 영업에서 창출된 현금과 영업활동 현금흐름: 직접법과 간접법

- SK는 1차연도 1. 1.에 영업을 시작하여 모든 계정의 기초잔액은 ₩0이다.
- SK의 1차연도 포괄손익계산서와 재무상태표는 다음과 같다.

포괄손익계산서

용역수익		₩500
영업비용:		
관리비	₩350	
감가상각비	30	(380)
세전 이익		₩120
법인세비용		(40)
당기순이익		₩80

재무상태표

자산:		자본:	
설비	₩160	보통주	₩240
감가상각누계액	(30)	이익잉여금	80
매출채권(용역수익에서 발생)	90	부채:	
현금	200	미지급법인세	0
		매입채무*	100
합계	₩420	합계	₩420

* 영업비용에서 발생

물음 1차연도 말에 법인세비용 ₩40을 납부했다고 가정하고, 직접법과 간접법을 각각 사용하여 영업에서 창출된 현금과 영업활동 현금흐름을 계산하라.

P23-06 영업에서 창출된 현금과 영업활동 현금흐름: 간접법(「K-IFRS 제1007호」 부록A 예시의 일부)

포괄손익계산서

매출액	₩30,650
매출원가	(26,000)
매출총이익	₩4,650
감가상각비	(450)
판매비와 관리비	(910)
이자비용	(400)
투자수익	500
외화환산손실	(40)
법인세비용차감전순이익	₩3,350
법인세비용	(300)
당기순이익	₩3,050

운전자본 당기 변동액

매출채권 증가	₩500
재고자산 감소	1,050
매입채무 감소	1,740
미지급이자 증가	130
미지급법인세 감소	600

물음 이자수입과 이자비용을 영업활동으로 분류한다. 간접법을 사용하여 영업에서 창출된 현금과 영업활동 현금흐름을 계산하라.

P23-07 영업활동으로 인한 현금: 직접법과 간접법

• 요점정리회사가 발생주의를 적용하여 작성한 재무제표는 다음과 같다.

비교재무상태표

	1차연도 12. 31.	2차연도 12. 31.	차이
자산:			
건물	₩300,000	₩220,000	₩80,000 ↓ *
감가상각누계액	(100,000)	(80,000)	(20,000) ↓
토지	151,000	226,000	75,000 ↑
재고자산	115,000	100,000	15,000 ↓
FVPL 금융자산	52,000	21,000	31,000 ↓
매출채권	70,000	60,000	10,000 ↓
현금 및 현금성자산	120,000	70,500	49,500 ↓
합 계	₩708,000	₩617,500	₩90,500 ↓
부채 및 자본:			
자본금	₩250,000	₩240,000	₩10,000 ↓
자본잉여금	135,000	127,000	8,000 ↓
이익잉여금	56,000	40,500	15,500 ↓
사채(표시이자율: 연 4%)	100,000	100,000	0
사채할인발행차금	(20,000)	(15,000)	(5,000) ↓
미지급법인세	32,000	27,000	5,000 ↓
매입채무	140,000	73,000	67,000 ↓
미지급급여	15,000	25,000	10,000 ↑
합 계	₩708,000	₩617,500	₩90,500 ↓

* ↑: 증가, ↓: 감소

포괄손익계산서(2차연도 1. 1.~2차연도 12. 31.)

매출	₩335,000
매출원가	(160,000)
FVPL 금융자산 처분이익	2,500
감가상각비	(50,000)
급여	(74,000)
이자비용*	(9,000)
유형자산 처분손실	(6,000)
법인세차감전순이익	₩38,500
법인세비용	(15,000)
당기순이익	₩23,500

* ₩4,000(현금이자지급) + ₩5,000(사채할인발행차금 상각액) = ₩9,000

추가정보:
① 당기 말에 FVPL 금융자산(장부금액: ₩31,000)을 ₩33,500에 처분하였다.
② 건물(취득원가: ₩100,000, 감가상각누계액: ₩70,000)을 ₩24,000에 처분하였다.
③ 발행금액이 주당 ₩9,000인 보통주 2주(주당 액면금액: ₩5,000)를 ₩26,000에 재구매한 즉시 소각하였다. 주식소각 시점에 주식발행초과금을 장부에서 제거한다(제14장 참조).
④ 현금배당을 결의하고 즉시 지급한 금액: ₩35,000(이익준비금은 무시한다.)

물음 직접법과 간접법을 각각 사용하여 영업활동으로 인한 현금흐름을 계산하라.

P23-08 재평가미실현이익과 법인세비용

- 1차연도에 발생한 법인세비용 ₩1,000 중 당기법인세비용(미지급법인세)은 ₩400, 이연법인세비용(이연법인세부채)은 ₩600이다. 그리고 1차연도 법인세(미지급법인세)는 1차연도 말에 결정되고 2차연도 초에 지급되므로, 1차연도에 대한 미지급법인세의 일부인 ₩100을 2차연도 초에 현금으로 납부했다.
- 1차연도 말에 유형자산을 재평가한 결과 장부금액이 ₩700 증가하였다.
- 법인세율: 40%

물음 법인세와 관련된 거래를 분개하고 총 법인세비용을 구하라.

P23-09 영업활동 현금흐름(직접법)

- 2차연도 포괄손익계산서는 다음과 같다.

매 출 액	₩300,000
매출원가	(140,000)
대손상각비	(5,000)
기타 비용	(17,000)
당기순이익	₩138,000

- 기초재고자산과 기말재고자산이 없으며, 상품 구입대금은 모두 현금으로 지급하였다.
- 상품을 전부 외상으로 판매하며 기말매출채권과 관련된 자료는 다음과 같다.

	1차연도 말	2차연도 말	차이(↑: 증가, ↓: 감소)
매출채권(총액)	₩120,000	₩150,000	₩30,000 ↑
대손충당금	(10,000)	(12,000)	(2,000) ↑
매출채권(순액)	₩110,000	₩138,000	₩28,000 ↑

물음 직접법을 사용하여 영업활동으로 인한 현금흐름(현금이익)을 계산하라.

P23-10 법인세비용차감전 순이익: 간접법

(2019년, 회계사 1차)

㈜대한의 1차연도 현금흐름표상 영업에서 창출된 현금은 ₩100,000이다. 이자와 배당금 수취, 이자지급 및 법인세납부는 영업활동으로 분류한다.

감가상각비	₩2,000	미지급이자 감소	₩1,500
유형자산처분이익	1,000	재고자산(순액) 증가	3,000
이자비용	5,000	매입채무 증가	4,000
법인세비용	4,000	매출채권(순액) 증가	2,500
재고자산평가손실	500	미수배당금 감소	1,000
배당금수입	1,500	미지급법인세 감소	2,000

물음 위에 제시된 자료를 이용하여 계산한 ㈜대한의 1차연도 포괄손익계산서 상 법인세비용차감전 순이익은 얼마인가?

① ₩90,000 ② ₩96,500 ③ ₩97,000 ④ ₩97,500 ⑤ ₩99,000

P23-11 영업활동 현금흐름

(2018년, 세무사 1차)

㈜세무의 2차연도 현금흐름표의 영업활동현금흐름에 표시된 항목과 금액이 다음과 같다.

항목	금액	항목	금액
당기순이익	₩200,000	매출채권 감소	₩15,000
이자수익	20,000	매입채무 감소	12,000
이자비용	35,000	미지급급여 증가	6,000
법인세비용	40,000	이자지급	26,000
감가상각비	50,000	이자수취	18,000
기계장치처분이익	8,000	법인세납부	42,000
재고자산 증가	25,000		

이자수취와 이자지급 및 법인세납부는 영업활동으로 분류한다.

물음 영업활동 현금흐름을 계산하면 얼마인가?

① ₩223,000 ② ₩231,000 ③ ₩239,000 ④ ₩281,000 ⑤ ₩311,000

P23-12 현금흐름표

(2018년, 회계사 1차)

다음은 유통업을 영위하는 ㈜대한의 1차연도 현금흐름표를 작성하기 위한 자료이다.

• 1차연도 포괄손익계산서 관련 자료

매출	₩435,000
매출원가	337,000
급여	8,000
매출채권 대손상각비	1,500
차량운반구 감가상각비	16,000
재고자산 평가손실(기타 비용)	5,000
매출채권 외화환산이익	1,000
유형자산처분손실	2,000

• 1차연도 재무상태표 관련 자료

계정과목	기초	기말
매출채권	₩92,400	₩135,500
매출채권 대손충당금	4,400	5,500
재고자산	120,000	85,000
재고자산 평가충당금	–	5,000
매입채무	70,000	40,000
차량운반구	400,000	371,000
차량운반구 감가상각누계액	100,000	77,000

- 1차연도 중 취득가액이 ₩40,000(감가상각누계액: ₩20,000)인 차량운반구를 처분하여 처분손실 ₩2,000이 발생하였다. 또한 차량운반구를 ₩50,000에 신규 취득하였으며 이는 당기 중 유일한 취득 거래이다. 당기 중 차량운반구의 증감은 전부 취득과 처분으로 발생한 것이다.
- 매출액 중 ₩25,000은 현금매출이며 나머지는 신용매출이다.
- 별도의 언급이 없는 한, 당기 중 거래는 현금으로 이루어졌다.

물음 1. ㈜대한이 1차연도 현금흐름표에 보고할 영업에서 창출된 현금은 얼마인가?

① ₩27,500 ② ₩51,500 ③ ₩52,500 ④ ₩60,500 ⑤ ₩384,500

2. ㈜대한의 차량운반구 관련 거래가 1차연도 투자활동 현금흐름에 미치는 영향은?

① 현금유출 ₩12,000 ② 현금유출 ₩32,000 ③ 현금유출 ₩50,000
④ 현금유입 ₩30,000 ⑤ 현금유입 ₩38,000

P23-13 현금흐름표(간접법)

- 재무상태표계정의 3차연도 중 증가액(감소액)은 다음과 같다.

자산:		부채와 자본:	
설비자산	₩700,000	자본금(주당액면금액: ₩10)	₩100,000
감가상각누계액	0	자본잉여금	120,000
FVOCI 금융자산	(100,000)	이익잉여금	290,000
재고자산	80,000	장기부채	110,000
매출채권(순액)	0	단기은행부채	325,000
현금 및 현금성자산	420,000	미지급배당금	160,000
		매입채무	(5,000)
합계	₩1,100,000	합계	₩1,100,000

- 3차연도와 관련된 추가정보:
  - 법인세차감전순이익: ₩790,000
  - 현금배당금 결의액(재무활동): ₩500,000(이익준비금을 무시한다.)
  - 설비자산(장부금액: ₩350,000, 취득원가: ₩600,000)을 ₩350,000에 처분하였다.
  - 장기부채 ₩110,000을 조달하여 설비자산을 ₩110,000에 취득하였다.
  - FVOCI 금융자산을 ₩135,000에 매각하였다.
  - 보통주 10,000주를 주당 ₩22에 발행하였다.
  - 이익잉여금의 기초잔액: ₩0

물음 간접법을 사용하여 다음 항목을 결정하라.

1. 영업활동으로 인한 현금흐름
2. 투자활동에 사용된 현금
3. 재무활동으로 조달된 현금

P23-14 현금흐름표: 직접법

(미국 회계사 기출문제)

- 회사는 직접법을 사용해서 현금흐름표를 작성한다.
- 시산표는 다음과 같다.

		당기 말	전기 말
차변	현 금	₩35,000	₩32,000
	매출채권	33,000	30,000
	재고자산	31,000	47,000
	유형자산	100,000	95,000
	사채할인발행차금	4,500	5,000
	매출원가	250,000	380,000
	판매비	141,500	172,000
	일반관리비	137,000	151,300
	이자비용	4,300	2,600
	법인세비용	20,400	61,200
	합계	₩756,700	₩976,100
대변	대 손 충 당 금	₩1,300	₩1,100
	감가상각누계액	16,500	15,000
	매 입 채 무	25,000	17,500
	미지급법인세	21,000	27,100
	이연법인세	5,300	4,600
	8% 사 채	45,000	20,000
	보 통 주	50,000	40,000
	자 본 잉 여 금	9,100	7,500
	이 익 잉 여 금	44,700	64,600
	매 출 액	538,800	778,700
	합계	₩756,700	₩976,100

- 회사는 당기에 유형자산을 ₩5,000에 취득하였다.
- 회사는 감가상각비의 1/3을 판매비에 배분하였고, 2/3를 일반관리비에 배분하였다.
- 매출채권 중에서 당기에 회수불능으로 판명된 금액은 없다.

물음 다음 항목을 결정하라.

1. 고객으로부터의 현금회수액
2. 판매할 상품을 취득하며 지급한 현금
3. 이자 지급액
4. 법인세 납부액

5. 판매비 지급액

P23-15 현금흐름표(간접법)

- 5차연도 당기순이익: ₩5,000
- 재고자산은 ₩4,000 증가하고, 매입채무는 ₩7,000 감소했지만, 매출채권은 ₩2,000 감소하였다.
- 당기순이익에 포함된 감가상각비: ₩8,000
- 5차연도 중 토지 일부를 장부금액 ₩8,000으로 매각하고, 새로운 트럭을 ₩14,000에 취득하였다.
- 은행으로부터 ₩18,000을 2년간 차입하였다.
- 배당금 ₩6,000을 현금으로 지급하고 재무활동으로 분류하였다.
- 우선주를 발행하여 장기지급어음 ₩7,000을 상환하였다.
- 기초현금 잔액은 ₩15,000이고 기말현금 잔액은 ₩25,000이다.

물음 위 자료를 이용하여 5차연도의 현금흐름표를 간접법에 따라 작성하라.

P23-16 현금흐름표: 직접법과 간접법

(2018년, 회계사)

다음은 유통업을 영위하는 ㈜대한의 1차연도와 2차연도의 비교잔액시산표이다.

계정과목	1차연도	2차연도	증가: ↑, 감소: ↓
현금 및 현금성자산	₩20.000	₩184.000	₩164,000 ↑
매출채권	185,000	271,000	86,000 ↑
대손충당금	9,200	15,000	5,800 ↑
재고자산	100,000	70,000	30,000 ↓
토지	300,000	238,000	62,000 ↓
건물	540,000	430,000	110,000 ↓
감가상각누계액	220,000	100,000	120,000 ↓
매입채무	130,000	55,000	75,000 ↓
미지급이자	35,000	34,000	1,000 ↓
미지급법인세	30,000	34,500	4,500 ↑
유동성장기차입금	60,000	20,000	40,000 ↓
장기차입금	140,000	120,000	20,000 ↓
사채	–	40,000	40,000 ↑
사채할증발행차금	–	4,000	4,000 ↑
이연법인세부채	8,000	11,000	3,000 ↑
자본금	100,000	100,000	–
이익잉여금	412,800	412,800	–
매출액	–	870,000	
매출원가	–	505,000	
급여	–	20,000	
대손상각비	–	9,800	
감가상각비	–	57,000	
이자수입	–	3,000	
이자비용	–	5,000	

유형자산처분이익	–	33,000
법인세비용	–	62,500

㈜대한의 추가자료는 다음과 같다.

1. ㈜대한은 현금흐름표에서 이자와 배당금의 수취 및 지급, 법인세의 환급 및 납부를 영업활동으로 분류하는 정책을 채택하고 있다.
2. 2차연도 4. 1.에 ㈜대한은 장부금액이 ₩62,000인 토지를 ㈜민국이 보유하고 있던 건물(취득원가: ₩120,000, 감가상각누계액: ₩50,000)과 교환하고 추가로 현금 ₩8,000을 지급하였다. 해당 토지의 신뢰성 있는 공정가치는 ₩82,000이다. 본 교환거래는 상업적 실질이 있으며 당기 중 추가적인 토지 관련 거래는 없다.
3. 당기 중 액면금액 ₩40,000의 사채를 할증발행하였으며 당기에 상각된 사채할증발행차금은 ₩1,000이다.

물음 1. **간접법**을 이용하여 ㈜대한의 2차연도 현금흐름표를 작성할 때, ① ~ ⑧에 알맞은 금액을 계산하시오. 단, 현금유출은(−)로 표시하고 현금유출입이 없는 경우에는 '0'으로 표시하시오.

영업에서 창출된 현금	?
이자 수취액	①
이자 지급액	②
법인세 납부액	③
영업활동 현금흐름	?
투자활동 현금흐름	
토지의 처분	④
건물의 취득	⑤
건물의 처분	⑥
투자활동 현금흐름	?
재무활동 현금흐름	
유동성장기차입금의 상환	⑦
사채의 발행	⑧
재무활동 현금흐름	?
현금 및 현금성자산 순증가	₩164,000
기초현금 및 현금성자산	20,000
기말현금 및 현금성자산	₩184,000

2. **직접법**을 이용하여 ㈜대한의 2차연도 현금흐름표를 작성할 때, ①~③에 알맞은 금액을 계산하시오. 단, 현금유출은(−)로 표시하고 현금유출입이 없는 경우에는 '0'으로 표시하시오.

영업활동 현금흐름	
고객으로부터의 현금유입	①
공급자와 종업원에 대한 현금유출	②
영업에서 창출된 현금	?
이자 수취액	?
이자 지급액	?
법인세 납부액	?
영업활동 순현금흐름	③

P23-17 법인세계정 분석 (미국 회계사 기출문제 수정)

- 3차연도 법인세차감전이익: ₩300,000
- 법인세율: 35%
- 3차연도 법인세차감전이익은 가산할 일시적차이(미래과세대상액) 때문에 과세소득보다 ₩60,000만큼 많다.
- 2차연도 1. 1.이전의 일시적차이: ₩0
- 2차연도 12. 31.의 가산할 일시적차이 ₩120,000에 대하여 이연법인세부채 ₩42,000(법인세율: 35%)을 인식하였다.
- 3차연도 12. 31.의 가산할 일시적차이의 누계액: ₩180,000
- 3차연도 중 법인세 현금지급액을 미지급법인세계정의 차변에 기록하였다.
- 미지급법인세계정의 잔액은 다음과 같다.

  3차연도 1. 1.: ₩150,000

  3차연도 12. 31.: 60,000
- 3차연도 포괄손익계산서에 보고한 총 법인세비용: ₩105,000

물음 1. 법인세비용과 법인세 현금지급액을 결정하라.

2. 법인세비용을 기록하기 위한 분개와 법인세 현금지급을 기록하기 위한 분개를 하라.

부록

【부표 1】 현재가치표 $p = \frac{1}{(1+i)^n}$

기간／이자율 (*n*) (*i*)	2%	$2^1/_2$%	3%	4%	5%	6%	7%	8%	9%	10%
1…………	.98039	.97561	.97087	.96154	.95238	.94340	.93458	.92593	.91743	.90909
2…………	.96117	.95181	.94260	.92456	.90703	.89000	.87344	.85734	.84168	.82645
3…………	.94232	.92860	.91514	.88900	.86384	.83962	.81630	.79383	.77218	.75131
4…………	92385	90595	88849	.85480	.82270	.79209	.76290	.73503	.70843	.68301
5…………	.90573	.88385	.86261	.82193	.78353	.74726	.71299	.68058	.64993	.62092
6…………	.88797	.86230	.83748	.79031	.74622	.70496	.66634	.63017	.59627	.56447
7…………	87056	84127	81309	.75992	.71068	.66506	.62275	.58349	.54703	.51316
8…………	.85349	.82075	.78941	.73069	.67684	.62741	.58201	.54027	50187	46651
9…………	.83676	.80073	.76642	.70259	.64461	.59190	.54393	.50025	.46043	.42410
10…………	.82035	.78120	.74409	.67556	.61391	.55839	.50835	.46319	.42241	.38554
11…………	.80426	.76214	.72242	.64958	.58468	.52679	47509	42888	.38753	.35049
12…………	.78849	.74356	.70138	.62460	.55684	.49697	.44401	.39711	.35553	.31863
13…………	.77303	.72542	.68095	.60057	.53032	.46884	.41496	.36770	.32618	.28966
14…………	.75788	.70773	.66112	.57748	.50507	.44230	.38782	.34046	.29925	.26333
15…………	.74301	69047	.64186	.55526	.48102	.41727	.36245	.31524	.27454	.23939
16…………	.72845	.67362	.62317	.53391	45811	.39365	.33873	.29189	.25187	.21763
17…………	.71416	.65720	.60502	.51337	.43630	.37136	.31657	.27027	.23107	.19784
18…………	.70016	.64117	.58739	.49363	.41552	.35034	.29586	.25025	.21199	.17986
19…………	.68643	.62553	.57029	.47464	.39573	.33051	.27651	.23171	.19449	.16351
20…………	.67297	.61027	.55368	.45639	.37689	.31180	.25842	.21455	.17843	.14864
21…………	.65978	.59539	.53755	.43883	.35894	.29416	.24151	.19866	.16370	.13513
22…………	.64684	.58086	.52189	.42196	.34185	.27751	.22571	.18394	.15018	.12285
23…………	.63416	.56670	.50669	.40573	.32557	.26180	.21095	.17032	.13778	.11168
24…………	.62172	.55288	.49193	.39012	.31007	.24698	.19715	.15770	.12640	.10153
25…………	.60953	.53939	.47761	.37512	.29530	.23300	.18425	.14602	.11597	.09230

기간／이자율 (*n*) (*i*)	11%	12%	14%	15%	16%	18%	20%	22%	24%	25%
1…………	.90090	.89286	.87719	.86957	.86207	.84746	.83333	.81967	.80645	.80000
2…………	.81162	.79719	.76947	.75614	.74316	.71818	.69444	.67186	.65036	.64000
3…………	.73119	.71178	.67497	.65752	.64066	.60863	.57870	.55071	.52449	.51200
4…………	.65873	.63552	.59208	.57175	.55229	.51579	.48225	.45140	.42297	.40960
5…………	.59345	.56743	.51937	.49718	.47611	.43711	.40188	.37000	34111	.32768
6…………	.53464	.50663	.45559	.43233	.41044	.37043	.33490	.30328	.27509	.26214
7…………	.48166	.45235	.39964	.37594	.35383	.31393	.27908	.24859	.22184	.20972
8…………	.43393	.40388	.35056	.32690	.30503	.26604	.23257	.20376	.17891	.16777
9…………	.39092	.36061	.30751	.28426	.26265	.22546	.19381	.16702	.14428	.13422
10…………	.35218	.32197	.26974	.24718	.22668	.19106	.16151	.13690	.11635	.10737
11…………	.31728	.28748	.23662	.21494	.19542	.16192	.13459	.11221	.09383	.08590
12…………	.28584	.25668	.20756	.18691	.16846	.13722	.11216	.09198	.07567	.06872
13…………	.25751	.22917	.18207	.16253	.14523	.11629	.09346	.07539	.06103	.05498
14…………	.23199	.20462	.15971	.14133	.12520	09855	.07789	.06180	.04921	.04398
15…………	.20900	.18270	.14010	.12289	.10793	.08352	.06491	.05065	.03969	.03518
16…………	.18829	.16312	.12289	.10686	.09304	.07078	.05409	.04152	.03201	.02815
17…………	.16963	.14564	.10780	.09293	.08021	.05998	.04507	.03403	.02581	.02252
18…………	.15282	.13004	.09456	.08081	.06914	.05083	.03756	.02789	.02082	.01801
19…………	.13768	.11611	.08295	.07027	.05961	.04308	.03130	.02286	.01679	.01441
20…………	.12403	.10367	.07276	.06110	.05139	.03651	.02608	.01874	.01354	.01153
21…………	.11174	.09256	.06383	05313	.04430	.03094	.02174	.01536	.01092	.00922
22…………	.10067	.08264	.05599	.04620	.03819	.02622	.01811	.01259	.00880	.00738
23…………	.09069	.07379	.04911	.04017	.03292	.02222	.01509	.01032	.00710	.00590
24…………	.08170	.06588	.04308	.03493	.02838	.01883	.01258	.00846	.00573	.00472
25…………	.07361	.05882	.03779	.03038	.02447	.01596	.01048	.00693	.00462	.00378

【부표 2】 연금의 현재가치표

$$P_0 = \frac{1 - \frac{1}{(1+i)^n}}{i}$$

기간/이자율 (n) (i)	2%	$2^1/_2$%	3%	4%	5%	6%	7%	8%	9%	10%
1	.98039	.97561	.97087	.96154	.95238	.94340	.93458	.92593	.91743	.90909
2	1.94156	1.92742	1.91347	1.88609	1.85941	1.83339	1.80802	1.78326	1.75911	1.73554
3	2.88388	2.85602	2.82861	2.77509	2.72325	2.67301	2.62432	2.57710	2.53129	2.48685
4	3.80773	3.76197	3.71710	3.62990	3.54595	3.46511	3.38721	3.31213	3.23972	3.16987
5	4.71346	4.64583	4.57971	4.45182	4.32948	4.21236	4.10020	3.99271	3.88965	3.79079
6	5.60143	5.50813	5.41719	5.24214	5.07569	4.91732	4.76654	4.62288	4.48592	4.35526
7	6.47199	6.34939	6.23028	6.00205	5.78637	5.58238	5.38929	5.20637	5.03295	4.86842
8	7.32548	7.17014	7.01969	6.73274	6.46321	6.20979	5.97130	5.74664	5.53482	5.33493
9	8.16224	7.97087	7.78611	7.43533	7.10782	6.80169	6.51523	6.24689	5.99525	5.75902
10	8.98259	8.75206	8.53020	8.11090	7.72173	7.36009	7.02358	6.71008	6.41766	6.14457
11	9.78685	9.51421	9.25262	8.76048	8.30641	7.88687	7.49867	7.13896	6.80519	6.49506
12	10.57534	10.25776	9.95400	9.38507	8.86325	8.38384	7.94269	7.53608	7.16073	6.81369
13	11.34837	10.98316	10.63496	9.98565	9.39357	8.85268	8.35765	7.90378	7.48690	7.10336
14	12.10625	11.69091	11.29607	10.56312	9.89864	9.29498	8.74547	8.24424	7.78615	7.36669
15	12.84926	12.38138	11.93794	11.11839	10.37966	9.71225	9.10791	8.55948	8.06069	7.60608
16	13.57771	13.05500	12.56110	11.65230	10.83777	10.10590	9.44665	8.85137	8.31256	7.82371
17	14.29187	13.71220	13.16612	12.16567	11.27407	10.47726	9.76322	9.12164	8.54363	8.02155
18	14.99203	14.35336	13.75351	12.65930	11.68959	10.82760	10.05909	9.37189	8.75563	8.20141
19	15.67846	14.97889	14.32380	13.13394	12.08532	11.15812	10.33560	9.60360	8.95011	8.36492
20	16.35143	15.58916	14.87747	13.59033	12.46221	11.46992	10.59401	9.81815	9.12855	8.51356
21	17.01121	16.18455	15.41502	14.02916	12.82115	11.76408	10.83553	10.01680	9.29224	8.64869
22	17.65805	16.76541	15.93692	14.45112	13.16300	12.04158	11.06124	10.20074	9.44243	8.77154
23	18.29220	17.33211	16.44361	14.85684	13.48857	12.30338	11.27219	10.37106	9.58021	8.88322
24	18.91393	17.88499	16.93554	15.24696	13.79864	12.55036	11.46933	10.52876	9.70661	8.98474
25	19.52346	18.42438	17.41315	15.62208	14.09394	12.78336	11.65358	10.67478	9.82258	9.07704

기간/이자율 (n) (i)	11%	12%	14%	15%	16%	18%	20%	22%	24%	25%
1	.90090	.89286	.87719	.86957	.86207	.84746	.83333	.81967	.80645	.80000
2	1.71252	1.69005	1.64666	1.62571	1.60523	1.56564	1.52778	1.49153	1.45682	1.44000
3	2.44371	2.40183	2.32163	2.28323	2.24589	2.17427	2.10648	2.04224	1.98130	1.95200
4	3.10245	3.03735	2.91371	2.85498	2.79818	2.69006	2.58873	2.49364	2.40428	2.36160
5	3.69590	3.60478	3.43308	3.35216	3.27429	3.12717	2.99061	2.86364	2.74538	2.68928
6	4.23054	4.11141	3.88867	3.78448	3.68474	3.49760	3.32551	3.16692	3.02047	2.95142
7	4.71220	4.56376	4.28830	4.16042	4.03857	3.81153	3.60459	3.41551	3.24232	3.16114
8	5.14612	4.96764	4.63886	4.48732	4.34359	4.07757	3.83716	3.61927	3.42122	3.32891
9	5.53705	5.32825	4.94637	4.77158	4.60654	4.30302	4.03097	3.78628	3.56550	3.46313
10	5.88923	5.65022	5.21612	5.01877	4.83323	4.49409	4.19247	3.92318	3.68186	3.57050
11	6.20652	5.93770	5.45273	5.23371	5.02864	4.65601	4.32706	4.03540	3.77569	3.65640
12	6.49236	6.19437	5.66029	5.42062	5.19711	4.79322	4.43922	4.12737	3.85136	3.72512
13	6.74987	6.42355	5.84236	5.58315	5.34233	4.90951	4.53268	4.20277	3.91239	3.78010
14	6.98187	6.62817	6.00207	5.72448	5.46753	5.00806	4.61057	4.26456	3.96160	3.82408
15	7.19087	6.81086	6.14217	5.84737	5.57546	5.09158	4.67547	4.31522	4.00129	3.85926
16	7.37916	6.97399	6.26506	5.95423	5.66850	5.16235	4.72956	4.35673	4.03330	3.88741
17	7.54879	7.11963	6.37286	6.04716	5.74870	5.22233	4.77463	4.39077	4.05911	3.90993
18	7.70162	7.24967	6.46742	6.12797	5.81785	5.27316	4.81219	4.41866	4.07993	3.92794
19	7.83929	7.36578	6.55037	6.19823	5.87746	5.31624	4.84350	4.44152	4.09672	3.94235
20	7.96333	7.46944	6.62313	6.25933	5.92884	5.35275	4.86958	4.46027	4.11026	3.95388
21	8.07507	7.56200	6.68696	6.31246	5.97314	5.38368	4.89132	4.47563	4.12117	3.96311
22	8.17574	7.64465	6.74294	6.35866	6.01133	5.40990	4.90943	4.48822	4.12998	3.97049
23	8.26643	7.71843	6.79206	6.39884	6.04425	5.43212	4.92453	4.49854	4.13708	3.97639
24	8.34814	7.78432	6.83514	6.43377	6.07263	5.45095	4.93710	4.50700	4.14281	3.98111
25	8.42174	7.84314	6.87293	6.46415	6.09709	5.46691	4.94759	4.51393	4.14742	3.98489

【부표 3】 미래가치표 $f=(1+i)^n$

기간/이자율 (n) (i)	2%	$2^1/_2$%	3%	4%	5%	6%	7%	8%	9%	10%
1...........	1.02000	1.02500	1.03000	1.04000	1.05000	1.06000	1.07000	1.08000	1.09000	1.10000
2...........	1.04040	1.05063	1.06090	1.08160	1.10250	1.12360	1.14490	1.16640	1.18810	1.21000
3...........	1.06121	1.07689	1.09273	1.12486	1.15763	1.19102	1.22504	1.25971	1.29503	1.33100
4...........	1.08243	1.10381	1.12551	1.16986	1.21551	1.26248	1.31080	1.36049	1.41158	1.46410
5...........	1.10408	1.13141	1.15927	1.21665	1.27628	1.33823	1.40255	1.46933	1.53862	1.61051
6...........	1.12616	1.15969	1.19405	1.26532	1.34010	1.41852	1.50073	1.58687	167710	1.77156
7...........	1.14869	1.18869	1.22987	1.31593	1.40710	1.50363	1.60578	1.71382	1.82804	1.94872
8...........	1.17166	1.21840	1.26677	1.36857	1.47746	1.59385	1.71819	1.85093	1.99256	2.14359
9...........	1.19509	1.24886	1.30477	1.42331	1.55133	1.68948	1.83846	1.99900	2.17189	2.35795
10...........	1.21899	1.28008	1.34392	1.48024	1.62889	1.79085	1.96715	2.15892	2.36736	2.59374
11...........	1.24337	1.31209	1.38423	1.53945	1.71034	1.89830	2.10485	2.33164	2.58043	2.85312
12...........	1.26824	1.34489	1.42576	1.60103	1.79586	2.01220	2.25219	2.51817	2.81266	3.13843
13...........	1.29361	1.37851	1.46853	1.66507	1.88565	2.13293	2.40985	2.71962	3.06580	3.45227
14...........	1.31948	1.41297	1.51259	1.73168	1.97993	2.26090	2.57853	2.93719	3.34173	3.79750
15...........	1.34587	1.44830	1.55797	1.80094	2.07893	2.39656	2.75903	3.17217	3.64248	4.17725
16...........	1.37279	1.48451	1.60471	1.87298	2.18287	2.54035	2.95216	3.42594	3.97031	4.59497
17...........	1.40024	1.52162	1.65285	1.94790	2.29202	2.69277	3.15882	3.70002	4.32763	5.05447
18...........	1.42825	1.55966	1.70243	2.02582	2.40662	2.85434	3.37993	3.99602	4.71712	5.55992
19...........	1.45681	1.59865	1.75351	2.10685	2.52695	3.02560	3.61653	4.31570	5.14166	6.11591
20...........	1.48595	1.63862	1.80611	2.19112	2.65330	3.20714	3.86968	4.66096	5.60441	6.72750
21...........	1.51567	1.67958	1.86029	2.27877	2.78596	3.39956	4.14056	5.03383	6.10881	7.40025
22...........	1.54598	1.72157	1.91610	2.36992	2.92526	3.60354	4.43040	5.43654	6.65860	8.14027
23...........	1.57690	1.76461	1.97359	2.46472	3.07152	3.81975	4.74053	5.87146	7.25787	8.95430
24...........	1.60844	1.80873	2.03279	2.56330	3.22510	4.04893	5.07237	6.34118	7.91108	9.84973
25...........	1.64061	1.85394	2.09378	2.66584	3.38635	4.29187	5.42743	6.84848	8.62308	10.83471

기간/이자율 (n) (i)	11%	12%	14%	15%	16%	18%	20%	22%	24%	25%
1...........	1.11000	1.12000	1.14000	1.15000	1.16000	1.18000	1.20000	1.22000	1.24000	1.25000
2...........	1.23210	1.25440	1.29960	1.32250	1.34560	1.39240	1.44000	1.48840	1.53760	1.56250
3...........	1.36763	1.40493	1.48154	1.52088	1.56090	1.64303	1.72800	1.81585	1.90662	1.95313
4...........	1.51807	1.57352	1.68896	1.74901	1.81064	1.93878	2.07360	2.21533	2.36421	2.44141
5...........	1.68506	1.76234	1.92541	2.01136	2.10034	2.28776	2.48832	2.70271	2.93163	3.05176
6...........	1.87041	1.97382	2.19497	2.31306	2.43640	2.69955	2.98598	3.29730	3.63522	3.81470
7...........	2.07616	2.21068	2.50227	2.66002	2.82622	3.18547	3.58318	4.02271	4.50767	4.76837
8...........	2.30454	2.47596	2.85259	3.05902	3.27841	3.75886	4.29982	4.90771	5.58951	5.96006
9...........	2.55804	2.77308	3.25195	3.51788	3.80296	4.43545	5.15978	5.98740	6.93099	7.45058
10...........	2.83942	3.10585	3.70722	4.04556	4.41144	5.23384	6.19174	7.30463	8.59443	9.31323
11...........	3.15176	3.47855	4.22623	4.65239	5.11726	6.17593	7.43008	8.91165	10.65709	11.64153
12...........	3.49845	3.89598	4.81790	5.35025	5.93603	7.28759	8.91610	10.87221	13.21479	14.55192
13...........	3.88328	4.36349	5.49241	9.15279	6.88579	8.59936	10.69932	13.26410	16.38634	18.18989
14...........	4.31044	4.88711	6.26135	7.07571	7.98752	10.14724	12.83918	16.18220	20.31906	22.73737
15...........	4.78459	5.47357	7.13794	8.13706	9.26552	11.97375	15.40702	19.74229	25.19563	28.42171
16...........	5.31089	6.13039	8.13725	9.35762	10.74800	14.12902	18.48843	24.08559	31.24259	35.52714
17...........	5.89509	6.86604	9.27646	10.76126	12.46768	16.67225	22.18611	29.38442	38.74081	44.40892
18...........	6.54355	7.68997	10.57517	12.37545	14.46251	19.67325	26.62333	35.84899	48.03860	55.51115
19...........	7.26334	8.61276	12.05569	14.23177	16.77652	23.21444	31.94800	43.73577	59.56786	69.38894
20...........	8.06231	9.64629	13.74349	16.36654	19.46076	27.39303	38.33760	53.35764	73.86425	86.73617
21...........	8.94917	10.80385	15.66758	18.82152	22.57448	32.32378	46.00512	65.09632	91.59155	108.42022
22...........	9.93357	12.10031	17.86104	21.64475	26.18640	38.14206	55.20614	79.41751	113.57352	135.52527
23...........	11.02627	13.55235	20.36158	24.89146	30.37622	45.00763	66.24737	96.88936	140.83116	169.40659
24...........	12.23916	15.17863	23.21221	28.62518	35.23642	53.10901	79.49685	118.20502	174.63064	211.75824
25...........	13.58546	17.00006	26.46192	32.91895	40.87424	62.66863	95.39622	144.21013	216.54199	264.69780

【부표 4】 연금의 미래가치표 $F_0 = \dfrac{(1+i)^n - 1}{i}$

기간/이자율 (n) (i)	2%	$2\frac{1}{2}$%	3%	4%	5%	6%	7%	8%	9%	10%
1	1.00000	1.00000	1.00000	1.00000	1.00000	1.00000	1.00000	1.00000	1.00000	1.00000
2	2.02000	2.02500	2.03000	2.04000	2.05000	2.06000	2.07000	2.08000	2.09000	2.10000
3	3.06040	3.07563	3.09090	3.12160	3.15250	3.18360	3.21490	3.24640	3.27810	3.31000
4	4.12161	4.15252	4.18363	4.24646	4.31013	4.37462	4.43994	4.50611	4.57313	4.64100
5	5.20404	5.25633	5.30914	5.41632	5.52563	5.63709	5.75074	5.86660	5.98471	6.10510
6	6.30812	6.38774	6.46841	6.63298	6.80191	6.97532	7.15329	7.33593	7.52333	7.71561
7	7.43428	7.54753	7.66246	7.89829	8.14201	8.39384	8.65402	9.92280	9.20043	9.48717
8	8.58297	8.73612	8.89234	9.21423	9.54911	9.89747	10.25980	10.63663	11.02847	11.43589
9	9.75453	9.95452	10.15911	10.58280	11.02656	11.49132	11.97799	12.48756	13.02104	13.57948
10	10.94972	11.20338	11.46388	12.00611	12.57789	13.18079	13.81645	14.48656	15.19293	15.93742
11	12.16872	12.48347	12.80780	13.48635	14.20679	14.97164	15.78360	16.64549	17.56029	18.53117
12	13.41209	13.79555	14.19203	15.02581	15.91713	16.86994	17.88845	18.97713	20.14072	21.38428
13	14.68033	15.14044	15.61779	16.62684	17.71298	18.88214	20.14064	21.49530	22.95338	24.52271
14	15.97394	16.51895	17.08632	18.29191	19.59863	21.01507	22.55049	24.21492	26.01919	27.97498
15	17.29342	17.93193	18.59891	20.02359	21.57856	23.27597	25.12902	27.15211	29.36092	31.77248
16	18.63929	19.38022	20.15688	21.82453	23.65749	25.67253	27.88805	30.32428	33.00340	35.94973
17	20.01207	20.86473	21.76159	23.69751	25.84037	28.21288	30.84022	33.75023	36.97370	40.54470
18	21.41231	22.38635	23.41444	25.64541	28.13238	30.90565	33.99903	37.45024	41.30134	45.59917
19	22.84056	23.94601	25.11687	27.67123	30.53900	33.75999	37.37896	41.44626	46.01846	51.15909
20	24.29737	25.54466	26.87037	29.77808	33.06595	36.78559	40.99549	45.76196	51.16012	57.27500
21	25.78332	27.18327	28.67649	31.96920	35.71925	39.99273	44.86518	50.42292	56.76453	64.00250
22	27.29898	28.86286	30.53678	34.24797	38.50521	43.39229	49.00574	55.45676	62.87334	71.40275
23	28.84496	30.58443	32.45288	36.61789	41.43048	46.99583	53.43614	60.89330	69.53194	79.54302
24	30.42186	32.34904	34.42647	39.08260	44.50200	50.81558	58.17667	66.76476	76.78981	88.49733
25	32.03030	34.15776	36.45926	41.64591	47.72710	54.86451	63.24904	73.10594	84.70090	98.34706

기간/이자율 (n) (i)	11%	12%	14%	15%	16%	18%	20%	22%	24%	25%
1	1.00000	1.00000	1.00000	1.00000	1.00000	1.00000	1.00000	1.00000	1.00000	1.00000
2	2.11000	2.12000	2.14000	2.15000	2.16000	2.18000	2.20000	2.22000	2.24000	2.25000
3	3.34210	3.37440	3.43960	3.47250	3.50560	3.57240	3.64000	3.70840	3.77760	3.81250
4	4.70973	4.77933	4.92114	4.99338	5.06650	5.21543	5.36800	5.52425	5.68422	5.76563
5	6.22780	6.35285	6.61010	6.74238	6.87714	7.15421	7.44160	7.73958	8.04844	8.20703
6	7.91286	8.11519	8.53552	8.75374	8.97748	9.44197	9.92992	10.44229	10.98006	11.25879
7	9.78327	10.08901	10.73049	11.06680	11.41387	12.14152	12.91590	13.73959	14.61528	15.07349
8	11.85943	12.29969	13.23276	13.72682	14.24009	15.32700	16.49908	17.76231	19.12294	19.84186
9	14.16397	14.77566	16.08535	16.78584	17.51851	19.08585	20.79890	22.67001	24.71245	25.80232
10	16.72201	17.54874	19.33730	20.30372	21.32147	23.52131	25.95868	28.65742	31.64344	33.25290
11	19.56143	20.65458	23.04452	24.34928	25.73290	28.75514	32.15042	35.96205	40.23787	42.56613
12	22.71319	24.13313	27.27075	29.00167	30.85017	34.93107	39.58050	44.87370	50.89495	54.20766
13	26.21164	28.02911	32.08865	34.35192	36.78620	42.21866	48.49660	55.74591	64.10974	68.75958
14	30.09492	32.39260	37.58107	40.50471	43.67199	50.81802	59.19592	69.01001	80.49608	86.94947
15	34.40536	37.27971	43.84241	47.58041	51.65951	60.96527	72.03511	85.19221	100.81514	109.68684
16	39.18995	42.75328	50.98035	55.71747	60.92503	72.93901	87.44213	104.93450	126.01077	138.10855
17	44.50084	48.88367	59.11760	65.07509	71.67303	87.06804	105.93056	129.02009	157.25336	173.63568
18	50.39594	55.74971	68.39407	75.83636	84.14072	103.74028	128.11667	158.40451	195.99416	218.04460
19	56.93949	63.43968	78.96923	88.21181	98.60323	123.41353	154.74000	194.25350	244.03276	273.55576
20	64.20283	72.05244	91.02493	102.44358	115.37975	146.62797	186.68800	237.98927	303.60062	342.94470
21	72.26514	81.69874	104.76842	118.81012	134.84051	174.02100	225.02560	291.34691	377.46477	429.68087
22	81.21431	92.50258	120.43600	137.63164	157.41499	206.34479	271.03072	356.44323	469.05632	538.10109
23	91.14788	104.60289	138.29704	159.27638	183.60138	244.48685	326.23686	435.86075	582.62984	673.62636
24	102.17415	118.15524	158.65862	184.16784	213.97761	289.49448	392.48424	532.75011	723.46100	843.03295
25	114.41331	133.33387	181.87083	212.79302	249.21402	342.60349	471.98108	650.95513	898.09164	1054.79118

찾아보기

국 문

저자소개

김성기

서울대학교 상과대학 졸업
미국 北일리노이대학교 경영대학원 (회계학석사)
미국 텍사스대학교 (오스틴) 경영대학원 (회계학박사)
미국 北일리노이대학교 경영대학 회계학과 강사
미국 텍사스대학교 (오스틴) 경영대학 회계학과 강사
미국 일리노이대학교 경영대학 (어버나-샘페인) 회계학과 조교수
미국 Accounting Review Editorial Board Member
서울대학교 경영대학 교수
현, 서울대학교 경영대학 명예교수

윤성수

서울대학교 경영학사, 경영학석사
미국 University of Illinois, Urbana-Champaign 회계학박사
미국 UCLA 경영대학원 조교수
대한민국 공인회계사
삼일회계법인, 신한회계법인
금융감독원 회계심의위원회 위원
기획재정부 세제발전심의위원회, 조세특례 성과평가 자문위원회 위원
산업통상자원부 기업활력법 사업재편계획심의위원회 위원
한국회계기준원 회계기준위원회 위원
현, 고려대학교 경영대학 교수

이용규

서울대학교 경제학사, 경영학석사
미국 University of Illinois Urbana-Champaign 회계학석사
미국 Columbia University 경영학박사(회계학전공)
미국 CUNY-Baruch College 회계학과 조교수
성균관대학교 경영대학 부교수
대한민국 공인회계사, 삼정회계법인
현, 서울대학교 경영대학 부교수

제 2 판 **중급회계 K-IFRS**

2018년 2월 25일 제 1 판 발행
2022년 2월 25일 제 2 판 발행

공저자 김성기 · 윤성수 · 이용규
발행인 임 권 규
발행처 弘 文 社

05855 서울시 송파구 송파대로 167 테라타워 B동 802호
등록 1993. 6. 24. 제1-1543호
TEL 712-5311(대) FAX 716-5311
e-mail hongmoonsa@hanmail.net
홈페이지 http://www.hongmoonsa.co.kr

값 52,000원

ISBN 978-89-7770-715-3 93320